舰船防腐防漏工程

Corrosion and Leakage Prevention Engineering for Ships

方志刚　曹京宜　张　波

管　勇　刘　斌　许立坤　等著

国防工业出版社

·北京·

内容简介

本书以舰船为研究对象，介绍了舰船材料、海洋与使用腐蚀环境、试验评定等防腐蚀、防泄漏基础概念，阐述了阴极保护、防腐蚀涂料、涂镀层、电绝缘、密封材料、密封结构、介质隔离、腐蚀监检测、腐蚀评估等防腐蚀、防泄漏基本技术，分析了舰船结构、系统、设备常见腐蚀、泄漏故障和规律，提出了在舰船设计、建造、使用维护等过程中防腐蚀、防泄漏措施和技术要求。

本书可供从事舰船腐蚀控制理论研究和实际工程应用的人员阅读，也可作为高等院校相关专业的教师及研究生的参考书。

图书在版编目（CIP）数据

舰船防腐防漏工程／方志刚等著. —北京：国防
工业出版社，2017.12
ISBN 978 - 7 - 118 - 11427 - 0

Ⅰ.①舰…　Ⅱ.①方…　Ⅲ.①船舶 - 防腐②船
舶 - 防漏　Ⅳ.①U672.7

中国版本图书馆 CIP 数据核字（2017）第 252482 号

舰船防腐防漏工程

方志刚　等著

出　版	国防工业出版社（北京市海淀区紫竹院南路 23 号）
印　刷	中国人民解放军第一二零五工厂
规　格	889×1194　1/16
印　张	54
字　数	1706 千字
版　次	2017 年 12 月第 1 版
印　次	2017 年 12 月第 1 次印刷
印　数	1—1500 册
定　价	580.00 元

书　号　ISBN 978 - 7 - 118 - 11427 - 0

编写人员名单

（按姓氏笔画排序）

王　涛　王曰义　王虹斌　王洪仁　方志刚　刘　斌　许凤玲　许立坤　孙　嵘
李　江　李　坚　李　鲲　李相波　吴　恒　张　波　邵亚薇　林志峰　胡裕龙
黄　一　曹京宜　董彩常　韩　冰　管　勇　霍柏琦

编写分工

第 1 章　方志刚
第 2 章　曹京宜　方志刚　管　勇
第 3 章　方志刚　管　勇
第 4 章　胡裕龙　管　勇
第 5 章　张　波　董彩常　吴　恒　韩　冰
第 6 章　许立坤
第 7 章　曹京宜
第 8 章　杨万国　张　波
第 9 章　方志刚　王虹斌　王洪仁
第 10 章　方志刚　李　江
第 11 章　方志刚　李　鲲　李　江
第 12 章　林志峰　李相波　许凤玲　许立坤
第 13 章　刘　斌　管　勇　王　涛
第 14 章　刘　斌　管　勇　方志刚　王　涛
第 15 章　方志刚　韩　冰　张　波　李　坚　管　勇
第 16 章　方志刚　张　波　董彩常
第 17 章　方志刚　曹京宜　黄　一　孙　嵘　邵亚薇
第 18 章　管　勇　曹京宜　方志刚
第 19 章　张　波　王虹斌　吴　恒　董彩常　杨万国
第 20 章　王虹斌　方志刚　王曰义　王洪仁
第 21 章　方志刚　董彩常　张　波　霍柏琦　王虹斌　王洪仁　李　江　李　鲲
第 22 章　方志刚　曹京宜　管　勇　张　波　王虹斌　许立坤

前　言

随着材料技术的发展,各种高性能金属材料、复合材料应运而生,并大量用于船舶海运装备制造,在这其中用于军事目的的舰船的发展则引领着船舶材料技术的进步和发展。虽然金属材料如铜、铝、铁等发现并进入到日常实用已有数千年的历史,但是这些金属材料进入到船舶制造,特别是船体结构制造还是近100多年以来的事情,主要还是材料的强度、韧性、耐蚀性、成形技术、加工工艺等综合性能尚有不足,材料尺寸也难以满足大吨位船舶制造工程需要。所以,在船舶制造和使用的漫漫数千年中,自史前剡木为舟开始,木质材料的使用占据着时间上的绝对统治地位,其防腐蚀的措施主要是涂刷防腐蚀油漆、浸渍耐腐蚀液和腐蚀环境控制(如使用间歇期上排以保持船体干燥等),涂刷油漆和环境控制等方法一直沿用至今。金属材料则是长期作为一个很小的"配角"在使用,如船体局部加强和连接结构的铆榫或者装饰等,自然金属材料的防腐蚀也不是人们考虑的主流。

船舶推进技术的发展与船体材料的发展有些类同,长时间依靠人力(橹)、风力(帆)。1807年,美国的富尔顿建成第一艘采用明轮推进的蒸汽机船"克莱蒙脱"号,其时速约为8km/h,这是标志船舶动力进入到机器推动时代并且金属材料大量用于船舶的激动人心的时刻。这个时间点比船体采用钢铁材料制造约早70年。1879年第一艘钢船诞生和1891年第一艘铝船问世,标志着世界上船舶已完全进入到金属材料时代——金属船舶时代,以前虽然有"铁甲船"的使用,"金属"在船舶上的主角地位尚未形成。随着钢铁、铝合金大批量用于制作船体,船舶抗打击能力越来越强,船舶作为征服海洋、争夺海洋资源的"工具"用途和能力越来越强,世界上人们的目光、争夺要地和战略制高点也逐渐聚焦在海洋上。战列舰、潜艇、航空母舰等就是金属材料在船舶上应用的产物,也是人们用于海洋争夺的利器,发展到21世纪以后更是如此。人们利用这些军用船舶去运送装备物资、威慑和打击敌人,因此舰船也被誉为"流动的国土"。

在100多年的时间段内,人们对于舰船腐蚀的态度和认识大致有"朦胧期""混乱期"和"发展期"三个阶段。"朦胧期"是自金属船舶诞生至第二次世界大战开始前的50多年,金属制舰船在军事界还是一个新鲜的装备,如何设计、制造和使用才能发挥各型不同特点的舰船的作用是人们考虑的焦点,管理者和设计者知道要防腐蚀,但是如何防、如何管这时处于朦胧状态和探索时期,主要防腐蚀方法还是沿用老的木船时代的涂刷油漆的方法,刚刚开始着手材料的耐蚀性研究、阴极保护技术研究、结构防腐蚀设计以及综合考虑等。在第二次世界大战期间、结束至冷战前期,以美国、苏联和欧洲各国为代表的战争参与国建造了大量的舰船,人们关注的重点是如何快速地制造更多的舰船并在短时间内取胜战争,打赢是主要目的,较少地考虑防腐蚀。大部分舰船在战争期间被击沉、毁伤和报废,防腐蚀技术是否过关没有得到真正有效检验。当时的世界是一个混乱的世界,这个时间段也是舰船防腐蚀技术发展的"混乱期"。随着第二次世界大战的结束,人们的目光和焦点重新回到建设和发展上来,大量的舰船闲置下来,这时候才发现这些快速建造的舰船其腐蚀也是很快的,而再采取措施控制其腐蚀是多么困难,其维护的代价甚至不亚于建造新的舰船。美国海军舰船出现了"腐蚀瘟疫",大量报废尚处于"青壮年"的舰船,有的舰龄不足10年,苏联的情况也是如此,可以说腐蚀问题给美国和苏联/俄罗斯的海军带来了惨重的损失,教训深刻。在这之后,舰船腐蚀控制和管理工作得到了应有重视,海军舰船设计将腐蚀防护置于一个重要位置。材料的耐蚀研究、阴极保护技术、防腐蚀涂料技术、防海生物技术、结构防腐蚀技术、表面防腐蚀技术快速发展,各种防腐蚀标准从无到有,并呈体系化发展。即使如此,美国海军依然将腐蚀控制问题视为装备保障过程中的头等问题,在21世纪将海军装备特别是舰船腐蚀的控制问题作为战略问题来考虑。美国和苏联/俄罗斯海军的舰船腐蚀控制已经走完三个阶段,逐渐由"发展期"走向"稳定期",我国尚处在由"混乱期"向"发展期"过渡的阶段。

自系统开展舰船防腐防漏工作以来,有些问题一直困扰着我们:为什么要搞舰船防腐、防漏,其重要意义何在? 谁在关注这个问题,谁又最关心这个问题? 为什么美国海军将腐蚀问题置于国家发展的战略层面进行管理? 如何加强我们的舰船腐蚀控制管理工作? 舰船腐蚀控制技术发展的特点是什么,重点是什么,趋势是什么? 各型舰船腐蚀又有什么特点,设计者要注意什么,防腐防漏技术研究科研工作者的重心在哪?

我们迫切需要解决这些问题。为解决这些问题提供一些思想与一些技术支持,这是本书的出发点,也是编写动力的来源。总的来说,舰船腐蚀和泄漏问题关系到舰船的质量、费用、安全性、在航率和寿命,舰船防腐防漏管理应从传统的单纯"防护"转移到综合"控制"上来,不仅仅是一个技术问题,更多的是一个思想认识问题,是一个管理问题。本书除展现具体的防护技术外,还想尝试着给读者展现一个在实际工程中必须采取的思考方法——系统工程思想和方法。

全书共分为 22 章,由方志刚主编、统稿。

第一部分基础篇,第 1 章至第 5 章。第 1 章导论,主要论述装备腐蚀控制的战略意义,舰船腐蚀控制与相关材料、舰船发展的关系,舰船腐蚀系统工程与发展方向;第 2 章腐蚀与腐蚀控制基础,简述腐蚀基础理论、腐蚀动力学、腐蚀控制基本方法;第 3 章耐蚀金属材料,介绍舰船结构用的结构钢、不锈钢、铝合金、钛及钛合金、铜合金、金属复合材料等主要材料;第 4 章舰船腐蚀环境,简述舰船建造环境、外部和内部使用环境,自身特殊环境;第 5 章舰船腐蚀试验,介绍腐蚀试验方法、腐蚀试验结果处理与评定、典型腐蚀试验实施。

第二部分技术篇,第 6 章至第 15 章。第 6 章舰船阴极保护技术,简述阴极保护技术原理,舰船阴极保护设计方法,舰船牺牲阳极阴极保护、舰船外加电流阴极保护等;第 7 章舰船涂料,介绍舰船涂料特点与分类,舰船涂料性能要求与常用品种,舰船特种涂料,涂装施工方法与要求;第 8 章金属表面处理与覆盖技术,简介金属表面工程、金属表面处理技术,重点介绍了热喷涂层技术、冷喷涂涂层技术、非金属涂层技术以及激光熔覆等其他防护涂层技术、船舶金属表面处理与覆盖技术的应用;第 9 章电绝缘技术,论述舰船电绝缘技术需求、要求、原理,舰船异种金属接触腐蚀特性试验,电绝缘材料技术研究、筛选、产品研制等;第 10 章密封材料技术,介绍舰船密封材料要求和分类、典型密封材料和制品、舰船特种密封材料研制与试验;第 11 章舰船轴用密封技术和装置,对典型密封结构失效进行分析,介绍新型舰船泵用集装式机械密封装置和艉轴耐磨损复合填料密封装置研制情况;第 12 章介质隔离与腐蚀环境改善技术,介绍热绝缘包覆等腐蚀介质隔离方法与技术;第 13 章腐蚀和泄漏监测、检测,论述腐蚀和泄漏监检测需求、常用方法、发展方向、设备研制与系统设计等;第 14 章舰船防腐防漏评估,介绍舰船防腐防漏综合评估、寿命预测和可靠性评估、典型部位防腐设计方案仿真评估方法;第 15 章材料腐蚀特性与试验,论述近 20 年以结构钢、铝合金、铜镍合金为核心的数十种常用材料腐蚀特性、配套特性。

第三部分为工程篇,第 16 章至第 22 章。第 16 章水面舰船船体结构腐蚀与防护,分析水面舰船结构腐蚀、舾装及舾装件腐蚀特点、成因,提出外加电流阴极保护系统、牺牲阳极系列型谱及技术要求;第 17 章潜艇结构腐蚀与防护,研究潜艇结构腐蚀特点及典型的涂层失效、牺牲阳极失效和阴极保护系统失效等机理;第 18 章铝合金舰船船体结构腐蚀特点及控制方法,介绍铝合金船舶腐蚀控制与设计方法、典型腐蚀故障与处理措施;第 19 章舰船管路系统防腐防漏设计,介绍淡水管路、高温管路等腐蚀特点,研究管路系统弹性连接技术,从管路系统角度提出管路附件、密封件、材料选用等要求;第 20 章海水管路腐蚀规律及防护技术,分析舰船海水管路的腐蚀环境特点及规律、海水管路腐蚀机理及主要影响因素,介绍海水管路的腐蚀防护技术、腐蚀控制要求;第 21 章舰船设备防腐防漏技术,分析热交换器、水泵、阀门、滤器、电子设备等典型舰船设备腐蚀故障特点,提出相关设备防腐防漏要求;第 22 章舰船防腐防漏工程实施,分析提出工程思想和原则、材料相容性设计、结构优化设计要求,简述论证设计、加工制造、使用维护等舰船全寿命周期的腐蚀控制方法、工程要点、技术要求。

　　本书综合了作者以及国内外近 20 年来在舰船领域海水腐蚀与防护的理论和研究成果编著而成,着重对我国在舰船设计腐蚀控制技术方面所取得的创新性成果进行了提炼。在前后 20 余年几个阶段的研究过程中,王虹斌研究员、李平教授是早期的组织者和主要参与者,他们以及团队成员刘斌博士、管勇博士、董月成博士等竭力奉献,为许多章节内容打下了研究基础;在研究的不同阶段,得到了陈学群教授、李章教授、王曰义研究员、姜晓燕高工、林海潮研究员以及敖晨阳、刘云生、龚俊、龚三、高永仑、平洋、李华成等众多学者的帮助和参与;许多防腐、防漏方法和技术要求的提出、编制、验证等工作得到了船舶行业几乎所有总体设计所、规范所、船厂的支持;在涂层失效研究方面得到海军涂料检测分析中心、哈尔滨工程大学、中国科学院腐蚀与防护国家实验室的支持,材料腐蚀特性研究方面得到青岛海洋腐蚀研究所、海军工程大学材料与化学系的支持,阴极保护技术研究方面得到海洋腐蚀与防护国防重点实验室的支持,阴极保护系统优化设计研究方面得到大连理工大学船舶学院的支持,密封材料、密封装置研究得到合肥通用机械研究院、宁波天生密封材料有限公司的支持,设备防腐防漏研究方面得到江苏振华泵业制造有限公司、江苏兆胜空调有限公司的支持;上级机关多年项目安排,单位管理者合理的工作安排,为本书的撰写创造了好的条件。对以上人员和单位的研究参与和支持,在此一并表示感谢。

　　感谢国家出版基金的大力资助,感谢国家出版基金申请过程中才鸿年院士、陈祥宝院士、邱志明院士和王福会研究员的推荐与指导;本书引用了大量的文献和标准,感谢文献作者和标准起草人的辛勤劳动。

　　本书编写目的是为舰船设计、建造、使用、维护保养和修理人员提供一本基础性理论专著,可供材料和腐蚀防护专业学生作为教材使用,也可为舰船装备工作者和其他领域腐蚀防护专业人员提供参考。

　　舰船腐蚀控制技术涉及面非常广,是一项庞大的系统工程。受篇幅所限,许多方法和措施不能一一详述。编著过程中虽然考虑兼顾全面性、准确性、先进性、实用性等,受思想认知、能力、水平以及研究深度、广度所限,书中不足、不全在所难免,敬请读者批评指正。

方志刚

2017 年 5 月

目　录

第一部分　基　础　篇

第二部分　技　术　篇

第三部分 工 程 篇

第一部分 基础篇

第1章 导 论

通俗的腐蚀概念是人们常说的"金属生锈",如铁器表面生出红褐色的锈,铜器表面生出绿色的锈。早期,在有关腐蚀的研究领域里人们只关注金属的腐蚀,腐蚀的定义是金属和它所处的环境介质之间发生化学或电化学作用而引起的破坏。例如,钢铁在高温轧制过程中,表面与空气中的氧直接发生氧化作用而生成轧制氧化皮且不断脱落,以及海洋工程的钢铁结构表面在海水中通过一系列电化学反应而变成铁锈等,都是典型的金属腐蚀例子。前者是化学作用引起的,后者是电化学作用引起的。

随着材料应用的范围及规模的扩大,人们发现大量的非金属材料,如有机合成材料,无机非金属材料制成的构件和周围环境发生作用也会发生损伤与破坏,腐蚀的定义也从金属扩大到更广泛的材料范围。目前腐蚀被广泛地定义为材料和周围环境发生作用而被破坏的现象。例如涂料表面在光、热作用下产生老化与粉化,冶金过程中耐火砖表面受熔化金属的腐蚀而不断减薄,混凝土结构表面在水及环境作用下逐渐发生变质与损坏,等等,诸如此类的现象都属于腐蚀范畴。

在腐蚀的定义中包含了三个方面的内容,即材料、环境和反应的种类。材料包括金属材料和非金属材料。材料由于成分及组织结构的特点可以与所处的环境发生作用,这是腐蚀发生的内因,不同的材料其腐蚀行为差异很大;环境是腐蚀的外部条件,介质的浓度、成分对腐蚀的影响很大,如普通钢铁材料在酸中的腐蚀速度一般比在中性水介质中快得多,船舶在海水中的腐蚀速度也比淡水中快,金属材料在高盐、高温海域腐蚀速度比其他海域腐蚀快;钢铁的高温氧化反应比一般水介质中的电化学反应快得多。

泄漏一般是指工业中不应该流出或漏出的物质或流体流出或漏出机械设备以外造成损失。船舶上流体主要有水(海水、淡水)、油类(燃油、滑油、航空煤油等)及气和汽(高、中、低压空气,氧气,氮气,氢气,二氧化碳,蒸汽等)三类。所以,舰船有"三漏"和防"三漏"之说。泄漏的原因主要有两方面:一是由于机械加工的结果,机械产品的表面必然存在各种缺陷和形状及尺寸偏差,因此在机械零件连接处不可避免地会产生间隙;二是密封两侧存在压力差,工作介质就会通过间隙而泄漏。当然微观概念中的渗漏和扩散也属于泄漏范畴,但是一般不将腐蚀烂穿或者焊接不好引起的漏纳入密封不当造成的泄漏行列之中。泄漏与密封是相对的概念,有密封就有泄漏。舰船上防漏的主要途径是采取减小或消除间隙,密封材料或密封结构起到至关重要的作用。

泄漏是一种常见的现象,日常生活中无处不在,在船舶上也是如此。船舶内部与外部联系通道如艉轴密封、舵杆密封、海底门阀箱等,数以万计的法兰、接头和各类阀门、泵、动力机械、辅助机械等,都有可能存在泄漏。泄漏的危害非常大,轻则损失效率,造成浪费,重则引起火灾、爆炸或者中毒事故。在船舶上,泄漏产生的最常见也是不可避免的问题是引起舱室内部环境变差,如积水、湿度和盐度增加,材料腐蚀和老化加速、腐蚀防护措施失效加快。所以,船舶泄漏会加速腐蚀,腐蚀又会引起密封失效加快。从安全性和装备可靠性方面考虑,既要"防腐"又要"防漏",这就是本书不同于以往腐蚀著作专谈腐蚀而将"防腐"与"防漏"一并讨论的由来。

船舶是由数以百种材料建造而成的,军用船舶(以下称舰船)的材料种类比一般民船更多,腐蚀问题也更复杂。舰船主要分为水面舰艇、潜艇和军辅船。舰船腐蚀控制工程涉及面非常广,既有技术层面的问题,又有管理层面的问题。

着重以四个论题来论述:一是军事装备的腐蚀控制比一般装备更为重要,即谈谈舰船腐蚀控制的重要性;二是需要将舰船腐蚀控制置于国家和海军发展的战略层面考虑,阐述美国海军在舰船腐蚀控制方面的发展历程,看看对我国舰船腐蚀控制技术发展有哪些启示;三是舰船腐蚀控制技术发展要结合舰船总体和材料技术的发展与要求进行,对舰船和舰船总体技术进行回顾,探讨舰船腐蚀控制技术的发展头绪;四是舰船腐蚀控制涉及环节多、时间长,是一项系统工程,讨论舰船全寿命周期腐蚀控制涉及哪些环节,对舰船腐蚀控制技术及学科发展进行展望。

1.1 舰船腐蚀控制工作的重要性

腐蚀是一种客观存在的自然现象,遵循电化学理论、金属氧化理论和材料老化理论。防止腐蚀的行为可以追溯到远古时代,三千多年前的中国大漆、出土的两千多年前的青铜剑表面钝化就是很好的证明。随着现代工业的发展和大量的金属材料应用于工业、民用基础设施、国防乃至于日常生活,腐蚀问题逐步突显出来,腐蚀预防与控制工作才一步一步受到人们重视,开展腐蚀预防与控制系统性研究则是近 100 年的事情。大量腐蚀事故的不断出现使人们必须认识到,环境对材料的侵蚀是严重的,忽略腐蚀控制将会受到大自然的惩罚,将会造成重大的社会、军事和经济损失。

1.1.1 腐蚀问题的客观性

由腐蚀引起的各种事故层出不穷。1956 年建设的湛江码头,由于腐蚀问题 1988 年决定拆除,使用时间仅为 32 年;我国在开发某油田时,由于硫化氢应力腐蚀破坏产生井喷,大量天然气放空,在持续六天后又遇雷击引起火灾,一次造成经济损失达 6 亿元;1974 年日本沿海地区的石油化工厂贮罐因腐蚀破裂,大量重油流出,造成严重污染;20 世纪 70 年代重庆嘉陵江大桥大修时发现腐蚀深度达 2~3mm;2002 年宜宾市南门大桥吊杆腐蚀失效后引起突然倒塌,使用仅 11 年;早期英国"彗星"式民用客机、美国 F111 战斗机由于应力腐蚀发生空中坠毁;1981 年我国某型直升机由于腐蚀疲劳空中解体;1987 年美国航天飞机由于橡胶密封圈老化失效造成燃料泄漏,航天飞机空中爆炸,机毁人亡;美国、英国等潜艇通海管路发生腐蚀穿孔,出现过海水淹舱、舱室设备报废的事故;化工厂、油田管道腐蚀穿孔更是常见。

事实上,由于腐蚀引发的事故不计其数,腐蚀问题是装备上客观存在的事实,需要认真对待和处理。

1.1.2 舰船腐蚀和泄漏问题的普遍性

在舰船上,无论是与海水直接接触的船体、附体、海水管路和相关设备,还是在海洋大气环境中使用的各类结构、系统、设备,无论这些构件、系统、设备是由金属材料制造的还是由非金属材料制造的,都存在腐蚀和老化问题,也就是说都有一个寿命问题。理论上装备都有腐蚀问题,只是航行于海洋上的舰船腐蚀问题比一般装备突出。以前大家关注比较多的是金属材料制造的如船体结构、海水管路等的腐蚀问题,随着装备和科学技术的发展,大量的新装备、新材料上舰(艇),近年来经常听到"某某设备从××海域到××海域以后经常出现故障"的谈论,这就是××海域比××海域腐蚀环境恶劣的缘故,出现了新的腐蚀问题。可以说,无论是传统的船体结构、机电设备/系统,还是发展迅猛的兵器、电子设备/系统,都存在腐蚀问题,都需要加强腐蚀控制。

1.1.3 舰船防腐防漏工作的军事意义

搞好舰船防腐防漏工作的军事意义重大。

一是防腐蚀可以避免舰船重大事故的发生。纵观世界舰艇装备发展史,腐蚀是引发重大恶性事故的主要因素之一,由于腐蚀破损引发的舰船恶性事故并不鲜见。1956 年 2 月苏联 C 型某艇,高压空气瓶发生爆炸,直接原因是腐蚀造成瓶体减薄,强度不足;1951 年 4 月 17 日英国"艾菲莱"常规潜艇,在韦特岛南方巡逻训练,发生沉没,艇员 75 人全部死亡,据分析最大可能是因材料选择不当造成腐蚀和焊接问题,使通气管在底座处折断,海水从裂口进入而沉没;1965 年 9 月 22 日英国"无畏"核潜艇在法斯拉海军基地码头附近,艉舱因舷外附件损坏而下沉,海水灌进舱内,损坏推进电机,只得进厂拆开耐压壳体,更换电机;1973 年,美国"黑线鳕"号核潜艇在向最大深度下潜时,一个海水管路破损,海水进入舱内,后迅速将进水排掉才没有导致舱室淹没;美国"鹦鹉螺"号核潜艇在 1958 年 4 月 25 日,主冷凝器管子腐蚀漏水,通过不大的孔道海水进入主冷凝器用的补水回路中,主冷凝器无法继续工作;1959 年,"鹦鹉螺"号核潜艇在大西洋沿海进行反潜战斗演习时,在 20m 深度潜航,机舱冷凝器的 4 英寸(1 英寸 = 2.54cm)冷却水管损坏,海水进入机舱,几乎灌满了整个舱室,后经堵住通海阀,并紧急上浮,才幸免于难。由于船体板腐蚀穿孔而使得海水进入油舱引发动力设备故障,海水管路破损造成舱室进水而不得不停机停航,这些事故在水面舰船上多有发生。

二是防腐蚀可以提高舰船装备的寿命和在航率。舰船装备的寿命和在航率是设计的主要指标。全寿命周期腐蚀程度预测是确定船舶寿命最主要的考量因素,腐蚀程度和发展趋势是确定舰船维修周期、维护工作量的主要参数之一。早期舰船的维修经费中,因除锈、涂装、更换大量的腐蚀严重的船体钢板、管系及设备,工作量几乎占到维修工作70%以上。近年来,由于相关部门的重视及材料和防护技术的改进,显著地延长舰船的坞修间隔期和使用寿命,解决腐蚀问题的维修工作量所占比例有明显下降,但是仍占有相当大的比例。相比国外情况,我国舰船装备的寿命和在航率还有很大的提升空间,防腐蚀工作能起到举足轻重的作用。

1.1.4 舰船腐蚀控制的经济价值

搞好舰船腐蚀控制的经济价值重大。据一些工业发达国家统计,每年由于腐蚀造成的直接损失约占国民经济生产总值的1.8%~4.2%。曾经做过调查,舰船腐蚀的直接经济损失占国民经济生产总值美国为4.2%,英国为3.5%。腐蚀界学者普遍认为腐蚀损失定为国民生产总值(GDP)的4%是比较合理的。还有人把腐蚀损失与各种自然灾害造成的损失做过对比,美国的调查和统计情况为,其腐蚀损失是自然灾害总和的10倍。

腐蚀会造成重大的经济损失,腐蚀经济损失分为直接损失和间接损失。对于舰船来说,直接损失是指更换被腐蚀的船体、构件、设备、管路等,并包括这种更换工作所需的劳动力在内合计花费的费用;另一类直接损失的例子是对这些构件、设备进行以防锈为目的重新涂装的费用和外加电流、牺牲阳极阴极保护时的基本投资及维持费用。间接损失包括停航损失、效率损失、过度设计、污染损失等。一艘舰船动则几亿、几十亿甚至上百亿元,美国海浪级攻击核潜艇单价24亿美元,航空母舰价格就更高了,是相同吨位普通船舶的数十倍、几百倍,其主要区别是军事装备装有大量的价格昂贵的武器电子设备。美国海军腐蚀预算占保障经费的比例常年维持在25%~33%,2012财年海军腐蚀花费73亿美元,两年便可"吞掉"一艘福特级航空母舰。腐蚀问题依然是美国海军保障过程中的"头等大事"。我国在海军舰艇方面的腐蚀损失没有详细统计,有的资料表明腐蚀损失要超过修理费的1/3。如果能将腐蚀损失减少一定比例,经济价值就将十分可观。搞好军事装备的防腐蚀工作带来的经济效益比一般民用设施、海工装备更高。

1.2 舰船腐蚀控制战略思考

1.2.1 国家战略工程

舰船腐蚀控制是一项国家战略工程,其主要理由如下:

一是国防装备属于国家所有,舰船作为国防装备的一个重要组成部分也不例外,每个人都有责任关注国防装备的发展。

二是舰船腐蚀控制技术发展必须依托国家基础材料发展战略,材料是腐蚀控制的基础,舰船关键材料以及材料耐腐蚀性能的提高必须依靠国家支持,靠个人或者某一团队是难以胜任的。

三是舰船腐蚀控制技术发展与国家海洋发展战略密切相关,舰船是海洋装备的一部分,应该在国家大的海洋发展战略布局条件下,开展海洋环境数据以及在海洋环境条件下的材料腐蚀试验和腐蚀数据获取,单纯依靠海军力量是难以完成的,也得不偿失。

四是舰船腐蚀控制技术发展必须紧跟海军装备转型发展战略,海军要从近海走向远海,成为蓝水海军,就必须研究远海、深海的舰船腐蚀问题。

五是站在国家高度进行国防装备腐蚀控制技术整体布局可以实施军民融合。腐蚀控制是一项基础技术,也是一项军民通用技术,完全有可能做到国家层面、各军兵种层面、各型舰船层面的资源、信息、技术的共享。

1.2.2 美国海军发展战略启示

如何理解舰船腐蚀问题是国家战略问题,又该如何做到从战略上考虑舰船腐蚀控制问题呢?可以从美国海军舰船腐蚀控制得到一些启示。

美国是世界上舰船技术最成熟和完善的国家,迄今航空母舰已建造了 70 余艘,目前已发展第三代核动力航空母舰——"福特"级。美国航母战斗群不仅数量庞大(一直维持在 10 个以上航空母舰编队),而且在技术上也对其他国家保持遥遥领先。第二次世界大战之后,航空母舰便成为美国军事力量的缩影,庞大的航空母舰舰队奠定了战后美国牢固的海上霸主地位,对于保障美国本土安全和海外利益发挥了至关重要的作用。

作为保证舰船战斗力和快速反应能力的关键所在,耗费巨大的维护保障和腐蚀控制工作也一直是美国海军面对的重大问题,并在其近百年发展史上积累了大量的经验教训。全面深入研究美国舰船维护保障体制、腐蚀控制技术等的发展历程以及改革创新,对于其他国家海军舰船的发展无疑会起到积极的推动作用。

1. 战略思想的形成

作为美国维护世界霸权的主要工具,舰船的发展历程与美国的战略转变密不可分。美国海军对于装备维护和腐蚀控制的指导方针,一直以来也受到其战略演变的深刻影响,经历了由冷战时期的"重建造、轻维护"到目前上升至国家战略高度的转变。同时,进行腐蚀预防与控制对于提高舰队快速反应速度、降低国防成本之重要性的认识程度,也随着历次战争的洗礼而不断加深和强化。

第二次世界大战以后,美国海军在领先全球战略方针的引导下,一直积极发展新型、大型战略及战术武器系统。然而,对其遍布全球的庞大舰队的维护保障工作,尤其是腐蚀预防与控制,长期以来却一直没有引起足够重视。首先,没有统一的顶层规划及指导方针,舰队维护保障监管机构分散,层次不清,体制流程不尽合理;其次,投入不够,腐蚀防护技术研发和应用相对滞后于装备和材料的发展;再次,装备维护和腐蚀控制评估制度不完善,缺乏维护和过度维护并存。

冷战结束后,美军战略重心向亚太和中东地区转移,军费预算和海外基地、驻军大幅缩减。这就要求海军舰队必须具备快速反应能力以应对区域突发危机,从而使舰队部署周期逐渐缩短,装备维护保障工作量日益增加。海湾战争的考验,使原有装备维护保障体制的两方面弊端逐渐凸显:一方面,繁杂而效率不高的舰队维护保障工作使维护费用逐年大幅增加;另一方面,维修周期不合理致使维护失误、延误较多,致使装备安全、舰队战备部署和反应能力受到严重影响。多方面因素促使美国海军逐步将装备维护保障和腐蚀预防与控制体制改革列入日程。

阿富汗战争和伊拉克战争之后,随着美国国防预算的日益紧缩,预算配置计划也面临着重大调整,耗费巨大的海军舰队首当其冲成为军费缩减的重灾区。这样,军费预算减少与舰队维护成本增加的矛盾日益激化,导致舰队快速反应能力受到严重制约。

国防部推动的系列调研结果表明:首先,除人员费用以外,腐蚀是造成军用装备及基础设施维护成本增加的首要因素;其次,腐蚀是军用装备及基础设施全寿命周期内始终存在的普遍问题,腐蚀预防与控制必须作为一项长期战略而统一实施。

由此,腐蚀预防与控制开始受到美国国家高层的高度关注。自 2003 年底开始,美国国会相继颁布了一系列公共法案,将国防装备特别是航空母舰的腐蚀预防与控制提升至国家战略高度,在体制、政策和技术多方面进行统筹考虑。2004 年,美国国防部公布了面向全国武装力量的《腐蚀预防与减缓战略规划》,其宗旨在于将腐蚀预防与控制贯穿于从装备采购到维护的全寿命周期,以降低维护成本,减小腐蚀对军用装备安全和战备的影响。

2. 体制的形成

为实施腐蚀预防与减缓战略规划,美国国防部首先确立了以国防部腐蚀政策与监督办公室(DoD CPO)为首的腐蚀预防与控制顶层机构——国防部腐蚀预防与控制集成开发团队(DoD CPCIPT)(图 1.1),负责起草腐蚀预防与控制实施纲要《腐蚀预防与控制计划指导书》。该文件详细描述了装备和基础设施全寿命周期内的腐蚀预防与控制定义、指导方针、操作流程和实施规范。另外,指定隶属于腐蚀预防与控制的陆军、海军、空军腐蚀执行官全面负责各腐蚀预防与控制跨部门协作团队建设,并制定腐蚀预防与控制长期规划。

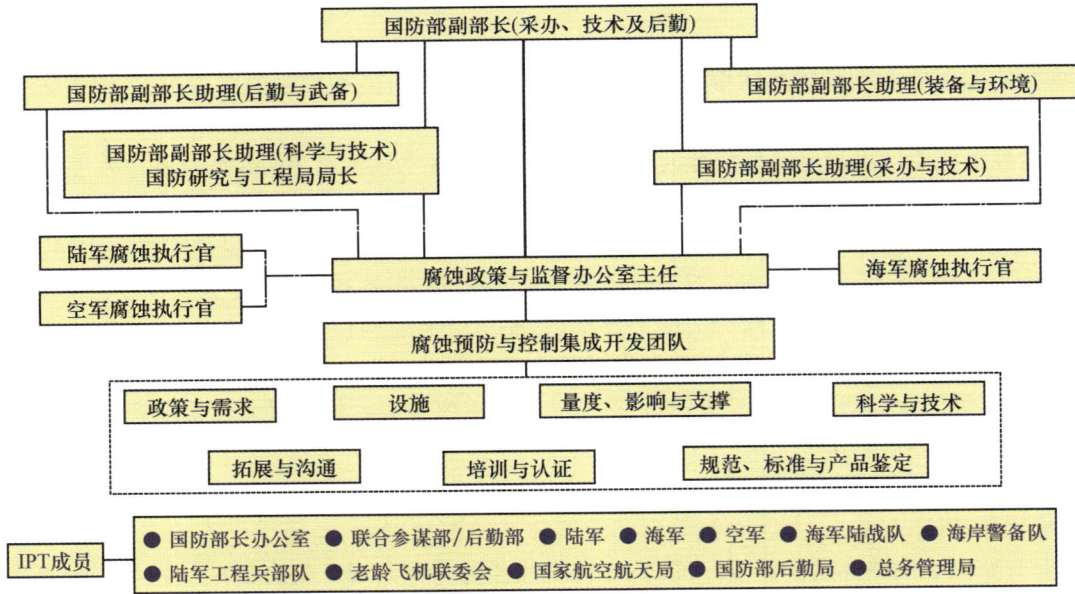

图 1.1　美国国防部腐蚀预防与控制机构

为执行海军腐蚀预防与控制长期规划,美国海军部实行了下述三方面的改革举措,以期实现全海军装备的腐蚀预防与控制:

(1) 制度层面。整合目前繁杂而低效的维护保障监管机构,确立以助理海军部长领导的腐蚀预防与控制跨部门协作团队(CPCCFT)为海军腐蚀预防与控制最高机构(图 1.2),负责制定海军腐蚀预防与控制指导规范等顶层文件。

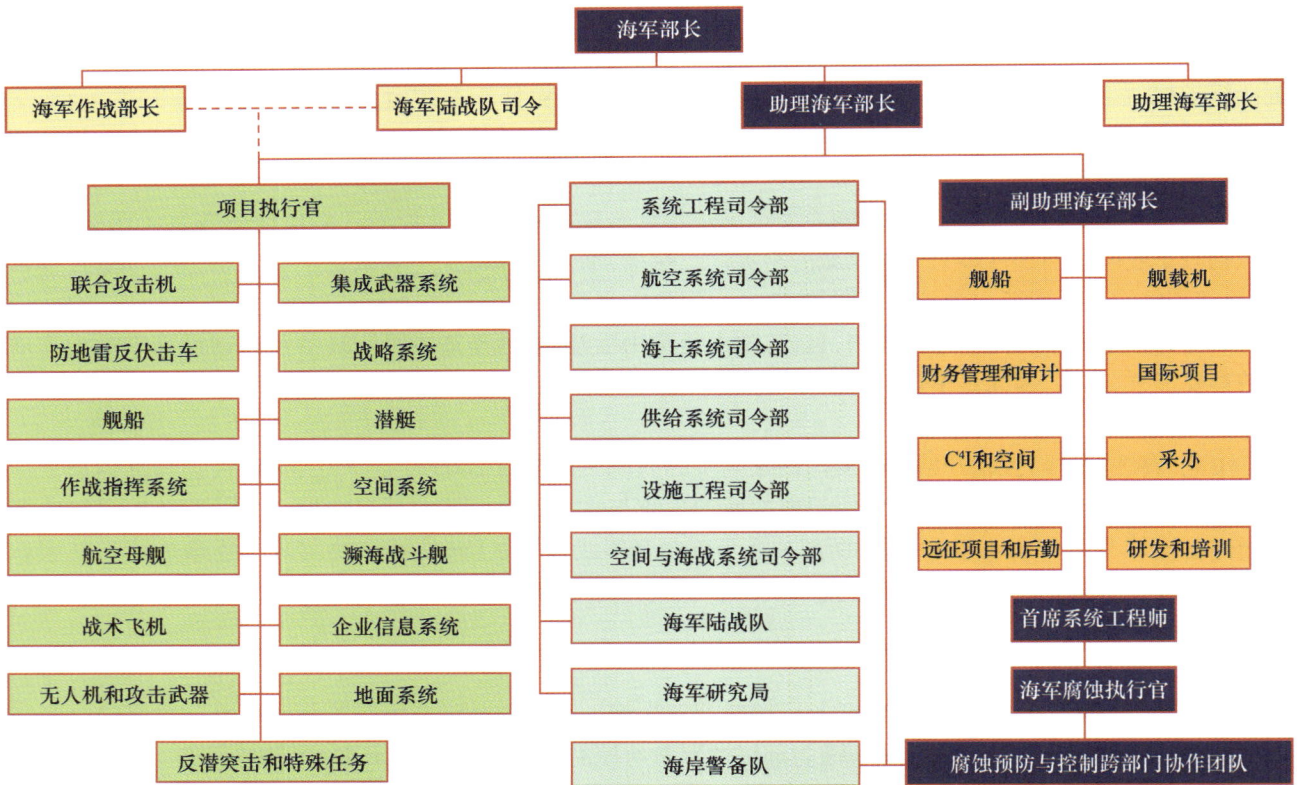

图 1.2　美国海军部腐蚀预防与控制框架机制

(2) 管理层面。实行以项目管理(PM)办公室为主体的装备全寿命系统管理,严格采购/维护准入程序,强化质量认证/质量控制(QA/QC),引入国有和私营修造厂商的合作与竞争机制,以最大限度控制维护成本的增加。

(3)技术层面。加强腐蚀预防与控制技术研发、培训、标准规范建设等投入力度,发展减免维护、快速维护和延长服役寿命技术,以削减总体拥有成本和腐蚀成本占维护费用的比例。

3. 航空母舰为核心的维护保障体制改革

航空母舰作为美国海军的核心组成部分,随着美国战略的调整和历次实战考验,其维护保障体制也经历了一系列的不断调整过程。

海湾战争以前,美国航空母舰维护保养工作没有统一的顶层过程控制文件,缺乏共同的目标准则。整个维修工作流程是由各部门独立制定的指导文件来进行控制。由于技术要求不统一而导致航空母舰维护保养经常出现延误甚至失误,从而使美军航空母舰在海湾战争中的快速部署能力受到严重制约。

此后,美国海军部逐步确立了层次清晰的航空母舰维护保障机制,并制定了详细的过程控制文件和执行规范。目前,美军航空母舰维修保障机制的框架结构如下:

(1)组织机构——CT1(Carrier Team One)工作组。1997 年,海上系统司令部(NAVSEA)成立了 CT1 跨部门工作组来负责制定航空母舰维修顶层过程控制文件。CT1 的主要职责是监督、审查和改进航空母舰维修工作流程(特别是跨部门业务流程),以减少航空母舰维修成本和时间。1999 年,CT1 确立了"确保航空母舰能够在 50 年服役期内有效运行"的核心思想,要求参与航空母舰设计、建造和维护的所有人员都要遵循这一理念。

(2)执行监管——航空母舰项目执行官(PEO Carriers)。海湾战争后,美国海军逐步确立了以受助理海军部长和海上系统司令部双重领导的航空母舰项目执行官为核心的项目管理体制,其次级机构主要包括在役航空母舰项目办公室(PMS 312)和未来航空母舰项目办公室(PMS 378)。

现役航空母舰的全寿命周期管理和维护计划具体由在役航空母舰项目办公室制定和执行。首先,根据美国海军战略规划、舰队反应计划以及航空母舰寿命特征,为单艘航空母舰和所有同级航空母舰分别制定"级别维修规划""综合维修计划""排序和监管计划"等,以制定航空母舰全寿命周期内的各级维护条例。其次,通过制定先期规划指南、维修授权等文件,以规范航空母舰基地级维修的整个流程。另外,通过建立和运用"腐蚀控制信息管理系统""远程技术保障系统"等共享网络信息系统全面掌握航空母舰维修过程与状况,为全面改善航空母舰维修提供了强有力的信息支撑。

(3)基层实施——修造船厂。与其他水面和水下舰艇一样,航空母舰维修也分为舰员级维修、中继级维修和基地级维修三类,其中任务量最大的为基地级维修。美国航空母舰的基地级维修主要由诺福克海军船厂、普吉特湾海军船厂和中继维修站、纽波特纽斯船厂三大船厂完成。另外,还包括诸多私营修造厂负责航空母舰非核心部分的维修。上述修造厂根据 CT1 工作组和航空母舰项目办公室制定的各级条例规范对航空母舰进行维护保障。

由此,美国海军形成了较完善的航空母舰维修组织、管理和实施体系。整个管理体系职责分明、工作流程顺畅、各阶段任务明确,为保障航空母舰的战备状态和舰队快速反应能力提供了必要的体制保障。

4. 舰船腐蚀控制战略发展

目前,美国舰船的腐蚀预防与控制由海军腐蚀预防与控制跨部门协作团队负责,进行基于系统工程的统一规划实施,以实现 30~50 年全寿命周期维护的顶层要求。同时,航空母舰作为美军维护海外利益的主要载体,其维护保障的核心要求是保证足够数目的航母战斗群处于战备状态,以提升快速反应能力。这就要求航空母舰维修必须尽量缩短时间和次数,尤其是最主要的基地级维修。

目前,美军航空母舰基地级维修阶段包括 CIA(坞修,1 个月)、PIA(小修,6 个月)、DPIA(中修,10.5 个月)和 RCOH(大修,39 个月)四个级别。

最初,美军对于常规动力航空母舰和企业号核动力航空母舰的基地级维修采取 21 个月的"设计维修周期"(EOC)模式,由于没有坞修,小修(3 个月)和中修(5.5 个月)次数较多但时间较短,更多维修工作不得不转移至大修期(18 个或 24 个月)内完成,而且大修间隔仅为 7~8 年。这样,频繁的维修使航空母舰战备时间受到严重压缩,从而导致海湾战争时期美军航空母舰部署捉襟见肘疲于应付。

为克服这一弊端,1994 年,美军开始实行"增量维修计划"(IMP),将维修周期提升至 24 个月,延长小修(6 个月)/中修(10.5 个月)时间并减少次数;2003 年 9 月美军制定的"舰队反应计划"(FRP)将维修周期调整至 27 个月;2006 年,FRP 又将其提升至 32 个月;2014 年 1 月最新出台的"优化舰队反应计划"(O – FRP)中,将维修周期延长至 36 个月。这样,每轮中修间隔也由 IMP 实施之初的 6 年延长至现在的 10 年以上。"尼米兹"级航空母舰维护周期调整情况如图 1.3 所示,基于 32 个月的 FRP 全寿命剖面如图 1.4 所示。

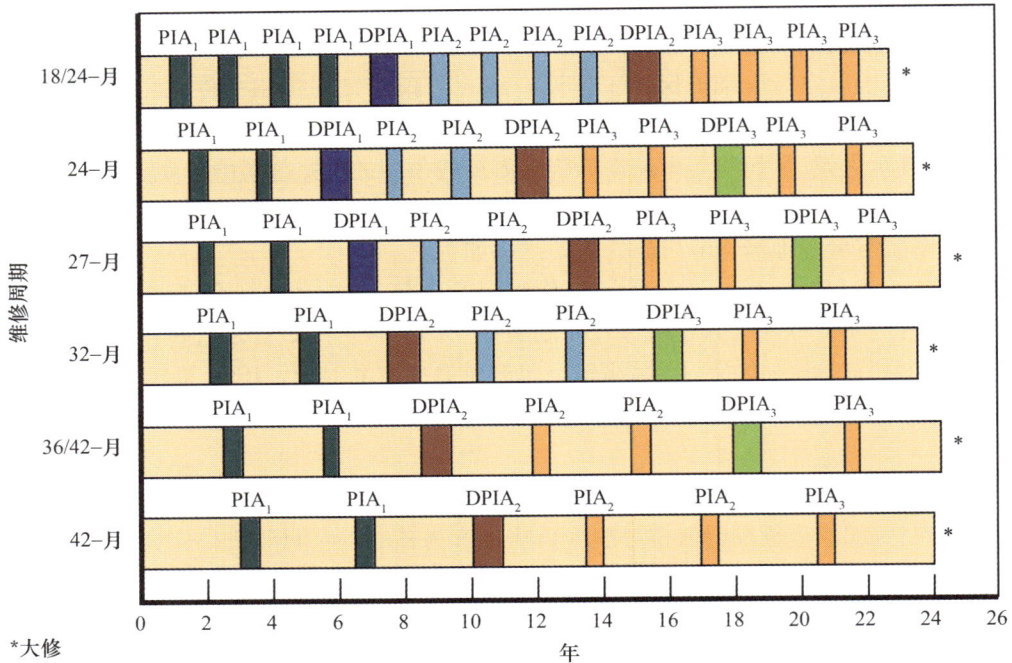

图 1.3　"尼米兹"级航空母舰维护周期调整

与 EOC 相比较,IMP 及后续计划的执行,可保证同一时期内有更多的航空母舰处于良好战备状态,从而可有效增强舰队快速反应能力和战斗力。

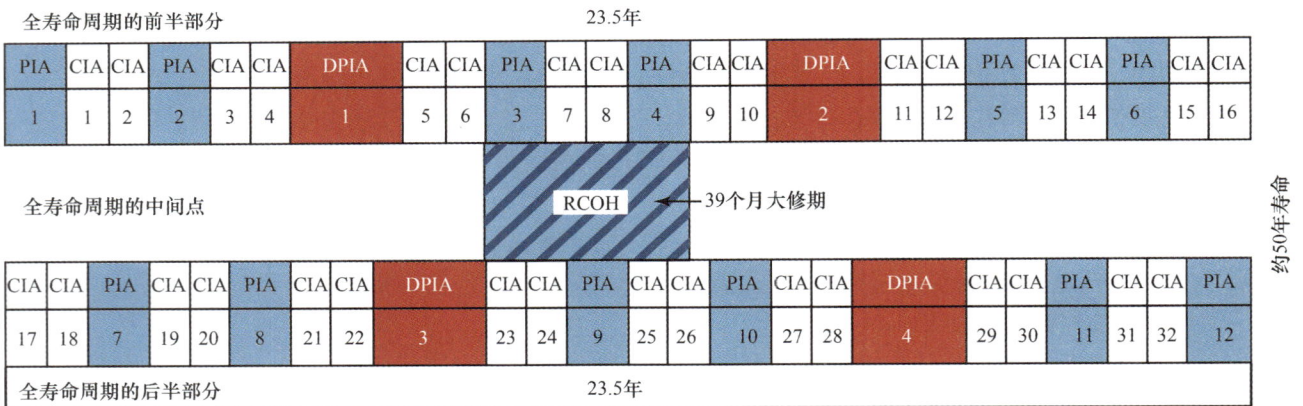

图 1.4　"尼米兹"级航空母舰 32 个月维修周期全寿命剖面图

当前,美军舰船维护及腐蚀预防与控制的总体要求:在降低维护成本和不影响安全可靠性的前提下,缩短维修周期,以提高舰队快速反应能力和战斗力。对此,美军主要从优化维护保障体制和提高腐蚀预防与控制技术水平两方面入手。

(1)继续深入优化维护保障机制。随着 FRP 和 O – FRP 计划的实施,美军舰船维护周期不断延长,小、中修次数不断压缩,但坞修次数和时间没有增加,从而造成坞修工作量不可避免的持续增加;而且,在大修期前的单个基地级维修费用随服役时间的延长而不断增加。这样,伴随着海军预算的不断缩减,舰船维护同样面临费用上升与经费压缩之间的矛盾。

为解决此问题,自 2006 年以来,美军通过加强舰员级和中继级维修作用、优化整合国有/私营修造船厂资源等措施对舰船维护保障机制进行优化调整,以减缓基地级维修的压力,降低维护成本。

(2)提高腐蚀预防与控制技术水平。随着舰船维护保障要求的不断提高,腐蚀预防与控制也必须朝减免维护方向和长效、高效维护方向发展,以适应当前的新形势。航空母舰项目办公室对 1996—2005 年的统计结果表明,占航空母舰维护费用和工作量最多的前四位区域依次为干舷、舱室、水下船体和飞行甲板。因此,目前美军航空母舰腐蚀预防与控制技术提升的重点依次为干舷/舱室涂层、防污涂层、飞行甲板防滑涂层,以及涂层维护设施、腐蚀评估与监检测技术改进等方面。

1.2.3　我国舰船腐蚀控制战略思考

经过几十年的发展,腐蚀预防与控制技术有了长足的发展,舰船腐蚀问题得到了有效控制,但是随着舰船航行更远、下潜更深、寿命更长以及发展了更多型号,新的舰船腐蚀问题又在不断涌现,除在设计、建造、使用、修理等过程中进行腐蚀控制以外,还有一些共性问题需要集智攻关,破解难题,使得设计、建造、修理等技术人员能做"有米之炊"。

一是搞好腐蚀预防与控制技术发展规划、计划和逐步实施。舰船腐蚀预防与控制技术涉及面广、要求高、基础薄弱,先进的防腐蚀方法、措施、工艺匮乏是造成舰船腐蚀预防与控制技术水平不高的一个主要原因,防腐蚀整体技术不能满足新时期舰船高质量要求和高强度的训练使用要求。腐蚀预防与控制技术应该有一个长远的发展规划和能够逐步实施的年度计划,改变当前的"零打碎敲""头痛医头、脚痛医脚""低水平循环"的局面。由于腐蚀问题引起的巨大开销,美国海军通过每年对国防腐蚀花费的构成、比例、规律等的系统分析,剖析出存在的腐蚀共性问题和难题,然后有针对性地对经费投入进行调整,在此基础上确定下一财年的国防腐蚀经费预算。2005 年 5 月,美国国防部向国会递交了《最新的关于减小腐蚀及其对军用装备和设施影响的努力和成果》的报告,其中明确提出了为实现这一目标的近期和长期研究项目资助计划。即使美国是舰船腐蚀防护技术非常发达的国家,每年仍投入大量经费用于研究和技术攻关,以求不断发展和进步。而像我国舰船腐蚀预防与控制技术研究基础较为薄弱的这一类国家,更应该在这方面加大投入,力求跨越式发展,以尽快提高我国舰船腐蚀预防与控制技术水平,避免腐蚀问题成为舰船发展的瓶颈。

二是搞好标准体系建设。迫切需要开展相关标准、规范、要求的编制。腐蚀问题涉及舰船的方方面面,涉及的标准规范数量也非常庞大。要提高舰船腐蚀预防与控制技术水平,相关标准规范的编制、修订已迫在眉睫。近年来,相关部门为改变局面围绕着型号研制以文件形式提出了一定数量的技术要求,并已着手安排相关标准的编制,这些要求对于推动舰船腐蚀预防与控制技术发展起到了积极的作用。但是相关标准缺少、内容落后、相互矛盾的现象依然存在,其发展速度远远不能满足装备发展需要。

三是需要提高材料耐蚀性能和实行材料环境考核机制。舰船腐蚀问题与基体材料的耐蚀性密切相关,说到底材料是否耐蚀是腐蚀控制的"本"。我们在今后相当长的一段时间内,一方面要积极开发耐蚀性良好的先进材料,积极研究如何提高现有的材料耐蚀性能;另一方面要加强上舰材料的环境考核工作,将材料的耐蚀性、耐久性作为材料的一项重要指标。

四是建设舰船腐蚀数据库。装备的腐蚀故障减少与腐蚀控制技术水平的提高相辅相成,要以海军为主导逐步建设材料环境考核的腐蚀数据库和装备的腐蚀数据库,只有设计、研制、修理等相关技术人员全面掌握材料腐蚀和装备腐蚀的真实情况,才有可能进行设计改进,有可能相互吸收经验教训,真正提高装备的腐蚀控制技术水平。

五是实行腐蚀监检测与评估机制。在明确设计、建造、使用、修理人员装备腐蚀预防与控制职责基础上,应加大研制、使用、修理等各阶段的装备腐蚀监检测和评估工作,要形成问责制,否则责、权、利不明确,很难真正提高装备的腐蚀预防与控制水平。

1.3　舰船腐蚀控制与舰船总体和材料技术

从材料与材料腐蚀防护技术发展历史来看,舰船各项总体技术的发展对船舶腐蚀控制技术的推动起到了重要的作用。纵观人类3200多年的海战历史,军用舰船从冷兵器时代的木质风帆战船,历经工业革命时代的铁甲战舰、"大舰巨炮"和工业化时代的导弹化、电子化的现代船舶,发展到当今已具雏形的信息化舰船,不难发现科学技术,特别是高新技术巨大的推动作用。下面从这些技术的发展窥探一下舰船腐蚀控制技术是如何发展以及有什么样的需求的。

1.3.1 舰船发展历史回顾

人类造船的历史悠久,源远流长。大约一万年以前,在世界的东方和西方几乎同时出现了人类最早的船——筏、独木舟和木板船。到公元前12世纪,世界上开始出现军用舰船的鼻祖——古代战船。军用船舶问世至今已有3200多年的历史,历经古代战船、近代舰船到现代舰船,正在向信息化舰船发展。在世界军事变革、战争形态变迁和军事技术发展的共同作用下,以军用舰船为代表的舰船经历了四个主要发展阶段:

(1)古代战船。公元前1200年出现了最早的腓尼基战船、希腊战船和罗马战船之后,古代战船在相当长的时间内一直以帆桨为动力,使用冷兵器,主要采用接舷格斗和冲角撞击的方式作战,属于典型的冷兵器战争时代的作战方式。13世纪中叶以后,火药和火器制造技术由中国传到欧洲,火炮开始装舰,使古代战舰的发展产生了一次大的飞跃,风帆火炮战舰成为海上作战的主要武器,这使得海战的距离加大,作战方式由早期的接舷格斗战和冲角撞击战逐步发展成为排开阵势、拉开距离的炮战,海战从此进入热兵器战争时代。

(2)近代舰船。从19世纪中期开始,科学技术的进步和工业上发明创造的不断问世,尤其是具有重大革命意义的蒸汽机和钢铁在舰船上的应用,加上两次世界大战炮火的催生,有力地推动了世界舰船技术的迅速发展和质的飞跃。舰船开始采用蒸汽机、内燃机等机械推进方式,武器由单一的火炮发展为火炮、鱼雷、水雷、深弹和飞机等多种兵器共用,雷达、声纳、通信和航海等电子设备逐步装舰使用。结果是军用舰船的种类日益齐全,作战能力大幅度提高,作战距离达到视距的极限,作战空间由水面发展到水下和空中。

(3)现代舰船。第二次世界大战后的几十年,由于工业和科学技术突飞猛进的发展,现代舰船具有了核动力化、导弹化、电子化和自动化等诸多特点,海上作战跳出了视距的格斗圈,跃入超视距的立体作战空间,完全转变成为大规模兵力对抗的机械化战争形态。

(4)信息化舰船。自20世纪90年代以来,以信息技术为核心的高新技术群在军用舰船上得到大量应用,各种精确制导武器和电子信息装备不断装舰使用,使军用舰船的信息化水平和远程精确打击能力持续提高,海上作战开始向以网络为中心的信息化战争转变,这一发展趋势已被近年来的几次局部战争所证明。

19世纪和20世纪之交,马汉的海权论震动了世界各海军强国。"谁控制了海洋,谁就控制了世界。""国家的生存,有赖于对海洋的控制;制海权的取得,必须拥有一支强大的海上武力。"从此,"大舰巨炮"主义日益深刻地影响着各国在战争中的胜负,这在第一次世界大战中得到了印证。第二次世界大战中,海战场遍及大西洋、地中海、印度洋和太平洋,是决定战争胜负的重要战场。这场人类历史上空前的大搏斗,不仅使"大舰巨炮"进入白热化竞争,而且将海战场从平面推向三维立体空间。

在19世纪中期至第二次世界大战结束这一历史阶段,白热化的竞争和激烈的实战较量牵引着军用舰船朝着"吨位大、速度快、火力强、抗打击"的方向发展。同时,工业革命带来的科学技术进步,特别是动力机械、新型材料、新型武器和电子设备的出现,为军用舰船的发展提供了技术支撑和推动力。

这个时期的舰船装备,在火炮技术、鱼雷和水雷等新型武器、飞机以及电子技术发展的推动下,积极采纳蒸汽机、内燃机和钢铁材料等当时先进的科学技术发明成果,取得了突破性的进展并开始逐步形成体系。主要标志性技术有:采用钢铁材料建造舰船的钢铁舰船设计建造技术;采用蒸汽机和内燃机推进舰船的机械推进技术;发展潜艇的潜艇专用技术;提高航速的高速船技术;发展航母的飞机上舰技术;抵抗火炮、鱼雷和水雷攻击的抗损技术。

舰船装备技术的发展直接产生了舰船发展史上的多项重大创新,主要有:一是蒸汽铁壳水面战舰出现。蒸汽机用作动力装置、螺旋桨的发明和钢铁材料的应用,结合火炮技术的提高,产生了蒸汽铁壳水面战舰。二是潜艇诞生。内燃机和电能用于推进,以及鱼雷的使用,诞生了潜艇(常规潜艇)。三是航空母舰问世。飞机的发明、用于海上作战和在舰船上起降的成功,催生出航空母舰。

1.3.2 舰船形式与结构材料的多样性

1. 铁甲舰与钢质舰船

在 19 世纪中期至第二次世界大战结束的近代技术时期,舰船总体关键技术的主要标志性技术有钢铁舰船设计建造技术、机械推进技术、潜艇专用技术、高速船技术、飞机上舰技术和抗损技术。钢铁舰船设计牵引船体结构钢的快速发展和成熟。

采用钢铁建造舰船是舰船材质上的一次革命,在古代战船向近代舰船的飞跃中起到了关键作用。它起因于舰船航行的安全性要求和火炮海战时代的防御要求,并在"坚船利炮"和"大舰巨炮"主义的推动下逐渐成熟和完善。

早在 1787 年,苏格兰人建造了一艘铁质驳船。由于人们对铁船的性能缺乏认识,总认为铁船容易沉没,因而由木船发展到铁船十分缓慢。1834 年,一艘名叫"加里文"的蒸汽机铁壳船和几艘木制蒸汽机船一起航行,突遇风暴,那几艘木船不是沉没便是遭到严重损坏,只有"加里文"号铁船毫发无损。由此,人们认识到铁船比木船优越得多,铁船的建造便迅速发展起来。

与此同时,海战用的火炮也日益完善,性能有很大提高。19 世纪 30 年代,军船上装备了 200～220mm 口径的"轰击炮",发射球形爆炸弹,破坏威力大增,木壳船体很难经受住它的轰击。在 1853 年的锡诺普海战中首次使用这种"轰击炮",俄国舰队几乎全歼了土耳其舰队。此后,铁在军船的防御中起到重要作用,不仅在船体及要害部位敷设铁板装甲,而且用铁制造船体,用于抵御爆炸弹的攻击,于是诞生了装甲舰。最早的装甲舰是英国、法国、俄国、美国等于 1855—1860 年建造的装甲浮动炮台,而 1860 年英国建成的世界第一艘铁壳蒸汽装甲战列舰"勇士"号(排水量 9210t,见图 1.5)拉开了大型钢铁舰船时代的序幕,铁开始普遍应用于军用舰船。1880 年以后,随着冶金工业的发展,人们开始认识到钢具有韧性好、强度高等优点,用作造船材料会使船体更轻、强度更好,于是钢逐渐代替铁成为造船的主要材料。图 1.6 为第一次世界大战时期英国"无畏"号蒸汽战列舰。

图 1.5　英国铁壳蒸汽装甲战列舰"勇士"号

图 1.6　英国"无畏"号蒸汽战列舰

在继承古代战船采用铁钉连接木质船体技术的基础上,早期的铁船在建造时板与板、板与构架间采用铆钉连接。焊接技术在 20 世纪初期兴起,但由于铆接结构的可靠性由船级社规范加以保证,焊接曾被限制使用多年。后来,战时大批量造船的需要促进了焊接技术的应用。因为焊接节省了与铆接相关的一些部件,免去了布置铆钉孔、冲孔、铰孔、打铆等繁杂工作,使劳动工时降低,造船进度加快,船体重量减轻,且焊接船在受损后容易保持水密性。早期的焊接结构由于低温下暴露、存在工艺缺口、材料延伸率差、存在裂纹等因素容易受到破坏,在采取选择适当材料、避免缺口、消除应力集中"硬点"、防止裂纹蔓延、加强检验等措施后使焊接结构的可靠性得到提高。第二次世界大战期间发生的焊接结构破坏现象,曾导致一系列对于钢在多向应力作用下抗脆性破坏能力的研究,从而修改了船体钢的规格,制定了相应的军用规范。焊接技术代替铆接方式,使钢铁舰船的建造水平上了一个台阶,更加易于向大型化方向发展。

铁甲舰与钢质舰船的出现,是船舶史上一个里程碑,其船体腐蚀防护也进入到一个新的历史发展阶段。除了早期的涂刷防腐蚀油漆以外,阴极保护技术逐步应用到舰船上来。

2. 潜艇及其结构材料

潜器是潜艇的雏形,公元前415年罗马就有了自由潜器“西罗克由斯”号,而最早的载人潜器是荷兰人科尼利厄斯·德雷贝尔于公元1620年设计建造的,但这些早期潜器都缺乏合适的动力装置。随着蓄电池和内燃机的发明,民用潜器技术逐步应用于军用潜艇。1775年诞生了第一艘单人驾驶的、通过排注海水来控制潜浮的、以手摇螺旋桨为驱动力的木壳潜艇“海龟”号,能在水下以3kn航速潜航30min。“海龟”号参加了美国独立战争对英国海军的作战行动,实现了世界海战史上人力驱动潜艇袭击水面战舰的首次大胆尝试。1898年美国“霍兰”号潜艇建成服役,是现代潜艇发展史上的第一个里程碑,标志着现代潜艇的正式诞生。德国1945年建成服役的XXI型潜艇,是潜艇发展史上的第二个里程碑。XXI型潜艇突破了多项潜艇关键技术,主要有升降式通气管装置、双壳体结构、低水下阻力线型等,这些技术使XXI型潜艇具有远超其他潜艇的长时间、远距离和高航速的水下活动能力,水下最高航速达到17.5kn,极限下潜深度达到270m,有效地避开了盟军探测雷达的搜索。

对潜艇水下性能开展大规模的科学性和系列性的深入研究,是从第二次世界大战结束之后的20世纪40年代末期才真正拉开序幕的。重点研究艇型和下潜深度,产生了水滴形潜艇和大潜深技术。美国海军决定建造第一艘采用水滴形线型的试验性潜艇——“大青花鱼”号潜艇(图1.7)。

下潜深度是潜艇最基本、最重要的性能之一,也是表征潜艇隐蔽性优劣的标志性技术性能之一。“大潜深”潜艇是指极限下潜深度大于400m的潜艇。增大下潜深度对于增强潜艇水下机动范围,提高水下作战能力,保持水下隐蔽性和规避敌人反潜武器的攻击,具有重要意义。增大下潜深度已成为现代潜艇追求的主要目标之一。

图1.7 “大青花鱼”号潜艇

潜艇耐压艇体材料及其配套材料技术是大潜深技术的首要关键技术。20世纪50年代世界各潜艇强国(如美国、苏联等)受材料、工艺、设备及设计水平限制,当时设计的潜艇下潜深度一般控制在200m左右。随着材料科学的发展、设计和试验研究手段的完善及潜艇建造质量的提高,到60年代后期美国、苏联开始全力投入发展大潜深新型潜艇,美国70年代开始建造的“俄亥俄”级、“洛杉矶”级潜艇的潜深达到400~500m,80年代末开始建造的“海狼”级潜艇的潜深达到610m。潜艇服役环境复杂,干湿交替、压力交变、局部材料多样及结构复杂,腐蚀防护难度相比水面舰船更大。由于战时需要和早期人们对腐蚀防护认识的不足,第二次世界大战后期及战争结束以后的一段时间,美国、苏联等海军强国纷纷出现了致大量潜艇报废的“腐蚀瘟疫”。

早期的潜艇壳体材料采用结构钢,为了突破潜深,苏联自20世纪50年代开始着手研究钛合金应用潜艇壳体建造和设计技术,70年代建造的全钛壳体Ⅴ-Ⅲ级核潜艇的潜深达到300m,“阿尔法”级核潜艇潜深达900m,80年代开始建造的“阿库拉”级潜艇的潜深为400~500m。其他国家新研制的潜艇,如法国的“凯旋”级、德国的214级、日本的“春潮”级潜深均为400~500m。

一方面是下潜深度的需要,另一方面是防腐蚀的需要,有些国家开始尝试着发展钛合金潜艇或用钛合金制作潜艇部件。苏联/俄罗斯是世界上第一个拥有钛合金核潜艇的国家,从开始的试验艇“帕帕”级钛合金巡航导弹核潜艇(661型)(简称P级),到后来的“阿尔法”级钛合金潜艇,再到“麦克”级,最后到“塞拉”级,1963—1988年的20多年间,苏联共建成了三级12艘全钛合金攻击型核潜艇。80年代以后,俄罗斯又相继建成了15艘“阿库拉”级导弹核潜艇,潜航排水量达到12770t,最大潜深600m,是目前俄罗斯海军的主力潜艇。值得一提的是,2010年交付海军,代号为AS-12的210级多用途攻击核潜艇是目前性能最为出色的核潜艇代表,潜航排水量为10700t,长71m,宽8m,潜航最高速度达到45kn,最大潜深可以达到6000m,工作潜深3000~4000m。该潜艇依然采用双壳体结构,但为了达到设计的下潜深度,外层仍为钛合金艇体,而内层壳体则采用了六个巨大的钛合金球形壳体连接而成,以承受巨大的深海压力。

除钛合金船体外,为了提高舰船的综合作战性能,俄罗斯在其舰船的管路、设备上大量使用了钛及钛合金。在舰船上使用BT1-0、ПТ-7M、3M、3B、ТЛ3等钛合金管道和设备的经验表明,钛合金材料无论是在机械强度方面还是在耐海水腐蚀方面都有很高的可靠性。钛合金产品研究与使用经验证明,钛合金管道、阀门、泵、热交换器等产品的腐蚀寿命不小于1.2×10^5h,服役期限不少于40年。俄罗斯还制作钛及钛合金的各种设备、零部件和元器件,设计并制造适合船舶使用的、具有更高性能指标的其他钛设备,其中包括钛泵、钛阀,解决钛合金设备与其他材质设备一起使用时出现的接触腐蚀问题。

俄罗斯普罗米修斯中央结构材料研究院认为,采用全钛核动力蒸汽动力装置可以提高寿命达数十倍以上,在船用动力装置中还没有其他材料的性能可与钛材相提并论。

3. 高性能船舶及其材料

在现代流体力学理论发展的带动下,在先进的推进、传动、控制、新型材料等技术发展的推动下,各种性能优良的高性能船型不断涌现,几乎是每隔10年至少有一种新船型问世,出现了滑行艇、水翼艇、气垫船、地效翼船、穿浪双体船等一批高性能船型。这些船型应用了一种或多种流体力学支承原理,采用推进、传动等方面的新技术以及新型结构,使航速或其他航行性能(如适航性、两栖性等)较常规排水型船更为出色,分别在快速性、耐波性、两栖性等方面比常规舰船更具有优势。

1)滑行艇

滑行艇的出现开创了人们对高速船梦想的先河,为了减小船的阻力,尤其是减小兴波阻力,人们于1914年发明了作为摩托艇的滑行艇。这种艇型第一次突破了阿基米德浮力原理的束缚,主要利用船在高速航行时产生的水动升力,改变船的航行姿态,将船体托至水面以上,从而大幅度减小兴波阻力,大大提高航速。滑行艇的主要特点:航速快,滑行艇由于艇底扁平,高速航行时,水动力产生的支撑力能将首部艇体抬起(约有2/3的艇体被抬起),艇首抬起后,降低了水的阻力,尤其是兴波阻力大幅度降低,因此航速较高,一般可达到30kn以上;构造简单,滑行艇船体构造简单,没有其他附属装置,成本低廉,便于大量生产;操作使用简便易行,维护保养方便;耐波性较差,由于滑行艇底部扁平,在高海况条件下,艇体砰击较严重,在风浪中的失速较大。

滑行艇要解决的关键技术问题主要有减小阻力、改善耐波性、提高操纵性,其中采用轻质的高强材料是关键。

1866年发明鱼雷;1915年英国建造了世界上最早的军用滑行艇,即CMB海岸巡逻艇,航速达40kn;1916年英国海军在该型艇上装备了鱼雷,成为MTB摩托艇;在1917年的第一次世界大战期间,该型艇一举击沉德国新型G88驱逐舰,一时名声大振,这也是滑行艇问世后的首次战果。到第二次世界大战时期,鱼雷艇普遍采用了滑行艇艇型,航速30~41.5kn,具有体积小、速度高、机动灵活、突击力强的特点,被誉为"海上轻骑兵"。图1.8为第二次世界大战期间美国鱼雷艇。

鱼雷快艇吨位一般比较小,为了防止腐蚀,人们对船体进行防腐蚀涂装,并在不使用时,多数时间将其搁置于船排上,保持船体干燥,这样船体腐蚀速度能慢些。

2)水翼艇

自滑行艇第一个突破了阿基米德浮力原理的束缚后,人类对舰船性能的提高更有信心。第二次世界大战结束后,各国努力开发速度更快的新船型。进入20世纪70年代后,随着现代战争对舰船综合性能要求的不断提高,对舰船航行性能的需求不再局限于静水快速性能一个指标,而是更关注风浪中高速航行的总体性能。

水翼艇的出现来源于飞机的发展。在飞机出现以后,就有人想到,若在船底下安装同机翼类似的升力装置(水翼),把船体抬出水面,必然可以大大降低船的阻力,从而获得高速(图1.9)。第二次世界大战后期,德国开始试验水翼艇;到20世纪50年代,经过苏联等国家的努力,水翼艇技术基本成熟并开始民用,60年代以后开始军用。美国主要致力于高耐波性海上水翼艇的研制,经过广泛的基础理论研究和各种试验艇的研制,开发出具有速度快、适航性好特点的全浸自控水翼艇,建造了200吨级的"飞马座"导弹艇和"喷翼号"客船,其高航速和优越的耐波性为世界公认。

图 1.8　美国鱼雷艇

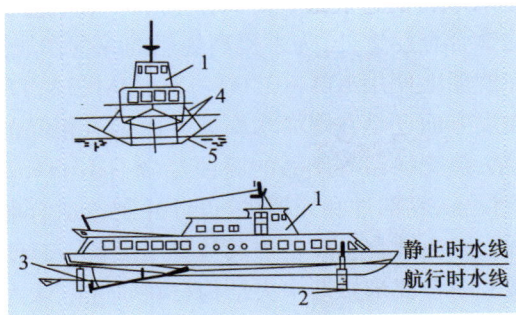

图 1.9　水翼艇原理图
1—船身;2—首水翼;3—尾水翼;4—支柱;5—水翼。

水翼艇要求阻力小、经济航速高、耐波性好;对重量限制严格,由于水翼艇需利用水翼的升力抬升船体,因此对重量的限制非常严格,船体等多采用铝合金或玻璃钢等轻质材料。由于其静止时与航行时水线位置不一样,其防腐蚀设计需要兼顾两种状况。由于水翼一般采用不锈钢之类的高强度材料制作,在水翼与船体连接处的异种金属腐蚀是必须关注的地方。

3)气垫船

为了减少水的阻力,人们曾设想在船底引入空气层把水和船底分开,利用气垫压力托起船体,这样就产生了气垫船。1953 年,英国人首先提出了比较完整的周边射流气垫理论,1958 年建成第一艘有人驾驶的气垫船 SRN1,1959 年 7 月成功横渡英吉利海峡。从此,气垫船的发展引起了各国的重视,美国、苏联/俄罗斯、法国、瑞典、挪威、日本和中国等 20 多个国家积极研制气垫船。典型的代表是美国 LCAC 气垫登陆艇(图 1.10)、俄罗斯的"祖布尔"大型气垫登陆艇(图 1.11)。

图 1.10　美国 LCAC 气垫登陆艇

图 1.11　俄罗斯"祖布尔"大型气垫登陆艇

气垫船具有良好的快速性、独特的两栖性能、宽敞的甲板面积、较小的水下物理场等。气垫船动力装置的进气滤清器和材料要求特别高的耐腐蚀性。全垫升气垫船在海上航行时,由于气垫的泄流将扬起大量水雾,使周围空气中海水水雾增浓,将显著增加动力装置进气的含盐量,因此需开展动力装置的进气滤清技术研究,研制减少盐分的空气滤清系统,以保障动力可靠运行,延长动力装置寿命;围裙系统作为气垫船特有的柔性结构,采用特制橡胶制作,要求长寿命、耐腐蚀;导管空气螺旋桨由航空螺旋桨演变而来的,用于海洋条件下要求比航空耐腐蚀能力提高 1 个数量级,高强铝合金与碳纤维复合材料是发展方向。

4)地效翼艇

地效翼艇是利用机翼贴近水面运动时升力及升阻比大大提高的"地面效应",以气动升力支撑船重掠海飞行的高性能船舶,曾称为冲翼艇、气翼艇,其速度是目前船舶的几倍至十几倍,一般可达 100～300kn。与其他船舶相比,由于它做腾空飞行而完全脱离水面,因此它的特点是:航速高,机动性好;适航性较好,不易受波浪的影响;有两栖性;在舰载雷达的盲区内超低空飞行,隐蔽性优于飞机;升阻比比飞机高,装载量较大,经济性比飞机好;制造工艺比飞机简单,但比常规船舶建造复杂。

研究地效翼艇的努力始于 20 世纪 30 年代,从 60 年代开始进入实质性研究,包括苏联、德国和中国等,其中苏联取得的进展最大。1966 年,苏联建造了 544 吨级的"里海怪物"(图 1.12),后来在此基础上发展了

图 1.12　"里海怪物"地效翼艇

"雏鹰"级地效翼两栖作战艇(图 1.13)和"雌鹞"级地效翼导弹艇。"雏鹰"级地效翼两栖作战艇于 1974 年建成服役,艇重 125t,航速 210kn,最大航程达 1000nmile,适航性 4m 浪高,可载 2 辆重型卡车或 250 名士兵,在艇身垂尾处设有炮塔、雷达等。"雌鹞"级地效翼导弹艇于 1987 年建成服役,总重 370～400t,航速 300kn,最大航程可达 3000nmile,掠海飞高 1～4m。

　　轻型结构设计与优化技术是地效翼艇的关键技术之一。大中型地效翼艇研制中遇到的难题之一是轻型结构设计问题,若需要增加艇的续航力,发动机及燃油重量、操控设备和安全保证设备等重量将显著增加。如按常规船舶设计方法,艇的重量过大,在波

图 1.13　"雏鹰"级地效翼两栖作战艇

浪中将不能飞离水面航行。因此,必须在保证强度的前提下将结构做得尽可能轻,以满足装载和使用要求。铝合金、树脂基复合材料、钛合金等轻质材料成为轻型结构设计的瓶颈技术。由于该类型艇既要求水面航行,又要求爬升至一定高度飞行,显然腐蚀环境比船舶、飞机更复杂,腐蚀控制技术实施也比船舶、飞机更困难。

　　5)穿浪双体船

　　穿浪双体船是吸收了常规双体船阻力小和小水线面双体船及深 V 船型耐波性好的特点发展起来的一种新型复合船型,适合在较大风浪的情况下高速航行。它的船体结构比小水线面船简单,便于建造,也易于向大型化发展,可适用于多种军用舰船。

　　穿浪双体船是澳大利亚先行开发的,日本引进了澳大利亚穿浪双体船技术,又做了大量研究试验,开发了目前最大的 AMD 1500 Ⅱ 型穿浪双体客渡船,总长达 101m,满载排水量已近 1900t,载客 460 人,载车 94 辆,最大航速 35.5kn。穿浪双体船在应用于民用领域的同时,以其机动性好的特点开始应用于军事领域。Incat 公司建造的 86m 穿浪船"杰维斯湾"号(045)(图 1.14(a))已在澳大利亚皇家海军服役,用于人员和装备运输。后来,Incat 公司又向美国海军交付了一艘穿浪运输船,型号为 HSV－X1(050)(图 1.14(b)),主要供美国海军和陆军进行试验和试用。

　　穿浪双体船具有良好的耐波性、良好的快速性和宽敞的甲板。穿浪双体船一般采用高强船用铝合金制造。

　　上述高性能船型的出现和应用,较大程度地提高了小型水面舰船的航行性能和作战能力。同时,由于腐蚀环境多样化(海水、海洋大气、海滩、海水和海洋大气交替等)和材料多样化(结构钢、高强铝合金、钛合金、复合材料等),以及高航速、高过载使用条件,环境、材料、力学等带来的腐蚀问题更复杂,腐蚀防护技术的实施面临着比传统水面舰船更大的挑战。

(a)   (b)

图 1.14 穿浪双体船
（a）澳大利亚"杰维斯湾"号；（b）美国海军 HSV – X1

1.3.3 各型动力装置与材料防腐蚀

采用蒸汽机、蒸汽轮机、柴油机机械推进装置和螺旋桨推进是舰船推进方式的一次革命,也是古代战船向近代舰船飞跃中的关键一环。在相当长的一段历史时期,风帆一直是船舶的主要推进方式。风帆战船的优点是只要装载足够的食品、淡水和作战物资,就能在海上随风逐浪活动几个月;它的最大弱点是对风依赖大,缺乏作战机动性,进攻时必须驶到敌舰的上风处用火炮轰击,风向不对或无风时,很难捕捉到战机,而且风帆或桅杆受损,战舰就失去了前进动力。因此,人们一直在探索新的推进方式。

1. 蒸汽机和螺旋桨的应用

1768 年蒸汽机问世后,立即引起造船业的极大兴趣,人们竞相把它作为驱动船舶的动力。1807 年,世界上第一艘蒸汽机作动力、明轮推进的内河船"克莱蒙特"号在美国建造成功,标志着人类进入了蒸汽机船的新时代。到 19 世纪 30 年代后期,由半螺旋面组成的螺旋桨研制成功,引发了推进器的变革。随后,美国建造了世界第一艘螺旋桨推进的蒸汽机战船,从此开启了古代战船向近代舰船飞跃的大门。1853 年的锡诺普海战,土耳其 16 艘军船中唯一的蒸汽巡洋舰幸免于难并重创一艘俄国战列舰,使人们真正认识到了蒸汽机的威力。

1897 年,蒸汽轮机被首次用于"透平尼亚"号船上;1900 年,第一艘蒸汽轮机驱动的战船——英国海军"蝮蛇"号鱼雷驱逐舰服役。此后,这种功率大、转速高、重量轻的新型机器开始代替往复式蒸汽机成为舰船的主要动力装置。蒸汽动力装置的关键技术有:增压锅炉涡轮增压机组的设计;主汽轮机组的长叶片技术;大功率齿轮减速器的制造。螺旋桨的关键技术有:提高推进效率;降低螺旋桨振动与噪声。

舰用汽轮机与电厂汽轮机不同,它经常处于变工况条件下工作,启动、停车、变速、正倒车等频繁改变。受力情况更复杂,故一般在用材上偏重于铬镍钢,在设计上的安全系数也比较大。在腐蚀防护方面,螺旋桨要求耐海生物腐蚀、耐空泡腐蚀;主轴和转子在高温、高压、蒸汽介质中工作,并在高速旋转下承受较复杂的应力,要求耐磨蚀、耐高温腐蚀、耐应力腐蚀;叶轮和轮盘承受巨大的切向应力和径向拉应力,对于长期工作温度超过 400℃ 的轮盘或叶轮还要考虑蠕变及持久强度,需要较好的耐高温腐蚀和应力腐蚀性能;叶片主要承受气流的冲击力、弯曲力,高速运转时的离心力,以及由各种原因形成的振动作用,叶片材料要求是高的常温和高温力学性能,较好的抗蚀性,一定的减振性和耐磨性,以及良好的工艺性能;汽缸、隔板、喷嘴室、阀壳等静子零部件,视其工作条件及工作温度之不同要求更高热强性;固定汽缸、隔板、轮盘等的螺钉、螺帽、铆钉等零件,要求材料在高温条件下的抗松弛性能,小的缺口敏感性、小的蠕变脆化倾向、一定的耐蚀性等。

2. 柴油机

1892 年,德国工程师鲁道夫·狄塞尔发明了柴油机;1896 年 10 月 5 日,德国制造出了世界上第一台柴油机。柴油机自问世之日起,就呈现出强大的生命力、广阔的应用范围和发展前景。由于柴油机效率高、重量轻,被首先用于潜艇上(图 1.15)。柴油机与蓄电池相结合,使常规潜艇很快进入柴 – 电推进时代,大大提高了作战能力。1925 年以后,美国、德国开始在水面舰船,特别是小型舰艇上采用柴油机推进动力,提高了舰艇的作战能力。

图 1.15　最早使用柴油机的英国 D 级潜艇

柴油机动力装置的关键技术有:燃油喷射技术;涡轮增压技术;柴油机电控技术。柴油机是舰艇上的主要动力之一,它的体积小、重量轻、启动简便迅速,故轻型及快速舰船多选其为主机。柴油机燃烧室内的温度可高达 1400℃ 以上,压力为 $45 \sim 80 MN/m^2$。它是通过连杆、曲轴、齿轮、轴等来传递动力的,这些零件的受力情况、工作条件各不相同,因而需要选用各种不同的材料来满足它们的使用要求。

曲轴的功能是将连杆的往复运动转变为旋转运动,它受到周期变化的扭转、弯曲、压缩和冲击等多种载荷的作用。尤其是在变工况情况(改变转速、正倒车、启停等)下其受力情况更复杂。因此,要求曲轴材料应具有良好的综合力学性能、抗疲劳性能和轴颈部位的耐磨性。曲轴一般要经调质及氮化处理;局部进行表面淬火、渗碳或氮化等表面强化处理,提高曲轴的疲劳强度。

连杆是变活塞的往复运动为曲轴的旋转运动的重要传动零件,其所受到的是周期性并具有方向变化的力,除拉压作用外还有弯曲作用,其主要破坏形式是拉压疲劳破坏,因此要求连杆材料应有较高的屈服强度和疲劳强度,制作连杆的合金钢则均采用调质处理。

柴油机齿轮种类多、大小不同。柴油机在工作时,齿轮除承受交变的弯曲载荷外,其表面还要承受强烈的摩擦作用及交变压应力。在柴油机启动及刹车时,它受到较大的冲击载荷,因此齿轮应选用具有高疲劳强度的材料。为了提高齿面的接触疲劳极限、耐磨性和抗点腐蚀性,还要采用渗碳、氮化、高频淬火等热处理工艺。

凸轮及凸轮轴用于柴油机配气和喷油机构、保证定时启闭、启动空气阀和喷油泵。凸轮表面与气阀顶杆或滚轮接触,承受变化的接触应力和摩擦。所以凸轮轴除具有一定的强度和刚度外,还必须具有较高的接触疲劳强度和耐磨性。

气阀是柴油机配气机构中的重要零件之一。进、排气阀处于不同的工作条件。进气阀的工作温度一般为 $300 \sim 400℃$,排气阀的工作温度最高可达 $750 \sim 800℃$。排气阀不仅工作温度高,而且受到高温气体的冲刷和腐蚀,故工作条件比进气阀恶劣得多。阀盘不仅需要具有在高温下抵抗腐蚀、蠕变和疲劳的性能,而且应具有抵抗热冲击的强度和耐磨性。气阀的杆部不仅受颈部弯曲疲劳的影响,而且在润滑不良的条件下与导管发生摩擦,故要有较高的减摩和耐磨性能。气阀的顶端与挺杆撞击,必须有足够的硬度以防止塌陷。选择气阀材料和热处理时应满足上述要求。

3. 燃气轮机

针对蒸汽动力效率低、启动加速慢、装置重量大、结构较复杂、管理使用较麻烦和柴油机单机功率小、装置重量较大等问题,人们开始加快燃气轮机的研究工作,于 1947 年制造出第一台船用燃气轮机——英国加特里克(G1)燃气轮机,并装于 MGB2009 高速炮艇。燃气轮机是以空气为工质,并将燃料的化学能转化为热能,继而再转变成机械功的回转式热机。舰用燃气轮机主要由压气机、燃烧室、高压涡轮、动力涡轮及功率输出轴等部件组成,如图 1.16 所示。

燃气轮机技术含量高,它涵盖了空气动力学、工程热力学、结构力学、冶金、材料、工艺、机械加工、试验测试等多项学科和技术领域。因此,在某种程度上讲,一个国家燃气轮机的技术水平可以体现和代表这个

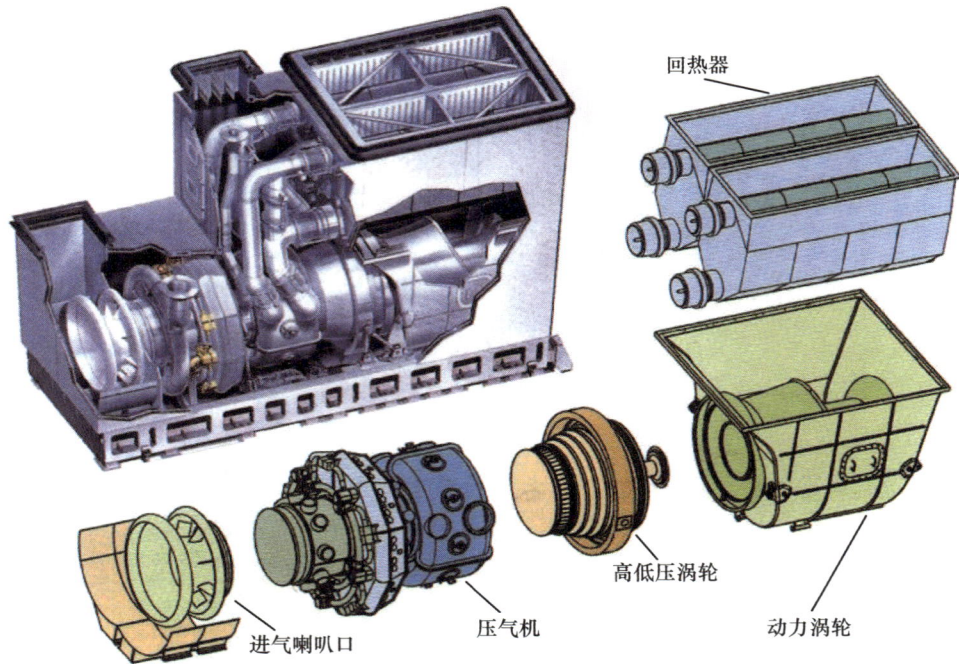

图 1.16 舰用燃气轮机示意

国家的工业技术水平。

燃气轮机的关键技术有:高压比高效率压气机设计制造技术;提高燃气初温的技术;中冷回热技术。高温燃气直接吹在涡轮叶片上以推动涡轮做功,因此叶片的材料必须具有耐高温、耐腐蚀、抗蠕变、抗热疲劳的性能。叶片还需要采用先进的冷却技术,包括对流冷却、冲击冷却、气膜冷却和发散冷却等,以降低叶片表面的实际工作温度。因此,叶片的表面和内部需要开有冷却用的气孔和通道,这又给叶片的加工制造带来了难度。目前叶片的制造已经采用无余量精密铸造技术、定向结晶技术和单晶铸造技术等。

燃气轮机的主要部件是在高温条件下工作的,因此,对燃气轮机零件材料的要求主要是强调高温性能。燃气轮机主要部件选用的材料大都是耐热钢和高温合金。

4. 核动力装置

潜艇的作战威力和生命力在于隐蔽,因此,潜艇从诞生之日起,就一直进行着提高水下续航力和快速性的努力。1949 年,美国海军开始了第一艘攻击型核潜艇的研制工作,1954 年,"鹦鹉螺"号下水。核动力用作潜艇推进动力后,大大提高了水下作战舰艇水下航速,水下续航力达到"无限",潜艇成为"真正"意义上的潜艇。这是潜艇推进动力革命性的发展,开辟了潜艇发展的新纪元。

核潜艇研制成功后,美国海军看到了核动力的优越性,将核动力运用于航空母舰,大幅提高了航空母舰的续航力,扩大了航空母舰的作战区域。核动力装置上舰后,还消除了常规动力装置排放的废气在飞行甲板末端的空气湍流,改善了舰载机着舰条件,提高了舰载机着舰的安全性;舰上不需要装载舰用燃油,可提高航空燃油和弹药的装载量,提高舰载机的持续作战能力。

舰船用核动力装置是以核反应堆作为推进动力的舰船动力装置,压水堆是世界上核动力堆中最为广泛应用的堆型。舰船用压水堆核动力装置通常由核反应堆、一回路系统、二回路系统和轴系所组成,其原理如图 1.17 所示。核反应堆是全船动力的能源,它提供全船推进所需要的全部热能;一回路系统是利用反应堆核燃料裂变放出的热,使之产生蒸汽的装置,由蒸汽发生器、稳压器和主泵等设备以及它们之间的管系所组成;二回路系统是将蒸汽的热能转换为机械能或电能的装置,由汽轮机、冷凝水泵、给水泵等设备以及它们之间的管系所组成;轴系是将饱和蒸汽轮机齿轮机组的机械能或汽轮发电机组的电能传递给螺旋桨,以推进船舶前进的装置。

舰船用核动力反应堆及一回路用材料按其作用可分为结构材料和功能材料两大类。结构材料几乎全部是金属材料;功能材料主要有核燃料、中子吸收材料等与反应性相关的材料,以及屏蔽材料、隔热材料等

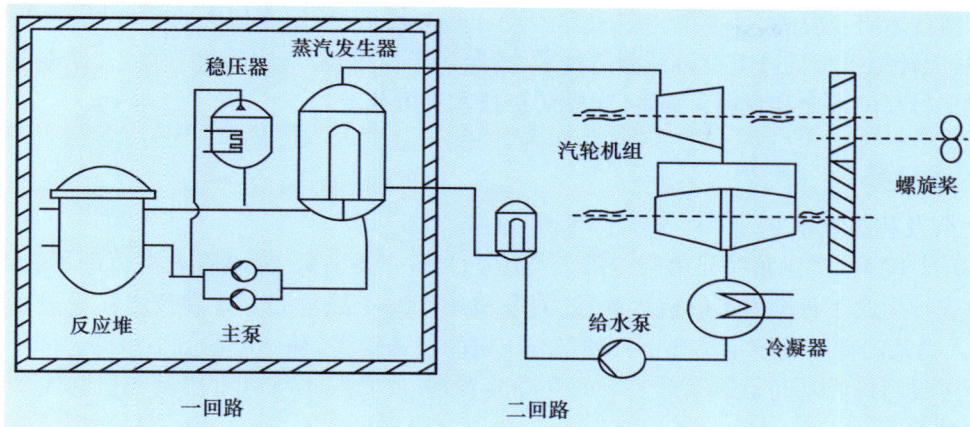

图 1.17 舰用核动力装置原理图

与安全防护相关的材料。考虑到核燃料举足轻重的作用与性能的独特性,往往将其置于与所有其他材料并行的位置。

核动力装置对材料使用中的共性要求主要体现在力学性能、抗辐照性能、抗腐蚀性能和焊(连)接性能四个方面。材料的服役工况普遍为高温高压、辐照、腐蚀和动静态载荷等多场偶合作用环境,因此,材料的性能指标高、质量要求严格,其研发过程具有牵涉面广、综合性强、周期长、难度大、验证过程复杂等特点。

5. 潜艇 AIP 技术

常规潜艇因蓄电池容量有限,需要经常上浮到通气管状态进行充电,暴露率高,生命力容易受到威胁。因此,人们从 20 世纪 80 年代以后,开始发展不依赖空气推进装置(AIP)。按能量转换装置不同,AIP 有多种形式,主要有热气机(SE)、闭式循环柴油机(CCD)、燃料电池(FC)和混合核动力(AMPS)。

热气机的热交换器处于高温高压环境,因此对材料要求很高,热气机特有热交换器的设计制造技术是热气机的关键技术之一。热气机的活塞环不同于柴油机的活塞环,需采用特种材料,既要确保汽缸内工质气体的密封性,又要实现无油密封,使热气机稳定有效运行。热气机在水下工作要使用液氧,液氧采用高压低温方式储存在液氧罐中,AIP 技术包含液氧系统制造集成、液氧罐抗冲击设计、液氧罐隔热、热气机发电机组箱装体及减振降噪设计、CO_2 气体海水吸收等技术。热气机需要解决液氧的密封与储存的腐蚀问题。

闭式循环柴油机工作原理:液氧汽化后与柴油机排出的部分废气混合,送到柴油机汽缸内燃烧,形成闭式循环,燃气直接做功。闭式循环柴油机采用普通柴油机进行改装,由于柴油机本身技术成熟,应用广泛,因此需要重点解决闭式循环柴油机的系统问题。闭式循环柴油机系统的关键材料技术有:空气再生技术中液氧储存及汽化、CO_2 吸收器材料等,以及液氧在整个过程中的密封、腐蚀与安全问题。

燃料电池具有效率高、振动噪声小、热辐射低、可靠性高、反应物清洁和民用市场巨大等优点。潜艇燃料电池 AIP 系统主要由氢源系统、氧源系统、电堆系统及为确保系统正常运行的辅助系统组成。从目前的技术状况看,除氧源技术与热气机 AIP 系统相同,燃料电池的主要关键材料技术有:甲醇重整制氢和金属吸附储氢材料及技术;电堆密封技术,需要防止氢气和氧气泄漏,确保安全。

混合核动力 AIP。配置有小型核动力装置,能彻底解决常规潜艇通气管状态航行充电隐蔽性差的问题,因而是真正意义上的不依赖空气的 AIP 系统。潜艇装有小型核动力装置后,其水下续航力将近乎无限,从而大幅度提高了潜艇的隐蔽性。混合核动力 AIP 关键材料技术有:低温低压反应堆材料及技术;能量转换材料技术。由于涉及反应堆技术,核辐射及腐蚀防护也是关键技术之一。

6. 综合全电力推进技术

综合全电力推进系统把舰船推进系统与电力系统融合为统一体,将全舰所需的能源以电力的形式集中提供统一调度、分配和管理。这种全新的系统将使全船系统和设备的布置更加灵活,并将为激光、电磁武器提供能源,是动力系统的革命,也将带来武器系统的革命性变化,而且后者的意义更大。

综合全电力推进技术从 20 世纪 80 年代末期开始发展,美国从 1988 年开始综合全电力推进系统的发展,综合全电力推进系统的优点有经济性好、提高战斗力、增强生命力、改善维修性等。舰船综合全电力推进系统关键材料技术有:高压大功率电力电子器件设计制造技术、舰用高压大容量变频调速器设计制造技术;高压、低速、大转矩多相推进电机设计制造技术,高温超导材料技术,永磁材料技术,储能材料技术等;如何保持如此众多材料的寿命和材料可靠性,腐蚀防护技术不可或缺。

1.3.4 总体关键技术与腐蚀防护

1. 飞机上舰及相关技术

1903年12月17日,美国莱特兄弟制造出人类历史上第一架飞机,标志着人类迈进了航空新时代。莱特兄弟的航空飞行引起了各国海军的极大关注,对飞机用于海上战争的方式和技术积极进行探索和尝试。1908年,法国人克莱门特·艾德尔描述了一种搭载飞机的特殊舰型,有一个宽敞平坦的起降甲板、存放飞机的机库和起降甲板与机库之间运送飞机上下的升降装置,并要求舰本身具有协助飞机起飞的高航速,这就是航空母舰的雏形。

经过100多年的发展,飞机上舰的关键技术有:飞机弹射起飞技术;较长而平坦的全通式飞行甲板;由横向阻拦索和阻拦网构成的阻拦装置;在甲板与机库之间运送飞机上下的升降机;助降装置技术;防滑甲板涂料技术。弹射器、阻拦装置、升降机、防滑涂料引发了航空母舰先进材料技术应用的快速发展。采用微合金化高强钢作为新型阻拦、滑轮索材料,美军航空母舰阻拦索达到100次使用,滑轮索达到800次使用寿命;电磁弹射往复车体用高强度钢研制出满足设计要求超高强度(1900MPa级以上)大规格往复车体材料锻件。2009年,美国海军水面作战中心(NSWC Carderock)和海军研究实验室提出,应用于F-35B和MV-22舰载机飞行甲板防滑涂层的综合性能指标要求超高耐久性,满足2万次起降/3年服役寿命;耐高温性,高温达到400℉[①]/90min;超高温达到1700℉/7~20s。图1.18为美国海军进行的飞行甲板防滑涂层试验。

(a)　　　　　　　　(b)

(c)　　　　　　　　(d)

图1.18　飞行甲板防滑涂层试验

① $℉=\frac{9}{5}℃+32$

2. 导弹装舰及相关技术

导弹武器装舰使用是现代舰船发展的重要标志之一,其中水面舰艇的导弹共架共库技术和核潜艇水下发射弹道导弹技术大大提高了舰艇的远程快速攻防能力。

导弹共架共库技术的基础是导弹的垂直发射技术,关键是共架共库垂直发射装置。图 1.19 为"提康德罗加"垂直发射"战斧"导弹。发射装置的总体设计需要用到高强结构材料、减振材料等,如何保持舰船结构在导弹发射时的热冲击、高温腐蚀是总体设计应该考虑的问题。

图 1.19　"提康德罗加"垂直发射"战斧"导弹

3. 隐身技术发展

1)设备减振降噪技术和材料

在舰船上广泛应用柴油机等往复机械,振动噪声大是固有的缺点,一般采取减振或隔振降噪装置。隔振系统的关键是合适的隔振元件。设备隔振器主要有金属隔振器、橡胶隔振器、钢丝绳隔振器、气囊隔振器。为防止机械设备所产生的振动通过通海管路直接传到海里,还需要在管路采取措施,措施和材料包括使用柔性橡胶接管,降低压力脉动,隔绝管壁振动;使用金属消声管、谐振腔等吸收水中噪声;使用金属或非金属柔性管支架,减小管壁的振动;使用金属或非金属对泵进行隔振等。这些减振降噪技术和材料需要保持在腐蚀环境、力学环境综合作用下的寿命,腐蚀防护非常关键。

2)低噪声推进技术与减振合金材料

螺旋桨的噪声直接与空泡有关,其空泡噪声频谱很宽,从 20Hz ~ 50kHz。空泡噪声主要采用改进螺旋桨的设计得到改善。降低螺旋桨噪声有三个途径:一是采用可降低空泡压力和叶片线速度的多叶大直径倾斜桨;二是在螺旋桨上加一个罩子,遮蔽一部分噪声,形成了泵喷推进器;三是叶片选用高阻尼合金材料,这样可抑制桨叶振动,降低辐射噪声。例如,英国使用了镍锑合金桨叶,日本采用了铁铬铝合金叶片,结果使减振效果提高了近 20 倍。任何螺旋桨都有一个海生物腐蚀和空泡腐蚀问题,多数减振合金材料耐蚀性都不是太好,尤其是在海水环境条件下,搞好减振的同时腐蚀防护不能忽略。

3)消声瓦技术和材料

消声瓦技术出现于第二次世界大战末期。德国海军为了挽回败局,减小潜艇的损失,开始在部分常规动力潜艇的外壳上加装一层名为"阿里贝里奇"的合成橡胶防声材料。这种材料用橡胶制成,材料厚约 30mm,内部有直径为 2 ~ 5mm 的圆柱形空洞,它利用声音入射时产生的气泡变形来吸收声能,在降低反射量及艇内噪声方面有一定作用。消声瓦的效果可使潜艇的噪声降低约 10dB,现已经在多个国家潜艇上广泛应用。现有的消声瓦主要采用特种橡胶为主的材料结合结构优化设计后制造。由于消声瓦需要贴覆在潜艇外壳上,并经受下潜时海水压力的作用,艇体的腐蚀涉及潜艇的安全性,消声瓦本身、消声瓦下艇体的腐蚀防护、腐蚀监检测都是总体设计和管理者应该关注的关键问题。

4)磁隐身技术和材料

水面舰船和潜艇绝大多数是由钢质材料制成,其上的主机、辅机等设备也采用了钢质材料。这些材料都是良好的磁化体,所以舰船在地磁场中极易被磁化(一种是永久磁化,另一种是感应磁化),并在周围产生不同方向和强度的磁场。降低舰船磁信号特征,是舰船综合防护能力和反水雷作战能力中重要的组成部分。由于磁性水雷引信技术不断发展,不仅普通舰船需要降低磁信号特征,而且反水雷舰船为了更安全地在水雷区域活动,对磁隐身有更高的要求。

磁隐身的主要措施有两个:一是对舰船进行消磁;二是采用低磁性材料来建造舰船。各国海军还尽可能地使用各种低磁或无磁材料建造船体,以保证舰船的磁场强度大幅度减少。通常,反水雷舰船大都采用玻璃钢、木材等非磁性材料建造,上面的设备也都尽量用此种材料制造。例如,美国的海岸猎雷艇"鱼鹰"级,前两艘舰船体为木质,发动机和发电机采用铝、铜等非磁材料制造。20 世纪 80 年代以来,潜艇在这方面进行了研究和应用。例如,苏联的 T 级、A 级和 M 级核潜艇采用钛合金;德国潜艇采用低磁不锈钢。西方国

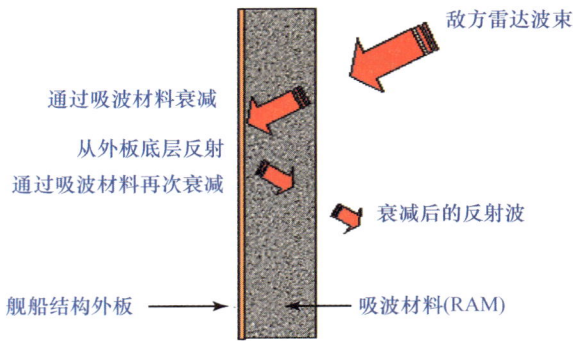

图 1.20　吸波材料原理图

家不少常规潜艇将玻璃钢、复合材料和防腐铝合金等材料用于上层建筑、指挥台围壳的建造,也有效地降低了潜艇的磁性。磁性材料的应用也涉及材料磁性、耐腐蚀性以及腐蚀以后对磁性的影响等。

5）雷达波吸波涂料技术

除总体外形结构隐身外,采用吸波材料是隐身关键技术之一。其基本原理是通过某种物理作用机制将雷达波能量转化为其他形式的能量,并通过耗散作用而转化为热能(图 1.20)。雷达吸波材料分为结构隐身材料和隐身涂料。早期隐身涂料出现过不耐腐蚀容易脱落等问题,提高材料电磁性能的同时,耐海洋腐蚀性能不能忽略。

1.4　舰船腐蚀控制系统工程概论

随着科学技术和武器装备技术的发展,舰船结构形式、上舰的材料和设备越来越多,给做好舰船腐蚀控制带来了更多的困难。做好舰船腐蚀控制工作主要是从思想上要有一个系统工程的思维,需要进行多层面的顶层设计,管理上、技术上需要开展全过程和全寿命周期的系统控制。

1.4.1　腐蚀控制工程的重要位置

要将腐蚀控制工程置于装备技术发展的重要位置。腐蚀会引发舰船恶性安全事故,腐蚀会降低设备和系统的可靠性,修理腐蚀故障会造成停机停航,引起在航率的下降。所以,舰船腐蚀预防和控制是与舰船的安全性、可靠性、战斗力密切相关的工程,是一项非常重要的工作。毋庸置疑,应该将舰船腐蚀预防与控制作为一项大事来抓,将腐蚀预防与控制相关材料、工艺、技术的发展作为海军装备技术发展的一个重要组成部分。

要积极推进"腐蚀经济学",算好全寿命、全行业的经济账。腐蚀控制强调的是技术上的先进性、可靠性与经济上的合理性、节约性的辩证统一。与一般的经济问题不同,它既要满足一定的技术要求,又要满足经济上最节约的原则,设计建造部门要根据军方提出的要求和提供的经费情况,提出型号的具体设计建造目标设想和设计建造对策,进行认真的经济分析,以求获得军方要求的设计并达到经济效果的最优化;设计部门还要在设计之初根据型号的维修间隔进行维修性设计,统筹优化研制阶段为腐蚀控制而进行的材料、工艺、技术的直接费用和使用过程中的维护保养、换件、修理等后续过程的间接费用,要达到全寿命费用的最优,而不仅仅是研制阶段费用的最优。设计人员还要了解掌握国家相关矿产、材料资源储备和技术基础,尽量选择符合国家发展战略大趋势的材料、技术,为国家节省资源和避免造成不必要的浪费。

1.4.2　腐蚀控制必须进行顶层设计

要控制腐蚀,需要论证、设计、制造、使用、维护、修理有关工程技术人员的共同配合,从图纸设计开始,进行全员、全方位、全过程、全寿命的控制。要真正控制腐蚀,需要研究和发展一系列相应的腐蚀控制技术。也就是说,腐蚀要进行系统控制,才有可能获得成功。

腐蚀预防与控制必须从设计开始。舰船总体、系统或设备的设计师如果不能把握自己所设计的对象可能遭受的环境侵蚀性,让具有侵蚀性的介质随意肆虐其设计对象,所设计的结构不足以抵御腐蚀和外力的协同作用,设计选用材料在所在的环境中不具有良好的耐蚀性,甚至设计师对所同意的制造工艺可能带来的腐蚀危害心中无数的话,装备的腐蚀就会不可避免地发生,甚至造成灾难。腐蚀的预防只有从设计源头抓起,才是最根本的保障。型号总师要从全舰/艇的高度和全寿命周期角度对军方提出的腐蚀控制技术指标进行合理分配,要对各系统之间、系统与总体之间的用材、腐蚀控制技术进行协调,要预留足够的重量和空间裕量用于腐蚀控制;设计师要进行合理的预防腐蚀的结构设计,预防应力腐蚀、磨蚀或疲劳腐蚀的设计,预防不同金属接触的电偶腐蚀设计,耐蚀材料与加工工艺合理选用的设计;各系统的设计师要提出外购件、外购设备在制造过程中的腐蚀控制要求;设计师为了满足上述需求,要不断学习腐蚀科学知识,掌握腐蚀控制技术的最新进展,要具备预防腐蚀和控制腐蚀的设计能力。

1.4.3 腐蚀控制必须进行全过程系统控制

一是腐蚀预防与控制贯穿建造的全过程。有了良好的设计,腐蚀控制才刚刚开始。设备和构件的制造应该完全按照设计的要求,制造出完全符合设计要求和设计内容的新产品;制造工艺不能损伤材料固有的耐蚀性;要严格制造过程,相关的制造工人了解相关工艺规程,不能有所疏忽而损伤了材料的耐蚀性;要有制造过程进行全员、全方位预防腐蚀控制的质量保证体系及其成套的技术和管理文件。

二是使用过程中始终注意延缓腐蚀发生。当部队接收产品、投入使用的整个过程中,要按照舰船、各系统、各设备的使用要求进行维护、保养,要定期检查阴极保护装置是否处于良好的运行状态,要及时更换用于保护的牺牲阳极元器件,要及时排除舱室积水使舱室保持干燥状态,要定期检查液舱、潜艇上层建筑区域、海水管路等易腐蚀部位的腐蚀情况,并记录在案,确保舰船使用可靠性、安全性和耐久性。

三是修理过程中注意继承性、相容性。一艘舰船在寿命周期内要经过多次坞修、小修,至少要经过一次中修。在这些修理过程中,要根据装备的腐蚀情况和腐蚀控制技术发展情况进行修理或修复设计。在这些修理或修复设计时,要密切关注采用的修理或修复材料、工艺是否与原有的材料、腐蚀控制工艺相矛盾,是否会对相邻的区域构件、系统和设备产生影响,应特别强调修理、修复过程中的材料、工艺的继承性和相容性。

1.4.4 腐蚀控制管理流程非常重要

总体设计部门、总装厂和大型设备的制造单位要研究建立腐蚀控制系统工程的管理程序和要求,要对设计、制造的每个过程进行监督检查,要明确设计师、制造人员在腐蚀控制过程中的职责、任务和具体原则,要有外购材料、外购零部件、外购装配件的腐蚀控制措施和要求,要有装备交付部队时成套的腐蚀控制培训机制和相关文件,才有可能实现舰船从设计、研制、生产、使用、维护、修理直至退役的全过程进行全方位腐蚀控制。

1.5 舰船腐蚀控制技术发展与展望

1.5.1 美国航空母舰腐蚀控制关键技术发展趋势

进入21世纪以来,美国海军研发并运用了一系列具有可减免维护、长效服役寿命、环境友好、高性价比等优良综合性能的新型腐蚀防护及腐蚀监检测新技术,以满足新形势下航空母舰全寿命服役期内的安全可靠运行和降低维护成本需求。

1. 舱室涂层

1999年,美国海军开始将超高固体份快速固化环氧涂料(UHS ER)分别应用于包括航空母舰在内的舰艇舱室维护,取得了理想效果:UHS ER涂料全部施工时间仅需35h,可节省40%的维护工时以及35%左右的维护成本,1999年至今仍不需维护,而材料成本等同于传统涂层体系。

2. 干舷涂层

2008年以来,美军逐步在水面舰艇干舷和上层建筑上推广应用单一快速固化聚硅氧烷涂料,也初步取得了预期效果。

当前,美军航空母舰主要采用有机硅醇酸树脂涂层进行舱室和干舷维护,该涂层用于干舷区域的服役寿命仅为8~10年,压于某些腐蚀性较强的液舱寿命仅能维持1~2年。除服役寿命短之外,传统涂层还存在保光保色性、抗沾污性、重涂性差等问题。还有,由于不能及时评估舱室/干舷涂层的失效程度,以确定合理的维护时间,导致存在维护欠缺和维护过度现象,都会造成航空母舰维护工作量和成本大大增加。根据美国航空母舰项目办公室研究结论,提出了在舱室/干舷维护中使用服役寿命可达 15～20 年的新型涂层的要求。

另外,美国海军研究局(ONR)主导的"未来海军战力"(FNC)中长期研究计划中,早在 2004 年就对未来舱室涂层提出了服役寿命达到 40 年的更高要求。2008 年开始实施的一项 FNC 子项目提出将干舷涂层寿命提高 3 倍的目标。

3. 防污涂层

目前,美军航空母舰采用可满足 12 年服役寿命的含铜自抛光和污损释放型的防污涂层体系,从而节省了大量维护费用。

由于以前水下船体防污涂层寿命仅为 3～6 年,而且维护困难,"尼米兹"级航空母舰的水下船体维护间隔通常不超过 48 个月。1997 年,海上系统司令部系统工程分部最早提出了包括航空母舰在内的大型水面舰艇入坞间隔延长至 12 年的概念,并要求压载舱涂层和水下船体涂层均需达到 12 年服役寿命。近年来,美国国家表面处理中心(NSTC)提出,要求未来水下防污涂层的服役寿命达到至少 20 年,研发重点放在低铜/无铜自抛光型和污损释放型防污涂料。

4. 飞行甲板防滑涂层

从 2009 年开始,海军研究实验室已就 20 多种体系的 F-35 B 和 MV-22 舰载机用飞行甲板防滑涂层展开筛选,主要包括热喷涂涂层、激光熔覆涂层和非晶合金涂层等金属基涂层,以及聚硅氧烷、聚硅氮烷、聚磷腈等聚合物涂层。目前,已获得 10 种高耐久性涂层和 7 种抗高温涂层,并在"惠德贝岛"级船坞登陆舰飞行甲板上展开实船验证。

随着 F-35 B/C、MV-22 等未来航母舰载机的持续服役,由于飞机降落的巨大冲击力(45×10^4N)以及喷气推进系统的改进,现役的环氧或聚氨酯树脂基飞行甲板防滑涂层体系寿命仅有 1～2 年,300℉/<1 万次起降即失效,已逐渐不能满足新型战机的飞行安全、耐磨性及耐高温综合性能要求。2009 年,美国海军水面战中心(NSWC Carderock)和海军研究实验室(NRL)提出的应用于 F-35 B 和 MV-22 舰载机飞行甲板防滑涂层的综合性能要求具有超高耐久性、耐高温性、其他综合性能,具体为 2 万次起降/3 年服役寿命;400℉/90min,1700℉/7～20s;耐磨损、耐化学试剂、耐外物损伤。

5. 腐蚀监检测技术

由于航空母舰上有大量的舱室和干舷面积需要维护,近年来美国海军采取了诸多腐蚀检测新技术和方法来减免维护航空母舰舱室和干舷维护工作量,提高维护质量和工作效率。

(1)压载舱/燃油舱舱室腐蚀监测系统。从 1997 年开始,海军研究局和海上系统司令部逐步在压载舱和燃油舱中运用电化学传感器系统(TCMS)来进行腐蚀监测。

(2)内舱腐蚀远程监控系统。2012 年,美国海军维修委员会开始在不便于人工检查的内舱中推广应用插杆式远程监视系统(ISIS)。

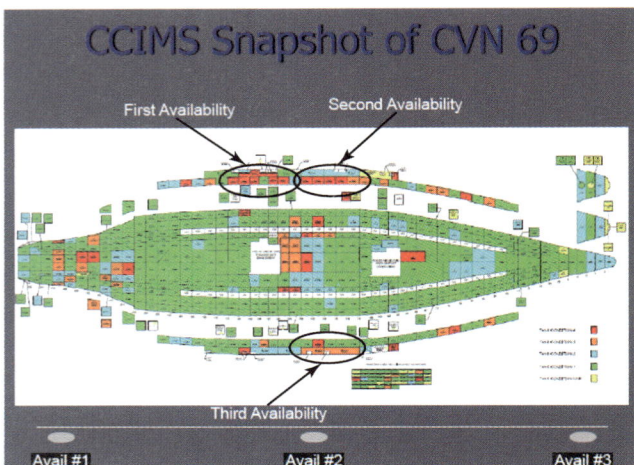

图 1.21 CCIMS"腐蚀控制信息管理系统"

(3)干舷涂层维护评估系统。由于此前干舷涂层的质量检查通常需要拍摄大量照片,除费时费力、某些区域还有可能遗漏之外,往往不能通过所拍照片对涂层完好程度做出正确评估。为克服该问题,2009 年,海军研究实验室开始在航空母舰干舷涂层施工和维护过程中推广应用新型涂层质量自动集成评估系统(AFTCAT)。

6. 腐蚀监控共享网络系统

2005 年以来,美国海军通过基于网络共享的"腐蚀控制信息管理系统"(CCIMS)(图 1.21),以用来对所有航空母舰的舱室进行维护监管,使 2005—2011 年航空母舰的腐蚀状态未知舱室数量由原来的 45% 降低至 2.3%,累计节省维护费用超过 1000 万美元。

7. 新型涂层维护技术

2007 年以来,美国海军为提高涂层去除的效率并降低成本,在航空母舰干舷、舱室和甲板涂层维护中逐步推广感应加热去除涂层技术。2009 年以后,又推出了效率更高的激光去除涂层技术。另外,为缩减步行防滑甲板涂层的修复工作量,2007 年以来在航空母舰步行甲板上应用了可剥离防滑涂层技术。

上述新材料、新技术、新方法的创新,从设计、建造和维护等多个方面,减少了维护工作量,缩短了维护时间,为延长航空母舰有效战备状态、提高舰队快速反应能力做出了积极贡献。

1.5.2　舰船腐蚀控制技术薄弱环节

当前舰船腐蚀控制技术研究还有差距,在如下几个方面还存在薄弱环节,基础还比较差,还有待加强:

一是腐蚀控制实际状况与装备发展需求发展之间的差距。装备发展迅速,走得更远,潜得更深,可靠性要求更高,而装备的腐蚀实际状况与需求有明显差距。

二是国内研究与国外技术水平之间存在差距。从装备的实际状况和腐蚀控制技术综合应用的现状来看,国内的舰船腐蚀控制技术还是有很大的发展空间。

三是对潜艇的研究与对水面舰船的研究之间存在差距。就腐蚀控制来说,水面舰船相对简单,潜艇结构复杂、使役环境多变,特别双层壳体内部的腐蚀防护,材料种类多、腐蚀环境多变,腐蚀控制难度很大,各国对此研究都是难点和薄弱环节。

四是对特殊船型的腐蚀研究明显不够。较长时间以来,单体深 V、螺旋桨推进的船型占有绝大多数,随着船舶总体技术的发展,双体、三体以及采用喷水推进的船型越来越多,但是如何搞好这些船型的防腐蚀工作各国都在摸索过程中。

五是对新型材料的防护研究刚刚开始。长期以来,结构钢是船体结构的主要材料,对结构钢的防腐蚀研究也占有绝大多数,但是随着装备减重、减振、长寿命的需要,铝合金、钛合金、复合材料等先进材料应用越来越多,给船舶装备带来的腐蚀形式、腐蚀问题也相应地越来越多,而腐蚀界则显得对这些新材料、新结构的腐蚀研究准备不足。

六是对远海、深海的腐蚀研究不多,研究条件受限。长期以来,我们对近海海域环境了解得比较多,腐蚀研究也比较多,随着海运和海工装备事业的发展,船舶逐步从近海走向远海,从浅海走向深海,对海洋环境以及这种条件下的腐蚀研究需要从"二维"走向"三维",而且"维度"还得逐渐扩大。显然,远海、深海的环境条件以及装备材料在这些条件下的腐蚀特性等方面的数据、信息掌握得还不多,更谈不上如何开展腐蚀控制和探索腐蚀控制技术的有效性。

1.5.3　舰船腐蚀控制需求

从美国航空母舰维护保障和腐蚀预防与控制的发展历程可以看出,作为确保航空母舰全寿命周期内有效运行和降低维护保障费用的关键所在,腐蚀预防与控制必须从战略到战术、技术多个层面引起高度重视。

1. 腐蚀控制战略需求

(1) 需要开展海军装备腐蚀控制战略研究。舰船的腐蚀、修理、维护无疑会影响到舰船的在航率、可靠性,航空母舰是否在航、能否快速出行、能否战之能胜无疑是国家的重大事件,需要将以航空母舰为主的重点舰船装备的腐蚀控制提升到国家发展的战略高度进行研究、管理,以及如何组织实施。

(2) 需要开展腐蚀控制技术发展对航空母舰战斗力的影响研究。研究如何利用腐蚀控制或有效抑制腐蚀提高航空母舰装备的可靠性,保证航空母舰全寿命服役周期的安全有效运行,提高快速反应能力及战斗力;需要进行概念探索,研发减少腐蚀和维护的新技术,以满足海军使用需求。

(3) 需要开展航空母舰腐蚀经济学研究。要算好全寿命、全行业的经济账,需要研究腐蚀预防与控制对全寿命周期费用的影响,需要采用减少腐蚀/维护的先进技术,控制航空母舰平台设计、建造、服役全寿命周期内的总体成本。

2. 腐蚀控制系统工程理论和方法需求

（1）航空母舰腐蚀预防与控制的顶层设计、系统控制的方法。针对论证、设计、制造、使用、维护、修理等过程，需要研究和发展一系列腐蚀控制技术。

（2）腐蚀控制系统工程的管理程序。需要研究舰船全寿命周期腐蚀控制的管理程序。

（3）腐蚀预防与控制系统控制设计方法。腐蚀的预防只有从设计源头抓起，才是最根本的保障。型号总师、设计师要从全舰/系统的高度和全寿命周期角度对军方提出的腐蚀控制技术指标进行合理分配，要对各系统之间、系统与总体之间的用材、腐蚀控制技术进行协调，要预留足够的重量和空间裕量用于腐蚀控制，先进的腐蚀预防与控制系统控制设计方法起到至关重要的作用。

（4）腐蚀预防与控制的建造方法。有了良好的设计，腐蚀控制才刚刚开始。设备和构件的制造应该完全按照设计的要求，制造出完全符合设计要求和设计内容的新产品；制造工艺不能损伤材料固有的耐蚀性；要严格制造过程，相关的制造工人了解相关工艺规程，不能有所疏忽而损伤了材料的耐蚀性；要有制造过程进行全员、全方位预防腐蚀控制的质量保证体系及其成套的技术和管理文件。

（5）减缓腐蚀发生的使用方法和措施。使用部队应按照舰船、各系统、各设备的使用要求，进行维护、保养，要定期检查阴极保护装置是否处于良好的运行状态，应及时地更换用于腐蚀防护的易损件，需要研究腐蚀检测系统、涂层评估系统等先进方法。

3. 腐蚀控制先进技术/材料/工艺需求

舰船腐蚀控制研发导向的核心需求：进行概念探索，研发材料、表面改性、加工工艺、监检测等领域的腐蚀科学与技术，以满足舰船未来的设计需求；采用减少腐蚀和维护的先进技术，扩展原始设计寿命之后的舰船服役寿命，削减舰船设计、建造、服役全寿命周期内的总体成本。具体包括如下三个方面：

（1）基础研究需求。着重探索新型多功能结构材料，集中研发纳米、生物材料及海军专用合金体系；研究基于科学的腐蚀机制及过程，研究可指导减缓腐蚀技术发展的材料腐蚀发生/发展机制；利用表面强化、新型涂层、缓蚀剂或选择性合金技术，开发可实现优良钝化的超可靠材料；研究包括微生物影响在内的导致腐蚀发生/发展的海水环境及因素，以及相关腐蚀控制技术。总之，需要将材料学与腐蚀学紧密结合起来，要以提高材料的耐蚀能力为研究主要目的之一。

（2）优良综合性能防腐蚀材料需求。研究新型多功能涂层技术，开发具有本征优良性能的新型树脂；开发低挥发性有机化合物（VOC）、环境友好及性能改良的有机涂层；开发可等同甚至优于现有材料性能的无机涂层；开发可延长使役寿命的新型涂层材料及工艺。长寿命环保舱室防腐涂料、干舷涂料、防污涂料和高可靠、高性能甲板涂料是研发重点。

（3）先进腐蚀模型、腐蚀/涂层数据库开发及预测需求。开发多尺度腐蚀模型，通过对材料、环境和力学性能数据的分析、物理效应关联与综合，进行基于腐蚀的材料设计及选择；开发基于知识共享领域的先进腐蚀预测技术。研究先进的舰船腐蚀监检测技术、数据库和腐蚀预测并以此为基础指导舰船腐蚀维修的相关技术是工作重点。

1.5.4 舰船腐蚀控制技术研究学科发展展望

通过上面的分析，舰船腐蚀防护科学研究应跟上装备的发展步伐，提出以下六点意见：

1. 对装备的腐蚀研究方法需要从对宏观方法的研究朝宏观与微观方法相结合的研究方向发展

影响腐蚀的发生及其规律变化多种多样，同一个地区、同一个系统、同一种结构因为微小环境变化、组织结构变化，腐蚀形成机理可能就不一样，应以传统的宏观分析结合现代的微观晶相、微观环境的思想去研究和思考不同的船舶腐蚀问题。例如，长期以来装备的腐蚀在南海比东海、北海的严重，主要原因是南海的腐蚀环境恶劣，海水盐度、温度和海洋大气的湿度比其他海域都高，而在前几年遇到了这样的一个现象，即同样的铝合金船舶在东海某局部海域比南海、北海都要严重，排除泥沙、使用等因素影响，靠传统腐蚀学理论很难解释该现象，经过长期的腐蚀环境挂片试验、材料微观结构变化规律研究，结果发现该地区腐蚀环境有周期性变化规律，在该海域条件下这种铝合金材料发生电位偏移，并有可能与牺牲阳极材料之间发生电位逆转。所以，在对实际装备的腐蚀问题研究中，既不能采取传统的几大类宏观腐蚀现象来判断，也不能完全是以发表论文为目的采用"高、大、上"手段的研究方法,而要根据实际需要采取宏观与微观方法相结合的方法来处理。

2. 对二维腐蚀环境的研究朝三维腐蚀环境的研究方向发展

受装备需求和研究条件限制,腐蚀及腐蚀防护研究的学者关注的焦点是近海域的腐蚀问题,随着船舶逐步从近海走向远海,从浅海走向深海,许多船舶需要环球航行,探索海洋的深潜器工作深度从几百米、三四千米已到 7000m,甚至上万米,不同材料在不同海域的腐蚀规律不一样,以及不同压力海水条件下材料及防护技术失效规律与常压下不一样,美国几十年前就在全球建立了数十个材料和腐蚀考核站点,研究了典型海域数千米下材料的腐蚀失效,我们经过 10 年左右的研究,已经知道在超过一定压力的海水条件下涂层和牺牲阳极材料、防护系统失效机理与常压下不一样,但是还没有人能说得清楚太平洋彼岸或者大西洋、印度洋的腐蚀规律是否跟我们这边一样,离装备需求、离美国的研究水平我们还差得太远。对海洋环境以及这种条件下的腐蚀研究,首先需要研究人员思想上从二维走向三维,着力点是三维海洋环境,然后从技术上逐步探索三维海洋环境下的材料及腐蚀防护技术失效规律、数据,最后才有可能找到腐蚀控制的有效方法和措施。

3. 对单因素、简单构件腐蚀研究朝多因素、复杂结构研究方向发展

从近几年的全国腐蚀大会和海洋材料大会的报告、学术论文来看,大多数材料试板、试片为基础进行研究和论述的,探索"器件"和"系统"的腐蚀问题的不多,因为影响腐蚀的变量太多,研究工作量太大,短时间难以出成果。这里要强调的是,以传统的挂板模拟自然环境腐蚀问题的研究方法已经不能适应舰船发展的需要,研究结论对工程的参考价值也不大,对解决实际装备腐蚀问题、提升装备质量和可靠性的帮助也不大,舰船腐蚀问题的研究对象应该从材料级逐步向器件级、系统级、体系级,方法也应该多元化,需要站在总体或者系统角度思考、研究腐蚀问题。

4. 从单一腐蚀防护功能朝材料多功能方向发展

船舶材料往往承担着多种功能,舰船材料本身朝着多功能方向发展,单纯的"防腐"材料用途有限,一方面要求提高各种材料的耐蚀性,另一方面需要在防腐材料的功能上添加新的功能,如材料具有"防腐 + 降噪""防腐 + 减阻""防腐 + 耐磨"功能等。如丙烯酸聚氨酯、氟碳涂料、丙烯酸改性有机硅材料等有着较好应用前景,具有热反射涂层、能够使锈蚀转化为无色的自清洁船壳漆是下一代船壳涂料开发重点;甲板防滑漆要求在长效防腐的同时具备高弹性、耐磨防滑、轻质、抗冲击,近来还出现了具有热反射功能的改性聚氨酯弹性甲板漆;特殊部位防腐涂料还要求防结露、防冰冻,或者耐热、防火,或者吸声和阻尼,或者红外、雷达波和激光伪装涂料,等等,都有很好的前途。

5. 从被动防护研究朝主动控制研究方向发展

船舶装备防腐强调"整体"概念,不希望出现"水桶的短板",或者希望这个"水桶短板"能快速更换。所以,在论证设计之初就对船舶总体和各个重要系统的防腐效果有一个预估,需要根据装备的寿命和全寿命周期维修间隔来选材设计、腐蚀控制设计,在装备研制、使用、修理各阶段开展防腐蚀效果评估,要能实现主动控制,而不是出现问题后"头痛医头,脚痛医脚"。所以,除发展长效防腐蚀材料、装置外,腐蚀评估技术、监检测技术、优化设计技术、腐蚀建模仿真技术在舰船上有着较好的应用前景。

6. 从单纯腐蚀行为研究朝以腐蚀科学研究指导材料研发方向发展

许多腐蚀问题实际上是一个材料耐蚀性问题,腐蚀学发展前期工作重点一直是在材料失效机理、材料腐蚀防护方面,而在如何提高材料耐蚀性研究方面参与不多。对于一直服役于海水和海洋大气中的舰船来说,特别需要材料本身有较强的耐海水腐蚀能力,要通过对腐蚀问题的研究转化成指导材料耐蚀问题的研究,要强调指导如何"优生",而不是被动地停留在"优育"层面。例如,组织纳米化、洁净化对结构材料耐蚀性的影响,将腐蚀学与材料学结合,着重探索新型结构材料技术,实现材料高可靠与多功能,发展纳米材料、生物材料、海军专用合金材料体系,研究/掌握舰船材料腐蚀发生和扩散机制并转而指导缓蚀技术,等等,都有很好的发展前途,这是舰船腐蚀控制技术的发展所需,也是腐蚀学科出路所在。

参考文献

［1］　方志刚．高性能船舶金属材料［M］.北京:化学工业出版社,2015.
［2］　方志刚．舰船腐蚀控制是一项战略工程［J］.腐蚀防护之友，2015,26(4):58－60.
［3］　马运义,吴有生,方志刚．舰船装备与材料［M］.北京:化学工业出版社,2017.
［4］　邵开文,马运义．舰船技术与设计概论［M］.北京:国防工业出版社,2014.
［5］　方志刚,刘斌,管勇．美国航母腐蚀控制战略及发展［J］,论证与研究,2016,32(7):67－72.
［6］　方志刚,刘斌,王涛．舰船腐蚀预防与控制系统工程［J］.舰船科学技术.2016,38(1):112－115.
［7］　[苏]鲍戈拉德 И Я.海船的腐蚀与防护［M］.王曰义,杜桂枝,译．北京:国防工业出版社,1983.
［8］　方志刚,刘斌,李国民．舰船装备材料体系发展与需求分析［J］.中国材料进展,2014,33(7):385－393.
［9］　方志刚．舰船装备腐蚀控制技术展望［J］.腐蚀防护之友,2016,39(7):118－120.
［10］　肖千云,吴晓光．舰船腐蚀防护技术［M］.哈尔滨:哈尔滨工程大学出版社,2011.

第 2 章　腐蚀与腐蚀控制基础

2.1　腐蚀概念

2.1.1　概述

讨论腐蚀问题,首先要弄清腐蚀的基本内涵和概念。最通俗的腐蚀概念就是人们常说的"金属生锈",如铁器表面生出红褐色的锈,铜器表面生出绿色的锈。图 2.1 为锈蚀的钢质水管及出土的已生锈的古代铜

| (a) | (b) |

图 2.1　锈蚀的钢质水管及出土的已生锈的古代铜钱

钱照片。图 2.2 为屋顶铝建筑物的腐蚀。

在腐蚀的定义中包含了三个方面的内容,即材料、环境和反应的种类。材料包括金属材料和非金属材料。材料是腐蚀发生的内因,不同的材料其腐蚀行为差异很大;环境是腐蚀的外部条件,介质的浓度、成分对腐蚀的影响很大;发生腐蚀的种类更是千差万别,在后续将会详述。

图 2.2　屋顶铝建筑物的腐蚀

2.1.2　腐蚀的危害

金属腐蚀给人类社会带来的损失和危害十分严重,主要表现在三个方面:

1. 造成国民经济的巨大损失和金属材料的消耗

中国科学院海洋研究所侯保荣院士在《中国腐蚀状况及控制战略研究重大咨询项目》研究成果中指出,2014 年中国腐蚀成本超过 2 万亿人民币,约占当年度国民生产总值的 3.34%。

从金属材料因腐蚀造成的直接消耗来看,国外有关统计资料表明,全世界每年因腐蚀而消耗的金属达 1 亿吨以上,占金属年产量的 30%。如果其中有 2/3 的金属材料可以回炉重新熔炼再生,那么仍有占年产量 10% 的金属材料因腐蚀无法回收而损失。也就是说,地球上因腐蚀一直不断地在消耗无法再生的矿石资源。

以上指的仅仅是腐蚀的直接损失,它包括更换已被腐蚀的设备和构件、为防止腐蚀所采用耐蚀合金材料、金属表面防护(电镀、涂漆、防锈)和电化学保护等费用,其损失费用较易估算。而腐蚀引起的间接损失更为严重,它包括由于腐蚀造成的交通运输装备停航、设备停车、工厂停工停产、设备效能降低的利润损失,物料产品的流失(如管道输送的油、水、气等造成的跑、冒、滴、漏),使运输中断、停水、停电等。

2. 腐蚀造成重大事故和严重的环境污染

腐蚀甚至会引起火灾、爆炸等重大事故,使装备和人民生命财产蒙受巨大损失,腐蚀是影响装备和系统安全性的重要因素;腐蚀泄漏会导致对环境的严重污染。美国、英国等潜艇通海管路发生腐蚀穿孔,出现过

海水淹舱、舱室设备报废的事故;开发油田时,由于硫化氢应力腐蚀破坏产生井喷、大量天然气放空燃烧,是对大气环境的严重污染;海底采油管和沿海地区的石油化工厂贮罐因腐蚀破裂,大量重油流出,会对海洋环境产生严重污染。诸如此类的事故屡有记载。桥梁的突然断裂塌陷、飞机失事、轮船突然沉没、油管爆炸、军事装备的腐蚀破坏直接影响战局等,其严重性远远超出经济意义。

3. 腐蚀阻碍着新技术、尖端科学和国防科学技术的发展

新技术的采用对生产起很大的推动作用,但若不解决腐蚀问题,其应用是会受到严重阻碍的。例如美国的"阿波罗"(Apollo)登月飞船,贮存高能燃料的钛合金高压容器曾发生应力腐蚀破裂,虽经研究最终得以解决,但是如果找不到解决办法,登月计划将会推迟若干年。又如,目前核反应堆普遍采用的压水堆,其堆内的水温最高只能近300℃,明显低于火力发电的蒸汽温度,降低了蒸汽做功的转化效率,之所以温度受到控制,恰恰是由于腐蚀的原因。因为核燃料棒的包壳材料锆合金的氧化腐蚀速度存在一个较低的转变温度,当温度高于300℃时,锆合金的氧化腐蚀速度会显著增加。至今未找到锆合金作为燃料棒包壳用的更好的替代材料。

由此可见,腐蚀科学及防护技术与现代高科技的发展有着极密切的关系,它在国民经济发展及国防建设中占有极其重要的地位。

海船终年航泊于大海上,在海水这一恶劣的腐蚀环境中,腐蚀的危害是十分突出的,主要表现在两大方面:

(1)造成巨大的经济损失,损耗了大量的维修经费,缩短了船舶的使用寿命。早期我国船舶的维修经费中,因除锈、涂装、更换大量的腐蚀严重的船体钢板、管系及设备所需的经费几乎占到50%以上。近年来,由于相关部门的重视及材料和防护技术的改进,解决腐蚀问题的维修经费所占比例明显下降,但是仍占有相当大的比例。

(2)各种大大小小的腐蚀事故威胁着船舶的安全可靠性。曾有十分先进的、新造不久的船舶因严重的腐蚀事故而不得不提前退役。有的使用部门反映,腐蚀的直接和间接故障将占到装备故障总数的80%。图2.3为船舶管路严重腐蚀的典型图片。

做好腐蚀防护工作具有十分重要的意义。首先可以显著地减少腐蚀事故及装备的故障率,给船舶装备的使用安全可靠性提供足够的保证,军事和社会意义重大。做好防腐蚀工作,提高防护手段的技术水平和防护期效,还可以显著地延长船舶的坞修间隔期和使用寿命,大大节约维修经费,具有巨大的经济效益。

图2.3　船舶管路严重腐蚀的典型图片

船舶防腐蚀是一项系统工程,防腐蚀工作的好坏涉及设计、建造、材料、防护技术、维修与使用管理等各个领域和方面,近10年来,由于相关各个部门的共同努力,我国船舶的防腐蚀水平已经有了一个巨大的飞跃。

2.1.3　金属发生腐蚀的条件

金属发生腐蚀其实是自然界一种自发的趋势。在自然界中,只有少数几种金属如金、银、铂等有单质存在,大多数金属都是以化合物,即矿石状态存在。这是因为以这种状态存在最稳定,这称为热力学稳定状态。当金属被冶炼成为单质以后,就处于热力学不稳定状态。由热力学不稳定状态向稳定状态的转变是自发过程,因此,金属发生腐蚀是必然的过程,人类只能采取一些措施减缓腐蚀过程的速度,但不能完全阻止。

尽管人们花费很大力气把金属矿石开采出来,利用各种冶金手段还原成金属单质,并加工成金属结构和各种制品。但是它们在使用过程中还会与周围环境介质发生反应,重新形成化合物,这个返回原始状态的过程就是腐蚀过程。

钢铁材料是从含氧化铁和四氧化三铁的矿石冶炼出来的,又很容易与氧化合再回到矿石状态,红褐色的铁锈主要成分就是氧化铁和四氧化三铁,它们与铁矿石没有太大区别,如图 2.4 所示。

铝矿石的主要成分是 Al_2O_3,其腐蚀产物的主要成分也是 Al_2O_3。其冶炼与腐蚀过程与钢铁材料类似。

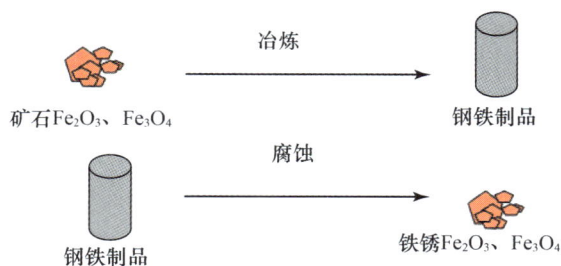

注:Fe_3O_4 可表示成 $Fe_2O_3 \cdot FeO$

图 2.4　金属的冶炼与腐蚀

在海水和海洋大气中,钢铁变成腐蚀产物——矿石状态是有一个过程的,大体过程:金属晶格中的原子(实质上是金属晶格中的离子)先在电解质中溶解,变为水化离子,一般情况下水化离子继续发生变化再形成化合物。铁在中性海水中的腐蚀变化过程(图 2.5)如下:

(1)铁在水中溶解变成二价铁离子:

$$Fe \rightarrow Fe^{2+} + 2e$$

(2)水化铁离子与水中的 OH^- 作用生成 $Fe(OH)_2$ 沉淀:

$$Fe^{2+} + 2OH^- \rightarrow Fe(OH)_2 \downarrow \quad (白色沉淀)$$

(3)$Fe(OH)_2$ 继续氧化:

$$4Fe(OH)_2 + O_2 + 2H_2O \rightarrow 4Fe(OH)_3 \quad (红色锈)$$

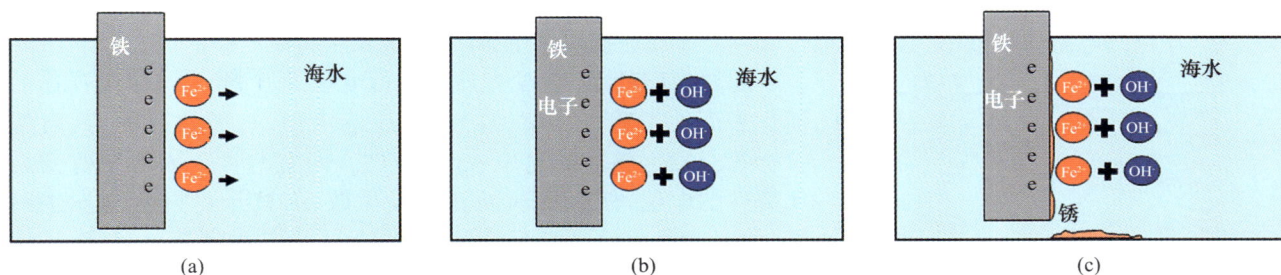

图 2.5　铁腐蚀返回矿石状态的过程

最后形成较复杂的铁锈 $m\,Fe_2O_3 \cdot n\,FeO \cdot p\,H_2O$。

由于海水中含有氯化物盐,生成的铁锈中除上述产物外还可能有少量的 $FeCl_2$(只能短暂存在)或 $FeCl_3$。

由于腐蚀形式及种类繁多,发生腐蚀的条件相应地也很多,这里仅就电化学腐蚀谈谈金属发生腐蚀的基本条件。

1. 环境条件

金属表面存在适合于这种金属发生电化学腐蚀反应的介质,或者电解质溶液,一般为水溶液。适合金属发生电化学腐蚀反应的介质是指溶液中存在一种或多种氧化剂,它们有能力夺取(或称得到)金属变为水化离子溶解后所给出的电子。从电化学腐蚀的原理上讲,金属原子失去电子变为水化离子的氧化反应(阳极反应)会在金属与溶液界面之间建立一个电位;而氧化剂得到电子的还原反应(阴极反应)也有一个电位。这两个反应耦合,还原反应的电位必须高于金属发生氧化反应的电位,金属就会发生腐蚀。例如,铁或锌在稀硫酸或盐酸中,酸中有可以得电子的氢离子,氢离子得电子的阴极反应,其电极电位高于铁、锌等失去电子的阳极反应的电位,则铁或锌在稀硫酸或盐酸中会发生腐蚀。然而对于铜来说,如果酸中没有氧,由于氢离子得电子的阴极反应的电极电位低于铜失去电子反应的电位,氧化剂氢离子不能得到铜的氧化反应所给出的电子,就不会发生腐蚀,如图 2.6 所示。但是如果酸中有较多的氧,则氧得电子的反应所建立的电位较铜失去电子反应的电位正,铜也会发生腐蚀。在海水中,铁、锌、铝、

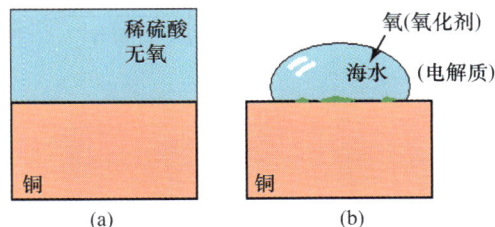

图 2.6　铜在常见介质中发生电化学腐蚀的条件

(a)不腐蚀;(b)腐蚀。

铜等会发生腐蚀,这是由于海水中有氧的缘故。蒸汽动力舰用锅炉的锅水、核反应堆一回路与二回路水都要进行除氧处理,就是为了消除水中可引起设备发生腐蚀的氧化剂。

2. 金属自身条件

金属在所处的介质中,其表面原子能够失去电子变为水化离子。这个条件的本质是,金属原子在其固体晶格上的能量(吉布斯自由能)比水化离子的能量高,有离子化趋势,故而可失去电子变为水化离子。

要满足上述转化过程还要有一个表面状态的条件,即金属部件与介质接触部位有裸露的活化表面。这个条件比较容易理解。腐蚀是发生在金属表面,金属部件周围有腐蚀介质,但是表面如果有相当绝缘效果的隔离层,则就不会发生腐蚀,或腐蚀极其缓慢。金属表面有保护效果很好的涂层,或金属表面进行了阳极氧化或钝化处理有很好的一层保护膜,都会有效地阻止或减缓腐蚀。

然而,在金属部件整体有涂层或保护膜的条件下,局部表面甚至是微小的局部表面保护层(膜)发生了破坏,局部就会发生腐蚀,而且局部破坏部位的腐蚀速度可能更快。金属部件表面发生局部裸露的原因很多:有些是结构设计原因,如结构缝隙,且海水又进入了缝隙,造成缝隙内的金属表面局部活化;有时表面保护层(膜)遭到机械损伤;也有可能是逐渐发展的腐蚀破坏,如不锈钢发生应力腐蚀时,尽管不锈钢部件整体表面有保护膜且基本完好,其应力腐蚀裂纹前端却裸露出高度活化的微区而发生快速的腐蚀溶解。

3. 电位 – pH 条件

在有合适的电解质及金属有裸露表面的条件下,金属发生腐蚀还要考虑其电位 – pH 条件,具体说就是在一定 pH 值的电解质溶液中,金属的电位必须处于相应的腐蚀电位区,才能发生腐蚀。

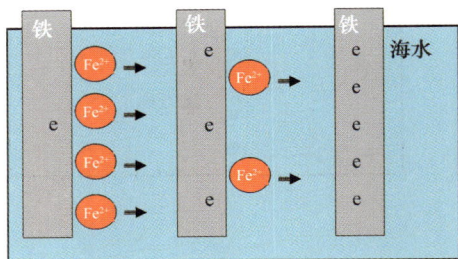

图 2.7 当钢铁的电位降到
某一临界值以下时,腐蚀就会停止

需要说明的是,在没有外界进行电位干涉情况下,金属裸露的活化表面处于适合于腐蚀的电解质溶液中,一般情况下,其自然就会符合发生腐蚀的电位 – pH 条件。但有时可以人为地改变金属部件的电位,使金属腐蚀速度发生改变,甚至可以避免发生腐蚀,如对腐蚀部件进行阴极保护,使金属的电位降至免蚀区,从而破坏了发生腐蚀的条件,金属得以免蚀,如图 2.7 所示。有些金属的免蚀电位会随着溶液的 pH 值发生变化,因此,将该条件明确为电位 – pH 条件。图 2.8(a)为铁 – 水系的电位 – pH 图,它标明了铁发生腐蚀、钝化及免蚀的点位 – pH 条件。图 2.8(b)为铝 – 水系电位 – pH 图,从中也可看出铝发生腐蚀的电位 – pH 条件。在中性较宽的 pH 值范围内,在较负的某个电位之上,铝会产生钝化,而在较低 pH 值的酸性区及较高 pH 值的碱性区的免蚀电位(稳定区)以上,铝

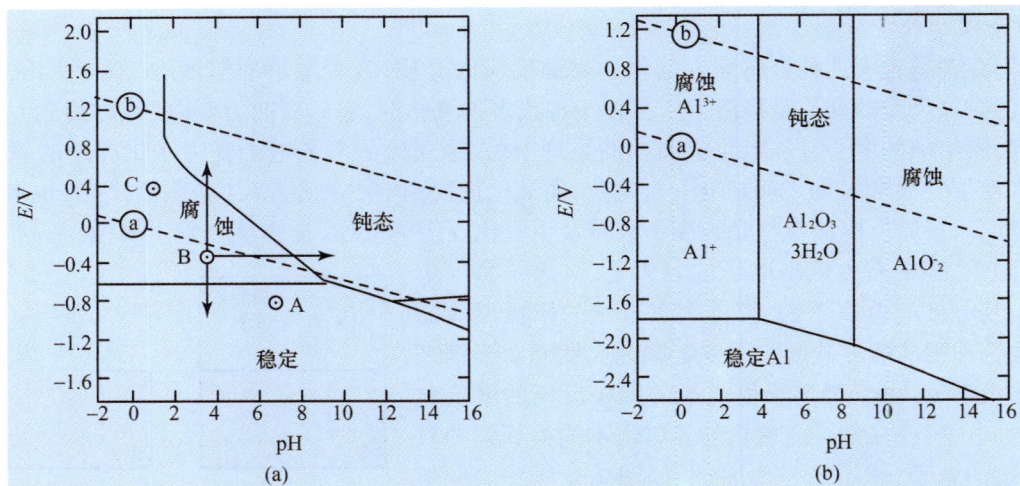

图 2.8 表明了铁、铝的状态与电位 – pH 的关系
(a)铁 – 水系的电位 – pH 图;(b)铝 – 水系电位 – pH 图。

都会发生腐蚀。

4. 其他特殊条件

有些特殊的腐蚀除满足上述基本条件外还需要特殊的条件。如电偶腐蚀,需要的特殊条件是异种金属接触部位发生电导通,两种金属表面都与电解质溶液直接接触,两种金属的电位值存在较明显的差异。如果其中高电位金属换成可导电的且电位较高的非金属(如石墨)或化合物相,也会发生电偶腐蚀。

再如,应力腐蚀,除金属自身条件及配合的介质条件外,还需要存在拉应力。

2.2　腐蚀动力学

2.2.1　化学腐蚀与电化学腐蚀

化学腐蚀是指金属表面与非电解质直接发生纯化学作用而引起的破坏。其反应历程的特点:在一定条件下,非电解质中的氧化剂直接与金属表面的原子相互作用而形成腐蚀产物,即氧化还原反应是在反应粒子相互作用的瞬间于碰撞的那一个反应点上完成的。这样,在化学腐蚀过程中,反应中电子的传递是在金属与氧化剂之间直接进行的,因而没有产生电流。例如钢铁的高温氧化,铝在四氯化碳、三氯甲烷或乙醇中,镁和钛在甲醇中,金属钠在氯化氢气体中等皆会发生化学腐蚀。上述介质往往因含有少量水分而使金属的化学腐蚀转为电化学腐蚀。图 2.9 为船用锅炉炉管的高温氧化,不同的温度产生了不同的氧化产物颜色。

前面在腐蚀分类中已经对电化学腐蚀进行了定义,即金属的电化学腐蚀是指金属表面与离子导电的介质因发生电化学作用而产生的破坏。腐蚀过程中有电流产生,以电池的形式进行。

下面以常见的铜锌电池实验为例,来理解电化学腐蚀。如图 2.10 所示,一根铜棒与一根锌棒(最好是较光亮的锌棒)插入稀硫酸中,两个金属棒之间有导线连接,并串入一个电流计,当线路接通时,电流计指示有电流通过,铜棒表面有强烈的气泡析出,观察锌棒表面,可看到锌棒表面失去光泽并开始变得较粗糙,说明锌棒发生了腐蚀溶解。这就是一个典型的电化学腐蚀例子。

图 2.9　船用锅炉炉管的高温氧化

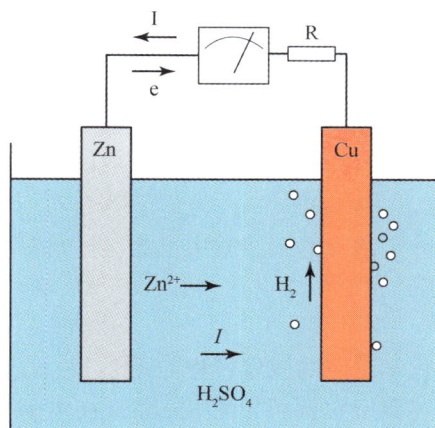

图 2.10　铜锌电池的电化学腐蚀过程

铜锌电池中发生了如下反应:

锌棒表面　$Zn \rightarrow Zn^{2+} + 2e$(阳极反应);铜棒表面　$2H^+ + 2e \rightarrow H_2 \uparrow$(阴极反应)

锌失去电子变为离子的反应称为氧化反应,这里称为阳极反应,也称为阳极过程。酸中氢离子得电子变为氢气的反应称为还原反应,这里称为阴极反应,也称为阴极过程。显然,在此例子中,锌的腐蚀是以电池形式进行的。

去掉锌棒与铜棒之间的导线,两者并靠在一起浸入硫酸中,如图 2.11 所示,则相当于外线路短路的电池,其电池工作的过程及锌的腐蚀情况与图 2.10 中电阻 $R = 0$ 的情况完全一样。

如果将锌棒单独浸入稀硫酸中,同样会发生析出氢气的腐蚀,如图 2.12 所示。只不过自腐蚀的速度没有与铜棒组成铜锌电池时快。

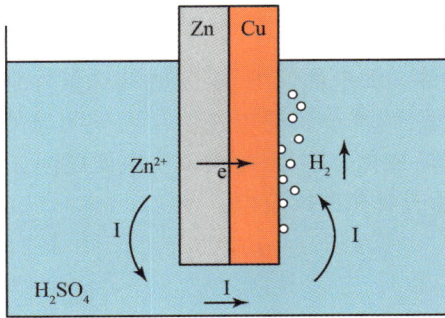

图 2.11　铜锌贴在一起短路连接所形成电池的腐蚀情况

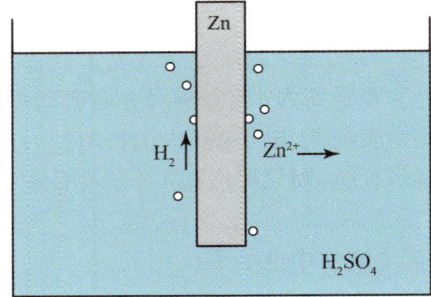

图 2.12　锌在硫酸中自腐蚀的情况

这个腐蚀是不是以电池的形式进行的呢？仔细观察可以发现，在相对短的一段时间内，气泡总是在锌棒表面一些相对固定的部位析出，将锌棒表面放大上千倍，可以看到锌棒表面会存在许多杂质，气泡就是从这些杂质表面析出的。实际上，此时锌棒的腐蚀也是以电池形式进行的，在锌棒表面的不同区域进行不同的电化学反应：锌基体表面是锌溶解的阳极反应；而杂质表面是氢离子的阴极反应，电子不断地从锌基体流回杂质，如图 2.13（a）所示。其原理与图中锌棒与铜棒并靠在一起的情况是一样的。

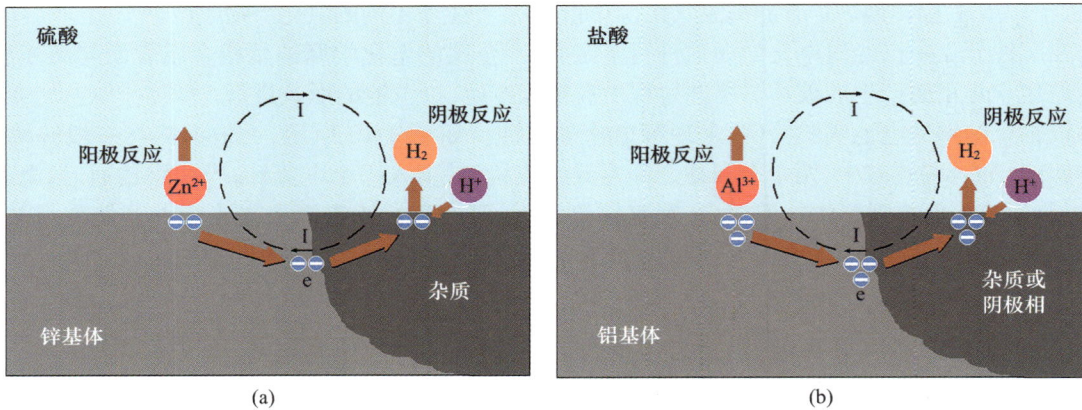

图 2.13　锌、铝在酸中自腐蚀的微观电化学反应过程
（a）锌在稀硫酸中；（b）铝在盐酸中。

铝在一定浓度的某些酸中也会发生与锌在酸中同样机理的电化学腐蚀，其腐蚀过程如下：

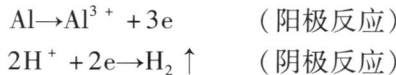

$$Al \rightarrow Al^{3+} + 3e \qquad （阳极反应）$$

$$2H^+ + 2e \rightarrow H_2 \uparrow \qquad （阴极反应）$$

其电化学反应的微观过程如图 2.13（b）所示。

由上述典型实例可以看出，金属在电解质中的腐蚀是一种电化学腐蚀过程，它具有一般电化学反应的特征。电化学过程就是说腐蚀是通过电极的电化学反应来完成的，整个过程是一个腐蚀电池过程。在这个电池中，在金属与电解质界面的不同部位会形成两个耦合的电极反应：金属失去电子的阳极反应（氧化）及氧化剂得电子的阴极反应（还原）。在金属内部及电解质中会形成电流。

任何一种按电化学机理进行的腐蚀反应至少包含一个阳极反应和一个阴极反应，并以流过金属内部的电子流和介质中的离子流联系在一起，否则腐蚀反应无法进行。例如，锌在硫酸中的腐蚀反应中包含了一个阳极反应和一个阴极反应。阳极反应给出了电子，这个电子必须由另一个阴极反应消耗掉（图 2.14）。

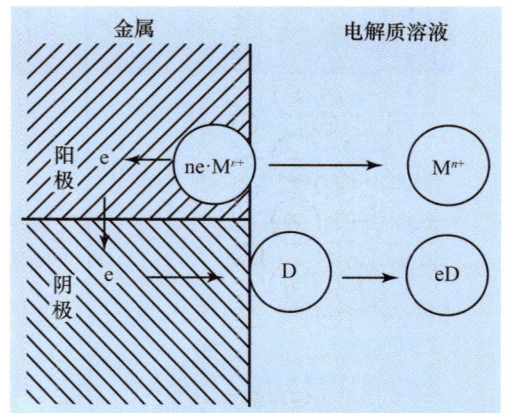

图 2.14　腐蚀电池中的阳极反应与阴极反应两者耦合并存

上面所提到的铁在水或海水中的腐蚀过程中,同样包含了一个阳极反应和一个阴极反应。

$$Fe \rightarrow Fe^{2+} + 2e \qquad (阳极反应)$$
$$O_2 + 2H_2O + 4e \rightarrow 4OH^- \qquad (阴极反应)$$

一个铁原子变为水化铁离子进入水中时要交出两个电子,这是阳极过程,如果铁中多出的两个电子没有被其他物质消耗,电子就会在铁中积累,使铁的离子化过程很快就会中止,而不能继续进行下去。然而由于水中溶解有氧,则氧可以得到电子(阴极过程),从而使得铁可以继续溶解,铁的腐蚀过程就可以继续进行。由于铁的离子化及氧在铁表面得到电子是在铁表面不同部位发生的,则必然在铁内部发生电子转移,与此同时,电解质中也会形成离子的运动。这样在腐蚀过程中就产生了电流。

2.2.2　电极反应

在腐蚀电化学中,电极所指的是腐蚀电池的组成部分。由一连串相互接触的物相构成,其一端是电子导体——金属(包括石墨)或半导体,另一端是离子导体——电解质溶液,并有电荷在两相之间迁移而发生氧化还原反应的体系,称为电极。结构最简单的电极应包括两个物相和一个相界面,即(金属/电解质溶液)。例如,前面所举的铜锌电池的例子中,铜与溶液组成一个电极,锌与溶液组成一个电极。

凡是符合电极概念的体系都称为电极。并不是非要发生腐蚀的(金属/电解质)体系才称为电极,有的电极不发生腐蚀。在工程上或实验室中还可看到各种各样的电极:船舶阴极保护体系中有辅助电极、参比电极,船体本身就是一个大电极;实验室进行的各种电化学实验,也会用到多种实验电极,如一般的阴极电极、辅助电极、参比电极;比较特殊的还有滴汞电极、旋转圆盘电极等。

电极有时仅指电子导体而言,如铜电极指金属铜,锌电极指金属锌。常遇到的铂电极、汞电极和石墨电极也都是这种含义。

在电极和溶液界面上进行的电化学反应称为电极反应。电极反应可以导致在电极和溶液的界面上建立起离子双电层,而这种双电层两侧的电位差,即金属与溶液间产生的电位差构成了电极电位。例如,锌刚浸入硫酸锌溶液中时,由于锌原子的能量高,水化锌离子的能量低,则晶格上的锌原子容易失去外层价电子而变为离子进入溶液,电子则留在了金属上(图2.15),随着进入溶液的离子越来越多,金属表面积累了多余的负电荷,并吸引溶液中部分离子重新回到金属表面,当离子进入溶液的速度与返回到金属表面的速度相平衡时,金属表面会保持一定量的多余负电荷,该负电荷会吸引溶液中的正离子靠近在金属表面外侧的溶液中,这样,金属表面与溶液之间形成了一个离子双电层,金属带负电,溶液带正电,产生了一个电位差,这个差值就是电极的电极电位(图2.16(a))。

铜等一些热力学稳定性较高的金属,浸入其盐溶液中,如浸入硫酸铜溶液中时,溶液中的铜离子沉积在铜金属晶格表面的倾向大于晶格离子进入溶液的倾向,最终会形成离子双电层,只不过其金属带正电而溶

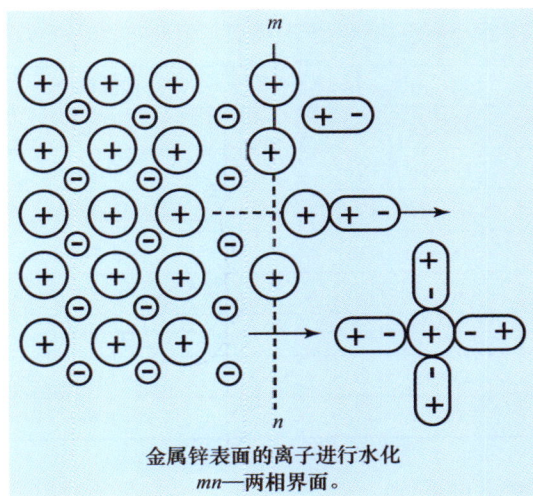

图 2.15　金属离子水化过程

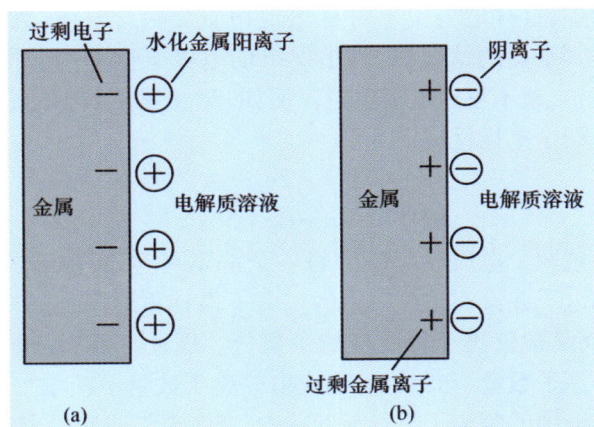

图 2.16　金属与电解质表面形成离子双电层及建立电位

液带负电(图2.16(b))。所以铜的电极电位要比锌的电极电位正得多。

2.2.3 平衡电极电位与金属热力学稳定性

1. 平衡电极电位

在上述金属与其盐溶液建立的电极系统中,金属表面只有一个确定的电极反应,并且该反应处于动态平衡,即金属的溶解速度等于金属离子的沉积速度,则在此平衡态电极过程中,电极获得了一个不变的电位值,该电位值通常称为平衡电极电位。可以看出,平衡电极电位是可逆电极电位,即该过程的物质交换和电荷交换都达到了平衡,电极反应是可逆的。

例如,金属与其没有溶解氧的盐溶液之间只会发生如下可逆电极反应,建立一个平衡电极电位:

$$M \longleftrightarrow M^{n^+} + ne$$

或写成更本质的反应式:

$$M^{n^+} \cdot ne \longleftrightarrow M^{n^+} + ne$$

上述反应式中:左边 M^{n^+} 代表晶格上的金属离子,右边 M^{n^+} 代表溶液中的金属离子。左边 ne 代表一个原子所分摊的 n 个价电子,$M^{n^+} \cdot ne$ 代表一个完整的金属原子,它包含一个晶格正离子及 n 个价电子。右边 ne 代表一个金属原子失去的 n 个电子,仍留在金属上。当上述反应达到平衡时,金属表面上的原子数不再减少,也不增加。

平衡电极电位的高低是金属热力学稳定性的标志,也就是说这个高低表明了金属离子化(进而形成化合物变为矿石状态)的趋势。从上述反应式可以看出,晶格离子与介质中水化离的往返平衡是在平衡电极电位的条件下建立的。此时金属并不腐蚀,即没有实质上的损耗。一旦电位高于这个平衡电位,即金属表面的电位朝正向移动,则将有利于晶格正离子离开金属变为水化离子,而不利于水化离子返回金属表面,金属开始有腐蚀溶解。显然,一个金属的平衡电极电位越负,其表面受到某种得电子的阴极反应的影响或者其他高电位金属的影响就越大。每一种得电子的阴极反应也有其相应的电位值,只要其值高于金属的平衡电极电位,就会吸引金属表面的电子,一旦金属表面的电子被夺走,其电位就会正移,平衡被打破,就开始了腐蚀溶解。所以金属的平衡电极电位越负,其变为水化离子的倾向就越大。

2. 标准电极电位与非平衡电极电位

平衡电极电位的高低还会受到温度、压力及参加反应的物质浓度的影响。在标准状态下测得的平衡电极电位称为标准电极电位。标准状态是指 $1atm(1atm = 1.013 \times 10^5 Pa)$,温度为25℃,金属盐溶液的浓度为 $1mol/L$。

表2.1列出了常用金属的标准电极电位。

金属在常见的环境介质中发生电化学腐蚀时,介质往往并不是该金属的盐溶液,此时电极(金属表面)上可能同时存在两个或两个以上不同物质参与的电化学反应,这样电极上不可能出现物质交换与电荷交换均达到平衡的情况,这种情况下的电极电位称为非平衡电位,或不可逆电极电位。例如,金属锌在酸中的腐蚀有两个电极反应:

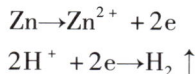

$$Zn \longrightarrow Zn^{2+} + 2e$$

$$2H^+ + 2e \longrightarrow H_2 \uparrow$$

这两个电极反应中的每一个都不可逆,锌原子失去的电子并没有被溶液中的锌离子得到再返回到晶格上,而是被氢离子得到变成了氢气。因此金属锌表面的锌原子数量不断减少,溶液中锌离子数量不断增加,而溶液中的氢离子数量不断减少,变为氢气不断析出,物质的量不再平衡。

非平衡电极电位既可以是稳定的,也可以是不稳定的。形成稳定的非平衡电极电位的条件:当从金属

表2.1 常用金属的标准电极电位

金属电极反应	标准电极电位/V
$Li \leftrightarrow Li^+ + e$	-3.045
$Na \leftrightarrow Na^+ + e$	-2.714
$Al \leftrightarrow Al^{3+} + 3e$	-1.66
$Zn \leftrightarrow Zn^{2+} + 2e$	-0.762
$Fe \leftrightarrow Fe^{2+} + 2e$	-0.44
$H_2 \leftrightarrow 2H^+ + 2e$	0.000
$In \leftrightarrow In^{3+} + 3e$	+0.342
$Cu \leftrightarrow Cu^{2+} + 2e$	+0.337
$Ag \leftrightarrow Ag^+ + e$	+0.799
$Pt \leftrightarrow Pt^{2+} + 2e$	+1.19
$Au \leftrightarrow Au^+ + e$	+1.68

到溶液与从溶液到金属间的电荷迁移速度相等,即建立起电荷平衡时,电位才是稳定的。非平衡电极电位不服从能斯特方程式,只能由实验来测定。

3. 腐蚀电池

从上述稀硫酸中的铜锌原电池,以及锌在硫酸中的自腐蚀过程来看,它们的腐蚀过程是以电池的形式来进行的。从结构上来看,要有阳极区和阴极区,两者之间有电子导电通路及电解质中的离子通路,在不同的电极区发生着相互耦合的电极反应,并产生电流。这样一种导致金属腐蚀的电池叫腐蚀电池。

铝或铝合金在某些酸中发生的自腐蚀同样是一个电池过程。铝的基体相与杂质或阴极相在金属与溶液的界面上形成许多小的微观腐蚀电池。铝的基体相表面发生铝失去电子的离子化溶解,是微电池的阳极;而杂质或阴极相表面发生氢得电子的阴极反应,是微电池的阴极。电子在金属内部由铝的基体相流向杂质或阴极相(电流的流向与电子的运动方向相反),而海水中的电流则是通过离子的定向运动形成,通过 Al^{3+} 的溶解由铝基体相流入溶液,通过 H^+ 得电子的方式又从溶液进入金属。由于金属内部的铝基体相与阴极相紧密相连,形成了一种完全短路的微观腐蚀电池,如图 2.17 所示。

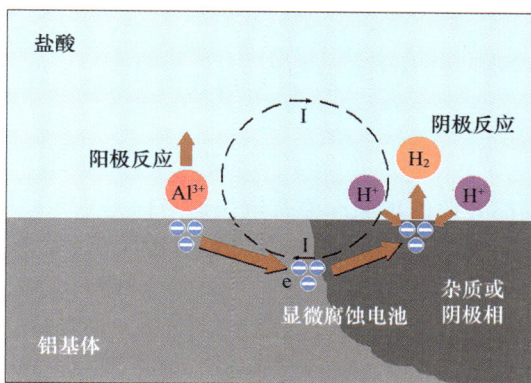

图 2.17　铝在酸中发生腐蚀时形成的微观腐蚀电池

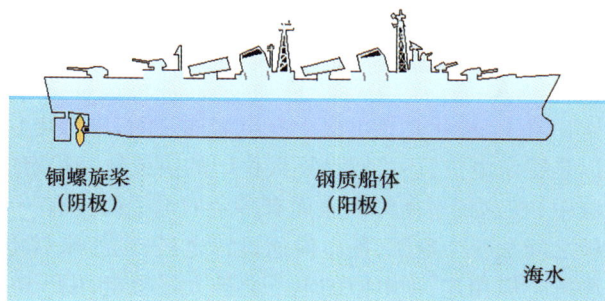

图 2.18　铜螺旋桨与钢质船体组成的宏观腐蚀电池

腐蚀电池分为宏观腐蚀电池和微观腐蚀电池。例如,当未施加阴极保护时,船舶铜螺旋桨与钢质船体之间就会形成一个大电池(图 2.18)。当涂层保护效果变差或局部破损时,钢质船体表面发生铁的离子化溶解,即阳极反应,因而是电池的阳极;而铜螺旋桨表面发生氧得电子的阴极反应,是电池的阴极。有电流在钢质船体与铜螺旋桨的内部及海水中流动。电流的大小与铜螺旋桨 – 钢质船体之间的绝缘效果有很大关系,如果完全导通,就变成了一个短路的相当大的宏观腐蚀电池。

如钢铁本身单一金属材料在海水中发生的自腐蚀,同样是一个电池过程。由于钢铁的金相组织是由不同的合金相组成,如铁素体相、渗碳体相等,此外,钢基体中还有少量的杂质(夹杂物相)。这样,裸露的钢铁表面就会出现许多小的腐蚀电池,铁素体相表面发生铁失去电子的离子化溶解,是微观电池的阳极;而渗碳体相及夹杂物表面发生氧得电子的阴极反应,是微观电池的阴极。电子在钢铁内部由铁素体相流向渗碳体及杂质(电流的流向与电子的运动方向相反),而海水中的电流则是通过离子的定向运动形成,由铁素体相表面流向渗碳体及杂质相表面。由于钢铁内部的铁素体相与渗碳体相紧密相连,故而形成了一种完全短路的微观腐蚀电池,如图 2.19 所示。

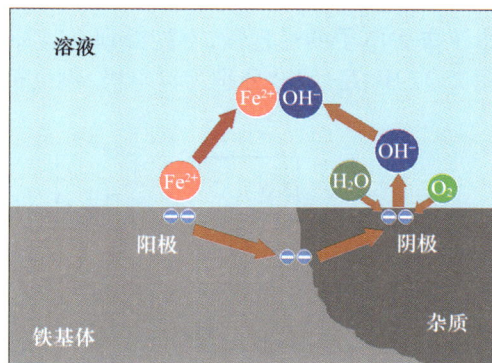

图 2.19　微观腐蚀电池(显微放大的钢铁组织)

4. 电化学腐蚀反应的阴极和阳极

电化学腐蚀反应由阳极反应和阴极反应构成,以腐蚀电池的形式存在。在金属与电解质溶液的接触面上,不同区域或部位发生不同的电化学反应,金属失去电子变为离子的反应部位发生的是氧化反应,而氧化剂得到电子的反应部位发生的是还原反应,这两种不同部位就形成上述的“电极”或电极区。通常规定发生氧化反应的电极为阳极,发生还原反应的电极为阴极。阳极发生的氧化反应也称为阳极反应;阴极发生的还原反应也称为阴极反应。在一个腐蚀电池中,按上述定义的阳极或阴极,若单独来看,它们也可以称为"半电池"。

宏观腐蚀电池中有宏观阳极及宏观阴极之说,有的宏观电池的阳极与阴极有明确区分的阳极体与阴极体,之间有导体相连。如船舶中当螺旋桨与钢质船体组成大的腐蚀电池时,桨就是宏观阴极,而船体就是宏观阳极。在一块金属自腐蚀时,其表面上也可能有宏观阴极区或宏观阳极区,但是没明显的界限划为"电极体"。如钢铁表面形成坑孔腐蚀时,坑孔内是宏观阳极区,而坑孔外是宏观阴极区。

在金属自腐蚀所形成的微观腐蚀电池中,也有微观阳极与微观阴极之说,如碳钢中铁素体相就是微观阳极,而渗碳体相或杂质相就是微观阴极,这种情况下阴极和阳极还可以有较明确的界限。有些没有杂质且是单相的金属,在电解质溶液中也是以微观电池的形式发生腐蚀,它们常常是由于成分分布不均匀而形成微观阳极区与微观阴极区,或是晶粒与晶界区之间形成微观阳极区与微观阴极区,此时也没有明显的电极体分界。

一个宏观电池如果作为一种电源来看,其电解质中发生氧化反应的部位称为阳极的部位,其露出电解质的端部称为电源负极;电解质中发生还原反应的部位称为阴极的部位,其露出电解质的端部称为电源正极。

2.2.4 极化与极化过程

1. 极化

广义上,极化是指电极上有电流通过时,电极电位偏离其原有值的现象。原有电位值可以是平衡电位,还可以是稳定电位,还可以是不太稳定的值或暂态稳定值。如前面所讲的某一金属电极(如锌浸入无氧的硫酸锌溶液中)在达到平衡时因表面有多余的电子而具有一个较负的平衡电极电位。若通过添加一个辅助电极,且两电极之间加一个电源,使电流通过锌电极,则原来锌电极的平衡被打破,其电位值要发生改变。如果锌电极与电源的正极相连,则电极的电子会被大量吸走,由于电子的补充要靠电极反应($Zn \to Zn^{2+} + 2e$)来补充,而电极反应的速度远低于电子在导线中的流动速度而得不到及时的、完全的补充,电极的电位就会朝正的方向移动;反之,电极与电源的负极相连,则其电位会朝负的方向移动。这种现象称为金属单电极的极化。

下面谈谈发生在宏观电池中的电极极化现象。如图 2.20 所示的铜锌电池,从外电路来看,铜是正极,锌是负极;当外电路断开时铜电极与锌电极的端电压就是电动势,每一电极都有一个稳定的电极电位。一旦外电路导通,就会在导线、两电极及溶液中产生电流,其结果,锌电极的大量电子会流向铜电极,从而打破了原来的稳定状态。

稳定状态打破后,锌电极的电位会发生正移,这是因为锌电极原来处于稳定状态时,表面金属一侧有许多带负电的电子,一旦流向铜电极,虽能促进锌原子失去电子进一步溶解(此为阳极过程)来补充电子,但是由于失去电子的过程慢,不能得到有效补充,表面电子数量减少,而使电位向正的方向移动,如图 2.21 所示。图 2.21 中:$E_a°$、$E_c°$ 分别为锌电极、铜电极电路断开时的电位;E_a、E_c 分别为电路闭合一段时间后的电位。

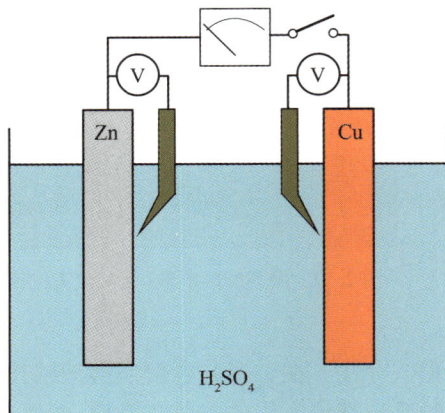

图 2.20 测量原电池极化的试验装置

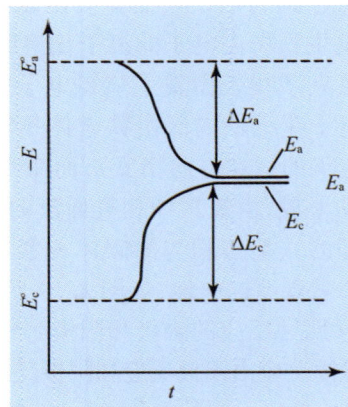

图 2.21 原电池两电极极化的电位–时间曲线

铜电极表面得到了更多的电子,虽然它能够促使溶液中的氢离子更多地得到这些电子而析出氢气(此为阴极过程)。但是同样由于得电子的速度慢,而使得电子在铜电极表面积累,其电极电位与断路时的稳定状态相比朝负的方向移动了。当整个电路电流再次趋于稳定时,锌电极的电位正移及铜电极的电位负移,最终各达到一个新的稳定值,此时再测量两个电极之间的电位差,就会比其电动势小得多。电路的电阻越小,电流越大,电池两端的电位差就越小。简单地说,通过电流而引起原电池两极间电位差减小的现象称为原电池极化,实质上两个电极的电位相互靠近了。

当电流流入一个电极(相当于电子流出)时,这个电流对于该电极来说称为阳极电流;反之,称为阴极电流。一个电极通过阳极电流时,电位往正方向变化,称为阳极极化;通过阴极电流时,电位向负方向变化,称为阴极极化。

2. 极化的主要步骤

实际上,极化的定义只说明了极化的后果"电位移动"这一表面现象,只有从极化原因上解释电位移动的原因,才能真正理解极化使腐蚀速度减小。从铜锌电池的电化学作用过程来看,当接通外电路时,电子在导线中的流动速度快,而电极表面的电极反应速度慢,得失电子的速度慢,跟不上电子在导线中的流动速度。

极化是一个电极反应的过程,电极反应至少包含三个主要的步骤,这三个步骤是互相连续的:

(1)液相传质。在这一过程中,在电极材料是固态金属的情况下,当反应物由相的内部向相界反应区运动时,主要是溶液相中的反应物向电极表面运动。

(2)电子转移或电化学。在这一过程中,反应物在电极表面进行得电子或失电子的反应而生成产物。

(3)生成新相。在这一过程中,产物离开电极表面向溶液相内部疏散,或产物形成新相(气体或固体)。

这三个步骤中任何一个步骤的缓慢都会使电极反应速度变慢,整个电极反应的速度受三个步骤中最慢的步骤控制。

3. 产生极化的原因

分析产生极化的原因,可依据电极反应步骤控制电极反应速度的理论。

1)阳极极化的原因

产生阳极极化主要有阳极过程缓慢、金属浓度、金属表面膜等方面的原因。

(1)阳极过程是金属失去电子而溶解成水化离子的过程。在腐蚀原电池中,金属失掉的电子迅速由阳极流至阴极,但一般金属的溶解速度跟不上电子的迁移速度,这必然破坏了双电层的平衡,使双电层的内层电子密度减小,所以阳极电位往正方向移动,产生阳极极化。这种由于阳极过程进行缓慢而引起的极化称为金属的活化极化(或电化学极化)。

(2)由于阳极表面金属离子扩散缓慢,会使阳极表面的金属离子浓度升高,阻碍金属的继续溶解。如果近似理解为平衡电极,由能斯特公式可知,金属离子浓度增加,必然使金属的电位往正方向移动,产生阳极极化,这种现象称为浓差极化。

(3)在腐蚀过程中,由于金属表面生成了保护膜,阳极过程受到膜的阻碍,金属的溶解速度大为降低,结果使阳极电位朝正方向剧烈变化,这种现象称为钝化。例如,铝和不锈钢等在一定浓度的硝酸中就是借助于钝化而耐蚀。由于金属表面膜的产生,使得电池系统中的内电阻随之而增大,这种现象称为电阻极化。

2)阴极极化的原因

产生阴极极化的原因主要有阴极过程缓慢、离子浓度变化等方面。

(1)阴极过程是得到电子的过程,若由阳极过来的电子过多,阴极接收电子的物质由于某种原因,与电子结合的速度(消耗电子的反应速度)进行得慢,使阴极处有电子的积累,电子密度增大,结果使阴极电位越来越负,即产生了阴极极化。这种由阴极过程缓慢所引起的极化称为阴极活化极化。

(2)阴极附近反应物或生成物扩散较慢也造成电子在阴极表面积累而引起极化。例如,氧或氢离子到达阴极的速度跟不上反应速度,造成氧或氢离子补充跟不上,引起极化。例如,钢铁在海水中的腐蚀过程：

$$Fe \rightarrow Fe^{2+} + 2e \quad （阳极反应）$$
$$O_2 + 2H_2O + 4e \rightarrow 4OH^- \quad （阴极反应）$$

该反应中氧得电子的阴极反应，其产物氢氧根离子离开阴极的速度缓慢也会直接妨碍阴极过程的进行，使阴极电位朝负的方向移动，这种极化均为浓差极化，如图2.22所示。阴极一般无电阻极化。

实际上，腐蚀因条件而异，可能以某种或某几种极化对腐蚀起控制作用。

4. 极化的作用

极化有利于减缓金属的腐蚀，其原因是当原电池两极从外电路短接时，外电路的电阻几乎是零，电流达到最大值。锌电极与铜电极也达到最大的极化状态。上述的原电池极化，实际上也可以看成是两个电极相互极化。此时，外电路电阻等于零，内电路电解质的电阻也非常小，几乎为零。如果两极的电位仍保持接通之前的电位，则在电动势的作用下，电流将会相当大，理论上趋于无穷大，此时，只有锌发生极快的腐蚀溶解才会提供出流向铜电极的大量电子。但实际上这是不可能的，因为原电池发生了极化，电位差减小，使得电流不可能变得很大，也就是说极化作用减小了锌的腐蚀溶解速度。

图2.22　溶液中的氧需要扩散到金属表面才能获得电子

锌电极表面锌离子化的速度慢，外在表现是其表面不能保持未通电流时的负电荷数量，从而使电位朝正的方向移动。另外，铜电极上从锌电极过来的电子要通过溶液中的氢离子得到它，以消耗掉这些电子，但这个得电子的阴极反应过程比电子流动速度慢得多，使电子在铜电极表面发生积累，必然会造成铜电极的电位朝负的方向移动。所以，极化从本质上说是一种对电荷流动的阻力作用，其结果是减小了原电池中的阳极的腐蚀速度。

腐蚀电池从结构及作用原理上看与上述短路原电池一样；也是两极发生了短路的电池，以及阳极与阴极进行了相互极化，结果使腐蚀电池两极间的电位差减小，从而导致腐蚀电池所流过的电流减小，使腐蚀速度减小，因此极化有利于减小腐蚀。

5. 去极化

去极化是极化的相反过程，是消除或减少电极的极化作用。与极化一样，去极化也分为阳极去极化和阴极去极化。

阳极去极化是消除或减弱阳极极化的作用。例如，在溶液中加入络合剂或沉淀剂，由于它们与金属离子形成难离解的络合物或沉淀物，不仅使金属表面附近溶液中金属离子的浓度大大降低，而且在一定程度上加快金属离子从晶格进入溶液的速度，以进一步与之形成络合物或沉淀物，这样既基本上消除了阳极的浓度极化，又减弱了阳极的电化学极化。又如，在使金属处于钝态的溶液中加入某种活性阴离子，将破坏已形成的钝态使金属重新回到活性溶解状态，从而消除因形成保护膜而产生的阳极的电阻极化。此外，搅拌溶液或使溶液的流速加快，反应物到达阳极表面及生成物离开阳极表面的速度加快，也可以消除或减弱阳极的浓度极化。

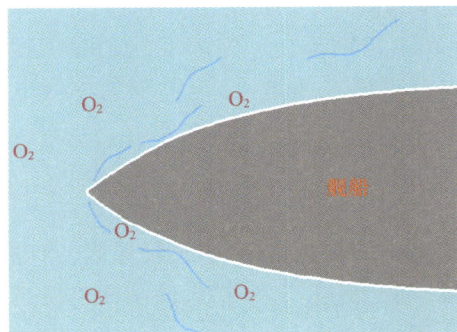

阴极去极化是消除或减弱阴极极化的作用。如搅拌溶液或使溶液的流速加快，反应物到达阴极表面及生成物离开阳阴表面的速度加快，也可以消除或减弱阴极的浓度极化。

充当去极化作用的物质称为去极化剂。氧是吸氧腐蚀的去极化剂。船舶高速航行时船体表面水的相对流速急剧增大，有助于海水中的氧向船体表面的输送与扩散，加快了阴极反应，从而会加速船体的吸氧腐蚀，如图2.23所示。

去极化显然可以起加速腐蚀的作用。为了提高耐蚀性，应尽量减少去极化剂的去极化作用。

图2.23　船舶高速航行提高了氧去极化的能力

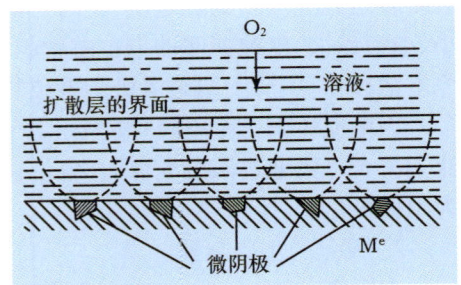

2.2.5　腐蚀电位

腐蚀电位是在没有外加电流时金属达到一个稳定腐蚀状态时测得的电位,它是被自腐蚀电流所极化的阳极反应和阴极反应的混合电位。由于金属材料及溶液的物理和化学方面的因素都会对其数值发生影响,因此对于不同的腐蚀体系,腐蚀电位的数值也不同。

腐蚀电位在金属腐蚀与防腐蚀的研究中作为一个重要参数而经常用到,它可以在实验室或现场条件下用相应的仪器直接测量。

为了理解腐蚀电位的概念,下面仍以腐蚀电池为例来说明。宏观铜锌电池溶液为稀硫酸(图 2.24),当

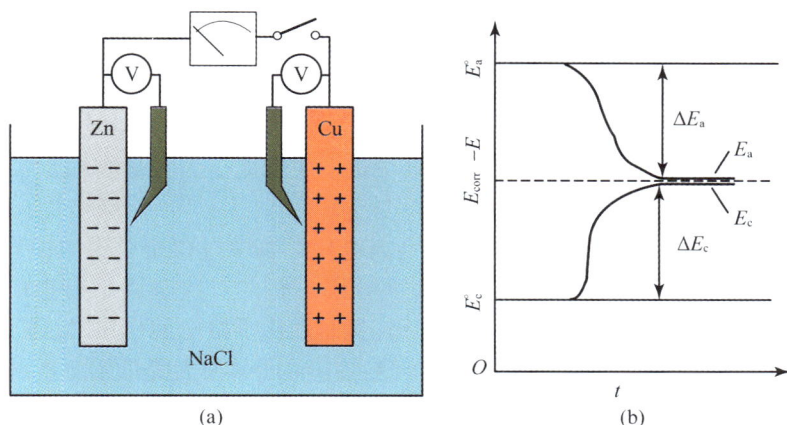

图 2.24　铜锌电池及短路连通后两极电位的变化

外电路断开时,两极各有一个电位,可用参比电极测量它们各自溶液中的表面电位。显然,相比较而言锌电极的电位负,铜电极的电位正。用电位差计测量其端电压 - 正负两电极的电位差,即是该电池的电动势。如果将两极短路,端电压几乎是零,也就是说两极外电路电极端头的电位变得相同。再用参比电极测量溶液中金属表面的电位,发现两者的电位也十分接近,可认为是一个值,这个值比断开时锌电极的电位正得多,比铜电极的电位负得多,处于它们的中间。该电位就是铜锌原电池的腐蚀电位,用符号 E_{corr} 表示。短路状态像将锌与铜并在一起的情形一样,如图 2.25 所示。

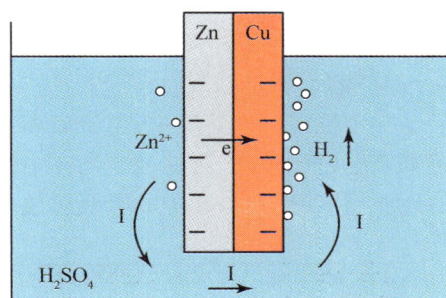

图 2.25　铜锌电池短路时如同两金属并在一起时的情形只有一个电位值

一个金属自腐蚀时,实质上也是以腐蚀电池的方式运行的。金属表面有大量的微观腐蚀电池在工作。例如,锌在稀硫酸中发生自腐蚀时,锌基体与杂质组成了微观腐蚀电池,锌基体是阳极,杂质是阴极,这也是发生了短路的腐蚀电池,阳极与阴极短路相连,必然只有一个电位值,即腐蚀电位,或称为自腐蚀电位。如果将它们相互隔离,则有各自的电极反应及其电极电位,两相之间有电位差。由于短路而相互极化到电位差极小,即可认为是一个电位值。由于腐蚀电位位于原始阳极反应电位与阴极反应电位之间,故而也称为混合电位。

腐蚀着的锌可看作大量短路的微观腐蚀电池,只有一个电位,即腐蚀电位,杂质的作用相当于铜锌原电池中的铜。同样道理,钢铁材料在海水中发生电化学腐蚀时,其显微组织中的铁素体相是微观腐蚀电池的阳极,渗碳体相及夹杂物(杂质)是阴极,也形成了短路的微观腐蚀电池,此时测得的电位像宏观铜锌腐蚀电池一样,也是只有一个值,就是微观腐蚀电池的腐蚀电位。钢铁在海水中也是短路的微观腐蚀电池,表现出一个电位值,即腐蚀电位。

铝及铝合金在海水中的腐蚀电位与铁相比具有特殊性。钢铁材料在海水中由于表面钝化状态完全破坏,其腐蚀电位接近平衡电极电位(略正)。而较纯的铝或防锈铝合金在海水中可长时间保持钝化状态,其腐蚀电位比平衡电位正得多,大约正 1V。在海水中,5083 防锈铝合金正常情况下的腐蚀电位约为 - 0.75V(相对于 Ag/AgCl 电极)。但是,如果保护不当,或与正电位金属接触,发生了电偶腐蚀,表面出现大面积活

化,则此时铝自身的腐蚀电位会显著负移。铝合金牺牲阳极的腐蚀电位一般在 $-1.2V$ 以下,就是因为其表面能始终保持完全活化状态。

2.2.6 析氢腐蚀与吸氧腐蚀

1. 析氢腐蚀

金属在酸中腐蚀时,如果酸中没有其他氧化剂,则析氢反应是电极反应中唯一的阴极反应——氢离子得电子变为氢气并析出,这种腐蚀称为析氢腐蚀。由于氢离子可以看作消耗电子的去极化剂,故析氢腐蚀也称为氢离子去极化腐蚀,简称氢去极化腐蚀。氢去极化腐蚀微观过程如图 2.26 所示。其电极反应如下:

$$M \rightarrow M^{n+} + ne$$
$$2H^+ + 2e \rightarrow H_2 \uparrow$$

然而,许多金属在中性溶液中不发生析氢腐蚀,这是因为中性溶液中氢离子浓度太低,氢的平衡电位较低,阳极反应电位高于氢的平衡电位。但是,如果选取电位更负的金属(镁及合金)作阳极时,它们的电位比氢的平衡电位负,可以发生析氢腐蚀,甚至在碱性溶液中也发生氢离子去极化腐蚀。

控制氢去极化腐蚀的主要措施如下:

(1)提高金属材料的纯度(消除或减少杂质)。金属电化学腐蚀过程是以微电池形式进行的,阳极反应与阴极反应是在不同区域,即微观阳极和微观阴极表面分别进行的。当金属中有杂质时,杂质相提供了较大的阴极面积这一反应区域,并会减小阴极的极化作用,从而强化了微电池作用,促进了析氢腐蚀。

(2)在合金中加入电位正的组分,如 Hg、Zn、Pb。这些组成可以大大降低发生明显的析氢反应的电位,减小了金属电极电位与氢电位之间的差,从而减少了析氢腐蚀速度。

(3)加缓蚀剂,减少阴极有效面积。

(4)降低活性阴离子成分等。活性阴离子可以破坏金属表面的钝化,促进活化,从而加速氢去极化腐蚀。

2. 吸氧腐蚀

在中性或碱性溶液中,由于氢离子的浓度小,析氢反应的电位较负。对某些不太活泼的金属,其阳极溶解平衡电位比较正,则这些金属在中性或碱性介质中的腐蚀溶解反应往往不是氢的析出反应,而是溶解氧的还原反应,铁在海水中的吸氧腐蚀微观过程如图 2.27 所示。其电极反应如下:

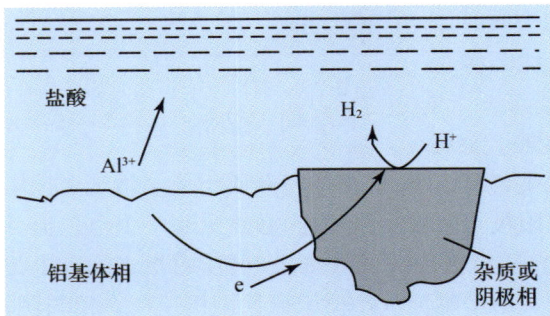

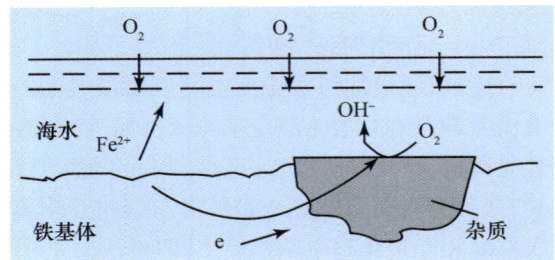

图 2.26 铝合金氢去极化腐蚀的微观过程　　图 2.27 吸氧腐蚀的微观过程

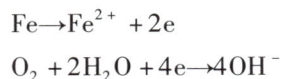

$$Fe \rightarrow Fe^{2+} + 2e$$
$$O_2 + 2H_2O + 4e \rightarrow 4OH^-$$

此时作为阴极反应(消耗电子)去极化剂的是氧分子,故这类腐蚀称为氧去极化腐蚀。由于腐蚀也消耗了水中的溶解氧,故而也称为吸氧腐蚀或耗氧腐蚀。

由于氧的标准平衡电极电位总是比氢的标准电极电位正 1.229V,所以氧的还原反应可以在更正的电位下发生。因此,许多金属在中性或碱性水溶液、潮湿的大气、海水、潮湿的土壤中都能发生吸氧腐蚀,甚至在稀酸介质中也发生部分吸氧腐蚀。与析氢腐蚀相比,氧去极化腐蚀更具普遍性。

影响吸氧腐蚀的因素很多,主要有如下四个因素:

　　（1）溶解氧。溶解氧浓度增大时,氧的极限扩散电流密度(表示氧通过扩散到达金属表面吸收电子的速度)将增大。当金属处于扩散控制的活性溶解条件下,则吸氧腐蚀随扩散电流密度增加而增加。对于某些金属,当氧浓度增大到一定程度,其腐蚀电流增大到致钝电流而使金属转为钝化状态时,则金属的腐蚀速度将显著下降。溶解氧对金属腐蚀往往有着相反的双重影响。

　　（2）溶液流速。在氧浓度一定的条件下,极限扩散电流密度与扩散层厚度成反比,溶液流速越大,扩散层越小,氧的极限扩散电流密度就越大,腐蚀速度也越大。溶液流速对金属腐蚀速度的影响还与材料自身的阳极极化性能有关,且较为复杂。如流速增大,会加速阳极反应物与生成物到达或离开表面的速度,从而减少阳极极化,促进阳极反应的进行,从而促进腐蚀。另外,金属表面供氧的增加,又会促进某些易钝化金属表面氧化膜的生成与稳定,增加了阳极极化,减小了腐蚀速度。

　　（3）盐浓度。随着盐浓度的增大,溶液导电性增加,腐蚀速度增加;同时,随着盐量的增加,氧在溶液中的溶解度降低,从而降低腐蚀速度。盐浓度的这种双重作用导致金属腐蚀速度在某个盐浓度时出现极大值。在盐浓度很低时,氧的溶解度比较大,供氧充分,此时随着盐浓度的增加,由于电导率增加,吸氧腐蚀速度增加。盐浓度进一步增加,会使氧的溶解度显著降低,从而吸氧腐蚀速度也降低。氯化钠的浓度对铁腐蚀速度的影响如图 2.28 所示。

　　（4）溶液温度。溶液温度升高将使氧的扩散过程和电极反应速度加快,因此在一定的温度范围内,腐蚀速度将随温度升高而加快。但温度升高又使溶解氧浓度降低,使吸氧腐蚀速度降低。舰用蒸汽动力装置中用的锅水就是首先采用热力除氧,以减少氧的腐蚀程度,如图 2.29 所示。

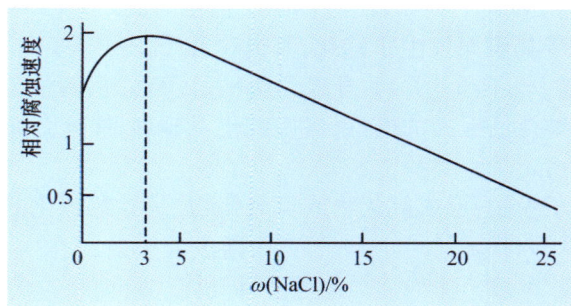

图 2.28　氯化钠的浓度对铁腐蚀速度的影响

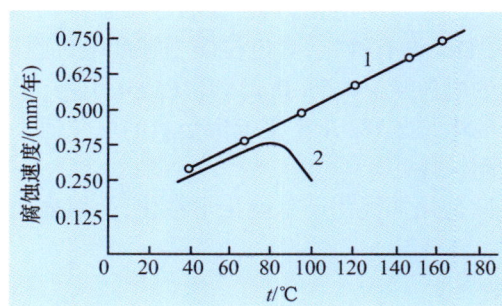

图 2.29　温度对铁在水中的腐蚀速度影响
1—封闭系统；2—敞口系统。

　　以上主要是从溶液的角度出发,讨论了以氧扩散为控制步骤的腐蚀过程中几项主要因素。氧去极化腐蚀大多数属于氧扩散控制的腐蚀过程,但也有一部分属于氧离子化反应控制的或阳极钝化控制的。对于阳极控制的过程,还必须考虑金属材料本身及其表面状态的影响。

　　铝及铝合金在中性水溶液中可保持很好的钝化状态,吸氧腐蚀的速率相当低,表现出很好的耐蚀性。防锈铝或高纯铝在海洋环境下也能保持一定程度的钝化,其腐蚀速率比一般碳钢、低合金钢低得多。但是,由于海水中有大量的盐分和氯离子,对铝的钝化膜具有破坏作用,所以容易发生点蚀等局部腐蚀破坏。

　　在海洋环境中,铝及铝合金发生的自腐蚀基本上仍属于吸氧腐蚀,只是腐蚀特征与普通钢铁材料有明显区别。钢铁材料是弱钝化金属,裸露钢材一旦在海水中暴露,原在空气中形成的表面氧化膜会发生局部的迅速破坏,若干天后则会全部破坏,表面全部被锈层覆盖。而铝及铝合金表面大部分区域的钝化较稳定,只是少数钝化膜薄弱部位(如在阴极相附近)或微观阳极相部位在氯离子作用下会发生局部微观的破坏和活化,发生铝离子的溶解,而在钝化表面及阴极相表面发生氧的还原反应,如图 2.30 所示。铝表面

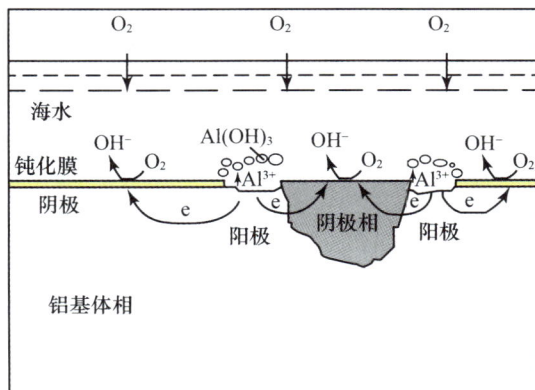

图 2.30　铝合金在海水中发生
吸氧腐蚀的微观表面特征

钝化膜破坏速度比钢铁材料慢得多,而局部又会在氯离子作用下活化,所以有些铝合金发生点蚀的倾向较大。即使点蚀,自然暴露情况下铝合金的点蚀扩展速度明显低于普通钢铁材料。铝发生点蚀时的阴极过程仍是氧去极化。

2.2.7 钝化

金属在一定条件下或经过一定处理其腐蚀速度明显降低的现象称为钝化。金属或合金在一定条件下所获得的耐蚀状态称为钝态。金属或合金在某种条件下由活化态转为钝化态的突变过程称为金属或合金的钝化。金属或合金钝化后所获得的耐蚀性称为金属或合金的钝性。

钝化按形成原因分为化学钝化和电化学钝化两类:

由纯化学因素引起的钝化称为化学钝化。它一般是由强氧化剂如硝酸、重铬酸钾、高锰酸钾等(统称为钝化剂)引起。在个别场合下,某些金属也可以在非氧化性介质中发生钝化,如镁在氢氟酸,钼和铌在盐酸中的钝化。这种钝化称为自钝化。铝的自钝化能力比较强,在大气、中性水甚至海水中铝表面都可以钝化,形成钝化膜。

由电化学因素引起的金属钝化称为电化学钝化。通过外加电流使金属阳极极化,当其电位正移到一定范围时,其阳极溶解速度迅速下降,并保持高度的稳定性,这种钝化称为阳极钝化,或称为电化学钝化。常采用电化学钝化使金属表面形成较厚的氧化膜,以此提高金属的防腐蚀能力,铝的阳极氧化就是采用这种手段提高其防护性能的。

金属一旦发生钝化,其自身的电位总是朝贵金属的方向移动。例如,铝的标准平衡电位为 $-1.67V$,在海水中,如果没有钝化,其电位应当在此电位附近,但是由于其表面发生了钝化,其电位几乎正移了 $1V$。铁钝化后的电位从 $-0.5\sim0.2V$ 升高到 $0.5\sim1.0V$,铬的电位从 $-0.6\sim0.4V$ 升高到 $0.8\sim1.0V$。后两种金属钝化后的电位正移,几乎接近贵金属的电位值。如果能够维持已提高的电位,保持钝化,就可以提高金属或合金的耐蚀性。

无论是化学钝化还是电化学钝化,金属表面发生氧离子吸附,形成氧化物或氢氧化物,是导致钝化的重要条件。

2.3 腐蚀分类与腐蚀环境

2.3.1 腐蚀类型

金属腐蚀是一个十分复杂的过程。首先,环境介质的组成、浓度、压力、温度、pH 值等千差万别;其次,金属材料的化学成分、组织结构、表面状态等也是各种各样的;再次,由于受力状态不同,也可能对腐蚀过程产生不同的影响。这些因素的变化造成了金属腐蚀机理的变化、腐蚀的形态及腐蚀速度的差异等。因此,也就存在着各种不同的腐蚀类型及分类方法。

1. 根据腐蚀环境和类型分类

根据产生腐蚀的环境状态,腐蚀分为自然环境中的腐蚀和工业环境介质中的腐蚀。在自然环境中的腐蚀主要有大气腐蚀、土壤腐蚀、海水腐蚀和微生物腐蚀(MIC)。工业环境介质中的腐蚀主要有在酸性溶液中的腐蚀、在碱性溶液中的腐蚀、在盐类溶液中的腐蚀和在工业水中的腐蚀。

根据腐蚀形态及表面特征又可将腐蚀分为全面腐蚀与局部腐蚀。全面腐蚀主要有均匀的全面腐蚀和不均匀的全面腐蚀。局部腐蚀主要有电偶腐蚀(或称异种金属接触腐蚀)、点腐蚀(孔蚀)、缝隙腐蚀、晶间腐蚀、选择性腐蚀、丝状腐蚀和剥蚀。另外,在力学和环境因素共同作用下的局部腐蚀还有氢损伤(如氢脆、氢鼓泡、氢腐蚀)、应力腐蚀断裂、腐蚀疲劳、磨蚀(如冲蚀、湍流腐蚀、空泡腐蚀)和微振腐蚀。

金属材料的典型腐蚀形态如图 2.31 所示。

船舶在海洋环境中的常见腐蚀类型主要有点腐蚀、电偶腐蚀、缝隙腐蚀、冲刷腐蚀、空泡腐蚀、湍流腐蚀、应力腐蚀、杂散电流腐蚀、腐蚀疲劳等。

例如钢质或铝质船体都容易发生点蚀,钢质船体的点蚀多是坑疤状,而铝质船体的点蚀多呈分布不均

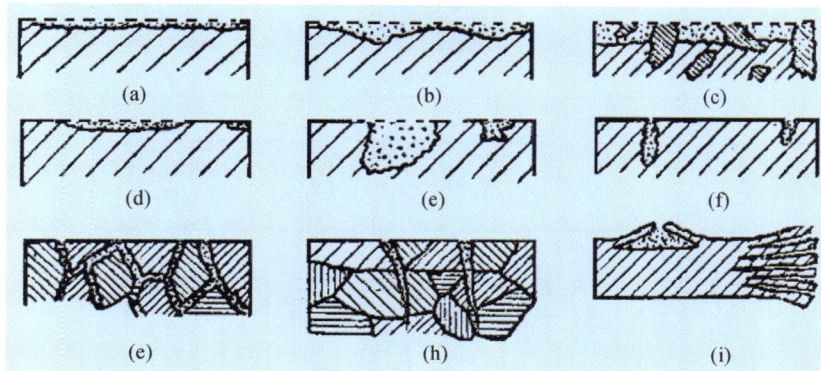

图 2.31　金属材料的典型腐蚀形态

（a）均匀的全面腐蚀；（b）不均匀的全面腐蚀；（c）选择性腐蚀；（d）斑疤腐蚀；
（e）坑孔状点蚀；（f）深孔状点蚀；（g）晶间腐蚀；（h）穿晶应力腐蚀开裂；（i）剥蚀。

且有一定深度的孔状。

电偶腐蚀现象在船舶上比较普遍，凡是异种金属接触部位，一旦未加以绝缘且表面有腐蚀介质时，就会发生电偶腐蚀，如船上常见到铜质铭牌与钢质甲板之间因电偶腐蚀作用而使得铭牌下的钢表面发生较快的锈蚀并隆起，铝质上层建筑与钢质甲板间发生电偶腐蚀后，铝结构一侧发生电偶腐蚀而生成白色粉状产物，等等。

法兰连接部位、基座与船体连接部位，紧固件部位等都有结构缝隙，如果保护不当就易发生缝隙腐蚀。

在海水管路系统中，法兰连接部位因对中效果不好易引起湍流而发生湍流腐蚀；在弯管部位易发生冲蚀（冲刷腐蚀）；流速过高，口径变化部位还会形成空泡而发生空泡腐蚀；螺旋桨及柴油机的缸套、轴瓦也会发生空泡腐蚀或空泡磨损。

在船舶上应力腐蚀开裂发生的较少，然而一旦发生，后果就十分严重，如早期舰用锅炉在碱性锅水中曾出现过应力腐蚀开裂（碱脆）；核反应堆蒸发器传热管曾发生过应力腐蚀开裂（氯脆），这种开裂易导致放射性污染到核潜艇的二回路系统，威胁艇员健康。

在船舶上局部区域发生的全面腐蚀实际也很普遍，有些船体结构的局部区域，如舱内地板，壁板因地板胶密封不严，长期积水或结露，引起大面积腐蚀，其形态多呈纸状减薄；锅炉炉管因表面积灰，停机时一旦有潮气进入，就会使炉管表面发生酸性腐蚀而迅速减薄。

杂散电流腐蚀会使船体钢板发生严重的孔蚀及穿孔，这种腐蚀多发生在修造船厂，主要是由焊接施工违规接线造成的。如单线焊接，以海水代替回路，使得船体向海水中大量放电，电流流出的船体表面就会发生剧烈的腐蚀溶解。

2. 根据腐蚀发生的条件分类

金属结构的舰船现今占据绝大部分，由于减重、隐身等需要，复合材料有越来越多的应用趋势。因发生腐蚀的条件不同，金属的腐蚀分类还可分为化学腐蚀、电化学腐蚀、机械作用和腐蚀介质同时存在时的腐蚀、生物腐蚀，如图 2.32 所示。

针对船舶结构，因发生腐蚀的条件不同可分为如下类型：

（1）金属在液体中的腐蚀：包括在有电流通过的液体中的腐蚀；在全浸、局部浸入及间浸条件下的腐蚀；在静止或不同流速的液体中的腐蚀；在不同溶解氧含量或不同温度下液体中的腐蚀。水下船体外壳的腐蚀、进水管道内表面的腐蚀、油舱中结构腐蚀，就是典型的例子。

（2）金属在空气中的腐蚀：由于在一定的空气温度下，空气与金属间具有适当的温差时（露点下），金属表面上会凝结水；当空气湿度足够大时，在金属表面上也会生成的一层薄水膜。这种"水"或者"水膜"的作用，也会发生腐蚀。船舶上，这种腐蚀发生在水上及船体内部结构上，特别是发生在低温下由海水或空气从外部冷却的表面上。

（3）杂散电流腐蚀：这种腐蚀是由于通过金属表面流往周围电解质的电流作用，或者是浸有金属的电解

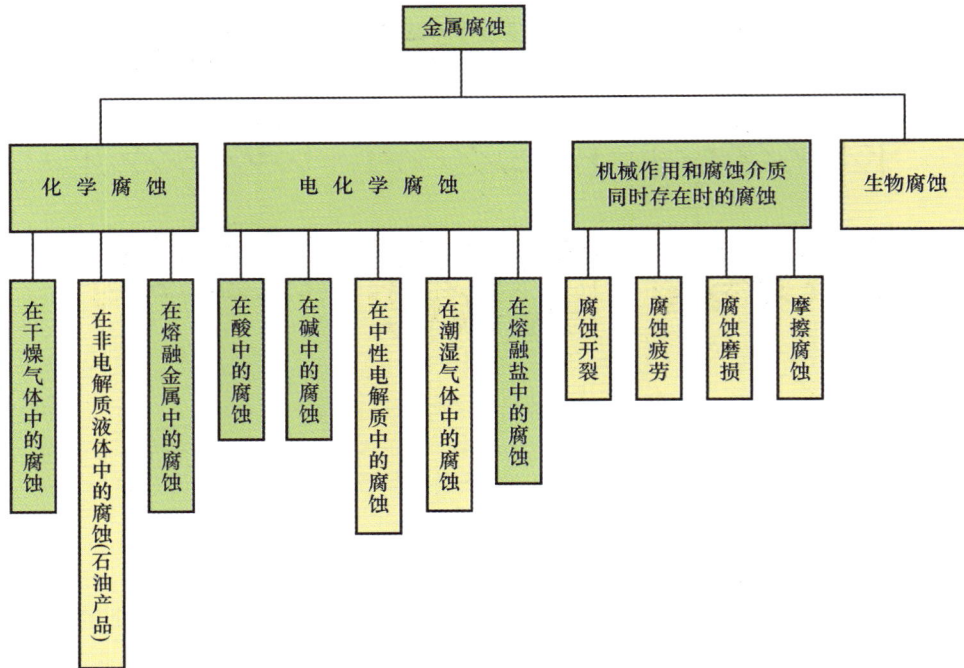

图 2.32　腐蚀过程分类(双框表示在船舶上出现的腐蚀)

质中(海水)流动的杂散电流的缘故。在造船或者修船时,漂浮在海面上的船舶由于焊接供电线路不正确时可以见到。

(4)接触腐蚀:也称为电偶腐蚀,是由于浸在电解质中的不同金属所组成的宏观电池的作用而引起的。例如在船舶结构上铜合金螺旋桨与钢质船体接触时就会发生这种接触腐蚀。

(5)缝隙腐蚀:在电解质的作用下,相连接的金属之间或者金属与非金属之间的狭窄缝隙中所发生的腐蚀。在船舶上,不紧密的铆接缝处、与金属剥离的涂层下面、密封装置或密封垫片边缘下面,都会发生这种腐蚀。

(6)应力腐蚀:当腐蚀介质和静应力或者交变应力对金属作用时发生的腐蚀。在静应力作用下,当应力低于屈服极限时,金属会发生脆性破坏,即腐蚀开裂;在交变应力的作用下,腐蚀介质中的金属的疲劳极限与其在空气中的数值相比,通常是下降的,即发生腐蚀疲劳。在船舶上,螺旋桨由于腐蚀开裂而破坏、艉轴由于腐蚀疲劳而折断的情况,即属于应力腐蚀。

(7)摩擦腐蚀:金属在腐蚀介质中以及在相互移动不太大的摩擦作用下,发生在接触金属表面上的腐蚀。在船舶上,艉轴上的青铜衬里与螺旋桨衬套下面有摩擦腐蚀。

(8)空泡腐蚀:在腐蚀介质对金属同时产生腐蚀和冲击作用时所发生的腐蚀。在船舶结构上,螺旋桨叶片、艉轴架、水泵叶轮都会遭受这种腐蚀。

(9)生物腐蚀:在某些生物和微生物生命活动产物的影响下发生的腐蚀。如水线以下船体和附体的海生物腐蚀,管道内或内舱舱底以硫酸盐还原菌为主的微生物腐蚀。

2.3.2　全面腐蚀与均匀腐蚀

全面腐蚀是指腐蚀分布在整个金属表面上,全面腐蚀按其表面各部位腐蚀程度比较可分为均匀的或不均匀的。如果金属的材质和腐蚀环境较为均一,腐蚀不仅分布于整个表面,而且以相同速度进行,就是均匀腐蚀。通常以均匀腐蚀速度来表示腐蚀进行的快慢。腐蚀速度常用失重或失厚表示。

全面腐蚀的电化学过程特点是腐蚀原电池的阴、阳极面积非常小,甚至用微观方法也无法辨认出来,而且微观阳极与微观阴极的位置是变幻不定的,因为整个金属表面在溶液中都处于活化状态,只是各点随时间(或地点)有能量起伏,能量高时(处)为阳极,能量低时(处)为阴极,这样使金属表面都遭受腐蚀。

全面腐蚀往往造成金属的大量损失,但从技术观点来看,这类腐蚀并不可怕,不会造成突然事故。尤其是均匀腐蚀,其腐蚀速度较易测定,在工程设计时可预先考虑应有的腐蚀裕量,防止设备过早的腐蚀破坏。均匀腐蚀的监测也比较容易。

2.3.3 局部腐蚀及其原因

局部腐蚀是相对全面腐蚀而言,其特点是腐蚀仅局限或较集中于金属的某一特定部位,而表面的其他部分几乎未被破坏或腐蚀较轻。

局部腐蚀实质上也是以一种较宏观的腐蚀电池形式在运作。各种局部腐蚀其阳极和阴极区一般可以截然分开,其位置可用肉眼或微观检查的方法加以区分和辨别;腐蚀电池中的阳极反应和阴极反应可以在不同区域发生,而次生腐蚀产物又可在第三地点形成。

局部腐蚀有多种不同的形式,如点蚀、缝隙腐蚀、选择性腐蚀、晶间腐蚀、应力腐蚀、腐蚀疲劳、流体中的冲蚀、湍流腐蚀、空泡腐蚀等。局部腐蚀的危害大于均匀腐蚀,要特别注意。

局部腐蚀产生的原因很多,也很复杂,并且依局部腐蚀的类型不同而有所差异。总的来看,船舶上发生的局部腐蚀大体与以下五个方面相关:

(1)材料因素。如选材不当、材料加工工艺不当,早期有些接触海水设备选用普通不锈钢,在海水中易产生点蚀,实际上应当选用含钼的耐海水腐蚀不锈钢,普通不锈钢 2Cr13 早已烂穿(图 2.33 右上),含 Mo 的不锈钢基本上安然无恙(图 2.33 右下)。

(2)设计因素。包括结构设计与连接、装配工艺设计、工况参数设计等。如不开流水孔,导致积水,就会使船体结构发生全面腐蚀或局部坑孔腐蚀。单面焊,间断焊,易人为地造成结构缝隙,引发缝隙腐蚀。异种金属连接部位,未进行绝缘设计,或进行了绝缘设计但装配施工工艺不当造成了电偶腐蚀。海水管系的流速设计过大,导致发生冲蚀和湍流腐蚀。船舶上钢质法兰与铜质阀门连接时钢质法兰的腐蚀情况如图 2.34 所示。

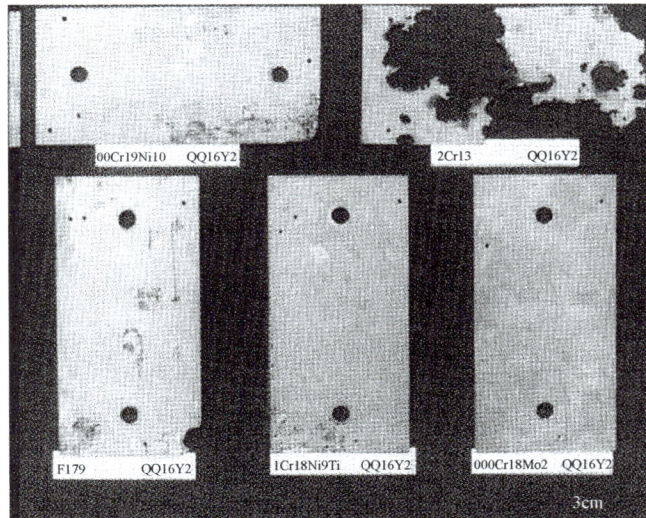

图 2.33 不锈钢实海挂片对比实验

图 2.34 钢质法兰与铜质阀门连接时钢质法兰腐蚀情况

(3)防护措施不当。涂装工艺不规范、不严格,涂层保护差或保护期效短,海生物大量附着,阴极保护电位不足或保护过度等都会造成局部涂层失效,导致船体出现坑疤腐蚀或孔蚀。防污漆期效短,海生物附着导致船体发生坑孔腐蚀,如图 2.35 所示。

(4)使用管理不当。未按时添加缓蚀剂,致使柴油机缸套发生穴蚀。恒电位仪不按时开机,或经常停机,牺牲阳极未及时更换或临时悬挂,舱底失落杂物未及时清理等都会使船体得不到有效保护,而发生腐蚀。螺帽掉在舱底钢板表面上形成缝隙腐蚀,如图 2.36 所示。

(5)生产工艺与维修施工工艺不当。换热器传热管加工时未消除应力,使用中发生应力腐蚀开裂。法兰连接不对中,造成湍流而引发湍流腐蚀。焊接工艺不当造成的局部腐蚀也很多,如焊渣、飞溅未清除,造

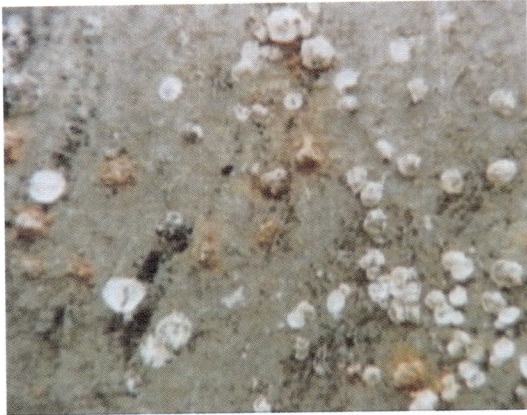

图 2.35　典型的海生物腐蚀

图 2.36　典型的使用管理不当造成的腐蚀

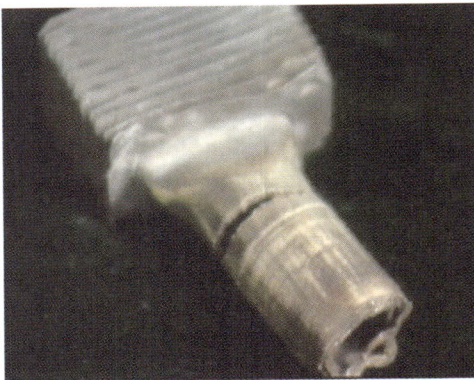

图 2.37　生产工艺与维修施工工艺
不当造成的腐蚀

成局部涂层易破损,引发局部点蚀。焊缝的沟状腐蚀在船舶上,尤其是服役寿命较长的船舶上很常见,其原因多而复杂,如咬边会引起缝隙腐蚀,焊缝-热影响区-母材之间还会因成分与组织差异而发生电偶腐蚀。不锈钢焊缝还会因成分不均或晶间偏析及析出相而引发晶间腐蚀。更为严重的是,不规范的焊接施工引起杂散电流腐蚀,使船体产生大量的局部腐蚀穿孔。冷却器黄铜冷却管生产装配前未进行消除应力退火,导致应力腐蚀开裂,如图 2.37 所示。

2.3.4　点蚀及腐蚀形貌

1. 点蚀的概念

在金属表面的局部区域,出现向深处发展的腐蚀小孔,其他区域不腐蚀或腐蚀轻微,这种腐蚀形态称为小孔腐蚀,简称点蚀或点腐蚀,也称孔蚀。

点蚀是一种腐蚀集中于金属表面的很小范围内,并深入到金属内部的蚀孔状腐蚀形态,一般是直径小而深度深。蚀孔的最大深度和金属平均腐蚀深度的比值称为点蚀系数。点蚀系数越大,表示点蚀越严重。点蚀是一种破坏性和隐患较大的腐蚀形态之一,是船舶及海洋工程、化工生产中经常遇到的腐蚀现象。

点蚀也是一种较宏观的腐蚀电池:其孔外是阴极,而孔内是阳极并保持高度的活化,一般情况下是大阴极、小阳极,所以蚀孔的扩展速度很快。较深的蚀孔必然处于一种较闭塞的状态,故而这种形态的腐蚀电池也称为闭塞电池。

2. 点蚀易发生的情况

(1)点蚀多发生于表面生成钝化膜的金属材料(如纯铝、铝合金、不锈钢)或表面有阴极性镀层的金属(如镀锡、铜、镍)上。当这些膜上某点发生破坏,破坏区下的金属基体与膜未破坏区形成活化-钝化腐蚀电池,钝化表面为阴极而且面积比活化区大很多,腐蚀就向深处发展而形成小孔。铝合金点蚀过程如图 2.38 所示,铝合金船体点蚀实物如图 2.39 所示。

(2)点蚀发生于有特殊离子的介质中,不锈钢对卤素离子特别敏感,其作用顺序为 $Cl^- > Br^- > I^-$。这些阴离子在合金表面不均匀吸附导致膜的不均匀破坏。所以,在海水中铝、不锈钢等材料容易发生点蚀,其点蚀过程主要是在一定电位下局部钝化膜遭到氯离子的破坏而形成的。钛也是可钝化金属,但是钛的钝化膜非常稳固,不怕氯离子的侵蚀,故钛在海水中不会发生点蚀。

铁也是可钝化金属,在海水中也会发生点蚀,但是其点蚀一般没有铝和不锈钢那样典型。

(3)点蚀发生在某一临界电位以上,该电位称为点蚀电位(或击破电位),用 E_b 表示。E_b 越高,材料耐点蚀性能越好。

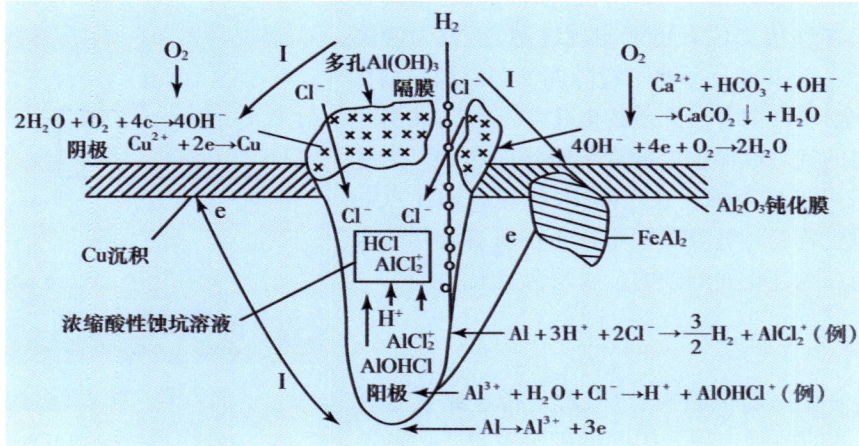

图 2.38　铝合金点蚀过程

当点蚀电位偏低的可钝化金属与高电位金属接触时,由于电偶作用,其电位升高,一旦高于点蚀电位,钝化膜就会被击破而诱发点蚀,如铝合金与铜、不锈钢及钛合金发生电接触且都浸入海水中,最先发生的是点蚀,随着点蚀发展,表面钝化膜破坏面积逐渐增大,就会出现较深的点蚀与较大面积腐蚀的叠加。铝合金与钢接触也会出现类似现象。不过需要说明的是,这种腐蚀发生的速度还与两种金属的面积比有关。

3. 点蚀的形貌

点蚀形貌多种多样,随材料与腐蚀介质不同而不同,有半球形、平壁形、不定形、开口形、闭口形等。

常见的不锈钢、铝及铝合金在海水中的点蚀多呈现较深

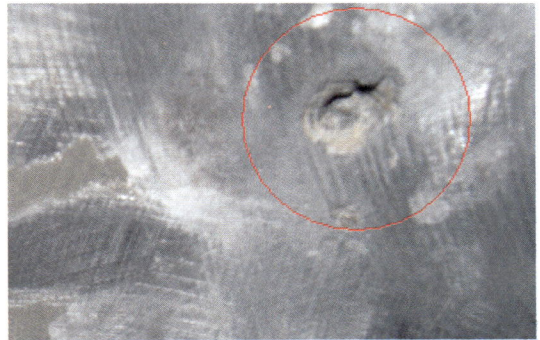

图 2.39　铝合金船体点蚀实物

的孔状;而一般船体钢多是碳钢、低合金钢,它们在海水中的孔蚀多是坑状,开口较大而深度较浅,表面还有凸起的锈包。我国腐蚀界多用坑孔腐蚀来形容碳钢、低合金钢的孔蚀。

2.3.5　缝隙腐蚀

金属部件在介质中,由于金属与金属或金属与非金属之间形成很窄的缝隙,使缝隙内介质处于滞流状态,引起缝内金属加速腐蚀,这种局部腐蚀称为缝隙腐蚀。

缝隙腐蚀的发生发展过程如下:

(1)初期。金属构件缝隙处很容易渗入介质,一旦进入溶液,就形成了氧浓差电池:缝外富氧,易使表面保持钝态或是氧可以消耗大量地电子,故而缝外电位较缝内正,相对缝内成为阴极;缝内缺氧,该处钝化膜没有氧维持,易破坏而发生活化,且缝内富 Cl^- 和 H^+,难于再钝化,故而相对缝外为阳极,两个区域就形成了氧浓差腐蚀电池,引起缝内腐蚀加速进行,如图 2.40 所示。

(2)后期。缝隙活化,形成闭塞状蚀孔,也是一种闭塞电池,故而,其后期的扩展过程就与孔蚀类似,如图 2.41 所示。

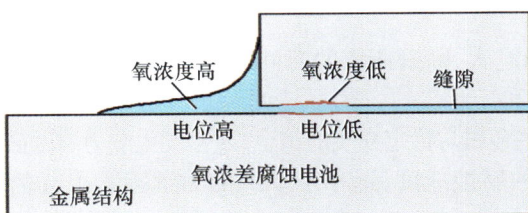

图 2.40　缝隙腐蚀初期

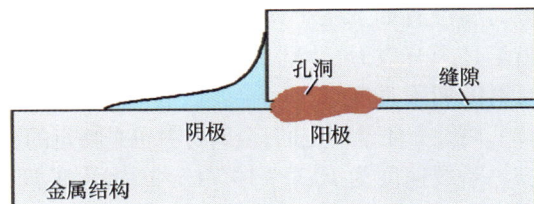

图 2.41　缝隙腐蚀后期

工程上许多金属结构都是由许多部件连接而成,连接的方式有铆、焊、螺钉等,在连接部位有可能出现缝隙,这就为缝隙腐蚀创造了先决条件(图2.42)。可见,缝隙腐蚀与点蚀差别在于其形成过程不完全一样:前者是介质的电化学不均匀性引起的;后者是由于材料的钝态或保护层的局部破坏引起的。当缝隙的尺寸很小时,也可形成点蚀。在实际中,缝隙腐蚀比点蚀更容易发生,存在也更普遍。缝隙腐蚀可发生在所有金属与合金上,特别容易发生在靠钝化而耐蚀的金属及合金上。

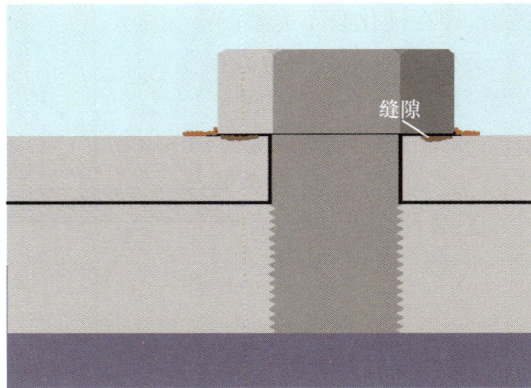

图2.42　常见螺帽下的缝隙腐蚀

2.3.6　应力腐蚀及特征

应力腐蚀也称为应力腐蚀破裂(SCC),是指金属或合金在腐蚀介质和拉应力的协同作用下引起的破裂现象。

常见应力腐蚀的机理:零件或构件在应力和腐蚀介质作用下,表面的氧化膜被腐蚀或局部发生微小塑变滑移而受到破坏,破坏的表面(活化)和未破坏的表面分别形成阳极和阴极,阳极处的金属成为离子而被溶解,产生电流流向阴极。由于阳极面积比阴极面积小得多,阳极的电流密度很大,进一步腐蚀深处的表面,加上拉应力的作用,破坏处逐渐形成裂纹,裂纹随时间逐渐扩展直到断裂。这种裂纹不仅可以沿着金属晶粒边界发展,而且能穿过晶粒发展。另外,从电化学角度来看,裂纹前端与周围表面的阳极－阴极组合也是一种闭塞电池。图2.43为应力腐蚀开裂。

由于裂纹向金属内部发展,使金属或合金结构的强度大大降低,严重时能使金属设备突然损坏。如果该设备是在高压条件下工作,将引起严重的爆炸事故。微裂纹一旦形成,其扩展速度就会很快,且在破坏前没有明显的预兆,所以,应力腐蚀是所有腐蚀类型中破坏性和危害性最大的一种。

工程上常用的材料,如铝合金、不锈钢、铜合金、碳钢和低合金高强度钢等,在特定介质中都可能产生应力腐蚀。依据腐蚀条件,可使材料结构在几分钟或几年内破坏。常见的应力腐蚀有:蒸汽锅炉钢在偏碱性的蒸汽或水中发生的应力腐蚀破裂,称为碱脆;黄铜在潮湿或含氨的气氛中发生的应力腐蚀破裂,称为氨脆,早期多与潮湿的季节有关,故而也称为季裂;不锈钢在氯化物环境中发生的应力腐蚀开裂,称为氯脆等。图2.44为铝合金船舶上的应力腐蚀开裂外观形貌。

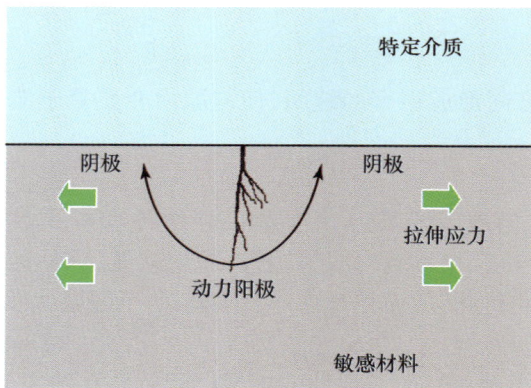

图2.43　应力腐蚀开裂

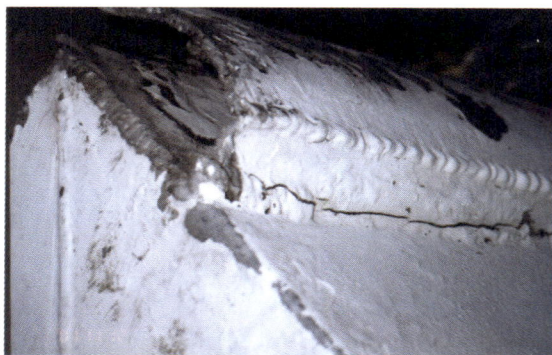

图2.44　铝合金船舶上的应力腐蚀开裂外观形貌

应力腐蚀有如下三个特征:

(1)必须有应力,特别是拉应力分量的存在。拉伸应力越大,断裂所需的时间越短。断裂所需应力一般低于材料的屈服强度。

(2)腐蚀介质是特定的,金属材料也是特定的,即只有某些金属与特定介质的组合,才会发生应力腐蚀破裂。

(3)断裂速度为 $10^{-3} \sim 10^{-1}$ cm/h,远大于没有应力时的腐蚀速度,远小于单纯的力学因素引起的断裂速度,断口一般为脆性断裂。

从电化学角度而言,应力腐蚀破裂还发生在一定的电位范围内。一般发生在活化－钝化的过渡区电位范围,即在钝化膜不完整的电位范围。

应力腐蚀是一种复杂的腐蚀现象,即在某一特定介质中,材料不受应力时腐蚀甚微;而受到一定拉伸应力时(可远低于材料的屈服极限),经过一段时间甚至延性很好的金属也会发生脆性断裂。这种脆断没有明显的征兆,往往会造成灾难性的后果。

船舶用 Al – Mg 合金的要求是强度高、韧性好、抗应力腐蚀和抗剥落腐蚀。但是对 Al – Mg 系合金的使用经验表明,Mg 含量(质量分数)小于 3.5% 的合金很少发生应力腐蚀现象,但 Mg 含量接近或超过 5% 的合金,不仅对 SCC 无免疫力,而且对剥落腐蚀和晶间腐蚀很敏感。

2.3.7　腐蚀疲劳及特征

1. 腐蚀疲劳

金属的疲劳是指金属材料在周期性(循环)或非周期性(随机)交变应力作用下发生破坏的现象。而金属腐蚀疲劳还有腐蚀介质对金属的作用,也就是说它是金属在交变应力和腐蚀介质共同作用下的一种破坏形式。它的本质是电化学腐蚀过程和力学过程的相互作用,这种相互作用远远超过交变应力和腐蚀介质单独作用的数学加和。因此,这是一种更为严重的破坏形式,它造成的金属破裂,多以龟裂发展形式。

在工程中经常出现腐蚀疲劳现象,如海上建筑物受到海浪冲击的弯曲腐蚀疲劳,飞机构件、汽车弹簧受到的拉压腐蚀疲劳等。现代工程结构件的形状比以往更为复杂,受力和介质等条件也十分苛刻,构件往往因腐蚀疲劳造成严重的断裂事故。

腐蚀疲劳与应力腐蚀的区别与联系如下:

(1)一般认为,应力腐蚀是在三个特定条件(特定介质、特定材料和拉应力)下发生,而任何材料在交变应力作用下都可能发生腐蚀疲劳。

(2)应力腐蚀是在静拉伸(如恒载荷、恒应变)或单调动载拉伸条件下进行研究,而腐蚀疲劳是在非单调动载条件下进行研究。

(3)应力腐蚀破裂有一个临界应力强度因子值,在临界值以下,应力腐蚀不会发生,但腐蚀疲劳的破裂照样产生,它不存在临界极限强度因子。在腐蚀环境中循环次数增加,断裂总会发生。而且腐蚀疲劳也没有特定介质的限制,这是它与应力腐蚀的机理不同所致。

腐蚀疲劳与纯机械疲劳也有区别。对于纯机械疲劳来说,除某些有色金属如 Al、Mg 外,大都有明确的疲劳极限,即在一定的临界循环应力值以上才产生疲劳破裂;而腐蚀疲劳没有明显的疲劳极限,而且发生腐蚀疲劳的交变应力值可显著低于该材料的疲劳极限,如图 2.45 所示。发生腐蚀疲劳的构件表面易见到短而粗的裂纹群,而纯机械疲劳破坏多是沿一个或有限几个疲劳源发展,断面也少。铝合金表面的疲劳裂纹源状况如图 2.46 所示。

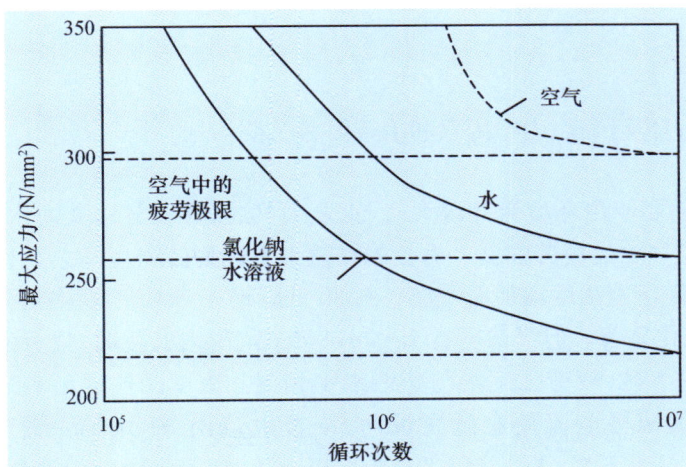

图 2.45　与空气中相比,腐蚀疲劳没有明显的
疲劳极限,且承受的应力幅值很低

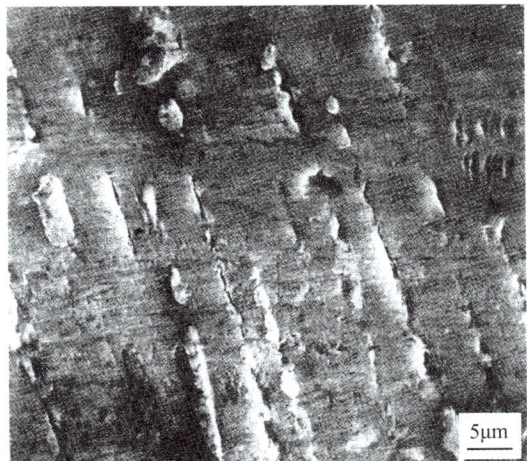

图 2.46　铝合金表面的疲劳裂纹源

严格地说,在现实生活中所遇到的疲劳破坏都属于腐蚀疲劳,不受环境影响的"纯"疲劳只可能出现在真空环境中。许多实验已经证明,只要有干燥、纯净的空气存在,就会降低疲劳强度和加快疲劳的扩展。例如,在593℃时铁基高温合金在空气中的疲劳强度与真空中相比已显著降低。对铝、铝合金、黄铜、铜等也观察到类似情况。应用断裂力学方法对航空结构铝及铝合金所做疲劳裂纹扩展特性研究表明,在较低应力强度因子幅值下,空气中的裂纹扩展率也比真空中来得快,但干燥、纯净空气的这种影响,同其他带有不同程度腐蚀性的介质(包括纯水)对疲劳特性的影响相比,就显得轻微得多。因此,一般情况下,可以将干燥、纯净的空气看成"惰性"介质,把空气中的疲劳看成"纯"疲劳,并把空气中的疲劳数据当作研究腐蚀疲劳的对比数据。

2. 腐蚀疲劳的特征

腐蚀疲劳是一个非常复杂的过程,由于铝合金种类繁多,特性不一,很难统一描述铝合金的腐蚀疲劳的特征。下面仅以铁基合金为例进行简要描述。

腐蚀疲劳损伤的特征首先表现为机体抗疲劳性能的降低。在相同应力水平下,特别是在接近空气中疲劳极限的情况下,腐蚀疲劳寿命远比一般疲劳寿命短,有时仅及后者的1/10。此外,对铁基合金,腐蚀疲劳没有真正的疲劳极限。腐蚀疲劳寿命随应力水平的降低而增加,但都是有限的。因此,在研究腐蚀疲劳时,常采用给定循环寿命条件下的条件疲劳极限。具体的循环寿命给定值,可根据实际使用情况加以确定。

腐蚀疲劳与空气中的常规疲劳不同,它的条件疲劳极限与金属材料在空气中的力学性能没有直接相关关系。提高极限强度 σ_b,对碳钢和大多数合金钢(光滑试件)来说,可以提高疲劳极限,但对腐蚀环境中的条件疲劳极限影响很小,甚至出现随极限强度增加而降低的情况。

腐蚀疲劳的性能与应力的品质有关。实验研究发现,试件的腐蚀疲劳性能与加载频率和波形密切相关。常规疲劳中,应力交变频率和波形对疲劳性能的影响甚微。因此为加速实验进程,往往可以提高加载频率。但腐蚀疲劳性能明显取决于加载频率。一般频率越低(不是极低),每一循环应力与环境共同作用的时间越长,腐蚀疲劳越严重。比较腐蚀疲劳性能需在相同频率条件下进行,并应尽可能符合实际使用条件。

在高循环疲劳条件下,腐蚀介质使钢制件对表面微观几何特性以及机械应力集中不敏感或较少敏感。

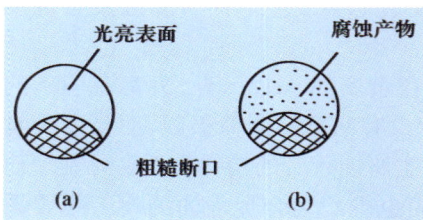

图 2.47　腐蚀与腐蚀疲劳断口
(a) 疲劳;(b) 腐蚀疲劳。

在外观上腐蚀疲劳也表现出与常规疲劳不同的特征。在腐蚀疲劳条件下,往往同时有多条疲劳裂纹形成,并沿垂直于拉应力的方向扩展。在空气中,这样的疲劳裂纹常常只有一条。腐蚀疲劳同时形成多条裂纹,导致碳钢和低合金钢在中性腐蚀介质中的疲劳断口呈现清晰的多平面特征。端口面上的脆性断裂显微特征也得到充分显示,主要为穿晶破坏,但也有沿晶断裂。腐蚀疲劳断口还往往在非瞬断区覆盖有腐蚀产物,如图 2.47 所示。常规疲劳在裂纹形成和扩展后,断裂面上产生浮锈,但这些腐蚀产物的存在不一定说明疲劳寿命受到影响。

3. 影响结构腐蚀疲劳性能的因素

影响结构腐蚀疲劳性能的因素有很多,主要有环境因素、力学因素和冶金因素三类。

1）环境因素

(1)介质成分及浓度。船舶、飞机等结构的主要使用环境为潮湿大气、工业大气、海洋大气以及海水。大量研究表明,金属在蒸馏水中的疲劳强度低于空气中的疲劳强度。而金属在盐水中的疲劳强度又总是比纯水中的更低。但疲劳强度的这种降低并不总是随溶液浓度增加而增加。例如,低碳钢在 NaCl 溶液中当浓度在 $0.025 \sim 1 \, mol/dm^3$ 范围内变化时,疲劳强度变化显著。但当浓度在 $1 \sim 2 \, mol/dm^3$ 范围内变化时,疲劳强度的降低差别不大。而当浓度在 $0.025 \, mol/dm^3$ 以下时,疲劳强度则与蒸馏水中相同。浓度的这种影响显然与介质的腐蚀作用有关。有实验表明,当外加阳极电流使金属腐蚀时,阳极电流由 $30 \, \mu A/cm^2$ 增至 $300 \, \mu A/cm^2$,低碳钢在 3% NaCl 溶液中的疲劳寿命基本不变,进一步降低外加阳极电流,疲劳寿命有所提高,而当阳极电流超过 $300 \, \mu A/cm^2$,时,则疲劳寿命显著降低。

(2)介质酸度。有研究表明,低碳钢在 3% NaCl 溶液中,当溶液 pH = 4 ~ 10 时,疲劳寿命没有变化,pH = 12

时,疲劳寿命增加,而 pH = 1 时,疲劳寿命减小。在溶液 pH = 4 ~ 10 时疲劳寿命没有明显变化的原因至今没有权威解释。

(3)介质中的氧。研究表明,溶液中含有空气、硫化氢和二氧化碳对钢的腐蚀疲劳影响是不同的。在无空气存在时,溶液中的硫化氢并不特别有害。但无论有无空气,二氧化碳的有害影响是同样的。金属在中性水溶液中的腐蚀主要是耗氧腐蚀,决定阳极金属腐蚀速率的主要因素是水溶液中氧气浓度及其扩散速度。氧在水溶液中的浓度对中性水溶液中的金属腐蚀疲劳性能有决定性影响。

(4)环境温度。研究表明,低碳钢在人造海水中,当温度由 15℃ 升至 45℃ 时,疲劳性能下降,疲劳寿命降低一半。但当温度进一步升高接近沸点时,钢的疲劳寿命有所增长。显然这与该温度下溶液中氧的溶解度降低,腐蚀较浅较均匀以及阴、阳极面积比值较低等因素有关。温度升高,除降低氧在溶液中的溶解度,从而降低氧在溶液中的浓度,有可能降低耗氧腐蚀速率外,对化学(电化学)反应速率,物质传输过程如扩散速率均起加速作用,因此温度升高一般均降低腐蚀疲劳性能。

(5)电位。结构材料在使用环境中,不同材料(包括各种镀层材料)往往具有不同的电位。船舶和水上飞机浸于海水中的结构部分,为防止结构材料腐蚀也常采用阴极保护法,使结构材料在不同电位下工作。研究表明,电位对金属腐蚀疲劳性能有很大影响。例如,外加阴极电位能使低碳钢出现腐蚀疲劳极限,即完全保护而不失效。当阴极电位足够低时,腐蚀疲劳极限可以同空气中疲劳极限一样。

2)力学因素

(1)循环周数。腐蚀疲劳强度是循环周数的函数。腐蚀疲劳性能与循环周数密切相关。

(2)应力波形。应力波形强烈地影响腐蚀疲劳性能。实验中通常一个载荷周期可以分为加载、高载保持、降载和低载保持四个阶段。对于相同周期、相同应力(应变)幅值的疲劳载荷而言,不同波形的上述四个阶段的分周期是不同的。研究表明,环境影响对正锯齿波加载情况应最显著,每一循环中,交变应力所持续的时间长(改变应力的速率慢),疲劳寿命就短。

(3)应力交变频率。一般来说,在给定循环数条件下,频率越低,破坏作用越大。但在给定使用时间的情况下,频率越高,破坏作用越大。实质上,应力交变频率对低周疲劳的影响与材料对应力腐蚀开裂的敏感性有很大关系。在低中频范围内,对应力腐蚀开裂敏感的材料可以由于疲劳裂纹扩展而破坏;而在低频范围内,破坏可能主要是由最大应变期间的应力腐蚀开裂引起,在极低频时,腐蚀疲劳强度显著降低;而对应力腐蚀开裂不敏感的材料,在所有频率范围内,都将因疲劳裂纹扩展而失效。

(4)加载方式。在腐蚀疲劳情况下,一般弯曲交变应力对材料的破坏比拉 - 压交变应力严重,但也有少数情况相反。而在空气中疲劳时,弯曲疲劳强度则比拉 - 压疲劳强度高。

(5)平均应力。有研究表明,平均应力对碳钢在氯化物溶液和盐酸水溶液中的疲劳强度有影响。压缩平均应力对提高腐蚀疲劳性能有促进作用,而拉伸平均应力则降低腐蚀疲劳强度。因此,在表面施加压缩应力不仅是增加空气疲劳极限的方法,也是改善腐蚀疲劳强度的有效措施。但应注意,这种方法在腐蚀疲劳情况下仅当残余压缩应力存在的表面层未因腐蚀而溶解掉方才有效。

3)冶金因素

环境对材料疲劳强度的影响与材料的强度、化学成分和热处理状态关系不大。但钢中夹杂物(如 MnS)因促使形成孔腐蚀而显著影响腐蚀疲劳寿命,对某些高强度钢的淬火工艺则要严格控制。

4. 如何控制舰船结构的腐蚀疲劳

腐蚀疲劳危害很大,特别是对于飞机、潜艇、快艇等装备结构的腐蚀疲劳必须严格加以控制。腐蚀疲劳的控制主要有如下三种途径:

(1)改变环境。改变环境包括去除环境中腐蚀剂成分(如密闭循环冷却水系统除氧),也包括添加缓蚀剂增加机件的耐蚀能力。此外,阴极防护也是属于改变环境作用一类的控制腐蚀疲劳的方法。但需要说明的是,虽然阴极防护往往效果很好,但不宜于在酸性介质以及有氢脆破坏危险的场合。

(2)改进设计。改进设计对于控制腐蚀疲劳也非常重要。降低结构零件承载交变应力水平,或者选用在使用环境中稳定的结构材料,均是常用的方法。

(3)表面处理。表面处理根据功用可以分为两类:一是改变机件表面应力状态的表面处理,如喷丸,可以使表面层保持压缩应力状态,显著提高腐蚀疲劳寿命。但当表面层遭受腐蚀后,这种影响不复存在。二是为防护层表面处理,包括各种镀层和非金属涂层。由于这类防护性镀(涂)层防止了环境对结构的腐蚀作用,显著增加了腐蚀疲劳无裂纹寿命。但是,一旦表面层遭到破坏,这种影响便会改变。"中性"层(如涂料等)不再起作用;"阳极"层(如钢上的锌)对非氢脆型破坏将继续起电化学阴极防护作用,而对于氢脆型破坏则起加速腐蚀疲劳的作用;至于"阴极"层(如钢上的 Ni 和 Cr 层),则将通过电池作用而加速机件的阳极溶解,缩短腐蚀疲劳寿命。

2.3.8 杂散电流腐蚀

杂散电流腐蚀又称为电腐蚀,是外来电流引起的腐蚀,与电解、电镀相似。船舶杂散电流腐蚀也是电化学腐蚀的一种,产生杂散电流腐蚀应同时具备三个条件,即电源、电解质和两个电极。

船舶遭受杂散电流腐蚀有两个原因:一是由于电焊机电流的泄漏;二是由于在船舶所在的区域存在一个有电位梯度的电场。

1. 电焊机电流的泄漏引起的杂散电流腐蚀

比较典型的电焊机电流泄漏引起的杂散电流腐蚀问题发生在船舶的修造期间。因为在这期间,船体要较长时间的停靠在码头附近,并且需要很多用电设备,因此比较容易遭受杂散电流的腐蚀。如船舶在系泊靠码头进行电焊时,有些电焊机采用了错误的接线法:将电焊机负极接在码头上,而不是直接接在被焊船体上,这样形成两条电流的通路:一条是电焊机正极 – 船体 – 钢缆 – 钢码头 – 电焊机负极;另一条是电焊机正极 – 船体 – 海水 – 码头 – 电焊机负极。这样就构成了产生杂散电流的条件,第二条回路产生的电流就是典型的杂散电流,如图 2.48 所示。

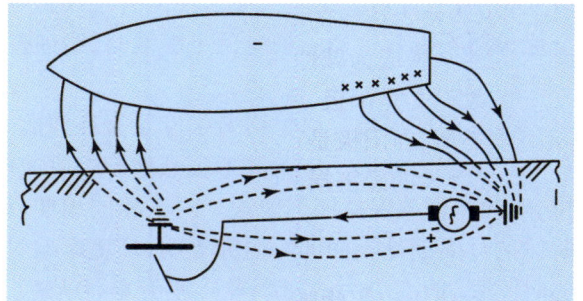

图 2.48　在安装码头电焊时,船体水下部位产生杂散电流的可能性

2. 电位梯度场引起的杂散电流腐蚀

有研究者通过对大连新船重工集团公司船舶所在海区调查发现并验证了该海区由于厂房电设备的使用而存在一个电场,即岸电场。同时通过在实验室里的模拟实验,得到该海区电设备开启与关闭的电位分布(图 2.49 和图 2.50)。电位梯度会对电场中的带电粒子产生电场力,在电场力的作用下,船体内部的自由电子必然要发生定向移动,使金属原子的自由电子与金属阳离子发生分离;由于海水是电解质,因此与海水接触的低电位区的局部船体将会发生还原反应,而高电位区金属被氧化而发生腐蚀。

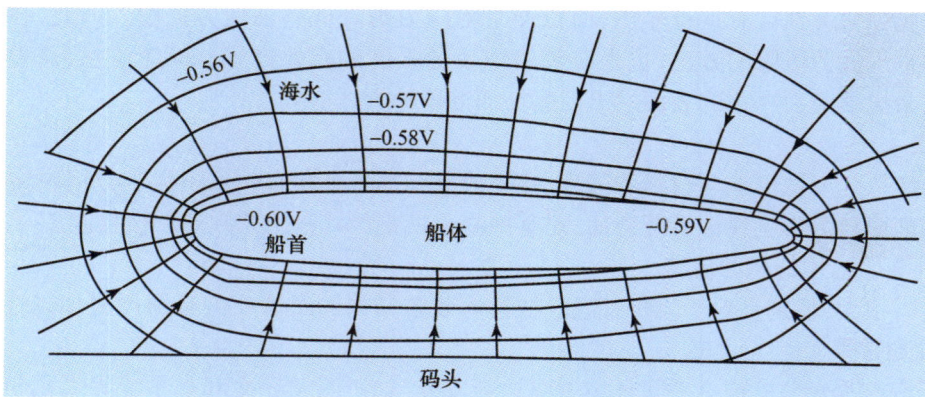

图 2.49　没有杂散电流时的电位分布

目前关于电位梯度场引起的杂散电流腐蚀问题,部分学者和专家专门对船舶的杂散电流腐蚀问题做了一些研究,也取得了一些成果。大连理工大学化工学院通过现场的观测,以及实验室模拟实验,对船体周围的电场进行粗略的定性描述。认为修造船期间船体易受杂散电流腐蚀,是由于船上虽然有外加电流阴极保

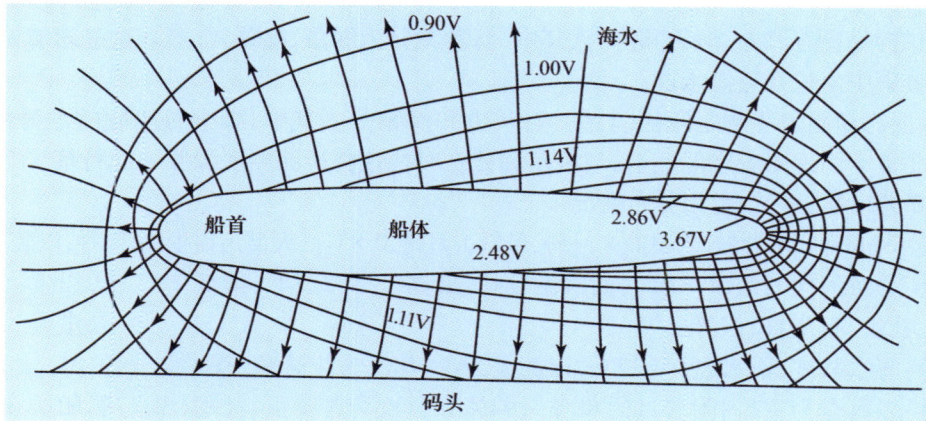

图 2.50　存在杂散电流时的电位分布

护装置但未能正常运行,或者可以利用的牺牲阳极不能提供足够的保护。同时在码头或船上使用各种用电器,如电焊机泄漏出的电流流经水线以下的船体时,使该部位成为阴极或阳极。如果是阴极,船壳和表面涂层之间的水膜成为碱性,超过一定的负电位将在阴极产生析氢,加上电渗透吸水会使涂层剥离,起泡或者破损。如果船壳是阳极,则铁溶解使基体和涂层之间的附着力降低,基体腐蚀而损坏涂层。这与电解时的情况基本类似,即阳极是正极,进行氧化反应;阴极是负极,进行还原反应。此时需要重新做防腐处理,耽误生产,造成巨大的经济损失。

2.3.9　生物污损与微生物腐蚀

由材料表面生物膜内的微生物生命活动引起或促进材料的腐蚀和破坏称为微生物腐蚀。对材料微生物腐蚀的大量研究表明,常用材料几乎都会产生由微生物引起的腐蚀。海洋中存在大量的海洋生物,海洋生物的附着,也会产生海洋生物腐蚀。通常将微生物腐蚀和海洋生物腐蚀统称为生物腐蚀。海洋生物腐蚀主要发生在与海水接触的结构和区域,如水下船底、海底门、螺旋桨、海水管内壁。在船舶机舱结构中则易产生微生物腐蚀。船舶底部生长水草情况如图 2.51 所示,船舶海底门格栅的生物污损如图 2.52 所示。

图 2.51　船舶底部生长水草

图 2.52　船舶海底门格栅的生物污损

微生物腐蚀通常是由于生物膜内微生物的存在和活动而产生的腐蚀,相关微生物活动的电化学反应表明微生物加速了材料腐蚀过程的局部反应速率或者改变了其腐蚀机制。目前公认的微生物腐蚀机制主要是形成氧浓差电池腐蚀机制、微生物产酸腐蚀机制和硫酸盐还原菌的腐蚀机制。

1. 海洋污损生物的主要类型

1) 海洋污损生物的品种

(1) 固着生物:生物的幼虫找到附着基成长为成虫,就永远附着固定在这个地方,不再移动。藤壶、牡蛎、石灰虫、海鞘、苔藓虫等均属此类。

（2）吸着生物：生物在环境不适宜时能移动，不永远附着，如贻贝、海葵等。

（3）附着植物：主要有海藻、海带和浒苔，其中，海藻又分为绿藻、褐藻、红藻。这些附着植物生长时需要阳光，因此大部分集中生长在近海水面。

在船底上主要海洋附着生物是藤壶、牡蛎、石灰虫和海鞘等。其中，藤壶对船底的危害性最大，藤壶是尖锥形甲壳类，非常牢固地附着在船底上，它脱落和死亡时往往将所涂船底漆膜一起拉落。

2）我国主要港口常见污损生物分布情况

（1）大连港：6—8 月间水温较高，最高 8 月份，最低 1 月份，0.8℃。大型污损生物 77 种，以藤壶、贻贝为主。

（2）青岛港：是黄河代表区，4—10 月间水温较高，最高（8 月）27℃，最低 2℃。污损生物 86 种，海鞘最多，其次为藤壶、牡蛎、石灰虫、苔藓虫等。

（3）石浦港：海水盐度低，水温 9～27℃，以藤壶为主，其次为花筒螅、苔藓虫、贻贝等。

（4）汕头港：以藤壶为主（占附着量的 88%～94%），其次为苔藓虫、牡蛎、海藻等。

（5）湛江港：平均水温较高，污损生物 6 种，主要为藤壶（占附着量的 89%～93%），其他常见的为苔藓虫、牡蛎等。

（6）榆林港：平均水温 20℃，污损生物 120 种，主要有藤壶、牡蛎、海鞘、苔藓虫、石灰虫、海藻等。

2. 生物污损对船舶设施的危害

附着生物对海洋设施的危害极大，特别是对船舶的危害一直是人们关注的焦点。据国际海事协会统计（IMO），没有涂装防污漆的船底浸泡在海水中，在半年时间里其海生物的附着可以达到 $150kg/m^2$，在一艘拥有船底面积 $40000m^2$ 的大型船只，其生物附着量可达到 6000t 左右。在我国青岛地区，经实验证明在青岛中港一个生长旺季 6—10 月每平方米可附着生物大于 20kg；发电厂的冷却水管道每年损失有效直径 50～100mm。海生物污损可增加 40%～50% 的耗油量。英国海军曾对"卓越号"航空母舰进行不采取任何防污措施的实验，经过 18 个月在海水中浸泡和试航，结果表明，不采取防污措施与采取防污措施相比，船舶性能下降 1/3 多，比原设想还大。在低速行进中，由于摩擦阻力起主导地位，清洗前和清洗后的性能提高 56%～80%，在高速时，清洗后的性能比下水 5 个月，开始有污底时的试航性能提高 4%～14%。美国海军因海生物污损造成每年增加 10%～15% 的油料消耗量，约为 5000 万美元，英国海军大约为 400 百万英镑。有数据表明对于万吨以上的远洋轮，其船底污损 5%，燃料消耗将增加 10%，每年的经济损失超过 100 万美元。所以，免除或减少海生物污底对民船和船舶来说都具有非常重要意义的。

3. 微生物腐蚀产生的原因

石油燃料与水接触引起的微生物污染，这种燃料基本成分是由石油中较易被微生物分解的煤油馏分组成。在燃料－水环境中，由于微生物的生长加速了船舶舱底金属的腐蚀，甚至可以将厚几毫米的金属蚀穿。

燃油、航空煤油所用燃料的组成通常以脂肪族烃占优势，而芳香烃可以占到总量的 25%。同时，还可能存在烯烃、环状化合物、硫醇和添加剂（如抗静电剂、抗冻剂或抗腐蚀剂）等。微生物对这类物质具有相当的偏好性。

微生物的生长和发育要求一定的外界环境和足够的营养物质，如水、营养物质、空气（主要是空气中的氧气）、温度等。水是微生物机体的重要组成部分，在微生物的新陈代谢中占有极重要的地位。这是因为微生物没有特殊摄取食物和排泄的器官，它的营养物质、代谢产物必须先溶解于水，然后通过细胞表面而吸收或排泄。因此，与燃料共存的水是微生物问题的主要原因。在没有水的情况下，微生物不能生存或者不能活动。多种来源的水进入燃料，有的早已含有营养无机盐或者有的是它们极好的溶剂。在燃料储存过程中，由于冷凝作用储存罐中也会出现水分，而且雨水和近地表水也可以进入储油罐。由水造成的汽油和煤油污染是常见的，且是极不容易防止和消除的。

适宜的温度对微生物的生长有一定的促进作用。在飞行中飞机油箱温度可以变化较大，但在飞机着陆或长期停放时，这时的温度就会适宜微生物生长和繁殖。微生物在燃料中生长的温度为 $-2～55℃$。

微生物生长过程中氧是一个很重要的因素，而轻质燃料油与空气有一个平衡，在每克燃料油中含有数百微克的氧，并很容易溶解到液相水中，为微生物生长提供了所需的氧。

对于燃油系统及燃油相关的混合物导致的微生物腐蚀，目前已提出了五种主要的腐蚀机理，每一种机

理都有研究结果支持它,而且每一种机理都可以在不同的介质中看到微生物腐蚀在发挥作用。例如:

(1)原来加进的缓蚀剂被微生物耗尽。

(2)生成了腐蚀性化合物。

(3)形成了氧浓差或离子浓差电池。

(4)阴极去极化。

(5)细菌所生成的酶的催化作用,以及细菌新陈代谢产物对合金中某一成分的腐蚀作用。

微生物在燃料油中的生长产生的危害性可归纳如下:

(1)由于微生物的自然存在而引起的筛网和过滤器等的堵塞。

(2)由于微生物的电化学特性而引起的燃料容量探测器的干扰。

(3)由于微生物产生的表面活性剂减弱了燃料油从水中分离澄清的能力。

(4)腐蚀性代谢产物,特别是有机酸和硫化物的形成。

(5)微生物摄取氧后,形成腐蚀性电化学氧梯度电池。

(6)微生物的去极化促进腐蚀作用。

(7)防护涂层的微生物降解。

对船舶而言,由于舱底油污水的积聚,舱底和油舱将会有微生物腐蚀,微生物腐蚀的存在将会加大腐蚀速度。

2.3.10 腐蚀环境

腐蚀环境是指金属构件所处的对其腐蚀行为产生影响的各种条件的总和。

腐蚀环境包括的内容很多,主要有:

(1)介质类型,如气相、液相、土壤等;气相中是海洋大气还是工业大气,液相是淡水还是海水,碱性土壤还是酸性土壤。

(2)介质温度。

(3)液体介质的成分、含盐量、pH 值、溶解氧、Cl^- 等。

(4)若介质是气体,则还有湿度的问题。

(5)介质的流速、压力等。

(6)介质中有无杂散电流。

(7)金属构件与介质的接触方式及规律。

(8)金属构件周围是否有高电位金属,是否与异种金属相连接。

(9)金属构件的工况条件,本身的温度、应力及变化状态。

(10)金属构件的表面状态;有无保护层及阴极保护,海生物附着状况等。

海洋上的腐蚀环境可划分为五大区域,分别为海洋大气区、飞溅区、潮差区、全浸区、泥下区(图 2.53)。就

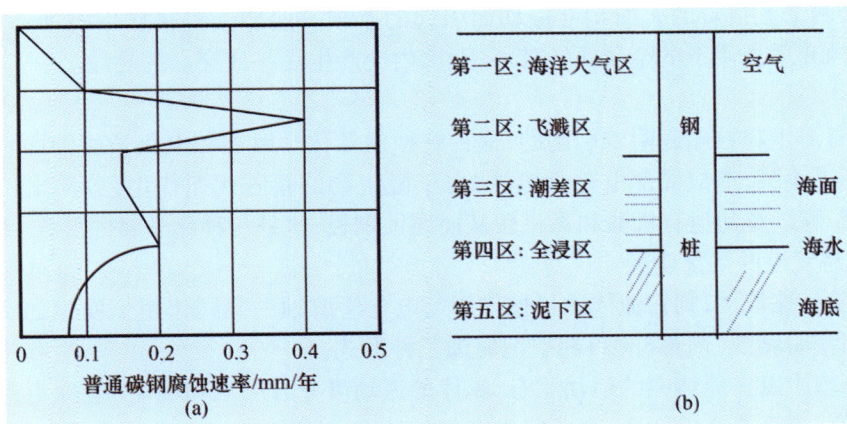

图 2.53 各区腐蚀环境分布

飞行于海洋环境的飞机来说,仅仅涉及海洋大气区;就水面航行的船舶来说,船底为全浸区,水线附近的部位为潮差区,船壳为飞溅区,上层建筑为海洋大气区。由此可见,腐蚀最严重的是水线和船底。实际上,船的水下部位的腐蚀速度为 $0.1 \sim 0.15mm/$ 年,水线附近为 $0.3 \sim 0.6mm/$ 年,水面上 5m 左右的部位为 $0.03 \sim 0.06mm/$ 年。

2.3.11　船舶在海水中的腐蚀特点

船舶长期处于海洋环境中,腐蚀严重,而腐蚀速度与海水的流动速度、气泡、温度、冲击性以及海水所含微生物等因素都有极为密切的关系。船体在海水中的腐蚀主要有电化学腐蚀、机械作用腐蚀、生物腐蚀和化学腐蚀,其中最主要的是电化学腐蚀,即在腐蚀过程中有微电流产生。

1. 发生在船体钢结构上的电化学腐蚀

1)氧的浓差电池作用

由于氧有夺取电子的能力,且水面的氧比水下的氧多,故近水面部分的金属得到电子成为阴极,而水中部分的金属失去电子成为阳极而发生腐蚀。腐蚀发生后,缝隙或缺口处的氧多,而底部氧少,从而底部继续腐蚀,最后成为锈坑或锈穿。

2)两种不同金属或钢种的腐蚀

在海水中,两种不同成分的金属接触时,电势较低的金属成为阳极发生腐蚀,例如铆钉和焊缝处容易锈蚀,原因即在于此。

3)氧化皮引起的腐蚀

由于氧化皮的电极电位比钢铁约高 0.26V,所以成为阴极,而钢铁本身成为阳极发生腐蚀。

4)涂膜下的腐蚀

由于实际上涂膜表面有微孔存在,所以海水仍可缓慢穿过涂膜产生电化学腐蚀。此时,含涂膜的部分成为阴极,不含涂膜的部分成为阳极而发生腐蚀,所以使涂膜鼓起破坏。在涂膜未损坏或失效时,这一过程是缓慢的。

涂漆前未除尽的氧化皮、锈蚀物、污物、水分、盐类等,在涂膜下加速进程,破坏涂膜。涂装时漏涂等施工缺陷也会加速腐蚀进程,从而过早破坏涂膜。涂膜损坏后,将产生前述各种腐蚀,这种腐蚀速度比未涂漆时更快。

5)杂散电流引起的腐蚀

由于供电或电焊时,违反操作规程,产生漏电,从而使船体变成一个巨大的阳极,产生大规模的腐蚀。这种腐蚀是非常惊人的,例如,某厂建造的 4 艘海船,出厂 1 年,6mm 的钢板几乎全部烂穿。

2. 机械作用腐蚀

机械作用腐蚀包括腐蚀作用和机械磨损,二者相互加速。其中腐蚀作用又包括冲击腐蚀、空泡腐蚀等。冲击腐蚀,由于液体湍流或冲击所造成;空泡腐蚀,高速流动的液体因不规则流动,产生空泡,形成"水锤作用",常常破坏金属表面的保护膜,加速腐蚀作用,如螺旋桨、泵轴等处易发生,船舶上机械磨损腐蚀,一般为微振磨损腐蚀,由于两个紧接着的表面相互振动而引起的磨损。船舶上机械作用腐蚀还有应力腐蚀开裂,是在拉伸应力和腐蚀介质作用下的金属腐蚀破坏,金属内会产生沿晶或穿晶的裂纹。

3. 生物腐蚀

生物腐蚀是由海洋生物在船底附着引起的,这种腐蚀包括化学腐蚀和电化学腐蚀两种。由于海洋生物在船底的附着,破坏了漆膜,造成局部电化学腐蚀;由于微生物的新陈代谢作用,分泌出具有侵蚀性的产物如 CO_2、NH_4OH、H_2S 等以及其他有机酸和无机酸从而腐蚀钢板,这是一种化学腐蚀形式。

4. 流动海水中易发生的局部腐蚀

金属表面有介质高速流动,则在流体的机械作用与电化学腐蚀的共同作用下发生的腐蚀称为磨蚀。磨蚀大体有湍流腐蚀、冲刷腐蚀(简称冲蚀)和空泡腐蚀三种形式。

(1)湍流腐蚀:按质点在流体中的运动状态,流体的流动可分为层流和湍流(也称为紊流)。在管道中,当流速高于某临界值,或管路突然拐弯,截面突然变化的地方,或管壁上有沉积物、障碍物等都会引发湍流。遭到湍流腐蚀的表面,常呈现深谷或马蹄形的凹槽。图 2.54 为湍流腐蚀形成原因。图 2.55 为船舶海水管路的湍流腐蚀破坏实例。

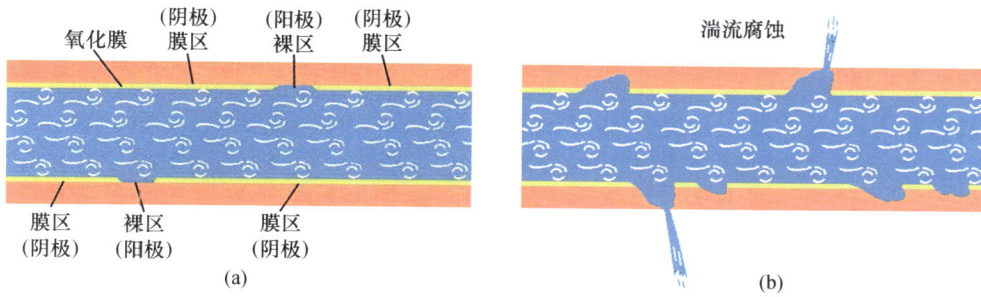

图 2.54　湍流腐蚀形成原因

图 2.55　船舶海水管路的湍流腐蚀破坏实例

　　流体的流动对金属管路表面有剪切的机械作用,湍流习惯在表面固定位置形成旋涡,对局部表面的剪切作用增强,而使该部位的表面膜(多为氧化膜)遭到破坏,使膜的破坏区与未破坏区形成电偶电池,破坏区是阳极,未破坏区是阴极,进而在电化学作用及湍流的机械作用的共同作用下,膜破裂区的腐蚀加速发展而形成马蹄形蚀坑。

　　(2)冲刷腐蚀:一般直行的管道内,如未发生湍流腐蚀,则其腐蚀一般较均匀且缓慢。但是管道的弯管部位或突然拐弯的部位,管壁会受到流体一定角度的冲击而较快地发生腐蚀,甚至快速穿孔。当流体中有固体颗粒或气泡时,这种腐蚀还会加剧。这种由高速流体或含颗粒、气泡的高速流体直接不断地冲击金属表面所造成的腐蚀称为冲刷腐蚀,也称为冲击腐蚀。冲刷腐蚀同样会造成局部保护膜的破坏,而使保护膜的破坏区与未破坏区之间形成电偶电池,这样既有机械作用也有电化学作用,腐蚀速度很快。一般说来,相对速度越高,流体中悬浮的固体颗粒越多、越硬,则冲刷腐蚀速度越快。图 2.56 为弯管部位的冲刷腐蚀示意及实物。

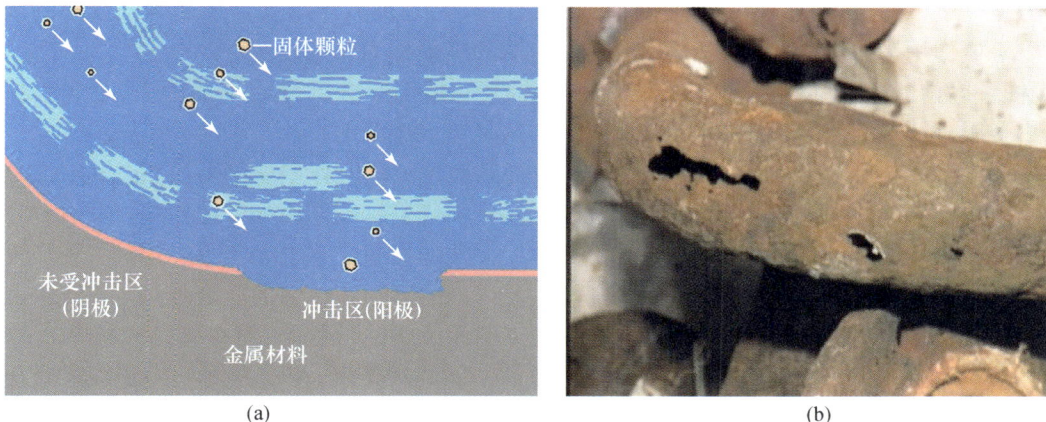

图 2.56　弯管部位的冲刷腐蚀示意图及实物

（3）空泡腐蚀：流体与金属构件做高速相对运动时，不同区域出现压力急剧变化时，会出现大量的气泡产生与破灭，一般在低压区，当压力低于水的蒸汽压时，会产生大量的气泡，当这些气泡运动到高压区时又会被压灭，在气泡破灭瞬间，会产生极高的压强和射流，如果气泡正好在金属表面破灭，则会对金属表面产生微小区域的损伤。大量气泡反复产生与破灭，就会对金属表面产生严重破坏，形成蜂窝状孔洞，这种腐蚀称为空泡腐蚀，也称为穴蚀、汽蚀或腐蚀空化，如图 2.57 所示。在电解质溶液中，表面破坏区与未破坏区之间同样会有电化学作用产生，从而加剧这种腐蚀破坏。

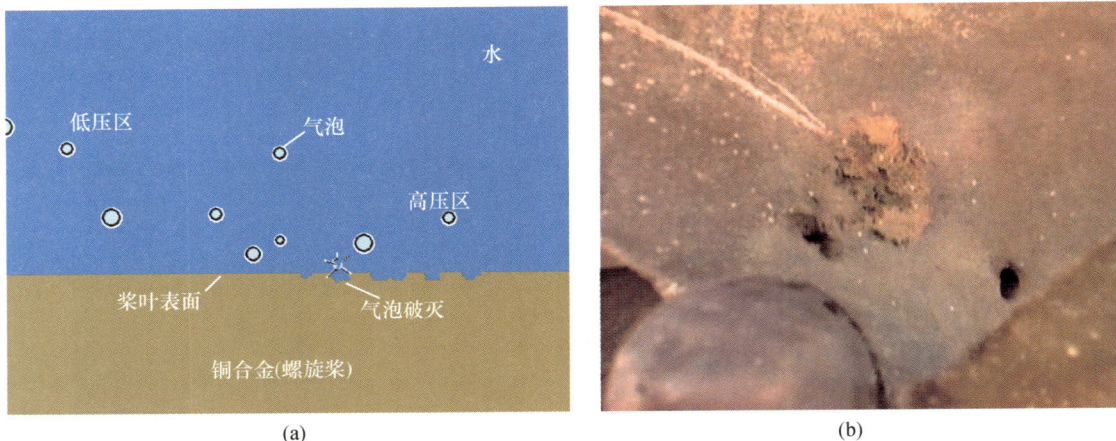

图 2.57　空泡腐蚀示意及螺旋桨桨叶表面的蜂窝状空泡腐蚀形貌

空泡腐蚀不一定需要流体的高速运动。柴油机缸套中，缸套壁受活塞往复运动的振动作用，导致表面冷却水交替出现压力的急剧变化，也会出现大量气泡的产生与破灭，而引发空泡腐蚀。一般将柴油机缸套的空泡腐蚀称为穴蚀。

水轮机叶片及螺旋桨桨叶背面易出现空泡腐蚀。当电化学作用很轻微或可忽略时，这种损伤也称为空泡磨损。

同样是流体作用下的腐蚀，船舶的螺旋桨的腐蚀则多见空泡腐蚀与冲刷腐蚀。海水管路的腐蚀则多见冲刷腐蚀与湍流腐蚀，也有空泡腐蚀。

还有一个说法是，在海水中特别是流动海水中存在海水侵蚀作用和腐蚀作用，即侵蚀－腐蚀或者腐蚀－侵蚀。早期流传比较广的侵蚀－腐蚀的定义是由于腐蚀介质对保护膜（钝化膜或腐蚀产物膜）的机械作用使金属的腐蚀过程加速而引起的破损。这个定义特别强调机械作用仅局限于保护膜，常导致与冲击腐蚀混为一谈，并把空泡侵蚀这类重要的侵蚀和腐蚀的联合作用现象排除在外，为此，我们更乐于接受美国材料试验协会标准委员会于 1977 年颁布 ANSI/ASTMG40－77 标准中所规定的定义，即它是在有腐蚀性物质存在时，与腐蚀和侵蚀都有关的一种联合作用，并理解为所有由腐蚀和侵蚀联合导致的破损都属侵蚀腐蚀现象，为区分是以腐蚀为主还是以侵蚀为主，把以腐蚀作用为主、机械作用仅是加速腐蚀作用的破损称为侵蚀腐蚀，而以机械作用为主、腐蚀作用仅是加速机械作用的破损称为腐蚀侵蚀。

虽然侵蚀－腐蚀的定义强调机械作用仅局限于保护膜，但当膜被部分或全部除去，金属基体被部分或全部暴露时，金属基体也会直接遭到流体的机械作用，这是可以想象的。

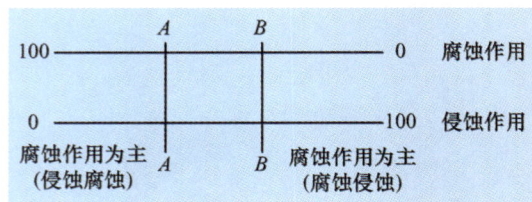

图 2.58　侵蚀和腐蚀的联合作用比例

侵蚀和腐蚀的联合作用比例可用图 2.58 加以说明，用两根平行线分别代表腐蚀作用和侵蚀作用在联合作用中所占的份额。在大致的位置上画出 A 线和 B 线。平行线的整个范围就是要讨论的腐蚀和侵蚀的联合作用。A 线左侧相当于以腐蚀为主的侵蚀腐蚀，泵、闸、海水管路在流动海水中的腐蚀破损通常都属此种情况；B 线右侧相当于以机械作用为主的腐蚀侵蚀，舰船螺旋桨、导流罩、舵板等在高速流动海水中的破损常属此种情况。A 线和 B 线的精确位置实际上很难确定，它随金属和流体的物理化学条件而变化。有人通过各种实验和实船调查结果对由流速引起的侵蚀－腐蚀做出了大致划分:流速小于18m/s,腐蚀为主区;流速大于24m/s,侵蚀为主区;流速为18～24m/s,腐蚀作用与侵蚀作用相当区。

与流动海水腐蚀有关的术语及其意义:

腐蚀:由于材料(通常是金属)与其周围环境之间的化学或电化学作用而使材料及其性能发生的变质。

侵蚀:由于流体、冲击液体或固体颗粒的机械作用而导致的材料的渐增损失。

侵蚀－腐蚀:在有腐蚀性物质存在时,涉及的侵蚀与腐蚀的联合作用。金属在流动海水中的腐蚀破损是典型的侵蚀－腐蚀现象,是由流体的机械作用和腐蚀作用联合导致的腐蚀破损。

冲击腐蚀:含有空气泡的高速流动液体对着金属表面冲击的一种侵蚀－腐蚀形式。

冲刷腐蚀:流动液体平行流过金属表面所发生的一种腐蚀或侵蚀－腐蚀形式。

破损:由于空泡作用或冲击作用使材料所发生的质量损失、表面变形以及性能和外观的其他变化。

冲击作用:在液体或固体颗粒与固体表面间的持续冲撞时所发生的过程。

冲击屏蔽:遭到液体或固体颗粒冲击的固体表面的局部屏蔽。有时,当冲击到固体表面的液体或固体颗粒从表面上弹回,并妨碍后来冲击粒子的运动时,就发生这种现象。

空泡作用:在液体中,空穴或含有蒸气或气体的气泡的形成和破灭。通常空泡作用起因于液体中静压的降低。

空泡侵蚀:由于连续地暴露到空泡作用下而导致的原始材料从固体表面上的渐增损失。

溃蚀:由于空泡侵蚀或液体冲击腐蚀引起的迅速发生或加速的金属表面破坏、损伤或变形,起程度达到零件的使用寿命明显缩短或其功能破坏。

异常溃蚀:在液体中,由于固体颗粒往复摩擦材料表面而导致的金属表面的破坏、损伤或变形,如海水管中的海草往复运动处的腐蚀破损。

概括上面介绍,船舶上易发生流动海水造成的腐蚀部位和构件有:海水管路弯头、管路变径部位;冷却器传热管;喷水流道;螺旋桨;舵板;船舶的尾部船体,尤其是高速艇的尾部;蒸汽动力锅炉炉管;海水泵。

2.3.12　铝合金舰船腐蚀与钢质舰船腐蚀差异

铝合金舰船的腐蚀环境特点,其共性是:均处于海洋环境,腐蚀介质是海水或海洋大气;局部构件表面,如船体、流道的海水流速比一般部位高;阴极保护状态、保护电位范围与钢质舰船不一样;因经常上排,船体干湿交替次数较多;船体、系统、设备中异种金属连接部位多,电位差较大。而对腐蚀影响较大的温度因素,则因所处海区不一样而差别较大。

铝合金舰船与钢质船舶的腐蚀主要取决于船体材料本身和推进器材料配套。船体选用铝合金制造主要是基于铝合金的密度小、重量轻,有利于提高舰船的速度;其次是耐蚀铝合金有较好的耐海水腐蚀性能。但是材料的不同会带来一些新的问题。船体是承载动力装备及武备的结构平台,平台又要在大海中到处移动,因此制造平台的材料种类就相当重要,不仅影响其承载能力、船的航行速度,也影响其适应环境的能力,其中对海水介质腐蚀作用的抵抗能力,与材料本身的化学、电化学特性有很大关系,从而使得不同材料所建舰船的腐蚀及防护也各有自己的特点。

首先分析船用铝合金和船体钢的化学与电化学性能特点。钢的化学与电化学性能与铁相近,化学性质没有铝、锌等活泼,在酸性介质中也易腐蚀,在中性介质中尤其是中性氯化物介质,如海水中也容易腐蚀,在偏碱性介质中较容易钝化,在海水与中性介质中不能保持钝化状态,其在海水中的腐蚀电位较负,但是铁不是两性金属。

铝的化学性质较活泼,且铝是两性金属,在酸性及碱性介质中都容易发生腐蚀溶解,铝在中性介质(包括海水)中表面呈活化状态时的腐蚀电位比铁负得多。但是铝的钝化能力很强,在一般淡水及海中都可以钝化,并可保持相当的时间,故而在海水中的腐蚀电位并不比钢铁材料负很多,耐蚀铝合金、纯铝等在海水中的腐蚀率比一般船体钢低,但是其钝化膜一旦破裂,比钢更易引发点蚀。

上述两种金属的化学与电化学特点决定了两种材质所造船舶的腐蚀特点有所差异,主要体现在以下三个方面:

（1）船体材料自身腐蚀的差异。由于船舶的水下船体表面受到涂层保护与电化学阴极保护，所以只要保护状态维护得好，钢质舰船与铝质舰船的水下船体都能得到良好的保护，不会发生腐蚀，而且涂层下的铝表面的氧化膜得到保护，可以更长时间地维持其钝化状态。而钢表面原在空气中形成的氧化膜，一旦海水透过涂层，就会很快被破坏掉，但是由于处于阴极保护状态，钢并不会发生腐蚀。

但是，如果涂层破坏，或电化学保护不正常，铝船体与钢船体的腐蚀就会表现较大差异。早期的涂料保护性能差，电化学保护不正常的情况较多，钢质舰船船体的腐蚀情况较严重。但是近年来涂料性能大为提高，牺牲阳极材料防护寿命提高，外加电流阴极保护技术也大为改进，钢质舰船水下船体外表面普遍防护得很好。但是铝合金舰船出现一些新的腐蚀问题，这实际上与铝的化学、电化学性能特点有关，铝是两性金属，且易钝化，但是铝对保护电位特别敏感，过正，易引起钝化膜局部破坏，局部发生活化腐蚀，过负，则会使表面局部碱化，也会使局部钝化膜破坏，并发生碱性腐蚀，两种情况都会造成铝质舰船表面的局部快速腐蚀，出现蚀孔，甚至可能导致穿孔。而船体舰船在海水中涂膜下的氧化膜只能存在很短时间，故而电位偏正时谈不上局部氧化膜的破裂；钢不是两性金属，当保护电位过负时也不会发生过保护状态的碱性腐蚀（但是高强度船体钢在过保护状态可引起氢脆）。

（2）推进器附近的船体或构件的腐蚀差异。钢质舰船的推进器材质都是铜合金，其附近的船体、舵板、美人架等虽有涂层或玻璃钢保护，也有阴极保护，但是由于流体的强烈搅拌及电化学保护不足，还是会发生一些腐蚀，目前来看不太严重。但是铝质舰船为喷水推进，推进器材质为不锈钢，流道内推进器附近既有铝合金船体又有铸铝的尾板法兰，尽管有阴极保护，但是由于铝的活化腐蚀电位太负，一旦表面涂层及钝化膜破损并活化，其与不锈钢之间近距离的电偶作用要比钢质船上强烈得多，从而会引发快速腐蚀。

（3）船体上层建筑及船体内异种金属腐蚀的差异。铝质舰船与钢质舰船上层建筑及内部系统、装置中均有许多异种金属连接部位，有些连接部位未能实施电绝缘隔离，有些实施电绝缘隔离了，却容易绝缘失效。

钢质舰船上的异种金属连接一般为钢－铜、钢－不锈钢、钢－钛合金、钢－铝等。铝合金船上异种金属连接为铝－钢、铝－不锈钢、铝－钛合金、铝－铜等。显然，由于铝的活化电位要比钢负得多，对电偶腐蚀特别敏感，因此一旦没有绝缘或绝缘失效，铝合金舰船上铝部件的电偶腐蚀就比钢质舰船上钢部件的快得多。

2.4 腐蚀控制方法

2.4.1 金属腐蚀防护基本原理

1. 提高金属材料本身的耐蚀性

（1）从提高材料的热力学稳定性角度出发，改善合金组成。热力学稳定性不但取决于金属，也取决于腐蚀介质，基本原理是用在某种介质中热力学稳定组元使不耐蚀金属合金化，以实现保护的目的。

（2）增大阴极控制。一方面减少合金中阴极区的面积，另一方面向合金中加入增大阴极去极化反应超电势的添加剂。

（3）增大阳极控制。向合金中添加活性的阴极物质，如往不锈钢中加入少量的钯、铂等贵金属元素。提高合金阳极可钝化性的合金化也可实现阳极控制。

2. 改变环境

腐蚀是由环境和材料共同反应的结果。环境不同，腐蚀状况不一样，从环境角度控制对军事装备来说更为重要。

（1）温度和流速。一般而言，降低温度可以减慢腐蚀速度。流速是一个很复杂的因素，增加流速往往会加速腐蚀，但也可能引起钝化而减轻腐蚀。在船舶上，防腐蚀的工作重点是控制温度和海水流速超过材料的使用要求。

（2）介质中氧含量。介质中的氧含量是阴极去极化剂，对腐蚀的影响也是很复杂的。水线区域腐蚀、氧浓差腐蚀等均有氧含量不同而引起。

（3）应力。应力存在将加速腐蚀，是引起应力腐蚀开裂的主要原因，因此要给予足够重视。

（4）缓蚀剂。加入少量的缓蚀剂,可明显降低金属的腐蚀速度。目前已成为工业防腐蚀主要手段之一,在船舶上一些重要设备的冷却循环水中也采用加入缓蚀剂的方法防腐蚀。

3. 从电化学角度进行保护

（1）阴极保护。人为地阻止阴极氧化,以达到防腐蚀目标。

（2）阳极保护。通过实现阳极钝化来完成防腐蚀目标。

（3）金属涂层。它包括阴极性涂层、阳极性涂层及多层涂层,分别通过阴极控制、牺牲阳极和阴阳极联合控制为目的的防护方法。

4. 使材料与腐蚀介质隔开

这是一种很古老的方法,但至今仍是防止腐蚀的主要方法之一。主要有非金属涂层（涂料）、衬里、防锈油等。

2.4.2 抑制或减小流体造成的腐蚀的措施

1. 合理选材

首先考虑耐蚀性。例如,在冲刷腐蚀的条件下,酸性的矿山水对于钢的腐蚀速度随着钢中铬含量的增加而线性地下降,当铬含量达到3%以后,便不发生腐蚀。在海洋环境中无疑应选择防锈铝合金作为结构用材料。

其次考虑耐磨性。软的金属材料在冲刷腐蚀条件下易于因磨损而加速破坏。一般是在保证及改善耐蚀性的前提下,提高强度和硬度来提高其耐流动海水腐蚀的性能。

2. 改善介质腐蚀性

添加缓蚀剂、过滤悬浮固体颗粒、降低操作温度都可降低冲刷腐蚀速度。例如,在柴油机的冷却水中添加防穴蚀缓蚀剂,就可以有效地防止缸套的穴蚀。

3. 良好的设计

降低流速、减小湍流、加厚易损部位和使它们易于拆换补修,都是设计应考虑的问题。例如,在输送流体容量一定的条件下,增加管径可降低流速。管道引入容器时,加上引管可减小湍流。加大弯管的曲率半径,减小流体的冲击角度,也可大大减缓冲蚀。图 2.59 为弯管曲率半径大小对冲蚀的影响。

4. 其他措施

堆焊耐蚀的硬质金属、采用牺牲阳极等,均可降低冲刷腐蚀速度。

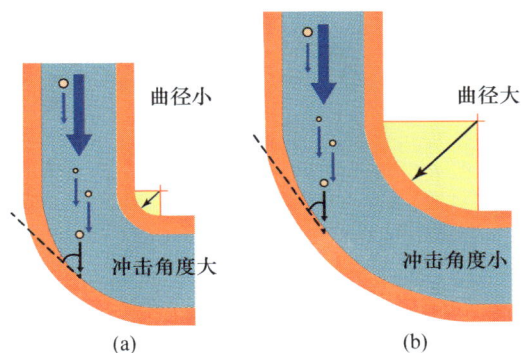

图 2.59 弯管曲率半径大小对冲蚀的影响
（a）冲蚀大；（b）冲蚀小。

2.4.3 舰船工程常用的腐蚀控制方法

在舰船设计建造方面防止金属腐蚀的主要技术措施和方法:搞好防腐蚀设计,尤其是结构设计;合理选用金属材料及其配套设计;采用表面保护技术;采用阴极保护;采用介质处理等。在维修管理方面还要切实做好装备的维护保养及腐蚀、防护状态的监测。

1. 防腐蚀结构设计

设计是防腐蚀的最关键环节。腐蚀在设计图纸上就开始了,这说明设计在防蚀工作中的重要性。

结构设计的失误,往往会引起机械应力、热应力,水的滞留,有害物质的沉积,电偶电池的形成等,或者维修的可达性差,这些都会加速腐蚀过程。

防蚀结构设计的一般原则如下:

（1）结构形式尽量简单。如采用圆筒形结构比方形及框架形结构好,其表面积小,便于防腐蚀施工和维修。

（2）结构要防止残留液和沉积物出现。图 2.60 为防止水分和尘粒积聚的结构。图 2.61 为五种防止水

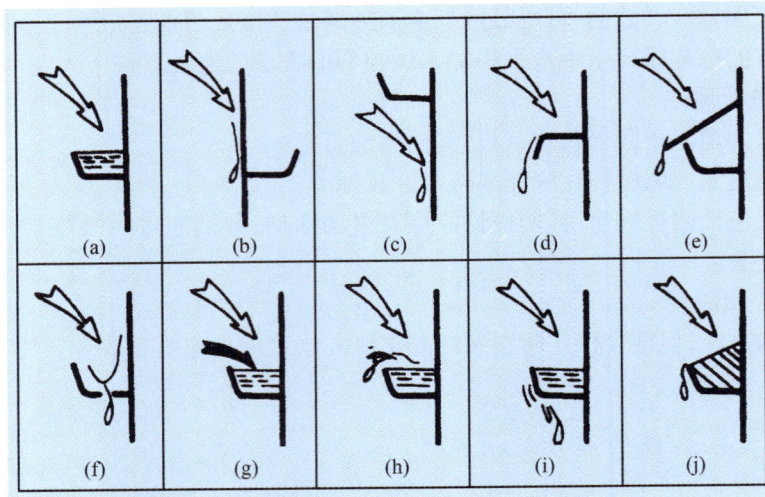

图 2.60　防止水分和尘粒积聚的结构

（a）不好，可能积聚水分和尘粒；（b）、（c）、（d）、（e）把可能积聚水分的结构置于介质作用之外；
（f）采用排水孔；（g）加入缓蚀剂；（h）保证清扫；（i）装自动清水结构；（j）可积水处用填料填充。

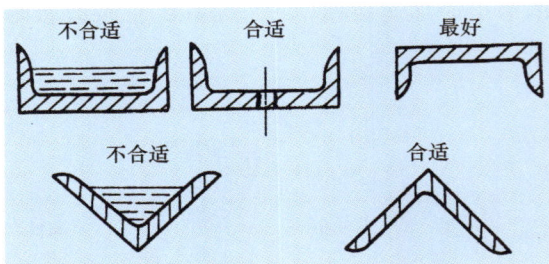

图 2.61　五种防止水的滞留的结构设计对比

所以设计时应避免产生应力集中（图 2.63）。

的滞留的结构设计对比。

（3）防止缝隙腐蚀。由于设计不当会人为地造成缝隙及缝隙腐蚀，如间断焊、单面焊容易产生缝隙，应当在设计中予以防止。图 2.62 是防止缝隙腐蚀的结构。

（4）防止电偶腐蚀的设计。当异种金属不可避免地发生接触时，可考虑进行电绝缘组件结构设计或采用复合材料过渡接头结构等，都可以有效地防止电偶腐蚀。

（5）避免应力集中和残余应力。有些结构设计出现尖角等，容易引起应力集中，引发应力腐蚀或其他断裂失效，

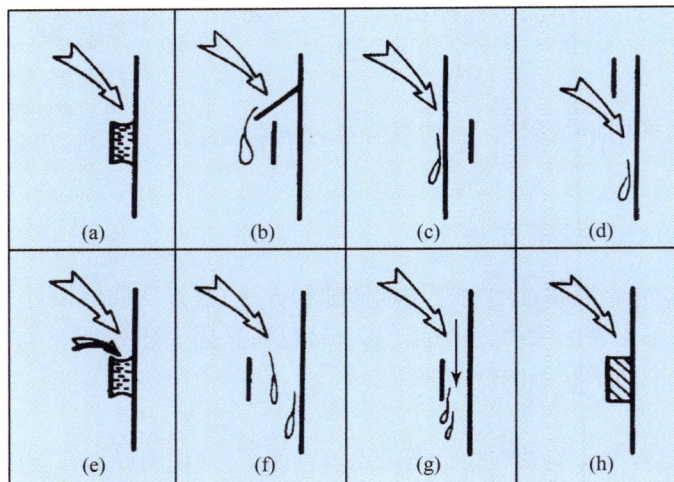

图 2.62　防止缝隙腐蚀的结构

（a）带缝的结构件（箭头表示浸蚀液进入缝隙方向）；（b）、（c）、（d）使缝隙处于浸蚀液处；
（e）在缝隙处加入缓蚀剂；（f）把缝宽增大，使浸蚀液不能保持在缝中；
（g）沿缝口入口处装有气流装置，把缝内存液吹掉；（h）用填料密封缝隙。

2. 合理选用金属材料，注意开发应用新型耐蚀材料

合理选材是一项细致而又复杂的技术，它既要考虑装备的结构特点，使用工况及环境特点，生产加工、

装配等工艺特点以及使用寿命、维修要求,又要考虑多种选材对象的性能特点(尤其是耐蚀性能)、加工工艺特点以及效费比等多种因素。

舰船中耐蚀材料的选用更多涉及的是结构材料,如船体、管系、设备及其连接固定的结构部件等。这些材料首先在力学性能上要满足结构的强度及韧性要求;有些还要考虑耐振动、耐疲劳、抗爆性等性能要求及工作中的应力状态等。在此基础上再考虑其他方面的要求:工作环境的需求,是否在耐腐蚀、耐高温氧化及蠕变、耐热胀及冷热冲击等方面有所要求;根据装备的寿命及维修周期考虑材料的腐蚀速度或腐蚀疲劳寿命;根据装备的系统组成、结构特点及不同部件的连接装配方法与工艺,考虑所选材料之间的匹配性,尤其是电位匹配性。有时,针对工件的结构特点,还要综合考虑材料的强度、耐蚀性及可加工工艺性能。

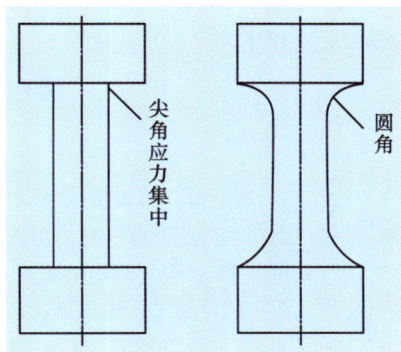

图 2.63　避免应力集中的设计

除选材外,还应当不断地开发与应用新的耐蚀材料,进行更新换代,如舰船的海水管系材料已经更新了两代,由最初的紫铜改进为白铜,近年来又开始在部分船舶中使用了钛合金。

3. 表面处理与表面保护

对金属构件采取各种各样的表面保护措施是防腐蚀的重要方法与手段。表面保护的方法很多,其中最重要、最方便也是最常用的是涂层保护。其次像涂防锈油、电镀、刷镀、化学镀、热浸镀、热喷涂、涂塑、衬塑、衬橡胶、包玻璃钢、搪瓷等,都是给金属结构加上一个覆盖层,使其与介质隔离,以得到保护。

还有一类属于转化膜技术,即通过化学、电化学手段在金属表面生成一层保护膜,如磷化、阳极氧化、化学氧化、钢铁发蓝/发黑等。

还可对金属进行热处理以改变金属制品表面层的性能。例如,把普通钢工件进行渗氮,使表面形成合金氮化物层,就可以提高耐腐蚀性和耐磨性,经过渗铬的工件耐酸、耐磨,经渗铝的工件耐热、耐蚀等。

4. 介质处理

处理介质的目的是改变介质的腐蚀性,以降低介质对金属的腐蚀作用。通常有三种方法:除去介质中的有害成分;调节介质的 pH 值;降低气体介质中的水分。

这类例子很多,例如:舰船用锅炉用水除氧、除盐处理,调 pH 值等;加缓蚀剂是当前一种重要的介质处理方法,在化工、电厂等部门多有应用;船舶柴油机冷却水添加剂的主要目的就是防止缸套的穴蚀。船舶上曾发展过的一种海水系统电解防腐防污处理也属于介质处理的范畴。

暂时封存防锈的一些技术实质上也是改变介质的腐蚀性来达到防腐蚀的目的。例如,使用含有缓蚀剂的防锈油、防锈水、气相防蚀剂等防止金属生锈。此法简便,效果显著,应用广泛。这里所说的“暂时”并不意味着品质不佳。而仅指这类防锈剂并非永久性附着,必要时可以很方便地除去。此方法多用于不用或者不能用涂料、电镀、磷化等方法保护的裸露金属面上。此外,还可采用可剥性涂料(或塑料)把金属覆盖起来,必要时可剥离下来,将金属产品装入容器中进行充氮封存,减少腐蚀因素以保护金属。

5. 电化学保护

电化学保护方法的主要原理是采用电化学手段,给金属通以电流,产生极化,改变金属的电位,使金属处于免蚀或钝化状态。

电化学保护的方法有两类:

一类是阴极保护,它是给金属通以阴极电流,使金属产生阴极极化,电位负移到免蚀区,从而达到保护的目的。阴极保护又有两种方法:一种是外加电流阴极保护;另一种是牺牲阳极阴极保护。这两种方法在船舶上都得到了广泛的应用。海洋工程结构、民用船舶、电厂设备及大量的地下钢结构也广泛采用阴极保护技术进行防护。具体方法将在后面详细介绍。

另一类是阳极保护,它是给金属通以阳极电流,产生阳极极化,电位正移到钝化区,使金属的腐蚀速度大大降低,从而得到了保护。这种方法一般使用较少。

总之,防止金属腐蚀的方法很多,上面介绍的只是几种主要方法,采用哪种方法来保护,应根据具体情况确定。在实际工作中,为了更有效地防止金属腐蚀,往往将两种或多种方法结合起来应用,如铝合金舰船上采用的复合材料过渡接头防止电偶腐蚀的方法即是从结构设计、选材及表面涂装等多方面综合考虑应用的防腐蚀技术。

参考文献

[1]　肖纪美,曹楚南. 材料腐蚀学原理[M]. 北京:化学工业出版社,2002.

[2]　曹楚南. 腐蚀电化学[M]. 北京:冶金工业出版社,1993.

[3]　鲍戈拉德 И Я,等. 海船的腐蚀与防护[M]. 北京:国防工业出版社,1983.

[4]　侯保荣. 海洋腐蚀环境理论及其应用[M]. 北京:科学出版社,1997.

[5]　侯保荣,等. 海洋腐蚀与防护[M]. 北京:科学出版社,1997.

[6]　方志刚. 铝合金防腐蚀技术问答[M]. 北京:化学工业出版社,2011.

[7]　方志刚,韩冰. 铝合金舰艇腐蚀控制技术[M]. 北京:国防工业出版社,2015.

[8]　许立坤,等. 海洋工程的材料失效与防护[M]. 北京:化学工业出版社,2014.

[9]　林玉珍,杨德钧. 腐蚀与腐蚀控制原理[M]. 北京:中国石化出版社,2015.

[10]　王强. 电化学保护简明手册[M]. 北京:化学工业出版社,2012.

[11]　梁成浩. 现代腐蚀科学与防护技术[M]. 上海:华东理工大学出版社,2007.

[12]　夏兰廷,黄桂桥,等. 金属材料的海洋腐蚀与防护[M]. 北京:冶金工业出版社,2003.

第3章 耐蚀金属材料

很长一段时间,木材是制造船舶的主体材料,人们一直在追求主船体材料的高强度、易加工、耐蚀性好等性能的完美结合。100多年来,船舶结构材料已由金属材料完全替代了原来的木材,金属材料也由单一的铁质材料发展为各种不同强度的结构钢、不锈钢、铝合金、钛合金、铜合金等。目前,人们可以采用不同工艺优化,利用材料的不同性能进行材料复合化形成复合材料,发展和有效利用复合材料是船舶装备的主要需求和船舶材料主要发展趋势。无论怎样,在海洋使用和服役的材料必须有一个共同的特点耐蚀,否则,其应用会受到极大限制并给设计者带来很大麻烦。本章主要介绍常用的船体结构钢、不锈钢、铝合金、钛合金、铜合金和金属基复合材料的性能、特点和基本应用。

3.1 船用耐蚀金属材料发展

船舶在国防、国民经济和海洋开发等方面都占有十分重要的地位。船舶用材料是随着船舶发展历史进程而发展的。船舶从史前剖木为舟起,经历了5000多年独木舟和木板船时代,这时的船体以木质材料为主。1879年世界上第一艘钢船问世,标志着金属为船体材料时代的到来,100多年以来,以合金钢作为船体材料一直占据主要位置,其发展主要集中于合金成分优化和结构强度等级、工艺性能等方面的提高。

在1891年,瑞士苏黎世的Esher Whess公司建造的自重450kg的一艘小艇,最早的铝船诞生。基于铝合金的密度小和铝合金材料技术的发展,铝合金在渔船、游艇制造中逐步广泛使用。对船体结构来说,达到同等强度和在能满足船舶使用的条件下,铝合金船体的综合重量是钢结构船体的50%左右。同时,铝合金加工容易,耐腐蚀,耐疲劳。因此,铝合金很长一段时间是轻型船舶的首选。

美国海军于1950年开始注意到钛用于舰船工业的可能性,1963年开始进行大量的工程研究,成功地将钛用于各类动力的潜艇、水面舰船、民用船。俄罗斯船用钛合金的研究和实际应用水平居世界前列,20世纪60年代开始在舰船上使用钛合金,到1968年世界上第一艘全钛合金艇体的潜艇入水。几十年来,美国、俄罗斯在核潜艇、水面舰船、常规潜艇、航空母舰等大量采用了钛合金结构,且其钛合金应用部位广泛,如船体结构件、深海调查船及潜艇耐压壳体、管道、阀及配件、动力驱动装置中的推进器和推进器轴、紧固件、热交换器、冷凝器、冷却器、艇壳声纳导流罩等。

动力用金属材料的发展可追溯到200多年前。1807年,美国的富尔顿建成第一艘采用明轮推进的蒸汽机船"克莱蒙脱"号,航速约为8km/h;1839年,第一艘装有螺旋桨推进器的蒸汽机船"阿基米德"号问世,主机功率为58.8kW。这种推进器充分显示出它的优越性,因而被迅速推广。推进系统及动力装置的产生标志着以铸铁、合金钢等钢铁材料进入到船舶上得到大面积应用。1868年,中国第一艘载重600t、功率为288kW的蒸汽机兵船"惠吉"号建造成功。1894年,英国的帕森斯将其发明的反动式汽轮机作为主机,安装在快艇"涡轮尼亚"号上,在泰晤士河上试航成功,航速超过了60km/h。早期汽轮机船的汽轮机与螺旋桨是同转速的。约在1910年,出现了齿轮减速、电力传动减速和液力传动减速装置。在这以后,船舶汽轮机开始采用减速传动方式。1902—1903年,法国建造了一艘柴油机海峡小船;1903年,俄国建造的柴油机船"万达尔"号下水。20世纪中叶,柴油机动力装置遂成为运输船舶的主要动力装置。

1947年,英国首先将航空用的燃气轮机改型,然后安装在海岸快艇"加特利克"号上,以代替原来的汽油机,其主机功率为1837kW,转速为3600r/min,经齿轮减速箱和轴系驱动螺旋桨,燃气轮机开始了在舰船上应用的征程。这种装置的单位重量仅为2.08kg/kW,远比其他装置轻巧。20世纪60年代前后,又出现了用燃气轮机和蒸汽轮机一起组成联合动力装置,并应用于大、中型水面军舰。当代海军力量较强的国家,在大、中型舰船中,除功率很大的采用汽轮机动力装置外,几乎都采用燃气轮机动力装置。在民用船舶中,燃气轮机因效率比柴油机低用得很少。

在各类船舶用蒸汽机、柴油机、燃气机动力装置中,除各种各样的合金钢作为结构材料以外,具有耐磨、耐蚀、耐热性能的合金钢、不锈钢、钛合金、铝合金以及镍基合金应运而生,特别是在耐高温合金的开发和利用方面。如美国舰船用燃气轮机等动力装置近年来多采用哈氏(Hastelloy)、蒙耐尔(Monel)、因科镍(Inconel)等合金,用以提升设备的耐热性能和装置的效率。

原子能的发现和利用为船舶动力开辟了一个新的途径,对舰船用核材料和核防护的发展起到了推动作用。不依赖空气的 AIP 动力的发展带来了金属储氢材料和制氢技术的进步。

舰船材料按照平台类型分为舰船结构材料、动力机电系统材料。舰船上水中兵器用材料也属于舰船材料。按照材料类型分为结构材料、结构/功能一体化材料、特种功能材料三大类。结构材料又分为船体结构钢、轮机及其他结构钢、耐热钢、高温合金、不锈钢、特殊性能钢(防弹、低磁等)、焊接材料、铝合金、铜合金、钛合金等。结构/功能一体化材料分为树脂复合材料、金属复合材料、阻尼降噪材料等。特种功能材料分为涂料和涂层、阴极保护材料、电解防污材料、有源声学材料、隐身材料(吸波、吸声等)、密封材料及胶黏剂、装饰材料、橡胶、耐火及绝缘材料等。

舰船材料都要求有较好的耐蚀性,但耐蚀性与材料成本是一个不太相容的概念。一般而言,材料性能相当时,材料成本会随着耐蚀性要求提高而增加。本书将船体用低合金钢、铝合金、钛合金、不锈钢以及在舰船上使用越来越广泛的复合材料作为耐蚀材料进行介绍。

3.2　舰船用结构钢

钢的总产量中碳钢占有 80% 左右,它是基本的工业用钢。碳钢冶炼、加工简单,价格低廉,并且通过热处理可以得到不同的性能来满足工业生产上的各种需要,因此得到了极广泛的应用。但工业的发展,特别是国防、交通运输、动力、石油、化工等工业的发展,对材料提出了更高的强度要求,抗高温、高压、低温,耐腐蚀、磨损等性能的要求,使碳钢的应用遇到了越来越多的困难。碳钢的性能主要有淬透性低、强度和屈强比较低、回火稳定性差、不能满足某些特殊性能要求等缺点。为了解决上述问题,在碳钢中特意加入合金元素得到了合金钢。合金钢的发展对现代造船业起到举足轻重的作用。

船体结构钢是现代舰船建造最关键的结构材料,也是用量最大的材料,其性能优劣直接关系船舶性能。船体结构钢作为船体结构材料,必须具有足够的强度和韧性以及良好的工艺,海船和舰船还应有良好的耐海水腐蚀性能。两次世界大战极大地提升了航空母舰和核潜艇在军事斗争中的地位,也给以航空母舰和核潜艇为代表的舰船用钢提供了发展契机。可以说,舰船用钢的发展极大地推动了船舶材料的进步。

3.2.1　分类

钢的种类繁多,为了便于生产、管理和使用必须进行分类。分类方法有多种,大的方面来说钢分为碳钢和合金钢。碳钢按化学成分分为碳素钢和结构钢,其中碳素钢又分为低碳钢、中碳钢和高碳钢。合金钢根据所含合金元素的多少分为低合金钢、中合金钢和高合金钢。近年来发展的微合金钢,在普通软钢和普通高强度低合金钢基础上添加铌、钒、钛等元素进行微合金化,微合金化为舰船用钢的耐蚀性提高打下了良好的基础。合金钢按所含主要合金元素分为铬钢、铬镍钢、锰钢、硅锰钢等(图 3.1)。

3.2.2　舰船结构钢的发展现状

1. 国外发展状况

在第二次世界大战之前,无论军用船舶还是民用船舶,世界各国船体普遍使用的碳素船体钢。自第二次世界大战以后,美国作为船舶特别是舰船发展的先锋,船用材料发展迅速。自第二次世界大战至今,美国舰船船体钢的发展经历了多个阶段。先后选用过碳素船体钢、HTS、HY80、HY100、HSLA80、HSLA100 等多

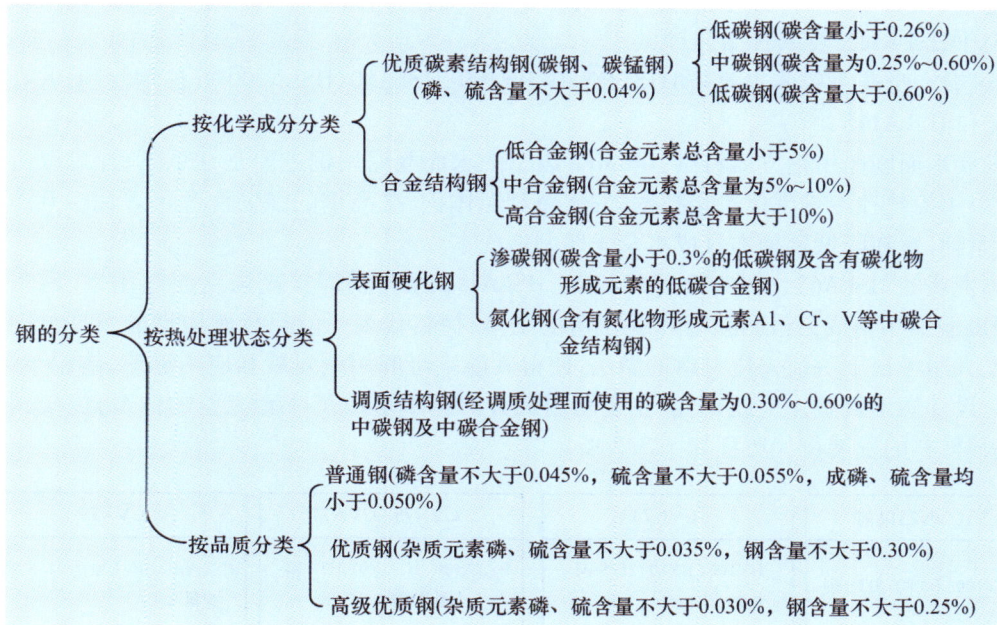

图 3.1　优质碳钢和合金结构钢的分类

个型号的钢种。其研制应用大致可以分为以下四个阶段：

（1）第一阶段。第二次世界大战期间，美国水面舰船的主要选用 HTS、A、B、D、E 等高强度及一般强度级别的结构钢作为主船体选材。该阶段钢的主要特点是强度级别不高，合金元素少、碳当量低，故成本低、焊接性好，但其韧性较低、抗弹性差、耐蚀性一般，且钢板厚度较大，但在当时也基本满足了美国水面舰船的使用要求。

（2）第二阶段。20 世纪 60 年代以后，为了满足发展大型航空母舰和新一代潜艇的需求，在 Ni – Cr 系 STS 防弹钢的基础上开发出了强度更高、韧性更好的 HY 系列高强度结构钢，包括 HY80、HY100 到强度更高的 HY130 钢。HY 系列钢种为调质型铬镍钼系钢，其主要特点：高强度，HY80、HY100 分别为 550MPa、690MPa 级；Ni、Cr、Mo 等合金元素含量较多，碳当量高，焊接性差，建造成本高；钢板规格齐全，水面、水下舰艇结构通用。

表 3.1 为 20 世纪 80 年代美国海军 HTS 钢和 HY 钢在舰船方面的应用情况。可以看到，HTS 钢在水面舰船上仍然是主要且大量应用的钢，而潜艇则以 HY80、HY100 钢为主。

（3）第三阶段。HY 系列钢虽然强度级别较高，但由于钢中的合金元素如铬、镍、钼等含量较高，导致该种钢成本较高，且对焊接要求较高。20 世纪 80 年代以后，为了改善海军舰船用钢焊接性，节约舰船建造成

表 3.1　美国海军舰船钢用量情况（单位：t）

舰船类型	HTS	HY80	HY100
航空母舰	22370	1496	21527
巡洋舰	2725 – 3500	707	0 ~ 112
驱逐舰	2230 – 2370	707	—
护卫舰	1100	150	—
登陆舰	5600 – 15600	327 ~ 771	224 ~ 280

本，又发展了 HSLA80、HSLA100 钢，以替代对应强度级别的 HY80、HY100 钢。

对 690MPa 级 HSLA100 钢在近年来美国海军最新航空母舰建造中的使用情况分析可以看出，从 CVN74 的少量试用，到 CVN75、CVN76、CVN77 扩大采用，经过 10 多年，逐渐过渡到 CVN77 主要采用新钢种建造。

HSLA80、HSLA100 钢主要采取铜沉淀硬化型的强化机理，其主要特点：碳含量及碳当量低，焊接性好，降低了建造成本；Ni、Cr、Mo 含量较 HY 系钢有了不同程度的减少，降低了材料成本。

这一阶段的航空母舰船体结构用型钢、铸锻钢及焊接材料仍然沿用了 HY 系列的配套材料。为了充分发挥 HSLA 系列钢所具有的良好焊接性能，同时开发了配套材料。

（4）第四阶段。20 世纪 90 年代以后，为了发展未来型航空母舰，美国海军关注的焦点放到了航空母舰

主船体越来越重,以及由此带来航空母舰的机动性和有效载荷降低等突出问题。因此,美国海军又相继开发了 HSLA65 和 HSLA115 及 10Ni 钢。

目前,美国航空母舰主船体主要是 HTS、HY80、HY100、HSLA80、HSLA100 五种钢混用,并在非主要结构考核 HSLA65 和 HSLA115。

美国在发展水面舰船用钢方面特点:446MPa 以下的水面舰船用钢主要是锰系钢;注意改进现役钢种的质量及韧性;采用控轧控冷等现代冶金技术,发展新型船体钢,提高钢的强韧性及可焊性。开展新钢种的研究,形成新的系列,旨在降低钢种本身成本及舰船制造成本。

美国海军发展的 HSLA65、HSLA80、HSLA100、HSLA115 系列易焊接高强度舰船用钢,逐步替代传统的 HY 系列高强度舰船用钢成为最新航空母舰建造的主体材料,代表了航空母舰用钢的发展方向。美军在现役航空母舰上大胆考核下一代先进材料的做法,使得其航空母舰用钢发展和应用迅速,体系十分完备,可随时根据需求对设计做出调整。至此,美国在舰船用钢方面基本形成了一套完整的体系,以美国海军航空母舰用钢为例,其材料的发展替代历程如图 3.2 所示。

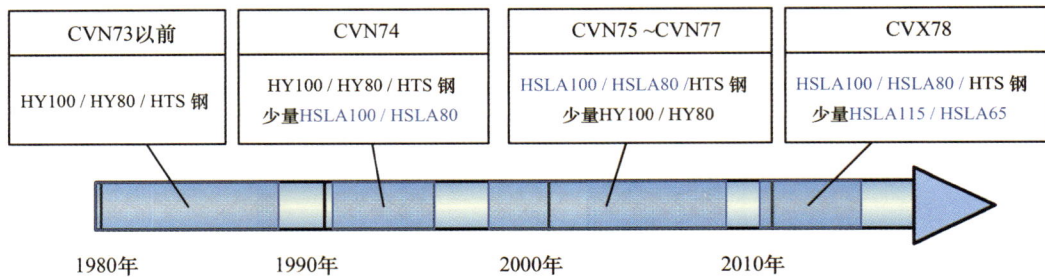

CVN73以前	CVN74	CVN75～CVN77	CVX78
HY100 / HY80 / HTS 钢	HY100 / HY80 / HTS 钢 少量HSLA100 / HSLA80	HSLA100 / HSLA80 /HTS 钢 少量HY100 / HY80	HSLA100 / HSLA80 / HTS 钢 少量HSLA115 / HSLA65

1980年　　　　1990年　　　　2000年　　　　2010年

图 3.2　美国海军航空母舰用钢的发展替代历程

除美国外,俄罗斯、日本、法国、英国等也开发了系列高强度舰船用钢,如俄罗斯的 AK 系列、AБ 系列,日本的 NS 系列,法国的 HLES 系列等,其舰船材料的发展思路大致与美国相仿。

2. 国内发展状况

我国的舰船结构钢发展可以划分为四个阶段:20 世纪 50—60 年代,主要是依赖苏联进口和仿制;70—80 年代开始自行研制,当时受国内资源限制,立足于无镍合金钢,自行研制了我国每一代舰船用钢锰系无镍铬钢和低镍铬钢,如 901、902、903 系列钢种,这些自行研制的舰船用钢在我国海军舰艇建造中得到了成功应用;进入 80 年代,海军装备有了很大发展,对舰船用钢也提出了更高的要求,第一代舰船用钢已满足不了现代海军的需求,因此在对第一代舰船用钢改进提高的基础上开始研制综合性能更好的第二代舰船用钢及其配套材料,如 390MPa 级的 907A 钢、440MPa 级的 945 钢、590MPa 级的 921A 系列钢、785MPa 级的 980 钢等,至此,初步形成我国以四大主力钢种为支撑的舰船结构材料体系;90 年代后,以改进提高和自主研发并举,特别是 2000 年以后,在强度覆盖、品种规格及配套材料方面有了长足的发展,为以航空母舰、核潜艇、驱逐舰等为代表的海军新型主战装备建设提供了强大的物质基础。

3. 舰船用高强结构钢的展望

第二次世界大战以来,美国海军一直保持着领先世界的规模和水平,船用高强钢的发展也是如此。改善舰船钢的焊接性能、降低舰船建造成本,成为美国海军追求的目标。为此,美国海军正在开发新一代易焊接的 HSLA 系列和 ULCB 钢种,以代替过去焊接困难的 HY80/HY100 钢,使高强度船体钢的研究和应用进入一个全新的阶段。

1) 发展 HSLA 80/100 系列钢

为了简化建造工艺,缩短建造周期和降低成本,美国海军研制了铜沉淀硬化 HSLA80、HSLA100 钢。新钢种在合金设计方面发展了一系列先进的物理冶金技术:如碳含量朝低碳甚至超低碳方向发展,铜时效硬化技术,微合金化,高纯洁度等。该类钢突出的特点是在保持高屈服强度的前提下,同时具有优良的低温韧性和焊接性,在 0℃ 以上焊接无须预热和焊后热处理。

铜沉淀硬化 HSLA 系列钢采取超低碳的铜沉淀硬化和铌细化晶粒措施,具有良好的焊接性;非马氏体的显微组织,保证了它们的高强韧化水平和优异的抗氢致开裂性能;超低碳和低碳当量,保证其具有良好的焊接性、焊件的高韧性和抗氢致开裂性能,目前实现了 HSLA80 钢板厚度 32mm 以下时在 0℃ 以上焊接不必预热;低的舰艇建造成本,用 HSLA80 钢取代 HY80 钢,使用 HSLA100 钢建造航空母舰,每吨船体结构可以节约 500~3000 美元不等的造船成本。

2)发展 TMCP + AC/DQ 系列 HSLA 钢

TMCP + AC/DQ 系列 HSLA 钢(HSLA65)、用 TMCP 技术生产的 HSLA 钢具有高的强度和良好的韧性,控轧及随后进行的加速冷却和直接淬火,增强了合金元素的作用,从而可减少为满足要求的性能所需要的合金元素含量,可进一步降低钢材成本、改善焊接性。TMCP + AC/DQ 钢可采用大线能量进行焊接,有利于提高生产率。HSLA65 钢为低成本、焊接性良好的 440MPa 级新型船体钢,集中了几乎所有先进的低合金钢设计和生产手段,包括高洁净度、低碳、微合金化、TMCP、加速冷却、晶粒度控制、夹杂物形状控制等技术,其成本、焊接性都与低强度级别的 HTS 钢相近。该钢种将取代 HTS 钢用于航空母舰、巡洋舰等大型水面舰艇主船体结构的建造,包括 DD(X)型导弹驱逐舰、LPD17 型多用途船坞登陆舰、LHA(R)型大甲板两栖攻击舰以及 CVN21 型航空母舰等。

3)发展趋势

世界各国海军舰船用钢的特点及发展趋势可概括为高强度化、不断改进与提高、新的冶炼技术应用、新钢种的开发。

(1)高强度化。对潜艇来说,提高耐压壳体用钢的强度意味着减少艇体自重,增大下潜深度或增加储备浮力,可大大提高潜艇的技战术性能。目前国外潜艇用钢强度水平最高已达到 1175MPa 水平,潜深达到 600m 以下。对大型水面舰艇来说,提高船板强度意味着船体重量的减轻,可以为舰艇武备升级和全寿命维护节省出宝贵的重量,并显著降低造船成本。根据美国海军估算,采用 440MPa 级 HSLA - 65 钢取代 355MPa 级 HTS 钢用于建造新一代航空母舰,可减重 2000t 以上,改装服役寿命增加 20 年。

(2)现有成熟钢种的不断改进与提高。为满足舰船用钢不断更新换代的要求,世界各国都对现有成熟钢种不断改进提高,进行深化完善的研究工作。如美国 HY80/100 钢,60 多年来一直在进行改进提高的研究工作,已修订标准 11 次,对技术指标要求、冶金工艺方法、化学成分分档、钢板厚度规格、钢中夹杂元素及冶金质量控制等方面进行了深化完善;苏联的 AK25 钢系列,已进行了全面改进,淘汰了厚板、中板、薄板强度不匹配的老钢种。改进后的新钢种(AБ 系列钢)实现了全厚度等强度匹配,且厚度规格扩大到 100mm,技术指标也有大幅度的提高。

(3)采用冶金新技术提高舰船用钢性能。舰船用钢的研制、开发和生产水平与一个国家的冶金工业基础密切相关。20 世纪 80 年代后,随着超低碳、超纯净钢冶炼及连铸技术和控轧控冷等冶金技术的发展,舰船用钢也朝着高纯净化、高性能方向发展。

(4)新一代高性能、易焊接舰船用钢的开发。为满足航空母舰和大型舰艇的建造需求,需要进一步提高强度级别,改善焊接性能。新一代高性能舰船用钢利用微合金化、控轧控冷、时效硬化处理以及超低碳贝氏体组织来满足舰船用钢的要求,能很好地解决这一问题,代表了未来舰船用钢的发展方向。

总体来说,我国的舰船用钢发展相对较晚,整体水平与国外先进水平还有一定差距,应在加大钢种强度级别、加快现有钢种的升级改进、加强新一代舰船钢的研究开发并形成系列化等方面下功夫。从国外的发展趋势看,美国、英国等海军正在使用焊接不预热型的 HSLA 系列和 ULCB 系列钢种逐渐代替 HTS 及 HY 系列的钢种,其优点是焊接性好,焊接性工艺简单,可缩短舰艇建造周期,大大提高舰船的建造效率,降低舰船制造成本,减轻船体自重。该类钢种代表了当今世界海军舰船用钢发展的方向。

3.2.3 碳钢

碳钢和铸铁是现代工业生产中使用最广的金属材料,主要由铁和碳两种元素组成。钢铁的成分不同,则组织和性能不同,实际工程应用也不一样。Fe_3C 的碳含量为 6.69%。碳含量超过 6.69% 的铁碳合金脆性很大,没有使用价值,所以有实用意义并被深入研究的只是 $Fe - Fe_3C$ 部分,通常称其为 $Fe - Fe_3C$ 相图,此时相图的组元为 Fe 和 Fe_3C。

1. 铁碳合金分类

根据 Fe – Fe$_3$C 相图,铁碳合金可分为三类:工业纯铁($\omega(C) \leqslant 0.0218\%$);钢($0.0218\% < \omega(C) \leqslant$ 2.11%),钢又分亚共析钢($0.0218\% < \omega(C) < 0.77\%$)、共析钢($\omega(C) = 0.77\%$),过共析钢($0.77\% < \omega(C) \leqslant 2.11\%$);白口铸铁($2.11\% < \omega(C) < 6.69\%$),白口铸铁又分为亚共晶白口铸铁($2.11\% < \omega(C) < 4.3\%$)、共晶白口铸铁($\omega(C) = 4.3\%$)、过共晶白口铸铁($4.3\% < \omega(C) < 6.69\%$)。

碳钢还有四种分类方法:按钢的碳含量分:低碳钢($\omega(C) \leqslant 0.25\%$),中碳钢($0.25\% < \omega(C) \leqslant 0.6\%$)、高碳钢($\omega(C) > 0.6\%$);按钢的质量分:普通碳素钢($\omega(S) \leqslant 0.055\%$,$\omega(P) \leqslant 0.045\%$)、优质碳素钢($\omega(S) \leqslant 0.040\%$,$\omega(P) \leqslant 0.040\%$)、高级优质碳素钢($\omega(S) \leqslant 0.030\%$,$\omega(P) \leqslant 0.035\%$);按用途分为碳素结构钢和碳素工具钢,碳素结构钢用于制造各种工程构件和机械零件,如船舶、桥梁构件,或齿轮、轴、连杆等;按钢的冶炼方法分为平炉钢和转炉钢。

2. 碳钢中的常存杂质

在船舶上碳钢被广泛使用,它们价格低廉、容易加工,而且在一般情况下能满足使用性能的要求。碳钢中除铁和碳两种元素外,还含有少量锰、硅、硫、磷、氧、氮、氢等元素,它们对钢的性能产生一定影响。

1)锰的影响

锰是炼钢时用锰铁脱氧残留在钢中的。钢的锰含量为 0.25% ~ 0.80%。锰的脱氧能力比较好,能够清除钢中的 FeO,降低钢的脆性。锰与硫化物合成 MnS,可以减轻硫的有害作用,改善钢的热加工性能。锰大部分溶于铁素体中,形成置换固溶体(含锰铁素体),发生强化作用。锰对钢的性能有良好的影响,是一种有益的元素。

2)硅的影响

硅在炼钢时用硅铁脱氧而残留在钢中。用铝、硅铁和锰铁脱氧的镇静钢,硅含量为 0.10% ~ 0.40%,只用锰铁脱氧的沸腾钢,硅含量只有 0.03% ~ 0.07%。硅的脱氧能力比锰强,可以有效消除 FeO,改善钢的品质。大部分钢溶于铁素体中,使铁素体强化,从而提高钢的强度。因此,少量的硅也是有益元素。

3)硫的影响

硫是炼钢时由矿石和燃料带入的。在一般钢中硫是有害杂质,它不溶于铁,以化合物 FeS 的形式存在。FeS 与 Fe 形成低熔点共晶体,在热加工时,分布在晶界上的该共晶体容易融化,导致钢的开裂,产生热脆现象。Mn 与 S 能形成熔点高的 MnS,钢中增加锰含量,可消除硫的有害作用。MnS 在铸态下呈点状分布于钢中,高温时塑性好,热轧时易被拉成长条,使钢产生纤维组织。钢中的硫含量必须严格控制。

4)磷的影响

在一般钢中的磷也是有害杂质,它部分溶于铁素体中,部分形成脆性很大的化合物 Fe$_3$P,使室温下钢的塑性和韧性急剧下降,脆性转化温度升高,产生冷脆现象。因此钢中的磷含量也应严格控制。

5)氧、氮、氢的影响

氧对钢的力学性能不利,使强度和塑性降低,特别是氧化物(Fe$_3$O$_4$、FeO、MnO、SiO$_2$、Al$_2$O$_3$ 等)夹杂,对疲劳强度有很大影响,因此氧是有害物质。氮的存在长导致钢的硬度、强度提高和塑性、韧性下降,使脆性增大,若炼钢时用 Al、Ti 脱氮,可生成 AlN、TiN 消除氮的脆化效应。钢中的氢能造成氢脆、白点等缺陷,使钢的性能降低,因而属于有害元素。

总之,杂质元素对钢材的性能和质量影响很大,必须严格控制在牌号规定的范围内。

3. 牌号及用途

1)普通碳素结构钢

普通碳素结构钢分为甲类钢、乙类钢和特类钢三类。甲类钢(或 A 类钢),按力学性能供应。钢号为 A$_1$ ~ A$_7$,数字越大,则屈服强度 σ_s 和抗拉强度 σ_b 越大,延伸率 δ_5 或 δ_{10} 越小。甲类钢一般情况下在热轧状态下使用,不再进行热处理。乙类钢(或 B 类钢)按化学成分供应。钢号为 B$_1$ ~ B$_7$,数字越大,碳含量越高。乙类钢用途与相同号数的甲类钢相同,可进行热加工,并通过适当的热处理提高其性能。特类钢(或 C 类钢)按力学性能及化学成分供应。钢号为 C$_2$ ~ C$_5$。特类钢使用较少,在性能要求较高的场合,通常选用优质碳素钢。

普通碳素钢适用于一般工程用热轧钢板、钢带、型钢、钢棒等,可供焊接、铆接、栓接构件使用。虽然这类钢的硫、磷含量及非金属夹杂物较多,但是由于容易冶炼、工艺性好、价格便宜,在力学性能上能满足一般普通机械零件及工程结构的使用要求,因此在船舶和其他工程上用量很大。

为适应各种专门用途,在普通碳素钢的基础上,对成分和性能加以调整,发展为某些专用钢。船用用钢用"C"表示,如 2C、3C、4C、5C 等;锅炉用钢用"g"表示;容器用钢用"R"表示。

2)优质碳素结构钢

优质碳素结构钢供货时,既要保证化学成分又要保证力学性能,而且比普通碳素结构钢规定较为严格。其硫、磷含量较低,均控制在 0.04% 以下,非金属夹杂物也较少,质量级别较高,一般在热处理后使用。

钢号用两位数表示,两位数字表示钢中平均碳含量的万分之几。如 45 钢,表示平均碳含量为万分之四十五,即 0.45%。

这类钢按含锰量不同,分为普通锰含量(0.35% ~0.8%)和较高锰含量(0.7% ~1.2%)两组。锰含量较高的一组,在钢号后加"Mn"字,如 20Mn 为锰含量 0.7% ~1.0%,平均碳含量为 0.2% 的优质碳素钢。若为沸腾钢,则在数字后加"F",如 08F 为碳含量 0.08% 的沸腾钢,属优质碳素结构钢。

该类钢随钢号的数字增加,碳含量增加,钢的强度随之增加,而塑性指标越来越低。

08F 碳含量低,塑性好,作为沸腾钢,其成本又低,主要用于制作用量的冷冲压零件,如仪器仪表外壳等。

10 ~25 钢属低碳钢,也有良好的冷冲压性和焊接性。可经过渗碳和随后的热处理,增加表面硬度和耐磨性,可用于制造表面要求耐磨并能承受冲击载荷的零件,如齿轮、销轴等。

35 ~55 钢属中碳钢,这几种钢经调质处理后,可获得良好的综合力学性能,主要用于制造齿轮、轴类、连杆等零件。

其中以 45 钢的强度、塑性和韧性配合较好,因此成为船舶乃至整个机械制作业中应用最广泛的钢种;60 ~70钢主要用于制造弹簧、钢丝绳等。

3.2.4 合金钢

1. 分类

合金钢分类方法有多种:按照热处理状态分为表面硬化钢和调质结构钢;按照品质分为普通钢、优质钢和高级优质钢;按正火或铸造状态的组织分为珠光体钢、马氏体钢、铁素体钢、奥氏体钢和莱氏体钢等;按用途可分为结构钢、工具钢和特殊性能钢。合金结构钢专用于制造各种工程结构(船舶、桥梁、车辆、压力容器等)和机械零件(轴、齿轮、连接件等)的钢种,主要包括普通低合金钢、合金渗碳钢、合金调质钢、合金弹簧钢、滚动轴承钢等。合金工具钢专用于制造各种加工工具的钢种,这种钢主要在工厂用于船舶结构件及零部件的加工制造,在船舶总体设计上用量较少。特殊性能钢是指具有特殊物理、化学或力学性能的钢种,包括不锈钢、耐热钢、耐磨钢和电工钢等。不锈钢在船舶制造领域有很好的应用前景,后续单独进行介绍。

世界各国合金钢的编号方法不一样,我国合金结构钢采用"数字+元素+数字"的方法进行表示。前面数字为两位,表示平均碳含量的万分数,例如,平均碳含量 0.25%,表示为 25;元素以化学符号表示;后面的数字表示前面合金元素平均含量的百分数,当平均含量低于 1.5% 时,钢号中只标元素符号而不标明含量,当平均含量大于 1.5%、2.5%、3.5% 等时,则相应标出 2、3、4 等。例如碳含量 0.57% ~0.65%、硅含量 1.5% ~2.0%、锰含量 0.6% ~0.9% 的钢,以 60Si2Mn 表示;若磷、硫含量较低($\omega(S) \leq 0.02\%$,$\omega(S) \leq 0.03\%$)的高级优质钢,则在钢号后面加上符号"A",例如 12CrNi3A 所示的钢为平均碳含量 0.12%、铬含量小于 1.5%、镍含量 3% 的高级优质钢。

此外,钢中钒、钛、铝、硼、稀土等元素含量虽低,但其作用大,也应在钢号中标出,例如 20MnVB,其中硼含量只有 0.001% ~0.005%。

应该指出,有个别的合金结构钢钢号与上述编号方法不同,例如滚动轴承钢,以 GCr15、GCr9 等表示,"G"是"滚"字汉语拼音的字头,表示滚动轴承专用钢,Cr 后面的数字表示含铬量的千分数,碳含量则不标出。

在不锈钢与耐热钢中,这类钢的碳含量大都很低,一般用千分数表示。钢号中主要合金元素的含量以百分数表示。当 $\omega(C) \leqslant 0.03\%$ 和 $\omega(C) \leqslant 0.08\%$ 时,在钢号前分别冠以"00"或"0"表示。例如 0Cr13 钢表示平均成分为碳含量不大于 0.08%、铬含量 13% 的不锈钢,00Cr18Ni10 表示平均成分为碳含量不大于 0.003%、铬含量 18%、镍含量 10% 的不锈钢。

2. 合金元素在钢中的作用

在钢中溶入铁素体,或者与碳形成碳化物,少量存在于夹杂物(如氧化物、氮化物、硫化物及硅酸盐)中,在高合金钢中还可能形成金属间化合物。因此,可将钢中的合金元素分为碳化物形成元素和非碳化物形成元素两大类。常用碳化物形成元素有 Ti、Zr、Nb、V、W、Mo、Cr、Mn 等(按形成碳化物的稳定性由强到弱排列),它们主要是与碳结合形成合金渗碳体或合金碳化物;常用非碳化物形成元素有 Ni、Co、Cu、Si、Al、N、B、Re 等,它们主要是溶入铁素体,形成合金铁素体。

1)形成合金铁素体

合金元素溶于铁素体中,由于与铁的晶格类型和原子半径不同而造成铁素体的晶格畸变。另外,合金元素易分布于位错线附近,降低了位错的易动性,从而提高了铁素体的塑性变形抗力,产生固溶强化效果。Si、Mn 能显著提高铁素体的硬度和强度,当 $\omega(Si) < 0.6\%$, $\omega(Mn) < 1.5\%$ 时,对韧性影响不大。Cr、Ni 元素在适当含量范围内($\omega(Cr) < 2.0\%$, $\omega(Ni) < 5\%$)不但提高铁素体的硬度和强度,提高其韧性,对其耐蚀性提高有明显好处,含 Ni、Cr 船体用钢得到广泛的发展和应用。

2)形成合金碳化物

碳化物是钢中的重要组成相之一,碳化物的类型、数量、大小、形状分布对钢的性能有重要的影响。锰是弱碳化物形成元素,铬、钼、钨是中强碳化物形成元素,铌、钒、钛、锆是强碳化物形成元素。碳化物的稳定性越高,越难熔于奥氏体,回火时越难以析出和聚集长大,且它们的熔点和硬度都较高,当它们以弥散状态分布于钢中时,将使钢的强度、硬度、耐磨性显著增加,但使塑性韧性下降。在微合金化钢(在碳钢或碳锰钢基础上加入小于 0.2% 合金元素得到的钢)中,由于强碳化物、氮化物形成元素 Ti、V、Nb 和硫化物形态控制元素 Zr、Re 等的添加,使奥氏体向铁素体冷却转变时,在钢中析出高度弥散的沉淀相,如 TiN、VN、Nb(CN) 等细小质点。这些质点不仅能阻碍晶粒长大,产生沉淀强化效果,而且可消除钢中的固溶氮,减轻时效脆化倾向,从而提高钢的使用性能,钢的耐蚀性会得到大的提升。

3)对钢热处理产生影响

合金元素对钢热处理的影响主要表现在对钢加热转变的影响、对过冷奥氏体转变的影响、对淬火钢回火转变的影响。

4)对钢力学性能产生影响

对于具有铁素体 + 珠光体组织的普通低合金钢,合金元素的加入,一般使其强度、硬度增加,但塑性韧性下降。强化的途径主要有固溶强化铁素体、增加珠光体的相对量并细化其中的 Fe_3C 片、控制晶粒大小、沉淀强化等。

3.2.5 船体结构钢

建造船体结构(如外壳板、龙骨、肋骨、甲板)用的钢材称为船体结构钢,简称船体钢。船体钢是工程结构钢的一个重要分支。船体钢一般均轧制成形材或钢板,再经焊接而成为各种船舶。船舶终年航泊于大海、江河上,其工作条件比一般工程结构如建筑、桥梁等严酷得多。船体要经受海浪的冲击、涌浪形成的巨大弯曲力矩的作用、寒冬酷暑的温度变化和海水的腐蚀,另外,舰船还要考虑到海战时爆炸产生的冲击波,潜艇下潜时壳体受到的巨大压力等。因此,对船体钢有多方面的性能要求,主要是:按设计要求提供足够的强度;具有足够的韧性包括低温韧性;较好的耐蚀性;良好的工艺性能,其中最重要的是可焊性和冷热弯性能。

对于不同的船体钢品种,由于其相应建造的船舶服役条件不同,性能要求也有所区别。总的来说,军用舰船要求比民用船舶要求要高一些,如制造潜艇耐压壳体用的钢材,对其强韧性、抗爆性的要求更高。

为了保证船体钢有较高的韧性、良好的可焊性和冷热弯性能,船体应采用低碳钢。

可焊性是指钢承受焊接加工的适合性。可焊性又包括施工工艺可焊性和使用可焊性。一般说来,钢焊后如焊接接头具有与母材相近的强度和韧性,同时生成焊接裂纹的倾向小,称钢的可焊性好;否则,称可焊性差。

合金船体钢中常加入的合金元素有锰、硅、镍、铬、钼、钒、钛、铌等。加入适量的锰可有效地提高强度、韧性和降低脆性转变温度。硅溶入铁素体有显著的固溶强化效果,但它一般不单独加入或特意加入。镍是提高韧性和降低脆性转变温度最有效的元素。铬除能提高强度、韧性外,还可以提高钢的耐蚀性。铬、镍加入量较多时可提高钢的淬透性,使较厚的钢板调质后获得回火索氏体组织,具有高的强韧性配合。钼一般与铬、镍等元素联合使用,既能有效提高钢的强度、淬透性、回火抗力,又可减小回火脆性,钼还是提高钢材耐海水腐蚀性能的元素。钒、钛、铌等是强碳化物形成元素,加入量较少,主要作用是细化晶粒和形成细小的碳化物,产生弥散强化。

船体钢主要分为碳素船体钢与低合金船体钢两大类。合金船体钢不仅强度比碳素船体钢高得多,韧性(尤其是低温韧性)也比碳素船体钢好。

碳素船体钢的金相组织为铁素体 + 珠光体,民用船舶船体使用较多。军用舰船要求较高,船体设计一般需要采用合金钢。合金船体钢按照使用时的组织状态可分为铁素体 + 珠光体型、调质型(回火马氏体)、贝氏体型及奥氏体型等不同类型。目前,常用的是前两种组织类型的船体钢。奥氏体型船体钢属于中碳钢,主要用于建造扫雷舰及船体特殊部位的结构。

1. 碳素船体钢

碳素船体钢属于低碳钢。各国生产的碳素船体钢种类很多,但它们的成分范围大体相似,一般为:$\omega(C) = 0.18\% \sim 0.23\%$、$\omega(Mn) = 0.35\% \sim 1.0\%$、$\omega(Si) = 0.12\% \sim 0.35\%$、$\omega(S) < 0.05\%$、$\omega(P) < 0.045\%$。它们的金相组织都是铁素体(较多) + 珠光体(较少),并沿轧向呈带状分布。上述成分可以保证钢具有良好的塑性和韧性,及良好的可焊性。值得注意的是锰与碳对钢的冷脆性的综合影响。碳促进钢中硫、磷的偏析,增大了钢的冷脆性;而锰可降低硫、磷偏析,减小钢的冷脆性。因此,为保证钢材不至于有过大的冷脆性,要求钢中的锰含量与碳含量的比值大于 2.5。

碳素船体结构钢按屈服强度大小分为一般强度船体结构钢和高强度船体结构钢。一般强度船体结构钢的屈服强度为 $235MN/m^2$;高强度钢有两种,屈服强度分别为 $315MN/m^2$ 和 $355MN/m^2$。高强度船体结构钢往往列入低合金高强钢一类。

早期的一船强度船体结构钢有 2C、3C、4C、5C 四种,其成分见表 3.2。

表 3.2　船用碳素钢钢号和化学成分(质量分数)

钢号	化学成分(质量分数)/%				
	C	Mn	Si	P	S
2C	<0.22	>2.50	0.10 ~ 0.35	≤0.045	≤0.050
3C	<0.21	0.60 ~ 1.00	0.10 ~ 0.35	≤0.040	≤0.040
4C	<0.21	0.60 ~ 1.10	0.10 ~ 0.35	≤0.040	≤0.040
5C	<0.18	0.70 ~ 1.20	0.10 ~ 0.35	≤0.040	≤0.040

为适应建造出口船舶,我国最新的钢质海船建造规范依照各主要造船国家的经验,结合我国具体情况,对船用热轧碳素钢(一般强度船体结构用钢)提出了新的规范,将其分为 A 级、B 级、D 级和 E 级四个质量等级,E 级最好。1996 年对规范又做了修订,其成分和性能见表 3.3 和表 3.4。

表 3.3　一般强度船体结构用钢的脱氧方法和化学成分

钢材等级		A	B	D	E
脱氧方法		$t \leq 50mm$,除沸腾钢外任何方法 $t > 50mm$,镇静处理	$t \leq 50mm$,除沸腾钢外任何方法 $t > 50mm$,镇静处理	$t \leq 25mm$,镇静处理 $t > 25mm$,镇静和细晶处理	镇静和细晶处理
化学成分(质量分数)/%	C	≤0.21	≤0.21	≤0.21	≤0.18
	Mn	≥2.50	>0.80	≥0.60	≥0.70
	Si	≤0.50	≤0.35	≤0.35	≤0.35
	S	≤0.035	≤0.035	≤0.035	≤0.035
	P	≤0.035	≤0.035	≤0.035	≤0.035
	Al(酸溶)			>10.015	≥0.015

注:t 代表厚度

表 3.4　一般强度船体结构用钢的力学性能

钢材等级	屈服点 σ_s /(MN/m²)	抗拉强度 σ_b /(MN/m²)	伸长率 δ_s/%	实验温度 /℃	平均冲击功/J 厚度 t/mm					
					$t \leqslant 50$		$50 < t \leqslant 70$		$70 < t \leqslant 100$	
					纵向	横向	纵向	横向	纵向	横向
A	≥235	400~520	≥22	20	—	—	≥34	≥24	≥41	≥27
B				0	≥27	≥20				
D				−20						
E				−40						

在现规定中,各等级钢材的成分是不同的,随着钢材等级的提高,其锰碳比相应增大,这有利于提高钢材的韧性。钢材等级相当的钢号:A 级相当于 2C,B 级相当于 3C,D 级相当于 4C,E 级相当于 5C。

钢材等级不同,其供应状态热处理要求也不相同。如 E 级钢及 D 级钢的厚板一般要求轧后正火。A、B 级和 D 级钢的薄板可按热轧供应,也可正火或控轧。

一般强度船体结构钢广泛用于建造民船,如 A 级钢用于建造内河船舶,B 级钢用于建造沿海船舶,D 级钢用于建造远洋船舶,E 级钢与 D 级钢相似,主要用于大型远洋船舶的强力甲板边板,舷顶列板和外板等结构。此外,海军一些中小型舰船及绝大多数的辅助船均用碳素船体钢建造。

2. 船用低合金高强钢

一般强度碳素船体结构钢的强度低,不能满足船舶日益增长的自重轻、装载量大及航速快的要求,尤其不能满足舰艇制造的要求。从保证可焊性和韧性的角度看,通过提高碳含量来提高强度是不行的,因而人们采用加入合金元素的方法来达到提高强度的目的。由于加入合金元素的总量不多,故这类钢称为低合金船体钢,属于低合金高强钢。它们的屈服强度可比普通碳素钢高 50% 以上。

不同舰船、舰船的主船体及船体的不同结构部位,对材料的强韧性要求是不同的。例如,潜艇的耐压壳体要求用强度、韧性都很高的钢材制造,而相比之下,一般水面舰艇及潜艇非耐压船体可用强韧性较低些的钢材制造,即使不同的水面舰艇,对材料的强度要求也不相同。因此,无论是民用还是军用,都要有不同强度级别的船体钢来满足造船的需要。

我国国产船体钢的发展相当快。新中国成立不久,从 20 世纪 50—60 年代,我国就成功地仿制了 3C、4C 等碳素船体钢,并研制出 901、902、903、921 等 7 种低合金船体钢,形成了我国第一代军用船体钢系列,用这些钢建造了大量舰艇。

20 世纪 70 年代末,我国又研制出以镍、铬为主要合金元素,耐海水腐蚀性较好的 907 钢,代替耐海水腐蚀性能较差的 902 钢,用于制造潜艇非耐压壳体;80 年代又相继研制成功 921A 系列钢、国内最高强度级别的潜艇用钢 402 钢及新型水面舰船用钢 945 钢;90 年代采用精炼技术改进提高了 907 钢的质量与性能,研制成功了 907A 钢。

高强度船用钢是一类要求很高的先进结构材料,屈服强度级别一般在 345MPa 以上,最高已达 1175MPa,广泛用于大中型水面舰艇、潜艇结构的建造,多采用轧后热处理工艺生产;这类钢除要求高的强度、韧性配合外,还要求低的时效敏感特性、较好的耐海水腐蚀性、高的低温韧性以及较好的造船工艺适应性等。目前只有包括美国、俄罗斯、日本、中国等少数工业大国有系列化的研发、生产能力。

从世界各国海军潜艇用钢钢号和强度级别等方面的情况看,各国海军主要使用的潜艇耐压壳体用钢是屈服强度为 590~785MPa 级的钢种,如美国 HY80、HY100 钢,俄罗斯 АБ2－АБ4 钢、日本 NS63、NS80 钢等。这些钢种是目前各国海军潜艇耐压壳体制造的主力钢种。同时也可以看出,俄罗斯海军潜艇用钢的研究开发也是最多的,钢种最多,钢的强度级别范围也最宽,并且研制出了 1175MPa 级高强度钢。外国海军用钢钢号和强度级别见表 3.5。

表 3.5　外国海军用钢钢号和强度级别

屈服强度等级		美国	俄罗斯	英国	法国	日本
kgf/mm²	MPa					
35	350	HTS	АБ	HTS	HTS	
40	390		АБА	UXW		
45	440	HSLA65	СХД－45	QT28		NS46
50	490		АБ1,АБ1А			
60	560～620	HY80 HSLA80	АБ2,АБ2К,АБ2А	QT35 QI(N)	HY80	NS63
70	690	HY100 HSLA100				
80	785		АБ3 АБ4А,АБ4К		HLES80	NS80
90	890	HY130				NS90
100	980		АБ5А АБ6А		HLES100	
110	1078					NS110
120	1176		АБ7А			

水面舰船用钢包括主船体用钢和主甲板、防护甲板、止裂板等关键部位使用的高强度钢两类主要材料。主船体用钢采用了普通的高强度低合金钢（HSLA 钢），强度级别为 350～490MPa。甲板、止裂板等关键部位使用的高强度钢采用 590～690MPa 级的潜艇耐压壳体用钢钢种。表 3.6 列出了外国海军使用和在研的水面舰船用钢的情况。

表 3.6　外国海军水面舰船用钢

国家	钢号	规格/mm	屈服强度/MPa	使用部位
美国	HTS	6～152	355	主船体
	HY80	4～203	550	加强部位、止裂板
	HY100	4～152	700	甲板
	HSLA65	4～32	450	船体
	HSLA80	4～32	550	加强部位、止裂板
	HSLA100	4～100	700	甲板
俄罗斯	АБ	3～40	350～390	主船体
	АБА	3～40	390	
	СХД－45	3～32	440	
	АБ1、АБ1А	10～70	490	
	АБ2,2К,2А	10～100	590	加强部位、甲板、止裂板
日本	NS46	6～42	450	主船体
	NS63	6～60	620	甲板、止裂板
英国	QT28	—	390	主船体
	HY80	6～203	550	加强部位、甲板、止裂板

3.2.6　船用轮机材料

1. 轮机零件和机械构件选材的一般要求

（1）强度、硬度和疲劳极限。轮机零件的设计通常以抗拉强度或屈服强度为依据。对于承受周期性（反复循环）交变载荷的传动零件，零件的失效多数由于金属材料的疲劳破坏，因此选材时要求材料具有足够的强度、硬度及高的疲劳极限。

（2）塑性和韧性。轮机零件选用的金属材料，要求具有一定的塑性和冲击韧性。船舶机械，尤其是甲板机械和轴系也要求材料具有一定的低温韧性和低的脆性转变温度。因此，设计人员应根据零件实际服役环境提出合适的塑性和冲击韧性要求。

（3）热处理性能。轮机重要零件，一般要进行调质、正火或表面化学热处理。因此，要求制造零件的材料具有低的脆裂敏感性、高的淬硬性及合适的淬透性。为了适应一些零件表面化学热处理，应选用具有不同碳含量及合金元素的钢种。

（4）锻造和机加工性能。轮机零件大多数是经过锻造而来，要求钢材具有良好的热塑性、变形温度范围宽、锻造时产生裂纹的倾向性小。零件还要经过车、铣、刨、磨等机加工，要求材料表面的硬度合适，机加工性能要好。

此外，由于轮机零件种类繁多，零件的工作条件如所承受的应力大小、应力状态和工作环境各不相同，还要求满足零件的工作要求,如耐高温、耐高压,良好的焊接性能等。

2. 船用柴油机用钢

柴油机是舰艇上的主要动力之一,它的体积小、重量轻、启动简便迅速,故轻型及快速舰船多选其为主机。柴油机燃烧室内的温度可高达1400℃以上,压力为45～80MN/m²。它是通过连杆、曲轴、齿轮、轴等来传递动力的,这些零件的受力情况、工作条件各不相同,因而需要选用各种不同的材料来满足它们的使用要求。

曲轴的功能是将连杆的往复运动转变为旋转运动。它受到周期变化的扭转、弯曲、压缩和冲击等多种载荷的作用。尤其是在变工况情况(改变转速、正倒车、启停等)下其受力情况更为复杂。因此,要求曲轴材料应具有良好的综合力学性能、抗疲劳性能和轴颈部位的耐磨性。一般有调质、氮化处理、合金化等方式,以提高曲轴的耐摩擦磨损、疲劳强度等性能。

连杆是变活塞的往复运动为曲轴的旋转运动的重要传动零件,其所受到的是周期性并具有方向变化的力,除拉压作用外还有弯曲作用,其主要破坏形式是拉压疲劳破坏。因此要求连杆材料应有较高的屈服强度和疲劳强度。此外,还要求有足够的刚度(这需要从零件的形状和尺寸方面进行考虑)和韧性。目前一般低、中速柴油机的连杆多选用35、45、40Cr、35CrMo等钢制造,舰用高速柴油机则选用18Cr2Ni4WA。碳钢一般只做正火加回火处理,但热处理后的冲击韧性值不得小于50J/cm²;合金钢则均采用调质处理。

动力机械齿轮种类多、大小不同。柴油机在工作时,齿轮除承受交变的弯曲载荷外,其表面还要承受强烈的摩擦作用及交变压应力。在柴油机启动及刹车时,它受到较大的冲击载荷,因此齿轮应选用具有高疲劳强度的材料。为了提高齿面的接触疲劳极限、耐磨性和抗点腐蚀性,还要采用渗碳、氮化、高频淬火等热处理工艺。

凸轮及凸轮轴用于柴油机等的配气和喷油机构、保证定时启闭、启动空气阀和喷油泵。凸轮表面与气阀顶杆或滚轮接触,承受变化的接触应力和摩擦。所以凸轮轴除具有一定的强度和刚度外,还必须具有较高的接触疲劳强度和耐磨性。船用大功率柴油机的凸轮及凸轮轴材料或采用低碳钢、低碳合金钢如15、20、20Cr等或采用中碳钢、中碳合金钢如45、40Cr、50Mn等。

气阀是柴油机配气机构中的重要零件之一。进、排气阀处于不同的工作条件,进气阀的工作温度一般为300～400℃,排气阀的工作温度最高可达750～800℃。排气阀不仅工作温度高,而且受到高温气体的冲刷和腐蚀,故工作条件比进气阀恶劣得多。阀盘不仅具有在高温下抵抗高温腐蚀、蠕变和疲劳的性能,而且具有抵抗热冲击的强度和耐磨性。气阀的杆部不仅要受颈部弯曲疲劳的影响,而且在润滑不良的条件下与导管发生摩擦,故要有较高的减摩和耐磨性能。气阀的顶端与挺杆撞击,必须有足够的硬度以防止塌陷。选择气阀材料和热处理时应满足上述要求。常用进气阀采用40Cr、35CrMo、40CrNi合金钢,排气阀采用4Cr9Si2、4Cr10Si2Mo以及4Cr14Ni14W2Mo耐热钢。为了提高阀盘和阀杆顶端的耐磨及抗冲蚀能力,在阀盘和顶端处堆焊钴铬钨合金可明显提高零件的使用寿命。除顶端和阀盘之外,阀杆的耐磨性也是决定气阀使用寿命和工作可靠性的重要因素,采用阀杆镀铬或氮化的方法可以改善其表面性能,效果良好。

3. 燃气轮机用钢

国外大、中型高速舰艇的主动力装置很多是采用燃气轮机机组。近年来我国驱逐舰的主动力也以这种机组取代了传统的蒸汽轮机装置。

燃气轮机的主要部件都是在高温条件下工作的,因此,对燃气轮机零件材料的要求主要是强调高温性能。现将燃气轮机主要零部件的用材情况列入表3.7。为提高材料的耐高温腐蚀性能,燃气轮机主要部件所选用的材料大都是耐热钢和高温合金。

表3.7 燃气轮机主要零件的用材情况

零件名称	失效方式	工作温度/℃	用材情况
叶片	蠕变变形 蠕变断裂 热疲劳断裂	<650	奥氏体耐热钢,如1Cr17Ni13W1Cr14Ni18W2NbBRe等
		<750	铁基高温合金,如Cr14Ni40MoWTiAl
		<850	镍基高温合金,如Nimonic90
		<900	镍基高温合金,如Nimonic100
		<950	镍基高温合金,如Nimonic115、In100等

（续）

零件名称	失效方式	工作温度/℃	用材情况
转子和涡轮盘	蠕变变形 热疲劳断裂	<540	珠光体耐热钢,如 20Cr3MoWV
		<650	铁基高温合金,如 Cr14Ni26MoTi
		<730	铁基高温合金,如 Cr14Ni35MoWTiAl
火焰筒及喷嘴	蠕变变形	<800	铁基高温合金,如 Cr20Ni27MoW
		<900	镍基高温合金,如 Inconel 718 等
		<980	镍基高温合金,如 3N868,HastelloyX 等

3.3　不锈钢

不锈钢是钢的一种,是耐腐蚀钢和耐酸钢的简称(或统称),是在腐蚀介质中能够抵抗腐蚀的一种高合金钢。通俗地说,不锈钢就是不容易生锈的钢。不锈钢的不锈性和耐蚀性是由于其表面上富铬氧化膜(钝化膜)的形成。这种不锈性和耐蚀性是相对的。试验表明,钢在大气、水等弱介质中和酸、碱、盐等强腐蚀介质中,其耐蚀性随钢中铬含量的增加而提高,当铬含量达到一定的百分比时,钢的耐蚀性发生突变,即从易生锈到不易生锈,从不耐蚀到耐腐蚀。为了保持不锈钢所固有的耐腐蚀性,不锈钢中铬含量在 12% 以上。当钢中的铬含量进一步提高或再含有镍、钼、铜、硅等合金元素时,钢对酸、碱、盐等腐蚀介质的耐蚀性能便显著提高,成为耐酸钢。所以耐酸钢均具有"不锈"的性能,而不锈钢不一定耐酸。

不锈钢具有美观的表面和耐腐蚀性能好,不必经过镀色等表面处理,而发挥不锈钢所固有的表面性能,具有代表性的有 13 铬钢、18 铬镍钢等。不锈钢在舰船上用于耐海洋环境腐蚀有广泛的用途。

3.3.1　如何提高钢的耐蚀性

1. 金属的腐蚀

先研究金属的腐蚀过程,以便探讨普通合金钢如何变成不锈钢的。

腐蚀通常分为化学腐蚀和电化学腐蚀两种类型。金属在电解质中的腐蚀称为电化学腐蚀。金属在非电解质中的腐蚀称为化学腐蚀。

大部分金属的腐蚀属于电化学腐蚀。电化学腐蚀实际是电池作用。图 3.3 是 Fe-Cu 电池示意图。铁和铜在电解质 H_2SO_4 溶液中构成一个电池,由于铁的电极电位低,为阳极,铜表面形成的氢电极电位高,为阴极,所以铁就被溶解,而在阴极上就放出氢气。

对于同一种合金,由于组成合金的相或组织不同,也会形成微电池,造成电化学腐蚀,例如钢组织中的珠光体,是由铁素体(F)和渗碳体(Cm)两相组成的,在电解质溶液中它们分别表现为腐蚀电池的阳极和阴极,发生电化学腐蚀,铁素体为阳极、腐蚀溶解快,如图 3.4 所示。在观察碳钢的显微组织时,要把抛光的试样磨面放在硝酸酒精溶液中侵蚀,使铁素体腐蚀后,才能在显微镜下观察到珠光体的组织,这就是利用电化学腐蚀的原理来实现的。

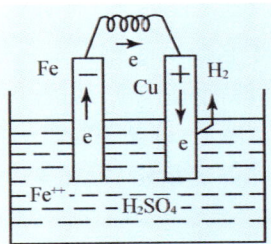

图 3.3　Fe-Cu 电池

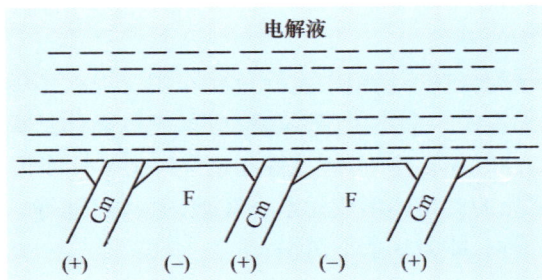

图 3.4　珠光体腐蚀

由电化学腐蚀的基本原理不难看出,电化学作用是金属被腐蚀的主要原因。为此要提高金属的抗电化

学腐蚀能力,通常采取以下措施:

(1)尽量使金属在获得均匀的单相组织条件下使用,这样金属在电解质溶液中的微电池作用大为减弱,电化学腐蚀速度显著降低。如在钢中加入大于24%镍,会使钢在常温下获得单相的奥氏体组织。

(2)加入合金元素提高金属基体的电极电位,减小与阴极反应电极电位之间的差距,从而减小腐蚀速度,甚至不发生腐蚀。例如,在一般耐蚀性较差的金属中,加入热力学稳定性高的或某些钝化能力相当强的金属,且当加入金属的原子分数达到 $1/8,2/8,\cdots,n/8$ 时,合金的耐蚀性可台阶式地大幅度提高。这称为 $n/8$ 规律。如铜中加入金的原子分数达到 $n/8$ 时,耐蚀性显著提高。同样方法,在钢中加入大于13%(原子分数的 $1/8$)的铬,则铁素体的电极电位可由 $-0.56V$ 跃升到 $0.2V$,从而使钢的抗腐蚀性能大为提高。

(3)加入合金元素,使金属表面腐蚀后形成一层致密的氧化膜(又称钝化膜),把金属与介质分隔开,从而防止进一步的腐蚀。

2. 各类元素的作用

铬是铁素体形成元素。铬是不锈钢必须含有的元素,是形成钝化膜的必需元素。当铬含量达到12%时,才能形成稳定、致密的钝化膜。较高的铬量可通过强化薄膜和快速自我修复膜来提高抗腐蚀性。铬是耐热钢的重要的抗高温腐蚀的合金元素。

镍是稳定奥氏体元素,在不锈钢中增加镍的一个主要原因是形成奥氏体晶体结构,使之更易于加工、制造和焊接,增加抗酸的腐蚀能力、保护钝化膜的能力及在腐蚀介质中的抗腐蚀能力。

钼可提高钝化膜的强度,增强耐局部腐蚀性,如点蚀、缝隙腐蚀特别是在卤盐或海水中有氯离子的情况下。钼也可提高对氯化物应力腐蚀断裂的抵抗能力。利用固溶强化的方法,钼可提高奥氏体牌号的高温强度和马氏体牌号的抗回火能力。

锰类似于镍,当添加锰或用锰代替镍的时候,都会提高不锈钢的强度。

氮是稳定奥氏体的元素,可提高强度,在奥氏体及双相钢中可增强耐点蚀及缝隙腐蚀能力并减少金属间相在高温或焊接时析出的机会。

钛和铌能优先于碳和氮结合形成碳化物和氮化物,改善高温强度并阻止铬的碳化物的形成,防止晶间腐蚀。铌可提高高温蠕变断裂强度。

铜可提高对稀酸特别是硫酸的抗酸能力,加入3%~4%铜具有低的硬化率,易于成形。析出铜离子化还具有灭菌作用。

硫、硒和铅可改变机械切削性能,但会降低耐腐蚀能力。

硅和铝可以改善抗氧化性能,硅还可以提高铸造性能。铝是耐热钢中抗氧化的重要合金元素。

碳是奥氏体稳定元素,作用约为镍的30倍,使不锈钢更像奥氏体,提高不锈钢的强度。其负面效应为出现"贫铬"现象:由于碳和铬的亲和力很大,要占用碳含量17倍的铬形成碳化物,从而显著降低不锈钢的耐腐蚀性。为达到耐腐蚀目的,不锈钢中碳含量一般较低,一般在0.1%以下。

铬在不锈钢中起决定作用。每种不锈钢都必须含有一定数量的铬。迄今为止,还没有不含铬的不锈钢。铬之所以成为决定不锈钢性能的主要元素,根本的原因是向钢中添加12%以上的铬作为合金元素以后,钢表面自动形成一种非常薄的无色、透明且非常光滑的一层富铬的氧化物膜(钝化膜),这层膜的形成大大缓解了钢的氧化。

镍与铬配合在不锈钢中发挥重要作用。镍在不锈钢中的主要作用在于它改变了钢的晶体结构。在不锈钢中增加镍的一个主要原因是形成奥氏体晶体结构,从而改善和加强铬的钝化机理,其抗晶间腐蚀能力得到提高,同时加工性、可焊接性和韧性等力学性能提高,即300系不锈钢。然而,镍并不是唯一的奥氏体形成元素,常见的奥氏体形成元素还有碳、氮、锰、铜等。在不锈钢中通过增加一定量锰、氮元素,也可以形成奥氏体不锈钢,即200系不锈钢。

虽然碳是一种较强的奥氏体形成元素,但是它不能添加到耐腐蚀的不锈钢中,因为在焊接后它会造成敏化腐蚀和随后的晶间腐蚀问题。氮元素形成奥氏体的能力也是镍的30倍,但由于溶解度问题,只能在不锈钢中添加数量有限的氮。添加锰和铜会造成钢材使用过程中的焊接问题。

图 3.5 以 S30400(日本牌号,美国为 304,我国为 0Cr18Ni9)不锈钢为例,说明了是如何发挥各元素的作用以提高不锈钢的"不锈"能力的。

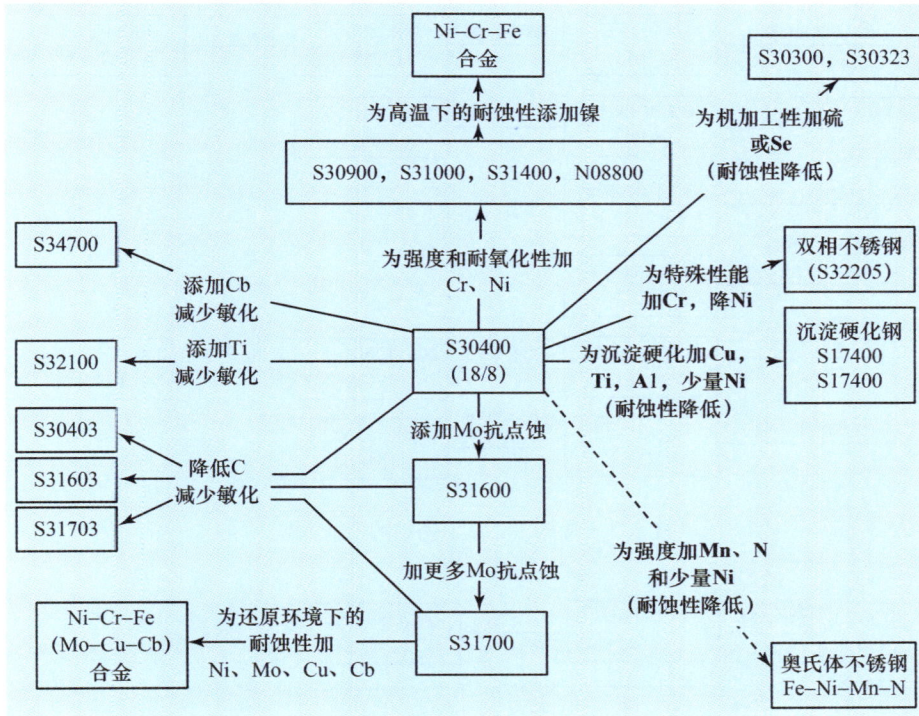

图 3.5 典型不锈钢的发展

3.3.2 不锈钢的分类和特点

1. 分类

不锈钢分类有多种:按用途分为不锈钢,耐酸钢;按供应状态分为热轧、冷轧、锻制及热处理状态;按主要化学组成分为铬不锈钢(俗称 400 系),铬镍不锈钢、铬镍钼不锈钢(俗称 300 系);铬锰氮不锈钢(俗称 200系);按钢的功能特点分为低温不锈钢、无磁不锈钢、易切削不锈钢、超塑性不锈钢等;按金相组织分为铁素体(F)型不锈钢、马氏体(M)型不锈钢、奥氏体(A)型不锈钢、奥氏体 – 铁素体(A – F)型双相不锈钢、奥氏体 – 马氏体(A – M)型双相不锈钢和沉淀硬化(PH)型不锈钢。

不锈钢分类如图 3.6 所示。

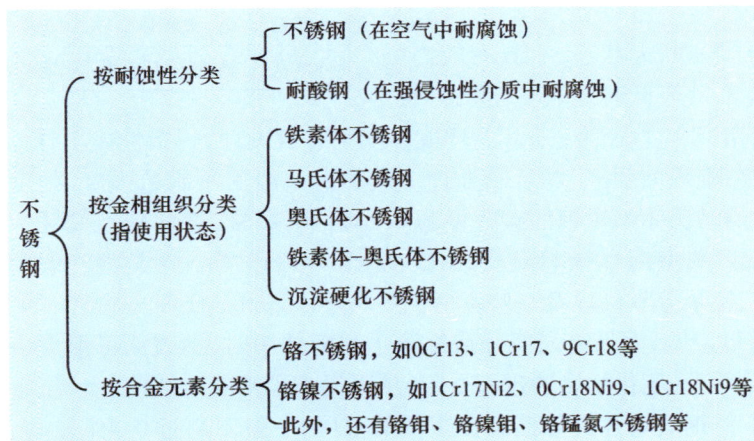

图 3.6 不锈钢分类

2. 常见不锈钢的特征比较

图 3.7 和图 3.8 示出了常见 300 系、400 系不锈钢的性能发展。

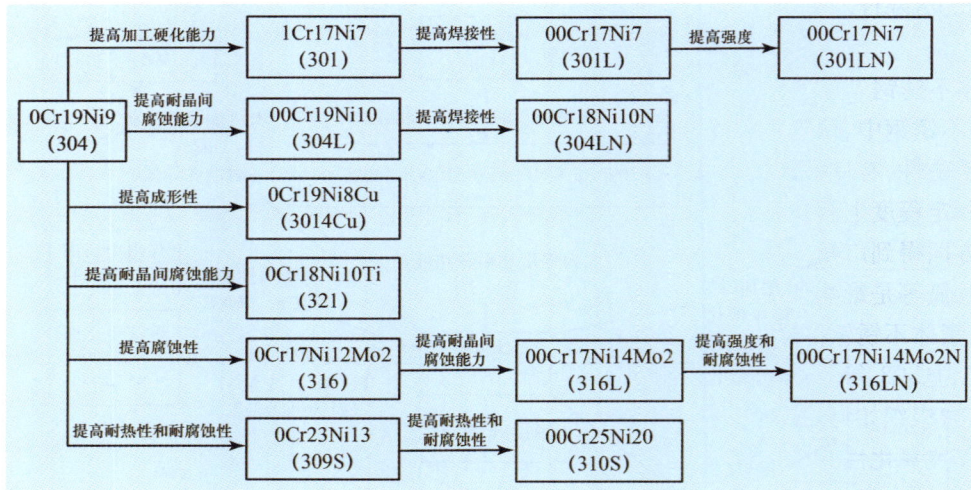

图 3.7　常见 300 系不锈钢的性能发展

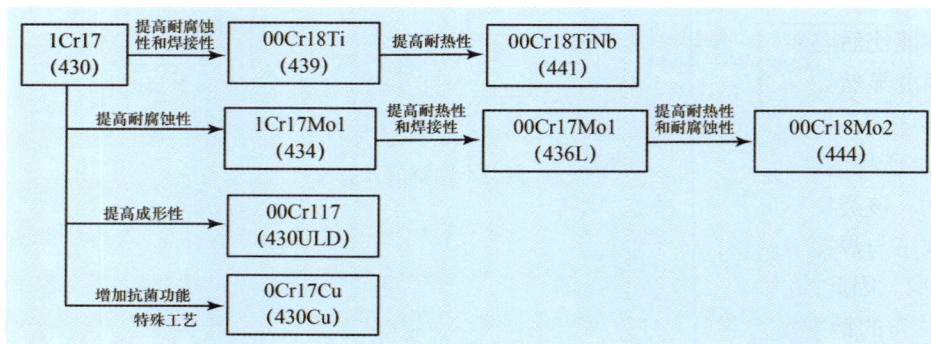

图 3.8　常见 400 系不锈钢的性能发展

常见 200 系、300 系、400 系不锈钢的主要性能特征比较见表 3.8。

3. 性能和特点

1）马氏体不锈钢

马氏体不锈钢的碳含量一般较高,其耐腐蚀性是不锈钢中较差者。在淬火和回火状态,它具有较高强度、硬度和耐磨性,当碳含量较低时还有一定的韧性。

表 3.8　常见 200 系、300 系、400 系不锈钢主要性能特征比较

分类	金相组织	磁性	强度	耐蚀性	加工性
200 系	奥氏体	无	高	一般	较好
300 系	奥氏体	无	较高	好	好
400 系	铁素体/马氏体	有	中/高	良	一般

其磁性与碳素体不锈钢相近。这类钢在通常的环境温度下有自硬性,焊接性能不佳。纯马氏体不锈钢一般不作焊接件,如必须焊接,则焊前预热、焊后热处理。这类钢一般用于制造强度、硬度较高并具有一定耐蚀性要求的零部件。常用的马氏体不锈钢的碳含量为 0.1% ~ 0.45%,铬含量为 12% ~ 14%,属于铬不锈钢,通常使用 Cr13 型不锈钢。典型钢号有 1Cr13、2Cr13、3Cr13、4Cr13 等。这类钢一般用来制作既能承受载荷又需要耐蚀性的各种阀、机泵等零件以及一些不锈钢工具等。

当钢中铬含量超过 11.7%,而且绝大部分铬都溶于固溶体中时,钢表面可形成一层与基体金属结合牢固的钝化膜,使钢的电位跃升,电化学腐蚀过程受阻,从而提高了钢的耐蚀性。

为了提高耐蚀性,不锈钢的碳含量都控制在很低的范围,一般不超过 0.4%。碳含量越低,钢的耐蚀性就越好,而碳含量越高,基体中的碳含量就越高,则钢的强度和硬度就越高;碳含量越高,形成铬的碳化物量越多,其耐蚀性就越差。

马氏体不锈钢的耐海水腐蚀性能较差,如 2Cr13 不锈钢曾用于制作海水柱塞泵的活塞等部件,很容易发生点蚀。Cr17Ni2 是硬度、韧性和耐蚀性良好结合的一个钢种,是耐蚀性最好的马氏体不锈钢,可用于制作鱼雷发射装置的活塞杆。实际上,在室外海洋环境尤其是在海水中不推荐使用马氏体不锈钢制作舰船零部件。

2) 铁素体不锈钢

在铁素体不锈钢中,铬是主要的合金元素,不含或含少量镍,碳、氮的含量较低,可含钼、钛、铌、硫等合金元素,具有铁磁性,有良好的抗氧化性能,并随钢中铬含量增加而提高。含碳、氮极低的高纯铁素体不锈钢的开发,在一定程度上解决了铁素体不锈钢的某些不足,特别是在改善钢的耐局部腐蚀性能,如耐应力腐蚀、耐孔蚀等方面得到广泛关注。钢中加入钛,能细化晶粒,稳定碳和氮,改善钢的韧性和焊接性。钢中的间隙元素如碳、氮等是影响该类钢耐蚀性等性能的主要内在因素。

常用的铁素体不锈钢的碳含量低于 0.15%,铬含量为 12% ~ 30%,也属于铬不锈钢,典型钢号有 0Cr13、1Cr17、1Cr17Ti、1Cr28 等。由于碳含量相应地降低,铬含量又相应地提高,钢从室温加热到高温(960 ~ 1100℃),其显微组织始终是单相铁素体组织。其耐蚀性、塑性、焊接性均优于马氏体不锈钢。对于高铬铁素体不锈钢,其抗氧化性介质的能力较强,随铬含量增加,耐蚀性又进一步提高。

铁素体不锈钢由于加热和冷却时不发生相变,因此不能用热处理方法使钢强化。若在加热过程中晶粒粗化,只能应用冷塑性变形及再结晶来改善组织,改善性能。

铁素体不锈钢与 Cr - Ni 奥氏体不锈钢相比,其力学性能、加工性能及耐蚀性较差,但其在氯化物溶液中的耐应力腐蚀性能比后者要好。

这类钢的强度显然比马氏体不锈钢低,主要用于制造舰船不与海水接触的耐蚀零件。

3) 奥氏体不锈钢

目前,国内外所用的奥氏体不锈钢绝大多数是以镍铬为主要元素或加入钛、铌、钼、铜、硅等元素的镍铬系奥氏体不锈钢。该类钢具有很高的韧性,良好的耐均匀腐蚀性、抗氧化性,以及较高的蠕变强度。在工艺上它易于冷热加工与焊接。奥氏体不锈钢还具有优良的低温性能,可用作低温用钢。奥氏体不锈钢呈顺磁性,可用作无磁钢。因此,在许多领域已得到广泛应用,含钼的超低碳镍铬不锈钢是较好的耐海水腐蚀用钢。

在铬含量 18% 的钢中加入 8% ~ 11% 镍,就是 18 - 8 型的奥氏体不锈钢。如 1Cr18Ni9 是最典型的钢号。这类钢由于镍的加入,扩大了奥氏体区域,从而在室温下就能得到亚稳的单相奥氏体组织。由于含有较高的铬和镍,并呈单相的奥氏体组织,因而具有比铬不锈钢更高的化学稳定性,有更好的耐腐蚀性,是目前我国船舶上应用最多的一类不锈钢。这类钢的特点是耐海洋大气腐蚀性能优良,钢的冷热加工性和焊接性也很好,具有一定的耐热性,可在 700℃ 条件下使用,是一种通用性较好的耐蚀材料。

为了防止晶间腐蚀,也可以进一步降低钢的碳含量,即生产超低碳的不锈钢,如 0Cr18Ni9、00Cr18Ni9 等(其碳含量分别不大于 0.08% 和不大于 0.03%)。还应指出,尽管奥氏体不锈钢是一种优良的耐蚀钢,但在有应力的情况下,在某些介质特别是在含有氯化物的介质中,常产生应力腐蚀破裂,而且介质温度越高,越敏感。这是奥氏体不锈钢的一个缺点,值得注意。

奥氏体不锈钢可用于建造化学品散装船和液化气体运输船的货舱及管系。1Cr18Ni8Ti 曾用于制作潜艇的声纳导流罩。00Cr20Ni25M05 钢用于制作海水中耐蚀性要求高的部件,如潜艇舷外高压气管路、波纹管等。此外,奥氏体不锈钢在核动力设备,尤其是核动力的一回路系统中应用较多。如 00Cr18Ni9 可制作反应堆堆芯支承件及控制棒束导管支承件,0Cr17Ni12M02.5 可制作热交换器管子;0Cr18Ni9 则用于一般管路。早期的蒸发器管束用 1Cr19Ni9Ti 制造,出现过因应力腐蚀破裂导致一回路带放射性的水泄漏并污染到二回路的问题。目前各国核潜艇使用的蒸发器管已开始更换为镍基耐蚀合金。

4) 沉淀硬化不锈钢

奥氏体不锈钢的强化途径是加工硬化,但对要求高强度的大截面零件,很难达到目的;对形状复杂的冲压件,由于各处变形不同,会造成强化不均匀。为了解决这一问题,可采用沉淀硬化不锈钢,现在常用的有 0Cr17Ni4Cu4Nb(17 - 4PH)、0Cr17Ni7Al(17 - 7PH)、0Cr15Ni7M02A1(PH15 - 7Mo)等,这类钢在航空领域应用较多,在舰船上主要用于动力系统尤其是核动力系统。这类钢不仅强度高、耐蚀性好,而且有最高的耐空泡腐蚀能力。主要用作具有高强度、高硬度而又耐蚀的化工机械设备及零件(如轴类等),也用于制作离心机转鼓弹簧及关键设备的零件。1Cr15C014M05VN 钢可用于制作核潜艇一回路至二回路之间的主闸阀。该钢耐磨性好,还可用于制造舰船中的滚动轴承、滚动丝杠(副)等。

5)双相不锈钢

双相不锈钢是在其固体组织中铁素体相与奥氏体相各占一半,一般最少相的含量也需要达到30%。这类钢是在18−8镍铬奥氏体不锈钢的基础上提高铬含量并加入钼、硅等铁素体形成元素,适当降低镍含量,或将钢中的碳含量降低得很低后获得的。

奥氏体不锈钢虽然会产生应力腐蚀,但当不锈钢是由奥氏体和铁素体两相形成复相组织(其中铁素体占5% ~ 20%)时,不仅有抗应力腐蚀的作用,而且有抗晶间腐蚀和焊缝热裂的作用。0Cr21Ni5Ti、1Cr21Ni5Ti、1Cr18Mn10Ni5M03N、0Cr17Mn13M02N 和 00Cr18Ni5M03Si2 等都属于复相不锈钢。核反应堆中有些厚截面、承受压力或形状复杂的铸件一般用铸造性能较好的奥氏体 − 铁素体双相不锈钢制造。

由于两相组织的特点,通过正确控制化学成分和热处理工艺,使双相不锈钢兼有铁素体不锈钢和奥氏体不锈钢的优点。与奥氏体不锈钢相比,双相不锈钢具有优异的耐应力腐蚀破裂的能力,在海水中2205双相不锈钢的耐腐蚀性优于普通的316L奥氏体不锈钢,而超级双相不锈钢具有极高的耐腐蚀性;具有良好的耐局部腐蚀性能,与合金含量相当的奥氏体不锈钢相比,它的耐磨损腐蚀和疲劳腐蚀性能都优于奥氏体不锈钢。与铁素体不锈钢相比,双相不锈钢综合力学性能比铁素体不锈钢好;除耐应力腐蚀性能外,其他耐局部腐蚀性能都优于铁素体不锈钢。在船舶和海洋工程中双相不锈钢有越来越广泛的应用趋势。

6)超级合金

随着装备的发展和科技的进步,普通不锈钢如304等已经无法满足人们对材料越来越高的要求,特别是在耐蚀性方面。镍基合金应运而生,就是其中的代表性钢种之一。这类合金既有非常好的耐蚀性、耐高温性能,力学性能也非常优越。所以,这类合金称为超级不锈钢或超级合金。典型代表有 Hastelloy 合金、Monel 合金、Inconel 合金,其中高耐热合金、高耐蚀合金在美国舰用动力装置、船体关键部位有着越来越多的应用趋势。

Hastelloy 合金目前主要分为 B、C、G 三个系列,它主要用于铁基 Cr − Ni 或 Cr − Ni − Mo 不锈钢、非金属材料等无法使用的强腐蚀性介质场合。目前使用最广泛的是第二代材料 N10665(B − 2)、N10276(C − 276)、N06022(C − 22)、N06455(C − 4)和 N06985(G − 3)。

Monel 400 合金是 Monel 合金中最典型的代表,为由 Ni 和 Cu 组成的合金,兼具 Cu 的贵金属性和 Ni 的钝化性能,具有良好的耐腐蚀性。Monel 400 合金是一种用量最大、用途最广、综合性能极佳的耐蚀合金。Monel 400 合金一般不产生应力腐蚀裂纹,切削性能良好;Monel 400 合金在海水腐蚀情况下,不仅耐蚀性极佳,而且孔蚀、应力腐蚀等也很少发现,腐蚀速度小于 0.025mm/年,比铜基合金更具耐蚀性;Monel 400 合金耐高温腐蚀,在空气中连续工作的最高温度一般在 600℃ 左右,在高温蒸汽中,腐蚀速度小于 0.026mm/年。因此,Monel 400 合金广泛应用于海水淡化装置、热交换器等。

Inconel 合金家族中品种相对较多,有 Inconel 600、Inconel 625、Inconel 718、Inconel 725、Inconel 800 等。Inconel 600 是铬含量14% ~17%的镍基合金,在高温下具有极佳耐氧化性,属于高级耐热合金,Inconel 600合金在舰用热交换器、核反应堆和核电成套设备、燃气轮机高温环境下使用的部件用途非常广;Inconel L625合金属于镍铬高耐蚀合金,是在海水中免局部腐蚀(点蚀和缝隙腐蚀)、高腐蚀疲劳强度、高拉伸强度和抗氯离子应力腐蚀开裂的优良选材,它被用于泊船的缆绳、快艇推进器的叶片、潜艇辅助推动电机、潜艇快速脱离接头、舰船的排气管道、海底通信用电缆的保护外套、海底传感控制器和蒸汽管线膨胀节等,在舰用燃气轮机耐高温腐蚀零部件和核动力耐辐照材料选型方面也有着广泛的用途。

3.3.3　不锈钢在海洋环境中的腐蚀

虽然不锈钢有"不锈"的性能,但是在海洋环境中,含镍量较低的不锈钢还是存在腐蚀。实际上,任何一种材料不锈的能力都是相对的,不锈钢也是如此。不锈钢在海洋环境中的腐蚀类型主要有如下四种:

(1)均匀腐蚀:在海水中各类不锈钢的耐均匀腐蚀较好或很好。其耐蚀性的差别主要取决于钢中合金元素尤其是铬含量,例如下列钢种的耐蚀性就是以铬含量进行排序的:18 - 8 型奥氏体不锈钢 > Cr17 型铁素体钢 > Cr13 型马氏体钢。

(2)点蚀或缝隙腐蚀:不锈钢表面呈现细小的孔状破坏,可能使钢板或管路腐蚀穿透,点蚀是一种危险的腐蚀类型。缝隙腐蚀产生于结构件连接处微细缝隙的内侧,或在不锈钢表面其他材料的覆盖区下,如表面为淤泥、藤壶等海生物覆盖处。这两类腐蚀是不锈钢在海洋环境中常见的破坏形式。

(3)应力腐蚀:在工作压力和由于焊接、热处理、机加工、弯曲等引起的残余应力,以及氯化物环境、存在溶解氧条件下,加之适当的温度,不锈钢尤其是奥氏体不锈钢容易发生应力腐蚀。

(4)腐蚀疲劳:不锈钢在海水中的腐蚀疲劳性能处于碳钢(或低合金钢)与高合金钢之间,设计中除了采用合理的几何形状,避免尖、缺口与应力集中外,同时需注意排除可能引起缝隙腐蚀或点蚀的条件,防止腐蚀疲劳提前产生。

钝态的不锈钢一般表现为正电性,也就是说其电位比较正。例如 Cr - Ni - Mo 不锈钢在海水中除了与普通材料中的石墨、钛等电位很正的材料接触外,它一般不产生自身的腐蚀。为避免接触腐蚀,首先需要选择电极电位类似的材料进行搭配,或采用绝缘结构、密封结构防止电偶腐蚀。

化学成分与工艺因素对耐海水腐蚀性能的影响见表3.9。

表3.9 化学成分与工艺因素对耐海水腐蚀性能的影响

材料及工艺因素	对点蚀和缝隙腐蚀的影响	预防措施举例
化学成分	Cr、Mo、Ni、N、(Si + Mo)提高耐蚀性,C、S、Se 等降低耐蚀性	Cr、Mo 的影响显著,典型钢种的耐海水腐蚀顺序:1Cr18Ni9Ti < 00Cr18Ni12Mo2 < 00Cr18Ni14Mo5 < 00Cr18Ni18Mo5 < 00Cr20Ni25Mo5
钢的纯净度	包括夹杂物的种类、含量、分布等,纯净度高,耐蚀性好	选用经过二次精炼工艺生产的钢种
热处理	需充分发挥合金元素的效果,提高耐蚀性	如奥氏体不锈钢经过敏化后会损害 Cr、Mo 等元素提高耐蚀的效果,并产生晶间腐蚀,以固溶处理为好
冷加工	使耐蚀性降低	消除内应力或固溶处理
表面清理	表面清理不干净,易产生点蚀,或者氧化皮覆盖区产生缝隙腐蚀。增加表面光洁度能使外来物难以粘附也能提高耐蚀性	难以避免粘附时,一般采取酸洗表面
焊接	缝隙两侧的氧化物降低耐蚀性,对双相不锈钢的耐蚀性影响会很大	应除去氧化物,尽量减少焊接

典型不锈钢在海水表层中的腐蚀概况见表3.10。

表3.10 典型不锈钢在海水表层中的腐蚀概况

钢种	点蚀与缝隙腐蚀	阴极保护的效果	高速海水的效果	说明
Cr13 型马氏体钢	很敏感	不宜用(氢脆)	改善耐蚀性效果不大	不宜于全浸使用
Cr17 型铁素体钢	敏感,诱导期比 Cr13 型长	不宜用(氢脆)	改善耐蚀性效果不大	不宜于全浸使用
0Cr17Ni4Cu4Nb	敏感	对控制点蚀与缝蚀有效	良好	海水流速必须在 1.5m/s 以上,以保持钝态
18 - 8 奥氏体钢	敏感	对控制点蚀与缝蚀有效	良好	
18 - 13 - Mo 奥氏体钢	敏感,点蚀发生推迟	对控制点蚀与缝蚀有效	极好	
20 - 30 - Mo 奥氏体钢	敏感性小	对控制点蚀与缝蚀有效	极好	

总的来说,在舰船材料设计选型中还要注意不锈钢的使用环境:

(1)如在全浸海水环境材料直接与海水长期接触,则使用超级合金或双相不锈钢,316L 这类被视为耐蚀性较强的不锈钢尚有长期使用过程中的点蚀问题。

(2)在暴露于海洋大气环境中的舰船结构或设备零部件,宜使用 316L、304L 等耐氯离子腐蚀性能较好的材料。

(3)在舰船舱内,氯离子浓度低,温、湿度控制较好,普通的铁素体和马氏体不锈钢作为结构部件、设备零件使用是被允许的。

（4）在舰船淡水管路系统中，从材料加工性能、价格、卫生安全等方面综合权衡，316L作为与淡水接触的部件或管路材料是适宜的，304L作为非接触淡水的部件或管路材料是允许的。

3.4 铜合金

铜及铜合金在船舶工业中得到广泛应用，也是应用历史最长的舰船材料之一。其除具有高的导电性、导热性、塑性和满意的综合力学性能，以及铸造和冷热加工性能以外，在海水、淡水、大气及某些腐蚀性介质等舰船环境中具有优良的耐蚀性能，有些铜合金在海水中具有高的抗空泡剥蚀性能和腐蚀疲劳性能，对应力腐蚀开裂不敏感，可用来制作舰船耐压、耐磨、耐腐蚀、耐海生物污损等多类零部件。

3.4.1 分类与特点

铜合金的分类方法主要有三种：

（1）按合金系分为非合金铜和合金铜。非合金铜包括高纯铜、脱氧铜、无氧铜等，习惯上，将非合金铜称为紫铜或纯铜，也称为红铜，而其他铜合金则属于合金铜。我国和俄罗斯把合金铜分为黄铜、青铜和白铜，然后在大类中划分小的合金系。

（2）按功能分为导电导热用铜合金（主要有非合金铜和微合金铜）、结构用铜合金（几乎包括所有铜合金）、耐蚀铜合金（主要有锡黄铜、铝黄铜、铝青铜、钛青铜等）、耐磨铜合金（主要有含铅、锡、铝、锰等元素复杂黄铜、铝青铜等）、易切削铜合金（铜铅、铜锑等合金）、弹性铜合金（主要有锑青铜、铝青铜、铍青铜、钛青铜等）、阻尼铜合金（高锰铜合金等）、艺术铜合金（纯铜、锡青铜、铝青铜、白铜等）。显然，许多铜合金都具有多种功能。

（3）按材料形成方法分为冶炼铜合金、铸造铜合金和变形铜合金。事实上，许多铜合金既可以用于铸造又可以用于变形加工。通常变形铜合金可以用于铸造，而许多铸造铜合金却不能进行锻造、挤压、深冲和拉拔等变形加工。铸造铜合金和变形铜合金又可以分为铸造用紫铜、黄铜、青铜和白铜。

按成分分类的铜及铜合金如图3.9所示。

长期以来，人们更多地习惯于按其中的主要元素进行分组：

（1）变形纯铜分为纯铜、无氧铜、磷脱氧铜、银铜等，常用合金5种；

（2）变形黄铜分为普通黄铜、镍黄铜、铅黄铜、加砷黄铜、锡黄铜、铝黄铜、锰黄铜、铁黄铜、硅黄铜等，常用合金13种；

（3）变形青铜分为锡青铜、铝青铜、铍青铜、硅青铜、锰青铜、锆青铜、铬青铜、镉青铜、镁青铜，常用合金9种；

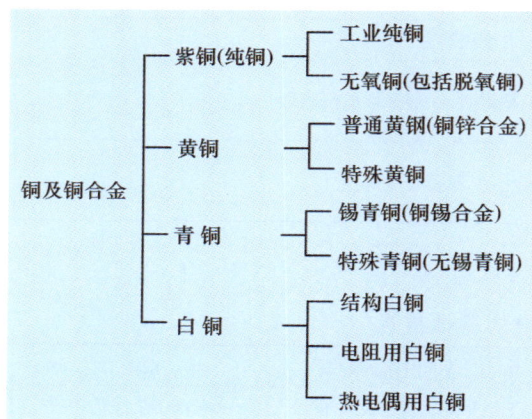

图3.9　按成分分类的铜及铜合金

```
                          ┌─ 工业纯铜
              紫铜(纯铜) ──┤
                          └─ 无氧铜(包括脱氧铜)
                          ┌─ 普通黄铜(铜锌合金)
              黄铜 ───────┤
                          └─ 特殊黄铜
铜及铜合金 ──┤            ┌─ 锡青铜(铜锡合金)
              青铜 ───────┤
                          └─ 特殊青铜(无锡青铜)
                          ┌─ 结构白铜
              白铜 ───────┼─ 电阻用白铜
                          └─ 热电偶用白铜
```

（4）变形白铜分为普通白铜、铁白铜、锰白铜、锌白铜、铝白铜，常用合金4种；

（5）铸造黄铜分为简单黄铜、硅黄铜、铅黄铜、铝黄铜、铁黄铜、锰黄铜等，常用合金11种；

（6）铸造青铜分为锡青铜、铅青铜、铝青铜等，常用合金13种；

（7）螺旋桨用铸造铜合金分为铝青铜、铝黄铜、锰黄铜，常用合金7种。

1. 纯铜

纯铜的熔点为1083℃，密度为$8.9g/cm^3$，具有面心立方晶格，无同素异构转变，表面氧化后呈紫色，故又称紫铜。

纯铜有极好的塑性，$\delta = 50\%$，$\psi = 70\%$，因此具有良好的延展性，易冷、热加工成形，但强度不高，$(\delta_b = 230 \sim 250MN/m^2)$，冷变形强化后$\delta_b$可升高到$400 \sim 500MN/m^2$，塑性则降到1%～3%，纯铜的焊接性能良好和具有较高的低温韧性。

纯铜的导电性、导热性极好,仅次于银,故广泛应用于导体及电气元件,铜为逆磁材料,故在制造船用罗经和其他不允许磁场干扰的仪表中得到广泛应用。

纯铜的化学稳定性好,在大气、淡水中有优良的抗蚀性能,在海水中抗蚀性稍差,在氧化性酸(如硝酸、浓硫酸等)中极易腐蚀。

2. 黄铜

黄铜是以锌为主要添加元素的铜合金,通常又分普通黄铜和特殊黄铜两类。

1)普通黄铜

普通黄铜是铜和锌的二元合金。黄铜的抗蚀能力与纯铜相近,在大气和淡水中是稳定的,但在海水中抗蚀性较差。黄铜在淡水或海水中使用相当时间,其表面氧化膜被局部破坏时会出现脱锌现象,在零件表面沉淀出红色铜膜,此铜膜与黄铜形成电偶,因而大大加速了制件的腐蚀过程。黄铜的脱锌现象随锌含量的增加而趋严重,也随温度升高和水的流速加快而显著增加。黄铜中添加少量的砷可减缓脱锌现象的发生。

按成分和组织可将黄铜分为两类,即锌含量小于 32%、室温下为单相 α 固溶体的单相黄铜,以及锌含量 32% ~45% 的 α + β′ 双相黄铜。

H68(H70)是最典型的 α 黄铜,锌含量 30%,称"三七"黄铜,其强度:退火态时,$\sigma_b = 300 MN/m^2$,$\delta = 55\%$;形变强化后,$\sigma_b \geqslant 660 MN/m^2$,$\delta = 3\%$。该合金大量用于制作弹壳,也制作仪器的套管、复杂的深冲件。

H59(H62)是典型的双相黄铜,锌含量约为 40%,故称"四六黄铜"。一般在 800℃ 以上进行热加工。其强度 σ_b 可达 330 ~390 MN/m^2,δ 为 44% ~50%,并有一定耐蚀性,且因铜含量少,价格便宜,故广泛用来制造电器上要求导电、耐蚀有适当强度的结构件,如螺栓、螺母、垫圈、弹簧及机器中的轴套等。

在造船工业中,普通黄铜主要用于不与海水、蒸汽接触的零件。

2)特殊黄铜

在普通黄铜中加入其他合金元素,便成为特殊黄铜。加入锡、铅、铝元素后,相应称为锡黄铜、铅黄铜、铝黄铜。特殊黄铜的牌号用"H"和主加元素的化学符号以及铜、各元素的含量表示,例如 HPb59 - 1 表示铜含量 59%、铅含量 1% 的铅黄铜,铸造黄铜在牌号前冠以"Z"字。

黄铜加入合金元素后,或多或少都能提高强度。加入锡、铝、锰、硅还可改善耐腐蚀性。如高强度黄铜 ZHAl67 - 5 - 2 - 2,$\sigma_b = 620 MN/m^2$,铝的加入还能大大改善对高速流动海水的耐蚀性能,故用来制造船用螺旋桨,锡黄铜在海水及淡水中均抗腐蚀,俗称"海军黄铜"。常用的有 HSn62 - 1 和 HSn70 - 1,可用来制造与海水接触的零件和热交换器、冷凝器管,锰铁黄铜 ZHMn55 - 3 - 1 则可用于制造船用低速螺旋桨、海水泵叶轮等。铅可改善黄铜的切削性能。适当加入少量铁可以起细化晶粒作用,当含量超过 3% 时将降低耐蚀性。

3. 青铜

青铜是人类应用最早的一种合金,其中主要是铜和锡的合金。近代又发展了含铝、硅、铍、锰、铅的铜合金,习惯上都称为青铜。

1)锡青铜

锡青铜的强度较黄铜低,但抗腐蚀性比纯铜、黄铜都高,在淡水、海水、蒸汽中都有较好的耐蚀性能,适于制造在海水及蒸汽(工作温度低于 225℃)中工作的零件,如泵壳、泵体、通海阀等。早期法国还选用锡青铜制造舰艇海水管路。锡青铜具有优良的减摩性,可制造减摩零件,如轴承、蜗轮,特别是在海水中工作的螺旋桨轴套等。为进一步改善铜 - 锡合金的性能,常加入锌、铅、磷等元素。含磷锡青铜有较好的弹性,是制造弹性元件的重要材料。

2)铝青铜

以铝为主加合金元素的铜合金称为铝青铜。铝青铜不但铸件致密,力学性能比黄铜和锡青铜好,而且在大气、海水、碳酸及大多数有机酸中具有比黄铜和锡青铜更高的耐蚀性。此外,还具有耐磨损、耐寒冷、冲击时不发生火花等特性。铝青铜是特殊青铜中应用最广泛的一种。压力加工铝青铜如 QAl5、QAl7(低铝青铜)用于制作重要的弹簧,耐磨、耐蚀的轴套等零件;常用铸造铝青铜如 ZQAl9 - 4、ZQAl7 - 1.5 - 1.5 等,主要用作轴套、轴承、蜗轮、螺母以及防锈件等。高锰铝青铜 ZQAl12 - 8 - 3 - 2、镍铝青铜 QAl9 - 4 - 4 - 2,具有优异的耐空泡腐蚀性能。在采用 BFe10 – 1 – 1 管路中由于电位的关系,从配套上讲,海水泵叶轮宜采用镍铝青铜 QA19 – 4 – 4 – 2 材料,所以在舰船海水管路系统中镍铝青铜 QA19 – 4 – 4 – 2 有应用越来越多的趋势。

3）铍青铜

铍青铜的弹性极限、疲劳极限都很高,耐磨性和抗蚀性也很优异。它有良好的导电性和导热性,并有无磁性、耐寒、受冲击时不产生火花等一系列优点,但价格较高。铍青铜主要用于制作精密仪器的重要弹簧和其他弹性元件、钟表齿轮、高速高压下工作的轴承及衬套等耐磨零件,以及电焊机电极、防爆工具、航海罗盘等重要机件。

4. 白铜

以镍为主要合金元素的铜合金称为白铜,实际上是一种铜镍合金。普通白铜仅含铜和镍,其编号为 B + 镍的平均含量。“B”为“白铜”。例如,B19 表示镍含量 19% 的普通白铜。普通白铜中加入锌、锰、铁元素后分别称为锌白铜、锰白铜、铁白铜。编号方法:B + 其他元素符号 + 镍的平均含量 + 其他元素平均含量。例如,BZn15 – 20 表示镍含量 15%、锌含量 20% 的锌白铜。

实用工业白铜的镍含量均不超过 30%。其中,B10 和 B19 具有很高的耐蚀性,能抵抗海水、有机酸及盐类溶液的腐蚀;且具有很好的塑性,能承受强烈冷变形而不产生裂纹。B30 耐蚀性和力学性能均优于 B10 和B19。B10、B19 和 B30 适于在船舶仪器上使用,并用于制造与海水接触的冷凝器管及舰船中重要的海水管道等。镍含量 15%、锌含量 20% 的锌白铜 BZn15 – 20,由于锌的加入,力学性能稍有提高,但耐海水腐蚀性比上述 B19、B30 差,它具有美丽的银白色,在仪器制造中,用于制造刻度盘及要求耐蚀的仪表零件、弹簧等。变形白铜的主要特性和应用见表 3.11。

表 3.11　变形白铜的主要特性和应用

合金牌号	主要特性	应用
BFe10 – 1 – 1	具有高的塑性、较低的强度、优良的耐蚀性和冷、热压力加工性。无应力腐蚀破裂敏感性,对氨气腐蚀不敏感,抗海生物附着能力较强	是欧美海军舰船海水管路用材。可用于海水管道、污水管道、冷却管道、带翅管道、螺旋波纹管道、高压空气管道、消防管系,以及冷凝器管、管板、水室及各类热交换器装置等
BFe30 – 1 – 1	具有高的力学性能、优秀的耐蚀性(特别是抗流动海水的冲击腐蚀),无应力腐蚀敏感性,对氨气腐蚀不敏感。可焊接和钎焊	强度比 BFe10 – 1 – 1 更高,耐压力性能更好。用于重要的冷凝器、热交换器、蒸发器、造水装置、冷却器;在潜艇海水介质管路应用较多
B19	具有较好的力学性能、良好的耐蚀性和冷热压力加工性。易于焊接和钎焊	滑油冷却器,散热器盘管及仪表等
BZn15 – 20	具有高的力学性能、良好的耐蚀性和较好的冷、热压力加工性能	蒸汽与水管配件、海船零件及通用工业各种零件等

3.4.2　应用铜合金的注意事项

由于良好的耐海水腐蚀性能,许多铜合金,如铝青铜、锰青铜、铝黄铜、炮铜(锡锌青铜)、白铜(铜镍合金)以及镍铜合金(蒙乃尔合金)等在各国已成为舰船的标准材料。一般在舰船和商船的自重中,铜和铜合金占 2% ~3%。为了防止船壳被海生物污损影响航行,过去经常采用包覆铜加以保护;现在,涂刷含铜涂料的办法来解决则较为普遍。造船用的铜及铜合金主要有螺旋桨、管系用的铜与铜合金,以及各种装置、机械、电气设备中使用铜及铜合金等。

选用铜合金时应注意如下方面:

(1)不同铜合金之间的理化性能,用合适的铜合金制造不同元器件和部件。铜合金有很多优良的理化性能,如导电性、导热性、抗磁性、耐蚀性、耐磨性等,这些特殊性能使铜合金广泛用来制造仪表、电器、冷凝器、散热器中的耐蚀件、耐磨件、抗磁件等;其中强度高、弹性好、受冲击不产生火花的铍青铜、铝青铜,可用于制作弹性元件和防爆工具。纯铜的导电性和导热性极佳,但铜合金的导电性能与纯铜相差很大,若将纯铜导电能力作为 100%,则黄铜只有纯铜的导电能力的 30%,锡青铜更低,只有纯铜的 10%,因此这些铜合金只能制作导电的零件,而不适合制作导线。

（2）不同铜合金的耐蚀性。铜及其合金由于在表面上形成了一层 Cu_2O 保护膜,所以在海洋大气和静止海水中比较稳定,但在污染的海水中则不然,当海水中有氨存在时,铜合金会产生应力腐蚀破坏,高锌黄铜的某些铝黄铜对应力腐蚀破裂特别敏感,它们不适于在高的拉应力下使用。在含硫化物的海水中,铜镍合金和铜铝合金有较高抗蚀性。铜及其某些合金的耐蚀性对速度很敏感,铜中加入镍或铝后可大大改善在流动海水中的耐蚀性。

铜合金的在海水中的电极电位情况如图 3.10 所示。黄铜等类型的铜合金有应力腐蚀倾向,黄铜有脱成分腐蚀的可能性。

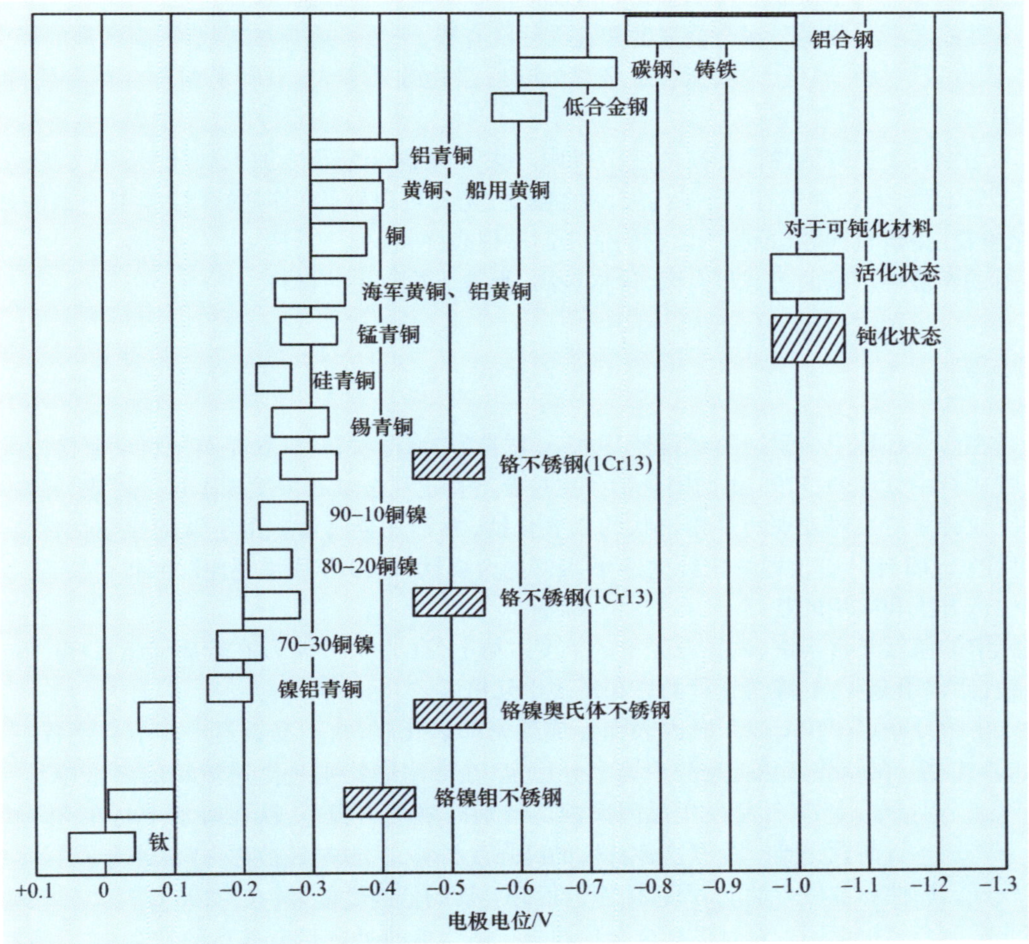

图 3.10　铜合金在海水中的电极电位情况（相对饱和甘汞电极）

总体来说,铜合金比其他合金具有较强的耐海生物污损能力,但是不同铜合金的耐海生物污损能力差别很大,在海水中使用时设计者如果要考虑防海生物污损则要选用纯铜、铜镍合金等类型的材料。不同类型铜合金耐海生物污损情况见表 3.12。

（3）材料的配套性。船舶中的许多管路系统如某些海水系统管道、各种热交换器和冷凝器管等均采用铜及铜合金制造。常用的管系材料有黄铜（HA177 - 2、HSn70 - 1、HSn62 - 1）、紫铜（TU）、白铜（BFe10 - 1 - 1、BFe30 - 1 - 1）。它们的性能为,紫铜的强度最低,黄铜较高,白铜尤其是 BFe30 - 1 - 1 的强度最高。耐流动海水腐蚀性能基本也是这个顺序,即紫铜最

表 3.12　铜及铜合金在 1m/s 流动
海水耐污损性能比较

合金名称	相对耐污损性	
	评分	评级
纯铜、铜镍合金 BFe10 - 1 - 1	90 ~ 100	最好
黄铜、青铜	70 ~ 90	好
铝青铜、铜镍合金 BFe30 - 1 - 1	50	一般
镍铝青铜	10	差
钢、不锈钢、Hastelloy 合金	0	最差

差,白铜最好。设计者既要关注设备壳体、关键零部件与设备内置管路材料的配套,又要关注设备的整体耐蚀性与管路系统的配套。一般来说,设备耐蚀能力要略高于管路系统材料。如 BFe10 - 1 - 1、BFe30 - 1 - 1 作为管路系统材料时,则宜选用镍铝青铜作为设备的关键部件材料。

（4）材料发展趋势。船舶设计时要关注海水管路材料的发展趋势,可选用耐蚀性和强度较好的 B10、B30 管。目前 TU 在船舶海水管道（如消防管、海水冷却管、疏水管）和油、气体管道及排污管等有大量应用,但现已属落后品种,急需更新换代;HA177 - 2 和 HSn70 - 1、HSn62 - 1 是目前最常用的冷却器冷却管管材,也可以作为冷凝器管使用。HA177 - 2 也可用于海水管道,其耐蚀性优于锡黄铜。BFe30 - 1 - 1 作为重要的冷凝器管材,国外海军潜艇的冷凝器管多用此类材料制作。BFe10 - 1 - 1 材料镍含量较低,价格较 B30 便宜,耐蚀性也很好,不失为水面舰船海水管路和潜艇冷却器的冷却管首选材料。

（5）合金性能弱项与强项。铜合金强度和表面硬度有限,一般不适合在高载荷、高磨损的场合。大多数铜合金强度、硬度较钢铁材料低,多数铜合金经热处理后强化效果不大,限制了铜合金在高载荷、强烈磨损条件下的使用。

要充分利用铜合金良好的弹性和高的疲劳极限。大多数铜合金经冷加工硬化后,强度提高很多,适当地去应力退火后,可大大改善塑性,而保持较高的强度,尤其可以获得很高的弹性极限。铜的疲劳强度较高,特别是铍青铜、锡磷青铜和白铜,所以它们适于制造仪表弹簧。

（6）材料的经济性。铜的蕴藏量有限,价格较高,为需节约使用的材料。

3.5 钛合金

钛合金是在海洋环境中最耐蚀的材料种类之一,被誉为"海洋材料"。钛是英国科学家格内戈尔于 1791 年首先从钛铁矿石中发现的,1795 年德国化学家克拉普洛特也从金红石中发现了这一元素,并命名为"钛"。格内戈尔和克拉普洛特当时发现的是粉末状的二氧化钛,而不是金属钛。由于钛的化学活性高,在它被发现的 120 年后的 1910 年才首次提炼出纯度达 99.9% 的金属钛,1940 年用镁还原法制得了海绵钛,从此奠定了钛的工业生产方法和应用的基础。

钛在地壳中的储量非常丰富,钛在地壳中的丰度占第七位（为 0.42%）,在金属储量排序中位居第四,仅次于铁、铝、镁,比常用金属铜、镍、铅、锌的总和还多十几倍。

钛在大气中十分稳定,550℃ 以下时因表面形成致密的氧化膜,故不易被进一步氧化而保持金属光泽。钛具有优良的耐蚀性,在硫酸、硝酸、盐酸中均十分稳定,在海水中特别是高速流动的海水中具有优异的耐腐蚀性能。除在个别介质中外,钛不发生晶间腐蚀。特别需要指出的是,钛在海水中与在空气中的疲劳极限几乎无显著差别。目前钛是唯一具有这种特性的高强度材料,这也是钛被称为"海洋金属"的主要理由。

钛具有较好的韧性和抗疲劳性能,焊接性能也很好。钛的低温性能好,在 -196℃ 下也不呈现低温脆性,这些性能都非常适合结构运用。对钛进行合金化并进行适当的热处理后所获得的钛合金,具有很高的力学性能,其强度 σ_b 可提高到 $1400MN/m^2$。由于其密度小,使之成为所有结构材料中比强度最高的合金,加上耐蚀性好、无磁性等优点,因此,钛合金近年来发展极为迅速,已成为舰船上的重要结构材料。

3.5.1 分类与使用

1. 分类

工业上按退火态组织所具有的特征将钛合金分为三类:

（1）α 钛合金,其退火态为 α 固溶体组织,以 TA 表示其类型和牌号。在 α 钛合金中,TA1、TA2、TA3 为工业纯钛,TA7 为典型的 α 钛合金,应用较广,其含有 5% 铝,这不仅可以减轻重量,还可提高钛合金的耐热性。故几乎所有的钛合金中均加有铝。TA7 室温组织为单相 α 固溶体,组织较稳定。它具有良好的焊接性能,不能热处理强化,其室温抗拉强度 $\sigma_b = 800MN/m^2$,且 500℃ 时仍具有较高的热强性（$\sigma_b = 450MN/m^2$）。TA7 的缺点是室温下塑性差、易被压裂,但加热时塑性可有大的改善。TA7 可用于制作 500℃ 下长期工作的各种构件及要求耐腐蚀的零件。

（2）β钛合金，其退火态为β固溶体组织，以TB表示其类型和牌号。常用的有TB1、TB2，它们的组织均为单相β固溶体，具有体心立方晶格，故塑性较好。可以通过淬火、时效实现热处理强化，强度可达1250～1300MN/m²，与超高强度钢相当。β钛合金的切削加工可以放在淬火后、时效硬化前的阶段内进行。某些需要较高塑性的零件，也可在淬火状态下使用，但强度相对有所下降。由于这类合金中含有5%～8%钼故密度稍有增大，β钛的缺点是容易吸气。这类合金主要用作重载旋转零件，如压气机叶片、轴、轮盘等。

（3）α+β钛合金，其退火态为具有两相固溶体的组织，以TC表示其类型和牌号。这类合金中用量最大的是TC4，它主要用于导弹及超声速飞机上制造要求高温强度的发动机零件以及压气机盘和叶片等结构零件，及潜艇耐压壳体等要求高强耐蚀的构件。该类合金的退火态室温组织为α+β两相所组成。其性能特点是强度高、塑性好，具有较好的综合力学性能。400℃以下组织稳定，故具有较高的热强度、热塑性，适宜热压成形或锻造。其焊接性能也较好，接头强度可达基体的90%。若能严格控制杂质含量，该合金还具有优良的低温韧性。故它不仅可用于长期在400℃以下工作的零件，还因它在超低温(−253℃)下仍有良好的韧性，故可用于制作火箭、导弹和液氢燃料箱等。虽然该类合金可以通过淬火加时效实现热处理强化，但由于在较高温度使用时，这种处理状态的组织不如退火后的组织稳定，故这类合金应用热处理强化的并不多，而多以退火态使用。

2. 舰船用钛

钛合金的特点很多，主要有：耐蚀性好；比强度高、塑性好；热强度高；低温性能好；化学活性大；热导率小、弹性模量小；冲击韧性好；抗冲击振动性能好；疲劳强度高；无磁性和抗辐射性能好；抗弹性较好。

就舰船而言，按现有钛合金性能特性的差异可分为可焊结构钛合金、高强度钛合金、耐热钛合金、特型铸造钛合金、耐蚀钛合金、冷成形钛合金和防弹钛合金等；依据应用部位的不同，钛合金可分为船舶壳体用钛合金、动力工程用钛合金和船机用钛合金等。钛合金在船舶上已应用的具体部件已经有几十种，主要有耐压壳体、螺旋桨和桨轴、通海管路、阀及附件、各类管接头、热交换器、冷却器、冷凝器、发动机零部件、海水淡化装置、升降装置及发射装置、声学装置零部件、系泊装置等。表3.13列举了国外在船舶上钛的常用部位。

3. 国内发展

我国船用钛合金的研究与应用始于20世纪60年代。与航空用钛不同的是，不是以仿制为主，而是设计研制具有中国特色的船用钛合金。几十年来，船用钛合金的研究及应用水平有了很大提高，已经形成了较完整的船用钛合金系列，能满足水面舰艇、水下潜艇和深潜器用的不同强度级别及不同部位的要求。

我国船用钛合金主要使用其优秀的耐海水海洋大气腐蚀性、高比强、高韧性和优良的加工工艺性，按照其强度可以分为低强钛合金（小于490MPa）、中强钛合金（490～790MPa）和高强钛合金（大于790MPa）。

低强钛合金主要有TA2、Ti−31和ZTA5。TA2成形性能和焊接性能好，应用于冷压成形、管件、海水淡化、各类换热器和船舶部件等。Ti−31成形性和可焊性好，耐180℃海水高温腐蚀，应用于管材回路和热交换器。ZTA5铸造性能好，应用于船舶推进系统、电子系统和辅助系统中的泵阀和其他铸件。

中强钛合金主要有TA5A、ZTi−60、Ti−70、Ti−75、Ti−80。TA5A有良好的耐蚀性和可焊性，其板材

表3.13　国外在舰船上钛的常用部位

船舶系统	应用
船体结构	核潜艇耐压壳体 水面舰艇球鼻艏（航空母舰、驱逐舰） 潜艇导流罩 深潜器耐压壳体及框架 高压气瓶 水翼及支柱
推进系统	核能的蒸汽发生器 反应堆壳体安全设施 余热排出冷却器 排气系统舌阀及管段 蒸汽轮机叶片、盘 主冷凝器及辅机 燃气轮机叶片、盘 潜艇柴油机进排气系统 电力推进永磁电机 推进器 喷水推进装置 推进器轴 循环水和冷却水系统的挠性接管，滤器、管路、泵、阀等 钛制波纹管
电子仪器系统	潜艇鞭状天线 雷达天线 各类声纳部件
辅助系统	海水淡化 海水冷却用各类换热器 消防系统泵、阀、管
武器发射与保障系统	鱼雷结构部件 航空母舰飞机弹射装置 偏流板

和锻材可用于船舶机械各类部件。ZTi-60 有良好的耐蚀、可焊和铸造性能,应用于推进系统和排气系统的铸件。Ti-70 冷成形性、耐蚀性和可焊性好,应用于船舶导流罩和其他冷成形件。Ti-75 耐蚀、可焊性好,断裂韧性高,其板材和锻材可用于船舶和推进系统的结构件,压力容器和水中兵器系统的发动机轴件。Ti-80 耐蚀、可焊性好,可用于高压容器、深潜器的耐压壳体、船舶焊接结构件。

高强钛合金主要有 ZTC4、TC4、TC11、Ti-B19。ZTC4 铸造性能好,应用于螺旋桨等高强铸件。TC4 应用于船舶部件、蒸汽涡轮机叶片、水中兵器系统发动机外壳、蓄压器等。TC11 应用于燃气轮机高压压气机转子、低压压气机轮盘及叶片。TiB19 高强度、韧性和可焊性好,应用于船舶机械部件、高压容器。此外,Ti-5Al-2Nb-3Zr-1Mo、Ti-5Al-2Mo-3Zr、Ti-6Al-3Nb-lMo(属 785MPa 级)也已经研究较成熟,但尚未获得实际应用。20 世纪 90 年代研制的 β 型合金(Ti-3Al-5V-5Cr-4Mo-2Zr)强度级别与美国的 β-C 相当,但综合性能更好。

表 3.14 给出了中国研制的船用钛合金性能。表 3.15 给出了中国、俄罗斯、美国船舶钛合金屈服强度。

表 3.14 中国研制的船用钛合金性能

合金牌号	合金成分	抗拉强度/MPa	屈服强度/MPa	延伸率/%	断面收缩率/%	断裂韧性 K_{IC} /($MPa \cdot m^{1/2}$)
TA5	Ti-4Al-0.005B	684	588	15	25	—
Ti-31	Ti-3Al-1Mo-1Zr-0.8Ni	637	490	18	35	—
Ti-75	Ti-3Al-2Mo-2Zr	730	637	13	25	93
Ti-631	Ti-6Al-3Nb-1Mo	882	785	12	—	108
STi-80	Ti-6Al-3Nb-2Zr-1Mo	900	818	13	36	
TA16	Ti-2Al-2.5Zr	≥470	≥375	≥20	—	
TA19	Ti-4Al-2V	560-800	≥520	≥16	≥30	
Ti-91	Ti-3Al-1V-1Zr-1Fe	700	660	20	≥35	
Ti-B19	Ti-3Al-5Mo-5V-4Cr-2Zr	1250	1150	6	18~26	≥70

表 3.15 中国、俄罗斯、美国船舶钛合金屈服强度

中国		俄罗斯		美国	
合金牌号	屈服强度/MPa	合金牌号	屈服强度/MPa	合金牌号	屈服强度/MPa
TA2	320	ПТ-1M	390	Grade 1	170
Ti-31	490	ПТ-7M	490	Grade 2	240
ZTA5	490	TL3	440	Grade 3	380
TA5	590	40	590	Grade 12	340
ZTi-60	590	TL5	490	Grade 9	480
Ti-70	600	3M	590	Grade 5	820
Ti-75	630	ПТ-3B	590	Ti38644	1100
Ti-80	785	5B	690	Ti-6Al-2Nb-1Ta-0.8Mo	655
ZTC4	825	37	690	Ti-5Al-1Zr-1.5Sn-1V-0.8Mo-0.1Si	
TC4(ELI)	795	23a	1050		
TC11	930	BT9	930		
Ti-B19	1150	BT8	900		
		BT-31	900		

3.5.2 钛合金在舰船上应用的腐蚀与防护

钛合金具有良好的抗腐蚀性,本身不受天然水、海洋环境及 80℃ 以下海水的腐蚀影响。钛具有良好

的抗腐蚀性,是因为其表面紧密附着了一层防护性氧化膜,膜一旦受损,在有氧的情况下,可瞬时自动修补。但实际使用中,当环境条件改变时(如温度升高、某种介质浓度增加及发生了与其他易腐蚀金属接触等),就可能发生腐蚀。在涂层下,由于涂层破裂或失效,可能会发生点蚀。对于表面有钝化膜的钛合金而言,在静止或低流速的海水中由于氧的供应不足,钛合金表面钝化膜的作用降低,这时也可能发生点蚀。

1. 舰船用钛合金的表面处理工艺

应用于船体的螺旋桨、喷水推进装置和海水泵等部位的船用钛合金构件与海水以及海水中的泥沙接触,必然存在磨损问题。另外,钛合金作为运动副零部件时,与其他零件接触耐磨性成为影响其使用性能和寿命的另一个最重要因素。因此,采用先进表面改性技术获得良好的耐磨涂层,成为解决这一问题的有效途径。

为了进一步提高钛合金耐磨性、抗微动磨损性、高温抗氧化性等,对钛合金进行表面处理是进一步扩大钛合金使用范围的有效途径。可以说,目前对金属的表面处理方法几乎全部应用到了钛合金的表面处理上,如金属电镀、化学镀、热扩散、阳极氧化、热喷涂、低压离子工艺、电子和激光的表面合金化、非平衡磁控溅射镀膜、离子氮化、PVD 法制膜、离子镀膜、纳米技术等。

随着科技水平的进步,舰船总体设计对造船材料提出了越来越高的要求,具有优良性能的钛合金材料将舰船上得到广泛应用,需要对钛合金表面进行表面改性,以扩大其在舰船上的应用,纳米技术、等离子体技术、高频电磁技术、激光技术等先进技术的有机结合,特别是加弧辉光离子渗金属技术、双层辉光离子渗金属技术等新技术研究的进一步深化,耐强腐蚀、耐强摩擦、抗高温氧化等各种性能的钛合金也必将出现,以满足使用条件更加复杂的要求。

2. 防止接触腐蚀措施

在舰船上除钛合金外,还使用了多种金属材料,这些材料中,钛在海水中的电位最高。如果钛合金与其他异种金属连接在一起且未能很好地绝缘,其他材料部件腐蚀速度会急剧加快。这是因为异种金属的电位不同,在该环境下形成腐蚀原电池,使得电位较负的金属构件过早失效。

舰船上有可能遭受接触腐蚀的是与钛合金连接的钢质构件、不锈钢和铜合金构件。

1)不同种金属组成部件之间采用电绝缘措施

如潜艇艇体和钢质艇体构件上安装钛合金或不锈钢装置和部件时采用电气绝缘。钛合金管与钢质管连接时,也采用电绝缘措施。图 3.11 所示为管路和艇体构件的电绝缘。

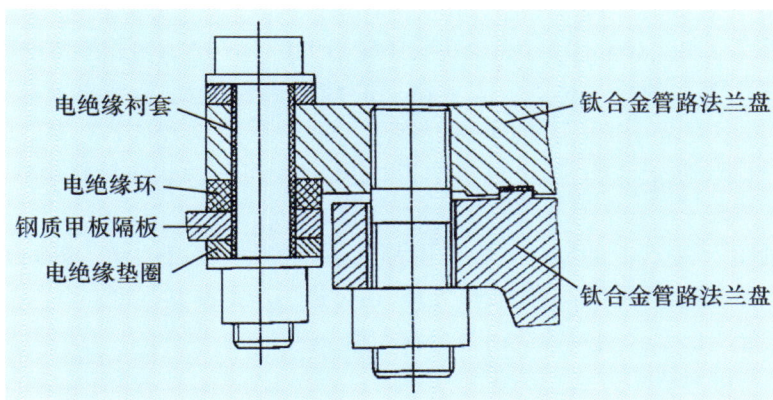

图 3.11　管路和潜艇艇体构件的电绝缘

这种电绝缘的法兰,其配套的螺栓也采用了相应的电绝缘设计,图 3.11 是一个螺栓配套结构,螺杆是钛合金,用聚四氟乙烯等绝缘材料制成的套筒包裹,与两法兰盘面接触的钛合金垫片表面涂有一定厚度的绝缘涂层。

2)密封材料隔离海水

上层建筑中不同金属制成的构件和配件对缝接合处在潜艇下潜时会浸入海水中,这种结构除进行电绝缘外,还要采用密封材料(密封胶、绝缘密封胶泥、润滑脂)对海水进行隔离防护。

密封胶层具有弹性、高防水性和很好的液体绝缘特性。在潜艇上钛合金管道法兰盘与钢质舷焊件的连接部件上用密封胶进行绝缘防护(图 3.12)。

3)对钛合金表面进行氧化处理

在钛合金部件使用时,对其表面进行氧化处理,使用有机或无机涂层进行表面覆盖,用于减弱钛阴极与其他负电极电位金属阳极之间的电位作用,是一种进行材料配套设计或腐蚀防护设计有效的方法。

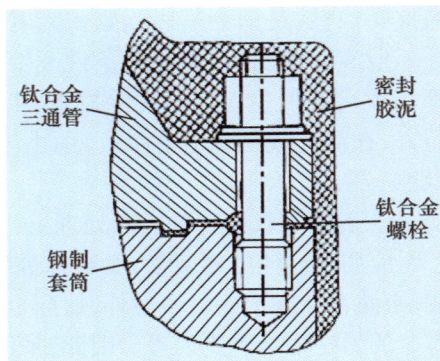

图 3.12　套筒与管路连接部件的电绝缘

总的来看,钛合金的使用效果是相当不错的,大大减少了舰船的维修成本和寿命周期成本。随着舰船装备的发展,钛及其合金在舰船领域的应用会越来越广。

3.6　铝及铝合金

铝合金在小型舰船、船体轻量化方面占据重要位置。

铝在地壳中的含量仅次于氧和硅,是含量最广泛的元素之一,其矿藏储量占地壳构成物质的 8% 以上,铝在自然界中多以氧化物、氢氧化物和含氧的铝硅酸盐存在,极少发现铝的自然金属。

3.6.1　分类及特点

铝及铝合金种类繁多,按生产方法的不同,铝合金可分为铸造铝合金和变形铝合金两大类。按性能和用途不同变形铝合金可分为纯铝、防锈铝、硬铝、超硬铝、锻铝、特殊铝几类。国际上有据可查的变形铝合金牌号已接近 400 个。按热处理特点不同,变形铝合金可分为不可热处理强化的和可热处理强化的两大类。另外,铝基复合材料是近些年发展起来的一种新型材料,有很好的发展潜力。

根据铝中杂质含量的多少,纯铝分高纯铝与工业纯铝两类。铝的纯度越高,则强度越低、延伸率越大、耐蚀性越好。工业纯铝的铝含量为 98%~99.7%,高纯铝的铝含量高于 99.8%。

高纯铝的新牌号是 LA 90、LA 93、LA 95、LA 97、LA 99,代替原来的 LG1 ~ LG5,纯度依次升高。高纯铝主要用于科学实验、化学工业和其他特殊场合,如电容器箔材等。

工业纯铝的新牌号是 1200、1035、1050、1050A、1060、1070、1070A,纯度依次升高。纯铝主要用来制作电线、电缆、铝箔及日用器皿的板片材等。工业制造高纯铝比较困难,首先是铝锭的纯度高,还要用特殊耐火材料砌炉,在熔炼中要防止带入其他金属。铝中主要杂质为铁和硅,常以二元或三元化合物的形式存在,一般呈片状或针状,使铝变脆,但经过热加工并退火后,可使片状或针状组级变为粒状,塑性显著提高。

纯铝强度低,不能制作承受载荷的零件。在铝中加入适量的铜、镁、硅、锰、锌等合金元素后,可得到具有较高强度的铝合金。若再经过冷加工硬化或热处理,还可进一步提高其强度。

铝合金按生产工艺分变形铝合金及铸造铝合金两大类。

铝及其合金的分类与牌号表示方法如图 3.13 所示。

3.6.1.1　纯铝

铝是电位非常负的金属,其标准电极电位为 −1.67V。虽然如此,由于铝的钝化能力很强,因此,它在水中,在大部分的中性和许多弱酸性溶液中,以及在大气中都有足够高的稳定性。空气中的氧或者溶入水中的氧,以及水本身对铝来讲都是钝化剂。因此在所有水溶液中,无论是中性的以及弱酸性的,不仅在有氧或氧化剂时,即使在没有它的情况下,铝通常也处于钝态(有自钝化能力)。此时,铝的电极电位较其标准平衡电位正 1V。例如,在 0.5% NaCl 溶液中,铝的电位为 −0.57V(氢标电位)。

铝的耐蚀性与其纯度有很大关系,当要求铝的耐蚀性很高时,必须使用最纯的铝。

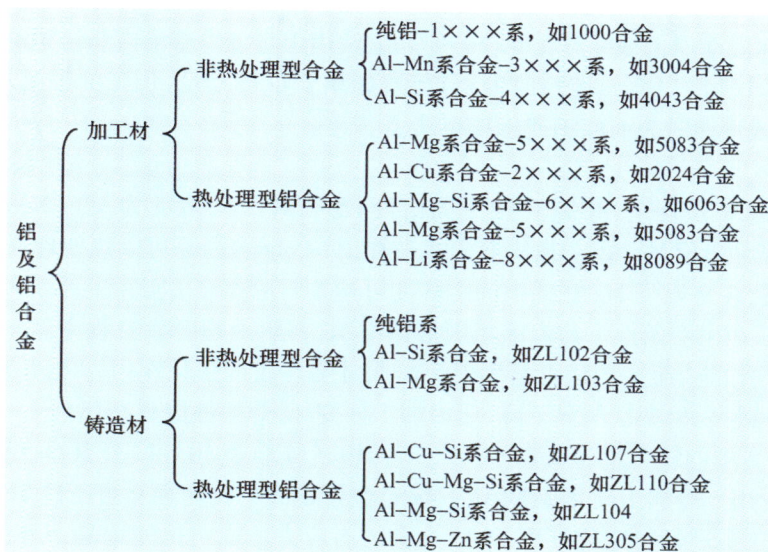

图 3.13　铝合金分类与牌号表示方法

3.6.1.2　变形铝合金

与纯铝相比,铝合金具有较高的力学性能与工艺性能,但其耐蚀性较低。铝合金分变形铝合金与铸造铝合金两大类。变形铝合金又分为可热处理强化与不可热处理强化的铝合金两类。一般说来,可热处理强化的铝合金耐蚀性较差,像这类合金中的硬铝、超硬铝,其组织中含有大量的时效强化相或过渡相,这些相有的本身腐蚀活性强,易成为腐蚀微电池的阳极,还有的相大多起着微观阴极的作用,促进了铝合金的点蚀及电化学腐蚀,这些铝合金在海水中的耐蚀性很差。不可热处理强化的铝合金耐蚀性较好,其中 Al-Mg、Al-Mn 系防锈铝的耐蚀性与纯铝相近,其中 Al-Mg 更好些。目前铝合金舰船的主船体就是采用 Al-Mg 系防锈铝,牌号为 5083。

1. 防锈铝

防锈铝是舰船上使用最为广泛的铝合金,广泛用作船体结构材料。由于锰的作用,Al-Mn 合金比纯铝有更高的耐蚀性和强度,并具有良好的可焊性和塑性,但切削加工性较差。Al-Mg 合金比纯铝密度小,强度比 Al-Mn 合金高,并有相当好的耐蚀性。防锈铝的时效硬化效果极弱,属于不可热处理强化的铝合金,只能用冷变形强化,但会使塑性显著下降。

防锈铝合金具有优异的耐蚀性,其强度比纯铝高,塑性好,能加工成为各种型材,它有 Al-Mg 和 Al-Mn 两个系列。当合金中含有杂质铁时,会出现针状化合物 $FeAl_6$,可显著降低其塑性和耐蚀性,但当同时含有适量硅时,则可与铁形成危害性较小的 T 相。所以控制杂质铁的含量及其与硅的配比,对这类合金来说很重要。此外,为了细化晶粒,可以加入少量的钛。

1) Al-Mn 系合金

Al-Mn 系合金是不可热处理强化的铝合金,有很好的成形性,以薄板状使用较多。我国的老牌号中 Al-Mn 合金只有一个即 LF21(3A21),新牌号有 6 个。锰在铝中的最大固溶度为 1.82%(658.7℃),室温时降至 0.05%。尽管固溶度随温度的变化较大,但时效硬化效果不大,无实用意义。当锰含量高于 1.6% 时,生成大量的脆性片状化合物 $MnAl_6$,使合金在变形时开裂,所以实际使用的 Al-Mn 合金锰含量为 1.0%~1.6%。铝中加入适量的锰(LF21)并做退火处理后,在单相固熔体上有斜方结构的金属间化合物 $MnAl_6$ 析出,阻止了晶粒长大,起到了细化晶粒的作用。化合物 $MnAl_6$ 的电位与基体 α 相基本相同,不像一般金属间化合物具有较负电位,不会形成电化学腐蚀中的强阴极,使合金保持了较高的耐蚀性。并且纯铝中添加锰以后,会使一部分 $FeAl_6$ 转变成 $(FeMn)Al_6$,当这种针状的 $FeAl_6$ 转变成片状的 $(FeMn)Al_6$ 以后,构成了一个更弱的阴极相,也不易破坏表面的氧化膜。因此添加少量铜有利于将点蚀变为全面腐蚀。

尽管 3A21(LF21)为两相(α + $MnAl_6$)合金,但其耐蚀性很好,在大气中和工业纯铝相近,在海水中与纯铝相同,在稀盐酸溶液中的耐蚀性则比纯铝还好,但次于 Al－Mg 合金退火状态。而其强度高于纯铝,达到 170MPa,塑性仍很好,焊接性能也很好。在铝合金船舶上常用于舱室内壁等内装结构。

需要注意的是,3A21(LF21)合金铸造时偏析严重,如果变形量不足,加工的产品退火时会产生粗大晶粒,致使半成品在深冲或弯曲时表面粗糙或出现裂纹。

2）Al－Mg 系合金

Al－Mg 系合金(5000 系合金)中镁在铝中固溶度较大,最大固溶度为 17.4%(449℃),室温时降至 1.4%。二者可形成化合物β相 Mg_5Al_8。从固溶曲线来看,Al－Mg 合金是可以热处理强化的合金,但由于 Mg 在铝中的扩散速度很慢,在室温下 Mg 在铝中的溶解度可达 3%～5%,在实际生产条件下难以析出。因此,镁含量小于 5% 的合金,在生产条件下均为单相固溶体组织,在热处理时效过程中基本没有强化效果,所以把它归为不可热处理强化的合金。当镁含量大于 5% 时,才有一定的强化作用。但镁含量过高时,合金中的β相增多,强度、硬度虽提高,但塑性明显下降,压力加工性变坏,焊接性能也变坏。

常用的 Al－Mg 合金中的镁含量为 0.8%～7.5%,5A02(LF2)、5A03(LF3)甚至 5A05(LF5)通常在退火或冷作硬化状态以下使用。冷加工硬化成为 Al－Mg 合金强化的主要途径。由于冷加工使合金产生较大的内应力,冷加工后一般还要进行稳定化处理,消除合金的内应力。稳定化处理是一种低温(150～300℃)退火处理,有别于高温(300～420℃)软化退火。

在 Al－Mg 合金中,退火工艺对腐蚀性能影响很大。Al－Mg 合金有点蚀、晶间腐蚀、应力腐蚀和剥蚀倾向。这些腐蚀特性与合金成分、冷加工量和热处理工艺等因素有关。一般而言,在单相过饱和固溶体的状态下以点蚀为主。随着镁含量增大,点蚀倾向加重,电位朝负向移动且达到稳定电位需要的时间越长。在酸性介质中失重增大,但在碱性介质中失重减少。

镁含量在 3.5% 以下时,如 5052 和 5154 合金,在任何热处理状态或冷加工状态均无应力腐蚀开裂的倾向。当镁含量为 3.5%～5.0% 时,冷加工状态下有应力腐蚀开裂敏感性,如 LF4 合金。当镁含量在 5% 以上时,合金在退火状态下也会有应力腐蚀的敏感性。对于高镁铝合金,即便在低温下放置也有应力腐蚀开裂的倾向。例如 LF12 合金单相状态冲压杯状物在室温大气中放置 1 个月便有可能自行开裂。

Al－Mg 合金经不同时间的等温退火处理后都有一个应力腐蚀破裂时间最短的敏感退火时间。镁含量越高,敏感性越大,也就是出现破裂时间最短的退火时间缩短。从不同时间的等温退火的工艺研究中可知,应力腐蚀开裂敏感性最大的退火时间比硬度达到最大的退火时间短一些。因为应力腐蚀敏感性大小的组织特点是由晶界的特性决定的,析出质点在晶界呈连续状、应力腐蚀敏感性最大;而合金的硬度则由晶粒内部析出程度决定,当晶内开始弥散析出时硬度最高。

高镁合金在时效状态下的应力腐蚀敏感性较大。为了改善它的性能,可以采用固溶处理的方法,使其形成单相状态。高镁合金在 400℃ 以上固溶处理时,即可达到完全固溶。固溶温度再提高,敏感性又增大。

在 Al－Mg 合金中,应力腐蚀、剥蚀和晶间腐蚀具有很好的一致性,晶间腐蚀严重的材料,应力腐蚀和剥蚀敏感性都增大。为了改善加工性,Al－Mg 合金中常加少量的锰(0.2%～0.8%)及钛,使含镁相沉淀均匀,以细化组织;加入 0.5%～0.8% 的硅以改善其焊接性;还可以加入锆以细化β相;加入铍可防止氧化,使β相分布均匀,改善表面质量,简化热处理工艺。Al－Mg 合金添加少量 Cr、Mn、Zr 等,可提高合金的强度。此外,Cr、Mn、Zr 对改善合金抗应力腐蚀的效果明显。铁、铜及锌是这类合金的有害杂质,可显著降低其耐蚀性及工艺性能,应尽可能地减少其含量。

Al－Mg 合金密度小,属于中强可焊合金,产品有板、薄板、管、线、棒和异形材,具有良好的电化学抛光性能和耐蚀性能,是铝合金中除纯铝外耐腐蚀能力最好的合金。在防锈铝合金中,虽然在酸性和碱性介质中比 Al－Mn 系合金差,但是与其他铝合金相比具有良好的耐海水腐蚀性能,在海水和大气中的耐蚀性与纯铝相当,再加上 Al－Mg 系合金的强度高于 Al－Mn 系合金,因此 Al－Mg 系合金是目前用于造船最多的铝合金。在国外常用的牌号是 5083、5086、5456、5383 及 5059,广泛用在游艇和船舶壳体。

2. 硬铝

硬铝是铝、铜、镁系合金,其中铜和镁的主要作用是在时效过程中形成强化相 $CuA1_2$(θ 相)和 CuMgA12

（S 相）。S 相是硬铝中主要强化相，它在较高温度下不易聚集，可以提高硬铝的耐热性。硬铝中的铜、镁量多时，强度、硬度高，耐热性好（可在 150℃ 以下工作），但塑性低，韧性差。

（1）低合金硬铝，如 LY1、LY3 等，镁、铜含量较低，塑性好，强度低。采用固溶处理和自然时效提高强度和硬度，时效速度较慢。主要用于制作铆钉，常称铆钉硬铝。

（2）标准硬铝，如 LY11 等，合金元素含量中等，强度和塑性属中等水平。退火后变形加工性能良好，时效后切削加工性能也较好。主要用于轧材、锻材、冲压件和螺旋桨叶片及大型铆钉等重要零件。

（3）高合金硬铝，如 LY12 等，合金元素含量较多，强度和硬度较高，塑性及变形加工性能较差。用于制作航空模锻件和重要的销、轴等零件。

LY11、LY12 可用来制造快艇的外板，以及受高载荷但要求轻的船体构件如上层建筑等，但其可焊性很差。LY12 的焊接接头塑性几乎为零，所以在生产上常采用铆接工艺。另外硬铝在海水中的耐蚀性很差。这是因为合金中含有较高的铜，而含铜固溶体和化合物的电极电位比晶粒边界高，会促进晶间的腐蚀，所以需要防护的硬铝材料的外部，都要包一层高纯度铝，制成包铝硬铝材料。

硬铝属于时效强化性合金，是为了提高铝合金的强度在 Al - Cu 二元合金的基础上发展起来的，其常用主要合金元素为铜及镁，还可以有少量锰、铬、锆等，在新标准中为 2000 系列。典型的化学成分：$\omega(Cu) = 2.5\% \sim 6.0\%$，$\omega(Mg) = 0.4\% \sim 2.8\%$，$\omega(Mn) = 0.4\% \sim 1.0\%$，$\omega(Fe+Si) \leqslant 1.0\%$。硬铝合金产品有管、板、棒、型、线。板材有很好的冲压性、焊接性和耐蚀性。

Al - Cu - Mg 合金是人们熟悉的杜拉铝合金，是使用既早又广的合金。当铜、镁二者共同加入铝时，其复合作用远大于二者之和，所出现的各种中间相的数量都随温度的下降而显著增加，时效强化效果明显，是可进行热处理强化的变形铝合金中应用最广的一组合金。其特点是具有一定的强度，耐热性好，可在一定的高温下使用，在船舶中主要用来制造铆钉、螺栓等紧固件。

Al - Cu - Mn 合金属耐热铝合金，如 2A16(LY16)、2A17(LY17)，室温强度约为 400MPa，略低于 LY12 合金。但在 225～250℃ 下的性能比 LY12 合金高，为 160～180MPa。所以该合金常用作 250～300℃ 下工作的构件。

硬铝的高强度主要来自时效强化。正确的淬火和时效工艺对强化极为重要。硬铝允许的加热温度范围很窄，例如，2A11(LY11) 为 495～510℃，2A12(LY12) 为 495～505℃，必须严格控制。

加热淬火后，可进行自然时效，4～7 天即可得到最高的强度和硬度。为缩短时间，可进行人工时效，例如，在 150℃ 时效，半天即可达到强度的最高值。温度越高，所需时效时间越短，但可能达到的强度和硬度越低。

需要强调的是，在铝合金中，含铜铝合金的晶间腐蚀敏感性最大，晶间腐蚀几乎无法避免，只能在合理的工艺条件下减轻合金的晶间腐蚀倾向。为此，常在其外面包一层纯铝作为保护层。

3. 超硬铝

为满足日益发展的对铝合金强度的要求，研制出了更高强度的硬铝，通称超硬铝，是变形铝合金中强度最高的。其特点是在一般硬铝的基础上，再加入锌、铬等合金元素及其他微量元素，利用多种元素的复合作用来进行强化，以获得高强度，制成了高强 7000 系列超硬铝铝合金。

这类合金是室温强度最高的铝合金。其时效强化除依靠硬铝中所具有的 θ 和 S 相外，还有强化效果很好的 η 相($MgZn_2$) 和 T 相($Al_2Mg_3Zn_3$)。这类合金经固溶处理和时效后，其强度 $\sigma_b = 680MN/m^2$，比强度已相当于超高强度钢（一般指 $\sigma_b > 1400MN/m^2$ 的钢），故名超硬铝。超硬铝的缺点是耐海水腐蚀性很差。

超硬铝的牌号用"铝""超"两字的汉语拼音字首"LC"和顺序表示。常用的有 LC4、LC6 等。超硬铝主要用于飞机上受力较大的构件，某些鱼雷的外壳也是用超硬铝制造的。

超硬铝的强度与断裂韧性均优于硬铝，但耐疲劳性能差，耐热性也低于硬铝。在适当的热处理条件下，7005、7039 能得到中等的强度（300～450MPa），7A31 能得到更高的强度（500MPa）。

Cr、Mn、Zr 都是 Al - Zn - Mg - Cu 合金常用的微量添加剂，这些元素都强烈提高合金的再结晶温度，阻碍再结晶过程的进行。过去较多地用 Cr 和 Mn 来提高抗应力腐蚀性能，但 Cr 和 Mn 使 Al - Zn - Mg - Cu 合金的淬透性变坏,近年来趋向于用 Zr 代替 Cr。

添加 Ti、Zr,不仅能细化晶粒,还可以提高可焊性,焊缝在焊接过程中产生的软化,经自然时效可以得到恢复,很适宜于焊后不便进行热处理的焊接构件,所以一般又将它称为中强或高强可焊合金。

超硬铝 Al – Zn – Mg – Cu 合金的腐蚀特性是应力腐蚀开裂敏感性较大,还具有晶间腐蚀和剥蚀倾向,不过晶间腐蚀的敏感性不如 Al – Cu – Mg 合金,剥蚀倾向比 Al – Zn – Mg 合金小。Al – Zn – Mg – Cu 合金的另一个腐蚀特征是在加工过程中主要是管、棒、型材在空气立式淬火炉淬火过程中容易产生点蚀,其点蚀特征为"白斑黑心"。

超硬铝的耐蚀性较硬铝更差,应力腐蚀开裂敏感性很大,尤其在淬火态下,因此很长时间该系合金在工业上未能得到应用,只是近年来才开始研制和试用,合金牌号仍然很少。Al – Zn – Mg – Cu 合金的应力腐蚀性能取决于 Zn 和 Mg 含量。无论是增加 Zn 含量还是增加 Mg 含量,或增加 Zn、Mg 总含量都加大合金的应力腐蚀敏感性,Zn 的影响比 Mg 的影响更强烈。当 $\omega(\text{Zn}) + \omega(\text{Mg}) = 8.5\%$,$\omega(\text{Zn})/\omega(\text{Mg}) = 2.7 \sim 3.0$ 时,抗应力腐蚀性能最佳。

超硬铝也采用包覆的方法来防护,但不是用纯铝,而是用 Al – Zn 合金来包覆,因为纯铝与超硬铝之间的电位差很大,不能起保护作用。

在铝合金船舶上超硬铝主要用于上层建筑。

4. 锻铝

顾名思义,锻铝是用来制作锻件,除要求高强度外,还要有良好的高温塑性。典型锻铝有 Al – Mg – Si – Cu 系或 Al – Cu – Mg – Ni – Fe 系合金。Al – Mg – Si – Cu 系合金元素品种多、含量少,其强化相主要是 Mg_2Si,力学性能与硬铝相近,热塑性好,耐蚀性较高,适于锻造,故名锻铝。

锻铝牌号用"铝""锻"两字汉语拼音的字首"LD"和顺序号表示。常用的有 LD5、LD7、LD10 等。锻铝常采用固溶处理和人工时效进行强化。锻铝主要用作航空、造船及仪表工业中形状复杂、要求具有较高强度的锻件,如船用高速柴油机的活塞即用 LD7 制造。

这类合金是由 Al – Mg – Si 合金系发展起来的(6000 系列)。Al – Mg – Si 合金没有三元化合物,Mg 与 Si 可形成化合物 Mg_2Si,与 Al 组成为二元共晶系。如果能保证 $\omega(\text{Mg})/\omega(\text{Si}) = 1.73$,则所有 Mg、Si 均处于 Mg_2Si 相之中,就能避免固溶体中过剩 Mg 或过剩 Si 的不利影响。当 $\omega(\text{Mg})/\omega(\text{Si}) > 1.73$ 时,Mg 过剩,过剩的 Mg 能显著降低 Mg_2Si 在 Al 中的溶解度,合金强化效果降低,但能改善合金的耐蚀性能和氧化着色性能。当 $\omega(\text{Mg})/\omega(\text{Si}) < 1.73$ 时,Si 过剩,过剩的 Si 能提高力学性能,但会降低合金的耐蚀性能和氧化着色性能。为了获得较好的强化效果,兼顾耐蚀性和表面装饰性能,$\omega(\text{Mg})/\omega(\text{Si})$ 宜控制在 $1.3 \sim 1.5$ 之间。当合金中锰含量 $0.4\% \sim 0.8\%$(Mg_2Si 含量 $0.7\% \sim 1.3\%$)时具有良好的性能。

Al – Mg – Si 系合金是可热处理强化变形铝合金中耐蚀性最好的合金,同时具有良好的韧性和锻造性能,中等的强度(约 300MPa),以及较好的加工性能。Al – Mg – Si 系合金的腐蚀特性是没有晶间腐蚀倾向和应力腐蚀倾向,也没有剥蚀倾向,主要腐蚀形式是点蚀。加入锰和铬可以中和铁的有害作用,添加铜和锌可以提高合金的强度,又不降低耐蚀性。

Al – Mg – Si 系铝合金有很好的综合性能,应用面相当宽。其中 6063(LD31)合金挤压型材常用于铝合金船舶上层建筑。由于阳极氧化处理外观光亮,也用于各种装饰件。6061(LD30)合金由于强度较高、可焊性和耐蚀性较好等,其管、棒、型材常作为铝合金船舶上层建筑结构件。6005 合金用于强度要求大于 6063 合金的结构件。

实际应用的锻铝主要是 Al – Mg – Si – Cu 合金。这是保持 Al – Mg – Si 合金中 Mg、Si 含量基本不变,加入 Cu 所形成的合金。当 Cu 含量增加到大于 3% 以上时,合金就是典型的锻铝合金。

Al – Cu – Mg – Fe – Ni 合金是在 Al – Cu – Mg 合金的基础上加入 Fe 和 Ni 发展起来的。具有高强、耐热的特点,适用于 $150 \sim 250℃$ 工作的各种耐热零件,是典型的耐热锻铝合金。

3.6.1.3　铸造铝合金

铸造铝合金是为生产铸件的铝合金,铸件不需要压力加工,有的经过机械加工、表面处理,有的仅经过清理就可装机使用。铸造铝合金分为 Al – Si 系列、Al – Cu 系列、Al – Mg 系列和 Al – Zn 系列。

应该指出的是,铸造铝合金与变形铝合金的界限并非截然分开的,有的铝合金既可用于铸造又可用于压力加工。如铝硅合金,一般作铸造合金用,但也可加工成薄板、带和线材;变形铝合金也有用来浇铸成铸件的。典型铸造铝合金的主要特点、耐蚀性和应用见表 3.16。

表 3.16 　典型铸造铝合金主要特点、耐蚀性和应用

类别	典型合金	主要特点	耐蚀性	应 用
铝硅合金	ZL102	铸造性能好,有集中缩孔,吸气性大,需变质处理,焊接性能好,可切削性能差,不能热处理强化,强度不高,耐热性较低	耐大气腐蚀性能良好,可在海洋性气候中使用,一般不需要表面防护;在工业气氛环境中,可承受浓硝酸铵、二氧化碳、过氧化氢等的腐蚀作用	适用于铸造形状结构复杂、低载荷的薄壁铸件,如仪器仪表壳体、机器盖、传播和航空零部件等
	ZL105、ZL105A	铸造工艺性能和气密性良好,无热裂倾向,熔炼工艺简单,不需要变质处理,可热处理强化,强度高,塑性、韧性好,焊接性能和可切削性能良好,耐热性一般	具有耐海洋大气和工业腐蚀的耐蚀性。在硝酸和大部分有机酸溶液中有较好的耐蚀性,但在盐酸、硫酸以及钠钙、氢氧化物介质中的耐蚀性较差	用于铸造形状结构复杂、承受较高静载荷、工作温度在 225℃ 以下以及要求焊接性良好和气密性高的零件。如发动机的汽缸体、盖和曲轴箱等
	ZL116	可热处理强化。它是在 ZL101 合金基础上加入合金元素钛和铍而发展的品种,耐热性好,铸造工艺性能良好,气密性高,抗热裂倾向强。铸件的供应状态一般为固溶处理加不完全人工时效(T_5)状态	耐蚀性能优良,与纯铝相近,一般不需要表面防护,为了提高耐蚀稳定性,应限制杂质元素铜和铁的含量	适用于铸造有气密性要求、在 200℃ 以下长期使用的铸件,如承受高液压的油泵壳体、发动机附件等,或铸造外形复杂、高强度、高耐蚀性的零件
铝铜合金	ZL201、ZL201A	铸造性能良好,热裂、缩孔倾向大,气密性低,可热处理强化,室温强度高,韧性好,耐热性能高,可焊接、可切削性能好,ZL201A 为杂质控制严的优质合金	该合金中铜是降低其耐蚀性的主要元素,耐蚀性低于 Al - Si 系和 Al - Mg 系合金,在固溶处理和人工时效状态有晶间腐蚀倾向,腐蚀后其强度损失较大	是用途较广的高强度铸件材料,用于工作温度在 300℃ 以下承受中等载荷、中等复杂程度的受力铸件,也可用于低温承力件,用途广泛,如用作各种支架和飞机挂架梁、翼肋等部件
	ZL203	铸造工艺性能差,热裂倾向大,不需要变质处理,可热处理强化,有较高的强度和塑性,可切削性能好,耐热性一般	耐蚀性差	适用于需要切削加工、承受中等载荷或冲击载荷的形状简单的零件,如曲轴箱、支架、飞轮盖等
	ZL207	耐热性好,可在 300 ~ 400℃ 下长期工作,为目前耐热性最好的铸造铝合金。热裂倾向小,气密性高,不能热处理强化,室温力学性能较低,焊接性能好	该合金的耐蚀性优于一般 Al - Cu 系合金,但低于 Al - Si 系和 Al - Mg 系合金	适用于制造形状结构复杂、工作温度在 400℃ 以下并有气密性要求的飞机零件,可取代钢或钛合金,既可减轻结构重量,又可降低生产成本
铝镁合金	ZL301	铸造性能差,气密性低,熔炼工艺复杂,可热处理强化,耐热性能不高,焊接性能差,可切削性能好	耐腐蚀性能好,与纯铝相近。在大气、海洋和碱性溶液中的耐蚀性能均优于其他系的铸造铝合金,是铸造铝合金中耐蚀性最好的品种,但在长期使用中有自然时效倾向,并有应力腐蚀倾向	用于要求高强度和耐冲击载荷、工作温度不超过 200℃ 长期在大气或海水中工作的零件,如水上飞机、船舶零件以及铁路客车框架、雷达座、起落架等
	ZL303	铸造性能较 ZL301 好,可热处理强化,可切削性能为铸造铝合金中最佳者,焊接性能好,室温力学性能较低,耐热性一般	该合金的耐蚀性优良,接近 ZL301,在大气、海水和碱性溶液中的耐蚀性均优于其他系的铸造铝合金	制造低于工作温度 200℃ 以下承受中等载荷的耐蚀零件,如快艇、水上飞机、舰载机、气垫船零件、航空或内燃机零件等
	ZL305	ZL301 的改型合金,提高了合金的自然时效稳定性和抗应力腐蚀能力,加有微量 Be,提高熔铸过程中的抗氧化能力	耐蚀性比 ZL301 更好	与 ZL301 基本相同,但工作温度不宜超过 100℃

（续）

类别	典型合金	主要特点	耐蚀性	应　用
铝锌合金	ZL401	铸造性能优良,需进行变质处理,在铸态下具有自然时效能力,不经热处理可达到较高的强度	该合金锌含量高,而锌和铝固溶体之间的电位差大,使其耐蚀性较差,可采用阳极氧化处理提高耐蚀性能	适用于大型、形状复杂、承受高静载荷、不进行热处理、工作温度不超过200℃的铸件,如仪表薄壳体等
	ZL402	铸造性能良好,铸造后有自然失效能力,可获得较高的力学性能,耐热性能低,焊接性能一般,可加工性能良好	该合金锌含量低于ZL401合金,其耐蚀性优于ZL401,抗应力腐蚀性能较好	高静载荷或冲击载荷、不进行热处理的铸件,如空气压缩机活塞、高速整铸叶轮、精密机械与仪表零件

3.6.2　铝合金在船舶上的应用

1. 应用发展概况

1891年瑞士用铝材建造了第一艘小船,经过百年的研究和发展,铝合金在船舶上的应用越来越广泛,并成为造船工业很有发展前景的材料。20世纪40年代开发出可焊、耐蚀的Al-Mg系合金;60年代,美国对高镁铝合金采用H116和H117状态,解决了其剥落腐蚀、晶间腐蚀和应力腐蚀等问题,这是60年代船用铝合金开发取得的重大进步;随后,由于需要屈服强度更高的材料,在造船中又广泛应用了耐海水腐蚀性能良好的Al-Mg-Si系合金。

铝合金由于具有密度小,比强度、比模量高,耐腐蚀性能好,易加工成形,焊接性能好等优点,在舰船领域得到了广泛应用,铝质船舶也从铆接、铆焊结构发展到全焊结构。舰船用铝合金与航空用铝合金及其他结构用铝合金比较,有其自身的特点,尤其是具有优良的耐蚀性和良好的可焊性,在美国、日本、苏联、英国等许多国家已成为海军舰船的主要结构材料之一。铝合金主要用于快艇、高速船、军辅船、航空母舰升降装置、大型水面舰船上层建筑、鱼雷壳体等。

目前国外在船舶上应用的铝合金主要有Al-Mg系、Al-Mg-Si系和Al-Zn-Mg系三个系列,其中以Al-Mg系合金在舰船上应用最广泛。Al-Mg系合金是一种具有中等强度、优良的耐蚀性和可焊性的非热处理强化合金,因而在船舶上得到了最广泛应用。在较长的一段时间内,船舶用耐蚀铝合金主要在Al-Mg系和Al-Mg-Si系中选择。

近些年俄罗斯中央结构材料研究院研制成新型非热处理强化的耐蚀可焊含钪(Sc)Al-Mg系合金是目前强度水平最高的耐蚀可焊船用铝合金。主要用于速度和承载有特殊要求的构件(如地效翼船等)。Al-Zn-Mg合金在自然时效状态下具有一定的应力腐蚀和剥落腐蚀敏感性,所以该系合金在船舶中只能用于铆接船体结构和焊后可热处理的承载构件(如鱼雷、水雷壳体等),在造船中应用很少。铝合金由于具有良好的挤压性能,世界各国在舰船上广泛使用了铝合金整体壁板。目前整体壁板一般用Al-Mg合金制造。

近年来,钪成为备受重视的一种新型铝合金微量添加元素。据报道,研究含钪铝合金最早、最深入的国家是苏联/俄罗斯。美国、日本、德国和加拿大也开展了含钪铝合金的研究,取得了一定的成果。美国海军在21世纪初开展的高强度耐蚀铝合金材料研究就是加入钪元素,钪可抑制再结晶和细化晶粒,从而提高铝合金的耐蚀性能,同时提高其抗疲劳性,减少焊接时的热裂缝,提高室温和高温强度,研制的含钪7×××合金的强度与7075合金的相当,而其耐蚀性类似于5456合金,并且是可焊的,以取代目前舰船结构使用的较低强度铝合金(如5456铝合金等)。钪在铝合金中主要起细化铸态组织的作用,与铝基体共格Al_3Sc粒子的沉淀强化作用,弥散分布的Al_3Sc质点强烈钉扎位错能有效地抑制合金再结晶的作用。在最近的一些国外耐蚀铝合金专利中可以看到,已开发出耐晶间腐蚀的铸造铝合金和抗应力腐蚀的变形铝合金。

2. 国内应用现状

近20多年来,为方便造船,发展强度介于防锈铝与硬铝之间、又耐蚀可焊的铝合金一直是造船用变形铝合金的研究热点,美国已开发了一系列中强耐蚀可焊铝合金并用于制造艇体。如美国5456,合金的强度$\sigma_{0.2}$

可高达 230 ~ 280MN/m²，我国近些年来发展的多种中强耐蚀可焊铝合金，如 2103 合金（仿美 5456，Al - Mg 系 Mg 含量 4.7% ~ 5.5%）的 σ_s 可达到 230MN/m²，已用其制造了黑龙江上航行的全焊接巡逻艇和气垫登陆艇。此外，还有 2010 合金（Al - Mg 系，σ_s = 250MN/m²）、919 合金（Al - Zn - Mg 系，σ_s = 340MN/m²）和 4201 合金（Al - M9 系，Mg 含量 7.2% ~ 8.0%）等。1985 年曾用 919 合金建造了气垫船（铆接）、喷水推进艇及工程兵用舟桥；1988 年用 2101 合金制造了一艘水翼艇。以上合金仍在继续进行研究改进。

我国在 20 世纪 80 年代初，洛阳船用材料研究所研制出铸造铝合金 ZL115，为 Al - Si - Mg - Zn 系，是在 Al - Si - Mg - Cu 系铸造铝合金 ZL105 基础上发展起来的。该合金既具有良好的铸造工艺性能，流动性好、热裂和疏松倾向小，又具有足够的强度和耐蚀性。ZL115 合金已列入船标和国标中，改进型的优质合金 ZL115A 也已列入船标中，并在专用产品中得到应用。

20 世纪 90 年代以来，我国西南铝业集团公司、中南大学等单位的一些研究者对低镁低硅的 Al - Mg2 - Si3 合金进行研究，表明此类合金具有很好的耐蚀性和综合性能。耐蚀铝合金在船舶中的应用日趋增加，尤其对船体结构减重、提高航行速度和耐海水腐蚀能力、减少能耗等方面具有重要作用。耐蚀铸造铝合金从高镁的 Al2 - Mg 系合金（ZL301、ZL305）发展到 Al2 - Mg2 - Si 系的中硅低镁铝合金（ZL115），再发展到低镁低硅铝合金（Al2 - Mg2 - Si3）；耐蚀变形铝合金从 Al2 - Mg 系 5×××合金、Al2 - Mg2 - Si 系 6×××合金发展到添加微量钪元素的 Al2 - Mg、Al2 - Mg2 - Zn2 - Sc 系合金。

进入 21 世纪，为了拓宽实际使用，船用铝合金以发展耐蚀铝合金为主。对耐蚀铸造铝合金易产生氧化、疏松和偏析等问题，开展了改进铸造工艺、探索加入新的辅加元素以提高其铸造工艺性能和力学性能、耐蚀性能等方面的工作；对耐蚀变形铝合金来说，进行了添加多种微量元面的研究工作，以提高抗疲劳强度、焊接性能。今后船用铝合金的发展方向将是通过添加诸如钪、锰、铬、锆、钛等微量元素控制加工及热处理工艺，保证合金具有较高耐蚀性能的同时生产工艺简单可行。

总体来说，我国船舶材料的研究水平和能力与国外先进水平相差不大，但材料的工程化应用水平相差很多，我国舰船用铝合金的牌号、品种、规格未能全面发展起来。船用铝合金型材已实现国产自主化保障，但是船体板材的自主化保障程度令人堪忧。据了解，自从中国船级社 1994 年版《海上高速船建造入级规范》生效以来，至 2013 年，我国用来制造高速船船体（包括军用快艇和高速客船）的铝合金板材多数依赖国外进口，尤以 5083 铝合金居多。

3. 在船舶上的应用要求

在船舶建造方面，与钢铁材料相比，由于铝合金具有以下特点：密度小，比强度高——有利于减轻自重、增加载重、多携带武器和燃料；无磁性——能避开磁性水雷的攻击和提高仪表的精度无低温脆性——可用作低温工作的结构材料。所以铝合金已成为当前重要的造船材料之一。

现在，铝材在造船业上应用越来越广泛，小自舢板、汽艇，大到万吨巨轮，从民用到军用，从高速气垫船到深水潜艇，从渔船到海洋采矿船都在采用性能良好的铝合金材料作为船壳体、上层结构、各种设施、管路以至用具。表 3.17、表 3.18 列出了铝合金在全铝壳船和铝合金上层建筑结构中的种类及典型牌号铝合金在船舶上的应用。

表 3.17　铝合金在铝壳船和铝合金上层建筑结构中的种类

分　类	船舶名称
运输船	客船（定期航线船、游艇、远洋客轮、游览船）、货船（LNG 船、油船、邮船、冷藏船、集装箱船、散装货船）、渡船、驳船
港务船	巡视船、渔业管理船、海关艇、检疫船、港监艇、消防船、助航工作船（灯标船、航标船）
渔船	舢板、网类渔船、钓类渔船、渔业调查船、渔业加工船、捕鲸船
工程船	布设船（布缆船）、起重船、救捞船
海洋开发船	海洋研究船、海洋探测船、海洋采矿船、科学考察船
军用船舶	航空母舰、鱼雷快艇、巡逻艇、深水潜艇、水翼导弹巡逻艇
高速船艇	水翼艇、气垫船、飞翼艇、滑行艇
其他	帆船、赛艇等

表 3.18　典型铝合金在船舶上的应用

用　途	合　金	产品类型
船侧、船底外板	5083、5086、5456、5052	板、型材、罐
龙骨	5083	板
肋骨	5083	型材、板材
肋板、隔壁	5083、6061	板
发动机台座	5083	板
甲板	5052　5083　5086　5456　5454	板、型材
操舵室	5083、6061、5052	板、型材
舷墙	5083	板、型材
烟筒	5083、5052	板
舷窗	5052　5083　6063 AC7A	型材、铸件
舷梯	5052、5083、6063、6061	型材
桅杆	5052、5083、6063、6061	管、棒、型材
海上船容器的结构材料	6063、6061、7003	型材
海上船容器的顶板和侧板	3003、3004、5052	板
发动机及其他船舶部件	AC4A、AC4C、AC4CH、AC8A	铸件

3.7　金属复合材料

新材料的发展趋势是单一材料之间的优化性能复合化,这种多种材料的复合化构成了复合材料。或者说,复合材料是由两种或两种以上不同化学性质的或不同组成相的物体,以微观的或宏观的形式组合而成的材料。复合材料一词出现在 20 世纪 50 年代。师昌绪院士主编的《材料大辞典》对复合材料给出了较全面完整的定义:"复合材料是由有机高分子、无机非金属和金属等几类不同材料通过复合工艺组合而成的新型材料,它既能保留原组分材料的主要特色,又通过复合效应获得原组分所不具备的性能。可以通过材料设计使各组分的性能互相补充并彼此关联,从而获得新的优越性能,与一般材料的混合有本质的区别。"

复合材料在近代和现代得到了飞速发展。从基体上来看,首先发展的是软基体,然后逐渐发展较硬和硬的基体,即从树脂到金属到陶瓷基体。现代复合材料形成了树脂基复合材料、金属基复合材料和陶瓷基复合材料三大类。作为复合材料的发展方向,下一代将是混合复合材料,这种复合材料的特点是不局限于某一种纤维和同一种基体。混杂复合材料正是复合材料的精髓——"复合思想"的体现与应用。随着军事需求的不断扩展,对装备材料的要求越来越高,舰船上金属复合材料的使用也越来越多。

复合材料是由基体材料和分散材料(包括增强材料、充填材料、着色剂)等组分组成。由于分散材料和基体不同,复合方式及复合效果不同,可以有很多种分类方法。

按基体材料类型可分为金属基复合材料、有机材料基复合材料(木质基、聚合物基等)以及无机非金属基复合材料(混凝土基、陶瓷基)。

按增强材料类型分为无机非金属增强材料(如碳纤维、硼纤维增强材料)、金属增强材料(如钨丝,铁丝增强材料)、有机纤维增强材料(如用芳纶纤维、尼龙丝等增强)。

按增强材料的形态与排布方式分为微粒子(零维)、纤维(一维)、箔或薄片(二维)和蜂窝状物(三维)。

按复合效果分为结构材料和功能材料。结构材料主要突出力学性能,如强度、韧性、硬度等。功能材料主要利用其力学性能以外的其他性能,如热、电、光、磁等物理性能,以及化学性能、放射性等。

3.7.1　金属基复合材料

金属基复合材料(MMC)性能既优于金属材料,又优于树脂基复合材料。它既有金属的性能,也有树脂基无法达到的使用温度高、剪切强度高、阻燃、不老化、不吸潮、不放气、耐磨损、导电、导热等金属属性,在一些工业领域中有广泛的应用前景。

金属基复合材料是以金属材料为基体,与其他材料(包括金属、非金属)通过某种形式复合而构成了具有优良性能的新型材料。

1. 分类

金属基复合材料的发展已超过 50 年的历史,但真正受到重视并进行广泛研究还是近二三十年的事。由于大都处于研制开发阶段,虽部分复合材料在个别领域得到批量应用,但由于生产成本、生产工艺稳定程度等问题还需要系统地加以解决,因此,至今还没有形成系统完整的工业体系。对金属基复合材料的分类也因强调的内容不同,而有不同的划分。

(1)按整个材料领域的物理冶金,金属基复合材料分为宏观组合型和微观强化型两大类。宏观组合型金属基复合材料是指其组合能用肉眼识别和兼备各组分性能的材料,如比较成熟的包覆材料、涂镀材料、多种用途的双金属材料,钢板–高聚合物层状复合材料等。微观强化型金属基复合材料是指其组分必须用显微镜才能分辨并兼备经优化了的各组分的某些性能,以提高材料强度为主要目的,在金属或合金基体中采用各种工艺方法添加金属或非金属的细小粒子、纤维等,如 C 和 SiC(颗粒和纤维)增强的铝基和镁基复合材料等。

(2)按制备方法,金属基复合材料分为人工复合和自生复合两大类。将两种或两种以上的材料通过一定的工艺结合而成的材料属人工复合材料,如双金属材料、SiC 颗粒增强的铝基复合材料等。而自生复合材料是通过材料的相变产生的,它的第二相(复合相)是定向排列的细片和细纤维,其性能往往是各向异性的,如 Fe – C 系(韧性基体 + 脆性片)、Al – Si 系(韧性基体 + 脆性纤维)等。

(3)按增强相的几何形态,金属基复合材料可分为颗粒强化金属基复合材料和纤维强化金属基复合材料。颗粒强化金属基复合材料是利用颗粒自身的性能(如减摩、耐磨等)而改进并增强材料的性能,颗粒平均直径在 $1\mu m$ 以上。纤维增强金属基复合材料是利用无机纤维(或晶须)、金属细丝的极高强度来增强金属而得到轻而强的材料,又分为连续纤维和非连续纤维,非连续纤维有短纤维和晶须之分,纤维直径为 $3 \sim 150\mu m$(晶须直径小于 $1\mu m$),纵横比(长度:直径)在 10^2 以上。

金属基粒子复合材料又称金属陶瓷,是由钛、镍、钴、铬等金属与碳化物、氮化物、氧化物、硼化物等组成的非均质材料。碳化物金属陶瓷作为工具材料已被广泛应用,称为硬质合金。硬质合金通常以 Co、Ni 作为黏接剂,WC、TiC 等作为强化相。纤维增强金属基复合材料金属的熔点高,故高强度纤维增强后的金属基复合材料可以使用在较高温的工作环境中,常用的基体金属材料有铝合金、钛合金和镁合金。作为增强体的连续纤维主要有硼纤维、SiC 和 C 纤维;Al_2O_3 纤维通常以短纤维的形式用于金属基复合材料中。

(4)按使用性能,金属基复合材料分为结构型复合材料、功能型复合材料和智能型复合材料。结构型复合材料是利用它的强度、耐磨等力学性能作结构件,如作为活塞材料使用的 SiC/Al 以及作轴承材料使用的 C/Al 等,主要性能特点是高比强度、高比模量、尺才稳定性、耐热性等。功能型复合材料是利用它的磁学和电学等特殊的物理性能做功能件,如具有磁阻效应的 InSb – NiSb 复合材料以及具有超导电性的高 Tc 氧化物/金属复合材料等,其主要特点是高导热、导电性、低膨胀、高阻尼、高耐磨性等物理性能的优化组合。1989 年由日本学者提出的金属基智能型材料是一种复杂的多功能材料,强调具有感觉、反应、自监测、自修复等特性,使其具有感知、信息处理和执行三大基本要素,目前发展尚不成熟。

(5)按金属基复合材料的基体,目前广泛研究和开发的有铝基、锌基、镁基、镁基、铜基、钛基、钢铁基、金属间化合物基复合材料。

2. 金属基复合材料的性能特点

金属基复合材料的性能取决于所选金属或合金基体和增强物的特性、含量、分布等。通过优化组合可以获得既具有金属特性,又具有高比强度、高比模量、耐热、耐磨、耐腐蚀等综合性能的复合材料。金属基复合材料有以下性能特点:

(1)高比强度和高比模量。强度和弹性模量与密度的比值分别成为比强度和比模量,是衡量材料承载能力的一个重要指标。比强度越高,同一零件的自重越小。比模量越高,零件的刚性越大。在金属基体中加入适量高比强度、高比模量、低密度的纤维、晶须、颗粒等增强物,能明显提高复合材料的比强度和比模量。密度只有 1.85g/cm³ 的碳纤维的最高强度可达到 7000MPa,比铝合金强度高出 10 倍以上,石墨纤维的最高模量可达 91GPa。加入质量分数为 30%~50% 高性能纤维作为复合材料的主要承载体,复合材料的比强度、比模量成倍地高于基体合金或金属的比强度和比模量。

（2）良好的高温性能。金属基复合材料具有比金属基体更好的高温性能,特别是连续纤维增强金属。在复合材料中纤维起着主要承载作用,纤维强度在高温下基本不降,纤维增强金属的高温性能可保持到接近金属熔点。金属基复合材料被选用在发动机等高温零部件上,可大幅度地提高发动机的性能和效率。表征材料的各种性能通常是在室温下的指标,对于长时间在高温环境中工作的零部件来说,高温性能至关重要。通过组分优化,可以提高复合材料的高温性能,金属基复合材料在此方面的表现更加突出。以碳纤维（或石墨纤维）为骨架来增强以碳或石墨为基质而构成的复合材料。它除了具有块状石墨的很多性能外,在力学性能、抗热振性能和高压烧蚀性能上都优于块状石墨。一般铝合金在 400℃ 时其弹性模量就会大幅度降低（接近于零）,强度也显著降低。用碳或硼纤维增强的铝合金,在这个温度强度和弹性模量基本保持不变。碳纤维增强的镍基合金的密度比未增强的镍基合金小,高温性能好。SiC 纤维、Al₂O₃ 纤维与陶瓷复合,在空气中能耐 1200~1400℃ 的高温,这比最好的高温合金耐热性提高 100℃ 以上。用它作为制造柴油发动机材料,可取消原来的散热器、水泵等冷却系统,减轻质量约 100kg;用它作为制造汽车发动机材料,使用温度可高达 1370℃。

（3）良好的导热和导电性能。金属基复合材料中金属基体一般占有 60% 以上的体积分数,因此仍保持金属所具有的良好导热和导电性。金属基复合材料采用高导热性的增强物可以进一步提高导热性能,使热导率比纯金属基体还高。良好的导热性可有效地传热散热,减少构件受热后产生的温度梯度。现已研究成功的超高模量石墨纤维、金刚石纤维、金刚石颗粒增强铝基和铜基复合材料的热导率比纯铝和钢还高。用它们制成的集成电路底板和封装件可有效迅速地把热量散去,提高集成电路的可靠性。它的高电导和热导性能可以使局部的高温热源和电荷很快扩散消失,可以防止飞行器构件产生静电聚集,有利于解决热气流冲击和雷击问题。

（4）热膨胀系数小,尺寸稳定性好。金属基复合材料中所用的增强物碳纤维、碳化硅纤维、晶须、颗粒、硼纤维等既具有很小的热膨胀系数,又具有很高的模量。加入相当含量的增强物不仅可以大幅度提高材料的强度和模量,而且可以使其热膨胀系数明显下降,并可通过调整增强物的含量获得不同的热膨胀系数,以满足各种工况要求。

（5）减摩、耐磨、自润滑性能好。金属基复合材料可以通过组分设计降低摩擦系数,尤其是陶瓷纤维、晶须、颗粒增强金属基复合材料具有很好的耐磨性。在基体金属中加入了大量硬度高、耐磨、化学性能稳定的陶瓷增强物,特别是细小的陶瓷颗粒,这样的复合材料和其他材料如轴承钢组成摩擦副时,不仅提高了材料的强度和刚度,而且提高了复合材料的硬度和耐磨性。高耐磨的 SiC/Al 复合材料用于汽车发动机、刹车盘、活塞等重要零件,明显地提高零件的性能和寿命。

（6）良好的疲劳性能和断裂韧性。疲劳破坏是材料在交变载荷作用下由裂纹的产生和扩展而形成的低应力破坏,大多数金属材料的疲劳极限是其抗拉强度的 40%~50%。纤维增强复合材料的疲劳破坏总是从纤维的薄弱环节开始,逐渐扩展到纤维与基体的界面上,而界面又能阻止裂纹的扩展,提高抗疲劳性能。金属基复合材料的疲劳性能和断裂韧性取决于纤维等增强物与金属基体的界面结合状态、增强物在金属基体中的分布、金属和增强物本身的特性等,特别是界面状态,最佳的界面结合状态既可有效地传递载荷又能阻止裂纹的扩展,提高材料的断裂韧性。金属基复合材料具有高韧性和高抗冲击性能,在受到冲击时能通过塑性变形吸收能量。

（7）良好的减振性能。结构的自振频率除与结构本身形状有关外,还与材料比模量的平方根成正比。复合材料具有高的自振频率,因此工作时就不易引起共振。同时,复合材料中的纤维与基体的界面具有吸振能力,因此它对振动有很强的阻尼能力。

（8）不吸潮、不老化、气密性好。金属基复合材料性质稳定,组织致密,不存在老化、分解、吸潮等问题,也不会发生性能的自然退化。

（9）成形工艺简单灵活及材料、结构的可设计性。金属基复合材料可以用模具一次成形来制造各种构件,从而减少了零部件的数目及接头等紧固件,并可以节省原材料及工时。更为突出的是复合材料可以通过纤维种类和不同排布的设计,把潜在的性能集中到必要的方向,使增强材料更有效地发挥作用。通过调整复合材料各组分的成分、结构及排布方式,既能使构件在不同方向承受不同的作用力,还可以兼有刚性和韧性、弹性和塑性及矛盾性能的复合材料及多功能制品。

另外,还有接合、二次加工比较容易、检测方法已成体系等特点。由于热膨胀系数等相差不多,与金属结构物的相容性高。从检测手段来说,金属材料应用的历史长,原来金属材料的检查方法和手段都可以应用于对金属基复合材料的检测。

3. 金属基复合材料在舰船上的应用

国外从事金属基复合材料在舰船应用的单位主要是美国海军相关机构和与其合作的有关公司。美国海军水面作战中心材料部金属基复合材料组从事金属基复合材料的合成与制备成就最为突出,已经制备了涉及广泛基体和增强体的多种金属基复合材料,其中不连续增强的有 SiC/Al、BC/Al、SiC/青铜、WC/青铜,连续增强的有石墨/Al、SiC/Al 和 W/FeCrAlY 等。国内在金属基复合材料的应用方面的研究尚处于初始阶段,不妨以介绍典型产品的性能着手讨论。

1）铜基复合材料

已有报道 TiC/青铜离心铸造技术用于海上补给船的拖拉绞盘摩擦鼓,这是属于海军 MANTECH 计划的一个研究项目,主要是利用 TiC/青铜超常的耐磨性。该技术可使绞盘摩擦鼓的成本减少约 7%,且使用寿命有望增加。通过实船成功的实验,该技术于 2002 年用于整个海上补给船队。美国海军水面作战中心还开发了一种沉积铸造技术,采用该技术制造了一种铸青铜部件,可使产品的待磨耗平面上产生高浓度的耐磨的 WC、TiC、SiC 微粒子,增大耐磨性。由此看来,以提高铜合金耐磨性为目的的复合材料技术,在舰船上的应用值得关注。

2）铝基复合材料

铝合金在为舰船减重和一些舰船动力装置关键件上的应用作用显著。铝基复合材料的发展也是围绕进一步提高铝合金结构强度和增加一些特定功能等方面所做的工作。

一是铝基复合材料用于船体结构材料制作。俄罗斯结构材料中心研究院于 1999 年提出采用强化的 1561 铝合金板材结构制作船体结构用板材。这种铝合金板结构是一种典型的铝基复合材料,与铝合金标准间隔比较,压缩承载能力高 2 倍,结构疲劳极限高 2~11 倍,静态悬臂弯曲的承载能力为铝合金标准间隔的 1.2 倍,它是解决高性能先进船舶结构强度和结构重量兼容性的关键技术。美国 DWA 复合材料专业公司通过添加体积比为 10:50SiC 颗粒,可生产大的船用桁条,使刚度增大了 2 倍,疲劳极限增大了 1.5 倍。该金属基复合材料制作的桁条作为实验品参加了美国杯船舶竞赛。

二是铝基复合材料用于动力系统关键件的制作。美国海军在舷外电动机中用铝基复合材料代替钢,用它制作连杆比铸钢轻 44%,且无磁,无噪声;日本铃木公司在船用内燃机的整个活塞顶部采用了纤维增强铝合金(20% 的 SiC 晶须强化 A390 合金),自 1990 年以来进入到批量生产阶段;美国海军将铝基复合材料用于两栖攻击车动力系统关键件的制作,铸造的不连续增强有机复合材料用于了两栖进攻车的喷水推进系统和摩擦环。

三是铝基复合材料作为功能材料的应用。美国海军 2000 年已完成对备选的树脂基及金属基复合材料的试样检验,所选择的材料比原先的 4140 合金钢摩擦环减重 60%~80%;美国 ART 公司提出及一种轻型耐久的铝基复合材料跟踪系统,就是利用采用 SiC 晶须增强后大幅度提高铝基复合材料的耐磨性;美国所采用的控制热膨胀系数的石墨纤维增强铝将用于 Aegic 驱逐舰上的电子系统,预计每舰套可节约 5000 镑,经济效益巨大,该项目促进了在多片组件并发集成上的革命性突破,可特别用于海军、导弹防御组织等。

3）钛基复合材料

钛基复合材料主要应用于军事,如美国 JSF 战斗机替换发动机的旋转部件,其目标是 JSF F120 战斗机替换发动机旋转部件,制备钛基复合材料的技术途径采用电子束物理气相沉积法;SiC 增强的钛基复合材料用于制造新型枪管,且用铝合金为冷却层,将两者组合在一起设计了一种具有革新结构的新型枪管 Aimable 200,可经受射击时枪管周围产生的应力以及枪管弯曲时的应变。它有 127mm 口径枪管,可装在甲板下,其主要特征是枪管可弯曲、可垂直安装且散热及辐射符合雷达要求,但 Ti/SiC 高温下的疲劳性质尚待测定、铝合金的冷却沟道的工艺尚待确定;美国海军有用全密度纳米晶碳化物制作复杂形状的刀具,用于加工 Ti-17,也涉及对金属基复合材料的加工。

4)镍基复合材料

雅典国家技术大学研究了一种可在海洋环境中增加耐蚀性的镍基复合材料电镀层,通过脉冲电流利用壁为聚合物的含油微胶囊对镍进行电解共沉积获得。表面覆盖有大量微胶囊,因而具有耐磨性。在盐雾箱中暴露 2 个月后经扫描电镜和能散光谱(EDS)元素分析,以及表面的电化学极化实验结果表明,直流电沉积表面受到氯化物的侵蚀,而脉冲电沉积层在整个暴露期间却未受影响。

5)多层复合材料的应用

俄罗斯远东国立工业大学结构力学家皮库利提出了一种三层玻璃金属复合材料的设计思想和制造方法,用于深海潜艇耐压壳体。该种结构是将玻璃层位于两层金属蒙皮之间,玻璃层承受压应力,金属蒙皮承受拉应力。玻璃层成形过程中,通过拉伸金属蒙皮使玻璃层受压,阻止玻璃层产生表面微裂纹,从而大幅度地提高玻璃层的抗冲击性、静态及动态强度。美国在潜艇制造中曾使用了 HY-230 可焊钢和 CTM-1 硅微晶玻璃,这种结构设计思想与皮库利的三层玻璃金属复合材料相近。皮库利还研究了玻璃金属用作深海潜艇的耐压壳体的使用效果。与高强钛合金相比,玻璃金属的比强度高且造价低廉。经过计算,皮库利认为在下潜 6000m 时,玻璃金属的价格为高强钛合金的 1/17,下潜 8000m 时,玻璃金属的价格为高强钛合金的 1/244。

3.7.2 爆炸焊接及复合材料

爆炸复合也称为爆炸焊接,是利用炸药爆炸所产生的能量作为能源,使金属界面在爆炸载荷的作用下进行一系列的冶金反应,将同种或异种金属在瞬间结合形成新的复合材料的一种材料复合方法。用爆炸复合工艺制成的材料称为爆炸复合材料。

1. 爆炸焊接机理

国内外对爆炸焊接机理进行了大量的研究,这些研究在一定程度上揭示了爆炸焊接过程内在的本质,在某种意义上促进了爆炸焊接理论的发展,主要的几种界面结合理论如 A. S. Bahrani 的压痕机理、A. H. Holtzman 的流动不稳定性机理等。但是爆炸焊接是一个比较特殊的过程,综合了压力焊、熔化焊和扩散焊的特点,爆炸时间短,发生的反应和变化复杂,涉及的学科多,这些研究还没有彻底揭露出爆炸焊接的机理。爆炸硬化理论也在研究之中,被普遍接受的理论:波状结合、直接结合和连续的熔化层结合是爆炸焊接界面主要的三种形态,类似正弦波形的细波状结合是较为理想的结合方式。

爆炸焊接有平行法和角度法两种,如图 3.14 所示。角度法爆炸焊接瞬间形态如图 3.15 所示。其机理如下:

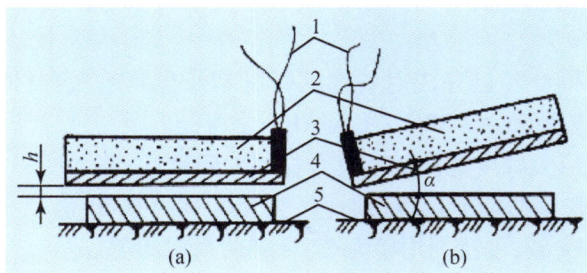

图 3.14 爆炸焊接
(a)平行法;(b)角度法。
1—雷管;2—炸药;3—覆板;4—基板;5—基础(地面);
α—安装角;h—间隙距离。

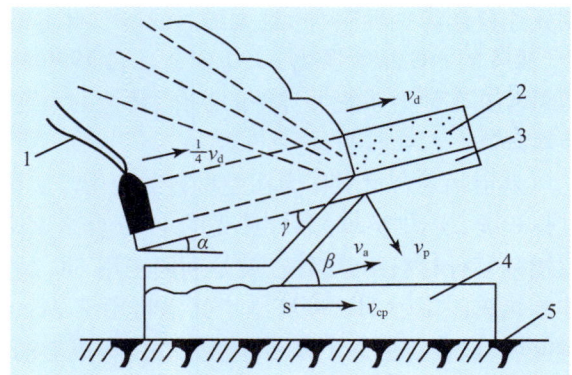

图 3.15 角度法爆炸焊接瞬间形态
1—雷管;2—炸药;3—覆板;4—基板;5—地面;v_d—炸药的爆轰速度;$1/4v_d$—爆炸产物的速度;v_p—覆板的下落速度;v_{cp}—碰撞点 s 的移动速度,即焊接速度;v_a—气体的排出速度;α—安装角;β—碰撞角;γ—弯折角。

（1）爆炸与薄层金属的塑性变形。当置于覆板之上的炸药被雷管引爆后，爆炸波便在覆板上传播，覆板在爆炸能量的作用下向下加速运动，随后高速向基板倾斜撞击。在此过程中，在切向应力的作用下，界面两侧的薄层金属的晶粒发生纤维状的塑性变形。离界面越近，切向应力越大，变形程度越大。随着与界面距离的增加，切向应力越来越小，变形程度也越来越弱。基板和覆板在离开波形区后就呈现基体原始的组织形态。

（2）能量转化与部分金属熔化。随后借助该塑性变形过程，又将大部分爆炸能转换成热能，能量转换系数为 90%～95%。如此大量的热能积聚在界面上，在此近乎绝热的条件下，必然引起紧靠界面两侧的一薄层变形金属的温度升高，当达到其熔点后就使其中的一部分熔化。熔化的金属在波形成的过程中被推向了旋涡区，少量残存在波脊上，其厚度以微米计。界面两侧不同的金属处于高压和高温状态，这种压力有数千甚至数万兆帕，温度可至数万摄氏度，高温下金属产生塑性变形、熔化及其综合作用的条件下，它们的原子必然发生相互扩散。图 3.15 中，s 点以速度 v_{cp} 的移动即是爆炸焊接过程的进行。因为炸药化学能的释放及其在金属中的吸收，以及在金属中的传递、转换和分配，实际上在短时间内在界面上进行了许多物理和化学过程，这些都是在若干微秒的时间内发生的，所以爆炸焊接是在一瞬间完成的。

由于覆板和基板在高压、高速、高温下倾斜撞击，其接触面上发生了许多的物理和化学过程，这种过程与冶金过程类似，如前述的界面两侧一薄层金属的塑性变形、熔化和原子间的扩散等，不同的金属材料就是在这些冶金过程中实现冶金结合的。由于在焊接界面上一般产生局部高温，压力、温度和塑性变形的共同作用使界面结合处的强度等于或大于母体金属材料的强度，因而爆炸焊接是集熔化焊、扩散焊、压力焊的方法为一体的独特的焊接新技术。

现在已实现数十种金属之间和多层爆炸复合，可实现双金属复合、三金属复合、四金属复合结构乃至五金属复合结构材料。应当指出，上述的爆炸复合金属还是爆炸焊接工艺的极少一部分，品种和数量远不止这些。这是因为，上述所有结构金属还包括它们的合金；"钢"也包括不同品种的普通钢、合金钢和低合金钢，不锈钢的种类还有数十种至百多种；双金属和多金属还可颠倒它们各层的位置。此外，还可以更多层数，而不仅仅是 5 层。目前，其总数可能有数百和上千种。实际上，可以说只要实验、生产和科学技术中需要，任意金属组合的复合材料都可以用爆炸复合的方法制造出来。

总之，金属爆炸复合材料的形状和形式很多、性质和用途很广，它们为充分发挥和综合利用、增强和提高金属材料的化学、物理和力学性能展现了一幅无限广阔的前景。

2. 船用过渡接头应用状况

在各类装备、设备和系统中，不可避免地存在多种材料、不同形状的结构，由于防腐蚀和结构设计的需要，这些材料不能直接连接在一起，过渡接头就应运而生。爆炸焊接工艺在过渡接头的制造中起到了关键作用。

铝－钢复合过渡接头船舶制造中的应用始于 20 世纪 70 年代，日本较多采用铝－钛－钢过渡接头，如日本的"初雪号"和"白雪号"护卫舰采用了铝（A3003）－钛（TP28）－钢（SM41）的过渡接头，该护卫舰由日本防卫厅提出，1980 年在滋贺造船厂下水，船长 180m、排水量 2950t、航速 30kn。日本同样采用铝－铝－钢过渡接头建造了大量船舶，如日本渔船"千叶号"，1982 年建造，长 50.25m、总吨位 347.8t、航速 12.8kn，采用铝（5083）－铝（1050）－钢（SM41）过渡接头。美国、欧洲则较多采用铝－铝－钢过渡接头，如 1980 年由英格尔斯船厂建造的排水量 7800t 的美国"斯普鲁恩斯级"大型导弹驱逐舰，采用了铝（5456）－铝（1100）－钢（516）的过渡接头。

与日本、美国一样，俄罗斯、英国、挪威、法国等的舰船自 20 世纪 90 年代以后相继采用了类似的铝－钢过渡接头。

此外，过渡接头还使用于海上容器、桅杆和天线等设备的连接，液化天然气运输船中大型铝球罐的赤道带（铝板厚 200mm）与钢船体的过渡连接等。

在国内，洛阳船舶材料研究所于 1983 年开始对铝－钢过渡接头的爆炸复合及其焊接性进行了研究，并于 1992 年由李敬勇等人首次将铝－钛－钢过渡接头用于建造"海鸥 3 号"豪华双体海峡渡轮上，使该船的铝制上层建筑通过铝－钢过渡接头用焊接方法与钢甲板连接在一起，同类船共建造了 6 艘，开创了铝－钢复合过渡接头在我国实船建造中应用的先河。经过多年航行后,证明其加工工艺适应性及实船使用是安全可靠的,连接性能满足设计要求。随后,西江船厂、黄埔船厂、求新船厂等国内众多船厂相继采用了铝－钢过渡接头建造了多种船形和多种功能的100多条中小型船舶。

进入21世纪以后,国内外普遍采用铝－钢过渡接头通过焊接方法实现铝合金上层建筑与钢质船体的连接,接头的种类、规格系列化,并纷纷形成自己国家的产品标准和规范。该方式已经完全取代了传统的铆接连接工艺。

3. 典型过渡接头形式

过渡接头是一种典型的爆炸复合产品,异种金属的过渡有管接头、板接头和棒接头等。为了发挥锆合金管的核性能又能节省锆合金材料,在许多核反应堆中就使用了锆合金＋不锈钢管接头,放入原子反应堆内的管材为锆合金管,并在一定位置焊接过渡接头,在过渡接头的两端分别与同种管材用常规焊接方法焊接,在堆外则使用廉价的不锈钢管。与此相似还有锆铌－不锈钢和钼－不锈钢管接头。此外,还有电冰箱内用的铜－铝过渡管接头,宇宙飞船上用的钛－不锈钢管接头,现代铝生产和造船工业中使用的铝－钢板接头等等。典型过渡接头如图3.16所示。

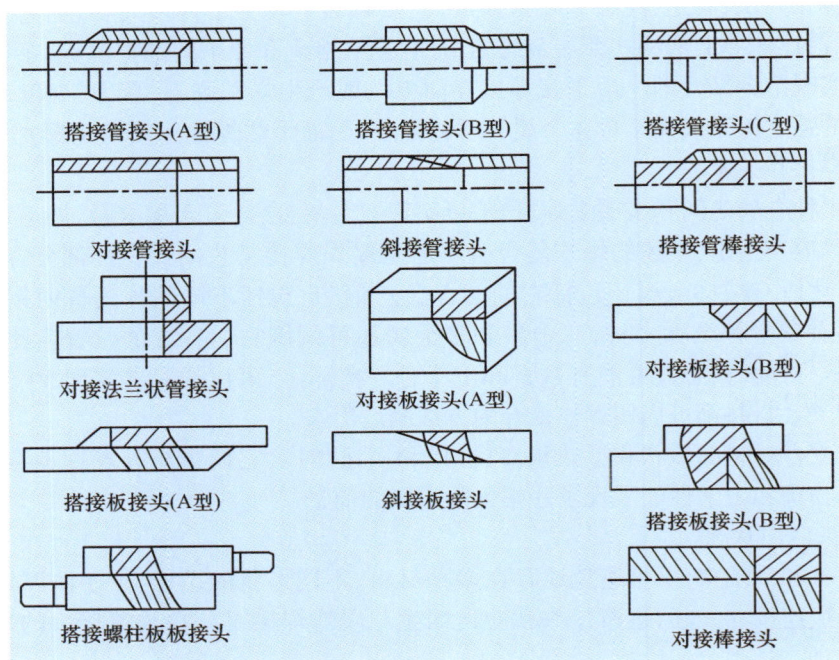

图3.16　典型过渡接头

4. 舰船用铝－钢过渡接头

铝合金船舶发展已有150多年的历史。在世界各国的大中型舰船以及具有特殊用途的船舶生产中,为了减轻船体的自重,往往将上层建筑或甲板室由钢质结构改为铝质结构,这样不仅可以减轻船体自身的重量,提高装载率和航速,而且能够降低船体的重心从而提高船的稳性,铝合金与合金钢一样在船舶建造和使用过程中占有举足轻重的地位。

随着越来越多的铝及铝合金结构件在造船业中的应用,铝与钢的连接成了人们所关心的问题。实现铝与钢连接传统的连接方法主要有黏接、铆接和螺栓连接。在较早期的设计制造中,船舶铝合金上层建筑与钢主船体的连接采用铆接连接的方法居多(图3.17)。实际工程中采用铆钉连接存在一些问题,主要有腐蚀、密封、效率等。一是腐蚀现象严重。铆接连接无法彻底解决铝钢之间的异种金属腐蚀问题。

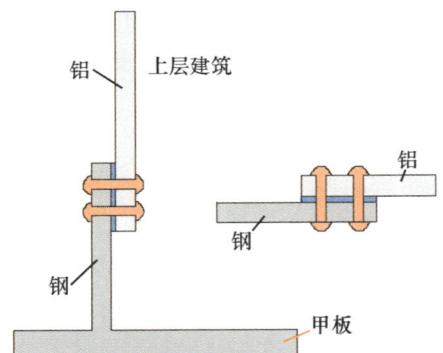

图3.17　早期钢质甲板与铝上层建筑之间采用铆接

铝板与钢板间长期受海水侵蚀,在铝板及铆钉上会出现异种金属腐蚀,有些铝板出现疡烂,要定期更换新铝板。二是水密性差。船舶自材料下料的第一时刻起,就要经受各种力的作用。船体常年经受海浪冲击以及各种内力、外力引起的变形,铝铆钉易于松动,舱室水密性就难以保证,需要不时地对铆接结构区域进行维护维修。三是工序复杂、施工效率低。铆接工艺有号料、配钻、扩孔、打铆钉、敛缝等工序,建造工艺复杂,施工效率低,劳动强度大,噪声高。

铝合金上层建筑与钢质船体之间的连接很难用常规焊接的办法进行连接。由于铝合金与钢之间显著的物理特性差异,及两种金属之间的冶金不相容性,直接采用焊接方法难以实现两者的有效连接。而通过爆炸复合方法制成的铝合金 – 钢复合材料,为实现铝合金上层建筑与钢主船体的焊接提供了技术基础。随着高性能船舶建造数量的逐年增加,越来越多的船舶上层建筑采用铝合金结构,而铝合金上层建筑与钢船体的连接采用过渡接头,通过焊接方法实现连接正逐步取代传统的铆接连接工艺。

铝 – 钢爆炸复合材料主要有铝 – 铝 – 钢或铝 – 钛 – 钢两种组合形式。爆炸制作复合材料时,铝合金与钢板之间通常要增加一层薄工艺用板,该层薄板可以采用纯铝板也可以采用纯钛板。铝 – 铝 – 钢复合材料的复层铝板可以为 Al – Mg 系中各种牌号的合金,但由于 Al – Mg 系合金板与纯钛板的复合性能不好,对铝 – 钛 – 钢爆炸复合材料,国内外一般采用 Al – Mn 系合金作为复层铝板。

铝 – 钢爆炸复合材料可采用三层一次爆炸复合和三层两次爆炸复合。铝 – 铝 – 钢一般采用三层一次爆炸复合。铝 – 钢复合板的界面不易形成波状结合,而是形成一种直接结合与波状结合的混合结合方式,在铝、钢的爆炸复合中,界面发生冶金反应,产生脆性金属间化合物。随着装药密度的增加,界面基体金属熔化量增加,生成的金属间化合物变得愈加连续,其厚度有微量增加,复合界面剪切强度明显降低;爆炸焊接工艺对铝 – 钢复合界面的扩散影响不明显。在铝 – 钢的爆炸焊接中宜采用小药量焊接,以提高爆炸复合板的强度。

为克服边界效应,一般复层材料的尺寸要比基层宽 50 ~ 100mm,过渡接头要经板面的 100% 超声检查,结合率要达到 100% 才为合格。采用爆炸复合材料通过焊接方法实现铝合金与钢之间的过渡连接,其生产效率高,更重要的是连接部位强度高、水密性好、耐腐蚀性能好,这些都是铆接工艺无法比拟的。

图 3.18 为国内外典型的铝 – 钢复合过渡接头的材料组合方式。其中,我国和日本生产的复合过渡接头的中间层为钛,厚度为 2mm。我国生产的过渡接头各层材料的力学性能、爆炸复合后及焊接后的力学性能分别列于表 3.19 和表 3.20。

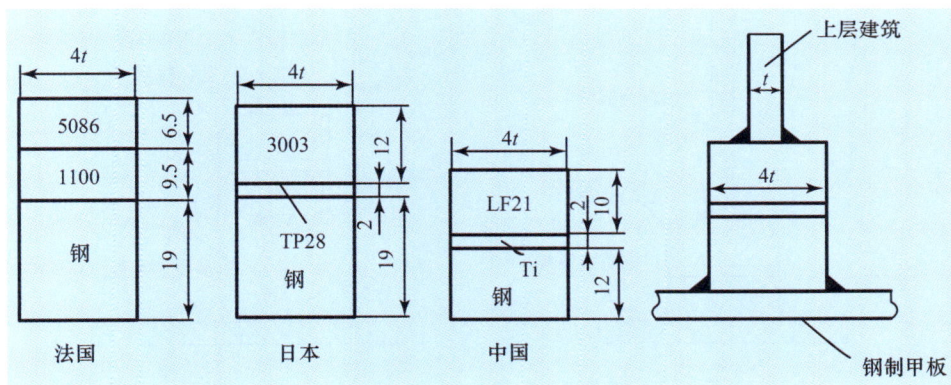

图 3.18　国内外典型铝 – 钢过渡接头的材料组合方式

复合过渡接头中,中间过渡层是其密不可分的一部分,因此,过渡层基材的性能直接影响过渡接头的性能。工业纯铝和工业纯钛的抗拉强度分别为 75 ~ 130MPa 及 440 ~ 590MPa,因此,以纯铝为中间过渡层的过渡接头的性能明显低于以纯钛作为中间层的过渡接头的性能。表 3.21 列出日本(JIS)标准和美国军用标准(MIL)对用于连接船舶钢船体和铝上层建筑的两种过渡接头力学性能的要求。实际上,目前市场上应用的铝 – 钢复合过渡接头的性能均高于表 3.22 中的数值。

铝和钢组成的复合材料兼具二者的物理和化学特性,具有良好的综合性能,是一种具有广泛用途的新型结构材料。铝 – 铝 – 钢和铝 – 钛 – 钢有各自不同的特点。在铝 – 钢复合过渡接头应用的初期,由于铝 – 钛 – 钢过渡接头的强度高于铝 – 铝 – 钢过渡接头,因此受到用户的青睐。

表 3.19 国产复合接头各层力学性能

力学性能	钢	钛	铝锰合金
抗拉强度/MPa	480	441~588	107.8
延伸率/%	28	30	25

表 3.21 日本、美国典型复合接头性能标准

性能项目	日本标准		美国军用标准	
	铝-钛-钢		铝-铝-钢	
	铝-钛界面	钛-钢界面	铝-铝界面	铝-钢界面
剪切强度/Mpa	78	137	未要求	54
拉脱强度/MPa	137		75	

表 3.20 国产复合接头焊接后性能

性能项目	测试部位	复合后	焊接后	日本标准
界面剪切强度	LF21-TA1	154.6	155.3	78
	TA1-A24	275.5	277.5	137
界面拉脱强度	LF21-TA1	182	164	
	TA1-A24	283	270	
厚度方向抗拉强度	LF21-TA1A24	165	162.3	137
板材抗拉强度	LF21-TA1A24	360	290	

表 3.22 三种典型复合接头的材质及厚度

复合材料	结合界面	剪切强度/MPa	厚度方向拉脱强度/MPa
铝合金-铝-钢 5083-1060-CCSB	5083-1060	未要求	110
	1060-CCSB	75	
铝合金-钛-钢 3A21-TA2-CCSB	3A21-TA2	132	205
	TA2-CCSB	157	
铝-钛-镍-钢 5083-TA2-N6-CCSB	5083-TA2	187	356
	TA2-N6	401	
	N6-CCSB	377	

铝-钛-镍-钢四层复合过渡接头也是主要面向船舶领域的产品,该组合尤其适用于战斗舰艇的过渡接头,虽然价格高,但具有很高的力学性能指标,受到军方的关注,使用于对复合材料有较高要求的场合。

过渡接头与铝合金上层建筑及钢船体的连接方式有两种(图 3.19):连接方式1的优点是焊接难度及焊接工作量小,施工方便,而且铝合金结构耐腐蚀性也好;缺点是结构水密性相对较差,因为复合材料对接焊时,中间很薄的钛结构层焊不了,但可以用涂料将其缝隙塞满来保证水密。连接方式2的优点是结构水密性好,铝合金结构耐腐蚀性高;缺点是焊接难度及焊接工作量大。

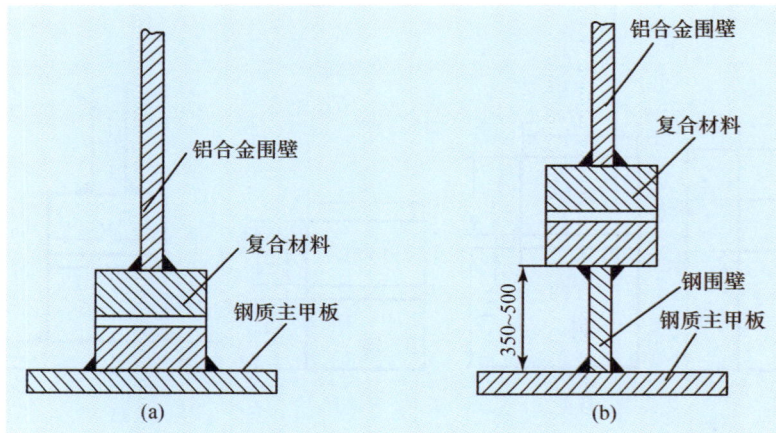

图 3.19 结构过渡接头与铝合金上层建筑及钢主体的连接方式
(a) 连接方式1;(b) 连接方式2。

5. 爆炸复合材料应用特点

(1) 解决不同材料的连接问题。解决不同材料的连接问题即作为过渡接头使用。先用爆炸复合方法获得常规复合方法难以复合的异种金属过渡接头,然后其两端分别与同种材料用常规复合方法复合,变异种材料复合为同种材料的复合。例如,电冰箱内使用的铜-铝过渡管接头、宇宙飞船上使用的钛-不锈钢管接头、现代铝生产和造船工业中使用的铝-钢过渡接头等,诸如此类的异种金属的过渡接头,不仅解决了异种金属的复合问题,而且节省了贵金属材料和降低了成本。

随着铝-钢复合过渡接头应用范围的日益扩大,铝-铝-钢复合过渡接头也得到了广泛应用,铝-

铝－钢复合过渡接头广泛在各种舰船上有 40 多年实际使用经验。在以钢质船壳＋合金钢甲板＋铝合金上层建筑的船舶上,要解决铝合金上层建筑与高强度合金钢的连接问题;在全铝合金船壳＋铝合金甲板上要解决大量的钢质设备包括军用舰船的钢质武器电子设备基座与铝合金甲板的连接问题。这时候过渡接头就能发挥巨大的技术优势。

(2) 解决特殊性能特别是在高耐蚀要求问题。充分利用某些金属优异的化学性能爆炸复合成复合材料。例如钛、锆、铌、钽、钨、钼、铜、铝、贵金属和不锈钢等,它们在海水和相应的化学介质中有良好的耐蚀性,它们与普通钢组成的复合材料已广泛地应用在化工和压力容器中,在船舶上的海水冷却器、冷凝器端盖和管材,大量使用钢－铜镍合金、钢－钛等复合材料。

(3) 充分发挥金属特殊的物理性能爆炸复合成复合材料。例如:发挥某些材料的热－力学性能制成热双金属;发挥某些材料的电学性能制成电力、电子和电化学用双金属;发挥某些材料的声学性能制成音叉双金属;发挥某些材料的耐高温腐蚀、汽蚀性能制成涡轮叶片双金属;发挥某些材料的耐烧蚀性能制成枪(炮)管用双金属;发挥某些材料的耐电蚀性能制成贵金属复合接点材料;发挥某些材料的超导性能制成复合超导材料;发挥某些材料的磁学性能制成复合磁性材料;发挥某些材料的耐辐照性能制成原子能复合材料。其中双金属涡轮叶片在船用燃气轮机、双金属耐辐照合金在核动力装置中有一定的应用历史。

(4) 利用多种材料的强度、硬度、耐磨、密度等优势爆炸复合成复合材料。例如:制成复合纤维增强材料显著提高材料的抗拉强度;制成复合装甲材料使得各层具有不同的硬度可显著提高材料抗拒破甲的能力;制成复合刀具材料使得刀刃部分硬度特高;制成减摩复合材料使得内层材料耐摩擦磨损、外层材料承压强度高;制成比强度和比刚度更高的轻型复合材料如钛－铝、钛－锂、铝－锂、铝－镁和铝－铍等。复合装甲在舰船上已有 100 多年的历史。

(5) 解决特殊用途要求问题。利用过渡接头解决异种金属腐蚀是一种特殊用途,其他还有将爆炸焊接作为减少结构中某些金属比例、特殊连接方式、工程修复等使用。作为材料加工的一种新的工艺并与常规工艺结合。爆炸复合与常规压力加工技术的结合,这种结合可弥补其本身在形状和尺寸上的限制,用爆炸复合的钛－钢和不锈钢－钢复合板坯进行轧制就是如此,可以获得面积更大和更薄的复合板;用爆炸＋轧制＋冲压工艺制备多层硬币等。作为工程修复手段。如热交换器、特别是用于反应堆热交换器破损传热管的爆炸复合堵塞;对欲报废的大中型零部件来说,用爆炸法覆上一层同种金属材料,或修补内外缺陷,或填补尺寸公差,或增加厚度,可以延长使用寿命,这是装备再制造的一种主要方法之一,在船舶上有着广泛的用途。

总之,爆炸复合技术的应用范围非常广泛,尤其是使用稀有和贵金属时,使用爆炸复合比其他连接方法具有更大的优势;而对于异种金属的复合和连接,爆炸复合更具有不可替代的优势。

参考文献

[1]　方志刚. 高性能船舶金属材料[M]. 北京:化学工业出版社,2015.
[2]　吴始栋. 美国舰艇用结构钢的开发与应用研究[J]. 上海造船,2006(4):57 – 59.
[3]　尹士科,何长线,李亚琳. 美国和日本的潜艇用钢及其焊接材料[J]. 材料开发与应用,2008(2):61 – 62.
[4]　麻衡,李中华,朱小波,等. 航空母舰用厚钢板的发展现状[J]. 山东冶金,2010,32(2):8 – 11.
[5]　吴始栋. 美海军开发舰船用高强度耐腐蚀铝合金[J]. 鱼雷技术,2005,13(5):49 – 52.
[6]　吴始栋,朱丙坤. 国外新型金属材料及焊接技术的开发与应用[J]. 鱼雷技术,2006,14(5):6 – 11.
[7]　吴始栋. 为美国新型航空母舰 CVN 78 建造提供技术支撑的材料制造加工项目[J]. 中外船舶科技,2011,1:20 – 22.
[8]　潘镜芙. 国外航空母舰的发展和展望[J]. 自然杂志,2007,29(6):315 – 322.
[9]　邵军. 舰船用钢研究现状与发展[J]. 鞍钢技术,2013(4):1 – 4.
[10]　王其红,刘家驹. 舰船材料发展研究[J]. 舰船科学技术,2001(2):12 – 15.
[11]　杨英丽,苏航标,郭荻子,等. 我国舰船钛合金的研究进展[J]. 中国有色金属学报,2010,20(1):1002 – 1006.
[12]　周廉,赵永庆,王向东,等. 中国钛合金材料及应用发展战略研究[M]. 北京:化学工业出版社,2012.
[13]　李江涛,罗凯,曹明法. 复合材料及其在舰船中应用的最新进展[J]. 船舶,2013,24(1):10 – 16.
[14]　孙建科. 建立舰船材料基本体系的顶层研究[J]. 舰船科学技术,2001(2):9 – 11.

[15] 马运义,冯余其,杨雄辉,等. 我国舰船装备对材料的需求与应用探讨[J]. 新材料产业,2013(11):11 – 16.

[16] 陆世英,等. 不锈钢[M]. 北京:原子能出版社,1995.

[17] 朗宵,赵岭,等. 我国船用铸造双相不锈钢的研究和应用进展[J]. 铸造. 2011(5):459 – 461.

[18] Dexter S C. 海洋工程材料手册[M]. 陈舜年,译. 北京:海洋出版社,1982.

[19] 方志刚. 铝合金防腐蚀技术问答[M]. 北京:化学工业出版社,2012.

[20] 马泗春. 材料科学基础[M]. 西安:陕西科学技术出版社,1998.

[21] 徐祖耀,李麟. 材料热力学[M]. 北京:科学出版社,1999.

[22] 赵永庆. 国内外钛合金研究的发展现状及趋势[J]. 中国材料进展,2010(5):1 – 8.

[23] 宋德军,胡光远,等. 镍铝青铜合金的应用与研究现状[J]. 材料导报,2007(12):450 – 452.

[24] 毛秋水. 舰船用铝 – 铝 – 钢复合材料焊接性能研究[D]. 镇江:江苏科技大学,2009.

[25] 方志刚,韩冰. 铝合金舰艇腐蚀控制技术[M]. 北京:国防工业出版社,2015.

第4章 舰船腐蚀环境

金属在海水和海洋大气中的腐蚀属于电化学腐蚀。海洋环境是一种苛刻的自然腐蚀环境,尤其是活动在海洋上的舰船结构复杂,如船体、装置、管路、电子设备等均会受到腐蚀。

舰船腐蚀环境主要有外部海洋环境、内部舱室环境和自身特殊腐蚀环境。外部海洋环境又分为海水环境和海洋大气环境。水面舰船腐蚀环境相对固定,水下船体和附件等属海水环境,即通常所说的全浸;而水上船体,包括干舷、甲板、上层建筑及内舱,通常属于海洋大气环境。潜艇外部结构的腐蚀环境则与水面舰船有着较大的差别。潜艇壳体包括耐压壳体外表面、非耐压壳体和指挥台围壳的内表面及外表面,由于潜艇航行状态的关系,环境状态变化非常大:停航或水面航行时,潜艇结构类似于水面舰船,水线以下船体结构处于海水环境,水线以上结构处于大气环境;在水下潜航时,所有结构处于压力海水环境中,并随着下潜深度的增大,所受海水压力增加;水线以上浸水部位结构处于这种水面、下潜的干湿交替(海水与海洋大气交替变化)环境之中。由于所处的局部和具体环境存在较大的差异,所以舰船结构的腐蚀类型和腐蚀形貌也表现出较大的差异性。

4.1 外部海洋环境

4.1.1 海水

海水是一种含盐浓度相当高的电解质溶液,在天然腐蚀剂中,是腐蚀性最强的介质之一。海水环境的腐蚀性在很大程度上取决于较高的盐度、溶解氧、温度、电导率、海生物、海水流动和停滞等方面,且它们之间相互影响。

由于海水中的盐含量高,使得海水成为导电性很强的电解质溶液。高电导率,对于海水的腐蚀来说,不只是微观电池的活性较大,同时宏观电池的活性也较大,容易导致电偶腐蚀。

水中氧含量与盐浓度密切相关,溶液盐度越高,饱和溶解氧含量越低;温度升高能加速金属的腐蚀反应速度,但温度升高也会导致溶解氧含量下降,所以温度对金属腐蚀速度的影响有一个极大值。表4.1列出了不同盐和不同和温度下氧和二氧化碳的溶解度。

表4.1 常压下海水的气体溶解度

盐度/%	温度/℃	氧溶解度/(mg/L)	二氧化碳溶解度/(mg/L)	盐度/%	温度/℃	氧溶解度/(mg/L)	二氧化碳溶解度/(mg/L)
0	0	9.91	0.51	3.0	0	8.14	0.45
	10	7.64	0.36		10	6.34	0.32
	20	6.19	0.26		20	5.18	0.28
	30	6.27	0.29		30	4.41	0.18
1.0	0	9.32	0.49	3.5	0	7.85	0.43
	10	7.21	0.34		10	6.12	0.30
	20	5.85	0.25		20	5.02	0.23
	30	4.92	0.19		30	4.27	0.17
2.0	0	8.73	0.47	4.0	0	7.55	0.42
	10	5.77	0.32		10	5.90	0.30
	20	5.52	0.24		20	4.85	0.22
	30	4.70	0.18		30	4.17	0.17

由于水生物的光合作用和海水的剧烈扰动,表层海水溶解氧的过饱和度达到10%～20%。有研究表明,在流动状态下氧的溶解速度为静止状态下的100倍。海水深度直到50m左右,其溶解氧浓度仍与表层水接近。在更深度,由于硫化氢的出现,溶解氧被消耗,氧浓度降低。

海水的电导率是金属腐蚀的重要参考指标,随着电导率的增高,宏观电池的腐蚀电流增大,金属腐蚀加剧,海水的电导率与盐度和温度有关。

各种固定在金属表面的附着生物(藤壶、贻贝、苔藓)和在海水中生活的微生植物都会对海水中的金属构件产生影响。水下船体附着生物覆盖不完整也会导致腐蚀,形成氧浓差电池,诱发缝隙腐蚀。

海水的流动可以加强金属表面氧的供给,并冲刷掉金属表面腐蚀产物和各种保护膜,对金属腐蚀发生影响。流速对钢在海水中腐蚀的影响可以归结为:当流速很小时,流速增大,腐蚀速度增高,相当于加快扩散;当流速继续增大时,氧的快速供给消除了扩散控制,腐蚀速度取决于还原氧的阴极反应速度,与水的流速关系很小;流速继续增大,腐蚀速度取决于水流高速流动对金属表面的机械作用影响,此时,水流的机械作用表现为将金属表面抑制腐蚀的腐蚀产物冲走;流速再增加会引起湍流,湍流对氧化膜机械作用的不均匀性会引起金属局部破坏,并形成活性宏观电池,腐蚀产物脱落的部分将成为腐蚀严重的阳极区域。

4.1.2 海洋大气

海洋大气的腐蚀性取决于其氯化物含量、液膜含氧量、干湿交替、紫外线、温度、沉积物、大气腐蚀污染的程度等。

舰船漂浮在水面上,处在海洋大气最底层,所以舰船金属构件表面容易形成一层海洋大气环境的薄液膜。海洋大气中氯化物盐类含量高,溶解氧含量高,腐蚀过程仍属于电化学腐蚀过程。裸金属的腐蚀测试表明,在薄液膜的干燥阶段,随液膜由厚变薄金属的腐蚀速度先增后减,存在一个极大值。这是因为当液膜厚度小于扩散层厚度时,薄膜下的氧还原反应速度随液膜减薄而迅速增加,当液膜很薄时,在金属表面液层阴极电流的不均匀分布和氧的盐效应作用下,氧还原反应速度迅速降低。所以这种薄液膜由干燥到浸泡的干湿交替过程是金属构件(包括涂覆涂层的金属构件)腐蚀(涂层劣化)过程的重要影响因素。

研究发现,干湿交替的干燥过程是腐蚀过程变化剧烈的时期。对干燥过程中金属腐蚀速度和自腐蚀电位的研究表明,在干燥初期腐蚀速度首先逐渐增加,腐蚀电位负移;中期阶段腐蚀速度突然迅速增加,但腐蚀电位不变;干燥后期腐蚀速度迅速下降,腐蚀电位正移。在润湿过程中,腐蚀行为迅速过渡为普通液相行为。有文献指出,碳钢在海水中的腐蚀速度为0.13mm/年,而在海洋大气腐蚀条件下,由于溶解氧在薄液膜中的扩散加速,舰船结构某些潮湿部位的腐蚀速度可达0.5mm/年。

对干湿交替中有机涂层吸水过程的研究表明,干湿交替过程导致涂层膨胀—收缩,增加了吸水能力,加速水渗透到金属表面的过程,随着氧和腐蚀离子的快速渗入的自加速过程导致涂层下金属迅速腐蚀。研究指出,水的渗透能够在涂层内部产生内应力,从而导致涂层剥离,加速腐蚀。这种内应力既可以是电极表面可溶性成分溶解产生收缩性内应力,也可以是溶胀产生膨胀性内应力,这些内应力会在干湿交替过程中释放出来,使涂层剥离鼓包变形而从基体金属剥离。

紫外线照射是加速大气环境涂层老化的一个重要影响因素。由于舰船装载和风浪影响,船体外板在与海平面交界处存在水线区,该区域处于海洋大气作用下的上部,还有强烈的紫外线作用,表面涂层极易老化破坏,加上该区域处于海水干湿交替状态,一旦涂层完整性遭到破坏,船体外板近于裸露,而水下船体的阴极保护作用对此部位几乎不起任何作用。因此船体外板存在一条环境水线区的腐蚀带,腐蚀形貌呈密集度点腐蚀。

大气中的主要成分变化不大,但是随着地域、季节、时间等条件的变化,海洋大气中的含盐量、水汽含量还是有一定的变化。大气中氧、水蒸气、氯离子以及二氧化碳参与腐蚀过程。影响大气腐蚀的主要因素有湿度、温度、有害物质成分等。

(1)湿度:当金属表面处在比其温度高的空气中,空气中含有水蒸气将以液体凝结在金属表面上,即结露。结露又与空气中的湿度有关,湿度大容易结露,金属表面形成的电解液膜存在的时间也越长,腐蚀速度也相应增加。钢铁的临界湿度为50%～70%,超过临界湿度时,钢的表面形成完整的水膜,使电化学腐蚀过程可以顺利进行。

（2）温度：结露与温度有关。在临界湿度附近能否结露与气温变化有关。一般平均气温高的地区，大气腐蚀速度较大。气温剧烈变化，如昼夜之间温差大，当夜间温度下降时金属表面低于周围温度，大气中水蒸气结露在金属表面上，就加速了腐蚀。

（3）有害杂质成分：海面上的 Cl^- 浓度及沿海工业废气排出的硫化物、氮化物、CO、CO_2 等随着海域的不同也不尽相同，这些有害杂质成分对金属大气腐蚀影响较大，起到加速腐蚀的作用。

大气腐蚀是金属表面存在电解液薄层，是液膜下的腐蚀，液膜层的厚度影响大气腐蚀进行的速度。按照电解液膜层的存在状况不同，大气腐蚀又分为干大气腐蚀、潮大气腐蚀、湿大气腐蚀。可以定性地用图 4.2 表示大气腐蚀速度与金属表面上膜层厚度之间的关系。

在实际海洋大气腐蚀情况下，由于环境条件的变化，各种腐蚀形式可以相互转化。例如：最初处于干大气腐蚀类型下的金属，当周围大气湿度增大或生成了具有吸水性腐蚀产物时，就会开始按照潮大气腐蚀形式进行腐蚀；若雨水直接落在金属表面或潜艇从水下上浮以后，潮大气腐蚀又转变为湿大气腐蚀，当雨后或上浮以后金属表面可见水膜被蒸发干燥了，就又会按照潮大气腐蚀形式进行腐蚀。通常情况下，主要考虑潮和湿大气腐蚀这两种腐蚀形式。

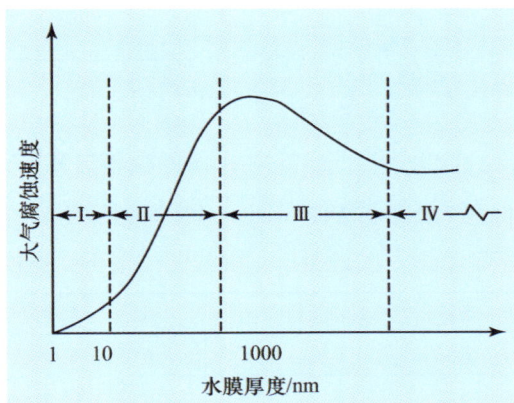

图 4.1　大气腐蚀速度与金属表面
水膜厚度的关系

大气腐蚀初期的腐蚀机理与在金属表面形成锈层后的腐蚀机理是不相同的。一般来说，当金属表面形成连续电解液薄膜层时，就开始了电化学腐蚀过程。Evana 认为大气腐蚀的铁锈层处在湿润条件下，可以作为强烈的氧化剂而作用；当锈层干燥时，即外部气体相对湿度下降时，锈层和底部基体金属的局部电池成为开路，在大气中氧的作用下锈层重新氧化成为 Fe^{3+} 的氧化物。可见在干湿交替的条件下，带有锈层的钢能加速腐蚀地进行。

（4）表面沉积物和固体颗粒：对于舰艇结构用钢来说，在金属表面经过海水的蒸发将有不同含量沉积物，空气中也有一定受污染的固体尘粒，这些物质在金属表面形成一定厚度的表面沉积物。沉积物中主要成分有 NaCl 颗粒、二氧化硫、硫化氢、锈层等。

沉积物对金属的腐蚀影响分为三种情况：

（1）沉积物本身具有腐蚀性，如 NaCl 颗粒，能溶入金属表面水膜，提高电导率，起促进腐蚀作用。

（2）沉积物本身无腐蚀作用，但是能吸附腐蚀性介质，如碳粒能吸收 SO_2 及水汽，冷凝后生成腐蚀性的酸性溶液。

（3）沉积物既非腐蚀性，又不吸附腐蚀性物质，如砂粒等在金属表面能形成缝隙而凝聚水分，形成氧浓差电池的局部腐蚀条件。

4.2　渤海、黄海、东海、南海的自然环境特征

4.2.1　海水温度

渤海、黄海北部容易受寒潮活动的侵袭，气温和水温年变幅大，冬季出现冰冻现象。黄海和东海受沿岸河流水系与外海水系的共同影响，也经常遭受台风活动的影响。另外，黑潮主流、黄海暖流、台湾暖流以及黄海、东海沿岸流等部对黄海、东海的水温变化产生重大的影响。南海主要受冬、夏季风的影响，自身形成环流体系，南海又是台风的源地之一，水温的年变幅不大。2014 年我国各海区月均海洋表层水温变化情况如图 4.2 和表 4.2 所示。渤海、黄海、东海和南海月均海洋表层水温 2 月最低，渤海、黄海和东海 8 月最高，南海 6 月最高，渤海和黄海的海洋表层水温季节变化最为明显，东海次之，南海变化最小。2014 年我国管辖海域年平均海洋表层水温较上年略有升高，渤海和黄海分别较上年升高 0.6℃ 和 0.2℃，东海和南海分别降

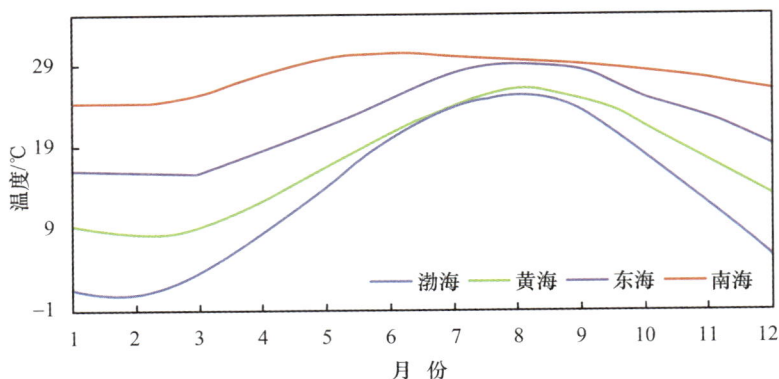

图 4.2　2014 年 1—12 月我国各海区月均海洋表层水温变化趋势

低 0.1℃ 和 0.2℃。

表 4.2　2014 年各月份平均海洋表层水温(℃)

海区	1 月	2 月	3 月	4 月	5 月	6 月	7 月	8 月	9 月	10 月	11 月	12 月
渤海	1.7	0.8	3.6	8.9	13.9	20.1	23.6	25.2	23.4	17.6	11.8	5.4
黄海	9.3	8.4	9.0	12.4	16.1	20.5	23.7	25.4	24.7	21.6	17.1	13.1
东海	16.2	15.7	15.8	18.7	21.3	24.6	27.9	28.9	28.4	24.9	22.5	19.1
南海	24.4	24.3	25.3	27.8	29.8	29.9	29.6	29.4	29.3	28.7	27.6	25.9

1. 渤海

冬季各水层温度分布基本相同,等温线大体与等深线平行分布。水温自中部向周边递减,东高西低。冬季海水的对流混合可及海底,故水温的垂直分布到处呈均匀状态。沿岸浅滩区域,每年均出现短期的结冰现象。夏季随太阳辐射加强,表层水温可达 28℃ 左右。

2. 黄海

黄海为一半封闭的浅海。冬季,各水层温度分布极为相似,黄海暖流自南往北伸入本区,等温线呈明显舌状分布,水温自南而北,自中部向近岸逐渐递减。近岸区域,1—2 月水温最低,为 1~5℃,中部海区 2—3 月最低,为 4~11℃。夏季,表层水温分布均匀,8 月表层水温最高约 28℃。山东半岛成山角附近,因强烈垂直混合而形成低温区。表层以下各水层最高温度出现的时间,随深度增加而渐次滞后,10m 以深各水层最高温度出现的时间均推迟到 9 月以后。20m 以浅各水层温度分布趋势差别较大,但 20m 以深至海底各层水温的分布趋势则基本相似。1 月,黄海和东海交界处平均气温为 6~7℃,由于暖流的影响,一条暖舌由东侧向北伸展,比同纬度西侧气温偏高 1~3℃。4 月平均气温升高至 9~12℃,7 月南北温度差异很小,平均气温为 22~25℃,10 月平均气温降为 16~19℃。黄海气温年差从南向北增大,南部为 20℃,北部为 26~27℃。

3. 东海

东海中、西部为平坦的大陆架,水温状况易受陆地影响。冬季,海区西部的江浙沿岸温度较低,通常为 10℃,水平梯度较大。东部的黑潮流域则为高温区,水温约 20℃,等温线的分布基本与黑潮路径一致。在本区的东北部,对马暖流所形成的暖水舌沿其流轴伸向西北,而来自黄河西岸的冷水舌朝东南方向突入海区中部,并与对马暖流水舌形成交错形势。这一季节的特点是,浅水区及深水区的上层基本上是垂直均匀的,深水区的下层仍保持成层状态。夏季,沿岸水温急剧上升,表层水温可达 28℃,此时除长江口外有一低盐高温水舌伸向东北外,海面温度分布非常均匀。表面以下约至 20m 深处,水温成层分布,但 20m 以深直至海底各水层温度分布的总趋势则基本相同。自海区西北部朝东南方向延伸的冷水舌,其温度随深度增加而递减,20m 层约为 15℃,底层约为 11℃。在此低温水舌的两侧为高温的对马暖流及台湾暖流所包围,在其交汇处等温线出现大弧度的弯曲,而且水平梯度极大。台湾附近海区,是黑潮、东海沿岸流及南海水流交互作用的区域,水温分布较复杂。台湾海峡区与台湾省的东面及南面海域,温度的空间分布明显不同,前者水平梯度大,季节变化显著,而后者受黑潮影响较大,温度分布均匀,终年高温。南面海域辽阔,深度大,其水温状况具有明显的热带深海特征,即温度高,年变化小。

4. 南海

南海地处热带和亚热带,终年气温较高,同时因纬度、季风和海流的共同影响,气温的季节变化有较大差异。南海北部海面紧接亚洲大陆,东北季风时期常受来自北方干冷空气的影响,气温季节变化明显,冬、夏季风时期温差很大,北部沿岸尤为突出,年振幅可达 10℃ 以上。南海南部的近赤道地区,受大陆影响小。东北季风时期气温季节变化小,终年气温相差不大,年振幅仅为 2～3℃,常年高温、高湿、南北气温差异不大,尤其 6—8 月基本处于均温状态,各月平均气温大多为 28～29℃。冬季,海区北部最低水温仍在 16℃ 以上。在海盆深水区,表层水温仍高达 26℃ 左右,而南部大陆架区更高,可达 28℃ 以上。夏季,南海表层水温均在 28℃ 以上,且分布非常均匀,只是在海南岛东部、粤东以及越南沿岸等区域存在着几个范围不大的低温区。夏季大部分海区的海水层化现象显著,并出现厚度较大的温跃层。巴士海峡是南海与太平洋水交换的主要通道,这里表层水温的季节变化比同一纬度上的大陆架区小得多。在东北季节季风期间,太平洋表层水和次表层水一起经巴士海峡下层流入南海;在西南季风期间情况则相反。南海的深海盆区,水温的空间分布与太平洋水极为相似,海盆区 200m 以浅,温度呈季节性变化,垂直梯度较大,200～1000m 水层,温度随深度的增加而均匀递减,再往下则为南海深层水,温度较均匀,水温约 4℃。南海深层最低水温约 2℃,出现在 3000m 深处。

4.2.2　海水盐度

海水盐度变化与环境腐蚀性有直接关系,国际上常用 PSU(实际盐度标准)表示盐度。盐度分布与变化主要取决于入海河川径流的多少、蒸发与降水量之差、环流的强弱和水团的消长。沿岸海区多为江河径流形成的低盐水系所控制,外海则主要是来自太平洋的高盐水系。通常,近岸区域,尤其是河口附近海区,直接受陆地径流影响盐度变化剧烈,梯度大;而外海区的盐度变化,主要受蒸发、降水、环流以及水团消长的影响,变化缓慢,梯度小。中国近海全区盐度的变化总的趋势是表层低,下层高;盐度自近岸向外海渐趋增大,具有明显的季节性。下半年降水量增大,沿岸水势力旺盛,表层盐度普遍降低,最低盐度多出现在江河洪水期后的 1、2 个月(7—9 月);而冬半年沿岸水范围缩小,加之蒸发强烈,表层盐度普遍增大,最高盐度多出现于江河枯水期之后,即冬末至春末。近岸海域低盐区主要分布在辽河口、长江口、珠江口等河口区域。

1. 渤海

渤海盐度年平均值约为 30‰,较大洋低,又因降水与河流径流具有季节性的变化规律。2014 年春季、夏季和秋季的平均盐度分别为 29.55‰、29.67‰ 和 30.16‰。渤海盐度的分布与变化,主要取决于渤海沿岸水的消长。东部受黄海水团控制,盐度约 31‰。近岸区尤其是河口附近,终年为低盐区,盐度仅 26‰ 左右。冬季,各水层盐度分布基本相同,等盐线大致与海岸平行。夏季,随降水及河川径流的增大,表层盐度降低,8 月不到 30‰,而河口区通常低于 24‰。

2. 黄海

黄海盐度平均约为 32‰。黄海暖流流经的东南部,盐度通常大于 32‰。冬季,随黄海暖流势力加强,高盐水舌一直伸入黄海北部,水平梯度较大。夏季,随鸭绿江径流增大,黄海沿岸水的范围扩大,北部近岸出现低盐区,而中部和南部仍受黄海暖流影响,盐度较高,表层约为 31‰。2014 年黄海春季、夏季和秋季的平均盐度分别为 31.24‰、30.8‰ 和 31.32‰。

3. 东海

东海盐度分布较渤海、黄海的盐度均高,平均约为 33‰。其中,黑潮流域盐度更高,通常高于 34‰;而江浙沿岸海水盐度较低,通常低于 30‰。冬季,等盐线略呈西南—东北走向。东北部为对马暖流及其分支(黄海暖流)所形成的高盐区(>33‰),而其西北部为苏北沿岸水所形成的低盐区(<31‰)。夏季,正值长江汛期,径流量剧增,其冲淡作用十分明显,通常 7 月长江径流最大,长江口附近盐度最低,只有 5‰ 左右,因而河口区盐度水平梯度极大,有时一个经度的盐度差高达 10‰;冲淡水舌水平扩散的范围虽广,但仅浮置于 10m 以浅的水层,所以它对东海北部及黄海南部的表层盐度的分布影响很大。表层以下各层的盐度分布,与表层差别很大,在 10m 以深已不见长江冲淡水舌的踪迹,而 20m 层以深则出现另一个从西北向东南伸展的深

层低盐水舌,它的外伸范围随深度增加而逐渐缩小。再往深处有一个盐度大于33‰的高盐舌横截面,此即台湾暖流的前锋。2014年东海春季、夏季和秋季的平均盐度分别为32.19‰、31.59‰和31.99‰。

4. 南海

南海盐度高于渤海、黄海和东海,平均约为34‰。近岸区域多在低盐的沿岸水控制之下;外海区,尤其是南海海盆区,主要受太平洋高盐水控制,盐度终年较高且分布均匀、变化较小,变幅通常小于1‰。南海盐度的季节性变化非常明显,但近岸区与海盆区又有所不同。近岸区的盐度垂直分布主要取决于江河冲淡程度,夏季成层分布较明显,而冬季盐度自下而上几乎呈均匀分布。深水区的情况则完全不同,这里盐度的垂直分布与环流的关系极为密切。冬季,太平洋表层水和高盐的亚热带次表层水随季风漂流经巴士海峡一起进入南海,并沿南海西部向南扩展,形成200m以浅的高盐水底,表层盐度约为34‰。2014年南海春季、夏季和秋季的平均盐度分别为33.32‰、33.36‰和33.53‰。

4.2.3 降水量

从近年来沿海的年度降水量的分布特征来看,具有明显的季节性变化特征,同时具有地带性变化特征。每年10—3月的降水量形势基本相似。1月渤海、黄海和日本海盛行西北风,东海盛行北风和东北风,南海盛行东北风。干冷的偏北气流通过暖海面到达下风头时会增温增湿获得足够的水汽,并受到地形的影响,致使朝鲜的西南沿海、中国台湾及菲律宾东北部附近等迎风面海区降水量偏多。4—5月季风转换,降水量分布也发生变化,原先降水量偏多地区出现了雨量降低的现象。6—8月盛行夏季风,降水量分布远比其他月份复杂。8月大洋区的降水量分布基本上是由北向南逐渐递增。9月首先在北部开始出现冬季形势,台湾海峡以北到日本海西部沿海出现一带状少雨区。

我国沿海地区的降水量以夏季最多,春季次之,冬季最少。夏季降水量,长江以北占全年的40%~50%,长江口至闽江口岸段为止占全年的32%~40%;春季降水量,长江以北占全年的20%~25%,江南占全年的27%~35%;秋季降水量占全年的21%~24%;冬季降水量占全年的10%~15%。

1. 渤海

渤海海面年累计平均降水量为549mm,降水量主要集中在6—8月,共计368mm,占全年降水量的67%。年降水天数平均为71天,最长连续降雨天数为10天(8—9月),最长连续无降雨天数为71天(12月至次年2月)。

渤海7号和8号平台的月降水量分布的变化规律为明显的单峰形,冬季稀少,2月为最低值,两个平台分别为0.7mm和2.0mm。7、8月为降水量集中期,月降水量在140mm左右。渤海冬季以降雪为主,渤海海峡附近降水量不大,年降雪天数为9.6天,最大积雪深度为15cm。

2. 黄海

黄海降水以降雨为主,北部沿岸冬季偶有降雪,但雪量不大。年降水量多于渤海而低于东海,年降水量为700~1100mm。西北部7—8月为雨季,降水量占全年降水量的40%,12月至次年2、3月降水量极少。东南部除了7—8月外,12月至次年2月降水也较多,黄海西部沿岸一些岛屿站的年降水量较沿岸站雨量偏少,因为海面上夏季水温低于气温,气层稳定,对流发展较弱,沿岸山地夏季热力对流旺盛,又处在东南气流的迎风面,雨量明显增多。

3. 东海

东海年降水量为1000~2100mm。其中,西侧年降水量为1000~1300mm,雨量分布呈双峰形,5—6月及9月较多。东侧年降水量超过2000mm,但年变程减小,各月降水量都在100mm以上。台湾海峡降水量为1000~1900mm,年变化也呈双峰形,一个峰值出现在6月,另一个是台风季节的8—9月,但海峡两侧也有差异,从时间上5月福建沿海已进入雨季,雨量比4月显著增多,但东侧(如澎湖列岛)降水量仍很少,到6月才进入雨季,6月开始,西南季风盛行,东侧处在迎风面,降水量明显超过西部,西部年降水量1000mm左右,东岸达1500~1900mm。

4. 南海

在东北季风时期,南海降水频率较多区主要集中在加里曼丹岛的西北部海域,10月至次年2月,各月降水频率均在 15% 以上,其中 11 月最高,月频率可达 25% 以上;其次是越南中北部沿海,11 月至次年 3 月,月降水频率一般在 10% 以上,其中 2 月最高,可达 20%,在该时期,南海降水频率最少是在菲律宾西部海域,月均值大多在 5% 以下,尤以 1—4 月最明显。在夏季风时期,南海中部海域降水频率分布与冬季风相反,菲律宾西部沿海 6—8 月最多,频率为 20% ~30%,但在越南的中北部海岸降水很少,一般为 5% ~10%,越南南部沿岸至泰国湾在夏季风时期,降水量也较多,7—8 月,降水频率可达 15% ~20%,南海南北两侧海域降水频率大体相当,为 10% ~15%。

4.2.4　雾

1. 渤海

渤海的雾主要出现在春、夏季,秋、冬季基本无雾。从地区分布而言,以渤海海峡和渤海中部较多,辽东湾北部、渤海湾及莱州湾较少。据对船舶资料的统计表明:1 月,渤海出现雾的频率不超过 1%。4 月,渤海海峡和渤海中心区出现雾的频率增到 2% ~4%,辽东湾、渤海湾及莱州湾均不足 1%。7 月,渤海海峡和渤海中心区出现雾的频率达到 4% ~6%,其他海区变化不明显。秋季是渤海海雾最少的季节,10 月出现雾的频率低于 0.5%。埕岛海域全年平均雾天为 35.6 天,其中 12 月最多,平均 8.5 天,其次为 7 月、11 月,各为 4 天,4 月和 9 月最少,各为 1 天。埕岛海域的雾主要生成于 8 时至 11 时,最长连续雾天时间达 6 天。

2. 黄海

黄海为中国近海多雾区之一,除了与东海交界处春季雾区连成片外,其余有 5 处相对多雾的海区,它们是青岛近海、成山头近海、鸭绿江口至江华湾、西朝鲜湾、大黑山岛附近。黄海中部因暖流影响相对少雾。

3. 东海

东海海雾天数比黄海偏少,而且分布于西部和西北部。浙闽沿岸一年四季都有雾出现,但以 3—6 月较多,海雾日数占全年 70% 以上。舟山群岛是东海著名雾区,海雾持续时间较长,2 月开始有雾出现,3 月增多,4—5 月最高,6 月开始减少。

4. 南海

南海主要是平流雾和锋面雾,二者常可混合出现。南海雾季节性和地区性分布强,主要出现在 12 月至次年 5 月,其中以 2—3 月最多,8—11 月海面基本无雾。南海海雾主要分布在北部沿海。北部湾为多雾区,2—3 月频率最高,可达 4% ~8%,其分布特点是西部沿岸多、海南岛沿岸少。雷州半岛以东的粤东沿海的雾要比北部湾少,3 月最高,频率为 3% ~5%。4 月以后,粤西和北部湾的雾迅速减少,主要多雾区东移至粤沿岸,频率为 4% ~6%。5 月,粤西雾区消失,粤东沿岸也减弱,频率为 1% ~2%。除北部沿海外,南海其余海面各月频率多不足 1%。

4.2.5　污损生物

海洋污损生物也称为海洋附着生物,污损的生物种类很多,我国沿海已记录了 614 种污损生物,其中主要的类群有藻类、水螅(中胚花筒螅、鲍枝螅和薮枝螅等)、外肛动物(草苔虫、膜孔苔虫、裂孔苔虫和琥珀苔虫等)、龙介虫(华美盘管虫、内刺盘管虫等)、双壳类(贻贝、牡蛎等)、藤壶和海鞘(柄瘤海鞘、菊海鞘等)。污损生物种类、生物量,因海水温度、盐度、营养物、透明度、水流等因素不同呈季节性变化和年变化。

渤海沿岸的附着盛期是 6—9 月(月平均水温 20 ~26℃)。北黄海污损生物附着季节与渤海大同小异。南黄海的苏南沿岸与东海江浙沿岸附着季节相类似,5—10 月都有大量生物附着,从 6 月开始(月平均水温 20℃以上)才有藤壶等石灰质外壳的大型种类附着,12 月至次年 2 月或 3 月(月平均水温 10℃以下)几乎没有生物附着。福建南部与广东沿岸附着期基本相同,4 月(月平均水温 16℃以上)开始形成附着盛期,一直延续到 11 月,12 月至次年 3 月多数港口仍有生物附着,但数量很少。海南岛及西沙海域全年都有生物附着,但各月的附着强度不一。

4.2.6　污染情况

我国海域海水的主要污染要素为无机氮、活性磷酸盐、石油类和化学需氧量等,2014 年海水质量监测结果如图4.3和表4.3所示,海水质量监测的综合评价结果显示,近岸局部海域海水环境污染严重,近岸以外海域海水质量良好。春季、夏季和秋季,劣第四类海水水质标准的海域面积分别为52280km^2、41140km^{2}和57360km^2,主要分布在辽东湾、渤海湾、莱州湾、长江口、杭州湾、浙江沿岸、珠江口等近岸海域。近岸海域主要污染要素为无机氮、活性磷酸盐和石油类。

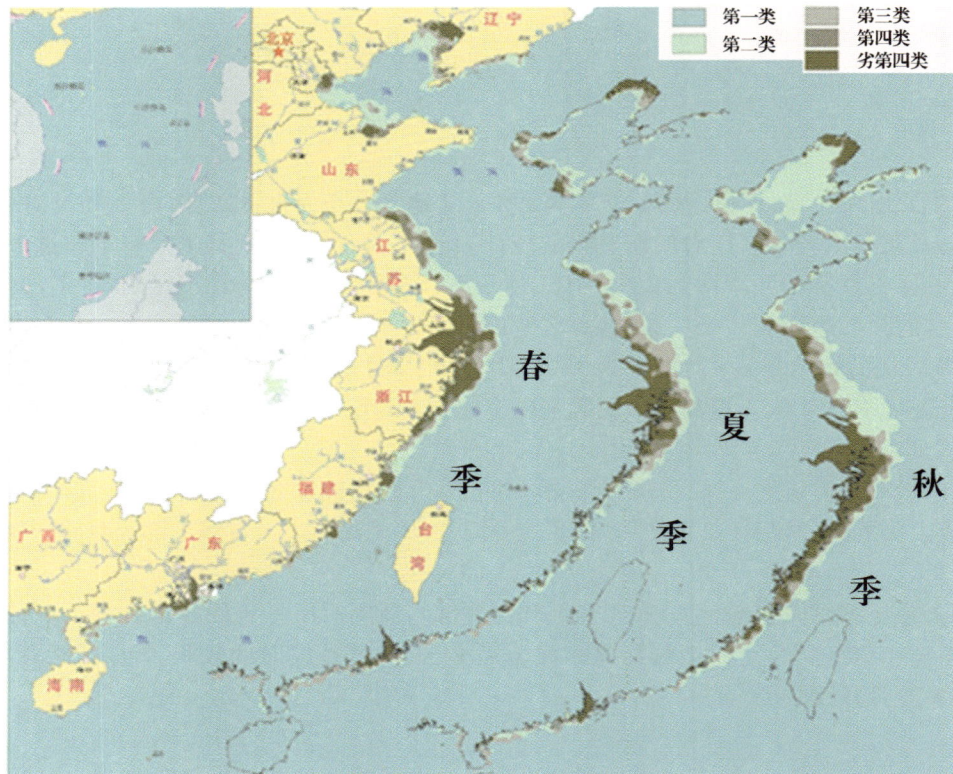

图4.3　2014年我国海域水质等级分布

表4.3　2014年我国管辖海域未达到第一类海水水质标准的各类海域面积(km^2)

海区	季节	第二类水质海域面积	第三类水质海域面积	第四类水质海域面积	劣于第四类水质海域面积	合 计
渤海	春季	17710	7470	4540	6160	35880
	夏季	8180	6600	3770	5750	24300
	秋季	38720	6190	3620	6000	54530
黄海	春季	16390	10230	6050	2710	35380
	夏季	12510	13540	4990	2970	34010
	秋季	27310	10450	7140	4260	49160
东海	春季	19020	9210	7580	3780	73610
	夏季	17470	10700	11200	28330	67700
	秋季	27220	11330	11670	43200	93420
南海	春季	6880	8880	1570	5610	22940
	夏季	5120	11900	1590	4090	22700
	秋季	7150	8740	1080	3900	20870
全海域	春季	60000	35790	19740	52280	167810
	夏季	43280	42740	21550	41140	148710
	秋季	100400	36710	23510	57360	217980

4.3　青岛、三亚、宁波的自然环境特征

4.3.1　青岛近岸海域的环境特征

1. 海水质量

青岛近岸海域环境质量总体状况良好,《2004 年青岛市环境状况公告》和《2005 年青岛市海洋环境质量公报》显示:青岛近岸海域符合国家第一类海水水质标准的清洁海域面积占总海域面积的 74.4%,符合国家第二类海水质标准的较清洁海域面积占总海域面积的 23%,符合国家第三类海水质标准的较清洁海域面积占总海域面积的 1.7%,劣于国家第三类海水质标准的较清洁海域面积占总海域面积的 0.9%,胶州湾中部海域海水环境质量较好,属于较清洁或清洁海域;东部北部海域污染较严重,主要污染物为无机氮、活性磷酸盐,局部海域无机氮、活性磷酸盐含量超过第四类海水标准;东部海域石油类含量较高,超过第一类海水水质标准;西南部海域无机氮含量超过第三类海水水质标准。黄岛近岸海域海水总体符合第三类海水水质标准,属于较清洁海区,除部分海域无机氮超过第三类海水水质标准外,其余指标符合第二类海水标准。前湾、薛家岛湾以及唐家岛湾受到轻度污染,海水中主要污染物为无机氮、活性磷酸盐和石油类。

近年来,青岛近岸海域夏季海水水质状况如图 4.4 所示,受中石化东黄输油管线爆燃事故溢油影响,2013 年超第二类海水水质标准的海域面积较大。与 2013 年相比,2014 年青岛近岸符合第一、二类海水水质标准的海域面积略有增加,污染较重的第四类和劣第四类海域面积略有降低。影响青岛近岸海域海水环境质量的主要污染物为无机氮和活性磷酸盐。2014 年青岛市近岸海域无机氮、活性磷酸盐、石油类的平均浓度对比如图 4.5 青岛近岸重点海湾无机氮、活性磷酸盐、石油类的平均浓度如图 4.6 所示。

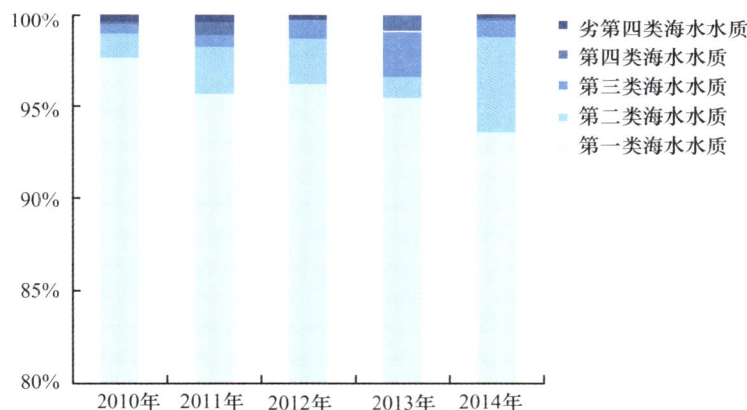

图 4.4　青岛近岸海域夏季海水水质状况

2013 年、2014 年青岛近岸绝大部分海域符合第一类或第二类海水水质标准,第一类和第二类水质海域面积占青岛近岸海域面积的 97% 以上,超第二类海水水质标准的海域主要分布在胶州湾和丁字湾及附近海域。污染较重的第四类和劣第四类水质海域分布区域主要集中在胶州湾、丁字湾顶部。

黄岛区近岸海域海水环境质量状况总体良好,主要为第一、二类海水水质海域。无机氮、活性磷酸盐和石油类存在超第一类海水水质标准的现象,超标站位主要出现在黄岛区东部近岸和南部沿岸的部分海湾内。其中,春、秋季灵山湾和古镇口湾附近海域海水氮、磷污染状况相对较重,出现小面积第三、四类海水水质海域;2013 年黄岛区近岸海域海水中无机氮、活性磷酸盐和石油类的平均浓度分别为 181μg/L、9.29μg/L 和 23.4μg/L。2014 年黄岛区近岸海域海水中无机氮、活性磷酸盐和石油类的平均浓度分别为 155μg/L、6.62μg/L 和 25.0μg/L。

市南区近岸海域海水环境质量状况良好,海水 pH、溶解氧、化学需氧量、活性磷酸盐及大部分重金属监测指标均符合第一类海水水质标准,局部区域海水无机氮和石油类浓度超第一类海水水质标准。2013 年市南区近岸海域海水中无机氮、活性磷酸盐和石油类的平均浓度分别为 247μg/L、5.36μg/L 和 22.9μg/L。2014 年市南区近岸海域海水中无机氮、化学需氧量和石油类的平均浓度分别为 188μg/L、0.950mg/L 和

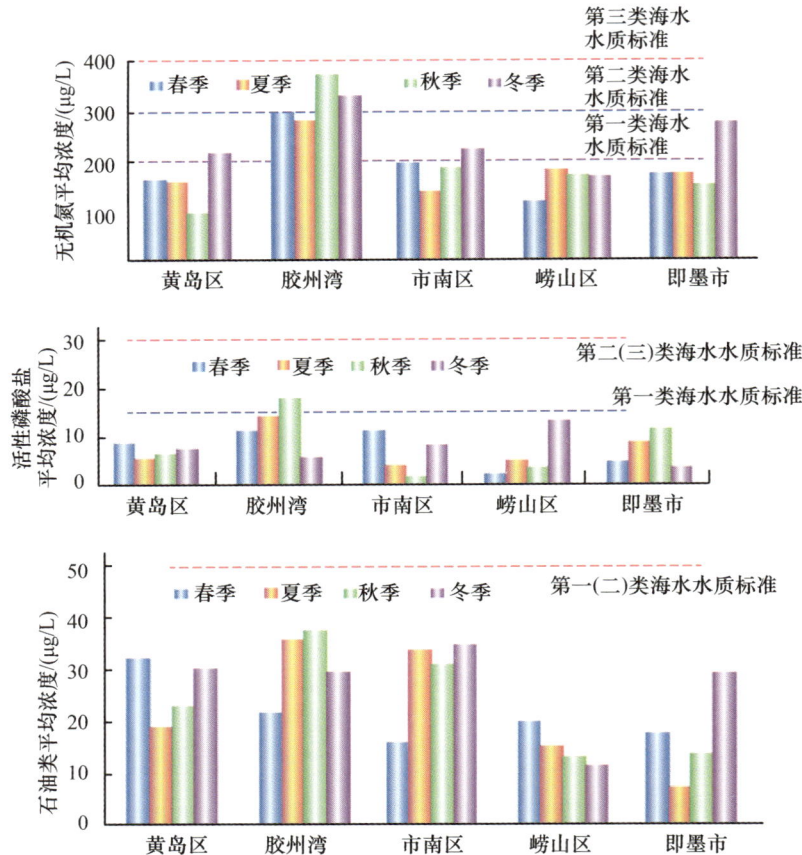

图 4.5　2014 年青岛近岸海域无机氮、活性磷酸盐、石油类的平均浓度对比

29.2μg/L。

崂山区近岸海域海水环境质量状况总体良好,属于第一、二类海水水质海域。海水 pH、溶解氧、化学需氧量、石油类和重金属监测指标均符合第一类海水水质标准,仅部分时段海水无机氮和活性磷酸盐浓度超第一类海水水质标准。2013 年度崂山区近岸海域海水中无机氮、活性磷酸盐和石油类的平均浓度分别为71.1μg/L、12.9μg/L 和 13.6μg/L。2014 年崂山区近岸海域海水中无机氮、活性磷酸盐和石油类的平均浓度分别为 171μg/L、8.31μg/L 和 12.7μg/L。

即墨市近岸海域海水环境质量状况一般,海水 pH、溶解氧及大部分重金属监测指标均符合第一类海水水质标准;无机氮、活性磷酸盐、化学需氧量和石油类均出现超第一类海水水质标准的现象。2013 年即墨市近岸海域海水中无机氮、活性磷酸盐和石油类的平均浓度分别为 245μg/L、8.91μg/L 和 23.0μg/L。2014 年即墨市近岸海域海水中无机氮、活性磷酸盐和石油类的平均浓度分别为 192μg/L、7.93μg/L 和16.6μg/L。

胶州湾海域存在不同程度的污染现象。2013 年,胶州湾海水环境质量状况总体较好,大部分监测指标符合第一类海水水质标准,海水环境主要污染物为无机氮、活性磷酸盐和石油类,主要污染区域分布在北部、东部近岸海域及海西湾—前湾。胶州湾北部近岸海域海水中无机氮和活性磷酸盐浓度较高,普遍超第四类海水水质标准,造成湾底小面积海域为劣第四类海水水质;胶州湾东部和西部近岸及海西湾—前湾局部海域海水受到石油类污染,中石化东黄输油管线爆燃事故发生后,胶州湾西部近岸海域海面发现油膜,超第四类海水水质标准。2014 年胶州湾北部近岸受无机氮和活性磷酸盐污染较为严重,无机氮在春、夏、秋三季均超第四类海水水质标准,最高浓度为 845μg/L;活性磷酸盐在夏、秋季超第四类海水水质标准,最高浓度为 62.7μg/L。胶州湾南部近岸及海西湾—前湾局部海域石油类污染较重,各季节均出现石油类超第一(二)类海水水质标准的现象,最高浓度达 98.0μg/L。

丁字湾海域海水环境质量状况总体一般,海水环境受到无机氮、活性磷酸盐、石油类和化学需氧量等污

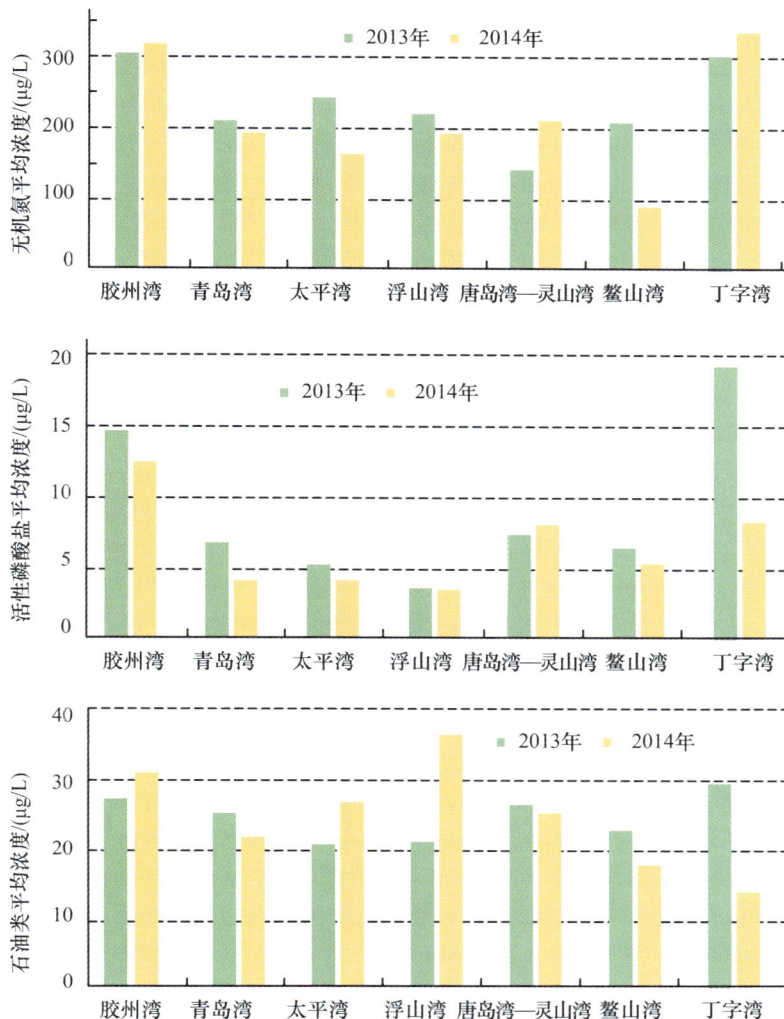

图 4.6　青岛近岸重点海湾无机氮、活性磷酸盐、石油类的平均浓度对比

染。2013 年丁字湾内海水环境受无机氮污染较重,海水无机氮浓度全年均超第二类海水水质标准,局部区域超第三类海水水质标准,最高浓度为 478μg/L。夏季湾内海水环境质量较差,无机氮、活性磷酸盐、石油类和化学需氧量多种污染物出现超标现象,其中,活性磷酸盐最高浓度为 88.9μg/L,超第四类海水水质标准;个别站位化学需氧量超第二类海水水质标准,最高浓度为 3.80mg/L。7 月上、中旬的连续强降雨以及降雨所致五龙河等入海河流携带大量淡水和污染物排入丁字湾,监测时段湾内海水盐度较低,盐度范围为 8.292‰~15.462‰,平均盐度仅为 11.225‰,连续强降雨是夏季湾内海水低盐及部分污染物浓度居高的主要原因。2014 年春季丁字湾内受到无机氮污染较重,局部海域超第三类海水水质标准,最高浓度达 404μg/L;夏季海水环境状况明显改善,各监测指标均符合第二类海水水质标准;秋季和冬季海水环境状况有所下降,局部海域无机氮浓度超第二类海水水质标准。

鳌山湾海水环境质量状况总体良好。2013 年海水 pH、溶解氧和大部分重金属监测指标均符合第一类海水水质标准,化学需氧量和活性磷酸盐均符合第二类海水水质标准,个别站位无机氮和石油类超第二类海水水质标准。全年海水无机氮浓度基本符合第二类海水水质标准,仅个别站位超第二类海水水质标准,最高浓度为 397μg/L;夏季个别站位石油类浓度略超第二类海水水质标准,最高浓度为 54.4μg/L。2014 年春季局部海域受到活性磷酸盐的污染,最高浓度为 16.3μg/L;夏季海水环境状况良好,无机氮、活性磷酸盐和石油类均符合第一类海水水质标准;秋季局部海域无机氮浓度超第二类海水水质标准。

浮山湾海水环境质量状况总体较好。2013 年海水 pH、溶解氧、化学需氧量、活性磷酸盐、石油类和大部分重金属监测指标均符合第一类海水水质标准,主要污染物为无机氮。春季湾内海水无机氮污染状况较重,无机氮浓度普遍超第三类海水水质标准,平均浓度为 472μg/L,秋季仅个别站位无机氮浓度超第二类海水水质标准。2014年海水pH、溶解氧、化学需氧量、活性磷酸盐和大部分重金属监测指标均符合第一类海水水质标准,海水环境受到一定程度的无机氮和石油类污染。夏、秋季石油类污染较重,超第一(二)类海水水质标准,最高浓度为80.4μg/L。冬季主要受到无机氮的污染,最高浓度为346μg/L,超第二类海水水质标准。

太平湾海水环境质量状况总体较好。2013年海水pH、溶解氧、化学需氧量、活性磷酸盐和大部分重金属监测指标均符合第一类海水水质标准,主要污染物为无机氮。夏季和冬季无机氮浓度均符合第二类海水水质标准,最高浓度为212μg/L;春季和秋季无机氮污染相对较重,普遍超第二类海水水质标准,个别站位超第三类海水水质标准,最高浓度为412μg/L。此外,受中石化东黄输油管线爆燃事故溢油影响,12月部分时段湾内发现少量漂浮油膜,局部海域海水水质超第四类海水水质标准。2014年海水pH、溶解氧、活性磷酸盐和大部分重金属监测指标均符合第一类海水水质标准,海水环境受到一定程度的化学需氧量和石油类污染。夏季海水受化学需氧量污染较重,局部海域超第二类海水水质标准,最高浓度为3.54mg/L。秋季局部海域受到石油类的污染,最高浓度为57.7μg/L,超第一(二)类海水水质标准。

青岛湾海水环境质量状况总体较好,2013年海水pH、溶解氧和大部分重金属监测指标均符合第一类海水水质标准,活性磷酸盐和化学需氧量等指标均符合第二类海水水质标准,主要污染物为无机氮。春、夏、冬季无机氮浓度均符合第二类海水水质标准,仅秋季局部海域无机氮超第二类海水水质标准,最高浓度为384μg/L。此外,夏季海水石油类浓度略超第二类海水水质标准,最高浓度为55.3μg/L;中石化东黄输油管线爆燃事故发生后,12月部分时段栈桥附近岸滩发现油污,海面漂浮少量油膜,局部海域海水水质超第四类海水水质标准。2014年海水pH、溶解氧、化学需氧量、活性磷酸盐、石油类和大部分重金属监测指标均符合第一类海水水质标准,仅无机氮浓度略超第一类海水水质标准,最高浓度出现在夏季,为265μg/L。

唐岛湾—灵山湾海水环境质量状况总体较好。2013年海水pH、溶解氧和大部分重金属监测指标均符合第一类海水水质标准,化学需氧量等指标均符合第二类海水水质标准,主要污染物为无机氮、活性磷酸盐和石油类。春季和冬季海水环境质量状况相对较好,各项监测指标均符合第二类海水水质标准;夏季和秋季海水环境质量状况相对较差,局部海域受到一定程度的无机氮、活性磷酸盐和石油类污染,出现超第二类海水水质标准的现象,最高浓度分别为395μg/L、35.8μg/L和88.8μg/L。2014年海水pH、化学需氧量和大部分重金属监测指标符合第一类海水水质标准,海水环境受到一定程度的活性磷酸盐、无机氮和石油类污染。春季局部海域无机氮浓度超第二类海水水质标准;夏、秋季海水环境状况较好,各项监测指标均符合第二类海水水质标准;冬季海水环境状况较差,唐岛湾局部海域活性磷酸盐浓度超第四类海水水质标准,最高浓度为70.0μg/L,无机氮浓度超第三类海水水质标准,最高浓度为497μg/L;石油类超第一(二)类海水水质标准,最高浓度为152μg/L。

2. 大气质量

2004年青岛市区SO_2月平均值变化如图4.7所示。

由图4.7可知,环境空气季节差异较大,冬季采暖期SO_2污染仍较严重,夏季SO_2浓度低。市区降尘量年平均值为12.71t/(km²·月);市区降水pH值年平均值为5.63,酸雨频率为11.96%。

2014年青岛市区环境空气质量优良天数262天,其中,一级(优)14天、二级(良)248天,优良率为

图4.7 2004年青岛市区SO_2月平均值变化

71.8%。2014年主要大气污染物SO_2、氮氧化物、烟(粉)尘排放量分别为9.11万t、10.17万t、4.58万t。其中,工业SO_2、氮氧化物、烟(粉)尘排放量分别为6.40万t、5.85万t和3.22万t;城镇生活SO_2、氮氧化物、烟尘排放量分别为2.71万t、0.26万t和0.98万t。市区环境空气中SO_2、NO_2、可吸入颗粒物、细颗粒物年平均浓度分别为0.037mg/m³、0.043mg/m³、0.107mg/m³、0.059mg/m³。空气中PM2.5的主要来源仍为燃煤、扬尘和机动车尾气,占比分别为32%、23%和24%,其他来源于工业废气、服务业排放和居民生活等。2014年青岛市总降水pH年平均值为6.48,好于酸雨限值(5.6),酸性弱于2013年的6.36。近年来,酸雨频率持

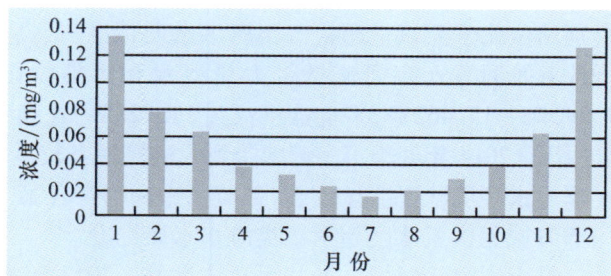

续降低,2014 年酸雨频率为 1.0%。

　　3. 海洋环境特征

　　从钢铁研究总院青岛海洋腐蚀研究所和公开发表的专著等收集了青岛近岸海域(小麦岛)的海洋环境特征因素平均值,见表4.4 和表4.5 所列。

表 4.4　青岛海岸(小麦岛)1984—1995 年环境特征因素平均值

月份	气温/℃	水温/℃	盐度/‰	相对湿度/%	pH 值	溶解氧/(mL/L)	降水量/mm	风速/(m/s)	风向
1	0.3	4.9	31.7	58.7	8.08	6.84	10.1	4.4	NW
2	2.1	3.8	32.0	63.0	8.13	7.13	18.8	4.4	NW
3	5.3	5.0	31.8	65.5	8.12	7.05	16.8	4.2	ENW
4	10.2	8.6	31.5	74.2	8.22	6.77	22.5	4.3	ENE
5	15.5	13.3	31.6	76.3	8.23	6.13	73.9	4.1	E
6	19.4	17.9	31.5	84.2	8.35	5.55	78.7	3.2	E
7	23.4	21.1	31.5	86.3	8.55	5.30	147.1	2.9	ESW
8	25.3	24.6	31.0	80.0	8.48	4.32	82.0	3.7	E
9	22.3	24.4	31.0	68.0	8.33	4.51	51.9	4.1	SEW
10	16.6	20.1	31.4	63.2	8.23	5.02	35.2	4.4	NW
11	10.2	14.3	31.5	66.2	8.12	5.68	31.9	5.0	NW
12	3.2	8.7	31.4	61.5	8.17	6.34	9.1	4.8	NW
年平均	12.8	13.9	31.5	70.6	8.25	5.89	—	4.1	—
全年	—	—	—	—	—	—	578.0	—	—

表 4.5　2003 年青岛海岸(小麦岛)的环境特征因素平均值

月份	气温/℃			相对湿度/%	盐度/‰	风力/(m/s)		日照时间/h	水温/℃			降水量/mm	溶解氧/(mL/L)	pH 值
	平均	最高	最低			平均风速	风向		平均	最高	最低			
1	-0.8	10.4	-9.3	60	31.95	4.6	NNW	182.9	3.4	4.8	2.0	10.9	10.35	8.3
2	2.2	11.7	-7	68	31.95	4.2	NNW	158.9	2.7	3.9	1.6	35.9	10.90	8.2
3	5.3	15.7	-3.3	71	31.95	4.2	S	165.3	3.5	5.8	2.0	24.3	10.42	8.2
4	11.6	22	4.7	71	31.91	4.8	S	177.1	8.0	10.6	5.5	63.6	10.18	8.3
5	16.3	30.2	8.6	77	31.80	4.2	S	190.9	13.2	16.0	10.6	64.9	8.47	8.1
6	20.5	30.3	15.1	81	31.81	3.9	S	144.9	18.1	21.0	15.6	147.7	7.76	8.2
7	22.1	31	17.4	92	31.54	3.9	S	102.5	22.0	25.2	20.0	153	7.24	8.8
8	24.1	31.5	17	88	30.50	3.3	SE	111.5	25.5	26.8	23.9	109.9	7.49	8.9
9	21.6	27.5	16	79	29.79	3.5	S	163.6	23.6	25.8	21.1	106.7	7.24	8.2
10	16	23.5	7	67	30.22	4.7	NNW	191.7	20.1	22.2	18.0	36.4	7.24	8.4
11	8.7	22.9	-0.6	70	30.63	5.2	NNW	162.9	14.2	18.2	10.7	40	9.88	8.4
12	2.7	12	-3.9	63	30.96	4.8	NNW	173.6	6.9	10.7	4.8	17.6	10.48	8.1
合计	—	—	—	—	—	—	—	1925.1	—	—	—	810.5	—	—
平均	13.53			74	31.25	4.28		—	13.4			—	8.97	8.3

　　青岛海岸(小麦岛)海水的特征:海水年平均水温较低,约为14℃,水温年差较大,约为21℃。水温随季节变化显著,7—10月水温最高,月平均水温为20.1~24.6℃,最高月平均水温为26.3℃;1—3月水温最低,月平均水温为3.8~5.0℃,最低月平均水温为2℃。与海水温度相对应,海水溶解氧年差较大,为2.8mL/L;小麦岛海岸盐度相当稳定,年度平均值为31.49‰,盐度随季节变化很小,盐度变化范围为30.2‰~32.6‰。

与水温变化相对应,海生物附着随季节变化也大,冬季几乎无海生物附着,藤壶、牡蛎仅在每年6—9月生长。全浸区主要为苔藓虫、海藻及少量石灰石、藤壶;潮差区主要为牡蛎及少量藤壶。

青岛海岸(小麦岛)大气的特征:青岛为海洋性大气,大气中的氯离子平均浓度为0.250mg/(100cm²·天);二氧化硫浓度为0.704mg/(100cm²·天);润湿时间(RH>80%)为4049h/年。

4.3.2 三亚

1. 海水质量

三亚主要海湾水质优良,符合第一类海水水质标准。2005年陵水香水湾和新村港近岸海域为第二类海水水质,三亚港口水质为第三类海水水质,榆林海岸为第四类海水水质,安游海岸为第四类海水水质;三亚河入海口处受城市生活污水的影响,为第四类海水水质,三亚港为第三类海水水质;2005年下半年三亚港为第三类海水水质,榆林海岸为第四类海水水质,安游海岸为第三类海水水质;三亚河入海口处受生活污水的影响,水质为第四类海水水质。三亚港、榆林海岸、安游的水质主要受化学需氧量、石油类、无机氮和活性磷酸盐的影响。近年来,三亚近岸主要海域均符合第一类海水水质标准,三亚河入海口近岸海域出现第三、四类海水水质。三亚近岸海域主要受城市生活污水和港口废水影响,水质较差,主要污染指标为石油类、无机氮和化学需氧量。

2. 大气质量

三亚环境空气的SO₂、NO₂日平均浓度值均符合国家一级标准。《海南省环境空气质量季报》显示:

2014年,海南全省空气质量总体优良,优良天数比例为98.92%,轻度污染天数1.06%,中度污染天数0.02%(1天),主要集中在1月、10月,海口市10月出现1天中度污染,主要污染物为O₃、PM2.5。全省SO₂、NO₂、可吸入颗粒物年平均浓度分别为5μg/m³、10μg/m³、38μg/m³,均符合国家一级标准。2014年海南全省工业废气排放总量为2638.2亿m³,全省SO₂排放量为3.3万t,其中工业源、城镇生活源SO₂排放量分别为3.2万t、0.1万t;NO₂排放量为9.5万t,其中,工业源、机动车NO₂排放量分别为6.5万t、3.0万t;烟粉尘排放量为2.3万t,其中,工业源、城镇生活源、机动车烟粉尘排放量分别为1.9万t、0.1万t、0.3万t。

3. 海洋环境特征

从船舶与海洋工程腐蚀防护国防重点实验室和公开发表的专著等收集了榆林港的海洋环境特征数据,见表4.6~表4.8所列。榆林海岸海水的特征如下:

表4.6 榆林海岸1984—1995年环境因素平均值

月份	气温/℃	水温/℃	盐度/‰	相对湿度/%	pH值	溶解氧/(mL/L)	降水量/mm	风速/(m/s)	风向	日照/h
1	22.2	22.9	34.0	73.8	8.11	4.77	11	2.9	NE	170
2	23.2	23.5	34.1	77.9	8.13	4.73	21	2.6	NE	133
3	24.7	25.1	34.1	80.0	8.03	4.99	17	2.5	NE	161
4	27.6	27.7	34.2	80.8	8.15	4.64	49	2.2	NE	177
5	29.7	29.8	34.2	80.1	8.19	4.37	86	1.9	SE	232
6	29.6	30.0	29.8	80.3	8.12	4.32	161	2.0	SW	167
7	29.3	29.5	30.9	80.6	8.16	4.52	177	2.1	SW	212
8	29.5	29.1	27.5	81.1	8.18	4.55	179	1.6	SW	201
9	29.8	29.2	31.2	80.1	8.25	4.42	250	1.9	NE	174
10	27.0	27.5	32.1	79.5	8.15	4.47	179	3.2	NE	154
11	25.2	25.6	33.6	75.3	8.10	4.46	43	3.0	NE	182
12	23.3	23.7	33.3	71.5	8.21	4.66	14	2.8	NE	163
年平均	26.7	27.0	32.4	78.4	8.15	4.58	—	2.4	—	—
全年	—	—	—	—	—	—	1187	—	—	2126

表 4.7 榆林海岸 1994 年环境因素平均值

月份	平均气温/℃	平均水温/℃	盐度/‰	溶解氧/(mL/L)	pH 值	降水量/mm	相对湿度/%	日照时间/h	平均风速/(m/s)
1	22.8	23.1	—	—	—	0.0	67	193.5	2.7
2	24.6	24.5				0.6	81	136.0	2.5
3	24.1	24.3	34.35	5.17	8.0	18.1	78	130.4	2.7
4	28.3	28.9	34.85	5.40	7.9	63.0	74	182.3	2.0
5	32.5	30.6	34.45	5.53	8.0	127.0	70	225.9	1.5
6	28.8	30.1	15.00	5.92	7.9	217.7	79	131.0	1.3
7	28.3	29.0	22.05	6.06	8.1	398.9	79	109.1	1.7
8	28.6	29.0	29.60	5.51	8.1	239.6	79	225.3	1.1
9	27.7	29.4	31.90	5.48	8.0	265.4	80	127.1	2.1
10	27.0	28.2	31.65	5.38	8.1	72.3	72	185.9	2.2
11	25.2	26.0	33.96	5.60	8.1	29.9	73	206.1	3.3
12	24.2	24.9	31.95	5.64	8.1	55.7	76	116.1	3.2

表 4.8 榆林海岸 1995 年环境因素平均值

月份	平均气温/℃	平均水温/℃	盐度/‰	溶解氧/(mL/L)	pH 值	降雨量/mm	相对湿度/%	日照时间/h	平均风速/(m/s)
1	21.4	23.4	33.10	6.13	8.1	17.7	74	154.7	2.8
2	21.0	23.3	35.40	6.73	8.1	6.1	78	101.7	2.9
3	24.0	24.7	33.00	5.11	8.1	12.7	77	101.1	2.4
4	27.9	28.0	34.30	5.84	8.1	0	75	231.4	2.1
5	28.6	30.1	32.50	5.62	8.1	131.4	81	162.0	1.9
6	28.7	31.0	32.30	5.54	8.1	207.5	85	129.8	1.4
7	29.2	31.1	33.10	5.85	8.1	139.6	82	161.4	1.4
8	27.7	29.0	33.60	5.61	8.2	395.6	81	108.1	1.8
9	28.1	29.3	30.40	5.63	8.1	105.4	76	143.2	3.3
10	26.2	27.5	29.20	5.78	8.1	348.5	72	137.4	3.3
11	24.2	25.4	32.7	5.76	8.0	81.3	68	143.7	3.2
12	21.7	22.9	32.9	5.30		5.8	61	158.5	3.3

（1）海水水温高，季节温差小，年平均水温 27℃；5—9 月水温较高，29℃左右，最高月平均水温 31℃；12 月至次年 2 月水温较低，23℃左右，最低月平均水温 21.3℃；榆林港表层海水中钢样表面硬壳型宏观微生物（牡蛎、藤壶为主）大量而不均匀附着；表层海水中钢样腐蚀产物中掺杂的碳酸盐沉淀很多，比青岛海岸多几倍至几十倍，呈不连续的分布形态；表层海水中钢样腐蚀产物中腐蚀性细菌含量比青岛多，表 4.9 显示了碳钢在青岛和榆林海水中暴露不同时间的内锈层中腐蚀性细菌的数量。由表 4.9 可知，在榆林海水暴露的钢内锈层中的硫酸盐还原菌（SRB）比青岛的多得多。图 4.8 是碳钢在海水中暴露的内锈层中的硫酸盐还原菌扫描电镜照片。

（2）海水盐度较高，年平均盐度为 32.41‰。季节变化较小，在旱季 11 月至次年 5 月盐度较高，平均盐度为 33.34‰ ~ 34.17‰；在雨季 6—10 月盐度较低，平均盐度为 29.75‰ ~ 32.09‰。

（3）海水溶解氧较低，年平均为 4.58mL/L。由于该海域全年四季海水温差较小，盐度变化较小，海生物一年四季生长旺盛，因而全年含氧量比较稳定。12 月至次年 4 月溶解氧较高，一般为 4.64 ~ 4.99mL/L，5—11 月溶解氧较低，一般为 4.32 ~ 4.47mL/L。

表 4.9 碳钢在海水中暴露不同时间的内锈层中腐蚀性细菌数量

地点	样品	暴露时间	硫酸盐还原菌 SRB(cells/g)	腐生菌菌群 TGB(cell/g)	铁细菌 FB/(cells/g)
青岛	内锈层	1 个月	1.1×10^6	4.9×10^5	9.8×10^0
		3 个月	7.8×10^6	3.6×10^5	2.5×10^1
		6 个月	7.5×10^5	1.1×10^4	—
		9 个月	4.5×10^5	9.1×10^3	—
		12 个月	4.5×10^5	2.6×10^3	2.5×10^2
	海水	—	1.6×10^2	1.9×10^3	2.0×10^0
榆林	内锈层	1 个月	5.6×10^{10}	1.6×10^6	4.5×10^2
		3 个月	3.0×10^{11}	9.2×10^6	3.0×10^2
		6 个月	1.1×10^{10}	2.4×10^6	1.4×10^4
		9 个月	1.1×10^{11}	1.9×10^7	3.0×10^3
		12 个月	2.0×10^{10}	2.2×10^7	7.5×10^3
	海水	—	5.3×10^1	4.5×10^3	1.1×10^0

(a)　　　　　　　　　　　　(b)

图 4.8　碳钢在海水中暴露的内锈层中 SRB 的扫描电镜照片(8000 倍)

(a) 在榆林海水中暴露 1 个月；(b) 在青岛海水中暴露 12 个月。

(4) 海生物一年四季生长旺盛。海生物的种类随季节和暴露年份不同而有所变化。如 1983 年 12 月份暴露的铝合金,1 年后附着海生物主要是苔藓虫、绿藻,其次是牡蛎、藤壶、石灰虫、树枝虫等;1984 年 12 月份暴露的铝合金,1 年后附着海生物主要是牡蛎,其次是苔藓虫、藤壶、石灰虫等。潮差区,由于气温较高海生物附着较少。如铝合金试样暴露 4 年,附着面积为 20% 左右,主要是小藤壶、石灰虫、牡蛎等;碳钢、低合金钢试样暴露 4 年,附着面积为 10% 左右,附着种类为小藤壶、石灰虫。

榆林海岸大气环境特征:榆林港为海洋性大气,大气中海盐粒子浓度高,SO_2、NO_2 浓度低。三亚附近的万宁大气实验站的氯离子浓度为 0.387mg/(100cm² · 天),SO_2 浓度为 0.060mg/(100cm² · 天),润湿时间(RH > 80%)为 6736h/年。在榆林港码头(离海边 20~30m)测量了大气的氯离子平均浓度(2006 年 4—5月)为 85.6μg/(100cm² · 天)。测量结果明显低于万宁站的数据,主要是因为取样器放置在房子的阳台下,取样器的通风性不是很好,其中有一面的通风性较差,影响了盐粒在纱布上的沉积。

4.3.3　宁波

1. 海水质量

《2005 年宁波市海洋环境公报》显示,2005 年宁波近岸和近海海域未达清洁和较清洁标准的海域面积为 6899km²,占总海域面积的 70.5%,水体中主要的污染因子为无机氮和磷酸盐,大部分海域还受到石油类的污染。

《2014 年宁波市海洋环境公报》显示,宁波所辖海域水体主要受营养盐(无机氮、活性磷酸盐)的影响,近岸海域的无机氮和活性磷酸盐含量基本劣于第四类海水水质标准,化学需氧量、石油类、重金属等监测指标含量基本符合第一类海水水质标准。春季(5 月)、夏季(8 月)、秋季(10 月)符合第一、二类海水水质海域面积分别占所辖海域面积的 6%、29%、7%;劣第四类海水水质海域面积分别占所辖海域面积的 65%、34%、60%,主要分布在杭州湾南岸、甬江口、大榭—北仑港、象山港、三门湾等海域。总体而言,夏季水质环境略好于春季和秋季,夏季劣四类海水水质所占面积明显低于春、秋季;第一、二、三类海水水质所占面积大于春、秋季。宁波港湾水质变化如图 4.9~图 4.11 所示。

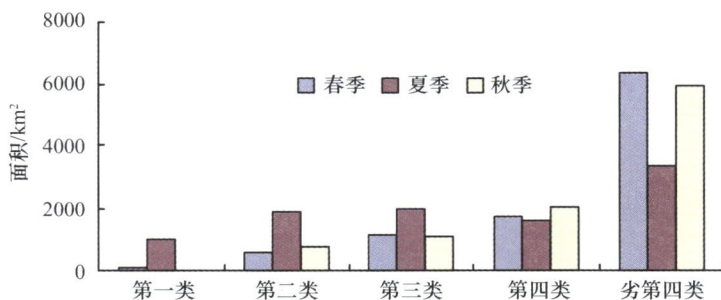

图 4.9　2014 年宁波所辖海域各季度水质等级面积

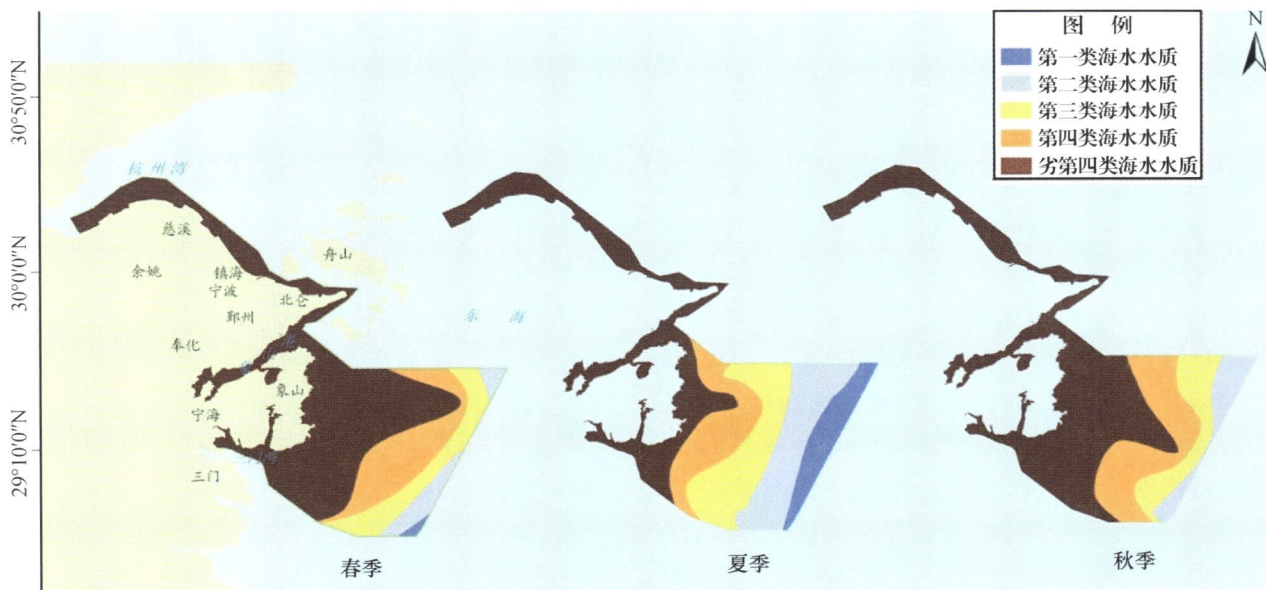

图 4.10　2014 年宁波所辖海域水质状况分布

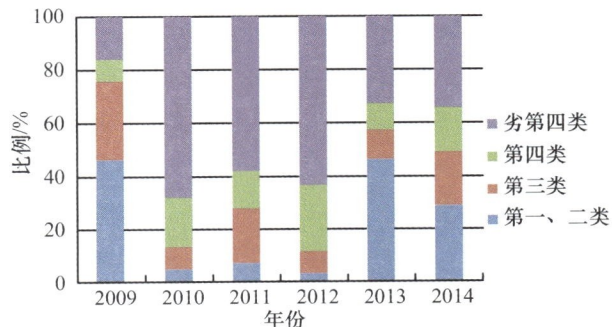

图 4.11　2009—2014 年水质等级面积变化状况

图 4.12 为 2014 年宁波市各河口、港湾海水中的无机氮、磷酸盐、化学需氧量及石油类含量分布状况。

杭州湾为严重污染海域,主要污染物有无机氮、磷酸盐和石油类。无机氮、磷酸盐是该海域最主要的污染物,均超第四类海水水质标准;其次为石油类,符合第三类海水水质标准。

甬江口为严重污染海域,无机氮、硫酸盐和石油类为该海域的主要污染物。无机氮、硫酸盐均超第四类海水水质标准,石油类符合第三类海水水质标准。

象山港为严重污染海域,最主要的污染物有无机

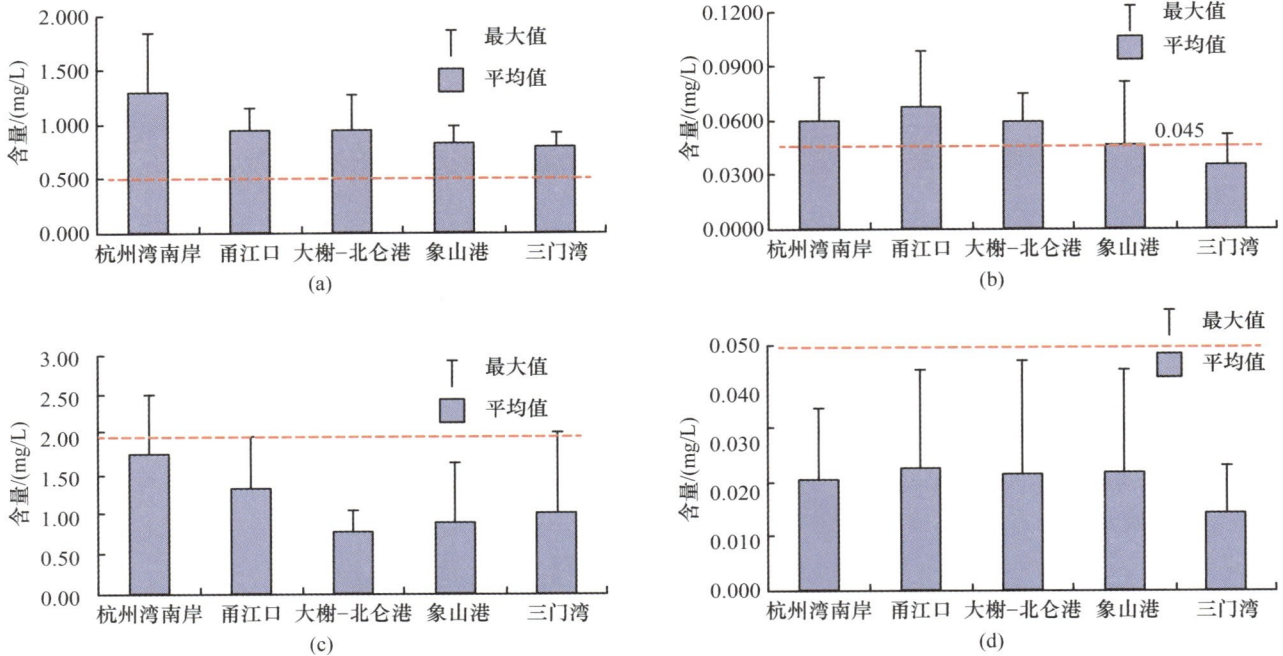

图 4.12 2014 年宁波港湾海水主要污染物含量分布状况

（a）无机氮；（b）活性磷酸盐；（c）化学需氧量；（d）石油类。

氮、硫酸盐和石油类。无机氮超第四类海水水质标准,硫酸盐符合第三类海水水质标准。

2. 大气质量

《宁波市环境状况公报》（2005 年）显示:2005 年宁波市区空气中 SO_2 年日平均值为 0.047mg/m³,达到环境空气质量二级标准,全年第四季度日平均值高于其他季度。象山县空气中 SO_2 年日平均浓度为 0.015mg/m³,均达到环境空气质量一级标准,一季度 SO_2 日平均浓度为 0.026mg/m³,二季度 SO_2 平均浓度为 0.006mg/m³,三季度 SO_2 平均浓度为 0.005mg/m³,四季度 SO_2 平均浓度为 0.021mg/m³。宁波市区空气中 NO_2 年日平均值为 0.066mg/m³,达到环境空气质量二级标准,全年第一季度平均值高于其他季度。象山县空气中 NO_2 年日平均值为 0.021mg/m³,达到环境空气质量一级标准,一季度 NO_2 日平均浓度为 0.034mg/m³,二季度 NO_2 日平均浓度为 0.015mg/m³,三季度 NO_2 日平均浓度为 0.013mg/m³,四季度 NO_2 日平均浓度为 0.021mg/m³。2005 年宁波全市属于重酸雨区,酸雨污染严重。宁波市区降水 pH 年平均值为 4.26,酸雨率为 96.7%,象山县降水 pH 年平均值为 4.35,酸雨率为 100%。

近年来,宁波市酸雨污染程度持续减轻,酸雨率持续下降,2014 年消除了重酸雨区;但是复合污染趋势明显,细颗粒物污染较重,秋冬季节污染天气持续出现,灰霾现象相对严重。

2014 年宁波市区 SO_2 浓度为 5~73μg/m³,年平均浓度为 17μg/m³,比 2013 年下降了 22.7%。宁波各县（市）SO_2 浓度为 3~108μg/m³,年平均浓度为 16μg/m³,年平均值达到二级标准,日平均值超标率均为 0。象山县、宁海县 SO_2 年平均浓度低于全市平均,分别为 12μg/m³、14μg/m³。

2014 年宁波市区 NO_2 浓度为 9~122μg/m³,年平均浓度为 41μg/m³,比 2013 年下降 6.8%,年平均值超标 0.03,日平均值超标 10 天,超标率为 2.7%。各县（市）NO_2 浓度为 3~130μg/m³,年平均浓度为 29μg/m³。宁海县、象山县 NO_2 年平均浓度低于全市平均,分别为 26μg/m³、21μg/m³。

2014 年宁波市区 PM10 浓度为 14~261μg/m³,年平均浓度为 73μg/m³,比 2013 年下降 15.1%,年平均值超标 0.04 倍,日平均值超标 22 天,超标率为 6.0%。宁波各县（市）PM10 浓度为 8~264μg/m³,年平均浓度为 70μg/m³。奉化市、宁海县、象山县 PM10 年平均浓度低于全市平均,分别为 66μg/m³、64μg/m³、58μg/m³,达到二级标准。

2014 年宁波市区 PM2.5 浓度为 8~202μg/m³,年平均浓度为 46μg/m³,比 2013 年下降 14.8%,年平

均值超标 0.3，日平均值超标 49 天，超标率为 13.4%。宁波各县（市）PM2.5 浓度为 4～212μg/m³，年平均浓度为 47μg/m³。象山县、宁海县、奉化市 PM2.5 浓度低于全市平均，分别为 38μg/m³、46μg/m³、46μg/m³。

2014 年宁波市区灰霾日共 118 天，比例为 32.3%，比 2013 年减少了 20 天，下降 5.5%。

2014 年全市酸雨污染程度继续减轻，消除了重酸雨区；除余姚为轻酸雨区外，其他地区均属中酸雨区。与 2013 年相比，酸雨频率基本持平，降水酸性程度略有减轻。2014 年宁波市酸雨发生频率为 83.8%，比 2013 年下降 0.2%。象山、奉化、镇海酸雨发生频率较高，为 98.2%、87.5%、85.2%；宁海、鄞州、北仑相对较低，为 80.2%、78.7%、77.3%。2014 年宁波市降水 pH 年平均值为 4.52～5.29，平均值为 4.75，比 2013 年上升 1.3%。其中北仑区降水酸性程度明显减弱，由重酸雨区转为中酸雨区。

3. 海洋环境特征

1）大榭岛近岸海水特征

收集了大榭岛附近的舟山海洋腐蚀实验站（定海港西部螺头门岸段）的海洋环境特征因素的数据，见表 4.10。定海港西部螺头门岸段海岸海水环境因素的主要特征如下：

海水水温年差较大，约为 17.3℃，水温随季节变化比较显著。7—10 月水温最高，月平均水温为 22.9～26.4℃，最高月平均水温为 27.5℃；1—3 月水温最低，月平均水温为 9.1～10.7℃，最低月平均水温为 8℃。

由于受长江和钱塘江径流的影响，海水盐度低，年平均盐度为 24.51‰，低于太平洋海水盐度（34.0‰～37.0‰）。月平均最高盐度为 31.49‰，月平均最低盐度为 19.23‰。

泥砂含量大，每年的泥砂量为 500～800mL/L。舟山海域位于长江三角洲浅水砂质陆架区，受长江及黄河向东流入海径流输沙量的影响，形成低盐度泥沙含量大的水域特征。

海生物附着较少。如碳钢暴露 1 年，在全浸区附着面积为 50% 左右，主要种类为藻类、藤壶、苔藓虫、管盘虫、柏螅等；在潮差区附着面积为 5%～10%，主要是藤壶、海藻等。

表 4.10　定海港西部螺头门岸段海岸的环境因素平均值（1989—1995 年）

月份	气温/℃	水温/℃	盐度/‰	相对湿度/%	pH 值	含氧量/(mL/L)	降水量/mm	风速/(m/s)	风向	日照时间/h
1	7.3	10.7	24.2	76.2	8.18	6.27	54.7	2.1	NW	96.4
2	7.4	9.1	25.3	74.7	8.18	6.75	70.0	2.0	NW	90.6
3	9.4	9.3	25.2	78.9	8.14	6.65	115.2	2.5	NW	111.8
4	13.2	11.5	25.1	80.9	8.07	6.36	107.8	1.7	SE	127.9
5	18.2	15.9	25.4	79.8	8.09	5.86	116.7	1.7	ESE	151.4
6	22.7	20.1	25.2	85.7	8.06	5.02	198.9	1.6	ESE	137.6
7	26.9	23.8	26.3	80.2	8.04	5.08	111.6	1.7	SE	236.8
8	27.9	26.1	25.9	79.2	8.00	4.21	177.1	2.2	NE	179.1
9	24.0	26.4	23.5	76.1	8.09	4.45	183.7	2.1	NE	160.2
10	18.5	22.9	21.7	74.2	8.10	4.92	60.2	1.7	NW	162.0
11	14.6	19.0	22.5	71.1	8.15	5.35	51.5	1.8	NW	133.1
12	9.4	14.7	23.9	75.0	8.19	5.93	56.0	1.9	NW	118.1
年平均	16.6	17.5	24.5	77.7	8.11	5.57	—	1.9	—	—
全年							1303.4			1705

大榭岛与舟山西部相距很近，因此，大榭岛近岸海水特征应与舟山海洋腐蚀试验站的接近。而且从近年来的环境公告看，两地区的污染情况也接近，均为劣于第四类海水水质标准。

2）象山港海水的盐度

象山港水域面积为 563km²，平均水深约为 10m，局部深潭可达 40m 以上，由牛鼻水道、佛渡水道和象山港狭湾三部分组成。佛渡水道宽约为3.5km,牛鼻水道宽约为15km,象山港狭湾长约为50km,湾口宽约为9.5km。夏季由于长江冲淡水主要向东北方向扩展,浙江沿岸水主要受台湾暖流等外海高盐水控制,牛鼻和佛渡两水道中盐度可达31‰以上。冬季受长江径流的影响,两个水道中的盐度只有24‰~25‰。狭湾顶附近,冬、夏季的盐度都保持在20‰~23‰。狭湾内盐度垂向分布的季节变化较大,夏季盐度梯度比冬季大许多。夏季水体垂向层化明显,最大表、底盐度差可达2‰以上。象山港地区冬季的径流量较小,沿底层入侵的外海水的盐度也较夏季低。在偏北大风的垂向涡动混合下,湾内水体垂向基本均匀,表、底盐度差不足0.5‰。

　　3)气象特征

　　从武汉专业气象台收集了宁波市2004年、2005年的气象数据,见表4.11和表4.12所列。

表4.11　2004年宁波的气象数据

月份	月平均气温/℃	月平均最高气温/℃	月平均最低气温/℃	月总降水量/mm	月平均相对湿度/%	月最低相对湿度/%
1	7.1	11.2	4.3	62.8	63	15
2	10.9	17.6	6.2	51.6	67	15
3	11.4	16.8	7.6	74.1	69	17
4	18	24.7	13.1	56	65	19
5	22.9	29.1	18.8	22.3	72	14
6	25.6	30.8	21.8	35.2	69	22
7	29.7	35.9	25.4	93.5	67	20
8	29.3	34.5	25.5	432.9	70	34
9	24.7	29	21.9	142.7	75	28
10	19.7	25.8	14.9	22.6	60	20
11	15.4	21.9	11	32.6	72	15
12	10.3	15.4	6.8	119.3	73	22

表4.12　2005年宁波的气象数据

月份	月平均气温/℃	月平均最高气温/℃	月平均最低气温/℃	月总降水量/mm	月平均相对湿度/%	月最低相对湿度/%
1	5.3	9.6	2.6	84.2	68	26
2	6.8	10.1	4.5	107.8	75	23
3	10.2	15.5	6.2	91.4	67	17
4	18.5	25.7	13.8	143.9	70	20
5	21.1	25.7	17.9	312.8	78	28
6	25.9	31.3	21.9	206.8	74	23
7	30.1	35.9	25.9	332.6	71	26
8	28.2	32.9	25.2	537.2	76	35
9	27.3	32.3	23.5	291	71	28
10	20.5	25.6	17.1	172.7	69	23
11	16.6	21.4	13.1	44.8	72	16
12	6.9	11.8	3.4	52.9	59	14

　　测量了大榭码头空气中的氯离子浓度(2006年4—5月),测量点离海边200~300m,测得的空气中的氯离子的平均浓度为13.8μg/(100cm^2·天)。测量了西沪港码头空气中的氯离子浓度(2006年4—5月),测量点离海边400~500m,测得的空气中的氯离子平均浓度为7.76μg/(100cm^2·天)。由于取样器放置位置的通风性较差有关,以上两个位置空气中盐粒的沉积已接近室内水平,所以,测量结果比青岛、万宁大气试验站的结果低得多。

4.4　武汉、上海、葫芦岛的环境特征

4.4.1　武汉

　　1. 气象数据

　　2004年、2005年武汉的气象数据见表4.13和表4.14所列。

　　2. 大气质量

　　《2004年武汉市环境状况公报》显示:2004年武汉城区空气质量状况优良的天数占全年天数的67.5%,空气污染指数(API)年平均值为93,城区空气质量为良好。2004年武汉城区空气中可吸入颗粒物浓度日平均值为0.130mg/m^3,超过《环境空气质量标准》中的二级标准0.3,SO$_2$、NO$_2$浓度日平均值分别为0.044mg/m^3、0.052mg/m^3,符合国家二级标准,武汉城区降尘月平均值为10.76t/km^2;武汉城区降水年平均pH值为5.13。《2005年武汉市环境状况公报》显示:2005年武汉中心城区环境空气质量良好,空气污染指数平均值为85,全年有271天空气质量状况为优良,占全年天数的74.3%。武汉中心城区空气中,SO$_2$浓度年平

表 4.13 2004 年武汉的气象数据

月份	月平均气温/℃	月平均最高气温/℃	月平均最低气温/℃	月总降水量/mm	平均相对湿度/%	最小相对湿度/%
1	4.5	7.8	2.1	53.5	74	23
2	11.2	16.6	7.5	72	60	17
3	12.6	16.9	9.5	40.2	66	17
4	20.1	25.3	16.1	126	67	21
5	23.3	27.8	19.9	170.7	69	23
6	25.6	29.5	22.5	322.9	74	23
7	29.9	33.7	27	435.7	71	38
8	27.5	31.3	24.9	199.7	78	44
9	24.8	29.5	21.7	53.9	69	29
10	18.5	23.2	15.2	1.3	65	18
11	13.9	19.2	10.5	53.8	72	26
12	7.3	11.2	4.7	42.5	70	18

表 4.14 2005 年武汉的气象数据

月份	月平均气温/℃	月平均最高气温/℃	月平均最低气温/℃	月总降水量/mm	平均相对湿度/%	最小相对湿度/%
1	3.7	7.5	1.1	32.9	67	26
2	3.6	6.3	1.4	110.6	77	27
3	11.1	15.9	7.6	46.6	62	14
4	21.2	26.6	16.9	65.9	64	12
5	23.7	27.6	20.5	176.9	72	27
6	28.5	32.7	25.3	179.5	70	24
7	30.5	34.4	27.4	108.6	70	39
8	27.2	30.7	24.7	93	75	36
9	25.3	29.4	22.3	150	77	39
10	18.5	23	15.5	8.3	68	24
11	14.5	18.4	11.8	143.4	76	19
12	5.8	10.1	2.8	1.2	56	16

均值为 0.045mg/m³,符合国家二级标准;NO_2 浓度年平均值为 0.045mg/m³,符合国家二级标准;可吸入颗粒物浓度年平均值为 0.111mg/m³,超过《环境空气质量标准》中的二级标准0.11。2005 年武昌紫阳、汉口江滩检测点的 SO_2、NO_2 浓度的日平均值如图 4.13 所示。

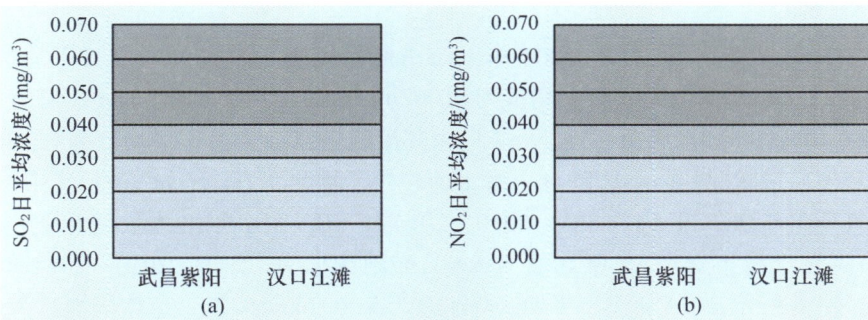

图 4.13 2005 年武昌紫阳、汉口江滩检测点的 SO_2、NO_2 的日平均浓度

(a) SO_2 的日平均浓度;(b) NO_2 的日平均浓度。

3. 长江江水水质

《2005 年武汉市环境状况公报》显示,2004 年和 2005 年长江武汉段水质符合Ⅲ类标准,没有超标污染物。

4.4.2 上海

1. 气象数据

2004 年和 2005 年上海的气象数据见表 4.15 和表 4.16 所列。

2. 大气质量

《2005 年上海市环境状况公报》显示:2005 年上海市环境空气质量为优良的天数有 322 天,优良率为 88.2%,上海市环境空气质量优良率 2003—2005 年连续三年超过 85%。2005 年上海城区可吸入颗粒物浓度日平均值为 0.088mg/m³,达到《国家环境空气质量标准》二级标准。上海市城区 SO_2 浓度日平均值为 0.061mg/m³,略超过《国家环境空气质量标准》二级标准。2001—2005 年,上海市城区 SO_2 浓度日平均值(除 2005 年外)均低于国家环境空气质量二级标准,SO_2 污染总体呈上升趋势。上海城区 NO_2 浓度日平均

值为 0.061mg/m^3 ,达到《国家环境空气质量标准》二级标准,2001—2005 年上海市城区 NO_2 浓度日平均值均低于国家环境空气质量二级标准, NO_2 污染总体保持稳定。上海市降水的平均 pH 值为 4.93,酸雨频率为 40.0% 。区域平均降尘量为 $8.8\text{t/(km}^2\cdot\text{月)}$,道路降尘量年平均值为 $22.4\text{t/(km}^2\cdot\text{月)}$ 。

表 4.15　2004 年上海的气象数据

月份	月平均气温/℃	月平均最高气温/℃	月平均最低气温/℃	月总降水量/mm	平均相对湿度/%	最小相对湿度/%
1	4.1	7.5	1.3	92.1	72	23
2	8.6	13.5	4.8	71.5	68	16
3	9.9	13.7	6.8	48.7	70	22
4	16.2	21.3	11.7	118.2	67	24
5	21	25.4	17.2	109.8	73	21
6	24.4	28	21.5	145	78	24
7	29.8	34.4	26	94	71	33
8	28.9	32.4	26.2	76	76	34
9	24.3	27.2	21.6	141.3	78	40
10	19.2	22.9	15.6	5.2	68	17
11	14.6	19.1	10.8	72.3	73	24
12	9.1	12.3	6.3	86.9	77	41

表 4.16　2005 年上海的气象数据

月份	月平均气温/℃	月平均最高气温/℃	月平均最低气温/℃	月总降水量/mm	平均相对湿度/%	最小相对湿度/%
1	3.4	6.4	0.8	73	72	29
2	4.3	6.8	2.2	124.9	76	23
3	9	14.1	5	42.7	64	21
4	17.8	23	13.3	33.1	65	19
5	20.7	25.1	17.2	75.9	70	25
6	26.5	30.7	22.9	37.3	70	25
7	29.3	33	26.5	118.6	76	40
8	28.3	31.6	25.8	307.4	76	35
9	26.4	29.8	23.7	101.5	73	37
10	19.3	22.4	16	39.3	70	25
11	15.2	19.1	12.1	84.7	69	14
12	4.9	8.8	1.6	21.7	61	17

《2004 年上海市环境状况公报》显示:2004 年上海市城区可吸入颗粒物浓度日平均值为 0.099mg/m^3 , SO_2 浓度日平均值为 0.055mg/m^3 , NO_2 日平均值为 0.062mg/m^3 ,全市降水的平均 pH 值为 4.92,酸雨频率为 32.7% 。全市区域平均降尘量为 $10.0\text{t/(km}^2\cdot\text{月)}$,内环沿线道路降尘量年平均值为 $22.3\text{t/(km}^2\cdot\text{月)}$ 。

《2014 年上海环境质量状况》显示:2014 年上海市 SO_2 年平均浓度 $18\mu\text{g/cm}^3$, NO_2 年平均浓度为 $45\mu\text{g/cm}^3$ (超出国家环境空气质量二级标准 $5\mu\text{g/cm}^3$),2010—2014 年 SO_2 、 NO_2 年平均浓度变化趋势分别如图 4.14 和图 4.15 所示;2014 年上海市降水 pH 平均值为 4.90,酸雨频率为 72.4% ,2010—2014 年酸雨频率和降水 pH 值变化趋势如图 4.16 所示;2014 年上海平均区降尘量为 $5.4\text{t/(km}^2\cdot\text{月)}$,道路降尘量为 $9.6\text{t/(km}^2\cdot\text{月)}$,2010—2014 年上海市降尘变化趋势如图 4.17 所示,降尘总体呈下降趋势。

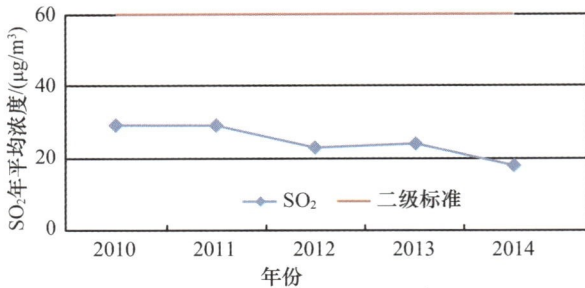

图 4.14　2010—2014 年上海市 SO_2 年平均浓度变化趋势

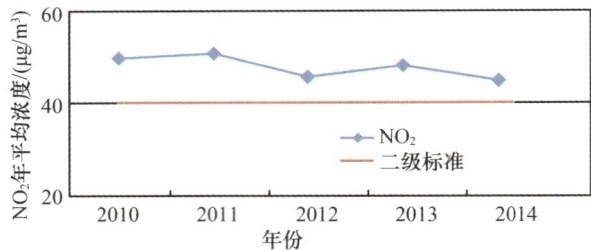

图 4.15　2010—2014 年上海市 NO_2 年平均浓度变化趋势

3. 黄浦江水质

《2003 年上海市环境状况公报》显示:松浦大桥、闵行西界和临江断面分别有 3 项、2 项和 3 项指标劣于 Ⅲ类水标准;南市水厂和杨浦大桥断面分别有 2 项和 3 项指标劣于 Ⅳ 类水标准,吴淞口断面未出现超标。黄浦江南市水厂断面水质见表 4.17 所列。

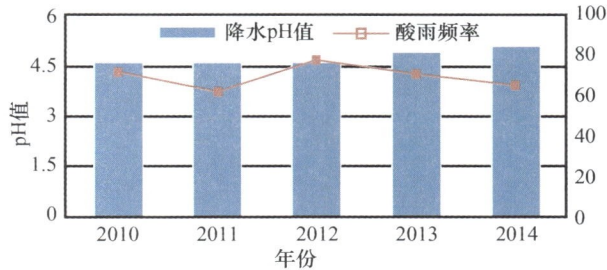

图 4.16　2010—2014 年上海市酸雨频率和
降水 pH 值变化趋势

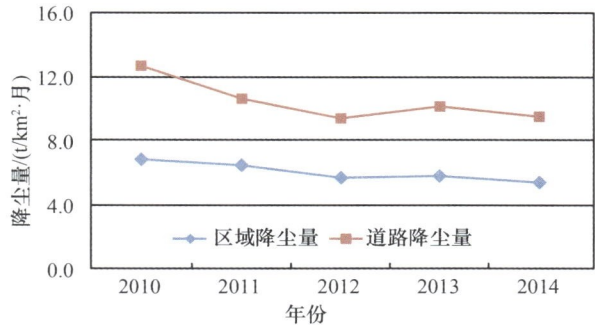

图 4.17　2010—2014 年上海市降尘量变化趋势

表 4.17　黄浦江南市水厂断面水质(mg/L)

年份	1994	1995	1996	1997	1998	1999	2000	2001	2002	2003
DO	3.3	3.9	4.2	4.0	4.7	5.1	4.4	4.4	5.6	4.9
$NH_3 - N$	2.5	2.5	3.1	2.6	2.0	1.4	3.2	2.4	1.6	1.8
COD_{Mn}	5.8	5.7	6.8	6.1	5.4	5.5	6.3	5.3	5.2	5.1
BOD_5	5.7	4.5	4.3	4.3	4.2	4.2	5.8	4.0	4.7	4.7

《2014 年上海环境质量状况》显示:黄浦江 6 个断面水质,1 个为Ⅲ类,5 个为Ⅳ类,主要污染指标为总磷、氨氮和溶解氧;长江口 7 个断面水质均达到Ⅲ类。2010—2014 年黄浦江、长江口高锰酸盐浓度和氨氮浓度变化趋势分别如图 4.18 和图 4.19 所示。

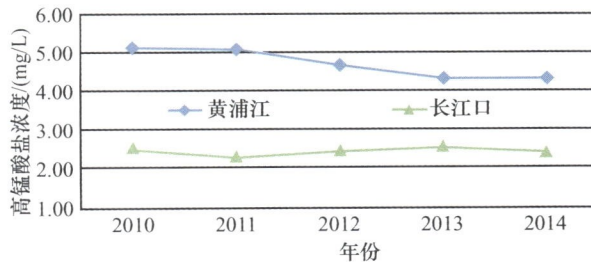

图 4.18　2010—2014 年黄浦江、长江口
高锰酸盐浓度变化趋势

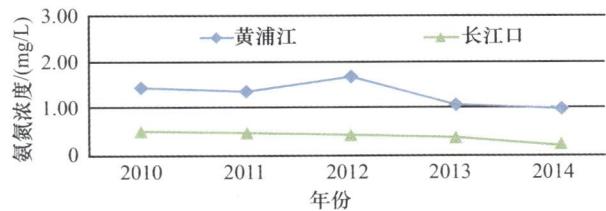

图 4.19　2010—2014 年黄浦江、长江口
氨氮浓度变化趋势

4.4.3　葫芦岛

1. 气象数据

2004 年和 2005 年锦州的气象数据见表 4.18 和表 4.19 所列。

2. 大气质量

《2012 年度葫芦岛市环境状况公报》显示:2012 年城市环境空气质量以良好为主,全市环境空气 PM10、SO_2、NO_2 和 CO 浓度年平均值达到国家环境空气质量二级标准。2012 年全市环境空气质量优良天数为 354 天,达标率为 96.7%;其中优 80 天、良 274 天,轻度污染 12 天,无中度污染和重度污染。首要污染物为 SO_2 55 天,占全年 19.2%。PM10 浓度年平均值为 0.079mg/cm³,SO_2 浓度年平均值为 0.035mg/cm³,NO_2 浓度年平均值为 0.031mg/cm³,CO 浓度年平均值为 3.56mg/cm³,自然降尘年平均值为 6.93t/(km²·月)。市区范围内均出现酸雨降水,酸雨出现频率为 22%。

3. 海水质量

《2005 年葫芦岛市海洋环境质量公报》显示:葫芦岛市大部分海域环境质量较好,局部海域污染依然严

表 4.18　2004 年锦州的气象数据

月份	月平均气温/℃	月平均最高气温/℃	月平均最低气温/℃	月总降水量/mm	平均相对湿度/%	最小相对湿度/%
1	−6.5	−0.7	−10.9	0	43	12
2	−1.1	4.4	−5.3	3.1	46	12
3	3.3	9.8	−1.6	0	36	6
4	12.7	18.5	7.6	23.8	40	7
5	18.2	23.7	13.6	33.4	46	8
6	23.1	28	19.1	194.7	61	10
7	24.4	28.5	20.8	214.6	78	24
8	23.7	28.2	19.6	131	73	26
9	20	25.6	15.1	47.6	67	17
10	13.4	19.9	8	20	52	10
11	3.9	9.3	−0.4	55.5	59	13
12	−5.1	−0.1	−9.1	7.8	58	19

表 4.19　2005 年锦州的气象数据

月份	月平均气温/℃	月平均最高气温/℃	月平均最低气温/℃	月总降水量/mm	平均相对湿度/%	最小相对湿度/%
1	−7	−1.6	−10.9	1.9	48	12
2	−7	−1.9	−11.1	2	41	12
3	2	8	−3.1	0.3	35	7
4	12	17.7	6.9	28.5	45	6
5	16.4	21.6	11.9	98.9	57	6
6	21.6	25.7	18.4	161.1	76	28
7	25.3	29.2	21.9	199	76	27
8	24.4	28.6	20.8	102.1	76	17
9	20.5	25.7	15.8	33.7	63	14
10	13.1	19.2	7.7	30.3	52	9
11	4.6	10.5	−0.2	0	43	9
12	−7.7	−3.1	−11.1	0	38	15

重。严重污染海域是连山湾海域,主要污染源是来自工业排污,海水中的主要污染物是无机氮、活性磷酸盐和石油类。锦州湾大部分海域无机氮、活性磷酸盐含量都劣于第三类水质标准,锦州湾及邻近海域水体呈严重富营养化状态,部分海域受到石油类和铅的轻度污染。葫芦岛近岸海水无机氮、活性磷酸盐、油类含量如图 4.20 所示。

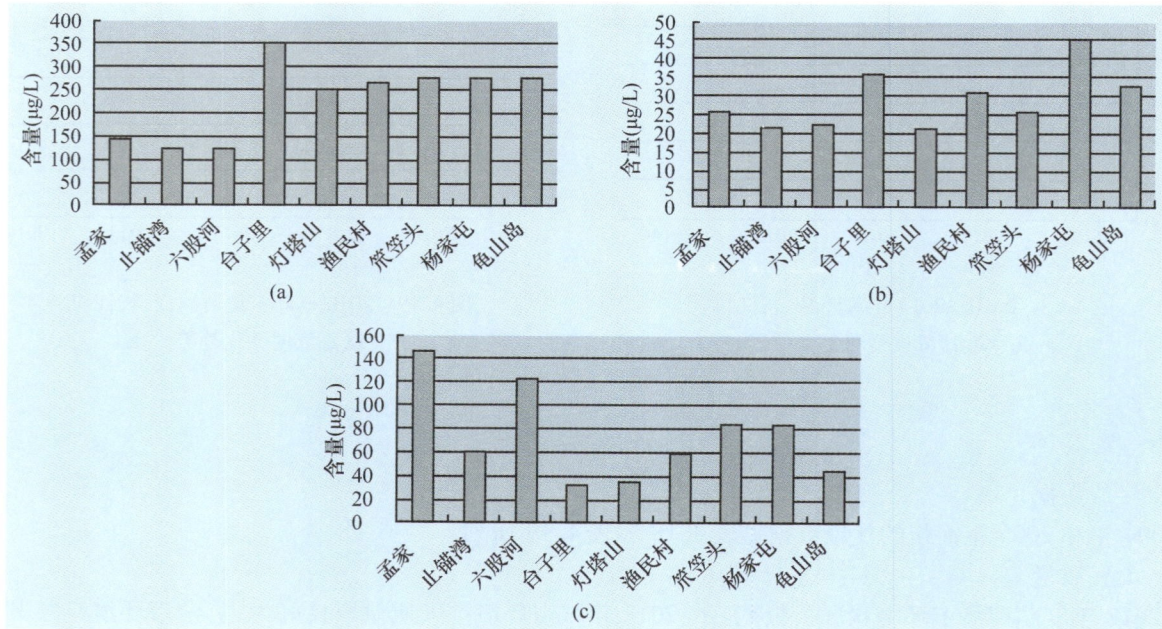

图 4.20　葫芦岛近岸海水中污染物的含量
(a) 无机氮;(b) 活性磷酸盐;(c) 石油类。

《2008 年渤海海洋环境质量公报》显示:葫芦岛近岸海域为轻度污染海域或中度污染海域,如图 4.21 所示。

4. 海水特征参数

2003 年葫芦岛龙港区近岸海水的特征因素如图 4.22 所示,海水监测站位置如图 4.23 所示。

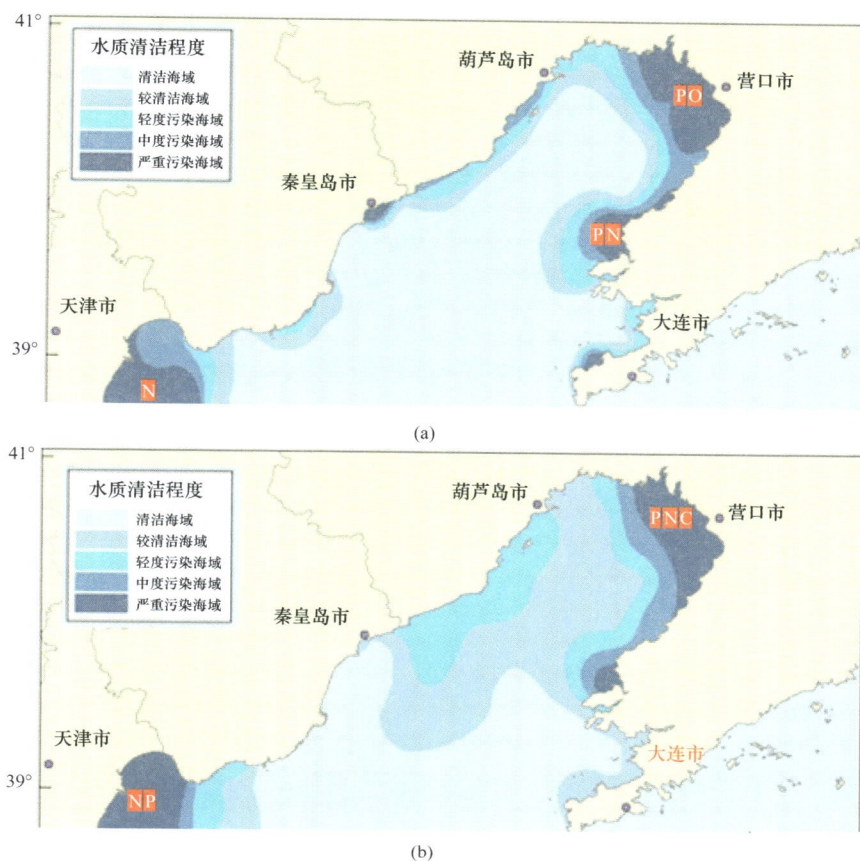

(a)

(b)

图 4.21 2008 年春季、秋季渤海污染海域分布

（a）2008 年春季；（b）2008 年秋季。

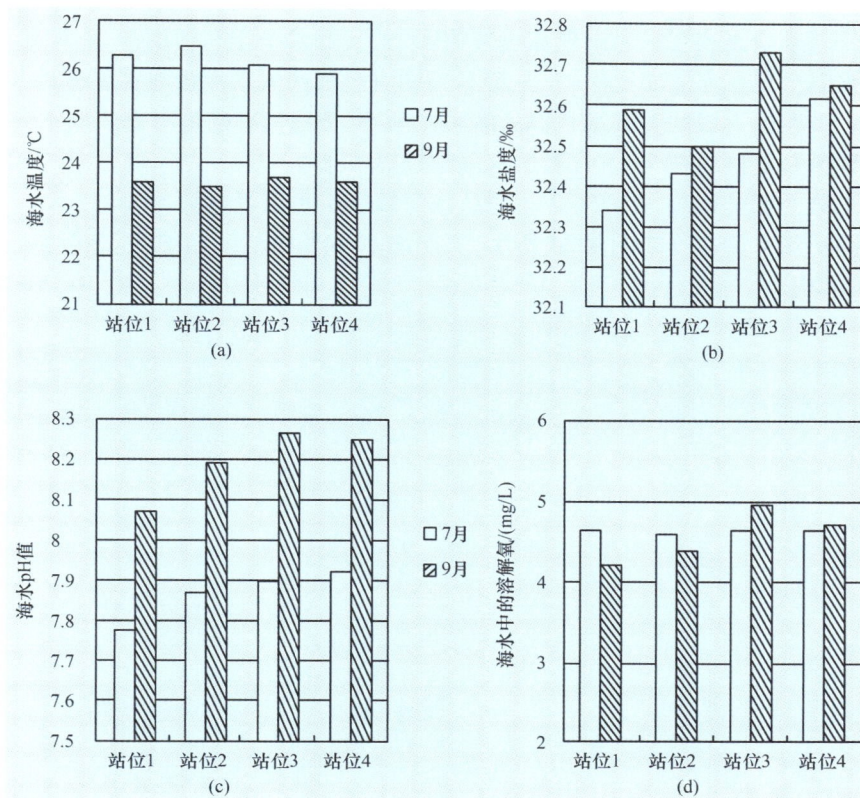

图 4.22 2003 年葫芦岛龙港区近岸海水的特征因素

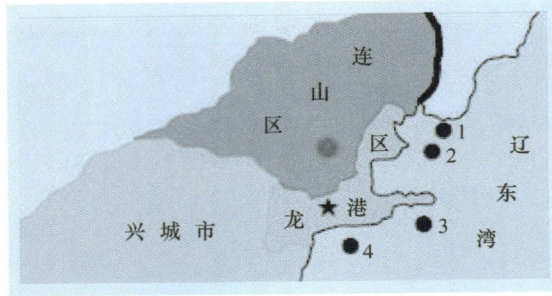

图 4.23　海水监测站位位置

4.5　全球海域海水盐度和温度

1. 盐度

（1）海洋中盐度的最高值与最低值多出现在一些大洋边缘的海盆中,如红海北部 PSU 高达 42.8‰;波斯湾和地中海 PSU 在 39‰以上。

（2）波斯湾表层海水 PSU 为 35～45‰,PSU 平均值为 40‰。整个地中海海域平均盐度偏高,PSU 约为 38‰,夏季东地中海海域 PSU 可达 40‰。

2. 温度

（1）波斯湾海域由于季节性曝晒差异以及附近高地的冷风作用,导致表层水温（16～35℃）和盐度（PSU 值 36‰～43‰）普遍偏高。

（2）红海北部海域年平均温度为 21～28℃,PSU 为 42‰;红海南部海域年平均温度为 26～32℃,PSU 为 37‰。

（3）卡奇湾东部海域 PSU 为 40‰,西部海域 PSU 为 35‰。整个卡奇湾海域年平均温度为 24～30℃。

世界典型海域最高表层水温如下:

（1）北半球冬季海水最高表层水温出现在热带地区,尤其是太平洋和印度洋,例如热带西太平洋暖池。夏季海水最高表层水温出现在赤道印度洋（28～30℃）,同时热带西太平洋暖池水温相比冬季略有升高。

（2）加勒比海和大西洋海域的美属维京群岛的圣托马斯/圣约翰岛礁群海水表层水温可达 25～35℃。

（3）加勒比海地区开曼群岛在 5—8 月表层水温超过 30℃。

（4）据到过亚丁湾的船员记载,在每年 7—8 月,该海域表层水温可达到 36℃。

世界海域表层海水年平均盐度如图 4.24 所示,表层海水年平均温度如图 4.25 所示。世界海域表层海水的主要成分见表 4.20。

表 4.20　主要海域海水的主要成分（mg/L）

组成	一般海水	地中海东部	阿拉伯海湾、科威特	红海吉达港	组成	一般海水	地中海东部	阿拉伯海湾、科威特	红海吉达港
Cl^-	18980	21200	23000	22219	Br^-	65	155	80	72
Na^+	10556	11800	15850	14255	H_3BO_3	26	72	—	—
SO_4^{2-}	2649	2950	3200	3078	F^-	1	—	—	—
Mg^{2+}	1262	1403	1765	742	SiO_3^{2-}	1	—	1.5	—
Ca^{2+}	400	423	500	225	I^-	<1	2	—	—
K^+	380	463	460	210	其他	1	—	—	—
HCO_3^-	140	—	142	146	溶解性总固体（TDS）	34483	38600	45000	41000
Sr^{2+}	13	—	—	—					
注:"—"表示未报告									

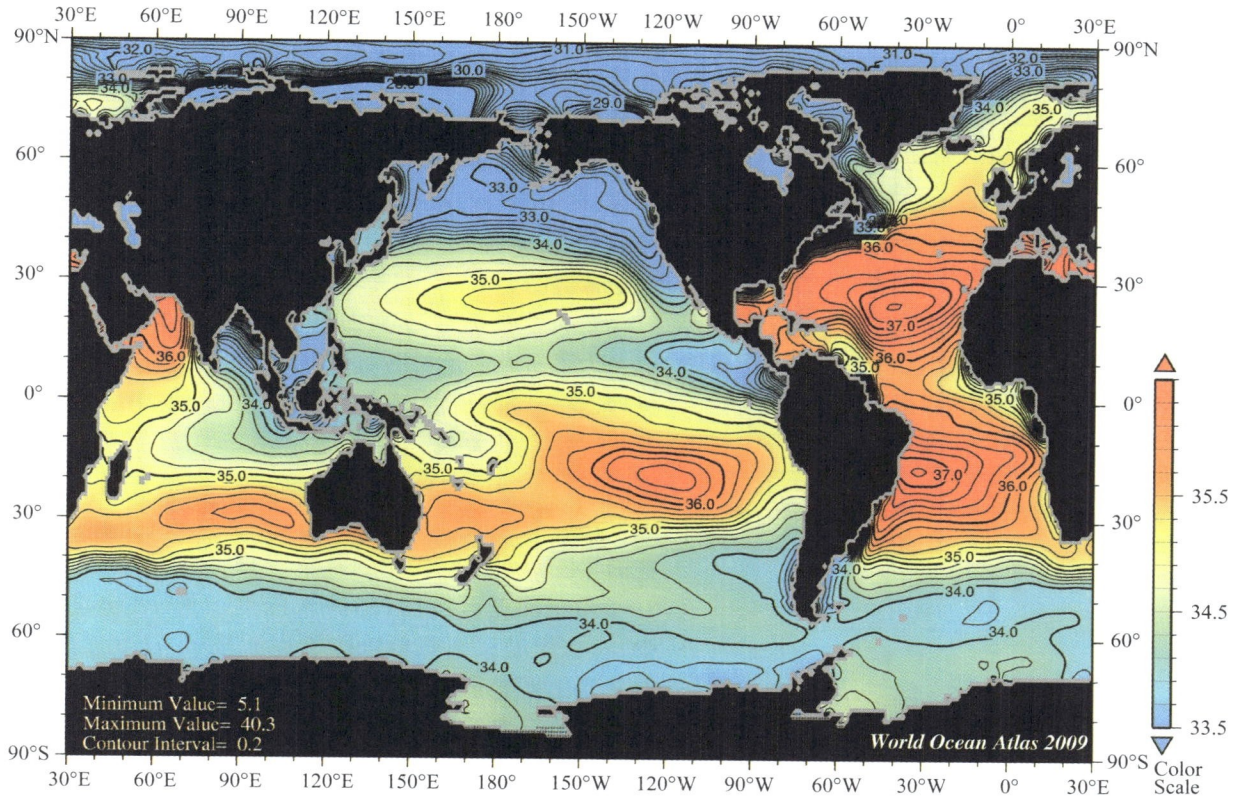

图 4.24　世界海域表层海水年平均盐度

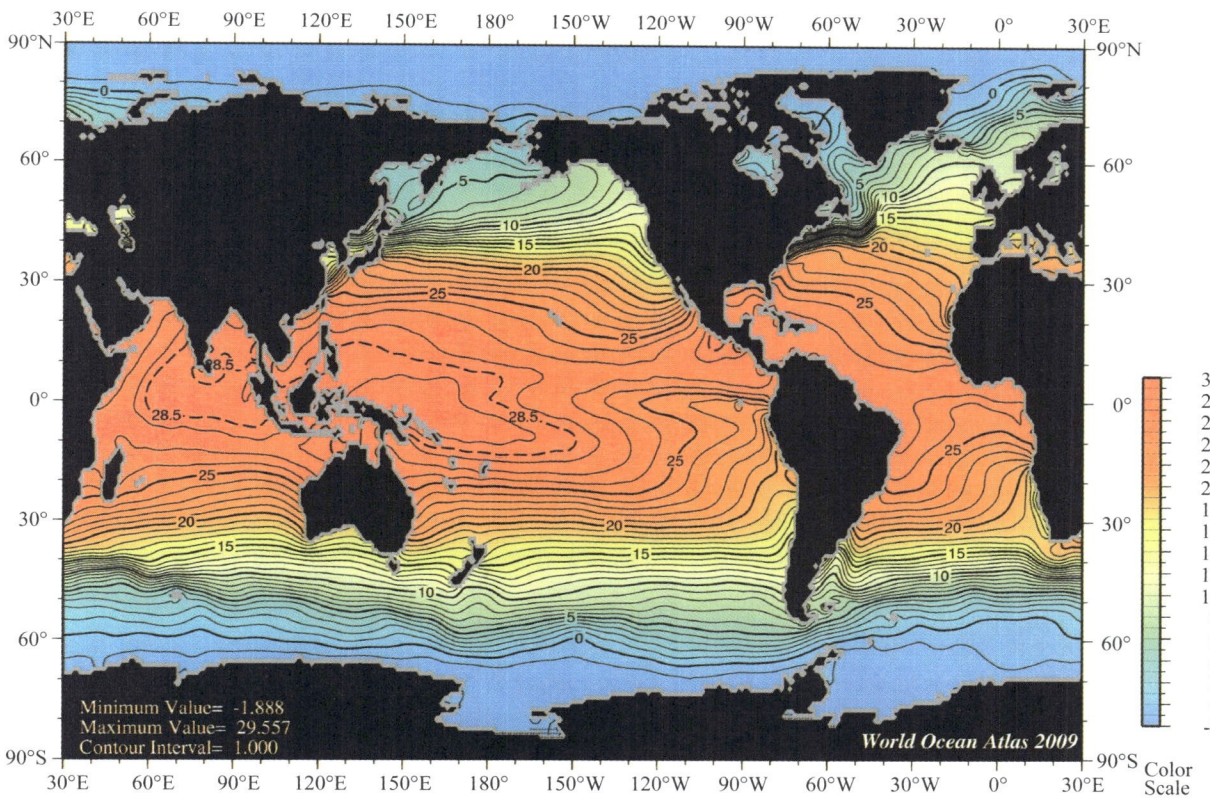

图 4.25　世界海域表层海水年平均温度

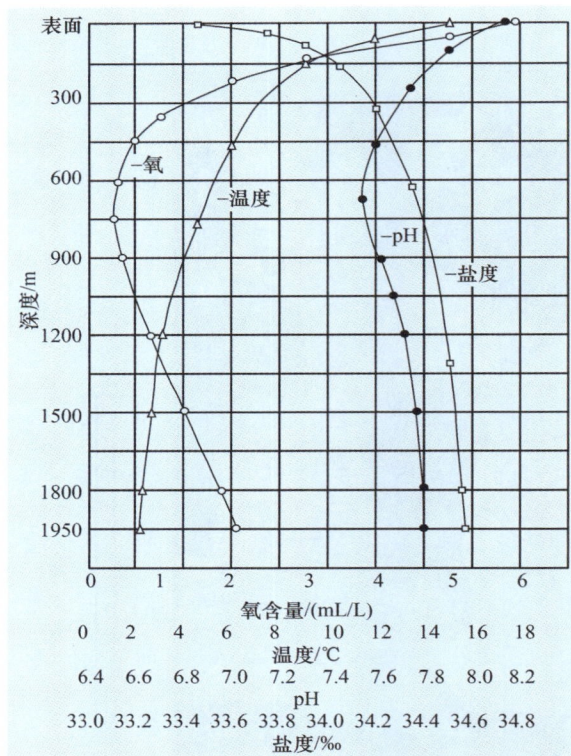

图 4.26　美国西海岸太平洋深海的数据测量结果

典型海域的海水盐含量为 30000 ~ 45000mg/L，Ca^{2+} 含量为 225 ~ 500mg/L，Mg^{2+} 含量为 742 ~ 1765mg/L，K^+ 含量为 210 ~ 463mg/L，H_3BO_3 含量为 26 ~ 72mg/L（相当于硼含量为 4.55 ~ 12.6mg/L）。

根据以上各种数据分析，作为海水淡化主要关注的参数，将世界各海域表层海水温度 0 ~ 36℃、溶解性总固体（TDS）小于或等于 45000mg/L 作为腐蚀环境研究的输入是合适的。

3. 海水参数与海洋深度的关系

为了研究清楚对潜艇腐蚀过程的影响因素及其腐蚀机理，首先应厘清潜艇腐蚀环境三维网络中的影响因素及相互之间的关系。目前，由于我国深海腐蚀实验研究刚刚起步，尚缺少这方面的数据。图 4.26 是美国西海岸太平洋深海的数据测量结果，可以反映出以上各腐蚀影响因素随海水深度变化的基本规律。由图 4.26 可见，在 0 ~ 600m 深度范围内，随海水深度增加，氧含量逐渐减少，海水温度逐渐降低，pH 值逐渐减小，盐度逐渐增大。但从变化幅度分析，pH 值、盐度随海水深度变化不大，对金属腐蚀行为的影响可忽略。而海水溶解氧含量、温度的变化比较明显，应重点予以关注。

4.6　舰船自身腐蚀环境

4.6.1　概述

除了能漂浮在海水上（潜艇还能潜入海水中）船壳以外，设计者还需要保证舰船运动、舰员的生活和安全、武器装备的运行，也就人为地设计并产生许多腐蚀性介质。

舵轴和舵轴穿过船体时产生的海水泄漏。无论是传统的螺旋桨推进还是最近发展较快的喷水推进，一般来说至少需要在完整的船体尾部开一个孔，以保证动力装置的动力通过轴的旋转传递到船体外部，通过螺旋桨旋转或喷泵喷水产生向前的推力推动船舶航行。这个穿过船体的轴称为舵轴，设计的防止海水漏进船舱的密封结构或装置称为舵轴密封装置。为了保证船舶运动方向需要安装舵，舵一般通过机械操纵，也需要舵轴穿过船体，也有舵轴密封装置，潜艇还有水平方向舵和升降舵之分。无论是高速运动的舵轴还是操纵相对缓慢的舵轴，即使有密封装置，也不可能完全阻止海水漏进船舱，称为腐蚀船体内部结构、系统和设备外表面的腐蚀性介质。

动力装置本身和保证动力装置运行的系统介质泄漏。船舶动力形式主要有蒸汽动力、燃气轮机、柴油机和混合动力等，无论是哪一种形式，都需要燃烧燃料（重油、柴油等），都需要润滑油来减少摩擦和磨损、提高效率，都需要冷却介质（海水或者淡水）冷却产生的多余热源。燃油和滑油靠船舶自身的携带，淡水可以靠自身携带、补给或者海水淡化来解决，海水来源则完全是取自于大海。这样在动力装置运行和燃油、滑油、海水、淡水等介质的储存、传输和消耗过程中，不可避免地产生泄漏，形成腐蚀源。

其他舰船腐蚀介质包括机舱、压载舱、输油管、油水分离设备等产生的油污水以及舰艇生活污水（洗涤污水、卫生间污水）等。这些油污水在舰船上的很多区域都能遇见，尤其是耐压水舱与舷板形成狭窄锐角区、压载水舱的上部纵桁（水柜顶板）、通气阀、流水沟（尤其排水管入口处）等易积水部位，已成为舰船腐蚀的"重灾区"。

动力装置：高温，磨损

船体结构：高流速，冲击，振动，空蚀。运动产生的冲刷、空泡等。

4.6.2　舰船杂散电流腐蚀环境

舰船有一个相对于其他装备不一样的异常腐蚀环境——杂散电流腐蚀。船体外壳水线下部分最大腐蚀损耗和最严重的溃疡状腐蚀,往往是杂散电流腐蚀。

杂散电流腐蚀是由外来电流引起的腐蚀。在船舶修造过程中,这种外界电流往往是很大的,引起腐蚀的程度也是非常严重的,所以必须给予足够的重视。

杂散电流腐蚀的实例很多,例如某运输艇,交付使用后仅 5 个月就发现漏水,经上排检查,发现船体水线下部分到处都是深度不等的腐蚀坑和麻点,有 10 多处已腐蚀穿孔,尤其是距水线 300mm 以下的壳板破坏更为严重,有的焊缝已整条烂穿。显然,在正常情况下是不可能腐蚀到此种程度的。杂散电流腐蚀具有如下特点:

(1) 腐蚀速率相当快,并与船体材料性能的优劣关系不大。例如,在某种情况下,水下船体实际的局部电流密度可达 $5A/m^2$,这时腐蚀速率约为 6mm/年。也就是说,比钢铁在海水中的自然腐蚀速率高 40~50 倍。在引起船体严重腐蚀的原因中,没有一个能造成这样高的腐蚀速率。

(2) 腐蚀破坏往往集中于船体水下涂层破损部位、漏涂部位以及船壳凸出部位,即电阻较小的部位易产生杂散电流腐蚀。

(3) 杂散电流腐蚀破坏往往具有锐利边缘和与涂层破损相同的外形,呈坑状或穿孔腐蚀。

产生杂散电流腐蚀的主要原因在于船舶在码头安装或漂浮中修理时,用电时供电线路连接不正确,或在船停泊的水域内有杂散电流的作用。

有些船厂对停靠在码头上船舶进行电焊作业时,采用了如图 4.27 错误的接线方式,即将电焊机的负极接在码头上,而不是直接焊接在船体,船体和码头之间仅靠钢缆导电。这样,电焊时焊接电流经焊机正极经焊枪、船体后,有一部分电流经钢缆、码头后,进入接地导线返回焊机负极,而另一部分电流则从船体进入江水或海水,再经码头进入地线返回焊机负极。不言而喻,后一电流即为引起电偶腐蚀的电流,它起着电解船体的作用。

当船厂水域存在杂散电流电场时,位于该电场水下船体部分分别被杂散电流阴极极化(电流流入处)和阳极极化(电流流出处),杂散电流腐蚀则在阳极极化区发生。如果杂散电流的电场较强,船体水下部分也会发生严重的腐蚀。

针对杂散电流腐蚀的产生原因,在船体焊接施工时,应严格按照图 4.28 方式进行接线,即焊机负极应通过电缆直接与船体连接。该电缆应具有足够的横截面积和完好的绝缘性能。此外,焊机负极与码头应完全绝缘,焊机应放置在船体上,彻底切断引起杂散电流腐蚀的电流回路。

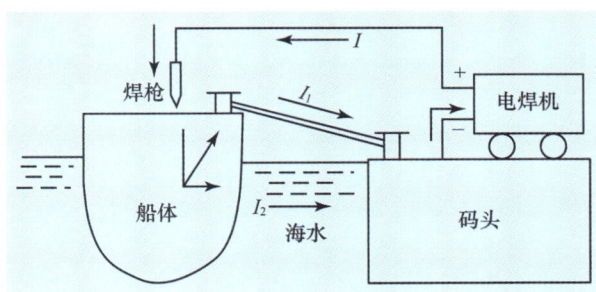

图 4.27　电焊作业连接方式导致的杂散电流腐蚀

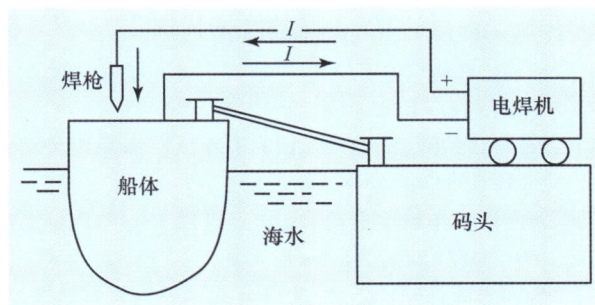

图 4.28　焊接作业正确连接方式

4.6.3　舰船结构特殊腐蚀环境

舰船停泊状态排水量和吃水变化不大,航行状态分为水面航行状态和水下航行状态。水面航行状态与一般的水面舰船航行状态相同,水下航行状态根据下潜深度不同,分为潜势状态、潜望状态、通气管航行状态、全潜状态。由于潜势状态、潜望状态、通气管航行状态运行时间较短,因此重点研究停泊 + 水面航行状态和全潜状态两种情况。

透水部位是指可能连续接触海水的艇体结构和附件。透水部位腐蚀环境条件见表4.21。

表4.21　舰船透水部位腐蚀环境条件

部　位	环境条件
水线以下全浸耐压壳体外表面	始终受到海水的腐蚀,随着停航或下潜深度的变化,海水参数相应改变。在停泊、水面航行或潜势、潜望、通气管航行等水下航行状态时,海水通常为氧饱和,海生物无损,与海水相对流速、水温、污染等可能起到重要作用;随着下潜深度的增加,氧含量降低,水温逐渐接近0℃,pH值比表层低。基本环境条件为压力交变、不同海域的海水,压力变化范围为1atm(1atm=1.013×10⁵Pa)至潜艇的下潜深度压力及0.1~3MPa,相对于海水速度变化范围为0~20kn,受海生物影响较大
水线区外壳外表面	停泊和水面航行时,潮湿、充分充气的表面,海水飞溅,有海生物污损;水下航行时受到不同压力的海水的腐蚀。基本环境条件为压力交变、不同海域的海水,压力变化范围为1atm至潜艇的下潜深度压力及0.1~3MPa,相对于海水速度变化范围为0~20kn,受海水飞溅影响较大
上层建筑区域+指挥台围壳的非耐压壳体内表面、耐压壳体外表面	水下航行时受到不同压力的海水的腐蚀,情况同水线以下全浸耐压壳体外表面;水面航行时,潮湿、充分充气的表面,海水飞溅;停泊时非耐压壳体内表面与耐压壳体外表面形成相对封闭的空间,由于水分急速蒸发,涂层表面盐度远远超过最大海水盐度40‰,停泊时,潮湿、充分充气的表面,水面航行海水飞溅;在这个区域的船体结构局部还要受到柴油机排气管的高温腐蚀及接触海水以后的温度骤降。基本环境条件为压力交变、不同海域的海水,压力变化范围为0.1~3MPa,相对于海水速度变化范围为0~20kn,干湿交替,表面有害沉积物较多

参考文献

[1]　侯保荣．海洋腐蚀环境理论及其应用[M]．北京:科学出版社,1999.

[2]　夏兰廷,黄桂桥,张三平．金属材料的海洋腐蚀与防护[M]．北京:冶金工业出版社,2003.

[3]　鲍戈拉德 И Я．海船的腐蚀与防护[M]．王曰义,杜桂枝,译．北京:国防工业出版社,1983.

[4]　方志刚．潜艇透水耐压涂料失效机理研究[D]．大连:大连理工大学,2012.

[5]　方志刚,杨岳平,周德佳．海水淡化与舰船淡水保障[M]．北京:国防工业出版社,2016.

[6]　冯士筰,李凤歧,李少菁.海洋科学导论[M].北京:高等教育出版社,1999.

[7]　国家海洋局.2014年中国海洋环境状况公报[R/OL].http://www.coi.gov.cn/gongbao/huanjing/201503/t20150316_32222.html.

[8]　青岛市海洋与渔业局.2005年青岛市海洋环境质量公报[R/OL].http://www.coi.gov.cn/gongbao/huanjing/yanhai/2005/201107/t20110729_17651.html.

[9]　青岛市环境保护局.2004年青岛市环境状况公告[R/OL].http://qepb.qingdao.gov.cn/m2/view.aspx? n = b2876556 - d4cb - 4071 - bd5c - a63fe8a164b6.

[10]　青岛市环境保护局.2014年青岛市环境状况公报[R/OL].http://qepb.qingdao.gov.cn/m2/view.aspx? n = f84b0559 - 0f12 - 42e1 - a2a3 - 5dba96229efd.

[11]　青岛市海洋与渔业局.2013年青岛市海洋环境公报[R/OL].http://ocean.qingdao.gov.cn/n12479801/n32205288/160127133336881848.html.

[12]　青岛市海洋与渔业局.2014年青岛市海洋环境公报[R/OL].http://ocean.qingdao.gov.cn/n12479801/n32205288/160125182106067781.html.

[13]　海南省海洋与渔业厅.2014年海南省海洋环境质量状况公报[R/OL].http://dof.hainan.gov.cn/zwgk/tzgg/201506/W020150609428817828823.pdf.

[14]　海南省国土环境资源厅.2010年海南省环境状况公报[R/OL].http://news.163.com/11/0608/10/76165PSA00014AED.html.

[15]　海南省生态环境保护厅.2014年海南省环境状况公报[R/OL].http://www.ep.hainan.gov.cn/info/egovinfo/xxgk/xxgk_content/hbt-2015-0605001.htm.

[16]　宁波市环境保护局科技监测处.2014年宁波市环境状况公报[R/OL].http://www.nbepb.gov.cn/Info_Show.aspx? ClassID = b1555276 - ab22 - 441a - a55f - 9466949e9eef&InfoID = 682ce9fd - 8d80 - 4306 - 9faf - 58d50796f2bf&SearchKey = .

［17］ 宁波市海洋与渔业局.2005 年宁波市海洋环境公报［R/OL］.http://www.coi.gov.cn/gongbao/huanjing/yanhai/2004/201107/t20110729_17671.html.

［18］ 宁波市海洋与渔业信息监测中心.2014 年宁波市海洋环境公报［R/OL］.http://www.nbhyj.gov.cn/art/2015/4/8/art_735_83488.html.

［19］ 宁波市海洋与渔业信息监测中心.2014 年象山港海洋环境公报［R/OL］.http://www.nbhyj.gov.cn/art/2015/4/8/art_735_83490.html.

［20］ 武汉市环境保护局.2004 年武汉市环境状况公报［R/OL］.http://www.whepb.gov.cn/hbHjzkgb/2355.jhtml.

［21］ 武汉市环境保护局.2005 年武汉市环境状况公报［R/OL］.http://www.whepb.gov.cn/hbHjzkgb/2354.jhtml.

［22］ 上海市环境保护局.2014 年上海市环境状况公报［R/OL］.http://www.sepb.gov.cn/fa/cms/upload/uploadFiles/2015 - 06 - 02/file2002.pdf.

［23］ 上海市环境保护局.2003 年上海市环境状况公报［R/OL］.http://www.sepb.gov.cn/fa/cms/shhj//shhj2143/shhj2144/2004/04/7557.htm.

［24］ 上海市环境保护局.2004 年上海市环境状况公报［R/OL］.http://www.sepb.gov.cn/fa/cms/shhj//shhj2143/shhj2144/2005/03/7556.htm.

［25］ 上海市环境保护局.2005 年上海市环境状况公报［R/OL］.http://www.sepb.gov.cn/fa/cms/shhj/file/2006bulletin/2006.html.

［26］ 葫芦岛市环境保护局.2012 年度葫芦岛市环境状况公报［R/OL］.http://www.hldbtv.com/Item.aspx?id=39851.

［27］ 葫芦岛市海洋与渔业局.2005 年葫芦岛市海洋环境质量公报［R/OL］.http://www.coi.gov.cn/gongbao/huanjing/yanhai/2005/201107/t20110729_17649.html.

［28］ 国家海洋局北海分局.2008 年渤海海洋环境质量公报［R/OL］.http://www.coi.gov.cn/gongbao/huanjing/haiqu/201210/t20121016_24520.html.

第 5 章　舰船腐蚀试验

开展腐蚀和材料试验、取得相应的试验数据是装备腐蚀设计的前提。舰船腐蚀试验的方法主要有自然环境试验、实验室模拟试验、实船试验等,现在还发展了在模拟计算的基础上将以上几种方法结合在一起的综合试验方法。试验的对象或层级有材料级(材料试片)、部件级(由多种材料和结构组成)、系统级(由多个部件或设备组成),以及站在不同层面考虑的将多种材料组合在一起开展多项目、多地域、长时间的试验,称为"体系级"。本章介绍舰船腐蚀和材料试验中常用的试验方法、结果评定方法和典型试验实施案例。

5.1　概述

腐蚀试验的目的是进行材料筛选和材质检查,估算使用寿命和设计参数,分析事故原因和验证防蚀效果以及研究腐蚀规律等。

船舶结构的使用条件是多种多样的。为了正确评定用来制造某些船舶结构的金属和合金的耐蚀性,腐蚀试验方法的选择是一个重要问题。选择试验方法的主要要求是使其能最接近船舶结构的使用条件,这时必须考虑选择的腐蚀试验方法应该易于实施,做到真实模拟,不改变腐蚀反应的机制并且保证获得结果的再现。

5.2　腐蚀试验方法

目前,对于铝质舰艇来说,主要的腐蚀试验方法有自然环境试验、实验室环境试验和实船试验。

5.2.1　自然环境试验

把专门制备的金属试片置于现场实际应用的环境介质中进行腐蚀试验称为自然环境试验,也称为现场试验。其特点是腐蚀介质和试验条件均与实际使用情况严格相同,试验结果可靠,试验操作简单。缺点是现场试验中的环境因素无法控制,腐蚀条件变化较大,试验周期较长,试片较易失落,试验腐蚀产物可能被污染,试验结果较分散,重现性较差等。此外,现场试验用的金属试片与实物状态之间同样存在很大差异。

在现场条件下,被研究的舰艇材料在天然气候条件下进行试验,使试验接近实船条件。考虑到不同地区的气候条件差异,海区之间在盐度、电导性、水温,甚至附着生物的种类方面也有不同,因此,在进行现场试验时,必须有针对性地选取与舰艇构件服役环境相同或相近的区域进行现场试验。

1. 海水现场试验

被研究材料在海洋中进行试验,其目的是测定金属和合金的全面腐蚀,以及对溃疡状腐蚀、缝隙腐蚀、接触腐蚀和晶间腐蚀的倾向。当在试样表面上具有拉应力时(用焊接或堆焊方法,以及把试样制成环扣形、弓形或环形),还可以在海水或海洋大气中试验时研究任何一种金属或合金对腐蚀开裂的倾向。

为了在海水中进行试验,制造了专门的台架,研究的试样装在台架上。台架一般分为固定的和漂浮的两种。固定台架是伸出在海水中的钢筋混凝土结构的码头(栈桥);漂浮台架是一个平台,由于具有密封的空气隔舱,它才能在水中漂浮,在台架上有特殊的窗格,窗格内装在带有试样的架子。架子是带有横向梳格的金属结构,为了避免试样彼此之间和试样与架子的接触,梳格之间用橡胶绝缘。也可以采用另一种类型的架子,在这种架子上,试样借助瓷制绝缘子布置在架子本身的平台上。为了防止腐蚀和附生,台架或架子的所有金属部分要定期涂漆。在研究金属和合金在海洋条件下的耐蚀性实践中,两种台架都被广泛地采用。

在现场条件下,除了腐蚀试验之外,还可以进行被研究金属的电化学测量(电位和极化性)。为此,上述的台架增补了电源和安装在台架密封舱中的各类记录仪表。将接点与沉浸在海水中的试样相连即可进行相关参数的采集。

2. 大气现场试验

大气现场台架的主要部分是安装被试验的试样框架。像海水中试验时一样,试样彼此之间或试样与框架金属之间用橡皮衬垫或瓷绝缘子绝缘。为了使试样表面的光照、雨雪作用以及水分的凝结和干燥均匀,被试验的试样要与水平面成 45°角安装。试样呈矩形,其最佳尺寸为 250mm×350mm×(3~5)mm。根据试验目的,也可以试验小尺寸的试样。例如,在研究金属对腐蚀开裂的倾向时,可以在相应的塑料板上安装环扣形试样,环扣形试样和塑料板要固定牢靠,防止在有风的天气被吹动。

3. 国外自然环境腐蚀试验的发展现状

1) 试验样品种类正朝着多样化发展

以往自然环境试验样品的形式多以单一材料的标准试片为主,目前以新材料、新金属材料、高分子材料、复合材料和涂装试片、试件为主,根据实际需要和武器装备的发展需求,新材料和两种或多种材料的模拟件、连接件、焊接件、受力件、结构件、产品零部件、功能件和整机等样品在日趋增多,纯裸金属进行自然暴露试验已经逐渐减少。

2) 环境监控技术和检测评价技术不断提高

开展环境试验首先要了解环境的特征。大气中的污染成分和气候条件是确定产品环境适应性的重要环境因素,同时决定了该环境的严酷程度。监测相关环境因素可以了解与掌握环境的类型和性质,获得有关的信息,便于对环境作用机理和产品劣化(或失效)的原因进行分析。美国的阿特拉斯和日本的铫子试验站已采用环境参数自动检测系统,对温度、湿度、光照等主要环境参数进行连续自动监测。对某些领域,如金属的大气腐蚀,还采用了标准板件法和腐蚀变量法来比较大气腐蚀性的级别。

样品检测与评价是环境试验技术中一项重要的内容,它直接影响试验能否获得正确而可靠的数据和规律。目前对样品(武器装备)的检测内容主要是根据武器装备的战技性能易受环境影响的参数来确定,一般包括外观、力学、物理、化学、电磁、光学等方面。除外观参数外,其他参数大都可以采用定量化的方法和仪器进行测量。外观参数有部分已从定性的逐步转化为定量或半定量的,检测手段也开始采用仪器测试方法来代替部分的原始目视方法。

近年来,在环境试验和研究中已经采用先进的测试仪器与设备用于环境作用机理和产品失效分析,例如:采用 X 射线衍射仪与能谱仪联用测量样品表面腐蚀产物及各种元素成分、含量和分布,清楚地了解样品的腐蚀程度和范围;采用扫描电镜观察样品微观形貌特征;采用红外光谱仪观测涂层或高分子材料的老化特征;等等。这些新的检测技术大大提高了测试数据和评价结果的准确性。

3) 新的环境试验方法的发展和应用

为缩短环境试验时间和提高试验结果的可靠性,使之更接近于实际使用需要,目前试验形式朝多样化发展,其主要方面有纯自然环境试验朝自然加速环境试验发展、静态环境试验朝动态环境试验发展、标准气候环境下试验朝极端气候环境下试验发展。已研究出玻璃框下暴露、玻璃框下强制通风暴露、程序跟踪太阳集光暴露、黑框暴露,还开发了试样在受力下的暴露试验、实物暴露试验,对武器装备在实际使用状态及环境应力状态下进行加速或模拟试验。为适应现代战争,保证在战争中取得胜利,目前世界各国对自己的武器装备的环境适应性和可靠性提出了更高要求,并先后在气候环境最严酷的地区进行环境试验,以便弄清作战环境和掌握武器装备最大可能发生的故障,通过改进来最大限度地提高武器装备的环境适应性和可靠性。

4) 重视基础研究,突破相关新技术

国外对环境试验的基础研究非常重视,例如:研究环境应力筛选试验对电子产品进行筛选,以提高其可靠性;采用扫描 Klevin 探针测量技术研究大气腐蚀过程,以确定腐蚀机理及防护措施;用环境模拟加速试验方法研究与自然环境试验的相关性;用自然加速储存寿命试验方法进行研究,以预测预报产品的长期储存期限;区域环境特征调查,以用于环境严酷度分类分级等。为缩短自然环境的试验周期,提高环境试验的可

靠性,目前国外从以下三个方面进行研究,力求突破相关新技术:

(1)预测预报技术;

(2)室内模拟加速试验与自然环境试验相关性技术;

(3)环境严酷度分类分级技术。

预测预报的目的主要是通过短周期自然环境试验数据和规律,预测长周期试验结果。目前该技术已取得了一定进展,如我国应用模糊数学、灰色系统理论、多变量统计分析、神经网络分析等现代数据处理新技术,处理自然环境试验数据,建立了多种预测预报模型,取得了不同程度的成功,目前我国在这方面的工作领先于国外。

相关性研究是当前世界各国研究的热点之一。但由于相关性有一个显著特点,即具有选择性,不同的方法、设备有不同的相关性,相同方法不同样品有不同的相关性,环境不同相关性差异也很大,因此这成为相关性研究中最大难题,难于推广应用。尽管如此,随着高新技术的发展,相关性技术已取得了一些突破和发展。当然相关性评价是一个复杂的问题,还需进一步深入研究,其研究的趋势有四个方面:室内模拟加速试验朝多因素和综合模拟发展;相关性评价法都更多地采用定性和定量相结合的方法进行;将现代数据处理技术引进相关性评价方法中,并计算机化;相关性概念逐步在扩展和延伸,如环境间、样品间、环境与样品间。通过关联分析、模糊聚类、模式识别等技术,把它们有机地结合起来。

环境分类分级的目的是从研究环境入手,提出各环境严酷度分类分级和采取相应的防护措施,这对产品的开发和研究更有指导性和实用性。目前国际上根据不同目的提出了诸多分类方法,但至今仍有一定的局限性,任重而道远,今后还需做大量工作,才会逐步走向完善。

5)信息技术在环境试验中的应用技术

目前以电子计算机为基础的信息技术已广泛用于环境试验,归纳起来有八个方面:环境试验现场管理和环境条件控制;试验数据库和信息库;数据处理和计算;图像识别和处理;模拟仿真;咨询专家系统;文档和声像资料的制作;远程信息共享和传输;

6)完善标准体系。

以美国为例,经过多年、大量的环境试验研究,制定了大量的环境试验标准,形成了环境试验标准体系,做到了自然环境试验的曝晒台架,试样按 ASTM、SAE 等标准规定来进行制作。如美国 ATLAS 公司根据不同的用户,也可按 MIL、DIN、JIS、Nissan 等标准要求开展试验研究工作。佛罗里达环境试验场各类环境试验涉及的标准达 850 个。通过有效的环境试验,可评价材料的环境适应性,通过环境试验还可制定和修订标准。由于有科学、系统的运作,各类标准体系的建立和运行,试验数据和结果更具有权威性。

7)试验场站形成体系

环境试验发展到现在,据不完全统计,世界各国建有各种环境试验场站达 400 多个,已形成自然环境试验网站体系,主要的网站体系有国际标准化组织(ISO)的大气暴露试验网、美国材料试验协会(ASTM)的大气暴露试验网、美国国家标准局(NBS)试验网、美国陆军环境试验网和美国海军海水腐蚀试验网、原经互会体系的环境试验网、日本军用环境试验网、日本工商省大气暴露试验网等。

4. 国内自然环境试验发展现状

1)从环境工程的角度出发,进一步拓宽环境试验工作思路

2000 年 1 月,美国 MIL – STD – 810F《航空和地面设备的环境测试方法》的正式发布对我国的自然环境试验工作产生了重要影响,使环境试验工作思路得到进一步拓宽。我国参照 MIL – STD – 810F《航空和地面设备的环境测试方法》,于 2001 年完成 GJB 4239—2001《装备环境工程通用要求》的制定工作。

2)网站体系建设基本完善

至 2016 年,我国已建设材料环境腐蚀试验站 31 个,包括水环境(7 个)、大气环境(15 个)、土壤环境(9个)。经过近半个世纪的建设,我国已形成国防科技工业自然环境试验网站体系、军队自然环境试验网站体系和民用自然环境试验体系。军队自然环境试验网站体系主要以军品长储常保试验和动态自然环境试验为主,国防科技工业自然环境试验网站体系主要开展静态环境试验,民用自然环境试验网站体系主要开展腐蚀和老化试验。国防各工业部门根据自己的需要,已分别建立了一些自然环境(大气、海水)试验站。这

些试验网站的建立,为产品的质量提高、标准的制定、数据的积累起了十分重要的作用。

3）标准化步伐进一步加快

我国环境试验标准化工作起步较晚,在 20 世纪 80 年代才开始翻译国外有关环境试验标准,如翻译了美国军标 MIL－STD－810F《航空和地面设备的环境测试方法》、英国国防标准 DEF－07－55《国防物质环境手册》、法国标准 AIR 7304《航空电气设备、电子设备及机载仪表的环境试验条件》出版物和《美国工程设计手册——环境工程部分》等。与此同时,开始等效制定了我国相应的军用和民用环境试验标准,如 GJB 150—86《军用设备环境试验方法》、HB 6167—1989《民用飞机载设备环境试验》、GJB 1172—91《军用设备气候极值》。

4）新的环境试验方法得到开发和应用

自然加速环境试验方法是通过强化某些环境因素,使装备及材料加速失效,缩短试验周期的环境试验方法。目前我国已研究出玻璃框下暴露、玻璃框下强制通风暴露、程序跟踪太阳集光暴露、黑框暴露等自然加速环境试验方法并得到应用。动态环境试验是装备在移动平台载体上进行的,这个试验能真实反映舰载、车载等装备的环境适应性问题。国内铁道部已利用火车在北京—承德线上开展了类似试验。此外,国内也已开展动水环境试验、海面大气环境试验等。

5）新监测技术和试验技术得到应用和发展

我国环境监测技术方面得到不断提高,目前已有国产的自动气象站系统,能够对温度、湿度、光照、雨量、风向、风速等大气环境参数进行自动监测和实时传送。这一先进的技术设备可以减少劳动强度、消除人为误差,也为环境试验信息化打下良好的基础。ACM 仪的研制成功,提供了一个新的环境监测设备,用于对环境严酷度的评价。在材料的微观形貌分析、组织结构和成分分析、电化学性能测试、力学性能测试、质量变化测试以及光、电磁等性能测试方面也取得了快速发展,这些监测能力的发展基本与国际发展水平同步。典型的设备:扫描探针显微镜可以在正常或通入腐蚀气体的情况下,获得比扫描电子显微镜更高的放大倍数和分辨率,得到更加清晰的微观形貌;扫描 Kelvin 探针的应用使大气条件下的电化学行为测试成为现实,为材料大气环境失效分析提供一种新的强大的工具;石英电子天平的研制成功和使用,可以对纳米级的质量变化进行监测,在分析材料早期失效及其动力学行为具有重要作用。

6）信息技术在环境试验中的应用

环境试验的目的是获取产品的环境适应性信息,这一观点已经得到广泛认同。环境试验信息有自己独特的组成和结构,在用现代信息技术进行处理时需要对它进行剖析。20 世纪 90 年代我国开展了材料腐蚀数据库的建设工作,在此基础上又开展了腐蚀专家系统的研究工作。进入 21 世纪,我国环境试验工作者又从信息化的高度与角度开展环境试验信息系统的研究和建设。

7）其他关键基础技术的发展

我国通过系统研究认识到:自然环境试验和人工模拟加速试验之间,其加速性并不是传统所讲的那样,即"一周期加速试验相当于自然环境试验多少年",而实际上加速倍率是随试验时间呈现动态变化的。在目前条件下,要获得加速倍率高而相关性又好的人工模拟加速试验法尚有困难,为此提出了评价相关性的原则。按该原则建立了模拟海洋性大气腐蚀的加速试验方法和模拟酸雨地区的加速试验方法,提出了相应的动态加速倍率公式。

我国在相关性技术、预测预报技术、环境严酷度分类分级技术等方面做了大量工作,取得了一定的成果,推动了环境试验技术的发展。我国在这方面研究已取得一定进展,如研究成功的 ACM 大气腐蚀监测仪,在有关地区长期连续监测结果表明,有可能成为一种评定大气腐蚀性的方法。另外,还通过实际环境试验数据,运用相关分析、主要成分分析、模式识别及图形处理、网点加密、数据平滑等技术,绘制出沈阳市和海南岛大气腐蚀性等级分布图、辽宁省土壤腐蚀等级分布图、大庆和大港油田的土壤腐蚀性等级分布图等。这些成果无疑对该技术的发展具有促进作用。

5.2.2　实验室环境试验

为了研究舰船服役过程中已经发生或可能发生的腐蚀问题及有关理论问题,可以在实验室内有目的地将专门制备的小型金属试样在一定的环境介质条件下进行腐蚀试验,这称为实验室环境试验。

实验室试验一般又可分为模拟试验和加速试验两类。

1. 实验室模拟试验

这是一种不加速的长期试验,即在实验室的小型模拟装置中,尽可能精确地模拟自然界中所遇到的介质及环境条件,或在专门规定的介质条件下进行试验。其优点:①不会引起工艺过程和生产操作方面的紊乱,也不会沾污产品。②试验条件容易控制、观察和保持。③试验结果可靠,数据稳定性和重现性较高。但是,要在实验室完全再现现场的环境条件是困难的。此外,模拟试验的周期较长,费用也较大。

2. 实验室加速试验

这是一种人为控制试验条件而加速的腐蚀试验方法,力求在短时间内确定金属材料发生某种腐蚀的倾向,材料的相对耐蚀性或介质的腐蚀性。这种方法一般只能达到相互比较耐蚀性优劣或控制产品质量的目的。

近年来,加速腐蚀试验越来越受到重视,它能在短时间内得到试验结果,并且通过短时间内的加速试验可在一定程度上推测材料长期腐蚀行为的可行性,分析某一个或者几个典型的环境因素对材料腐蚀的影响及其作用规律。然而大气和海水腐蚀的影响因素很多,而且是这些影响因素的综合影响结果,所以加速腐蚀试验不能简单地代替自然环境的暴露试验,要想在实验室完全模拟大气和海水腐蚀并非容易,而且加速试验中的腐蚀机制有时与实际材料的腐蚀机制不同。

B. Boelen 等人研究认为,尽管存在许多的相关性,但是没有任何加速试验能非常准确且可重现自然环境下的大气和海水腐蚀情况,主要原因是缺乏对不同腐蚀因素作用的认识、评价和有关腐蚀因素的信息。尽管如此,室内加速试验仍然是研究大气和海水腐蚀的有力手段。

几十年来,研究者们在模拟自然环境的加速试验方法上做了大量工作,希望能有实验室内的短期加速试验结果来推测户外长期暴露试验结果。进而预测材料、制品、防护层的大气和海水腐蚀寿命,以部分取代海水和大气腐蚀暴露试验。室内模拟必须满足模拟性、加速性和重现性三个基本条件。它直接影响人工加速试验结果和天然暴露实验结果的相关性。相关性研究涉及了腐蚀因素、腐蚀过程、腐蚀机理、试验方法和腐蚀预测方面的内容,提高加速腐蚀试验与暴露试验的相关性是以后加速试验发展的方向。

1)盐雾试验

盐雾试验方法最早由 Capp 于 1914 年提出,并用于腐蚀试验中,目的是为了模拟近海(如 Cl^-)的大气腐蚀条件。按盐溶液的成分不同,美国材料与试验协会(ASTM)在 1962 年正式制定了中性盐雾试验(NSS)、醋酸盐雾试验(AASS)和铜醋酸盐雾试验(CASS)三种盐雾标准试验。

该方法是在箱内进行的,借助于压缩空气将盐溶液吸入喷嘴,喷成细雾状充满盐雾箱空间,沉降在箱内放置的试样上。因 NaCl 盐雾是强腐蚀并伴有氧和水分,可起到加速材料腐蚀破坏的作用。

该方法具有一定的局限性,有些学者认为该方法不适宜于作为碳钢的腐蚀加速试验,尤其是对耐候钢。由于其与大气曝晒试验无可比性,因此,盐雾试验方法仅能作为一种人工加速腐蚀试验方法,对金属材料进行性能试验,不能对金属材料在某一使用环境下进行寿命预测,但作为一种经典的加速试验方法还是具有一定意义的。

2)湿热试验

环境的温度、湿度是影响材料大气腐蚀的重要因素。目前广泛使用湿热试验方法作为室内大气腐蚀加速试验之一。湿热试验方法分为恒定湿热试验和交变湿热试验两种。它是在高温、高湿条件下使试样表面凝聚水分,以强化腐蚀环境,从而加速试样的锈蚀。为了进一步加速大气腐蚀,还采用凝露腐蚀试验,它也是在高温、高湿试验箱内进行的,不同的是在试片架内通循环冷却水,使其温度低于周围的气氛,这样水蒸气更容易在试片上凝结,因而加快锈蚀,试验周期比湿热试验周期短。但是上述两种湿热试验在试片表面凝聚的常是大小不同的水珠,它们不能凝集和流淌,不能形成稳定均匀的水膜,模拟性较差。为此。许乃欣等人提出了一种改变吸附水膜状态的方法,即使用镜头纸紧贴在试样表面上,由于镜头纸疏松多孔,透气和透湿性极好,因此使周围的饱和水蒸气凝结出来的水由于毛细作用立即向四周均匀散开,而不再拧成水珠。这样就扩大了试样与水接触的面积,从而实现在试片表面获得有一定厚度、分布基本均匀易于控制重现的水膜。此试验可用来模拟湿热地区材料的大气腐蚀。

3）周期喷雾复合腐蚀试验

各种单一的盐雾试验对大气暴露的模拟实验不好，Lyon 等人认为在加速腐蚀试验上用干湿交替方法比用烟雾试验方法的相关性更好，把湿度和凝露作为研究重点能使加速腐蚀试验的结果更接近自然暴露的实验结果。其主要原因是盐雾试验不具有"润湿—干燥"循环过程，而在自然条件下，试样由于雨、露等形成的液膜具有一个由厚变薄、由湿变干的周期循环过程，这是大气腐蚀的基本特点。因此，后来提出了带有干燥过程并周期性的盐水喷雾的盐雾复合试验方法。与单纯盐雾试验相比，这种方法真实地再现自然环境，更接近材料在自然环境大气中的腐蚀情况。

4）干湿周浸循环试验

Pourbaix 首先提出用该方法研究大气海水环境材料腐蚀，并在湿期进行电化学测量，是目前国内外普遍使用的加速试验方法。此装置使用带有转动的精巧系统或升降机构将试样周期地浸入不同的溶液，以模拟乡村大气、工业大气和海洋大气环境，一段时间以后，试样离开溶液，用热风或灯烘烤干燥试样。研究表明，几个星期的试验可与一年或者更长时间的暴露试验腐蚀结果相匹配。该方法与周期喷雾复合试验一样"抓住"了大气腐蚀特征——干湿交替，重现了金属表面经历的三种大气腐蚀状态，即润湿 – 潮湿 – 干燥。

5）多因子循环复合试验

由于材料在自然环境下受多种复杂因素的综合作用，因而要更真实地再现材料在自然环境中的腐蚀，必须尽可能多地将自然环境中的环境因素综合起来考虑。近年来，模拟大气和海水的腐蚀加速试验方法朝多因子复合加速腐蚀试验方向发展，这也是以后大气腐蚀试验发展的方向。例如：日本利用 CASS 试验机改装成复合试验机，可进行潮湿、喷雾、通 SO_2、干燥的循环试验；美国 Q – PANEL 制造的 Q – FOG 循环试验机可在盐雾、干燥和潮湿环境中开展循环试验；中国北京航空材料研究院研制出了八因子加速实验装置，能够模拟在自然环境条件下的干湿交替循环过程，且可通入腐蚀性气体，具有光老化及腐蚀 – 老化综合实验条件，已成功地应用于 18 种标准腐蚀试验中，与户外数据相比具有良好的一致性。

3. 国外实验室环境试验技术的发展状况

1）试验设备趋于多样化、大型化、综合化和计算机自动化

随着科学朝高精尖方向发展和高新技术产业蓬勃兴起，如卫星通信、宇宙飞船、装备先进的高新技术武器等，环境试验设备也迅速朝多样化发展，以满足各种军品和民品试验的需要，从地面、海洋到空间等各种自然环境，从装卸、运输到使用等各种人为诱导环境，都建有模拟试验设备。

为了满足整机、整车、整弹试验的需要，各国都致力于大型模拟试验设备的建造，各种仓式环境试验设备应运而生。美国空军麦金利气候实验室建造的一座试验设施是世界同类设施中最大的，其内部尺寸约长 75m、宽 61m、中心高 21m，可进行温度、湿度、太阳辐射，以及降雨、风、雪、冰雹等环境试验，并可按一定选择程序进行复合试验。试验设施可容纳一架 747 飞机，并允许喷气发动机在低温极端条件下短期工作。

综合环境可靠性试验方法及剪裁方法的引入，环境试验设备已由过去的单一型朝复合型、综合方向发展。对大气而言，已开始朝全天候模拟发展。目前环境试验设备的计算机化和自动化变得相当普遍。有无微机控制和自动数据采集与处理系统，已成为衡量试验设备是否先进的一个重要指标。

2）试验方法标准化和剪裁原理

美国对试验方法标准非常重视，形成了一整套技术文件，如《试验与鉴定》《美国陆军试验操作规程》《环境试验方法和工程导则》等，涉及范围广，齐全，更新速度快。自 MIL – STD – 810D 提出剪裁原理以来，使环境试验技术产生了质的飞跃。

剪裁原理已广泛应用于各类试验和规范中，尤其在武器和军用设施的研制中应用最为广泛，有效地提高了材料与产品的环境适应性和可靠性。剪裁原理强调，任何环境试验应依据试验目的，以及材料与产品寿命期所经历的实际环境和环境条件，对相关试验方法标准中规定的试验项目、试验条件、试验程序等方面进行适度剪裁，使这些标准具有较大灵活性，有效地避免发生欠试验或过试验，使试验结果可靠，更有助于提高产品或材料质量，降低研制费用。

4. 国内实验室环境试验技术的发展状况

1）设备制造技术进一步提高

近年来,我国已建成达到国际先进水平,并具有自己特色的各种模拟设备,如 KM 系列整机和部件空间环境模拟设备、"小太阳"空间环境模拟设备、高空环境模拟设备、兵器大型环境模拟设备、工兵装备环境室、汽车环境实验室、内燃机环境实验室和机车低温实验室等空间、空中和地面环境模拟设备。

2）试验目的和应用范围进一步扩大

实验室环境试验最早仅是用于考核装备（产品）对规定环境的适应性,即作为产品出厂和把关的手段用于批量生产出厂验收试验和例行试验。随着武器装备对环境适应性要求的不断提高和对环境试验认识的深化,环境试验的用途不断拓宽,在 20 世纪 60 年代 MIL – STD – 810C 的机关介绍资料中就强调,该标准应尽早用于研制阶段早期,用得越早,越节省成本。

近年来,人们对环境试验的认识有了质的飞跃,MIL – STD – 810F 在保留环境试验验证合同符合性这一用途的同时,明确提出将环境试验用于发现产品设计、工艺和制造中的缺陷,加强研制试验;同时要求通过环境试验充分掌握产品应力响应特性和薄弱环节,以便为后续试验和装备使用及制定后勤保障计划提供有用信息,并将环境试验的目的概括为获取产品信息,用于支持产品研制生产和使用中各阶段决策、制定计划和其他活动。环境适应性和环境工程的重要性已在我国得到广泛认同,同时认识到环境试验适用于装备的全寿命期。

3）试验技术得到较大提高

相对来说,我国在实验室环境试验方面与发达国家的差距较小,在我国综合国力不断增强的今天,拥有相当数量的先进的环境试验设备,具有开展各种模拟试验的能力,包括各种组合和综合模拟环境试验以及大型环境试验。

5.2.3 实船试验

无论是实验室试验还是现场试验,都不能完全模仿舰船结构的使用条件,因此,评价被研究材料的耐蚀性、技术可行性的最后阶段是实船试验。

实船试验是将待试验的金属材料制成实物部件、设备或小型试验装置,在实船的实际应用条件下进行的腐蚀试验。这种试验如实反映了实际使用的金属材料状态及环境介质条件,也包括有加工、焊接产生的应力、热经历和工况应力等作用影响,能够比较全面、正确地提供金属材料在实际使用状态下的耐蚀性,因此是选定或研制金属材料的最终评定。其局限性是试验周期冗长（短期内不会产生明显的腐蚀破坏）,费用很大,而且只能提供定性的评定考核,试验时需要有更多的空间和人力。

实船试验直接在服役的舰船上进行,而且要选择实现上述目的的使用条件最苛刻的舰船。这种试验的对象是某种试验的舰艇结构,这个结构在舰船建造时或使用过程中修理时安装在舰船上。为了获得研究对象（新的金属及合金、焊接材料,工艺过程等）的耐蚀性,从腐蚀发展的观点出发,试验结构的安装部位要选择在最苛刻的地方。

除了试验的舰艇结构之外,在使用的舰船上也可以安装研究材料的试样。在实船上安装试样,可以直接在舰船结构实际使用条件下进行试验,比实验室和现场试验便宜和简单得多。但是,为了最终获得研究对象的耐蚀性的问题,在舰船上用试样进行的试验大多数情况下不能代替实际舰船结构的实船试验。

经验表明,当在服役的舰船上试验试样时,基本上可以得到所需要的结果,因此进行试样的实船试验有着实际的意义。例如,为了评价新的船体钢及其与其他金属接触时的耐蚀性,应将被研究材料试样安装在船体的水下部分,但必须与船体电绝缘。为了安装这些试样,在船体外壳上选好的部位焊上螺柱,在螺柱上固定试样。为了使试样与船体完全绝缘,在试样下面设置了绝缘材料制成的垫片,螺柱套上用绝缘材料制成的套筒,螺母下采用了绝缘材料制成的垫圈。试样也可以安装在塑料架子上,架子则像上述的试样一样固定在船体上。

研究试样可沿整个船体布置:首部、尾部、底部、交变水线区和舷部。如果被研究的金属和合金用于上层建筑或位于甲板上的其他结构和零部件,那么应把试样安装在专门设置的大气台架上,在甲板上进行试验。根据试验目的,应用同样的方法把试样安装在舱内和船舶的其他地方。

在服役舰船上的实船试验花销很大,需要统筹考虑。

1. 从装备环境工程的角度,系统规划并开展材料环境试验工作

材料是构成装备的物质基础,材料的环境适应性在较大程度上决定了装备的环境适应性。材料的环境适应性数据和规律是进行装备设计、生产、勤务的重要依据。材料环境试验工作的最终目的是用尽可能低的费用得到装备环境适应性尽可能大的提高。不同的材料组合以及平台环境体系,可能存在材料匹配和环境匹配等问题,具有优良的环境适应性的材料组合成装备后不一定还具有优良的环境适应性。装备的环境适应性工作是一项系统工程,而材料的环境试验是这一系统工程中重要组成部分,因此,应该做好装备寿命期环境剖面及其平台环境剖面的环境分析,充分考虑材料在实际使用中的搭配及应力状况,从装备环境工程的角度,系统规划并开展材料环境试验工作。

2. 突出重点,统一筹划,做好舰船用材料环境试验

目前,仅从国内舰船用材料来讲也是种类繁多。掌握全部舰船用材料在所有环境中的适应性是不可能的,因此,必须根据材料及其应用环境的特点,侧重地做好舰船用材料的环境试验。应该提升舰船重点装备的战技性能和环境适应性,对环境中使用的新材料、新工艺及部分传统材料的环境试验,重点试验的材料有以下四种:

(1) 装备轻量化用的材料,如铝合金、钛合金及其他复合材料;

(2) 装备隐身用的材料和构件,如隐身涂料等;

(3) 耐严酷环境的材料,如防腐防污、隔热、热控、抗辐照、耐介质、耐高低温、高阻尼的涂层材料和其他材料;

(4) 具有防腐、防污及润滑等功能的油脂材料。

3. 研发新的环境试验、评价和管理方法和技术,提高试验效率和水平

从环境试验诞生以来,一直朝着如何快速、全面、准确和高效地评价材料乃至整机的环境适应性的方向发展。这是今后环境试验技术发展的永恒的主题和方向。"快速""全面""准确"和"高效"的体现并不容易,且都是相对而言,也是系统工程,需要依赖新的试验技术、新的评价方法和管理方法来实现。目前有许多新的环境试验技术可以应用,如自然环境加速试验技术、高加速环境试验技术、预测预报技术、环境严酷度分类分级技术等。当然,这些技术还需要进一步发展,如自然环境加速试验技术的系列化和标准化等。

目前,需要研发新的环境试验、评价和管理方法的技术主要有装备环境工程系列标准、自然环境加速试验技术、高加速环境试验技术、图像识别技术、环境评价和分类分级技术、相关性和寿命预测评价技术六个方面。

4. 加强信息化建设,通过信息共享提高环境试验的价值

环境试验是通过获取产品的环境适应性信息,利用产品的环境适应性信息为装备的设计、生产和应用服务,从而提高产品的环境适应性。因此,环境试验的价值体现在环境试验信息的应用,应用越多、越广泛,环境试验的价值就越大。由于各种原因,我国的环境试验信息还没有得到广泛应用,单位之间、部门之间的环境适应性信息得不到充分共享,信息的生产者和使用者之间缺乏沟通,也造成信息流通不畅。因此,有必要大力推广环境试验信息的应用。在信息技术高度发达的今天,应该探索利用信息技术推广环境试验信息应用的方法。

5.3　腐蚀试验结果处理与评定

根据腐蚀研究的目的,除选择和确定试验方法之外,还必须确定腐蚀试验结果处理及评定方法,以取得腐蚀试验结果和表达腐蚀状态的某些指标。腐蚀作用的评定主要是对受腐蚀金属材料本身进行检测,或者是对腐蚀介质的变化进行测定,也可对两者都进行考察。

5.3.1 常用腐蚀评定方法

1. 表观检查

1）宏观检查

宏观检查是用肉眼或低倍放大镜对金属材料在腐蚀前后及去除腐蚀产物前后的形态进行观察和检查。宏观检查方便简捷,虽然粗略主观,但是一种有价值的定性方法。它不依靠任何精密仪器就能初步确定金属材料的腐蚀形态、类型、程度和受腐蚀部位。

在试验前必须详细地记录试样的初始状态,标明表面缺陷。在试验过程中根据腐蚀速度确定观察的时间间隔。选择时间间隔必须考虑:能够记录到可见的腐蚀产物开始出现的时间;两次观察之间的变化足够明显。一般在试验初期观察频繁,而后间隔时间逐渐增大。

观察材料时应注意观察和记录:①材料表面的颜色与状态。②材料表面腐蚀产物的颜色、形态、类型、附着情况及分布。③腐蚀介质的变化,如溶液的颜色,溶液中腐蚀产物的颜色、形态和数量。④判别腐蚀类型,全面腐蚀导致均匀减薄,应测量厚度;局部腐蚀应确定部位,判明类型并检测腐蚀程度。⑤观察重点部位,如材料加工变形及应力集中部位、焊缝及热影响区、气 – 液交界部位、温度与浓度变化部位、流速或压力变化部位。当发现特殊变化时,应照相以供分析。为了更仔细地进行观察,也可使用低倍放大镜(2～20倍)检查。

2）显微检查

显微检查是用金相显微镜或扫描电镜、透射电镜、电子探针、X射线衍射仪等大型仪器对被腐蚀试样的表面或断口进行检查。这是宏观检查的进一步发展。

显微检查一般有跟踪连续观察和制备显微磨片进行观察两种方法。光学显微镜除用于检查材料腐蚀前后的金相组织外,更重要的是判断腐蚀类型、确定腐蚀程度、确证析出相与腐蚀的关系、调查腐蚀事故的起因及提供腐蚀发生和发展情况。

近年来,在环境试验与研究中已经采用先进的测试仪器和设备用于环境作用机理及产品失效分析。为进一步研究腐蚀机理,除光学显微镜外,还可应用电子显微镜,特别是扫描电镜,它不仅高低倍数连续可调,观察金相组织方便,而且能相当清楚显示孔蚀、应力腐蚀等的主体构造,以及氯化物、碳化物等的分布与形态。X射线衍射仪与能谱仪联用测量样品表面腐蚀产物及各种元素成分、含量和分布,清楚地了解样品的腐蚀程度和范围。采用红外光谱仪观测涂层或高分子材料的老化特征等。还可用X射线电子能谱仪、俄歇电子能谱仪等进行表面分析研究,能够准确测定极薄表面膜的厚度及其组成。这些新的检测技术大大提高了测试数据和评价结果的准确性。

2. 重量法

由于腐蚀作用,材料的重量会发生变化,此即重量法测定材料抗蚀能力的理论基础。虽然近年来发展了许多新的腐蚀研究方法,但重量法仍然是最基本的定量评定腐蚀的方法,并得到广泛应用。重量法简单而直观,适用于实验室和现场试验。它有增重法和失重法两种。

1）增重法

当腐蚀产物牢固地附着在试样上,又几乎不溶于溶液,也不为外部物质所沾污,这时可用增重法测定腐蚀破坏程度。增重法适用于评定全面腐蚀和晶间腐蚀,而不适用于其他类型的局部腐蚀。

增重法试验过程:将预先制备的试样量尺寸、称重后置于腐蚀介质中,试验结束后(连同已脱落的腐蚀产物)取出,烘干,再称重。全部增重表征材料的腐蚀程度。在重量法中,一个试样通常在腐蚀 – 时间曲线上只提供一个数据点。当腐蚀产物确实是牢固地附着于试样表面,且具有恒定的组分时,就能在同一试样上连续或周期性地测量增重,因而适合于研究腐蚀速度随时间变化的规律。

增重法的一个严重缺点是数据的间接性,即得到的数据包括腐蚀产物的重量,究竟多少材料被腐蚀,还需分析腐蚀物的化学组成来换算。腐蚀产物的相组成有时特别复杂,精确地分析往往有困难。同时多价金属(如铁、铜等)可能会生成几种化学组成不同的腐蚀产物,换算比较困难。这些都限制了增重法的应用范围。

2）失重法

失重法是一种简单而直接的方法,它不要求腐蚀产物牢固附着在材料表面,也不考虑腐蚀产物的可溶性,因为试验结束后必须从试样上清除全部腐蚀产物。失重法直接表示由于腐蚀而损失的材料重量,不需经过腐蚀产物的化学组成分析和换算。这些优点使失重法得到广泛应用。

失重法试验过程:将预先制备的试样量尺寸、称重后置于腐蚀介质中,试验结束后取出,清除全部腐蚀产物后清洗、干燥再称重。试样的失重直接表征材料的腐蚀程度。

无论增重法,还是失重法,在暴露试验前后与试验过程中,清除腐蚀产物前后都必须仔细观察并记录材料表面和介质中的各种变化。

3）重量法测定结果评定

重量法是根据试样腐蚀前后的重量变化来测定腐蚀速度的,为了使各次不同试验及不同试样的数据能够互相比较,必须采用单位时间内单位面积上的重量变化为表示单位,如 $g/(m^2 \cdot h)$,即平均腐蚀速度。从腐蚀试验前后的试样重量差计算腐蚀速度:

增重速度为

$$v_{+w} = \frac{W_1 - W_0}{At}$$

失重速度为

$$v_{-w} = \frac{W_0 - W_2 - W_3}{At}$$

式中:A 为试样面积(m^2);t 为试验周期(h);W_0 为试样原始重量(g);W_1、W_2 分别为试验后含与不含腐蚀产物的试样重量(g);W_3 为清除腐蚀产物时同样尺寸、同种材料空白试样的校正失重(g)。

金属的腐蚀速度在腐蚀过程中并非恒定,也就是说其瞬时腐蚀速度可能发生各种变化。因此,重量法计算的只是平均腐蚀速度,不适用于测定瞬时腐蚀速度。此外,重量法测定的腐蚀速度通常只适用于均匀腐蚀的类型。

由于各种金属材料的密度不同,即使是均匀腐蚀,这种腐蚀速度单位并不能表征腐蚀的损耗深度。为此可将平均腐蚀速度换算成单位时间内的平均侵蚀深度(腐蚀率,如 mm/年),这两类速度之间的换算公式为

$$B = 8.76 \frac{v}{\rho}$$

式中:B 为按深度计的腐蚀率(mm/年);v 为按重量计的腐蚀速度($g/(m^2 \cdot h)$);ρ 为金属材料的密度(g/cm^3)。

4）腐蚀产物清除方法

要正确评定腐蚀结果,对于选用失重法评定时,必须清除试样表面的腐蚀产物,但又不损伤金属基材本身。实际上,完全不损伤基材是不可能的,只要求损伤对腐蚀结果无明显影响即可。对于不同金属材料和不同的腐蚀产物应采用不同的清除腐蚀产物的方法,一般有如下三种方法:

(1)机械法:一般先用自来水冲洗,并用橡皮或硬毛刷擦洗,或用木制刮刀、塑料刮刀刮擦。对绝大部分疏松腐蚀产物用此法即可清除干净。但要完全清除掉腐蚀产物以精确地测试或检查局部腐蚀状况时,尚需进一步采用化学法或电化学法。

(2)化学法:选择适宜的化学溶液及操作条件,通过溶解除去试样表面的腐蚀产物的方法。为了保护金属基体,在化学清除的溶液中往往需加入缓蚀剂。这些方法并不复杂,但在使用时可能损伤基材,造成试验误差。为此,应在清除的同时,将未经腐蚀的同种材料、相同尺寸的空白试样在相同条件下清洗处理,求其失重,然后在实际试样的失重中减去此数,得出比较合乎真实的试样失重。

(3)电解法:选择适当的阳极和电解质,以试样为阴极外加直流电的电解方法。电解时阴极产生氢气,在氢气泡的机械作用下,使腐蚀产物剥离,残留的疏松物质可用机械法冲刷除净。此法效果较好,空白试样失重小。适用于碳钢和许多金属材料的一种电解操作条件如下:电解液为 5% H_2SO_4,阳极为碳棒,阴极为试样,阴极电流密度为 $20A/m^2$,加入 $2mL/L$ 有机缓蚀剂(如若丁),温度为 $75℃$,暴露时间为 3min。

3. 失厚测量与孔蚀深度测量

对于大型结构等不便于使用重量法的情况,或为了解局部腐蚀情况可以测量试件的腐蚀失厚或孔蚀深度。

1) 失厚测量

测量腐蚀前后或腐蚀过程中两时刻的试样厚度,可直接得到腐蚀损失量;单位时间内的腐蚀失厚即为腐蚀率。但是对于不均匀腐蚀来说,这种方法不准确,可用一些计量工具和仪器装置直接测量试样厚度。由于腐蚀引起的厚度变化往往导致许多其他性质的变化,根据这些性质变化发展出许多无损测厚方法,如涡流法、超声波法、射线照相法和电阻法等。

2) 孔蚀深度测量

孔蚀深度测量方法:用配有刚性细长探针的微米规探测孔深;在金相显微镜下观测试样蚀孔截面的磨片;以试样的某个未腐蚀面为基准面,通过机械切削达到蚀孔底部以测量孔深;用显微镜分别聚集在未受腐蚀的蚀孔外缘和蚀孔底部以测量蚀孔深度,以及其他方法等。

为了表示孔蚀严重程度,应综合评定孔蚀密度、蚀孔直径和孔蚀深度。孔蚀密度和蚀孔直径表征孔蚀范围,孔蚀深度则表征孔蚀强度。相比之下,孔蚀深度具有更重要的实际意义。为此,经常测量面积为 $1dm^2$ 的试样上 10 个最大蚀孔深度,并取其最大蚀孔深度和平均蚀孔深度来表征孔蚀严重程度;也可采用孔蚀系数,如图 5.1 所示。孔蚀系数是最大孔蚀深度 P 与按全面腐蚀计算的平均侵蚀深度 d 的比率。这个数值越大,表示孔蚀程度越严重,而在全面均匀腐蚀的情况下,孔蚀系数为 1。

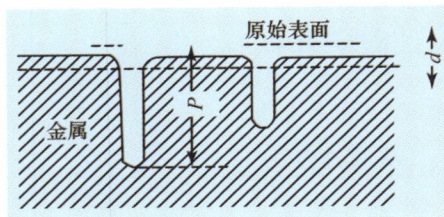

图 5.1 孔蚀系数

4. 气体容量法

对于伴随析氢或耗氧的腐蚀过程,可通过测量一定时间内的析氢量或耗氧量来计算金属的腐蚀速度,称为容量法(又称为量气法)。

容量法的灵敏度比失重法高得多,这是因为与腐蚀量成等摩尔量关系的气体密度小,即其体积较大,而且量气管的直径还可以缩小以改变测量范围。

容量法不必像失重法那样需清除腐蚀产物,在试样的腐蚀过程中,可以测定其瞬时腐蚀速度,从而在一个试样上测得腐蚀量与时间的关系曲线。

容量法的测定装置简单而可靠,量气测定方法也很方便。应该指出,只有在腐蚀过程中伴随的析氢或耗氧量与金属溶解量成摩尔量关系时,才用容量法测定金属腐蚀速度,金属在腐蚀过程中若与其他气体发生反应,也应服从于这个原则;否则,就不能应用容量法。

1) 析氢测量

如果金属腐蚀取决于阴极的氢去极化过程,则可测定反应析出的氢气量来评定金属的腐蚀量。在析氢测定时,一般用量气管收集试样上腐蚀放出的氢气,为了准确计量,往往在量气管下口倒置一个确定口径的漏斗,并尽可能选用细量气管,如图 5.2 所示。在规定的试验周期终了时,以 cm^3/cm^2 计量单位面积金属上腐蚀析出的氢气体积,然后由下式计算得金属的腐蚀量 $W(g)$:

$$W = MV_{H_2}(p - p_{H_2O})/41nT$$

式中:V_{H_2} 为量气管上测得的析氢体积(cm^3);M 为金属原子量(g/mol);n 为金属离子价数;p 为气体总压力(atm);p_{H_2O} 为饱和水蒸气压(atm);T 为温度($℃$)。

2) 耗氧测量

如果金属腐蚀取决于阴极的氧去极化过程,对此可测定溶液中的耗氧量来评定金属的腐蚀量。无论是水溶液腐蚀,还是气相氧化,只有当腐蚀产物(可能有部分氧消耗于形成腐蚀产物的二次反应中)的成分恒定不变时,才能使用此方法。

利用耗氧量测定金属腐蚀的方法:把试样放在溶液的上部空间,测量由于腐蚀引起的气相中氧量变化;把试样放在含有溶解氧的溶液中,用化学分析法测定溶液中含氧量的变化;把试样放在溶液中,测量上部封闭体积中氧浓度的变化。

图 5.3 为典型的气体法测量腐蚀的装置,它能同时测定消耗的氧气量和放出的氢气量。放出的氢气量是根据氢气燃烧后气相体积的减小来决定,氧气量是按照放出氢气体积与总的气相体积的变化之差来决定的。腐蚀性溶液经旋塞 2 进入容器 1,利用滴管 4 和压力计 3 来测定气相体积的变化;容器 5 及压力计 3 可在常压下进行测量;氢气的燃烧在铂螺旋线上进行。放出的氢气体积可按下式计算:

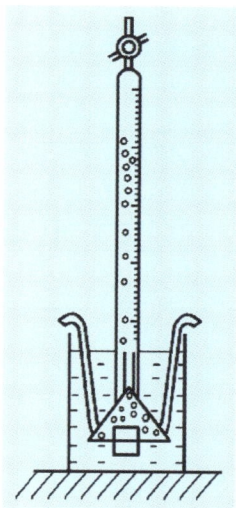

图 5.2　收集和测量氢气的装置

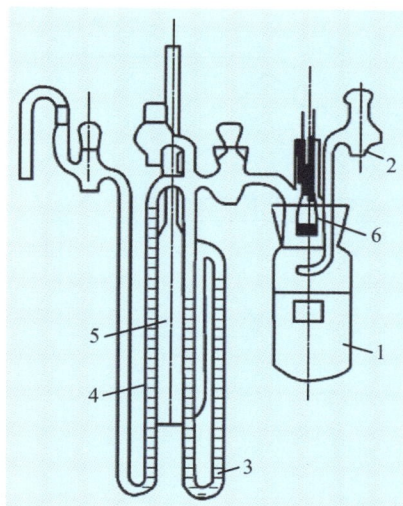

图 5.3　有混合去极化作用的腐蚀测定器

1,5—容器;2—旋塞;3—压力计;4—滴管;6—铂螺旋线。

$$V_{H_2} = \frac{2}{3}(\Delta W + \Delta V_1)$$

式中:ΔW 为由于氢的燃烧而减少的气体体积;ΔV_1 为在燃烧及仪器冷却期间气体体积增大的修正。

消耗的氧量按下式计算:

$$V_{O_2} = V_{H_2} - \Delta V_2$$

式中:ΔV_2 为由于腐蚀作用而增大的气体体积。

5. 电阻法

电阻法是一种电学方法,对于一定形状、尺寸和组织结构的材料,当其遭受腐蚀后,根据电阻变化可提供许多腐蚀信息,如了解晶间腐蚀或氢腐蚀的状态,检测腐蚀导致的材料厚度变化,测定金属腐蚀速度。

电阻法测定金属腐蚀速度,是根据金属试样由于腐蚀作用使横截面积减小,从而导致电阻增大的原理,通过测量腐蚀过程中金属电阻的变化而求出金属的腐蚀量和腐蚀速度。丝状试样腐蚀速度为

$$B = \frac{r_0}{t}\left[1 - \sqrt{\frac{R_0}{R_t}}\right] \times 8760 \quad (\text{mm/年})$$

$$v = \frac{r_0}{t}\left[1 - \sqrt{\frac{R_0}{R_t}}\right] \times \rho \times 1000 \quad (\text{g/(m}^2 \cdot \text{h}))$$

式中:r_0 为丝状试样的初始半径(mm);R_0 为初始时刻的试样电阻(Ω);R_t 为 t 时刻的试样电阻(Ω)。

片状试样的腐蚀速度为

$$B = \frac{a + b - \sqrt{(a+b)^2 - 4ab\dfrac{\Delta R}{R_t}}}{t} \times 2190 \quad (\text{mm/年})$$

$$v = \frac{a + b - \sqrt{(a+b)^2 - 4ab\dfrac{\Delta R}{R_t}}}{t} \times \rho \times 250 \quad (\text{g/(m}^2 \cdot \text{h}))$$

式中:a 为片状试样的初始宽度(mm);b 为片状试样的初始厚度(mm);ΔR 为电阻变化值(Ω),$\Delta R = R_t - R_0$;ρ 为金属密度(g/cm^3)。

测量电阻有很多方法,但准确测量金属腐蚀试样的电阻变化,必须用电桥法测量。由于金属的电阻对温度变化敏感,测量技术中应解决温度补偿问题。一般是在腐蚀试验介质中与测试的腐蚀试样同时辅以同材料、同尺寸的温度补偿试样,但后者表面涂覆涂料,使其免遭腐蚀。

图 5.4 和图 5.5 分别为电阻法测量的单电桥法和双电桥法原理。R_x 为待测腐蚀试样,$R_补$ 和 R_N 分别为两种方法中的温度补偿试样。

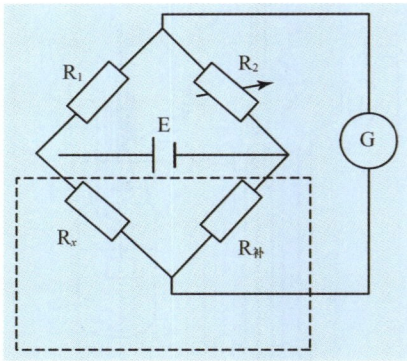

图 5.4　单电桥法原理

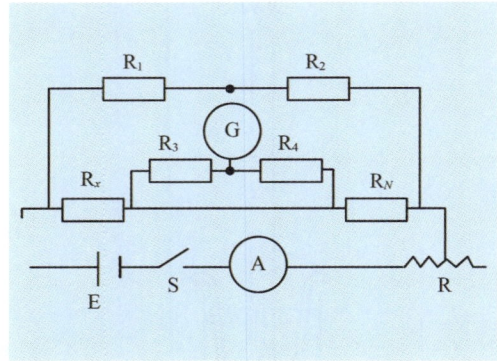

图 5.5　双电桥法原理

电阻法测定腐蚀信息不受腐蚀介质的限制,即气相或液相、导电或不导电的介质均可应用。测量时不必取出试样和清除腐蚀产物,因此可以在生产过程中或自然环境中进行连续检测,可测定腐蚀速度随时间变化的关系曲线,有利于及时地进行腐蚀监控和研究。

6. 力学性能与腐蚀评定

1）全面腐蚀对力学性能的影响

腐蚀评定有时无法用重量法或测厚法;金相检查又只限于一个小区域,容易漏检。腐蚀作用的结果使材料力学性能发生明显变化,可通过测定力学性能变化评定腐蚀作用。为保证试验结果的良好重现性,所有被测试样的加工条件、热处理条件、取样方向和试样尺寸等尽可能一致;试验时应辅以相同状态但未经腐蚀的空白试样做对比。

为评价全面腐蚀作用,一般用腐蚀前后材料力学性能变化的相对百分率表示。强度损失为

$$K_S = \frac{\sigma_{b0} - \sigma_{b1}}{\sigma_{b0}} \times 100\%$$

式中:σ_{b0}、σ_{b1} 分别为材料腐蚀前、后的抗拉强度。

也可用剩余抗拉强度的比率表示,即

$$K_S' = \frac{\sigma_{b1}}{\sigma_{b0}} \times 100\%$$

由于全面腐蚀作用使延伸率损失为:

$$K_L = \frac{\delta_0 - \delta_1}{\delta_0} \times 100\%$$

式中:δ_0、δ_1 分别为腐蚀试验前、后试样的延伸率。

也可用剩余延伸率的比率表示,即

$$K_L' = \frac{\delta_1}{\delta_0} \times 100\%$$

2）局部腐蚀对力学性能的影响

局部腐蚀类型很多,孔蚀和缝隙腐蚀可参照全面腐蚀的评价方式。

对于应力腐蚀,可将加载应力的试样在腐蚀介质中暴露指定周期之后测定剩余力学性能,也可直接测定应力腐蚀试样在腐蚀介质中暴露直至断裂的寿命。在应力－腐蚀联合作用引起的总强度损失中,附加应力所占百分率可表示为

$$a = \frac{\sigma_{b1} - \sigma_{b2}}{\sigma_{b0} - \sigma_{b2}} \times 100\%$$

式中:σ_{b1}、σ_{b2}分别为应力腐蚀试验前、后的抗拉强度。

通过测量不同应力水平下的应力腐蚀断裂寿命,可以确定腐蚀体系不发生应力腐蚀断裂的最大应力,即应力腐蚀的临界应力 σ_{th}。

对于腐蚀疲劳,主要的测量参数是试样直至断裂的应力循环周次(寿命)。在 $\sigma - N$ 腐蚀疲劳曲线上,通常取某一指定腐蚀疲劳寿命(如疲劳循环周次 $N = 10^7$ 次)相对应的应力幅值为不发生腐蚀疲劳断裂的最大应力,即腐蚀疲劳临界应力,也称为腐蚀疲劳强度 σ_{th}。

腐蚀试验后对试样进行往复弯曲试验是评定某些类型局部腐蚀的常用方法。可以测定腐蚀后的试样能忍受往复弯曲而不致断裂的次数,也可以对延性较差的金属采用能够弯曲的角度评价腐蚀,还可以将腐蚀后试样弯成半径等于其厚度 2 倍的 U 形,然后检查所产生的裂纹。

通过断裂力学研究应力腐蚀和腐蚀疲劳,可以确定应力腐蚀临界应力场强度因子 K_{ISCC}、应力腐蚀裂纹扩展速率 da/dt、腐蚀疲劳临界应力场强度因子 ΔK_{ICF}、腐蚀疲劳裂纹长度 a 相对于应力循环周次 N 的扩展速率 da/dN。

7. 溶液分析与指示剂法

在腐蚀化学的研究中,常采用化学分析法和仪器分析法,主要测定腐蚀介质的成分和浓度,缓蚀剂的含量以及金属腐蚀产物量等。当金属的腐蚀产物完全溶解于介质中时,可通过定量化学分析求得某时刻腐蚀速度,据此可从一个试样获得一条腐蚀量 – 时间关系曲线。化学分析还是一种重要的工业腐蚀监控方法。

极谱分析法是一种在特殊条件下的电解分析方法,即在电解池内采用滴汞电极进行电解,测定与被检测离子浓度成正比的极限电流。定量测定时,一般只需测量极谱波的波高,而不必测量极限电流的绝对值。现在已普遍采用极谱仪测定,操作简便。

近年来,在电化学分析领域发展出离子选择性电极分析技术,它是利用一种对某种特定离子具有专属选择性的膜电极(离子选择电极,实质上是一种电化学敏感器),其电极电位与待测特定离子浓度之间符合能斯特公式,从而可通过电位测量确定溶液中某些特定离子浓度(严格说是活度)。所需仪器设备简单、操作方便,适用于实验室和现场测量。

原子吸收光谱分析法是利用被测元素的基态原子具有吸收特定辐射波长的能力,而吸收值的大小与该原子的浓度存在着一定的关系,从而形成了这种对被测元素的定性和定量的分析方法。此方法能分析几乎所有金属元素,且灵敏度高、分析速度快、操作简便。

指示剂法是利用某些化学试剂组成的指示剂与腐蚀产物(金属离子、OH^-、H^+ 等)之间反应可产生不同的特定颜色,以确定正在腐蚀的金属表面上阳极区和阴极区以及受腐蚀的局部区域和状态类型。

5.3.2　腐蚀评定指标选择

评价被研究金属与合金的一般耐蚀性,常采用外貌变化、出现第一个腐蚀源前的持续时间、在指定的表面部分出现腐蚀前的持续时间、在指定时间内出现的腐蚀源数、腐蚀破坏的面积、试样的重量变化,平均和最大腐蚀深度、溃疡状腐蚀倾向性、试样力学性能的变化等。

腐蚀指标主要是根据腐蚀特点选择,例如:对倾向于溃疡状腐蚀的金属与合金,不宜采用重量损失的评价方法;对遭到均匀腐蚀的金属与合金,则不应采用腐蚀深度的评价方法。与此同时,对于遭到两种或两种以上腐蚀类型的金属,则同时用两种指标,其中之一是决定性的,而另一个是补充的。例如:对于低合金钢,决定性的是重量指标,而腐蚀的深度指标是补充的;对于耐蚀性较低,其整个表面上实际上都遭到溃疡状腐蚀的不锈钢,决定性的是深度指标,而补充的则是重量指标。必须着重指出,为了更完全地评价被研究材料的耐蚀性,应该尽可能地多采用几个指标。

根据腐蚀破坏的特点,选择的腐蚀指标见表 5.1。在选择评价方法时,还应根据试验对象的特点,考虑评价方法的实施是否简便、可行。例如,当进行较大型结构的实船试验时,不管腐蚀特点如何,都不能采用重量指标。在这种情况下,当存在腐蚀破损时,采用深度指标。而当只发现不太严重的表面腐蚀时,可进行外观检查,测定遭受腐蚀的面积、腐蚀破坏部位的分布,以及腐蚀产物的特点。

表5.1　金属腐蚀破坏特点及评价指标的选择

腐蚀特点	用于腐蚀评价的指标
均匀腐蚀	质量和力学性能的变化
不均匀腐蚀	到出现第一个腐蚀源前的持续时间;腐蚀破坏的面积;质量变化;腐蚀侵透深度
疱疹状腐蚀	到出现第一个腐蚀源前的持续时间;在指定时间内出现的腐蚀源数量;腐蚀破坏的面积;质量变化;腐蚀侵透深度
溃疡状腐蚀	①单个的蚀孔:出现第一个腐蚀源前的持续时间;在指定时间内出现的腐蚀源的数量;腐蚀破坏的面积;腐蚀侵透深度;金属对溃疡状腐蚀的倾向性的测定。 ②沿所有表面均匀出现的蚀坑:出现第一个腐蚀源前的持续时间;在指定时间内出现的腐蚀源的数量;腐蚀破坏面积;腐蚀侵透深度;溃疡状腐蚀倾向性的测定;质量变化
点蚀	①单个的蚀坑:出现第一个腐蚀源前的持续时间;在指定时间内出现的腐蚀源的数量;腐蚀破坏面积;腐蚀侵透深度;点蚀倾向性的测定。 ②沿所有表面均匀出现的蚀坑:出现第一个腐蚀源前的持续时间;在指定时间内出现的腐蚀源的数量;腐蚀破坏面积;腐蚀侵透深度;点蚀倾向的测定;质量变化

　　对于焊接和铆接接头,也不能采用腐蚀的重量指标,而是在腐蚀试验结束后,检查被研究试样(或制件)的外观,同时判定腐蚀特点、腐蚀产物的颜色和密度、受腐蚀部位的分布、遭到腐蚀的面积。如果试样(制件)在海水中试验时,还要判定附着海生物程度,以及附着的海生物的种类。

　　为了确定被研究金属与合金的耐蚀性的定量评定,要从金属与合金上除去腐蚀产物;而当采用台架海水试验时,还要除去附着生物。

　　在试样表面除去附着生物时,通常借助木刮板,不使用金属制板,这会刮掉金属,造成试验结果失真。除去腐蚀产物时,首先使用机械方法(喷水,木刮板刮或硬毛刷刷等),然后用按国家标准规定的每种金属与合金专用的洗液进行浸蚀洗净。

　　为了测定腐蚀破坏深度,采用钟表盘型测量仪,这种仪表可以测量腐蚀破损深度达10mm,精度达0.01mm。考虑到要获得精确的数据,仪表腿应该放在原始表面上,即没有遭到腐蚀的表面上,所以这种仪表主要用于测量具有单个蚀孔破坏的表面。

　　对于在具有大量蚀坑破坏的试验表面上测量腐蚀深度,用表面光度仪是比较合适的。仪器的主要部分也是表盘型测量仪,试样安装在台子上,可借助螺杆、台子,相对于固定的测量仪表在两个互相垂直方向上移动。试样沿着台子边缘的平行方向移动,并借助装在活动台子上的比例尺进行测量。为了排除表面对测量结果的影响,仪表带有尖的端头,仪表腿的升降借助于电磁铁。

　　上述指标适于评价金属与合金的一般耐蚀性,这在进行腐蚀试验和船舶结构运行时是非常必要的。至于那些特殊的腐蚀试验方法,像测定接触腐蚀和晶间腐蚀,以及腐蚀开裂和腐蚀疲劳,除上述指标外,还要补充对这些试验方法来说特有的指标,见表5.2。

表5.2　不同腐蚀形式评价的补充指标

试验方法	用于腐蚀评价的补充指标
接触腐蚀	与没有接触时的这种金属相比,视腐蚀特点的变化确定接触腐蚀的倾向
晶间腐蚀	当使金属弯曲90°,直至表面出现裂纹;金相检验时,发现晶间裂纹
腐蚀开裂	在一定的载荷下试样破坏的时间;试样保持不断的最大载荷,判定断口特征
腐蚀疲劳	在一定的载荷下试样破坏的时间;试样保持不断的最大载荷,判定断口特征

5.4　典型腐蚀试验实施

5.4.1　电化学测试试验

　　绝大多数腐蚀过程的本质是电化学性质的,在腐蚀机理研究和腐蚀试验中,广泛地利用金属/电解质溶液界面(双电层)的电性质,所以电化学测试技术已成为重要的腐蚀研究方法。但是,由于实际腐蚀体系是经常变化和十分复杂的,因此把实验室的电化学测试结果外推到实际应用中,往往还需要借助其他的定性或定量的试验研究方法综合分析评定。总之,在考虑电化学研究方法优点的同时,应注意它们的局限性。

1. 电极电位测量

电极电位测量一般有两类:一是测量腐蚀体系无外加电流作用时的自然腐蚀电位及其随时间的变化;二是测量金属在外加电流作用下的极化电位及其随电流或随时间的突化。

电极电位测量比较简单,但技巧性强。除了研究电极外,需要一个参比电极和一个电位测量仪器,以及一个装有试验电解质溶液的电解池。测量电位时必须保证由研究电极和参比电极组成的测量回路中无电流通过,或通过的电流小到可以忽略的程度,否则将会由于电极本身的极化和溶液内阻上产生的欧姆电压降而引起测量误差。因此,应选用高输入阻抗的电位测量仪器,以保证电位测量精度。

选用一个稳定可靠的、合适的参比电极是保证准确测量电位的另一个重要条件。与高输入阻抗仪表连接的参比电极必须使用屏蔽线。参比电极与研究电极之间的溶液电阻上产生的欧姆电压降将会给电位测量带来误差,应注意消除其影响。

可选作电极电位测量的仪表有直流数字电压表、运算放大器构成的高阻电压表、各种晶体管高阻电压表、直流电位差计。此外,pH计和各种离子计也可用于测量电位。

2. 极化曲线测量

1)测量技术

为测量极化曲线,需要同时测量研究电极上通过的电流和电极电位,为此常采用三电极体系。它是由极化电源(常用恒电位仪)、电流与电位检测、电解池与电极系统组成。三电极系统构成极化回路(电流测量回路)和电位测量回路两个回路。

测量动电位极化曲线的电位扫描系统,其特征是加到恒电位仪上的基准电压随时间呈线性变化,从而使研究电极的电位也随时间线性变化。测量完整的极化曲线,其极化电流变化范围很大,可达4~5个数量级,此时可使用对数换器,直接记录$E-\lg i$曲线。动电位测量极化曲线的测试系统接线如图5.6所示。

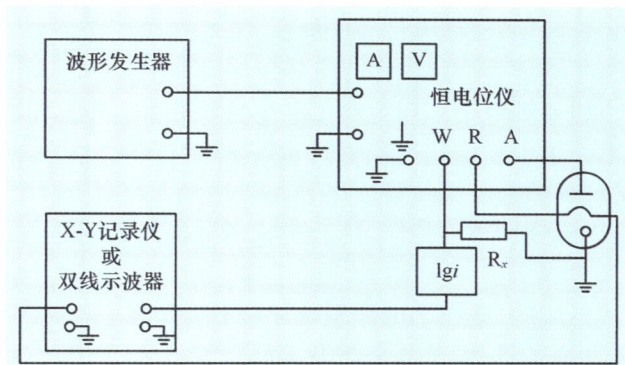

图 5.6　动电位测量极化曲线的测试系统接线

2)测定腐蚀速度的极化曲线外延法

对于活化极化控制的腐蚀体系,当极化电位偏离自然腐蚀电位足够远时,电极电位与极化电流密度的函数关系为

$$E - E_k = -b_a\lg i_k + b_a\lg i_a \quad (阳极极化曲线)$$
$$E_k - E = -b_c\lg i_k + b_c\lg i_c \quad (阴极极化曲线)$$

式中:b_a、b_c分别为相应的阳极、阴极塔菲尔常数;i_a、i_c、i_k分别为阳极极化、阴极极化和自然腐蚀状态的电流密度。

由此表明,在$E-\lg i$坐标(半对数坐标)上的强极化区极化曲线呈线性关系,即塔菲尔方程,直线段称为塔菲尔直线。阳极和阴极塔菲尔直线应相交于自然腐蚀电位E_k处,此时$i_a=i_c=i_k$。因此,从塔菲尔直线延长线的交点或塔菲尔直线延伸到E_k处的交点就可以求出该体系的自然腐蚀电流密度i_k(图5.7)。这就是极化曲线外延法,或称为塔菲尔外延法。

对于浓度极化控制的腐蚀体系,应有:

$$E - E_k = \frac{b_a b_c}{b_a + b_c}\lg\left(1 - \frac{i_c}{i_L}\right) \quad (阴极极化曲线)$$

式中:i_L为阴极极限扩散电流密度。

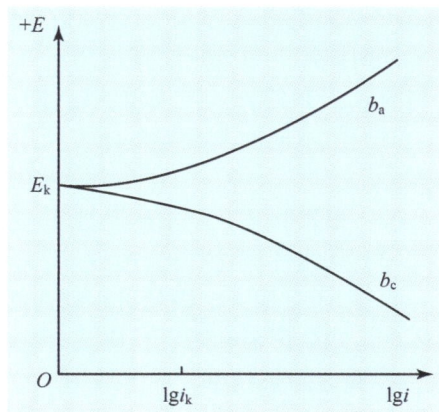

图 5.7　极化曲线外延法测定金属腐蚀速度

当极化电位偏离自然腐蚀电位足够远时，$i_c = i_L$，此时的极化曲线为平行于电位轴的直线。

对于同时存在活化极化和浓度极化的混合控制体系，应有

$$E_k - E = b_c \lg \frac{i_c}{i_k} - b_c \lg \left(1 - \frac{i_c}{i_L}\right)$$

此时很难采用极化曲线外延法测定腐蚀速度。

3. 线性极化测量技术

运用线性极化技术可以快速测量腐蚀体系的瞬时腐蚀速度，首先测量 E_k 附近线性极化曲线的斜率 $\left(\frac{\Delta E}{\Delta I}\right)_{\Delta E \to 0}$ 或 $E - I$ 极化曲线在 E_k 处的斜率 $\left(\frac{dE}{dI}\right)_{E_k}$，此即极化阻力 R_p 测量。其测量技术与稳态极化曲线测量技术相同。

1）R_p 测量方式

直流恒电流或恒电位测量法，在 E_k 附近进行阴极或阳极极化，一般用恒电位仪或经典电路装置进行逐点测量，然后作图确定极化阻力。由于 ΔE 较小，故极化电流一般较小，应选用足够精度的测量仪表。恒电位或恒电流极化是对电极双电层充电过程，应在充电达到稳态时测读数据，计算极化阻力 R_p。

一点法测量法，使用小幅度交流方波作极化源，采用线性极化测试仪进行测量。此方法测试简便，电极表面状态影响小，E_k 漂移的干扰影响也较小。但方波频率对 R_p 测试结果影响较大，应注意选择适当频率以保证实现稳态测量。

2）电极系统

R_p 测试的电极系统有经典三电极系统、同种材料三电极系统和同种材料双电极系统。经典三电极系统与常规电化学测量系统相同，R_p 测量需要确定 ΔE 值，而非 E 的绝对值，因此可使用与研究电极同材、同形、同尺寸的辅助电极和参比电极，即同种材料三电极。该电极系统简单方便，测量准确，通常制成探针构型，适合于实验室测试和现场监控。探针中三个电极可以互换分别作为研究电极，同一探针可测出几组数据，为指示可能发生的局部腐蚀倾向提供条件。同种材料双电极系统取消了作为参比电极的第三个电极，极化电位和电流的测量都是在两个同种材料电极间进行的。两个电极在极化过程中同等程度地被极化，只是方向相反而已。两电极之间的相对极化值为 $2\Delta E$（如 20mV），每个电极实际只极化了 ΔE（10mV）。由于两个电极的自然腐蚀电位不可能完全相同，为了求得准确的 i_k，可分别对体系进行正、反方向的两次极化，求出平均极化电流。双电极系通常采用交流方波极化。

影响 R_p 精确测量的因素很多，主要是溶液欧姆电压降的影响，这在三电极系统和双电极系统中都是不容忽视的。此外，自然腐蚀电位 E_k 随时间漂移、金属表面状态的变化、非稳态极化采样以及 R_p 测量中包括附加的氧化还原反应等都影响极化阻力测量的精确性。

运用线性极化方程时，可从实验测定 R_p，但还必须已知塔菲尔常数 b_a 和 b_c 或总常数 B，才能计算 i_k，进而计算腐蚀速度。

确定常数的方法很多，最基本的方法是测量阳极和阴极的 $E - \lg i$ 极化曲线，直接从强极化区测定 b_a 和 b_c，也可从曲线重合法、电子计算机分析法或 Barnartt 三点法、充电曲线法等测定或计算 b_a 和 b_c。

常用挂片失重校正法直接测定 B。无须具体测定 b_a 和 b_c 值，只在同一试验周期内对研究电极测定不同时刻的 R_p 及最终做一次失重测定，即可求得总常数 B。具体步骤如下：

（1）由不同时刻测定的 R_p，利用图解积分法或电子计算机数值积分法求出该试验周期 t 的积分平均值。

（2）根据失重数据求出腐蚀率，由法拉第定律换算得相应的自然腐蚀电流密度 i_k。

（3）从线性极化方程，由 $B = i_k \cdot R_p$ 计算 B。

此外，还可根据电极化过程动力学的基本理论计算 b_a 和 b_c 值。也可根据 B 值数据表选值，甚至根据腐蚀体系已知的阳极和阴极反应估计选值。

4. 交流阻抗技术

交流阻抗技术采用小幅度交流信号测量，属暂态电化学技术。其主要测试特点如下：

（1）微弱信号检测。极化电位通常小于 10mV，极化电流常为微安级甚至更低，因此要求测试仪器的精

度较高。

（2）测试频率范围宽。电化学阻抗测量可在超过 7 个数量级的频率范围内进行,常用频率范围为 1mHz ～ 10kHz。低频阻抗的测量困难较大;高频的上限主要受恒电位仪相移的限制。

（3）腐蚀体系稳定性的影响。自腐蚀电位 E_k 等参数的变化会影响阻抗测量的精度。

电化学阻抗测试系统一般包括电解池、控制电极极化的装置和阻抗测定装置三部分。控制极化装置可以是恒电位仪。交流阻抗的极化一般在 5mV 左右,所以对电极表面状态的干扰予以忽略。测定阻抗的装置根据测试方法而不同。测试时应特别注意噪声的干扰和抑制,在低频区测试时尤为重要。

测试电极系统除经典三电极外,还可采用双电极测试系统。双电极系统测试简单,便于现场监控,可由所测定的电解池阻抗计算电极阻抗。

测试阻抗的电路通常有如下四种:

（1）经典恒电流电路(图 5.8),可用于双电极电解池系统或三电极电解池系统测试。图中,V_t 电解液电压,V_E 工作电极与辅助电极端电压,V_F 工作电极与参比电极端电压,R_s 电解液电阻,R_w 滑动变阻器电阻。

（2）恒电位电路,其测试电路与动电位测试电路相同。外加信号为小幅度正弦波,测量采样电阻 R_s 上的电压降和极化电位。同样适用于双电极或三电极系统测试。

（3）改进的双电极测试电路(图 5.9),采用零阻电路检测作为电流—电压转换。图中 A 为辅助电极,W 是工作电极,Z_c 是辅助电极和工作电极之间的阻抗,F 是一个运算放大器,R 是电阻,"1"点为接地点,故信号发生器输出电压就是加在电解池两端的电压 V_E。如此就可方便地测定阻抗。

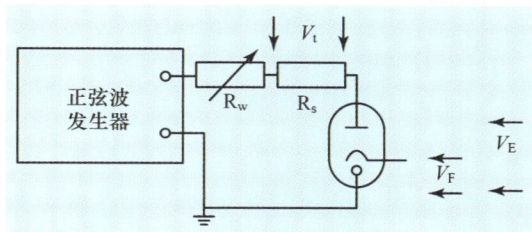

图 5.8 交流阻抗测试的经典恒电流电路

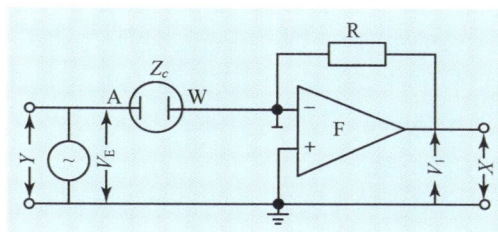

图 5.9 改进的双电极测试电路

（4）交流伏安法测试电路(图 5.10),采用常规的经典三电极系统,工作电极上施加的电位是随时间慢扫描的直流电压 E_{dc} 和幅值约为 5mV 的正弦信号 E_{ac} 的叠加。通过锁相放大器或频率响应分析仪测定同相 E_{ac} 及成 90°相的响应电流成分。

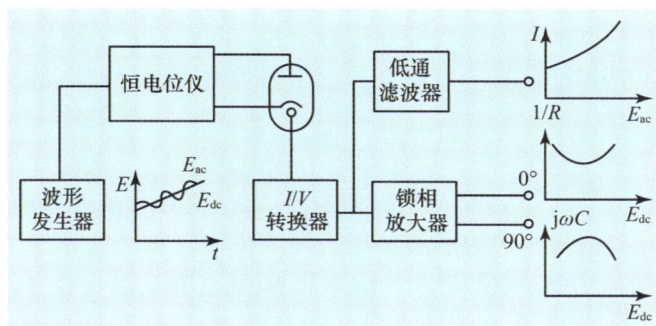

图 5.10 交流伏安法测试电路

5.4.2 实验室腐蚀试验

1. 模拟浸泡实验

1）全浸试验

试样完全浸入溶液的浸泡试验称为全浸试验。此方法操作简便,重现性好,比较容易控制某些重要的实验因素。为了正确地规划试验和解释试验结果,必须考虑溶液成分、温度、充气状态、溶液流速、试样表面状态、试样支架方法、试验周期以及暴露后试样的清洗方法等因素的特殊影响作用。

试验过程中溶液的蒸发损失可采用恒定水平面装置控制或定时地添加溶液,使溶液体积的波动不超过 ±1%;也采用回流冷凝器。为避免腐蚀产物积累影响腐蚀规律,一般将介质容量与试样表面积的比例控制在 $20 \sim 200 mL/cm^2$。通常要求每个试验装置中只浸泡一种材料,避免一种材料的腐蚀产物对另一种材料腐蚀规律的干扰。

为了提高试验结果的重现性及称重灵敏度,常常采用平板试样。孔蚀发生概率与试样面积有关,应严格规定试样的尺寸。试验容器可密封,也可敞露大气;应考虑配置充气或去气系统、温度测量与控制装置以及试样支架等。

实验室中常利用水浴或油浴控制试验溶液的温度。除非有特别规定,腐蚀试验过程不应对溶液充气。为充气可以向试验溶液中鼓入空气,也可鼓入氧气或氧气与惰性气体的混合气体。去气则是将惰性气体(如氩气、氮气等)鼓入溶液,以驱除溶液中的溶解氧。为防止空气进入试验容器,可采用水封装置。有时可对流速进行必要的控制,以提高试验结果重现性。在沸点温度下进行的试验,应注意缓慢加热并在容器底部铺一层玻璃(或陶瓷)碎片,以避免过度沸腾和气泡的冲击作用。在低于沸点温度下进行的试验,热对流是引起液体运动的唯一来源。对于高黏度的溶液,可外加搅拌。

试样支架和容器在试验溶液中应呈惰性,保证自身不受腐蚀而破坏,也不污染试验溶液。支撑试样的方法随试样、装置而不同,试样在介质中有水平、倾斜和垂直三种放置方式(图 5.11)。在敞露大气的水溶液试验中,务必使所有试样的供氧状况相同;在筛选试验中各试样浸泡深度务必一致,且在液面以下保持最小深度不低于 20mm。

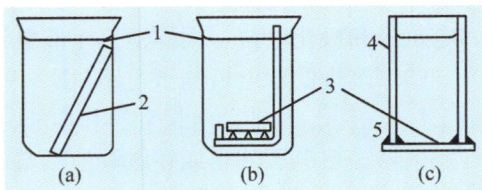

图 5.11　试样的放置方式

(a)倾斜放置;(b)水平放置;(c)垂直放置。
1—烧杯;2,3—试样;4—玻璃管;5—黏接剂。

2)半浸试验

半浸试验也称为水线试验,由于金属材料部分浸入溶液,气-液界面的水线长期保持在金属表面的同一固定位置造成严重的局部腐蚀破坏。在储存液体的容器内壁及部分浸入海水的金属构件上,都会发生这种水线破坏。铝合金和某些其他金属往往在水线处发生浓差腐蚀,半浸试验条件为其提供了非常适宜的加速试验方法。

半浸试验方法的要求、条件的控制及试验装置与全浸试验基本相同,关键是如何提供合适的试样支撑方法,使水线部位保持在恒定的位置上,保证液面上下的试样面积比恒定不变。采用自动恒定液面装置(图 5.12),可以显著提高试验结果的重现性。图 5.13 是美国腐蚀工程师协会(NACE)标准 TM-01-69 推荐的多用途浸泡试验装置,其中试样支架可同时或分别进行全浸、半浸及气相腐蚀试验。为避免试样与支架接触位置产生局部腐蚀,可将其接触部位置于溶液之外。用力学性能变化评定试验结果时,应把水线位置调整到拉伸试样的标距之内。

3)间浸试验

间浸试验又称为干湿交替试验,即金属试样交替地浸入液态腐蚀介质和暴露在空气中。这是一种模拟试验,也是一种加速试验。这种间浸状态为水溶液作用提供了加速腐蚀的条件,因为在大部分暴露时间中试样表面可以保持频繁更新的、几乎为氧所饱和的溶液薄膜;而且在干湿交替过程中,由于水分蒸发使得溶液中的腐蚀性组分浓缩。另外,试样表面完全干燥会使腐蚀速度下降,可是腐蚀产物膜破裂则起相反的作用。

间浸试验结果与干湿变化的频率、环境的温度和湿度密切相关,所以必须合理设计干湿变化周期并在连续试验中保持不变。同样,应合理控制环境温度和湿度,以保证试样在大气暴露期间有恒定的干燥速度。根据不同的试验要求,有时在湿度相当高的密闭装置中进行间浸试验,使试样离开溶液后始终保持湿润状态;有时在空气中暴露时用干燥热风吹拂(或辐照加热),以加速干燥。

间浸试验条件的选择与所用试验装置(图 5.14)的工作原理有关。为了实现干湿交替,可以交替地将试样浸入和提出溶液。溶液和空气中的暴露时间比应视试验的具体要求而定,一般为 1:1 ～ 1:10,一次循环的总时间常为 1~60min,甚至可达 24h。

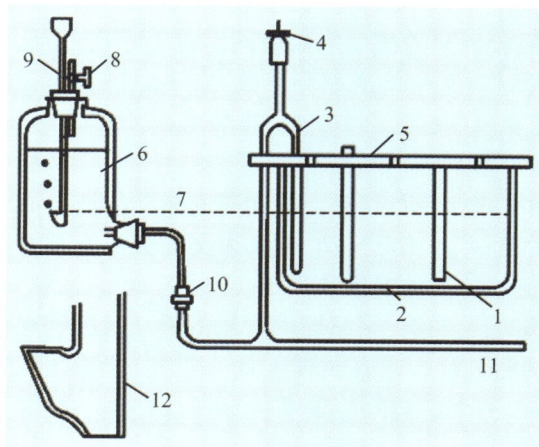

图 5.12　恒定液面装置

1—试样;2—试验容器;3—虹吸管;4,8,10—活塞;

5—盖;6—下口瓶;7—溶液水平面;9—玻璃管;

11—连到其他容器的管子;12—管端头。

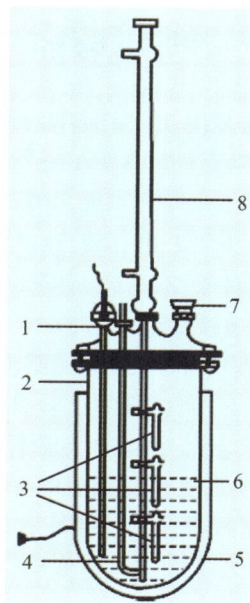

图 5.13　多用途浸泡装置(NACETAM - 10 - 69)

1—热电偶孔;2—烧瓶;3—试样;4—进气管;

5—加热套;6—液面;7—备用接口;8—回流冷凝器。

2. 动态浸泡试验

为了模拟实际情况,考察腐蚀介质和金属材料间相对运动,以及充气、去气等对腐蚀的影响,往往要求试验过程中不断更新溶液或使金属试样 – 溶液界面产生相对运动。为此,出现了多种动态浸泡试验。

1）一般流动溶液试验

图 5.15 为利用水位差原理更新溶液的腐蚀试验装置,它是利用水位差原理使高位槽中的溶液连续而缓慢地流过试验容器,从而使试验溶液不断更新。由此还可发展出各种改型装置,以控制和计量流速等。

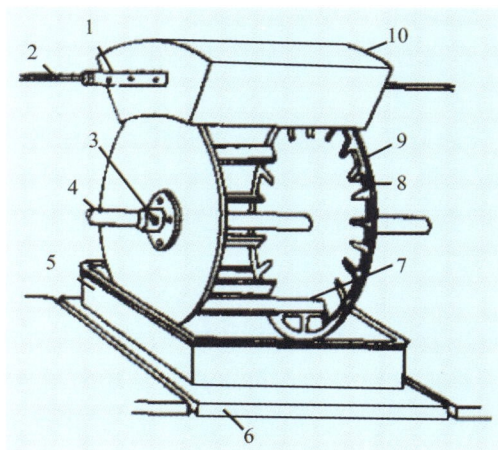

图 5.14　转鼓型间浸试验装置

1—枢轴;2—轴;3—固定螺母;4—驱动轴;5—腐蚀槽;

6—可动平台;7—试样;8—辐射状沟槽;9—非金属圆盘;10—干燥箱。

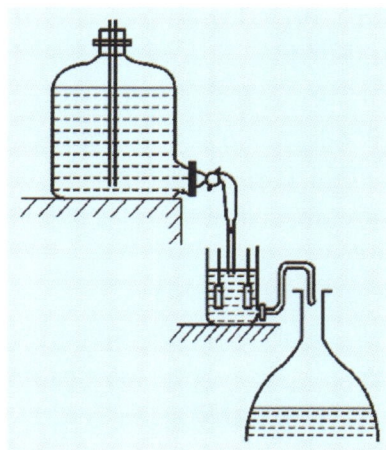

图 5.15　利用水位差原理更新溶液的
腐蚀试验装置

使试样和介质间产生相对运动的最简单方法,是固定试样而搅动溶液,可采用各种类型搅拌装置,也可采用对溶液充气的方法。后者除能搅动溶液外,还起到充氧或除氧的作用。

2）循环流动溶液试验

为了控制和计量金属试样表面的溶液流速,往往把试样固定在管道中,或者直接用试验材料制成管路系统中的一段管子,利用泵使溶液在其中循环流过。当只能用有限量溶液进行较长时间试验时,也经常采用循环溶液的试验。

最简单的方法是用注流泵使溶液循环流动。注流泵在运行时,空气泡随同试验溶液一起被吸入低压容器中,从而使溶液不断充气。这种情况适用于中性敞开溶液体系,它可以不改变腐蚀过程的机理而加速腐蚀。

循环溶液试验需注意,如果溶液流速太大,可能会由于吸收了泵的搅动能而使液温显著升高;而且在泵的转子、流量阀及法兰处也容易产生空泡腐蚀。当用待试验材料管子构成循环回路时,不同材料的管段之间需绝缘隔开,这种管路系统也便于进行电化学测试。

3）高速流动溶液试验

由于海水的高速冲刷,或金属结构件(如舰船)在海水中高速运动,经常会遇到高速流动溶液造成的腐蚀破坏。高速转动金属试样的试验只能实现试样与溶液之间的高速相对运动,但其表面腐蚀形态甚至腐蚀机理都可能与纵向液流引起的结果不同。为直接研究高速流动溶液的腐蚀作用,可用图 5.16 的试样支架,把试样放在一个固定尺寸的水道中并与喷嘴相连接。支架用尼龙制造,用泵提供高压溶液。通过表观检查和失重法评定试验结果,并可在同一流速下比较不同材料的耐蚀性。若在试样上钻一小孔,就能在孔的下游处产生空泡作用,从而进行空泡腐蚀试验。另外,也可把若干个这样的装置平行地连接在同一歧管上进行对比试验。

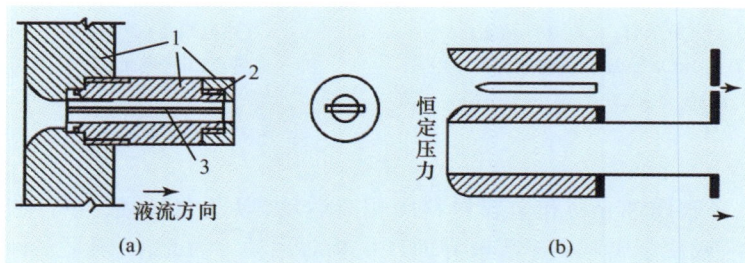

图 5.16　高速流动溶液试验的试样和支架及试验不同流速作用的机构
(a)试样和支架;(b)机构。
1—尼龙;2—试样固定环;3—试样。

如图 5.16(b)所示,可在一个歧管上组合安装一系列具有不同尺寸小孔的试验小室,歧管为各个试验小室提供相同的恒定压力,改变小孔直径可在试样表面获得不同的流速。这种高流速在整个试样表面基本上是均匀分布的,速度差异效应很小。

由于不同试验方法产生的流速作用不同,不可能在腐蚀速度与溶液流速之间找到一种绝对的相互关系。为了评定具有一定流速的流体对材料的作用,试验应能再现或模拟实际的流动状态。因此,最可靠的还是实物试验,可将试验材料直接制成泵、管子或阀在实际生产系统中试验。但为了缩短试验周期、节约费用,往往先进行模拟试验。

4）转动金属试样的试验

转动金属试样的试验使用紧凑而容易操作的装置,可以获得很高的相对速度,在有限的试验溶液中就可实现高流速试验。这种试验有两类安装试样的结构:一是把试样安装在可以高速转动的圆盘周沿;二是以圆盘为试样的旋转圆盘装置。后者为试样与驱动轴垂直配置,并与心轴做同心圆周运动的装置。根据转动轴和溶液液面的相对位置,这两类安装试样的结构可分为水平轴和垂直轴两种情况。

对于在圆盘周沿安装试样的情况,水平轴转轮往往用于间浸试验,通过改变轴线与液面的相对距离可调整大气暴露与浸入时间的比例;垂直轴转轮可用于间浸和全浸试验,由蜗轮蜗杆调整干湿比。两者都通过改变转速控制各个循环周期的总暴露时间。

对于旋转圆盘试样,借高速转动的心轴,可在圆盘试验端面距中心不同距离处得到各种不同的相对运动速度。改变旋转角速度和圆盘直径可在圆盘试样上建立一系列不同的圆周速度,因此圆盘的旋转角速度及圆盘直径对试验结果有显著影响。角速度可影响溶液在周向和径向的流动,而离心力则影响腐蚀产物的状态。图 5.17 为一种实际使用的旋转圆盘试验装置。旋转圆盘法在研究电极化过程动力学和腐蚀机理方面获得广泛应用。

5.4.3　局部腐蚀试验

1. 孔蚀试验

孔蚀试验溶液首先要求含有侵蚀性阴离子(如 Cl^-),以使钝化膜局部活化。此外,还应含有促进孔蚀稳定发展的氧化剂,以其高氧化还原电位促使材料发生孔蚀。

氯离子是常用的侵蚀性阴离子,在试验溶液中的氯离子浓度应高于诱发孔蚀所需的最低临界浓度。孔蚀试验溶液中的氧化剂通常具有较高的氧化还原电位,常用的氧化剂有 Fe^{3+}、Cu^{2+}、Hg^{2+}、MnO_4^-、H_2O_2 等,选用不同的氧化剂时将呈现不同的氧化还原电位,因此应谨慎选择氧化剂的种类和数量。孔蚀试验溶液种类较多,采用的氧化剂也不同。

对于孔蚀的检查与评定,一般首先进行表观检查,确定受腐蚀金属表面的孔蚀严重程度,测定蚀孔的尺寸、形状和密度。美国 ASTMG46 标准中对孔蚀的密度、大小和深度进行了分级,给出了标准样图(图 5.18 和图 5.19),然后根据试验要求分别采用金相检测和无损检测。为进一步测定孔蚀严重程度,还可进行失重测量和孔蚀深度测量。对于后者往往测量一定面积内 10 个最深孔的平均孔蚀深度和最大孔蚀深度。也可采用孔蚀系数表征孔蚀严重程度。此外,还可采用一些统计分析方法来评价孔蚀程度。

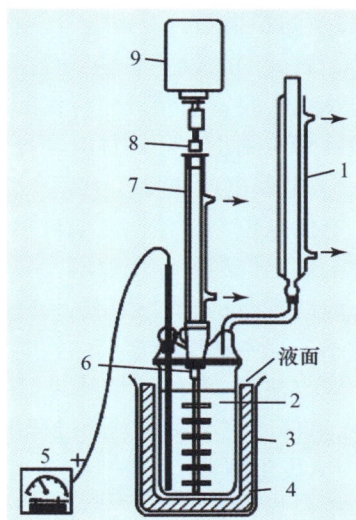

图 5.17　溶液中的旋转圆盘试验装置
1—冷凝器；2—试样；3—加热套；
4—不锈钢烧杯；5—液温高温计；
6,8—聚四氟乙烯轴承；7—聚四氟
乙烯冷凝器；9—电动机。

图 5.18　评定孔蚀特征的标准样图

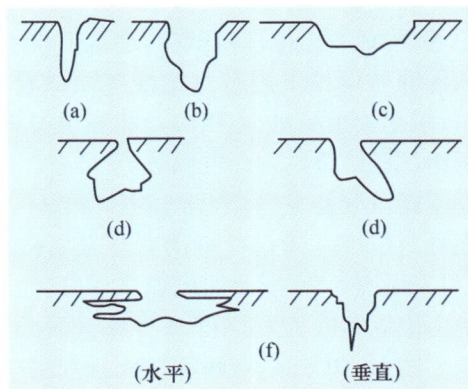

图 5.19　孔蚀的断面形状
(a) 窄而深；(b) 椭圆；(c) 宽而浅；
(d) 皮下发展；(e) 底切；(f) 形状由显微结构确定。

将试片在实际工况介质中进行试验,可测定材料表面发生孔蚀的概率,并可测定孔蚀发展速度。其方法:在试验过程的不同时刻取出一批试片,以其最大孔蚀深度对时间作图,并通过数学分析找出它们之间的相关性(关系式),据此可比较孔蚀发展速度。为使结果可靠,试片的面积应尽可能大一些,每批次取出的试片也要尽可能多一些。

2. 电偶腐蚀试验

通过电偶腐蚀试验可以评定异金属偶接产生电偶腐蚀的可能性、腐蚀速度、极性、影响因素和控制因素,以及防护措施的有效性等。在电偶腐蚀试验中,除考虑通常对单一金属腐蚀过程的影响因素外,还需考虑异金属间的电位关系、极化行为、阴极面积与阳极面积比以及电偶电路中的内阻和外阻等。其中许多因素很难在实验室中精确模拟实际状况,如相对面积、电路电阻及金属的几何形状等。因此,实验室电偶腐蚀试验结果应用于实际构件时须仔细考虑。

1)电偶电位测量

电偶电位测量包括电偶对中各种金属材料的自然腐蚀电位测量、电偶对金属的电位差测量和金属偶接后的电偶电位测量。按金属在某特定介质中的稳定电极电位(自然腐蚀电位)排列的电偶序可用于判断电偶效应的方向;在某些情况下,电偶序中两种金属之间远近(电位差大小)可大致表征电偶效应的相对大小。这对于工程中选用异金属结构时如何避免电偶腐蚀具有一定的参考价值。

应当注意,电位测量结果以及电偶序并未反映金属的极化特征,所以并不能直接获得电偶腐蚀速度。此外,电偶序也不反映实际过程中电位随时间的变化,甚至可能发生极性反转导致在电偶序中位置变化等。

2)极化测量

根据混合电位理论,极化曲线可用于判断两种金属偶接后各自的腐蚀速度及其变化,为此需要测量电偶对中各金属在实际电解质中单独存在时的阳极极化曲线和它们耦接成电偶对后的混合电位(电偶电位 E_g)。E_g 与各阳极极化曲线的塔菲尔外延线相交点所对应的电流密度,即为金属耦接后新的腐蚀速度,并可据此预测金属耦接对腐蚀速度的影响。测量应在尽可能符合实际工况条件下进行,此方法可用于双金属或多金属电偶对的情况。

3)电偶电流测量

两种金属在电解质溶液中耦接后,便有电流从一种金属流向另一金属,称为电偶电流。经常或连续地测量电偶电流或电偶电流密度可以提供实际电偶腐蚀程度及其变化的信息,评价最佳偶对配伍和保护措施的有效性,指示可能发生的极性变化等。所测量的电偶电流并不一定总是阳极金属的实际腐蚀电流的度量,因为它是氧化反应电流与还原反应电流的代数和,并且各种偶对体系可能处于不同反应、不同步骤控制之下。于是,在失重计算的腐蚀速度与从电偶电流直接计算的腐蚀速度之间可能存在着明显差别;但是可以通过分析计算来处理电偶电流与偶对中阳极金属的腐蚀速度之间的定量关系。

4)电偶暴露试验

暴露试验是常用的电偶腐蚀试验方法之一。把两种不同金属按规定的面积比例制成一定形状的试样,紧固在一起,构成一组电偶对试样,暴露于腐蚀介质中进行电偶暴露试验;同时将未耦接的两种金属试样也分别在相同介质条件下进行对比性腐蚀试验。根据试验目的和要求,采用失重测量、电阻测量和表观检查等评定方法,对比这两组试验结果以判断电偶效应。

电偶暴露试验技术与常规暴露技术相同,但须注意电偶对试样设计与组配。为避免电偶对异金属接触面上发生缝隙腐蚀,可采用图 5.20 所示的电偶试样,适用于评价高电导率介质中的电偶腐蚀行为,在低电导率介质中则须缩短中间绝缘衬套。图 5.20(b)是将两种金属分别制成圆柱状试样,对接螺旋紧固,中间可根据需要衬隔直径不同、厚薄不同的绝缘垫片,以改变偶合金属之间的电解质通路长短。较宽的绝缘垫片能使电偶对产生比较均匀的阳极腐蚀,但并不改变总失重。

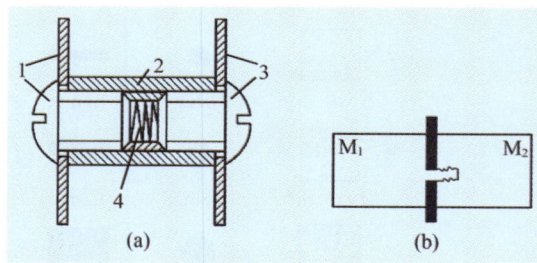

图 5.20 浸泡试验电偶试样的构型配置
1—甲金属;2—聚四氟乙烯管;3—乙金属;4—弹簧。

5.4.4 加速腐蚀试验

1. 中性盐雾试验

中性盐雾试验是一种广泛应用的人工加速腐蚀试验方法,适用于检验多种金属材料和涂镀层的耐蚀性。将试样按规定暴露于盐雾试验箱中,试验时喷入经雾化的试验溶液,细雾在自重作用下均匀地沉降在试样表面。试验溶液为 5%(质量分数)NaCl 溶液,其中总固体含量不超过 20×10^{-6},pH 为 6.5~7.2,试验时盐雾箱内温度恒定保持(35 ± 1)℃。

试样在盐雾箱内的位置应使其主要暴露表面与垂直方向成 15°～30°角。试样间的距离应使盐雾能自由沉降在所有试样上,且试样表面的盐水溶液不应滴落在其他试样上。试样间不构成任何空间屏蔽作用,互不接触且保持彼此间电绝缘。试样与支架也须保持电绝缘,且在结构上不产生任何缝隙。

喷雾量的大小和均匀性由喷嘴的位置和角度控制,并通过盐雾收集器收集的盐水量判断。一般规定,喷雾 24h 后,在 80cm² 的水平面积上每小时平均应收集到 1～2mL 盐水,其中的 NaCl 质量分数应在(5 ± 1)% 范围内。

由于试验的产品、材料和涂镀层的种类不同,试验总时间可在 8～3000h 范围内选定。国家标准规定试验应采用 24h 连续喷雾方式,有时按照试验的具体情况酌变,如采用 8h 喷雾后停喷 16h 为一周期。GB/T 10125—2012《人造气氛腐蚀试验盐雾试验》详细规定了中性盐雾试验的要求和方法。

2. 乙酸盐雾试验

为了进一步缩短试验时间以及模拟城市污染大气和酸雨环境,发展了乙酸盐雾试验方法 GB/T 10125—2012《人造气氛腐蚀试验盐雾试验》。此方法适用于各种金属材料和涂镀层,如检验装饰性镀铬层和镉镀层等的耐蚀性。除溶液配制及成分与中性盐雾试验不同外,试验的方法和各项要求均相同。

试验溶液为在 5% NaCl 溶液中添加乙酸,将 pH 值调节到 3.1～3.3。试验温度控制在(35 ± 2)℃。GB/T 10125—2012 对试验方法和要求作了具体规定。

3. 铜加速的醋酸盐雾试验

此方法适用于工作条件相当苛刻的锌压铸件及钢铁件表面的装饰性镀铬层(Cu – Ni – Cr 或 Ni – Cr)等的快速检验耐蚀性,也适用于检验经阳极氧化、磷化或铬酸盐处理的铝材等。方法的可靠性、重现性及精确性依赖于对某些试验因素的严格控制。

试验溶液的配制:取每份 3.8L 的 5% NaCl 溶液中加入 1g 氯化铜($CuCl_2 \cdot 2H_2O$,试剂级),溶解并充分搅拌。用冰醋酸将溶液 pH 值调节到 3.1～3.3。试验温度控制在(50 ± 2)℃。此方法的试验周期一般为 6～720h。试验的方法和其他各项要求与中性盐雾试验相同。GB/T 10125—2012 详细规定了试验的方法和要求。

4. 湿热腐蚀试验

湿热腐蚀试验主要用于考虑冷凝水膜的腐蚀作用。由于潮湿及温度波动,往往会使空气中的水分在材料表面凝结成水膜,引起材料腐蚀或腐蚀加剧。湿热试验主要用于模拟热带地区的大气条件。在高温、高湿条件下能加速电偶腐蚀,所以此方法对产品组合件的综合性能鉴定很适合。但湿热试验的试验周期较长,试验的腐蚀性不很苛刻,因此较少应用于对镀层耐蚀性的检验。

采用的加速湿热试验方法一般有以下三种:

(1)恒温恒湿试验:如控制温度为(40 ± 2)℃,相对湿度为(95 ± 3)%。

(2)高温高湿试验:如控制温度为(55 ± 2)℃,相对湿度为(98～100)%,并在 55℃下保持 8h,然后停止加热,自然冷却至室温,闭箱 16h,24h 为一个循环周期。

(3)温湿交替试验:如高温为(40 ± 2)℃,低温为(30 ± 2)℃,相对湿度为(95 ± 3)%,将每个试验周期分为升温、高温高湿、低湿和低温高湿四个阶段(各阶段驻留时间根据试验要求而定),并依此循环试验。

湿热腐蚀试验一般是在各种不同类型的湿热箱中进行。要点是暴露试验条件的设计、试样制作和试验结果评定。

恒定湿热试验和交变湿热试验方法分别参见 GB/T 2423.3—2006《电工电子产品环境试验》中的试验 Cab 及 GB/T 2423.4—2008《电工电子产品环境试验》中的试验 Db。

5.4.5 自然环境中的腐蚀试验

1. 大气暴露试验

1)试验场点选择

大气暴露腐蚀试验(大气曝晒试验)的试验站应建立在使用金属材料、非金属材料和涂镀层的、有代表性的地区,如农村、城市、工业区、湿热地区、滨海或内陆地区等,以适应大气腐蚀规律的复杂性。至

2016 年底,在我国已建立了 15 个不同气候环境条件的试验站,进行各种常用材料的曝晒试验。进行试验时,应测量和掌握试验站所在地的环境因素,如温度、降水天数、降水量,以及雨期的延续时间、风向、风速、湿度、日照时数等气象条件和大气中的污染成分(如 SO_2、H_2S、NO_2、煤屑、盐粒、灰尘等)。如有可能,应将试验站建在当地气象台站附近,除专门的工业大气试验站外,附近不允许有烟囱、通风口以及大量散发有害气体和灰尘的厂房和装置,以防对试样干扰。为了对材料抗大气腐蚀的耐蚀性做出可靠的最终判断,应在尽可能多的、环境条件各异的试验站同时进行试验评定。如果是用于指定大气条件的材料,那么只需选择有限的试验站进行试验即可。但对污染大气中的腐蚀检测,则须在与污染源不同距离处及不同标高处进行试验。

2)曝晒架与试样

(1)户外曝晒试验。曝晒架应设在完全敞开的地方,以便能充分受到大气条件(空气、日光、雨、露、雾、风、霜、雪等)的侵袭;曝晒架应与周围的建筑物、树木相隔一定距离,以避免阴影投射的影响;曝晒场周围应设置安全障碍物,但不能挡风;作为配套,还应设置试验工作室。

曝晒架由角铁和型钢或木材制成,并涂漆加以保护。曝晒架距地面一般为 0.8～1.0 m,架面与水平面的角度应相当于试验站所在地的地球纬度(通常 45°),正面朝南。曝晒架应安装牢固,足以承受狂风暴雨的冲击和最大积雪量的重压。曝晒架上配制由陶瓷(或塑料)绝缘子分隔的框架,其上安置试样。绝缘子的作用是保证试样与曝晒架以及试样与试样之间电绝缘,应尽可能避免试样与绝缘子之间产生缝隙,以防止缝隙腐蚀干扰。图 5.21 为试样大气暴露腐蚀。

图 5.21 试样大气暴露腐蚀

大气腐蚀试验站应备有下列各种气象资料或观测用仪表。气象资料可从当地气象台站取得,包括:地区累年界限温度、湿度出现频率统计表,以往的晴天日数、最高和最低的月/日平均温度、湿度、雨日、雨量及雨期的延续时间,月/日平均风速及风向,日照时数,露日数,雾日数等。

若不能从当地气象台站获得上述气象资料,可在试验站附近自设一小型气象站,并备有所需气象仪表,如自记温度计、自记毛发湿度计、阿斯曼式干湿球温度计、三杯手持风速计、自记雨量计、日照时数计、风雨量计、最高最低水银温度计等。

(2)试样制备与要求。根据不同的试验目的,大气暴露试样可采用各种形状小试片,也可采用较大的实物试件。由于大气腐蚀进行得十分缓慢,当采用重量法评定时,要求试样的暴露表面积与重量之比越大越好。若仅采用表观检查(如评定涂层的耐蚀性),则试样的表面光洁度应与实际应用状态相同。如果根据金属的力学性能来确定耐蚀性,就应当在大气暴露试验之后的板材上切取力学性能试样。此外,还可采用电偶对试样、应力腐蚀试样进行大气暴露试验。

试验所用的试样数量取决于试验设计和试验条件,即是进行长期连续试验还是进行多组次间断试验,是定性比较还是定量评定。对于表观检查评定,每次只需 2 块平行试样;如需称重评定或破坏性测量,则需 3～5 块平行试样;对于特殊的局部腐蚀试验,将需要更多的平行试样。但必须指出,同一试样不能作第二次试验用,因为表面状态已发生变化。

大气暴露试验前的试样表面处理与实验室腐蚀试验的要求相同。试样应在表面处理前打上标志号,通常是在边棱一定部位钻小孔或制造缺口,并涂漆保护。只有当试样材料非常耐蚀时,才可在试样表面打印数字或符号。也可将试样号打在铝标牌或刻字塑料牌上,用尼龙线拴在试样或支架上。

将制备好的试样整齐牢固地安装在曝晒架的绝缘框架上。试样与试样之间如同曝晒架与曝晒架之间一样,以不妨碍空气流通和不互相遮挡阳光为原则。试样与其支承座之间的接触面积应尽可能小。试样主平面朝南,在海岸暴露时需要面向海洋。试样主表面常与水平面成 30°～45° 角倾斜放置,也有将试样垂直放置。涂料试板常以 45°倾斜暴露,而有色金属试样则常以 30°或垂直放置。一般说来,倾斜放置试样比较接近实际使用情况,但是,倾斜试样的上、下表面腐蚀情况往往不同,这是因为上表面总是干得更快些,而且灰尘和腐蚀产物等污物又很容易被雨水冲洗掉。安装试样过程中应避免试样划伤、碰伤或沾污,也不允许用手直接接触试样主表面。

(3) 试验记录与结果评定。试验之前应在专用记录卡上分别记录试样编号、类别、尺寸、外观形貌等项目;编写试验纲要(包括试验目的、试验要求、检查周期等)。试验过程中须记录外界腐蚀因素及试样表面的腐蚀状况变化。

试样的初始暴露季节对大气腐蚀试验结果影响很大,因此供相互比较耐蚀性的试样必须在同时刻暴露,并且应持续暴露 1 年以上,总暴露时间往往为 3~5 年。只要有可能,开始暴露的时间宜选择在 4—5 月或 9—10 月。检查试样的频繁程度取决于材料的耐蚀性和环境大气的腐蚀性,以及试样类型和试验目的。一般在暴露初期检查得更频繁一些。对耐蚀性差的材料总试验周期应短一些,也必须经常检查。对半成品的钢铁制品定期取样检查的时间为 1 个月、3 个月、6 个月、1 年、2 年、4 年、8 年、16 年,对有色金属试件的定期取样检查时间为 1 年、2 年、4 年、8 年、16 年。对涂镀层试件检查的时间通常为开始暴露后的第 5、10、20、30 天,从第 2—6 月每半个月检查一次,从第 7—12 月每月检查一次,超过 1 年后,每 3 个月检查一次。

试验结果的评定方法有外观检查、测定重量损失、力学性能变化、腐蚀深度、确定腐蚀类型等。通常采用试样表面形态的变化、重量变化和力学性能的变化作为材料抗大气腐蚀的耐蚀性判据。通过比较试验前后的试样表观形态可以定性地比较金属或涂层的耐蚀性,为此必须记录试验前试样的表面状态。用肉眼和放大镜观察并记载试验过程中或试验结束后试样表面各种缺陷和变化,腐蚀产物覆盖的状态、数量和分布,必要时可将专门编制的塑料丝或金属丝网罩在试样表面上进行分区检查,也可对试样表面直接拍照。为了对试样表面状态评级分等,除采用标准术语外,还可采用标准的照相样板。表观检查对于有机涂层和金属镀层的试样是必不可少的评定手段。

进行定量评定可以采用重量法,这是对试样的最终评定。如果试样是敞开暴露的,则只能用失重法评定;如果是在百叶箱中封闭暴露的,而且腐蚀产物保持在金属上,也可用增重法评定。使用失重法必须完全清除腐蚀产物,如果形成的腐蚀产物溶于水,则可在蒸馏水中煮沸除去,失重法适用于评定未加保护的金属及施加阳极性镀层的金属之耐蚀性,但不能准确表征阴极性镀层保护的金属和有机涂层的耐蚀性。

2. 海水腐蚀试验

1) 试验站点选择

海水腐蚀试验通常在专门的试验站进行,试验站往往建在受到良好保护的海湾中,除非专用的目的,一般不建在港口码头或其附近,因为该处水质很容易被石油或其他杂质污染。如果是为了研制材料或涂层,应选择尽可能多的、有代表性的海域进行试验。对于指定用途的试验,只需选定有关海域即可。

按海洋环境区域特点,金属结构件的海水腐蚀试验可分为六类:

(1) 海洋大气腐蚀试验:可以表征船上、船舱内的金属腐蚀,以及不会直接受海水或浪花作用的海岸设施的金属腐蚀。

(2) 浪花飞溅带腐蚀试验:表征海上和沿岸结构件在海平面之上经常遭受浪花飞溅作用,但不会受到海水浸润的金属腐蚀。

(3) 海水间浸试验:又称为交替浸泡试验,表征港口结构和船体外部结构间或受到海水浸润的金属腐蚀。

(4) 海水半浸试验:即海水水线腐蚀试验,表征任何海洋漂浮结构外部的气、液、固三相交界处的金属腐蚀。

(5) 海水全浸试验:表征船壳水线以下部件及各种水下设施的金属腐蚀。

(6) 海洋土壤腐蚀试验:模拟埋在海底土壤部分的管道、电缆及水下设施的金属腐蚀试验。

试验站应当具备进行上述试验的装置。海洋大气试验细节与陆上大气暴露试验相同。全浸试验是把试样安装于框架中，集装于吊笼内，浸入相同深度的海水中。如果采用长尺环境试验试样，则应置于相同深度范围的海水中。全浸试验吊笼一般固定于试验平台的某水下部位；为控制恒定的浸入深度（不受潮汐影响），也可把吊笼悬挂在浮筏或浮筒之下。间浸试验是把安装有试样的框架固定在专用的间浸平台上，或置于桥桩、码头的平均潮水线处。半浸试验一般是把安装试样的框架固定在浮筒或浮筏的水线处。图 5.22 为海水腐蚀试验。

根据我国各海域的海洋环境特点，在黄海、东海和南海建立了青岛、舟山、厦门和榆林实海暴露试验站。

图 5.22　海水腐蚀试验

2）试样与框架

海水腐蚀试样的尺寸与形状可根据试验目的和试验站统一规定做出选择，推荐使用 100mm × 300mm 的矩形试样。试样制备与实验室试验的相同。在试样边棱一定部位切制缺口、钻孔或打印数码以作标记，也可牢固挂上耐蚀材料制的标牌（注意须与试样绝缘）。对所有试样必须采用相同标记方法。至于对涂料的海水试验则应注意：①试样必须无孔；②基材试样的棱角必须磨圆，必要时应在此处涂以更厚的涂料层；③涂覆的基材表面必须喷砂处理；④每个试样只能试验一种涂料。

制作框架的材料除钢铁之外也可用蒙乃尔合金（但不可用来支撑铝试样）、带涂层的铝框架、由增强塑料制成的非金属框架或经过处理的木材等。

试样之间必须互相绝缘并与框架绝缘，为此可用陶瓷（或塑料）绝缘子进行隔离与绝缘，如同大气腐蚀试验框架一样。框架中试样的主平面应平行于水流方向，互相不遮蔽，既不能影响水的流速，也不能在试样上游处产生湍流。试样之间应保持足够距离，以免海生物或其他脏污积聚而阻塞。

根据不同的试验目的，也可以将专门设计的缝隙腐蚀试样、接触腐蚀试样及应力腐蚀试样固定在框架上，暴露于海水中。在不同深度暴露的孤立试样，其腐蚀行为与连续延伸通过整个深度范围的长尺环境试验试样的行为是明显不同的，因为后者包括实际结构件在海水中必定会产生的充气差异电池和其他可能存在的浓差电池。这些电池的作用对腐蚀试验的结果有着重大的影响，例如暴露于潮汐区的孤立钢试样，其腐蚀速度比同种材料的长尺环境试验试样在同一位置的速度快 10 倍。因此，在条件许可的情况下，可采用长尺暴露试验，或将不同深度的各孤立试样通过电连接进行试验。对于材料在高流速海水中的腐蚀试验，多采用动态海港挂片试验，即定期将试样从浮筏中取出，装在甩水机中在海水中高速转动一段时间，然后放回浮筏中；更有将试样做成船形以提高海水与材料的摩擦模拟船只航行与停泊的情况，所得试验结果较为可靠。

3）记录与评定

海水腐蚀试验的结果与环境条件关系甚为密切。应当定期观察和测定海水的主要参数，如水温、盐度、电导率、pH 值、含氧量和潮水流速，以及定期测定水中的氨、硫化氢和二氧化碳等。此外，还必须详细记录海水的年（月）平均温度、挂取片时间、试验位置、浸泡深度以及试验场所的气象资料，这些基础资料对于分析试验结果是必不可少的。

海水试验的持续周期随试验材料的耐蚀性及试验目的而不同。对于钢铁材料通常为 3 个月、6 个月，1 年、2 年、4 年、8 年、16 年等。为了保证结果的可靠性，一般采用三个平行试样。在各规定周期结束时取出试样，清除附着的海生物，然后按照规定的操作去除氧化皮、清洗试样，而后按失重法要求对试样称重。有时还需将腐蚀产物保存下来供实验室进一步分析评定。试样清洗前后的照相对于结果分析是很有价值的。从暴露前后的试样失重可换算成腐蚀速度，也可绘出单位面积失重随暴露时间变化的曲线。当发生局部腐蚀时，可通过测定暴露前后的力学性能变化来评定。测量破坏深度（包括孔蚀深度）也非常重要。

本章针对舰艇腐蚀试验的方法、腐蚀试验结果处理与评定和典型腐蚀试验实施三方面内容进行了介绍。对于舰艇来说，为了正确地评定船舶结构的金属与合金的耐蚀性，腐蚀试验方法的主要要求是使其能最接近船舶结构的使用条件,必须考虑选择的腐蚀试验方法应易于实施,做到真实模拟,不改变腐蚀反应的机制并且保证获得结果的再现。

对于试验结果的处理与评定来说,腐蚀试验结果和表达腐蚀状态的评价指标非常重要。腐蚀作用的评定主要是对受腐蚀金属材料本身进行检测,或者是对腐蚀介质的变化进行测定,也可对两者都进行考察。腐蚀试验结果处理与评价是腐蚀试验技术中一项重要的内容,它直接影响试验能否获得正确而可靠的数据和规律。

无论是腐蚀试验的方法,还是腐蚀试验结果的处理与评定,最终都要依靠腐蚀试验的具体开展。本章对电化学测试试验、实验室模拟试验、局部腐蚀试验、加速腐蚀试验和自然环境中的腐蚀试验等腐蚀试验的原理和测试方法进行了较详细的描述和介绍,试验者可根据相应的技术需求选择相应的试验方法来开展工作。

参考文献

[1]　Dean J A. 兰氏化学手册[M]. 魏俊发,等译. 北京:科学出版社,2003.
[2]　于福洲. 金属材料的耐腐蚀性[M]. 北京:科学出版社,1984.
[3]　朱日彰,等. 金属腐蚀学[M]. 北京:冶金工业出版社,1989.
[4]　Dexter S C. 海洋工程材料手册[M]. 陈舜年,译. 北京:海洋出版社,1982.
[5]　夏兰廷,黄桂桥,张三平. 金属材料的海洋腐蚀与防护[M]. 北京:冶金工业出版社,2003.
[6]　侯保荣,等. 海洋腐蚀环境理论及其应用[M]. 北京:科学出版社,1999.
[7]　曾荣昌,韩恩厚,等. 材料的腐蚀与防护[M]. 北京:化学工业出版社,2006.
[8]　肖纪美,曹楚南. 材料腐蚀学原理[M]. 北京:化学工业出版社,2002.
[9]　曹楚南. 腐蚀电化学[M]. 北京:冶金工业出版社,1993.
[10]　赵麦群,雷阿丽. 金属的腐蚀与防护[M]. 北京:国防工业出版社,2002.
[11]　孙秋霞. 材料腐蚀与防护[M]. 北京:冶金工业出版社,2002.
[12]　刘永辉,张佩芬. 金属腐蚀学原理[M]. 北京:航空工业出版社,1993.
[13]　杨武,等. 金属的局部腐蚀[M]. 北京:化学工业出版社,1997.
[14]　陈鸿海. 金属腐蚀学[M]. 北京:北京理工大学出版社,1995.
[15]　黄建中,等. 材料的耐腐蚀性和腐蚀数据[M]. 北京:化学工业出版社,2003.
[16]　方志刚. 铝合金防腐蚀技术问答[M]. 北京:化学工业出版社,2012.
[17]　徐祖耀,李麟. 材料热力学[M]. 北京:科学出版社,1999.
[18]　黄桂桥. 金属材料在海水中的腐蚀电位研究[J]. 腐蚀与防护,2000,21(1):8 – 14.

第二部分 技术篇

第6章 舰船阴极保护技术

阴极保护是航行于海洋中的舰船一种主要的防腐蚀方法。阴极保护方法主要有外加电流保护方法和牺牲阳极阴极保护的方法。本章对舰船阴极保护方法的分类、特点、原理、设计方法进行介绍。

6.1 阴极保护技术简介

6.1.1 概述

金属在海水等自然环境中的腐蚀通常属于电化学腐蚀过程,即在金属腐蚀过程中有电子的移动,当金属腐蚀原电池中的阳极失去电子后,变成金属离子,导致金属发生腐蚀。阴极保护是防止金属在海水等电解质中腐蚀的有效方法,是一种电化学保护手段,它是通过向被保护的金属表面提供电子(保护电流从电解质到达金属表面),使金属表面产生阴极极化,从而使金属腐蚀过程得到有效抑制。与油漆涂层通过隔离腐蚀介质来提供保护不同,阴极保护是一种更为主动的防腐蚀手段。

阴极保护技术的起源可以追溯到19世纪20年代。当时英国科学家汉弗莱·戴维受英国海军部的委托,研究解决皇家海军木质舰船铜包皮船体的海水腐蚀问题。通过实验室的大量研究,发现锌或铁和铜接触可以防止铜的腐蚀。进一步的试验表明,当铁和铜试样连在一起,然后又和一块锌片连接时,不仅铜试样而且铁片也一起获得了保护。1824年,戴维开始在实际舰船上进行试验,分别采用铸铁和锌板安装在不同铜包皮舰船的首部和尾部,取得了良好的保护效果。在其他商船上的试验也获得了成功。其所开展的研究与实践为后来阴极保护理论和技术的发展奠定了基础。不过,由于铜包皮受到阴极保护后,防海生物污损性能受到了抑制,导致海军舰船船体生长附着大量海生物,影响舰船的性能,因此该保护技术不久被英国皇家海军抛弃。

外加电流阴极保护技术更晚才开始出现。1890年美国发明家爱迪生尝试了采用拖曳阳极对船体进行外加电流阴极保护,但当时因尚缺少合适的直流电源和辅助阳极材料以及不够经济而没有成功。1902年科恩采用直流电机首次实现了外加电流阴极保护的实际应用。1906年,赫伯特·盖波特建造了第一座管道外加电流阴极保护装置,并于1908年获得专利。之后,阴极保护技术并没有得到快速发展和工程应用。直到1928年,美国的"阴极保护之父"罗伯特·库恩在新奥尔良的长距离输气管线上安装了第一台阴极保护整流器,才开始了实际意义上的管道阴极保护的工程应用。同时,通过试验研究,他提出了将管道的电位控制在 -0.85V(相对于饱和铜/硫酸铜参比电极)就可以有效防止管道腐蚀的阴极保护电位准则,由此,建立了现代阴极保护技术。

在我国,阴极保护技术的研究与应用始于20世纪50年代。1958年,原交通部船舶科学研究所采用锌合金牺牲阳极对一艘350t的钢壳船进行了阴极保护试验。60年代,相继在新疆、大庆、四川等油气田的地下管道上开展了阴极保护试验,积累了宝贵的经验。从70年代起,阴极保护技术开始在我国的长输管道上推广应用。60年代末,我国针对海军舰艇的腐蚀问题,开始开展舰艇阴极保护技术研究。1970年,在第一艘驱逐舰上安装了外加电流阴极保护系统,随后其他导弹驱逐舰也陆续采用了外加电流阴极保护技术,并取得了较好的保护效果。1975年,在我国第一代核潜艇上安装了外加电流阴极保护装置,由可控硅恒电位仪、镀铂钛辅助阳极以及粉压型银/氯化银和锌参比电极组成。1978年,原六机部725研究所研制的船用牺牲阳极和船舶外加电流阴极保护系统获得了全国科学大会奖。

经过不断发展和完善,阴极保护已经成为一种很普遍的防腐技术,并且建立了系列的阴极保护标准,包括了阴极保护的一般要求、阴极保护的材料和设备、阴极保护设计、阴极保护的测量以及阴极保护系统的安装、使用与维护。阴极保护技术已经在海洋船舶、港工设施、海洋石油平台、跨海大桥、地下管线、石油储罐、电厂和化工厂的冷却水系统等金属结构物的防腐蚀工程中得到广泛应用。

6.1.2　阴极保护原理

阴极保护的原理如图 6.1 所示,当金属浸泡在腐蚀电解质中后,构成腐蚀电池,其上存在阳极区和阴极区。可以将该腐蚀体系等效为一个短路的二元电池,其中阳极区发生腐蚀,电子由阳极 A 流向阴极 K。当将第三个电极 Zn 和金属连接后,由于该电极比 A 更活泼,结果第三个电极发生腐蚀,代替了 A 向 K 提供电子,使得 A 受到保护,金属的腐蚀受到抑制。由于在该保护系统中,被保护的金属是作为阴极而获得保护的,所以该方法称为阴极保护。

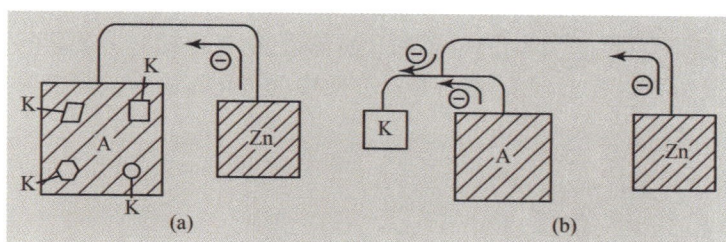

图 6.1　阴极保护原理
(a)子采用阳极(Zn)来保护受腐蚀的金属;(b)等效三电极模型。
A—金属表面腐蚀电池的阳极区;K—金属表面腐蚀电池的阴极区;Zn—第三电极。

根据提供阴极保护所需电子的来源不同,阴极保护分为牺牲阳极阴极保护和外加电流阴极保护两种方法,如图 6.2 所示。牺牲阳极阴极保护是将一种更活泼的金属或合金,如锌、铝、镁及其合金与被保护金属结构物电连接,通过其自身的溶解消耗来提供阴极保护所需的电子。由于该金属或合金在保护金属结构物时会消耗掉,所以称为牺牲阳极。外加电流阴极保护是通过外部直流电源来提供阴极保护所需的电子,所以称为外加电流阴极保护。在该保护系统中,直流电源的负极接到被保护金属结构物,而正极接到辅助阳极,保护电流经由辅助阳极从电解质中传递到被保护的阴极。牺牲阳极和外加电流阴极保护都可以获得良好的保护效果,在实际工程中都得到了广泛应用,但两种方法又各自的特点,分别适用于不同的场合,这将在后面做进一步的阐述。

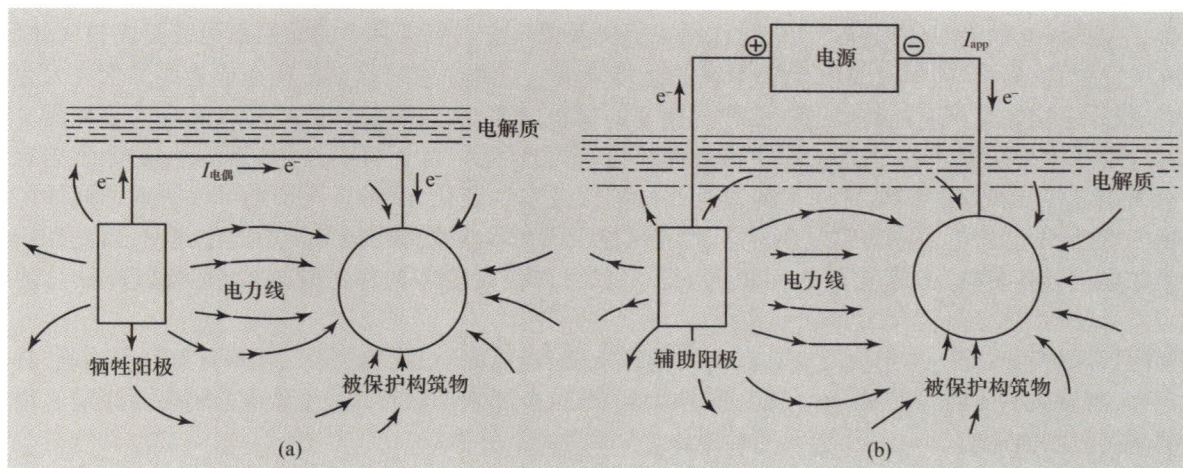

图 6.2　阴极保护的两种方式
(a)牺牲阳极阴极保护;(b)外加电流阴极保护。

阴极保护是一种电化学保护方法,可以采用极化曲线来进一步说明阴极保护的原理。钢铁等金属在海水等电解质中的腐蚀为电化学腐蚀,其腐蚀电池的阳极和阴极将发生如下电化学反应:

阳极反应 $\qquad\qquad\qquad Fe - 2e \rightarrow Fe^{2+}$

阴极反应 $\qquad\qquad\qquad O_2 + 2H_2O + 4e \rightarrow 4OH^-$

该腐蚀体系的极化曲线如图 6.3(a)所示。图中,阴极和阳极极化曲线的交点即为钢铁的自然腐蚀电位 E_{corr},所对应的电流密度为自腐蚀电流密度 I_{corr},此时,阴极和阳极反应的电流密度相等,即阳极反应产生的电子均被阴极反应所消耗。

当对钢铁施加阴极保护时,其电极电位将朝负方向移动,此时阳极电流密度将会减小(腐蚀反应速率降低),而阴极电流密度将会增大。当极化电位达到阴极保护电位 E_p 时,阳极电流显著减小,腐蚀反应将接近于停止,即腐蚀得到有效控制(图 6.3(b))。此时对应的电流密度 I_p 称为阴极保护电流密度。

当电位进一步负移到一定值时,阴极反应将由氧还原反应转变为析氢反应:

$$2H^+ + 2e \rightarrow H_2 \uparrow$$

析氢容易产生过保护,在阴极保护中应予以避免。析氢不仅导致有机涂层的损伤,而且容易导致高强钢、钛等金属和合金的氢脆。因此,对不同的金属和介质体系,阴极保护有一最佳的保护电位范围。

从上面极化曲线的分析可以看出,金属或合金在介质中的极化行为对其阴极保护参数有明显的影响。

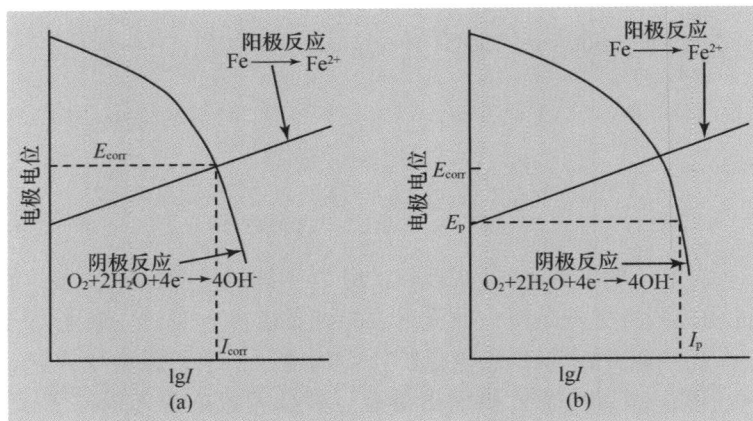

图 6.3　钢铁极化和阴极保护原理示意

6.1.3　涂层和阴极保护的相互作用

涂层是防止金属腐蚀最常用的方法,尤其是油漆涂层,它主要是通过将被保护金属表面与腐蚀介质隔离来提供保护。有的涂层还具有缓蚀钝化作用或阴极保护效应。但实际中的涂层不可能是完整无缺的,总是存在一些针孔、漏涂、破损等缺陷,导致其防护性能降低。这些涂层缺陷部位往往成为腐蚀优先发生的区域,因此仅靠涂层在苛刻腐蚀环境中难以获得完全的保护。理论上,阴极保护是可以完全防止裸露金属在海水等电解质中腐蚀的,但在实际工程中实现起来会增大技术难度,而且不经济。阴极保护通常与有机涂层联合采用,这是因为有机涂层不可避免会存在缺陷以及发生老化,而阴极保护则可以有效抑制涂层缺陷处金属的腐蚀,两者产生协同防腐效果。同时,有机涂层又可大大降低阴极保护所需电流密度,并使阴极保护电流和电位分布更均匀,保护的表面积更大。不仅可以实现更好的保护效果,而且可以降低总的保护费用。

与阴极保护相匹配的理想涂层应具有高的绝缘性能、连续完整、附着力高、耐磨损和海水冲刷,具有高的稳定性,与金属基体结合牢固。由于阴极保护时会导致金属表面碱性增大,因此金属表面涂层必须具有良好的耐阴极剥离性能。

对海水中金属结构物进行阴极保护时,在金属表面会形成白色的阴极产物,这是由于海水中含有较多的钙、镁离子,阴极保护产生的金属表面高碱性会促进钙质沉积层的形成。该阴极产物层的组成主要有 $CaCO_3$ 和 $Mg(OH)_2$。钙质沉积层既是阴极保护的产物,同时作为绝缘的无机矿物层,也可以对金属提供额外的保护。钙质沉积层的组成、结构及其防护性能受到海水温度、化学组成、阴极保护电流密度、海水流速、金属表面状态等众多因素的影响。另外,当金属表面形成致密的钙质沉积层后,还可以降低阴极保护所需的维持电流密度,使阴极保护更为经济。因此,在对船舶及海洋工程进行阴极保护时,开始时的保护电流密度往往较大,然后随着钙质沉积层的形成,保护电流密度会逐渐降低并趋于稳定。

此外,新的油漆涂层本身具有较好的防护效果,因此阴极保护的电流密度往往较低;当涂层逐渐老化、绝缘性能不断降低,进入到涂层使用寿命的后期时,往往需要更大的电流密度来获得有效的阴极保护。在进行阴极保护设计时,涂层的性能和状态是必须考虑的重要因素。

6.1.4　阴极保护的应用范围

实施阴极保护需要有电解质存在,因此传统的阴极保护主要适用于海水、微咸水、淡水、土壤等介质中的金属结构物。

对于舰船来说,阴极保护适用于和海水接触的表面,主要包括浸泡在海水中的船体(含螺旋桨、舵、减摇鳍等附体)、海水压载水舱、海水冷却系统。牺牲阳极阴极保护和外加电流阴极保护技术都在舰船上有应用,但这两种方法各有特点,需要根据实际情况,从技术与经济性方面进行综合权衡和选择。表 6.1 列出了牺牲阳极阴极保护和外加电流阴极保护的比较。

表 6.1　牺牲阳极阴极保护和外加电流的比较

牺牲阳极阴极保护	外加电流阴极保护
不需要外部供电电源	需要外部电源
由于保护电流有限,通常限于保护涂层完好的结构物或提供局部保护	保护范围大,甚至可用于大型未涂覆的结构物
适宜于低电阻率的介质	不受介质电阻率的限制
保护电流基本不可调,尽管牺牲阳极本身有一定自调节作用	输出电流连续可调,可以满足一些额外的需要,并可自动控制保护电位
对邻近结构物无干扰或很小	对邻近金属结构物干扰大
安装简便,投产调试后可不需管理	系统较复杂,维护管理工作量大
工程越小越经济	工程越大越经济
安装的阳极数量多,保护电位和电流分布较均匀。但对船体等会增大阻力	安装的阳极数量少,保护电流分布不如牺牲阳极均匀。安装在船体上产生的航行阻力可忽略
驱动电压低,一般不会导致油漆涂层的阴极剥离。阳极周围不需要采用阳极屏蔽层	为避免过保护,并使电流分布均匀,阳极周围需采用阳极屏蔽层(如安装在船体上)
通常保护寿命较短,牺牲阳极消耗完后需要更换	通常保护装置的寿命较长
阳极与金属结构物连接点处受到阴极保护	阳极与电缆的连接处必须绝缘良好,否则会产生严重腐蚀
阳极安装时,通常不需要在船体或管壁上开孔	阳极和参比电极需要与金属结构物绝缘,通常需要在船体或管壁上开孔安装
不存在极性接反问题	需仔细检查避免极性接反,否则会导致严重腐蚀

牺牲阳极的缺点是需要在船壳上安装较多的阳极块来提供足够的保护电流,因此会增加舰船航行阻力。牺牲阳极使用中会逐渐消耗,因此寿命通常较短,需要在坞修期间及时进行更换。但牺牲阳极安装简便,不用日常维护,可靠性高。外加电流阴极保护系统在船体上安装的辅助阳极数量很少,而且可以采用嵌入式安装,因此对船体表面的流体阻力影响很小。外加电流系统的驱动电压高,排流量大,使用寿命长,并且可以实现船体电位的自动控制。但外加电流阴极保护系统较为复杂,需要经常性的维护保养,才能确保防护效果。通常,对于小型船舶或经常进坞的船舶一般采用牺牲阳极保护;而对于大型船舶一般采用外加电流阴极保护系统会更有优势。

在有些条件下,也可能同时采用两种方法,即混合阴极保护系统,例如,在对船体实施外加电流阴极保护的同时,对一些保护电流受到屏蔽的区域,如海底门,可采用牺牲阳极进行局部保护。

暴露在大气环境中的金属结构物通常不适于实施阴极保护(采用喷涂锌合金或铝合金的金属防护涂层作为阳极性涂层具有一定的阴极保护作用,但不是传统意义上的阴极保护)。但暴露在海洋大气中或受到氯盐污染的钢筋混凝土桥梁、码头等钢筋混凝土结构物可以实施阴极保护,这是因为混凝土具有多孔结构,含有孔隙液,存在微裂纹等使得腐蚀性的电解质可以渗入到钢筋的表面。事实上,正是因为腐蚀介质的渗入导致与钢筋表面接触的混凝土的 pH 值降低,破坏了钢筋的表面钝态,才导致了钢筋的锈蚀。混凝土结构物阴极保护技术在过去的 30 多年得到了快速发展和应用,已成为解决钢筋混凝土结构物腐蚀的重要技术手段之一。

关于大气环境中钢结构物的阴极保护也是人们的兴趣所在。有人曾开展了采用固体电解质的外加电流阴极保护来防止钢的大气腐蚀研究,因为大气腐蚀本质上也是在薄液膜下的电化学腐蚀过程,结构物表面受气候和环境影响经常处于干湿交替的状态,理论上是有可能实施阴极保护的。要实施这种大气环境阴极保护,需要在金属表面先涂覆固体电解质层作为离子导电介质,然后在其上敷设导电涂层作为辅助阳极,通过施加外加电流来使金属基体获得保护。目前,该技术尚不是很成熟,在实际工程中很少应用。

近年来,光生阴极保护也引起了人们的广泛兴趣,它可用于大气环境金属的腐蚀保护。该方法利用光电化学原理,采用特殊的半导体涂层,在光的照射下,为金属表面提供电子,使金属的电位负移,从而防止金属腐蚀。该方法不需要外部电源,也不是消耗型的,只要有光照就可以。目前,该技术还处于基础研究阶段,要实现该技术的工程化应用,尚需在光阳极涂层材料、光电转换效率、拓宽光谱响应范围、延长无光照期间的阴极保护效应等方面开展系统深入的研究。

6.2　舰船阴极保护设计方法

合理的设计是保证阴极保护系统能够达到预期效果的关键,若阴极保护设计不合理,则可导致被保护对象处于"欠保护"或"过保护"状态,或影响阴极保护的经济性。阴极保护设计方法有传统的经验设计方法、采用缩比模型的试验优化设计方法以及基于数值计算的计算机仿真优化设计方法。这些方法在实际工程中都得到成功的应用,但每种设计方法都有其优缺点,可采用不同的设计方法来相互验证以获得最优化的效果。

6.2.1　阴极保护电位准则

阴极保护电位准则是阴极保护设计的重要参数,阴极保护准则是指合适的阴极保护电位范围,其与被保护的材料、环境工况条件等因素有关。根据国内外相关标准,常见材料在海水中的最佳阴极保护电位范围见表 6.2。

对于碳钢和低合金钢来说,在清洁富氧海水中,其最正保护电位为 $-0.80V$(相对于海水银/氯化银参比电极),此时钢的腐蚀可得到有效抑制。在含有硫酸盐还原菌的厌氧环境中,其最正保护电位应达到 $-0.90V$,才能获得足够保护。而最负保护电位通常推荐为 $-1.10V$,以避免造成有机涂层的阴极剥离或增大疲劳裂纹的扩展速率。上述电位准则对于屈服

表 6.2　常见材料在海水中的最佳阴极保护电位范围

材料类型	阴极保护电位范围 (Ag/AgCl/海水)/V
碳钢和低合金钢	$-0.80 \sim -1.10$(有氧环境)
	$-0.90 \sim -1.10$(厌氧环境)
铜及铜合金	$(-0.45 \sim -0.60) \sim -1.10$
铝合金	$-0.90 \sim -1.15$
高强钢(屈服强度≥700MPa)	$-0.80 \sim -0.95$①
①高强钢阴极保护电位范围尚未有明确定论,针对不同的材料,应通过试验来确定阴极保护范围	

强度不超过 550MPa 的结构钢来说通常是安全的,不会产生氢致应力腐蚀开裂的危险。但对于高强钢或其他高强合金来说,随强度的升高,其氢脆开裂的敏感性会增大,因此其最负阴极保护电位对不同强度级别的高强钢或高强合金来说也是不同的。高强钢或高强合金阴极保护设计前,应通过试验事先确定合适的阴极保护范围。

对于铝合金,其推荐保护电位范围为 $-0.90 \sim -1.15V$。过负的电位会导致铝的碱性腐蚀。

6.2.2　舰船阴极保护设计应考虑的因素

舰船阴极保护设计通常需要考虑下面一些因素:

(1)需要在干坞条件下才能在船体上安装阴极保护系统,因此牺牲阳极的设计寿命应为坞修间隔期的

倍数。

（2）应该考虑船体上安装的阳极对舰船航行流体阻力的影响。

（3）因为螺旋桨所产生的紊流作用以及铜螺旋桨与钢船体之间的电偶作用,使得船尾部的腐蚀速率往往会更高一些,对阴极保护电流的需要量也更大。

（4）船舶的轴和舵等转动部件与船体之间的电接触并不是很好,通常停止状态时,由于重力作用,轴和船体间可保持电连接,但当螺旋桨转动时,轴承表面会形成一层润滑油膜,影响电连接。

（5）阴极保护系统应与船体油漆涂层具有相容性,并能发挥协同作用,获得更好的技术经济性。

（6）船体阴极保护电流的需要量是变化的,船舶航行状态所需电流要比停泊状态高得多,而且航速越高,所需电流越大。

（7）船体油漆涂层随时间会老化和破损,因此,越到涂层寿命的后期,船体所需的阴极保护电流越大。

（8）阴极保护电位不应过负,从而导致船体油漆损坏或引起高强钢的氢脆。

（9）对于压载舱等海水间浸环境,应考虑间浸条件对阴极保护系统的影响。

6.2.3 阴极保护经验设计方法

阴极保护经验设计方法是指依据积累的实际经验和相关标准,开展阴极保护的设计计算、校核,确定阴极保护系统的安装布置方案,以获得预期的阴极保护效果。该方法成熟可靠,较为简便;但对于一些复杂的结构或工况,不易获得优化的保护效果。其主要设计过程如下:

1. 确定阴极保护电流的大小

1）选取阴极保护电流密度

根据阴极保护经验统计数据和试验数据,确定被保护对象单位面积所需的阴极保护电流。相关阴极保护设计标准中会给出一些保护电流密度的参数或范围。保护电流密度与被保护构件的材质、表面涂装状态、工况条件密切相关,应根据实际情况选取。

2）计算阴极保护所需电流

阴极保护电流量的大小取决于保护电流密度和结构物保护面积的大小。通常需要根据不同部位的材质和工况来分别计算。被保护对象所需总的阴极保护电流为

$$I = i_1 S_1 + i_2 S_2 + i_3 S_3 + \cdots + i_n S_n \tag{6.1}$$

式中:$i_1,i_2,i_3,\cdots,i_n$ 为对应材质 1、2、3$\cdots$、n 的部位的阴极保护电流密度（A/m^2）;$S_1,S_2,S_3,\cdots,S_n$ 为不同部位所对应的保护面积（m^2）。

2. 牺牲阳极阴极保护设计

1）选定牺牲阳极材料与型号规格

根据实际使用要求选用合适的牺牲阳极材料,同时根据标准选择牺牲阳极的型号规格。牺牲阳极的形状、尺寸以及重量会影响单块阳极的发生电流大小以及阳极的使用寿命。

2）计算牺牲阳极接水电阻

牺牲阳极的接水电阻与阳极的形状和尺寸、安装方式以及介质电阻率相关。

（1）当牺牲阳极紧贴式安装时,其接水电阻为

$$R = \frac{\rho}{2S} \tag{6.2}$$

式中:ρ 为介质电阻率（$\Omega \cdot$ cm）,对于海水,$\rho = 25\Omega \cdot$ cm;S 为阳极的当量长度（cm）,且有

$$S = \frac{L + B}{2} \tag{6.3}$$

式中:L 为牺牲阳极长度（cm）;B 为阳极宽度（cm）。

（2）对于长条状阳极（$L \geqslant 4r$）,采用支架式安装,且阳极与被保护体表面距离不小于 30cm 时,牺牲阳极接水电阻为

$$R = \frac{\rho}{2\pi L}\left(\ln\frac{4L}{r} - 1\right) \tag{6.4}$$

式中:r 为牺牲阳极当量半径(cm),且有

$$r = \frac{C}{2\pi} \tag{6.5}$$

式中:C 为牺牲阳极横截面周长(cm)。

当阳极与被保护对象表面距离大于 15cm 小于 30cm 时,牺牲阳极接水电阻按式(6.4)乘以 1.3 计算。

(3) 对于短条状阳极($L < 4r$),采用支架式安装且阳极与被保护体表面距离不小于 30cm 时,牺牲阳极接水电阻为

$$R = \frac{\rho}{2\pi L}\left\{\ln\left[\frac{2L}{r}\left(1 + \sqrt{1 + \left(\frac{r}{2L}\right)^2}\right)\right] + \frac{r}{2L} - \sqrt{1 + \left(\frac{r}{2L}\right)^2}\right\} \tag{6.6}$$

当阳极离被保护对象表面距离大于 15cm 小于 30cm 时,牺牲阳极接水电阻按式(6.6)乘以 1.3 计算。

3) 计算牺牲阳极产生的电流

单支牺牲阳极产生的电流为

$$I_f = \frac{E_c - \Delta E_c - (E_a + \Delta E_a)}{R_w + R_c + R} \tag{6.7}$$

式中:E_c 为阴极开路电位,即被保护对象自腐蚀电位(V);ΔE_c 为阴极极化电位(V);E_a 为牺牲阳极开路电位(V);ΔE_a 为阳极极化电位(V);R_c 为阴极极化电阻(Ω);R 为牺牲阳极接水电阻(Ω);R_w 为回路导线电阻(Ω)。

为便于计算,式(6.7)也可以简化为

$$I_f = \Delta E / R$$

式中:ΔE 为牺牲阳极对钢船体的驱动电压(V),对锌合金阳极,$\Delta E = 0.25V$,对铝合金阳极,$\Delta E = 0.3V$;R 为阳极的接水电阻(Ω)。

4) 计算所需牺牲阳极的数量

所需牺牲阳极的数量为

$$N = \frac{I}{I_f} \tag{6.8}$$

式中:I 为被保护部位所需阴极保护电流(A);I_f 为单支阳极产生的电流(A)。

5) 计算牺牲阳极的使用寿命

牺牲阳极使用寿命为

$$Y = \frac{NgQ}{8760 I_M} \cdot \frac{1}{K}(年) \tag{6.9}$$

式中:g 为每块牺牲阳极质量(kg);Q 为牺牲阳极实际电容量($A \cdot h/kg$);$1/K$ 为牺牲阳极利用系数,一般取 0.85;I_M 为保护对象保护期间内所需平均保护电流(A),且有

$$I_M = (0.6 \sim 0.8)I_f \tag{6.10}$$

当计算的牺牲阳极使用寿命达不到设计使用寿命要求时,需要重新选择牺牲阳极的型号规格,并重新进行设计计算和寿命校核,直至满足要求为止。

6) 牺牲阳极的布置与安装

牺牲阳极布置应尽可能使被保护对象的电位分布均匀,并处于良好保护电位范围。若被保护对象由同一种材料组成,则牺牲阳极应均匀地布置在被保护对象上;若由多种材料组成,由于不同位置所需保护电流大小不一样,因此通常将牺牲阳极非均匀地布置,所需保护电流大的部位,布置阳极较多,反之布置阳极较少。牺牲阳极可采用焊接法和螺栓固定法安装,安装时应保证足够牢固,并保证牺牲阳极与被保护结构有良好的电接触。

3. 外加电流阴极保护设计

舰船外加电流阴极保护设计主要包括根据船体保护电流的大小来确定恒电位仪的数量和额定输出参数、设计计算辅助阳极的型号规格和数量、设计计算阳极屏蔽层的尺寸、确定参比电极的型号规格和数量以及确定辅助阳极和参比电极的安装位置等。

1）确定恒电位仪的数量和规格

舰船用恒电位仪常用规格见表6.3。对于小型舰船，通常采用一台恒电位仪即可满足要求。而对于大型舰船，由于需要的保护电流非常大，则采用多台恒电位仪进行分区控制，这样不仅有利于船体保护电位的均匀分布，而且能够减小从恒电位仪到辅助阳极的电缆长度。

恒电位仪总的额定输出电流应大于船体阴极保护所需要的最大总电流，并留有适当的余量。当采用多台恒电位仪时，每台恒电位仪的输出电流应能满足所在船体分区最大阴极保护电流的需要。恒电位仪的额定输出电压与输出电流以及回路电阻的大小等因素有关，可用下式计算：

表6.3　舰船用恒电位仪额定电流和额定电压

额定输出电流/A	额定输出电压/V	电　源
20	12、16	交流单相220V/50Hz 交流三相380V/50Hz 交流三项440V/60Hz
30		
50		
100	12、16、20、24	交流三相380V/50Hz 交流三项440V/60Hz
150		
200		
300		
20	8、12、16	直流24V、110V、220V
30		
50		

$$V_{额定} \geqslant I_{额定}(R_{阳极} + R_{阴极} + R_{介质}) + V_{内阻} + \Delta E_{ac} + \Delta V_{pa} + \Delta V_{pc} \tag{6.11}$$

式中：$V_{额定}$ 为恒电位仪额定输出电压（V）；$I_{额定}$ 为恒电位仪额定输出电流（A）；$R_{阳极}$ 为阳极接水电阻（Ω）；$R_{阴极}$ 为阴极（船体）接水电阻（Ω），一般可忽略；$R_{介质}$ 为介质（海水）电阻（Ω），一般可忽略；$V_{内阻}$ 为内阻压降（V），主要取决于电缆及附件电阻；ΔE_{ac} 为系统断路时的反向电动势（V），与阳极材料有关；ΔV_{pa} 为阳极极化电压（V），与阳极材料有关；ΔV_{pc} 为阴极极化电压（V），可取 0.25～0.4V。

阳极接水电阻由下式计算：

对圆盘状阳极，有

$$R_{阳极} = \rho/2d \tag{6.12}$$

式中：ρ 为介质电阻率（Ω·cm）；d 为阳极直径（cm）。

对长条状阳极（$L \gg b$），有

$$R_{阳极} = (\rho/2\pi)\ln(4L/b) \tag{6.13}$$

式中：L 为阳极长度（cm）；b 为阳极宽度（cm）。

可根据式（6.12）的计算结果，依据表6.3来选取恒电位仪的额定输出电压。当辅助阳极材料为钛基体时，恒电位仪的额定输出电压通常不超过12V。

2）确定辅助阳极的型号规格及数量

表6.4列出了常用的舰船用辅助阳极的型号规格，选定辅助阳极型号后，根据阳极的有效面积和工作电流密度，得到单只阳极的输出电流，然后除总保护电流，得到所需辅助阳极数量。安装的辅助阳极数量越多，船体保护电位分布越均匀，但会增大阴极保护的造价，因此合理的设计是采用适当数量的辅助阳极。

表6.4　常用的舰船用辅助阳极的型号规格

型　号	名　称	形　状	外形尺寸/（"） L(D)/mm	B/mm	H/mm	安装孔数	阳极体工作面积	阳极体厚度	使用寿命/年	工作电流范围/A
CYQ-1	铅银合金阳极	长条	920	180	40	8	600mm×50mm	32mm	>6	1.5～7.5
CYQ-2		长条	1340	180	40	10	1018mm×50mm	32mm		2.5～12.5
CYQ-3		圆盘	φ198	φ146	25	—	16700mm²	35mm		0.8～5.0
CYQ-4		圆盘	φ290	φ245	30	—	59000mm²	40mm		2.5～15
CYQ-5	铅银微铂阳极	长条	920	180	40	8	600mm×50mm	32mm	>10	1.5～30
CYQ-6		长条	1340	180	40	10	1018mm×50mm	32mm		2.5～50
CYQ-7		长条	540	180	40	6	400mm×50mm	32mm		1.0～20
CYB-1	镀铂钛阳极	圆盘	φ144	φ76	5	—	4000mm²	镀铂层厚度 2.5～10μm	6～10	≤5

（续）

型　号	名　称	形　状	外形尺寸/(″)				阳极体工作面积	阳极体厚度	使用寿命/年	工作电流范围/A
			$L(D)$/mm	B/mm	H/mm	安装孔数				
CYB-2	铂钛复合阳极	长条	920	180	40	8	700mm×50mm	包铂层厚度≥10μm	20	≤50
CYB-3	铂铌复合阳极	长条	520	160	25	6	8850mm²（φ3 丝状）	包铂层厚度≥10μm	20	≤15
CYB-4		长条	920	180	40	8	700mm×50mm	包铂层厚度≥10μm	20	≤70
CYY-1	钛基金属氧化物阳极	圆盘	φ290	φ245	30	—	50000mm²	氧化物层厚度≥8μm	15	≤30
CYY-2		长条	560	150	25	6	41200mm²			≤25
CYY-3		长条	840	150	25	6	67700mm²			≤40
CYY-4		长条	1450	150	25	10	124400mm²			≤75

3）阳极屏蔽层的设计计算

由于辅助阳极周围的船体表面电位较负，容易导致船体防腐涂层的阴极剥离，因此在辅助阳极的周围需要涂刷阳极屏蔽层，如图 6.4 所示。

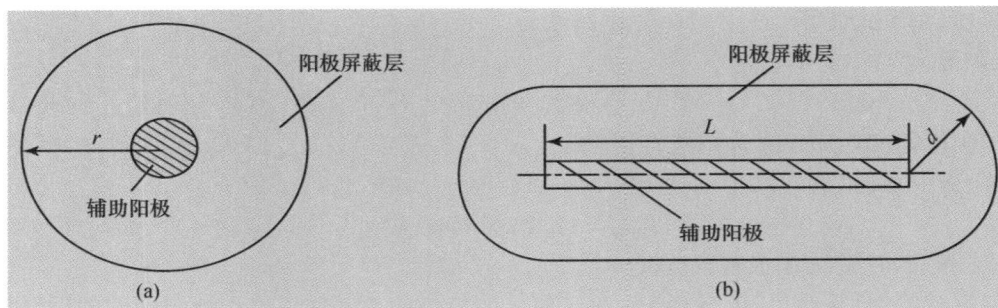

图 6.4　船用阳极屏形状和尺寸
（a）圆盘状阳极；（b）长条状阳极。

对于圆盘状阳极，一般采用圆形阳极屏，其半径为

$$r = \frac{I_a \rho}{2\pi(E_{min} - E)} \tag{6.14}$$

式中：I_a 为辅助阳极的额定电流（A）；ρ 为海水电阻率（Ω·cm）；E_{min} 为船体在海水中的最小保护电位（V）；E 为阳极屏边缘处的船体电位（V），它取决于船体水下防腐涂层耐阴极剥离电位。

对于长条状阳极，通常采用方形阳极屏，其尺寸按下式计算：

$$\ln\frac{2L}{d} = \frac{\pi L(E_{min} - E)}{I_a \rho} + 1 \tag{6.15}$$

式中：L 为辅助阳极的长度（cm）；d 为阳极屏边缘至辅助阳极轴线的最近距离（cm）。

4）参比电极选择及数量确定

舰船外加电流阴极保护系统常用参比电极有银/氯化银参比电极、银/卤化银参比电极、高纯锌及锌合金参比电极等，其性能应满足 GB/T 7387—1999《船用参比电极技术条件》技术要求。表 6.5 列出了常用船用参比电极的型号规格。近年来，船用参比电极材料和技术得到进一步的发展，中国船舶重工集团公司第七二五研究所已研发出更长寿命的参比电极，并在实际工程中得到成功应用。参比电极的数量一般为恒电位仪数量的 2 倍以上。通常，至少有一支参比电极用于恒电位仪的自动控制，一支参比电极用于船体保护电位的测量。

表 6.5 常用舰船用参比电极的型号规格

型 号	种 类	结构形式		参比电极体的使用寿命/年
		形 状	安装形式	
CCY – 1	银/氯化银参比电极	圆柱状(粉压法)	固定式	6
CCY – 2		螺旋状(热浸涂法)	固定式	
CCY – 3		圆柱状(粉压法)	携带式	
CCY – 4		螺旋状(热浸涂法)	携带式	
CCY – 5		网状(热浸涂法)	固定式	
CCY – 6		网状(热浸涂法)	携带式	
CCX – 1	高纯锌参比电极	圆盘状	固定式	10
CCX – 2	锌铝硅参比电极	圆盘状	固定式	
CCT	铜/饱和硫酸铜参比电极	圆柱状	携带式	—

5) 外加电流阴极保护系统的布置与安装

恒电位仪应安装在舱内,并用螺栓固定。应严格按照恒电位仪的要求连接线路,正极接辅助阳极,负极接船体,两者绝对不能接反。恒电位仪的布置位置应尽量靠近辅助阳极,以降低导线上的压降,通常导线压降不应超过 2V。

辅助阳极安装在船体上,可采用平贴式或嵌入式安装,以降低航行时的阻力。辅助阳极应与船体绝缘,阳极导电杆与导线的接头应采用水密接线盒进行密封。辅助阳极的布置原则应使整个船体的电位分布较为均匀,并均处于要求的保护电位范围内。

参比电极通常采用嵌入式结构安装在船体上,参比电极应与船体绝缘,与导线的接头应采用水密接线盒进行密封。参比电极的安装位置应使测量的电位信号具有代表性,如两支辅助阳极的中间位置或阳极屏蔽层的边缘处。

6.2.4 缩比模型阴极保护设计方法

缩比模型阴极保护设计方法也称为物理比例电导缩比模型方法,是一种基于缩比理论的试验优化设计技术。通过将被保护对象按一定比例制成缩比模型,同时将介质的电导率按比例减小,在实验室水池内研究不同阴极保护方案(如辅助阳极数量、位置、保护电流的大小,参比电极数量、位置等)对保护效果的影响,从而实现阴极保护设计方案的优化。

1) 缩比模型阴极保护设计方法的理论基础

当模型的缩比比例为 k(模型的尺寸为实船的尺寸 $1/k$),介质(海水)稀释后的电阻率为原来的 k 倍,则有

$$S_{原型} = k^2 S_{缩比}, \rho_{原型} = \rho_{缩比}/k, L_{原型} = kL_{缩比} \tag{6.16}$$

式中:$S_{原型}$、$S_{缩比}$分别为原型和缩比模型阴极保护面积(m^2);$\rho_{原型}$、$\rho_{缩比}$分别为原型和缩比模型对应的介质电阻率($\Omega \cdot m$);$L_{原型}$、$L_{缩比}$分别为原型任意两点间距和缩比模型上与原型对应的两点间距(m)。

假设被保护对象在海水中的极化行为与缩比模型在淡化相应比例的海水中的极化行为相同,即原型和缩比模型对应位置电流密度相同:

$$J_{原型} = J_{缩比} \tag{6.17}$$

由欧姆定律得

$$E_{原型} = J_{原型} \rho_{原型} L_{原型} \tag{6.18}$$

$$E_{缩比} = J_{缩比} \rho_{缩比} L_{缩比} \tag{6.19}$$

则得

$$E_{原型} = E_{缩比} \tag{6.20}$$

由式(6.20)可知,缩比模型电位分布与实际结构表面的阴极保护电位分布一致。

2）缩比模型法阴极保护设计流程

（1）按照实际舰船的尺寸和结构图,确定缩比比例,设计制造缩比模型。

（2）根据经验法设计结果,在缩比模型上安装阴极保护系统。采用淡水稀释海水,使试验水池中介质的电导率按缩比模型同样的比例减小。

（3）将缩比模型放入试验水池中开展阴极保护试验,可以评价涂层完好和涂层不同破损率条件下阴极保护效果;研究辅助阳极数量和位置以及电流的大小对阴极保护效果影响,确定最佳辅助阳极安装数量和位置;研究参比电极数量、位置和控制电位对阴极保护效果影响,确定参比电极最佳安装数量和位置,最佳控制电位,形成最优化阴极保护系统设计方案。

3）缩比模型设计方法的优点和缺点

缩比模型设计方法可预测并优化阴极保护效果,解决阴极保护经验设计方法易出现"欠保护"和"过保护"问题。该方法在美国、英国、加拿大等国家的海军舰船得到了成功的应用。截至 2005 年,美国海军研究所优化了 13 个级别舰船的外加电流阴极保护系统,并通过与实船测量结果比较,证明缩比模型法测量结果具有很高的可靠性。

缩比模型法理论基础是物理缩比理论,而实际上阴极保护是电化学过程,在阴极和阳极表面有电化学反应发生。由于材料在海水和淡化海水中的极化行为存在差异,介质电导率变化对阴极产物(钙质沉积层)的形成也会产生影响,结果导致缩比模型测量电位与原型实船电位存在一定误差。此外,缩比模型设计方法主要适用于舰船外加电流阴极保护系统,而不适合牺牲阳极阴极保护的设计优化,这是因为牺牲阳极阴极保护所需阳极数量多,并且牺牲阳极在淡化稀释海水中活化困难,不能正常工作。缩比模型方法的另一个缺点是,对每个阴极保护优化设计对象均需制作缩比模型,比较费时费力,成本也较高。

6.2.5　数值模拟阴极保护优化设计方法

数值模拟阴极保护设计方法属于计算机辅助优化设计方法,随着计算机技术和数值计算方法的飞速发展,该方法已日臻成熟,并在实际工程中得到广泛应用。数值模拟方法可以快速、准确模拟阴极保护状态,评价阴极保护效果,预测牺牲阳极的寿命,优化阴极保护系统。

1. 数值模拟阴极保护设计方法介绍

数值模拟阴极保护设计方法主要有有限差分法、有限元法和边界元法。有限差分法于 20 世纪 60 年代后期开始用于阴极保护设计计算领域。其原理是用代数式近似代替原微分方程中的导数,采用网格划分对所研究的场域进行离散化,得到差分方程组,通过求解差分方程组即可获得所研究场的电位分布解。由于有限差分法采用折线近似代替原边界曲线,使得这种方法的收敛性和稳定性难以保证。

有限元法于 20 世纪 70 年代逐渐应用于该领域。它对变分问题做离散化处理,将场域划分为很多较小的区域,然后建立每个单元的公式,形成求解阴极保护电位和电流分布的代数方程组。相对于有限差分法,有限元方法的优势在于可方便处理复杂或弯曲的几何面。但有限元法需要对整个空间域划分单元,因而计算量偏大。

20 世纪 80 年代,边界元法开始得到工程应用,它是通过域内方程去逼近边界条件,并经格林公式降阶后,只需对研究对象边界进行单元划分,得到阴极和阳极电位和电流密度相关的方程组,通过求解非线性方程组即可得电位和电流分布。边界元法的主要优点是可将三维空间问题降低为二维空间问题,对于无限域问题,只需对内边界进行离散,从而使计算量大大减少,显著提高计算的效率。

阴极保护优化设计就是要通过建立电位均匀分布寻优方程,计算不同阴极保护方案时船体表面电位差方和,差方和最小时的方案即为优化设计方案。寻优方程为

$$\min f(i,x,u) = \sum_{i=1}^{n} (\phi_{i+1} - \phi_i)^2 \qquad (6.21)$$

式中:i 为阳极输出电流;x 为阳极位置;u 为控制电位;ϕ_i 为被保护对象表面电位, $-0.80\text{V} \leqslant \phi_i \leqslant -1.00\text{V}$ (相对于银/氯化银电极);n 为被保护对象表面单元数。

目前已经有基于边界元方法的阴极保护优化设计软件,可以计算和显示被保护结构物表面的电位大小

及其分布。

2. 数值模拟与优化设计流程

（1）建模。根据被保护对象结构图（通常包括船体湿表面及螺旋桨、舵等附体）建立数值模拟模型，并对结构表面进行单元划分。

（2）确定边界条件。数值模拟的边界条件主要包括阳极极化曲线和阴极极化曲线，其与实际工况环境条件下的极化行为的差异将直接影响数值模拟结果的准确性与可靠性。边界条件与材料、介质、涂层的状态等有关。

（3）阴极保护数值模拟。在数值模拟模型中定义阳极数量和位置、参比电极数量和位置，并定义阳极组、被保护对象组、参比电极组等。将各类边界条件赋予数值模拟模型对应组，求解不同条件下被保护对象表面电位和电流分布。

（4）阴极保护系统优化。定义阳极候选组，候选组中包括阳极可安装的多个位置，以式（6.21）为优化方程，计算机自动对比阳极安装不同位置被保护对象表面电位差方和，确定阳极最佳安装位置、最佳输出电流和最佳控制电位，从而获得优化的阴极保护设计方案。

3. 阴极保护数值模拟优化设计方法的优点和缺点

数值模拟优化设计方法与传统的经验设计方法以及缩比模型法相比具有更多的优势，其设计更精确、费用更低、效率更高。该方法可以方便地实现阴极保护效果预测和阴极保护系统的优化。

边界条件的准确性是影响阴极保护数值模拟与优化效果的关键因素。阳极和阴极的极化行为会随服役时间的延长而发生显著变化；服役于深海、干湿交替、压力交变等复杂环境中被保护对象，准确边界条件难以获得，导致数值模拟与优化结果可靠性较差。随着各种环境下边界条件数据积累，相信数值模拟与优化在阴极保护领域将得到更广泛应用。

在实际工程中，这些阴极保护设计方法常常联合采用。通过经验设计，可以获得阴极保护的初步设计方案。以此为基础，可以采用缩比模型方法或数值模拟方法预测和验证保护效果，并获得优化的阴极保护设计方案。此外，缩比模型方法也可用来对数值模拟计算结果进行验证。

图 6.5 给出了一个舰船外加电流阴极保护系统的示例。该船体上存在 3 块分立的油漆破损区域，分别采用物理比例电导缩比模型方法和计算机数值模拟计算方法分析了不同分区阴极保护的效果并进行了比较。结果表明，采用尾部单区阴极保护系统的效果优于首部单区阴极保护系统，而双区阴极保护系统可进一步改善阴极保护的效果，使得船体电位分布更均匀。同时，采用缩比模型方法和数值模拟方法的结果吻合较好，表明两种方法均可用于舰船外加电流阴极保护系统设计，并具有足够的可靠性。

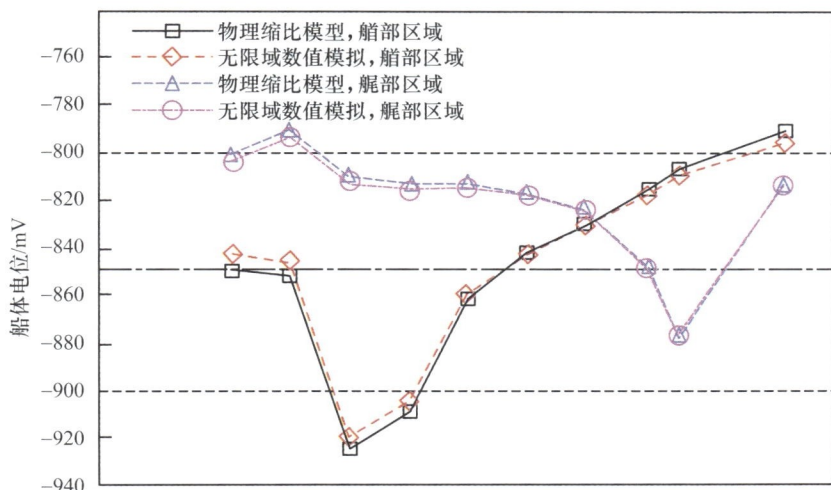

图 6.5　针对不同阴极保护方案采用缩比模型方法和数值模拟方法
所获得的船体电位沿长度方向的分布

6.3 舰船牺牲阳极阴极保护

牺牲阳极广泛应用于舰船阴极保护,可采用牺牲阳极保护的区域或部位主要包括浸泡在海水中的船体(含附体)、海水压载舱等海水间浸部位、海水管路系统及冷却设备等。

6.3.1 牺牲阳极材料

牺牲阳极材料的性能直接影响阴极保护的效果,用作牺牲阳极的金属或合金材料,应满足以下基本要求:

(1)要有较负的稳定工作电位,与被保护金属之间具有合适的电位差。

(2)阳极工作时极化要小,保持较高的电化学活性。

(3)阳极应具有大的发生电容量,并具有高的电流效率。

(4)表面溶解均匀,产物易于脱落。

(5)阳极材料及溶解产物符合环保要求,无毒、无污染。

(6)材料易于获得,易加工成所需形状,价格较便宜。

舰船常用的牺牲阳极材料主要有锌合金、铝合金、铁合金等。镁合金阳极电位较负,可以达到 $-1.5V$(SCE),主要用于高电阻率的介质中,如淡水等条件下。镁合金阳极在海水中易导致过保护的情形,例如,在某些情况下会造成油漆涂层的阴极剥离,析出氢气,并且在碰撞时易产生火花,因此镁合金阳极不适于在舰船中使用。

锌合金是最早用于舰船阴极保护的牺牲阳极材料。普通商业纯锌由于含有较高的杂质,影响其电化学性能,所以很少用作牺牲阳极。只有锌含量大于 99.995%、铁含量小于 0.0014% 的高纯锌才可直接作为牺牲阳极使用。但高纯锌的价格很高,用作牺牲阳极不够经济,所以在实际阴极保护工程中应用并不太多。常用的锌合金阳极主要为 Zn-Al-Cd 三元合金,通过添加少量合金元素铝和镉,可以使晶粒细化,同时消除杂质的不利影响。由于少量的铝和杂质铁、镉、铅之间能形成固溶体,其电位负于铁和铅,因此可以减弱锌合金的自腐蚀作用,并使腐蚀产物变得疏松,易于脱落,溶解得更均匀。同时,由于可以采用对杂质含量要求不是非常高的锌锭来铸造阳极,所以可以降低锌合金牺牲阳极的成本。

高纯锌及三元锌合金牺牲阳极的化学成分见表 6.6,不同标准所规定的三元锌合金牺牲阳极的成分基本相同,稍有差异。锌合金牺牲阳极的电化学性能见表 6.7。锌合金牺牲阳极在海水中工作电位稳定、电流效率高、溶解性能好,已在舰船阴极保护工程中得到广泛应用。

表 6.6 典型锌阳极的化学成分

标准	阳极种类	化学成分(质量分数)/%						
		Al	Cd	Fe	Cu	Pb	Si	Zn
ASTM B418	高纯锌	<0.005	<0.003	<0.0014	<0.002	<0.003	—	>99.995
ASTM B418	Zn-Al-Cd	0.10~0.40	0.03~0.10	≤0.005	—	—	—	余量
MIL-A-18001H	Zn-Al-Cd	0.10~0.50	0.025~0.15	≤0.005	≤0.005	≤0.006	≤0125	余量
GB 4950	Zn-Al-Cd	0.3~0.6	0.05~0.12	≤0.005	≤0.005	≤0.006	≤0125	余量

表 6.7 锌合金牺牲阳极在海水中的电化学性能

项目	开路电位(SCE)/V	工作电位(SCE)/V	实际电容量/(A·h/kg)	电流效率/%	溶解状况
电化学性能	-1.09~1.05	-1.05~-1.00	≥780	≥95	表面溶解均匀,腐蚀产物易于脱落

尽管锌合金牺牲阳极有良好的电化学性能,保护效果得到大量工程验证,但是其电容量偏低,影响牺牲阳极的使用寿命。随着大电容量的铝合金牺牲阳极的发展,锌合金牺牲阳极在舰船以及海洋工程阴极保护中呈现被铝合金阳极取代的趋势。

铝具有比锌高得多的理论电容量。锌的理论电容量为 820A·h/kg,而铝的理论电容量达到 2980A·h/kg,大约是锌的 3.6 倍。然而,纯铝表面极易形成钝化膜,所以不能直接做牺牲阳极使用,必须采用合金化方法来破坏表面钝化膜的完整性,促进阳极表面活化,使其具有较负的工作电位和较高的电流效率。

通过大量的研究,人们已开发出各种不同成分和性能的铝合金牺牲阳极材料。早在 20 世纪六七十年代,美国 DOW 化学公司开发了 Al – Zn – Hg 系合金牺牲阳极(Galvalum Ⅰ型和 Galvalum Ⅱ型),它们在海水中具有优异的电化学性能,电流效率可达到 95%。Zn 和 Hg 的加入促进了铝阳极的活化,不仅使电位降低(负向偏移),而且具有高的电流效率。但汞会污染环境,熔炼过程中产生汞蒸气对人体有害,随着环保意识的增强,Al – Zn – Hg 系合金牺牲阳极已很少使用。

目前广泛使用的主要为 Al – Zn – In 系合金牺牲阳极。锌是铝合金牺牲阳极中的主要添加元素,可以促进铝的活化,使铝的电位负移 0.1 ~ 0.3V,并使腐蚀产物易于脱落。铟是铝阳极中的重要活化元素,添加很少的量就可以达到明显活化的效果。在 0.01% ~ 0.04% 范围内,铝阳极的性能随铟含量的增加而明显改善,但铟在铝中的固溶度很小,当铟含量大于 0.1% 时,铟将以新相形式发生偏析,促进铝的自腐蚀,降低阳极的电流效率。锌和铟的同时加入还可以抑制有害杂质元素的不利影响,发挥协同活化作用。以 Al – Zn – In 合金为基础,通过添加其他元素如硅、锡、镉等,形成四元或五元合金,可以进一步提高铝合金阳极的电化学性能。

表 6.8 和表 6.9 分别给出了常用铝合金牺牲阳极的化学成分和电化学性能,这些铝合金牺牲阳极已被列入国家标准。其中,Al – Zn – In – Cd、Al – Zn – In – Sn、Al – Zn – In – Si 和 Al – Zn – In – Sn – Mg 为常规性能的铝合金阳极(A11 – A14 型),其电流效率达到 85% 以上,而 Al – Zn – In – Mg – Ti 为高效率铝合金阳极(A21 型),电流效率可达到 90% 以上。

表 6.8　常用铝合金牺牲阳极的化学成分

阳极材料种类	化学成分(质量分数)/%										
	Zn	In	Cd	Sn	Mg	Si	Ti	杂质			Al
								Si	Fe	Cu	
Al – Zn – In – Cd A11	2.5 ~ 4.5	0.018 ~ 0.050	0.005 ~ 0.020	—	—	—	—	≤0.10	≤0.15	≤0.01	余量
Al – Zn – In – Sn A12	2.2 ~ 5.2	0.020 ~ 0.045	—	0.018 ~ 0.035	—	—	—	≤0.10	≤0.15	≤0.01	余量
Al – Zn – In – Si A13	5.5 ~ 7.0	0.025 ~ 0.035	—	—	—	0.10 ~ 0.15	—	≤0.10	≤0.15	≤0.01	余量
Al – Zn – In – Sn – Mg A14	2.5 ~ 4.0	0.020 ~ 0.050	—	0.025 ~ 0.075	0.50 ~ 1.00	—	—	≤0.10	≤0.15	≤0.01	余量
Al – Zn – In – Mg – Ti A21	4.0 ~ 7.0	0.020 ~ 0.050	—	—	0.05 ~ 1.50	—	0.01 ~ 0.08	≤0.10	≤0.15	≤0.01	余量

表 6.9　铝合金牺牲阳极在海水中的电化学性能

阳极材料	开路电位(SCE)/V	工作电位(SCE)/V	实际电容量/(A·h/kg)	电流效率/%	溶解状况
常规铝阳极 A11 – A14	– 1.18 ~ – 1.10	– 1.12 ~ – 1.05	≥2400	≥85	产物溶解脱落,表面溶解均匀
高效铝阳极 A21	– 1.18 ~ – 1.10	– 1.12 ~ – 1.05	≥2600	≥90	

铝合金牺牲阳极的原料易得,易于铸造成形,在保护同样结构物时,相比采用锌阳极保护造价更低,而且可以设计成长寿命阳极。铝合金阳极是继锌合金阳极之后得到快速发展和广泛应用的牺牲阳极材料。

铝合金牺牲阳极还处在不断发展之中,通过调节铝合金阳极的成分,开发出了适用于不同工况条件下使用的新型牺牲阳极材料,如适于深海环境的铝合金阳极、适于高强钢保护的低电位铝合金阳极、适于干湿交替环境使用的高活化性能铝合金牺牲阳极等。

与锌合金、铝合金牺牲阳极不同，铁合金阳极具有较正的电位，约为 -700mV (SCE)，因此不适于保护钢质船体。铁合金牺牲阳极主要用于保护舰船的铜质海水管路和设备或不锈钢构件，由于铁合金阳极和铜或不锈钢之间的电位差较锌合金或铝合金阳极与铜或不锈钢之间的电位差小很多，因此具有更适宜的驱动电位，可减小阳极的消耗，获得更长的保护寿命。此外，铁合金阳极溶解产生的亚铁离子还有利于铜表面保护膜的形成。对于由钛及钛合金与铜合金或不锈钢等材料混合构成的设备，采用铁合金牺牲阳极保护时还可避免保护电位过负造成钛的氢脆破坏。典型铁合金牺牲阳极在海水中的电化学性能见表 6.10。

表 6.10　铁合金牺牲阳极在海水中的电化学性能

项目	开路电位(SCE)/mV	工作电位(SCE)/mV	实际电容量/(A·h/kg)	电流效率/%	溶解状况
电化学性能	-750 ± 25	-650 ± 10	$\geqslant 930$	$\geqslant 95$	表面溶解均匀,腐蚀产物易于脱落

6.3.2　船体牺牲阳极阴极保护

船体牺牲阳极阴极保护技术较为成熟，已制定有相应的标准规范并积累有丰富的成功应用经验。船体牺牲阳极保护的对象包括船壳和附体(如舵、螺旋桨以及海底阀箱等部位)。

船体用牺牲阳极材料主要为锌合金和铝合金阳极，铝合金阳极具有更高的性价比，在舰船阴极保护中得到越来越多的应用。

1. 船体牺牲阳极阴极保护参数

船体阴极保护的电位判据见表 6.2，在此保护电位范围内，既可以使船体获得良好的保护效果，又可以避免过保护。

保护电流密度是非常重要的阴极保护参数，需要根据被保护结构部位的材质、表面涂层状况、船舶的航行区域、坞修间隔以及船舶性能(如航速)等具体情况来选取。当采用高性能的涂层体系时，在初期涂层完好的情况下，钢质船体实际达到保护所需的电流密度会非常小，可能还不到 1mA/m^2。但是，随着涂层在使用过程中的老化和损伤，所需保护电流密度会明显增大。例如，船壳板裸钢的保护电流密度可达到 100mA/m^2，而裸露的青铜螺旋桨的保护电流密度为 $300 \sim 500\text{mA/m}^2$。另外，当裸露金属表面有阴极保护产物(钙质沉积层)形成后，其所需的维持阴极保护的电流密度会明显降低。因此，在设计船体牺牲阳极阴极保护系统时，需要综合考虑保护电流密度随时间发生的变化。表 6.11 和表 6.12 列出了 GJB 157A—2008《水面舰船牺牲阳极保护设计和安装》规定的船体保护电流密度参数。

表 6.11　钢壳舰船船体阴极保护设计保护电流密度参数

材料	表面状态	保护电流密度/(mA/m²)
船用钢板	涂环氧系漆或涂氯化橡胶漆	$10 \sim 20$
	舵、水翼、导流罩等漆膜易脱落的部位	$50 \sim 100$
	裸露	$100 \sim 200$
青铜、黄铜	裸露	$400 \sim 500$
不锈钢		$300 \sim 400$

表 6.12　铝壳舰船船体阴极保护设计保护电流密度参数

材料	表面状态	保护电流密度/(mA/m²)
铝合金	涂环氧系漆或涂氯化橡胶漆	$5 \sim 10$
船用钢板		$30 \sim 40$
钢板与不锈钢	裸露	$500 \sim 700$
青铜、黄铜		$700 \sim 900$

2. 牺牲阳极阴极保护设计计算

牺牲阳极阴极保护设计流程和方法在 6.2.3 节已有介绍，主要包括所需保护电流量的确定、牺牲阳极形状规格的选择和数量的计算、保护寿命校核以及牺牲阳极在船体上的布置和安装。

由于船体和螺旋桨、舵等部位的材质和工况存在较大差异，海底阀箱为相对独立的空间，所以需要分开计算各部位所需保护电流的大小。

船体浸水面积可以按照线型图进行精确计算，也可按下面的公式近似计算:

$$S_1 = 1.7T \cdot L_{WL} + \nabla/T$$

(6.22)

式中：T 为船舶满载吃水（m）；L_{WL} 为船舶满载水线长（m）；∇ 为船舶满载排水体积（m³）。

螺旋桨表面积按以下公式计算：

$$S_2 = \pi n d_1^2 \eta / 2 + \pi n d_2 L \tag{6.23}$$

式中：n 为螺旋桨数量；d_1 为螺旋桨直径（m）；η 为螺旋桨展开盘面比；d_2 为轴毂直径（m）；L 为轴毂长度（m）。

舵板、海底阀箱等面积按实际尺寸和几何形状计算。

根据各部位的浸水面积和选取的保护电流密度，可以计算出船体、舵、螺旋桨、海底阀箱等部位所需的保护电流大小。

依据船舶吨位大小和保护寿命要求，可以按照相关标准确定牺牲阳极的材料和规格，计算单只阳极的发生电流量以及船体保护所需牺牲阳极的数量。舰船常用锌合金和铝合金牺牲阳极的型号规格见表 6.13。

表 6.13　舰船常用锌合金和铝合金牺牲阳极的型号规格

型　号	规　格			应用范围（舰船排水量）/t	说　明
	长(L)×宽(B)×高(H)/(mm×mm×mm)	净重/(kg/块)	毛重/(kg/块)		
ZH - 1	800×140×60	45.4	47.0	>100	
ZH - 2	800×140×50	37.4	390		
ZH - 3	800×140×40	29.5	31.0		
ZH - 4	600×120×50	24.0	25.0		
ZH - 5	400×120×40	15.3	16.0	>5000	
ZH - 6	500×100×40	12.7	13.6	>5000	
ZH - 7	400×100×40	10.6	11.0	1000~10000	
ZH - 8	300×100×40	7.2	7.5	1000~5000	
ZH - 9	250×100×40	6.2	6.5	200~1000	
ZH - 10	180×70×40	3.3	3.5		
ZH - 11	300×150×50	13.7	14.5	>5000	双铁脚焊接式
ZH - 12	300×150×40	10.7	11.5		
ZH - 13	300×150×50	11.6	12.0	1000~5000	螺栓连接式
ZH - 14	300×150×40	8.6	9.0		
A□H - 1	800×140×60	15.4	17.0	≥10000	
A□H - 2	800×140×50	13.4	15.0		
A□H - 3	800×140×40	10.5	12.0		
A□H - 4	600×120×50	9.0	10.0	≥5000	
A□H - 5	400×120×50	5.8	6.5	5000~15000	
A□H - 6	500×100×40	4.6	5.5		
A□H - 7	400×100×40	4.1	4.5	400~5000	
A□H - 8	300×100×40	3.2	3.5	200~2000	
A□H - 9	250×100×40	2.2	2.5	200~1000	
A□H - 10	180×70×40	1.0	1.2	<200	
A□H - 11	300×150×50	5.0	5.8	5000~15000	双铁脚焊接式
A□H - 12	300×150×40	3.8	4.6	400~5000	
A□H - 13	300×150×50	5.4	5.8	5000~15000	螺栓连接式
A□H - 14	300×150×40	4.4	4.8	400~5000	

注：ZH 为 Zn - Al - Cd 合金牺牲阳极；A□H 为铝合金牺牲阳极。具有化学成分，参见 GB/T 4948 - 2002《铝 - 锌 - 铟系合金牺牲阳极》和 GB/T 4950 - 2002《锌 - 铝 - 镉合金牺牲阳极》

然后,需要对牺牲阳极的使用寿命进行计算和校核。如计算的牺牲阳极使用寿命满足要求(通常要和船舶的坞修间隔相匹配),则表明所选取的牺牲阳极型号和规格合适,否则应重新选取和计算。

3. 牺牲阳极的布置与安装

船体壳板所需牺牲阳极应在两舷均匀对称地布置在舭龙骨和舭龙骨前后流线上。螺旋桨和舵所需的牺牲阳极应均匀地布置在尾部船壳板及舵上,其安装高度应在轻载水线以下。由于船尾受到紊流作用,同时螺旋桨和舵所需保护电流较大,所以全船阳极总量的 1/4 ~ 1/3 应布置在船尾部。海底阀箱所需的牺牲阳极应布置在阀箱内。侧推装置所需阳极应布置在加长筒体的内部。为减少牺牲阳极导致的紊流对螺旋桨叶梢的干扰,对单螺旋桨船舶,无阳极区内不应布置牺牲阳极(图 6.6);对有多个螺旋桨的船舶,船尾距螺旋桨叶梢 300mm 范围内的船壳板上不应布置牺牲阳极。

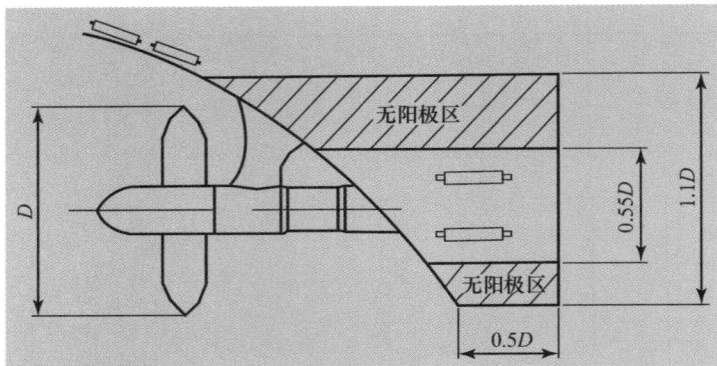

图 6.6　船体牺牲阳极阴极保护无阳极区示意

长条状牺牲阳极安装时,其长度方向应与流线方向一致。牺牲阳极通常采用焊接方式安装,即将阳极钢芯的两端直接焊接到船体上;有时也采用螺栓固定的方式安装。不论哪种方式,必须保证牺牲阳极与船体之间有良好的电性连接,其接触电阻应小于 0.005Ω。牺牲阳极的背面应涂刷绝缘涂料,并紧贴船体表面,以保证牺牲阳极从工作面消耗,提高牺牲阳极的利用率。裸露的钢芯和焊接处应涂刷船体防腐涂料,螺栓固定处应用密封腻子进行封堵。安装好的牺牲阳极表面应保持清洁,避免沾染油污或涂覆油漆,牺牲阳极表面有油漆或油污时,应及时进行清理。

6.3.3　压载舱的阴极保护

为保持舰船的稳性或调节浮力,舰船的压载舱经常会注入海水。舰船压载舱长期处于干湿交替状态,其腐蚀环境比浸泡在海水中的船体更为恶劣。一般采用阴极保护和涂层的联合防腐方法,阴极保护可以作为压载舱涂层防腐体系的补充,有效减轻压载舱的腐蚀,实现协同保护。

1. 舰船压载舱阴极保护特点

出于安全方面的考虑,压载舱阴极保护一般不会采用外加电流阴极保护系统,这是因为外加电流系统工作时,辅助阳极上会析出氯气、阴极保护电位过负时舱壁等结构上还会析出氢气,这都会产生安全隐患。所以,压载舱阴极保护通常采用牺牲阳极保护系统。

用于压载舱保护的牺牲阳极材料可以采用锌合金和铝合金阳极。对于可能存在易燃气体或装载过燃油的压载舱,铝阳极在压载舱内的安装高度有限制,离舱底的安装势能要求不超过 $28kg \cdot m$,以避免坠落时产生火花导致危险。海水干湿交替的工况对牺牲阳极的性能也会产生影响,容易导致阳极表面失活,使工作电位正移、电流效率降低,尤其是在压载率较低的情况下。锌合金阳极表现得比铝合金阳极更为突出,这可能是因为锌合金阳极表面的溶解产物在频繁干湿交替条件下,形成了硬壳,不易脱落,使得牺牲阳极表面难以活化的缘故。因此,压载舱阴极保护应选用耐干湿交替作用的高活化性能牺牲阳极材料。

海水压载舱长期处于干湿交替状态,只有在装压载水时,牺牲阳极才起保护作用,其他时间压载舱只能靠涂层保护。因此压载舱的阴极保护度较全浸时要低。尽管阴极保护仅在部分时间(压载期间)起作用,然而,钢表面在阴极保护过程中会形成钙镁沉积层(阴极产物膜),该沉积层在空舱期内仍可对钢基体起到保护作用,因而可大大减小腐蚀速率。

　　2. 压载舱阴极保护参数

　　由于压载舱的腐蚀环境和使用工况与船体外壳板明显不同,因此压载舱的阴极保护参数与船体外壳阴极保护也存在明显的差异。当钢在海水全浸条件下阴极极化电位达到 −0.80V(相对于海水银/氯化银参比电极)时,即可获得良好的保护。然而,在海水间浸条件下,为提高压载舱保护效果,阴极保护电位应进一步负移,以便能够尽快形成更致密的钙质沉积层。海水压载舱的阴极保护电位标准为 −0.90 ~ −1.0V。因此,对于海水压载舱,应在每次压载后尽可能快地极化到该电位,这就需要更大的起始保护电流密度。

　　压载舱阴极保护电流密度与涂层状况、压载率和压载时间、压载舱所处部位等密切相关。有关标准或机构推荐的阴极保护电流密度见表 6.14 和表 6.15。当涂层质量较差、压载率较低以及每次压载时间较短时,需要增大保护电流密度。近年来,压载舱涂层的质量和保护效果得到很大提高,因此所需的阴极保护电流密度也可以适当降低。

　　压载舱牺牲阳极阴极保护的设计寿命应与舰船的坞修间隔相匹配。

表 6.14　舰船压载舱阴极保护电流密度(Ⅰ)

标准系列	部位	保护电流密度/(mA/m²)	说明
LR 标准 (劳氏船级社)	上边舱	100	若压载时间小于 5 天,则保护电流密度提高 10%
	首尖舱 深水舱、专用海水舱 成品油/海水舱	85	
	原油/海水舱	90	
	双层底舱	68	
NK 标准 (日本船级社)	上边舱	≥90	压载率为 20% ~ 40%
	下边舱	≥80	压载率大于 40%
	双层舱	≥56	
BS7361 标准 (英国标准)	首尖舱或上边舱	130	若压载时间小于 5 天,则保护电流密度提高 10%
	成品油/海水舱	110	
	原油/海水舱	90	
	完好涂层钢板	5	
DNV 标准 (挪威船级社)	清洁海水压载舱	100 ~ 110	若压载时间小于 5 天,则保护电流密度提高 25%
	上边舱	120	
	首尖舱和尾尖舱	100 ~ 110	
	下边舱和双层底舱	80 ~ 90	
	油舱/海水舱(壁上有油膜层)	40 ~ 60	
	完好涂层钢板	5 ~ 10	
	完好的软涂层	20 ~ 40	

注:如未特别说明,表中数据均为裸钢板所需电流密度

表 6.15　船舶压载舱阴极保护电流密度(Ⅱ)

部位	压载率/%	保护电流密度/(mA/m²)		说明
		涂漆板	裸板	
上边水舱	≤20	10 ~ 12	150 ~ 200	压载时间小于 5 天,则保护电流密度提高 10%
	>50	8 ~ 10	100	
	20 ~ 50	8 ~ 10	150	

（续）

部位	压载率/%	保护电流密度/（mA/m²）		说明
		涂漆板	裸板	
下边水舱	≤20	10	150～200	压载时间小于5天，则保护电流密度提高10%
	20～50	8～10	100～150	
	≥50	8～10	80～100	
双层底舱	—	8～10	80	—

3. 压载舱阴极保护设计与安装

压载舱阴极保护的设计计算方法与船体牺牲阳极保护类似，但保护参数有较大差异。根据保护面积和电流密度可以计算出所需的保护电流量。选取适当规格的牺牲阳极，通常压载舱采用细条状阳极，以减小接水电阻，增大发生电流，实现快速极化。根据牺牲阳极的发生电流大小，计算所需的牺牲阳极数量。最后需要对牺牲阳极的使用寿命进行校核。

在进行牺牲阳极寿命核算时，需要考虑压载率的影响：

$$Y = \frac{g \cdot Q \cdot 1000}{8760 \cdot \alpha \cdot \beta \cdot I_f} \cdot K \tag{6.24}$$

式中：Y 为牺牲阳极使用寿命（年）；g 为每块牺牲阳极的净重（kg）；Q 为牺牲阳极的实际电容量（A·h/kg）；α 为压载率（%）；β 为阳极发生电流变化系数，当压载率小于或等于20%时，$\beta = 1$，压载率为20%～50%时，$\beta = 0.8～0.9$，当压载率大于50%时，$\beta = 0.7～0.8$；I_f 为牺牲阳极发生电流（mA）；K 为牺牲阳极利用系数，$K = 0.85$。

牺牲阳极在舱内应分舱均匀布置。阳极通常采用支架式安装，以使其可以输出较大的电流。阳极通常布置在肋骨上，采用焊接或螺栓固定的方式。采用螺栓固定时，为保证电连接性，建议在阳极铁芯与螺栓及螺栓与舱板的连接处进行点焊。阳极表面应保持清洁，严禁沾染油污或覆盖涂层。阳极焊点和焊缝以及涂层烧损部位应在进行表面清理后重新涂装防腐涂层。

对于复杂结构的压载水舱，应考虑结构屏蔽或异种金属连接的影响，牺牲阳极的布置应使各部位均获得良好保护。为了获得较为理想的保护效果，可以采用计算机数值模拟设计方法来获得优化的阴极保护方案。

6.3.4 海水管系的阴极保护

由于船舶海水管路系统尺寸较小、线路长、结构较复杂，并连接有很多的设备，因此很难对整个海水管路系统实施全面的阴极保护，通常仅用于某些局部易腐蚀的部位或设备中，如异种金属连接部位、管路与泵和阀的接口处、热交换器设备等，以便消除海水管路系统中的腐蚀"热点"。

对于这种局部保护，采用牺牲阳极方法更为简便，以前多采用锌合金牺牲阳极来保护铜海水管路或铜换热器，由于驱动电压大，能安装的阳极尺寸小（塞状阳极），所以阳极消耗快，保护寿命短，如不能及时更换阳极，则往往达不到预期的保护效果，甚至锌塞安装位置还成为腐蚀的薄弱环节。

对于铜管路或设备，采用铁合金牺牲阳极可以获得更好的保护。铁合金阳极材料与铜之间的电位差相对较小，铁合金阳极具有比锌合金阳极更高的实际电容量；同时，通过采用法兰式牺牲阳极或管段式阳极的结构，可以增大管路上安装阳极的尺寸，从而大大延长牺牲阳极的使用寿命。此外，铁合金阳极溶解过程中产生的铁离子还可以在铜表面成膜，提供额外的保护。

对于海水热交换器，牺牲阳极通常安装在水室封头上，可以对水室表面、管板以及冷却管管端提供阴极保护。

海水管路上安装的牺牲阳极，由于受到屏蔽和裸管的影响，其作用的距离会受到管路尺寸的限制。牺牲阳极的单侧保护范围通常为管道内径的10～12倍。

这是一种专门为铜及其铜合金海水管路研制的防蚀方法，比过去经常采用的锌合金牺牲阳极保护方法、硫酸亚铁成膜保护方法以及锌合金牺牲阳极与硫酸亚铁成膜联合保护方法更为有效、方便和实用。

1. 铁合金牺牲阳极保护

1）铜及其合金采用铁合金牺牲阳极进行阴极保护的可行性

锌合金牺牲阳极开路电位为 -1050mV（SEC），普通碳钢的自然腐蚀电位约为 -700mV，保护电位为

－850mV,即用锌阳极保护碳钢,牺牲阳极与被保护物间约有 350mV 电位差就足够,距保护电位只需 200mV 电位差。

铁合金牺牲阳极开路电位约为 －700mV,紫铜的自然腐蚀电位约为 －240mV,B10Cu － Ni 和 B30Cu － Ni 的自然腐蚀电位比紫铜还要正一些,它们的保护电位为 －450mV,即用铁阳极保护紫铜或铜镍合金海水管路,牺牲阳极与被保护结构之间至少有 460mV 的电位差,比锌合金牺牲阳极与钢结构之间的电位差还大,距保护电位有 250mV 电位差,也比锌阳极和碳钢保护电位之间的差值略大,因此,用铁合金牺牲阳极保护铜及其合金,无论从理论上还是实践上都是可行的。

2）铁合金牺牲阳极用于保护紫铜的实验结果

用紫铜圆筒和铁合金圆柱进行静止海水中的牺牲阳极保护试验,阴、阳极面积比 30∶1,极化电位远超过紫铜的保护电位,约为 －630mV(SEC),紫铜的腐蚀率由 0.059mm/年降低到 0.0053mm/年,保护度达 91%。

用锌阳极和铁阳极在含 3‰砂、流速为 2.3m/s 流动海水中进行了对紫铜的阴极保护试验,试验结果表明,铁阳极比锌阳极保护效果还好。用锌阳极保护导致的过负电位,不仅加速消耗阳极材料,使其寿命缩短,而且导致紫铜产生斑点状腐蚀,见表 6.16 所列。

表 6.16　铁、锌阳极对紫铜保护效果对比

试样	腐蚀率/(mm/年)	电位/mV	腐蚀形貌	保护度/%
TUP	0.15	－266	新鲜表面,有晶粒显出,迎水侧边呈抛光状	—
TUP(Zn)	0.0016	－1033	不均匀生成白色钙质膜,放大见少量斑点	98.9
TUP(Fe)	0.0011	－621	均匀褐色膜,致密、牢固、无明显腐蚀痕迹	99.3

2. 用铁合金牺牲阳极保护铜及其合金的优点

（1）在同样的保护电流密度下,铁阳极比锌阳极消耗量少。铁阳极消耗量为 1.0144 ~ 1.0341g/(A·h),锌阳极为 1.2821g/(A·h)。在 3‰砂,2.3m/s 流动海水中,同样的阴、阳极面积、同样试验条件下,铁阳极的腐蚀率为 1.91mm/年,锌阳极的腐蚀率为 2.30mm/年,铁阳极明显比锌阳极寿命长。

（2）用锌阳极保护铜及其合金,由于二者电位差过大,阴极表面很易形成钙质膜,钙质膜质脆,易局部剥落,从而诱发斑点状腐蚀,铁合金阳极保护无此缺点。

（3）锌阳极受水质化学、物理参数影响,如 pH、含盐量、温度、电导率的变化,可能导致阳极表面结痂,降低阳极效率,出现晶间腐蚀,甚至阳极呈颗粒状脱离基体,导致砂侵蚀条件,因此诸多国家早已不推荐在铜合金海水管路中使用锌阳极,转而推荐采用铁合金阳极。铁合金阳极在海水中恒定保持均匀溶解状态,受水质因素影响较小,无晶间腐蚀敏感性。

（4）铁合金牺牲阳极除对铜合金有电化学保护作用之外,溶解下来的铁离子还能在铜合金表面上形成富铁保护膜,从而降低阴极保护有效区段内的保护电流输出,减少阳极消耗,延长阳极使用寿命,而且能缓解距阳极较远、阴极保护有效区段之外的铜合金表面的腐蚀。例如,紫铜在 2.3m/s 流动海水中,无铁阳极存在时,其腐蚀速率为 0.56mm/年,而在有铁合金阳极存在但并未电连接的情况下,甚至在 3‰砂、2.3m/s 流动海水中,其腐蚀率仅为 0.18mm/年,腐蚀因铁离子的存在降低了 73%,就是说,仅通过铁合金阳极溶解下来的铁离子的缓蚀作用,便使紫铜的保护度达 73%。

（5）铁合金阳极资源丰富,价格低廉,可显著降低铜合金海水管路的防蚀费用。

虽然在保护铜及其合金海水管路方面,铁合金牺牲阳极比锌合金牺牲阳极具有较多优点,但仍受海水管路容积所限,阳极不能做得太大,阳极消耗较快,寿命不能太长的限制。因此,为确保海水管路安全可靠,仍需定期更换牺牲阳极。要延长阳极更换日期,推荐与涂履层或成膜处理联合使用。

6.4　舰船外加电流阴极保护

外加电流阴极保护系统由于具有输出电流量大、系统使用寿命长、船体航行阻力小、保护电位可以随工况条件发生变化而自动恒定等优点,在舰船船体防腐工程中得到广泛应用。

6.4.1　外加电流阴极保护装置

舰船船体外加电流阴极保护装置(系统)通常由直流电源设备(恒电位仪)、辅助阳极、参比电极、轴接地装置以及电缆等构成。

1. 直流电源

直流电源设备为舰船阴极保护提供所需要的保护电流,通常采用恒电位仪。恒电位仪不仅具有整流器的作用,即将外部交流电通过变压整流成低压直流电,而且可以根据船体电位的变化,自动调整输出电流大小,使船体一直控制在设定的保护电位。由于舰船所处的环境和工况经常发生变化,而且船体涂层在使用过程中会产生损伤和老化,所以船体保护所需的保护电流量也会不断变化,采用恒电位仪可以更好满足实际要求。

恒电位仪的工作原理是通过参比电极来采集自动控制的信号,将测量的船体电位信号输入比较放大器,通过与设定的保护电位进行比较放大后,自动调整主回路的电流输出,从而使船体电位趋于恒定。当船体电位比设定的保护电位偏正时,恒电位仪将会自动增大保护电流,使船体电位逐渐接近和达到设定值。而当船体电位负于设定值时,则自动降低恒电位仪的输出电流,使船体电位逐渐正移,接近和达到给定的保护电位。

船用恒电位仪应满足如下主要技术要求:

(1) 在舰船工况环境条件下能稳定可靠地工作。

(2) 具有良好的电磁兼容性能。

(3) 电位控制误差较小,通常要求不超过20mV。

(4) 输入阻抗高、纹波系数小。

(5) 结构简单、易于维护、尺寸小、重量轻。

此外,恒电位仪还应具有检测输出电压、电流、船体电位等功能,具有限流和过流保护装置,具有"手动"和"自动"两种调节功能。有的恒电位仪还能够自动采集和存储阴极保护参数,便于对阴极保护系统的运行状况与保护效果进行分析和管理。

2. 辅助阳极

恒电位仪所提供的保护电流需要通过辅助阳极经由海水介质传递到被保护金属表面。辅助阳极材料应满足如下要求:

(1) 导电性能良好,阳极极化小,有良好的电化学活性。

(2) 阳极消耗速率低,尺寸稳定,使用寿命长。

(3) 工作电流密度高,排流量大。

(4) 重量轻且具有足够的机械强度,不易损坏。

(5) 易于加工成形,性价比高。

(6) 阳极材料及腐蚀产物环保、无毒、无污染。

辅助阳极材料种类繁多,如废钢铁、石墨、磁性氧化铁、高硅铸铁、铅合金、铂复合阳极、混合金属氧化物、导电聚合物等均在阴极保护工程中得到应用。辅助阳极根据结构不同分为整体式阳极(如废钢铁、石墨、高硅铸铁、铅银合金等)和复合阳极(如铂复合阳极、钛基混合金属氧化物阳极、导电聚合物柔性阳极等);根据消耗速率大小分为可溶性阳极(如废钢铁、铝等)、微溶性阳极(如石墨、铅银合金、高硅铸铁、磁性氧化铁等)和不溶性阳极(如铂复合阳极、混合金属氧化物阳极等)。

辅助阳极工作时,其与介质直接接触的表面会发生电化学反应。对于可溶性阳极,工作时主要发生阳极材料的电解反应,阳极材料的消耗符合法拉第定律,因此可溶性阳极消耗速率大,使用寿命较短,如废钢铁阳极的消耗率为 $9 \sim 10 kg/(A \cdot 年)$。对于微溶性阳极和不溶性阳极,表面则主要发生析氯或析氧反应。阳极反应的结果会导致阳极附近区域的酸性明显增强,因此阳极材料及组件必须具有耐环境作用的能力。

适于舰船外加电流阴极保护的辅助阳极主要包括铅合金阳极、铂复合阳极和混合金属氧化物阳极三种。其他辅助阳极因消耗速率太高,或脆性太大,或工作电流密度太小等,在舰船外加电流系统中很少使用。

铅合金阳极是在铅基体中加入少量的银所形成的合金,包括铅银合金和铅银微铂极。铅合金阳极工作时表面会形成 PbO_2 膜,该膜层具有良好的导电性,并能对基体起到保护作用,因此铅合金阳极的消耗速率较小,属于微溶性阳极。铅银合金阳极通常含有 2% ~ 3% 的银,银的加入可以促进 PbO_2 保护膜的形成。铅银合金阳极的工作电流密度为 50 ~ 300A/m²,消化率小于 0.1kg/(A·年)。为进一步改进铅银合金阳极的电化学性能,发展了铅银微铂阳极,它是在铅银合金基体中嵌入铂丝或铂铱丝而成形,其基体的银含量为 1% ~ 2% ,嵌入的铂丝或铂铱丝的工作表面积与铅银合金的表面积之比约为 1:1000。暴露在介质中的铂或铂铱丝表面提供了 PbO_2 膜的形核点,促进了 PbO_2 膜在整个铅银合金表面的形成和生长。铅银微铂阳极比铅银合金阳极具有更高的工作电流密度和更低的消耗速率。由于消耗率小于 0.008kg/(A·年),铅银微铂阳极可以具有很长的使用寿命。铅合金阳极可通过铸造和机械加工成形。在使用前通常进行预成膜处理。早期铅合金阳极在舰船上得到了较多的应用,但由于铅合金阳极密度大、笨重,且污染环境,随着新型辅助阳极材料的发展,铅合金阳极现在已较少使用。

铂复合阳极是在钛、铌、钽等金属基体上被覆铂层而构成。铂在海水中具有优异的电化学性能,但价格较高,因此用实体铂作阳极是非常不经济的,采用表面复合的方式构成铂复合阳极材料,既可发挥铂的优良特性又可降低阳极的成本。钛、铌、钽属于阀金属,当阳极表面的铂层存在缺陷或裸露出基体时,基体表面会形成致密的钝化膜,对基体金属提供保护,避免基体发生腐蚀,因此常采用阀金属作复合阳极的基体。但基体表面的钝化膜在一定的电位下会发生击穿,造成钝化膜破坏,导致基体金属腐蚀。钛在海水中的击穿电位为 8 ~ 12V,而铌和钽的击穿电位要高得多,分别为 40V 和 80V 以上,但铌和钽的价格比钛要高很多。铂复合阳极的消耗速率小,仅约为 6mg/(A·年),使用寿命可达到 20 年以上。

铂复合阳极的制备工艺主要有电镀、离子镀、点焊、冶金拉拔、爆炸焊接和轧制等。其中,爆炸焊接和轧制工艺制备的铂复合阳极可实现铂层与基体的冶金结合,完全消除使用中铂层脱落问题,具有高可靠性。铂复合阳极已在舰船外加电流阴极保护中得到广泛使用,并积累了丰富的使用经验。

金属氧化物阳极是在钛基体上采用热分解方法被覆导电的混合金属氧化物膜层而构成,属于新一代辅助阳极材料。金属氧化物阳极也属于复合阳极材料,由于以钛为基体,所以具有良好的力学性能和加工性能,易于成形,并且重量轻,便于运输和安装。表面工作层由贵金属氧化物和惰性金属氧化物等构成,具有优异的电化学性能,包括良好的导电性、高的电化学活性,较低的极化率等。同时具有非常低的消耗速率,因而具有很长的使用寿命。由于其为混合金属氧化物涂层,且制备工艺较为简便,所以成本比铂复合阳极明显降低,因而具有较高的性价比。由于其具有优异的性能,所以得到越来越广泛的应用。

舰船外加电流阴极保护系统常用辅助阳极材料的电化学性能见表 6.17 所列。

表 6.17　舰船外加电流阴极保护系统常用辅助阳极的电化学性能

辅助阳极	推荐工作电流密度/(A/m²)	消耗率/(kg/(A·年))	寿命/年
铅银合金阳极	50 ~ 300	≤0.1	≥6
铅银微铂阳极	50 ~ 1000	≤8×10⁻³	≥10
铂钛复合阳极	≤1500	≤6×10⁻⁶	≥20
铂铌复合阳极	≤2000	≤6×10⁻⁶	≥20
金属氧化物阳极	≤600	≤5×10⁻⁶	≥15

3. 参比电极

参比电极用于监测船体的电位,一方面通过测量电位来评判船体阴极保护的效果,另一方面为恒电位仪设备提供自动控制的信号。阴极保护用参比电极具有如下性能:

(1)高的电位稳定性;

(2)良好的抗极化性能;

(3)长的使用寿命;

(4)良好的环境适应性;

(5)原材料易得,易于制备。

船用参比电极主要有铜/饱和硫酸铜参比电极、锌及锌合金参比电极和银/氯化银(卤化银)参比电极。铜/饱和硫酸铜参比电极主要用作便携式参比电极,其使用寿命较短,需要不断补充饱和硫酸铜溶液,通常用于临时性测量。锌及锌合金和银/氯化银(卤化银)参比电极为固态参比电极,可固定安装于船体作为永久性参比电极使用。

锌参比电极主要有高纯锌和 Zn – Al – Si 合金,高纯锌的纯度应大于或等于99.999%,在加工制备的过程中应避免污染;Zn – Al – Si 合金中 Al 含量为1.4% ~ 1.7%、Si 含量为0.10% ~ 0.16%,Fe 和 Cu 杂质含量均需小于0.005%。锌及锌合金参比电极的特点为具有较长的使用寿命,并且适用于海水、淡海水或淡水介质。但锌及锌合金参比电极电位稳定性和抗极化性能相对较差,而且由于其自身电极电位较负,钢质船体的保护电位相对于锌参比电极通常为正值,所以所采用的恒电位仪必须考虑这一特点。

银/氯化银(卤化银)固体参比电极是由金属银及其难溶盐所组成的可逆反应体系,可以和海水中的氯离子建立平衡。银/氯化银(卤化银)参比电极具有较高的电位稳定性和高的抗极化性能,其使用寿命和制备工艺有关,银/氯化银(卤化银)参比电极可以采用粉压方法或热浸涂方法制备。早期的银/氯化银参比电极易于发生粉化失效,寿命为3 ~ 6 年,后来改进的银/氯化银(卤化银)参比电极的使用寿命可以达到10年,近年来,中国船舶重工集团公开第七二五研究所研制的银/氯化银参比电极,其使用寿命可达15 年以上。

表6.18 给出了常用参比电极的电化学性能。

表6.18 常用参比电极的电化学性能

参比电极种类	电极电位 (相对饱和甘汞电极)/V	电位稳定性/V	极化值	
			阴极极化电流 $10\mu A$	阳极极化电流 $10\mu A$
银/氯化银(卤化银) 参比电极	0.0015 ~ 0.0095	±0.005	> −0.005	<0.005
锌及锌合金参比电极	−1.044 ~ −1.014	±0.015	> −0.020	<0.020
铜/饱和硫酸铜参比电极	0.069 ~ 0.074	—	—	—

4. 其他附件

1)阳极屏

阳极屏是指在阳极周围设置的专用绝缘屏蔽层,其作用使阴极保护电流能投射得更远,在船体上分布更均,避免辅助阳极附近船体因电位过负而产生过保护,导致船体和油漆涂层的损伤。阳极屏涂层应具有良好的防腐性能和高附着力以及柔韧性,还必须具有优异的耐电位性能(耐阴极剥离性能)。此外,还应具有良好的施工工艺性能。

早期阳极屏曾采用水泥砂浆层或阴极保护漆,但这些屏蔽层易于脱落或耐阴极剥离电位较低,使用寿命较短。目前船用阳极屏主要采用环氧腻子涂层,可采用刮涂或喷涂,涂层厚度从辅助阳极组件向外逐渐减小,通常由3mm 逐渐减薄到0.5mm 左右。

2)轴接地装置

为使螺旋桨也与船体壳板一起获得阴极保护,必须使螺旋桨与船体保持电连通状态。但由于螺旋桨旋转时,轴承中会形成油膜,使得艉轴和船体之间存在较大的接触电阻,因此需要安装专门的螺旋桨轴接地装置来实现电性连接。轴接地装置主要由安装在轴上的导电滑环、电刷、刷握和刷握支撑架组成,如图6.7 所示。安装的轴接地装置应使螺旋桨与船体之间的电位差降低到0.1V 以下。

3)舵接地

舵接地的目的是使得舵与船体处于良好的电性连接状态,从而与船体壳板一起获得保护。可在舵机舱内用截面积不小于25mm² 的单芯船用软电缆使舵柱与船体短路,其接地电阻应小于0.02Ω。

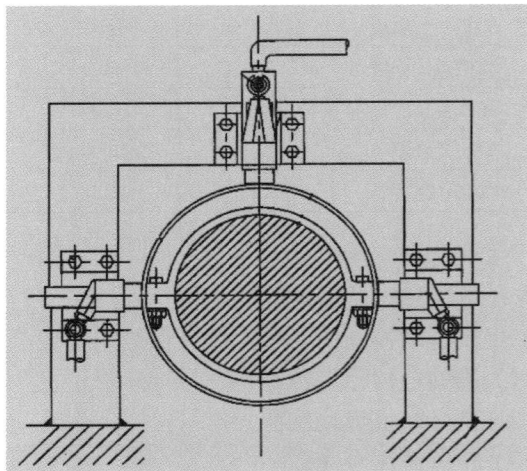

图6.7 螺旋桨轴接地装置

1—刷握;2—固定螺栓;3—刷握支承架;4—滑环;

5—绝缘圆;6—测量刷握;7—测量电缆;

8—螺旋浆轴;9—电刷;10—船体。

6.4.2　舰船外加电流阴极保护设计与安装

船体外加电流阴极保护的设计流程和方法已在
6.2 节中有较为详细的介绍,可在经验设计方法的基础上,通过缩比模型试验设计方法或计算机数值模拟设计方法来获得优化的阴极保护设计方案,达到良好的保护效果。

船体保护所需电流取决于保护面积和所需保护电流密度的大小。船体(含附体)的浸水面积计算与 6.3.2 节相同。保护电流密度与船体的材质、表面油漆种类和涂装质量、船舶在航率、航速、坞修间隔以及航行水域等状况有关。表 6.19 给出了船体外加电流阴极保护设计电流密度。

表 6.19　船体外加电流阴极保护设计电流密度

部位	材料	表面状态	电流密度/(mA/m²)
船外壳板	钢板	涂装	30 ~ 50
螺旋桨	青铜、黄铜	裸露	500
声纳导流罩	不锈钢	裸露	350
舵	钢板	涂装	150

根据所需的总保护电流大小、船舶吨位和尺寸以及船舶总体设计要求,选择确定恒电位仪、辅助阳极以及参比电极的型号规格和数量。每台恒电位仪通常应至少配置两支参比电极,一支用于保护电位控制,另一支用于监测船体保护状况。在选择阴极保护电缆规格时,应保证从恒电位仪到阳极接线端的导线压降小于 2V,并使各阳极的线路压降尽量接近。同时,阴极接地电缆的压降应小于 0.1V。而参比电极应采用屏蔽电缆,以减小对信号的干扰。

辅助阳极的结构形式通常有圆盘状或长条状。圆盘状阳极更适于嵌入式安装,尤其是在船体表面曲率较大的地方。与船体表面平齐的嵌入式阳极可以减少流体阻力,并且不易发生机械损坏。长条状阳极通常平贴在船体表面安装,其接水电阻较低,在相同的驱动电压下可以排出较大的电流。船用参比电极一般为圆盘状或圆柱状,通常采用嵌入式安装。辅助阳极和参比电极的电极体必须和船体绝缘,通常封装在绝缘的托架或填料函中。由于辅助阳极和参比电极均安装在船体的水下部位并贯穿船体,所以其安装结构还必须满足水密性要求。

典型的舰船用辅助阳极和参比电极的安装结构如图 6.8、图 6.9 和图 6.10 所示。

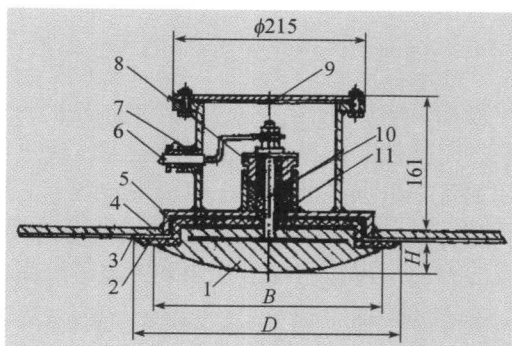

图 6.8　圆盘状嵌入式安装的辅助阳极结构

1—阳极体;2—绝缘座;3—阳极屏蔽层;4—船体;
5—阳极体座;6—电缆;7—电缆填料函;8—压紧螺母;
9—水密罩;10—导电杆;11—阳极填料函。

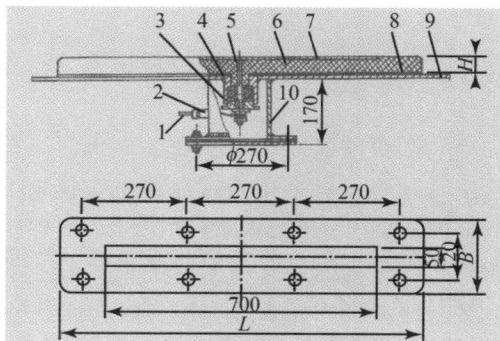

图 6.9　长条状辅助阳极的结构

1—电缆;2—电缆填料函;3—压紧螺母;4—阳极填料函;
5—导电杆;6—阳极绝缘座;7—阳极体;
8—橡皮垫;9—船体;10—水密罩。

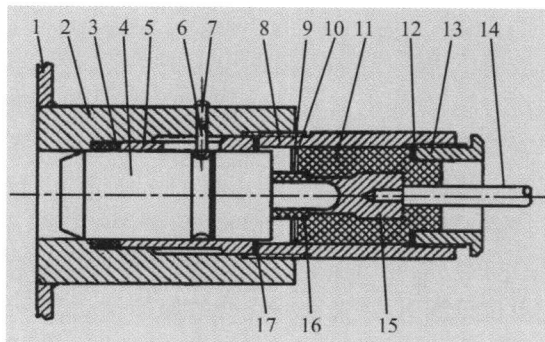

图 6.10　参比电极的安装结构

1—船体;2—填料管;3—密封体;4—电极;5—密封套筒;
6—定位螺钉;7—压紧螺钉;8—压紧螺母;9—孔用弹性挡圈;
10—垫圈;11—插头密封件;12—垫圈;13—压紧螺母;14—电缆;
15—插头;16—橡胶圈;17—垫圈。

辅助阳极和参比电极的安装位置是阴极保护系统优化设计的重要内容。一般情况下,辅助阳极布置在首部、中部和尾部,如遇到有的部位不便于安装,也可首、尾部布置或仅尾部布置。尾部由于需要的保护电流量大,所以应安装排流量较大的辅助阳极,以使船体表面电位分布均匀。通常,辅助阳极在左右舷对称安装。参比电极应布置在电位有代表性的船体位置,如两个辅助阳极的中间部位或离辅助阳极较近的阳极屏边缘附近等。对于大型船舶,也可考虑采用分区的阴极保护系统,以避免阳极电缆过长。但应考虑不同区域阴极保护之间的影响。图6.11为典型的船体外加电流阴极保护布置方案。

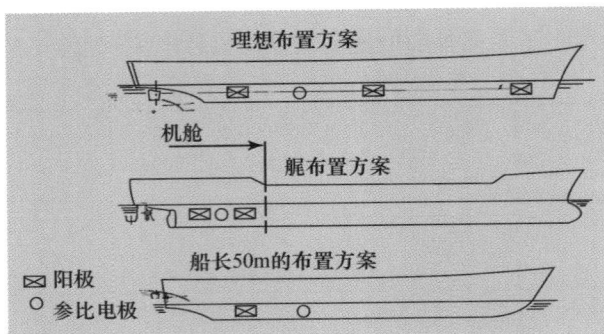

图 6.11　典型的船体外加电流阴极保护布置方案

6.5　阴极保护系统的使用与维护

6.5.1　牺牲阳极保护系统

船舶下水后,船体上安装的牺牲阳极会自动开始工作。由于牺牲阳极的发生电流相对较小,因此需要较长的时间使船体极化到稳定的状态。通过监/检测船体的保护电位可以了解阴极保护的工作状态。通常采用牺牲阳极保护的船体上很少安装固定式参比电极,可以采用高阻抗电压表和便携式参比电极如铜/饱和硫酸铜、银/氯化银/海水或锌参比电极来测量船体的电位及其分布状况。对于某些重要的关键部位,也可安装专门的保护状况监检测装置来了解阴极保护状态。阴极保护系统稳定后,船体的保护电位应达到表6.2规定的范围。

当舰船进坞时,应检查牺牲阳极溶解状况和船体的保护效果。当牺牲阳极达到设计保护寿命或剩余牺牲阳极不足以维持到下次进坞时,应进行更换。当保护效果不佳时,应调整阴极保护方案,安装新的牺牲阳极保护系统。

6.5.2　外加电流阴极保护系统

舰船下水后,外加电流阴极保护系统需要进行调试后再投入运行。在外加电流阴极保护系统工作之前的这段时间,如果时间较长,则应采用牺牲阳极进行临时性保护。

应检查外加电流阴极保护系统的接线是否正确,尤其是阴极和阳极的接线不可接反。调试时可检查阴极保护系统的各种功能是否正常,手动控制和自动控制是否能正常运行。可采用连接在恒电位仪上的参比电极监测船体的保护效果,也可采用便携式参比电极测量船体电位及其分布。应测量在设定的保护电位下,恒电位仪的输出电压、输出电流及各阳极的排流量和船体的电位变化。只有当船体的电位处于要求的保护电位范围时,才能获得良好的保护。

外加电流阴极保护系统相对于牺牲阳极保护复杂一些,应对负责管理的人员进行使用和维护的培训。日常要定期检查阴极保护系统的运行状况并做好记录,对设备和易损件进行维护保养,对损坏的部件或设备及时进行维修和更换。当外加电流系统不工作时,船体就得不到保护,处于自腐蚀状态。因此,外加电流阴极保护系统不允许长时间处于停止运行状态。

参考文献

［1］ Von Baeckmann W,Schwenk W,Prinz W. Handbook of cathodic corrosion protection – The theory and practice of electrochemical protection processes,3rd edition ［M］. Houston：Gulf Professional Publishing,1997.

［2］ 王强. 电化学保护简明手册［M］. 北京：化学工业出版社,2012.

［3］ 胡士信. 阴极保护工程手册［M］. 北京：化学工业出版社,1999.

［4］ Morgan J H. The economics of ships cathodic protection ［J］. Anti – Corrosion Methods and Materials,1964,11(11)：53 – 55.

［5］ 李金桂. 腐蚀控制设计手册［M］. 北京：化学工业出版社,2006.

［6］ BS 7361 Cathodic protection – Part 1：Code of practice for land and marine applications ［S］. 1991.

［7］ 许立坤,等. 海洋工程的材料失效与防护［M］. 北京：化学工业出版社,2014.

［8］ Hartt W H,Culberson C H,Smith S W. Calcareous deposits on metal surfaces in seawater – A critical review ［J］. Corrosion,1984,40(11)：609 – 618.

［9］ BS EN 12696 Cathodic protection of steel in concrete ［S］. 2000.

［10］ Bullard S J,Cramer S,Covino B. Effectiveness of cathodic protection ［R］,FHWA – OR – RD – 09 – 18,Oregon Department of Transportation,2009.

［11］ Chess P M. Cathodic protection of steel in concrete ［M］. New York：E and FN Spon,1998,187.

［12］ Lei C X,Feng Z D,Zhou H. Visible – light – driven photogenerated cathodic protection of stainless steel by liquid – phase – deposited TiO_2 films ［J］. Electrochimica Acta,2012,68：134 – 140.

［13］ GJB157A 水面舰船牺牲阳极保护设计和安装 ［S］. 2008.

［14］ ISO 12473 General principles ofcathodic protection in sea water ［S］. 2006.

［15］ DNV – OS – C101,Design of offshore steel structures,General (LRFD method) ［S］. 2008.

［16］ EN 16222 Cathodic protection of ship hulls ［S］. 2012.

［17］ GJB 156 港工设施牺牲阳极保护设计和安装 ［S］. 2008.

［18］ GB 8841 海船牺牲阳极阴极保护设计和安装 ［S］. 1988.

［19］ GB/T 3108 船体外加电流阴极保护系统 ［S］. 1999.

［20］ CB 3220 船用恒电位仪技术条件 ［S］. 1984.

［21］ GB/T 7388 船用辅助阳极技术条件 ［S］. 1999.

［22］ GB/T 7387 船用参比电极技术条件 ［S］. 1999.

［23］ CB/T 3455 船用阳极屏蔽层的设计与涂装 ［S］. 1992.

［24］ Mcgrath J N,Tighe – Ford D J,Hodgkiss L. Scale modeling of a ship's impressed current cathodic protection system ［J］. Corrosion Prevention and Control,1985,4：36 – 38.

［25］ Thomas E D,Lucas K E,Foster R L. Physical scale modeling of impressed current cathodic protection systems ［C］. Corrosion/1989,NACE,1989.

［26］ Parks A R,Thomas E D,Lucas K E. Physical scale modeling verification with shipboard trails ［J］. Materials Performance,1991,30(5)：26 – 29.

［27］ Ditchfield R W,Tighe – Ford D J. Theoretical validation of the physical scale modeling of the electrical potential characteristics of marine impressed current cathodic protection ［J］. Journal of Applied Electrochemistry,1995,25：54 – 56.

［28］ Wang Y,Karis Allen K J. Comparison of impressed current cathodic protection numerical modeling results with physical scale modeling data ［J］. Corrosion,2010,66(10)：105001 – 1 – 15.

［29］ Adey R A,Hang P Y. Computer simulation as an aid to corrosion control and reduction ［C］. Corrosion/1999,NACE,1999.

［30］ Santana E. Diaz,Adey R. Predicting the coating condition on ships using ICCP system data ［J］. International Journal for Numerical Methods in Engineering,2005,62：727 – 746.

［31］ Diaz E S,Adey R,Baynham J. Optimising the location of anodes in cathodic protection systems ［J］. Computer Aided Optimum Design of Structures VIII,2005：175 – 184.

［32］ Hang P Y. Investigating ICCP system design of ship with water jet propulsion using boundary element ［J］. Boundary Element Technology XIV,1999.

［33］ Danson D J,Warne M A. Current density／voltage calculations using boundary element techniques ［C］. Corrosion/83,NACE,1983.

[34] Adey R A,Baynham J. Design and optimization of cathodic protection systems using computer simulation [C]. Corrosion/2000, Paper No. 00723,NACE,2000.

[35] Degiorgi V G,Thomas II E D,Lucas K E,Kee A. A combined design methodology for impressed current cathodic protection systems [J]. Boundary Element Technology XI,1996.

[36] Hack H P,Janeczko R M. Verification of the boundary element modeling technique for cathodic protection on large ship structures [C]. Tri – Service Conference on Corrosion,1994.

[37] GB/T 4950 锌 – 铝 – 镉合金牺牲阳极 [S]. 2002.

[38] GB/T 4948 铝 – 锌 – 铟系合金牺牲阳极 [S]. 2002.

[39] 王曰义. 海水冷却系统的腐蚀及其控制 [M]. 北京:化学工业出版社,2006.

[40] DNVRecommended Practice,Corrosion protection of ships [S]. 2000.

[41] Xu L K,Ma Y Y,Li X B,etal. Performance ofaluminium alloy sacrificial anode under cyclic immersion in seawater [C]. Corrosion 2010,Paper no. 10397,NACE,2010.

[42] 马燕燕,等. 锌合金牺牲阳极海水干湿交替条件下的电化学性能研究 [J]. 腐蚀与防护,2007,(1):9 – 12.

[43] 张云乾,等. 不锈钢/钛凝汽器中铁阳极的应用 [C]. 第五届全国腐蚀大会论文集,北京,2009.

[44] 迟善武. 阴极保护恒电位仪的技术现状与展望 [J]. 油气储运,2006,25(8):53 – 56.

[45] Xu L K,Wang T Y. Impressed current anodes for cathodic protection for ship hull [J]. Materials Performance,2011,50(6):40 – 42.

[46] 许立坤,等. 船舶外加电流阴极保护用辅助阳极组件 [J]. 材料开发与应用,2001,16(2):35 – 38.

[47] 许立坤,等. 金属氧化物阳极的失效行为研究 [J]. 腐蚀科学与防护技术,1998,10(6):337 – 341.

[48] 许立坤,等. 海洋工程阴极保护技术发展评述 [J]. 中国材料进展,2014,33:106 – 113.

[49] 王廷勇,许立坤,陈光章. 钛基混合金属氧化物阳极在外加电流阴极保护中的应用 [J]. 金属学报,2002,38(Suppl.):620 – 622.

[50] 张玉萍,等. 铂钛不溶性阳极研制 [J]. 表面技术,2002,31(4):37 – 39.

[51] 陈光章,等. 海船保护发展现状 [J]. 腐蚀与防护,1999,20(1):13 – 14.

[52] 尹鹏飞,许立坤. 银/氯化银参比电极寿命评价 [J]. 全面腐蚀控制,2014,28(2):68 – 71.

[53] 辛永磊,等. 全固态 Ag/AgCl 参比电极电位稳定性的影响因素 [J]. 中国腐蚀与防护学报,2013,33(3):231 – 234.

[54] 王金龙,等. Ag/AgCl 固体参比电极研究与应用的现状与进展 [J]. 中国腐蚀与防护学报,2013,33(2):81 – 89.

[55] GB/T 7788 船舶及海洋工程阳极屏涂料通用技术条件 [S],2007.

[56] 鲍戈拉德 И Я,等. 海船的腐蚀与保护 [M]. 王曰义,杜桂枝,等译. 北京:国防工业出版社,1983.

第7章 舰船涂料

舰船是由船体、机电、电子、武器装备等高科技产品构成的复合体,舰船的综合性能全面反映了一个国家的科技发展水平。涂料作为舰船腐蚀主要防护手段之一,遍及舰船各个角落,舰船涂料品种齐全,涉及大部分工业涂料品种,是涂料工业水平的缩影。本章介绍舰船上以防腐蚀为主的涂料的类型、品种、特点,简述涂装缺陷和施工要求。

7.1 概述

舰船腐蚀是世界各国海军面对的主要技术难题,也是装备保障的首要问题。据统计,腐蚀引起的维修费用占装备总维修费用的 25% ~ 35% 。涂层防护因其施工简单、维修方便、成本低廉、适应性广,被国内外舰船普遍采用,是舰船防腐蚀最主要的技术手段。

随着世界造船业朝大型化发展和环境保护法对海洋涂料工业的影响,船舶涂料不仅注重防护性,还必须考虑经济性、节能及与生态环境的适应性,舰船涂料则更强调其功能性。为符合世界船舶涂料发展趋势,在舰艇防腐蚀方面各国海军正力图通过新材料、新技术、新工艺和组建专业维修队等措施,以提高舰艇腐蚀控制能力,降低资金和人力消耗,减轻舰员劳动强度,把更多的休息时间还给舰上官兵,以便有更多的精力投入训练,在舰艇防海洋生物污损方面则加大投资,研究新型无毒防污涂料。

7.1.1 舰船涂料的特点

涂装于舰船内外各部位、以延长舰船使用寿命和满足舰船特种要求的各种涂料统称为舰船涂料。

由于舰船涂装有其自身的特点,因此舰船涂料也应具备一定的特性。其具体特性如下:

(1)舰船的庞大决定了舰船涂料必须能在常温下干燥。需要加热烘干的涂料就不适合作为舰船涂料。

(2)舰船涂料的施工面积大,因此涂料应适合于高压无气喷涂作业。

(3)舰船的某些区域施工比较困难,因此希望一次涂装能达到较高的膜厚,故往往需要厚膜型涂料。

(4)舰船的水下部位往往需要进行阴极保护,因此,用于船体水下部位的涂料需要有较好的耐电位性、耐碱性。以油为原料或以油改性的涂料易产生皂化作用,不适合制造水线以下用的涂料。

(5)舰船从防火安全角度出发,要求机舱内部、上层建筑内部的涂料不易燃烧,且一旦燃烧时也不会放出过量的烟。因此,硝基漆、氯化橡胶漆均不适宜作为舰船舱内装饰涂料。

(6)舰船涂料品种复杂多样,按照装备使用部位和使用环境特点分为不同的涂装部位:一是船体部位,如船体外板和附体、上层建筑外壁等;二是甲板、露天部位;三是内舱部位,如住舱、机舱等;四是液舱和锚链舱等部位。根据每型舰船使用特点的不同,都有相应的涂料配套体系,每个部位也有特殊的涂料与涂装要求。

(7)舰船涂料功能特殊繁多。舰船涂料功能特殊繁多与舰船本身的特殊使命有关,不仅需要具备防腐、防锈、防污、耐候等基础功能,还要根据舰船不同部位使用需求满足特种功能。

(8)舰船涂料使用环境复杂苛刻,海军舰船不断走出国门,不仅要适应赤道地区高温、高湿、高盐分及辐射强烈和"长夏无冬"的环境,还要经受住北海地区低温、冰冻的考验。

7.1.2 舰船涂料的分类

舰船涂料可按其使用部位、基料类型、作用特点、施工方式等不同方法进行分类。

1. 按使用部位分类

(1)船底部位(水线以下船壳板)涂料,简称船底涂料。

（2）水线部位涂料,简称水线涂料。

（3）船壳部件(水线以上船壳及上层建筑)涂料,简称船壳涂料。

（4）甲板部位涂料,简称甲板涂料。

（5）船舶内舱液舱部位涂料,简称内舱涂料。

2. 按基料类型分类

（1）酚醛系。

优点:硬度高,耐热性好,成本低。

缺点:干燥慢,耐候性差。

用途:甲板,地板,内舱,耐热部位。

（2）醇酸系。

优点:耐候性好,涂膜光亮。

缺点:耐水性较差,硬度低。

用途:船壳,内舱,上层建筑。

（3）沥青系。

优点:耐湿,耐水,附着力好,成本低。

缺点:不耐热,性脆,不易在其上涂漆,耐电位性差。

用途:水下部位,船底。

（4）环氧沥青系。

优点:耐水,耐油,附着力好,成本较低。

缺点:不耐候。

用途:船底,潮湿部位。

（5）氯化橡胶系。

优点:耐水,耐阴极保护,耐候,阻燃。

缺点:不耐湿,不耐强碱和强酸。

用途:水线,船底,船壳,甲板。

（6）环氧系。

优点:耐化学品,耐油水,附着力好,电绝缘性好。

缺点:耐候性差。

用途:油,水舱等,甲板。

（7）聚氨酯系。

优点:耐磨,装饰性好,弹性可调,耐化学品。

缺点:对底材处理和施工方法要求高。

用途:甲板,地板,油水舱。

（8）乙烯系(高氯乙烯、聚氯乙烯、过氧乙烯、氯磺化聚乙烯)。

优点:耐候,耐化学品、柔韧性好。

缺点:对底材处理要求严格。

用途:船底,甲板。

（9）丙烯酸系(溶剂型)。

优点:耐紫外线,耐候,耐热,色浅。

缺点:成本高。

用途:高性能船壳,防污。

（10）水性涂料系

优点:无毒,环保。

缺点:干燥性能差,防腐蚀性能不如溶剂型涂料。

用途:内舱,装饰。

7.1.3　舰船涂料的作用

航行于海洋中的各种舰船以及海上平台等,长期受到日光曝晒和风雨的袭击,而且一直处于含有极高盐分的高湿大气和海水的浸渍及冲击中,同时受到海洋微生物的侵蚀,腐蚀极为严重,属于使用环境中恶劣的海洋环境。因此,使用船舶涂料来保护在江河、海洋上航行的船舶免受腐蚀侵害极为重要。

船底防锈涂料使钢铁基材免受海水侵蚀,防污漆涂装在船底外表面,可有效地防止海洋微生物的附着,提高船舶航速,减少燃料消耗,更能提高舰船的战斗力。水线涂料既要耐海浪冲击,又要经受海洋气候的强烈变化。甲板部位因人员走动频繁和装卸货物的碰撞,要求有良好的防滑和耐磨性能。船壳涂料的涂装,使船体上层建筑可在日晒雨淋中保持良好的使用状态。某些特种涂料,如饮水舱涂料、油舱涂料、压载水舱涂料、耐高温涂料、吸波涂料、热反射涂料等,可适应各种不同的特殊使用要求。

舰船涂料的应用,不仅具有防腐保护作用,而且具有装饰和色彩标示作用。使用各种不同颜色的涂料,可使船舶穿上美丽的外衣;同时,在船舶上涂装不同色彩的标志涂料,可表示警告、危险、安全、前进、停止、用途、走向等信号,此种色彩标志各船舶使用单位都有相应的标准,并逐步走向国际标准化。

7.1.4　舰船涂料的使用要求

舰船各部位处于不同的腐蚀环境中,对选择涂料有着各异的使用要求。为了更好地发挥涂料的作用,要根据不同部位选择相应品种及配套,在选择涂料品种时可参照表7.1和表7.2。

表7.1　舰船各部位用涂料性能要求

舰船用涂料部位 \ 性能	快干	光泽	坚韧	附着力	耐冲击	防锈	防污	耐候	耐油	耐磨	耐热	耐海水	耐盐雾	耐湿热	耐水	耐电	厚涂层
车间底涂料	√		√	√		√		√			√	√	√				
船底防锈涂料	√		√	√	√	√						√			√	√	√
船底防污涂料	√			√	√		√										√
水线涂料	√		√					√				√	√				
船壳涂料	√	√	√					√				√	√				
甲板涂料	√							√									
油舱涂料			√	√					√								
上层建筑用涂料	√	√						√			√						
防锈底涂料	√		√	√		√							√		√		
防锈涂料	√		√	√									√		√		
油水舱涂料									√						√		
饮水舱涂料			√	√									√		√		
压载水舱涂料					√	√							√		√		
货舱涂料	√									√			√				
桅杆涂料		√						√					√		√		
轮机涂料				√							√						
排烟管涂料	√																

注:"√"表示应具有此项性能

表7.2　涂料的种类和性能

类型 \ 性能	快干	光泽	坚韧	附着力	耐冲击	防锈	防污	耐候	耐油	耐磨	耐热	耐海水	耐盐雾	耐湿热	耐水	耐电位	厚涂层	施工性	长效
油改性涂料		√	√	√				√		√							√		
酚醛树脂涂料	√			√	√	√		√				√							
氯化橡胶涂料	√			√		√	√	√				√	√		√				√
乙烯树脂涂料	√						√					√							√

（续）

性能＼类型	快干	光泽	坚韧	附着力	耐冲击	防锈	防污	耐候	耐油	耐磨	耐热	耐海水	耐盐雾	耐湿热	耐水	耐电位	厚涂层	施工性	长效
丙烯酸树脂涂料	√						√						√						√
烯丙基醚涂料		√	√	√				√					√	√	√				
沥青涂料				√	√	√	√					√		√	√			√	
环氧沥青涂料				√					√	√		√	√	√	√	√	√		√
漆酚树脂涂料						√			√			√	√	√				√	
有机硅树脂涂料								√			√								
无机涂料	√		√			√		√				√	√						
合成树脂乳液	√																	√	

注："√"表示可以达到此项要求

7.2 舰船各部位涂料性能要求及常用品种

舰船各部位所处的环境不同,对涂料的要求也各异,按主要部位划分有船底防锈涂料、船底防污涂料、水线涂料、船壳涂料、甲板涂料和内舱涂料:

7.2.1 船底防锈涂料

由于船底长期浸于海水中,受海水浸渍腐蚀严重,因此要求涂层有良好的防锈性能。为了防止海生物的附着,保护船底清洁光滑,还要求外层涂料有良好的防污性能,根据船底涂料上述两个不同的作用,可将其分为防锈涂料和防污涂料两种(中间涂装过渡中间涂料)。船底防锈涂料是船底防污涂料的底层涂料,它直接涂于钢板上或作为中间层,能防止钢板的锈蚀和防止防污涂料中毒料对钢板的腐蚀。

1. 防止船底钢板腐蚀的方法

防止船底钢板腐蚀的方法有很多,然而由于船舰形体很大,有些方法不是成本太高,就是无法施工。目前防止船底钢板腐蚀最方便而有效的方法有两种:一种是单纯使用涂料进行保护;另一种是采用涂料与阴极保护相结合来防止船底钢板的腐蚀。

阴极保护是把船底钢板变成阴极,防止钢板腐蚀,所以这方法称为阴极保护。阴极保护可采用牺牲阳极和外加电流两种方法。

单纯采用船底防锈涂料保护船底,基本上可防止船底的腐蚀,但由于舰船停靠码头、抛锚、航行时受到流砂摩擦,或北方严冬季节海港中船只破冰前进时,船底漆漆膜会碰掉、脱落,船底钢板将失去保护而发生腐蚀。如果船底装有阴极保护,在这种情况下便起了作用,保护了船底涂料脱落部位的裸体钢板,使之不受腐蚀。如果不用涂料,而单纯采用阴极保护,由于船底钢板面积大,即使采用外加电流的方法,耗用电能大,以致阴极保护装置很大,故这种方法实际上是行不通的。因此船底漆和阴极保护两种措施配合使用,相辅相成,以取得良好的防腐蚀效果。

阴极保护的效果与保护电流密度和保护电位有关。最小保护电流密度一般为 $0.7 \sim 2.5 \mathrm{mA/dm^2}$。最小保护电流密度是使被保护阴极极化到最小保护电位所需之最低电流密度。保护电流密度随着船底涂料的品种、涂料膜层使用时间的长短有所不同。随着船底涂料所用时间增长,漆膜老化,或受外界因素的影响,船底涂料膜层脱落,电流密度要增大。

在海水中钢板船底保护电位以 $-0.85 \sim -0.95\mathrm{V}$ 为宜,过大的保护,如在 $-1.1\mathrm{V}$ 以上时,涂料膜层表面海水受电流作用产生电解,放出氢气,膜层表面碱性大大提高,pH 值可增加到 10,涂料膜层容易损伤,甚至造成脱落。因此在船体上装置阴极保护时,起了相反的作用。对船底防锈涂料来说,除了具有良好防锈性能外,还要求能耐阴极保护装置所产生的电极电位,因此二者必须相互配合,以取得最佳效果。

2. 船底防锈涂料的特殊要求

船底防锈涂料是涂刷在船只水线以下,长期浸在水中的一种涂料。因此,与在大气中使用的防锈涂料

相比,在组成和性能上有很大的差别。船底防锈涂料的特殊要求如下:

（1）船底防锈涂料的膜层透水性要小,否则会引起膜层的气泡脱落而失去防锈作用。

（2）对钢板或底层的车间底漆必须具备很好的附着力。

（3）干燥快,尽量减少船只因施工而在船坞内的停留时间。

（4）与船底防污涂料应有很好的配套性,防锈涂料与防污涂料的涂层之间应有良好的附着力,不然会造成防污涂料与防锈涂料之间的分层和防污漆的大面积脱落,造成海洋附着生物的大量附着,防锈涂料的膜层也将受到一定程度的破坏而失去防锈作用。

（5）船底防锈漆应能耐阴极保护装置的保护电位。

3. 防锈涂料的防锈机理

防锈涂料的主要成分是防锈颜料和成膜物质,通常以防锈颜料的名称来命名,如铁红防锈漆、锌黄防锈漆等。按照防锈作用机理,大致可以归纳为物理作用防锈涂料、化学作用防锈涂料、电化学作用防锈涂料四种类型。

1）物理作用防锈涂料防锈机理

物理作用防锈涂料与被涂装的金属表面基本上不发生化学或电化学反应,只是起到隔离腐蚀介质的作用。该类型的防锈涂料有的是采用化学性稳定的惰性颜料,这些颜料填充性好,能使涂层结构致密,能降低水、氧及离子对漆膜的透过速率,铁红就属于这类颜料;有的是以细微的鳞片状材料作为主要颜料,它们在漆膜中与底材呈平行状排列,彼此搭接和重叠,能够阻挡腐蚀介质和底材的接触,或延长腐蚀介质向底材的渗透途径,达到缓蚀的作用,铝粉就属于这类颜料。

纯物理作用防锈颜料制成的防锈涂料,防锈效果是不能令人满意的,单纯的屏蔽作用虽然能减少水和其他介质的透过,但终究不能完全隔离它们与底材的接触,如果没有化学作用防锈颜料和其他添加剂的辅助,生锈是不可避免的。

2）化学防锈涂料的防锈机理

化学防锈涂料是防锈漆的主要品种,它们采用多种化学活性的颜料,依靠化学反应改变表面的性质及反应生成物的特性,达到防锈的目的。按照作用机理的不同,主要有以下三种:

（1）化学防锈颜料与金属表面发生作用,如钝化作用、磷化作用,产生新的表面膜层,如钝化膜、磷化膜等。这些薄膜的电极电位较基材为正,使金属表面部分或全部避免了成为阳极的可能性;同时由于薄膜上存在许多微孔便于成膜物质的附着,可以阻止锈蚀在膜下及涂膜破坏的地方向外扩展。当有微量水渗入膜下后,上述作用的发挥就更能体现出化学防锈涂料比物理防锈涂料优越。属于这种防锈作用的颜料,如铬酸盐防锈颜料、磷酸盐防锈颜料。

（2）化学防锈颜料与漆料中某些成分进行化学反应,生成性能稳定的、耐水性好的和渗透性好的化合物（如某些皂化物）。有些生成物具有一定的缓蚀作用,并能增强涂膜的强度。由于反应结果降低了漆料的酸价,也减缓了漆料对底材金属的作用。铅系颜料如红丹、铅酸钙、铅白的防锈机理就属于这一种。

（3）有的颜料和助剂在成膜过程中能形成阻蚀性络合物,提高防锈效果。例如,磷酸锌是一种水合物,具有生成碱式络合物的能力,此络合物可与涂料中的极性基团,如羟基、羧基等进一步络合生成交联络合物,可以增强漆膜的耐水性和附着力,也能与Fe^{2+}形成配位络合物,阻止锈的生成。

3）电化学防锈涂料的防锈机理

根据电化学腐蚀理论,在腐蚀电池中被腐蚀的是电极电位较负的阳极。如果涂覆在金属上的涂层又有比金属更低的电极电位,则当存在电化学腐蚀的条件时,涂层是阳极,金属是阴极而不被腐蚀。当前采用最多的是富锌底漆,它通过黏接剂把大量锌粉黏附在钢铁表面上,形成导电的保护涂层。为了能形成连续的"锌膜"和保证涂后导电性以便使涂层与底材有效接触,形成畅通的腐蚀电池回路,必须使用纯度较高的锌粉,其用量在干膜中应占干膜质量90%以上。铝材的电极电位比铁低,理论上可以作为牺牲阳极使用。铝粉表面腐蚀过程中易形成致密的氧化膜,对涂层的导电性和电位的稳定性都不利,阴极保护效果不明显。但用高纯度的新鲜超细球状铝粉与铬酸盐配合,以磷酸二氢镁为黏接剂制造的防锈涂料,可以达到较理想的保护效果。

电化学防锈涂料的防锈效果很好,可以在苛刻的环境下使用,尤其是当涂层局部破损后仍能起到一定的保护作用。

4. 厚浆型涂料

1）概述

重防腐蚀涂料或高性能涂料能忍受恶劣的环境，如海上石油钻采平台的柱脚、甲板阴面、深水码头钢桩、船舶的压载水舱等，由于这些部位维修工作十分困难或不可能，因此在建造时，希望能达到较长的保护期限（5～10年），甚至有要求达到钢铁结构的设计使用期限。

重防腐蚀涂料主要包含两个大类品种：一种是直接与钢材接触的防锈底漆；另一种是厚浆型涂料。底漆主要为无机锌底漆，如正硅酸酯富锌底漆、环氧富锌底漆。但无机锌底漆干膜厚度过大，会产生附着力差"泥裂"的现象；但也不能太薄，因为单位面积上金属锌粉含量与漆膜厚薄成正比，一般干膜厚度控制在 $70\mu m$ 左右，环氧富锌底漆不存在这个方面的问题。

涂膜对钢铁表面的防护性能主要有三个因素：底材表面处理的方法与程度，涂料的性能。厚浆型涂料就是结合了后面两个要求而进行设计的。

欧洲造船学会制定的采用新型涂料，对船舶各部位涂膜厚度的要求如下：

水下部位：环氧或改性环氧涂料 　　　　　　　　$\geqslant 250\mu m$

　　　　　环氧乙烯、氯化橡胶涂料 　　　　　　$\geqslant 200\mu m$

　　　　　水线环氧煤焦沥青涂料 　　　　　　　$\geqslant 250\mu m$

　　　　　纯环氧树脂涂料 　　　　　　　　　　$\geqslant 250\mu m$

　　　　　醋酸乙烯氯乙烯共聚体涂料 　　　　　$\geqslant 200\mu m$

压载水舱：环氧涂料 　　　　　　　　　　　　　$\geqslant 250\mu m$

船　　壳：船壳聚氨酯涂料 　　　　　　　　　　$\geqslant 200\mu m$

甲　　板：甲板纯环氧树脂涂料 　　　　　　　　$\geqslant 200\mu m$

　　　　　醋酸乙烯氯乙烯共聚体涂料 　　　　　$\geqslant 200\mu m$

饮　水　舱：纯环氧树脂涂料 　　　　　　　　　$\geqslant 250\mu m$

由上面可以看出，船舶压载水舱干燥膜厚度$\geqslant 250\mu m$，若采用一般涂料，每道干涂膜厚度仅能达到$\geqslant 30\mu m$ 左右，再涂厚就会产生流挂，因此要涂8道才能达到这一厚度。这样做耗费劳动力大，涂装周期长，在某些部位涂装时，如狭小的双层底舱内也不能如此做，因此必须提高每道涂层的厚度。方法是将涂料做成厚浆型，使其垂直面上，即使在较厚情况下，也不流挂。在施工时，由于受到施工剪切力而黏度下降，流动自如，当剪切力除去后，在很短时间内即恢复，这样在较厚情况下也仅允许适当流平，但不流挂。

2）原理

厚浆型涂料就是利用触变性流体的原理。当涂料受剪切力时，黏度下降，剪切速率越大，时间越长、黏度越下降，直至最低极限值。

当剪切速率减小时，由于暂时性被破坏了的结构逐渐恢复，黏度逐渐上升，需要经过一段时间（数秒至数小时）才可全部恢复至原来的状态。剪切速率递增和递减的两条曲线之间的面积是这种涂料触变程度的量度。

触变性的获得还可加入少量触变剂，一般在2%以内，效果显著。因此触变剂是厚浆型涂料中不可少的一个添加剂。

涂料的流挂与流平是有矛盾的，要使涂膜流平，必须在低黏度阶段维持足够长的时间，使之流动，但恢复至原来黏度所需时间超过允许的时间，必然使涂膜呈现严重刷纹或橘皮纹，因此触变剂加入量必须恰到好处，在二者之间予以平衡，使在施工时，暂时降低了涂料的黏度，恢复到原有黏度的时间，又恰到好处，这样既能在低黏度予以适当流平，但时间也不过长而产生流挂。

厚浆型涂料湿膜一般可喷至$300\mu m$不流挂，超厚浆型可喷至$1000\mu m$不流挂。湿膜厚度要求大时，轻微橘皮状是允许的。

厚浆型涂料中常用的触变剂有有机膨润土、酰胺改性氢化蓖麻油、气相二氧化硅等。

5. 船底防锈涂料的常用品种

根据涂料品种的其他参数，如外观、涂装道数、理论刷涂量、总漆膜厚度、干燥时间、涂装间隔、使用年限、配套稀释剂和涂料之间的配套，水线以下船壳及附属物防腐/防污配套体系见表7.3。

表 7.3　水线以下船壳及附属物防腐/防污涂料配套体系

涂装部位	涂料类型	除锈要求	干膜厚度/μm	道数	年限/年
水线以下船壳及附属物	①车间底漆： 无机富锌车间底漆 有机富锌车间底漆	Sa2.5	20～25	1	0.6～1
	②防腐底漆： 环氧煤焦沥青涂料 环氧聚酰胺涂料	Sa2.5	250～300	2～3	5～7
	③防污面漆： SPC 防污涂料(面漆,不含锡) 消融型防污涂料(不含有机锡) 基料不溶型防污涂料(不含锡) 无毒防污涂料	Sa2.5	250～300	2～3 2～3 2～3 2～3	3～5 3～5 3～5 2～3
水线部位	水线专用防污漆	Sa2.5		2～3	2～3

6. 船底防锈涂料的发展方向

船底长期浸在海水中,腐蚀比较严重,而且必须进坞维修。为了提高舰船的在航率和战斗力,缩短维修周期,长效防锈涂料应该是发展方向。现在海军推广使用的几种船底防锈涂料都可以达到 5 年以上的防锈作用。涂料的使用时间与涂层厚度呈线性关系,如果延长涂层的使用年限,就要增加涂层的厚度。然而普通的涂料一次涂装的干膜厚度只能达到 30～40μm,要想获得 100μm 以上的厚度,必须多次涂装,这样必然导致维修时间延长,维修费用增加。厚浆型涂料一次涂装可达 80μm(干膜厚度),有的可达到 100μm 以上,很好地解决了涂层增厚的问题,而且涂料流平性好,不会产生流挂。厚浆型涂料的原理是在组成中加入触变剂,利用触变剂流体的原理,当涂料在受剪切力时(如搅拌时),涂料黏度下降,这有利于涂料施工,也是获得良好的流平性需要的。当涂料涂装到物体表面后,所受剪切速率减少,黏度又恢复,而不会因为黏度过低产生流挂。所以厚浆型长效船底防锈涂料是海军舰船涂料的发展方向。

7.2.2　船底防污涂料

防污涂料是涂装于船底防锈涂料之上的船底面层涂料。它主要是通过涂膜中毒料的渗出、扩散或水解等方式逐步释放毒料,达到防止海洋附着生物附着于船底的目的。我国海岸线长达 18000 多千米,各海区海生物的繁殖时间、品种、数量等均有不同,各港湾污损生物生长速度也不同。随着我国海运事业的发展和海洋资源的开发,如何有效地防除海生物污损是一项具有经济和军事意义的工作。

1. 污损生物的品种

(1) 固着生物:生物的幼虫找到附着基成长为成虫,就永远附着固定在这个地方,不再移动,如藤壶,牡蛎、石灰虫、海鞘、苔藓虫等。

(2) 吸着生物:生物在环境不适宜时能移动,不永远附着,如贻贝、海葵等。

(3) 附着植物:主要有海藻、海带和浒苔,其中海藻又分为绿藻、褐藻、红藻。这些附着植物生长时需要阳光,因此大部分集中生长在近海水面。

2. 我国主要港口常见污损生物分布情况

(1) 大连港:大型污损生物 77 种,以藤壶、贻贝为主。

(2) 青岛港:污损生物 86 种,海鞘最多,其次为藤壶、牡蛎、石灰虫、苔藓虫等。

(3) 石浦港:海水盐度低,以藤壶为主,其次为花筒螅、苔藓虫、贻贝等。

(4) 汕头港:以藤壶为主(占附着量的 88%～94%),其次为苔藓虫、牡蛎、海藻等。

(5) 湛江港:污损生物 6 种,主要为藤壶(占附着量的 89%～93%),其他常见的为苔藓虫、牡蛎等。

(6) 榆林港:污损生物 120 种,主要有藤壶、牡蛎、海鞘、苔藓虫、石灰虫、海藻等。

3. 船底防污涂料的特性

(1) 在一定时间内能防止海洋附着生物附着。

(2) 涂膜中含有一定量的能杀伤附着海生物的毒料,这些毒料能连续不断地逐步向海水渗出。

(3) 涂膜有一定的透水性,以保持毒料连续渗出。

（4）与防锈漆涂膜之间有良好的附着力，层与层之间要稍能互溶。

（5）要求涂膜有良好的耐海水冲击性，在长期浸水条件下不起泡、不脱落。

（6）有良好的储存稳定性，一般为1年，在储存期间防污性能不下降。

4. 船底防污涂料的防污机理

防污涂料涂膜浸入海水后，表面上形成一个有毒的"薄层"，通过涂膜中毒料的渗出来防止海生物附着。按照毒料的渗出机理，大致可以分为如下四种类型：

（1）溶解型防污涂料：这类防污涂料是目前使用最广泛的，其主要组分是松香溶液和分散在其中的毒料。当涂膜浸入海水时，暴露在涂膜表面的毒料颗粒首先溶解，随着防污涂膜中的松香不断溶解，更多毒料颗粒暴露出来，不断向周围海水渗透出铜离子，这样涂膜不断地更新，直至涂膜耗尽为止。涂料溶解型防污涂料的有效期限大致与涂膜厚度成正比。

（2）接触型防污涂料：这类防污涂料的主要组分是过氯乙烯树脂、氯乙烯醋酸乙烯共聚体、增塑剂和毒料。毒料主要是氧化亚铜，用量一般在50%以上，有时还加入辅助毒料如代森锌、Seanine211等。当涂膜表面的毒料颗粒向"薄层"溶解与扩散后，下面的毒料或可溶物就能与海水接触，使其继续溶解而从前面颗粒溶解后留下的空隙中扩散出去。最后留下一个多孔像"煤渣"似的空骨架。接触型防污涂料，由于涂膜内毒料含量高，防污期限要比涂膜溶解型长，涂两道，干膜厚度为 $100\mu m$，一般可达两年左右。

（3）扩散型防污涂料：用铜、汞化合物作为防污涂料毒料，每年要耗用大量有色金属，同时它们对铝合金船壳有严重腐蚀性。在20世纪60年代后出现了对海洋附着生物杀害能力大的有机化合物毒料的扩散型防污涂料。扩散型防污涂料以丙烯酸类树脂、乙烯类树脂或合成橡胶作为基料，以有机锡化合物为毒料，毒料与基料形成固溶液，像分子一样分散在整个涂膜中，能防止海洋附着生物的幼虫和孢子在毒料的间隙生长发育。它的毒料渗出率也较溶解型与接触型更为平稳和持久。

（4）自抛光防污涂料：舰船受海生物污损后进坞维修费用很大，更主要的损失是由于航行阻力增加而造成燃料的损耗。在船底部位，表面越粗糙，阻力越大，船底表面每增加 $10\mu m$ 粗糙度，燃料损耗将增加1%。船底粗糙度由涂膜变粗和生物附着两种因素形成。

这种高聚物在海水中水解将放出毒料，水解后的树脂变成水溶性，逐步在海水中溶解，在防止海生物污损的同时起到抛光漆膜的作用，故而得名"自抛光防污涂料"。自抛光防污涂料寿命大致与涂膜厚度成正比，因此涂膜可全部起作用，这是其他大型防污涂料不能比拟的。

5. 船底防污涂料的发展方向

无论是传统型防污涂料，还是自抛光型防污涂料，其成分内都含有毒防污剂，这会对海洋环境和人类造成危害。所以防污漆的发展方向是低表面防污、生物防污和电解海水防污（对环境无污染）。

自20世纪40年代开发了防污涂料以来，一定程度上解决了海生物附着问题。70年代以后，随着汞、砷等防污剂的禁用，有机锡化合物成为代表性的防污剂。80年代以后，发现有机锡、DDT在鱼类、贝类体内会积累，导致遗传变异。于是各国纷纷立法，禁止或限用有机锡、DDT类防污涂料，国际海事组织提出了2008年全面禁止在防污涂料中使用有机锡。目前氧化亚铜类防污涂料占主导地位，但由于铜元素会在海洋中，特别是海港中大量积聚，导致海藻的死亡，从而破坏生态平衡，因此最终也被限用。

各国纷纷致力开发全新的无污染的防污涂料：一方面寻找防污高分子材料，对一些生物的表面状态进行模仿，赋予涂层以特殊的表面性能，如低表面能、微相分离等，使海生物不易附着或附着不牢；另一方面寻找合适的天然防污剂，在不破坏环境的前提下防止生物附着，如硅酮类、全氟烷基聚醚聚氨酯类低表面能防污涂料，辣椒油防污涂料，以导电涂料为表层的电解海水法防污（导电）聚苯胺防污涂料，表面植绒型防污涂料，生物防污涂料，可溶性硅酸盐防污涂料等。

6. 船底防污涂料的常用品种

下面以舰船专用889长效船底防污为例说明其技术指标和使用注意事项。

产品描述：以丙烯酸树脂为基料，新型防污剂为主要毒料及渗出助剂等组成的一种高性能自抛光和渗透型混合船底防污涂料，不含有机锡或DDT等禁用毒料。

用途：防止海洋附着生物污损。

特点：①能长期防止藤壶、牡蛎、石灰虫和藻类海洋附着生物对船底的污损，保持船底光洁和航速不受影响。
　　　②干性较快。
技术指标：外观颜色　　　　　　红棕色，无光
　　　　　体积固体含量　　　　60%
　　　　　干膜厚度　　　　　　125μm（相当于 208μm 湿膜）
　　　　　理论用量　　　　　　304g/m²
施工参数：配比　　　　　　　　单罐装
　　　　　涂装方法
　　　　　　无气喷涂　　　　　推荐使用——流量/幅宽：26/30,32/35
　　　　　　滚涂/刷涂　　　　　适用，但需涂多道漆达到规定的干膜厚度
　　　　　　空气喷涂　　　　　不推荐使用
　　　　　稀释剂　　　　　　　在特殊情况下，使用 X102 稀释剂
　　　　　　　　　　　　　　　（最多不超过总质量的 5%）
　　　　　清洗剂　　　　　　　X102 稀释剂
干燥时间：

底材温度	表干	浸水前干燥时间	复涂间隔	
			最短	最长
5℃	4.5h	36h	48h	15 天
20℃	3h	24h	24h	15 天
30℃	1.5h	16h	12h	15 天

建议涂装道数：防污涂料的涂装道数及干膜厚度根据船舶进坞间隔时间的不同而定，涂装道数或漆膜厚度随维修间隔的增加而增加。建议如下：

进坞间隔时间	新船建造每道干膜厚（μm）×道数	旧船维修每道干膜厚（μm）×道数
12 个月	100×1	100×1
12～24 个月	100×2	100×2

储存和保管：储存于凉爽干燥的环境中，保质期限为 6～12 个月。
　　　　　　包装规格为 10L 桶装 15kg。
　　　　　　闪点为 27℃。
配套：前道配套用漆为 838 环氧中间层漆、H900 防锈底漆。
表面处理：前道漆膜应完全干燥；
　　　　　除尽前道漆漆膜上所有的油污，灰尘等所有污染物。
限制：底材温度须高于露点以上 3℃。应该在规定的重涂间隔时间内进行涂装。

7.2.3　水线涂料

舰船的水线处于空气与海水干湿相交替的部位，腐蚀比长期浸在水中的船底部件严重得多。原因是该部位波浪起伏，空气中的氧不断扩散到水中，持续地产生去极化作用，因而水线部位是舰船中腐蚀最严重的区域。由于水线部位时而露出水面，受到烈日的曝晒，还要受到缆绳和船舶停靠时擦伤与碰撞。所以，水线涂料应具有较好的耐水性、耐干湿交替性和良好的力学性能。由于水线部位所处环境条件苛刻，目前还没有较理想的水线涂料。

1. 水线涂料的分类

水线涂料有常规（一般）水线涂料和防污水线涂料之分。常规水线涂料应具备以上所述的性能。在接近海水水面的地方，有很多种类的海洋附着生物，而且在该区域阳光充足，很利于这些生物的生长，所以水

线涂料还要求有防污性能。这就是防污水线涂料。其性能和特点与船底防污涂料基本相同。

2. 水线涂料的选择要求

水线部位处于海水表面时干时湿,温度忽高忽低,容易被水面上漂浮的废油沾污,而且经常受海浪及物体撞击或摩擦。这一部位,海水含氧量特别丰富,与长期浸在海水中的船底部位或处于日光曝晒的上层建筑部位相比,其钢板所处的外在环境更加恶劣,承受腐蚀的程度更加严重,形成氧浓差电池面造成腐蚀的概率更大。据不完全统计,该部位腐蚀速率约为0.5mm/年,局部腐蚀速率可达2mm/年。藻类及喜阳性的附着生物在此处污损快且数量多,要求水线涂料必须耐干湿交替、耐机械冲撞、耐海水侵蚀,既要防锈又要防污。

3. 水线涂料的常用品种

水线部位的底层防锈涂料与船底用防锈涂料相同,水线漆配套中所用底漆曾经有铁红纯酚醛水线底漆、铁红耐油带锈底漆、环氧沥青防锈涂料、氯化橡胶铝粉防锈涂料等,新品种有环氧铝粉底漆、无机富锌底漆等。水线漆主要有酚醛水线涂料、酚醛过氯乙烯水线涂料、普通型氯化橡胶水线涂料、环氧水线涂料和厚膜型氯化橡胶水线涂料。水线防污涂料主要是沥青水线防污涂料、氯化橡胶水线防污涂料和丙烯酸树脂类水线防污涂料,其中丙烯酸树脂类水线防污涂料是较新的品种。

目前,世界各国水线防污涂料多采用船底防污涂料代替。世界几大主要的船用涂料供应商也并无专用水线防污涂料提供,大多以丙烯酸类无锡自抛光防污涂料作为水线防污涂料。应用于船底的无锡自抛光防污涂料,防污效果虽好,但耐候性能较差,干湿交替变化后常出现龟裂并生长海藻类海生物,影响水线部位的防污效果和舰容舰貌。

水线防污涂料的发展方向,应该是兼具优秀的耐候性、力学性能的无锡自抛光防污涂料(无氧化亚铜,不含有机锡或DDT等禁用毒料)。

常用水线涂料见表7.4。

表7.4 常用水线防污涂料

类别	涂料名称	膜厚(μm)
底漆	H900环氧厚浆型防锈涂料	200
中间漆	乙烯中间漆	50
防污涂料	857水线防污涂料	200
底漆	H900环氧厚浆型防锈涂料	200
中间漆	616氯化橡胶涂料	50
防污涂料	YF-04水线防污涂料	200
底漆	J87(红/灰)涂料	200
中间漆	616氯化橡胶涂料	50
防污涂料	SEAQUANTION ULTRA水线防污涂料	200

7.2.4 船壳涂料

船壳涂料是指使用于船体外板重载水线以上区域和上层建筑外围壁、甲板舾装件等部位的面层涂料,其下涂装防锈底漆。

船舶外壳除受风吹、日晒、雨淋外,还受到海水冲击。因此,要求船壳涂料既要具有优异的耐大气曝晒老化性能,又具有良好的耐水性以及对底漆或原来旧漆膜的较好的附着力,还具有一定的装饰性能和抗沾污能力。

1. 船壳漆使用要求

GB/T 6745—2008《船壳漆》规定了涂覆在船舶满载水线以上的建筑物外壁所用涂料的通用技术条件,对船壳涂料的一般要求:船壳涂料可在常温条件下干燥,能与常用车间底漆及防锈漆配套,对无空气喷涂无不良影响,在原包装中应无胶冻或结块等现象,若有沉淀经搅拌后能够分散成均匀的液体。船壳涂料通用技术指标见表7.5。

表 7.5　船壳涂料通用技术指标

项　　目	指　　标
漆膜颜色及外观	符合标准
细度/μm	≤40
附着力/(kgf/cm²)	≥30
固体含量/%	符合产品技术要求,一般不小于 50
柔韧性/mm	1
耐候性	漆膜颜色变色不超过 4 级,粉化不超过 3 级,裂纹不超过 2 级

注:1. 耐候性为保证项目,经广州地区天然曝晒 12 个月后测定。
　　2. 1kgf = 9.8N

以上按中国醇酸类船壳涂料的要求。事实上,目前高性能的船壳涂料的性能远远超过上述标准。例如,氯化橡胶或丙烯酸船壳涂料可达到如下技术要求:

耐海水浸泡(25℃,21 天)　　　　　　　　不起泡,不脱落
耐柴油浸泡(25℃,21 天)　　　　　　　　不起泡,不脱落
耐盐雾/h　　　　　　　　　　　　　　　>500
耐候性　　人工老化/h　　　　　　　　　>700
　　　　　天然曝晒/天　　　　　　　　>2

厚涂型聚氨酯船壳涂料可达到 5 年以上的保护期。

2. 常用的船壳涂料品种

船壳涂料首先要求在日光曝晒等大气环境中具有耐老化性能,即长期在户外使用涂膜不变色、粉化、生锈、脱落。目前较常用的船壳涂料品种为聚氨酯、丙烯酸、氟涂料、聚硅氧烷、氯化橡胶、高氯乙烯、醇酸等,以及氯化橡胶醇酸、丙烯酸醇酸、高氯乙烯丙烯酸等树脂拼用涂料,耐候性能良好的是聚氨酯涂料、丙烯酸涂料、氟涂料、聚硅氧烷涂料。

1) 各色氯化橡胶醇酸船壳涂料
(1) 主要特性:具有良好的光泽、耐候性和附着力,干燥快。
(2) 主要用途:船舶水线以上船壳、上层建筑、桅杆等部位涂装。
(3) 组成:氯化橡胶、醇酸树脂、耐候性优良的颜料、溶剂等。
(4) 配套性:与 J06 - 3 氯化橡胶醇酸涂料、9508 氯化橡胶醇酸防锈涂料配套使用。

2) 醇酸船壳涂料
(1) 主要特性:涂膜光亮、耐候性优良,并有一定的耐水性。
(2) 主要用途:舰船上层建筑、桅杆等部位的涂装。
(3) 组成:长油度醇酸树脂、体质颜料、催干剂、溶剂等。
(4) 表面处理:前道漆应完全干燥,除尽漆膜上所有的油污和杂物。
(5) 涂装方式:刷涂,刮涂,空气喷涂,无气喷涂。
(6) 配套性:与防锈漆配套(CZ53 - 38 铝铁醇酸防锈涂料,706 铝铁防锈涂料)。
(7) 注意事项:底材温度须高于露点以上 3℃。

3) 丙烯酸聚氨酯船壳涂料
(1) 主要特性:涂膜光亮、耐候性优良,具有一定的耐水性、耐沾污性。
(2) 主要用途:舰船上层建筑、桅杆等部位的涂装。
(3) 组成:丙烯酸树脂、聚氨酯固化剂、体质颜料、助剂、溶剂等。
(4) 表面处理:前道涂料应完全干燥,除尽涂膜上所有的油污和杂物。
(5) 涂装方式:刷涂,刮涂,空气喷涂,无气喷涂。
(6) 配套性:与防锈涂料配套(环氧通用防锈涂料)。
(7) 注意事项:底材温度须高于露点以上 3℃。

装饰性和耐久性最好的是丙烯酸聚氨酯船壳涂料。其中以羟基丙烯酸和脂肪族异氰酸脂预聚体(缩二脲或 HID 三聚体)可达 5 年以上期效;以含羟基的氟树脂(四氯乙烯或三氟氯乙烯与含端羟基的乙烯基醚,不饱和酸酯等共聚物)为基础的聚氨酯和聚硅氧烷船壳涂料是目前耐候性、耐水性、耐油性最好的船壳面漆。

随着人们对面漆光泽要求和看法的改变,尤其是军用舰船为增加隐蔽性,现在要求半光或无光的面漆;颜料向深灰甚至黑灰转变;环氧面漆易粉化失光的缺点不成为主要问题。而环氧高固体涂料厚膜涂装,再加上适当的片状颜填料对紫外光的屏蔽作用,现在高性能的环氧船壳漆达到 5 年以上的期效,并逐步成为现代舰船涂装的主流。

其他舰船用的功能性船壳面漆如太阳热反射涂料、耐沾污性船壳面漆、雷达波吸收涂层、红外线吸收涂层、消声瓦用船壳涂料等都是发展趋势。

7.2.5 甲板涂料

甲板涂料是涂刷在舰船甲板上的一种涂料。甲板漆应具备良好的耐水性、耐晒性、耐盐雾性,同时由于甲板上人员走动频繁,要经常擦洗,飞行甲板要经常起降飞机,所以甲板漆还要有较好的耐磨性和耐洗刷性。

甲板涂料分为一般甲板涂料和防滑甲板涂料两种。防滑甲板涂料加有石英砂、水泥或橡胶粒等防滑材料,使涂层较为粗糙,起到防滑作用。

目前,为了克服以往甲板漆脚感不适的缺点,开始使用弹性中间层涂料,用于底漆、面漆之间增加弹性。

1. 一般甲板涂料

1) 氯化橡胶甲板涂料

(1) 主要特性:具有优异的耐水性和良好的防腐蚀性能;干燥快;具有优异的低温施工性能,可在 -20 ~ 50℃ 环境中施工;漆膜层与层之间互融为一体,有优异的层间附着力;在氯化橡胶旧涂膜上重新维修涂装时不必除去牢固的旧涂膜,拉毛即可,维修方便;具有良好的耐候性和耐久性。

(2) 主要用途:船舶水线、船壳、上层建筑,以及电厂、钢铁厂、化工厂、桥梁、集装箱、水工钢闸门、干式煤气柜等各种陆上钢铁结构表面保护和装饰。

(3) 组成:氯化橡胶、增塑剂、钛白粉、助剂等。

(4) 表面处理:前道漆应完全干燥,除尽涂膜上所有油污和杂物。

(5) 涂装方式:无气喷涂,空气喷涂,滚涂,刷涂。

(6) 配套性:与 615、625、616、624、824 等防锈涂料配套。

(7) 注意事项:底材温度须高于露点以上 3℃。

2) J42 - 31 各色氯化橡胶甲板涂料

(1) 主要特性:干燥快、坚韧耐磨、耐候性和附着力好。

(2) 主要用途:适于船舶甲板部位的涂装,加入少许金刚砂可作防滑甲板涂料。

(3) 组成:氯化橡胶、醇酸树脂、颜料、体质颜料、溶剂等。

(4) 表面处理:前道漆应完全干燥,清除表面的油污和杂物。

(5) 配套性:与氯化橡胶醇酸底漆和氯化橡胶醇酸防锈涂料配套。

(6) 施工参考程序:在涂好干透的底漆上先涂一道本漆;在第一道干透的本漆上涂第二道本漆,并随时在此湿膜上撒上预先筛选好的干净金刚砂,让其自然干将砂粒黏接牢固;扫除表面没被黏接的砂粒;在其上再涂一道本漆将黏接牢固的砂粒覆盖。

3) 醇酸甲板涂料

(1) 主要特性:漆膜坚韧,附着力强,耐海水、耐晒、耐摩擦、耐洗刷。

(2) 主要用途:船舶、舰船的钢质甲板涂装。

(3) 组成:醇酸树脂、纯酚醛涂料、防锈耐磨颜料、溶剂。

4) 各色酚醛甲板漆

(1) 主要特性:具有良好的耐磨性和耐洗刷性;良好的耐水性和耐油性;良好的附着力、流平性。

(2) 主要用途:船舶钢铁或木质甲板涂装。

（3）组成：酚醛树脂、干性植物油、颜料、体质颜料、催干剂、溶剂等。

（4）表面处理：前道漆应完全干燥，除尽涂膜上所有油污和杂物。

（5）涂装方式：无气喷涂，空气喷涂，刷涂，滚涂。

（6）配套性：与各种油性、醇酸、酚醛型底漆配套。

（7）注意事项：底材温度须高于露点以上3℃。

2. 防滑甲板涂料

1）甲板面漆

（1）主要特性：为环氧聚氨酯型双组分涂料，漆膜附着力、柔韧性、耐冲击性、耐海水性、耐油性、耐化学介质性、耐磨性均很好，漆膜经久耐用。

（2）主要用途：舰船甲板及其他钢铁结构的装饰和保护，也可用于木质及水泥制品的装饰与保护。

（3）组成：环氧聚氨酯、颜料、填料等。

（4）配比：甲:乙 =5:3 ~ 2:1(质量比)。

（5）涂装方式：刷涂，滚涂，喷涂。

（6）配套性：专用环氧底漆，弹性中层漆。

（7）注意事项：配漆及施工中严禁与水、醇、酸、碱接触；未用完的涂料注意密封。

2）环氧甲板防滑涂料

（1）主要特性：具有优良的耐水性；漆膜坚韧，具有一定的粗糙度；有优良的附着力、耐磨性、耐冲击性等物理性能；良好的防锈性能和耐久性。

（2）主要用途：船舶钢结构甲板上防滑。

（3）主要组成：环氧树脂、防锈颜料、体质颜料、助剂、溶剂、聚酰胺固化剂。

（4）表面处理：前道漆应完全干燥，除尽涂膜上所有的油污和杂物。

（5）涂装方式：无气喷涂，刷涂。

（6）配套性：与环氧富锌车间底漆、环氧铁红车间底漆等配套。

（7）注意事项：底材温度须高于露点以上3℃，室外施工环境温度须高于5℃。

3）聚氨酯甲板涂料

（1）主要特性：漆膜坚硬，耐磨性好，并具有良好的防腐蚀性能。

（2）主要用途：船舶、舰船的金属甲板或木质甲板的涂装，也可用于甲板的防滑。

（3）组成：羟基的醇解物、颜料、催化剂、有机溶剂、甲苯二异氰酸酯、三羟甲基丙烷等。

（4）配比：甲:乙 =1:1(质量比)

（5）表面处理：前道底漆应完全干燥，除尽漆膜上所有油污和杂物。

（6）涂装方式：刷涂，滚涂，喷涂。

（7）配套性：与聚氨酯防锈涂料配套。

7.2.6 内舱涂料

内舱涂料按涂装部位的不同，可分为室内地板涂料、生活舱涂料、锚链舱涂料、淡水舱涂料、压载水舱涂料、电瓶舱涂料和其他一些特殊部位用涂料。

1. 室内地板涂料

室内地板涂料应具有较好的附着力、耐磨性、耐水性和耐洗刷性。

1）各色酚醛地板涂料

（1）主要特性：具有良好的耐磨性和耐洗刷性；具有良好的耐水性，与水泥、木质地板具有良好的附着力；具有良好的施工性能。

（2）主要用途：木质和水泥地板涂装。

（3）组成：酚醛树脂、干性植物油、颜料、体质颜料、催干剂、溶剂等。

（4）表面处理：底漆应完全干燥，除尽漆膜上所有的油污和杂物。

（5）涂装方式：无气喷涂，空气喷涂，刷涂，滚涂。

（6）配套性：与各类酚醛、醇酸、油性底漆配套。

（7）注意事项：底材温度高于露点以上 3℃。

2）醇酸地板涂料

（1）主要特性：涂膜有较好的耐磨性能。

（2）主要用途：内舱地板涂装。

（3）组成：醇酸树脂、助剂、有机溶剂、磨料等。

（4）涂装方式：刷涂，喷涂。

2. 生活舱涂料

生活舱漆主要是指管路外壁及舱内可见部位的设备、仪表、家具等外表面用涂料，生活舱漆要求具有较好的装饰性和耐擦洗性。

1）各色醇酸磁漆

（1）主要特性：具有较好的光泽和机械强度，耐候性较好，能自然干燥，也可低温烘干。

（2）主要用途：金属及木制品表面的保护及装饰性涂装。

（3）组成：中油度醇酸树脂、颜料、催干剂、松节油、二甲苯等。

（4）涂装方式：喷涂，刷涂。

（5）配套性：与醇酸底漆、醇酸二道底漆、环氧酯底漆、酚醛底漆等配套使用。

2）各色醇酸磁漆

（1）主要特性：漆膜坚韧光亮，色彩鲜艳，具有良好的耐候性及保色性；与酚醛、醇酸、油性防锈漆具有良好的配套性能及层间附着力；有一定的耐水性和耐油性；具有良好的施工性能。

（2）主要用途：汽车、船舶、工具、仪器、家具等室内外金属和木制表面的保护及装饰。

（3）组成：醇酸树脂、钛白粉、着色颜料、催干剂、溶剂等。

（4）表面处理：前道漆应完全干燥，除尽漆膜上所有油污和杂物。

（5）涂装方式：无气喷涂，空气喷涂，刷涂，滚涂。

（6）配套性：与各种油性、醇酸型、酚醛型底漆配套。

（7）注意事项：底材温度须高于露点以上 3℃。

生活舱是舰员休息的舱位，以往的生活舱涂料大多为溶剂型涂料，由于在施工过程中舱室内通风不良，造成舱室内环境不好，所以生活舱漆的一个发展方向应为水性化。水性生活舱涂料的优点是无毒无味施工安全，从而改善在施工过程中舱室的环境。另外，为了以柔和的色彩优化居住环境，采用半光或无光漆也是一个趋势。

3. 锚链舱等用涂料

锚链舱及平时不可见部位的舾装件、压铁等部位也要用到涂料。这些部位用漆的目的主要是防锈，因此其用涂料情况同船底防锈涂料。

4. 淡水舱涂料

淡水舱是装载饮用水的舱位，要求保证饮用水的质量，因此该部位的涂料除要求良好的附着力、耐水性外，最重要的是不对饮用水造成污染，必须要符合卫生防疫部门对饮用水的规定。GB 5369—2008《船用饮水舱涂料通用技术条件》规定了船用淡水舱涂料的通用技术条件。

1）淡水舱涂料要求

淡水舱涂料应能在通常的自然（或人工）环境条件下干燥和固化；含铅、铬等有毒材料的车间底漆不得与饮水舱涂料配套，涂料中不能含有有毒有害物质，各涂层的厚度应符合产品技术要求；涂料应不用或少用挥发性有机溶剂。

淡水舱对涂层的性能要求如下：

（1）附着力：涂层与底材及涂层之间的附着力不得低于 3MPa。

（2）柔韧性：涂层在曲率半径为 2.5mm 的芯棒上弯曲后不得出现网纹、裂纹及剥落等现象。

（3）耐盐雾性：涂层经连续 600h 盐雾试验后，外观破坏程度应符合 GB 1740—2007《漆膜耐湿热测定法》要求。

（4）耐水性：涂层经(25±1)℃蒸馏水浸泡30天后，不得出现起泡、生锈及剥落等现象。

（5）卫生要求：涂料必须经卫生鉴定，并取得卫生部门认可的卫生检测单位颁发的许可证书。

浸泡水的水质除应符合现行《生活饮用水卫生标准》的规定外，还应根据涂料成分检验水中特有溶出物。必要时，对浸泡水和涂层中溶出的有毒物质进行毒理学实验，以确保涂层对人体安全无害。

2）常用的淡水舱涂料品种

（1）环氧聚酰胺食品容器内壁涂料（底面合一）。

主要特性：优异的耐水性和耐盐水性，良好的耐油性和耐化学品性；漆膜坚韧具有优良的附着力、耐磨性、耐冲击等物理性能；具有良好的防锈性能和耐久性；漆膜干透后无毒无味。

主要用途：船舶饮水舱、蒸馏水舱、水箱、输水管道内壁、粮仓、啤酒罐等各类食品容器内壁保护和防腐蚀。

组成：环氧树脂、钛白粉、体质颜料、助剂、溶剂、固化剂等。

表面处理要求：喷砂除锈达 Sa2.5 级。

涂装方式：无气喷涂，空气喷涂，滚涂，刷涂。

配套性要求：前道配套用漆环氧富锌、环氧铁红、无机硅酸锌等车间底漆。

注意事项：底材温度须高于露点以上3℃，室外环境须大于5℃。

（2）无机锌粉饮水舱涂料（底面合一）。

主要特性：无机锌粉饮水舱涂料是以锌粉为防锈颜料，硝酸钠和海藻酸钠为黏接剂的无机水性涂料。

施工要求：涂料的施工要求比较高，施工条件比其他涂料苛刻，必须按施工要求施工才能发挥涂料的理想效果。施工以刷涂为主，在施工现场现用现配。与有机涂料比较具有无气味、无污染、施工安全等优点，但涂膜的形成对气候的敏感性比较大，所以，涂料施工的环境温度必须在5℃以上，相对湿度必须在75%以下，否则不能施工。

主要用途：淡水舱涂装。

5. 燃油、压载水、污水、污油舱及机舱底部用涂料

油舱是装载石油产品或自用燃油的舱室，在空舱时往往还要注入海水以保持平稳，因此，油舱和压载水舱的腐蚀相当严重。该舱位的涂料应具备良好的耐油水性。

1）油、水舱防腐涂料

（1）主要特性：具有优异的耐油、耐水及耐化学品性能，漆膜坚韧，底面合一。

（2）主要用途：油舱、压载水舱、储油罐、输油管线、海上石油平台，以及海水、工业水和石油化工等设施的防腐。

（3）组成：环氧树脂、颜料、填料、固化剂等。

（4）涂装方式：刷涂，滚涂，喷涂。

（5）注意事项：涂料中的溶剂具有刺激性，作业时要戴防毒口罩，时间不宜过长。

目前，大多数油舱涂料选用耐油导静电油舱涂料。

2）压载水舱涂料

压载水舱涂料用于船舶的各种压载水舱、首尖舱、尾尖舱、舱底水舱等。这一类舱室长期处于海水的浸泡下，有时装载燃料油，燃料油用完后为保持船舶稳定又灌入海水，交替使用，腐蚀条件极为苛刻；同时该类舱室较为狭窄，施工维修困难，是船舶防腐蚀工作中较为复杂和困难的部位。

要求压载水舱涂料达到国际 PSPC 新标准，具有色浅、便于检查和优良的耐水、耐盐雾、耐干湿交替、耐油和抗腐蚀性能；同时涂料应为厚浆型，一次涂装具有较高的膜厚，以减少涂装的次数。在维修涂装时，往往锈蚀和水迹难以除净，可选用带湿带锈功能的底漆，以达到良好的防腐蚀效果。

压载水舱涂料过去常用沥青系，现多采用纯环氧类、改性环氧涂料等。在狭小舱室采用无溶剂环氧涂料，可大大降低沥青、溶剂等有害物质对施工人员和环境的危害。

GB/T 6823—2008《船舶压载舱漆》规定了船舶海水压载舱内表面涂料系统的通用技术条件。压载水舱漆应能在通常的自然环境条件下施工和干燥，应能与常用车间底漆配套，适应无空气喷涂，施工性能良好，无流挂。舰船海水压载舱内表面涂料技术指标见表7.6。

表 7.6 舰船海水压载舱内表面涂料技术指标

技术指标	说明
附着力/MPa	≥3
耐冲击性	3J 落锤冲击后,无裂纹、剥落
耐盐雾性	600h 后,按 GB 1740—2007《漆膜耐湿热测定法》进行评定,1 级
耐盐水性	(25±1)℃盐水,连续浸泡 21 天,漆膜无起泡、龟裂、剥落、锈斑等
耐热盐水性	(80±2)℃热盐水,连续浸泡 2h,漆膜无起泡、龟裂、剥落、起皱等

6. 电瓶舱涂料

电瓶舱涂料应具备良好的耐酸腐蚀性能。常用的电瓶舱涂料为环氧耐酸防腐涂料。

(1)主要特性:耐酸、碱、盐等各种化学介质性能优异。

(2)主要用途:化工设备防腐及舰船电瓶舱等重点腐蚀部位防腐蚀。

(3)组成:环氧树脂、颜料、填料、固化剂等。

(4)配比:甲:乙=20:1(底漆);甲:乙=10:1 面漆(质量比)。

(5)表面处理:将被涂表面的旧漆膜、铁锈、油污清除干净露出金属光泽,达 St3 级以上。

(6)涂装方式:喷涂,刷涂。

(7)配套性:与环氧耐酸防腐磁漆配套使用。

(8)注意事项:底材温度须高于露点以上 3℃。

7. 弹舱涂料

弹药舱要求用涂料具有阻燃、防火的性能,防火涂料的组成中通常含有阻燃剂。目前有一种新型膨胀型防火涂料可以对易燃底材实行防火保护,对于防止初期火灾和减缓火灾的蔓延扩大具有优良的效能,广泛用于机舱、弹药舱、建筑材料的防火涂层。膨胀型防火涂料的防火机理是防火涂料中的阻燃剂,一旦接触到火焰,就会立刻生成均匀密致的蜂窝状隔热层,具有显著的隔热、防火作用。

1)防火涂料

(1)主要特性:一般为新型膨胀型防火涂料,在冬夏不同气候条件下均可使用。

(2)主要用途:舰船的舱机区、弹药库、防火隔墙等防火部位,以及木材、电缆、通风管道等基材的防火保护。

(3)组成:醇酸树脂、阻燃剂、颜料、增塑剂、催化剂等。

(4)配比:单组分直接使用。

(5)表面处理:喷砂除锈达 Sa2.5 级。

(6)涂装方式:刷涂,喷涂。

(7)配套性:可与醇酸、酚醛、红丹防锈涂料配套,也可直接涂装。

2)环氧阻燃型防火涂料

(1)主要特性:具有优异的耐水性和阻燃性能,氧指数大于 30;具有良好的耐油性和抗化学品性能;漆膜坚韧,具有优良的附着力、耐磨性、耐冲击性能;具有良好的防锈性能和耐久性。

(2)主要用途:钢结构厂房、舱室及水泥构件作防火和防腐蚀。

(3)组成:环氧树脂、聚酰胺树脂、钛白粉、阻燃剂、助剂、溶剂等。

(4)表面处理:有氧化皮钢材,喷砂处理达 Sa2.5 级;无氧化皮钢材,喷砂处理达 Sa2.5 级,或以风动或电动弹性砂轮片打磨达 St3 级;涂有车间底漆的钢材,漆膜损伤处、锈蚀处及锌粉上的白锈,须进行二次除锈,打磨达 St3 级。

(5)涂装方式:无气喷涂,空气喷涂,刷涂,滚涂。

(6)配套性:702、703 环氧车间底漆,704 无机硅酸锌车间底漆配套。

3)膨胀型氯化橡胶防火涂料

(1)主要特性:干燥快、漆膜平整、耐水、防潮,一旦接触火焰立刻生成均匀致密的蜂窝状隔热层;有显著的隔热、防火作用,防火性能达到国家一级标准;对防止初期火灾和减缓火灾的蔓延扩大具有优良的效能。

(2)主要用途:建筑物构件可燃性基材的防火保护和装饰,以及船舶可燃性基材的防火保护。

(3)组成:氯化橡胶、阻燃剂、颜料、助剂、溶剂等。

(4)表面处理:清除被涂物表面的油污和灰尘。

（5）涂装方式：刷涂，喷涂。

（6）注意事项：施工时应使环境干爽，每涂一道涂料都必须让涂层表面干燥后再涂第二道。

8. 电机、电气设备涂料

随着科学技术的发展，电机、电气设备用绝缘材料和绝缘技术日益受到人们的重视。对电工设备来说，绝缘材料是一种不可缺少的材料，其质量好坏对电工设备的技术经济指标和运行寿命起着关键的作用。绝缘涂料是一种应用广泛的电绝缘材料，舰船内部有大量的电机、电气设备，为了保证它们的正常运行，绝缘涂料的作用非常重要。绝缘涂料应具备良好的电气性能、耐热性、一定的机械强度和化学稳定性。

1）绝缘涂料的分类

绝缘涂料按在电机和电气设备中的用途分为漆包线绝缘涂料、浸渍绝缘涂料、覆盖绝缘涂料、电子元件绝缘涂料等。

绝缘漆按耐热等级分为 Y 级（90℃）、A 级（105℃）、E 级（120℃）、D 级（130℃）、P 级（155℃）、H 级（180℃）、C 级（180℃以上）7 个等级。

此外，按绝缘涂料固化机理分为自干型、烘干型和紫外线固化型绝缘涂料。

2）舰船绝缘涂料的常用品种

（1）各色醇酸抗电弧涂料。

主要特性：涂膜坚硬，平滑有光，能耐矿物油和耐电弧，能常温干燥是 B 级绝缘材料。

主要用途：电机和电气设备绕组及各种绝缘零件表面的涂装。

组成：醇酸树脂、氨基树脂、颜料、二甲苯等。

涂装方式：喷涂，浸涂。

（2）沥青烘干的绝缘漆。

主要特性：具有良好的防潮性、绝缘性、耐温变性；干燥后漆膜不发黏，能达到厚层干透性要求，属 A 级绝缘材料。

主要用途：浸渍电机转子、定子线圈以及不要求耐油的电气设备零件涂装。

组成：天然沥青、石油沥青、干性植物油、催干剂、稀释剂等。

涂装方式：浸涂。

9. 耐热外表面涂料

舰船上一些部位，如烟囱、锅炉和蒸汽管路的内外壁用漆要求具有良好的耐热性能，漆膜受热后不起泡，这些部位需要用耐热漆。

1）铝粉醇酸耐热涂料

主要特性：能自干；漆膜受热后不易起泡，具有较好的耐热性能。

主要用途：金属表面的耐热部位涂装和防护。

组成：酚醛改性醇酸树脂、耐热颜料、催干剂、有机溶剂等。

配比：甲∶乙 =7∶3（质量比）。

表面处理：喷砂除锈达 Sa2.5 级。

涂装方式：刷涂，喷涂。

2）铝粉醇酸耐热涂料

主要特性：涂膜有较好的耐热性能，受热后不易起泡。

主要用途：金属表面耐热及防腐蚀。

组成：醇酸树脂、助剂、有机滑剂、铝粉等。

配比：甲∶乙 =7∶3（质量比）。

涂装方式：刷涂、喷涂（喷涂压力为 0.2～0.4MPa）。

10. 木质家具用涂料

舰船舱内的木质家具需要涂装进行保护，常用清漆作家具表面的罩光。

1）醇酸底漆

主要特性：具有较好附着力和耐久性，能在室温下干燥，但耐水性稍差。

主要用途：室内外金属、木材表面涂层的罩光。

组成：中油度醇酸树脂、催干剂、松节油、二甲苯等。

涂装方式：刷涂，喷涂。

2）醇酸清漆

主要特性：能在常温下干燥，有较好的附着力和耐候性，但耐湿热、耐霉菌、耐盐雾性能差。

主要用途：各种涂有底漆、磁漆的金属材料及铝合金表面罩光。

组成：改性季戊四醇醇酸树脂、松节油、二甲苯、催干剂等。

涂装方式：喷涂，刷涂。

配套性：与醇酸底漆、醇酸腻子、醇酸二道底漆、醇酸磁漆配套使用。

注意事项：底材温度须高于露点以上3℃。

11. 锚设备用涂料

舰船的锚设备在舰船停泊时要沉入海底，当舰船航行时又要收到锚链舱中，因此要求锚设备用漆应具有防锈性能和一定的机械强度。常用的锚设备用漆有煤焦沥青清漆。

主要特性：干燥快，耐水性好，涂刷方便，价格低廉，能防锈、防腐及抗化学品的侵蚀，但不能耐油和日光曝晒。

主要用途：船舶的锚链、阴湿处的钢铁和木质物件涂装。

组成：煤焦沥青、煤焦溶剂等。

表面处理：清除表面铁锈、油污和杂物。

涂装方式：刷涂，滚涂，空气喷涂，无气喷涂。

注意事项：底材温度须高于露点以上3℃。

7.3 特种舰船涂料

7.3.1 防结冰涂料

冬季在北方海域航行的舰船的甲板和船头两侧挂上不同厚度的冰层，一方面由于滑动影响船员行走和安全，另一方面增加负荷和不平衡性并带来安全问题。公路上的冰雪通常采取抛撒食盐化冰，此方法不适合舰船，因为涌上甲板的大量海水很快将电解质的浓度稀释而使食盐失去效果。

到今天为止，防结冰仍然是一个尚未解决的难题。对于舰船而言目前可采用冰雪难黏附的涂层，即低表面能涂料加以解决。这样在垂直面上冰层可由于自重而脱落，在平面上黏附不牢的冰层很容易消除掉。

最早使用的防冰涂料是以蜡为基础的配方（质量份），例如：

中黏度的硝化棉	9.9 份
蓖麻油改性醇酸树脂	100 份
固体石蜡	12 份
混合溶剂（乙酸丁酯、异丁醇、甲戊酮、二甲苯）	78.1 份

现在可选用室温固化硅橡胶 RTV 和室温固化的双组分氟碳树脂。双组分氟碳树脂的表面能更低，机械强度更高。例如：

含羟基氟碳树脂（KOH 含量为 50～70mg/g）	50～60 份
缩二脲固化剂	8～10 份
钛白粉	10～15 份
溶剂	20～30 份

7.3.2 太阳热反射涂料

1. 概述

太阳热反射涂料是对太阳的热辐射具有高反射率的涂层。自20世纪70年代以来，建筑业、石油工业、运输业、兵器工业等迅速发展，要求使用反射太阳能的新型涂料，以降低暴露在太阳辐射热下的装置表面涂层的温度,从而阻止热能传导,达到改善工作环境,提高安全性等目的。目前,国外在太阳热反射涂料的理论研究方面较完善,已广泛应用于很多领域。例如,建筑业的屋顶和玻璃幕墙,石油工业的海上钻井平台、油罐、石油管道,运输业的汽车、火车、飞机表面,造船工业的船壳、甲板,以及兵器及航天工业的坦克、军舰、火箭、宇宙飞船等采用太阳热反射涂料。国内研制太阳热反射涂料的报道较少,随着人们生活水平的提高和社会经济的发展,研制和生产太阳热反射涂料是可行的、必要的。

2. 热反射涂料的基本原理

下面讨论涂层应具备的光谱特性。

1)辐射及黑体辐射

众所周知,室温下或温度更低的物体在不断地辐射不可见的红外光和波长更长的电磁波。这种辐射是由于分子、原子的热运动引起的,辐射能量与温度密切相关称为热辐射。热辐射不仅与温度有关,也与物体的材料及表面性质有关。

黑体是热辐射研究的理想体。黑体在任何温度下都能全部吸收照射到它表面上的辐射。黑体的辐射强度与波长、温度的关系遵循普朗克公式:

$$M_\lambda = \frac{2\pi hc^2}{\lambda^5} \cdot \frac{1}{e^{hc/k\lambda T} - 1} \Delta\lambda$$

式中:M_λ 为黑体辐射强度(W/m²);h 为普朗克常量,$h = 6.626 \times 10^{-34}$ J·s;k 为玻耳兹曼常数,$k = 1.38 \times 10^{-23}$ J/K;λ 为波长(nm);c 为光速(m/s);T 为热力学温度(K)。

在全波长范围内积分,得斯忒藩 - 玻耳兹曼方程:

$$M = \sigma T^4$$

式中:M 为总辐射度;σ 为斯忒藩 - 玻耳兹曼常数,5.67×10^{-8} W/(m²·K⁴)。

即黑体的总辐射度仅与温度的四次方成正比。

2)热辐射

太阳与一般物体的热辐射光谱范围如下:

紫外区:0.2 ~ 0.4μm,占总能量的5%。

可见光区:0.4 ~ 0.72μm,占总能量的45%。

近红外区:0.72 ~ 2.5μm,占总能量的50%。

即太阳的能量主要集中于可见和近红外区。若把一般物体视为300K黑体,那么一般物体的辐射在热红外区 2.5 ~ 15μm。

3)一般物体的热辐射

一般物体的辐射度表达式为

$$M = \sigma\varepsilon T^4$$

式中:ε 为辐射率。

一般物体的表面辐射度除与温度有关外,还与表面辐射率有关。不同物体,吸收能力也不同,在一定温度下,物体的辐射率与吸收率相同。

吸收率:物体表面吸收的辐射能量与入射到物体表面的辐射能量之比,记作 α。

反射率:物体表面反射的辐射能量与入射到物体表面的辐射能量之比,记作 ρ。

透射率:穿透过物质的辐射能量与入射到物体表面的辐射能量之比,记作 τ。

根据能量分配为 $\alpha + \rho + \tau = 1$。对于多数固体和液体,一般有 $\alpha + \rho = 1$。

综上所述,为降低内部温度而使用的太阳热反射涂层,应满足对可见光和近红外光的高反射及对远红外线的高反射。

热反射涂层的主要指标热反射率取决于颜填料与树脂折射率的比值。在树脂折射率(1.45 ~ 1.50)一定的情况下,其热反射率主要取决于颜填料的折射率、粒径、纯度以及涂层厚度、颜料体积分数(PVC)值。颜填料折射率一般为 1.50 ~ 2.80。

研制热反射涂料的主要内容之一是寻找炭黑的低吸率替代物,因为炭黑对太阳热的吸收率高达97%,

反射率仅为3%。

3. 影响热反射率的基本因素

1）树脂对涂层吸收率的影响

（1）用于太阳热反射涂层的树脂，对可见光和近红外光吸收越小越好，一般涂料常用的树脂都可用于太阳热反射涂层。要求树脂的透明度高，透光率在80%以上，太阳能的吸收率低，有些基团吸热，故在设计合成树脂时，尽量使树脂中少含有 $C-O-C$、$C=O$、$-OH$ 等基团。

（2）可用于太阳热反射涂层的树脂有丙烯酸树脂、有机硅改性聚酯树脂、醇酸树脂、有机硅改性醇酸树脂、含氟树脂、环氧树脂、环氧酯、氯化橡胶、聚乙烯聚丙烯树脂、聚氨酯树脂等。

（3）五种树脂的太阳吸收率见表7.7。

2）颜料对涂层热吸收率的影响

颜料对可见光与近红外光的吸收同样越小越好，同时，为减少太阳光透过，颜料对太阳光应有尽可能大的散射。

（1）颜料折射率的影响。颜料对可见光与近红外辐射的散射能力取决于颜料和树脂折射率的差异。要达到高反射率，必须选用折射率高的颜料。常用颜填料的折射率见表7.8。

表 7.7　常用树脂的太阳吸收率

树脂	颜料	吸收率
有机硅－丙烯酸	TiO2	0.19
有机硅－醇酸	TiO2	0.22
丙烯酸树脂	TiO2	0.24
环氧树脂	TiO2	0.25
聚氨酯树脂	TiO2	0.26

表 7.8　常用颜填料的折射率

颜填料	折射率	颜填料	折射率
二氧化钛	2.80	氧化铝	1.70
氧化铁红	2.80	硫酸钡	1.64
氧化铁黄	2.30	硅酸镁	1.58
氧化锌	2.20	二氧化硅	1.54

（2）颜料粒径对散射率的影响。颜料一旦选定后，颜料的粒径对涂层的热反射性起关键的作用。颜料的最佳粒径 d 与散射波长之间的关系如下：

$$\lambda = d/k$$

式中：k 为由 m 和 n_R 决定的常量，且有

$$k = \frac{0.9(m^2+2)}{n_R \pi (m^2-1)}$$

（3）用于太阳热反射的颜料的选择和配色。颜料选择见表7.9。

3）颜料体积分数（PVC）的影响

颜料在干燥漆膜中的体积分数为

$$PVC = \frac{颜料体积}{颜料体积 + 树脂体积} \times 100\%$$

一般涂料涂层的PVC分布为：底漆35%~45%，中间层25%~40%，面漆15%~30%。在太阳热反射涂料的配方设计中，采用涂料PVC值在10%~50%之间变化，反射率与PVC值之间能做出一条近似的正弦曲线。

表 7.9　颜料选择

颜色	牌号	粒径/μm	太阳反射率/%
白色	R930	≤50	≥80
红色	PR3	≤50	≥45
橘红色	P05	≤50	≥55
黄色	PY83	≤50	≥60
绿色	PG7	≤50	≥20
蓝色	PBl5-3	≤50	≥20
紫色	PVl9	≤50	≥35
黑色	炭黑	≤50	≈3

注：配色如下：
红色＋黄色→橙色、金色
红色＋蓝色→紫色、咖啡色
黄色＋蓝色→绿色
红色＋黄色＋蓝色→黑色
紫色＋蓝色→黑色

4. 热反射率的检测设备及方法

1）太阳热反射效果测定方法

太阳热反射效果的测定主要有以下三种方法：

（1）精密仪器法：准确测定涂层（正面）对不同波长的近红外光的反射率。通过谱图及数据处理得到平均反射率。

（2）实验室简易法：通过测定涂层下基材背面的温度，在同一系统中，不同涂层对碘钨灯光的反射后得到的温度比较，从而得到不同的热反射率。

（3）模拟环境箱体法：通过测定在多个相同铁箱体表面涂刷不同涂层后内部环境温度，鉴定在相同颜色下热反射涂层和非热反射涂层的效果。

2）太阳光中近红外反射率的测定

（1）仪器。采用扫描分光光度计，型号为 UV - 3101PC。

主要性能指标：

波长范围：$190 \sim 3200$nm。

光度测量系统：使用双光线，正比例测量系统。

光源：50W 卤灯。

单色仪：光栅式双单色仪。

探测器：光电倍增管 R - 928 用于紫外可见区，PbS 光电管用于近红外区。

试样隔室内部尺寸：150mm $\times 260$mm $\times 110$mm（$W \times D \times H$），光线间距 100mm。

环境温度：$15 \sim 35$℃。

环境相对湿度：$45\% \sim 80\%$（当温度不低于 30℃ 时，相对湿度小于 70%）。

（2）制板。在一块 40mm $\times 40$mm $\times 2$mm 的钢板上喷涂两道环氧富锌底漆，干膜厚度为（120 ± 10）μm，然后喷涂两道需检查的热反射面漆，漆膜干膜厚度为（120 ± 10）μm，底、面漆的喷涂间隔时间为 24h，喷最后一道面漆干 7 天后进行测试。

（3）操作。将制好的样板放在扫描分光光度计的试样隔室，测出其红外反射率在太阳光波长范围内的反射光谱图，以及测出其在近红外波段范围内（$0.78 \sim 2.5\mu$m）选定 35 个不同的波长所对应的红外反射率，形成数据表。

（4）平均红外反射率的计算。将 35 个红外反射率的数值相加除以 35 得平均红外反射率。

3）涂层热反射率检测系统的建立

（1）热反射率对应实测温度的确定。根据美国军标 MIL - E - 46136A/46117A/46142（ME）以及 USP5540998 假定黑板为理想黑体，即吸收率约为 100%（炭黑的实际吸收率达 97%）可以查得热反射率所对应实测温度：$T_{室温}$ 为当时室温，一般为（28.8 ± 0.5）℃；$T_{黑板}$ 为标准黑板温度，一般为（87.8 ± 1）℃。

例如：热反射率大于或等于 50%，$T_{实测} \leqslant 68.3$℃；热反射率大于或等于 60%，$T_{实测} \leqslant 65.6$℃；热反射率大于或等于 75%，$T_{实测} \leqslant$ 于 61.1℃。

（2）测热反射率的样板制备。对太阳的反射率：2024 型铝合金板 $\rho = 0.16$，铁板 $\rho = 0.29$，样板尺寸 150mm $\times 75$mm $\times 1$mm。所以实测 T_x 值发现铁板比铝板高，因此铁板反射率就低。一般采用铝板。

喷黑漆板两块漆膜厚度为 $35 \sim 40\mu$m，反射样板一块漆膜厚度为 $35 \sim 40\mu$m。

（3）测热反射率仪器。热反射率仪器结构如图 7.1 所示。

（4）测热反射率的步骤。

① 调节室温为 28.8℃。

② 将两块喷涂黑磁漆样板平行放在泡沫聚苯乙烯上，涂漆的一面朝上，其中心放在灯泡下，而且两板边缘彼此相距 50nm。

③ 调节稳压电源，使两块样板在 30min 内达到平衡温度 87.8℃。

④ 达到平衡温度后，立即撤走一块黑样板，换上一块待测热反射漆板。

⑤ 经 15min 后，记录平衡时反射漆样板的温度。

图 7.2 为典型的温度时间曲线。

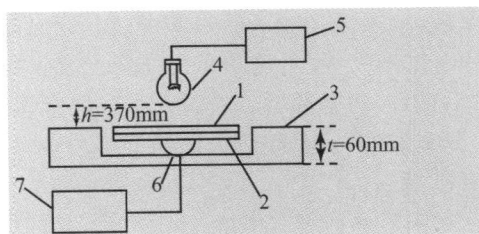

图 7.1　热反射率仪器结构

1—热反射涂料；2—两块样板；3—聚苯乙烯泡沫塑料；

4—500W 碘钨灯 2 个；5—稳压电源；6—温度传感器；7—温度记录仪。

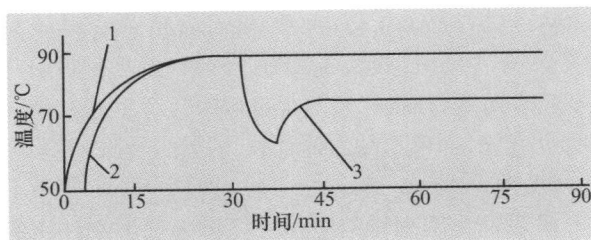

图 7.2　典型的温度时间曲线

1—黑板 1；2—黑板 2；3—被测样板。

经由"热反射率所对应实测温度"可知,按照以上步骤,若实测涂刷两道热反射面漆的样板的温度为 64~65℃,低于反射率60%时的65.6℃,远低于反射率50%时的68.3℃。

4)模拟环境箱体法

本试验方法主要是模拟环境来检测热反射涂料的效果,采用厚0.8mm的钢板,制成450mm×450mm× 450mm(长×宽×高)的箱体。在箱体的一面中心开孔固定温度计。

对同一颜色的热反射涂料和非热反射涂料的效果鉴别,采用两个箱体,其表面涂刷两道底漆后,分别涂刷热反射涂料、非热反射涂料两道。箱体内部采用相同介质(水、空气、油类、溶剂),在气候相同情况下(环境温度、阳光强弱),所测温度有较大差异。一般对空气介质,温度可降低3~8℃。

5. 热反射涂料的品种及配方实例

热反射涂料的品种很多,分类主要以选用的基料及不同市场需求所对应的不同颜色体系为准。

按市场分,有建筑业的屋顶和玻璃幕墙用热反射涂料,石油工业的海上钻井平台、油罐、石油管道用太阳热反射涂料,运输业的汽车、火车、飞机表面用太阳热反射涂料,造船工业的船壳、甲板用太阳热反射涂料,兵器及航天工业的坦克、火箭、宇宙飞船、航天器用太阳热反射涂料。

按市场需求所对应的主要颜色分,有透明热反射涂料、白色热反射涂料、海灰热反射涂料、深灰热反射涂料、草绿热反射涂料和黑色热反射涂料。

反射太阳热的军绿色醇酸磁漆配方见表7.10。

表7.10 反射太阳热的军绿色醇酸磁漆配方

原料名称	用量(质量份)	原料名称	用量(质量份)
中铬黄	92	50%苯乙烯改性醇酸树脂	129
永固紫	2.7	二甲苯	324
酞青蓝	1.7	6%钴干料	0.6
钛白粉	3.6	抗氧剂	0.6
硅酸镁	122.2	稳定剂	0.6

7.3.3 阻燃涂料

非膨胀型防火涂料的防火效果比膨胀型防火涂料差一些,通常又把它称为阻燃涂料。

1. 分类

根据阻燃涂料的组成可以将阻燃涂料分为无机型和有机型。无机型阻燃涂料是以无机黏接剂作为基料(成膜物),如水玻璃、石灰等。有机型阻燃涂料是以天然或人工合成的树脂作为基料,如大漆、松香以及绝大多数合成高分子材料。无机型阻燃涂料的性能通常不能满足使用要求,因此,需要加入一些有机树脂(如聚乙烯醇)进行改性。而绝大多数有机阻燃涂料中,需要加入许多无机盐类阻燃剂,所以,无机型阻燃涂料和有机型阻燃涂料之间没有严格的界限。

2. 组成

1)基料

基料又称为成膜物质,对阻燃涂料的性能起着决定性作用。由于阻燃涂料中含有大量的阻燃剂,加上涂层比较厚,极易造成涂层开裂、阻燃性能下降。通常单一的无机黏接剂(如水玻璃、石灰、磷酸盐等)难以胜任,需要加入水溶性高分子(如淀粉、聚乙烯醇、羟基纤维素等)进行改性,从而提高涂层的力学性能。有机黏接剂的种类很多,如酚醛树脂、卤代烯烃树脂、氨基树脂、有机硅树脂和卤化橡胶等,但这些有机高分子成膜物质需要有机溶剂溶解,在生产和施工过程中会产生大量有机挥发物质(VOC),污染环境。随着人们环保意识的增强,聚合物乳胶(如聚乙酸乙烯乳胶、丙烯酸乳胶、丁苯乳胶、偏氯乙烯乳胶等)日益受到人们的重视。

2)阻燃剂

阻燃剂是阻燃涂料中担负抵御火焰燃烧作用的关键成分,其阻燃机理是阻燃剂遇火分解产生不燃性气体或本身不燃且热导率很低。这类物质有石棉、珍珠岩、蛭石、NH_4Cl、$(NH_4)_2SO_4$、Sb_2O_3、$Al(OH)_3$ 等。

3)颜填料

阻燃涂料除了具有阻燃功能外,还需要有装饰性、耐介质性和良好的物理力学性能。钛白粉、酞青蓝、铁红、中铬黄等都是常用的着色颜料。锑白粉(Sb_2O_3)具有一定的着色能力,可以部分取代钛白粉,既起到白色颜料的作用,又可以发挥其阻燃作用。

4)助剂

助剂在阻燃涂料中作为辅助成分用量很少但作用很大,它能够明显改善涂料的施工性、稳定性、柔韧性等。例如:触变剂如有机膨润土,可以明显提高涂料的抗沉淀性和触变性;热稳定剂如环氧大豆油,能有效抑制氯化聚合物在研磨过程中分解出氯化氢,防止基料被破坏;增塑剂如有机磷酸酯,能大大改善涂料的柔韧性。其他的还有表面活性剂、防老剂、流平剂等,可以根据不同需要酌情加入。

3. 阻燃机理

阻燃涂料的阻燃机理主要有以下两点:

(1)阻燃涂料本身具有难燃性或不燃性,使被保护的可燃性物体不直接与空气接触,从而延迟物体着火或减缓燃烧的速度。

(2)阻燃涂料遇火发生热分解,分解产生不燃的气体,这些气体冲淡了被保护物体受热分解产生的可燃性气体,使之不易燃烧或减缓燃烧的速度。

阻燃涂料利用其自身的难燃性或不燃性达到阻止火焰的蔓延和传播。这类涂层较厚,遇火时,无机阻燃涂料在高温条件下形成釉状物质;有机阻燃涂料中的少量有机物质会分解,产生烟尘,绝大部分无机阻燃剂也会在高温条件下形成釉状物质。这种釉状物质在一定时间内起着一定的隔热作用。由于这种釉状物质的结构致密,能够有效地隔绝空气,使被保护的物体因缺氧而不能着火燃烧或降低燃烧速度。

阻燃涂料中含有的卤素阻燃剂、水合无机盐阻燃剂,在高温条件下分解产生大量的卤化氢和水蒸气,从而冲淡氧气和可燃性气体的浓度,达到抑制燃烧和降低燃烧速度的目的。

4. 配方设计原则

无机阻燃涂料基本上是以无机黏接剂、阻燃剂、填料与水按照一定比例调和而成,多数用于木材的临时性简易防护。例如下面配方(质量份):

水玻璃	50 份	石棉粉	80 份
黄泥	20 份	滑石粉	30 份
蛭石	20 份		

这类阻燃涂料在较厚(5~10mm)的情况下,对短时间的遇火高温具有良好的阻火效果,但它的涂刷工艺很差,基本上不具备涂料的使用要求,加之脆性大,涂层很快会开裂、脱落;同时,耐水性也很差,极易被雨水冲蚀。为此,在上述配方(质量份)中加入适量水溶性高分子溶液,能有效提高涂层的理化性能。例如:

聚乙烯醇水溶液	30 份	硅藻土	20 份
水玻璃	20 份	膨胀珍珠岩	10 份
石棉粉	60 份	着色颜料	15 份

有机阻燃涂料中的树脂基料大多以含卤素的聚合物居多,如聚氯乙烯、过氯乙烯、氯化橡胶等;酚醛树脂的阻燃性能较好,也是常用的树脂基料之一。阻燃剂通常选用有机和无机复合体系,通过氮、磷、砷、锑元素及卤族元素的协同效应,达到阻燃目的。例如下面两个配方(质量份)。

配方一:

过氯乙烯乳液	50 份	滑石粉	20 份
锑白	30 份	石棉粉	15 份

配方二:

酚醛树脂	50 份	滑石粉	20 份
十溴联苯醚	30 份	着色颜料	10 份
磷酸三氯乙酯	15 份		

阻燃涂料的性能检测和分级方法与防火涂料相似,这里不再赘述。

7.3.4　防火涂料

防火涂料由基料及阻燃添加剂两部分组成,它除具有普通涂料的装饰作用并对基材提供保护外,还具有阻燃耐火的特殊功能。

防火涂料按防火机理一般分为非膨胀型和膨胀型两类。非膨胀型防火涂料(又称为厚型防火涂料)是指涂层使用厚度为 8～50mm 的涂料,这类防火涂料是靠其自身的高难燃或不燃性来达到阻燃防火的目的。其缺点是必须涂得很厚,大量的涂料涂在基材表面,既增加了体积又增加了载荷。膨胀型防火涂料是涂膜遇火时膨胀发泡形成致密的蜂窝状炭化隔热层,使火焰热量受到隔离而减少对底材的传导,与非膨胀型防火涂料相比,粒度更细、涂层更薄、施工方便、装饰性更好。

船用防火涂料的标准可参考国家钢结构防火涂料标准和船级社及船检的 A60 标准,后者要求更高。船舶内部使用的防火涂料对其安全性和涂层在施工后及着火后释放的有毒有害气体的含量有很高的要求。我国军用标准对不同舰船内使用涂料释放有机挥发物的含量有严格规定,取样测定的时间规定:

水面舰船为 30 天,常规潜艇为 60 天,核潜艇为 90 天。

我国是海洋大国,拥有的船舶数量众多。由于船舶舱室具有密封性且多有易燃材料,通风不良、活动不便,一旦发生火灾,其后果将是灾难性的。特别是军用舰船,发生火灾的概率更高,因此在舱室内涂刷防火涂料是必要的,它能大大延缓火焰的传播。船舶结构中有很多舱室,这些舱室狭小、密封、通行不便等,因此仅能使用膨胀型防火涂料。

膨胀型防火涂料一般由基体树脂、催化剂、成炭剂、发泡剂、补强剂、阻燃剂、颜填料及稀料和溶剂等组成。

基体树脂对膨胀型防火涂料的性能有重大的影响,它与其他组分配伍,既保证了涂层在正常条件下具有各种使用性能,又能在火焰灼烧或高温作用下帮助形成具有难燃性和优异的膨胀发泡效果的炭化层,且为了达到一定的阻燃耐火时间,使发泡层在高温下也不脱落。常见用于防火涂料的树脂有丙烯酸树脂、氯化橡胶、高氯化聚乙烯树脂、醇酸树脂、环氧树脂、氨基树脂或几种树脂拼混等。选择树脂的原则是涂料形成的膨胀层密实,涂料加工容易,涂料施工方便。考虑到含氯树脂易产生氯化氢等二次毒性气体,不宜用于非敞开体系,因此,对于船用防火涂料而言,应选用不含氯树脂。

催化剂是一种能在一定温度下分解出强酸性物质的材料,这些强酸性物质在一定温度下能脱去涂层内成炭剂的水分,使之形成不易燃烧的具有高保温效果的炭化层。目前,国内外所采用的催化剂主要有磷酸氢二铵、磷酸二氢铵、聚磷酸铵、三聚氰胺磷酸盐等,选择的原则是耐水性、加工性及发泡性的好坏。对船用防火涂料而言,涂层必须要有良好的耐水性,因此不考虑磷酸氢二铵、磷酸二氢铵,三聚氰胺磷酸盐是目前最好的催化剂(具有催化和发泡的双重作用),生产工艺较复杂,难以满足需要。目前使用最广泛的催化剂是聚磷酸铵。聚磷酸铵生产厂家众多,产品质量参差不齐,应选择具有较高聚合度易分散的产品。

成炭剂是涂层在高温下形成不易燃三维空间结构的泡沫炭化层的物质基础,其分解温度必须和催化剂发生作用的时间相匹配,对以聚磷酸铵为催化剂的涂料而言,其成炭剂必须是高碳多羟基化合物,目前可供采用的成炭剂主要有季戊四醇和多季戊四醇。

发泡剂的作用是在高温下分解出不燃性气体,使涂层在熔化的情况下膨胀从而形成海绵状结构,目前可供采用的发泡剂多是三聚氰胺及其衍生物,选择的原则是必须和催化剂分解、基料树脂熔化的温度相匹配,还必须具有良好的耐水性。

研究表明,膨胀层厚度与耐火极限并不完全成正比关系。原因与膨胀层的强度有关,若膨胀层疏松强度低,则随着其厚度的增加,其自身稳定性就越来越差,膨胀层就很容易从基材上脱落,使基材暴露于火焰中,起不到防火保护作用。因此必须提高膨胀层强度,选择膨胀层补强剂是最简单的办法。目前的补强剂为玻璃纤维等。

加阻燃剂的目的是为了提高在涂层中膨胀材料发挥防火作用前涂层的阻燃能力,同时该材料应具有一定的抑烟效果。

颜填料在涂料中的添加一方面是为了降低成本,另一方面是为了提高涂层本身的强度。颜填料不得与各种防火材料在防火时的作用相抵触,以免降低或破坏防火效果。

稀料及溶剂的选择要满足两个要求:一是有适宜的挥发速度以使涂料有一个适宜的干燥速度;二是有较低的气味、较低的毒性以方便工人施工和加工。

船用防火涂料配方见表 7.11。

7.3.5　阻尼涂料

1. 舰船用阻尼涂料的特点

随着科学技术的发展和人们环保意识的提高,降低舰船等交通工具的振动和噪声越来越迫切。如何控制舰船的振动和噪声是一个复杂的系统工程,也是衡量一个国家造船水平的重要标志。

表 7.11　船用防火涂料配方

原料名称	用量/%	原料名称	用量/%
树脂	10~30	阻燃剂	适量
聚磷酸铵	20~30	补强剂	适量
季戊四醇	5~10	溶剂	适量
三聚氰胺	5~15	总量	100
钛白	5~10		

舰船上存在着多种振源,其产生的振动和噪声会造成严重的危害,如引起铆钉松动,结构破坏;影响船员的舒适性,易造成船员疲劳;影响仪器、仪表的正常工作,降低使用精度;等等。对军舰而言,振动和噪声还会降低声纳、雷达的作用距离,大大削弱其战斗力。

传统的减振降噪方法是结构加强,其主要缺点是振动能量没有消耗掉,从而导致结构噪声向其他部位传播。船舶用阻尼涂料作为一种能有效降低船舶振动和噪声,提高其安静性和舒适性的特种功能材料,它不同于传统的被动吸声材料,而是一种主动降噪材料。它利用高分子材料的黏弹性将振动能转化为热能耗散掉,从而有效地降低结构振动和噪声。阻尼技术具有在不改变舰船原有设计和设备的情况下进行减振降噪的特点,对宽频带随机振动和噪声特别有效,尤其适合于以平板、框架结构为主的造船业。

阻尼涂料是从噪声(振动)源上对噪声(振动)进行有效的控制。因此,它主要用于噪声和振动产生的部位,如舰船的主(辅)机舱、舵机舱和螺旋桨上方对应部位。此外,将阻尼涂料与吸声材料一起使用,具有良好的减振、吸声和隔声作用,特别适合于住舱、集控室、会议室、主配电室和驾驶室等。

由于造船厂濒临江、河、湖、海地区,空气中相对湿度较大,且造船行业均采取户外露天作业,舱室内空间狭小,立体交叉工种很多,这对船舶阻尼材料提出了十分苛刻的要求,它不仅在一定的温度和频率范围内发挥优良的阻尼性能,而且要求材料满足舰艇苛刻的使用环境,如耐海水、耐盐雾、耐油、耐老化、阻燃、无毒等。因此,舰船用阻尼材料属于高技术、新材料领域。对它的基本要求如下:

(1) 材料的使用温度 −20~60℃,满足无限航区的要求。

(2) 既要求材料自身的损耗因子峰值 $(\tan\delta)_{max}$ 在该温度范围内,其平均损耗因子 $\tan\delta$ 高于 0.5,但更要求其复合损耗因子 η 大于 0.1。

(3) 具备一定的力学性能(如附着力、强度、韧性等)。

(4) 阻燃、无毒、耐介质、耐老化。

(5) 厚度薄、重量轻。

(6) 施工方便,可带底漆施工,满足不同部位的施工要求。

2. 分类

20 世纪 50 年代初,德国专家 Oberst 最先提出自由阻尼结构的理论,并在飞机上得到应用。自由阻尼结构处理工艺简单,但实船减振降噪效果较差。50 年代末,美国专家 Kerwin 和 Ungar 等人将 Oberst 的复刚度法推广至约束阻尼结构,该结构最早应用于核潜艇壳体和主机机座。约束阻尼结构是在黏弹层(又称为阻尼层)上再覆盖一层刚性材料(又称为约束层)。当底材产生弯曲振动时,阻尼层受到上、下表面各自产生的压缩和拉伸的不同变形,使阻尼层受到剪切应力和应变,从而耗散更多的能

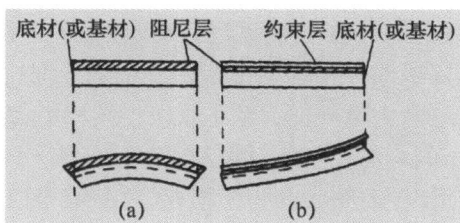

图 7.3　自由阻尼和约束阻尼的工作原理
(a) 自由阻尼; (b) 约束阻尼。

量,因此,约束阻尼结构具有更好的减振降噪效果。图 7.3 为自由阻尼和约束阻尼的工作原理。目前,美国、俄罗斯、英国、法国、日本等发达国家在舰船上广泛使用各类阻尼材料。

我国从 20 世纪 60 年代起开始研究自由阻尼材料,70 年代初自由阻尼材料得以在各行各业大量应用。这期间,我国的船用阻尼材料得到了迅猛发展,品种从早期的单一型橡胶片材,发展到门类齐全、性能各异的阻尼材料。在结构形式上也从单一的自由阻尼结构向阻尼性能更好的约束阻尼结构发展。

同时,相关单位还成功开发了阻尼合金等新材料。这些材料都为舰船的减振降噪提供了广阔的选材余地。

目前舰船用阻尼材料主要分为片状型材、阻尼钢板和涂料三种类型。早期的片状材料以沥青系列制品为主,价格低廉,来源广泛,但阻尼性能较差。随后出现的橡胶型片材(又称阻尼橡胶板),一般由丁腈橡胶、丁基橡胶、聚氨酯橡胶或聚硫橡胶制成。因其阻尼性能较沥青材料有较大的提高,在舰船上得到广泛应用。但它也存在一些难以克服的缺点,如不希望在涂有底漆的底材上施工;而且对底材的处理要求相当严格,除锈通常要求达到 Sa2.5 级,施工时需要特殊的黏接剂进行粘贴,常因粘贴不牢造成脱落、开裂现象,导致减振降噪效果大幅度下降。另外,对于复杂结构(如碰钉、马脚、焊缝和设备基座等)和曲率较大的施工部位,橡胶型片材的应用受到很大限制。阻尼钢板是近年来开发出的新型阻尼材料,该材料是将一层黏弹材料复合在两层相同厚度的钢板之间,形成"夹心阻尼结构"。它具有阻尼效果好,外表美观的优点。缺点是材料密度较大,裁剪困难,尤其是焊接工艺复杂,焊接过程中黏弹材料易燃烧损坏,影响阻尼性能,同时由于其成本较高,应用受到限制。

为解决这些难题,阻尼涂料应运而生。阻尼涂料作为一种新型的阻尼材料,因具有制造工艺简单、施工方便、性能优异等特点,发展极为迅速。初期的阻尼涂料多为溶剂型,主要以沥青为主要成膜物质,加入其他树脂、助剂、填料及有机溶剂混合而成。溶剂型阻尼涂料不仅阻尼性能差,而且易燃易爆,使用不安全,污染环境,应用受到很大限制。20 世纪 80 年代末,国内一些单位相继推出了水性阻尼涂料。该涂料虽然解决了环境污染问题,但涂料干燥速度慢,厚涂困难、开裂,需多道施工,不适合在造船业使用。1989 年,海洋化工研究院研制的第一代无溶剂阻燃型 ZHY - 171 阻尼涂料,首次投入实船应用,标志着约束阻尼结构的阻尼涂料开始登陆造船业。此后,约束阻尼涂料在舰船的减振降噪中大量应用,取得了显著的效果,代表性产品有 T54/T60 舰船用阻尼涂料等。

3. 影响阻尼涂料性能的因素

下面主要以 T54/T60 舰船用阻尼涂料为例进行论述。涂料采用约束阻尼结构,靠近钢板底材的一层软材料称为阻尼层,由双组分聚氨酯材料组成;在阻尼层之上的一层硬质刚性材料称为约束层,由双组分环氧树脂材料组成。图 7.4 为 T54/T60 舰船用阻尼涂料结构。

图 7.4 T54/T60 舰船用阻尼涂料结构

1) 阻尼层

(1) 交联密度的影响。交联密度对聚氨酯的动态力学性能有很大的影响,改变交联密度的方法有很多,通过调节体系的 α(异氰酸酯基与羟基的比值)值,在硬段含量几乎不变的情况下,改变了聚氨酯的交联密度,同时引起相对分子质量的改变。从不同 α 值样品的动态黏弹谱(DMS)图中发现:当 $\alpha = 0.6$ 时,从组成上可推知其结构为带支链的线性分子。在聚氨酯材料中,由于硬段的内聚能比软段大得多,易于聚集,因此软、硬段间存在着不相容性。$\alpha = 0.6$ 时,由于分子量低,且许多硬段分布在端基上,使硬段很难聚集形成有序结构,大量硬段弥散于软段连续相中,致使 DMS 图上的损耗峰 T_g 较高。此外,由于无交联化学键的束缚,分子间容易产生相对滑动,而聚氨酯分子中的 NH 基与 - O - 和 - CO - 基存在着强烈的氢键作用,因此相互滑动伴随着很大的力学损耗,故 DMS 图上表现出很高的损耗峰。随着 α 增至 0.7,只有少量的交联,而分子量迅速增大,增大的相对分子质量有利于硬段聚集,从而增大了软、硬段的微相分离,T_g 减小。当 α 增至 0.8 时,交联密度增大起了主导作用,硬段被化学键束缚强迫分散于软段相中,使 T_g 再次升高,但此时,交联的化学键束缚了分子链的相对滑动,许多构象无法实现,损耗峰较 $\alpha = 0.6$ 有明显下降。综上所述可知,$\alpha = 0.6$ 时的材料表现出了很好的阻尼性能。

(2) 软段分子量的影响。当 $\alpha = 0.6$ 时,从部分相对分子质量为 100 的聚醚替代相对分子质量为 900 的聚醚样品的 DMS 图中。可以发现:随着低分子聚醚相对含量的增加,样品的硬段含量增加,从上述的分析,$\alpha = 0.6$ 时,软、硬段的相容性很好,所以硬段含量增加,必导致软段中硬段含量的增加,故损耗峰 T_g 移向高温。与此同时,由于软段分子量降低,样品分子链节数减少,可形成的构象数减少,分子内摩擦损耗也相应减少,故 DMS 图中的 tanδ 值有所下降。

（3）硬段种类的影响。当 $\alpha = 0.8$ 时,从硬段分别为 TDI 和 MDI 时样品的 DMS 图中发现:由于 MDI 结构对称,两个苯核由一个亚甲基连接,既有利于旋转又有很强的刚性,因此以 MDI 合成的聚氨酯材料通常比 TDI 合成的材料刚性大,玻璃化温度高。由于 MDI 的内聚能较 TDI 强,硬段聚集的趋势比 TDI 强烈,因此 MDI 的样品相分离程度比 TDI 样品大,tanδ 峰比较窄,这对于要求宽温域的阻尼材料而言是不利的。

（4）硬段相对含量的影响。减少扩链剂的用量,相应增加聚醚的用量可以改变软、硬段的相对含量,根据高分子共聚理论:

$$1/T_b = \frac{\omega_1}{T_{g1}} + \frac{\omega_2}{T_{g2}}$$

高聚物玻璃化温度与共聚组分的质量分数成正比,该公式适合多嵌段聚氨酯材料。纯聚醚软段的 T_{gs} 比纯硬段 T_{gh} 低得多,因此随着软段相对含量的提高,样品的 T_g 移向低温。另外,硬段含量的提高,使分子间的氢键作用增强,链间相互滑动时的内摩擦损耗增大,tanδ 相应提高,使材料在 $-20 \sim 60℃$ 范围内发挥更好的阻尼作用。此外,硬段含量的提高,还有助于提高材料的附着力和耐海水性。试验结果表明:硬段含量从 18.0% 增至 32.4%,材料的附着力由 1.2MPa 提高到 1.8MPa,耐海水浸泡 7 天的吸水率由 2.75% 下降到 1.06%。

2）约束层

（1）弹性模量对复合损耗因子 η 的影响。在约束阻尼结构中,除了阻尼层本身的损耗因子 tanδ 对结构的 η 有很大影响外,约束层材料的弹性模量对 η 也有较大影响。试验结果表明:适当提高约束层材料的弹性模量有利于增加 η 值。但是,环氧树脂作为一种非金属材料,其模量是有限的。因此,兼顾施工性并防止涂层应力开裂等因素,可在约束层中加入玻璃纤维或钢丝网进行增强。其中,尤以钢丝网的增强效果最明显,从而形成一种类似"钢筋混凝土"的结构,既有利于施工和防止涂层开裂,还可大幅度提高涂层的阻尼性能。

（2）边界因素对复合损耗因子的影响。标准的约束阻尼结构要求底材和约束层之间被阻尼层完全隔离开。但作为涂料在施工中,如果不注意会在阻尼层四周边缘部位产生约束层与底材粘连在一起的现象,即"短路"。"短路"会使涂层阻尼性能大幅度下降。试验结果发现:"短路"面积超过 5%,则阻尼性能将至少下降 35%。此外,"短路"还会造成约束层应力集中,产生开裂等不良现象。因此,在阻尼涂料的施工过程中应尽量避免"短路"现象的产生。

4. 配方和设计原理

1）阻尼层

阻尼层材料设计的重点应该集中在如何使其在 $-20 \sim 60℃$ 的温度范围内,损耗因子的平均值高于 0.1。通常在提高损耗因子的同时,造成阻尼温域变窄。克服这一对矛盾,需要进行大量的理论计算和性能测试。

在聚氨酯阻尼层涂料中,甲组分由当量为 1000～2000 的聚醚、碳原子 $C_{3\sim6}$ 的二元醇和多亚甲基多苯基二异氰酸酯、二苯甲烷二异氰酸酯、甲苯二异氰酸酯反应生成;乙组分由碳原子 $C_{4\sim6}$ 的二元醇和鳞片状填料组成;鳞片状填料是甲、乙组分总和的 40%～60%。

2）约束层

约束层材料设计的重点应该集中在如何使其在 $-20 \sim 60℃$ 的温度范围内,弹性模量在 10^9 Pa 以上,而且不能出现低温脆性开裂。通常在加入增强剂的同时,需要引入增韧剂。

环氧树脂约束层涂料的组分和参考配方(质量份)如下:

相对分子质量为 400～500 的环氧树脂	100 份
胺值为 250～350 的聚酰胺树脂	100～150 份
聚硫橡胶	30～50 份
阻燃剂	100～140 份
隔热剂	160～200 份
金属网	60～100 份

7.3.6 隐身涂料

1. 概述

1）隐身的重要性

隐身"包装"技术经过100多年的研究与开发，终于从幻想走到了现实。如今，利用隐身"包装"技术，有了隐身飞机、隐身舰艇、隐身坦克、隐身特工等。

工程技术人员认为，"隐身"有两个含义：第一，不是"眼睛"看不见的物品，而是"眼睛"不易看见的物品。这里的"眼睛"是泛指雷达、红外夜视仪等现代化"眼睛"；第二，隐身的目的是为了保护自己生存或物品安全。由于"隐身"范围很广，至今尚无确切的定义。很明显，实现隐身的科学手段就是隐身技术。

不言而喻，隐身"包装"技术是随着战争升级而发展起来的。随着科学技术的飞速发展，现代战争中的"眼睛"——各种各样的观察瞄准仪器、探测系统诸如雷达、红外夜视仪、激光探测器等日益增加、性能更加完善，普通武器和士兵被敌方发现的可能性也越来越大，安全性大大降低；再加之各种导弹带有"眼睛"，威胁也愈发严重，因此隐身"包装"技术也成为各国军备竞赛的内容。为了减少被敌方发现的机会，旨在增加安全性的这种技术称为隐身技术，在军事上也称为低可探测性技术。

第二次世界大战后，隐身"包装"技术作为重大军事技术提到了议事日程上，美国、苏联/俄罗斯、日本、英国等都投入大量经费，特别表现在红外隐身、隐身侦察机、隐身护卫舰出现在天空与大洋之中。

2）迷彩涂料

迷彩涂料是一种简单泛用的伪装隐身涂料，主要用于军事装备和士兵的可见光隐身及近红外隐身。一般而言，迷彩涂料视目标环境的不同而采用单色涂装或多色迷彩涂装，使"目标"融于所处环境背景的色彩中而免于被敌方看见最终达到隐身的目的。

对于军用迷彩涂料而言，因其使用环境（寿命环境）恶劣，故要求迷彩涂料应具良好的物理化学性能，如附着性、耐候性、抗冲击性、耐腐蚀性、耐微生物（霉菌等）性等要优良。目前使用的迷彩涂料主要有丙烯酸树脂、聚氨酯、过氯乙烯树脂、环氧树脂、聚酯树脂、醇酸树脂等。

对于颜色单调的环境如沙漠、雪原、海洋等宜用单色或双色迷彩。而多色迷彩宜根据目标环境诸如热带森林、山地、丘陵等的不同而采用深浅颜色交错配制的三色或四色迷彩涂装，且各色斑点面积大小不相同。迷彩斑点可见尺寸可按下式计算：

$$A = nD/3400$$

式中：D 为观察距离；n 为计算系数，当保护色与对比色的亮度对比 $K \leqslant 0.4$ 时，$n = 2.5 \sim 3$，$K < 0.4$ 时，$n = 3 \sim 4$。

3）红外隐身概况

随着军事科学技术的迅速发展，现代的红外侦察、瞄准技术已达到了相当高的水平。在1999年3月至5月的科索沃之战争中，为了轰炸南联盟，北约出动了50颗"天眼"侦察卫星在几百千米的高空日夜侦察。其中，光电成像卫星可获得分辨力为0.1m的可见光图像和红外图形，并可在全暗的条件下拍摄地面目标，特别适于跟踪坦克、装甲车辆，监视机动式弹道导弹的动向。因而使各种军事目标和武器装备的安全受到严重威胁，为此，以降低装备红外线发射和削弱敌方红外探测效能为宗旨的红外隐身技术，就受到世界各国的高度重视，并迅速发展。

红外隐身涂料也称为中远红外隐身涂料，是一种使 $3 \sim 5\mu m$ 和 $8 \sim 14\mu m$ 工作波段的红外探测设备难以探测或造成错觉的隐身技术。按红外伪装的方式与性质可分为隐身型和干扰型两大类。应用隐身型涂料红外伪装技术可以降低和改变"目标"的热辐射特征。

红外隐身材料主要采用红外涂层材料。有两类涂料：一类是吸收型，通过涂料本身（如使用能进行相变的钒、镍等氧化物或能发生可逆光化反应的涂料）或某些结构和工艺技术，使吸收的能量在涂层内部不断消耗或转换而不引起明显的温升，减少物体热辐射；另一类涂料是转换型，在吸收红外线能量后或改变反射方向，或使吸收后释放出来的红外辐射向长波转移，使之处于红外探测系统的工作效应波段以外，最终达到隐身的目的。

此外,涂料中的黏接剂、填料的形态、涂层的强度与涂层结构等涂装工艺技术都影响红外隐身效果,涂装时应特别注意。迄今为止,在热红外隐身涂料和涂装技术水平上,已达到实用阶段,并取得较好的隐身效果,但高级隐身涂料仍处在探索之中。可以预计,这类隐身功能材料作为国防装备或机密工程设施应用仍有很大的潜力和市场。

4）雷达隐身技术

（1）雷达隐身概况。在现代高科技战争中,雷达是飞行器的最大敌人。美国在世界飞行器隐身技术方面是研究最早、投资最大、技术最先进的国家,先后研制出来的隐身的侦察机、轰炸机、战斗机、无人机、直升机、巡航导弹等各种飞行器,以及隐身坦克、舰艇、导弹发射车等武器装备已投入部队使用,并在海湾战争、科索沃战争、阿富汗战争等局部战争中,从技术上充分发挥了武器装备的有效突防能力和攻击作用。

在 1991 年初历时 42 天的海湾战争中,多国部队出动 F–117A 隐身战斗机 1270 架次,仅占作战飞机出动总架次的 2%,却承担了 40% 的进攻任务,攻击命中率高达 85%,战绩显著,突破伊军防空雷达网而无一损伤。

（2）雷达隐身涂料涂装。为了减少雷达截面,常用的隐身技术途径有外形设计技术、吸收材料技术和加载对消技术。下面主要介绍相关的雷达隐身涂料技术。

涂履型吸波涂料实质上是一种高分子复合涂料,它是以高分子溶液或乳液为基料,把吸波剂和其他附加成分分散加入其中而制成。美国研制的系列铁氧体吸波涂料,主要成分是锂镉、镍镉和锂锌铁氧体,它在厘米波段到分米波段可使雷达波反射衰减达 20dB。日本研制的铁氧体和氯丁橡胶或氯磺化聚烯等吸波涂料,当涂层厚度为 1.7~2.5mm 时,对 5~10GHz 的雷达波反射衰减达 30dB。这种涂料的涂装工艺简单,使用方便,但是增加飞行器的消极重量,涂层剥离强度低、频宽窄、涂层厚和耐高温性能差等,这些缺点限制了它的应用。因此,研制开发"轻、薄、宽"的吸收波涂料是今后主要发展方向。

目前国外正在研制超薄层、宽频带、高效能的吸波涂料,如放射性同位素吸波涂料。它利用钋 210（^{210}Po）和锔 242（^{242}Cm）等同位素射线产生的等离子体来吸收雷达波,在 1~20GHz 的宽频带内雷达反射波可衰减 20dB。美国伯奇博士研制一种名为 ATRSBS 的化合物（一种席夫氏碱盐）,它吸收雷达电磁波后即转化为热能,起到雷达隐身的作用。

近年来,国外开发了一种四针状氧化锌晶须 ZnOw,ZnOw 是四针状晶体,四根针从正面体的重心向三维方向展开,这在数十种晶须中是独一无二的,不仅可用作抗静电材料,微波发热体材料,而且更是电磁波吸收体,在雷达工作的 5~18GHz 波段由它可吸收高达 20dB 的电磁波（99% 以上）,是一种综合性能良好的雷达隐身涂料。

为了使雷达隐身涂料充分发挥效能,涂装时特别应注意两点:一是吸波纤维（导电粒子）的尺寸应与雷达工作波长相匹配;二是涂层宜为多层,每层中纤维应平行,而上、下层纤维应互相垂直,而且纤维中心距离等于（0.5~2）λ 为佳。

隐身涂料配方（质量份）如下（能吸收 99.5% 的微波）:

碳粉	30 份	Nikanol11	20 份
环氧树脂828	50 份	MI025T	50 份
Epidon550	30 份	铁丹	10 份
铁氧体	120 份	CaCO$_3$	10 份

战争的目的在于"消灭敌人,保存自己"。随着侦察技术的飞速发展,从水下声纳系统、地面、高空侦察机乃至太空侦察卫星构筑的全方位立体侦察体系的建立使得军事设施及武器装备隐身变得日益困难。同时精确打击武装系统的发展,从发现目标到完成打击任务只需很短的时间在几百千米距离内即可完成。近年来,美国开发和布置的全国导弹防御系统（NMD）,使远程战略导弹进入大气层后也可能被识别和攻击。因此,隐身技术在现代战争中具有非常重要的作用。

隐身技术或称为目标特征信号控制技术,达到降低或控制武备系统的特征信号使其难以被发现、识别及攻击的目的。隐身技术是一项跨学科（涉及武装设计、材料科学、光电子、电学和声学等）、实用性极强的系统工程。从技术手段上涉及以下方面:

（1）外形设计,尽可能减少各种辐射的反射截面。

（2）吸声结构材料及结构设计,使入射波在最短距离内完成衰减和吸收,如碳纤维复合结构材料,吸声纳波的消声瓦等。

（3）吸声涂料及涂层设计和涂装技术。

（4）伪装网、红外烟雾、铝箔弹等外延性技术。

武器的特征信号控制主要包括雷达波目标特征信号、声纳波特征信号、红外特征信号(近红外、中远红外)、可见光特征信号及其他电磁波特征信号控制。不同的武器系统对这些特征信号控制的要求和重点不尽相同,因此需要采用不同的隐身技术加以解决。飞机目标小,机动性强,背景单一,其隐身的重点是雷达波和发动机及其排气系统的红外辐射抑制技术及消除噪声的技术。主战坦克、装甲运兵车等兵器所处环境背景复杂,机动性较差,需要可见光－红外隐身、雷达波隐身及其复合一体化技术。水面舰船体积大,外形结构复杂,自身的机动性最差,其雷达波及红外隐身的难度很大。潜艇在作战期间主要潜入水下,关键是对付声纳探测,所以主要是声纳波隐身。

隐身技术与侦察技术是一对矛盾。随着各种侦察和电子通信系统(信息传递)飞速发展,隐身技术也不断完善。例如,在20世纪70年代以前人们主要关注的是可见光和近红外线($0.7 \sim 0.9 \mu m$),隐身技术主要解决主动发射的红外侦察和夜视仪,而今天热成像技术日趋完善,而对付的主要是中远红外辐射($3 \sim 5 \mu m$和$8 \sim 14 \mu m$波长两个窗口)。

2. 隐身涂料的技术要求

先进国家的隐身技术进入工程开发阶段。美国从20世纪50年代起步,70年代研制隐身飞机,80年代开始F－117战斗机、B－2隐身轰炸机以及F－22战斗机等均采用了不同的隐身技术,其中包括隐身涂料。俄罗斯、英国、美国及日本先后开发出"安静型"隐身潜艇并已服役。以色列和法国在水面舰艇的雷达波隐身上取得重大突破。而M1A1主战坦克、M113装甲车等都采用了隐身技术,很大程度上降低了雷达波和红外特征信号。国外现代的隐身涂料作为隐身技术的重要组成部分,已经达到如下技术要求:

（1）对不同频率的电磁信号的吸收及辐射率。$30 \sim 100GHz$毫米波的吸收$-10 \sim -15dB$,而且前向低频段转移到$2 \sim 18GHz$。

中红外$3 \sim 5 \mu m$波长窗口的辐射率为$0.5 \sim 0.9$;$8 \sim 14 \mu m$远红外窗口的辐射率为$0.6 \sim 0.95$。作为红外隐身涂料还必须兼顾可见光迷彩的效果。

$3 \sim 30kHz$声纳频率内,吸声系数大于0.7,损耗因子大于或等于0.5。其中不同的兵器对频谱的范围要求不同。

（2）降低涂层厚度。由于吸波材料性能的限制及所采用的技术决定了目前雷达波吸收涂层的厚度大于2mm,声纳波涂层厚度大于或等于3cm而红外控制辐射涂料的厚度为$1 \sim 2mm$。今后,飞机用的吸收雷达波涂层厚度小于1mm,毫米波涂层厚度小于或等于1mm。

（3）减少涂层密度和涂装量。隐身涂料的涂层属于特种涂层材料,厚度至少1mm以上,最厚的吸声纳波涂层厚达3cm,单位面积的涂料量十分惊人。而目前普遍采用的吸雷达波材料——铁氧体或晶须材料的密度都大于$6kg/m^2$以上。因此,开发新型低密度、高性能的吸波材料,尽可能降低面密度是隐身涂料的重要技术指标。

（4）实现可见光、近红外、热红外、$8 \mu m$、$3 \mu m$五波段一体化隐身涂料——多功能隐身涂层。以前对隐身涂料的研制往往是针对不同波段的隐身要求进行的,但实战面临的多种侦察手段的复合使用,实现隐身涂料的多功能化势在必行。这就涉及不同涂层材料设计及涂层匹配等技术。目前可见光、近红外的迷彩伪装技术已实用化,进一步将实现可见光、近红外和热红外的一体化,再与吸雷达波涂层进一步匹配。

（5）可行的涂装技术及施工工艺。高固体分及超厚涂装的难度极大,"三分涂料,七分施工"非常适用于特种涂层的涂装。这涉及复杂表面(曲面、垂直面等)的涂装的均一性、厚涂层的防应力开裂、附着力等技术难题,都必须注意解决。

（6）满足使用环境对涂料的基本技术要求。耐大气老化;耐盐雾及海水浸泡(军舰、水陆两栖战车);耐湿热,雷达波隐身涂层对湿气相当敏感;耐冷热交替,通常要求$-40 \sim 50℃$;耐柴油,耐酸碱等腐蚀性介质;等等。

还应强调一点:隐身涂料的性能与温度的依赖性很强,尤其是热红外隐身涂料、阻尼涂料等,它们在高温区的性能急剧下降,因此对于不同温域使用的隐身涂料技术指标也有差别,在此不详述。

3. 雷达隐身涂料的技术原理

雷达隐身涂料的作用首先在于将电磁波转变成其他形式的能量,当它们与雷达波相互作用时,可能发生电导损耗、高频介质损耗、磁滞损耗,或转变为热能等方式导致电磁能量发生衰减,这是由吸波剂和黏接剂的性能所决定的;其次可能发生反射的电磁波与进入材料内部的反射波相互叠加后产生干涉而相互抵消,这就与涂层厚度设计有关。因此,决定雷达隐身涂料性能的主要因素有如下四条:

(1)吸波材料。现在通用的主要有铁氧体和磁性金属基超细粉复合吸收剂,它们的电磁参数可以满足一定波长范围内的雷达吸收要求,但密度大,当涂层厚度为2mm时,其面密度为$5kg/m^2$左右。正在发展的高性能吸波材料集中在多晶体铁纤维吸收材料——磁性纤维材料上。它们具有优良的电磁参数及形状各向异性,通过纤维的层状取向排列而发挥其特殊的吸波机制,可实现宽频带内的高吸收率。与此类似的还有磁性碳纤维、氧化锌晶须材料等,它们的面密度小,可达到$1.5\sim2.0kg/m^2$的技术要求。

人们寄予厚望的吸波材料是纳米隐身材料,即特征尺寸$0.1\sim100nm$的材料,具有优异的吸波性能,宽频带,兼容性好,密度小,并可实现薄层涂装的特点,是一种理想的隐身材料。美国研制一种“超黑粉”纳米吸收剂对雷达波的吸收率达99%。

(2)涂料成膜物。在雷达波吸收涂料中,颜基比较高,颜料体积分数大于45%。因此人们以前主要注重于成膜物的黏接性及对涂层物理力学性能的影响。事实上,不同结构的成膜物树脂的电磁性差别很大,从绝缘体到导电聚合物。因此选择适当的吸收剂-树脂组合,控制颜基比可得到不同频带具有高吸收率的涂层。这也是拓宽吸收频带的可行的技术途径。作为成膜物树脂以氯丁橡胶、聚氨酯、环氧聚氨酯或环氧树脂体系为主。

(3)涂层设计及涂层厚度控制。事实上,通过反射波和透射波的干涉实现吸收远比理论分析复杂得多。尤其对宽频带的技术要求而言,在雷达波的波长由毫米波至分米波变化的情况下,涂层厚度对波的干涉控制作用难以体现。随着对薄型和超薄型涂层的要求越来越高,人们将注意力转向寻求高性能的吸收剂及分层结构设计方面。采用对不同频带的雷达波吸收率和反射率不同的涂层构成复合涂层已成为实用的技术选择。

(4)涂层的施工工艺至关重要。尤其采用复合涂层设计时,在施工中保证层间附着力,涂层厚度均一性,与防锈底漆、面漆或可见光红外迷彩面漆的配套性等问题都应妥善解决。

涂层设计中还涉及武器表面的电磁波反射性能的电磁设计,即武器表面不同部位对雷达波的反射率不一样,甚至在静止状态和运动状态也有差别。例如,舰船在航行时,处于上下、前后及左右摇摆的复杂运动状态,其表面对雷达波的反射与其静止状态不同,因此在涂装时不必要所有的部位均采用单一的涂层厚度,以及不是所有部位都需要涂装。这涉及非常专业化和复杂的理论分析。

4. 热红外隐身涂料

肉眼以及近红外探测仪都是接收光照(日光或探测仪)发射的光被目标吸收后反射回来的光成像后辨识目标的颜色和形状。可见光和近红外隐身方面,20世纪70到80年代已经出现了相当成熟的迷彩隐身涂料并装备部队。

近年来,重点发展的是热红外隐身涂料,它能改变目标热辐射特性或抑制目标的红外特征信号,使兵器和军事设施的红外辐射与背景一致,从而使其难以辨识,也使得红外制导导弹“致盲”失去攻击目标。在中远红外频带集中在$3\sim5\mu m$和$8\sim14\mu m$两个红外“窗口”。

根据谱朗克公式和斯忒藩-玻耳兹曼方程可得到以下几点:

(1)物体的热辐射与温度有关,在不同温度下辐射其强度和频率将改变。随着温度的升高,辐射率增大并由远红外向近红外区转移。这一点类似于在日光照射下表面吸收大量的太阳热后温度升高的情况。图7.5为热辐射与波长的关系。

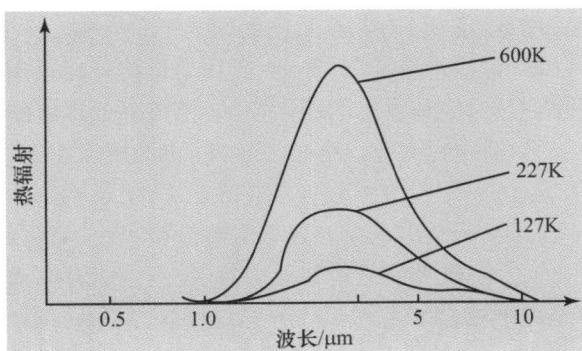

图7.5 热辐射与波长的关系

（2）物体对太阳热的吸收对于红外辐射的影响。太阳本身是一个很大的辐射体,海平面上太阳光的能量组成粗略可分为三部分:紫外光（200～400nm）占 5%；可见光（400～760nm）占 40%；近红外（720～2500nm 或 0.72～2.5μm）占 55%。即太阳光的 50% 以上是近红外（NIR）,它们被物体吸收后再以中远红外（3～15μm）的热辐射散发出来。

（3）不同物体的热辐射差别很大。例如铝或镍片的 ε 为 0.05～0.15,但是它们又是太阳光的优良反射体。有机材料,如树脂的 ε 都较高（0.85～0.95）。辐射率通常随波长而改变,理想的灰体几乎不存在。这样对于配方设计提供了广阔的选择余地。

热红外隐身涂料实际上解决在涂层的热反射和热辐射特征之间达到一个平衡点。颜填料的选择取决于它们的热吸收率和热辐射率。下述几种目标就是如此:

（1）高太阳热吸收率达到模糊成像和激光制导的目的。

（2）低太阳热吸收率达到装置降温的目的。例如,美国海军海灰船壳漆的太阳热反射率大于 70%,坦克用土黄色迷彩反射率大于 50%。理想状态可降温 8～10℃。

（3）低的辐射率以减少热红外探测和热制导的可能性即隐身的目的。

其中应注意的是深色——要制备黑色与黑灰色的高反射和低辐射的涂料,如果使用炭黑颜料是很困难的。因为炭黑对太阳热吸收率很高。只能采用对 NIR 透明的有机颜料。

兵器的热辐射除了从环境吸热之外,还有一个重要来源是自身动力和内部人员活动产生的热,必须加以隔离。例如,发动机排气管及排出的燃气是特殊需要处理的部位。飞机发动机外部一般涂装高性能的绝热涂料,再加上热红外隐身涂料。舰船的排烟管也需要进行绝热处理。

浅灰色太阳热反射隐身涂料配方（质量份）如下:

TiO₂（20μm）　　　　　9.2 份
　　（10μm）　　　　　84 份
滑石粉　　　　　　　　10.3 份

5. 声纳波隐身涂料

1）作用与应用范围

水中兵器（潜艇、水雷、鱼雷等）是利用视觉在水中受到限制来完成作战使命的。随着科学技术的飞速发展,目前反潜作战使用的探测和分辨设备,在性能上比以往有了很大提高,各种反潜作战平台、反潜作战武器和反潜手段相继出现,形成了水面、水下、空中多位一体的综合反潜体系,使水中兵器赖以隐身的茫茫大海变得越来越"透明",水中兵器的隐蔽性受到了严重的威胁。在现代高科技战争条件下,暴露即意味着毁灭。因此,为提高水中兵器的隐蔽性和生存能力,隐身技术受到各国海军的高度重视。

早在第二次世界大战期间,德国就曾在潜艇外壳上粘贴一种名为"Alberich"的共振腔式吸声橡胶（4mm）以提高隐身能力,后因为吸声性能受下潜深度和声波频段的限制而一度停滞。战后苏联首先获得了这一技术,并从 20 世纪 50 年代开始进行消声瓦的研究,于 60 年代中期开始在潜艇上使用,隐身效果相当明显。

国内外在橡胶型消声瓦的研制和应用中都普遍遇到以下问题:

（1）施工工艺及工装设备都比较复杂,粘贴质量都不易保证,特别是在艇体曲率变化较大的特殊部位（如首尾部、舵板、围壳等）,问题尤为严重。

（2）常因水流冲刷、振动、艇体变形等外界影响因素出现脱落、开胶等问题。消声瓦一旦脱落会造成表面凹凸不平,使其发出的噪声增加,不仅降低本艇的探测能力,而且增加了被敌方声纳探测到的可能性。

（3）消声瓦太厚。据估算,一艘核潜艇需要上百吨吸声材料,这将对核潜艇的稳定性和操纵性产生不利的影响。

国外已研制出双组分聚氨酯喷涂型吸声涂料,并在某型核潜艇上试验,取得了很好的效果。

总之,潜艇吸声材料朝着更薄、吸声性能更好、施工工艺更简单的涂料型方向发展。

2）分类

由于声纳波隐身涂料的厚度需要达到厘米级,因此,传统的溶剂型涂料、水性涂料已经不能满足施工和应用要求。通常选用无溶剂、室温固化、双组分聚氨酯作为声纳波隐身涂料的树脂基料。

无溶剂、室温固化、双组分聚氨酯声纳波隐身涂料,按照施工方法可分为手工刮涂型和机械喷涂型两类。

手工刮涂型声纳波隐身涂料由甲、乙两组分组成。通常,甲组分由填料、羟基树脂和扩链剂组成,乙组分为聚氨酯预聚体。施工前将甲、乙组分按照比例搅拌均匀,然后使用刮刀将涂料逐一刮涂到水中兵器表面。该材料的优点是体系反应速度慢,可以引入足够的声学结构,吸声性能较好;缺点是手工刮涂效率低,表面光滑程度较差。

机械喷涂型声纳波隐身涂料也由甲、乙两组分组成,但甲、乙组分的比例必须服从喷涂设备的参数要求(通常为1:1)。此外,为了提高固化速度,需要加入高活性氨基聚醚。该涂料的甲组分由填料、氨基聚醚和扩链剂组成,乙组分为低黏度聚氨酯预聚体。施工时,甲、乙组分被设备吸入、升温、加压后,喷涂在水中兵器表面。该材料的优点是体系反应速度快,在垂直面、仰面施工时,不会产生流挂现象,涂层外观光顺、均匀;缺点是不能引入足够的声学结构,吸声性能较手工刮涂型的低。

3)影响声纳波隐身涂料性能的因素

(1)空腔对吸声性能的影响。声波进入含有空腔结构的非均质材料中,由于同时产生了拉压和剪切形变,所以比均质材料有更高的声学衰减能力。在涂层中引入空腔通常有以下两种方法:

① 化学发泡法:利用聚氨酯与水反应产生气体使涂层内部形成空腔的方法。

② 物理添加法:通常添加具有空腔结构的填料的方法来引入空腔。

经过试验发现,采用化学发泡法的发泡程度不易控制。由于声纳波隐身涂料的涂装和固化,因此发泡程度受周围环境的温度、湿度的影响很大,不适合于声纳波隐身涂料对空腔结构的控制。而在物理添加法中,可以从空心碳球、空心环氧微珠、空心聚苯乙烯微珠、空心赛纶微珠、空心玻璃微珠、电厂粉煤灰空心微珠、空心聚酯微珠等空腔填料中,选择衰减大、声速低的柔性空心填料,来达到吸声的目的。

(2)密度对吸声性能的影响。空心填料的大量引入,势必会造成材料的整体密度下降,出现阻抗失调。为此,必须设法在材料中加入重质填料。常用的重质填料有重晶石粉、重质碳酸钙、铁红、云母氧化铁、沉淀硫酸钡等。但是重质的含量不能过高,否则,会对水中兵器的稳定性带来负面影响。

(3)阻尼对吸声性能的影响。实际上,吸声材料是一种特性阻抗与海水相匹配的阻尼材料。声纳波隐身涂料吸声性能的好坏在很大程度上取决于基料阻尼性能的优劣。

根据水中兵器的工作环境,通常要求吸声材料在 –30 ~ 70℃的温域、500 ~ 30kHz 的频域范围内,具有良好的阻尼、吸声效果。这对材料的分子结构、链段规整性、侧基柔顺性、微相分离性等微观特性提出了较高的要求。通常,选用含有较多侧基和氢键的聚氨酯或聚脲作为声纳波隐身涂料的树脂基料是比较理想的。此外,选用铝粉、石墨粉、云母等片状填料,也有助于材料阻尼性能的提高。

(4)厚度对吸声性能的影响。一般而言,涂层厚度增加,吸声效果提高。但是,涂层过厚会对水中兵器的总体性能造成负面影响,通常是在满足总体设计要求的前提下,涂层越薄越好。

4)配方设计原理

在水中兵器声纳隐身涂料的配方设计中,需要考虑以下因素:

(1)无溶剂树脂体系的选择,最好选用室温快速固化、便于机械化操作的双组分树脂体系;

(2)配方体系(尤其是树脂和填料)的高阻尼处理;

(3)空腔填料的合理选择;

(4)重质填料的选用;

(5)树脂与填料、助剂的有机搭配、黏稠度控制等。

6. 隐身涂料的发展方向

隐身涂料是为了战争的需要,随着科学技术的发展而产生,也将为了军事目的需要,随着科学技术的发展而发展。目前,军队的侦察手段已上升到了一个新的层次:侦察灵敏度更高的毫米波雷达,温差小而特殊的窄带波长的热探测器,可以同时在电磁波谱的多波段进行侦察的侦察器,以及高灵敏度的电子光学侦察仪、彩色电视等,它们使近红外侦察仪由有源发展成为无源。此外,声纳探测仪也向高灵敏度发展。为了对抗新型的侦察武器的侦察,更有效地隐蔽自己、迷惑敌人,也必须有相应的隐身技术,更新型的隐身涂料也就有研究的必要。

由于在广泛电磁波谱范围内探测能力的提高,隐身既要求颜色、外形与背景协调,又要求电磁波谱多波段反射波谱与背景一致。在各种不同的背景(绿色植物、沙漠、雪地等),均能与其他色调一致,这就要求有一种类似变色龙的涂料来隐身。这种涂料可随环境自动变色,这就能更好地保障活动目标在各种背景上活动,可以有效地防止空中和地面的彩色照相和彩色电视侦察。

只要能较好地研制出可逆光变色色素,增加其颜色变化的多样性,克服光变色过程中的"疲劳"现象,提高变色速度,就可研制成这种涂料。

多谱段隐身涂料,要求模拟背景热辐射或覆盖目标热辐射。该涂料对近红外、中红外、远红外的侦察都有良好的伪装作用。

中红外侦察武器已广泛服务于军队,各国对防中红外侦察的隐身涂料已有研制,我国更应加快此方面的研制工作,以满足国防的需要。

对付特殊窄带波段侦察的光谱段隐身涂料国外也正在开展研究工作。

防雷达波侦察的隐身涂料一般是厚涂层,这对用于活动目标,特别是火箭、飞机等不太方便,将增加其重量,如果能将电磁波通过涂料吸收后转化成化学能,或涂料由与照相乳胶用的化学药品相似的物质组成,这种涂料也可作为防雷达波侦察的隐身涂料,它可减少雷达发现的可能,用作飞机、火箭的保护涂层。

对于迷彩隐身涂料,颜色的选配是关键,现有的颜料选择是重要的,新型的适用于特殊迷彩伪装要求的颜料也必须进行研制,目前各国对此方面工作正在进行。迷彩隐身涂料的迷彩图案的设计研究也是各国非常重视的,它必须与伪装目标所在地区的地形、地貌、植被等紧密结合。合理的迷彩图案可以提高隐身效果,简化隐身涂料的施工工艺,降低成本等。

作为隐身涂料的一种,吸收声纳波涂料变得越来越被各国关注。美国和苏联/俄罗斯在共振橡胶吸收体,以及水泥尖劈、木质尖劈等作为吸收声纳波材料方面进行了研究。吸收声纳涂料不仅能在声纳波频带内具有极高的吸收率,而且具有许多特殊要求。例如,海水空中反声纳系统不仅具有对声纳波极高的吸收率,而且具有耐海水腐蚀、防海生物生长等性能。

7.4 舰船涂料的施工

涂料涂装是生产应用历史最为久远的表面技术。要保持涂膜平整光滑、经久耐用,充分发挥涂料的保护、装饰功能,除涂料质量的优劣外,合理选择施工方法关系极大。施工方式选择不当,影响涂料的使用价值,造成极大的经济损失。涂料在施工前,必须强调对被涂物表面的适当处理,以及选择合理的涂料品种,然后进行施工。

随着科学技术的日新月异,涂料施工已形成涂层方式最多的表面技术。既有刷涂、滚涂、擦涂、刮涂、浸涂、淋涂、喷涂等传统工艺,又有流化床、静电喷涂、电泳涂装等现代技术。既可对工件整体一次涂装,又可将其分区积累式涂装,因而可对任何大尺寸的工件进行涂装。既可以工厂化地进行集中高效的涂装,又可在工件现场就地涂装等。在选择施工方法前,应重点考虑以下方面:

(1)施工物面的材料性能、大小和形状。

(2)合理选择涂料品种及各品种涂料的特性。

(3)对涂装的质量要求。

(4)施工环境、设备、工具等必要条件。

(5)涂装的施工效率、经济价值等。

涂料施工的方式虽然较多,但各有其优、缺点,应视产品的具体情况来正确选用施工方法,以达到最佳的涂装效果。海洋和重防腐涂装主要采用的涂装方式为刷涂、滚涂、空气喷涂、高压无气喷涂、热喷涂等。

7.4.1 表面预处理

涂层要与基材结合良好,基材表面必须是清洁的,并有一定的粗糙度,因此基材要在喷涂之前进行净化和粗化加工处理。表面处理的好坏直接影响涂层质量,是制备涂层工艺的关键环节,表面净化和粗化处理的方法多种,净化工序有溶剂清洗、碱液清洗、加热脱脂、喷砂净化等,粗化处理有射吸式喷砂、压力式喷砂、电动工具处理等。采取压力式喷砂处理较好。

1. 喷砂除锈

采用的喷砂工艺如下：

（1）在喷砂除锈以前,需清除表面油脂、泥砂和附着污损物。

（2）所用的压缩空气必须经过油水分离,不得使用潮湿空气,以免除锈后的钢板返锈。

（3）喷砂距离:喷嘴到基材表面的直线距离。喷砂距离太大,会导致磨料对基材表面的冲刷作用减弱,同时磨料分散;喷砂距离太小,又易导致表面喷砂不均匀。一般距离为 $200 \sim 400mm$,以 $300mm$ 左右为宜。

（4）喷砂角度:磨料喷射的轴线与基材表面的夹角。由于表面净化和粗化的工序一并进行,首先考虑到净化效果,将喷砂角度控制在 $45° \sim 75°$,喷除表面污物,以使表面出现金属本色,没有任何污物和锈迹,并达到满意的粗糙度。尽量避免喷砂角度成 $90°$,以防止砂粒嵌入表面。

（5）空气压力:压缩空气为动力,喷嘴处的压力。随着压力提高,磨料喷射的速度增加,对表面冲刷作用加剧,磨料易破碎。考虑到磨料的粒度,控制压缩机压力为 $0.5 \sim 0.6MPa$,喷嘴处的空气压力为 $0.4 \sim 0.5MPa$。

（6）喷砂嘴孔径:喷砂嘴孔径受压缩空气量的制约,孔径越大,空气耗量越大,出砂越快、喷砂效率越高。采用 $9m^3/min$ 的空压机,喷砂嘴孔径为 $8 \sim 10mm$。

（7）喷枪移动速度:以表面出白,表面达到满意的洁净度、粗糙度为准,没有严格限定,移动速度不能过慢,以防止小的管道的壁薄,减小了钢板厚度。

2. 电动工具除锈

（1）用动力工具除锈前,要先做好配套设施和安全工作准备,包括工具、脚手架、照明和劳动保护等。

（2）使用指定的清洗剂将表面油污除去。

（3）用角向磨光机（砂轮）除去焊渣后,在锈蚀处打磨露出金属表面。除锈中要注意使角磨片与钢板保持 $15° \sim 30°$ 角度,以达到最佳除锈效果。硬、厚的锈层可以使用风动敲锈锤和齿型旋转除锈器;焊缝等凹陷处可用钢丝刷进行辅助。

（4）在除锈过程中,要按"先易后难、先下后上"的原则进行。

（5）对焊缝区、火工烧损区、自然锈蚀区彻底打磨至呈现金属本色。

（6）根据所涂装涂料的类型,将除锈达到一定的标准,要求除锈等级达到 St3 级。

3. 拉毛处理

当涂装间隔很长时,漆膜表面的必须经过打毛处理:原表面漆涂膜宜选用 $36 \sim 80$ 目砂纸进行拉毛,要求原漆膜表面凹凸高度差为 $5 \sim 10\mu m$,拉毛方向要一致,全面,不要有遗漏,且不要采用气动工具。

4. 表面处理质量

按各种基材的表面处理标准和各种涂料所需的表面标准进行检查。检查标准为钢材表面没有油污、灰尘和其他附着物,经过油脂含量测试;除去钢材表面盐分,盐含量不大于 $50\mu g/cm^2$;除锈等级达到 Sa2.5 或 St3 级,钢材表面粗糙度应尽可能达到 $40 \sim 80\mu m$。

7.4.2　施工环境条件控制

按照施工环境要求,检查表面温度（$5 \sim 35℃$）、湿度（低于85%）。涂料施工温度应符合涂料厂商推荐的要求,并且被涂基材表面的温度高于露点 $3℃$ 以上。表 7.12 列出了不同环境条件下的施工措施。

表 7.12　不同环境条件下的施工措施

方案	气候情况	施工措施
方案一	正常	达到施工要求,温度为 $5 \sim 35℃$,温差露点以上 $3℃$ 等,按照施工质量标准进行施工
方案二	高温	表面处理可正常进行。涂装时,必须温差高于露点 $3℃$ 以上。可采用少配固化剂,多加5%稀释剂等方法。要控制涂层喷涂距离,及时检查涂层情况
方案三	雨天	尽量不施工,可进行内部结构的局部表面处理、修补工作
方案四	湿度大	必须进行现场环境检测,在温差高于露点 $3℃$ 以上才能进行喷涂施工。一般在早晨八点以后施工,避免湿度过大
方案五	盐分	进坞时,高压淡水清洗冲刷,检测后,再次淡水冲刷

7.4.3　涂装过程控制

按照施工环境要求,检查表面温度、湿度,每4h按需方要求进行,可随时检查。按照湿膜厚度检验的国家标准,以所需干膜厚度换算湿膜厚度,施工中应经常测量湿膜厚度,以确保干膜厚度及膜厚均匀性。对焊缝、边缘或某些露出底材的部位,以防锈底漆预涂装一道。

1. 涂刷

用漆刷涂装时,涂刷方向应先上下、后左右,漆刷蘸漆不能过多,以防滴落。涂装舰船涂料或重防腐蚀涂料时,漆刷距离不能拉得太大,以免涂膜过薄。表面粗糙、边缘、弯角和凸出等部位更应注意,最好先预涂一道。

2. 滚涂

用滚筒涂装时,滚筒上蘸的涂料应分布均匀。滚涂时滚动速度保持一定,不可太快。切忌过分用力压碾滚筒。焊缝、切痕等凸出部位,应小心处理,最好先预涂一道。

3. 高压无气喷涂

这是最快的涂装方法,而且可以获得很厚的涂膜,说明书中的干膜厚度均为无气喷涂一道的厚度。因此,为了达到规定的涂膜厚度,最好采用无气喷涂的施工方法。在实际涂装时应采用先上下、后左右,或先左右、后上下的纵横喷涂方法。使用无气喷涂需要更高的技巧,喷枪与被涂物面应维持在一个水平距离,操作时防止喷枪远距离或弧形挥动,喷涂时的操作正确。

4. 涂膜厚度的控制

为了使舰船涂料能够发挥最佳性能,足够的涂膜厚度是极其重要的。因此,必须严格控制涂膜的厚度。

用漆刷或滚涂得到的每道涂膜厚度较薄,其涂装道数至少要比高压无气喷涂的喷涂道数多1倍,才能达到所规定的厚度。

边、角、焊缝、切痕等部位在喷涂之前应预先涂刷一道,然后进行大面积涂装,以保证凸出部位的涂膜厚度。

施工时应按使用量进行涂装,经常使用湿膜测厚仪测定湿涂膜厚度,以控制干涂膜的厚度和保证涂层厚度的均匀。

按被涂物体的大小确定厚度测量点的密度和分布,然后测定干涂膜厚度。涂膜厚度未达到要求处,必须进行补涂。

5. 涂层涂覆过程

按照涂装工程设计检查涂层的层数、涂装间隔等,应具有相同的涂层层数和最佳涂装间隔。一般防锈涂料涂装最佳间隔为24h,防污涂料最佳涂装间隔为12~24h。

甲、乙两组分分装的两罐装涂料。使用前必须按说明书规定的配比混合均匀,如果混合比例错误,将会影响干燥性能和防锈性能。

在20℃时放置12~20h即逐步胶化直至不能使用。因此,应按涂装面积计算使用量后再进行混合。

涂料在出厂时一般已调节到适宜于施工的黏度,不必进行稀释处理。但在气温过高或过低的条件下,也可以添加适量的稀释剂以达到理想的涂装黏度。但稀释剂用量一般不应超过涂料本身质量的5%。

6. 干燥过程

按照涂膜干燥测定的国家标准,检查涂层的表干和实干,用以指导涂装间隔。

7.4.4　涂装完毕检验

涂膜表面:按照涂装工程对涂层表面的设计要求,检查涂膜表面状态,包括是否有表面缺陷及光泽和颜色等。必须改正较大的流挂、橘皮、起泡、光泽和色差等表面缺陷。

干膜总厚度:按涂装设计膜厚检测要求,检查涂层总干膜厚度是否达到设计要求,未达到需补涂。

检测时,选择测量点要注意分布的均匀性和代表性。对于大面积的平整表面每$2m^2$测定一点,每点测定三次,计算算术平均值。焊缝、铆钉等测定困难的部位可不予测定,但为防止涂装过薄,应手工刷涂一遍。

对于面积较小的区域或部件,须保证每一面应有三个以上的检测点。对干膜厚度的一般要求:所有厚度测定点的平均值不应低于规定干膜厚度的 90%;未达到规定干膜厚度的测定点数目不应超过测定点总数的10%。未达到规定厚度者应进行如下处理:合格率低于 80%,需全面补涂一道;合格率为 80～90%,应根据情况做局部涂漆;焊缝、铆钉部位必须重涂一道涂料。

对整个干涂膜厚度的检查是最后的质量保证。

涂膜太薄会导致过早的锈蚀。涂膜太厚会导致材料消耗过多和因涂膜不完全干燥而发软。最精确的测试仪器是新一代具有记忆功能的数码工具,使用前必须先对仪器进行适当的校对。

干膜的厚度控制一般采用"80-20"规则,即至少有 80% 的测量点干膜厚度达到要求,其余的 20% 测量点至少要达到规定干膜厚度的 80%。通常采用的规则还有"85-15"规则、"90-10"规则等。

7.4.5　涂装检查名称、内容和标准

涂装检查名称、内容和标准见表 7.13。

表 7.13　涂装检查名称、内容和标准

检查分类	检查名称	检查内容	检查标准
涂装前	涂料	涂料的状态、黏度和混合比例	按厂家涂料说明,按施工要求调整涂料黏度,按配比与固化剂混匀
	表面处理	各种基材的表面处理是否达到标准	基材相应的表面处理标准和涂料所需的表面标准
	环境条件	表面温/湿度、基体表面盐分含量	按照施工环境要求,温度为 5～35℃,露点以上 3℃ 等
涂装中	环境条件	表面温/湿度,每 4h 按需方要求进行,可随时检查	按照施工环境要求,温度为 5～35℃,露点以上 3℃ 等
	湿膜厚度	每一道涂料的湿膜厚度	湿膜厚度检验国家标准,以所需干膜厚度换算湿膜厚度
	涂层涂覆过程	涂层的层数、涂装间隔等	按照涂装工程设计检查,具有相同的涂层层数和最佳涂装间隔
	干燥过程	涂层的表干和实干	涂膜干燥测定的国家标准,用以指导涂装间隔
涂装后	涂膜表面	检查涂膜表面状态,包括是否有表面缺陷、光泽和颜色等	按照涂装工程对涂层表面的设计要求,必须改正较大的流挂、橘皮、起泡、光泽和色差差异等表面缺陷
	干膜总厚度	检查涂层总干膜厚度是否达到设计要求	按照涂装工程设计要求和干膜厚度检验国家标准
	附着力	检查涂膜对基材的附着力和层间附着力	按照附着力测定国家标准和涂装工程对涂料附着力的要求

7.4.6　涂料及其涂膜缺陷处理

涂料及涂膜缺陷是在涂料设计、生产制造、运输、储存、涂装全过程中质量环节出现问题的综合体现。根据使用涂料时各种缺陷出现的先后时期,可将涂料及其涂膜缺陷分为三大类:

(1)涂装前的缺陷,即涂料在生产、运输和储存过程中产生的缺陷,如沉淀结块、发浑、变稠、浮色发花、胶化、颜料返粗、析出等。

(2)涂装过程中出现的缺陷,如流挂、咬底、涂膜发白、渗色、起皱、橘皮、针孔、露底、收缩、不干、返黏、失光、裂纹等。

(3)涂装后及使用过程中产生的缺陷,如粉化、起泡、生锈、脱落、腐败等。

本节仅对涂装过程中和涂装后产生的典型病态进行说明。

1. 流挂

1)定义

涂料施涂于垂直面上时,由于其抗流挂性差或施涂不当、涂膜过厚等而使湿涂膜向下移动,形成各种形

状、下边缘厚的不均匀涂层。

2）现象

流挂是影响涂膜外观的一种缺陷，多出现在垂直面、棱角处、合页连接处及水平面与垂直面交接的边缘线处，如图 7.6 所示。

3）防治措施

（1）出现流挂后，在流痕未干时，可用刷子或手指轻轻地将痕道抹平；如果流挂已经干燥，可用小刀将流痕轻轻铲平，或用砂纸将痕道打磨平整再进行涂装。

（2）漆刷一次不能蘸漆过多，要在桶壁上靠一下刷子。漆液稀刷毛软，漆液稠刷毛宜短，刷涂厚薄均匀适中。喷涂时喷枪应距物面 20～30cm，不能太近，并与物面平行移动。

（3）对凸凹物面进行涂装，在漆流未干时，可选择刷毛长、软硬适中的漆刷，用漆刷将多余的漆液刷去，防止积漆。

（4）做好各种基材的前处理工作，防止油水的附着，提高涂层的附着力。对于旧涂膜，可先打磨，将涂层拉毛后涂装新涂料。

（5）适当换气，保持通风，气温应在 10℃ 以上。温度低时，可适当采用快挥发稀释剂，提高固化剂用量。

2. 针孔

1）定义

一种在涂膜中存在着类似用针刺成的细孔的缺陷。它由于湿涂膜中混入的空气泡和产生的其他气泡破裂，且在涂膜干燥（固化）前不能流平而造成；或由于底材处理或施涂不当而造成。

2）现象

涂膜干燥过程中或形成涂膜后，表面出现圆形小圈，状如针刺的小孔，或像皮革毛孔状的孔，较大的像麻点（图 7.7）。针孔的缺陷，也就是在成膜过程中出现有些部位空白无漆，形成腐蚀的"通道"，必须及早补救。

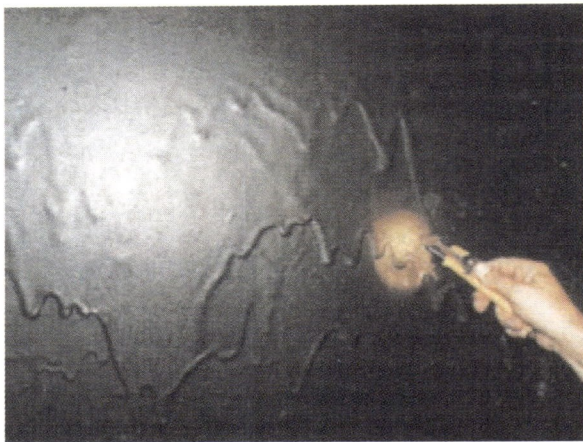

图 7.6　流挂

图 7.7　针孔

3）原因

（1）储存温度过低，使漆基的互溶性变差，黏度上升或局部析出，易引起颗粒或针孔弊病。

（2）长时间激烈搅拌，在涂料中混入空气，生成无数气泡。

（3）施工环境湿度过高，喷涂设备油水分离器失灵，空气未过滤，喷涂时水分随空气管带入喷出，引起涂膜表面的针孔，甚至水泡。喷涂时压力过高，距离过远，破坏了湿涂膜的稀释剂平衡。刷涂时用力过大，滚涂时转速太快等，使产生的气泡无法逸出。

（4）涂漆后，在稀释剂挥发到初期成膜阶段，由于稀释剂挥发过快，或在较高气温下施工，特别是受高温烘烤，涂膜本身来不及补足空当，形成针孔。

（5）被涂物表面处理不当，在有油污的表面上涂装、腻子和底漆未干透、涂膜一次涂装过厚，稀释剂无法及时挥发被包裹在涂层中,经一段时间后挥发逸出形成针孔。

4）防治措施

（1）在适宜的温度下储存,防止析出、橘皮、凝胶等弊病的产生。在使用前需经过过滤,除去杂质和碎屑。

（2）涂料要混合均匀,但不要长时间剧烈搅拌,在搅拌后要待气泡基本消失后再进行涂装,双组分涂料要有一定的活化期,一般在混合后 15min 再涂装。

（3）湿度过大时不要施工,相对湿度一般不大于85%。保证施工机具的清洁与可靠使用。喷涂时,油水分离器需正常且压力不能过高,压缩空气需经过滤,保证无油。刷涂时,漆刷不能蘸漆过多,要纵横涂刷,有气泡时需用刷子来回赶几下,挤出气泡。滚涂时也需来回滚动,速度不能过快,将混入夹带的气泡赶出。

（4）底材处理要无油、除尘、达到一定的表面处理等级。腻子层要刮光滑,涂层控制一定厚度,特别对于容易积存漆液的部位。涂装要具有一定的时间间隔,在底层涂料实干后,再进行下道涂料的施工。

（5）对已经形成针孔的涂膜表面,可补涂配套涂料。对表面不平整的状况,可磨平后再涂漆。

3. 起泡、气泡

1）定义

涂层因局部失去附着力而离开基材(底材或其下涂层)鼓起,使涂膜呈现似圆形的凸起变形,称为起泡。气泡是涂层表面出现的细小的肉眼可见至数毫米直径的泡,气泡内可含液体、水蒸气、其他气体或结晶物。

2）现象

在涂膜表面出现大小不同的圆形凸起物。稀释剂蒸发产生的泡称为溶剂泡。搅拌涂料时产生的气泡在涂装成膜过程中未消失而产生的泡称为气泡。气泡用手指掐压可感到弹性,重压时气泡还会向四周扩大或胀破面层,如图 7.8 所示。

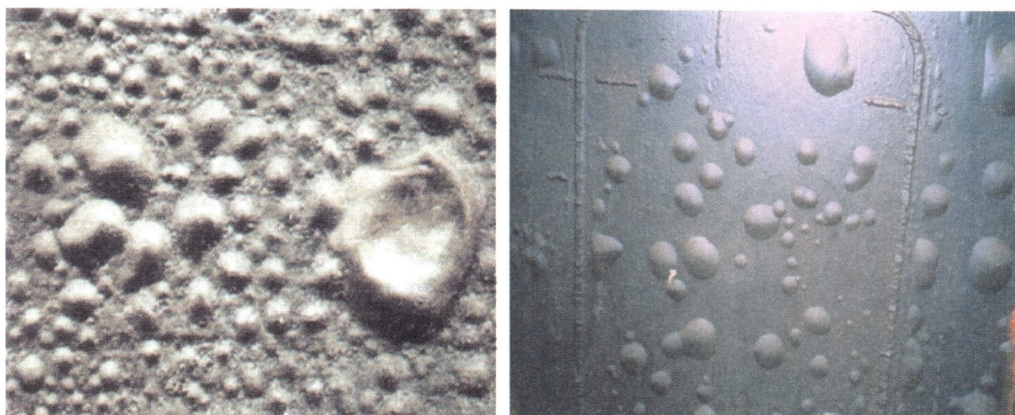

图 7.8　起泡

3）原因

气泡与针孔产生的原因基本相同,只是气泡处于涂层内,而针孔则在表面开口而已。

（1）在没有干透的基材上涂漆,当涂膜干燥后,内部的稀释剂或水分受热膨胀而将涂膜鼓起,形成气泡。

（2）金属底材处理时,坑凹处积聚的潮气未予除尽,因局部锈蚀而鼓泡;或未除净的锈蚀、氧化皮等与涂料中某些物质或从涂膜微观通道内渗入的水、气体、腐蚀介质反应,生成气体。

（3）涂料在搅拌和涂装过程中混入气泡,未能在干燥前逸出。

（4）在强烈的日光或高温下涂装,涂层过厚,表面的涂料经曝晒干燥,热量传入内层涂料后,涂层中的稀释剂迅速挥发,造成涂膜起泡。

4）防治措施

（1）涂装要具有一定的时间间隔,在底层涂料实干后,再进行下道涂料的施工。

（2）防止潮湿气候下的施工,底材处理要无油、除尘、并达到一定的表面处理等级,特别要排除表面的凹陷和孔洞中的水分。

（3）按处理"针孔"方法避免搅拌和施工过程中的气泡产生，并注意施工技巧。一般而言，涂料的表面张力越低，喷雾粒子越细，涂料黏度越低，越不易产生气泡。

（4）涂装时和涂装后，不应放在日光或高温下，避免用带汗的手接触涂层。

（5）涂膜如有气泡，应视情况决定是局部修补还是铲除后重新涂装。

4. 刷痕

1）定义

刷涂后，在干涂膜上留下的一条条脊状条纹现象（这是由于涂料干燥过快、黏度过大、漆刷太粗硬、刷涂方法不当等使涂膜不能流平而引起的）。

2）现象

随着漆刷和滚筒的移动方向，在干燥的涂膜表面残留有凹凸不平的线条状痕迹现象（图7.9）。主要影响涂膜外观的光滑平整、光泽及涂层的厚度。

图7.9　刷痕

3）原因

（1）在夏季高温情况下施工，稀释剂挥发过快，使漆刷拉不开或刷上后来不及流平即干燥，不再流淌，涂膜实干后留下漆刷刷过的线条、痕迹。

（2）涂装方式不当，漆刷或滚筒来回涂刷或滚动过多。

（3）涂装工具选择不当，漆刷刷毛过硬或不齐、不清洁，滚筒清洁不足、过硬等。

4）防治措施

（1）防止在储存过程中溶剂的挥发和颜料的凝聚，开罐施工前，应适当调整涂料的黏度并搅拌均匀、过滤，加入相应的稀释剂。

（2）避免在温度过高的环境下施工，并按规定控制温度和时间让稀释剂能正常挥发。

（3）尽量选用喷涂方式，可避免刷痕的产生。采用刷涂和滚涂施工时，涂料一次不要蘸取过多，不要来回多次拖动漆刷和滚筒。

（4）选用的漆刷和滚筒一定要清洁干净，避免有杂物和碎屑混入。要选择软质的漆刷，刷涂时厚薄均匀。

（5）对出现刷痕的涂层，在表面要求不高时，并不影响防腐保护效果。对面漆涂装，需用细砂纸将刷痕磨平，去除尘屑，再喷涂或涂装一道面漆。

5. 起皱

1）定义

起皱也称为皱纹，涂膜呈现有规律的小波幅波纹形式的皱纹，可深及部分或全部膜厚。皱纹的大小和密集率可随涂膜组成及成膜时条件（包括温度、湿膜厚度和大气污染情况）而变化。

2）现象

直接涂在底层上或已干透的涂层上的涂膜在干燥过程中产生皱纹的现象，如图7.10所示。

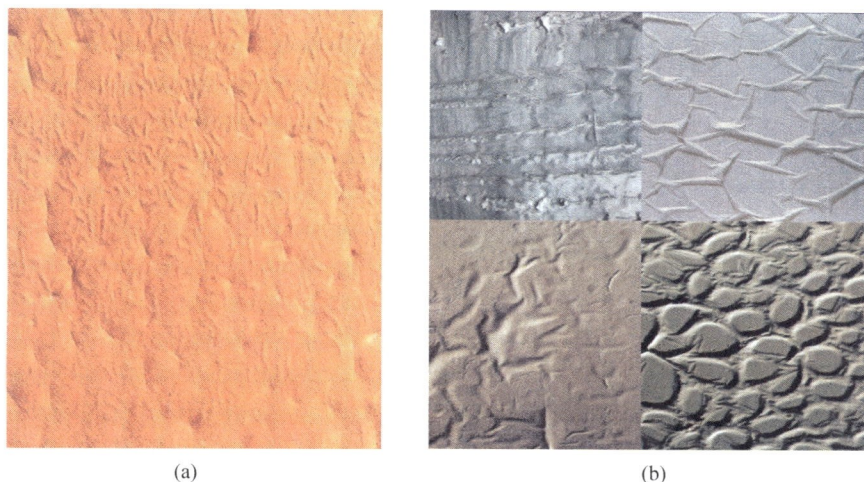

(a)　　　　　　　　　　(b)

图 7.10　起皱

3）原因

（1）由于涂层表面干燥并迅速成膜,隔绝了内层和空气的接触,内层涂膜的干燥受到影响,两层涂膜干燥速度的不同,导致形成皱纹。

（2）涂料黏度过大,形成涂膜过厚,超出常规。特别是转角凹陷处涂料积聚过多,厚处便起皱纹。

（3）涂膜未完全干透,就在其上涂覆下一道涂料,使内部稀释剂无法完全挥发。

（4）涂装时,恰遇高温及日光曝晒,或施工场所通风不良等,使涂膜表面提前干燥,而内部的涂料涂膜来不及干燥,形成皱纹。

4）防治措施

（1）涂装后保证有足够的干燥时间。

（2）减小涂料的黏度,在喷涂过程中喷枪移动速度不能过慢,喷距不能过近;刷涂时蘸取涂料不宜过多,注意形成涂膜的厚度不要过高,防止在边角凹陷处积存涂料。

（3）保证涂膜的完全干燥,严格按照一定的涂装间隔涂装。

（4）避免在高温、高湿情况下的施工,加强室内通风,涂装后不可在烈日下曝晒。

（5）对于起皱现象严重的涂膜,需铲去重新涂装,注意底材处理需光滑。对于轻微的起皱,需用细砂纸将皱纹磨平,去除尘屑,再喷涂或涂装一道涂料。

6. 缩孔

1）定义

涂膜干燥后仍滞留的若干大小不等、分布各异、厚薄形态各异的小坑的现象,也称为麻坑（点）、发笑、抽缩、缩漆、鱼眼等。

2）现象

涂料涂布后,涂膜上形成小的碗状凹坑,在凹坑的中央常常有滴状或条状物质,边缘隆起。涂膜不能均匀附着,不平整,有的像水撒在蜡纸上一样收缩呈锯齿、圆珠状,斑斑点点,多为直径 0.1 ~ 2mm 的圆形,使涂膜破坏而露出底层,是现场最严重的涂膜缺陷之一（图7.11）。不定形、面积大的一般称为抽缩或发笑;呈现圆形的称为缩孔;在圆孔内有颗粒,称为鱼眼。

3）原因

（1）加入的稀释剂过多,稀释剂的挥发速度过

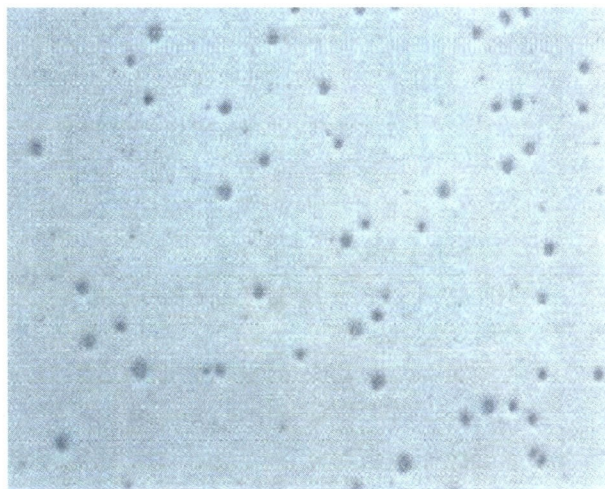

图 7.11　缩孔

快,涂料来不及流平。

(2) 涂装物面过于光滑,或底漆过于光滑,或被涂物面是旧涂膜未经处理,面漆不能均匀地附着。

(3) 被涂物面上沾有油污、汗渍、酸碱渍、蜡质或刷漆后受大量烟熏,涂装前未充分除净。喷涂施工时没有使用油水分离器,使空气中的水分或压缩机内部的油分混入涂料,喷于物面,产生缺陷。

(4) 在雨季、阴天或潮湿的地方施工,被涂物表面有水,因油和水不能混合,产生缩孔和发笑。

(5) 涂料施工过程中,混入灰尘、杂屑,或喷涂、刷涂机具未彻底清洗,在施工另一品种涂料时产生凝胶颗粒等。

4) 防治措施

(1) 双组分涂料要充分搅拌均匀,并应经过一定的熟化(活化)期后使用。

(2) 在高温等情况下,采用挥发较慢的稀释剂系统,且不宜加入过多。

(3) 对表面过于光滑的底漆或旧涂膜,应除去灰尘、油污等,用细砂纸磨掉漆的光泽,略加拉毛,除去尘屑后再涂装,可克服缺陷。在出现轻微发笑等现象时,可用硬毛刷采用刷涂的方法在漆面上用力纵横交替或对角交替地反复刷几次严重的情况,用相应稀释剂将发笑部位擦掉,处理表面后,再重新刷涂料。

(4) 彻底清除被涂物面上的油污、水渍、汗渍、蜡质等,并除去锈蚀等表面残留。喷涂设备应严格装置油水分离器,防止水分和油分在施工中混入涂料;避免用裸手、脏手套和抹布接触被涂漆面,确保被涂面上无油、水、硅油及其他漆雾等附着。

(5) 避免在阴雨天气和湿度较大的环境中施工。同时涂装温度不宜过高,涂料与被涂物的温度应尽可能保持接近,气温超过35℃,在烈日曝晒下钢材基体的温度可能超过50℃,稀释剂挥发过快,不宜施工。

(6) 避免在大风天气时施工,同时在涂料的施工过程中保持清洁,防止灰尘、碎屑混入。涂装机具用毕要彻底清洗,防止凝胶颗粒和杂质尘屑混入涂料。

(7) 对出现轻微缺陷的涂料,在湿膜时,可用漆刷反复理刷;不能消除时,立即停止涂装,用相应稀释剂擦除涂料,并对被涂物面或涂料进行及时调整补救,被涂物面清洁干燥后,再次涂装。若干涂膜发现缺陷,用细砂纸打磨,除去灰尘后,再次涂装。

7. 失光和粉化

1) 定义

涂膜受气候环境等影响,表面光泽降低的现象称为失光。在严重失光后,表面由于其一种或多种基料的降解以及颜料的分解而呈现出疏松附着细粉的现象称为粉化。

2) 现象

长期户外使用的涂膜表面光泽下降,表面黯淡等,当严重失光后一般出现粉化层并脱落的现象(图7.12)。若用手触摸,便有细微粉状颗粒沾附在手指上;粉层一般为白色,也有其他颜色,粉化只限于表面,随着粉化的不断进行,全部涂膜将被破坏。

3) 原因

(1) 涂膜长期处于日光和紫外线的强烈曝晒下,受日光、暴雨、霜露、冰雪、气温剧变等长期侵蚀。

(2) 未选择耐候性能优良的涂料品种,将耐候性较差的涂料涂于户外。

(3) 涂膜未干透时,即受到强烈的日晒等侵蚀。

(4) 在施工中,面漆黏度过低或涂膜厚度不够。

4) 防治措施

(1) 被涂物应尽量避免处于长期日晒雨淋的户外环境中,避免工业大气等腐蚀侵害。

(2) 选择耐候性能优异的涂料品种。

(3) 涂膜具有一定的涂装间隔,在涂装完毕后,涂膜应有足够的保养时间,一般为两个星期以上。在此期间,避免受到雨、雾、霜、露的侵蚀,防止其他腐蚀介质的浸入。

(4) 涂料研磨得越充分、颗粒越小、细度越好,涂膜的光泽越高,越不易粉化。

(5) 漆液的黏度要适中,涂膜要达到防腐所需的干膜厚度。

(6) 对出现失光而未粉化的涂层,在轻微表面打磨除尘后,可涂装新的面漆。对出现粉化的情况,需用刷子等将粉层除去,直到露出硬涂膜漆层,将表面打磨平整,除去尘屑后重新涂装面漆。

8. 开裂

1) 定义

涂膜在使用过程中出现不连续的外观变化,通常是由于涂膜老化而引起的。

2) 现象

涂膜在使用中,产生可目测的裂纹或裂缝,裂纹从小到大,从浅至深,最终导致涂膜完全破坏。开裂是一种较为严重的缺陷(图7.13),根据裂纹的深浅可分为细裂(细浅的表面裂纹且大体上呈规则的图案分布)、小裂(类似于细裂,但其裂纹较为深宽)、深裂(裂纹至少穿透一道涂层的开裂形式,最终导致涂膜完全破坏)、龟裂(宽裂纹且类似龟壳或鳄鱼皮样的一种开裂形式)、鸦爪裂(裂纹图案似乌鸦爪样的一种开裂形式)等。

图7.12 失光和粉化   图7.13 开裂

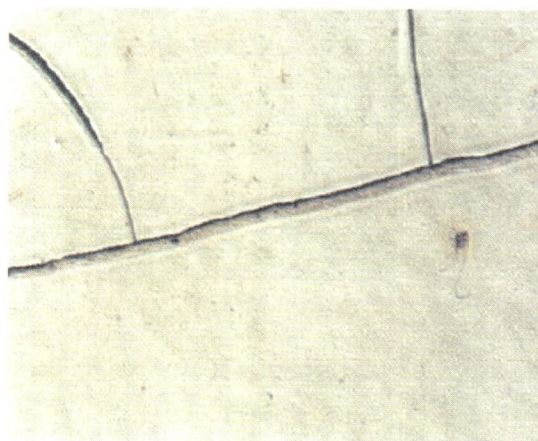

3) 原因

(1) 涂膜长期处于日晒、雨淋和温度剧变的使用环境中,受气候氧化影响,涂膜失去弹性而开裂。

(2) 底漆涂装得过厚,未等干透就涂装面漆。面漆过厚,或在旧涂膜上修补层数过多的厚涂层,均宜发生干裂。

(3) 涂料使用前没有搅拌均匀,上层含基料多,而下层含颜料多,如只取用下层部分,就容易出现开裂。

(4) 涂膜内部存在针孔、漏涂以及气泡等缺陷,使涂膜承受应力,特别在骤冷过程、涂膜疲劳过程等应力存在时,容易发生涂膜开裂。

4) 防治措施

(1) 防止涂膜长期处于严酷的腐蚀环境中,避免在高温、低温场合,或急剧温变的场合使用。涂膜一定要干透,经过至少两个星期的保养时间,再放入腐蚀环境,特别是在修补场合和新涂层早期暴露在严寒中容易出现开裂。

(2) 增强涂层之间的配套性,底漆和面漆的膨胀性能应接近。配套采用"底硬面软"的原则,在容易开裂的场合加入片状或纤维填料。

(3) 涂膜一次涂装不能过厚,按工艺要求严格控制底、面漆厚度。涂装应有一定的涂装间隔,底漆要实干后才能涂面漆。

(4) 涂料使用前应搅拌均匀并过滤,对双组分涂料,除加入适量的固化剂并搅拌均匀外,还有一定的活化期和使用期限。

(5) 选用耐候性能良好的涂料作为外用面漆,特别是处于长期日晒雨淋的环境中。

(6) 避免涂料中针孔、气泡等缺陷的产生。

(7) 加强底材的处理,底材不仅除油、除锈、除污,还应有一定的粗糙度,必要时用细砂纸轻微打磨。

(8) 防止涂膜开裂应针对上述原因加以纠正。如涂膜已轻度皱皮,可用水砂纸磨平后重涂。对于肉眼可见的裂纹,涂膜已失去保护功能,应全部铲除失效涂膜,重新涂装。

9. 脱落

1)定义

一道或多道涂层脱离其下涂层,或者涂层完全脱离底材的现象(图 7.14),称为脱落或脱皮。

图 7.14 脱落

2)现象

由于涂膜在物面或下涂层上的附着力下降,或丧失附着力,而使涂膜的局部或全部脱落的现象(图 7.14)。脱落之前往往出现龟裂、脆化成小片脱落,称为鳞片脱落或皮壳脱落;有时也发生卷皮而使涂膜成张脱落,其中上涂层与底涂层之间的脱落称为层间脱落。

3)原因

脱落的原因,与开裂的原因和防治措施有相近之处。

(1)涂装前表面处理不佳,被涂物底材上有蜡、油污、水、锈蚀、氧化皮等残存或被涂底材过于光滑等。

(2)涂料附着力不佳,存在层间附着力不良等。

(3)底漆过于光滑、干得太透、太坚硬或有较高光泽,或者在长期使用的旧涂膜上涂装面漆等,易造成面漆的剥离,进而脱落。

(4)涂膜在高湿、化学大气、严酷腐蚀介质浸泡等条件下长期使用,涂膜易产生脱落。

4)防治措施

(1)涂装前要进行严格的表面前处理。去除底材上的污物,同时保持一定的粗糙度。

(2)增强底、面漆的配套性,在施工工艺中采用"过渡层"施工法或"湿碰湿"工艺。

(3)选择附着力强的涂料,特别是在严酷腐蚀环境中使用的底漆。

(4)底漆过于光滑时,要拉毛处理,或涂装"过渡层"。涂装要有一定的时间间隔,按照最佳涂装间隔执行。

(5)如涂膜整张脱皮,应铲去该涂膜,重新涂漆。对局部出现缺陷的涂膜,可酌情修补后,再通涂面漆。

7.4.7 防护与安全

我国对涂装安全管理极为重视,制定了国家标准和各行业的相应标准,涉及的内容包括涂料运输、储存、配制、涂装前处理、涂装作业、干燥成膜等过程中的各项安全技术,同时包括在上述过程中采用的各种涂装设备的安全使用。

对涂装全过程的各项安全技术可概括为防火、防爆、防毒、防尘、防噪声、防静电以及"三废"治理技术等。如果从规划、设计、基建、生产、管理、教育等全局的观点,对涂装过程的各个环节及其安全逐项认真管理和要求,可将涂装作业中的人身伤害和恶性事故减少到最低程度,并达到最佳的安全状态和综合治理效果。本节对涂装中涉及的安全过程进行简述,具体内容可参照相应的各种标准。

1. 防火和防爆

涂料及稀释剂绝大部分是易燃和有毒物质,这些化学物质不仅污染环境,而且危害施工人员的身体健康。在涂装过程中形成的漆雾、有机溶剂蒸气、粉尘等与空气混合、积聚到一定的浓度范围时,一旦接触火源,就容易引起火灾或爆炸事故。

火灾发生必须具备氧气、可燃物质、着火源三个条件。可燃物质包括:有机溶剂在存放、清洗、稀释、加热、涂覆、干燥固化及排风时挥发、蒸发的易燃易爆蒸气;沾染有机溶剂的废布、纱头、棉球、防护服等;涂料中的固体组分、粉末、轻金属粉。着火源包括:明火(如火焰、火星、灼热);摩擦冲击(工件、器具之间撞击,带钉鞋或金属件与地坪撞击等);电气火花(电路开启与切断、短路、过载等);静电放电(静电积累、静电喷枪与工件间距离过近等);雷电;化学能(自燃、反应放热等);日光聚集;等等。

爆炸发生在密闭空间及通风不良场所,易燃气体及粉尘积聚达到爆炸极限,遇着火源瞬间燃烧、爆炸。稀释剂蒸汽的最低爆炸浓度称为爆炸下限。稀释剂蒸汽的最高爆炸浓度称为爆炸上限。当可燃气体过少低于爆炸下限时,剩余空气可吸收爆炸点放出的热,使爆炸的热不再扩散到其他部分而引起燃烧和爆炸;当可燃气体过多超过爆炸上限时,混合气体内含氧不足,也不会引起爆炸,但极为有害。可用爆炸界限(上限和下限)作为衡量爆炸危险等级的尺度。

注意事项如下:

(1) 生产和施工场地严禁吸烟,不准携带火柴、打火机和其他火种进入工作场地。

(2) 施工中,擦涂料和被有机溶剂污染的废布、棉球、棉纱、防护服等应集中并妥善存放,避免引起火灾。

(3) 各种电气设备,如照明灯、电动机、电气开关等应有防爆装置。

(4) 在涂料生产和施工中,尽量避免敲打、碰撞、冲击、摩擦铁器等动作,以免产生火花,引起燃烧。严禁穿有铁钉皮鞋的人员进入工作现场,不用铁棒启封金属漆桶等。

(5) 防止双组分涂料混合时的急剧放热,要不断搅拌涂料,并放置在通风处。在预热涂料时,不能温度过高,且不能将容器密闭,需开口,不用明火加热。

(6) 生产和施工场所必须备有足够数量的消防设施设备,如灭火器、石棉毡、黄砂箱及其他消防工具等,施工人员应熟练使用各种消防设备。

(7) 一旦发生火灾,切勿用水灭火,同时要减少通风量,应用石棉毡、黄砂、灭火器(二氧化碳或干粉)等进行灭火。如工作服着火,不要用手拍打,就地打滚即可熄灭。

(8) 大量易燃物品,应存放在仓库安全区内,施工场所避免存放大量的涂料、稀释剂等易燃物品。

2. 防毒

在涂料生产和施工过程中,使用的稀释剂和某些颜填料、助剂、固化剂等都是严重危害作业人体物质。若吸入体内容易引起急性或慢性中毒,促使皮肤或呼吸系统过敏。为保证操作者身体健康,必须靠排气或换气来使空气中的稀释剂等有害物质蒸气浓度低于最高允许浓度,达到确保长期不受损害的安全浓度。

注意事项如下:

(1) 加强涂料生产和施工场所的排气和换气,定期检查有害物质蒸气的浓度,确保空气中的蒸气浓度低于最高允许浓度。

(2) 涂料对人体的毒害,除呼吸道吸入之外,还可通过皮肤或胃的吸收而中毒,某些毒物皮肤吸收的含量远远大于空气中的吸入量。禁止在生产和施工中吃东西。在作业时,应戴好防毒口罩和防护手套,穿上工作服,佩戴防护眼镜等。

(3) 工作场所必须有良好的通风、防尘、防毒等设施,在没有防护设备的情况下,应将门窗打开,使空气流通。

(4) 毒性大、有害物质含量较高的涂料不宜采用喷涂、淋涂、浸涂等方法涂装。

(5) 若皮肤上沾污了涂料时,不要用苯类稀释剂擦洗,可用肥皂粉蘸热水反复摩擦去污。

(6) 某些施工人员对个别涂料过敏,重者可患皮肤过敏症。若皮肤已皲裂、瘙痒,可用2% 稀氨水或

10%碳酸钾水溶液擦洗,或用5%硫代硫酸钠水溶液擦拭,并应立即就诊治疗。

(7)一旦出现事故,应将中毒人员迅速抬离涂装现场,加大通风,平卧在空气流通的地方。严重者施行人工呼吸,急救后送医院诊治。

(8)禁止未成年人和怀孕期、哺乳期妇女,从事密闭空间作业和含有机溶剂、含铅等成分涂料的喷涂作业。

3. 涂料储存和保管

涂料及其稀释剂、助剂等都是易燃易爆物品,同时其挥发蒸气对人体和环境造成危害,因此,必须加强涂料在储存和保管中的管理工作,制定涂料在储存、运输、配制等过程中的安全措施。

注意事项如下:

(1)涂料必须在定点的库房储存,库房内不能同时混放可燃材料;稀释剂应在室外另搭库房存放。

(2)涂料库房应保持干燥、阴凉、通风,防止烈日直接曝晒,邻近无火源。

(3)仓库内不许调配涂料,调配和施工场所应与仓库有一定的距离,以免易燃有毒的挥发性蒸气扩散到仓库内部。出现桶漏现象时,需将该桶提出仓库,在安全的地方换桶或修补。

(4)涂料或稀释剂开桶时,应在仓库外,禁止用金属器械敲击,以免产生火花。

(5)涂料在装运过程中,现场通风良好,小心轻放,不得倒置或重压。

(6)双组分涂料按照一定比例调配均匀后,要有一定的活化期。调配好的涂料,如放在大口铁桶内,要用双层牛皮纸或塑料纸盖住桶口,再用细绳扎住,防止气体挥发或尘屑落入。

4. 涂装前处理工艺安全

涂装前处理工艺包括除油清洗、除锈、除旧涂层等,其中采用的多种化学溶剂具有极高的毒性和腐蚀性。喷砂、高压水除锈等要求工作人员具有较高的操作水平和安全防范意识。

注意事项如下:

(1)涂装前处理的作业场所,应设置在夏季最小频率风向的上风侧。

(2)大面积除油和清除旧涂膜作业中,禁止使用苯、甲苯、二甲苯和汽油,应分别采用水性清洗液或碱液和水溶性脱漆剂代替。

(3)涂漆前处理中产生的漂洗水、冲淋水、废液、废酸的排放,应符合国家相关废水排放标准的规定。

(4)机械方法除锈或清除旧漆必须设置独立的排风系统和除尘装置。

(5)用可燃性有机溶剂除油时,应首先拆去产品或部件的蓄电池等电源设备,并应设有醒目的标牌。所有设备及其管路、配件都需定期检查,防止破裂等事故的发生。

(6)手工除锈作业前,应检查工具的可靠性,相邻操作人员的间距不少于1m。凡是距离地面2m以上进行作业,必须设置脚手板及其扣挂绳索,脚手板应牢固平稳并防滑,工具放置可靠,防止坠落。

(7)电动、风动或液压打磨工具应按照所选的磨片材料限制其线速度,作业前进行空载试转2min,检验工具的可靠性。应在使用一段时间后,检验磨具的材质消耗,超过一定限度不能使用。为了避免眼睛沾污和受伤,须佩戴防护眼镜,如遇灰尘较多,应戴好防尘口罩。

(8)涂装前处理机械除锈限制使用干喷砂,采用真空喷砂、湿式喷砂、喷丸和抛丸、高压水等方式代替。

5. 涂漆工艺安全

涂装作业过程中,可采用手工刷涂、滚涂、空气喷涂、高压无空气喷涂等施工方法。

注意事项如下:

(1)涂漆工艺中的防火、防爆、防毒应符合要求。涂装时划定涂漆作业区,设置通风装置。

(2)作业场所宜安装火灾报警装置和自动灭火器;工件滴落漆液的地方应设置漆液收集装置,并加强局部排风。

(3)高压无空气喷涂装置中的增压缸体、部件、管路、阀件等均应按高压管件规定进行液压试验和气密性试验,配套的高压软管除经上述试验合格外,管线布置时,其最小曲率半径不宜小于软管直径的2.5倍。

(4)高压无气喷涂的喷枪应配置自动安全装置,喷涂间歇时喷枪能自锁。喷涂机应设置最高进气压力和限压安全装置,并具有超压时安全报警装置和接地装置。在任何情况下,不应将承压的无空气喷涂装置的喷嘴对准人体、电源、热源,也不应以手试压。喷涂机的油水分离器如果损坏或可靠性差,应整机停止使用。

6. 涂料涂装安全措施

(1) 避免与皮肤、眼睛接触,施工时配备适合的防护用品,如工作服、护目镜、面罩、手套等。

(2) 该产品属易燃品,须远离火源,万一着火可用二氧化碳或干粉灭火器进行灭火。

(3) 急救处理。意外溅入眼睛即用大量清水冲洗 15min 以上并送医院检查;皮肤沾染涂料即用肥皂或适当的清洗剂彻底清洁皮肤,切勿使用溶剂或稀释剂;意外吸入时即转移到空气新鲜处,松开衣领让病人休息;不慎食入需立即漱口饮水、洗胃,就医。

参考文献

[1]　涂料工艺编委会. 涂料工艺(上、下册):第 3 版[M]. 北京:化学工业出版社,1997.

[2]　曹京宜,付大海. 实用涂装基础及技巧[M]. 北京:化学工业出版社,2002.

[3]　付大海,曹京宜. 油漆工技巧问答[M]. 北京:化学工业出版社,2002.

[4]　王锡春,何鼎,蔡云露. 涂装技术(第二册)[M]. 北京:化学工业出版社,1988.

[5]　汪国平. 船舶涂料与涂装技术:第 2 版[M]. 北京:化学工业出版社,2006.

[6]　虞兆年. 防腐蚀涂料和涂装[M]. 北京:化学工业出版社,2002.

[7]　李国莱,张慰盛,管从胜. 重防腐涂料[M]. 北京:化学工业出版社,1999.

[8]　徐峰. 建筑涂料与涂装技术[M]. 北京:化学工业出版社,1998.

[9]　刘登良. 塑料橡胶涂料与涂装技术[M]. 北京:化学工业出版社,2001.

[10]　王泳厚. 实用涂料防蚀技术手册[M]. 北京:冶金工业出版社,1994.

[11]　胡传沂. 表面处理技术手册[M]. 北京:北京工业大学出版社,1997.

第8章　金属表面处理与覆盖技术

表面工程技术主要有转化技术、薄膜技术和涂镀层技术等,是将材料表面与基体一起作为一个系统进行设计、制造,使材料表面获得材料本身原本没有而又希望拥有的性能。本章简述舰船常用的金属表面处理与覆盖技术的基本原理、特点,重点介绍热喷涂层技术、冷喷涂涂层技术、非金属涂层技术以及激光熔覆等其他防护涂层技术,船舶金属表面处理与覆盖技术应用。

8.1　金属表面工程

表面处理能使材料表面获得预防腐蚀、调整摩擦磨损(增加润滑,降低摩擦磨损)、美化装饰和其他特种功能(如声、光、磁、电的传唤)的能力,极大地提高各种产品和各种建设工程项目抵抗环境(运行环境和自然环境)侵蚀和美化装饰的作用,并赋予其表面特殊的物理、化学或微电子方面的功能。表面工程的目的和作用在于:充分发挥材料的使用潜力;节约资源、能源,响应和支持国家可持续发展战略;提高产品高技术含量,满足产品高技术性能要求;提高人们的生活质量;提高产品的可靠性、安全性,减少事故危害,延长使用寿命。

表面工程技术包括表面转化改性技术、薄膜技术和涂镀层技术。

8.1.1　表面转化改性技术

利用现代技术改变材料表面和亚表面层的成分、结构、性能的处理技术称为表面改性转化技术或表面转化技术。它主要包括如下六大类:

(1)表面形变强化:采用高速弹丸打击、挤压或辊压金属零件表面,使其产生塑性变形,由此引起表层显微组织的变化,产生表层压应力,从而提高抗应力腐蚀和抗疲劳断裂的能力,改善和提高零件的可靠性和耐久性,如表面喷丸强化。

(2)表面热流强化:采用近代技术(如激光束、电子束等)对金属零件的表面进行快速加热,然后快速冷却,使金属表面、亚表面形成新的相变区,形成表面强化区,如激光表面淬火。

(3)化学氧化:将金属零件放入一定的溶液介质中处理,使其表面形成钝性化合物的膜层,从而达到提高其表面性能的作用,如磷化、发蓝、钝化。

(4)电化学氧化:在电解质溶液中借助外电流的作用使制件表面形成氧化膜的技术,也称为阳极氧化,简称阳极化,镁、铝、钛及其合金易于形成这类阳极氧化膜层,如耐腐蚀阳极氧化。

(5)离子注入:利用真空系统中离化出的离子在高电压下加速,直接注入材料表面,形成很薄的离子注入层,从而改变材料表面的组成与结构,达到改善材料表面性能的作用。

(6)表面合金化:将金属制件置于一定活性介质的密闭环境中加热、保温,使一种或几种元素渗入它的表层,以改变其化学成分、组织和性能的工艺,称为热扩散,渗入碳、氮等元素通常称为化学热处理,渗入铝、铬、锌等通常称为表面合金化。

8.1.2　薄膜技术

利用近代技术在零件(或衬底)表面上沉积厚度为 $100nm \sim 1\mu m$ 或数微米薄膜的形成技术称为薄膜形成技术。薄膜涵盖的内容十分广泛,按用途分为光学薄膜、微电子学薄膜、光电子学薄膜、集成光学薄膜、信息存储膜和防护用薄膜六大类。但就膜层组成则可以分为金属膜、合成膜、有机化合物膜和陶瓷膜。材质为纯金属或合金的薄膜几乎涵盖了所有的金属或合金,制备方法有物理气相沉积(蒸镀、溅射、离子镀)和化学气相沉积。实际上,电镀、化学镀形成的也是金属或合金膜。金属膜应用很广泛,微电子工业中广泛采用铝合金作为布线膜层材料,金、银、铜、铂、镍及难熔金属等作为导电膜材料;锌、铬、镍、钛、锌铝、镍铬铝、钴铬铝钇、镍钴铬铝钇合金为耐腐蚀薄膜或抗氧化材料;金、银、铝、铜等用作光学反射膜;钨、铂用于触点膜;钴镍磷、钴铬为磁记录膜;碲、铝、银、铬、锌的若干复复合膜用作光盘材料。此外,还有塑料和纸张上的金属膜、装饰膜、包装膜、压光膜、透明绝缘膜、透明导电膜、建筑隔热膜、反射膜等。以金属氧化物、金属氮化物、金属碳化物等无机化合物为原料,采用特殊工艺在一定的衬底或底材表面上沉积的陶瓷薄膜。

不同研究者对薄膜"厚度"定义不一,有的将 $0.01 \sim 1 \mu m$ 膜称为薄膜,有的将 $100 nm \sim 1 \mu m$ 或数微米膜称为薄膜,$50 \sim 20 \mu m$ 膜称为厚膜;有的则以 $25 \mu m$ 为界,小于 $25 \mu m$ 膜称为薄膜,大于 $25 \mu m$ 膜称为厚膜。陶瓷薄膜可分为功能薄膜(利用薄膜本身做成元器件)和结构薄膜(用于增加底材的使用性能,如耐磨损、耐腐蚀、装饰、太阳能控制等)。

8.1.3 涂镀层技术

采用古典技术或近代技术(或二者相结合)在零件表面涂覆一层或多层表面层的技术称为涂镀层技术。它包括如下五大类:

(1)金属电化学沉积:俗称电镀,其主体成果是具有悠久历史的单金属镀层和金属镀层;有的用于防腐蚀,如锌、镉和铬、铂、铑、钌以及锌镍、锡锌、镉钛合金镀层等;有的用于装饰,如金、银、铜、镍、铂、铑、铜镍铬镀层等。

(2)有机涂层:涂覆于物体表面能形成具有一定功能(耐腐蚀、装饰或特殊功能)的固态膜层,早期以植物油为主要原料,故俗称油漆,现在以合成树脂为主要原料,故称为有机涂料。

(3)无机涂层:以金属氧化物、金属间化合物、难熔化合物等无机化合物及金属的粉末为原料,涂覆于各种结构底材上,保护底材不受高温氧化、腐蚀、磨损、冲刷,并能隔热或封严或有限的光、电等性能的涂层。多为在高温下使用,因而又称为高温无机涂层。

(4)热浸锌层:将钢材浸于难熔金属中形成的一种覆盖层,如浸锡层、浸锌层。浸锡板是食品罐头容器早期的主要原材料,浸锌钢板是目前汽车工业的主要原材料,它包括热浸镀锌、热浸镀铝、热浸镀锡、热浸镀铅,以及热浸镀锌铝合金、铅锡合金。

(5)防锈材料:将可以减缓腐蚀或抑制腐蚀的腐蚀抑制剂(又称为缓蚀剂)加到一定的载体中所形成的材料,如防锈油、气相防锈纸等。它们仅用于产品在运输、储存过程,暂时性保护制件预防腐蚀,所以又称为暂时性保护防锈材料。

8.1.4 表面工程技术的应用

现代表面工程技术的功能和作用是十分广泛的,因为任何物体都包含表面或界面,各种产品或建设工程都是由各种单个零件通过表面连接在一起组成的,这些表面(含界面)不仅要满足运行工况的要求,而且要承受气候环境的侵蚀作用。任何产品、建设工程都不可能回避表面或界面,而腐蚀从表面开始、磨损在表面进行、装饰美化在表面、疲劳因表面损伤而加速等均离不开表面,所以任何产品、建设工程都要善待表面、处理好表面、设计好表面,才能保证产品和建设工程的性能和质量。

对零件或材料的表面改性、施加薄膜或涂镀层,其作用在于:

(1)提高材料或零件的耐蚀性、抗高温氧化性,提高其对周围环境和运行环境抗侵蚀能力。

(2)提高耐热、导热、隔热、吸热、热反射的性能。

(3)赋予材料特定的物理特性,如导电、绝缘、半导体特性、超导、电磁屏蔽、发光、消光、光反射、光选择吸收,雷达波"隐身"、红外"隐身"、亲油、亲水、亲某种涂层、可焊、黏着、传感等。

(4)赋予材料声、光、磁、电转换的特种功能,如录音带、录像带、激光盘。

(5)赋予材料特定的化学特性,如耐酸、耐碱、耐特种液体、催化等。

(6)赋予制件表面装饰特性,如鲜艳的色彩、图文、非金属制件表面金属化、光滑、抗老化等。

(7)提高材料制件表面完整性,降低粗糙度,提高抗疲劳、抗腐蚀疲劳能力。

8.2　金属表面处理技术

8.2.1　电镀

电化学沉积是指用电化学方法在金属或非金属制件表面沉积一层或多层金属镀层或合金镀层或复合镀层的技术。将表面具有导电能力的制件在电解质溶液中置于阴极,在外电流的作用下,该溶液中的金属离子或络合离子在制件表面(阴极表面)发生还原反应,使金属沉积在制件表面上。这一过程又称为金属电沉积,俗称电镀。用电镀的方法可以在金属或非金属制件表面得到功能各异的多种镀层,满足在不同环境中的对制件的使用要求。它们涉及四大类:耐腐蚀、抗氧化;耐磨损、减摩;装饰美化;声、光、磁、电的转换以及其他方面等(如催化、杀菌)。

电镀的历史较早,这项表面处理技术的开发最初主要是为满足人们防腐和装饰的需要。近年来,随着现代工业和科学技术的发展,不断开发出新的工艺技术方法,尤其是一些新的镀层材料和复合镀技术的出现极大地拓展了这项表面处理技术的应用领域,并使其成为现代表面工程技术的重要组成部分。

通常在腐蚀和防护方面应用较广的电镀工艺有外加电流的电镀方法、无外电流或利用内电流的沉积方法或化学镀。

外加电流的电镀方法在电解质内置入电极并通以电流。此时在电极与介质的界面上便发生电化学反应。这种电化学反应包括阴极表面上离子的还原和阳极表面上的氧化,两个过程均在电镀工艺中得到利用。并且不仅可以使较小的离子放电来形成镀层,而较大的能使之带电的质点如高分子的涂料或橡胶粒子也能通过这类方法来沉积在电极之上。

无外电流的电镀方法利用不同电位的材料来与镀件接触,通过产生的内电流也能进行沉积。基体材料与溶液界面上的置换反应或自催化还原使离子沉积为镀层,可以省略施加外电流的麻烦而不用配置电源设备。但这类方法不可避免地会受到化学反应条件的各种限制。

表面转化失去电子或俘获电子时所发生的氧化或还原过程也常用来形成表面上的防护膜层。这种表面处理手段是通过表面转化来生成反应产物,从而提供许多表面膜层的功能。例如腐蚀防护、减摩和抗磨、改善涂料和胶黏剂的附着,提供无色、黑色或彩色的装饰膜层等。

上述方法均须通过界面上离子的转化和电子的交换来完成。带有电荷的质粒在能导电的介质内迁移时,实际上既传递了电荷也传递了质量。放电后的粒子有序或无序地堆积而形成需要的沉积层。这样一来,沉积的量的关系便可以由法拉第定律来表征。数字似的交互关系本质上体现的是穿越界面两侧时反应粒子数的计量。严格的粒子计数使电镀成为一种易于通过严格监控参数的工艺。正因为如此,加上运用灵活、成本低而易行,使其在工业生产中获得广泛的应用。

电镀用作表面处理,通常目的有两个方面,即赋予或改善产品的表面状态或使表面结构具备某种有用的功能。按照行业习惯,一般将其区分为装饰性的、防护性的或功能性的电镀。

材料的许多物理的或工程的特性是设计产品时选择材料的主要依据。制品具备了设计考虑必须满足的功能性要求后,往往很难使其表面的化学特性与之协调。在实际使用环境中,制品遭遇腐蚀是最常见,也是对产品寿命影响最大的问题之一。产品生锈不仅使外观受到损害,而且在大多数情况下产品的使用功能也被破坏。

防护性的镀层常关注防护性能,包括化学性能的防护(防锈)和力学性能的防护(抗磨或减摩等)。然而,在商品经济中,许多产品的市场营销即使功能相同也会受到外观的影响,因此,即便是防护性的镀层也必须考虑外表的装饰功能。防护与装饰两类功能在实际运用中必须同时考虑而很难绝对区分。

功能性电镀主要指能够使材料表面具备某种特殊功能的镀层。目前随着各种新型镀层的不断出现,实际上已能使材料表面通过电镀来赋予各种不同的功能特性,如力、磁、电、声、光以及预期化学特性的镀层等技术方面都有了很大的发展。提高表面硬度、改善摩擦或减少磨损、改良导电或降低接触电阻、增强磁性或增加反光、抗高温、改善焊接和胶接、防止扩散和渗透、帮助润滑、用于磨削、增大尺寸或修复已磨损的零件等,都是采用镀层的常见场合。

传统的电镀层主要应用于装饰和防锈方面,近年来高科技的发展促使功能性的镀层加快发展,从而也大大地拓展了电镀的应用范围。为了提供更多功能而应用的夹杂型镀层,使电镀层从单纯的金属结构成为一种复合结构,形成了金属与非金属的复合镀层。这类镀层可以提供增强、抗磨、自润滑、荧光、彩色、电磁、消毒以及磨削能力等附加的功能特性,因而具备了广阔的研发和应用前景。

8.2.1.1 电镀原理

金属电沉积是在外电流作用下,电解质溶液中的金属离子迁移到阴极表面,发生还原反应并形成新相的过程。电镀是指电解质溶液为水溶液时的电沉积。

电沉积过程由传质与界面反应等一系列步骤有序组成。传质是离子向电极表面的迁移,有电迁移、对流与扩散三种形式。界面反应至少包含表面转化步骤、电化学步骤和新相生成步骤,即迁移到电极–溶液界面双电层处的金属离子在还原反应前首先发生均相前置反应,如简单金属离子水化程度的降低和重排,金属络离子配体的变换或配位数的降低;之后在阴极表面发生放电而还原成金属离子;再长入晶格即发生电结晶。电沉积过程由上述传质、转化、放电、结晶等步骤依序串联组成,稳态下整个过程进行的快慢主要由其中进行最慢的步骤控制。

1. 阴极析出与极化

电极–溶液界面无外电流作用下的动态平衡特征,是该电极上氧化反应与还原反应等速率,此时对应的电极电位为平衡电位,且阴极电流 i_K 与阳极电流 i_A 相等,其值为交换电流 i_0。外电流存在时,界面双电层的动态平衡被打破,电极电位自平衡位置发生偏移而产生极化,阴极电流与阳极电流不再相等。

对于阴极过程,外电流总是使电极电位朝更负的方向偏移而产生阴极极化,结果阴极电流大于阳极电流,$i_K - i_A > 0$,有净电流存在。当净电流达到一定数值而使溶液中金属离子具备了足够的活化能去克服势垒时,就产生金属的阴极析出。金属在阴极上开始析出的电位称为析出电位,平衡电位与析出电位的差值就是析出过电位。

显然,金属的阴极析出与阴极极化密切相关。依据电沉积过程中所产生原因的不同,极化可分为浓差极化、电化学极化和电阻极化等类型。不同极化类型控制下的电沉积过程将表现出不同的特征。

1)浓差极化控制的特征

浓差极化是由于传质步骤缓慢引起的。当离子迁移速度小于其在电极表面放电而消耗的速度时,反应离子的表面浓度降低,促使电极电位负移,产生浓差极化。浓差极化所对应的过电位即为浓差过电位,或扩散过电位。实际电镀过程中电迁移与对流对传质的贡献往往忽略不计,即认为扩散是传质的主要方式,则电沉积过程受扩散步骤控制下的过电位 η_k 与电流密度 D_k 的关系为

$$\eta_k = \frac{RT}{nF}\ln\left(1 - \frac{D_k}{D_1}\right) \tag{8.1}$$

式中:R 为气体常数;T 为热力学温度;n 为原子价;F 为法拉第常数;D_1 为极限电流。

极限电流为反应离子表面浓度为零时的电流密度,可由下式确定,即

$$D_1 = nFK\frac{C_0}{\delta} \tag{8.2}$$

式中:K 为扩散系数;C_0 为金属离子在溶液主体中的浓度;δ 为扩散层有效厚度。

扩散控制的极化曲线如图 8.1 所示,其特征是存在极限电流 D_1,在此极限值前,提高阴极电流密度对过电位贡献不大;但当电流密度 D_k 达到极限值 D_1 时,过电位急剧增大,此时对应的阴极表面金属离子浓度为零,沉积层疏松、粗糙甚至呈海绵状。

单金属电镀时应避免浓差极化,提高极限电流。

2)电化学极化控制的特征

电化学极化是由于表面转化步骤或离子放电步骤缓慢引起的,当离子放电消耗速度小于传质速度时,界面浓度升高,

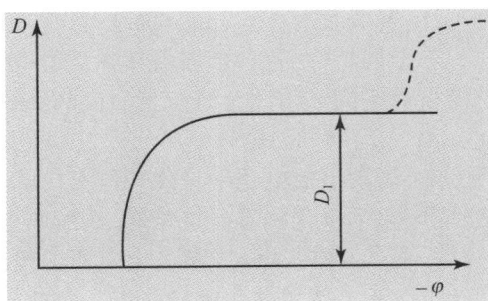

图 8.1 扩散控制的极化曲线

促使电位负移,产生电化学极化。

电化学极化所对应的过电位称为电化学过电位。电沉积过程在电化学步骤控制下过电位与电流密度的关系为

$$\eta_k = \frac{RT}{anF}\ln\frac{D_k}{i_0} \tag{8.3}$$

式中:α 为阴极反应的传递系数。

此时对应的极化曲线如图8.2所示,其特征是在较低的电流密度下就能产生较大的过电位,且后者数值随前者的提高而显著增长。由于大的过电位利于晶核的形成和电结晶的细化,故一般通过电化学极化途径来提高电镀过程中的过电位,以获得结晶细致的镀层。

2. 电结晶及其影响因素

电结晶过程是一个晶核形成与晶体长大的过程。根据成核理论,晶核形成概率 W 与过电位 η_k 有如下关系:

$$W = B\exp\left(-\frac{b}{\eta_k^2}\right) \tag{8.4}$$

式中:B、b 为常数。

过电位越大,晶核形成概率乃至晶核形成数目就越多,电镀层组织就越细致。

按照近代电结晶理论,离子放电可在晶面上任何地点发生,先是形成吸附离子,然后进行表面扩散,直至生长点后长入晶格。生长点一般为表面缺陷,图8.3中的棱边通常为螺旋位错露头。由这种晶体生长模型可以看出,离子放电步骤与新相生成步骤之间存在表面扩散步骤。如果离子放电速度大于表面扩散速度,则将导致吸附原子的表面浓度升高,结果电位负移而产生电结晶极化和电结晶过电位。吸附原子的高表面浓度对其彼此集结成核是有利的。

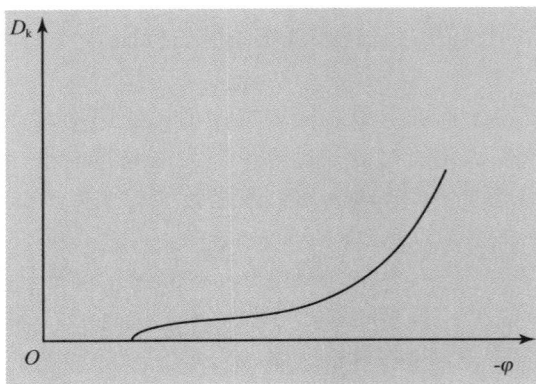

图8.2　电化学步骤控制的极化曲线

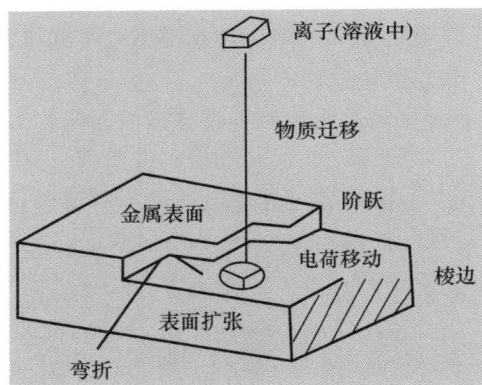

图8.3　晶体生长模型

电结晶过程中,晶核形成与晶体长大平行进行。只有晶核形成速度大于晶体生长速度时,结晶才可能细化,决定晶核形成速度的主要因素是过电位。凡是影响过电位的因素对电结晶质量都有影响。

1)电解液因素

(1)金属特性:各种金属自其本身电极还原时具有不同的电化学动力学特性,表现在电极反应速度与交换电流彼此不同。常用金属按其交换电流的大小可粗略地分为第一类金属(Pb^{2+}、Cd^{2+}、Sn^{2+})、第二类金属(Cu^{2+}、Zn^{2+})、第三类金属(Fe^{2+}、Co^{2+}、Ni^{2+})以及第四类金属(Cr^{3+})四类。交换电流越小,电极反应速度越慢,还原时表现出的电化学极化和过电位就越高,具有这种特性的金属从简单盐溶液中也能沉积出细晶层;反之,则电化学极化和过电位越低,从简单盐溶液中只能得到粗晶层。

(2)离子存在形式与浓度:金属离子按其在溶液中的存在形式可分为简单金属离子与金属络离子两类。相应的电解液分为单盐与络盐两类。单盐包括硫酸盐、氯化物、氟硼酸盐、氟硅酸盐、氨基磺酸盐等。络盐包括氨基络盐、有机络盐、焦磷酸盐、碱性络盐和氰合络盐等。

简单金属离子除交换电流小的体系(如 Fe^{2+}/Fe、Co^{2+}/Co、Ni^{2+}/Ni 及 Cr^{3+}/Cr 等)外,大多因其极化作用小,故从单盐溶液中电沉积往往只能得到结晶粗糙的镀层。当金属离子以络离子形式存在时,由于络离子在阴极表面还原需较大的活化能,造成了放电迟缓效应而促使电化学极化与过电位的提高,故从络盐溶液中沉积容易得到结晶细致的镀层。

(3)游离酸与游离络合剂:游离酸存在于单盐溶液,依其含量高低分为高酸度与低酸度两类型镀液。在高酸度镀液中,游离酸能在一定程度上提高阴极极化,并防止主盐水解或氯化,提高镀液电导率。但游离酸浓度过高时,主盐溶解度下降,浓差极化趋势增强。低酸度镀液中游离酸过低易引起主盐水解或发生沉淀,过高则导致大量析出氢,电流效率下降。

游离络合剂具有增大阴极极化、促进结晶细化和促使镀液稳定而避免沉淀析出的作用,并能降低阳极极化促其正常溶解。但过量的游离络合剂将降低电流效率与许用电流,使沉积速度下降。

(4)添加剂:有机表面活性剂对电沉积过程的动力学特性有很大影响。它可在电极表面产生特性吸附,增大电化学反应阻力,使金属离子的还原反应受到阻滞而增大电化学过电位;或是通过它在某些活性较高、生长速度较快的晶面上优先吸附,促使金属吸附原子沿表面作较长距离的扩散,从而增大结晶过电位。有时有机表面活性剂可在界面与络合物缔合,增大活化能而对电极过程起阻化作用,这些行为对新晶核的形成是有利的。此外,有机表面活性剂对镀液的整平性、光亮度、润湿性以及镀层的内应力和脆性等也有很大影响。

在单盐镀液中常加入一些无机添加剂,其作用一般是增大溶液电导率以改善分散能力,或是起缓冲作用,稳定 pH 值以避免电极界面碱化而形成氢氧化物或碱性盐析出。有时无机添加剂是为防止主盐水解、降低内应力或增添光亮度等目的而加入镀液的。一般无机添加剂对阴极极化的影响不很显著。

2)工艺因素

(1)电流密度:电流密度对电结晶质量的影响存在上下限。在电流密度下限值以下,提高电流密度有利于晶体生长,导致结晶粗化。在电流密度下限值以上,随着电流密度的提高,阴极极化和过电位增大,有利于晶核形成,结晶细化。但当电流密度达到上限值即极限电流 D_1 时,出现疏松的海绵状镀层。

(2)温度:镀液温度升高使放电离子活化,电化学极化降低,粗晶趋势增强。某些情况下镀液温度升高,稳定性下降,水解或氧化反应容易进行;但当其他条件有利时,升高镀液温度不仅能提高盐类溶解度和溶液导电性,还能增大离子扩散速度,降低浓差极化,从而提高许用电流与阴极电流效率。此外,温度升高对减少镀层含氢量和降低脆性也有利。

(3)搅拌:搅拌促使溶液对流,减薄界面扩散层厚度而使传质步骤得到加快,对降低浓差极化和提高极限电流有显著效果。

(4)电流波形:几种特殊的电流波形对电结晶质量有显著影响。目前应用较多的特殊波形主要有换向电流和脉冲电流。

换向电流通过直流电流周期性换向,使镀件处于阴极与阳极的交替状态而呈间歇沉积,电流正、反向时间比为重要可控参数。当镀件由阴极转变为阳极时,一方面界面上已被消耗的金属离子得到适时补充,浓差极化受到抑制,有利于极限电流的提高;另一方面,原先沉积上的劣质镀层与异常长大的晶粒受到阳极刻蚀作用而去除,不仅有利于镀层的整平细化,且因去除物溶解在界面上,一定程度上提高了表面有效浓度,对提高电化学极化有利。但有些情况下,镀件处于阳极状态可能引发镀层钝化,而造成镀层分层缺陷或结合力下降。

脉冲电流通过单向周期电流被一系列开路所中断而呈间歇沉积状态,脉冲电流作用下的高频间歇阴极过程,由于电流或电压脉冲的张弛导致阴极电化学极化的增加与浓差极化的降低,对电结晶细化作用往往十分明显。

3. 共沉积

电镀技术包含两大共沉积类型:一类为金属共沉积,所得为二元或多元合金镀层;另一类为固体微粒与金属共沉积,即复合电镀。

1）金属共沉积

金属共沉积即合金电镀,对二元合金共沉积而言,其基本条件是构成合金的金属中至少有一种金属能单独从水溶液中沉积出,且两种金属的析出电位应充分接近或相等。

实现金属共沉积的途径:对平衡电位相差不大的两种金属,可通过改变金属离子浓度的方法使析出电位相互接近,如降低电位较正金属的离子浓度使其电位负移,或升高电位较负金属的离子浓度使其电位正移。对平衡电位相差较大的两种金属,可通过加入络合剂的方法使彼此的析出电位接近,或通过加入添加剂的方法,利用其对金属析出的选择性阻化作用促使电位平移而实现共沉积。

金属共沉积分为正常共沉积与非正常共沉积。正常共沉积特征是电位较正的金属优先析出,它包含正则共沉积(由扩散步骤控制,电位较正金属在镀层中的含量随阴极扩散层中金属离子总浓度的提高而增多)、非正则共沉积(由阴极电位控制)和平衡共沉积(低电流密度下小极化情况下发生,镀层中各组元比值等于镀液中金属离子的浓度比)。非正常共沉积特征是电位较负的金属反而优先析出(称为异常共沉积),或是难以从水溶液中单独沉积出的金属,如钛、钼、钨等,在铁族金属诱导下发生共析(称为诱导共沉积)。

2）固体微粒与金属的共沉积

固体微粒与金属的共沉积是一个复合沉积过程,通常是借助于分散在水溶液中的固体微粒与金属在阴极上共析,形成具镶嵌结构的复合镀层。

固体微粒在共沉积过程中一般经历水溶液中迁移、阴极－溶液界面上黏附及随后嵌入基体金属等一系列历程。在这些历程中,流场、电场、浓度场以及晶体生长表面状态,对微粒共沉积行为起着强烈的影响作用,微粒迁移的主要方式靠液相对流,迁移速度取决于流速。当微粒运动至阴极－溶液界面双电层范围的层流中时,电泳迁移将可能成为主要传质方式,则微粒表面有效电荷密度和界面电场强度成为支配因素。这是因为,微粒电泳速度与其 ξ 电位成正比,而电位与微粒表面有效电荷密度也成正比,故当微粒表面荷电数高时,电泳速度增大。另外,对于正荷电而作电泳运动的微粒,大的电极－溶液界面场强有利其以较高速度电泳到阴极表面发生黏附。

无论微粒最终以何种机理嵌入基体金属,其嵌入前都需在电极表面发生黏附,滞留足够的时间,才可能被生长中的金属俘获。促成微粒黏附的作用力有静电力、分子间力、憎水作用力、渗透力、化学吸附力等。根据两步吸附理论,复合电沉积过程中包含着两个持续进行的吸附步骤,即弱吸附与强吸附。弱吸附为带离子与溶剂分子膜的微粒在电极表面弱吸附过程,其数量较多。强吸附则是脱去离子与溶剂化膜的微粒与电极表面直接接触,形成不可逆的电化学强吸附,一般只有一小部分弱吸附微粒可转化为强吸附。

8.2.1.2 金属和合金电镀

电镀具有悠久的历史和广泛的应用,所能进行的电镀有几十种,较为成熟的有单金属电镀、二元合金电镀、三元合金电镀和四元合金电镀。

1. 单金属电镀

1）镀镍

镍是白色微黄的金属,密度为 $8.9g/cm^3$,熔点为 1453℃。标准电极电位,$Ni^{2+}/Ni-0.25V$,比铁正,相对钢铁为阴极性镀层。镍镀层在水和空气中稳定,耐强碱,在发烟硝酸中呈钝态;具有铁磁性。

镍镀层用途很广泛,可分为防护装饰和功能两个方面。作为防护装饰镀层,镍可以镀在低碳钢、锌铸件及某些铝合金、铜合金表面上,保护基体材料不受腐蚀。通过对暗镍抛光或直接镀光亮镍可获得光亮的镍镀层,达到装饰的目的。镍在功能应用方面,令人关注的是修复电镀。在被磨损的零件上,镀上一层厚的镍(超过原零件尺寸),经机械加工达到原零件尺寸,这是易磨损的轴类零件常用的修复方法。

镀镍槽液以单盐类型为主,常用有瓦特型、光亮型、半光亮型、氯化物型、高硫镍型、硫酸盐型、高应力型、氟硼酸盐型及氨基磺酸型。在锌压铸件上也常采用络盐类型的焦磷酸镀镍、有机羧酸镀镍或氨合络盐镀镍。

镀镍槽液的种类和特点见表 8.1。

表 8.1　常用镀镍槽液的种类和特点

种类	特点
瓦特镍	结晶细致易抛光,韧性好;可镀半光亮或光亮镀层;整平能力好
硫酸盐	用于快速沉积,采用不溶性阳极;不产生氯气
氯化物	溶液电导率高,分散能力好,腐蚀性强;镀层细致,硬度高,应力大
焦磷酸盐	用于锌压铸件,结合力好,镀液维护困难
铵盐	均镀能力好,镀层硬度高
柠檬酸盐	沉积速度较快;镀层硬;整平性好;结晶细致
氟硼酸盐	金属离子浓度高,沉积速度快;溶液腐蚀性强,成本高
氨基磺酸盐	沉积速度快,易获得低应力镀层

2）镀铬

铬是一种略带蓝色的银白色金属,密度为 $6.9 \sim 7.1 \mathrm{g/cm^3}$,熔点为 $1890 ℃$,硬度为 $750 \sim 1050 \mathrm{HV}$。电极电位 $Cr^{3+}/Cr - 0.71 \mathrm{V}$,比铁负,但铬在大气中有强烈的钝化倾向,相对钢铁实际上为阴极性镀层。铬镀层对冷无机酸及强碱有很好的耐蚀性;硬度高,耐磨性好;耐热,易含孔隙及微裂纹。

镀铬层用途:汽车、摩托车、自行车、缝纫机、钟表、家用电器、医疗器械、仪器仪表、办公用品、日用五金、家具、量具等的防护与装饰;石油、化工、煤炭、交通、农机、机械等工业部门零部件的强化与修复。

镀铬槽液目前以六价铬为主,有普通镀铬、复合镀铬、自调节镀铬、快速镀铬、四铬酸镀铬等类型,这些槽液毒性较大,对环境有污染。三价铬镀铬可大大改善环境条件,但目前达到实用阶段的工艺还不多。常用镀铬槽液种类和特点见表 8.2。

表 8.2　常用镀铬槽液的种类和特点

种类	特点
普通镀铬	电流效率为 8% ~13%,镀层光亮,抛光性好,硬度为 600 ~900HV;镀液对设备腐蚀性小,深镀能力低,易维护
复合镀铬	电流效率为 18% ~25%,电流密度较高,光亮区较宽,沉积速度较快,均镀及深镀能力较好;镀层硬,800 ~1000HV;镀液腐蚀性强;维护困难
自调节镀铬	用硫酸锶和氟硅酸钾提供催化剂,优点同复合镀铬,镀液维护较易
四铬酸镀铬	电流效率高,为 35% ~40%,沉积速度快,室温稳定,但镀层不光亮
低浓度镀铬	电流效率 18% ~20%,均镀能力比普通镀铬好;深镀能力较差,污染程度低

3）镀铜

铜是一种紫红色的金属,密度为 $8.9 \mathrm{g/cm^3}$,熔点为 $1083 ℃$。标准电极电位 $Cu^{2+}/Cu + 0.52 \mathrm{V}$,对钢铁为阴极性镀层。铜镀层在空气中不稳定,易受潮湿气体、二氧化碳和含硫气体的侵蚀,生成氧化物、硫化物或碱式碳酸钢表面膜;导电性和导热性好。

镀铜层用途:钢铁件镀铬的底层;铝件、锌压铸件、锡焊件、铅锡合金等的预镀层;塑料电镀中间层;防渗碳镀层;印刷辊表层;铝件改善钎焊性及电极、电刷的电镀等。

镀铜工艺按槽液不同可分为氰化物镀铜、焦磷酸盐镀铜、有机络盐镀铜、氨基磺酸镀铜、氟硼酸盐镀铜及硫酸盐镀铜等类型。常用镀铜槽液的种类和特点见表 8.3。

表 8.3　常用镀铜槽液的种类和特点

种类	特点
氰化物	均镀能力好,溶液容易控制,废液处理方法成熟;整平性、稳定性、镀厚性均不佳;沉积速度较快;需预镀打底;镀液剧毒
焦磷酸盐	分散能力好,无毒,腐蚀性小,均镀能力好;需预镀打底;镀液黏度大,不易过滤,污水处理困难,成本高;镀层韧性好
有机络盐	HEDP 型成分简单,均镀能力好,可直接在钢铁上电镀;有机胺型用于 Cu - Ni - Cr 组合结构中结合力差,但镀液稳定性好
硫酸盐	成分简单,溶液稳定,不产生有害气体;均镀能力较差
氟硼酸盐	电流上限高,沉积速度快;可得平滑光亮镀层,韧性好;镀液易维护,腐蚀性大
氨基磺酸盐	镀液稳定性较差,均镀能力好;镀层外现好,呈半光亮,可得光亮镀层

4）镀锌

锌是银白色金属，密度为 $7.17g/cm^3$，熔点为 $4200℃$。标准电极电位 $Zn^{2+}/Zn - 0.76V$，比铁负。镀锌层最重要的作用是防腐蚀。对于钢铁基体镀锌，锌属于阳极性镀层，只要钢铁基体上有锌镀层存在，锌就不断溶解，而在这期间钢铁就不会被腐蚀，这就是阳极防护作用。锌镀层经钝化处理后在空气中几乎不发生变化；在汽油或含二氧化碳的潮湿水汽中防锈性能好。

镀锌层经彩色纯化、染色能显著提高其防护性和装饰性。镀锌层用途：汽车、轻工、仪表、机电、农机、建筑、煤矿、五金、国防等行业钢铁构件的防护。镀锌槽液有氰化物、锌酸盐、铵盐、有机络盐、硫酸盐及氯化物等类型。常用镀锌槽液的种类和特点见表8.4。

表8.4　常用镀锌槽液的种类和特点

种类	特点
铵盐	分散能力及深镀能力较好；镀层细致光亮，氢脆性低，易钝化；废水不易处理，腐蚀性强；电流效率高（85%～95%）
有机络盐	典型如HEDP镀锌，成分简单，稳定性好，深镀能力也好；镀层脆性低，但电流密度许用值小，电流效率低，沉积速度慢，成本较高
焦磷酸盐	成分简单，电流效率较高，分散能力较好；电流密度许用值不大，镀速较慢，成本较高
硫酸盐	成分简单，性能稳定，电流密度许用值及电流效率均高，沉积速度快；均镀能力差，结晶较粗糙；适于外形简单工件与型材
氯化物	深镀能力强，色泽光亮；污水容易处理，均镀能力低，电流效率高，镀速快，镀层有脆性，钝化膜结合力差

5）镀镉

镉为银白色金属，密度为 $8.65g/cm^3$，熔点为 $320.9℃$。标准电极电位 $Cd^{2+}/Cd - 0.4V$，与铁接近，在一般大气中为钢铁的阴极性镀层；在 $25℃$ 人造海水中电位为 $-0.77V$，对钢铁为阳极性镀层。镉镀层耐海洋性气候、海水或湿热环境的侵蚀，在 SO_2、CO_2 及有机气氛中耐蚀性比锌差；接触电阻低，易钎焊，与锡的润湿性好；氢脆性比锌小，但 $232℃$ 以上存在镉融致脆问题。

镀镉层主要用于技术性防腐蚀。它的主要优点是有良好的钎焊性和适宜的接触电阻，镀镉层能减少镀铜电触点氧化，不增加接触电阻。由于润滑性能好，镀镉层也常用于航空、军事等工业。镀镉的主要缺点是价格较高，对环境污染严重。

镀镉工艺按槽液类型分为氰合络盐镀镉、有机络盐镀镉、焦磷酸盐镀镉、硫酸盐镀镉及氟硼酸盐镀镉等。常用镀镉槽液的种类和特点见表8.5。

表8.5　常用镀镉槽液的种类和特点

种类	特点
有机络盐	溶液稳定，均镀能力与深镀能力好，清水处理较难；镀层结晶细致，耐蚀性好，氢脆性大
氰合络盐	阴极极化作用大；镀层平滑细致，可获光亮镀层；孔隙率低，耐蚀性好，氢脆性大；溶液毒性大
硫酸盐	溶液成分简单，成本低，均镀能力及深镀能力低；常用于形状简单的零件
氟硼酸盐	溶液腐蚀性大；电流效率可达100%；低氢脆性

6）镀锡

锡为银白色金属，密度为 $7.28g/cm^3$，熔点为 $232℃$。标准电极电位 $Sn^{2+}/Sn - 0.136V$，比铁正，对钢铁为阴极性镀层，但在有机酸中往往转化为阳极性镀层。锡镀层在大气中稳定，对潮湿、水溶性盐溶液和弱酸的抗腐蚀性能好，对硫及硫化物几乎不起作用；钎焊性好；延展性好；无毒，溶解的锡对人体无害，故常作食品容器的保护层。

锡镀层用途：食品工业中马口铁罐及铜质容器的防腐；电子工业电子元器件的软钎焊；国防工业火药和橡胶接触零件的防护；机械工业减摩、可磨密封、精密螺纹防松及氮化件防渗处理。

镀锡工艺按槽液不同分为硫酸盐镀锡、氯化物镀锡、氟硼酸盐镀锡、氨基磺酸盐镀锡及锡酸盐镀锡等类型。常见镀锡槽液的种类和特点见表8.6。

表 8.6　几种镀锡槽液的种类和特点

种类	特点
硫酸盐	电流效率高,沉积速度快,可室温操作,成本低,均镀能力较好;镀前需严格进行表面预处理,易获光亮镀层
氟硼酸盐	电流密度范围宽,沉积速度快;镀层细致,有光泽;镀液分散能力好,维护方便,成本高
锡酸盐	均镀能力及深镀能力好;有自去油能力;腐蚀性较低;电流效率低,沉积速度慢

7)镀铅

铅为蓝灰色金属,密度为 11.34g/cm³,熔点为 327.5℃。标准电极电位 $Pb^{2+}/Pb+0.987V$,对钢铁为阴极性镀层。铅镀层在空气中形成灰黑色氧化膜,膜致密而有保护性;对硫化物、亚硫酸、稀硫酸及冷氢氟酸的抗蚀性好;在含少量游离碳酸的硬水中稳定。铅及铅盐有毒,不能用作食品包装器皿的镀层。铅盐毒性大。

铅镀层用途:化学工业稀硫酸槽、盐水槽等化工设备衬里;蓄电池零件防护;机械工业滑动轴承的减摩组合镀层等。

镀铅工艺按槽液不同分为氟硼酸盐镀铅、氟硅酸盐镀铅、氨基磺酸盐镀铅、高氯酸盐镀铅、酒石酸盐镀铅、甲基磺酸盐镀铅及铅酸盐镀铅等。常见镀铅槽液的种类和特点见表 8.7。

表 8.7　常见镀铅槽液的种类和特点

种类	特点
氟硼酸盐	溶液稳定、成分简单易控;对设备腐蚀性强,有毒;可在钢铁件上直接电镀;镀层结晶细致
酒石酸盐	溶液稳定、成分简单易控、无毒、不腐蚀设备、均镀能力好;沉积速快、可厚镀;镀层结晶细致;需预镀铜打底
甲基磺酸盐	溶液稳定好、毒性小;可厚镀;镀层结晶细致

8)镀铁

铁为银白色金属,密度为 7.71g/cm³,熔点 1535℃。标准电极电位 $Fe^{2+}/Fe-0.44V$。镀铁层的耐腐性明显优于低碳钢,腐蚀速率比低碳钢低 40%。镀铁层在潮湿空气中易氧化,生成 FeO、Fe_2O_3、Fe_3O_4;在浓硝酸和碱中能钝化;硬度高,耐磨性好;成本低;无毒。

镀铁层一般不用来作防护镀层,而普遍用于修复因腐蚀、磨损而失效的工件,在许多行业中均有广泛应用。例如:农机、交通、煤炭、机械等行业中零件修复;印刷工业铅版、钢版表面强化;铸件镀锌、锡或铬前预镀。

镀铁类型有氯化亚铁镀铁、硫酸亚铁盐镀铁、氟硼酸盐镀铁、氨基磺酸盐镀铁、高氯酸盐镀铁等。常见镀铁槽液的种类和特点见表 8.8。

表 8.8　常见镀铁槽液的种类和特点

种类	特点
硫酸盐	溶液较稳定,腐蚀性较低,均镀能力差;可室温电镀,沉积速度慢;镀层光滑,麻点倾向小,有脆性
氯化物	高温(约85℃)工艺所得镀层延展性好,内应力低,纯度高,沉积速度快;低温(30~50℃)需不对称交流起镀;毒液稳定性较差
混合型	溶液维护较困难;可得到较厚的硬度层

9)镀银

银是一种白色光亮、可锻可塑的贵金属,镀银层有优良的导热和导电性能;易于抛光,有很高的反光性能,焊接性能和结合强度良好。因此,在电子工业、通信设备、仪器仪表、航空、光学仪器以及高频元件和波导等方面都有广泛应用。

镀银是最古老的镀种,镀银的方法很多,有氰化物镀银、硫代硫酸盐镀银、磺基水杨酸镀银、亚氨基二磺酸铵(N-S)镀银、烟酸镀银等。其中氰化物镀银层性能良好,但因氰化物有剧毒,应有限制地使用,硫代硫酸盐镀银也有较好的效果。

10）镀金

金是一种黄色的、柔软的、非常耐腐蚀的贵金属,硬度为25HV。

镀金层的性能优越,化学稳定性好,易抛光,延展性好。它特别耐腐蚀、导电性能好、易焊接、耐高温、在空气中不变色,广泛应用于钟表、仪器仪表、首饰、工艺品、印制线路板、接插件等方面。

常用的镀金工艺有碱性氰化物镀金、酸性氰化物镀金以及中性氰化物盐镀金等。

11）镀其他单金属

（1）镀铂:铂是银白色金属,化学稳定性很高,即使是在高温条件下也不会氧化,在常温下能耐酸和碱,但易溶于王水。镀铂层硬度高、电阻小,可钎焊。主要用途是镀在钛上作不溶性阳极。

（2）镀铑:铑是银白色金属并有光泽,在室温下耐酸碱,对硫化物稳定。铑镀层光亮,耐变色,硬度高、耐磨,接触电阻小;但不能钎焊,在高温下易氧化。铑可以作装饰镀层,还广泛应用于功能性镀层,如光学仪器零件、电接触件等。

（3）镀钯:钯是银白色金属,在高温、高湿和硫化氢含量较高的空气中性能稳定,镀钯层有防银变色作用,也可作镀铑层的底层。镀钯层的接触电阻很低,可焊性及耐磨性良好,广泛应用于电子工业产品,提高无线电元件及波导器件的耐磨性,提高滑动接触元件的接触可靠性。

（4）镀铟:铟是银白色非常柔软的金属,硬度只有12HV,熔点为155℃。铟在干燥大气中很稳定,不易失去光泽,常用镀铟层作金属反光镜。铟可以镀在铅上,经热处理后,表面层形成铅铟合金,作为具有良好抗蚀性能的减摩层。

2. 合金电镀

随着现代工业生产和科学技术的发展,仅有的单一金属镀层已不能满足需要,通过电镀合金的方法获得的镀层有单金属镀层无法达到的特殊性能。合金镀层的色泽、外观、硬度、致密性、电磁性、化学稳定性和耐磨性以及镀层结构等通常都优于单金属镀层。利用电镀合金还可以制取与热熔合金完全不同的合金相,也可以制取超细晶粒合金、非晶态合金等。

合金镀层的类型见表8.9。

表8.9　合金镀层的类型

类型	实例
防护装饰性合金镀层	镍铁、镍锌、金铜、仿金、金银合金
防腐蚀合金镀层	锌镍、铜锡、锡锌合金
功能性合金镀层	铜锌（增加钢铁－橡胶结合力）、银铅（减摩）、铅锡（增加可焊性、减摩）
代替贵金属	金钴、锡镍合金

1）仿金镀层

仿金镀层一般是铜合金镀层,如铜锡合金、铜锌合金、铜锡锌合金镀层等。如果在镀层中再沉积一些钴、镍等元素,镀层的光泽更加柔和悦目。仿金镀层一般很薄,为了提高镀层耐腐蚀性及硬度,常用亮镍或亮铜－亮镍作底层。通过控制镀层中各种金属的比例,得到不同的仿金色。为了防止镀层变色,除了进行适当的钝化处理外,还要涂上一层透明的罩光涂料。金镀层有良好的稳定性,产品不易变色,美观大方。

2）镀铜锡合金

铜锡合金俗称青铜,是应用最为广泛的合金镀层之一。根据锡含量可将铜锡合金分为三类:锡含量5%～15%的为低锡青铜,锡含量15%～40%的为中锡青铜,锡含量40%～50%的为高锡青铜,又称白青铜。各种锡青铜的色泽随铜含量的多少而变化。

低锡青铜外表呈铜红色或金黄色,这种合金的硬度较低,有良好的抛光性能,孔隙少,耐蚀性优良。中锡青铜的颜色随锡含量的增加由金黄色向银白色过渡,其硬度比低锡青铜高,抗氧化性和防护性能均优于低锡青铜。高锡青铜外观呈银白色,有特殊的物理化学性能。抛光后反射率高(故称银镜合金);硬度在镍铬之间;在空气中有较高的抗氧化能力,在含有硫化物的环境中也不易变色失光;具有良好的钎焊性和导电性;能耐弱酸和弱碱以及食物中有机酸的侵蚀。

电镀铜锡合金目前常用高氰镀液和低氰镀液,无氰镀液也不断地有所开发,但因适用范围窄、允许电流密度逐渐降低、维护困难等而很难推广。

3）镀铅锡合金

铅与锡离子的析出电位非常接近,只要控制铅与锡离子浓度比和电流密度,就可以获得任一铅锡比成分的合金镀层,电流效率接近100%。

铅锡合金的熔点比纯铅和纯锡低,如锡含量61.9%、铅含量38.1%的铅锡合金,其熔点只有183℃。此时合金具有最大的润湿能力和焊接强度,目前焊料和焊接镀层大都采用锡含量60%、铅含量40%的生产工艺。

不同成分比的铅锡合金镀层有不同的用途。锡含量4%~10%的铅锡合金镀层,主要用于钢的防腐蚀,也可用曲轴套轴瓦的减摩镀层;锡含量15%~30%的铅锡合金镀层,对作为钢带表面润滑、助粘和助焊镀层;锡含量45%~53%的铅锡合金镀层,主要用于防止海水或其他腐蚀介质的侵蚀;锡含量55%~65%的铅锡合金镀层,常用于钢、铜和铝等表面改善焊接性能。

4）镀镍铁合金

镍含量79%、铁含量21%的镍铁合金镀层作为一种磁性合金,已在电子工业中得到应用。镍铁合金还广泛用于汽车、自行车、家用电器、金属家具、日用五金和文化用品的防护装饰性镀层。

5）电镀其他合金

（1）电镀锡镍合金:锡镍合金镀层是粉红色略带黑色,并不易变色的合金镀层,耐蚀性特别好,适用于自行车、汽车中电子产品。根据合金组成的变化可获得从光亮青白色、粉红略带黑到光亮的黑色等不同颜色。

（2）电镀锡锌合金:锡锌合金具有优异的耐蚀性和抗冲击性;接触电阻低;镀层柔软,与基体结合力强,容易点焊,镀后加工性能好。锡锌合金镀层既可作防护性镀层,又可作功能性镀层,具有广泛的应用,常用于电气、电子产品,汽车、飞机零件,工具和紧固件。缺点是钝化比较困难,需用特殊的钝化工艺。

（3）电镀锌镍合金:锌镍合金以镍含量8%~15%为最佳,镍含量超过15%的镀层难以钝化。锌镍合金具有良好的耐蚀性;优良的力学性能;优良的钎焊性,在各种条件下都容易焊接;镀层内应力小,表面光滑、平整;镀液分散能力好,覆盖能力强。由于锌镍合金镀层有上述许多优点,它是近年来发展起来的一种优良耐蚀镀层,是理想的食品包装盒镀层,在钢板、车辆和家用电器等产品上获得广泛应用。

（4）电镀锌铁合金:铁含量0.2%~0.7%的锌铁合金,经铬酸彩色钝化后,有相当高的耐蚀性,其延展性与锌相当;铁含量1%~8%的锌铁合金,其耐蚀性能与纯锌镀层相当或略低于纯锌镀层;铁含量8%~20%的镀锌铁合金镀层已大量用于钢板和钢带的生产,这种合金镀层有较好的抗点腐蚀和抗孔隙腐蚀,抗腐蚀性能优于锌。锌铁合金镀液分散能力好,成本低,所得镀层可进行彩色、白色或黑色钝化,可用于钢板、钢带等各种工件的电镀。

（5）电镀镍磷合金:镍磷合金镀层除具有优良的耐蚀性能外,还具有硬度高、镀层致密、耐药品性和耐磨性好,能屏蔽电磁波等特点。这些优良的性能使它在化学工业、电子工业,汽车、航空与航天等方面得到广泛应用。

（6）电镀镍钴合金:镍钴合金镀层的外观呈银白色。镀层中钴含量在40%以下时,镀层只有良好的耐蚀性和较高的硬度(一般可达到500HV以上)及良好的耐磨性。因此镀层可作装饰性镀层和功能性镀层,用于手表、模具、化工和医药等工业中既耐磨又耐蚀的零件电镀。

8.2.1.3 电镀层的设计规范

设计师要根据设计产品零件所处的环境侵蚀和运行条件选择好金属,在进行产品零件设计的同时进行表面层的设计,下面以锌镀层为例作介绍。

锌镀层对钢、铜合金为阳极性防护层。锌镀层在干燥空气中几乎不腐蚀,在工业大气中耐蚀性较高,在含硫的大气环境中和60℃以上水中耐蚀性下降。镀锌层硬度中等,能承受弯曲、拧合和扩口,其弹性、磨合性改善低于镉镀层。

电镀锌过程中氢脆敏感性比较大,强度较高的钢电镀锌后要进行除氢处理。镀锌镀层在一定温度和应力作用下,会使某些钢产生锌脆。

锌镀层适用于钢铁零件的防腐蚀,对铜和铜合金也有很好的防护作用。

锌镀层允许使用的最高温度为250℃。在一定温度和应力作用下,能使钢产生锌脆而提前破断。

锌镀层的设计规范见表8.10。

表 8.10 锌镀层的设计规范

设计选用依据	①对于钢、铜,锌镀层是阳极性镀层,在一般及工业大气条件下具有较好的防护性能,在矿物油中能可靠地防止零件腐蚀,但在海水、海雾的直接接触下,其防护性能不如镉镀层; ②在承受弯曲、延展及拧合时,不易脱落,但其弹性、耐压和耐磨性比镉镀层差; ③经钝化处理能显著提高其防护性能,但钝化后不易焊接
适用范围	①使用温度在250℃以下,要求耐腐蚀而不要求装饰和耐磨的零件; ②与橡胶衬垫接触的零件; ③与铝和铝合金接触的零件; ④为减缓接触腐蚀而又不能进行阳极化的铝合金零件; ⑤要求识别标志的零件(应进行着色处理); ⑥在过氧化氢介质中工作的零件,锌镀层必须无孔隙,且不进行钝化; ⑦在煤油、汽油中工作的零件
不宜使用	①工作中受摩擦的零件; ②厚度小于0.5mm的薄壁零件; ③具有渗碳表面的零件
不允许使用	①工作温度超过250℃的钢零件; ②抗拉强度大于1240MPa的钢制零件; ③直径大于或等于10mm的30CrMnSiA钢螺栓; ④气孔比较多的铸件; ⑤锌的腐蚀产物会影响产品或部件正常功能的零件; ⑥不允许增加表面电阻的接地零件; ⑦与纤维织物接触的零件; ⑧在工序中有凿孔、捆扎等内容的零件
不允许进钝化处理	①与浸涂有干性油或植物油的木制件接触时,锌镀层应进行磷化处理; ②要求导电、导磁或焊接的零件; ③在过氧化氢介质中工作的零件
注意	①抗拉强度大于1034MPa的钢制关键件、重要件电镀前应进行消除应力处理; ②抗拉强度大于1372MPa的钢制件不允许进行阴极除油; ③抗拉强度大于1034MPa的钢或不锈钢零件镀后应进行除氢处理

锌镀层厚度系列及应用范围见表8.11。

表 8.11 锌镀层厚度系列及应用范围

零件材料	厚度系列			应用范围
	使用条件	厚度/μm	标志	
钢、铜及铜合金	L Y	3~5 5~8	Ep·Zn3·Zn3 Eq·Zn3·c2C Ep·Zn5 Ep·Zn5·c2C	①螺距等于或小于0.8mm的螺纹零件; ②有IT6、IT7配合公差要求的零件
	L Y	5~8 8~12	Ep·Zn5 Ep·Zn5·c2C Ep·Zn8 Ep·Zn8·c2C	①螺距大于0.8mm的螺纹零件; ②有IT6、IT7配合公差要求的零件
	L Y E	8~12 12~18 18~25 25~30	Ep·Zn8 Ep·Zn8·c2C Ep·Zn12 Ep·Zn12·c2C Ep·Zn18 Ep·Zn25 Ep·Zn25·c2C	①主要用于抗大气腐蚀,但外观和物理性能都没有特殊要求的零件; ②与铝及铝合金、镁合金接触的零件; ③与橡胶接触的零件; ④在双氧水介质中工作的零件(锌镀层必须无孔); ⑤在煤油和汽油中工作的零件

(续)

零件材料	使用条件	厚度系列			应用范围
		厚度/μm	标志		
铝及铝合金	T	8 ~ 12 12 ~ 18 18 ~ 25	Ep·Zn8 Ep·Zn8·c2C Ep·Zn12 Ep·Zn12·c2C Ep·Zn18 Ep·Zn18·c2C		

注:1. 使用条件分类中,L 表示良好,Y 表示一般,E 表示恶劣,T 表示特殊。
2. 镀层设计标志中,Ep 表示电镀,Zn 表示镀锌层,18 表示厚度,c2C 表示彩虹铬酸盐处理 2 级 C 型

8.2.2 表面转化改性技术

表面转化改性技术包括以下 9 种:

(1)化学氧化,钢、铜、铝、镁、钛及其合金表面层的化学氧化形成氧化膜技术。

(2)钝化不锈钢、铜及铜合金的表面层转化形成钝化膜技术。

(3)磷化,钢铁表面转化形成磷酸盐膜技术。

(4)电化学氧化,铝、镁、钛及其合金的表面均可得到这类氧化膜层,例如,铝及其合金阳极化就是通过电化学作用使其表面转化为功能各异的五类氧化物层,即耐磨膜层、耐腐蚀膜层、胶接膜层、绝缘膜层和瓷质膜层。

(5)金属表面着色,常用金属表面都可能进行着色,得到多种颜色。

(6)表面形变强化,主要通过喷丸强化、滚压强化、内孔挤压强化等,使表面发生形变达到强化目的,提高抗应力腐蚀能力。

(7)表面相变强化,通过感应加热淬火、火焰加热淬火、激光加热淬火、电子束加热淬火和流态床加热淬火等表面热处理,使钢件表面发生相变,获得硬化层。

(8)钢铁表面化学热处理,主要介绍碳、氮及其复合元素的渗入,表面形成了一层化学稳定性高而致密的碳化物层、氮化物层,提高了抗腐蚀性能,渗碳后零件表面抗腐蚀性能也有所提高。

(9)离子注入。

1. 化学氧化

按化学氧化膜主要组成物的类型可以分为氧化物膜、铬酸盐膜、磷酸盐膜、乙二酸盐膜等。化学氧化膜又有钢、铜及铜合金、铝及铝合金、镁及镁合金零件的化学氧化膜之分。

1)钢铁化学氧化

钢铁件的氧化处理,是将钢铁件浸入氧化溶液中保持一定时间,在工件表面形成以磁性氧化物 Fe_3O_4 为主要成分的氧化膜,再经皂化、填充或密封处理,可提高零件的抗蚀性与润滑性。钢铁零件的化学氧化处理又称为发蓝。

氧化处理后膜层厚度在为 $0.5 ~ 1.5\mu m$,对零件尺寸和精度无显著影响。钢铁件氧化处理广泛用于机械零件、精密仪表、汽缸、弹簧、兵器和日用品的一般防护和装饰。它具有成本低、工效高、不影响尺寸精度、无氢脆缺陷等特点,但在使用中应定期擦油。

氧化膜的色泽取决于工件表面的状态、材料的合金成分以及氧化处理时的操作条件,一般呈蓝黑色或深黑色。碳含量较高的钢铁件氧化膜呈灰褐色或黑褐色。

钢铁氧化处理以化学法为主,按化学处理液的酸碱性分为碱性及酸性两类;按所获得的膜层颜色,习惯上分为发蓝和发黑两种工艺。目前用得较多的是在含氧化剂的浓碱溶液中进行的碱性氧化法。钢铁的氧化见表 8.12。

表 8.12　钢铁的氧化

组分与工艺	一步法					二步法	
	1	2	3	4	5	首槽	末槽
氢氧化钠	650 ~ 700g/L	600 ~ 700g/L	34.5%	45%	46%	550 ~ 650g/L	700 ~ 840g/L
硝酸钠	50 ~ 70g/L		2%		5%		
亚硝酸钠	180 ~ 220g/L	200 ~ 250g/L			1%	100 ~ 150g/L	150 ~ 200g/L
二氧化锰	20 ~ 25g/L						
重铬酸钾		25 ~ 35g/L					
氰化钠							
硫代硫酸钠			8%				
氯化钾			2.7%		5%		
正磷酸钠				10%			
亚硫酸钠				5%			
铁粉					0.2%		
$T/℃$	135 ~ 145	130 ~ 135	130 ~ 150	130 ~ 150	130 ~ 150	130 ~ 135	140 ~ 150
t/min	40 ~ 90	15	40 ~ 120			15	45 ~ 60

注:分步法氧化处理可得厚膜,且避免出现红色挂灰

2)铜和铜合金化学氧化

铜和铜合金(包括铜镀层)在含有氧化剂的苛性碱溶液中进行浸渍处理,得到以氧化铜为主要成分的氧化膜层,具有装饰外观和一定的防护能力。膜层很薄,当在氧化膜中有少量的氧化亚铜存在时,随着氧化亚铜含量的增加,膜层的颜色可为黄色、橙色、红色、紫色、棕色直至黑色。铜和铜合金的氧化见表8.13。

表 8.13　铜及铜合金的氧化

组分与工艺	过硫酸盐法	氨铜法	阳极化法
氢氧化钠/(g/L)	45 ~ 50		150 ~ 200
过硫酸钾/(g/L)	5 ~ 20		
碱式碳酸铜/(g/L)		60 ~ 100	
氨水(25%)/(mL/L)		300 ~ 800	
$T/℃$	60 ~ 65	室温	90 ~ 95
t/min	5	6 ~ 15	10 ~ 25
$D_k/(A/dm^2)$			1.5 ~ 4

注:阴极材料选用不锈钢板,阴极与阳极面积比为(5 ~ 8):1

3)铝和铝合金化学氧化

铝和铝合金在一定溶液中经过处理所形成的化学氧化膜膜层很薄,如在碱性溶液中所形成的化学氧化膜厚度为 0.5 ~ 4μm,在铬酸 – 磷酸溶液中形成的膜厚度为 0.5 ~ 3μm。膜层电阻小,与基体结合良好,不耐磨,能承受轻微弯曲,具有多孔性,是油漆的良好底层。氧化膜允许使用的最高温度为65℃。

铝和铝合金化学氧化法的工艺特点是设备简单,操作方便,适用性强,不受零部件大小和形状的限制。故大型铝件或难以用阳极氧化法获得完整膜层的复杂铝件(如管件、点焊件或铆接件等),通常采用化学法进行氧化处理。

目前铝和铝合金化学氧化处理液大多以铬酸(盐)法为主,如德国 MBV 法、英国 Pylumin 法及法国 Protal 法等。按溶液酸碱性有碱性和酸性两类,铝和铝合金的氧化见表 8.14。

表 8.14　铝和铝合金的氧化(铬酸盐法)

类别	名称	组分	工艺	说明
碱性	MBV 法	无水碳酸钠 2% ~5% 无水铬酸钠 0.5% ~2.5%	90 ~100℃ 3 ~5min	膜层质量不高,抗蚀性尚好,添加氢氧化钠或增加盐类浓度可降低操作温度;稍加改进可用干刷涂法
	Pylumin 法	碳酸钠 7% 铬酸钠 2.3% 碱式碳酸铬 0.5% 氢氧化钠 0.5%	70℃ 3 ~5min	膜层可用作涂装底层,对含镁的硬铝合金也能适用;溶液调整方便,可连续循环使用
	Protal 法	碱性锰化合物、钼化合物或钒化合物 0.5% 氢氧化钠或碳酸钠 1%	煮沸 40min	膜层由溶液中金属与铝氧化物组成;添加碱性磷酸盐可缩短成膜时间
酸性	磷酸 – 铬酸法	铬酸 12g/L 75% 磷酸 35mL/L 酸性氟化钠 3g/L	40℃ 1 ~2min	可得到绿色膜层;延长处理时间可得厚膜;作涂装底层时需控制膜厚小于或等于 2g/m²
	Albond CRN 法	铬酸 9g/L 钨酸钠 3.5g/L 氟化钠 4.5g/L	20 ~30℃ 2 ~3min	可得黄色至黄褐色膜层,反应过程缓慢,不易判定,需严格控制规范

4) 镁和镁合金化学氧化

镁合金具有重量轻、比强度高的优点,适宜作结构材料,但它的耐蚀能力很低,无论是原材料、半成品还是成品,或有待进一步机械加工的零件都要进行防护处理。在重铬酸盐溶液中浸渍,可以获得一定保护能力的氧化膜,膜层很薄($0.5 \sim 3\mu m$),柔软而不耐磨,不能单独作为镁合金的保护层。经过氧化处理的膜层能提高与油漆的结合力。可作为涂履有机涂层的底层,或作为机械加工时工序间的临时保护。允许使用的温度为 230 ~287℃。镁和镁合金的氧化见表 8.15。

表 8.15　镁和镁合金的氧化(化学氧化法)

组分与工艺	Dow No. 1	防护型	装饰型	组分与工艺	Dow No. 1	防护型	装饰型
重铬酸钠/(g/L)	200		110 ~170	硫酸锰/(g/L)			40 ~75
重铬酸钾/(g/L)		15 ~35		邻苯二甲酸氢钾/(g/L)			15 ~20
硝酸/(g/L)	180			氟化钾/(g/L)	0 ~16		
硫酸铵/(g/L)		30 ~35		pH		4 ~5.5	2 ~4
铬酐/(g/L)			1 ~2	T/℃	18 ~32	85 至沸腾	85 至沸腾
硫酸镁/(g/L)			40 ~75	t/min	0.5 ~2	15 ~40	10 ~20

2. 钝化

钝化处理是指通过成膜、沉淀或局部吸附作用,使金属表面的局部活性点失去化学活性而呈现钝态;钝化处理的目的在于降低表面活性点的数目,而不一定生成稳定的完善的膜层。但在许多场合钝化处理也往往是成膜过程,可以将钝化处理看作表面化学氧化的一个特殊形式。

1) 铜和铜合金的钝化

铜和铜合金经钝化处理,可在其表面形成防护性薄膜,防止硫化物侵蚀而发暗,同时具有装饰功能。

常用铬酸法、重铬酸盐法、钛酸盐法及苯并三氮唑法进行铜及其铜合金的钝化处理。铜和铜合金的钝化见表 8.16。

表 8.16　铜和铜合金的钝化

组分与工艺	铬酸法	重铬酸盐法	钛酸盐法	苯并三氮唑法	组分与工艺	铬酸法	重铬酸盐法	钛酸盐法	苯并三氮唑法
铬酐/(g/L)	80 ~100				氯化钠/(g/L)	1 ~3			
重铬酸钠/(g/L)		180			过氧化氢/(mL/L)			40 ~60	

（续）

组分与工艺	铬酸法	重铬酸盐法	钛酸盐法	苯并三氮唑法	组分与工艺	铬酸法	重铬酸盐法	钛酸盐法	苯并三氮唑法
硫酸氧钛/(g/L)			6～12		硝酸/(g/L)			15～40	
苯并三氮唑/%				0.05～0.15	$T/℃$	15～25	18～25	15～25	50～60
硫酸/(g/L)	35～50	10	35～45		t/min	5～15	5～10	0.3～0.5	2～3

2）不锈钢的钝化

不锈钢零件酸洗后再在氧化介质溶液中浸渍，在其表面形成一层薄的本色膜层，使酸洗后暴露的结晶表面钝化，并清除了不锈钢表面的金属杂质，使不锈钢表面具有更好的耐腐蚀和抗点蚀能力。它适用于不锈钢制件和导管。不锈钢钝化见表 8.17。

表 8.17　不锈钢的钝化

组分与工艺	硝酸型	含铬酸盐型	组分与工艺	硝酸型	含铬酸盐型
硝酸/(g/L)	300～500	300～450	$T/℃$	10～25	10～25
重铬酸钠/(g/L)		25～35	t/min	30～60	20～50

3）锌和锌合金的钝化

锌和锌合金镀层的钝化处理可采用不同含量的铬酐和不同成分的钝化溶液及不同的工艺条件，得到耐蚀性不同和色彩各异的钝化膜，如彩虹色、蓝白色、橄榄色、蓝色、黄色和黑色等色调，起到不同的装饰效果，达到不同的耐蚀性能。常用作电镀锌以及锌基合金的后处理，提高锌件的耐蚀性、涂装或装饰性能。锌和锌合金的钝化见表 8.18。

表 8.18　锌和锌合金的钝化

组分与工艺	彩色钝化	白色钝化	黑色钝化	草绿色钝化	组分与工艺	彩色钝化	白色钝化	黑色钝化	草绿色钝化
铬酐/(g/L)		3～5	15～30	30～50	乙酸/(g/L)			70～125	
硝酸/(g/L)		40～70		7～12	磷酸/(g/L)				10～15
硫酸/(g/L)	9～11	20～30		9～15	盐酸/(g/L)				5.5～10
高锰酸钾/(g/L)			硫酸铜 30～50		pH			2～3	0.5～2
重铬酸钠/(g/L)	200		甲酸钠 20～30		$T/℃$	室温	室温	室温	10～80
氯化铬/(g/L)		3～5			t/min	16	5～10	60～180	30～180
氟化钠/(g/L)		2～3							

4）其他金属的钝化

镉镀层的钝化处理可参照锌材钝化工艺。

银镀层钝化处理可防止因二氧化硫、硫化氢及卤化物的作用而变色。银镀层的钝化见表 8.19。

表 8.19　银镀层的钝化

组分与工艺	化学法		电化学法		组分与工艺	化学法		电化学法	
	1	2	1	2		1	2	1	2
重铬酸钾/(g/L)	6～10			30～40	硫代硫酸钠/(g/L)		20		
硝酸/(g/L)	18～20				氢氧化铝/(g/L)				0.5～1
铬酐/(g/L)	2～5				pH		5～6	7～10	5～6
苯并三氮唑/(g/L)		2.5～3			$T/℃$	15～25	15～25	20～90	10～30
碘化钾/(g/L)		2			t/min	0.05～0.1	2～5	1～3	0.5
铬酸钾/(g/L)			20		$D_k/(A/dm^2)$			1	2～3

3. 磷化

磷化是用以磷酸或其盐为主的稀溶液通过化学反应在金属表面形成不溶性磷酸盐膜的过程。为促进磷化成膜过程中氧化还原反应的速度,通常采用化学方法或物理疗法加速,如氧化剂法、还原剂法、重金属盐法、电化学法、搅拌及喷射法等。

钢铁制件在含磷酸盐的溶液中处理,表面形成一层难溶于水的磷酸盐保护膜(简称磷化膜)。磷化膜由两个反应过程生成:一是金属本身的溶解,随着浓度的提高在钢铁制件表面析出结晶,又随晶体长大形成磷化膜;二是溶液中金属离子也能生成 $Mo_3(PO_4)_2$,为固相析出,成为磷化膜的另一部分。

不同溶液成分,可获得不同组成的磷化膜,具有防腐蚀、绝缘、减摩的功能;随选用工艺不同,膜层厚度差别很大,通常为 $1\sim 15\mu m$,厚的膜层可达 $50\mu m$;膜层具有较高的电阻、与油漆有良好的结合力和在 $400\sim 500℃$ 短时不被熔融金属黏附的特性。膜层耐蚀性不高,且粗糙多孔,涂漆与封闭处理可提高其耐蚀性和减摩性。具有高的吸附能力。国内标准磷化膜允许使用温度为 $150℃$。

1)钢铁磷化

钢铁磷化工艺通常按处理温度高低分高温、中温及低温三种类型。高温磷化速度快,膜耐蚀性、结合力、硬度以及耐热性均高,但溶液挥发量大,成分变化快,膜结晶不匀,易形成夹杂;中温磷化溶液稳定,成分较复杂,磷化速度较快,膜层耐蚀性接近高温磷化产物;低温磷化无需加热,节省能源,成本低,溶液稳定,膜耐蚀性及耐热性差,生产率低。目前主要朝中、低温磷化方向发展。

钢铁磷化见表8.20。磷化工艺过程为预处理→磷化→后处理。预处理对成膜过程与质量影响很大,除按常规方法进行脱脂净化、除锈、水洗外,还应在磷化前做活化处理。目前也常采用某些电位比铁正的金属盐稀溶液或含钛离子、焦磷酸根离子的弱碱性溶液中做化学活化。后处理的作用主要是提高磷化膜防护能力或减摩性。磷化后的处理见表8.21。

表8.20　钢铁磷化

组分与工艺	高温型		中温型		低温型	
	1	2	1	2	1	2
磷酸二氢锰铁盐/(g/L)	30~40			30~40		40~60
磷酸二氢锌/(g/L)		30~40	30~40		60~70	
硝酸锌/(g/L)		55~65	80~100	80~100	60~80	
亚硝酸钠/(g/L)				1~2		1~3
硝酸钠/(g/L)						5~12
硝酸锰/(g/L)	15~25					
氧化锌/(g/L)					4~8	
氟化锌/(g/L)					3~4.5	
游离酸度/点	3.5~5	6~9	5~7.5	4~7	3~4	3~5
总酸度/点	36~50	40~60	60~80	60~80	70~90	75~95
$T/℃$	94~98	90~95	60~70	50~70	20~30	15~30
t/min	15~20	10~15	15~20	10~20	30~45	20~40

表8.21　磷化后处理

名称	处理液	操作条件	说明
皂化处理	钾肥皂,10~30g/L	50~70℃,4~6min	用碳酸钠溶液调 pH 为 8~10
填充处理	0.015%铬酸溶液	70~90℃,3~5min	$Cr^{6+}/Cr^{3+}=3$;可添加磷酸增效
浸油处理	机油、锭子油	105~115℃,5~10min	浸油后干燥温度80℃
封闭处理	硝基漆或合成树脂漆	室温刷涂或浸涂	漆膜宜在 150~180℃ 焙干

2)锌材磷化

锌材磷化常应用于电镀锌、热浸镀锌、压铸锌及某些锌基合金场合。锌材磷化多采用锌系磷化液,并往往添加某些阳离子如铁、锰或镍,以调节晶核生成与生长过程,改善磷化膜的均匀性及晶粒粗细。

锌材磷化见表8.22。磷化前的活化可采用钛－磷酸盐溶液浸渍,或喷涂不溶性磷酸锌浆料,后处理主要是钝化,可在30～100g/L浓度的重铬酸钾水溶液中,在70～95℃条件浸渍3～15s。

表8.22　锌材磷化

组分与工艺	配方1	配方2	配方3	配方4	组分与工艺	配方1	配方2	配方3	配方4
磷酸锰铁盐/(g/L)	55～65		30～40		氟化钠/(g/L)	7～10			
磷酸二氢锌/(g/L)		35～45			游离酸度/点		12～15	6～9	2～5
硝酸锌/(g/L)	50		80～100	60～80	总酸度/点		65～75	80～100	50～60
硝酸锰/(g/L)			30～40		pH	3～3.2			
亚硝酸钠/(g/L)				1～2	T/℃	20～30	90～95	50～70	30～35
磷酸/(g/L)		25		20～30	t/min	25～30	8～12	15～20	20～30
氧化锌/(g/L)	12～15			20～30					
注:配方4用于镀层,用硝酸调pH									

3）铝和铝合金磷化

铝和铝合金磷化常采用锌系及铬磷酸系溶液,其锌系磷化液与钢铁锌磷化类似,主要含游离磷酸、酸性磷酸锌、硝酸锌和氟化物或游离氢氟酸,稳定性较差。生成的磷化膜以磷酸锌为主,厚度为1～5μm,皂化处理后,常用于塑性变形加工中。铝材的铬磷酸系磷化液主要由磷酸、铬酸及氟化物或氟硅化物组成,得到以铬铝磷酸盐混合物为主的膜层。由于带水的磷酸铝在加热过程中可产生脱水而促使膜层结构变化,故应严格控制磷化后干燥过程的工艺参数。

磷化膜颜色与铝材成分有很大关系。含铜铝合金所得磷化膜为橄榄绿色,不含铜的铝合金则可得到蓝绿色带浅彩虹色的膜层。铝及铝合金的铬酸盐－磷酸盐处理膜耐蚀性很好,目前应用广泛。

4.电化学氧化

在电解质溶液中,具有导电表面的制件置于阳极,在外电流的作用下制件表面形成氧化膜的过程称为电化学氧化,俗称阳极氧化,这是通过电化学作用将表面金属转化为金属氧化物的过程,也称为电化学转化。在镁合金、钛及钛合金、铝及铝合金表面均可得到这类氧化膜层。镁合金阳极氧化膜性脆;钛及钛合金的普通阳极氧化膜很薄,而硬阳极化膜工艺的研究成功有可能代替硬铬镀层,在恶劣腐蚀环境中用于耐蚀、耐磨。

1）铝和铝合金的阳极氧化

铝和铝合金阳极化膜层特性:高硬度;较高的耐蚀性和装饰性;较强的吸附能力和黏接能力;很好的绝缘性能;好的绝热抗热性能。

铝和铝合金阳极氧化膜的应用大致有:用于防护与装饰;用作耐磨层,提高铝制件表面的耐磨性能;用作电绝缘层,使铝制件表面获得高的电绝缘性能;作为油漆涂料的底层;作为电镀底层,提高镀层与铝基体的结合力。

根据不同的环境和使用条件,选择不同的铝阳极化工艺,其选择原则见表8.23,常用阳极化法特点及用途见表8.24。

表8.23　铝合金阳极化工艺的选择

防护目的		选用的阳极化工艺
耐蚀	大气	硫酸阳极化(热水封闭或铬酸盐封闭)
	油漆底层	铬酸阳极化、硫酸阳极化(封闭)
	装饰	瓷质阳极化、硫酸阳极化后染色或电解着色
	减少对基体疲劳性能影响	铬酸阳极化
识别标记		铬酸阳极化后着色
耐磨		硬质阳极化
绝缘		乙二酸阳极化、硬质阳极化
胶结		磷酸阳极化、铬酸阳极化
消除视觉疲劳		硫酸阳极化后染黑色

表 8.24　常用阳极化法特点及用途

名称	特点	主要用途
硫酸法	膜外观无色透明,厚为 5 ~ 20μm,多孔隙,较硬,吸附能力强,易染色,封闭后耐蚀;溶液中添加有机酸和无机盐可改善工艺性	涂装底层、装饰与防护层,不适于铸件、点焊件、铆接件
铬酸法	膜外观灰色到浅灰色,不透明,厚为 2 ~ 5μm;孔隙率低、难染色、质软、弹性好	涂装底层,或铝材金相检验用,适用于铸件、铆接件、点焊件,不适于高硅及高铜铝合金
乙二酸法	膜外观银白或铜色,厚为 8 ~ 20μm,弹性及绝缘性好,硬度、耐磨性与硫酸法膜相当	电气绝缘,日用品装饰
磷酸法	膜外观无色透明,厚为 2 ~ 15μm,孔径大,孔隙率中等,吸附能力最强	电镀、胶接、搪瓷或喷涂的底层
硬质法	膜外观褐色、灰色或黑色,厚为 250μm;硬度为 400 ~ 1500HV,熔点为 2050℃,击穿电压为 2000V,耐蚀性及结合力均好	要求耐磨、耐热、绝缘等场合,如活塞、汽缸、轴承,以及飞机、水力设备上的零部件
瓷质法	膜外观浅灰不透明,厚为 6 ~ 20μm,致密,但吸附能力强,结合力好,硬度高,耐磨性、耐蚀性及绝热绝缘性能均好	仪表仪器防护,日用品装饰

2) 铜和铜合金的阳极氧化

铜和铜合金在氢氧化钠溶液中阳极氧化处理可得到以氧化铜为主的黑色氧化膜。膜层很薄,几乎不影响工件原来的尺寸精度,其抗蚀性能一般,只适宜在良好环境条件下工作或仪器、仪表内部零件的防护与装饰。若经浸油或涂透明清漆处理,防护性能可进一步提高。该工艺方法广泛应用于光学仪器、仪表、电子元件、日用五金和工艺品的表面防护与装饰。

3) 镁合金的阳极氧化

镁合金的密度小、比强度大,是重要的航空、航天结构材料,近年来在汽车工业、电子工业中的应用也正在快速增长。镁合金的化学活性很强,在几乎所有的金属材料中是最容易遭受腐蚀的材料之一,因此镁合金必须经过防护处理才能使用。

阳极氧化是镁合金防护处理的重要方法之一,可在镁合金表面形成厚 10 ~ 50μm 的氧化膜,硬度与铝表面的阳极氧化膜相当。镁合金阳极氧化膜质脆而多孔,经封闭处用后可单独作为防护 – 装饰性膜层使用,但更多的是作为涂漆的良好底层。经阳极氧化后再涂漆可使镁合金的防护性能大大提高。

镁合金阳极氧化分酸性溶液阳极氧化和碱性溶液阳极氧化,在两类电解液中得到的阳极氧化膜,虽其组成差异较大,但结构和性能相近。镁合金阳极氧化处理见表 8.25。

表 8.25　镁合金阳极氧化(阳极化法)

组分与工艺	Dow 1 法	HAE 法	Dow 17 法	组分与工艺	Dow 1 法	HAE 法	Dow 17 法
重铬酸钠/(g/L)			100	氢氧化铝/(g/L)		30	
氢氧化钠/(g/L)	240			磷酸三钠/(g/L)		34	
氢氧化钾/(g/L)		160		锰酸钾/(g/L)		19	
乙二醇/(g/L)	70			$T/℃$	70 ~ 80	24 ~ 29	70 ~ 80
乙二酸/(g/L)	25			t/min	15 ~ 25	60	15 ~ 30
氟化钾/(g/L)		34		$D_A/(A/dm^2)$	1.1 ~ 2.2 (AC 或 DC)	1.6(AC)	1 ~ 3(AC)
氟化氢铵/(g/L)			200 ~ 250				

4) 微弧氧化

微弧氧化又称为微等离子体氧化,是在阳极氧化工艺基础上发展而来的。它是通过电解液与相应电参数的组合,在铝、镁、钛及其合金表面依靠弧光放电产生的瞬时高温高压作用,生长出以基体金属氧化物为主的陶瓷膜层。在微弧氧化过程中,化学氧化、电化学氧化、等离子体氧化同时存在,因此陶瓷层的形成过程非常复杂。

微弧氧化是指在普通阳极氧化的基础上,利用弧光放电增强并激活在阳极上发生的反应,从而在以铝、钛、镁金属及其合金为材料的工件表面形成优质的强化陶瓷膜的方法,是通过用专用的微弧氧化电源在工件上施加电压,使工件表面的金属与电解质溶液相互作用,在工件表面形成微弧放电,在高温、电场等因素的作用下,金属表面形成陶瓷膜,达到工件表面强化的目的。

微弧氧化技术的突出特点:①大幅度地提高了材料的表面硬度,显微硬度为 $1000 \sim 2000HV$,最高可达 $3000HV$,可与硬质合金相媲美,大大超过热处理后的高碳钢、高合金钢和高速工具钢的硬度;②良好的耐磨损性能;③良好的耐热性及抗腐蚀性,从根本上克服了铝、镁、铁合金材料在应用中的缺点,因此该技术有广阔的应用前景;④有良好的绝缘性能,绝缘电阻可达 $100M\Omega$;⑤溶液为环保型,符合环保排放要求;⑥工艺稳定可靠,设备简单;⑦反应在常温下进行,操作方便,易于掌握;⑧基体原位生长陶瓷膜,结合牢固,陶瓷膜致密均匀。

采用微弧氧化技术对铝及其合金材料进行表面强化处理,具有工艺过程简单、占地面积小、处理能力强、生产效率高、适用于大工业生产等优点。微弧氧化电解液不含有毒物质和重金属元素,电解液抗污染能力强和再生重复使用率高,因而对环境污染小,满足优质清洁生产的需要,也符合我国可持续发展战略的需要。微弧氧化处理后的铝基表面陶瓷膜层具有硬度高($>1200HV$)、耐蚀性强(CASS 盐雾试验时间大于 $480h$)、绝缘性好(膜阻抗大于 $100M\Omega$)、膜层与基底金属结合力强,并具有很好的耐磨和耐热冲击等性能。微弧氧化技术工艺处理能力强,可通过改变工艺参数获取具有不同特性的氧化膜层以满足不同目的的需要,也可通过改变或调节电解液的成分使膜层具有某种特性或呈现不同颜色,还可采用不同的电解液对同一工件进行多次微弧氧化处理以获取具有多层不同性质的陶瓷氧化膜层。

由于微弧氧化技术具有上述优点和特点,因此在机械、汽车、国防、电子、航天航空及建筑民用等工业领域有着极其广泛的应用前景。主要用于对耐磨、耐蚀、耐热冲击、高绝缘等性能有特殊要求的铝基零部件的表面强化处理;也可用于建筑和民用工业中对装饰性和耐磨耐蚀要求高的铝基材的表面处理;还可用于常规阳极氧化不能处理的特殊铝基合金材料的表面强化处理。例如:汽车等车辆的铝基活塞、活塞座、汽缸及其他铝基零部件;机械、化工工业中的各种铝基模具,各种铝罐的内壁,飞机制造中的各种铝基零部件如货仓地板、滚棒、导轨等;民用工业中各种铝基五金产品、健身器材等。

微弧氧化技术目前仍存在一些不足之处,如工艺参数和配套设备的研究需进一步完善;氧化电压较常规铝阳极氧化电压高得多,操作时要做好安全保护措施;电解液温度上升较快,需配备较大容量的制冷和热交换设备。

5. 金属表面着色

金属表面彩色化是近年来表面科学技术研究与应用最活跃的领域之一。金属表面着色是在特定的溶液中采用化学、电化学、置换或热处理等方法在金属表面形成一层颜色各异的膜或干扰膜层。由于各种金属氧化物颜色不同,从而使着色金属表面呈现不同的颜色,改变了原有金属的外观,达到模仿昂贵金属、仿古、装饰等目的。

我国在 20 世纪 70 年代后期以来相继在化学染色和电解着色等方面开展工作,虽然与工业发达国家还有差距,但经过科技工作者的努力,在铝、铜及其合金和不锈钢的表面着色方面积累了大量经验,并均已形成规模生产。随着装饰行业的不断发展,对彩色金属的需求量也必将越来越大,金属的表面着色技术也将得到越来越多的应用。

金属着色溶液是以强氧化剂、硫化物、强酸、强碱或金属盐为主要成分。着色后的外观取决于溶液成分的选择、工艺条件的控制与原金属表面状态。有的金属表面着色膜层的耐蚀性、耐磨性和耐持久性差,在表面涂上一层透明漆能延长其使用寿命,具有多孔性的膜层浸油或涂蜡也能提高膜层的使用性能。

1)铝和铝合金着色

铝和铝合金经阳极氧化处理后,氧化膜孔隙率高,吸附性能好。因此,铝合金着色多在氧化膜上进行,也可在表面直接着色。

铝和铝合金阳极氧化膜着色的方法主要分为电解发色、化学染色与电解着色三种方法。电解发色是阳极氧化和着色过程在同一溶液中完成,在铝合金上直接形成彩色的氧化膜,因此,也称为电解着色一步法。

化学染色法是染料被吸附在膜层的孔隙内而着色。电解着色法是将经过阳极氧化的铝或铝合金放入含有重金属的盐类溶液中进行电解着色,也常称为电解着色二步法。由于这三种方法的着色机理不同,发色体沉积的部位也互不相同:电解发色法,因电解液和铝材的不同,发色体在多孔层整体中,或发色体的胶体粒子分布在多孔层整体中;化学染色法,发色体沉积在氧化膜孔隙上部;电解着色法,金属发色体沉积在多孔层的孔隙底部。有机染料配方及工艺规范见表 8.26。电解着色溶液配方及工艺规范见表 8.27。

表 8.26　有机染料染色配方及工艺规范

颜色	染料名称	浓度/(g/L)	时间/min	温度/℃
黑色	苯胺黑	5~10	15~30	30~70
	酸性粒子元 NBL 无水乙酸(98%)	12~16 0.8~1.2mL/L	15~30	60~70
	酸性毛元 ATT	10~12	10~15	60~70
红色	酸性红 GR	5	2~10	室温
	直接锡利桃红 G	2~5	1~5	60~70
	铝红 ZBLW	2~5	2~5	室温
	酸性红 B 无水乙酸(98%)	4~6 0.5~1mL/L	15~30	15~40
蓝色	直接耐晒蓝	3~5	15~20	室温
	酸性蒽醌蓝	5	5~15	50~60
	直接锡利翠蓝	2~5	1~5	60~75
	铝蓝 LLW	2~5	2~5	室温
	活性艳蓝	5	1~5	室温
绿色	酸性绿	5	15~20	70~80
	直接耐晒翠绿	3~5	15~20	室温

表 8.27　电解着色溶液的配方及工艺规范

溶液名称	成分/(g/L)	温度/℃	交流电压/V	pH 值	时间/min	颜色	溶液名称	成分/(g/L)	温度/℃	交流电压/V	pH 值	时间/min	颜色
硫酸镍	25	20	7~15	4.4	2~15	青铜色→黑色	硫酸铜	35	20	10	1~1.3	5~20	紫色
硫酸镁	20						硫酸镁	20					
硫酸铵	15						硫酸	5					
硼酸	25												
硫酸亚锡	5~10	20	10~25		1~5	古铜色	硝酸银	0.5~1	20	8~10		1~5	金黄色
硫酸镍	30~80						硫酸锰	10					
硫酸铜	1~3						硫酸	6~10					
硼酸	5~50												
硫酸钴	25	20	17	4~4.5	13	黑色	硫酸亚锡	15	20	4~6	1.3	1~8	红褐色→黑色
硫酸铵	15						硫酸铜	7.5					
硼酸	25						硫酸	10					
							柠檬酸	6					

2) 铜和铜合金着色

利用化学或电化学过程使铜和铜合金与一些无机物反应,在其表面形成一层极薄的带不同颜色、致密的化合物(如氧化物、硫化物、碱性盐等)而着色。铜和铜合金着色主要用于装饰品与美术品,兼有装饰和保护双重作用。铜合金中以黄铜着色较为简便,其次是青铜、铝青铜等,在实际应用中,铜和铜合金着色以黑色、绿色、蓝色以及古铜色等色调为主。

具体着色时,对纯铜要求并不高,一般市售铜含量在99%以上的纯铜均可使用。但对于黄铜要求较高,成分为铜含量68%~80%、锌含量32%~20%的黄铜材,其氧化着色的效果比较理想。低于或高于这个比例的基材,其氧化着色的效果不太理想。纯铜氧化着色溶液的配方及工艺规范见表8.28。

表8.28　纯铜氧化着色溶液的配方及工艺规范

溶液名称	成分/(g/L)	温度/℃	时间/min	说明
硫化钾	10	<80	4~5	溶解硫化钾时,在水中先加入一些氢氧化钠或氨水,使溶液呈弱碱性
过硫酸钾 氢氧化钠 钼酸铵	10~15 40~60 18~25	55~70	数分钟	配制时应先将氢氧化钠溶液加热至100℃,然后再将过硫酸钾加入溶解,颜色是深黑色而富有光泽,是较为理想的着色工艺
氢氧化钠 钼酸钠	100~150 0.5~2	70~90	20~30	

3)不锈钢着色

不锈钢经过各种氧化处理在表面形成的钝化膜对光的干涉,由于呈现出各种不同的干涉色彩而着色。因此,氧化膜的成分改变或厚度改变都会引起色调的变化。在不锈钢表面形成彩色的技术很多,大体有化学着色法、电化学着色法、高温氧化法、有机物涂覆法、气相裂解法及离子沉积法。这里重点介绍化学着色法。

化学着色法是将不锈钢零件浸在一定的溶液中,因化学反应而使不锈钢表面呈现出色彩的方法。化学着色法分为碱性着色法、硫化法、重铬酸盐氧化法和酸性着色法。应用最广泛的是酸性着色法。

酸性着色法是经过活化的不锈钢在含有氧化剂的硫酸水溶液中进行着色。这种方法着色控制容易,着色膜的耐磨性较高,适合进行大规模生产。著名的因科法(INCO)属于酸性着色法。不锈钢酸性着色法见表8.29。

不锈钢经着色处理后,虽然能获得鲜艳的彩色膜,但获得的膜层组织疏松多孔,孔隙率为20%~30%,膜层也很薄,不耐磨且容易被污染,必须进行坚膜处理。坚膜处理又可分为化学坚膜和电解坚膜。坚膜处理见表8.30。

表8.29　不锈钢酸性着色法

组分与工艺	配方1	配方2	配方3
硫酸/(g/L)	490	550~640	1100~1200
铬酐/(g/L)	250		
重铬酸钾/(g/L)		300~350	
偏钒酸钠/(g/L)			130~150
T/℃	70~90	95~102	80~90
t/min	5~15		5~10

表8.30　坚膜处理

组分与工艺	化学坚膜	电解坚膜
重铬酸钾/(g/L)	15	
氢氧化钠/(g/L)	3	
铬酐/(g/L)		250
硫酸/(g/L)		2.5
pH	6.5~7.5	
阴极电流密度/(A/dm²)		0.2~1
阳极		铅板
T/℃	60~80	室温
t/min	2~3	5~15

4)锌和锌合金着色

锌和锌合金的着色方法有铬酸盐法(钝化)、硫化物法和置换法。此外,锌合金还可用间接方法着色。

镀锌层进行铬酸盐钝化处理后,在锌层表面生成一层稳定性高、组织致密的钝化膜。钝化膜主要成分是三价铬化合物,一般呈绿色,其次是六价铬化合物,一般呈黄色或橙色,两者一起形成彩虹色。随钝化膜厚度减薄,膜的色彩变化为红褐色—玫瑰红色—金黄色—橄榄绿色—绿色—紫红色—浅黄色—青白色。钝化工艺有彩色钝化、白色钝化、黑色钝化及五酸草绿色钝化。

锌着色见表 8.31,锌合金着色见表 8.32。

表 8.31　锌着色工艺规范

颜色	配方号	溶液组成/(g/L)		温度/℃	时间/min
黑色	1	铬酐 硫酸镍铵 硝酸银	5~8 10 0.5~1.5	室温	0~60
	2	钼酸铵 氨水	30 47	30~40	10~20
	3	硫酸 氯酸钾	168 80		
	4	硫酸铜 氯化钾	45 45	室温	
	5	硝酸锰	5		
红色	1	酒石酸铜 氢氧化钠	150 200	40	
	2	硫酸铜 酒石酸 氨水	60 80 60		
深红色		硫酸铜 重酒石酸钾 碳酸钠	50 50 150		
钢盔绿色		铬酐 氯化钠 硫酸铜	50 30 30	室温	10

表 8.32　锌合金着色工艺规范

颜色	配方号	溶液组成/(g/L)		温度/℃	时间/min
黑色	1	硫酸铜 氯酸钾	160 80	室温	数分钟
	2	铬酐 硫酸铜	150 5	20~25	数分钟
	3	铬酐 硫酸 硫酸铜 硝酸	150 5 2~3 13	室温	10s
草绿色	1	重铬酸钾 硫酸 盐酸	100 15 150	30~50	数十秒
	2	铬酐 盐酸 磷酸	120 50 10	30~35	数秒
灰色	1	硫酸铜 氯化铵 氨水	20 30 50	20~25	数分钟
仿古铜色	1	硫化钾 氯化钠 或氯化铵	5~15 3	40~60	10~15s
	2	多硫化钾 氯化铵	20~25 50	50	30s
仿古青铜色	1	碳式碳酸铜 氨水	4 15	室温	2~15s
	2	碳式碳酸铜 氨水	60~120 150~300	室温	5~15s

锌镀层经过化学处理以后,产生了强烈的物理吸附或化学反应,能被溶液中的有机染料染色,其染色工艺流程:钝化—清洗—漂白—清洗—染色—清洗—干燥—上漆—烘干。清洗用流动冷水,干燥时温度不宜太高,用热风吹或烘干上漆。选用无油氨基烘漆,温度与时间依据漆料而定。经染色后锌镀层有良好装饰性能和抗蚀性能,有广泛的应用。

5)银和银合金着色

银和银合金着色处理主要应用于工艺美术与装饰,可形成黑色、蓝黑色、淡灰色或暗灰色、绿色或灰绿色、古银色、黄褐色、绿蓝色等色调。银和银合金着色工艺规范见表 8.33。

表 8.33　银和银合金的着色

组分与工艺	古旧银色	黑色	蓝黑色	蓝黄色	绿色	黄褐色	古银色
硫化钾/(g/L)	25	15	2	1.5			7.5~10
氯化铵/(g/L)	38	40	6				
硫化钡/(g/L)	2					5	
盐酸/(g/L)					300		
T/℃	室温	80	60~80	80	室温	室温	80

注:黑色可加氨水加深颜色,绿色加碘 100g/L

6)其他金属着色

镉是有光泽的灰色金属,有毒,主要用在化工、原子能工业、镶牙材料上。镀镉后经钝化处理可着彩色,其工艺同镀锌后钝化。

锡的着色有间接法和直接法两种。直接法是指在锡的表面着色。间接法是在锡的表面先镀上易着色的其他金属镀层,如铜、黄铜、锌、镉等再着色,也可以镀黑镍和彩色镍。

铬主要是作为电镀层镀在其他基体金属的表面,因此铬的着色基本上是金属制件镀铬后的着色。铬的着色方法有化学法、电化学法两种。根据应用的方式,习惯将镀铬层分为装饰用和工程用两种。装饰用则注重其外表的美观及多彩;工程用则镀层厚,而且着重于硬度和耐磨、耐蚀性能。

银及银合金的着色范围非常窄,主要方法是在表面形成硫化物,多用于工艺美术装饰。

单金属铍一般不着色,而铍合金着色应用较广。

6. 表面形变强化

表面形变强化工艺技术是借助于改变材料的表面完整性来改变疲劳断裂和应力腐蚀断裂抗力以及高温抗氧化的能力。被改变的材料表面完整性包括:表面粗糙度,表层的组织结构与相结构、表层的残余应力状态以及表层的密度等。金属材料的疲劳、应力腐蚀、高温氧化等物理与化学性能绝大程度上取决于材料的表面完整性。

表面形变强化工艺技术有喷丸强化,滚压强化,内孔挤压强化,振动冲击强化,风动动力强化,金刚石碾压强化等。

7. 金属表面硬化

通过感应加热淬火、火焰加热淬火、激光加热淬火、电子束加热淬火和流态床加热淬火等热处理使钢件表面相变获得硬化层的工艺称为表面相变硬化,其特点是加热速度快(如感应加热速度可达 $10^3℃/s$,激光感应加热速度可达 $10^5℃/s$)、冷却速度快,由此而产生的许多优点使它们得到快速发展和广泛应用。

快速加热使钢的相变点为 Ac_1、Ac_3、Acm 提高,加热速度越快,相变点越高,所以表面淬火的加热温度比普通淬火要高 100℃左右,一般按 $Ac_3$120~180℃选择。

快速加热可使钢得到更细的奥氏体晶粒,但成分不够均匀,组织稳定性差,过冷奥氏体转变曲线左移,所以表面淬火应用冷速较快的淬火介质。快速加热淬火后硬化层组织较细,其硬度比普通淬火高 2~4HRC。表面淬火后,表面硬化层处于压应力状态,能有效地提高零件的疲劳性能和耐磨性,尤其可以减轻乃至消除缺口对疲劳性能的有害影响。

8.2.3 热浸镀

热浸镀简称热镀,是将经过适当前处理的钢铁工件浸入熔点较低的熔融金属或合金中,铁与熔融金属发生反应并扩散形成合金层,当工件从熔融金属液提出后,在表面形成一层金属镀层。被镀材料一般为钢和铸铁,热镀层金属有锌、铝、锡、铅及锌铝合金。热镀层的特点及应用见表 8.34。

表 8.34 热镀层的特点及应用

镀层材料	熔点/℃	特点及应用
锌	420	热镀锌是价廉而耐蚀性良好的镀层,对钢基体具有牺牲性保护作用,大量用于钢材防大气腐蚀
铝	657	镀铝层具有优异的抗大气(尤其是工业大气和海洋大气)腐蚀性能,还具有良好的耐热性
锡	232	是最早出现的热度层,早期热镀锡板用于食品包装。由于锡资源短缺,热镀锡已很少采用
铅	327	铅的化学稳定性好,很适于作钢材的保护镀层。铅液中需添加一定量的锡或锑,才能形成镀层
锌铝合金		热镀锌铝合金镀层的耐蚀性远优于单一的镀锌层,已商品化的有 35% Al – Zn 合金镀层和 Zn – 5% Al – Re 合金镀层

1. 热浸镀锌

热浸镀锌的钢铁零部件广泛用于水暖、电气、电力、电信、建筑器材与日用五金。热镀锌时,镀锌层的形成过程为:铁基体与熔锌反应,铁被溶解,形成锌在铁中的固溶体,由于相互扩散,在工件表面生成铁锌合金化合物。然后在工件离开锌锅时,带出纯的熔融锌覆盖在合金层上,形成纯锌层。

1)热浸镀锌工艺流程

(1)表面清理。铸钢、可锻铸铁、球铁或灰铁铸件,表面有型砂黏接层和氧化层,需用机械方法进行表面清理,采用的方法有滚筒法、喷丸法等。

滚筒法是把工件放入六方或八方形的滚筒中,放入一些砂石、铁丸或钢珠作为磨料,滚筒以 40 ~ 60r/min 的转速滚动,利用工件与工件、工件与磨料间的相互碰撞与摩擦达到表面清理的目的。如加入一些碱液或稀硫酸和乳化剂能提高清理效率。该方法只适用于形状简单的小件,处理时间较长(大于 2h),低凹处和内部也很难清理干净。

喷丸法采用喷丸和抛丸机进行清理,清理效率高,铸钢和可锻铸铁清理 30 ~ 40min,灰铸铁清理 40 ~ 60min 可获得洁净表面。喷丸机采用吸入式喷抛形式,压缩空气压力为 0.5 ~ 0.6MPa,石英砂直径为 1 ~ 3mm,或用 0.2 ~ 0.5mm 直径的铁丸。

(2)除油。可采用碱洗除油方法,除油碱液组分与工艺见表 8.35。

表 8.35　除油碱液组分与工艺

组分与工艺	数量	组分与工艺	数量	组分与工艺	数量
氢氧化钠/(g/L)	30 ~ 50	磷酸钠/(g/L)	50 ~ 70	温度/℃	80 ~ 100
碳酸钠/(g/L)	20 ~ 30	硅酸钠/(g/L)	10 ~ 15	时间/min	20 ~ 40(以除净为准)

(3)酸洗。用酸洗清除机加工件表面的氧化皮,常用硫酸酸洗和盐酸酸洗两种方法。

① 硫酸酸洗:所用酸洗液硫酸浓度为 10% ~ 20%,50 ~ 80℃,3 ~ 15min。酸洗液中可加入少量缓蚀剂,如若丁 0.3 ~ 0.5g/L。酸洗过程中会产生硫酸亚铁杂质,当其超过 200g/L 时,酸洗除锈能力大大减退,必须对酸洗液进行处理或更换新液。

② 盐酸酸洗:所用酸洗液盐酸浓度约为 20%,20 ~ 40℃,3 ~ 20min。盐酸除磷锈能力强,不易侵蚀钢基体,但酸洗时气味大,腐蚀性强。当酸洗液中氯化亚铁含量 25% ~ 30% 时,需进行处理或更换新液。当酸洗液中含有小于 16% 的铁盐时可增加酸洗液的活性,因此更换酸洗液时,可采用沉淀除渣后的旧酸加新酸的方法。

(4)中和。酸洗后的零部件表面往往带有残渣和灰泥,要通过碱洗中和,可采用两种溶液,见表 8.36 所示。碱洗中和后,要用 70 ~ 90℃ 热水或流动清水冲洗干净。

(5)熔剂处理。熔剂处理有湿法和干法两种。

① 湿法:净化过的工件在热浸镀前浸入熔剂中进行处理,然后浸入熔融金属中热镀。采用的熔剂是氯化铵或者氯化铵与氧化锌的混合物。其组成为 $ZnCl_2 \cdot 2NH_4Cl$(55.7% $ZnCl_2$,44.3% NH_4Cl)、$ZnCl_2 \cdot 3NH_4Cl$(46.3% $ZnCl_2$,53.7% NH_4Cl),可加入 1% ~ 6% 的甘油,加热温度 300 ~ 340℃。该方法得到的镀层附着力较差,已逐渐淘汰。

② 干法:将净化过的工件先浸入浓的熔剂水溶液中,经烘干后,表面附着一层干熔剂层,然后进行热镀。所用熔剂为氯化铵和氯化锌组成的复合熔剂(表 8.37),熔剂处理后在 180 ~ 230℃ 烘箱中烘 10 ~ 30min,烘干水分。一般熔剂中 NH_4Cl 比例越大,污染越大。

表 8.36　碱洗中和液及操作条件

溶液一		溶液二	
碳酸钠/%	0.5 ~ 1	氢氧化钠/(g/L)	100 ~ 200
温度/℃	90 ~ 100	温度/℃	80
时间/s	20 ~ 40	时间/s	30 ~ 60

表 8.37　复合熔剂的组分和工艺

1	2	3
20% 的氯化锌铵水溶液(氯化锌:氯化铵为 1:(3 ~ 4)或 4:6)	$ZnCl_2$　600 ~ 650g/L　NH_4Cl　80 ~ 120g/L	$ZnCl_2$　2.5% ~ 3.5%　NH_4Cl　18% ~ 25%
50 ~ 60℃ 浸 5 ~ 10min	70 ~ 80℃ 浸 1 ~ 2min	55 ~ 65℃ 浸 1 ~ 2min

(6)热浸镀。镀锌时镀液温度控制在 450 ~ 470℃,时间为 2 ~ 5min。所用锌锭锌含量在 99.5% 以上(4 号锌)。

工件在送入和从锌锅中取出时,要先刮净锌液表面的锌灰,以免锌灰黏附在镀锌件表面,影响质量。镀锌件从锌锅中取出后要用振动等方法立即清除镀层上多余的锌,以免产生锌的结瘤。

工件从锌锅中取出的速度决定了留在工件上非合金镀层的厚度,取出速度应比锌在工件上自由流动速度慢些,以得到均匀的非合金锌层。

为使镀层光亮,须把工件趁热浸入1%氯化铵水溶液中1~5s进行曝光处理,曝光后的工件立即在流动清水中冷却。

(7)钝化处理。钝化处理的目的是提高制品的耐蚀性,常用的钝化有低铬型与高铬型两类。铬酐钝化效果好,但易污染且会致癌,目前大多选择低铬或无铬钝化。钝化处理后,需用50℃以下的水漂洗干净,并在60℃以下进行干燥。镀锌层钝化见表8.38。

表8.38　镀锌层钝化

组分与工艺	低铬型			高铬型		
	1	2	3	1	2	3
铬酐/(g/L)	1	5			250~300	180~185
硫酸/(g/L)		1	1	12~20	15~20	
重铬酸钠/(g/L)			4~6	100~200		
硫酸钠/(g/L)						6~10
硝酸/(g/L)					30~40	2.5~4
T/℃	70~80	20~30	20~30	25~35	20~35	20~30
t/s	2~5	20~30	10~30	5~10	10~20	10~20

2)影响镀锌层质量的因素

(1)工艺因素:主要包括镀液温度、浸镀时间和工件提出速度。

当锌液温度为430~490℃时,工件表面生成的铁锌合金致密而且连续,但由于锌液对铁的溶解缓慢,故镀锌速度较慢。当锌液温度为490~530℃时,锌液对铁的溶解速度最快,铁损最大,形成的铁锌合金疏松,镀层结合不良,极易脱落。当锌液温度为530~580℃时,铁损量降低,生成的铁锌合金层致密且牢固,而且锌液流动性较好,镀锌速度较快。合适的镀锌温度应选择为450~470℃。

在常用浸镀温度时,浸镀时间越长,镀层越厚,但过分延长镀锌时间会使锌层变脆,影响镀层质量。

工件提出速度不影响合金层厚度,只影响外层纯锌层厚度。一般提出速度越快,纯锌层越厚,但速度太快,锌层外观不良。

(2)工件化学成分。工件碳含量越高,铁与锌反应越剧烈,所得合金层越厚,镀锌层变脆,塑性下降。硅含量为0.03%~0.12%时,形成的合金层疏松,厚度大;硅含量为0.12%~0.25%时,形成的合金层致密,厚度正常;硅含量大于0.25%时,合金层厚度增大,附着力差。

(3)镀锌液成分的影响。铝含量0.01%~0.02%时,可使镀锌层光亮;铝含量为0.1%~0.15%时,能抑制铁锌反应,降低合金层厚度;铝含量为3%时,镀锌层耐蚀性明显提高;含铝量为5%时,耐蚀性更好,Zn-5%Al-Re镀层的耐蚀性远优于镀锌层。

铅能改善锌液对钢的浸润性,提高镀层附着性;铅可以降低锌的熔点、黏度,延长工件表面锌液凝固的时间,形成大锌花。

2. 热浸镀铝

热镀铝所形成的镀铝层由靠近基体的铁铝合金层及外部的纯铝层两部分构成。

1)热浸镀铝的工艺流程

(1)除油。除油常用碱洗液,溶液组成与工艺条件见表8.39,碱洗后需用热水漂洗以除去表面的残留碱液。

(2)酸洗。酸洗可采用热镀锌所用硫酸或盐酸的酸洗方法,也可采用表8.40所列的酸洗液。硫酸价廉,但需加热,故耗能多,并且生成的硫酸铁盐难于洗掉,近年多采用盐酸酸洗。除去氧化皮后,工件放入流动水中漂洗。

表 8.39 除油碱液组分与工艺

组分与工艺	1	2
氢氧化钠/(g/L)	30 ~ 50	30 ~ 50
碳酸钠/(g/L)	20 ~ 60	20 ~ 30
磷酸钠/(g/L)	20 ~ 30	40 ~ 60
硅酸钠/(g/L)	5 ~ 10	5 ~ 10
OP - 乳化剂/(g/L)	1 ~ 2	1 ~ 3
温度/℃	80 ~ 90	80 ~ 90

表 8.40 酸洗液组分与工艺

组分与工艺	氧化皮不厚的镀件	一般锻钢及冲压件		
		1	2	3
硫酸	80 ~ 150	200 ~ 250		
盐酸			150 ~ 200	浓硫酸
硫脲	2 ~ 3	2 ~ 3		
乌洛托品			1 ~ 3	
温度/℃	50 ~ 60	50 ~ 60	25 ~ 35	15 ~ 30

（3）活化。镀铝前将工件放在 3% ~ 5% 中,在室温下浸渍 5 ~ 10min,使表面活化,然后水洗,水洗后在 300 ~ 400℃下烘干。

（4）助镀处理。

① 表面钝化法:将净化的钢件浸入钝化液中,在工件表面形成一层致密的 Fe_3O_4 薄膜。此膜有一定的活性,浸入铝液中迅速被铝还原,露出活性铁表面与铝反应,形成铁 - 铝合金层而镀上铝。钝化处理可以采用铬酸溶液,浓度为 30g/L,在常温下钝化数分钟,用水洗净残液,经 300 ~ 400℃烘干后即可热镀。

② 熔剂处理法:将净化钢的表面黏附一层含有氟化物的熔盐层,在浸铝时此熔盐层可增强钢表面的活化作用,提高铝对钢表面的浸润作用。熔剂法根据熔剂所处位置分为一浴法和二浴法。

一浴法将熔剂覆盖在液态铝表面,当工件穿过此熔剂层时,表面覆盖上熔剂,浸入铝液后,熔剂上浮,使钢露出活性表面与铝反应。

二浴法是将熔剂单独置于一个加热锅中,工件先浸粘一层熔融的熔剂,然后进入铝锅中热镀。

（5）热镀铝。镀铝锅温度为 (710 ± 20)℃,工件浸镀 5 ~ 20min。采用钝化法或二浴法时,镀铝锅表面需覆盖 KCl:NaCl = 1:1 的熔盐防止铝液氧化。工件进入和提出铝锅时,需扒开熔盐覆盖层。工件出铝锅后,应立即采取振动或气吹等方法去除表面多余铝液,然后冷却至室温,应注意避免高温时的急冷。

（6）后处理。工件从铝锅取出后水淬可以除去铝层表面黏附的盐膜,为提高耐蚀性也可进行钝化处理。

2）影响热镀铝镀层的因素

影响热镀铝镀层的因素包括工艺参数的影响、工件成分的影响以及镀液成分的影响。

（1）工艺参数的影响。

① 铝液温度和浸镀时间:合金层的厚度随镀铝温度的升高和浸镀时间的延长而增大。浸镀时间还与工件厚度有关,对于碳钢工件,不同厚度的浸镀时间见表 8.41。

表 8.41 热浸镀铝时间

工件厚度/mm	1.0 ~ 1.5	1.5 ~ 2.5	2.5 ~ 4.0	4.0 ~ 6.0	>6.0
热浸铝时间/min	0.5 ~ 1	1 ~ 2	2 ~ 3	3 ~ 4	4 ~ 5

② 提升速度:工件从镀铝锅中的提出速度对合金层无大的影响,主要影响镀层表面纯铝层的厚度。纯铝层的厚度还与铝液的黏度有关。铝液黏度越大,提升速度越高,则表面层越厚,提升速度的影响远大于黏度的影响。

（2）工件成分的影响。合金层厚度随镍、铬含量增加而增加,随铝含量增加而减小。碳含量增加,有利于合金层结构均匀化。

（3）镀液成分的影响。镀液成分对镀铝的影响见表 8.42。

表 8.42 镀液成分对镀铝的影响

成分	影响
硅	硅提高镀层的耐热性。能提高铝液的流动性,从而降低镀铝温度。硅有阻止合金层长大的作用,使合金层厚度明显下降
铜	镀铝液中添加 2% ~ 5% 的铜能较大幅度降低合金层厚度,但铜含量大于 3% 时,会引起耐蚀性下降
锌	锌能降低镀铝温度,缩短浸镀时间。锌可提高镀层的附着力和表面光泽
铁	镀铝液中铁含量大于 2% 时,增加铝液的黏度,使镀层厚度增加,但使镀层外观变暗,镀层粗糙,铝液中的铁含量不宜超过 2.5% ~ 3.5%

3. 热浸镀锌铝合金

近年来,已经商品化并投入大量生产的两种 Zn – Al 合金镀层钢板是 55% Al – Zn 镀层钢板和 Zn – 5% Al – RE 镀层钢板。55% Al – Zu 镀层钢板为美国 Bethlehem 钢铁公司于 1962 年研究,1972 年开始生产的,其商品名为 Galvalume。目前已在世界许多国家生产。Zu – 5% Al – RE 镀层钢板为国际铅锌协会组织(IL-ZRO)中比利时金属研究中心(CRM)研究开发,于 20 世纪 80 年代初于法国 Ziegler 投产,其商品为 Galfan,目前在许多国家推广。

1) Zn – Al 合金镀层成分及镀层结构

Zn – Al 二元系状态图如图 8.4 所示。

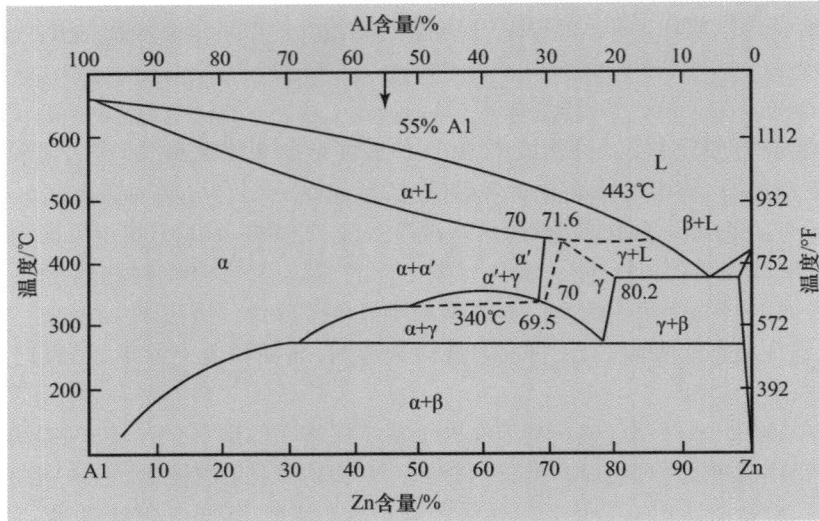

图 8.4 Zn – Al 二元系状态图

由图 8 – 4 可以看出,Zn – Al 合金在室温下的平衡结构是由 α – Al 和 β – Zn 构成的双相结构;α – Al 相具有广阔的温度区域,其铝含量为 30% ~ 100%。在 β – Zn 相中,铝含量很小。在 α – Al 相中的锌含量,在 273℃时达 30%,在室温下降低到 5%。在铝含量达 28% 时,发生包晶反应而形成 γ 相。当冷却时,在 22% Al 处发生共析反应。合金的最低共晶点为 382℃,其共晶组成的铝含量为 5%。

在 Zn – Al 二元系中,不形成金属间化合物,也不发生有序转变。但在实际钢材热镀 Zn – Al 合金时,钢基体与熔融的 Zn – Al 合金界面上会形成较厚的 Pe – Zn – Al 三元金属间化合物相层。

对于 55% Al – Zn 镀层,由于熔融的 55% Al – Zn 合金与熔融的纯铝相似,能与钢基体发生强烈反应而形成很厚的 Fe – Al 合金层,致使镀层钢板的加工性大大降低。为降低其合金层厚度,而在其中添加了一定量的硅。最终试验得出的理想组成为 55% Al – Zn – 1.6% Si。

对于 Zn – 5% Al 合金镀层,由于此合金熔融后对钢基体的浸润性较差,其镀层中往往含有未镀上的露铁点。为解决此问题,在其中添加第三组分。研究表明,在此熔融合金中添加少量稀土元素 La – Ce 混合物有明显效果。在 Al – Zn 合金镀层中,铝含量越高,其露铁点越多,添加稀土的效果越明显。

2) 55% Al – Zn 合金镀层钢板

55% Al – Zn 合金镀层钢板的生产工艺和过程与钢带连续热镀锌相似,一般采用改进的 Sendzimir 法或美钢联法热镀生产线生产。镀层成分为 55% Al – 43.4% Zn – 1.6% Si,镀液温度在 590 ~ 610℃。镀层合金的密度仅为 3.69g/cm³,在镀层重量相同的情况下,它的厚度是镀锌层厚度的 4 倍。

55% Al – Zn 合金镀层钢板具有比传统热镀锌钢板优异的耐大气、土壤及水介质的耐蚀性。镀层钢板在 350℃以下长期使用,其外观无变化。高于 350℃时,由于表层的扩散而变灰色,失去光泽。在 400℃下,其氧化增重与镀铝钢板相近。镀层还具有比镀铝层好的对光热的反射性。商品级与全硬级 55% Al – Zn 镀层钢板具有与镀锌钢板相接近的力学性能。此外,由于其合金层厚度很薄,其加工性良好,可以滚压成形。但在成形时,应加润滑剂。

55% Al - Zn 镀层钢板有较好的焊接性,可用一般电阻焊和弧焊进行焊接。电阻焊接条件与镀锌钢板相同,点焊电极应修整,以保持焊头的外形和尺寸。

此外,镀层钢板经铬酸盐钝化处理后,还可进行良好的涂装。其涂装性优于镀锌钢板。实践证明,其表面的铬酸盐钝化膜与涂漆层的黏附性远比镀锌板好。此种镀层钢板具有良好的耐蚀性(仅次于镀铝板)和一定的耐热性。其镀层外观呈美丽的小结晶花纹。与镀铝钢板相比,其生产过程简单,热镀温度低。其用途范围超过了镀锌钢板,可以部分地代替镀铝钢板。具体用途参考镀锌钢板。

3) Zn - 5% Al - RE 合金镀层钢板

Zn - 5% Al - RE 合金镀层钢板的生产工艺与钢带连续热镀锌相同,可采用改进的 Sendzimir 法或美钢联法生产线。主要区别是其镀液温度稍低于锌液,为 430 ~ 460℃。在浸镀时,由于稀土金属容易氧化,锅中的稀土含量逐渐降低,尤其在锌液的上部。但由于在连续生产过程中,此合金锭不断补充于镀液中,可使锌液中稀土金属的浓度维持在一定的低水平(0.01% ~ 0.03%)。

Zn - 5% Al - RE 锌铝(含稀土元素)镀层钢板的各种性能与传统镀锌钢板相近,但其耐蚀性远优于镀锌钢板。对于含有 SO$_2$ 的大气,Zn - 5% Al - RE 镀层钢板具有比传统镀锌钢板高得多的耐蚀性。

4. 热浸镀铅锡合金

铅锡二元系在固态和液态下均不能相互溶解,仅在高温(1600℃以上)下才发生溶解作用,但不形成金属间化合物(图 8.5)。

由图 8 - 5 可以看出,在 327℃ 以下,形成单独的固态金属;在 327 ~ 1528℃ 的宽广温度间隔内,两者均不发生作用。因此,在钢材热镀铅时,必须借助一些既与铅作用又与铁作用的第三元素才能形成镀层。实践证明,锡和锑是理想的第三元素,它们能与铁反应形成 FeSn$_2$ 和 FeSb$_2$ 合金层。因此,利用含有一定量的锡和锑的铅合金就很容易在钢材上热镀铅。

镀铅用原板(带)的材质根据用途而定。对于需要进行深冲加工的镀铅板宜采用 08F 或 08Al 等深冲性好的原板,但应避免在热镀铅温(340 ~ 360℃)下产生时效硬化而降低其延伸率。此外,由于钢板热镀铅通常采用熔剂法,钢带在生产线上

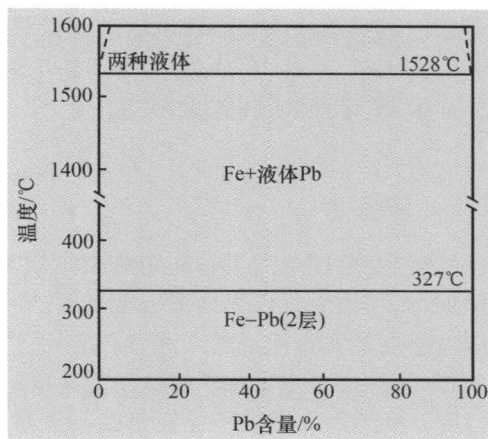

图 8.5　Fe - Pb 二元系状态图

无退火过程,所用原板带应预先经过线外退火和调质轧制的全精轧板材。近年来,为解决其时效硬化问题,开始采用 IF 钢作为镀铅原板。

镀铅钢板的生产工艺目前仍采用熔剂法。过去采用单张分批式镀法,目前已基本上被钢带连续热镀生产线取代。

钢材的热镀铅层具有优异的耐化学药品的腐蚀性和耐汽油腐蚀性,耐盐雾腐蚀性也很好。镀铅钢板用于建筑时一般均在表面涂漆,其涂装性远优于镀锌板。镀铅钢板在涂装前,仅需将其表面的防锈润滑油清洗掉便可进行涂装,而不需要其他前处理过程。

热镀铅层还具有良好的焊接性,特别是其钎焊性。原因是其镀层的成分与钎焊料成分接近。可进行缝焊、点焊等电阻焊接,其焊接电流范围宽,电极消耗小。

热镀铅层可施加于纯铁、铸铁、碳钢、铜及其合金、镍及其合金的板、管及结构件上。由于铅有污染问题,使其应用范围受到了极大限制,目前主要用于钢板。镀铅钢板的主要用于交通运输业、电气行业、建筑行业等。

5. 热浸镀锡锌合金

铅对人体是有害的,近年来按环保要求开发出一种性能与 Pb - Sn 镀层相接近的 Sn - Zn 镀层。此种镀层也采用熔剂法在钢板(带)上施镀。经研究得出的最佳的镀层成分为 Sn - (8 ± 1)% Zn。锌含量过低,对此镀层的露铁点及镀层的切边无牺牲性保护作用;锌含量过高,镀层中过多的锌形成大的结晶颗粒而易优先腐蚀(图 8.6)。

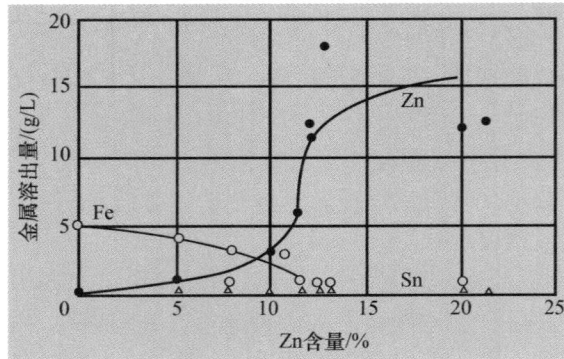

图 8.6　汽油腐蚀试验中 Sn – Zn 镀层钢板镀层中 Zn 含量与金属溶出量的关系

Sn – Zn 镀层的耐蚀性比 Pb – Sn 镀层好得多,表面涂漆膜的附着性良好,与 Pb – Sn 镀层相似。

Sn – 9% Zn 镀层的摩擦系数远低于 Pb – 8% Sn 镀层,更有利于其冲压性。两种镀层钢板深冲性相同。

利用现有的钎焊 Pb – Sn 镀层钢板的方法钎焊 Sn – Zn 镀层钢板,同样可得到良好的焊接强度和气密性。此外,其点焊性和缝焊性也均接近于 Pb – Sn 镀层钢板。

8.3　金属表面热喷涂涂层技术

8.3.1　热喷涂技术概述

热喷涂是采用专门设备利用热源将金属或非金属材料加热到熔化或半熔化状态,用高速气流将其吹成微小颗粒并喷射到机件表面形成覆盖层,以提高机件耐蚀、耐磨、耐热等性能的新兴表面工程技术。热喷涂方法的多样性,制备涂层的广泛性和应用上的经济性,是热喷涂技术最突出的特点。从大型钢铁构件的耐磨、抗蚀,到高新技术领域中特殊功能涂层的制备,热喷涂技术均发挥了独特作用。

1882 年德国人采用一种简单的装置将金属液喷射成粉末,出现了人类最初的热喷涂法。1910 年瑞士 Schoop 博士将低熔点金属的熔体喷射在工件表面形成涂层,由此诞生了热喷涂技术。20 世纪 20 年代苏联、德国和日本开始使用电弧喷涂,将热喷涂技术推进了一大步。从 30 年代到第二次世界大战之前,线材喷涂装置不断发展,并出现了火焰粉末喷涂工艺;50 年代自熔合金粉末和复合粉末研究成功,结束了线材喷涂工艺单一的局面,同时诞生了火焰喷焊工艺,使热喷技术得到飞速发展。50 年代后期,美国 Union Carbide 公司相继研究成功爆炸喷涂和等离子火焰喷涂枪。爆炸喷涂极大地提高了喷涂颗粒的速度,提高了涂层的结合强度,减少了涂层气孔率;等离子喷涂设备的出现使任何高熔点材料的喷涂成为可能。60 年代到 70 年代,各种热喷涂技术均已成熟,喷涂装置日臻完善,不仅能喷涂金属、合金、陶瓷与金属陶瓷,还能喷涂塑料及复合材料,应用范围逐渐扩大。1981 年,美国 Browining Engineering 公司研制新的超声速火焰喷枪,近年来,计算机的成功应用,开创了热喷涂技术新的局面。

采用热喷涂技术可喷涂几乎所有的固体工程材料,如硬质合金、陶瓷、金属、石墨和尼龙等,形成耐磨、耐蚀、隔热、抗氧化、绝缘、导电、间隙控制、防辐射等具有各种特殊功能的涂层。该技术还具有工艺灵活、施工方便、适应性强、技术及经济效果好等优点,广泛应用于航空航天、机械、化工、冶金、地质、交通、建筑等工业部门,并获得了迅猛发展。

热喷涂技术不仅能满足新品需求,还可用于零件修复、新材料的研制,如现代航空航天技术中应用的防远红外、微波、激光等功能性涂层;生物工程新型材料及其他领域的压电陶瓷等材料。根据热源的不同,可以分为电弧类喷涂、火焰喷涂和激光喷涂。其中,电弧类喷涂又分为电弧喷涂和等离子喷涂;火焰喷涂又分为一般火焰喷涂、爆炸喷涂和超声速火焰喷涂等。

8.3.2　热喷涂工艺的特点

各种机械设备、仪器仪表和金属构件的表面在生产、储运和使用过程中,或受到大气(包括工业大气和海洋性大气)、化学介质、药品及海水等的腐蚀,或因遭受高温而发生氧化,或因部件的相对运动、接触各种磨料及介质冲刷而产生磨损,或因接触高金属熔体、熔融玻璃等而发生侵蚀等。这些外界因素单独或综合地作用于零部件的表面,都会使表面发生破坏,导致产品在远未达到设计规定的性能和使用寿命时,就过早地破坏或失效。

热喷涂技术作为一种新的表面防护和表面强化工艺,在近十多年得到了高速发展,热喷涂技术由早期制备一般的防护性涂层发展到制备各种功能性涂层,由产品的维修发展到大批量的产品制造,由单一涂层发展到包括产品失效分析、表面预处理、喷涂材料和设备的选择、涂层系统设计和涂层后加工在内的热喷涂系统工程,而且这种转变是由使用条件最苛刻和要求最严格的航空航天工业开始,然后迅速向民用工业部门扩展。

热喷涂工艺具有如下特点:

(1) 可以在各种材料如金属、陶瓷、玻璃、木材、塑料、石膏、布和纸等表面进行喷涂。

(2) 喷涂材料极为广泛,几乎包括所有的固态工程材料,如各种金属、陶瓷、塑料、金属、非金属矿物及这些材料组合成的复合粉末材料等。

(3) 采用复合涂层等工艺,可以将性能不同的两种以上的材料制成具有优异综合性能的涂层,如耐蚀、耐磨减摩、耐热绝热、抗氧化、导电、绝缘、密封、节能、辐射、防辐射以及其他特殊功能的涂层。

(4) 一般不受被喷涂工件尺寸和施工场所的限制,既可以对大型构件表面进行大面积喷涂也可以在指定的局部表面进行喷涂,既可以在工厂室内施工也可以在户外现场施工,十分灵活。

(5) 喷涂层厚度可以控制,从几十微米到几毫米,耗用的材料少,效费比大。

(6) 喷涂操作的程序较少,喷涂施工时间短、效率高,比较经济、易于推广。

(7) 在热喷涂过程中,基体材料的受热程度可以控制,等离子喷涂时,基体材料的温度不会超过200℃,因此基体的变形很小,对基体材料的组织几乎没有影响。

(8) 喷涂层的耐磨性很高,它的硬度可以根据使用的材料类型调整到比较高的范围。

在现代工业中,热喷涂技术正逐渐发展成铸、锻、焊和热处理那样独立的材料加工工艺,成为工业部门节约贵金属材料,节约能源,提高产品质量,延长产品使用寿命,降低成本,提高工效的重要工艺手段。热喷涂在产品制造和废旧品的维修也得到了越来越多的应用,取得了显著的经济效果。

8.3.3　热喷涂方法的种类及技术

热喷涂是将喷涂材料加热熔化并雾化,然后高速喷射到基材表面,形成具有足够黏着强度的所需涂层的工艺。整个过程除与设备类型有关外,还涉及喷涂材料、热源和喷射速度。喷涂材料包括金属、陶瓷和塑料等。热源主要有氧燃料火焰、直流电弧等离子弧和激光等。粉粒的速度决定热喷涂层的密度,粉粒速度越快,涂层越致密。基于这些因素,大体上可以把热喷涂分为火焰喷涂、爆炸喷涂、超声速喷涂、电弧喷涂、等离子喷涂和激光喷涂等。

1. 火焰喷涂

火焰喷涂是利用燃气(乙炔、丙烷等)及助燃气体(氧)混合燃烧作为热源,喷涂粉末从料斗通过,随着输送气体在喷嘴出口处遇到燃烧的火焰被加热熔化,并随着焰流喷射在零件表面,形成火焰粉末喷涂工艺,如图8.7所示。若喷涂材料以丝(棒)状从喷枪的中心送出,经过燃烧的火焰被加热熔化,又被周围的压缩空气将熔滴雾化,随着焰流喷射在零件表面,则形成了火焰丝(棒)材喷涂(图8.8)。

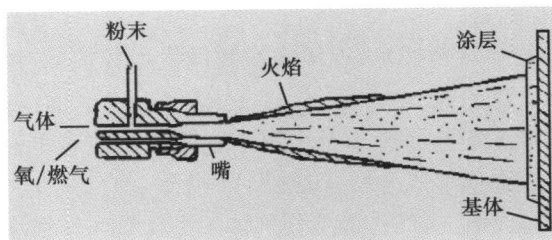

图8.7　火焰粉末喷涂

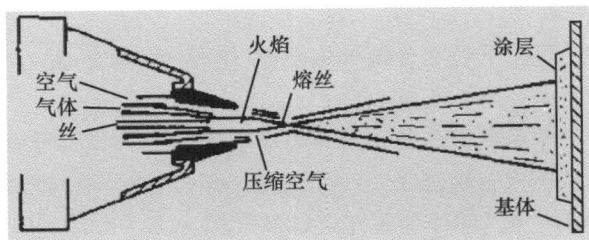

图8.8　火焰丝材喷涂

火焰喷涂具有很多优点，它可以喷涂各种金属、非金属陶瓷及塑料、尼龙等材料，应用非常广泛灵活；喷涂使用的设备轻便简单、可移动，价格低于其他喷涂设备，经济性好，是目前喷涂技术中使用较为广泛的一种工艺。其火焰中心最高温度为 3000℃，多为氧化性气氛，所以对于一些高熔点材料，要求涂层致密及易氧化的喷涂材料在使用上有所考虑。火焰喷涂中，丝（棒）材的喷涂是 20 世纪 60 年代开始在我国发展起来的，至今已得到进一步的改进，虽然由于它的喷涂效率高于粉末喷涂，在使用中占有一定的地位，但因其喷出的熔滴大小不均，使涂层的结构也不均匀，孔隙度也较大，且拉丝造棒的成形工艺受到限制，但综合其优、缺点，目前仍大量使用火焰粉末喷涂。

火焰喷涂设备系统的组成为喷枪、气瓶（氧气、乙炔气，若无乙炔瓶，则可用乙炔发生器）、控制台（控制气体比例、点火、送粉）、送粉器。在系统的连接管路中，必须加入回火防止器。

2. 爆炸喷涂

爆炸喷涂法是一项技术难度较大、工艺性能较强的新技术，它利用氧和可燃性气体（乙炔等）的混合气体，经点火后在喷枪中形成爆炸高温（3300℃以上），加热喷涂材料（微细粉末），并利用爆炸波产生的高压把喷涂材料高速地喷向基体表面而形成涂层。颗粒速度大是爆炸喷涂区别于火焰喷涂的主要特点。它的速度超过声速 10 倍，并产生冲击波。它使涂层更加致密，气孔率更低，从而得到了结合强度大、硬度高、抗磨损能力强的涂层。例如 WC 系列（85WC + 15Co）的涂层就采用爆炸喷涂法，其黏着强度达 17.5kg/mm^2，硬度为 1050HV，气孔率小于 0.5%，而常规的喷涂工艺气孔率在 3% 左右。爆炸喷涂如图 8.9 所示。

爆炸喷涂的最大特点是涂层非常致密，气孔率很低（1% ~ 2%），与零件基体金属结合性强，表面平整，可以喷涂金属、金属陶瓷及陶瓷材料。虽然它具有很多优点，但仍由于设备价格高、噪声大，属氧化性气氛等原因，国内外使用还不广泛。

设备组成为喷枪、气瓶（氧、乙炔或丙烷）、控制台（带微机）。喷枪为固定式，体积大，放在隔离室内工作。

3. 电弧喷涂

电弧喷涂是在两根焊丝状的金属材料之间产生电弧，电弧产生的热使金属焊丝逐步熔化，熔化部分被压缩空气气流吹向基体表面而形成涂层。电弧喷涂如图 8.10 所示。电弧喷涂设备与火焰喷涂设备相似，具有成本低、一次性投资少等优点，使用也比较方便。但喷涂材料必须是导电的焊丝，因此，只能使用金属，从而对陶瓷材料难以进行喷涂，限制了电弧喷涂应用范围的扩大。

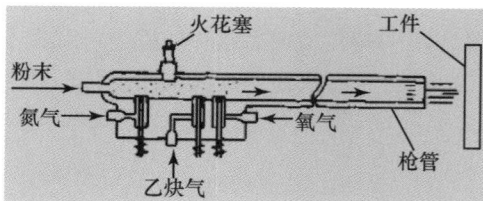

图 8.9　爆炸喷涂

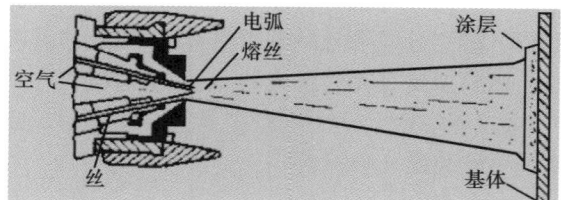

图 8.10　电弧喷涂

目前，电弧喷涂已经从一种粗糙的高喷涂率的技术演化为能以低成本生长具有高质量涂层的较为精密手段。电弧法既能保证喷涂材料完全熔化且对基体的加热程度最低，又能够得到较厚的涂层，特别是控制气氛的电弧喷涂法能够获得优质无孔洞的镍基超合金、钛和钽等耐蚀性和高电导率涂层。

4. 等离子喷涂

等离子喷涂是继火焰喷涂、电弧喷涂之后大力发展起来的喷涂新技术，近年来在我国发展较快，应用也已相当普遍。

等离子喷涂是采用等离子喷枪产生的等离子喷流，把数微米至数十微米的金属陶瓷等单一或者混合粉末加热和加速，在熔融或接近熔融的状态下喷向母体材料的表面而形成涂层，如图 8.11 所示。有以 Ar、He、N$_2$、H$_2$ 等气体作为工作气体的气体等离子喷涂，还有把水分解成氧、氢而作为工作气体的平均等离子喷涂。

等离子弧产生的温度可达 16000℃，喷流速度快，因而可喷制各种高熔点、耐磨、耐热的涂层。该涂层具有较高的结合强度，涂层特性好，尺寸也容易控制，尤其适合陶瓷材料的喷涂。国内外已有数百种材料用等离子进行喷涂,所得的涂层具有抗蚀、抗氧化、耐磨损擦伤,助滑、助黏接、防辐射和绝热等功能。

5. 超声速火焰喷涂

超声速火焰喷涂又称为高速氧燃料喷涂,是 20 世纪 80 年代出现的一种高能喷涂方法。它采用燃料气和氧气在混合室内混合后送入燃烧室中,将燃烧室内压力调到 276.0 ~ 620.0kPa,使气体燃烧。为防止氧化,用氮气经喷枪中心孔把粉末送入燃烧室。在喷嘴出口处,能得到大约 4 倍于声速的火焰,火焰温度达 2760℃。超声速火焰喷涂如图 8.12 所示。

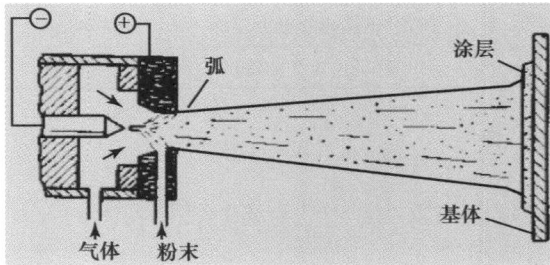

图 8.11　等离子喷涂

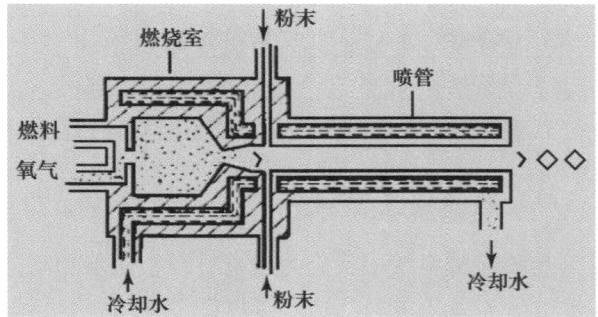

图 8.12　超声速火焰喷涂

超声速火焰喷涂的开发是近年来继等离子喷涂之后,热喷涂工业最富有创造性的进展,超声速火焰喷涂最初应用于航空航天领域,而今已有 70% 多应用到其他领域。喷涂的涂层由开始的碳化钨涂层发展到能为各工业部门提供数百种耐磨损、抗腐蚀和使零件复原并能调整零件间隙的不同涂层。

虽然可喷涂的材料种类很多,但超声速喷涂更适用于喷涂碳化物涂层,特别是碳化铬和碳化钨涂层,这方面的进展已达到爆炸喷涂的水平。在非碳化物涂层方面,超声速火焰喷涂显著地改善了铜 – 镍 – 铟和铝 – 聚酯涂层的性能。

6. 激光喷涂

激光束容易形成高能密度,并且容易控制,因此可以用作喷涂热源。激光喷涂是近年来才出现的一种喷涂新工艺,其原理是把焊丝顶端(或粉末)用高能密度的激光束加热,熔融,再用喷出的高压气体使熔融部分粒子化,并喷向母材表面而形成涂层,如图 8.13 所示。激光喷涂在采用焊丝作为喷涂材料时,最重要的条件是使熔融丝材微细化并均匀地喷飞。这就需要分别调节并平衡激光输出功率、焊丝送给速度、高压气体的种类和压力等各项条件。

激光喷涂可采用 Ar、N_2 或 O_2 作为高压气体,利用金属与气体的反应,可得到纯金属涂层或氮化物、氧化物一类的陶瓷涂层。涂层的气孔率即使在采用焊丝制备时,也比等离子喷涂粉末时制备涂层气孔率低。

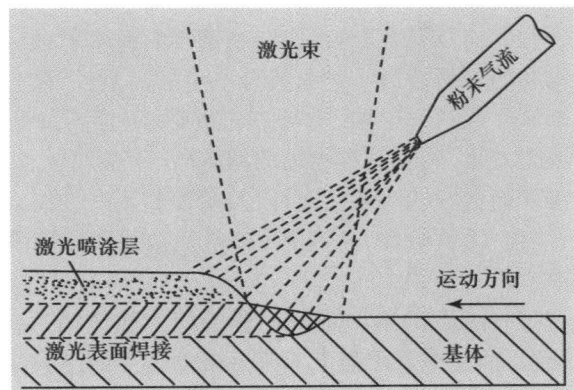

图 8.13　激光喷涂

激光喷涂的特点:喷涂所获得的涂层结构与原始粉末相同;可以喷涂大多数材料,从低熔点的涂层材料到超高熔点的涂层材料,如制备固体氧化物燃料电池陶瓷涂层、制备高超导薄膜等。

火焰喷涂、爆炸喷涂、等离子喷涂及超声速火焰喷涂工艺特性的综合比较见表 8.43。

表 8.43　几种喷涂方法的工艺特性比较

喷涂方法	火焰喷涂	爆炸喷涂	等离子喷涂	超声速喷涂
火焰温度/℃	3000	≈3000	4500 ~ 16000	≈2800
气流速度	低于亚声速	$Ma = 3$	亚声速	$Ma = 4$
颗粒速度/(m/s)	100 ~ 200	≈900	450 ~ 700	≈900

（续）

喷涂方法	火焰喷涂	爆炸喷涂	等离子喷涂	超声速喷涂
涂层硬度（DPH300）	<750	1050	750	1050
涂层气孔率/%	<6	<1	<2	0
氧化物含量/%	>3	<1	<3	<1
结合强度/MPa	10～30	70	56	70
涂层极限厚度/mm	0.5	0.7	0.6	1.5
喷涂材料	金属、合金、塑料	金属、耐热合金、陶瓷	金属、耐热合金、陶瓷	金属、耐热合金、塑料
结合形式	机械	机械	机械（低压喷涂半冶金）	半冶金
设备投资	低	高	中等（低压设备较高）	较高

8.3.4　热喷涂涂层材料

热喷涂材料按形状分为线材、棒材、粉末和高分子材料做成的长柔性管中装有各种性能粉末的管材；按组成成分可分为金属、合金、自熔性合金、复合材料、陶瓷和有机塑料。

1. 金属及合金线材

1）非复合喷涂线材

非复合喷涂线材是指只用一种金属或合金通过普通拉拔方法制作的喷涂线材。应用最普遍的有：

（1）锌及锌合金喷涂丝：喷涂层主要用于在干燥大气、清洁大气或在清水中金属构件的腐蚀保护。在污染的工业大气和潮湿大气中锌耐腐蚀性有所降低；在酸、碱、盐中锌不耐腐蚀。在锌中加入铝可提高涂层的耐蚀性。铝含量为30%时，锌-铝合金的耐蚀性最佳。

（2）铝及铝合金喷涂丝：铝涂层在工业气氛中具有较高的耐蚀性；铝除能形成稳定的氧化膜外，在高温下还能在铁基中扩散，与铁基发生反应生成抗高温的铁铝化合物，提高了钢材的耐热性，因此铝可用于耐热涂层。

（3）铜及铜合金喷涂丝：纯铜不耐海水腐蚀，纯铜涂层主要用于电气开关和电子元件的电触点以及工艺美术品的表面装饰。黄铜具有一定的耐磨性、耐蚀性，且色泽美观，其涂层广泛用于修复磨损件，也可作为装饰涂层。黄铜中加入1%左右的锡，可提高黄铜耐海水腐蚀性能，故有"海军黄钢"之美誉。铝青铜抗海水腐蚀能力强，同时具有较高的耐硫酸、硝酸腐蚀性能，主要用于泵的叶片、轴瓦等零件的喷涂。磷青铜具有比锡青铜更好的力学性能，以及耐蚀和耐磨性能，而且呈美丽的淡黄色，可用于装饰涂层。

（4）铅及铅合金喷涂丝：铅耐稀盐酸和稀硫酸侵蚀，能防止X射线等穿过，铅涂层主要用于耐蚀和屏蔽保护。

（5）锡及其合金喷涂丝：锡涂层耐蚀性好，主要用于食品器皿的喷涂和作为装饰涂层。巴氏合金主要用于轴承、轴瓦等要求强度不高的滑动部件的耐磨涂层。

（6）镍及其合金喷涂丝：镍涂层即使在1000℃高温下也具有很高的抗氧化性能，在盐酸和硫酸中也具有较高的耐蚀性。应用最为广泛的镍基合金喷丝线材主要有Ni-Cr丝和蒙乃尔合金。Ni-Cr合金涂层作为耐磨、耐高温涂层，可在800～1100℃高温下使用，但其耐硫化氢、亚硫酸气体及盐类腐蚀性能较差。蒙乃尔合金涂层具有优异的耐海水和稀硫酸腐蚀性能，具有较高的非强氧化性酸的耐蚀性能，但耐亚硫酸腐蚀性能较低。

（7）不锈钢喷涂丝：不锈钢分为铬不锈钢和铬镍不锈钢两大类，目前焊接用的不锈钢丝均可用于喷涂。铬不锈钢中常用的有Cr_{13}、$1Cr_{13}$～$4Cr_{13}$型马氏体不锈钢，喷涂过程中颗粒有淬硬性，颗粒间结合强度高，涂层硬度高，耐磨性好，并且具有相当好的耐蚀性能，常用作磨损较严重及中等腐蚀条件下工作机件的表面强化，尤其适合于轴类零部件的喷涂，涂层不龟裂。以18-8型奥氏体不锈钢为代表的镍铬不锈钢涂层具有优异的耐蚀性和较好的耐磨性，主要用于多数工作在酸和碱环境下的易磨损件的防护与修复。

（8）钼喷涂丝：钼耐磨性好，也是金属中唯一能耐热浓盐酸腐蚀的金属。钼与很多金属如普通碳钢、不锈钢、铸铁、铝及其合金等结合良好，因此铝涂层常用作打底层，也可作为耐磨涂层。

（9）碳钢及低合金钢喷涂丝：各种碳钢和低合金钢丝均可作为热喷涂材料，T_8为典型高碳钢丝喷涂用材。在喷涂过程中,碳及合金元素有所烧损,易造成涂层多孔和存在氧化物夹杂等缺陷,但仍可获得具有一定硬度和耐磨性的涂层,广泛用于耐磨损的机件和尺寸的修复。

2)复合喷涂线材

复合喷涂线材是把两种或两种以上的材料复合而制成的喷涂线材。复合喷涂线材中大部分是增效复合喷涂线材,即在喷涂过程中不同组元相互发生热反应生成化合物,反应热与火焰热相叠加,提高了熔粒温度,到达基材表面后会使基材表面局部熔化产生短时高温扩散,形成显微冶金结合,从而提高了涂层的结合强度。常用的复合方法有丝－丝复合法、丝－管复合法、粉－管复合法、粉－皮压结复合法以及粉－黏接剂复合法。

2. 热喷涂合金粉末

1)自熔性合金粉末

自熔性合金是指熔点较低,熔融过程中能自行脱氧、造渣,能"润湿"基材表面而呈冶金结合的一类合金。目前,绝大多数自熔性合金是在镍基、钴基、铁基合金属添加适量的 B、Si 元素而制成的。B、Si 与 Ni、Co、Fe 均能形成低熔点共晶合金,而显著降低它们的熔点;B、Si 是强脱氧剂,且具有良好的造渣性;B、Si 元素加入扩大了合金固、液相温度区间,使合金在熔融过程中具有良好的流动性和对基材表面良好的润湿性,且不易流散。Si 能固溶于合金基体中,起固溶强化作用。B 则大部分以 NiB、CrB 等金属间化合物的形式弥散分布在合金中起弥散强化作用,因而提高了合金涂层的硬度和耐磨性。常用的热喷涂自熔性合金粉末主要有镍基自熔合金粉末、钴基自熔合金粉末、铁基自熔合金粉末。

2)复合粉末

复合粉末的单颗粒是由两种以上的不同成分的固相材料组成,并存在明显的相界面,各组元间一般为机械结合。复合粉末与单纯不同粉末机械混合而成的粉末存在显著差别,复合粉末具有以下主要特点:可实现不同综合性能要求的粉末(如金属与非金属陶瓷的复合粉末)的制备,防止出现成分偏析,保证单颗粒的非均质性和粉末整体均匀性的统一;适当的"组元对"间发生放热反应并形成金属间化合物,放出大量的热既可加热粉末又可对基材表面加热,从而提高了涂层的致密度和结合强度;组分间接触面积大,喷涂时促进固溶体和金属间化合物的合金化行为,合金化过程迅速而完整。

3. 热喷涂陶瓷粉末

热喷涂陶瓷粉末主要是指氧化物、碳化物、氮化物、硼化物及硅化物粉末,常用的热喷涂陶瓷粉末主要有 Al_2O_3、ZrO_2、TiO_2、WC、Cr_2O_3 等。陶瓷涂层具有硬度高、耐磨性和耐热性好等突出优点。采用等离子喷涂可解决材料熔点高的问题,几乎可喷涂所有陶瓷材料,用火焰喷涂可获得某些陶瓷涂层。

4. 塑料

在金属和非金属表面喷涂塑料,具有美观、耐蚀的性能,若在塑料粉末中添加硬质相还可使涂层具有一定的耐磨性。聚乙烯涂层可耐250℃温度,在常温下耐稀硫酸、稀盐酸腐蚀,具有耐浓盐酸、氢氟酸和磷酸腐蚀的性能,而且具有绝缘性和自润滑特性。常用的热喷涂塑料还有尼龙、环氧树脂等。

8.3.5 热喷涂涂层的性能

随着热喷涂涂层性能的不断提高以及越来越多的新材料出现,使喷涂技术的应用领域也在一直不断的扩大,并且与人类自身也有着越来越密切的直接联系。目前,热喷涂涂层已广泛地应用于航空、航天、冶金、石油、化工、造船、桥梁、机械、电子等许多领域。

1. 耐腐蚀涂层

钢铁制造的机械产品采用热喷涂涂层作为抗腐蚀保护涂层,按其防腐蚀机理大致分为三类:

(1)用涂层把腐蚀介质与钢铁基体隔离开来,如在钢铁表面喷涂各种塑料涂层和某些密封处理的陶瓷涂层。

(2)喷涂材料中的金属或合金能与介质气氛中的氧或含氧气体发生化学反应,生成致密的氧化物钝化膜,这种氧化膜致密坚韧、化学稳定性好、能对钢铁基体起到很好的"屏蔽"作用,如喷铝和喷不锈钢型铁基自熔性合金等。

(3)涂层材料对钢铁基体的电化学保护作用。如喷锌就是钢铁基体抗大气腐蚀的常用涂层,因为锌的电极电位比铁低,因此,当锌被喷涂在正电性较强的钢铁表面上,在有电解质存在的情况下,锌涂层成为阳极,失去电子而优先腐蚀,而钢铁基体成为阴极,受到锌涂层的"阳极保护"。

在机械产品上应用这些原理制备防腐蚀的热喷涂层,取得了显著的效果。

2. 耐磨及减摩润滑涂层

零部件表面的摩擦磨损,如磨料磨损、黏着磨损、腐蚀磨损、疲劳磨损、微动磨损、热磨损等,往往是导致工业产品过早的破坏和失效的主要原因。

采用热喷涂技术制备各种耐磨及减摩润滑涂层,具有许多独特的优点:

(1)可以采用各种硬度极高、耐磨性极好的氧化物、碳化物,硼化物等制备各种耐磨涂层,这是用常规冶金方法难以实现甚至是无法实现的。

(2)不受常规冶金轧制成材过程的限制,可以配制高合金量的表面硬化合金,制成在强韧基体上弥散分布耐磨硬质相的涂层,获得很理想的耐磨料磨损涂层。

(3)可以喷涂具有低摩擦加强润滑作用的涂层。

因此,热喷涂技术在工业产品的耐磨及减摩润滑方面得到了广泛应用,成效也最为显著。

3. 耐高温涂层

耐高温涂层包括抗高温氧化、抗高温燃气腐蚀及抗熔融金属和熔融玻璃侵蚀等。这类涂层一般熔点高,在高温下化学稳定性强,涂层致密,高温使用时具有足够的强度和硬度等。这类涂层除用于航空发动机、火箭等航空航天部领域外,在机械工业中也有广泛的应用,如燃气轮机、内燃机、锅炉、烟道风机、热处理炉罐、热电偶套管、高炉风口等。

4. 远红外辐射涂层

远红外加热技术是一种先进的节能技术。某些非金属氧化物具有高的热辐射率,在受热时能够辐射出远红外波,这种波的能量极易被高分子有机物(如油漆)、水、空气等物质的分子吸收而产生共振现象,引起分子、原子的剧烈振动和转动而发生内热,从而加速了干燥过程。采用等离子喷涂工艺,在加热元件上喷涂远红外涂层,这种涂层具有以下优点:

(1)不必掺入任何黏接剂,有利于提高涂层的辐射强度。

(2)涂层与基体结合牢固,在加热元件连续工作时不会产生剥落,使用寿命长。

(3)涂层的多孔性和微粒层叠结构,使涂层的热辐射面积增大,用等离子喷涂工艺制造的远红外加热元件,用于食品烘烤等加热过程,可缩短烘烤时间,增加产量,提高质量。

8.3.6 热喷涂技术的应用

热喷涂技术是一门新的表面强化和表面防护技术,在国内外发展十分迅速,其重要性在于能够喷涂各种金属及合金、陶瓷和金属陶瓷、塑料、非金属等大多数工程材料,能制备各种耐磨、减摩、耐蚀、耐高温、抗氧化、绝热绝缘、导电、辐射、防辐射、抗干扰和能量转换等各种功能涂层,施工灵活,适应性强,应用面广,经济效益突出。尤其在航空航天工业中,热喷涂技术已引起了人们的高度重视,并迅速向各民用部门转移,得到了相当广泛的应用,正在发展成为各种工业产品制造和设备维修的基础工艺。热喷涂对提高产品质量、延长产品的使用寿命、改革产品结构、节约能源、节约贵金属材料、提高工效、降低成本等都有重要的作用。热喷涂涂层的应用领域和主要类型见表8.44。

表8.44 热喷涂涂层的应用领域和主要类型

应用领域	主要类型	涂层材料
防护涂层	抗大气腐蚀、阳极性防护涂层	锌、铝、锌 – 铝合金、铝 – 镁合金
	抗化学腐蚀、阴极性防护涂层	有色金属及合金、不锈钢、塑料
	抗高温氧化涂层	镍基、钴基合金、M – 铬铝钇合金、氧化物陶瓷
耐磨涂层	耐磨粒磨损及冲蚀磨损	碳化物 + 金属、自熔性合金、氧化物陶瓷
	耐摩擦磨损涂层	钼或钼 + 合金、有色金属及合金、自熔性合金、陶瓷
	在强腐蚀介质中的耐磨涂层	自熔性合金、高温合金、陶瓷

（续）

应用领域	主要类型	涂层材料
特殊功能涂层	热障涂层	金属黏接底层＋氧化物陶瓷面层
	可磨密封涂层	金属＋非金属复合材料
	热辐射涂层	氧化物复合材料
	导电屏蔽及防辐射涂层	金属
	固体润滑涂层	金属＋非金属复合材料
	超导、压电、高温等特种涂层	金属、陶瓷、非晶态合金、金属间化合物、塑料等

1. 国外应用情况

20 世纪 60 年代，英国采用耐磨涂层保护舰船稳定器轴区域零部件，最初用蒙乃尔合金、镍和铬作涂层材料，但发现衬底有腐蚀现象，后来普遍采用 WC 作稳定器轴域的涂层材料。英国海军在维修和试验方面积累了大量成功经验，主推进器轴系已应用涂层工艺达到耐磨目的，用氧化铬涂层彻底解决了船尾部充填密封函盖区域的严重槽痕问题。他们改进了电弧喷涂装置以扩大修复领域，如用爆炸喷涂 WC 修复大的电扭轴，磨损伤痕完全消失，硬度达 1300 ~ 1400VPN；用电弧喷涂磷青铜修复推进器轴的炮铜衬套，使用 6 年仍完好无损，在压气机/柴油机上用电弧喷涂 13%，铬钢代替镀铬作曲轴的涂层。目前正大力研究机械领域的涂层应用，既包括小尺寸的机械密封，也包括大尺寸的主推进器轴的机械密封，如喷涂氧化铬涂层延长了泵中碳－石墨/锡－青铜组合及船尾密封结构中的碳－石墨/W－Cr－Mo 合金组合的寿命。为了解决在海水中工作涂层所出现的问题，英国还进行了涂层检验密封手段的研究，引进不渗透的"缓冲层"。

美国海军已把热喷涂工艺替代创造和检修舰艇设备及军械工艺，并已全面推广舰船喷铝防护。1974 年在一艘油轮上试验后又在 1 艘导弹护卫舰、3 艘巡洋舰和 2 艘驱逐舰上应用。应用项目有蒸汽阀门、锅炉外套梯子、露天甲板上救生绳支架、内燃机排气管，导弹排气导板，直升机在甲板上的紧固器，燃烧器和蒸汽导管等。他们成功地试验了金属丝喷涂铝防止蒸汽阀和管道在 283℃ 下的腐蚀，对各种水上舷侧构件和舱室进行试验发现，当涂层厚 0.18 ~ 2.54mm 并适当封闭完全保护了基底，已在美国大西洋水面部队许多船只上应用。为了解决船体表面腐蚀防护，美国进行两项重要研究和试验：一项是船体海水全浸区、飞溅区、大气区耐腐蚀新型涂层材料的研究；另一项是海军高速艇选用的铝合金腐蚀状况试验。

德国、法国、挪威、瑞士、日本等在船舶热喷涂应用方面也做了大量有成效的工作。法国一艘在大西洋服役的大型船只，船壳喷涂 0.18mm 锌涂层外加三层防海水漆封闭，这种复合涂层抗住了 17 年的海水浸渍和腐蚀。近年来建造的许多船只外壳采用了喷涂防护，例如：挪威对重要的船坞甲板上的蒸汽管进行电弧喷涂铝防护；意大利一艘 10 万吨级油轮的推进器轴密封套用 Cr_2O_3 陶瓷棒喷涂，使用 4 年涂层未见腐蚀磨损。

2. 国内应用情况

我国自 1987 年至今，采用喷涂长效防护涂层试验在数艘舰船上进行实用考核，提出了喷涂铝涂层＋WRL9028 复合型封闭剂＋高阻抗无机微片掺入的中间层和面层涂料＋低电位或仿生涂料的防污面层，不仅可增加涂层体系的电绝缘性，而且可增强抗海水渗透性、耐磨性和海水冲刷能力。

船用动力系统的排气阀、活塞环、缸套等部件按类似汽车工业的要求进行热喷涂处理强化外，典型的是采用低压等离子喷涂镍钛合金制备螺旋桨抗空蚀涂层，使用寿命比铝青铜提高了 4 倍，已在海军用小型舰船螺旋桨上获得应用。

开发研制的电弧喷涂 Al－10%（质量分数）Al_2O_3 复合线材和芯材，用作舰船甲板和海洋石油平台的耐磨、耐蚀防滑涂层，已在我国大型科学考察船"远望号"上使用，效果良好，极具有推广价值。

针对舰船防护领域的特殊需要，非传统的功能性涂层，如高隔热涂层、低噪声涂层、磁性传感功能涂层、高精度抗蚀涂层、代铬涂层等可以大幅降低成本和提高使用寿命。

8.4　金属表面冷喷涂涂层技术

8.4.1　冷喷涂技术概述

热喷涂技术由于喷涂过程大多使用高温热源,所以喷涂材料在喷涂过程中不可避免地会发生氧化、相变、分解、化学反应等现象;并且其涂层具有特殊的层状结构和若干微小气孔,涂层与底材的结合一般是机械方式,结合强度较低。近年来发展起来并日趋成熟的冷喷涂技术,可以实现低温状态下的涂层沉积,与热喷涂技术相比,冷喷涂过程对粉末粒子的结构几乎无热影响,金属材料沉积过程中的氧化可以忽略。

20 世纪 80 年代后期,苏联科学院西伯利亚分院的理论与应用力学研究所在用示踪粒子进行超声速风洞试验时发现,当示踪粒子的速度超过某一临界值时,示踪粒子对靶材表面的作用从冲蚀转变为加速沉积,由此在 1990 年提出了冷喷涂的概念。自第一篇关于冷喷涂的论文于 1990 年发表后,最先参与冷喷涂研究的苏联学者 Papyrin 与美国合作者一起进行相关的研究开发工作,1994 年取得美国专利,1995 年又取得了欧洲专利,并分别于 1995 年、1996 年、1997 年在美国召开的全美国际热喷涂会议上开始发表相关研究结果,2000 年在加拿大召开的国际热喷涂会议上组织了专门的讨论会,研究冷喷涂技术的发展与应用,并有三篇相关论文发表。自 2000 年起,国际期刊以及国际会议相关论文发表数量逐年增加。除俄罗斯科学院西伯利亚分院的理论与应用力学研究所外,美国、德国、中国、加拿大、日本等国家的部分大学和研究机构已经开始对该工艺予以关注,并开始了相关的基础与应用研究。2000 年,美国 Ketch 公司开始制造与出售商用冷喷涂系统。

8.4.2　冷喷涂设备及涂层形成机理

1. 冷喷涂系统组成

冷喷涂系统基本由喷枪系统、送粉系统、气体温度控制系统、气体调节控制系统、高压气源以及粉末回收系统组成,如图 8.14 所示。

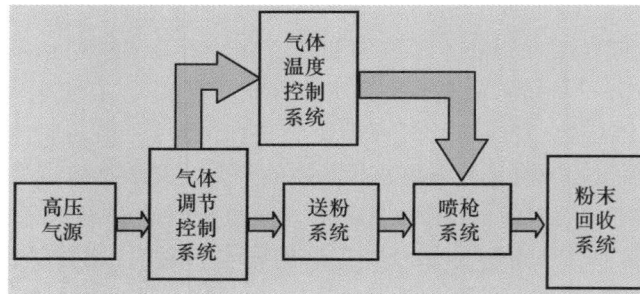

图 8.14　冷喷涂系统组成

枪体为关键部件,主要由缩放拉瓦尔喷管构成,其内表面一般在喉部上游为圆锥形,下游为长方体形,也可与上游相对应为圆锥形。粒子经过喷管被高速气流加速,温度有所增加,但远低于粒子熔点。图 8.15

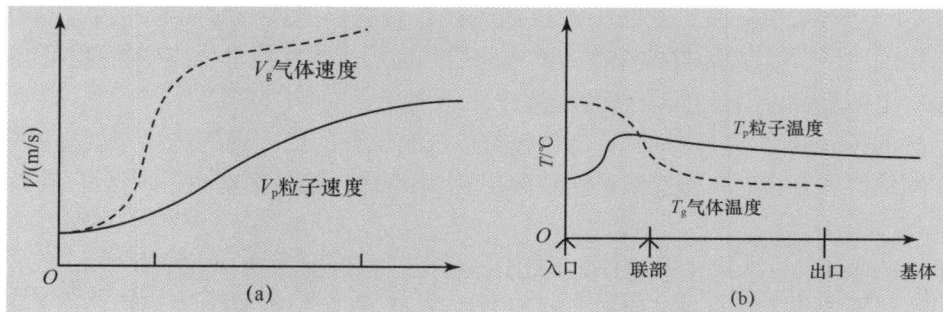

图 8.15　喷嘴内粒子和气体速度、温度变化示意
(a)速度变化;(b)温度变化。

喷嘴内粒子和气体速度、温度变化示意。沿着喷嘴喉部以外轴向,气体速度 V_g 一直增加,粒子温度 T_p 一直降低。在喉部,气体速度达到声速。经过喉部以后,粒子速度继续增加,产生超声速流动。

喷涂的效率和涂层的质量不仅与喷枪的进、出口气动参数有关,还与进粉系统性能的好坏有关。尤其是能否连续、均匀、稳定地输送涂履粉末,将直接对涂层的厚度、均匀度、生长速率及性能产生极大影响。

进料系统一般由储粉器、粉末输送器、粉末进入量控制器等组成。其中对进粉末输送器的要求高一些。目前,在喷涂技术中应用较广的主要有自重式送粉器、刮板式送粉器、雾化式送粉器、鼓轮式送粉器、微细粉送粉器、流化床虹吸法送粉器、虹吸法送粉器。上述送粉器各有优、缺点,可根据不同的场合和要求选用。应当指出,以上各种进粉器都不同程度地存在着进粉不连续和不均匀的问题。

大连理工大学采用抽吸原理和自重式送粉器原理相结合的设计思想,改造了进粉系统。图 8.16 为自重式送粉器示意,该进粉方式利用粉末的自身重量,并通过喷嘴管道的高速气流形成的负压,将储粉器中的粉末带入粉末输送器,确保粉体能够由储粉器出口处顺利流出,并进入高速气流管道。这种结构的进粉装置,结构简单,可以方便地更换喷涂使用的粉末,有足够的储粉能力,可以连续地向喷枪供粉,储粉器到喷枪之间的距离也可以方便地调节。

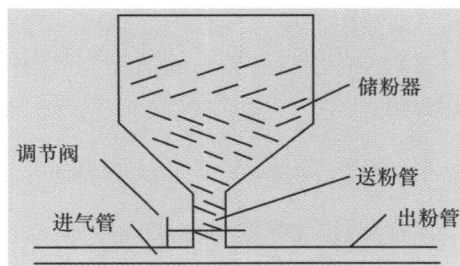

图 8.16　自重式送粉器示意

2. 冷喷涂涂层的形成机理

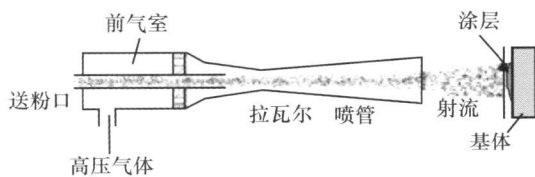

图 8.17　冷喷涂原理示意

冷喷涂又称冷空气动力学喷涂,它是基于空气动力学原理的一种喷涂技术,其原理如图 8.17 所示。喷涂过程是利用高压气体通过拉瓦尔喷管产生超声速流动,将粉末粒子从轴向送入高速气流中,经加速后,在完全固态下撞击基体,通过较大的塑性变形而沉积于基体表面上形成涂层。为了增加气流的速度,从而提高粒子的速度,还可以将加速气体预热后送入喷枪,通常预热温度低于 600℃。

冷喷涂过程中,高速粒子撞击基体后,是形成涂层还是对基体产生喷丸或冲蚀作用,或是对基体产生穿孔效应,取决于粒子撞击基体前的速度。对于一种材料存在着一临界速度 V_c,当粒子速度大于 V_c 时,粒子碰撞后将沉积于基体表面;而当粒子速度小于 V_c 时,将发生冲蚀现象。V_c 因粉末种类而异,一般为 500~700m/s。

冷喷涂过程中,加速气体一般采用压缩空气、N_2、He 或者它们的混合气体,压力一般为 1.0~3.5MPa,加速气体的入口温度根据喷涂材料一般在室温至 600℃ 之间。根据粒子的加速特点,所用粉末粒度一般小于 50μm,而且要求送粉气体的压力高于加速气体压力,以保证送粉的稳定。喷涂距离一般为 5~50mm。

冷喷涂颗粒在基体表面的沉积机理目前为止还没有很好的解释。一般认为,塑性形变可以破坏原来的表面,并在局部高压下与表面紧密接触,从而发生黏接。这也可以用于解释为什么需要临界速度的问题,因为只有拥有足够的动能才能得到与表面结合所需的弹性形变。计算表明,颗粒在冲击中的动能比熔融颗粒所需的能量低得多。冷喷涂涂层的显微照片也证明,冷喷涂的沉积机理主要是一个固态物理学过程,在冷喷涂过程中没有发生材料熔化现象。

8.4.3　冷喷涂工艺的特点

冷喷涂技术为制备高性能无氧化涂层、纳米结构涂层以及金属材料表面纳米化等提供了一种重要的工艺方法。冷喷涂在喷涂过程中的差别,决定了冷喷涂具有以下的特点:

(1) 温度低。金属材料在低温喷涂过程中的氧化非常有限,对于制备 Ti 及其合金等易于氧化材料的涂层具有十分重要的意义。研究结果表明,冷喷涂涂层中氧含量基本与涂层原始粉末一致,避免材料的熔化和蒸发,因此在制备塑料涂层时可以避免其挥发。

(2) 对材料的组织影响小。既可以用来制备纳米涂层和块体材料,也可以用来制备对温度敏感的非晶材料涂层。

（3）对基体的热影响小。基本不改变材料的组织结构，因此基体材料的选择范围广泛，可以是金属、合金甚至塑料，也就是说可以实现异种材料的良好组合。

（4）沉积率高。粉末可以回收利用，直接使用压缩空气作为喷涂气体，降低了成本。

（5）可以制备复合涂层。例如 Al – Pb 合金，由于其在常温下不相容，采用常规方法很难获得均匀的组织，而采用冷喷涂的方法可以很容易实现铝与铅的均匀混合。

（6）形成的涂层承受压应力。由于涂层可以承受压应力，因而可以制备厚涂层。

（7）涂层孔隙率低。由于冷喷涂的颗粒以高速撞击而产生强烈塑性变形形成涂层，而后续离子的冲击又对前期涂层产生夯实作用，而且涂层没有由于熔融状态冷却的体积收缩过程，故孔隙率较低。

（8）冷喷涂具有较高的结合力。如在铝基体上喷涂铜涂层结合力可以达到 66MPa，400℃回火后可以达到 195MPa。

8.4.4　冷喷涂涂层材料及性能

研究表明，冷喷涂可以实现金属 Al、Zn、Cu、Ni、Ca、Ti、Ag、Co、Fe、Nb，NiCr 合金、MCrAlY 合金，高熔点 Mo、Ta 以及高硬度的金属陶瓷 Cr3C2 – 25NiCr、WC – 21Co 等涂层的制备，可沉积涂层的材料包括大部分金属涂层、金属陶瓷涂层、有机涂层，可以实现用异种材料制备复合涂层或合金涂层以及纳米材料涂层等，并且可以在金属、陶瓷或玻璃等基体表面上形成涂层。

在冷喷涂过程中，铜涂层具有很低的气孔率，氧含量为 0.1%，涂层表面硬度为 150HV，电导率达到铜的 90%，抗拉强度为 66MPa。

铝涂层氧含量为 0.12%，涂层硬度为 45HV。

在冷喷涂条件下，钢涂层与基体的结合处没有出现明显的缺陷，涂层硬度为 275HV。

钛涂层取决于冷喷涂工艺参数，因而出现高密度和多孔涂层两种不同密度的涂层，高密度涂层应用到人体骨骼和器官移植，多孔涂层应用于生物医学领域。

合金涂层有很高的密度，涂层硬度为 575HV。

复合涂层的孔隙率很低，在与基体的结合处没有缺陷，具有均匀的两相分布。

8.4.5　冷喷涂技术的应用

目前，冷喷涂技术作为一种新的工艺受到广泛关注。冷喷涂技术制备的涂层具有氧化物含量低、涂层热应力小、硬度高、结合强度好、可将喷涂材料的组织结构在不发生变化的条件下转移到基体表面等优点，在涂层的制备中具有重要价值，同时在制备复杂结构材料的复合技术方面发挥了很大作用。冷喷涂技术广泛应用于机械、化工、矿山、电子、印刷、航空、生物医学等领域。

1. 保护涂层的制备

（1）耐腐蚀涂层：冷喷涂能够制备性能优良的防腐蚀涂层，与多孔、易氧化的传统热喷涂保护涂层（Zn、Al 以及它们的合金）相比，冷喷涂保护层具有比腐蚀金属电阻高、使用寿命长、涂层制备费用低的特点。同时，冷喷涂更易在恶劣环境中使用的钢材沉积阴极金属如 Ti、Ni、不锈钢等。

（2）耐高温涂层：在火箭发动机中，典型的高温保护涂层包括 MCrAlY 高温保护涂层、热障涂层（TBC）黏合层、Cu – Cr – Al 抗氧化保护层以及在高温环境中具有高导热和电导率的 Cu – Cr – Nb 涂层。热障涂层通常用于保护火箭发动机中的热端金属部件，使它与高温燃气隔绝，最终使热端金属部件表面温度降低 100～300℃，从而增加金属部件的耐久能力，提高发动机的性能。为了提高 TBCs 的使用寿命，可以通过冷喷涂技术在热障涂层外再制备一层具有一定厚度的纳米 MCrAlY 涂层。

（3）耐磨涂层：包括耐磨材料（如金属陶瓷、金属基复合材料）和减摩合金的冷喷涂涂层，这些涂层将显著地提高工业部件的耐磨性能。

2. 功能涂层的制备

采用冷喷涂工艺既可以制造导电、导热、防腐、耐磨等常规保护涂层，也可以制备非晶及纳米涂层、抗菌及光催化涂层、生物医用涂层等特殊功能的涂层。典型的功能涂层如高电导率的铜或银涂层、具有除菌效果的 HA – Ag/PEEK 涂层、可用于医学领域的 HAP 涂层等。

3. 喷涂成形

冷喷涂具有直接制造 Ti 部件的巨大潜力,Ti 和 Ti 合金及其他工程材料(如 Al 和 Al 合金、Cu 和 Cu 合金,Ni 和 Ni 合金)都可以通过喷涂成形来为大多数工业应用领域制造所需成形部件。

4. 零件修复

零件修复属于表面再制造过程,经测试验证,冷喷涂工艺是一种具有显著成本效应并且环境友好的技术,极具发展潜力。首先,零件不需要预热并且在修复过程中受热很小;其次,修复的效率较高,且速度快;最后,涂层与基体结合强度高,涂层较致密,且具有良好的冲击强度。目前,报道较多的是通过 Al 及其合金涂层修复航天飞机固体燃料火箭推进器、飞行器结构中的部件、密封外壳燃气轮机以及通过 Cu 涂层对钢厂中结晶器的修复。此外,冷喷涂还可用于涡轮盘、活塞、汽缸、阀门、环件、轴承、泵零件、套管等零件的修复。

8.5　金属表面非金属涂层技术

8.5.1　搪瓷涂覆

8.5.1.1　概述

将玻璃瓷釉涂覆在金属基材表面,经过高温熔烧,使瓷釉与金属基材发生交互作用,形成致密、与基材结合牢固的涂层的工艺,称为搪瓷涂覆。搪瓷涂层与一般陶瓷涂层不同,其突出特点是具有玻璃特性。与一般的油漆层相比,搪瓷涂层是无机物熔结在金属表面。经过搪瓷的钢铁及有色金属材料,表面不仅容易保持清洁,而且具有良好的耐蚀、耐热、抗磨损性能,特别是颜色釉和艺术釉能赋予金属表面绚丽多彩的图形,使制品具有观赏性和艺术性。因此,搪瓷技术应用十分广泛,特别是在日常生活用品中随处可见。

上釉的过程实际上与搪瓷相同,只是上釉所针对的基材或者坯体是陶瓷制品,而搪瓷的基材一般指金属。

8.5.1.2　搪瓷涂覆技术的基本特点

1. 釉料的基本特点与配制原则

1）特点

成熟的釉料与玻璃的物理化学性质相似,没有明显的熔点,各向同性,具有光泽,硬度大,耐酸碱腐蚀,质地致密,不渗透液体与气体。但是,与玻璃不同,釉料不是单纯的硅酸盐,它还包括 B_2O_3、Na_2O、CaO、Al_2O_3 等成分,并且釉料不是均质体,釉的熔化受制品烧成工艺及制品成分的影响,不可能像玻璃一样获得均匀组织,往往包含少量的气体包裹物、未起反应的石英晶体和新形成的矿物晶体。

2）配制原则

釉料的成分对搪瓷或者上釉层的质量影响非常大。釉料配方的设计必须遵循如下基本原则:

(1)根据基材或者坯体的熔点或者烧结性质来调节釉料的熔融性质。

(2)釉料的膨胀系数和弹性模量应该与基材的相适应。

(3)合理地选用原料。

按瓷釉的功能不同,瓷釉分为底釉、面釉、色釉和特种釉四大类。其中:底釉与基材结合力良好,常作为面釉过渡层的釉层;面釉是涂搪在过渡层上的瓷釉,它赋予材料表面优良的物理化学性能和光滑的表面;色釉是装饰制品的彩色釉,也可作为彩色搪瓷的面釉和饰花釉;特种釉是为了满足耐高温、高压、发光、吸收和发射红外线、绝缘等特种用途的瓷釉。表 8.45 列出了钢板表面耐碱搪瓷涂层中底瓷与面瓷用原料的成分。由表 8.45 可以看出,面瓷与底瓷的成分存在一定的差异,这是其性能有明显差异的主要原因。

表 8.45　钢板表面耐碱搪瓷涂层中底瓷与面瓷用原料的成分(质量分数)　　(单位:%)

组分	面瓷	底瓷	组分	面瓷	底瓷
SiO_2	41.55	36.34	Al_2O_3		3.69
B_2O_3	13.81	19.41	ZrO_2	2.08	2.29
Na_2O	5.99	14.99	TiO_2	19.39	
K_2O	10.12	1.47	MnO_2		1.49
Li_2O	0.57	0.89	NiO		1.14
CaO		4.08	Co_3O_4		1.00
BaO		8.59	P_2O_5	0.54	
ZnO		2.29	F_2	4.43	2.33

2. 搪瓷工艺流程

搪瓷工艺流程如下:

(1)制品表面预处理。表面预处理包括酸洗、碱洗、侵蚀、脱脂等工艺。

(2)釉料选择、配制与加工。按照所设计的配方选择好原料以后,将各种配料混合以后熔化,先制成熔块釉。熔块釉的主要作用是将可溶性原料变成不溶性状态,然后配于釉中。因为有些重要原料如碳酸钾、碳酸钠、硼砂、硼酸等,生料釉不能用,熔块釉却可以用。而且熔块釉可以使釉的成分更加均匀。如果釉块的用量较大,可用玻璃瓷炉连续生产,并将釉块熔滴由轧片机淬冷成小薄片;用量不大的熔块,可用电炉、回转炉间歇式生产,然后将熔融的釉块液滴投入水中淬冷成碎块。将上述熔块放入球磨机中,加入球磨添加物如陶土、膨润土、电解质和着色氧化物,最后加水,充分球磨后就制得釉浆。但是,干粉静电喷搪的釉料是直接球磨而成的。

(3)釉料的涂履。釉浆的涂履工艺与涂装工艺方法类似,有手工涂搪、气体喷搪、目动浸搪与喷搪、电泳涂搪、湿法或者干粉静电喷搪等多种工艺。涂履方法的选择要根据制品的数量与质量要求、原材料的来源和经济成本来确定。

上述方法中只有干粉静电喷搪属于干法涂履。其特点:首先工件或者坯体放在传送带上连续送进,传送带带正电;然后将带有负电的专用瓷釉干粉从绝缘式喷枪中喷射到工件表面,形成釉料层。

(4)搪瓷烧成。将涂履釉料的制品放入炉中加热,使釉料发生高温烧结、熔化并在工件或者坯体上铺展为光滑釉面的工艺过程,称为搪瓷烧成。烧成的炉子与一般热处理炉相似,有连续式、周期式和间歇式。烧成的工艺过程非常复杂,有些机理至今还没有完全弄清楚。一般将釉层的形成过程归结为四个阶段:第一阶段,原始原料的分解、化合与固相反应过程。第二阶段,粉末状态的物质经过加热处理,转化成凝块状物质,即发生烧结。第三阶段,随着温度的不断升高,烧结过程不断进行,釉料开始成为熔融态。当熔融的釉料能够充分流动时,对流作用使釉逐渐成为均质,并有气体放出。釉成熟后,黏度降低,流动性增加。因此,釉表面光滑,缺陷减少,机械强度提高。第四阶段,釉面硬化阶段,即熔融的釉冷却成玻璃质的覆层,具体过程为随着温度的降低,釉层从低黏度的流动状态逐渐转变为高黏度的塑性状态,当达到玻璃转化温度 T_g 以后,凝固成脆性的玻璃态,如图 8.18 所示。

3. 搪瓷层的基本构成

金属表面的搪瓷层既可以一次涂搪,也可以两次或者多次涂搪,无论哪种方式,都会由金属基底到瓷面生成一定的过渡层,从而使金属、底釉、面釉牢固地结合起来。因此,搪瓷层可以分为性能不同的六层(图8.19):金属层、金属与底釉的互渗层(又称为密着层或者第一互渗层)、底釉层、底釉与面釉的互渗层(又称为第二互渗层)、面釉层和表面层。瓷层实际上是第二层与第六层的总称。上述分层现象称为瓷层中的"层间互渗现象",其特征已为大量试验结果所证实。

必须指出,瓷层中存在的分层现象极大地改变了整个瓷釉层的原始成分和瓷釉层的物理化学性质。因此,只是简单地按各原始瓷釉的配方来理解搪瓷层,就会带来较大的误差。

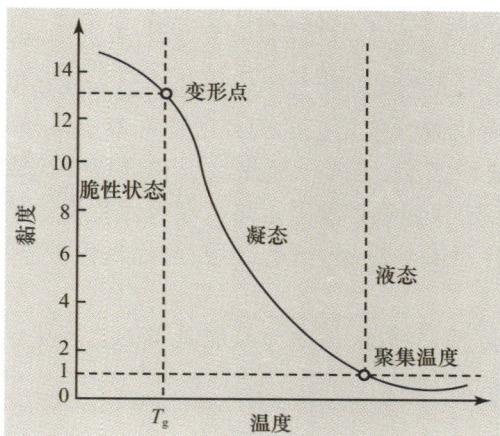

图 8.18　釉溶液冷却过程中的黏度变化

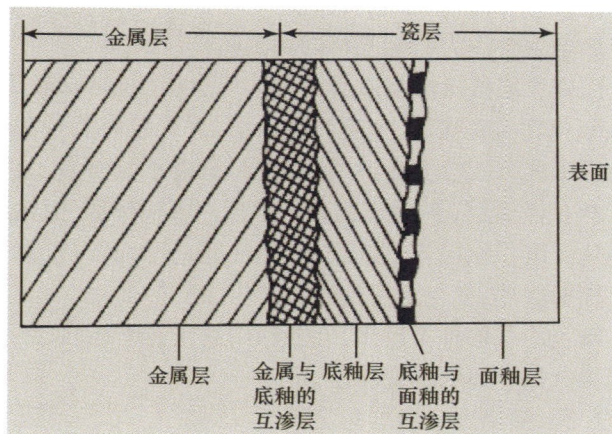

图 8.19　瓷层中分层及层间互渗

4. 搪瓷制品的基本特点

搪瓷制品有两大基本特点:第一,搪瓷是由金属和非金属无机材料通过特殊工艺以化学键方式实现物理化学结合而成。制造搪瓷坯胎用的金属及涂烧在金属表面上的非金属涂层物理化学性能相差很大,因此搪瓷制品是两类材料性能的最佳组合。第二,搪瓷釉近似于玻璃,而搪瓷层近似于晶体。搪瓷层是搪瓷釉经过涂烧后与金属牢固结合在一起的产物。搪瓷层具有比普通玻璃强得多的遮盖力,即乳浊度。这主要是因为瓷釉经过涂烧,在其玻璃相中镶填了大量晶质物质。

搪瓷涂层的主要优点:①耐酸、耐碱,目前已能制造抵抗除氟化氢以外的有机酸、无机酸和碱腐蚀的搪瓷;②耐热,可以制造 1000℃以下工作的耐热搪瓷,现在甚至能制造耐 1000℃以上的超高温搪瓷;③耐磨,可以制造可达莫氏硬度 8 级的耐磨搪瓷;④耐压,可以经受 78～196MPa 的压力;⑤耐寒,可在 0℃以下保持稳定;⑥绝缘,可以作为高压绝缘涂层,表面光滑美观。

此外,搪瓷技术还有一个最重要的特点,即大批量生产时价格较低。搪瓷技术的主要缺点:釉层的原料复杂、多元,搪瓷工序多,它们都对釉层的质量产生很大的影响;任何一道工序的失误都容易导致产品报废;生产过程需要高温,环境条件比较差;单件或者小批量生产成本高。另外,一些原料具有毒性。尽管如此,搪瓷涂层仍然得到了广泛应用。

5. 搪瓷涂层的应用

日用搪瓷:主要为日常生活用品,如面盆、口杯、洗衣机、电冰箱、烧锅等。

艺术搪瓷:主要用于制造纪念碑、人物像、风景艺术板和客厅的装饰板等。首饰用搪瓷如耳饰、项饰串珠、花瓶等都属于艺术搪瓷。

建筑搪瓷:主要制造搪瓷瓦、搪瓷墙面板、搪瓷钢屋架、桥梁钢筋、洗澡盆和家具等。

耐热搪瓷:主要用作汽车、拖拉机、火车的排气管,工业烟囱,反应炉,以及飞机、火箭高温部分的保护涂层等。

电子搪瓷:主要用于高温电机、变压器、电感应加热器、电子元件等绝缘涂层。

耐磨搪瓷:主要用于轴承套、传播推进器、防水冲刷、抗气蚀及耐磨的水轮机叶片等。

医用搪瓷:主要是制造医疗用具,如手术盘、手术台、手术室墙板及大便器和小便器等。

化工搪瓷:主要是制造化学反应锅、反应管、反应塔和防护罩。

发光搪瓷:主要用于电影院、铁路等处指示或者危险标记。

红外搪瓷:主要制造利用太阳能的阳光红外吸收罩、远红外发射元件等。

8.5.2　陶瓷涂履

8.5.2.1　概述

陶瓷涂履是以金属氧化物、金属间化合物和难熔化合物等无机非金属物质为原料,用各种涂层工艺方法加涂在各种结构底材上,保护底材不受高温氧化、环境介质腐蚀和磨损,并有隔热或新的光、电等性能。陶瓷涂层主要作为结构底材的高温防护涂层。

陶瓷涂层按涂层物质分为玻璃质涂层(包括以玻璃为基与金属或金属间化合物组成的涂层和微晶搪瓷等)、氧化物陶瓷涂层、金属陶瓷涂层、无机胶黏物质黏接涂层、有机胶黏剂黏接的陶瓷涂层和复合涂层等;按涂层工艺方法分为高温熔烧涂层、高温喷涂涂层(包括火焰喷涂涂层、等离子喷涂涂层和爆震喷涂涂层等)、热扩散涂层(包括气相或化学蒸汽沉积扩散、流化床沉积扩散、液相热扩散固相热扩散等)、低温烘烤涂层和热解沉积涂层等;按涂层使用性能,分为高温抗氧化涂层、高温隔热涂层、耐磨涂层、热处理保护涂层、红外辐射涂层、变色示温涂层和热控涂层等。

陶瓷涂层的种类较多,性能和用途也各不相同,必须根据实际使用情况,考虑涂层应具备的物理化学特性具体选用合适的陶瓷涂层。

8.5.2.2 陶瓷涂层的工艺及特点

陶瓷涂层有各种工艺方法并且每种工艺方法都具有各自的特点,表8.46列出了陶瓷涂层工艺的主要特点和应用范围。

表8.46 陶瓷涂层工艺的主要特点和应用范围

工艺		主要特点	应用范围
熔烧	釉浆	涂层成分可广泛变化,质地致密,与底材结合良好,火抛光表面	底材需承受较高温度,有些涂层需在真空或惰性气体中熔烧
	溶液陶瓷	熔烧温度比釉浆法低,涂层均匀	涂层太薄,组成局限于复合氧化物
高温喷涂	火焰喷涂	设备投资小,底材不必承受高温	涂层多孔,涂层原料熔点不能高于2700℃,与底材结合较差
	等离子喷涂	任何可熔而不分解、不升华的原料都可喷涂,底材不必承受高温,喷涂速度较快	需专用设备,加工形状复杂的小工件较困难,涂层性能随工艺条件不同而有较大的变化
	爆震喷涂	涂层较致密,与底材结合较牢固	设备较庞大,操作时噪声大,必须建立隔音室并远距离操纵,喷涂形状复杂的工件较困难
热扩散	气相或化学蒸气沉积扩散	可以加涂高熔点涂层而底材不必承受很高的温度,可在形状复杂的工件上得到均匀的接近理论密度的致密涂层	工艺过程难控制,需在真空或控制气氛下操作
	流化床沉积扩散	底材快速而均匀受热,可加涂较厚且均匀的涂层,对形状复杂的工件也适用	涂层组成受涂层原料与底材间相互扩散过程的规律限制,需消耗大量保护性气体
	液相热扩散	适合于形状复杂的零件,能大量生产	涂层组成有一定限制,需进行附加的热扩散工序和表面处理工序
	固相热扩散	工艺设备较简单,涂层与底材结合性能较好	涂层组成受涂层原料与底材间相互扩散过程的规律限制
低温烘烤		工艺及设备简单,生产效率高,底材不必承受高温,涂层成分可广泛变化,加固补强后可以增加涂层厚度	与底材结合性能较差,结构随使用温度的变化有较大的不同,有些涂层在使用前多孔易吸潮,表面粗糙易沾污
热解沉积		与底材结合紧密,涂层致密并各向异性,密度与理论密度接近	底材需加热到很高温度,只适合在耐热底材上加涂,涂层内应力大,需退火处理

8.5.2.3 陶瓷涂层的性能和用途

陶瓷涂层种类很多,一般具有优良的化学稳定性,能耐酸、耐碱、耐含硫燃气和耐熔融金属的腐蚀;耐高温,能隔热防热和抗氧化;硬度高,能抗气流或液流冲刷和耐磨损,红外线辐射能力强;与生物相容性好,已在机械、化工、制药、冶金、纺织、建筑以及航空航天等工业中广泛应用。

1. 高温喷涂陶瓷涂层的性能和用途

1）火焰喷涂氧化铝涂层

这是一种工艺较为成熟、工艺设备较为简单、易现场施工的高温喷涂陶瓷涂层。涂层主要特点是多孔、隔热防热和耐磨。主要用于柴油机活塞、阀门和汽缸盖的隔热防热涂层（并起到耐磨、催化的作用）以及熔炼金属用坩埚的内表面防腐层等。

2）爆震喷涂涂层

这类涂层中较典型者为较致密的氧化铝涂层和碳化钨、钴金属陶瓷层，其性能主要是耐磨、耐蚀和抗氧化。主要用于涡轮轴、风扇组合叶片、涡轮叶片、锥齿轮等部件的减摩耐磨表面涂层，超差或磨损零件的修复，发动机燃烧室内壁，水轮发电机叶片的防护保护层等。

3）等离子喷涂涂层

这类涂层的品种较多，同种涂层因工艺条件不同性能也有差异。随着其工艺设备的完善，涂层的工艺条件能确切控制，涂层性能也较稳定，用途更为广泛。

2. 热扩散涂层

热扩散涂层主要是难熔金属与硅生成玻璃质氧化物层的金属间化合物、高温合金与铝等形成致密氧化膜的金属间化合物，这类涂层的共同特点是防护金属底材，提高高温下的抗氧化性能。难熔金属及其合金在 1100℃ 以上有优越的高温力学性能，是潜力很大的高温结构材料；但其在高温下自身抗氧化能力很差。二硅化物涂层是目前防护难熔金属高温抗氧化的最有效手段，并可作为火箭发动机的喷管、人造卫星和空间站的姿态控制发动的推力室等难熔金属高温结构部件的防护涂层应用。

3. 低温烘烤陶瓷涂层

低温烘烤陶瓷涂层又称为陶瓷涂料，按其不同用途可分为金属热处理保护涂料、高温润滑涂料、高温隔热涂料、高温封严涂料、红外辐射涂料、变色室温涂料和热控涂料等，并已获得有效应用。

8.5.3　塑料涂履

8.5.3.1　塑料涂履简介

1. 塑料涂履的发展历史

塑料粉末涂料诞生于 20 世纪 40 年代末，由于其形态从传统的液态变成了固态，从而使涂料的生产设备、工艺和涂装设备、涂装工艺都发生了根本的变化。在这种变化中，人们从节约资源、能源，降低环境污染，提高涂层质量和效益等方面获得了巨大收益，塑料粉末涂料的研究开发、生产和应用是涂料工业发展史上的巨大进步。

塑料粉末涂装随着粉末涂料的诞生出现于 20 世纪 40 年代末期，当时欧洲已经开始研究以热塑性树脂用火焰喷涂法和散布法涂履金属及其他基材，但由于喷涂设备和喷涂粉末存在缺陷，该技术一直进展缓慢。1952 年，德国的 Germmer 发明了流化床熔敷法使粉末涂料均匀地涂履于工件表面，从而使热塑性粉末涂料施工实现工业化。到了 60 年代，人们开始研究热固性粉末涂料，因为热固性粉末涂料在耐化学腐蚀和电绝缘等方面比热塑性粉末涂料具有优势。1962 年，法国 Sames 公司研制成功了静电喷涂粉末装置，首次实现了工件不预热而使粉末均匀涂履于表面的喷涂工艺，为推广应用粉末涂料创造了更为有力的条件。特别是基于节能和防污染的要求，更推动粉末涂料的发展，使其和水性涂料、高固体分涂料一起构成无污染涂料的两大支柱。70 年代末，塑料粉末涂料和涂装方法又取得了新的进展，更加受到人们的重视。进入 80 年代，塑料粉末涂料已经趋于稳步发展并成为新型的主流涂料品种之一，广泛用于石油、化工、轻工、机械、食品等工业部门的各种金属结构的涂装。塑料涂履层在防腐蚀设备上的应用，延长了设备寿命，节约了大量不锈钢、铝等贵金属。进入低污染的 90 年代，许多知名专家认为：从其具备的环境、健康及安全方面的特性及其逐步改进性能的角度看，用粉末涂料体系取代溶剂型涂料是今后的发展趋势。

我国粉末涂料工业起步较晚，经过十几年的发展，在粉末涂料的品种、规格、产量和涂装设备研制等方面已接近先进国家的水平，成为世界上粉末涂料的生产大国之一。

2. 塑料涂履层的特性

塑料粉末涂履于金属基体上,既利用了金属的强度又发挥了塑料本身的各种特性,形成满足各种要求的塑料涂履层。

塑料质轻,且具有美观大方的色泽,很适于制成装饰品和日常生活用品;大多数塑料具有较强的介电强度。在低频、低压具有良好的电绝缘性能,不少塑料即使在高频、高压条件下,也能用作电气绝缘介质材料。一般金属材料的耐腐蚀能力有限,特别是耐酸、碱、盐等强腐蚀介质性能差,而多数塑料对酸、碱、盐介质具有良好的耐蚀防腐性能;不少塑料除了耐腐蚀性能外,还具有抗垢特性或难沉积性,聚四氟乙烯就是典型的抗垢材料。

随着工业的发展,各种金属涂塑技术已成为表面工程技术中不可缺少的组成部分,在国民经济中发挥日益重要的作用。金属表面涂塑后,可使金属整体具有优异的耐腐蚀、绝缘及装饰等特性。

3. 塑料涂履的优、缺点

1)优点

(1)塑料粉末涂料不含溶剂,其制造和施工过程中释放的有机溶剂几乎为零,避免了有机溶剂挥发引起的大气污染和火灾事故。

(2)由于粉末涂料是100%的固体体系,可以采用闭路循环体系,喷溢的粉末涂料可以回收,涂料利用率高达95%。

(3)粉末涂料用的树脂的相对分子量比溶剂型涂料的大,涂履层的性能和耐久性比溶剂型涂料有了很大提高。

(4)粉末涂料涂装时,厚度可以控制,一次涂装可达 $30\sim50\mu m$,减少了施工时间,节能、高效。

(5)施工应用时不需要随季节调节黏度,厚膜也不易产生流挂,并且易于实现自动化流水线生产。

(6)易于保持施工环境的卫生等。

2)缺点

粉末涂料的制造工艺比普通涂料复杂,制造成本高。一般来说粉末涂料比普通涂料的烘烤温度高得多,粉末涂料制备厚涂层较容易,但很难制备薄的涂层($15\sim30\mu m$)。更换涂料颜色、品种比普通涂料麻烦。

4. 塑料粉末涂料的分类

按塑料粉末涂料的成膜性质可分为热固性和热塑性两大类。

热固性粉末涂料的主要组成是各种热固性的合成树脂,如环氧树脂、聚酯树脂、丙烯酸树脂、聚氨酯树脂等。热固性树脂与固化剂交联后成为大分子网状结构,从而得到不溶、不熔的坚韧而牢固的保护涂层。

热塑性粉末涂料以热塑性合成树脂为主要成膜物质,如聚乙烯树脂、聚丙烯树脂、聚氧乙烯树脂等。热塑性粉末涂料经熔化、流平,在油、水或空气中冷却固化而成膜,配方中不加固化剂。

8.5.3.2 塑料粉末涂料原理

塑料粉末涂料成膜主要有静电喷涂法、流动浸塑法、静电流浸法、挤压涂履法、分散液喷涂法、空气喷涂法、真空吸引法、静电隧道粉末涂履法、流水线静电流浸法、静电振荡法、薄膜辊压法、散布法、粉末电泳涂装法、蒸气固化法等。尽管具体涂装方法不同,但大都有一个塑料粉末在工件上的沉积过程,需要一个对工件进行加热或烘烤的工序,以使塑料粉末受热熔融、塑化而在基材表面形成涂层。

一种塑料粉末可采取多种涂装方法。在实际应用中,由于制件适应性的不同和技术原因,往往是一种材料有一种或几种惯用方法,例如:聚三氟氯乙烯惯用悬浮液喷涂;氯化聚醚静电喷涂用得比较好;对于聚乙烯粉末,很多方法都可采用。当然,这也不是一成不变的,随着技术的发展也会发生变化。常见的粉末涂料涂装方法有以下四种。

1. 流化床浸涂法

流化床浸涂法是将预热到粉末熔融点以上的被涂工件悬空浸没于槽内被空气吹动而飘浮起来的粉末中,如图8.20所示。粉末均匀黏附到工件表面,浸渍一定时间后取出并进行机械振荡,除掉多余粉末,送入塑化炉经流平、塑化,最后出炉冷却,即可得到均匀的涂层。流化床浸涂法主要用于涂装大量相同的工件,适用于厚膜涂装,主要用于防腐蚀和电绝缘涂层。

2. 静电喷涂法

静电喷涂法是将粉末喷涂枪接高压负极,金属工件接地形成正极,如图8.21所示。工件和喷枪电极之间施加高压直流电并形成静电场,塑料粉末在喷枪中通过导流杯时,导流杯上的高压负极产生电晕放电,使粉末带负电荷,在静电和压缩空气的作用下均匀地飞向工件,在其表面沉积形成疏松堆积,再将工件加热到一定温度,疏松堆积的塑料粉末经熔融流平形成均匀、连续、平滑的涂层。静电喷涂法形成的涂层较薄,粉末用量少,主要用于装饰涂层和功能涂层。

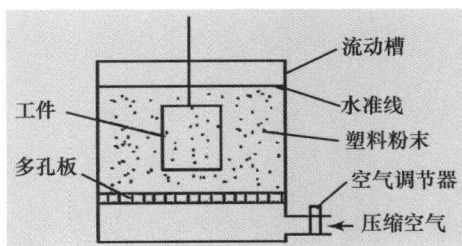

图8.20　流化床浸涂法

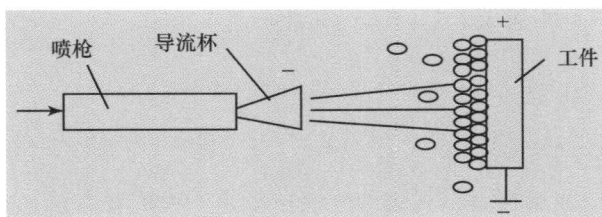

图8.21　静电喷涂法

3. 挤压涂履法

挤压涂履法是利用塑料的可塑性,通过挤压套筒对塑料加热并与挤压螺杆配合,使塑料粉末或粒料破碎、软化、熔融、排气、压实,变成黏流状态后涂履于金属表面形成均匀涂层的方法。该技术目前主要用于圆形截面的金属材料如金属丝、管、绳等的防腐及绝缘涂层。

4. 分散液喷涂法

分散液喷涂法包括悬浮液喷涂和乳浊液喷涂两种。它是将树脂粉末、溶剂混合成分散液,用喷、淋、浸、涂等方法涂履于工件表面,在室温或干燥温度下使溶剂挥发,从而在金属表面形成一层松散的粉状堆积层,而后在加温炉中进行高温烧结,使松散的粉状堆积层形成一整体膜。聚四氟乙烯、聚三氟乙烯、聚苯硫醚等粉种的涂层性能极其优异,长期耐温一般超过200℃,而这些粉种的熔融黏度比普通热塑性树脂高很多,难以采用一般热塑性塑料的加工方法,常采用分散液喷涂法涂装。由于氟塑料、聚苯硫醚等材料的结晶度高,韧性、延展性不好,塑化后往往还需要进行"淬火"处理以降低涂层结晶度和改善韧性。

8.5.3.3　塑料涂覆的应用

随着工业的发展,各种金属涂塑技术已成为表面工程技术中不可缺少的组成部分,在国民经济中发挥日益重要的作用。目前,粉末涂料在许多领域得到了应用,例如:

(1)家电行业:粉末涂料以色彩鲜艳、坚固耐用的特点打入家用电器外壳涂装市场,并推进了电冰箱、冷藏柜、电风扇、洗衣机、洗碗机、蒸煮锅、微波炉、空调机等家电行业的发展。

(2)建筑行业:粉末涂料推广的一个重要应用领域,目前许多发达国家已经将耐候性粉末涂料用于户外建筑物型铝和包铝的保护,逐步代替传统的铝阳极化处理工艺,使阳极化处理工厂数量递减。这对解决我国建筑部门钢门窗的腐蚀问题具有重要意义。此外,金属卷帘门、金属百叶窗、防爆门、防盗门、路牌、公路标志、门牌等喷涂粉末涂料同样具有重要作用。

(3)石化行业:广泛用于化工机械、化工设备、池槽、容器等的防腐。

(4)管道行业:石油输送管、化工防腐管、建筑住房用水管、电站水管、煤气管、船舶水管等均可应用粉末涂料,各种工业、民用设施所需管件用量巨大。

(5)汽车及车辆零部件:汽车及车辆零部件采用粉末涂料涂装的比例越来越高,粉末涂膜代替电镀和油漆零部件,不仅提高了装饰性、防腐性,而且经济效益非常可观。

(6)金属丝网等金属物件:粉末涂料的应用大大推动了金属丝网制品的迅速发展,涂塑后的性能大大优于镀锌工艺。

(7)金属家具:金属制品涂塑取代纯木制品节约了大量木材,有效保护了森林和环境。钢椅、金属写字台、沙发椅、书架、文件柜、保险箱等是粉末涂料应用的理想对象。我国森林资源非常有限,对于家具制造行业,采用金属涂塑方案是一个理想选择。

（8）电子元器件绝缘涂层及其绝缘包装等：塑料涂层作为电子元器件、电阻、电容器的绝缘包装,线圈、变压器、电机转子的绝缘涂层逐步兴起,如通过对电容器采用绝缘型涂料全封闭涂装,其电性能优良,外观光滑,效果极佳。

（9）军事装备及其设施：坦克、装甲车辆、舰船等军用装备零部件,地下防护工程的钢结构等设施,采用环氧、聚乙烯等粉末涂料涂装后,可以大大提高其耐腐蚀性能和服役寿命;对于一些无法采用液体润滑的关键装备摩擦表面,涂履氟塑料、尼龙等粉末涂层后可以获得具有优异减摩性能的固体润滑膜。

8.6 其他防护涂层技术

8.6.1 激光熔覆

1. 激光熔覆的分类

激光熔覆是材料表面改性技术的一种重要方法,它是利用高能密度激光束将具有不同成分、性能的合金与基材表面快速熔化,在基材表面形成与基材具有完全不同成分和性能的合金层的快速凝固过程。激光熔覆的主要目的是在廉价金属材料表面形成高性能的合金层,达到降低成本,提高零件表面耐磨、耐蚀及耐高温抗氧化等的综合性能。

根据合金供应方式不同,激光熔覆分为,合金预置法和合金同步供应法两种。

合金预置法是指将待熔覆的合金材料以某种方法预先覆盖在基材表面,然后采用激光束在合金预覆层表面扫描,合金预覆层表面吸收激光能量使温度升高并熔化,同时通过热传导将表面热量向内部传递,使整个合金预覆层及一部分基材熔化,激光束离开后熔化的金属快速凝固而在基材表面形成冶金结合的合金熔覆层。合金材料既可以是粉末,也可以是丝材或板材。对于粉末类合金材料,主要采用热喷涂或黏接等进行预置。对于丝类合金材料,既可以采用专门的热喷涂设备进行喷涂沉积,也可以采用黏接法预置。而板类合金材料主要采用黏接法或者将合金板材与基材预压在一起。

合金同步供应法是指采用专门的送料系统在激光熔覆过程中将合金材料直接送入激光作用区,在激光的作用下合金材料和基体材料的一部分同时熔化,然后冷却结晶形成合金熔覆层。合金同步供应法工艺过程简单、合金材料利用率高、可控性好,可以熔覆甚至直接成形复杂三维形状的部件,是熔覆技术工业应用的首选方法。合金同步供应法所使用的合金材料也可以是粉末、丝材或板材。

2. 激光熔覆的合金材料

激光熔覆合金材料包括自熔性合金材料、碳化物弥散或复合材料、陶瓷材料等。这类材料具有优异的耐磨、耐蚀等性能,通常以粉末形式使用。

自熔剂合金粉末可分为镍基合金、钴基合金和铁基合金,其主要特点是含有硅和硼,因而具有自我脱氧和造渣的性能,即自熔剂。自熔剂合金对基材有较大的适应性,可用于碳钢、合金钢、不锈钢和铸铁等多类材质,但对于含硫钢,由于硫的存在会在交界面处形成一种低熔点的脆性物,使覆层易于剥落,应慎用。

复合粉末按结构分为包覆型和非完全包覆型两种。其结构由芯核粉末和包覆粉末构成。由于芯核粉末受到包覆粉末的保护,可避免在高温时发生部分元素的氧化烧损、失碳、挥发等现象,储存、运输和使用都较为方便。复合粉末按照功能又分为硬质耐磨复合粉末（如 Co/WC、Ni/WC 等）、减摩润滑复合粉末、耐高温复合粉末、耐腐蚀抗氧化复合粉末等。

氧化物陶瓷粉末具有优良的抗高温氧化和隔热、耐磨、耐蚀等性能,其中氧化锆系陶瓷粉末比氧化铝系陶瓷粉末具有更低的热导率和更好的抗热性。

针对不同的基体材料和使用要求,选择激光熔覆合金粉末时应根据以下基本原则：

（1）合金粉末应满足所需要的使用性能,如耐磨、耐蚀、耐高温、抗氧化等。

（2）合金粉末应具有良好的固态流动性,粉末的流动性与粉末的形状、粒度分布、表面状态及粉末的湿度等因素有关。球形粉末流动性最好。对于同步送粉工艺,粉末粒度最好在 $40 \sim 200 \mu m$,粉末过细,流动性差,粉末太粗,熔覆工艺性能差。另外,粉末受潮后流动性变差,使用时应保证粉末的干燥性。

（3）粉末材料的热膨胀系数、导热性等应尽可能与基体材料接近,以减少熔覆层中由于热性能相差过大导致的残余应力的增加。

（4）合金粉末的熔点不宜太高,粉末熔点越低,越容易控制熔覆层的稀释率,所获得的熔覆层质量越好。

8.6.2　热扩散

将金属制件置于一定活性介质的密闭环境中加热、保温,使一种或几种元素渗入它的表层,以改变其化学成分、组织和性能的工艺,称为热扩散。渗入碳、氮等元素通常称为化学热处理。渗入铝、铬、锌等通常称为表面合金化。

热扩散的特点:渗层 – 基体界面化学成分呈连续梯度变化,因而表层和基体结合良好;工艺过程不影响基体材料的结构,因而不影响其物理力学性能;渗层 – 基体材料的组合实际上是一种复合材料,可以克服基体材料的某些缺点,得到更好的综合性能。渗层和电镀层、喷涂层、油漆层的主要区别是渗层由渗入元素与基体合金元素结合形成连续过渡的(金属或非金属)化合物,没有明显的层间界面,因而结合力良好,对零件的几何形状和尺寸影响很小。

1. 热扩散原理

热扩散遵循扩散第一、第二定律。在两个成分不同的金属界面上,单位时间内通过单位面积的物质量 J（扩散通量）与垂直于界面的轴方向上的浓度梯度成正比,即

$$I = -D\frac{\partial C}{\partial X} \tag{8.5}$$

式中:D 为扩散系数(cm^2/s);负号" – "表明扩散由高浓度向低浓度方向进行;C 为元素的浓度,是位置的函数。

在浓度梯度一定的条件下,扩散速度主要取决于扩散系数,这就是扩散第一定律(费克第一定律)。

当扩散处于非平稳状态,即扩散通量随时间而变化时,扩散遵守扩散第二定律:

$$\frac{\partial C}{\partial t} = \frac{\partial}{\partial X}\left(D\frac{\partial C}{\partial X^2}\right) \tag{8.6}$$

当 D 与浓度无关时,上式可表达为

$$\frac{\partial C}{\partial t} = D\frac{\partial^2 C}{\partial X^2} \tag{8.7}$$

渗入元素向基体合金中的扩散有表面、晶界和晶内三个途径。一般情况下,扩散速度是表面最快,晶界次之,晶内慢得多。渗入元素向基体材料中的扩散首先是溶入基体合金,形成固溶体。当浓度超出固溶极限时,产生新相。这种产生新相的扩散称反应扩散。影响扩散的因素有浓度梯度、温度、时间、固溶体类型及基体合金的成分。

元素渗入金属表面的工艺有粉末法、料浆法、气体法、真空法,以及热浸、熔盐和熔盐电解等。欲在金属表面上渗入元素,一般应具备:渗剂中包含需渗入的元素、活化剂、防止渗入元素结团的惰性材料;提供渗入的能量加热;防止氧化的保护性气氛等。

2. 铁和钢的渗碳、氮渗层

1）渗碳层

把低碳钢或低碳合金钢零件放在具有一定渗碳气氛的炉内加热并保温一定时间,使碳原子渗入表层,即可在零件表面得到一定深度的渗碳层。

零件渗碳后,渗碳层可达到共析钢或过共析钢的碳浓度,必须经直接淬火或缓冷后重新加热淬火,使渗碳层和心部获得以马氏体为主的显微组织,再经低温(150～200℃)回火后才能使用。因为只有淬火才能使渗碳层和心部得到强化,而低温回火可以提高淬火钢的塑性和韧性,降低其脆性,还可降低或消除淬火引起的残余应力。经淬火、低温回火的渗碳层可显著提高零件表面的硬度、耐磨性、疲劳强度和接触疲劳抗力,但使零件的冲击韧性和断裂韧性降低,而零件的心部仍保持一定的强度和良好的韧性。

2）渗氮层

把钢铁零件放在渗氮介质中,在480～560℃温度下加热、保温一定时间,使氮原子渗入表层,即可在零件表面形成一定深度的渗氮层。获得渗氮层的方法常用的是气体渗氮法(气体氮化)和离子渗氮法(离子氮

化）。纯铁和碳钢渗氮时，由表及里渗氮层的组织为氮化物（ε、γ'）层、氮化物 + 含氮 α 和含氮 α 三层。由于 ε 和 γ' 不易侵蚀，在光学显微镜下为白亮层，而含氮 α 层称为扩散层，侵蚀后易变色发暗。合金钢渗氮后，表面也得到由 ε 相和 γ' 相组成的白亮层，它们起弥散硬化作用，能显著提高渗氮层的硬度。渗氮层具有：高的硬度和耐磨性；较高的疲劳强度；较高的抗"咬卡"性能；较高的抗蚀性能；变形小而规律性强的特性。

主要用于：以耐磨和抗疲劳为目的的渗氮零件；以抗大气及雨水、水蒸气腐蚀为目的；为了提高冷、热模具和工具、刀具的耐磨性、热硬性和抗热疲劳性能；为了提高零件在腐蚀性较强的介质中工作的耐磨性等。

3）碳氮共渗层与氮碳共渗层

在一定温度下，将碳原子和氮原子同时渗入钢件的表面，即可得到碳氮共渗层。根据处理温度的不同，可分为高温碳氮共渗（880～920℃）、中温碳氮共渗（780～880℃）和低温碳氮共渗（＜780℃）。高温和中温碳氮共渗为奥氏体碳氮共渗，又称为氰化，以渗碳为主，接近于渗碳，氰化后还需进行淬火和低温回火处理。

把钢铁零件放在具有氮、碳活性原子气氛中，在 500～570℃温度下加热、保温一定时间，使氮、碳原子同时渗入表层，即可在零件表面形成一定深度的以氮原子为主，也渗入少量碳原子的氮碳共渗层。氮碳共渗处理又称为软氮化。低温碳氮共渗为铁素体碳氮共渗，以渗氮为主，接近于渗氮，可获得氮碳共渗层，所以又称为氮碳共渗或软氮化，共渗后不需再进行其他热处理。

碳氮共渗层的性能比渗碳层具有更高的耐磨和较高的疲劳强度。氮碳共渗层和渗氮层相似，主要用于要求零件表面具有高硬度和耐磨性，高疲劳强度、抗"咬卡"性能和耐腐蚀性，而要求零件心部具有高强度和韧性。氮碳共渗广泛用于碳钢、合金钢、不锈钢、铸铁和粉末冶金等材料制作的结构件及工模具，以提高它们的使用寿命。

3. 钢铁表面渗层

钢铁表面可以渗入锌、铍、硼、硅、铝、铬、钛、钨、钼、钒等。

1）渗锌层

渗锌层的主要特点是处理温度较低，渗锌层均匀，无论是螺纹、内壁还是凹槽等部位，渗层厚度几乎相同。与电镀锌、热镀锌及热喷涂锌相比，具有较高的硬度和耐磨性。粉末渗锌表层硬度为 250～260HV，这一层具有减摩合金的性能，在干摩擦条件下有良好的抗磨性。渗锌层在多数中性和弱碱性（pH 为 6～12）介质中抗蚀性较好。在海水中，渗锌钢材也有良好的抗蚀性。

2）渗锡层

先在钢、铁基体上镀锡（可加 7%～10% 的锑或少量镉，以提高其抗蚀性），然后在氮气保护下于 580～600℃加热 10～15h，即得渗锡层。渗锡层表面为极薄（厚约为 1μm）的高 Sn 层。其下为 $FeSn_2$、$FeSn$ 组成的硬层，硬度为 600～800HV。硬度变化与 Fe_3SnC 量有关。基体含碳量高时，硬度较高。渗层厚度一般为 10～20μm，合金钢上可达 30μm。

渗锡层具有良好的摩擦性能，在大气、海水和矿物油中的耐蚀性良好，对某些溶液如硝酸钾及碱性溶液有一定的抗力，主要用于减摩，如蜗轮和蜗杆、灰口铸铁的滑动轴承及轴、套圈、挺杆、齿轮等。

3）渗铬层

渗铬可提高钢的硬度。渗铬钢的硬度和韧性与钢的碳含量密切相关：低碳钢渗铬后（固溶体型渗铬层），表层硬度与钢材心部的硬度近似，具有良好的延展性。中碳钢（碳含量 0.3%～0.4%）渗铬层即碳化铬型渗铬层，有很高的耐磨性，可用作耐磨材料。碳含量 1.0% 的钢渗铬表面硬度不低于 1355HV。

渗铬钢材耐大气腐蚀。常温下只有当环境被 SO_2 饱和时才会轻微腐蚀。在潮湿和含 NaCl 的环境中，渗铬钢材有良好的抗蚀性。渗铬的钢和铸铁可明显提高在磷酸、硝酸和一般碱液中的耐腐蚀性能，耐硝酸腐蚀性能比 Cr18Ni10Ti 不锈钢更好。

钢管渗铬可以代替不锈钢及耐酸钢管用于化学工业的器械中及小型零件，用于要求抗蚀和受摩擦的零件上。

4）渗硅层

渗硅可提高钢表面的硬度。10 号钢渗硅后表面硬度为 175～230HV。提高钢中的碳含量，渗硅层显微硬度可达 750～800kgf/mm²。渗硅层极脆，渗硅使强度极限略趋下降，也使延伸率与冲击韧性大大降低。钢材渗硅后在磷盐、硫酸和盐酸溶液及海水介质中有较高的耐蚀性。渗硅钢有高的抗蚀性,它对钢在空气和水中的疲劳极限没有影响。高硅铁(硅含量 14% ~ 18%)对硫酸、硝酸及有机酸都有良好的耐蚀性。含钼含量 3% 的高硅铁抗盐酸的侵蚀,但高硅铁性脆、强度低、不易加工,限制它的使用。

5)渗硼层

通过调整渗剂的组分、比例和工艺条件可以调节渗硼能力。渗硼能力较低时,可得双相层或 Fe_2B 单相层,过高时,只得到 FeB 相。渗后补充处理可以改变渗层的成分结构,从而改善其性能。铁渗硼时,FeB 和 Fe_2B 针状晶体表现出择优取向性,硼容易从硼化物中扩散进去。

渗硼层的硬度比淬火钢高得多。Fe_2B 的显微硬度达 1400 ~ 1500HV,FeB 的硬度达 1800 ~ 2000HV,不过后者性脆。主要特点是具有减摩性,渗硼层在 800℃ 下仍有较好的耐热性。渗硼层在硫酸和盐酸中不易侵蚀。钢铁的渗硼主要利用是其耐磨性,特别是高温下的耐磨性,广泛地应用于工夹具和模具上。

在单一渗层的基础之上进行改性,于是出现了二元、三元、四元渗层,如铬铝、铝硅、钒铝、钛铝、硼硅、硼铬、硼钛及铝铬硅、铬钛铝、钛铝硅、铝锆硅等。

4. 镍和钴基高温合金的渗层

这些合金表面渗铝层的主要相是 β – NiAl 和 β – CoAl,这种相铝含量较高,热稳定性较好,脆性比 δ – Ni_2Al_3 低。γ′ – Ni_3Al 铝含量较少,抗氧化寿命不如 β 相,但其中往往能溶解较多的其他抗氧化、抗腐蚀的元素,而且它的延性比 β 相好得多,所以含有 γ′ – Ni_3Al 的渗铝层往往力学性能比较好。它用于防止这些部件的氧化、腐蚀,提高可靠性,延长寿命。

8.6.3　离子注入

目前,半导体工业广泛采用离子注入技术,该工艺具有可控性和可重复性,是发展低功率集成电路的主要方法。离子注入技术使数字表、计算器和微型计算机的制造成为可能,它将成为制造超大规模集成电路的重要方法。

近 10 年来,离子注入技术在非半导体材料的表面改性方面得到了广泛应用。离子注入能在不改变材料基本性能的情况下,有选择地改善材料表面的耐磨性、耐蚀性、抗氧化性和抗疲劳性等。离子注入表面改性技术就是将几万至几十万电子伏的高能离子注入到材料表面,使材料表面层的物理、化学和力学性能发生变化。经离子注入后,某些金属材料的耐蚀、耐磨和抗氧化性能可提高近 1000 倍。尽管表面改性的技术很多,但经离子注入表面改性后,可获得其他方法不能得到的新合金相,与基体结合牢固,无明显界面和脱落现象,从而解决了许多涂层技术中存在的粘附问题和热膨胀系数不匹配问题;处理温度一般在室温附近,不会引起精密零件的变形,这也是许多表面改性技术无法比拟的。

随着应用领域的扩大,离子注入技术也不断发展。离子注入和镀膜结合起来,发展离子束混合和动态离子束混合。离子束混合是首先在样品上镀膜,然后用高能惰性离子(如氙、氪)轰击,使薄膜与基体的原子混合。动态离子束混合是镀膜和离子注入同时进行的一种新技术,它可以获得比离子注入层更厚,比 PVD 法附着力更大的"涂层",因此,改善材料的表面性能更为有效,是一种很有发展前途的新技术。

1. 离子注入技术的特点

离子束提供的新技术与现有的电子束和激光束热处理等表面强化工艺不同,其突出的特点如下:

(1)可将任何元素注入固体中,注入元素的种类、能量和剂量均可选择。

(2)可获得其他方法不能得到的新合金相,与基体结合牢固,无明显界面和脱落现象。

(3)因为离子注入处理可以在或接近室温时完成,不需对零件进行再精整或再热处理。

(4)离子注入处理后的工件表面无形变、无氧化,能保持原有尺寸精度和表面光洁度。离子束特别适合于高精密部件的最后工艺,如超精密轴承等。

(5)有利于满足扩散或引发化学反应而提高温度的需要,不存在热力学上的限制。

2. 离子注入工艺过程

离子注入工艺过程是将需要注入的元素在离子源中进行离子化,以数千伏的电压将形成的离子引入质量分析器,在质量分析器中把具有一定荷质比的离子筛选出来,并导入加速系统,在数千伏到数百千伏的加速电压作用下,高能离子在扫描电场作用下,可在材料表面纵横扫描,从而实现高能离子对材料表面的均匀注入,如图8.22所示。

目前用得较多的非金属元素有 N、C、B 等;耐蚀抗磨合金化元素有 Ti、Cr、Ni 等。固体润滑元素有 S、Mo、In 等,耐高温有稀土元素等。

在图8.22中,在 0~30kV 电压的作用下,将正离子从离子源中引出,并给予一定的初速度。质量分析器从引出正离子中选出注入的离子,使离子束纯度极高。加速系统将正离子加速到所需的能量,以控制注入深度。静电扫描系统是将离子束聚焦扫描,有控制地注入工件指定表面,处理室放置待加工的部件,注入的离子剂量由与工件相连的电荷积分仪给出。

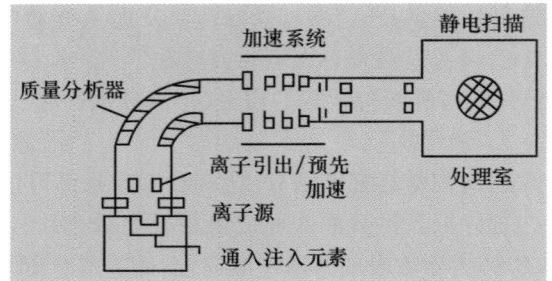

图8.22　离子注入装置示意图

3. 离子注入对材料性能的影响

1)抗腐蚀性能

注入金属材料表面的高能离子,将与金属表面晶格原子发生碰撞,损伤原有晶格结构,使金属表面由长程有序变为短程有序,形成非晶态、无晶界的表面层,从而提高了金属材料的耐蚀性。例如,将钛、碳离子先后注入工件可产生非晶态表面,使抗蚀性能大大提高。离子注入可在钢零件表面上产生一层难熔的氧化膜,并加速表面钝化,这种钝化膜可防止钢在稀释的碱性溶液中发生阳极过程,使点蚀的可能性大大减弱。离子注入不但会引起表面形成非晶态,而且易在金属材料表面生成单相固溶体和亚稳态。例如,将 Pd、Pt、Ta 等元素的离子注入 Ti 中,可使其在沸腾的 1mol H_2SO_4 中腐蚀速度降低为原来的 1/1000 倍。

离子注入对大气腐蚀有抑制作用。例如,在铝、不锈钢中注入 He^+,在铜中注入 B^+、He^+、Ne^+、Al^+ 和 Cr^+ 离子,金属或合金耐大气腐蚀性明显提高。其机理是离子注入的金属表面上形成了注入元素的饱和层,阻止金属表面吸附其他气体,所以提高了金属耐大气腐蚀性能。

2)耐磨性能

离子注入通过两种不同的机制改善材料的耐磨性能。

(1)提高强度。通过析出的硬化相来提高材料表面的屈服强度,当给材料注入如 C^+、N^+ 这类活性离子时,可形成细小的碳化物和氮化物硬质相,随着注入离子数量的增加,这些粒子不断聚集,从而提高了材料的表面硬度。摩擦实验表明,表面越硬,磨损量越小。

(2)降低摩擦系数。高能离子与晶格原子发生碰撞后,引起大量原子从原来的点阵位置上离开,从而导致高度畸变,有时呈非晶态结构,因此,材料表面摩擦系数减小。例如,用 N^+ 离子注入 Ti-6Al-4V 材料,使 Ti-6Al-4V 磨损率减小为原来的 1/500,这是由于 N^+ 离子注入改善了磨损过程。未注入离子时,磨损由黏着机制产生,离子注入后,把黏着磨损改变为具有低摩擦系数和低磨损率的氧化过程。采用热渗氮和 N^+ 离子注入复合处理不锈钢,可使不锈钢的耐磨性提高100倍。

为了提高金属材料的耐磨性,通常注入氮离子。采用此工艺,简单易行,且比较经济。该工艺不仅对钢,而且对硬质合金、钛合金、铬和铝都是有效的。

3)抗氧化性能

离子注入对金属热氧化有很大影响,能把某些纯金属氧化物厚度减小为原来的1/10,并能提高某些高温合金的长期抗氧化能力。离子注入减小氧化速率的原因有影响薄氧化层中的空间电荷分布、产生具有较缓慢的离子扩散速度的结晶相、减小氧化物中短路—扩散路径的密度以及阻止氧化物破裂。

4)抗疲劳寿命

低碳钢和不锈钢表面注入 N^+ 后,可使其疲劳寿命延长 8~10 倍。航空发动机 Ti-6Al-2Sn-4Zr-2Mo 合金压缩机叶片注入 Pt 和 Ba 后,均能提高在高温(400~500℃)情况下的疲劳性能,显著地延长使用寿命。

在注入了 B^+ 离子的铜显微组织中,存在着位错环。虽然离子注入不改变显微硬度,却使疲劳寿命上升了60%。经过离子注入的试样表面没有凸凹区,这表明位错没能穿过近表面区域而形成滑移带。因此,裂纹的形核受到了阻止。

　　4. 离子注入技术的工业应用

　　1）在高精度零件上的应用

　　已经证明,离子注入处理是一种有吸引力的技术,它可以满足高精度零件综合性能表面处理的要求。轴承和齿轮是具有紧密尺寸公差的零件,只适合进行少数常规表面改性处理。此外,剥离的威胁也使得在这些零件上进行镀覆处理变得非常危险。离子注入处理可以保持高精度轴承和齿轮的尺寸完整性及表面光洁度,而且在注入层和基体材料之间不存在明显的界面,从而消除了存在于硬质镀层中的剥离危险。

　　2）在工模具上的应用

　　离子注入处理已广泛应用于手工模具的表面处理,在这方面大多数成功的例子是用于如塑料、纸张、合成纤维、软织物等材料成形、切割和钻孔的工模具。这些工模具都遭受到适度的黏着和磨粒磨损,并在某些情况下由于腐蚀加速了磨损的过程,这种类型的工模具包括用于高品质穿孔和聚合物板切割的高速钢冲模、塑料和纸张印痕切割滚刀。

　　3）在生物医学材料上的应用

　　在矫形医学领域内,离子注入法对减少钛基全关节取代物的磨损非常有效,其优越的耐磨性是由于增加了钛合金的硬度。双相合金均匀化和钛合金表面所生成的氧化物、氮化物、碳化物所引起的。

8.6.4　化学气相沉积

　　化学气相沉积(CVD)是材料表面强化新技术之一,其定义是在任一压力的气相中,输入热能或辐射能使其进行一定的化学反应,在特定的表面上形成固态膜的合成方法。

　　这种方法目前已成为现代工艺如固态电子学工艺的基础。近年来此方法发展非常迅速,主要原因是该方法能在相对较低的温度下,沉积大量的各种元素及化合物;用该方法既能做出玻璃物质,又能做出高度完整和高纯度的晶态物质。此外,还有一个超过其他薄膜形成方法的优点,就是用这种方法较易做出范围广泛的可准确控制化学成分及涂层结构的材料。

　　CVD 的基本组成包括初始气源、加热反应室和废气处理排放系统。初始气体包括惰性气体(如氨气和氩气)、还原气体(如氢气)以及各种反应气体(如甲烷、二氧化碳、水蒸气、氨、氯气)。某些初始气体来源于在室温具有高蒸气压的液体,如四氯化钛($TiCl_4$)、四氯化硅($SiCl_4$)和甲基三氯硅烷(CH_3SiCl_4)。这些液体被加热到合适的温度(一般低于 60℃),再用载体(如氢气或氩气)起泡通过液体,把蒸气带入反应室。

　　CVD 的反应温度通常为 900 ～ 2000℃,它取决于沉积物的特性。中温 CVD(MTCVD)的典型反应温度为 500 ～ 800℃,它通常是通过金属有机化合物在较低温度的分解来实现的,所以又称为金属有机化合物 CVD(MOCVD)。通过气相反应的能量激活,也可以把反应温度降低。这类技术包括等离子体辅助 CVD(PACVD)或等离子强化 CVD(PECVD)以及激光 CVD(LCVD)。

　　CVD 法可以制造各种用途的薄膜,主要是绝缘体薄膜、半导体薄膜、导体及超导体薄膜以及防腐耐磨的薄膜。

　　可作为绝缘体的 CVD 薄膜有 SiO_2 膜、Al_2O_3 膜,及其他金属氧化膜、混合氧化物膜(硅酸盐玻璃膜)、硼硅酸盐膜、砷硅酸盐膜、铝硅酸盐膜、氮化硅膜及氮氧化硅膜等。

　　可作为半导体的 CVD 薄膜有Ⅳ族元素的 Si、GC 及 C 及半导体膜,还有Ⅲ ～ Ⅴ族的化合物,诸如 AIN、AIP、AlAs、GaN、GaP、GaAs 等半导体膜。这些膜层广泛用于光电子器件、太阳能电池、微波器件以及电子发射体等。

　　可作为导体的 CVD 薄膜有 W、Re、Rh、Ta 等,可作为超导体的 CVD 薄膜有 Nb_3Sn、Nb_3Ge 等。

8.6.5　物理气相沉积

　　物理气相沉积(PVD)是指在真空条件下,将金属汽化成原子或分子,或者使其离子化成离子,直接沉积到镀件表面上的方法。物理气相沉积的主要方法有蒸发镀、溅射镀和离子镀。这些方法能够镀覆钛、铝以及某些高熔点材料,这些用水溶液电沉积方法一般是不容易实现的。若在物理气相沉积中引入一些反应

（称为反应性 PVD），可以制造 TiC、Al_2O_3、AlN、TiN 及 SiC 等化合物薄层，这些陶瓷薄层具有耐磨、耐热等特殊性能，有着重要的用途。

1. 蒸发 PVD

蒸发镀是在真空条件下，加热熔融金属，使蒸发的金属原子或分子沉积在镀件的表面形成金属膜的方法。蒸发镀是物理气体沉积方法中最早用于工业生产的一种方法。该方法工艺成熟，设备较完善，低熔点金属蒸发效果高，可用于制备介质膜、电阻、电容等，也可以在塑料薄膜和纸张上连续蒸镀铝膜。但因膜层结合力差，曾一度发展缓慢。电真空技术的发展和光固化涂料的诞生，使蒸发镀再度复兴，并广泛应用。

用于进行真空蒸发镀膜的装置称为蒸发镀膜机。蒸发镀膜机主要由真空室、排气系统、蒸发系统和电器设备四部分组成。影响镀膜质量的因素有镀件的材料、温度、材料的表面状态、膜层材料种类以及蒸发条件等。

蒸发镀在工业上有代表性的应用是用于光学透镜的反射膜（多层氧化物蒸镀膜）及装饰用的金膜、银膜（铝膜），近年来已扩大应用于电子元件上。

但是，蒸镀由于以下原因应用受到限制：

（1）被覆基件的蒸气压不能太高，目前许多金属、陶瓷和塑料都能满足这一条件。

（2）零件大小受到真空槽大小的限制。

（3）蒸发的原子沿直线飞行，从蒸发源凝聚到基体上，隐蔽的部位不能被镀覆。若零件的形状带有深孔，孔的内壁就不可能被镀覆。

（4）为了增加镀层结合力，蒸镀过程中零件必须加热，这就限制了某些不能加热的塑料或钢铁零件的应用。

2. 溅射 PVD

溅射镀是在真空条件下导入氩气，使之辉光放电，带正电的 Ar^+ 离子在强电场的作用下轰击阴极，使构成阴极的原子被溅射到镀件表面形成膜层的方法。

具体的溅射工艺很多，按电极的构造及其配置方法可分为二级溅射、三级溅射、磁控溅射、对置溅射、离子束溅射和吸收溅射。上述的溅射方法可通过采用反应性气体（O_2、N_2 等）而制得靶材氧化物、氮化物等化合物薄膜。高频（RF）溅射中利用电子和离子的移动性差，在靶的表面上感应出负的直流偏压，因此可溅射绝缘材料。

二级溅射最早采用，目前仍是最简单的基本方式，其他类型是为了克服二极溅射的缺点而开发的，因而各有所长。

与真空蒸镀法相比，阴极溅射有如下特点：

（1）结合力高。

（2）容易得到高熔点物质的膜。

（3）可以在较大面积上得到均一的薄膜。

（4）容易控制膜的组成。

（5）可以长时间地连续运转。

（6）有良好的再现性。

（7）几乎可制造一切物质的薄膜。

3. 离子镀

离子镀是在真空条件下，以惰性气体（Ar）和反应气体（O_2、N_2、CH_4）作为介质，利用气体放电而发生离子化的部分蒸发物质的离子、中性粒子和非活性气体，一面轰击带负高压的镀件表面，一面生长成膜的方法。

离子镀（IP）也是 PVD 方法之一，这种方法最早于 1963 年由马托科斯提出，该方法弥补了普通真空蒸镀的局限性，还解决了电解镀层黏接力差和均匀度不够的问题。该技术的基础是真空蒸镀。

真空蒸镀主要研究基体表面的晶体构造和膜的物理性质的关系，而对于离子镀还需研究粒子的离子化方法、离子及其激发粒子的行为和动能与电场情况。离子镀也可以看作高级的真空蒸镀技术。

离子镀的基本原理是借助于一种惰性气体的辉光放电使金属或合金蒸气离子化。离子经电场加速而沉积在带负电荷的基体上。离子镀是在氩放电条件下沉积的,需控制的参数很多,包括:极化效应;氩气气压与基体温度对镀层结构的影响;氩气气压对沉积速度的影响。

离子镀膜具有黏接力强、均镀能力好、取材范围广且能互相搭配以及整个工艺没有污染等特点。

8.7 金属表面处理与覆盖技术的应用

利用表面工程技术,使材料表面获得特殊性能,而且表面层很薄,用材少,性价比高,节约材料和节省能源,减少环境污染,是实现材料可持续发展的一项重要措施。表面工程应用于诸多行业,但基本类别如下:

(1)提高金属材料抵御环境作用的能力,如提高材料及其制品耐腐蚀、抗高温氧化、耐磨减摩、润滑及抗疲劳性能等,从而延长其使用寿命。

(2)根据需要,赋予材料及其制品表面力学性能、物理性能和多种特殊性能,声光磁电转换及存储记忆的功能,制造特殊新型材料及复层金属板材。

(3)赋予金属或非金属制品表面光泽的色彩、图纹及优美外观。

(4)实现特定的表面加工来制造构件、零件和元器件等。

(5)修复磨损或腐蚀损坏的零件,挽救加工超差的产品,实现再制造工程。

8.7.1 表面技术在修复中的应用

应用各种各样维修技术修复损伤的机器零部件,有着显著的经济和社会效益。西方发达国家对维修技术的研究绝没有因制造业的兴旺而削弱,他们将旧品翻新称为再生或重新制造,重新制造的产品价格仅为新品价格的 40% ~80% 。

我国维修技术研究近 10 多年来发展较快,为提高各种机械设备零件对高温、高速、高压、重载、腐蚀介质等工况条件的适应性,提高可靠性,延长使用寿命,表面技术在修复业中占有重要的地位。在修复中,常用的表面技术有电刷镀、热喷涂(喷焊)、堆焊等。

1. 电刷镀在修复中的应用

1)电刷镀在修复模具方面的应用

模具在国民经济发展中具有极其重要的作用。目前,我国模具技术不能完全适应现代工业发展的需要,水平比发达国家落后近 20 年,主要问题是制造周期长、寿命短、精度低,生产只能满足需要量的 50% 左右,所以当前迫切的问题是提高模具寿命。提高模具寿命最简单、最经济、最现实的方法是采用电刷镀技术。经刷镀修复后,模具又可重新投入使用、具有明显的社会效益与经济效益。

电刷镀技术在模具制造及失效修复中,应用广泛。对于一些大型、不易搬动的模具,由于电刷镀的设备比较简单,工艺灵活,携带方便,可以去现场进行表面刷镀。对于模具型腔局部缺陷,或使用后有磨损的部位也可采用表面刷镀进行修补。由于修复周期短,经济效益大,修复费用一般只占工件成本的 0.5% ~2% ,而且修复后表面的耐磨性、硬度、表面粗糙度等都能达到原来的性能指标,因此起到表面强化的目的。将电刷镀技术应用于模具,可使汽车零件(如曲轴、连杆、齿轮等)的热锻模寿命提高 20% ~100% ,主要原因是电刷镀层有良好的热硬性、耐磨性和抗氧化能力;电刷镀也可大幅度提高冷作模具的寿命,这归功于电刷镀层有高的硬度和良好的抗黏着性能;采用非晶态电刷镀层,可使各种冷热模具的使用寿命进一步提高寿命 50% ~200% 。

2)电刷镀技术在机械修复中的应用

电刷镀技术在国内日益被人所重视,但认知度还比不上西方发达国家。在西方发达国家,电刷镀技术成熟地应用在工业修复中,不但涵盖民用的液压油缸修理、电机端盖修理、轴承座孔处理,而且在军用飞机、军舰主传动轴修复上屡建奇功。

(1)液压油缸活塞杆修理。在大多数情况下,液压元件不需要拆卸,可以在现场用电刷镀工艺修复液压杆,这样就节省了大量时间和拆卸、运输成本。但是,在常规情况下,如果要维修液压缸套,就必须拆除缸套,才能修理。

（2）轴承座修理。轴承座磨损的地方可以用刷镀铜来修复。镀铜后通过打磨即可完成修复。而用其他方法来修理更费时间，而且要搬运 2 次或 3 次到不同的修理场所才能完成修复。

（3）电机端盖修理。电机端盖和座孔可以用电刷的方法来修复，而且不需要修复前后其他形式的加工处理。座孔在直径方向的磨损和端盖外沿的磨损可以用刷镀铜或镍来修复，配合电量计来控制镀层厚度。飞机上的电机可以用这种方法来修理，可达到减少噪声和射频干扰的效果。

2. 热喷涂（喷焊）在修复中的应用

热喷涂作为机械零部件表面损伤的一种重要修复技术，既能够填补零部件因刮、擦、碰等引起的伤痕，又能方便地恢复机械零件磨损的尺寸，还能通过选择适当的喷涂材料，明显改善和提高包括耐磨性、耐腐性等多种指标在内的零件表面的性能，因而在各种金属或非金属零件的机械性损伤修复领域占有重要地位。热喷涂（喷焊）工艺一般无变形问题，可现场施工，对修复件的大小及形状也无过离要求，可以节约大量钢材，缩短设备维修周期，提高零件使用寿命，经济效益十分明显。

1）热喷涂技术在工程机械修复上的应用

随着国家经济建设的发展，各种工程机械的应用领域越来越广，但由于野外作业设备流动性大，难以进行正常的维修和保养，而常年恶劣的工作条件，必然加速设备的磨损，加上作业负荷大，造成设备故障多，使用周期缩短，严重影响了设备的完好率、利用率。因而，对工程机械维修技术提出了更高的要求。针对工程机械设备失效的最大因素——磨损问题，热喷涂的最重要功能是能提供耐磨损涂层，为大量的工程磨损进行有效的保护。下面介绍几种常用的耐磨损涂层。

（1）耐黏着磨损涂层。耐黏着磨损涂层有的容许磨粒嵌入和变形（软支承表面），有的则是硬的支承材料（硬支承表面）。对耐黏着磨损涂层的要求应满足：依软支承或硬支承的不同，选用不耐磨的软质材料及耐磨的硬质材料；对硬支承来说，涂层要适应大载荷和高速度的要求。

耐黏着磨损涂层经常应用在巴氏合金轴瓦、轴套、推力轴瓦、活塞导承、铜合金衬套、防伤轴承、主齿轮轴颈等的修复。

（2）耐磨粒磨损涂层。磨粒磨损是磨损中的重要形式，耐磨粒磨损涂层处于不同温度（＜538℃为低温，538～843℃为高温）时，应用面很广。耐磨粒磨损涂层能经受外来磨粒的作用，或是发生于某一硬表面或软表面之间滑动。耐磨粒磨损涂层要求涂层的硬度超过所存磨粒的硬度，对工作温度要适应，在高温中要有良好的抗氧化性。

耐磨粒磨损涂层可应用于各类曲轴、各类主轴和传动轴、各种轴套、切削刀口、机械密封套、阀座、各类齿轮、电机端盖等的修复。

（3）耐冲蚀涂层。耐冲蚀涂层能经受尖利的硬颗粒引起的磨损，这些颗粒存在于气体或液体中，并以一定的速度运动。耐冲蚀涂层要求选择硬涂层，但冲击角大于 45°时，同时应注意涂层的韧性；大多数涂层应进行封孔处理；涂层能经受介质的腐蚀性。

耐冲蚀涂层可应用于阀杆和阀座等的修复。

2）热喷涂技术在电力设备修复上的应用

（1）发电机汽缸平面尺寸恢复。修复各种轴类和柱塞件是热喷涂技术的典型应用，如回转轴、汽车轴、往复柱塞、轴颈等。而发电机汽缸中分面现场修复是热喷涂技术恢复工件尺寸的又一个成功应用实例。发电机汽缸在长期的使用中，中分面由于受到微振、热气流腐蚀和冲蚀的作用，时常发生多处形状不同、大小不等、深浅各异的破坏，引起泄漏而影响发电机效率。采用热喷涂方法，分别对各磨损处进行填补，然后通过打磨使得汽缸平面恢复平整，并达到要求的尺寸精度。

（2）高速火焰喷涂在水轮机部件上的应用。水电站的水轮机因汽蚀与泥沙磨损破坏的快速修复已成为许多电站运行维护管理的重要问题。水轮机的快速破坏主要发生在水轮机的过流部件表面，过流部件结构和汽蚀磨损情况复杂，导致了尺寸修复的难度较大和要求表面强化材料选用的科学性。在水轮机叶片上喷涂碳化钨涂层，可提高其抗汽蚀及耐磨损性。

（3）风机的应用。送风机、引风机、排粉风机是电厂燃煤锅炉的主要设备，输送燃料、灰渣和去尘。而风机叶片是风机的"心脏"，也是事故最多的关键部件。叶轮运行时受飞灰颗粒的冲刷和撞击同时，烟气、水蒸气也对其产生腐蚀,造成叶轮严重磨蚀损坏,严重影响其出力并带来频繁的更新维修,已成为火力发电厂锅炉安全运行的隐患之一。采用表面技术,在叶片表面加上保护涂层,以提高材质的特定性能,达到防腐、耐磨、抗微振,从而延长叶片寿命的目的,是减轻叶片损坏的最有效方法之一。以往主要采用堆焊,黏接陶瓷片,氧乙炔火焰喷涂,而超声速喷涂、喷焊工艺是目前广泛采用、效果良好的风机叶轮强化方法。

另外,热喷涂还应用于轴承喷涂修复、发电机转子轴颈喷涂修复、电刷镀修复、柱塞和轴套表面强化修复、球磨机轴颈现场修复及门芯、门杆、高温高压的阀门、阀芯、阀座的喷涂修复及制造等。

3) 热喷涂在船舶维修方面的应用

(1) 在船舶发动机维修中的应用。船舶发动机零部件失效的主要形式为磨损、腐蚀与疲惫等,它们多发生于表面,或者是先从表面开始。以前也有一些修复办法,如电镀、补焊,甚至将轴颈磨小,但这些方法都有一定的局限性。电镀层厚度是有限的,而且受零件尺寸和形状的限制,钢铁零件多次电镀还可能产生氢脆,造成严重后果;补焊的质量难以保证,一旦将基体烧损反而会加剧其损坏程度;磨小轴颈(指回转件)可适用轻度磨损的情况,需另配相应的轴瓦,但磨损严重时就难以采用了,轴磨削量太大会削弱其强度。鉴于以上情况,采用热喷涂法的适用性和灵活性就大多了,热喷涂法不仅能使零件具有耐磨损、耐腐蚀、耐高温、抗氧化、隔热量等功能,而且使它具有一些复合性能,不但能修复零件,还能保护零件。目前,在船舶发动机中,主要用于活塞及环、缸套、曲轴、气门、阀座、凸轮及齿轮等重要零件的表面修复,具有良好的经济效益。如某发动机缸体新件价格 11000 元,而喷涂 3Cr13 材料成本为 460 元,采用热喷涂修复发动机缸体与更换新件的经济效益对比,热喷涂修复仅需花费新件成本的 4.2% 。

(2) 在排气阀再制造中的应用。在柴油机排气阀再制造中,主要磨损表面包括阀门密封面、阀杆表面及阀杆端部。排气阀密封面的涂层材料虽然有铁基合金、钴基合金和镍基合金、陶瓷及金属陶瓷等,但一般采用钴基及镍基合金。对于排气阀的阀杆,为了恢复磨损尺寸或提高其耐磨性、耐腐蚀性,可在其杆部喷涂铁基合金、镍基合金或镍铬铝复合材料等。对于大型船用柴油机,特别是燃煤重油的大型柴油机排气阀,可采用陶瓷涂层来提高阀杆的防腐耐磨性能。对于排气阀的磨损阀杆端部,目前常采用氧乙炔喷镍基合金恢复其尺寸,并提高其耐磨性。

(3) 在曲轴再制造中的应用。曲轴是船舶柴油机的主要零件之一,其制造成本占一台柴油机的 10% ~ 20% 。曲轴在每一工作循环中轴颈受力的大小和方向是在不断变化的,由此会使轴颈产生不均匀磨损。由于润滑油中的杂质作用及润滑故障,曲轴轴颈也会产生擦伤、划痕、磨料磨损及黏着磨损。同时曲轴在工作过程中承受着复杂的弯曲应力、扭转应力及冲击载荷,因此曲轴会产生弯曲、扭曲、裂纹甚至折断。

曲轴的结构和材质不同,损伤方式不同,相应地采用的修复方式也有所不同。在曲轴的上述损伤形式中常见的损伤形式为轴颈的磨损、擦伤、划痕和腐蚀,根据损伤程度不同可采用分级修理、镀铬、镀铁或热喷涂等工艺对曲轴进行修复或再制造,但在对轴颈已产生过度磨损的曲轴进行再制造中,热喷涂已成为主要的一种工艺方法。

(4) 在汽缸套再制造中的应用。船舶柴油机汽缸套内外表面工作的环境不同,其失效机理也不一样。汽缸套的内表面失效主要是由于磨损和腐蚀而引起的,外表面失效主要是由于汽蚀而引起的。

为了提高汽缸套内表面的性能,镀铬、激光淬火、等离子淬火、等离子多元共渗、离子氮化及热喷涂等各种表面技术已应用于汽缸套内表面的强化,但在内表面产生过度磨损与腐蚀的汽缸套的再制造中,主要是采用热喷涂技术,它既可以恢复其尺寸,又能达到强化内表面的效果。

为了防止汽缸套外表面的汽蚀,可采用镀铬、涂履环氧酚醛树脂、热喷涂金属或合金涂层等表面技术,但对于产生一定程度汽蚀的汽缸套,热喷涂是最有前途得到推广应用的表面技术之一,汽缸套外表面抗汽蚀的涂层材料主要有 80 钢、4Cr13、FeCrMn 合金、18-10 型不锈钢及 WC-12Co 金属陶瓷等。随着纳米涂层的发展,纳米结构 WC-12CO 涂层材料由于具有十分优良的抗气蚀性能可望在汽缸套上得到应用。

(5) 在汽缸盖再制造中的应用。柴油机工作时,一方面汽缸盖水套壁受冷却水的作用,而底部受高温、高压燃气的作用,因此汽缸套承受着过大的机械应力和热应力,致使产生底面裂纹和水腔面裂纹;另一方面,汽缸盖的气门座受爆发应力的作用、气门的冲击及高温腐蚀燃气的冲刷,容易产生微动磨损、腐蚀磨损、磨料磨损及烧伤,对于气门座已产生过度磨损及烧伤的汽缸盖,可采用热喷涂技术对其进行再制造。

（6）在船舶艉轴修复中的应用。船舶艉轴是船舶轴系的重要组成部分,它的工作状况直接关系到船舶运行的安全性,当艉轴产生严重磨损、腐蚀及划伤时,就必须对其进行修理。艉轴的拆验须在船坞内（或船台上）进行,修理工期长、费用大,往往影响整个船舶的修理工期,因此如何快速、可靠、经济地对磨损的艉轴进行修理一直为修船企业所重视。

对于船机轴类零件的修复可采用镀铬、镀铁、刷镀、尺寸修复、热喷涂、堆焊或镶钢套等工艺方法,但对于船舶艉轴,由于尺寸及需修复面积大,目前针对不同艉轴结构及磨损状况,主要选用光车修复、热喷涂、堆焊或镶铜套工艺。近年来,随着热喷涂工艺方法、喷涂材料不断发展及涂层性能的不断提高,热喷涂技术在船机零件修理及再制造的应用正在不断扩大。

3. 堆焊在修复中的应用

堆焊可以使材料表层获得所要求的性能和尺寸,显著提高工件的使用寿命,因而它不仅是机械制造业中重要的制造手段,也是一种生产率高、经济效益好的修复技术。

零件的修复是目前我国激光堆焊技术主要应用形式。在生产实践中,零件经常由于磨损而造成失效,如轧辊、石油钻杆和钻头,以及采掘机的零件等,这些零件的修复技术多采用堆焊工艺。据资料介绍,堆焊金属总量的72.2%用于零件的修复工作。由于修复的费用比制造新产品时低得多,并且零件的使用寿命比新产品要长,所以在零件修复工作中广泛采用堆焊工艺。此外,采用堆焊工艺修复零件还具有节约金属、充分发挥堆焊层金属的性能、克服配件供应困难等优点。因此,其经济效益和社会效益十分显著。

4. 激光熔覆在船舶修复中的应用

结合激光熔覆修复技术的特点与优势,船舶上的各类钢、铸铁、不锈钢零部件的磨损,利用激光熔覆修复技术基本可修复,修复后的整体性能可达到或超过新的工件。

常见的钢部件修复,由于激光熔覆修复技术所产生的修复层为冶金结合,其组织致密,结合强度高,不易脱落,逐渐成为船舶最好的修复工艺之一。例如:轴类的修复,激光熔覆修复技术可以使变形量控制在0.01~0.02mm,大一点的轴甚至不存在变形;对于材质为铸铁和不锈钢的工件的修复,激光熔覆修复技术同样能解决问题,且效果显著,不出现裂纹;形状复杂工件的修复,同样可以精确高效地修复,最重要的是激光熔覆修复技术采用的熔覆材料广泛,既可使用与基体相似的材料以达到修复尺寸的目的,也可使用性能更优良的合金材料以达到表面改性的目的。这些难题往往是传统修复工艺难以达到的,而采用新件则价格较高且采购周期长,因此采用激光熔覆修复技术对磨损零件进行修复具有较高的修复价值。

8.7.2 表面技术在提高材料耐蚀性方面的应用

据报道全世界每年生产的钢铁约1/10以上因腐蚀而变为铁锈,这不仅浪费了材料,往往还会带来停产和环境污染等后果,所以要达到长期防护的目的,必须采取一些表面防护技术。

（1）表面涂镀技术在提高材料耐蚀性方面的应用

表面涂镀技术主要是指热浸镀、化学镀、热喷涂等。通过热浸镀锌、热浸镀铝、热浸镀锌铝合金、热浸镀锌铝镍合金、热浸镀锡及铅锡合金、化学镀Ni、化学镀Ni-P、热喷涂锌、热喷涂铝、热喷涂锌铝合金等方式来提高金属材料的耐蚀性能。

（2）利用化学热处理提高材料的耐蚀性

钢铁表面可以渗入锌、锡、铬和硅等。渗锌层在多数中性和弱碱性介质中抗蚀性较好,在海水中渗锌钢材也具有良好的抗蚀性。渗锡层在大气、海水和矿物油中的耐蚀性良好。渗铬钢材耐大气腐蚀,在潮湿和含NaCl的环境中抗蚀性良好。渗铬的钢和铸铁可明显提高在磷酸、硝酸和一般碱液中的耐腐蚀性能。钢材渗硅后在磷酸、硫酸和盐酸溶液以及海水介质中均有较高的耐蚀性。

8.7.3 利用表面技术提高材料的耐磨性

我国多数机械零件或整机寿命比国外同类产品低很多,损坏的零件中有相当一部分是由于耐磨性差而提前失效,这不仅消耗了大量的材料,而且停机检修,降低了生产效率。磨损通常发生在机件表面,用于提高材料耐磨性的表面技术主要有表面涂覆技术（包括化学镀、热喷涂、电刷镀、离子镀等）和离子注入、化学热处理等。

8.7.4　利用表面技术提高材料的疲劳强度

疲劳断裂是许多零部件的主要失效形式,疲劳断裂的裂纹源一般从材料表面开始,因此采用表面技术提高材料的疲劳强度可以有效地保证产品的使用寿命和可靠性。采用的表面技术主要有激光相变硬化、喷丸强化、粉末渗硼、激光熔覆、离子注入等。

参考文献

[1]　曲敬信,汪泓宏. 表面工程手册[M]. 北京:化学工业出版社,1998.
[2]　李金桂. 腐蚀控制系统工程学概论[M]. 北京:化学工业出版社,2009.
[3]　徐滨士,刘世参. 表面工程新技术[M]. 北京:国防工业出版社,2002.
[4]　樊新民. 表面处理工实用技术手册[M]. 南京:江苏科学技术出版社,2003.
[5]　钱苗根. 材料表面技术及其应用手册[M]. 北京:机械工业出版社,1998.
[6]　涂湘湘. 实用防腐蚀工程施工手册[M]. 北京:化学工业出版社,2000.
[7]　董允,张廷森,林晓娉. 现代表面工程技术[M]. 北京:机械工业出版社,2000.
[8]　金海波. 现代表面处理新工艺、新技术与新标准[M]. 北京:当代中国音像出版社,2004.
[9]　杨尚林. 热喷涂在船舶领域中的应用[J]. 应用科技,1995(1):59-63.
[10]　李新会,艾艳辉,何小军. 热喷涂在舰船防护领域的应用[J]. 水雷战与舰船防护,2006(3):38-41.
[11]　熊天英. 国内外冷喷涂领域的最新进展[J]. 机械工人(热加工),2003(9):10-12.
[12]　岳灿甫,吴始栋. 激光熔覆及其在水中兵器修复上的应用[J]. 鱼雷技术,2007,15(1):1-5.

第9章 电绝缘技术

9.1 概述

众所周知,金属材料在海水中通常遭受不同程度的腐蚀,而在舰船中海水管路系统的腐蚀相对其他系统来说危害更为严重。舰船中的海水管系规格尺寸和配套材料品种繁多,异种金属接触的部位较多。管系在海水介质中常因异种金属接触腐蚀而导致过早穿孔,发生泄漏,并对舰船的安全构成重大威胁。虽然这种腐蚀现象往往只是从很小的局部开始,但因其泄漏会使舰船内部环境受到污染造成损失。尤其是潜艇空间狭小,维修保养十分困难,从而加重了舰员的工作负担。尤为严重的是会影响舰船的安全性,同时大大削弱舰船的作战能力。

海水管系的异常腐蚀问题长期存在,国内外科技工作者曾进行了大量的研究和改进。但由于管系材料和管系附件、设备的材料及结构的改进,导致舰船海水管系设计中的异种金属接触问题越来越多,腐蚀的诱发和发展过程也变得十分复杂,沿用常规的靠增加管系腐蚀余量的方法已无法解决异种金属的防腐防护问题。

舰船海水管系腐蚀问题的主要原因如下:

(1) 高流速海水环境中的冲刷腐蚀。海水管路中流动海水对管路材料的冲刷腐蚀是海水管路破损的主要原因,材料的腐蚀程度一般随流速的增大而增加。每种海水管路材料都有一个临界流速,海水流速超过该值时由于空泡及紊流引起的冲击腐蚀破坏将十分严重。为此,作为海水管道材料都规定有一个允许设计流速。

在20世纪90年代以前,我国舰船海水管路材料主要是紫铜,由于紫铜基本上为纯铜,材质较软,其抗冲刷腐蚀能力与钢、青铜、镍黄铜、不锈钢等材料相比相差较大。鉴于这个原因,目前紫铜的允许设计流速只有1.0m/s左右。现代舰船设计中海水管路的实际海水流速远大于这个范围,因此紫铜海水管路已无法满足现代舰船的安全使用要求。从70年代开始,国外舰船已不推荐紫铜作为舰船海水管路材料,只限在低流速清洁海水中使用。对于早期使用的黄铜管和海军黄铜管,在较高水速下往往因严重的冲击腐蚀和脱锌腐蚀而遭到快速破坏,因而以铜镍合金等耐蚀性好和耐高流速冲刷的材料取代紫铜而成为舰船海水管路的首选材料。

铜镍合金被开发用于海军舰船冷凝器和海水管道结构已有70多年历史,铜镍合金由于添加了镍、铁等元素(尤其是铁元素的加入),使其具有良好的耐海水腐蚀性能和耐高流速冲刷腐蚀能力,基本上无晶间腐蚀、应力腐蚀开裂和腐蚀疲劳现象。现代世界各国逐渐以含少量铁和锰的B10、B30两种铜镍合金代替紫铜制作海水管路,主要用于可靠性要求高、使用条件苛刻的舰船海水管路。尽管铜镍合金具有很好的耐蚀性,并已在舰船海水管路上成功使用多年,但在实践中仍因各种原因发生过铜镍合金海水管路的腐蚀破坏。因为铜镍合金虽比紫铜耐高流速腐蚀,但仍是有限的,其允许设计流速值必须得到完全满足才能适应现代舰船设计的要求,尤其在三通、弯管、法兰连接处等紊流严重区,局部流速较大,冲击腐蚀危险性仍是严重存在的。例如,我国的某型驱逐舰已采用了进口B10铜镍管制作部分海水管路,服役两年左右,已发现法兰接口、局部接管焊接处出现明显腐蚀问题。20世纪70年代以来美国海军在建造的两型舰船上发生了冷却系统B30管的早期泄漏,内表面有大面积的深点蚀,四个月内厚壁管即泄漏穿孔,新换管子在很短时间内即第二次甚至第三次遭到破坏,经分析研究,管路局部高速引起的湍流与污染海水环境相结合是快速腐蚀的主要原因。国外还发生过铜镍海水管使用一两年后发生早期破坏的情况。

(2) 电偶腐蚀问题。海水管系是由多种材料、设备组成的复杂系统,不同材料间腐蚀电位的差异、阴极和阳极面积比、材料的极化行为差异,以及海水的物理化学性质、流动状态等因素,对体系的电偶腐蚀都造成影响。因此,电偶腐蚀成为海水管系中另一种重要的腐蚀形式。目前,我国海军舰船普遍采用的海水管路材料以铜镍合金(B10、B30)为主(仍有部分紫铜)。由于与紫铜相比,铜镍合金的自腐蚀电位提高了150mV左右(紫

铜为 -260mV 左右),而管系附件及设备(阀门、海水粗滤器、热交换器、海水泵等)仍执行原来的相关标准,主体材料没有新的变化,这就导致海水管系中的异种金属接触腐蚀问题越来越严重,并以管附件腐蚀为主。

电偶腐蚀极易发生是海水电化学腐蚀的基本特点之一。在舰船船体和海水管路中经常可见电偶腐蚀的实例。随着现代舰船整体技术水平的提高以及材料科学的迅速发展,包括海水管路系统在内的舰船各系统性能得到很大提高,大量的新材料新技术得到应用,传统的材料配套体系不断更新。海水管系材料逐渐以 B10、B30 铜镍合金代替传统的紫铜管材料。随着舰船防腐防漏要求的提高,一些泵、阀门、仪表接管、滤器等与海水管接触的材料则逐渐开始试用镍铝青铜、不锈钢、硅黄铜、双相不锈钢等材料,如果系统的材料配套不当,就会出现新的电偶腐蚀问题。

因此,随着耐蚀性相对较好的材料的使用,尽管提高了海水系统的允许设计流速,但也产生了不同程度的电偶腐蚀问题。例如:目前大量舰船采用 B10 主管路与紫铜压力传感器管造成后者的腐蚀泄漏;在调研中发现,某型护卫舰采用 B10 海水管路和不锈钢滤器滤网,使碳钢材质的滤器壳体遭受电偶腐蚀;某型辅助船硅黄铜材质的海水粗滤器滤网在电偶腐蚀作用下发生了严重的脱成分腐蚀,致使所有滤网破损失效;某护卫舰主机冷却系统的蝶阀采用青铜阀板、1Cr13 阀轴材料和钢质销钉,造成所有蝶阀的销钉因电偶腐蚀锈断,阀轴则发生缝隙腐蚀失效;近年来部分舰船采用双相不锈钢(HDR)作为海水管路材料,由于采取的其他诸如电绝缘等配套措施不力,导致海水管路系统的其他各种铜合金、碳钢等材料发生严重的电偶腐蚀。

早期某型潜艇主循环水系统曾用 45 钢制法兰连接紫铜管和橡胶软管,舰船下水不到 4 个月,45 钢法兰腐蚀得异常严重。用 HPb59-1 制作的锌塞丝座也曾因锌塞消耗完之后,遭到紫铜管的电偶腐蚀作用而导致管路泄漏。本来是用于减轻海水管路腐蚀的锌塞,反而成为管路的薄弱部位。

综上所述,舰船海水管系的电偶腐蚀是一个不容忽视的问题。对于海水管系的电偶腐蚀,在合理选材的基础上,最有效的方法是采取电绝缘技术,防止海水管系的异种金属接触腐蚀,减少材料、设备的腐蚀破损和失效。同时有利于降低由电偶腐蚀杂散电流造成的舰船水下电场信号,提高舰船隐蔽性。

9.2 金属间电偶腐蚀机理与控制原理

在讨论怎样进行电偶腐蚀控制或者电绝缘之前,要弄清楚什么是电偶腐蚀,什么是异种金属接触腐蚀,什么是电偶对,需要对异种金属接触腐蚀机理进行研究。

9.2.1 电偶腐蚀

电偶腐蚀又称为接触腐蚀或异金属腐蚀,当彼此电接触的不同金属组成电偶暴露于电解质中时,会有电流由一种金属流到另一种金属,同时,电位较低的金属腐蚀被加速,电位较高的金属腐蚀被减缓。这个电流称为电偶腐蚀电流。在电偶中腐蚀遭加速的电位较低金属上,按法拉第定律与电偶腐蚀电流相当的那部分腐蚀称为电偶腐蚀。电偶腐蚀是由于一种金属与另一种金属或电子导体构成的宏观腐蚀电池的作用而造成的,实质上是由两种不同的电极构成宏观原电池的腐蚀。例如,钢与铜接触并处于海水中或钢、铜等与碳棒接触处于海水中都会发生电偶腐蚀。

由于舰船海水管路中难以避免多种材料的组合,所以电偶腐蚀是目前海水管系中最为常见和严重的腐蚀类型之一。其实质是由不同金属或合金电极构成的宏观原电池腐蚀,如图 9.1 所示。

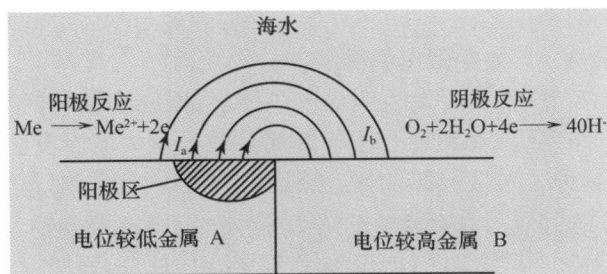

图 9.1 异种金属接触腐蚀形态

舰船海水管系往往涉及很多不同的材料,这些材料由于自然腐蚀电位的较大差异,当在海水管路中共同使用时,很容易发生电偶腐蚀,实际上是由两种或多种不同金属或合金电极构成的宏观原电池的腐蚀。由于海水的电导率很高,当两种不同的金属或合金在海水中腐蚀时,它们之间通常存在电位差,如果其互相接触或电导通,电位差即导致电子由电位较低的金属流向电位较高的金属。电位较低的金属表面发生以氧化为主的电化学反应成为阳极,电位较高的金属表面上发生以还原反应为主的电化学反应而成为阴极。与未发生电偶腐蚀时相比,阳极金属的腐蚀溶解速度增加,电位较高的阴极金属的腐蚀速度降低或停止而受到保护。

电偶腐蚀虽然有上述的基本定义,但是在实际中往往有些特殊情况也可纳入电偶腐蚀的范畴。如循环冷却系统中的铜零件,由于腐蚀下来的铜离子可通过扩散而在碳钢设备表面上进行沉积,而沉积的疏松的铜粒子与碳钢之间便形成了微电偶腐蚀电池,结果引起了碳钢设备严重的局部腐蚀(如腐蚀穿孔)。这种现象归因于构成了间接的电偶腐蚀,可说是特殊条件下的电偶腐蚀。

再如,钢板之间的焊缝有不同的区域,如焊缝本身、热影响区和母材,由于焊接时受热温度、冷却速度不同造成成分的偏析及组织上的差异,常导致不同区域之间的电位产生较大落差,相互之间发生电偶腐蚀,导致某个区域腐蚀速度快得多,这也是一种典型的电偶腐蚀。

如果只是异种金属接触并处于同一介质中,由于腐蚀电位不相等而有电偶电流流动,使电位较低的金属腐蚀速度增加,造成接触处区域的局部腐蚀,而电位较高的金属,腐蚀速度减小或不腐蚀,这种电偶腐蚀就称为异种金属接触腐蚀或双金属腐蚀。

在工程技术中,采用不同金属组合成构件是不可避免的,所以电偶腐蚀是一种常见的腐蚀形态。

9.2.2 电偶对与电偶腐蚀发生条件

具有不同电位的两种金属相互接触,在介质中形成了宏观的电偶电池,这样一对金属就构成了一组电偶对。

发生电偶腐蚀必须同时具备以下条件:

(1)腐蚀性的电解质溶液。对海水管系而言,主要是指流通或存在于管路系统中的海水、凝聚或附着并连续存在于不同金属表面的含有 Cl^- 等导电离子的电解质水膜,使可以构成腐蚀电池的导电支路。

(2)电位差异较大的金属或非金属。电位差较大一般是指比被腐蚀的金属与电位正的金属(或碳纤维及石墨制品)。该电位是腐蚀体系在所处的腐蚀介质中的腐蚀电位。接触的两种金属(或金属与非金属)表面或部分表面都裸露于同一介质中,且有不同的电位,电位差大于20mV以上。若接触的两种金属表面都有涂层,或其中一种有涂层,且涂层的保护性能较差时,要求两种金属的电位差较大,一般大于50mV。

(3)发生电性连接。两种或多种金属直接接触或通过其他导体电性连接,结构中有两种金属接触并产生电阻较小的电导通,构成腐蚀电池。

可以简单地理解,电介质、电位差、电连接是发生电偶腐蚀的三个必要条件。

此外,下列几种情况也视为发生电偶腐蚀的条件:

(1)两种金属的表面均没有电阻很大的氧化膜层。

(2)未施加阴极保护。

(3)电偶对暴露在介质中的时间足够长。

(4)低电位金属受到高电位金属的离子在表面的沉积的影响引发电偶腐蚀。

(5)同种金属或合金的不同部位电位存在差异,如焊件的焊缝与基体电位差异、冷加工或受应力部位造成局部电位差异都会使该金属自身发生类似电偶腐蚀。

舰船上的实际情况往往比较复杂,是否发生明显的电偶腐蚀还要看具体情况。一般情况下,长期接触海水的船体水下部位及海水管路系统中,满足上述条件都必然会发生电偶腐蚀。舰船的水线以上部位,尤其是很高的干舷或上层建筑,异种金属接触部位都有涂层或一方有涂层,则介质的存在时间对电偶腐蚀的影响很大。不易存水,且易保养的部位,只有短暂的雨水、露水,漆膜还未透进水时表面已经又干了,所以不易发生电偶腐蚀。但是一些耦接的缝隙部位会长期保存部分介质,则一段时间后电偶腐蚀就会明显地暴露出来。如铜质铭牌下的钢质甲板,早期铆接的钢质甲板与铝质上层建筑等都是易发生电偶腐蚀的典型部位。

在实际工作中,遇到异种金属直接接触或间接接触的情况下,应该考虑是否会引起严重的电偶腐蚀问题,尤其是在设备结构的设计上要引起注意。

9.2.3　电偶序与电偶腐蚀

金属按其标准电极电位由高到低排列成的顺序表称为电动序。它是采用热力学公式由金属在该金属盐(活度为1)的溶液中计算出的平衡电位。实际情况下金属常常不是纯金属而是合金,有的还带有表面膜,而且介质不可能刚好是该金属离子活度为1,即在实际腐蚀体系中很少有和金属本身离子建立平衡的。因此电动序在实际使用中已不适用,而应用电偶序更有实用意义。电偶序是按照金属或合金在实际使用的介质中的稳定电位(非平衡电位)排列成的顺序。

根据电偶序可以判断,当电位较高的金属材料与电位较低的金属材料接触时,低电位者为电偶阳极,被加速腐蚀,两者电位差越大,低电位者更易被加速腐蚀。

但是两种金属材料接触时的电位差只决定能否发生电偶腐蚀以及电偶电流的方向,至于电偶腐蚀的程度还取决于各金属在海水中极化能力的大小等因素。由于各种金属在海水中极化能力不同,电偶对的开路电位随时间的变化情况就能显示出电偶腐蚀的程度。例如902钢与921钢间的低电位差电偶腐蚀。又如,钛与某些易钝化金属材料(如不锈钢等)在海水中偶合使用时,由于钛在海水中有较高的氧超电压,它的阴极效应不大,尽管电偶对间的电位差较大,但实际产生的电偶腐蚀效应并不大。另外,如铝和不锈钢的表面易生成钝化膜,初期腐蚀不太严重,随时间的增加,海水中的氯离子破坏氧化膜,使局部腐蚀的损害大大增加。

有时由于沉积的腐蚀产物随时间增厚,电偶腐蚀也会随时间而降低。此外,有时某些金属在一定介质中双方电位可能发生逆转,如镁和铝在一定量的中性氯化钠中接触,开始时铝比镁电位高,镁为阳极发生腐蚀,随着镁的溶解而使介质变为碱性,这时电位发生逆转,铝变为阳极。

金属的电偶腐蚀可以用电偶腐蚀时的极化图来说明,如图9.2所示。

电位较高的金属 M_1(如铜)在未偶合前,其微阴极与微阳极的极化曲线相交于 H 点,对应于腐蚀电位 E_1 和自腐蚀电流 I_1;电位较的金属 M_2(如铁)具有腐蚀电位 E_2 和自腐蚀电流 I_2。当 M_1 与 M_2 在海水中接触组成宏观电偶时,M_2 成为阳极,它的腐蚀溶解提供了使金属 M_1 进一步阴极极化的电流,电偶电位为 E_g,电偶电流为 I_g,F_K 为偶合后的总的阳极极化曲线。此时 M_1 的腐蚀电流由 I_1 减小到 I'_1,M_2 的腐蚀电流由 I_2 增加到 I'_2。两金属 M_1 和 M_2 偶合时的腐蚀电流 I'_1、I'_2 与未偶合时的腐蚀电流 I_1、I_2 之比称为电偶腐蚀效应,即

$$f = I'_2/I_2 = (I_g - I_1)/I_2 \approx I_g/I_2 \ (I_1 \ 相对很小可忽略)$$

式中:I_g 为电偶电流;I_1 为阴极金属的自腐蚀电流;I_2 为阳极金属的自腐蚀电流。

上式表明,电偶腐蚀后阳极金属 M_2 的溶解速度增加的倍数,f 越大,电偶腐蚀的程度越严重。如果 M_2 提供的电流可以使 M_1 的腐蚀电流降为0,则 M_2 的腐蚀电流接近总的电偶电流,这也是牺牲阳极阴极保护的原理。

图9.3 为两金属电偶腐蚀时的电流示意。

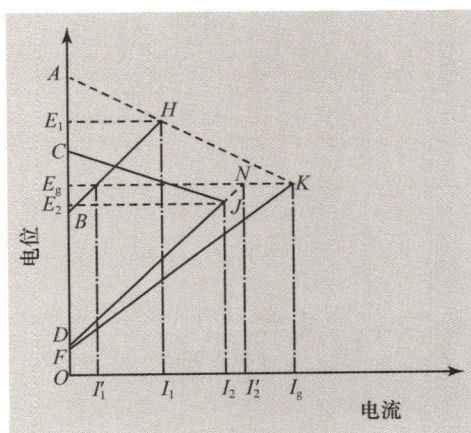

图9.2　电偶腐蚀极化

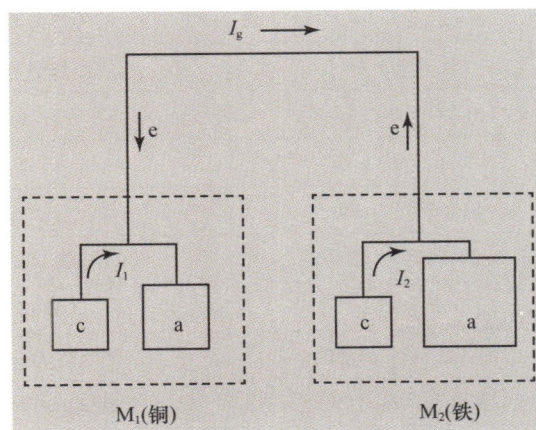

图9.3　两金属电偶腐蚀时的电流示意

电动序(标准电位序)是按金属元素标准电极电位高低排列成的次序表,见表9.1。

表9.1　常用金属电位序

金属电极反应	标准电极电位/V	金属电极反应	标准电极电位/V	金属电极反应	标准电极电位/V
$Li \leftrightarrow Li^+ + e$	-3.045	$Fe \leftrightarrow Fe^{2+} + 2e$	-0.44	$Ag \leftrightarrow Ag^+ + e$	+0.799
$Na \leftrightarrow Na^+ + e$	-2.714	$H_2 \leftrightarrow 2H^+ + 2e$	0.000	$Pt \leftrightarrow Pt^{2+} + 2e$	+1.19
$Al \leftrightarrow Al^{3+} + 3e$	-1.66	$In \leftrightarrow In^{3+} + 3e$	+0.342	$Au \leftrightarrow Au^+ + e$	+1.68
$Zn \leftrightarrow Zn^{2+} + 2e$	-0.762	$Cu \leftrightarrow Cu^{2+} + 2e$	+0.337		

电偶序是实用金属和合金在具体使用介质中的电位(非平衡电位)排列次序表。表9.2 为3.5% NaCl溶液中的常用金属与合金的电偶序。图9.4 为常用金属在榆林天然海水中暴露180天的电位序。

表9.2　3.5% NaCl溶液中的常用金属与合金的电偶序

镁 Mg(铸锭99.5%)	低合金钢16Mn	铝黄铜 HA177-2A
镁合金 MB8	船体结构钢B级	锰黄铜 HMn58-2
镁合金 MB15	低合金钢58SiMn	锡黄铜 HSn70-1A
铸铝合金 ZL302	低磁钢45Mn17Al3(917)	硅青铜 QSi3-1
锌 Zn(镀层)	碳钢20	钨 W(99.95%)
锌 Zn(铸锭99.9%)	低合金钢30CrMnSiA	纯铜 TUP(99.99%)
铸铝合金 ZL402	低合金钢(907)	白铜 BFe10-1-1
铝合金 LC19CZ(919)	低合金钢28CrMnMoReA	钽 Ta(99.95%)
铝合金 LF15YM(2101)	低合金钢(945)	铍青铜 QBe-2
铝合金 LF16YS(2103)	钢 In(99.99%)	锡青铜 QSn6.5-0.1
铝合金 5083M	铸钢 ZC28CrMnMoReA	白铜 BFe30-1-1
铝合金 5A06-0	低合金钢 PCrNi3MoVA	铌 Nb(99.68%)
铝(铸锭99.7%)	低合金钢 300M	不锈钢 Crl6Ni6(钝化态)
铝合金 7050-T74	低合金钢10CrNi3MoV(921A)	不锈钢 0Cr17Ni4Cu4Nb(钝化态)
铝合金 7075-T76	铬 Cr(镀层)	钝钛 TA2
铝合金 5A02-HX4	铸钢(2310)	钛合金 TA5
铸铝合金 ZL101A	不锈钢 3Cr13(活化态)	蒙乃尔合金400
纯铝 1050A-O	不锈钢 1Cr17(活化态)	银 Ag
铝合金 7075-T6	不锈钢 1Cr17Ni2(活化态)	钼 Mo(99.62%)
铝合金 7A04-T6	铅 Pb(99.94%)	不锈钢 1Crl8Ni9Ti(钝化态)
铝合金 3A21-0	锡 Sn(99.95%)	不锈钢 0Cr18Ni9(钝化态)
镉 Cd(铸锭99.99%)	不锈钢 1Cr18Ni9Ti(活化态)	不锈铜 00Cr18Ni10(钝化态)
铝合金 6A02-T6	不锈钢 0Cr18Ni9(活化态)	钛合金 TC4(铸态)
铝合金 2124-T851	不锈钢 00Cr18Ni10(活化态)	不锈钢 0Cr25Ni20(钝化态)
铝合金 2024-T3	不锈钢 0Cr17Ni4Cu4Nb(活化态)	石墨 C
球墨铸铁	不锈钢 3Cr13(钝化态)	碳纤维复合材料 T300/AG80
低合金钢14MnVTiRe(903)	黄铜 H65	碳纤维复合材料 T300/648

（续）

铝合金 2024 – T351	不锈钢 1Cr17（钝化态）	铂 Pt（99.99%）
高强船体结构钢 D36 级	镍 Ni（99.98%）	
铝合金 2A12 – T4	不锈钢 1Cr17Ni2（钝化态）	

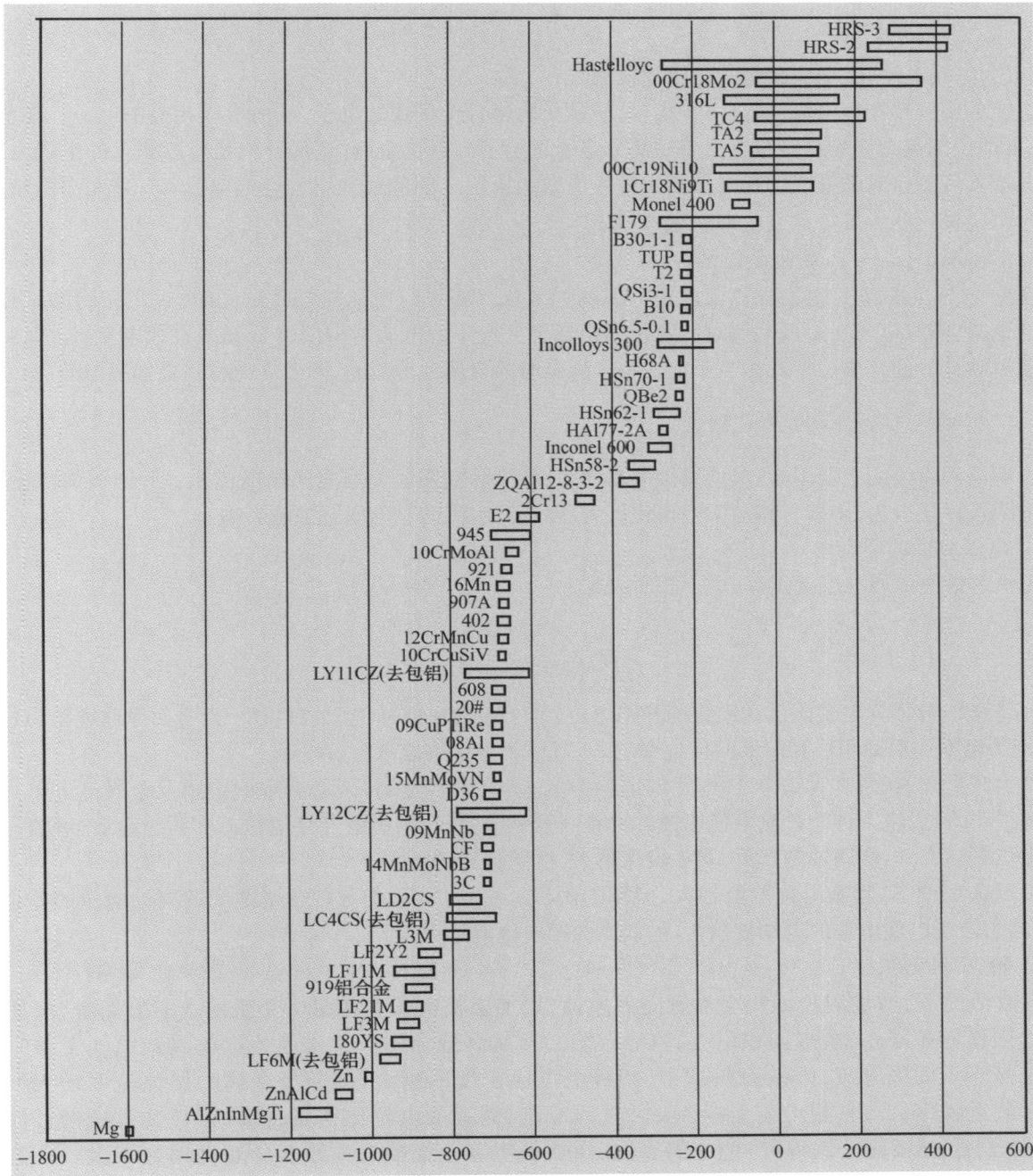

图 9.4　常用金属在榆林天然海水中暴露 180 天的电偶序（海洋腐蚀与防护国防科技重点实验室提供）

　　由表 9.2 和图 9.4 可见,如电位高的金属材料与低电位金属材料相接触,则低电位的为阳极,被加速腐蚀。若两者之间电位差越大,则低电位的更易被加速腐蚀。无论是电动序和电偶序都只能反映一个腐蚀倾向,不能表示出实际的腐蚀速度。有时,某些金属在具体介质中双方电位还可以发生逆转。例如,铝和镁在中性氯化钠溶液中接触,开路时铝比镁电位正,镁为阳极发生溶解。以后由于镁的溶解而使介质变为碱性,这时电位发生逆转、铝变成阳极,所以电动序与电偶序都有一定局限性。

9.2.4 电偶腐蚀效应

把 A、B 两种金属耦接后,阳极金属(B)的腐蚀电流 i'_B 与未偶合时该金属的自腐蚀电流 i_B 之比称为电偶腐蚀效应。电偶腐蚀效应越大,表明电偶腐蚀越严重。电偶腐蚀效应为

$$\gamma = \frac{i'_B}{i_B} = \frac{i_g + |i_{B_C}|}{i_B} \approx \frac{i_g}{i_B}$$

式中:i_g 为电偶电流;i_{B_C} 为偶合时的自腐蚀电流。

金属的腐蚀要产生电流,溶解多少离子,就要交出化合价倍数的电子,从而形成相应的电流。在电偶腐蚀中,低电位阳极金属的总腐蚀电流中的部分电子送给了高电位金属,这部分就是可以测量的电偶电流,另一部分耦接后的自腐蚀形成的是内部微阳极区与微阴极区之间的显微腐蚀电池电流 i_{B_C},是无法测量的,可以通过测定极化曲线等特殊方法来求出 i_B 及 i_{B_C}。

一般情况下,i_{B_C} 与 i_g 相比小得多,可以忽略。

实际上,也可以通过腐蚀挂片来求出电偶腐蚀效应。在进行电偶对挂片的同时,也用相同的试片进行自腐蚀试验,阳极金属在组成电偶时的腐蚀率相当于上式中的电偶对中阳极金属的腐蚀电流 i'_B,偶对中阳极金属单独挂片的自腐蚀率就相当于上式中未偶合时的自腐蚀电流 i_B,两者之比就是电偶腐蚀效应。

9.2.5 影响电偶腐蚀的主要因素

影响电偶腐蚀的主要因素:电偶腐蚀的驱动力即电偶阴、阳极金属之间的电位差,阴、阳极面积比,阴极材料的阴极极化行为,阳极材料的阳极极化行为,以及海水流动对电偶腐蚀的影响。

1. 电偶腐蚀的驱动力

电偶腐蚀电流服从欧姆定律,由下式所决定:

$$I_G = \frac{E_c^\circ - E_a^\circ}{R_e + R_m + P_c + P_a}$$

式中:E_c°、E_a° 分别为电偶阴极和阳极的开路电位(V);R_e 为电解质电阻(Ω);R_m 为金属导体电阻(Ω);P_c、P_a 分别为电耦接通后阴极和阳极的极化率(V/A);I_G 为电偶腐蚀电流(A)。

由上式可知,在海水管路中,因海水的电导率大,氯离子含量高,因而海水的电阻及金属的电阻和阴极极化都很小,可忽略不计。影响电偶腐蚀的主要因素是电偶阴、阳极的开路电位差和阴极金属的阴极极化。开路电位差越大,电偶腐蚀越严重,阴极极化越大,电偶腐蚀越轻微。

可以这么理解,起始电位差值越大,同样的阴极反应条件下,则两种金属之间的腐蚀电位的差也就越大,相当于宏观电偶电池的电动势越大,电偶腐蚀倾向也就越大。

2. 阴、阳极面积比

多数情况下,增加阴极面积会加剧电偶腐蚀,增加阳极面积会减缓电偶腐蚀。一般而言,电偶腐蚀电池的阳极面积减小,阴极面积增大,将导致阳极金属腐蚀加剧。这是因为电偶腐蚀电池工作时阳极电流总是等于阴极电流,阳极面积越小,阳极上电流密度就越大,即阳极金属的腐蚀速率增大。如在铜板上装上铁铆钉或铁板上装上铜铆钉并浸入海水,因铜的电位比铁正,所以铜板装上铁铆钉构成了大阴极(铜板)小阳极(铁铆钉)的电偶腐蚀;而铁板上装上铜铆钉使铁板的腐蚀增加不多。所以应避免大阴极小阳极的构件连接。在大阴极小阳极的面积比条件下,即使不大的开路电位差也会导致产生电偶腐蚀,如某潜艇用苏联的 CXЛ – 4 钢制作非耐压壳体,坞修时局部换用国产 902 钢后,厚 6mm 的 902 焊缝钢板不到一年即发生了腐蚀穿孔,导致人们对 902 钢板耐蚀性的怀疑。实际是由于大阴极小阳极电偶腐蚀作用所致,并不是材料本身的问题。在海水管路中,紫铜海水管路常用 HPb59 – 1 黄铜焊丝焊接,这是大阴极小阳极电偶腐蚀的典型实例。虽然黄铜 HPb59 – 1 的自然腐蚀电位(– 290mV SCE)与紫铜的自然腐蚀电位(260mV SCE)相差不算大,但由于不利的面积比,HPb59 – 1 焊缝存在十分大的电偶腐蚀危险性。

3. 阴极材料的阴极极化行为

偶对中高电位金属是电偶电池的阴极,其极化率高是指电偶电流导致其电位负移的程度大,原因是其表面向溶液中释放电子发生反应的速度慢,导致负电荷积累多,这样低电位金属向其输送电子的速度就变慢,电偶电流小,也就是说阴极极化率高,其电偶腐蚀倾向就小。有时,虽然阴、阳极材料的初始电位差很大,但当阴极材料的极化率较大时,阴极材料的电偶腐蚀反而可能比原始电位差较小的电偶阴极还小。在研究某潜艇主循环水系统中,用钛合金代替 B30 铜镍合金制造主冷凝器的管束对系统中其他材料的电偶腐蚀影响时发现,虽然 TA5 与 608 铸钢的原始电位差(699mV)比 B30 铜镍合金与 608 铸钢的电位差(502mV)明显大,但 TA5 对 608 钢的电偶腐蚀作用明显小于 B30 铜镍与 608 钢的电偶腐蚀作用,如图9.5 所示。

此外,海水中不锈钢与铝合金以及铜合金与铝合金组成电偶对,两者的电位差接近,阴极反应均为氧还原反应。但不锈钢与铝之间腐蚀倾向较小,由于不锈钢可以形成良好的钝化膜,阴极反应只能在膜的薄弱处电子可以穿过的局部进行;而铜与铝偶对由于铜表面氧化物能被阴极还原,氧还原阴极反应容易进行,电偶腐蚀相对严重。

4. 阳极材料的阳极极化行为

阳极极化率表示,当通以阳极电流时,其电极电位朝正方向偏移的程度。例如,在海水中低合金钢与碳钢的自腐蚀电流是相似的,而低合金钢的自腐蚀电位比碳钢高。这是由于阴极反应都是氧的扩散控制,当这两种金属耦接以后,低合金钢的阳极极化率比碳钢高,即各自自腐蚀时,同样的腐蚀电流作用下,低合金钢的电位朝正方向偏移程度大,其电位就比碳钢要正,所以耦接后碳钢为阳极,腐蚀电流增大。

通常在海水中,由于氯离子含量高,金属材料的阳极极化很小,但在研究某潜艇主循环水系统的电偶腐蚀行为时,发现 TUP 紫铜当与 B30 铜镍合金组成电偶时,随着阴、阳极面积比的增大,TUP 紫铜将出现显著的阳极极化,甚至使电偶的阴、阳极发生反向变化。TUP 紫铜成为电偶的阴极,B30 铜镍成为电偶的阳极。如图 9.6 所示(曲线 1、2 分别表示两对平行试样所测数值),当 B30 铜镍与 TUP 面积比小于 4 时,电偶腐蚀因子为正值(见图 9.6 中曲线 2),紫铜的腐蚀被加剧,当面积比大于 10 时,电偶腐蚀因子为负值,紫铜的腐蚀不但未被加速,反而比自然腐蚀率还低得多。

又如,海水中碳钢和低合金钢的自然腐蚀相当,低合金钢的自腐蚀电位比碳钢高,阴极反应均为氧扩散控制。两者偶合后低合金钢的阳极极化率比碳钢高,碳钢成为阳极,腐蚀受到加速。

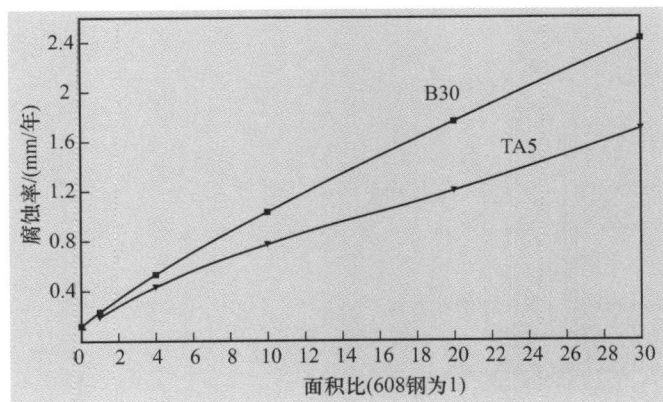

图 9.5　TA5 和 B30 铜对 608 铸钢电偶腐蚀的影响

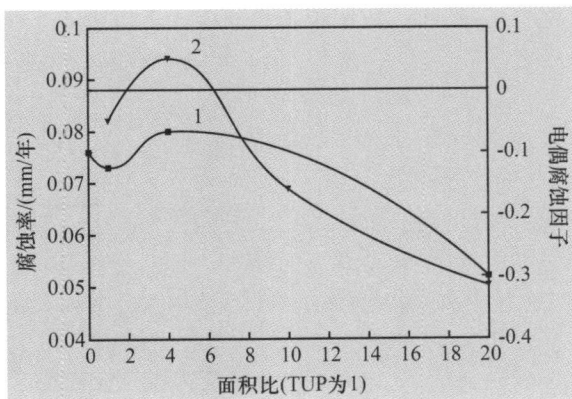

图 9.6　TUP 紫铜的阳极极化对其与
B30 组成电偶的腐蚀行为的影响

5. 海水流动对电偶腐蚀的影响

海水流动显著增大电偶腐蚀作用,流速越高,电偶腐蚀作用越大。如表 9.3 所列 TUP 紫铜与 A3 钢的电偶腐蚀试验结果所示,当海水流速由静止增大为 5.3m/s 时,电偶腐蚀因子由 0.45 增大到 2.55,增加了4.7 倍。

表 9.3 TUP 与 A3 钢电偶腐蚀试验结果(面积比 1:1,试验介质为海水)

试验条件	A3 钢			TUP	
	腐蚀率/(mm/年)		电偶腐蚀因子	腐蚀率/(mm/年)	
	自然腐蚀	电偶腐蚀		自然腐蚀	电偶腐蚀
静止海水	0.22	0.32	0.45	0.057	0.0008
5.3m/s	2.67	9.47	2.55	0.33	0.004

6. 溶液电阻的影响

阳极金属腐蚀电流的分布通常是不均匀的,距离接合部越远,腐蚀电流越小,原因是电流流动要克服电阻,所以溶液电阻大小影响有效距离效应。电阻越大则有效距离效应越小。例如,在蒸馏水中,腐蚀电流有效距离只有几厘米,使阳极金属在接合部附近形成深的沟槽。而在海水中,电流的有效距离可达几十厘米,阳极电流的分布就比较均匀,比较宽。

由上述影响因素可知,加速电偶腐蚀的条件如下:

(1) 在极化率相同的情况下,偶对金属的起始电位差大。

(2) 偶对金属中高电位金属的阴极极化率小。

(3) 在阴极反应受氧扩散控制的条件下,高电位金属的阳极极化率大。

(4) 偶对金属中低电位金属的阳极极化率小。

(5) 大阴极小阳极。

(6) 在氧去极化腐蚀中流速增大,流速增大可同时减小高电位金属的阴极极化率和低电位金属的阳极极化率。

9.2.6 常见的避免和防治电偶腐蚀的措施

常见的避免和防治电偶腐蚀的措施如下:

(1) 组装构件应尽量选择在电偶序中位置靠近的金属相组合。由于在使用介质中不一定有现成的电偶序,应预先进行必要的实验。

(2) 应避免大阴极小阳极的结构件。

(3) 不同金属部件之间采用电绝缘技术,可有效地防止电偶腐蚀。海水管路系统的绝缘法兰与绝缘吊架是一个典型实例,如图 9.7 和图 9.8 所示。

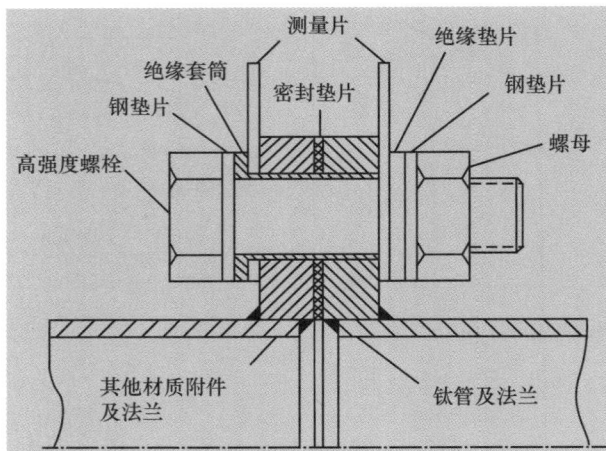

图 9.7 不同金属材质法兰相连接时的电绝缘措施

不同材质管路或附件相连时,固定吊架若不与船体绝缘,仍可造成电偶腐蚀,如图 9.8 所示。为防止管路通过船体导通,可采用图 9.9 所示的绝缘吊架。

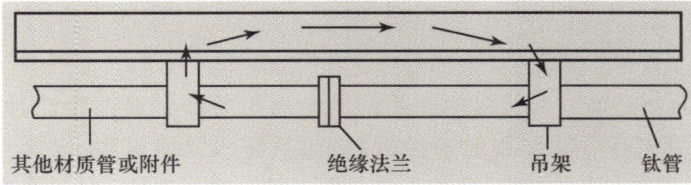

图9.8　采用绝缘法兰连接的管路可以通过吊架－船体结构发生导通

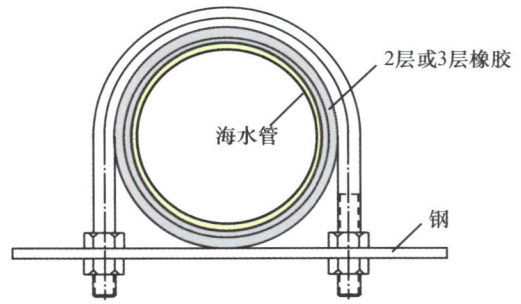

图9.9　绝缘吊架

（4）应用涂层或隔离介质密封的方法防止电偶腐蚀，如图9.10～图9.13所示。在使用非金属涂料时，不要把阳极性材料单独覆盖起来，而应把阴极性材料一起覆盖起来。使用绝缘密封胶将两种金属构件或其中一种构件密封与介质隔离，都可以达到减小电偶腐蚀发生的目的。

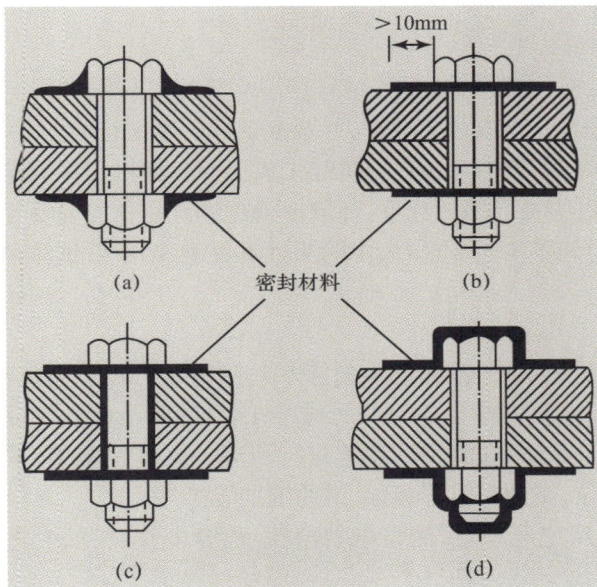

图9.10　螺栓连接异种金属的密封

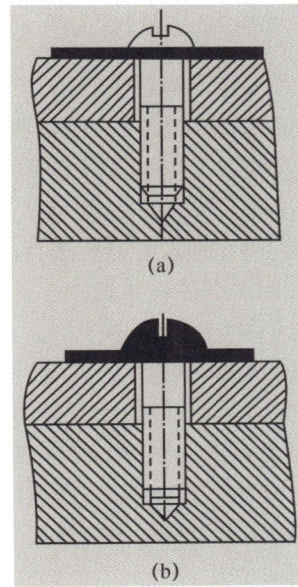

图9.11　螺钉与连接金属的密封

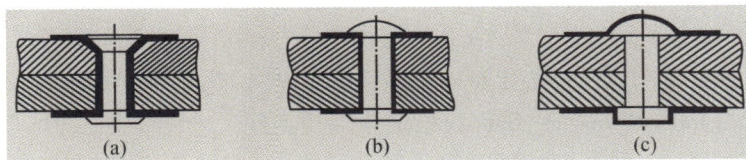

图9.12　铆接异种金属的密封

（5）金属镀层。例如，与镀锌件、镀镉件、铝制件连接的阴极性金属（不锈钢、铜合金、钢铁零件）可以电镀镉层，高强钢镀镉钛，飞机上连接铝合金的钢螺栓上镀镉。也可以在两金属上都镀上同一种金属镀层。

（6）表面处理。如对铝合金、钛合金表面进行阳极氧化，生成较厚的氧化膜，在与其他金属形成偶对时，可以显著地减缓电偶腐蚀。

（7）牺牲阳极。设计时应将阳极部件做成易更换，并且价廉的材料，这样在经济上是合理的。

（8）复合接头。采用复合材料过渡接头，避免搭接、铆接，便于涂装防护与介质隔离；避免连接部位产生缝隙和积水。

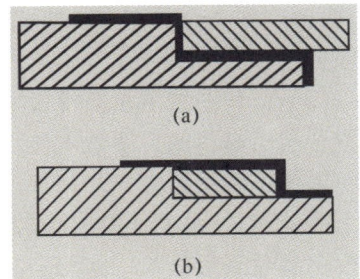

图9.13　异种金属搭接处的密封

（9）电化学保护。采用电化学保护,即外加电源对整个设备实行阴极保护,使两种金属都成为阴极,或安装一块电极电位比两种金属更负的第三种金属作为牺牲阳极。

9.3 异种金属接触腐蚀特性试验

下面重点描述对海水管系中的电绝缘技术研究成果。本节将阐述不同的金属材料接触腐蚀特性,研究的试验材料为目前在舰船海水管系中普遍采用和有可能采用的各种材料,包括海水管路材料,以及与管路连接的泵、阀材料和其他附属仪表材料等。主要试验材料有双相不锈钢（HDR）、德国 KME 公司生产的 B10（KB10）、洛阳铜业公司生产的 B10（B10）、铝青铜（Q_{Al}）、锡青铜（Q_{Sn}）、镍铝青铜（Q_{NiAl}）、316L 不锈钢、1Cr18Ni9Ti 不锈钢、海军黄铜（H_{Si}）、20 钢和 TUP 紫铜,以上材料均以目前造船中应用的牌号为准。

用于腐蚀电位测量和耦接电绝缘效果测量的试样规格为 75mm×30mm×3mm,用于电偶腐蚀测量的试样规格为 75mm×30mm×3mm 和 15mm×30mm×3mm,用于极化曲线测量的试样规格为 10mm×10mm×3mm。每组实验用样均需制备三个平行样。

9.3.1 自然腐蚀电位测量

对以上海水管系材料进行静止海水中的自然腐蚀电位测量,获得各材料在海水稳定电位随时间变化规律,并得出自然腐蚀电位序。同时测量试样的腐蚀失重,获得腐蚀率数据,并观察试样的腐蚀行貌。

主要试验仪器为饱和 KCl 甘汞电极和 DT-890D 高阻数字万用表。机加工成形的各材料片状试样经表面打磨（60~280 目砂纸）后,侧面钻孔焊接导线,清洗、去油、干燥、称重、环氧树脂封焊点和分类编号等系列程序后,全浸于 5L 海水容器中进行腐蚀实验。实验时间不少于 1 个月,定时测量电位值,结束后试样经酸洗除锈后称重,计算腐蚀失重速率。

1. 试验方案

（1）电偶腐蚀测量。HDR 是一种目前国内应用时间不长、范围不大的海水管路材料,虽然其自身的腐蚀和电化学性能优良,但由于舰船海水管系的复杂性,涉及多种设备的不同材料,同时舰船上已开始部分试用双相钢,因此对双相钢与其他海水管系材料间可能出现的电偶腐蚀现象进行研究。在本实验中,双相钢和其他 10 种材料组成电偶对,测量电偶电流、偶合电位、腐蚀失重等参数,试验周期 2 个月。

试验中,KB10 与除 HDR、B10 外的其他 8 种材料组成电偶对,测量电偶电流、偶合电位、腐蚀失重等参数,试验周期 2 个月。

试样面积比为 1:1 和 5:1,尺寸为 75mm×30mm×3mm 和 15mm×30mm×3mm,试样制备同前,电偶对导线连接后全浸于 5L 海水容器中进行电偶腐蚀试验,主要测量仪器为 FC-4B 电偶腐蚀仪、LZ3-200 函数记录仪。

（2）耦接电绝缘效果测量。为比较垫片对电偶腐蚀的阻断效果,按下述试验方案进行耦接电绝缘效果测量。将尺寸为 75mm×30mm×3mm 的 HDR 双相钢分别与相同尺寸的 4 种试样（Q_{Sn}、Q_{Al}、Q_{NiAl}、20 碳钢）配对,共 4 组。每组又有两对,一对在两块试样表面钻孔,两试样间垫片（聚四氟乙烯垫片）后,用电绝缘螺栓夹紧、固定;每组试样分别沉浸在 5L 的海水中,不定期用 DT-890D 高阻数字万用表测量各对试样的电阻值,实验时间 2 个月左右。实验结束后,将加垫片的试样对与对照组的电阻值做对比,进行讨论,得出实验结果。

（3）极化曲线测量。测量以上海水管系材料在室温青岛天然海水中的阴、阳极极化曲线,通过 Tafel 线性拟合求出材料的自腐蚀电位、电流等理论电化学参数,并具此评价材料的电化学性能。

主要试验仪器为 THALES 电化学工作站,试验方法为动电位扫描法,扫描速度为 30mV/min。试验试样经上述处理后,再用环氧树脂封为 1cm² 标准电化学试样,最后用 800 目金相砂纸打磨。采用三电极体系进行极化曲线测量。

2. 试验结果

（1）自然腐蚀电位起始变化测量结果。每种材料的电位起始值和稳定值见表 9.4 所列。

表 9.4　电位起始值和稳定值

材料	平行样号	起始电位/V	稳定电位/V	实验时间/天
HDR	1	-0.266	-0.011	35
	2	-0.269	-0.064	35
	3	-0.278	0.086	35
KB10	1	-0.175	-0.081	35
	2	-0.261	-0.078	35
	3	-0.179	-0.084	35
Q_{Al}	1	-0.250	-0.274	35
	2	-0.248	-0.268	35
	3	-0.237	-0.259	35
Q_{NiAl}	1	-0.383	-0.244	35
	2	-0.386	-0.276	35
	3	-0.417	-0.281	35
Q_{Sn}	1	-0.190	-0.198	35
	2	-0.195	-0.185	35
	3	-0.184	-0.203	35
1Cr18Ni9Ti	1	-0.346	-0.027	35
	2	-0.308	-0.161	35
	3	-0.011	-0.142	35
H_{Si}	1	-0.197	-0.230	35
	2	-0.203	-0.233	35
	3	-0.220	-0.234	35
20 钢	1	-0.593	-0.769	35
	2	-0.579	-0.770	35
	3	-0.578	-0.769	35
316L	1	-0.118	-0.087	32
	2	-0.107	0.051	32
	3	-0.084	0.004	32
B10	1	-0.337	-0.116	32
	2	-0.311	-0.108	32
	3	-0.189	-0.107	32
紫铜	1	-0.282	-0.278	30
	2	-0.268	-0.248	30
	3	-0.255	-0.262	30

（2）自然腐蚀速率测量结果。将以上试样经酸洗除锈、干燥、称量后计算腐蚀失重,结果见表9.5 所列。

表9.5 材料的自然腐蚀失重速率

材料	平行样号	起始质量/g	结束质量/g	实验时间/天	失重速率/(mg/(m²·天))
HDR	1	55.9527	55.9453	35	46.98
	2	54.8664	54.8657	35	4.44
	3	50.5174	50.5139	35	22.22
KB10	1	64.2271	64.1994	35	175.87
	2	66.3285	66.3028	35	163.17
	3	65.184	65.1504	35	213.33
Q_{Al}	1	60.5716	60.4958	35	481.27
	2	61.029	60.945	35	533.33
	3	62.7372	62.6879	35	313.02
Q_{NiAl}	1	50.9745	50.9542	35	128.89
	2	50.2142	50.2031	35	70.48
	3	61.6043	61.5748	35	187.30
Q_{Sn}	1	65.5667	65.5069	35	379.68
	2	57.3301	57.2701	35	380.95
	3	68.2031	68.1281	35	476.19
1Cr18Ni9Ti	1	55.8425	55.8276	35	94.60
	2	55.1667	55.1428	35	151.75
	3	54.9521	54.9153	35	233.65
H_{Si}	1	55.6303	55.569	35	389.21
	2	53.8406	53.7532	35	554.92
	3	50.4347	50.3707	35	406.35
20 钢	1	64.2253	63.9098	35	2003.17
	2	63.8596	63.5356	35	2057.14
	3	62.5229	62.2118	35	1975.24
316L	1	20.553	20.54	32	90.28
	2	20.253	20.2461	32	47.92
	3	20.4626	20.4535	32	63.19
B10	1	60.0358	59.9868	32	340.28
	2	61.1458	61.0917	32	375.69
	3	61.6044	61.553	32	356.94

注:表面积 $A = 0.075 \times 0.03 \times 2 = 0.0045 (m^2)$

3. 讨论

（1）根据试验测量结果可得海水中各材料试样的腐蚀电偶序由高到低排列为 HDR（0.004V）→316L（−0.011V）→KB10（−0.081V）→1Cr18Ni9Ti,B10（−0.110V）→Q_{Sn}（−0.195V）→H_{Si}（−0.232V）→紫铜（−0.260V）→Q_{Al},Q_{NiAl}（−0.267V）→20 钢（−0.769V）,括号内为稳定电位平均值。

（2）从试验中看,HDR、316L、1Cr18Ni9Ti 三种不锈钢材料浸入海水中后,电位迅速增大,但随后均有波动现象,最后的电位稳定值在一定范围内,重现性不好,其中 HDR 的规律性相对较好,这是由于不锈钢在海水中生成的钝化膜表面状态变化的结果。这三种不锈钢在海水中的耐蚀性依赖于其自身的物理化学特性。

（3）KB10等铜合金类的电位稳定时间较短、重现性较好，KB10、B10的曲线呈明显的台阶状，说明其表面可生成稳定致密的钝化膜。

（4）各材料的平均失重速率由小到大排列为 HDR（34.60mg/（m^2·天））→316L（67.13mg/（m^2·天））→Q_{NiAl}（128.89mg/（m^2·天））→1Cr18Ni9Ti（160mg/（m^2·天））→KB10（184.12mg/（m^2·天））→B10（357.64mg/（m^2·天））→Q_{Sn}（412.27mg/（m^2·天））→Q_{Al}（442.54mg/（m^2·天））→H_{Si}（450.16mg/（m^2·天））→20钢（2011.85mg/（m^2·天）），括号内为平均失重速率。

9.3.2　电偶腐蚀测量

1. HDR与其他材料的偶合测试结果

将HDR与其他10种材料按面积比1:1和5:1分别配对，共20组电偶试验，每组三个平行样，试验开始后，立即记录电偶电流值，连续测量40min后短接，以后每2~3天测一次电偶电流，试验持续25~30天。试验结束后，样片酸洗、干燥、称量。腐蚀失重结果见表9.6所列。表中腐蚀电流的符号表示电流方向，负号"－"为HDR得电子，其他材料失电子加速腐蚀；正号"＋"则相反。

表9.6　HDR电偶对腐蚀失重平均速率对比值

材料	自然腐蚀失重平均速率/（mg/（m^2·天））	腐蚀失重平均速率/（mg/（m^2·天））		腐蚀失重平均速率增加率/%	
		面积比1:1	面积比5:1	面积比1:1	面积比5:1
HDR	34.60	31.98	31.02	－7.6	－10.35
316L	67.13	654.59	1229.63	875.0	1731.71
Q_{NiAl}	128.89	226.62	471.07	75.8	265.48
1Cr18Ni9Ti	160.00	524.65	337.04	228.0	110.65
KB10	184.12	803.70	1155.56	336.5	527.61
B10	357.64	817.88	1435.51	128.6	301.38
Q_{Sn}	412.27	598.70	2512.73	45.2	509.49
Q_{Al}	442.54	511.78	930.87	15.6	110.35
H_{Si}	450.60	621.74	1855.44	38.0	311.77
20钢	2011.85	3656.41	10355.04	81.7	414.70
紫铜	932.59	1052.60	2251.85	12.87	141.46

2. KB10与其他材料的偶合试验结果

将KB10与其他8种材料按面积比1:1和5:1分别配对，共16组电偶试验，每组三个平行样，试验开始后，立即记录电偶电流值，连续测量40min后短接，以后每2~3天测一次电偶电流，试验持续25~30天。试验结束后，样片酸洗、干燥、称量。腐蚀失重结果见表9.7所列。表中腐蚀电流的符号表示电流方向：负号"－"为KB10得电子，其他材料失电子加速腐蚀；正号"＋"则相反。

表9.7　KB10电偶对腐蚀失重平均速率对比值表

材料	自然腐蚀失重平均速率/（mg/（m^2·天））	腐蚀失重平均速率/（mg/（m^2·天））		腐蚀失重平均速率增加率/%	
		面积比1:1	面积比5:1	面积比1:1	面积比5:1
KB10[1]	184.12	149.56	139.28	－18.8	－24.35
KB10[2]	184.12	345.20	268.71	87.5	45.94
Q_{NiAl}	128.89	282.14	455.55	118.9	253.44
1Cr18Ni9Ti	160.00	254.37	273.31	59.0	70.82

（续）

材料	自然腐蚀失重平均速率/(mg/(m²·天))	腐蚀失重平均速率/(mg/(m²·天))		腐蚀失重平均速率增加率/%	
		面积比 1:1	面积比 5:1	面积比 1:1	面积比 5:1
316L	67.13	48.89	268.2	−27.2	3.0
Q_{Sn}	412.27	599.2	743.13	45.3	80.25
Q_{Al}	442.54	368.73	323.61	−16.7	−26.87
H_{Si}	450.60	711.11	1462.33	57.8	224.53
20 钢	2011.85	3723.77	10938.7	85.1	443.71
紫铜	932.59	866.3	1448.15	7.2	55.28

注：1. KB10 与其他低电位铜合金、碳钢连接偶对作为阴极时的腐蚀失重速率平均值；
 2. KB10 与 1Cr18Ni9Ti 和 316L 不锈钢连成偶对作为阳极时的腐蚀失重速率平均值

3. 讨论

电偶电流随时间的变化关系直观地反映了电偶腐蚀的程度和规律。通过分析电偶腐蚀电流与时间关系曲线，可得到关于 HDR 双相钢和 KB10 铜合金与其他材料电偶腐蚀变化规律的认识。

通过实验数据可得如下结论：

（1）平行样的测量值重现性比较好，同组试验曲线走势基本一致，稳定后重合性也比较好，试验规律和结论是可信的。

（2）HDR 电偶试验初始时变化性比较大，曲线走势相对复杂，初始阶段发生极性逆转的情况较多，但都是 HDR 由开始时短时间的阳极逆转为阴极，电流稳定时间相对较长。面积比 5:1 的试验曲线变化比面积比 1:1 的平缓。

（3）KB10 电偶试验曲线走势相对简单，两种面积比的实验曲线走势基本一致。发生极性逆转的情况较少，且此时电流稳定值接近 0 点。电流稳定时间相对较短。

（4）将表 9.7 数据与表 9.2 对比可发现，电偶腐蚀导致的偶对阳极性材料的腐蚀加剧程度与电偶序中电位的差异并无正比关系，在试验中，腐蚀程度大幅增加的是电位与 HDR 接近的 316L、KB10、1Cr18Ni9Ti 等。

（5）KB10 与其他材料偶合时，有失电子加剧腐蚀的情况出现，如与 Q_{Sn}、1Cr18Ni9Ti 的偶合，面积效应对电偶腐蚀的影响很大。试验中，阴阳极面积比由 1:1 增大到 5:1，结果表明腐蚀速率明显增大。

以上数据能为设计提供如下参考：

（1）HDR 与其他材料偶合时，均为 HDR 得电子受到保护，其他材料加速腐蚀，且两种面积比的腐蚀电流普遍比 KB10 与其他材料偶合时的腐蚀电流大得多，在海水中 HDR 与其他材料组合使用时更要关注电偶腐蚀效应。

（2）但对于 20 钢来说，则 KB10 对其的电偶腐蚀比 HDR 要大，就数值来说，HDR 和 KB10 对 20 钢的电偶腐蚀远大于其他材料。

（3）HDR 与其他材料的面积比增大，电偶电流有的变大，有的变小，但在其他材料上的电流密度均增大，这与小阳极大阴极加速阳极腐蚀的规律相符合，设计上要尽量避免小阳极大阴极。

（4）KB10 与其他材料的面积比增大，作为阴极时加速阳极材料的腐蚀，作为阳极时腐蚀电流大大降低，这也验证了小阴极大阳极降低阳极腐蚀率的规律。

（5）KB10 与铜合金间的电偶电流均比较低，说明这些铜合金间的电偶腐蚀危险性相对 HDR 来说比较小。

9.4 舰船海水管系电绝缘技术研究

海水管系电绝缘技术的应用刚刚起步，还需要进行大量的试验和基础研究，为电绝缘技术在海水管系中的推广应用提供依据。涉及电绝缘技术的材料优选、电绝缘有效性及其指标确定、电绝缘连接后的其他腐蚀问题等,需要进一步深入研究,通过动水和实海模拟试验,为舰船海水管系的电绝缘提供技术支持。

9.4.1　异金属接触腐蚀控制措施

1. 电偶腐蚀控制途径

在制定防止异金属接触腐蚀的对策中,首先要明确控制接触腐蚀的因素,即发生电偶腐蚀必须存在腐蚀电解液,必须与电位较高的金属或非金属间有电接触。

重温电偶腐蚀控制原理:根据电偶腐蚀必须具备的三个条件,只要设法使其一个条件不存在,就能避免形成电偶,也就不会发生加速腐蚀。

实际工程中,并不能完全避免异金属电偶腐蚀,但是“控制”电偶腐蚀发生的程度——增大电偶反应的阻力。在异金属的电偶中,电池反应的动力是两极间的电位差,阻力是阴极和阳极极化及内外电阻。只要能设法减小动力,增大阻力,就可以在不同程度上减缓电偶腐蚀。根据上述原理,在实际使用中可供选择的控制途径如下:

(1) 尽量选择同种金属或电位差小的不同金属(包括镀层)相互连接。

(2) 不同金属之间采用电绝缘连接。

(3) 增大电极的极化。

(4) 减小阴极面积或增大阳极面积。

(5) 牺牲阳极保护。

2. 电偶腐蚀控制一般原则

有两个基本原则:一是在结构与选材上进行合理设计,采取电绝缘连接;二是即使是电连接也要进行必要的防护。在结构与选材上应注意如下方面:

(1) 结构件的形状应便于检查、维修或更换。

(2) 避免不同金属的相互接触,不可避免时,应选用允许接触的金属材料与镀层。

(3) 所选用的材料应耐腐蚀和应力腐蚀,或经耐腐蚀和应力腐蚀的处理。

(4) 由不同金属组成的构件,应设计为阳极面积大于阴极面积,特别是在全浸在溶液中的情况下。

(5) 绝缘和密封隔离材料不应吸湿,不应含有腐蚀性成分,如氯化物、硫酸盐等。

(6) 关键零件应采用阴极材料制作,特别是零件面积较小时更应如此,如紧固件。

当两种金属不允许直接接触,而结构上又必须选用时,可根据使用条件、设计要求、导电要求,以及维修方便、费用低等原则,采用下述一种或几种防护措施。

(1) 选用与两者都允许接触的金属或镀层进行调整过渡。

(2) 用惰性材料绝缘。

(3) 采用密封隔离的办法使连接处避免与电解质接触。

3. 电绝缘连接

电绝缘连接是指用各种惰性材料(包括密封材料)制成垫片、套管,插入法兰连接中,使两法兰阴极和阳极之间的电子导电通路断开,防止发生电偶腐蚀。这种方法是一种有效的防腐措施,国外舰船的海水管系上大量使用的异种金属电绝缘连接均采用此方法。

在法兰的螺栓连接中,往往认为在螺栓头和螺帽下面垫上绝缘片就可以把螺栓与其他材料隔开,实际上螺杆部位仍有可能与另一材料接触并未真正绝缘。正确的做法是螺杆部位再加套管,如图 9.14

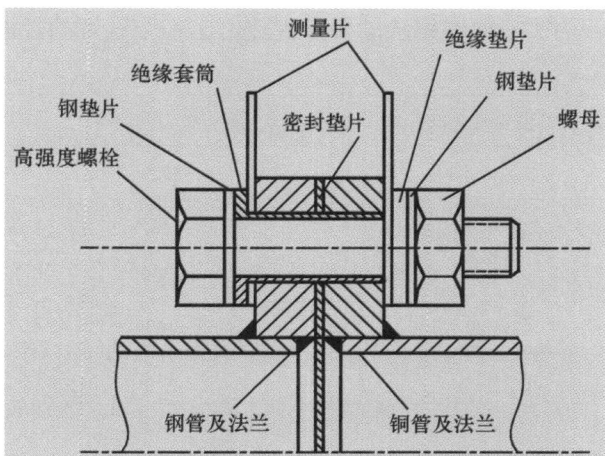

图 9.14　螺栓的正确绝缘方式

所示。

特别需要指出的是,保证图 9.14 所示电绝缘方式发挥作用的前提是海水管系必须与船体之间绝缘,即所有用于固定管系的吊、支架与管系之间必须是电绝缘的;否则,吊、支架与管系之间由于电接触(管系多点接地)将会破坏电绝缘法兰的绝缘作用,这在管系电绝缘设计中是特别要注意的。

4. 电绝缘法兰小规格螺栓的力学性能分析

众所周知,采用电绝缘法兰结构后,由于需要在紧固螺栓与法兰孔之间安装隔离绝缘衬套(衬套壁厚一般为 1~1.5mm),这就使得我们不得不面临两种选择:一种是在原标准法兰的基础上,不改变紧固螺栓的材料和尺寸,而将法兰的螺栓孔进行必要的扩大,以便于绝缘套筒的加入。这种方法存在的主要问题是导致所有电绝缘法兰均成为非标法兰,法兰通用性变差,船厂在管系安装中极易出现差错。另一种选择是不改变原标准法兰的任何尺寸,而是将原法兰紧固螺栓改为小规格的高强度螺栓,螺栓尺寸的缩小保证了绝缘套筒的安装,螺栓强度的提高保证了法兰安装强度不降低。

下面针对第二种方法对小规格螺栓的安装力学性能进行必要的分析。

船用搭焊钢法兰装配用的螺栓材料为 20 钢,强度等级相当于 GB 3098.1—2010《紧固件机械性能》中的 4.8 级要求。现根据安装绝缘套筒的要求,考虑将法兰安装用螺栓规格缩小一个系列,螺栓材料采用低碳合金钢淬火并回火处理,螺栓强度为 GB 3098.1 中 8.8 级的要求。表 9.8 给出了 GB 3098.1—2010《紧固件机械性能》中的 4.8 级和 8.8 级的主要力学性能。

表 9.8　4.8 级和 8.8 级螺栓的主要力学性能比较

序号	力学性能	性能等级	
		4.8	8.8
1	最小抗拉强度/MPa	420	800
2	维氏硬度/(HVF≥98N)	130~250	250~320
3	最小屈服强度/MPa	—	640
4	保证应力/MPa	310	580
5	最小机械加工试件的断后伸长率/%	14	12
6	最小冲击吸引功/J	—	30

对表 9.8 数据分析可知,第 3、6 项 4.8 级中未有要求,而第 1、2、4、5 项的要求中起决定性因素的是第一项指标。因此,采用小规格螺栓代用大规格螺栓的主要风险在于螺栓的抗拉强度能否得到保证。从表 9.8 可看到,8.8 级螺栓的最小抗拉强度 $800N/mm^2$ 远远大于 4.8 级螺栓的 $420N/mm^2$,具有相当高的强度可靠性。

为了对两类螺栓的力学性能给出一个直观的数据,在表 9.9 中列出它们的最小拉力载荷。

表 9.9　两类螺栓的最小拉力载荷比较

螺栓规格 4.8 级	最小拉力载荷/kN	螺栓规格 8.8 级	最小拉力载荷/kN
M12	35.4	M10	46.4
M14	48.5	M12	67.4
M16	65.9	M14	92
M20	103	M18	159
M24	148	M22	251
M27	154	M23	293

从表 9.9 中可看出,8.8 级螺栓的最小拉力载荷远大于 4.8 级螺栓的最小拉力载荷,不存在代用后的技术风险问题,而且代用后螺栓的各项性能均优于原标准螺栓。

9.4.2 管系电绝缘状态的测量评定方法

电绝缘技术是控制舰船海水管系异种金属接触腐蚀的有效方法,但是采用电绝缘法兰连接结构后,如何通过的测量方法来保证电绝缘处于有效状态,以及如何在舰船使用过程中正确评价管系电绝缘是否失效是电绝缘研究的一个主要内容。由于舰船在建造和正常使用中对于海水管系来说有干燥管系(在船台建造和修理进坞情况)和浸水管系两种状态,因此测量评定方法有很大区别。

1. 管系干燥状态下的测量方法

舰船海水管系的电绝缘安装在建造过程中是在管系内无海水的情况下进行的,验收时一般采用电阻法进行,电绝缘测量如图9.15所示。

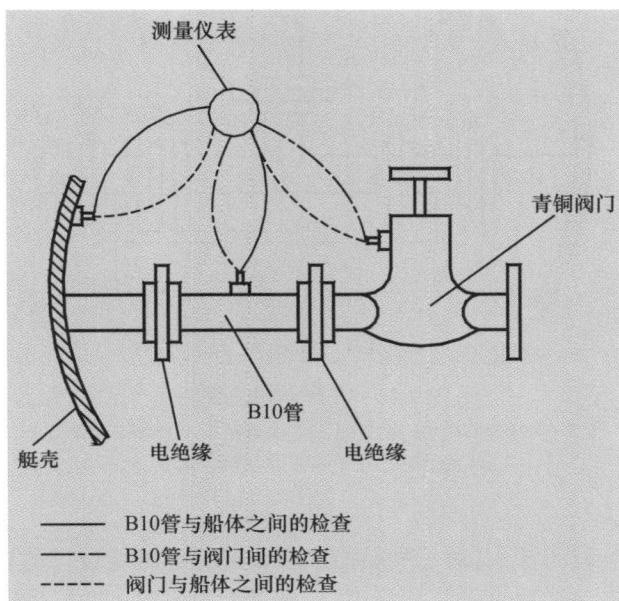

图9.15 电绝缘测量

在舰船管路设计中,考虑船体材料为高强低合金钢,水面舰船钢质通海阀箱与船体焊接,潜艇通舷侧管路一般用加厚钢管(如607A钢)与船体焊接,并以法兰或杯形接头与青铜阀门或海水管路以法兰方式连接。这就构成了典型的钢-铜异种金属接触,在使用中会造成钢质杯形接头迅速腐蚀。因此,连接处必须采用电绝缘法兰连接;同样,青铜阀门由于与B10管之间有大的电位差,也必须在它们的法兰连接处进行电绝缘处理。电绝缘法兰安装完毕后,可用电阻表测量B10管与钢质杯形接头(或船体)之间、B10管与青铜阀门之间绝缘电阻。如果测得电阻值大于$1k\Omega$,则电绝缘法兰的安装是正确的,能够起到正常的电绝缘效果。如果测得电阻值小于$1k\Omega$,则说明在电绝缘法兰安装过程中出现问题,异种金属的连接中出现短路导通,电绝缘不起作用,必须检查电绝缘法兰的安装情况,直到合格为止。应该注意的是,在海水管系进行电绝缘设计时,除电绝缘法兰外,所有管路吊、支架与管路之间必须是电绝缘的。也就是说管路吊、支架必须选用电绝缘吊、支架,或吊、支架卡环与管路之间必须垫衬足够厚度的绝缘材料,如丁腈橡胶条垫或其他在海洋大气和潮湿条件下具有良好绝缘性能的材料;否则,吊、支架处会形成船体与管路之间的电导通,破坏了电绝缘作用,并使得无法进行电绝缘效果验收测量。

2. 管系浸水状态下的测量方法

舰船在航行试验(海水条件下)和正常交付部队使用过程中,由于管系内充满导电性良好和电阻很小海水,用电阻法无法准确进行电绝缘效果的测量,必须采用电压法进行测量。从理论上讲,两种金属在海水中直接连接后(如焊接、搭接、螺栓连接等),它们之间的电位差基本为零,这就具备了电偶腐蚀的基本条件,是要特别注意防止的。但如果用电绝缘方法将两种金属隔离开,那么在海水中两种金属之间由于各自腐蚀电位不同会形成一个较大的电位差。电位差越大,它们之间的电偶腐蚀趋势越小。俄罗斯在大量试验研究的基础上,确定出电绝缘后,两种相连接的金属在海水中的电位差大于150mV时,电绝缘发挥了作用,两种金属之间的电偶腐蚀趋势很小。同样,所有管路吊、支架与管路之间必须是电绝缘的,否则无法进行电绝缘效果验收测量。

长延伸管段测量如图9.16所示。这里需要说明的是,如果在图9.16中艇体与4区段之间电位差大于150mV时,2、3区段用同样的方法测量时电位差有可能会小于150mV。在这种长延伸管段测量的情况下,允许将测得的电压小于150mV的被检查区段(如2、3区段)接到测得的电压大于150mV的区段上(如4区段)。此时,如果在所构成的系统上测得的电压均大于150mV,那么属于该系统的全部电绝缘连接部分是好的。

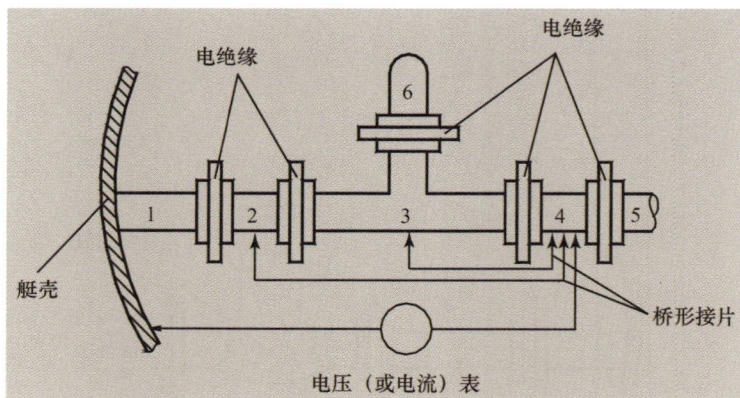

图9.16　长延伸管段测量

1、5、6—未进行电绝缘的管段;2、3—电压小于150mV的部分;
4—电压不小于150mV的被检查部分。

3. 电绝缘效果的评定

俄罗斯在电绝缘方面研究较为深入,对于舰船海水管系进行电绝缘设计的检验验收给出了具体方法和测量数据。对于浸水管路的电绝缘效果验收测量时,除采用电压法外,也可按同样的测量方式用电流法进行测量。对于各种测量方法,最终的电绝缘效果可按表9.10进行评定。

表9.10　电绝缘效果评定

电压法测量结果	电流法测量结果	电阻法测量结果	绝缘效果评定
在0~75mV挡5mV以下	在0~15mA挡2mA以下	1kΩ以下	绝缘失效,金属有接触
在0~750mV挡150mV以下	在0~15mA挡2mA以下	1kΩ以下,极性变化时,读数各不相同	电绝缘电阻偏低,效果较差
在0~750mV挡150mV以上	在0~15mA挡2mA以上	1kΩ以下,极性变化时,读数各不相同	绝缘较好
在0~750mV挡150mV以上	在0~15mA挡2mA以上	1kΩ以上	绝缘满足要求

9.5　电绝缘材料性能筛选试验

尽管在前面列出了可供舰船海水管系电绝缘设计时考虑采用的多种电绝缘材料,但并不是所有良好电绝缘性能的材料均能作为密封垫片或绝缘套管使用。电绝缘材料性能筛选试验的目的是在众多材料中首先找出适合作为舰船海水管系密封垫片的材料,然后在这些经过第一轮筛选的材料中找到同时具有良好电绝缘性能的材料。作为电绝缘组件中的关键部件密封垫片,必须既有良好的密封性能又有良好的电绝缘性能。本项试验中共选取了芳纶橡胶、丁腈橡胶、硅橡胶、橡胶石棉、聚四氟乙烯、聚四氟包覆石棉、石棉高强、膨体聚四氟乙烯、中压石棉橡胶、高压石棉橡胶、聚丙烯、尼龙、酚醛层压板13种适合高水压环境(3MPa以上)下使用的密封垫片材料。

9.5.1　舰船海水管系对密封垫片的要求

法兰用密封件和材料品种繁多,在 20 世纪 80 年代前,设备和管路法兰使用垫片基本分为非金属垫片和金属垫片两大类。非金属垫片主要是耐油橡胶石棉垫片、中压橡胶石棉垫片、橡胶垫片。金属类垫片(包括缠绕垫片)主要是金属平垫、金属齿形垫、金属缠绕垫片等。随着新材料的开发和密封技术的提高,柔性石墨密封材料的推广应用,金属与非金属组合垫片的开发,使用密封垫片的密封可靠性和使用寿命大大提高,尤其在发电、冶金、石油化工、机械等行业开始大范围地应用各种新型非金属垫片、金属垫片及非金属与金属组合垫片。只有非金属垫片才能满足舰船海水管系异种金属接触腐蚀的电绝缘要求,在此将仅考虑非金属类垫片。

1. 基本要求

舰船用密封材料和一般机械对密封材料的要求具有许多共同处,此外还有其他一些特殊要求。

(1) 具有良好的弹性和复原性。

(2) 具有适当的塑性,压紧后能充满密封面的间隙,以保证密封。

(3) 抗拉强度、伸长率等力学性能较好。

(4) 耐腐蚀性能好,在腐蚀性介质作用下,不被破坏,也不产生大的膨胀和收缩。

(5) 在高温条件下不软化、不蠕变,在低温条件下不硬化、不收缩。

2. 特殊要求

(1) 能适应舰船工况变化频繁的特点。舰船在航行期间,海水管路系统的工况频繁急剧变化,所输送海水介质的压力(0 ~ 3MPa)和温度(4 ~ 30℃)变化很大,密封材料应能仍然保持密封。

(2) 舰船出海时间远比停靠码头时间短,许多管系长期处于无海水的潮湿状态,要求密封材料不应因此而下降性能。

(3) 舰船内舱空间狭小,安装与维修操作均十分困难,密封材料的安装技术要求应较低。

(4) 舰船在作战中可能遭受很大的冲击和振动,密封材料的工作可靠性不应下降。

9.5.2　舰船海水管系密封垫片的优化选型

1. 试验用密封材料的确定

根据舰船管系密封垫片的应用情况,筛选聚丙烯、尼龙 1010、酚醛层压板材、橡胶(丁腈橡胶、硅橡胶)、芳纶橡胶、石棉橡胶板、聚四氟乙烯、聚四氟包覆垫片、膨体聚四氟乙烯等作为试验用密封非金属类垫片材料。考虑绝缘性要求,全部为非金属材料。

2. 试验内容及方法

1) 非金属类垫片(包括复合增强类垫片)力学性能试验条件

试验标准:GB/T 12622—2008《管法兰用垫片压缩率和回弹率试验方法》;试验温度:15 ~ 25℃;试验初载:1.0MPa;试验终载:48.5MPa。

2) 非金属类垫片(包括复合增强垫片)密封性能试验条件

试验标准:GB/T 12385—2008《管法兰用垫片密封性能试验方法》;试验温度:15 ~ 25℃;试验比压:48.5MPa;介质压力:4.0MPa;试验介质:99.5% 氮气。

3) 电绝缘性能试验

测试压力:不加压;试验项目:正常状态下的非同种金属的电压、电流。

4) 海水浸泡后性能试验

分别按各种材料的垫片在海水中浸泡 90 天用清水冲洗后自然风干,进行体积密封、压缩率、回弹率、耐温失量试验。

5) 综合试验方法

机械性能试验按 GB/T 12622—2008《管法兰垫片压缩率及回弹率试验方法》;密封性能试验按 GB/T 12385—2008《管法兰用垫片密封性能试验方法》。

6）试验装置

压缩率及回弹率试验装置;2000kN 高压静密封试验装置;电绝缘法兰结构样机。

为进行电绝缘材料绝缘效果的测量,制作了电绝缘管系法兰结构的原理样机,如图9.17 所示。

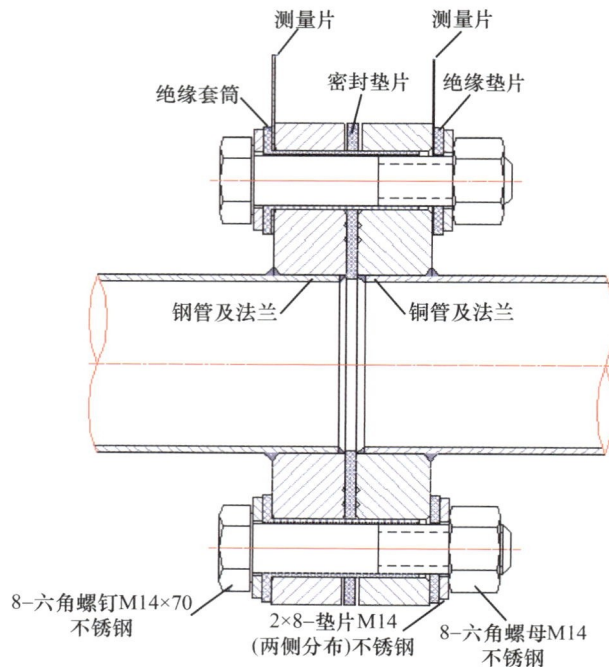

图 9.17　异种金属电位差和垫片电阻测试装置样机原理

7）试验试样

按照舰船辅机及管路系统各种工况参数和现役舰船用垫片种类,同时结合垫片试验台架技术参数对国内密封垫片生产企业提供的垫片材料和尺寸进行了如下规定:

（1）垫片材料为橡胶（丁腈橡胶、硅橡胶）、芳纶橡胶、石棉橡胶、聚四氟包覆垫片、聚四氟乙烯、膨体聚四氟乙烯、聚丙烯、尼龙 1010、酚醛层压板材。

（2）垫片尺寸按 GB/T 4622.2—2008《缠绕式垫片管法法用垫片尺寸》GB/T 9129—2003《管法兰用非金属平垫片技术条件》等标准规定的要求采取统一尺寸 DN80。

（3）根据试验目的及试验要求,每种材料垫片提供同种规格为 10 片。

3. 电绝缘试验结果

垫片的电绝缘性能试验数据见表9.11。

表 9.11　垫片的电绝缘性能试验数据

材料名称		材料规格（外径×内径×初始厚度）/（mm × mm × mm）	浸泡状态测试电压/mV	测试电阻/kΩ
聚四氟乙烯	（通用型）	$\phi210 \times \phi110 \times 3$	284	124
	（细粒度）	$\phi143.9 \times \phi85.8 \times 3.0$	250	102
	（中粒度）	$\phi130.1 \times \phi88.8 \times 3.1$	318	190
	（粗粒度）	$\phi132 \times \phi90 \times 3$	268	87.5
膨体四氟		$\phi115 \times \phi79 \times 3$	263	96
芳纶纤维橡胶（黑色）		$\phi142 \times \phi90 \times 3$	319	128
聚丙烯		$\phi210 \times \phi110 \times 3$	312	139
尼龙 1010		$\phi210 \times \phi110 \times 3$	253	156
酚醛层压板材		$\phi210 \times \phi110 \times 3$	276	179

（续）

材料名称		材料规格（外径×内径×初始厚度）/（mm×mm×mm）	浸泡状态测试电压/mV	测试电阻/kΩ
丁腈橡胶	一号配方	φ132×φ90×3	260	125
	二号配方	φ131×φ88×3	289	
硅橡胶	一号配方	φ132×φ91×3	266	
	二号配方	φ132×φ91×3	263	82.3
聚四氟乙烯包覆石棉橡胶垫		φ140.6×φ89.6×3.2	272	
耐油石棉橡胶垫（绿色）		φ143.9×φ85.9×3.1	277	
石棉橡胶板	褐色	φ132×φ89×3	211	
	白色	φ132×φ89×3	283	124
	黑色	φ142×φ89×3	289	102
	蓝色	φ132×φ90×3	265	190

4. 材料推荐

经过试验测试，在综合考虑电绝缘法兰用电绝缘密封垫片的压缩率、回弹率、力学性能、密封性能、电绝缘性能、使用寿命及耐高流体压力的情况下，对于舰船海水管系推荐采用细粒度一级聚四氟乙烯垫片或芳纶橡胶垫片作为电绝缘垫片。但是，如果考虑海水管系内的使用压力为4.0MPa时，电绝缘法兰必须采用凸面、凹凸面和榫槽面形式，不得使用全平面法兰；否则，将会造成高压时泄漏。

9.5.3　电绝缘试验研究及试验结果分析

对B10与碳钢、TUP、1Cr18Ni9Ti等材料组成的海水管路分别进行电绝缘、电绝缘＋涂层、电连接等方式进行组装，通过实海动水试验研究电绝缘连接的防蚀效果。主要考核电绝缘连接的腐蚀电位、腐蚀电流等指标。试验装置如图9.18所示，实海试验地点为舟山。

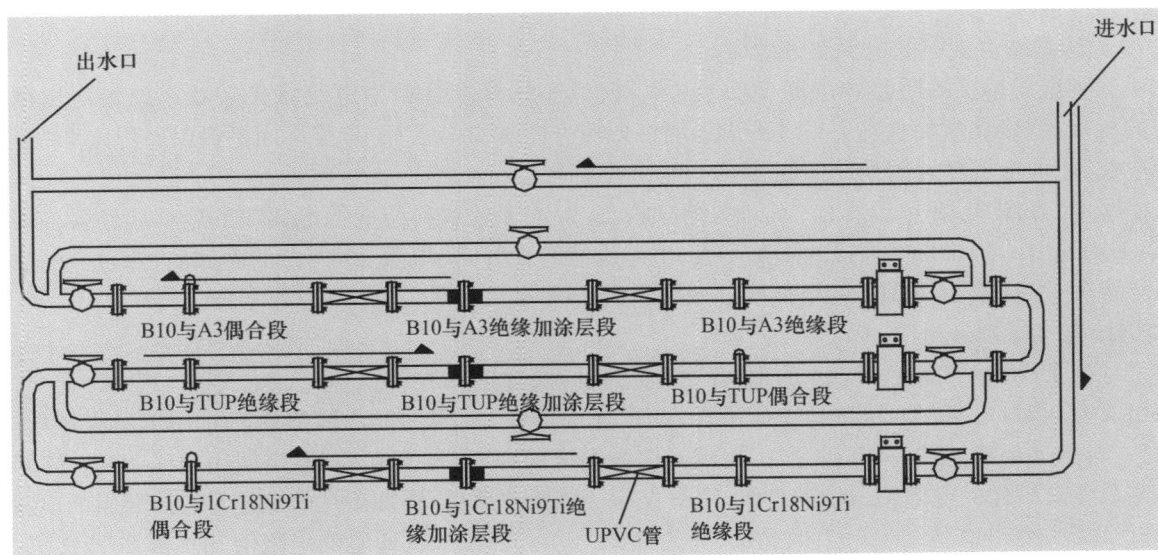

图9.18　海水管系电绝缘实海动水试验管路组装

1. 电绝缘状态良好时的电偶腐蚀效应

在由异种金属连接的回路中串联2000Ω电阻，模拟实际海水管路中电绝缘状态良好时要求绝缘电阻大于1000Ω的标准，测量在这种状态下系统的电偶腐蚀效应。图9.19（a）～（d）是不同材料以面积比1：1偶合时的电偶电位、电偶电流随时间变化曲线。

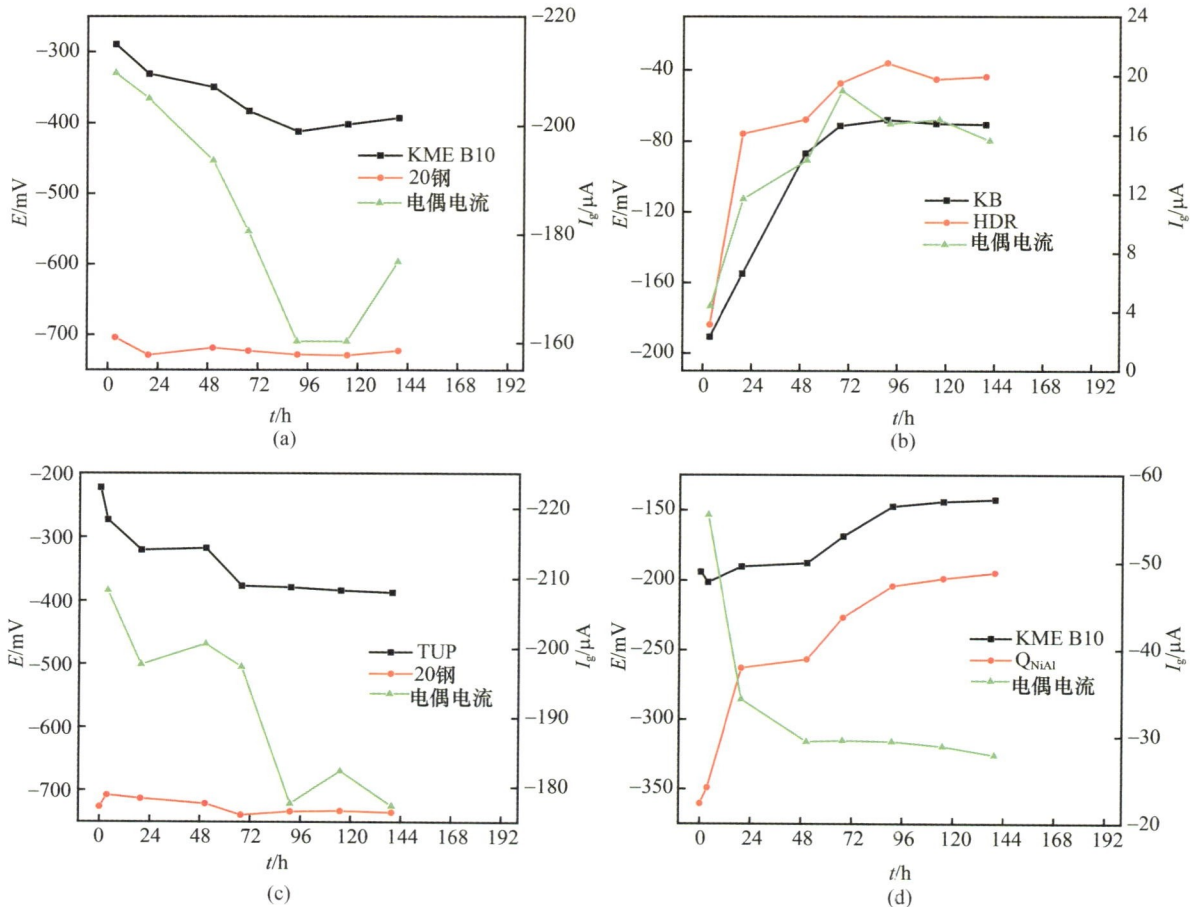

图 9.19　电绝缘状态良好时(电阻 2000Ω)的电偶腐蚀效应

(a) KME B10 与 20 钢间连接;(b) KME B10 与 HDR 双相不锈钢间连接;(c) 紫铜与 20 钢间连接;(d) KME B10 与 Q_{NiAl} 间连接。

2. 电绝缘状态失效时的电偶腐蚀效应

在由异种金属连接的回路中串联 200Ω 电阻,模拟实际海水管路中电绝缘失效状态时绝缘电阻低于 1000Ω 的标准,测量在这种状态下系统的电偶腐蚀效应。图 9.20(a)~(d)是不同材料以面积比 1:1 偶合时的电偶电位、电偶电流随时间变化曲线。

从图 9.19 和图 9.20 可以看出,不同的绝缘状态,对大多数材料组成的电偶对的电偶腐蚀效应影响明显,但对 KME B10 与 HDR 间连接的影响不大;电绝缘状态良好时(电阻 2000Ω)的电偶腐蚀效应明显减弱,而在电绝缘失效时(电阻 200Ω)的电偶腐蚀效应增大。

3. 耦接电绝缘效果测量

将尺寸为 75mm×30mm×3mm 的 HDR 分别与相同尺寸的四种试样(Q_{Sn}、Q_{Al}、Q_{NiAl}、20 钢)配对,共四组。每组又有两对:一对在两块试样表面钻孔,两试样间加垫片(聚四氟乙烯垫片)后,用电绝缘螺栓夹紧、固定;另一对不加垫片,分开,用以对照。每组试样分别沉浸在 5L 的海水中,不定期用 DT-890D 高阻数字万用表测量各对试样的电阻值,试验时间 1 个月左右。试验结束后,将加垫片的试样对与对照组的电阻值做对比,进行讨论,得出试验结果。数据显示,在为期 25 天的试验中,试样对的电阻值几乎都在 1kΩ 以上,并且同时间测量的加垫试样对与其对照试样对的电阻值相近。试验结束后,观察到加垫片试样对与对照对的腐蚀程度相同。试验表明,加垫片试样间没有发生耦接现象,说明异种金属间绝缘电阻大于 1kΩ 以后基本不会发生电偶腐蚀。

4. 实海动水试验失重结果

在实海动水管路试验流速 1.60m/s 时,根据不同材料管路试样试验前后的重量,可计算腐蚀速度。从表 9.12 和表 9.13 可以看出,在实海动水管路试验流速 1.60m/s 时,电绝缘没有在净水中的效果明显,还是

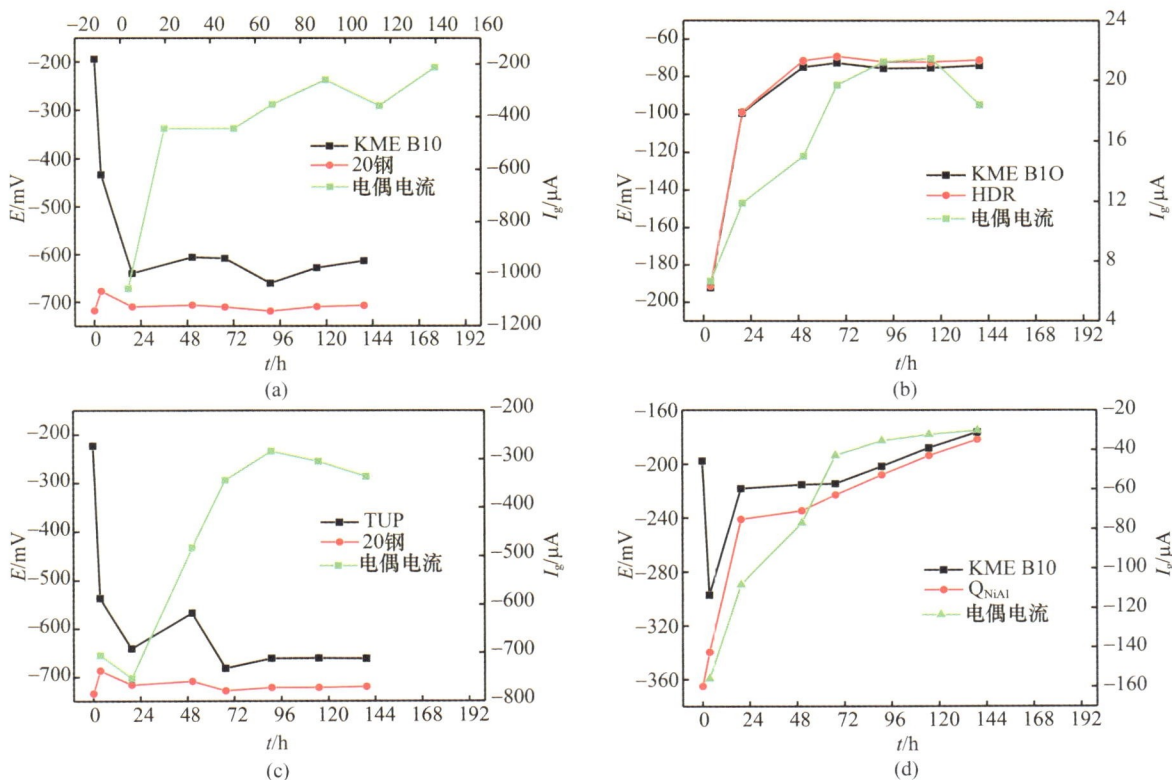

图 9.20　电绝缘失效时（电阻 200Ω）的电偶腐蚀效应

（a）KME B10 与 20 钢间连接；（b）KME B10 与 HDR 间连接；（c）紫铜与 20 钢间连接；（d）KME B10 与 Q_{NiAl} 间连接。

有一定的腐蚀失重；电绝缘对有些材料如 B10 与碳钢管路间连接，控制阳极失重效果明显，可达 75%，而对有些材料之间连接控制阳极腐蚀失重作用不显著，如 B10 与 TUP 管路间连接，只有 24% 的效果；在动水环境中，电绝缘与单纯电绝缘技术的控制阳极腐蚀失重效果相差不大，这可能与管内壁涂层涂覆的长度有关，还需进一步的研究。

表 9.12　B10 与 TUP 管路间电绝缘与电偶腐蚀结果

材料及连接方式	电绝缘		电连接	
	B10 – 5	TUP – 2	B10 – 6	TUP – 3
腐蚀速度/（g/（m²·天））	4.888	10.092	4.633	11.694
腐蚀率/（mm/年）	0.199	0.413	0.189	0.478

表 9.13　B10 与碳钢管路间电绝缘与电偶腐蚀结果

材料及连接方式	电绝缘		电连接	
	B10 – 8	TG – 2	B10 – 9	TG – 3
腐蚀速度/（g/（m²·天））	4.221	35.243	2.385	53.692
腐蚀率/（mm/年）	0.173	1.639	0.097	2.496

5. 实海动水试验电位测试结果

测量了不同连接状态、不同连接电偶对时材料的电位—时间曲线，在 1.6m 流动海水中的试验结果如图 9.21 所示，在 4.6m 流动海水中的试验结果如图 9.22 所示。可以看出，在不同的流速海水中，由于材料的自腐蚀电位不同，材料的腐蚀速度不同，流速高，腐蚀速度快。

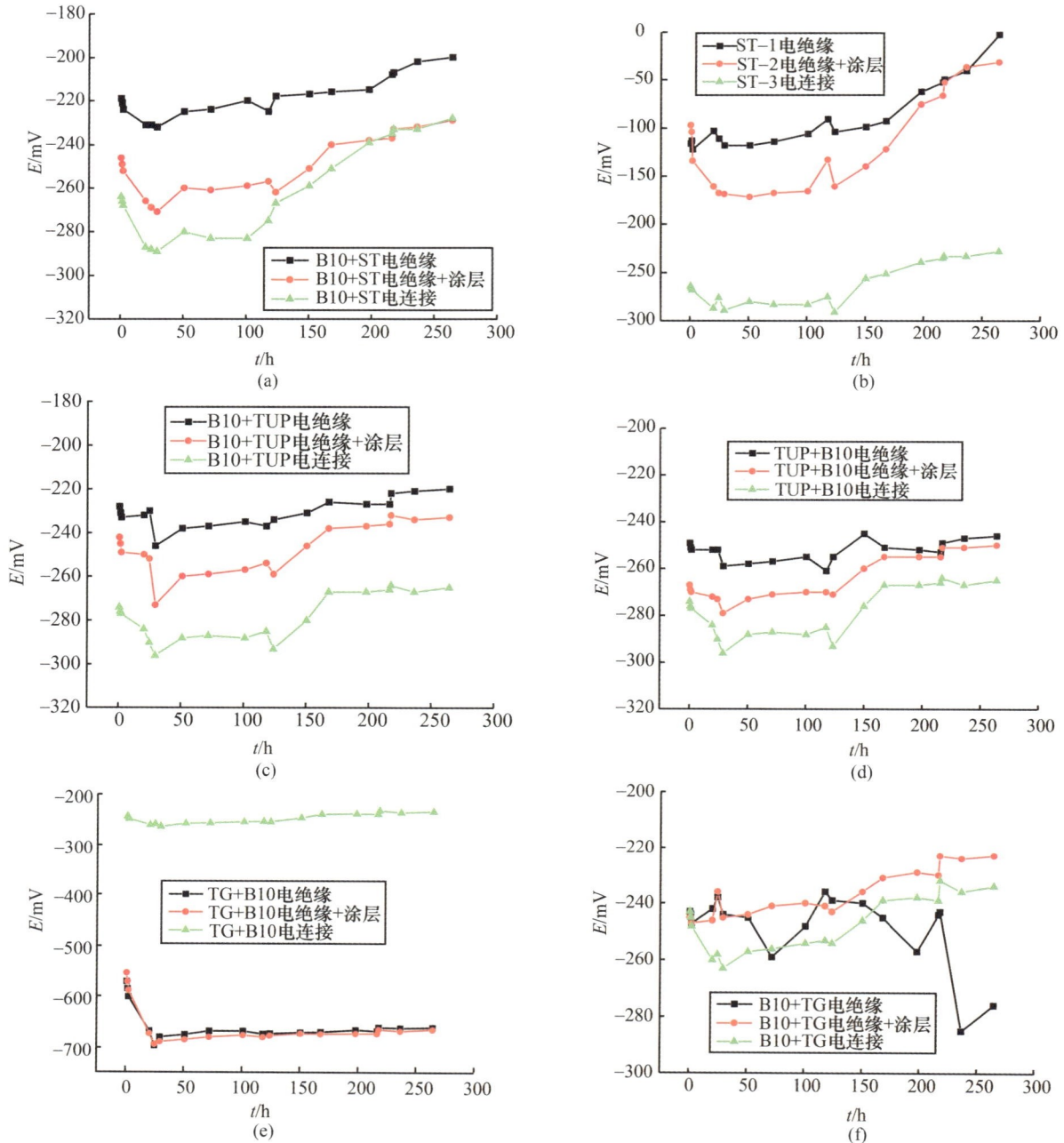

图 9.21　组成电偶对后,不同材料在 1.6m/s 流动海水中不同连接状态时的电位—时间曲线

(a) B10(B10 + 1Cr18Ni9Ti);(b) 1Cr18Ni9Ti(1Cr18Ni9Ti + B10);(c) B10(B10 + TUP);(d) TUP(TUP + B10);
(e) 碳钢(TG + B10);(f)B10(B10 + TG)。

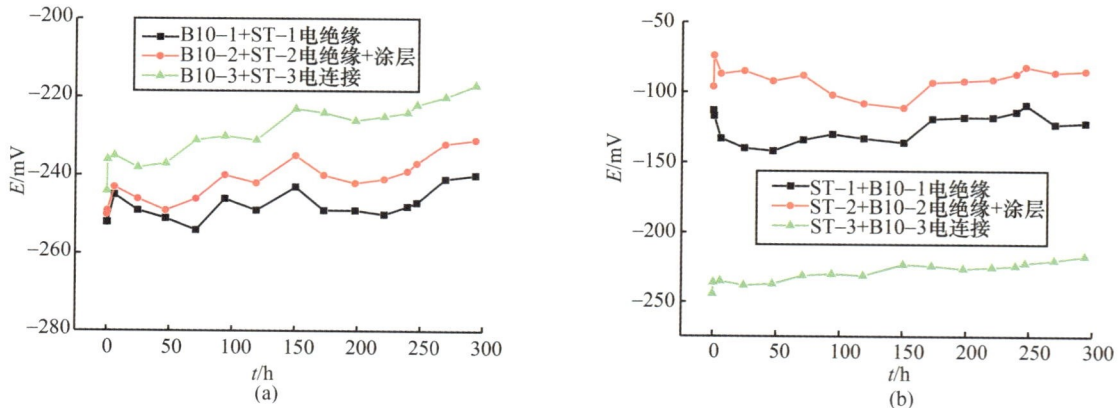

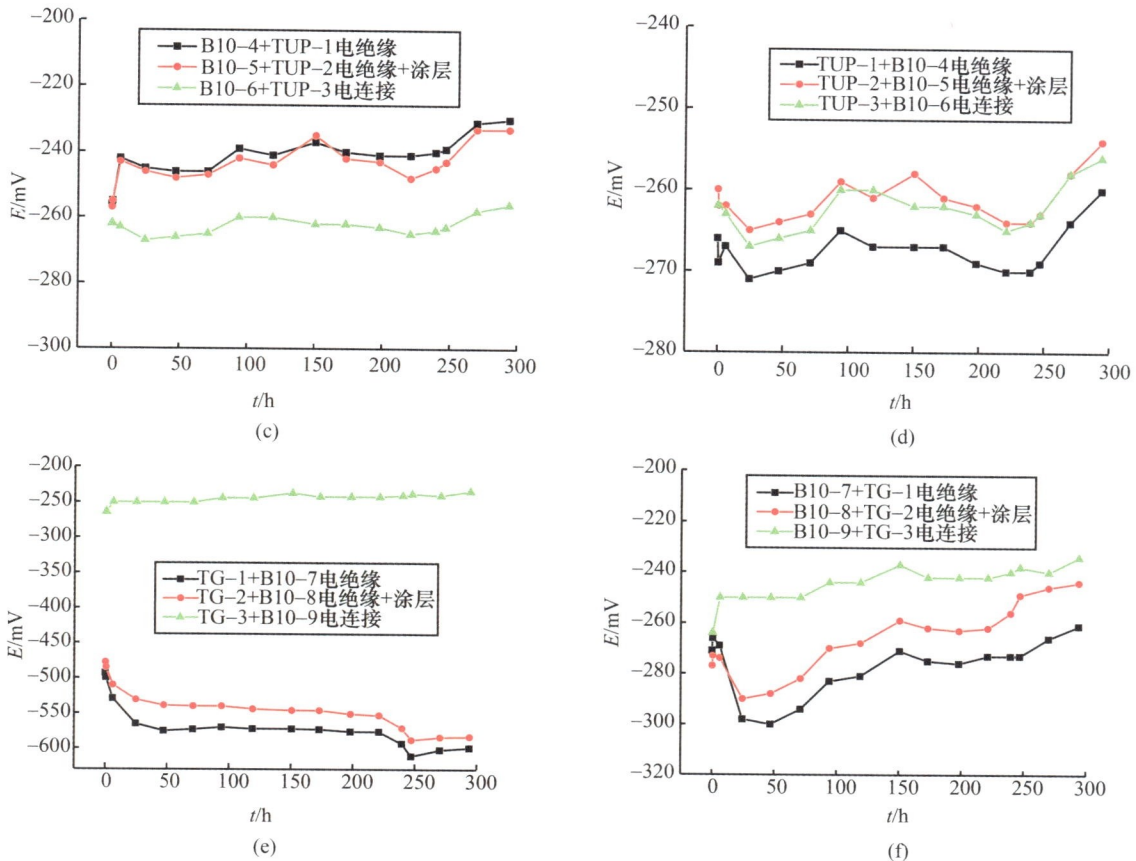

图 9.22　组成电偶对后,不同材料在 4.6m/s 流动海水中不同连接状态时的电位—时间曲线

(a) B10(B10 + 1Cr18Ni9Ti);(b) 1Cr18Ni9Ti(1Cr18Ni9Ti + B10);(c) B10(B10 + TUP);(d) TUP(TUP + B10);

(e) 碳钢(TG + B10);(f) B10(B10 + TG)。

9.5.4　样机抗冲击试验及法兰螺栓拧紧力矩试验

1. 抗冲击试验

根据试验研究,所确定的电绝缘法兰结构,电绝缘吊、支架和筛选出的电绝缘材料配套系统能够较好地解决舰船海水管系异种金属接触腐蚀问题。但考虑舰船在作战中可能遭受的水下爆炸冲击和管系内的高压力情况,有必要对电绝缘管系试验样机进行严格的冲击试验,以考核在管系内水压值为 3.0MPa 时,电绝缘法兰结构能否具有良好强度和保持良好密封。

本项实验委托船用辅助机电设备性能及环境试验检测中心进行。电绝缘管系样机按实船安装方式固定在 C – 200 型冲击机上,在给管内加水压 3.0MPa 的情况下,进行三个轴向的冲击试验。

根据垂向、背向、侧向共 9 次严酷的冲击试验,试验样机无结构性损坏,三处电绝缘法兰均无漏水泄压现象,试验前后管系内压力值均为 3.0MPa。证明设计的电绝缘法兰结构和所有电绝缘密封材料均能在高压下承受大的冲击作用而不损坏和泄漏,达到了标准中 A 级设备的水平,可以满足舰船海水管系电绝缘使用要求。

2. 螺栓拧紧力矩试验

由于电绝缘法兰结构中有非金属绝缘组件,对于舰船高压海水管系电绝缘法兰在安装时有可能因非金属绝缘组件受力过大而损坏,因此,有必要通过试验对各种电绝缘法兰安装时的螺栓拧紧力矩给予规定,以达到既满足管系电绝缘法兰处的密封要求,又不至于在安装时造成非金属电绝缘组件因受力过大而损坏。试验中电绝缘法兰采用 GB 2506—2005《船用法兰》标准,螺栓采用小一挡的高强度螺栓。电绝缘法兰螺栓拧紧力矩见表 9.14。

表 9.14　电绝缘法兰螺栓拧紧力矩

标准法兰	紧固螺栓	扳手力矩/(N·m)	试验压力/MPa	保压时间/min	试验结论
GB 2506 10 – 020	4 – M10	88.2	2.4	10	无泄漏
		88.2	3.0	10	无泄漏
GB 2506 10 – 065	4 – M14	88.2	2.4	10	无泄漏
		88.2	3.0	10	无泄漏
GB 2506 10 – 100	8 – M14	147	2.4	10	无泄漏
		147	3.0	10	无泄漏
GB 2506 10 – 125	8 – M14	147	2.4	10	无泄漏
		147	3.0	10	无泄漏
GB 2506 10 – 150	8 – M16	176.4	2.4	10	无泄漏
		176.4	3.0	10	无泄漏
GB 2506 10 – 200	8 – M16	176.4	2.4	10	无泄漏
		176.4	3.0	10	无泄漏
GB 2506 10 – 250	12 – M16	176.4	1.0	10	无泄漏
		176.4	2.4		泄漏
		196	3.0	10	无泄漏
GB 2506 10 – 300	12 – M16	196	2.4	10	无泄漏
		196	3.0	10	无泄漏
GB 2506 10 – 350	16 – M16	196	2.4	10	无泄漏
		196	3.0	10	无泄漏

由表 9.14 可以看出,随着管径的增加,管系无泄漏的螺栓拧紧力矩(扳手力矩)随之增加。可参考表 9.14 数据采用力矩扳手进行具体管系安装,对于舰船海水管系,电绝缘法兰螺栓拧紧力矩参照管内压力 3.0MPa 执行。试验中所用紧固工具最大力矩 294N·m。

9.6　海水管系电绝缘产品的研制与应用及电绝缘效果检测要求

9.6.1　产品研制与应用

根据以上研究和试验结果,开发了系列电绝缘法兰组件、吊架等产品,模拟电绝缘海水管系隔离系统如图 9.23 所示。

实船上的海水管路电绝缘隔离装置图 9.24 所示。

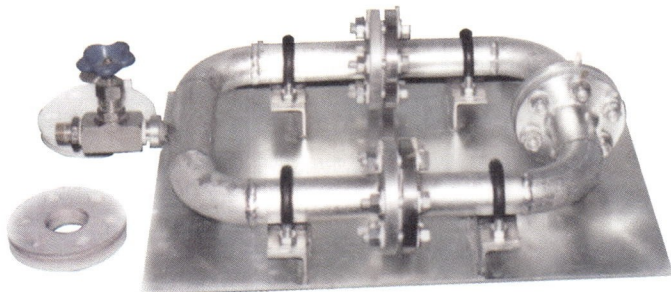

图 9.23　模拟电绝缘海水管系隔离系统

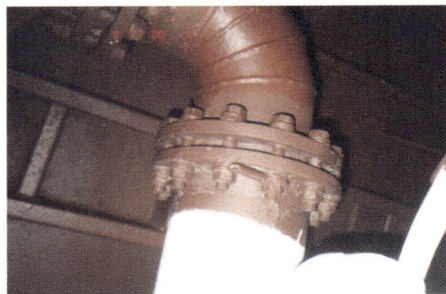

图 9.24　实船上的海水管路电绝缘隔离装置

9.6.2　舰船的电绝缘效果检测要求

舰船上实施电绝缘技术防止异种金属腐蚀的部位根据工作时是否长期接触海水大体上可分为两类:一

类是各种海水管路系统中接触海水的异种金属之间的绝缘;另一类是海水管路系统中不接触海水的异种金属之间的绝缘及其他结构中异种金属之间的绝缘,如设备与艇体之间的绝缘等。具体检验的内容与部位应参见每艘舰船的"异种金属连接绝缘防腐检查表"。下面主要介绍电绝缘检测的方法及检验结果的分析判断。

1. 海水系统长期接触海水的部位

海水系统中内部有海水的主要是管路及管路中的泵、阀等设备,异种金属之间主要采用绝缘法兰连接,并专门安装有电绝缘测量片。绝缘法兰也有多种形式,这里仅以一种形式为例说明电绝缘的检测方法。

1)管系内处于完全干燥状态的电绝缘检测

采用兆欧表(摇表)连接绝缘两侧的测量片直接测量异种金属之间的绝缘电阻(图9.25)。推荐用500V兆欧表。当电阻大于0.1MΩ时,绝缘良好。当建造、修理时刚安装好,尚未通水或上排时间较长、长期未通水、内部已完全干燥的情况可采用此方法。

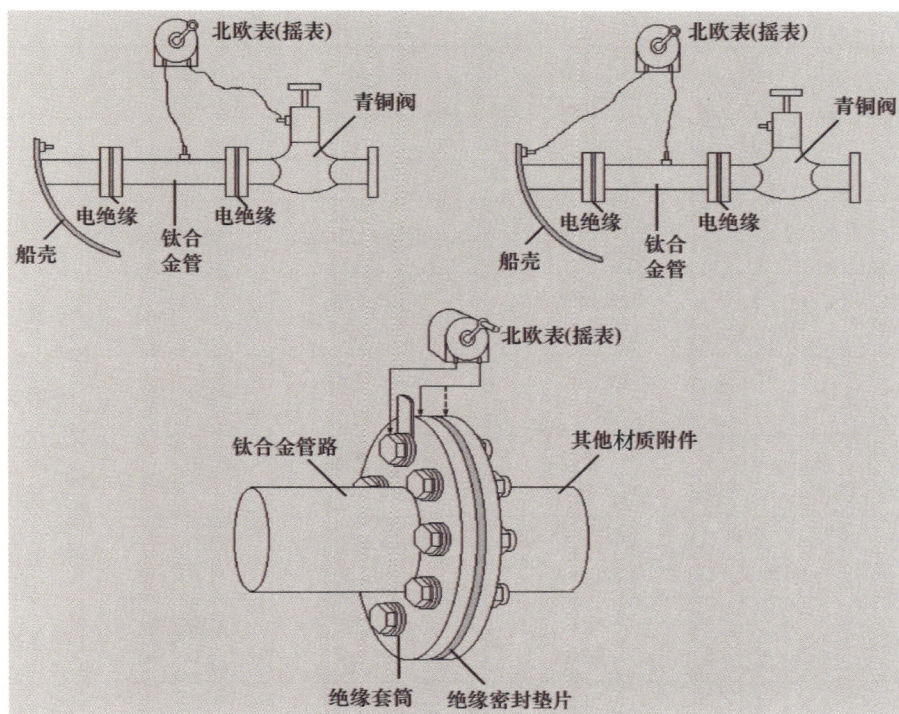

图 9.25　干燥状态下电阻法检测电绝缘

鉴于国内兆欧表量程范围内最小刻度值为0.1MΩ,因此可暂定电阻值大于0.1MΩ时,绝缘良好。

2)管系内处于潮湿或有水状态的电绝缘检测

此时用兆欧表测量失效,因为绝缘法兰两侧的异种金属之间可以通过内部的海水或表面的水膜导电,已不可能测量电阻。这时可以用万用表进行测量。万用表可测量电阻、电压(电位差)及电流,但是这里要测量有水管路的绝缘电阻也是不可能的,只能用另外两种方法,分别为电压、电流法(图9.26)。

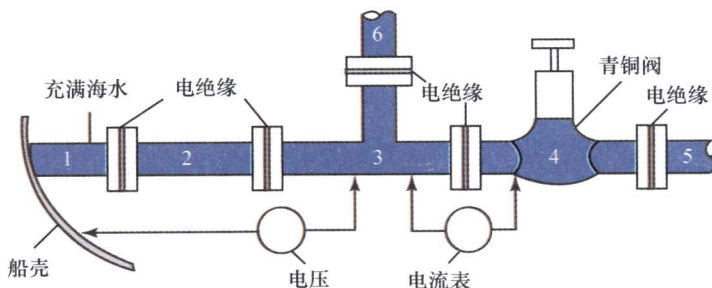

说明:图中5、6为未进行电绝缘的管段,其余为进行电绝缘的管段。

图 9.26　潮湿或有水状态下电压法检测电绝缘

测量方法及原理如下：

如果电绝缘效果良好，则异种金属同处于海水中，就相当于组成了一个处于断路状态的腐蚀电池，两侧金属之间的电位差就相当于电池的电动势，该电动势理论上应等于两侧金属各自在海水中的自腐蚀电位差，所以当采用电压法测量两侧的电位差时，即可得知其绝缘效果；当采用电流法测量时，相当于两侧通过电流表发生了短路，则电流表中流过的应当是较大的短路电流。

如果电绝缘完全失效，发生了短路导通，这就相当于组成了一个处于短路状态的腐蚀电池，用电压法测量时两侧之间的电位差测量值就会变得极小甚至为零；而用电流法测量时，由于异种金属之间已经发生短路导通，所测得的电流会大大下降。

如果电绝缘部分失效，没有到完全短路的程度，则无论用电压法还是电流法，测量值则会处于上述两种极端状态的中间范围，为此可制定一个判断指标，根据测量结果来判断绝缘效果。在电压、电流测量的基础上，也可以用万用表测量电阻作为参考，指标见表9.15。

表 9.15　电绝缘零件绝缘效果判据

材料种类	管路状态	兆欧表测量结果	万用表电位测量结果	万用表电流测量结果	万用表电阻测量结果	电绝缘状态判断
任意	干燥	>0.1MΩ	—	—	—	合格
		<0.1MΩ	—	—	—	绝缘失效
任意	潮湿或满海水	—	2V 量程，<5mV	200μA 量程，<2μA	<100Ω	存在电连接，绝缘失效，需检查
钛合金与不锈钢	潮湿	—	2V 量程，>50mV	200μA 量程，>5μA	>0.1MΩ	绝缘效果良好
	充满海水	—	2V 量程，>50mV	200μA 量程，>50μA	>0.1MΩ	绝缘效果良好
	潮湿或满海水	—	2V 量程，<50mV	200μA 量程，<5μA	<1kΩ	绝缘效果不良，需进一步检查
钛合金与铝合金	潮湿	—	2V 量程，>300mV	200μA 量程，>10μA	2MΩ 量程，>0.1MΩ	绝缘效果良好
	充满海水	—	2V 量程，>300mV	2mA 量程，>0.1mA	2MΩ 量程，>0.1MΩ	绝缘效果良好
	潮湿或满海水	—	2V 量程，<300mV	200μA 量程，<10μA	<1kΩ	绝缘效果不良，需进一步检查
其他种类材料间的连接	潮湿	—	2V 量程，>150mV	200μA 量程，>10μA	2MΩ 量程，>0.1MΩ	绝缘效果良好
	充满海水	—	2V 量程，>150mV	2mA 量程，>0.1mA	2MΩ 量程，>0.1MΩ	绝缘效果良好
	潮湿或满海水	—	2V 量程，<150mV	200μA 量程，<10μA	<1kΩ	绝缘效果不良，需进一步检查

实际测量时优先采用电压法，或以电压法为主，再配合以电流法及电阻法。因为当系统内水少或处于潮湿状态时，对于同样的绝缘效果，绝缘两侧金属的电位（差）测量值所受影响较小，而两者之间以电流表方式导通时所测的电流值所受影响较大。

2. 不接触海水的部位电绝缘检测

像通舱管件与舱壁、设备与船体等部位的异种金属接触部位，长期不接触海水，平时连接部位可能会有短时的雨水、潮湿大气或结露在表面形成液膜，但绝大部分时间是干燥的。它们的电绝缘检测可采用兆欧表测量，指标同上。问题是这些部位一般没有测量片，所以测量时还要刮破漆膜进行测量，对局部涂层有损伤，先用目测的方法，如果没有明显的腐蚀迹象，可以免测。

9.7 电绝缘涂层

9.7.1 发展现状

在海水管路系统中,由于使用材料的电位存在差异,海水又是一种强电解质,使得不同金属之间的电连接更便捷,因而使得系统形成了电偶腐蚀的环境。

抑制或减轻电偶腐蚀的方法:一是尽可能采用同一种材料以消除电位差;二是将不同电位的金属之间的电连接隔绝,使得金属之间绝缘;三是使用绝缘性高的防腐蚀涂料,使得金属与海水等电解质溶液之间不接触、绝缘,这样不但可以阻止金属的腐蚀,还能够隔断腐蚀反应中离子的传输,从而抑制电子的传输,减轻金属的腐蚀。比较以上三种方法可以看出,应用高绝缘性防腐涂料是一种方便、易实施的方法,而其中尤以采用喷涂熔融防腐绝缘涂料的保护措施效果最显著。

随着科技的进步,新材料的涌现,粉末涂料涂装具有的安全高效、无污染等特点在重防腐涂装中得到越来越广泛的应用。它是一种可以在严酷的腐蚀环境下长期有效使用的涂料,可以一次厚涂,同时利用静电喷涂技术将粉末状涂料喷涂在加热的工件上,在较高温度固化形成涂层,因而粉末涂料具有较高的耐腐蚀性能,尤其以防腐绝缘涂料为佳。在国外这类粉末涂料也称为熔结型环氧树脂(FBE)防腐绝缘涂料。

防腐绝缘涂料的优良特性主要体现在涂层的优良抗化学品性、耐溶剂性,能够抵御输送介质中 H_2S、CO_2、O_2、酸、碱、盐、有机物等化学物质腐蚀,并能长期接触含盐地下水、海水以及土壤中微生物产生的各种有机酸等腐蚀物质。此外,防腐绝缘涂层具有优异的耐磨、抗冲击与弯曲性能,与金属基材具有良好的附着力,能有效防止施工时机械损伤或植物根系及土壤环境应力的破坏;防腐绝缘涂层具有较高的玻璃化温度,能保证在宽的温度范围(−30~100℃)正常使用。在施工工艺性方面,防腐绝缘涂料施工方便,不需底漆可一次厚涂,快速固化,有利于流水线作业,易于检测与修补,涂层质量易于控制。

由于重防腐防腐绝缘涂料具有的优良的力学性能、抗腐蚀耐老化性能,广泛应用于陆上、水下、海底等管线的防腐涂装,从赤道到极地,其防腐寿命超过40年,给处于各种环境中的管线长期低维护成本运行提供了可靠的保证。特别是在管道重防腐方面获得了广泛应用,从最初的石油天然气管道防腐扩大到城市地下污水管网防腐、海底等管线的防腐涂装。

我国从20世纪80年代起,引进重防腐防腐绝缘涂装技术,在北京、上海的天然气管线工程、航空煤油管线工程,吐哈油气田善鄯至乌鲁木齐天然气管线工程,甬沪宁、西南等成品油输油管线、油田输油管线、杭州湾跨海大桥沉台外桩管防腐等国家重点工程中得到广泛应用,建成了上万千米管线投入运行,取得了明显的经济效益与社会效益。

由于钢管内输送不同类型的介质,因此其涂层也相应地使用不同类型的粉末涂料。正确选用粉末涂料,对确保钢管的防腐性和延长其寿命有着重要的作用。输送海水、污水的管道最好选用酚醛改性环氧粉末涂料,该涂料耐海水性、耐污水性好。而日本使用聚乙烯粉末涂料,因为海生物很少黏附在该涂层上。美国一家油气运输公司根据几十年的经验对几种防腐材料进行了比较,见表9.16。

表 9.16 各种防腐材料的技术经济比较

防腐材料类型	优点	缺点	适用范围	包覆层厚度/mm	使用寿命/年
煤焦油沥青涂料	材料易得,技术成熟,设备简单	易受微生物腐蚀,易溶于烃类溶剂,力学性能差,低温脆,高温发软	沥青资源易得地区	煤焦油沥青涂料+玻璃布6~8	15~20
环氧煤焦油沥青磁漆	力学性能好,耐腐蚀性好,施工安全	固化时间长,环境污染大	地下及海底管系	4~6	20~25
塑料胶黏带	耐低温性好,力学性能好,绝缘电阻高	能耗高,材料费用高,耐高温性差	地势宽阔,土质干燥地区	1.3~1.8	30~40

(续)

防腐材料类型	优点	缺点	适用范围	包覆层厚度/mm	使用寿命/年
热固性环氧粉末涂层	耐腐蚀性能好,力学性能好,抗阴极剥离强	表面处理严格,耐候性差,吸水率略高	埋地管道,海底管道	0.3 ~ 0.5	40 ~ 50
热塑性线型聚乙烯粉末涂料	耐腐蚀性能好,耐候性好,抗机械破坏能力强	施工设备要求严格,附着力比环氧粉末涂层差	露天管道,异型管道,弯头等	1 ~ 3	40 ~ 50

　　为了检验涂塑钢管的防腐性能,除了在实验室进行加速腐蚀试验外,还应进行实船应用。江南造船厂为舟山航运公司建造的"浙801"号船的主机冷却管系中安装了涂塑钢管,经过4年的使用,多次拆装检查,涂塑层完好无损。经过水流冲击,涂层更加光泽润滑。而与涂塑管连接在一起的镀锌管,其内壁已腐蚀得坑坑洼洼,接近穿孔程度。江南造船厂为广州海运局建造的65000吨级油船上的惰性气体泄水管和空气管系统中,规定要使用涂塑钢管。新加坡海皇轮船公司委托江南造船厂建造的两艘700TEU集装箱船上阀件、热交换器端盖内腔中,经过涂塑加工,经使用船东很满意。沪东造船厂建造的63000吨级油船、"海洋一号"船上都安装了涂塑钢管。经过对拆开检查的涂塑管观测,涂层质量无变化。

　　虽然防腐绝缘涂料具有优异的耐蚀性能,但是在军用舰船海水管路系统的应用很少,并且现在防腐绝缘涂料的性能差异很大,有些涂塑管由于使用的涂层附着力差,也导致涂层的性能差;同时,由于舰船海水系统中存在的强电介质海水也加重了管路系统的电偶腐蚀。因而应针对海水管路的特点,研制高绝缘性防腐蚀涂料。要解决海水管路系统的腐蚀问题,不但应提高防腐蚀涂层的耐蚀性,而且要提高涂层的绝缘性,使之能够良好地隔绝高导电性的海水的腐蚀,才是提高海水管路系统耐蚀性的行之有效的办法。

9.7.2　防腐绝缘涂料配方设计与优化研究

1. 配方优化

　　环氧涂料配方中通常包括成膜物质、颜料、填料、固化剂、溶剂和各种功能性助剂。而每一种成分的种类、含量以及它们彼此之间的配比对于涂层的性能影响很大。因而,如何选择涂料配方中涉及的各种成分的种类以及含量,对于涂料的性能影响很大。

　　我们前期的研究结果表明,双酚A型的环氧树脂由于所含羟基、苯环、醚键以及环氧基团,使得环氧树脂具有很强的反应活性,同时具有良好的柔韧性、刚度、耐温性、耐药品性以及与金属基体的黏接性,因此在本项目的研究中选择双酚A型环氧树脂作为成膜物质。同时,选择不同分子链长度的双酚A型环氧树脂,使得所形成的树脂具有互穿网络的结构,涂层的致密性更好、涂层的韧性更好,也使得涂层具有更高的防腐蚀性能和绝缘性能。

　　研究结果还表明,添加具有防腐作用的防锈填料对于进一步提高涂层的耐蚀性能具有积极的作用。前期的研究结果表明,磷酸锌、三聚磷酸铝具有良好的耐蚀性能。

　　在已有配方基础上,进一步对环氧树脂、固化剂、颜料、填料、助剂等成分的添加量进行优化,并对涂层的固化温度和固化时间进行优化,应用电化学阻抗谱测试、盐雾试验、3.5% NaCl 溶液浸泡试验等手段研究涂层的耐蚀性能,同时配合涂层附着力测试,利用 SEM、FT - IR 等测试手段研究涂层的微观结构。通过对试验结果的比较分析,完善高绝缘性、高附着力、高耐蚀性的防腐绝缘涂料配方。

　　通过前期的研究结果已筛选出初步配方,本项目是在前期工作的基础之上进行的优化设计。表9.17列出了优选的涂料配方。

表 9.17　优选的涂料配方(相对分子质量)

组成		配方一	配方二	配方三	配方四
环氧树脂	双酚 A 型	100	70	50	—
	双酚 B 型	—	30	50	100
固化剂		16	14	13	12
2 - 甲基咪唑		2	2	2	2

（续）

组成	配方一	配方二	配方三	配方四
流平剂	2	2	2	2
消泡剂	0.5	0.5	0.5	0.5
填料	36	40	40	36
钛白粉	20	15	15	20
颜料	1	1	1	1

分别研究了不同的环氧树脂种类及含量、固化剂含量以及填料含量对防腐绝缘涂料性能的影响。通过固化反应、耐蚀性、附着力测试筛选最优配方。

2. 热固化性能

热固树脂的固化过程包括分子链线性增长、支化和交联等反应。这时体系将由低相对分子质量液体转变为相对分子质量为无穷大的非晶网络，该过程为放热化学反应。环氧树脂体系固化热效应的大小取决于体系的组成和由此表现出来的反应活性，极大放热峰在 $52 \sim 177℃$ 的不同温度，这与未反应环氧基的后开环反应有关。在高温开始的吸热反应相应于固化产物的起始热分解和所生成的低相对分子质量物质的挥发。因此，通过热固化性能（DSC）测试可以知道涂层的固化反应程度。

利用 DSC 测试技术可以研究不同涂料配方在加热过程中的放热和固化反应的一些信息，例如最大放热峰的放热量、最大放热温度、固化放热量等。图 9.27 为表 9.17 中四种配方防腐绝缘涂层的 DSC 曲线。四种配方的 DSC 曲线相差不太多。可看出四种配方的环氧涂层在 56℃ 左右都出现了吸热峰，这表明涂层在此温度下有一些低熔点的物质开始熔化。还可看出，四种配方的环氧涂层在 $140 \sim 240℃$ 存在放热峰，说明在此温度段涂料发生固化反应，生成三维网状结构，放出热量。还可以看到，四种配方的固化温度及固化热略有不同，配方三和配方四涂层的固化温度和固化热呈现较大，即固化度较高，涂层有较好的防护性能。

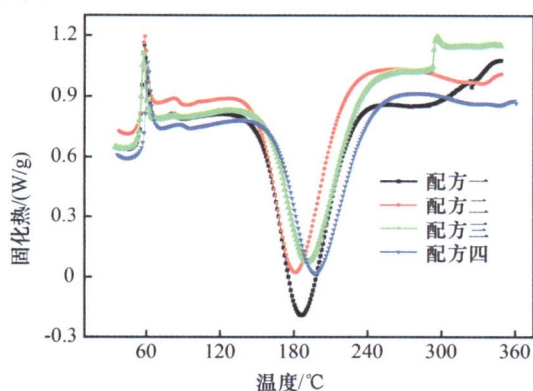

图 9.27　四种配方防腐绝缘涂层的 DSC 曲线

3. 阻抗谱

图 9.28 为四种配方防腐绝缘涂层在不同浸泡时间的阻抗谱图。从图 9.28 可以看出，在开始浸泡时，四种配方防腐绝缘涂层的阻抗值都很高，模值均高于 $10^{11}\Omega \cdot cm^2$，而且波特图中模值与频率曲线呈现斜率为 1 的直线，这说明此时涂层为一个完好涂层，可以将腐蚀性介质完全抵挡住，不能渗透到金属基体表面，涂层表现为一个时间常数（图 9.28（a）），且阻抗值基本相同，表明此时的四种涂层都有非常优异的屏蔽性能。当浸泡 2400h 后，四种配方的防腐绝缘涂层的阻抗值都逐渐降低，阻抗曲线上均出现了两个容抗弧，说明此时溶液不但渗透到达金属基体表面，而且还使得金属发生了腐蚀，此时涂层对于防腐性介质的阻挡作用变弱，涂层阻抗曲线上已经出现了两个时间常数（图 9.28（b）），但配方三的阻抗略高于其他配方，表明配方三的防腐绝缘涂层防护性能较好。

为了进一步分析涂层的防护性能，选用合适的等效电路对所得到的阻抗数据进行拟合。当涂层表现为一个时间常数时，选用图 9.29（a）所示电路进行拟合。当涂层出现两个时间常数后，选用图 9.29（b）所示电路进行拟合。在等效电路中，R_s 为溶液电阻，$Q_{coating}$ 和 $R_{coating}$ 分别为涂层电容和涂层电阻，Q_{dl} 和 R_t 分别为金属腐蚀反应的双电层电容和金属腐蚀反应的电荷转移电阻。由于所测得的涂层电容及双电层电容与纯电容有一定的偏离，即弥散效应的存在，因此在等效电路中选用常相位角元件 Q 来代替电容 C。

4. 电阻

图 9.30 为经过等效电路拟合后所得到的四种配方防腐绝缘涂层电阻随浸泡时间变化曲线。由图 9.30 可以看到，涂层电阻随浸泡时间的增加先逐渐降低后达到稳定，配方三的涂层电阻明显高于其他三种配方的涂层阻抗，这表明配方三所制备的防腐绝缘涂层有较优异的防护性能。

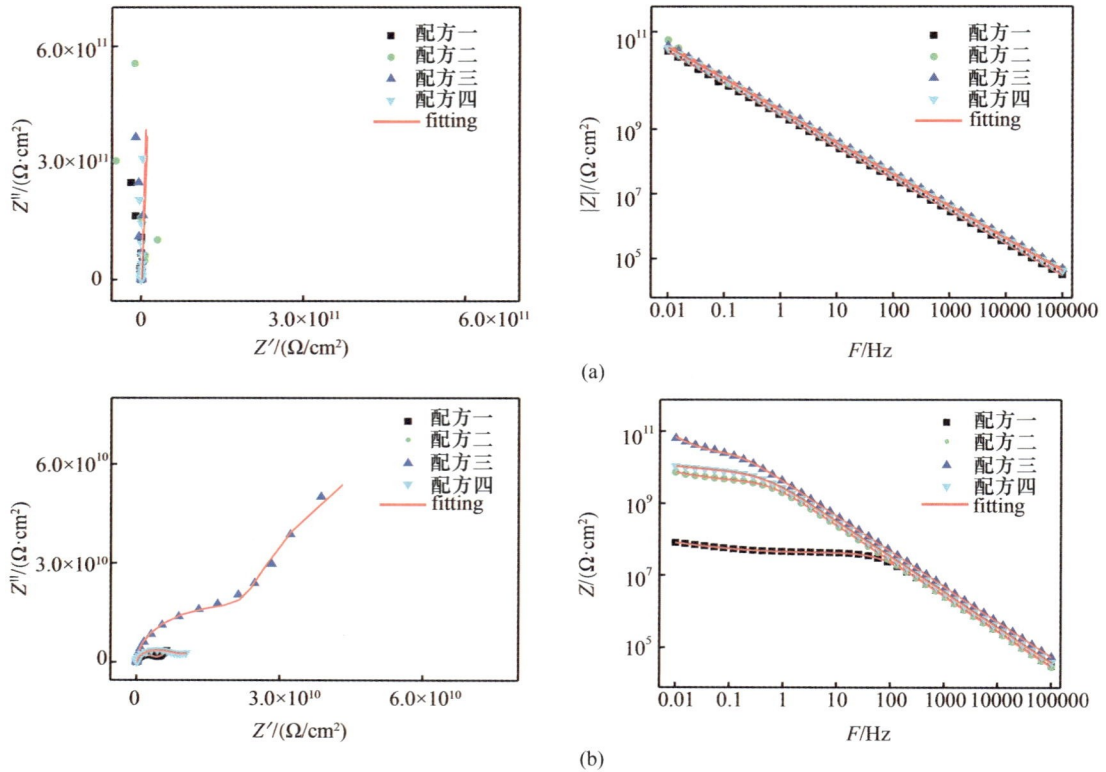

图 9.28 四种配方防腐绝缘涂层在不同浸泡时间的阻抗谱图
（a）浸泡时间 0.5h；（b）浸泡时间 2400h。

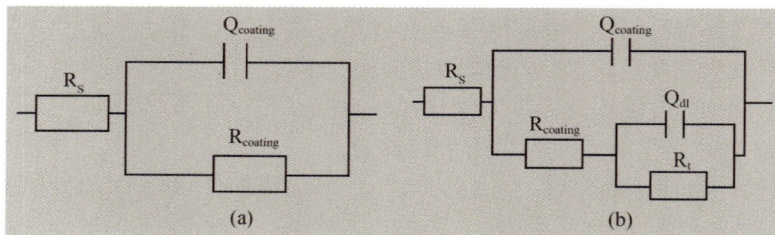

图 9.29 等效电路

5. 附着力

涂层的附着力是衡量涂层防腐性能的重要指标,当涂层与金属界面的附着力弱时,水溶液及侵蚀性离子就会容易渗透过涂层,并在涂层－金属界面扩散,使涂层鼓泡,金属发生腐蚀反应,从而失去防护作用。

表 9.18 列出了四种配方防腐绝缘涂层在 200℃ 固化 10min 后的附着力。从表 9.18 可以看出,在该固化条件下,四种涂层的附着力均大于 60MPa,其中配方三的涂层附着力最大,达到 72.26MPa。

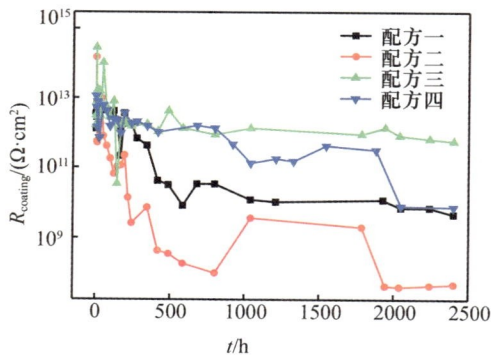

图 9.30 四种配方涂层电阻随浸泡时间变化曲线

表 9.18 不同配方的涂层在 200℃ 固化 10min 后的附着力

配方	配方一	配方二	配方三	配方四
附着力/MPa	66.45	67.23	72.26	69.38

从以上涂层耐蚀性、附着力等的测试结果可以看出,配方三的性能最高,本研究确定配方三为最优配方。以后均以配方三为研究对象。

涂层的固化条件包括固化温度和固化时间。试验通过拉开法测试配方三在不同的固化温度和固化时间后涂层的附着力,进而对固化工艺进行优化。表 9.19 为配方三涂层在不同固化温度和固化时间下的附着力。

表 9.19　配方三涂层在不同固化条件下的附着力　　　　　　　　（单位:MPa）

温度/℃ \ 时间/min	5	10	15	20	25	30
180	53.95	51.68	60.06	70.46	69.75	50.92
200	64.10	72.26	68.72	66.13	—	—
220	70.09	70.71	69.63	—	—	—
240	62.16	—	—	—	—	—

从表 9.19 可以看到,涂层在 220℃固化 5 ~ 15min、200℃固化 10 ~ 15min、180℃固化 20 ~ 25min 都具有比较高的附着力。因此,在一定的温度范围内,可以通过提高涂层的固化温度来缩短固化时间,通过延长固化时间来降低涂层的固化温度。但是固化温度过高或固化时间过长会导致涂层的附着力降低。图 9.31 为附着力测试的拉伸断面的照片,白色为固化后的涂层,灰色为金属基体。由图可以看到,附着力为 72.26MPa（涂层在 200℃固化 10min）的断面涂层的覆盖率较高,说明涂层与金属结合力大;附着力为 51.68MPa（涂层在 180℃固化 10min）的断面处裸露的金属基体面积较大,涂层与金属的结合力小。由此可见,防腐绝缘涂层在 200℃固化 10min 涂层的附着力最高。在应用过程中,可以选择这一固化条件进行固化。

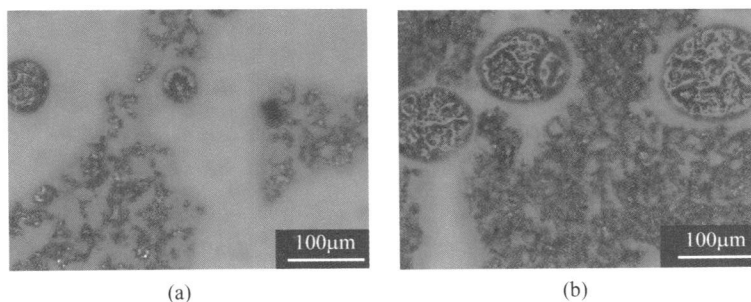

图 9.31　涂层拉伸断面形貌

（a）200℃固化 10min;（b）180℃固化 10min。

6. 不同固化工艺对涂层耐蚀性能的影响

由表 2.3 中附着力测试结果可知,涂层在 180℃固化 20min、200℃固化 10min 及 200℃固化 10min 时有较高的附着力,因此研究了配方三在这三种固化条件下的耐蚀性。

图 9.32 是在 180℃固化 20min、200℃固化 10min 及 220℃固化 10min 的防腐绝缘涂层在不同浸泡时间的阻抗谱图。从图 9.32（a）可以看到,三种加热条件下的防腐绝缘涂层在开始浸泡时,涂层表现为一个时间常数,有很高的阻抗值,表明涂层有优异的屏蔽性能。随着浸泡时间的增加到 2400h,涂层的阻抗值逐渐降低,但仍高于 $10^8 \Omega \cdot cm^2$（图 9.32（b））,表明涂层仍有较好的防护作用。其中 200℃固化 10min 的防腐绝缘涂层的阻抗值高于其他加热条件的,表明 200℃固化 10min 的防腐绝缘涂层有较好防护性能。

当涂层表现为一个时间常数时,选用图 9.29（a）所示等效电路中的 Model A 进行拟合。当涂层出现两个时间常数后,选用图 9.29（b）所示等效电路进行拟合。

图 9.33 为等效电路拟合后得到不同固化条件下的涂层电阻随浸泡时间变化曲线。由图可以看到,配方三在 200℃固化 10min 所得到的防腐绝缘涂料的涂层电阻最高,表明 200℃固化 10min 为最优的固化条件。

以上电化学阻抗测试均在 3.5% NaCl 溶液中进行的,配方三在浸泡 2400h 后,涂层的阻抗值仍为 $10^{11} \Omega \cdot cm^2$,表明涂层仍有较优异的防护性能,这也说明,在 3.5% NaCl 溶液中,涂层有好的耐蚀性。

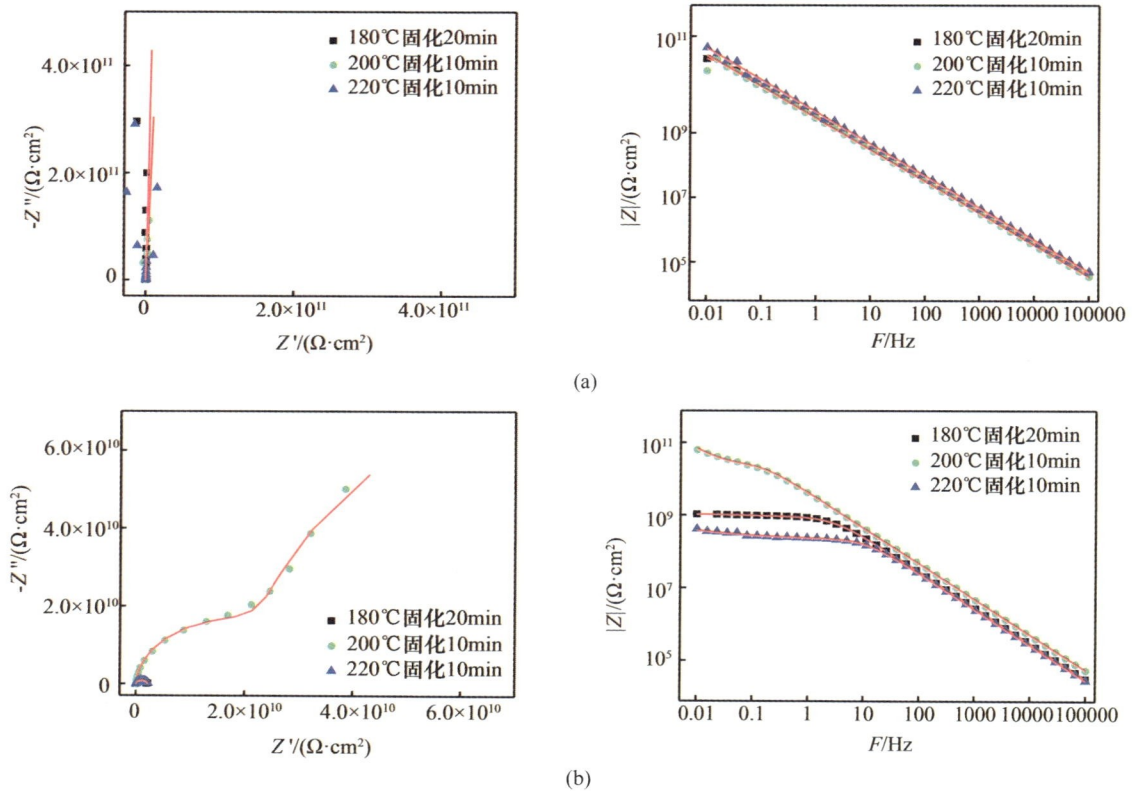

图 9.32 不同加热条件下涂层的阻抗谱图
（a）浸泡时间 0.5 h；（b）浸泡时间 2400 h。

7. 优化涂层的耐阴极剥离等性能测试

1）耐阴极剥离性能

涂料的耐阴极剥离性能是涂层防护性能的重要表现形式。由于有机涂层自身性质和制备工艺的影响，涂层/金属体系中的宏观和微观缺陷是不可避免的，涂层劣化和涂层下金属腐蚀过程必然会在这些缺陷位置上发生。涂层同腐蚀性介质接触后，水分子、氧气和腐蚀性离子依次通过涂层中缺陷扩散到涂层－金属界面，导致涂层孔隙率增大。金属表面发生很弱的氧化还原反应，其阴极产物也能显著破坏涂层和金属的结合，导致涂层微观鼓泡和剥离。加速氧化还原反应范围和强度，导致涂层剥离不断扩展，进而发展为宏观鼓泡和剥离。这些过程会导致涂层最终丧失防护能力。

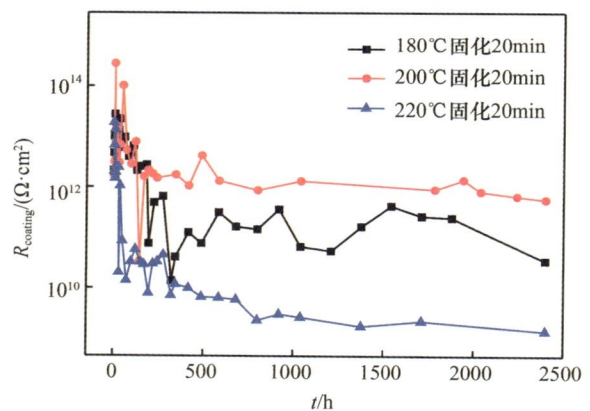

图 9.33 不同固化条件下的涂层
电阻随浸泡时间变化曲线

因此，耐阴极剥离能力是决定涂层防护性能和使用寿命最主要的因素。

以上研究结果表明，配方三在 200℃固化 10 min 后，涂层有最好的防护性能，为了进一步研究涂层的耐蚀性，对涂层进行耐阴极剥离试验。200℃固化 10 min 的涂层在 60℃不同时间的阴极剥离宏观形貌，浸泡 1 天后涂层未见任何变化，浸泡 15 天后可看到部分涂层起泡，但孔洞的大小没有明显改变，没出现剥离现象。

2）SEM 测试

为了进一步研究涂层的微观结构，对涂层进行 SEM 观察。图 9.34 为配方三在 200℃固化 10 min 后涂层的截面。可以看到，涂层截面很光滑、致密，填料均匀分散在涂层中，因此涂层有很好的防护作用。

3）FT-IR 测试

图 9.35 为防腐绝缘涂料的 FT-IR 光谱图。防腐绝缘涂料既含有环氧树脂的特征吸收峰（3419cm^{-1} 为 O-H 的特征吸收峰，2960cm^{-1} 为 C-H 的特征吸收峰，1104cm^{-1} 和 1037cm^{-1} C-O-C 的特征吸收峰），又含有胺的特征吸收峰（1362cm^{-1} 和 1297cm^{-1} 为 N-H 的特征吸收峰）。由此可以得知，研制的防腐绝缘涂料为环氧-胺固化的涂料体系。

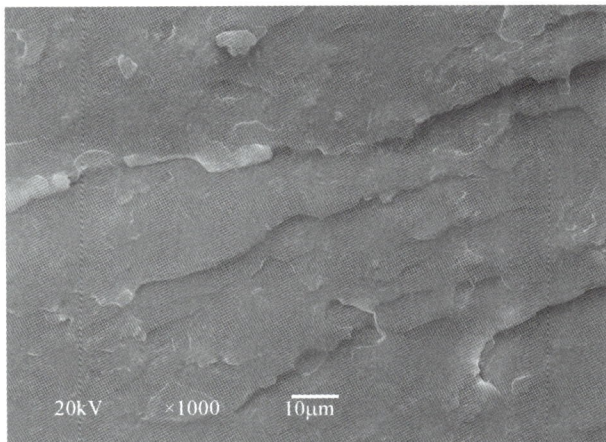

图 9.34 涂层的 SEM 观察

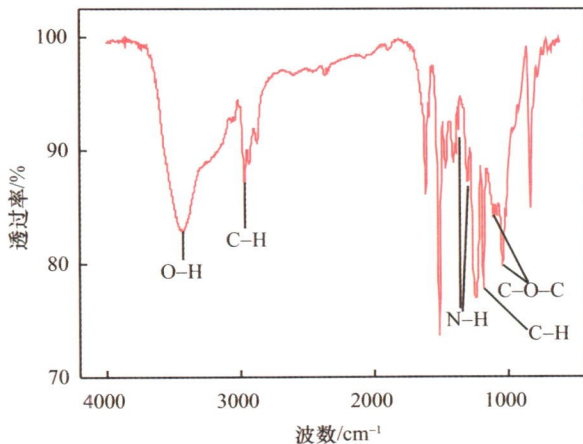

图 9.35 防腐绝缘涂料的红外光谱图

通过对以上试验结果的比较分析表明，配方三在 200℃ 固化 10min 具有高绝缘性、高附着力、高耐蚀性的熔融防腐绝缘涂料。

9.7.3 防腐绝缘涂料样品制备

采用高速多功能粉碎机或高速混料机将配方中原料混合均匀，然后利用双螺杆挤出机制备防腐绝缘涂料，并利用不同的筛分（标准筛或磨粉机）制备出不同粒径分布的防腐绝缘涂料样品。研究制备过程中挤出温度、挤出速度对涂料性能的影响，以及连续生产过程的制备工艺与实验室小样制备参数的相关性。

在防腐绝缘涂料工程化制备过程中，利用双螺杆挤出机和压片机进行防腐绝缘涂料的制备。在防腐绝缘涂料的小样制备过程中，用 LP-1000A 型高速多功能粉碎机进行预混和粉碎，采用标准检验筛进行筛分。在工程化应用试样制备中利用高速混料机进行预混、磨粉机进行粉碎和筛分。

防腐绝缘涂料样品制备流程如下：

（1）按照涂料配方中各个组分的实际含量依次称量各组分。

（2）在预混合机中将称量的各组分混合均匀并适当细化。

（3）在双螺杆挤出机中将以上的混合物熔融挤出，控制双螺杆挤出机一区温度为（105±5）℃，二区温度为（110±5）℃。熔融挤出的物质通过压片机冷却压片成为厚度 1mm 左右的树脂片状材料。

（4）将片状材料放入磨粉机中磨细并筛分成 100～180 目的粉状物质，粉状物质即为防腐绝缘涂料。

使用时，将粉状物质通过静电喷涂喷枪喷涂在预先加热的工件上，然后固化冷却或重新回炉后再固化。

以配方三为蓝本，在连续生产设备上制备防腐绝缘涂料，并记为 PRO 型涂料。通过试验确定防腐绝缘涂层的制备工艺：挤出机螺杆转动频率为 35～40Hz，一区挤出温度为 105℃，二区挤出温度为 110℃，筛网为 120 目时防腐绝缘涂料有较好的性能。试验还发现，研究连续生产过程的制备工艺与实验室小样制备参数的相一致，通过添加不同颜料，可以制备出不同颜色的涂料样品。

9.7.4 涂层耐蚀性能测试

将防腐绝缘分别喷涂在碳钢、铝合金及 B10 铜片上，并对防腐绝缘及涂层的性能进行检测。

1. 碳钢表面防腐绝缘涂层的耐蚀性

图 9.36 为碳钢表面防腐绝缘涂层在不同浸泡时间的阻抗谱图。可以看到,随着浸泡时间的增加,涂层的阻抗值略有降低。但经过 3840h 的浸泡,涂层仍表现为一个时间常数,阻抗值高于 $10^{11}\Omega\cdot cm^2$,表明涂层仍有优异的屏蔽性能。此外,在开始浸泡时,涂层的阻抗值约为 $10^{12}\Omega\cdot cm^2$,表明涂层有较高的电绝缘性。

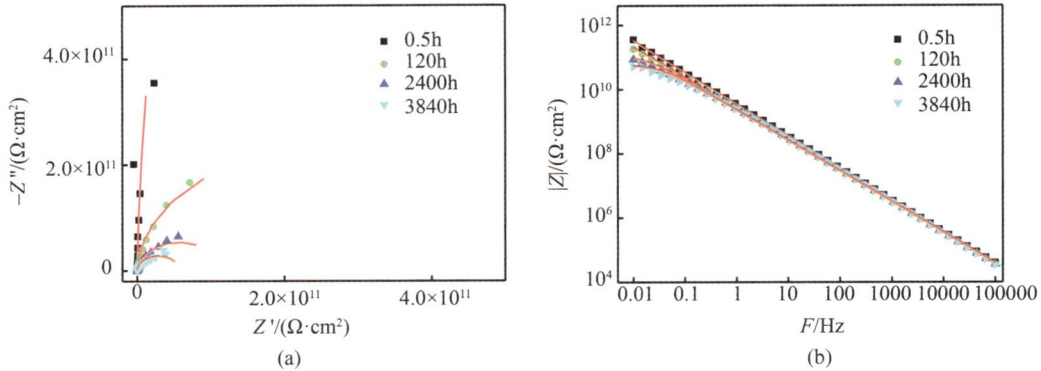

图 9.36 碳钢表面防腐绝缘涂层在不同浸泡时间的阻抗谱图

涂层在浸泡过程中始终表现为一个时间常数,所以选用图 9.37 所示的等效电路对得到的阻抗数据进行拟合。在等效电路中,R_s 为溶液电阻,$Q_{coating}$ 和 $R_{coating}$ 分别为涂层电容和涂层电阻。

图 9.38 为拟合后得到的碳钢表面涂层电阻随浸泡时间变化曲线。由图可以看到,涂层电阻随浸泡时间增加呈现逐渐降低的趋势,经过 3840h 浸泡后,涂层阻抗值为 $5.8\times10^{10}\Omega\cdot cm^2$,表明此时的涂层仍有非常优异的防护作用。

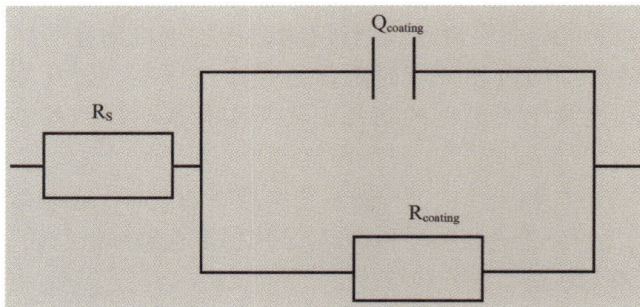

图 9.37 等效电路

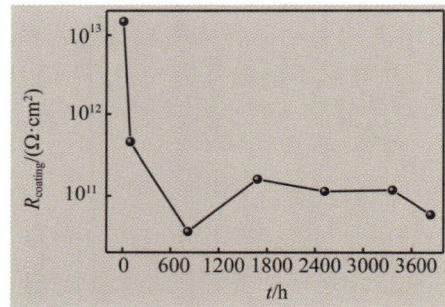

图 9.38 碳钢表面涂层的电阻随浸泡时间变化曲线

2. 铝合金表面防腐绝缘涂层的耐蚀性

铝合金表面防腐绝缘涂层经过 4800h 浸泡,涂层的阻抗值基本保持不变,表明防腐绝缘涂层对铝合金有优异的防护性能。此外,在开始浸泡时,涂层的阻抗值高于 $10^{11}\Omega\cdot cm^2$,表明涂层有较高的电绝缘性。

3. 铜合金表面防腐绝缘涂层的耐蚀性

铜合金表面的防腐绝缘涂层在 3600h 浸泡过程中,涂层的阻抗值基本保持不变,维持在 $10^{12}\Omega\cdot cm^2$,表明防腐绝缘涂层对铜合金有非常优异的防护性能。此外,在开始浸泡时,涂层的阻抗值约为 $10^{12}\Omega\cdot cm^2$,表明涂层有较高的电绝缘性。在 3600h 的浸泡过程中,涂层阻抗值在 $10^{12}\sim10^{13}\Omega\cdot cm^2$ 范围内波动。电化学阻抗谱测试结果表明,防腐绝缘涂料对铜合金有优异的防护性能。

图 9.39 是铜合金表面防腐绝缘涂层在 3.5% NaCl 溶液中模拟冲刷条件下不同时间的电化学阻抗谱图。由图可以看到,在 2400h 的冲刷条件下,涂层的阻抗值略有降低,但仍在 $10^{11}\Omega\cdot cm^2$,具有较好的防护性能。此外,在开始浸泡时,涂层的阻抗值约为 $10^{12}\Omega\cdot cm^2$,表明涂层有较高的电绝缘性。

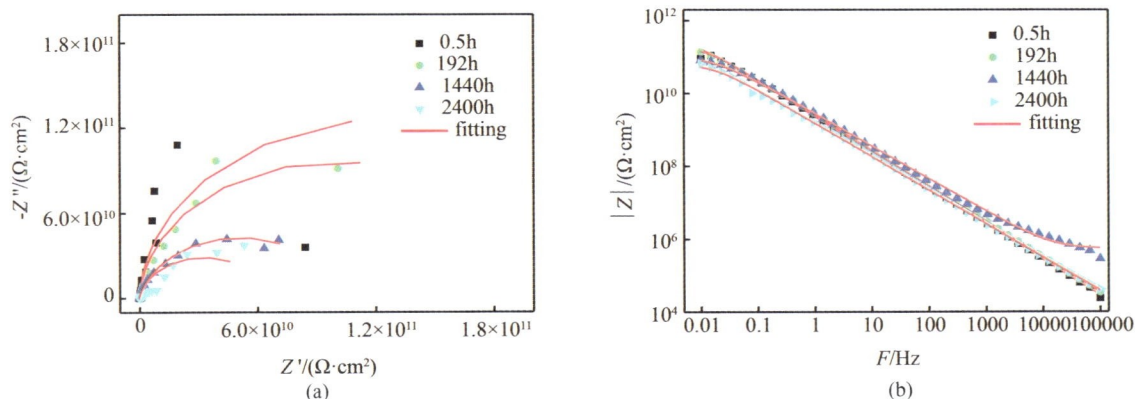

图 9.39　铜合金防腐绝缘涂层在模拟冲刷条件下的阻抗谱图

涂层在浸泡过程中始终表现为一个时间常数,通过等效电路对得到的阻抗数据进行拟合,图 9.40 为拟合后得到的涂层电阻随冲刷时间变化曲线。由图可以看到,在模拟冲刷条件下冲刷 2400h 过程中,防腐绝缘涂层的涂层电阻值在 $1 \times 10^{11} \sim 5 \times 10^{11}\,\Omega \cdot cm^2$ 之间波动。电化学阻抗谱测试结果表明,在模拟冲刷条件下,防腐绝缘涂料对铜合金有优异的防护性能。

4. 盐雾测试

通过防腐绝缘涂料 2400h 的盐雾试验,防腐绝缘涂层表面没有任何变化,没有鼓泡及锈点出现,表明涂层有优异的耐蚀性能。

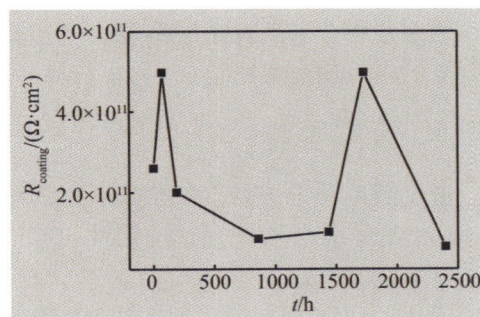

图 9.40　铜合金表面防腐绝缘涂层的涂层电阻在不同冲刷时间的变化曲线

防腐绝缘涂层在 3.5% NaCl 溶液、人工海水、10% NaOH 溶液、10% H_2SO_4 溶液、10% HCl 溶液、蒸馏水中常温浸泡 100 天涂层表面没有任何变化。这表明涂层无任何腐蚀反应发生,说明防腐绝缘涂层有优异的耐酸、耐碱及海水腐蚀性能。

5. 防腐涂层耐压力渗透性能

前期的研究结果表明,海水静水压力的增多会加速海水在涂层中的渗透,加速涂层的失效过程,使涂层的耐腐蚀性能下降。因而为研究防腐绝缘涂层在海水环境下静水压力中透水性的变化,进行了模拟深海环境涂层耐蚀性能检测。

腐蚀介质为 3.5% NaCl 溶液,试验温度为室温。利用自行设计的实验装置模拟深海环境中海水压力变化,压力变化条件为常压至 3.5MPa。采用液体增压泵将测试溶液加压至 3.5MPa 静水压力浸泡 240h。

图 9.41 为 3.5MPa 静水压力下涂层不同浸泡时间的电化学阻抗谱(EIS)测试结果。可见,常压与

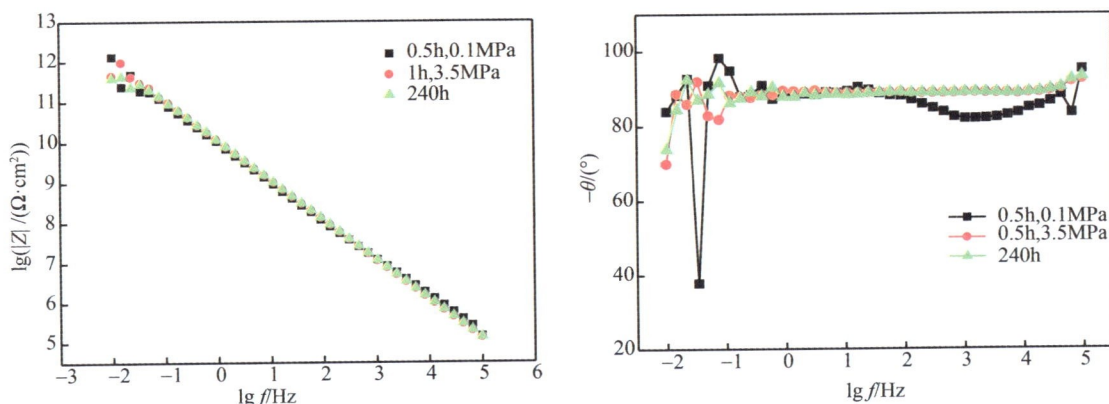

图 9.41　3.5MPa 静水压力下涂层不同浸泡时间的 EIS

3.5MPa 压力下,各阻抗模值都在 $10^{11}\Omega\cdot cm^2$ 数量级以上,且相对于频率呈一条斜线,相位角在很宽的频率范围内接近 $-90°$,此时涂层相当于一个电阻值很大、电容值很小的隔绝层,具有很好的阻挡性能。阻抗谱都呈现一个时间常数特征,涂层在 240h 内对水等腐蚀介质具有优良的阻挡作用,涂层未见明显的透水发生。

6. 防腐涂层耐冷热交变性能

为了研究涂层耐冷热交变的性能,将涂层放入 $-10℃$、3.5% NaCl 溶液中 10min,再将其放入 50℃、3.5% NaCl 溶液中 10min,如此交替试验 30 次,之后观察涂层表面变化情况。

图 9.42 为涂层在 $-10\sim50℃$ 冷热交变测试循环 30 次的照片。从照片中并未发现涂层出现任何开裂的现象,说明涂层具有很好的耐冷热交变性能。

图 9.42　涂层在 $-10\sim50℃$ 冷热交变测试循环 30 次的照片

9.7.5　涂装与施工

通过静电喷涂方法,将防腐绝缘涂料喷涂在铜合金、钢铁材料以及复杂结构件上,并在烘干箱中固化,通过观察涂层流平性、固化性、施工性,探索防腐绝缘涂料在不同材质及复杂结构件上的涂装工艺。

图 9.43 为防腐绝缘涂料在换热器端盖的涂装。由图可以看到,涂层在工件上有很好的流平性、固化性、施工性。

为进一步观察涂层的边角覆盖情况,在具有直角边缘的碳钢材料上进行了涂装试验,之后将涂层去除打磨掉,观察直角出涂层覆盖的情况,如图 9.44 所示。由图可以看到,PRO 防腐绝缘涂层在直角边的样品上依然保持了非常好的边角覆盖率。

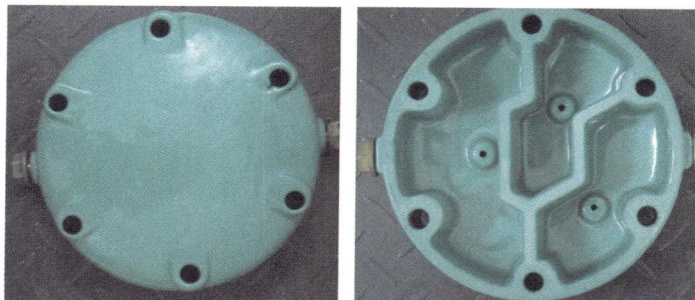

(a)　　　　　　　(b)

图 9.43　防腐绝缘涂层在换热器端盖的涂装

图 9.44　涂层边角保持

针对潜艇海水管路系统和设备的腐蚀问题研制的防腐绝缘涂层具有优良的防腐性能、绝缘性能、耐高静水压力渗透性能以及冷热交变的性能,是一种适用于海水管路系统的防腐绝缘涂料。通过在典型船用工件上涂装的效果看,该种涂料能够在海水管线、管路系统的阀门、泵以及通海阀、海水滤清器等设备上作为防腐绝缘措施使用,具有优良的防腐效果。

在设计选型时,还需要针对实船工况条件,开展实船应用技术和工艺研究,进一步明确实船应用技术要求、实施方案和工艺规程,为海水管路及设备防腐绝缘涂料在实船上的尽早推广应用提供技术支持。

鉴于绝缘套筒在实际使用过程中需要改变法兰面、螺栓尺寸,套筒易破损、不易维修更换,采取绝缘涂层替代绝缘套筒也不失为一种有效的方式。美国海军在钛合金海水管路上用绝缘涂料替代绝缘套筒解决钛合金管子与铜阀门的连接问题,如图 9.45 所示。

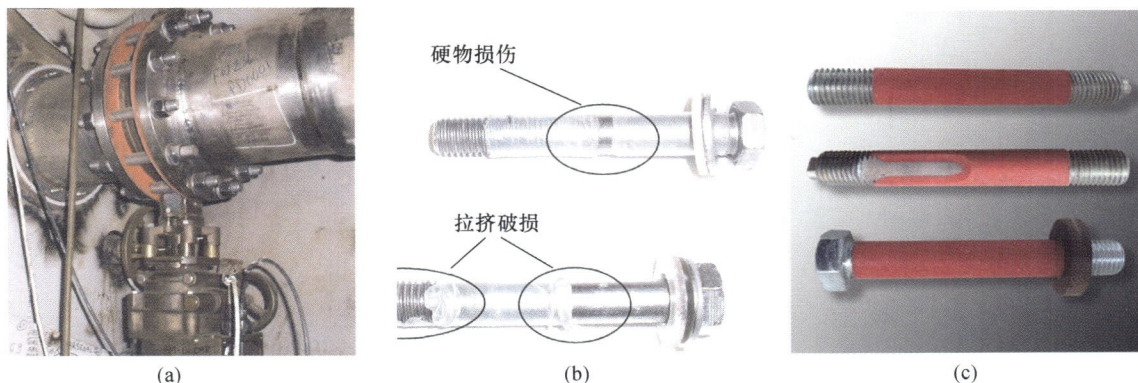

图 9.45　美国海军电绝缘涂层替代绝缘套筒的应用实例

（a）钛合金穿舱管件异种金属连接；（b）绝缘套筒破损；（c）用绝缘涂层替代绝缘套筒的螺栓/螺杆。

9.8　特殊情况的电绝缘结构

以上介绍了电绝缘的套筒 + 绝缘垫片、绝缘涂层两种基本类型。实际上,舰船上特别是潜艇上有许多特殊结构,既不能用电绝缘法兰连接,也不能螺纹连接,甚至涂刷绝缘涂料也不能解决问题。不同材料连接又不能进行直接法兰或者焊接,这在设计上就要采取相应的结构设计和措施,防止异金属连接产生的电偶效应而快速腐蚀。图 9.46 ~图 9.52 示出了潜艇上艇体典型结构的电绝缘设计方法。

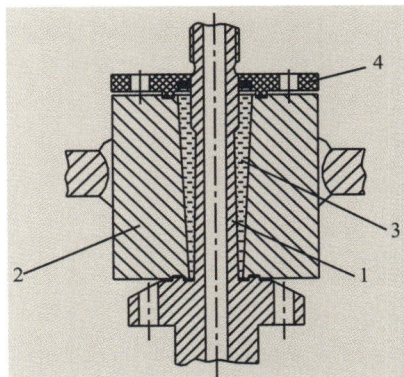

图 9.46　舷侧焊接部件的固定件密封

1—钛合金或青铜阀；2—钢质焊接件；3—润滑脂；4—密封胶垫。

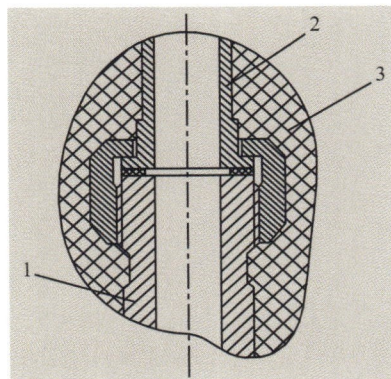

图 9.47　不同种金属管套管接头密封

1—管套管（阀的）；2—管；3—隔离胶泥。

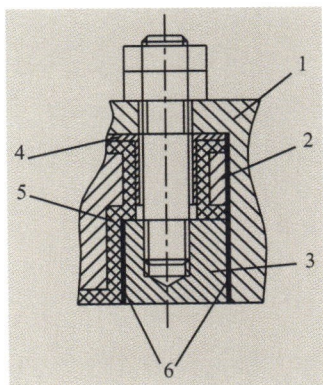

图 9.48　铜合金设备和钢质基座的电绝缘

1—钢质基座；2—铜（钛）合金设备法兰盘；3—钢环；4—钢质衬套；
5—电绝缘衬套；6—电绝缘层（隔离胶泥或底层）。

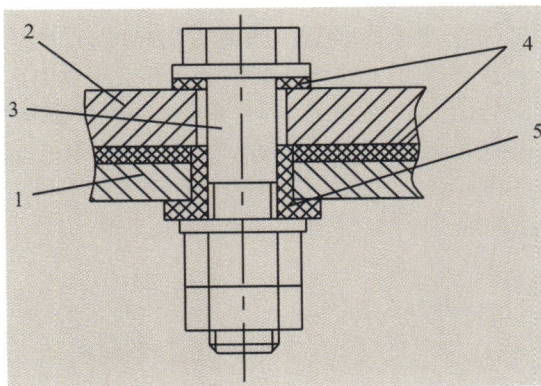

图 9.49　铜合金设备和基座的电绝缘

1—钢质基座；2—铜或钛合金设备；3—电绝缘螺栓；
4—绝缘垫；5—电绝缘衬套。

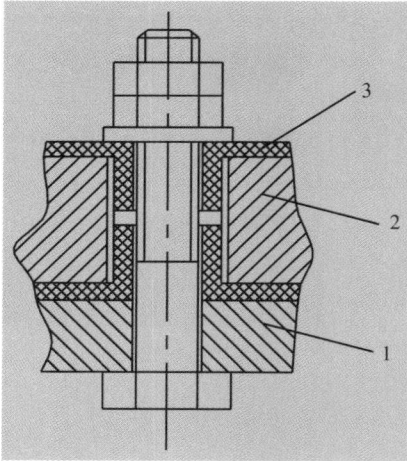

图 9.50　钛合金设备和基座的电绝缘

1—钢质基座；2—铜(或)钛合金设备；3—电绝缘衬套。

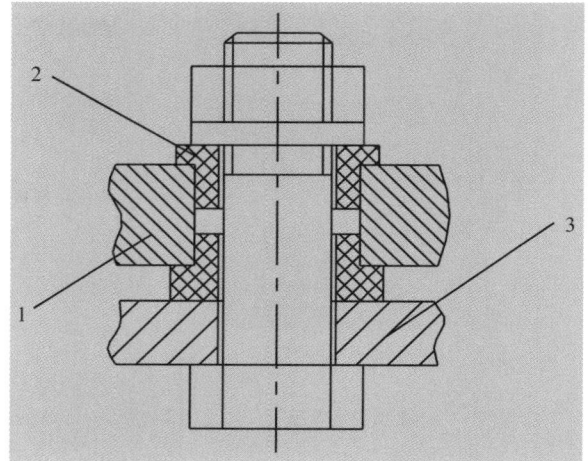

图 9.51　铜(钛)合金设备和基座的电绝缘

1—铜(钛)合金设备；2—电绝缘衬套管；3—钢质基座。

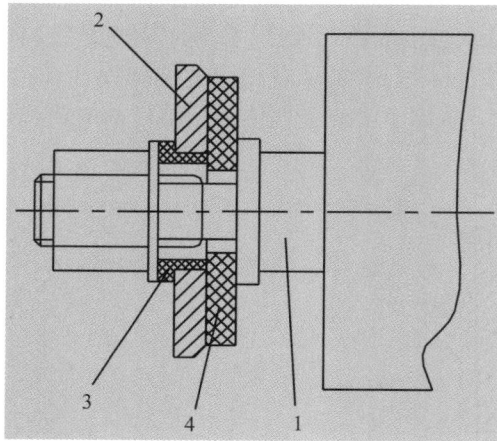

图 9.52　铜(钛)合金设备和基座的电绝缘

1—铜(钛)合金设备；2—钢质基座；3—电绝缘衬套；4—电绝缘垫圈。

参考文献

［1］　王曰义. 海水冷却系统的腐蚀及其控制［M］. 北京：化学工业出版社,2006.

［2］　付平,常得功. 密封设计手册［M］. 北京：化学工业出版社,2009.

［3］　王虹斌,方志刚. 舰船海水管系异金属电偶腐蚀的控制［J］. 腐蚀科学与防护技术,2007(2):145 - 147.

［4］　朱相荣,戴明安. 高流速海水中金属材料的腐蚀行为［J］. 中国腐蚀与防护学报,1992,12(2):173 - 175.

［5］　朱相荣,等. 金属材料的海洋腐蚀与防护［M］. 北京：国防工业出版社,1999.

［6］　黄桂桥,郁春娟,李兰生. 海水中钢的电偶腐蚀研究［J］. 中国腐蚀与防护学报,2001,21(1):46 - 48.

第10章 密封材料技术

10.1 概述

舰船常年航行于海水环境中,利用海水浮力进行运载和航行,在许多场合还需要利用海水这个丰富的资源进行各种动力装置的冷却,这就有大量使用海水的地方;淡水是人类生活、生存最基本的物质之一,在舰船上由于远离内陆,淡水更是舰员应该保护的物质;舰船动力需要各种燃油燃烧产生推进动力或者发电,各种机械设备需要润滑油减少摩擦和磨损,有众多使用油类物质的场合;人生活在舰上需要新鲜的空气,许多设备运行需要各种不同压力、不同品质的空气,还有不同需求需要氧气、氮气、二氧化碳等各种气体,如医用氧气、不依赖空气、动力装置(AIR)用氧气、安全保障用氮气、消防用二氧化碳等;蒸汽动力装置还会根据需要产生各种不同压力、不同温度的蒸汽。可以说,水(海水、淡水)、油(燃油、滑油、航空煤油等)、气(空气、蒸汽、氧气、氮气和其他特殊气体)是舰船上主要的三类流体物质,一方面需要加以利用,另一方面需要"控制泄漏"——密封。

流体密封是指对海水、淡水、各种油类、气(汽)体的密封,几乎覆盖所有的船舶系统。泄漏和密封是流体机械两种表现形式。泄漏包括漏水、漏油和漏气(汽),称为"三漏"。"防漏"或密封主要有三个方面:①防漏是保障设备效率的必要方式,流体泄漏会造成机械设备或系统效率下降,引起能源的浪费。②"防漏"是舰船安全防护之策。各种油类、氧气等是易燃、易爆品,特别是这些易燃易爆品与高温物体接触,就难以避免火灾,舰船上绝大多数火灾事故来源于此。③"防漏"是防"腐蚀之源"。海水是最严重的自然腐蚀剂,因此航泊于海上的舰船应尽量少地遭受海水、盐雾和潮气腐蚀。设备和管系的"三漏"从理论上讲是不可能完全避免的,腐蚀和"三漏"相互作用、相互影响,海水、各种油类物质、蒸汽等在舱室的大量泄漏和积存是造成船体、设备、管路腐蚀的主要根源。因此,腐蚀介质是腐蚀之源,治理腐蚀必须先防漏。

自19世纪建造钢质舰船以来,腐蚀和"三漏"一直是围绕舰船工作者的重大技术难题,美国海军目前仍将腐蚀问题列为海军的头号问题,其对航空母舰和潜艇的腐蚀控制及对舰载机的腐蚀防护问题仍未得到很好解决。腐蚀和"三漏"问题在舰船上的危害相当严重,从引发各种事故,到造成设备和系统的可靠性下降,浪费能源,增加维修费用,降低整艘舰的在航率、使用寿命,甚至对全舰的安全性、生命力和战斗力产生严重影响,所以必须对腐蚀和"三漏"问题加以充分重视。

10.1.1 现状及分析

纵观世界各国舰船事故,因密封不严引起的异常泄漏现象时有发生,造成舱室积水甚至机舱、电站大面积淹水的事故。主要表现在由于密封结构不合理、密封材料落后造成的泵轴封、阀门阀杆密封、艉轴密封等处所泄漏严重,由于舰船管路系统设计、安装不合理,以及管路系统密封材料较落后而造成法兰和接头处、设备的接合面等静密封处泄漏点多、分布广,难以防范。其原因很多,有自然客观因素,也有主观和管理方面的问题。

1. 密封的相对性与腐蚀的必然性

由于动力传动和加工、装配的需要,在各种设备的密封面、管路的接头处总是存在着间隙,不能完全避免液体或气体的外漏,所以密封是一个相对的概念。终年航泊于海上的舰船不可避免地受到海水、海洋大气的腐蚀,这是自然规律。可以说,舰船腐蚀和"三漏"是一种必然的现象。

2. 防腐防漏的艰巨性

防腐防漏工程非常复杂而艰巨,具体表现如下:

（1）腐蚀、"三漏"相互影响。因管系腐蚀设备破损造成泄漏,设备、管系的漏水、漏油现象又加剧了舰船内舱、设备等的腐蚀,两者相互作用、相互影响。

（2）舰船腐蚀、"三漏"涉及论证、设计、建造、使用、维护、维修多个环节,还与工业基础、行业规范标准息息相关。环节多,工业基础薄弱,决定了舰船腐蚀、"三漏"必须综合治理与长期治理。

（3）舰船寿命规律决定客观存在的现实。钢质舰船的使用寿命一般为 20～30 年,越到后期腐蚀、"三漏"问题暴露越频繁,也越严重,这是普遍规律,尤其是早期舰船采用的材料耐蚀性普遍不是很好。舰艇的"高龄期"就是腐蚀、"三漏"现象的高发期。

3. 管理上需要逐步完善

从技术难度来讲,除长寿命的耐蚀材料技术是一项长久的需求之外,防腐防漏工程中没有特别突破不了的单项技术,实际工程中更主要的问题在于管理不到位、有缺陷,具体表现在以下五个方面:

（1）思想与主观认识方面。舰船行业中没有形成系统控制、综合治理的思想共识,实际工作中缺乏以舰船寿命期腐蚀控制规划作指导,停留于"头痛医头、脚痛医脚"的局部治理、单一控制、各自为战的局面。

（2）规范与标准方面。行业中的规范、标准远远落后于设计、建造和使用的需求,防腐防漏技术更新速度慢、空白多,相互衔接性差,导致新技术、新材料、新工艺应用缓慢、配套性差。

（3）行业培训和技术交流方面。行业内部交流不够,某些型号出现已解决的问题在后续舰或后续型号重复出现,经验教训得不到相互借鉴和吸取,行业内部相互不沟通,先进技术得不到有效推广,缺少一种有效的培训机制。

（4）人才建设方面。致力于舰船腐蚀、"三漏"控制的机构和专业人才少,没有一支精通技术、经验丰富的专业队伍。

（5）技术引进吸收方面。对国外舰船腐蚀、"三漏"控制技术缺乏全面而深入的系统研究,对先进的防腐防漏技术引进吸收再创新不够,阻碍了某些有效的技术和材料在我国应用。

10.1.2　舰船密封的分类和要求

1. 分类

武器装备的密封结构形式繁多,大体可分为固定密封(静密封)、动密封两大类。静密封又分为平面密封、橡胶密封。动密封分为填料密封、机械密封、唇形密封、迷宫密封等。在舰船上以平面垫片密封、橡胶密封、填料密封、机械密封为主。

按场所分,目前舰船上常用的辅助机械及管路系统需用密封材料和密封结构的地方主要有:泵类轴封处,泵按输送介质可分为油泵(燃油、滑油、液压油)、水泵(淡水、炉水、海水);阀门阀杆处,阀门输送介质有油(燃油、滑油、液压油)、水(淡水、炉水、海水)、蒸汽和空气;泵、阀和设备腔体、端盖接合面;管路系统接头处,管路接头密封是舰船上用量最大的类型,主要有为主动力服务的辅助系统(如燃油系统、滑油系统、淡水冷却系统、海水冷却系统、炉水系统、凝水系统、给水系统、各种蒸汽系统、疏水系统、真空系统、汽封系统、排烟系统等)为全船服务的系统(如淡水系统、卫生水系统、炉水系统、消防水系统、空调制冷系统、压缩空气系统、灭火系统、生活污水系统、各种疏水系统、日用蒸汽系统、暖气系统等)。

舰用密封垫片的主要材料有钢、紫铜、石棉橡胶板、橡皮、铅、软钢纸板、聚四氟乙烯、O 形密封橡胶圈等。舰用密封填料的主要材料有油浸棉麻编织填料、油浸石棉纺织填料。

舰船用密封材料和现代工程对密封材料的要求具有许多共同处,此外还有许多其他特殊之处。

2. 对垫片密封材料的共同要求

（1）应具有良好的弹性和复原性。

（2）具有适当的塑性,压紧后能充满密封面的间隙,以保证密封。

（3）抗拉强度、伸长率等力学性能较好。

（4）耐腐蚀性能好,在腐蚀性介质作用下,不被破坏,也不产生大的膨胀和收缩。

（5）在高温条件下不软化、不蠕变,在低温条件下不硬化、不收缩。

3. 对填料密封材料的共同要求

（1）耐腐蚀。填料要与介质直接接触,填料的接触部位不产生点蚀和腐蚀。

（2）密封性好。在介质压力的作用下不得有泄漏,不论在正常运行期还是在负荷急剧变化时,填料都能保持密封。

（3）工作可靠,耐冲蚀。即使有微量渗漏,也不至于迅速发展成跑冒泄漏。

（4）寿命长。在高温条件下石棉烧失小,不变质,填料的弹性可长期保持。

（5）摩擦小。填料对轴的摩擦力小。

（6）安装方便,对填料安装的技术要求低。

4. 舰船对密封材料的特殊要求

（1）能适应舰船工况变化频繁的特点。舰艇在航行期间,工况频繁急剧变化,所输送介质的压力和温度也在不断变化,密封材料应能仍然保持密封。

（2）舰船出航和靠港是间隔开的,有些舰船靠港的时间多于出航的时间,密封材料不应因此而降低性能。

（3）舰船空间狭小,安装与维修操作十分困难,密封材料的安装技术要求应较低。

（4）舰船在海上航行期间,振动和冲击较大,密封材料的工作可靠性不应下降。

舰船上由于密封材料的原因造成"三漏"的因素可以归结如下:

（1）密封材料的性能无法满足舰船工作环境的要求。如舰船蒸汽系统使用金属垫片对安装技术要求很高,不太适应舰船上这种工况变化频繁的情况,有的使用一段时间就出问题。

（2）密封材料的生产质量达不到设计技术要求,虽然是同一个牌子使用效果却不一样。

（3）密封材料和介质的搭配不合适,时间长造成密封破坏。

（4）采用的密封材料没有体现出技术进步的特点,使用的还是几十年前使用的材料类型和品牌。

10.1.3　密封技术发展

人类很早就注意到防止泄漏问题,但过去密封技术的发展主要从实际应用经验出发。由于密封技术涉及流体力学、动力学、摩擦学、材料学、化学与物理等多种学科,对密封的理论研究开展得较晚。1961 年,在英国的阿什福德市召开第一次国际流体密封会议,以后每两三年举行一次,密封理论与工程应用研究取得了长足进步。从密封材料看,最早使用皮革、毛毡等作为衬垫与油封。1920—1930 年油封仍是由皮革制成的。到 1930 年才有弹簧夹紧的油封。1930 年在德国出现了"别布"橡胶,即早期的丁腈橡胶。1930 年以后开始使用氯丁橡胶作为密封材料,但在工业中用得很少。1942—1943 年发展了耐油合成橡胶(丁腈橡胶)用以制造往复运动液压缸的 V 形和 U 形密封以及大炮和飞机起落架等的液压系统密封。到第二次世界大战以后,丁腈橡胶才投入使用,1950 年前后用来制造油封。1960 年以后有了橡胶黏接而成的油封。现在常用的合成橡胶品种也逐渐发展齐全。此外,塑料与复合材料、陶瓷材料等也得到越来越广泛的使用,新的密封件品种不断涌现。

1. 密封材料及制品

静密封,即结合面处彼此无相对运动的密封,垫片密封属于此类密封。仅以一座中等规模的石油化工厂而言,其静密封点就达数十万个,被密封介质品种繁多,且易燃易爆,有腐蚀性或毒性的危险介质居多,密封一旦失效,不仅会造成浪费,而且污染环境,甚至造成人身伤亡及财产损失。因此,20 世纪 80 年代初期,一些高等院校和科研院所进行众多的研究开发工作,各种密封新材料不断被开发出来并投入实际应用中,一大批密封件生产企业相继成立,解决了石棉类材料难以解决的问题。

美国于 20 世纪 70 年代末研制成功柔性石墨密封新材料,国内合肥通用机械研究院、上海材料研究所和浙江大学在 80 年代初期相继研究出柔性石墨密封新材料,填补了我国的一项空白,为密封技术的进一步发展带来新的希望。柔性石墨材料在氧化性气氛中 -200~500℃ 使用,在还原性或惰性气氛中还可扩大到 -200~800℃。由于其不含黏接剂(石墨含量 99.5%)故其耐化学药品性优良,该材料还有很高的抗应力松弛性能,达到可靠密封时所需螺栓载荷比其他常用材料更小。其应用在金属缠绕垫片中,不仅解决了石棉垫片存在的高温下石棉脱结晶水而老化,存在"毛细"现象进而导致渗漏的缺点,而且避免了石棉"毛细纤维"浸入人的呼吸道,对人体造成的危害。同时,对金属材料如钛材、蒙乃尔合金等材料开发应用在缠绕垫片上,解决了高温和腐蚀性部位的密封问题。用柔性石墨材料与各种金属薄板复合制成的增强垫片,在实际应用中也取得了满意的密封效果。在柔性石墨板材基础上,90年代初国内研制成功了柔性石墨编织填料。

美国于20世纪90年代中研制出膨体聚四氟乙烯(GFO)材料,该材料不仅保留了聚四氟乙烯(PTFE)原有的优良性能,如化学稳定性、摩擦系数低和不老化的特点,而且扩大了温度使用范围,提高了抗拉强度。此外,还具有一些新的特性,如多孔性、透气性、疏水性和极高的韧性等。根据添加剂和工艺的不同,可制成阀杆填料和GFO纤维泵用填料及垫片,其中垫片强度高、密封性好,尤其对损伤或异形法兰密封的适应性强,施工简单、快速,省工省料。

非石棉垫片类材料的研制开发,是适应石棉类材料逐步退出密封材料的趋势,用芳纶纤维或其他无机纤维替代石棉纤维制成的非石棉垫片密封材料。该类材料于20世纪90年代初期开发出来,它不仅具有芳纶纤维的高强度、耐高温的特性,而且没有石棉密封材料遇高温结晶脱水老化造成泄漏的问题,目前已广泛应用在国内的造船工业,特别是为国外制造的船舶均要求用非石棉类垫片替代石棉垫片。陶瓷纤维、炭化纤维、芳纶纤维、柔性石墨以及膨体聚四氟乙烯等新材料的工业化应用随着加工工艺技术的开发制成的编织填料应用在泵、阀填料上,其优异的机械物理及耐化学性能和密封可靠性,是早先石棉类材料无法比拟的。

2. 舰船用密封技术

密封技术的发展趋势大致可以归纳为以下7个方面:

(1)密封机理研究方面。目前,流体密封机理和失效机理的研究已随着摩擦学、材料学和电化学技术等学科的进展而日臻完善,已从考虑单一因素的影响至考虑多种因素的综合影响。计算机辅助设计、制造和测试技术也有了很大进展。

(2)高工况密封研究方面。密封件进一步适应高压、高速、高温、低温、重载、真空、化学及腐蚀性介质影响等不同工况,如发展了线速度为20~32m/s的高速轴用唇形密封、密封压力为35~42MPa(速度为1m/s)的高压往复密封等。为了适应在苛刻条件下使用的长寿密封,发展了新型密封件。

(3)新型密封结构形式方面。研究新型密封结构形式以改进密封性能和润滑性,提高安全使用的可靠性,延长密封件使用寿命。例如,对新型机械密封、磁流体密封、组合密封、滑环密封、无油化密封、轴承密封、梳齿密封、雷形及鼓形密封、螺旋槽密封、流体动力形旋转轴用唇形密封、阀杆形旋转轴用唇形密封、嵌入增强金属环或黏接有低摩擦的塑料(如聚四氟乙烯膜)以及在唇部设有存储润滑脂槽的密封等的研究。

(4)新型密封材料研究方面。采用新型材料,改善合成工艺和后处理技术以提高制品工作可靠性,延长使用寿命,适应不同密封环境和介质。例如,采用各种纤维增强的复合材料、陶瓷材料、碳-石墨基体材料、塑料与橡胶共混材料等。

(5)改善密封条件研究方面。采取各种措施(改善密封处的摩擦状况,降低工作温度和压力等)改善密封条件,简化维护技术,降低更换费用。

(6)密封性能测试与检测研究方面。研究与改善密封性能测试技术、测试仪器和设备,建立统一的国际标准、国家标准,进一步完善系列与规格,组织专业化生产,使之互换性好,便于用户使用。

(7)科研与生产体系建立方面。新中国成立以来,我国从无到有逐渐发展,目前已在机械、石油、化工、建材、轻工、纺织、交通运输及国防军工行业中建立了包括专业研究院所与密封件厂、使用厂、高等院校等为主体的科研与生产体系,密封件品种与规格逐步齐全。

10.2 典型密封材料和制品

10.2.1 密封材料

我国密封新材料的研制主要开始于20世纪70年代末期,新材料、新技术的应用在80年代中期。我国的密封材料主要有以下 6 种。

1. 石棉材料

石棉材料是比较经典的密封材料,但由于其在使用一段时间后容易变脆,对配偶金属产品腐蚀,使用寿命短,容易泄漏,同时由于其在加工过程中对人体有害,被世界卫生组织视作为致癌物质,世界各国都非常重视这一问题,所以对石棉编织填料使用日趋限制,并用其他材料加以取代。

2. 碳素类纤维材料

碳素纤维主要是指由聚丙烯纤维作原料在不同的环境和温度下高温处理制成的,其按不同条件的产物分别为予氧纤维、碳纤维和石墨纤维。

碳素纤维编织填料是将上述纤维编织后,再经过浸渍树脂或固体润滑剂,以克服编织填料自身的多孔性问题。通常将碳含量 70% 左右称为予氧纤维,碳含量 90% 以上的称为碳纤维,而石墨纤维的碳含量在 95% 以上。针对不同的工况条件,选择不同的碳素纤维材料进行编织,可满足各种条件的需求。

3. 密封塑料

用于密封结构且发挥密封作用的塑料为密封塑料,密封塑料有改性氟塑料和改性聚醚砜塑料。改性氟塑料包括聚四氟乙烯塑料和聚全氟乙丙烯塑料。聚四氟乙烯是一种高分子型材料,具有极佳的耐腐蚀性、自润滑型、憎水性,是应用较广泛的工程材料。聚四氟乙烯塑料由四氟乙烯单体聚合而成,简称氟塑料(FS-4)。它具有极佳的耐化学腐蚀性能以及很高的热稳定性能、优异的介电性能和极低的摩擦性能,可用来制作纯塑料密封件,也可制成金属塑料镶嵌件;缺点是存在冷流现象。兵器用改性聚四氟乙烯塑料 WS SL-202 使用温度为 -60~250℃,短时可达 300℃。聚全氟乙丙烯塑料(FS-46)是由四氟乙烯和六氟丙烯共聚而成,FS-46 具有与 FS-4 类似的耐化学腐蚀和介电性能,抗透气性、耐低温性能优于 FS-4,与金属有较好的黏接力,不仅可用作纯塑料密封,还可做成金属塑料件,其高温使用温度比 FS-4 低 50℃,存在应力开裂倾向。若金属件沟槽采用圆滑过渡,塑料压制时保持环境清洁,则开裂现象可以得到克服。

改性聚醚砜塑料常有特种工程塑料聚苯硫醚聚醚砜(PES),它具有较高的压缩强度(大于 150MPa)和尺寸稳定性,耐磨、耐介质,使用温度为 -50~200℃,短时可达 200℃以上。

4. 密封石墨

密封石墨是用于制造密封件的石墨材料,包括机械密封端面用碳石墨材料和静密封用柔性石墨材料。柔性石墨是一种新兴的密封材料,经过一些特殊处理后,不但保持了天然石墨原有的特性,还具有了良好的柔韧性、回弹性、耐腐蚀、耐高温、耐深冷和自润滑性等性质,因此,柔性石墨密封材料在炼油、化工、发电、冶金、机械工业、航天和舰船中得到了广泛应用。碳石墨作为密封材料摩擦系数低,耐热性可达 400℃以上,采用间隙密封结构可用于大推力航空发动机和火箭发动机主轴密封,旋转线速度可达 80~100m/s。其中,碳石墨密封材料 M101C 是铜/石墨复合材料,强度高、热导率高、耐磨性好,使用温度为 253~500℃。

5. 导电密封材料

导电密封材料是具有导电、电磁屏蔽功能的密封材料。在橡胶材料中加入导电填料,如乙炔炭黑和银、金等金属粉以及表面镀银玻璃微球等填料,可使材料体积电阻降至 $10^{-2}\Omega\cdot cm$ 以下,具有良好的导电性能,且密度仅为金属的 1/3 以下。将导电填料加入到固体橡胶内可制成导电橡胶,加入到液体橡胶中可制成室温硫化导电密封剂。导电橡胶和导电密封剂主要用于仪器舱室及电子系统,其主要功能是电磁兼容和电磁屏蔽。常用的导电橡胶和密封剂多由硅橡胶及氟硅橡胶制造,这两种橡胶介电常数高、黏度低,易于加入大量导电填料提高导电性能。

6. 密封橡胶

密封橡胶用途最广,品种最多。

(1)乙丙橡胶:乙烯、丙烯的二元共聚物二元乙丙橡胶(EPM)或乙烯、丙烯、二烯类烯烃三元共聚物(三元乙丙橡胶(EPDM)),具有耐气候、耐臭氧老化、耐蒸汽、磷酸酯液压油、酸、碱以及火箭燃料等特性,电绝缘性能优良,主要用于制造磷酸酯液压油系统的密封件、胶管及门窗密封型材等。该材料不耐石油基油类,使用温度为 -60~150℃。

(2)丁基橡胶:异丁烯和异戊二烯的共聚物,耐气候、耐臭氧老化、耐磷酸酯液压油、耐酸、耐碱、耐火箭燃料及强氧化剂,具有优良的介电性能和绝缘性能,透气性极小,适于制作门窗密封型材、磷酸酯液压油系统的密封件、胶管、胶布和阻尼减震器。该胶料不耐石油基油料,使用温度为 $-60 \sim 150℃$。1403 - 1 丁基橡胶具有短期耐 N_2O_4 性能。

(3)丁腈橡胶:丁二烯和丙烯腈的共聚物,一般有含丙烯腈18%、26%、40%等类型的生胶,丙烯腈含量越高,耐油、耐热、耐磨性越好,但耐寒性相反。丁腈橡胶经加氢处理后得到饱和丁腈橡胶(HNBR),它在耐热、耐油和耐老化方面优于一般的丁腈橡胶。在耐油密封橡胶制品中,丁腈橡胶使用最多,主要用于制作各种耐油密封圈、垫片、薄膜、胶管、活门和油箱。丁腈橡胶耐气候和耐臭氧性能差,不能在磷酸酯液压油中工作,使用温度为 $-50 \sim 150℃$。

(4)氯丁橡胶:氯丁二烯聚合物,由于分子链上含有氯原子而具有耐气候、耐臭氧和自熄性。硫化胶拉伸性能、回弹性和耐油性较好,对金属和织物有优良的黏接性,主要用于制作密封型材、胶管、涂层、胶布和胶黏剂等。该材料不耐合成双酯类润滑油及磷酸酯阻燃液压油,使用温度为 $-30 \sim 130℃$。

(5)硅橡胶:分子主链以 Si - O 单元为主,单价有机基团为侧基的一类线性聚合物。硅橡胶具有极佳的耐热、耐寒、耐气候老化性能,电绝缘性能优异,但强度和撕裂性能差,不耐石油基油料,适于制造空气、氧气系统的耐高低温密封件、橡胶型材、胶管、薄膜、电器绝缘插接头和医疗卫生制品。硅橡胶通常有二甲基硅橡胶(MQ)、甲基乙烯基硅橡胶(MVQ)和甲基苯基硅橡胶(MPVQ)三种。硅橡胶按硫化温度分为高温硫化硅橡胶和室温硫化硅橡胶两类。高温硫化硅橡胶是相对分子质量为 100×10^4 以上的固态胶,可用于制造橡胶密封制品。室温硫化硅橡胶是相对分子质量为 $(1 \sim 5) \times 10^4$ 的黏稠液体,可用作飞机座舱、机身和建筑防水、防漏密封剂材料,使用温度为 $-70 \sim 250℃$,短期(24h)可达 300℃。

(6)氟橡胶:主链或侧链的碳原子上含有氟原子的一类高分子弹性体,其中氟橡胶 - 26、氟橡胶 - 246 为常用氟橡胶,氟橡胶 - 26 为偏氟乙烯与六氟丙烯的二元共聚物,氟橡胶 - 246 为偏氟乙烯、四氟乙烯和六氟丙烯的三元共聚物。氟橡胶具有突出的耐热、耐油、耐酸、耐碱性能,耐老化性能及电绝缘性能优良,难燃,透气性小,低温性能较差,使用温度为 $-40 \sim 250℃$,短时间(24h)可达 300℃,适于制作各种耐热、耐油密封圈、旋转轴密封件、胶管和胶布。

(7)氟硅橡胶:含有氟代烷基的 γ - 三氟丙基甲基聚硅氧烷,因为硅橡胶分子中引进了三氟丙基侧链,因而兼有氟橡胶的耐油、耐化学等性能和硅橡胶的耐寒性,但强度和耐磨性较差,价格较高,使用温度为 $-65 \sim 225℃$。氟硅橡胶有高温硫化氟硅橡胶和室温硫化氟硅橡胶两类,其中高温硫化氟硅橡胶用于制作耐油密封圈、薄膜,室温硫化氟硅橡胶用于配制高温燃油容器密封剂。

(8)氯醚橡胶:侧基上含有氯的聚醚型橡胶,我国混炼胶牌号有4501、4503、4504 等。其中,氯醚橡胶4501 耐透气性突出,加之又耐油,是制作伺服系统蓄压器胶囊的较好材料。

10.2.2 密封垫片

密封垫片是以金属或非金属板状材质经切割、冲压或裁剪等工艺制成,用于管道之间的密封连接,机器设备的机件与机件之间的密封连接。按材质可分为金属密封垫片和非金属密封垫片。金属的有铜垫片、不锈钢垫片、铁垫片、铝垫片等。非金属的有石棉垫片、非石棉垫片、纸垫片、橡胶垫片等。

密封垫片是一种用于机械、设备、管道等内部起密封作用的材料。垫片是要求介质通过连接口的密封面的阻力增大于密封面两侧的介质压力差而起到密封作用,这种阻力的增加是依靠增大密封面上的压紧力来实现的。

法兰用密封件和材料品种繁多,在 20 世纪 80 年代前,设备和管路法兰使用垫片基本上分为非金属垫片和金属垫片两大类。非金属垫片主要是耐油橡胶石棉垫片、中压橡胶石棉垫片、橡胶垫片。金属垫片(包括缠绕垫片)主要是金属平垫、金属齿形垫、金属缠绕垫片,随着新材料的开发和密封技术的提高,特别是80 年代中后期,柔性石墨密封材料的推广应用,金属与非金属组合垫片的开发,使密封垫片的密封可靠性和使用寿命大大提高,尤其在发电、冶金、石油化工、机械等行业开始大范围应用各种新型非金属垫片、金属垫片等非金属与金属组合垫片。

1. 非金属垫片

(1)石棉橡胶垫片:分为高、中、低压,耐油、耐酸、耐碱等6 种,具有一定的弹性、耐油性、耐寒性、耐化学腐蚀性等优点。因石棉是一种天然纤维组织,当使用温度超过 500℃ 时,大量的结晶水析出而硬化,并存在着"毛细现象"而发生界面渗漏。介质操作温度在 200℃ 以上,设备运转时间较长,这种密封材料会发生应力松弛,或在压力温度有波动的情况下,其回弹性不足,导致设备发生泄漏。同时,由于石棉纤维粉尘对人体有害,西方发达国家已开始禁用石棉类制品,尤其在船舶制造业要求更为突出。

(2)橡胶垫片:橡胶垫片主要品种有硅橡胶、氟橡胶、丁腈橡胶和氯丁橡胶垫片,由于橡胶垫片的耐温性能和耐化学性能,一般仅使用在温度低于 60℃,水和液碱介质中,因而使用范围较小,使用场合亦越来越少。

(3)非石棉橡胶垫片:由于石棉已证实是一种致癌物质,美国于 1978 年宣布禁止使用。因此,非石棉垫片的选用就显得迫切。非石棉类垫片主要有橡胶/弹性体垫片,如芳纶纤维橡胶垫片、柔性石墨基垫片和聚四氟乙烯垫片。

2. 金属垫片

金属垫片按照材料可分为铝垫片、铜垫片和钢垫片,按照截面形状可分为平板垫片、齿形垫片、椭圆垫片、八角形垫片和透镜垫片。从应用效果看,椭圆垫片、八角形垫片和透镜垫片密封性好,但由于此类垫片存在着结构复杂、加工难度较大、安装检修不便、互换性差等缺点,在应用方面受到限制;同时,金属垫片要求预紧力较大,螺栓弹性要好,而且每个螺栓承受预紧力均匀程度高。另外,金属垫片对密封面光洁度要求高,不得有任何划痕或微小杂物,稍有不慎便会产生泄漏。因此,在能够用组合垫片替代的部位基本上使用组合式垫片。

3. 组合式垫片

组合式垫片是指用金属材料和非金属材料根据不同的应用要求选择不同的材质和结构形式组合制成的垫片,其加工工艺不同,垫片的特性也不同。这种垫片吸取金属材料垫片和非金属材料垫片的优点,它的品种可以根据需要灵活地组合,是很有前途的一类垫片。

(1)金属包垫片:用薄金属板包覆非金属材料。使用不同的薄金属板制作,可以耐不同的介质,在具体使用时可以扩大使用范围,例如用不锈钢包覆陶瓷纤维的垫片可以使用在温度 1100℃、压力 0.25MPa 的炼铁厂热风炉管道上。在金属包垫片两面贴上柔性石墨纸,可用于 25MPa、850℃ 以下的蒸汽、油类等流体密封。

常用的金属薄板有马口铁、镀锌板、不锈钢、铝板、紫铜板。填充的非金属材料有石棉板、陶瓷纤维、橡胶石棉板、聚四氟乙烯、柔性石墨等。

(2)金属缠绕垫片:一种金属与非金属材料的组合垫片,用一定宽度与截面形状的金属带和非金属带(填充材料)相间紧密盘绕而成。在初绕和终绕处有 2~4 圈金属带间不加填料并在始端和末端点焊防止松散。共有基本型、带内环型、带外环型和带内外环型四种形式,垫片加环的目的是改善和提高垫片的性能。

采用不同的金属与不同的填充料组合,可以适应各种工况条件。常用的金属带材有不锈钢、低碳钢、纯铁、蒙乃尔合金、镍铬合金、钛等。填充料有纯石棉纸、柔性石墨、橡胶石棉板、聚四氟乙烯、碳素纤维、陶瓷纤维等。其优点是对法兰的密封面加工要求不高,有良好的回弹性和密封性能,适用于较宽的温度和压力范围,只要改变材料组合,就可适用较多的介质,能够在温度、压力波动的情况下保持良好的密封性能。

(3)带骨架柔性石墨增强垫片:也是一种柔性石墨复合增强垫片,结构简单,密封性能较好,可用于中低压液体或气体介质密封,并可根据需要冲压成复杂的形状,且使用范围超过石棉橡胶板垫片。目前常用的复合垫片为冲齿金属薄板双面复合柔性石墨和波齿薄金属板双面复合柔性石墨以及耐高温、高压的齿形组合垫片。

10.2.3 密封填料

密封填料中使用的密封材料种类繁多,主要是根据不同的使用温度、介质、压力、速度的要求,选择一种或多种材料编织而成。在填料密封中,彼此相接的两表面之间,如轴表面光洁度较好,可选较硬的材料,反之,应选择较柔软的材料,显然这种材质的压变性越高,对间隙的堵闭越紧,密封结构的密封性就越可靠。

但在压力作用下,这种材料不应有从间隙中被挤出的现象,不会因机械作用而受破坏。此外,材料还应能"补偿"间隙可能发生的偶然性变化或规律性变化。因此,密封元件的材料除压变性外,还应有足够的回弹性能,具有相当大的恢复变形的能力,即高弹性。众所周知,要使一种密封材料适合上述多种的苛刻要求是很难的,在此情况下,选择两种或两种以上的材料混编,进行性能的互补,才能满足各种不同复杂工况的要求。在实际工作中,需根据不同的工况进行多种材料综合性能的多元设计和筛选。

在密封填料中编织填料占有重要位置。编织材料是采用条、带、丝束等形状的软质材料,经过编织加工成截面方形、圆形与较长的材料。其具有应用方便、价格适中、结构简单、通用性强等特点,在机械、冶金、石化、造船等工业部门深受欢迎。随着各工业部门的科学发展,对编织填料的材质提出了新的要求。而编织填料的材料随着化学纤维、无机纤维、碳素纤维等工业的发展,有了广阔的选择范围,特别是新材料、新工业的发展应用,解决了一些特殊工况的泵、阀密封问题。

密封编织填料用原材料除用到前述提及的石棉材料、碳素纤维材料外,常用的还有:

1. 柔性石墨编织填料

柔性石墨编织填料在基本上不改变其成形填料的前提下,使用品种、规格简单化。编织填料仅考虑编织填料截面系列化尺寸即可,不受填料周长的限制。其主要以发辫形与串芯形为主,它基本保持了柔性石墨原有特性。其使用温度为 −240 ~ 454℃,蒸气状态为 649℃,不受酸、碱度影响,pH 值 0 ~ 14 范围内均可使用,压缩性和密封性能优良,有良好的导热性、低摩擦系数,价格比碳纤维、石墨纤维低,装拆容易,应用于核工业、通用阀门、锅炉给水泵均有良好效果。

2. 聚四氟乙烯编织填料

聚四氟乙烯编织填料是 20 世纪 70 年代末兴起的一种高分子型编织填料,其具有极佳的耐腐蚀性、自润滑性、憎水性、耐温性(−195 ~ 260℃),是应用较为广泛的工程材料。该类材料分为聚四氟乙烯纤维、聚四氟乙烯割裂丝、聚四氟乙烯膜及膨体聚四氟乙烯条、带编织填料。现在国内应用量较大的 GFO 编织填料膨胀聚四氟乙烯、石墨及高温润滑剂组成,所加的添加剂完全与纤维结合一起,制成洁净而高效能的"纱",然后编织成泵、阀用的填料。其耐磨、润滑性很好,寿命比普通填料高出 15 以上,几乎适用所有泵类和各种阀门填料。使用转轴密封线速度可达 1310m/min,并不会产生咬轴与剥落现象。在湿热环境中强度不会下降与破碎。耐温 −240 ~ 288℃,抗腐蚀性能可在 pH 值 0 ~ 14 范围内广泛使用,显示良好的耐化学性能。编织填料结构紧密、切口不会松散,且质地柔软,不会酸化、皱缩、变脆、黏轴,所以容易清除。

3. 其他纤维编织填料

在实际工程中,其他类型纤维编制的填料种类很多,主要有:

(1)芳族聚酰胺(芳纶)材料:芳纶纤维是美国杜邦公司在 1972 年首先开发的新颖纤维,具有良好的热稳定性,180℃时仍能保持高百分率的室温性能。纤维温度达到 427℃ 也不熔化与燃烧,不产生炭化,在 −196℃不会产生明显的脆性和降解,尺寸稳定性好,热膨胀系数为 $−2 \times 10^{−6}$/℃。其作为编织填料最大的优点是作为紫外线条件下密封特别合适,因为其具有独特的紫外线自屏蔽性能。

(2)无机纤维填料:无机纤维填料的研究有所进展,其中以氧化铝、炭化硅、氮化硅纤维应用为主,这些纤维共同的特点是耐高温 1000℃ 以上。目前国内应用无机纤维作编织填料的生产企业较少。

(3)金属编织填料:由于编织填料基本母材是柔软的纤维条、带材料,所以根据需要采用软金属来编织填料。日本皮拉公司就有一种采用铅箔、中间夹带润滑脂、石墨等润滑剂,然后捻编成形,通过整形成为一种导热优良、耐磨、耐压的金属基的密封填料。在给水泵、循环泵、流体温度 200℃、压力 16MPa、线速度 25m/s 工况下应用效果很好。其 pv(被密封介质压力 p 与密封端面平均滑动速度 v 的乘积,表示密封出工艺条件下的工艺参数)值可达 20MPa/(m/s)。其他如巴氏合金箔等金属材料,也可作为编织填料加以发展。

编织填料的发展非常迅速,不同材料的编织填料各有其特性,一种材料的编织填料不可能是万能的,因此,目前编织填料产品出现多种材料纤维混编的情况,如聚四氟乙烯/炭化纤维、聚四氟乙烯/芳纶纤维等编织填料,利用其材料的各自优点来满足应用条件的不同,以期达到应有的密封效果。

10.3　垫片密封及筛选

10.3.1　垫片密封结构失效分析

1. 管路系统泄漏形式

管道系统泄漏形式多种多样,归纳起来主要有下列形式:

(1) 管道被海水等流体腐蚀和冲刷导致管道穿孔而引起的泄漏。

(2) 法兰和螺纹接头处的泄漏,含法兰与垫片之间的界面泄漏、垫片破坏泄漏、垫片渗透泄漏等。

(3) 破坏泄漏,由于管道大多与振动源相连接,管道振动在舰艇中很容易看到。凡是经常振动的管道,发生泄漏的概率比正常管道多得多。机械振动包括管路系统中的泵、阀、压缩机等本身的振动。例如:叶片式机械的转子不平衡、轴的弯曲、轴承间隙增大等都会产生机械振动;闸阀打开后,阀板成为仅在填料部位有支撑的悬臂杆件,液体流过时,在其后产生旋涡振动的同时还引起阀板的机械振动,在打开阀门到某一开度时这种振动最明显,管道内发出巨大的"啪啪"声。振动传递是指管路系统周围的其他振源通过舰体等设备传递给管道的振动。管路的振动必然存在位移,这样在管路上的法兰、焊缝及各种密封薄弱环节就会逐步产生破坏而发生泄漏,特别是使管道焊缝内的缺陷扩展,最终导致严重的泄漏事故。

(4) 其他形式的泄漏,如在焊接过程中产生裂纹而引起的泄漏,其主要原因有:焊件和焊丝的成分、组织不合格(如金属中碳含量过高、硫磷杂质过多及组织不均匀等);焊接时应力过大,焊缝加强高度不够或焊缝熔合不良;焊接长焊缝时,焊接顺序不妥当;点固焊时,焊缝太短或熔合不良;作业场所气温低;收尾时焊口没填满等。对金属来说,裂纹是最危险的焊接缺陷,它的存在明显降低了焊接构件的承载能力,裂纹的尖端不可避免地会出现应力集中。应力集中又会使裂纹不断扩展,裂纹达到一定深度就会破坏管道的封闭性能,流体介质会沿着这些裂纹外泄。电焊焊缝缺陷和气焊焊缝缺陷,都是引起焊缝泄漏的原因。

2. 法兰密封泄漏

法兰密封(图 10.1)一般是依靠其连接螺栓所产生的预紧力,通过各种固体垫片(如橡胶垫片、植物纤维垫片、金属缠绕式垫片等)或液体垫片达到足够的工作密封比压,来阻止被密封流体介质的外泄,属于强制密封范畴。法兰密封结构形式常见的泄漏有以下三种。

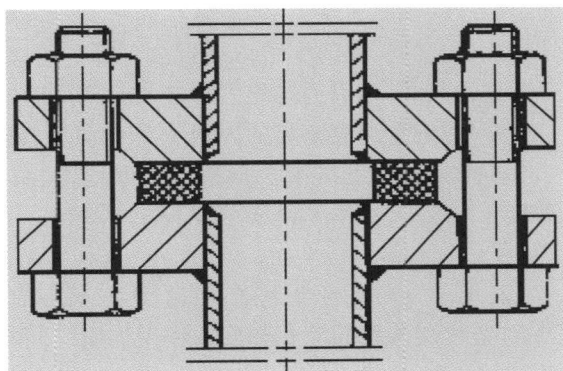

图 10.1　法兰密封

1) 界面泄漏

密封垫片压紧力不足、法兰结合面上的粗糙度不当、管道热变形、机械振动等都会引起密封垫片与法兰面之间密合不严而发生泄漏。另外,法兰连接后,螺栓变形、伸长,密封垫片长期使用后塑性变形、回弹力下降,密封垫片材料老化、龟裂、变质等,也会造成垫片与法兰面之间密合不严而发生泄漏。由于金属面和密封垫片交界面上不能很好得吻合而发生的泄漏称为界面泄漏(图 10.2)。在法兰连接部位上发生的泄漏事故绝大多数是这种界面泄漏,泄漏事故占全部法兰泄漏的 80% ~95% ,甚至是全部。

2) 渗透泄漏

植物纤维、动物纤维、矿物纤维和化学纤维等都是制造密封垫片的常用原材料。这些材料的组织比较疏松、致密性差,纤维与纤维之间有无数的微小缝隙,很容易被流体介质浸透,特别是在流体介质的压力作用下,被密封介质会通过纤维间的微小缝渗透到低压一侧。由于垫片材料的纤维和纤维之间有一定的缝隙,流体介质在一定条件下能够通过这些缝隙而产生的泄漏现象称为渗透泄漏(图 10.3)。渗透泄漏一般与被密封的流体介质的工作压力有关,压力越高,泄漏流量越大。另外,渗透泄漏还与被密封的流体介质的物理性质有关,黏性小的介质易发生渗透泄漏,而黏性大的介质则不易发生渗透泄漏。渗透泄漏一般占法兰密封泄漏事故的8%~12%。20世纪90年代,随着材料科学迅猛发展,新型密封材料不断涌现,这些新型密封材料的致密性非常好,以它们为主要基料制作的密封垫片发生渗透泄漏的现象日趋减少。

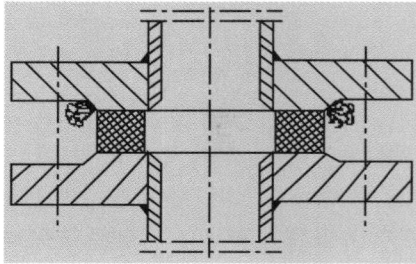

图10.2　界面泄漏

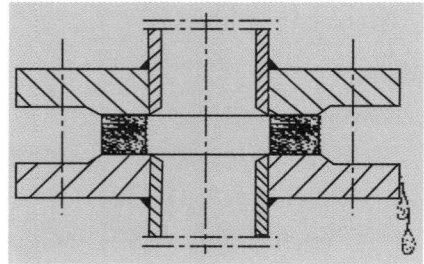

图10.3　渗透泄漏

3)破坏泄漏

破坏泄漏事故,人为因素占有很大比例。密封垫片在安装过程中易发生装偏,从而使局部的密封比压不足或预紧力过度,超过了密封垫片的设计限度,使密封垫片失去回弹能力。另外,法兰的连接螺栓松紧不一,两法兰中心线偏移,在拧紧法兰的过程中都可能发生上述现象。由于安装质量欠佳而产生密封垫片压缩过度或密封比压不足而发生的泄漏称为破坏泄漏(图10.4)。这种泄漏很大

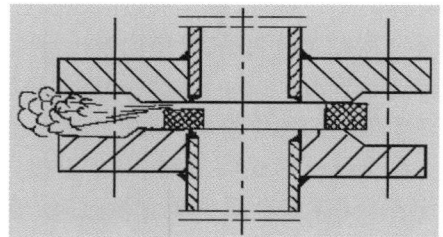

图10.4　破坏泄漏

程度上取决于人的因素,因此应当加强施工质量的管理,如选用密封可靠性强的结构形式。破坏泄漏事故一般占全部泄漏事故的1%~5%。界面泄漏和破坏泄漏的泄漏量都会随着时间的推移而明显加大,而渗透泄漏的泄漏量与时间的关系不十分明显。

3. 管路泄漏

舰船管路系统泄漏的原因很多,泄漏的形式也多种多样,只有认真分析管路泄漏的原因,针对不同的泄漏采用相应的预防方法,才能有效地防止管路泄漏。

腐蚀引起的管路泄漏可以通过改善管子的材料,提高管子的抗腐蚀性能得以改善。焊接过程中产生缺陷而引起的泄漏,可以通过提高焊接质量来得以改善。

此外,影响密封面密封的因素主要有以下六个方面:

(1)操作条件的影响。操作条件即压力、温度及介质的物化性质。舰艇上的中、低压法兰较多,往往单纯的压力或介质因素对法兰泄漏的影响并不是主要的,只有和温度联合作用时,泄漏问题才会显得严重。

在高温下介质黏度会下降,渗透性强,易促成渗漏。常温下黏度大的重油等,在高温时也有很强的渗透性,并对垫片和法兰的溶解和腐蚀作用加剧。同时,在高温时,法兰、螺栓和垫片可能发生蠕变和应力松弛,致使密封松开,密封比压下降。一些非金属垫片在高温下加速老化或变质,甚至被烧毁,回弹量将下降,这样势必影响密封。又由于密封组合件各部位的温度不同,热膨胀不均匀,增加了泄漏的可能。当温度反复变化时,密封失效的可能性更大。

但操作条件是由生产过程所决定的,不能回避。因此,只能从密封结构及垫片选材来解决。对中、低压法兰密封,最经济的方法是靠垫片的回弹能力补偿;在高温下要使法兰密封不泄漏,仍然靠垫片有足够的回弹力。

(2)设计参数垫片系数m和预紧比压y的影响。法兰密封设计中,m和y是两个重要参数,计算时,m与y值从标准规范中选定。我国目前选用的m和y值由《钢制压力容器》推荐,该推荐值选自ASME标准,但国外对y和m值不断进行修正。而我国过去一直认为不同形状、不同材料的垫片的m和y值不同,对同一种形状和材料的垫片是一个定值。实际上,m和y值不仅取决于垫片的形状和材料,而且与垫片宽度、预紧压力、介质性能、法兰密封面宽度及粗糙度等因素有关。如易泄漏的介质,阻力较小时,要求m值增大。所以,对于同一种材料的垫片,在不同的介质、垫片宽度、预紧力的情况下,采用同样的m值是不正确的。在

实际使用中,采用法兰升级解决泄漏,实质是增加了 y 值。若操作条件相同,选用法兰厚度不同时,显然法兰厚度大的密封性能好,其原因在于 m 和 y 值增大。但在各种操作条件下,m 和 y 值究竟取多少合适,目前国内尚没有权威性的规范可供选用。

(3)螺栓预紧力的影响。提高螺栓预紧力,可以增加垫片的密封能力,但过大的螺栓预紧力会使垫片失去弹性,甚至把垫片压坏或挤出,不能保证其在工作状态下有足够的弹性。螺栓预紧力取决于 m 与 y 值的选择及其准确性。另外,在实际安装中,难以控制螺栓预紧力的大小,拧紧螺栓顺序不当,也可造成垫片弯曲或缠绕垫片解体。但当密封所需预紧力一定时,采用减小螺栓直径、增加螺栓数量的方法对法兰密封有利。

(4)垫片性能的影响。适宜的垫片变形和回弹力是形成密封的必要条件,垫片变形包括弹性变形和塑性变形。垫片材料是影响垫片性能的主要因素,若材料具有良好的弹性和柔软性,能很好地与密封面吻合,不因低温而硬化,也不因高温而软化或塑流,自然密封效果好。

(5)法兰刚度的影响。法兰刚度不足而产生过大的翘曲变形,往往是导致密封失效的原因之一。刚度大的法兰变形小,并可使螺栓预紧力均匀地传递给垫片,提高法兰密封性能。但法兰刚度与很多因素有关,其中增加法兰厚度,减小螺栓中心圆直径,都能提高法兰抗弯刚度及抗变形能力。

(6)密封面的影响。法兰密封面的形状和粗糙度应与垫片相配合,一般与金属垫圈接触的密封面,要求尺寸精度高,粗糙度 Ra 为 $6.3 \sim 3.2$,而软质垫片的密封面精度可低些,粗糙度 Ra 为 $25 \sim 12.5$ 即可。但密封面必须避免径向机械刻痕、毛刺和其他机械损伤。密封面的平直度和密封面与法兰轴线的垂直度是保证垫片均匀压紧的前提,因此在设计、安装时必须考虑管线热膨胀造成的推力或偏心力的影响。

从影响法兰密封的因素分析中可以看出,法兰和螺纹接头处的泄漏的主要原因可以归纳为螺栓预紧力的下降、垫片的功能失效、法兰刚度降低及密封面功能失效等。

为了防止法兰的功能失效,进而引起法兰的泄漏,就必须对螺栓受力情况和法兰连接密封结构的工作原理进行充分的了解。

4. 螺栓受力计算和失效模式

假定螺栓的预紧力为 F_0,下面分析工作时螺栓的受力,在分析螺栓的受力情况时,没有考虑紧固螺栓的应力松弛对其的影响。

在弹性极限内,受力 F 与变形 λ 成正比,压缩时,$\lambda < 0$,如图 10.5 所示,图中 A 点为螺栓伸长量 λ_b 的零值点,其右为正值,当螺栓伸长时,其受力沿直线 AH 变化。若在预紧力 F_0 时的伸长量为 λ_{b0},则螺栓的抗拉刚度为

$$K_b = F_0/\lambda_{b0} = \tan\alpha \qquad (10.1)$$

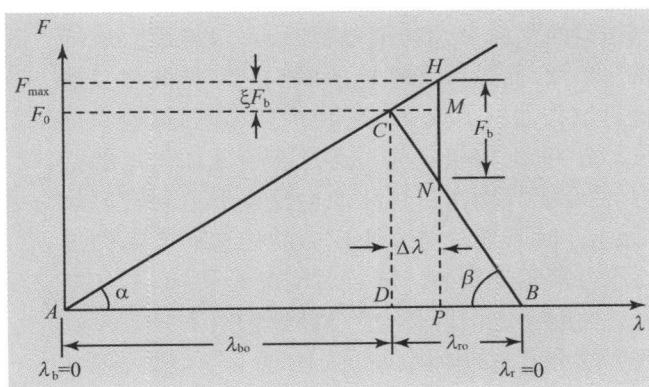

图 10.5　法兰与螺栓的受力变形

B 点为法兰体受到螺栓压缩部分的压缩量 λ_r 的零值点,其左为负值,当法兰受压缩时,其受力沿直线 BC 变化。若在螺栓的预紧力 F_0 时的压缩量为 λ_{r0},则法兰体的抗压刚度为

$$K_r = F_0/\lambda_{r0} = \tan\beta \qquad (10.2)$$

在 D 点,螺栓所受拉力和法兰体所受压力相等,均为 F_0,故 D 点代表了法兰安装好后它们的变形状态。在运用中,由于机械传递过来的振动、液体的流动所产生的脉动等力的作用,这时螺栓将进一步伸长或压缩。由于螺栓的拉伸对泄漏产生较大的影响,在此只分析螺栓受拉力时的情况。螺栓受压缩时分析与受拉伸时相同。

螺栓受拉力时,由于螺栓帽或螺钉头的受力面与法兰体相应的受力面紧密接触,螺栓伸长的增量就是法兰体压缩的减小量。当螺栓受到最大工作拉力 F_b 时,若螺栓伸长量为 $\lambda_{b0} + \Delta\lambda$,则法兰压缩量为 $|\lambda_{r0}| - \Delta\lambda$,这时工作点由 D 移到 P,螺栓总的受力增至 F_{max}(即 HP),法兰体受力则减至 F_N(即 NP)。它们之差正好

与 F_b 相平衡,即

$$F_{max} - F_N = F_{b0} \tag{10.3}$$

由此可以看出,在工作时,螺栓的受力并没有增加 F_b,而是比这个值小:

$$\Delta F = F_{max} - F_0 = \xi F_b < F_b \tag{10.4}$$

当螺栓受到振动和冲击时,作用在螺栓上的激励力 F_{max} 如果大于螺栓所能承受的最大许用力时,螺栓就有可能发生屈曲变形或断裂,从而引起螺栓失效,作用在法兰上的预紧力丧失,进而引起管路连接处的泄漏。

显然,载荷作用系数 ξ 越小,F_{max} 就越小,螺栓的应力幅值和平均应力也越小,螺栓的疲劳强度越高。因此,需要分析 ξ 与哪些因素有关。由图 10.5 可得

$$\xi = \frac{\xi F_b}{F_b} = \frac{HM}{HM + MN} = \frac{1}{1 + \frac{MN}{HM}}$$

$$= \frac{1}{1 + \frac{\tan\angle MCN}{\tan\angle MCH}} = \frac{1}{1 + \frac{\tan\beta}{\tan\alpha}} = \frac{1}{1 + K_r/K_b} \tag{10.5}$$

增大 K_r 和减小 K_b,可提高螺栓的抗疲劳强度。因此,法兰在螺栓孔通过的部分应有足够的横截面积,以增加其刚度 K_r。反过来,在不增加最大应力的前提下,应把螺栓上没有应力集中的区段的横截面积减小,使螺栓刚度 K_b 减小。

5. 法兰连接密封结构主要失效模式

法兰密封结构大都采用硬垫片密封,密封面为平面沟槽密封面,法兰面应靠紧,耐振动、冲击。配用合成纤维密封垫片时,在很高的使用压力下,密封性仍保持很好。因此,这种结构广泛用于舰船管道系统的连接处。法兰密封结构的密封性能对管道系统的可靠性影响很大,密封性不良,会造成严重泄漏等事故,因此对法兰密封结构的可靠性进行分析和研究是非常必要的。

法兰连接密封结构在使用过程中,合成纤维密封垫片和紧固螺栓的性能都发生一定的变化,故在建立结构的密封失效物理模型时,不仅考虑合成纤维密封垫片,而且考虑螺栓的影响。常见的法兰连接密封结构如图 10.6 所示,由法兰、紧固螺栓和垫片三部分组成。在装配时,通过螺栓施加规定的紧固力,使合成纤维密封垫片产生预变形达到密封效果;而工作时其通过对介质压力的传递而产生的接触比压力来实现密封。随着时间的延长,原本良好的密封性能会逐渐降低,最终导致密封失效。失效主要有两个方面的原因:

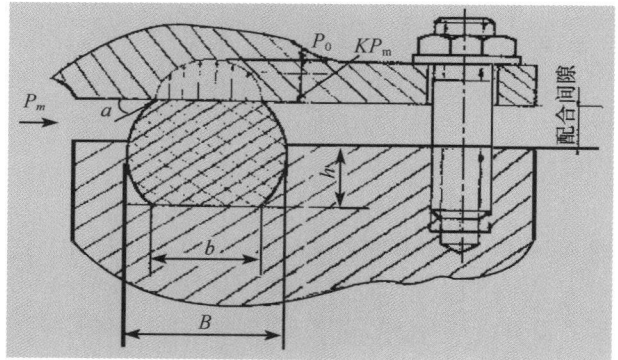

图 10.6　法兰连接密封结构

(1) 合成纤维材料的老化使合成纤维密封垫片的可逆变形不断减小,密封力下降,当减至临界值时便发生泄漏。

(2) 应力松弛使螺栓的弹性变形不断减小,当紧固力下降到一定值时也会使密封接头发生泄漏。

所以,在对该密封接头的可靠性进行估计时,应综合考虑上述两个方面的影响。

计算法兰密封连接结构失效概率,首先建立法兰密封连接结构整体失效模型和极限状态方程。密封接头的密封条件为

$$P_s > P_e \tag{10.6}$$

式中:P_s 为接触面密封压力;P_e 为工作介质产生的挤压力。

$$P_e = P_m \cos\alpha \tag{10.7}$$

式中:P_m 为工作介质压力;α 为合成纤维密封垫片与法兰面的压力夹角。

$$P_s = P_0 + KP_m + f(t) \tag{10.8}$$

式中:P_0 为预变形产生的接触压力;K 为与材料有关的压力传递系数;$f(t)$ 为合成纤维与金属黏附力。

$$P_0 = \frac{E}{\beta} \frac{4\delta}{4\delta(1 - K_1 K_2) + dK_1 K_2} \tag{10.9}$$

式中：E 为合成纤维弹性模量；β 为安全系数；δ 为密封面的表面粗糙度；d 为合成纤维密封垫片的截面直径。

极限状态函数为

$$G_1(t) = \frac{E}{\beta} \frac{4\delta}{4\delta(1 - K_1 K_2) + dK_1 K_2} + KP_m + f(t) - P_m \cos\alpha \tag{10.10}$$

当 $G_1(t) \le 0$ 时，结构即发生失效（泄漏），此为结构的失效模式之一。

由于合成纤维材料的老化，导致长期储存过程中 P_0 不断变化。虽然相关文献已得到了合成纤维密封垫片的密封可靠性模型，但该方法未考虑紧固螺栓的应力松弛效应对密封性能的影响。为了保证密封可靠，螺栓的预紧力应大于工作介质的压力对螺栓产生的力和使密封圈产生初始预变形需要的力之和，即

$$P_{pre} \ge F_m + F_r \tag{10.11}$$

式中：P_{pre} 为螺栓的预紧力；F_m 为工作介质压力对螺栓产生的力；F_r 为使合成纤维密封垫片产生初始预变形所需要的力。

$$F_m = \frac{\pi}{4} D_n P_m \tag{10.12}$$

式中：D_n 为合成纤维密封垫片接触面的平均直径。

$$F_r = A_1 E\varepsilon = 4\pi E\delta D_n \sqrt{1 - \left(\frac{h}{d}\right)^2} \tag{10.13}$$

式中：A_1 为合成纤维密封垫片与法兰面的接触面积；h 为法兰面上安装合成纤维密封垫片沟槽深度。

一般取 $\delta = 1.25 \sim 2.5\mu m$。当 $P_{pre} < F_m + F_r$ 时，即认为结构失效。

6. 失效模式间的相关性分析

由以上分析可以看出，这一问题属于多模式的结构可靠性求解问题，且各模式间是串联的关系，任意一个失效模式出现都将导致结构失效。如果各个失效模式之间是相互独立的，则只需分别计算各个失效模式下的失效概率，然后相乘即可得到结构体系的失效概率。但在工程实际中，结构体系的各个失效模式间又往往存在相关性（模式相关），这样就使得计算变得复杂。

从结构的密封原理可以看出，紧固螺栓的应力松弛将影响合成纤维密封垫片的受力状态和变形量；而合成纤维密封垫片的老化又影响螺栓的受力状况，从而影响其应力松弛率。两个模式是相关的，所以必须考虑它们之间的相关性。采用多模式分析模型，可以取代以往的单模式对密封结构的可靠性进行了分析研究，通过应用重要抽样法进行蒙特卡罗仿真计算，可取得较为满意的评估结果。从结构的失效模型和计算可以看出，当螺栓预紧力 P_0 的方差一定时，其均值越大，结构体系的可靠度越高；同样，在均值一定时，方差越小，结构体系的可靠度越高。因此，在结构设计和装配时，应减小管路系统的振动和液体的脉动所引起的冲击力对螺栓和法兰的影响，即减小设备的振动在管路中的传递，合理布局管路系统，减小管路中液体的脉动。同时采取适当的措施提高螺栓的预紧力或降低其方差，可很好地解决这一问题，防止管路的泄漏。

10.3.2　密封材料筛选试验

10.3.2.1　试验材料

密封材料的性能和质量决定了密封效果的好坏。根据国内相关行业的应用情况和舰船辅机、管路系统的密封材料工作工况，我们在 15 家生产水平较高、质量较好的厂家中初步选定 8 类垫片和 10 类填料共 200 多种产品进行了各类性能试验。

试验用各类垫片材料如下：

（1）橡胶（丁腈橡胶、硅橡胶）；

（2）芳纶纤维橡胶材料；

（3）石棉橡胶板、石棉四氟包覆垫片；

（4）聚四氟乙烯、膨体聚四氟乙烯；

（5）柔性石墨高强板、柔性石墨金属组合垫片；

（6）柔性石墨金属缠绕垫片；

（7）紫铜垫片；

（8）其他材料。

试验用各类密封填料品种如下：

（1）炭化纤维编织填料；

（2）碳纤维编织填料；

（3）柔性石墨填料环；

（4）柔性石墨编织填料（450℃、600℃）；

（5）聚四氟乙烯纤维编织填料、膜编织填料；

（6）聚四氟乙烯石墨编织填料,膨体四氟编织填料；

（7）芳纶纤维编织填料；

（8）其他混编填料。

10.3.2.2 试验方法

（1）非金属类垫片（包括复合增强类垫片）力学性能试验条件：

试验标准：GB/T 12622—2008《管法兰用垫片压缩率及回弹率试验方法》

试验温度：15～25℃

试验初载：1.0MPa

试验终载：48.5MPa

（2）非金属类垫片（包括复合增强垫片）密封性能试验条件：

试验标准：GB/T 12385—2008《管法兰用密封性能试验方法》

试验温度：15～25℃

试验比压：48.5MPa

介质压力：4.0MPa

试验介质：99.9%氮气

（3）金属垫片（齿形复合垫、缠绕垫、紫铜垫）力学性能试验条件：

试验标准：GB/T 12622—2008《管法兰用垫片压缩率及回弹率试验方法》

试验温度：15～25℃

试验初载：1.0MPa

试验终载：70MPa

（4）金属垫片（齿形复合垫、缠绕垫、紫铜垫）密封性能试验条件：

试验标准：GB/T 12385—2008《管法兰用密封性能试验方法》

试验温度：15～25℃

密封比压：70MPa

介质压力：6.4MPa

试验介质：99.9%氮气

（5）垫片其他技术指标试验条件分别按表10.1中标准规定执行。

表 10.1 垫片其他技术指标试验条件

垫片材料	执行标准
非金属平垫片	CB/T 3588—1994《船用法兰非石棉材料垫片》
缠绕式垫片	GB 4622.3—2007《缠绕式垫片技术条件》
齿形组合垫片	HG/T 20610—2009《钢制管法兰用缠绕式垫片》
柔性石墨复合垫片	JB/T 6628—2008《柔性石墨复合增强垫片》

（6）海水浸泡后性能试验。分别将各种材料的垫片在海水中浸泡 90 天用清水冲洗后自然风干,然后按照上述要求进行性能试验。

（7）带温存放后垫片性能试验。非金属材料垫片在 100 ~ 120℃条件下存放 20 天,冷却后按上述试验条件进行性能试验。

（8）填料物理力学性能试验按 JB/T 6371—2008《碳化纤维编织填料试验方法》。

（9）柔性石墨编织填料物理力学性能试验按 JB/T 6620—1993《柔性石墨编织填料试验方法》。

（10）柔性石墨填料环按 JB/T 6370—2011《柔性石墨填料环物理机械性能测试方法》。

（11）填料密封性能试验按 JB/T 7760—2008《阀门填料密封试验规范》。

10.3.2.3　试验装置

1. 垫片试验装置

垫片试验装置技术参数:

最大加载能力:2000kN

试验件最大外径:ϕ400mm

最高试验压力:14MPa(99.9% 氦气)

泄漏测量范围:10^{-6} ~ 10^2 cm^3/s

系统测量精度:≤0.4% FS

2. 填料试验装置

压缩率、回弹率测试装置如图 10.7 所示。密封填料试验机由主机,油压、液压系统和操作台三部分组成。主机的主要部件有机座、机身、试验杆、填料压盖、拉压传感器、电阻加热器。

技术参数:

填料函尺寸:ϕ50 × ϕ30 × 60mm

试验介质:淡水

介质压力:0 ~ 160MPa

试验温度:常温 ~ 550℃

试验机往复速度:600mm/min

往复行程:100mm

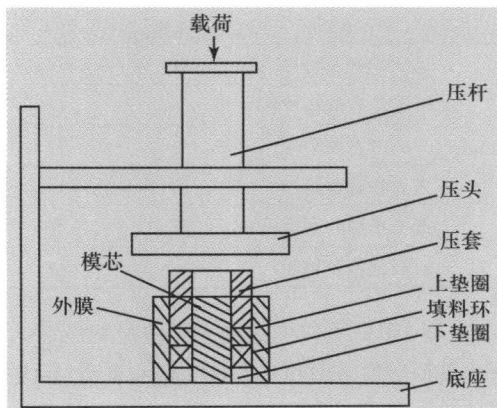

图 10.7　压缩率、回弹率测试装置

10.3.2.4　试验内容

1. 垫片试验

（1）非金属类垫片(包括复合增强类垫片)力学性能试验,试验标准为 GB/T 12622—2008《管法兰用垫片压缩率及回弹试验方法》,试验温度为 15 ~ 25℃,试验初载为 1.0MPa,试验终载为 48.5MPa。

（2）非金属类垫片(包括复合增强垫片)密封性能试验,试验标准为 GB/T 12385—2008《管法兰用密封性能试验方法》,试验温度为 15 ~ 25℃,试验比压为 48.5MPa,试验介质压力为 4.0MPa,试验介质为 99.9%氦气。

（3）金属垫片(齿形复合垫、缠绕垫、紫铜垫)力学性能试验,试验标准 GB/T 12622—2008《管法兰用垫片压缩率及回弹试验方法》,试验温度为 15 ~ 25℃,试验初载为 1.0MPa,试验终载为 70MPa。

（4）金属垫片密封性能试验,试验标准 GB/T 12385—2008《管法兰用密封性能试验方法》,试验温度为 15 ~ 25℃,密封比压为 70MPa,介质压力为 6.4MPa,试验介质为 99.9%氦气。

（5）海水浸泡后性能试验,分别将各种材料的垫片在海水中浸泡 90 天用清水冲洗后自然风干,进行力学性能及密封性能试验。

2. 填料试验

（1）填料的压缩率、回弹率性能试验。

（2）填料的体积密度测试及摩擦磨损试验。

（3）填料的应力松弛试验。

（4）密封填料耐酸、碱失量测定,密封填料的耐温失量测试。

（5）密封填料密封寿命试验。

（6）密封填料存放期腐蚀试验。

10.3.2.5　试验结果与分析

1. 垫片类样品的试验结果与分析

1）橡胶类垫片

橡胶类垫片主要材料有丁腈橡胶和硅橡胶,其常温压缩率为35% ~45%;回弹率为10.5% ~6.5%;在海水中浸泡后压缩率为33% ~38%,回弹率为20% ~10%;在100 ~120℃存放后压缩率为30% ~36%,回弹率为15% ~6%。根据试验结果分析认为,橡胶类垫片力学性能受温度的影响较大,而在海水中浸泡后垫片力学性能受影响次之。主要原因是橡胶基材在海水和120℃情况下本身发生老化反应,使材料变脆,因此,针对橡胶类材料的此种性能,可以使用燃油、滑油、淡水和空气介质中,使用温度不超过110℃,使用压力为0.25 ~1.6MPa。

2）芳纶橡胶垫片和石棉橡胶垫片

芳纶橡胶垫片和石棉橡胶垫片在各种环境中力学性能对比试验结果见表10.2。

表10.2　芳纶橡胶垫片和石棉橡胶垫片力学性能对比

垫片类型	压缩率/%	回弹率/%	备　注
A 芳纶橡胶垫片	17	26	A、常温
B 芳纶橡胶垫片	14	28	B、海水浸泡后
C 芳纶橡胶垫片	13	35	C、120℃存放后
A 石棉橡胶垫片	10	38	
B 石棉橡胶垫片	9	37	
C 石棉橡胶垫片	11	33	

由表10.2可以看出,这两种材料的垫片同样有橡胶垫片的相似性能,只是由于增加了增强材料芳纶纤维和石棉纤维,故而其力学性能的变化不大,并且能保持原有的力学性能。我们推荐使用芳纶橡胶垫片使用在燃油、滑油、饱和蒸汽、海水、淡水、空气、燃气和惰性气体中,使用温度不超过300℃,使用压力不超过4.0MPa。石棉橡胶垫片使用在压缩空气、空气和惰性气体中,使用压力0.25 ~2.5MPa,使用温度不超过200℃。

3）聚四氟乙烯垫片和聚四氟乙烯包覆垫片

聚四氟乙烯垫片和聚四氟乙烯包覆垫片在各种环境中力学性能对比见表10.3。

表10.3　聚四氟乙烯垫片和聚四氟乙烯包覆垫片力学性能对比

垫片类型	压缩率/%	回弹率/%	备　注
聚四氟乙烯垫片（A）	12	24	A、常温
聚四氟乙烯垫片（B）	13	24	B、海水浸泡后
聚四氟乙烯垫片（C）	9	38	C、120℃存放后
聚四氟乙烯包覆垫片（A）	18	21	
聚四氟乙烯包覆垫片（B）	10	28	
膨体聚四氟乙烯垫片（A）	19	19	
膨体聚四氟乙烯垫片（B）	32	11	
膨体聚四氟乙烯垫片（C）	22	15	

由表10.3可以看出,由于聚四氟乙烯材料同样属于热固性材料,温度变化时,其力学性能发生较大的变化,而对于海水等介质,对其力学性能几乎不产生影响(除包覆垫片外,因其中含有石棉橡胶板)。聚四氟乙

烯材料是一种耐腐蚀塑料,具有许多优越的性能,如化学稳定性,良好的热性能,耐大气老化等。因此可在任何介质中使用,其使用压力不超过 4.0MPa,使用温度不超过 250℃。

4）柔性石墨类金属增强垫片

柔性石墨类金属增强垫片,包括高强垫片、波形复合垫片和齿形组合垫片。其原理均是利用柔性石墨材料的耐高温性能和优良的密封性能以及金属材料的耐压性生产的一种垫片,其在各种环境中的力学性能见表 10.4。

表 10.4　柔性石墨类高强垫片、波齿复合垫片和齿形组合垫片的力学性能比较

垫片类型	环境	压缩率/%	回弹率/%
高强垫片	常温	23	20
	海水浸泡	21	19
齿形组合垫片	常温	15	10
	海水浸泡	13	11
波形复合垫片	常温	16	9
	海水浸泡	11	27

由表 10.4 可看出,对于金属增强材料,在海水条件下均应使用不锈钢材料,避免因锈蚀引起的性能变化和密封失效。同时由于其良好的密封性能和力学性能,可使用在舰船多种介质中,使用温度为 500℃ 左右,使用压力为 1.0~25.0MPa。

5）金属缠绕垫片

金属缠绕垫片作为一种金属和非金属的组合垫片,它兼有金属优良的回弹能力、耐热性和非金属材料的柔软性,并具有多道密封作用。其使用压力为 2.5~25MPa,使用温度为 -200~650℃,最高使用温度根据非金属材料的耐热性而异。在海水介质中聚四氟乙烯不锈钢垫片尤为最佳。

按照 GB/T 12385 规定对不同条件存放后的垫片的密封性能进行测试,其结果显示,泄漏率变化不大。各种密封垫片的泄漏率比较见表 10.5。

表 10.5　各种密封垫片的泄漏率比较

垫片材料	密封比压/MPa	介质	介质压力/MPa	泄漏率/(cm³/s)	垫片材料	密封比压/MPa	介质	介质压力/MPa	泄漏率/(cm³/s)
丁腈橡胶垫片	48.5	氮气99.9%	1.8	6.8×10^{-4}	芳纶橡胶垫片	48.5	氮气99.9%	4.0	0.28×10^{-4}
				0.9×10^{-3}					0.6×10^{-4}
				4.1×10^{-4}					0.52×10^{-4}
硅橡胶垫片	48.5	氮气99.9%	1.8	7.6×10^{-4}	聚四氟乙烯包覆垫片	48.5	氮气99.9%	4.0	7.6×10^{-4}
				6.9×10^{-4}					8.2×10^{-4}
				8.1×10^{-4}	柔性石墨高强垫片	48.5	氮气99.9%	4.0	8.6×10^{-4}
石棉橡胶垫片	48.5	氮气99.9%	4.0	5.5×10^{-3}					7.8×10^{-4}
				0.8×10^{-2}	柔性石墨齿形组合垫片	70.0	氮气99.9%	6.4	3.4×10^{-4}
				4.2×10^{-3}					5.6×10^{-4}
膨体聚四氟乙烯垫片	48.5	氮气99.9%	4.0	9.2×10^{-4}	柔性石墨波齿组合垫片	48.5	氮气99.9%	4.0	3.4×10^{-4}
				8.9×10^{-4}					5.6×10^{-4}
				7.4×10^{-4}	特力垫片	48.5	氮气99.9%	4.0	3.4×10^{-4}
聚四氟乙烯垫片	48.5	氮气99.9%	4.0	0.59×10^{-3}					5.6×10^{-4}
				0.7×10^{-3}	柔性石墨金属缠绕垫片	70.0	氮气99.9%	6.4	3.4×10^{-4}
				1.0×10^{-3}					5.6×10^{-4}

2. 填料类样品的试验结果与分析

1）碳纤维密封填料

碳纤维密封填料的特点是耐腐蚀、耐磨、自润滑性好、摩擦系数小、导热性好、易于散发滑动摩擦热、回

弹性好、耐高低温。编织填料压缩率为27%～44%、回弹率为33%～50%,可在海水、淡水、润滑油类、燃油等介质中使用。

炭化纤维编织填料压缩率为19%～28%,回弹率为23%～45%,使用温度为260℃以下,耐腐蚀性能低于碳纤维密封填料,不适合于在强碱工况下使用。导热性能比碳纤维密封填料差。生产工艺上,没有高温炭化生产工序,因此,氧化纤维中含低碳物质较多。可在海水、淡水及油类介质中使用。

2)柔性石墨填料环

柔性石墨填料环已有多年生产历史,且工艺简单,只要选择优良的板材和适当的压力,一般企业生产的产品都可控制在标准范围内。柔性石墨填料环密封性能良好,由于在填料函中填料环几乎都能受到同样程度的压缩,所以最少用2个环,最多用5个环。在填料函较深、使用填料较多的情况下,就要在轴的一端放入金属衬套进行调整。柔性石墨填料一般与其他编织填料或金属填料组合使用,原因是防止柔性石墨填料挤入间隙内,可以使填料取出方便,防止介质压力端的柔性石墨填料被冲刷掉,同时阻挡介质中的不纯物进入填料函,对柔性石墨起保护作用。

在舰船管路系统及辅机上推荐使用于阀门及转速较低的泵上。柔性石墨填料环材质的硫含量控制在1000mg/L以下。

3)柔性石墨编织填料

柔性石墨编织填料因增强材料不同,有10多种纤维增强线条,所以填料性能也存在较大差异。在舰艇管路系统及辅机上推荐选用玻璃纤维或碳纤维增强石墨线。柔性石墨编织填料硫含量不超过1000mg/L。编织填料的外观应花纹匀称、平整、无明显外露线头。不推荐使用棉纤维增强的柔性石墨填料。

4)聚四氟乙烯编织填料

以聚四氟乙烯纤维或聚四氟乙烯割裂丝编织的密封填料,具有优良的耐腐蚀性、耐磨耗性和较高的机械强度,并且自润滑性好,摩擦系数小,扭矩小,但导热性差,热膨胀系数大,因而在线速度高的部位密封须采取强制冷却、润滑等措施,避免烧坏填料和增大磨损。

聚四氟乙烯薄膜编织填料耐温性能好,因在加工过程中经过热拉伸,所以在280℃温度下仍具有较好的机械强度。缺点是压缩率大、回弹率小、磨损率大,不适宜用于高速运转部位的密封,在高速下会产生雪花状磨屑且磨损很快。在静密封中使用压力不宜超过10MPa,在动密封中使用压力不宜超过5MPa,且线速度不宜超过3m/s。

聚四氟乙烯碳质填料的压缩率为20%～30%,回弹率在30%以上。较聚四氟乙烯膜填料有明显提高,填料的摩擦系数降低50%以上。据分析在磨损过程中接触面出现油膜层。摩擦系数下降,抗磨耗性能则有显著提高,磨耗量约降低原来的1/19。填料表观柔软致密、流塑性好,对密封轴的加工要求不高。可使用介质为海水、淡水、各种润滑剂、燃油及腐蚀性介质。聚四氟乙烯纤维及聚四氟乙烯割裂丝可在高压下使用。

5)芳纶纤维编织填料

芳纶纤维填料综合性能优异,填料的压缩率为17%～26%,回弹率为23%～30%,芳纶纤维填料的压缩回弹性能低于碳纤维填料,而与橡胶石棉填料及聚四氟乙烯薄膜填料相仿。某些合成纤维填料在常温下测出的压缩、回弹性能一般,但在实际使用中,由于填料材料热导率低,伴随着温度升高,填料会出现明显的回弹反弹现象,芳纶纤维填料也具有这种特性,因而在使用时在常温下填料的压盖不可拧得过紧,初始时出现轻微滴漏为正常现象,随着温度的升高,填料的回弹率增大、滴漏停止而达到良好的密封。芳纶填料突出特点是高耐磨性,在填料的加工过程中,特别浸渍高级润滑材料,使其在相对运动中形成坚固的润滑膜。这是减少磨损、延长使用寿命、减少功能消耗的可靠措施。尤其是用在高压、高速密封场合,更能显示出使用寿命长的特点。在舰船管路系统和辅机上可使用于海水、淡水及各种油类介质。适用于高压、高速密封部位。

3. 试验结论

本次试验通过对国内28家垫片生产企业生产的15种材料和21种结构的共1328片垫片进行多种工况的力学性能和密封性能试验,以及19家企业生产的10种填料共150多件样品进行了物理力学性能和密封寿命试验,优先选用的垫片、填料见表10.6和表10.7。

表 10.6　舰船管路优先选用垫片

管路介质系统	工作压力/MPa	工作温度/℃	选用垫片
液压油系统	10.0	≤65	聚四氟乙烯不锈钢缠绕垫片 合成纤维橡胶垫片 紫铜波纹垫片
高压空气系统	0.8 ~ 2.5		合成纤维橡胶垫片 柔性石墨金属缠绕垫片
蒸汽系统	≤6.4	≤510	柔性石墨金属缠绕垫片 齿形组合垫片
燃油系统	0.2 ~ 0.3	≤60	合成纤维橡胶垫片 柔性石墨金属缠绕垫片 丁腈橡胶垫片
滑油系统	0.2 ~ 0.3	≤60	柔性石墨金属缠绕垫片 合成纤维橡胶垫片 丁腈橡胶垫片
淡水系统	0.3 ~ 0.5	0 ~ 100	硅橡胶垫片 聚四氟乙烯包覆垫片 聚四氟乙烯不锈钢缠绕垫片
污水系统	0.2 ~ 0.5	0 ~ 80	柔性石墨金属缠绕垫片 合成纤维橡胶垫片 石棉橡胶垫片
海水系统	0.8	≤60	合成纤维橡胶垫片 聚四氟乙烯包覆垫片
氟利昂、四氟化碳管路系统	<3.0	≤50	合成纤维橡胶垫片 聚四氟乙烯包覆垫片 聚四氟乙烯缠绕垫片
柴油机排烟管	0.3	<600	柔性石墨金属缠绕垫片 柔性石墨齿形组合垫片 柔性石墨复合增强垫片
航空煤油管路系统	≤0.8	常温	聚四氟乙烯垫片 聚四氟乙烯包覆垫片

注：螺纹接头法兰选用合成纤维橡胶垫片和组合类垫片

表 10.7　舰船辅机及管路系统优先选用填料

介质系统	工作压力/MPa	工作温度/℃	选用填料	
			泵	阀门
液压油系统航空煤油系统	≤10.0	≤100	聚四氟乙烯石墨编织填料（SF-PS/260）；炭化纤维编织填料；聚四氟乙烯炭化纤维混编填料	柔性石墨填料环；聚四氟乙烯带编织填料（SFP/260）；聚四氟乙烯模压成形填料
燃油系统滑油系统	0.2 ~ 0.3	≤60	炭化纤维编织填料；聚四氟乙烯石墨编织填料（SFPS/260）；聚四氟乙烯割裂丝编织填料（SFGS/260）	柔性石墨填料环；柔性石墨编织填料；聚四氟乙烯带编织填料（SFP/260）

（续）

介质系统	工作压力/MPa	工作温度/℃	选用填料	
			泵	阀门
海水、淡水、饮用水、空气、惰性气性、锅炉药剂系统	≤16	≤100	聚四氟乙烯石墨编织填料（SF-PS/260）；碳纤维编织填料；芳纶纤维编织填料	柔性石墨编织填料；柔性石墨填料环；聚四氟乙烯编织填料（SFP/260）
蒸汽系统	≤6.4	≤510	柔性石墨编织填料（金属丝增强）；石墨纤维填料；柔性石墨复合填料	柔性石墨填料环；柔性石墨编织填料

10.4 新型柔性石墨密封材料研制

10.4.1 问题的提出

柔性石墨及其制品在舰船上的使用有越来越广泛的趋势，特别是蒸汽动力舰船，高温管路非常多，柔性石墨金属缠绕垫片、柔性石墨编织填料作为一种性能优异的密封材料占了全舰密封材料总量的70%以上。然而，任何一种新材料都不可能是完美无缺的，柔性石墨材料也如此。它被用作机械密封垫片时，引起与其配偶的金属密封面的腐蚀。目前，在舰船上由于石墨材料对金属材料产生腐蚀而造成密封失效的现象时有发生，随着石墨材料使用时间的推移，此种腐蚀现象有越来越严重的趋势，这必须引起充分重视。如何使柔性石墨材料既保持良好的密封性能，其腐蚀性能又能降低，寿命达到舰船要求，成为材料研究者的研究课题。石墨密封材料的高蚀性对石油化工、电力行业的影响还不甚严重，因为其系统大修期一般为1.5~2年，密封件及配合金属密封面到期更换，而在舰船上使用就有了很大差别，不能照搬石化、电力行业的使用情况，因为舰船修理周期要长得多，小修一般要6~8年，中修要13~15年，其柔性石墨密封材料寿命必须较石化、电力行业要长得多。

需要研究缓蚀效果明显稳定、工艺简便、易于实现生产的缓蚀型柔性石墨制备工艺，试制的长寿命、低腐蚀性石墨密封材料，要从根本上减少金属密封配合面的腐蚀，延长各种设备正常运转周期，提高设备的可靠性，并最终为提高蒸汽动力管路提供一种可靠的密封结构和材料。

10.4.2 柔性石墨密封材料对金属的腐蚀影响

10.4.2.1 柔性石墨材料中的杂质分析

柔性石墨也称为膨胀石墨，美国联合炭化物公司于1963年首先研制成功，以后，德国、法国、英国、日本等也相继研制成功。我国于20世纪70年代后期研制成功并开始应用于化工等行业。

纯的柔性石墨由于强度低、对接触金属有腐蚀和氧化性等不足，通常使用在较低压力和静密封下。一般应用较多的是复合柔性石墨，其改变了纯柔性石墨的不足，具有许多其他密封材料无法比拟的优点。目前，柔性石墨一般有板、纸、带三类，用其可制成各种形状、尺寸、性能的制品，如复合板、填料环、盘根、缠绕垫片等。这些密封件广泛使用于舰船的各种设备和管路中。

柔性石墨中的有害成分主要是硫离子和氯离子，其中硫离子含量要比氯离子含量大得多。国产柔性石墨材料中，硫含量为500~6000mg/L，氯含量为10~55mg/L（表10.8）。氯离子以可溶性氯化物的形式存在，主要来自两个方面：一方面是原料鳞片石墨（表10.9）；另一方面是石墨提纯时使用的工业盐酸以及水洗中使用的工业水。虽然大部分氯化物可在高温膨胀时除去，但仍有一部分因挥发不完全而残留在柔性石墨材料中。硫离子主要来自使用硫酸制备层间化合物时浸入石墨层间的HSO_4。尽管水洗、烘干和高温膨胀时，由于石墨层间化合物的分解，大部分HSO_4转化成SO_2、SO_3逸出，但由于水洗不充分、膨胀温度低、时间短，仍有部分HSO_4残存在石墨蠕虫中。另外，分解出的SO_2、SO_3等也可能再次吸附于石墨蠕虫上。

表10.8　柔性石墨中的硫、氯元素含量

样品编号	硫含量/(mg/L)	氯含量/(mg/L)	样品编号	硫含量/(mg/L)	氯含量/(mg/L)
1	1973	25	7	1512	24
2	1362	22	8	1633	34
3	1435	24	9	1487	18
4	2036	34	10	1331	15
5	2599	25	11	1530	24
6	1500	22	12	1467	28

表10.9　鳞片石墨的灰分组成

纯度为90%	Al_2O_3，SiO_2，CaO，Fe_2O_3，Fe_2SO_4
纯度为98%	Al_2O_3，SiO_2，Fe_2O_3，MgO
纯度为99%	Al_2O_3，SiO_2，Fe_2O_3

由金属腐蚀学原理可知，硫、氯离子均可加速金属的电偶腐蚀，而氯离子对金属的缝隙腐蚀、孔蚀的加速作用要比硫离子大，因而对这两种有害元素在石墨中的含量必须严格控制。

10.4.2.2　硫、氯对金属的腐蚀试验

1. 不同含量的杂质硫、氯对同一金属的腐蚀

为了考察石墨填料硫含量对金属腐蚀的影响程度，进行了不同硫含量的石墨填料对阀杆的腐蚀试验。

1）试验方法

该项试验目前尚无国家标准或行业标准，试验参照 ZBJ 22021—90《缓蚀石棉填料腐蚀试验方法》进行。

试验模拟阀门填料装配形式，将不同硫含量的柔性石墨填料环装配在阀杆上。然后将试件放入温度为 (55 ± 2)℃、相对湿度为 (95 ± 3)% 的调温调湿箱内，保持试验箱内恒温恒湿。一段时间后，拆卸填料，目视检查阀杆的腐蚀情况。

2）阀杆材料及试验

阀杆材料选用船用阀常用的 2Cr13、SUH600、1Cr17Ni2 和 38CrMoAl 四种金属材料。试样规格为 $\phi18 \times 60mm$，表面粗糙度 $Ra = 1.6\mu m$，试样进行调质处理。

3）柔性石墨填料环

柔性石墨填料环用硫含量分别为 687mg/L、958mg/L、1530mg/L 和 2599mg/L 的四种柔性石墨板压制而成。填料环规格为 $\phi30 \times \phi18 \times 6mm$。

4）试验结果及分析

不同硫含量的石墨填料对阀杆的腐蚀试验结果如图10.8所示。

(a)

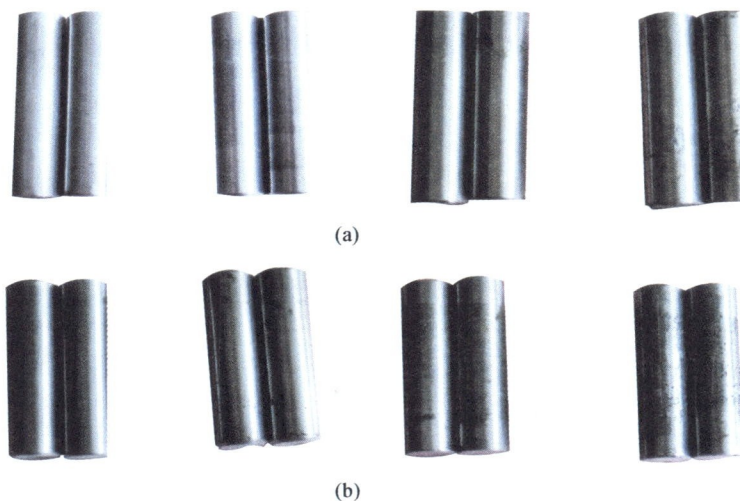

(b)

(c)

(d)

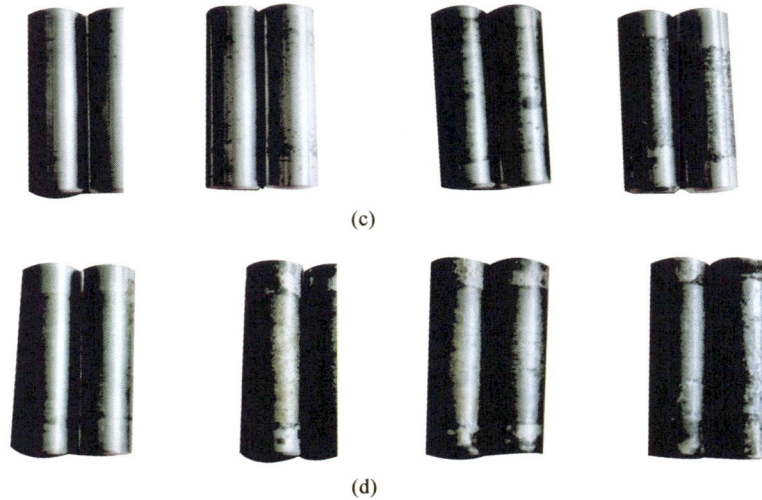

图 10.8 四种金属在硫含量 687mg/L、958mg/L、1530mg/L、2599mg/L（自左至右）石墨填料的腐蚀对比

（a）1Cr17Ni2 在不同硫含量的腐蚀状况；（b）2Cr13 在不同硫含量的腐蚀状况；

（c）SUH600 在不同硫含量的腐蚀状况；（d）38CrMoAl 在不同硫含量的腐蚀状况。

由图 10.8 可得出以下结论：

（1）硫含量为 1000mg/L 以下柔性石墨填料环,对阀杆的腐蚀轻微；而硫含量在 1500mg/L 以上的柔性石墨填料环,对阀杆的腐蚀较严重。

（2）同一金属与硫含量不同的石墨填料相配时,硫含量越高,金属阀杆腐蚀越厉害。

（3）石墨材料中含有的硫离子能加速金属材料的腐蚀,是影响腐蚀的关键因素。

2. 相同含量的杂质硫对不同金属的腐蚀

不同金属材料本身的化学元素不同,其抵抗硫离子腐蚀的性能也就各不相同。为了检验金属材料的耐腐蚀性能,我们在实验室中进行了相同硫含量的石墨材料对不同金属阀杆材料的腐蚀试验,选择的金属材料品种为 2Cr13、SUH600、1Cr17Ni2、和 38CrMoAl 四种金属材料。腐蚀试验结果如图 10.9 所示。

由图 10.9 可知:相同硫含量的柔性石墨填料环对不同金属阀杆的腐蚀程度明显不同。本次试验所选用的四种金属材料中,1Cr17Ni2 的腐蚀最轻,其余依次为 2Cr13、SUH600 和 38CrMoAl。这个结果对于选择阀杆金属材料有一定帮助。

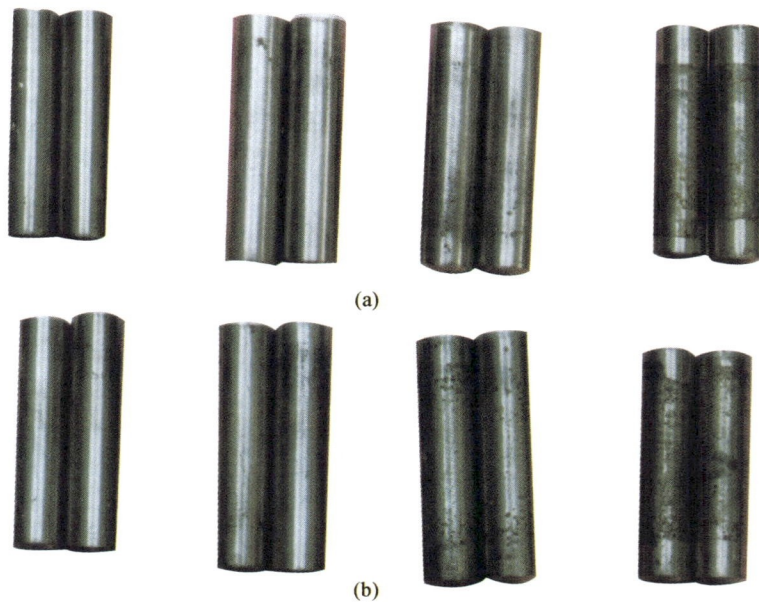

(a)

(b)

(c)

(d)

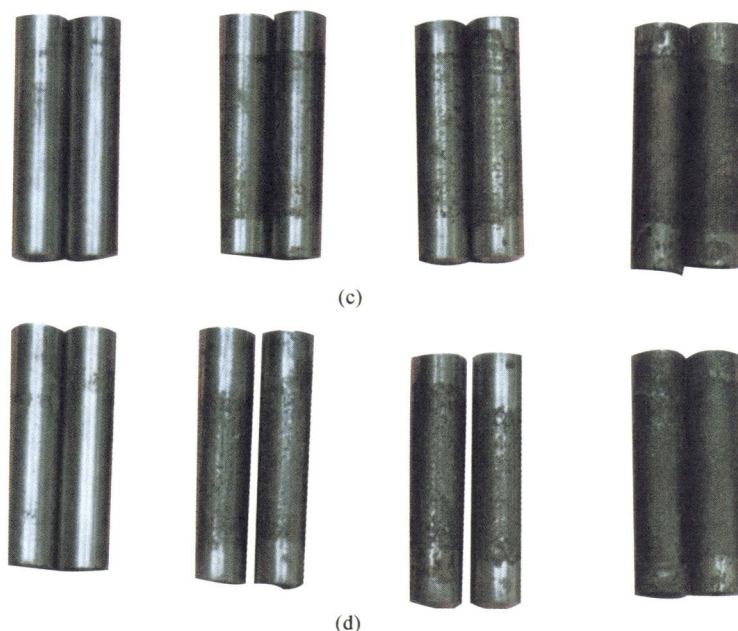

图 10.9　不同硫含量石墨填料对 1Cr17Ni2、2Cr13、SUH600 和 38CrMoAl(自左至右)四种阀杆金属的腐蚀对比
(a) 四种金属在 687mg/L 硫含量石墨填料中；(b) 四种金属在 958mg/L 硫含量石墨填料中；
(c) 四种金属在 1530mg/L 硫含量石墨填料中；(d) 四种金属在 2599mg/L 硫含量石墨填料中。

可以得到如下基本结论：

柔性石墨是电的良导体，当柔性石墨密封材料使用时，常与金属材料紧密接触。若金属—石墨密封部位之间有水、电解质、高温蒸汽或空气等介质存在时就会发生腐蚀。柔性石墨与金属腐蚀的主要表现形式为局部腐蚀中的电偶腐蚀和缝隙腐蚀。

(1) 考虑柔性石墨材料在使用时对大多数金属可能产生电化腐蚀的问题，所以研制硫含量低的柔性石墨材料和各种缓蚀型柔性石墨材料是非常必要的。

(2) 2Cr13 在各种 SO_4^{-2} 含量的试验溶液中都具有活化—钝化转变，其表面能形成钝化膜，而 20 钢无活化—钝化转变，全都处于活化腐蚀状态。

(3) 腐蚀电位和线性极化的测量表明，在 SO_4^{-2} 含量为零的情况下，2Cr13 的耐腐蚀情况下的孕育期明显长于 20 钢。

(4) 随着 SO_4^{-2} 含量的增加，极化阻力减少，腐蚀电流增大。这表明，在缝隙腐蚀的情况下，2Cr13 的钝化膜一旦遭到破坏就不能自行修复，也将处于活化腐蚀状态。缝隙试验的结果更直观地证实了这一点，此时 2Cr13 的腐蚀速率也越来越大，其增长率与 20 钢相近。

(5) 为了降低阀杆的腐蚀速率，延长其使用寿命，可以采取两条途径，一是降低填料中的 SO_4^{-2} 含量，二是采用钝化性能好的金属材质。

(6) 在降低柔性石墨材料中硫含量的同时，采取添加各种缓蚀剂的办法，生产缓蚀型柔性石墨材料。

当阀杆与填料接触时，阀杆金属受到的腐蚀破坏，就其形态而言主要是缝隙腐蚀，其次是电偶腐蚀。应该说明，如果填料很纯净，这种腐蚀的过程是很缓慢的，在阀门的使用周期内并无宏观的腐蚀迹象，或腐蚀轻微，不影响阀门的使用。如果填料中含有腐蚀性离子，如 SO_4^{-2}、Cl^- 等，情况就不同了。这些离子就会从填料中向缝隙内扩散迁移，从而在缝隙内形成强腐蚀剂 H_2SO_4 和 HCl。随着腐蚀过程的进行，H^+ 不断出现，这时填料中的 SO_4^{-2}、Cl^- 等负离子不仅扩散迁移，而且大量地向缝隙进行电迁移。结果，缝隙内的 pH 值快速下降，阀杆金属的腐蚀急骤增加。所以，阀杆腐蚀带有自催化性和自加速性。

阀杆的电偶腐蚀也是存在的，这主要是石墨的导电性好，电位高的缘故。同样，填料中的 SO_4^{-2} 和 Cl^- 也促进电偶腐蚀的进行。

综上所述，无论是缝隙腐蚀还是电偶腐蚀，填料中的 SO_4^{-2} 和 Cl^- 都是有害的。

10.4.2.3 柔性石墨 - 金属间腐蚀的控制措施分析

柔性石墨材料在使用时,对大多数金属可能产生电化腐蚀的问题。整个电化腐蚀过程由阳极过程、电子和离子的迁移和阴极过程组成,这三个环节缺一不可。而电化腐蚀速度取决于金属材料的负电性和介质条件。根据以上机理,选择下列控制措施。

1. 降硫

从根本上解决硫对金属的腐蚀;主要有两种方法:一是改变插层剂类型,不用或少用硫酸进行插层处理,以获得残存硫含量低的柔性石墨;二是采用新型插层产物的处热的硝酸盐水溶液冲洗等。基本过程:对可膨胀石墨进行化学处理,除去其表面吸附的无效硫离子基因;采用较高的膨胀温度,增加含硫气体的挥发能力,减少膨胀石墨对硫离子基因的吸附。其中,最主要的是对可膨胀石墨的化学处理。因为可膨胀石墨比表面积大,吸附能力强,吸附了大量的无效硫离子基因,如果把这部分硫离子基因除去,就能有效地降低柔性石墨材料中的硫含量。

2. 去氯

减缓金属的腐蚀速度。欲降低柔性石墨中 Cl^- 含量应当从原料提纯工艺着手,尽量用不含 Cl^- 的酸代替盐酸,如使用 H_2O_2 等,这种提纯工艺相对来说比较复杂,成本比较高,一般工业中采用的比较少。

3. 加添加剂 Zn 粉

保护配偶金属不受腐蚀。因石墨电极电位比大多数金属高,在导电性介质中配偶金属会成为阳极而受到腐蚀。如在石墨中加入比配偶金属电位更低的物质,添加物会首先腐蚀而配偶金属得到了保护,采用牺牲阳极保护法,即添加 Zn 粉可以使配偶金属得到保护,在石墨的制备过程中添加 Zn 粉的浓度较难掌握。

4. 加入阳极缓蚀剂

活化 - 钝化性金属进入钝化区,从而使金属进入钝化状态,切断腐蚀途径。在有腐蚀性介质存在时,添加缓蚀剂可有效减缓金属部件的腐蚀,原因是缓蚀剂能与工件表面的金属离子作用,形成较稳定的保护膜,或者缓蚀剂本身分解出的离子可以金属表面吸附,占据晶格中最活泼位置,从而减少材料表面的电化学腐蚀。

选择钼酸钙、钼酸钡作为柔性石墨的缓蚀剂(钼酸盐同时也是锌的缓蚀剂),加入量应控制在 0.5% ~ 1.0%(质量系数)。钼酸钙、钼酸钡不仅能抑制电偶阳极过程,而且能阻滞电偶阴极氧化还原过程。这类缓蚀剂高温下稳定,不易溶解,可以保证较长时期的缓蚀效果,不会像钼酸钠那样由于长期使用而逐步溶解导致缓蚀作用减弱(柔性石墨在高压蒸汽环境使用时更是如此)。对比试验表明,此类缓蚀剂适于工作温度较高(400℃以上)的蒸汽密封。

10.4.3 舰用缓蚀型柔性石墨板材的制备

1. 低硫、氯柔性石墨材料的制备工艺

根据以上分析制定了详细的工艺试验方案,主要从两个方面对柔性石墨材料的制造工艺进行试验改进:

1)对可膨胀石墨进行化学处理

吸附于可膨胀石墨表面的无效硫离子基因是造成柔性石墨材料硫含量高的重要原因,而这部分硫离子基因用其他方法难以除去,所以决定用化学处理方法除去这部分硫离子基因。

在水洗工艺时,使用 H_2O_2 代替盐酸(去氯),水洗之后,在可膨胀石墨中加入一种化学处理剂,使其与可膨胀石墨表面吸附的硫离子基因发生反应,生成一种不易被可膨胀石墨表面吸附,可以水洗去除的化合物。然后对可膨胀石墨再次水洗,便可除去这部分硫离子基因。

2)选择较高的膨胀温度

高温膨胀是一个十分重要的工艺环节。在这一过程中,可膨胀石墨发生膨胀变为膨胀石墨,可膨胀石墨中的绝大多数硫离子基因被氧化为 SO_2 等气体而排出,但是由于可膨胀石墨的极强的吸附能力,已汽化的部分硫离子基因又被吸附于膨胀石墨表面。

膨胀温度是一个重要的工艺参数。膨胀温度高,可膨胀石墨膨胀完全,其中的硫离子基因被充分氧化,含硫气体扩散迅速,有利于降低硫含量。根据我们的试验结果,在某一温度区域内,膨胀温度每升高 10℃,

产品的硫含量就降低 30~50mg/L,但膨胀温度过高,尽管硫含量有所降低,却会引起可膨胀石墨的粉碎性膨胀和石墨的氧化烧损,减少石墨收缩率,降低产品的其他性能。项目组选择了既有利于降低产品的硫含量,又不损害产品的其他性能的膨胀温度。

经过反复试验,最终确定的低硫柔性石墨材料的制造工艺为磷片石墨→化学处理→水洗→化学降硫→水洗→烘干→高温膨胀→制板。

2. 工艺关键技术

1）降硫处理剂配方的确定

降硫处理剂的配方的确定要考虑多种影响因素:一方面,处理剂的使用应能有效地降低可膨胀石墨中的硫含量,即它能与硫离子基因发生化学反应,形成一种不易吸附在可膨胀石墨表面而易于水洗除去的化合物;另一方面处理剂不能与石墨反应,破坏石墨的结构,也不能给可膨胀石墨中带来其他杂质,影响产品的其他性能。选用多种化学试剂组成多种配方,运用正交试验法对其降硫效果及对产品其他性能的影响进行试验。部分试验结果列于表 10.10。确定用 B 和 F 两种处理剂作为降硫处理剂,它们均能起到降低柔性石墨材料硫含量的作用,而不会给产品的其他性能带来不良影响。

表 10.10　处理剂试验结果

产品性能		处理剂编号						
		A	B	C	D	E	F	G
硫含量/（mg/L）		1480	1030	1415	1450	1336	1082	1446
氯含量/（mg/L）		23	21	22	22	21	19	24
密度/（g/cm³）		1.5	1.6	1.6	1.5	1.6	1.5	1.5
压缩率/%		18	17	14	16	16	20	17
回弹率/%		38	41	37	40	37	38	39
耐温失量%	450℃	0.25	0.24	0.24	0.23	0.25	0.23	0.24
	600℃	4.4	3.3	3.8	4.2	3.4	3.5	4.0
摩擦系数		0.12	0.12	0.11	0.12	0.13	0.11	0.12

2）降硫处理剂用量的确定

除降硫处理剂的配方外,其用量的多少也是一个技术难点。用量过少,可膨胀石墨表面的无效硫离子基因不能完全除去,达不到降低硫含量的目的;用量过多,处理剂会与石墨层间化合物发生反应,破坏已形成的石墨层间化合物,导致膨胀石墨的膨胀倍数降低,进而影响柔性石墨板材的拉伸强度,使其低于标准规定值(3.5MPa)。经过反复试验,确定了合理的降硫化学处理剂用量。

3）缓蚀剂的添加工艺

低硫柔性石墨中添加的缓蚀剂钼酸钙、硝酸钡的工艺如下:

原料:低硫柔性石墨薄片、0.8% 钼酸钙的水溶液、1% 的硝酸钡水溶液。

制造方法:未加的或密度为 0.7g/cm³ 的石墨薄片厚 0.5mm,卷起,放入容器中。将容器抽真空至压力为 10^{-3}bar(1bar = 0.1MPa)。抽气 15min 以后,关上真空泵的阀门。含 0.8% 钼酸钙的水溶液注入容器中,使容器中压力升至 10bar。在水溶液中放置 5min 以后,石墨薄片在真空干燥器中干燥,温度为 110℃,压力为 10^{-2}bar,时间为 2h。然后将石墨薄片再次放入容器中。循环再次开始,1% 的硝酸钡水溶液作为第二种介质。循环结束后,干燥的石墨薄片含有 1% 钼酸钡。

为了观察缓蚀型石墨填料与普通柔性石墨填料在防腐蚀性能上的差异,采取模拟阀门工作状态的接触试验。试验时,将试验装置放入恒温恒湿箱,相对湿度为 80%,温度为 60℃,试验周期为 15×24h。几种柔性石墨的对比试验结果见表 10.11 和图 10.10。因此,可得结论:缓蚀型柔性石墨填料对金属阀杆有显著的防腐蚀效果。

表 10.11　几种柔性石墨的对比试验结果

配偶金属	柔性石墨品种	防腐措施	试验结果	配偶金属	柔性石墨品种	防腐措施	试验结果	配偶金属	柔性石墨品种	防腐措施	试验结果
1Cr17Ni2	普通石墨	无	有明显点蚀	1Cr17Ni2	低硫石墨	加锌	良好	1Cr17Ni2	低硫石墨	浸钼酸钙	良好
2Cr13	普通石墨	无	有明显点蚀	2Cr13	低硫石墨	加锌	良好	2Cr13	低硫石墨	浸钼酸钙	良好

图 10.10　腐蚀试验对比
(a) 1Cr17Ni2；(b) 2Cr13。

　　缓蚀添加剂的缓蚀机理是在对偶金属阳极表面形成钝化膜。显然,钝化膜的完整性、厚度、结构和致密度以及被膜在电介质中的溶解度对缓蚀效果有直接影响。加入缓蚀剂以后通过试验比较,缓蚀型柔性石墨的抗拉强度较对比样有所提高;在其他条件相同的情况下,经添加钼剂处理制得的试片密度比对比样密度要小得多,因而其厚度要大得多。因柔性石墨密封件的最终密度仅取决于最终负载,因此经添加剂处理后所得的柔性石墨试片回弹性有所提高。

　　另外,将缓蚀型柔性石墨材料按有关标准制成柔性石墨板、柔性石墨金属缠绕垫片、柔性石墨填料环三项制品,其各项性能指标均符合有关国家标准要求。

10.5　密封材料改进筛选试验

　　潜艇海水系统的密封对安全性有重要影响。由于潜艇在航行中上浮或下潜,受海水冲击、振动、颠簸严重,所以潜艇上的管路系统受到各种力的综合作用,管法兰连接处易发生泄漏。以法兰平垫为例,将法兰与垫片接触面处尺寸微观放大,可见二者的表面都是凹凸不平的,当螺栓预紧时,螺栓力通过法兰压紧面作用在垫片上,垫片受到压缩产生变形,将法兰表面上的凹凸不平处填满,形成了初始密封条件。此时,垫片密封面上的压应力称为预紧密封比压。当介质通入后,螺栓载荷将随介质压力的升高而增加,螺栓被拉伸,法兰压紧面分离,使预紧比压下降,当下降到某一临界点时发生泄漏。因此各种可卸式连接密封的必要条件是在密封条件建立后继续保证足够的工作密封比压。操作时保持足够的工作比压是由垫片的结构特性和连接件的刚性所决定的,同时与螺栓施加于密封面的特定压力有着紧密的联系,如果密封件能够在工作状态时始终保持足够的弹性,就能起到良好的密封效果。

　　潜艇使用的垫片主要有:增强聚四氟乙烯垫片、柔性石墨不锈钢缠绕垫、紫铜垫片、紫铜聚四氟乙烯包覆垫片、聚四氟乙烯蒙乃尔缠绕垫片、柔性石墨蒙乃尔缠绕垫片。混炼胶橡胶垫片。编织填料主要有聚四氟乙烯纤维编织填料、柔性石墨编织填料、柔性石墨填料环、芳纶纤维/GFO混编填料。

10.5.1　金属波形复合垫片的试验研究

1. 金属波形复合垫片结构

　　金属波形复合垫片是由一个特殊的波形弹性框架金属芯,并在上、下两面各复合一层柔性石墨板或膨体聚四氟乙烯板经压制整形而成。金属波形复合垫片基本属于线接触密封垫片。它是由金属波纹提供机械支撑,而回弹性能则是由波纹的结构形式、金属厚度、波纹间距及波形高度所决定(图 10.11)。密封垫片要有接触良好的密封表面,它包含密封接触的紧密性以及容易达到这种紧密性的程度,其作用是有效堵塞介质的泄漏通道。达到这一途径有两种方法:一是用机加工的方法获得高质量的密封表面,这种方法在日常工作中常用于修复密封面,消除密封面的伤痕,对于大型零部件难于机加工的也常用研磨的方法,这类方法花费高并且密封面不易保护;二是用塑性好的材料来填平密封面的不平度,这是设计选择密封结构时愿意采用的方法,也是补救密封面微小损伤时常用的方法。密封表面接触良好与否常根据其所需的预紧密封比压和工作时的密封比压的大小来衡量,小者为好。一种性能优良的密封垫片必须具有良好的回弹能力和较高的承载能力,这一性能将标志着密封元件具有良好的补偿密封面分离的能力以及能够获得较高密封比压。对非组合式密封元件来说,这两者是相互制约的。应该在保证密封面上具有足够比压的前提下尽量提高密封元件的回弹性能,金属波形复合垫片的回弹能力虽然不大,但结构本身具有良好的补偿能力。当预紧时,波形金属产生变形并与密封面贴紧,依靠波纹形金属的支撑作用获得良好的弹性和必需的密封比压。柔性石墨或膨体聚四氟乙烯密封层在密封过程中填补了密封面的微小凹坑,并形成多道密封结构。

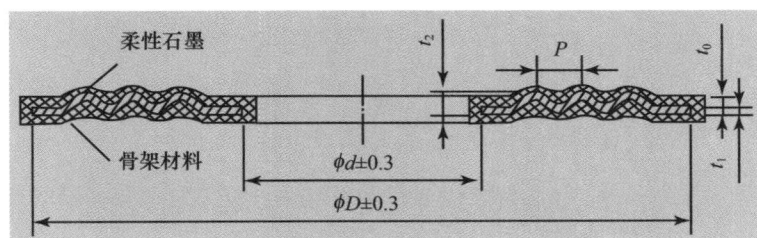

图 10.11 金属波形复合垫片结构

2. 金属波形复合垫片制造工艺

金属波形复合垫片常用的金属材料为 304、304L、316、316L、钛材、蒙乃尔材料、金属镍板、紫铜板、黄铜板等,金属板厚度为 0.3～0.8mm,通过模具压制成具有波形结构的骨架材料。其中金属薄板的厚度、波形角度、波峰高度以及波峰间的距离必须通过设计计算和试验获得相关的数据。柔性石墨板材的厚度为 0.3～1.0mm,膨体聚四氟乙烯板材的厚度为 1.0～2.0mm。生产工艺流程:金属薄板→压模成形→涂胶复合→压制成形→金属波形复合垫片。

从生产工艺过程来看,生产工艺流程是比较简单的,但技术关键是金属波形板的设计及成形,它决定了波型复合垫片的压缩回弹性能以及应力松弛性能。

3. 金属波形复合垫片的性能研究及分析

垫片是密封结构的核心,垫片的常温和高温承载能力、压缩特性和回弹量、垫片材料在高温下的松弛和蠕变性能等垫片的自身特性是设计可靠的密封结构的必要依据,这些因素可作为影响密封性能的内在因素。

(1)金属波形复合垫片的压缩性和回弹量。垫片的压缩特性是垫片的基本特征,也称为垫片的力学特性,即垫片的承载与变形的关系曲线。它将直接影响密封面比压的大小以及法兰螺栓的设计。通过典型的载荷变形曲线可以了解压缩载荷和压缩变形量的关系,掌握垫片的刚性特性,以便确定合适的压缩量。通过卸载时垫片上应力下降的程度,判断垫片上的残余比压是否能满足密封要求。垫片的几何形状和尺寸对密封性能的影响,针对垫片的最大承载能力以及失效形式,以控制其预紧载荷。根据垫片的回弹性能结合密封性能试验,根据所要求的密封比压可以确定垫片的有效回弹量。而回弹量是垫片经压缩后将产生弹性变形或弹性变形加塑性变形,卸载后垫片的部分变形或全部变形将恢复,这种恢复的变形值称为回弹量,此值表示了垫片补偿法兰面分离的能力,垫片的回弹量大,补偿能力也大,所以人们期望垫片具有好的回弹性能。

对密封结构而言,建立良好的密封是有密封比压要求的,因此不是所有的回弹量都能被利用,在判断密封元件性能时应该看到有效回弹量。一种密封元件的有效回弹量不是固定的,它是密封元件的回弹特性、介质、介质压力、法兰密封面的状况,以及连接构件的刚性函数。

(2)金属波形垫片的压缩回弹性能和密封性能试验。金属波形垫片的压缩回弹性能测试步骤:用丙酮清洗法兰密封面,垫片对中安装;对垫片施加初始载荷 0.7MPa,测量垫片的初始厚度 T_1,位移传感器调到零位;按 0.5MPa/s 加载速度对垫片施加总载荷至规定值,记录垫片压缩量 D_G,并按同样速度卸载至初始载荷值时,记录垫片的残余压缩量 D_G'。

垫片的压缩率及回弹率公式按下式计算:

$$压缩率 = \frac{D_G}{T_1} \times 100\% \tag{10.14}$$

式中:T_1 为垫片试样在初始载荷的厚度(mm);D_G 为垫片试样在总载荷下的压缩量(mm)。

$$回弹率 = \frac{D_G - D_G'}{D_G} \times 100\% \tag{10.15}$$

式中:D_G' 为垫片试样的残余压缩量(mm)。

垫片密封性能试验步骤:用丙酮清洗法兰密封面,垫片对中安装;根据垫片种类选择垫片预紧压力,达到规定值后保持 15min;标定测漏腔的初始容积及容积变化修正系数。

测漏腔初始容积按下式标定:

$$V_C = V_B \left(\frac{P_{2V} - P_B}{P_C - P_{2P}} \right) \tag{10.16}$$

式中:V_C 为测漏腔的初始容积(cm^3);V_B 为标准容器的容积(cm^3);P_B 为标准容器的压力(Pa);P_C 为测漏腔中给定压力(Pa);P_{2V} 为标准容器与测漏腔连通后的平衡压力(Pa)。

容积变化修正系数按下式标定:

$$K_1 = \frac{V_C}{\Delta P_{GK}} \left[\frac{\Delta P_K}{P_K + P_r} - \frac{\Delta T_K}{T_K + T_r} \right] \tag{10.17}$$

式中:K_1 为容积变化修正系数(cm^3/mm);ΔP_{GK} 为标定过程中垫片压缩量的增量(mm);ΔP_K 为标定过程中测漏腔内压力增量(Pa);P_K 为标定终了时测漏腔内压力与环境大气压之差(Pa);P_r 为环境大气压(Pa);ΔT_K 为标定过程中测漏腔内温度增量差(K);T_K 为标定终了时,测漏腔内温度与环境温度差(K);T_r 为环境大气压热力学温度(K)。

试验介质为压力 5.5MPa、纯度 99.9% 工业氮气,当介质压力达到规定值后保持 10min。记录测漏开始时测漏腔内的压力 P_1,垫片的压缩量 D_{G1} 以及测漏腔内的温度 T_1 并开始计时,2min 后记录测量结束时测漏腔内的压力 P_2,垫片的压缩量 D_{G2} 及测漏腔的温度 T_2。泄漏率为

$$L_R = \frac{T_{st}}{P_{st}} \times \frac{P + P_r}{T + T_r} \times \frac{V_c}{t} \left[-\frac{K_1 \cdot \Delta D_G}{V_c} + \frac{\Delta P}{P + P_r} - \frac{\Delta T}{T + T_r} \right] \tag{10.18}$$

式中:L_R 为泄漏率(cm^3/s);P_{st} 为标准大气压($1atm = 1.013 \times 10^5 Pa$);$T_{st}$ 为标准状态下热力学温度(273.16K);P 为测漏腔内压力与环境压力差(Pa);T 为测漏腔内温度与环境温度差(K);V_c 为测漏腔的初始容积(cm^3);t 为测漏时间(120s);K_1 为容积变化修正系数(cm^3/mm);ΔD_G 为测量过程中垫片压缩量的变化(mm);ΔP 为测漏过程中测漏腔内压力变化量(Pa);ΔT 为测漏过程中测漏腔内温度变化量(K)。柔性石墨金属波形复合垫片和膨体聚四氟乙烯波形复合垫片试验数据分别见表 10.12 和表 10.13。从表中试验数据可看出,柔性石墨金属波形复合垫片密封比压远远低于金属缠绕垫片,在垫片应力达到 25MPa,垫片的压缩率和回弹率趋于稳定,在实际应用中只要有金属缠绕垫片 36% 的压紧应力就可达到良好的密封效果,膨体聚四氟乙烯金属波形复合垫片在压紧应力达到 40MPa,回弹性能达到最高值。在实际工程使用中,建议垫片的压紧力为金属缠绕垫片的 50%,就能达到良好的密封效果。这种性能特点非常适用于潜艇的使用。在潜艇上由于冲击、振动的作用,使得垫片的紧固力不能像在固定设备上使用时达到的最大压紧力,在使用中只要有金属缠绕垫片紧固力的 1/3 就可达到良好的密封效果。这一点非常重要,它可保证潜艇的法兰管道及螺丝连接件的密封效果。

表 10.12　柔性石墨金属波形复合垫片试验数据

垫片应力/ MPa	压偏率/%	回弹率/%	密封泄漏率/ （cm³/s）
20.0	28.9	11.0	4.6×10^{-4}
25.0	33.6	11.7	5.3×10^{-5}
35.0	37.9	11.6	4.7×10^{-5}
45.0	37.4	11.7	3.2×10^{-5}

注：垫片预载荷为 0.7MPa，垫片厚度为 2.8mm，介质压力为 55MPa

表 10.13　膨体聚四氟乙烯波形复合垫片试验数据

垫片应力/MPa	压偏率/%	回弹率/%	密封泄漏率/ （cm³/s）
20.0	36.4	9.6	7.6×10^{-5}
30.0	40.4	9.8	3.8×10^{-5}
35.0	42.9	11.0	1.0×10^{-5}
40.0	42.2	11.6	0.58×10^{-5}
45.0	42.5	10.3	0.48×10^{-5}
50.0	42.6	10.6	0.35×10^{-5}

注：垫片预载荷为 0.7MPa，垫片厚度为 4.5mm，介质压力为 5.5MPa

10.5.2　密封件产品性能数据的综合分析

1. 密封垫片性能数据的综合分析

根据潜艇目前使用的各类垫片状况，我们收集了部分企业生产的产品，在实验室中系统进行了垫片的性能试验，试验结果见表 10.14 ~ 表 10.17。

表 10.14　柔性石墨缠绕垫片试验数据

样品编号	垫片应力/ MPa	压偏率/%	回弹率/%	密封泄漏率/ （cm³/s）	说明
TR1	69.9	18.6	16.7	0.56×10^{-3}	带内外环
TR2	50.4	44.0	9.6	2.6×10^{-3}	基本型
TR3	70.4	17.8	19.4	1.5×10^{-4}	带内外环
TR4	69.6	30.5	9.2	0.87×10^{-3}	带内环
TR5	70.8	19.9	20.7	0.79×10^{-4}	基本型

表 10.15　聚四氟乙烯金属缠绕垫片试验数据

样品编号	垫片应力/ MPa	压偏率/%	回弹率/%	密封泄漏率/ （cm³/s）	说明
TF1	69.8	25.4	16.2	0.75×10^{-4}	带内外环
TF2	70.5	26.8	15.2	0.35×10^{-4}	带内外环
TF3	69.5	29.6	14.7	0.28×10^{-4}	带内环
TF4	70.8	35.7	10.3	0.72×10^{-3}	带内外环
TF5	69.3	29.2	15.8	0.46×10^{-4}	带内外环

表 10.16　聚四氟乙烯垫片试验数据

产品名称	垫片应力/ MPa	压偏率/%	回弹率/%	密封泄漏率/ （cm³/s）
膨体四氟垫片（A）	48.5	19.2	18.5	6.8×10^{-5}
增强聚四氟乙烯垫片	48.3	18.4	19.7	5.2×10^{-4}
聚四氟乙烯垫片	48.5	9.9	30.5	3.2×10^{-4}
膨体四氟垫片（B）	48.4	21.7	14.5	2.8×10^{-5}
聚四氟乙烯包覆垫片	48.5	8.6	33.5	3.0×10^{-4}

注：聚四氟乙烯包覆垫内层材料为紫铜板，膨体四氟垫片（A）为进口产品，膨体四氟垫片（B）为国内企业生产的产品

表 10.17　橡胶密封垫片试验数据

产品名称	垫片应力/ MPa	压偏率/%	回弹率/%	密封泄漏率/ （cm³/s）
硅橡胶垫片	48.4	47.5	6.7	1.2×10^{-5}
芳纶橡胶垫片	48.6	10.5	44.2	0.89×10^{-5}
丁腈橡胶垫片	48.7	35.5	15.3	0.72×10^{-5}

通过各种垫片的性能试验，我们认为柔性石墨金属缠绕垫片作为一种金属和非金属的组合垫片，它兼有金属优良的回弹能力、耐热性和非金属材料的柔软性，并具有多道密封作用，使用压力不大于 25MPa，使用温度不高于 650℃，其最高使用温度根据非金属材料的耐热性而异。在海水介质、燃滑油系统以及液压系统中，使用聚四氟乙烯金属缠绕垫片或膨体聚四氟乙烯金属波型复合垫片。

聚四氟乙烯垫片品种较多，由于聚四氟乙烯材料属于热固性材料，温度变化时，力学性能发生较大的变化，而对于海水等介质，对其力学性能几乎不产生影响。聚四氟乙烯材料是一种耐腐蚀塑料，具有许多优越的性能，如化学稳定性、良好的热性能、耐大气老化等。因此使用范围广泛，在××型艇的海水系统、淡水系统、燃滑油系统、液压系统、特种流体系统，使用膨体聚四氟乙烯波纹金属复合垫片、膨体聚四氟乙烯垫片、增强聚四氟乙烯垫片。

橡胶类垫片主要材料品种有丁腈橡胶和硅橡胶，其常温压缩率为 35% ~ 45%，回弹率为 10.5% ~ 6.5%，在海水中浸泡后压缩率为 33% ~ 38%，回弹率为 20% ~ 10%；在 100 ~ 120℃存放 20 天后，压缩率为 30% ~ 36%，回弹率为 15% ~ 6%。因此，橡胶类垫片力学性能受温度的影响较大，而在海水中浸泡后，垫片

力学性能受影响次之。因此,不在××艇上使用橡胶密封垫片。

2. 潜艇密封填料的性能数据综合分析

潜艇管路附件使用的填料品种较少,主要有聚四氟乙烯纤维编织填料、柔性石墨编织填料芳纶纤维/GFO 混编填料以及柔性石墨填料环等。

编织填料物理力学性能试验方法、试验方法标准为 JB/T 6371—2008《炭化纤维编织填料试验方法》、JB/T 6620—1993《柔性石墨编织填抖试验方法》测试项目为体积密度、耐温失量、压缩率、回弹率、摩擦系数、磨耗量、硫含量。

模压成形填料物理力学性能试验方法为 JB/T 6370—2011《柔性石墨填料环物理机械性能试验》,测试项目为体积密度、压缩率、回弹率、耐温失量、摩擦系数。

聚四氟乙烯纤维编织填料、柔性石墨编织填料、模压成形柔性石墨填料物理力学性能试验结果分别见表 10.18 ~ 表 10.20。

表 10.18　聚四氟乙烯纤维编织填料物理力学性能试验结果

测试项目	体积密度/(g/cm³)	摩擦系数	磨耗量/g	耐温失量/%	压缩率/%	回弹率/%
试验结果	1.65	0.14	0.28	2.5	28.9	55.1

注:耐温失量的试验温度为(260±10)℃,试样规格为 10mm×10mm,材质为聚四氟乙烯割裂丝编织填料

表 10.19　柔性石墨编织填料物理力学性能试验结果

填料品种	体积密度/(g/cm³)	摩擦系数	热失量/%	压缩率/%	回弹率/%	碳含量/%	硫含量/(mg/L)
柔性石墨编织填料(450℃)	1.10	0.15	13.0	35.1	15.8	90.2	980
镍丝增强编织填料(600℃)	1.60	0.18	17.0	28.9	21.2	93.2	875

注:柔性石墨编织填料热失量试验温度分别为 450℃、600℃

表 10.20　模压成形柔性石墨填料物理力学性能试验结果

测试项目	体积密度/(g/cm³)	摩擦系数	耐温失量/%	压缩率/%	回弹率/%	硫含量/(mg/L)
试验结果	1.63	0.12	0.48	18.1	45.2	192

注:耐温失量的试验温度为 450℃

10.5.3　分析及结论

在上节研究中可知,柔性石墨填料环在使用时与阀杆或泵轴接触,石墨填料中的硫含量对金属的腐蚀有较大影响,硫含量高的填料腐蚀现象严重,在潜艇上建议使用硫含量不高于 200Mg/L 的柔性石墨板材制作填料环。

柔性石墨编织填料因增强材料不同,有十几种纤维增强线条,所以填料性能也存在较大差异。在潜艇管路系统及辅机上选用玻璃纤维或碳纤维增强石墨线。高温填料选用镍丝增强编织填料。前者使用温度不超过 450℃,后者使用温度不超过 600℃。柔性石墨编织填料硫含量不超过 1000mg/L,编织填料的外观应花纹匀称、平整、无明显外露线头。不推荐使用棉纤维增强的柔性石墨填料。

以聚四氟乙烯纤维或割裂丝编织的密封填料,具有优良的耐腐蚀性、耐磨耗性和较高的机械强度,并且自润滑性好,摩擦系数小,扭矩小,但导热性差,热膨胀系数大,因而在线速度高的部位密封,须采取强制冷却、润滑等措施,避免烧坏填料和增大磨损。

聚四氟乙烯膜编织填料耐温性能好,因在成形加工过程中经过热拉伸,所以在 280℃的温度下仍具有较好的机械强度。缺点是压缩率大、回弹率小、磨损率大,不适宜在高速运转部位密封,在高速下会产生雪花状磨屑,磨损加快。在静密封中使用压力不宜超过 10MPa,在动密封中使用压力不宜超过 5MPa,且线速度不宜超过 3m/s。

聚四氟乙烯碳质填料的压缩率为 20%~30%,回弹率在 30%以上。较四氟膜填料有明显提高。填料的

摩擦系数降低 50% 以上。据分析在磨损过程中接触面出现油膜层。摩擦系数下降,抗磨耗性能则有显著提高,磨耗量约降低原来 1/19。填料表观柔软致密、流塑性好,对密封轴的加工要求不高。与国外 GL(GFO)产品对比,差距表现在膜的拉伸强度低,国产膜带为 17MPa,进口产品为 52.7MPa。此外,耐高温性能(>250℃)比国外产品差,国内产品均含油性润滑剂,在高温时润滑剂挥发,耐温失量高达 15% 左右,且填料变硬而国外产品在(260±10)℃工况下,耐温失量仅为 1.3%,且填料如常温下同样柔软。可使用介质有海水、淡水、各种润滑剂、燃油及腐蚀性介质。聚四氟乙烯纤维及割裂丝可在高压下使用。在潜艇管路附件上建议使用 GFO 聚四氟乙烯编织填料。

无论是编织填料还是柔性石墨填料环,在阀门上使用时,阀杆表面的轴向划痕深度不得超过 1/32 英寸(1 英寸 = 2.54cm),深度与宽度的比率不大于 1.00。

阀杆表面的粗糙度不大于 32 微英寸,填料函壁粗糙度推荐采用小于 125 微英寸,阀杆偏差不能超过以下数值,阀杆直径≤1.5 英寸时,偏差小于 ±0.010 英寸,阀杆直径在 1.5~3.0 英寸时,偏差不小于 ±0.020 英寸,阀杆直径不大于 3.001 英寸时,偏差小于 ±0.040 英寸。

在泵上使用填料时,泵轴的径向跳动不超过 0.005 英寸,泵轴或轴套上不应有轴向划痕,轴或轴套的粗糙度 16~32 微英寸,填料箱壁粗糙度小于 125 微英寸。

根据试验结果,我们针对舰艇的工况条件和工作介质,重新筛选了法兰接头密封件和螺丝接头密封件使用的垫片品种,重点推荐了柔性石墨金属波形垫片和聚四氟乙烯金属波形垫片;阀杆等使用的柔性石墨填料环,选用在柔性石墨板材中加有缓蚀剂的板材,为避免柔性石墨材料对阀杆的腐蚀,对柔性石墨板材的要求为硫含量低于 200mg/L,氯含量低于 50mg/L;在阀门密封部位或泵填料函中使用组合装置的密封填料,即上、下各一圈碳纤维编织填料,中间为柔性石墨填料环,使用时密封效果好,并能延长使用寿命;在使用的编织填料中,在淡水系统、空气系统、海水系统、燃滑油系统、液压系统使用 GFO 编织填料,具有密封效果好、不伤轴、使用寿命长等特点。

参考文献

[1] 付平,常得功. 密封设计手册[M]. 北京:化学工业出版社,2009.
[2] Mnler HK,Mau B S. 流体密封技术——原理与应用[M]. 程传庆,译. 北京:机械工业出版社,2002.
[3] 蔡仁良. 流体密封技术——原理与工程应用[M]. 北京:化学工业出版社,2013.
[4] 王金刚. 石化装备流体密封技术[M]. 北京:中国石化出版社,2007.
[5] 韩建勇,王殿平,林海鹏. 流体密封技术[M]. 哈尔滨:哈尔滨地图出版社,2006.
[6] 顾伯勤. 新型静密封材料及其应用[J]. 石油机械,2003,31(2):50-52.
[7] 李江. 舰船艉轴密封填料的试验研究[J]. 流体机械,2006,34(7):6-10.

第 11 章　舰船轴用密封技术和装置

随着现代工业的迅猛发展,对机械设备的要求越来越高,因此对高温密封、深冷密封、高压/高速密封以及易燃/易爆/强腐蚀性介质、含泥沙等悬浮颗粒介质的密封研究越来越深入。密封技术的开发不仅可以减少设备由于跑、冒、滴、漏造成的能源损失、性能降低,而且可以改善环境,减少或防止污染。大多数密封失效的关键在于没有根据具体工况采用合适的密封技术以及开发、研制合适的密封材料。近年来,密封技术和密封材料的研究取得了长足进步,随着材料科学技术、密封技术理论研究的深入,越来越多的新材料投入应用,许多过去被认为无法攻克的泄漏难题得到了有效解决。本章对舰船几种典型和常见的轴用密封技术进行介绍,论述密封装置、密封材料、密封结构的研究与发展。

11.1　概述

泄漏是一种十分常见的现象,广泛存在于人们的日常生产和工作中。泄漏是由两界面之间存在的间隙所致,间隙又是热胀冷缩、结构设计的需要、加工零件的公差、表面粗糙度和动态磨损等原因造成的。密封的作用是在有可能发生泄漏的地方设置一个完善的壁垒,阻止介质的通过。既想获得良好的密封效果又不改变密封结构,是一个困难又复杂的技术问题。要想获得良好的密封效果,就必须根据具体的使用工况,设计和制造综合性能优良的密封件。

与腐蚀控制问题一样,舰船流体密封问题与论证、设计、建造、使用、维护、修理等多个环节有关,涉及舰船设计、机械设计、流体力学、材料科学和电化学等多个学科和领域,除第 10 章论述的管路和设备结合面的密封垫片、阀门密封填料等以密封材料为主的技术外,典型的密封技术还涉及泵轴、艉轴等轴用机械密封、填料密封,以及其他形式的密封技术。主要问题有如下四个方面:

(1)舰船泵用机械密封技术问题。在每艘舰船上,海水泵、淡水泵数量多,随着技术的进步,现役舰船多数采用了机械密封,但是机械密封容易损坏,可靠性不高。因此,有必要对现役舰船机械密封存在问题进行分析,对典型单端面机械密封进行建模和量化研究,开发研制新型舰船泵用集装式机械密封装置,对典型老式机械密封和填料密封装置进行新型机械密封应用改装。

(2)舰船泵用填料密封技术问题。在机械密封进入舰船行业之前,各类旋转轴类的密封一般采用填料密封。由于填料密封结构简单、维修方便、耐冲击能力强,至今水泵轴、艉轴采用填料密封还占有一定比例。但是填料密封结构存在不能完全密封的缺陷,加上以往的填料密封材料耐磨性差、寿命短,在实际工程中对老式填料密封结构和材料进行改进的需求越来越强烈。有必要对填料密封结构中的填料受力进行分析,对填料的用材和编制方法进行试验对比研究和优化选型设计,对大型循环水泵的密封结构进行改进和应用。

(3)艉轴密封问题。舰船艉轴密封问题与离心式水泵的轴封问题类似,也是涉及机械密封和填料密封两种形式,只不过艉轴密封轴径更大、轴向和径向的振动更大、要求耐泥沙磨损能力更强,这就对密封的结构和材料提出更高要求。

(4)蒸汽动力装置的密封问题。如汽轮辅机的汽封、锅炉配风器风门的密封、烟囱盖密封和防腐问题等。

11.2　典型密封结构失效分析

11.2.1　海水泵机械密封失效分析及对策研究

1. 机械密封情况分析

机械密封是一种依靠弹性元件对静、动环端面密封副的预紧和介质压力与弹性元件压力的压紧而达到密封的轴向端面密封装置(图 11.1),故又称为端面密封。

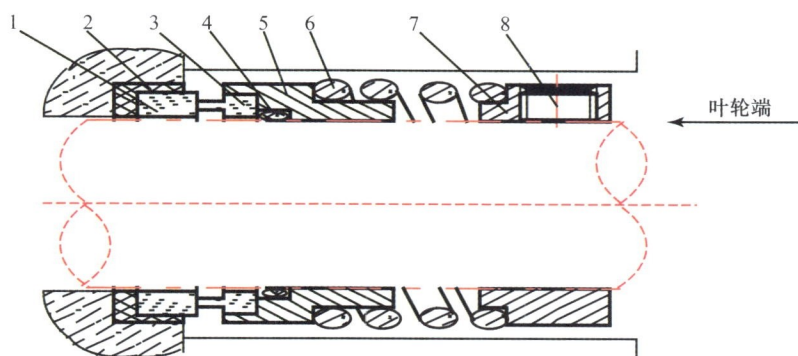

图 11.1　典型机械密封

1—静环；2—静环密封圈；3—动环；4—动环密封圈；5—动环座；6—弹簧；7—弹簧座；8—紧定螺钉。

构成机械密封的基本元件有端面密封副、弹性元件、辅助密封、传动件、防转件和紧固件。

机械密封基本元件的作用和要求如下:

(1)端面密封副(静环和动环):作用是使密封面紧密贴合,防止介质泄漏。它要求静环和动环具有良好的耐磨性。动环可以轴向灵活地移动,自动补偿密封面磨损,使之与静环良好地贴合。静环具有浮动性,起缓冲作用。为此密封面要求有良好的加工质量,保证密封副有良好的贴合性能。

(2)弹性元件(弹簧、波纹管、隔膜):作用是预紧、补偿和缓冲,要求始终保持足够的弹性来克服辅助密封和传动件的摩擦及动环等的惯性,保证端面密封副良好的贴合和动环的追随性,材料要求耐腐蚀、耐疲劳。

(3)辅助密封(O 形圈、V 形圈、U 形圈、楔形圈和异形圈):作用是静环和动环的密封,以及浮动和缓冲。要求静环的密封元件能保证静环与压盖之间的密封性和静环有一定的浮动性,动环的密封元件能保证动环与轴或轴套之间的密封性和动环的浮动性。材料要求耐热、耐寒并能与介质相容。

(4)传动件(传动销、传动环、传动座、传动键、传动突耳或牙嵌式连接器):作用是将轴的转矩传给动环。材料要求耐磨和耐腐蚀。

(5)防转件(防转销):作用是防止静环转动和脱出。要求有足够的长度,防止静环在负压下脱出,并要求正确定位,防止静环随动环旋转。材料要求耐腐蚀,在必要时中间可加四氟乙烯套,以免损坏碳石墨静环。

机械密封的泄漏途径如下:

(1)密封副密封面处泄漏:这是主要密封面,是决定机械密封摩擦、磨损和密封性能的关键,同时决定机械密封的工作寿命。据统计,机械密封的泄漏有 80% ~95% 是由于密封端面密封副造成的。因此,要求接触面保持平行,表面粗糙度要求高, $Ra = 0.05 \sim 0.20 \mu m$ 、平面度小于 $0.9 \mu m$ 。对于不同介质,要求用合适的密封副材料组合,注意耐磨损、耐腐蚀,选用合适的几何参数(面积比和宽径比等)和性能参数(比压、弹簧载荷等)。

(2)辅助密封面泄漏:辅助密封面,即静环与压盖的辅助密封件处、动环与轴(或轴套)的辅助密封处。辅助密封面是决定机械密封密封性和动环追随性的关键,特别是动环与轴(或轴套)密封面,必须要防止因锈蚀、水垢、结焦或化学反应物料堆积而造成动环不能动弹。

(3)静密封处泄漏:压盖与密封箱体之间静密封、轴套与轴静密封和动环镶嵌结构配合处,这三处均为静密封。设计机械密封时,均应根据密封介质选用相容材料的密封垫或相应的配合。

2. 机械密封的基本形式

机械密封的基本形式有接触式和非接触式密封、内装式和外装式机械密封、内流式和外流式机械密封、弹簧旋转式和弹簧静止式机械密封、非平衡式和平衡式机械密封、单弹簧式和多弹簧式机械密封及单密封、双密封和多密封。此外,还有推环(弹簧加载推环)式机械密封和波纹管密封。

3. 机械密封的特点

机械密封一般为端面密封,具有以下特点:

(1)泄漏量可以限制到很少。以及主密封面的表面粗糙度和平直度能保证达到要求,以及材料耐磨性好,机械密封可以达到很少泄漏量,甚至肉眼看不见泄漏。

日本工业标准 JISB 2405《机械密封通用规范》中规定,密封介质为液体时,泄漏量通常为 3mL/h 以下,但对于特殊情况及密封介质为气体时不受此限。俄罗斯《离心油泵用端面密封——产品检验质量要求》中规定,煤油试验台泄漏量不超过 20mL/h(轴封箱压力等于 2.5MPa, $n = 3000r/min$)。我国 JM 127《机械密封技术条件》中规定,常温清水试验,轴(或轴套)外径大于 50mm 时平均泄漏量不超过 5mL/h,轴(或轴套)外径超过 50mm 时泄漏量不超过 3mL/h。

(2)寿命长。在机械密封中,主要磨损部分是密封摩擦副端面。因为密封端面的磨损量在正常工作条件下不大,一般可以连续使用 1~2 年,个别场合下也有用到 5~10 年。日本 JISB 2405《机械密封通用规范》规定:一般机械密封的寿命要求最低使用 1 年,但在苛刻条件和运转率高及启动频繁时不受此限。美国石油学会 API – 682《离心泵与转子泵密封系统》规定,密封使用寿命 3 年。

(3)运转中不用调整。由于机械密封靠弹簧力和流体压力使摩擦副贴合,在运转中自动保持接触,装配后就不用像普通软填料那样需调整压紧。

(4)耐振性比径向密封好。在转速 $n = 3000r/min$ 下最大振幅一般不超过 0.05mm。

(5)使用 pV 值(介质压力与密封端面中径线速度的乘积)不断提高。机械密封可以采用平衡式密封、流体静压型密封、流体动压密封或多级组合式密封,使 pV 值达到较高值,现已可达到 1000MPa·(m/s),并在不断提高。

(6)结构复杂,拆装不便。与其他密封比较,机械端面密封的零件数目多,要求精密,结构复杂。特别是在装配方面较困难,拆装时要从轴端抽出密封环,必须把机器部分(联轴器)或全部拆卸。这一问题目前已做了某些改进,例如采用拆装方便并可保证装配质量的剖分式和集装式机械密封等。

4. 存在问题

在舰船上,海、淡水泵存在轴封泄漏、寿命短、可靠性差的问题,由于海水的大量泄漏,造成舱室内壁船体及设备腐蚀严重,影响舰船的正常运行及设备的使用寿命。舰船上海水泵、淡水泵轴封大致为填料密封和普通机械密封两种。在 20 世纪 80 年代以前,由于机械密封发展还处于相对初级阶段,填料密封结构形式在舰船上占有绝对优势,但填料密封寿命短、泄漏量大、磨损快,长期的使用情况证明,老式的油浸棉麻填料基本不适用于我国泥沙含量达 3% 的东海海域的海水泵轴封;普通机械密封与填料密封相比,则优越得多,但也存在海水泄漏问题,只是比填料密封小一些,一旦失效,维修更换十分不方便。另外,舰船由于平面空间位置的关系,多采用立式泵,机械密封的安装位置在泵的进出口管道上方,在泵刚启动运行时,经常会出现抽空现象,致使密封腔缺水,普通单端面机械密封根本适应不了,密封面因缺水干摩擦而烧坏失效。

目前,在舰船上海水泵、淡水泵使用的离心泵、旋涡泵的机械密封存在的主要问题如下:

(1)海水泄漏量大。
(2)工作寿命较短。
(3)运行可靠性差。
(4)早期失效,故障率高。
(5)维修、更换困难。

5. 现役舰船泵用机械密封特点

机械密封与填料密封相比,在舰船上有诸多的优势。表 11.1 列出了机械密封与填料密封的优、缺点。从泄漏量的大小来说,机械密封的泄漏量可以比填料密封小 1~2 个数量级。

表 11.1 机械密封与填料密封的优、缺点

项目　　　　类别	机械密封	填料密封	项目　　　　类别	机械密封	填料密封
密封性能泄漏量	小	大	产品结构	复杂	简单
工作寿命	长	短	安装要求	高	低
摩擦功率	小	大	现场维修	困难	容易
抗偏摆能力	好	差	产品成本	高	低
调整情况	自动补偿不需要调整	需经常调整	运行成本	低	高
对轴的磨损	对轴基本不产生磨损	对轴的磨损较大			

现役舰船泵使用的机械密封基本上采用以下结构形式：

（1）单端面、大弹簧、辅助密封圈为橡胶圈、非平衡型内装式机械密封。

（2）单端面、大弹簧、辅助密封圈为橡胶波纹管、非平衡型内装式机械密封。

（3）单端面、小弹簧、辅助密封圈为橡胶圈、平衡型内装式机械密封（在潜艇泵上有应用）。

（4）早期的机械密封均为散件式，无论大弹簧还是小弹簧均浸泡在海水中。

6. 现役舰船泵使用的机械密封失效分析

舰船泵密封的特点如下：

（1）间歇（非连续）运行。

（2）空间狭小，安装要求高。

（3）寿命长（一般要求 3 年以上）。

（4）密封介质复杂（海水、泥沙等）。

（5）泄漏将造成船体、其他设备腐蚀。

机械密封的密封性能直接影响泵能否正常工作，机械密封的失效形式主要是泄漏，根据国内外统计资料，多个行业中泵的维修原因大约 70% 归因于机械密封失效，舰船行业也不例外。引起机械密封早期失效的因素很多（见表 11.2），据国内外统计资料，在早期失效的机械密封中，由于安装不当约占 30%，选型失误约占 30%，还有设计、制造、使用以及泵本身存在的问题。

表 11.2　密封失效原因及采取措施

失效现象		失效原因	采取措施	失效发生率
泄漏量大	制造原因	密封环平面度粗糙度差	研磨密封环端面	多
		密封环尺寸形位公差不好	重新加工	少
		橡胶圈尺寸公差不符合要求	更换橡胶圈	多
	安装原因	端面不平形、不贴合	重新安装或采用集装式，减少安装	多
		弹簧压缩量过小		一般
		密封面之间有脏物		少
	设计原因	弹簧被泥沙、结晶、积垢等卡位	增加密封辅助系统，如旋液分离器，或采取弹簧保护措施	一般
		密封面大气侧被泄漏物堵塞	结构上考虑防堵塞结构	一般
	泵本身原因	泵轴向串动量大	选用高精密轴承	一般
		泵轴偏摆过大	进行静平衡试验，平衡径向力	少
		端盖对泵轴跳动过大	提高泵加工质量	多
密封面磨损大	安装原因	弹簧压缩量过大	重新安装、调整弹簧压缩量	一般
	设计选型原因	密封面材料不匹配	选用合理的密封面配对材料	多
	使用原因	介质成分复杂	选用密封辅助系统如旋液分离器、换热器等	一般
		泵抽空、密封面干运转	确保密封腔充满介质	一般

由此可见，机械密封的设计、安装与选型不当是机械密封早期失效的主要原因。通过对舰船通用离心泵、旋涡泵使用工况的调研和对使用失效的机械密封进行综合分析，目前舰船通用泵使用的机械密封装置失效有机械密封结构和密封面材料两方面的原因。

在机械密封结构方面，主要有：

（1）弹簧暴露在海水中。目前，机械密封使用的弹簧材料大都是 1Cr18Ni9Ti 或 1Cr17Ni12Mo2Ti，这两种材料不耐氯离子腐蚀，大弹簧因腐蚀影响弹簧力，小弹簧因腐蚀造成弹簧断裂，这在以往的泵密封失效分析中已经证实。另外,密封使用时间较长时,弹簧长期暴露在海水中,因积垢、泥沙堆积(尤其在东海)、海生物堆积等造成弹簧被卡位、失去弹性,失去补偿作用。

(2)动环补偿失效。在如图11.1所示的舰船泵最常用的机械密封结构,弹簧作用在动环上,通过推动动环进行补偿,但是在这种结构中,通过密封端面泄漏的海水腐蚀外侧的轴套并造成泄漏的泥沙堆积,日积月累,将完全堵死动环橡胶圈,造成动环不能向前移动进行补偿,导致密封失效,这在以往拆下的密封中也已经得到证实。

(3)橡胶波纹管破损。橡胶波纹管结构的机械密封虽然克服了上一项的缺点,但是在这种结构中橡胶波纹管既要与轴套密封又要起到传递密封面摩擦力矩的作用,加上海水的腐蚀作用,橡胶波纹管极易与轴套打滑造成波纹管撕裂和加速老化龟裂,并且这种密封弹簧同样暴露在海水中。

(4)安装更换不便。机械密封属于精密零部件,密封面需经研磨抛光达到镜面,安装时密封面不得有任何划伤。散件式机械密封给安装带来极大不方便,在舰船出航期间,机械密封一旦失效,船上基本没法修理,要么"带病"(泄漏)工作,让其泄漏,要么停机等待回到基地修理。

在密封面材料方面,材料性能落后和配对不合理是主要原因。密封面配对材料直接影响机械密封的性能,在以往的舰船泵用机械密封中摩擦副配对材料有硬质合金对碳石墨、硬质合金对青铜。鉴于海水中含有泥沙等颗粒性介质,这两种配对材料都不耐颗粒磨损,现在摩擦副配对材料多数采用硬质合金对硬质合金,这种摩擦副配对在化工泵上也广为采用,在连续运转的泵上使用较为理想;但是舰船泵的工作特点是间歇运行,有时停机时间很长,硬质合金对硬质合金会出现相互亲和咬死现象,这种情况在舰船泵上比较常见,一旦出现,要么泵因为启动力矩过大无法启动,要么造成密封面拉伤导致密封失效。

11.2.2 填料密封失效分析

1. 概述

在许多应用场合,传统的柔性填料现已被各种自动密封替代,在水泵泵轴和舰船艉轴密封上都是如此。一般情况下,装有机械密封的离心泵,其泄漏率为压缩柔性填料安全运行所要求的泄漏率的1%或更低。从自动密封的成功的观点看,设计者有时认为压缩柔性填料已经过时。但是旋转轴密封用压缩柔性填料的应用仍然继续存在,尤其是在许多遭遇高温、侵蚀性流体和低速运动条件的场合下。这是因为柔性填料密封与机械密封相比具有以下优点:制造设备经济和密封材料成本低;密封本身结实并且相对可靠,且不需要特殊的维护设施或特别的技巧,当密封最终磨损掉时,压缩柔性填料可被快速更换而不需拆卸泵。与压缩柔性填料相比,正常运行下的单级机械密封的使用者期望有一较低的泄漏率(在1mL/h以下),但在快速失效情况下,机械密封形式由于存在不可调节性,使用者必须能够应付高的泄漏量和昂贵的备用设备。因此,压缩柔性填料在往复泵和需要安装结实、便宜的密封且适中泄漏程度可接受的离心泵中保留下来。

在20世纪设计和建造的舰船上,大多数水泵采用填料密封结构。在现有的在役舰上,仍有不少水泵使用柔性填料密封,特别是大流量的循环水泵、工作水泵,由于其地位的特殊性,要求高可靠性和良好的可维修性,填料密封还是有一定的优势。

2. 柔性填料的密封机理

柔性填料密封结构如图11.2所示。将填料装入填料腔以后,经压盖对它施加轴向压缩,由于填料的塑性,使它产生径向力,并与内杆紧密接触。但实际上这种压紧接触并不是非常均匀的,有些部位接触的紧一些,有些部位接触的松一些,还有些部位填料与阀杆之间根本没有接触。这样接触部位与非接触部位交替出现便形成了一个不规则的"迷宫",起到阻止流体压力介质外泄的作用。在使用过程中,内杆与填料之间存在着相对运动,这个运动包括径向转动和轴向移动。随着内杆动作次数的增加,相对运动的次数也随之增多,还有高温、高压、渗透性强的流体介

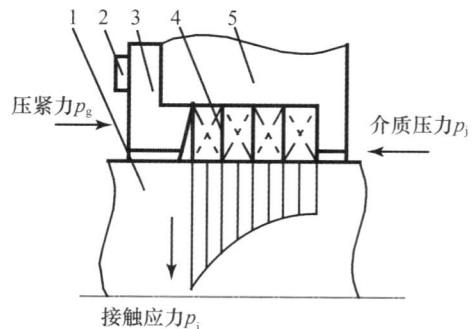

图11.2 柔性填料密封结构
1—泵轴;2—螺栓;3—填料压盖;
4—填料;5—填料腔(泵体)。

质的影响,填料处也是发生泄漏事故较多的部位。造成填料泄漏的主要原因是界面泄漏,对于编织填料则还会出现渗透泄漏。内杆与填料间的界面泄漏是由于填料接触压力的逐渐减弱、填料材料自身的老化等因素引起的,这时压力介质就会沿着填料与内杆之间的接触间隙向外泄漏。随着时间的推移,压力介质会把部分填料"吹走",甚至会将内杆冲刷出沟槽。填料的渗透泄漏是指流体介质沿着填料纤维之间的微小缝隙向外泄漏。

将柔性填料装入柔性填料腔后,通过拧紧螺栓经柔性填料压盖对柔性填料进行轴向压缩,由柔性填料的塑性及弹性,使其产生径向力,与轴及柔性填料腔体紧密接触,从而达到密封的目的。由于柔性填料与轴紧密接触,当轴旋转时,柔性填料与轴之间产生摩擦,因此,润滑是必不可少的。从柔性填料密封的原理可以看出,密封的最佳效果是保持适度压紧力使柔性填料与轴紧密接触又维持良好的润滑;但随着介质压力的增加及对密封泄漏要求的更严,压紧力也就越大,柔性填料与轴的摩擦也随之增加,当柔性填料压得过紧,摩擦热过大,破坏润滑膜,造成柔性填料与轴之间形成干摩擦,致使柔性填料与轴严重磨损甚至烧轴,最终导致密封完全失效。

对填料密封的密封机理,较为典型性的说法是填料装入填料腔之后,压盖对填料函内填料进行轴向压缩,填料的塑性使它产生径向力,并与轴紧密接触。与此同时,填料中浸渍的润滑油被挤出,在接触面之间形成油膜。由于接触状态并不是特别均匀的,接触部位便出现边界润滑状态,这种状态称为轴承效应。而未接触的凹部形成小油槽,有较厚的油膜,当轴与填料有相对运动时,接触部位与不接触部位组成一道不规则的"迷宫",起阻止液体泄漏的作用,此称为迷宫效应。良好的密封在于维持轴承效应和迷宫效应,即保持良好的润滑和适当的压紧。

对于如何判断填料密封失效的问题,不仅可以决定密封结构的设计、密封材料的选择,而且对于压盖的预紧力的计算有指导作用,许多学者对此发表了文章进行探讨,存在许多不同看法。我们认为,当介质压力大于填料下端径向压紧力时,并不是出现泄漏而是介质开始进入填料,至于介质何时泄漏,还与预紧力加载方式、填料性质等很多因素有关,以及介质是否带有腐蚀性等不利因素有关,介质进入填料还可以起到润滑作用。

泄漏是一个过程,可以分为三个阶段:

(1)绝大多数填料密封在开始运行时都能保持密封,并留有一定的余量,介质不能进入填料。

(2)随着时间的推移,填料中的预紧力开始变得松弛,填料磨损老化,润滑油蒸发等,当底端填料径向力小于介质压力时,介质开始进入填料;但由于迷宫效应层层减压只进入部分填料,随着预紧力不断松弛或填料的不断磨损,介质逐渐进入全部填料。

(3)预紧力松弛到填料上端径向力小于介质压力时,介质开始从填料上端溢出,即出现可观察到的泄漏。

上面谈到的看法不同之处在于:有人认为应保持密封在第一阶段;有人认为只要能控制在第三阶段的开始,泄漏量较小,但不继续增加即可。对于不同工况可考虑不同判断标准。对于轴密封部位,当介质无害不污染环境时,我们认为能保证介质不(或极小)从填料中溢出即可,即控制在第二、三阶段的临界附近最好,对于介质是否进入填料并不重要。

对于泄漏从第二阶段进入第三阶段的判据,在理论分析上也存在不同看法。在考察泄漏过程时,不仅考虑填料所受预紧力,而且考虑运行时填料所受到介质压力作用,并且这两种力都是时间的函数。在泄漏过程中,随着介质不断进入填料,介质压力随时间在轴向的变化也是要考虑的一个重要因素。

泄漏量为

$$Q = \frac{\pi d C_r^3}{12 \eta h} \Delta P \tag{11.1}$$

式中:C_r 为直径间隙;η 为流体动力黏度;ΔP 为填料两侧压差;h 为通道长度。

即只要有缝隙、有压差就会有泄漏。所以有人认为介质压力在填料中通过迷宫效应,压力不断衰减,如果到达上沿时介质压力没有降为零,即在最上端填料两侧存在压力差,就会有泄漏,因为填料尤其在运行一段时间后很难说没有缝隙。

接触密封机理:由于密封面上的比压面造成封闭环,并使封闭环产生大于介质压力的反力,从而阻止介质分子的进入,保持密封。当介质压力再升高(也可理解为比压降低)至大于封闭环反力时,如封闭环仍完善接触近似为理想平面,即依靠密封元件材料的单位降压作用面保持密封。若封闭环极狭窄(或为线状)到材料的单位降压作用(也可理解为密封面宽度)不能使介质压力降为零,则介质将通过封闭环,密封即失效,或当介质压力不再增高,面比压降低(密封力减少)时,也将具有同样性质。我们认为以上描述基本符合填料上端即将泄漏时的情形,上端面介质压力随运行时间、磨损增加而不断增大,直至泄漏。

3. 关于柔性填料密封问题的探讨

1)柔性填料密封的摩擦磨损

柔性填料密封是靠柔性填料与旋转轴紧密接触达到密封目的,因此,在柔性填料与轴之间必然形成摩擦,造成柔性填料及轴的磨损。通过分析和大量的试验,柔性填料密封的摩擦磨损与柔性填料材料、预紧力、运行时间,以及轴的表面粗糙度有关。柔性填料的应力分布、磨损程度曲线如图 11.3 所示。从图 11.3 可以看出,在紧靠柔性填料压盖处接触应力最大,因此磨损也最严重。

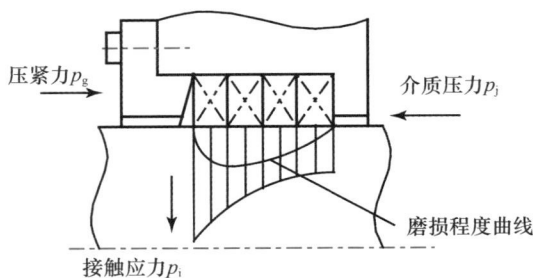

2)介质颗粒对柔性填料及轴的磨损

我国东海海域海水泥沙含量大,泥沙加剧了柔性填料对轴的磨损,经常导致轴的异常磨损致使密封失效。由于柔性填料接触应力分布不均匀,接触应力越大,柔性填料与轴之间的缝隙越小,在柔性填料靠介质侧缝隙最大。细小颗粒的泥沙随水流进柔性填料与轴的接触面,随着缝隙越来越小,泥沙沉积越来越多(此时柔性填料如同过滤器)在介质压力和接触应力的双重作用下,泥沙嵌入柔性填料中,使柔性填料变成"砂轮",对轴产生异常磨损,实测聚四氟乙烯与石棉盘根摩擦力矩与泄漏量的关系如图 11.4 所示。这在试验和实际应用中均已得到证实,试验柔性填料为膨体聚四氟乙烯浸渍柔性石墨编织柔性填料,该柔性填料弹性、耐磨性能、自润滑性均很好,泵轴为堆焊钨铬钴硬质合金。试验条件:介质泥沙含量约为 5% 的海水,泵转速为 2950r/min,工作压力为 0.3MPa。泵在运行 50h 后稍有泄漏,泵继续运行,当泄漏量达到 30mL/h 时,加大柔性填料压紧力再继续运行,运行 30h 后呈线性泄漏,再次加大柔性填料压紧力,这次运行不到 24h 泄漏,泄漏量基本呈线性,并且再加大柔性填料预紧力仍然泄漏。据此,认为该柔性填料已经失效,拆开泵后,发现泵轴在靠柔性填料压盖的第一节、第二节柔性填料处有磨损的凹槽,第一节柔性填料处最为严重,凹槽宽约 5mm,深度达 0.3mm,从以往检修的泵也可以证实这一点。有的泵轴(轴套)磨损的凹槽深度达 2mm,在这种情况下,即使更换柔性填料也无法达到密封效果。

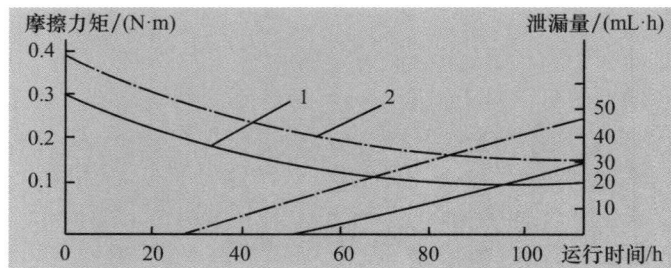

图 11.3 填料磨损曲线

图 11.4 摩擦力矩与泄漏量的关系
1—聚四氟乙烯浸渍柔性石墨编织填料;2—石棉浸渍聚四氟乙烯编织填料。

3)柔性填料的润滑与泄漏

在柔性填料的初始工作阶段,柔性填料自身填充的润滑剂起到润滑作用。运行一段时间后,润滑剂会逐渐损耗掉,为了维持润滑和带走摩擦热,避免柔性填料与泵轴干摩擦,延长柔性填料的使用寿命,必须允许柔性填料处有一定的泄漏量。允许泄漏量一般为 30~60mL/h。

4)离心泵填料密封

原理上,离心泵、舵轴填料密封问题应与阀门的填料密封相同。但泵轴、舵轴有较大的旋转速度,反应在填料密封内侧填料与密封轴之间则有较高的相对运动速度,填料的耐磨性、设计和安装的要求则更高,并要解决旋转泵中从滑动表面的传热问题。磨损与传热问题是泵用填料密封相对于阀用填料密封两个较为突出的问题。过度磨损可能很快使过分受力的柔性填料升温,导致发生抱轴或轴密封表面严重剥离等现象。为了避免这种现象,尤其在高速泵中,柔性填料必须允许有一个相对大的冷却泄漏流。例如,轴的线速度为 10m/s 的热水泵的柔性填料泄漏率至少需要 1L/h。在非极端条件下,应调节密封以允许滴漏,这在流体为水时通常不是问题。在启动时,柔性填料因温升而膨胀。当压盖过紧时,膨胀的密封完全切断泄漏,且柔性填料由于干运行而过热,并在数分钟内破坏。

(1)泄漏率的调整。在中低流体压力(小于 0.25MPa)的离心泵中,通过使用校准过的扭矩扳手根据轴向压盖应力 $p_g = (1.1 \sim 2.0)p_f$ 施加载荷应等于流体压力。使用这一方法,当有 N 个螺栓时,则对应的所需单个螺栓力 $F_g = p_g \pi (D^2 - d^2)/(4N)$。实际操作过程中可以简化。开始时,螺栓应调节到只有手指感觉拧不动为止。随后,在监视泄漏量的同时逐渐拧紧螺栓,确保泄漏率永不少于每分钟数十滴。

(2)紧压盖条件。当压盖应力 p_g 明显高于施加的流体压力 p_f 时,流体压力对密封间隙的影响几乎可忽略不计,并且沿柔性填料的流体压力分布接近线性。泄漏实际上与压盖应力 p_g 呈正比减小。紧压盖条件只能在所施加的流体压力不太高,如达到 1.5 ~ 2.5MPa 时成立,这是大部分泵柔性填料工作的范围。

(3)松压盖条件。当判定 $p_g = (1.1 \sim 2.0)p_f$ 时,这是在较高流体压力下存在的一种情况,因为它有可能导致产生过大摩擦力。沿整个柔性填料的径向接触应力低于施加的流体压力片,所施加的流体压力在使柔性填料从轴上提升的同时将柔性填料压向压盖,除了流体压力锐减到环境压力的压盖附近外。只有在此处柔性填料的径向应力(大约等于 $K \cdot p_f$)使密封保持与轴接触。因为柔性填料和轴产生的间隙相对较大,除在最外侧的环外,几乎整个压力降发生在那里。现在柔性填料起自动受压自紧浮动环密封作用,且泄漏明显比低流体压力下的泄漏高许多。在这一条件下,摩擦力矩实际与柔性填料环的数量无关,但随流体压力增加。

5)泄漏率

软柔性填料的泄漏不是计算的问题,而是精心调节问题。例如,对于介质压力 2.4MPa、轴轻 40mm、密封端面中径线速度 1.7m/s 的水泵,有的柔性填料制造商推荐将压盖载荷调节到给出 300mL/h(2 滴/s)的泄漏率。但是,软柔性填料的长期试验表明泄漏率可安全的减低到 15mL/h(1 滴/15s)。为了对比,在这些条件下的机械密封的泄漏率通常大大低于 1mL/h。

实际中,为了在压缩柔性填料上取得低的泄漏率,确保轴对内孔的同心度和使轴跳动最小是至关重要的。当由于泵设计或制造不良或轴承磨损时,同心度和跳动不能保持在一个低的水平上,泄漏率将快速增加到远超出冷却所需要的量。设计良好、精心配置以给出适中受控泄漏率的泵中的压缩柔性填料将可靠地运行几个月。泄漏率还经常由于柔性填料中轴向应力重新分布而随时间减小。

6)柔性填料尺寸标准化

在柔性填料选择时可能面临大量不同的名称、规格以及使用指南,在实际中应着重把握以下关键点:

(1)确保柔性填料的化学和温度相容性。

(2)使柔性填料组的长度最小。

(3)使备件需求量最小。

早期舰船用填料的尺寸相当多,截面最小 3 ~ 4mm,最大 20mm,备品规格和数量相当多,实际上规格可以大幅减少,可以以几个典型尺寸如 8mm、10mm、12mm 为基本设计值,这样舰上备品备件可以减少很多,从而提高可维修性。按以上所述在安装新的离心泵时,在产品侧不超过两个(最多三个)柔性填料环,并且如果存在液封环,在其外部也应坚持同样原则。必须坚持所提供的柔性填料的横截面公差保证值;尺寸不足的环的泄漏量可能永远不会达到可接受的水平,而尺寸过大的环则可能导致立即过热。

4. 影响填料密封性的关键因素

影响填料密封效果的因素非常多,以下仅对某些影响密封失效的关键因素进行分析。

1)填料函内径和填料宽度

一般将其考虑为一个因素,因为填料宽度是根据填料函内径、阀杆直径等定做出来的,不应有缝隙。填料宽度是影响密封性能的关键因素。如果填料过宽,则不容易压实,密封比压小,但对轴及填料函的光洁度、同心度、直线度不敏感。如果填料宽度过窄,密封比压大,容易形成密封;但摩擦磨损严重,对轴和填料函内表面欠佳性敏感,容易因磨损而泄漏。对于填料宽度各国都很重视,分别有一些推荐公式,并制定了标准,但难以统一,并且差异较大。同一标准也给出比较宽的选择范围。面对现在阀门结构和使用工况,我们认为应存在最优尺寸,于是把填料函宽度作为可控因素,选定了三个水平进行参数设计,目的是要找某种工况下的最优值和最优搭配。

2)填料函深度和填料圈数

填料截面考虑最简单常用的正方形截面,填料函深度由填料圈数确定。填料圈数直接影响阀门的外形尺寸,而且涉及成本问题。关于填料圈数多少为好,历来存在一些争议。有人认为填料圈数增加能增强密封效果,而且几乎是解决高压填料密封的唯一方式。有人认为填料 3~5 圈即可,过多填料不易压紧,下端填料实际上没起到密封作用。应增加填料圈数的人认为,即便开始时下端填料没起到密封作用,也是一种储备,在刚出现泄漏时,只要从上端继续压紧填料即可,而不用频繁更换填料,简化了操作过程。有人在原子能专用阀门上做过试验,认为并非圈数越多密封效果越好,使用者根据经验选取填料圈数。

在具体使用工况下,不仅应优选填料圈数,还应考虑与填料宽度的最佳配合。宽度与深度存在密切联系,但定量研究不多。在试验中证实了填料并非越多越好的观点。

3)预紧力

预紧力是影响密封效果的一个关键因素。如果压得太松,很容易在钢和填料之间出现缝隙,并会很快松弛,导致介质泄漏。如果压得过紧,会使摩擦过大,开启困难,严重时会使阀门、水泵开启困难,或因开启力矩过大损坏材料,也会因磨损严重引起泄漏。

可将预紧力考虑为可控因素,在此基础上取几个水平进行参数设计。在设备运行过程或者间歇期,还存在不断压紧填料的问题。一般地讲,压紧次数多一些,密封寿命会更长一些,但会使轴磨损过大,最终目的不是要使开启次数最大化,而是在寿命最长的前提下找到参数的相对最佳搭配,所以考虑相对效果,没有多次拧紧,只考虑了一次性泄漏。如果在实际使用中多正紧几次,使用寿命会更长一些。另外,据相关文献,如果在压紧填料时,先加力到预紧力的 120%,再拧松到预紧力的值,预紧力在填料中的分布会更合理,密封效果会更好。

4)轴的粗糙度

从现在的研究成果来看,大家均已认同降低轴粗糙度能提高填料密封性能,即便对于阀杆密封这种使用工况似乎于静密封的密封形式也是如此。但降低阀杆粗糙度必定要增加成本,所以应定量研究阀杆粗糙度的影响有多大,是不是值得增加成本。

5)填料性能方面

填料性能是影响填料密封性能的最重要、最关键的因素,也是填料密封的主要研究方向。

6)其他因素

影响阀门填料密封性能的因素还有很多,如阀门开启速度和频率、预紧力,以及润滑状况、预紧方式、空气湿度和酸、碱度等,实际使用时根据具体情况对这些因素进行取舍。

11.3 新型舰船泵用集装式机械密封装置研究

11.3.1 机械密封技术发展的方向和特点

机械密封技术的发展方向如下:

(1)接触式密封:减少泄漏,减小磨损,提高可靠性和工作稳定性,延长使用寿命。

(2)非接触式密封:减少泄漏,提高流体膜刚度和工作稳定性,延长使用寿命。

机械密封技术发展特点如下:

(1)技术不断创新:新技术、新概念、新产品、新材料、新工艺和新标准不断涌现;高参数(如高压、高速、高温、大直径)、高性能(如干运转、零泄漏、无油润滑、浆液)和高水平(如高 pV 值、大型剖分式、监控)的密封产品大量研制;失效机理(如瘤疤、热裂、空化-汽蚀、橡胶密封圈泡胀和老化)、失效分析(如可靠性和概率)和失效监控(如流体膜、摩擦状态和相态)的研究和应用。

(2)使用范围不断扩大:机械密封不仅机泵阀采用,而且工艺设备(如反应釜、转盘塔、搅拌机、离心机等)都采用。

(3)发展要求重视密封系统:过去只重视单独密封件,现在已经发展到重视整个密封系统,而且已制定了新的密封系统标准(API-682《离心泵与转子泵的轴封系统》标准)。

(4)注意安全和环境保护:过去只注意眼睛可视的"泄漏",不注意眼睛看不见的易挥发物的"逸出";现在发展到要求控制易挥发物的逸出量,也就是说从要求"零泄漏"到要求"零逸出"。美国摩擦与润滑工程师学会(STLE)已制定了 SP-30 等易挥发物逸出量控制规定的指南。

(5)要求不断提高:在石油化工方面,为了延长工艺装置的检修周期和装置的操作周期,要求机械密封的工作寿命由 1 年延长到 2 年,国外由 2 年延长到 3 年(API-682 中做出了明确规定)。

(6)研制产品要求实用化:不仅要求研制出新产品,更重要的是研制产品得到实际应用。

由于舰艇用途的特殊性,并且经常远离陆地,独自执行任务,因此舰船泵用机械密封应解决以下五个方面的问题:

(1)舰艇在海上工作时,随带的备品备件有限,要求机械密封可靠性很高,因此在设计时就要考虑如何提高可靠性。

(2)要求机械密封的安装简单、快速化,并具有很高的安装可靠性。

(3)机械密封的密封面材料应能够耐泥沙磨损,在各种海水条件下正常工作。

(4)机械密封的辅助密封圈材料在海水条件下耐老化性能要好。

(5)机械密封应具有防止泥沙沉积堵塞的结构,保证机械密封在泥沙含量较大的海域也能够间断运行。

11.3.2　新型集装式机械密封研制

1. 集装式机械密封特点

由于机械密封对安装技术要求较高,拆卸、维修也比较困难,安装成功率不高,导致机械密封的可靠性差,近年来,发达国家一直致力于研究如何提高机械密封的可靠性。在 20 世纪 80 年代末期,运用电子产品中模块化、傻瓜化的概念,成功开发集装式机械密封,这种机械密封是在制造厂就将机械密封的所有零件通过轴套和法兰(端盖)组装在一起。

安装时,使用者只需将密封推入泵腔,拧紧法兰螺栓,再拧紧固定螺钉(有些结构连固定螺钉也不需要),拆除定位块就完成安装,机械密封就可以投入运行。集装式机械密封与传统机械密封相比具有如下特点:

(1)安装简单、方便,不需要很高的安装技术。

(2)速度快,模块化,安装无须调整弹簧压缩量等。

(3)安装质量好,可靠性高。

现在,国外先进国家这种集装式机械密封的使用量增加迅速。美国 API 682 标准中规定泵用机械密封无论是单端面还是双端面一律使用集装式机械密封。

2. 方案设计

在对国外集装式机械密封进行充分研究的基础上,针对我国舰船用海水泵和淡水泵的特点,为克服现机械密封的诸多缺点,经过多方案比较和系列试验、完善,最后确定了 CMj 系列新型集装式机械密封的结构(图 11.5)。这种新型机械密封的优点如下:

(1)产品完全集装、模块化,解决安装问题。

(2)将弹簧内置,弹簧完全不与海水接触,解决弹簧因腐蚀、结垢失去弹性的问题。

(3)动环移动补偿时,橡胶圈不移动,解决密封泄漏堆积物堵死动环不能补偿的问题。

(4)密封摩擦副配对材料采用硬质合金对炭化硅,解决摩擦副材料相互亲和咬死的问题;橡胶圈材料采用氟橡胶。

(5)简化安装,其中一种形式密封上没有任何螺丝,也不需要拆除定位块,安装极为方便。

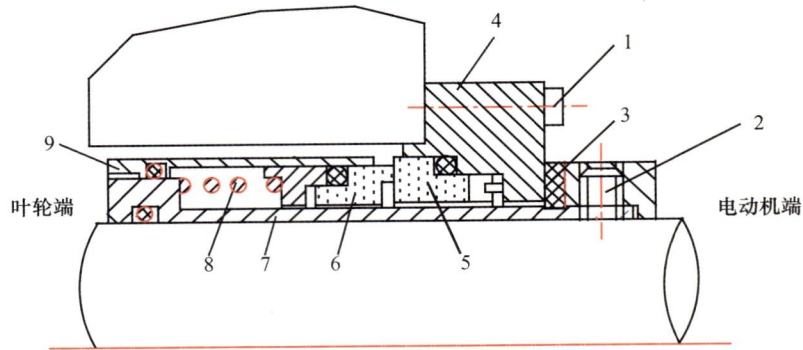

图 11.5　CMj 系列集装式机械密封结构

1—螺栓；2—紧固螺钉；3—辅助垫片；4—密封端盖；5—静环；6—动环；7—轴套；8—弹簧；9—使动座。

3. 材料选型设计

密封的材料选择是密封设计中的重要问题,密封材料通常是根据被密封介质的性质、工况和用途来选择的。

1）密封副材料及选择

密封副主要是密封面配对材料,正确选用密封面材料,可以保证机械密封长寿命、稳定地运转。

在根据用途选择密封面材料所开展的计算（如传热计算、变形计算、强度计算、过盈计算、冲洗量计算、磨损量计算、功率计算和流动计算等）,都需要正确的材料物理性能、化学性能、力学性能和摩擦学性能。选用的密封面材料一定要有物理学 – 力学相容性、化学相容性和摩擦学相容性。

机械密封设计时密封副端面材料应考虑的特性见表 11.3。

表 11.3　机械密封设计时密封副端面材料应考虑的特性

特性	设计因素	特性	设计因素
力学性能好,弹性模量大	耐压强度,耐变形的刚度	耐热冲击性好	耐热准数（又称为热强度准数）
自润滑性好	耐干运转,耐高负荷	线膨胀系数小	耐热变形尺寸稳定性好
配对材料摩擦学相容性好,黏着倾向小,配合性能好	密封面跑合性能好,摩擦系数小	化学和电化学相容性好,耐腐蚀性好	耐腐蚀,耐冲蚀
配对材料摩擦学相容性好,耐磨性好	磨损率小,寿命长	加工性好	切削性能,成形性能
导热性好	热导率大	有保持流体膜能力	合适材料物性,表面加工质量,金相组织
耐热性好	耐高温	价格低	

密封面材料有软、硬之分,一般采用密封副材料软对硬组合,少数采用硬对硬组合。在密封副中软材料密封面主要靠承磨台的磨合性和自润滑性来维持,而其中硬材料密封面靠耐磨台的高精度来维持。在我国海域特别是东海海域,由于海水泥沙含量高,海水泵密封副材料就应着重考虑硬对硬组合。表 11.4 为我国常用密封面材料。

对于硬硬组合,其综合性能和耐热冲击系数是非常重要的指标,硬质合金和陶瓷的性能及耐热冲击系数比较见表 11.5。我们在试验时着重在氧化铬、炭化钨、炭化硅、模具钢等材料中进行了比较和选择。表 11.6 列出了密封面材料的物理性能。

表 11.4　我国常用密封面材料

硬材料	软材料
钨铬钴硬质合金(司太立特合金) 陶瓷(涂覆层):氧化铝、氧化铬 硬质合金:炭化钨、炭化钛、炭化钽 新陶瓷:炭化硅、氮化硅 铸造金属:耐蚀镍铸铁、铸铁、铸钢 特殊钢:轴承钢、模具钢、工具钢、高速钢	碳石墨:烧结碳石墨(浸各种浸渍剂)、树脂结合碳石墨、硅化石墨 铜合金:青铜、磷青铜、铝青铜、铅青铜 树脂:聚四氟乙烯、填充聚四氟乙烯、酚醛树脂

表 11.5　硬质合金与陶瓷的性能及耐热冲击系数比较

项目		硬质合金					陶瓷			
		钴基炭化钨	铬基炭化钨	Al_2O_3	$S_{i3}N_4$	ZrO_2	SiC - 1	SiC - 2	SiC - 3	SiC - 4
组　成		一般用 WC -6.5% Co	耐蚀 WC -5% (TiC,TaC)	Al_2O_3 ≥95%	常压烧结 90% $S_{i3}N_4$	部分稳定 ZrO_2 -5% Y_2O_3	通常转换 -12% 树脂	反应烧结 -12% Si	特殊转换 -44% C	常压烧结 ≥97%
密度/ (g/cm^3)		14.9	14.7	3.6	3.2	5.1	2.6	3.0	2.3	3.1
维氏硬度 HV/ (kg/mm^2)		1650	1800	1400	1600	1300	—	1700	—	2400
抗弯强度/MPa		2160	880	300	590	1180	130	390	130	490
弹性模量/GPa		610	590	290	280	210	35	340	25	350
热膨胀系数/ ($10^{-6}/K$)		4.7	4.7	6.8	3.2	9.0	3.0	3.1	3.2	3.5
热导率/ ($W/(m·K)$)		96	63	17	15	2.1	50	151	39	130
耐热沪击性/℃		400	250	150	400	150	>400	250	>400	200
热冲击系数/ (kW/m)		72	20	2.6	10	1.3	62	56	62	52
耐腐蚀性	50% HNO_3	一般	一般	好	一般	好	一般	好	好	好
	35% HCl	一般	好	好	一般	好	较好	好	好	好
	20% HNO_3 + 5% HF	一般	一般	一般	一般	一般	一般	一般	好	好
	10% NaClO	一般	较好	好	好	好	一般	较好	较好	好
	50% NaOH	好	好	较好	较好	好	好	一般	好	好

表 11.6　密封面材料物理性能

密封面材料		密度/ (g/cm^3)	莫氏 硬度	弹性模量/ GPa	抗拉强度/ MPa	热膨胀系数/ ($10^{-6}/K$)	热导率/ ($W/(m·K)$)	温度限/℃
金属与金属陶瓷	合金 Hastelloy - BH - 2 工具钢	8.2	7	200	1000	11	25	500
	316 型不锈钢	8.0	4	200	600	16	16	600
	钨铬钴硬质合金	8.4	7	220	1000	14	15	1000
	碳化钨(钴基)	15	8	600	1400	4	100	400
	碳化钨(镍基)	15	8	600	600	5	90	250
陶瓷	85% 氧化铝	3.4	8	200	150	5	12	1400
	99.5% 氧化铝	3.9	9	350	250	7	25	1700
	无压烧结炭化硅	3.1	9.7	400	250	4	130	1000
	反应烧结炭化硅	3.1	9.7	400	200	4	150	1000
碳石墨	硬碳石墨	1.8	4	25	50	5	10	300
	软碳石墨	1.6	1	20	15	4	15	300
	细粒石墨	1.8	2	10	40	4	70	550
组合材料	浸酚醛碳石墨	1.8	2	0.6	20	50	0.5	100
	填充玻璃纤维聚四氟乙烯	2.1	3	0.2	10	90	0.5	150

2）辅助密封材料的选择

辅助密封包括动环和静环的密封圈,大都做成 O 形圈、V 形圈、矩形圈、楔形圈或梯形圈。它们的主要作用:防止动环与转轴和静环与压盖之间的泄漏;补偿密封面的偏斜和振动,以保证动、静环端面良好的贴合。

辅助密封密封圈的材料主要有弹性体(如橡胶)、塑料(如四氟乙烯)、纤维(如石棉、碳纤维)、无机材料(如膨胀石墨)和金属(如铜、铝、不锈钢等)。

辅助密封圈材料的物理和力学性能的要求与密封面材料有关。

3）弹性元件材料的选择

机械密封弹性元件有弹簧和金属波纹管。它们是弹簧力加载元件,要保证密封面良好的贴合并在端面磨损后期起到自动补偿作用,要求材料强度高、弹性极限高及耐疲劳、耐腐蚀、耐高(或低)温,使密封在介质中长期工作,不减少或失去原有的弹性。

泵用机械密封的弹簧多用 4Cr13、1Crl8Ni9Ti(304 型)和 1Crl8Ni12Mo2Ti(316 型),在腐蚀性弱介质中也可以用碳素弹簧钢,磷青铜弹簧在海水、油类介质中使用良好,根据密封介质的腐蚀性可以采用。60Si2Mn 和 65Mn 碳素弹簧钢用于常温无腐蚀性介质中。50CrV 用于高温油泵中较多,3Cr13、4Cr13 铬钢弹簧钢用于弱腐蚀介质;1Crl8Ni9Ti 等不锈钢弹簧钢在稀硝酸中使用。

4）金属结构件材料的选择

机械密封其他结构元件除机器设备设计时确定的(如轴套、压盖、垫片、轴封箱等)以外,主要有动环和静环的环座、推环、波纹管座、弹簧座、传动销、折流套、集装套、紧定螺钉、定距(位)片、冲洗和背冷用附件等。这些元件材料中石油化工常用的有不锈钢、铬钢,如 1Cr13、2Cr13、1Cr18Ni9Ti 等,根据密封介质的腐蚀性采用。

4. 机械密封结构设计

从目前看,密封技术水平已发展到一定的高度,过去许多难以求解的流体力学、传热学和固体力学等方面的问题,均可借助数值计算来处理。此外,可靠性理论、自动调节理论和技术诊断学等也可为预测密封的特性和延长密封寿命方面提供了帮助。

密封副密封面微凸体相互接触($h = (2 \sim 3)\sigma$),摩擦状态大多数是固体、流体混合摩擦,密封面名义间隙 $h = 0.5 \sim 1 \mu m$。除微凸体固体接触外,密封副依靠流体静压效应和/或流体动压效应产生流体膜承载能力来承受外载荷作用。非接触机械密封是密封副密封面微凸体相互接触($h \geqslant (3 \sim 5)\sigma$)的机械端面密封。其摩擦状态全流体摩擦,密封面名义间隙 $h \geqslant (2 \sim 5) \mu m$。密封副完全依靠流体静压效应和/或流体动压效应产生流体膜来承受外载荷作用。

图 11.6 为考虑表面粗糙度和相变的平行平面机械密封。求解密封副静环和动环几何尺寸时做出下列假设:

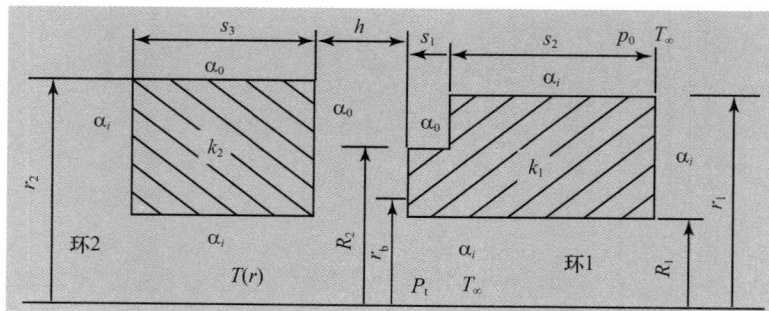

图 11.6　密封几何形状和尺寸

（1）在给定半径上两个环的密封面与被密封流体的温度一致。

（2）在很短的径向距离内密封流体从 100% 液体完全相变为 100% 蒸气。

（3）汽相具有理想气体的性质。

（4）在压力相当低的密封区内蒸气黏度与压力无关。

（5）整个密封面不晃动、不跳动，且无表面波度（假设为平行面），流体膜厚为常数。

略去复杂的机械密封尺寸计算过程。对于密封面外半径 $R_2 = 50$mm、内半径 $R_1 = 45$mm、面积比 $B_2 = 0.75$，环尺寸 $s_1 = 3.33$mm、$s_2 = 15$mm、$s_3 = 11.67$mm、$r_1 = 56.67$mm、$r_2 = 61.58$、$\sigma = 0.167\mu$m、密封面 SiC 对 SiC，弹簧为 1Crl8Ni12Mo2Ti（316 型）的典型集装式机械密封。

11.3.3　机械密封辅助装置研制与试验

1. 泥沙杂质清除技术

密封介质中往往由于海水本身含有固体颗粒（沙砾）、易结晶等性质，在一定工作条件下出现固体颗粒，在系统中有残渣、铁锈及其他污垢，安装时有残留杂物，都会给机械密封带来困难。

固体颗粒进入密封面间会划伤密封面，纤维质物料进入密封也会使密封面间的液膜遭到破坏。固体杂质沉积在动环和静环辅助密封处会影响密封环的浮动性，出现"密封搁住"现象，沉积在弹簧处出现失弹，甚至堵塞使"弹簧不弹"的问题。因此，必须设法清除密封介质中的杂质。通常采用杂质清除系统，采取以下六种措施：

（1）采用分离装置，在密封介质进入轴封前，将固体杂质分离掉，采用过滤器、旋流分离器等用分离方法清除固体杂质。

（2）采用内、外冲洗方法，使固体杂质不致侵入密封面缝隙和其他间隙，以免造成磨损和堵塞，如内冲洗、外冲洗、双冲洗等方法。

（3）采用双密封或串级密封，将含固体颗粒介质与外界隔开，而由有润滑性洁净介质作为阻塞液体，为密封创造良好环境。

（4）在材料上采用硬对硬的摩擦副材料，防止杂质进入密封面缝隙，现已成功地用于含 65% 固体杂质的污染介质密封。

（5）在结构上除采用双密封和串级密封外，采用大弹簧、加保护套、组装套开冲洗孔、离心力分离等结构。

（6）加大间隙，避免杂质堵塞。

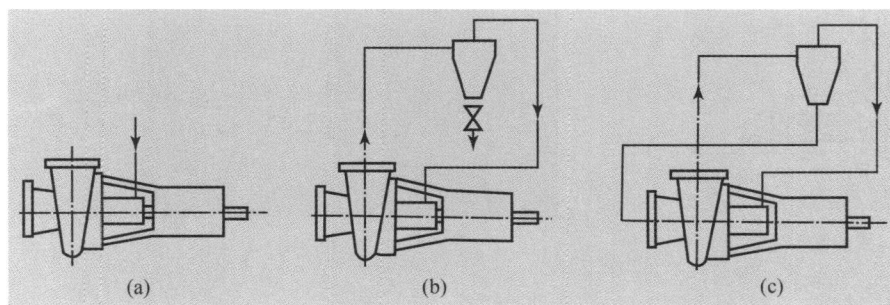

图 11.7　泥沙等杂质清除系统
（a）主、副密封间打入清水进行外冲洗；（b）外置分离器杂质封液引出；（c）外置分离器杂质封液返回入口。

泥沙等杂质清除系统如图 11.8 所示。图 11.8（a）为主、副密封间打入外来洁净液，通常用清水，必要时用有相容性的封液。图 11.8（b）及（c）为将出口冲洗液经过外置分离器去除杂质（确切地说是减少固体杂质）后引入轴封箱的供液系统。图 11.8（b）为经过分离器过滤的含杂质封液引出系统；图 11.8（c）为含杂质封液返回泵入口回收系统。

2. 泥沙杂质清除装置的研制

图 11.9 为旋流分离器结构。来自泵出口的含固体杂质的液体由旋流分离器切向进入（偏心为 D）锥形分离室并形成旋涡。在压差作用下，液体沿锥形面向下绕中心线旋转，固体颗粒绕锥顶通过出口排出，而液体淹没锥体由洁净液出口作为冲洗液送入冲洗管路，底部污液返回泵入口。

旋流分离器使用要求如下：

（1）泥沙等固体颗粒重量百分率应不超过 10%。

（2）入口压力 p_i 和洁净液压力 p_c 之差与入口压力和污液压力 p_d 之差的比值为 0.8 ~ 1.2。

（3）固体颗粒密度应大于液体密度。

（4）液体黏度最大不超过 $20 \times 10^6 \text{m}^2/\text{s}$。

旋流分离器通常可以分离 95% ~ 100% 的颗粒物,流量分配比为洁净液 80%、污液 20%。

11.3.4　机械密封试验

为了检测新型集装式机械密封的性能,我们对多种规格的机械密封进行了系列试验。

试验地点:国家机械工业机械密封件产品质量监督检测中心。

试验介质:人工海水(含 5% 泥沙)。

试验方式:静压试验,5h 连续运行,100h 间歇运行。

试验参数:常温,转速 2950r/min。

试验装置:轻型(海水)密封试验台。

试验机械密封型号:CMjB - 30 机械密封(图 11.9),CMjB - 45 机械密封。

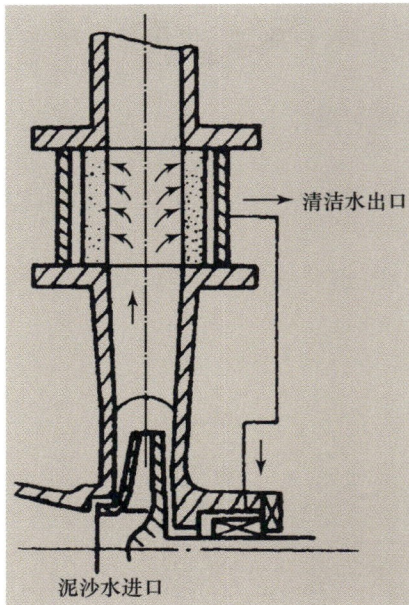

图 11.8　旋流分离器结构

图 11.9　CMjB - 30 机械密封

参试机械密封材料与结构组成如表 11.7 所列。

表 11.7　参试机械密封材料与结构组成

密封型号	摩擦副材料	橡胶圈材料	弹簧材料	密封结构	试验介质压力/MPa
CMj - 30	WC/SiC	氟橡胶	1Cr17Ni12Mo2Ti	新型集装、弹簧被保护结构	0.6
CMj - 30a	WC/SiC	氟橡胶	1Cr17Ni12Mo2Ti	新型集装、弹簧被保护、动环防堵死结构	0.6
CMj - 45a	WC/SiC	氟橡胶	1Cr17Ni12Mo2Ti	新型集装、弹簧被保护、动环防堵死结构	0.8
CMBj - 30	WC/SiC	氟橡胶	1Cr17Ni12Mo2Ti	新型集装、弹簧被保护、动环防堵死结构	3.0

（续）

密封型号	摩擦副材料	橡胶圈材料	弹簧材料	密封结构	试验介质压力/MPa
CMBj – 45	WC/SiC	氟橡胶	1Cr17Ni12Mo2Ti	新型集装、弹簧被保护、动环防堵死结构	1.6
CMj – 22a	WC/SiC	氟橡胶	1Cr17Ni12Mo2Ti	新型集装、弹簧被保护、动环防堵死结构	0.6
CMj – 50a	WC/SiC	氟橡胶	1Cr17Ni12Mo2Ti	新型集装、弹簧被保护、动环防堵死结构	0.8
CMj – 60a	WC/SiC	氟橡胶	1Cr17Ni12Mo2Ti	新型集装、弹簧被保护、动环防堵死结构	0.8
CMj – 80a	WC/SiC	氟橡胶	1Cr17Ni12Mo2Ti	新型集装、弹簧被保护、动环防堵死结构	0.8

　　试验结果：CMj 系列新型集装、弹簧被保护、动环防杂质堵塞结构的机械密封在实验室和现场试验情况良好，在实验室试验，静压，5h 运转和 100h 寿命试验（间歇运转）都无泄漏（"零泄漏"）。

　　在图 11.10 中，转速恒定，密封摩擦力矩随介质压力的增大而增大，达到极限压力后，密封摩擦力矩突然升高，这是因为密封端面的闭合力（端面接触力）增加，使密封面间的间隙减小，端面润滑状态被破坏，达到了密封的极限 pv 值，导致摩擦力矩急剧上升，致使密封面被烧坏。A、B、C 分别代表 3 对密封面的摩擦力矩随介质压力升高的曲线，A 性能最好，摩擦力矩小、承载能力强，B、C 密封结构性能差。

　　从图 11.11 可以看出，在恒定介质压力下，机械密封的搅拌功率变化随转速的升高呈抛物线形变化，从而验证了以上分析中搅拌功率与转速的关系。从试验数据中还发现，高转速下密封搅拌功率约占总消耗功率的 1/3，在低压情况下甚至更多。

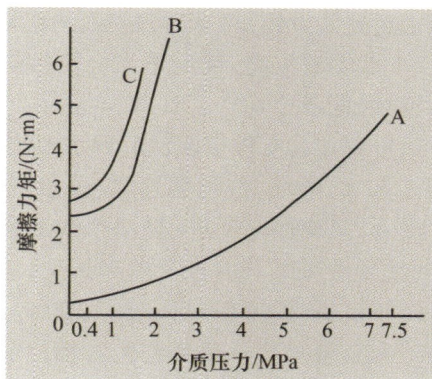

图 11.10　摩擦力矩与介质压力的关系

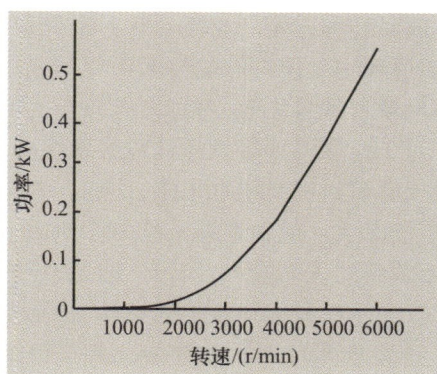

图 11.11　搅拌功率与转速的关系

　　通过以上的分析研究，可以小结如下：从舰船密封需求和机械密封的发展方向、趋势、特点等来看，集装式机械密封代表了舰船泵用机械密封的发展方向；通过多种方案对比、材料对比试验，研制成功了 CMJ 系列舰船用集装式机械密封装置；泥沙杂质清除用旋流分离器的使用，有助于延长机械密封寿命。

11.4　舰船艉轴耐磨损复合填料密封装置

11.4.1　现状与改进对策

　　艉轴密封装置是舰船动力装置的一个重要组成部分，担负着艉轴的动密封，防止外部的水或艉轴管内的润滑剂漏入舱内。

　　艉轴的密封形式很多，常见的有填料密封、浮动唇形密封和机械密封以及混合密封等。

填料密封具有结构简单、制造和维修方便等优点,但使用的传统棉麻填料密封性能差,消耗摩擦功率大,轴套磨损严重。早期水面舰艇艉轴密封大多采用填料函密封结构,漏水严重,是机舱内积水的主要来源,由此导致舱内机电设备受潮、性能下降、工作失灵甚至损坏。舱内积水也加速船底板腐蚀甚至穿孔,导致船体进水,危及舰艇安全。舱内污水排入大海,污染海洋环境。因此艉轴密封漏水是艉轴舱积水的主要来源。

1. 舰船艉轴密封特点

舰船艉轴密封为特殊类型的密封,主要特点如下:

(1)舰船艉轴直径通常为 200~1000mm,属大轴径密封。

(2)舰船艉轴从机舱到推力器的距离有几米到 10 多米,存在较大的横向和轴向振动,要求密封有自动对中能力和适应振动的跟随性,回弹性好。

(3)螺旋桨周期性击水,致使艉轴产生周期性振动,密封材料易变形。

(4)舰船航行时,经常要使用正倒车工况,因此轴系在工作过程中常产生往复性轴向窜动,引起填料环特别是填料外层加速磨损,引起泄漏。

(5)密封圈内径偏小,导致填料与轴的磨损加快,摩擦系数增大,摩擦温度升高,引起填料局部硬化,严重时烧蚀填料,大大降低密封性能和使用寿命;内径偏大又可能使密封效果差,引起泄漏。在使用中需选择合适规格的密封填料。

(6)由于舰船艉轴密封接触的介质为海水,因而在海水中填料与金属轴件之间存在电位差,易引起电化学腐蚀。

2. 油浸棉麻艉轴填料密封装置特点分析

早期艉轴密封装置以油浸棉麻填料密封为主,其特点主要如下:

(1)填料函结构简单。舰船艉轴使用棉麻填料,填料函结构简单,它主要由水封管接头、水封环、橡皮填料、棉麻填料、填料压盖等组成,加工精度要求不高。

(2)填料装拆方便。与浮动唇形密封和机械密封比较,填料密封安装方便,对密封轴表面的粗糙度要求高,在安装过程中无须特殊的技术指导与要求。机械密封的安装技术要求较高,装配不当会直接影响密封效果。如果填料密封失效,可直接拆卸更换填料或加上 1~2 圈填料后重新拧紧。

(3)对于含有泥沙等悬浮颗粒容忍度高。对海水无特殊要求,可以在含有较多泥沙的海水中使用。

油浸棉麻填料密封缺点很多,性能上的缺点:润滑性差、摩擦系数大、磨耗大、耐磨性差、寿命短,密封效果不好,易使海水从艉轴处漏入舱内。使用上的缺点:填料比较硬,自润滑性能不好,易损伤舰船艉轴套管表面;由于填料的压缩量大,回弹性能差,导热性能不好,不能有效散发艉轴运转时产生的摩擦热,填料受热膨胀,此时,如不松开填料压盖的螺栓,极易引起填料抱轴现象,烧坏填料,致使密封失效。艉轴停止运转,填料恢复到常温状态,填料与艉轴之间产生缝隙,如果不拧紧填料压盖,介质会从填料与密封轴的缝隙处渗漏,势必会造成填料泄漏。舰船每次出海时舰员须拧松填料压盖,回到港口后及时拧紧填料压盖;否则,会酿成艉轴舱大量进水的严重后果。由此可见给舰艇部队舰员的使用维护增添了繁重的工作量。

3. 油浸棉麻填料密封失效原因

根据舰船艉轴运转的力学性能分析,产生密封失效或泄漏的原因主要如下:

(1)填料磨损产生泄漏。密封填料在填料函中因艉轴的转动而产生升温膨胀,填料容易干燥,艉轴运转一定时间停止,填料产生收缩、摩擦力大、耐磨性能差、易磨损,被密封的介质易从磨损处的接触面处泄漏。

(2)填料回弹性能差产生泄漏。填料磨损后得不到适合的密封补偿,同时压紧后产生的径向变形不能达到密封的要求。从密封材料的性能分析,可以清楚地了解到,棉麻填料使用的原材料是天然植物纤维,棉麻填料的截面直径通常被压缩15%~40%,截面直径被压缩后,由于填料的弹性变形就产生一定的接触压力,这种压力转变为填料的密封作用力,棉麻填料的回弹率一般为8%~15%。以典型艉轴填料密封结构来说,填料截面直径为50mm,棉麻填料的压缩率和回弹率都以最高值即40%和15%做计算,在压紧力最大时填料的最大补偿量应为50mm×0.4×0.15=3mm,即此种棉麻材料能补偿3mm的装配间隙误差。由于轴振动引起的动态密封腔体与原始密封腔体尺寸的不同,有关资料显示,有的舰船艉轴在密封填料函处的跳动值达 5～8mm,因而从这点上来说,艉轴油浸棉麻填料密封结构的"漏"是不可避免的,有所区别的是漏的量的大小。

(3) 油浸麻填料对青铜轴套之间存在着缝隙腐蚀。由于油浸麻填料为非导电材料,在填料与轴管之间有缝隙引起两者之间的电位差,轴套被腐蚀。这点从各类艉轴套维修时表面都布满明显的蚀点可以得到证明,蚀点深度可达 3～5mm,这种密封材料与被密封体之间的凹凸不平,造成密封材料很快磨损、烧坏,密封系统遭到破坏,无法保持正常的密封。

4. 舰船艉轴密封装置改进对策

艉轴密封装置是舰船上非常重要的装置之一,一般艉轴及其主要辅助机构与舰船同寿命,改进时除必须对可行性进行论证外,应充分考虑初装的经济性、全寿命费用。主要有如下两个改进对策:

(1) 研制并应用水润滑端面机械密封装置,使密封装置主体结构寿命能与主船体同寿命,这在大型水面舰船特别是中修之前的舰船其改装的经济性较好。

(2) 研制并应用新型填料密封装置,降低一次性装备的费用,减少舰船因维修、更换艉轴填料进坞次数,这在中小型舰艇和已经过中修船龄较长的舰船上有优势。

如果改装成端面密封装置,则一次性投入成本过高,装置成本一般超过 50 万元/艘,还有进坞和修理艉轴的成本。如何在现有的填料函结构不变的情况下,开发研制出新型的密封填料替代传统的棉麻填料,提高密封性能和使用寿命,解决现有舰船艉轴的泄漏难题,具有重大的社会效益和经济效益,对于提高舰艇在航率和战斗力具有重要的军事效益。

舰船艉轴密封属于大轴密封,由于舰船艉轴从机舱到推进器的距离长,存在较大的横向和轴向振动,要求密封有自动对中能力和适应振动的跟随性,螺旋桨周期性击水,致使艉轴产生周期性振动,使密封填料受到交变外力的作用,如果填料不具有密封的补偿性和跟随性,及应有良好的回弹性,极易使介质渗漏进机舱,造成泄漏及舱内设备的腐蚀。解决舰船艉轴的密封问题,主要研究内容有:

(1) 研究舰船艉轴密封特点,对其密封机理进行动态分析,针对老式填料密封失效的各种原因,提出新型填料的研制要求。

(2) 针对舰船艉轴密封的特点,对各种采用高新技术的合成纤维材料、高分子合成材料,进行性能试验筛选及材料的改性研究。

(3) 对各种适合于编织填料的材料的导热性、自润滑性、耐磨性、密封性、填充性、腐蚀性进行系统的研究,使新型艉轴密封填料既具有良好的导热性、自润滑性、耐磨性,又能对艉轴因腐蚀而产生的凹凸不平的表面进行自动填补,并且无腐蚀作用。

(4) 研究开发密封效果好、使用寿命长的密封填料,在直径 200～1000mm 的艉轴上,转速不高于 500r/min,介质压力不大于 5MPa 的工况下,使用寿命达到 5 年以上(舰船进坞的维修时间),而且在使用中不需重复放松、拧紧填料压盖。

(5) 针对研制的密封填料进行各种物理、力学性能比较试验,从而确定适合于舰船艉轴密封的混编填料的最优方案。

(6) 对经过优选试验的填料进行研制,确定填料的编织方案和混编形式,结合某型船的修理任务,代替原舰船艉轴上使用的棉麻填料,并在实船上安装调试进行实船试用,以确定填料是否达到使用要求及预期目标。

11.4.2　新型填料密封改进

1. 基本要求

针对上述舰船艉轴密封的特点,舰船艉轴密封填料研究所涉及的因素包括内部因素和外部因素。

内部因素主要与密封介质、工作参数和密封装置结构有关。结构和工作参数主要有效工作空间、运动类型、运动表面相对线速度、偏心度、振动等。

舰船艉轴所容许的调整空间限制了可用的密封形式及结构。运动类型是决定密封形式的主要因素。

偏心度和振动对密封性能密封寿命有很大的影响,在选择舰船艉轴密封填料时,应根据偏心度及振动振幅大小从填料的性能及结构上加以考虑和分析。

外部因素主要是指环境因素。就舰船艉轴密封填料而言,主要是舰船艉轴在运转时存在较大的横向及轴向振动,要求密封有自动对中能力和适应振动的跟随性,以及考虑到海水的腐蚀性能及海水中含泥沙多少的影响。

综合上述因素后,应选择具有下述性能的舰船艉轴用密封填料:

(1)填料耐海水腐蚀,在海水中填料性能不会有明显的变化。

(2)填料适合于旋转运动,线速度不高于18m/s,并需考虑大轴径的密封。

(3)填料有良好的耐磨性和润滑性,而又不损伤对磨轴,便于装拆和维修。

(4)填料应较柔软,又具有足够的回弹性能,能保证密封时紧贴于艉轴表面,而具有良好的密封效果。

(5)在含有泥沙的海水中,也能具有良好的密封效果,而不损伤艉轴的表面。

2. 指标要求

根据上述针对舰船新型密封填料的使用分析要求,研制的新型密封填料应达到如下指标:

体积密度:≥1.2g/cm³　　　　　　　　压缩率:10%～25%

耐温失量:≤5%((300±10)℃)　　　　回弹率:≥30%

摩擦系数:≤0.15　　　　　　　　　　酸失量:<3%

磨耗量:≤0.10g　　　　　　　　　　碱失量:<8%

新型填料的基材应具有导电性,以解决密封件对艉轴的电化学腐蚀问题。填料在艉轴高速运转,产生摩擦热的高温下,不变形、不硬化。填料具有良好的导热性,能快速散发艉轴运动时与填料产生的摩擦热。

与传统的油浸棉麻填料比较,新型密封填料在热传导性、填补艉轴表面凹坑处的填充性和补偿偏心振动的跟随性及回弹率方面应有明显提高。其中,回弹性能比棉麻填料高出50%,摩擦系数降低30%,磨耗量在60%以上。艉轴轴向和径向偏移几毫米,密封性能和使用寿命不会有明显影响,新型填料在舰船艉轴上的使用寿命应达到5年以上。

3. 技术路线

(1)针对舰船艉轴密封的具体工况条件,筛选编织密封材料的基材或对密封基材进行改性,研制开发的密封件要求摩擦力小、磨耗低、回弹性能好、抗振动和冲击、有自动对中性和密封补偿性,以及耐海水腐蚀吸油和吸水率低。

(2)对研制开发的密封填料进行全性能试验,试验项目为体积密度、耐温失量、摩擦系数、磨耗量、压缩率、回弹率、酸失量、碱失量及耐海水腐蚀性能试验。

(3)不同结构密封填料的性能对比试验及优化结构筛选。

(4)密封填料的编织工艺试验及选型方案试验分析。

(5)国产PTFE石墨带与高分子合成纤维材料性能试验对比分析。

4. 配方设计

编织填料是使用纤维材料经编织而成的单一组分或多组分的填料,原材料的性能及其配比决定填料的性能、采用的生产工艺过程和操作条件,以及最终产品质量的优劣和成本的高低。在满足产品性能要求的前提下,进行合理的配方筛选,是生产高质量产品的首要工序。研制质优价廉的密封填料,首先了解所用原材料的性质;其次决定每种材料的配比及用量。

制品的配方是制造产品所用各种材料的组合,在发挥各种材料的不同优点,而做到优势互补的同时,应尽量避免或减少各种材料相同缺点的累积。因此,对于选择不同的材料混编的填料,材料的筛选及配方设计是一件相当复杂细致的工作。

材料筛选及配方设计的原则,首先考虑制品的技术要求,其次是制造工艺的要求,再次是原材料的来源和成本,同时要考虑物尽其用,最大限度地发挥原材料的效能,在生产中达到合理的技术经济指标。一个好的配方,其制品的性能应能达到指标要求,并满足使用要求。在配方筛选工作中,应用最少量的试验获得最大量的信息,采用有效的试验设计方法是配方设计的另一原则。

1）主要原料及选用

（1）编织填料基材的性能比较。编织填料是采用条、带、丝束等形状的软质材料，经过编织工艺加工成截面为方形或圆形且具有较长长度的填料。因其具有应用方便、价格适中、结构简单、适用性强等特点，在机械、冶金、石化、造船、轻工等工业部门深受欢迎。随着材料科学的发展，一大批各类新型材料相继问世，因而编织填料在选择基材方面有了更广阔的选择范围。特别是新材料、新结构的发展应用，解决了一些特殊工况的密封难题。表 11.8 是部分纤维材料的物理、力学性能比较。

表 11.8　部分纤维材料的物理、力学性能比较

性能＼材料	温石棉	PTFE 纤维	耐焰纤维	碳纤维	酚醛纤维	含石墨 PTFE 带	芳纶纤维	聚砜纤维	高分子合成纤维
耐热性	优	良	良	优	一般	良	良	良	优
不熔性	优	一般	良	优	良	差	良	一般	一般
自润滑性	一般	优	良	优	良	优	良	一般	优
热传导性	差	差	良	优	优	一般	良	良	优
接触表面	差	优	良	优	优至一般	优至一般	优至一般	良	优
耐磨损性	良	良	良	优	良	优至一般	优	良	优
耐酸性	一般至差	优	一般	一般至差	优至一般	优至良	良至差	良	优
耐碱性	优	优	优	优	一般至差	优	优	良	优
耐溶剂性	良	优	优	优	优	优	优	差	优
价格	较低	高	较高	高	较高	高	高	高	高

（2）试验用编织材料的选择。编织填料用的基体材料近年来发展很快，主要有碳纤维类、芳纶类和高分子合成纤维类等。

碳纤维主要是指由聚丙烯腈（PAN）纤维作原料，经空气氧化和惰性气体炭化工序而制成的密封材料。聚丙烯腈纤维是有机合成纤维，需经过稳定化过程才可在惰性气体保护下进行高温热处理即炭化（1000～1600℃）及石墨化（2500～3000℃）。一般采用空气氧化法先将 PAN 纤维在 200～300℃空气中氧化，使 PAN 纤维的结构首先转变成耐温性能高的梯形结构，然后在高纯 N_2 气保护下进行炭化，把非碳原子逐步排除出去，使碳含量增加到 95% 以上。如果进一步将热处理温度提高到 2500℃以上即可制得石墨纤维，碳含量增加到 100%。碳纤维编织填料是以碳纤维长丝编织物为骨架以聚四氟乙烯乳液为黏合剂的复合型密封材料。

20 世纪 70 年代初期，美国杜邦公司开发了聚对苯二甲酰对苯二胺（PPTA）纤维，商品名为 Kevlar，简称芳纶。这是一种耐高温、高模量、高强度，密度为 1.44g/cm³，是钢丝的 1/4 左右，它的比强度超过了钢丝，它比其他合成纤维更耐化学药品侵蚀、氧化、氨解和醇解，具有良好的热稳定性能，180℃时仍能保持高百分率的室温性能，温度达到 427℃也不熔化与燃烧，不产生炭化，在低温 -196℃，不会产生明显的脆性和降解，尺寸稳定性好，热膨胀系数为 -2×10^{-6}/℃。从芳纶的分子结构上可看出，由于芳纶主链上引进了苯环，苯环与酰胺形成共轭体系，力求处于同一平面内，使分子链自由旋转受到阻碍，而苯环上的氢原子和酰胺基中的氢和氧原子相互作用，又使之不能完全处于同一平面内，苯环的空间位阻作用使分子链不易移动，导致分子间氢键极弱。芳纶纤维呈明显的皮芯结构，皮层中高度取向，结晶度高，对强度起主要作用。芯层排列疏松，分子间相互作用力弱，吸湿性大，芳纶的结构特征决定了它的高强度和耐磨性好的特点。

高分子合成纤维是一种膨胀体聚四氟乙烯纤维，它由膨胀聚四氟乙烯、石墨及高温润滑剂组成，所加的添加剂完全与纤维结合在一起，制成洁净而高效能的"纱"，可以单独编织成填料，也可与其他纤维混编。耐磨性润滑性很好，在湿热环境中强度不会下降与破碎，耐温范围为 -240～288℃，抗腐蚀性能可在 pH 值 0～14 范围广泛使用，显示出良好的耐化学品性能。编织填料结构紧密，切口不会松散。质地柔软、安装时极易围绕在主轴与轴套上成形，不会酸化、皱缩、变脆、黏轴，所以容易清除。

高分子合成纤维材料具有良好的抗拉强度，其抗拉强度是任何聚四氟乙烯纤维无可比拟的。用它编织

的盘根比其他 PTFE 盘根更耐用,使用寿命更长。更为重要的是,通过膨化处理使高分子合成纤维的内部结构为多孔纤维结构,如同海绵一样,它能更好地吸收并保持对盘根密封有益的润滑和导热剂;同时,在盘根的工作过程中不断提供,使盘根的润滑和导热性能始终如一。普通 PTFE 纤维的盘根通常在纤维或盘根的表面涂上添加剂,随着盘根的运行磨损,添加剂会损失殆尽。而膨体聚四氟乙烯纤维膨化多孔的结构,使盘根能吸收因温度升高而产生的膨胀,热膨胀系数较普通四氟盘根大大降低。此外,高分子合成纤维还具有独特的导电性能,使得以它为基材编织的填料与介质作用后,不会产生电化学腐蚀。

2)浸渍剂的分析与选择

如同液体润滑与密封一样,摩擦接触面上固体润滑膜的生成是固体润滑膜必须具备如下性能:足够低的摩擦系数,而不产生不必要的动力损失、发热、温度上升、黏着等;在较高的接触压力下,不破裂、有足够的负荷能力;磨损量在给定值以下,并在摩擦面上不产生不应有的破坏和损伤;有足够的耐久寿命。因此,润滑剂需满足下列条件:

(1)固体润滑膜剪切强度小。

(2)与接触面牢固附着,不易擦掉、冲掉。

(3)稳定,不易发生物理、化学变化。

(4)不产生腐蚀及其他有害作用。

(5)对摩擦面材料或环境不应发生不良影响。

密封填料的浸渍剂种类较多,在编织填料领域经常使用的浸渍剂有矿物油类、动物油类、高水基润滑剂、聚四氟乙烯乳液等。

3)基本组成

为了与混编复合纤维填料进行比较,共选择了四种单一材质的密封填料和三种混编复合型填料,以及棉麻浸聚四氟乙烯填料进行对比试验分析。对密封填料的密度、压缩率、回弹率、耐温失量、酸失量、碱失量、摩擦系数、磨耗量等物理、力学性能进行测试,并对其磨损机理与材料的性能关系进行试验分析。试验用密封填料基本组成见表 11.9。

表 11.9 试验用密封填料基本组成

填料名称	主要材质	浸渍剂含量/%	编织形式
碳(化)纤维密封填料	CF 纤维	5~15	串芯
芳纶纤维密封填料	PPTA 纤维	3~10	串芯
合成纤维密封填料	PNA 纤维	5~15	串芯
高分子合成纤维填料	PTFE、TLCP	2~8	串芯
碳纤维/PTFE 填料	C/PTFE	3~7	串芯
碳纤维/芳纶纤维填料	C/PPTA	3~12	串芯
芳纶纤维/高分子合成纤维填料	PPTA、PTFE、TLCP	2~10	串芯
棉麻编织填料	棉麻纤维	5~18	发辫、串芯

5. 工艺设计及制造

1)编织成形工艺的分析与选择

编织填料的编织工艺目前使用较多的主要有三种方式:

(1)串芯编织:也称为格子形编织,这种编织方法每股线束与填料横截面成 45°角,使得填料弹性好,致密度高,表面磨损后不易松散,在高磨损场合甚至压力很高条件下使用都有令人满意的效果。用串芯法编织大规格密封填料时,主要是依靠增加芯线支数和纬线的锭数,而不是像其他的编织方式依靠增大线束来完成的。目前已有 36 锭串芯编织机,编织填料截面规格可达到 60mm×60mm。所以用串芯编织法编织截面尺寸较大的填料时,填料结构非常致密、不松散,能达到与尺寸较小填料同样的致密性,密封效果好,使用寿命长。

（2）方形编织：也称为发辫形编织，顾名思义，这种编织方法就像编辫子那样，每股线束以 45° 角逆向穿过上、下方线束，编织大规格填料时，每股线束较粗，填料致密性不如串芯编织的填料，特别适合低压下使用，特殊情况下也可用于高速旋转场合。使用这种方式编织填料时，由于填料较松散，浸渍润滑剂或填充剂时，能提高浸渍剂的含量，如浸渍聚四氟乙烯乳液较多时，填料较硬，浸渍剂易脱落。浸渍油类润滑剂时，能使润滑油含量达到 30% ~ 55%。使用这种方法编织的密封填料，适用于截面较小的填料，且使用于密封要求不高、拆卸安装方便的工况条件下。

（3）套层编织：这种编织填料结构较紧密，但如果编织大规格填料时比较缓慢，需将编织好的小规格填料作为芯线，再套编成大规格填料，使用时外层一旦磨损，填料很快就失去密封作用，这种方法一般适用于编织小规格填料，像电线电缆行业外套层的编织。密封行业采用套编方法编织的填料截面尺寸规格不超过 20mm × 20mm。

综合上述三种编织工艺的优、缺点分析，考虑到舰船艉轴密封所使用的填料截面尺寸较大，对填料密封性能要求高，且安装后使用寿命要达到 5 年以上，所以编织成形工艺选择串芯编织法。

2）浸渍与烘干工艺的选择

纤维类编织密封填料在编织工序完成后，填料总是存在一定的间隙，在高压工况条件下使用时介质会从间隙中渗出，从而引起泄漏，导致密封填料的失效。此外，填料是由纤维编织而成的，如果不浸渍其他材料，则编织填料压缩率大，回弹率小，影响填料的密封效果。另外，无浸渍剂充满填料的线束与间隙，在使用中如因磨损得不到适应密封条件的补偿，填料的使用寿命将随着纤维磨损的加剧而结束。为了弥补编织填料这种不足，必须寻找适合的填充剂，一方面使填充剂充满填料的空隙，另一方面在使用中不断对填料的磨损进行补偿，直到整个填料损坏后才失去密封作用。

目前，在密封填料的生产企业中，浸渍工艺分为自由浸渍法和真空浸渍法、加压浸渍法三种方式。自由浸渍法是将编织后的填料自由浸入浸渍剂中，在浸渍剂中浸泡 4 ~ 5h 取出后晾干或烘干。这种方法的优点是不需要特殊的设备，简单、易操作；缺点是只适合于规格尺寸较小的填料，浸渍后的填料表面均匀性较差，特别是在自然晾干的情况下，填料表面的浸渍剂会出现分布不均匀的现象。

针对截面尺寸规格较大的填料，在自然状态下浸渍剂难于短时间内浸渍到编织填料内部的情况，在填料的浸渍工艺中，较好的方法是采用真空浸渍法，它是将真空泵与浸渍缸连接，将填料浸入浸渍剂中拧紧浸渍缸压盖，抽真空，使浸渍剂均匀浸入编织填料的内部。

与真空浸渍法作用相同的另一种方法为加压浸渍法，它是将空压机与浸渍缸连接，将填料放入浸渍缸中后，加压使浸渍剂迅速进入编织填料内部。

真空法与加压法均适用于浸渍填料截面尺寸规格大，使用自由浸渍时浸渍剂难以进入内部的编织填料。

截面尺寸规格大的填料如采取自然晾干法，会使密封填料中浸渍剂的含量严重不均匀，所以必须采用连续转动烘干工艺，将填料烘干。连续转动烘干工艺是将填料固定于连续翻滚的支架上（不是平面上的旋转），填料在连续翻滚中烘干，使得填料中的浸渍剂分布均匀，表面平整，无浸渍剂凸起、脱落和"厚此薄彼"等现象。

根据以上的分析，在浸渍与烘干工艺上，选择真空浸渍法和连续翻转烘干工艺。使生产出的密封填料浸渍剂分布均匀、表面平整、质量稳定。

3）编织填料的制造成形工艺

（1）单一组分编织填料制造成形工艺。纤维按比例集束浸渍乳液→编织→真空浸渍→滚动干燥→整形→产品。

根据编织填料规格的大小选择不同型号的编织机，常用串芯编织机有 4 锭、8 锭、16 锭、24 锭、36 锭。

（2）复合组分编织制造成形工艺。纤维按比例集束浸渍乳液→配股→编织→真空浸渍→滚动干燥→整形→产品。

在复合组分编织工艺中，根据不同的线束在编织机中的不同位置，可编织出增强型编织填料和交叉互换型编织填料。上述两种填料由于结构形式的不同，具有不同的物理、力学性能。

舰船艉轴填料研究共编织成形了五种单一组分、三种复合组分，其中芳纶纤维/高分子合成纤维混编填料还进行了增强型和交叉互换型两种形式的编织。共编织了八种不同的填料进行试验分析和筛选,以便筛选出适合于舰船艉轴密封要求的填料。

11.4.3　密封填料性能测试、试验

1. 性能测试结果及分析

根据密封填料的选择原则,在实验室中分别对碳纤维编织填料、芳纶纤维编织填料、高分子合成纤维编织填料、合成纤维编织填料以及芳纶纤维/高分子合成纤维混编填料等八种典型填料进行了筛选及性能试验,试验结果见表11.10。

表11.10　填料的物理、力学性能

编织填料	浸海水30天后纤维抗拉强度保持率/%	密度/(g/cm³)	压缩率/%	回弹率/%	耐温失量/%	酸失量/%	碱失量/%
碳纤维编织材料	99.8	1.39	34.3	38.7	3.5	1.5	1.1
芳纶纤维编织填料	99.5	1.45	25.1	28.0	5.5	4.0	5.2
合成纤维编织填料	96.9	1.12	20.5	28.9	8.9	5.3	5.8
高分子合成纤维编织填料	99.9	1.45	25.6	42.4	1.3	—	—
芳纶纤维/高分子合成纤维混编填料	—	1.43	23.6	39.8	4.6	2.8	4.3
棉麻浸四氟编织填料	89.5	1.18	24.8	16.8	8.5	7.2	6.9
碳纤维/PTFE填料	—	1.15	25.2	21.5	2.6	1.5	2.8
碳纤维/芳纶纤维填料	—	1.20	23.8	27.6	2.8	3.0	4.6

2. 填料的摩擦系数与轴向压力试验

在实验室中对八种不同的填料进行了摩擦系数、磨耗量的测定,测试结果见表11.11。

表11.11　八种填料摩擦系数、磨耗量测量

填料名称	摩擦系数	磨耗量/g	摩擦力矩/(kN·cm)
碳纤维编织填料	0.11	0.07	3.8~4.8
芳纶纤维编织填料	0.12	0.10	4.4~4.5
合成纤维编织填料	0.14	0.15	4.8~5.8
高分子合成纤维编织填料	0.14	0.04	4.8~5.6
芳纶/高分子合成纤维混编填料	0.12	0.06	4.0~5.2
棉麻浸四氟编织填料	0.17	0.28	6.0~7.0
碳纤维/PTFE填料	0.13	0.12	4.0~5.0
碳纤维/芳纶纤维填料	0.16	0.09	5.5~6.5

在填料函中,随着填料压盖压力的增大,填料对轴的摩擦系数有一定的降低,但随着时间的延长,摩擦系数维持在一定的量值而较少变化。随着填料函温度的上升,填料膨胀,密封能力得到提高,填料的摩擦力有所增加,不同的填料品种虽摩擦系数与轴向压力趋势一致,但芳纶纤维/高分子合成纤维填料下降趋势最明显。

3. 试验用密封填料性能试验

(1)密封填料压缩回弹性能评价。从八种填料的压缩回弹性能可看出,高分子合成纤维编织填料的回弹性最好,碳纤维编织填料、芳纶纤维/高分子合成纤维混编填料回弹性能相差不大。棉麻浸四氟编织填料压缩率与芳纶纤维编织填料相仿,但回弹性能差,因而实际使用中密封效果不好。从填料的耐磨性、柔软性及舰船艉轴用密封填料的压缩回弹性能综合考虑应优先采用芳纶/高分子合成纤维混编填料。

(2)密封填料耐温失量、耐腐蚀性能评价。舰船艉轴密封对填料使用温度要求不高,使用工况温度低于

100℃,所以从上述八种填料的耐温试验结果分析,均能满足使用温度的工况要求。从纤维材料浸海水 30 天后,纤维抗拉强度的变化及密封填料酸、碱失量腐蚀试验表明,上述八种填料除棉麻浸氟编织填料耐海水腐蚀性能较差以外其他填料均耐海水腐蚀,但碳纤维编织填料长时间接触艉轴,有可能会对轴形成电化学腐蚀。从舰船艉轴密封填料使用工况、介质要求分析,推荐使用芳纶/高分子合成纤维混编填料。

（3）密封填料摩擦系数、耐磨损性能评价。在密封填料的磨损机理研究中,通过摩擦磨损试验发现,填料的耐磨性能并不是随着材料硬度的增加而提高,而是润滑膜的转移形成磨损方式和机理的改变,润滑膜被吸附于对磨件表面,改变了金属偶件的表面形貌,改换了摩擦副的界面状态,大大提高了材料的耐磨性。在实验室中对八种密封填料的试验结果表明,高分子合成纤维编织填料,芳纶/高分子合成纤维混编填料耐磨损性能好,是因为在摩擦过程中,形成润滑膜的转移改变了对磨形式。而棉麻浸四氟填料摩擦系数高、磨耗量大、耐磨损性能差,这是因为没有形成润滑膜转移的物质和条件,它和轴的摩擦完全是非金属材料和金属材料的对磨。

4. 寿命与可靠性试验

试验所用填料为芳纶/高分子合成纤维混编填料,填料结构形式为两种:一种为芳纶纤维为四边角线,高分子合成纤维作为芯线和中线,另一种为芳纶纤维与高分子合成纤维交叉编织,为进行对比性能试验,还生产了一组棉麻浸四氟编织填料。

台架试验采用机械密封装置试验台架改装而成试验装置。装入 8 圈填料,试验模拟艉轴的各种旋转速度工况和密封填料所处条件,采用混有 0.8g/L 的东海海域海水作为密封介质和冷却水,转速为 110 ~ 160r/min。

试验轴径为 160mm,硬度为 230 ~ 260HB,表面粗糙度 $Ra = 0.8\mu m$,密封装置中心线与轴中心线重合,密封装置中心线与轴中心线平行位移 0.5mm。密封装置中心线与轴中心线倾斜 2mm/m,轴径向跳动 1mm。

密封装置在上述工况下累计试验 280 余小时后,将填料拆卸进行分析(图 11.12),结果如下:

(a)　　　　　　　　　　　　　　　　　(b)

图 11.12　填料试验后状况

(a) 芳纶/高分子合成纤维混编填料；(b) 芳纶/高分子合成纤维交叉编织填料。

（1）各工况各转速下填料压盖处均无泄漏,在高速运转后,填料压盖处渗出填料的黑色润滑剂。工作稳定后,轴温为 52℃。

（2）轴拆卸后观察,表面光洁如新,肉眼看不出磨损痕迹。由于密封填料与轴的密封面之间存在大量油膜润滑剂,所以轴表面无任何磨损。

（3）填料磨耗量和密封寿命的分析。填料经过累计 580h 磨耗后,磨耗量只有 2.0%。从磨耗量分析,芳纶/高分子合成纤维混编填料在艉轴上的使用寿命可达到 5 年以上。

5. 实船试验

在实验室对密封填料进行性能试验和筛选的基础上,最终选择了芳纶纤维/高分子合成纤维混编填料进行实船试验。某船于 2000 年 9 月进厂坞修,结合坞修在对艉轴填料函及艉轴套表面进行了简单清理,在艉轴套表面清晰可见较深的腐蚀坑点。由于经费原因未对艉轴套表面进行修补,即在艉轴填料函内装入芳纶纤维/高分子合成纤维混编填料(原装棉麻填料),填料规格为 55mm×55mm,装入直径为 450mm 的艉轴上。从运行超过 8 年的时间来看,无泄漏、发热现象,与原使用的棉麻填料相比,减少了拧紧、松开填料压盖的操作工序,方便了舰员对艉轴的使用管理,减少了因海水漏入舱内造成的腐蚀现象。

参考文献

[1] 孙玉霞,李双喜,李继和,等.机械密封技术[M].北京:化学工业出版社,2014.
[2] Lebeck A O.机械密封原理与设计[M].黄伟峰,李永健,王玉明,等译.北京:机械工业出版社,2016.
[3] Mnler H K,Mau B S,流体密封技术–原理与应用[M].程传庆,译.北京:机械工业出版社,2002.
[4] 郝木明,李振涛,任宝杰,等.机械密封技术与应用[M].北京:中国石化出版社,2010.
[5] 付平,常得功.密封设计手册[M].北京:化学工业出版社,2009.
[6] 蔡仁良.流体密封技术–原理与工程应用[M].北京:化学工业出版社,2013.
[7] 王金刚.石化装备流体密封技术[M].北京:中国石化出版社,2007.
[8] 韩建勇,王殿平,林海鹏.流体密封技术[M].哈尔滨:哈尔滨地图出版社,2006.
[9] 顾伯勤.新型静密封材料及其应用[J].石油机械,2003,31(2):50–52.
[10] 李江.舰船艉轴密封填料的试验研究[J].流体机械,2006,34(7):6–10.
[11] 方志刚,赵进刚,李鲲.一种新型的舰船泵用机械密封[J].船舶工程,2001(2):38–40.
[12] 方志刚,姜晓燕.舰船泵用密封技术分析及发展趋势[J].舰船科学技术,2000(4):58–62.
[13] 王式挺,潘晓平.船用离心泵外泄漏问题的探讨[J].江苏船舶,2005,22(5):17–19.
[14] 吴仁荣,马群南.船用海水泵的机械密封故障分析及对策[J].流体机械.2005,33(1):45–47.
[15] 孙卫平,马群南,等.CB/T3721船用卧式离心泵标准的修订[J].船舶标准化工程师,2015,48(5)21–23.
[16] 吴仁荣.船用离心泵密封环材料的选用[J].舰船科学技术,2002(S1):42,43.
[17] 赵进刚,方志刚.新型密封填料在舰船上的使用和维护[J].船舶工程,2000(4):52–54.
[18] 胡旭晟,张晓侠,郑卫刚.新型密封填料的应用[J].机械制造,2013,51(7):54,56.
[19] 齐东华,姜晓燕,等.舰船艉轴密封技术应用研究[J].流体机械,2002,30(5):5–7.
[20] 刘海涛,郭文勇,等.新型艉轴填料密封结构的设计及试验研究[J].润滑与密封,2011,36(10):93–97.

第 12 章　介质隔离与腐蚀环境改善技术

介质隔离与腐蚀环境改善技术是舰船腐蚀控制的一个重要手段。本章介绍热绝缘包覆、腐蚀环境控制、腐蚀介质隔离等腐蚀介质隔离方法与技术。

12.1　热绝缘包覆

12.1.1　热绝缘包覆材料及其作用

热绝缘材料也称为保温材料或隔热材料,是指能够延迟或阻止热量传递的单一材料或复合材料。根据设备及管道保温技术通则,热绝缘材料是指在平均温度不高于 623K 时,热导率小于 0.14W/(m·K)的材料。从 0~1923K(或更高)的温度范围内都可采用热绝缘材料来保温隔热。

热绝缘材料的作用主要包括:①给管路、设备、仪器等保温,降低热量的损失,减小温度的波动;②控制设备或结构的表面温度,以利于人员的安全防护;③隔离高温或低温,避免对设备或结构物造成有害影响和损伤;④当环境温度低于露点时,阻止蒸汽在表面凝结。

有时还可能具有其他额外的功能,如增加结构强度、利于表面清洁、对设备和结构物有一定的保护作用、降低噪声和震动等。

热绝缘包覆材料不仅可实现绝缘隔热的功能,满足各种高温和低温设备、设施的热环境要求,而且可节约大量的能源,这对建设资源节约型社会和促进可持续发展具有重要的意义。

热绝缘材料广泛应用于建筑、冶金、化工、电力、石油、船舶、机械、仓储等各行各业,是各种设备、设施保温隔热所必需的材料,在国民经济中占有非常重要的地位。图 12.1 为采用热绝缘材料包覆的设备和管道。

图 12.1　采用热绝缘材料包覆的设备和管道

12.1.2 热绝缘包覆材料的种类

按材质,热绝缘材料分为无机热绝缘材料、有机热绝缘材料和金属热绝缘材料三大类。无机热绝缘材料如玻璃、石棉、硅酸钙、膨胀珍珠岩、蛭石、陶瓷材料等,有机热绝缘材料如棉、动物毛、木头、合成纤维、塑料材料等,金属热绝缘材料如金属或有机金属反射膜等。

1. 无机热绝缘材料

石棉是具有高抗张强度、高挠性、耐化学和热侵蚀、电绝缘和具有可纺性的硅酸盐类矿物产品。它是天然的纤维状的硅酸盐类矿物质的总称。石棉由纤维束组成,而纤维束又由很细长的能相互分离的纤维组成。石棉具有高耐火性、电绝缘性和绝热性,是重要的防火、电绝缘和热绝缘材料。

矿物棉是由矿物原料制成的蓬松状短细纤维,具有不燃、不霉、不蛀等性能,可做成毡、毯、垫、绳、板等,用作吸声、减震、热绝缘材料。矿物棉包括岩石棉和矿渣棉,将天然岩石或冶金矿渣在冲天炉或池窑等设备内熔化后,用喷吹法或离心制取。岩石棉是以天然岩石(如玄武岩、辉绿岩、安山岩等)为基本原料,经熔化和纤维化而制成的一种无机质纤维。矿渣棉是以工业矿渣(如高炉矿渣、磷矿渣、粉煤灰等)为主要原料,经过重熔和纤维化而制成的一种无机质纤维。

玻璃棉是将熔融玻璃纤维化,形成棉状的材料,化学成分属玻璃类,是一种无机质纤维。具有成形性好、体积密度小、热导率低、保温绝热、吸音性能好、耐腐蚀、化学性能稳定等优点。

硅酸钙热绝缘材料是一种以水化硅酸钙为主要成分并掺以增强纤维的保温材料。这种保温材料具有容重小、热导率低、耐高温和强度大等特点。目前生产的硅酸钙保温制品有两大类:一类是以托贝莫来石($5CaO \cdot 6SiO_2 \cdot 5H_2O$)为主要成分的硅酸钙保温制品,另一类是硬硅钙石($6CaO \cdot 6SiO_2 \cdot H_2O$)为主要成分的耐高温硅酸钙保温制品,与第一种相比,由硬硅钙石制备的材料具有更高的使用温度(1000℃)。

膨胀珍珠岩是一种天然酸性玻璃质火山熔岩非金属矿产,包括珍珠岩、松脂岩和黑曜岩,三者结晶水含量不同。由于在1000~1300℃高温条件下其体积迅速膨胀4~30倍,故统称为膨胀珍珠岩。膨胀珍珠岩热绝缘材料是以膨胀珍珠岩为骨料,配合适量黏接剂,如磷酸盐等,经搅拌、成形、干燥、焙烧(一般为650℃)而成的具有一定形状的产品,其在建筑和工业保温材料中占有较大的比例。

蛭石是一种天然、无毒、在高温作用下会膨胀的矿物。它是一种比较少见的矿物,属于硅酸盐。其成因非常复杂,一般认为是由金云母和黑云母等矿物变化而形成的变质矿物。蛭石在300℃的温度下煅烧,其颗粒单片体积能膨胀20倍以上。膨胀蛭石容重一般为80~200kg/m³,热导率为0.047~0.070W/(m·K),熔点为1370~1400℃,有足够耐火性,可以在1000~1100℃温度下应用。

硅酸铝纤维属于常用的陶瓷棉保温材料,主要成分为Al_2O_3和SiO_2,以黏土、钒土、氧化铝、石英等为原料,经高温熔融后采用离心法或喷吹法制成。其高温热导率小,具有较高的耐热温度。

无机热绝缘材料中的纤维和粉尘微粒等会影响人员的身体健康。尤其是石棉有致癌作用,并污染环境,国际海事组织已通过决议,要求从2011年开始在船舶上禁用含石棉的材料。

2. 有机热绝缘材料

有机高分子热绝缘材料是以各种树脂等高分子材料为基料,加入助剂,经加热发泡而成的一种轻质、吸声、防震、隔热材料。各类泡沫塑料在其中占有很大比例。

聚苯乙烯泡沫塑料具有抗化学腐蚀、吸水性小、密度小、机械强度好、加工性好等优点,且具有良好的绝热性能(热导率为0.043W/(m·K)),使用温度为35~80℃,是较理想的隔热、保温、防震材料。在墙体保温、倒置式屋面保温、钢板屋面保温、冷库保温、建筑物底面等领域有着广泛的应用。

聚氨酯泡沫塑料是由二元或多元有机氰酸酯与多元醇化合物,加其他助剂经相互作用发生反应而成的高分子聚合物。其具有良好的弹性、伸长率、化学稳定性、可加工性和绝热性,用于热绝缘材料的硬质聚氨酯泡沫塑料热导率为0.0233~0.0256W/(m·K),使用温度为-110~130℃。目前在建筑业、家用电器等行业有着广泛应用。其缺点是价格较高。

聚氯乙烯泡沫塑料是以PVC树脂为主体制成的一种泡沫塑料。其密度为0.05~0.1g/cm³,热导率为0.023W/(m·K),具有良好的力学性能和冲击吸收性,化学性能稳定,耐腐蚀性强,不吸水,不易燃烧,价格较低,它广泛应用于建筑、家居等行业,耐候性差,挥发物污染环境,遇火燃烧时会产生有毒气体。

酚醛泡沫是由酚醛齐聚物通过交联、发泡制成的。其密度低、重量轻、热导率低(仅为 0.0175W/(m·K))、使用温度范围大(达 196 ~ 200℃,持续耐温温度为 160℃)。它适用于大型冷库、储罐、船舶及各种保温管道和建筑业。由于其具有难燃、低烟、抗高温歧变的特点,更加适用于防火要求严格的场合,如轮船、军舰、火车、装甲车的保温。酚醛泡沫保温材料的缺点是性脆,易破损和粉化,与曲面或不平整的表面贴合不理想。

3. 金属热绝缘材料

金属具有很高的红外辐射反射率,可与普通的热绝缘材料复合成为多层结构,制备热导率较低的高温热绝缘材料。常见的金属热绝缘材料有铝、不锈钢薄板或金属箔等,通过多层叠加构成层隙结构。由于反射式保温能够有效阻断对流、辐射等热传导方式,所以具有很好的保温效果。与其他材料相比,金属热绝缘材料还具有以下特殊性能:

(1)绝热结构清洁不易产生尘埃。

(2)安装和拆卸方便。

(3)有足够的机械强度。

(4)有良好的去污性。

(5)对设备和管道不产生腐蚀。

(6)能阻挡水汽等腐蚀介质的渗透。

金属反射型热绝缘结构主要在核电设备上得到广泛应用。其缺点是价格较高,有较高的工艺要求。

12.1.3　热绝缘包覆材料在舰船中的应用

船舶领域的热绝缘材料主要应用于管道和设备的保温、舱室隔热保温及耐火分隔等。船舶的特点要求热绝缘材料热导率低、容重小、环保无毒。由于船舶常年在海洋、河流等区域航行,因此绝热材料的应用环境具有一定的特殊性:①温度变化幅度大,相对湿度较高。海洋等水域湿度较大,且昼夜环境温度变化幅度大,要求材料能够在适应温度的频繁变化同时保证良好的绝热效果。②海洋中盐雾、水汽及内部机器造成的高温使得热绝缘材料工作环境非常苛刻,同时船体经常受风浪的影响,产生晃动,这要求热绝缘材料能够适应苛刻的工况要求。③船体内舱空间狭小,要求热绝缘材料所占空间尽可能小,同时易于安装和拆卸。④在船舶的某些特定区域,要求热绝缘材料应滞燃或不燃。

在选用船舶隔热材料时,要综合考虑隔热材料的性能,如容重、热导率、耐压强度、冲击强度(脆性)、耐温性能、阻燃性能、吸水性以及环保性能(如是否存在有毒、有害物质,燃烧时是否产生毒烟气等)等。同时,还要考虑其施工的难易程度,是否易于维护维修,是否易导致隔热层下金属的腐蚀以及是否具有高的性价比等。

1. 无机热绝缘材料在舰船上的应用

船舶上使用的传统无机热绝缘材料主要有玻璃棉、岩棉、硅酸铝纤维、微孔硅酸钙、膨胀珍珠岩板、膨胀蛭石板等。

玻璃棉可以制成在传统无机绝热材料中容重最小的制品,美国海军舰船的舱室热绝缘及潜艇的围壳热绝缘早前多用此材料。岩棉在船舶上主要是用来制成耐火分隔用的岩棉复合板。另外,岩棉还可用于加热管道的隔热和冷库保温板的制作,其最大优势是价格低。硅酸铝纤维是陶瓷棉材料中的一种,制品主要用于船舶耐火分隔和高温管道隔热。容重 720 ~ 910kg/m³ 的微孔硅酸钙可用作船舶耐火分割的围壁板、衬板和天花板,容重 150kg/m³ 的微孔硅酸钙可用于船舶管道隔热。膨胀珍珠岩板和膨胀蛭石板过去曾用作耐火分隔材料,但现在已很少使用。

随着科技的不断发展,性能更加优异的热绝缘材料不断被研制出来,有的已在船舶上获得应用。碱土金属硅酸盐纤维主要成分为 SiO₂、CaO 和 MgO,是一种可溶性硅酸盐纤维,属于绿色环保型防火绝热材料,与陶瓷棉和岩棉相比,具有更小的容重和良好的隔热性能,可用作船舶中 A 级耐火分隔的隔热材料。玄武岩纤维采用矿物原料熔体制成,具有优良的耐温绝热性能,比玻璃纤维具有更高的使用温度,能够在 600℃

高温下长期使用或者更高温度下短时间使用,并且不会释放出有毒物质,因此可用作船舶舱室中高效的热绝缘材料。此外,纳米孔气凝胶绝热材料是一种多孔的具有纳米级结构的轻质绝热材料,属于新型高性能隔热材料,也称为超级绝热材料,其内部网络空隙在100nm以下,超过90%的体积由孔隙组成,在材料的热传递中能有效地限制气相部分的热对流和辐射热传导,因此具有非常低的热导率,目前在国外舰船的耐火分隔和高温管道的隔热上已得到应用。纳米孔绝热材料的其他优点还包括:隔热层的厚度和质量较传统隔热材料明显减小;使用温度高,无有毒气体释放;不含氯离子等有害成分,不会造成保温层下管道或设备的腐蚀等。其缺点是价格较高。

2. 有机热绝缘材料在舰船上的应用

硬质聚氨酯泡沫塑料是低温及超低温领域优良的绝热保冷材料,其可用作船舶冷库热绝缘。

酚醛泡沫作为船舶绝热保温材料具有很多其他普通有机泡沫材料不具备的优点,不仅具有良好的保温性能,而且有良好的阻燃性,但由于其脆性,阻碍了材料在造船工业中的广泛应用。通过采用聚硅氧烷对酚醛泡沫材料进行改性,形成聚合物互穿网络结构,可以改进酚醛泡沫材料的冲击韧性。

泡沫橡塑是以天然或合成橡胶和其他有机高分子材料的共混体为基材,添加抗老化剂、阻燃剂、硫化促进剂等,经混炼、挤出、发泡和冷却定形加工而成的具有闭孔结构的柔性绝热制品。其既可以作为保冷材料,又可用于普通高温管道设备的保温。该材料具有很好的抗水汽渗透性能,可降低因水汽渗透而导致材料热导率上升的速率,延长绝热材料的使用寿命;同时能够防止外界蒸气与管道接触,延长管道基材的使用寿命,该材料适用于钻井平台、船舶等恶劣环境。

聚酰亚胺隔热材料是由聚酰亚胺树脂经发泡而成的泡沫材料。聚酰亚胺属于芳杂环聚合物,结构中含有的芳杂环使这类聚合物具有较好的刚性、耐热性、耐氧化性、耐磨性、耐水性和耐低温性能。发泡后的聚酰亚胺,不仅保持了原聚合物优异的耐热等性能,而且具备了容重小、热导率低、绝热性能好和柔弹性高等特点。绝热保温的聚酰亚胺泡沫塑料主要分为热固性和热塑性两类。聚酰亚胺绝热保温材料与其他有机热绝缘材料相比,具有以下特点:①良好的绝热保温效果;②良好的阻燃性,抗明火、不发烟、不产生有害气体;③容重小;④具有柔性和回弹性;⑤易于安装、维护;⑥耐高、低温;⑦环境友好,不含卤素和消耗臭氧物质。目前,聚酰亚胺泡沫材料已被美国的海军水面战舰和潜艇用作绝热保温材料,但其价格较高。

12.1.4 热绝缘包覆材料的施工工艺

热绝缘包覆材料的施工工艺主要包括以下六种:

(1)涂抹法:适用于硅藻土等散状材料,将材料按一定的比例用水调和并抹于需要包覆的管道和设备表面。施工环境温度不能低于0℃,同时可在管道或设备中通入小于50℃的蒸汽或水,以加快材料的干燥速度。

(2)绑扎法:适用于预制保温瓦或板状块料,用扎带牢固绑扎在管道的壁面上,是目前热力管道保温最常用的一种方法。绑扎的保温材料之间的缝隙应尽量小,并用黏接剂将缝填满。绑扎间距不应超过300mm,并且每块预制品至少应绑扎两处。

(3)粘贴法:将黏接剂涂刷在管壁或舱壁上,然后粘贴保温隔热材料,再使用黏接剂勾缝黏接,最后添加保护层。粘贴法施工简便,施工速度快。常用的黏接剂包括酚醛树脂、环氧树脂等材料。同时,采用碰钉对粘贴的隔热板进行固定。

(4)喷涂法:适用于聚氨酯硬质泡沫塑料的保温。施工时,将原料分成A、B两组,A组为聚醚和其他原料的混合液,B组为异氰酸酯,用喷枪将两组原料均匀混合喷涂于被保温物的表面上。这种方法工艺简单、操作方便、施工效率高、附着力强、不需要任何支撑件、热导率小,但是需要使用专用工具或模具。

(5)缠绕法:适用于卷状的软质保温材料(如各种棉毡等)。施工时需要将成卷的材料根据管径的大小裁剪成适当宽度(200~300mm)的条带,以螺旋状包缠在管道上,需边缠、边压、边抽紧使保温后的密度达到设计要求。当保温外径小于500mm时,在保温层外使用扎带绑扎,绑扎间距为150~200mm。当保温外径大于500mm时,应加丝网缠包,再绑扎牢固。

(6)套筒法:采用加工成筒形的矿棉纤维材料直接套在管道上。施工时只需要将保温筒上的轴向切口扣开,借助矿棉纤维的弹性便可将保温套筒紧紧地套在管道上。

12.1.5 热绝缘包覆层下的腐蚀与防护

1. 热绝缘包覆层下的腐蚀

带有热绝缘包覆层的设备或管道在实际工况下,若附加的防水材料或自身安装不合格,或热绝缘防护层在使用过程中受到外界损伤而导致性能劣化,以及冷凝作用等,都有可能造成外部水分的渗入而使得绝热材料受潮湿,并逐渐在绝缘层与金属外表面间形成潮湿腐蚀环境,随着电解质液膜的聚积,热绝缘层包裹下的设备和管道外表面将发生腐蚀,即热绝缘包覆层下腐蚀(CUI)。

图12.2为热绝缘包覆层下管路的腐蚀。碳钢和低合金钢在保温层下的腐蚀通常为均匀腐蚀和点蚀。而保温层下不锈钢则很容易出现氯离子应力腐蚀开裂问题。例如,某304不锈钢焊管外表面采用橡塑保温材料进行隔热保温,使用3年后即出现大面积开裂泄漏。也曾有船用不锈钢高温管道因保温层受到海水喷淋,而后发生应力腐蚀开裂。有的有机绝热材料中含有氯,无机绝热材料中含有无机盐,在没有游离水时,绝热材料中的氯或盐分不能水解成离子,此时,不锈钢表面不会发生腐蚀。而当温度较低,绝热材料吸收空气中的水分或受到海水喷淋处于潮湿状态时,浸出液中会含有氯离子和其他无机盐离子,不锈钢在应力和腐蚀介质的共同作用下很容易产生应力腐蚀开裂,导致设备或管道失效。

除了水和氧的存在以及保温层的成分和吸湿性等对CUI有影响以外,温度及其变化也是影响CUI的重要因素。通常,最易发生CUI的温度范围为 $-4 \sim 175℃$。当温度升高时,一方面会使腐蚀反应的速度加快,另一方面会加速水的蒸发,使金属表面干燥,从而使腐蚀速率降低。此外,冷热交替导致温度的周期性变化,易使得金属表面频繁处于干湿交替状态,并导致腐蚀介质的浓缩和聚积,从而加速保温层下金属的腐蚀。

由于热绝缘层下的腐蚀不易被早期发现,所以往往危害更大。

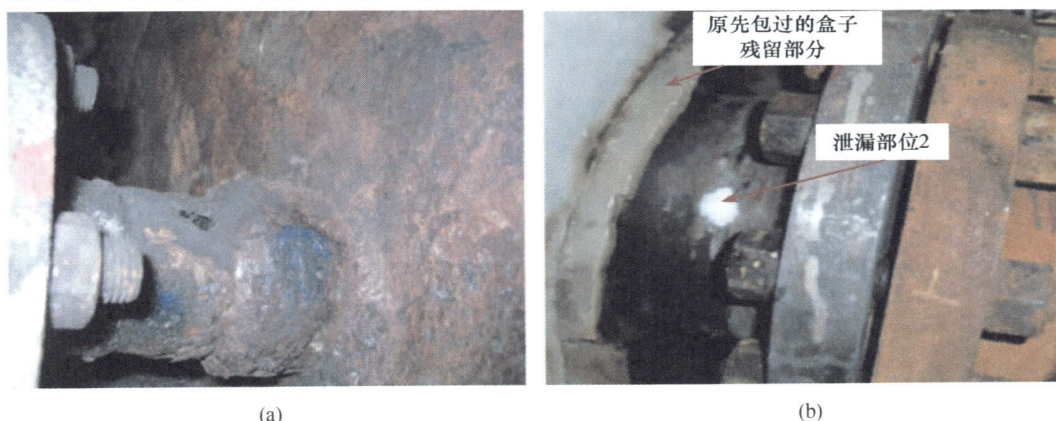

(a)　　　　　　　　　　　　(b)

图12.2　热绝缘包覆层下管路的腐蚀

2. 防止CUI的措施

1)采用外防护层和合理的结构设计

在热绝缘包覆层外部施加防护层,以保持包覆层的完整性,保护保温层不受外部机械损伤和环境作用发生老化,同时有效防止水分、含盐气氛等腐蚀性介质进入隔热材料中。外防护层可采用金属材料(如镀铝钢、铝、不锈钢等)或非金属材料(如玻璃钢、热塑性塑料等)。

合理的保温结构设计可以防止湿气进入和阻挡水的流入或积聚,对防止CUI具有非常重要的作用。尤其是对于复杂结构或有很多附件的管路和设备,会形成更多水和潮气进入保温层的潜在途径,更需要对保温结构做好设计并仔细施工。

2)合理选择热绝缘包覆层

隔热材料应符合质量要求,不含有氯或绝热材料中氯离子等侵蚀性离子的含量低于限定值。隔热材料应具有小的吸水性,通常疏水性隔热材料能减轻CUI,而吸水性材料以及储水性强的保温材料会增大发生CUI的风险。

3)在包覆层下金属外表面涂装保护层

对包覆层下金属外部施加涂层是常用和有效的方法。金属表面防护涂层从物理上隔断了外部腐蚀因子与金属表面的直接接触,能够在一定程度上预防基体金属发生腐蚀。管路的工况条件决定了所采用的防护涂层应具有耐腐蚀性、抗氧化性、耐热性以及抗热循环性,能承受热膨胀和收缩引起的应力,能在较低的表面处理要求下快速高效地进行施工并具有良好的结合力。不合适的涂层或施工方式很容易使涂层失效,使得水的渗透性增加,极易发生 CUI。

(1)有机涂层:最早用来防止 CUI 的涂层,防护机理主要是作为阻挡层来减缓侵蚀性离子向金属基体的扩散。其防腐性能主要取决于涂层与金属基体的黏接强度和涂层对水及其他腐蚀因子的抗渗透能力。在防止 CUI 方面使用最广泛的是环氧及改性涂层,如高固体分环氧涂层、环氧煤焦油涂层、环氧酚醛涂层、熔结环氧涂层(FBE)、环氧聚氨酯涂层等,但不同的涂层适用的温度范围不一样,环氧类涂层的化学成分决定了其最高使用温度为 230℃,实践表明其最佳使用温度为不超过 149℃。当使用温度更高时,可采用无机涂层(如热喷铝涂层等)或耐高温的有机涂层(如高温硅氧烷涂层等)。

(2)金属涂层:热喷铝技术是 CUI 保护涂层的一种。工程实践表明,热喷铝涂层能有效防止碳钢的 CUI,其性能比有机涂层优越。在绝缘层下设备表层可服役 20～30 年。但热喷涂由于使用高温热源的关系,通常使粉末颗粒被加热到熔化状态,在喷涂过程中会不可避免地发生一定程度的氧化,影响涂层性能。新型的冷喷涂技术能够有效避免这一缺点。其加热温度远低于喷涂材料熔点(小于 600℃)。这不仅避免了材料的氧化,保留了最初粒子的性质,而且制备的涂层热影响残余应力低。冷喷涂铝涂层在涂层厚度、显微硬度及孔隙率方面较热喷涂涂层都有很大改善。研究表明,冷喷铝的耐高温性能、耐热振性能和热循环防腐性能均十分优异,明显优于酚醛环氧、有机硅铝粉、无机硅氧烷涂层,是解决热绝缘包覆层下腐蚀的最佳涂层方案之一。

为进一步改善涂层的防护性能,可在热喷涂或冷喷涂铝涂层的表面施加耐热有机封闭涂层。这种复合涂层系统较单一的防护涂层具有更优异的保护效果。

对于奥氏体不锈钢管道或设备,所采用的防腐层不应含有低熔点金属,如锌、铅等。当表面工作温度超过这些金属的熔点时,有产生奥氏体不锈钢液态金属开裂的风险。

12.2 腐蚀介质隔离

腐蚀介质隔离防腐技术是指利用物理隔离将被保护材料与腐蚀介质分离隔断,以达到阻止材料腐蚀的技术。腐蚀是由于材料表面与腐蚀性介质接触而造成的,通过将金属表面与介质隔离就可消除或有效抑制腐蚀的反应过程。介质隔离技术可应用于海水环境,也可用于海洋大气腐蚀环境。对于舰船防腐工程来说,主要的介质隔离手段包括表面覆盖层、包覆隔离材料等。

12.2.1 覆盖层隔离方法

采用具有耐腐蚀性能的涂镀层覆盖在金属表面上,是一种应用广泛的防腐方法。覆盖层分金属覆盖层和非金属覆盖层两大类。金属覆盖层包括锌、铝、镍、铜等金属及其合金,当金属覆盖层的电位比被保护金属的电位低时,则该表面防护层为阳极覆盖层;反之,则为阴极覆盖层。阳极覆盖层不仅具有隔离作用,而且对基体金属具有阴极保护作用。阴极覆盖层只起到隔离作用,因此其完整性极为重要,如存在破损等缺陷,则会形成小阳极大阴极的电偶电池,导致破损处金属基体的加速腐蚀。因此,在选择这种覆盖层防腐时应慎重。金属覆盖层可采取电镀、化学镀、热浸镀、热喷涂、冷喷涂等方法制备。也可采用堆焊耐蚀合金或包覆不锈钢、铜合金、钛及钛合金薄板等方法来隔离基体金属与腐蚀性介质。

非金属覆盖层是采用耐腐蚀的非金属材料涂覆或粘贴在金属表面上,其防腐作用主要是靠隔离效应。非金属覆盖层可分为有机覆盖层和无机覆盖层,有机覆盖层包括油漆涂层、塑料涂层等,无机覆盖层包括陶瓷涂层、钝化膜等。非金属覆盖层的制备方法主要有刷涂、浸涂、辊涂、手工喷涂、自动喷涂、静电喷涂、电泳涂漆、烧结、等离子喷涂、超声速喷涂、阳极氧化等。涂履层特别是油漆涂层,应用最为广泛,且由于其价格相对低,施工简便,种类多,发展很快。也有将橡胶、塑料、玻璃钢、耐蚀陶瓷等材料涂履或衬贴在金属表面的,它们都有着非常良好的防腐效果。

不同的覆盖层材料以及采用不同方法制备的覆盖层其对介质的隔离性能会存在差异。覆盖层越致密，孔隙率越低，对介质的隔离屏障作用越强，耐腐蚀性越高。

为了提高覆盖层的隔离效果，还可采用复合涂层，如在金属涂镀层或陶瓷涂层表面再施加有机涂层，构成复合涂层体系，可以有效降低覆盖层的孔隙率，进一步增强对介质的隔离效果。

12.2.2　包覆隔离技术

包覆隔离是通过包覆技术将包覆材料通过某些成形方式使之与被保护基体结合以达到隔离腐蚀介质的目的。可通过预制或现场处理等方式在结构外壁包覆隔离材料。作为一种有效的防腐蚀技术手段，复合包覆技术在天然气和石油管道系统、混凝土及钢管桩结构、地下储罐、钢桥梁底板以及钢质趸船外壳等极易受到腐蚀的部位已有广泛应用。

与表面覆盖层相比，包覆隔离技术施加的包覆层往往更厚，并且由内包覆材料和外防护层构成，实际上是一种包覆结构。该方法不仅可以对结构的某些严重腐蚀的部位进行包覆，而且可以对一些小型的结构件进行整体包覆。采用的包覆材料具有填充作用，因此对复杂的结构也可以包覆，并获得完整简洁的外形。

包覆材料和结构应具备良好的抗介质渗透性能，能有效阻隔了水、氧等腐蚀介质的侵入，并具有长的使用寿命、良好的施工工艺性能和合适的力学性能。采用的内包覆材料包括聚氨酯胶泥、环氧胶泥、防锈油脂、有机硅密封胶等，外防护材料包括玻璃钢复合材料、聚合物胶带、热收缩材料等。热收缩性材料，如热缩管、热缩带等在包覆成形的过程中具有自收缩趋势，可紧密包覆在被保护构件上。

包覆隔离技术既适于新结构的防腐蚀，也适于老旧结构的修复和保护。该技术具有保护效果好、保护寿命长、施工较为简便等优点。但其保护主要取决于对腐蚀性介质的隔离作用，一旦包覆层密封不好，或存在老化开裂，则很容易导致包覆层下金属发生腐蚀。而且由于包覆层很厚，其下的腐蚀往往不易检查和发现。此外，由于包覆层材料往往和金属黏接在一起，不易去除，所以包覆隔离技术较适于永久性保护的部位，对于一些要经常检修或拆卸的部位，则不是很适合。

以下为三种典型的包覆隔离制作方法。

1. 舰船管路法兰防腐蚀包覆技术

舰船上管路系统非常复杂，经常采用法兰作为管道之间或管道与设备之间的连接接头。对于舷外或液舱中法兰接头，由于长期接触海水或经常处于干湿交替环境中，极易发生点蚀、缝隙腐蚀、异种金属之间的电偶腐蚀等局部腐蚀，造成管路系统过早失效。为了防止法兰接头处的腐蚀，可采取包覆隔离防腐方法。

首先对要包覆的结构表面进行清洁，去除表面的油污，对表面有锈蚀的部位应进行除锈处理，并使表面有一定的粗糙度。然后采用环氧胶泥或聚氨酯密封腻子填充法兰间缝隙，并将整个法兰接头包裹起来，捏合成形。表面可以采用带胶的玻璃布或胶带进行缠绕，并涂履密封胶，形成外保护层。

对于一些高温管路法兰接头，其工况条件更为苛刻。由于管路频繁处于高低温交变状态，使得包覆层不断受热胀冷缩作用。另外，密封材料与金属材料膨胀系数的差异也会造成应力，从而容易导致包覆层开裂。因此，对于舰船高温管路法兰防腐蚀包覆结构，需要填充耐高温填缝材料，并在两端法兰的表面、螺栓表面、法兰与螺栓连接处以及耐高温填缝材料层的表面涂履有机硅橡胶等耐高温隔离密封胶。

2. 表面玻璃钢复合材料包覆技术

对于某些易产生腐蚀的管路或部件的表面可采用玻璃纤维增强复合材料包覆技术。首先需进行表面清理，对其外表面清除油污，进行喷砂除锈处理或打磨处理，以确保金属表面与胶液间形成良好的接合。然后，在表面处理好的金属外壁上淋洒树脂胶液，先包覆玻璃纤维短切毡一层，接下来是包覆玻璃纤维布一层，然后如此重复，直到完成全部若干层（一般为 4~6 层）纤维复合层的包覆，最后缠绕聚酯膜完成包覆施工。

例如，为防止船舶艉轴的海水腐蚀，需要在其表面包覆玻璃钢处理。其具体的包覆过程：包覆前艉轴表面需清洗除油，铜套内油垢需用加热方法除尽，对锈蚀斑痕可用砂纸打磨或喷丸清除，一般不宜采用酸洗。如果是对旧艉轴进行包覆处理，对其表面不影响其使用的一些蚀坑等缺陷，可用黏接剂和填充料构成的腻子进行填补修复。包覆材料为环氧树脂黏接剂和玻璃布。将环氧树脂、增塑剂、稀释剂等先搅拌均匀,然后加入固化剂,经充分搅拌均匀后即可作为黏接剂使用。将配好的黏接剂在预处理好的艉轴表面均匀涂刷一层,将浸有黏接剂的玻璃布从专门的浸胶装置(图12.3)中拉出并缠绕在艉轴上,玻璃布缠绕之间距为布宽的1/4。布的起点和终点需距离两端150~200mm,即由此处开始先向近端包扎,然后反向包扎;在包扎到另一端终点后,也必须反方向包扎150~200mm。然后重复涂刷黏接剂和缠绕玻璃布的过程,到所需厚度为止(一般要包覆4层)。在包扎玻璃布过程中,艉轴需均匀转动,以防止黏接剂流挂或出现滴胶现象。同时,应随时将气泡挤出,固化后的包覆层中严禁有气泡存在。

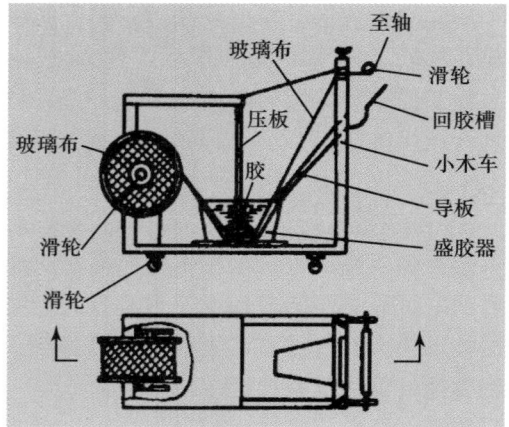

图12.3 玻璃布浸胶(黏接剂)用装置

3. 复层矿脂包覆防腐技术

复层矿脂包覆防腐技术由多层紧密相连的保护层组成,即矿脂防蚀膏、矿脂防蚀带、密封缓冲层和防蚀保护罩,如图12.4所示。其中,矿脂防蚀膏、矿脂防蚀带是复层矿脂包覆防腐技术的核心部分。矿脂防蚀膏由惰性矿脂、缓蚀剂、填料等组成,具有憎水性和钝化作用,能够有效地阻止腐蚀性介质对钢结构的侵蚀,并可在潮湿表面施工。矿脂防蚀带以饱和的惰性矿脂为主要成分,具有弹性,不易开裂,缠绕在涂有矿脂防蚀膏的表面,应拉紧压实,避免存在空隙,以保证良好的密封性能。密封缓冲层和防蚀保护罩(也称夹克)具有良好的耐冲击性能,不但能够隔绝海水,还能够抵御机械损伤对钢结构的破坏。保护罩可采用玻璃钢材料或高密度聚乙烯材料,通常根据结构物的形状和尺寸进行预制,在现场采用螺栓进行紧固和安装。

该类技术对表面处理要求较低,对新、旧结构都可以保护,具有长效经济的防腐蚀效果,对暴露于海洋浪花飞溅区部位的钢桩等设施具有很好的适应性。当应用于大气区钢结构防腐时,通常不需采用缓冲层和外护套,只需涂抹防蚀膏、粘贴防蚀带和涂刷外防护剂即可。外防护剂通过与空气接触发生氧化聚合,形成坚韧的皮膜,具有很好的耐老化性能。复层矿脂包覆防腐技术的缺点是价格较高。

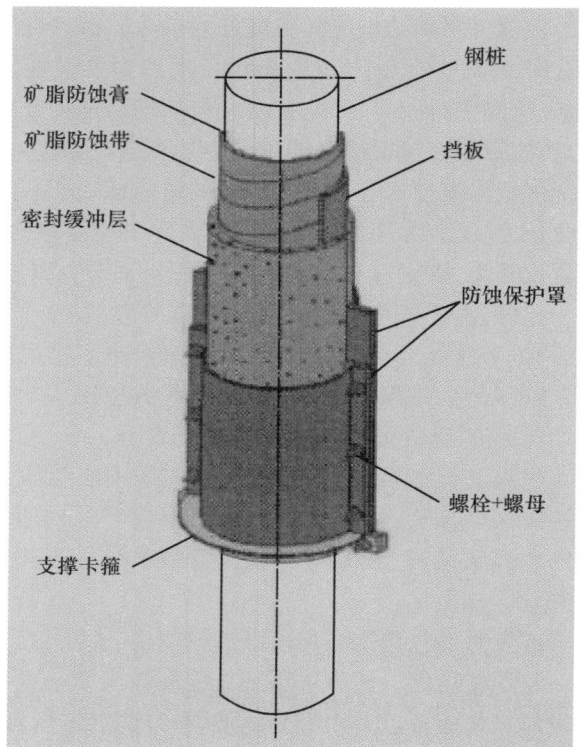

图12.4 复层矿脂包覆防腐技术

12.3 腐蚀环境控制

当无法将金属表面与腐蚀介质隔离,同时又没有其他更好的保护措施时,对腐蚀环境进行控制,使得环境的腐蚀性降低,也是抑制金属结构物腐蚀的一种有效手段。通过控制局部环境的温度和湿度,滤除空气中的盐分(如Cl^-等)、采用惰性气体密封保存、消除积水、添加缓蚀剂等方法,可以使舰船结构和设备暴露的环境得到改善,从而防止和减轻暴露环境对金属的腐蚀。

影响舰船腐蚀的环境因子有很多,主要包括介质的种类(海水、淡水、大气等)、工况条件(全浸、干湿交替、冲刷、积水等)、介质的温度、环境的湿度、介质中的含盐量及其组成等。腐蚀环境控制就是要改变和调整这些腐蚀影响因素,从而改变介质的腐蚀性,以降低介质对金属的腐蚀。

12.3.1　消除积水和积垢

舰船的舱底常常积水,积水来自于海水管路等系统的泄漏、空气在金属表面产生的冷凝水、清洁产生的废水等,它们汇流到舱底后,由于吸干头等不能将水完全抽干,或没有及时进行排水清理,结果导致积水。积水的成分往往很复杂,常含有较高的盐分,具有很强的腐蚀性;机舱等部位还含有油污,舱底表面形成积垢,这些条件导致舱底积水部位不仅会发生电化学腐蚀,而且易于形成缺氧环境,发生硫酸盐还原菌诱发的微生物腐蚀。

通过消除积水的来源,加强积水的排除,去除舱底积垢,保持舱底的清洁和干燥,可以有效地消除腐蚀产生的环境和根源,使舱底腐蚀得到有效控制。

舰船的管路和设备在停机时也常常积水,管道底部和设备的底部也会有沉积物存在,这种条件也会促进管路和设备的腐蚀。对于长时间停止运行的设备应将积水排空,对管路中的沉积物应定期进行清洗。洁净的铜合金管路在清洁的一定流速的海水中更易于产生表面钝化,从而提高管路的耐蚀性。

舰船的露天设备和结构应设计有排水沟槽,避免雨水和飞溅的海水产生积聚,从而避免腐蚀的发生。对于结构上易于积水的凹陷部位,可采用密封胶泥进行填充抹平。

12.3.2　环境温度及湿度控制

对于开放空间,环境温度和湿度往往不易控制,但对于室内或局部近乎封闭的环境则可通过控制环境的温度和湿度来减轻舰船结构和设备的腐蚀。

不论是潮湿的大气环境还是水环境中,一般来说,金属材料的腐蚀速率会随着温度的升高而增加,这是因为温度升高会促进腐蚀反应的速度,导致液膜中盐浓度升高,并且增强微生物活性,促进微生物腐蚀。但温度升高,也会加速金属表面的干燥,使海水等溶液中的溶解氧浓度降低,从而减轻金属的腐蚀。

湿度是影响金属大气腐蚀的关键因素。大气腐蚀属于薄液膜下的电化学腐蚀,当金属表面形成薄液膜后,由于氧易于扩散到金属的表面,因此金属表面很容易发生腐蚀。而通过控制空气的湿度,可以阻滞金属表面形成连续的薄液膜,从而抑制腐蚀的发生。

舰船的很多舱内结构、管路和设备处于潮湿、高温的恶劣环境中,一些设备安装布置空间狭小,维修保养困难,材料在这种环境下更易遭受较为严重的腐蚀。因此,调节局部环境的温度、湿度可以在一定程度上减轻和抑制金属的腐蚀。另外,舱室环境的温度和湿度对设备的可靠性、对舰员的健康和人机工效也具有非常重要的影响。

温度可通过空调系统控制,包括制热和制冷,使舱室处于合适的温度范围。

目前常用的空气除湿方法主要有冷却法和化学法两类。冷却法分为常压冷却除湿和压缩冷凝除湿。化学法分为湿式液体吸收式除湿和干式液体吸收、干式固体吸附式除湿。具体分类如图 12.5 所示。

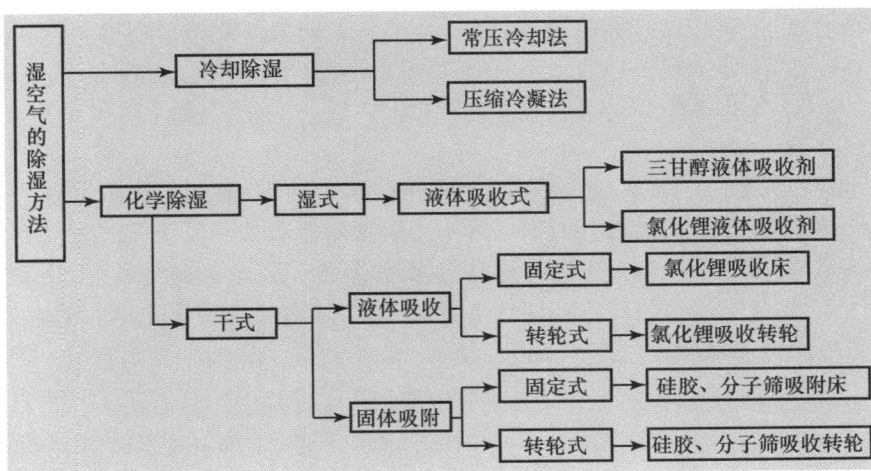

图 12.5　空气除湿方法的分类

1. 冷却除湿法

冷却除湿是一种较为常用的除湿方法,其原理是将湿空气进行冷却,使空气中的蒸汽逐渐凝结,并达到饱和状态,当降到露点温度以下,空气的中的蒸汽就变成凝结水并析出,从而使空气中的含水量降低,达到除湿的效果。该方法也称为露点法,使潮湿的空气通过盘管进行冷却,通过冷凝作用除去空气中的水分。当空气的温度和湿度高时,冷却除湿方法具有高的效率;而当空气温度和湿度较低时,除湿效率也降低。

2. 液体吸收式除湿法

1) 湿式液体吸收式

图 12.6 是湿式液体吸收式除湿装置,主要由吸收部和再生部等构成。在吸收部,用喷嘴将吸湿剂从冷却肋管的上部均匀地向下喷淋,空气与液体吸收剂接触后即被除湿。空气流和液体有顺流、逆流和交叉流等气液接触方式,在吸收部应该使液体表面和湿空气的接触面积尽量大,接触时间长一些,以提高除湿效果。液体吸收剂主要有氯化锂、三甘醇等。再生部的作用是使因吸水而导致浓度降低的吸收剂脱水,通过加热使浓度升高,以恢复除湿的效率。这种除湿机体型较小,处理空气量较大,可通过改变吸收剂的浓度来控制空气的湿度,但氯化锂等吸收剂对金属具有腐蚀性,液体吸收剂易产生飞沫等,需要予以注意。

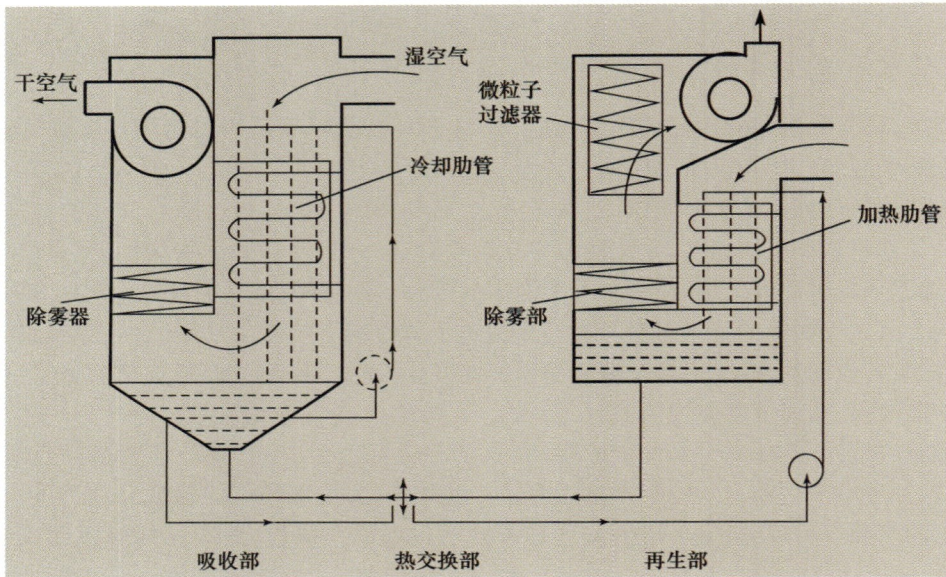

图 12.6　湿式液体吸收式除湿装置

2) 干式吸收转轮方法

干式吸收转轮除湿装置采用一个不断转动的含有氯化锂结晶的蜂窝状转轮来除湿。转轮通常采用由无机纤维等构成的陶瓷复合材料,具有蜂窝结构,载有氯化锂吸湿剂。蜂窝结构可增大湿空气与吸湿剂互相接触的表面积,从而大大提高了除湿机的工作效率。同时,转轮上有分区用于吸收剂的再生,通过加热的空气使吸收剂脱水,再生成氯化锂结晶。工作时随着转轮的转动,吸收剂不断重复吸水和再生的过程。

3. 固体吸附式除湿法

该方法采用和干式转轮类似的装置进行除湿,但转轮中采用硅胶、沸石等吸附剂作为高效除湿剂。吸附剂的表面为多孔性的结构,空气中的水分因毛细管作用而吸附于表面。其工作过程与干式吸收转轮除湿装置相同,除湿转轮在分隔成除湿区和再生区的箱体内回转,潮湿空气通过除湿区,由转轮中的吸湿剂吸收空气中的水分,而成为干燥的空气。当转轮转动到再生区时,由热空气将转轮中吸收的水分带走,使吸收剂恢复除湿功能。转轮可以方便地通过气体吹扫进行清洁。

12.3.3　空气中的盐分去除

舰船长期处于海洋环境中,所处大气环境中含有较高的盐分,并以气凝胶形式存在,这些盐分会在金属表面沉积,从而对金属腐蚀产生影响。海洋大气中的盐含量与离开海平面的高度和离海岸线的距离有关,通常随离海面高度增加,或向内陆距海岸线越远,大气中的氯离子含量会越低,在海洋结构物表面沉积的可溶盐就越少。由于舰船甲板离海面较近,因此甲板上的结构和设备会沉积较高的盐分。同时,高含盐量的海洋大气也会对舱内的结构和设备产生影响。金属表面沉积的盐粒在潮湿空气中易于吸收空气中的蒸汽而发生潮解,在金属表面先形成液滴,而后形成连续的薄液膜。由于该液膜具有较高的盐浓度和氯离子含量以及较高的电导率,而薄液膜又使氧易于扩散到金属表面,因而会促进腐蚀电化学反应过程,破坏表面钝化膜,加速金属的腐蚀。

舰船的燃气轮机等动力系统在工作时需要吸入大量的空气,如不加处理会导致大量盐分摄入燃气轮机,对发动机造成机械损害、化学损害和热损害。含盐的高速气流会导致压气机通道尤其是叶片的磨蚀,使通流部分的气动性能恶化,造成压气机性能降低。叶片的磨蚀会缩短叶片的使用寿命,甚至会导致其断裂。叶片表面沉积盐垢后会改变压气机的气动特性,增加流动阻力,降低压气机的效率,甚至引起压气机的喘振。对于涡轮等热端部件,进入燃烧室的盐分会与燃料中的硫化合,形成熔融态的硫酸钠,造成喷嘴和涡轮叶片的熔盐腐蚀,影响燃气轮机的性能和使用寿命。

为了解决舰船舱内设备及发动机的盐雾腐蚀损伤问题,需要采取盐雾分离装置来去除空气中的盐分。

燃气轮机的进气过滤装置通常由惯性分离器、预过滤器和精过滤器三级过滤组成。惯性分离器的工作原理是,让空气流经分离器时转弯或旋转,靠惯性将水滴或灰尘等颗粒物分离出来并予以去除。该级分离器可去除较大的液滴和颗粒。第二个过滤器为聚集器,为玻璃纤维衬垫或由聚酯材料构成,它可以收集第一级分离器不能捕获的更小的盐雾水滴,并聚集成大液滴流走或被空气带入下一个过滤器中。聚集器还可分离掉颗粒物。精过滤器位于下游,为高效介质过滤器,通常由高效木浆纤维滤纸或超细玻璃纤维等组成。通过三级过滤,可以有效分离和滤除空气中的水雾和盐分,保障燃气轮机的可靠运行。当过滤器表面沉积了尘粒等脏物而影响其过滤效果时,则需要进行清洗以恢复其性能,或予以更换。有的空气过滤装置本身就带有脉冲反吹清洗系统,便于对过滤器进行吹扫清洁。

相关文献介绍了一种可清除空气中海盐粒子的装置,由喷雾嘴、去雾过滤器以及中、高性能过滤器组成。把海盐粒子的空气与经喷雾嘴喷出的直径 $10 \sim 100\,\mu m$ 的水滴相混合,使之体积增大,然后通过去雾过滤器,这样可以清除90%以上的海盐粒子,最后经过中、高性能过滤器双重过滤,可使海盐粒子的捕集率达到99.9%。

天津修船技术研究所研制开发的除盐雾空气净化装置已成功应用于海洋平台上大功率风冷电机的防护,其最高过滤精度可达 $0.5\,\mu m$,能够有效地净化风冷气源,将设备所需气源中的杂质及含盐水雾颗粒进行隔离,减少其对电机绝缘层的腐蚀,提高设备的绝缘度,延长设备的使用寿命和大修周期,并消除潜在的人身安全隐患。其产品结构由主体,初效/中效/高效滤芯、隔离框架、密封门和压差计等组成。

12.4　缓蚀剂

缓蚀剂是具有特殊性质的化学物质,以适当的浓度和形式存在于介质中,可以有效地防止或减缓金属的腐蚀。缓蚀剂通常作为添加剂加注到介质中,往往只需加入少量的缓蚀剂就可有效抑制金属的腐蚀。按缓蚀剂成分可以分为无机类缓蚀剂、有机类缓蚀剂、无机和有机物混合的复合缓蚀剂等。无机缓蚀剂主要包括亚硝酸盐、硅酸盐、钼酸盐、钨酸盐、聚磷酸盐等。有机缓蚀剂主要包括磷酸(盐)、膦羧酸、巯基苯并噻唑、苯并三唑、聚天冬氨酸等。按对电化学腐蚀过程的抑制机理分为阳极型缓蚀剂、阴极型缓蚀剂和混合型缓蚀剂。阳极型缓蚀剂多为强氧化剂,能促进在金属表面形成阳极氧化膜,通过抑制金属腐蚀的阳极反应来达到缓蚀目的。阴极型缓蚀剂能够在金属表面阴极区形成沉积膜,抑制腐蚀的阴极反应。混合型缓蚀剂既能在阳极区成膜,又能在阴极区成膜,使金属腐蚀的阳极和阴极反应过程都受到阻滞。按所形成的保护膜的类型,又可分为氧化膜型缓蚀剂、沉淀膜型缓蚀剂和吸附膜型缓蚀剂。

缓蚀剂技术已在石油、化工、工业水处理等领域得到了广泛应用,但在舰船上应用还不多。缓蚀性通常适用于较为封闭的环境和较为稳定的工况条件,如舰船的某些舱底长期积水的部位、柴油机闭式循环冷却水系统、某些密闭的腐蚀性较强的舱室或空间等。船用缓蚀剂应具有高效、环保、经济、便于使用等优点。

气相缓蚀剂可用于船舶的某些封闭空间。气相缓蚀剂通常是有机缓蚀剂,具有表面活性的化学物质挥发在空中后会在金属表面产生吸附,占据金属表面的活性点,形成1~2个分子层厚度的稳定保护膜,该保护膜能有效地防止氧气、湿气等环境气氛对金属的腐蚀,从而起到抑制金属腐蚀的作用。

对于海水压载舱等干湿交替部位和舱底积水部位,也可考虑采用无毒、无预膜处理的高效海水缓蚀剂和阴极保护联合防护,以获得较好的保护效果。碳钢和低合金钢在海水干湿交替条件下的腐蚀速率最大,潮湿海洋大气环境次之,都明显高于海水全浸状态。因此空舱期的腐蚀保护非常重要。当存在海水介质时,牺牲阳极可提供有效的阴极保护;而当处于潮湿海洋大气环境时,阴极保护形成的钙质沉积层和缓蚀剂可以起到一定的保护作用。有研究表明,在海水中,缓蚀剂可以促进钙镁沉积层的形成,减小阴极保护所需电流。同时,在空舱条件下,在薄液膜中缓蚀剂也对结构钢的腐蚀有良好的抑制,相对于薄层海水液膜腐蚀,缓蚀剂液膜对907A钢的缓蚀效率可达到80%以上。

在海水介质中使用的缓蚀剂有很多,常常为复配缓蚀剂,以获得较好的协同效应,如有机磷酸醇酯和聚磷酸盐复配缓蚀剂,由锌盐、葡萄糖酸盐和烷基多糖苷及硅酸盐、钨酸盐为主的复配缓蚀剂等属于低毒高效海水缓蚀剂,可用于海水中碳钢的缓蚀保护。

船舶柴油机的冷却水系统涉及柴油机的机体、汽缸套、热交换器、水泵等,材料较为复杂,包括铸铁、铸铝、钢、紫铜、黄铜、焊料等,这些材料除了自身受到冷却水的腐蚀以外,还易于产生异种金属之间的电偶腐蚀。柴油机运转时,由于活塞与汽缸的冲击作用导致缸套发生振动,使冷却水在受到瞬时低压时形成气泡,而在瞬时高压时又导致气泡破裂,空泡溃灭使缸套外圆表面频繁受到冲击作用和电化学腐蚀作用,从而产生穴蚀。冷却水系统的腐蚀破坏会影响柴油机的正常运行,使汽缸套等零部件在不到大修期就必须修理和更换。

缓蚀剂是用于防止和减轻柴油机冷却水系统腐蚀的有效方法之一。可以采用的缓蚀剂有很多,之前采用高铬酸钾、乳化防锈油,后采用各种无机缓蚀剂,如硅系、钼系、钨系、亚硝酸盐、磷酸盐、铵盐等,以及有机缓蚀剂和复配缓蚀剂。所采用的缓蚀剂需要对冷却系统中各种金属材料均有良好缓蚀作用。无机盐缓蚀剂通过在金属表面形成钝化膜或难溶金属盐膜层来抑制腐蚀,由于需要发生反应消耗,因此需要经常添加补充。硅酸盐对铝合金有较好缓蚀作用,但稳定性较差,易导致硅凝胶沉淀。有机酸缓蚀剂通过在金属表面的腐蚀活性点上产生活性吸附,并形成非极性基团的憎水膜,使基体的腐蚀得到有效抑制。将一元脂肪酸、二元脂肪酸、芳香酸、三唑类化合物以及少量有机酸盐复配,可产生良好协同作用。有机酸型缓蚀剂使用中消耗量少,使用寿命长,对柴油机冷却系统的点蚀、穴蚀、结垢具有很好的抑制作用,对焊锡和铸铝的保护作用尤为突出,并且环境友好。

参考文献

[1]　孙志坚,等. 国内绝热保温材料现状及发展趋势[J]. 能源工程,2001(4):26-28.

[2]　陈延新. 新型无机/有机复合绝热材料的研究[D]. 西安:长安大学,2008.

[3]　张寿涛,谢红波,李国忠. 硅酸钙保温材料研究进展[J]. 建筑节能,2006.34(5):28-30.

[4]　石云胜,王颖. 泡沫橡塑绝热材料在船舶领域的应用[J]. 船舶物资与市场,2003(3):23-25.

[5]　周祖新,等. 论大型海洋船舶隔热材料的发展与应用[J]. 武汉交通科技大学学报,1998,22(3):314-317.

[6]　石明伟,胡津津,孙娇华. 无机绝热材料在船舶建造中的应用[J]. 上海造船,2008(2):46-47.

[7]　虞子森,等. 船舶绝热保温新材料的研究与开发[J]. 造船技术,2004,(3):39-43.

[8]　王在铎. 纳米隔热材料在舰船上的应用前景[J]. 宇航材料工艺,2011,(3):12-15.

[9]　于全虎. 硬质聚氨酯泡沫塑料装配式冷库在船舶上的应用前景[J]. 江苏船舶,2001,18(4):41-44.

[10]　石云胜,王颖. 泡沫橡塑绝热材料在船舶领域的应用[J]. 船舶物资与市场,2003(3):23-25.

[11]　庞顺强. 聚酰亚胺泡沫材料在舰船上的应用[J]. 材料开发与应用,2001,16(3):38-41.

[12]　王奇,王伟. 管道绝热施工技术探讨[J]. 成都航空职业技术学院学报,2012,28(2):59-61.

[13]　梁成浩. 现代腐蚀科学与防护技术[M]. 上海:华东理工大学出版社,2007.

[14]　翟金坤. 金属高温腐蚀[M]. 北京:北京航空航天大学出版社,1994.

[15]　黄赟. 保温层下金属材料的腐蚀与防护[J]. 石油化工腐蚀与防护,2013,30(3):15-17.

[16] 许万剑,杨春丽,赵宏柱,陶新秀,丁非,陈安源.304 不锈钢焊管应力腐蚀开裂原因[J].腐蚀与防护,2014,35(5):511 – 513.

[17] 邢云松.绝热材料与奥氏体不锈钢应力腐蚀开裂[J].石油化工腐蚀与防护,2011,28(2):33 – 34.

[18] 吕晓亮,等.保温层下腐蚀防护的研究现状[J].腐蚀科学与防护技术,2014.26(2):167 – 172.

[19] M. Halliday. Preventing corrosion under insulation – new generation solutions for an age old problem [J]. Journal of Protective Coatings & Linings,2007.24(2): 24 – 36.

[20] NACE RP 0198,The control of corrosion under thermal insulation and fireproofing materials – A systems approach [S],2004.

[21] 任敏,等.复合包覆技术在海港工程中的防腐蚀应用[J].腐蚀与防护,2013,34(1):67 – 70.

[22] 杨文平,等.舰船高温排气管路法兰防腐蚀包覆结构[P].CN201220596201,2012.

[23] CB ∗/Z 107 尾轴包覆玻璃钢[S],1982.

[24] 侯保荣.海洋钢结构浪花飞溅区腐蚀防护技术[J].中国材料进展,2014,(1):26 – 31.

[25] 高宏飙,等.海上风机单桩基础浪溅区腐蚀及复层包覆防护技术的应用[J].中国港湾建设,2014,(5):57 – 61.

[26] 侯保荣.大气区钢结构氧化聚合型包覆防腐蚀技术[J].中国材料进展,2014,33(2):101 – 105.

[27] 刘建华,王永坚.船用海水管系腐蚀故障分析[J].船艇,2008(4):34 – 40.

[28] 余锋.舰船温湿度调节系统的优化设计及控制[D].西安:西北工业大学,2003.

[29] 王佳.无机盐微粒沉积与大气腐蚀的发生与发展[J].中国腐蚀与防护学报,2004,24(3):155 – 158.

[30] 万晔,任延杰,严川伟.两种盐沉积对 LY12 铝合金大气腐蚀行为的影响[J].中国有色金属学报,2004,14(7):1149 – 1155.

[31] 万晔,严川伟,曹楚南.可溶盐沉积对碳钢大气腐蚀的影响[J].物理化学学报,2004,20(6):659 – 663.

[32] 翁永基,等.盐沉积量对埕岛海域大气腐蚀性分级的影响[J].油气储运,2001,20(7):36 – 40.

[33] 骆桂英,俞立凡.燃气轮机进气过滤系统的运行[J].发电设备,2008,(5):398 – 403.

[34] 齐卫.清除空气中海盐粒子的装置[J].化工新型材料,1986,(10):38.

[35] 李佰贵,等.除盐雾空气净化装置在海洋钻井平台上的应用[J].中国修船,2012,(3):43 – 44.

[36] 赵永韬,等.缓蚀剂与阴极保护对船用钢的联合保护作用[J].材料保护,2002,35(4):41 – 43.

[37] 赵永韬,吴建华,王佳.缓蚀剂对船用钢在潮湿大气中的防蚀研究[J].电化学,2001,7(4):472 – 479.

[38] 赵永韬,吴建华,王佳.船用钢的薄层液膜下腐蚀监测与防蚀研究[J].腐蚀科学与防护技术,2001,13(5):289 – 293.

[39] 穆振军,杜敏.天然海水中高效缓蚀剂对碳钢缓蚀作用的研究[J].中国腐蚀与防护学报,2005,25(4):205 – 208.

[40] 袁晓东.船舶柴油机冷却系统缓蚀剂研究进展[J].全面腐蚀控制,2008,22(3):45 – 48.

[41] 隋江华,贾明甫,孙丰雷.柴油机汽缸套穴蚀的成因以及预防措施[J].船舶工程,2009,31(增刊):45 – 47.

[42] 周建军,等.我国发动机冷却液的现状与发展趋势[J].石油商技,2001,19(1):1 – 3.

[43] 苏玲燕,等.有机酸型缓蚀剂在发动机冷却液中的应用研究[J].舰船防化,2013,(4):25 – 28.

第13章 腐蚀和泄漏监测、检测

腐蚀和泄漏监测、检测对舰船安全性有重要影响,对适时搞好舰船防腐防漏工作具有积极意义。本章论述腐蚀和泄漏监检测需求、常用方法、发展方向、设备研制与系统设计等。

13.1 舰船腐蚀和泄漏监测、检测简介

13.1.1 舰船腐蚀和泄漏监测、检测的意义

舰船长期在海洋环境中服役,其船体、上层建筑、海水管路、电子设备以及内舱部位等均会受到腐蚀的危害。腐蚀是舰船必须面对的一个重要问题,舰船不同结构部位或系统的环境有各自的特点:船体或艇体长期浸泡在海水中并受海水冲刷作用;舰船动力系统排烟管处于局部高温环境;海水管路系统处于流动海水冲刷环境;舰船压载水舱处于海水干湿交替环境;机电舱室的舱底可能还会存在油污积水等。这些环境中既有自然环境(海洋环境)又有诱发环境(如积水、间浸、冲刷等)。另外,舰船所用的材料种类繁多,结构复杂,有的空间部位狭小,不便于维护维修。正是由于舰船这些工况环境特点,使得腐蚀及由其引起的泄漏成为影响舰船使用性能和服役寿命的关键因素。

腐蚀及泄漏不仅会大大缩短舰船服役寿命,降低在航率,大幅增加维护维修费用,增大舰船人员的维护强度,而且直接影响舰船性能的发挥,甚至对舰船使用安全造成严重威胁,同时造成巨大的经济浪费。例如:铜合金螺旋桨因高速航行产生严重空蚀而报废;服役于南海的舰船甲板及船体由于受到海水和海面盐雾的侵蚀,每年需进行几次涂料防护,既增加了维修工作量,降低了在航率,又造成巨大的经济损耗。因为腐蚀发生的方式多种多样,有些无法避免,但其余的可以简单地应用合适的腐蚀预防或减缓技术避免。美国联邦高速公路管理局(FHWA)报告指出,在美国,如果优化的腐蚀防护管理被应用的话,20%~30%的损失是可避免的。

舰船在航行时如果因为腐蚀出现故障,不仅会影响舰船的使用性能,而且有可能造成船员伤亡。因此,对舰船的运行可靠性和安全性有非常高的要求。对舰船重要结构和部位进行腐蚀检测,能够预测构件或管路的使用寿命,为正常维修和更换提供依据。另外,通过在线的腐蚀监测还能实时地掌握舰船关键部位的腐蚀情况,在灾害发生之前提前预警,大大降低腐蚀事故的发生。这样就可以使舰船的可靠性和安全性能得到有效保证和控制。

13.1.2 舰船腐蚀和泄漏监测、检测技术发展方向

腐蚀监检测技术可分为两大类:一是原位跟踪材料在实际环境中的腐蚀行为,监测因介质作用使设备发生腐蚀的速度,获得的是材料腐蚀过程的相关信息,称为现场腐蚀监测(简称监测),目前应用较为广泛的主要有失重挂片、电阻探针、电感探针、电位探针和线性极化电阻探针等方法。二是在设备运行一定时期后检测是否存在腐蚀缺陷,通过间接方式获得腐蚀结果,称为离线腐蚀检测(简称检测),目前常用的有磁粉、超声、涡流、漏磁、射线等无损检测(NDT)技术。

腐蚀监测是获取材料腐蚀过程或环境对材料的腐蚀性随时间变化信息的活动。腐蚀监测通常依赖于暴露电子腐蚀传感器或探头于感兴趣的环境(如室外空气或海水),或插入封闭系统内部(如有液体或气体流动或储存的容器或管道)。电子腐蚀传感器或探头连续或半连续地发出与金属系统腐蚀有关的信息。腐蚀检测和监测之间的分界线并不总是清楚的。检测通常是指根据维护和检修计划所进行的短时间的"一次性"测量。监测是在较长的时间周期内对腐蚀破坏的测量,而且经常试图对腐蚀速率如何和为什么随时间变化获得较深入的认识。综合地使用腐蚀防护检测和监测是十分有益的,在经济上也是最合算的。它们是彼此互补的,而不应把它们看作彼此的替代物。

腐蚀监测技术发展的方向是各种监测技术优势互补,共同推进腐蚀防护研究快速发展。腐蚀监测技术和计算机技术的结合是目前研究腐蚀监测仪器的主要方向,腐蚀监测仪器的智能化是该领域发展的主流趋势。腐蚀监检测技术是随着监测检测理论的发展而发展的,同时生产中的迫切需要,也推动其不断地取得进步。传统的检测方法主要使用试片法,在设备停车检修期间对其内部进行检查;后来又发展了旁路实验装置,能够不停车同时对设备进行腐蚀的测量;再后来又实现了在设备运行过程中装入和取出试样。随着线性极化法和其他实验室电化学技术以及新颖的无损检测技术不断在实际中的应用,尤其是现在电子技术和计算机的应用,实现了设备腐蚀状况的实时监测。许多在线监测系统已经在石油化工生产、航空航天、建筑业领域中得到广泛应用。由于在线监测的腐蚀信息能立刻被操作者获得,因此,操作人员可立即采取相应的对策,防止意外腐蚀事故的发生。腐蚀监控系统非常复杂,从简单的手持式到工厂应用的带有远程数据传输、数据管理能力的大型系统都在被广泛使用。

13.2 舰船腐蚀检测和监测技术及方法

13.2.1 舰船常用腐蚀检测技术及方法

1. 常规检查方法

1) 现场表观检查

现场表观检查是定性评价,需要技术人员具有一定的经验,一般在停车和打开设备时采用肉眼或借助工具观察设备表面的腐蚀状况。常使用的工具有放大镜、内窥镜、千分尺、孔蚀深度仪、照相机和摄像机等。现场检测应当注意观察蚀孔、裂纹、锈斑、鼓泡、腐蚀产物等,特别注意焊缝、接口和弯头部位的变化情况。现场检测主要目的是检测设备是否遭受严重腐蚀,观察腐蚀的程度和位置,初步分析腐蚀的类型和原因,确定腐蚀防护的基本措施。虽然这种方法仅是定性的检测,但在工厂设备的腐蚀检测中仍经常使用。

2) 警戒孔监视

警戒孔监视是通过监测腐蚀裕量而监视设备或管道腐蚀的一种方法。警戒孔是在设备或管道的腐蚀敏感部位的外壁上钻出一些精确深度的小孔,其深度使得剩余壁厚就等于腐蚀裕量,或为腐蚀裕量的一部分。由于腐蚀或冲蚀的作用,使剩余壁厚逐渐减少,直至警戒孔处产生小的泄漏。一旦产生泄漏,应及时把金属销钉(堵头)打入警戒孔,以封闭泄漏。接着应当用无损检测方法(如超声波测厚法)检查设备的其余部分,以确定其他部位的安全性。警戒孔法不需要用复杂仪器,监测的是设备本身和管道本身的材料,具有一定的可靠性,比其他监测方法有优点,在石油工业应用比较广泛。但是对于易燃、易爆和有毒的介质,少量的泄漏可能造成较大危害,需限制该方法的使用。

2. 无损检测法

1) 超声波检测

超声波检测是利用超声波的脉冲反射原理来测量管壁腐蚀后的厚度(图 13.1)。检测时将探头垂直向

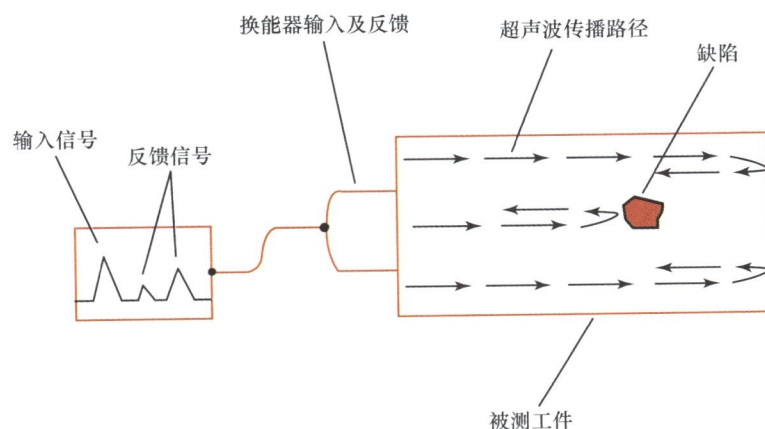

图 13.1 超声波检测原理

管道内壁发射超声脉冲,探头首先接收到由管壁内表面的反射脉冲,然后超声探头又会接收到来自管壁外表面的反射脉冲,这个脉冲与内表面反射脉冲之间的路程间距反映了管壁的厚度。这种检测方法是管道腐蚀缺陷深度和位置的直接检测,检测原理简单,对管道材料的敏感性小,检测时不受管道材料杂质的影响,能够实现对厚壁大管径的管不具备的特点。这种方法的不足之处是超声波在空气中衰减很快,检测时一般要有声波的传播介质,如油或水等。

超声波检测分类如图 13.2 所示。

2)涡流检测

涡流检测是建立在电磁感应基础上的一种无损检测方法,它适用于导电材料。其原理是把一块导体置于交变磁场中,在导体中就有感应电流存在,即产生涡流。由于导体自身各种因素(如电导率、磁导率、形状、尺寸和缺陷等)的变化,会导致感应电流的变化,利用这种现象判知导体性质、状态等。涡流检测是把导体接近通有交流电的线圈,由线圈建立交变磁场,该交变磁场通过

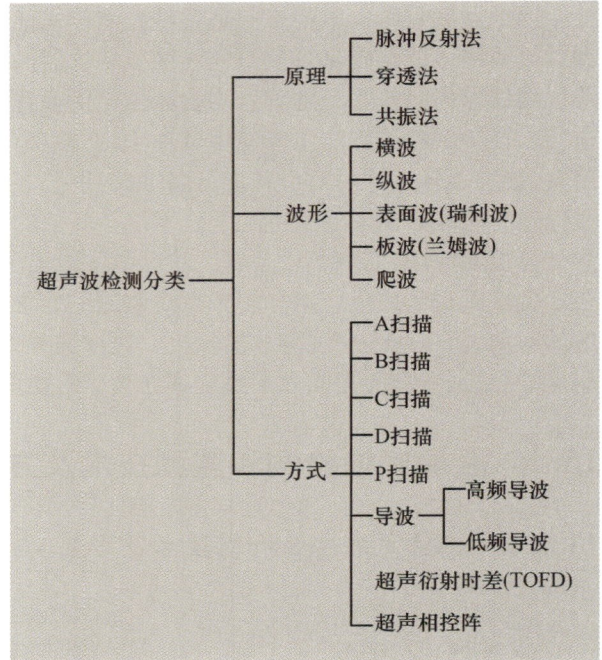

图 13.2　超声波检测分类

导体,并与之发生电磁感应作用,在导体内建立涡流。导体内的涡流也会产生自己的磁场,涡流磁场的作用改变了原磁场的强弱,进而导致线圈电压和阻抗的改变。当导体表面或近表面出现缺陷时,将影响到涡流的强度和分布,涡流的变化又引起了检测线圈电压和阻抗的变化,根据这一变化就可以间接地知道导体内缺陷的存在。涡流检测可用于测厚和检测腐蚀损伤,探测全面腐蚀和局部腐蚀,也可用于工业设备的在线测量。

3)漏磁检测

漏磁检测的基本原理(图 13.3)是建立在铁磁材料的高磁导率这一特性之上,钢管腐蚀缺陷处的磁导率远小于钢管的磁导率,钢管在外加磁场作用下被磁化,当钢管中无缺陷时,磁力线绝大部分通过钢管,此时

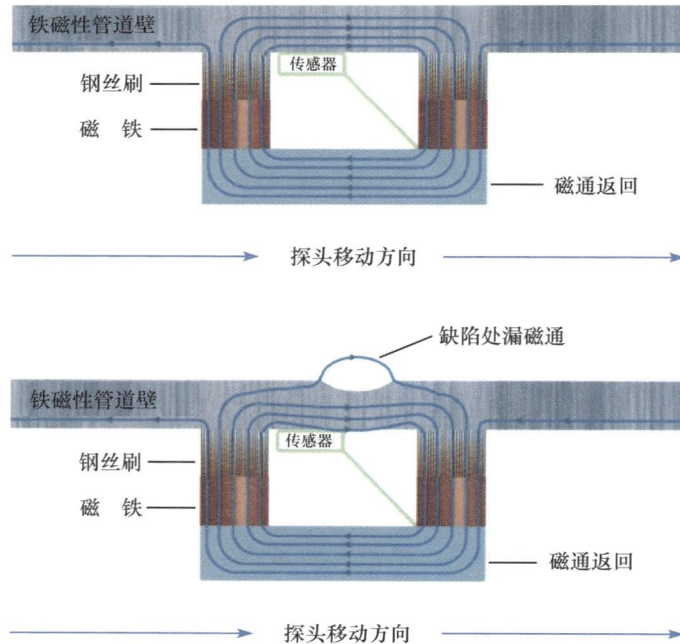

图 13.3　漏磁检测原理

磁力线均匀分布;当钢管内部有缺陷时,磁力线发生弯曲,并且有一部分磁力线泄漏出钢管表面检测被磁化钢管表面逸出的漏磁通,就可判断缺陷是否存在。漏磁通法适用于检测中小型管道,可以对各种管壁缺陷进行检验,检测时无需偶合剂,也不会发生漏检。但漏磁通法只限于材料表面和近表面的检测,被测的管壁不能太厚,且抗干扰能力差,空间分辨力低。另外,小而深的管壁缺陷处的漏磁信号要比形状平滑,但很严重的缺陷处的信号大得多,所以漏磁检测数据往往需要经过校验才能使用。检测过程中当管道所用的材料混有杂质时,还会出现虚假数据。

4)渗透检测

渗透检测的基本原理是在被检材料或工件表面上浸涂某些渗透力比较强的液体,利用液体对微细孔隙的渗透作用将液体渗入孔隙中,然后用水和清洗液清洗材料或工件表面的剩余渗透液,最后用显示材料喷涂在被检工件表面,经毛细管作用,将孔隙中的渗透液吸出来并加以显示。渗透检测对各种材料的开口式缺陷(如裂纹等)都能进行检查,但对工件和材料的表面粗糙度有一定要求,因为表面过于粗糙及多孔的材料和工件上的剩余渗透液很难完全清除,以致真假缺陷难以判断。

5)射线检测

射线检测是工程检测尤其是焊接检验中应用最广泛、历史最悠久的一种无损检测方法。射线检测是利用各种高能射线对物质的穿透能力,以及射线在穿透材料过程中发生的衰减规律来发现工程材料及其构件内部存在的各种缺陷。射线在贯穿材料后,由于材料内部存在缺陷引起强度变化,构成辐射图像。辐射图像不能直接观察,因此,需要采用不同的方法转换成检测图像后进行检测和评定。目前应用最广泛的是射线照相法。射线照相法应用对射线敏感的感光材料——射线胶片来记录透过有缺陷工件后辐射图像中射线强度分布的差异,通过曝光在射线胶片上获得辐射图像产生的潜影。射线照相法具有显示效果好、图像直观、灵敏度高(可达 1% ~2%)、底片可存档保存等优点,因而是目前应用最广泛的射线检测方法。

6)红外检测

红外检测是利用红外辐射原理对工件表面进行检测,其实质是扫描记录或观察被检测工件表面上的由于缺陷与材料不同的热性能所引起的温度变化。红外检测按检测方式可分为主动式和被动式两大类。主动式检测是在人工加热工件的同时或在加热后,经过一段时间延迟后扫描或观察工件表面的温度分布。被动式检测是利用工件自身的温度不同于周围环境的温度,在待测工件和周围环境的热交换过程中,可显示出工件内部的缺陷。与腐蚀有关的现象如设备泄漏、传热设备结垢等,都可以提供红外测量信号。但红外检测方法易受环境温度、局部空气扰动等条件的影响,一般只适用于检测蚀斑的分布,不适用于腐蚀发展速度的检测。

7)声发射检测技术

材料或工件受力作用时产生变形或断裂而以弹性波形式释放出应变能的现象称为声发射(AE)。一些腐蚀历程如应力腐蚀开裂、空泡腐蚀和微振磨蚀等也都伴有声能的释放。通过监听和记录这种声波就可以得知材料或结构中缺陷和腐蚀损伤的发生与发展,并能确定它们的部位。声发射技术能够比较精确地确定裂纹开始产生的时间,通常用于大型设备运行中的定期检查和监测,如原子能工业中常用来对设备的应力腐蚀开裂进行监测,而且往往比其他方法快速准确。但它对无应力存在的其他腐蚀形态的监测无能为力。

13.2.2　舰船常用腐蚀监测技术及方法

1. 基于电化学方法的腐蚀监测技术

1)电位监测探针

目前,电位法应该是舰船在线腐蚀监检测技术中最为成熟的检测方法之一。船体腐蚀检测技术的核心是船体的电位监测,而在线船体电位监测又简单易行。对于外加电流阴极保护的船体,只需在原有的基础上加上一个采集信号的参比电极(传感器)将采集的信号自动记录、存储和显示,另加上超限报警装置,技术并不复杂,简单易行。

这种方法与所有电化学测量技术一样,只适用于电解质体系,并且要求溶液中的腐蚀性物质有良好的分散能力,以使探测到的是整个装置的全面电位状态。应用电位监测主要适用于阴极保护和阳极保护、指示系统的活化－钝化行为、探测腐蚀的初期过程以及探测局部腐蚀。

2) 线性极化法

线性极化法是目前最常用的金属腐蚀快速测试方法,其基本原理是在自腐蚀电位附近对电极施加一个小的扰动电位(如±10mV)使电极极化,电流的变化与电位的变化呈线性关系,其斜率与腐蚀速度成反比,所以该技术可以直接给出腐蚀速度。计算公式:

$$\frac{\Delta E}{\Delta i} = R_p$$

$$i_{corr} = \frac{B}{R_p}$$

式中:i_{corr} 为金属的腐蚀速度;R_p 为极化电阻;B 为由金属材料和介质决定的极化常数。

线性极化法对腐蚀情况变化响应快,能获得瞬间腐蚀速率,比较灵敏,可以及时地反映设备操作条件的变化,是一种非常适用于监测的方法。但它不适于在导电性差的介质中应用,这是由于当金属表面有一层致密的氧化膜或钝化膜甚至堆积有腐蚀产物时,将产生假电容而引起很大的误差甚至无法测量。此外,由线性极化法得到腐蚀速率的技术基础是基于稳态条件,被测物体是均匀腐蚀或全面腐蚀,所以线性技术不能提供局部腐蚀的信息。在一些特殊的条件下检测金属腐蚀速率通常需要与其他测试方法进行比较以确保线性极化检测技术的准确性。线性极化电阻法可以在线实时监测腐蚀率。

3) 电化学阻抗谱技术

电化学阻抗谱(EIS)是近些年迅速成长的腐蚀监测方法。电化学阻抗谱优于其他暂态技术的一个特点是只需对处于稳态的体系施加一个无限小的正弦波扰动,这对于研究金属表面上的薄膜,如金属表面的涂镀层、修饰电极和电化学沉积膜的现场研究十分重要,因为这种测量不会导致膜结构发生大的变化。此外,EIS 的应用频率范围广($10^{-3} \sim 10^7$Hz),可同时测量电极过程的动力学参数和传质参数,并可通过详细的理论模型或经验的等效电路,即用理想元件(如电阻和电容等)来表示体系的法拉第过程、空间电荷以及电子和离子的传导过程,说明非均态物质的微观性质分布,因此,EIS 已成为研究电化学体系和腐蚀体系的一种有效的方法。

电化学阻抗谱技术可看作线性极化技术的继续和发展,在理论上它适合于多种体系。电化学阻抗技术在实验室中已是一种完善、有效的测试方法,在腐蚀监测中也日益引起人们的重视。但像实验室那样在较宽的频率范围内测量需要的时间很长,测试和数据处理工作也需要采用一些先进的仪器设备,因而不适合现场腐蚀监测。为了适应在工业设备上做在线的和实时的测量,发展了一种基于电化学阻抗技术测量原理且又能自动测量记录金属瞬时腐蚀速度的腐蚀测量装置,即电化学阻抗探针。电化学阻抗探针克服了在较宽频率范围内测量交流阻抗需要很长时间,很难做到实时监测腐蚀速度的缺点。

4) 电偶探针

电偶探针是利用电化学方法,用零阻电流表测量浸于同一环境的偶接金属之间的电偶电流。根据具体腐蚀的特征,可以确定电偶电流与阳极性金属的溶解电流(腐蚀电流)之间的简单数学关系,从而得出电位较负的阳极性金属的腐蚀速度。电偶探针一般由两支不同金属电极制成,它可以灵敏地显示阳极金属的腐蚀速度、介质组成、流速或温度等环境因素的变化。电偶探针测量不需外加电流,就可以测得瞬时腐蚀速度的变化。缺点是测得的结果只能进行相对定性比较。

5) 电化学噪声技术

电化学噪声是指在恒电位或恒电流控制下,电解池中通过金属电极－溶液界面的电流或电极电位的自发波动。数学处理上可以运用统计方法研究电极电位或电流随时间波动的时间谱的波动规律,以及通过傅里叶变换成功率密度随频率变化的功率密度谱,通过分析一些特征参数来研究腐蚀过程。通过噪声分析,可以获得点蚀诱导期的信息,较准确地计算出点蚀特征电位及诱导期。电化学噪声技术应用于腐蚀监检测的时间不长,对电化学噪声谱的更明确详细的解释还需要更多的工作,作为腐蚀监检测方法,电化学噪声技术还是有待进一步发展的新兴技术。

6）恒电量技术

恒电量技术是将已知的小量电荷作为激励信号,在极短的时间内或瞬间注入电解池中,对所研究的金属电极体系进行扰动,随后记录电极极化电位随时间的衰变曲线,并加以分析,求得多个电化学参数。它具有测试速度快,在测量过程中没有外加电流通过被测体系的特点,可以不考虑溶液欧姆降的影响,特别适合在高阻介质中的应用。但是,目前还没有形成成熟的监测技术。

由于这种电化学暂态检测技术施加的电信号不仅微小而且是瞬时的,测量的又是电位衰减变化的,而电位衰减对工作电极面积大小不那么敏感,因此就等量的扰动而言,它要比直流稳态线性极化电阻技术可以更快、更准确地测量瞬间腐蚀速度。

7）电偶电流法(零电阻电流表法)

用零电阻电流表测量浸于同一环境的偶接金属之间流过的电偶电流。根据具体腐蚀的特性可以确定电偶电流与阳极性金属的溶解电流(腐蚀电流)之间的简单数学关系,从而得出电位较负的阳极性金属的腐蚀速度。该方法可以监测舰船体系在电解质溶液中接触的异种金属腐蚀速度,评价介质组成、流速等环境因素的变化对腐蚀速度的影响,同时可以测定冲刷腐蚀、定性指示氧含量、缓蚀剂、水质的变化。

8）电化学噪声

电化学噪声(EN)是指电化学动力系统中,其电化学状态参量(如电极电位、外测电流密度等)的随机非平衡波动现象。这种噪声产生于电化学系统的本身,而不是来源于控制仪器的噪声或是其他的外来干扰。

电化学噪声技术是一种原位无损的监测技术,在测量过程中无须对被测电极施加可能改变腐蚀电极腐蚀过程的外界扰动,无须预先建立被测体系的电极过程模型,无须满足阻纳的三个基本条件,而且可以实现远距离监测。电化学噪声技术可以监测均匀腐蚀、不锈钢/碳钢/铝合金/黄铜等的孔蚀、缝隙腐蚀、微生物腐蚀、涂层下腐蚀、应力腐蚀开裂多种类型的腐蚀,并且能够判断金属腐蚀的类型。

2. 基于化学方法的腐蚀监测技术

1）氢探针

氢气是许多腐蚀反应的产物,当阴极反应为析氢反应时,可以用这个现象来测量腐蚀速度。吸氢产生的损伤包括氢脆、氢致开裂和氢鼓泡,这些都可能导致生产设备的破坏。氢探针反映的是渗氢速率,实际上测定的是表征全面腐蚀的总腐蚀量,但不反映孔蚀型局部腐蚀。氢探针不能定量测定氢损伤,但它是确定氢损伤的相对严重程度,以及评价生产过程变化可能引起氢损伤影响的一种有效方法。

2）介质分析法

介质分析法实质上是将化学分析方法应用于腐蚀监测。通过分析工艺物料或者泄漏点中的腐蚀性成分、由于腐蚀而进入物料的金属离子浓度和种类及缓蚀剂浓度等,掌握腐蚀状况。但是,如果发生的是局部腐蚀,采用金属离子估算腐蚀速度的方法就难以做出正确的判断。

3. 基于物理方法的腐蚀监测技术

1）失重挂片法

把已知重量的与管材或设备相同材质的金属试样(图 13.4)放入腐蚀系统中(悬挂方式如图 13.5 所示),经过一定的暴露期后,取出清洗、称重,根据试样的重量变化测出平均腐蚀速率。计算方法:

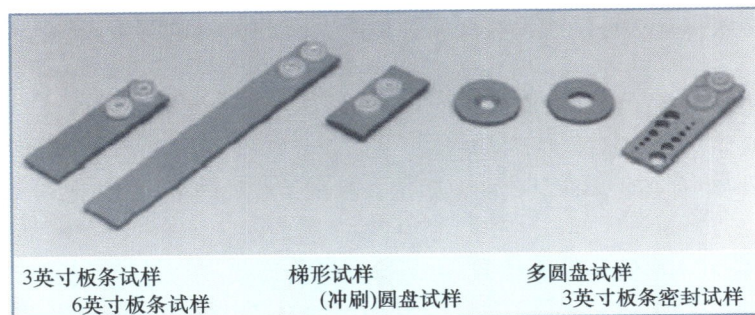

3英寸板条试样　　　梯形试样　　　多圆盘试样
6英寸板条试样　　(冲刷)圆盘试样　　3英寸板条密封试样

图 13.4　腐蚀挂片类型

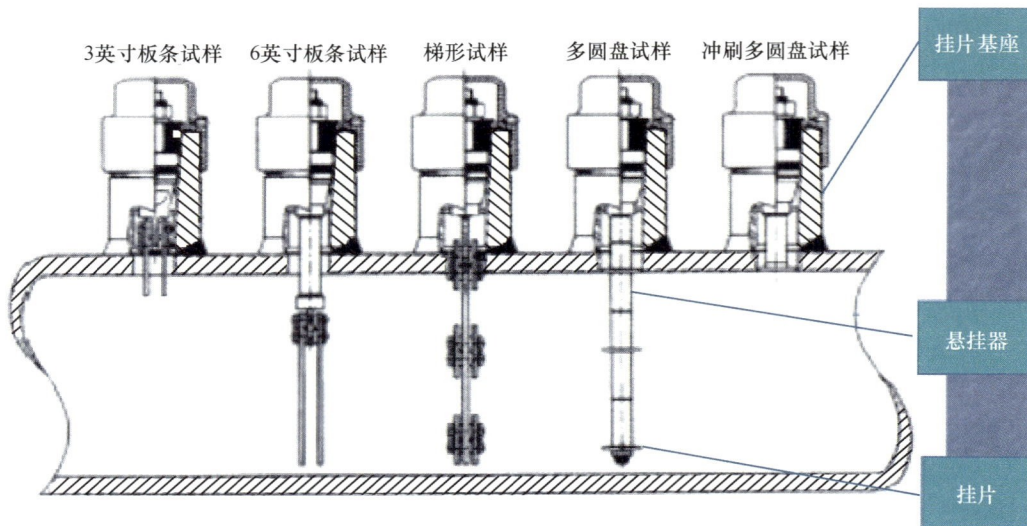

图 13.5　管道内试片的悬挂方式

$$C_R = W \times 1000 \times 365/A \times T \times D$$

式中：C_R 为平均腐蚀速率（mm/年）；W 为腐蚀失重（g）；A 为试样暴露面积（mm^2）；T 为暴露时间（天）；D 为金属试样的密度（g/cm^3）。

挂片法使用的介质条件是电解质溶液、非电解质溶液、气体和其他连续介质，但是在结构环境中应使用特殊挂片。适用范围包括均匀腐蚀、冲刷腐蚀、点蚀、氢脆、微生物腐蚀、垢下腐蚀、应力腐蚀等。

其优点是试样取出后可以观察表面形貌，分析表面腐蚀产物，从而确定腐蚀的类型。这对分析非均匀腐蚀，如小孔腐蚀十分有用。近年来随着对细菌腐蚀研究的逐步深入，也可通过对失重挂片表面腐蚀产物的分析，来帮助确定细菌对腐蚀的影响。但该方法缺点是无法反映工艺参数的快速变化对腐蚀速度的影响。

挂片法在舰船上主要应用于核反应堆内随堆辐照的腐蚀试验。

2）电阻探针法

电阻探针法常称为可自动测量的失重挂片法，其原理是根据金属试样由于腐蚀作用使得横截面积减小，从而导致电阻增大。电阻探针由暴露在腐蚀介质中的测量元件和不与腐蚀介质接触的参考元件组成。测量元件的材质和加工工艺要求与被检测设备或者构件完全相同，以保证数据的可靠性。参考元件起温度补偿作用，从而消除了温度变化对测量的影响。测量元件有丝状、片状、管状。从前后两次读数，以及两次读数的时间间隔，就可以计算出腐蚀速度。通过元件灵敏度的选择，可以测定腐蚀速度较快的变化。

电阻探针的使用条件是电解质溶液、非电解质溶液、气体和非连续的介质中，所以电阻探针可以安装在舰船任意需要监测的部位而不受介质的影响，如安装在管道中实现管道腐蚀情况的实时监测。电阻探针主要检测金属的均匀腐蚀和冲刷腐蚀，方法简单，易于掌握和解释结果，目前已经发展成为一项应用非常普遍和成熟的腐蚀监测技术。

但电阻探针法只能测定一段时间内的累积腐蚀量，而不能测定瞬时腐蚀速度和局部腐蚀。作为一种相对简单和经济的方法，电阻探针法已经成为在线腐蚀监测系统的主要监测手段，特别是在多相或非电解质体系中。

目前，该项技术还未被应用于舰船的腐蚀在线检测，但是作为在工业管道腐蚀检测方面已经较为成熟的技术，其在舰船上的应用潜力也是巨大的。尤其对于形状复杂、环境多样化且腐蚀严重的舰船管系来说，在线电阻探针技术就显得很有必要。商品化的电阻探针测试系统如图 13.6 所示。

3）磁阻探针法

磁阻探针法的基本原理与电阻探针法相似，也是以测量金属损失为基础，通过探头内置线圈的电感在探头表面遭受腐蚀损失时发生的变化来检测探头试样的腐蚀。与电阻探针法相比，磁阻探针法的响应时间大大缩短，可用于在线实时快速检测。但它不能有效检测各种局部腐蚀，多用于均匀腐蚀速度不太高的场合下。

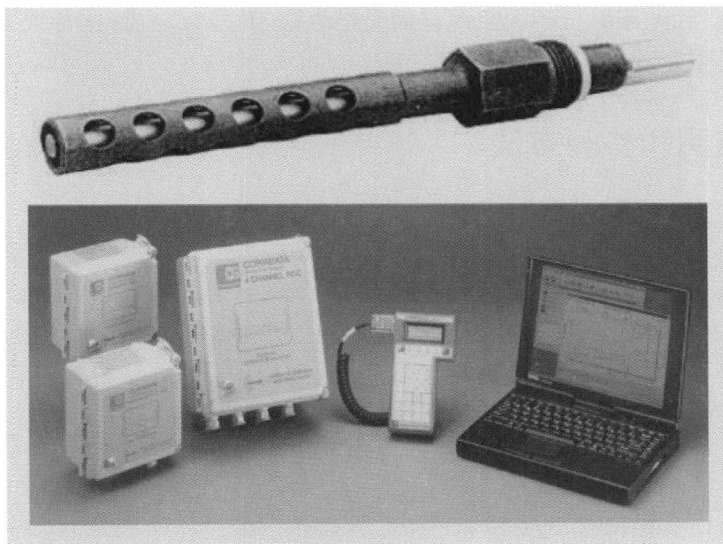

图 13.6　商品化的电阻探针测试系统

　　4）场图像技术

　　场图像技术(FSM)通过在给定范围进行相应次数的电位测量,可对局部现象进行监测和定位。FSM 的独特之处在于将所有测量的电位与监测的初始值相比较,这些初始值代表了部件最初的几何形状,可以将它看成部件的"指纹",因此又称电指纹法。场图像技术的原理:对监测设备所选择部分通以直流电,测量监测部分表面形成的很小的电位差,检测出电场分布。由于腐蚀的发生会导致电场分布发生变化,此变化反映了腐蚀缺陷的尺寸、形状及位置。

　　与传统的腐蚀监测方法(探针法)相比,FSM 在操作上没有元件暴露在腐蚀、磨蚀、高温和高压环境中,没有将杂物引入管道的危险,不存在监测部件损耗问题,在进行装配或发生误操作时没有泄漏的危险。运用该方法对腐蚀速度的测量是在管道、罐或容器壁上进行,而不用小探针或试片测试。其敏感性和灵活性要比大多数非破坏性试验好。此外,该技术还可以对不能触及部位进行腐蚀监测,如对具有辐射危害的核能发电厂设备的危险区域裂纹的监测等。

　　由于舰船使用环境的复杂性,所以很多在工业上应用已经较为成熟的在线监检测技术并未在舰船上得到应用。

　　5）光纤腐蚀传感技术

　　光纤具有径细、质轻、抗强电磁干扰、抗腐蚀、耐高温、集信息传输与传感于一体等一系列优点,在腐蚀监测领域的应用已引起人们的重视。根据光波导理论,当光在光纤内传输时,光波将在所有纤芯与包层界面处发生全反射而沿光纤全长传输。但如果光纤某段的包层由于某种外部原因破坏波导条件时,光束将不满足全反射条件,从而出现部分光泄漏或双折射现象,因而光纤的输出光能量或偏振态与该点外部原因有依赖关系。若将其置入腐蚀环境中,腐蚀状况对光纤包层的波导条件产生影响,那么检测光纤的输出光能量或偏振态变化,可实现对腐蚀的监测。用被监测金属或合金取代光纤原有石英包层而形成一种新的金属包层,并让其与被监测金属同步腐蚀,因此,光纤的金属包层在腐蚀物质作用下会改变光纤的波导条件,导致传播模式出现泄漏或使传播常数相等的两个简并模分离或衰变,因而能够产生光能量或偏振态的变化,探测其变化即可实现对腐蚀信号的监测。光纤腐蚀传感器现在已经应用于电厂冷却塔换热器的腐蚀监测、工业水循环系统、混凝土结构腐蚀、飞机结构材料等方面。

　　6）薄层活化技术

　　当难以接触到被测表面或被测表面被重叠结构遮盖时,带电粒子活化或中子活化等核反应方法就成为监测磨损腐蚀的强有力的工具。薄层活化技术是一种先进的磨损测量技术,在现代工业中的应用越来越广。与常规的磨损测量方法相比,薄层活化技术是非接触式无损远程监测磨损、腐蚀和冲蚀等材料表面的剥蚀,不需拆卸零件,可在线进行磨损测量;可以同时测量一个机器中几个零部件表面的磨损量。该方法灵敏度高,放射性活度很低(在使用时低于国家规定的安全值)。此外,该方法比常规方法所耗的费用更低,试验时间明显缩短,费效比更合理。

13.3 舰船泄漏监测和检测方法

13.3.1 常用泄漏监测和检测方法

海水管路系统是舰船泄漏的多发区域,也是监测和检测的重点对象,其难点在于需要穿透管路外壁及包覆层检测或监测内壁金属的裂纹、腐蚀坑等缺陷的状态或发展趋势。舰船海水管路泄漏常用的监检测方法,除目视和内窥镜检查等手段外,近年来发展起来的声发射检测方法是一种检测管路泄漏的有效方法。

尽管超声和漏磁检测等无损检测方法对管路检测具有优势,如技术成熟,只需对检测人员稍加培训就可利用现有专门设备进行检测;但不足是检测过程为逐点扫描式,因此不能有效用于分布复杂广泛的舰船海水管路检测。

声发射技术是20世纪50年代后迅速发展起来的一种无损检测技术(图13.7),与超声及涡流等方法相比,声发射具有能动态监测且覆盖面大的优势,因此在材料及结构件、压力容器评价等方面已取得了较明显的效果。

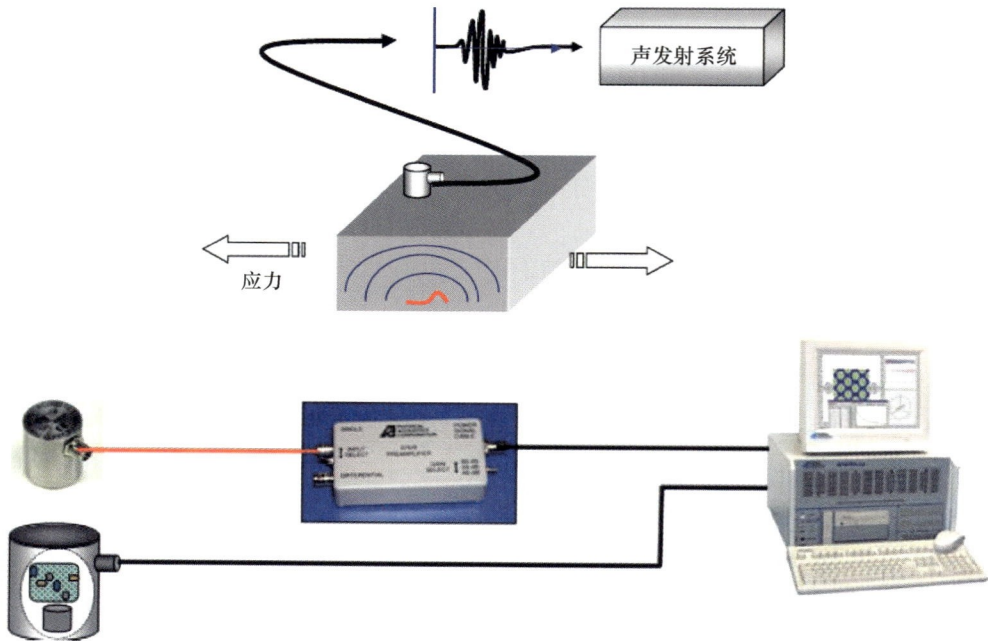

图 13.7　声发射泄漏检测技术

严格地讲,压力管道或容器等泄漏所激发的应力波并不是声发射现象,因为在泄漏过程中,管壁只是波导,本身不释放能量,但由于泄漏点液体泄漏同样会在管道中激发出应力波,通过应力波可以描述材料结构上的某种状况,所以从这个意义上讲,也可以认为是一种声发射现象。泄漏声发射信号的主要特点如下:

(1)由液体泄漏激励产生,属于连续声发射信号。

(2)泄漏声发射信号在管道内传播,能反映结构的某些特征,如漏孔位置和大小等。

(3)压力管道泄漏所激发的声发射现象是一个非常复杂的问题,涉及泄漏孔径大小和形状,以及液体压力、湍流和固液耦合等诸多因素,要想建立完备的数学物理模型基本不可能。

(4)受声发射源的自身特性(多样性、信号的突发性和不确定性)、声发射源到传感器的传播路径、传感器的特性、环境噪声和声发射测量系统等多种复杂因素的影响,声发射传感器输出的声发射电信号波形十分复杂,它与真实的 AE 源信号相差很大,有时甚至面目全非。因此,声发射信号本质上属于一种非平稳随机信号。

声发射检测的目的是获得声发射源的有关信息(如声发射源的特征及位置等)。管道泄漏声发射信号既携带结构的某些特征信息(泄漏孔大小及位置等),又有很大的随机性和不确定性,属于一种非平稳随机信号。因此,需要利用各种信号处理方法对泄漏声发射信号进行分析识别,达到源识别的目的。声发射信号处理是声发射研究的热点之一,内容主要集中在神经元网络、小波分析和相关分析等方面。

目前,国内外对于舰船海水管路系统声发射泄漏检测尚处于实验室阶段,无广泛认可并能有效用于声发射泄漏检测的试验方法,上舰应用还有待进一步努力。

13.3.2　舰船新型腐蚀和泄漏检测设备

目前,基于无损检测技术的舰船腐蚀和泄漏监测、检测技术及设备是该领域今后的重点发展方向。然而我国在此方面起步较晚,目前仅有常规超声、漏磁、射线等自主研发检测设备,其他更为复杂的检测设备核心技术均掌握在国外发达国家手中。当前国外发达国家对于腐蚀监检测系统研究和应用已走在世界前列,并初步形成相关监检测标准及较为完善的系列产品,其中应用较多的腐蚀监检测系统见表 13.1。

表 13.1　目前国际腐蚀无损监检测商品化系统设备

原理		探头/传感器类型	技术特点	典型系统
超声检测(UT)	高频超声脉冲回波(反射)/穿透	单压电晶片传感器	适应于短距离的常温、定量、定性和定位监测	以色列 Sonotron NDT 公司 Isonic 2005—2008 系统
	低频超声导波　电致伸缩	压电陶瓷卡环式传感器	适应于长距离的常温检测,仅能给出缺陷的大致方位和当量值,不能精确定性和定量	英国焊接研究所(TWI)Teletest 系统,英国超声导波公司(GUL)Wave Marker G3 系统
	低频超声导波　磁致伸缩	铁磁性金属条带传感器	适应于长距离的常温和高温(≥120℃)检测,仅能给出缺陷的大致方位和当量值,不能精确定性和定量	美国西南研究院(SwRI)MsSR3030 系统
	超声衍射时差(TOFD)	压电晶片传感器	缺陷定性和定位精度高,灵敏度高,适应于壁厚超过 100mm 的对接焊缝检验	美国物理声学公司(PAC)Pocket UT 系统,美国 GE 公司 USM Vision 焊缝超声检测系统
	超声相控阵(UPA)	压电晶片阵列传感器	探头体积小,分辨率高,检测速度快,可三维成像,目前常用于管道角焊缝腐蚀检测,但定性可靠性差	以色列 Sonotron NDT 公司 Isonic 2009—2010 系统,美国 GE 公司 Phasor XS 系统,日本 Olympus NDT 公司 OmniScan MX 系统
复合型电阻探针/电感探针/线性极化电阻		法兰接入式 ER/LPR/EI 探针	360°全方位腐蚀和温度状态监测,适用于深水高温高压作业	英国 Cormon 公司 RPCM 双环式深海长寿命腐蚀测量环系统
远场涡流(RFEC)		内置式或外置式同轴线圈	适合于表面存在涂层/包覆层管道检测,对表面清洁度要求低,管道内外壁检测具有相同灵敏度,常用于铁磁性换热管腐蚀检测,但不能检测管板连接和弯头处缺陷	美国 IMTT 公司 SSEC III 系统,加拿大 Russell NDE 公司 Ferroscope 308 远场涡流管线内外壁检测系统
脉冲涡流(PEC)		外置式巨磁电阻线圈	可对金属工件表面与近表面裂纹缺陷大小和深度进行定量分析,能穿透多层涂覆层进行金属基体腐蚀检测,目前多用于航天航空领域	美国 GE 公司 Pulsec 脉冲涡流检测系统
数字射线(DR)		数字阵列 X 射线探测器(DDA)	适应于铸件、焊缝、管路复合材料等的缺陷检测,透射深度大,缺陷定性和定量精度高,但所采用平板探测器对测试部位有所限制	以色列 VIDISCO 公司 XPro 系统、德国 Phoenix 公司 CRX25P 系统
漏磁检测(MFL)		稀土永磁探头	对管道内壁腐蚀检测灵敏度、效率和可靠性高,但仅适应于铁磁性材料	加拿大 Pure Technologies 公司 MFL 漏磁检测系统,英国 Silverwing 公司 Pipescan 漏磁检测系统,德国 NDT 公司 LineExplorer UM & UC 智能猪检测系统
声发射		声发射传感器	适应于管道泄漏检测,声发射信号既携带结构的某些特征信息,又有很大的随机性和不确定性,属于非平稳随机信号,需要建立有效数学模型对缺陷类型进行解析	美国物理声学公司 ALM-8、SAMOS、PCI-2 系统等

（续）

原理	探头/传感器类型	技术特点	典型系统
红外热成像（IRT）	红外热像仪	可以测量探伤深度、材料厚度和涂层、夹层厚度以及表面下的材料和结构特性的识别,目前多适应于航空航天领域,但对缺陷深度的测量需要建立数学模型,可探测缺陷深度不够大	法国 CEDIP 公司 CSED IP JADE III 红外锁相热像系统

13.4　舰船典型部位腐蚀和泄漏检测系统应用

13.4.1　舰船用腐蚀和泄漏检测系统设备

1. 旁路式管道内腐蚀监测技术

舰船中的管路遍布船体的各个部位,设计复杂,而且各管路系统输运不同的介质,材料多样、衔接复杂,加上管路腐蚀形态的多样性,监测和检测难度较大,管路系统的破坏已成为急需解决的问题。正因为如此,以下在前面已经详述的诸多腐蚀在线和离线监测与检测方法的基础上,介绍一种已经投入使用的旁路式管道内腐蚀监测技术。

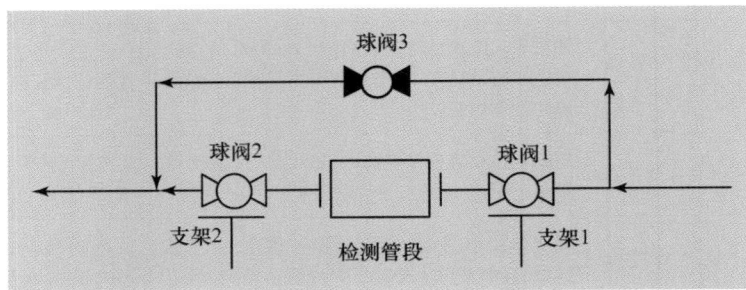

图 13.8　旁路构成

旁路构成如图 13.8 所示,在所需监测的管路中安装一段与管道完全相同的旁路,即图中的监测管段。管道运行过程中球阀 3 关闭,球阀 1 和球阀 2 打开,使介质从监测管段流过。此时,可以根据需要在管道中悬挂试片或安装各种不同的监测探头(如电阻探针、电感探针、电位探针等,见图 13.9),应用数据采集器(图 13.10)在线采集各种探针所测定的与管道相关的腐蚀参数,参数经微机处理后就可以实现管道腐蚀的在线监测。

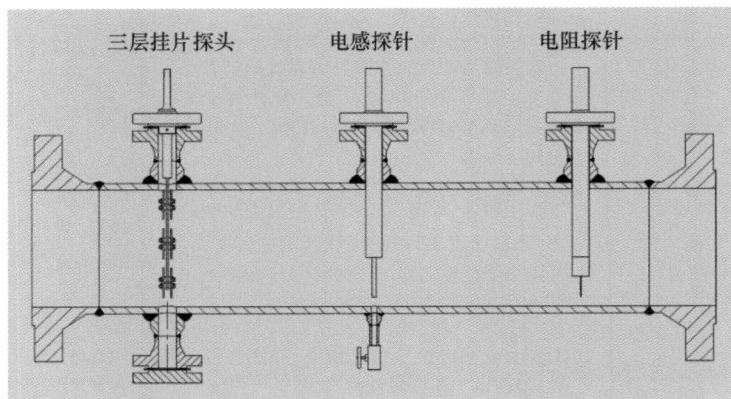

图 13.9　管道内的安装的多种监测探针

关闭球阀 1 和球阀 2,打开球阀 3,使介质从球阀 3 流过,这样就可以在不影响管道正常运行的情况下观察管道内壁的腐蚀形貌,同时可以通过收集到腐蚀产物分析腐蚀机理。因此,通过在管路中安装旁路系统就可以实现对管道的在线监测和离线分析。旁路系统测试的腐蚀参数是在管道运行过程中采集的,反映的

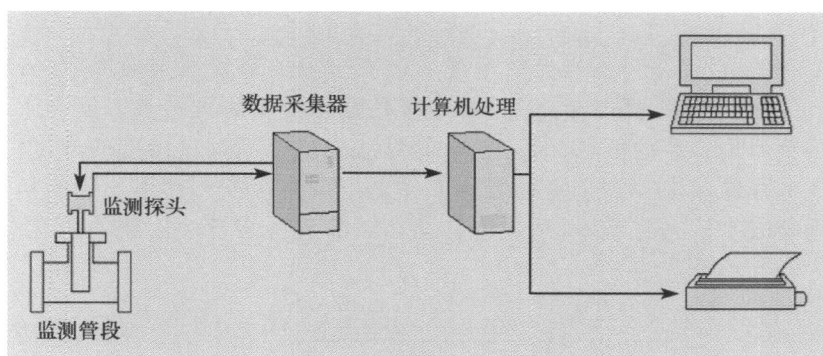

图 13.10　旁路式管道腐蚀监测系统构成

是管道真实的使用状况,因此所得到的腐蚀数据也比实验室的模拟实现更加可靠。

中国海油于 2004 年在渤中 26 - 2 油气田建立了第一套旁路式管道内腐蚀监测系统。美国腐蚀工程师协会(NACE)于 2006 年提出类似的管道内腐蚀监测方法。国家质量技术监督检验检疫总局于 2007 年颁布的国家标准《钢质管道内腐蚀控制标准》也提出了旁路式管道内腐蚀监测的方法。

继在渤中 26 - 2 油气田海管入口端建立旁路式管道内腐蚀监测系统以后,中国海油已经在新文昌油田、新乐东气田、渤南二期项目、番禺油田、涠洲新项目建立该系统,并将在其他海上油气田进行推广。旁路式管道内腐蚀监测系统的建立将为管道内腐蚀控制提供更为可靠的依据。

2. 潜艇舰桥装备水密检测与保护装置

目前,潜艇导航装备如集控舵、自动操舵仪、电罗经、磁罗经、雷达系统等都在舰桥上安装了分设备。由于受到海水压力渗透的作用和水密橡胶圈、水密电缆等部件老化的影响,可能导致一定量的海水渗入舰桥上的设备中,如果启用这些设备对其进行通电,将导致线路短路,甚至导致主系统线路短路,这将严重影响潜艇的正常工作。因此,需要一种对舰桥装备进行水密安全检测与自动保护装置的研制方案,以自动操舵仪为例来说明。

1)设计思路

潜艇舰桥装备故障检测与保护装置可实时在线对舰桥装备内部的水密安全性能进行检测,可以检测湿度信息以及水位情况,并根据采集到的湿度信息进行快速继电保护,安全地隔离进水设备,利用可浸入水式微型智能湿度传感器(带有水浸开关)检测舰桥装备内部的水位信息,当测得的相对湿度信息大于 99% 时,将对内部的水位信息通过一定的算法测出,将这些信息及时地通知到信息显示终端,告知操舵人员。当水位严重影响设备安全时,迅速进行继电保护,隔离进水的设备,并通过声光报警告知工作人员迅速采取措施清理设备。达到保护舰桥装备的目的,保障装备可靠安全的运行。系统结构安装如图 13.11 所示。

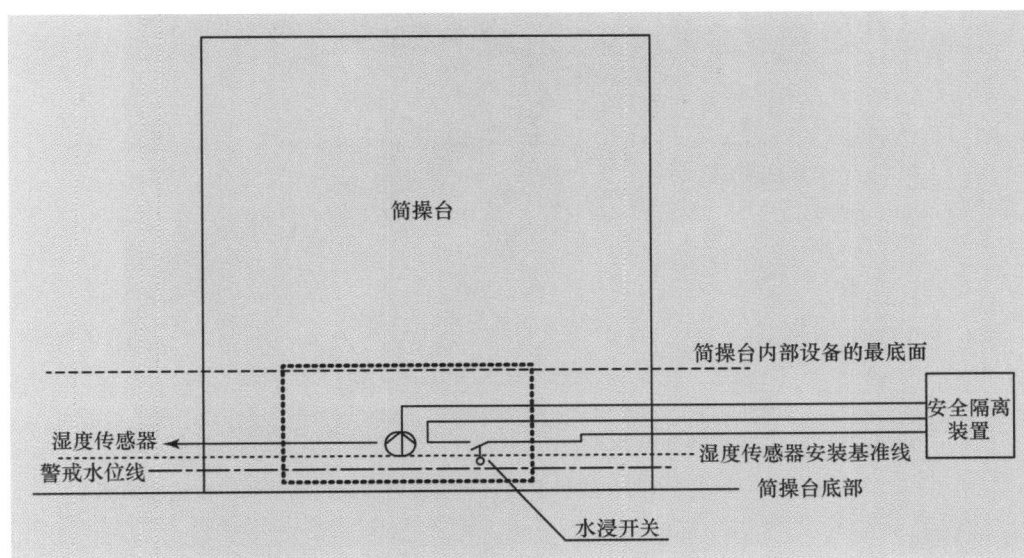

图 13.11　结构安装

2）设计方案

系统原理如图 13.12 所示,来自主操台的电缆通过安全隔离装置送至简操台,安装在简操台中的湿度传感器(带有水浸开关)通过剩余的三根或四根电缆传送给安全隔离装置。安全隔离装置中的传感器数据采集和处理电路获得传感器的信息,通过一定的算法检测出简操台内部的湿度信息和水位信息,将重要的数据存储在铁电存储器中。安全隔离装置的供电电源直接使用艇电。当舰桥装备中的湿度过大或者渗入的水位达到警戒水位,安全隔离系统将自动切断与舰桥装备中连接的所有电缆,确保其他导航装备的安全。

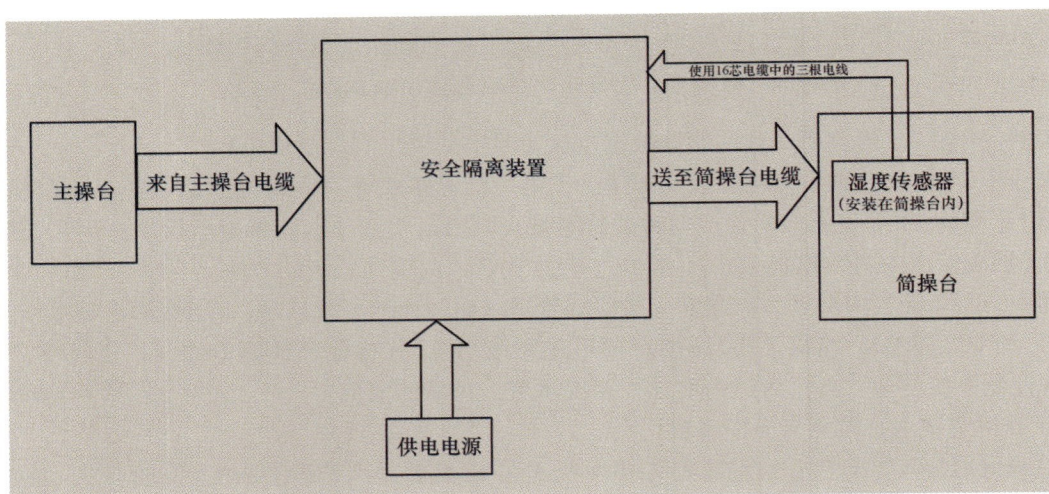

图 13.12 系统原理

13.4.2 美军海军舰船现用腐蚀和泄漏检测系统设备

1. 地下燃油管线腐蚀检测

2005 年,美国海军设备工程司令部(NAVFAC)进行了"珍珠港太平洋舰队 Red Hill 地下燃油管线内壁腐蚀检测"项目,即采用超声管道智能猪检测 16 英寸、18 英寸、32 英寸的地下燃油管线腐蚀(图 13.13)。

图 13.13 基于超声检测技术的智能管道猪用于在役燃油管路内壁腐蚀在线监检测

2. 内舱腐蚀检测

作为舰船主要维护部位,压载舱等内舱一直是美国海军舰船腐蚀监检测的重中之重。目前,美国海军主要采用电化学传感器和远程监视系统来进行内舱腐蚀监检测。

1997—2003 年,ONR 和 NAVSEA 连续在 12 种型号舰船的海水压载舱和燃油舱内采用了 Battenkill Technologies 公司的内舱电化学传感器系统(TCMS)来进行腐蚀监检测(图 13.14)。

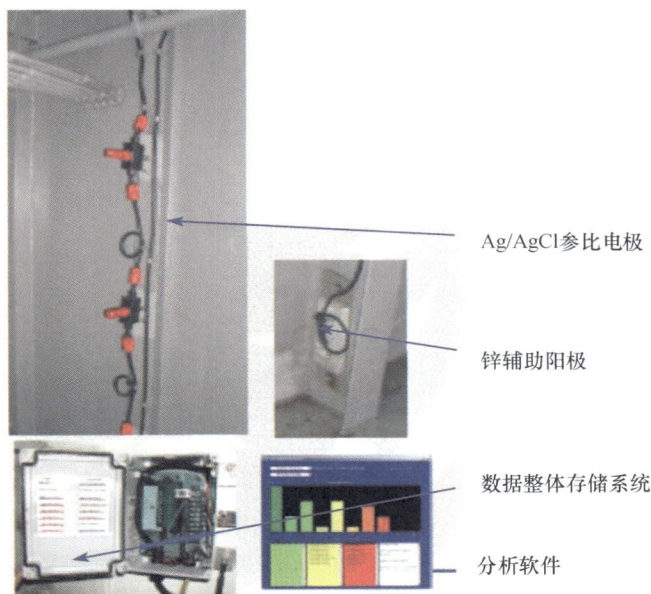

　　Ag/AgCl参比电极

　　锌辅助阳极

　　数据整体存储系统

　　分析软件

图 13.14　内舱电化学传感器系统

2012 年,美国海军维修委员会采用 Battenkill Technologies 公司的插杆式远程监视系统(ISIS)用于舰船内舱腐蚀监检测(图 13.15)。

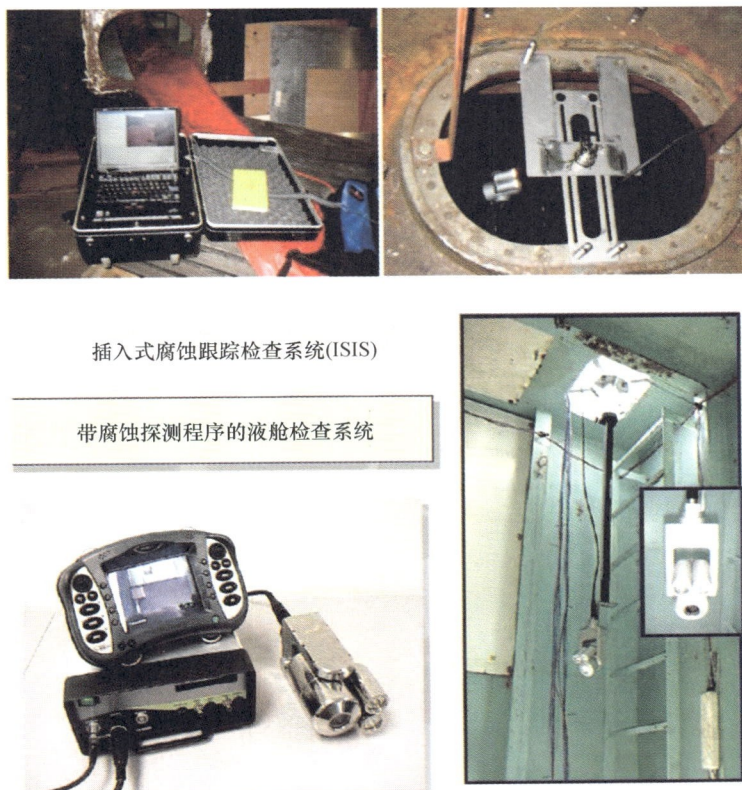

插入式腐蚀跟踪检查系统(ISIS)

带腐蚀探测程序的液舱检查系统

图 13.15　插杆式远程监视系统(ISIS)用于内舱腐蚀监检测

3. 橡胶材料脱黏检测

美国海军通常采用基于微波阻抗技术的 NDT 系统来实现橡胶材料脱黏检测(图 13.16)。该技术是利用微波在橡胶材料脱黏区域反射后相位角和反射率与结合良好区域的差异来实现脱黏检测的。然而,该技术仅能检测到脱黏区域面积大小,对深度信息不敏感,无法有效实现金属外板的腐蚀检测。

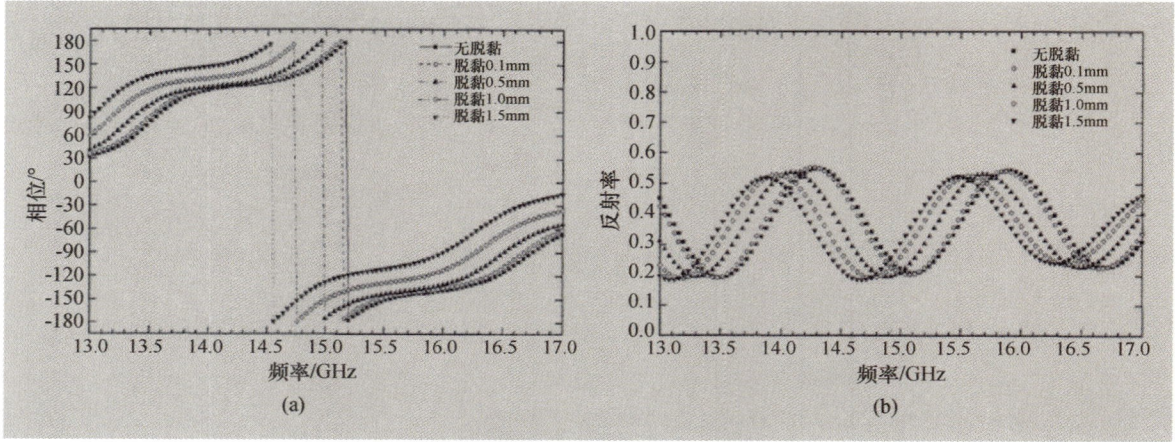

图 13.16　基于微波阻抗的 NDT 系统用于橡胶材料脱黏检测
(a) 相位差测试;(b) 微波阻抗测试系统。

2010 年,加拿大皇家海军报道了利用基于脉冲涡流技术的 NDT 系统来进行橡胶材料脱黏的检测(图 13.17)。

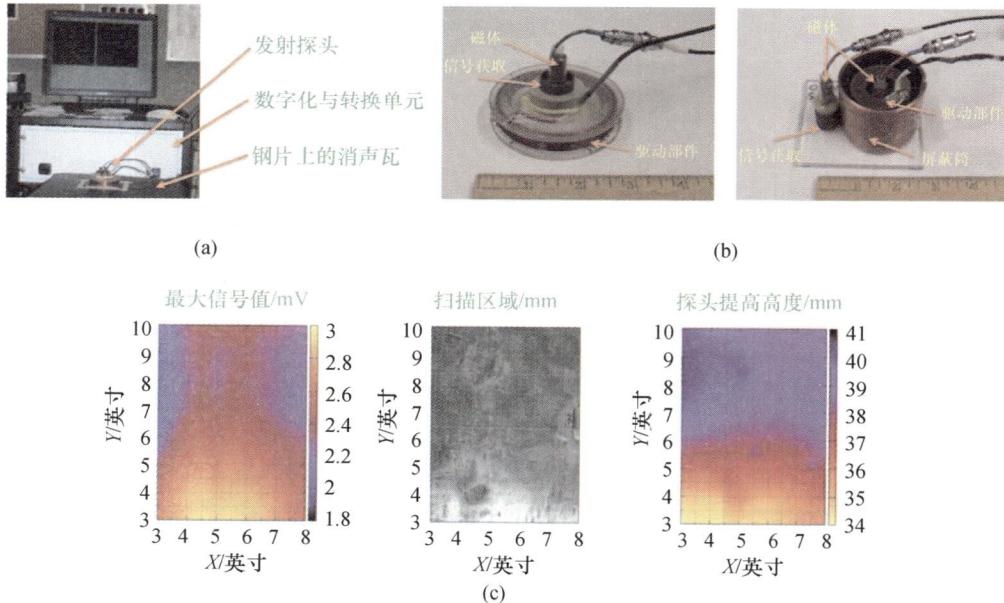

图 13.17　基于脉冲涡流技术的 NDT 系统用于橡胶材料脱黏检测
(a) 脉冲涡流 NDT 系统;(b) 反射探头和屏蔽探头;(c) 消声瓦脱黏检测结果。

从检测结果来看,该技术可较好地消除涡流检测的提离效应,然而同样对腐蚀坑深度缺陷信息不敏感。另外,该技术目前尚无成熟商品化系统,对于涂覆层下船体外部腐蚀检测适应性不高。

4. 管路及船体检测

近年来,美国海军一直使用可穿透较大金属壁厚的 Co-60、Ir-192 同位素 γ 射线源用于舰船管路和船体外板腐蚀、焊缝缺陷现场检测(图 13.18)。

(a)　　　　　　　　　　　　　　　　(b)

图 13.18　数字 γ 射线同位素检测技术用于管路和船体结构腐蚀监检测

13.5　舰船腐蚀监检测技术发展

　　我国在基于无损检测技术的舰船腐蚀监测、检测技术及设备方面的技术力量还比较薄弱,目前仅有常规超声、漏磁、射线等自主研发检测设备,其他更为复杂的检测设备核心技术均掌握在国外发达国家手中。当前国外发达国家已有相关监检测标准及较为完善的系列产品。其中,应用较多的腐蚀监检测技术主要有超声检测、复合型电阻探针/电感探针、远场涡流、脉冲涡流、数字射线、漏磁检测、声发射、红外热成像等技术。这些新型腐蚀检测技术都具有各自的优势和适用范围,但在海洋舰船领域均具有较好的可行性和应用前景。

　　从当前腐蚀无损监检测技术国际发展趋势来看,首先,对于监检测技术装置的自动化、可视化与智能化程度要求日益提升。包括人工智能技术、数字图像技术等在内的计算机技术、信息技术以及先进的数据处理技术,特别是可视化技术的飞速发展将会对舰船腐蚀监检测技术装备领域的发展起到巨大的推动作用。其次,在引进与吸收国外已有技术基础上突破核心关键技术,形成具有自主知识产权的技术成果并转化为监检测装备,是我国当前该领域发展的必经之路。另外,从当前技术现状来看,单项腐蚀监检测技术装备并不能完全解决当前复杂海洋环境中服役舰船装备所需的各种层面需求,应采取联用多种腐蚀监检测技术手段的方法,并建立健全腐蚀监检测信息管理系统,才能实现对全船各区域的腐蚀监检测。最后,实现舰船装备舰船腐蚀监检测技术的最终目的,是为舰船船体结构风险评估及装备维修保障提供依据和输入,因此应将舰船腐蚀监检测技术与船体腐蚀风险评估、腐蚀防护方案评估等技术有机结合起来,促进舰船腐蚀监检测领域的长足发展及进步。

13.5.1　便携式非插入局部腐蚀检测系统

1. 技术特点

　　声发射局部腐蚀测量仪是将工业非插入式腐蚀测量理念与现代的声发射相结合,用于观测各种工业结构和材料中活跃的局部腐蚀,预示腐蚀活性、选择控制手段以及预示控制过程效果。声发射局部腐蚀测量仪具有观测腐蚀早期风险的作用,如微裂、局部腐蚀及晶间剥离。传统和现代的腐蚀测量技术由于分辨率的原因都无法实现这类腐蚀的测量,声发射局部腐蚀测量仪可以连续观察局部腐蚀的发展。

　　声发射局部腐蚀测量仪是目前国际上处于技术领先的非插入、在线监测/检测初期局部腐蚀技术,遵从欧洲工业标准。对声波信号处理和腐蚀类型的自动分类技术具有知识产权,仪器设计先进,适用于各种测量环境。仪器可以采用电池或 AC 电源供电,电池可工作 4h,因此可用于周期测量或者现场点对点的测量。另外,仪器可根据需要在装置运行过程中进行在线测量。

　　声发射局部腐蚀测量仪手持设备尺寸小,带有最先进的多功能软件,提供了简单易行的局部腐蚀测量技术。采用具有专利权的十进制制式以区别腐蚀信号与设备运行时产生的背景噪声。多功能软件适用于非声发射专业人士,可以进行现场诊断,并给出 PDF 报告。该仪器可以就不同的装置和材料提出快速诊断。在需要腐蚀敏感局部定位时可以采用多通道系统,用于带状和平面的局部测量。测量仪可以进行短期或周期性在线监测,局部腐蚀在2h内测量完成,极大提高了装置安全性,对各种工业结构和材料提供快速设备维修维护指南。同时,这种实时、非插入式局部腐蚀测量方式有效地减少设备失效和维修维护费用、设备停车损失。

2. 技术原理

材料中域源快速释放能量产生瞬态弹性波的现象称为声发射。声发射是一种常见的物理现象,大多数材料变形和断裂时有声发射发生,但声发射信号强度极弱,人耳无法直接听见,现代声发射技术是基于Kaiser的材料形变声发射的不可逆效应,即"材料被重新加载期间,在应力值达到上次加载最大应力之前不产生声发射信号"的概念,分析固体材料中内应力的变化产生的声发射信号推断产生内应力变化的因素,如位错、孪生、裂纹萌生与扩展、断裂、相变、磁畴运动、热胀冷缩、外加载荷等。

3. 主要用途和适用范围

声发射局部腐蚀测量仪主要适用于以下方面腐蚀检测和测量:

(1)腐蚀类型:适用于应力腐蚀开裂(SCC)、氢致开裂(HIC)和腐蚀失效等。

(2)材料范围:适用于不锈钢、碳钢、哈氏合金、镍合金、铝合金、锆合金等。

(3)典型应用:

①确定活性腐蚀。AE局部腐蚀测量仪是通过观察简单的工艺参数改变进行腐蚀活性测量,即便腐蚀活性已经停止,仍然可以通过观察到工艺参数的不可逆变化对腐蚀活性进行观察。它是非常经济有效的。

②焊缝上各类腐蚀检测。声发射局部腐蚀测量仪可以对焊缝内应力腐蚀开裂初发期进行确认,可用于不锈钢管的焊缝腐蚀检测。标准的NDT评估方法如染色渗透液法,无法实现这一检测。

13.5.2 舰船涂层下腐蚀无损检测技术

目前,防腐蚀涂料是舰船使用最为广泛、最为成熟和最为有效的防腐蚀技术之一。随着舰船使用要求的不断提高,对防腐蚀涂料的性能要求也日益严格。有的新研舰船要求涂料的防护期效达到15年左右,这对于高分子材料来说是一种较高水平的挑战。如何确保涂层在服役期间的长效防腐蚀性能和综合力学性能成为重要研究课题。但是,如何在不同使用阶段对涂层下金属的腐蚀情况开展无损检测一直是困扰技术人员迫切需要解决的难题。

1. 涂层下腐蚀在线无损检测技术需求分析

作为金属材料使用最为普遍和有效的防护技术,防腐蚀涂料广泛应用于海洋、化工、交通、国防等各个领域。随着涂料工业技术水平的不断进步,涌现出越来越多种类和品种的防腐蚀涂料产品。其中,环境友好、低表面处理要求的长效防腐蚀涂料产品由于具有绿色环保、易施工、防护期效长等优点而备受青睐。尽管这类产品往往初期投入较高,但如果综合考虑全寿命周期成本,则技术优势十分明显。例如,对于海洋采油平台,国外已报道了防护期效超过50年的涂料产品。再如,海洋舰船的水线以下防腐涂料、压载水舱防腐涂料也普遍具备了10年以上防护期效的性能。

长期以来,涂层下腐蚀的在线无损检测一直是技术上的难题。因为涂层的失效过程是一个从量变到质变的过程,而这种转折点往往与被保护物件和结构的检查、维修周期不相匹配。这就容易出现在某个阶段或节点进行肉眼检查时涂层完好,而实际上涂层下腐蚀已经发生的现象,带来的腐蚀破损隐患和其他牵连事故风险。为此,需要在装备、工程等的不同使用阶段,对涂层下金属的腐蚀情况开展在线和无损检测。

有机涂层下的金属腐蚀的本质是一种电化学过程,因此电化学技术是现场评测涂层下金属腐蚀性的主要方法。国内外对电化学阻抗谱(EIS)、电流中断(CI)测量技术、电化学噪声(EN)等进行了较广泛的研究,提出了能够在不同环境下快速准确测量涂层保护性能及涂层下金属腐蚀情况的技术和方法。此外,在远场涡流技术(RFT)方面也有了最新的突破和进展。

2. 涂层下腐蚀在线无损检测技术现状分析

1)电化学阻抗谱技术

电化学阻抗谱是电化学测试技术中一类十分重要的技术,是研究电极过程动力学和表面现象的重要手段。特别是近年来由于频率响应分析仪的快速发展,交流阻抗的测试精度越来越高,超低频信号阻抗谱也具有良好的重现性,再加上计算机技术的进步,对阻抗谱解析的自动化程度越来越高,这就使更好地理解电极表面双电层结构、活化钝化膜转换、孔蚀等腐蚀过程成为可能。

EIS 优于其他暂态技术的一个特点是,只需对处于稳态的体系施加一个无限小的正弦波扰动,这对于研究电极上的薄膜,如修饰电极和电化学沉积膜的现场研究十分重要,因为这种测量不会导致膜结构发生大的变化。此外,EIS 的应用频率范围广($10^{-2} \sim 10^5 \mathrm{Hz}$),可同时测量电极过程的动力学参数和传质参数,并可通过详细的理论模型或经验的等效电路,即用理想元件(如电阻和电容等)来表示体系的法拉第过程、空间电荷以及电子和离子的传导过程,说明非均态物质的微观性质分布。因此,EIS 已成为研究电化学体系和腐蚀体系的一种有效的方法。

EIS 应用于涂层下腐蚀在线检测的不足之处:一是对可以现场应用的仪器有一定的要求,以满足电化学阻抗测试(经典三电极)。二是在较宽的频率范围内测量交流阻抗需要时间很长,很难做到实时监测腐蚀速率。为了克服这个缺点,人们针对大多数腐蚀体系的阻抗特点,通过适当选择两个频率,监测金属的腐蚀速率,设计和制造了自动交流腐蚀监控器。三是测试分析结果的可靠性与阻抗谱解析存在较大的依赖关系。具体地讲,即对于同一组抗谱,可以找到不止一个等效电路满足它的解析;而对于同一个等效电路,当电路中的元件参数不同时,可以得到完全不同类型的阻抗谱。EIS 为研究有机涂层 – 金属界面上的电化学反应的发生发展提供了相对可靠的方法与手段。然而由于研究体系的复杂性和 EIS 仅提供整个界面的平均响应,而涂层降解(涂层起泡、剥离等)通常是在局部发生的原因,使得阻抗数据缺乏较好的可重现性,所以在这种情况下 EIS 数据常难于解析。另外,EIS 提供的信息与有机涂层下剥离之间的确切关系仍不清楚,也未能提供失效源于何种缺陷的信息,因此寻找和发展新的涂层测试技术是非常必要的。因此,EIS 的测试结果仅能作为涂层下金属腐蚀状况的判据或佐证之一,往往还需要与其他测试手段联合运用以得到更为可靠的分析检测结论。

2)电化学噪声技术

电化学噪声是指电化学动力系统中电化学状态参量(如电极电位、外测电流密度等)的随机非平衡波动现象。这种噪声产生于电化学系统的本身,而不是来源于控制仪器的噪声或是其他的外来干扰。1968 年,Iverson 首次记录了腐蚀金属电极的电位波动现象,电化学噪声技术作为一门新兴的试验手段在腐蚀与防护科学领域得到了长足发展。EN 技术是一种原位无损监测技术,其优势有三个方面:一是在测量过程中无须对被测电极施加可能改变腐蚀电极腐蚀过程的外界扰动;二是该技术无须预先建立被测体系的电极过程模型;三是该技术无须满足阻纳的三个基本条件,而且可以实现远距离监测。以上技术优点使 EN 技术用于涂层下腐蚀监测在原理成为可能。电化学噪声技术还可以监测均匀腐蚀、孔蚀、裂蚀、应力腐蚀开裂等多种类型的腐蚀,并且能够判断金属腐蚀的类型。EN 技术用于腐蚀监测最成功的应用案例是 Hladky 等人关于裂蚀和孔蚀的电位噪声的研究,发现该两种腐蚀在电化学噪声测试结果方面存在明显的区别。然而迄今为止,关于 EN 的产生机理仍不完全清楚,有关处理方法仍存在欠缺。因此,寻求更先进的数据解析方法已成为解决电化学噪声技术推广应用的一个关键问题。结合最新研究成果来分析电化学噪声的产生机理,以及结合非线性数学理论(如分形理论)来描述电化学噪声的特征是 EN 技术将来的研究方向。

3)电流中断技术

电流中断技术是一种直流测量方法,也称为弛豫伏安法或计时电位分析法。CI 技术是将小的直流电流施加到高阻抗的涂层钢上,在断开电流后,通过分析衰减曲线,能够获得涂层金属电位、膜电阻、膜电容、极化电阻和极化电容等电化学参数。依据仪器的性能,电阻的测量值最大可达到 $10^{11} \Omega$。该方法通过对涂层金属体系施加精度为 $10^{-10} \mathrm{A}$ 电流脉冲信号,测量体系电压变化,由于涂层/金属体系的等效电路模型中一般含有涂层时间常数和涂层/金属界面双电层时间常数两个时间常数,前者一般在毫秒数量级而后者在秒的数量级上,因此能对二者进行区分,从而得出涂层/金属体系的腐蚀信息。进一步,对应着有机涂层膜和膜下金属腐蚀的参数能够从每个单独的等效电路中得到。测量过程中,通过选择合适的小的外加电流,控制外加极化电位在 50mV 内。而后断开外加电流,分析电位衰减曲线,并解析获取相关电化学参数。因此,CI 技术既可以获得涂层的性能劣化情况,从而评估涂层剩余使用寿命,也可以使用该技术预测涂层下的金属基体的腐蚀情况。其结果与盐雾试验有很好的吻合度。与交流阻抗技术相比较,CI 技术优点是外加小电流的非破坏性测量,原理简单,测量时间短和适用于更高的阻抗测量范围(如高性能有机涂层),便于开展现场无损检测。

目前,该技术由于实用性强,已引起多个国家的关注。以日本 Tanabe 为代表的有关研究人员在此方面开展了大量的研究工作,提出了相关涂层测试标准,德国、英国、瑞士、中国等多个国家都在积极联合开展该标准(ISO/TC35/SC9/WG29)的研究工作,为将来 CI 技术在涂层监检测领域的推广应用奠定基础。

3. 涂层下腐蚀在线无损检测技术最新进展

远场效应于 20 世纪 40 年代发现,1951 年 Maclean 获得了此项技术的美国专利。50 年代壳牌公司的 Schmidt 发现了远场涡流无损检测技术,在世界上首次研制成功检测井下套管的探头,并用来检测井下套管的腐蚀情况,1961 年他将此项技术命名为"远场涡流检测",以区别于普通涡流检测。60 年代初期,壳牌公司应用远场涡流检测技术来检测管线,装置取名"智能猪",可用于一次检测 80km 或更长的管线。

远场涡流技术用于涂层下金属腐蚀无损检测的原理:通过测量和解析穿过被测金属的电磁场能量的衰减曲线来定量获取涂层下金属腐蚀减薄的程度。与普通涡流、漏磁和超声波无损检测相比,该技术的主要优点:对涂层下金属的腐蚀有极高的灵敏度;被检测表面无须清洗;检测设备体积小,重量轻,测量时间短,便于现场灵活应用。

从 20 世纪 80 年代开始,加拿大路赛尔技术有限公司致力于远场涡流技术在腐蚀检测方面的研究,分别于 1988 年、1992 年和 2000 年研制成功第一代、第二代和第三代远场涡流无损检测系统,技术水平居世界领先。进入 21 世纪,该公司的远场涡流技术在涂层下腐蚀无损检测方面又取得了新的突破和进展,可检测到涂层下发生腐蚀的部位和腐蚀深度,开辟了涂层下腐蚀无损检测的新技术领域。

基于以上分析可以得出,针对涂层下的金属腐蚀无损检测相关技术,电化学阻抗谱、电化学噪声和电流中断属于电化学检测技术,都需要解析获取电化学参数来表征涂层的性能和涂层下金属的腐蚀状态。相比较而言,远场涡流技术检测到的是涂层下金属腐蚀的定量数据,不依赖于电化学参数解析,其方法更为直接和可靠,在涂层下金属腐蚀检测领域将具有更广阔的应用前景。

13.5.3 管路系统腐蚀在线监测技术(动态测厚系统)

1. 技术需求分析和原理

对于舰船而言,海水管路系统是腐蚀较为严重的部位,也是因腐蚀导致故障率较高的部位。海水管路系统一旦因腐蚀导致泄漏或破损,将对舰船装备的安全性和可靠性产生负面影响,危害和后果将十分严重。通过对在役舰船典型海水管路开展腐蚀监测,可以及时发现管路系统存在的腐蚀问题,动态掌握管路腐蚀程度,降低故障率和安全隐患;同时,也能够准确掌握海水管路的腐蚀程度,为管路修理或更换提供技术依据。目前,对于管路厚度定量检测较为成熟、可靠的方法主要有超声法和射线法。帝国理工大学无损检测实验室基于超声波测厚原理,由无损检测领域著名科学家 Peter Cawley 教授发明的 Permasense 腐蚀在线监测系统(图 13.19 和图 13.20),已在管道腐蚀在线监测领域获得了较为广泛的应用,尤其对解决高温、高压流体介质管路的厚度监测技术水平处于国际领先地位。

2. 技术特点及优势

1) 技术特点

(1) 数据获取实时在线。Permasense 是实时超声波壁厚监测系统,是腐蚀监测的另一个手段。能提供直观的、实时的壁厚测量结果判断腐蚀速率的变化,以便在管路使用过程中采取有效措施控制腐蚀速率。

(2) 环境适用性好,可连续工作。系统防护等级设计 IP67,配备有防爆网关,并已取得 ATEX、IECEX、FM 等安全认可。系统为国际领先的高温在线测厚技术,提供精准可靠的监测数据,适用于 $-180\,^{\circ}\mathrm{C}$ 低温潮湿环境或最高达 $600\,^{\circ}\mathrm{C}$ 高温区域的定制探头。采用硅橡胶密封保护,防止腐蚀。探头仪表及 BP10 电池都是本安认证,可在线更换电池。BP10 电池类型锂亚硫酰氯;额定电压 7.2V(2 块电池)。探头取得 CE 认证和电磁兼容性认证,无线通信安全可靠。系统采用电池供电,最长可以连续工作 4 年。因此,该测厚系统属免维护,无需进入危险区域调试系统,即可掌握被测管路的壁厚动态变化情况,对管路腐蚀进行在线监测。

(3) 测试范围和应用领域广。系统可测量材质包括碳钢、铸碳钢、低合金钢、不锈钢、特种钢等,可测量

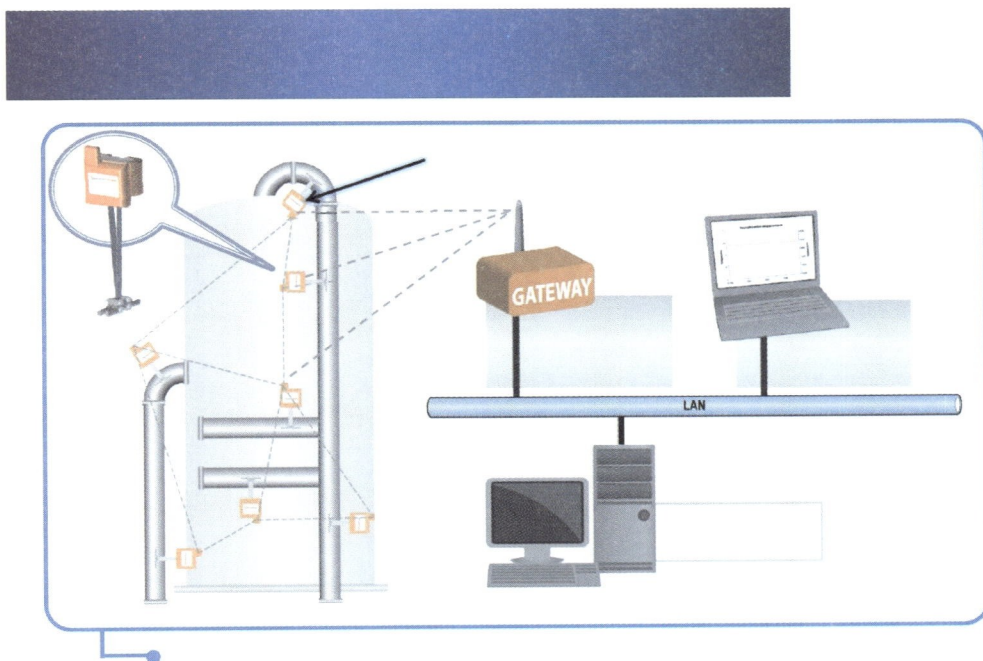

图 13.19　Permasense 腐蚀在线监测系统组成(含传感器、网关、服务器、客户端)

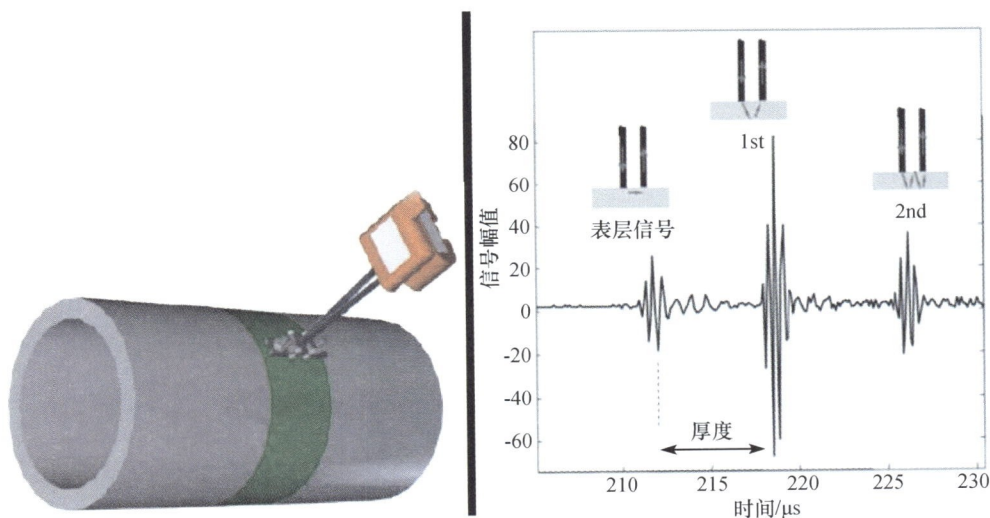

图 13.20　Permasense 腐蚀在线监测系统测试技术原理

壁厚 3~150mm,这尤其适用于舰船大尺寸管路系统,已应用于海油平台、油气输送管道、各种常减压装置。典型的安装位置一般在管路的弯头处,及其 1~2 倍直径下行直管,或者已知的减薄点,涡流区域,如变径管、三通管、阀门上下连接管等部位。

(4)目前常规腐蚀监测手段主要有外置的声学砂蚀探针和插入式 ER 探针。相比较而言,常规监测手段提供的是一段时间的腐蚀平均速率,不能提供实时的腐蚀速率值或管道当前的壁厚状况。

2)技术优势

(1)Permasense 系统直接测量壁厚,真实反映腐蚀情况,排除了人工定点测厚中的人为影响因素,可实时获取数据来证明管路腐蚀的程度(图 13.21)。

(2)Permasense 系统可以根据测试环境条件采用可靠的无线网络传输技术(图 13.22),免除了电缆、配管费用和大量的布线工作,系统安装方便,容易更换位置和测点扩充的检测传感器无线传输数据,无需电缆,安装空间要求小,可安装于人工难以巡检的部位。对于类似海洋平台的应用,采用无线网络覆盖面积

(a)　　　　　　　　　　　　　　　　　　(b)

图 13.21　Permasense 腐蚀在线监测系统应用实现管路全方位腐蚀监测

大,冗余链接保证无线信号的强度,可覆盖整个平台。

（3）与传统点对点的超声测量方法,一次安装永久使用,不需要更换偶合剂,系统日常运行免维护。

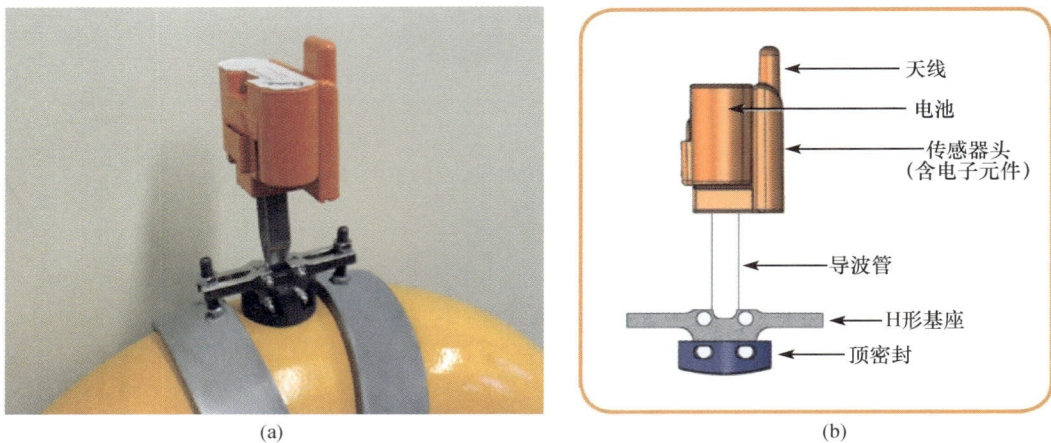

(a)　　　　　　　　　　　　　　　　　　(b)

图 13.22　Permasense 腐蚀在线监测系统应用布置和安装结构

3. 典型应用案例分析

1）海水平台应用

海洋平台产气过程中常伴有大量的泥沙堆积,砂蚀造成了海洋平台管道整体性风险。砂蚀率取决气体流速、砂的堆积高度和砂砾大小。通常情况下在高流速区域或者流向发生突然改变的区域砂蚀速率最高。腐蚀速率高常出现在以下工况:刚刚形成堆积处,流速加快;在弯曲半径外部;在弯曲下游处,特别是刚刚形成泥沙阻塞或盲孔处。

2）海上平台 Permasense 传感器特点

采用双相不锈钢做传感器部件,传感器耐腐蚀;工作温度范围宽,为 $-40 \sim 150℃$;采用 tip seal 密封,防止与传感器接触的管道外壁腐蚀;安装灵活,可以采用螺柱焊接安装,也可卡箍式安装固定（图 13.23）。

3）海上平台 Permasense 腐蚀监测系统数据及结果分析

Permasense 腐蚀在线监测系统配置了智能化数据处理软件平台,可实时处理采集到的测量数据,及时掌握管路壁厚动态变化规律和腐蚀特征。具体分四种情况:①在监测时间区间内超声测厚数据

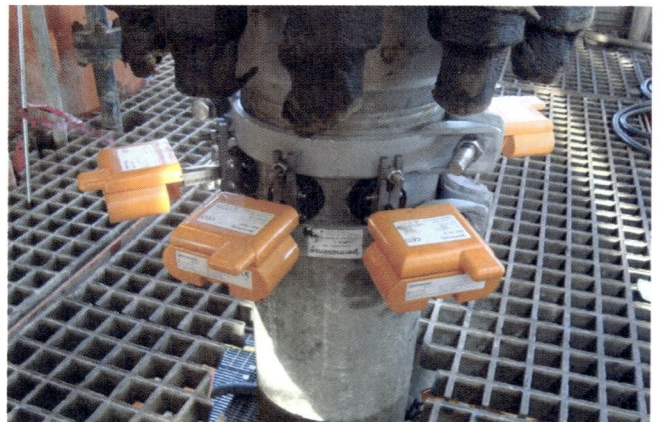

图 13.23　Permasense 腐蚀在线监测系统海洋平台应用

没有明显的变化趋势,表明没有显著的腐蚀发生(图 13.25);②在该区间内测厚数据发生了下降趋势,趋势相对平稳,表明金属以稳定的腐蚀率发生损耗(图 13.26);③某个区间没有损耗趋势,从某个时间点开始产生平稳的金属损耗(图 13.27);④在间断的时间点发生腐蚀损耗,对应于腐蚀数据曲线的波动点(图 13.28 中 A 点),表明此段时间被测管路的工况加剧了腐蚀,且腐蚀速率明显不同。

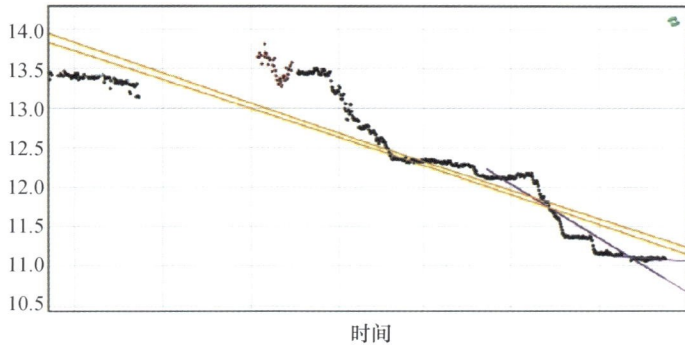

图 13.24 Permasense 腐蚀在线监测系统智能化数据处理

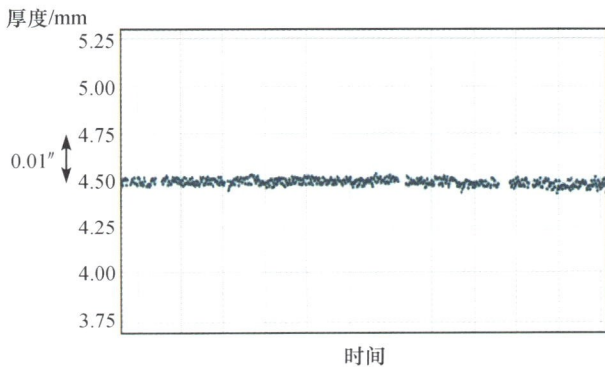

图 13.25 典型的监测数据分析 – 无明显腐蚀

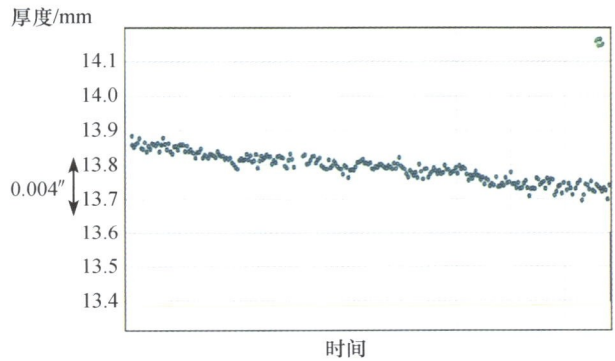

图 13.26 典型的监测数据分析 – 稳定的均匀腐蚀

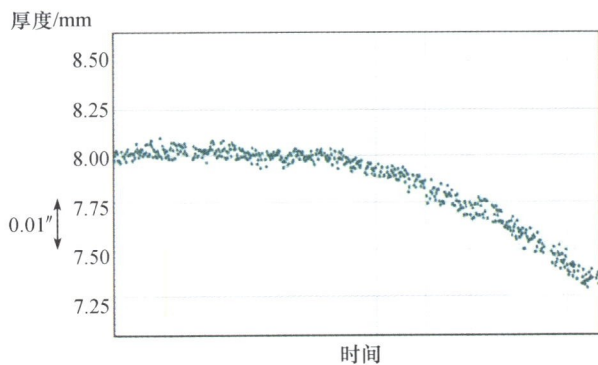

图 13.27 典型的监测数据分析 – 腐蚀突然加剧

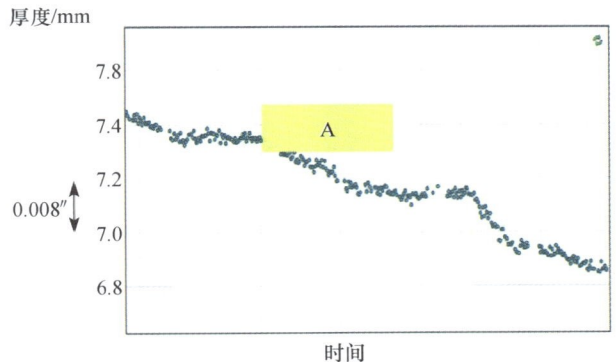

图 13.28 典型的监测数据分析 – 明显变化的腐蚀率

参考文献

[1] EDITORIAL M P, Corrosion – A Natural but Controllable Process[J], Supplement to Materials Performance, 2002:3 – 5.

[2] 杨列太. 腐蚀监测技术[M]. 路民旭,辛庆生,等译. 北京:化学工业出版社,2012.

[3] 孙虎元,王在峰,黄彦良. 海洋腐蚀监测的发展现状及趋势[J]. 海湖盐与化工,2004,34(2):33 – 37.

[4] 张炜强,秦立高,李飞. 腐蚀监测/检测技术[J]. 腐蚀科学与防护技术,2009,21(5):477 – 479.

[5] 杨飞,周永峰,胡科峰,等. 腐蚀防护监测检测技术研究的进展[J]. 全面腐蚀控制,2009,23(11):46 – 51.

[6] 许占显,林为干. 军事装备腐蚀检测新技术及应用[J]. 材料与表面处理技术,2007,3:100 – 104.

［7］ 韩崇钢. 腐蚀在线监测分析系统研究［D］. 北京：北京化工大学，2009.

［8］ 周陈亮，康新征. 美军舰船内舱腐蚀控制技术［C］. 特种化工材料技术研讨会论文集，2011：208 - 211.

［9］ 刘慧芳，张鹏，周俊杰，等. 油气管道内腐蚀检测技术的现状与发展趋势［J］. 管道技术与设备，2008（5）：46 - 49.

［10］ 李雪辰，徐滨士，董世运，等. 管道内壁缺陷无损检测技术［J］. 无损检测，2007，29（10）：603 - 606.

［11］ 何宏，江秀汉，李琳. 国内外管道腐蚀检测技术的现状与发展［J］. 油气储运，2001，20（4）：7 - 10.

［12］ 金建华，阙沛文，杨叔子. 油管腐蚀缺陷的在线检测技术［J］. 计算机测量与控制，2002，10（4）：716 - 719.

［13］ 杨理践，王健，高松巍. 管道腐蚀超声波在线检测技术［J］. 中国测试，2014，40（1）：88 - 92.

［14］ 杨文博，徐今伟. 超声波管道腐蚀检测器现场检测［J］. 油气储运，1994，13（6）：31 - 34.

［15］ 杨剑，桑清莲. 长输管道漏磁内腐蚀检测技术应用分析［J］. 山东工业技术，2004：48 - 68.

［16］ 尹波. 金属材料海水腐蚀监测电化学传感器的研究［D］. 天津：天津大学，2003.

［17］ 王洪仁，姚萍，董飒英，等. 结构 Al 合金海洋环境腐蚀监测技术［J］. 腐蚀科学与防护技术，2001，13：454，455.

［18］ 陈建设，杨栋，付东宇，等. 耦合多电极矩阵传感器在局部腐蚀监/检测中的应用［J］. 材料与冶金学报，2008，7（3）：233 - 237.

［19］ 李宇庭，甘芳吉，李文强，等. 基于交流场指纹法的金属管道缝隙腐蚀监测方法［J］. 仪器仪表学报，2015，36（3）：545 - 548.

［20］ 王玉博，杜坚，张文博，等. 远场涡流无损检测技术在管道中的应用［J］. 仪器仪表用户，2012，19（2）：45 - 47.

［21］ 张晶. 基于漏磁法的海底管线缺陷检测的研究［D］. 上海：上海交通大学，2002.

［22］ 孙艳红，龙媛媛，石仁委，等. 海底管线腐蚀检测与控制［J］. 石油化工腐蚀与防护，2009，26（6）：31 - 33.

［23］ 张延兵，顾建平，顾建宏，等. 储罐长周期腐蚀声发射监测试验［J］. 中国特种设备安全，2014，30（2）：32 - 36.

［24］ 魏运飞，卢超. 薄板腐蚀缺陷兰姆波成像检测的有限元模拟［J］. 测试技术学报，2010，24（3）：259 - 264.

［25］ 范伟林. 红外热像技术在压力容器腐蚀与故障监测中的应用［J］. 石油化工设备，2012，41（5）：71 - 73.

［26］ 宋高峰，王志亮，张涛. 磁致伸缩导波技术在工业管道腐蚀检测中的应用［J］. 化工设备与管道，2010，47（5）：71 - 74.

［27］ 刘彬. 锅炉水冷壁管腐蚀检测［J］. 无损探伤，2012，36（5）：47 - 48.

［28］ Zou Xiaotian, Schmitt Tyler, Perloff David, etc. Nondestructive corrosion detection using fiber optic photoacoustic ultrasound generator［J］. Measurement, 2015（62）：74 - 80.

［29］ Homborg A M, Leon Morales C F, Tinga T, etc. Detection of microbiologically influenced corrosion by electrochemical noise transients［J］. Electrochimica Acta, 2014（136）：223 - 232.

［30］ He Yunze, Tian Gui Yun, Pan Mengchun, etc. An investigation into eddy current pulsed thermography for detection of corrosion blister［J］. Corrosion Science, 2014（78）：1 - 6.

第14章 舰船防腐防漏评估

腐蚀一直是舰船安全有效运行所面临的重要潜在危险。在舰船建造、运行和维护过程中,通过采用合适的方法,及时有效地开展腐蚀状态评估,将有助于发现潜在的隐患,找到腐蚀损坏的真正原因,评定所采取的腐蚀防护措施的有效性,为在使用过程中结构防护的不断完善、新结构设计及其防腐蚀措施的选用和改进提供理论依据。本章介绍舰船防腐防漏综合评估、寿命预测和可靠性评估、典型部位防腐设计方案仿真评估方法,以及典型腐蚀评估案例实施。

14.1 概述

舰船腐蚀状态评估是维系舰船安全可靠运行的重要保障手段。如何才能对舰船当前所处腐蚀状态做出准确、科学的评估,是当前实施舰船腐蚀状态评估的一个难题。传统的方法是采用百分制对舰船装备及船体腐蚀状态进行打分,这种考核评估方法对促进舰船腐蚀防控起到了一定的积极作用,但同时要考虑在舰船状态评估中,有多数指标是定性的,即使有少量定量指标,对同类舰船来说,仅靠评判其管理水平的好与差,与舰船实际腐蚀状态也不具有公正性与科学性,其评估结果有些与舰船腐蚀状况相差较大,导致评估结果的失真。

过去在舰船腐蚀状态方面多以主观定性评估为主,很难对其做出定量客观的评定,使舰船状态评估成为一个相当复杂的问题。美国和俄罗斯等充分认识到开展舰船腐蚀状态评估工作的重要性,在该领域起步较早,技术理念相对先进。美国在相应的军用标准中统一规定了腐蚀状态的种类和级别,为开展评估工作奠定了基础;并将腐蚀状态评估的程序、职责及技术要求纳入军用指令指示中,建立起一套较为完善的定期检查、实时监督、评估反馈、及时改进的良性工作机制,并广泛应用于陆军和空军装备的腐蚀控制与管理中,提高了腐蚀防护的工作效率,降低了防腐蚀措施的成本费用,及时避免了由于腐蚀问题而可能发生的装备事故和质量问题,取得了相当显著的成效。而俄罗斯海军更是制定了舰船腐蚀状态评估的相关标准,明确规定了评估工作的准备、器材、测量、分析和结果处理等要求。

由于舰船腐蚀状态评估是一个庞大的系统工程,影响其技术状态的因素也是相当的多。对舰船实施状态评估时,由于评估人员很难对舰船装备、船体结构腐蚀状况做出准确的描述,即应用的评语多是优秀、良好、一般、差等,具有很大的模糊性,而舰船腐蚀状态评估指标因素又相互影响,相互作用,具有一定的层次性,所以采用层次分析法与模糊综合评估理论相结合的方法对舰船腐蚀状态综合评估更为科学、有效,评定的结果可以较为准确地反映舰船当前所处的腐蚀状态。通过对舰船腐蚀状态的综合评估,调查了解舰船主要装备、船体结构的技术状况,有针对性、预防性的解决舰船所存在的问题,以提高舰船装备的完好率,确保舰船航行的安全性,降低海损率。根据舰船腐蚀状态综合评估的结果对舰船划分评定等级,为舰船主要装备和船体实施状态维护管理提供可靠依据。

14.2 舰船防腐防漏方案综合评估

舰船服役于海洋中,腐蚀条件苛刻,环境复杂,对船体、系统、设备的腐蚀防护提出了较高要求。由于腐蚀环境的变化,如何保证总体、各系统和设备的使用性能和安全可靠成为设计过程中的重点和难点,需要通过采用材料、涂料、阴极保护、电绝缘等多项防腐蚀技术开展综合防腐防漏设计才能达到。为了保证防腐蚀设计效果,需要在研制设计的各个阶段,对防腐防漏设计方案的科学性、可行性、适用性和合理性进行评估,以检验防腐防漏设计是否达到相关技术指标要求,及时发现防腐防漏设计中的薄弱环节,为过程监督与控制提供支撑,为设计方案的优化提供指导,并促进防腐防漏的闭环控制。在舰船防腐防漏方案综合评估过程中,主要关键技术有以下三个方面:

(1)防腐防漏评估指标体系研究与建立。防腐防漏评估指标体系的建立是开展防腐防漏评估研究和评估工作的基础,评估指标体系建立的是否全面、合理将直接影响评估结果的准确性,因此是本项研究需要重点解决的关键技术之一。

(2)防腐防漏评估指标权重设定。由于舰船防腐防漏评估涉及材料选取、结构设计、不同防护技术等多个方面的评估内容,评估指标体系较为复杂,如何科学、合理地设定评估指标权重对于提高防腐防漏综合评估结果的准确性将起到决定性的作用。

(3)防腐防漏设计方案综合评估方法研究。对防腐防漏设计方案的评估目标是评估设计方案满足技术指标要求的程度,是一项综合性要求很高的评估,因此决定了对设计方案的综合评估是本项目研究另外一项重要的关键技术,需要系统分析防腐防漏评估指标体系的层次和特点,综合采用层次分析法(AHP)、模糊综合评判(FCE)法、质量功能展开(QFD)法等解决。

14.2.1 层次分析法

层次分析法是美国著名运筹学家、匹兹堡大学教授Saaty于20世纪70年代中期提出的。它是一种将定性和定量分析相结合的系统分析方法,是分析多目标、多准则的复杂系统的有力工具。AHP的基本思路:评估者首先将复杂问题分解为若干组成要素,并将这些要素按支配关系形成有序的递阶层次结构;然后通过两两比较,确定层次中诸要素的相对重要性;最后评估各层次的重要程度,得到诸要素的评估对象中的权重系统。

利用层次分析法确定指标权重的主要步骤如下:

(1)建立递阶层次结构模型。对任何一个系统进行评估,都要首先明确评估的目标、评估的准则以及被评估的方案等。因此,先分析评估系统中所包含的因素,按照因素的相互关联影响以及隶属关系,将因素按不同层次聚集组合,形成一个多层次的结构模型。通过对舰船系统结构模型进行分析,参考国内外有关资料并征询专家意见,得到舰船状态综合评估指标体系及分层,如图14.1所示。

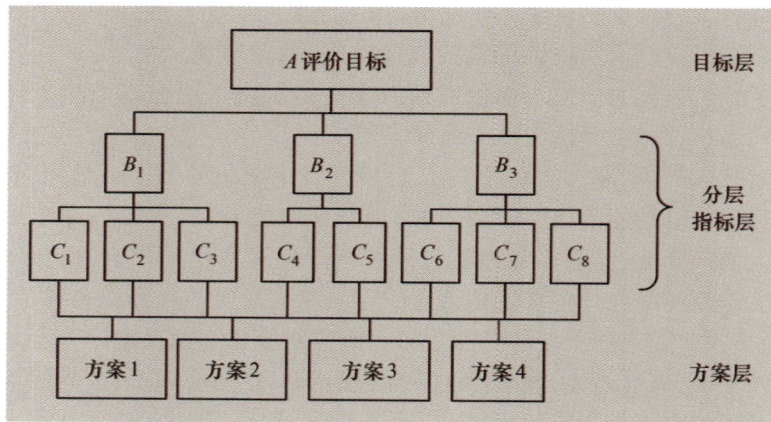

图14.1　AHP递阶层次示意图

(2)构造比较判断矩阵。递阶层次结构建立后,第二步就是在各层要素中进行两两比较,并引入判断尺度将其量化,构成比较判断矩阵及权重(表14.1)。显然,这些数值反映了评估者对相应元素相对重要性的主观认识。关于标度,一般采用九点标度法,见表14.2所列。

(3)相对重要度计算及一致性检验。

① 因素相对重要度的计算。表14.1表示A层因素中a_k由下一层中的$B_1,B_2,\cdots,B_n$反映。最后一列W是$B_1,B_2,\cdots,B_n$对a_k的相对重要度(权重)。在给定的准则下,导出W值的计算方法很多,例如最小平方和法、熵值法法、特征根法、对数最小二乘法和最小二乘法等。应用最广泛、最实用的方法是特征根法(EM),即各指标相对重要度是判断矩阵最大特征值对应的特征矢量。

表 14.1　判断矩阵及权重表

a_k	B_1	B_2	$\cdots$	B_m	W
B_1	b_{11}	b_{12}	$\cdots$	b_{1n}	W_1
B_2	b_{21}	b_{22}	$\cdots$	b_{2n}	W_2
$\vdots$	$\vdots$	$\vdots$	$\vdots$	$\vdots$	$\vdots$
B_n	b_{n1}	b_{n2}	$\cdots$	b_{nn}	W_n

表 14.2　九点标度法及其含义

标度	含义
1	表示行因素与列因素同等重要
3	表示行因素比列因素稍微重要
5	表示行因素比列因素重要
7	表示行因素比列因素重要很多
9	表示行因素比列因素绝对重要
2,4,6,8	表示上述两相邻判断的中值
以上标度的倒数	因素 i 与 j 比较的判断值为 b_{ij}，则因素 j 与 i 比较判断值为 $1/b_{ij}$

先求判断矩阵的特征矢量 W：

$$w_i = \left(\prod_{j=1}^{n} b_{ij} \right)^{\frac{1}{n}} , i = 1,2,\cdots,n$$

式中：n 为判断矩阵阶数。

再将 W 进行归一化处理，即

$$W_i^0 = \frac{W_i}{W_S}$$

式中：$W_S = \sum_{i=1}^{n} W_i$；W_i^0 即分别是 $B_1,B_2,\cdots,B_n$ 对 a_k 相对重要度。

② 一致性检验。应用 AHP 时，保持判断思维的一致性是非常重要的。由于客观事物的复杂性和人们认识事物的多样性，以及可能产生的片面性，在先后多次的对比评判过程中，要求每次判断都有完全的一致性，显然很困难。为了保证层次分析得到的结论合理，必须检测判断矩阵的一致性。其步骤如下：

a. 计算一致性指标 CI：

$$CI = \frac{\lambda_{\max} - n}{n - 1}$$

显然 CI 值越大，表明判断矩阵偏离完全一致性越多；CI 值越接近于 0，表明判断矩阵越接近于完全一致性。判断矩阵的阶数 n 越高（参与两两对比的指标因素越多），人为造成偏离完全一致性的指标 CI 一般越大，n 值越小，人为造成的偏离则越小。

b. 查找相应的平均随机一致性指标 RI。

表 14.3 给出了 1～10 阶正互反矩阵计算 1000 次得到的平均随机一致性指标。

表 14.3　平均随机一致性指标

矩阵阶数	1	2	3	4	5	6	7	8	9	10
RI	0.00	0.00	0.52	0.89	1.12	1.26	1.36	1.41	1.46	1.49

c. 计算一致性比例 CR：

$$CR = \frac{CI}{RI} \tag{14.1}$$

当 CR < 0.1 时，认为判断矩阵具有满意的一致性，计算结果可以接受；当 CR ≥ 0.1 时应该对判断矩阵作适当修正与调整，直到一致性检验通过为止。

（4）综合重要度的计算。计算出各层次判断矩阵有关因素对上一级因素的相对重要度以后，还可从最上层开始自上而下的求出各层次因素关于最下一层因素的综合重要度（综合权重）。若上层 A 包含 m 个因素 $A_1,A_2,\cdots,A_m$，其该层内的权重分别为 $a_1,a_2,\cdots,a_m$，下层 B 包含 n 个因素 $B_1,B_2,\cdots,B_n$，它们对于因素 $A_i(i = 1,2,\cdots,m)$ 的权重分别为 $b_{1i},b_{2i},\cdots,b_{ni}$（当 B_n 与 A_i 无关系时，$b_{ni} = 0$），则 B 层综合权重 $W_1^*,W_2^*,$

…，W_n^* 见表 14.4 所列。

类似地，可以对综合权重的计算进行一致性检验。但在实际应用时，整体一致性检验常常可以省略。事实上，评估者在对某层局部给出判断矩阵时，难以对整体进行考虑，当整体一致性不满足要求时，进行调整也比较困难，因此目前多数一般的评估决策不进行严格的整体一致性检验。

表 14.4　下层因素综合权重计算

层次 A	A_1	A_2	$\cdots$	A_m	B 层综合权重 W^*
层次 B	a_1	a_2	$\cdots$	a_m	
B_1	b_{11}	b_{12}	$\cdots$	b_{1m}	$W_1^* = \sum a_j b_{1j}$
B_2	b_{21}	b_{22}	$\cdots$	b_{2m}	$W_2^* = \sum a_j b_{2j}$
$\vdots$	$\vdots$	$\vdots$		$\vdots$	$\vdots$
B_n	b_{n1}	b_{n2}	$\cdots$	b_{nm}	$W_n^* = \sum a_j b_{nj}$

14.2.2　模糊综合评判法

模糊综合评判法是模糊数学领域中一个十分重要的分支。模糊数学在 1965 年由美国著名控制论专家 Zadeh 创立，它用数学方法研究和处理具有模糊性的现象。模糊性是人类思维的特点之一，模糊集合论是处理模糊现象的有效工具，而评估是人对事物的一种看法，思维的本质决定了其带有模糊的性质，因而模糊数学方法在系统评估领域得到了广泛应用。当评估涉及多指标的事物时，可以利用模糊集合轮对某一事物的各指标实现程度进行综合，然后根据给定的标准，得出综合平定性意见。

应用模糊综合评判法的具体步骤如下：

（1）评语集的确定。评语集是以评判者对被评估对象可能做出的各种总的评判结果为元素组成的集合，通常用 V 表示，即

$$V = \{v_1, v_2, \cdots, v_m\} \tag{14.2}$$

式中：v_i 代表各种可能的总的评判结果，共有 m 个。模糊综合评判的目的就是在综合考虑所有影响因素的基础上，从评语集中得出对被评估对象的评判结果。

（2）因素集的建立。因素集是以影响评判对象的各种因素为元素组成的集合，用 U 表示，即

$$U = \{u_1, u_2, \cdots, u_n\} \tag{14.3}$$

式中：u_i 代表影响因素，共有 n 个影响因素。这些因素通常具有不同程度的模糊性，在模糊综合评判方法中模糊性通过隶属函数来处理。

（3）单因素模糊评判。在进行模糊综合评判时，首先从因素集中的单个因素出发进行评判，确定评判对象对评语集中各元素的隶属程度。设评判对象按因素集中第 i 个因素 $u_i(i=1,2,\cdots,n)$ 进行评判时，对评语集中第 j 了个元素 v_j 的隶属程度为 $r_{ij}(j=1,2,\cdots,m)$，则按第 i 个因素 u_i 评判的结果可用模糊集合表示为

$$R_i = (r_{i1}, r_{i2}, \cdots, r_{im}) \tag{14.4}$$

它是评语集上的一个模糊集合。将 n 个因素的评判集组成一个总的评估矩阵：

$$\boldsymbol{R} = \begin{bmatrix} R_1 \\ R_2 \\ \vdots \\ R_n \end{bmatrix} = \begin{bmatrix} r_{11} & r_{12} & \cdots & r_{1m} \\ r_{21} & r_{22} & \cdots & r_{2m} \\ \vdots & \vdots & & \vdots \\ r_{n1} & r_{n2} & \cdots & r_{nm} \end{bmatrix} \tag{14.5}$$

$\boldsymbol{R}$ 称为单因素评判矩阵。

（4）权重的确定。一般而言，各个因素的重要程度是不一样的。为了反映各因素的重要程度，对各个因素 u_i 应赋予相应的权重数 w_i。由各权重数组成的集合称为因素的权重集 $\boldsymbol{W}$：

$$\boldsymbol{W} = (w_1, w_2, \cdots, w_n) \tag{14.6}$$

同时，各权重数还应满足归一和非负的条件，即

$$\sum_{i=1}^{n} w_i = 1, \ w_i \geqslant 0 \tag{14.7}$$

（5）单级模糊综合评判。从单因素评判矩阵可以看出，$\boldsymbol{R}$ 的第 i 行反映了第 i 个因素影响评判对象隶属于各个评语集的程度，$\boldsymbol{R}$ 的第 j 列反映了所有因素影响评判对象隶属于第 j 个评语集元素的程度。当权重集 $\boldsymbol{W}$ 和单因素评判矩阵 $\boldsymbol{R}$ 为已知时，便可作模糊变换来进行综合评判：

$$W \circ R = (w_1, w_2, \cdots, w_n) \circ \begin{bmatrix} r_{11} & r_{12} & \cdots & r_{1m} \\ r_{21} & r_{22} & \cdots & r_{2m} \\ \vdots & \vdots & & \vdots \\ r_{n1} & r_{n2} & \cdots & r_{nm} \end{bmatrix} = (b_1, b_2, \cdots, b_m) \tag{14.8}$$

式中："。"表示合成运算；R 称为模糊综合评判矩阵，b_j 的含义为综合考虑所有因素的影响时，评判对象对评语集 j 个元素的隶属度。

（6）多级模糊综合评判。当存在多级评估指标结构时，由底层到高层逐层确定权重分配并进行该层的综合评估，最后将其所得结构作为高层次的模糊矩阵，进行高层次的综合评估。

14.2.3　模糊层次分析在舰船防腐防漏方案评估中的应用

1. 防腐防漏评估指标选取原则

1）腐蚀状态评估区域划分

舰船腐蚀状态评估应首先根据其自身特点和实际需要选定评估对象。它可以是一个整体区域，也可以是根据实际需要将船体结构划分成的个别不同区域。一般来说，如果船体结构表面处于同一种使用条件和自然环境下并采用同一种防腐蚀方法，那么可以将其视为一个整体；但如果情况相反，那么所采取的评估方法和指标要求也就有可能发生变化。因此应按照材料特性、结构特点、使用要求以及所采用的腐蚀防护措施将船体结构合理划分区域，从而提高评估的合理性和有效性。例如，船体水下部分可以划分为首部、尾部、舷侧外板和船底外板；而同样是船体水下部分的舷侧外板，联合采用阴极保护的区域就应与单独采用涂料保护的区域分隔开；具有压载水舱、液舱和注水隔舱结构的船体内表面可以划分为舱顶板、舱壁和底板；外船体可以划分为设计水线以上和以下的船体外表面、上层建筑、工作室围护结构以及具有高剩水水位和低剩水水位构架的内表面等。

2）腐蚀状态评估区段分析

在确定舰船腐蚀状态评估的区域划分后，应对各个区域内可能发生的腐蚀及其原因展开分析，尤其是可能导致局部腐蚀加剧发生的各种因素应予以重点关注。主要包括以下 9 种情况：

（1）异类金属接触表面；

（2）可能积水的部位；

（3）形成狭窄间隙的结构组成部分的连接处；

（4）密集海水流作用的结构部分；

（5）在可能造成破坏保护涂层的机械作用部位的结构表面；

（6）同时经受海水从船体外部和内部作用的结构部分；

（7）由于结构自内部受热温度升高的外部表面；

（8）在工艺操作（锻接、焊接及热矫正等）时产生局部受热作用的结构部分；

（9）受加剧的应力作用，特别是在焊接连接集中的部位等。

在这些影响因素中，有因为船体结构设计引起的，有自然环境引起的，也有机械作用或工艺操作引起的。它们对舰船腐蚀的影响在时间和周期上可能是长期的，也可能是突发性的。在影响范围上可能是局部的，也可能是直接影响到整体结构强度的。在影响程度上可能是轻微的，也可能是破坏性的。因此，应根据这些因素产生的不同环境条件和对腐蚀的影响程度，分别纳入相应的区域划分内并予以细分，形成更为详细具体的舰船腐蚀状态评估区段（以图 14.2 船体水下部分为例），从而提高腐蚀状态评估工作的操作性、针对性和客观独立性，最大限度地减少不同系统、不同环境、不同技术方法之间的相互影响。

2. 防腐防漏评估指标选取方法

对舰船腐蚀状态的评估期限及其周期性，取决于舰船的使用条件和腐蚀防护措施的使用期限。在舾装周期结束、舰船交付使用之前，可以进行船舰船建造的结构腐蚀状态评估。对于船体水下部分以及水线常变区域，可以在舰船开始使用前的进坞期间进行；在使用期间，船体水下部分的评估可以和例行进坞结合起来进行。在使用过程中难以检查测量的结构，可以和舰船的例行修理结合起来进行。

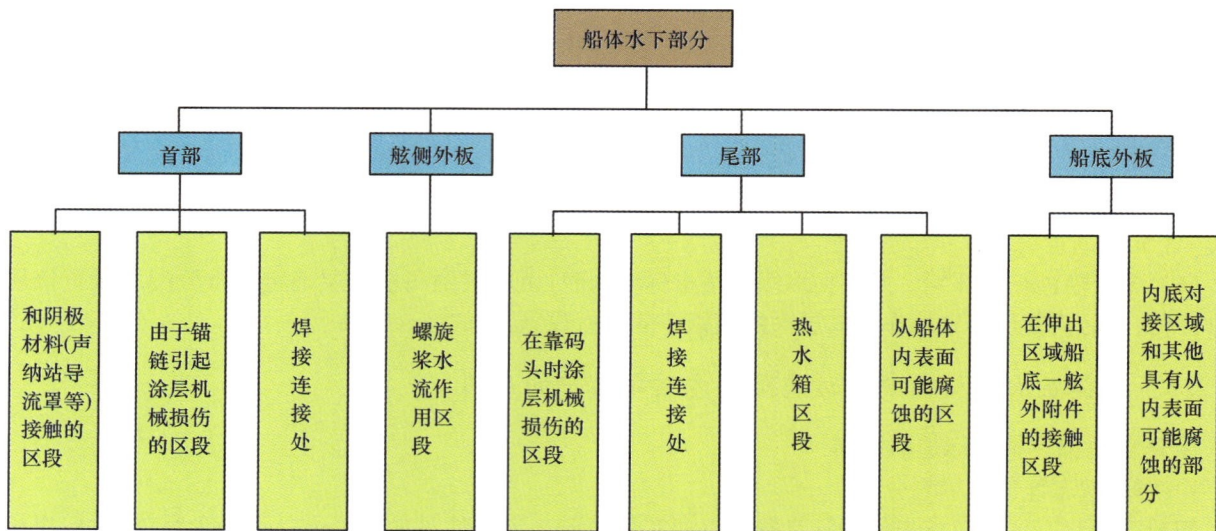

图 14.2 船体水下部分腐蚀状态评估区段细分参考图例

对舰船腐蚀状态的评估一般分为两个阶段进行,即在选定区域清洗之前和之后。在船体结构清洗和进行修理工作之前,确定在被评估表面存在并分布有腐蚀产物,并确定所采用腐蚀防护措施的状态;在该区域表面清洗之后,确定该区域的腐蚀状态。具体方法和要求如下:

1)腐蚀防护措施状态确定

在清洗前确定腐蚀防护措施状态时,应根据不同措施的基本原理,采取不同的评估测量方法。例如,对于油漆涂层,可以通过测定单位横向阻抗值、油漆涂层与原涂漆表面面积之比的百分率以及腐蚀产物在被评估表面的分布得到;对于电化学防护措施,可以采用测定阳极组合件、近阳极的隔离屏及比较电极的状态,通过保护板体积的消融计算保护板损耗等多种方法实现;对于异种材料电绝缘的评估测量方法,包括在干燥状况下测定电阻值,在潮湿状态下测定电位差、电流强度和随极性变换的电阻值,检查绝缘及密封衬垫、电绝缘衬套、邻接电绝缘组合件的结构表面涂层状况,观察密封填料或纤维的完好性及其间隙的现有量等多种技术途径。

2)舰船腐蚀状态确定

在表面清洗后对选定区域进行腐蚀状态评估时,应确定腐蚀的形式和特征、被腐蚀表面面积、最大腐蚀深度、金属结构板剩余厚度、腐蚀裂缝类别及分布。对于铝合金结构,除以上检查测量内容以外,还应检查是否有腐蚀剥离,并确定受剥层损伤的端面长度与端面总长度的百分比。对于腐蚀表面面积的确定,应采用百分率表示与被评估表面面积之比。

在发现被评估表面上有裂缝时,应确定其原因、特征,即明确是由机械性损伤单独造成的还是由腐蚀和机械性损伤共同造成的。如果是后者,那么应指出其数量、长度、裂开宽度、深度(如果可以对其进行测量),以及裂缝在被评估表面上相对于应力中心(如焊缝、熔接、切口等)的位置,并确定其性质,必要时可采用探伤法检查。

3. 舰船腐蚀防护方案评估指标体系

舰船腐蚀防护是一项复杂的系统工程,其中工作量最大的四项内容分别为管路、涂层、阴极保护和绝缘保护。

1)管路腐蚀状态评估

舰船管路在舰船各部位分布广、种类多、维修保养困难,且大都处于易腐蚀的恶劣环境中,因此腐蚀问题大量存在,是舰船腐蚀状态评估中最常见的问题。尤其是遍布舰船各个角落的海水管路,包括消防水管路、各种机电装备海水冷却管路、重力式厕所冲洗管路、舱底疏排水管路等。海水管路一旦出现腐蚀破坏,将影响装备正常运行甚至舰船的安全性。提高舰船海水管路的可靠性,是保证其所属系统装备正常运转和整个舰船安全运行的有力保障。海水管路存在的腐蚀问题,除全面腐蚀(评估腐蚀速率)和点蚀(评估腐蚀深度)之外,还包括由于管道残余应力、振动应力等导致的管路在特定条件腐蚀介质中突然破坏,即应力腐蚀开裂、不同材料间腐蚀电位的差异、阴阳极面积比、材料的极化行为差异以及海水流动等因素产生的电偶腐蚀、由于流动海水对管路的腐蚀和磨蚀产生的冲刷腐蚀。

由于管路材料及腐蚀形式千差万别，管路腐蚀状态评估指标也趋于很大的不一致性，因此通常采用定性指标，采用专家打分方式进行评估。

2）涂层保护状态评估

采用合适的舰船涂料，以正确的工艺技术，使其覆盖在舰船的各个部位，形成一层完整、致密的涂层，使舰船各部位的金属表面与外界腐蚀环境相隔离，以防止舰船腐蚀的措施，称为舰船的涂层保护。涂层保护是舰船腐蚀防护中应用最广泛的技术，目前舰船涂料的品种主要有水线涂料、船壳涂料、甲板涂料、油舱涂料、饮水舱涂料、压载舱涂料、防污涂料等。

在涂层保护状态评估过程中，主要关注对象除涂层完好程度之外，还包括涂层与基体的附着力、涂层阻抗的衰减程度等定性指标，采用专家打分方式进行评估。

3）阴极保护状态评估

阴极保护是基于电化学反应机理而采取的有效保护技术之一，它与涂层保护是相辅相成的，阴极保护和涂层联合应用通常能够形成完善的保护体系，能够有效地解决船体腐蚀问题。涂层的作用是将保护结构与腐蚀介质隔离，达到防止腐蚀的目的。然而，由于涂层自身的缺陷和施工过程中工艺上存在的缺陷，腐蚀仍将在这些缺陷处发生。因此，根据船体的实际情况和使用状态，在接触海水的部位通常采取以阴极保护方法为主，消除涂层缺陷造成腐蚀的保护措施。它是通过向船体施加阴极电流，使船体金属产生极化，从而抑制腐蚀的发生。阴极保护可有效抑制涂层缺陷处的孔蚀，而涂层又可降低阴极保护所需电流密度，使阴极保护变得更为经济，同时可改善保护电流的分布，使保护效果更好。

船体的阴极保护可以采用牺牲阳极或外加电流保护系统，这两种方法本质上是一样的，并且可获得同样的保护效果，但两者提供保护电流的方式不一样：前者是将一种电位更负的金属或合金与船体电性连接，通过阴极材料的自身消耗来提供保护电流；而后者是通过外部直流电源来提供保护所需的电流。牺牲阳极方法安装简便，不需维护，但其寿命较短，而且安装较多的阳极块会增大舰船的航行阻力。外加电流系统相对复杂一些，但使用寿命长。通常，小型舰船或低速船采用牺牲阳极保护，大型舰船或航速较高的船，外加电流系统更为合适。

阴极保护系统状态评估指标为可采用专家打分方式的定性指标，牺牲阳极保护状态评估指标通常为阳极损耗程度，而外加电流阴极保护状态评估指标通常为保护电位范围。

4）绝缘保护状态评估

绝缘保护包括舰船电气装备、管路、紧固件等接头处的绝缘及船体水下附体的屏蔽涂层设计，立足从源头屏蔽电化学腐蚀源，隔离异种金属，削弱舰船电化学腐蚀。具体措施包括：

（1）采用非金属材料或选择相近似电势的金属制造海水环境中的船体及附件。

（2）屏蔽舰船电场源。

（3）分离舰船电场源的内部电路。

（4）利用电绝缘材料作为舰船电场源的涂层。

（5）不同种类金属结构的电绝缘。

其中关键在于不同种类金属结构的电绝缘，具体需进行电绝缘的金属结构有船体表面受海水作用的结构以及不同种类金属组成的结构连接，包括：

（1）船体水下部分与所有附体和交变水线区。

（2）螺旋桨、回声测深仪、计程仪、减摇鳍。

（3）循环泵和主冷凝器的进水和排水接管。

（4）通海阀箱。

（5）有通往舷外口的船上各系统的底部－舷侧附件和管路，以及由不同于船体外板的金属材料制成的管路某些元件。

（6）船体和由不同于船体材料的金属制造，又与海水相通的系统及装备零件，其中有底部、舷侧附件，有通往舷外的舰船管路系统,由不同于船体外板的金属材料制成管路的某些元件等均与船体隔离和彼此相绝缘;船底－舷侧附件和海水系统管路的法兰接头同船壳板;计程仪吸入管和楔形阀同船体;测深仪振子同船体;船体水下部分及全部凸出结构。

绝缘保护状态评估通常包括绝缘电阻值和接地回路电位差两大定量指标。

综上所述,舰船腐蚀状态评估指标体系如图14.3所示。

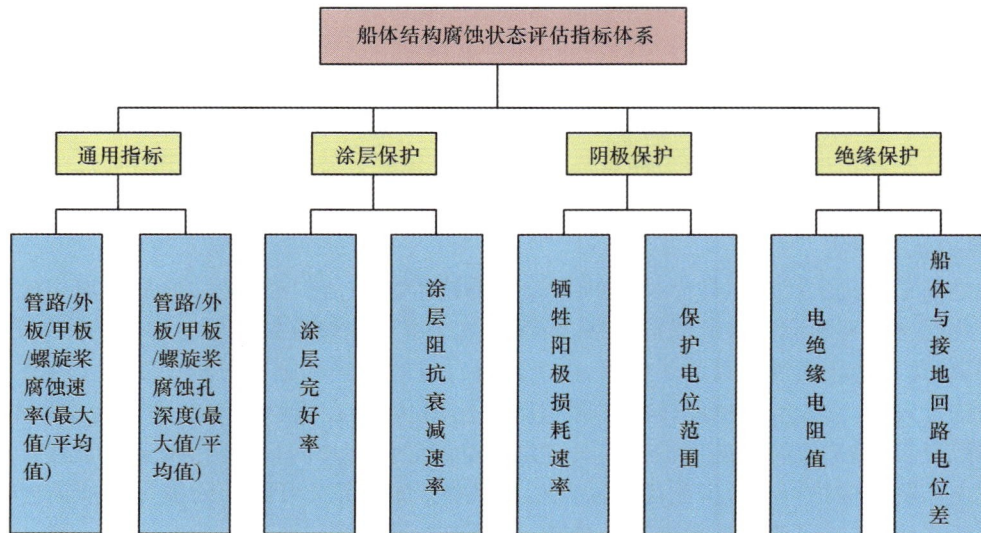

图14.3 舰船腐蚀状态评估指标体系

14.2.4 舰船防腐防漏方案评估典型案例

1. 舰船典型设计阶段防腐防漏评估指标体系建立

针对舰船典型设计阶段防腐防漏设计方案,结合舰船的总体和系统组成和特点,研究并建立防腐防漏评估指标体系。具体层次结构为从选材、涂料、阴极保护、结构设计等角度,按舰船部位依次建立各项评估指标(表14.5)。

表14.5 舰船防腐防漏评估指标体系(某设计阶段)

舰船部位	评估项目和内容	技术成熟性	技术先进性	技术可行性	技术相容性	技术有效性	技术经济性	评估结果	舰船部位	评估项目和内容	技术成熟性	技术先进性	技术可行性	技术相容性	技术有效性	技术经济性	评估结果
水下船体及附体	主船体材料								甲板、上层建筑、舱室	甲板、上层建筑、舱室基材							
	腐蚀裕量									甲板覆盖层							
	阴极保护									上层建筑材料							
	防腐蚀涂料									上层建筑涂料							
	防污涂料									舱室涂料							
	水线区涂料									主机舱重防腐							
	电绝缘措施									辅机舱重防腐							
舾装	舱面属具、舾装件和设备防腐蚀									舱室防腐蚀结构设计							
	舱室属具、舾装件和设备防腐蚀									舱室防腐蚀维修性设计							
	舱室装饰和绝缘																

（续）

舰船部位	评估项目和内容	评估指标						评估结果
		技术成熟性	技术先进性	技术可行性	技术相容性	技术有效性	技术经济性	
消防系统	管子和管子附件材料							
	管路流速控制							
	管子与船体、设备连接（电绝缘装置）							
	牺牲阳极保护							
	防海生物							
	泵、阀、滤器							
主、辅机海水冷却系统	管子和管子附件材料							
	管路流速控制							
	管子与船体、设备连接（电绝缘装置、弹性连接）							
	牺牲阳极保护							
	防海生物							
	泵、阀、滤器							
	冷却器、冷凝器							
	密封材料							
	密封装置（机械密封、填料密封）							
轴系空调冷却系统	管子和管子附件材料							
	管路流速控制							
	管子与船体、设备连接（电绝缘装置）							
	牺牲阳极保护							
	防海生物							
	泵、阀、滤器							

舰船部位	评估项目和内容	评估指标						评估结果
		技术成熟性	技术先进性	技术可行性	技术相容性	技术有效性	技术经济性	
洗涤水系统	管子和管子附件材料							
	管路流速控制							
	管子与船体、设备连接（电绝缘装置）							
	牺牲阳极保护							
	泵、阀、滤器							
淡水系统	管子及附件材料							
	管子与船体、设备的连接							
	泵、阀、滤器							
燃油滑油系统	管子及附件材料							
	管子与船体、设备的连接							
	泵、阀、滤器							
	密封材料							
	密封装置（机械密封、填料密封）							
	流速控制							
蒸汽、暖气系统	管子及附件材料							
	管子与船体、设备的连接							
	阀							
	密封材料							
重要设备和装置	燃气轮机							
	柴油机							
	空压机							
	液压机组							
	冷藏装置							
	空调机							
	通风装置							
	电气设备							

2. 防腐防漏评估方法选取

依据舰船防腐防漏设计方案评估的特点，选用层次模糊法对舰船防腐防漏设计方案进行评估，其中层次分析法用来确定评估指标权重，模糊综合评判法用来处理评估指标值。这两种方法都是应用广泛、技术成熟的综合评估方法。

3. 防腐防漏评估实施方案

1）专家小组的成立

选准评估专家组是做好评估工作的关键。根据评估项目的研究内容，邀请从事材料与腐蚀专业、学术造诣较高、工作经验丰富、熟悉国内外专业发展状况、有评估分析能力、学风严谨、办事公正的领域专家和熟悉该专业的项目管理专家组成评估小组（本示例设定专家为10人）。

在确定专家时既考虑了学术专家与管理专家的比例与结构，又考虑了知识的覆盖面和不同的学术观点，同时为了保证评估的公正性，评估采用专家背对背的方式对项目进行打分。

2）评估指标评估标准的确定

为进行评估，在确定评估指标体系后，还需要确定各评估指标的评估标准。按照科学性、合理性以及符合人们思维判读习惯的原则，将评估标准按照对舰船防腐、防漏技术要求的满意度分为A、B、C、D、E 5 个等级，各等级得分分别为 $90\sim99$、$80\sim89$、$70\sim79$、$60\sim69$、$0\sim59$。对于定量指标，通过指标的参数值进行量化考核，对于无法直接量化考核与评定的定性指标，确定出相应的评估标准便于专家打分。以船体水下部位的主船体材料部分为例，按照防腐防漏技术要求可以给出主船体材料在技术成熟性、技术先进性等方面的等级评估标准。

3）评估指标权重的确定

首先，根据舰船防腐防漏设计方案评估的指标体系构造权重集，例如：一级指标权重集 $w_b = (w_{b1}, w_{b2}, w_{b3}, \cdots)$，二级指标权重集 $w_{c1} = (w_{c11}, w_{c12}, w_{c13}, w_{c14}, w_{c15}, w_{c16})$，三级指标权重集 $w_{d11} = (w_{d111}, w_{d112}, w_{d113}, w_{d114}, w_{d115}, w_{d116})$。

其次，构造各级评判矩阵，并求解出判断矩阵的特征矢量。根据专家调查问卷，计算所有专家个体判断矩阵中每一信息元素的算术平均数和标准差，剔除超过算术平均数两个标准差以外的个体判断信息，然后再次计算算术平均数，得到各级判断矩阵。通过矩阵计算得到判断矩阵的最大特征根及其对应的特征矢量。

仍以船体水下部位的主船体材料部分为例，专家对评估指标各元素两两打分结果见表 14.6 所列。

表 14.6 评估准则两两比较

主船体材料 C_{11}	技术成熟性 D_{111}	技术先进性 D_{112}	技术可行性 D_{113}	技术相容性 D_{114}	技术有效性 D_{115}	技术经济性 D_{116}
技术成熟性 D_{111}	1	7	5	3	3	9
技术先进性 D_{112}	—	1	1/5	1/7	1/3	5
技术可行性 D_{113}	—	—	1	1/3	5	5
技术相容性 D_{114}	—	—	—	1	5	3
技术有效性 D_{115}	—	—	—	—	1	5
技术经济性 D_{116}	—	—	—	—	—	1

计算得到判断矩阵最大特征值对应的特征矢量 $w_{d111} = 0.15$，$w_{d112} = 0.20$，$w_{d113} = 0.15$，$w_{d114} = 0.15$，$w_{d115} = 0.2$，$w_{d116} = 0.15$。

然后，计算一致性指标，对判断矩阵进行一致性检验：

$$CI = \frac{\lambda_{max} - m}{m - 1} = 0.0227$$

$$CR = \frac{CI}{RI} = 0.025 < 0.1$$

$CR < 0.1$，所以判断矩阵满足一致性要求。

同理，可以得到其他各级评估指标在进行同层次比较时的指标权重。其中 $B_1 = (w_{c11}, w_{c12}, w_{c13}, w_{c14}, w_{c15}, w_{c16}) = (0.15, 0.15, 0.20, 0.20, 0.15, 0.15)$。

4）设计方案综合评估

首先，10 名专家根据舰船防腐防漏设计方案评估指标体系和被评方案的情况，参照评估标准对舰船防腐设计方案的 D 层指标进行打分，并对专家打分结果进行统计。仍以主船体材料为例，10 名专家对水下部位各 D 层指标做的评估结果统计如表 14.7 所列。

表 14.7　专家打分统计表

D 层指标及权重		D_{111}	D_{112}	D_{113}	D_{114}	D_{115}	D_{116}
		0.15	0.2	0.15	0.15	0.2	0.15
评估尺度	$A(90)$	2	4	6	7	8	5
	$B(70)$	4	5	3	3	1	2
	$C(50)$	3	1	1	0	1	2
	$D(30)$	1	0	0	0	0	1
	$E(10)$	0	0	0	0	0	0
$\sum$		10					

其次,对各单因素进行一级模糊综合评估。根据专家打分表确定各单因素的隶属于 A、B、C、D 和 E 的模糊隶属度。假定 10 名专家中有 1 人对主船体材料的技术成熟性评判等级为 A,4 人评判结果为 B,3 人评判结果为 C,2 人评判结果为 D,则主船体材料技术成熟性的模糊隶属度为

$$R_{d111} = \begin{bmatrix} 0.2 & 0.4 & 0.3 & 0.1 & 0 \end{bmatrix}$$

则主船体水下材料的技术成熟性等级得分为

$$S_{d111} = R_{d111} \times \begin{bmatrix} 95 \\ 85 \\ 75 \\ 65 \\ 55 \end{bmatrix} = 64$$

同理,可以得到舰船船体水下材料在技术先进、可行性、相容性、有效性和经济性方面的技术要求满意度分别为 $S_{d112} = 76$、$S_{d113} = 80$、$S_{d114} = 84$、$S_{d115} = 84$、$S_{d116} = 72$。

再次,通过矢量运算做二级模糊综合评判,设主船体水下材料隶属于 A、B、C、D、E 的模糊隶属度为 R_{c11},则有

$$R_{c11} = w_{d_{11}} \times \begin{bmatrix} R_{d111} \\ R_{d112} \\ R_{d113} \\ R_{d114} \\ R_{d115} \\ R_{d116} \end{bmatrix} = \begin{bmatrix} 0.54 & 0.3 & 0.13 & 0.03 & 0 \end{bmatrix}$$

那么,主船体水下材料的技术要求满意度等级得分为

$$S_{c11} = R_{c11} \times \begin{bmatrix} 95 \\ 85 \\ 75 \\ 65 \\ 55 \end{bmatrix} = 77$$

同理,还可以得到船体水下部位其他方面的技术要求满意度等级得分。

然后,通过矢量运算做三级模糊综合评判,得到船体水下部位的技术要求满意度为

$$S_{b1} = R_{b1} \times \begin{bmatrix} 95 \\ 85 \\ 75 \\ 65 \\ 55 \end{bmatrix}$$

式中:R_{b1} 为船体水下部位的模糊隶属度,且有

$$R_{b1} = w_{c1} \times \begin{bmatrix} R_{c11} \\ R_{c12} \\ R_{c13} \\ R_{c14} \\ R_{c15} \\ R_{c16} \end{bmatrix}$$

同理,还可以得到水下附体、甲板与上层建筑等其他部位的技术要求满意度等级得分。

最后,通过矢量运算做四级模糊综合评判,得到全船的防腐防漏技术要求满意度为

$$S = W_b \times \begin{bmatrix} R_{b1} \\ R_{b2} \\ R_{b3} \\ R_{b4} \\ R_{b5} \\ R_{b6} \end{bmatrix} \times \begin{bmatrix} 95 \\ 85 \\ 75 \\ 65 \\ 55 \end{bmatrix}$$

根据计算结果划分全舰技术要求的满意度等级:

A:90~99,表明设计方案很好满足顶层要求。

B:80~89,表明设计方案较好满足顶层要求,但存在个别问题需要改进。

C:70~79,表明设计方案基本满足顶层要求,但存在部分问题需要改进。

D:60~69,表明设计方案基本满足顶层要求,但存在大量问题需要改进。

E:0~59,表明设计方案存在较多问题,暂不能满足顶层要求,需要整改。

根据以上综合评估结果,可以对设计方案进行总体评估。另外,可以针对每个评估单元以及每个评估对象的评估计算值进行综合对比分析和排序,筛选出防腐防漏设计方案中的薄弱环节和存在问题,提出有关建议,以指导方案进行改进和优化。

14.3　舰船寿命预测

现代舰船是一项庞大的系统工程,舰船上安装的大功率推进装备、复杂的通信装备和各类专用装备,凝聚了许多先进技术的成果,使舰船设计制造朝着大型化、自动化、多用途化的方向发展,因而对舰船的设计制造方面的可靠性问题提出了新要求。首先,由于舰船装备、动力装备的自动化,增加了很多相关装备和控制系统,使舰船元件增加,整体系统复杂化,因而对可靠性提出了更高的要求。另外,由于舰船的大型化,多用途化的发展,使造价大幅度提高,从运行经济性考虑,每停航一天就会造成大量损失,如在航行时出现故障有可能会造成人员的伤亡,所以对装备的运行可靠性和安全性也提出了更高要求。如果能够及时预测装备的寿命,就可以提前做预防性的工作,如进行预防性维修、故障监测。同时为了分析故障发生的概率和造成的后果,全面客观地反映结构的安全性、可用性与耐久性,有必要进行事故的风险评估,从而为结构的设计与维护、制定合理的滚动维修计划提供决策的依据。这样就可以使其可靠性和安全性能得到有效的保证和控制。因此进行舰船寿命预测和失效事故风险的评估具有重要意义。进一步对维修方法难易程度和经济合理性进行评估,则可以改进维修工艺。

舰船的寿命预测也被称为剩余服役寿命预测,顾名思义就是指在规定的运行工况下,能够保证装备安全、经济运行的剩余时间。它被定义为条件随机变量

$$t_r = \{t' - t \mid t' > t, Z(t)\} \qquad (14.9)$$

式中:t'为失效时间的随机变量;t为装备当前年龄;$Z(t)$为当前时刻之前的有关该机器的所有历史使用情况;t_r为装备剩余寿命。

寿命预测可分为早期预测和中晚期预测。早期预测是确定装备的设计寿命或计算寿命,主要以理论和

试验的方法进行。中期预测是为了避免装备运行期间出现意外事故,通过对当前还处于设计寿命之内的装备进行状态监测实现剩余寿命预测。由于通常设计寿命偏于保守,装备寿命往往没有得到充分利用就认为已经到寿从而造成很大的浪费,对累计运行时间已经超过设计寿命的装备进行剩余寿命预测就属于晚期预测。中晚期预测主要以分析装备当前与历史运行状况,用无损探伤及金相检验等多种方法检验鉴定损伤程度、以断裂力学等理论计算及其他直接或间接的寿命预测技术作为科学依据,评估装备还能够继续安全运行的时间。寿命预测是建立在对大量积累寿命资料的分析、试验、实地检验等技术基础之上。值得指出的是,寿命预测应该建立在合理合适的破坏(失效)理论基础之上。

14.3.1　基于力学的寿命预测方法

1. 基于应力的寿命预测方法($S-N$ 曲线方法)

基于应力的方法是最早提出的用于寿命预测的方法,仍是目前常用的方法。图 14.4 是两种类型的 $S-N$ 曲线,即材料的应力 S 与寿命 N 的曲线。从图 14.4 上可以看出,每一个应力 S 都有一个相应的循环次数(疲劳寿命)对应。随着 S 的下降,所有材料的疲劳寿命都增大;但是当应力 S 小于某疲劳极限值时,寿命趋于无限长。但是有关是否存在疲劳极限的问题是研究者不断深入讨论的一个问题。描述 $S-N$ 曲线的最常用表达式是幂函数式,即

$$S^a N = C \tag{14.10}$$

式中:α、C 为与材料、应力比、加载方式等有关的参数。

式(14.10)或写成

$$S(2N)^m = \sigma_F \tag{14.11}$$

式中:σ_F 为拉伸断裂真实应力;m 为与材料、应力比、加载方式等有关的参数。

式(14.10)和式(14.11)称为 Basquin 公式。

在一个零件或结构中主要有两种类型的应力集中:一种是由于结构几何的变化或者结构的不连续而产生的应力集中;另一种是由于焊接等产生的应力集中。根据应力产生方式的不同,基于应力的寿命预测方法又可进一步分为名义应力法、热点应力法和缺口应力法等。

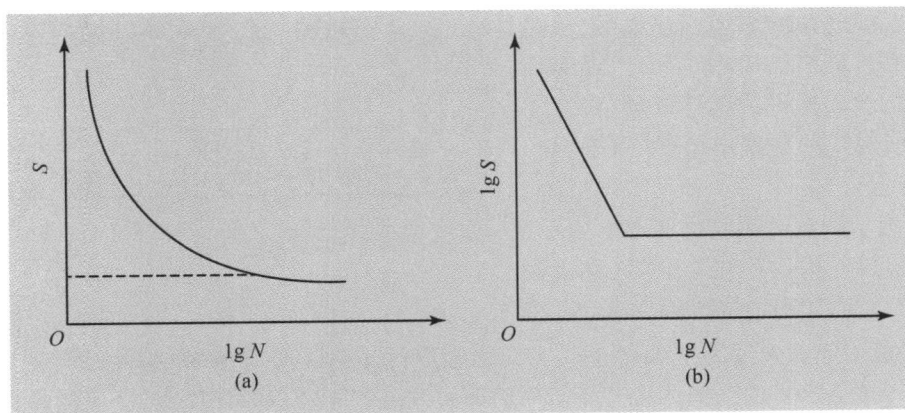

图 14.4　$S-N$ 曲线
(a) 基本类型的 $S-N$ 曲线;(b) 双对数坐标的 $S-N$ 曲线。

2. 基于应变的寿命预测方法($\varepsilon-N$ 曲线方法)

对于循环应力水平较低,寿命长的情况,用基于应力的方法($S-N$ 曲线)来描述其疲劳特性是恰当的。然而,有许多工程构件,在其整个使用寿命期间,所经历的载荷循环次数却并不多。因而应变寿命($\varepsilon-N$)曲线用来描述载荷大(超过屈服应力)、寿命短(一般小于 10^4)的低周疲劳问题,它也更能真实地模拟结构中局部塑性变形区域的受力状况。依据描述寿命特性的应力比 R_ε 的不同,曲线可分为 $\varepsilon-N$ 曲线和 $\Delta\varepsilon-N$ 曲线两种。$\Delta\varepsilon-N$ 曲线以应力比 $R_\varepsilon = -1$ 时的应变幅为参数,去描述寿命特性,当 $R_\varepsilon \neq -1$ 时再去修正 $\Delta\varepsilon-N$ 曲线。

在所有的 $\varepsilon - N$ 曲线中,Manson – Conffin 公式使用最为广泛,如下式:

$$\varepsilon_a = \varepsilon_{ea} + \varepsilon_{pa} = \frac{\sigma_f'}{E}(2N)^b + \varepsilon_f'(2N)^c \tag{14.12}$$

式中:σ_f' 为疲劳强度系数,具有应力量纲;ε_f' 为疲劳延性系数,与应变一样,量纲为1;b 为疲劳强度指数;c 为疲劳延性指数;ε_{ea} 为疲劳应变幅;ε_{pa} 为塑性应变幅。

典型的 $\varepsilon - N$ 曲线如图 14.5 所示。当应力比 $R_\varepsilon \neq -1$ 时,需要对 Manson – Coffin 公式进行修正:

Morrow 弹性应力线性修正

$$\varepsilon_a = \frac{\sigma_f' - \sigma_m}{E}(2N)^b + \varepsilon_f'(2N)^c \tag{14.13}$$

Gerber 弹性应力曲率修正

$$\varepsilon_a = \frac{\sigma_f'^2 - \sigma_m^2}{E\sigma_f'}(2N)^b + \varepsilon_f'(2N)^c \tag{14.14}$$

Marrow 总应变修正

$$\varepsilon_a = \frac{\sigma_f' - \sigma_m}{E\sigma_f'}(2N)^b + \varepsilon_f'(2N)^c \tag{14.15}$$

Sachs 塑性修正

$$\varepsilon_a = \frac{\sigma_f'}{E}\left(1 - \frac{\sigma_m}{\sigma_b}\right)(2N)^b \tag{14.16}$$

3. 累积疲劳损伤理论

1924 年首次提出损伤累积的概念,1945 年 Miner 首次用数学公式表达了线性累积损伤理论。到目前为止,累积疲劳损伤理论日益引起人们的广泛关注,并在寿命预测领域起着重要的作用,因而诞生了很多损伤模型与方法。研究者通过对疲劳损伤机理的分析,建立了很多各有特色的反映疲劳损伤发展规律的累积损伤模型,但是由于公式复杂没有得到广泛应用。另外,还有研究者通过对疲劳试验数据进行统计处理,建立了描述疲劳损伤发展规律的概率模型,如概率 Miner 累积损伤理论。

4. 基于断裂力学的疲劳裂纹扩展理论

断裂力学以材料或构件存在着缺陷(称为裂纹)为前提。当有载荷作用时,裂纹尖端附近,将

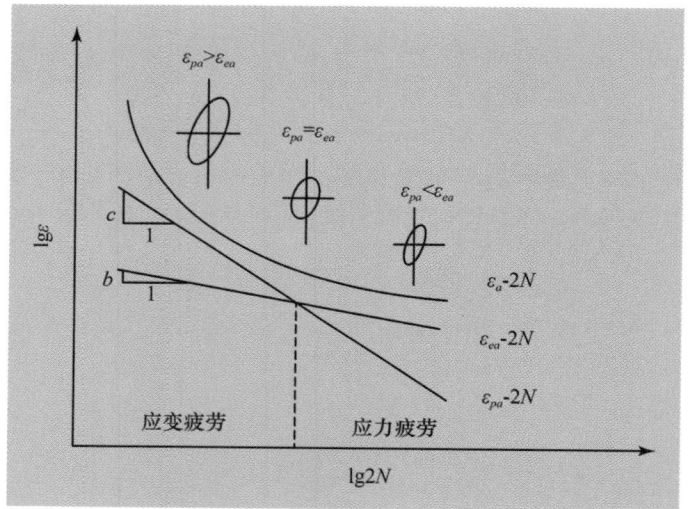

图 14.5 $\varepsilon - N$ 曲线

产生弹性力场,它可用应力强度因子 K 描述。当应力强度因子达到临界值时,构件就会发生断裂。疲劳裂纹扩展速率 da/dN 或 da/dt 用来描述疲劳载荷作用下裂纹长度 a 随着循环周次 N(或循环载荷作用时间 t)的变化率,即表示裂纹扩展的快慢。考虑各有关因素对疲劳寿命的影响,da/dN 可以表达为

$$\frac{da}{dN} = f(\Delta K, R, \cdots) \tag{14.17}$$

只要确定了上述关系,就可以估计疲劳裂纹扩展寿命。显然,式(14.17)积分后给出

$$N_c = \int_0^N dN = \int_{a_0}^{a_c} \frac{da}{f(\Delta K, R, \cdots)} \tag{14.18}$$

式中:N_c 为裂纹从 a_0 到 a_c 的寿命。

然而由于疲劳裂纹扩展机理复杂,影响因素很多,疲劳寿命至今没有准确的定量解析表达式。因此,基于断裂力学的裂纹扩展公式直到今天一直是人们研究的热点。基于疲劳裂纹扩展理论的寿命预测存在的困难表现在以下三个方面:

（1）初始裂纹尺寸分布不确定,初始裂纹尺寸难以测量。

（2）公式中材料系数 C、m 的不确定性。

（3）载荷的随机性。

5. 基于损伤力学的寿命预测技术

自 Kachanov 首先提出连续损伤概念以来,连续损伤力学已经发展成为一门新的学科。它以连续尺度处理一个不断退化对象的力学特性。在外载荷作用下材料内部发生的损伤(微裂纹或微孔洞等)可以认为是连续分布的,所引起的材料和结构性能劣化可用损伤变量表示。损伤变量可能是标量、矢量或者张量,它们有一定的物理意义,因而便于测量。由于金属的疲劳损伤一般是各向同性的,所以损伤变量通常用弹性模量的降低来表示,是标量。在等幅应变疲劳情况下,金属材料的连续损伤模型可表示为

$$D = 1 - \frac{\Delta\sigma}{\Delta\sigma_0} \tag{14.19}$$

式中:$\Delta\sigma_0$ 为初始无损伤时循环应力差;$\Delta\sigma$ 为疲劳损伤过程中不断降低的循环应力差。

Chaboche 建立了非线性连续损伤模型

$$D = 1 - \left[1 - r^{1/(1-\alpha)}\right]^{1/(1+\beta)} \tag{14.20}$$

式中:α 为应力状态的函数;β 为材料常数;r 为损伤状态。

从连续损伤力学的角度也可以立足于 Paris 公式来描述裂纹扩展过程,损伤力学认为裂纹的扩展实际上是裂纹尖端在高梯度应力和应变作用下不断损伤的过程,主要体现于裂纹尖端塑性区和损伤区的演化和运动:

$$\frac{\mathrm{d}L}{\mathrm{d}N} = C_\mathrm{d}(\Delta K)^r \tag{14.21}$$

且

$$C_\mathrm{d} = \frac{r_\mathrm{c}}{2D_\mathrm{c}}\left(\frac{1}{C_2 \sqrt{2\pi r_\mathrm{c}}}\right)^r \tag{14.22}$$

式中:L 为表面裂纹在某一方向上的尺寸,是空间坐标的函数;D_c 为损伤临界值;r_c 为裂纹尖端的细观损伤特征尺寸;C_2、r 为疲劳损伤演化常数。

6. 基于能量的寿命预测方法

基于能量的损伤参数可以统一由不同的载荷类型造成的损伤,如热循环、蠕变、疲劳等。Fatemi 等提出了如下的疲劳应变能量密度参数来预测在多轴载荷下的各种材料的疲劳寿命:

$$W^* = \frac{\Delta\sigma_{12}}{2}\frac{\Delta\gamma_{12}}{2} + k_1 k_2 \frac{\Delta\varepsilon_{22}}{2}\frac{\Delta\sigma_{22}}{2} \tag{14.23}$$

式中:$\Delta\sigma_{12}$、$\Delta\sigma_{22}$ 分别为切应力和正应力;$\Delta\gamma_{12}$ 和 $\Delta\varepsilon_{22}$ 分别为切应变和正应变;k_1 和 k_2 为两个权重常数,且有

$$k_1 = \frac{\gamma'_\mathrm{f}}{\varepsilon'_\mathrm{f}} \quad k_2 = \frac{\sigma'_\mathrm{f}}{\tau'_\mathrm{f}} \tag{14.24}$$

式中:τ'_f 为抗扭疲劳系数;γ'_f 为扭转疲劳延展性系数。

20 世纪 20 年代,Griffith 首先提出在裂纹扩展过程中是由于物体内部能量的释放所产生的裂纹驱动力导致了裂纹的增长。裂纹驱动力与裂纹尺寸及外加载荷有关,也称为能量释放率。能量释放率用 G 表示。若能求得能量释放率变化负的 ΔG,则可求得裂纹扩展寿命,即

$$\frac{\mathrm{d}a}{\mathrm{d}N} = C(\Delta G)^m \tag{14.25}$$

在实际工程计算中,基于数值分析与仿真的有限元技术,如 ANSYS、NASTRAN 等已经成为一种不可缺少的重要工具,根据有限元获得的应力应变结果进一步的疲劳寿命估算已经得到广泛应用。基于数值分析与仿真可以减少试验样机的数量,缩短产品的开发周期,进而降低开发成本。用有限元估算疲劳寿命通常分两步:第一步是根据载荷和几何结构计算应力应变历史,这是有限元分析的主要任务;第二步是根据得到的应力应变响应,结合材料的性能参数,应用所选的损伤模型进行寿命估算。基于有限元的疲劳设计分析系统 MSC/FATIGUE 就为实现此技术提供了软件平台。它支持三种目前最常用的疲劳寿命分析方法,即总寿命或名义应力寿命分析(包括焊接结构分析)、裂纹初始化或应变寿命分析以及基于线弹性断裂力学的裂

纹扩展寿命分析。ADAMS 软件是机械系统动力学仿真分析软件,该软件可以组建系统虚拟样机,在虚拟环境中真实地模拟系统的运动,并对其在各种工况下的运动和受力情况进行仿真分析,研究重要机构在运行过程中动态特性。通过动力学仿真,该软件可以输出虚拟样机工作过程中的各种力学参数(如速度、加速度、位移和力等)的时变规律,利用输出结果实现寿命预测。综上所述,基于力学的寿命预测方法在机械重大装备寿命预测技术中占有举足轻重的地位。针对研究对象与工程应用中的具体问题,研究者们展开了深入研究,取得了巨大成就。

14.3.2 基于概率统计的寿命预测方法

在常规寿命计算方法中是将与剩余寿命有关的参数,如裂纹尺寸、载荷、材料特性等当作确定性的量来处理。然而工程实际中这些参数往往不是确定值。另外,预测得到的寿命是很分散的,即具有一定分布特征的随机量。因此,要对构件的安全使用做出更符合实际的评估,就迫切需要引入概率统计理论,以使构件的断裂和寿命预测有一个可靠的定量概念。如果已知各参数的分布规律,并采用概率方法考虑参数的随机性,就能得到具有一定可靠度的剩余寿命。概率 Miner 累积损伤理论是在原有 Miner 公式基础上发展得来的,通过引入 $p-S-N$ 曲线代替 $S-N$ 曲线进行安全寿命估算。在多级(k 级)应力水平下,其寿命估算的概率 Miner 公式为

$$T\sum_{i=1}^{k}\frac{n_i}{N_{pi}} = 1 \tag{14.26}$$

式中:N_{pi} 为第 i 级应力水平单独作用下可靠度为 p 的破坏循环次数;n_i 为在应力 S_i 作用下的循环次数;T 为周期总数。

概率 Miner 累积损伤理论还可用于裂纹扩展情况,其主要依据是 $p-\mathrm{d}a/\mathrm{d}N-\Delta K$。根据载荷谱和构件类型,通过积分计算便可估算出在恒定载荷作用下可靠度为 p 的疲劳裂纹扩展寿命 Np^*,由此得到构件疲劳裂纹扩展的 $p-S-N^*$ 曲线。于是,在多级载荷谱或随机载荷谱作用下,构件疲劳裂纹扩展寿命估算可利用以下断裂概率 Miner 公式

$$T^*\sum_{i=1}^{k}\frac{n_i}{N_{pi}^*} = 1 \tag{14.27}$$

14.3.3 基于信息新技术的寿命预测方法

1. 基于人工智能技术的寿命预测方法

长期以来,国内外学者对寿命预测进行了大量的理论和试验研究,提出了一系列物理模型,对寿命进行了定性分析和近似定量计算。由于忽略了工程实际中存在的随机、突变和非线性等因素,削弱了物理模型的预测精度。被称为 21 世纪世界三大尖端技术之一的人工智能技术在很多学科领域都获得了广泛应用,并取得了丰硕的成果。人工智能技术通过使计算机来模拟人的复杂思维过程和智能行为(如学习、推理、思考、规划等)而做出一种新的与人类智能相似的反应。所以人工智能技术适合于解决物理规律复杂、不确定性影响因素较多等特点的重大装备寿命预测问题。人工智能技术主要包括神经网络、专家系统、模糊计算、粗糙集理论、进化算法等。

20 世纪 90 年代,美国制定的一体化高性能涡轮发动机技术项目计划中,机载的发动机寿命测量和诊断系统的研制是其主要内容之一,而神经网络则被认为是最具潜力的诊断工具。因此,近年来基于神经网络的寿命预测技术成为人们研究的热点。很多研究技术与文献都采用了神经网络技术。

2. 基于机械装备状态监测的寿命预测方法

由于机械装备信号可以反映出机械装备千变万化的运行状态,通过连续监测机械装备运行过程可以获得表征机械装备从投入使用到报废的退化信号。通过传感技术可以获得反映机械装备使用状况的信号,通过特征提取技术及信号处理技术分析表征机械装备运行状况的退化信号就可以实现预测机械装备的剩余寿命。

概括地讲,基于力学的寿命预测方法是从失效与破坏机制的动力学特性来预测其剩余寿命,这是工程上常用的方法之一。当零件的失效是单一的失效机制或由一种失效机制起主要控制作用时,其剩余寿命的

预测显得较为简单易行,如疲劳寿命预测、蠕变寿命预测和磨损寿命预测等。但是由于舰船等重大装备服役环境严酷,多种失效形式耦合出现的情况要求研究多种失效形式耦合的破坏理论并在此基础上发展机械重大装备的寿命预测技术。基于概率统计的寿命预测方法通过积累的试验数据和现场数据建立统计模型,通过确定寿命特征值随时间的分布和失效概率,预测在要求可靠度下的寿命。从概率统计的意义上来说,基于概率统计的寿命预测结果更能反映机械产品寿命的一般规律和整体特性,但是需要大量试验和数据的积累。而近年来兴起的基于信息新技术的寿命预测方法相对基于力学的寿命预测方法和基于概率统计的寿命预测方法显得还不够成熟,有待于今后进一步的研究与发展。

14.4　涉及腐蚀的船舶结构极限强度与可靠性评估

腐蚀是导致舰船结构失效的主要原因之一。在舰船全寿命周期内进行结构可靠性分析,不考虑腐蚀、疲劳等原因引起的结构承载能力的变化将是非常危险的。自 20 世纪 90 年代以来,各国船级社及相关科研机构已经开始进行考虑腐蚀和疲劳影响的船舶结构可靠性分析。考虑腐蚀和疲劳影响的船体结构安全评估已越来越受到人们的重视。

关于疲劳损伤对船舶结构安全性的影响,国内外已开展大量研究,并已发展出了多种成熟理论。但是,由于船舶结构腐蚀成因及其发展极为复杂,与多种自然环境因素、腐蚀防护系统和维修保养措施密切相关;更重要的是,目前还比较缺乏分类专门细致、大时间跨度内的实船腐蚀检测数据库,所以如何准确评估腐蚀对船舶结构安全可靠性的影响仍是一个研究难点和热点。

目前,在船舶与海洋结构物的可靠性分析中,通常以结构物在修复期内任意一个时刻,板厚以某种形式速率的减少来表示腐蚀的影响。即假定结构单元在投入使用初始阶段处于未腐蚀状态,然后由于腐蚀的作用,板厚逐渐减少。具体做法:提出一个针对性的时变腐蚀厚度模型,依此计算出结构在服役期内任意时刻板厚的均值和方差,对结构进行剖面折减。

此类处理方法的首要任务在于根据结构类型的腐蚀环境、材料特性等提出合理的腐蚀数学模型。模型的适合与否直接影响结构可靠性计算的正确性。船舶结构的外部工作环境极为复杂,随着地域、气候和水深的不同,海水的物理和化学特性也存在不可忽略的变化。影响海水中金属腐蚀的环境因子包括海水的盐度、电导率、含氧量、pH 值、温度、海水流速与海浪冲击、海生物等。而船体内部各舱船体板与骨材由于所处具体位置不同,其腐蚀环境也是不尽相同的,且随船舶运载货物类型和装卸情况的变更而处于不断变化之中。因此,船体结构的腐蚀速率还受到船舶营运参数和与船体相关的一些内在因素的影响,包括货物的类型与运载时间、空载时间、营运路线、货舱清理的频率和清理程度,腐蚀防护系统类型、结构的位置和方向等。此外,船体的日常维护和保养情况对腐蚀进程的影响也是不可忽略的。

14.4.1　均匀腐蚀模型

当前,对腐蚀影响的考虑很多还是集中在均匀腐蚀假定。在传统考虑腐蚀影响的结构可靠性研究中,出于简化问题起见,大多将腐蚀速率作为一个具有常均值的随机变量,即假定船体板厚度的减少是随着时间线性变化的。然而腐蚀试验数据证明,单一的线性腐蚀率模型并不能很好地描述实际上极为复杂的钢材腐蚀行为,采用非线性腐蚀率模型更为合理。

Melchers 指出,现有腐蚀模型大致可分为物理模型和经验模型两大类。前者是依据腐蚀过程中所涉及的物理学原理推导得出;而后者则是根据以往的观测数据,采用统计学的方法得出的近似曲线。

1）物理模型

Evans 和 Tomashev 于 20 世纪 60 年代提出腐蚀物理模型,认为腐蚀过程取决于由铁离子穿透金表面锈层的速度;Chernov 和 Ponomareko 所提出的模型在采用了相似的理论之外,还认为腐蚀进程受到腐蚀产物表面氧气扩散程度的控制。同时,他们还提出了若干半经验性参数对海水温度、流速和盐度的影响进行修正。近年来,Melchers 等对无腐蚀防护系统(CPS)钢结构的海水腐蚀机理进行研究,提出了一个更为精炼的概念性腐蚀模型,称为概率现象学模型。该模型适用于海水全浸带中无腐蚀防护系统的碳钢、低合金钢材料。腐蚀过程被大致划分为四个阶段:初始腐蚀阶段、取决于腐蚀生成物和微生物成长的氧气扩散阶段、有氧活动控制阶段、厌氧活动控制阶段。随后,Melchers 在此模型基础上,结合试验数据分别对各腐蚀阶段特点进行研究,确定各阶段模型参数特征。研究表明:在初始腐蚀阶段:腐蚀行为在最初很短时间跨度(<5 天)内是高度非线性的,即腐蚀速率初值极高,随后稳定下降;之后,平均腐蚀速度和即时腐蚀速度均进入随暴露时间近似线性变化阶段;经数学推导得出了氧气扩散阶段腐蚀厚度和腐蚀速率与暴露时间之间的非线性函数关系式,并用澳大利亚东部海岸实海钢材腐蚀数据进行检验;有氧活动控制阶段和厌氧活动控制阶段的幂函数形式腐蚀数学模型同样被推导得出,且可以推测此阶段的腐蚀直接与周围环境氧气浓度和腐蚀锈层的扩散率呈比例关系。

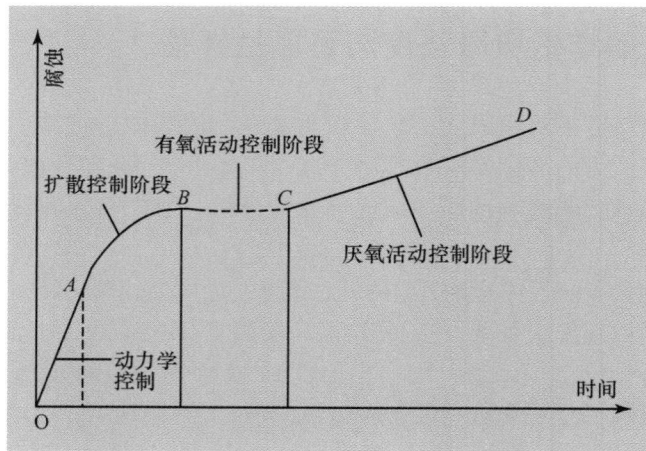

图 14.6　Melchers 的海洋腐蚀概率现象学模型

此外,Melchers 还结合这个模型,通过与实测腐蚀数据对比,讨论了海水流速变化对腐蚀过程的影响。认为在腐蚀早期阶段,流速的影响颇为复杂;但随着保护性腐蚀产物层和海洋生物的堆积,流速对腐蚀的影响逐步下降。在钢材成分方面,Melchers 重点讨论了碳含量变化对低合金钢海水腐蚀的影响,认为碳含量变化对初始腐蚀阶段和氧气扩散阶段腐蚀的影响是微乎其微的,但在有氧活动控制阶段和厌氧活动控制阶段,腐蚀量将随碳含量与海水温度的增加而增加;并分别讨论了低合金钢各典型合金成分的微小变化对各腐蚀阶段模型参数确定的影响。

"概率现象学模型"的建立是近年来钢材海水腐蚀研究中极富创造性的工作。该模型符合基本腐蚀规律,明晰、精炼地描述了全浸带钢材整个腐蚀进程;且对模型各阶段腐蚀曲线形式、参数与大量实海观测数据进行了对比验证,可信度较高。但该模型仅适用于无腐蚀防护系统钢材在全浸带均匀腐蚀情况,且模型参数难以确定、使用不便,因此直接应用于船舶结构安全性评估中存在一定难度。

2)经验模型

Southwell 等人观测到腐蚀产物暴露 2 ~ 5 年,其厚度的增加与时间呈非线性关系,之后近似线性增加;从而提出了线性和双线性模型。而此模型对腐蚀初始阶段的描述是偏保守的。Melchers 将该模型参数表示成统计意义上的关系,从而将这两个模型发展成"拓展 Southwell 模型",Melchers 和 Ahammed 进一步提出了一个三线性模型和指数模型。Yamamoto 和 Ikegami 为确定散货船舱壁板与底部支座部位的腐蚀情况,提出了一个简单的非线性概率模型,并根据来源于 27 条散货船的该区域的 51 批次 7581 个数据点对模型进行了评估验证。Guedes Soares 和 Garbatov 提出了一个指数形式模型以描述油舱顶部内板及散货船舷侧列板的腐蚀进程。考虑腐蚀防护系统的影响,将整个腐蚀过程分为三个阶段:第一阶段,由于腐蚀防护系统非常有效可假设没有腐蚀。这个阶段时间的长短和很多因素有关,统计表明在船舶中变化范围在 1.5 ~ 5.5 年或在 5 ~ 10 年。第二阶段,腐蚀防护系统开始失效,板厚由于腐蚀而逐渐减薄;而腐蚀速度起始时刻即为最大值而后递减。对于一般船体板而言,这个阶段大约持续 4 ~ 5 年。第三阶段由于腐蚀物附着在板表面阻止了腐蚀环境对板的进一步腐蚀,腐蚀进程逐渐停止,腐蚀速率渐趋为零。

根据上述假定,Guedes Soares 列出如下腐蚀深度一阶线性非齐次微分方程:

$$d_\infty d(t) + d(t) = d_\infty \qquad (14.28)$$

式中:d_∞为腐蚀极限厚度;$d(t)$为任意 t 时刻的腐蚀厚度;$\dot{d}(t)$为腐蚀速率。

解得方程特解,即为腐蚀曲线:

$$d(t) = \begin{cases} 0, & t \leqslant \tau_c \\ d_\infty(1 - e^{-(t-\tau_c)/\tau_t}), & t > \tau_c \end{cases} \tag{14.29}$$

式中:τ_c为腐蚀防护系统寿命;τ_t为过渡时间。

为评估散货船纵向构件的腐蚀率,Paik 等人将源自 44 条散货船的 7503 个纵向构件腐蚀数据点按其位置、方向的不同分为 16 类,统计分析得出了一个线性腐蚀率模型。该模型将构件腐蚀过程明确分为无腐蚀及腐蚀两个阶段;并假定在腐蚀防护失效后腐蚀立即开始,这一点与 Guedes Soares 模型一致。CPS 的寿命可以假设服从正态分布,Paik 等人中引用了 Loseth、Emi 等人的腐蚀防护系统寿命 5 ~ 10 年的结果;5 年的 CPS 寿命代表较为严重的腐蚀环境,10 年则代表了比较理想的腐蚀环境。而腐蚀速率处理成随机变量,可以假设服从威布尔分布。

在此基础上,Paik 等人将腐蚀数据库进一步扩充为 109 条现役散货船,23 类 12446 个数据点;并提出如下三参数幂函数形式的腐蚀深度模型:

$$d(t) = c_1(t - T_{c_1})^{c_2} \tag{14.30}$$

式中:d 为腐蚀厚度,T_{c_1}为 CPS 系统寿命,c_1、c_2为待定常数。

当 $c_2 > 1.0$ 时,该模型可模拟腐蚀产物不断被清理,腐蚀增速情况;$c_2 < 1.0$ 时,可模拟腐蚀产物堆积,引起腐蚀减速情况。从简化问题起见,Paik 取 $c_2 = 1.0$,将其简化为线性模型,依据各纵向结构类型实测数据,讨论了散货船体各主要纵向构件腐蚀率的分布,统计得出了腐蚀率的均值和标准方差,并依此得出不同 CPS 寿命条件下,各结构部位对应的腐蚀裕量(NDCV)推荐值。采用类似的函数模型与工作方法,Paik 等分别得出了适用于船体海水压载舱、单双体油船、FSO 和 FPSO 的线性腐蚀模型及相应的一系列 NDCV。在分析 1937 个海水压载舱内板腐蚀数据后,Paik 发现对应于一般腐蚀情况,腐蚀率基本服从威布尔分布;而在严重的腐蚀环境下,腐蚀率更趋向于正态分布。

Paik 系列模型的优点:数学分析简明扼要;应用简便;假定构件 CPS 寿命后,仅需确定腐蚀率这一个参数。在对大量的实船腐蚀数据做了详尽细致地统计后,所得出的船舶结构系列 NDCV 有很强的说服力。

14.4.2　局部腐蚀模型

目前,船舶界关于局部腐蚀问题的研究还处于初步阶段,且存在很大争议。现有文献的研究对象主要集中在点腐蚀方面,所提出的点腐蚀模型均以点蚀深度为单一指标,存在许多的不足。

Melchers 按传统观念,将点蚀最大坑深处理成极值分布(一般为 Gumbel 分布);在"概率现象学模型"的基础上,提出了低碳钢在全浸带点腐蚀最大坑深概率模型,并依据实测低碳钢腐蚀数据,认为对较大坑深的点蚀,其最大坑深应服从正态分布;采用双概率密度模型来描述点蚀最大坑深更为准确。进而,Melchers 讨论了遭受腐蚀的船舶、近海结构物及管道安全性评估的基本理论与数据需求;并以管道实例说明了在受点腐蚀影响下的结构可靠性分析流程。Melchers 认为长期点腐蚀行为是与厌氧环境相关联的,因此,经实验室内短期腐蚀观测分析得出的 $A \cdot t^B$ 形式模型并不适用于实海。

Paik 认为其所采用经扩充、修正后的实船腐蚀数据库已包含了点蚀数据点,因此,在这个基础上整理得出的 Paik 线性腐蚀模型可以用来描述实船点蚀进程。考虑到可靠性计算中缺乏实用化点蚀模型的现实,将此结论应用于工程实际只能是无奈之举,本无可厚非;但在理论上,这无疑是存在一定缺陷的。

现有腐蚀模型在以下方面或多或少存在一定的不足,需要加以改进:

首先,腐蚀速率与 CPS 影响问题。在特定阶段,传统的线性腐蚀模型,如 Southwell 模型、拓展 Southwell 模型等。对描述无 CPS 钢材在全浸带的腐蚀进程尚能胜任;但将其外推应用到复杂的船舶内部腐蚀环境或流动海水环境,则与基本的腐蚀规律和事实不符。Paik 线性简化模型尽管将腐蚀率处理成威布尔分布或正态分布的随机变量,通过分析船体各部位实测数据确定其均值与方差,但本质上还是未能脱出线性假设的范畴。Guedes Soares 模型和 Paik 幂函数模型虽考虑了 CPS 的影响,并采用了非线性函数描述腐蚀率,但认为在 CPS 的效能完全丧失后,腐蚀进程才开始。这样就导致腐蚀速率在 CPS 失效时刻跃变,然后单调上升或单调下降;这显然与实际腐蚀过程不符。而秦圣平模型由于考虑到 CPS 的渐进失效过程,认为存在腐蚀加速、减速阶段,避免了腐蚀速率跃变问题。

其次,局部腐蚀问题。现有可靠性计算中所采用的腐蚀模型均是建立在均匀腐蚀假设基础上的。而对多数船舶结构区域而言,如散货船货舱区肋骨根部、海水压载舱内板表面等,局部腐蚀也是构件腐蚀的主要形式之一。目前船舶界关于局部腐蚀影响问题的研究仅仅处于起步阶段,还没有发展出比较有说服力、得到多数人认可的局部腐蚀模型。

另外,腐蚀曲线适用范围问题。船舶各区域结构由于所处位置、方向的不同,其腐蚀类型与腐蚀特性也应存在很大的不同。这就要求腐蚀模型通过参数调整,能够对多种腐蚀率形式进行模拟,对腐蚀曲线的拟合能力提出更高要求。

14.5 舰船典型部位防腐设计方案仿真评估方法

14.5.1 基本原理和方法

1. 数学模型

构成舰船船体阴极保护系统的基本要素包括船体湿表面、牺牲阳极表面以及海水电解质区域。描述阴极保护系统的两个物理量分别是电位和电流密度。因此,与舰船船体阴极保护系统相对应的物理模型所包含的基本要素有海水电解质区域 Ω 内的电位状态和电流矢量状态、船体湿表面防腐涂层完好部位(定义为 S_1)的电位状态和电流状态、涂层损伤部位(定义为 S_2)的电位状态和电流状态、牺牲阳极表面(定义为 S_2)的电位状态和电流状态、海面(定义为 S_w)的电位状态和电流状态以及距离船体足够远处(定义为 S_∞)的电位状态和电流状态。这样一来,舰船船体阴极保护问题的数学模型可以归结为描述海水电解质区域 Ω 内电位状态和电流矢量状态的数学方程(域内控制方程)、描述全部边界($S_1 + S_2 + S_w + S_\infty$)上电位状态和电流状态的数学方程(边界条件)。

1)域内控制方程

在海水电解质区域内,由船体阴极保护系统产生的电场中的电位和电流密度满足方程。

$$q = -\frac{1}{\rho} \nabla \phi \tag{14.31}$$

式中:q 为电流密度;ϕ 为电位;ρ 为海水的电阻率。

如图 14.7 所示,在海水电解质区域的电场中取一微小立方体积元($\mathrm{d}x \times \mathrm{d}y \times \mathrm{d}z$)作为研究对象,则微小立方体积元六个面上的电流密度为

$$\begin{cases} S_A : q_x = -\dfrac{1}{\rho}\dfrac{\partial \phi}{\partial x} \\[2mm] S_B : q_y = -\dfrac{1}{\rho}\dfrac{\partial \phi}{\partial y} \\[2mm] S_C : q_z = -\dfrac{1}{\rho}\dfrac{\partial \phi}{\partial z} \\[2mm] S_D : q_x' = -\dfrac{1}{\rho}\dfrac{\partial}{\partial x}\left(\phi + \dfrac{\partial \phi}{\partial x}\mathrm{d}x\right) \\[2mm] S_E : q_y' = -\dfrac{1}{\rho}\dfrac{\partial}{\partial y}\left(\phi + \dfrac{\partial \phi}{\partial y}\mathrm{d}y\right) \\[2mm] S_F : q_z' = -\dfrac{1}{\rho}\dfrac{\partial}{\partial z}\left(\phi + \dfrac{\partial \phi}{\partial z}\mathrm{d}z\right) \end{cases} \tag{14.32}$$

任意时刻,图 14.7 中的微小立方体积元($\mathrm{d}x \times \mathrm{d}y \times \mathrm{d}z$)中电量的变化量为

$$\begin{aligned} Q &= q_x \mathrm{d}y\mathrm{d}z + q_y \mathrm{d}x\mathrm{d}z + q_z \mathrm{d}x\mathrm{d}y + q_x' \mathrm{d}y\mathrm{d}z + q_y' \mathrm{d}x\mathrm{d}z + q_z' \mathrm{d}x\mathrm{d}y \\ &= \frac{1}{\rho}\left(\frac{\partial^2 \phi}{\partial x^2} + \frac{\partial^2 \phi}{\partial y^2} + \frac{\partial^2 \phi}{\partial z^2}\right)\mathrm{d}x\mathrm{d}y\mathrm{d}z \end{aligned} \tag{14.33}$$

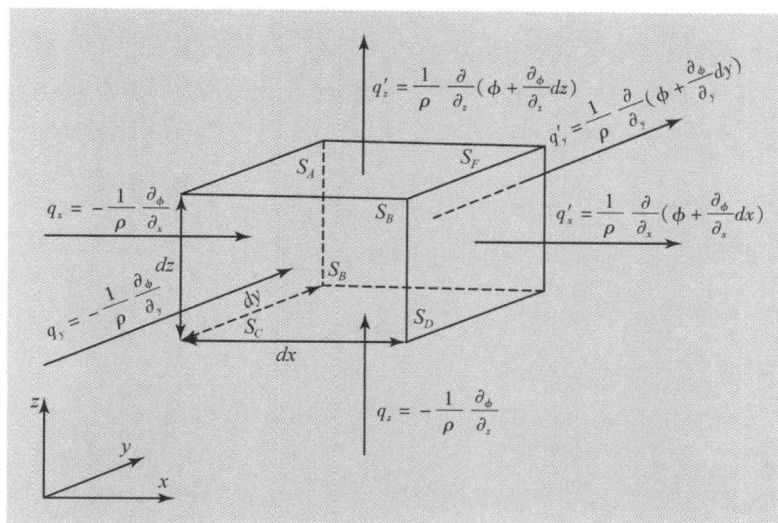

图 14.7　立方体积元

当阴极保护系统产生的电场达到平衡状态时,能量最低原理要求微小立方体积元 $(\mathrm{d}x \times \mathrm{d}y \times \mathrm{d}z)$ 中的电量处于恒定状态,即 $Q = 0$。由式(14.33)可以得到域内控制方程为

$$\frac{1}{\rho} \nabla^2 \phi = 0 \qquad\qquad, \quad \Omega \qquad\qquad (14.34)$$

2)边界条件

(1)船体湿表面防腐涂层完好部位 S_1:垂直于边界方向的电流密度为"0",

$$q = \frac{1}{\rho} \frac{\partial \phi}{\partial n} = 0 \qquad\qquad , S_1 \qquad\qquad (14.35)$$

(2)涂层损伤部位(定义为 S_2)及牺牲阳极表面(定义为 S_2)的电位状态和电流状态之间的关系满足极化曲线,即

$$q = \frac{1}{\rho} \frac{\partial \phi}{\partial n} = f_{\mathrm{ac}}(\phi) \qquad\qquad , S_2 \qquad\qquad (14.36)$$

(3)垂直于海面边界(定义为 S_{w})方向的电流密度为"0",即

$$q = \frac{1}{\rho} \frac{\partial \phi}{\partial n} = 0 \qquad\qquad , S_{\mathrm{w}} \qquad\qquad (14.37)$$

(4)距离船体足够远处(定义为 S_{∞},也称为物理模型的外边界)的电位为常数、电流密度为"0",即

$$\begin{cases} \phi = \phi_{\infty} \\ q = \dfrac{1}{\rho} \dfrac{\partial \phi}{\partial n} = 0 \end{cases} \qquad\qquad , S_{\infty} \qquad\qquad (14.38)$$

综上所述,舰船船体阴极保护问题的数学模型为

$$\begin{cases} \dfrac{1}{\rho} \nabla^2 \phi = 0 & , \quad \Omega \\[2mm] q = \dfrac{1}{\rho} \dfrac{\partial \phi}{\partial n} = 0 & , \quad S_1 \\[2mm] q = \dfrac{1}{\rho} \dfrac{\partial \phi}{\partial n} = f_{\mathrm{ac}}(\phi) & , \quad S_2 \\[2mm] q = \dfrac{1}{\rho} \dfrac{\partial \phi}{\partial n} = 0 & , \quad S_{\mathrm{w}} \\[2mm] \phi = \phi_{\infty} & , \quad S_{\infty} \\[2mm] q = \dfrac{1}{\rho} \dfrac{\partial \phi}{\partial n} = 0 & , \quad S_{\infty} \end{cases} \qquad\qquad (14.39)$$

2. 边界元法

可以采用有限差分法、有限元法以及边界元法对方程(14.39)进行求解,以获得船体阴极保护系统所处的状态。但是边界元法被认为是求解电偶腐蚀或阴极保护问题最有效的数值方法,原因如下:

(1) 船体的阴极保护系统所对应的物理模型包含一个半无限区域,有限差分法及有限元法都无法有效地对应这个问题。

(2) 船体阴极保护系统的状态只与船体湿表面和牺牲阳极表面上的电位及电流状态有关。

(3) 边界元法能够更方便、更有效地对应复杂的实际工程问题。

14.5.2 水下部位船体防腐设计方案仿真评估方法研究

1. 仿真评估需求分析

舰船水下部位船体及附体通常采用防腐蚀涂料和阴极保护(牺牲阳极或外加电源)并用的方法进行联合保护。当防腐蚀涂层因老化而失效或发生局部破损时,阴极保护系统(牺牲阳极或外加电源)通过向船体提供保护电流而发挥防腐蚀作用。然而,实船调研发现,由于阴极保护设计不佳而导致船体"欠保护"或"过保护"的问题时有发生。究其根源在于:现行的阴极保护设计方法是根据相关规范来设定一个"平均保护电流密度",以此确定阴极保护系统的其他参数(牺牲阳极:阳极个数、重量、布置位置等。外加电源:电源容量、工作电极配置、屏蔽范围等)。由于这种阴极保护设计方法仅能针对舰船的某个初始状态,而无法反映船体表面上保护电位的真实分布和随使用时间的动态变化。加之水下船体部位受到联合保护,而不同保护措施对船体的综合防腐蚀效果的影响机制不尽相同,难以实现对水下部位船体在全寿命期内腐蚀防护的有效设计和综合腐蚀速率的准确测算。因此,在舰船研制设计过程中,需要针对防腐防漏技术设计方案,采用各种仿真模拟计算方法对舰船水下部位船体的综合腐蚀速率和防腐蚀期效进行仿真评估。

2. 仿真评估特点及思路分析

对水下部位船体防腐系统(防腐涂料 + 牺牲阳极阴极保护)进行仿真评估具有如下特点:

(1) 防腐涂层的不完整率随时间而增大,从而导致船体湿表面所需要的保护电流("需求")随时间而增大。

(2) 牺牲阳极的体积和表面积随时间而消耗减小、形状随时间而变化,从而导致牺牲阳极向船体湿表面提供保护电流的潜力或能力("能力")随时间而减弱。

(3) 船体防腐系统的动态变化过程相对缓慢。

对水下部位船体防腐系统(防腐涂料 + 牺牲阳极阴极保护)进行仿真评估的思路分析如下:

由于船体防腐系统的动态变化过程相对缓慢,可以将一个保护周期(1 年、1.5 年或 2 年)划分为若干个足够短的时间区间、在每一个时间区间内按静态对船体防腐系统进行数值模拟计算;递推算出牺牲阳极的体积、表面积及形状在每一个时间区间内的平均变化量;在此基础上,模拟仿真出船体防腐系统在一个保护周期(1 年、1.5 年或 2 年)内的动态变化过程,主要包括:

(1) 船体湿表面保护电位分布、阴极保护状态随时间的变化过程。

(2) 牺牲阳极的残量及形状随时间的变化过程。

(3) 牺牲阳极提供保护电流的能力等工作状态随时间的变化过程。

3. 仿真评估流程

1) 输入仿真评估基本条件

(1) 船体形状信息及材料在海水中的自然腐蚀速率曲线。

(2) 牺牲阳极型号规格及物理基本要素(重量、密度、电容量等)。

(3) 牺牲阳极在海水中的极化曲线。

(4) 牺牲阳极布置方案。

2) 设定仿真评估边界条件

(1) 海水电阻率。

(2) 防腐涂层损伤条件的设定,即涂层的防腐性能随时间的退化行为曲线。

3）仿真评估实施步骤

（1）建立不同排水量状态下船体湿表面的保护状态三维边界元法的计算网格模型（三维造型）。

（2）计算不同排水量状态下船体吃水及船体湿表面积。

（3）计算不同排水量状态、不同使用时间条件下船体湿表面上保护电位分布。

（4）综合以上结果，计算得出不同使用时间条件下水下部位船体的综合腐蚀速率，以此为依据可进一步计算并评价船体的综合防腐蚀效果和防护期效。

仿真计算模型及计算结果示例如图 14.8 所示。

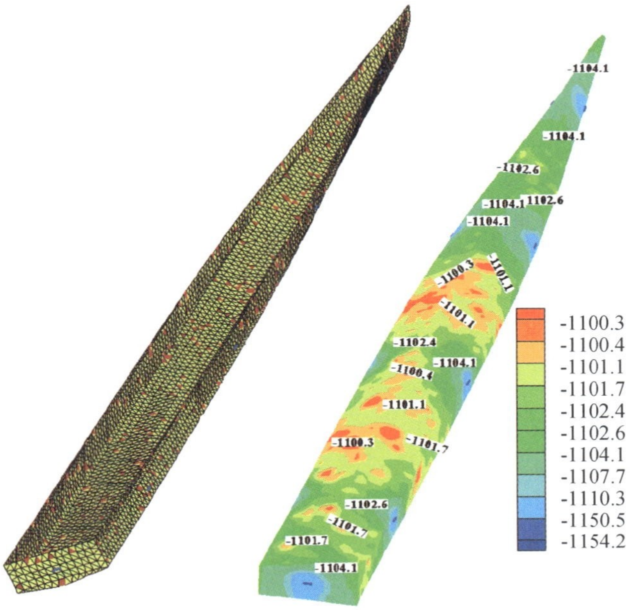

图 14.8　水下船体使用 0.5 年后的仿真计算模型及计算结果

14.6　舰船腐蚀与防护数据库

舰船防腐防漏评估可以根据需要和技术手段现状，视情采用综合评估或仿真评估的方法。无论采用哪种方法或技术手段，都离不开舰船腐蚀与防护数据库的支持。因为缺少数据支撑的评估是不准确的，也毫无意义。为此，研究并建立舰船腐蚀与防护数据库是舰船防腐防漏评估工作中的重要内容，必须给予足够的关注。

当前，舰船腐蚀问题的有效解决，在很大程度上依赖于长期积累的腐蚀经验及调查所得的大量腐蚀数据及腐蚀案例的有效运用。问题解决的方式主要有两种：一是国家及行业腐蚀相关的标准与规范要求；二是腐蚀领域专家根据自身知识通过不同方法解决相关问题。无论是腐蚀问题的提出与解决，目前大多采用就事论事型解决方案，往往需要腐蚀领域工作者与需求方不断协调沟通，通过查阅文献或模拟试验来求解所提出的问题。知识水平不同、研究方向不同的专家解决问题的方式方法也不相同。这种问题解决模式的优点是可以针对复杂技术问题，但需要一定的时间，而且问题解决的成本较高。对于生产运行中实时出现的问题、缺乏已有标准规范的选材设计、非专业领域知识探寻等方面以及需要一定专业解答或具有一定时效性的问题，则没有较好的方法解决。随着计算机的发展与互联网的发展和广泛使用，针对各行业各种问题的数据库、专家系统与科学技术服务专家系统不断被研制开发出来。

对舰船腐蚀预防与控制而言，腐蚀专家系统建设尤为重要。舰船腐蚀专家系统平台设计应为全方位的腐蚀与防护解决方案，为船厂和维修基地提供输入与输出，输入为专家系统知识库与案例库数据审查接收，船厂和维修基地根据用户权限可以得到系统在本子系统中的技术服务与决策服务。

舰船腐蚀专家系统服务平台根据所服务的范围搜集相关数据及专家思想，根据服务对象确定专项试验方案搜集有针对性的知识数据;同时,考虑软件自动化程度与领域专家人为干预之间的结合,尽量扩大系统自由度,采取宽容、广泛的问题输入,严谨的解答,严格的知识库案例库限制,扩大专家系统服务质量。平台知识体系分为两步进行:一是搜集现有装备腐蚀防护数据、标准、运行参数、设计参数、专家思想等;二是建立实验室及现场试验装置,从硬件上支持平台知识体系建设。根据装备体系结构研究结果,在平台知识体系的基础上利用数学方法、逻辑方法建造装备腐蚀防护问题解决方法集,并在平台服务器软件上实现。

14.6.1 舰船腐蚀专家系统建设

1. 舰船腐蚀专家系统建设

舰船腐蚀专家系统服务平台及问题解决方法如图 14.9 所示。

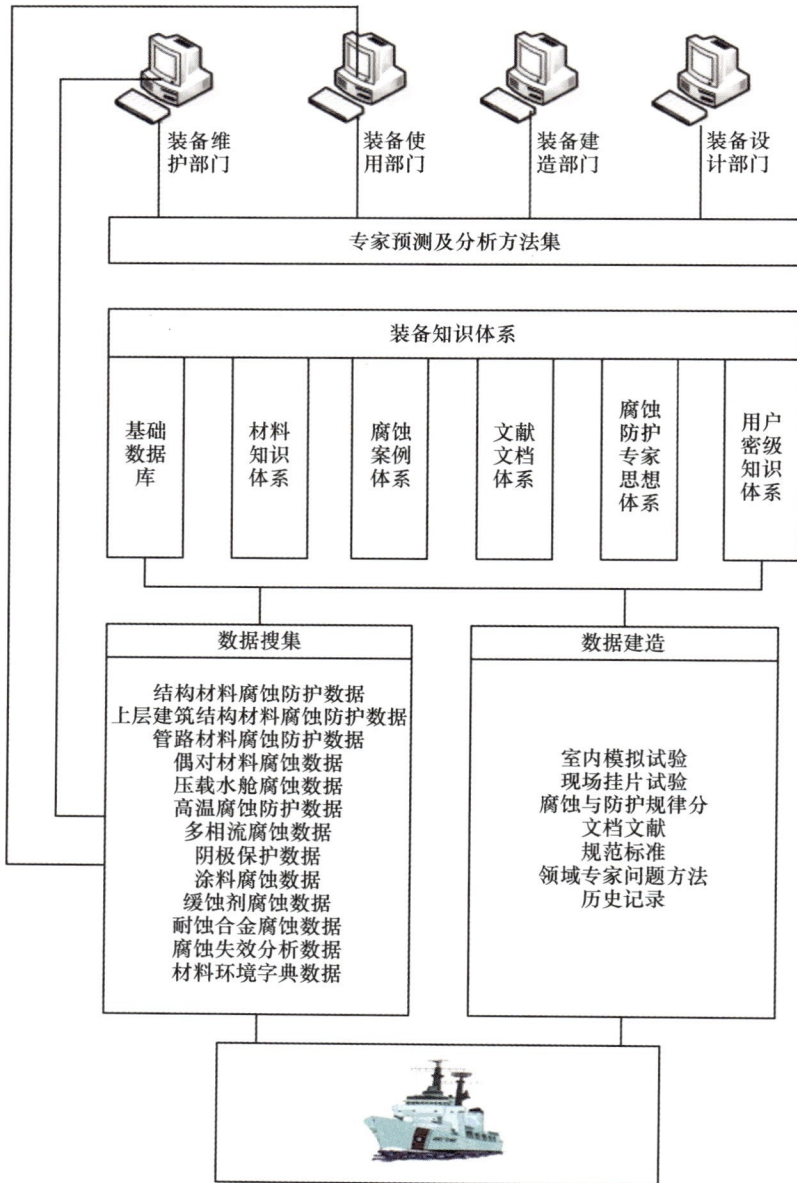

图 14.9 舰船腐蚀专家系统服务平台及问题解决方法

2. 选材设计指导

材料在不同海洋环境中的腐蚀影响因素复杂,无法形成显性规律,本专家系统中的腐蚀预测模块中的材料腐蚀速率预测子模块,通过数据库知识挖掘及人工神经网络分析,可以精确预测材料的海水腐蚀速度与使用寿命,解决了长期困扰的舰船材料腐蚀设计问题,如图 14.10 和图 14.11 所示。

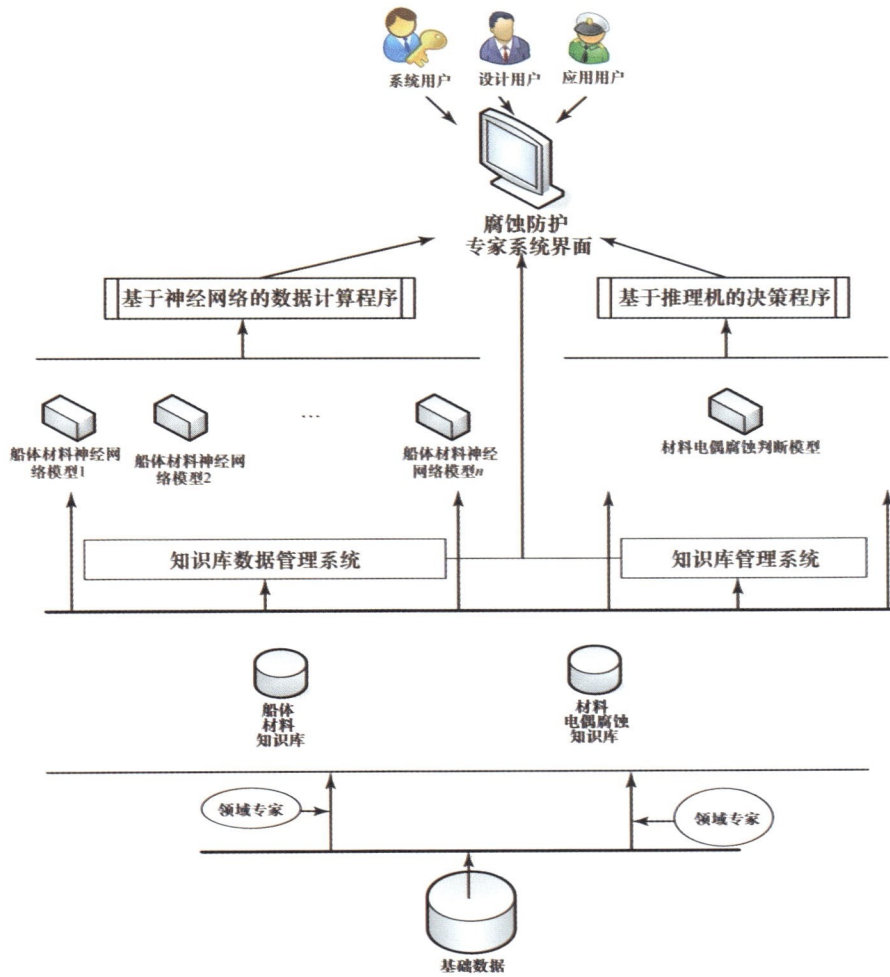

图 14.10　舰船腐蚀专家系统工作路线

材料海水腐蚀数据　试验点信息数据　字典表数据

材料名称:	A3	地点:	厦门
周期（年）:	4	平均温度（℃）:	20.82
溶解氧（mg/L）:	7.59	年平均盐度（%）:	26.61
PH值:	8.16	平均流速（m/s）:	0.5
附着面积（%）:	1	平均腐蚀速度（mm/a）:	0.11
平均腐蚀深度（mm）:	1.41	最大点蚀深度（mm）:	2.35
腐蚀类型代码:		保存	删除

模型应用处理
- 腐蚀速度预测
- 材料选择
- 材料使用寿命预测
- 腐蚀速度预测查询
- 选材历史查询
- 材料寿命历史查询

模型维护管理
- 网络模型设定
- 模型训练
- 模型图表分析
- 模型泛化能力测试
- S函数图形模拟

知识库基础数据管理
- 材料海水腐蚀数据管理
- 实验地点数据管理
- 字典表数据管理

系统维护管理
- 用户管理
- 密码修改
- 返回上一级菜单

编号	材料名称	地点	周..	平均...	溶解氧	年平均...	PH值	平均流速	附着面积	平均腐蚀...	
1	A3	青岛	1	13.18	8.15	31.3	7.72	0.1	0.5	0.19	0
2	A3	青岛	2	13.11	8.4	31.23	8.03	0.1	0.5	0.16	1
3	A3	青岛	4	13.37	8.29	31.35	8.19	0.1	0.5	0.14	1
4	A3	青岛	8	13.59	8.32	31.45	8.24	0.1	0.5	0.11	1
5	A3	厦门	1	18.36	7.99	26.12	8.2	0.5	1	0.2	0
6	A3	厦门	2	19.95	7.72	26.62	8.2	0.5	1	0.15	1
7	A3	厦门	4	20.82	7.59	26.61	8.16	0.5	1	0.11	1
8	A3	厦门	8	21.11	7.47	26.17	8.14	0.5	1	0.092	1
9	A3	榆林	1	26.54	6.63	33.19	8.29	0.014	1	0.1	0
11	A3	榆林	4	26.93	6.84	33.07	7.89	0.014	1	0.069	1
12	A3	榆林	8	26.91	7.09	32.14	7.6	0.014	1	0.051	1
13	20#	青岛	1	13.18	8.15	31.3	7.72	0.1	0.5	0.18	0
14	20#	青岛	2	13.11	8.4	31.23	8.03	0.1	0.5	0.14	1
15	20#	青岛	4	13.37	8.29	31.35	8.19	0.1	0.5	0.14	1
16	20#	青岛	8	13.59	8.32	31.45	8.24	0.1	0.5	0.16	1
17	20#	厦门	2	19.95	7.72	26.62	8.2	0.5	1	0.11	0
18	20#	厦门	4	20.82	7.59	26.61	8.16	0.5	1	0.11	1
19	20#	厦门	8	21.11	7.47	26.17	8.14	0.5	1	0.096	1
20	20#	厦门	1	18.36	7.99	26.12	8.2	0.5	1	0.26	0
21	20#	榆林	1	26.54	6.63	33.19	8.29	0.014	1	0.11	0
22	20#	榆林	2	26.8	7.23	31.82	7.71	0.014	1	0.11	0
23	20#	榆林	4	26.93	6.84	33.07	7.89	0.014	1	0.072	1
24	20#	榆林	8	26.91	7.09	32.14	7.6	0.014	1	0.056	1
25	20#	舟山	1	17.86	9.35	21	6.93	0.2	0.65	0.18	0

图 14.11　材料海洋环境腐蚀数据库

14.6.2 舰船管路完整性管理

舰船腐蚀专家系统通过腐蚀预测模块中的剩余寿命预测和剩余强度预测子模块,结合腐蚀监检测系统,通过建立管路腐蚀状态综合评估指标体系和管路腐蚀状态评估等级,来进行管路腐蚀状态变化趋势跟踪评估以及腐蚀管路剩余强度预测,实现对于舰船管路的完整性管理,如图 14.12 ~图 14.16 所示。

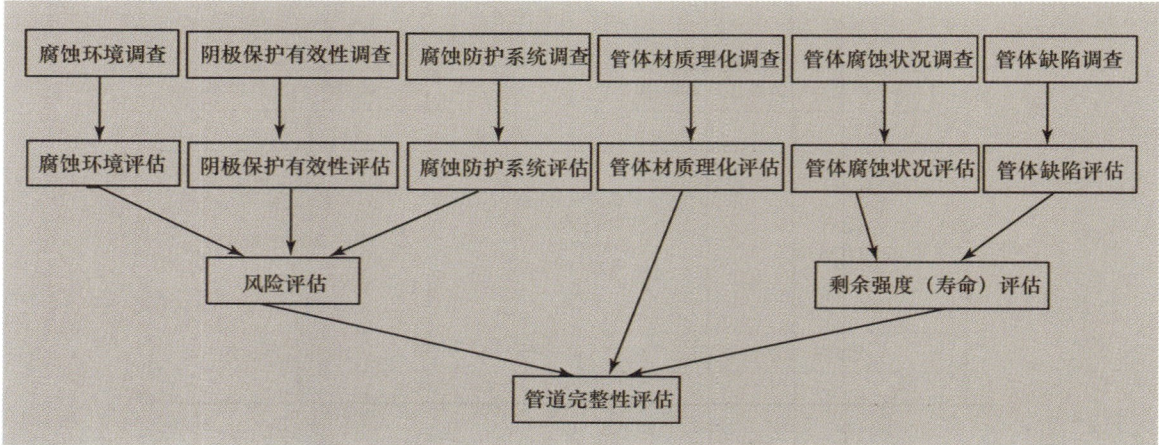

图 14.12　舰船管路完整性管理框架图

图 14.13　管路腐蚀状态综合评估指标体系

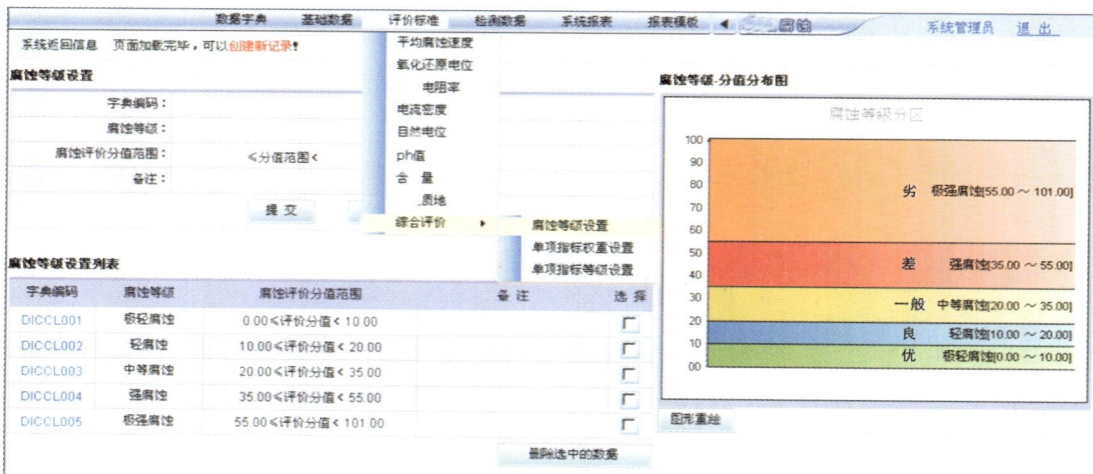

图 14.14　管路腐蚀状态评估等级

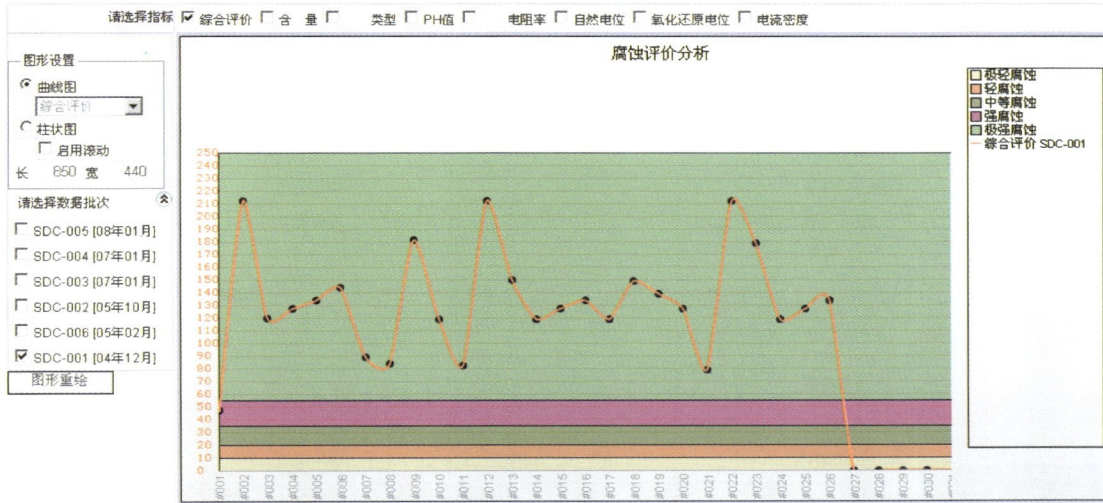

图 14.15　管道平面型缺陷剩余强度预测

$$蚀坑相对深度: A = \frac{d}{t} \times 100\%$$

式中: d 为实测腐蚀区域最大蚀坑深度(mm); t 为管道公称壁厚(mm)。

$$系数 \quad B = \sqrt{\left(\frac{A}{1.1A - 0.15}\right)^2 - 1}$$

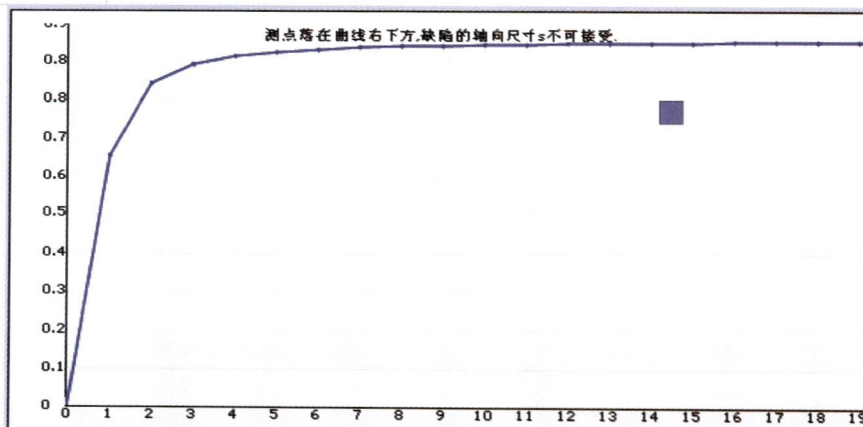

图 14.16　管道体积型缺陷剩余强度预测

$$屈服强度理论最大工作压力 \quad P_s = \left[\frac{1 - \frac{2}{3}\left(\frac{d}{t}\right)}{1 - \frac{2}{3}\left[\frac{d}{t\sqrt{g^2+1}}\right]} \right]$$

14.6.3　涂层、阴极保护和绝缘保护状态评估

与舰船管路完整性管理类似,通过建立舰船覆盖层腐蚀状态评估等级以及阴极保护评估等级等,可进行舰船覆盖层保护状态、阴极保护和绝缘保护状态变化趋势跟踪评估以及保护状态预警,如图 14.17 和图 14.18 所示。

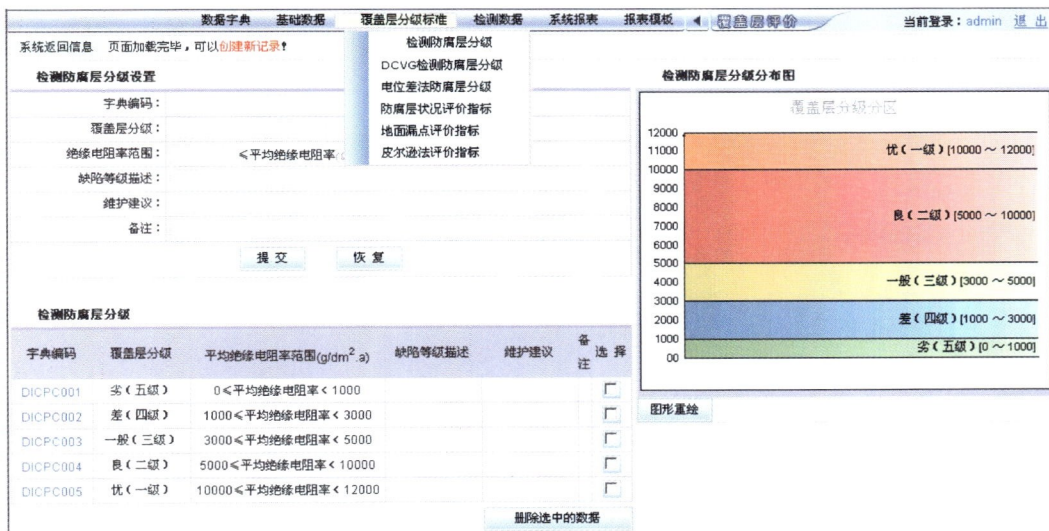

图 14.17 覆盖层腐蚀状态评估等级

图 14.18 绝缘保护状态跟踪监测

参考文献

[1] 方志刚,许永平,王磊. 改进 TOPSIS 群决策方法及其在舰船论证中的应用[J]. 火力与指挥控制,2013,36(3),131 – 134.

[2] 方志刚,黄一. 铝合金船体阴极保护系统的数值模拟仿真[J]. 船舶工程, 2012,34(4),73 – 76.

[3] 高立群,朱国文,林建. 网络腐蚀数据库查询系统的设计与实现[J]. 中国腐蚀与防护学报,2001,21(5):306 – 309.

[4] 张远声. 腐蚀数据库和腐蚀专家系统[J]. 化工腐蚀与防护,1997(3):14 – 20.

[5] 王德胜,梁成浩. 专家系统技术在腐蚀科学中的应用[J]. 化工防腐与防护,1996(3):42 – 44.

[6] 董建华. 船舶状态评估标准与计算机评估系统实现[D]. 上海:上海海运学院,2004.

[7] 程志平. 海洋结构物腐蚀防护监测及评估技术研究[D]. 大连:大连理工大学,2007.

[8] 李洪锡,张淑勤,刘寿荣. 大气腐蚀数据库的设计与实现[J]. 腐蚀科学与防护技术,1992,4(3):200.

[9] 李晓刚,付冬梅,董超芳. 神经网络分析在环烷酸腐蚀中应用[J]. 腐蚀科学与防护技术,2001(1):56 – 61.

[10] 李晓刚,付冬梅,董超芳. 神经网络分析在高温硫腐蚀中的应用[J]. 中国腐蚀与防护学报,2001,21(2):76 – 81.

[11] 王海涛,关辉,韩恩厚,等. 腐蚀损伤评价专家系统的研制及开发[J]. 中国腐蚀与防护学报,2004,24(2):105 – 107.

[12] 王守琰,孔德英,宋诗哲. 基于模糊模式识别的金属材料海水腐蚀形貌诊断系统[J]. 金属学报,2001,37(5):517 – 521.

[13] 柯伟,王海涛,韩恩厚. 腐蚀损伤评价人工智能系统 AISCA 的研制及开发[J]. 理化检验——物理分册,2005,41:1 – 7.

[14] 王海涛,韩恩厚,柯伟. 用人工神经网络构建碳钢、低合金钢大气腐蚀模型[J]. 腐蚀科学与防护技术,2006,18(2):144 – 147.

[15] 叶皓,熊金平,赵景茂,等. 力作用下的腐蚀失效专家系统的设计与实现[J]. 腐蚀科学与防护技术,2003,15(6):365 – 368.

[16] 余世杰. 耐腐蚀材料数据库选材评价系统的研究[D]. 兰州:兰州理工大学,2007.

[17] 孙建红,郑炜,王晓鹏. 水面船舶船体防腐和阴极保护的优化设计方法[J]. 中国船舶研究,2007,2(4):60 – 67.

[18] 翟云皓,郭兴蓬,曲良山,等. 集输管道腐蚀评价及剩余寿命预测[J]. 油气田地面工程,2006,25(4):47 – 48.

[19] 赵事,蒋晓斌,高惠临. 腐蚀管道的失效概率和剩余寿命预测方法[J]. 油气储运,2006,25(12):28 – 31.

[20] 谭开忍,肖熙. 基于灰色理论的海底管道腐蚀剩余寿命预测方法[J]. 上海交通大学学报,2007,41(2):186 – 189.

[21] 苏维国,穆志韬,刘涛,等. 基于损伤检测的腐蚀疲劳寿命预测概率模型[J]. 装备环境工程,2009,6(5):33 – 38.

[22] 孙文彩,杨自春. 船用冷凝器冷却管的腐蚀剩余寿命预测方法研究[J]. 船舶工程,2009,31(3):66 – 69.

[23] 张桃先,刘小宁. 预测压力管道腐蚀剩余寿命的可靠性方法[J]. 化工设计,2004,14(6):31 – 32.

[24] 李相波,陈光章,王洪仁,等. 虚拟试验技术在舰船材料寿命预测中的应用[J]. 装备环境工程,2006,3(4):70 – 73.

[25] Shifter D A, Tsuru T, Natishan P M, et al. Corrosion in marine and saltwater environments II, proceedings of the international symposium[J]. The Electrochemical Society, Inc. , 2004: 386 – 388.

[26] 吕建伟,陈霖,郭庆华. 武器装备研制的风险分析与风险管理[M]. 北京:国防工业出版社, 2005.

[27] 吕建伟,刘中华,高杰. 舰船研制的技术风险问题分析[J]. 海军工程大学学报, 2000(2): 97 – 99.

[28] 刘鹏,董振旗,屈岩,等. AHP 在装备保障方案评估中的应用研究[J]. 科技视界,2012(8):53 – 56.

[29] 李浩,王公宝. 基于模糊 AHP 评判的外军航母编队作战效能评估[J]. 兵工自动化,2009(3):26 – 28.

[30] 董志勇,栗强. 基于层次分析法的人为电磁环境复杂程度评估[J]. 指挥控制与仿真,2008(5):106 – 112.

[31] 刘继民,黄金波,刘立泽,等. 质量功能展开在生成装备维修性设计要求中的应用[J]. 机械制造, 2006(8):59 – 61.

[32] 周宏,蒋志勇. 质量功能展开在潜艇研制中的应用[J]. 华东船舶工业学院学报(自然科学版), 2005(1):10 – 14.

[33] 谢俊杰,王威,谢梅芳. 基于 QFD 与 D – S 理论相结合的舰船研制方案评估方法研究[J]. 舰船电子工程,2008(8):18 – 21.

[34] 文云峰,石章松,吴彬,等. 舰艇自防御的威胁排序方法研究[J]. 现代防御技术,2012(2):77 – 81.

[35] 熊云峰,陈章兰,袁红莉. 船舶操纵性评价的灰关联分析和逼近理想解法[J]. 中国航海,2013(3):86 – 89.

[36] 黄燕晓. 基于改进 TOPSIS 法的航空发动机性能评估方法[J]. 制造业自动化,2014(8):73 – 77.

[37] 张海波,胡剑光,常国任. 基于模糊评价的水面舰艇综合性能评估[J]. 舰船电子工程,2007(3):111 – 113.

[38] 靳娜,娄寿春. 基于模糊综合评判的目标属性识别模型研究[J]. 计算机仿真,2004(1):35 – 37.

[39] 李杰然,刘宇亮. 基于模糊综合评判的战场电磁环境复杂度研究[J]. 电子元器件应用,2010(9):83 – 88.

[40] 李平. 舰船研制指标体系与评估方法研究[D]. 哈尔滨:哈尔滨工程大学,2003.

[41] 王洪峰. 舰船研制方案的总体评估方法研究[D]. 武汉:海军工程大学,2004.

[42] 吕建伟,王新磊,曾宏军. 海军舰船设计方案的评估方法研究[J]. 中国舰船研究,2006(1):21 – 24.

[43] 吕建伟,易慧,刘中华. 舰船设计方案评估指标体系研究[J]. 船舶工程,2005(4):53 – 57.

[44] 王聪,张广智,杨光付. 模糊层次分析法在舰艇结构腐蚀评估中的应用[J]. 舰船科学技术,2008,30(4):72 – 75.

第 15 章　材料腐蚀特性与试验

15.1　概述

舰船结构的腐蚀问题,其中因对各种金属材料的腐蚀性能欠缺了解而发生的材料选择不当或配套不合理造成的腐蚀占了相当大的比例。在舰船的设计建造阶段充分考虑腐蚀防护的要求,就必须首先了解舰船与海水接触的各种金属构件材料的腐蚀性能。近 20 年来,通过对结构金属材料的腐蚀性能、电偶腐蚀等试验研究的开展,得出常用金属材料的各项腐蚀性能参数,为腐蚀防护设计提供基础参考数据,以便尽可能在设计及选材阶段排除腐蚀隐患、提高舰船的腐蚀防护能力。

完成了以船体结构钢及配套材料、以铝合船体结构材料及配套材料、以海水管路系统材料三个部分材料体系腐蚀特性试验。

15.2　结构钢及配套材料腐蚀特性

15.2.1　试验内容和方法

1. 试验材料

试验材料有钢、不锈钢、铜合金、钛合金 4 个类别共 18 种,其化学成分见表 15.1 和表 15.2,表中略去 907A、945、980、921B 4 种钢的化学成分。

表 15.1　试验结构钢和不锈钢的化学成分(质量分数)　　　　　　(单位:%)

材料牌号	C	Mn	Si	S	P	Cr	Ni	Mo	其他
20 钢	0.17 ~ 0.24	0.35 ~ 0.65	0.17 ~ 0.37	≤0.035	≤0.035	≤0.25	≤0.25	—	—
45 钢	0.42 ~ 0.50	0.50 ~ 0.80	0.17 ~ 0.37	≤0.035	≤0.035	≤0.25	≤0.25	—	—
ZG25	0.14	0.78	0.30	0.017	0.018	0.16	0.14	0.01	—
ZG607	0.15	0.53	0.30	0.009	0.009	1.13	2.86	0.23	V0.063 –
1Cr18Ni9Ti	0.12	2.00	1.00	0.030	0.035	17 ~ 19	8 ~ 11	—	Ti5(C – 0.02) ~ 0.08
316L	0.03	2.00	1.00	0.045	0.030	16 ~ 18	10 ~ 14	2 ~ 3	—
HDR	≤0.03	≤2.0	≤1.0	≤0.03	≤0.035	24 ~ 26	4.5 ~ 7.5	2.0 ~ 3.0	—

表 15.2　试验铜合金和 TA5 合金的化学成分(质量分数)　　　　　　(单位:%)

合金	Cu	Zn	Sn	Si	Mn	P	Pb	Fe	Al	其他
TUP	99.5	—	—	—	—	0.01 ~ 0.04	—	—	—	≤0.05
B10	余量	≤0.3	—	—	0.5 ~ 1.0	—	—	1.0 ~ 1.5	—	Ni9.0 ~ 11.0
HSi80 – 3	79 ~ 81	余量	—	2.5 ~ 4.5	—	—	—	—	—	—
QSn5 – 5 – 5	余量	4 ~ 6	4 ~ 6	—	—	—	4 ~ 6	—	—	—
QAl9 – 2	余量	—	—	—	1.5 ~ 2.5	—	—	—	8 ~ 10	—
QAl8Mn13 – Ni4Fe3	余量	—	—	—	11.5 ~ 14	—	—	2.5 ~ 4	7 ~ 8.5	Ni1.8 ~ 2.5
TA5	Ti 余量	—	—	<0.05	—	—	—	0.05	3.73	C 0.083

2. 室内海水全浸腐蚀试验

试验方法参照 GB/T 7901—1999《金属材料实验室均匀腐蚀全浸试验方法》。

试验材料为表 15.1 和表 15.2 中所列的 18 种(未将 4 种钢化学成分列入)。试验材料为板材,侧面刨光。钢的主试验面磨光,粗糙度 $Ra = 3.2\mu m$;铜合金主试验面 600 号砂纸打磨;不锈钢、TA5 主试验面保持原轧制表面。

试样尺寸为 50mm × 30mm × (2~4)mm。在试样一端焊接绝缘导线,焊接处用环氧树脂涂封。试样用丙酮去除净油污。测量试样尺寸,精确至 0.01mm,称量试样质量,精确至 1mg。

试验介质为取自青岛小麦岛的天然海水,盐度为 31.5,pH 为 8.2,室温,静止。

试样悬挂于 3000mL 烧杯中,加入 2500mL 海水,将试样浸没。试样尽量放在烧杯中间,同一容器中的试样间距大于 1cm。每 7 天更换一次溶液。

试验时间为 60 天和 180 天。部分材料试验时间为 35 天。每周期三个平行样。试验期间测量试样的腐蚀电位。

试验结束后,取出试样,观察记录试样的腐蚀产物。按 GB/T 16545—1996《金属和合金的腐蚀 腐蚀试样上腐蚀产物的清除》清除腐蚀产物。称取质量,计算腐蚀速率。

3. 腐蚀电位测量

进行海水浸泡的试样,同时用于自腐蚀电位测量。用 UT56 型万用表测量电极电位,以饱和甘汞电极作参比电极。

试验开始,1h、4h、8h、24h 测量试样的腐蚀电位,以后每天测量一次。

以三个平行样的腐蚀电位平均值作为材料的腐蚀电位,绘出腐蚀电位 – 时间曲线。浸泡 1h 的腐蚀电位作为初始电位;一般来说,金属材料的海水腐蚀电位在浸泡初期变化较大,一段时间后,电位趋于相对稳定,这一时间称为电位稳定时间。趋于稳定后各测量点腐蚀电位的平均值作为稳定电位。

4. 周期浸润腐蚀试验

试验材料见表 15.1 和表 15.2。试样表面状态同海水全浸试验。试样尺寸为 60mm × 40mm × (2~4)mm,三个平行试样。

试验材料为板材,侧面刨光。钢的主试验面磨光,粗糙度 $Ra = 3.2\mu m$;铜合金主试验面 600 号砂纸打磨;不锈钢、TA5 主试验面保持原轧制表面。

试验设备为 LF – 65 周期轮浸腐蚀试验箱。

试验介质为取自青岛小麦岛海域的天然海水,盐度为 31.5,pH 为 8.2。试验箱温度(40 ± 2)℃,相对湿度(70 ± 5)%。周期为 60min,浸泡 12min,干燥 48min。试验槽注满溶液(15L),每 48h 更换 3L。

试验时间为 10 天、20 天、30 天。

5. 极化曲线测量

试验材料为表 15.1 和表 15.2 中所列的 18 种。

试样尺寸 10mm × 10mm。导线焊接在非试验面上,用环氧树脂将非试验面部分和导线涂覆镶嵌。试验面用 800 号砂纸打磨,蒸馏水冲洗,丙酮去油。每种材料三个平行样。

用 2273 电化学综合测量系统测量极化曲线。介质为天然海水,盐度为 31.5,pH 为 8.2,温度为 25℃,静止。浸泡 30min 后,开始测量。根据不同材料,从自然电位负移 500~1000mV 作为极化曲线测量的起点,向正极化进行阴极 – 阳极极化。动电位扫描,速度 20mV/min。饱和甘汞电极作参比电极,铂电极作辅助电极。

6. 海水中的电偶腐蚀试验

试验参照 GB/T 15748—1995《船用金属材料电偶腐蚀试验方法》。

试验材料为板材,侧面刨光。钢的主试验面磨光,粗糙度 $Ra = 15.2\mu m$;铜合金主试验面 600 号砂纸打磨;不锈钢、TA5 主试验面保持原轧制表面。

两种金属材料的偶对有 TA5 – 45 钢、TA5 – 907A、TA5 – 921B、TA5 – TUP、HDR – 45 钢、HDR – 921B、HSi80 – 3 – 20、QAl9 – 2 – 20 钢等,共 8 种。TA5 – 45 钢、TA5 – 907A、TA5 – 921B 偶合,TA5 的试样尺寸为 50mm × 30mm × 2mm。其他偶对的阴极(TA5、HDR、HSi80 – 3、QAl9 – 2)试样尺寸 30mm × 15mm × (2~4)mm。

通过改变阳极尺寸来改变阴极面积与阳极面积比。设计面积比分别为 1:1、1:3、1:5 和 1:10。

各偶对的平行样为三个,未偶合的参比样为三个。称量试样质量,精确至 1mg。测量试样尺寸,精确至 0.01mm,阴极面积与阳极面积比按试样的实际表面积确定。

试验介质为取自青岛小麦岛海域的天然海水,盐度为 31.5,pH 为 8.2,静止。试验温度为 35℃,用恒温水浴控制。

每一偶对的两个组元并排垂直放置入烧杯中,两者距离为 30mm。添加试验溶液至试样涂封区。对比试样在同样条件下进行未偶合状态下的腐蚀试验。

用 FC-4B 电偶腐蚀仪测量电偶电流,用 UT56 型万用表测量电极电位,以饱和甘汞电极作参比电极。

试验 1h、4h、8h 和 24h,测量偶对的电偶电流、偶合电位和开路电位,同时测量对比试样的腐蚀电位。以后每日上、下午各测量一次电流和电位。

试验时间 15 天。试验期间,通过添加蒸馏水保持验容器中液面高度。

试验结束后,按 GB/T 16545—1996《金属和合金的腐蚀 腐蚀试样上腐蚀产物的清除》的规定清除腐蚀产物,并除尽涂封层,烘干试样,称量试样质量。计算阳极平均电偶腐蚀率。观察腐蚀形貌。

绘制电偶电流密度-时间曲线、偶合电位-时间曲线、开路电位-时间曲线。

依据测得的阳极电偶电流密度,计算阳极平均电偶腐蚀率:

$$v_g = 3.27 \times 10^{-3} i_{ga} N/\rho$$

式中:v_g 为阳极电偶腐蚀率(mm/年);i_{ga} 为阳极电偶电流密度(μA/cm^2);N 为阳极物质的化学当量;ρ 为材料密度(g/cm^3)。

钢为阳极,按 Fe^{2+} 溶解计算,TUP 为阳极,按 Cu^+ 溶解计算。

7. 电绝缘效果试验

绝缘材料为聚四氟乙烯和非石棉夹膜四氟,试样片状,尺寸 60mm×30mm×(2~4)mm。配对的金属材料为 TA5 与 B10,板材,试样尺寸 75mm×30nn×3mm。试样的表面状态、去油污、称重、量尺寸等参照有关方法。

TA5、B10 试样表面钻孔,两试样间加绝缘片,用电绝缘螺栓夹紧、固定,形成一组试样(图 15.1)。平行样 3 组。

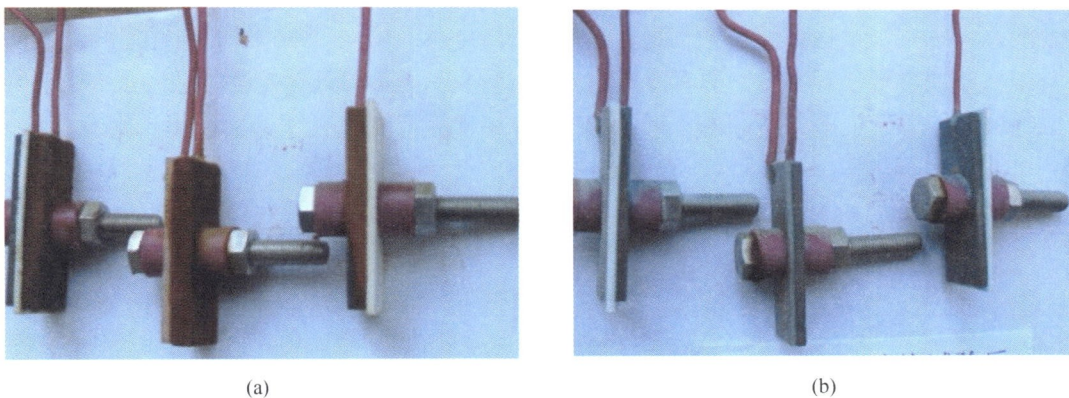

(a)   (b)

图 15.1 电绝缘试验装置

(a)TUP 紫铜与 45 钢绝缘试样组;(b)钛合金与 B10 绝缘试样组。

试样浸在 3L 的海水中。海水取自青岛小麦岛,盐度为 31.5,pH 为 8.2,室温,静止。

15.2.2 在室内静止海水的腐蚀行为

材料在实验室静止海水中的浸泡结果列于表 15.3 和表 15.4,腐蚀形貌如图 15.2 所示。以下按材料类别讨论它们的腐蚀行为。

1. 钢

试验的 8 种钢在静止海水中有相同的腐蚀行为。在海水中浸泡 1h,即可看到试验钢表面出现淡绿色的

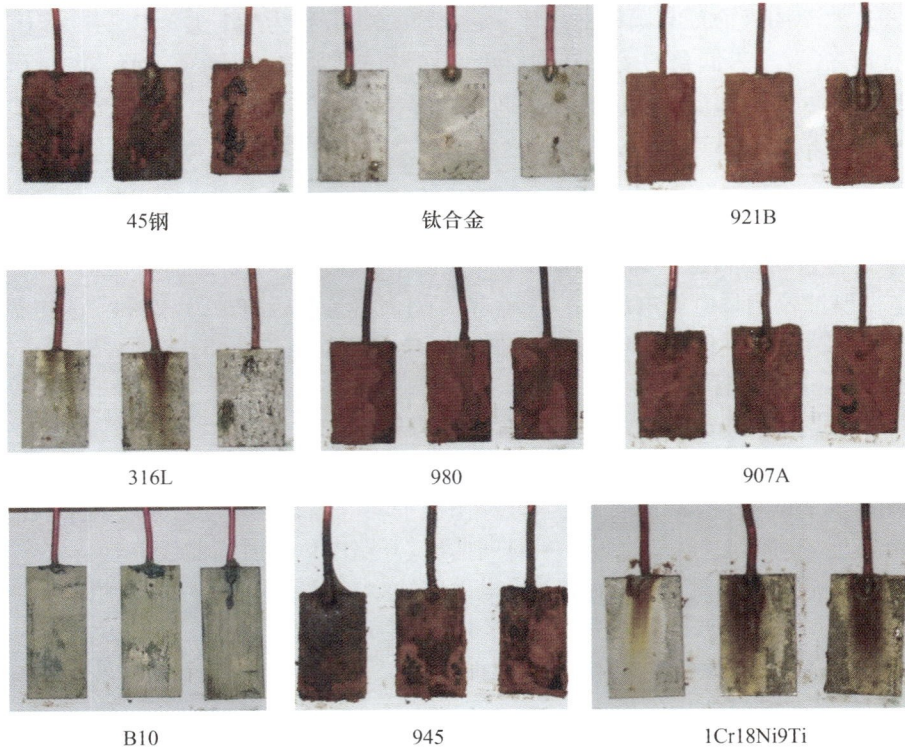

45钢   钛合金   921B

316L   980   907A

B10   945   1Cr18Ni9Ti

图 15.2 各种材料在实验室静止海水中浸泡试验 180 天的腐蚀形貌

小锈点;1 天后,在试样表面分布很淡的绿锈、淡绿色锈点,并出现黄色的锈点;5 天后试片表面形成薄的黄色到橘红色锈。随着时间的延长,锈层不断加厚,颜色变为褐色或棕色。

在海水中,钢铁的腐蚀过程通常为:Fe 失去电子以 Fe^{2+} 溶解;Fe^{2+} 与 OH^- 形成 $Fe(OH)_2$;$Fe(OH)_2$ 被进一步氧化,生成的 Fe_3O_4(黑色);在氧化膜的外表面,接近溶解氧的 $Fe(OH)_2$、Fe_3O_4 被氧化成 Fe_2O_3 或 $Fe(OH)_3$(从橘红色到棕色)。普通的铁锈大多是由含水的氧化铁组成。在含水的 Fe_2O_3 和内层 FeO 之间是一层黑色中间体。铁锈通常由三层不同氧化态的铁的氧化物组成。

在海水中,钢表面形成的锈层疏松,对腐蚀的保护作用较小。因此,钢在海水中有较高的腐蚀率,见表 15.3 和表 15.4。从锈层形貌看不出钢的腐蚀差别,去除锈层,呈全面不均匀腐蚀。在海水中,钢的腐蚀在整个表面发生。由于组织结构、表面状态的不同、合金元素富集等都能使腐蚀的表面出现宏观的阳极区和阴极区,从而引起钢的腐蚀不均匀,在腐蚀的表面出现浅斑、点状坑或溃疡坑。

表 15.3 材料在静止海水中的腐蚀试验结果

材料	腐蚀率/(mm/年)		腐蚀产物 180 天	腐蚀类型 180 天
	60 天	180 天		
20	0.16	0.11	褐色,覆盖整个表面,疏松	全面不均匀腐蚀
45	0.16	0.10	褐色,覆盖整个表面,疏松	全面不均匀腐蚀
907A	0.12	0.070	亮褐色,覆盖整个表面,疏松	全面不均匀腐蚀
945	0.13	0.094	亮褐色和深棕色,覆盖整个表面,疏松	全面不均匀腐蚀
980	0.11	0.080	亮褐色,覆盖整个表面,疏松	全面不均匀腐蚀
921B	0.11	0.067	亮褐色,覆盖整个表面,疏松,内层黑绿色	全面不均匀腐蚀
1Cr18Ni9Ti	0.0094	0.0032	棕色锈点,大片锈迹①	点蚀、缝隙腐蚀①
316L	0.0038	0.0011	棕色锈点,大片锈迹①	点蚀、缝隙腐蚀①
B10	0.0091	0.0032	薄的淡绿色,局部疏松铜绿色。覆盖整个表面	全面不均匀腐蚀
TA5	0	0	无	无
① 在涂封焊点的环氧树脂下的腐蚀,在其下方沉积大片锈迹				

表 15.4　材料在静止海水中浸泡 35 天的腐蚀结果

材料	腐蚀率/(mm/年)	腐蚀产物	腐蚀类型
ZG25	0.19	黄色到褐色,覆盖整个表面,疏松,内层黑绿色	全面不均匀腐蚀
ZG607	0.15	深棕色,覆盖整个表面,疏松,内层黑绿色	全面不均匀腐蚀
HDR	0.0016	无	无局部腐蚀
HSi80 – 3	0.0169	薄的铜绿,均匀覆盖整个表面	均匀腐蚀
QSn5 – 5 – 5	0.0158	浅绿色,均匀覆盖整个表面	均匀腐蚀
QAl9 – 2	0.0244	浅绿色,局部有白色锈点	脱铝腐蚀
QAl8Mn13Ni4Fe3	0.0074	浅绿色,覆盖整个表面	均匀腐蚀

20、45、907A、921B、945、980 钢在海水中浸泡 60 天的腐蚀率为 0.16～0.11mm/年。它们的腐蚀率随暴露时间延长而下降,暴露 180 天的腐蚀率为 0.11～0.067mm/年。ZG25、ZG607 在静止海水中浸泡 35 天的腐蚀率为 0.19mm/年和 0.15mm/年。

结果显示,含 Ni、Cr、Mo 等的 907A、921B、945、980 的腐蚀率比 20、45 钢低,如图 15.3 所示。暴露 180 天,921B 的腐蚀率是 20 钢的 61%,907A、945 和 980 的腐蚀率分别是 20 钢的 64%、73% 和 85%。浸泡 35 天,ZG607 的腐蚀率也比 ZG25 低。这表明,添加合金元素 Ni、Cr、Mo 能提高钢在海水全浸条件下的耐蚀性。Cr、Mo 对提高钢的耐海水腐蚀性有显著效果;Ni 对提高钢的在海水中的耐蚀性也有效,但其效果不如 Cr。

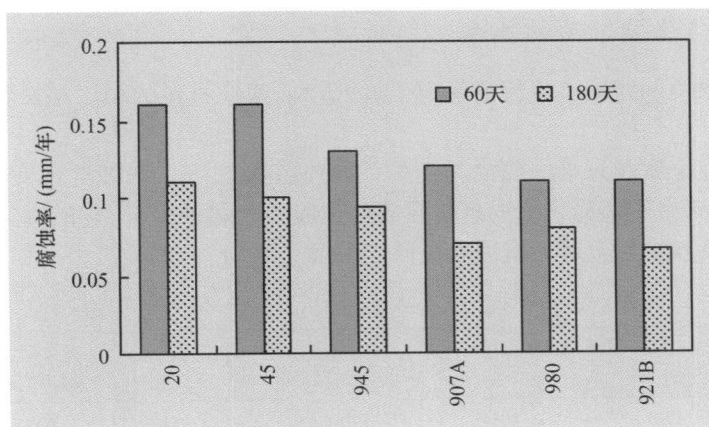

图 15.3　钢在静止海水中的腐蚀率比较

2. 不锈钢

1Cr18Ni9Ti 和 316L 在静止海水中浸泡 30 天,在涂封焊点的环氧树脂下产生缝隙,在其附近和下方有黄褐锈。40 天表面出现锈点,表明它们发生了点蚀。1Cr18Ni9Ti 的点蚀和缝隙腐蚀比 316L 严重。HDR 在静止海水中浸泡 35 天,没发生局部腐蚀。

普通不锈钢在海水中容易发生点蚀、缝隙腐蚀等局部腐蚀。在不锈钢表面上,由于结垢原因或异物附着形成的缝隙,能引起缝隙腐蚀。缝隙腐蚀比点蚀更容易发生。试验结果也表明这一点。

1Cr18Ni9Ti、316L 在静止海水中浸泡 180 天的腐蚀率为 0.0032mm/年和 0.0011mm/年。316L 的腐蚀率低于 1Cr18Ni9Ti。腐蚀率意味着均匀减薄,而不锈钢在海水中是因局部腐蚀遭到破坏,大部分表面不腐蚀。不锈钢在海水中的腐蚀率几乎没有实际意义。不锈钢的腐蚀率只是反映了局部腐蚀造成的失重的大小。

不锈钢的耐海水腐蚀性主要依赖 Cr、Mo 和 N 含量。通常用不锈钢的 PRE(耐点蚀当量)表示或预测它的耐海水点蚀能力。奥氏体:$PRE = Cr(\%) + 3.3Mo(\%) + 30N(\%)$。双相不锈钢:$PRE = Cr(\%) + 3.3Mo(\%) + 16N(\%)$。1Cr18Ni9Ti、316L 和 HDR 的 PRE 分别为 18、25 和 36,表明 HDR 的在海水中的耐点蚀性能好于 316L,316L 好于 1Cr18Ni9Ti。在海水中,1Cr18Ni9Ti、316L 会发生严重的点蚀和缝隙腐蚀,使用受到一定的局限,必须通过好的设计,或采取阴极保护来解决这一问题。

HDR 是我国研发的双相不锈钢,成分与美国 UNS32550 相似,研究表明,HDR 中海水中有良好的耐点蚀和缝隙腐蚀性能。

3. 铜合金

HSi80 - 3、QSn5 - 5 - 5、QAl9 - 2、QAl8Mn13Ni4Fe3 和 B10 在静止海水中浸泡 35 天后,由于各种铜合金锈层的组成不同,锈层有不同的颜色。铜合金的锈层具有较好的保护性,正是依赖这层有保护性的腐蚀产物膜,铜合金在海水中有较低的腐蚀率。

在静止海水中浸泡 35 天,HSi80 - 3 和 QSn5 - 5 - 5 发生均匀腐蚀,腐蚀率为 0.0158mm/年和 0.019mm/年。

QAl9 - 2 浸泡 35 天,表面有白色的锈点,表明它发生脱铝腐蚀,腐蚀率为 0.0244mm/年。比 HSi80 - 3、QSn5 - 5 - 5、QAl9 - 2、QAl8Mn13Ni4Fe3 的腐蚀率高。

QAl8Mn13Ni4Fe3 在静止海水中浸泡 35 天,表面形成的腐蚀产物膜均匀致密,没有脱成分(铝、锰)腐蚀现象。它的腐蚀率较低,为 0.0074mm/年。

浸泡 180 天,B10 的腐蚀类型为全面不均匀腐蚀,腐蚀率为 0.0032mm/年。

4. TA5

TA5 在静止海水中浸泡 180 天没有腐蚀迹象,没有测出失重。

在海水中,钛及合金是最耐蚀的金属材料之一。在常温下,钛及合金在海水中完全没有点蚀和缝隙腐蚀。腐蚀试验表明,工业纯钛在 130℃ 以上的海水中会发生点蚀,而 Ti - 0.15Pd 合金要到 170℃ 以上才出现点蚀。当海水温度达到 121℃ 以上时,工业纯钛才会产生缝隙腐蚀。Ti - 0.2Pd 合金在海水温度达到 149℃ 以上时,才出现缝隙腐蚀。

15.2.3 腐蚀电位及与腐蚀行为的关系

试验材料在静止海水中的腐蚀电位特征值列于表 15.5。表中材料的顺序是按稳定电位排列的,即稳定电位序。

海水腐蚀电位是研究金属在海水中腐蚀与防护的基本参数之一。腐蚀电位变化反映了金属的腐蚀状态的信息。一般来说,在海水中金属表面的氧化膜或钝化膜遭到腐蚀破坏,它的腐蚀电位向负移动;腐蚀产物层或钝化膜增厚,耐蚀性增强,金属的腐蚀电位向正移动。

表 15.5 金属材料在海水中的腐蚀电位特征值

材料 (稳定电位序)	试验 时间/天	初始(1h) 电位(SCE)/V	1 天的腐蚀 电位(SCE)/V	稳定腐蚀 电位(SCE)/V	电位稳定 时间/天	稳定电位波动 范围(SCE)/V
20	176	-0.705	-0.764	-0.721	100	-0.716 ~ -0.729
ZG25	127	-0.695	-0.754	-0.717	90	-0.711 ~ -0.722
45	176	-0.703	-0.765	-0.716	100	-0.712 ~ -0.723
907A	176	-0.699	-0.738	-0.680	100	-0.672 ~ -0.686
945	176	-0.695	-0.761	-0.679	130	-0.674 ~ -0.684
ZG607	127	-0.673	-0.719	-0.679	90	-0.673 ~ -0.681
921B	176	-0.628	-0.694	-0.661	60	-0.651 ~ -0.671
980	176	-0.654	-0.705	-0.657	100	-0.651 ~ -0.668
QAl9 - 2	35	-0.262	-0.254	-0.268	22	-0.265 ~ -0.272
QAl8Mn13Ni4Fe3	35	-0.395	-0.315	-0.266	18	-0.260 ~ -0.270
HSi80 - 3	35	-0.236	-0.221	-0.239	25	-0.234 ~ -0.242
QSn5 - 5 - 5	35	-0.230	-0.213	-0.195	22	-0.190 ~ -0.197
316L	176	-0.209	-0.145	-0.151	90	-0.146 ~ -0.159
B10	35	-0.192	-0.133	-0.127	22	-0.124 ~ -0.130
1Cr18Ni9Ti	176	-0.144	-0.142	-0.107	120	-0.091 ~ -0.123
TA5	176	-0.085	-0.065	0.079	110	0.057 ~ 0.105
HDR	127	-0.274	-0.083	0.150	60	0.134 ~ 0.165

1. 钢

试验的 8 种钢在静止海水中浸泡的腐蚀电位 – 时间曲线形状相同,即腐蚀电位随时间的变化趋势相同,如图 15.4 和图 15.5 所示。

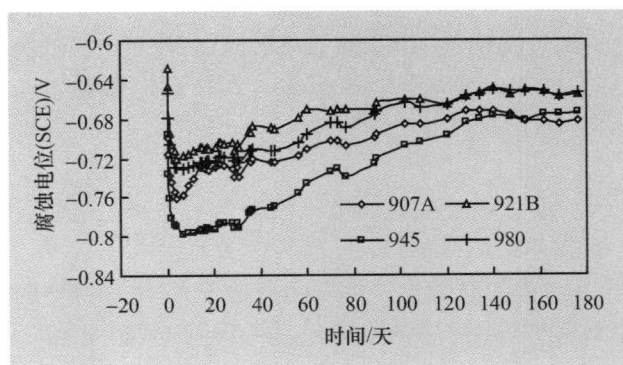

图 15.4　钢在海水中的腐蚀电位 – 时间曲线(一)

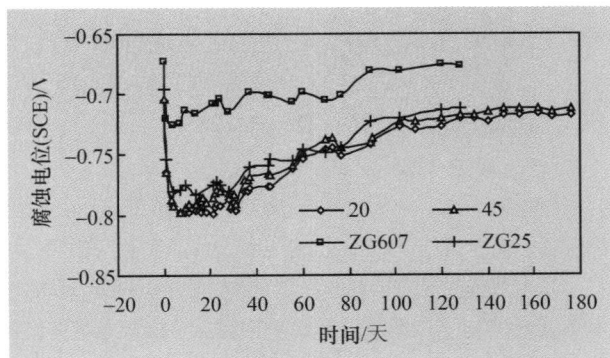

图 15.5　钢在海水中的腐蚀电位 – 时间曲线(二)

开始暴露时,腐蚀电位随时间向负方向变化,浸泡 1 天,腐蚀电位负移 40 ~ 70mV。这表明,试验的钢表面有氧化膜,浸泡后,随着钢表面的氧化膜被腐蚀破坏,腐蚀电位负移。随着腐蚀产物在表面沉积、不断增厚,腐蚀电位开始向正方向变化,在浸泡一段时间(60 ~ 130 天)后,腐蚀电位又达到稳定。

试验的 8 种钢的初始电位最大相差 70mV,稳定电位最大相差 77mV。921B、980 的腐蚀电位较正,20、45 钢的腐蚀电位较负。这表明添加合金元素 Cr、Mo、Ni 能使钢的腐蚀电位正移。

在金属海水腐蚀电位序中,钢的腐蚀电位较负。在海水中钢与铜合金、不锈钢、镍基合金、钛合金等接触,钢会发生较重或严重的电偶腐蚀。与镁、铝、锌等接触,钢作为电偶的阴极而受到保护。

不同的钢之间接触也产生电偶腐蚀。当电位差较大、阴极面积与阳极面积比也较大时,能产生严重的电偶腐蚀。

2. 不锈钢

1Cr18Ni9Ti、316L 不锈钢浸入海水后,腐蚀电位向正变化(图 15.6)。这是因为不锈钢开始浸入海水中,表面的钝化膜随着腐蚀增厚,引起电位随时间向正变化。1 ~ 45 天,316L、1Cr18Ni9Ti 的腐蚀电位波动较大,表明它们的腐蚀状态变化较大。如某些点或缝隙内的钝化膜发生破坏,但遭到破坏的钝化膜又得到修补。这一过程会引起电位的较大波动。45 天后,它们的腐蚀电位随时间向负移动,说明它们的点蚀和缝隙腐蚀进入发展阶段。1Cr18Ni9Ti、316L 的腐蚀电位在 120 天和 90 天达到稳定,稳定电位(SCE)分别为 – 0.107V 和 – 0.151V。

HDR 双相不锈钢浸入海水后,腐蚀电位向正变化。1 ~ 30 天,腐蚀电位有较小的波动。30 天后 HDR 的腐蚀电位向正变化,60 天达到稳定,稳定电位(SCE)为 + 0.15V。HDR 的腐蚀电位没有向负变化的趋势,表明在电位测量期间 HDR 没发生局部腐蚀。

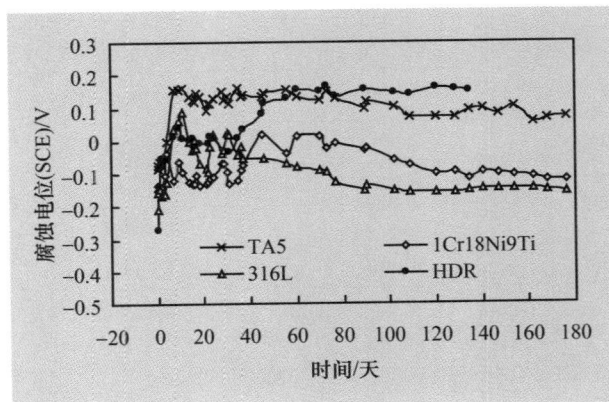

图 15.6　不锈钢、钛在海水中的腐蚀电位 – 时间曲线

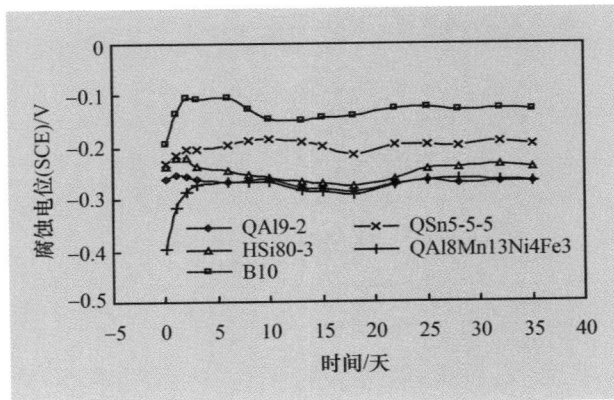

图 15.7　铜合金在海水中的腐蚀电位 – 时间曲线

3. 铜合金

在海水中 5 种铜合金开始时的腐蚀电位向正变化(图 15.7)。分别在 2～10 天后达到最正腐蚀电位。其中,QAl8Mn13Ni4Fe3 和 B10 的腐蚀电位正移较大,分别正移 130mV 和 90mV。这是由于它们表面的腐蚀产物膜均匀致密,有较好的保护性,它们的腐蚀率也较低。HSi80 - 3、QSn5 - 5 - 5、QAl9 - 2 的腐蚀电位正移较小。浸泡的 5 种铜合金在达到最正腐蚀电位后,腐蚀电位向负波动,在 20 天左右达到稳定,稳定电位的波动较小。B10 的稳定腐蚀电位(SEC)较正,为 - 0.127V,QAl8Mn13Ni4Fe3 和 QAl9 - 2 的稳定腐蚀电位(SCE)较负,为 - 0.266V 和 - 0.228V。

4. 钛合金 TA5

TA5 在海水中开始时的腐蚀电位较快地向正变化,7 天后腐蚀电位在较大范围波动。不易确定电位稳定时间。大约在 110 天它的电位达到稳定(图 15.6)。它的稳定电位(SCE)较正,为 + 0.079V。

综上所述,耐蚀的钝态金属材料,如 TA5、HDR,在静止海水中的腐蚀电位随时间变化较大、电位稳定时间较长。耐蚀差的钝态金属材料,如 1Cr18Ni9Ti、316L,由于点蚀和缝隙腐蚀的孕育、发生,腐蚀状态变化大,这一过程中腐蚀电位的波动大,电位稳定时间较长。

在海水中,铜合金表面生成致密有保护性腐蚀产物,它的腐蚀电位稳定时间较短,稳定电位波动较小。

钢浸入海水后,随着在空气中形成的氧化膜被破坏,自腐蚀电位向负移,同时锈层在表面沉积。锈层疏松、保护性差。随着表面锈层不断增厚,腐蚀电位向正方向变化。达到稳定腐蚀电位的时间较长,稳定电位波动较小。

15.2.4 海水周浸条件下的腐蚀

海水周浸试验结果见表 15.6 和图 15.8。海水周浸试验模拟的是干/浸交替的海水环境。各金属材料显示了不同的腐蚀行为,其腐蚀行为与它们在海水全浸条件下不同。

表 15.6 材料在海水周浸(干/浸比为 48min/12min)条件下的腐蚀结果

材料	腐蚀率/(mm/年)			腐蚀形貌
	10 天	20 天	30 天	
20	2.45	1.95	1.37	全面不均匀腐蚀
45	2.69	2.11	1.32	全面不均匀腐蚀
907A	—	2.23	2.00	全面不均匀腐蚀
921B	0.97	1.02	0.95	全面不均匀腐蚀
945	2.10	1.84	1.28	全面不均匀腐蚀
980	0.65	0.59	0.44	全面不均匀腐蚀
ZG25	—	2.02	1.76	全面不均匀腐蚀
ZG607	—	1.04	0.99	全面不均匀腐蚀
1Cr18Ni9Ti	0.0023	0.0011	0.0010	轻微缝隙腐蚀[①]
316L	0.0052	0.0022	0.0014	轻微缝隙腐蚀[①]
HDR	0.0027	0.0012	0.0005	无局部腐蚀
TUP	0.071	0.041	0.041	均匀腐蚀
HSi80 - 3	0.014	0.0073	0.0068	均匀腐蚀
QSn5 - 5 - 5	0.017	0.011	0.011	均匀腐蚀
QAl8Mn13Ni4Fe3	0.032	0.0077	0.0069	均匀腐蚀
TA5	0	0	0	无腐蚀
① 在涂封焊点的环氧树脂下的腐蚀,以及在固定试样的塑料下的腐蚀				

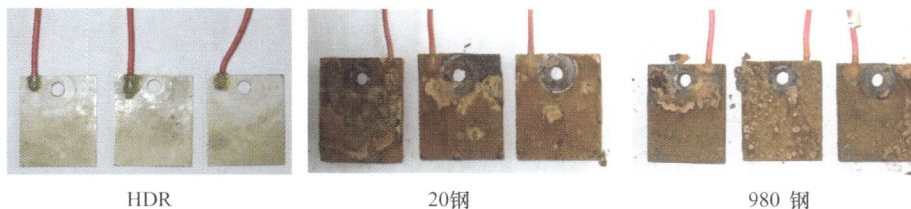

HDR   20钢   980 钢

图 15.8　各材料海水周浸 30 天后的腐蚀形貌

1. 钢

钢在海水周浸条件下腐蚀,表面形成黄色锈层。碳钢的锈层较厚,980、921B、ZG607 的相对较薄。钢的腐蚀类型为全面不均匀腐蚀。

试验的 8 种钢的腐蚀率差别较大,腐蚀率变化趋势也不同。侵蚀深度 = 腐蚀率×时间。由侵蚀深度 – 时间曲线可得出各暴露时间的腐蚀率(瞬时腐蚀率),腐蚀率的大小等于侵蚀深度 – 时间曲线的斜率。

根据钢在海水周浸条件下的侵蚀深度 – 时间曲线,可以将 8 种钢的腐蚀情况分为三类:① 初始腐蚀率低,腐蚀率随时间减小,980 属于这一类,在海水周浸条件下它的耐蚀性最好;②初始腐蚀率高,腐蚀率随时间减小,20、45、ZG25、907A 和 945 属于这一类,经长时间试验它们有较低的腐蚀率;③初始腐蚀率较低,腐蚀率基本不随时间变化,921B 和 ZG607 属于这一类,它们短期的腐蚀率较低,经长时间试验,它们的腐蚀率可能大于碳钢。为掌握钢在海水周浸条件下的腐蚀行为,应做进一步的、更长时间的试验。8 种钢海水周浸 30 天后侵蚀深度 – 时间曲线如图 15.9 所示。

分析合金元素的影响,可以得出,Ni 能提高钢在海水周浸条件下的耐蚀性,Ni 含量越高,钢在海水周浸条件下的耐蚀性能越好。

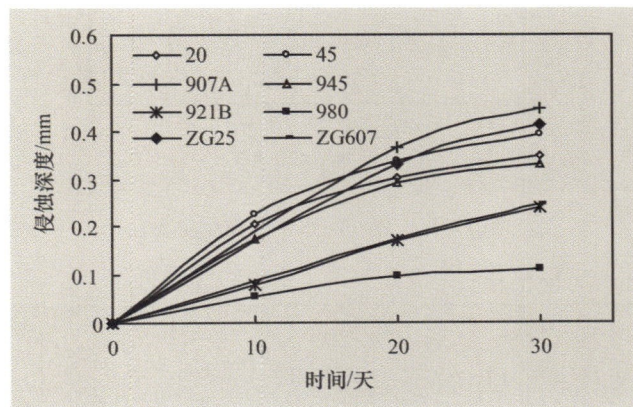

图 15.9　8 种钢海水周浸 30 天后侵蚀深度 – 时间曲线

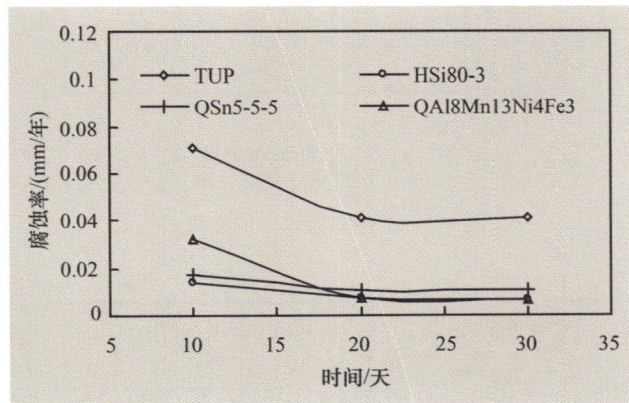

图 15.10　4 种铜合金海水周浸条件下的腐蚀率 – 时间曲线

2. 不锈钢

1Cr18Ni9Ti、316L 在海水周浸条件下试验 30 天,表面没发生点蚀,在涂封焊点的环氧树脂下和在固定试样的塑料下发生轻微的缝隙腐蚀。

在海水周浸条件下,不锈钢表面干湿交替,供养充分,有利于被破坏的钝化膜修复和再钝化,点蚀不易发生。而缝隙能储存水分和盐分,缝隙内的水蒸发慢,可长期存在。因此,缝隙腐蚀容易发生。

在海水周浸条件下的 HDR 耐蚀性好于 1Cr18Ni9Ti、316L,试验 30 天没发生点蚀和缝隙腐蚀。

在海水周浸条件下试验 30 天,1Cr18Ni9Ti、316L 和 HDR 的腐蚀率都很低,为 0.0005 ~ 0.0014mm/年,这在应用中是没有实际意义的差别。

3. 铜合金和 TA5

在海水周浸条件下,TUP、HSi80 – 3、QSn5 – 5 – 5 和 QAl8Mn13Ni4Fe3 表面都形成致密的有保护性的腐蚀产物膜,腐蚀类型为均匀腐蚀,腐蚀率低。

在海水周浸条件下试验 10 ~ 20 天,TUP、HSi80 – 3、QSn5 – 5 – 5 和 QAl8Mn13Ni4Fe3 的腐蚀率随时间降

低,20～30 天,腐蚀率基本不变,如图 15.10 所示。

TUP 的腐蚀率比 HSi80 - 3、QSn5 - 5 - 5 和 QAl8Mn13Ni4Fe3 高得多。试验 30 天,TUP 的腐蚀率为 0.041mm/年,是 HSi80 - 3 和 QAl8Mn13Ni4Fe3 的 6 倍,QSn5 - 5 - 5 的 3.7 倍。这表明 HSi80 - 3、QSn5 - 5 - 5 和 QAl8Mn13Ni4Fe3 的合金元素大幅度提高了在海水周浸条件下的耐蚀性。

TA5 在周浸条件下试验 30 天,未观察到腐蚀,没有失重。

15.2.5 在海水中的极化曲线

1. 钢

试验的 8 种钢(20、45、907A、921B、945、980、ZG25、ZG607)的极化曲线形状、特征基本相同,阳极呈活性溶解特征,溶解阻力小;阴极有氧扩散控制区和析氢反应活化极化控制区,如图 15.11 和图 15.12 所示。试验钢的腐蚀速度由阴极氧扩散控制。表 15.7 给出了试验钢在海水中的极化特征和参数。它们的自腐蚀电位最大相差 70mV。可以看出,Cr、Ni 含量较高的钢在海水中的自腐蚀电位较正。试验钢的阴极氧扩散极限电流密度基本相等(0.13～0.15mA/cm^2),即它们的腐蚀速度基本相等。

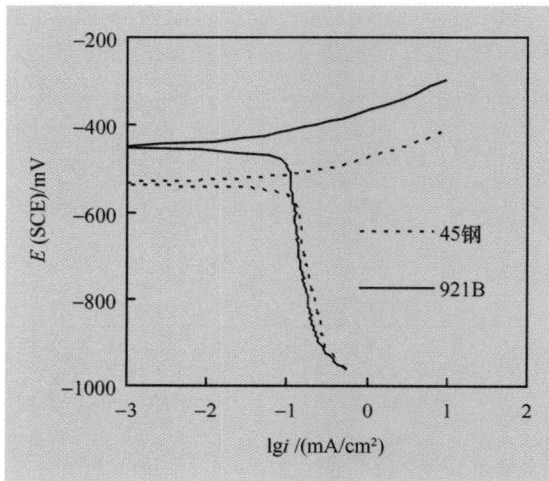

图 15.11　钢在海水中的极化曲线　　　　图 15.12　钢在海水中的极化曲线

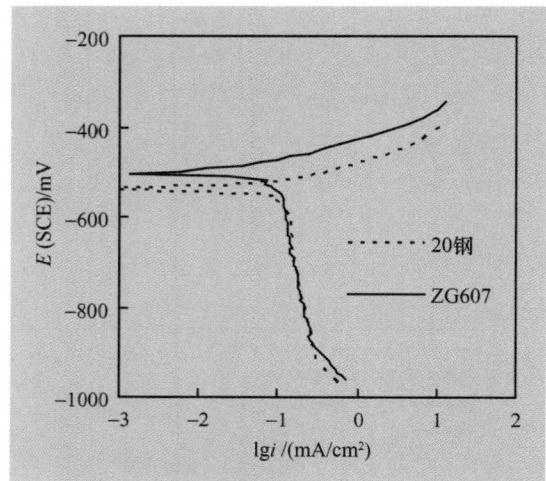

表 15.7　金属材料在海水中的极化特征和参数

特征与参数 材料	自腐蚀电位(SCE)/mV	阴极氧扩散极限电流密度/(mA/cm^2)	点蚀电位 E_{b100}(SCE)/mV	阳极极化特征	阴极极化特征
20	−548	0.14			
45	−546	0.14			
907A	−554	14			
945	−528	0.14		活化溶解	氧扩散控制 – 析氢反应活化控制
921B	−506	0.13			
980	−481	0.15			
ZG25	−555	0.13			
ZG607	−513	0.13			
1Cr18Ni9Ti	−250	—	+220		
316L	−128	—	+290	钝化 – 活化	氧还原活化控制,氧还原超电压较高
HDR	−160	—	+1050		

(续)

特征与参数 材料	自腐蚀 电位(SCE) /mV	阴极氧扩散 极限电流密 度/(mA/cm²)	点蚀电位 E_{b100}(SCE) /mV	阳极极 化特征	阴极极化特征
TUP	−275	0.34			
HSi80 − 3	−283	0.35			
QAl9 − 2	−285	0.33		活化 − 钝化过渡、 钝化区及过钝化区	氧还原活化控制 − 氧 扩散控制
QSn5 − 5 − 5	−229	0.32			
QAl8Mn13 − Ni4Fe3	−359	0.33			
B10	−192	0.27			
TA5	−175	0.093	—	钝化	氧还原活化控制 − 氧扩散控制, 氧还原超电压高,氢超电压很高

试验的 7 种钢的合金成分及含量有较大差别,但它们的极化行为和腐蚀速度相同。这表明加入少量(百分之几)的 Cr、Ni、Mo 等元素不会改变钢在海水中开始浸泡(没有锈层)时的极化行为和腐蚀速度。钢在海水中的耐蚀性取决于它表面形成的锈层的结构和性质。碳钢在海水中形成的锈层疏松、多孔,保护性差。在海水中耐蚀性较好的钢,其有效合金元素在锈层内富集,形成的锈层较均匀、致密,具有一定保护性。

2. 不锈钢

1Cr18Ni9Ti、316L 和 HDR 不锈钢在海水中的阳极极化曲线均呈钝化 − 活化特征,如图 15.13 所示。它们的阴极反应由氧还原活化控制,氧还原超电压较高。

它们的点蚀电位相差较大。1Cr18Ni9Ti、316L 的点蚀电位 E_{b100}mV 分别为 +220mV(SCE)和 +290mV,HDR 的点蚀电位 E_{b100}(SCE)要高得多,为 +1050mV。表明 HDR 在海水中的耐蚀性比 1Cr18Ni9Ti、316L 大幅度提高。

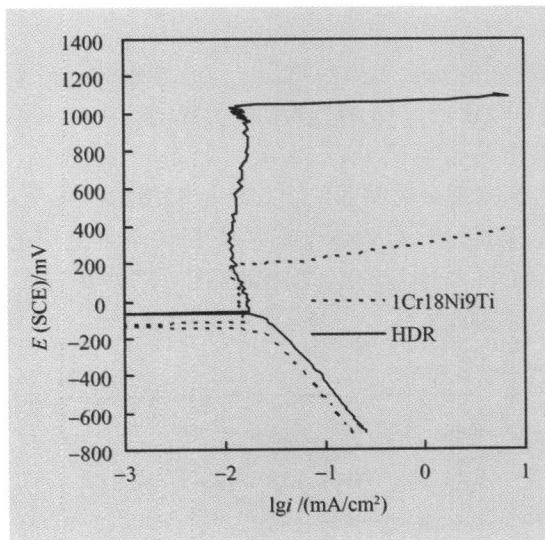

图 15.13 不锈钢在海水中的极化曲线

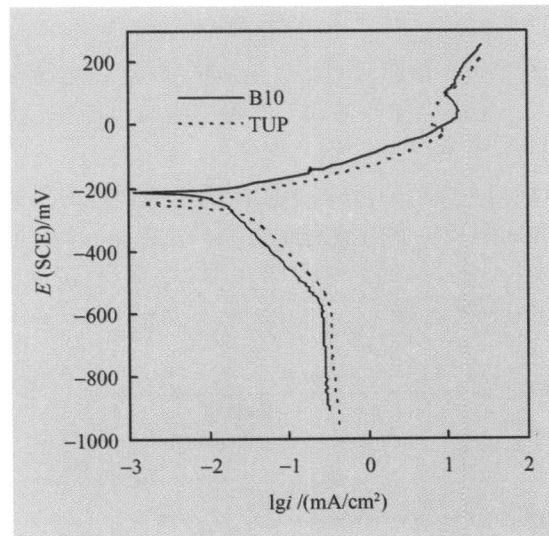

图 15.14 铜合金在海水中的极化曲线

3. 铜及合金

图 15.14 和图 15.15 是铜及合金在海水中的极化曲线。铜及合金在海水中有相同的极化特征。阳极极化曲线具有活化溶解区、钝化过渡区、钝化区及过钝化区,活化区极化阻力小。阴极极化曲线有氧还原活化极化控制区和氧扩散控制区,腐蚀速度由阴极氧还原活化极化控制。试验的 6 种铜合金的氧扩散极限电流密度除 B10 略小为 0.27mA/cm² 外,其他都接近,为 0.32 ~ 0.35mA/cm²。与不锈钢的阴极极化相比,铜及合金的极化电流密度大,由此可知,在海水中与钢接触,它引起的电腐蚀比不锈钢严重。

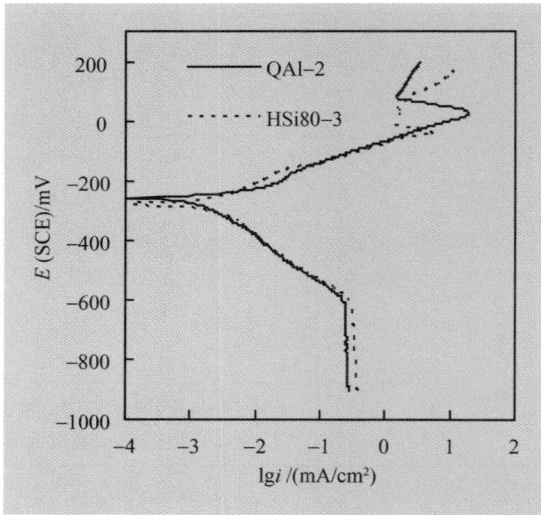

图 15.15　铜合金在海水中的极化曲线

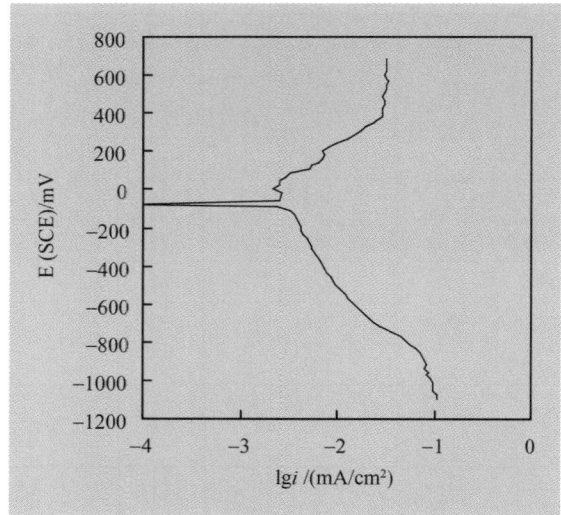

图 15.16　TA5 在海水中的极化曲线

4. TA5

TA5 的阴极极化曲线为氧还原活化控制 – 氧扩散控制,如图 15.16 所示。氧还原超电压高,氢超电压很高。在 TA5 表面进行的氧还原反应阻力大。由此可知,在海水中与钢接触,引起的电偶腐蚀比铜合金、不锈钢轻。

15.2.6　室内静止海水中的电偶腐蚀

1. 钛 – 钢的电偶

在海水中 TA5 与钢偶合,组成腐蚀原电池。TA5 是阴极,钢是阳极。在偶合过程中,钢加速溶解(腐蚀)。

3 种 TA5 – 钢偶对的阳极电流密度(电偶电流密度)随时间的变化趋势相同。电流密度随时间呈下降趋势,但电流密度变化有波动。开始浸泡时电流密度随时间下降较快,24h 后,电流密度变化较小。以不同面积比偶合的 3 种 TA5 – 钢的部分时间或时间段的阳极电偶电流密度值见表 15.8。图 15.17 和图 15.18 是 TA5 分别与 45 钢,921B 以不同面积比偶合时的阳极电偶电流密度 – 时间曲线。TA5 与 45 钢以 1:1.2 偶合,浸泡 1h 的阳极电偶电流密度为 11.1 $\mu A/cm^2$,24h 的电偶电流密度为 6.2 $\mu A/cm^2$,48h 后的平均电偶电流密度为 6.3 $\mu A/cm^2$。TA5 与 921B 以 1:1.2 偶合,浸泡 1h、24h 和 48 后平均的电偶电流密度分别为 6.7 $\mu A/cm^2$、4.8 $\mu A/cm^2$ 和 4.3 $\mu A/cm^2$。

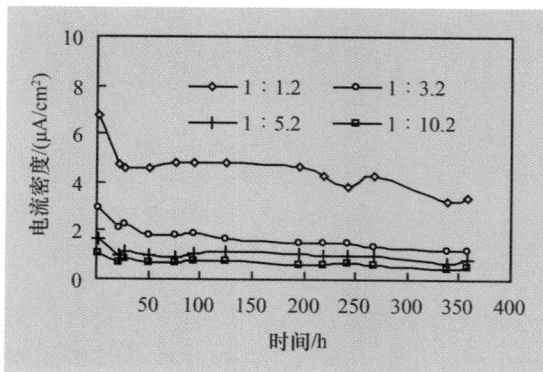

图 15.17　TA5 – 45 钢在海水中不同面积比
偶合的阳极电流密度随时间的变化

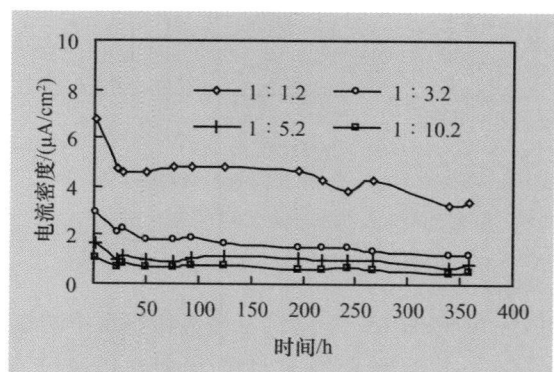

图 15.18　TA5 – 921B 在海水中不同面积比
偶合的阳极电流密度随时间的变化

表 15.8 TA5 - 钢在海水中的电偶腐蚀数据

组元	面积比	阳极电流密度/($\mu A/cm^2$)			阴极电流密度/($\mu A/cm^2$)		
		1h	24h	48h后平均值	48h后平均值	48~100h	300~360h
TA5 - 45 钢[①]	1:1.2	11.1	6.2	6.3	7.5	6.9	7.3
	1:3.2	4.3	2.9	2.8	8.9	9.1	8.4
	1:5.2	3.0	1.8	1.3	6.7	6.8	5.9
	1:10.2	1.1	0.66	0.72	7.3	7.4	6.9
TA5 - 907A[①]	1:1.2	8.2	6.2	6.5	7.8	8.1	7.3
	1:3.2	4.1	2.7	2.5	8.0	8.8	7.1[②]
	1:5.2	2.8	1.6	1.5	7.9	8.7	7.5[②]
	1:10.2	1.5	0.84	0.79	8.1	8.8	7.8[②]
TA5 - 921B[①]	1:1.2	6.7	4.8	4.3	5.1	5.7	4.0[②]
	1:3.2	2.9	2.1	1.5	5.0	5.9	3.9
	1:5.2	1.7	1.0	0.96	5.0	5.1	4.1
	1:10.2	1.0	0.68	0.62	6.3	7.0	4.8

① TA5 的表面积为 33.2 cm^2。
② 240~300h 的平均电流密度

3 种 TA5 - 钢偶对的阳极电流密度,随着阳极/阴极面积比的增大而减小。TA5 与 907A 以 1:1.2 偶合,浸泡 24h 的电偶电流密度为 6.2$\mu A/cm^2$,48h 后的平均电偶电流密度为 6.5$\mu A/cm^2$;以 1:10.2 偶合,24h 和 48 后平均的电偶电流密度分别为 0.84$\mu A/cm^2$ 和 0.79$\mu A/cm^2$。图 15.19 是浸泡 48h 后的平均阳极电流密度与阳极面积与阴极面积比的关系曲线。由曲线看出,TA5 - 钢偶对的阳极电流密度与阳极面积与阴极面积比近似于反比关系,也就是说,TA5 - 钢偶对的阳极电流密度与阴极/阳极面积比近似于线性(正比)关系,如图 15.20 所示。

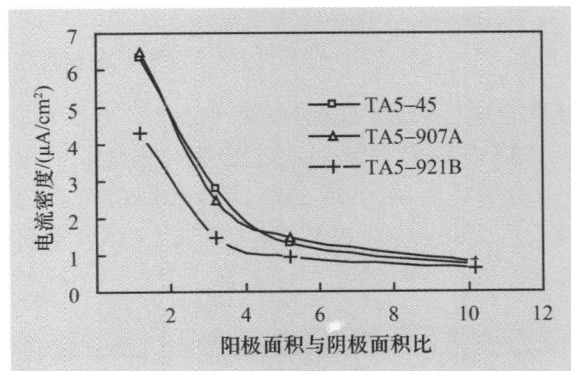

图 15.19 TA5 - 钢偶合在海水中 48h 后的平均电偶电流密度随阳极面积与阴极面积比的变化(一)

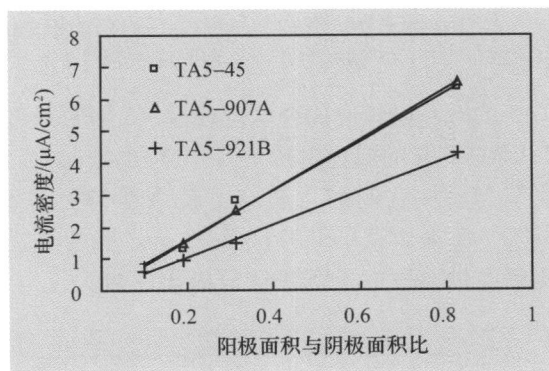

图 15.20 TA5 - 钢偶合在海水中 48h 后的平均电偶电流密度随阴极面积与阳极面积比变化(二)

在电偶腐蚀过程中,阴极电流密度乘以阴极表面积等于阳极电流密度乘以阳极表面积,阴极电流密度和阳极电流密度是可换算的。表 15.8 给出了以不同面积比偶合的 3 种 TA5 - 钢的部分时间段的阴极电偶电流密度值。

3 种 TA5 - 钢偶对的阴极电流密度随时间的变化趋势与它们的阳极电流密度的变化情形相同,开始浸泡时电流密度随时间下降较快,24h 后,电流密度变化较小,如图 15.21 和图 15.22 所示。

由表 15.8 中的阴极电流密度数据及图 15.21、图 15.22 看出,TA5 - 钢偶对的阴极电流密度随着阳极面积与阴极面积比的增大变化不大,总体来看,阳极面积与阴极面积比从 1 到 10,阴极电流密度略有增大。TA5 与 907A 以 1:1.2 和 1:10.2 偶合,浸泡 48h 后平均的阴极电偶电流密度分别为 7.3$\mu A/cm^2$ 和 7.8$\mu A/cm^2$。

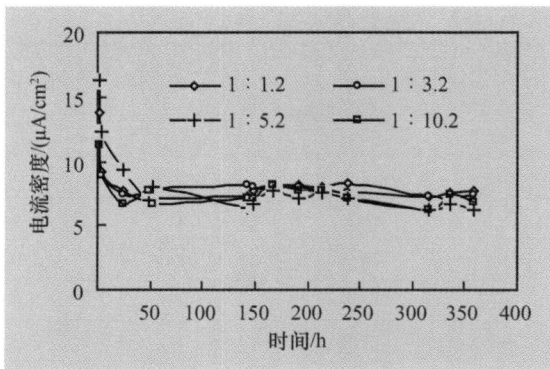

图 15.21　TA5 - 45 钢在海水中不同面积比偶合的
阴极电流密度随时间的变化

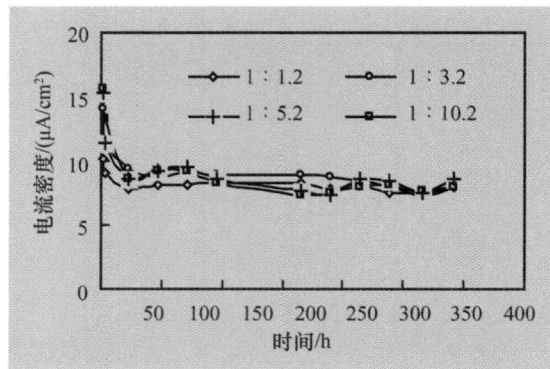

图 15.22　TA5 - 907A 在海水中不同面积比偶合的
阴极电流密度随时间的变化

TA5 与 921B 以 1:1.2 和 1:10.2 偶合,浸泡 48h 后平均的阴极电偶电流密度分别为 $4.0\mu A/cm^2$ 和 $4.8\mu A/cm^2$。

图 15.23 和图 15.24 是 TA5 与 45 钢、921B 在不同面积比下的偶合电位。结果显示,开始浸泡时的偶合电位很快负移,这是由于浸入海水后,钢表面的氧化膜被腐蚀破坏,使自腐蚀电位负移,也导致偶对的偶合电位负移。结果还显示,TA5 - 钢的偶合电位随阳极面积与阴极面积比的增加向负移。

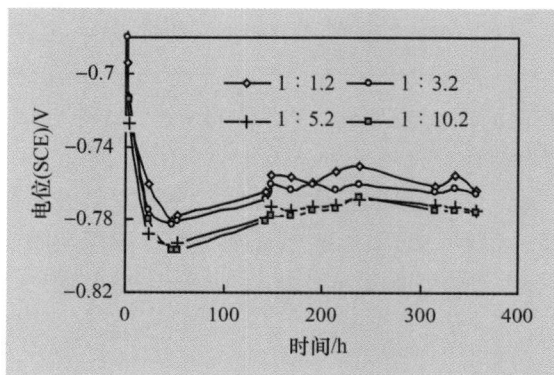

图 15.23　TA5 - 45 钢在海水中不同面积比的偶合电位

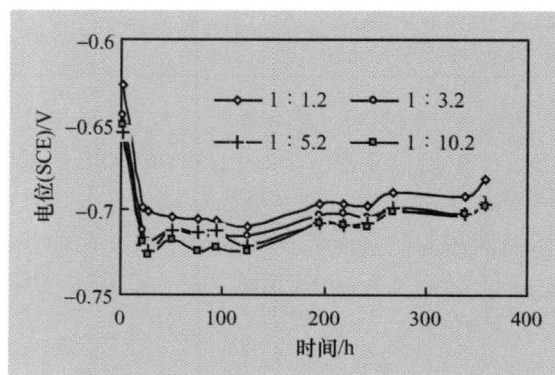

图 15.24　TA5 - 921B 在海水中不同面积比的偶合电位

TA5 的开路电位离偶合电位较远,45 钢的开路电位离偶合电位较近,如图 15.25 和图 15.26 所示。TA5 与 907A 和 921B 的偶合电位、开路电位也是如此。这表明 TA5 与钢偶合,TA5 的阴极极化值比钢的阳极极化值大得多。从它们的自腐蚀电位会看得更清楚。前述的结果表明,TA5 的稳定自腐蚀电位(SCE)为 +0.079V,45 钢、907A 和 921B 的稳定自腐蚀电位(SCE)为 -0.66 ~ -0.72V。由此可知,TA5 - 钢偶对的阳极电偶腐蚀速度由 TA5 的阴极极化控制。

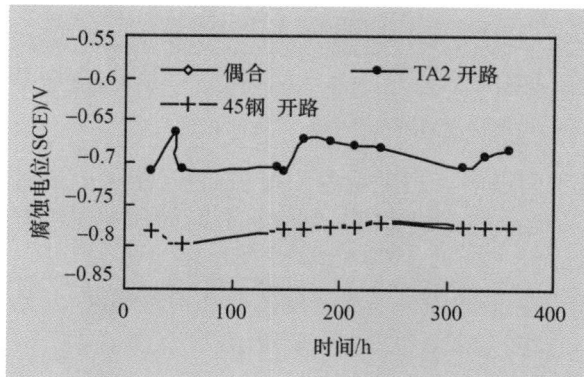

图 15.25　TA5 - 45 钢在海水中的偶合电位及
开路电位(面积比 1:1.2)

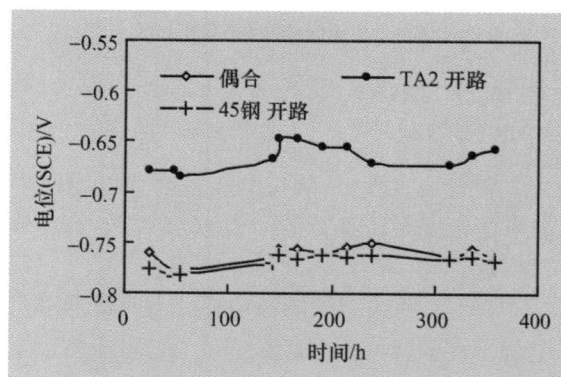

图 15.26　TA5 - 45 钢在海水中的偶合电位及
开路电位(面积比 1:10.2)

　　TA5 与钢在海水中的电偶电流密度、偶合电位随面积比的变化可用极化示意图说明,如图 15.27 所示。

　　由有关金属材料的极化特性可知,在静止海水中,45 钢、907A 和 921B 阳极极化阻力小,极化率低。而 TA5 具有较大的氧还原超电压,阴极极化率高。在海水中,TA5 与钢在海水中接触(偶合),TA5 从自腐蚀电位向负极化,钢从自腐蚀电位向正极化,极化到同一电位,即偶合电位 E_g,TA5 的电位极化值比钢的极化值大得多。这时的偶合电流强度为 I_g,阳极电偶电流密度 i_{ga},阴极电偶电流密度 i_{gc}。

　　根据阴极面积与阳极面积比的大小,将 TA5 与钢的偶合的极化分三种情况:① 阴极面积与阳极面积比等于 1,$i_{ga} = i_{gc}$;偶合电位是图 15.28 中的 TA5 的阴极极化曲线与钢的阳极极化曲线交点的电位,即图中的 E_{g1}。② 阴极面积与阳极面积比大于 1,$i_{ga} > i_{gc}$;偶合电位比极化曲线交点的电位正,如图中的 E_{g2}。③ 阳极面积与阴极面积小于 1,$i_{ga} < i_{gc}$;偶合电位比极化曲线交点的电位负,如图中的 E_{g3},它对应的阳极电偶电流密度 i_{g3a},阴极电偶电流密度 i_{g3c}。

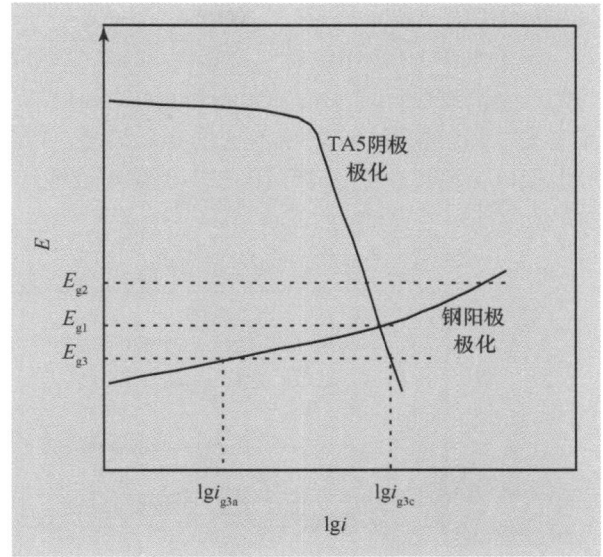

图 15.27　TA5 与钢在海水中偶合的极化

　　在本试验中,TA5 与钢偶合的阳极面积与阴极面积比大于 1。随着阳极面积与阴极面积比的增大,偶合电位 E_g 负移,阳极电偶电流密度 i_{ga} 减小,阴极电偶电流密度 i_{gc} 增大,阳极电偶电流密度 i_{ga} 减小的幅度大,阴极电偶电流密度 i_{gc} 增大的幅度小。

　　比较 TA5 分别与 45 钢、907A 和 921B 组成的三种偶对在相同面积比下的电偶电流密度,发现在相同面积比下,TA5 与 45 钢、907A 的电偶电流密度基本相等,TA5 与 921B 的电偶电流密度比 TA5 与 45 钢、907A 的电偶电流密度小。这是由于 921B 的自腐蚀电位比 45 钢、907A 正。在相同面积比下,921B 与 TA5 的偶合电位也比 45 钢、907A 与 TA5 正,使得阴极电流密度和阳极电流密度都减小。

　　表 15.9 给出了 TA5 与钢偶合的由阳极电流密度计算的电偶腐蚀率和由失重计算的电偶腐蚀率。结果显示,由阳极电流密度计算的平均电偶腐蚀率和由失重计算的平均电偶腐蚀率相差不大。

　　TA5 以不同的面积比与 45 钢、907A 和 921B 分别偶合,在海水中浸泡 360h,TA5 没有腐蚀迹象,三种钢的形貌呈全面不均匀腐蚀。

表 15.9　TA5 - 钢在海水中的电偶腐蚀率和腐蚀形貌

组元	面积比	由阳极电流密度计算的电偶腐蚀率/(mm/年)		由失重计算的平均电偶腐蚀率/(mm/年)	腐蚀形貌	
		1h	平均		TA5	钢
TA5 - 45	1:1.2	0.13	0.074	0.079	无腐蚀	全面不均匀腐蚀
	1:3.2	0.050	0.033	0.036		
	1:5.2	0.035	0.016	0.018		
	1:10.2	0.013	0.0084	0.0095		
TA5 - 907A	1:1.2	0.096	0.076	0.071	无腐蚀	全面不均匀腐蚀
	1:3.2	0.048	0.031	0.045		
	1:5.2	0.033	0.018	0.020		
	1:10.2	0.018	0.0097	0.012		
TA5 - 921B	1:1.2	0.078	0.50	0.061	无腐蚀	全面不均匀腐蚀
	1:3.2	0.034	0.19	0.035		
	1:5.2	0.020	0.011	0.019		
	1:10.2	0.012	0.0074	0.0057		

2. HDR - 钢

在海水中 HDR 不锈钢与钢偶合,HDR 是电偶的阴极,钢是阳极。在海水中,HDR - 45 钢、HDR - 921B 的阳极电流密度随时间的变化趋势相同(图15.28、图15.29)。电流密度随时间呈下降趋势。开始浸泡时电流密度下降较快,24h 后,电流密度变化缓慢。以不同面积比偶合的两种 HDR - 钢的部分时间或时间段的阳极电偶电流密度值见表15.10。HDR 与 45 钢以 1:1.2 偶合,浸泡 1h 的阳极电偶电流密度为 $26.5\mu A/cm^2$,24h 的电偶电流密度为 $12\mu A/cm^2$,48h 后的平均电偶电流密度为 $10.2\mu A/cm^2$。

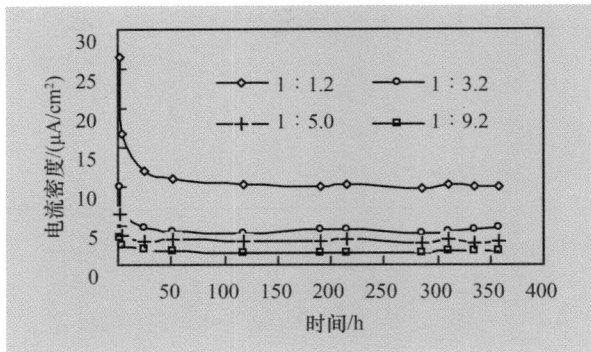

图 15.28　HDR - 45 钢在海水中不同面积比偶合的阳极电流密度随时间的变化

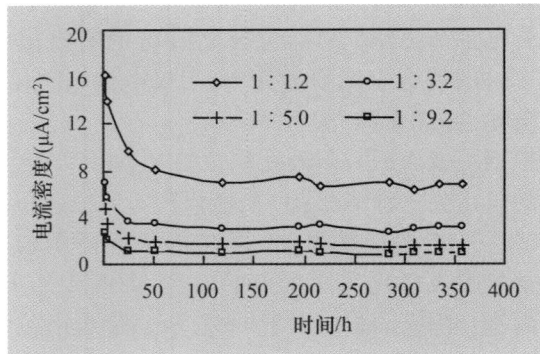

图 15.29　HDR - 921B 不同面积比偶合的阳极电流密度随时间的变化

表 15.10　HDR - 钢在海水中的电偶腐蚀数据

组元	面积比	阳极电流密度/($\mu A/cm^2$)			阴极电流密度/($\mu A/cm^2$)		
		1h	24h	48h 后平均值	48h 后平均值	48~100h	300~360h
HDR - 45 钢[1]	1:1.2	26.5	12.0	10.2	12.2	12.8	12.2
	1:3.2	9.9	4.7	4.3	13.9	13.4	15.5
	1:5.0	6.5	3.1	3.0	15.0	15.5	15.0
	1:9.2	3.4	2.1	1.6	14.4	14.1	15.3
HDR - 921B[1]	1:1.2	16.2	9.6	7.0	8.4	9.0	8.0
	1:3.2	7.1	3.7	3.1	10.0	10.3	10.0
	1:5.0	4.8	2.3	1.7	8.4	9.2	7.9
	1:9.2	2.7	1.2	0.98	9.0	9.4	8.9
[1] HDR 的表面积为 $11.7cm^2$							

两种 HDR - 钢偶对的阳极电流密度随着阳极面积与阴极面积比的增大而减小。HDR 与 921B 以 1:1.2 的面积比偶合,浸泡 48h 后的平均电偶电流密度为 $7.0\mu A/cm^2$,以 1:9.2 偶合,48h 后的平均电偶电流密度为 $0.98\mu A/cm^2$。图 15.30 是 HDR - 钢偶对在海水中浸泡 48h 后的平均阳极电流密度与阳极面积与阴极面积比的关系曲线。由图 15.30 看出,HDR - 钢偶对的阳极电流密度与阳极面积与阴极面积比近似于反比关系。

两种 HDR - 钢偶对的阴极电流密度随时间的变化趋势与它们的阳极电流密度相同,如图 15.31 和图 15.32 所示。以不同面积比偶合的两种 HDR - 钢的部分时间段的阴极电偶电流密度值见表15.11。HDR - 钢偶对的阴极电流密度有随着阳极面积和阴极面积比的增大而增大的趋势。HDR 与 45 钢以 1:1.2 的面积比偶合,浸泡 48h 后平均的阴极电偶电流密度为 $12.8\mu A/cm^2$,以 1:9.2 的面积比偶合,48h 后平均的阴极电偶电流密度为 $14.4\mu A/cm^2$。

图 15.33、图 15.34 是 HDR 与 45 钢的偶合电位和开路电位。HDR 的开路电位离偶合电位较远,45 钢的开路电位离偶合电位近。HDR 与和 921B 的偶合电位、开路电位也是如此。这表明 HDR 与钢偶合,电偶腐蚀速度由 HDR 阴极极化控制。

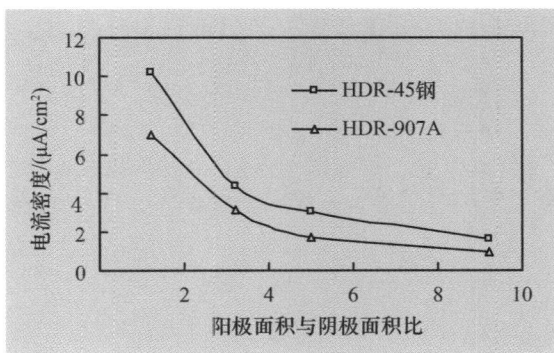

图 15.30　HDR - 钢偶合在海水中 48h 后平均电偶
电流密度随阳极面积与阴极面积比的变化

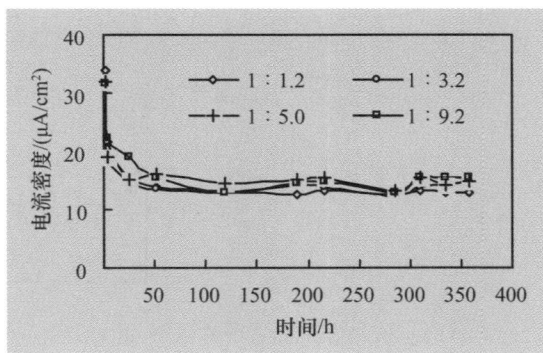

图 15.31　HDR - 45 钢在海水中不同面积比
偶合的阴极电流密度随时间的变化

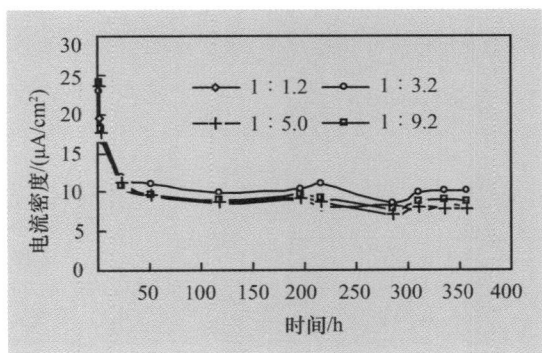

图 15.32　HDR - 921B 不同面积比偶合的
阴极电流密度随时间的变化

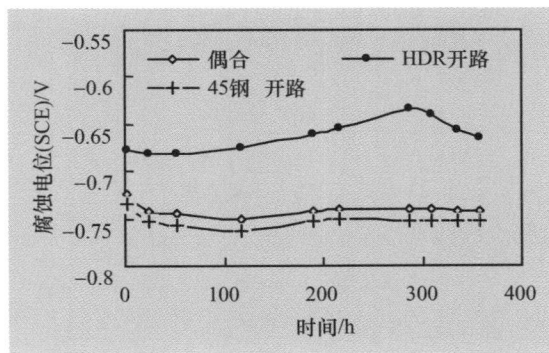

图 15.33　HDR - 45 钢偶合在海水中的
偶合电位及开路电位(面积比 1:1.2)

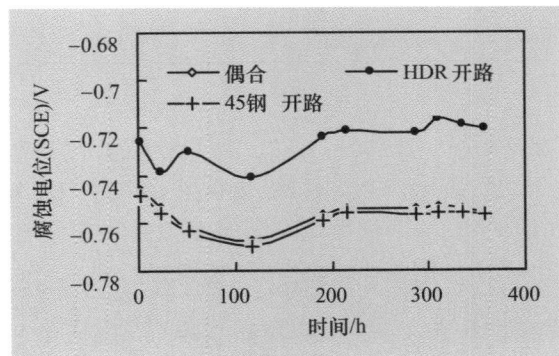

图 15.34　HDR - 45 钢偶合在海水中的偶合电位
及开路电位(面积比 1:19.2)

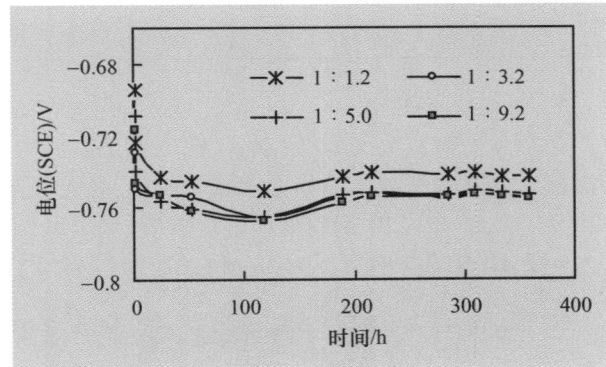

图 15.35　HDR - 45 钢在海水中不同面积比的
偶合电位 - 时间曲线

　　图 15.35、图 15.36 是 HDR 与 45 钢、921B 在不同面积比下的偶合电位。可以看出,偶合电位随阳极面积与阴极面积比的增加向负移。

　　HDR 与钢在海水中的电偶电流密度、偶合电位随面积比的变化的说明参见关于 TA5 - 钢偶合的相关讨论。不同的是 HDR 的氧还原超电压比 TA5 小,HDR - 钢偶合的电流密度比 TA5 - 钢偶合要大,这在后面还要讨论。

　　HDR 与 921B 的电偶电流密度比 HDR 与 45 钢的电偶电流密度小。

　　表 15.11 的结果显示,由阳极电流密度计算的平均电偶腐蚀率和由失重计算的平均电偶腐蚀率相差不大。

　　HDR 以不同的面积比与 45 钢、921B 分别偶合,在海水中浸泡 360h,HDR 没有腐蚀迹象,两种钢的形貌呈全面不均匀腐蚀。

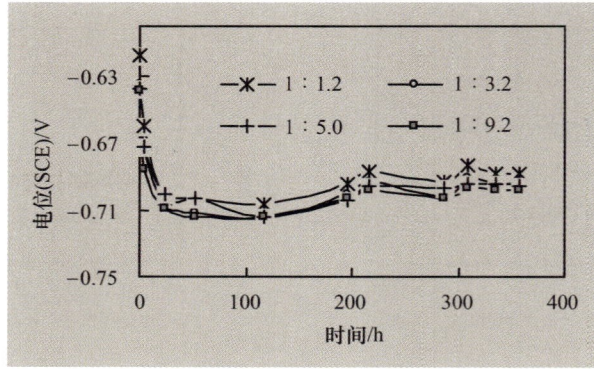

图 15.36　HDR－921B 在海水中不同面积比的偶合电位－时间曲线

表 15.11　HDR－钢在海水中的电偶腐蚀率和腐蚀形貌

组元	面积比	由阳极电流密度计算的电偶腐蚀率/(mm/年)		由失重计算的平均电偶腐蚀率/(mm/年)	腐蚀形貌	
		1h	平均		HDR	钢
HDR－45 钢	1:1.2	0.31	0.12	0.108	无腐蚀	全面不均匀腐蚀
	1:3.2	0.12	0.051	0.055		
	1:5.0	0.076	0.035	0.034		
	1:9.2	0.040	0.019	0.015		
HDR－921B	1:1.2	0.19	0.085	0.086	无腐蚀	全面不均匀腐蚀
	1:3.2	0.083	0.037	0.057		
	1:5.0	0.056	0.021	0.032		
	1:9.2	0.032	0.012	0.012		

3. 铜合金－20 钢

在海水中铜合金与 20 钢偶合,铜合金是电偶的阴极,钢是阳极。HSi80－3－20 钢、QAl9－2－20 钢以不同面积比偶合的腐蚀形貌如图 15.37 所示,腐蚀结果见表 15.12、表 15.13 及图 15.38 ~ 图 15.45。HSi 80－3－20 钢、QAl9－2－20 钢的电偶电流密度、偶合电位随时间的变化、随阳极面积与阴极面积比的变化规律与 TA5－钢、HDR－钢相同。它们的电偶腐蚀行为与 TA5－钢、HDR－钢相似,因此不再赘述。

(a)　　　　　　　　　　　　　　(b)

图 15.37　铝青铜与 20 钢不同面积比电偶腐蚀形貌(右侧为参比样)

(a)面积比 1:3;(b)面积比 1:5。

表 15.12　铜合金 - 20 钢在海水中的电偶腐蚀数据

组元	面积比	阳极电流密度/$(\mu A/cm^2)$			阴极电流密度/$(\mu A/cm^2)$		
		1h	24h	48h 后平均值	24h 后平均值	48 ~ 100h	300 ~ 360h
HSi80 - 3 - 20 钢[①]	1:1.3	20.2	11.8	10.6	13.8	13.3	13.4
	1:3.2	7.9	4.8	4.5	14.4	15.5	13.5
	1:5.1	4.5	3.0	2.7	13.6	12.4	13.3
	1:9.2	3.2	2.2	1.8	16.4	16.6	163
QAl9 - 2 - 20 钢[①]	1:1.3	15.4	10.3	11.0	14.4	14.4	13.4
	1:3.2	6.7	4.6	4.3	13.6	13.3	12.8
	1:5.1	4.4	2.8	2.7	14.1	13.6	13.7
	1:9.2	2.6	1.63	1.7	16.0	15.2	14.7

① HSi80 - 3、QAl9 - 2 的表面积为 12.5cm²。

表 15.13　铜合金 - 钢在海水中的电偶腐蚀率和腐蚀形貌

组元	面积比	由阳极电流密度计算的电偶腐蚀率/$(mm/年)$		由失重计算的平均电偶腐蚀率/$(mm/年)$	腐蚀形貌	
		1h	平均		铜合金	钢
HSi80 - 3 - 20 钢	1:1.3	0.24	0.13	0.12	无腐蚀	全面不均匀腐蚀
	1:3.2	0.092	0.053	0.045		
	1:5.1	0.053	0.032	0.037		
	1:9.2	0.037	0.021	0.021		
QAl9 - 2 - 20 钢	1:1.3	0.18	0.13	0.15	无腐蚀	全面不均匀腐蚀
	1:3.2	0.078	0.050	0.056		
	1:5.1	0.051	0.032	0.044		
	1:9.2	0.030	0.020	0.022		

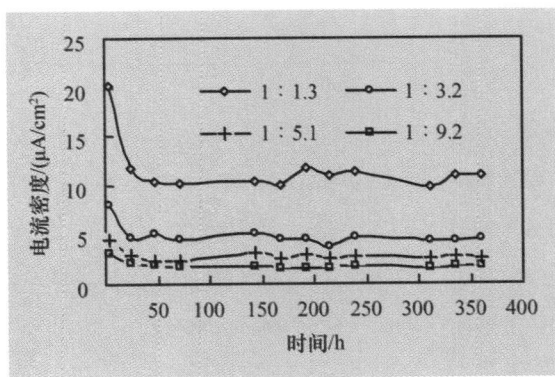

图 15.38　HSi80 - 3 - 20 钢不同面积比偶合的阳极电流密度随时间的变化

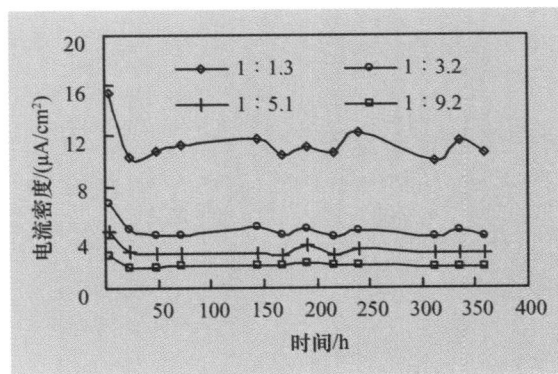

图 15.39　QAl9 - 2 - 20 钢不同面积比偶合的阳极电流密度随时间的变化

　　比较 TA5、HDR 及 HSi80 - 3、QAl9 - 2 与 45 钢或 20 钢在海水中偶合的电偶腐蚀数据,可以看出,以相同的阴极面积与阳极面积比偶合,HSi80 - 3、QAl9 - 2 与 20 钢的电偶电流密度大于 HDR、TA5 与 45 钢的电流密度,HDR - 45 钢的电偶电流密度大于 TA5 - 45 钢的电流密度(图 15.46、图 15.47)。也就是说,在静止海水中,与钢以相同的面积比偶合,HSi80 - 3 或 QAl9 - 2 引起的电偶腐蚀比 HDR 重;HDR 引起的电偶腐蚀比 TA5 重。HSi80 - 3、QAl9 - 2 与 20 钢以 1:1.3 的阴极面积与阳极面积比偶合试验 48h 后,平均阳极电流密度

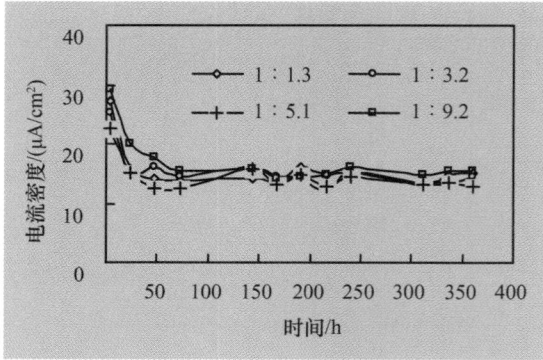

图 15.40　HSi80 - 3 - 20 钢在海水中不同面积比
偶合阴极电流密度 - 时间曲线

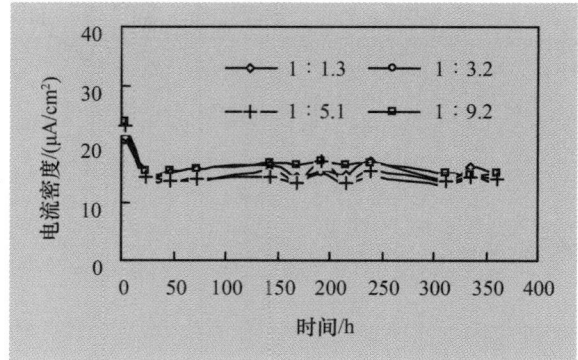

图 15.41　QAl9 - 2 - 20 钢在海水中不同面积比
偶合阴极电流密度 - 时间曲线

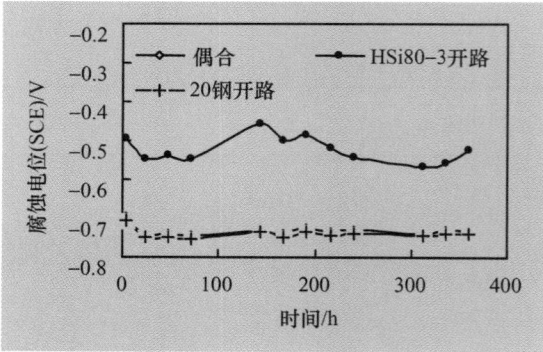

图 15.42　HSi80 - 3 - 20 钢在海水中的偶合电位
及开路电位(面积比 1:1.3)

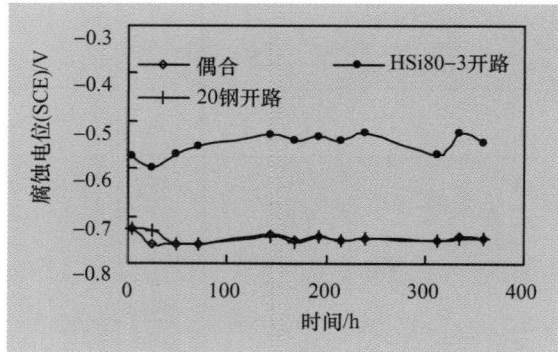

图 15.43　HSi80 - 3 - 20 钢在海水中的偶合电位
及开路电位(面积比 1:9.2)

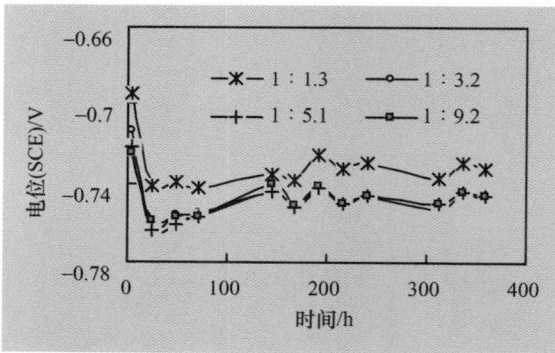

图 15.44　HSi80 - 3 - 20 钢在海水中不同面积比的
偶合电位 - 时间曲线

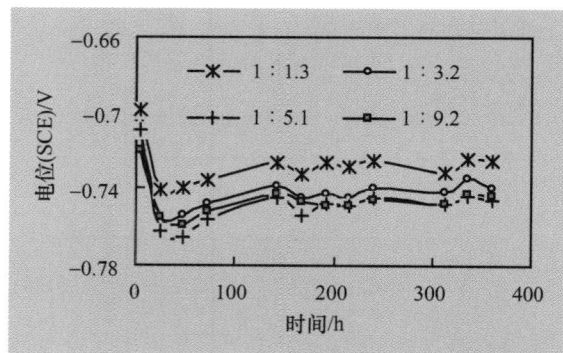

图 15.45　QAl9 - 2 - 20 钢在海水中不同面积比的
偶合电位 - 时间曲线

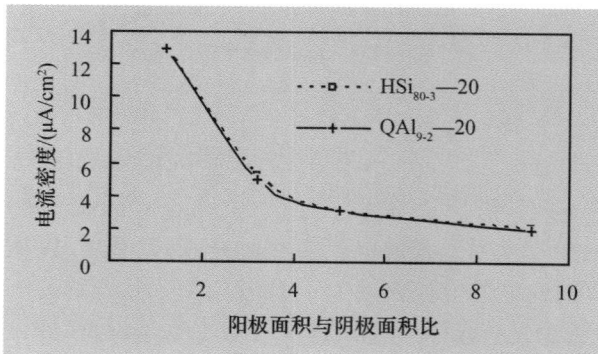

图 15.46　铜 - 钢偶合在海水中48h后平均电偶电流密度
随阳极面积与阴极面积比的变化

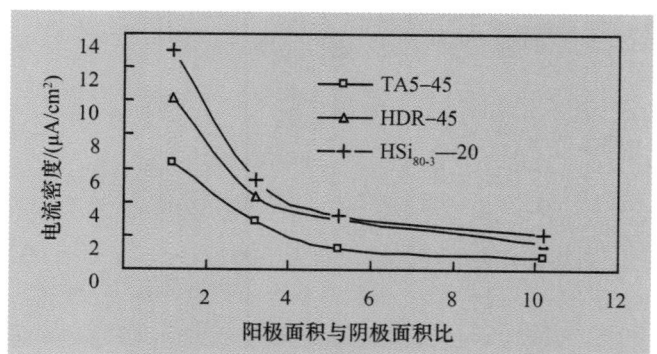

图 15.47　不同材料 - 钢在海水中48h后平均电偶电流密度
随阳极面积与阴极面积比变化

为 $10.6\mu A/cm^2$ 和 $11\mu A/cm^2$，在相同条件下 HDR – 45 钢、TA5 – 45 钢的平均阳极电流密度分别为 $10.2\mu A/cm^2$ 和 $6.3\mu A/cm^2$。以相同的阴极面积与阳极面积比偶合，HSi80 – 3、QAl9 – 2 与 20 钢的偶合电位比 HDR、TA5 与 45 钢的正，如图 15.48 所示。这与它们在海水中的极化特性密切相关。以下借助 TA5、HDR 和 HSi80 – 3 的阴极极化和钢的阳极极化示意图（图 15.49）来说明。

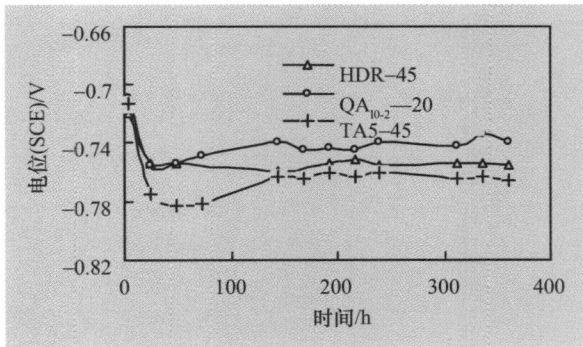

图 15.48 不同材料与钢在海水中的
偶合电位 – 时间曲线（面积比 1:3.2）

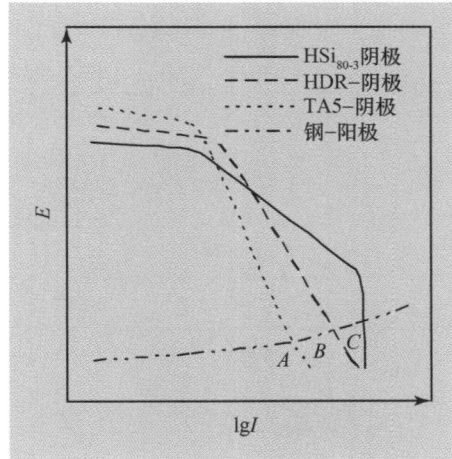

图 15.49 铜、不锈钢和钛与钢偶合的极化

在海水中，钢的腐蚀电位较负，阳极极化阻力小。TA5、HDR 和 HSi80 – 3 都有较正的电位。钛具有较高的氧还原超电压。不锈钢的氧还原超电压比钛低。铜在海水中的阴极极化曲线分为氧还原活化控制段和氧扩散控制段。在钢的腐蚀电位附近，HSi80 – 3 的氧扩散极限电流比同电位下 TA5、HDR 的极化电流大，如图 15.49 所示。TA5、HDR 和 HSi80 – 3 的阴极极化曲线表示了相同表面积的电位—电流强度曲线。一定面积的钢分别与 TA5、HDR 和 HSi80 – 3 偶合后，TA5、HDR 和 HSi80 – 3 从自腐蚀电位向负极化，钢从自腐蚀电位向正极化，钢的极化曲线与分别与 TA5、HDR 和 HSi80 – 3 的阴极极化曲线相交，交点 A、B 和 C 对应的电位、电流强度值，分别是 TA5 – 钢、HDR – 钢和 HSi80 – 3 – 钢的偶合电位和电偶电流强度。显然，电偶电流的大小顺序为 HSi80 – 3 – 钢、HDR – 钢和 TA5 – 钢，偶合电位正负顺序为 HSi80 – 3 – 钢、HDR – 钢和 TA5 – 钢。

4. TA5 – TUP

在海水中 TA5 与 TUP 偶合，TA5 是电偶的阴极，TUP 是阳极。图 15.50 是 TA5 与 TUP 以不同面积比偶合时的阳极电偶电流密度 – 时间曲线。开始浸泡时电流密度随时间上升，在 48 ~ 72h，达到最大值，之后，电流密度呈下降趋势。其部分时间或时间段的阳极电偶电流密度值见表 15.14。TA5 与 TUP 以 1:1.1 偶合，浸泡 1h 的阳极电偶电流密度为 $0.11\mu A/cm^2$，72h 的电偶电流密度为 $0.25\mu A/cm^2$，48h 后的平均电偶电流密度为 $0.21\mu A/cm^2$。

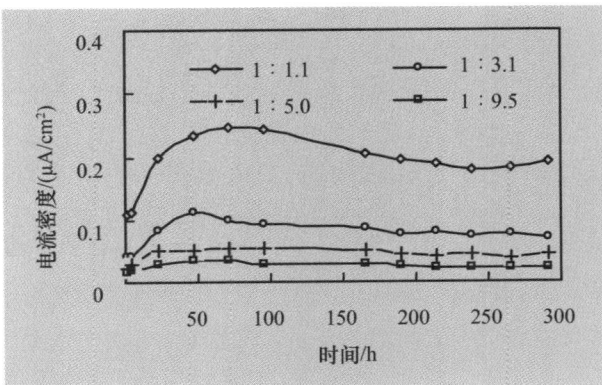

图 15.50 TA5 – TUP 在海水中不同面积比偶合的
阳极电流密度随时间的变化

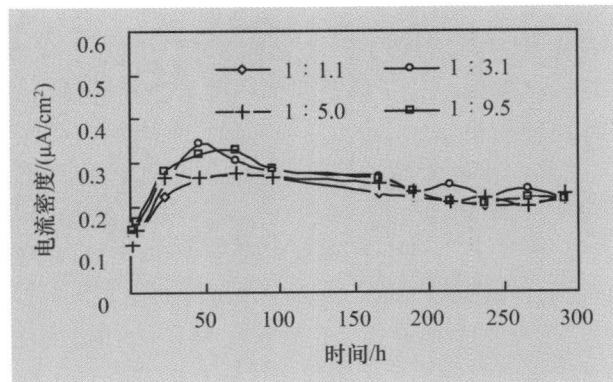

图 15.51 TA5 – TUP 不同面积比的阴极偶合
电流密度随时间的变化

TA5 - TUP 偶对的阳极电流密度随着阳极面积与阴极面积比的增大而减小。TA5 与 TUP 以 1:9.5 偶合,48h 后的平均电偶电流密度为 $0.027\mu A/cm^2$。

TA5 - TUP 偶对的阴极电流密度随时间的变化趋势与它们的阳极电流密度的变化情形相同,如图 15.51 所示。TA5 - TUP 偶对的阴极电流密度随着阳极面积与阴极面积比的增大变化不大,表明电偶腐蚀速度由 TA5 的阴极氧还原反应速度控制。

表 15.14 TA5 - TUP 在海水中的电偶腐蚀数据

TA5/TUP 面积比①	阳极电流密度/($\mu A/cm^2$)			阴极电流密度/($\mu A/cm^2$)		
	1h	48h	48h 后平均值	48h 后平均值	48 ~ 100h	240 ~ 300h
1:1.1	0.11	0.20	0.21	0.23	0.27	0.21
1:3.1	0.041	0.082	0.085	0.26	0.30	0.22
1:5.0	0.022	0.053	0.048	0.24	0.27	0.21
1:9.5	0.015	0.030	0.027	0.25	0.31	0.22

① TA5 的表面积为 $10.8cm^2$

图 15.52 是浸泡 48h 后的平均阳极电流密度与阳极面积与阴极面积比的关系曲线。由图 15.52 看出,TA5 - TUP 偶对的阳极电流密度与阳极面积与阴极面积比近似反比关系,即阳极电流密度和阴极面积与阳极面积比近似线性关系,如图 15.53 所示。

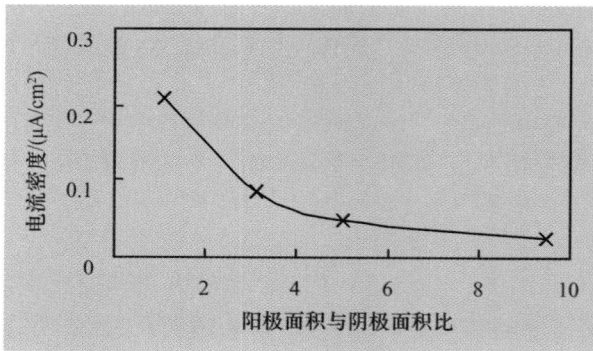

图 15.52 TA5 - TUP 偶合在海水中 48h 后平均电偶电流密度随阳极面积与阴极面积比的变化

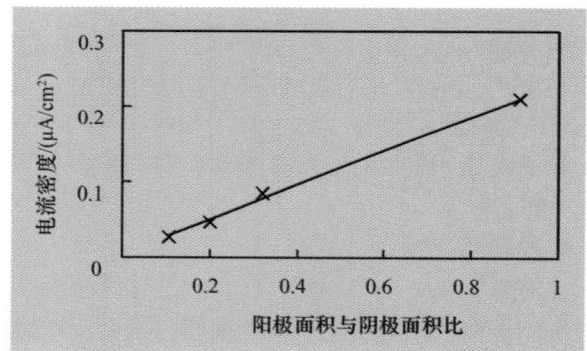

图 15.53 TA5 - TUP 偶合在海水中 48h 后平均电偶电流密度随阴极面积与阳极面积比的变化

在海水中,TA5 - TUP 开始浸泡时的偶合电位有小的负移,24 ~ 160h 偶合电位基本稳定,之后,电位有较大的上升,如图 15.54 和图 15.55 所示。由图 15.56 可以看出,160h 后偶合电位的上升主要是由 TA5 的自腐蚀电位正移引起的。图 15.56 还显示,浸泡开始后,TA5 与 TUP 的自腐蚀电位差增大,因此使电偶电流密度增大。随时间的延长,两者的自腐蚀电位差进一步增大,而电偶电流密度没有增大,反而减小,这是由于随着腐蚀的进行,TUP 表面形成了致密的有保护性的腐蚀产物膜,对电偶腐蚀产生了阻碍作用。

TA5 与 TUP 偶合在海水中浸泡 360h,TA5 无腐蚀,TUP 发生均匀腐蚀,其平均电偶腐蚀率很低,比 TA5 与钢偶合轻得多,见表 15.15。TA5 与 TUP 以 1:1.1 偶合,试验期间的平均电偶腐蚀率(由测量的电流密度计算)为 0.0049mm/年。在面积比为 1:9.5 时,平均电偶腐蚀率为 0.00063mm/年。结果显示,由失重计算的平均电偶腐蚀率比用电流密度计算的高。这可能是由于腐蚀失重较小,经酸洗,去除环氧树脂、焊锡,称重,再与参比样的失重比较计算带来了较大的误差。

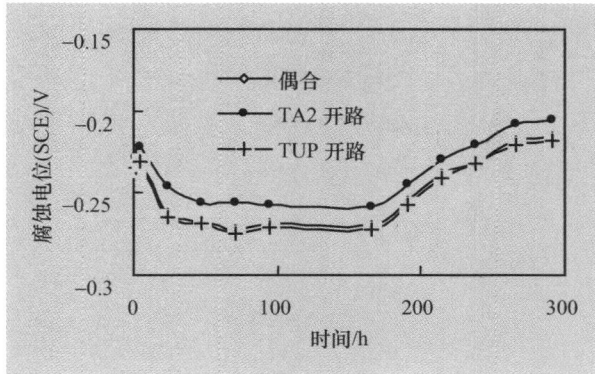

图 15.54　TA5 - TUP 偶合在海水中的偶合电位
及开路电位(面积比 1:1.1)

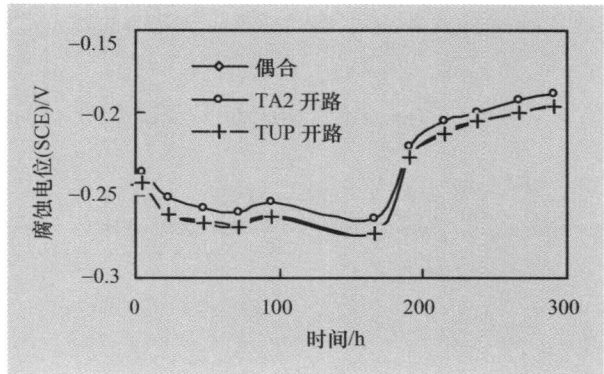

图 15.55　TA5 - TUP 偶合在海水中的偶合电位
及开路电位(面积比 1:9.5)

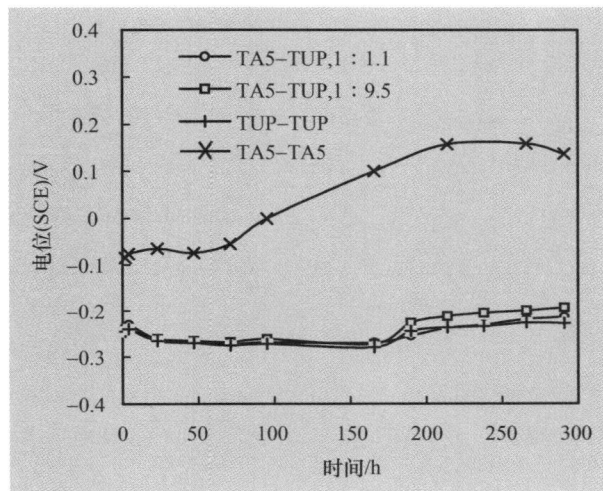

图 15.56　TA5 - TUP 在海水中不同面积比的偶合电位和自腐蚀电位

表 15.15　在海水中电偶腐蚀率和腐蚀形貌

TA5/TUP 面积比	由测量的电流密度计算的电偶腐蚀率[①]/(mm/年)		由失重计算的平均电偶腐蚀率/(mm/年)	腐蚀形貌	
	1h	平均		TA5	TUP
1:1.1	0.0013	0.0049	0.0058	无腐蚀	均匀腐蚀
1:3.1	0.00048	0.0020	0.0033		
1:5.0	0.00026	0.0011	0.0025		
1:9.5	0.00018	0.00063	0.0012		
①阳极电流按 Cu⁺ 溶解计算					

15.2.7　电绝缘效果

聚四氟乙烯和石棉非夹膜四氟电绝缘效果测量结果如图 15.57 和图 15.58 所示。

在海水中,B10、TA5 间加聚四氟乙烯、非石棉夹膜四氟片后,测得的 B10、TA5 的腐蚀电位变化趋势与不加绝缘片(图 15.59)、分开浸泡的相同,电位值基本相等。没有极化(电接触)迹象,在三种条件下 B10、TA5 的电位差都接近,为 0.19 ~ 0.28V,如图 15.60 所示。从腐蚀率结果看,加绝缘片试样与对比样的 B10 试样

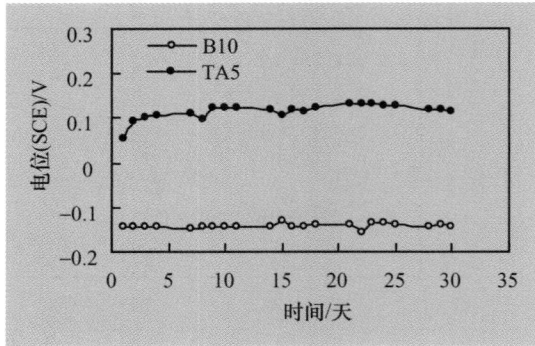

图 15.57　在海水中加聚四氟片的
B10、TA5 的腐蚀电位变化

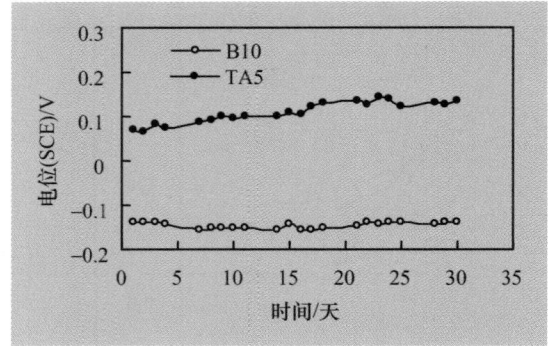

图 15.58　在海水中加非石棉夹膜四氟片的
B10、TA5 的腐蚀电位变化

的腐蚀程度基本相同,TA5 均无腐蚀。

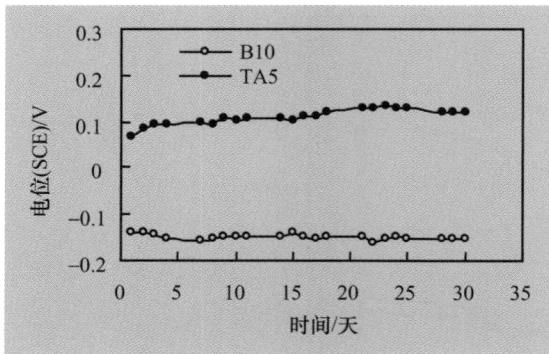

图 15.59　在海水中不加绝缘片、分开的
B10、TA5 的腐蚀电位

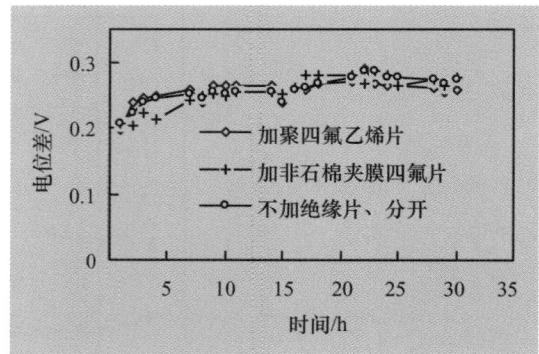

图 15.60　在海水中各组装条件下
TA5 与 B10 的电位差

结果表明,试验期间,聚四氟乙烯和非石棉夹膜四氟在海水中的绝缘效果好,能有效防止 B10 与 TA5 间的电偶腐蚀。

15.2.8　主要结论

1. 系列金属材料在静止海水中的腐蚀性能

（1）在静止海水中浸泡 180 天,8 种钢(20、45、907A、921B、945、980、ZG25、ZG607)有相同的腐蚀行为。

（2）8 种钢呈全面不均匀腐蚀,腐蚀率随暴露时间延长而下降。说明在不同条件、不同测试时间下测试的腐蚀在设计上是一个参考或者是相对值,不能把不同海域、不同测试条件、不同测试时间的数据混为一体,作为舰船结构腐蚀裕量设计输入。

（3）907A、921B、945、980 的耐蚀性好于 20、45 钢,ZG607Cr 好于 ZG25;Mo 对提高钢的耐海水腐蚀性有显著效果,Ni 对提高钢的在海水中的耐蚀性也有效,但其效果不如 Cr。

（4）1Cr18Ni9Ti、316L 容易发生点蚀、缝隙腐蚀。1Cr18Ni9Ti 的点蚀和缝隙腐蚀比 316L 严重。缝隙腐蚀比点蚀更容易发生。HDR 在海水中有良好的耐点蚀和缝隙腐蚀性能。

（5）表 15.5 中的材料排列顺序是试验金属材料在静止海水中的稳定电位序。电位自低向高秩序为 20、ZG25、45、907A、945、ZG607、921B、980、QAl9 - 2、QAl8Mn13Ni4Fe3、HSi80 - 3、QSn5 - 5 - 5、316L、B10、1Cr18Ni9Ti、TA5、HDR。

（6）随着试验时间试验的 8 种钢腐蚀电位是一个变化的过程。试验的 8 种钢(20、45、907A、921B、945、980、ZG25、ZG607)浸入海水后,随着在空气中形成的氧化膜被破坏,腐蚀电位向负移;随着表面锈层不断沉积、增厚,腐蚀电位向正移。它们达到稳定腐蚀电位的时间较长,稳定电位波动较小。试验的 8 种钢的初始电位最大相差 70mV,稳定电位最大相差 77mV。921B、980 的腐蚀电位较正,20、45 钢的腐蚀电位较负。添加合金元素 Cr、Mo、Ni 能使钢的腐蚀电位正移。

（7）在海水中铜合金的耐蚀性一般较钢要好。在静止海水中浸泡,HSi80 - 3 和 QSn5 - 5 - 5、QAl8Mn13Ni4Fe3 发生均匀腐蚀,QAl9 - 2 发生脱铝腐蚀。它们都有低的腐蚀率,其中,QAl9 - 2 的腐蚀率较高,QAl8Mn13Ni4Fe3 的腐蚀率较低。HSi80 - 3、QSn5 - 5 - 5、QAl9 - 2、QAl8Mn13Ni4Fe3 和 B10 的腐蚀电位稳定时间较短,稳定电位波动较小。

（8）TA5、HDR 在静止海水中的腐蚀电位随时间变化较大、电位稳定时间较长。1Cr18Ni9Ti、316L 在静止海水中的腐蚀电位的波动大,电位稳定时间也较长。

2. 系列金属材料在海水周期浸润条件下的腐蚀性能

（1）8 种钢在海水周浸条件下试验 30 天,腐蚀速率远大于在静止海水中的腐蚀速率。980 的初始腐蚀率低,腐蚀率随时间减小,它的耐蚀性最好。20、45、ZG25、907A 和 945 的初始腐蚀率较高,腐蚀率随时间减小。921B 和 ZG607 的初始腐蚀率较低,腐蚀率基本不随时间变化。

（2）Ni 能提高钢在海水周浸条件下的耐蚀性,Ni 含量越高,钢在海水周浸条件下的耐蚀性的越好。

（3）在海水周浸条件下试验 30 天,TUP、HSi80 - 3、QSn5 - 5 - 5 和 QAl8Mn13Ni4Fe3 的腐蚀类型为均匀腐蚀,腐蚀率低。HSi80 - 3、QSn5 - 5 - 5 和 QAl8Mn13Ni4Fe3 的耐蚀性比 TUP 大幅度提高。

3. 7 种偶对在静止海水中的电偶腐蚀行为

（1）在静止海水中,TA5 - 45 钢、TA5 - 907A、TA5 - 921B、HDR - 45 钢、HDR - 921B、HSi80 - 3 - 20、QAl9 - 2 - 20 钢 7 种偶对,以 1:1 ~ 1:10 的阴极面积与阳极面积比偶合,阳极电流密度随时间呈下降趋势。它们的阳极电流密度随阳极面积与阴极面积比增加而减小,与阳极面积与阴极面积比近似于反比关系。它们的电偶腐蚀速度由阴极极化控制。

（2）在静止海水中,与钢以相同的面积比偶合,HSi80 - 3 或 QAl9 - 2 引起的电偶腐蚀比 HDR 重;HDR 引起的电偶腐蚀比 TA5 重。

（3）在静止海水中,TA5 与 TUP 以 1:1 ~ 1:10 的面积比偶合,开始浸泡时电流密度随时间上升,在 48 ~ 72h,达到最大值,之后,电流密度呈下降趋势。TA5 - TUP 偶对的阳极电流密度与阳极面积与阴极面积比近似于反比关系。TA5 与 TUP 以 1:1 ~ 1:10 的面积比偶合,在海水中浸泡 360h,其平均电偶腐蚀率很低。

（4）在海水中浸泡 30 天,聚四氟乙烯和非石棉夹膜四氟的绝缘效果好,能有效防止 B10 与 TA5 间的电偶腐蚀。

15.3　铝合金在海洋环境中的自然腐蚀

15.3.1　铝合金在海洋大气中的腐蚀

铝合金在海洋大气中的点蚀敏感性较高。纯铝在海洋大气环境中的腐蚀失重与暴露时间呈典型幂函数关系。锻铝在距海岸 235m 和 305m 处呈幂函数关系,而在较近（25m、95m、165m）处则呈线性关系。大气中氯离子含量越高,铝的腐蚀也越重。与此相对应的是,距海岸线越近,大气中氯离子含量越高,铝的腐蚀也越重。

图 15.61 是秦晓洲等对纯铝（1050）和锻铝（6A02）在海南万宁距海岸线不同距离下暴露 1 年后得到的铝的腐蚀失重曲线,图中同时给出氯离子的浓度。结果表明,铝的腐蚀失重与暴露点距海岸的距离成反比,也就是说,腐蚀率与大气中的氯离子的浓度成正比。

在距海岸不同距离处经半年大气暴露后的铝试样显微分析显示:在距岸 25m 处,腐蚀产物膜出现龟裂,其上有絮状、疏松的白色腐蚀产物;而在 305m 处,铝的腐蚀产物则比较致密、均匀。研究表明,在氯离子浓度大的地方,腐蚀产物膜的结构、形貌发生变化,不具有保护性能,从而直接影响铝的大气腐蚀行为。

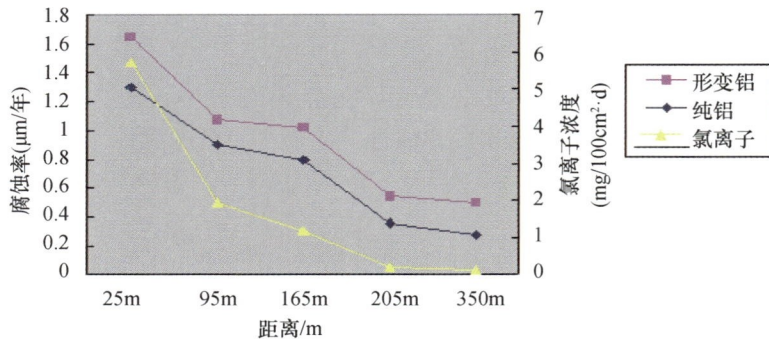

图 15.61　在离海岸线不同距离下铝的大气腐蚀及其与氯离子浓度关系

15.3.2　铝合金在静态海水中的腐蚀

一般来说,在海水中稳定电位较负的铝合金耐蚀性较好,初始电位、稳定电位较正的铝合金耐蚀性较差。腐蚀类型为点蚀和缝隙腐蚀。

Al – Mg 系铝合金的极化性比 Al – Zn – Mg 系铝合金大一些,因此 Al – Mg 系合金在海水中的一般耐蚀性比 Al – Zn – Mg 系合金高。

表 15.16 是在实验室内,用青岛天然洁净海水对几种典型铝合金及作对比的金属材料(双相不锈钢 HDR、奥氏体不锈钢 1Cr18Ni9Ti、20 碳钢、铜合金 B10、铜合金 Q_{NiAl}、钛合金 TA2)的试样全浸暴露 1 个月所得到的腐蚀率。

表 15.16　几种典型铝合金及其他常用材料的自然腐蚀率

材料	实验时间/天	腐蚀速率/(mm/年)	腐蚀形貌
5083	32	0.0347	较均匀分布细小白色絮状产物
6061	32	0.0690	白色絮状产物聚成团状
LF15	32	0.0470	同 5083,产物较少
HDR	35	0.0010	无明显腐蚀
1Cr18Ni9Ti	35	0.0064	无明显腐蚀
20 碳钢	35	0.0821	红色疏松锈层堆积
Q_{NiAl}	35	0.0054	生成氧化层,失去原有光泽
B10	32	0.0128	生成氧化层,失去原有光泽

注:试片尺寸:5083 为 75mm×30mm×7mm;6061 为 50mm×33mm×2.2mm;LF15 为 50mm×32mm×5.2mm;其他为 75mm×30mm×3mm

比较表 15.16 中各材料的腐蚀速率可以看出:铝合金的平均腐蚀率仅低于碳钢,高于铜合金和不锈钢,远高于钛合金。这和它们在海水中的电位值有正相关的特点有关。

我国国家自然科学基金委和科技部联合资助的全国环境腐蚀试验网站于 1984—2000 年对多种材料在各种自然环境做了 16 年腐蚀暴露试验。表 15.17～表 15.29 是北京有色金属研究总院、青岛海洋腐蚀研究所、洛阳船舶材料研究所、舟山海洋腐蚀研究所等所得到的常用铝合金在自然海水中的腐蚀数据。

表 15.17　试验铝合金合金化学成分(质量分数)　　　　　　　　　　　　　　(单位:%)

	Cu	Mg	Mn	Fe	Si	Zn	Ni	Cr	Ti	Be
L3M	0.016	—	—	0.22	0.17	—	—	—	—	—
LF3M	0.006	3.86	0.40	0.18	1.25	—	—	—	—	—
LF6M	<0.1	6.44	0.64	0.21	0.12	—	—	—	0.096	0.002
LY11CZ	3.57	0.49	0.39	0.22	0.74	—	0.015	—	—	—
LC4CS	1.49	2.3	0.27	0.36	0.13	5.89	0.13	—	<0.05	—

表 15.18　铝合金在青岛海水全浸区中暴露 16 年的腐蚀结果

材料	时间/年	腐蚀率/(mm/年)	平均点蚀深度/mm	最大点蚀深度/mm	最大缝隙腐蚀深度/mm
L3M	1	18	0	0	1.15
	2	8.9	0.23	0.35	1.05
	4	5.7	0.45	1.19	1.38
	8	2.7	0.3	0.52	1.34
	16	2	0.79	1.47	穿孔(4.0)
LF3M	1	16	0.3	0.4	0.3
	2	8.5	0.05	0.06	0.1
	4	4.6	0.23	0.35	0.2
	8	3.5	0.75	1.74	1.64
	16	2.6	0.79	1.84	2.37
LF6M(BL)	1	14	0	0	0
	2	8	0	0	0
	4	4.5	0.05	0.15	0
	8	2.5	0.05	0.22	0
	16	1.8	0.41	0.78	0
LY11CZ (BL)	1	36	0.22	0.3	0.15
	2	24	0.15	0.3	0.22
	4	12	0.19	0.42	0.24
	8	7.9	0.16	0.3	0.5
	16	4	0.29	0.73	0.38
LC4CS(BL)	1	19	0.04	0.06	0.06
	2	10	0.05	0.1	0.08
	4	5.9	0.06	0.13	0.07
	8	3.6	0.05	0.06	0.06
	16	4	0.08	0.35	0.22

表 15.19　铝合金在青岛海水潮汐区中暴露 16 年的腐蚀结果

材料	时间/年	腐蚀率/(mm/年)	平均点蚀深度/mm	最大点蚀深度/mm	最大缝隙腐蚀深度/mm
L3M	1	7.1	0.22	0.42	0.44
	2	4.1	0.2	0.22	0.5
	4	2.3	0.24	0.56	0.45
	8	1.9	0.25	0.52	0.33
	16	2	0.91	1.2	0
LF3M	1	5.9	0	0	0
	2	3.3	0.02	0.03	0
	4	1.7	0.1	0.21	0.23
	8	1.7	0.16	0.59	0.1
	16	2	0.46	0.85	0.38
LF6M(BL)	1	6.6	0	0	0
	2	4	0	0	0
	4	2	0	0	0
	8	1.8	0	0	0
	16	2.6	0.29	0.52	0
LY11CZ (BL)	1	6.2	0	0	0
	2	3.9	0.08	0.1	0.08
	4	2.2	0.08	0.1	0.08
	8	1.6	0.12	0.28	0.08
	16	2.2	0.13	0.25	0.12
LC4CS(BL)	1	5.9	0	0.06	0.07
	2	3.8	0.04	0.05	0.05
	4	2.6	0.06	0.1	0.08
	8	1.9	0.05	0.07	0.04
	16	2.2	0.05	0.07	0.05

表 15.20　铝合金在青岛海水飞溅区中暴露 16 年的腐蚀结果

材料	时间/年	腐蚀率/(mm/年)	平均点蚀深度/mm	最大点蚀深度/mm	最大缝隙腐蚀深度/mm
L3M	1	6.9	0.47	0.85	0.58
	2	3	0.24	0.45	2.02
	4	7.3	0.46	0.72	1.75
	8	2.8	0.52	0.85	穿孔(4.0)
	16	4.2	0.52	0.87	2.64
LF3M	1	5.8	0.2	0.4	0.7
	2	5.3	0.22	0.43	0.63
	4	3.2	0.25	0.33	1.55
	8	2.8	0.29	0.48	1.4
	16	2	0.27	0.42	2.8

表 15.21　铝合金在舟山海水全浸区中暴露 8 年的腐蚀结果

材料	时间/年	腐蚀率/(mm/年)	平均点蚀深度/mm	最大点蚀深度/mm	最大缝隙腐蚀深度/mm
LC4CS (BL)	1	3.4	0.03	0.03	0.03
	2	1.0	0.04	0.05	0.05
	4	0.73	0.03	0.04	0.03
	8	0.35	0.04	0.06	0.05
L3M	1	—	—	—	—
	2	1.2	0.63	1.15	1.14
	4	0.64	0.64	1.27	1.03
	8	0.36	0.49	0.87	0.90

(续)

材料	时间/年	腐蚀率/(mm/年)	平均点蚀深度/mm	最大点蚀深度/mm	最大缝隙腐蚀深度/mm
LF6M(BL)	1	5.2	0.28	0.55	0.25
	2	1.5	0.16	0.22	0.68
	4	4.5	0.4	0.84	1.23
	8	2.6	0.53	0.84	1.95
	16	4.5	0.58	0.85	1.6
LY11CZ(BL)	1	5.1	0.09	0.17	0.1
	2	4.5	0.09	0.16	0.12
	4	3.5	0.17	0.28	0.18
	8	3.5	0.19	0.25	0.18
	16	2.4	0.12	0.18	0.22
LC4CS(BL)	1	6.9	0.08	0.2	0.2
	2	3.3	0.05	0.06	0.06
	4	5.3	0.07	0.08	0.1
	8	2.4	0.08	0.1	0.1
	16	4.3	0.05	0.06	0.3

(续)

材料	时间/年	腐蚀率/(mm/年)	平均点蚀深度/mm	最大点蚀深度/mm	最大缝隙腐蚀深度/mm
LY11CZ(BL)	1	—	—	—	—
	2	1.5	0.14	0.32	0.27
	4	1.0	0.15	0.29	0.28
	8	0.46	0.13	0.15	0.15
LF3M	1	—	—	—	—
	2	0.93	—	—	—
	4	0.55	0.03	0.04	—
	8	0.30	—	—	—

表15.22 铝合金在舟山海水潮汐区中暴露8年的腐蚀结果

材料	时间/年	腐蚀率/(mm/年)	平均点蚀深度/mm	最大点蚀深度/mm	最大缝隙腐蚀深度/mm
LC4CS(BL)	1	—	—	—	—
	2	2	0.02	0.04	0.12
	4	1.6	0.05	0.06	0.05
	8	0.7	0.04	0.09	0.18
L3M	1	—	—	—	—
	2	1.8	0.04	0.09	
	4	1.4	0.07	0.19	
	8	0.5	—	—	—
LY11CZ(BL)	1	—	—	—	—
	2	1.5	0.03	0.09	0.1
	4	1.8	0.07	0.18	0.15
	8	0.6	0.06	0.16	0.12

表15.23 铝合金在舟山海水飞溅区中暴露8年的腐蚀结果

材料	时间/年	腐蚀率/(mm/年)	平均点蚀深度/mm	最大点蚀深度/mm	最大缝隙腐蚀深度/mm
LC4CS(BL)	1	—	—	—	—
	2	3.7	0.03	0.12	0.06
	4	10	0.06	0.15	0.2
	8	4	0.04	0.04	0.05
L3M	1	—	—	—	—
	2	2.6	0.12	0.28	0.72
	4	8.1	0.13	0.24	1.78
	8	3	0.12	0.18	0.5
LY11CZ(BL)	1	—	—	—	—
	2	—	—	—	—
	4	8.2	0.09	0.16	0.15
	8	2	0.1	0.23	0.15

表15.24 铝合金在厦门海水全浸区中暴露16年的腐蚀结果

材料	时间/年	腐蚀率/(mm/年)	平均点蚀深度/mm	最大点蚀深度/mm	最大缝隙腐蚀深度/mm
LC4CS(包铝)	1	1.4	0.1	0.22	0.11
	2	1	0.04	0.05	0.05
	4	0.59	0.02	0.03	0.06
	8	0.33	0.07	0.19	0.12
	16	0.38	0.05	0.1	0.08

表15.25 铝合金在厦门海水潮汐区中暴露16年的腐蚀结果

材料	时间/年	腐蚀率/(mm/年)	平均点蚀深度/mm	最大点蚀深度/mm	最大缝隙腐蚀深度/mm
LC4CS(包铝)	1	8.3	0.05	0.06	0.06
	2	6	0.1	0.22	0.18
	4	4.1	0.03	0.04	0.06
	8	2.6	0.07	0.16	0.1
	16	2.61	0.06	0.12	0.11

（续）

材料	时间/年	腐蚀率/(mm/年)	平均点蚀深度/mm	最大点蚀深度/mm	最大缝隙腐蚀深度/mm
LF6M（包铝）	1	1.5	—	—	—
	2	0.89	—	—	—
	4	0.49	—	—	—
	8	0.3	—	—	—
	16	0.92	—	穿孔	穿孔
L3M	1	1.4	0.25	0.59	
	2	0.89	0.74	0.96	0.86
	4	0.5	0.6	1.16	0.79
	8	0.34	1.02	2.05	1.58
	16	0.49	—	穿孔	穿孔
LY11CZ（包铝）	1	1.9	0.18	0.23	0.29
	2	1.1	0.08	0.13	0.2
	4	1.2	0.18	0.36	0.33
	8	0.76	0.24	0.44	0.22
	16	0.86	0.34	0.73	0.3
LF3M	1	1.5	0.69	0.93	0.94
	2	0.96	0.8	1.62	1.48
	4	2.6	1.3	2.76	穿孔
	8	0.57	1.03	1.5	穿孔
	16	0.94	穿孔	穿孔	穿孔

（续）

材料	时间/年	腐蚀率/(mm/年)	平均点蚀深度/mm	最大点蚀深度/mm	最大缝隙腐蚀深度/mm
LF6M（包铝）	1	4.8	0.23	0.34	—
	2	4.1	0.48	0.75	1.95
	4	4.7	1.81	3.91	3.72
	8	4.1	1.17	2.35	3.74
	16	7.4	—	1块穿孔	2.9
L3M	1	6	1.02	1.38	0.31
	2	5.9	1.02	1.35	0.9
	4	5	1.87	3.1	2.49
	8	3.6	1.78	2.54	2.33
	16	4.1	2.07	4.35	穿孔
LY11CZ（包铝）	1	6	0.13	0.29	0.14
	2	3.6	0.15	0.26	0.19
	4	2.9	0.21	0.37	0.43
	8	1.7	0.22	0.43	0.3
	16	2.62	2.18	3.24	3.03
LF3M	1	6.9	0.46	1.46	0.82
	2	5.9	0.79	1.36	1.25
	4	4.6	1.16	1.8	穿孔
	8	3.9	1.3	2.22	穿孔
	16	4.35	1.38	3.27	穿孔

表 15.26　铝合金在厦门海水飞溅区中暴露 8 年的腐蚀结果

材料	时间/年	腐蚀率/(mm/年)	平均点蚀深度/mm	最大点蚀深度/mm	最大缝隙腐蚀深度/mm
LC4CS（包铝）	1	14.6	0.04	0.07	—
	2	13.1	0.02	0.04	0.05
	4	13	—	—	0.1
	8	8.4	0.09	0.37	0.08
LF6M（包铝）	1	14.9	0.15	0.16	—
	2	4.8	0.12	0.16	—
	4	5.4	0.04	0.04	—
	8	1.2	0.14	0.28	—
L3M	1	17.7	0.13	0.13	—
	2	12.7	—	—	—
	4	14	0.45	0.78	—
	8	6.7	0.21	0.39	1.11

表 15.27　铝合金在榆林海水全浸区中暴露 16 年的腐蚀结果

材料	时间/年	腐蚀率/(mm/年)	平均点蚀深度/mm	最大点蚀深度/mm	最大缝隙腐蚀深度/mm
LC4CS（包铝）	1	8	0.04	0.05	0.07
	2	4.1	0.03	0.07	0.1
	4	3.7	0.05	0.07	0.07
	8	5.7	0.23	0.73	1.22
	16	3.2	0.4	1.85	0.4
LF6M（包铝）	1	7	0	0	0
	2	6.2	0	0	3
	4	3.5	1.38	2.14	0.87
	8	1.3	0.17	0.26	0
	16	1.3	—	1.73	0.8
L3M	1	8.3	0.62	2.39	—
	2	6.2	0.15	0.62	—
	4	3	0.56	1.79	—
	8	1.3	0.65	1.65	—
	16	1	0.31	0.78	—

（续）

材料	时间/年	腐蚀率/(mm/年)	平均点蚀深度/mm	最大点蚀深度/mm	最大缝隙腐蚀深度/mm
LY11CZ（包铝）	1	16.1	0.09	0.14	—
	2	12.9	0.06	0.09	—
	4	13.2	—	—	0.1
	8	—	—	—	—
LF3M	1	17.3	0.12	0.19	0.18
	2	16.4	0.12	0.28	0.14
	4	12.7	—	—	0.14
	8	8.7	0.24	0.39	0.88

（续）

材料	时间/年	腐蚀率/(mm/年)	平均点蚀深度/mm	最大点蚀深度/mm	最大缝隙腐蚀深度/mm
LF3M	1	7.8	0.39	1.03	1.22
	2	3.9	0.12	0.97	0.47
	4	1.4	0.14	0.78	0.51
	8	2.5	0.32	1	穿孔(3.41)
	16	1.07	0.26	1.43	穿孔(3.41)
LF6M（去包铝）	1	10	0.6	1.3	4.41
	2	2.7	0	0	0.33
	4	1.8	0	0	0
	8	1.1	0.24	0.65	0.22
	16	—	—	—	—
LC4CS（去包铝）	1	24	0.43	0.65	0.75
	2	23	0.45	1.23	1.1
	4	20	0.88	1.64	1.62
	8	14	1.24	2.18	穿孔(3.54)
	16	—	—	—	—

表15.28 铝合金在榆林海水潮汐区中暴露16年的腐蚀结果

材料	时间/年	腐蚀率/(mm/年)	平均点蚀深度/mm	最大点蚀深度/mm	最大缝隙腐蚀深度/mm
L3M	1	14	0.03	0.11	0.49
	2	13	0.12	0.46	0.41
	4	8.7	0.20	0.69	1.00
	8	6.8	0.26	1.74	穿孔(3.98)
	16	11.5	0.76	2.09	穿孔(4.01)
LF3M	1	32	0.35	0.69	0.72
	2	16	0.34	1.20	0.91
	4	8.8	0.32	0.87	1.31
	8	7.4	0.27	1.07	穿孔(3.41)
	16	8.98	0.38	1.77	穿孔(3.40)
LF6M（包铝）	1	13	0.00	0.00	0.00
	2	8.6	0.00	0.00	0.32
	4	4.6	0.00	0.00	0.33
	8	2.3	0.05	0.22	1.08
	16	1.8	0.51	0.97	0.68
LY11CZ（包铝）	1	23	0.03	0.14	0.18
	2	14	0.11	0.25	0.16
	4	7.1	0.08	0.10	0.10
	8	4.9	0.11	0.25	0.13
	16	5.15	0.15	0.31	0.25

表15.29 铝合金在榆林海水飞溅区中暴露16年的腐蚀结果

材料	时间/年	腐蚀率/(mm/年)	平均点蚀深度/mm	最大点蚀深度/mm	最大缝隙腐蚀深度/mm
L3M	1	4.4	0.00	0.00	0.00
	2	3.1	0.00	0.00	0.00
	4	1.3	0.13	0.23	0.25
	8	0.99	0.19	0.32	0.54
	16	0.93	0.19	0.40	0.00
LF3M	1	7.6	0.15	0.29	0.05
	2	—	—	—	—
	4	3.1	0.22	0.42	0.36
	8	1.1	0.09	0.15	0.55
	16	1.1	0.21	0.32	0.39
LF6M（包铝）	1	1.8	0.00	0.00	0.00
	2	2.4	0.00	0.00	0.00
	4	1.3	0.00	0.00	0.00
	8	0.88	0.13	0.25	0.23
	16	0.60	0.17	0.28	0.00
LY11CZ（包铝）	1	8.3	0.00	0.00	0.00
	2	6.5	0.08	0.11	0.07
	4	3.4	0.08	0.10	0.07
	8	1.5	0.07	0.10	0.12
	16	1.5	0.08	0.09	0.09

（续）

材料	时间/年	腐蚀率/(mm/年)	平均点蚀深度/mm	最大点蚀深度/mm	最大缝隙腐蚀深度/mm
LC4CS（包铝）	1	20	0.03	0.04	0.05
	2	13	0.04	0.05	0.07
	4	8.0	0.04	0.07	0.06
	8	5.6	0.04	0.06	0.09
	16	4.4	0.09	0.50	0.21

（续）

材料	时间/年	腐蚀率/(mm/年)	平均点蚀深度/mm	最大点蚀深度/mm	最大缝隙腐蚀深度/mm
LC4CS（包铝）	1	5.1	0.00	0.00	0.00
	2	3.8	0.00	0.00	0.00
	4	2.3	0.05	0.06	0.04
	8	1.5	0.08	0.15	0.23
	16	1.2	0.06	0.09	0.00

15.3.3　铝合金在动态海水中的腐蚀

表 15.30 和表 15.31 为典型铝合金及作对比的其他金属材料在密封海水管路系统中,流速为 2m/s、3m/s、5m/s、7m/s、11m/s 连续冲刷 5 天的腐蚀率。

表 15.30　7 种铝合金与对比金属材料在不同流速下冲刷 5 天的腐蚀率

（单位:mm/年）

材料	流速		
	3m/s	5m/s	7m/s
5083	0.5831	0.6259	0.6259
LF15	0.5295	0.4637	0.8662
Q_{NiAl}	0.1364	0.4925	0.4366
B10	0.1039	0.1773	0.1135
HDR	0.0094	0.0099	0.0057
1Cr18Ni9Ti	0.0198	0.0568	0.0157
20 碳钢	1.2725	1.6682	2.3233

表 15.31　3 种铝合金与对比金属材料在不同流速下冲刷 5 天的腐蚀率

（单位:mm/年）

材料	试样编号	腐蚀速率(mm/y)	
		2m/s	11m/s
5083	5083 – A	0.2357	0.9381
	5083 – B	0.3864	1.4370
LF15	LF15 – A	0.0995	0.5739
	LF15 – B	0.2525	0.5754
B10	B10 – A	—	0.3053

图 15.62 是用表 15.30、表 15.31 中的数据综合所作的图,更清楚地显示了各种材料的腐蚀失重速率随流速变化的关系。

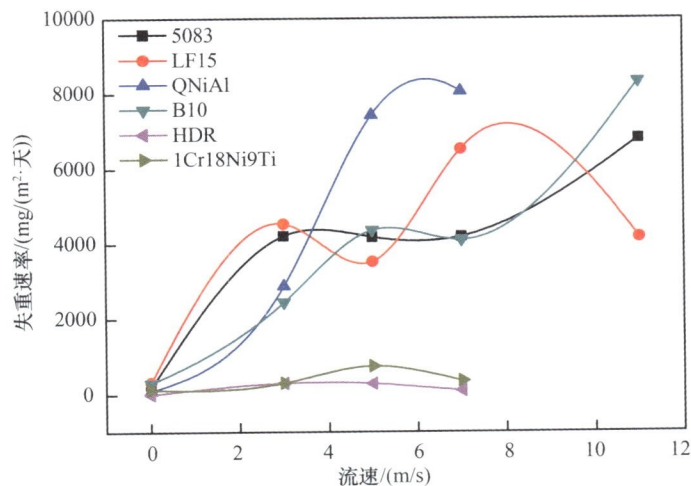

图 15.62　铝合金及对比金属材料在海水中的自然腐蚀速率－流速

图 15.62 表明,5083、LF15 铝合金材料的腐蚀率随流速的变化有较大变化。低流速时,腐蚀率随流速增大而上升,当流速达到一定值时(对 5083、LF15 铝合金材料,这一速度值不同)腐蚀率出现一个低谷。流速继续增大,腐蚀率又开始攀升。

与其他材料相比,在 4m/s 以下的低流速中,5083、LF15 铝合金材料的腐蚀率均高于 B10,而在 10m/s 以上的高流速条件下,铝合金材料的失重速率则低于 B10,但始终远高于耐蚀性优良的 HDR、1Cr18Ni9Ti。

由于铝合金在海水中的电位很负,与大多数金属接触时都呈阳极性,使铝腐蚀加速,尤其是与电位较正的铜合金接触时更为有害,与镍基合金、钢铁、不锈钢及钛合金、镁合金直接接触,将会出现严重的电化学腐蚀。因此在舰艇材料选取时,要特别注意不同偶合材料间的匹配。

为研究不同材料间匹配性能,特选取铝合金与其他材料组成偶合对,通过测试试验状态下偶合组对的电偶腐蚀速率,为海水工况条件下铝合金材料匹配提供设计依据。

15.3.4 不同金属自然腐蚀电位和电偶序

在实验室内,用青岛天然洁净海水对 9 种材料的试样全浸测量,每天测量 1 次,连续测量 1 个月。每种材料的电位起始值和稳定值见表 15.32(除特别注明外,电位值均为相对于饱和甘汞参比电极)。9 种金属材料的电位变化如图 15.63 所示。

表 15.32　电位起始值和稳定值

材料	平行样号	起始电位/V	稳定电位/V	实验时间/天	材料	平行样号	起始电位/V	稳定电位/V	实验时间/天
5083	1	−0.751	−0.732	32	20 碳钢	1	−0.593	−0.769	35
	2	−0.749	−0.736	32		2	−0.579	−0.770	35
	3	−0.745	−0.737	32		3	−0.578	−0.769	35
6061	1	−0.673	−0.715	22	Q$_{NiAl}$	1	−0.383	−0.244	35
	2	−0.674	−0.713	22		2	−0.386	−0.276	35
LF15	1	−0.767	−0.750	22		3	−0.417	−0.281	35
	2	−0.767	−0.753	22	B10(国产)	1	−0.337	−0.116	32
HDR 双相钢	1	−0.266	−0.011	35		2	−0.311	−0.108	32
	2	−0.269	−0.064	35		3	−0.189	−0.107	32
	3	−0.278	0.086	35	TA2	1	−0.184	0.131	11
1Cr18Ni9Ti	1	−0.346	−0.027	35		2	−0.189	0.121	11
	2	−0.308	−0.161	35					
	3	−0.011	−0.142	35					

注:合金尺寸:5083 为 75mm×30mm×7mm;6061 为 50mm×33mm×2.2mm;LF15 为 50mm×32mm×5.2mm;其他为 75mm×30mm×3mm

从电位 - 时间曲线上看,5083、LF15、6061 三种铝合金材料的电位经 5 ~ 10 天后,均稳定在 −700 ~ −800mV,变动范围较小,为 20 ~ 70mV。说明铝合金材料的表面状态稳定,电化学性能较接近。

HDR、1Cr18Ni9Ti 两种不锈钢材料下水后,电位迅速增大,但随后有波动现象,最后的电位稳定在一定范围内,均比电位初值正得多,HDR 为 0V 左右、1Cr18Ni9Ti 为 −0.110V 左右,其中 HDR 的规律性相对较好。这些特点取决于不锈钢在海水中生成的钝化膜表面状态变化的特点。钛合金 TA2 的电位最高,达到 0.126V,试验结束时,钛合金的电位仍处于增长状态,可以预见,其最终电位应稳定在更高值。

铜合金类的电位稳定时间较短、重现性好,B10 的曲线呈明显的台阶状,说明其表面可生成稳定致密的钝化膜。

根据表 15.32,天然静态海水中铝合金舰艇常用材料的腐蚀电偶序由高到低排列如下:

TA2(0.126V)→HDR(0.004V)→1Cr18Ni9Ti,B10(−0.110V)→Q$_{NiAl}$(−0.267V)→6061(−0.714V)→5083(−0.735V)→LF15(−0.752V)→20 钢(−0.769V)。

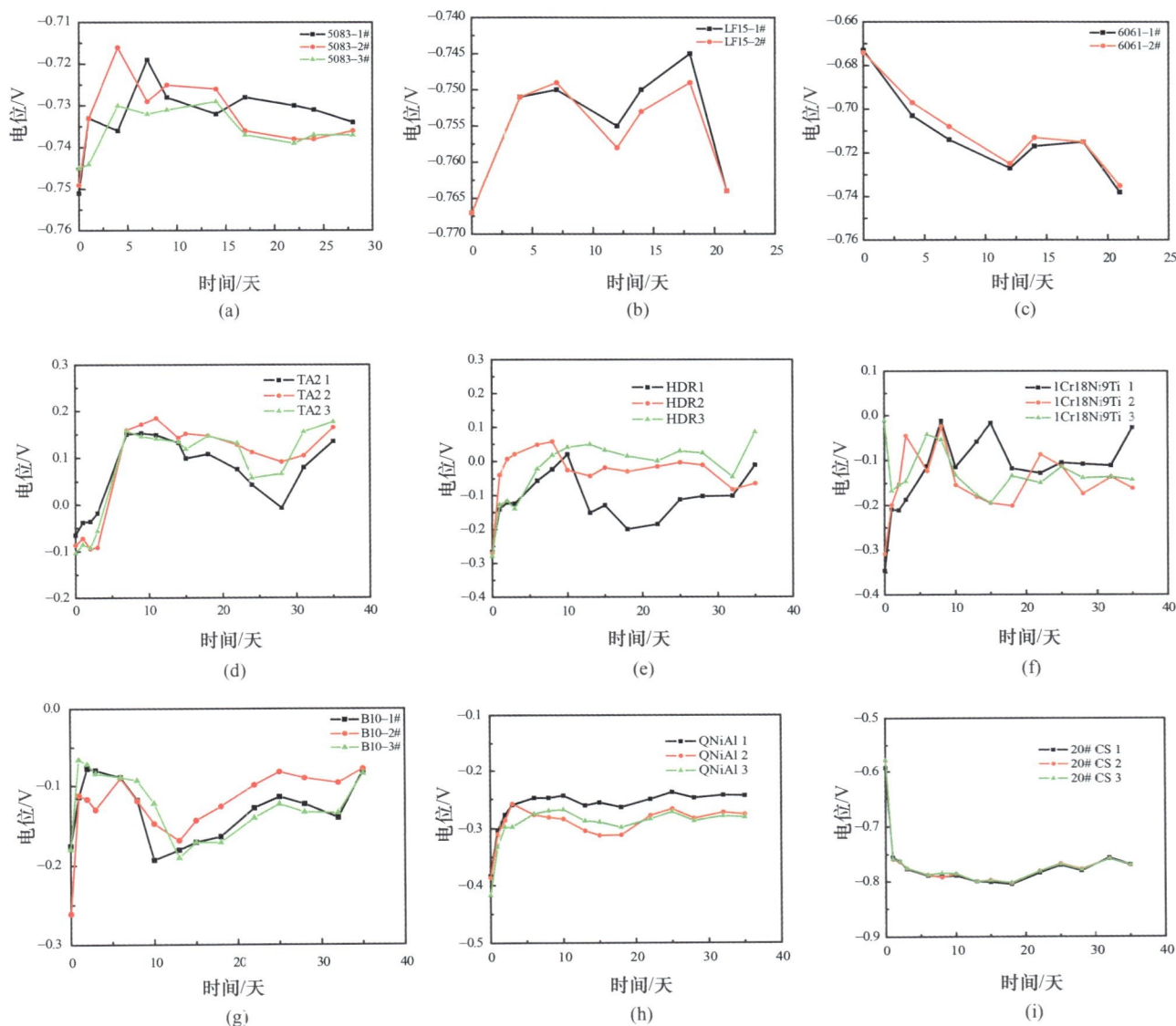

图 15.63　5083、LF15 等 9 种金属材料电位变化

（a）5083；（b）LF15；（c）6061；（d）TA2；（e）HDR 不锈钢；（f）1Cr18Ni9Ti；（g）B10 铜合金；（h）QNiAl；（i）20 碳钢。

注:括号内为稳定电位平均值。

15.3.5　铝合金在静态海水中的电偶腐蚀

下面是铝船体结构材料 5083、LF15 铝合金与双相不锈钢 HDR、奥氏体不锈钢 1Cr18Ni9Ti、20 碳钢、铜合金 B10、铜合金 Q_{niAl} 五种常用金属材料按面积比 1:1 和 5:1 分别配对时,电偶电流随时间的变化情况及电偶腐蚀失重的结果。

1. 5083 铝合金与其他材料的偶合

图 15.64 给出 5083 铝合金与碳钢,面积比 1:1 的电偶实验的电偶电流 I_g 时间的变化曲线,图 15.65 是面积比 5:1 的变化曲线。5083 铝合金与其他金属材料的电偶电流 I_g 时间的变化曲线形状与这两个曲线相似,只是初始与稳定电流值不同。

表 15.33 和表 15.34 是 5083 铝合金与双相不锈钢 HDR、奥氏体不锈钢 1Cr18Ni9Ti、20 碳钢、铜合金 B10 及铜合金 Q_{NiAl} 五种常用金属材料的电偶腐蚀电流及失重结果。表 15.33 的偶对面积比为 1:1,表 15.34 的偶对面积比为 5:1。图表中腐蚀电流的符号表示电流方向,负号" － "为 5083 失电子加速腐蚀,其他材料得电子被保护;正号" ＋ "则相反。

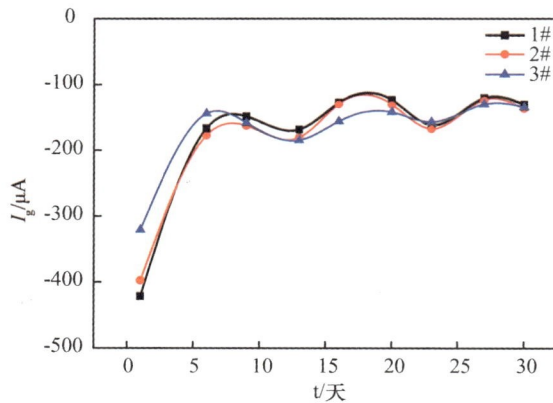

图 15.64　5083－20 碳钢(1:1)电偶电流变化

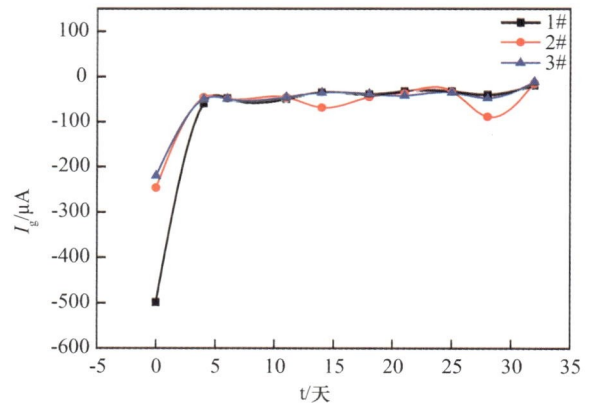

图 15.65　5083－20 钢(5:1)电偶电流变化

表 15.33　5083 在电偶对(1:1)中的腐蚀速率

电偶对	稳定电偶电流 I_g/mA	试验时间/天	平均腐蚀率/(mm/年)	表面腐蚀状态
5083－HDR	－176	31	0.087	5083－白色絮状产物均匀分布 HDR－无明显腐蚀
	－178	31		
	－179	31		
5083－1Cr18Ni9Ti	－156	31	0.089	5083－白色絮状产物均匀分布 1Cr181Vi9Ti－无明显腐蚀
	－163	31		
	－158	31		
5083－20 钢	－124	31	0.090	5083－表面腐蚀轻 20 钢－无明显腐蚀
	－132	31		
	－131	31		
5083－B10	－158	31	0.076	5083－表面腐蚀轻 B10－无明显腐蚀
	－146	31		
	－146	31		
5083－Q_{NiAl}	－184	31	0.098	5083－表面腐蚀轻 Q_{NiAl}－无明显腐蚀
	－177	31		
	－171	31		

注:5083 表面积 0.00597m²

表 15.34　5083 在电偶对(5:1)中的腐蚀率

电偶对	稳定电偶电流/I_g/μA	试验时间/天	平均腐蚀率/(mm/年)	表面腐蚀状态
5083－HDR	－68.2	33	0.0438	5083－白色絮状产物覆盖 HDR－无腐蚀
	－67.6	33		
	－63.2	33		
5083－1Cr18Ni9Ti	－42.0	33	0.0239	5083－腐蚀较轻 1Cr18－无腐蚀
	－57.5	33		
	－47.0	33		
5083－20 钢	－32.5	33	0.0396	5083－白色絮状产物覆盖, 20 钢轻微发黑
	－36.0	33		
	－38.2	33		
5083－B10	－57.0	33	0.0457	5083－腐蚀较轻 B10－无腐蚀
	－57.5	33		
	－55.6	33		

(续)

电偶对	稳定电偶电流/I_g/μA	试验时间/天	平均腐蚀率/(mm/年)	表面腐蚀状态
5083 - Q_{NiAl}	-55.5	33		5083 - 腐蚀较轻
	-56.7	33	0.0237	Q_{NiAl} - 无腐蚀
	-54.7	33		

注:5083 表面积 0.00597m²

从表 15.33 和表 15.34 两组数据的情况来看,5083 在偶对中均为阳极,受到电化学腐蚀和自然腐蚀率相比较,在偶对面积1:1时,腐蚀率均增加显著,达到 2 倍的水平,而当与各阴极的面积比加大到 5:1 时,腐蚀电流减小,腐蚀率变化并不显著。电偶电流随时间的变化关系直观地反映了偶对电极表面状态的稳定情况,从图及表中数据上看,平行样的试验结果重现性良好,表明铝合金材料的表面状态在试验条件下趋于稳定,电化学性能接近。

图 15.66 是表 15.33 和表 15.34 中的数据综合情况。

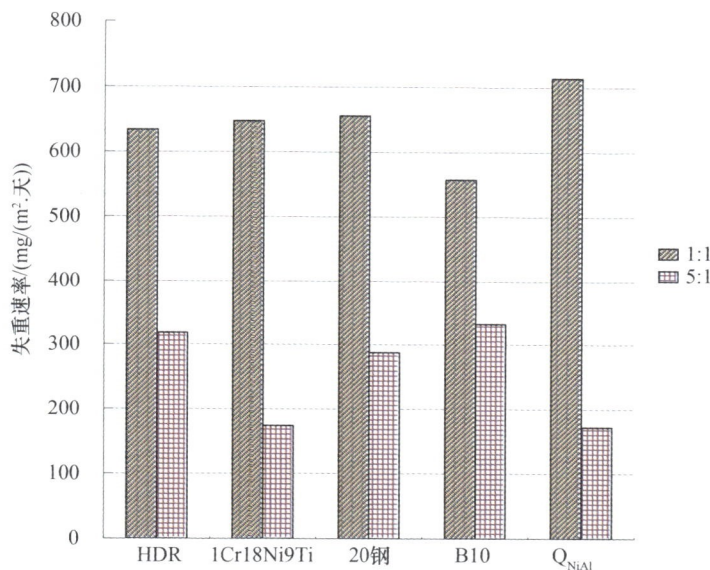

图 15.66 5083 与各种金属偶对时腐蚀率

在偶对面积1:1时,五种偶对阴极材料对5083的电偶腐蚀效应较接近,其中试验电位低于5083的碳钢在电偶对中极性逆转,对5083也有显著的电偶腐蚀效应。当5083与阴极面积比增大后,可有效减小电偶腐蚀的影响。本试验中,静态条件下,5083与阴极材料面积比增大到5:1后,腐蚀率接近自然腐蚀率。

2. LF15 与其他材料的偶合试验结果

LF15 铝合金与各种金属材料的电偶电流 I_g 时间的变化曲线与图 15.64、图 15.65 曲线相似。图 15.67 给出 LF15 铝合金与碳钢,面积比 1:1 的电偶试验的电偶电流 I_g 时间的变化曲线。

表 15.35 是 LF15 铝合金与四种常用金属材料的电偶腐蚀电流及失重结果。

因本试验中 LF15 试样的面积只是 5083 电偶试验中 5083 试样面积的 1/4,故电偶电流也比对应的 5083 (1:1)电偶试验中的值要小很多。分析表 15.35 中的

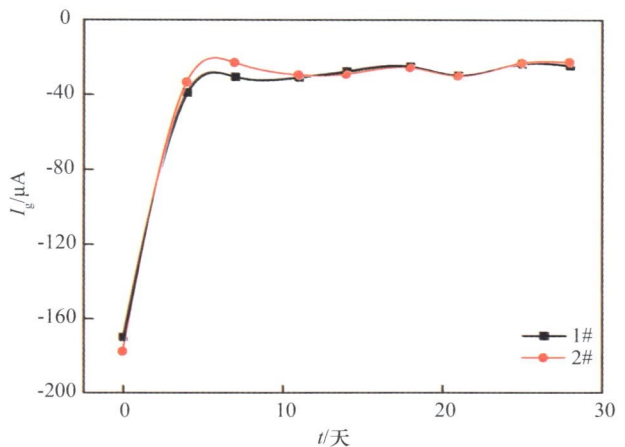

图 15.67 LF15 -20 碳钢(1:1)电偶电流变化图

数据情况,两种不锈钢对 LF15 的电偶腐蚀加速显著,较其自然腐蚀率有较大增加,20 碳钢和 5083 与 LF15 偶合后,成为阴极,但在本试验的面积条件下,对 LF15 腐蚀加速率较小。将表 15.35 中的数据绘图如图 15.68 所示。

表 15.35　LF15 在电偶对(1:1)中的腐蚀率

电偶对	LF15 试样号	稳定电偶电流 $I_g/\mu A$	试验时间/天	平均腐蚀率 /(mm/年)	表面腐蚀状态
LF15 – 5083	1	–43.7	28	0.047	LF15 – 白色絮状物 5083 – 无腐蚀
	2	–46.1	28		
LF15 – HDR	3	–74.1	28	0.108	LF15 – 白色絮状物 HDR – 无腐蚀
	4	–84.4	28		
LF15 – 1Cr18Ni9Ti	5	–86.8	28	0.104	LF15 – 白色絮状物 1Cr18 – 无腐蚀
	6	–91.2	28		
LF15 – 20 碳钢	7	–25.0	28	0.039	LF15 – 白色絮状物 20 碳钢 – 无腐蚀
	8	–23.2	28		

注:LF15 表面积 0.001368m^2

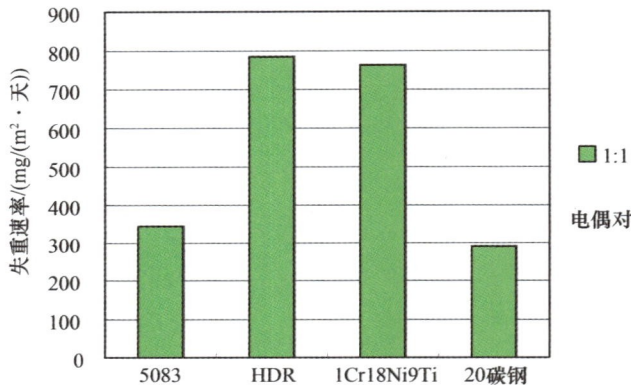

图 15.68　LF15 与各种金属偶对时腐蚀率

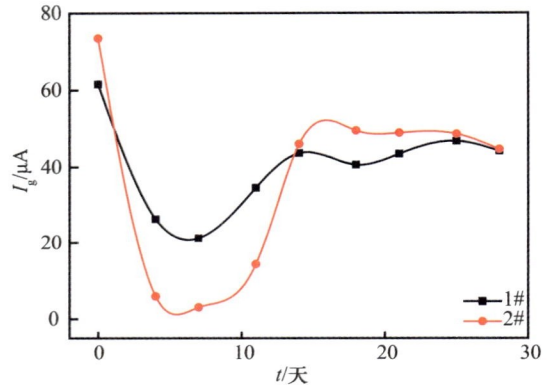

图 15.69　5083、LF15 两种铝合金偶合(1:1)腐蚀电流

3. 不同铝合金之间的偶合及电偶腐蚀性能比较

图 15.69 是 5083、LF15 两种铝合金偶合的电偶腐蚀电流曲线。

这里,5083 显示了轻微的阴极特性,受到 LF15 的轻微保护。

为便于比较各种材料对 5083、LF15 偶合效应的强弱,综合列入表 15.36。从表 15.36 中可以看出,相对于任何材料,LF15 的电偶腐蚀都比 5083 的严重,与 5083、LF15 两种铝合金偶合的电偶腐蚀试验结果图 15.69 是一致的。

4. 铝合金和铜合金的电偶腐蚀特性比较

LF15 与 B10 同其他材料偶合后失重速率比较如图 15.70 所示。LF15 因电偶腐蚀效应大,腐蚀率均比 B10 高,B10 在与 5083、20 钢偶合时均作为阴极而使腐蚀率降低。

表 15.36　5083、LF15 与各种材料偶合的电偶腐蚀电流密度　（单位:μA）

电偶材料	5083		LF15
	面积比 1:1	面积比 5:1	面积比 1:1
HDR	–28.8	–32.8	–58.0
1Cr18Ni9Ti	–26.6	–11.1	–65.1
20 碳钢	–21.6	–8.2	–17.6
B10	–25.1	–6.0	—
Q_{NiAl}	–28.6	–8.5	—
5083	—	–8.3	–32.8

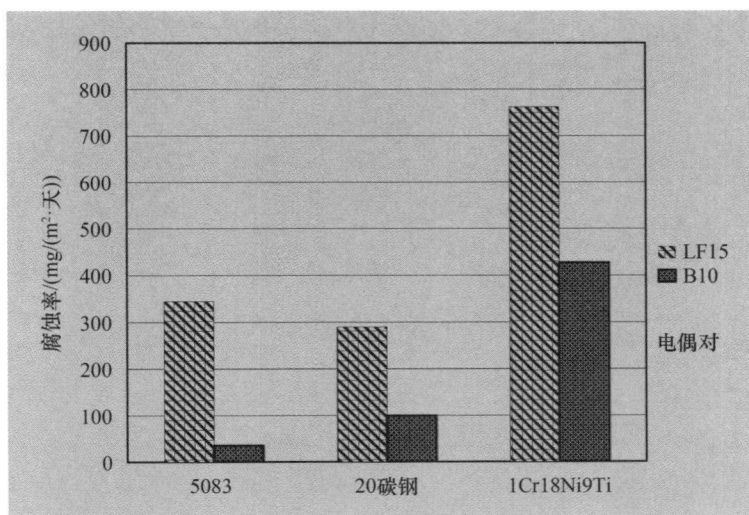

图 15.70　LF15 与 B10 同其他材料偶合后腐蚀率比较

15.3.6　铝合金动态海水中的电偶电流

1. 动态条件下的自然腐蚀电位

在静态试验的基础上,进一步探求动态条件下所选材料的各项腐蚀性能的变化规律,对后续的实践工作提供更现实的参考价值,是本次试验工作的核心所在。

试验的第一步仍然是自然腐蚀电位的测量。结合涂层冲刷试验的流速限定要求,将各材料的试验用样以及海水 Ag/AgCl 参比电极,接入流动海水管路系统并密封后,在流速为 6m/s 的动态条件下冲刷,记录电位随时间的变化见表 15.37 所列。

表 15.37　动态开路电位　　　　　　　　　　　　　　　　　　　　（单位:V）

时间/h	20 碳钢/V	HDR	1Cr18Ni9Ti	5083	LF15	B10	Q_{NiAl}
1.5	−0.358	0.045	−0.03	−0.766	−0.706	−0.086	−0.142
5	−0.347	0.17	0.025	−0.774	−0.790	−0.086	−0.126
23	−0.372	0.043	0.032	−0.752	−0.829	−0.096	−0.100
26.5	−0.375	0.047	0.036	−0.784	−0.820	−0.102	−0.092
28.5	−0.374	0.048	0.031	−0.785	−0.818	−0.094	−0.089
28.5	−0.366	0.039	0.030	−0.585	−0.604	−0.063	−0.175
45	−0.419	0.00	−0.001	−0.793	−0.782	−0.091	−0.103
注:表面积为 $1cm^2$							

试验结果表明,在流动海水中,各种材料的开路电位在短时间内(24h)即可达到稳定,和静态试验比较,电位稳定值具有下列特点:

（1）5083、LF15 电位轻度负移,B10 基本不变,其他材料均有显著正移,其中,20 碳钢的幅度最大,近 300mV。

（2）HDR 双相不锈钢的电位 0.048V 仍为最高,1Cr18Ni9Ti 电位次之,升高显著。

（3）B10 和 NiAl 青铜电位趋同,为 −0.090V。

（4）动态电位序为 HDR(0.048V)→1Cr18Ni9Ti(0.031V)→Q_{NiAl}(−0.089V)→B10(−0.094V)→20 钢(−0.374V)→5083(−0.785V)→LF15(−0.818V)。

注:括号内为稳定电位值。

2. 动态电偶电流测量结果

将七组封装后用于动态电偶测量的试样(面积比 1:1)接入管路中,外部用导线连接,开启海水管路,调节流速分别为8m/s和5m/s连续冲刷。流速改变前,试样需经过拆装、表面打磨清理。冲刷过程中监测记录偶对电流,见表15.38和表15.39所列。

表15.38　流速8m/s的电偶电流　　　　　　　　　　　　（单位:μA）

时间/h	5083 - LF15	5083 - 1Cr18Ni9Ti	5083 - B10	LF15 - 1Cr18Ni9Ti	LF15 - 20 钢	LF15 - Q$_{NiAl}$	B10 - 20 钢
1	9	- 104	- 270	- 109	- 262	- 284	49
2.5	5.5	- 102	- 298	- 103	- 460	- 515	52
3.5	4.5	- 108	- 445	- 133	- 493	- 515	56
4.5	7	- 108	- 460	- 136	- 455	- 510	63
20.5	11	- 65	- 430	- 75	- 340	- 345	113
21.5	11	- 60	- 440	- 72	- 340	- 340	120
22.5	10	- 59	- 440	- 65	- 345	- 315	126
47.5	12	- 54.5	- 425	- 63	- 305	- 310	128
48.5	18	- 60.5	- 435	- 70.5	- 305	- 335	169
50.5	18.5	- 60.25	- 450	- 69	- 299	- 325	167
51.5	18	- 57	- 425	- 68.5	- 275	- 297.5	163
52.5	18.5	- 58.5	- 410	- 70	- 262.5	- 295	161
55	4	- 58.5	- 375	- 68	- 220	- 265	163
69	10.25	- 50	- 340	- 61	- 134	- 215	167
70	10.25	- 51	- 347.5	- 63.25	- 146	- 217.5	166

注:试样工作面积为1cm²,泵速为44.8Hz,流量为60.1m³/h。表中符号表示电流方向,"-"为偶对中第一种材料失电子加速腐蚀,"+"为偶对中第一种材料得电子减小腐蚀。如偶对5083 - B10,均为5083失电子加速腐蚀

表15.39　流速5m/s电偶电流　　　　　　　　　　　　（单位:μA）

时间/h	5083 - LF15	5083 - 1Cr18Ni9Ti	5083 - B10	LF15 - 1Cr18Ni9Ti	LF15 - 20 钢	LF15 - Q$_{NiAl}$	B10 - 20 钢
0.5	21.25	- 123	- 445	- 169	- 452.5	- 435	60
16.5	18.75	- 72.5	- 437.5	- 90.5	- 390	- 340	93.5
18	18	- 70.5	- 435	- 78	- 390	- 325	120
18.5	14.5	- 80.5	- 430	- 80.5	- 397.5	- 325	127
18.5	17	- 70.5	- 410	- 81	- 395	- 300	134
22	18	- 54	- 375	- 67.5	- 345	- 285	145
24.5	17	- 38.5	- 235	- 75	- 285	- 161	127

注:试样工作面积为1cm²,泵速为27Hz,流量为38.8m³/h。

为便于比较,在此试验开始前,在实验室中测量上述电偶对的静态电偶电流值,数据列入表15.40。

表15.40　静态电偶电流对照　　　　　　　　　　　　（单位:μA）

5083 - LF15	5083 - 1Cr18Ni9Ti	5083 - B10	LF15 - 1Cr18Ni9Ti	LF15 - 20 钢	LF15 - Q$_{NiAl}$	B10 - 20 钢
10.6	- 22.2	- 21.5	- 10.1	- 25.1	- 25.7	20.4

将表15.38、表15.39中的I_g值对时间作图如图15.71和图15.72所示。

由图15.71和图15.72可看出,各组电偶电流均有稳定且重现性较好的数值,可据此进行分析比较,以获得对动态条件下电偶腐蚀程度的直观认识。图15.71、图15.72中均出现实验后期电偶电流减小的情况,这可能是由于试样的表面积较小,被锈层、污物附着后,回路电阻增大的原因,流速较低时,冲刷力减弱,这种现象会更明显,如图15.72所示。但在实际应用环境中,因偶对有效面积会远大于本试验样片面积,这

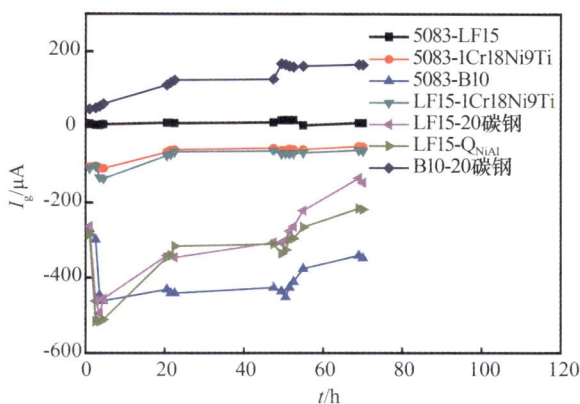

图 15.71　流速 8m/s $I_g - t$ 图

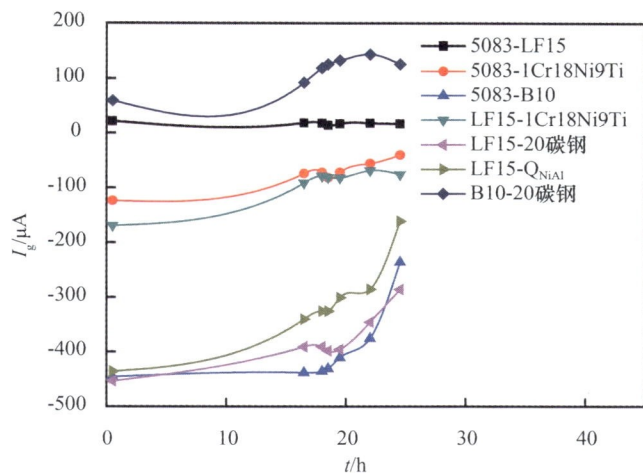

图 15.72　流速 5m/s $I_g - t$ 图

电偶电流减小情况出现的时间也会相对较长,使阳极材料的加速腐蚀稳定在一定水平上。观察试验后样片的腐蚀形貌,偶合电流大的偶对中 5083、LF15 的表面呈溃疡状腐蚀,有蚀点密布和大的蚀坑分布,偶合电流小的偶对中 5083、LF15 的表面仅有少量蚀点和白色斑状产物覆着。

　　取静态和两种流速条件下各电偶对的稳定电偶电流作图如图 15.73 所示。图中标记" * "的材料为偶对阴极,由图可见,相对于静态电偶电流,5083 - B10、LF15 - 20 钢、LF15 - Q_{NiAl} 的偶合电流值大幅增加,增幅达到或接近 10 倍,需引起高度重视。其他偶对除 5083 - LF15 的偶合电流在动态时仍维持低水平外,5083 - 1Cr18Ni9Ti、LF15 - 1Cr18Ni9Ti、B10 - 20 钢的偶合电流也都有倍数增长,这就表明,动态条件下,电偶腐蚀加速,不能忽视。

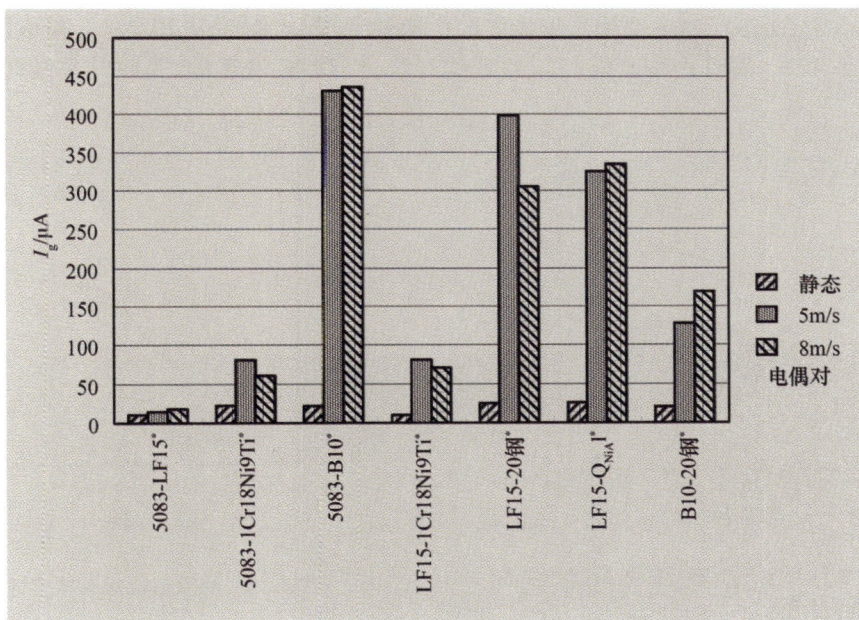

图 15.73　流速 - 稳定电偶电流(* 为偶对阴极)

15.3.7　铝合金结构材料匹配选择

　　(1)铝合金结构材料比船体结构钢对其他材料更为敏感,在铝船腐蚀设计中需要更精细、材料选择更合理。

　　(2)TA2 钛合金的耐蚀性最强,基本不腐蚀;其次是不锈钢材料 HDR 和 1Cr18Ni9Ti,即使在高流速海水中,也仅有微弱腐蚀;铝合金 5083 和 LF15、铜合金 B10 和 Q_{NiAl} 在静止海水中的耐蚀性比较好,腐蚀率较小,但随着海水流速的增加,耐蚀性降低;20钢在试验材料中的耐蚀性最差,在流动海水中腐蚀率迅速增加。

(3)5083、LF15铝合金在与其他常用结构金属材料组成的电偶对中,均作为阳极受到加速腐蚀,偶合腐蚀加速显著,流动海水中的偶合效应远大于静止海水。加大5083与阴极材料的面积比,能够有效降低电偶腐蚀效应。无论是船体还是管系,铝合金材料与其他金属部件连接时都应采取绝缘措施,具体设计可根据相关技术规范的要求,选择绝缘材料和规格尺寸,必要时可在局部增设易换的铝合金过渡件。

(4)对于铝船体结构着水表面,可同时采用涂装、阴极保护和零部件间隙密封的方法消除或减小电偶腐蚀。在铝合金船舶的管系设计中,一般情况下钛合金管系与不锈钢、青铜部件之间连接不会产生严重的电偶腐蚀,但应避免在连接零部件间形成缝隙。

15.4　海水管路材料的腐蚀行为

15.4.1　紫铜

早期大多数舰艇采用 TUP 紫铜作为海水管路材料。由于 TUP 紫铜在流动海水中的临界流速仅为 $0.9 \sim 1.2 \mathrm{m/s}$,其耐流动海水腐蚀性能远不能满足现代舰船海水管路较高海水流速的要求,因此,海水管路腐蚀问题突出。

1. 静止海水中的腐蚀行为

紫铜在静止海水中呈均匀腐蚀形貌,表面形成暗红色 Cu_2O 膜,有时有少量绿色腐蚀产物附着,随着浸泡时间的延续,暗红色膜变得越来越厚、越致密、越牢固,如图 15.74 中所示。紫铜在静止海水中的腐蚀率居铜合金之首,但绝对值不高。试验周期为 20 天时,腐蚀率为 0.059mm/年,腐蚀率随试验时间的延长而降低,试验 5 天时为 0.096mm/年,试验 60 天时为 0.045mm/年。我国三个海区四年实海全浸暴露的腐蚀率分别为青岛 0.011mm/年,厦门 0.012mm/年,榆林 0.013mm/年。

紫铜在静止海水中,腐蚀产物主要用来形成腐蚀产物膜,试验周期超过 20 天时,膜重超过失重的 60%,流失的腐蚀产物不足 40%,腐蚀产物膜随时间的延续变厚、变致密、变牢固,是腐蚀率随时间的延续变得越来越小的重要原因。

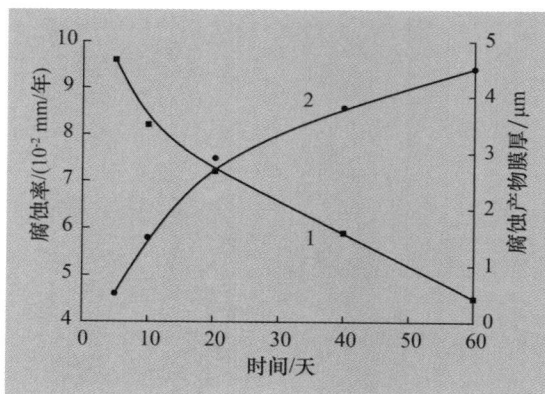

图 15.74　腐蚀率和腐蚀产物膜与试验时间的关系
1—腐蚀率曲线;2—膜厚曲线。

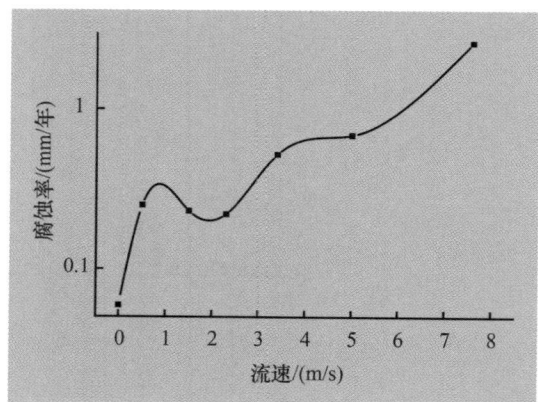

图 15.75　海水流速对紫铜腐蚀率的影响

2. 流动海水中的腐蚀行为

由青岛天然海水试验周期为 20 昼夜的冲刷腐蚀试验得到的紫铜腐蚀率与海水流速的关系曲线如图 15.75 所示。

由图 15.75 可以看出:

(1)0.5m/s 的流速就使紫铜的腐蚀率由静止海水中的 0.059mm/年增大到 0.25mm/年,增大了 4 倍,发生了数量级的变化,约 0.9m/s 时出现了第一个临界水速,表明紫铜已出现冲击腐蚀危险性。

(2)在 0.5～2.3m/s 流速范围内维持 0.22～0.25mm/年的腐蚀率,这与相关文献介绍过的紫铜的允许设计最大流速 0.9~1.8m/s 范围相当。

（3）海水流速提高到 3.4m/s 时，可能出现第二个临界流速值，表明紫铜的冲击腐蚀已达到不可接受的程度，腐蚀率增加到 0.52mm/年，比 2.3m/s 时增加了 1.1 倍。

（4）随后随海水流速的不断增大，腐蚀率也越来越高，5m/s 的腐蚀率为 0.69mm/年。在这一流速范围内，20 昼夜的流动海水腐蚀试验可见初期的侵蚀－腐蚀特征，主要表现为整个试样表面呈新鲜紫铜色，无明显 Cu_2O 膜附着，试样迎水侧边部轻微减薄，螺栓迎水侧有半环形沟，放大 25 倍可见晶粒显出，试验周期延长到 40 昼夜时可见马蹄形坑。随着海水流速的增大，侵蚀－腐蚀特征也越来越显著，试样迎水侧边部明显减薄，呈抛光表面，靠近迎水侧表面出现肉眼可见的马蹄形坑群。

（5）TUP 紫铜是对海水流速和流体的紊流程度非常敏感的材料，采用时必须控制在安全的水流速度和紊流程度下使用。

15.4.2　铜镍合金

国外早已不推荐用紫铜制造海水管路材料，代之以的是英国、美国等推荐使用 B10 或 B30 铜镍合金，苏联/俄罗斯推荐采用 95/5 铜镍合金。95/5 铜镍合金在流动海水中的耐冲击腐蚀性能比紫铜强不了多少，允许设计流速为 1.5m/s，因此它不是一种十分令人满意的海水管路材料，B10 铜镍合金得到了广泛认可。

1. 静止海水中的腐蚀行为

用青岛天然海水、室内静泡 22 昼夜试验结果表明，B30 铜镍合金腐蚀率仅为 0.0022mm/年，是铜及其合金中最低的。室内静泡 10 天的试验结果，B30 铜镍合金为 0.0025mm/年，B10 铜镍合金为 0.02mm/年，二者相差一个数量级，介于锡青铜和黄铜之间。实海全浸暴露 4 年，B10 铜镍合金在我国三海区的腐蚀率分别为青岛 0.0069mm/年、厦门 0.075mm/年、榆林 0.016mm/年，三海区腐蚀率相差较大的可能主要原因是各海区含砂量及潮汐、海浪导致的海水流动差别较大之故。

在静止海水中，铜镍合金对点蚀和缝隙腐蚀具有较显著的敏感性，浸泡 15 天即可发现众多绿色小点，试验 22 天后取样检查，除表面出现众多微小棕色腐蚀产物点之外，还于尼龙绳吊挂处出现绿色腐蚀产物条带，乃缝隙腐蚀所致。B30 铜镍合金的点蚀特点：初期点蚀非常微小，通常小于 $\phi0.5mm$，在整个表面分布不均匀。初期的暗红色点为扁丘状鼓泡，鼓泡是一层膜，易剥离，其下为银白色粗糙腐蚀表面，有金属光泽。

2. 流动海水中的腐蚀行为

由青岛天然海水、试验周期为 10 天的冲刷腐蚀试验得到的两种铜镍合金、TUP 紫铜的腐蚀率与流速的关系曲线如图 15.76 所示。由图可见，0.5m/s 的流速就使两种铜镍合金的腐蚀率与海水静泡相比，发生了数量级的变化，虽然变化很大，但在流动海水中的耐蚀性仍远比 TUP 紫铜高，其绝对值在 0.5~5.0m/s 海水流速范围内都在 10^{-2} 数量级（0.037~0.092mm/年），是铜合金中最耐流动海水腐蚀的牌号之一。

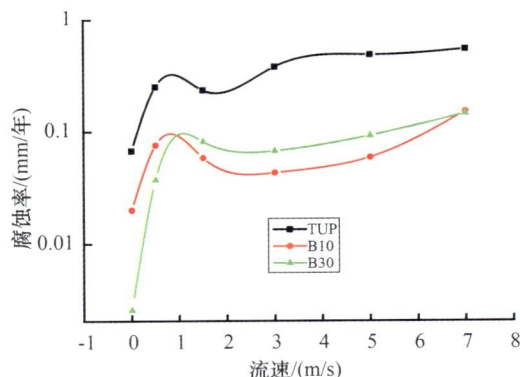

图 15.76　两种铜镍合金的腐蚀率与海水流速的关系
注：试验介质为青岛天然海水；试验周期为 10 昼夜。

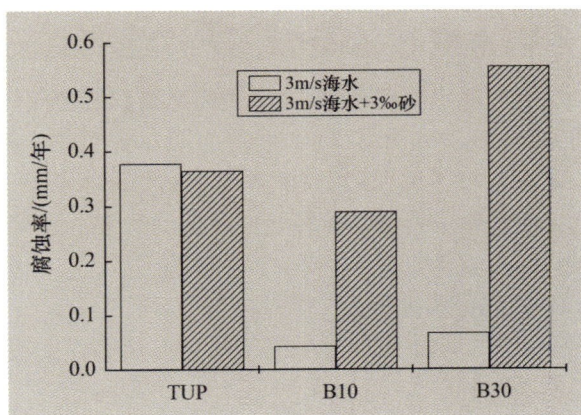

图 15.77　含砂对铜镍合金在流动海水中腐蚀的影响
注：流速为 3.0m/s；周期为 10 天；含砂量为 3‰。

B10 铜镍合金与 B30 铜镍合金在流动海水条件下,耐蚀性无显著差异,在 1.5 ~ 5.0 m/s 海水流速范围内,B10 铜镍合金比 B30 铜镍合金的耐蚀性还要高一些。在海水流速大于 5m/s 时,试样迎水侧边部棱角变钝,用来固定试样的螺栓迎水侧出现半环形表面粗糙区。在流速小于 3 ~ 4m/s B30 的铜镍合金试样上,出现有暗红色腐蚀产物点,表明该种材料在低流速时特别是在海水静泡是可能有点蚀敏感性。

3. 砂侵蚀行为

在 3m/s、含砂量 3‰ 的流动海水中试验 10 天,B30 铜镍合金含砂比不含砂腐蚀率增加 6.3 倍,超过紫铜在 5m/s 时的腐蚀率,B10 铜镍合金增加了 4.7 倍,比紫铜受砂含量的影响大得多,如图 15.77 所示。

15.4.3　锡青铜

锡青铜在舰船海水管路中主要用来制造阀体、泵体以及管配件等。锡含量小于 10% 的锡青铜在流动海水中的腐蚀行为与紫铜相似。锡含量为 10% ~12% 时,用于低压管道可在 3m/s 的海水流速下安全使用。这种合金耐溃疡腐蚀性、耐沉积腐蚀性、耐污染海水腐蚀性都较好,没有脱成分腐蚀敏感性,且具有防止海生物附着的性能。

1. 静止海水中的腐蚀行为

在静止青岛天然海水中试验了 ZQSn5 - 5 - 5、ZQSn10 - 2、ZQSn10 - 1 三种牌号的铸造锡青铜,它们的平均腐蚀率分别为 0.039mm/年、0.037mm/年、0.028mm/年,在铜合金中仅次于紫铜,比 TUP 紫铜略耐蚀。

锡青铜在静止海水中,呈全面均匀腐蚀形貌,无明显局部腐蚀现象,表面均匀生成质地较厚的腐蚀产物膜,虽感觉疏松但附着却很牢固,甚至在酸洗除腐蚀产物时,都不能完全除去。锡含量为 10% 的两种锡青铜膜的颜色以褐色为主,有的偏红色,生成红色膜的试样腐蚀率偏高,锡含量为 5% 的锡青铜膜的颜色以黄橙色为主,有时偏红色,也是生成红色膜的试样腐蚀率偏高。

2. 流动海水中的腐蚀行为

锡含量为 5% 的 ZQSn5 - 5 - 5 在流动海水中的腐蚀行为与 TUP 紫铜十分相似,腐蚀率随海水流速增大而增加。在 5m/s 流速下出现严重冲击腐蚀形貌,比 TUP 紫铜出现的海水流速还高,其允许设计最大流速应与 TUP 紫铜无大差异。

铜含量为 10% 的 ZQSn10 - 2 在流动海水中显著比 TUP 紫铜要耐蚀,虽在 2.3m/s 的低流速下,腐蚀率比 TUP 紫铜高 1 倍多,但表面腐蚀均匀,无明显冲击腐蚀痕迹,提高流速至 5.0m/s 时,腐蚀率反而有所降低,比同样流速下的紫铜腐蚀率明显低,即使在 7.6m/s 海水流速下,虽然产生了明显的冲击腐蚀形貌,但腐蚀率只有同样流速下的紫铜四分之一。因此,ZQSn10 - 2 的允许设计最大流速为 3 ~ 4m/s,两种锡青铜在较低海水流速下都形成灰色均匀的腐蚀产物膜,在同等流速下,ZQSn10 - 2 的腐蚀产物膜比 ZQSn5 - 5 - 5 要致密、牢固一些,在 5m/s 流速下 ZQSn5 - 5 - 5 迎水侧近半个表面膜被除去,产生严重的冲击腐蚀形貌,而 ZQSn10 - 2 仅于迎水侧边部附近膜被除去,出现轻微冲击腐蚀形貌。

15.4.4　黄铜

在舰船海水管路系统中,常用铸造黄铜制造阀体、泵体、管配件以及冷却器的管板等。早期通常用变形黄铜 HSn70 - 1 和 HAl77 - 2 制造冷凝器管和热交换器管。直到目前,还有的仍在使用黄铜管制造冷凝器管。海军舰艇还大量采用 HPb59 - 1 制作海水管路法兰联接件,用 HPb59 - 1 焊条焊接紫铜海水管路。

在实验室中研究了 6 种黄铜在流动海水中的腐蚀行为,分别为 ZHSi80 - 3、ZHMn55 - 3 - 1、ZHPb59 - 1、ZHMn58 - 2、ZHAl67 - 5 - 2 - 2、H68。

1. 脱成分腐蚀行为

黄铜在海水中腐蚀形貌的主要特点是都程度不等的发生脱成分腐蚀。根据合金的成分和腐蚀产物的颜色可以判断:

(1) H68 是铜、锌二元合金,生成白色腐蚀产物,无疑只能是脱锌腐蚀。

(2) ZHMn58 - 2 是 Mn 含量 2% 的铜锌合金,也生成白色产物,说明也是脱锌腐蚀,没有脱锰的迹象。

(3) HPb59 - 1 是 Pb 含量 1% 的铜锌合金,生成白色腐蚀产物,也只发生脱锌腐蚀。

（4）ZHMn55 - 3 - 1 是 Mn 含量 3%、Fe 含量 1% 的铜锌合金,生成的腐蚀产物是白、棕相杂颜色,既然锰不发生脱成分腐蚀,那么棕色只能是铁的腐蚀产物所致,因此,HMn55 - 3 - 1 除发生脱锌腐蚀之外,还发生脱铁腐蚀。

（5）ZHAl67 - 5 - 2 - 2 除含锌外,还含有 Al、Mn、Fe,腐蚀产物也呈白、棕相杂颜色,后面将介绍铝青铜的脱铝腐蚀,说明该合金除发生脱锌、脱铁腐蚀外,还可能发生脱铝腐蚀。

（6）ZHSi80 - 3 也可看到脱锌腐蚀痕迹,但由于其锌含量较少（14%）,接近免疫含量（15%）,因此看不到明显的白色产物堆积,只是局部表面出现紫铜色斑或点,斑或点的边部可见少量白色腐蚀产物膜。

所有发生脱成分腐蚀的合金,其典型特征都是在除去腐蚀产物后,在腐蚀区出现紫铜色斑或点。

将六种黄铜按脱成分腐蚀敏感性降低的顺序排列是 ZHMn55 - 3 - 1、ZHPb59 - 1、H68、ZHMn58 - 2、ZHAl67 - 5 - 2 - 2、ZHSi80 - 3。基本与锌含量的多少顺序一致,从脱成分腐蚀形态看,前三者多是弥散分布麻点状,波及范围较大,发展下去可能形成片状脱成分腐蚀形态,ZHMn58 - 2 和 ZHAl67 - 5 - 2 - 2 多是塞状脱成分腐蚀形态,ZHSi80 - 3 为局部层状脱成分腐蚀形态。

海水流动对脱成分腐蚀敏感性没有明显有规律的影响,随流速的增高,时而加重,时而减轻,加重的情况居多。

2. 静止海水中的腐蚀行为

黄铜在静止海水中的腐蚀率见表 15.41 所列。所有的黄铜都比紫铜腐蚀率明显低,在黄铜中腐蚀率最高的是 ZHMn55 - 3 - 1,与紫铜比较接近,主要是其脱成分最为敏感之故。腐蚀率最低的是 ZHAl67 - 5 - 2 - 2,比紫铜低 1 个数量级,主要的可能是 Al 的添加有益于提高其耐蚀性,其他四种黄铜腐蚀率比较相近,为 0.013 ~ 0.017mm/年。

表 15.41　黄铜在静止海水中的腐蚀率

合金牌号	TUP	ZHSi80 - 3	ZHMn55 - 3 - 1	ZHPb59 - 1	H68	ZHMn58 - 2	ZHAl67 - 5 - 2 - 2
腐蚀率/（mm/年）	0.059	0.015	0.039	0.017	0.014	0.013	0.0067

3. 流动海水中的腐蚀行为

海水流动会显著增大黄铜的腐蚀率,在 2.3m/s 流速下,ZHSi80 - 3、ZHMn55 - 3 - 1、ZHAl67 - 5 - 2 - 2 三种黄铜的腐蚀率都发生了数量级的变化,ZHPb59 - 1、H68 的腐蚀率也成倍地增大,但与紫铜相比,海水流速对黄铜的影响小得多,只有 ZHSi80 - 3 对冲击腐蚀较为敏感,在小于 3.4m/s 流速下,腐蚀率甚至比紫铜还高,并有明显的冲击腐蚀形貌出现,其余四种黄铜海水流速的大小对腐蚀率没有太大的影响,几乎看不到冲击腐蚀痕迹,只有脱成分腐蚀受流速的影响时大时小。脱成分腐蚀最显著的 HMn55 - 3 - 1 在这四种黄铜中腐蚀率是最高的,与海水流速在 5m/s 以下时的紫铜在 1 个数量级范围,其余三种黄铜 ZHPb59 - 1、H68、ZHAl67 - 5 - 2 - 2 却比紫铜至少低 1 个数量级,比 7.6m/s 时的紫铜低 2 个数量级,因此,在采用黄铜制作与海水管路有关的构件时,特别是制作泵体、阀体、法兰等厚壁构件时,腐蚀率大小不是重要的,重要的是其脱成分腐蚀敏感性不可忽视。

15.4.5　铝青铜

铝青铜在海水管路系统中是用来制作阀体、阀盖、阀座、泵体、法兰等管配件的主要材料。在铜及其合金中,铝青铜的综合耐蚀性能仅次于铜镍合金,比紫铜和锡青铜在流动海水中的耐冲击腐蚀性显著优异,比黄铜的脱成分腐蚀敏感性显著低,其中的 ZCuAl9Fe4Ni4Mn2、ZQAl9 - 4 - 4 - 2 等镍铝青铜比 B10、B30 铜镍合金耐蚀综合性能要好,没有静止海水和低流速下的点蚀敏感性。

1. 静止海水中的腐蚀行为

研究了 ZQAl9 - 2、ZQAl9 - 4、ZQAl14 - 8 - 3 - 2、ZQAl9 - 4 - 4 - 2 及轧制状态的 QAl9 - 2 五种铝青铜在海水中的腐蚀行为。在静止海水中,这些合金的腐蚀形貌特点是都生成浅褐色至褐色的致密薄膜,且具有脱成分腐蚀敏感性,尤其是 ZQAl14 - 8 - 3 - 2 和 ZQAl9 - 4,脱成分腐蚀比较明显,QAl9 - 2 也有少量白色腐蚀产物堆积。

QAl9－2 是 Mn 含量 2% 的铜铝合金,只生成白色腐蚀产物堆,说明该合金只脱铝,不脱锰。ZQAl9－4 是 Fe 含量 4% 的铜铝合金,呈塞状脱成分腐蚀形貌,腐蚀产物的颜色是棕、白相杂,说明既脱铝又脱铁。ZQAl9－4－4－2 是 Fe 含量 4%、Ni 含量 4%、Mn 含量 2% 的铜铝合金,没有出现明显的脱成分腐蚀现象,说明 Ni 含量 4% 降低了脱铝和脱铁的敏感性。ZQAl14－8－3－2 是锰含量高达 14% 的多元铜铝合金,同时还有 Fe 含量 3%、Ni 含量 2%,该种合金具有显著的脱成分腐蚀敏感性,呈弥散微细塞状脱成分腐蚀形貌,放大 25 倍可见沥青状的黑色腐蚀产物微点,并夹杂有白色和红棕色腐蚀产物的干扰,可见其主要是脱锰,同时还脱铝、脱铁。

铝青铜在静止海水中的腐蚀率比较低,腐蚀率都在 10^{-3} 数量级。其中腐蚀率最高的 ZQAl9－4 也只有 0.0095mm/年,腐蚀率最低的 ZQAl9－4－4－2 为 0.0063mm/年,与 B30 铜镍合金在 1 个数量级,比黄铜、锡青铜、紫铜都低 1 个数量级,只有含铝的 HAl67－5－2－2 一个例外,说明合金元素铝有助于降低铜合金的腐蚀速度。

2. 流动海水中的腐蚀行为

除轧制的 QAl9－2 合金在流动海水中的腐蚀行为较为特殊之外,其他被试验的铝青铜在流动海水中的腐蚀率都由静止海水中的 10^{-3} 数量级增大到 10^{-2} 数量级。在海水流速小于 5m/s 时,腐蚀率随海水流速的增大而缓慢增大,流速由 5m/s 增加至 7.6m/s 时都略有降低,这可能是由于随着流速的增大,氧的供应十分充足,铝青铜的褐色致密薄膜修复能力增强所致。四种铝青铜中 ZQAl9－2 在流动海水中的腐蚀率最大,与黄铜中的 ZHPb59－1 和 H68 相近,其次是 ZQAl9－4。两种含镍的铝青铜的腐蚀率都较低,与 B30 铜镍合金相近,其中 ZQAl9－4－4－2 耐流动海水腐蚀性能最佳,不仅腐蚀率低,且既耐冲击腐蚀又耐脱成分腐蚀,是铜合金中耐蚀性最好的一种材料,其他三种铝青铜都存在脱成分腐蚀敏感性和轻微的冲击腐蚀敏感性。

轧制状态的 QAl9－2 铝青铜在海水流速低于 5m/s 时,其耐流动海水腐蚀性能显著优于铸造状态的 ZQAl9－2,前者的腐蚀率比后者低 1 个数量级;但当海水流速增大到 7.6m/s 时,轧制状态的 QAl9－2 出现了严重的冲击腐蚀,试样迎水侧附近出现抛光形貌,腐蚀率剧增到 10^{-1} 数量级,前者的腐蚀率反而比后者高了 1 个数量级。

从与铜镍合金 B10、B30 管路配套合理性来看,应采用 ZQAl14－8－3－2、ZQAl9－4－4－2 阀、泵的过流的结构材料。

15.4.6 双相不锈钢

传统的不锈钢如 1Cr18Ni9Ti 和 1Cr13 在海水中有明显的点蚀和缝隙腐蚀敏感性,因此不适宜推荐用来制造海水管路。近年来国外发展了一系列新型耐蚀不锈钢,其中双相不锈钢就是被广泛使用的一种。国产 HDR 双相不锈钢已在一些舰船海水管路中得到试用,耐蚀效果良好。

1. 流动海水腐蚀试验结果

在试验流速范围内(最大 7.6m/s)HDR 非常耐海水腐蚀,试样的失重都非常小。HDR 双相不锈钢与两种铜镍合金在流动海水中的腐蚀率如图 15.78 所示。可以认为海水流速对 HDR 双相不锈钢没有实质性的影响,与两种铜镍合金相比,HDR 双相不锈钢在流动海水中耐蚀性显著优于铜镍合金,其腐蚀率在所有海水流速下都比铜镍合金低 2 个数量级,腐蚀试验后的试样表面无任何腐蚀痕迹,表面光滑明亮。

在 3m/s 海水流速下,加 3‰海沙的试验结果表明,沙侵蚀使 HDR 双相不锈钢的腐蚀率增加了 1 个数量级,5m/s 海水流速下不含沙时腐蚀率为 4.42×10^{-4}mm/年,含沙时为 1.89×10^{-3}mm/年,沙侵蚀试验后的试样表面仍然没有任何腐蚀痕迹。

2. 点蚀加速试验结果

采用 GB4334 标准,在 6% 三氯化铁溶液中对 HDR、

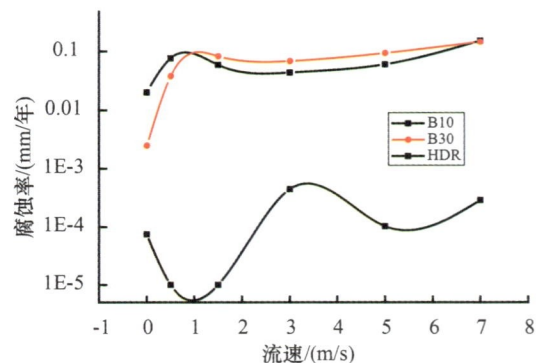

图 15.78　HDR 双相不锈钢与两种铜镍合金在流动海水中的腐蚀率

注:介质为青岛天然海水,时间为 10 昼夜,试样大小为 70mm×25mm×3mm。

1Cr18Ni9Ti 和 1Cr13 进行点蚀加速试验,试验结果表明,HDR 双相不锈钢未发现点蚀,表面无明显变化;1Cr18Ni9Ti 上表面均匀布满较大蚀坑,下表面布满较小蚀坑,未腐蚀表面仍有金属光泽,试验 24h 后平均点蚀深度为 1.15mm,最大点蚀深度为 1.20mm,点蚀密度为 10^5 个/m^2,1Cr13 则呈全面均匀腐蚀形貌。三者平均腐蚀速度:HDR 为 0.0078g/(m^2·h),1Cr18Ni9Ti 为 39.82g/(m^2·h),1Cr13 为 100.39g/(m^2·h)。

3. 缝隙腐蚀加速试验结果

采用 GB10127 标准,在 6% 三氯化铁溶液中进行了三种不锈钢缝隙腐蚀对比试验,试验结果表明,HDR 存在轻微缝隙腐蚀敏感性,在聚四氟乙烯夹具边缘出现浅而清晰的缝隙腐蚀痕迹。1Cr18Ni9Ti 存在显著缝隙腐蚀敏感性,在聚四氟乙烯夹具下出现深而清晰的缝隙腐蚀痕迹,缝隙外暴露表面还出现众多点蚀。1Cr13 则是缝外表面发生全面腐蚀,缝内表面只有浅而模糊的缝隙腐蚀痕迹,比暴露表面腐蚀反而轻些,屏蔽边部形成明显台阶。三种不锈钢缝隙腐蚀试验结果见表 15.42 所列。

表 15.42　三种不锈钢缝隙腐蚀试验结果

合金牌号	腐蚀速度 /(g/(m^2·h))	缝隙腐蚀深度/mm		
		最　大	上表面平均	下表面平均
HDR	0.93	0.08	0.06	0.05
1Cr18Ni9Ti	24.24	0.73	0.53	0.55
1Cr13①	66.99	—	—	—
① 1Cr13 因为发生严重全面腐蚀,无法用缝隙腐蚀标准评价				

15.4.7　钛合金

钛合金在常温海水中没有点蚀和缝隙腐蚀敏感性,除非金属表面温度超过 130℃ 时才可能出现缝隙腐蚀问题。钛及其合金在高流速海水中的耐侵蚀腐蚀性能也非常优良,在高达 36m/s 的海水流速下,腐蚀率也仅为 0.0074mm/年,在静止海水和一般海水流速(如 16m/s)下,腐蚀率可忽略不计。钛制冷凝器管不发生入口端腐蚀,允许设计流速可提高到 10m/s 以上。

钛及其合金耐沙侵蚀性能也非常好,在流速为 2m/s 含沙 25‰海水中的试验结果表明,钛的腐蚀率仍在 10^{-2} 数量级,显著优于 B30 铜镍合金,如图 15.79 所示。甚至在高含沙量的海水中,钛在 6m/s 以上的流速下仍具有令人满意的耐蚀性能,而 B30 铜镍合金在 2.5~3m/s 流速下就会遭到迅速的腐蚀。

在采用钛、铜混合结构时,可能引起铜及其合金构件因与钛偶合而发生电偶腐蚀,这种腐蚀可通过阴极保护来解决,此时应特别引起注意钛管在阴极极化状态下的吸氢临界电位(SCE)约为 -700mV,阴极保护电位不得负于 -700mV,最好控制在 -500~ -700mV。因此,钛、铜混合结构,不应采用锌合金阳极或铝合金阳极进行防蚀,而应用铁合金阳极保护为宜。

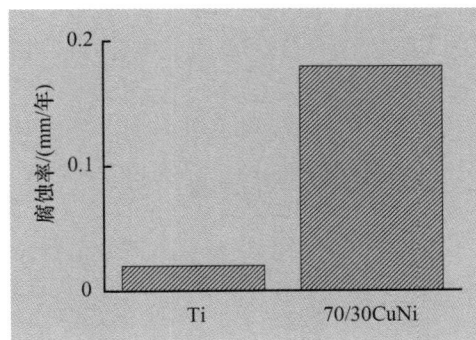

图 15.79　钛和铜镍合金沙侵蚀试验结果
注:试验周期为 10 天,沙粒尺寸为 35 目。

15.5　海水管路材料配套腐蚀特性

在管路系统设计中,设计者不单纯考察单一材料的腐蚀特性,更多的是关注、研究材料配套特性。以下以 B10 和 HDR 双相不锈钢为主,进行了多种材料组合后的配套腐蚀特性研究。

15.5.1　试验材料及试样

1. 试验材料

试验材料为目前在舰船海水管系中普遍采用的各种材料,包括海水管路材料,以及与管路连接的泵、阀材料和其他附属仪表材料等。主要试验材料的化学成分和密度如下:

（1）HDR 双相不锈钢，密度为 $7.85g/cm^3$。

$W(C)\leqslant0.03\%$，$W(Cr)=24\%\sim26\%$，$W(Ni)=4.5\%\sim7.5\%$，$W(Mn)\leqslant2.0\%$，$W(Si)\leqslant1.0\%$，$W(Mo)=2.0\%\sim3.0\%$，$W(P)\leqslant0.035\%$，$W(S)\leqslant0.03\%$，$W(N)\leqslant0.20\%$

（2）镍铝青铜 ZCuAl8Mn13Fe3Ni5，密度为 $7.50g/cm^3$。$W(Al)=7\%\sim8.5\%$，$W(Fe)=2.5\%\sim4\%$，$W(Mn)=11.5\%\sim14\%$，$W(Ni)=1.8\%\sim2.5\%$，Cu 余量。

（3）铝青铜 ZQAl9Mn2，密度为 $7.60g/cm^3$。$W(Al)=8\%\sim10\%$，$W(Mn)=1.5\%\sim2.5\%$，Cu 余量。

（4）锡青铜 ZCuSn5Pb5Zn5，密度为 $8.83g/cm^3$。$W(Sn)=4\%\sim6\%$，$W(Zn)=4\%\sim6\%$，$W(Pb)=4\%\sim6\%$，Cu 余量。

（5）德国产 KME B10，密度为 $8.95g/cm^3$（为海水管子轧平后，机械加工而成）。

（6）国产 B10，密度为 $8.95g/cm^3$（为线切割加工试样）。

（7）316L 不锈钢，密度为 $7.98g/cm^3$（为 1mm 厚的薄板剪切加工而成）。

（8）1Cr18Ni9Ti 不锈钢，密度为 $8.03g/cm^3$。

（9）硅黄铜 ZCuZn16Si4，密度为 $8.32g/cm^3$。$W(Cu)=79\%\sim81\%$，$W(Si)=2.5\%\sim4.5\%$，Zn 余量。

（10）20 钢，密度为 $7.85g/cm^3$。

（11）紫铜，密度为 $8.92g/cm^3$。

以上材料制成的试样，均用抛光机将表面抛光至 $R_a=3.2\mu m$ 用于各种试验。

2. 试验方法

1）自然腐蚀电位测量

对以上各种材料进行静止海水中的自然腐蚀电位测量，获得以上海水管系材料在静止海水中的稳定电位随时间变化规律。对双相钢和不锈钢等在海水中会发生钝化的材料，分别测量其活化电位和钝化电位。通过试验获得海水管系材料在海水中的腐蚀电位序。

试样尺寸为 75mm×30mm×3mm，每种材料采用三个平行试样，试样在试验前分别用电光分析天平准确称量两次初重，用游标卡尺和千分尺准确测量试样的表面积，以便试验结束后计算腐蚀率。试验介质为青岛天然海水，试验温度为室温，试验周期 30 天。

试验在容量为 5L 的玻璃烧杯中进行，试样顶部钻孔并固定导线，然后用密封绝缘性能好的环氧腻子将导线与试样电连接除涂封以便试验中隔绝海水，试样在试验前均作除油脂处理。试样浸入海水后，定期采用数字电压表和饱和 KCl 甘汞电极测量电位。试验结束后取出试样观察腐蚀形貌并照相，不锈钢、钢、铜及铜合金试样分别按照 ASTM G1-2003《腐蚀试样的制备、清洁和评定用实施规范》进行表面处理。

2）极化曲线测量

测量以上海水管系材料在室温青岛天然海水中腐蚀的阳极极化曲线和阴极极化曲线，通过阴、阳极极化曲线评价材料的电化学性能，以及判断不同材料间发生电偶腐蚀的可能性和电偶腐蚀程度。试验设备为 SOLARTRON 1287 电化学测试系统。

3）双相不锈钢、B10 与其他海水管系材料间电偶腐蚀行为研究

双相不锈钢是一种国内开始应用的海水管路材料，虽然其自身的腐蚀和电化学性能优良，但海水管系是一个复杂的系统，涉及多种材料及设备、配件，因此在设计和使用时除考虑海水管路的选材要求外，还应综合考虑系统要求。双相不锈钢海水管路可能与海水管系中的其他材料发生电偶腐蚀，因此必须对双相不锈钢与其他海水管系材料进行电偶腐蚀研究。目前国世界各国大多采用 BFe10-1-1 合金作为舰船海水管路材料，对 B10 合金与其他材料的电偶腐蚀进行了研究。

电偶腐蚀在静止的室温青岛天然海水中进行，腐蚀介质的状态和电偶对材料确定后，对电偶腐蚀有影响的主要因素是阴、阳极的面积比，试验中主要研究 1:1 和 5:1（以与双相不锈钢或 B10 偶合的金属材料面积为 1）两种不同面积比的电偶对的电偶腐蚀行为。面积大的试样尺寸为 75mm×30mm×3mm，小试样尺寸为 30mm×15mm×3mm。试样的表面清净、导线连接和质量、面积测量同前。

试验仪器为电偶腐蚀试验仪、数字万用表和 SOLARTRON 1287 电化学测试系统，测量电偶电流、电位等参数随时间变化规律，确定 B10、双相不锈钢对其他海水管系材料的电偶腐蚀影响。

15.5.2　海水管系材料在静止海水中的电位序

由于电偶腐蚀首先取决于异种金属间的实际电位,针对舰船海水管系中涉及的多种金属材料进行了在海水中的自然腐蚀电位测量,以确定海水管系材料在天然海水中的电位序。试验在静止、未除氧海水中进行,试验温度为室温。试验周期 40 天内每天对试样测试腐蚀电位,观察腐蚀形貌。

图 15.80 为 11 种海水管系材料在青岛天然海水中的自然腐蚀电位随时间的变化曲线。11 种材料在海水中的电偶序见表 15.43 所列。

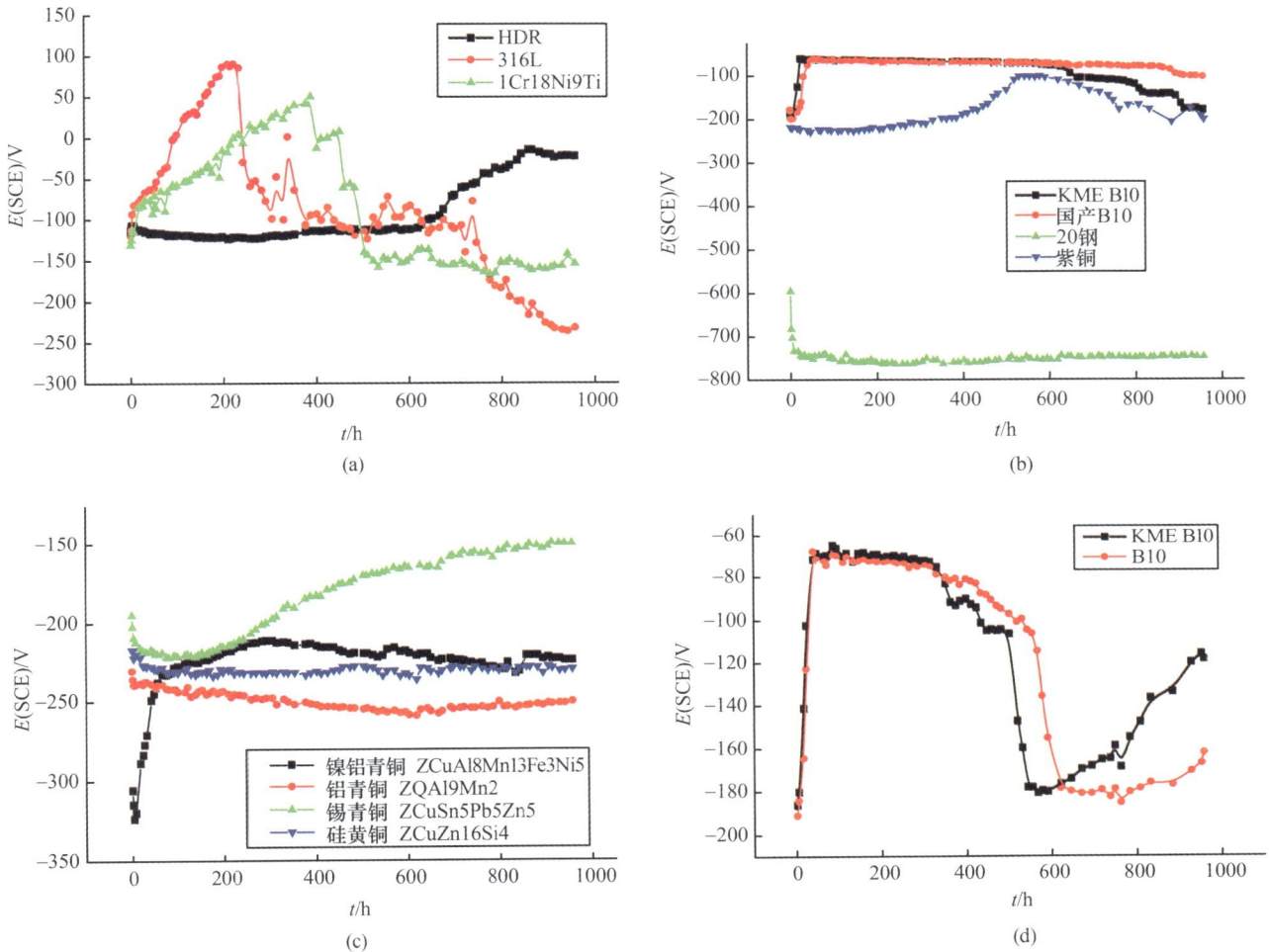

图 15.80　11 种海水管系材料在室温海水中的自然腐蚀电位随时间变化曲线

表 15.43　11 种材料在海水中的电偶序(SCE)　　　　　　　　(单位:mV)

材料	KME　B10		B10		HDR		316L	
	钝态	腐蚀	钝态	腐蚀	腐蚀	钝化	腐蚀	钝化
平均	−68	−141	−72	−124	−117	−35	−128	55
波动	±4	±30	±6	±32	±5	±17	±57	±28
材料	1Cr18Ni9Ti		镍铝青铜	铝青铜	锡青铜	硅黄铜	紫铜	20 钢
	腐蚀	钝化						
平均	−154	−31	−221	−250	−186	−231	−218	−755
波动	±8	±42	±6	±6	±27	±2	±11	±6

注:1. 表中 KME B10 和国产 B10 的电位是常规配方的 B10 材料的腐蚀数据;在常规配方基础上对 Fe 含量进行改进的新配方材料的 KME B10 的腐蚀电位为(−168 ±11)mV,稳态电位为(71 ±2)mV,改进配方的 B10 的腐蚀电位为(−178 ±6)mV,稳态电位为(78 ±8)mV。

2. 青岛天然海水,未除气,室温,40 天当电位相对较高的金属材料与电位相对较低的金属材料接触时,低电位的金属作为阳极,被加速腐蚀,从理论上讲,两种材料的电位差越大,低电位金属越易被加速腐蚀。但由于金属的成分、表面状态和所处腐蚀环境的不同,腐蚀电位变化很大。即使是固定的腐蚀体系,随着时间的变化腐蚀电位也发生改变。因此腐蚀电位不像标准电极电位一样固定不变。按照金属或合金在实际使用环境中的稳定电位排列组成的电偶序,可以作为研究电偶腐蚀的基础数据。根据具体腐蚀环境,材料之间的相对电偶序关系比其准确电位值更有意义。

利用电偶序判断电偶腐蚀的极性,一般电位较高的金属是电偶的阴极,电位较低的金属是电偶的阳极。在电偶序中两种金属间的电位差大,并不一定电偶腐蚀的速度也大。电位差是电偶腐蚀的必要条件和驱动力,决定电偶腐蚀能否发生和电偶电流的方向,电偶腐蚀的程度还受金属材料在腐蚀介质中的极化能力大小、体系的电阻、电偶阴阳极面积比等因素影响。

从图 15.80 和表 15.43 可以看出,在所有材料中 20 钢的自然腐蚀电位最低,与其他材料偶合时,极易成为阳极遭受加速腐蚀。镍铝青铜、铝青铜、锡青铜和硅黄铜、紫铜的电位较稳定和接近,始终处于腐蚀状态,与 HDR、316L、1Cr18Ni9Ti 三种不锈钢偶合时均会遭受一定程度的电偶作用,与两种 B10 铜镍合金偶合也会受到相对的电偶腐蚀。两种 B10 之间的电位几乎相同,可以判断它们之间不会发生电偶腐蚀,虽然其初期的电位比 HDR 为正,但随时间的变化逐渐变得比 HDR 负,比其余两种不锈钢的钝化电位也负,它们与三种不锈钢偶合时均会遭到电偶腐蚀。从三种不锈钢的电位变化趋势看,HDR 的电位逐渐变得最正,钝化能力最强,316L 和 1Cr18Ni9Ti 的电位则由于腐蚀和钝化的交替变化而显得不稳定,HDR 与后两者偶合时会加速它们的腐蚀,使在含 Cl⁻ 海水中具有点蚀和缝隙腐蚀敏感性的不锈钢材料的腐蚀程度增加。

15.5.3 海水管系材料在静止海水中的腐蚀率

表 15.44 列出了 11 种海水管系材料在静止海水中的腐蚀结果。

表 15.44　11 种海水管系材料在静止海水中的腐蚀结果

材　料	KMEB10		B10		HDR	316L	1Cr18Ni9Ti
	1 *	2 *	1 *	2 *			
腐蚀速度/(g/(m²·天))	0.3705	0.2639	0.4494	0.3002	0.0074	0.0181	0.0129
腐蚀率/(mm/年)	0.0151	0.0108	0.0183	0.0122	3.46×10^{-4}	8.27×10^{-4}	5.84×10^{-4}

材　料	镍铝青铜	铝青铜	锡青铜	硅黄铜	20 钢	紫铜	
腐蚀速度/(g/(m²·天))	0.2335	0.4150	0.4642	0.7611	1.6590	0.5490	
腐蚀率/(mm/年)	0.0114	0.0199	0.0192	0.0334	0.0771	0.0225	

注:1. KME B10、国产 B10 的 1 * 为常规配方的 B10 材料的腐蚀数据,2 * 为在常规配方基础上对 Fe 含量进行严格控制(1.6% ~1.8%)的腐蚀数据,对 Fe 含量严控后的材料耐蚀性有所提高

从腐蚀率数据看,三种不锈钢材料在海水中很耐蚀,尤以 HDR 的耐蚀性最高;其次是两种 B10 的耐蚀性相对较好,铜和几种铜合金的腐蚀率相对较高,腐蚀率最大的是 20 钢。

15.5.4 11 种海水管系材料的极化曲线

1. KME B10 与其他材料的极化曲线

KME B10 与其他材料的极化曲线如图 15.81 所示。

2. HDR 双相不锈钢与其他材料的极化曲线对比

HDR 双相不锈钢与其他材料的极化曲线对比如图 15.82 所示。

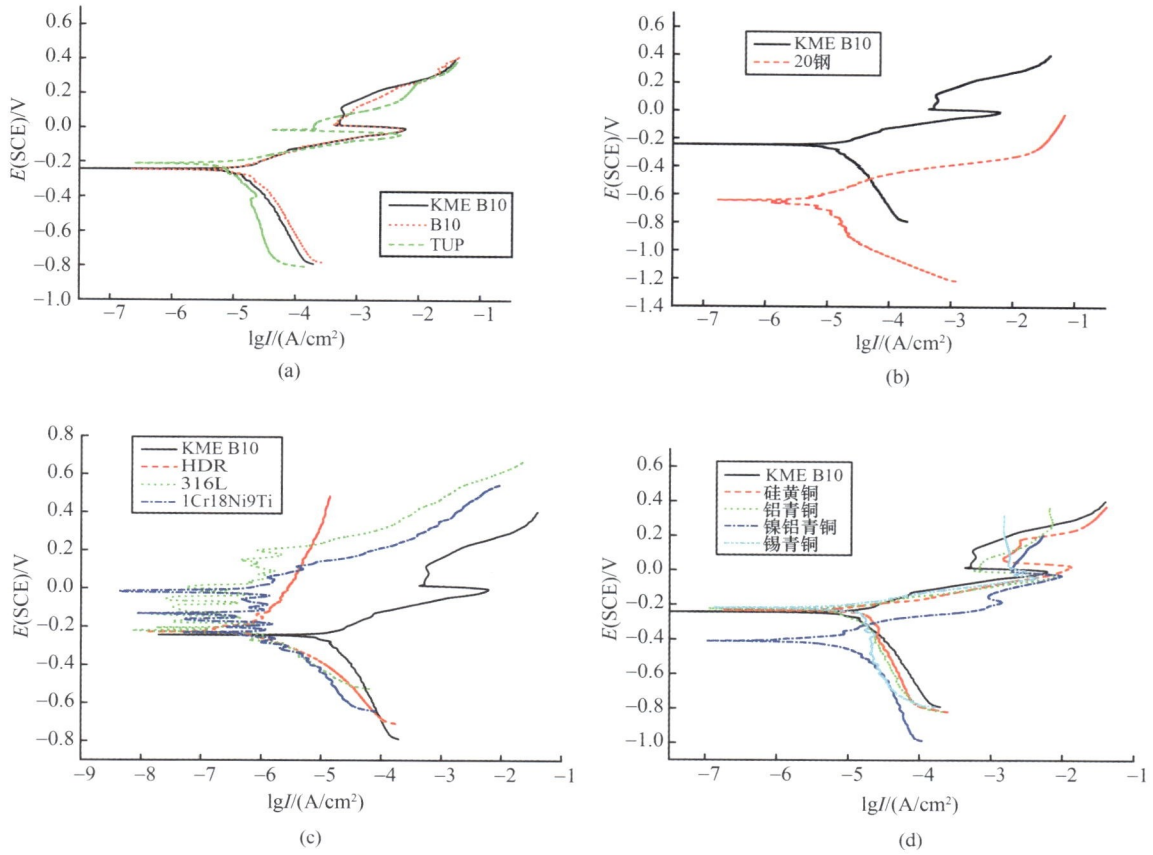

图 15.81　KME B10 与其他材料的极化曲线

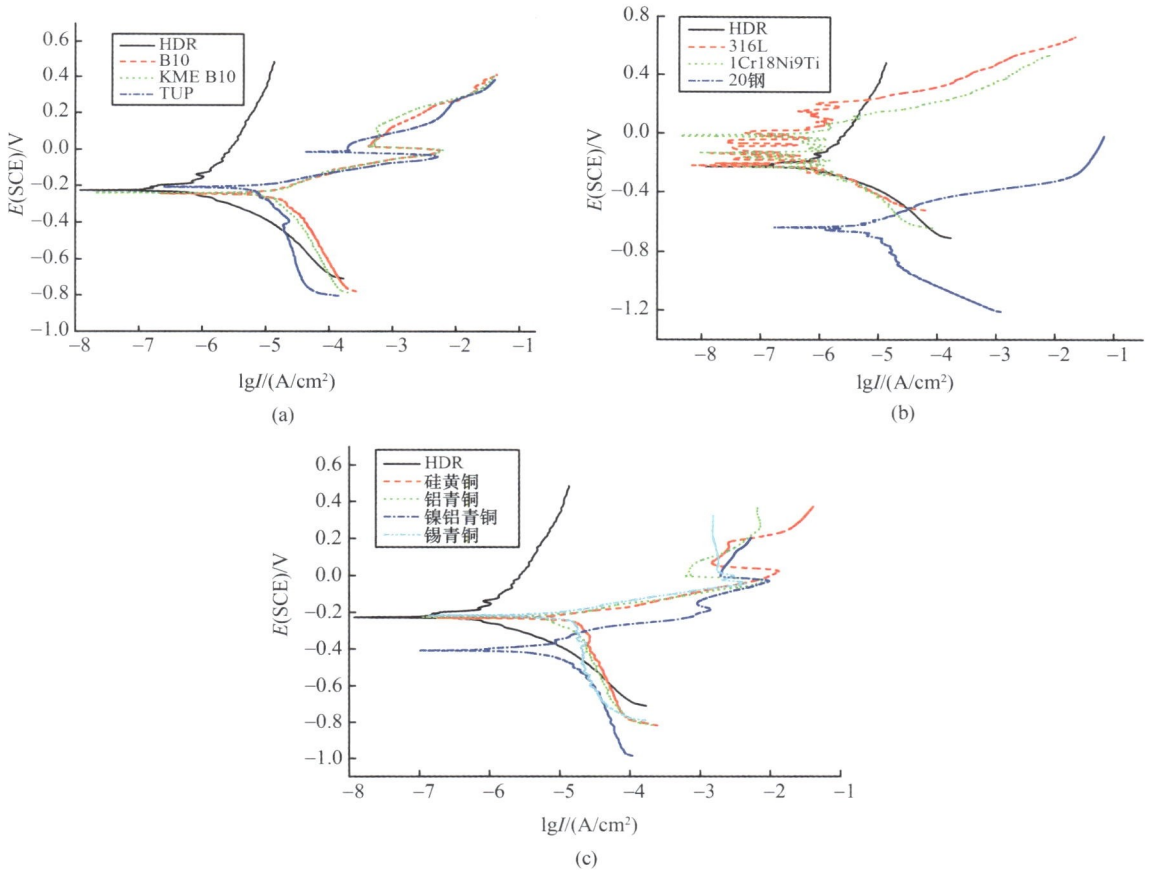

图 15.82　HDR 双相不锈钢与其他材料的极化曲线

15.5.5 管系材料电偶腐蚀性能

两种不同的金属或合金在电解质溶液中偶合后,会有电流从其中一种金属流向另一种金属,称为电偶电流。电偶电位和电偶电流的连续测量可以评价实际的电偶腐蚀发生程度和变化,指示可能的偶合金属的极化变化等,是研究金属材料电偶腐蚀的重要参数。在电偶腐蚀试验中,定期对 HDR 和 KME B10 与其他材料的电偶对进行偶合电位、电流的测量。

1. HDR 与其他材料的电偶腐蚀行为

图 15.83 ~ 图 15.92 是 HDR 与其他 10 种管系材料间以面积比 1:1 和面积比 5:1(图中 HDR 与 KME B10 有面积比 1:5)偶合时的电偶电位、电偶电流随时间的变化规律。图中电偶电流为负值表示电子是从与 HDR 双相不锈钢偶合的金属材料流向 HDR,正值表示电子是从 HDR 流向被偶合金属。

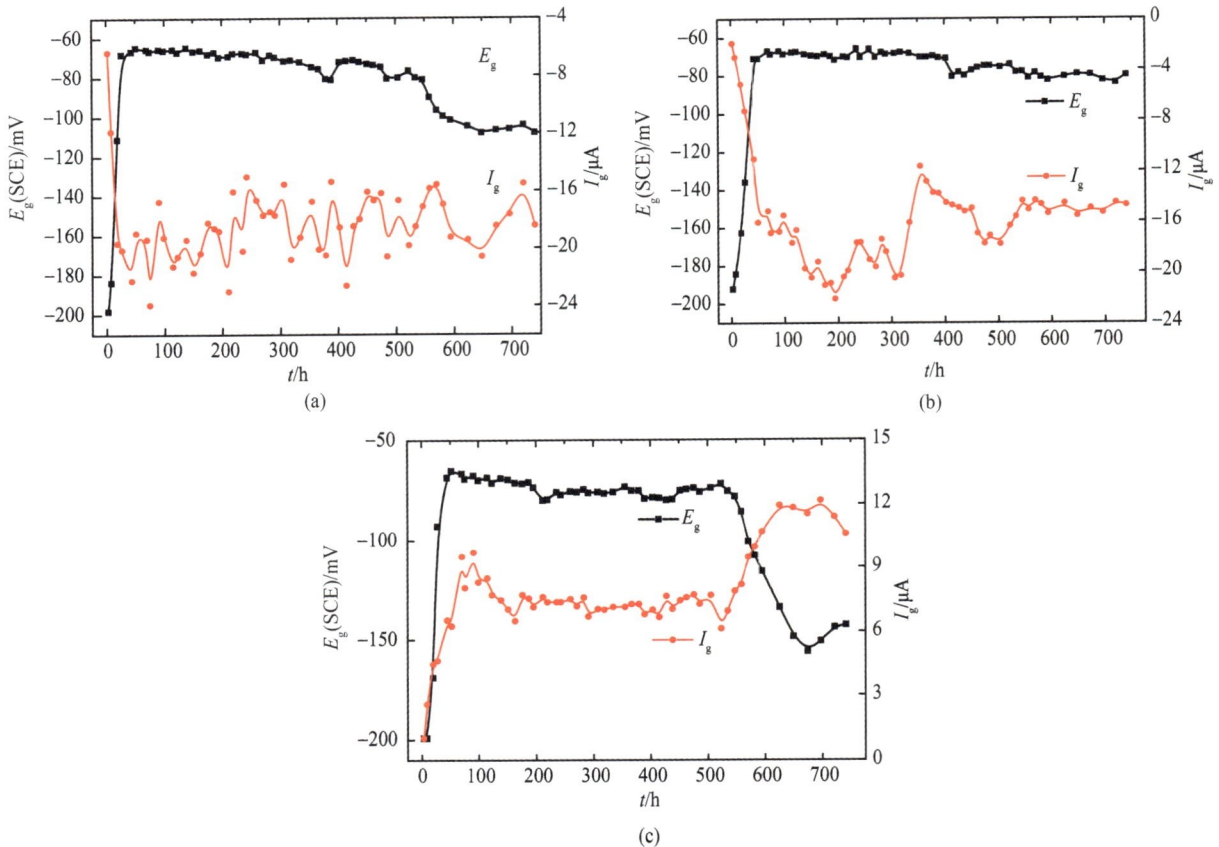

图 15.83　HDR 与 KME B10 两种材料偶合时的偶合电位、电流随时间变化
(a)面积比 1:1;(b)面积比 5:1;(c)面积比 1:5。

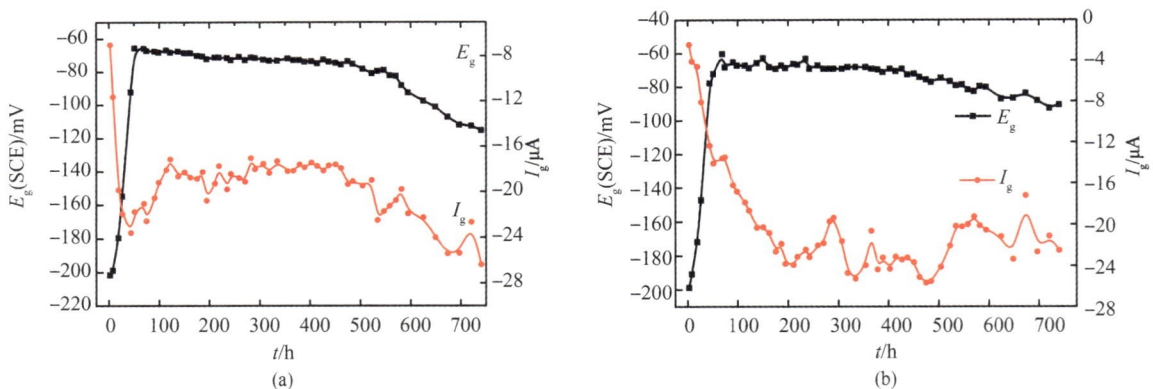

图 15.84　HDR 与国产 B10 两种材料偶合时的偶合电位、电流随时间变化
(a)面积比 1:1;(b)面积比 5:1。

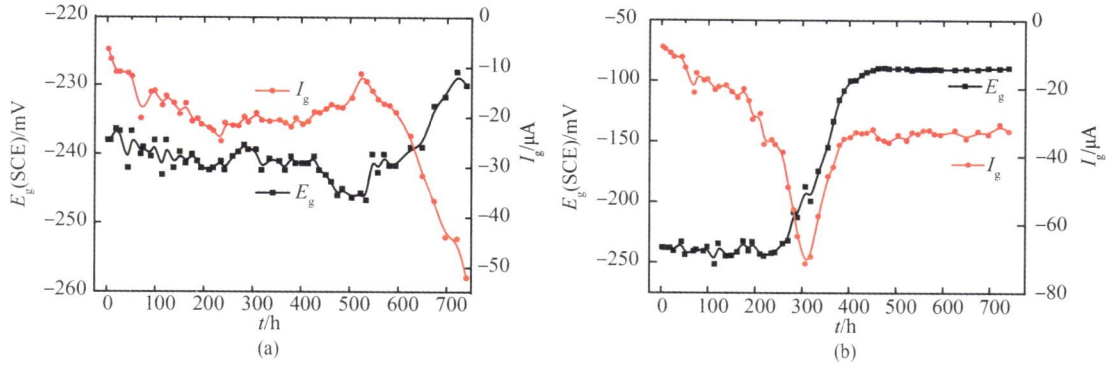

图 15.85　HDR 与镍铝青铜两种材料偶合时的偶合电位、电流随时间变化

（a）面积比 1:1；（b）面积比 5:1。

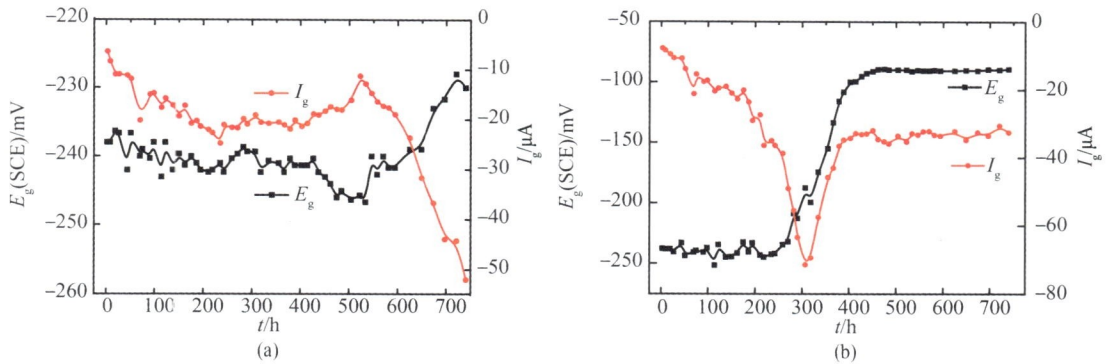

图 15.86　HDR 与铝青铜两种材料偶合时的偶合电位、电流随时间变化

（a）面积比 1:1；（b）面积比 5:1。

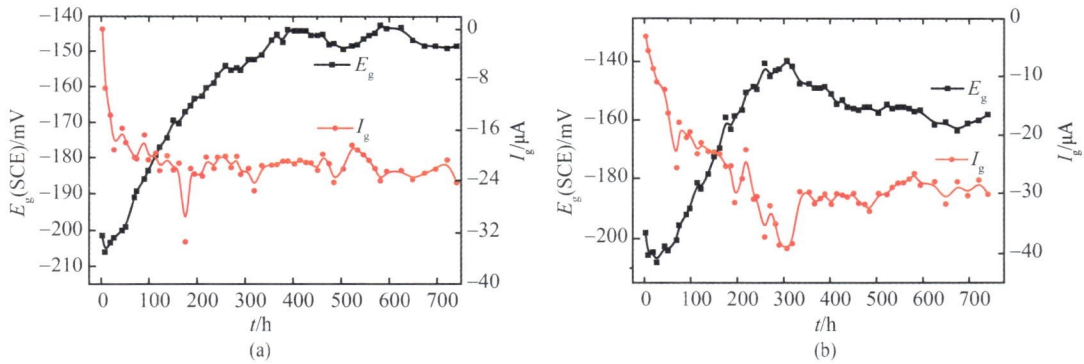

图 15.87　HDR 与锡青铜两种材料偶合时的偶合电位、电流随时间变化

（a）面积比 1:1；（b）面积比 5:1。

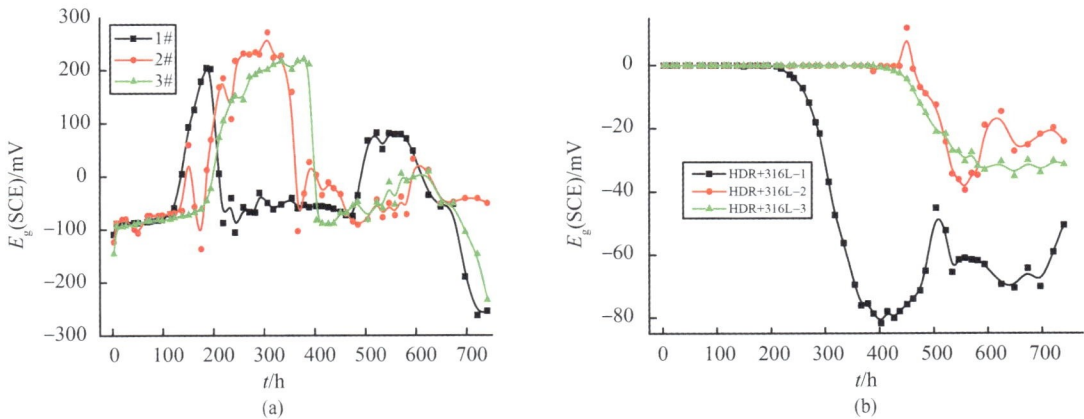

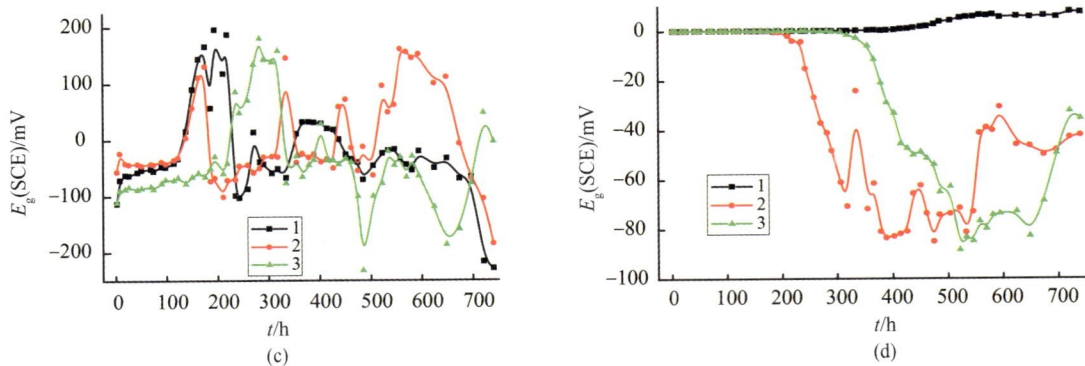

图 15.88　HDR 与 316L 不锈钢两种材料偶合时的偶合电位、电流随时间变化

（a）面积比 1∶1 时耦合电位；（b）面积比 1∶1 时耦合电流；（c）面积比 5∶1 时耦合电位；（d）面积比 5∶1 时耦合电流。

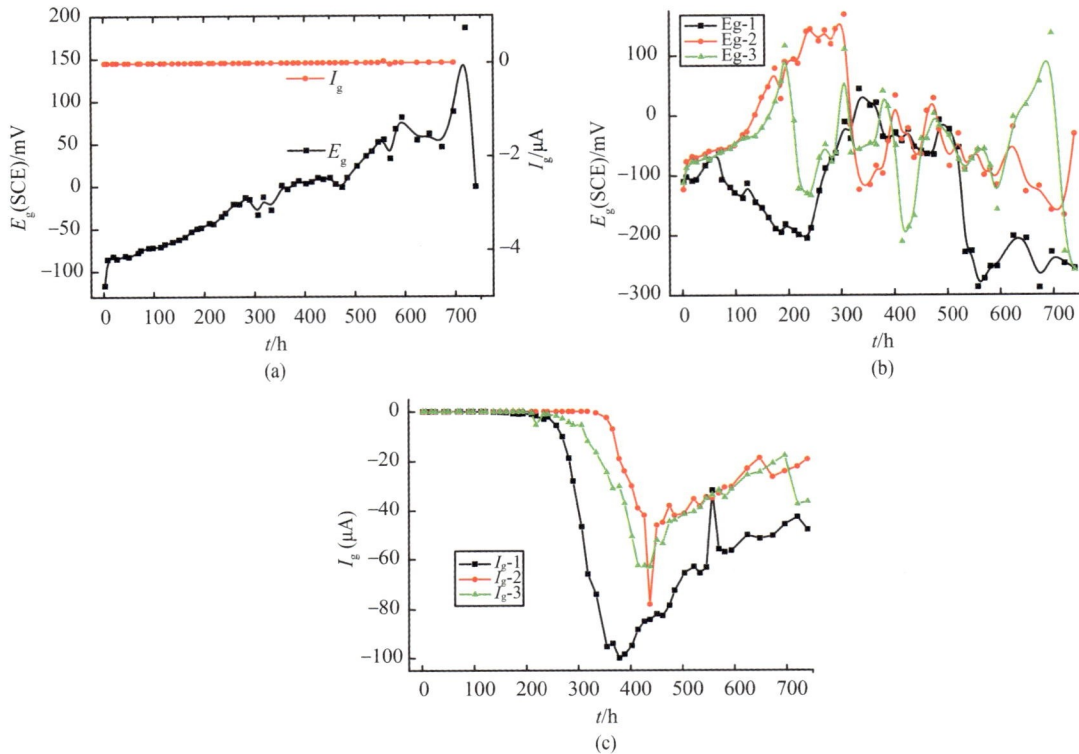

图 15.89　HDR 与 1Cr18Ni9Ti 不锈钢两种材料偶合时的偶合电位、电流随时间变化

（a）面积比 1∶1 耦合电位和耦合电流；（b）面积比 5∶1 时耦合电位；（c）面积比 5∶1 时耦合电流。

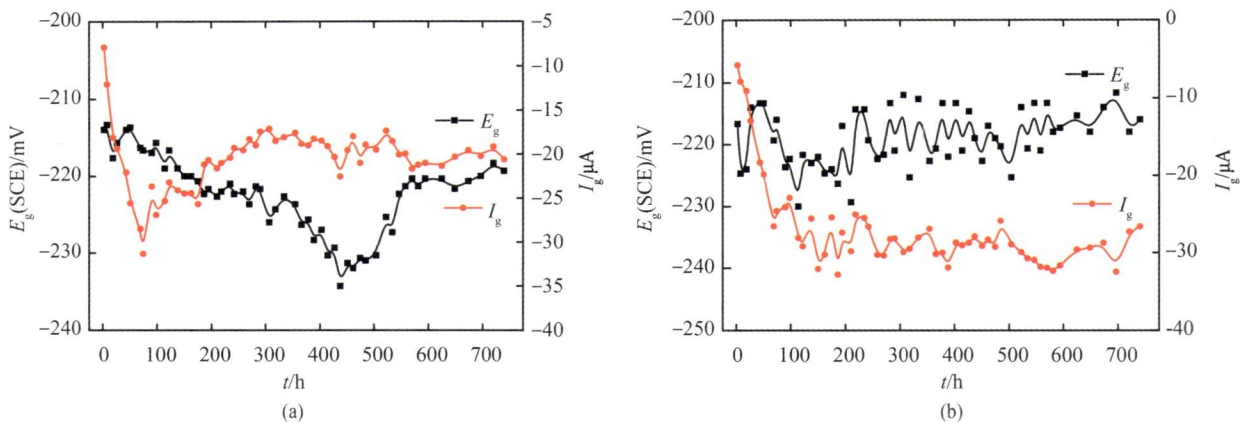

图 15.90　HDR 与硅黄铜两种材料偶合时的偶合电位、电流随时间变化

（a）面积比 1∶1；（b）面积比 5∶1。

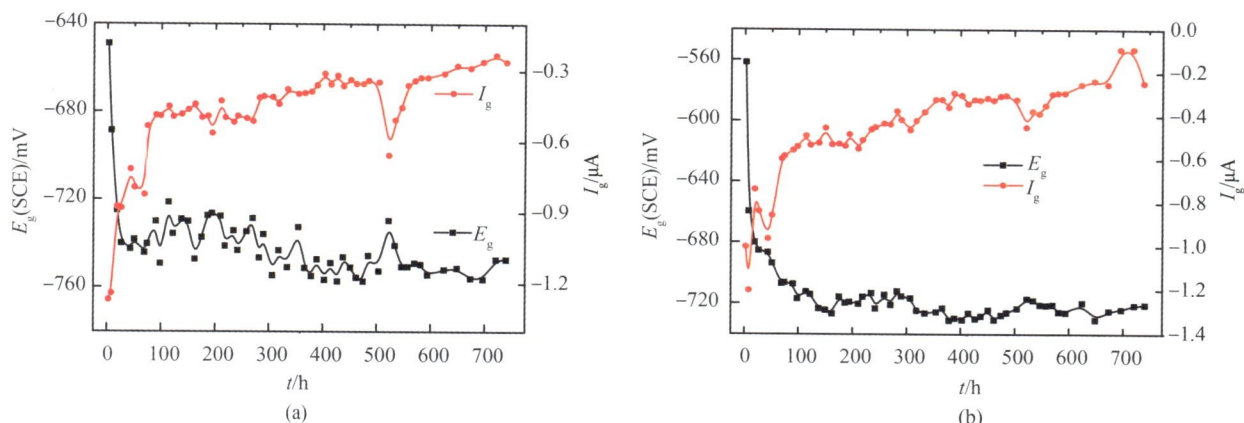

图 15.91　HDR 与 20 钢两种材料偶合时的偶合电位、电流随时间变化

（a）面积比 1∶1；（b）面积比 5∶1。

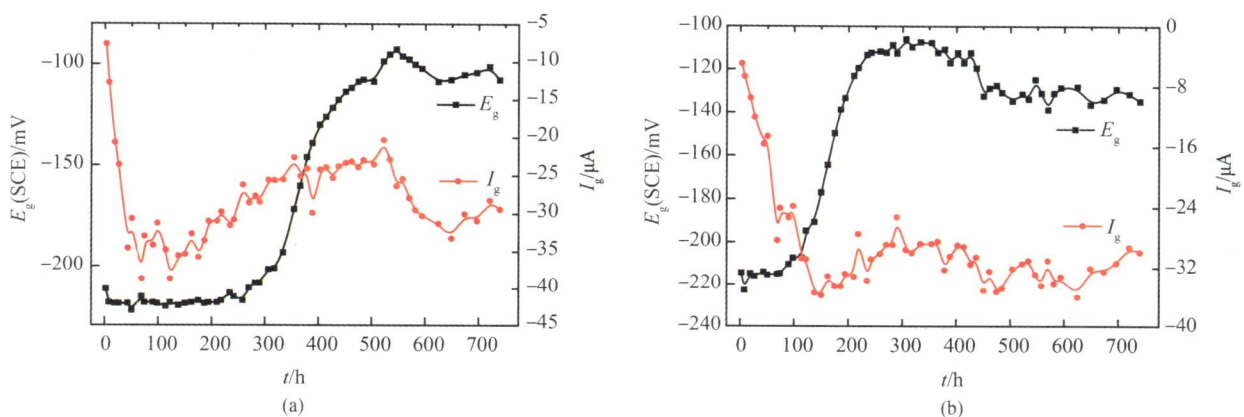

图 15.92　HDR 与紫铜两种材料偶合时的偶合电位、电流随时间变化

（a）面积比 1∶1；（b）面积比 5∶1。

对 HDR 与其余 10 种管系材料间进行 1∶1 和 5∶1 两种面积比的双金属电偶腐蚀试验，表 15.45 所列为以电偶电流、电偶电位、电偶腐蚀率、电偶腐蚀因子等为评价指标的试验结果。电偶腐蚀因子是指电偶腐蚀时的腐蚀率比自然腐蚀率增加的部分与自然腐蚀率的比值，作为评价电偶腐蚀程度的一个指标，$f = (R_g - R_0)/R_0$，其中，R_g 为材料在电偶腐蚀时的腐蚀率，R_0 为材料的自然腐蚀率。

表 15.45　HDR 与其他 10 种管系材料间电偶腐蚀试验结果

与 HDR 偶合材料 评价指标	KME B10		国产 B10		镍铝青铜		铝青铜		锡青铜	
面积比	1∶1	5∶1	1∶1	5∶1	1∶1	5∶1	1∶1	5∶1	1∶1	5∶1
电偶电位/mV	−77 ± 14	−73 ± 5	−77 ± 13	−73 ± 8	−232 ± 11	−217 ± 32	−240 ± 4	−168 ± 70	−161 ± 19	−164 ± 19
电偶电流/μA	−19 ± 2	−17 ± 2	−20 ± 2	−22 ± 2	−7 ± 1	−22 ± 13	−20 ± 8	−32 ± 14	−21 ± 2	−31 ± 3
腐蚀速度/(g/m² · 天))	0.4045	1.0851	0.5568	1.2133	0.1413	0.4424	0.5550	1.1977	0.5788	1.9116
腐蚀率/(mm/年)	0.0165	0.0443	0.0227	0.0495	0.0069	0.0215	0.0266	0.0574	0.0239	0.0790
电偶腐蚀因子	0.09	1.93	0.24	1.70	−0.39	0.89	0.34	1.88	0.24	3.11
自然腐蚀率/(mm/年)	0.0151		0.0183		0.0114		0.0199		0.0192	
自腐蚀电位/mV	−68（钝化），−141		−72（钝化），−124		−221		−250		−186	
HDR 腐蚀率/(mm/年)	1.94×10^{-4}	2.09×10^{-4}	1.93×10^{-4}	4.73×10^{-4}	1.93×10^{-4}	4.78×10^{-4}	2.25×10^{-4}	2.71×10^{-4}	1.89×10^{-4}	2.33×10^{-4}

（续）

与HDR偶合材料 评价指标	316L		1Cr18Ni9Ti		硅黄铜		紫铜		20钢	
面积比	1:1	5:1	1:1	5:1	1:1	5:1	1:1	5:1	1:1	5:1
电偶电位/mV	—	—	−13±56	−67±52	−222±5	−219±5	−168±53	−146±39	−740±12	−722±5
电偶电流/μA	—	—	0	−24±24	−21±3	−29±2	−29±5	−31±3	−0.41±0.09mA	−0.39±0.12mA
腐蚀速度/(g/m²·天))	0.1042	0.2020	0.0071	0.2105	0.5587	1.3510	0.7915	1.7011	1.8458	5.6550
腐蚀率/(mm/年)	0.0048	0.0092	0.0003	0.0096	0.0245	0.0593	0.0324	0.0696	0.0858	0.2629
电偶腐蚀因子	4.78	10.08	−0.45	15.55	−0.27	0.78	0.44	2.09	0.11	2.41
自然腐蚀率/(mm/年)	8.27×10^{-4}		5.84×10^{-4}		0.0334		0.0225		0.0771	
自腐蚀电位/mV	−128,55（钝化）		−154，−31（钝化）		−231		−218		−755	
HDR腐蚀率/(mm/年)	5.27×10^{-4}	15.8×10^{-4}	1.59×10^{-4}	2.49×10^{-4}	2.05×10^{-4}	2.28×10^{-4}	2.04×10^{-4}	1.90×10^{-4}	2.09×10^{-4}	5.87×10^{-4}

表15.45中两种不锈钢与HDR的偶合电流、偶合电位由于波动范围大，很不稳定，其统计值参考意义不大。316L的两种面积比的三对平行试样偶合电位和电流见表15.46。

表15.46　316L的两种面积比的三对平行试样偶合电位和电流

面积比	第一组		第二组		第三组	
	电位/mV	电流/μA	电位/mV	电流/μA	电位/mV	电流/μA
1:1	−32±93	−36±33	6±117	−7±12	−3±120	−8±13
5:1	−21±80	2±3	−5±77	−36±32	−40±81	−26±32

由表15.46所列的试验结果看出，1Cr18Ni9Ti和镍铝青铜、硅黄铜在面积比1:1时电偶腐蚀率也比自然腐蚀率低，但在面积比为5:1时三者的腐蚀率即迅速增大，其中1Cr18Ni9Ti的腐蚀率增加15倍多，试样出现了加速的局部腐蚀；硅黄铜在面积比5:1时腐蚀率增加到自然腐蚀率的近2倍。其他材料在面积比1:1时电偶腐蚀率都比自然腐蚀率略有增加，但在面积比增大至5:1时，电偶腐蚀率即迅速增大至自然腐蚀率的数倍甚至达数量级的增加，说明随面积比的增加HDR双相不锈钢可能对以上各种材料构成严重电偶腐蚀。

2. KME B10与其他管系材料的电偶腐蚀行为

图15.93～图15.100是KME B10与其他管系材料间以面积比1:1、面积比5:1偶合时的电偶电位和电偶电流随时间的变化规律。图中电偶电流为负值表示电子是从与KME B10偶合的金属材料流向KME B10，正值则表示电子是从KME B10流向被偶合金属。

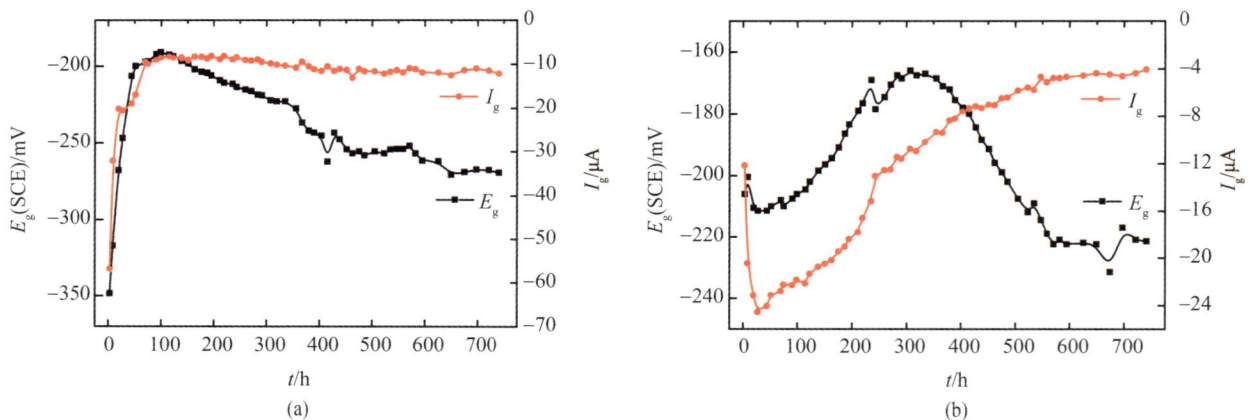

图15.93　KME B10与镍铝青铜材料偶合时的偶合电位、电流随时间变化
（a）面积比1:1；（b）面积比5:1。

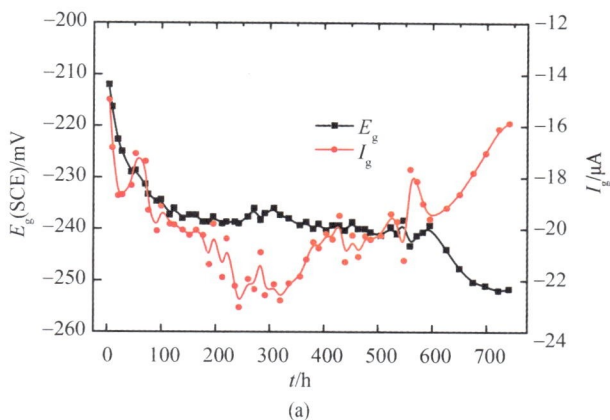

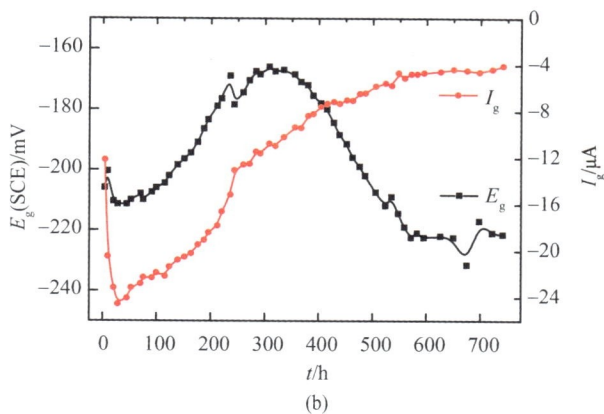

图 15.94 KME B10 与铝青铜材料偶合时的偶合电位、电流随时间变化
（a）面积比 1:1；（b）面积比 5:1。

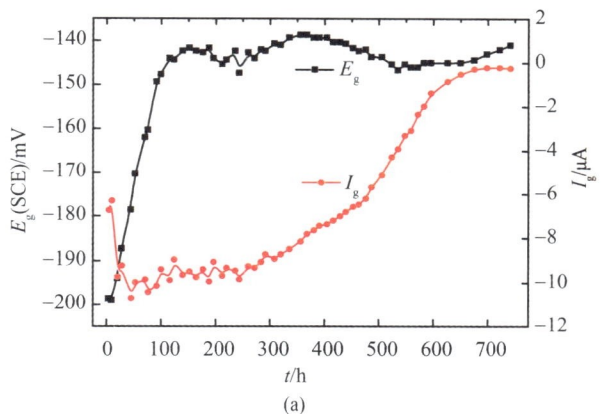

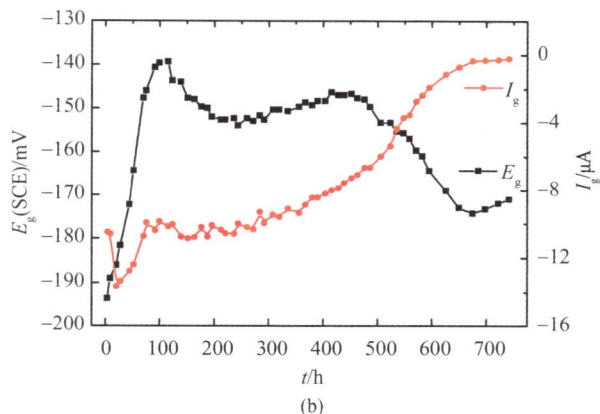

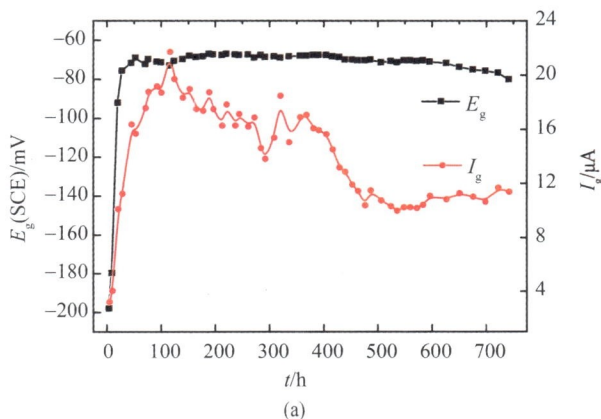

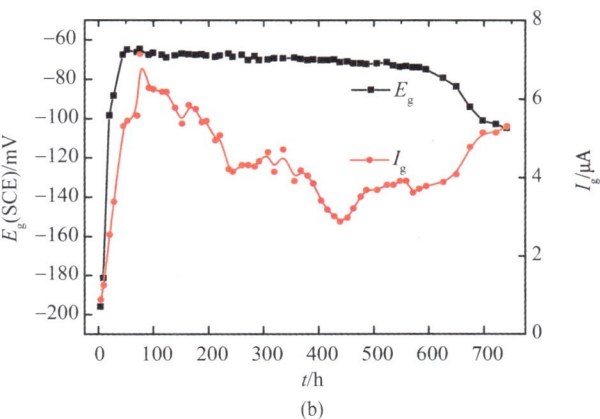

图 15.95 KME B10 与锡青铜材料偶合时的偶合电位、电流随时间变化
（a）面积比 1:1；（b）面积比 5:1。

图 15.96 KME B10 与 316L 材料偶合时的偶合电位、电流随时间变化
（a）面积比 1:1；（b）面积比 5:1。

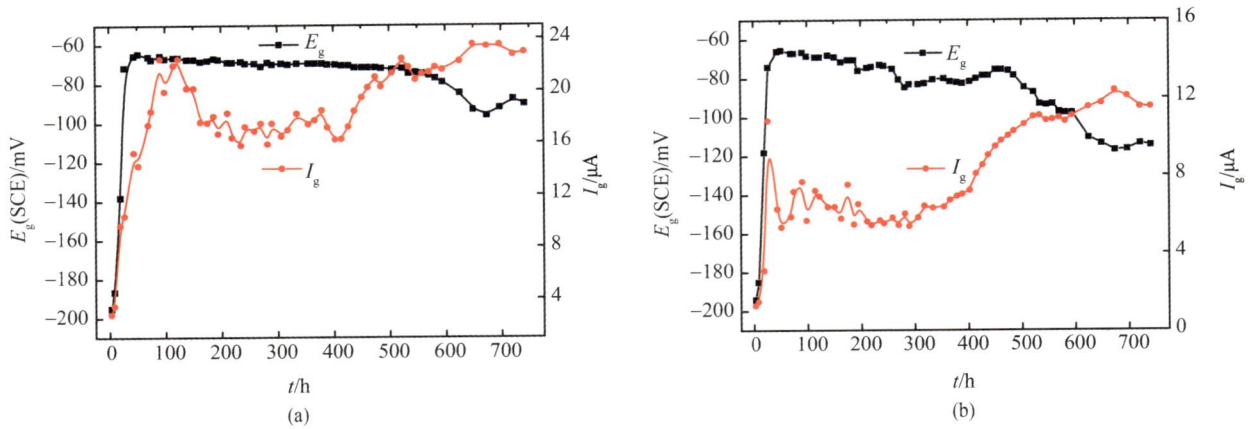

图 15.97 KME B10 与 1Cr18Ni9Ti 材料偶合时的偶合电位、电流随时间变化

（a）面积比 1:1；（b）面积比 5:1。

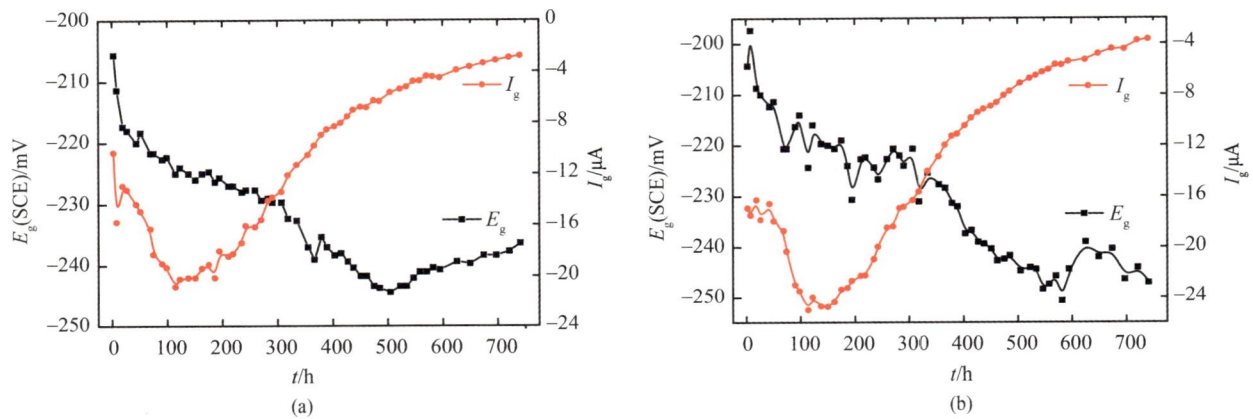

图 15.98 KME B10 与硅黄铜材料偶合时的偶合电位、电流随时间变化

（a）面积比 1:1；（b）面积比 5:1。

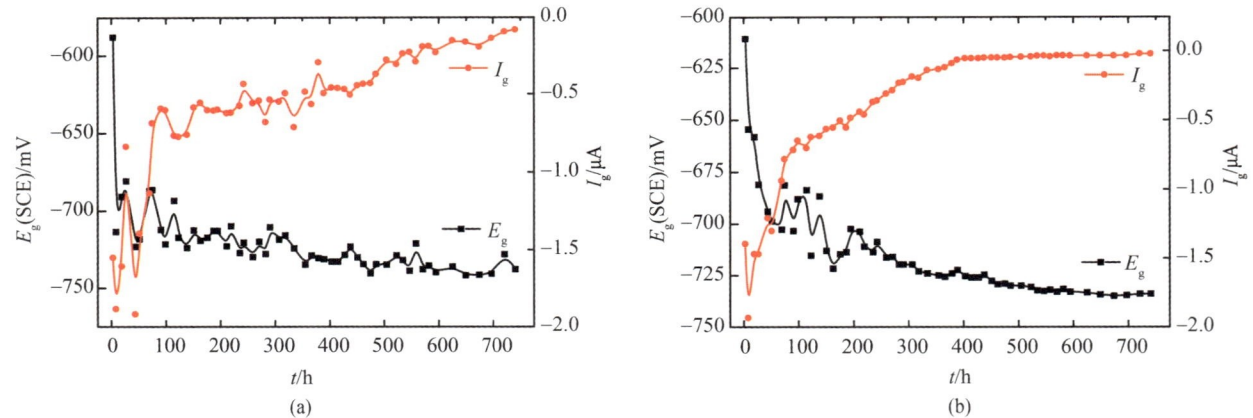

图 15.99 KME B10 与 20 钢材料偶合时的偶合电位、电流随时间变化

（a）面积比 1:1；（b）面积比 5:1。

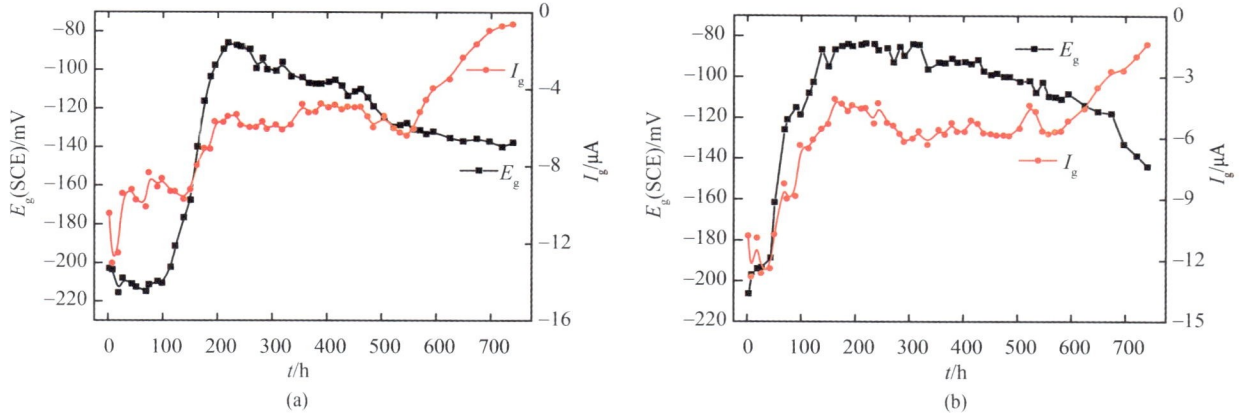

图 15.100　KME B10 与紫铜材料偶合时的偶合电位、电流随时间变化

(a) 面积比 1:1；(b) 面积比 5:1。

3. KME B10 与其他材料间电偶腐蚀的试验结果

对 KME B10 与其他 9 种管系材料间进行 1:1 和 5:1(以 KME B10 面积为 5)两种面积比的双金属电偶腐蚀试验，表 15.47 列出了以电偶电流、电偶电位、电偶腐蚀率、电偶腐蚀因子等为评价指标的试验结果。

表 15.47　KME B10 与其他 9 种管系材料间电偶腐蚀试验结果

与 KME B10 偶合材料　　评价指标	HDR		镍铝青铜		铝青铜		锡青铜		316L	
面积比	1:1	5:1	1:1	5:1	1:1	5:1	1:1	5:1	1:1	5:1
电偶电位/mV	-77 ± 14	-85 ± 24	-231 ± 26	-233 ± 29	-239 ± 5	-196 ± 19	-143 ± 2	-153 ± 9	-72 ± 3	-73 ± 9
电偶电流/μA	-19 ± 2	-8 ± 2	-10 ± 1	-19 ± 3	-20 ± 2	-12 ± 7	-7 ± 3	-8 ± 4	15 ± 3	5 ± 1
腐蚀速度/(g/m²·天))	0.0042	0.0140	0.2040	0.4274	0.4568	0.2963	0.5726	1.1627	0.0095	0.0191
腐蚀率/(mm/年)	1.94×10^{-4}	6.53×10^{-4}	0.0099	0.0208	0.0219	0.0142	0.0237	0.0481	4.36×10^{-4}	8.75×10^{-4}
电偶腐蚀因子	-0.44	0.89	-0.13	0.82	0.10	-0.29	0.23	1.51	-0.47	0.06
自然腐蚀率/(mm/年)	3.46×10^{-4}		0.0114		0.0199		0.0192		8.27×10^{-4}	
自腐蚀电位/mV	$-117, -35$(钝)		-221		-250		-186		$-128, 55$(钝)	
KME B10 腐蚀率/mm	0.0165	0.0159	0.0052	0.0050	0.0043	0.0056	0.0056	0.0057	0.0202	0.0147

与 KME B10 偶合材料　　评价指标	1Cr18Ni9Ti		硅黄铜		紫铜		20 钢	
面积比	1:1	5:1	1:1	5:1	1:1	5:1	1:1	5:1
电偶电位/mV	-72 ± 7	-82 ± 14	-253 ± 8	-231 ± 12	-136 ± 42	-101 ± 15	-725 ± 13	-720 ± 14
电偶电流/μA	19 ± 2	8 ± 2	-11 ± 6	-14 ± 7	-6 ± 2	-6 ± 2	$(-0.45 \pm 0.19) \times 10^{3}$	$(-0.23 \pm 0.24) \times 10^{3}$
腐蚀速度/(g/m²·天))	0.070	0.0163	0.6356	1.1554	0.6509	1.1327	2.0950	4.9402
腐蚀率/(mm/年)	3.19×10^{-4}	7.42×10^{-4}	0.0279	0.0507	0.0266	0.0463	0.0974	0.2297
电偶腐蚀因子	-0.45	0.27	-0.16	0.52	0.18	1.06	0.26	1.98
自然腐蚀率/(mm/年)	5.84×10^{-4}		0.0334		0.0225		0.0771	
自腐蚀电位/mV	$-154, -31$(钝)		-231		-218		-755	
KME B10 腐蚀率/mm	0.0188	0.0139	0.0031	0.0038	0.0067	0.0096	0.0038	0.0008

由表 15 - 47 所列的试验结果看,三种不锈钢与 KME B10 偶合面积比 1:1 时电偶腐蚀率均有降低,在面积比 5:1 时电偶腐蚀率则略有增加,但从三种不锈钢与 KME B10 偶合的电流和电位数据看,应该是 KME B10 遭到了电偶腐蚀,而且三种不锈钢的失重数据的绝对数值仅有十分之几毫克或 1 毫克左右;可能是由于 KME B10 腐蚀产生的大量 Cu^+ 在不锈钢表面沉积导致腐蚀,因此面积比 5:1 时的三种不锈钢的腐蚀率增加不应看作是受到了 KME B10 的加速腐蚀。镍铝青铜、硅黄铜在面积比 1:1 时电偶腐蚀率比自然腐蚀率低,但在面积比 5:1 时两者的腐蚀率略大于自然腐蚀率。铝青铜在面积比 1:1 时电偶腐蚀率比自然腐蚀率略高,在面积比 5:1 时电偶腐蚀率则小于自然腐蚀率。锡青铜、紫铜和 20 钢在面积比 1:1 和 5:1 时电偶腐蚀率都比自然腐蚀率有增加,面积比 5:1 时,电偶腐蚀率增大程度大于面积比 1:1,说明随面积比的增加 KME B10 可能对它们的电偶腐蚀加重。

对比表 15.46 和表 15.47 可以看出,与 HDR 以两种面积比偶合,几乎使其他的材料均遭受程度不同的电偶腐蚀,而与 KME B10 偶合仅锡青铜、紫铜、20 钢在两种面积比时都遭受加速腐蚀,但从电偶腐蚀因子看,腐蚀的严重程度轻于与 HDR 偶合时的程度,其他几种材料在面积比 1:1 时或面积比 5:1 时不受 KME B10 的电偶加速腐蚀。

同时对比电偶电流的统计值也可以看出,与 KME B10 偶合时的电偶腐蚀电流小于与 HDR 偶合时的电偶电流。

与 KME B10 偶合对其他管系材料的电偶腐蚀程度小于与 HDR 双相不锈钢偶合时的程度。

4. 电绝缘对电偶腐蚀的影响

采用在异金属结构间进行电绝缘的方法,增大阴、阳极间的电阻,甚至使其断路,可以减轻和消除电偶腐蚀的影响。本研究中对 HDR 与镍铝青铜、20 钢以及 KME B10 与这两种材料间进行了电绝缘情况下的偶合试验。采用聚四氟乙烯材料制作螺栓、螺母以及垫片,在尺寸均为 $75mm \times 30mm \times 3mm$ 的试样中心钻 $\phi 6.5mm$ 的孔,用以上聚四氟乙烯材料夹具将 HDR 与镍铝青铜、20 钢以及 KME B10 与这两种材料以面积比 1:1 组装起来,浸入海水中进行腐蚀。试验时间为 18.65 天。

从腐蚀形貌看,采取电绝缘措施的试样的腐蚀形貌基本与自然腐蚀时没有差别。表 15.48 为电绝缘试验的腐蚀结果。由表中数据可以看出电绝缘试样的腐蚀率数据均小于自然腐蚀率(与自然腐蚀率间的差异还与试验周期的长短有一定关系,但 18.65 天电绝缘试验和 40 天自然腐蚀试验的腐蚀率数据差异不会很大)。与同样面积比 1:1 时的电偶腐蚀结果对比,除镍铝青铜与 HDR 电绝缘腐蚀率大于电偶腐蚀率外,与 HDR 和 KME B10 间电绝缘腐蚀率均小于其电偶腐蚀率,说明电绝缘情况下电偶腐蚀受到抑制。

表 15.48 HDR、KME B10 与镍铝青铜、20 钢两种材料电绝缘试验腐蚀结果对比

指 标	HDR + 镍铝青铜		HDR + 20 钢		KMEB10 + 镍铝青铜		KME B10 + 20 钢	
	HDR	镍铝青铜	HDR	20 钢	KME B10	镍铝青铜	KME B10	20 钢
电绝缘腐蚀率/(mm/年)	0.76×10^{-4}	0.0099	2.28×10^{-4}	0.0559	0.0094	0.0089	0.0106	0.0542
自然腐蚀率/(mm/年)	3.46×10^{-4}	0.0114	3.46×10^{-4}	0.0771	0.0151	0.0114	0.0151	0.0771
电偶腐蚀率/(mm/年)	1.93×10^{-4}	0.0069	2.09×10^{-4}	0.0858	0.0052	0.0099	0.0038	0.0974

参考文献

[1] 黄桂桥. 金属材料在海水中的腐蚀电位研究[J]. 腐蚀与防护,2000,21(1):8 - 14.

[2] 曹楚南. 中国材料的自然环境腐蚀[M]. 北京:化学工业出版社,2004.

[3] 夏兰廷,王录才,黄桂桥. 我国金属材料的海水腐蚀研究现状[J]. 中国铸造装备与技术,2002(6):1 - 4.

[4] 朱相荣,王相润. 金属材料的海洋腐蚀与防护[M]. 北京:国防工业出版社,1999.

[5] 王曰义. 海水冷却系统的腐蚀及其控制[M]. 北京:化学工业出版社,2006.

第三部分　工程篇

第16章　水面舰船船体结构腐蚀与防护

水面舰船是一种漂浮在海面上的容器,当今时代制造这种"容器"的材料以金属居多。海水是自然界特别具有腐蚀性的介质,无论是与海水直接接触的结构还是漂浮在海洋中被海洋大气包围的结构,不可避免地"享受"着海水/海洋大气时时刻刻的腐蚀。随着造船工业的发展和多种作战需求,船舶吨位越造越大、航速越来越快、结构越来越复杂,发挥不同材料的特性制造船体、系统、设备结构是必然的。多种材料的组合在海水中就有可能产生电偶腐蚀,流动海水对金属的腐蚀一般会比静止海水的侵蚀性要大,船舶的运动、武器装备发射等会引起材料的力学失效。材料、环境、力学和这些因素的叠加、交替变化,造成了舰船船体结构腐蚀学研究的多样性、复杂性。本章就舰船船体结构腐蚀的特点、规律、防护基本原理等进行论述,并为后面两章打下基础。

16.1　概述

16.1.1　船舶结构组成与分类

船舶是由许多部分构成的,按各部分的作用和用途,可综合归纳为船体、船舶动力装置、船舶舾装三大部分。

船体是船舶的基本部分,可分为主体部分和上层建筑部分。主体部分一般指上甲板以下的部分,它是由船壳(船底及船侧)和上甲板围成的具有特定形状的空心体,是保证船舶具有所需浮力、航海性能和船体强度的关键部分。船体一般用于布置动力装置、装载货物、储存燃油和淡水,以及布置其他各种舱室。

为保障船体强度、提高船舶的抗沉性和布置各种舱室,通常设置若干强固的水密舱壁和内底,在主体内形成一定数量的水密舱,并根据需要加设中间甲板或平台,将主体水平分隔成若干层。

上层建筑位于上甲板以上,由左、右侧壁,前、后端壁和各层甲板围成,其内部主要用于布置各种用途的舱室,如工作舱室、生活舱室、储藏舱室、仪器设备舱室等。上层建筑的大小、层楼和形式因船舶用途和尺度而异。

船舶动力装置包括:推进装置,主机经减速装置、传动轴系以驱动推进器(螺旋桨是主要的形式);辅助机械设备和系统为推进装置的运行服务,如燃油泵、滑油泵、冷却水水泵、加热器、过滤器、冷却器等;船舶电站,他为船舶的甲板机械、机舱内的辅助机械和船上照明等提供电力;其他辅助机械和设备,如锅炉、压气机、船舶各系统的泵、起重机械设备、维修机床等。通常把主机(及锅炉)以外的机械统称为辅机。

船舶舾装包括舱室内装结构(内壁、天花板、地板等)、家具和生活设施(炊事、卫生等)、涂装和油漆、门窗、梯和栏杆、桅杆、舱口盖等。

船舶的其他装置和设备中,除推进装置外,还有锚设备与系泊设备,舵设备与操舵装置,救生设备,消防设备,船内外通信设备,照明设备,信号设备,导航设备,起货设备,通风、空调和冷藏设备,海水和生活用淡水系统,压载水系统,液体舱的测深系统和透气系统,舱底水疏干系统,船舶电气设备,其他特殊设备(依船舶的特殊需要而定)。

船舶分类方法很多,可按用途、航行状态、船体数目、推进动力、推进器等分类。按用途,船舶一般分为军用和民用船舶两大类。民用船舶一般又分为运输船、工程船、渔船、港务船等。军用船舶通常称为舰船或军舰,其中有直接作战能力或海域防护能力者称为战斗舰艇,如航空母舰、驱逐舰、护卫舰、导弹艇和潜艇,以及布雷、扫雷舰艇等,担负后勤保障者称为军用辅助舰船。

按船舶的航行状态通常可分为排水型船舶、滑行艇、水翼艇和气垫船;按船舶的船体数目可分为单体船和多体船,在多体船型中双体船较为多见;按推进动力可分为机动船和非机动船,机动船按推进主机的类型又分为蒸汽机船(现已淘汰)、汽轮机船、柴油机船、燃气轮机船、联合动力装置船、电力推进船、核动力船等;

按船舶推进器又可分为螺旋桨船、喷水推进船、喷气推进船、明轮船、平旋轮船等,空气螺旋桨只用于少数气垫船;按机舱的位置,有尾机型船(机舱在船的尾部)、中机型船和中尾机型船;按船体结构材料,有钢船、铝合金船、木船、钢丝网水泥船、玻璃钢艇、橡皮艇、混合结构船等。

对于军用舰船来说,一般分为水面舰船和潜艇。从本章开始,拟分别对船体结构、船舶系统和相关设备的腐蚀及其特点进行分析,分三章对水面舰船船体结构、潜艇结构和铝合金船舶的腐蚀进行描述,分三章对重点系统和设备的腐蚀进行描述,分别为海水介质管路、通用管路系统、管路系统典型设备。

16.1.2 船舶结构金属保护原理

船舶结构的腐蚀保护方法与其他金属结构一样,应以决定结构在其使用条件下的腐蚀规律性为基础。腐蚀进行的条件和金属与侵蚀介质相互作用规律,决定了船舶结构腐蚀保护的下列基本原则和原理:

(1)结构安全可靠原则。用来制造结构的金属,其成分及必要时进行的热处理和表面处理都要保证该结构在使用条件下的稳定性,即安全可靠使用。

(2)隔离腐蚀介质原理。采用各种金属和非金属涂层、密封胶或者胶泥,使被保护的结构与任何侵蚀介质隔绝。

(3)避免阳极极化。避免和侵蚀介质相接触的结构表面阳极极化。

(4)争取阴极极化。采取和侵蚀介质相接触的结构表面阴极极化。

(5)结构合理性设计。合理地设计和制造船舶结构,在这些结构上要尽量采用结构上和工艺上的措施,排除或减小促使严重腐蚀的因素。

(6)缓蚀原理。通过排除侵蚀介质组分中决定侵蚀性的组分,或通过加入使侵蚀性元素失去作用的特殊添加物(如缓蚀剂、钝化剂等)的方法,降低对结构作用的介质的侵蚀性。

(7)相容性原则。为了金属结构腐蚀控制/防护的任务,采取了不同的材料、不同的工艺,这些材料和工艺对于结构安全可靠原则来说,应是相容的或者是最为合理的。

16.1.3 腐蚀保护方法分类

在船舶工业中,采用下面的船舶腐蚀保护方法:

1. 采取耐蚀金属及合金

(1)采取在特定条件下完全稳定的金属。

(2)采取其稳定性使用简单的辅助保护措施即可保证的金属。

2. 将被保护表面与侵蚀介质隔绝

(1)有机涂层。主要有有机涂料、塑料覆盖层、用固体或液体润滑剂涂封。

(2)无机涂层。主要有金属镀层,如电镀、热喷涂、热扩散等;非金属涂层,如氧化、磷化、搪瓷、水泥涂封等。

(3)密封料。主要有密封胶、衬垫、收缩较小的塑料等。

(4)填料。主要有冷固化合物,如固体润滑脂、水泥等。

3. 排除或避免阳极极化

(1)对连接的不同金属进行电绝缘。

(2)用在金属表面上采取同一金属涂层的方法,减小由不同金属组成的连接零部件的电位差。

(3)在处于漂浮状态的船舶上进行操作时,供电线路要正确,防止电焊引起的杂散电流。

(4)排除船舶停泊区域水中通过的杂散电流。

(5)消除船舶停泊区域的杂散电流源。

4. 采取电化学保护的阴极极化方式

(1)牺牲阳极保护。

(2)外加电流阴极保护。

5. 合理设计和制造船舶结构

（1）正确地选择零部件材料和结构中连接零部件的方法。

（2）正确地选择零部件和整体结构的保护方法。

（3）零部件、结构要有合理的结构外形。

（4）采用对零部件和结构的抗蚀性不利影响最小的制造工艺。

（5）遵守所确定的各种腐蚀保护方法的工艺、规章制度。

6. 降低介质对结构的腐蚀作用

（1）保持放置被保护零部件或结构的封闭空间的环境空气干燥。

（2）往放置被保护零部件或结构的封闭空间加入挥发性抑制剂或缓蚀剂,抑制放在这个空间中零部件的腐蚀。

（3）排除在结构狭窄工作区域中循环的水中的溶解氧。

（4）向侵蚀介质中添加能抑制该介质中的零部件腐蚀的钝化剂或缓蚀剂。

腐蚀保护的方法很多,而且其工艺特点又各不相同,设计者应根据各种类型的船舶结构的不同要求,从中选择出相应的可行方法。

采用耐蚀金属和合金是实施最方便、使用最可靠的保证结构耐蚀、可靠使用的方法。在这种情况下,船舶建造时可以不用采取腐蚀保护补充措施,使用维护时的工作量也会大幅度减少。从全寿命周期来看,船舶采用耐蚀金属和合金时,使用维护费用的减少完全可以弥补材料较高的价格以及由此引起的初始建造费用的增加。根据这个观点,当确定保证船舶结构耐蚀性的方法时,首先应该全面地研究材料在船舶结构的可靠使用,考虑其工艺特性、加工性和价格,并评价在船舶全寿命周期内的有效性。

由性能稳定的金属和合金制造的结构,通常不需要额外的腐蚀保护,但是任何金属的"耐蚀性"都有一定的使用条件,所以在采取耐蚀金属时,必须准确地指出结构的使用方式和方法,以保证预计的金属稳定性。有些金属在腐蚀介质条件下,通过简单的辅助保护措施就会获得高的稳定性。如不锈钢在海水中与碳钢或低合金钢制造的结构接触时,就具有一定的稳定性。

为了使结构与侵蚀介质隔绝,在造船工业中大量采取涂料并形成涂层的方法。塑料覆盖层在化工行业得到广泛应用,看起来很有发展前途,但在造船工业中应用还刚刚起步。为了防腐蚀,在零部件上涂各种润滑油保护涂层,主要是用来封存船舶设备。

金属和无机非金属涂层在造船工业中采用得不多,特别是在船体结构上的应用取得成功的例子很少。采用热镀、电镀锌及镉、热喷涂等方法在设备防腐蚀方面得到应用,对于某些摩擦零部件采用无底层的电镀镉。用金属涂层进行的腐蚀保护并附有装饰性的措施时,铬－镍－铜等多层涂层的方法是有效的,但仅推荐使用于一般条件下的钢制零部件,而且由于环保要求许多金属涂层工艺已经受到诸多限制。

对于在使用中实际上完全观察不到也维护保养不到的区域结构表面来说,对被保护表面与侵蚀介质的隔绝就提出了特别高的要求。这种表面包括连接零部件间的狭窄缝隙、焊缝难以有涂层保护的区域、有些设备基座与船体之间的空隙等,首先这些部位应该在建造时就填充密封材料,其次这种密封材料应能在海水、海洋大气以及在船舶内舱存在的其他侵蚀介质长期作用下保持应有的性能。这些保护层的使用期限应能维持一个修理期,以便修理时可以检查难以接近的区域,必要时要维修保护系统。

对于保护结构采取阴极极化和消除阳极极化的腐蚀保护方法,是近60年才发展起来的。无论是牺牲阳极方法还是外加电流阴极保护方法,总体来说实施比较简单,综合效能很高,得到广泛的应用,在造船工业中占据重要的位置。

16.2　船舶结构的防腐蚀设计

毋庸置疑,金属制件特别是复杂结构的金属制件的合理设计对其耐蚀性有重大影响。船舶就属于非常复杂的金属制件了,船舶结构的寿命很大程度上在设计时就决定了。防腐蚀结构设计主要任务有:

（1）评价腐蚀介质对船舶结构的侵蚀性;

（2）选择稳定的金属制造船舶结构、零部件,确定保证其稳定的使用条件,或者采用不稳定的金属,但要

选择防止零部件腐蚀的措施;

（3）排除连接零部件和组合件所出现的可能不良影响;

（4）确定结构构件的合理的形状和布置。

16.2.1　腐蚀介质对船舶结构侵蚀性的评估

设计初期,对船舶建造和使用期间腐蚀介质对结构的侵蚀性评估、分析是很重要的,侵蚀性取决于腐蚀介质的种类和腐蚀介质对结构的作用条件。前面章节已经介绍了船舶的主要腐蚀介质及其特性,这里需要强调的是,在设计时必须考虑"水"对腐蚀影响的一些特点。在全浸时,流动的海水比静水侵蚀性大;但当氧供应充分时,长时间停滞不动的水也具有高的侵蚀性;在加热的水中,特别是热交换器表面,腐蚀明显加剧。

腐蚀介质的不均匀作用在许多情况下会促进腐蚀过程,如水流的局部涡流、水的局部停滞、在表面不同部位氧浓度的不同、沉积在表面个别部位上的各种沉积物的腐蚀和屏蔽作用、温度条件的局部差异、水的间浸和干燥等。

经常遭受水流冲刷的船舶设备、管道和仪器的零部件及组合件的设计、制造,应该考虑使水流对结构表面的作用尽可能地均匀,突然改变水流截面,对被冲刷表面的个别部位局部供给新鲜的富氧水,这是防腐蚀设计的大忌。

对于船体内部结构,主要的侵蚀介质是在温度较低表面上的凝结水,还有就是要考虑含有一定水分或者油里有一定成分的硫、磷的燃油对结构的腐蚀。

总之,船舶结构设计者既是功能结构设计者又是防腐蚀设计者,必须要充分了解、分析、评估腐蚀介质对船舶结构侵蚀性,将船舶结构的功能设计、防腐蚀设计任务、结构使用环境及特点、材料及其在使用环境中的腐蚀特性等诸多方面统筹考虑,才能有一个科学、合理的结构设计结果。

16.2.2　零部件材料的选择及保护方法的确定

零部件材料的选择应该考虑三个方面:一是介质作用的侵蚀性,二是对该零部件采取保护措施的可能性,三是对采取耐蚀或者和不耐蚀金属方案的经济性。

作为船舶设计者来说,决定所设计结构稳定性的方法的基本准则是结构的可靠性,以及建造时保护措施的实施、使用时维护修理的费用。建造时,这些费用主要根据工程量（工时）和材料的价格来确定,使用时则要加上进坞的损失和费用。在后一种情况下,除了船舶本身的费用之外,船舶在进坞或修理的停航时间造成的损失则也是要考虑的,对于军事用途的舰船来说,处理经济损失以外,由于停航而造成军事效益的缺失也是必须考虑的。

根据这个道理,对于船舶结构来说,应该尽可能地采取在该腐蚀介质中稳定耐蚀的金属材料,或者实施工程量不大而且简单的保护手段,牺牲阳极就是简单易行的措施。在舰船上,使用耐蚀的金属是保证船舶结构耐蚀性的重要途径之一。某种情况下,采取耐蚀金属和合金是技术上唯一的正确办法。

对于具体结构,两种情况应该采取耐蚀金属制造船舶结构:一是不允许腐蚀,而且按其工作条件又不能采取保护措施的结构;二是可以采取保护措施,用便宜的、非耐蚀金属制造的结构,但是由于保护装置实施和使用时维修的费用超过了采用耐蚀金属价格上升的费用。

对于第一种情况,我们可以简单讨论一下。

船舶和舰船的螺旋桨,都是由铜基合金（典型的有镍铝青铜 QA19-4-4-2）或双相不锈钢（典型的有0Cr25Ni6Mo6CuN）制造的,也就是说,都是由对流动海水中的腐蚀以及对冲刷、空泡腐蚀具有很高稳定性的材料制造的。当采用不锈钢制造螺旋桨时,其溃疡状腐蚀倾向由于受到船体的自然保护作用而得以避免,当然现在采用不锈钢制作螺旋桨的舰艇已经不多了。在与船体绝缘的情况下,螺旋桨只能由在海水中最耐蚀的材料镍铝青铜 QA19-4-4-2 来制造。

经常或周期性在海水中工作的构件摩擦表面不能使用涂层保护,但是又不能让这些表面腐蚀。比如,舵杆工作颈、舵叶销的腐蚀保护,需要采用 0Cr18Ni10Ti 不锈钢覆面,这种钢在海水中以及结构与低合金钢接触时,对一般腐蚀具有较高的稳定性,而且由于工作表面的润滑,这种钢也没有溃疡状腐蚀的倾向;在艉轴的摩擦面上,采用的是在海水中稳定的锡青铜 ZQSn10 – 2 – 1 覆面;在艉轴包套中,摩擦部分采用足够耐蚀的锰黄铜 HMn58 – 2 轴套。当然,在选择用于摩擦表面的金属和合金时,除了耐蚀性外,还必须考虑它们的耐磨性。

对于遭受高流速海水作用和较大局部流体动力作用的结构和制件,不宜采用在造船工业中通常的较便宜的金属,像碳钢和低合金钢,对于舰艇尤其如此,因为目前没有可靠的防止这类金属腐蚀的方法,同时,在高流速海水作用下,这类金属腐蚀会相当快。因此,水翼艇的水翼装置、快艇的艉轴支架一般采取不锈钢制造,其耐蚀性特别是在流动海水中的耐蚀性,要优于碳钢和低含金钢,其溃疡状腐蚀倾向可用普通的牺牲阳极保护得到抑制。

对于在流动海水中,在冲刷和空泡作用下使用的结构和设备制件来说,如船舶阀门零件的截止面、碟阀、泵的叶轮,这种结构和构件在船舶上非常多,目前除了在材料方面解决外,尚没有其他有效的措施。

船舶系统中的机组、机械和泵,以及用来储存各种介质(油、燃料、蒸馏水、灭火剂等)的各种容器,属于船舶上个别零部件和系统在正常工作时不允许有腐蚀产物的结构和制件,在这种情况下,也应采用耐蚀的金属和合金,如高合金不锈钢、铜镍合金等。不锈钢制造饮水舱,也是有效使用耐蚀合金的典型例子,这样不仅免去了建造时涂装和使用时修复涂层的必要性,而且能保证饮用水的质量。

现代舰船的海水管路普遍采用耐蚀的铜镍合金材料,保证了这种管道比镀锌钢管、紫铜管使用周期更长,而且其耐海水流速的能力增加,同样的工作要求,管径能更小,使得设计者有更大的设计余地。

16.2.3　消除连接零部件和组件的不良影响

在结构中连接的零部件和组合件,用不同金属连接时会遭到接触腐蚀,在狭窄的缝隙中会遭到缝隙腐蚀。

不同金属的接触腐蚀或者电偶腐蚀,可以根据允许的接触表资料,或者连接金属在该腐蚀介质中的稳定电位值预先估定,在个别情况下,为了得到更准确的可能的腐蚀特性,可进行专门的电偶腐蚀试验。

当存在接触腐蚀的危险性时,应该采取专门的抑制措施。这里要提醒大家的是,是"抑制"措施,是不能完全避免的腐蚀。主要的抑制措施如下:

(1)连接零部件之间的电绝缘;
(2)涂漆,最好是绝缘漆,同时进行电化学保护,并且密封缝隙处理;
(3)采用加强的涂装方案,并密封缝隙;
(4)阴极表面采用加强的涂装方案;
(5)在连接的零部件上涂装同一种金属镀层;
(6)在阳极金属零部件上采用"牺牲部分"(图16.1)。

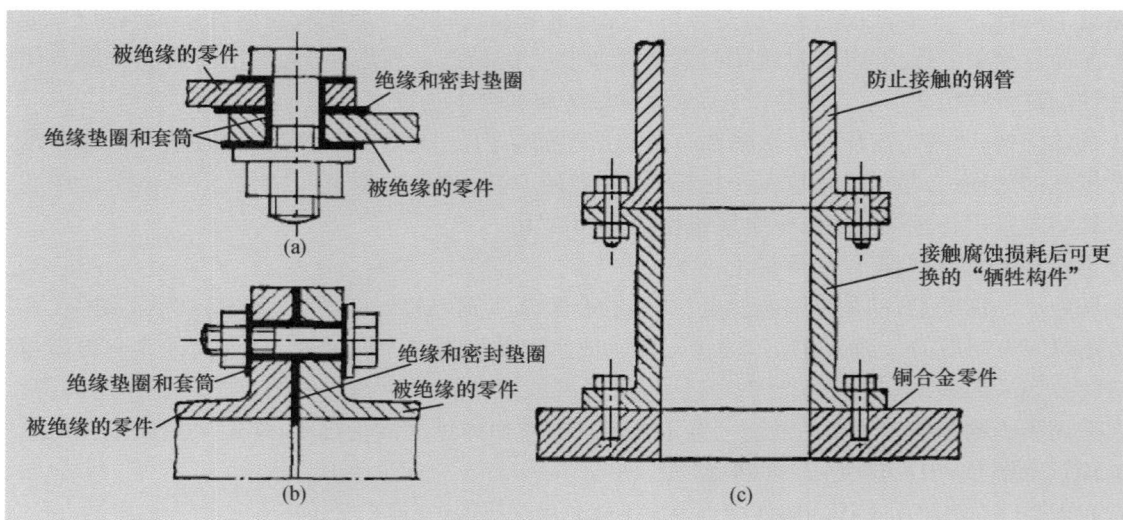

图 16.1　不同金属零部件之间电绝缘的结构形状举例
(a)螺栓连接;(b)法兰连接;(c)管道组合件中"牺牲构件"实例。

采用将连接零部件电绝缘的方法可以基本排除水中的接触腐蚀,其结构形状的实例如图 16.2 所示。但是这种方法使结构复杂化,而且实行时还需要特别的检查。因此,采用电绝缘,仅仅在零部件会引起特别高的接触腐蚀率的情况下才是合理的,如铝合金与铜或铜合金的连接,特别是在阴极表面比阳极表面大时。在其他的情况下,对于船体水下表面,通常采用涂料涂层、电化学保护和密封连接零部件缝隙的方法。当电位差不大时(如焊接接头),采用加强的涂装方案保护就可以了。加强涂装方案和密封缝隙的方法用于水上结构的接触腐蚀保护。

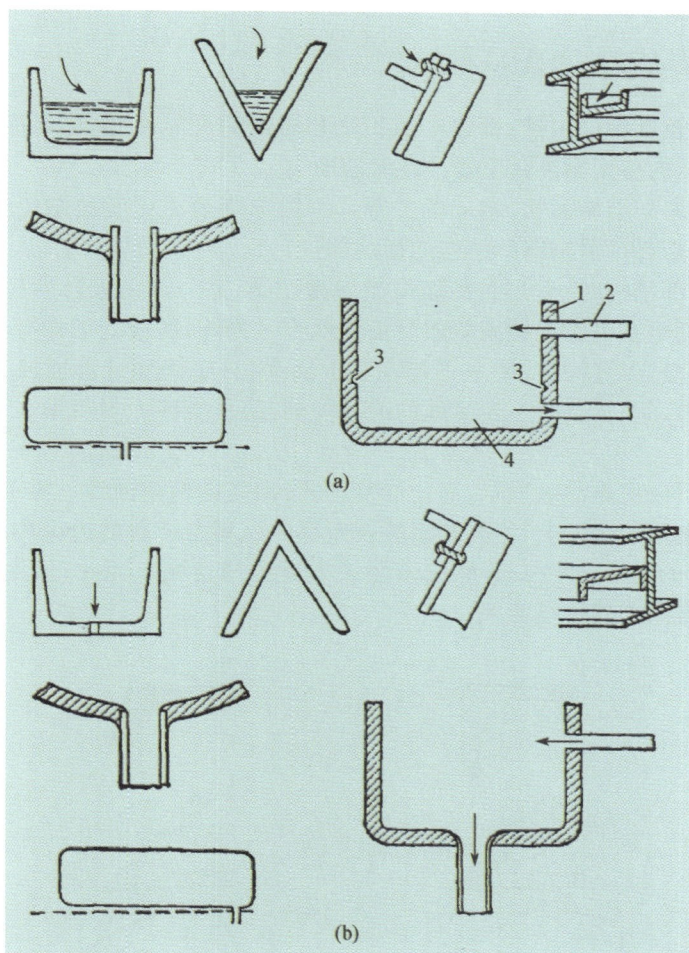

图 16.2　零部件和组合件的形状、布局对水滞留可能性的影响
(a) 不正确;(b) 正确。
1—镀锌钢;2—铜;3—铜离子作用下的腐蚀;4—滞留区。

在不同金属连接的所有情况下,即使电位差不大,采用在连接偶对金属中保持阳极面较大时也是合理的,如铆钉或焊缝,其用材通常应该比连接材料更为贵重一些,电位也更正一些。

在流动或者被海水冲刷的结构中,如果水流先冲刷铜、后冲刷铝,则不应同时使用铜和铝合金零部件,因为少量的被溶解或腐蚀的铜也会引起铝的腐蚀加剧,在铝合金作为海水管路时,选用铜泵或者铜阀门就会出现这种情况。含有少量铜的水,对镀锌表面也会有类似的作用。

消除接触腐蚀有前途的方法是在连接零部件上涂装导电性相同的涂层,以消除遭到腐蚀介质作用的表面上的电位差,热喷涂锌、铝或者两者合金都可起到这种作用。另外,采用导电的含锌保养底漆(如无机富锌)也是一种有前途的方法。

在狭窄缝隙中,由于水在其中的滞留和氧难以达到会发生缝隙腐蚀,因此在结构设计中应尽可能避免在连接零部件间形成狭窄的缝隙。船舶结构上减少缝隙的方法有:用焊接代替铆接;在处于苛刻条件下的结构要采用双面连续焊;设计不可拆组合件。但是这些方法不能明显降低缝隙腐蚀的风险,因为许多情况下不能排除船舶结构的缝隙。因此应注意消除各种不可避免的缝隙中发生缝隙腐蚀的可能性。为此,船舶设计要用密封材料填充连接零部件间的缝隙,使缝隙中的零部件表面与腐蚀介质很好地隔离。无论是金属与金属之间的连接,还是金属与木材、塑料、绝缘材料等非金属材料连接的零部件都应如此。

不允许采用专门浸渍处理过的吸水材料和会引起被连接金属腐蚀的材料与金属连接,也就是说,即使是非金属材料与金属材料连接也得谨慎。为了密封与堵塞缝隙,根据结构要求和连接表面形状的不同,可以采用弹性材料垫(橡胶、聚氯乙烯塑料、氟塑料等),润滑脂、密封剂等可塑性物质也是可选择的对象。建议所有的螺纹连接出装配前都涂润滑脂。

16.2.4 确定结构构件的合理形状和布局

确定结构构建的形状及其布局包括:排除水的积聚和滞留的可能性,简化保护涂层的涂装工艺并提高涂层质量,把耐蚀性低的结构移到腐蚀介质侵蚀性弱的地方。

上一节已说明水的滞留与结构形状、布局的关系。一般原则是尽可能地避免水在零部件上的积聚,或者把所有积聚的水集中到带有排泄功能的结构的指定部位。

在设计所有的船体内部结构时,一方面要加强泄漏物控制,另一方面设计者应该认真注意排除水在任何区域积聚的可能性,特别是在机舱等摆满船舶设备的地方。为此,所做的工作有:必须采取消除水分在温度较低表面凝结的措施,合理布置构件,使水不能在其上面滞留;正确地计算通风和温度较低表面的绝缘,能消除水分的凝结;加强泵、阀、管路接头连接处的泄漏控制,防止流体大量积聚在舱内;在水积聚的区域进行正确和可靠的排放。

消除结构中的尖角,可以提高涂装质量,简化修复工艺,提高结构耐蚀性。零部件形状对涂装质量的影响如图16.3所示。在有棱角的构件上,所有的涂装表面都应该具有圆滑的边缘和平缓的过渡,并有尽可能大的连接半径。船体结构的所有涂装表面都应该便于人员容易达到。为此,预先应规定相应的开口和入孔,在密闭舱室中则规定有附加的排气通风口。

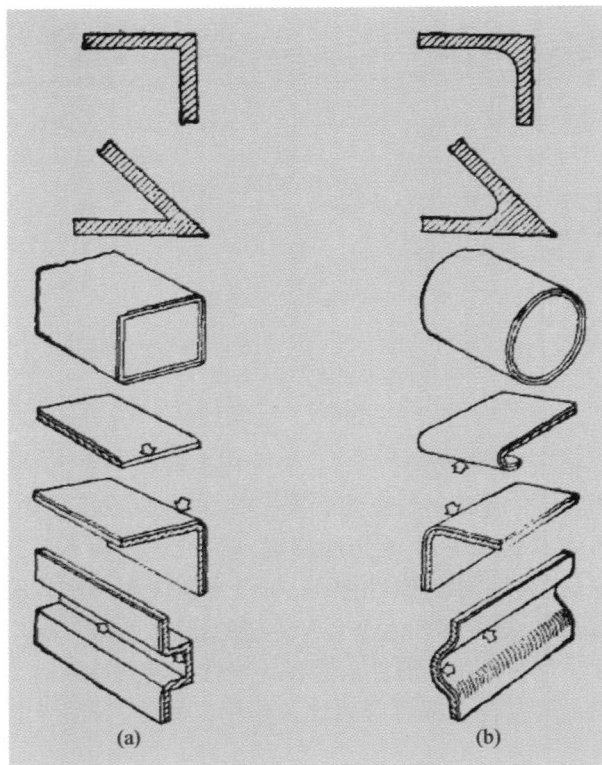

图16.3 零部件形状对涂装质量的影响
(a) 不合理; (b) 合理。

船体结构及其分段建造的主要清理工作和涂装工作要在焊接工作全部完成之后进行。不应涂漆的舱室或者腔体应该有用来排放泄漏物的孔洞,或者应该将它们设计成密闭的。

合理地布置结构中的船舶零部件,就是要尽可能降低腐蚀介质对耐蚀性较低的部位的侵蚀。如图 16.4 所示,铝合金上层建筑和钢甲板连接是许多舰船常用的结构。加大连接处到甲板的距离是合理的,因为上层建筑部位越低,使其遭到沿着结构流动的水的作用越久,主要是冲洗甲板时的水也冲刷上层建筑较低的部位。此外,需要正确地布置,使沿着上层建筑壁板流动的水不能进入缝隙中,所以要把上层建筑外面的缝隙朝下。现今,随着材料技术的发展进步,铆接结构越来越少采用了,取而代之的是双金属或者多金属爆炸焊接接头。

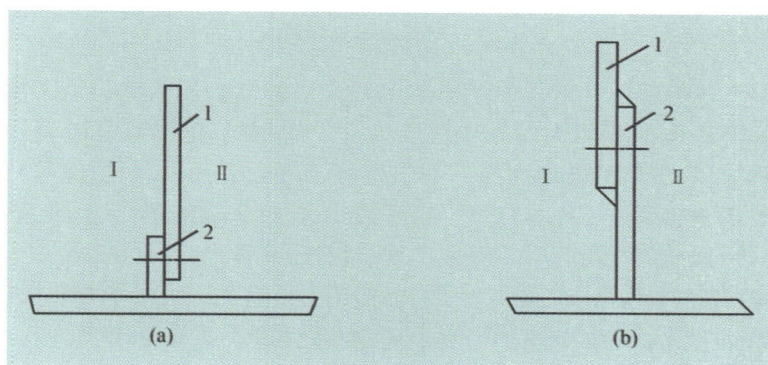

图 16.4　铝合金上层建筑和钢制甲板连接处的布置
(a) 不合理;(b) 合理。
Ⅰ—外表面;Ⅱ—内表面;1—铝合金结构;2—钢结构。

16.3　船体结构腐蚀

16.3.1　船体结构特点及影响腐蚀因素

1. 船体水线下区域腐蚀

船体水下部分,根据腐蚀介质的作用条件,可分为首部、尾部、船舷和船底四部分。

1) 船体首部

海水对壳体产生较大的流体动力作用,特别是对航速比较高的舰船。现代船舶船体一般采用耐蚀金属材料(船体结构钢、铝合金等)制造,采用防腐蚀涂层和牺牲阳极或者外加电流阴极保护进行腐蚀防护,这使得防腐蚀涂层的工作条件变得十分苛刻。在首部泡沫翻滚的波浪区,涂层首先遭到破坏。另外,首部的涂层还经常受到锚链和漂浮物的撞击。当运输船和工程船的航行速度为 10~20kn 时,船体首部的水被空气泡所饱和。这里的腐蚀过程不受供氧的扩散控制。

2) 船体尾部

在螺旋桨所产生的强烈水流作用下,尾部壳板和舵叶遭到明显的局部流体动力的作用。在很多情况下,这会引起结构的湍流腐蚀和空泡腐蚀破坏。由于船体和铜合金制成的螺旋桨接触,船尾(特别是在端部)所产生的阳极极化是引起腐蚀破坏的重要因素。海水中的氧向螺旋桨叶片(阴极)的充分供给增加了该腐蚀电池的工作效率,加速了船体尾部结构的腐蚀。但是有研究表明艉轴轴承中的油膜可能起到抑制该电池电流的作用。

3) 船体舷侧

船舷外侧表面受到比首部小的流体力学作用,但是这个区域的涂层在船靠码头时特别容易遭到破坏,涂层破坏后船体易遭受海水特别是流动海水的腐蚀。当然,船舷的状况与船舶的使用制度、靠岸次数、采用安全的系泊措施和靠码头的条件有关,如所使用的碰垫类型、波浪大小以及在波浪条件下停靠时间等。无论船体用的是结构钢还是铝合金,如果没有涂层保护,这些裸露的金属材料在流动海水中的腐蚀速率会成倍增长。

4）船体底部

在船底部位，由于容易附着海生物，故易产生氧浓差电池而引起点蚀。同时，海生物的排泄物除了助长腐蚀之外，随其积累还会侵入船底涂层中，从而将涂层破坏，也会造成严重后果。此外，由于和水翼、声纳罩等不锈钢结构接触，局部的阳极极化也是可能的。

5）船体水线区

水线区的船体外壳处于特别苛刻的条件之下。在这个区域，涂层破损的可能性最大。除了各种漂浮物和系泊条件破坏涂层之外，在港口水面上经常存在的石油产物层也会促使涂层破坏。船体这个区域所使用的许多涂料体系均对石油产物不稳定。另外，该区域船体外侧处于干湿交替腐蚀环境下，大大增强了腐蚀介质的侵蚀性。

船体结构的水下部分，焊缝部位常常发生严重的腐蚀。当焊缝金属的电位低于船体壳板的电位时，焊缝金属成为腐蚀电池的阳极，而面积较大的外壳板成为有效的阴极，这导致焊缝金属腐蚀速率大大增加。在许多情况下，由于这种原因，进坞时发现焊缝的加强处低于外壳表面。但是，随着焊条性能的改进，从材质本身来说，多数情况是焊缝金属并不比母材更容易腐蚀。这时，焊接的热影响、残余应力是诱导腐蚀的重要原因。特别是埋弧焊等自动焊部位，与手工焊接比较，其热输入量大，母材热影响区耐蚀性明显降低。

不同类型船舶壳体的腐蚀损耗在一定程度上与它的使用条件有关。大量调查数据还表明，腐蚀最大值通常在最大损耗区——交变水线区。腐蚀速率平均值一般与船舶类型关系不大，大致为 0.10~0.15mm/年。

6）各部位特点

船体水下部位的特点引起的腐蚀损伤差别，要比杂散电流、漏电、氧化皮的存在有些情况下船体外壳和电位较正的金属接触等方面的影响要小。在经过船体外壳流往水中的电流作用下而产生的点腐蚀，是船体水下部位外壳最大腐蚀损伤和最大溃疡状腐蚀速率的原因。

在船体外壳上由阳极极化所引起的所有腐蚀损伤，其腐蚀形态很典型，具有界限分明、形状和大小不规则、带有尖锐边缘的坑蚀状的特点。这些腐蚀损伤形成于涂层破坏、阳极极化电流集中的微小部位，有沿着涂层破损的地方取向的特征，在涂层鼓胀和剥离处特别容易形成圆形的蚀坑。

当电腐蚀时，常会看到腐蚀破损集中在一侧船舷，也就是说一侧比另外一侧要严重得多。接触腐蚀时（如铝合金船体与不锈钢轴架），阳极极化引起的破坏主要位于阳极和阴极接触的区域；但有时也有例外，当接触区域涂层完好时，接触腐蚀也可能发生在距这个接触处较远的涂层破损的地方。接触腐蚀率通常比电腐蚀率小很多，但在流动海水中，当阳极表面与阴极表面面积小时，接触腐蚀率也可以达到 2~3mm/年，这个腐蚀率值就很大了。

船体板的表面处理没有到位时，氧化皮的存在通常会引起涂层快速破损，这在焊接区域比较明显。虽然一般情况下焊材腐蚀电位比船体板要正，但电位差的存在使得焊缝区域无疑是薄弱区域，这也就是船体水下部位焊接区比一般部位腐蚀要严重的原因。

所有船体水下部位都有可能遭受引起电腐蚀的杂散电流的作用。海水对船体水下部位的侵蚀性，在很大程度上与服役的海区及使用条件有关。在热带海区航行时，海水对船体水下部位的作用最为强烈，试样试验表明，钢在热带海区腐蚀率比温带气候要高50%~100%，实船船体寿命也能证明了这一点。当船舶运动时，氧的供给增加了，船体钢腐蚀也会加快，可以预料在中国南海、中东亚丁湾海区航行的舰船腐蚀率比其他海区要快，这里有海水温度、盐度的原因。

在冰区航行可能会破坏船体水下部位的涂层，涂层的破坏使得船体水下部位没有了保护，局部涂层破坏会造成这个区域比正常的腐蚀还要快。所以，既在极区航行又要到热带海区航行的舰船腐蚀条件最为苛刻。

当航行水域被工业污染时，如海水中的硫、磷含量较高时，停泊处海水的侵蚀性会很严重。

2. 船体水线上结构腐蚀

船体水线上结构包括干舷、甲板和上层建筑，主要受到海洋大气、海水飞沫、雨雪、冲洗甲板时所用的海水以及凝结水的侵蚀。水在各种难以维护的地方聚集并长期存在，也是船体水上结构局部腐蚀破坏的重要原因。

海洋大气中存在大量氯离子,这就加剧了凝结水对结构的侵蚀性。海水飞溅到船体水上结构并干燥后,在表面留下一层吸水的薄盐层,它使结构表面保持潮湿状态,并促使结构腐蚀。

甲板形状会影响水在甲板上的集散。在平坦的甲板上很容易形成难以排水的死角。在具有斜坡的甲板上,当用来排除流水的流水孔布置不合理时,会使水聚集在最低部位。甲板在没有排水沟的部位因集水而造成的腐蚀,通常比排水通畅的部位高 3 倍以上。

甲板上的个别区域,如在机舱、锅炉的上面,温度较高,加大了聚集在这些区域水的侵蚀性;如在木质覆板下面,直接敷设在金属基甲板的蒸汽管道附近的甲板,腐蚀速率可达 0.38mm/年,而在没有蒸汽管道的地方,甲板腐蚀速率要小一半。

当甲板表面敷有甲板涂覆层时,如果涂覆层时易脆或易老化开裂的,或者甲板涂覆层的敷设工艺不当时,使用过程中,甲板敷料会发生开裂,或者与甲板表面发生剥离。这会导致敷料下面的金属基甲板发生严重的腐蚀破坏。

船体结构在装配制造过程中,通常对钢板采用氧乙炔焰加热继之以水冷却的方式来校正钢结构的焊接变形,特别是在上层建筑部位,这种火工校正最为频繁。实践证明,火工校正部位的金属组织结构发生了变化,其耐蚀性比其他部位要大大降低。因此,即使表面涂装的涂层厚度一致,火工校正部位的涂层破坏比其他部位要早,腐蚀速率更快。

16.3.2　水线及以下船体外板腐蚀与防护设计

我国从 20 世纪 90 年代开始系统地研究舰船结构的腐蚀防护问题,经过多年的发展,水面船体结构的水上船壳以及甲板和上层建筑等部位的腐蚀防护技术已取得了很大的进步,在耐蚀材料选用、结构密封设计、涂层保护以及阴极保护方面已形成了较为系统的防腐措施,并且保护效果较为理想。

目前,通过调研发现,水下船壳通过涂层与阴极保护的联合作用已可基本有效保证舰船的安全使用,但是在水下船壳和水下船体结构的防污效果方面还是存在不足。另外,在水线交变区壳板的涂层保护和船体内部各种舱室的涂层保护方面,尤其是舰艇内舱底板油污水的腐蚀防护方面,依然存在较大的问题。

1. 水线及以下船体腐蚀

对于水线及以下的船体来说,是船体腐蚀最为严重的区域之一。其主要原因:一是腐蚀环境恶劣,干湿交替、浪花飞溅、海水成分复杂,任何海洋结构物在浪花飞溅区、干湿交替区域都是腐蚀最严重的部分,船舶结构也不例外;二是在杂物撞击、浪花飞溅、水流冲击等作用下,水线区域保护涂层比其他区域破坏速度要快得多,船体结构在干湿交替海洋、海水环境中腐蚀得不到保护;三是如果设计有牺牲阳极、外加电流等阴极保护措施,这些措施在水线以下还能起到作用,在水线以上则起不到作用,在水线区域作用也随着吃水面积的变化作用受限。还有各种管口的排出物对出口附近涂层的损伤,导致管口局部区域涂层破坏更为严重。如某舰船船体水线交变区有局部涂层破损现象,钢板已出现较严重的腐蚀,经测量,局部蚀坑深度已达到 3～5mm,如图 16.5 所示。造成腐蚀的主要原因是由外部碰撞和水线区配套防腐涂料的耐蚀性较差所致。

在舰船底部,由于海洋生物的附着,容易产生坑蚀。同时,厌氧菌的活动和海洋生物死亡腐烂产生的硫化氢也会产生腐蚀作用;海洋生物的排泄物会侵入船底涂膜中,从而将涂膜破坏,造成腐蚀。如图 16.6 所示,海生物大量附着"包围"海底门的情况。另外,经过船体外表面流往水中的电流作用而产生的电腐蚀,是船体水下部分外表面产生严重腐蚀损耗和溃疡状腐蚀的主要原因。

2. 水线及以下船体防护设计

舰船水下部位长期浸泡在海水环境中,经受海水的腐蚀,在舰船设计、建造时需充分考虑其腐蚀环境特点,并采取有效的防腐蚀措施。根据船体材料,选取正确的焊材和焊接工艺,保证焊接区域的船体耐蚀性是最重要的,如果焊材选择错误,其对腐蚀的影响不是其他措施能弥补的。在船体水下部位不可能只有船体一种材料,如果铜质螺旋桨、钛合金导流罩等不同金属与船体的绝缘连接是在设计时必须关注的。除此之外,主要采用的防腐蚀措施包括三方面:

(a)   (b)

图 16.5　水面舰船水线交变区船壳局部腐蚀情况

图 16.6　水面舰船水下船体海底门海生物附着

（1）涂料防腐防污。涂料防腐是常用的防腐手段,水线下的防腐体系通常是防锈漆＋中间层＋防污漆组成。为了提高涂料的附着力及防腐性能,应采用喷砂除锈处理后再涂油漆,改善防蚀效果。

（2）外加电流阴极保护。由于处于海水这种电解质环境中,根据舰船结构合理布置辅助阳极头,通过外加电流的办法,使钢质船船体水下部位处于保护电位范围之内。

（3）牺牲阳极保护。船体外板水线下安装锌、铝牺牲阳极,通过在海水中消耗阳极,而使船壳体免受腐蚀。阳极的大小、数量、分布需要根据舰船型号、舰船修理情况、舰船服役区域、舰船是否采用了外加电流阴极保护等情况合理设计。

16.3.3　水线以上船体腐蚀特点与防护设计

1. 飞溅区部位腐蚀特点

船体外板飞溅区处于浪花冲击、干湿交替等非常严酷的条件下,涂层极易遭到破坏。飞溅区由于受到浪花冲击侵蚀及空气中氧、二氧化碳等的作用且阴极保护对其没有保护作用,因而成为船体外板腐蚀比较严重的部位。

2. 船体干舷、上层建筑围壁腐蚀特点

该部位属典型的海洋大气腐蚀,主要受到海洋大气、海水飞沫、雨雪以及凝结水的侵蚀,并经受紫外线的照射。海洋大气存在大量氯化物,这就加剧了凝结水对钢铁结构的腐蚀。海水飞溅到船体水上结构并干燥之后,在表面留下一层吸水的薄盐层,它使结构表面保持潮湿状态,并引起涂层破损腐蚀,如图 16.7 所示。

在安装其他构件、设备时,固定在围壁的支撑部位(如扶手、灯座、直梯)因没有加覆板,导致局部焊接后

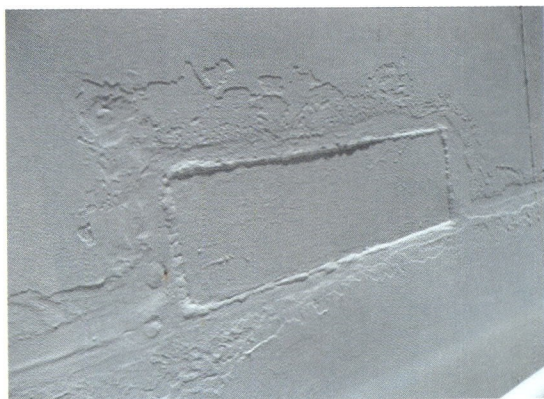

图 16.7　上层建筑干舷涂层破损后涂装情况

图 16.8　上层建筑焊接部位腐蚀

应力集中,从而加速该部位的腐蚀;某些部位因安装了其他设备(如防化箱、电话箱等)导致其后的壁板平时不便于维护,发生较严重的腐蚀,如图 16.8 所示。

3. 水线以上船体防护设计

(1)飞溅区的防腐蚀设计主要采用喷砂除锈后涂装水性无机富锌涂料或采用喷涂锌铝合金(Zn-Al 15)并用 HB-26 漆封孔后涂舰用配套漆。

(2)船壳干舷、上层建筑围壁主要是手工除锈、打磨后涂装涂料,涂料配套体系为:防锈漆+中间漆+面漆(或防锈漆+面漆);对个别防化箱后的围壁可采取喷砂除锈+金属热喷涂复合涂层+舰用配套漆防腐。

(3)对上层建筑围壁底部与露天甲板相连约 30cm 高部位,按露天甲板边角部位的治理办法,喷砂除锈达 Sa2.5 级后,采用热喷涂金属复合涂层保护+中间漆+面漆。

16.3.4　甲板的腐蚀特点与防护设计

1. 甲板的腐蚀特点

露天甲板处于海洋大气环境下,经受风吹雨淋、阳光直射,出海航行时,浪花飞溅到甲板上,含盐分的水吸附到涂层表面。主甲板和上甲板上人员走动较多,对涂层造成一定的损腐;设备搬运时在甲板上拖动,对甲板上的涂层破坏较大;甲板与上层建筑连接处的腐蚀更是值得关注(图 16.9);边角部位常有积水、积尘、吸附水膜,引起局部腐蚀;雷轨下位置狭小,平时不便于维护,容易积水积尘,导致腐蚀;甲板铜质件与钢质甲板连接处积水,发生电偶腐蚀,如图 16.10 所示;甲板上安装设备较多,设备底下的基座、支撑处成为腐蚀薄弱环境,平时不便于维护而易于腐蚀,如图 16.11 所示。

图 16.9　露天甲板磨损腐蚀

图 16.10　铜质件与钢质甲板积水处电偶腐蚀

2. 甲板的防护设计

对露天甲板的防腐蚀设计经历了简单涂层防腐-热喷涂金属复合涂层防腐-防滑涂料防护这个过程。目前各水面主战舰船已逐步推广使用防滑涂料,涂覆防滑敷料时,其施工艺一般采用喷砂除锈后,涂环氧聚氨酯防锈底漆＋聚氨酯弹性中间层＋聚氨酯甲板面漆。

（1）涂覆防滑涂料前，需要充分考虑露天甲板的腐蚀问题，特别对于平时经常有积水、不便于维护保养的部位（如甲板四周、伙房门口、厕所与盥洗间门口、设备基座、雷轨区）应采取重防腐蚀措施处理。

（2）在铜质铭牌下涂绝缘涂料，避免局部电偶腐蚀。

（3）对腐蚀严重部位（甲板近舷边 0.8～1m 范围、基座、支撑位置、上层建筑围壁根部约 30cm 高范围）可采取以下防腐蚀措施：喷砂处理＋金属热喷涂复合涂层＋防滑涂料。

图 16.11　甲板设备支撑处腐蚀

16.4　船体水下附体和结构

船体水下附体和结构指的是凸出于船体水下部位，并在海水中使用的部件和结构，主要有艉轴、轴包套、舵装置、螺旋桨、导流罩、减摇鳍和水翼艇的水翼等。

16.4.1　艉轴

大多数舰船的艉轴是由各种不同强度的结构钢制造的，而其护套则是由青铜制造。艉轴结构如图 16.12 所示。

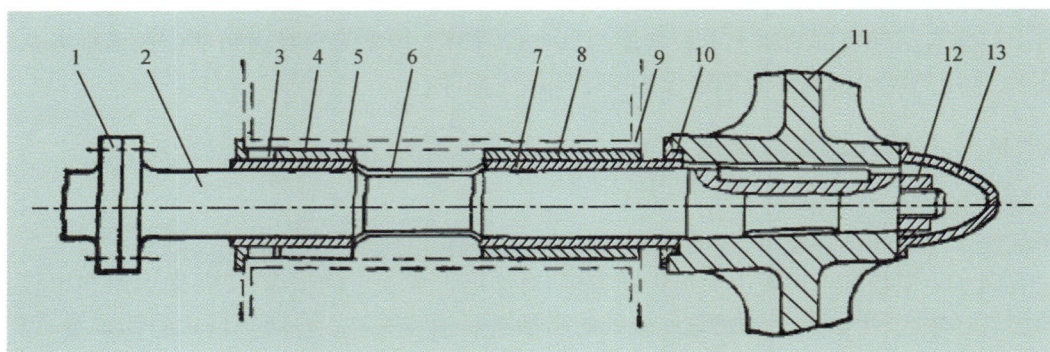

图 16.12　艉轴结构

1—中间轴；2—艉轴；3—填料函；4—舯部艉轴轴承；5—舯部衬套；6—覆盖面间的保护涂层；7—艉部衬套；
8—艉部艉轴轴承；9—轴包套；10—橡胶密封圈；11—螺旋桨；12—艉轴螺帽；13—导流罩。

艉轴是在海水中承受很大的交变载荷情况下使用，因此，不仅会遭受一般的海水腐蚀，还会遭受腐蚀疲劳破坏。当没有可靠的保护措施时，艉轴最容易破损的部位是两个青铜套的中间部位和套的断面附近（图 16.13 中Ⅲ、Ⅳ），以及从大直径向小直径过渡的青铜套尾端的锥形部位（图 16.13 中Ⅱ），在艉轴的锥体面上（图 16.13 中Ⅰ）。实际上，这些地方遭受了多重腐蚀：海水腐蚀，海生物腐蚀，应力腐蚀疲劳，与青铜套或螺旋桨的接触腐蚀，以及它们的联合作用。

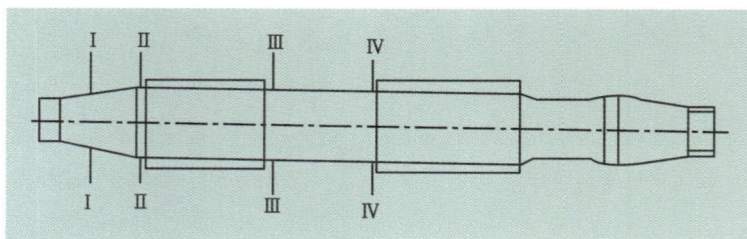

图 16.13　艉轴最易破损部位分布

将青铜套焊接在艉轴上,发现有贯穿青铜套的裂纹,不仅会出现一般情况下的溃疡状腐蚀,还会出现腐蚀疲劳裂纹,如图 16.14 所示。

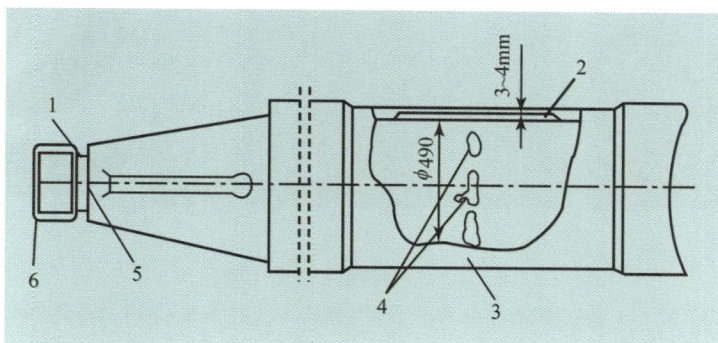

图 16.14　艉轴上焊接青铜套下的典型腐蚀破坏

1—轴的螺纹状腐蚀;2—套的焊接部分;3—套的穿透裂纹;4—腐蚀斑点;5—深达 3mm 的腐蚀;6—深达 5mm 的腐蚀。

由于青铜套给艉轴的腐蚀带来诸多不利,随着材料技术的发展,近期将青铜套改为高分子复合材料的舰船越来越多,除保证艉轴套的耐磨、防振、抗冲以外,接触腐蚀现象要好很多。艉轴中间部位的防护,早期采用涂刷防腐涂料的办法,后来采用玻璃钢材料包覆的方法较多。玻璃钢不仅可以保护艉轴中间部位,而且可以进行螺旋桨与艉轴之间的电隔离,这时艉轴上摩擦腐蚀也消失了,如图 16.15 所示。

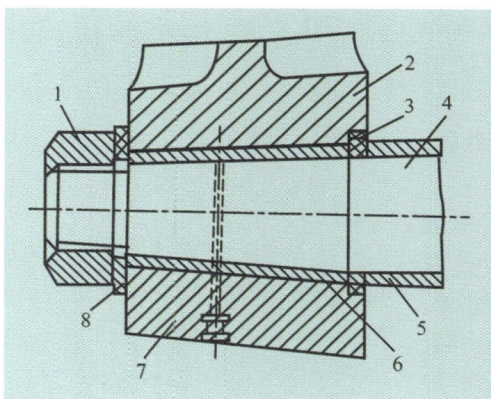

图 16.15　用玻璃钢保护艉轴锥体示意图

1—螺母;2—螺旋桨;3—密封垫圈;4—艉轴;5—轴的包覆板;
6—玻璃钢覆层;7—安全轴套;8—金属垫圈。

图 16.16　螺旋桨叶面腐蚀缺口

16.4.2　螺旋桨

螺旋桨在海水中工作时圆周旋转速度很高,尤其是外端部位的线速度,运动时遭受高流速海水冲刷;在高速运转时,螺旋桨的空泡作用不可避免,空泡腐蚀总是在大多数舰艇螺旋桨上存在的;舰船停航可能有一定时间,海生物生长很快,附着及污损后产生的腐蚀也是存在的。腐蚀的发生、海生物附着会使螺旋桨叶面出现缺口、坑洼不平,对螺旋桨效率影响很大。

空泡腐蚀、高流速海水冲刷腐蚀等作用后螺旋桨桨叶形成缺口,如图 16.16 所示。

其他附体腐蚀因舰而异,如有的舰船桨叶上出现均匀麻点腐蚀和脱成分腐蚀,如图 16.17(a)、(b)所示;螺旋桨被海生物大量附着,如图 16.17(c)所示。

螺旋桨一般采用黄铜、青铜、镍铝青铜等铜基合金、不锈钢、双相不锈钢材料制作,镍铝青铜 QA19 - 4 - 4 - 2 是最具代表性的材料。虽然初始价格便宜,现在很少采用碳钢材料制作螺旋桨了,因为腐蚀率实在太高。通常认为,在采用不锈钢、铜合金材料制造螺旋桨时,不需要采用其他任何保护方法,因为作为阳极的船体水下部分(钢或铝合金)会自然地保护电位更正的螺旋桨。但是使用经验表明,由于多种原因,旋转的轴和

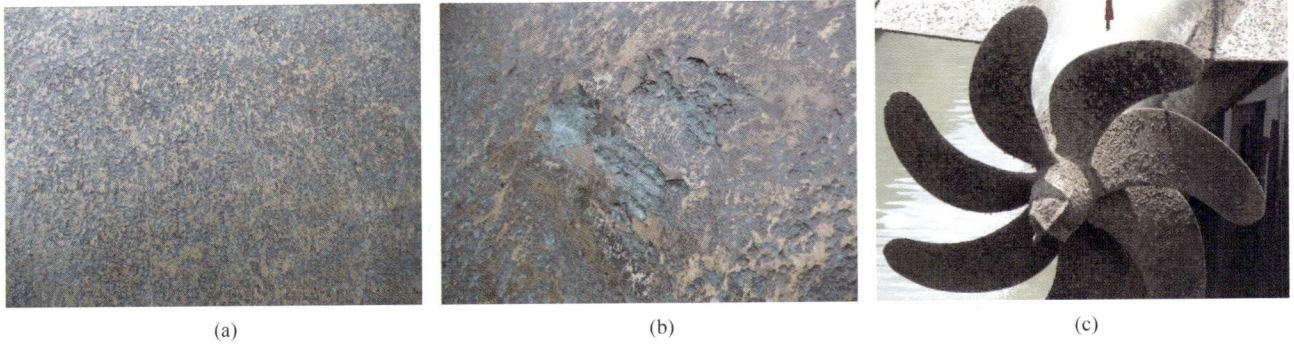

(a) (b) (c)

图 16.17　螺旋桨腐蚀与海生物污损

（a）桨叶均匀麻点腐蚀；（b）桨叶面脱成分腐蚀；（c）螺旋桨海生物污损严重。

螺旋桨之间的电接触不总是稳定的，还需要其他额外的保护措施，如安装接触电刷设备、对船体实施外加电流阴极保护时也有一个电极对螺旋桨进行保护。螺旋桨海生物污损问题至今是一个难题，因为水流速度太高及空泡作用，有机涂层很难有效地附着在桨叶表面并能起到防污作用，有采取在桨叶表面喷涂无机涂层以改善海生物污损的研究，这涉及水动力力学、喷涂工艺、防腐材料等方面的协调，尚需作大量的试验工作。

16.4.3　舵装置

对于水面舰船来说，舵装置位于船体艉部，由舵杆和舵叶组成，如图 16.18 所示。舵杆、舵叶、舵销一般采用不同强度等级的合金钢制造，舵杆套筒采用铜合金制作。舵杆、舵销、舵叶在使用过程中遭受海水腐蚀；由于在螺旋桨后部，还要遭受螺旋桨产生的局部高流速海水冲刷作用，舵叶叶面较大，冲刷腐蚀更为明显；舵杆、舵销还要承受铜套筒带来的接触腐蚀。

在使用中发现，舵杆的工作颈和舵销有溃疡状腐蚀，个别情况下，在舰船使用两年后其深度能达到 3～5mm。结构上应预先设计在使用过程中向舵杆注入润滑油的方式进行防腐和润滑。为了防止舵杆工作颈和舵销与铜套之间的接触腐蚀，早期采用耐海水不锈钢（如316L）覆面，现在可以尝试喷涂耐蚀合金技术进行表面防腐蚀，无论怎样，机械化补给防腐油对这个区域防腐蚀是有作用的。

舵杆中间部分的腐蚀防护、舵杆和舵销覆面端面密封，可采用玻璃钢覆层。舵杆中间部位的腐蚀防护，简单的方法是涂覆耐冲刷有机涂层或者粉末涂料。舵杆和舵销端部需要采用密封胶泥密封。

虽然舵叶壁后可以做到很厚，其腐蚀也在一定程度上对结构强度构不成大的影响，但是其腐蚀很直观，也很明显，设计者还是要重视。涂刷与船体一样的防腐防污涂料配套体系，并辅以牺牲阳极保护可以起到一定的作用。

16.5　内舱的腐蚀

16.5.1　内部舱室腐蚀影响因素

根据使用条件不同，舰船内部舱室的腐蚀因素有很大差异。

（1）工作舱和居住舱。这里通常可以有效地阻止水对船体结构的长期作用，船体结构一般不会发生明

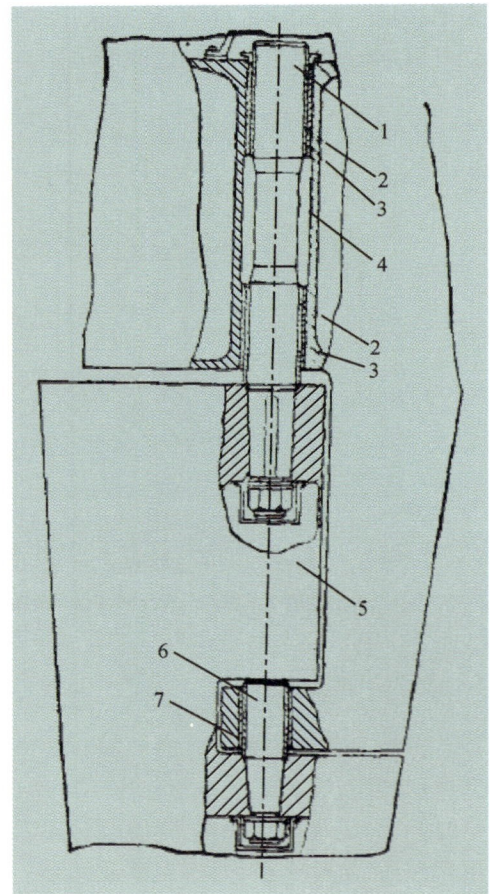

图 16.18　舵装置的支撑原理图

1—舵杆；2—舵杆工作颈；3—铜合金套；
4—舵杆中间连接部分；5—舵叶；
6—舵销；7—艉轴环套筒。

显的腐蚀破坏。但是,如果存在积水排泄不畅,如清洗水进入舱室涂覆层的下面,则也会发生和舱外甲板机构同样的腐蚀。

(2)卫生舱。包括浴室、盥洗室、卫生间、洗衣房,这里的腐蚀条件比较严重,经常受到相对湿度100%的空气、凝结水和冲洗水的作用。在甲板的下面,围板和其他长期有水作用的舱壁表面上易发生早期腐蚀破坏,腐蚀速率为0.095~0.3mm/年。

(3)各种液舱。饮水舱、燃料舱、压载舱、油水代换舱等,这些舱室储存的介质腐蚀性不尽相同,保护方法也不尽相同,但是共同的特点是长期有腐蚀性介质存在。饮水舱、淡水舱与前述压载水舱一样,以往采用涂刷水泥浆方式防护,由于水泥涂层的透水性和不稳定性,不能抑制水舱的腐蚀。

(4)难于维护保养的船体内部结构和舱室。这里有两类结构或者舱室:一是人员难以到达的部位,如艏尖舱、艉尖舱、锚链舱、污水井等,腐蚀的维护保养很难实施;二是机舱、泵舱等,舱底易积水、腐蚀环境恶劣,底板振动大、腐蚀措施易破坏,设备不出舱、成规模的腐蚀维修难以开展。

16.5.2　工作舱和居住舱

工作舱和居住舱腐蚀主要发生在舱室四周、洗脸池下、桌柜与床底下、卫生间,呈溃疡状腐蚀。由于日常打扫卫生时水分流入四周及床柜底下而滞留;潮湿空气中的水分也容易在这些角落部位吸附;为了确保隔热效果,靠舷边的隔墙铺设隔热材料一直到地板,该部位吸附的水分因毛细效应而吸附到钢铁基体间。以上种种原因导致水滞留在这些边角部位并且平时不易维护保养,导致严重的局部腐蚀甚至腐蚀烂穿。此外,各舱室普遍铺设地板胶或者地板敷料,如铺设前表面处理不彻底,水将从地板胶四周的边缝部位渗入而腐蚀地板,如图16.19所示。

舰船上通道较多,与其他舱室比,空间较大,相对易于维护。但上下楼梯的舱口盖四周位置狭小,并有些位置还有上下贯通电缆管、水管等,平时积尘吸潮,不易维护,导致局部腐蚀。

针对生活舱室的腐蚀防护设计主要有以下几种方法:

(1)一般通过手工除锈、机械打磨后涂防锈涂料后,贴地板胶(或涂地板敷料);

(2)干部住室的地板喷砂除锈后,喷金属涂层并封孔,然后涂地坪敷料;

(3)兵舱四周喷砂处理并进行热喷涂金属复合涂层保护。

主甲板以上内部通道腐蚀较轻,而主甲板以下内部工作舱室信道以及局部位置不便于维护的部位腐蚀较重。采取的防腐措施为喷砂除锈达到GB 8923—2011《涂覆涂料前钢材表面处理表面清洁度的目视评定》中规定的Sa2.5级以上后涂重防腐涂料+舰船用配套面漆。

图16.19　生活舱室地板边缘锈蚀

16.5.3　卫生舱

盥洗间、厕所地板上一般铺设一定厚度的水泥、贴瓷砖,四周围壁上装有隔热材料和装饰材料,内部平时根本无法保养。因洗漱生活用水、舷窗进水、厕所正常使用时冲洗,使得这些部位长期处于潮湿环境,且装饰材料遮挡的结构内通风不畅,内壁吸附水后容易发生腐蚀。地板上铺设的水泥到四周围壁间存在缝隙,水分可从缝隙渗入壁板,引起围壁及地板的腐蚀。

对盥洗间、厕所应采用下面的方法进行腐蚀防护设计:

(1)地板和四周围壁手工除锈后,涂防锈涂料+面漆;

(2)优化围壁纵桁结构,开设流水孔,预防水滞留而引起的局部腐蚀;

(3)对地板及围壁四周高约1.5m范围内喷砂除锈后喷涂金属锌/铝复合涂层并封孔后涂面漆,以达到长效防腐蚀的目的。

伙房与餐厅四周安装有装饰材料,地板铺设水泥后贴瓷砖。因工作环境的特殊性,做饭时大量的蒸汽、油烟进入装饰材料后的钢铁构件上,使之长期处于湿度大、温度高的环境,平常也不能进行维护保养,地板、四周壁板、顶部均腐蚀严重。餐厅地板腐蚀后更换工程如图16.20所示。

考虑到伙房一旦投入使用,各舱壁、顶板、地板基本上无法维护保养,其腐蚀防护设计应考虑采用干式喷砂除锈,达到Sa2.5级以上,再热喷涂金属铝并封孔+耐高温涂料。

图16.20 餐厅地板腐蚀更换

16.5.4 难于维护保养的船体内部结构

从抗腐蚀性角度来看,最不安全的是难于维护保养的船体内部结构,如首尖舱、尾尖舱、锚链舱、污水井和机舱、泵舱的双层底部位。近年来,大量的调研和实船勘验结果表明:水面舰船内舱腐蚀呈逐年上升的趋势,舰船第一次进坞修理时就出现内舱多处烂穿等现象,对于在役的老龄舰船问题就更加突出,由此带来的隐患将严重影响舰船的作战性能和使用寿命。

1. 首尖舱、尾尖舱等

对于首尖舱、尾尖舱等船体结构,最主要的特点是人员难以到达,防腐蚀施工和维护保养困难。舱内经常有积水(冷凝水积聚),通风不畅、湿度大,腐蚀早期的防腐措施是刷水泥浆,水泥下面的钢板往往被严重腐蚀,其速度可达0.4mm/年。随着涂料技术发展,选用寿命达到15年以上的防腐蚀涂料也不是十分困难的事。搞好这类舱室最主要的工作,就是要在设计初期作为一个重要问题来抓,按照一个大修期来选用防腐蚀涂料配套体系,如环氧防腐涂料配套体系。

2. 主机舱、电站、舵机舱等

图16.21 机舱舱底积水

机舱、电站、空调站和舵机舱是舰船上设备、管路布置密集的舱室,管路纵横交错,基座下位置狭小,基本上不能近距离维护保养;舱内积水多和设备工作时舱内温度较高、湿度大,舱壁及海水管路表面极易形成冷凝水,阀门、法兰接头部位工作时间长后密封不严引起海水泄漏,机器设备工作时漏水、漏油、漏气/汽,从而导致机舱经常积聚大量油污水,如图16.21所示;空调站工作时,经常积聚大量的冷凝水,使得舱内腐蚀环境非常恶劣,如不采取相应的防腐蚀措施,导致舱底发生大面积的溃疡状腐蚀甚至发生穿孔。由于这些舱室下面是油柜、水柜,一旦腐蚀穿孔,将严重污染油柜、水柜中的燃油和饮用水,从而影响舰船设备的正常工作和续航率。

舰船艉轴、水泵等设备的渗漏,造成舰船舱底存在着积水。舱底水主要由海水及油污组成,其腐蚀的严重性不比一般意义的海水弱,这主要是由于恶劣的环境(杂物、振动、细菌)造成。目前船底外板的腐蚀保护已趋于完善,因此船底板腐蚀穿孔几乎都是由舱底积水造成的,即是由内向外的腐蚀穿孔。船底板的严重腐蚀不仅对舰船安全造成威胁,而且双层底板的腐蚀穿孔,使污染的海水流入下面的油舱和水舱,不仅使油和水报废,还可能由于海水进入机器导致动力设备损坏。

调研发现,一些舰船的机舱、舵机舱、冷站、空调器室、水泵舱等舱室以及二层底板腐蚀严重,发生过燃油舱进海水的事故。经测量分析,机舱等舱底部位的平均腐蚀率为0.3~0.5mm/年,严重的可达0.6mm/年以上。其主要原因是该类舱室泄漏源多,长年积水难以维护,加之国内当时缺乏成熟的内舱长效重防腐涂料可供选用,以及舰船内舱舱底在设计时没有考虑积水带来的影响和安装牺牲阳极进行阴极保护问题,使得该类舱室往往成为腐蚀破损最为严重的区域。

另外,舱底水部位的腐蚀破坏具有隐蔽性和突发性,危害性和危险性大,是内舱腐蚀防护重点。舱底水集中在底舱如艉轴舱、喷射泵舱、海水泵舱、消防泵舱和双层底内底板上表面,以及污水井。舱底水是被多种油类污染了的海水。在结构上,舱底水部位存在各种设备基座,地板支架也不少,当舱底水较多时,有的管路浸泡在舱底水中。由于金属、非金属物垃圾沉入舱底,容易形成缝隙。舱底水的积聚加上合适的温度和湿度,硫酸盐还原菌等微生物极易生成并活跃,舱底局部也会有微生物腐蚀存在。实际上,这类舱室特别是舱底板的腐蚀是多样化的,不仅有油污水的腐蚀,以及油污水环境中的金属缝隙腐蚀、不同金属接触腐蚀或电偶腐蚀,以及微生物腐蚀。动力舱室的振动环境还加速了防腐蚀措施的失效。观察到的腐蚀形貌多呈严重溃疡状。例如铜质吸干头下面形成与吸干头形状相似腐蚀坑,角钢支架根部存在与角钢截面相似的蚀坑是典型的电偶腐蚀和缝隙腐蚀。

对于这种类型舱室,除搞好设备和系统的防漏工作以外,需要设计专门的设备漏水收集器,将泄漏勿引入指定的位置进行统一收集;设计好疏水孔和排水通道,将泄漏至舱底的油水混合物统一排放至污水井;科学合理的维修性设计,设计必要的维护保养空间、易损件的方便更换。采取主要的腐蚀防护设计为:

(1)电动或人工除锈、打磨到 St3 级后涂环氧无机富锌涂料 + 耐油涂料,再涂装油水舱涂料;

(2)安装油污水环境下的专用牺牲阳极;

(3)铜质吸干头改为钢质,并涂塑处理。

3. 空调通风机室、风机室

部分水面舰船的空调通风机室地板积水较为严重(空调冷凝水所致),地漏较少并且设计位置不合理,积水难以排出。地板普遍出现较为严重的腐蚀。由于舱室平时积水较深,距地板面高 20cm 范围内的围壁绝缘材料浸水破损和内部钢板腐蚀较为严重。空调通风机室围壁的腐蚀情况如图 16.22 所示。

空调通风机室防腐设计应注意在地板及距地板面至少 30cm 高度的舱室围壁进行重防腐涂装,并且对地漏的数量和位置进行优化设计,保证排水畅通。

由于风机室空间狭小,室内设备拥挤,地板上风管、水管、电缆管纵横交错,管码多,死角多,平时不便于维护保养。

图 16.22　空调通风机室围壁的腐蚀情况

风机工作时,室内积聚大量的冷凝水,发生腐蚀后的铁锈、漆皮等脏物堵塞落水管,导致里面积聚的冷凝水无法正常排出。另外,由于设备运行时引起的振动也加速了地板的腐蚀,最终导致整个地板大面积溃疡状腐蚀。

鉴于风机室空间狭窄,平时不便于维护保养,考虑风机工作时冷凝水较多,排水管口位置设计尽可能便于维护的位置,避免冷凝水滞留;电动机电缆等由在地板上布置改为在天花板上布置,减少不必要的码脚和支撑结构,使地面结构简单化。对于板材应喷砂处理或干式喷砂处理达到 Sa2.5 级以上后,采用金属热喷复合涂层 + 面漆,实现长效防腐。

4. 辅锅炉舱

辅锅炉舱是舰船腐蚀的重点部位,由于辅锅炉每日使用,舱内温度高;管道纵横交错、布置密集;地板上支撑结构多,不便于维护保养;管道附件泄漏的海水、油污以及冷凝水汇集;不同材质浸泡在油污水环境中,引起电偶腐蚀,导致地板溃疡状腐蚀,甚至发生穿孔。

针对辅锅炉舱的腐蚀防护设计应注意以下问题:

(1)喷砂处理后,达到 Sa2.5 级以上,采用金属热喷涂复合涂层 + 低洼积水部位安装油污水环境下的牺牲阳极联合保护,并涂油水舱涂料;

(2)在低洼积水部位安装油污水环境下牺牲阳极,实现联合保护。

5. 弹药舱

弹药库设备、构件拥挤,地板上支撑较多,不便于维护保养,通风不畅,舱内温湿度较大,冷凝水附着壁板、地板上,引起地板及壁板腐蚀。

由于该舱通风不畅,也是舰船上的重点舱室,需要进行重防腐处理,因此建议采用下面的方法进行腐蚀防护设计:手工除锈,动力工具打磨,达到St3级后,涂装长效防腐蚀涂料+防火涂料。

6. 锚链舱

锚链舱在舰船抛锚、起锚时,海水和部分泥沙随锚链一起带入舱室,平时下雨时雨水渗入舱里,内壁吸附水分,加上在航时无法对其进行保养,导致长时间腐蚀壁板。据对某护卫舰的锚链舱调查发现,内壁腐蚀严重,整个壁板上有大量厚实的锈块。

考虑到该部位平时不便于维护保养,且主要是经受海洋大气的腐蚀,且位置相对狭小,通风条件比较差,建议采用手工除锈、动力工具打磨,涂重防腐蚀涂层+环氧铝粉防锈漆。

7. 喷射器舱、消防泵舱、隔离舱

喷射舱、消防泵舱处于舰船上底舱位置,通风不畅,舱底水多,主要来源于冷凝水和通海阀、管路法兰及阀门泄漏的海水,如图16.23所示。铜质吸干头与周围的钢质结构形成了宏观电偶对,在污水介质中发生电偶腐蚀;潮湿部位受空气中的氧、二氧化碳等腐蚀生成铁锈。

图16.23　消防泵舱积水和舱底腐蚀

（a）泵舱积水；（b）舱底腐蚀。

由于该位置经常积聚大量的污水(既有冷凝水,也有海水),腐蚀环境较为恶劣,可采用如下措施:

（1）如有铜质吸干头,则应将铜质改为钢质后涂塑,避免异种金属在污水介质中接触而引起电偶腐蚀;

（2）喷砂清理舱底表面,涂装长效防腐涂料+油水舱涂料;

（3）在低洼部位合理布置、安装牺牲阳极。

16.5.5　液舱的腐蚀特点与防护设计

液舱的腐蚀环境如同船体水下结构的外板,但是腐蚀特点和规律各不相同。

1. 污水处理舱(井)

污水处理舱管路、设备比较多,管路法兰、阀门和设备泄漏的海水、冷凝水积聚在舱底位置,腐蚀环境恶劣;在早期时,污水井采用的是铜制管路和铜制排污吸干头,在油污水环境中与船体钢板形成间接的电偶腐蚀;油污水环境硫酸盐还原菌的微生物腐蚀。在某船5年左右的使用时间内污水舱底板的腐蚀达到5~6mm,如图16.24所示。

对于污水处理舱应采取的腐蚀防护设计为:

（1）采用手工、动力工具打磨除锈,达到St3级后涂

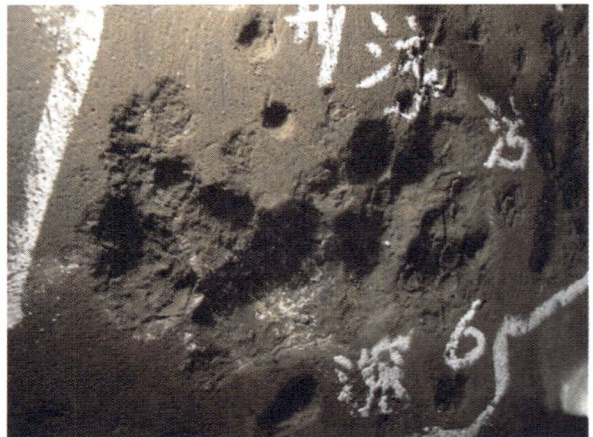

图16.24　污水处理舱舱底腐蚀

重防腐环氧涂料 + 面漆；

（2）低洼部位合理布置并安装牺牲阳极。

2. 压载舱和油水代换舱

在压载舱和代换舱中，由于舷外海水的作用，或者舷外海水与舱内石油产品的交互作用，会发生比较严重的腐蚀。油水代换舱平时装燃油，燃油用完后，为了维持舰船的平衡，用海水压载。舱内壁经海水浸泡后发生油漆脱落，导致底板、壁板腐蚀。某舰的油水代换舱曾在防腐蚀处理施工时，由于船靠码头施工，尽管经过了严格的除油处理，并手工除锈、打磨后涂装防锈漆，但三四年后油漆脱落。据分析，因舱内湿度大、温度高，而舱外是常温的海水，除锈后的钢铁表面会结露，从而影响涂层的附着力，如采用带湿带锈底漆，防腐效果可能更好。

对于压载舱的防腐蚀设计是采取牺牲阳极保护和防腐蚀涂料的联合保护的方法，牺牲阳极选用耐干湿交替的材料，防腐蚀涂料选用高性能长效压载舱防腐蚀涂料。代换舱的防腐蚀设计也是这种方法，但是选用牺牲阳极时应该选用耐油污水环境的材料；表面处理工艺为高压热水除油后，手工除锈，动力工具打磨，涂带湿带锈防腐底漆 + 油水舱漆。

3. 淡水舱

对于淡水舱或者饮水舱，其腐蚀一般不会很严重。但是作为淡水特别是饮用水，对水质要求特别高，这就要求淡水舱腐蚀防护完全安全可靠。另外，现在淡水或饮用水的来源除补给外，大量来自海水淡化。海水淡化水本身属于纯净水，是一种不平衡的水，在输送、储存过程中"迫切"要达到另外一种平衡，如果没有经过调质处理，这种水需要吸收外来物质，表现出很强的渗透性、腐蚀性。在腐蚀调研中发现，淡水舱的舱壁腐蚀问题较多，并普遍存在有舱壁锈穿漏水现象，如图16.25所示。出现腐蚀穿孔的主要原因是涂料保护能力较低，未能达到中修期的保护年限。由于双层底部位平时难以抵达，日常监护较难实现，不仅是一个腐蚀问题，而且淡水质量得不到保证，值得大家重视。

图 16.25　淡水舱舱壁腐蚀穿孔情况

淡水舱的腐蚀防护设计应采用重防腐蚀涂层进行涂装，但涂料宜选用无溶剂环氧涂料，涂装工艺宜采用高压无气喷涂。无溶剂环氧涂料可以一道成膜达到规定厚度，但是一般要求分两道涂装，可减少避免漏涂的情况。

4. 油舱

补给船货油舱的腐蚀可污染油料，腐蚀锈渣还可能造成阀门等控制件失灵，因此防止货油舱的腐蚀对补给船十分重要。货油舱主要装载各种油料，油料的溶胀对涂层具有一定的破坏作用，油料含有的水分则会引起钢铁构件的腐蚀。有时为了防台和防大风浪等也会压载海水，海水的腐蚀性强，会引起舱内钢铁构件的严重腐蚀。因此补给船的货油舱涂层要求能抵抗各种装载对象的溶胀和侵蚀，并且不会污染所装载的油料。

对于补给船货油舱的防腐设计为喷砂除锈后，涂装重防腐防锈底漆，后涂装油水舱面漆两道。

16.6　舾装及舾装件腐蚀

舾装件是舰船上的重要组成单元，这些部件发生腐蚀后，将影响舰容舰貌，并将不同程度影响舰船各系统的正常运行。

16.6.1　舾装件的腐蚀

1. 水密门、水密舱盖

水密门和舱口盖的腐蚀主要发生在密封胶条下，材料一般采用低合金钢制作，由于在潮湿海洋大气环境下,含盐分的水汽渗入胶条下,引起局倍腐蚀甚至穿孔。

2. 百叶窗

百叶窗作为通风口,由薄钢板加工焊接而成,传动机构比较复杂,焊接位置通常是间断焊存在缝隙,容易污染和水汽冷凝,经受海洋大气的腐蚀后,腐蚀严重。

3. 通风头

通风头有蘑菇通风头和鹅颈通风头两种类型,均采用低碳钢制作,内有滤网。通风头是室内与室外空气相通的咽喉位置,积尘,吸潮,其内部无法进行保养,腐蚀比较严重。

4. 锚链

锚链在舰船抛锚时部分锚链浸入海水,起锚时部分锚链经受海泥的磨损,经淡水冲洗后锚链收入锚链舱,处于潮湿环境中,因而属于海洋大气的潮湿环境下的腐蚀。

5. 斜梯

由于斜梯的主材是铝材,而扶手、防滑条都是铜质,在潮湿环境中异种金属接触发生局部电偶腐蚀和缝隙腐蚀,且舰员上下频繁,踏板两边受力较大,导致变形并加速腐蚀。

6. 缆车、水龙带架、电话箱

露天的缆车、水龙带架、电话箱,受海洋大气的影响,且经常受风吹雨淋,聚集的水分导致局部腐蚀,腐蚀较为严重。

7. 工具箱

工具箱主要是用于盛放拖把、扫把等,如果有水进入工具箱里,则水滞留里面,与里面的脏物混杂,引起局部腐蚀。

8. 栏杆

栏杆在海洋大气环境中,易遭受盐雾腐蚀和碰撞变形破坏,且铰链部位属活动部位,与固定基座间存在间隙,易积水,积尘,选用低碳钢制造甚至不锈钢制造,在表面措施不合理时腐蚀也会很严重。

9. 其他舾装件的腐蚀

主甲板和上甲板上人员走动较多,设备搬运时在甲板上拖动,破坏了甲板的保护涂层。边角部位常有积水、积尘、吸附水膜,引起局部腐蚀;雷轨下位置狭小,平时不便于维护,容易积水,积尘,导致腐蚀;铭牌(通常铜质)内部积水会发生电偶腐蚀,引起内部的钢铁锈蚀。

16.6.2 甲板面舾装件的腐蚀原因

(1)材料档次低。舾装件由于一般不涉及结构强度等问题,对装备作战使用性能也没有最直接的影响,从设计、制造到订货选型、船厂工艺,大家都不是十分重视,选用的材料耐蚀性普遍偏低,表面处理措施也不到位,自然会出现腐蚀现象。

(2)使用环境严酷。舰船甲板面舾装件暴露于海洋大气环境下,经受风吹雨淋、阳光直射,出海航行时,浪花飞溅到舾装部件上,含盐分的水吸附到涂层表面,致使甲板面舾装件长期处于高温、高盐的严酷环境。

(3)舾装件维护不方便。甲板上安装设备较多,设备底下的基座、支撑处成为腐蚀薄弱环境,平时维护不方便,易于腐蚀。

(4)异种金属缺乏电绝缘保护。随着新材料的应用,舰船甲板面上存在许多种金属材料,异种金属之间如直接接触将会发生电偶腐蚀,主要有钢制紧固件与高电位法兰或阀门附件的电偶腐蚀等,虽然采取了一定的腐蚀防护措施,如紧固件采取有机改性锌铝基复合涂层防护等,防腐蚀效果有所改善,但并未从根本上解决舾装件安装中异种金属的电偶腐蚀。

(5)焊缝处容易发生腐蚀。甲板面舾装件的安装不可避免地使用焊接固定,而焊缝是较易发生腐蚀的部位,焊接位置通常是间断焊,存在缝隙,容易形成水汽冷凝,造成比较严重的腐蚀。

16.6.3 甲板面舾装件的腐蚀控制

舰船甲板面舾装件的所处环境决定了舾装件的安装需要考虑到腐蚀控制问题,针对舰船甲板面舾装件的腐蚀原因,在安装和使用过程中应采取以下技术措施。

1. 金属构件的外部要进行涂、镀层保护。

对于水密门和舱口盖来说,一方面应使水密门和舱口盖的焊接部位采用连续焊,并采用下述措施:对水密门和舱口盖上的其他活动构件采用机械能助渗锌 + 面漆,对水密门和舱口盖安装水密胶条部位喷砂除锈后,喷涂金属复合涂层。

通风头的内部腐蚀相当严重,对于蘑菇通风头来说,喷砂后宜采用热喷涂金属铝复合涂层 + 面漆,滤网酸洗后热浸铝;鹅颈通风头及其滤网采用酸洗后热浸铝 + 面漆。

对露天的缆车、水龙带架、电话箱采用喷砂除锈后,喷金属铝(或锌/铝合金)并封孔 + 面漆。

在投放和收起锚链时,致使锚链处于干湿交替的过程。因此锚链在进行喷砂除锈后,还应该使用机械能助渗锌处理 + 防锈漆处理。

由于工具箱的腐蚀主要是由于箱内水滞留引起的,建议在箱底开设流水孔,预防水滞留,然后采用金属热喷涂铝并封孔后涂面漆。

栏杆处于海洋大气环境中,可以采取喷砂处理后,采用机械能助渗锌处理后涂磷酸锌 + 面漆的方法,或者通过喷砂处理后热浸锌涂磷酸锌 + 面漆的方法来进行保护。

2. 避免缝隙腐蚀的存在

百叶窗作为通风口,由薄钢板加工焊接而成,焊接时,对百叶窗的焊接部位改间断焊为连续焊,防止焊缝缝隙存在,对于已经锈蚀的百叶窗,可以采用防腐蚀喷砂除锈后喷涂金属复合涂层并封孔后涂面漆。

3. 更换为耐腐材质

通风头的材质为钢制,腐蚀相当严重,除了上面提到的涂层保护,还可以考虑将固定在围壁的蘑菇通风头由钢质改为玻璃钢。

由于斜梯的主材是铝材,而扶手、防滑条都是铜质,可以考虑将铝质斜梯改为铜质,避免电偶腐蚀的发生,在外侧喷涂金属铝并封孔后 + 面漆处理。

4. 避免电偶腐蚀的发生

异种金属接触会不可避免地发生电偶腐蚀,安装甲板面舾装件时,尽量考虑相互接触的设备、构件采用相同或相近的材质,避免大阴极小阳极的出现。

5. 选用耐磨涂层

对于舰船甲板来说,舰员的走动和设备的迁移均会对表面涂层产生破坏,从而引起内部金属的腐蚀,对于易于产生涂层损坏的舾装件,建议最外层使用耐磨涂层。

16.6.4　内装的腐蚀控制

内装范围包括厨房、配膳间、餐厅、厕所、冷库、盥洗室、淋浴间、洗衣间等,这些地方一般作为服务区,虽然不直接暴露于海洋环境中,但长时间处于高湿、高盐环境下,日积月累,不可避免地发生腐蚀,影响官兵的生活体验,因此这些位置的腐蚀也必须得到重视。为了防止内装件的腐蚀,在安装设计时应注意以下内容:

(1)厨房及餐厅设备主要包括灶具、各种用途的案台、餐具存放柜(或架子)、调味品存放柜等,对卫生条件的要较高,属于易腐蚀区,为防止餐具生锈和破裂,最好配备不锈钢化的材质。

(2)膳务舱室是存放食物的地方,壳体最好使用不锈钢材料,这可以保证食物不受铁锈污染,与食物接触的部分采用耐酸、耐蚀、耐锈、低毒的材料。

(3)水面舰船公用卫生洁具应采用不锈钢制作,独用(或 2 ~ 4 人合用)卫生舱室及潜艇卫生舱室,可采用瓷质坐便器及洗面器。

(4)舱室家具最好采用金属材料。舱室家具表面覆层材料一般为覆塑型(PVC 装饰薄膜和三聚氰胺装饰板)和涂层型(漆膜涂层和静电粉末涂层)两种。舱室家具配件材料一般为铜质、不锈钢和工程塑料。

(5)舱室装饰板吊挂或支撑构件最好采用钢质或铝质材料,舱室表面装饰板时应采用金属材料,对装饰板吊挂或支撑构件和金属板材应进行镀锌防锈处理。

（6）厕所、盥洗室、淋浴室和洗衣间等潮湿舱室是舱室内最易腐蚀的区域,设置舱内围壁时最好采用不锈钢材料,地板最好设置防滑处理,并对装饰板的安装接缝用密封胶进行密封处理,地漏设计位置一定要在地面的最低洼处以防积水,舱室门及把手最好采用不锈钢材料。

（7）潜艇舱室的绝缘材料、胶黏剂的选材,除满足绝缘性能要求外,还应满足对船体结构无腐蚀、低毒、阻燃,便于施工和表面装修的性能要求。

（8）地板覆盖材料易腐蚀和易磨损区,在安装时选择低毒、密度小、透水性低、阻燃、美观、防滑、降噪和对钢板腐蚀性小的材料。覆盖的胶黏剂应选用与底漆和地板覆盖材料均配套、黏接牢固、对钢板腐蚀性小、阻燃、低毒的胶黏剂。

（9）使用 PVC 地板毡作为地板覆盖材料时,与围壁钢板连接的四边应尽可能向上翻起,再与船体结构用胶黏剂贴牢固,在隔壁四角处应当用塑料焊接材料将 PVC 地板毡的接缝焊合,使地板覆盖形成封闭的盒形,这样处理是为了防止水分在边角聚集,从而引起局部腐蚀。如采用其他地板覆盖时,应对地板覆盖于船体结构相连接部位的缝隙采取封闭措施。舱室设备支脚、座椅挂钩底座处的 PVC 地板毡的开孔缝隙应用防水填充材料封闭。

内装是舾装中的一个重要的方面,对内装的腐蚀与控制应做到设计合理,管理到位,基本原则就是选材合理、设计规范、使用方便。

外加电流阴极保护和牺牲阳极保护是船体结构效率最高、使用效果最好的防腐蚀保护措施,下面用两个小节对相关的要求进行描述。

16.7 舰船外加电流阴极保护系统技术要求

16.7.1 系统主要部件特性与规格

1. 组成

外加电流阴极保护指的是由外部电源提供保护电流的阴极保护。舰船外加电流阴极保护系统由以下部分组成:

（1）作为自动控制电源用的恒电位仪。

（2）向船体施加保护电流的辅助阳极、辅助阳极屏蔽层。

（3）提供测量及控制信号的参比电极。

（4）使舵、减摇鳍、螺旋桨与船体电性导通的轴接地装置。

2. 恒电位仪

1）水面舰船用 INA 系列

主要技术特性:

（1）电位可调范围: $-1.5 \sim 0V, 0 \sim 1.5V$ 连续调节。

（2）电位控制误差:不大于 0.02V。

（3）输入阻抗:不小于 $1M\Omega$。

（4）半载波纹系数:小于 10%。

（5）有自动/手动转换功能。

（6）具有过载保护、三相断相保护及报警功能。

（7）使用期限大于 20 年。

INA 系列磁饱和恒电位仪主要规格见表 16.1。

2）水面 JMK 系列

主要技术特性:

（1）电位控制误差:不大于 0.2V。

（2）恒电流控制误差:不大于 $\pm 1A$。

表 16.1　水面舰船用 INA 系列磁饱和恒电位仪主要规格

序号	型号	额定输出直流电流/A	额定输出直流电压/V	电源	外形尺寸/(mm×mm×mm)	质量/kg
1	INA-2-1	0~75	0~16	单相220V(1±5)%V、50Hz 或三相380(1±10%)V、50Hz	640×1300×530	200
2	INA-2-2	3~100	0~20	三相380(1±10%)V、50Hz	660×1360×530	250
3	INA-2-3	5~150	0~20 或 0~24	三相380(1±10%)V、50Hz	660×1472×570	300

（3）绝缘电阻：大于 20MΩ。

（4）半载波纹系数：<5%（0~22V 或 34~60V），<10%（3~33V）。

（5）工作方式：连续。

（6）输入阻抗（参比）：大于 1MΩ。

（7）具有自动/手动转换功能。

（8）具有过载短路保护，三相断相保护及报警功能。

（9）使用期限大于 20 年。

水面舰船用 JMK 系列集成模块恒电位仪主要规格见表 16.2。

表 16.2　水面舰船用 JMK 系列集成模块恒电位仪主要规格

序号	型号	额定输出直流电流/A	额定输出直流电压/V	电源	外形尺寸/(mm×mm×mm)	质量/kg
1	JMK-1A	0~50	6、12、18、24	交流单相220V/50Hz	450×502×1000	100~150
2	JMK-1B	0~100	12、16、24	交流单相380V/50Hz		

3）水面舰船用 ZHD 系列

主要技术特性：

（1）电位控制误差：不大于 0.2V。

（2）输入阻抗：不小于 1MΩ。

（3）电位可调范围：-1.5~0V，0~+1.5V 连续可调。

（4）自动测量多路参比电位并自动打印或人工显示。

（5）可以提供年、月、日、时、分，并自动显示打印。

（6）对输出电流的数值进行自动测量和打印。

（7）可以实现多路控制。

（8）可瞬间断电采样测量。

（9）具有限流或过流保护功能，并设置有过流保护程序。

（10）具有手动/自动转换功能。

（11）使用期限大于 20 年。

水面舰船用 ZHD 系列智能恒电位仪主要规格见表 16.3。

表 16.3　ZHD 系列智能恒电位仪主要规格

序号	型号	额定输出直流电流/A	额定输出直流电压/V	电源	外形尺寸/(mm×mm×mm)	质量/kg
1		0~10				
2	ZHD	0~15	6、12 18、24	交流单相220V/50Hz	520×340×920	100
3		0~20				
4		0~30				
5	ZHD	0~50	12、16、24、36、50、75	交流三相380V/50Hz 交流三相440V/60Hz	520×340×920 及 620×500×1385	100~150
6		0~75				
7		0~100				

3. 辅助阳极

水面舰船用辅助阳极主要技术特性与规格见表 16.4。

表 16.4　辅助阳极主要技术特性与规格

序号	名称	外形尺寸	使用电流范围/A	消耗率（mg/(A·年)	使用期限/年
1	铅银微铂阳极	920mm×180mm×40mm	5~30	$8×10^3$	20
2	铅银微铂阳极	ϕ290mm	5~30	$8×10^3$	20
3	铂钛复合板阳极	920mm×180mm×40mm	0~30	8	20
4	贵金属氧化物阳极	1200mm×240mm×40mm	0~80	微量	20
5	贵金属氧化物阳极	ϕ340mm	0~30	微量	20
6	贵金属氧化物阳极	560mm×150mm×25mm 840mm×150mm×25mm 1450mm×150mm×25mm	0~30 0~50 0~100	微量	20

4. 阳极屏蔽层

阳极屏蔽层选用环氧腻子涂料,其特性如下:

(1) 附着力:不小于 2.5MPa;

(2) 冲击强度:不小于 5J;

(3) 耐电位性能:($-3.5±0.02$)V;

(4) 涂覆厚度 1.5~3.0mm(由内向外逐渐减薄);

(5) 使用期限 5~10 年。

5. 参比电极

舰船用参比电极主要技术特性与规格见表 16.5。

表 16.5　舰船用参比电极主要技术特性与规格

序号	名称	电极电位稳定性/V	极化性能(电流为 $±1×10^5$A)	使用期限/年
1	银/氯(卤)化银电极	<0.005	<0.005	10
2	锌电极	<0.015	$-0.002~+0.002$	10

16.7.2　设计与选用要求

1. 一般规定

(1) 系统设计应保证船体被保护部位电位达到 $-0.80~1.00$V[相对于银/氯(卤)化银电极,下同];并应进行系统可靠性和维修性设计计算。

(2) 系统保护电流可用保护电流密度和最大吃水时的浸水面积来计算。选取保护电流密度时,应考虑如下因素:

①舰船航行速度;

②舰船船体涂层种类和涂装质量;

③舰船航行地域的盐度和深度;

④维修间隔周期等。

(3) 各种吨位的舰船外加电流阴极保护系统的主要配置见表 16.6。

(4) 系统设计方法可参照 GB/T 3108。

表 16.6　各种吨位舰船的外加电流阴极保护系统的主要配置

舰船吨位/t	恒电位仪输出电流及数量	辅助阳极排流量及数量	参比电极数量/只	阳极屏涂料质量/kg	轴接地装置数量
1500~3000	80~1000A 1台	20A 4只	2	60~80	每轴一套
3000~5000	150A 1台	25A 6只	3	120	每轴一套
5000 以上	100~150A 2台	25~35A 8只	4	160	每轴一套

2. 恒电位仪要求

根据船体计算的保护电流来选择恒电位仪的输出电流和数量。其他应符合 GJB 202A—1998《舰船用配电装置和控制装置通用规范》的要求。

3. 辅助阳极

（1）辅助阳极可采用条状或盘状。对于同一条舰船可采用一种或两种型号规格的辅助阳极,应根据所需保护电流大小和使用寿命要求来选择辅助阳极的材料、型号规格和数量,使各辅助阳极提供的电流之和足够,并使船体有尽可能均匀的电位分布。

（2）辅助阳极可根据舰船使用要求与使用条件,按规定的技术特性和规格选用。其他还应符合 GB 7388—1999《船用辅助阳极技术条件》的规定。

4. 阳极屏蔽层

（1）阳极屏蔽层的涂覆形状,一般应与辅助极形状相一致。阳极屏蔽层的设计,应使阳极屏蔽层边缘处的船体电位不高于船体涂层的耐阴极电位。另外,有关技术特性还应符合 CB/T 3455—92《船用阳极屏蔽层的设计与涂装》。其使用期限为 10 年左右。

（2）阳极屏蔽层的材料,应符合 GB 7788—2007《船舶及海洋工程阳极屏涂料通用技术条件》的有关要求。

5. 参比电极

（1）参比电极的数量一般应为恒电位仪的 2 倍或 2 倍以上,布置于船体有代表性部位,其使用寿命应大于 10 年。

（2）其他还应符合 GB/T 7387—2007《用参比电极技术条件》的有关技术要求。

（3）参比电极材料可选用银/氯化银、银/卤化银或锌合金。

6. 推进器轴接地与舵接地装置

（1）推进器必须采用铜环与电刷构成的轴接地装置。其选用参照 GB 3108《船体外加电流阴极保护系统》。并应保证在舰船停泊状态时,船体与轴系间的电位差低于 0.1V。

（2）应使用截面积为 25mm^2 铜质软电缆将舵与减摇鳍与船体电性连接,接地电阻应小于 0.02Ω。

16.8　舰船牺牲阳极阴极保护系统技术要求

16.8.1　常用牺牲阳极系列

舰船防腐蚀常用牺牲阳极系列见表 16.7。

表 16.7　常用牺牲阳极系列

类别	代号	材质元素	主要用途
高效铝合金阳极	A21	Al – Zn – In – Mg – Ti	船体、压载水舱
普通铝合金阳极	A11 A12 A13 A14	Al – Zn – In – Cd Al – Zn – In – Si Al – Zn – In – Sn Al – Zn – In – Sn – Mg	船体
三元锌合金阳极	ZH	Zn – Al – Cd	压载水舱
注:1. 三元锌合金阳极的化学成分见 GB 4950 – 2002《锌 – 铝 – 镉合金牺牲阳极》; 2. 普通铝合金阳极的化学成分见 GB 4948 – 2002《铝 – 锌 – 铟系合金牺牲阳极》			

16.8.2　牺牲阳极特性

各系列牺牲阳极的主要特性见表 16.8。

表 16.8　各系列牺牲阳极的主要特性

特性 ＼ 类别	高效铝合金阳极	普通铝合金阳极	三元锌合金阳极
密度/(g/cm³)	2.7	2.7	7.13
开路电位/V	−1.05 ~ −1.18	−1.05 ~ −1.18	−1.05 ~ −1.09
工作电位/V	−1.05 ~ −1.12	−1.00 ~ −1.12	−1.00 ~ −1.05
对钢的驱动电位/V	0.3	0.3	0.25
实际发生电容量/(A·h/kg)	≥2600	≥2400	≥780
电流效率/%	≥90	≥85	≥95
消耗率/(kg/A·年)	3.37	3.65	11.23
工作表面溶解性能	腐蚀产物易脱落,表面溶解均匀	腐蚀产物呈胶状,易被水冲掉,表面溶解基本均匀	腐蚀产物自动脱落,表面溶解均匀
保护相同面积的费用比	1	1.04	1.97
保护相同面积所需阳极的质量比	1	1.08	3.33
相同规格阳极的寿命比	1	0.92	0.91

注:1. 按照各类阳极的实际消耗率计算质量比;
　　2. 以规格为 400mm × 100mm × 40mm 的各类阳极块为例计算寿命比;
　　3. 表中开路电位和工作电位相对于饱和甘汞电极

16.8.3　牺牲阳极型号规格与主要尺寸

1. 规格与型号

船体阴极保护常用铝合金牺牲阳极规格与型号见表 16.9 和表 16.10。舰船载水舱阴极保护常用高效铝合金、三元锌合金牺牲阳极规格与型号见表 16.11。

表 16.9　船体用焊接式牺牲阳极

型　号	规格/(mm × mm × mm)	铁芯尺寸/mm				毛重/(kg/支)	净重/(kg/支)
	A × B × C	D	E	F	G		
A□H − 1	800 × 140 × 60	900	45	5 ~ 6	8 ~ 10	17.0	15.4
A□H − 2	800 × 140 × 50	900	45	5 ~ 6	6 ~ 8	15.0	13.4
A□H − 3	800 × 140 × 40	900	45	5 ~ 6	5 ~ 6	12.0	10.5
A□H − 4	600 × 120 × 50	700	40	5 ~ 6	6 ~ 8	10.0	9.0
A□H − 5	400 × 120 × 50	460	35	5 ~ 6	6 ~ 8	6.5	5.8
A□H − 6	500 × 120 × 40	580	40	5 ~ 6	5 ~ 6	5.5	4.6
A□H − 7	400 × 100 × 40	460	30	3 ~ 4	5 ~ 6	4.5	4.1

（续）

型　号	规格/（mm×mm×mm）	铁芯尺寸/mm				毛重/（kg/支）	净重/（kg/支）
	A×B×C	D	E	F	G		
A□H－8	300×100×40	360	30	3~4	5~6	3.5	3.2
A□H－9	250×100×40	300	30 3~4 5~6			2.5	2.2
A□H－10	180×70×40	230	25	3~4	5~6	1.2	1.0
A□H－11	300×150×50	310	30	4~5	5~6	5.8	5.0
A□H－12	300×150×50	310	30	4~6	6~8	4.6	3.8

表 16.10　船体用螺栓连接式牺牲阳极

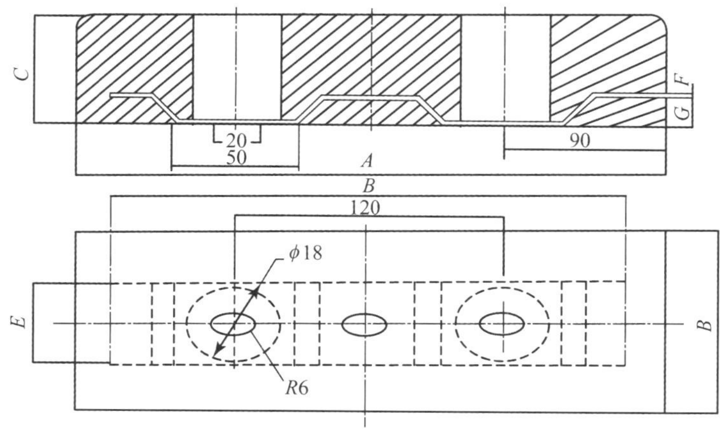

型　号	规格/（mm×mm×mm）	铁芯尺寸/mm				毛重/（kg/支）	净重/（kg/支）
	A×B×C	D	E	F	G		
A□H－13	300×150×50	250	50	3~4	8~10	5.8	5.4
A□H－14	300×150×40	250	50	3~4	8~10	4.8	4.4

表 16.11　压载水舱常用牺牲阳极

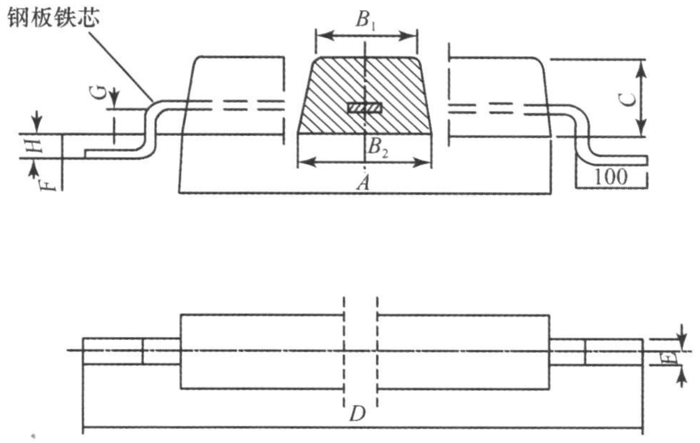

型　号	规格/（mm×mm×mm）	铁芯尺寸/mm					毛重/（kg/支）	净重/（kg/支）
	A×（B₁+B₂）×C	D	E	F	G	H		
A□T－1	500×（115+135）×130	800	50	6	40	60	23.0	20.5
A□T－2	1500×（65+75）×70	1800	—	φ12	20	40	21.5	19.8
A□T－3	500×（110+130）×120	800	50	6	40	60	20.0	18.0

(续)

型 号	规格/(mm×mm×mm) $A \times (B_1 + B_2) \times C$	铁芯尺寸/mm D	E	F	G	H	毛重/(kg/支)	净重/(kg/支)
A□T－4	1000×(58.5＋78.5)×68	1300	—	$\phi 12$	20	40	13.2	12.0
A□T－5	800×(56＋74)×65	1100	—	$\phi 12$	20	40	10.0	9.0
A□T－6	1150×(48＋54)×51	1450	—	$\phi 12$	15	35	9.0	7.6
A□T－7	250×(80＋100)×85	310	30	4	6～8	0	5.0	4.8
A□T－8	200×(70＋90)×70	260	30	3	6～8	0	3.0	2.8
ZT－1	500×(115＋135)×130	1800	50	6	40	60	56.0	53.5
ZT－2	1500×(65＋75)×70	1800	—	$\phi 16$	20	40	50.0	48.3
ZT－3	500×(110＋130)×120	800	50	6	40	60	50.0	48.0
ZT－4	1000×(58.5＋78.5)×68	1300	—	$\phi 16$	20	40	33.0	31.8
ZT－5	800×(56＋74)×65	1100	—	$\phi 16$	20	40	25.0	24.0
ZT－6	1150×(48＋54)×51	1450	—	$\phi 12$	15	35	20.0	18.6
ZT－7	250×(80＋100)×85	310	30	4	6～8	0	13.0	12.8
ZT-8	200×(70＋90)×70	—	260	30	3	6～8	0	7.5

注：A□T－7、A□－8、ZT－7、ZT－8为平贴式牺牲阳极

16.8.4 设计要求

1. 设计原则

（1）舰船牺牲阳极阴极保护电位范围为－1.05～－0.85V（相对于铜/饱和硫酸铜参比电极），或者为－1.00～－0.80V（相对于银/氯化银电极）。

（2）牺牲阳极按实际需要进行对称而均匀配置，确保舰船保护电位分布均匀。

（3）设计方案就确保海军提出的防腐蚀年限等技术要求。

（4）设计方案中选用的材料、参数、安装、方法等应具有技术先进、性能优异、经济实用、安装方便、无副作用、不污染环境等特点。

（5）采用焊接法或螺栓固定法紧贴式安装牺牲阳极，确保电性导通、安装牢固。

2. 设计方法

可按照边界元方法进行计算。也可按照以下经验公司进行计算：

1）保护面积计算

船体浸水面积按线形图精确计算；船体浸水面积也可按下式计算：

$$S_1 = 1.7TL_{wj} + \nabla/T \tag{16.1}$$

式中：T 为满载吃水（m）；L_{wj} 为满载水线长（m）；∇ 为满载排水体积（m³）。

螺旋桨表面积按下式计算：

$$S_2 = n\pi d_1^2 \eta/2 + n\pi d_2 \cdot L \tag{16.2}$$

式中：n 为螺旋桨数量（支）；d_1 为螺旋桨直径（m）；η 为螺旋桨盘面比；d_2 为轴毂直径，（m）；L 为轴毂长度（m）。

舵、海底阀箱等按实际结构尺寸分别计算面积 S_3、S_4。

2）选择保护电流密度

舰船水下船体钢板等被保护的主要构件所需要的保护电流密度见表16.12。

表16.12 舰船水下船体钢板等被保护的主要构件的保护电流密度

被保护结构	涂漆船体钢板	螺旋桨	舵	压载水舱
保护电流密度/(mA/m²)	8～18	300～500	100～250	5～10

设计舰船牺牲阳极阴极保护方案时,应根据被保护构件的材质、表面涂层种类与破损情况、构件锈蚀状况、腐蚀介质特性、有效保护年限等因素,选取合适的保护电流密度。

3）选择牺牲阳极材料及规格型号

考虑到各类牺牲阳极的实际电化学性能、经济性能以及实船防腐效果,在设计舰船牺牲阳极阴极保护方案时,应优先选用高效铝合金,即 $Al - Zn - In - Mg - Ti$ 合金阳极。

根据舰船排水量的大小、保护周期的长短,选择合适的牺牲阳极规格型号,也可根据实际需要重新设计牺牲阳极的规格尺寸。另外,为了延长牺牲阳极的使用寿命,也可把几块牺牲阳极组装在一起,组成积木式牺牲阳极。

4）牺牲阳极发生电流量计算

牺牲阳极发生电流量按下式计算:

$$I_f = \Delta E / R \tag{16.3}$$

式中:I_f 为单支牺牲阳极发生电流量(A/块);ΔE 为牺牲阳极驱动电位(V),锌合金阳极取 $\Delta E = 0.25V$,铝合金阳极取 $\Delta E = 0.3V$;R 为牺牲阳极接水电阻(Ω),且有

$$R = \rho / (L + B) \tag{16.4}$$

式中:ρ 为海水电阻率($\Omega \cdot cm$),常规海水取 $\rho = 25\Omega \cdot cm$;L 为阳极长度(cm);B 为阳极宽度(cm)。

5）牺牲阳极使用寿命计算

牺牲阳极的使用寿命应达到舰船进坞维修间隔的整数倍,按下式计算:

$$t = (G \cdot Q / 8760 \cdot I_m) 1 / K \tag{16.5}$$

式中:G 为每块牺牲阳极净重(kg);Q 为牺牲阳极实际电容量($A \cdot h/kg$),普通铝合金阳极取 $Q = 2400A \cdot h/kg$,高效铝合金阳极取 $Q = 2600A \cdot h/kg$,锌合金阳极取 $Q = 780A \cdot h/kg$;$1/K$ 为牺牲阳极有效利用系数,取值为 $0.80 \sim 0.90$;I_m 为每支牺牲阳极的平均发生电流(A/支),具有

$$I_m = (0.6 \sim 0.8) I_f \tag{16.6}$$

6）牺牲阳极数量计算

牺牲阳极数量按下式计算:

$$N = S \cdot i / I_f \tag{16.7}$$

式中:S 为被保护结构面积(m^2);i 为保护电流密度(mA/m^2);I_f 为每块牺牲阳极的发生电流($mA/块$)。

7）牺牲阳极布置

船体所需要的牺牲阳极应均匀对称布置在舭龙骨和舭龙骨前后的流线上;螺旋桨和舵所需的牺牲阳极应均匀布置在艉部船壳板及舵上;船体艉部距螺旋桨叶梢300mm 范围内的船壳板上不得布置阳极;单只螺旋桨舰船的无阳极区不得安装牺牲阳极,如图16.26 所示;海底阀箱、艏推孔腔等部位所需的牺牲阳极应布置在其内部;海水压载水舱防腐蚀用的牺牲阳极原则上均匀分布,舱底部可适当偏多。

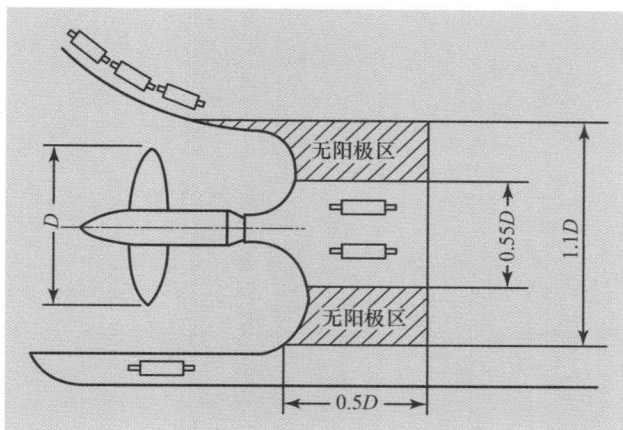

图 16.26　船体无阳极区示意图

参考文献

［1］ 陈光章，吴建华，许立坤，等．舰船腐蚀与防护［J］．舰船科学技术，2001（2）：38－43.

［2］ 左邵武，尹建平，杨青松．舰船腐蚀环境与防护［C］．第五届全国腐蚀大会论文集，2009（9）：33,34.

［3］ 石桂荣．钢质海船的腐蚀与控制［J］．材料保护，1997，30（10）：33,34.

［4］ 徐金文，高新华，陈本永．现代舰船腐蚀防护技术发展方向［J］．舰船工程研究，2008（4）：530－533.

［5］ 赵永韬，吴建华，于辉，等．舰船内舱综合防腐技术研究［C］．第十二届全国缓蚀剂学术讨论会论文集，2001：444－449.

［6］ 孙建红，郑炜，王晓鹏．水面舰船船体防腐和阴极保护的优化设计方法［J］．中国舰船研究，2007，2（4）：60－64.

［7］ 凌乃俊，牛海静．镍铝青铜螺旋桨修理工艺探讨［J］．中国修船，2007，20（2）：31－33.

［8］ 张万波．潜艇内部液舱的防腐蚀设计研究［J］．舰船工程研究，2000，1：10－12.

第 17 章　潜艇结构腐蚀与防护

从腐蚀本质上来看,潜艇与水面舰船没有大的区别,内舱的腐蚀产生机理、规律与水面舰船基本相同;潜艇外壳的腐蚀机理要复杂一些,除海水作为一种电解质而产生腐蚀的因素外,水面舰船海水环境通常视为二维海水环境,潜艇所处环境可视为三维海水环境,海水温度、盐度、含氧量等参数的变化,引起腐蚀失效机制不一样。特别需要提到的是,海水压力的变化、干湿交替会引起涂层失效更快;在达到一定深度的海水环境中,材料(无论是船体等被保护材料,还是牺牲阳极材料)腐蚀电位与常压海水中不一样,阴极保护材料以及整个阴极保护系统失效机理也不一样。在前一章基础上,本章对潜艇结构腐蚀的特殊性和规律进行了论述,尝试研究了海水压力对涂层失效、干湿交替变化对牺牲阳极失效的影响,提出了屏蔽效应对阴极保护系统的影响规律。

17.1　概述

理论上讲,水面舰船是一个漂浮于海面上的一个容器,潜艇则是一个可以漂浮于水面、潜航或者悬停于设计最大潜深至水面各种海水深度的一个密闭容器,潜艇的三种状态如图 17.1 所示。

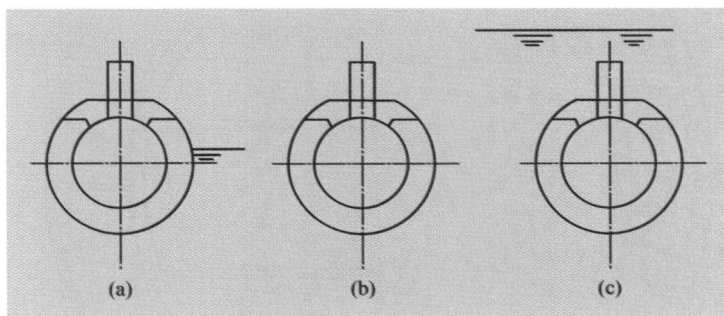

图 17.1　潜艇的三种状态
(a) 水上状态; (b) 半潜状态; (c) 水下状态。

现代潜艇一般为双层壳体形式。对于双层壳体的潜艇,在耐压壳体与非耐压壳体之间的区域,管路、设备和耐压壳体、非耐压壳体材料形成一个非常复杂的空间(图 17.2),电偶腐蚀是不可避免的。空间的复杂性造成电流屏蔽效应,船体采用结构钢等低电位金属材料得不到有效的保护。这些都有可能是造成潜艇壳体腐蚀比水面舰船更快的因素。

潜艇不仅壳体有可能全部或长期浸泡在海水中,还有大量的为了节省耐压壳体内部空间而布置于耐压壳体之外的双层壳体之间的设备、附体,腐蚀又要比水面舰船严重一些。调研发现,除腐蚀环境恶劣和材料耐蚀性有待提高外,防护涂料过早失效、牺牲阳极结壳失效、防护系统设计不当是造成腐蚀的主要原因。同其他海洋装备一样,潜艇结构的腐蚀防护主要采取选用耐蚀材料或者提高材料的耐蚀性、涂料保护、阴极保护以及结构优化设计等主要方式。提高材料的耐蚀性是一个长期的、基础性的过程,是材料学范畴,重点讨论防护问题。

调研工作表明,涂层破损失效、牺牲阳极材料防护能力下降、阴极保护系统失效、结构设计不合理是潜艇结构腐蚀的主要成因。其一,防腐蚀涂料快速破损、寿命短、防护效果差是引起腐蚀的基本原因。进一步分析认为,目前许多国家没有针对潜艇的耐压防腐蚀涂料,没有针对于潜艇特殊使用环境和工况条件系统地进行防腐蚀涂料配套设计选型和性能评价方法研究,没有系统地开展涂料方面的维修性设计研究,以至于存在涂料配套体系选型设计不合理、档次偏低、施工工艺复杂且不完善等问题,涂料的防腐蚀能力不能适应潜艇发展的需要。其二,针对干湿交替环境的牺牲阳极材料防护性能下降、失效速度更快、潜艇结构防腐蚀

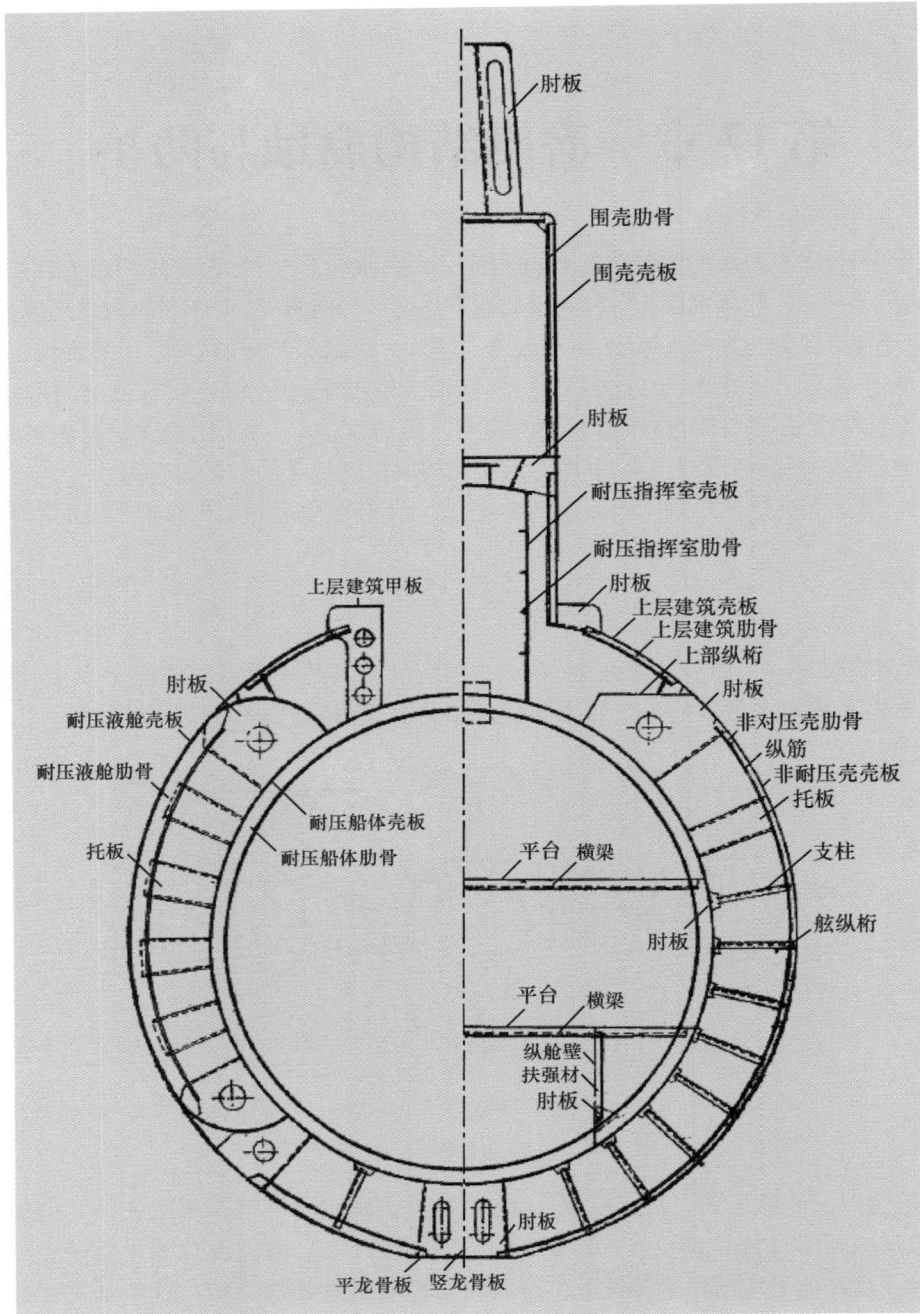

图 17.2 双壳体潜艇舯剖面结构

涂层失效以后得不到有效保护是次要原因。没有针对干湿交替、压力交变环境的阴极保护阳极,阳极在使用一段时间以后,结壳、失效、电流效率下降,金属结构处于欠保护状态,在海水环境中腐蚀率加快。其三,由于潜艇上层建筑等舷间结构复杂,浸泡在海水中的金属种类多,阴极保护系统存在"电流屏蔽"现象,阴极保护系统处于失效状态,即使牺牲阳极材料本身可用时,局部结构也可能得不到保护,而腐蚀率比设计者预计要快得多。

17.2 潜艇结构典型腐蚀问题及分析

17.2.1 水线及以下船体结构

现代潜艇为了隐身的需要,艇体外表面贴覆消声瓦,相当厚度的橡胶消声瓦通过强力胶黏剂贴覆于非耐压船体外表面,起到了物理隔绝和绝缘效果,使腐蚀介质海水及溶解氧不能接触到非耐压船体外表面,基本上使潜艇非耐压艇体的"双面"腐蚀变成了"单面"腐蚀,使得水线区腐蚀难题客观上得以解决。但是由于潜艇上浮下潜,消声瓦结合处不可避免地存在海水渗入问题,造成消声瓦底部艇体腐蚀。消声瓦底部艇体一般很难目视得到,但有时"锈水"流出时就很容易看见了,如图 17.3 所示。

同时,由于阴极保护设计和实施的困难,在艇体的管口、水线标志等没有消声瓦贴覆的裸露部位会出现一定程度的锈蚀。水下附体如螺旋桨、中平舵、尾平舵、方向舵、稳定翼和侧推等有一定程度的冲刷腐蚀问题。

对于水下艇体来说,最大的问题是海生物污损问题,海生物污损不仅增加阻力减低航速,而且影响水声设备正常工作和性能发挥。水线以下的艇体和声纳围壁也长满了海生物,如藤

图 17.3　潜艇艇体腐蚀流出的"锈水"

壶、盘管虫等。螺旋桨、方向舵、稳定翼及尾升降舵等水下附体是海生物污损比较严重的地方。海底门格栅是海生物附着最为严重的区域,位于艇底部的测深仪换能器和测速仪传感器污损与船底部相同,对工作性能有影响。如艇体通海口等海水进出口处有海生物附着,通海口栅格边缘的艇体有黄锈、涂层鼓泡和涂层脱落。

17.2.2　上层建筑及指挥台围壳区域的腐蚀

为了声隐身的需要,潜艇上层建筑及指挥台围壳外壳的外表面一般贴覆消声瓦,腐蚀问题与非耐压壳体外表面大致相同。但是,外壳舷部有众多透气孔、流水孔、折合盖、可拆盖、凹穴、支柱连接部位以及其他各种孔口,这些部位即是雨水和喷淋水进入上层建筑内部的渠道,是最易腐蚀部位,凹穴和孔口等裸露部位均出现锈蚀。此外,艇舷部检查孔的水密板和线型板均锈蚀较重。

17.2.3　上层建筑及非耐压壳体内部区域的腐蚀

由于材料种类多、结构复杂,维护保养困难,潜艇上层建筑内部结构是腐蚀的重灾区,也是腐蚀防护的重点区域。涉及非耐压壳体,耐压壳体顶部(含耐压指挥室出入舱口),耐压水柜、压载水舱和围壁的顶部等。

上层建筑腐蚀严重的主要原因有以下几方面:干湿交替和局部积水,异种金属接触多,设备拥挤、保养困难以及遭受太阳的曝晒等环境因素。上层建筑内锈蚀严重部位大多为易积水的部位(或水易残留的部位)和涂层薄弱部位。涂层薄弱部位主要是构件的边角、管路的法兰、紧固件、焊缝处、肋骨、加强筋的边缘等。潜艇非耐压壳板涂层脱落后腐蚀严重,尤其在边角出现层裂,粉化,强度丧失。另外,上层建筑上甲板有大量孔口、凹穴,如透气孔、折合盖、可拆盖等,舷部有流水孔和首升降舵凹穴,使得雨水、喷淋用水等经此进入上层建筑内,形成局部积水,恶化了腐蚀环境。

耐压壳体顶部腐蚀是上层建筑区域内腐蚀的"重灾区"之一,耐压壳上的涂层鼓泡与锈包、耐压壳体顶部腐蚀十分常见。主要包括外肋骨、壳板及其焊缝腐蚀,直接影响潜艇强度和稳定性,进而影响下潜深度和使用寿命。固壳顶部环境很复杂,其腐蚀的原因归纳起来有"五多"。

(1)系统基座多。如柴油机进排气系统、高压低压气系统、艇内通风排气系统、首升降舵、锚机装置系统、潜望镜等升降装置的基座,可达性差,难保养。

(2)局部积水部位多。除了几乎贯穿左右舷首尾的流水沟外,还有不少基座及其加强结构形成局部积水区,恶化了腐蚀环境。

(3)异种金属接触多。装置系统的钛合金、铜及铜合金、不锈钢等金属电位均较钢正得多,其涂层附着力又差,与船体钢接触易导致电偶腐蚀。

(4)二次除锈部位多。管码、电缆码、阳极块、接地线以及上层建筑支柱底部的焊接对涂层的破坏,导致二次除锈部位多,涂层质量难以保证,易形成腐蚀源。

（5）润滑油脂多。各种装置的润滑油（如黑油等）污染环境严重，对涂漆前的表面处理带来极大困难，易导致涂装质量差。

17.2.4 液舱的腐蚀

由于潜艇自身的特点，其内部液舱众多，主要包括压载水舱、环形间隙水舱、平衡水舱、鱼雷补重水舱、淡水舱和污水舱等。这些液舱一般空间狭小，出入口单一，内部结构复杂，使用环境恶劣。如污水舱经常浸泡着腐蚀性极强的厨房和生活用污水；鱼雷无泡发射水舱、平衡水舱、淡水舱等液舱，舱内总是处于干湿交替或常年潮湿状态，因此容易腐蚀。从艇体腐蚀的一般规律来看，内部液舱壳板、钢构件和液舱内部经常积水部位是腐蚀最为严重的部分之一，也是潜艇重点防腐区域。

1. 各舱室腐蚀特点

1）压载水舱

压载水舱习惯称水柜，水柜内部因干湿交替而发生腐蚀，腐蚀特点为上部较轻，下部严重，且腐蚀部位涉及舱壁、舷部、耐压固壳、托板、攀爬钢筋、焊缝和舷部纵骨等多个部位。压载水舱的上部纵桁（水柜顶板），易积水和积聚污垢，形成较严重腐蚀源。在压载水舱内部的顶板、耐压艇体表面存在涂层脱落现象，表面有大量锈蚀；舱壁局部涂层鼓泡，剥开后见内有银白色腐蚀产物。

在压载水舱内部，腐蚀锈斑主要出现在焊缝附近及穿舱管件的接头部位。焊缝部位易腐蚀容易理解，因为焊材本身与母体存在电位差，有焊接热影响区的关系，造成材料耐蚀性变差，还有焊接区域涂装困难；穿舱管件部位腐蚀则主要是电位差和异种金属接触引起，穿舱管件多为铜合金材料，比船体钢电位要正很多，在设计上又很难做到真正的绝缘处理，穿舱管件周围船体板就容易发生腐蚀。

2）艉部抗沉水舱

艉部抗沉水舱内海生物附着较为严重，涂层有明显的鼓泡，有明显的锈斑。另外，水舱内牺牲阳极也受到了海生物附着的影响，难以保养，表面易结壳，不能充分溶解。

3）污水舱

潜艇固壳内部污水舱的腐蚀特征呈溃疡状蚀坑，舱底污水难清除，沉积物易造成缝隙腐蚀。

2. 潜艇内部液舱的防腐蚀设计

根据内部液舱的使用环境和腐蚀特点，内部液舱的防腐原则应从结构设计入手，综合采用涂料（涂装）和阴极保护两种方法，以涂装+阴极保护的方法，完整设计防腐蚀系统，壳、涂一体化，到达防腐蚀设计寿命。

1）结构防腐设计

液舱的结构设计首先应考虑到除锈、涂装作业的可行性，尽量避免设计出涂装死角和狭窄缝隙等作业困难的结构。横贯内部液舱的肋骨、加强筋板等横向构件的流水孔开准、开足，尽量减少在这些部位的积水。理顺穿过各内部液舱的管路走向，保证施焊质量。人孔单一的狭小舱柜，增开工艺孔做通风口用，以利作业安全。人孔、通风孔的尺寸、位置、形状合适，要有利于通风、换气、清理和磨料回收。对于必须且人体难以进入的空间，应考虑有缓装的板，以便除锈和涂装。

另外，结构设计时应该使难以涂装的表面积减至最小，能使人员和设备容易靠近施工，便于对内部液舱进行清洁和干燥处理。

还要注意的是，尽量采用抗腐蚀性高的钢材，所有孔（流水孔、通风孔、人孔）的自由边均应修磨光顺，焊缝表面也应修磨光顺并尽量采用双面焊。

2）防腐蚀保护设计

对于内部液舱，除采用耐压的高固体分液舱防腐蚀涂料外，还需采用牺牲阳极的防腐蚀保护方式。潜艇液舱一般比较狭小，在没有条件的情况下，不必采用复杂的边界元阴极保护设计方法，可采取简单的经验计算即可。液舱内安装牺牲阳极的数量一般由下列经验公式计算：

$$N = \frac{S_b \cdot i_b}{I_f}$$

式中：S_b 为被保护部位面积；i_b 为被保护部位的保护电流密度；I_f 为每块阳极发生电流。

因为内部液舱的特殊性,按照上式计算的在液舱内部使用的牺牲阳极数量应增加,阳极的体积也应该增大。

另外,为防止内部液舱测深尺区域耐压船体的接触腐蚀,除在测深尺下端加焊封板结构之外,该区域耐压船体上应增加布置牺牲阳极,防止局部点蚀。对于污水舱、鱼雷无泡发射水舱和内部液舱舱底的常年积水的部位应设计采用耐油污水的专门的牺牲阳极防止点蚀。

3）涂料设计

（1）选择合理的涂料配套体系。根据潜艇内部液舱内表面的腐蚀特点和长寿命防腐蚀要求,可以选择高固体分环氧树脂快速固化涂料,一是长效防腐蚀,二是狭小空间涂装的快速固化。在一些死角部位还需要采用环氧胶泥密封,对于内部液舱可以有效地起到长期防腐蚀效果。因为内部液舱暗窄,选择深浅相间的涂层配套体系可以有助于施工人员作业和工作人员检验。

（2）对基材进行表面处理。除锈前用清洗剂除净油污和脂类等污染物,再用高压淡水冲洗。干燥后采用喷砂进行表面处理时,应达到 GB8923 规定的 Sa2.5 级,手工动力工具除锈 St3 级,车间底漆尽量打磨掉。经过表面处理、彻底清除油污、铁锈、旧涂层等杂质后的活性基材表面,应该立即涂装。

（3）涂层维护和修补。对于焊缝区和烧焊等原因造成的内部液舱漆膜损坏,涂装前应认真进行记录和检查。对损伤的涂层应该建立专门机构和人员负责跟踪补涂,对基材的处理和涂层的打磨应按照涂料说明书要求。

烧焊处要清除锐边、毛刺、焊渣、焊馏等杂物。焊缝表面修磨光顺,底漆、修补漆均按照正确的涂装次序。涂装中,除焊缝区域外,大面积进行底漆施工,焊缝修补可用修补漆,完工漆为最后一道面漆,以保证整个涂层的完整性。

舱内焊缝区域修补之后,需进行涂膜干燥,尚需对内部液舱进行必要的通风和温、湿度控制。

内部液舱的维护应该纳入潜艇的全面维护计划中,最有效的方法是在定期维护中修理所发现的任何缺陷。

17.2.5　潜艇舾装的腐蚀

潜艇舾装件数量多,分布广,如支柱、缆车、双系柱、折合盖、可拆盖、通气顶罩、检查孔盖及电缆管、艇艏艉的失事浮标、活动系缆柱等。潜艇舾装的腐蚀问题也比较突出,部分舾装件存在局部涂层破损以及基体金属严重锈蚀的情况。如紧固件、阀门的手轮、支吊架、固定卡箍等,由于受力和异金属接触等,导致油漆脱落、锈蚀严重;部分舾装件为碳钢件,在海水中不长时间就腐蚀严重。

1. 各舾装件腐蚀特点

（1）支柱。支柱连接上层建筑和耐压壳体,对上层建筑有支持和加强作用,抵御爆炸压力。支柱一般为钢管,上下用肘板与上下结构连接,管内无特殊保护。支柱下端属易腐蚀部位,在进排气系统和气瓶部位腐蚀更为严重。

（2）电缆管。钢质电缆管的管段与管段之间用焊接钢筋连接,且管与船体之间同样用焊接钢筋连接,以防静电。钢质电缆管内外均遭腐蚀,部分电缆管使用不长时间就已基本失去原有功能。

（3）基座和管码。基座管支架数量多,大小各异,分布广泛。大到挡板座、中平舵传动机构基座、锚机、绞盘座等。小型基座多为小型专业设备的基座,其作用不可低估。管支架包括各种管路支架和电缆支架等,材料以低碳钢居多,不耐腐蚀,涂装等也缺少规范化和长效化的设计,腐蚀一般较为严重。

（4）紧固件。在潜艇舰桥、舷间、压载水舱和内部各舱室,部分紧固件没有采取腐蚀防护技术措施,是典型的"阳极",腐蚀严重,更换难度大,是亟待解决的问题,其中以舷间和各舱室在积水部位以下的紧固件腐蚀最严重。

（6）舷外可拆板等。上层建筑上的可拆板及其四周的上层建筑部位经常处于干湿交替的环境中,涂层易脱落,常有局部锈蚀发生;位于上层建筑内的缆车极易腐蚀,到小修或中修时锈蚀严重;应急钢缆的腐蚀也是不可忽视的,钢索的锈蚀断裂,存在较大的安全隐患,而且它们埋设在消声瓦沟槽内,锈蚀后流红锈水,平时不能维护保养,影响舰容;压载水舱人孔检查盖和紧固螺栓,这些部位经常接触海水,且易发生干湿交替,腐蚀较为严重,是重点腐蚀部位;气动拖船钩经常用于拖曳,时常发生受力磨损,使漆膜脱落,易发生腐蚀。其他部位如羊角、气动装置、龙须缆、活动系缆柱也经常受外力作用,尤其是磨损受力部位,表面漆膜脱落,发生腐蚀。

2. 舾装件的腐蚀原因分析

从潜艇艇体腐蚀的一般规律来看,甲板舾装件所在的部位是腐蚀最为严重的区域,也是潜艇重点防腐蚀区域。在艇下潜时,甲板舾装件完全处于海水环境中,上浮时又处于海洋大气中,交替的干湿环境使得腐蚀更为严重。对于活动系缆柱,表面还受缆绳的磨损和海水的侵蚀,因此其特点是腐蚀与磨损双重作用,是舾装件中腐蚀最严重的地方之一。同时,对于甲板舾装件,由于大多是非标准件,制作要求不一,因而尚缺乏统一的保护措施。结合甲板舾装件特点和特殊使用环境来看,发生腐蚀的原因有以下几方面:

1) 对使用环境认识不足

由于生产工艺的限制,在制定甲板舾装件的相应标准和制造甲板舾装件时,对甲板舾装件海洋环境考虑不够,尤其是甲板舾装件的干湿交替环境认识不足。比如,选用的材料不能满足严酷的海洋环境,主要的零件材料包括 20 钢、A3(Q235)钢、ZG25、902、2Cr13 等,这些金属材料在海洋中均易发生腐蚀。另外,甲板舾装件的防腐涂层简单、低级,起不到应有的防腐作用,甲板舾装件的表面处理工艺宽松,直接涂装涂料,没有采取综合的防腐材料表面处理措施。

2) 结构设计和布置部位不合理

部分甲板舾装件结构设计和布置部位不合理也是造成其腐蚀的一个重要原因。严重的话会使甲板舾装件的某些功能丧失,甚至增大潜艇的航行噪声,降低潜艇的隐蔽性。例如,有的甲板舾装件设计时存在难维护和易聚集海水的死角,有的马脚位于影响海水集散的阻水位置,升降式带缆桩本体和套筒间缝过小等也会给相应的甲板舾装件带来腐蚀。另外,布置在潜艇动力机舱外部耐压壳体上和水上排气口等高温位置附近的舾装件,由于温度高而加大了这些区域水的侵蚀性,造成腐蚀。

3) 对金属电化学腐蚀认识不足

电化学腐蚀是由金属表面与介质发生电化学作用而引起的,在作用过程中有阴极区和阳极区,在金属与介质间有电流流动。最广泛的电化学腐蚀是在电解质溶液中的腐蚀,而海水就是典型的电解质溶液。潜艇甲板舾装件长期处在湿润的海洋大气环境中。在其表面形成电解质海水溶液薄膜,由不同成分、不同电位的不同材料制造的甲板舾装件则在海水薄膜覆盖下形成原电池,造成低电位材料的腐蚀和溶解。一般在甲板舾装件的表面至少集中有原电池、电偶电池、氧浓差电池和微电池四种电化学腐蚀现象,在这些电池的综合作用下,潜艇甲板、非耐压壳体区域的艇体结构和部件、舾装件的腐蚀一直就没有停止过。

4) 对安装工艺的细节把握不够

有时,粗糙的安装工艺使得材料在短期内发生严重腐蚀,究其原因,在安装过程中对细节把握不够,腐蚀的保护措施处理不到位。如绝缘胶泥未能将异种金属接触部位完全密闭,绝缘垫片未能全部安装到位,表面涂装时未将金属表面锈迹完全打磨干净,牺牲阳极安装时电连接未导通,密封填料未能完全密封导致海水通过空隙接触到金属基体等。

3. 甲板舾装件的防腐蚀控制

潜艇甲板舾装件关系到潜艇的使用和作战使命能否顺利执行,重要性不言而喻。针对潜艇的特殊使用环境,应该对甲板舾装件采取综合治理措施,从甲板舾装件的技术设计、零部件选材及制造、上艇安装工艺以及使用维护保养等方面开展设计工作。目前,对于该重点防腐蚀区域可采用多种综合腐蚀治理的办法,做到防止该区域的艇体结构的腐蚀。总的来看,有以下几种。

1) 更换材料

根据使用环境合理选用各类金属材料或非金属材料。在甲板舾装件设计中,优先选用铬含量高的不锈钢、钛合金和耐腐蚀结构合金等高性能材料,如上层建筑、横杆、扶手和蚂蟥梯等均选用不锈钢材料,管路、电缆马脚采用与艇体相同的结构钢材料,但须进行渗锌或镀锌的表面处理。在腐蚀治理过程中,对于腐蚀较为严重的材料应给予更换,对于不易更换的部位尽量做好周到全面的腐蚀措施。

2）遵循材料和部件的使用条件

在产品设计和标准制定时就应考虑材料的防腐蚀问题,特别是对接触腐蚀、应力腐蚀、缝隙防腐及焊接中的腐蚀,应该考虑材料的腐蚀裕度。在材料选择和使用时要做到物尽其用,同时要考虑到材料的适用性,特定的腐蚀环境中要选择合适的材料。

3）电化学防腐蚀设计

对于潜艇甲板舾装件的电化学防腐蚀保护一般为牺牲阳极保护法,可将该舾装件所在部位的上层建筑内布置的三元锌牺牲阳极或者高效铝合金牺牲阳极数量增加,并调整加大牺牲阳极保护量。此外,防止甲板舾装件与异种金属接触也是一种电化学防腐蚀措施。

4）实施金属表面处理

（1）热喷涂处理。热喷涂技术出现于 20 世纪初,80 年代后期得到长足发展。应用于海洋环境中钢结构防腐的热喷涂技术,主要是热喷铝和热喷锌。对甲板舾装件采用热喷涂技术后,还需涂装涂料封闭层进行防护。根据用途不同,经热喷涂后的甲板舾装件可选用耐磨型或普通型封闭涂层。

（2）热浸镀。钢材、铸铁和铜等材料均可以采用热浸镀进行基材处理以达到防腐蚀的目的。对于甲板舾装件的热浸镀一般为热浸锌铝。

（3）渗锌。渗锌技术可以解决潜艇甲板舾装件,特别是升降带缆桩和导缆钳等的防腐蚀与耐磨蚀问题。渗锌后的甲板舾装件表面能致密、保护性好、结合力强、硬度高。

（4）应用非金属防护涂层。应用非金属防护涂层一般应结合其他的表面处理技术,这样可以达到综合治理防腐蚀的效果。典型的涂层配套体系是:基材表面 + 喷砂 + 喷涂无机富锌涂料 + 高性能有机配套涂层。

（5）结构防腐设计。可以采取的结构防腐措施主要有防止滞留水、防止结构缝隙腐蚀、对焊缝表面提出质量要求等。注意,减少某些甲板舾装件的边角和狭隙,因设计的原因而必须具有的缝隙,其间隙要扩大。

（6）标准修订。一些甲板舾装件的生产制造标准的制定时间较早,选用的舾装件制造材料受时间限制,在当时看来是较高性能的材料,今天可能就是易腐蚀材料。应该对相应的甲板舾装件标准中的低级材料更新,修订有关标准或重新编制相关标准。

（7）提高施工工艺。施工时,注意对细节的处理。牺牲阳极安装完毕后,应用电表测试电连接的连通性。绝缘垫片等安装时,安装完毕后有专人检查安装的完整性。绝缘胶泥、密封填料应进行两或三次的重复性施工,以防金属有漏涂部位。表面油漆涂装完成后,应专人检查涂层的厚度,不达标的应重新施工。

17.3　潜艇用无机富锌涂料的失效机理

无机富锌涂料作为长效重防腐蚀涂料配套的底漆在海洋大气环境下得到广泛应用,并显示出良好的防护效果,因此在 20 世纪 90 年代至 21 世纪初的 10 多年里,一定数量的潜艇采用了无机富锌涂料。但是这些装备的透水部位涂层破损严重,造成艇体也腐蚀严重。这说明该配套体系在连续海水浸泡并且基材在有一定流速的海水环境中失效较快,而其失效机制尚不十分清楚。究其原因,有一种说法是施工工艺控制不严所致,还有别的什么原因吗? 富锌涂料能作为潜艇等特殊环境下的防腐蚀涂料设计选用吗? 到底什么样的涂料类型适合于潜艇结构防腐呢? 很长时间以来,海洋工程设计者青睐于富锌涂料的长效防腐蚀性能,特别不少总体设计者在没有搞清楚潜艇涂料选型设计要求之前,盲目将结构防腐蚀的重点寄希望于无机富锌涂料,无机富锌涂料适合于潜艇压力交变、干湿交替环境吗? 环氧类涂料又如何呢? 带着这些疑问,我们研究了 5 种环氧类、12 种富锌涂料的失效机制,希望研究结果能对选择潜艇透水部位的防腐蚀涂层选型、研究压力海水环境条件下的防腐蚀涂料特性有所启示。

17.3.1　试验体系

试验中涂层样品为厂家所提供的涂层样品,涂层体系见表 17.2。

表 17.2　试验中涂层样品

配套	涂料名称	涂装道数	总干膜厚度/µm	涂料生产厂家	备　注
J1	水性无机富锌涂料	3	100	甲厂家	试验对比涂料
J2 J1 配套	水性无机富锌涂料	3	100	甲厂家	实际应用中完整 涂料配套 1
	环氧云铁防锈漆（封闭层 + 防锈层）	2	150		
	氯化橡胶铁红厚浆型防锈漆	3	250		
J3 J1 配套	水性无机富锌涂料	3	100	甲厂家	实际应用中完整 涂料配套 2
	环氧云铁防锈漆（封闭层 + 防锈层）	2	75		
	环氧煤沥青厚浆型防锈漆	1	125		
	氯化橡胶沥青防锈漆	1	120		
J4	水性无机富锌防腐涂料	3	100	乙厂家	试验对比涂料
J5 J4 配套	水性无机富锌防腐涂料	3	100	乙厂家	实际应用中完整 涂料配套
	环氧云铁防锈漆	2	100		
	环氧铁红防锈漆	2	80		
J6	环氧富锌防锈漆	2	70	丙厂家	试验对比涂料
J7 J6 配套	环氧富锌防锈漆	2	70	丙厂家	实际应用中完整 涂料配套
	环氧云铁防锈漆	2	100		
	氯化橡胶面漆	2	80		
J8	环氧富锌底漆	3	80	乙厂家	试验对比涂料
J9 J8 配套	环氧富锌底漆	3	80	乙厂家	实际应用中完整 涂料配套
	环氧云铁防锈漆	2	100		
	氯化橡胶面漆	2	80		
J10	溶剂型无机富锌防锈漆	3	70	丙厂家	试验对比涂料
J11 J10 配套	溶剂型无机富锌防锈漆	3	70	丙厂家 乙厂家	实际应用中完整 涂料配套
	环氧封闭涂料	1	30		
	环氧云铁防锈漆	2	100		
J12	水性无机富锌防腐涂料			甲厂家	试验对比涂料

17.3.2　研究内容与试验方案

（1）富锌涂料及其配套体系的防腐蚀作用机理研究，系统考察阴极保护作用及物理屏蔽阻挡等具体保护作用，并定性分析和判断这些作用的相对大小。

（2）富锌涂料及其配套体系在海水腐蚀环境下失效微观机制研究，包括：面漆与底漆的失效顺序以及二者可能存在的相互影响及协同作用机制；体系中表面与截面的腐蚀形貌和各层腐蚀产物的成分变化、界面处特征元素的迁移以及环境中腐蚀性介质的渗透对失效过程的影响；电化学特征参数（保护电位、涂层电阻、涂层电容等）的变化与失效过程的对应关系；环境因素（盐雾与静态浸泡、流动与静止、剥离与未剥离等）对失效过程的影响及程度。

对各涂层体系进行静态海水环境腐蚀试验、耐盐雾环境腐蚀试验、耐阴极剥离性能进行试验以及测量不同涂层体系在模拟海水中的电化学交流阻抗谱，研究涂层体系的耐蚀性能；通过扫描电镜的分析，获取涂层体系截面与失效相关的特征信息；利用涂层附着力进行测定，确定不同涂层体系与基体之间，涂层体系底漆、中间漆和面漆之间附着力的大小，从而进一步分析涂层附着力对涂层失效的影响；在上述试验内容基础上，得出各体系的防腐机理与失效的微观机制，对配套体系失效过程与环境因素之间的关系展开深入的探讨，得出影响失效的特征性关键因素，并给出失效模型，如图 17.4 所示。

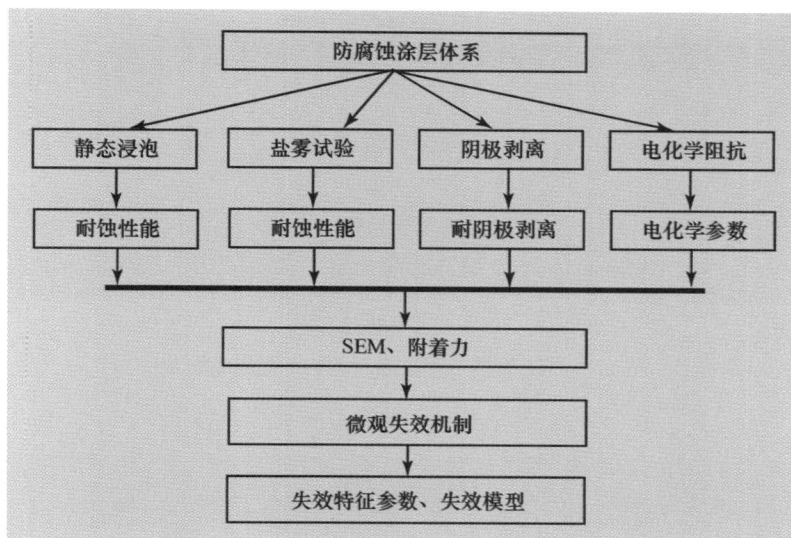

图 17.4　富锌涂层失效试验流程图

17.3.3　试验方法

（1）静态浸泡试验。试验中样品为 150mm×70mm 涂层样品（板）及其涂层配套体系,对样品进行封边处理。静态浸泡试验按照国标 GB10834—2008《船舶漆　耐盐水性的测定　盐水和热盐水浸泡法》进行,试验温度保持在(23±2)℃,盐水蒸馏水配制的 3% NaCl 水溶液。

（2）盐雾试验。试验中样品为 150×70mm 涂层样品（板）及其涂层配套体系,对样品进行封边处理。盐雾试验按照国标 GB/T1771—1991《色漆和清漆　耐中性盐雾性能的测定》进行,盐雾箱内温度为(40±2)℃,周期喷雾,盐水为 5% 的 NaCl 水溶液。

（3）阴极剥离试验。样品（板）为厂家提供的 250×150mm 涂层样品及其涂层配套体系,样品进行封边处理。阴极剥离试验按照国标 GB/T7790—1996《防锈漆耐阴极剥离性试验方法》规定进行。

（4）电化学阻抗测试。电化学交流阻抗谱测定采用美国 EG&G PAR 公司的 273 恒电位仪和 M5210 锁相放大器组成的 M398 系统进行测量。测试频率范围为 $10^{-2} \sim 10^5$ Hz,正弦交流波信号的振幅 15mV。测试采用三电极体系,以铂电极为辅助电极,饱和甘汞电极（SCE）为参比电极,厂家提供的 50×50mm 的涂层样品为工作电极,暴露于溶液中实际工作面积为 9.6cm^2,涂层厚度为 100±10μm,腐蚀介质为 3.5% 的 NaCl 水溶液。

（5）涂层附着力测试。试验中分别以无机富锌涂层典型样品 J1 及其配套体系和有机富锌涂层 J6 及其配套体系作为试验样品。根据 GB 5210—2006《色漆和清漆　拉开法附着力试验》涂层附着力的测定法拉开法进行涂层附着力的测定。拉伸速度为 10mm/min;试验柱的直径为 20mm,高度为 30mm;胶黏剂选用的是沈阳市科协黏接应用技术研究所生产的 α 氰基聚丙烯酸乙酯为主体的快固胶黏剂。通过对无机富锌涂层 J1 及其配套体系与有机富锌涂层 J6 及其配套体系的附着力拉伸试验的对比,进一步说明无机富锌与有机富锌涂层防护性能的好坏。

17.3.4　试验结论

图 17.5 是 J1 涂层不同浸泡时间的截面电镜照片。从这些电镜照片可以看出,浸泡一段时间后,涂层的厚度有所增加,说明腐蚀产物填充在涂层内部（因此导致膨胀）,并且有腐蚀产物在涂层与基体界面形成。

图 17.6 是 J1 涂层浸泡前后的 X 射线能谱仪（EDAX）分析结果。可以看出浸泡前涂层主要成分为 O、Zn 和 Si 元素。浸泡后涂层中新出现了 Cl 及 Fe 元素,显然这来自腐蚀介质和基体金属的腐蚀。

从以上的分析可知,无机富锌涂层的腐蚀失效机制为浸泡开始阶段,侵蚀性溶液迅速进入涂层并与锌粉发生反应,此时涂层的保护作用主要表现为阴极保护的作用;随着浸泡时间的延长,锌粉的腐蚀产物堵塞

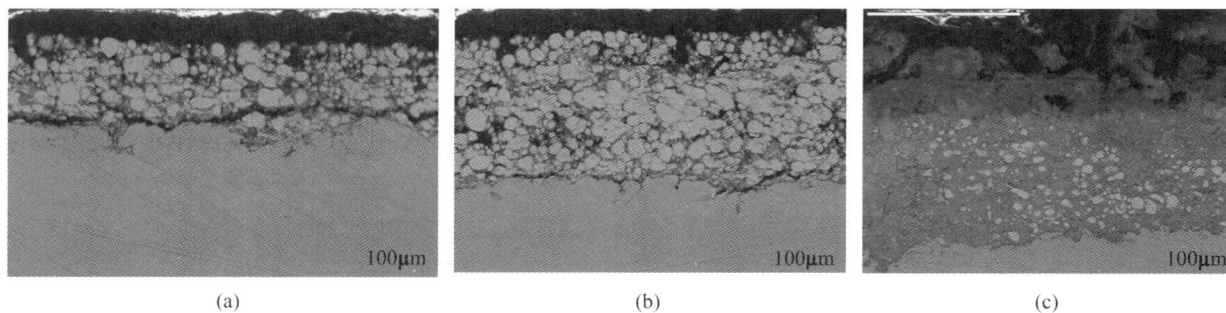

图 17.5　J1 涂层不同浸泡时间的截面电镜照片
（a）0 天；（b）114 天；（c）210 天。

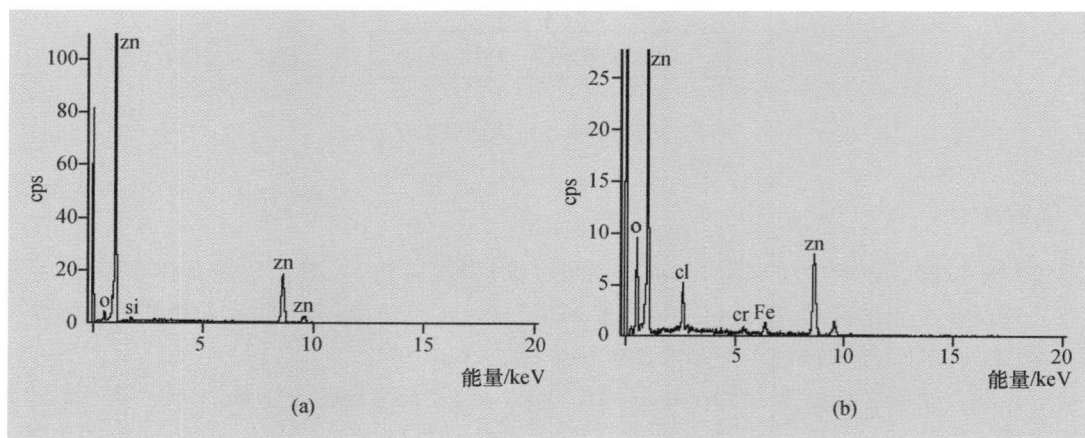

图 17.6　J1 涂层的 EDAX 分析
（a）浸泡前；（b）浸泡后。

介质进入通道,此时涂层腐蚀产物的屏蔽作用进一步对基体起到保护作用;在浸泡后期,涂层的腐蚀过程完全由腐蚀介质或腐蚀产物扩散的传质过程控制。

经过较为系统的试验,结论为:

（1）无机富锌涂层对基体的保护作用主要为浸泡初期的阴极保护作用及腐蚀产物在涂层表面和内部沉积产生的封闭阻挡作用。随着浸泡时间的延长,涂层中锌粉的腐蚀反应由腐蚀介质或腐蚀产物扩散的传质过程控制。但上述两种作用在数月内将耗竭殆尽。同时,无机富锌涂层与封闭漆之间由于树脂主体官能团分子极性的差异,分子间作用成分较少,使得总体结合强度较小,尤其当侵蚀性介质进入涂层后将导致封闭层的加速剥离以及体系的失效。因此,无机富锌涂层与所选封闭漆的配套体系不是一种十分合理的体系。

（2）有机富锌涂层对基体的保护作用不仅仅是阴极保护作用,其本身的屏蔽作用也具有相应对整体的防护作用产生较明显和直接的贡献。同时,有机富锌涂层与其配套有机涂层之间的结合性能由于分子极性相近也要远好于无机富锌涂层的综合性能。基于上述,有机富锌配套体系的整体防护性能优于无机富锌配套体系的整体防护性能。

（3）无机与有机富锌涂层配套体系的耐盐雾性能差异较小,但阴极剥离试验以及海水中的腐蚀防护性能差别较明显。在盐雾环境条件下,由于传输通道中液相介质不均匀甚至不连续,锌粉腐蚀产物在向涂层表面传输能力较在海水介质条件下的差,而无机富锌更为强烈的牺牲阳极作用,导致更大量的锌的腐蚀产物在传输通道中的"滞留"。这种作用实际上使得无机富锌与有机富锌体系的屏蔽阻挡作用趋于一致,因而它们之间的防护行为较接近。但在连续介质的试验条件下,则没有上述作用,所以腐蚀防护行为的差异较大。

（4）基于无机富锌涂层与有机富锌涂层配套体系的阻抗谱,就整个涂层体系的阻抗,有机富锌涂层配套体系的防腐蚀性能要远好于无机富锌涂层配套体系。

17.4 海水及海水交变压力对涂层破损的影响

潜艇等海洋装备需要大量的新型材料和防腐蚀涂层的保护。防腐蚀涂料的失效破坏往往成为深海技术和装备发展过程中的制约因素,直接导致深海装备在服役过程中安全性下降,甚至造成严重的人员伤亡和经济损失。潜艇耐压壳体涂层受到静水压力的作用,其腐蚀破坏过程、破坏规律、破坏机制与水面舰船一样吗? 答案是否定的。下面利用吸水率、附着力测试以及电化学阻抗谱研究了静水压力对环氧树脂涂层防腐蚀性能的影响规律。

17.4.1 试验装置和条件

深海环境模拟测试装置结构示意图如图 17.7 所示。压力变化条件为常压/3.5MPa 或常压/6.3MPa 压力交变,24h 为一个循环周期,其中前 12h 为常压,后 12h 为高压(3.5MPa 或 6.3MPa),共进行 10 个循环。每一个循环过程中先在常压下浸泡 12h,然后采用液体增压泵将测试溶液加压至所需静水压力,并保持 12h,为一次循环。然后泄压至常压,继续浸泡 12h,然后加压至所需静水压力,并保持 12h,为下一个循环。

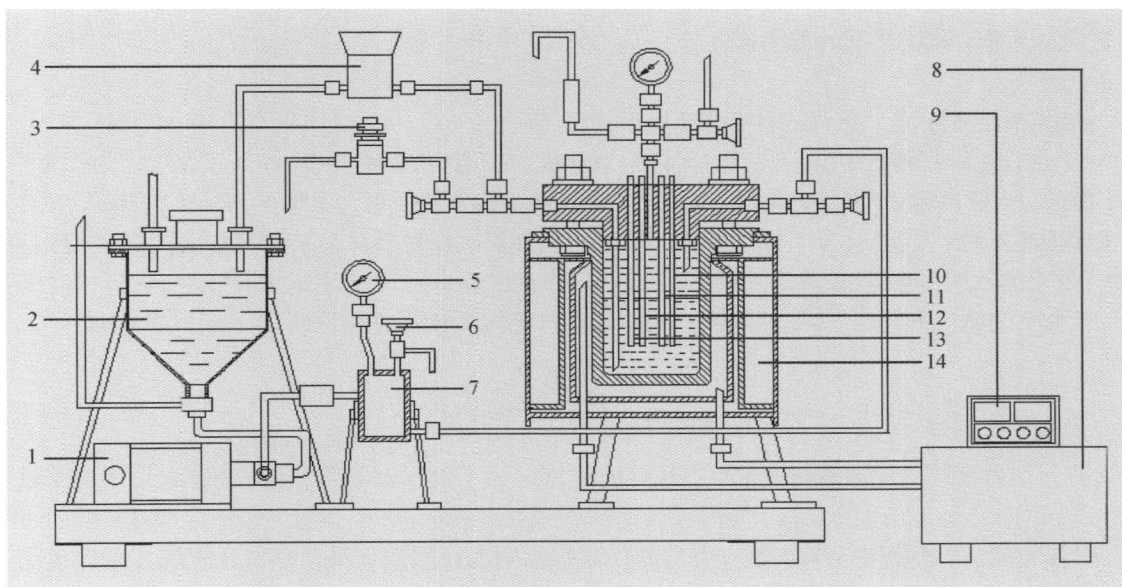

图 17.7 深海环境模拟测试装置示意图

1—气液增压泵;2—加料缸;3—微调阀;4—背压调节器;5—压力表;6—阀;7—增压缓冲缸;8—低温恒温槽;
9—温度控制器;10—热电阻;11—参比电极;12—辅助电极;13—工作电极;14—反应釜。

17.4.2 试验方法

1. 试验材料及样品制备

试片为 $\phi20mm \times 10mm$ 的 Q235 钢,在一端焊接导线后用环氧树脂封装后放入干燥箱中备用。试片涂覆涂料前喷砂处理使表面粗糙度达到 Sa2.5,经丙酮除油,乙醇除水后涂覆涂料。

用于吸水率测试的试样是预先刷涂在硅胶板上,按相应的固化条件制备涂层样品,然后裁剪成相同的形状进行吸水率测试。

用于附着力测试的试样是预先涂覆在 150mm×75mm×2mm 的 Q235 钢上,按相应的固化条件制备涂层样品,然后进行附着力测试。

电化学阻抗谱测试用基体材料为直径 2cm 的圆柱形 Q235 钢,工作面积为 $3.14cm^2$。对于每种涂料,制备三种不同厚度的涂层/钢试样,常压与高压下测试用试样涂层厚度为 $(80\pm5)\mu m$,测试面积均为 $3.14cm^2$。

2. 涂层体系

采用的涂层体系如下:

（1）涂层体系的选择为双酚 A 环氧树脂 E44,用聚酰胺 651 作为固化剂,二者混匀 30min 后,刷涂在样品表面,在室温干燥 15h,在 60℃ 干燥箱中固化 24h 后可以进行后续测试。

（2）选用 F – 51 溶剂型酚醛环氧树脂,固化剂选用 651 型低分子聚酰胺树脂。采用刷涂法将环氧涂料涂覆到钢表面,在室温与 60℃ 干燥箱中分别固化 24h。涂层厚度为 $(195 \pm 10)\mu m$。

（3）采用静电粉末喷涂法将 E12 环氧粉末涂料喷涂到钢表面,固化剂为双氰胺。二者制成粉末后利用静电喷涂技术喷涂在样品表面,在干燥箱中 200℃ 固化 8min 后取出可以进行后续测试。涂层厚度为 $(170 \pm 10)\mu m$。

（4）采用静电粉末喷涂法将 FM – 15 环氧粉末涂料喷涂到钢表面,固化剂为双氰胺。二者制成粉末后利用静电喷涂技术喷涂在样品表面,在干燥箱中 200℃ 固化 8min 后取出可以进行后续测试。

（5）涂料选用 615A 型无溶剂环氧树脂,固化剂选用 651 型低分子聚酰胺树脂。采用刷涂法将 615A 环氧涂料涂覆到钢表面,在室温与 60℃ 干燥箱中分别固化 24h。涂层厚度为 $(280 \pm 10)\mu m$。

（6）涂料选用 NP170 双酚 F 型环氧树脂,固化剂选用 651 型低分子聚酰胺树脂。采用刷涂法将 NP170 环氧涂料涂覆到钢表面,在室温与 60℃ 干燥箱中分别固化 24h。涂层厚度为 $(210 \pm 10)\mu m$。

3. 试验环境

试验以 3.5%（质量分数）NaCl 水溶液作为腐蚀介质,试验温度为室温。静水压力分别为 3.5MPa 或 6.3MPa 进行吸水率、附着力、EIS 的测试。

4. 测试方法

（1）电化学阻抗谱测量。电化学阻抗谱（EIS）测量在荷兰 Eco Chemie 公司生产的 AutoLab PGSTAT302 型电化学工作站上进行。EIS 测量采用经典三电极体系,对电极为铂电极（20mm×20mm）,参比电极为固态参比电极（$E_{SHE}=0.1967V$）。测试频率范围为 $10^{-2} \sim 10^5 Hz$,正弦波扰动信号的振幅为 100mV、50mV 和 20mV,由于涂层较厚,在浸泡初期涂层的阻抗很大,为了提高测量的信噪比,避免腐蚀电位漂移带来的误差,刚开始浸泡到 48h 之间采用 100mV 的振幅,之后随着涂层电阻的减小而逐渐减小振幅到 20mV。EIS 测试数据用 ZSimpWin 软件拟合。

（2）吸水率测试。利用电子天平（Sartorius CP225D）测定不同浸泡时间下涂层的质量,根据下列公式计算吸水率:

$$吸水率 = \frac{W_t - W_0}{W_0} \times 100\%$$

式中:W_0、W_t分别为涂层试样原重与浸泡 t 小时后的质量。为了确保试验数据的准确性,采用 5 个试样进行平行试验。

（3）附着力测试。使用 PosiTest 附着力检测仪测定不同循环周期下马口铁试片上涂层的附着力。为了提高数据的可靠性,对三个平行试样进行测试,结果取平均值。

（4）交联密度测试。称取一定量（M_1）固化完全的涂层自由膜,用滤纸包好放入提取管内;量取约 100mL 丙酮加入到 150mL 蒸馏瓶中,装好索氏提取器及加热装置;打开循环冷却水,加热至丙酮沸腾,48h 取出涂层自由膜,烘干并用电子天平称重,得到的涂膜质量占原涂膜质量的百分含量即为所研究涂膜的交联密度。

（5）腐蚀区面积比计算方法。利用数码相机对不同浸泡时间涂层试样的腐蚀形貌进行观察,并通过图像处理软件 Adobe Photoshop 对图片进行处理与分析来考察静水压力对涂层试样腐蚀形貌的影响规律。由于数码图片由成千上万个像素组成,而这种最小的图形的单元（像素）通常是单个的染色点,因此通过计算不同浸泡时间下涂层试样腐蚀形貌照片上腐蚀区的像素便可以求得腐蚀区所占的比例。具体方法是:首先利用索套工具选择整个涂层试样有效面积（金属面积）,根据直方图显示区的信息得到整个涂层/金属试样的总像素 P_{total};然后利用索套工具逐一将涂层试样上的宏观腐蚀区圈出并记录相对应的像素大小 P_{corr};最后利用下列公式求得涂层试样腐蚀区面积比,即

$$S_{corr} = \frac{P_{corr}}{P_{total}} \times 100\%$$

17.4.3　静水压力对涂层吸水率的影响

1. 静水压力加速和加大涂层的吸水饱和

从以上针对几种涂层的研究发现,不论是静水压力还是常压下,涂层的吸水率曲线的变化趋势相同,可

分为两个阶段:涂层吸水率随时间延长而快速增大阶段和吸水达到饱和阶段。同时,静水压力并未影响水在涂层中的传输机制,不论是常压还是3.5MPa或6.3MPa静水压力下,水在涂层中的扩散均符合理想的Fick第一扩散定律,即涂层吸水率与浸泡时间的1/2次方成正比。

同时,在不同静水压力下涂层的饱和吸水率也存在着不同,见表17.3。从表中可以看出,对于粉末涂料(如E12涂层、FM15涂层),静水压力对自由膜吸水率的影响很小,但对于液态的涂料(如E44涂层、F51涂层、615A涂层),不同静水压力下涂层的吸水率不同,在高静水压力下涂层的吸水率要比常压下的吸水率高。

表17.3　不同静水压力下自由膜涂层的饱和吸水率　　　　　　　单位:%

静水压力/MPa ＼ 涂层	E44	F51	E12	FM15	615A	NP170
0.1	1.1	6.7	1.8	1.4	1.8	1.3
3.5	1.5	7.5	1.8	1.4	2.1	1.4
6.3	2.5	8.6	1.8	1.4	2.1	1.6

2. 海水压力加速涂层附着力下降

越来越多的研究表明,涂层的湿附着力是决定涂层失效的重要因素之一。往往是由于涂层与金属基体界面的附着力降低,甚至完全丧失,才导致涂层的大面积剥落,从而最终导致涂层的失效。对于涂层湿附着力的研究是涂料研究的热点之一,涂层在干的状态下的附着力是涂层一项重要的力学性能。

研究结果表明,不论是高静水压力条件下还是常压条件下,涂层附着力随着浸泡时间的延长呈现下降趋势。E44涂层、615A涂层的附着力在干态时仅仅达到10MPa左右,随浸泡时间的延长,几种涂层的湿态附着力均丧失得更多,达到2~3MPa。但E12、FM15两种粉末涂料的干态附着力达到20MPa以上,在浸泡过程中虽有降低,但仍然保持得较好,如图17.8所示。

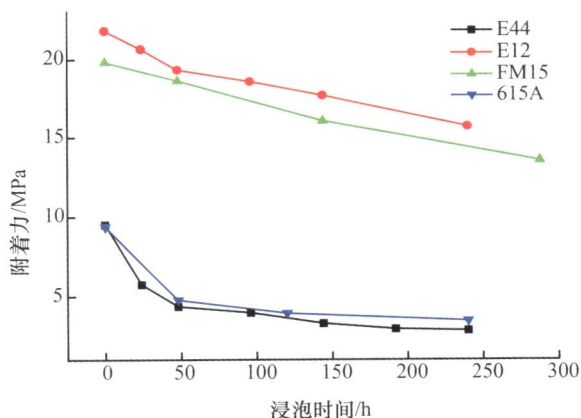

图17.8　几种涂层在3.5MPa静水压力下附着力与浸泡时间关系曲线

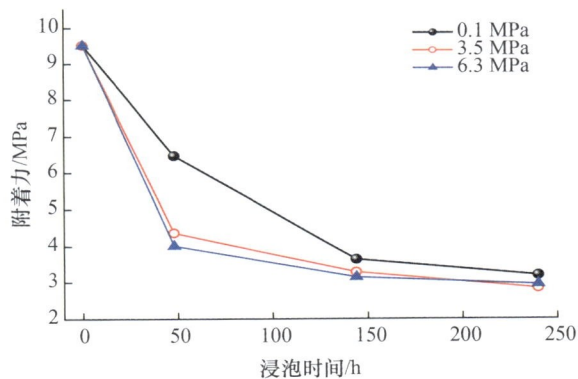

图17.9　E44涂层在不同静水压力下附着力与浸泡时间关系曲线

3. 海水压力加速涂层失效

在高静水压力条件下,不论是液态涂料(如E44涂层、F51涂层、615A涂层),还是粉末涂料(如E12涂层、FM15涂层),附着力的降低均要比常压条件下要快。E44涂层在不同静水压力下附着力与浸泡时间关系曲线如图17.9所示,高静水压力下速度要远高于常压下的下降速度,这说明高的静水压力加速了涂层附着力的下降。

图17.10所示为常压、3.5MPa以及6.3MPa静水压力下E44涂层的涂层孔隙电阻、涂层电容与浸泡时间关系曲线。比较三种压力下的结果可见,高压下涂层孔隙电阻明显小于常压下的结果,压力越大这种差异越明显;6.3MPa压力下涂层电容增大程度远大于另外两种压力下的结果,这表明高压作用下涂层的抗渗透能力下降,水等腐蚀介质很容易渗入到涂层内,这与涂层吸水率测试结果相符。

再看看静水压力对涂层下金属腐蚀行为的影响。图17.11给出了三种压力下电荷转移电阻、双电层电容随浸泡时间的变化规律。三种压力下涂层试样在刚浸泡时涂层-金属界面就发生了电化学腐蚀反应。

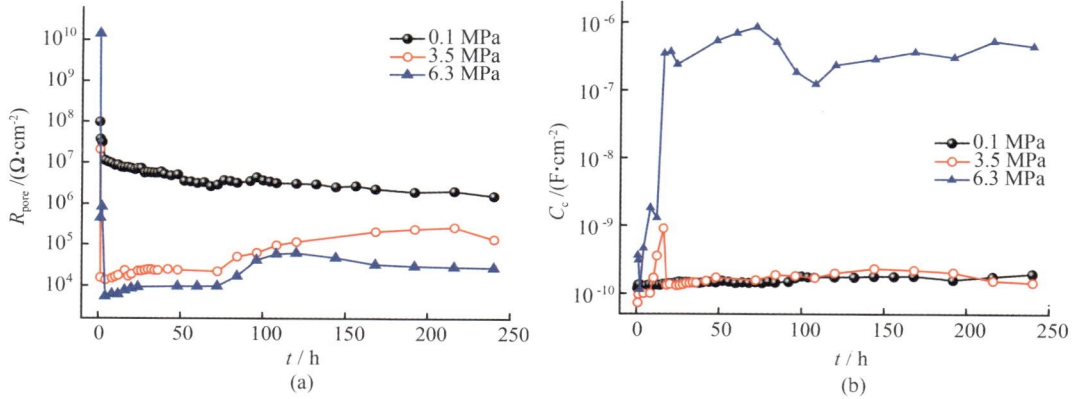

图 17.10　三种压力下涂层孔隙电阻、涂层电容与浸泡时间关系曲线

相同浸泡时间内，两种高静水压力条件下涂层体系的电荷转移电阻较常压下的结果小两个数量级，且6.3MPa 下双电层电容较常压下的结果大得多，可见高压下涂层 - 金属界面更容易发生严重的电化学腐蚀反应：一方面高压下涂层的抗渗透能力变差，水等腐蚀介质很容易通过涂层而渗入到涂层 - 金属界面，因而有利于氧的传输，腐蚀反应容易发生；另一方面水等腐蚀介质在压力作用下更容易沿界面向周围扩散，最终促进了界面腐蚀反应。

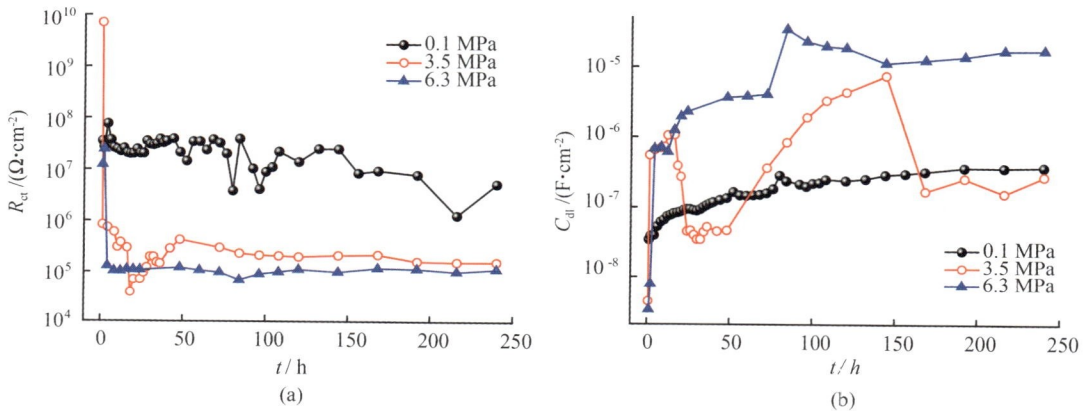

图 17.11　三种静水压力下涂层/金属体系电荷转移阻抗、双电层电容与浸泡时间关系曲线
（a）电荷转移阻抗；（b）双电层电容。

　　最后来看腐蚀形貌，两种压力下涂层试样表面腐蚀点随浸泡时间延长而逐渐增多，腐蚀面积逐渐增大。为了更好地了解压力对涂层试样表面腐蚀的影响，图 17.12 给出了两种压力下涂层试样腐蚀面积比与浸泡时间关系曲线。可见，腐蚀面积比与浸泡时间近似线性关系，但高压下的斜率明显大于常压下的结果，这意味着高压下腐蚀面积扩展速度更快，水等腐蚀介质在压力作用下容易向沿界面扩散而引起更大面积的腐蚀反应，与电荷转移电阻所表达的信息一致。

17.4.4　小结及分析

　　1. 潜艇透水部位涂层失效因素

　　（1）根据试验研究结果，潜艇透水部位涂层失效的因素有环境因素、材料因素、施工因素、使用因素等。这些原因可

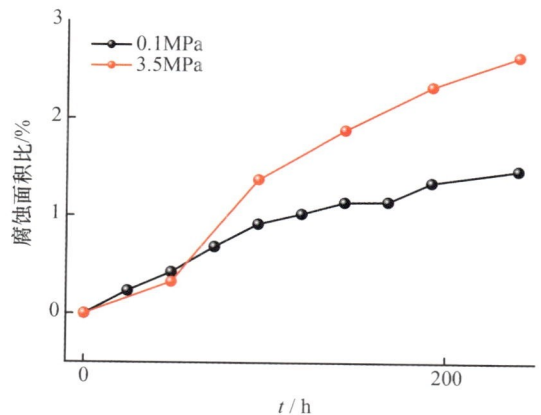

图 17.12　常压与 3.5MPa 压力下环氧涂层试样表面腐蚀面积比与浸泡时间关系曲线

能是单方面作用的结果，也可能是多种因素作用的结果，而在实际的使用过程中，更多的可能是多种因素作用的结果。对于环境因素，海水的盐度、温度、pH 值、氧含量、海生物、硫化物等有害成分对涂层破损以及涂

层破损后造成的基材腐蚀都有可能做出贡献;海洋大气的温度、湿度以及有害杂质成分对于处于水线以上的艇体涂层破损和基材腐蚀有较大的影响。

（2）材料因素分为两个方面:一是基材的涂装性能,如与涂层结合性能等;二是涂层本身的综合性能,如耐 Cl^- 渗透、耐压、干湿交替环境条件下的稳定性等。

（3）施工因素有表面处理等级、湿度、温度等。

（4）使用因素有海水压力的大小和变化梯度、在高压力下工作的强度、与海水的相对速度、干湿交替的频率、有害沉积物的成分和厚度、紫外线强度、保护对象的电位差及其阴极剥离的强度、温度变化梯度、可能的辐照影响等。

2. 涂层在压力海水条件下失效规律

（1）在静水压力作用下,渗透到涂层中的水可以进入环氧的分子链段,并与其形成氢键或弱的化学键合,形成了"结合水",加速了涂层性能的恶化。

（2）静水压力使 3.5% NaCl 溶液向涂层内的扩散过程变快,涂层电阻减小,涂层的保护作用降低。

（3）在静水压力下涂层 – 金属界面的电化学反应界面形成得更快,电化学反应发生得更早,静水压力使涂层 – 金属界面的腐蚀反应更易进行。

（4）在静水压力下涂层更易剥离,且剥离面积也要比常压下的大。

（5）静水压力加速了涂层的失效,使涂层的防护性能变差。

3. 涂层失效防护技术研究方向

我们对现役潜艇的无机富锌涂料的失效机理进行了研究,模拟深海环境对多种涂料在常压海水和交变压力海水单参数条件下的破损机理进行了初步探索,没有涉及温度的变化、氧含量的变化、干湿交替、冲刷、盐度和 pH 值的变化,实际上在深海环境中的涂层失效问题的研究是一个在三维环境中的多因素综合研究的问题。今后主要工作有:

（1）使用环境定量化参数研究。研究腐蚀问题,首先要研究相关的腐蚀环境。对于潜艇来说,实际上是一个使用环境谱的问题。主要参数有所到海域在 0 ~ 600m 或下潜深度的海水的盐度、温度、pH 值、氧含量、海生物种类和生长规律、有害成分等,停泊或水面航行时的海洋大气的温度、湿度、有害物质成分,柴油机排烟管外表面温度及辐射温度分布,一般下潜工作状态时舷间艇体温度场变化梯度。

（2）试验方法和试验手段研究。环境变化和压力海水条件下涂层破损问题是一个非常具有开拓性的科学研究问题,随着装备质量和可靠性要求越来越高,长效防腐蚀是一个必然趋势。现有的失败教训表明,单一涂层已不能满足需求,必须靠性能优良的多层复杂涂层配套体系来解决。这样,为研究复杂条件下的多层复杂涂层配套体系的破损和防护问题,不仅要综合运用电化学交流阻抗测试、红外光谱分析、X 射线电子能谱测试及扫描电镜分析等先进测试装置和技术,还要开发研制先进的、多种功能的试验装置和研究相关的方法。

（3）海水介质多参数对涂层失效的影响研究。海水介质的盐度、温度、pH 值、氧含量、海生物、有害成分等单一参数已有不少研究成果,当然针对使用环境定量化参数条件下涂层失效问题研究还需进一步进行系统性研究,海水介质多参数对复杂涂层体系失效的影响研究则是需要积极探索的课题。

（4）海洋大气对涂层失效的影响研究。在我国,海洋大气的湿度、温度、有害成分、紫外线等参数对涂层破损的影响同样也需要系统研究,特别是潜艇由于下潜上浮海水杂质和大气污染在涂层表面覆有一层较厚的沉积物时,沉积物的有害物质成分和组织结构对涂层的影响则尚未有学者研究过。

（5）使用因素对涂层失效的影响研究。以上的海水介质多参数、海洋大气多参数可以看作是不同的二维海域环境和二维空间环境问题,潜艇航行时相关问题研究变成三维海域,加上停泊靠码头海洋大气的影响,这时的腐蚀环境对象变为三维海域 + 二维空间。潜艇航行有一定速度,涂层相对海水有一定的相对流速,这样就产生了冲刷问题;潜艇下潜上浮有一定的使用规律,随之海水压力变化有一定的梯度;潜艇下潜、上浮、停泊,舷间艇体和上层建筑区域艇体的涂层就产生了干湿交替问题。需要将这些问题统一考虑进行研究,开展三维海域环境的涂层破损和失效问题研究,如引入海水压力参数、温度参数、氧含量参数等,然后将这些参数综合考虑进行研究;在研究海洋大气对涂层失效的影响基础上,开展海水干湿交替对涂层的失效机理研究和基材腐蚀问题研究;开展三维海域环境与二维空间环境参数对复杂涂层体系失效问题的综合研究。

(6) 施工因素对涂层失效的影响机理研究。要针对不同的涂层体系,研究钢材不同表面处理等级对涂层的抗渗透性能和耐腐蚀性能的影响。

(7) 材料因素研究。需要针对三维海域环境与二维空间环境参数,研制开发高性能的树脂、颜料填料,改善树脂、颜料、填料的结构及配比,满足耐冲刷 + 耐压力交变、耐压力交变的性能 + 耐干湿交替性能 + 耐阴极剥离性能、耐压力交变的性能 + 耐干湿交替性能 + 耐紫外线等不同使用条件下的要求。

(8) 潜艇透水部位涂层的评价体系研究。针对透水部位三种典型的环境,形成相应的评价指标体系。

17.5 牺牲阳极材料失效

17.5.1 概述

为防止其壳体遭受海水腐蚀,目前基本上都采取了涂层和阴极保护技术联合保护,潜艇上层建筑则采用涂层与牺牲阳极阴极保护方法进行保护。采用的牺牲阳极为 Zn – Al – Cd 三元锌阳极,调研中发现上层建筑区域间浸环境中的锌合金牺牲阳极普遍存在保护不足和结壳失效问题,阳极表面难以溶解或出现局部不均匀溶解,甚至到修理期时阳极仍基本保持原始形状,未发生有效溶解;有的阳极焊接钢脚也有的出现锈蚀,表明阳极在使用中未发生应有的阴极保护作用。上层建筑区域的部分 Zn – Al – Cd 阳极溶解状况照片如图 17.13 所示。由于在干湿交替,高温、高湿、高盐雾环境中牺牲阳极难以输出保护电流,牺牲阳极表面结壳严重溶解困难,造成阳极失效;上层建筑内部结构的复杂性(各种设备、不同材质的管路布置在狭小的空间内)导致牺牲阳极电流分布不均,常规的阴极保护设计方法难以满足上层建筑环境内的阴极保护需要。

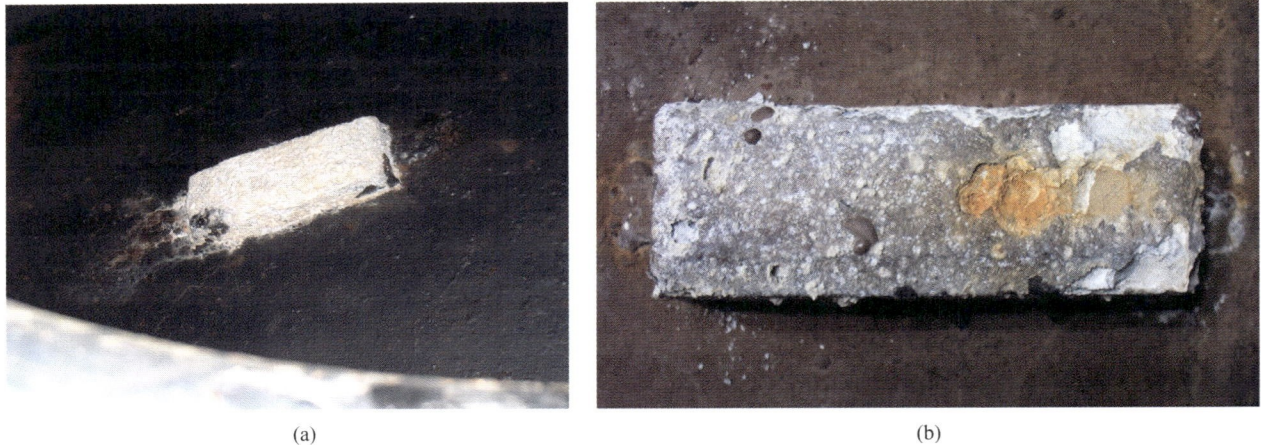

(a)   (b)

图 17.13 不同时期上层建筑区域结壳失效的 Zn – Al – Cd 牺牲阳极
(a) 使用时间不长的牺牲阳极;(b) 使用了一段时间的牺牲阳极。

针对 Zn – Al – Cd 牺牲阳极在潜艇上层建筑区域间浸环境中使用时存在的阳极结壳造成窒息失效的问题,开展了牺牲阳极在间浸条件下系统的电化学性能试验研究。试验对象包括海洋环境中阴极保护经常采用的牺牲阳极及新研制的高活化性能的铝合金牺牲阳极:Zn – Al – Cd 三元锌阳极、Al – Zn – In – Cd 普通铝阳极、Al – Zn – In – Mg – Ti 高效铝阳极、Al – Zn – In – Mg – Ga – Mn 高活化铝阳极。

在试验室条件下模拟潜艇上层建筑的间浸腐蚀环境,采用恒电流试验研究了四种牺牲阳极的开路电位、工作电位、电流效率、溶解性能等腐蚀电化学性能,并对腐蚀产物进行 XRD 分析;通过海水间浸条件下的自放电试验,评价了阳极的工作电位、对阴极的保护电位、溶解性能以及清除腐蚀产物对阳极性能的影响;通过对间浸条件下对经历不同自放电周期的阳极进行动电位极化测试、恒电位极化试验及交流阻抗谱测试,评价了阳极在间浸条件下的电化学性能,特别是再活化性能,研究了阳极在间浸条件下的活化/失效机理;通过中性盐雾腐蚀条件下的动电位极化试验、恒电位试验、交流阻抗试验评价了在高温、高湿、高盐雾环境中阳极的腐蚀电化学性能。

17.5.2 工作电位－时间曲线

图 17.14 所示为全浸海水中恒电流试验测量的阳极工作电位随时间变化规律,试验同时测量了阳极的开路电位。

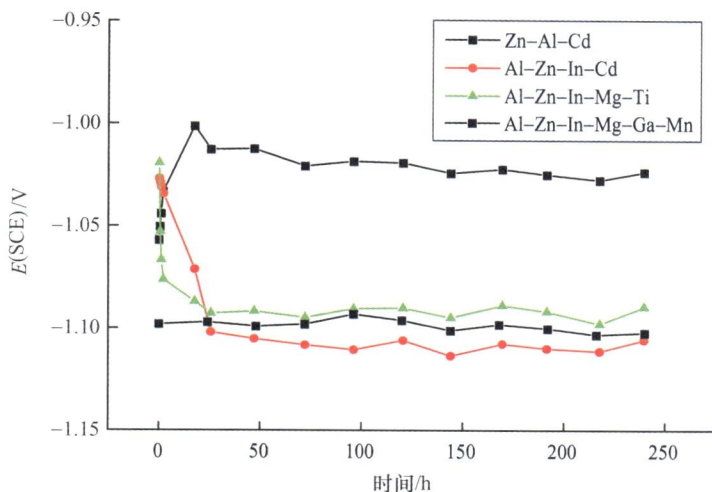

图 17.14 四种牺牲阳极在全浸海水中的工作电位－时间曲线

17.5.3 阳极电化学性能

表 17.4 所列为四种牺牲阳极电化学性能。结果表明四种阳极的腐蚀电化学性能均满足国标和相应的技术要求,为合格的牺牲阳极材料。

表 17.4 四种牺牲阳极电化学性能

阳极材料	开路电位/V_{SCE}	工作电位/V_{SCE}	实际电容量/($A \cdot h/kg$)	电流效率/%	溶解性能
Zn－Al－Cd	－1.09	－1.02	802	97.8	腐蚀产物易脱落,表面溶解均匀
Al－Zn－In－Cd	－1.14	－1.11	2529	87.8	腐蚀产物易脱落,表面溶解较均匀
Al－Zn－In－Mg－Ti	－1.12	－1.09	2646	92.0	腐蚀产物易脱落,表面溶解很均匀
Al－Zn－In－Mg－Ga－Mn	－1.23	－1.15	2637	92.4	腐蚀产物易脱落,表面溶解很均匀

从干湿交替条件下不同周期阳极入水初期、出水时电位变化规律(图 17.15)可以看出,Zn－Al－Cd 阳极工作电位从初期的约－1000mV(SCE)到后期发生阳极极化,只能达到－950～－900mV(SCE)范围,已达不到对基体有效保护的工作电位;Al－Zn－In－Mg－Ti 阳极工作电位逐渐从－1100mV 正移到－1000mV(SCE);Al－Zn－In－Cd 阳极的工作电位在－1100～－1000mV(SCE),但阳极的电位波动较大,表明其表面状态不稳定,可能是由于阳极表面钝化与活化的交替进行导致其工作电位波动;Al－Zn－In－Mg－Ga－Mn 阳极的工作电位基本在－1100mV(SCE)且比较稳定,没有发生阳极极化的现象,性能相对最好。

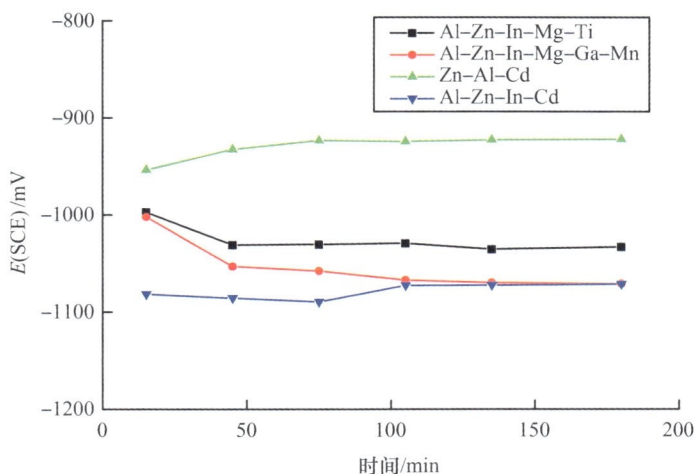

图 17.15 第 60 周期阳极工作电位随海水浸泡时间变化曲线

17.5.4 电流效率

上述干湿交替条件下牺牲阳极的电流效率(阳极干湿周期比7∶1,以24h为1个间浸周期,60个循环)。表17.5为四种阳极在海水全浸和干湿交替条件阳极电流效率的对比,Al-Zn-In-Mg-Ga-Mn阳极最高,其电流效率仅降低5%左右;其次为Al-Zn-In-Mg-Ti,电流效率降低约10%;Al-Zn-In-Cd牺牲阳极的电流效率降低近12%;Zn-Al-Cd阳极电流效率降低最大,达到15%以上。间浸条件下自放电试验入水后期(3.0h)阳极发生电流变化规律如图17.16所示。

表17.5 四种阳极干湿交替条件阴极电流效率
(单位:%)

试验条件	Zn-Al-Cd	Al-Zn-In-Cd	Al-Zn-In-Mg-Ti	Al-Zn-In-Mg-Ga-Mn
海水全浸	≥95	≥85	≥90	≥90
干湿交替	79.13	73.33	79.93	84.25

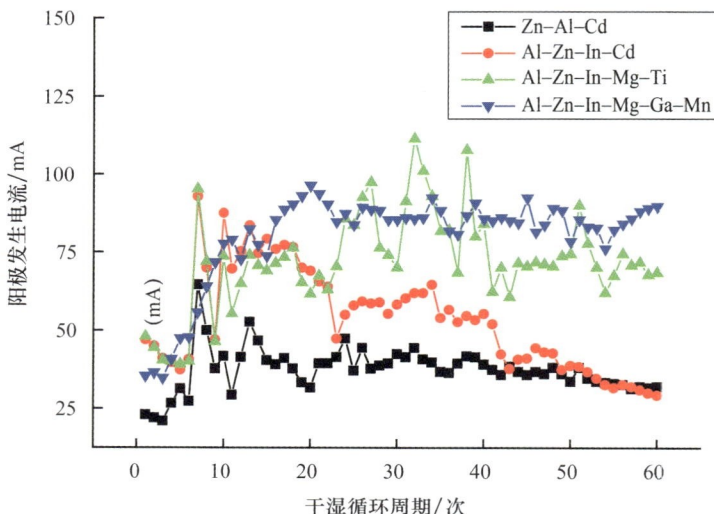

图17.16 间浸条件下自放电试验入水后期(3.0h)阳极发生电流变化规律

17.5.5 实海试验

1. 腐蚀电位

图17.17、图17.18为试样在三亚实海试验取样时测量的阳极工作电位、保护电位。在全浸区,各种阳极均处于活化状态,对阴极钢板进行了有效的阴极保护。在潮差区,Zn-Al-Cd阳极表面大量腐蚀产物结壳,阳极在浸入海水中1.5h后仍未活化,表明阳极在潮差带海水频繁干湿交替条件下表面已结壳而"窒息",导致阳极难以活化。而各种铝阳极均在浸入海水后均能较快活化,与之相连的阴极钢板也在1.5h很快达到了保护电位以下。

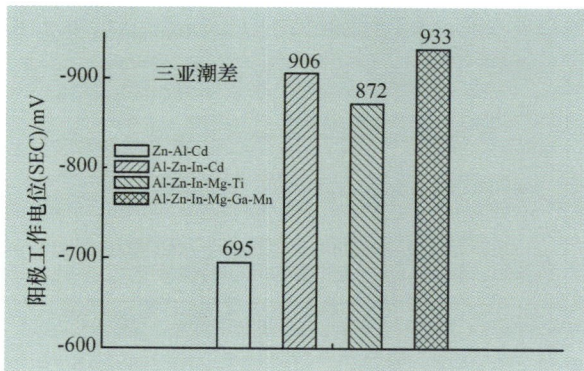

图17.17 三亚实海潮差区4个月后
各阳极浸水1.5h时工作电位对比

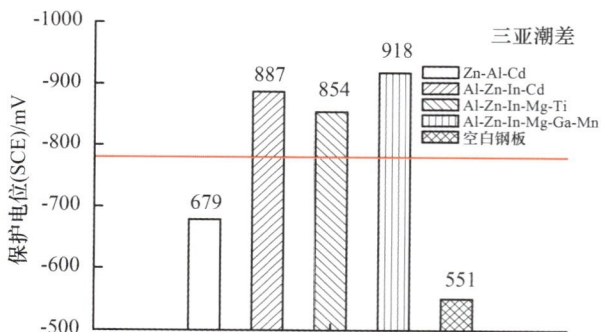

图17.18 三亚实海潮差区四个月后不同阳极浸水
1.5h后对钢的保护电位与钢的腐蚀电位对比

2. 阳极消耗率及保护率

四种阳极在青岛实海阴极保护试验中阳极消耗及阴极保护率对比情况见表 17.6。从不同阳极的消耗速度看,两种区带中锌阳极均明显高于铝阳极;从试验区带看,潮差带阳极的消耗速度远高于全浸带,这是由于在潮差带钢阴极需要的保护电流相对达到稳态极化的全浸海水中要低得多,因此需要的阳极用量相对大,且牺牲阳极在潮差带自腐蚀相对较大,造成其阳极效率降低。

从保护率结果看,潮差带阳极对阴极钢板的保护率显著低于全浸带,这与干湿交替条件下钢的阴极保护电流需求增大,而阳极在潮差带的电化学性能降低有关。全浸带阳极的保护率可达到 95% 以上。在两个区带中 Al – Zn – In – Mg – Ga – Mn 阳极的保护率均相对较高。

表 17.6　四种阳极在三亚实海阴极保护试验中阳极消耗及阴极保护率对比

阳极种类及区带		阳极消耗速率 /(g/(m²·天))	钢板腐蚀速度 g/(m²·d)	钢板腐蚀率 mm/年	保护率/%
潮差带	Zn – Al – Cd	137.65	3.316	0.154	65.0
	Al – Zn – In – Cd	143.59	3.122	0.145	67.0
	Al – Zn – In – Mg – Ti	83.19	2.656	0.123	72.0
	Al – Zn – In – Mg – Ga – Mn	70.62	2.220	0.103	74.3
	空白钢板	—	8.63	0.40	—
全浸带	Zn – Al – Cd	164.03	0.367	0.017	94.7
	Al – Zn – In – Cd	118.33	0.409	0.019	94.1
	Al – Zn – In – Mg – Ti	66.57	0.392	0.018	94.4
	Al – Zn – In – Mg – Ga – Mn	60.30	0.204	0.010	96.9
	空白钢板	—	6.92	0.32	—

3. 阳极溶解形貌

从阳极溶解形貌(图 17.19)看,Zn – Al – Cd 阳极在潮差带表面的产物玥显结壳不易脱落,阳极溶解不均匀;Al – Zn – In – Cd 阳极的溶解速度较快,Al – Zn – In – Mg – Ti 阳极次之,三种铝阳极在潮差带条件下表

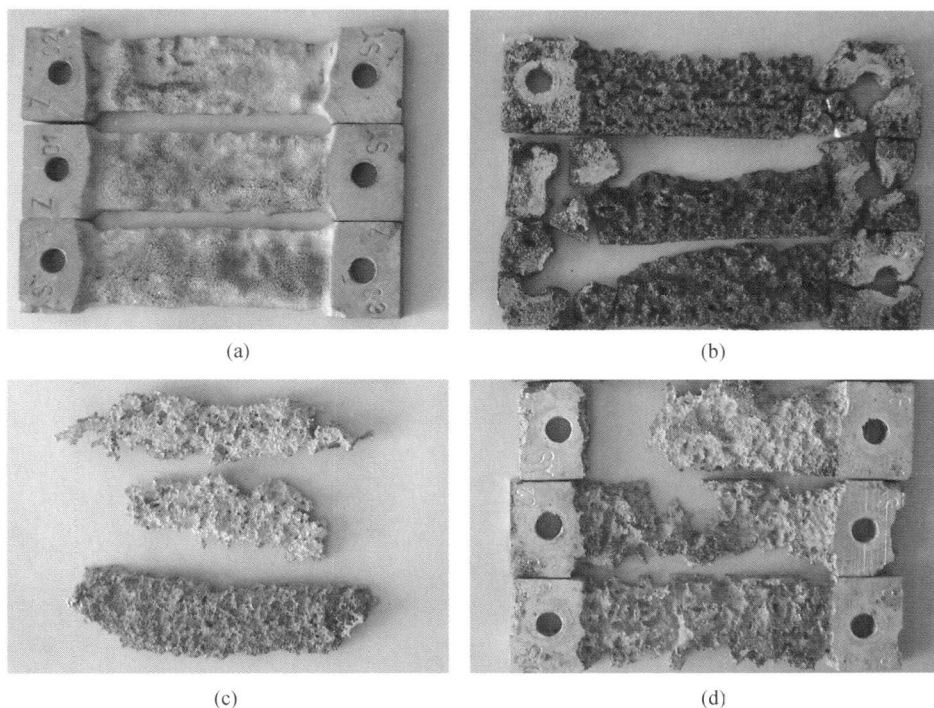

(a)　(b)　(c)　(d)

图 17.19　三亚实海潮差带阴极保护试验四种阳极清除腐蚀产物后形貌
(a) Zn – Al – Cd;(b) Al – Zn – In – Mg – Ti;(c) Al – Zn – In – Cd;(d) Al – Zn – In – Mg – Ga – Mn。

面的溶解产物疏松且附着较少,Al – Zn – In – Mg – Ga – Mn 阳极溶解形态相对较均匀。

全浸带 Zn – Al – Cd 阳极的溶解产物相对较疏松能脱落,三种铝阳极产物疏松容易脱落。

17.5.6 试验结果

(1)试验室研究结果表明,Zn – Al – Cd 阳极在间浸环境中由于产物结壳导致很快失效,其各项腐蚀电化学性能均不能满足上层建筑区域阴极保护的使用要求;Al – Zn – In – Cd 在此环境中也存在钝化失效问题,同样不能用于间浸环境中的阴极保护;Al – Zn – In – Mg – Ti 阳极相对前两者具有较好的电化学性能,间浸条件下可以用做牺牲阳极对钢提供有效的阴极保护;Al – Zn – In – Mg – Ga – Mn 在四种阳极材料中具有相对最好的耐间浸环境性能,适合作为间浸环境中阴极保护用牺牲阳极材料。

(2)在试验室试验基础上,通过青岛、三亚实海全浸和潮差带模拟挂片试验,对比评价了阳极在间浸条件下的阳极腐蚀电化学性能和对钢的阴极保护效果,与试验室试验取得了与上述相同的试验结果。两个海区的潮差带相对全浸带,牺牲阳极的电化学性能降低,对钢的阴极保护效果明显降低。

(3)通过对实船使用一个坞修期后的 Al – Zn – In – Mg – Ti 进行试验室腐蚀电化学试验,评价了该阳极的工作电位、保护电位、溶解性能和再活化性能,结果表明该阳极仍具有较好的电化学性能,可以为间浸条件的潜艇上层建筑结构提供阴极保护作用。在阳极使用期间清理溶解产物可以明显提高其电化学性能。

(4)研究结果同时表明,海水间浸环境中由于阳极电化学性能降低,钢铁结构屋物表面难以形成致密有效的阴极沉积膜,苛刻的腐蚀环境使其对阴极保护电流的需求提高,其阴极保护相对全浸条件而言难度增加。需要对间浸环境中阴极保护参数、判据等进行调整以提高间浸环境中的阴极保护效果。

17.6 牺牲阳极阴极保护系统电流屏蔽效应

17.6.1 概述

在潜艇上层建筑的牺牲阳极阴极保护系统中,由牺牲阳极通过海水向结构湿表面(阴极表面)提供充分的保护电流,使阴极表面上的电位充分负移,以达到防腐的目的。牺牲阳极、结构湿表面(阴极)和海水是舰艇牺牲阳极阴极保护系统中的三个基本要素。由于海水电阻的作用,"屏蔽效应"是阴极保护中的固有现象,即牺牲阳极提供的保护电流将首先流入牺牲阳极附近的阴极表面,同时由于牺牲阳极的极化现象,从而无法确保远离牺牲阳极的阴极表面能够获得充分的保护电流。

潜艇上层建筑空间相对狭窄、其内部隔挡板等结构交错复杂、贵金属设备较多,这些因素一方面限制了牺牲阳极提供保护电流的能力,同时,由于内部隔挡板结构和贵金属设备对保护电流的"屏蔽效应",保护电流实际上被局限于牺牲阳极周围的局部区域内。因此,在潜艇上层建筑的牺牲阳极阴极保护系统中,牺牲阳极的布置必须能够减缓或消除"屏蔽效应"的影响。

一般认为,增加牺牲阳极的数量并合理布置是缓解"屏蔽效应"的有效手段,能够有效地改善结构表面上保护电流的分布状态。然而,在潜艇上层建筑的牺牲阳极系统中,当牺牲阳极布置过密时,其结构表面上的保护电流将自然维持在一个高水平状态,增大了牺牲阳极的总体消耗速度,造成不必要的浪费,同时由此引起的牺牲阳极安装工程量的增加也是受到关注的问题。另外,增大牺牲阳极的体积,能够在一定程度上扩大单个牺牲阳极的有效保护范围,从而减少牺牲阳极的数量,但有可能导致牺牲阳极附近的船体表面处于过保护状态。

在任何设定的保护周期内,复合防腐系统都将处于一个动态过程:防腐涂层因老化损伤使其防腐效果降低、牺牲阳极因被消耗缩小使其提供保护电流的能力下降,从而导致船体湿表面上保护电位正移,使保护效率降低。

综上所述,在潜艇上层建筑的牺牲阳极系统中,存在着一个最合理的阳极数量和优化的布置方案,达到防腐效果、阳极效率以及全寿命期综合经济性等的最佳平衡。

在潜艇上层建筑的牺牲阳极阴极保护设计中,必须解决三个关键性问题:

(1)"屏蔽效应"。在潜艇上层建筑的牺牲阳极阴极保护系统中,"屏蔽效应"主要源于两个方面的原因:首先耐压壳及非耐压壳的隔挡板结构、各类设备等对诱导电场中电流的传播起阻碍作用;其次当贵金属设备与潜艇之间处于电短接状态时,其表面将成为保护电流的"汇",从而弱化潜艇结构的防腐效果。

（2）潜艇浮出水面航行时的防腐蚀。当潜艇浮出水面航行时,上层建筑的牺牲阳极系统完全失去防腐作用,而结构表面在潮湿的空气环境中呈现更强烈的腐蚀倾向。为了有效地缓解潜艇浮出水面航行时的腐蚀倾向,当潜艇潜水航行时,牺牲阳极系统需要能够在保证结构表面处于有效保护状态的同时,在结构表面上形成"钙质层"。

（3）过保护。当牺牲阳极系统的作用使结构表面的局部区域处于过保护状态时,将加快防腐涂层出现损伤的过程,甚至导致结构材料发生氢脆而影响到潜艇的生命力。

我们采取分块边界元法,研究了:①隔板高度对"屏蔽效应"的影响;②高电位金属对吸收式"屏蔽效应"的影响;③复杂结构阻挡式屏蔽效应影响;④复杂结构阻挡式屏蔽效应和单点吸收式屏蔽效应综合影响;⑤复杂结构阻挡式和多点吸收式屏蔽效应影响。现将后两种计算结果和结论阐述如下:

17.6.2　分块边界元法的基本思想

在某些情况下,采用一般边界元法无法对阴极保护问题进行准确的模拟。如图 17.20 所示,如果挡板高度比较高,这时电场情况比较复杂,用一般边界元法将会产生较大的计算误差。在这种情况下,需要用到另外一种方法——分块边界元法来对阴极保护的电流密度及电位分布进行计算。

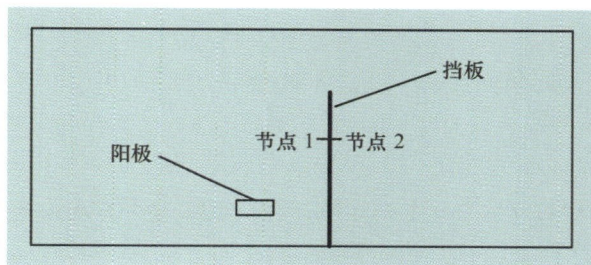

图 17.20　分块边界元法模型构想　　　　　　图 17.21　分块边界元边界设计

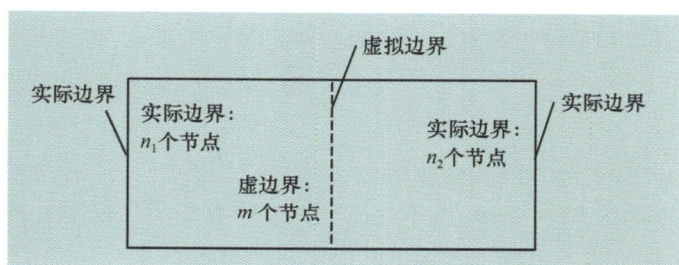

分块边界元法的基本思想是假想一条虚拟边界,这条虚拟边界将原有的一个封闭域分成两个封闭的域,然后将对应于两个封闭域的边界积分方程分别应用一般边界元法进行离散,再应用在虚拟边界上电位及电流密度的等价关系得到对应于整体电场问题的方程体系,最后求解该方程体系以得到电场的准确模拟。

分块边界元法的具体实施如图 17.21 所示,中间的虚线即为虚拟边界,它将原有的一个封闭域分成两个独立的计算域。

用一般边界元法将左边封闭域进行离散,最终的矩阵形式方程组为 $H\{\phi\} = G\{q\}$,各矩阵中的元素详细表示为

$$
\begin{bmatrix}
\overbrace{h_{11}\cdots h_{1n_1}}^{n_1} & \overbrace{h_{1(n_1+1)}\cdots h_{1(n_1+m)}}^{m} \\
\vdots & \vdots \\
\underbrace{h_{(n_1+m)1}\cdots h_{(n_1+m)n_1}}_{n_1} & \underbrace{h_{(n_1+m)(n_1+1)}\cdots h_{(n_1+m)(n_1+m)}}_{m}
\end{bmatrix}
\cdot
\begin{Bmatrix}
\phi_1 \\ \phi_2 \\ \vdots \\ \phi_{n1} \\ \vdots \\ \phi_{(n_1+m)}
\end{Bmatrix}
=
$$

$$
\begin{bmatrix}
\overbrace{g_{11}\cdots g_{1n_1}}^{n_1} & \overbrace{g_{1(n_1+1)}\cdots g_{1(n_1+m)}}^{m} \\
\vdots & \vdots \\
\underbrace{g_{(n_1+m)1}\cdots g_{(n_1+m)n_1}}_{n_1} & \underbrace{g_{(n_1+m)(n_1+1)}\cdots g_{(n_1+m)(n_1+m)}}_{m}
\end{bmatrix}
\cdot
\begin{Bmatrix}
q_1 \\ q_2 \\ \vdots \\ q_{n1} \\ \vdots \\ q_{(n_1+m)}
\end{Bmatrix}
\tag{17.1}
$$

对于该计算域的实际边界来说，电位 ϕ 和电流密度 q 呈非线性函数关系：$q = \dfrac{\phi}{R_P} - \dfrac{\phi_C}{R_P}$

而对于计算域内的虚拟边界而言，电位 ϕ 和电流密度 q 均为未知数，因此，对式（17.1）进行移项处理，得

$$
\begin{bmatrix}
h_{11} - \dfrac{g_{11}}{R_P} & \cdots & h_{1n_1} - \dfrac{g_{1n_1}}{R_P} & h_{1(n_1+1)} & \cdots & h_{1(n_1+m)} & -g_{1(n_1+1)} & \cdots & -g_{1(n_1+m)} \\
\vdots & & \vdots & & & & \vdots & & \\
h_{(n_1+m)1} - \dfrac{g_{(n_1+m)1}}{R_P} & \cdots & h_{(n_1+m)n_1} - \dfrac{g_{(n_1+m)n_1}}{R_p} & h_{(n_1+m)(n_1+1)} & \cdots & h_{(n_1+m)(n_1+m)} & -g_{(n_1+m)(n_1+1)} & \cdots & -g_{(n_1+m)(n_1+m)}
\end{bmatrix}
$$

$$
\cdot \begin{Bmatrix} \phi_1 \\ \vdots \\ \phi_{n_1} \\ \phi_{n_1+1} \\ \vdots \\ \phi_{n_1+m} \\ q_{n_1+1} \\ \vdots \\ q_{n_1+m} \end{Bmatrix} = \begin{Bmatrix} -g_{11}\cdot\phi_C/R_P - g_{12}\cdot\phi_C/R_P \cdots -g_{1n_1}\cdot\phi_C/R_P \\ -g_{21}\cdot\phi_C/R_P - g_{22}\cdot\phi_C/R_P \cdots -g_{2n_1}\cdot\phi_C/R_P \\ \vdots \\ -g_{(n_1+m)1}\cdot\phi_C/R_P - g_{(n_1+m)2}\cdot\phi_C/R_P \cdots -g_{(n_1+m)n_1}\cdot\phi_C/R_P \end{Bmatrix} \tag{17.2}
$$

将式（17.2）写成矩阵形式

$A \cdot \{X\} = \{B\}$，不过这个方程组中有 $n_1 + m$ 个方程，却有 $n_1 + 2m$ 个未知数，因此，单靠这个方程组还不能求出各节点上未知数的值。故还需将另外一个封闭的计算域（右边）进行离散。

同理，右边计算域也可应用一般边界元法写成矩阵形式：

$H\{\phi\} = G\{q\}$，

各矩阵中的元素详细表示为

$$
\begin{bmatrix} \overbrace{h'_{11}\cdots h'_{1n_2}}^{n_2} & \overbrace{h'_{1(n_2+1)}\cdots h'_{1(n_2+m)}}^{m} \\ \vdots & \vdots \\ \overbrace{h'_{(n_2+m)1}\cdots h'_{(n_2+m)n_2}}^{n_2} & \overbrace{h'_{(n_2+m)(n_2+1)}\cdots h'_{(n_2+m)(n_2+m)}}^{m} \end{bmatrix} \begin{Bmatrix} \phi'_1 \\ \phi'_2 \\ \vdots \\ \phi'_{n_2} \\ \vdots \\ \phi'_{(n_2+m)} \end{Bmatrix} =
$$

$$
\begin{bmatrix} \overbrace{g'_{11}\cdots g'_{1n_2}}^{n_2} & \overbrace{g'_{1(n_2+1)}\cdots g'_{1(n_2+m)}}^{m} \\ \vdots & \vdots \\ \overbrace{g'_{(n_2+m)1}\cdots g'_{(n_2+m)n_2}}^{n_2} & \overbrace{g'_{(n_2+m)(n_2+1)}\cdots g'_{(n_2+m)(n_2+m)}}^{m} \end{bmatrix} \begin{Bmatrix} q'_1 \\ q'_2 \\ \vdots \\ q'_{n_2} \\ \vdots \\ q'_{(n_2+m)} \end{Bmatrix} \tag{17.3}
$$

同理，对于该计算域的实际边界来说，电位 ϕ 和电流密度 q 呈非线性关系：

$$ q = \frac{\phi}{R_P} - \frac{\phi_C}{R_P} $$

而对于计算域内的虚拟边界而言，电位 ϕ 和电流密度 q 均为未知数，因此，对式（17.3）进行移项处理，得

$$
\begin{bmatrix}
h'_{11} - \dfrac{g'_{11}}{R_P} & \cdots & h'_{1n_2} - \dfrac{g'_{1n_2}}{R_P} & h'_{1(n_2+1)} & \cdots & h'_{1(n_2+m)} & -g'_{1(n_2+1)} & \cdots & -g'_{1(n_2+m)} \\
& \vdots & & & \vdots & & & \vdots & \\
h'_{(n_2+m)1} - \dfrac{g'_{(n_2+m)1}}{R_P} & \cdots & h'_{(n_2+m)n_2} - \dfrac{g'_{(n_2+m)n_2}}{R_P} & h'_{(n_2+m)(n_{21}+1)} & \cdots & h'_{(n_2+m)(n_2+m)} & -g'_{(n_2+m)(n_2+1)} & \cdots & -g'_{(n_2+m)(n_2+m)}
\end{bmatrix}
$$

$$
\cdot
\begin{Bmatrix}
\phi'_1 \\ \vdots \\ \phi'_{n_2} \\ \phi'_{n_2+1} \\ \vdots \\ \phi'_{n_2+m} \\ q'_{n_2+1} \\ \vdots \\ q'_{n_2+m}
\end{Bmatrix}
=
\begin{Bmatrix}
-g'_{11} \cdot \phi C/R_P - g_{12} \cdot \phi'_C/R_P \cdots - g_{1n_2} \cdot \phi'_C/R_P \\
-g_{21} \cdot \phi'_C/R_P - g_{22} \cdot \phi'_C/R_P \cdots - g_{2n_2} \cdot \phi_C/R_P \\
\\
\vdots \\
\\
-g'_{(n_2+m)1} \cdot \phi'_C/R_P - g_{(n_2+m)2} \cdot \phi'_C/R_P \cdots - g_{(n_2+m)n_2} \cdot \phi_C/R_P
\end{Bmatrix}
\tag{17.4}
$$

式(17.4)是一个有 n_2+m 个方程,却有 n_2+2m 个未各数的方程组。但由于虚拟边界上坐标相等的两节点电位值和电流密度值相等,因此,式(17.4)和式(17.2)中有 $2m$ 个相同的未知数,即

$$\phi_{n_1+1} = \phi'_{n_2+1}, \cdots, \phi_{n_1+m} = \phi'_{n_2+m}, q_{n_1+1} = q'_{n_2+1}, \cdots, q_{n_1+m} = q'_{n_2+m}$$

故式(17.4)和式(17.2)中未知数总数变为 n_1+n_2+2m 个,而这两式中方程总数也为 n_1+n_2+2m 个,由此,便可求出各节点上未知的电位及电流密度的值。

17.6.3　复杂结构阻挡式屏蔽效应和单点吸收式屏蔽效应综合影响

通过上述分块边界元思想和方法,编程并对典型阴极保护系统进行计算。

该算例中,包含耐压壳表面、非耐压壳表面、气瓶和牺牲阳极。在该计算中,耐压壳上的肋骨高度为 300mm,肋骨间距为 600mm,有气瓶设备,共设 19 块牺牲阳极。

分别考虑三种情况:气瓶涂层完好、气瓶与艇体短接,计算结果如图 17.22(a)、(b)所示;气瓶涂层损伤、气瓶与艇体绝缘,计算结果如图 17.22(c)、(d)所示;气瓶涂层损伤、气瓶与艇体短接,计算结果如图 17.22(e)、(f)所示。

由于气瓶表面涂层良好,尽管与艇体结构短接,但不接受保护电流。然而,由于气瓶对保护电流的遮挡作用,使非耐压壳表面上的保护电位分布受到了影响。

当气瓶与艇体结构绝缘时,气瓶表面涂层有损伤时,虽然气瓶表面具有接受保护电流的可能,但由于气瓶与牺牲阳极系统之间出于绝缘状态,故无保护电流提供,但气瓶对电流的阻挡作用仍然存在。

当气瓶与潜艇短接且气瓶表面涂层有损伤时,由于气瓶表面接受保护电流同时存在气瓶对电流的阻挡作用。因此,使耐压壳表面及非耐压壳表面的保护电位分布受到较大影响。使阻挡是屏蔽效应和吸收式屏蔽效应同时显现出来。

17.6.4　复杂结构阻挡式和多点吸收式"屏蔽效应"影响

该算例中,包含耐压壳表面、非耐压壳表面、气瓶、铜管和牺牲阳极,增加一根铜管与艇体连接。考虑的状态是,气瓶与艇体短接,气瓶表面涂层损伤,铜管与艇体短接。计算结果如图 17.23 所示。上层建筑中,贵金属设备及气瓶等产生强烈的屏蔽效应,从而严重影响上层建筑结构表面的防腐效果。

表 17.7 中的数据是在各种模型计算中得到的牺牲阳极的保护电流强度的计算结果。在模型三中,由于铜管对阳极电流的吸收式屏蔽效应,在铜管附近的 5 块牺牲阳极(表 17.7 中 10~14)的消耗将异常迅速。这

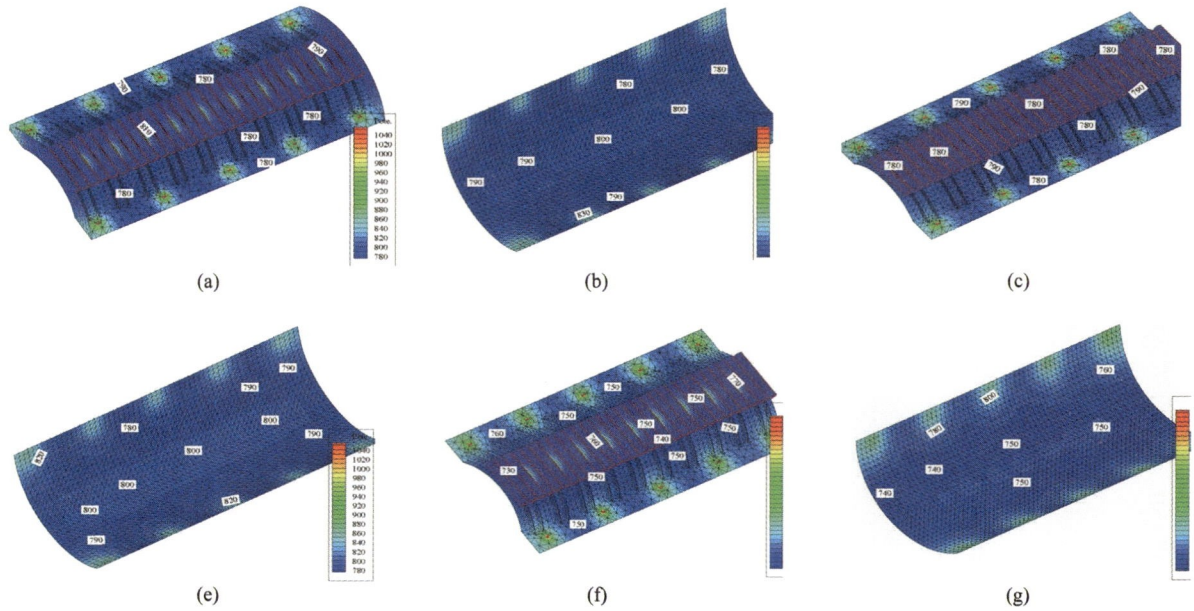

图 17.22　涂层损伤、气瓶与艇体结构绝缘或短接时电位分布仿真计算结果

（a）涂层损伤、气瓶与艇体耐压壳表面电位分布；（b）涂层损伤、气瓶与艇体非耐压壳表面电位分布；
（c）涂层损伤、气瓶与艇体结构绝缘气瓶表面上电位分布；（d）涂层损伤、气瓶与艇体非耐压壳表面上电位分布；
（e）涂层损伤、气瓶与艇体结构短接时耐压壳表面及气瓶表面上电位分布；
（f）涂层损伤、气瓶与艇体体结构短接时非耐压壳表面上电位分布。

是实际使用过程中牺牲阳极消耗速度不一的主要原因。

在"气瓶涂层完好，气瓶与艇体短接"和"气瓶涂层损伤，气瓶与艇体绝缘"两种情况下，由于"屏蔽效应"作用，设在气瓶下方的牺牲阳极提供保护电流的功能受到阻碍。

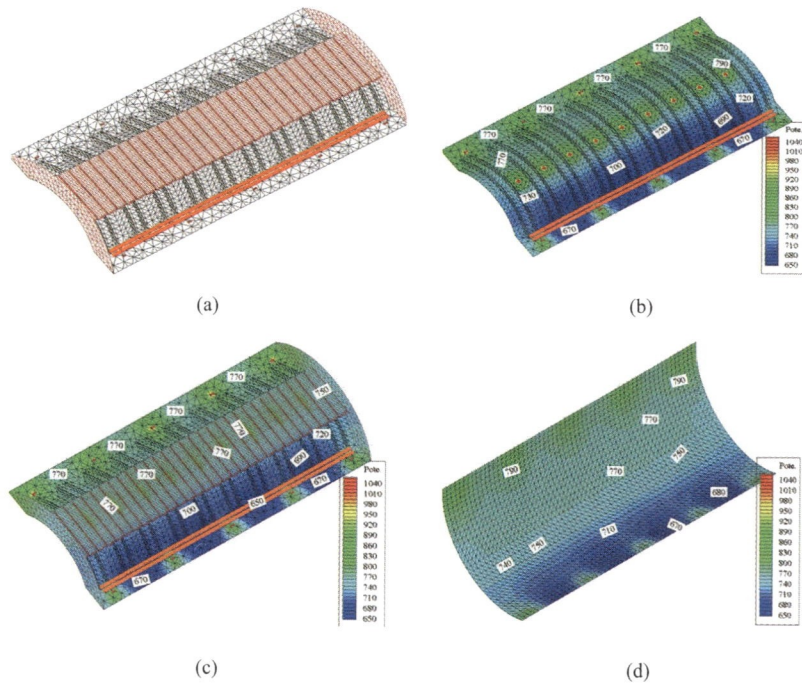

图 17.23　涂层损伤气瓶与艇体短接、高电位金属与艇体短接电位分布仿真计算结果

（a）初始计算模型；（b）耐压壳表面电位分布；（c）气瓶表面上电位分布；（d）非耐压壳表面电位分布。

表 17.7　牺牲阳极的电流　　　　　　　　　　　　　（单位:mA）

阳极序号	无设备	气瓶涂层完好,与舰体结构短接	气瓶涂层损伤,与舰体结构绝缘	气瓶涂层损伤,与舰体结构短接	气瓶涂层损伤,铜管与舰体结构短接	阳极序号	无设备	气瓶涂层完好,与舰体结构短接	气瓶涂层损伤,与舰体结构绝缘	气瓶涂层损伤,与舰体结构短接	气瓶涂层损伤,铜管与舰体结构短接
1	634	525	527	602	573	11	617	640	639	692	906
2	622	519	523	597	568	12	630	654	654	708	879
3	618	517	521	595	567	13	674	699	698	757	924
4	618	518	522	596	569	14	621	642	640	694	832
5	616	517	521	595	568	15	620	640	638	692	665
6	617	518	522	595	569	16	682	708	707	766	736
7	616	516	520	594	567	17	629	654	654	708	680
8	618	517	520	594	567	18	624	647	647	701	673
9	628	521	524	599	570	19	622	642	641	694	667
10	608	628	626	679	803						

17.6.5　分析及结论

（1）复杂结构阴极保护设计中结构电流屏蔽效应的影响随着遮挡物高度的变化而变化,当该遮挡物高度小于一定值后,阻挡屏蔽效应影响消除。某潜艇耐压壳上 300mm 高的肋骨对保护电流的屏蔽效应影响是可以接受的。

（2）气瓶等设备对保护电流的屏蔽效应明显,阻碍阳极提供保护电流。气瓶、高电位金属管路等设备与艇体间的绝缘措施良好时,不产生吸收式"屏蔽效应";气瓶、高电位金属管路等设备与艇体结构间的绝缘措施失效时,将产生吸收式的"屏蔽效应"。

（3）潜艇上层建筑阴极保护设计时要关注气瓶、高电位金属管路等表面状态以及与艇体连接状态。在阻挡式"屏蔽效应"不可避免时,必须保证气瓶、高电位金属管路等与艇体的绝缘,否则产生的吸收式屏蔽效应将会使牺牲阳极难以发挥作用,严重影响上层建筑整体防腐效果。

（4）对于潜艇上层建筑这种非常复杂的结构的阴极保护系统的设计,基于边界元法的数值仿真是一种有效的方法。

参考文献

[1] 方志刚,刘斌. 潜艇结构腐蚀防护[M]. 北京:国防工业出版社,2017.
[2] 高翔. 舰船辅助机械[M]. 北京:国防工业出版社,2005.
[3] 贺小型. 潜艇结构[M]. 北京:国防工业出版社,1991.
[4] 赵永甫,李炜. 舰艇概论[M]. 北京:海潮出版社,2004.
[5] Schumacher M. Sea Water Corrosion Handbook[M]. New Jersey:Noye Data, 1979.
[6] 曹楚南. 中国材料的自然环境腐蚀[M]. 北京:化学工业出版社, 2004.
[7] 侯保荣. 海洋腐蚀环境理论及其应用[M]. 北京:科学出版社, 1999.
[8] 周建龙,李晓刚,程学群,等. 深海环境下金属及合金材料研究进展[J]. 腐蚀科学与防护技术, 2010(22):47-51.
[9] 郭为民,李文军,陈光章. 材料深海环境腐蚀试验[J]. 装备环境工程, 2006(3):10-15.
[10] 王佳,孟洁,唐晓,等. 深海环境钢材腐蚀行为评价技术[J]. 中国腐蚀与防护学报, 2007(27):1-7.
[11] 许立坤,李文军,陈光章. 深海腐蚀试验技术[J]. 海洋科学, 2005(29):1-3.
[12] 唐俊文,邵亚薇,张涛,等. 循环压力对环氧涂层在模拟深海环境下失效行为的影响[J]. 中国腐蚀与防护学报, 2011(31):275-281.
[13] 刘斌,方志刚,王虹斌. 深海环境防腐蚀涂料性能评价技术研究[J]. 上海涂料, 2011(5):52-54.
[14] 刘淮. 国外深海技术发展研究[J]. 舰艇, 2006(257):6.

[15] 邓春龙.深海腐蚀研究试验装置成功投放[J].装备环境工程,2008(5):95.

[16] 方志刚,黄一.有机涂层在深海环境中的失效行为研究[J]腐蚀科学与防护技术,2010(6):518-520.

[17] 方志刚,黄一.海水环境交变压力环氧涂料失效行为研究[J].哈尔滨工程大学学报,2012,33(1):26-29.

[18] 方志刚.潜艇透水耐压涂料失效机理研究[D].大连:大连理工大学,2012.

[19] 方志刚,刘斌,王涛.干湿交替条件下牺牲阳极再活化性能试验研究[J].舰船科学技术,2013,35(1):65-69.

[20] 方志刚,刘斌,王涛.几种牺牲阳极在干湿交替条件下的自放电行为比较[J].装备环境工程,2012(8):52-54.

[21] 方志刚.四种典型牺牲阳极在干湿交替环境中的性能评价[J].表面技术,2012,41(4):31-34.

[22] 方志刚,刘斌,王涛.铝基合金牺牲阳极在干湿交替环境中的耐腐蚀性能[J].腐蚀科学与防护技术,2013,25(1):39-44.

[23] 方志刚,刘斌,王涛.舰船腐蚀预防与控制系统工程[J].舰船科学技术,2016,38(1):112-115.

[24] 许立坤,李文军,等.深海腐蚀试验技术[J].海洋科学2005,29(7):1-3.

[25] 张显程,巩建鸣,涂善东.涂层缺陷对涂层失效与基体腐蚀行为的影响研究[J].材料科学与工程学报,2003,21(6):922-926.

[26] 刘登良.涂层失效分析的方法和工作程序[M].北京:化学工业出版社,2003.

[27] 严川伟,何刚,刘宏伟.用显微红外方法研究涂层中物质传输规律[J].腐蚀科学与防护技术,2000(1):45-51.

[28] 张金涛,胡吉明,张鉴清.有机涂层的现代研究方法[J].材料科学与工程学报,2003,21(5):763-768.

[29] 朱良漪,孙亦梁,陈耕燕.分析仪器手册[M].北京:化学工业出版社,1997.

[30] 刘斌,孟繁强,尚永春.原子力显微镜在涂层分析中的应用[J].涂料工业,2000(2):38-40.

[31] 杨玫,王立华.表面涂层的制备工艺及测试技术[J].武汉科技大学学报,2003,26(3):241-245.

[32] 张鉴清,张昭,王建明,等.电化学噪声的分析与应用:电化学噪声的分析原理[J].中国腐蚀与防护学报,2001,21(5):310-314.

[33] 徐永祥,严川伟,高延敏,等.大气环境中涂层下金属的腐蚀和涂层的失效[J].中国腐蚀与防护学报,2002(4):249.

[34] 吴瑾光.近代傅立叶变换红外光谱技术及应用[M].北京:科学技术文献出版社,1994.

[35] 宋振海,杨军,何正宏.某型潜艇蓄电池室腐蚀的原因及对策[J].潜艇学术研究,2009,27(6):35-36.

[36] 汪新宇,张万波.潜艇甲板舾装件的腐蚀及其防腐蚀设计[J].舰船工程研究,2002(2):37-39.

第18章 铝合金舰船船体结构腐蚀及控制方法

防锈铝合金由于质轻、有一定强度和耐蚀性以及良好的可焊接性,在高速快艇上已得到十分广泛的应用。由于铝合金在海水及海洋大气环境中的腐蚀与结构钢有着不一样的特点,其腐蚀规律和腐蚀控制方法也不尽相同。本章简述了铝合金舰船腐蚀控制技术发展、设计要求,介绍了铝合金舰船研制、使用过程中的典型腐蚀故障和处理方法,基于边界元的阴极保护系统优化设计方法和微弧氧化工艺在铝合金舰船上应用取得了良好的效果。

18.1 概述

18.1.1 铝合金船舶发展

40多年来越来越多的国家采用铝合金制造船体结构,但与钢材相比价格较贵、建造成本较高。美国海军的研究结果表明,在造船领域,达到同等强度和在能满足船舶使用的条件下,作为船体结构来说,铝合金的综合重量是钢结构的50%左右,但耐蚀性要比钢材好一个数量级以上。在民用船舶方面,澳大利亚、荷兰、芬兰等国的双体铝壳快艇研制和应用已经比较成熟,目前已形成了铝合金快艇系列型谱。如澳大利亚开发的AMD350型船、荷兰斯盖尔德(Schelde)皇家造船厂建造的全铝质喷水推进高速车客渡船,芬兰芬亚兹(Finnyards)造船厂建造的能容纳1500名乘客和375辆汽车的大型高速全铝质双体车客渡船等,在澳洲和欧洲的支线航运中得到普遍使用。在军用方面,俄罗斯、美国、德国、日本、澳大利亚等国在铝质快艇、气垫船、地效翼船等研制方面也进行了大量的试验研究工作,先后研制出一大批各种类型的铝质快艇、气垫船、地效翼船,如美国海军和日本海军的LCAC已进行了批量生产,并大量装备部队。俄罗斯海军设计建造的铝质1232.1、1232.2、1206.1、1209等型号的气垫登陆艇,903、904型地效翼船等也已装备部队多年。

针对铝质快艇的腐蚀防护问题美国海军从材料选用、焊接工艺、涂料保护、维修等方面已制定出严格的军用标准,日本日立造船在严格选材、制造的基础上,委托广岛大学经过长期研究,对高速铝质快艇的艇体电场分布创建了数值计算模型,完成了各种形式艇体牺牲阳极的最优布置设计,很好地保证了艇体的防腐能力。荷兰、芬兰等国在铝质快艇成功使用钛合金、铝合金海水管路的基础上,又将具有质轻、热导率低和优良的耐腐蚀能力的玻璃钢(GRE)管大量用于各型铝质快艇,使海水管路系统真正成为免维护管系,大大提高了铝质快艇的使用可靠性和使用寿命。这些国家在铝合金材料及舰船的防腐研究成果、科学合理的建造工艺和严格的运行维护方法,使铝合金船的使用范围不断得到扩大,吨位也由早期的几十吨发展到目前的千吨级水平。铝合金防腐技术的突破使得大型高速铝质军用运输船、铝质猎扫雷艇、铝质导弹快艇等已逐渐开始在军事上得到应用。

但由于铝质快艇吨位较小,国外海军并不将其作为主要的战斗舰艇使用,并且铝质快艇的设计建造和使用一直处在不断探索和完善的过程中。因此,有关铝合金舰船的材料选取、设计建造工艺等完善的资料在公开发表的文献上很少看到。而对于铝合金舰船的腐蚀防护技术研究往往由于研究周期很长,内容、工艺及腐蚀数据等均属于各国在造船领域的基础性研究,加之造船业竞争日益激烈,因此有关船用铝合金特别是5083、6061铝合金的完整详细的腐蚀资料难以获得。而国内多年来由于铝合金舰船的研制和建造建造基本处于停滞状态,使得船用铝合金材料的腐蚀特性和腐蚀防护技术的研究成果基本处于空白。加之长期以来没有明确和批量的造船需求,在近些年来逐渐进入国内的各外国名牌油漆生产企业中(含合资企业)没能引进和具备生产适合于铝质快艇的长效防腐涂料配套体系和能力。此外,国产铝合金材料缺乏必要的腐蚀性能研究,缺乏完善的铝合金表面处理和焊接工艺,铝合金海水管路没有理想的防污技术,铝合金海水管材没有腐蚀数据和电偶腐蚀数据,海水管系材料及附件配套性差,缺乏完整的适合铝质快艇的标准规范,同时也十分缺乏铝质快艇的运行使用经验,这些都对搞好铝合金舰船的防腐蚀设计带来了困难。

18.1.2 结构材料与特点

铝合金有多种分类方法。按生产方法的不同,铝合金可分为铸造铝合金和变形铝合金两大类。我国按性能和用途将铝合金分为纯铝、防锈铝、硬铝、超硬铝、锻铝和特殊铝,分类及其代号见表18.1。

在工业生产上,一般习惯于把铝合金按主要合金元素分为:纯铝系、Al - Mn 系、Al - Mg 系、Al - Mg - Si - Cu 系、Al - Cu - Mn 系、Al - Cu - Mg 系、Al - Zn - Mg 系、Al - Zn - Mg - Cu 系、Al - Cu - Mg - Fe - Ni 系。

表 18.1 铝合金类别及其代号

合金类别	纯铝	防锈铝	硬铝	超硬铝	锻铝	特殊铝
合金代号	L	LF	LY	LC	LD	LT
合金举例	L2	LF3	LY12	LC4	LD5	LT1

1. 铝合金牌号及合金成分

Al - Mn 和 Al - Mg 系合金都属于防锈铝合金,分别相当于美国的 3000 系和 5000 系合金及苏联的 AMII 和 AMT 系合金。我国的 Al - Mn 合金只有一个牌号即 LF21。Al - Mg 合金则从镁含量 2.4% 至 9.6% 组成 LF2 至 LF12 不同牌号的合金。5083 铝合金相当于我国牌号 LF4,LF15 为具有一定含 Mn 量的 Al - Mg 系合金。

目前国外铝合金的分类主要是以美国的牌号为主,美国铝合金牌号从 1××× —— 9××× 共分 9 个系列,其中 1××× 系列为纯铝系列(如 1030 铝);2××× 系列为 Al - Cu 系合金;3××× 系列为 Al - Mn 系合金;4××× 系列为 Al - Si 系合金;5××× 系列为 Al - Mg 系合金;6××× 系列为 Al - Mg - Si 系合金;7××× 系列为 Al - Zn 系合金;8××× 系列为含其他元素铝合金;9××× 系列目前尚未使用。5083 和 6061 即表示为铝镁类合金和铝镁硅类合金。

2. 6061 铝合金

6000 系列 Al - Mg - Si 系合金是可热处理强化变形铝合金中耐蚀性最好的合金,同时具有良好的韧性和锻造性能以及中等的强度(约在 300MPa),所以 Al - Mg - Si 系合金是一种具有较高强度,较好韧性、加工性能和耐蚀性能以及装饰性能良好配合的合金。主要牌号有 LD31(美 6063)和 LD30(美 6061)。研究表明,Al - Mg - Si 系合金的腐蚀特性是没有晶间腐蚀倾向和应力腐蚀倾向,也没有剥蚀倾向,主要腐蚀形式是点蚀。6××× 系列的 Al - Mg - Si 系合金在造船领域主要用于型材。

3. 5083 铝合金主要性能(表 18.2)

5××× 系列 Al - Mg 系合金属于中强可焊合金,具有良好的抛光性能和耐蚀性能,特别是与其他铝合金相比具有良好的耐海水腐蚀性能。因此 Al - Mg 系合金是目前国际上用于造船最多的铝合金,同时广泛用于飞机焊接油箱、导管、蒙皮和骨架等以及火箭的液体燃料箱等。

表 18.2 5083 铝合金材料状态与性能

性能	状态		
	退火	H113	H343
0.2% 屈服强度/(1000psi)	21	33	41
抗拉强度/(1000psi)	42	46	52
抗剪强度/(1000psi)	25	28	30
伸长率/%	22	16	8
硬度(布氏)	67	82	92

5083 铝合金主要性能如下:

(1)标称成分。

镁含量 4.5%,锰含量 0.7%,铬含量 0.2%,余量铝。

(2)物理力学性能。

密度:空气中,$\rho = 0.096 \mathrm{lb/in^3}$;海水中,$\rho_{sw} = 0.0591 \mathrm{b/in^3}$。

线胀系数(-50 ~ 100℃):$23.4 \times 10^{-6} \mathrm{in/(in \cdot ℃)}$。

泊松比:0.33。

弹性模量:拉伸,$E = 10.3 \times 10^6 \mathrm{psi}$;剪切,$G = 3.83 \times 10^6 \mathrm{psi}$。

疲劳极限:5×10^8 次循环,23000(H113)psi。

强化机理:加工硬化。

(3)天然海水中特性。

电极电位:-0.87V(0.1N 甘汞电极参比标准),-1.0 ~ -0.9V(银/氯化银电极参比标准)。

受腐蚀类型:点蚀(离散深度);边缘和缝隙腐蚀;H113 调质处理易对晶间腐蚀敏感。

注意事项:当浸没在海水中时,如果让它与钢、不锈钢、铜合金、镍合金或钛有电接触,将会出现严重的电化学腐蚀。

适加工性:可焊接,但机加工比 6061 合金更困难。

18.1.3　铝合金的主要腐蚀形态

结构铝合金作为一种性能优越的金属材料在国民经济各领域得到广泛应用,随着对海洋资源开发和利用,铝合金材料在海洋环境的应用也不断拓展。但作为船体结构材料、设备用材和上层建筑用材,结构铝合金将受到海水的直接腐蚀和海洋大气的腐蚀。

接触海水的结构铝合金,面临腐蚀性很强的海水介质的直接腐蚀,其耐蚀性完全取决于钝化膜的完好程度与破裂后的自修复能力。研究表明,海水中的 Cl^- 离子对钝化膜的破坏作用最为强烈,造成铝合金在海水中的钝态不稳定,在海水中主要的腐蚀形式为局部腐蚀,具体又可分为点蚀、缝隙腐蚀、晶间腐蚀、剥落腐蚀,以及腐蚀和局部应力共同作用引起的腐蚀疲劳。点蚀起因于表面钝化膜的薄弱处和材质不均匀处保护膜的局部破坏,在海水中 Cl^- 离子以及氧等阴极去极化剂的结合作用下极易发生点蚀且腐蚀发展速度很快。缝隙腐蚀是由于铝合金表面的沉积物、附着的海生物以及存在搭接表面、缝隙等造成局部恶劣的腐蚀环境,从而加速缝隙内部的腐蚀。晶间腐蚀与铝合金的晶间析出物有关,一般的铝合金晶间腐蚀敏感性较大,由腐蚀与应力引起的腐蚀疲劳与晶间腐蚀有密切关系。剥落腐蚀是形变铝合金的一种特殊腐蚀形式,高强度铝合金的剥落腐蚀在海洋环境中最敏感,通常与晶间腐蚀敏感性有关,晶间腐蚀在具有平行于表面的层状晶粒组织的材料上发生时,与腐蚀产物产生的内应力协同作用使表面开裂或剥落。铝合金的局部腐蚀导致其使用寿命降低,甚至造成重大事故。

铝合金在海洋大气中的点蚀敏感性相对较高;在飞溅带则易发生缝隙腐蚀,缝隙腐蚀比点蚀严重;在海水中的点蚀有一定随机性,缝隙腐蚀则是铝合金海水中很常见的腐蚀形式。通常铝合金的点蚀敏感性与缝隙腐蚀敏感性是一致的。由于铝合金在海水中的电位很负,与大多数金属接触时都呈阳极性,使铝腐蚀加速,尤其是与电位较正的铜合金接触时更为有害,与镍基合金、钢铁、不锈钢及钛合金、镁合金直接接触都是有害的。

铝合金在海水中的局部腐蚀速率比均匀腐蚀速率高两个数量级以上,发展速度快,对铝合金的危害更为严重,而且无法通过采用设计裕量解决,同时由于腐蚀部位的特殊而难以通过常规方法检测和维护。

铝及铝合金表面产生点蚀现象是很普遍的。关于铝合金点蚀的成因,目前尚无统一的理论来解释,比较一致的观点是:①铝合金点蚀只有在一定的电位(临界点蚀电位)下才可能发生,每种合金有其特定的点蚀电位;②在氧化膜上存在微孔或缺陷会有助于 Cl^- 离子的进入,形成点蚀;③络合离子的形成有助于铝阳极溶解过程的进行。

应该说铝位于钝化区,因为在铝的表面往往会生成一层薄薄的氧化膜,它阻碍了活性铝表面和周围介质相接触。

铝在中性盐溶液中的腐蚀行为,主要取决于溶液中的阴、阳离子的特性。当溶液中含有 Cl^- 等阴离子时,由于这些离子的半径小,穿透性大,很容易破坏氧化膜而产生点蚀,所以铝在含有卤素离子的溶液中是极不耐蚀的。铝在海水中的耐蚀性也差,就是因为海水中含有较多 Cl^- 离子的缘故。

阳离子对铝的腐蚀也有很大的影响,其影响机理主要与电化学序有关。当溶液中含有电位较正的金属离子,如 Fe^{2+}、Ni^{2+}、Cu^{2+} 等离子时,会加速铝的点蚀。阳离子的电位越正,加速铝的点蚀越严重。

某些铝合金在海水中使用时具有优良的抗蚀性,在海水中得到应用的铝合金有 1100、1180、3003、5050、5466、5083、5086 和 6061 等。

铝合金在海水中的点蚀会因 Cl^- 离子的存在而大大加速。预计当海水中的氧含量增高时合金的腐蚀速率应该较低,莱因哈特曾提出,在太平洋的试验中影响点蚀行为的是氧含量而不是海水的深度。他发现在三个不同氧含量下,几种铝镁合金($5\times\times\times$系)的点蚀以氧含量最低时最深。在暴露的第一年左右,点蚀速度最高,此后就减慢到低得较多的速度。此外,格鲁弗等人发现,通过测量铝合金在海水中的电极电位便能确定它们对点蚀的相对敏感性。电极电位较正的合金比电极电位较负的合金对点蚀和缝隙腐蚀更敏感。

铝合金的点蚀数据是较难进行比较的,因为同样的几块试验样板的点蚀行为往往差异很大,一旦产生一个蚀坑,它便可很快地加深,但随后由于种种原因这种过程又可减慢或停止。

针对铝合金的缝隙腐蚀问题,虽然所有铝合金实际上都易于产生此类腐蚀,但仍有一些差异。通常,一种铝合金对点蚀较为敏感就表明它也势必易于产生缝隙腐蚀,反之亦然。因为没有标准的缝隙,腐蚀量很大程度上取决于缝隙的集合形状以及阳极(缝隙下)与阴极(缝隙外面积)之比。

铝与其他金属组成电偶对腐蚀有很大影响,铝与铜基合金接触,使其腐蚀率大大加快。即便与铝之间有良好电绝缘的铜合金,也能促进铝的点蚀。这主要是由于铜离子会通过许多方式迁移到铝结构表面沉积出金属铜而形成局部电化学电池的缘故。因此,铜合金结构在海水中不管是否与铝组成电偶,都绝不能与铝合金组合一起使用。但在铝质船上人为组成电偶也会得到一些好处,如与铝合金组成电偶的铝阳极或锌阳极会减轻铝合金的点蚀和全面腐蚀。

在接触海水的船舶和设备中已得到应用的5×××系合金有5052、5083、5086、5154、5456等。同一般的铝合金一样,5×××系合金也有点蚀倾向。莱因哈特测得的浅海和深海海洋中的腐蚀数据归纳在表18.3中。由此可见,在各种海水深度下测得的腐蚀率均为2mil/年或更低,而最深蚀坑的平均深度可达50mil。

表 18.3　Al－Mg 合金(5055、5052、5454、5456、5083 和 5086)的平均腐蚀率和平均点蚀深度

暴露时间(天)	深度/ft 1ft = 30.48cm	平均腐蚀率/mil		平均点蚀深度/mil	
		海水	沉积物	海水	沉积物
181	5	1.1	—	5.0	—
366	5	0.6	—	—	—
197	2340	0.9	0.8	17.4	22.8
402	2370	0.6	0.6	32.4	13.5
123	5654	0.8	1.9	11.8	36.5
403	6780	1.9	0.7	50.0	31.6
751	5640	1.6	2.7	48.6	29.7
1064	5300	1.0	1.4	46.2	47.8

表 18.4　一些铝合金在静止人造海水中的稳定电位值

合金系	合金牌号	电位/V
Al－Mg	AMr61	－0.542
	AMr5	－0.550
	45Mr2	－0.590
	AЛ13	－0.545
Al－Zn－Mg	B48－4	－0.650
	K48－1	－0.625
	ВЛ15	－0.680
	AцMr515	－0.695

国外对于铝合金防腐的研究大多集中在处于海洋大气环境下使用的铝合金,而针对在海洋环境下使用的船用铝合金的防腐研究较难看到。由于铝合金表面易于钝化,并且腐蚀原因复杂,除与海水盐度、温度、氯浓度等有关外,还与海水 pH 值、重金属离子浓度及异种金属接触等有关。一些国外的铝合金腐蚀数据往往由于地域性和试验条件的限制,只能参考,很难直接采用。

и. я. 鲍戈拉德(1983)在《海船的腐蚀与防护》一书中指出,由于铝合金的密度小,故在造船中广泛使用。目前,在造船中最普遍使用的适 Al－Mg 和 Al－Zn－Mg 系铝合金。铝合金与船舶结构制造中所应用的其他金属和合金相比,在海水中具有最负的电位。铝合金的稳定电位随其化学成分的不同,在 －0.695 ～ －0.540V 的范围内波动。Al－Zn－Mg 系铝合金具有较负的电位,见表18.4。

在海水中铝合金和大多数其他金属和合金一样,具有很强的阴极极化和微弱的阳极极化。同时,应该着重指出,Al－Zn－Mg 系铝合金的极化性比 Al－Mg 系合金小一些。这说明,Al－Mg 系合金在海水中的一般耐蚀性比 Al－Zn－Mg 系合金高。S. C. 德克斯特(1982)在《海洋工程材料手册》一书对铝合金材料也有较详尽的描述。3×××和6×××系列铝合金经常在海洋中应用,尤以中强度6061铝合金应用特别普遍。5×××系列是铝合金中耐腐蚀能力最好的合金,在游艇和船舶壳体方面已得到最广泛的应用。如果能容许有轻微的点蚀,5×××系列合金可以不加防护在海水中使用几个月。在海洋环境中使用5×××系铝合金时,应特别注意使用牺牲阳极以减小点蚀和缝隙腐蚀的倾向。

18.1.4　国内铝质快艇腐蚀防护现状调研

国内拥有现役铝质快艇的单位主要是一些沿海中小型客运公司,如宁波花岗高速客轮公司、上海金海

马客轮公司、香港高速客轮公司等。经调研,其主要营运范围分布在三个海域:舟山海域,往返于舟山、上海、宁波等地;渤海湾海域,往返于大连、烟台、秦皇岛等地;珠江三角洲附近海域,往返于香港、蛇口、珠海等地。这些全铝质快艇设计和生产国家主要为澳大利亚、挪威,快艇航速为 30~40kn 不等,且大多采用双体喷水推进船型(亦有部分为螺旋桨推进船型)。在 2001 年 10 月至 2002 年 5 月期间,我们重点调查了正在服役的"飞鹰湖"号(AMD-150)、"甬兴"号(图 18.1)、"新世纪"号等,这三艘快艇分别由中国船舶工业集团、挪威、澳大利亚建造,其腐蚀防护方法和腐蚀基本情况如下:

(1)根据调研的铝质快艇来看,船体的腐蚀防护一般采用涂料 + 铝合金牺牲阳极的方法对船体进行保护,要求每年至少上排一次进行船体检查及重新涂刷涂料。内舱基本上为裸铝,没有涂料保护设计。但即使是这样仔细保护和保养,在对几条快艇的调研中发现,在船体外板焊接处及内板焊接的热变形区域普遍存在较明显的腐蚀,如图 18.2 所示。在"新世纪"号的不锈钢水翼与 5083 铝质船体连接处防腐涂层基本破坏,铝合金的腐蚀较严重,见图 18.3 所示。喷水流道格栅的使用寿命较低,必须定期检查和频繁更换(图18.4),"新世纪"号就出现过格栅检查不及时腐蚀烂掉将喷泵叶轮打坏的事故。内舱腐蚀情况因条件限制没有得到其腐蚀资料,船东没有反映出内舱腐蚀破损的情况,可认为属正常状态。

图 18.1　"甬兴"号铝合金双体船

图 18.2　船体外板焊接处及内板焊接的热变形区域普遍存在较明显的腐蚀

图 18.3　"新世纪"号 5083 铝质船体与不锈钢水翼与连接处腐蚀较严重

图 18.4　喷水流道格栅须定期检查和频繁更换

(2)对于系缆桩等舾装件与艇体的连接、艇侧护舷铝型材与艇体之间的焊接焊缝区等在所调研的船上均采用涂料保护方式。但由于材料不同或材料牌号不同,仅靠涂料保护方式还难以解决腐蚀问题。调研中发现"甬兴"号的钢质系缆桩与艇体的铆接处腐蚀严重,护舷木与艇体的焊缝处出现大面积开裂,如图 18.5 所示。

(3)铝质快艇的防腐防污涂料配套体系尚不完善,底材在涂装前的处理方式及要求也各不相同。曾经出现过船体异常腐蚀、表面有多处坑点的情况;海域不同,海生物生长规律也不尽相同,铝质船体在不同的海域对涂料有一定的选择性。

（4）由于重量的关系，铝质快艇的大部分管路材料为铝管。调研中发现，铝管用于非海水介质时情况尚可，但用于海水系统时，其使用寿命各艇反映不一。从总的情况来看，铝管用于海水系统效果不好，不耐腐蚀，经常出现图 18.6 所示的点蚀穿孔现象，使船东防不胜防。特别是消防管系在使用 2～3 年以后，根本不耐压，很难承受 $5kg/cm^2$ 以上的压力，因而在这些快艇购进国内来以后，船东在修理过程中已不断将铝管换为紫铜管。

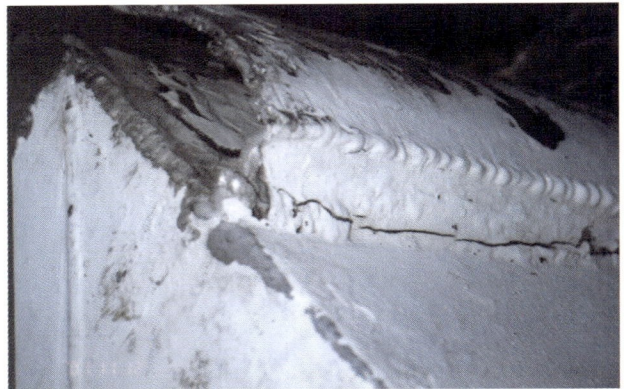

图 18.5 "甬兴"号护舷木与艇体的焊缝处出现大面积开裂

主机电站机带海水管路一般为紫铜管或 B10 管，所有船这些管路情况良好，很少更换。厕所排污管一般采用紫铜管，管内外壁腐蚀都较严重，液压管采用无缝钢管，受海洋大气影响腐蚀也较严重。

（5）在"飞鹰湖"（AMD150）等快艇上，其舱底泵、总用泵选用的是钢质泵，在使用中可见明显的腐蚀（图 18.7），泵轴封非正常泄漏现象也时有发生，有时不到半年便要更换。阀门用材不统一，有铝阀、钢阀、不锈钢阀，海水系统中使用钢阀时腐蚀较严重。

（6）喷水流道的防海水腐蚀和防海生物污损在各型快艇上都比较重视，流道中一般采用了牺牲阳极和涂料进行保护，但仍有较严重的腐蚀现象发生（图 18.8）。

(a)

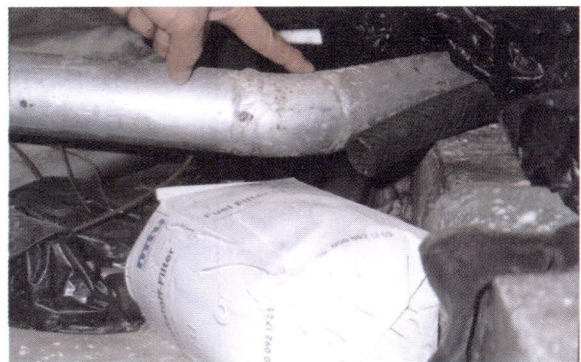

(b)

图 18.6 铝合金管路情况

（a）铝质快艇的大部分管路材料为铝管；（b）铝管用于海水系统效果不好，经常出现点蚀穿孔现象。

(a)

(b)

图 18.7 在"飞鹰湖"（AMD150）等快艇上钢质设备和附件腐蚀较为严重

（a）舱底泵、总用泵选用的是钢质泵；（b）海水系统中使用钢阀时腐蚀较严重。

(a)　　　　　　　　　　　　　　　　　　(b)

图 18.8　喷水流道有较严重的腐蚀现象发生

（a）喷水流道腐蚀情况；（b）喷泵拆卸后船体腐蚀情况。

18.2　铝合金舰船腐蚀防护设计

18.2.1　铝合金舰船腐蚀防护要点

1. 腐蚀控制特点

根据铝合金在海水中的腐蚀特点和国内铝质快艇的防腐设计和实际腐蚀情况,鉴于铝合金舰船航速较高、内舱设备布置较为拥挤、使用率不高及舰维护能力较低等原因,其防腐设计和使用中的维护难度都将远比民用铝质快艇大。铝合金舰船主要腐蚀部位和区域具有以下特点:

（1）船体水下部分由于高流速和近海海面杂物较多,一般的防腐、防污漆难以有效保护艇体。因为水下和水上船体部分的防腐涂料的防腐功能是大不相同的,水下防腐防污漆是一个完整的体系,防污涂层的完整性在很大程度上决定了整个体系的防腐能力。一般的毒剂类防污涂料往往会由于高速水流的冲刷使寿命大大降低,防污涂层的过早耗尽会导致底层的防腐涂层过早失效。另外,由于舰船在航率较低,自抛光类防污涂料会大量附着海生物,造成整个涂层因海生物黏着腐蚀过早失效。此外,铝合金舰船涂漆之前的表面处理工艺与钢质舰船相比有很大区别。由于铝合金较软,常规的喷砂处理会对铝合金表面造成较大伤害,一般只能采用轻度扫砂方式,以提高涂料附着力。因此,合理的表面涂装、良好的防腐防污涂料配套体系和科学的牺牲阳极保护设计是提高船体耐蚀性的重要保证。

（2）尽管民用铝质快艇内舱一般采用裸铝处理,但对于军用舰船,由于内舱设备拥挤,维护保养空间狭窄,铜、铁类重金属设备、附件多,对于跌落内舱舱底的重金属零件、工具等极易造成裸铝内舱局部点蚀。因此,内舱的异种金属接触腐蚀将是铝合金舰船可能存在的又一重要腐蚀形式,必须给予高度重视。

（3）根据设计所提供数据,铝合金舰船喷水流道内海水流速在舰船 40kn 时可达到 50kn 左右,加之泵喷叶轮为不锈钢材料,流道内壁的铝合金腐蚀较难用牺牲阳极给以完整保护,而一般的防腐防污涂料又难以经受高流速水流冲击,流道内耐高流速海水冲刷腐蚀和电偶腐蚀是铝合金舰船腐蚀控制重点。

（4）部分海水管系采用铝合金管后管内海水流速必须加以严格控制。铝合金管对于海水中的有效氯、铜、铁重金属离子十分敏感,异种金属接触对铝合金影响较大,加之管系附件配套性差。这一切都会造成铝合金管的异常腐蚀破损。因此,管系材料选择、管系的流速控制、附件选取、电绝缘措施、牺牲阳极保护等综合防腐设计方法就显得十分重要。

2. 防腐蚀设计的主要难点

舰船高航速并采用喷水推进后,开展铝合金舰船防腐蚀研究工作遇到的主要难点是:

（1）基础薄弱,缺乏各种使用经验和数据。

（2）在防腐防漏方面缺乏可供直接引用的标准规范。

（3）缺乏5083、6061等材料的腐蚀试验数据和实际使用数据，铝质管系防腐配套设计方面的技术储备少；铝质管系附件、设备的体系配套供应厂商较少。

（4）缺乏适用于高速铝质舰船防腐涂料配套体系和高速下船体牺牲阳极的实际使用经验。

（5）缺乏喷水推进装置和推进流道的防空化、防腐防污能力的权威性数据。

（6）铝质海水管系和推进流道缺乏有效的防污措施。

3. 防腐蚀要点分析

根据铝合金舰船的腐蚀特点和主要研究难点的分析，铝合金舰船的防腐要点主要可归结为以下几个方面：

（1）防腐顶层设计。防腐顶层设计是防腐设计的主要依据，主要包括防腐防漏综合论证、防腐防漏技术要求和防腐防漏效果评估三个部分。

（2）选择使用防腐设计规范。应尽快组织深入调研，完成国内外铝质舰船在船体、管系、涂装等方面防腐设计规范的搜集和整理工作，尽量考虑继承性，为降低研制风险提供可靠的依据。

（3）防腐防污涂料体系确定。通过多方案对比和筛选试验解决船体防腐防污涂料配套体系和涂装工艺选定的瓶颈问题。

（4）海水管系防腐设计。开展海水管系材料的电化学性能测试，尽早获得5083、6061、LF15、B10、镍铝青铜、碳钢、阀门用铝等主要材料在海水中的自腐蚀、偶合、极化、电绝缘效果、流速极限等关键设计数据，解决防腐设计中的要害问题。

（5）阴极保护措施。阴极保护涉及船体、内舱舱底积水区域、海水管系的牺牲阳极阴极保护设计和喷水流道——螺旋桨的外加电流阴极保护设计几个部分。船体高航速下电位分布及牺牲阳极优化布置、内舱舱底积水部位耐油水牺牲阳极布置，国内现有牺牲阳极材料与5083、LF15铝材的适应性分析等是急需主要研究的内容。

18.2.2 阴极保护优化设计

早期舰船总体设计者依靠经验方法开展阴极保护设计，随着计算机技术的飞速发展，数值仿真方法用于阴极保护设计成为可能。由于铝合金快艇在停航、不同航速下吃水表面积有较大的差别，在设计初期对这些状态对阴极保护的需求、变化规律进行仿真计算，取得一个最优的牺牲阳极布置方案，就非常有必要了。

阴极保护数值仿真方法主要有有限元法和边界元法，在14.5节中对采用边界元方法进行防腐蚀设计方案评估进行了描述，在17.6节中对分块边界元方法进行了介绍。为了方便读者完整地理解边界元阴极保护优化设计方法，这里还用少量篇幅重复一下边界元方程和模型，将边界元法用于铝合金快艇阴极保护设计进行描述。

1. 设置牺牲阳极的数学模型

构成船体阴极保护系统的部分要考虑的是船体湿表面、牺牲阳极表面以及海水电解质区域。描述阴极保护系统的两个物理量分别是电位和电流密度。因此，与船体阴极保护系统相对应的物理模型所包含的基本要素有海水电解质区域内（Ω）的电位状态和电流矢量状态、船体湿表面防腐涂层完好部位（S_1）的电位状态和电流状态、涂层损伤部位（S_2）的电位状态和电流状态、牺牲阳极表面（S_3）的电位状态和电流状态、海面（S_w）的电位状态和电流状态以及距离艇体足够远处（S_∞）的电位状态和电流状态。这样一来，船体阴极保护问题的数学模型可以归结为描述海水电解质区域（Ω）内电位状态和电流矢量状态的数学方程（域内控制方程）、描述全部边界（$S_1 + S_2 + S_w + S_\infty$）上电位状态和电流状态的数学方程（边界条件）。

在海水电解质区域内，由船体阴极保护系统产生的电场中的电位和电流密度满足。

$$q = -\frac{1}{\rho}\nabla\phi \tag{18.1}$$

式中：q 为电流密度；ϕ 为电位；ρ 为海水的电阻率。

如图 18.9 所示,在海水电解质区域的电场中取一微小立方体积元($dx \times dy \times dz$)作为研究对象。则微小立方体积元六个面上的电流密度可表示为

$$
\begin{cases}
S_A : q_x = -\dfrac{1}{\rho}\dfrac{\partial \phi}{\partial x} \\[2mm]
S_B : q_y = -\dfrac{1}{\rho}\dfrac{\partial \phi}{\partial y} \\[2mm]
S_C : q_z = -\dfrac{1}{\rho}\dfrac{\partial \phi}{\partial z} \\[2mm]
S_D : q'_x = -\dfrac{1}{\rho}\dfrac{\partial}{\partial x}\left(\phi + \dfrac{\partial \phi}{\partial x}dx\right) \\[2mm]
S_E : q'_y = -\dfrac{1}{\rho}\dfrac{\partial}{\partial y}\left(\phi + \dfrac{\partial \phi}{\partial y}dy\right) \\[2mm]
S_F : q'_z = -\dfrac{1}{\rho}\dfrac{\partial}{\partial z}\left(\phi + \dfrac{\partial \phi}{\partial z}dz\right)
\end{cases}
\tag{18.2}
$$

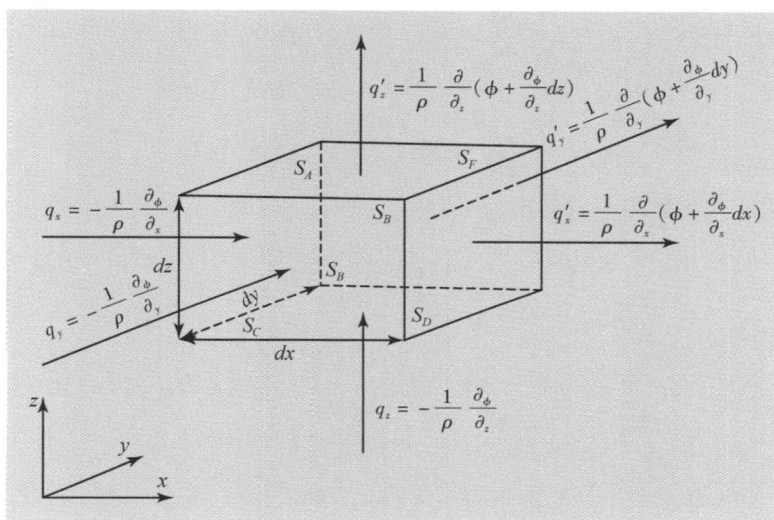

图 18.9　电场中微小立方体积元

任意时刻,上述图示中的微小立方体积元($dx \times dy \times dz$)中电量的变化量为

$$
Q = q_x dydz + q_y dxdz + q_z dxdy + q'_x dydz + q'_y dxdz + q'_z dxdy
$$
$$
= \frac{1}{\rho}\left(\frac{\partial^2 \phi}{\partial x^2} + \frac{\partial^2 \phi}{\partial y^2} + \frac{\partial^2 \phi}{\partial z^2}\right)dxdydz
\tag{18.3}
$$

当阴极保护系统产生的电场达到平衡状态时,能量最低原理要求微小立方体积元($dx \times dy \times dz$)中的电量处于恒定状态,即 $Q=0$。由 18.3 式可以得到域内控制方程,即

$$
\frac{1}{\rho}\nabla^2 \phi = 0
\tag{18.4}
$$

数学模型的边界条件:

(1)船体湿表面防腐涂层完好部位 S_1:垂直于边界方向的电流密度为"0":

$$
q = \frac{1}{\rho}\frac{\partial \phi}{\partial n} = 0
\tag{18.5}
$$

(2)涂层损伤部位(S_2)及牺牲阳极表面(S_3)的电位状态和电流状态之间的关系满足极化曲线:

$$
q = \frac{1}{\rho}\frac{\partial \phi}{\partial n} = f_{ac}(\phi)
\tag{18.6}
$$

595

（3）垂直于海面边界（定义为 S_w）方向的电流密度为"0"：

$$q = \frac{1}{\rho}\frac{\partial \phi}{\partial n} = 0 \tag{18.7}$$

（4）距离船体足够远处（定义为 S_∞，也称为物理模型的外边界）的电位为常数、电流密度为"0"：

$$\begin{cases} \phi = \phi_\infty \\ q = \frac{1}{\rho}\frac{\partial \phi}{\partial n} = 0 \end{cases} \tag{18.8}$$

综上所述，船体阴极保护的数学模型为

$$\begin{cases} \dfrac{1}{\rho}\nabla^2\phi = 0 & ，在 \Omega 区域 \\ q = \dfrac{1}{\rho}\dfrac{\partial \phi}{\partial n} = 0 & ，在 S_1 区域 \\ q = \dfrac{1}{\rho}\dfrac{\partial \phi}{\partial n} = f_{ac}(\phi) & ，在 S_2 区域 \\ q = \dfrac{1}{\rho}\dfrac{\partial \phi}{\partial n} = 0 & ，在 S_w 区域 \\ \phi = \phi_\infty & ，在 S_\infty 区域 \\ q = \dfrac{1}{\rho}\dfrac{\partial \phi}{\partial n} = 0 & ，在 S_\infty 区域 \end{cases} \tag{18.9}$$

而船体阴极保护离散化边界积分方程组为

$$\begin{bmatrix} H_{11} & \cdots & H_{1j} & \cdots & H_{1N_t} & -1 \\ \vdots & \vdots & \vdots & \vdots & \vdots & \vdots \\ H_{i1} & \cdots & H_{ij} & \cdots & H_{iN_t} & -1 \\ \vdots & \vdots & \vdots & \vdots & \vdots & \vdots \\ H_{N_t1} & \cdots & H_{N_tj} & \cdots & H_{N_tN_t} & -1 \\ 0 & \cdots & 0 & \cdots & 0 & 0 \end{bmatrix}\begin{Bmatrix} \phi_1 \\ \vdots \\ \phi_j \\ \vdots \\ \phi_{N_t} \\ \phi_\infty \end{Bmatrix} = \begin{bmatrix} G_{11} & \cdots & G_{1j} & \cdots & G_{1N_t} \\ \vdots & \vdots & \vdots & \vdots & \vdots \\ G_{i1} & \cdots & G_{ij} & \cdots & G_{iN_t} \\ \vdots & \vdots & \vdots & \vdots & \vdots \\ G_{N_t1} & \cdots & G_{N_tj} & \cdots & G_{N_tN_t} \\ S_1 & \cdots & S_j & \cdots & S_{N_t} \end{bmatrix}\begin{Bmatrix} q_1 \\ \vdots \\ q_j \\ \vdots \\ q_{N_t} \end{Bmatrix} \tag{18.10}$$

式(18.10)中：$\{\phi_1,\cdots,\phi_{N_t}\}$ 和 $\{q_1,\cdots,q_{N_t}\}$ 分别表示船体湿表面及牺牲阳极表面上的电位和电流密度。在 $\{q_1,\cdots,q_{N_t}\}$ 中，船体湿表面上防腐涂层完好部位 $\{q=0\}$，涂层损伤部位以及牺牲阳极表面 $\{q=f_{ac}(\phi)\}$，即艇体 A5083 材料和高效铝阳极材料在海水中的阴极极化曲线和阳极极化曲线。将这些物理条件代入式(18.10)，可以得到一个关于船体湿表面及牺牲阳极表面上的电位 $\{\phi_1,\cdots,\phi_{N_t}\}$ 和距离船体足够远处的电位 ϕ_∞ 的代数方程组。求解该代数方程组可获得艇体湿表面上和牺牲阳极表面上的保护电位分布和工作电位分布，以判定船体湿表面的阴极保护状态和牺牲阳极的工作状态。在此基础上，利用高效铝阳极材料在海水中的极化曲线所提供的在牺牲阳极表面上电流密度与工作电位之间的定量关系，可进一步计算出牺牲阳极表面上的电流密度分布、保护电流强度以及牺牲阳极的消耗速度等参数。

式(18.10)对应于船体阴极保护系统的一个状态。在该方程的形成过程中，要求相应的物理模型的边界元计算网格具有良好的性态以及系数矩阵的计算具有足够的精度。式(18.10)中的系数矩阵须由上述的式(18.9)计算并求相应的代数和得到。为了保证系数矩阵的计算具有足够的精度，在用于本研究的数值模拟仿真软件中，采用 h_{jk} 和 g_{jk} 的解析积分公式精确计算式(18.10)中的系数矩阵。

2. 仿真计算中考虑的基本因素

仿真计算中考虑的排水量状态：船舶在不同排水量状态时的湿表面积是不同的，这对于牺牲阳极的设计和布置方式是有较大影响的。因此，本仿真计算中重点考虑了表 18.5 所列的四种排水量状态。

阳极布置形式：由于牺牲阳极正常工作时的极化行为和海水电阻的影响，阳极数量的增加有利于提高阴极保护的可靠性。但是,阳极数量过多将导致安装施工及维护管理工作量增加;而且,船体湿表面上的平均保护电流密度将处于不必要的高水平上,从而导致牺牲阳极的总体消耗速度过快。

综合考虑各种相关因素,选取两种可行的阳极系统方案(片体:8＋1 个阳极。片体:6＋1 个阳极)进行模拟仿真计算,以确定船体阳极保护阳极系统的相关要素。

根据"系列模拟仿真计算"的结果编制出通过艇体附近电位测量进行防腐蚀状态评价;确定牺牲阳极的有效极限体积,达到在停航及各种航行航速状态下,使艇体全部表面上保护电位值处于 −1200mV ～ −900mV 范围。

根据上述计算结果,该船体湿表面的阴极保护系统应采用片体 8＋1 个高效铝阳极的形式。在三种设计保护周期(2 年保护周期、1.5 年保护周期以及 1 年保护周期)情况下,高效铝阳极的相关要素见表 18.6。

表 18.5　四种排水量状态下吃水及船体湿表面积

排水量	艏吃水/m	艉吃水/m	湿表面积/m²
标准排水量	1.091	1.845	168.3
正常排水量	1.340	1.787	175.7
满载排水量	1.526	1.772	182.5
最大排水量	1.679	1.776	188.6

表 18.6　高效铝阳极的相关要素

设计保护周期	片体阳极总质量/kg	片体阳极数量	阳极质量/kg	阳极形状要素
2 年保护周期	14	8	1.64	梯形断面:上底边长4cm,下底边长6cm,厚度4cm,柱长30cm
1.5 年保护周期	10	8	1.11	梯形断面:上底边长4cm,下底边长5cm,厚度3cm,柱长30cm
1 年保护周期	6	8	0.68	梯形断面:上底边长4cm,下底边长5cm,厚度2.5cm,柱长30cm

在停航及各种航行航速状态下,使船体没水部全部表面上保护电位值处于 −1200 ～ −900mV 范围,从而使船体在其全寿命期内始终处于完全保护状态。表 18.5 及表 18.6 所列的阳极系统的阴极保护方案,可使设计航速范围内船体部分得到有效的保护。仿真结果如下:

高效铝阳极的质量随时间变化情况如图 18.10 所示。

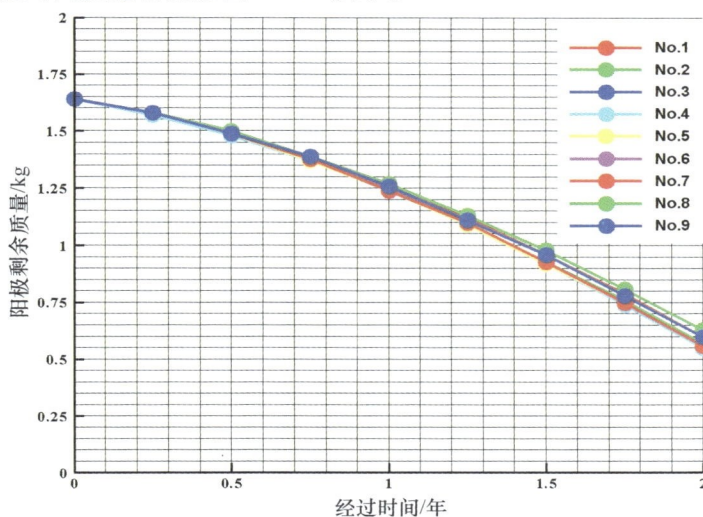

图 18.10　高效铝阳极的重量随时间变化情况

阳极形状随时间变化情况如图 18.11 所示。

2 年保护周期满载排水量状态下典型时间节点的计算结果(初始状态)如图 18.12 所示。

2 年保护周期满载排水量状态下典型时间节点的计算结果(2 年终)如图 18.13 所示。

597

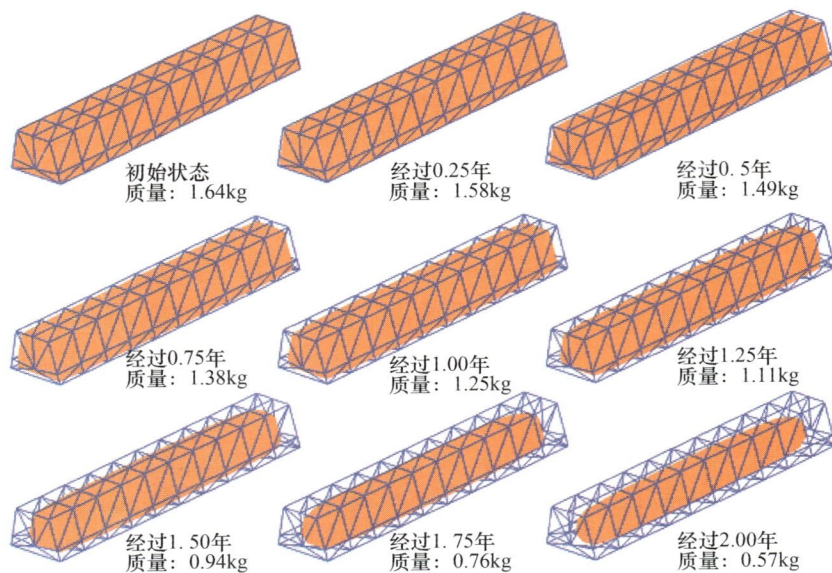

初始状态
质量：1.64kg

经过0.25年
质量：1.58kg

经过0.5年
质量：1.49kg

经过0.75年
质量：1.38kg

经过1.00年
质量：1.25kg

经过1.25年
质量：1.11kg

经过1.50年
质量：0.94kg

经过1.75年
质量：0.76kg

经过2.00年
质量：0.57kg

图18.11　阳极形状随时间变化情况

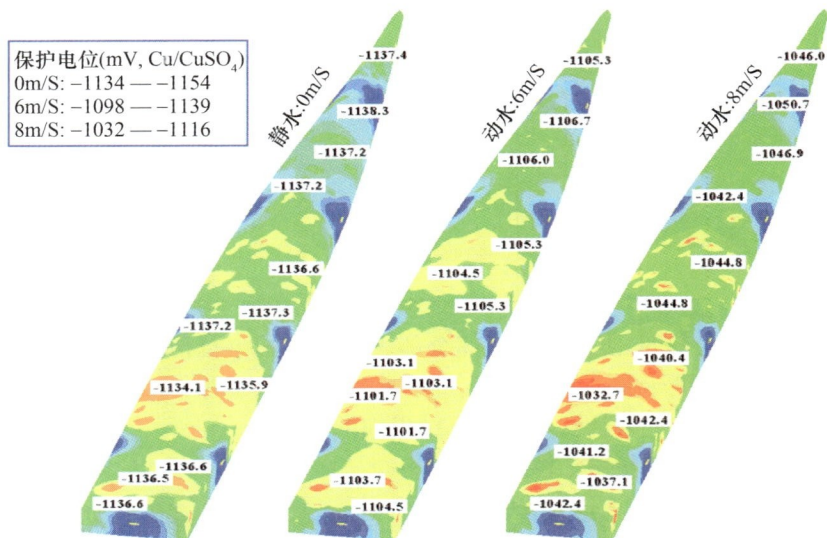

图18.12　2年保护周期满载排水量状态下典型时间节点的计算结果（初始状态）

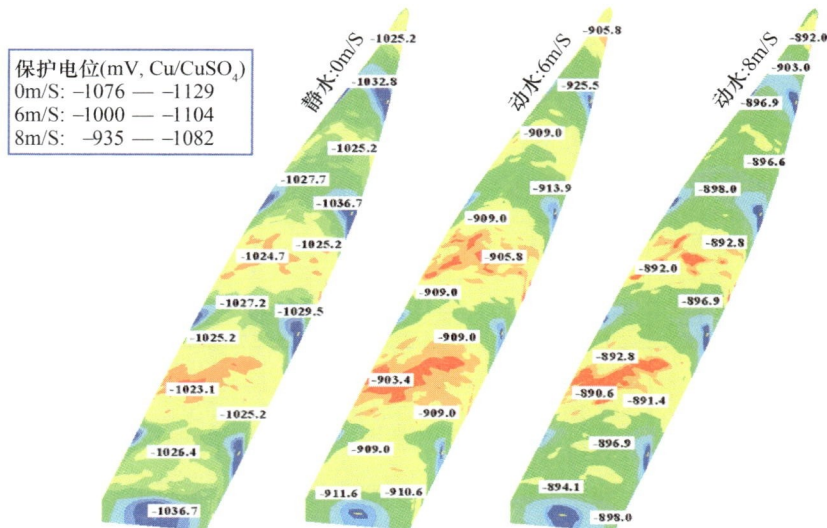

图18.13　2年保护周期满载排水量状态下典型时间节点的计算结果（2年终）

静水状态下 2 年周期内四种排水量状态下船体湿表面保护电位比较如图 18.14 所示。

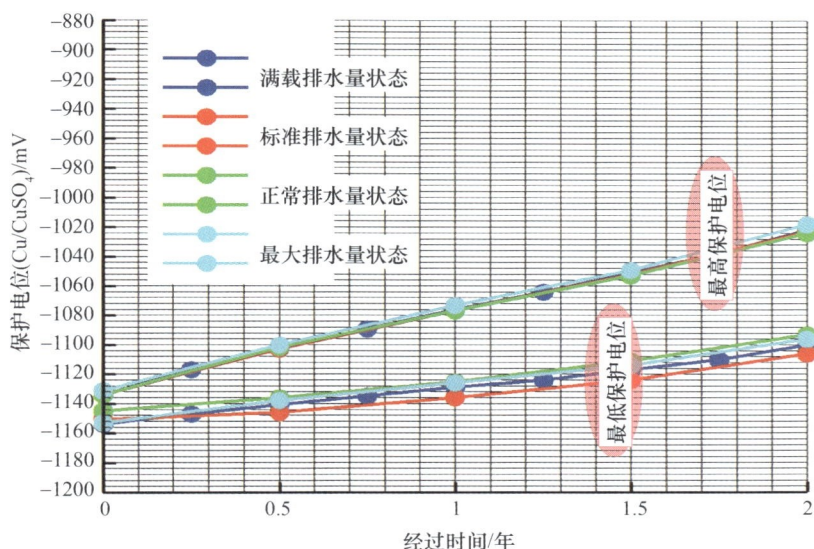

图 18.14　2 年周期内四种排水量状态下船体湿表面保护电位比较（静水）

8m/s 动水状态下 2 年周期内四种排水量状态下船体湿表面保护电位比较如图 18.15 所示。

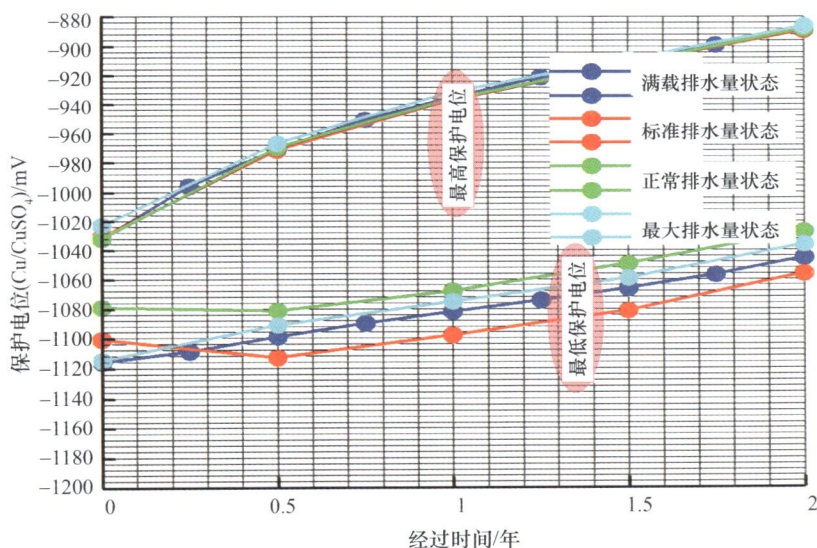

图18.15　2 年周期内四种排水量状态下船体湿表面保护电位比较（动水，8m/s）

18.3　铝合金舰船腐蚀控制要求

总的来说,铝合金舰船腐蚀控制原则与钢质舰船是相似的,以下将一些基本要求加以描述。

18.3.1　船体结构腐蚀控制要求

1. 主船体

（1）水线以下主船体采用牺牲阳极和涂料联合的方法进行保护。牺牲阳极采用新型铝合金阳极,其主要成分为 Al - Zn - In - Mg - Ti。阳极布置应兼顾考虑舰船停靠码头和高速航行时船体两种不同的状态,应进行模拟计算和优化布置设计。典型铝合金舰船的阳极保护的设计周期、阳极数量、最终布置要求见仿真结果。

（2）主船体涂料配套体系其防腐保护周期应大于 5 年,防污期应大于 3 年,可选用环氧耐磨漆和有机硅弹性体防污面漆的配套体系。

（3）喷水泵与尾封板之间、轴系与船体之间的连接应采取有效的绝缘措施。喷水流道应采取耐冲刷、防污性能好的材料涂覆,可选用环氧耐磨漆和有机硅弹性体防污面漆的配套体系,并采用喷水泵供应商提供的牺牲阳极保护系统或专用的外加电流阴极保护装置对喷水泵叶轮和流道进行防腐保护。

（4）水线以上主船体的涂料配套体系应与水线以下防锈漆、防污漆配套体系兼容,水线以上主船体、上层建筑的防腐涂料配套体系防腐保护周期应大于 5 年。

2. 内部舱室

（1）淡水舱应选用保护周期大于 5 年的涂料配套体系。

（2）在机舱、空调器室等易积水又不便维护保养的舱室舱底部分应采用重防腐涂料与牺牲阳极联合保护方法,其涂料保护期应大于 5 年。在工作舱室、卫生舱室其涂料保护周期应大于 5 年。

（3）在结构设计上,所有船底外板上的纵、横向非水密构件（中内龙骨、旁内龙骨、船底纵骨、肋骨和肋板等）及舷侧纵桁、舷侧纵骨均应在其和每档实肋骨或肋板相交处,与船体外板连接部位开足尺寸合适的流水孔。与纵舱壁、纵桁相交的肋骨或肋板等横向构件,在与船体外板连接的最低部位也应开足尺寸合适的流水孔。

（4）液舱内部的纵横结构件在与船体外板连接处的最低部位,以及液舱纵横隔壁上的纵向构件在与横向构件连接部位的两端应开足尺寸合适的流水孔。液舱顶板的纵横向的构件在与顶板连接部位应开通气孔。

（5）在易积水的舱室部位的船体结构构件与船体外板间的焊接,淡水舱、燃油舱内的所有纵横结构构件与船体外板或液舱壁板、顶板的连接,厨房、厕所、盥洗室、空调器室等所有构件与隔壁、舱顶铝板间的焊接,均应防止由于焊接造成的缝隙腐蚀。

3. 舾装及舱面设备

（1）水密门、舱口盖、斜梯、通风头、露天箱柜等舾装件应尽量采用与船体铝合金相一致的材料制作,当用不锈钢或其他材料制作时应考虑安装时与船体的绝缘连接;上述舾装件的所有连接用螺栓螺母均应采用 1Cr18Ni9Ti 材料制作,但不锈钢紧固件应有与铝质结构绝缘连接的设计要求绝;滤网均选用 0Cr18Ni9 不锈钢丝网。

（2）对于火炮、武器发射架、雷达等电子武器设备及其他设备的安装基座建议采用与船体铝合金相同材料制作,如采用不同材料时,则应进行电绝缘设计,基座与设备的连接螺栓、螺母等除有特殊要求外,均建议采用 1Cr18Ni9Ti 不锈钢材料。

（3）在艇面甲板以上的船体与上层建筑连接处、设备基座与船体连接处,在设计时应考虑因海水滞留会产生严重的缝隙腐蚀,应采用防水密封处理,密封材料可选用 H52-1 环氧胶泥。

18.3.2 海水管系的防腐防漏要求

铝合金舰船海水管系包括水消防系统、水幕喷淋系统、动力海水冷却系统、空调冷却水系统、生活海水系统等。

（1）原则上,水消防系统、动力海水冷却系统、空调冷却水系统等主要海水管系材料及管路附件选用钛合金材料,水幕系统管系材料及附件可采用铝合金材料。

（2）铝合金管路管内流速应不大于 2m/s,并尽可能进行微弧氧化（MAO）防腐处理。

（3）在所有海水管路系统管子用法兰和螺纹接头连接时,其垫片的设计应根据管路介质的性质进行优化选型。垫片采用非石棉芳纶橡胶类合成纤维垫片或者膨体聚四氟乙烯波形垫片。

（4）在海水管路中阀门与船体,阀门与管系,设备（海水滤器、泵、热交换器、主辅机等）与管系,仪器、仪表与管系等之间的连接处,如存在异种金属接触,应进行必要的绝缘设计,防止异种金属电位腐蚀。

（5）原则上,阀门应考虑防内漏和防外漏。与钛合金海水管路配套的所有阀门应采用钛合金材料制造,与铝合金海水管路配套的阀门采用铝合金材料制造,在可能的情况下,铝阀各部件应进行 MAO 防腐处理。填料选用 SEP/260 型聚四氟乙烯编织填料或膨体聚四氟乙烯编织填料。

(6)海水介质泵所有防腐防漏措施及要求应满足舰船通用泵防腐防漏技术要求。海水泵的泵体、泵盖、叶轮、密封环、填料压盖须采用镍铝青铜或锡青铜材料制作;泵轴采用 45 钢材料并作表面防腐处理或 Cr17Ni2 不锈钢材料,轴键采用与轴配套材料;连接螺栓应采用 1Cr13 不锈钢材料,螺母为与之配套材料。其他金属部件(联轴器除外)的材料不应低于泵体材料。

(7)所有的消防泵、海水冷却泵宜采用机械密封,其机械密封处泄漏量应不大于 3 mL/h;机械密封寿命应不低于 8000 h,建议选用静环为 SiC、动环为硬质合金、本体材料为钛合金的集装式机械密封装置。

(8)开展管系的优化布置设计,所有管系吊架、支架等尽可能进行弹性设计。

(9)海水粗滤器壳体和沉淀盒如采用铝合金制造,则接触海水部分壳体须整体衬 1mm 厚改性中密聚乙烯材料,并必须在法兰、筒顶及滤器盖边缘进行翻边处理,滤网材料可为不锈钢(1Cr18Ni9Ti、316L 等)并普喷一层 800 μm 厚的聚乙烯丙烯酸共聚物或涂塑,不得使用黄铜等材料。与滤网的连接螺栓、螺母应选用 1Cr13 不锈钢材料。海水粗滤器进出口法兰与管系法兰的连接螺栓、螺母应采用 1Cr13 不锈钢材料。法兰螺栓连接形式应符合电绝缘安装要求。

18.3.3　其他管路系统、设备的防腐防漏要求

系统主要有油污水系统、淡水管系、燃油管系和滑油管系、压缩空气管系和通气管路、液压管系等。

(1)油污水系统包括舱底水系统和甲板疏排水系统。其管材可选用铝合金材料,所采用的变径管、弯头、三通管与管路同材料,其流速一般不应超过 2m/s,应尽可能进行 MAO 防腐处理;舱底泵的泵体、泵盖可采用不锈钢材料制作,叶轮、密封环、填料压盖应采用相应配套材料制作。

(2)淡水管系包括空调冷媒水系统、生活淡水系统。所使用的管材主要采用不锈钢管,所采用的变径管、弯头、三通管为同质材料。法兰和螺纹接头垫片可选用复合无毒硅橡胶垫片;在空调的冷媒水管路等低温管路及设备外部包敷约 10mm 厚的 PVC/NBR 橡塑保温材料。

(3)燃油管系及滑油管系可采用铝合金材料制作。燃油系统流速限值要求如下:燃油输送管内介质流速应不大于 4.6m/s,装载和卸载作业时的介质流速不大于 7.6m/s。垫片选用非石棉芳纶橡胶类复合垫片,各类油泵(滑油、燃油等)的泵体材料应选用铸青铜,其衬套材料应为青铜,螺杆采用铬钢材料。各类油泵其他零部件的材料耐蚀性应不低于泵体材料;阀门材料可采用铝合金,阀门阀杆处采用柔性石墨编织填料与石墨环相结合密封结构。

(4)压缩空气管系和通气管路包括压缩空气系统,注入、测量、通气系统,1301 灭火系统。压缩空气系统和 1301 灭火系统管路材料采用 1Cr18Ni9Ti 不锈钢,注入、测量、通气系统管路材料可采用铝合金,其管路附件应采用与管路相对应的材料制作。压缩空气管系中采用紫铜垫片,在 1301 灭火系统和注入、测量、通气系统中可使用非石棉芳纶橡胶类复合垫片。在空压机空气管路出口建议安装不锈钢金属软管进行设备与管路弹性连接。

(5)起锚绞车、喷水泵操纵系统等液压管路大部分都是随设备一起装艇的,其液压管路管材和管路附件一般由设备制造厂和承造船厂提供,其管路系统与设备应统筹考虑防腐防漏。管路与设备连接当设备已采用减振安装时,应采用耐高压软管进行连接。管路应采用 Tc 型、Td 型管路吊架连接,液压系统中低压部分可用螺纹接头连接,其余管路均可采用方法兰或卡套接头连接。螺纹接头应采用不锈钢聚四氟乙烯缠绕垫片或芳纶橡胶类复合垫片;所有液压设备本身的静密封处的泄漏量应不大于 2.5×10^{-3} mL/(ks·dm),动密封处的泄漏量应控制在 0.05 mL/(ks·dm)内,静密封寿命应达到 5 年,活塞式动密封的反复循环次数应不少于 200 万次。

与钢质舰船相比,铝合金舰船所选设备的防腐防漏要求并无太大差异,主要是应考虑设备可能为非铝质结构,与船体连接时,设备与船体的连接和安装应进行电绝缘处理。

18.3.4　技术设计、施工设计及建造要求

（1）由于铝合金舰船吃水状态变化较大，铝合金材料对异种金属更为敏感，腐蚀控制设计需要更为精细，程序要更为严格。设计者需要对全船材料相容性、防腐蚀技术的相容性、阴极保护的有效性、铝合金舰船涂料保护的特殊性更多地加以关注。

（2）铝合金舰船在各施工阶段、下水阶段、靠码头设备安装阶段、系泊试验阶段、航行试验阶段及交船阶段的防腐要求和注意事项应制定专门的文件开展，舱内积水应及时排除，杜绝建造过程中因电焊、搭线等造成的船体异常腐蚀情况和异种金属腐蚀情况。

（3）建造过程中应尽一切可能防止机械加工扎制或挤出铝合金表面，铝合金在机械加工后表面耐腐蚀性大大降低。

（4）禁止用钢棉或钢丝刷（不锈钢除外）刷铝船体的表面，如果需要，可以进行研磨，但不能使用砂轮或已用于除漆的其中含有铜或汞的防污化合物的非金属磨片，最好用木制或塑料刮板。

（5）在铝合金舰船施工期间，其50m左右范围内禁止钢铁材料的打磨、喷砂等表面作业处理；在下水后禁止直接停靠或系泊在钢质码头、船舶上。

18.4　铝合金舰船典型腐蚀故障与处理措施

18.4.1　总体情况

1. 铝合金舰船腐蚀状况总体上在控制范围之内，腐蚀程度处于正常状态

在设计之初重点考虑的结构、部位，如外壳水线以下部位、机舱舱底、武器发射基座、各类机电设备钢质基座与船体的连接等，由于研制开发并采取了相应的腐蚀控制措施，这些部位没有发生影响安全性的腐蚀问题。外壳水线以下部位、机舱舱底采用涂层和牺牲阳极联合保护，涂层基本完整、有效，牺牲阳极消耗正常，船体外板和主要结构没有异常腐蚀现象发生，各项防腐蚀技术发挥了预期的防护效果；主要设备基座采用钢铝爆炸复合材料结构，腐蚀控制措施得力、防腐蚀效果明显；内部主船体结构、上层建筑、主要舱室、管路系统等未见明显腐蚀。

2. 局部腐蚀问题比较突出，应该进行重点控制

由于多种原因，造成舰船局部腐蚀问题比较突出。如连接桥底部贴近海面的部位表面，南太平洋海域表现比较突出，已有不同程度的白色斑点；空舱特别是有的舰船空舱底部腐蚀明显，积液得不到及时清除，如有的舰船出现空舱底板的腐蚀穿孔问题；机舱外板侧壁由于管路漏水或凝水造成防火绝热层吸水潮湿，乃至引起船体外板内表面腐蚀，有的甚至发生穿孔。

3. 铝合金舰船腐蚀控制的认识还有待提高，腐蚀控制规律还需进一步研究

经过近年来，设计和使用经验的积累，我国在铝合金舰船的腐蚀控制上取得了长足的进步，但是通过调研发现，在铝合金舰船腐蚀控制设计、建造、使用、维护、修理等各个环节都有提升的空间。反映出关于铝合金船的腐蚀控制的一些带有行业性、基础性的问题：一是认识不够，办法不多；二是投入不够，基础薄弱；三是时间仓促，经验不足。应该逐步提高对铝合金舰船腐蚀与防护问题的认识，逐渐积累腐蚀数据和掌握腐蚀规律，积极推进国内外成熟防腐蚀技术成果实船应用，加强腐蚀防护顶层设计，要从设计、修理、使用维护管理等多个方面开展腐蚀综合控制，使铝合金舰艇腐蚀控制水平逐步提升。

18.4.2　典型腐蚀故障分析与处理

18.4.2.1　不完整涂装临时性下水船体腐蚀问题

某船下水四个月首次进坞，进坞时发现其水线下片体部分出现涂料起泡，铝合金船体局部腐蚀现象（图18.16）。

1. 现场调查

经现场调查，该船下水时片体部分仅涂一道干膜厚度为90～125μm的Intershied 300环氧耐磨漆；经对

破损处打磨勘验,铝板轻微腐蚀,最深处仅 $100\mu m$ 左右,不影响船体强度;片体左右侧基本对称,涂层呈小麻点状破损,溃疡状腐产物成片状分散分布;该船建造期间没有换过舷,左右片体腐蚀状况基本一致,没有明显严重之处,杂散电流影响特征表现不典型。

2. 模拟加速试验

结合第一次进坞涂装进度进行了试验样板准备,在海军涂料检测中心进行了涂料公司三种涂料配套的耐渗透性比较加速试验,三种试板涂料配套组成见表 18.7。

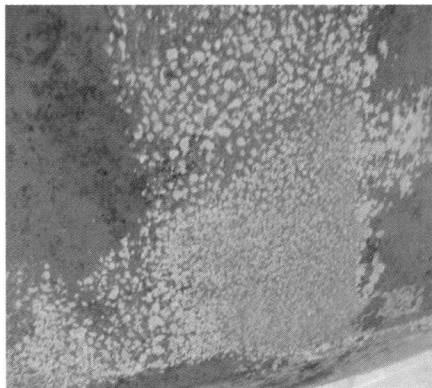

图 18.16　打磨前铝合金船体局部腐蚀情况

表 18.7　三种试板涂料配套组成

样板代号	涂料配套	道数	厚度/μm
P1	Intershield 300	1	125
P2	Intershield 300	2	250
P3	Intershield 300	2	250
	Intersleek 386	1	100
	Intersleek 425	1	150

每种涂料配套作 3 块平行试验样板,试验均在室温下分三个阶段进行:

(1) 常压蒸馏水浸泡试验。试验时间为三种试板在常压蒸馏水中浸泡了 30 天。

(2) 3.5MPa 蒸馏水浸泡试验。试验时间为 60 天。为了尽快得出试验结果,专门制作了加压试验装置,三种试板在 3.5MPa 的蒸馏水中浸泡了 30 天。

(3) 3.5MPa 模拟海水浸泡试验。通过对 IP 涂料三种试板分别在常压和 3.5MPa 蒸馏水中浸泡 60 天的试验结果分析,上述三种涂料配套的耐渗透性差别不大。而在经过 3.5MPa 模拟海水中浸泡 30 天的加速试验后,做 1 道涂料的试片(P1)表面可见明显的鼓泡,而做 2 道(P2)和完整涂料配套(P3)的试片表面则完好。由此可说明,做 1 道涂料配套的耐渗透性不如另外两种涂料配套好。可以预测,随着第三阶段试验的继续进行,P1 表面将会很快出现更加明显的鼓泡现象。

3. 5083 板材/配套涂层体系腐蚀电位测量试验

在海洋腐蚀与防护国防重点试验室进行了 5083 板材/配套涂层体系腐蚀电位测量试验,试验时间 105 天。试验方法为试样浸入 30℃ 的恒温海水中,测量腐蚀电位随时间的变化,测量仪器为数字电压表,参比电极为饱和甘汞电极。试样组成及制备方法见表 18.8。

表 18.8　试样组成及制备方法

试样代号	制样方法	平行数量	说明
O	带氧化膜	2	
G	打磨抛光除去氧化膜	2	
P1	表面抛光后涂 1 道涂料	1	
P2	表面抛光后涂 2 道涂料	1	具体涂料配套同表 18.7
P3	表面抛光后涂完整涂料配套	1	

试样 P1 在海水中浸泡前 20 天内的腐蚀电位相对于试样 P2 和试样 P3 较负,并随浸泡时间增加,腐蚀电位逐渐接近于试样 P2 和试样 P3,表明在浸泡初期,海水很快渗透进入涂层内部,并使船体铝板发生腐蚀。由此可以说明,在浸泡初期,做一道涂料配套涂层的耐渗透性和防腐蚀性能不如另外两种涂料配套好。

图 18.17 ~ 18.19 为五种试样在海水中的腐蚀电位随时间变化规律。

由图 18.18 可以看出,表面抛光去氧化膜的 5083 铝合金其初始电位相对较正,约为 $-900mV$,但在前 30 天内电位比表面有氧化膜的铝合金电位偏负,最大时电位差约为 $50mV$;此后电位略正于有氧化膜铝合金,90 天开始又变得比氧化膜样偏负,表明其表面相对比较活化。

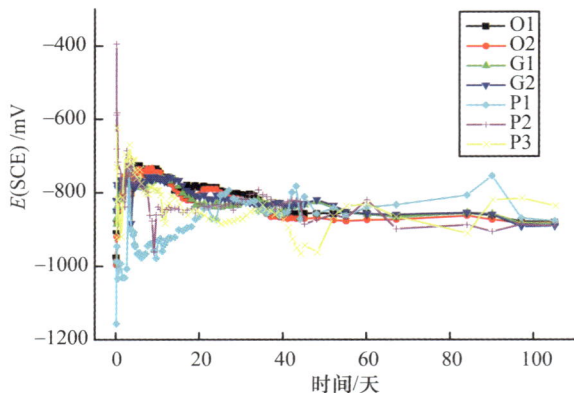

图 18.17　五种不同表面状态 5083 铝合金
在海水中腐蚀电位随时间变化规律

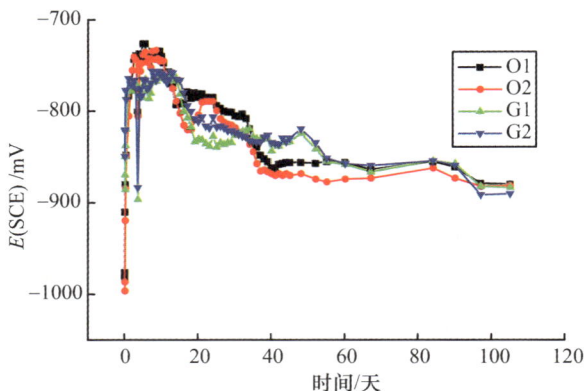

图 18.18　表面带氧化膜及除氧化膜铝合金
在海水中腐蚀电位对比

图 18.19 为三种不同涂装状态的铝合金腐蚀电位变化规律,可以看出表面仅有 1 道涂层的试样初始电位与另两者差别达到 400～500mV,在前 20 天内的电位相对较负并随浸泡时间延长电位逐渐接近 2 道和 3 道涂层试样。表明在浸泡初期海水很快进入涂层内部使基体发生腐蚀。

由曲线变化规律可见,5083 板材/配套涂层体系的腐蚀电位随浸泡时间增加（20 天后）逐渐稳定在 −900mV 左右。未出现因涂料配套造成腐蚀电位异常的现象,涂料配套不存在对 5083 板材产生电偶腐蚀的可能性,说明涂料配套在选型上是合理的。

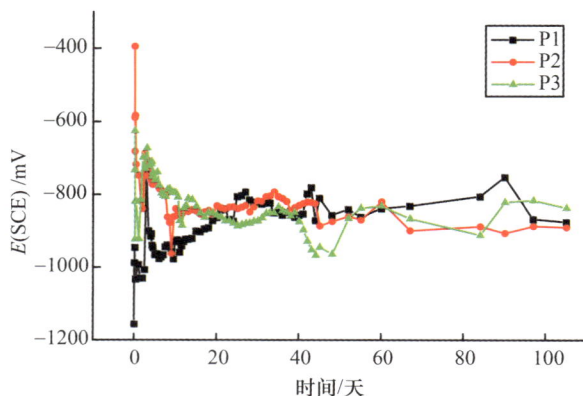

图 18.19　表面抛光后涂装三种不同道数
涂层后的 5083 铝合金腐蚀电位

试样 P1 在海水中浸泡前 20 天内的腐蚀电位相对于试样 P2 和试样 P3 较负,并随浸泡时间增加,腐蚀电位逐渐接近于试样 P2 和试样 P3,表明在浸泡初期,海水很快渗透进入涂层内部,并使船体铝板发生腐蚀。由此可以说明,在浸泡初期,做 1 道涂料配套涂层的耐渗透性和防腐蚀性能不如另外两种涂料配套好。

4. 原因分析与处理

关于引起船体铝板腐蚀的原因,腐蚀防护专家组认为可以基本排除强杂散电流腐蚀的可能性。当时确定的膜厚为 90～125μm 的 1 道 Intershield 300 涂料作为水下片体 120 天左右的短期保护方案,从施工和经济上考虑是可行的,但从实际使用效果情况来看,该方案还有待斟酌。从完成的电位测量试验的结论和耐渗透性试验的结论来看,用 1 道 Intershield 300 涂料做短期保护,海水很快渗透进入涂层内部,不仅起不到保护作用,而且从现实情况来看,海水渗透到涂层内部以后将发生缝隙腐蚀,起到加速腐蚀作用。首次进坞出现涂层破损,在进坞期间将原涂层彻底打磨,然后进行了完整配套的涂装。经过系列航行试验考验,在第二次、第三次进坞期间,对该船水下片体进行了详细勘验,没有发现明显的涂层破损和船体腐蚀情况发生,进一步说明 1 道 Intershield 300 涂料的临时性保护方案欠妥,耐渗透性能差,需要改进。

综上所述,某型铝合金船第一次进坞出现船体腐蚀和涂层破损问题,1 道 Intershied 300 环氧耐磨漆难以长时间抵挡江水渗透是其主要原因。

5. 后续防护意见

（1）铝合金船不推荐使用 1 道 125μm 的 Intershied 300 环氧耐磨漆作为短期（120 天）保护。根据 Intershied 油漆的要求涂装前需做打磨表面处理,船体铝板原有的阳极保护膜将被破坏,第一次涂装就非常重要,如需短期保护可做 2 道大于 200μm 的涂装方案,然后视工程进度按 Intersleek 的涂装要求安排防污漆的涂装。

（2）加强船体电位监测。为更好地保护船体，使其有较长时间的使用寿命，建议在建造和使用期间定期对船体电位进行监测，如有涂层大面积破损或牺牲阳极工作不正常等异常情况发生，则可立即采取有效措施。

（3）加强杂散电流管理工作。铝合金材料对杂散电流非常敏感，由于该型船的建造船厂中有的船厂下水后火工校正、码头焊接等施工还非常多，稍有不慎则就有可能使船体发生短时间电流过大的杂散电流腐蚀，局部涂层将遭到破坏。因此，在系泊、靠码头、焊接作业等过程中应加强杂散电流管理。

18.4.2.2　低表面能防污漆不同海域适应性问题

1. 现象

随着防污技术的发展和环保要求的逐渐提高，低表面能防污漆逐渐得到船舶设计者的认可和越来越多的应用。某型铝合金舰船在设计之初就是首选低表面能防污漆，主要理由：一是环保要求，须符合国际环保组织的环保要求。二是需选用对铝合金船体没有伤害的防污漆，传统的含铜防污漆可能存在腐蚀风险。经过一年多的时间检验，发现船体内舱表面、管路系统、上层建筑的腐蚀情况良好，涂层保护完整，看不到明显腐蚀现象。对船体外表面，水下部分生长有一定的海生物（图 18.20），经 120kg 高压水冲洗以后，可以看到防腐涂层基本完好。可以说，该型舰船防腐防污防漏技术整体设计与应用是成功的，但由于船舶使用方式（非经常在航状态，可能有超过 10 天以上的停航）、使用海域的关系，在防污漆选型上还有待更进一步的试验和探索。

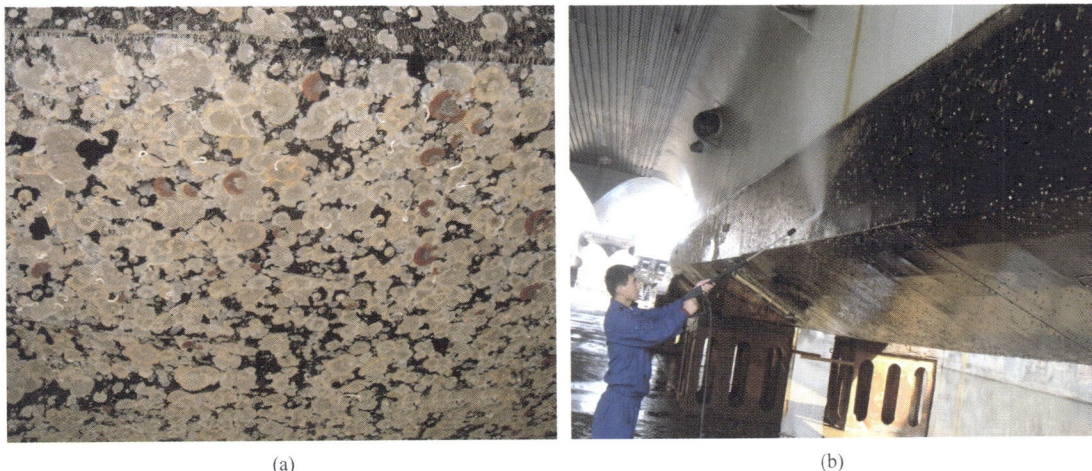

图 18.20　快艇水下海生物附着情况
（a）片体局部布满海生物；（b）海生物用高压水冲洗后的情况。

2. 分析与试验

海水液膜中的铜离子是否会对基材铝合金的腐蚀产生影响，又是在什么情况下对基材铝合金的腐蚀产生影响？成为大家关注的问题。

电化学方法是腐蚀科学领域常用的一种测试手段，能够快速、准确地反映出材料的腐蚀行为。因此，采用电化学方法可以快速地将铝合金舰船防腐防污涂层体系对 5083 铝合金腐蚀性能的影响反映出来，并且对铝合金舰船防腐防污涂层体系的早期筛选具有重要的指导意义。

通过电化学方法分别评价三个不同生产厂家三种含硫氰酸亚铜的防腐防污涂层体系（分别用 Kx、Gx、Zx 表示）对基材 5083 铝合金腐蚀性能的影响。通过人工破损涂层、完整涂层试样，开展了渗出液中铜离子含量的测定、开路电位的测试、极化曲线的测试、交流阻抗谱的测试等。

三种涂层试样铜离子的渗出率见表 18.9。渗出液中铜离子的浓度：Kx < Gx < Zx。

三种涂层试样开路电位随时间的变化如图 18.21 所示。人工破损涂层试样开路电位随时间的变化如图 18.22 所示。

人工破损涂层试样的 E_{corr} 和 E_b 见表 18.10。点蚀电位 E_b 表示耐点蚀的能力为 Kx = Gx > A > Zx。

表 18.9　三种涂层试样铜离子的渗出率

产品	人工破损渗出率（mg/（L·6 天））	完整涂层渗出率（mg/（L·6 天））
Gx	0.143	0.123
Kx	0.055	0.069
Zx	0.383	0.382

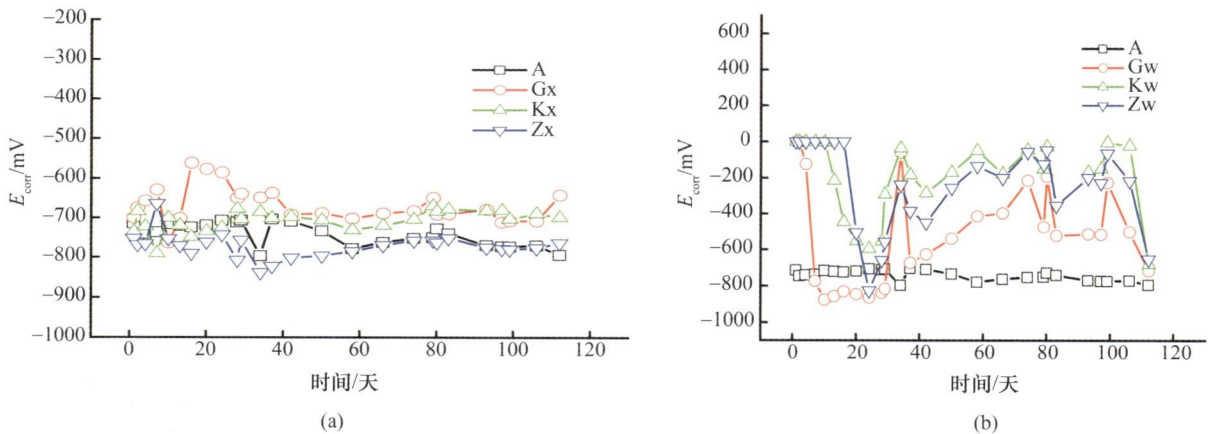

(a)

(b)

图 18.21　涂层试样开路电位随时间的变化
（a）人工破损涂层；（b）完整涂层。

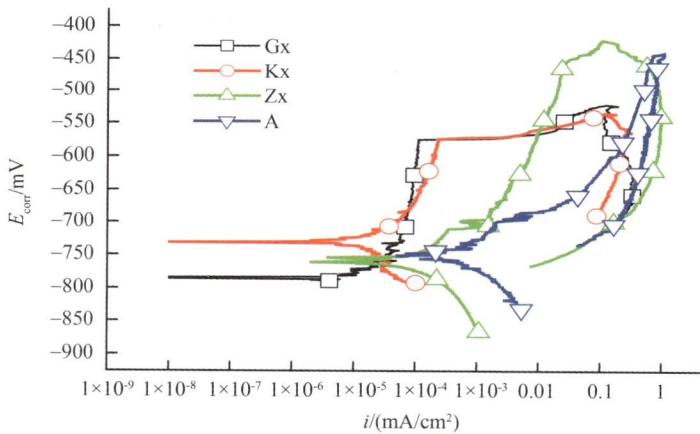

图 18.22　人工破损涂层试样开路电位随时间的变化

表 18.10　人工破损涂层试样的 E_{corr} 和 E_b

产品	E_{corr}/mV	E_b/mV
Gx	−784	−576
Kx	−732	−575
Zx	−761	−711
A	−753	−699

3. 试验结论

通过对各试样开路电位、极化曲线和交流阻抗谱的测试，从电化学角度分析了不同防腐防污涂层体系在海水浸泡过程中，涂层性能的变化情况以及不同防腐防污涂层体系对基材 5083 铝合金腐蚀性能的影响。总的情况为，防污涂层无论是人工破损还是完整涂层，其铜离子析出率应控制在 0.15mg/（L·6 天）内，否则对铝基材有腐蚀影响。

从产品的角度来看，Kx 的含硫氰酸亚铜的防腐防污涂层体系防污和防腐蚀综合效果较好。经实船使用，实际防污效果良好，使用 22 个月后未附着海生物。

18.4.2.3　船体水线以下外板腐蚀问题

1. 问题

东海海域船体外板各船普遍腐蚀点较多（图 18.23），除坐墩、焊接处较为集中外，在船体底部、底部与侧板焊缝周围集中一些,其余腐蚀点的分布、形状、大小、深度没有规律可循。

初步原因分析:

(1)该型船的防台方式与其他基地不同,采取集中上排防台方式,高温曝晒、干湿交替对船体外表面腐蚀造成较大影响。

(2)该海域具有特殊的腐蚀环境特点,具体包括海水/淡水交汇造成每年特定阶段盐度较低而含氧量较高,使铝合金船体的腐蚀电位正移并处于阴极保护的欠保护状态,加剧点蚀倾向和程度。

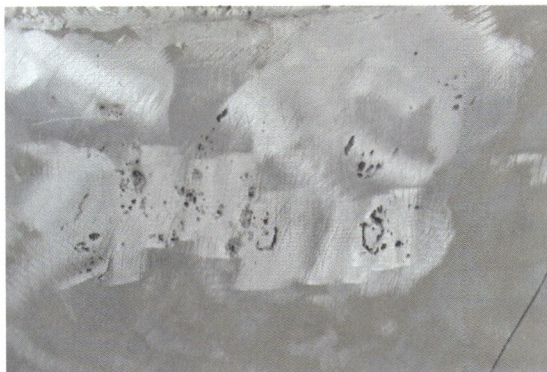

图 18.23 东海海域船体外板水线以下腐蚀点较多

2. 试验研究

1)全浸区实海暴露试验

由图 18.24 看出,实海暴露试验一年以来,宁德站裸板全浸区试样一直被藤壶所覆盖,并在藤壶生长的缝隙处出现较为严重的点蚀。相对而言,舟山站海域裸板试样腐蚀程度非常轻微,并且在 3 个月后点蚀不再继续扩展。而青岛站海域 9 个月实海暴露试验以来一直未发现腐蚀现象。由现阶段试验结果来看,宁德站海水对 5083 铝合金的腐蚀性在上述三个站点中最强,而且舟山站海域要稍高于青岛站。除此之外,宁德站海域中的藤壶等海生物可引起裸露铝合金的缝隙腐蚀,从而进一步加剧铝合金的点蚀。

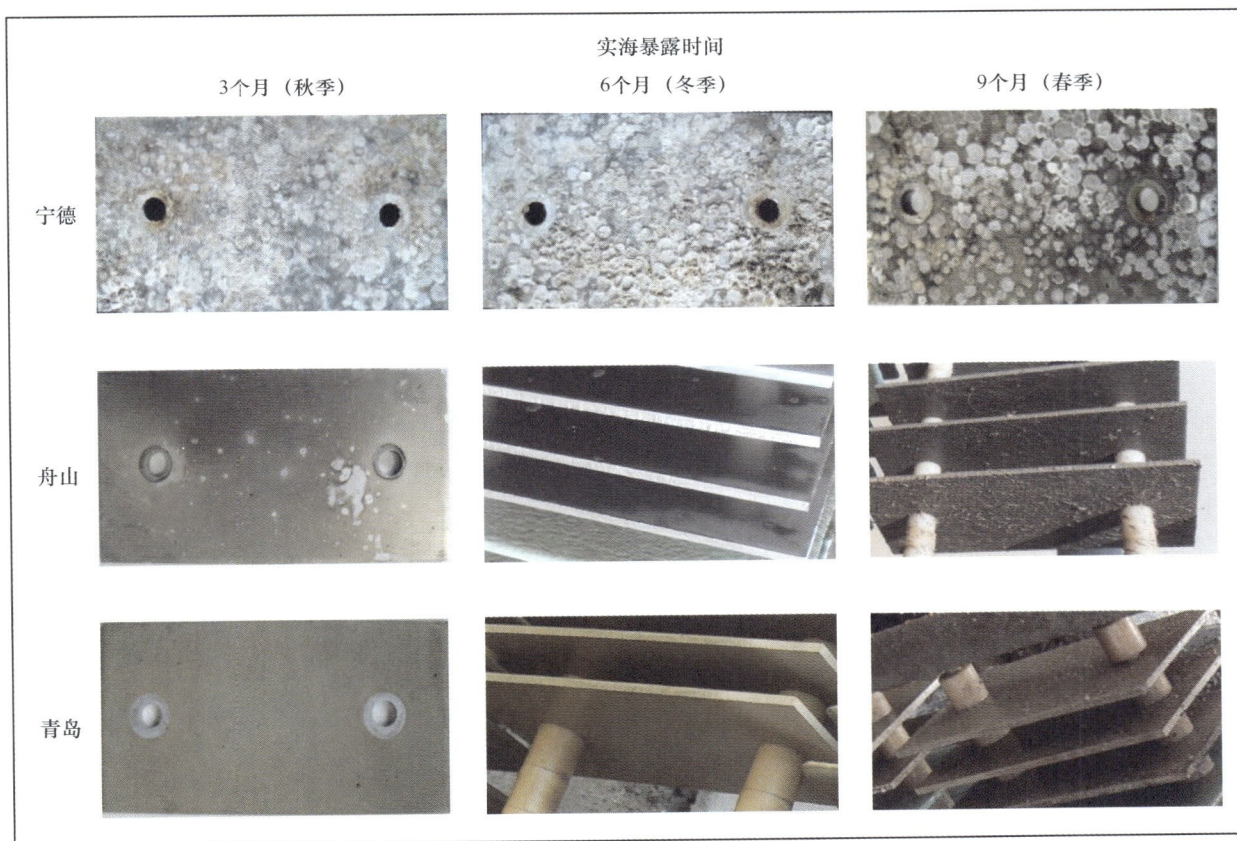

图 18.24 裸板全浸区三个海区实海暴露试验

2)完好涂层全浸试验

由图 18.25 可以看出,宁德站海域中的藤壶是导致全浸区涂层破坏的一个重要原因,藤壶在已失去防污作用的涂层表面的持续生长,会引发涂层应力的增加并导致涂层剥落,宁德站海域试样实海暴露一年后防污涂层已部分脱落而露出中间连接涂层。舟山站海域和青岛站海域海水中泥沙含量较高,清洗掉表面泥沙后并未发现全浸区涂层明显损坏迹象。

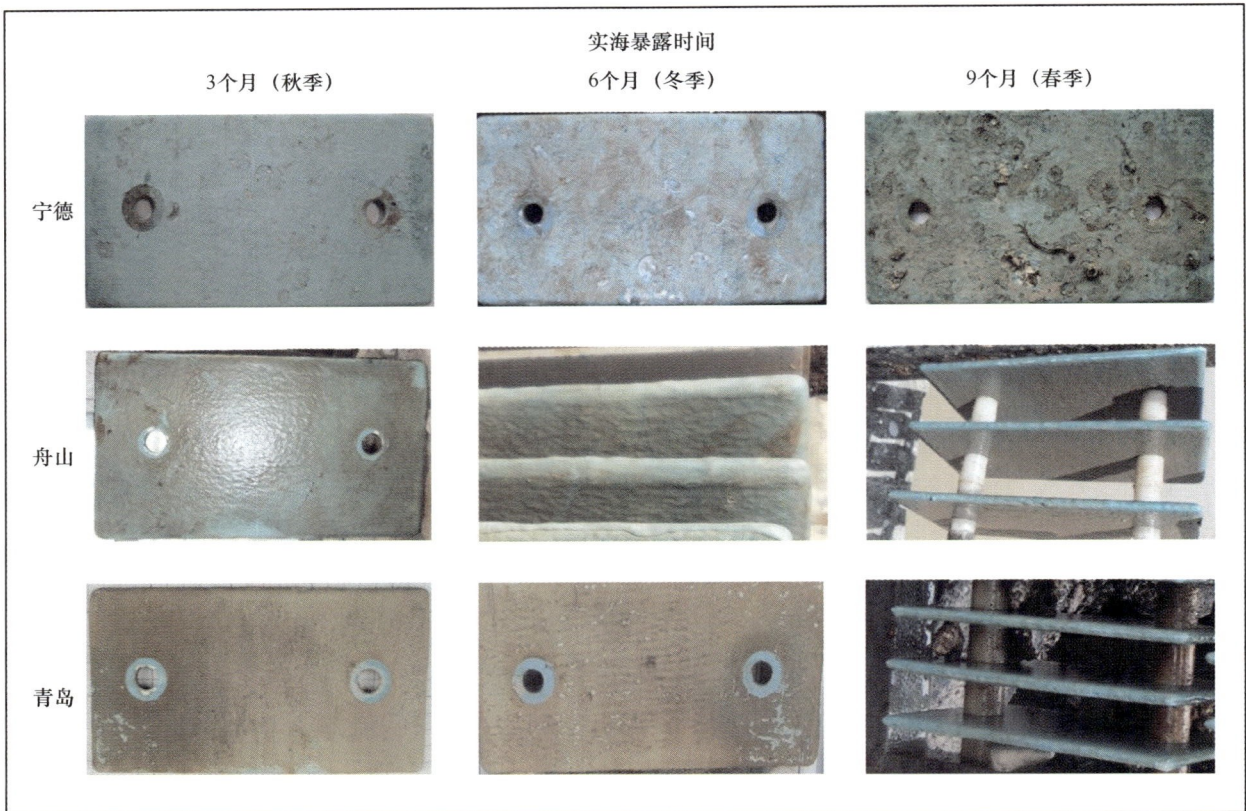

图 18.25　完好涂层三个海区实海暴露试验

3）损伤涂层全浸试验

由图 18.26 可以看出，宁德站海域全浸区涂层损伤处极易生长藤壶，并且在夏、秋两季最为严重，从而可进一步加剧涂层破损并引发涂层下腐蚀。而舟山站海域和青岛站海域全浸区试样清洗掉表面泥沙后并未发现涂层破损处的基体出现腐蚀迹象。

三个站点的三种完好涂层试样在涂层去除后均未发现基体发生腐蚀。而宁德站海域和舟山站海域的涂层损伤试样在全浸区和干湿交替环境下由于海水已沿涂层破损处逐步向涂层下扩散导致基体出现了腐蚀。其中，宁德站海域在三个月实海暴露试验后的涂层破损区域即出现了较大面积腐蚀，以后发展更为迅速；舟山站是在 6 个月后干湿交替循环后出现基体腐蚀，而青岛站海域 12 个月后仍未发现基体腐蚀，由此表明宁德站海域和舟山站海域海水对于 5083 铝合金的较强腐蚀性。

4）干湿交替试验

5083 铝合金及不同状况涂层试样在以宁德、舟山和青岛三个站点不同季节海水为腐蚀介质的干湿交替环境下的点蚀行为与实海暴露试验结果存在一致性，均表明：

（1）5083 铝合金在宁德站海水中的点蚀发生发展速率最快，其中点蚀扩展速率宁德站是舟山站的约 2 倍以及青岛站的约 3 倍，其点蚀机制存在显著差别。

（2）涂层完好时，在上述干湿交替环境下均不存在 5083 铝合金基体的腐蚀。

（3）宁德站海水较快的点蚀扩展速率导致损伤涂层失效速率更快。

5）三个站点试验结果

通过上述 9 个月以上的实海暴露试验结果可以得出：

（1）5083 铝合金在全浸区的腐蚀敏感性按照宁德、舟山、青岛海域依次降低，并且宁德站海水的腐蚀性要明显高于后两者。

（2）快艇防台上排和下水服役的干湿交替循环，使涂层处于应力交变状态，上排过程中的长期大气曝晒

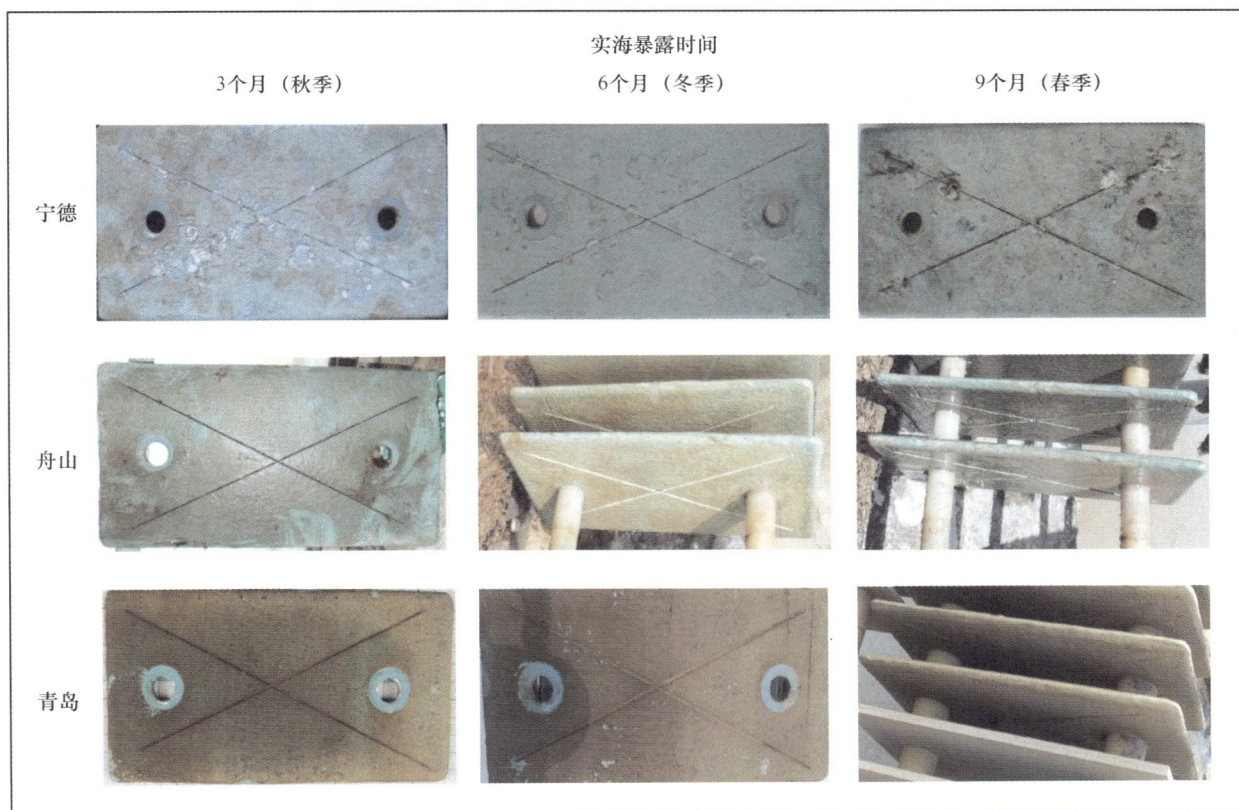

图 18.26　损伤涂层三个海区实海暴露试验

会不仅会导致防污涂层失效,而且使整个涂层体系处于压应力状态。下水服役后涂层便处于拉应力状态,并且极易生长海生物,从而进一步加剧了涂层的应力交变,易于引发涂层鼓泡、起皮和脱落等失效现象。

（3）宁德海域海水中藤壶和海草等海生物生长茂盛,裸露铝合金和涂层损伤处表面更有利于海生物的生长,可进一步加剧涂层的内应力,并引起缝隙腐蚀,从而导致涂层快速失效和涂层下基体的点蚀。

6）电化学分析

以各站点不同季度海水为腐蚀介质,采用动电位极化、循环极化和电化学阻抗谱技术在试验室开展了一系列腐蚀电化学测试。对经过 3 个月（秋季）周期浸润加速模拟腐蚀试验后的不同站点裸露铝合金试样刮取表面积聚盐,进行 X 射线衍射（CXRD）物相分析,结果如图 18.27 所示。

由图 18.27 可以看出,5083 铝合金在宁德站海水中的腐蚀产物是以 $MgCO_3$、$CaCO_3$、$Mg(OH)_2$ 为主的复盐,并无氯化物腐蚀产物,这表明该站海水可导致 Al_8Mg_5 相优先腐蚀并生成难溶性的碳酸盐和氢氧化物腐蚀产物覆盖其上。舟山站试样腐蚀产物中碳酸盐和氢氧化物逐渐减少,易溶性的氯化物腐蚀产物开始出现。青岛站无碳酸盐和氢氧化物出现,而是以氯化钠、硅酸盐和氧化物形式出现,表明 5083 铝合金在青岛站海水中不易发生点蚀。

综合上述分析,5083 铝合金在不同海域海水中的宏观腐蚀行为差异是由材料的微观组织的电化学腐蚀行为决定的,这是其在不同海域腐蚀规律差异的内在原因。

作为阳极相的 Al8Mg5 β 相在宁德和舟山海域海水中会优先腐蚀,并在表面生成一层难溶性碳酸盐和氢氧化物腐蚀产物盐膜,导致该相钝化且电位升高,当电位高于 α – Al 本体相时,就会转变为阴极相。这时,Al8Mg5 β 相对于 α 相基体的牺牲阳极保护作用消失,由此导致基体点蚀扩展速率加快。上述腐蚀机制在宁德站海水中表现最为显著。

而 5083 铝合金在青岛站海水中的腐蚀行为,一方面由于含有大量泥沙（硅酸盐和氧化物）覆盖,在基体表面形成疏松保护膜而延缓铝合金基体腐蚀;另一方面,青岛站海水中作为阳极相的 Al8Mg5 β 相在长时间内不会发生上述相间电位逆转现象,属于 5×××系列铝合金在海水中的正常腐蚀行为。

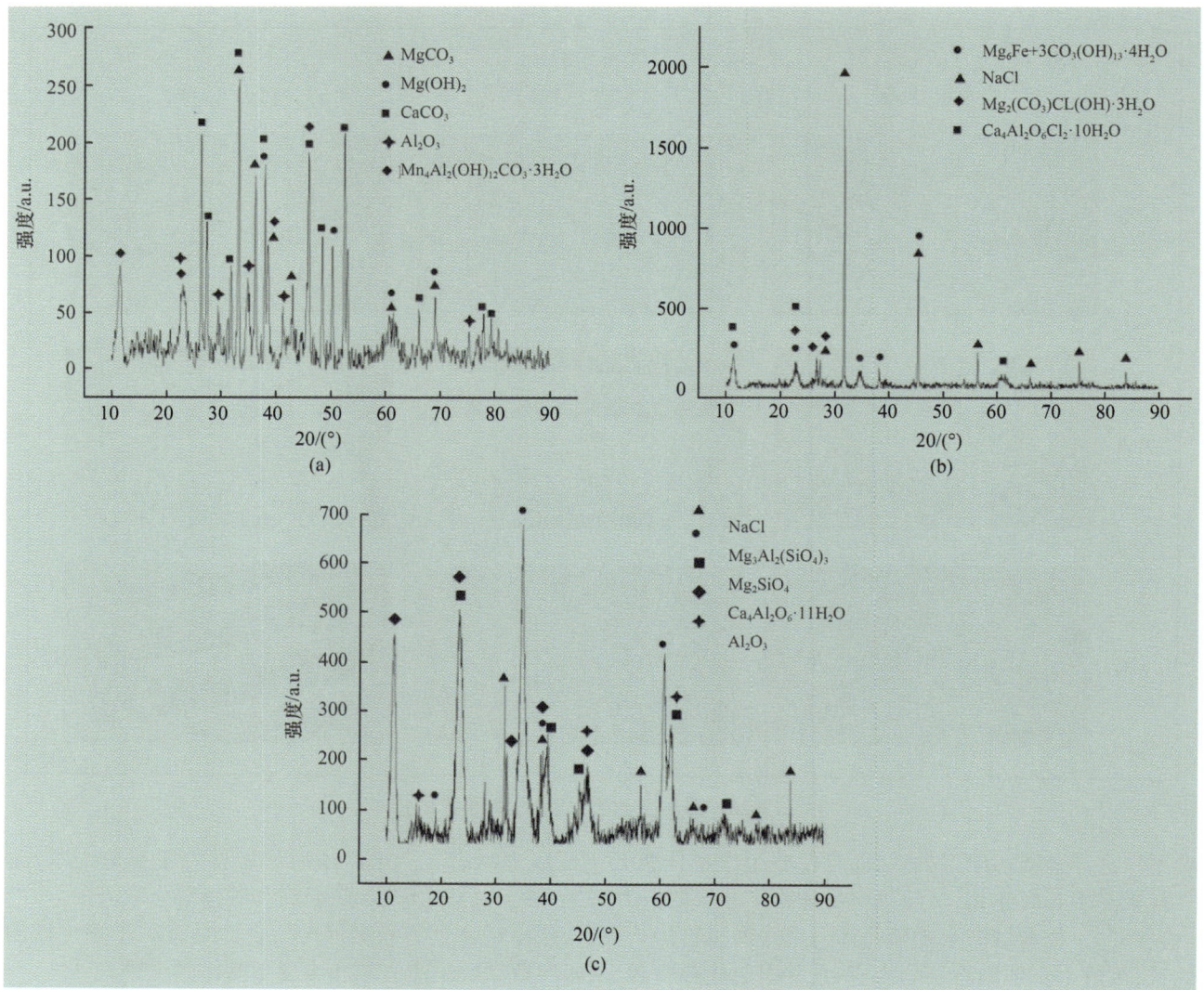

图 18.27　5083 铝合金在不同站点海水中的腐蚀产物 XRD 分析

（a）宁德；（b）舟山；（c）青岛。

这种微区电化学腐蚀机制的显著差异,正是导致东海海域 5083 铝合金艇体外板严重点蚀的直接原因。同时,该机制使通过宏观电化学方法判断铝合金点蚀发展速率成为误区。如图 18.28 开路电位变化趋势图

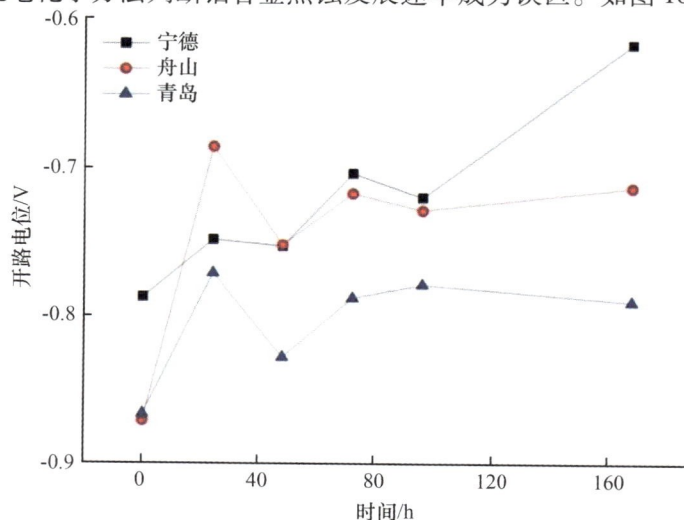

图 18.28　5083 铝合金在不同海域秋季海水中的开路电位变化趋势

所示,虽然在腐蚀电流相似情况下 5083 铝合金在宁德站海水中腐蚀电位最正,然而其耐蚀性却最差。这是由于 β 相的钝化使铝合金基体宏观电位变正,然而由于这种微区电位的逆转却导致了 α - Al 相点蚀敏感性的大幅提升,从总体而言仍对铝合金的点蚀起到了促进作用。

通过上述腐蚀机制分析还可以得知,5083 铝合金在东海海域海水中的相间电位逆转与海水环境因素存在直接关系,该差异可能就是导致铝合金"海水电解质效应"的本质所在,也是导致 5083 铝合金在不同海域海水中腐蚀规律差异的外在原因。

4. 改进对策分析

(1)改变快艇上排拖曳施工工艺,采用保护措施手段来最大限度降低艇体外板涂层在施工过程中的损伤。

(2)通过改善涂层体系的抗损伤性能,以及采用可防止海水电解质效应的底漆涂层(如纯铝涂层),来提高涂层的综合防护性能。

(3)改进牺牲阳极材料,避免电解质效应对含镁牺牲阳极材料的负面影响。

5. 牺牲阳极材料改进

设计了 13 种牺牲阳极配方,进行电化学性能测试,筛选出四种性能较为优异的牺牲阳极,包括铝锌铟硅配方 AZIS、铝锌铟镁镓铈配方 AZIMGC、铝锌铟镓硅铈配方 AZIGSC、铝锌铟镁钛铈配方 AZIMTC,这四种牺牲阳极工作电位稳定,电容量高,溶解较均匀,适合作为铝壳船阳极的备选。

青岛海水全浸区暴露两个月铝板保护电位数据如图 18.29 所示,。由图可以看出,四组阳极电位 AZIMT 的电位在 - 1.044 ~ - 1.023V 之间,AZIS 的电位在 - 1.048 ~ - 1.028V 之间,AZIMGC 的电位在 - 1.069 ~ - 1.053V 之间,AZIGSC 的电位在 - 1.057 ~ - 1.042V 之间。而未实施阳极保护的 5083 铝板电位在 - 0.80V 左右,可以确定焊接牺牲阳极后,铝板极化电位负移,而在四种阳极中,AZIMGC 和 AZIGSC 的保护电位更负,保护效果更好。而根据大气暴露一月后,铝板的入水即时电位来看,由于在海洋大气环境中暴露,表面氧化物增厚,阳极与海水的接触面积变小,导致电位普遍正移。而在四种阳极中,AZIMGC 和 AZIGSC 入水即时电位更负,保护效果更好,而 AZIS 和 AZIMTC 的入水即时电位分别为 - 1.002V 和 - 0.990V,表明保护效果逊于 AZIMGC 和 AZIGSC。

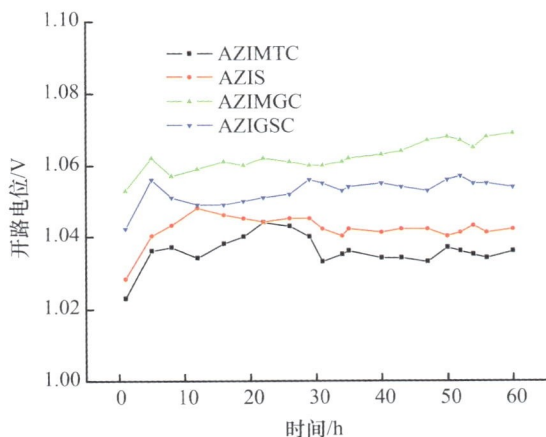

图 18.29　青岛海水暴露两个月铝板保护电位

通过现场调研和阳极腐蚀产物分析,并通过国标测试、室内干湿交替试验和实海测试等,得到如下结论:

(1)目前铝壳船所用铝阳极存在表面溶解不均匀、明显结壳的现象。XRD 分析表明,铝锌铟镁钛阳极腐蚀产物中有一定程度的 Ca 和 Mg 的氧化物附着,影响铝阳极正常保护作用的发挥。

(2)综合国标电化学测试和形貌分析结果,选择 AZIMTC、AZIGSC、AZIS 和 AZIMGC 四种阳极作为干湿交替循环试验备选阳极。

(3)经过三个周期的室内干湿交替电化学测试,四种阳极和对比阳极随着干湿交替次数的增多,阳极试样表面逐渐形成白色的腐蚀产物层,而且越积越厚。对比四种阳极,AZIMGC 和 AZIGSC 的白色腐蚀产物层相对较薄,溶解也相对均匀。

(4)四种阳极和对比阳极在三个周期循环过程中,刚入水时电位较正,而后逐渐变负,趋于稳定。随着试验周期的增长,阳极电位逐渐变正,在电位输出上的顺序为 AZIMGC > AZIGSC > AZIS > AZIMTC > AZIMT。综合溶解形貌和电位输出,选择 AZIMGC、AZIGSC 和 AZIS 作为实海试验的备选阳极。

(5)在三个海区,四组阳极(室内试验筛选出三组和 AZIMT 对比样)分别经受不同气候和水文条件的影响,青岛的影响因素较少,舟山存在泥沙的影响,宁德主要存在海生物污损的影响。

(6)在三个海区,四组阳极表现的规律是一致的,AZIMT 和 AZIS 消耗量大,附着大量氧化物;AZIMGC 附着氧化物少且腐蚀均匀,AZIGSC 虽然活化较好但存在局部腐蚀,因此 AZIMGC 最适合在干湿交替环境中使用,AZIGSC 次之,而作为常规阳极的 AZIMT 和 AZIS 不适合在干湿交替环境中使用。

(7)青岛海区的阳极电位测试表明,AZIMGC 和 AZIGSC 保护效果更好,而 AZIMT 和 AZIS 较差。

综合对比目前铝合金船体所用铝阳极在实际使用过程中存在的问题,并通过三轮室内和室外筛选试验,表明 AZIMGC 和 AZIGSC 两种阳极比较符合要求,其中 AZIMGC 效果尤其突出,推荐作为新型铝合金船体牺牲阳极。

18.4.2.5 海底门后部船体外板涂层脱落及腐蚀

1. 问题描述

海底门水流方向后部受格珊凸起影响,在各艇海底门水流方向后部基本上存在一个 20cm×10cm 范围的涂料脱落现象,如图 18.30 所示。

2. 原因分析

由于海底门格栅设计不合理,局部凸起,超出船体外板边缘约 2cm,在高速水流冲击下后部形成湍流,常规涂料容易脱落。

需要优化海底门格珊结构优化,防止湍流;开展耐高速冲刷铝质船体防腐蚀涂层研制和设计改进。

3. 耐高速冲刷铝质船体防腐蚀涂层研制

对铝质船体专用改进防污涂层进行试验室配方研制和实船应用试验,提供成熟施工工艺。研究内容包括:

(1)"铝船耐冲刷防污专用涂层"改进配方研制。包括耐冲刷防污专用涂层基料树脂的分子设计及合成工艺研究;耐冲刷防污专用涂层颜填料体系筛选研制;耐冲刷防污专用涂层溶剂系统改进研制;耐冲刷防污专用涂层配方改进评价研究;耐冲刷防污专用涂层生产工艺研究。

图 18.30 普遍有 20cm×10cm 的涂层脱落并由此造成的腐蚀现象

(2)"铝质船体耐冲刷防污专用涂层"施工工艺研究。结合实船试验,在北海进行实船应用试验(如图 18.31),改进施工工艺,确定涂料施工最佳的环境控制和施工质量控制工艺,确定涂层适宜的膜厚要求、涂装间隔、施工方法、保养时间等技术参数。

(3)实船试验效果检查、应用评估及修补工艺研究。实船试验效果检查及应用评估;涂层破损修补工艺研究;确定耐冲刷防污专用涂层的涂装施工技术规范和涂层质量检验体系。

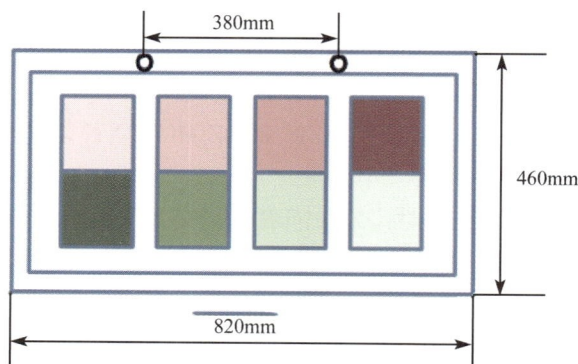

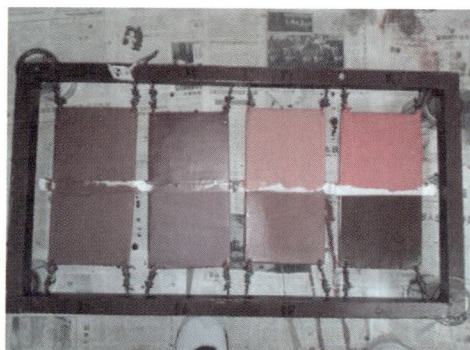

(a)   (b)

图 18.31 实海挂板试验样板实际图

为解决铝合金船舶海底门等部位防污涂料脱落问题,考察"859HLD 铝船耐冲刷防污涂料"的实际使用效果,对该涂料进行实船试验。在某船的 8 个海底门脱落区域,采用了 859HLD 配套体系进行处理,解决了该问题。海底门区域涂料配套见表 18.11。

表 18.11　海底门区域涂料配套

涂装程序	涂料名称	涂装道数	总干膜/μm	表面处理等级
底漆	H900X 环氧防锈漆	3 道	300～320	St3 或拉毛
防污漆	859HLD 长效船底防污漆	3 道	250	

使用一年后,经勘验小组勘验后,一致认为该涂料配套防锈性能良好,漆膜完整,总体使用效果较好,具有良好的防污性能和耐冲刷性能,涂层未出现脱落现象,能够满足该型船快速行驶以及整个坞修周期海生物生长不超过 10% 的防污需求,如图 18.32、图 18.33 所示。

图 18.32　实船涂装

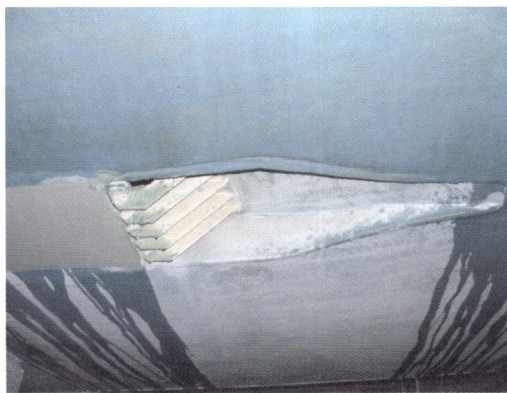

图 18.33　两年后上排 859HLD 防污漆效果

18.4.2.6　海水滤器腐蚀问题分析

1. 腐蚀问题描述

承修厂对主机、发电机组和消防海底门上方的所有海水滤器(共 8 个,其中 4 个为主机冷却海水滤器、2 个为发电机组冷却海水滤器、2 个为消防海水滤器)进行拆检,发现每个海水滤器的本体(铝合金)都有不同程度的腐蚀,而滤网(钛合金)则完好无损,如图 18.34 所示。

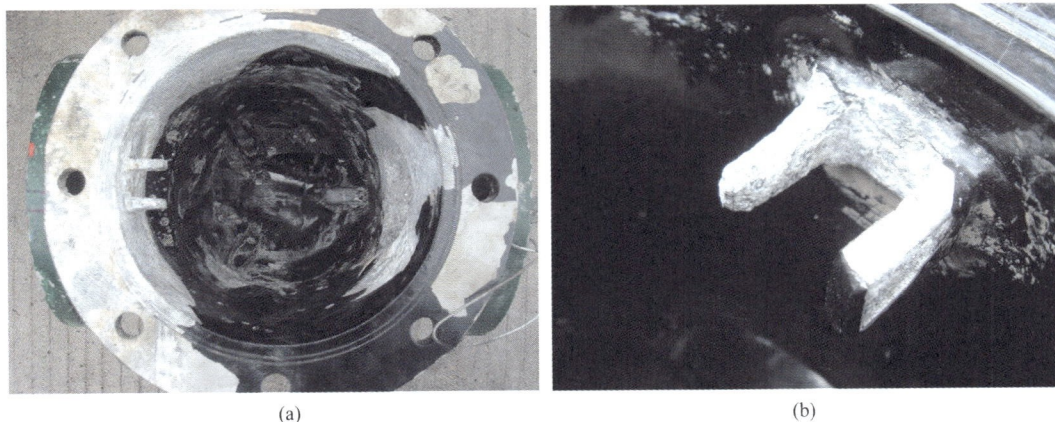

(a)　　　　　　　　　　　　　(b)

图 18.34　铝合金本体涂塑后海水滤器腐蚀

2. 分析

通过对海水滤器腐蚀状况进行归纳总结发现:

(1)镀塑保护层完好,不发生腐蚀,镀塑层脱落越多,腐蚀越严重。

(2)使用时间越长,腐蚀的情况越严重。

(3)铝合金本体的定位搭耳与钛合金滤网定位插销的保护层基本全部脱落腐蚀。

(4)滤器本体结构曲率变化较大的部位保护层基本脱落腐蚀。

从海水滤器本体内表面的腐蚀部位和腐蚀情况分析,造成海水滤器本体内表面腐蚀的原因主要是由于绝缘防腐镀塑层破裂脱落,使得钛合金滤网和铝合金本体产生电化学腐蚀,同时也使海水直接冲刷和浸泡到铝合金表面产生腐蚀。

3. 海水滤器防腐蚀技术改进

针对海水滤器腐蚀的问题,展开了一系列的讨论,邀请了各方面的专家,对海水滤器腐蚀的原因、改进方案进行讨论,制作了样机并进行了评审,经过多年的使用,基本解决了海水滤器腐蚀的问题。新的样机与之前的滤器相比较,主要的改进如下:

1)结构方面

(1)滤器本体倒角。所有直角已全部改为过渡圆角,倒角半径 R3。

(2)取消了放泄螺塞,避免了旋塞造成的涂塑层的破坏。

(3)滤网材料以及 MAO 处理。滤网材料维持原钛合金滤网,对钛滤网进行 MAO 处理以减轻电偶腐蚀。

(4)改进钛合金滤网的固定方式。钛合金滤网的固定方式改为了圆法兰固定在滤器本体法兰面上,再用盖板压紧的方式,法兰面厚度为 2mm。盖板原凸台形式改为平板形式;滤网筒体底部增加了一个耐老化橡胶圈用以固定滤网,橡胶圈的形式为齿轮结构形式,保证海水的流通需求;取消了原滤器本体上的滤网固定搭耳和底部凸台。

(5)放气螺栓。盖板上的放气螺栓改为了焊接座加尼龙套的形式,将尼龙套拧下即可放气,简单方便,且不会破坏螺纹。

2)涂塑工艺方面

选用其他优质涂覆层,改进涂塑工艺:

(1)涂层材料。改用高分子聚合物(乙烯 - 丙烯酸聚合物)涂塑材料,取代较硬、易脆裂的环氧树脂材料。

(2)涂塑工艺。采用热涂塑工艺代替原来的一般涂塑工艺,涂层厚度也由 0.8mm 改为热涂塑 1.5mm。

(3)MAO 处理。滤器本体内表面取消了 MAO 处理。

18.5 微弧氧化表面处理技术及应用

经多年的使用证明,微弧氧化表面处理在铝合金舰船的腐蚀控制上取得了良好效果,耐海洋大气腐蚀和短期的含砂砾浓盐雾腐蚀是有效的。

18.5.1 大型铝合金工件的微弧氧化处理工艺

我国于 20 世纪 90 年代中期开始微弧氧化技术的各类研究,铝和铝合金基体微弧氧化技术生成陶瓷层的研究已达到相当水平,微弧氧化设备和工艺的研究也有了较快的发展,如活塞、纺杯、手机等小型铝合金工件的微弧氧化处理已比较成熟。而对于大型的铝合金工件,特别是表面积在 $2m^2$ 以上的工件,如叶轮、惯性级壳体、桨叶、滤器、摩擦靴等处理尚未解决。

通过几十次的试验、比对、验证,找到了提高微弧氧化效率的最佳技术参数,使微弧氧化面积一次可达 $3m^2$ 以上;对于高硅铸铝工件的微弧氧化也有了新的突破,完善了大型铝合金部件连续、无印痕微弧氧化处理工艺,成功地进行了潜艇、登陆艇、快艇等舰船防腐部件的微弧氧化处理。

众所周知,要进行大型工件的微弧氧化处理,从理论上讲,增大电源功率即可实施大型工件的微弧氧化处理。然而,电源功率不可无限扩大,根据目前电子、电器元件的性能,微弧氧化电源最大供能不超过 400A,以 $1A/dm^2$ 计算,微弧氧化处理的最大面积不会超过 $4m^2$。因此,研究各工艺参数对大型铝合金工件的影响,对大型部件的微弧氧化处理的产业化有着重要的现实意义。

工业应用过程中,在设备一定的条件下,对大型工件的微弧氧化处理找到最佳处理工艺曲线是关键。首先改变某一参数,固定其他参数,找出对膜层生长最有利的该参数值;然后固定该参数值,按上述方法再做其他参数的试验。一般要确定电导率、pH 值、频率、电流密度、占空比、时间、阴极等的最佳工艺。

1. 电导率分析

试验中固定参数：$F = 400\text{Hz}$；$\phi = 15\%$；$\text{pH} = 9$；$t = 12\text{min}$。通过改变槽液某些元素的加入量以改变槽液的电导率，所得陶瓷层厚度与溶液电导率的关系曲线如图 18.35 所示。

由试验结果可以看出随着电导率的增加，试样的电流密度逐渐增加，膜层也逐渐变厚。但电导率过大，工件表面微弧氧化反应较为剧烈，可能会导致膜层的致密性较差，对其防腐性能不利，因而选择 X 元素的浓度为 40g/L 比较适宜。

2. pH 值分析

试验中固定参数：$F = 400\text{Hz}$；$\phi = 10\%$；$t = 12\text{min}$；$R = 14.56\text{mS/cm}$。槽液的 pH 值分别设定为 8、9、10、11、12。所得陶瓷层厚度与溶液 pH 值的关系曲线如图 18.36 所示。

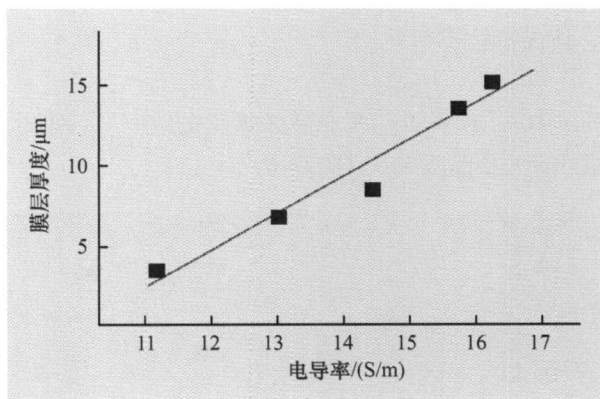

图 18.35　膜层厚度与电导率的关系曲线

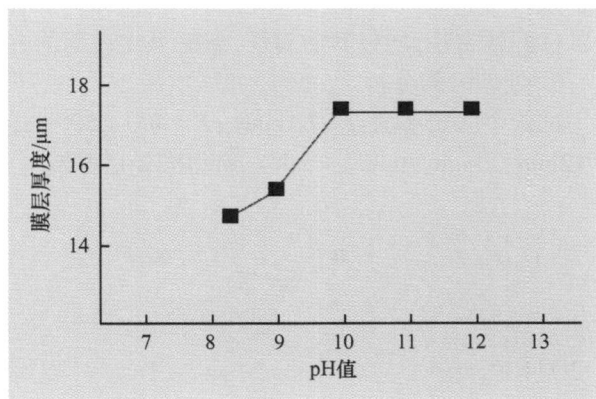

图 18.36　膜层厚度与 pH 值的关系曲线

由试验所得曲线可以看出随着槽液的 pH 值增大，膜层有先增后趋于平缓的现象，槽液的 ph 值的取值范围为 10～11 时，对膜层的生长有利。但膜层表面较粗糙，综合分析 pH 为 9～10 较好。

3. 频率分析

试验中固定参数：$R = 1.532\text{S/m}$；$\phi = 10\%$；$\text{pH} = 9$；$t = 12\text{min}$。改变脉冲电流的频率，分别设定为 300Hz、400Hz、500Hz、600Hz、700Hz、800Hz。所得陶瓷层厚度与电流频率的关系曲线如图 18.37 所示。

试验结果可以看出，随着脉冲电流的频率的增大，微弧氧化后膜层厚度的变化不大，因此可以得知频率对膜层生长速度无明显影响。

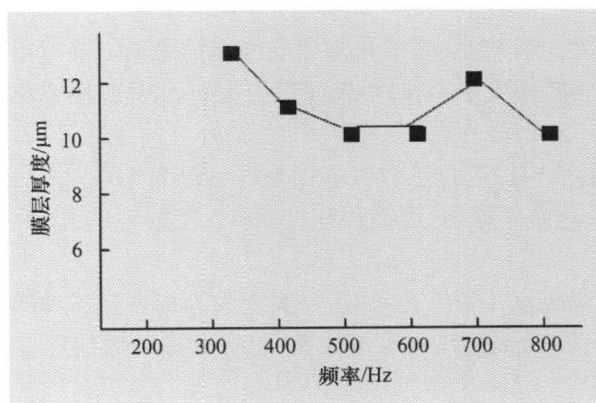

图 18.37　膜层厚度与脉冲电流频率的关系曲线

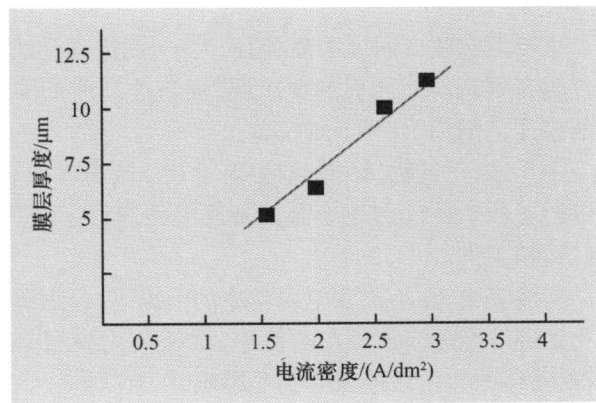

图 18.38　电流密度与膜层厚度的关系曲线

4. 电流密度分析

试验中固定参数：$F = 400\text{Hz}$；$\phi = 10\%$；$\text{pH} = 9$；$t = 12\text{min}$。改变单位面积的电流密度，电流密度分别为：$I_1 = 1.5\text{A}$；$I_2 = 2\text{A}$；$I_3 = 2.5\text{A}$；$I_4 = 3\text{A}$，所得陶瓷层厚度与电流密度的关系曲线如图 18.38 所示。

由试验结果可以看出，随着工件电流密度的增大，膜层的厚度呈线性增长。由曲线可知，电流密度较小时微弧氧化反应比较稳定,但是后期电压升不上去,当电流密度较大时微弧氧化反应剧烈,电压上升较快。大电流密度有利于膜层的生长,但是膜层的致密性较差,小电流密度有利于提高膜层的致密性,但是不利于膜层的生长,因此可采取同其他参数配合,微弧氧化前期采用大电流密度使膜快速生长,后期采用小电流密度提高膜层的致密性。

5. 占空比分析

试验中固定参数：$I=2\mathrm{A/dm^2}$；$F=400\mathrm{Hz}$；$\mathrm{pH}=9$；$t=15\mathrm{min}$。温度22℃。改变脉冲电流的占空比,分别设定为15、20、30。所得陶瓷层厚度与占空比的关系曲线如图18.39所示。

由试验结果可以看出,随着占空比的增加,微弧氧化后膜层的厚度变化不大,因此可以看出占空比的改变对试样膜层的厚度基本无明显影响。从试验现象可以看到当占空比为30时,试样的表面弧光面积较大,用手摸微弧氧化后的试样表面感到比较粗糙,所以该膜层的致密性较差,耐腐蚀性能不好。由此可见,要提高工件的致密性,增强其防腐性,微弧氧化后期的占空比必须保持较小数值。

6. 处理时间分析

试验中固定参数：$I=2\mathrm{A/dm^2}$；$F=400\sim500\mathrm{Hz}$；$\phi=7\%\sim10\%$；$\mathrm{pH}=9$。改变微弧氧化的时间,分别设定为12min、20min、30min、40min。所得陶瓷层厚度与处理时间的关系曲线如图18.40所示。

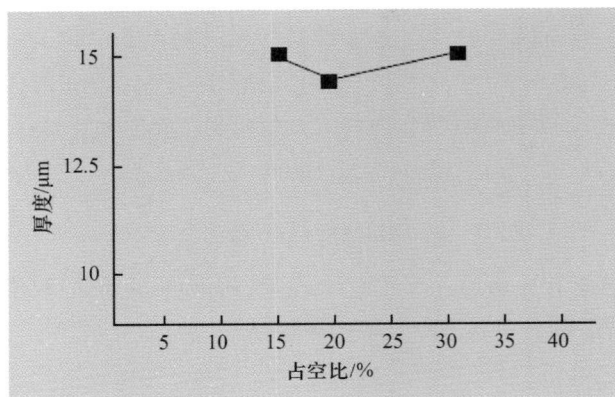

图18.39　占空比与膜层厚度的关系曲线

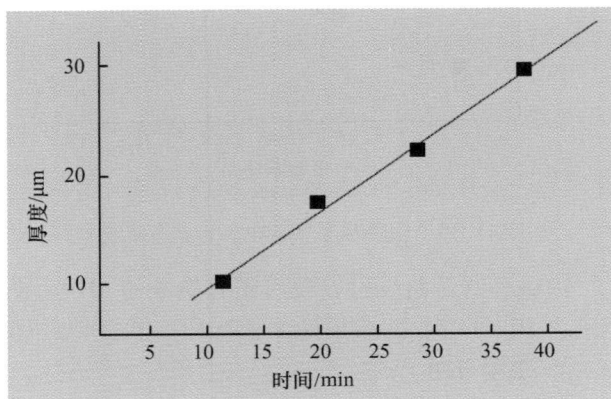

图18.40　氧化时间与膜层厚度的关系曲线

由试验结果可以看出,随着微弧氧化时间的延长,膜层的厚度逐渐增大,呈线性增长。从试验现象发现,随着时间的延长,微弧氧化后试样的粗糙程度增大,表面颜色变深,膜层的致密性降低。

7. 阴极分析

主要通过改变阴极距离、阴极大小、阴极移动速率等,探讨对微弧氧化陶瓷层厚度的影响。确定出在大工件进行处理时对阴极的要求：阴极与被处理工件的间距应大于4cm,阴极面积为$15\mathrm{dm^2}$为宜,阴极移动速率的最佳范围为$10\sim15\mathrm{cm/min}$。

多年来,对纯铝、铸铝、锻铝等十几个成分的铝合金结构件进行了微弧氧化处理(图18.41)。先后为舰船进行了数千件(套)铝合金设备或部件进行了微弧氧化防腐处理,表面积超过$2\mathrm{m^2}$以上的工件占25.8%,高硅铸铝工件占33.2%。

实践表明,在不改变电源功率的前提下,合理调整微弧氧化的工艺参数,可实现大型铝合金工件的微弧氧化处理。经过多家用户的使用,微弧氧化膜层具有良好的耐磨、耐腐蚀性能,且在合适的膜层厚度范围内,对基体的力学性能没有明显影响。

18.5.2　微弧氧化技术在螺旋桨叶片表面处理中的应用

在海边使用的气垫船工作环境恶劣(高速、高盐雾、高温),防腐蚀是研制过程中所要考虑的关键环节。气垫船的螺旋桨材料、结构与水上飞机类似,在以往研制使用的水上飞机的空气螺旋桨常由于腐蚀问题造成寿命不到500h。空气螺旋桨除了要防弱酸碱、海水腐蚀,耐老化、耐紫外线等一般要求外,还有其自身的防护特点：由于螺旋桨是动部件,桨叶高速旋转、离心力大,防护层与基体的黏接强度较船体其他静部件要

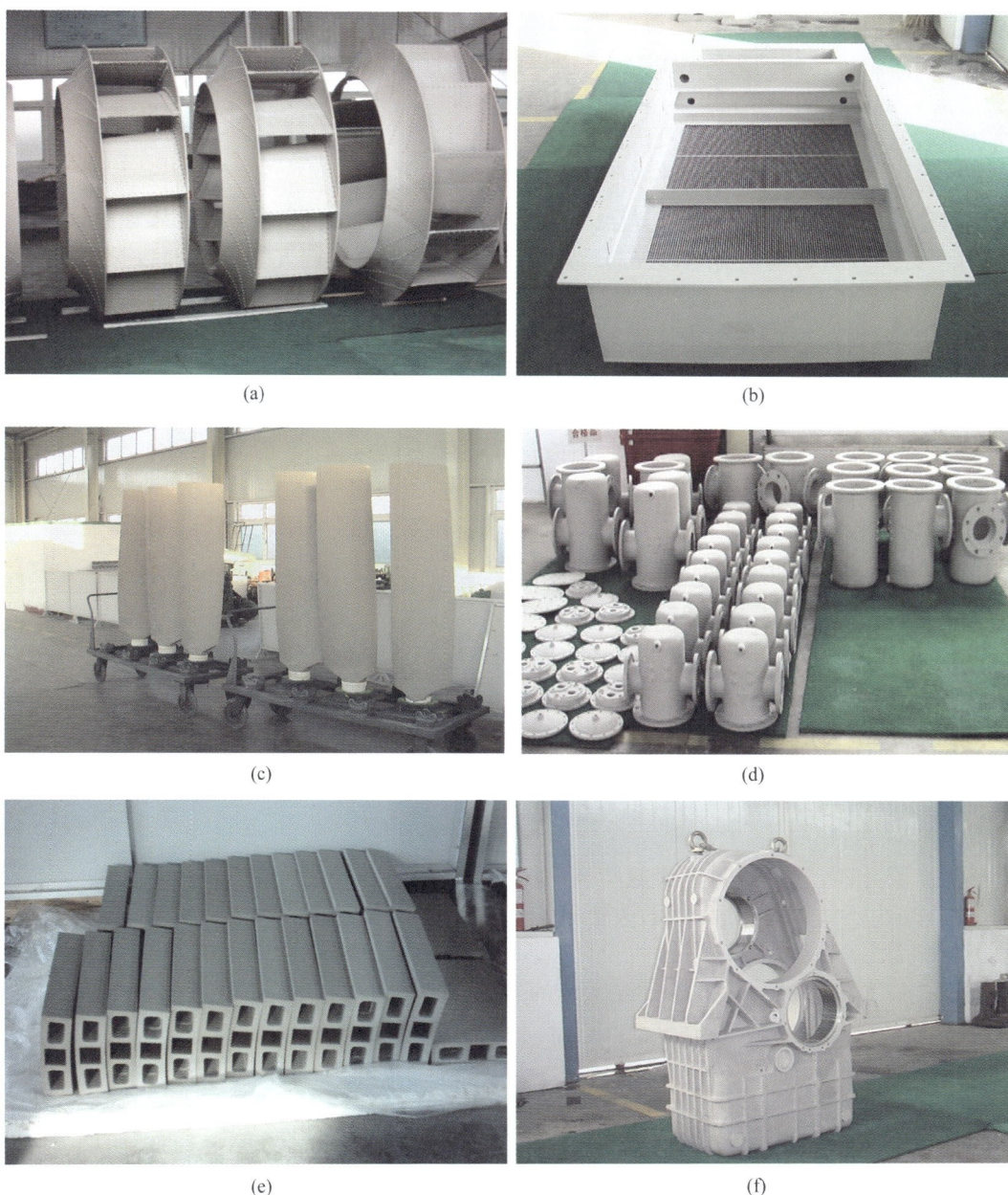

图 18.41　大型微弧氧化处理工件实物图
（a）叶轮；（b）惯性级壳体；（c）桨叶；（d）滤器；（e）摩擦靴；（f）减速机壳体。

高；沙砾和海水对桨叶的磨蚀比船体其他部位要严重得多。另外，空气螺旋桨是由铝合金制造，热处理温度过高会导致合金表面出现晶间腐蚀，所以施加防护层时其处理温度不能过高。

1. 空气螺旋桨表面防护层的要求

根据使用环境和空气螺旋桨自身的工作特点，对桨叶的表面防腐有以下几点要求：

（1）磨蚀性好。空气螺旋桨是以超过 1000r/min 高速旋转的动部件，离心力大，防护层在叶片高速旋转下，应能抵御海水和沙砾的冲刷。

（2）耐疲劳性好。要求防护层有韧性，在 1000h 使用寿命内，不产生裂纹而使表面防护层失去防腐作用。

（3）桨叶表面不仅要耐腐蚀，还要有良好的黏接界面以保证涂层的黏接性能。

（4）防护层要防弱酸、弱碱及盐雾腐蚀。

（5）耐老化，耐紫外线照射。

（6）防护层成形温度不超过120℃,以免影响叶片质量。

空气螺旋桨是高速旋转的动部件,对桨叶表面界面黏接性能和防护层的耐磨蚀性能要比船体其他部件高得多,所以要着重解决好防护层的磨耐蚀性和界面黏接性能。

2. 空气螺旋桨表面防护层的工艺设计

铝合金空气螺旋桨以往采用的是铬酸阳极化或硬质阳极化膜处理＋高分子材料涂层进行防腐蚀,但是这种腐蚀防护措施寿命短是致命弱点,在海洋大气或作为气垫船的螺旋桨使用时,其寿命将会短至设计者不能忍受的程度,必须改进防腐蚀措施以提高螺旋桨整体寿命。根据空气螺旋桨的自身工作特点,其防腐蚀设计思想是将螺旋桨表面微弧氧化,然后喷涂高分子材料涂层。微弧氧化是在工件表面生长阳极化膜的同时,通过等离子微电弧的高温把阳极化膜的非晶结构转变为陶瓷相。其特点是硬度高,显微硬度1000～2500HV,高耐磨,耐腐蚀,盐雾达1000h以上;结合力强(250～300MPa),柔韧性强,基体弯曲、断裂时,陶瓷层不开裂、不脱落;耐高温,可在2500℃高温耐冲击20s(20s以上基体熔化而陶瓷层完好),经加工后表面粗糙度Ra＝0.2。该陶瓷层的性能明显优于铬酸阳极化或硬质阳极化膜,是新一代铝合金空气螺旋桨防腐蚀较为理想的表面处理工艺。

3. 桨叶的微弧氧化表面处理

在铝合金空气螺旋桨机加工制作完毕,严格按照有关规程进行尺寸、表面粗糙度等方面的检查后,密封运至微弧氧化处理车间,调整微弧氧化控制设备的工艺参数、调配好槽液,将打开密封后的螺旋桨工件用桁车吊至处理槽的上方,慢慢浸至桨叶根部,开始微弧氧化(图18.42),氧化处理完毕后进行厚度、致密度、均匀度等方面的检查,检查完毕后封装,等待涂装处理。

4. 抗磨蚀涂层的选择

高分子材料涂层方面,选择了弹性聚氨酯浇注体、聚氨酯弹性涂层、改性环氧丁腈橡胶体系、改性氟橡胶体系等高分子材料涂层。这些材料的韧性较好,较其他树脂型高分子材料和陶瓷材料的抗砂石或水滴的冲击能力要高得多。

图18.42　微弧氧化处理实物图

5. 微弧氧化处理空气螺旋桨的性能分析

所选防腐层的力学性能(包括附着力、抗冲击性、剥离强度及剪切强度)、湿热老化性能、耐光照/耐紫外线性能、盐雾试验、疲劳性能满足设计要求,但对空气螺旋桨寿命影响很大的耐磨蚀性能没有研究先例。下面重点分析复合膜层的黏接性能以及高分子涂层材料磨耐蚀特性。

1) 黏接性能

用LY12铝合金分别进行铬酸阳极化和微弧氧化后,与5860橡胶用环氧丁腈橡胶体系胶黏剂黏接,做180°剥离强度对比(表18.12),结果表明两种表面处理均能够提供良好的黏接界面。

表18.12　黏接试验结果

表面处理状态	剥离强度(kN/m)	破坏形式
铬酸阳极化	5.5	内聚破坏
微弧氧化	5.5	混合破坏

2) 涂层磨蚀试验

磨蚀试验国内没有开展,GB150中的砂尘试验的要求不适合空气螺旋桨的工作环境,所以也没有试验标准。目前只有美国、俄罗斯两国在进行这项试验,其试验标准也是非标的,试验难度较大。根据国内现有条件,对国内5个生产厂家的7个涂层配套进行了对比试验,其工作装置如图18.43所示。

试验结果见表 18.13。由表可见厂商 5 提供的弹性聚氨酯浇注体耐磨蚀性能最好,但其成膜厚(1mm 以上),且不适合喷涂工艺,在桨叶上成膜困难。所以最终选择厂商 3 提供的弹性聚氨酯抗雨蚀涂层。

表 18.13 涂层磨蚀试验结果

涂料厂商	配套漆名称	耐磨蚀性能/(g/10μm)
厂商 1	无溶剂高聚陶瓷漆	7.275
厂商 1	环氧防腐底漆 + 双组分聚氨酯面漆	5.5
厂商 3	防腐底漆 + 防腐面漆 + 常温固化氟涂料	4.28
厂商 3	弹性聚氨酯抗雨蚀涂层	55.35
厂商 3	改性环氧丁腈橡胶体系涂料	6.5
厂商 4	改性氟橡胶体系涂料	5.5
厂商 5	弹性聚氨酯浇注体	78.6

18.5.3 铝及其合金物件微弧氧化工艺要求

1. 微弧氧化设备的技术特性

1)微弧氧化电源

微弧氧化电源应满足如下技术要求:

(1)输出直流方波脉冲;

(2)脉冲频率可调范围:30 ~ 2000Hz;

(3)脉宽可调范围:30 ~ 1000μs;

(4)处理过程中输出电压:0 ~ 750V,可调;

(5)输出峰值电流:0 ~ 1500A,可调;

(6)电导率、pH 在线检测。

(7)操作模式:手动恒压,旋钮式调节;自动恒流,触摸屏输入参数。

2)槽体系统

氧化槽、清洗槽、喷淋槽、封闭槽均采用 15mm 优质 PP 板制作。10 年内不渗漏、不变形。

3)辅助设备

龙门车(或输送链)、制冷系统等其他辅助设备符合行业标准。

2. 电解液

微弧氧化电解液应符合环保要求,其液体应为中性或弱碱性,且无重金属离子及环保限制的其他元素;使用寿命应不小于两年。

3. 物件表面状态的质量要求

(1)待微弧氧化的物件表面应无机械变形和机械损伤,无影响氧化质量的氧化皮、斑点、凹坑、凸瘤、毛刺、划伤等缺陷。

(2)补焊部位应无焊料剩余物和熔渣,焊缝应经喷砂或其他方法清理,且无气孔和未焊牢等缺陷。

(3)喷砂处理介质限于使用玻璃丸,喷砂后的表面不应有残余的氧化皮、锈蚀、油迹、存砂等。

(4)经磨光处理的物件表面不应有砂眼、局部较深的不均匀线纹及其他缺陷,如存在不可避免的气孔、砂眼时应用同种材料补焊,确不能补焊的则用腻子等物质封堵。

(5)微弧氧化处理前的物件粗糙度控制在 $Ra \leqslant 6.3$ 为宜。高粗糙度表面会严重影响微弧氧化膜的质量。

4. 微弧氧化工艺

1)微弧氧化工艺流程

工艺流程如下:

| 清洗 | → | 氧 化 | → | 喷淋 | → | 浸洗 | → | 封孔 |

2）主要工艺说明

（1）清洗：将夹装好的物件置入清洗槽清洗 1～2min。

（2）氧化：根据物件材质、表面积及用途合理设定氧化时间与电参数。

（3）喷淋：采用高压万向喷头，清洗物件表面残液。

（4）浸洗：将物件置入浸洗槽 1～2min，洗去死角残液。

（5）封孔：将微弧氧化后的物件置入含有封闭剂的封孔槽中浸泡 1～2min，并按封闭剂的技术要求烘干或晾干。

3）微弧氧化工艺要求

（1）氧化处理过程中电解液温度不得超过 40℃。

（2）装饰性氧化膜一般控制在 5～10μm；防腐蚀氧化膜一般控制在 15～20μm；耐磨性氧化膜一般控制在 25～35μm。

（3）对于膜厚检验达不到要求的物件允许进行二次氧化补足。

（4）不进行后续涂装的防腐氧化膜必须进行化学封孔处理。

（5）在风沙环境条件下或非装配以耐磨为目的的微弧氧化物件（如螺旋桨桨叶、风机叶轮等）必须在氧化后应进行耐磨胶涂装处理，其涂层一般在 50～200μm。

（6）装饰性氧化膜的起弧电压一般控制在 450～550V；防腐性氧化膜的起弧电压一般控制在 500～600V；耐磨性氧化膜的起弧电压一般控制在 550～650V；

（7）大型物件的微弧氧化应采用扫描阴极或移动阳极装置进行。

（8）含有不可拆卸的非铝、镁、钛及其合金组件微弧氧化时应绝缘封闭。

（9）微弧氧化完毕后需进行后续涂装的，应在 24h 内完成。若不能满足前述条件的，应进行硅烷化保护。

（10）管状及深腔物件的微弧氧化应加装辅助阴极。

4）微弧氧化限制

（1）对于用铆接、焊接、螺栓、镶嵌等连接的同种或异种金属形成狭缝的结构件，具有疏松组织的砂型或表面粗糙度 Ra≥12.5 的铸件，原则上不允许进行微弧氧化。如有特殊需要必须氧化时，应制定相应的微弧氧化工艺、质量及验收要求。

（2）要求局部微弧氧化或对同一工件上不同部位进行不同的氧化处理，应考虑工艺实施的可能性。

（3）内孔直径不大于 10mm 的管材或深腔物件，原则上不允许进行微弧氧化。特殊情况时，由供需双方协商解决。

5）微弧氧化膜的性能要求

1）氧化膜厚度

（1）分级。微弧氧化膜的厚度可按氧化膜的最小平均厚度进行分级。厚度分级的标志为在字母 MAO 后加厚度级别的数字。微弧氧化膜厚度分级法见表 18.14。

表 18.14　微弧氧化膜厚度分级

级别	最小平均膜厚/μm	最小局部膜厚/μm	级别	最小平均膜厚/μm	最小局部膜厚/μm	级别	最小平均膜厚/μm	最小局部膜厚/μm
MAO5	5	4	MAO20	20	16	MAO35	35	30
MAO10	10	8	MAO25	25	20	MAO40	40	35
MAO15	15	12	MAO30	30	24			

（2）对于预定特殊表面性质的微弧氧化膜，如要求较高的耐磨性，可以选用较高的平均膜厚。但最小膜厚不得低于平均膜厚的 80%。

2）氧化膜厚度的测量

氧化膜厚度的测量方法有以下几种（可采用其中的一种或几种方法）：①涡流法；②质量损失法；③横截面显微法。

在有争议的时候，如果氧化膜厚度等于或大于5μm时，应以横截面显微法作为仲裁方法。如氧化膜厚度小于5μm时，采用质量损失法，并计算出单位面积的最小质量。

膜厚测量应在有效表面进行，距阳极接触点5mm内以及边角附近都不应选作测量膜厚的部位。

5. 封孔

（1）微弧氧化处理的物件如后续进行涂装处理，无须封孔。若不进行后续涂装处理时，必须进行化学封孔处理。

（2）进行封孔质量的评定。

（3）对已进行封孔处理的物件，孔隙率为零。孔隙率采用GB/T 17720—1999《金属覆盖层孔隙率试验评述》规定进行检验。

6. 外观和颜色

（1）微弧氧化膜的颜色视电解液配方及氧化时间的长短不同分可为白色、黑色、灰色、绿色等其他颜色，膜层应连续、均匀、完整。

（2）在光线充足的条件下（光的照度不低于300lx，相当于工件在40W日光灯下距离700～800mm处的光照度），用目力直接观察，允许存在如下缺陷：由于物件材质不均匀和表面状态不同，在同一零件上有不同的颜色、轻微的水印，不同槽氧化的物件，其颜色深浅稍有不同；由于金属组织或加工处理方式显露而呈现出大理石状及原材料允许缺陷带来的膜层缺陷；物件与夹具接触处无膜层；大型物件分次氧化时的轻微印痕或色差。

（3）外观检验时，如发现不影响产品特性的局部烧蚀点或死角无膜层部位及擦伤或划伤，允许进行局部微弧氧化修补。

（4）不允许存在的缺陷：局部无氧化膜（工艺规定除外）；疏松和易擦掉的氧化膜；烧蚀、擦伤或划伤。

7. 性能检测

1）耐蚀性

封孔处理后的微弧氧化膜的耐蚀性盐雾试验应大于1000h，其试验可采用GB/T 10125—2012《人造气氛腐蚀试验　盐雾试验》规定的方法进行。腐蚀样品的评级按GB/T 6461进行。

2）耐磨性

如用户需要对微弧氧化膜进行耐磨性检测，可采用落砂法、GB/T 12967.2—2008《铝及铝合金阳极氧化膜检测方法　第2部分：用轮式磨损试验仪测定阳极氧化膜的耐磨性和耐磨系数》的轮式磨耗法和GB/T 12967.1—2008《铝及铝合金阳极氧化膜检测方法　第1部分：用喷磨试验仪测定阳极氧化膜的平均耐磨性》的喷磨法进行。试验方法以及验收标准由微弧氧化生产厂家和用户商定。

GB/T 12967.2—2008《铝及铝合金阳极氧化膜检测方法第2部分：用轮式磨损试验仪测定阳极氧化膜的耐磨性和耐磨系数》的轮式磨耗法只适于平板样品，非平板样品应采用GB/T 12967.1—2008《铝及铝合金阳极氧化膜检测方法第1部分：用喷磨试验仪测定阳极氧化膜的平均耐磨性》的喷磨法。

3）绝缘性

厚度超过10μm的膜层，表面电阻应大于1010Ω，氧化膜的绝缘性能按GB/T 1410—2006规定检测。

4）硬度

铝合金微弧氧化膜厚度超过30μm时，其硬度不小于800HV。按GB/T 9790—1988《金属覆盖层及其有关覆盖层维氏和努氏显微硬度试验》规定进行检验。

8. 微弧氧化膜的检验规则

1）外观检验

一般物件外观应100%进行检验。对批量大的小物件，则可从同槽一批物件中抽10%进行检验。如有一件不合格，则加倍抽样复验。如仍有一件不合格，则整批判定为不合格。

2）厚度检验

批量小的物件应 100% 进行检验。对批量大的小物件,则可从同槽一批物件中抽 10% 进行检验。如有一件不合格,则加倍抽样复验。如仍有一件不合格,则进行全部检验。

3）耐蚀性检验

从每批物件中抽 1% 或在同槽处理的试样上进行耐腐蚀试验,如不合格,则加倍抽样复验。如仍有一件不合格,则判定为整批不合格。

4）耐磨性检验

从每批(槽)中任取两件或在同槽处理的试样上进行耐磨性检验,如有一件不合格,则加倍抽样复验。如仍有一件不合格,则判定整批为不合格。

5）孔隙率检验

对微弧氧化后封孔的物件进行孔隙率检验。批量小的大型物件应 100% 检验;批量大的小型物件,可按 10% 比例抽检。如有一件不合格,则加倍抽检。如仍有一件不合格,则判定整批不合格。

6）绝缘性检验

本项检验仅在图样有要求时进行。检验时可在同槽处理的试样上进行。如检验不合格,则判定为不合格。

7）硬度检验

本项检验仅在图样有要求时进行。检验时可在同槽处理的试样上进行。如检验不合格,则判定为不合格。

9. 包装

检验合格的产品,应在 8h 内采用热缩膜、缠绕膜或塑料薄膜封装,以防灰尘侵入。

10. 微弧氧化膜的修复

(1)外场修复。微弧氧化处理的物件,因意外造成擦伤、划伤或腐蚀的,可用便携式微弧氧化处理装置现场修复;若外场条件不能进行微弧氧化修复时,可进行硅烷化处理后涂漆封闭。

(2)返厂维修。局部修复可用便携式微弧氧化处理装置处理;大面积修复可返回微弧氧化生产厂家处理。

参考文献

[1] 方志刚,韩冰. 铝合金舰艇腐蚀控制技术[M]. 北京:国防工业出版社,2015.
[2] 王虹斌,方志刚,蒋百灵. 铝合金微弧氧化及其在海洋环境中的应用[M]. 北京:国防工业出版社,2009.
[3] 孙跃. 金属腐蚀与控制[M]. 哈尔滨:哈尔滨工业大学出版社,2003.
[4] 朱祖芳. 有色金属的耐腐蚀性及其应用[M]. 北京:化学工业出版社,1995.
[5] 陈策,宋德周. 国外现代铝带冷轧机和国产先进冷轧机[A]. 铝加工高新技术论文集,2001:186-195.
[6] 王光雍. 自然环境的腐蚀与防护——大气·海水·土壤[M]. 北京:化学工业出版社,1997.
[7] 路贵民,王兆文,李冰. 铝合金腐蚀与表面处理[M]. 沈阳:东北大学出版社,2000.
[8] 杨武. 金属的局部腐蚀——点腐蚀:缝隙腐蚀:晶间腐蚀. 成分选择性腐蚀[M]. 北京:化学工业出版社,1995.
[9] 白新德. 材料腐蚀与控制[M]. 北京:清华大学出版社,2005.
[10] Sato. F, Asakawa. Y. Localized corrosion behavior of aluminium-magnesium-silicon alloy in ground water[J]. Corrosion,1999,55(5):522-529.
[11] 朱祖芳. 建筑铝型材聚合物膜下的丝状腐蚀[J]. 腐蚀与防护,1999,20(6):255-257.
[12] 魏开金,刘大扬,李文军,等. 铝合金暴露四年的腐蚀行为[J]. 材料开发与应用,1993,8(5):37-43.
[13] 黄建中,左禹. 材料的耐蚀性和腐蚀数据[M]. 北京:化学工业出版社,2002.
[14] 章小鸽. 锌的腐蚀与电化学[M]. 北京:冶金工业出版社,2008.

第 19 章 舰船管路系统防腐防漏技术

根据介质的不同,舰船管路系统可以分成海水管路、淡水管路、油管路、气/汽管路、特殊介质管路五种基本类型。从实际使用来看,海水管路的腐蚀最为严重和普遍;油管路在使用过程中出现的问题主要是泄漏,腐蚀主要是由于潮湿环境引起的外壁腐蚀;气/汽管路主要是高温以及温度变化引起的腐蚀。海水管路一直是舰船腐蚀防护研究的重点,将在下一章进行重点阐述其特点和规律。本章进行四个方面的论述和分析:管路系统防腐防漏通用要求分析;淡水管路、高温管路的腐蚀分析;管路系统弹性连接防漏技术;典型管路系统选材和管路附件防腐防漏要求。

19.1 概述

19.1.1 舰船管路系统基本组成

1. 分类和组成

船舶管路系统用来连接各种机械设备,并传递有关工质,包括动力管路和船舶系统。

(1) 动力管路主要用来为主、辅机服务的管路,有燃油、滑油、冷却水、压缩空气、排气及废弃利用等管路。

(2) 船舶系统是保证船舶生命力及舰员的正常生活所需的系统,有消防、舱底、压载、生活供水、冷藏、空调、污水处理、通风和取暖等。

根据介质的不同,舰船所有管路系统可以分成五种基本类型:海水管路;淡水管路;油管路;气/汽管路;特殊介质管路。

海水管路除了管内介质完全是海水以外,在腐蚀研究和分析时,一般把人员生活产生的生活污水、设备产生的油污水和舱底水(以海水、设备油污水为主)视为海水管路进行分析;淡水管路包含人员生活用淡水和设备、医用淡水或纯净水。舰船动力类型主要有柴油机、燃气轮机、蒸汽轮机,动力类型的不同燃烧的介质就相应地不同,有柴油、燃油、重油等;飞机上舰还需要航空煤油(航空燃油);操作锚机、舵机等各种装置,使用液压系统居多,舰船上自然还有液压(油)系统。舰船上人员和设备需要空气予以生存和工作,就有通风系统、供气系统;操作设备和系统时需要用到压缩空气系统;动力设备工作后要产生工作介质或者废气,系统设置上就有蒸汽、排气系统等。还有一些特殊用途的如灭火、冷却等需要二氧化碳、氟利昂等工作介质,一般来说这些特殊介质管路使用量不大,在防腐防漏设计时需要具体问题具体分析。

2. 冷却系统

动力装置中的许多机械设备,如主机、辅机、压缩机、减速齿轮箱、轴系中的轴承、冷凝器等,在正常运行时都会不断散发出大量的热量,现代舰船中武器电子设备在运行过程中也是如此,冷却管路系统的任务就是将这些热量带走,保证机械电子设备的正常可靠运行。

为船舶提供动力的主机,其燃烧放出的热量 25% ~ 35% 由冷却水带走,这就需要一个可靠的冷却管路系统,以使受热部件不会因为过热而损坏或失效。冷却管路系统可分为开式冷却管路系统和闭式冷却管路系统两种。

开式冷却管路系统就是利用舷外海水直接对主、辅机等进行冷却。海水冷却后排出舷外。如图 19.1 所示,海水冷却泵将海水自海底门经通海阀、过滤器送至温度调节器,再进入滑油冷却器和主机,冷却有关部位后汇集于总管,通过单向阀排除舷外。

这种系统的特点是结构简单、维护方便、水源丰富。但是由于水质差、杂质多,容易在管路中造成堵塞;海水还会腐蚀管路和设备,并在冷却空间沉积水垢,降低传热效果,损坏机件。

现代舰船大多数采用闭式冷却管路系统,管路系统包括两套互不相通的管路,一套淡水系统,一套海水系统。淡水是循环使用的,用来对主、辅机的缸套、缸头等进行冷却,冷却热量由海水带走。滑油冷却器、中冷器直接由海水冷却。管路系统中设有膨胀水箱,以适应管路内淡水温度变化而产生的体积变化,使冷却管路系统中的空气和蒸汽能从膨胀水箱中逸出。膨胀水箱底部接水管至淡水泵入口,保证淡水泵的有效吸头,并可由此补充循环系统中由于汽化和泄漏所损失的淡水。闭式冷却系统的特点是淡水水质好,不会产生管路堵塞和析盐现象;积垢少,柴油机冷却出口温度容易控制。相对于开式冷却系统,管路设备多、结构复杂、维修管理不便。

近年来,在闭式冷却系统基础上设计了中心冷却管路系统,如图19.2所示。中心冷却管路系统与闭式冷却所不同的是,所需要冷却的部件,包括主机、辅机滑油、中冷器、凸轮轴滑油等都是采用淡水作为冷却介质,淡水在低温中心冷却器中由海水冷却。主、辅机的缸套由来自高温中心冷却器的淡水冷却。除低温中心冷却器外,所有冷却器热表面都不与海水接触,也不会产生管路的堵塞。冷却器还可以采用板式结构,提高热效率,减小体积。中心冷却管路系统的应用,大幅度减少了冷却管路系统中的设备腐蚀问题。

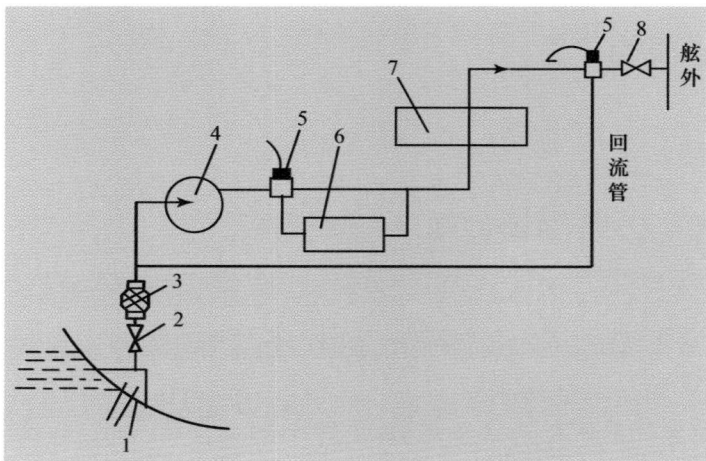

图 19.1　开式冷却管路系统原理图

1—海底门;2—通海阀;3—过滤器;4—海水冷却泵;
5—温度调节器;6—滑油冷却器;7—主机;8—单向阀。

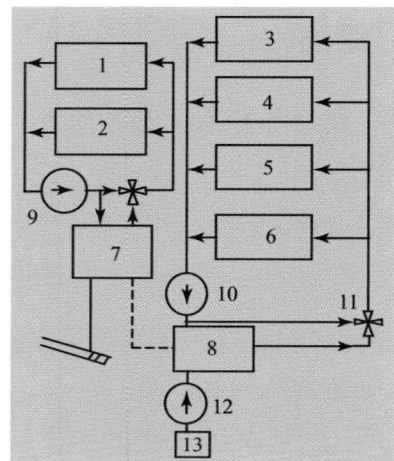

图 19.2　中心冷却管路系统原理图

1—主机冷却器;2—辅机冷却器;3—主滑油冷却器;4—中冷器;5—其他辅助冷却器;6—凸轮滑油冷却器;7—高温中心冷却器;8—低温中心冷却器;9—高温淡水泵;10—低温淡水泵;11—恒温阀;12—海水泵;13—海底门。

3. 压载水和舱底水

压载水管路、水消防管路、卫生水管路都属于海水管路。舱底水的来源:

(1)主机、辅机、设备及管路接头因密封不良渗透的油、水;

(2)艉轴密封渗透的油、水;

(3)从舵机舱向机舱或轴隧泄放的舱底水;

(4)从空压机、空气瓶泄放的冷凝水,蒸汽分配阀箱和蒸汽管路的泄放水;

(5)空调管路、风管的冷凝水以及钢质舱壁和管壁的冷凝水;

(6)清洗滤器、设备零部件等冲洗水;

(7)在水线附近的舱室及甲板的疏排水;

(8)扑灭火灾时的消防水、甲板冲洗水;

(9)对有些特殊的舱室在紧急情况下的注入水等。

4. 排气管路系统

排气管的作用是将主、辅机及辅锅炉的废气排到舱外的大气中去,使机舱保持良好的环境。此外,还要考虑降低排气噪声、余热利用和满足特殊要求等。

柴油机的排气形式有水上排气和水下排气两种。

柴油机的排气是白各汽缸排出汇集于排气总管,然后经过废弃涡轮增压器、补偿装置、排气锅炉或消声器排入大气。排气管路一般设有若干膨胀接头,管路由支架固定,支架用来支持排气管重量和防止管子振动,管子支架的布置可根据管子热膨胀性及船体结构决定。

19.1.2　船舶管路腐蚀

1. 海水管路

船舶管路易腐蚀部分主要是指海水管路。船舶海水管路担任着冷却主、辅机以及消防、压载、清洗等任务,由于海水管路输送的均为海水,系统及材料复杂多变,且大多处于潮湿、高温的恶劣环境中,安装布置空间狭小,维修保养困难,使其必然面临着严重的腐蚀问题。

由于海水温度、溶解氧含量、海水流速及海洋生物等诸多因素的变化都会对海水管路腐蚀产生交互影响,其腐蚀机理也较单一的腐蚀介质(如盐水等)引起的腐蚀复杂得多。实际海水管路的腐蚀形式复杂多样,常见的腐蚀包括下述几种。

(1)电偶腐蚀。当暴露于电解质中的不同金属相互接触时,由于电位差的存在,会有电流从电位较负的金属流向电位较正的金属。这样,电位较负的金属腐蚀速率就会加速,此即电偶腐蚀。由于船舶不同部位所采用的管路材料非常复杂,当采用紧固件连接时,管路服役过程中由于电绝缘措施不当或失效就会发生电偶腐蚀。

同理,管路焊接部位存在母材、焊缝与热影响区成分的不均匀性也会发生电偶腐蚀。

(2)磨损腐蚀。由于腐蚀介质和金属表面间的相对运动引起金属的加速腐蚀破坏,称为磨损腐蚀或腐蚀磨损。当流体介质的运动速度加快,同时存在机械磨损或磨耗的作用下,金属基体便会以水化离子的形式进入溶液,造成金属腐蚀。导致磨损腐蚀的介质一般为多相流,其中悬浮于液体中的固体颗粒特别有害。

磨损腐蚀的特殊形式最常见的为湍流腐蚀和空泡腐蚀。湍流腐蚀通常发生于设备或部件的某些特定的、介质流速急剧增大形成湍流的部位,如管路变径区。除流体速度较快以外,金属部件形状的不规则性也是构成湍流腐蚀的一个重要条件。

在流体突然被迫攻变方向的部位,如管路弯道处的管壁就要比其他部位更容易被腐蚀减薄甚至穿孔。这种由高速流体或含气泡、固体颗粒等多相流直接不断冲击金属表面所造成的腐蚀是湍流腐蚀的一种特例,又称为冲击腐蚀。

空泡腐蚀(空蚀)是由于金属部件与流体高速运动时,由于部件外形不能满足流体力学要求(如船舶喷水推进器叶轮),流体在金属表面局部区域产生涡流,低压区引起溶解气体的析出和液体介质汽化,金属表面附近的液体形成气泡迅速产生和崩溃,气泡破灭时产生巨大的冲击力(高达 1.4MPa)使金属表面膜破坏,从而引起腐蚀。遭受空蚀的金属表面可观察到滑移线的出现。

除此以外,海水管路中海水流速的加快,一方面会加剧湍流腐蚀或空蚀;另一方面使氧扩散到管壁金属表面的速度加快,增强氧的去极化作用,从而进一步加剧了海水管路的电化学腐蚀。

(3)应力腐蚀。应力腐蚀是一种危险的腐蚀形态,是指金属在拉应力(残余应力、载荷、腐蚀产物体积效应)和腐蚀介质共同作用下产生的破坏。应力与环境两者缺一不可,相互促进。船舶上常用的奥氏体不锈钢、铜合金、钛合金、高强钢和高强铝合金等,对应力腐蚀均具有较强的敏感性。这些材料即使在腐蚀性不太严重的环境中,如含少量 Cl^- 的水、有机溶液、潮湿大气、蒸馏水中,也会引起应力腐蚀开裂。

2. 淡水管路

较长时间以来,我国舰艇淡水管路以及海水淡化水管路由于大多仍采用耐蚀性较差的碳钢或镀锌钢,致使管路也存在一定的腐蚀,严重时会导致管路溃疡腐蚀甚至穿孔,腐蚀产物会使淡化水发黄、发黑。

3. 排烟管道

柴油机排烟管大部分是双层结构,内管用于将柴油机汽缸中柴油燃烧后的烟气排出船外(烟气温度约300℃),内管与外管之间的空间为水套,水套中为用于冷却内管中烟气的海水。当柴油机工作时,水套中流动着一定压力的海水,而停机后水套中海水仍部分滞留其中。排烟管的腐蚀绝大部分出现在水套部位,其主要原因就是水套中有一定的流速和一定温度(约60℃)的海水。排烟管的腐蚀穿孔如果发生在外管,则海水泄漏,既影响正常冷却,又破坏机舱的工作环境;腐蚀穿孔如果发生在内管,海水从内管泄漏,进入柴油机汽缸,会造成活塞连杆弯曲、汽缸盖爆裂、整机报废等严重后果,破坏性更大。

19.1.3 决定管路材料耐蚀性的因素

决定管路材料耐蚀性的因素可以分为结构因素、工艺因素和使用因素,如图 19.3 所示。主要的结构因素与管材、管子的连接方式、管路部件形状等的选择有关。在选择管材时,要考虑其耐蚀性、力学性能、制造的工艺性能、工作介质的物理化学性能、防火要求及其成本等。

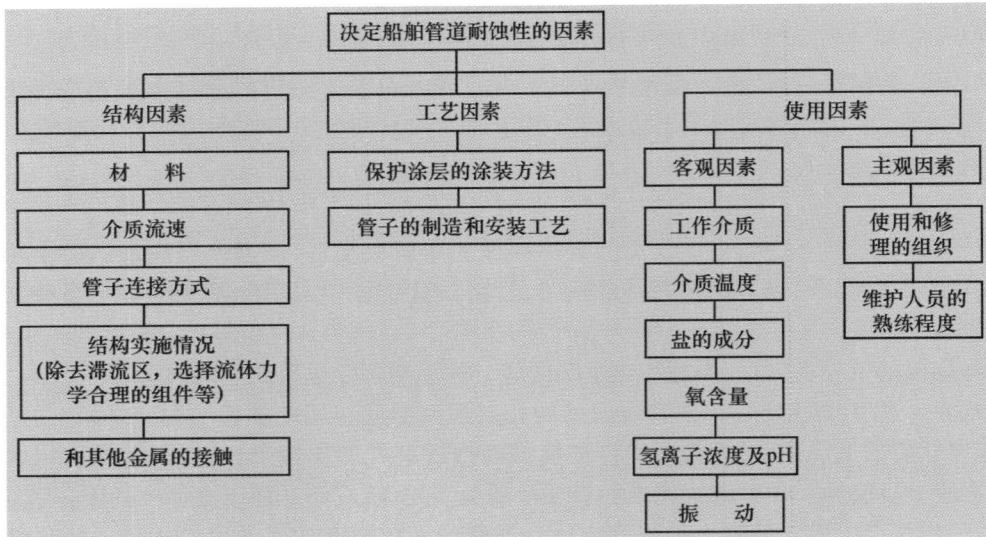

图 19.3 决定船舶管路耐蚀性的因素的分类

目前已知的是,除材质外,决定海水管路耐蚀性的主要因素是海水流速。通过对出现腐蚀破坏的原因分析,可以确定,腐蚀破坏通常局限在管路的薄弱部分,如分、汇流管件中,半径为 2.0～2.5 倍管子外径的弯管处;法兰和螺纹连接处;各种用途的插管附近;与不同金属接触的区域;截止阀、支管,或节流阀后面的管段;管子直径变化区、滞留区,如图 19.4 所示。

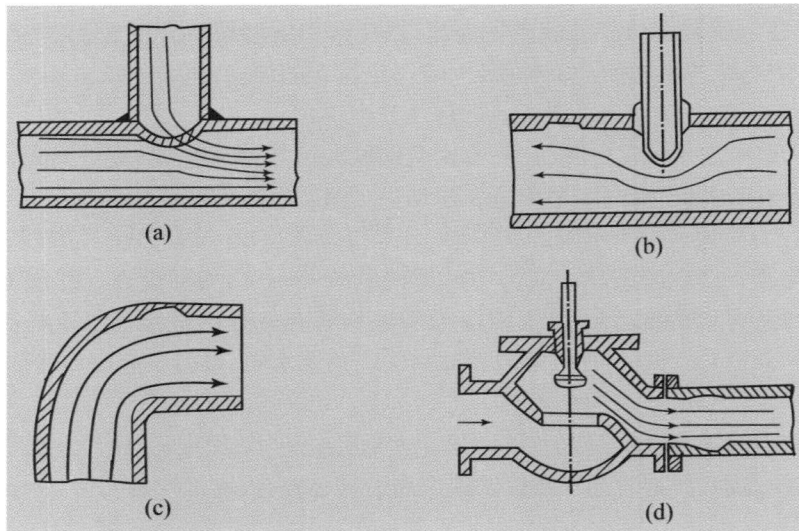

图 19.4 管路在海水中的典型破坏
(a) 汇流处;(b) 仪表插接处;(c) 弯管处;(d) 截至阀处。

把以上管路"薄弱"部分和其余部分的腐蚀破坏数量相比较,破坏总数的 95% 左右发生在"薄弱"部位,而在直管部分仅占 5%。在所有列举的情况中,破坏都是以冲蚀腐蚀的形式发生,具有明显的溃疡状腐蚀特点,随着管路和管附件的结构形式不同,腐蚀破坏有单个坑蚀或成多个坑蚀的形态。溃疡状腐蚀破坏主要出现在形成湍流的部位。在流体流过凸出的垫片、凹坑、凸出的各种座这些障碍物时,都有可能把紊流转变为湍流。湍流区存在大量的旋涡,有着明显的不稳定特征,在形成湍流处的边界,流束与管壁接触的区域最易遭到溃疡状腐蚀。

腐蚀破坏的原因是:没有遵守对管路的设计要求;不符合管路的制造和安装工艺;没有遵守使用规程。我们可以简单进行一下流体流态的影响。

(1)支管与主管连接不当。早期的管路支管与主管的连接,不是采用的三通或者四通接头,而是将支管"插入"主管中焊接而成,管子搭接截面便有凸出的边缘,支管与主管的连接没有注意到海水流动的方向,分支管会遭到剧烈腐蚀、快速破坏。

(2)弯管焊接和设置不当。在弯管上,腐蚀破坏主要发生在转弯后面。采取的是弯管工艺(不是定型的弯管接头),管子为椭圆状,弯管处流态发生变化;弯管焊接不当,如焊缝脚过高;设计、安装时管路的线路不合理,把弯管直接布置在扰乱了水流的管件(阀门、支管)之后。这些都是在使用过程中出现腐蚀烂穿的现象的主要原因。

(3)法兰连接处安装不当。垫片的制造和安装质量差;垫片遮住了管子的"有效"截面;一个法兰相对于另一个法兰的位置偏心;焊接质量不好引起凹凸不平。这些都会引起局部湍流概率的大大增加,腐蚀就会在原有的基础上大为增加。在大多数造船工艺中,小口径管路之间的连接采取螺纹接头连接,实际上螺纹接头造成的"扰乱"管路流态的可能性比法兰连接要大得多,许多国家即使很小口径的管路也要采取法兰连接,就是基于这个道理。

(4)节流阀节流引起。管路水流被阀门节流,会引起局部流速急剧增加和湍流加强,也是管路使用时过早出现腐蚀破坏的最主要原因。之所以节流,是因为设计上一般针对各种环境、各种工况就一个系统,而在南方海域和北方海域主机冷却所需要的舷外海水的量是不一样的,在南方海水温度高时需要的海水量多,在北方则就需要节流;每一种工况对应于一定的海水流速,用户多时海水流速低,用户少时就需要节流或者使用的管路流速就会增加。

管路设计和制造基本要求是:在设计阶段,正确地选择管路的工作参数、耐蚀材料和涂层;采用标准的、通用的管件和结构元件;关系呈最佳布线,而且工艺性和维修性要好;管路采用牺牲阳极保护,可以提高管路的可靠性。

19.2　淡水管系腐蚀特点与防腐防漏设计

19.2.1　船舶淡水系统及材料应用概况

1. 船舶淡水系统组成

船舶淡水系统是船上相对独立而重要的系统,与舰上人员的健康直接相关,耐蚀性好、洁净度高的管路系统是保障淡化水安全供给和存储的重要基础。

淡水来源分为岸基、补给船供给和海水淡化装置产水。船舶淡水的使用主要分为饮用水和日常用水两部分,日常用水主要包括热水供应、洗涤水供应及卫生用水供应。船舶常用淡水系统如图19.5所示。

2. 淡水系统材料应用概况

船舶海水淡化系统是淡水系统的主要构成,该系统应用的材料品种牌号基本覆盖了淡水系统的全部材料体系。海水淡化系统分为海水抽滤注入阶段、反渗透造水阶段、淡水注入阶段、淡水储存阶段、淡水使用阶段,各阶段由相应的管路和附件连接,计有大小设备、功能性元件等30余种,材料10余种,另外还有多种非金属密封垫片等。

当前海水淡化系统设备、管路、阀门等部件选材的应用概况如下:

(1)淡水输配管路使用了镀锌钢管、304、321及316L不锈钢等,阀门采用青铜阀门或不锈钢阀门。

(2)一二级反渗透、滤器、消毒等主要设备过流部件及附带管路大都采用316L不锈钢,局部采用双向不锈钢;洗涤水、饮用水压力水柜以及热水柜壳体材料均为1Cr18Ni9Ti,附带的泵、阀门等多为硅黄铜、青铜等

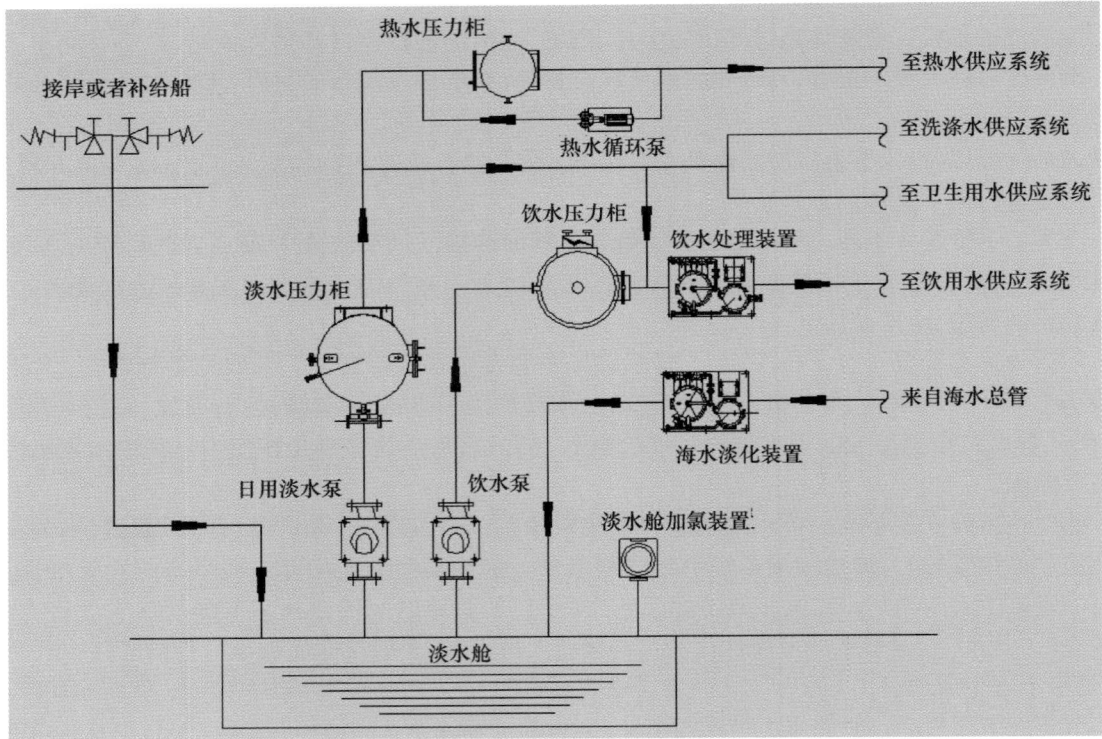

图 19.5　船舶常用淡水系统

铜合金;304 不锈钢用得较少,仅限于机械设备膨胀水箱、主机淡水预热装置的壳体或附带管路。

19.2.2　淡水管路典型材料腐蚀特点

1. 不锈钢管

不锈钢管在船舶管系的应用中占有重要地位,其中奥氏体不锈钢管应用最为广泛。不锈钢管的耐蚀性主要是靠表面形成的钝化膜,钝化膜的稳定性随铬含量增加而增高,添加 Ni 对不锈钢的钝化膜起稳定作用,添加 Mo、Ni 能显著提高不锈钢的耐点蚀性能,降低碳含量能有效提高不锈钢耐蚀性。常用的不锈钢管型号及其化学成分见表 19.1。

不锈钢管的弹性模量比铜管、钛管高,其热导率则比铜合金管低很多,但屈服强度和抗拉强度都比铜管高。不锈钢管热胀系数比铜管低,选用不锈钢作为淡化海水管路通常不会因热胀冷缩而损伤管子或影响胀口。常用不锈钢管与铜管力学性能对比见表 19.2。

表 19.1　常用不锈钢管型号及其化学成分
（质量分数）　（单位:%）

型号	C	Cr	Ni	Mo	N
304L	0.080	18～20	811	—	—
304LN	0.035	18～20	8～13	—	0.10～0.16
316L	0.035	16～18	10～15	2～3	—
316LN	0.035	16～18	10～15	2～3	0.10～0.16
317L	0.035	18～20	11～15	3～4	—
317LXN	0.030	17～20	13.5～17.5	4～5	0.10～0.20
2205	0.030	21～23	4.5～6.5	2.5～3.5	0.08～0.20

表 19.2　不锈钢管与铜管力学性能对比

管材	铜管	镍铜管	304/316不锈钢管
密度/(t/m³)	8.4	8.9	8
屈服强度/MPa	120	140	280～350
拉伸强度/MPa	330	390	550～659
延伸率/%	60	43	30～60
弹性模量/MPa	13.3	15.4	20
热胀系数/(10⁻⁶/℃)	16	16	17
热导率/(w/m·k)	100	30	13

多种不锈钢在武汉长江水、三门峡黄河水中的长期腐蚀挂片试验研究表明,奥氏体不锈钢 304、316L 在淡水环境中没有明显的腐蚀,具体腐蚀数据参见表 19.3。

表 19.3　不锈钢在长江(武汉)水中的腐蚀结果

材料牌号	暴露时间/年	腐蚀速率/(mm/年)	平均点蚀深度/mm	最大点蚀深度/mm	腐蚀类型	材料牌号	暴露时间/年	腐蚀速率/(mm/年)	平均点蚀深度/mm	最大点蚀深度/mm	腐蚀类型
304	1	<0.0001	0	0	无可测量的腐蚀	430	1	<0.0001	0.04	0.05	点蚀
304	2	<0.0001	0	0	无可测量的腐蚀	430	2	<0.0001	0	0	点蚀
316L	1	<0.0001	0	0	无可测量的腐蚀	0Cr13	1	<0.0001	0.13	0.30	点蚀
316L	2	<0.0001	0	0	无可测量的腐蚀	0Cr13	2	<0.0001	0.18	0.54	点蚀

316L 是广泛应用的超低碳奥氏体不锈钢,具有良好的强度、塑性、韧性和冷成形性能及良好的低温性能。由于在 Cr18Ni8 的基础上加入了 2% Mo,使它具有了良好的耐还原性介质和耐点蚀能力,在各种有机酸、无机酸、碱、盐类和海水中均有适宜的耐蚀性。

304 不锈钢是 18 – 8 型奥氏体不锈钢,为我国最早的不锈钢标准牌号之一。304 不锈钢早期在我国曾得到大量的生产和广泛的应用,但由于含 Ti 钢的各种缺点,以及不锈钢生产工艺的进步,低碳、超低碳及控氮和含氮奥氏体不锈钢的出现,高碳含量并含 Ti 的奥氏体不锈钢已逐渐被代替,但 304 不锈钢现仍是船舶上常用的不锈钢之一。

2. 铜合金管

铜合金管是船舶常用的管系材料。铜合金按成分不同通常分为紫铜、黄铜、青铜、白铜及铜镍合金,每种分类又按含有某种特有元素有许多细的分类。铜及铜合金由于有良好的导电性、导热性,以及优良的耐蚀性,机械加工中具有足够的强度等优点,广泛应用于船舶管系。目前常用于管路系统中的铜合金材料主要有紫铜管、铜镍管(B10、B30)等。管材及配件常用铜合金的成分及力学性能见表 19.4。

表 19.4　管材及配件中常用铜合金的成分及力学性能

标准名称	合金牌号	合金元素(质量分数)/%						力学性能		
		Cu	Ni	Fe	Mn	Zn	Al	Rp0.2	R_m	A/%
GB8890	BFe10 – 1 – 1	余量	9.0 ~ 11.0	1.0 ~ 1.5	0.5 ~ 1.0	≤0.3	—	—	≥300	≥30
GB5234	Bfe30 – 1 – 1	余量	29.0 ~ 32.0	0.5 ~ 1.0	0.5 ~ 1.2	≤0.3	—	—	≥372	≥30
GB5232	Hal77 – 2	76.0 – 79.0	—	0.03 ~ 0.06	—	余量	1.8—2.3	—	≥302	≥45
GB5231	T2,TP2	≥99.9	—	—	—	—	—	—	≥205	≥40

铜合金管在应用时主要的腐蚀问题有氧浓差腐蚀、冲刷腐蚀、应力腐蚀开裂以及脱金属腐蚀。冲刷腐蚀是流速的函数,一般来说流速超过一定数值后,对铜合金管材的破坏是致命的,流速越高,腐蚀破坏越剧烈。

在武汉长江水中一年的腐蚀试验研究表明,铜合金腐蚀速率较低,没有发生点蚀,腐蚀类型均为均匀腐蚀,腐蚀结果见表 19.5,可以看出,铜合金在淡水中的腐蚀速率高于不锈钢。铜合金管现已在船舶淡水管系中部分应用,在维修中发现了一些局部腐蚀现象。例如,某型舰船的厨房饮用水管用的是紫铜管,使用一段时间后发现,紫铜管内壁存在腐蚀斑点,并呈线状分布,类似于水线区的腐蚀情况,腐蚀形貌如图 19.6 所示。

表 19.5　铜合金在长江(武汉)水中的腐蚀结果

材料牌号	暴露时间/年	腐蚀率/(mm/年)	平均点蚀深度/mm	最大点蚀深度/mm	腐蚀类型
T2	1	0.010	0	0	均匀腐蚀
HSn70 – 1	1	0.0081	0	0	均匀腐蚀
HAl 77 – 2	1	0.0056	0	0	均匀腐蚀
QSn6.5 – 0.1	1	0.0022	0	0	均匀腐蚀
QBe2	1	0.0066	0	0	均匀腐蚀
BFe10 – 1 – 1	1	0.0096	0	0	均匀腐蚀

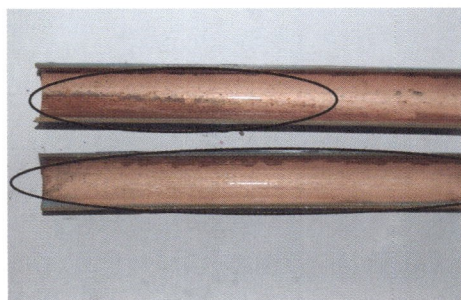

图 19.6　船舶厨房饮用水紫铜管剖切后整体腐蚀形貌

3. 镀锌钢管

镀锌钢管作为管路材质应用于船舶海水淡化装置也较为常见，但此类船舶在海上航行3周左右，所造淡水即开始呈现淡黄色，若连续在航两个月则所造淡水呈现黄褐色，至返航时甚至会出现黑色出水。经检查发现镀锌钢管腐蚀较为严重，热水管路比冷水管路腐蚀严重，热水柜出口处的管路内壁腐蚀最严重。分析认为，镀锌钢管淡化海水管路腐蚀的首要原因是反渗透海水淡化水的出水水质腐蚀性较强，镀锌钢管内壁在反渗透淡化水中腐蚀速度比在海水中更快，出水水质的弱酸性会增加腐蚀产物的疏松程度，加速镀锌钢管内壁基体的腐蚀的。

将应用于船舶淡水管路的镀锌钢管剖切后发现，内部腐蚀非常严重，腐蚀产物覆盖整个表面，腐蚀形貌如图19.7所示。镀锌管弯头部位除锈后可以看出，管内壁出现了非常严重的坑蚀，以局部腐蚀为主要腐蚀形态，管壁出现严重腐蚀坑的面积最多时可达到管壁面积的90%以上，图19.8为镀锌钢管内壁除锈后坑蚀形貌。

图 19.7　船舶淡水管镀锌管弯管剖切后整体腐蚀形貌　　　图 19.8　镀锌钢管弯管除锈后的腐蚀形貌

镀锌钢管因价格便宜、制造简便，曾在我国船舶的建造中大量采用，虽然耐蚀效果不佳，但至今仍在船舶管路中占有一定的比例。相关研究表明，淡化产水的水质是影响镀锌钢管在淡化水管路中应用效果的重要因素。浙能乐清电厂曾对一级反渗透水的水质进行了系统测试分析，发现一级反渗透产水与海水相比，其pH值显弱酸性，盐度、Cl^-等影响材料腐蚀的主要因素，依然有一定存量，相关实验结果表明淡化海水比自来水等淡水腐蚀性强。浙能乐清电厂一级反渗透水的主要水质指标见表19.6。表19.6的数据表明淡化海水中溶解氧含量高于普通海水，在一定电导率保证的情况下，一级反渗透产水的腐蚀性甚至会超过海水。已有研究发现一级反渗透产水对碳钢的腐蚀大于未经淡化的海水，腐蚀数据见表19.7，从表中可以看出，碳钢在一、二级反渗透水中腐蚀速率均超过了在海水中的腐蚀速率，分析认为主要原因为碳钢在淡化水中形成的锈层是疏松结构，未对基体金属形成保护作用。

表 19.6　海水及一级反渗透产水主要水质指标

参数	海水	一级反渗透水	参数	海水	一级反渗透水
pH 值	8.04	6.54	Cl^- 浓度/（mmol/L）	499.01	2.23
导电率/（μS/cm）	52650	238	SO_4^{2-} 浓度/（mmol/L）	21.40	0.02
碱度/（mmol/L）	2.10	0.06	Na^+ 浓度/（mmol/L）	371.03	2.28
硬度/（mmol/L）	97.90	0.02	溶解氧/（mg/L）	7.62	7.86

4. 淡水管系材料耐蚀性能对比

以上对不锈钢、铜合金、镀锌钢在淡化水中的耐蚀情况进行了介绍和分析，为了便于比较不同金属在反渗透海水淡化水中的腐蚀行为，选取316L不锈钢、B10铜合金、镀锌钢三种典型材料进行腐蚀试验，试验溶液选用一级反渗透海水，水质指标见表19.8。

三种典型金属经过60天腐蚀浸泡试验后的结果表明，316L不锈钢腐蚀速率＜B10铜镍合金腐蚀速率＜镀锌钢腐蚀速率，随着温度的升高，三种金属腐蚀速率均增大，腐蚀数据对比如图19.9所示，其中316L不锈钢由于腐蚀速率太小，在图中无法显示数据。对不锈钢来说，点蚀数据信息更能反映其耐蚀性能，通过对最大点蚀深度、点蚀因子、点蚀密度等指标进行的测量结果分析表明,316L 不锈钢在淡化水中耐点蚀性能良好,在不同水质的淡化水中 316L 均表现出了较 B10 铜合金、镀锌钢更加优异的耐蚀性能,尤其是随着温度升高,316L 不锈钢的耐蚀性和稳定性更加突出。

表 19.7　碳钢在各种水体中的腐蚀数据

水质	腐蚀速度/ $(g \cdot m^{-2} \cdot h^{-1})$	腐蚀深度/ (mm/年)	腐蚀等级 (三级标准)	腐蚀等级 (一级标准)
海水	0.3071	0.3448	2 级可用	6 级尚耐蚀
一级反渗透水	0.9142	1.0267	3 级不可用	8 级欠耐蚀
二级反渗透水	0.8708	0.9780	2 级可用	7 级尚耐蚀

表 19.8　一级反渗透海水水质指标

水质编号	试验温度/℃	TDS/(mg/L)	pH 值
1#	25	300	
2#	50	300	7.2～7.5
3#	70	300	

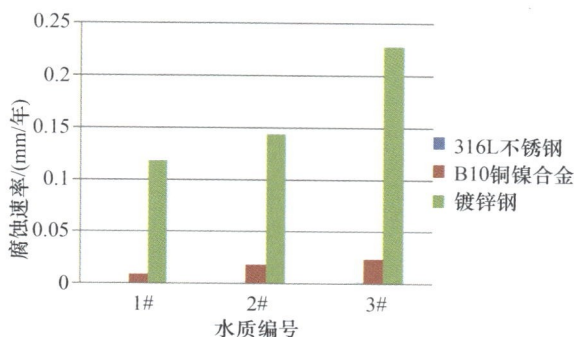

图 19.9　316L 不锈钢、B10 铜镍合金、镀锌钢在淡化水中浸泡 60 天后的腐蚀速率对比

19.2.3　淡水管路选材发展方向

奥氏体不锈钢在淡化水中应用时,腐蚀速率低,耐点蚀性能良好,表面成膜连续且稳定,表面无明显的腐蚀产物堆积,洁净度好。常用奥氏体不锈钢包括 304、304L、321、316L 等。铜镍合金应用于淡水管路时,虽然在腐蚀速率、表面腐蚀产物堆积等方面不如奥氏体不锈钢表现优异,但并不影响其正常使用。在一些特殊情况下,例如在高温、高流速下,铜镍合金表面的成膜状态不稳定,对基体的保护作用减弱,整体腐蚀速率将显著升高,表面生成较复杂的腐蚀产物,该产物脱落后会污染淡水水质。镀锌钢管由于其耐反渗透海水淡化水的腐蚀性能较差,今后在淡水管路的选材中将被逐步淘汰。

304、304L、321、316L 等不锈钢管的屈服强度、抗拉强度、延伸率等都比铜镍合金高,加工性能优异。在船舶管路中应用时,因密度较低,不锈钢在配重方面也较铜镍合金更具优势,具体力学性能对比见表 19.9。

表 19.9　铜镍合金和不锈钢的力学性能对比

材料	拉伸强度/MPa	屈服强度/MPa	伸长率/%	密度/(g/cm³)	材料	拉伸强度/MPa	屈服强度/MPa	伸长率/%	密度/(g/cm³)
B10	≥290	≥90	≥30	8.95	321	520	205	40	7.92
B30	≥380	≥140	≥23	8.95	304L	485	170	40	7.94
304	520	205	40	7.92	316L	490	170	40	7.94

相比不锈钢管,国内铜镍合金管用于淡水输送的案例较少,现主要用于船舶海水管路及工业换热器和冷凝器,配套厂家较为单一。目前,在淡水管路选材时,无论是标准体系、材料供应、使用成本,还是加工性能、应用经验,不锈钢比铜镍合金均具有显著优势,是今后船舶淡水管系选材的主要发展方向。

19.2.4　淡水管路防腐防漏设计

1. 设计要求

管路设计是一项复杂的系统工程,在淡水管路设计时,不能仅考虑管路本身的机械加工特性,而应从整体上考虑管路与设备连接的一致性和协调性,这样才能保证管路及附件的质量和使用年限。施工安装时,首先考虑管内压力、温度、使用条件及外部环境等因素的变化,合理地选择管材及附件尺寸,保证管内流速不超过额定值。由于舱内空间狭小,管路不可避免地存在易积水和积存空气的地方,这时需要装设放泄、吹洗和通气的装置。总之,在管路安装前,尤其是复杂管路系统,一定要提前规划,精确设计,确保能达到良好的使用效果。

2. 选材

1) 管路

淡水管路是舰船淡化水系统的重要组成部分,由于反渗透海水淡化水管材使用情况的特殊性,其材料化学成分必须严格符合规范要求。淡水管路最好选用不锈钢(304 或 316L)无缝钢管,制造方法包括一般的热轧(挤、扩)或冷拔(轧)。

一般来说,不锈钢表面光亮、整洁,但用于淡化水的不锈钢管要求更高,内外表面必须进行抛光处理。淡化水管材的力学性能要得到保证,这是淡化水管材应用的重要前提,也是淡化水系统正常运行的必要保障。干净卫生的饮用水是保证舰员正常生活的前提,不锈钢淡水管质量要符合卫生部门的相关测试标准。由于不锈钢的耐晶间腐蚀性能是评价其质量的重要指标,所以应用前须进行晶间腐蚀试验,不锈钢管在施工安装前还要进行水压及探伤检验并达到相关规范要求。

2) 阀门及附件

阀门是防止管路泄漏的重要部件,安装阀门时,除了保障阀门本身无缺陷外,阀门本体材料最好与管路材料相配套,因此应选用316L 或 304 不锈钢,其结构形式要符合相关要求。阀门的阀杆、阀盘以及其他易磨损部位宜采用硬度较大的不锈钢,如采用 0Crl7Ni4Cu4Nb 或 0Cr17Ni7TiAl 等沉淀硬化型不锈钢材料制作,以保证阀门的使用年限。其他管路附件选取时均应符合相关技术要求的规定。

3) 连接件

管路采用卡压式连接时,要选择符合标准的管件,卡压式管件材料最好采用 316L 不锈钢;采用对焊管件时,其表面要清洁光滑,不能存在明显缺陷;法兰连接时,法兰材质与管路材料要配套,可根据实际条件选择焊接或松套法兰连接;管路连接时所涉及的连接件、金属波形膨胀节、密封填料、密封垫片、压力表、传感器等附件,要符合相应的安装标准和技术要求;管件配套用的 O 形密封圈一般采用丁腈橡胶。

3. 工艺及安装

(1) 管路综合布置时,要考虑到管路和附件的可维修性,并使其具备一定的补偿能力。管子的切割、弯制、装配、焊接等须达到相应的安全要求。管材的内外表面须光滑、清洁,不应有裂缝、针孔、环状痕迹、起皮、气泡、粗拉道、夹杂、斑点、折叠、结疤、发纹、分层和凹坑等缺陷。不锈钢焊接一般采用对接氩弧焊或承插氩弧焊,焊接完毕后焊缝应进行抛光处理。

管路安装是整个系统的最后一步,必须由熟练工人进行正确的安装操作。管子法兰、接头与设备或附件连接时不应强拉硬敲,也不要产生偏心和歪斜。

(2) 阀门安装前,须拆除阀件进出口处的封堵并检查其内部是否有异物、法兰密封面有无碰伤。阀件安装完毕后,须与其所在的管路系统一起进行系统密封性试验,以检测阀件安装的可靠性。另外,阀体和阀盖要具有足够的强度和刚度,在操作阀门时,不应有塑性变形发生。

(3) 管路附件通常包括法兰、连接件、金属波形膨胀节、密封填料、密封垫片、压力表、传感器等。管路附件表面不应有裂纹、毛刺等,法兰与紧固件连接时贴面应锪平,填料表面要平整,还要控制外漏线头、跳线、缺花、勒边的数量,垫片表面无翘曲变形、无疙瘩、无裂缝、无气泡、无外来杂质及其他可能影响使用的缺陷,边缘切割要整齐。

附件的正确安装是管路防腐防漏的重要保障。附件涉及的部件众多,型号复杂,与管路连接点多,容易发生漏液。比如法兰连接时,紧固件须按相应规定采用测力扳手或其他可校准拧紧力矩的方法,对称交叉均匀地分两至三次拧紧,直到规定的拧紧力矩为止。在管路系统进行密封性压力试验前,先检查膨胀节两端固定支架是否满足设计要求,支架与船体的焊接是否牢靠,膨胀节的连接状况是否良好等。填料装填前应清洗填料函,填装时须一圈一圈地装填,填料接口位置应相互错开,防止介质从接口处泄漏。采用软硬不同的填料组合时,须交替放置,硬填料放在深部,软填料放在浅部。不要在垫片上使用液状或膏状防黏剂和润滑剂,也不要用润滑油涂抹垫片、衬套和垫圈。为了保证垫片受压均匀,螺栓须对称均匀拧紧。

19.3　高温管路腐蚀

19.3.1　材料与使用环境

舰船上由管路、机械设备、器具和检测仪表等构成舰船管系。舰船管系中,由燃油管路、滑油管路、冷却管路、压缩空气管路和排气管路等组成了动力管系。舰船上的动力管系中的各种管子分别和空气、蒸汽、燃气、海水、燃油、滑油等工质接触。这些工质都不同程度地对管子有腐蚀作用。对管子的选材不当和检查不及时,将会造成管子的腐蚀穿孔,使工质外溢,舰船很容易发生事故。

在舰船上所有的动力管系中,排气管的腐蚀是最为严重的。这是因为,排气管系的功用是将主、辅柴油机的废气排出船外。对于大型舰船,大功率燃油发动机出口处排出的废气温度高达 600℃ 以上。因此,一般的金属材料在 600℃ 以上都会发生明显的高温氧化,即发生金属与氧形成氧化物的反应而造成金属材料损耗。当排气管壁较薄而氧化反应速度较高时,排气管的使用寿命极为有限。另外,由于燃油中常含有硫,发动机燃烧后还会产生 SO_2 和 SO_3,它们和海水蒸气中的盐反应形成 Na_2SO_4 并沉积在金属管壁,使金属材料在高温下发生沉积盐的热腐蚀。

特别是对于潜艇,在水面以下时采用电力为能源,这部分电力是在潜艇浮出水面时,由柴油发动机提供而储存在二次电池中的。当潜艇在水面上开动柴油机时,燃气的排出可使排气管的温度升高到 600℃ 以上,致使排气管材料发生高温氧化。当潜艇下潜时,排气管与海水接触,温度急剧降低到海水的温度。当排烟管再次使用时,材料又会发生氧化。随后与海水接触时,又会经历温度急剧降低的过程。此时,排烟管处于一个高温氧化和海水淬冷交替作用的环境下。

目前,国内外使用的排气管材料包括多种类型。依据工作温度和压力,选用不同级别的材料,如 20 钢、20Mn、16Mn 钢、15CrMo 钢、奥氏体合金钢等。而国外有使用镍 825 型合金(耐热镍铬铁合金)和 625 型合金(铬镍铁合金)的报道。但无论在国外还是在国内,排气管的腐蚀失效是一个严重的问题,延长排气系统的寿命成为重要的研究课题。

我们开展了几种不同级别的钢在高温和海水交替作用下的腐蚀机制的研究,重点研制了一种高温腐蚀防护涂层,目的是在不增加材料级别的基础上大幅度提高材料的使用寿命。

19.3.2　排气管材料的腐蚀环境分析

舰船排气管的工作环境存在多种因素的作用,腐蚀条件是非常苛刻的。归结起来可能存在的腐蚀类型及影响因素包括:

(1)高温氧化。舰船的排气管使用温度达到 600℃ 以上。单从抗氧化性角度讲,20 钢、20Mn 钢、16Mn 钢、15CrMo 钢、奥氏体合金钢等都难以满足要求。因为合金的抗氧化性是由表面形成一层致密、黏附性好的氧化膜提供保证的。其中,Al_2O_3 和 Cr_2O_3 膜具有非常优异的抗氧化性能。如果合金表面主要形成铁的氧化物,这类材料的抗氧化性就差。

(2)高温和海水交替作用。合金氧化时形成的氧化物属陶瓷,其热胀系数远小于合金的。当温度从高温急剧下降时,氧化膜内就会产生大的压应力,而这部分应力来不及通过氧化膜或基体金属的塑性变形释放,往往导致氧化膜发生开裂和剥落。Al_2O_3 和 Cr_2O_3 膜具有优异的抗恒温氧化性能。但如果处于温度变化相当大的环境中时,Al_2O_3 和 Cr_2O_3 膜也会发生剥落。一旦这种情况发生,由于 Al 或 Cr 元素的损失,合金再发生氧化时,难以形成 Al_2O_3 或 Cr_2O_3 膜,其他抗氧化性差或完全不抗氧化的膜生成,加速合金的消耗。因此,要求舰船排烟管材料表面形成的氧化膜具有非常优异的抗剥落性能。或者材料中含足够量的抗氧化性合金元素,氧化膜具有自修复能力。例如,合金中含较多铝时,初始氧化形成 Al_2O_3 膜。该层氧化膜剥落后,合金继续氧化时仍能形成 Al_2O_3 膜,依然具有抗氧化性能。但合金中铝含量不可能太高,这会使合金的力学性能和加工性能恶化而不具有实用性。

(3)当排气管多次浸没于海水中时,表面会积聚相当量的 NaCl。在使用温度 600℃ 以上,NaCl 中的氯离子对金属有更强的腐蚀作用。即使表面的氧化膜非常完整,也会由于氯离子的渗入并与金属发生剧烈反应而使氧化膜遭到破坏。因此,要求排烟管材料即抗高温氧化同时又抗高温盐腐蚀。

为了提高排气管的工作寿命,排气管材料的合理选择是非常重要的。考虑到材料的选择应在满足排烟管工作状况的基础上尽可能降低成本,因此,在材料表面制备防护涂层将是十分有效的途径。因防护涂层的使用可实现用低级材料来替代高级材料以满足工况的要求,能大大降低成本。对舰船排气管材料防护涂层的要求是必须具有优异的抗高温氧化与盐腐蚀性能,以及涂层与基材、表面氧化膜与涂层具有优异的结合强度,以及可实施性和低成本。

综合考虑后,提出采用热扩散渗铝涂层技术,以保护排气管不受严重的高温腐蚀,延长使用寿命。

19.3.3 渗铝涂层的性能及应用

1. 喷涂渗铝特点

渗铝是 21 世纪发展起来的金属表面防护手段之一。它可以提高钢铁、镍基和钴基高温合金的抗氧化性能,还能提高在含硫及盐等介质中的耐蚀性。因此,渗铝工艺在冶金、石油、化工、航空、船泊、汽车、建筑、燃气轮机等方面得到了广泛应用。

渗铝的方法有固体粉末渗铝、热浸渗铝、料浆渗铝、气体渗铝、喷镀渗铝、电泳渗铝、电解渗铝、快速电加热渗铝等多种。其中,前 5 种方法已用于生产,特别是固体粉末渗铝方法应用最普遍。

固体粉末渗铝方法是将工件埋在粉末状的渗铝剂中,然后加热到 900～1050℃ 保温数小时即可。渗铝剂一般由三部分组成:①铝粉或铁铝合金粉,是提供铝原子的原料;②氧化铝(Al_2O_3),是一种稀释填充剂,又兼有防止金属粉末黏接的作用;③氯化铵,是一种催渗剂(活化剂)。

钢的渗铝是通过下列反应实现的:

$$2NH_4Cl \longrightarrow 2HCl + N_2 + 3H_2 \quad 6HCl + 2Al \longrightarrow 2AlCl_3 + 3H_2 \quad Fe + AlCl_3 \longrightarrow FeCl_3 + [Al]$$

反应的结果是在钢的表面上析出具有活性的原子状态的铝,随即扩散进入钢内,形成表面合金层(主要是 FeAl 相)。表面渗层的厚度可通过温度和渗铝时间来控制,但提高温度要比延长时间来增加渗层厚度效果更显著。

渗铝层具有如下一些主要性能:

(1)抗氧化性能。钢铁及耐热合金渗铝后,其抗氧化性能显著提高。一般说来,与原来未渗铝的同种钢相比,其使用温度约可提高 200℃。例如,普通碳素钢使用温度上限为 500℃,渗铝后可使用到 700℃ 甚至达 800℃。1Cr18Ni9Ti 钢的使用温度上限为 800～850℃,渗铝后可使用到 1000～1050℃。试验证明,欲使渗铝层具有高的抗氧化能力,其含铝量不能低于 12%,最好是 32%～33%。

镍基或钴基合金渗铝后,分别得到 NiAl 和 CoAl 相的表面渗层,氧化时由于形成 Al_2O_3 膜而使合金的抗氧化性能得到显著提高。

(2)耐高温硫化物腐蚀。渗铝是目前提高钢材耐硫化物腐蚀最有效的手段之一,特别是在高温硫化物介质中。渗铝的碳钢和不锈钢无论是在含硫的氧化性气氛中,还是在高温硫化氢介质中,都显示了很好的耐蚀性。这对于各种燃油动力系统中使用的钢材特别重要。因为燃油中常含有硫的化合物,燃烧后形成硫的氧化物,在高温下使金属材料发生硫化腐蚀。

(3)耐高温腐蚀。渗铝层除了具有较高的抗氧化性能外,它还能提高钢在盐或低熔点氧化物中的耐蚀性能。

(4)耐大气腐蚀。业已证明,在大气条件下渗铝钢比热镀锌钢具有更好的耐蚀性。例如,渗铝钢在工厂地区大气暴露四年,其腐蚀量是热镀锌钢的 1/10,而在海洋地区暴露两年,其腐蚀量是热镀锌钢的 1/5。

(5)防止钢材的应力腐蚀破裂。钢材表面渗铝是防止应力腐蚀破裂或降低其倾向的一种方法。例如,SUS304 不锈钢渗铝后,在氧化物溶液中能够防止裂纹的发生和传播,其抗应力腐蚀能力的大小则受钢材表面铝含量及渗层厚度的影响。

(6)各种 pH 值溶液中的耐蚀性。经长时间浸泡实验表明,在 pH 值 2～9 范围内渗铝钢的耐蚀性比热镀锌钢的耐蚀性好。另外,渗铝钢在海水(<60℃)、淡水及工业循环水中(pH 值为 6.3～7.2)也有较高的耐

蚀性。

正由于渗铝层具有良好的耐热和耐蚀性能,可用于炉管、燃烧器、炉内构件、烟道、汽车消音器、汽车进排气零部件、高温石油化工用换热器、加热管以及烧结设备的集尘装置、炼铁热风管、转炉排气管、CO 气体输送管、加热炉排风扇、空气预热器和热处理用退火罐等。尤其在航空涡轮发动机叶片上得到大量应用。

2. 合金的选择与渗铝涂层的制备

我们针对几种材料和一种渗铝涂层进行了高温氧化和海水中的冷却循环试验,探讨了材料失效机理,评定了所研究材料的性能。特别是通过对比实验,表明渗铝涂层对改善船舶排气管的使用性能有巨大的应用价值。

选取四种具有代表性的钢材 16Mn、1Cr12Mo、1Cr18Ni9Ti、GH140。这四种材料的主要化学成分见表 19.10。

表 19.10 四种材料的化学成分(质量分数) (单位:%)

16Mn	C:0.12~0.20,Si:0.4~0.6,Mn:1.30~1.60,S≤0.050,P≤0.045
1Cr12Mo	C:0.10~0.15,Cr:11.50~13.00,Ni:0.30~0.60,Mo:0.3~0.6,Si≤0.50,Mn:0.30~0.50,P≤0.035,S≤0.030
1Cr18Ni9Ti	C≤0.12,Ni:8.0~11.0,Cr:17.0~19.0,Ti:0.2~0.8,S≤0.030,Mn≤2.00,P≤0.035
GH140	C:0.06~0.12,Cr:20~23,Ni:35~40,W:1.4~1.8,Mo:2.0~2.5,Al:0.2~0.5,Ti:0.7~1.05,Mn≤0.70,Si≤0.80

上述四种材料代表了从低级到高级的钢材类型。其中:16Mn 是最常用的低合金钢,具有优异的焊接性能;1Cr12Mo 为马氏体耐热钢,1Cr18Ni9Ti 为奥氏体型耐热钢,它们具有良好的耐热性及耐腐蚀性;GH140 是以 W、Mo、Al、Ti 固溶化的 Fe-Ni-Cr 基高温合金。从耐热性能看,按 16Mn、1Cr12Mo、1Cr18Ni9Ti、GH140 顺序逐级提高;在成本价格上也按同样顺序逐级提高。通过对比研究,确定能够满足排气管使用要求的材料类型,以达到在较宽的范围内选择材料的目的。特别是,如果使用低级的材料通过一定的工艺处理来达到高级材料所能起到功效,这对于防护涂层的应用具有更实际的意义。

试验中,材料表面渗 Al 采用固体粉末包装法。渗铝工艺为以 FeAl 粉为渗剂,NH_4Cl 为活化剂,900℃下保温 4h。通过渗铝处理可在铁基合金表面形成一层铁铝金属间化合物,主要是 FeAl 和 Fe_3Al。FeAl 相分布在渗层的最外面,而 Fe_3Al 相处于和基体接触的里层。渗铝层的厚度与渗铝处理的温度和时间有关。温度越高,时间越长,渗铝层越厚。在一定的温度和时间下,钢中的合金元素和碳含量对渗铝层厚也有影响。一般来说,合金元素含量越高或碳含量越高的合金上渗铝层越薄。

试验选取的四种材料在相同渗铝工艺下(900℃,4h),所获得的涂层厚度分别为:16Mn,90μm;1Cr12Mo,80μm;1Cr18Ni9Ti,60μm;GH140,25μm。依渗铝层厚度,合金排序为 16Mn > 1Cr12Mo > 1Cr18Ni9Ti > GH140。在同样条件下,16Mn 上渗铝层厚度是 GH140 的 3.6 倍。

3. 试验结果

针对舰船排烟管的使用状况,对选择的材料及渗铝后的材料进行多项抗高温腐蚀实验,以评价材料的性能和渗铝后对材料性能的影响。

1)恒温氧化试验

恒温氧化试验是在电子热天平上进行的(灵敏度 0.2 μg),温度为 800℃,空气中氧化 10h。16Mn、1Cr12Mo、1Cr18Ni9Ti、GH140 四种材料的样品及相应渗铝样品的尺寸为 15mm×10mm×1.5mm。未渗铝试样表面 SiC 砂纸打磨至 800#,丙酮中清洗。

800℃空气中 10h 恒温氧化后,试样的单位面积增重随时间的变化曲线如图 19.10 和图 19.11 所示。对比图 19.10 和图 19.11 看出,16Mn 钢的增重要比其他所有试样的都大得多。16Mn 钢初始氧化阶段,增重保持抛物线趋势,大约 2h 后呈直线上升。表明 16Mn 钢 800℃下不具有抗高温氧化性能。而 1Cr12Mo、1Cr18Ni9Ti、GH140 具有比 16Mn 钢好得多的抗高温氧化性,氧化曲线呈抛物线状。这三种材料在 800℃下具有抗高温氧化性能,其中 1Cr18Ni9Ti 抗恒温氧化性能最好。

除 1Cr18Ni9Ti 外,16Mn、1Cr12Mo、GH140 三种钢材渗铝后,氧化速度都相应地发生了明显的降低。1Cr18Ni9Ti 渗铝和不渗铝样品比,氧化速度变化不大。其中,16Mn 渗铝后氧化速度的变化最大,不渗铝样品 10h 增重量为 19.5mg/cm²,而渗铝样品 10h 增重量仅为 0.1mg/cm²,略高于渗铝的 GH140 样品的增重量。

因此,经渗铝处理后,16Mn 钢的抗高温氧化性能提高了近 200 倍,超过了 1Cr12Mo、1Cr18Ni9Ti、GH140 三种钢材不渗铝的抗氧化性能。

仅从图 19.11 来看,四种钢材渗铝后的按氧化增重量顺序为 GH140 渗铝 < 16Mn 渗铝 < 1Cr18Ni9Ti 渗铝 < 1Cr12Mo 渗铝。说明了,通过表面渗铝处理大大消除了因材料组成不同而导致的各种材料本身所具有的抗高温氧化性能的差异。原来抗高温氧化性能较差的低级材料(如 16Mn),经表面渗铝后可达到某些较高级材料所具有的性能。铁基材料表面渗铝处理可大大提高其本身的抗高温氧化性能,而且越是低级材料,效果越明显。

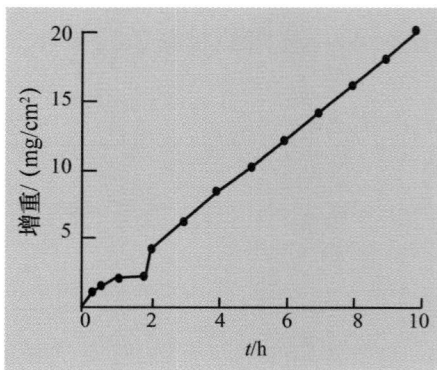

图 19.10　16Mn 钢在 800℃空气中的
氧化动力学曲线

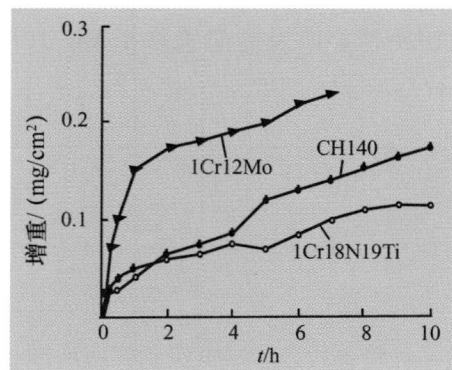

图 19.11　不同材料在 800℃空气中的
氧化动力学曲线

4. 循环氧化试验

实际使用材料的抗氧化性能依赖于表面形成生长缓慢且黏附性能好的氧化膜。因此,除了恒温氧化试验外,主要进行了各种材料的循环氧化试验,以考核从高温到海水的循环过程中各种材料表面形成的氧化膜的抗剥落性能。循环氧化试验的条件有两种:一种是将样品加热到 600℃或 800℃保温 1h,然后浸入到 3.5% NaCl 的人造海水中冷却。干燥后再置入炉中氧化 1h,再冷却,如此循环。另一种是为了验证海水中的盐的作用而采用蒸馏水冷却。

图 19.12 是 16Mn、1Cr12Mo、1Cr18Ni9Ti 及 GH140 四种材料及相应的渗铝样品在 600℃到 3.5% NaCl 人造海水中循环氧化的结果。1h 为一个循环,共进行了 20 个循环。每次海水冷却并干燥后,在 10^{-3}g 感量的电子天平上测量试样的重量。从图 19.12 看出,20 次循环后,16Mn 和 1Cr12Mo 发生了严重的失重,1Cr18Ni9Ti 也有较小的失重,所有其他试样仍保持增重状态。但是,所有的试样在循环期间都发生了氧化膜的剥落。合金依失重的严重程度排序为 16Mn > 1Cr12Mo > 1Cr18Ni9Ti > GH140。所有渗铝样品抗循环氧化性能都优于相应的不渗铝合金样品。渗铝处理对 GH140 的改善作用不显著,但对 16Mn 和 1Cr12Mo 有极大的改善作用。渗铝样依增重大小排序为 1Cr12Mo/Al > 16Mn/Al > 1Cr18Ni9Ti/Al > GH140/Al。

循环氧化期间,失重的样品表明氧化膜容易剥落,新生成的氧化膜也容易剥落,导致基体合金持续的损耗,如 16Mn 和 1Cr12Mo 两种钢材。循环氧化期间保持增重的样品,在氧化膜剥落后,新生成的氧化膜仍然具有抗氧化性。也就是说,钢材渗铝后,氧化膜抗剥落和自修复性能大大提高。16Mn 渗铝后其抗循环氧化性能达到了 GH140 的水平甚至更好。因为从动力学曲线看,GH140 较长时间后增重下降较快,更长时间有可能变为失重。

通过 16Mn、1Cr12Mo、1Cr18Ni9Ti、GH140 及渗铝样品在 800℃及人造海水中循环 10 次后的质量变化表明,除 1Cr12Mo/Al 和 16Mn/Al 外,所有其他试样 10 次循环后均表现为失重。按失重程度排序为 16Mn > 1Cr12Mo > 1Cr18Ni9Ti > GH140 > 1Cr18Ni9Ti/Al > GH140/Al。1Cr12Mo/Al 和 16Mn/Al 仍保持增重,表明这两个试样在此试验条件下的抗循环氧化性能最好。其原因可能是这两种钢材上的渗铝层厚度大,在 800℃氧化后冷却时,氧化膜比 600℃更容易剥落。多次循环后,铝随氧化膜剥落大量消耗。当渗铝层薄时,铝量不足,其他种类的氧化物大量生长,这些氧化物剥落时,使样品表现为失重。

从以上试验结果看出,未渗铝的合金中,GH140 的抗氧化氧化性能最好。经渗铝处理后,16Mn 和

1Cr12Mo 的效果最佳。从选材的角度出发,对 16Mn 和 GH140 两种材料性能作了重点分析。图 19.13 是 16Mn 和 GH140 渗铝和不渗铝样在 600 ~ 800℃ 下 3.5% NaCl 人造海水中循环作用后的质量变化情况。可见,温度的升高加剧了材料的质量变化程度,腐蚀越严重。相对地,GH140 样品的质量变化的幅度均较小。

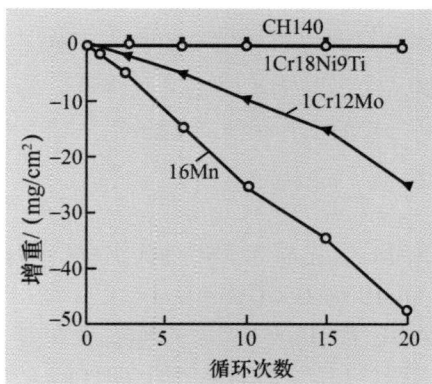

图 19.12　在 600℃ 到 3.5% NaCl 水中循环腐蚀时
试样的重量变化

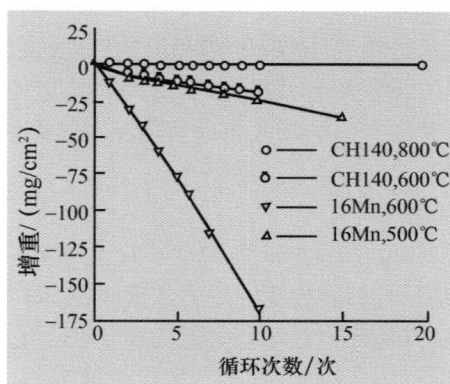

图 19.13　16Mn 和 GH140 未渗铝样在 600 ~ 800℃
条件下 3.5% 海水中循环腐蚀动力学

海水中含有 NaCl。当试样经海水冷却并提出干燥后,NaCl 在试样表面析出。在高温下,NaCl 可导致材料严重的腐蚀。为了验证海水中的 NaCl 对材料循环氧化性能的影响,进行了高温和蒸馏水中的循环氧化试验。试验温度为 800℃ , 保温 1h 后直接浸入蒸馏水中,为一次循环。试验结果绘制于图 19.14 和图 19.15 中。

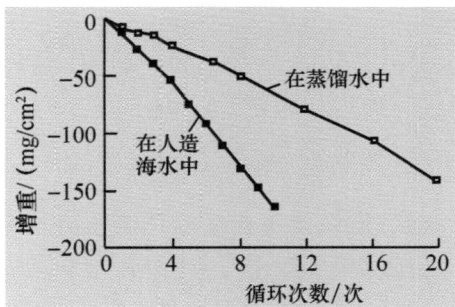

图 19.14　16Mn 钢 800℃ 循环

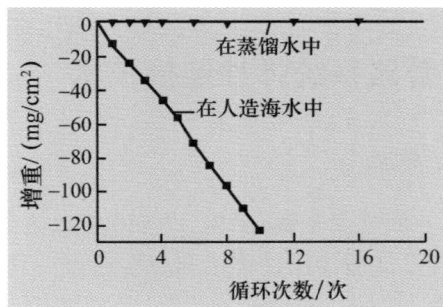

图 19.15　1Cr12Mo 钢 800℃ 循环

从图 19.14 和图 19.15 可见,与在人造海水中冷却的循环氧化结果相比较,在蒸馏水中冷却的循环氧化要轻微得多。这表明,海水中的 NaCl 确实对材料的高温腐蚀有显著的加速作用。

5. 结果讨论

钢铁材料渗铝后,表面形成 Fe - Al 金属间化合物相层,如外层为 FeAl,内层为 Fe_3Al。由于渗铝层铝含量高,氧化后形成具有优异保护性能的 Al_2O_3 膜,这就是渗铝热处理可大大改善合金抗氧化性能的原因。同时,由于渗铝层与基体合金之间为冶金结合,渗铝层一般不发生从基材上脱落的现象。

渗铝层的抗氧化寿命与渗铝层的厚度和表面氧化膜剥落与否有关。渗铝层薄时,长时间氧化后,铝含量消耗多,涂层退化。当铝含量降低到一临界值时,表面 Al_2O_3 膜不能稳定地生长,大量其他不抗氧化的氧化物生成,如铁的氧化物。或者是由于表面氧化膜大量剥落,也使铝量损耗,再次形成的氧化物就可能是其他不抗氧化性的。

在本试验中,由于试验条件苛刻,在高温下进行水淬,并多次循环。表面氧化膜容易剥落。如果涂层厚度大时,像 16Mn 渗铝一样,再次氧化形成的仍是 Al_2O_3 膜。另外发生的情况是,试样在海水里浸后,表面吸附一层水膜,干燥过程中发生团聚并析出 NaCl。在 600 ~ 800℃ , NaCl 电离释出的 Cl^- 容易穿过氧化膜扩散到氧化膜 – 合金界面,在那里使金属发生氯化,形成金属氯化物。膜下金属氯化物的形成,容易导致外表面完整的膜发生破裂。因此,在含 NaCl 的海水中冷却要比在蒸馏水中冷却时,试样表面氧化膜更容易破裂失效。

通过以上试验结果可以确定,上述四种材料经表面渗铝处理后抗高温氧化和海水腐蚀交替循环作用的能力大大增强。而且材料级别越低,渗铝所起的作用越大。16Mn 渗铝后的结果完全可以和 GH140 相比甚至更好。

为了进一步提高 16Mn 渗铝后的性能,提出两种处理技术:一种是进行铝和稀土的共渗。稀土的存在可使氧化膜的黏附性大大提高,经受大的温度变化时不易发生剥落。涂层退化速度也会被降低。另一种是进行铝和铬共渗。铬的加入将改善渗层抗盐腐蚀的能力。总之,下一步的工作可探索制备铝 - 铬 - 稀土三元共渗涂层。

6. 结论

(1) 16Mn、1Cr12Mo、1Cr18Ni9Ti、GH140 四种钢材在 600 ~ 800℃氧化后 3.5% NaCl 水中冷却的循环试验结果表明,它们的抗腐蚀能力依次增强,即 16Mn < 1Cr12Mo < 1Cr18Ni9Ti < GH140。

(2) 材料渗铝后,均能显著提高其在上述条件下的抗腐蚀能力。而且是材料等级越低,效果越显著。经渗铝处理后,16Mn 钢的抗高温氧化性能提高了近 200 倍,超过了 1Cr12Mo、1Cr18Ni9Ti、GH140 三种钢材不渗铝的抗氧化性能。在高温氧化和海水冷却的循环试验中,16Mn 钢渗铝后的效果要比 GH140 好。由于同等渗铝条件下,16Mn 上渗铝层厚度是 GH140 的 3.6 倍,涂层退化慢,防护寿命长。

(3) 温度的提高和海水中 NaCl 的存在均加大了对材料的腐蚀破坏作用,而且影响相当显著。

(4) 综合试验结果可以认为,普通低合金钢 16Mn 渗铝后可以用于船舶排气管材料。其抗氧化及高温海水交替作用的能力比高温合金 GH140 好。渗铝涂层工艺和设备简单,涂层性能稳定,是提高船舶排气管材料使用温度和寿命的一项经济有效措施。

(5) 提出制备铝 - 铬 - 稀土三元共渗涂层有可能进一步提高单渗铝涂层的使用性能。

19.4 管路系统弹性连接技术

19.4.1 概述

对于一艘舰船来说,船体、设备和管路之间是靠焊接、法兰连接、螺纹接头连接或其他连接方式连接起来的,连接形式分为刚性连接和弹性连接两种。本来讨论弹性连接应属于振动专业范畴,而不属于腐蚀防护和"三漏"控制技术讨论的范围,但经过行业中多年的腐蚀、"三漏"治理经验并结合国外的发展情况,舰船管路的"三漏"与连接有千丝万缕的联系,故而为较为彻底地治理"三漏",在腐蚀"三漏"控制技术中不得不对弹性连接及相关技术进行研究。

舰船的振动源较多,这些振动源往往以结构噪声为主。动力机械作为主要噪声源,结构噪声的传播途径:通过基座向船体及水中辐射;通过管路向舰体传播。前者为传播的主要途径,人们对其进行了充分的关注,在技术和手段及产品开发上进行了广泛的研究,如单层隔振、双层隔振、浮筏隔振等,产品方面有各种类型的橡胶隔振器、金属弹簧隔振器、钢丝绳隔振器、气囊隔振器等,这些技术的综合应用,取得良好的隔振效果。当动力机械进行减振后,作为其附属装置的管路所传递的噪声、振动就显现出来。目前国内在舰船设计中,注重对主要动力机械进行减振,而对其附属装置的减振则没有引起足够的重视。其实附属装置的管路所传递的噪声是很重要的,管路系统的振动和噪声不仅影响舰船的隐蔽性,也使得管路系统产生破坏,引起管路系统的泄漏。所以,对舰船管路系统实行减振,不仅能隔离管路的结构振动向周围环境传递,而且能有效地降低管路内部流体所产生的噪声和改善舰船的隐蔽性以及居住环境,同时可以根治管路系统的泄漏,因此,管路的减振就显得非常重要了。

管路系统的减振降噪的效果与管路系统的布置、结构形式和管路系统弹性接头的选型等有关,管路系统的弹性连接包括了动力机械与管路的连接、管路与管路的连接、管路与舰体的连接。这三种连接因用途不同,其形式也各异。实践证明,管路系统的弹性连接的选型除了要充分考虑减振降噪的目的外,还应充分考虑管路系统的防"三漏"、舰船生命力以及维修等目的。

19.4.2　管道振动与泄漏的关系

大部分法兰泄漏是由于管路振动与液体脉动等所引起的冲击力过大使得连接件处螺栓预紧力下降,垫片功能失效,法兰刚度降低,密封面功能失效等,产生泄漏。故在实际使用中,管路系统的"三漏"大部分原因是与管路系统的振动相互关联的。因此,管路系统防止泄漏的研究从理论上讲,主要集中在对管路系统振动的研究和对管路系统进行减振降噪上。

引起的管道振动的原因:

(1) 共振。每一根管道(包括液柱)或者两固定支点的每一节管段都有固有的振动频率,频率的大小主要取决于管长、管径和管道壁厚及整体重量。当与管道相连接的各种机械(如泵、压缩机等)的振动频率与管道的固有振动频率非常接近或完全相同时,投入运行的管道就会发生振动,振幅也会越来越大,管道内的流体介质压力与速度也将发生激烈的周期性波动。这种不断增大的振幅和激烈的流体波动,不但会使密封部位产生泄漏,严重时还会使管道上的焊缝出现开焊而发生泄漏。

(2) 由流体的自激振荡引起的脉动。这是管道内液体流动(或液、气两相混流)所引起的振动问题。主要表现在以下几方面:

① 液体管道与往复式机械(如活塞泵、压缩机、柱塞泵等)相连接时,因流量的波动而引起管内液体速度的波动。

② 压力波动。装有轴流式、离心式及其他回转式泵类和叶片式压缩机管路,如果机器的特性曲线是有"驼峰"的,那么在小流量下会出现运行不稳的现象。泵类运行时还存在着汽蚀现象,这些都会引起管道内的压力波动,而导致管路振动。

③ 加热气体引起的振动。在管路系统中间设有加热装置(如锅炉)或发热反应装置和换热器时,由于存在气柱现象而引起严重的振动。

④ 由于气泡凝结而引起的振动。这种振动发生在气、液两相混流的管道中,气泡的凝结将引起流体介质体积的急剧变化,液体产生振荡,造成管路振动。

⑤ 流体流动产生的旋涡(卡门旋涡)引起的振动。液体流过流量孔板、节流孔板、整流板处及未全开的阀门时,将会产生很强的旋涡,流速越大,旋涡的能量和区域也越大,在旋涡内液流紊乱,压力下降,波动极大,引起管路的振动。特别是未全开的闸板阀门和非流线型的绕流体,这种紊乱和波动尤为严重。

⑥ 水击引起的压力波,造成管道内液体柱自激振荡,即水锤现象。水锤现象易发生在蒸汽输送管道上,管内凝结水被高速蒸汽推动,在管内高速流动,当遇到阀门或管道转弯处时就会出现撞击,引起管道的强烈振动。

(3) 振动与振动传递。机械振动包括管路系统中的泵、阀、压缩机等本身的振动。例如,叶片式机械的转子不平衡、轴的弯曲、轴承间隙增大等都会使机械振动;闸阀打开后,阀板成为仅在填料部位有支承的悬臂杆件,液体流过时,在其后产生旋涡振动的同时,还引起阀板的机械振动。在打开阀门到某一开度时,这种振动最明显,管道内发出巨大的"啪啪"响声。振动传递是指管路系统周围的其他振源通过舰体等设备传递给管道的振动。管路的振动必然存在位移,这样在管路上的法兰、焊缝及各种密封薄弱环节就会逐步产生破坏而发生泄漏。

19.4.3　管路系统连接的发展趋势

舰船用管路系统连接主要由设备与管路的连接、管路与管路的连接、管路与船体的连接三个部分组成。随着现代战争对舰船隐身技术和舰船的安全性的要求越来越高。因此,各国海军对舰船管路系统连接的研究给予广泛重视,投入大量人力、物力和财力进行这方面的研究和产品开发,并取得惊人的军事经济效益。

资料表明,自20世纪80年代后期,西欧各国海军舰船冲击标准已有数次大幅度的更改,随之而来的不仅是需要对现役舰船内所有的机电设备、各种管路系统及连接、固定结构的减振抗冲击性能重新予以评估,而且大量的机电设备的隔振与抗冲击系统及元件将被迫进行大幅度的更换;对于新研舰船,需将全舰性机电设备系统声振、冲击、结构疲劳强度及其环境指标的综合响应性能进行均衡设计和计算,以使舰船在正常航行状态时的声振激励与水下声辐射,以及在实战情况下承受更大冲击载荷时响应均能同时满足标准要求。近20年来,橡胶隔振与抗冲器、截止激励抗冲器、钢丝绳隔振与抗冲器、金属波纹管、全金属弹性软管、钢丝编织网 – 高分子组合材料软管、高压液油弹性软管、高分子组合材料软管等新产品、新结构、新技术已广泛地被各国海军舰船所采用。

从未来技术条件下的战争角度,对舰船的隐蔽性能提出更高的要求,对舰船管路系统连接采取减振降噪的技术措施,广泛使用新技术、新材料、新工艺、新产品是今后发展的主要趋势。

19.4.4 设备和管路的隔振

1. 隔振

从力学角度来看,设备和管路的振动是一类特殊的机械运动。设备和管路及其支架和与之相连接的各种设备或装置构成了一个复杂的机械结构系统。在有激励力的情况下,这个系统就会产生振动。旋转机械和往复机械的动力平衡性能差以及基础设计不当,不平衡的惯性力会引起动力机械及基础的振动,并进而牵扯与之相连的管路及设备一起振动。这是设备和管路振动产生的一个重要原因。

从减振降噪的角度出发,设备和管路的支承设计安装中要充分考虑设备和管路在运行时所产生的振动和噪声尽量不通过连接部件传递到船上或管路系统中,同时应减小激振力和位移的传播,这便要求设备的基座要采取减振降噪的措施,系统管路与船体对其支承座之间也要采取减振降噪的措施为原则。

隔振就是在振源和振动体之间设置隔振系统或隔振装置以减小或隔离振动的传递。隔振的方式很多,常见的有单层隔振、双层隔振、浮伐隔振等。不管采用什么方式进行隔振,其力学模型都是以单自由隔振系统力学模型为基础,在此基础上进行推广。因此,通过对单自由隔振系统力学模型进行分析(图19.16),了解其隔振的本质,就可以了解各种隔振系统。

对于设备和管路来说,有两类隔振,一是隔离机械设备通过支座传至船体或连接设备,以减小运动的传递,称为主动隔振;二是防止船体的振动通过支架传至管路,以减小运动的传递,称为被动隔振。

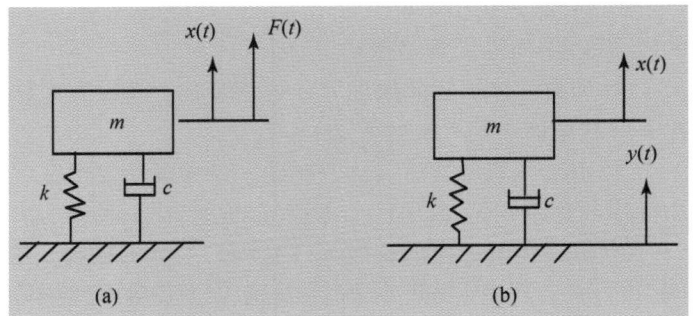

图 19.16 单自由度隔振的力学模型

2. 隔振器的分类

弹性连接件中的隔振器根据起所用的弹性元件分为以下几种:

(1)橡胶金属隔振器。该型橡胶隔振器分为三种:一是橡胶金属一体式隔振器,即橡胶元件粘贴在隔振器金属部件(附件)上;二是橡胶金属装配式隔振器,即其橡胶元件不粘贴在隔振器任一部分上,隔振器由各个橡胶元件和金属部件装配而成;三是橡胶金属装配一体式隔振器,即由各个一体式的橡胶金属弹性元件和金属部件装配而成。

(2)金属隔振器。该型隔振器包括金属弹簧隔振器、钢丝绳隔振器和由金属纤维或金属丝团、金属网或多孔金属制成的金属隔振器,它们的抗冲击性能好。

(3)气动式隔振器。

(4)用合成聚合材料做弹性元件的隔振器。

(5)用磁场来构成弹性的隔振器(电磁式隔振器和磁液式隔振器)。

3. 橡胶隔振与抗冲器

在隔振材料中,因为橡胶具有较好的阻尼效应,所以橡胶应用最为广泛。用橡胶与骨架材料(金属、纤维、工程塑料等)复合而成的、具有一定功能的装置或者特殊的橡胶黏弹性高阻尼材料来隔离振动源产生的振动冲击的传递和噪声的传播是理想的方法,并能够获得显著的隔振降噪效果。由于橡胶工业的迅速发展,橡胶同金属表面进行牢固黏接的技术已经解决,所以制成隔振器用于各种场合都比较安全可靠。

橡胶减振器的减振效果是由其刚度和阻尼所决定的,而阻尼和静态刚度主要取决于所采用的橡胶材料的静态特性,动态刚度表征减振器的动态特性。橡胶的固有黏弹塑性特性显然不同于金属和某些非金属材料,它具有静态与动态剪切、压缩和拉伸弹性模量的差别,静态与动态刚度的差别。前者一般用来表征橡胶材料的特性,后者通常用来表征隔振器等制品的特性。橡胶隔振器在运用中最重要的是阻尼和刚度特性:阻尼主要取决于橡胶配方和振动条件。刚度所受的支配因素很多,它不但有静态与动态之别,静态与动态刚度都受橡胶材料配方、肖氏硬度、弹性模量、形状结构以及环境温度等一系列因素支配,此外,动态刚度还受橡胶变形速度以及振动与振幅的影响。因此,在研究和制造橡胶隔振器时,为获得一定的静态、动态刚度,正确掌握橡胶材料的静态、动态、剪切与压缩弹性模量以及动静比是很必要的。

19.4.5　管路的弹性连接

1. 设备与管路的连接

在以前的舰船设计建造中,人们对动力机械设备隔离振动进行了充分的关注,在技术和手段及产品开发上进行了广泛的研究,如单层隔振、双层隔振、浮筏隔振等,产品方面有各种类型的橡胶隔振器、金属弹簧隔振器、钢丝绳隔振器、气囊隔振器等,这些技术的综合应用取得良好的隔振效果。现在的问题是当动力机械进行隔振后,作为其附属装置的管路所传递的噪声、振动就显现出来,而管路系统的振动对于管道的泄漏有着极其重要的影响,故当动力机械和设备采用了隔振装置后,设备与管路之间的连接也必须采用一系列的弹性连接,减小振动通过设备传递到管路中,从而在管路中的传播,使管路免遭破坏而引起管路的泄漏。

早期,设备与管路之间的连接主要采用的是钢质法兰连接,设备的振动与噪声就可以直接通过钢质法兰在管路中传播。随着对管路振动与噪声的关注,对管路与设备之间的连接必须加设具有一定减振降噪功用的阻尼材料的接头,以便隔离由于设备的振动而传递给管路。

目前,设备与管路之间的连接运用较多的有橡胶挠性接头、金属波纹管、斯特劳勃接头等。橡胶挠性接头不仅在结构布置形式上能提供一定的位移补偿,而且本身具有隔离结构振动的能力,对管内流体脉动也有一定的衰减作用,能满足舰船设备与管路进行弹性连接的要求。斯特劳勃接头接头能对轴向位移和偏转进行补偿,其结构紧凑、尺寸小、重量轻、安装简单快速,使用可靠,并可快速维修,特别适用于狭小场所和较难拆装的地方,在国外舰船已被广泛使用。

2. 管路之间的连接

管内流体的压力脉动:一是引起管路的振动,二是瞬时过大的压力值造成接头处密封垫片的损坏引起破坏性泄漏。由于管内流体的间歇性加压,管路内的压力在平均值上下波动,即产生压力脉动。而在管路的弯曲部位、直径变化的部位或控制阀、孔板等处,压力脉动就会产生相应的随时间而变化的激励力,从而激发出管路系统的振动。管路内流体有重量也有弹性,因而是一个振动系统,它具有自己的一系列固有频率,且在靠近动力机械的一端受到一个持久的周期性的激发力作用,若激发力的频率与管内流体柱的某一阶固有频率重合,则发生共振,并导致管路系统作强烈的机械振动。压力脉动通常用压力不均匀度来描述:

$$\delta = \frac{\Delta p}{p_0}$$

式中:p_0 为管内液体压力平均值;Δp 为管内液体压力最大值和最小值之差。

对于一个结构复杂、走向多变的空间管路系统来说,会有多处变截面和转弯部分,这些部分都将受到大小方向不同、相位各异且随时间变化的力的作用。对整个管系而言,它们构成了一个复杂的空间力系。管路振动的实质是管路及与之相连接的设备以及支架所构成的结构系统在上述随时间变化的空间力系作用的运动问题。在相同的端点激励情况下,管路振动的情况取决于管路内流体的物理参数(压力、温度、密度、流速等)以及管路的几何配置情况(管路的长度、直径、壁厚、走向、相互配置的几何关系等)。

在管路中设置脉动衰减器是降低管内流体脉动的主要手段。谢坡岸等人针对流体脉动的衰减要求,在分析各种流体脉动衰减器的基础上,利用金属纤维这种新型弹性材料的特性,设计了一种镶有金属纤维的弹性壁穿孔管式流体脉动衰减器。该脉动衰减器综合了多种脉动衰减器的特点,且弹性壁刚度可调节,具有较理想的脉动衰减效果。

管路隔振元件一般指各种类型的隔振器、橡胶挠性接管、弹性吊架以及不同材料的隔振垫等。目前,橡胶挠性接管在国内外已广泛应用于船舶、飞机和汽车等。

管路中的挠性连接件主要用于补偿被隔振设备相对于管路的位移,并在设备工作时将它的振动同管路隔开。船舶上广泛采用的挠性连接件有加固橡胶软管接头、橡胶金属接管(橡胶金属膨胀接头)、金属波纹管和金属软管。

金属弹性软管外面为单层或双层不锈钢丝编织网,内层为不同结构形状的单层或双层不锈钢波纹管制成。它具有耐温耐压等特性,主要运用于海水、淡水、蒸汽、燃气、空气、液油等管路系统。

3. 通舱弹性支承装置与吊架支承装置

舰船管路通过舱室穿壁安装时,通常需进行径向弹性穿壁支承安装(图 19.17),这种结构能起到有效的减振降噪效果,同时能起到相连舱室之间的密封作用。船舶管路与船体支承形式,应根据管路的布置和船体的空间情况,合理选用不同形式、不同结构的吊架或支承装置,以满足管路系统和机电设备能承受大的冲击载负、减振和降噪的要求。

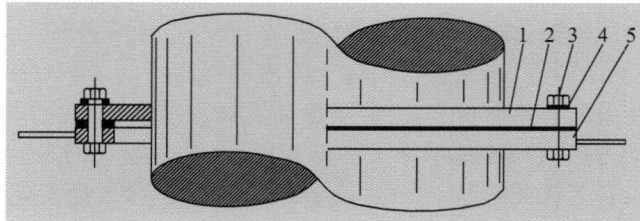

图 19.17　轴向穿壁支承

1—管道固定法兰;2—弹性元件;3—舱壁固定法兰;4—连接螺孔;5—硅橡胶螺栓垫片。

19.4.6　管路流体系统的消振

管路系统的脉动往往来源于压强和流量的波动,因此流体系统的振动与下列几点有关:机械系统的振动和噪声;管路的几何尺寸和形状;液体的物理性质。

然而,实际管路系统中的压强和流量不可能完全没有波动,引起振动的因素是客观存在的。所采用的方法是:第一,不引起谐振;第二,尽可能减小系统中压强和流量波动的幅值。目前所采用的办法如下:

(1)设立闭端支路。在主管路中适当的地方接一闭端支路,如果该支路的输入阻抗为零,则全部波动将由支路引走,主管路内获得平稳的液流而消振。

(2)采用干涉滤波器。这种滤波器主要有管式滤波器、筒式消声器等。Herschel-Quincke 管式滤波器如图 19.18 所示,筒式消声器如图 19.19 所示。

(3)管路系统中装置蓄能器。

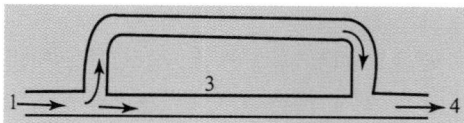

图 19.18　Herschel-Quincke 管滤波器

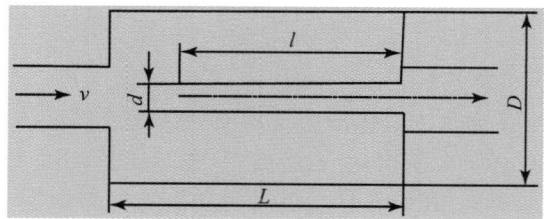

图 19.19　筒式消声器

本节对连接件接头的螺栓和法兰密封面等失效原因及对策进行了分析;对管路系统采用弹性连接和弹性支承的必要性进行了充分论述;从理论上对设备及管道与船体的连接进行了分析,建立了其力学模型,提出了隔振器的基本参数所必须达到的要求,为不同运用场合情况下选用隔振器提供理论依据;分析了管路振动的振幅与机械设备的受迫振动所引起的振幅之间的关系,提出了减小管路振动的方法;船管路系统必须采用相应的各种弹性连接件连接和弹性支承,才有可能减少由于设备的振动通过管道传播到船体的结构噪声辐射,同时可进一步缓解由于管道的振动而引起的"三漏"问题;必须合理布置管路,对管路的弹性支承、弹性连接件进行优化设计。同时也要对管道中的流体介质性能充分了解,以防流体在管道中流动时,由于管道的设计不足而引起管道的谐振现象。也只有对管路系统合理设计、合理布局、采用合理的弹性连接和支承,减少管路的振动,才有可能从根本上彻底解决舰船上存在的"三漏"问题。

19.5　先进密封垫片

垫片是舰船管路系统中使用数量最多的附件,也是对泄漏影响最大的材料。第 10 章里谈到先进密封材料的替代方案问题,针对适用于舰船海水及消防系统、燃油系统、蒸汽系统、排烟系统、饮水系统、排污系统等关键密封部位的密封件,这里从产品的适用范围、优缺点、发展趋势等方面出发,再论述不同系统关键密封件的选型及产品替换方案。

19.5.1　水系统和油系统用垫片

为进一步提高舰船海水系统、淡水系统、油系统等的密封性能,提高其服役寿命,建议使用膨体聚四氟乙烯垫片取代非石棉垫片。图 19.20 所示为膨体聚四氟乙烯波形垫片结构图。

膨体聚四氟乙烯是一种高密度纤维结构,受压后高密度纤维结构会相互缠结,形成一种质地致密的"类似固体",不透气,不透水,高温下或长期受压后仍然质地柔软,性能稳定,始终保持其高抗拉强度,且因抗蠕变性能极佳,故始终可保持极佳的密封性。产品加工成形,迅速简便,无须事先切割,故可现场施工。密封效果较传统硬质纯 PTFE 垫片(普通聚四氟乙烯垫片)和非石棉垫片佳且所需紧固力低,可适用于所有金属、塑胶及各种易碎法兰面的密封。

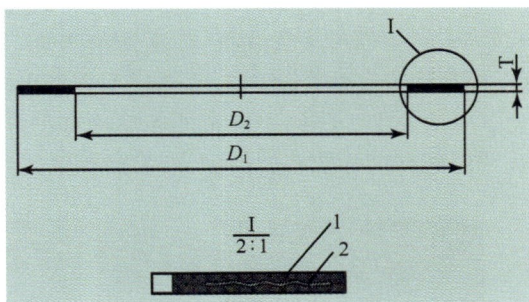

图 19.20　膨体聚四氟乙烯垫片结构图
1—膨体四氟层;2—金属波纹增强层。

1. 应力松弛对比试验

该垫片很好地解决了聚四氟乙烯材料普遍存在冷流蠕变的缺点,提高了垫片的强度和刚性,为系统的安全运行带来了可靠的保证。试验对比分析了普通聚四氟乙烯垫片与膨体聚四氟乙烯垫片应力松弛性能,试件规格见表 19.11。如图 19.21 所示为普通四氟垫片与膨体聚四氟乙烯垫片的应力松弛曲线(35MPa,200℃)。图 19.21 中,膨体聚四氟乙烯垫片的应力松弛率为 6.531%;普通硬四氟垫片应力松弛率为 13.582%。试验后发现普通聚四氟乙烯垫片应力流变现象非常明显,而膨体四氟垫片在常温和高温下的无明显差异。

表 19.11　两种试件的规格参数

试件	试样尺寸/mm			垫片比压/MPa	松弛率/%	压缩后厚度/mm	试验温度/℃
	内径	外径	厚度				
普通聚四氟乙烯垫片	60.56	104.56	3.10	35	13.582	1.52	200
膨体聚四氟乙烯垫片	86.73	113.67	3.48	35	6.531	1.86	200

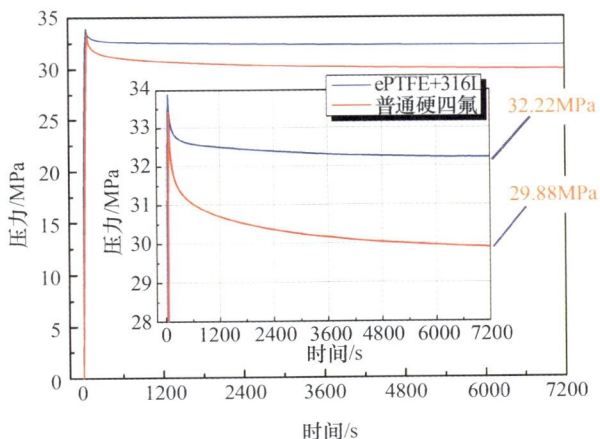

图 19.21　普通聚四氟乙烯垫片与膨体聚四氟乙烯垫片应力松弛曲线

2. 膨体聚四氟乙烯垫片耐火试验

根据上述情况,管道系统中若某一法兰密封点发生泄漏燃烧后,临近法兰密封点普通聚四氟乙烯垫片由于周围环境温度的上升会致使密封失效,进而引起二次燃烧,会造成更大的危害。

垫片规格:$D_1 \times D_2 \times h = 113.6mm \times 86.7mm \times 3.7mm$。

法兰密封面尺寸:$D_1 \times D_2 \times h = 110mm \times 162mm$。

试验时,用数显扭力扳手(型号 SBS – 100)对称、交错、逐步拧紧螺栓,垫片的密封面应力由螺栓扭矩换算所得;密封比压(垫片应力)选用35MPa。

试验开始前将测试垫片安装于试验装置的法兰上,利用扭力扳手给垫片施加约35MPa的垫片密封比压。待垫片、试验泵等连接、安装后,不注水生火加温,加热方式有两种,一种为包裹燃烧、另一种是利用火源对准法兰加热,如图19.22(a)、(b)所示。持续火焰燃烧30min,随后利用试验泵注水,水压2MPa。注水时打开装置另一侧的放气阀,保证试验装置在1min内建立内压,然后保压30min,并在此过程中持续加热,观察有无泄漏发生。

试验结果为,防火试验中,燃烧快速升温/冷却降温过程中,膨体聚四氟乙烯垫片均没有发生泄漏。拆卸法兰后发现垫片聚四氟乙烯层完好,没有因燃烧出现的附加损坏现象,如图19.22(c)所示。膨体聚四氟乙烯垫片通过防火试验,试验后垫片不会因四氟层熔融、垫片松弛而发生泄漏。试验结果表明当膨体聚四氟乙烯垫片在周围有火情发生时仍能保持有效密封。

200℃应力松弛试验后普通聚四氟乙烯垫片由于高温、高应力作用下易发生应力流变进而导致垫片严重的变形,垫片厚度大大降低;而膨体聚四氟乙烯垫片厚度均匀。因此,膨体聚四氟乙烯垫片有良好的耐高温性,较高温度下垫片聚四氟乙烯层不会发生熔融,高温下仍具有良好的密封性能,能有效预防二次燃烧等重大事故的发生。膨体聚四氟乙烯垫片有良好的耐高温性,较高温度下垫片聚四氟乙烯层不会发生熔融,高温下仍具有良好的密封性能,能有效预防二次燃烧等重大事故的发生。

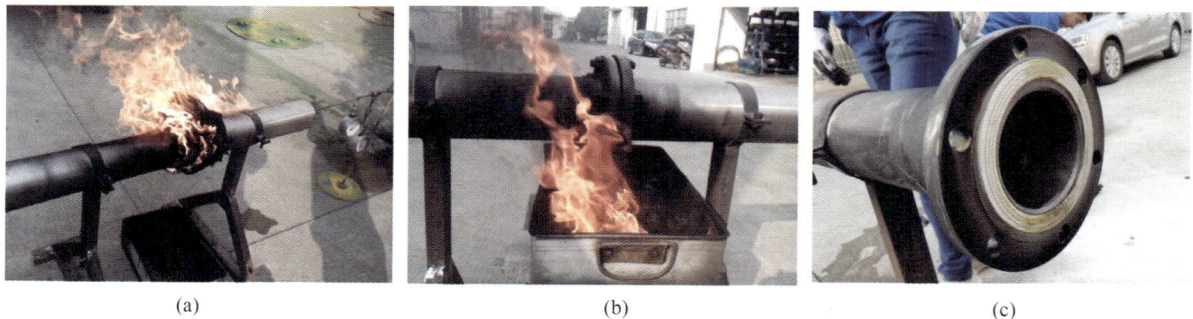

图 19.22　试验时的两种不同加热方式及试验后垫片情况
(a)包裹燃烧方式;(b)利用火源对准法兰加热;(c)试验后垫片情况。

综上所述,膨体聚四氟乙烯波纹垫片代替在役的普通聚四氟乙烯垫片,不仅能提高密封性能、预防泄漏,而且可以有效防止二次燃烧等重大事故的发生。相比非石棉垫片,膨体聚四氟乙烯波形垫片具有更好的回弹性能和密封性能,且该类垫片不会发生应力冷流、抗松弛性能好。舰船海水系统、淡水系统、油系统等,可以利用膨体聚四氟乙烯波形垫片替代非石棉垫片。

19.5.2　蒸汽系统用垫片

早期船舶蒸汽等高温系统使用石棉垫片较多。国际上已公认石棉是一种致癌物质,在石油化工和船舶行业,石棉材料对钢体引起化学腐蚀性往往是重大事故的隐患;在制冷行业,尤其是空调和冰箱与人们生活息息相关,石棉对人体以及环境都会造成很大的危害。再考虑到蒸汽发生器管道法兰过薄,使用高压石棉板易导致螺栓许用应力不足、法兰变形等情况发生,石棉板不适宜用于船舶蒸汽系统等关键密封部位。

柔性石墨金属波纹复合增强垫片(图19.23)是在波纹金属垫片的基础上改进和发展起来的新型复合密封垫片,它

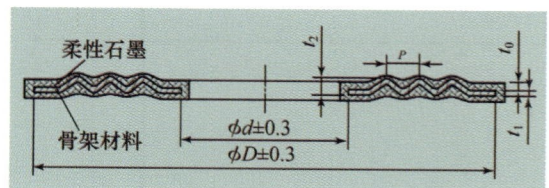

图 19.23　金属波纹复合垫片结构示意图

是以金属波纹板作为骨架材料,以柔性石墨板为上下覆盖层的一种复合式垫片。而柔性石墨波形复合垫片可以弥补高压石棉板的不足,当预紧法兰时,压缩载荷使垫片的多个波峰与密封面接触,波峰及其附近波谷的覆盖层材料被密实,从而形成同心圆的多道屏障,形成类似于迷宫密封的效应,因而可以有效地阻隔密封流体的泄漏。柔性石墨波形复合垫片在 10MPa 预压后进行的 45MPa 垫片应力下的压缩回弹性能试验结果表明,经过预压处理后的复合垫片具有良好的承载能力和回弹性能。

具有覆盖层的金属波纹垫片既有金属波纹垫片优良的回弹性、刚度、强度,减少密封接触面积,又兼有覆盖层密封材料优良的压缩性、密封性、耐热性和耐化学腐蚀性;柔性石墨作为覆盖层的密封材料具有很好的耐火性,且在低螺栓载荷下仍能提供很好的密封性能。因此,适合用于舰船蒸汽系统等管道法兰较薄、温度较高的场合,代替原有的石棉垫片。

19.5.3　排烟系统垫片

舰船排烟系统常采用缠绕垫片或非石棉垫片,但这类垫片均存在一定的不足或缺陷。以缠绕垫片为例,这种垫片的装配要求较高,往往带有内环或外环,在某些特殊操作条件或安装位置不佳时易导致"翘曲"现象的发生,严重时会引起垫片金属带分离或爆裂;此外,该类密封垫片的最佳密封比压通常在 70MPa 左右,因此对法兰刚度、不平度等要求较高。

相比金属缠绕垫片,波形复合增强垫片在较低的密封比压下即可达到较好的密封性能,柔性石墨波形复合垫片在 35MPa 密封比压下的泄漏率仅为 $1.0 \times 10^{-12} \mathrm{Pa} \cdot \mathrm{m}^3/\mathrm{s}$,膨体四氟复合垫片在 35MPa 密封比压下的泄漏率仅为 $1.3 \times 10^{-12} \mathrm{Pa} \cdot \mathrm{m}^3/\mathrm{s}$。另外,柔性石墨具有良好的自润滑性能,能有效弥补法兰面的不平顺和粗糙表面的局部凹坑;而膨体四氟也具有相似特性。因此,对于舰船高温排气与排烟系统,使用柔性石墨波形复合垫片。

19.6　排烟管选材及防腐技术要求

19.6.1　合理选材

(1) 为了提高排烟管的使用寿命,排烟管材料的选择必须考虑耐高温热腐蚀性、耐高温与海水交替作用的热疲劳性、耐高温氧化性三种耐蚀性能,重点为耐高温热腐蚀性。

(2) 选材依据。要选择耐热腐蚀性能和力学性能都能满足使用要求的材料。几种常用排烟管材料的最高耐氧化温度参见表 19.12。

表 19.12　排烟管材料最高耐氧化温度

钢与合金类别	主要钢种	最高抗氧化温度/℃	钢与合金类别	主要钢种	最高抗氧化温度/℃
低碳钢	Q235、20 钢	500	奥氏体不锈钢	1Cr18Ni9Ti	900
低合金钢	16Mn、16MnC、907A	500~620	铁基高温合金	CH140	1050

19.6.2　采用耐高温腐蚀涂层

耐高温腐蚀涂层是解决高温热腐蚀问题的经济、简便、有效措施。

1. 耐高温腐蚀涂层

耐高温腐蚀涂层应满足以下要求:

(1) 优良的耐高温腐蚀性能;

(2) 涂层与基体结合牢固;

(3) 保护寿命长;

(4) 一定的韧性;

(5) 较好的耐热疲劳性能,对基体的力学性能影响小;

(6) 涂层薄,均匀,重量轻;

（7）工艺简单，重现性好，成本低。

2. 耐高温腐蚀涂层种类

（1）有机硅耐热漆。有机硅耐热漆涂装工艺简单，涂膜丰满、有光泽、外观装饰性好，耐候性能、耐热性能、抗氧化防腐蚀性能、耐冷热交替性能优异。适合于排烟管等合金钢部件作长期浸海水或非浸海水条件下的高温防腐（200~800℃）。

（2）热喷涂铝涂层。热喷涂铝涂层用作钢基零件在850℃以下工作的耐热腐蚀涂层。

（3）抗氧化用高温搪瓷。抗氧化用高温搪瓷涂层致密，经高温熔烧，对基体性能有一定影响。不易熔烧的金属材料不能采用此涂层，适用于700℃以上高温环境使用。

（4）铝化物涂层。铝化物涂层具有较好的抗氧化性能，显著改善基体的耐热腐蚀性能，适用于600℃以上高温环境使用。

3. 常用耐高温涂层

排烟管常用耐高温涂层的性能和适用范围，见表19.13。

表19.13 排烟管常用耐高温涂层的性能和适用范围

涂层种类	牌号举例	适用范围
有机硅高温涂层	TH-6-400型有机硅耐高温涂层	与TH-2型硅酸锌防锈涂料配套使用，用于涂覆在400℃以下长期工作的排烟管内外壁
	TH-6-500型有机硅耐高温涂层	主要用于涂覆在500℃左右工作的排烟管内外壁
	TH-6-600型有机硅耐高温涂层	主要用于涂覆在600℃左右长期工作的排烟管内外壁
	TH-6-800型有机硅耐高温涂层	主要用于在800℃左右长期工作的合金钢部件的高温防腐
热喷涂涂层	镍包铝粉末	用作铁或钢基零件在850℃以下工作的耐腐蚀涂层
	Ni-Cr合金+6%Al复合粉	长期使用温度为900℃左右
抗氧化用高温搪瓷涂层	NBSA-19H	用于保护780℃以下的低碳钢
铝化物涂层	渗铝	主要用于涂覆600~1000℃范围内工作的耐热钢铁零件

注：实际工作中，允许使用与表中各型有机硅耐高温漆性能相同的；并经实际使用证明符合排烟管防腐要求的其他涂料

19.7 日用淡水系统管路及附件要求

19.7.1 一般要求

设计应从整体上考虑设备、管路和管路附件防腐、防漏技术性能的一致性和协调性；所有管路及附件受压件的强度试验和密性试验应按总体设计要求进行。

19.7.2 选材

1. 管路

1）材料及成分

（1）日用淡水系统管路材料应满足 GB 9684—2011《食品安全国家标准——不锈钢制品》和 GB/T 17219—1998《生活饮用水输配水设备及防护材料卫生安全评价规范》的要求。

（2）日用淡水系统管路材料要从已通过评审且技术、经验和能力能满足质量要求的厂家采购，其供应范围须经买方批准或指定。

（3）日用淡水系统管路材质应选用022Cr17Ni12Mo2（或316L）不锈钢无缝钢管，不锈钢无缝钢管应采用热轧（挤、扩）或冷拔（轧）无缝方法制造。

（4）022Cr17Ni12Mo2（或316L）不锈钢的牌号和化学成分应符合表19.14的规定，其中主要合金元素Ni、Cr、Mo需达到GB/T 149762中线以上，非金属夹杂物（粗系和细系）A、B、C、D需不大于1.5级，且总数不

大于6级,大颗粒 Ds 夹杂物需不大于2级。检验方法分别按照 GB/T 223、GB/T 10561 的规定进行,化学成分允许偏差应符合 GB/T 222 的规定。

表19.14　022Cr17Ni12Mo2(或316L)不锈钢管材的化学成分(质量分数)　　　(单位:%)

牌号	C	Si	Mn	P	S	Ni	Cr	Mo
022Cr17Ni12Mo2(或316L)	≤0.03	≤1.00	≤2.00	≤0.035	≤0.030	12.00~14.00	17.00~18.00	2.50~3.00

2)外观及尺寸

022Cr17Ni12Mo2(或316L)不锈钢管的内外表面应进行抛光,其外形及基本尺寸应符合 GB/T 17395 要求。

3)力学性能

022Cr17Ni12Mo2(或316L)不锈钢管的室温纵向拉伸检验按照 GB/T 228.1—2010《金属材料拉伸试验 第1部分:室温试验方法》的规定进行,压扁试验按照 GB/T 246—2007《金属管 压扁试验方法》的规定进行,扩口试验按照 GB/T 242—2007《金属管 扩口试验方法》的规定进行,弯曲试验按照 GB/T 244—2008《金属管 弯曲试验方法》的规定进行。

4)水压试验和涡流探伤检验

022Cr17Ni12Mo2(或316L)不锈钢管按照 GB/T 241—2007《金属管 液压试验方法》的规定进行水压试验,按 GB/T 7735—2004《钢管涡流探伤检验方法》中的 A 级进行涡流探伤检验。

5)卫生要求

022Cr17Ni12Mo2(或316L)不锈钢水管应具备卫生许可批件,浸泡后的卫生要求需满足 GB/T 17219—2001《生活饮用水输配水设备及防护材料卫生安全评价规范》要求。

6)耐晶间腐蚀要求

022Cr17Ni12Mo2(或316L)不锈钢管应进行晶间腐蚀试验,试验方法应符合 GB/T 4334—2002《金属和合金的腐蚀 不锈钢晶间腐蚀试验方法》中 E 法的规定。

2. 阀门

(1)阀门材料应与管路材料配套,宜选用 022Cr17Ni12Mo2(或316L)不锈钢或 06Cr19Ni10(或304)不锈钢,其结构形式应符合 CB/T 3942—2002《船用不锈钢截止阀》、CB/T 3943—2002《船用不锈钢截止截回阀》和 CB/T 3944—2002《船用不锈钢止回阀》要求。

(2)水龙头材料应与管路材料配套,宜选用不锈钢材料。

(3)所有与淡水直接接触的阀门及其附件材料应符合 GB/T 17219 要求。

3. 管路附件

1)卡压式管件

卡压式管件材料应采用 022Cr17Ni12Mo2(或316L)或 06Cr19Ni10(或304)不锈钢。

2)法兰

法兰材料应与其连接的不锈钢管路材料配套,应采用 CB/T 4196—2011《船用法兰 连接尺寸和密封面》和 GB/T 2501—2010《船用法兰连接尺寸和密封面》规定的结构形式,宜选用 022Cr17Ni12Mo2(或316L)不锈钢。

3)固定件

水面舰船日用淡水管路与船体结构采用刚性连接时,按照 CB/T 3780 中规定的管子吊架选用;吊架与管路接触部分内衬耐油丁腈橡胶或聚四氟乙烯等弹性减振材料。

4)金属波形膨胀节

管路波纹管材料应从 06Cr17Ni12Mo2(或316)、022Cr17Ni12Mo2(或316L)材料中选用。

4. 密封填料与垫片

1)密封填料

密封填料选型宜采用聚四氟乙烯、膨体聚四氟乙烯填料。

2）密封垫片

密封垫片宜采用膨体聚四氟乙烯复合垫片或者无毒硅橡胶平面垫片。

5. 压力表及传感器

日用淡水管路系统压力表及压力表管应选用06Cr19Ni10（或304）不锈钢材质或与其相近材质,压力、温度传感器附带管路及接头材质应为06Cr19Ni10（或304）不锈钢或与其相近材质。所有与淡水直接接触的管路附件应符合GB/T 17219—2010《生活饮用水输配水设备及防护材料卫生安全评价规范》要求。

19.7.3 工艺和安装

（1）日用淡水系统管路布置和连接时,按总体设计要求执行。

（2）日用淡水系统热水管宜使用橡塑管包敷。

（3）日用淡水系统不锈钢管路焊接应采用氩弧焊的方式进行焊接,焊接评定参照GB/T 12771执行。

（4）管路密封填料与垫片制作和安装时,应按总体设计要求执行,严禁用任何一种润滑油涂抹日用淡水管路无毒硅橡胶波形垫片。

19.8 船舶法兰选型要求

本要求适用于船舶各类蒸汽、油、水、空气管路和船舶管路附件及机械设备本体上的法兰。

19.8.1 一般要求

（1）根据设计压力、工作温度和使用介质可选用各种类型的法兰。

（2）作战舰船的管路系统一般应采用GB 569—65《船用法兰连接尺寸和密封面》,军辅船管路系统可采用GB 569—65或GB/T 2501—2010《船用法兰连接尺寸和密封面》系列。

（3）方形法兰主要用于液压管路,公称压力（P_N）为20MPa,公称通径（D_N）为10~80mm。

（4）管子扩口法兰主要用于液压管路,P_N = 20~32MPa,D_N = 15~100mm。

（5）弹簧圈固定法兰主要用于液压管路,P_N = 20~32MPa,D_N = 15~80mm。

19.8.2 技术要求

1. 材料

订货技术规格书有规定时,法兰应按规定的材料制造。订货技术规格书中未规定时,法兰应与所在管路系统管路材料相匹配,并按有关标准规定的材料制造。标准规定的法兰材料见表19.15。

表19.15 法兰材料

名称	材料			说明
	材料名称	牌号	标准号	
铸铁法兰	灰铸铁	HT200	GB/T 9439—2010《灰铸铁件》	—
铸钢法兰	铸钢	ZG230-450	GB/T 11352—2009《一般工程用铸造碳钢件》	—
铸铜法兰	铸锡青铜	ZQSn8-4	GB/T 1176—2013《铸造铜及铜合金》	$P_N \leqslant 4.0$MPa $D_N \leqslant 150$mm
	铸锡青铜	ZQSn10-2	GB/T 1176—2013《铸造铜及铜合金》	$P_N \leqslant 4.0$MPa
	铸铝青铜	ZQAl9-2		
	铸硅黄铜	ZHSi80-3		
	铸锰黄铜	ZHMn58-2		
搭焊钢法兰	碳钢	Q235-A	GB/T 700—2006《碳素结构钢》	—
对焊钢法兰	碳钢	Q235-A	GB/T 700—2006《碳素结构钢》	$P_N \leqslant 2.5$MPa
	碳钢	Q255-A	GB/T 700—2006《碳素结构钢》	$P_N = 4.0$MPa $P_N = 6.4$MPa

(续)

名称	材料			说明
	材料名称	牌　号	标准号	
焊接铜法兰	硅黄铜	HSi80 – 3	GB/T 5232—2012《加工铜及铜合金牌号和化学成分》	—
搭焊钢环松 套钢法兰　　法兰	碳钢	Q235 – A	GB/T 700—2006《碳素结构钢》	—
钢环				
对焊钢环松 套钢法兰　　法兰	碳钢	Q275	GB/T 700—2006《碳素结构钢》	$P_N \leqslant 4.0\text{MPa}$
钢环	碳钢	Q235 – A	GB/T 700—2006《碳素结构钢》	$P_N \leqslant 2.5\text{MPa}$
		Q255 – A	GB/T 700—2006《碳素结构钢》	$P_N \leqslant 4.0\text{MPa}$
焊接铜环松 套钢法兰　　法兰	碳钢	Q235 – A	GB/T 700—2006《碳素结构钢》	—
铜环	硅黄铜	HSi80 – 3	GB/T 5232—2012《加工铜及铜合金牌号和化学成分》	—
	黄铜	H90		
铜管折边松套钢法兰	碳钢	Q235 – A	GB/T 700—2006《碳素结构钢》	—
铝管折边松套铝法兰	防锈铝	LF2	GB/T 3190—2008《变形铝及铝合金化学成分》	—
扁圆形铸铁法兰	灰铸铁	HT200	GB/T 9439—2010《灰铸铁件》	—
扁圆形铸钢法兰	铸钢	ZG230 – 450	GB/T 11352—2009《一般工程用铸造碳钢件》	—
扁圆形焊接钢法兰	碳钢	Q235 – A	GB/T 700—2006《碳素结构钢》	—

2. 外观

法兰(或钢环或铜环)的表面应光滑,不得有降低强度和影响密封性的缺陷。

3. 尺寸

(1)法兰的尺寸应符合有关标准的规定,并按统一规定的施工图样生产。

(2)法兰(或钢环或铜环)的端面应与其轴线垂直。

(3)对焊法兰的内径其焊缝处外径应等于管子的实际内外径。当管子外径 $D_w \leqslant 219\text{mm}$ 时,内径的允许偏差为 – 0.5mm;当 $D_w > 219\text{mm}$ 时,内径的允许偏差为 – 1mm。

(4)搭焊松套法兰的钢环(或铜环)的内径,按管子的实际外径加工,其直径的允许偏差为 1mm。

(5)对焊松套法兰的钢环内径和焊接处外径应等于管子的实际内、外径。当管子外径 $D_w \leqslant 219\text{mm}$ 时,钢环内径的允许偏差为 – 0.5mm;当 $D_w > 219\text{mm}$ 时,钢环内径的允许偏差为 – 1mm。

(6)法兰厚度允许的负偏差为 0.5mm。

(7)管子折边松套法兰,管子折边部分应在平板上校平并修整;法兰与管子折边部分的接触应均匀,不得有任何松动。

4. 焊接

(1)法兰的焊接形式应符合所选用标准的规定,搭焊钢法兰应用双面焊。

(2)焊条的力学性能,不得低于强度较低的被焊接零件(法兰或钢环或铜环或管子)的力学性能的下限。

19.9　船舶用管路系统接头选型技术要求

本要求适用于船舶各类蒸汽、油、水、空气管路和船舶管路附件及机械设备本体上的接头。

19.9.1　选型要求

(1)船舶上用接头有管子螺纹接头、胶管接头和其他接头等类型,应根据设计压力、工作温度和使用介质选用上述各种类型的接头。

(2)管子螺纹接头的类型、基本参数和选用原则见表19.16。

表 19.16　管子螺纹接头的类型、基本参数和选用原则

序号	名　称	标准号	公称压力 /MPa	公称通径 /mm	工作温度 /℃	适用介质 与选用原则
1	低压管子螺纹接头	CB*821—84	≤1.6	3~32	≤170	油、淡水、海水、蒸馏水、空气、t≤170℃ 的蒸汽管路
2	管子平肩螺纹接头	CB*56—83	1.6~10	3~32	—	油、淡水、海水、冷凝水、蒸馏水、空气
3	高压管子螺纹接头	CB*822—84	10~25	3~32	—	油、二氧化碳、空气。 适用于以上各种介质的高压管路
4	高压管子螺纹接头	CB 316—95	25	3~32	—	空气 适用于高压空气管路
5	Pg250 外螺纹三通、四通接头	CB 581—2011	25	10~32	—	空气 适用于高压空气管路
6	PN10、16MPa 外螺纹三通、四通接头	CB/T 610—2000	10、16	3~32	—	油、水、空气、二氧化碳、蒸馏水 适用于以上各种介质的管路及液压、高压空气管路
7	外螺纹三通、四通接头	CB 1115—84	10~25	6~32	—	油类、淡水、海水、二氧化碳、空气、蒸馏水、冷凝水 适用于以上各种介质的管路及液压、高压空气管路

注:接头的垫片按"船舶辅机及管路系统垫片选型技术要求"选用

（3）胶管接头的类型、基本参数和选用原则见表 19.17。

表 19.17　胶管接头的类型、基本参数和选用原则

序号	名　称	公称压力 /MPa	公称通径 /mm	工作温度 /℃	适用介质与选用原则
1	胶管螺纹接头	0.4、0.6	15~50	—	海水、淡水、滑油、燃油
2	铝制胶管平肩螺纹接头	0.4	10~50	—	淡水、燃油、滑油
3	铝合金三通、四通外螺纹接头	0.4	32、40	—	淡水、燃油、滑油
4	高压减震接管	10、20、25	10~32	−30~80	液压油、润滑油、压缩空气、淡海水。 适用于以上各种介质的管路及管路与设备的连接
5	橡胶补偿接管	0.6	10~250	−30~80	空气、非饮用水、海水、热水、燃油、滑油。 适用于以上各种介质管路的连接以补偿因安装所引起的误差

注:接头的垫片按"船舶辅机及管路系统垫片选型技术要求"选用

（4）管路松套伸缩接头、套管式管接头、软管快速、卡套接头的类型、基本参数和选用原则见表 19.18。

表 19.18　其他接头的类型、基本参数和选用原则

序号	名　称	公称压力 /MPa	公称通径 /mm	工作温度 /℃	适用介质与选用原则
1	管路松套伸缩接头	0.25~6.4	10~4000	<230	海水、淡水、饮用水、污水、原油、燃油、滑油、空气、煤气、t<230℃ 的蒸汽、颗粒粉状介质
2	套管式管接头	≤1.6	10~80	≤120	淡水、海水、污水、燃油、滑油、空气、煤气、t≤120℃ 等管道
3	软管快速接头	1.0	25~150	—	油、水或其他非腐蚀性液体
4	卡套接头	25	6~32	—	油、气及一般腐蚀性介质

注:接头的垫片按"船舶辅机及管路系统垫片选型技术要求"选用

（5）非标准接头轴向补偿连接器的 PN 为 1.0MPa、1.6MPa，DN = 25～400mm，工作温度为 -30～125℃，用不锈钢 304 或 316L 制成。主要用于海水、淡水、燃油等管路系统，适用于狭小场所和较难拆装的地方以及 B10、B30 等管子的连接；双卡套接头分成 EO 渐进式卡套管接头和 EO - 2 型卡套式管接头两个基本系列，PN 为 10MPa、16MPa、32MPa、63MPa，DN = 6～32mm，主要用于液压管路，适用于装配空间有限的中低压管路和高压管路以及自动控制系统的管路。

19.9.2　材料及外观要求

1. 材料

订货技术规格书有规定时，接头应按规定的材料制造。订货技术规格书未规定时，接头材料应与所在管路系统管路材料相匹配，并按有关标准规定的材料制造。标准规定的接头材料见表 19.19。

表 19.19　接头材料

名　称	材　料		名　称	材　料	
	名　称	牌号		名　称	牌号
低压管子螺纹接头	碳钢	Q235 - A	胶管螺纹接头	碳钢	Q235 - A
	铝青铜	QAl9 - 2		铝青铜	QAl9 - 2
	不锈钢	1Cr18Ni9Ti		防锈铝	LF2
管子平肩螺纹接头	优质碳素钢	20	铝制胶管平肩螺纹接头	硬铝	LY12 - CZ
	不锈钢	1Cr18Ni9Ti			
	锰黄铜	HMn58 - 2	铝合金三通、四通外螺纹接头	铸造铝合金	ZL6
	铝青铜	QAl9 - 2			
高压管子螺纹接头	优质碳素钢	20	高压减震接管	胶管	—
	锰黄铜	HMn58 - 2		铝青铜	QAl9 - 2
	铝青铜	QAl9 - 2	橡胶补偿接管	耐油橡胶	—
高压管子螺纹接头	超低碳不锈钢	HDR	管路松套伸缩接头	碳钢	Q235 - A
	铝青铜	QAl9 - 2		球墨铸铁	QT400 - 18
	优质碳素钢	20		可锻铸铁	KTH350 - 10
Pg250 外螺纹三通、四通接头	铝青铜	QAl9 - 2	套管式管接头	可锻铸铁	KTH350 - 10
				铸钢	ZG230 - 450
Pg100、160 外螺纹三通、四通接头	优质碳素钢	20		铸硅黄铜	ZCuZn16Si4
	铝青铜	QAl9 - 2	软管快速接头	铸造铝合金	ZAlSi12Cu2Mg1
	不锈钢	1Cr18Ni9Ti		易切削结构钢	Y20、Y15、Y12
外螺纹三通、四通接头	优质碳素钢	20	卡套接头	优质碳素钢	35
	不锈钢	1Cr18Ni9Ti		不锈钢	1Cr18Ni9Ti
	锰黄铜	HMn58 - 2			
	铝青铜	QAl9 - 2			

2. 外观

接头外表面应光洁平整，不允许有裂纹、毛刺等缺陷；橡胶接管表面不得有气泡、裂缝，不允许外表面有超过 1.5mm、内表面超过 0.75mm 深的压痕及毛刺等；接头铸件表面不应有明显的铸造缺陷。

3. 尺寸

接头的尺寸应符合有关标准的规定，并按统一规定的施工图样生产；中、高压接头的螺纹公差按 GB/T 197 的 6H/6g；螺纹退刀槽和倒角按 GB/T 3—1997《普通螺纹收尾、肩距、退刀槽和倒角》；接头铸件尺寸公差按 GB/T 6414—1999《铸件　尺寸公差与机械加工余量》的公差等级 CT9 规定。

4. 零部件

（1）紫铜垫片加工后应进行退火处理。

（2）镍铬钛锻钢的三通、四通接头应经过淬火处理。

（3）软管快速接头的铝合金零件在加工前应进行热处理，其热处理为淬火并完全时效，硬度≥90HB，抗拉强度 $\sigma_b \geqslant 250 \text{N}/\text{mm}^2$。

（4）铝合金零件应进行氧化处理。

（5）橡胶接管的钢法兰须热浸锌，锌层厚度不小于 $430 \text{g}/\text{m}^2$。

（6）用于介质为水的管路松套伸缩接头应镀锌处理。

5. 试验压力

（1）强度试验压力 $P_s = 1.5P_N$，密封性试验压力 $P_s = 1.25P_N$，试验介质为水，持压 5min 不允许有渗漏。

（2）高压管子螺纹接头除进行液压强度试验外，应以 31.25MPa 气压进行密封性试验，持压 10min 不允许有渗漏。

（3）高压减震胶管接管按下述要求进行：强度试验压力 $P_s = 2P_N$，试验介质为水，持压 10min，应无渗漏、局部凸起、接头松脱等现象；在液压强度试验合格后进行弯曲试验，试验压力为 $1.5P_N$，试验介质为水，将胶管接管在不同方向弯曲至胶管的最小弯曲半径三次（最小弯曲半径按胶管说明书规定），应无渗漏、局部凸起、接头松脱等现象；在弯曲试验合格后于室温下以 $1P_N$ 气压进行密封性试验，持压 5min 应无渗漏；在气密试验合格后于室温下进行水压爆破试验，其爆破压力应大于 $3P_N$。

（4）橡胶补偿接管按下述要求进行：试验压力为 0.9MPa，试验介质为水，持压 10min，应无渗漏、凸起、局部膨胀、开裂及帘布网破裂声；爆破试验压力不小于 1.8MPa，试验介质为水，持压 5min，应无渗漏、开裂缺陷；试验压力保持在工作压力时，应能经受往复频率为 1~20Hz，振幅为最大补偿的范围值，往复次数不小于 10^6 次的疲劳试验考核，试验后橡胶接管不应损坏；真空度试验压力 86.66kPa，试验介质为空气，持压 5min，应无压扁现象；管路松套伸缩接头的可挠量试验和偏心量试验的试验压力 $P_s = 1.5P_N$，试验介质为水，持压 5min 不允许有渗漏。

19.10 管路与船体连接件的选型要求

19.10.1 舰船管道与船体刚性、弹性连接要求

1. 主要连接件

（1）刚性连接一般应选用 CB/T 3780—1997《管子吊架》中规定的管子吊架连接。

（2）弹性连接一般应选用 CB 3262—2013《金属弹簧吊架》（图 19.24）中规定的弹簧吊架、弹性支承连接，也可选用弹性吊杆、固定点弹性支承（图 19.25）及由穿孔隔振垫使用环绕夹环再进行弹性固定的连接。

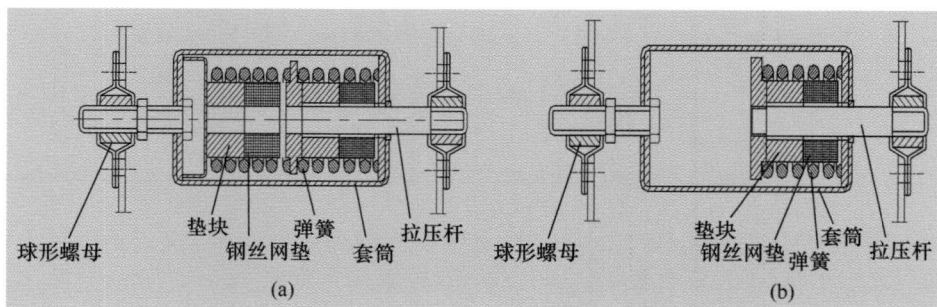

图 19.24　弹簧吊架

（a）A 型；（b）B 型。

2. 管道的主要连接方式

（1）非动力管道系统管子与船体的连接应使用管子吊架，其型式、典型结构及适用范围见表 19.20。

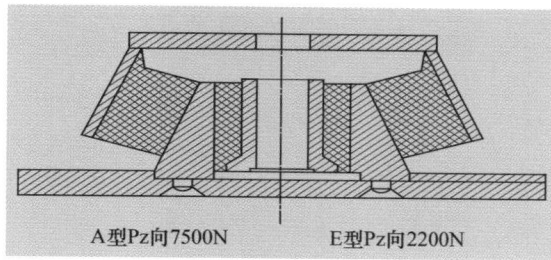

图 19.25 　 抗冲击橡胶支撑

（2）舰船机舱动力管道系统（蒸气管系与主辅机、辅锅炉排烟管、压缩空气、液压管系等）应尽可能采用图 19.23、图 19.24 规定的弹性连接件进行弹性安装,潜艇上也可选用在支吊架内加衬 2~5 圈隔振垫等形式,降低舰船的振动和辐射噪声。

表 19.20 　 管子吊架

形 式		典 型 结 构	适 用 范 围
轻型	Qa		薄壁钢管或各类铜管、低压焊接钢管的单管支架（适用管子外径为 6~60mm）
	Qb		
	Qc		薄壁钢管或各类铜管、低压焊接钢管的多管并排支架（适用管子外径为 6~18mm）
普通型	Pa		抗震动和防止管子轴向移动的管卡（适用管子外径为 6~630mm）
	Pb		由于介质温差大,管子允许轴向伸缩的管卡（适用管子外径为 76~630mm）
特种型	Ta		舰船危险区域管路用管（适用管子外径为 22~630mm）
	Tb		允许管子轴向移动的铜管、铜合金管以及镀锌管或特涂管用管卡（适用管子外径为 24~1048mm）

(续)

形　式		典 型 结 构	适 用 范 围
特种型	Tc	钢 聚四氟乙烯	小型多管并排或单排铜管、铜合金管、镀锌管或特涂管用管卡(适用管子外径为 8 ~ 38mm)
	Td	钢 聚四氟乙烯 钢	液压、气动管路用管卡(适用管子外径为 6 ~ 12mm)

3. 管道系统的吊架、支承

1) 管子吊架的选用原则

(1) 管子吊架在满足使用前提下,应按 CB/T 3780—1997 中形式选用;

(2) 应充分考虑多管路的组合吊架;

(3) 管子吊架应不能妨碍管子的伸缩。

2) 金属弹簧吊架、弹性吊杆选用原则

(1) 应根据系统介质、管道布置、机舱舱壁结构确定;

(2) 其支承点位置及方位应使管道挠性元件(金属波纹管或橡胶弹性接管)消除或尽可能地减少横向的位移及外加载荷;

(3) 在排气管路系统中,应选用全金属弹簧吊架及全金属弹性支承。

3) 金属弹性支承、固定点弹性支承(简称支承)选用原则

(1) 支承应要确保补偿元件(金属波纹管、金属膨胀节或橡胶膨胀节)承载最小的横向载荷,同时也应能有效地吸储空间传递载荷的振动能量,使处于补偿元件附近的局部管道的轴向动位移能远小于允许值;

(2) 支承形式应取决于舰船舱室的结构。

19.10.2　金属波形膨胀节选型要求

1. 选用原则

(1) 膨胀节的性能参数和结构形式由使用场合确定。

(2) 波纹管材料按工作介质、外部环境和工作温度等工作条件适当选用。

(3) 在海水系统中一般选用 00Cr17Ni14Mo2 材料,在工况条件苛刻的情况下可选用 0Cr25Ni20 或耐蚀合金 NS111。

(4) 燃气涡轮排气管道系统用波纹管可选用高温合金 GH3036。

(5) 波纹管的设计疲劳寿命在排气管系统中不低于 50000 次,其他压力管道系统不低于 30000 次,疲劳寿命安全系数为 10。

2. 推荐选用膨胀节

舰船管道系统推荐选用膨胀节见表 19.21。

表 19.21　管道系统推荐选用膨胀节

管路介质	公称压力 /Mpa	公称通径 /mm	工作温度 /℃	推荐选用
柴油机排气	≤0.1	65 ~ 2000	≤550	不锈钢波形膨胀节
	≤0.25	40 ~ 1000	500 ~ 700	非标准产品,补偿量根据使用要求定。结构形式分单式、复式两种

（续）

管路介质	公称压力/Mpa	公称通径/mm	工作温度/℃	推荐选用
海水、重油、航空煤油	0.4~1.6	50~500	≤200	CB 1153/T—2008《金属波形膨胀》节中 A 型产品
燃油、滑油、淡水、空气、蒸汽	0.6~1.6	50~500	≤200	CB 1153/T—2008《金属波形膨胀节》中 B 型产品
燃气涡轮排气	按机型，由用户提供	按机型，由用户提供	700~900	强化碳化纤维为绝热材料的非金属膨胀节；铰支或球支结构的金属波纹管膨胀节

3. 结构型式的确定

（1）柴油机排气管道的金属波形膨胀节一般应选用 GB/T 12522—2009《不锈钢波形膨胀节》中规定的轴向大位移补偿波纹管的结构形式。若要求管道系统和机组能承受大的冲击载荷时，应选用有较大横向位移偏差补偿的复式波形膨胀节（图 19.26（b））；燃气涡轮排气管道系统的补偿器常采用强化纤维或玻璃纤维为主要材料的径向补偿元件（图 19.27）和具有角位移、铰支或球支结构的不锈钢波形膨胀节（图 19.28），一般均选用前者。

（2）油、水、空气、蒸汽等管道用金属波形膨胀节应一般选用 CB1153 中规定的单式多层波形膨胀节。若要求推力小、补偿量大的直管道上，则应选用复式旁通轴向压力平衡型膨胀节（图 19.29）。

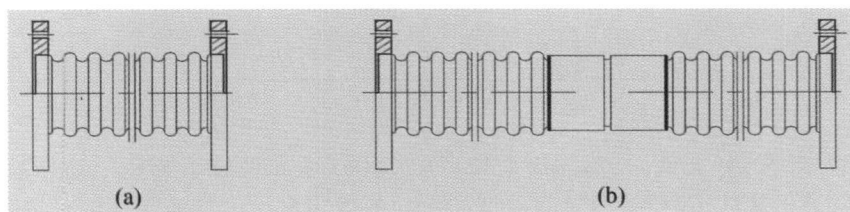

图 19.26　单式和复式膨胀节
（a）单式膨胀节；（b）复式膨胀节。

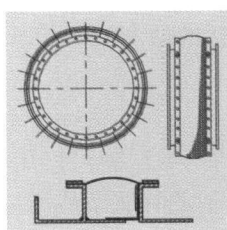

图 19.27　非金属膨胀节

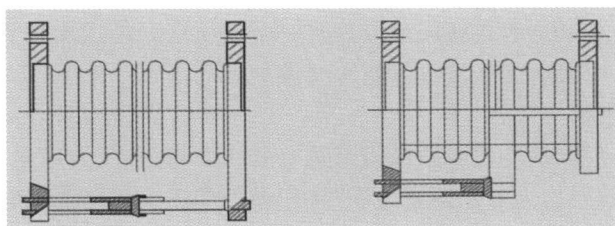

图 19.28　铰支和球支结构波形膨胀节

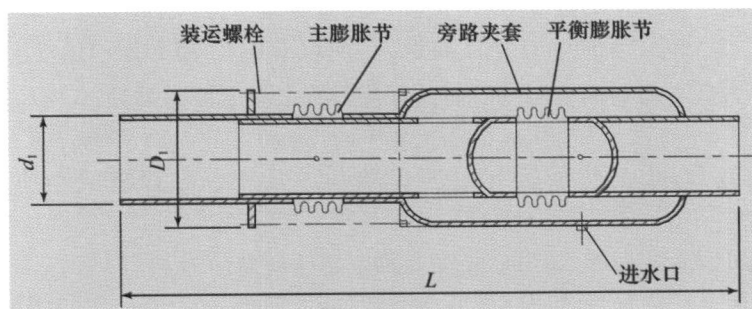

图 19.29　旁通轴向压力平衡型膨胀节

4. 材料要求

1）材料

（1）订货技术规格书中有规定时,应使用规定材料制造波纹管。订货技术规格书中未规定时,按工作条件选用表 19.22 中所列常用材料制造波纹管。

（2）所有零部件均应使用具有质量合格证书的材料制造。波纹管和主要受力部件的材料应按有关标准复验合格。

（3）波纹管以外零部件的材料应符合订货技术规格书规定,订货技术规格书中未规定时应按有关标准或使用工作条件选用。

表 19.22　常用波纹管材料

名　称	牌　号	允许使用温变范围/℃	标准号	名　称	牌　号	允许使用温变范围/℃	标准号
奥氏体不锈钢	0Cr18Ni10Ti	−200～550	GB/T 4237 GB/T 3280	耐蚀合金	NS111	−200～700	GB/T 1510
	0Cr17Ni12Mo2				NS142		
	0Cr18Ni9				NS312		
	00Cr19Ni10	−200～425			NS336		CB 1330
	00Cr17Ni14Mo2	−200～450			FN−2		
	0Cr25Ni20			高温合金	GH3036	≤900	GB/T 14996—94
					GH3044		

2）设计

膨胀节的波纹管、导管（导流筒）应按 GB/T 12777—2008《金属波纹管膨胀节通用技术条件》或 GB/T 12522—2009《不锈钢波形膨胀节》中附录 A（标准的附录）的规定设计。其他零部件应按弹性理论的基础方法设计。

3）结构

（1）膨胀节的类别、式别、型别和公称通径应符合订货技术规格书规定。

（2）普通型单式膨胀节应装有一个波纹管。复式膨胀节应装有中间接管连接的两个波纹管。压力平衡式膨胀节应装有工作波纹管与平衡波纹管。

4）性能

（1）耐压性能。膨胀节应有符合要求的耐压性能;用于真空条件的膨胀节的压力试验可以用内压试验代替,试验压力为 1.5 倍设计压差（压差值等于大气压值减真空度值）;试验压力下的膨胀节应无渗漏,结构件应无明显变形,波纹管应无失稳现象。受压时波纹管最大波距与受压前波距比值,对无加强类膨胀节不得大于 1.15,对于加强类膨胀节不得大于 1.20。

（2）疲劳性能。波纹管应有符合要求的疲劳性能。在规定试验位移循环次数的疲劳试验中,波纹管应无穿透壁厚的裂纹。试验位移循环次数应为 Ks 倍许用疲劳寿命值（许用疲劳寿命 = 设计疲劳寿命/安全系数）。其中,K_s 为应力系数。对于无加强 U 形波纹管,K_s 值取 $1.01C_t$ 和 1.25 中的较大值;对于加强 U 形波纹管,K_s 值取 1.25。C_t 为低于材料蠕变温度时波纹管疲劳寿命温度修正系数:$C_t = E_b/E_b^t$。

5）零部件

（1）波纹管不应有环焊缝,波纹管管坯对纵焊缝条数及相邻纵焊缝间距应符合 GB/T 12777 的规定。

（2）加强环横截面可以是实心圆,也可以是空心圆。均衡环截面为"T"形。

（3）膨胀节端部连接方式应符合选用标准或合同的规定,管法兰的形式、密封面形式、公称通径、公称压力和材料应符合选用标准或合同规定。管法兰的制造应符合相应标准或 GB 9125 规定。合同中有规定时,承制方应提供翻边密封松套法兰,允许波纹管翻边面尺寸与标准法兰凸面尺寸不符。

6）焊缝

（1）波纹管成形之前应对管坯纵向焊缝进行着色探伤或射线探伤，管坯壁厚小于 2mm 时，射线探伤焊缝缺陷等级应不低于 GB 16749—1997《压力容器波形膨胀节》中附录 B 规定的合格级。管坯厚度不小于 2mm 时，射线探伤焊缝缺陷等级应不低于 JB 4730—2005《承压设备无损检测》规定的 Ⅱ 级要求。

（2）波纹管与端管、中间接管间的环焊缝应进行 100% 着色探伤与煤油渗漏试验。如进行气密试验可不进行煤油渗漏试验。如进行气压试验可不进行气密性试验。着色探伤检漏法只适用于管坯壁厚不大于 2mm 的单道焊焊缝。着色探伤方法按 JB 4730—2005《承压设备无损检测》中规定执行。煤油渗漏试验中白粉上应无油渍。着色渗透探伤时不允许存在下列显示：①所有的裂纹等线状显示；②四个或四个以上边距小于 1.5mm 的成行密集圆形显示；③任一 150mm 焊缝长度内应有 5 个以上直径大于 1/2 管坯壁厚的随机散布圆形显示。

（3）膨胀节应按 GB/T 12777—2008《金属波形管膨胀节通用技术条件》规定进行气密性试验，气密性试验中膨胀节所有焊缝和连接部位应无泄漏。

7）尺寸

（1）波纹管的尺寸和位置公差应符合 GB/T 12777—2008《金属波形管膨胀节通用技术条件》中的规定。

（2）端管的焊接连接端对接型焊缝坡口面角度应为 30°±2.5°，钝边尺寸为 1～2mm。端管壁厚大于相接管子壁厚时，应按 GB/T 985—2008《气焊、手工电弧焊及气体保护焊焊接坡口的基本形式与尺寸》要求削薄。

（3）膨胀节总成的尺寸和位置公差应符合 GB/T 12777—2008 中的规定。

8）外观

（1）波纹管表面不允许有裂纹、焊接飞溅物及大于板厚下偏差的划痕和凹痕等缺陷。

（2）膨胀节所有焊缝外观应符合 GB/T 12469 中规定的 Ⅱ 级要求。

19.11　密封垫片选型技术要求

19.11.1　产品分类

（1）舰船用合成纤维橡胶垫片（以芳纶纤维基为主）型式和基本参数参照 CB/T 3588—1994《船用法兰非石棉材料垫片》规定执行。

（2）舰船用缠绕式垫片形式和基本参数参照 GB/T 4622.3—2007《缠绕式垫片技术条件》规定执行。

（3）舰船用石棉橡胶垫片形式和基本参数参照 GB/T 9129—2003《管法兰用非金属平垫片技术条件》规定执行。

（4）舰船用聚四氟乙烯包覆垫片型式和基本参数参照 GB/T 13404—2008《管法兰用非金属聚四氟乙烯包覆垫片》规定执行。

（5）舰船用柔性石墨复合增强垫片型式和基本参数参照 JB/T 6628—2008《柔性石墨复合增强（板）垫》规定执行。

（6）舰船用齿形组合垫片型式和基本参数参照 HG/T 20610—2009《钢质管法兰用缠绕式垫片（PN 系列）》规定执行。

19.11.2　技术要求

（1）垫片材料及其适用范围见表 19.23。

（2）垫片的力学性能要求见表 19.24。

（3）法兰垫片密封性能要求见表 19.25。

表 19.23　垫片材料及其适用范围

垫片型式及材料		适用介质	公称压力/MPa	使用温度/℃	适用密封形式
非金属平垫片	丁腈橡胶垫片	燃油、滑油、淡水、空气	0.25 ~ 1.6	−30 ~ 100	
	硅橡胶垫片		0.25 ~ 1.6	−50 ~ 120	
	聚四氟乙烯垫片	燃油、滑油、饱和蒸汽	0.25 ~ 4.0	≤260	
	聚四氟乙烯包覆垫片	海水、淡水、空气	0.6 ~ 2.0	≤200	
	合成纤维橡胶垫片	燃油、滑油、饱和蒸汽、海水、淡水、空气、烟气和惰性气体	≤4.0	≤350	
	夹布橡胶垫片	燃油、滑油、海水、淡水、空气	≤0.6	−30 ~ 60	
	石棉橡胶垫片	压缩空气、空气、惰性气体	0.25 ~ 2.5	≤300	
	耐油石棉橡胶垫片	燃油、滑油、压缩空气、惰性气体	0.25 ~ 2.5	≤300	
柔性石墨复合垫片	低碳钢	燃油、滑油、饱和蒸汽、淡水、空气、烟气和惰性气体	1.0 ~ 6.3	450	凸面 凹凸面 榫槽面
	304 316	燃油、滑油、饱和蒸汽、淡水、空气、烟气	1.0 ~ 6.3	600	
金属缠绕垫片	柔性石墨	燃油、滑油、饱和蒸汽、海水、淡水、饮用水、空气、烟气、惰性气体	2.5 ~ 25MPa	600	凸面 凹凸面 榫槽面
	聚四氟乙烯			200	
齿形组合垫片	10 或 08/柔性石墨	蒸汽、燃油、滑油、空气、烟气、惰性气体、淡水	1.6 ~ 25.0	450	凸面 凹凸面
	304、316/柔性石墨	蒸汽、燃油、滑油、淡水、空气、烟气、惰性气体		600	
	304、316/聚四氟乙烯			200	

表 19.24　垫片的力学性能要求

垫片材料		密度/(g/cm³)	压缩率/%	回弹率/%
非金属平垫片	合成纤维垫片	1.6 ~ 1.8	9 ~ 15	≥25
	橡胶垫片	1.2 ~ 1.3	≥25	≥8
	聚四氟乙烯垫片	2.1 ~ 2.3	≥12	≥20
	聚四氟乙烯包覆垫片		≥10	≥20
	石棉橡胶垫片	1.7 ~ 2.0	≤20	≥35
柔性石墨复合垫片			15 ~ 35	≥20
金属缠绕垫片			18 ~ 30	≥15
齿形组合垫片			≥8	≥10
石墨波齿复合垫片			15 ~ 25	≥10

表 19.25　法兰垫片密封性能要求

垫片材料	99%氮气密封泄漏率/(mL/s)	水压密封性
非金属类平垫片	≤1×10⁻³	
金属缠绕垫片	≤1×10⁻³	
柔性石墨复合垫片	≤1×10⁻³	试样外缘在保压时间内无水珠出现
齿形组合垫片	≤1×10⁻³	

19.11.3　选用原则

（1）选用垫片时,应考虑介质性质、操作压力、使用温度及法兰密封面形式等各种因素,其中使用温度是影响密封的主要因素,是选用垫片的主要依据。

（2）在同一管线、同一压力等级的法兰情况下,最好选用同一类型垫片。

（3）缠绕式垫片具有多道密封作用,一般条件均宜采用。因其弹性好,对于温度、压力有较大波动的部位最宜采用。

（4）有有机添加剂介质的管线不宜使用橡胶类垫片。

（5）舰船管路系统优先选用垫片见表 19.26。

表 19.26　船舶管路系统优先选用垫片

管路介质系统		工作压力/MPa	工作温度/℃	选用垫片
液压油系统		10.0~30.0	≤80	聚四氟乙烯不锈钢缠绕垫片;紫铜波纹垫
高压系统	高压	≤25.0	≤60	紫铜波纹垫片;紫铜垫片
	中低压	≤4.0	≤60	合成纤维垫片;紫铜波纹垫
蒸汽系统(含日用、蒸汽暖气系统)		≤6.4	≤510	柔性石墨金属缠绕垫片;齿形组合垫片
燃油系统		≤3.0	120	合成纤维橡胶垫片;柔性石墨金属缠绕垫片;丁腈橡胶垫片
滑油系统		≤1.0	≤85	柔性石墨金属缠绕垫片;合成纤维橡胶垫片;丁腈橡胶垫片
淡水系统		≤8.0	≤100	硅橡胶垫片;聚四氟乙烯包覆垫片;聚四氟乙烯不锈钢缠绕垫片
污水系统		≤3.0	≤100	柔性石墨金属缠绕垫片;合成纤维橡胶垫片;石棉橡胶垫片
海水系统		≤3.0	≤60	合成纤维橡胶垫片;聚四氟乙烯包覆垫片
氟利昂、四氯化碳 1301、CO_2 浸水泡沫管路系统		<3.0	≤100	合成纤维橡胶垫片;膨体聚四氟乙烯垫片;聚四氟乙烯缠绕垫片
柴油机排烟管		0.3	<600	柔性石墨金属缠绕垫片;柔性石墨齿形组合垫;柔性石墨复合增强垫片
航空煤油管路系统		≤2.0	常温	柔性聚四氟乙烯垫片;聚四氟乙烯缠绕垫片;聚四氟乙烯包覆垫片

注:1. 螺纹接头法兰建议用合成纤维橡胶垫片和组合类垫片;
　　2. 使用时要根据垫片的特性参数考虑垫片与法兰的适配尺寸;
　　3. 合成纤维橡类胶垫片以芳纶纤维橡胶垫片为主,含 GFO 膨体聚四氟乙烯类垫片等

19.11.4　原材料控制

制作垫片的原材料控制应按表 19.27 中标准规定进行。

表 19.27　垫片原材料控制标准

垫 片 材 料	原 材 料 控 制 标 准
丁腈橡胶	HG/T 2579—2008《普通液压系统用 O 形橡胶密封圈材料》
硅橡胶	GB4806.11—2016《食品接触用橡胶材料及制品》
聚四氟乙烯板	QB/T 3625—1999《聚四氟乙烯板材》
紫铜板	GB/T 2040—2008《铜及铜合金板材》
柔性石墨板	JB/T 7758.2—2005《柔性石墨板技术条件》
芳纶橡胶板	CB/T 3588—1994《船用法兰非石棉材料垫片》
冷轧不锈钢带	GB/T 4238—2015《耐热钢钢板和钢带》
石棉橡胶板	GB/T 9126—2008《管法兰用非金属平垫片》

19.11.5　加工工艺过程

1)橡胶垫片

（1）工艺流程:原胶→素炼→混炼→硫化成形→切割制垫→检验。

（2）尺寸及偏差：按相关法兰和垫片标准的规定执行。

（3）设计参数：垫片系数 $m = 0.5$；最小紧固力 $Y > 0$；使用温度 $\leq 170℃$；使用压力 $\leq 1.6MPa$。

2）紫铜波纹垫片

（1）工艺流程：紫铜板→开料→机加工（冲切、车削）→垫片→检验。

（2）尺寸及偏差：按相关法兰和垫片标准的有关规定执行。

（3）设计参数：垫片系数 $m = 4.75$；最小紧固力 $Y > 90MPa$；使用温度 $\leq 200℃$；使用压力 $\leq 10MPa$。

3）聚四氟乙烯垫片

（1）工艺流程：混料→模压成形→烧结定型→机加工（车削）→垫片→检验。

（2）尺寸及偏差：按相关法兰和垫片标准的有关规定执行。

（3）设计参数：垫片系数 $m = 2.2$；最小紧固力 $Y = 14.7\ MPa$；使用温度 $-100 \sim 200℃$；使用压力 $\leq 4.0MPa$。

4）柔性石墨增强垫片

（1）工艺流程：金属板冲齿→下料→机加工（冲切、车削）→复合→辊压→整形→检验。

（2）尺寸及偏差：按相关法兰和垫片标准的有关规定执行。

（3）垫片设计参数：垫片系数 $m = 2.0$；最小紧固力 $Y = 15.2MPa$；使用温度 $\leq 450℃$；使用压力 $\leq 6.3MPa$。

5）金属缠绕垫片

（1）工艺流程：原材料准备（金属、非金属开料、加强环车削加工）→点焊→脱模→装配加强环→检验。

（2）尺寸及偏差：按相关法兰和垫片标准的有关规定执行。

（3）设计参数：垫片系数 $m = 3.0$；最小紧固力 $Y = 40MPa$；使用温度 $\leq 600℃$；使用压力 $\leq 43MPa$。

6）合成纤维/橡胶垫片

（1）工艺流程：配料→混炼→辊压制板→切割制垫→检验。

（2）尺寸及偏差：按相关法兰和垫片标准的有关规定执行。

（3）设计参数：垫片系数 $m = 2.0 \sim 2.75$；最小紧固力 $Y = 11 \sim 25.5MPa$；使用温度 $\leq 350℃$；使用压力 $\leq 4.0MPa$。

7）聚四氟乙烯包覆垫片

（1）工艺流程：$\left.\begin{array}{l}\text{非金属板→开料→冲压→机加工（车）}\\\text{聚四氟乙烯棒料→机加工（车、钻、镗、割）}\end{array}\right\}$→装配制垫→检验

（2）尺寸及偏差：按相关法兰和垫片标准的有关规定执行。

（3）设计参数：垫片系数 $m = 3.5$；最小紧固力 $Y = 19.6MPa$；使用温度 $\leq 150℃$；使用压力 $\leq 4.0MPa$。

8）齿形组合垫片

（1）工艺流程：金属板材开料→冲压→机加工（车削）→非金属材料复合→脱模→检验。

（2）尺寸及偏差：按相关法兰和垫片标准的有关规定执行。

（3）设计参数：垫片系数 $m = 3.0$；最小紧固力 $Y = 69.6MPa$；使用温度 $\leq 600℃$；使用压力 $\leq 25MPa$。

9）石棉橡胶垫片

（1）工艺流程：原胶→素炼→混炼→液压硫化→制板→切割制垫→检验。

（2）尺寸及偏差：按相关法兰和垫片标准的规定执行。

（3）设计参数：垫片系数 $m = 2.0 \sim 3.5$；最小紧固力 $Y = 35MPa$；使用温度 $\leq 350℃$；使用压力 $\leq 6.5MPa$。

19.11.6 技术要求

（1）垫片表面应平整，无翘曲变形；不允许有疙瘩、裂缝、气泡、外来杂质及其他可能影响使用的缺陷；边缘切割应整齐。

（2）垫片应由整张板材制成，不允许拼接。外径大于1500mm的垫片，如需拼接，应取得需方同意。

（3）垫片技术要求按表19.28所列标准要求执行。

表 19.28　垫片技术要求执行标准

垫片材料	执　行　标　准
橡胶垫片	HG/T 20606—2009《钢制管法兰用非金属平垫片（PN 系列）》
合成纤维类橡胶垫片	CB/T 3588—1994《船用法兰非石棉材料垫片》
金属缠绕垫片	GB/T 4622.3—2007《缠绕式垫片　技术条件》
柔性石墨增强垫片	JB/T 6628—2008《柔性石墨复合增强（板）垫》
聚四氟乙烯包覆垫片	GB/T 13404—2008《管法兰用聚四氟乙烯包覆垫片》
齿形组合垫片	HG/T 20632—2009《钢制管法兰具有覆盖层的齿形组合垫》
紫铜波纹垫片	GB/T 9128—2003《钢制管法兰用金属环垫》
聚四氟乙烯垫片	HG 20606—2008《钢制管法兰用非金属平垫片（PN 系列）》
石棉橡胶垫片	GB/T 9129—2003《管法兰用非金属平垫片技术条件》

参考文献

[1]　王虹斌,李美栓,韩忠.舰船高温排烟管腐蚀机理分析及高温腐蚀研究[J].材料保护,2002:35(9):7-9.

[2]　高翔.舰船辅助机械[M].北京:国防工业出版社[M],2005.

[3]　贺小型.潜艇结构[M].北京:国防工业出版社[M],1991.

[4]　赵永甫,李炜.舰艇概论[M].北京:海潮出版社,2004.

[5]　陆世英,等.不锈钢[M].北京:原子能出版社,1995.

[6]　胡家元,曹顺安,谢建丽,等.锈层对海水淡化一级反渗透产水中碳钢腐蚀行为的影响[J].物理化学学报,2012(5):175-184.

[7]　李敬,刘贵昌,王玮,等.碳钢在反渗透水中耐蚀性研究[J].广州化工,2009(4):103-105.

[8]　王宏义,周东辉,梁沁沁,等.碳钢在海水及海水淡化一级反渗透产水中的腐蚀行为[J].热力发电,2012(7):72-75.

[9]　杨萍,吴一平,孟旭,等.模拟淡水中白铜管的性能研究[J].上海电力学院学报,2011,27(1):34-36.

[10]　王杏卿,许崇武,龚润洁,等.淡水成分对铝黄铜管和锡黄铜管点蚀的影响[J].武汉水利电力学院学报,1984(4):71-76.

[11]　黄桂桥,杨朝晖,周学杰,等.钢铁材料在武汉长江中的现场腐蚀试验结果[J].腐蚀与防护,2009,30(10):675-677.

[12]　刘栓,孙虎元,范汇吉,等.镀锌钢腐蚀行为的研究进展[J].材料保护,2012(12):50-53.

[13]　周敏.海水淡化工程中管道材料选用[J].腐蚀与防护,2006,10:54-57.

第 20 章 海水管路腐蚀规律及防护技术

20.1 概述

众所周知,舰船海水管路是舰船推进保障系统、发电机保障系统和辅助系统的重要组成部分,其对保证舰船动力装置、辅助机械和设备的正常工作具有重要作用。其重要功能是提供主、辅机及诸多辅助设备,如轴系、空调、冰机、蓄电池等的冷却用海水,消防用海水,喷淋冲洗用海水等。除了提供海水之外,还用来疏、排舱底积水,压载舱注排水,全舰/艇失事排水等。对于潜艇而言,还有一些既需注水又需排水的系统,如维持潜艇平衡的纵倾平衡系统、下潜上浮系统、鱼雷发射系统等。因此,一旦海水管路出现腐蚀破损的情况,将会严重影响与破损管路有关设备的正常工作,影响舰船的正常航行,危及装备和人员安全,降低舰船的战斗力。

我国舰船海水管路系统用材基本上可分为两个阶段:TUP 紫铜管和 B10 铜镍合金管。早期绝大多数舰船采用不耐流动海水冲刷腐蚀的 TUP 紫铜管,同时期有的还采用 10#无缝钢管;进入 20 世纪 90 年代以后,陆续有舰船开始采用较为耐海水冲刷腐蚀的 B10 铜镍合金管;进入 21 世纪以后 B10 铜镍合金管用于制作海水管路占主流,也有少数舰船型号或部分系统采用 TUP 紫铜管、HDR 双相不锈钢。总体来说,海水管路的腐蚀与泄漏问题占据舰船腐蚀故障比例较高,这也是将海水管路系统作为完整一章进行描述的一个主要理由。

舰船海水管路按其功能可分如下几类:

(1)疏排水系统。主要用来疏、排舱底积水,甲板积水及生活污水,分别称为舱底疏、排水管路,甲板疏、排水管路及污水管路,其中污水管路又分黑水污水管路和灰水污水管路两种,除污水管路经常地间断工作之外,另两种管路为不定期的短期工作。

(2)压载水系统。主要用来向压载舱注水和排水。潜艇的纵倾平衡系统和下潜上浮系统与压载水系统工作特点相似,但注水和排水周期更为频繁。

(3)日用海水系统。主要用于舰船冲洗和卫生设施冲洗。水源来自消防系统或海水总泵,不定期地短期工作。

(4)消防水系统。主要用于消除火灾,有五种水消防措施:水灭火系统,用于全船灭火;喷水系统,用于弹药舱、坦克舱、飞机库等重要舱室灭火及防火隔离;喷雾系统,用于主、辅机舱,锅炉舱灭火;浸水系统,用于弹药舱、导弹舱等舱室浸水防火保护;水幕系统,用于三防洗消。

纯消防管路只是偶尔工作,但有些舰船的消防管路不是单纯用于灭火,还兼作冷却水、冲洗水管路,这时应当作冷却水管路来考虑。

(5)循环水系统。每一主汽轮机组都设有向主冷凝器、滑油冷却器供水的循环水系统,辅冷凝器也有单独的循环水系统。主齿轮机组滑油冷却器所需的冷却海水一般也由主循环水系统供给,只要开机就须连续工作。

(6)冷却水系统。每一柴油机推进装置和燃气轮机推进装置都有独立的冷却水系统,辅机也有独立的冷却水系统,开机后即需连续工作。其他的仪器及部分设备冷却水通常由消防系统或海水总泵提供海水,开机后需连续工作。

20.2 舰船海水管路的腐蚀环境特点及规律

20.2.1 腐蚀环境

1. 管内腐蚀介质

主要腐蚀介质是海水,海水是强烈的天然腐蚀介质,它具有高的含盐量、导电性、生物活性。表层海水

中的 O_2 和 CO_2 接近饱和,pH 值在 8.2 左右,我国及世界各海域的海水环境在第 4 章已有描述。经统计,海水的溶解性总固体含量(TDS,俗称含盐量)是影响腐蚀性的主要因素之一,见表 20.1。

表 20.1 我国及世界各海域的海水含盐量

海 域	总含盐量/%	海 域	总含盐量/%	海 域	总含盐量/%
大西洋	3.5~3.8	白 海	1.9~3.3	中国南海	3.4
太平洋	3.4~3.7	波罗的海	0.2~0.8	英国北海	3.5~3.6
地中海	3.7~3.9	中国渤海	2.9~3.1	一般河水	0.01~0.03
红 海	>4.1	中国黄海	3.0~3.1		
黑 海	1.7~2.2	中国东海	2.7		

2. 工作期间的管内腐蚀环境

海水管道内的海水在舰船航行工况下是流动的,其流量在不同的舰船、同一舰船不同的管道系统及不同工况条件下都是不同的。虽然有关标准规定所有主冷凝器和辅冷凝器入口处的流速应不大于 2.3m/s,其他铜海水管路系统的流速一般应不大于 2.8m/s,应急情况下应不大于 4.6m/s,疏水、舱底水吸入总管的水流平均速度应不大于 5m/s,吸入支管的水流平均速度应不大于 2m/s,但实际舰船海水管道中,有的设计流速远远超过规定,早期有的舰船消防管路主管路备航、锚泊工况开动一台泵流速即达到 5.3m/s,航行工况启动三台泵时,流速可高达 15.9m/s。

3. 非工作期间管内腐蚀环境

不同功能、不同类型的海水管路遭受海水的作用情况也是非常不同的。主、辅机,柴油发电机等的海水冷却管路,如有的舰船消防管路主要遭受流动海水的腐蚀作用,甚至锚泊工况也有海水流动;有些管路则在设备工作时遭受流动海水的腐蚀作用,而在设备停止工作时则仅遭受静止海水的浸泡作用。有的舰船海水管路系统除工作时间遭受流动海水腐蚀作用之外,大部分时间或处于静止海水腐蚀作用下,或处于潮湿海洋大气的腐蚀作用下(如排、疏水系统)。有些海水管路可能一年都用不上几次,如潜艇的消防水系统、应急冷却器的海水冷却水系统,只是在发生火灾等应急情况下才工作,平时则或处于静止海水浸泡作用下,或处于潮湿海洋大气作用下,这类管路通常较少出现严重腐蚀问题。

4. 排污水系统的腐蚀环境

值得提出的是排污水系统的腐蚀环境,特别是用来排放黑水的海水管路,属于严重污染海水腐蚀环境,除遭受排泄物中所含有的硫化物、氨化物及悬浮固体颗粒的污染之外,定期地用硫酸清洗厕所导致海水酸性增强,也会严重地增加海水管路的腐蚀。

5. 管外表面腐蚀环境

除潜艇位于耐压壳之外的海水管路在水上航行时可能遭到海水飞溅作用,在水下航行时可能遭到流动海水腐蚀作用之外,所有位于舱内的海水管路外表面至少都涂有标志性涂层。舱内海水管路的腐蚀问题很少由管外表面腐蚀所引起,大量的腐蚀问题都发生在海水管路内表面。

20.2.2 海水腐蚀影响因素

1. 影响海水管路腐蚀的因素

金属在海水中的腐蚀遵循电化学腐蚀机理在第 2 章等有详细描述,腐蚀的主要控制过程是阴极去极化过程,该过程速度由氧到达金属表面的扩散步骤所控制。影响海水管路腐蚀的因素很多,见表 20.2。诸因素对腐蚀的影响机理十分不同,有的直接对金属腐蚀形成影响,有的通过形成或破坏表面膜对金属腐蚀发生影响。下面就对表 20.2 所列的主要环境因素予以阐述。

2. 环境因素的影响

1)溶解氧含量

由于绝大多数金属在海水中的腐蚀都属于氧去极化腐蚀,因此海水中的溶解氧是影响海水腐蚀性的重要因素。以溶解氧对钢腐蚀的影响为例,如图 20.1 所示。

表 20.2　影响海水管路腐蚀的因素

因素类别		因素细节
环境因素	化学	介质、溶解氧、含盐量、电导率、pH 值、溶解 CO_2、钙镁碳酸盐、污染物（硫化物、氨化物、重金属离子）
	物理	温度、压力、流速、流态、扰动、振动、异物、砂侵蚀、滞留、沉积
	生物	海生物、微生物、硫酸盐还原菌
结构因素		材质、选型、连接方式、管径、部位、插入件、异种金属结构、缝隙
工艺因素	焊接	焊接工艺、焊丝材料、焊缝质量
	弯管	弯管工艺、椭圆度、弯管半径、弯管角度
	异型管件制作	异型管件制作工艺、异型管件质量
	布线	布线工艺、直线最短原则、可维修性
	法兰连接	法兰连接工艺、对中性、垫片齐整性
使用因素		流动工作时间、流动工作制度、阀门开关制度、定期冲洗制度、管内排空程度、定期维修制度、定期更换防蚀元件制度
保护因素	涂层	涂层材质、涂装工艺、涂层质量
	成膜	成膜工艺、成膜质量、成膜维持性
	牺牲阳极	阳极材料、阳极形式、设计寿命、牺牲管件

海水中氧含量小于 10mL/L 时，金属的腐蚀速度随氧含量的增大而增大，当氧含量大于 10mL/L 时，由于金属表面生成氧化物或腐蚀产物膜，阻碍了氧在金属表面的扩散，金属的腐蚀将随氧含量的增加而减少。

表层海水的含氧量通常处于饱和状态，约为 5.8mL/L，但由于含氧量受诸多因素的影响，海水中的含氧量波动很大。凡是影响海水中含氧量的因素都会对金属在海水中的腐蚀造成间接影响。氧在海水中的溶解度主要取决于盐度和温度，随海水盐度增加或温度升高，氧的溶解度降低，见表 20.3。

海水的运动（潮汐、波浪、流动等）、海生植物的光合作用等都可增加海水中的含氧量，从而增大金属的腐蚀。地理位置、海洋深度也都会因海水温度和盐度的不同而导致氧含量发生变化，从而对腐蚀造成影响。

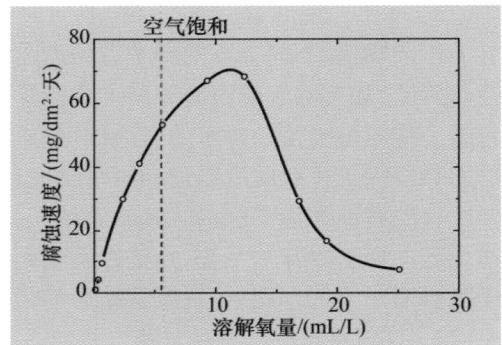

图 20.1　溶解氧量对钢腐蚀的影响

2）含盐量

水中的含盐量直接影响到水的电导率和含氧量，因此必然对腐蚀产生影响。随着水中含盐量的增加，水的电导率增加，含氧量降低，因此含盐量对金属的腐蚀具有相互矛盾的影响。水的电导率增加会增加金属的腐蚀，含氧量降低会减少金属的腐蚀，这种互相矛盾的影响导致某一含盐量会出现腐蚀的峰值，如图 20.2 所示。

表 20.3　常压下氧不同温度和含盐量的
海水中的溶解度　　（单位：%）

温度/℃ \ 含盐量	0	1.0	2.0	3.0	3.5	4.0
0	10.30	9.65	9.00	8.36	8.04	7.72
10	8.02	7.56	7.09	6.63	6.41	6.18
20	6.57	6.22	5.88	5.52	5.35	5.17
30	5.57	5.27	4.95	4.65	4.50	4.34

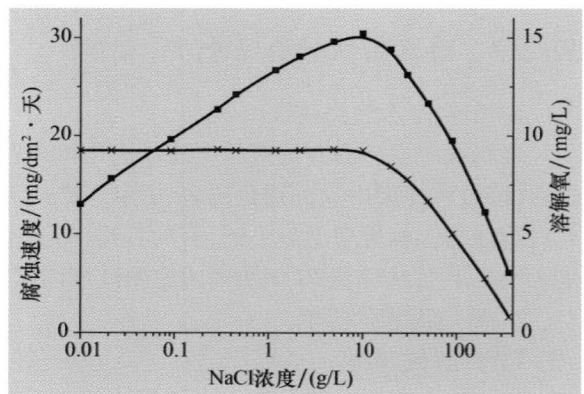

图 20.2　钢的腐蚀速度与 NaCl 浓度的关系

开放海洋海水的含盐量刚好接近腐蚀峰值所对应的含氧量范围,中国近海平均含盐量约为3.2%,在内海和比较孤立的海洋中海水的含盐量甚至海水组成都会产生很大波动。含盐量最高可达4.2%~4.5%,最低可能小于1%(如红海入海口处)。实际上,由于海水组成的复杂性,海水含盐量对腐蚀的影响与图20.2所示NaCl浓度对腐蚀的影响规律可能并不完全一致。如江河入海口或海港中,虽然海水被稀释含盐量较低,但可能有较高的腐蚀性。这是因为大洋海水通常被碳酸盐所饱和,金属表面会沉积一层碳酸盐水垢保护层,而在稀释海水中,碳酸盐达不到饱和,不能形成保护性的水垢。此外,海水被污染会使海水腐蚀性增强。污染海水中的硫化物和氨能增强海水对铜合金和钢的腐蚀作用。

3)电导率

海水不仅含盐量高,而且所含盐分几乎全处于电离子状态,这使海水成为一种导电性很强的电解质溶液,由于海水具有良好的导电性,所以金属在海水腐蚀过程中电阻阻滞很小,而且不仅微电池腐蚀活性大,宏观电池腐蚀活性也很大。如海船青铜螺旋桨可引起数十米远处的钢质船体发生电偶腐蚀。随海水电导率的增加,海水中金属的微电池腐蚀和宏观电池的腐蚀都将加速,但另一方面由于海水电导率较高,为阴极保护在海水腐蚀防护方面的应用提供了良好的条件,防蚀电流分散程度大,保护范围宽,保护效果好。

当然,凡是影响海水电导率的因素都将对金属的腐蚀发生间接影响,海水电导率主要取决于海水含盐量(其中含氯量占主要因素)和海水温度,海水盐度增加或海水温度升高都会增加海水的电导率,如表20.4和图20.3所示。

表20.4　温度对海水电导率的影响(氯度19‰)

温　度/℃	10	15	20	25
电导率/(mS/cm)	37.4	42.2	47.1	52.1
电阻率/(Ω·cm)	26.8	23.7	21.2	20.2

4)温度

从腐蚀动力学方面考虑,海水温度升高,腐蚀电池的阴极过程和阳极过程的反应速度都会增大,但海水温度变化还会使其他环境因素变化而发生间接影响。如海水温度升高,氧的扩散速度加快,海水电导率增大,这将促进腐蚀过程进行。另外,海水温度升高,海水中氧的溶解度降低,钙质垢容易形成,这又减缓金属在海水中的腐蚀。因此,温度对腐蚀的影响是比较复杂的。

在开放的海水系统中,Q235钢在80℃左右出现腐蚀峰值,温度低于80℃时,腐蚀随温度升高而增大,高于80℃时腐蚀随温度的升高而减小,如图20.4所示。在实际海洋环境中,因为海水中的氧含量大都是接近饱和的(试验中为4.5mL/L以上)。金属在海水中的腐蚀,控制腐蚀速率的并不是氧含量,而是氧的扩散速度。因此,温度对腐蚀的影响比氧含量要显著得多,如图20.5(a)青岛小麦岛实海中各个月份的氧含量、温度、钢的腐蚀率的测试结果所示,尤其是潮差带的腐蚀受温度的影响更为显著(图20.5(b))。

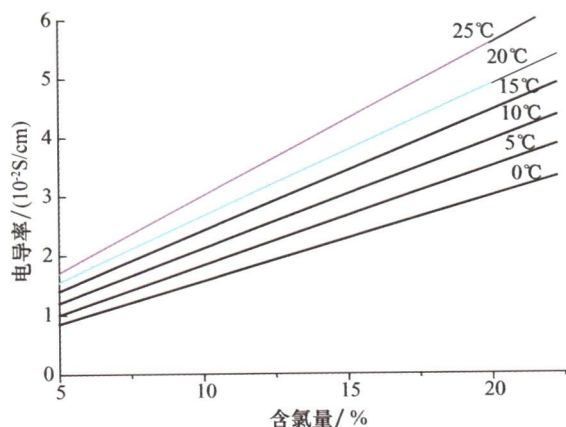

图20.3　海水电导率和含氯量的关系

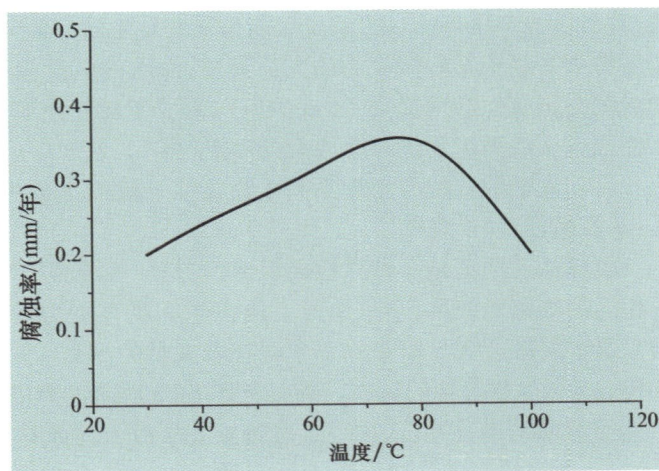

图20.4　Q235的腐蚀率与开放海水温度的关系

5)pH值的影响

在pH4~9范围内,钢的腐蚀速率与pH无显著关系,这是因为在钢表面覆盖一层氢氧化物膜,腐蚀主要通过氧扩散过这层膜的速度所控制,当pH<4或pH>9时,膜被溶解或破坏,腐蚀将显著加速。

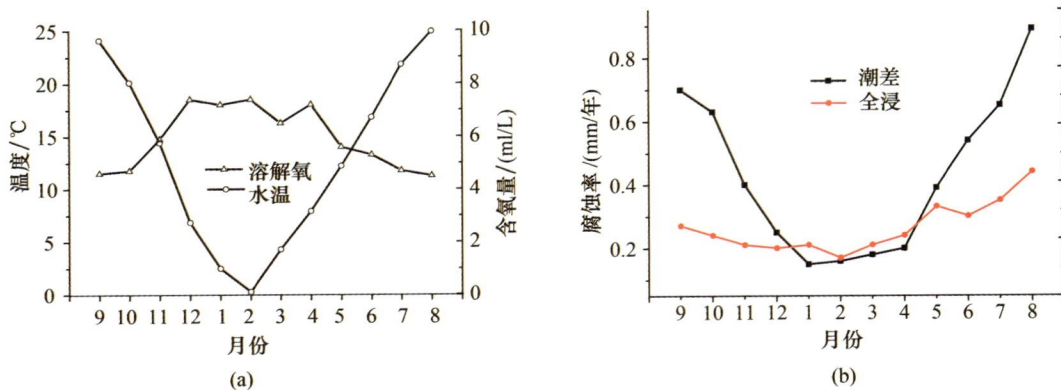

图 20.5　Q235 钢腐蚀率与温度和溶解氧的关系

海水的 pH 值一般在 7.5~8.6 范围。因此实海的 pH 值对腐蚀一般无大的影响。海水的 pH 值主要影响钙质水垢沉积,从而影响到金属在海水中的腐蚀。因为在海水的 pH 范围,海水中的碳酸盐一般达到饱和,因此即使不大的 pH 变化也会影响到碳酸钙水垢的沉淀,pH 值升高容易形成钙质沉积层,从而减轻腐蚀。

在特殊情况下,实船中也有 pH 值很低的情况,如生活污水管路系统,由于经常用酸液清洗便器,pH 值会达到 4 以下,使污水管路成为海水管路系统中最易遭到腐蚀破损的系统之一。

6）微生物腐蚀的影响

海洋中存在着大量的生物,它们可以分成两大类:宏观生物和微生物。宏观生物如藤壶、牡蛎、海葵等附着在金属结构表面,称为海生物污损,海生物污损的事实已被人们所广泛接受,并且世界各国都采取了有效的防污技术。而实际上,微生物(包括细菌和真菌)对金属结构的影响要比宏观生物大得多,微生物附着于工程材料表面,形成生物膜,生物膜内的化学、物理环境与本体环境完全不同,生物膜内微生物活性控制着电化学反应的速率和类型,这种受微生物作用影响的金属的腐蚀称为微生物腐蚀(MIC)。微生物腐蚀的特征是局部腐蚀如孔蚀、缝隙腐蚀、膜下腐蚀、脱成分腐蚀和应力腐蚀开裂,因而其危害性更大。对微生物腐蚀敏感的金属材料有碳钢、不锈钢、铜合金、镍合金等。

Cu 及其合金由于具有良好的耐蚀性能、机加工性能、热电传导性能而被广泛选作海水管系用材。然而研究发现,Cu 及其合金虽然在短期实验室实验中表现出良好的耐蚀性能,而在长期的使用中,Cu 及其合金表现出与实验室结果完全不同的失效机制,进一步的研究表明,这种差异是由于微生物附着引起的。微量溶解(约为 0.02mm/年)的铜虽然能杀死宏观生物,却不能杀死微生物。管系水温常在 30~50℃ 之间,这一温度特别有利于某些微生物的生长繁殖,海水的流动为耗氧性细菌提供了必要条件,而海水中悬浮物形成的淤泥为厌氧性细菌提供了"庇护所",形成了耗氧性细菌和厌氧性细菌共生的微生物群落,因此,海水管系往往成了一些微生物的一个巨大的"培养器"。

目前发现的造成海水管系微生物腐蚀失效的细菌主要有四大类:①硫酸盐还原菌(SRB);②产黏泥细菌;③产酸菌;④产氨菌。

硫酸盐还原菌是一种专性厌氧菌,它是一些能够把 SO_4^{2-} 还原成 S^{2-} 而自身获得能量、在生理和形态上都不相同的细菌的统称,它是地球上最古老和生存能力最强的细菌之一,生长温度范围比较宽,为 0~40℃,30℃ 的水温最适宜。由于海水中存在着大量的 SO_4^{2-},使得 SRB 的数量大大超过了其他细菌的数量,也使得 SRB 成为微生物腐蚀的标志。研究表明,SRB 群落的周围出现低 pH 值和高浓度的 H_2S。某滨海电厂的 Cu – Ni 合金换热器曾在 90 天内发生腐蚀穿孔事故就与此有关。还有一些 SRB 不仅能产生硫化氢气体,能产生甲烷,从而为周围的产黏泥菌提供营养。Cu – Ni 合金的焊接区和热影响区对 SRB 引起的腐蚀尤为敏感,腐蚀形态为孔蚀和选择性腐蚀。

产黏泥菌也是海水中数量较多的一类细菌,它们能产生一种胶状的、黏性的或黏泥状的、附着力强的沉积物,这种沉积物覆盖在金属表面,形成差异腐蚀电池而发生垢下腐蚀,还能降低冷凝器、热交换器的换热效率,阻止缓蚀剂、阻垢剂和杀生剂到达金属表面起到缓蚀、阻垢和杀生作用。

产酸菌能将海水中的可溶性硫化物或氨转变为硫酸和硝酸,降低局部的 pH 值而引起腐蚀。Mansfeld 等人的研究表明,在生物膜内部,产酸菌可使周围局部 pH 值降到 0,形成强酸性条件。

产氨菌是能够产生 NH_4^+ 的细菌,由于 NH_4^+ 能与铜离子生成稳定的络合物,破坏合金表面的钝化膜,使合金的腐蚀速率大大提高。另外,NH_4^+ 还能提高铜合金应力腐蚀开裂的敏感性,有 NH_4^+ 存在的条件下,铜合金发生应力腐蚀开裂的应力极限下降为原来的 1/10。

应当指出的是,在快速流动的和洁净的海水中,微生物的含量比较少,对材料腐蚀的影响也不明显,但如果舰船大部分时间处于停泊状态,这时管系中往往存有滞流的海水,并沉积大量的淤泥(在中国南海尤其如此),就会给微生物的大量繁殖提供了温床,这时,微生物腐蚀就会成为材料失效的主要原因。

微生物腐蚀也是电化学过程,因而阴极保护对微生物腐蚀也有抑制作用,但是阴极保护的判据有较大的变化,阴极保护与微生物腐蚀的关系是目前研究的热点之一,目前尚无定论。另外,对管系来讲,阴极保护范围较小(小于 12 倍直径),也使得阴极保护技术的应用受到了限制。

目前,在封闭空间防止微生物腐蚀的最有效的方法是添加缓蚀杀菌剂,通过周期性地添加药剂,起到杀菌缓蚀的目的。

7) 影响海水腐蚀的其他环境因素

影响海水腐蚀的其他环境因素见表 20.5。

表 20.5　影响海水腐蚀的其环境因素

因　素	影　响
溶解 CO_2	通过影响 pH 值对腐蚀发生影响
硫化氢	加速腐蚀,特别是铜合金的腐蚀。污染海水中形成的硫化物膜可降低一般腐蚀率,但膜的破损会导致点蚀
溶解氨	少量氨(0.05mg/L)就会恶化黄铜的腐蚀,使其易于发生脱锌腐蚀和应力腐蚀开裂
重金属离子	铜、汞等重金属离子会加速电位较低金属的腐蚀,特别是铝及其合金
海水污染	工业废水的污染会给海水带来有害成分,如氨、重金属离子会对金属腐蚀造成特殊危害,生活垃圾会由于细菌作用产生硫化氢,对腐蚀造成严重影响
生垢组分	主要指钙、镁、锶等的碳酸盐,由于在一定的 pH 值、温度下会形成钙质垢而减缓腐蚀
海生物沾污	由于覆盖作用而减缓腐蚀,由于覆盖不严密易导致局部腐蚀。植物性海生物由于光合作用产生氧而加速腐蚀
海水扰动	对大多数金属而言,因增加氧的供给加速腐蚀。对不锈钢等易钝化金属减缓腐蚀

3. 铜合金在海洋环境中的耐腐蚀性能

各种铜合金是在舰船海水系统中使用最广的材料。铜合金在海水中的耐腐蚀性可以归功于其表面的薄膜,薄膜的成分主要以亚铜的氧化物(Cu_2O)为主,在铜镍合金中加入镍和铁可以改进薄膜的耐腐蚀性能。随着时间的推移,钝化膜的腐蚀率逐渐减小,并逐渐转变为铜的氢氧化物、氯化物和碳酸盐。薄膜在开始形成是由于在与含氧水的接触,形成完整的膜需要几周的时间。当薄膜建立并保持时,腐蚀率通常很低。

海水中的铜合金通常由于如下原因造成腐蚀:

(1) 在含有 SRB、硫化氢、有机硫化合物或氨的污染水中发生的局部腐蚀或点蚀;

(2) 沉积物下发生的点蚀;

(3) 局部水流过速或过度氯化引起的冲刷腐蚀(磨损腐蚀);

(4) 在水中悬浮磨料颗粒造成的磨损腐蚀;

(5) 使用不正确牌号的合金管,或成分不合理的合金,或含有制造缺陷的合金;

(6) 有害膜的存在,如在管制造中残留物或氧化皮的存在。

铜合金在海洋环境中的耐腐蚀性能有如下特点:

(1) 海水中污染物的存在会对钝化膜的形成产生显著的影响,尤其是硫化物和氨的存在。

(2) 海水中硫化氢(H_2S)产生几乎都是由于 SRB 的作用造成的。SRB 在氧气充足的海水中(如流动海水)是不活跃的,但在缺氧环境中,如海水管路中底部的泥浆或非流动湿润的条件下,SRB 就可以获得适合活动的环境和营养,变得活跃。

（3）在包含 H₂S 的脱氧环境中，大多数金属会慢慢地被腐蚀。即使是在不利的流速条件下，Cu – Ni 合金在这种类型的环境也展示出了低的腐蚀速率。在包含硫化物的水中含有充足氧气时（如底部缺氧的水被搅动起来并和表面的水相混合时），铜合金的腐蚀问题就会显著增加。

（4）当 Cu – Ni 合金表面形成一层多孔亚铜硫化物膜时，在暴露在污染的氧含量充足的海水中时，就会引起高腐蚀率。

（5）氨存在于海水中，主要是由于在土壤中施加的肥料泄漏进入海水，或是由于有机物的分解，氨与铜离子在溶液中复合，并作为阴极反应物，导致腐蚀速率增加。氨和胺类是众所周知的是有效的应力腐蚀开裂（SCC）诱发剂，虽然铜镍合金在海水中有氨存在的条件下不发生 SCC。

（6）除了化学污染物的存在，金属表面的微生物污染也可能引起严重的局部腐蚀。微生物是指附着于金属表面上的藻类植物、软体动物和附着甲壳动物等。它们会造成管内流速增高，还有可能诱发缝隙腐蚀或氧浓差腐蚀，通常发生在附着物的下面或者浅的缝隙处。

（7）铜镍合金和其他铜合金还容易受到生物膜中噬铜细菌的攻击，硫酸盐还原菌和假单胞菌会从已经腐蚀的铜合金和冷却器上脱落下来。

（8）由好氧细菌形成的膜在在腐蚀过程中充当了选择屏障，造成氧差异，细菌本身可以产生有机酸（产酸菌 – 异养细菌，GAB）和 SRB。

20.2.3　腐蚀破损特点和规律

导致海水管路腐蚀破损的主要腐蚀类型有三种：一是工作期间的流动海水冲刷腐蚀，二是管内排空期间的滞留海水腐蚀，三是关闭期间海水管道内充满海水时的沉积腐蚀。此外，可能导致严重破损的腐蚀类型还有异金属间的电偶腐蚀、法兰间的缝隙腐蚀、黄铜构件的脱锌腐蚀、焊缝腐蚀以及污染海水。与其他腐蚀类型相比，冲刷腐蚀是最主要的，导致管路腐蚀破损的频率最高，造成的腐蚀危害最大。

易发生腐蚀破损管路的腐蚀破损总数的 95% 左右发生在"薄弱"部位，直管部分的腐蚀破损仅占 5% 左右。这些"薄弱"部位是分流管件、汇流管件、弯管、插管附近、变径管附近、水进口端法兰之后、泵阀前后、焊缝部位等水流发生紊乱之处。凡是发生水流紊乱的地方都可能成为"薄弱"部位。

TUP 紫铜管腐蚀破损几种典型情况如图 20.6 所示。

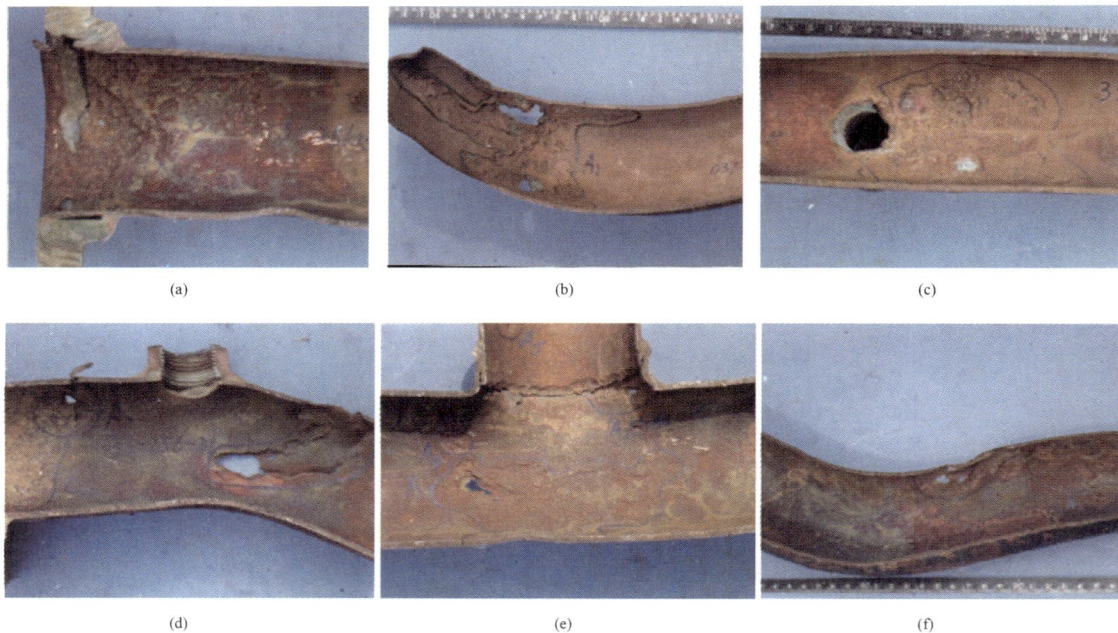

图 20.6　海水管路典型冲刷腐蚀形貌
（a）法兰后端；（b）弯管处；（c）插入管后；（d）锌塞后；（e）分支管及焊接处；（f）弯管薄弱处。

1. 直管环形障碍物后

在直管环形障碍物后,如孔板、凸出的法兰垫片等障碍物前半个管径和障碍物后一个管径长度的区域最易遭到流动海水冲刷腐蚀作用,障碍物后最易遭到腐蚀破损如图 20.7 所示。

2. 直管段局部凸出物后

在直管段局部凸出物后,如热电偶套管等各种用途的插管后面,或被其他异物堵塞的地方。锌合金牺牲阳极栓塞后面,当牺牲阳极耗光之后,也将成为易腐蚀破损之处。受影响和易破损区域与环形障碍物相似,如图 20.8 所示。

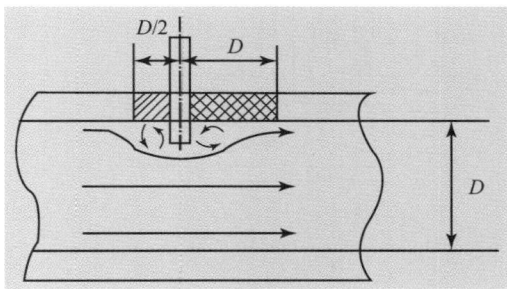

图 20.7 环形障碍物对流动海水腐蚀的影响

3. 直管段局部凹陷后

在直管段局部凹陷后面,破损常发生在凹陷后 100mm 左右范围,如图 20.9 所示。

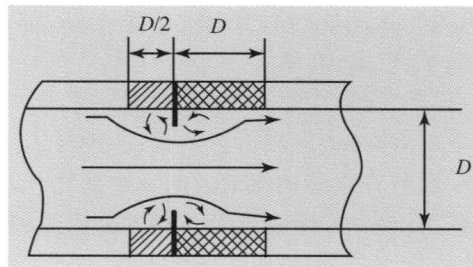

图 20.8 凸出物对流动海水腐蚀的影响

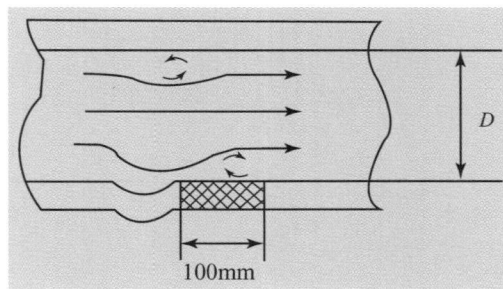

图 20.9 凹陷对流动海水腐蚀的影响

4. 弯管处

海水流经弯管时由于流束方向发生改变,在转弯后面产生涡流,并产生腐蚀破损。在腐蚀破损的开始阶段,腐蚀呈单个腐蚀溃疡形状,随着时间的延长发展为连成一片的管壁破损,其面积可达 $2 \sim 3 \mathrm{cm}^2$。当主

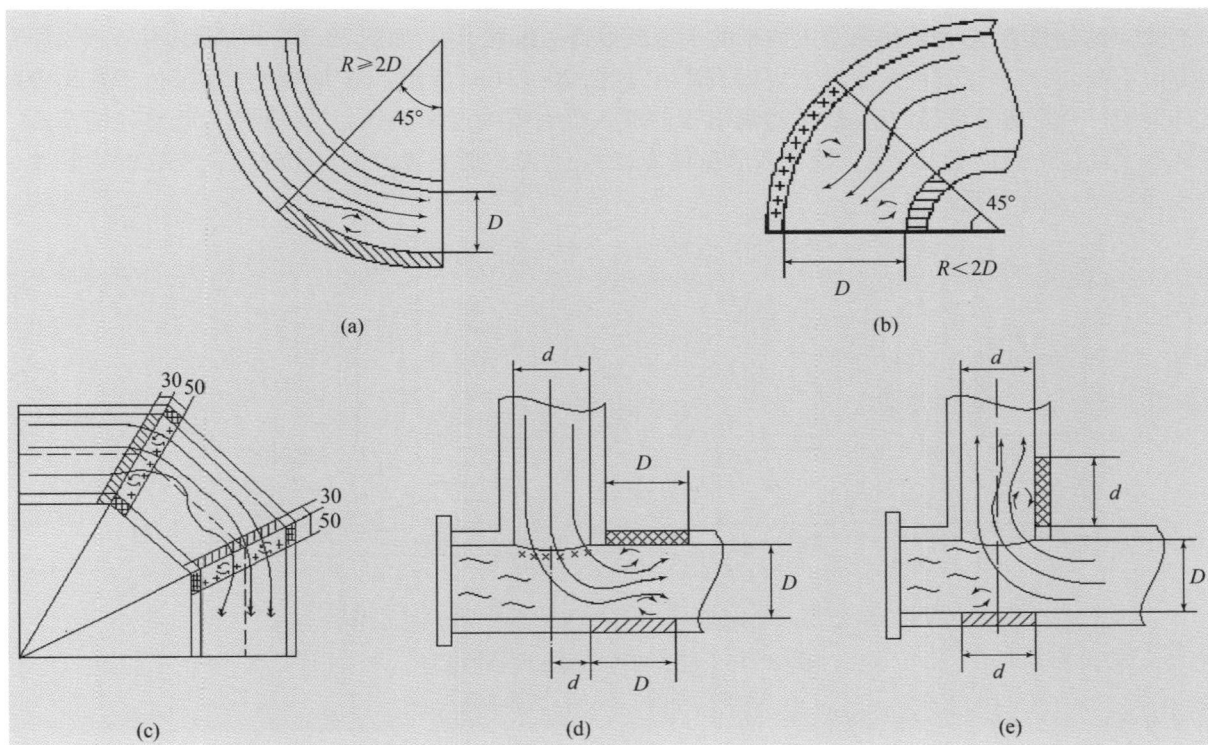

图 20.10 管附件对流动海水腐蚀的影响

(a) 弯管半径不小于 $2D$ 的弯管;(b) 弯管半径小于 $2D$ 的弯管;(c) 由扇形件制成的焊接肘管;(d) 堵头弯管 A;(e) 堵头弯管 B。

管路与通向转弯的支管连接时,腐蚀破损特别剧烈。增加管子的椭圆度,超过标准所允许的波纹,以及由扇形件焊接而成的肘管焊接质量不好,都易加重流动海水腐蚀破损。弯管半径和弯管角度越小越易发生腐蚀,如图 20.10 所示。

5. 分流管处

从流来方向看可分两种:一种是主流束向两个方向发生变化,如图 20.11(a)所示;另一种是主流束方向不变,只在支管内流束方向发生变化,如图 20.11(b)所示。前者破损严重区位于水流流入管与流出管的焊缝处两侧约一个流入管管径的管壁区域,正对流出管方向的管壁不受流束影响,受影响的是其两侧各半个流入管直径的小区。

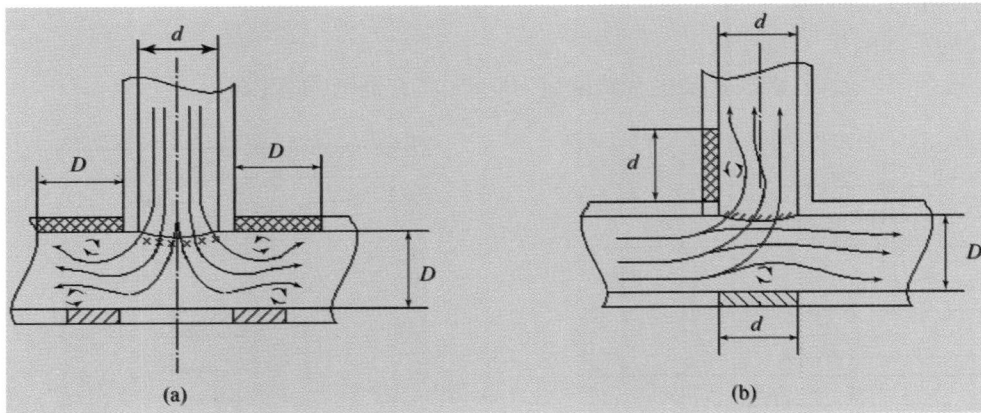

图 20.11　分流管对流动海水腐蚀的影响
（a）主管向两个方向分流；（b）旁通分流。

后者腐蚀破损严重区位于靠近水流来源方向的流入管管壁约一个流入管直径的区域内。受影响区位于流出管正对流入管约一个流入管直径的小区内,流入管与流出管的焊缝也会受到影响。

6. 汇流管

汇流管也分两类:一种是由两个方向来的水流汇集到一根管子内,如图 20.12(a)所示;另一种是原管内水流方向不变,又有一支管内的水流汇集到该管内,如图 20.12(b)所示。前者腐蚀严重区位于留出管距流入管外壁约一个流出管直径的区域,正对流出管的流入管管壁为受影响区,约一个流入管直径的范围。后者腐蚀严重区位于靠近流入支管的流出管管壁区域,约一个流出管直径范围。正对流入支管的主管壁为受影响区,约一个支管管径范围。

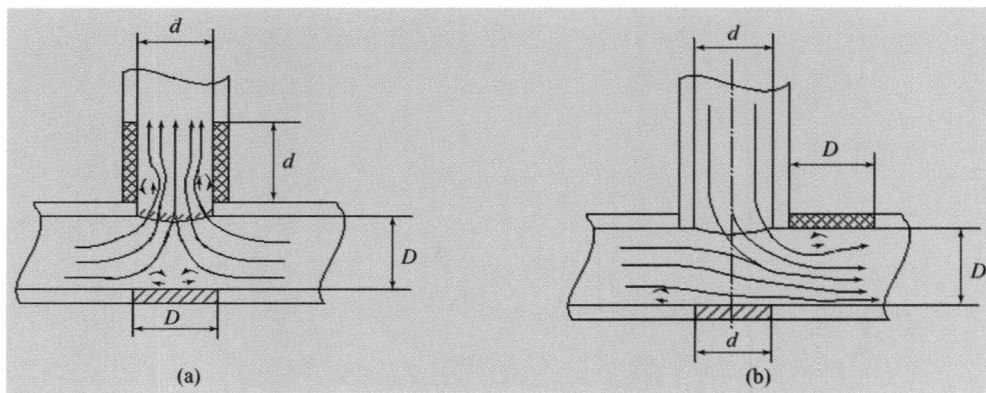

图 20.12　汇流对流动海水腐蚀的影响
（a）两个方向汇流；（b）支流汇流。

7. 泵、阀前后

如图 20.13 所示,腐蚀严重区位于阀、泵出口端约 2 倍管径的范围,阀、泵进口端管段受影响,约 $D/2$ 管径范围。

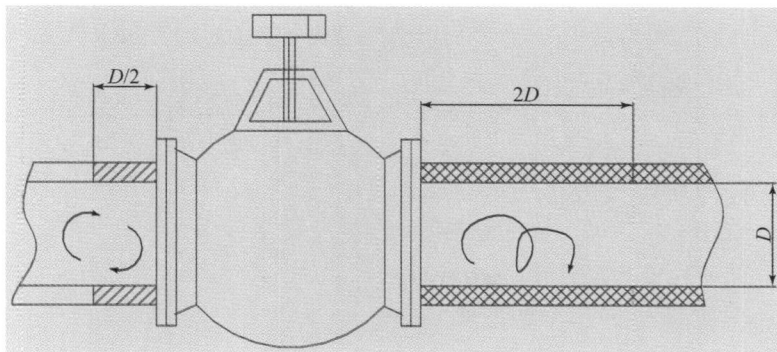

图 20.13　阀、泵前后流动海水腐蚀影响

8. 变径管

管径变化越大,越易发生冲击腐蚀。热交换器管进口端最为典型,如图 20.14(a)所示。腐蚀严重区位于距管端约一个管径的范围。如果将管端加工成圆弧状,腐蚀破损将显著减轻,如图 20.14(b)所示。

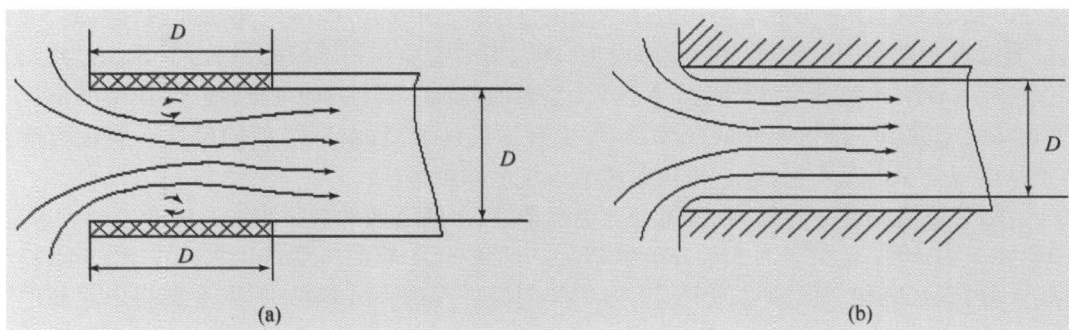

图 20.14　管路变径对流动海水腐蚀的影响

20.3　海水管路腐蚀机理

海水是一种电解质,在管路中存在,除海水本身对材料的自然腐蚀作用外,无论是处在工作状态还是在非工作状态,都存在着冲刷腐蚀、缝隙腐蚀、电偶腐蚀等。

20.3.1　海水流动对管路的腐蚀

20.3.1.1　海水流速对金属腐蚀机理的影响

海水流速对金属腐蚀机理的影响如图 20.15 所示,在图中把流速对金属腐蚀的影响分成五个区,每个区都对应一种不同的腐蚀或侵蚀 - 腐蚀机理。对于确定的合金和环境,每个区可能比图中所示的区域变窄或变宽,甚至可能不存在。此外,相邻区域间的边界可能不发生在某一具体流速下,而发生在一个流速范围内,在这个过渡区内,腐蚀或侵蚀 - 腐蚀过程从一种机理过渡到另一种机理应是一种渐进的变化。图中的五个图示意地显示了金属与液体界面所发生的过程,每个区的腐蚀或侵蚀 - 腐蚀过程的特点由低流速下的 A 区到高流速下 E 区。

(1)A 区:水流呈层流状态,表面氧化膜或腐蚀产物膜完整无损,具有防蚀能力,金属的腐蚀遵循电化学腐蚀机理,受氧向金属表面的扩散过程控制。

(2)B 区:水流已经出现紊流,或呈不稳定的层流/紊流状态,表面氧化膜或腐蚀产物膜仍然完整无损,具有防蚀能力。金属的腐蚀仍然遵循电化学腐蚀机理,受氧向金属表面的扩散过程所控制,但随着水流的流速的增大,氧的供应增加,金属的腐蚀率将随水流流速的增大而增加。

(3)C 区:紊流程度已增大到使表面氧化膜或腐蚀产物膜从基体金属表面的局部区域被除去,局部小区

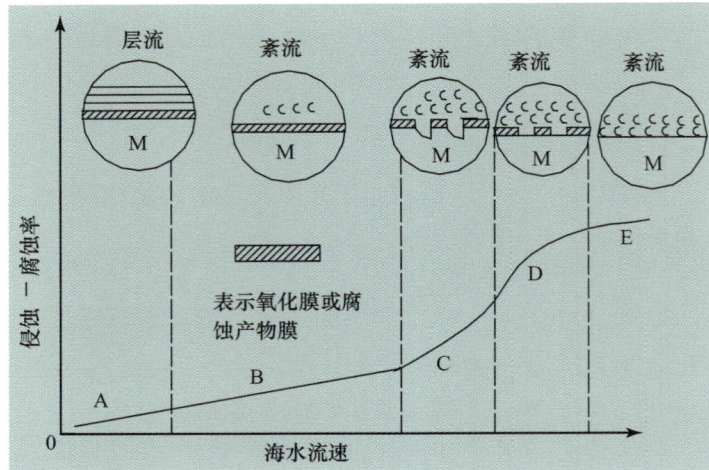

图 20.15　流速对紫铜腐蚀机理及侵蚀－腐蚀率影响的示意图

的暴露表面与大部分尚未被除去的氧化膜或腐蚀产物膜构成膜－孔腐蚀电池。暴露小区遭强烈腐蚀,金属在此区的腐蚀破损已属侵蚀－腐蚀范畴。流体的侵蚀作用体现在局部破损金属表面膜,腐蚀仍然遵循电化学腐蚀机理,但已有宏观腐蚀电池(膜孔电池)发生,腐蚀集中发生在膜破损处,相当于 B 区过渡到 C 区的水流流速,称作临界水速。水流速度达到临界水速后,金属的侵蚀－腐蚀率将强烈增大,典型的情况下可在金属表面上见到马蹄形蚀坑。随着时间的延续,已发生腐蚀的区域可能钝化,新的侵蚀－腐蚀可能在其余的区域开始,于是出现众多的马蹄形蚀坑,出现鱼鳞状蚀坑的腐蚀形貌。

(4) D 区:随着流速的进一步提高,紊流程度继续增大,金属表面的氧化膜或腐蚀产物膜大部分被除去,膜－孔腐蚀电池失去作用,金属表面大部分被暴露,再次形成保护膜的可能性大大减少,由于水流流速的提高,氧的供应十分充足,电化学腐蚀机理中阳极过程和阴极过程都十分容易进行,金属将以很高的速度发生全面腐蚀。

(5) E 区:紊流程度已增大到金属表面的氧化膜或腐蚀产物膜被全部除去的程度,根本不可能重新生成氧化膜或腐蚀产物膜,金属表面完全暴露于腐蚀介质中,电化学腐蚀机理中的阳极反应和阴极反应更容易进行,可能出现第二个临界水速,使腐蚀率达到最大值。此时,阴极反应已不再受氧的活度所限制,而受金属的离子化速度所限制,金属可能出现全面均匀腐蚀,表面呈抛光状态,并有镜面光泽,表现在海水管路中呈壁厚均匀减薄,此种腐蚀形态可能出现在海水流速较高的管进口端附近。

图 20.16 仅是示意性地说明海水流速对紊流程度和侵蚀－腐蚀过程的影响,且仅局限于以腐蚀为主的侵蚀－腐蚀过程。对于以侵蚀为主的腐蚀－侵蚀过程则未涉及。实际上,侵蚀－腐蚀率和侵蚀－腐蚀过程绝对不简单地仅是海水与金属表面间的相对流速的函数,还与许多环境因素(如 pH 值、含盐量、含沙量等)、材质本身的因素(如合金类别、可钝化行为)、结构因素(如弯管、三通等)有关。

20.3.1.2　流动海水中的腐蚀形貌特点

在低流速、紊流程度不大的情况下,金属的腐蚀完全遵循电化学腐蚀机理。此时的腐蚀形貌与海水静泡无明显差异,仅是腐蚀率明显高于海水静泡,除碳钢可能发生全面不均匀腐蚀或溃疡腐蚀之外,铜及其合金海水管路一般仅发生全面均匀腐蚀,黄铜和铝青铜可能发生脱成分腐蚀,腐蚀处都有腐蚀产物堆积。

当由于流速的提高或其他的原因(如结构几何因素变化),紊流程度增大到某种程度时,将会出现流动海水中所特有的几种腐蚀形貌,如下所述。无论哪种腐蚀形貌,与海水静泡时的腐蚀形貌最大区别是腐蚀处无腐蚀产物堆积,呈新鲜金属表面状态。

1. 鱼鳞状蚀坑

众多腐蚀坑拥挤在一起呈鱼鳞状,腐蚀破损区内常有不遭腐蚀破损的金属基体岛屿,如图 20.16 所示,

图 20.16　鱼鳞状蚀坑

材料为 TUP 紫铜,试验流速为 4.95m/s,试验时间 96 昼夜(连续),试验方法为管道模拟。

2. 马蹄形蚀坑

鱼鳞状蚀坑里的某个腐蚀坑可用各种各样的形容词形象地说明,最常用的说法是"马蹄形",如图 20.17 (a)所示。马蹄形蚀坑的断面形态如图 20.18(b)所示。材料为 TUP 紫铜,试验流速为 4.07m/s,试验时间 183 昼夜(连续),采用管道模拟试验。

(a)

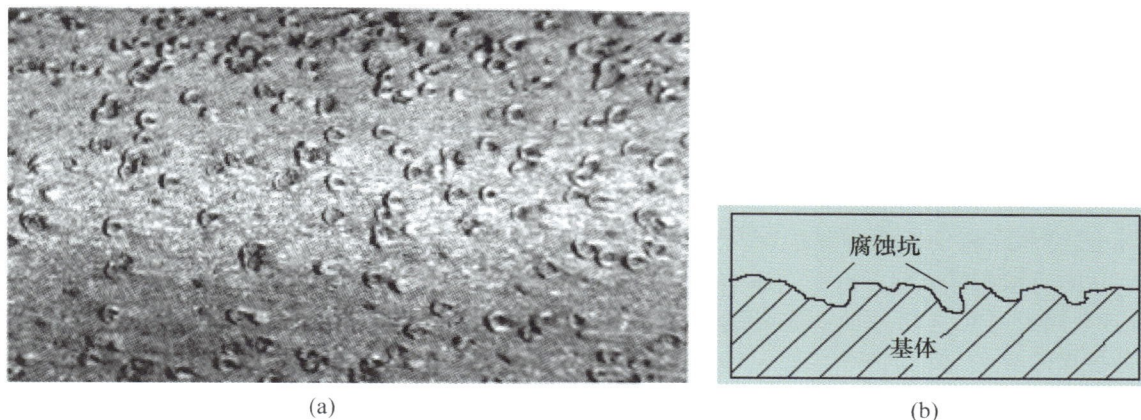

(b)

图 20.17　马蹄形蚀坑和断面形态

与海水静泡经常可见的腐蚀坑相比,除坑内无腐蚀产物堆积之外,马蹄形蚀坑具有方向性,很像马顺流而行踩出的马蹄印。在图 20.17 所示紫铜的马蹄形蚀坑中,坑中央部位,尚留存有未被破坏的有腐蚀产物附着的金属基体岛屿,可能发生在紊流作用还不是特别严重的区域内。

3. 抛光表面

当紊流程度增大到某种程度时,金属腐蚀产物膜完全被除去,腐蚀以很高的速度进行,可能出现抛光表面形态,如图 20.18 中试样迎水侧的边部附近,即属此种腐蚀形态,再向里紊流程度有所减小,出现马蹄形坑和鱼鳞状蚀坑腐蚀形态。实际海水管路中,泵、阀出口后,连接法兰后的管路海水进水端附近常会出现这种类型的腐蚀破损,其结果是导致管壁局部减薄。

4. 晶粒显出

这是我们发现的流动海水腐蚀中的一种腐蚀形态。经过流动海水腐蚀试验后的试样表面,不必经过化学试剂侵蚀,即可观察其晶粒组织。TUP 紫铜、HSi80 - 3、QAl9 - 2、HMn58 - 2 都有此种腐蚀现象出现,如图 20.19 所示,铸造组织和双相合金更为显著。

图 20.18　试样迎水侧边部抛光表面(试样—TUP 板状;试验方法—冲刷腐蚀;海水流速为 7.6m/s;试验周期为 20 昼夜)

图 20.19　晶粒显出(材料—HMn58 - 2 板样;介质—舟山海水 +0.75‰砂;试验方法—冲刷腐蚀;流速为 2.5m/s;周期为 20 昼夜)

5. 其他腐蚀形貌特点

除了前述四种比较有代表性的腐蚀形态之外,由于金属材质的不同、试验环境条件的不同,还可有其他一些腐蚀形态出现。

20.3.1.3　海水流动影响腐蚀的主要因素

1. 海水流速

由于海水流动对金属表面膜产生侵蚀作用,增加氧的金属表面的供应,易于除去腐蚀反应所生成的腐蚀产物,因此海水流速是流动海水腐蚀中最重要的影响因素之一。

在流速不高时,由于水的流动使金属表面的环境趋于均一化,因此,虽然腐蚀率随流速增大而缓慢增加,但局部腐蚀趋于减少。当流速增大到对金属表面膜产生侵蚀作用,并局部除去表面膜时,金属将加速腐蚀,并产生侵蚀腐蚀的腐蚀形态,即鱼鳞坑、马蹄坑等,局部腐蚀变得更为突出。在中性水溶液中,腐蚀率与水流速度的关系如图 20.20 所示,由于金属种类的不同,可能出现两种曲线形态。曲线 2 是以紫铜为代表的走势,随水流速的增大没有因氧的供应增多而使金属表面产生钝化的阶段。曲线 1 是以碳钢为代表的走势,当随流速的增大,氧的供应十分充足时,金属表面可能发生钝化,而使腐蚀率反而有所降低,但当水流速进一步增大到侵蚀作用使钝化膜破坏并不可能修复时,腐蚀率将再次迅速增大。

实际上,金属在流动海水中腐蚀率与流速的关系并不总是像图 20.20 中所示那样典型。由于金属本身与环境因素的千变万化,各种金属材料在流动海水中的腐蚀率与流速的关系曲线也是各种各样的。

2. 紊流程度

紊流又称为湍流、乱流、扰流,是流速增大到一定程度时的一种流体状态,这时流线不再清晰可辨,流场中有许多小旋涡。泵、阀海水出口处,法兰后海水入口处,弯管后,三通处,插管后,变径管处的腐蚀破损明显重于直管段,就是紊流程度影响的典型事例。凡是水流遇到阻碍,流体方向发生改变的地方,紊流程度都会显著增大。在实验室试验中,矩形试样的严重腐蚀破损总是首先发生在迎水侧边附近。在紊流严重处,可能发生流体对金属表面的直接冲击作用,涡流的中心部位产生空气泡对金属表面的空泡作用,以及局部异常于名义流速的高流速,这些都会显著加大流动海水对金属表面的侵蚀腐蚀。紊流程度对海水管路腐蚀破损的影响比海水流速的影响更重要。有人说紊流严重处的腐蚀破损得到控制,海水管路腐蚀破损问题的 90% 就得到了解决。

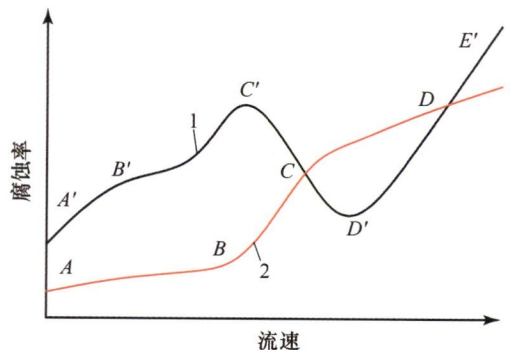

图 20.20　腐蚀率与水流速度关系示意图
（曲线 1—碳钢;曲线 2—紫铜）

3. 沙含量

流动海水中含有固体颗粒时,对金属的侵蚀腐蚀作用会强烈增大。海水中最常见的最有影响的固体颗粒就是悬浮于海水中的沙,由含沙流动海水引起的侵蚀腐蚀破损又称为沙侵蚀。

不同材料对沙侵蚀的敏感性相差很大,见表 20.6。3‰的沙,即可使 TUP 紫铜在 2.3m/s 的海水流速下腐蚀速率增加 1.5 倍,出现表面呈抛光状的腐蚀形貌,13 天后厚度减薄 0.03mm,但继续增大含沙量达 83‰(为舟山海域泥沙含量的 3~4 倍),腐蚀速率的进一步增加却不大,仅约 1.9 倍。三组数据都在 10^{-1} 数量级范围内。B30 铜镍合金对沙侵蚀比 TUP 紫铜敏感得多,在无沙 2.3m/s 海水中,腐蚀率非常低,仅为 0.008mm/年,含沙 3‰时,增加到 0.10mm/年,虽然绝对数值仍不高,远低于 TUP 紫铜,但含沙的影响使其腐蚀速率产生了数量级的变化,增加了 11.5 倍,而且随着含沙量进一步增加到 83‰时,其腐蚀速率仍产生了数量级的变化,在 3‰沙的基础上,又增加了 14.9 倍,腐蚀速率远远高出了同样条件下 TUP 紫铜的腐蚀率达 1.5 倍,达 1.59mm/年,表面成抛光状态,具有镜面光泽,试样加工时的原始机加工沟纹都被磨钝。相比 TUP 紫铜管,B30 铜镍合金管对含泥沙海水的腐蚀性更为敏感。

表 20.6　含沙量对紫铜和铜镍合金在流动海水中侵蚀腐蚀速率的影响　（单位:mm/年）

试 验 条 件	TUP	B30
2.3m/s,20 天	0.22	0.008
2.3m/s,21 天,3‰海砂	0.56	0.10
1.6m/s,13 天,83‰煤灰	0.63	1.59

4. 累积流动海水作用时间

实船海水管路腐蚀破损情况调查结果发现,腐蚀破损严重、事故频率较高、出现破损时间较早的管路多为经常使用的管路,为此进行了实验室试验予以验证。在 2.3m/s 和 7.6m/s 两种流速下,采用青岛海域海水作为腐蚀介质进行了试验。试验结果表明:腐蚀率随流动海水作用时间的延长而降低,但腐蚀速度却随试验时间延长而增加,如图 20.21 所示。从腐蚀形貌上看,随着流动海水作用时间的延长,冲击腐蚀特征变得越来越显著,主要的变化是由无膜新鲜紫铜色表面逐渐变为有膜表面,随着膜的形成,腐蚀变得局部化,由新鲜表面和晶粒显出逐渐发展为膜边界处出现微小马蹄形蚀坑及迎水边部的减薄。

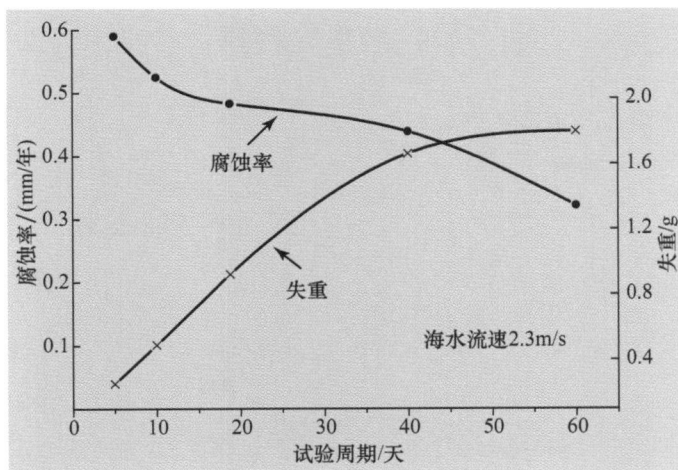

图 20.21　腐蚀率和失重与试验周期的关系

工作时间是导致冲击腐蚀的典型形态——马蹄形蚀坑出现的重要因素之一。在 2.3m/s 流速下,40 天左右可能出现马蹄形蚀坑,在 7.6m/s 流速下,20 天左右就出现马蹄形蚀坑和迎水边部减薄。在舰船上,除工作时间海水流动产生的腐蚀影响外,大多数海水管路在不工作时也有腐蚀,由于积水、设计、使用等原因,海水管路中还存在缝隙腐蚀、电偶腐蚀等。

20.3.2　缝隙腐蚀

金属与金属或金属与非金属之间形成的缝隙处发生的加速腐蚀称为缝隙腐蚀。它是一种主要受几何因素所决定的腐蚀,在海水管道中常见的缝隙腐蚀可分三类:

(1) 结构缝隙处的腐蚀。缝隙是在设计过程中所决定并在制造过程中所形成的,如重叠焊缝、法兰盘间、阀芯和阀座间等,如图 20.22 所示。这些缝隙有些是可以通过设计和制造加以改善的,有些是不可避免的。

(2) 外来物质沉积物下的腐蚀。常见的沉积物有石块、泥沙、垃圾、贝壳、木屑、煤粒等。沉积主要发生于腐蚀介质处于静止或低流速状态下,沉积物下的缝隙腐蚀又称为沉积腐蚀。无疑通过设计减少发生沉积的条件,通过合理地使用和保养及时地除去沉积物,沉积腐蚀就可以得到减轻或避免。在海水管路中,沉积腐蚀比结构缝隙腐蚀更具有危害性,从而成为仅次于流动海水腐蚀的海水管路腐蚀破损的第二主要原因。

(3) 海生物下的腐蚀。由于舰船服役期间海生物的附着所导致,特别是在不均匀附着之下,如藤壶附着后对船体板的腐蚀,这种腐蚀也只发生于海水静止和低流速状态下。在以铜及其合金为主要结构材料的海水管路中,此种腐蚀不构成重大威胁,因为铜及其合金具有较强的抗污性能。

对于铜及其合金来说,主要用金属离子浓差腐蚀电池来解释缝隙腐蚀,腐蚀主要发生在缝隙内部外,如图 20.23 所示。在缝隙内部由于溶液的流动或扩散受到限制,在腐蚀过程的初期阶段生成的金属离子在缝隙内发生积聚,一旦发展到缝隙内外建立了金属离子浓度的差别,在紧靠缝隙外缘处的就会成为阳极而发生加速腐蚀,而缝隙内部会变成阴极而出现金属离子的还原。

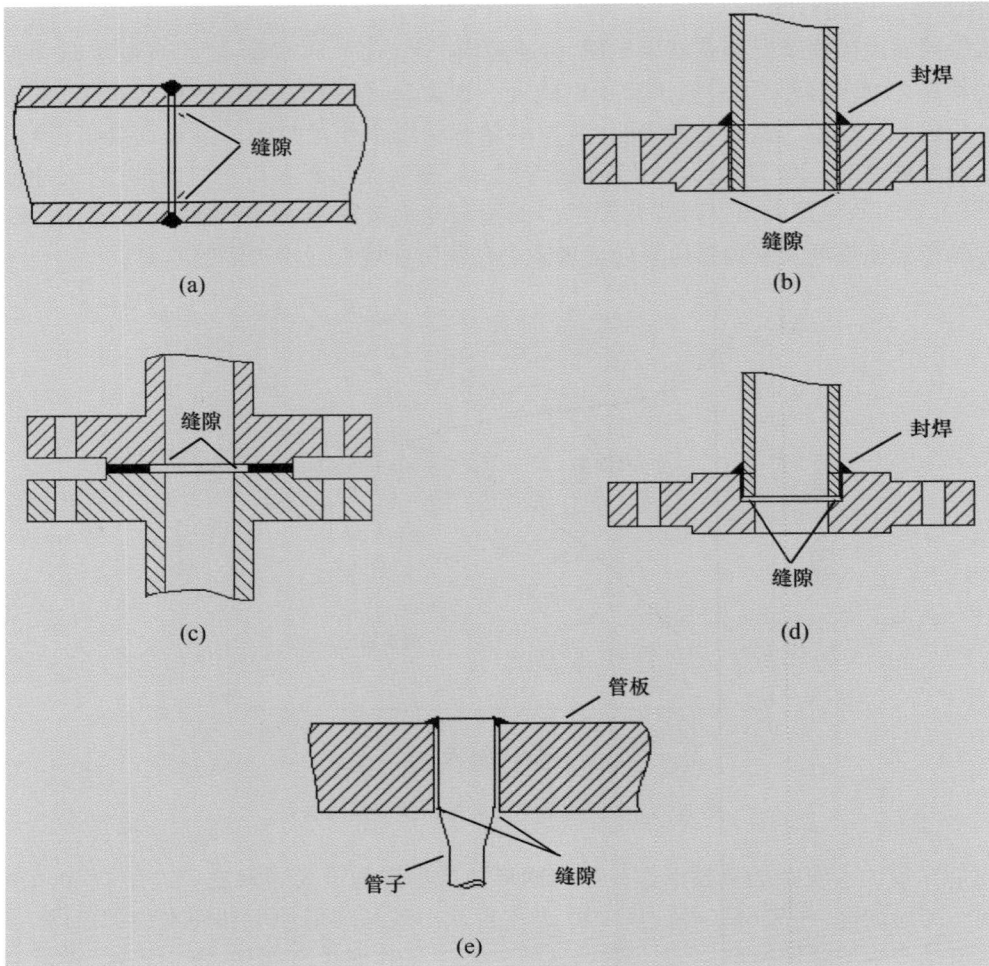

图 20.22 海水管路中常见的结构缝隙
(a) 对接焊未焊透;(b) 采用螺纹连接的法兰;(c) 法兰间垫圈规格不当;
(d) 采用焊接法兰形成的缝隙;(e) 管板与管子间形成缝隙。

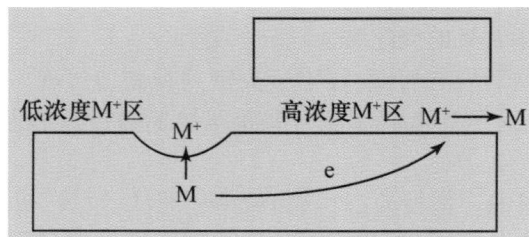

图 20.23 铜及其合金的金属离子浓差电池腐蚀机理

铜及其合金的沉积腐蚀与结构缝隙处的腐蚀在形态上和机理上可能存在差异。沉积腐蚀主要发生在沉积物下,可能遵循氧浓差腐蚀机理。并且黄铜常伴随有脱锌腐蚀,铝青铜常伴随有脱铝腐蚀。在海水管路系统中,沉积腐蚀比结构处的缝隙腐蚀更为常见,更应引起重视。

对于易钝化金属来说,主要用活化 – 钝化腐蚀电池来解释缝隙腐蚀机理。这种腐蚀电池起因于缝隙内、外氧浓差的形成。由于缝隙内部氧浓度低,氯离子浓度高,pH 降低,导致易钝化金属在缝隙内部的局部表面发生活化,从而形成缝外表面为钝化状态,缝内表面为活化状态的腐蚀电池。因此,易钝化金属对缝隙腐蚀最为敏感,如不锈钢、镍基合金、铝合金等都属于此类金属材料。在海水中不锈钢活化态与钝化态表面之间的电位差可达 500mV 左右。有些铜合金如 B30 铜镍合金也具有钝化行为,因此,对缝隙腐蚀也具有一定的敏感性。

海水流动使传递到缝隙外部的氧量增加,因而将增加缝隙腐蚀的严重程度。但对沉积腐蚀和海生物下的腐蚀而言,由于海水流动将使沉积物质的沉积和海生物的附着变困难。因此提高海水流速可以减少产生沉积腐蚀和海生物腐蚀的机会,海水流速增加到 0.9m/s 时就可明显减少沉积腐蚀和海生物下的腐蚀。

20.3.3　电偶腐蚀

1. 典型实例

电偶腐蚀极易发生是海水腐蚀的基本特点之一。在海水管路中经常可见电偶腐蚀的实例。如有的舰船采用铁质法兰连接紫铜管,较好的情况采用 HPb59 - 1 黄铜法兰连接紫铜管。一旦法兰有暴露于海水中的情况,就将发生电偶腐蚀,导致法兰腐蚀,铁质法兰尤其如此。较早期某潜艇主循环水系统曾用 45 钢制法兰连接紫铜管和橡胶软管,潜艇下水不到 4 个月,45 钢法兰腐蚀即非常严重。用 HPb59 - 1 制作的锌塞丝座也曾因锌塞消耗光之后,遭到紫铜管的电偶腐蚀作用而导致管路泄漏。本来是用于减轻海水管路腐蚀的锌塞,反而成为管路的薄弱部位。其他实例如海水滤器,采用钢质壳体与 B10 铜镍合金连接,内部又与不锈钢滤网电连接,因此在舰船大修时,所有严重破损的海水粗滤器全部拆下换新。又如某舰船冰机冷却器采用钢质封头和隔板与铜质管系和管板相组合,封头腐蚀严重,隔板残缺不全,本来是双水室变成了一个水室,造成两水室内介质混流。

2. 影响电偶腐蚀的主要因素

(1)电偶腐蚀的驱动力是电偶阴、阳极金属之间的电位差。在海水管路中,因海水的电导率大,氯离子的含量高,因而海水的电阻及金属的电阻和阴极极化都很小,可忽略不计。影响电偶腐蚀的主要因素是电偶阴、阳极的开路电位差和阴极金属的阴极极化。开路电位差越大,电偶腐蚀越严重,阴极极化越大,电偶腐蚀越轻微。

(2)阴、阳极面积比。多数情况下,增加阴极面积会加剧电偶腐蚀,增加阳极面积会减缓电偶腐蚀。在大阴极小阳极的面积比条件下,即使不大的开路电位差也会导致产生电偶腐蚀,在海水管路中,紫铜海水管路常用 HPb59 - 1 黄铜焊丝焊接,这是大阴极小阳极电偶腐蚀的典型实例。虽然黄铜 HPb59 - 1 的自然腐蚀电位(-392mV(SCE))与紫铜的自然腐蚀电位(-257mV SCE)相差不算大,但由于不利的面积比,HPb59 - 1 焊缝存在十分大的电偶腐蚀危险性。

(3)阴极材料的阴极极化行为。有时,虽然阴、阳极材料的初始电位差很大,但当阴极材料的极化率较大时,阴极材料的电偶腐蚀反而可能比原始电位差较小的电偶阴极还小,如在研究某舰船主循环水系统中,用钛合金代替 B30 铜镍合金制造主冷凝器的管束对系统中其他材料的电偶腐蚀影响时发现,虽然 TA5 与 608 铸钢的原始电位差(699mV)比 B30 铜镍合金与 608 铸钢的电位差(502mV)明显大,但 TA5 对 608 钢的电偶腐蚀作用明显小于 B30 铜镍与 608 钢的电偶腐蚀作用,如图 20.24 所示。

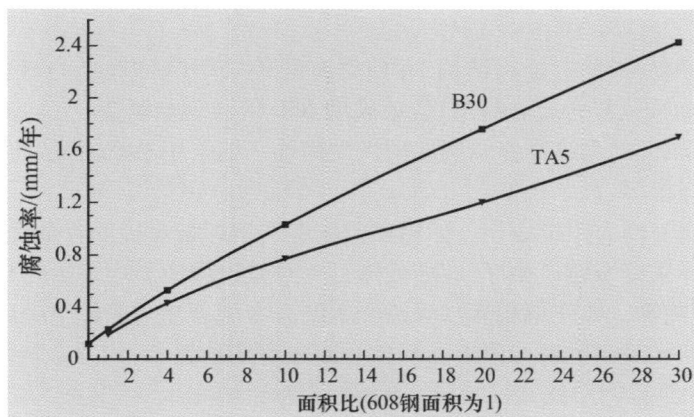

图 20.24　TA5 和 B30 对 608 铸钢电偶腐蚀的影响

(4)阳极材料的阳极极化行为。通常在海水中,由于氯离子含量高,金属材料的阳极极化很小,但在研究某舰船主循环水系统的电偶腐蚀行为时,发现 TUP 紫铜当与 B30 铜镍合金组成电偶时,随着阴、阳极面积比的增大,TUP 紫铜将出现显著的阳极极化,其至使电偶的阴、阳极发生反向变化。TUP 紫铜成为电偶的阴极,B30 铜镍成为电偶的阳极(图 20.25),当 B30 铜镍与 TUP 面积比小于 4 时,电偶腐蚀因子为正值,紫铜的腐蚀被加剧,当面积比大于 10 时,电偶腐蚀因子为负值,紫铜的腐蚀不但未被加速,反而比自然腐蚀率还低得多。

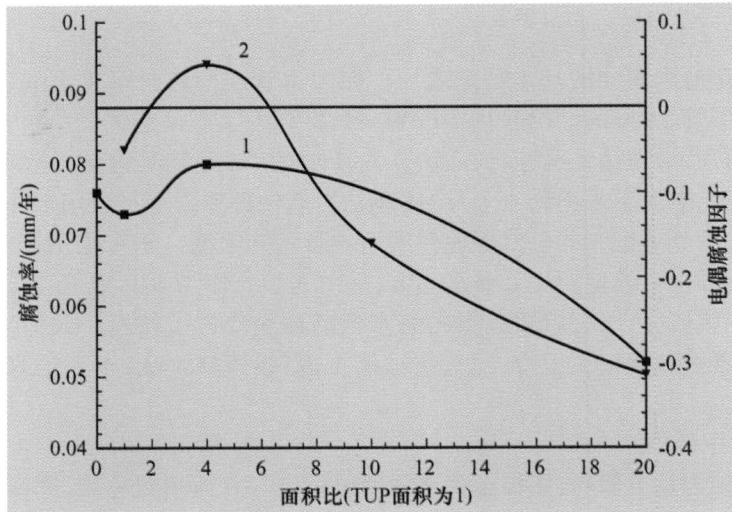

图 20.25　TUP 紫铜的阳极极化对其与 B30 组成电偶的腐蚀行为的影响

　　(5)海水流动对电偶腐蚀的影响。海水流动显著增大电偶腐蚀作用,流速越高,电偶腐蚀作用越大。如表 20.7 所列 TUP 紫铜与 A3 钢的电偶腐蚀试验结果所示,当海水流速由静止增大为 5.3m/s 时,电偶腐蚀因子由 0.45 增大到 2.55,增加了 4.7 倍。

表 20.7　TUP 与 A3 钢电偶腐蚀试验结果(面积比为 1:1,试验介质为海水)

试验条件	A3 钢			TUP	
	腐蚀率/(mm/年)		电偶腐蚀因子	腐蚀率/(mm/年)	
	自然腐蚀	电偶腐蚀		自然腐蚀	电偶腐蚀
静止海水	0.22	0.32	0.45	0.057	0.0008
5.3m/s	2.67	9.47	2.55	0.33	0.004

　　3. 减轻电偶腐蚀的措施

　　(1)尽可能采用同一种材料制造金属结构,如海水冷却装置的水室、管板、管束都采用 B10 铜镍合金制造。

　　(2)采用电位差较小的材料制造金属结构,并使重要部件采用电位较高的材料,如海水冷却装置的水室、管板可采用 B10 铜镍合金或复合合金制造,管束采用 B30 铜镍合金制造。

　　(3)采用阴极极化率较大的金属制作结构的阴极性构件。如采用不锈钢或钛合金与碳钢或低合金钢偶合,比采用铜及其合金会好得多。

　　(4)尽量减小阴极面积,增大阳极面积。如用奥氏体不锈钢焊条焊接低合金钢构件,同低合金钢铆钉连接碳钢构件,比用同种钢焊条或铆钉还要好,焊缝或铆钉相对被连接金属应该始终是阴极,处于被保护状态。

　　(5)在异金属之间电绝缘。如在铜制海水管路和钢制海水滤器之间采用绝缘法兰连接。

　　(6)涂装阴极构件,从而减小阴极与阳极面积比。如在海水滤器中,用非金属涂层涂装不锈钢滤器,会减轻滤器钢制缸体的腐蚀。

　　(7)阴极保护,可有效解决异金属间的电偶腐蚀问题。如在海水管路中加装锌塞,可有效防止紫铜管对 HPb59-1 焊缝的电偶腐蚀问题。

　　4. 实施减轻电偶腐蚀措施时的注意事项

　　(1)在用焊接或铆接连接金属结构时,焊缝材料和铆钉材料绝对不能相对被连接金属为阳极。

（2）在使用非金属涂层防蚀时，绝不能仅涂阳极性构件，应优先涂装阴极性构件，否则将会导致严重的局部腐蚀。

（3）用来涂装电偶阴极性构件的涂料必须是耐碱性的，因为腐蚀电偶阴极区的海水碱性回增大。

（4）在海洋结构中，采用阴极性金属复层来防蚀是不行的，一旦复层破损，将会导致金属复层与破损处基体金属之间形成大阴极小阳极的电偶腐蚀。

（5）在用石墨作润滑剂或使用石墨填充剂的塑料时，要注意到石墨与金属构件形成腐蚀电偶，从而导致构件产生严重腐蚀。石墨是很强的阴极性材料。

20.3.4 脱成分腐蚀

1. 脱成分腐蚀机理

在含两种成分以上的合金中，选择性失去其中一种或几种成分的腐蚀，称作脱成分腐蚀。在较大表面上均匀脱成分的称作层状脱成分腐蚀，在局部区域向深度方向发生脱成分腐蚀的称作塞状脱成分腐蚀。以黄铜脱锌腐蚀为例（图 20.26 和图 20.27），脱成分腐蚀主要发生于合金元素与基体材料电极电位相差较大的合金中，如铸铁（Fe – C 合金）、黄铜（Cu – Zn 合金）、铝青铜（Cu – Al 合金）等。

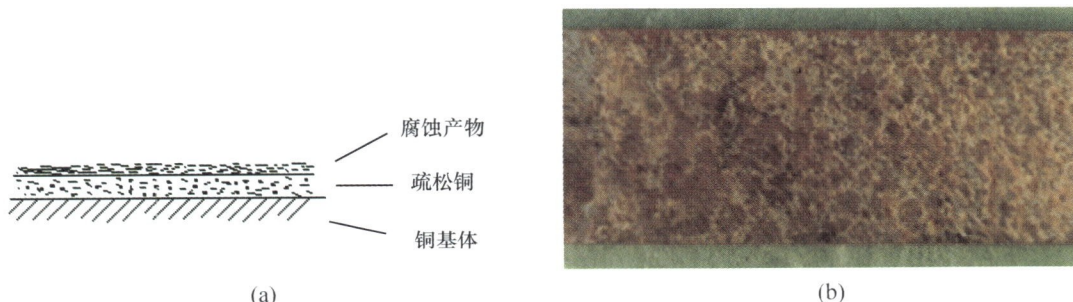

图 20.26 层状脱锌腐蚀示意图及表面形貌（HMn55 – 3 – 1 脱锌腐蚀）

图 20.27 塞状脱成分腐蚀示意图及表面形貌（QAl9 – 4 脱铁腐蚀）

解释脱成分腐蚀机理主要有两种：

（1）电位较低元素的选择性溶解机理，认为脱成分腐蚀主要是电位较低元素发生选择性腐蚀，而电位较高元素留在原位不动，腐蚀的结果使基体的腐蚀部位变疏松，失去强度。塞状脱成分腐蚀与这种机理相吻合。发生塞状脱成分腐蚀的材料，在腐蚀处往往出现被选择性腐蚀元素的腐蚀产物瘤，如脱锌腐蚀、脱铝腐蚀出现白色的 $Zn(OH)_2$ 或 $Al(OH)_3$ 腐蚀产物瘤，脱铁腐蚀、脱锰腐蚀出现暗红色的 $Fe(OH)_3$ 或 $Mn(OH)_2$ 腐蚀产物瘤，当除去腐蚀产物时，无论是金黄色的黄铜表面还是青绿色的青铜表面，在腐蚀产物瘤的下部都将出现新鲜的紫铜色的斑。

（2）电位较高元素的再析出机理。认为合金中各成分先是同时遭到腐蚀，随后溶液中的高电位金属离子吸收电子在腐蚀区重新析出，从而形成高电位金属的多孔性沉积物。层状脱成分腐蚀与这种机理相吻合。以 HMn55 – 3 – 1 合金为例，发生层状脱成分腐蚀的合金表面，不仅可以看到被选择性腐蚀元素锌的白色腐蚀产物瘤，还常可看到众多的紫铜颗粒，如图 20.28 所示。

2. 常用海水管路及其配件材料的脱成分腐蚀行为

脱成分腐蚀是铜合金在海水管路系统中安全使用的重要威胁之一。脱成分腐蚀会导致材料的力学性能严重降低,因而导致构件过早地破坏。塞状脱成分腐蚀会导致管路渗水甚至泄漏。早年舰船海水冷却器管系以海军黄铜(HSn70-1)管为主的时候,脱锌腐蚀曾是海水冷却器腐蚀泄漏的主要原因之一。目前,在海水管路系统中仍然使用不少具有脱成分腐蚀敏感性的铜合金,如 HPb59-1、HSn70-1、HSn62-1、HMn58-2、HSi80-3、QAl9-2、QAl9-4 等。

(1)黄铜的脱成分腐蚀。所有锌含量大于 15%、不作为耐蚀合金供货的黄铜,在海洋环境中都具有脱锌腐蚀敏感性,黄铜的脱锌腐蚀敏感性随锌含量增加而增大。两相合金比单

图 20.28　HMn55-3-1 脱锌腐蚀形貌

相合金脱锌腐蚀敏感性大,缺氧环境下易于发生脱锌腐蚀,如水流缓慢或停滞处、缝隙内,沉积物下等,这并不意味着流动海水条件下就不发生脱锌腐蚀,在流动海水条件下,黄铜的脱锌腐蚀仍然是十分显著的。提高温度会促进脱锌腐蚀的发生,因此,在用黄铜制作的热交换器管束上,易发生这种腐蚀破坏。铝黄铜由于表面生成的保护膜较耐蚀,其脱锌腐蚀敏感性较小。

(2)铝青铜的脱铝腐蚀。镍含量低于 4% 的铝青铜有脱铝腐蚀敏感性,且随铝量的增加,脱铝腐蚀敏感性增大。含镍量不低于 4% 的铝青铜(如 ZQAl-9-4-4-2)脱铝腐蚀敏感性较小。与黄铜脱锌腐蚀相比,铝青铜的脱铝腐蚀要轻一些,且多为塞状腐蚀。在含有铁或(和)锰的多元铝青铜中,除了脱铝之外,可能还脱铁、脱锰,因此其腐蚀产物瘤上颜色常掺杂有暗红色甚至就是暗红色,如 QAl9-4、QAl14-8-3-2。

(3)铜镍合金的脱镍腐蚀。在热交换器和泵等设备上使用的铜镍合金或镍铜合金(蒙乃尔合金)有发生脱镍腐蚀的可能性。脱镍腐蚀主要发生于流速非常低(0~0.6m/s)的海水中。特别是污染海水中,沉积物下对脱镍腐蚀有促进作用。在常温流动海水中,尚未发现因铜镍合金的脱镍腐蚀造成的严重后果。

3. 材料脱成分腐蚀评价

常用海水管路及其配件材料脱成分腐蚀敏感性见表 20.8。

表 20.8　海水管有关材料的脱成分腐蚀敏感性

合金牌号 ＼ 海水流速 m/s	0	2.3	3.4	5.0	7.6
TUP	无	无	无	无	无
ZCuSn5Pb5Zn5	无	无	无	无	无
ZCuSn30Pb2	无	无	无	无	无
ZCuZn14Si4	轻微	中等	中等	显著	轻微
ZCuZn40Mn3Fe1	严重	严重	严重	显著	严重
ZCuZn40Pb2	中等	严重	显著	显著	显著
CuZn32	中等	显著	显著	显著	显著
ZCuZn24Al5Mn2Fe2	显著	显著	显著	显著	严重
ZCuAl9Mn2	无	无	无	轻微	中等
ZCuAl30Fe3	显著	无	无	中等	中等
ZCuAl8Mn13Fe3Ni2	显著	中等	中等	中等	显著
ZCuAl9Fe4Ni4Mn2	无	无	无	轻微	无
CuNi30Fe1Mn1	无	无	无	无	无

20.3.5　潮湿海洋大气腐蚀

金属在海洋大气中的腐蚀主要与金属表面的水膜层厚度有很大关系(图 20.29):在 Ⅰ 区,水膜层厚度只

有几个分子层厚,相当于干大气腐蚀,腐蚀率很小;在Ⅱ区,水膜层厚度为 $10mm \sim 1\mu m$,在薄水膜层下,由于氧易于扩散进入金属与水膜界面,发生电化学腐蚀,腐蚀率随水膜厚度增加而增大;水膜厚度增加至Ⅲ区时,由于水膜层增厚,氧的扩散阻力增大,腐蚀率开始下降;当水膜层厚度继续增厚至Ⅳ区时,腐蚀环境与海水浸泡相当。

Ⅱ区俗称潮大气腐蚀。Ⅲ区俗称湿大气腐蚀。分析排空海水管路内的腐蚀环境,应属湿大气腐蚀的情况居多。因为海水管路系统相当于密闭系统,当海水排空之后,潮湿的海洋气氛将会长期的存留于管子内部,不但很少有干燥的机会,反而由于管外表面温度降低时,还会导致管内表面的湿气凝结成露而形成水膜。如果管内表面有盐粒的析出和附着,还会由于盐粒的吸潮而形成水膜。

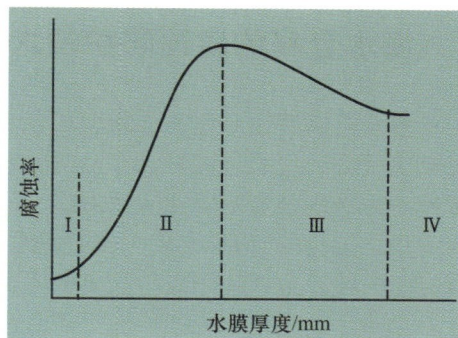

图 20.29　大气腐蚀与金属表面上水膜层厚度的关系
Ⅰ—$\delta = 1 \sim 10nm$;　Ⅱ—$\delta = 10nm \sim 1\mu m$;
Ⅲ—$\delta = 1\mu m \sim 1mm$;　Ⅳ—$\delta > 1mm$。

根据国际标准化组织制定的 ISO 9223—1992《金属和合金的耐腐蚀性大气腐蚀性》"大气腐蚀性分类",海水管道内的大气应属高或很高级别。碳钢的腐蚀率在 $50 \sim 200\mu m/$年范围,铜应在 $1.3 \sim 5.6\mu m/$年范围,稍低或接近海水静泡情况下的腐蚀。

仅仅因为潮湿海洋大气的一般腐蚀,对于以铜及其合金为主要结构材料的海水管道来说,可不必担心会造成严重的腐蚀破损。但如果管路的布置和安装等原因造成海水局部滞留,将会给海水管路造成不可忽视的腐蚀破损隐患。海水滞留区的腐蚀可归因于海水滞留处与其周围形成氧浓差腐蚀电池的结果。如图 20.30 所示,海水管路、包括海水冷却管的下半弧部腐蚀普遍重于上半弧部,就是此种原因所致,即使管内排空海水后,管内无肉眼可见的海水滞留,下半弧部水膜层厚度也会明显大于上半弧部,仍会导致形成氧浓差电池,而使管子下半弧部腐蚀重于上半弧部。

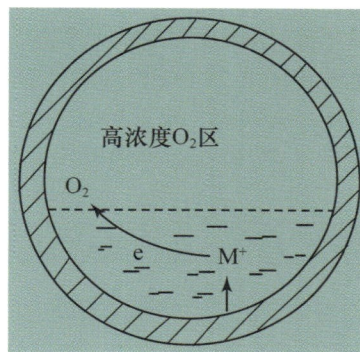

图 20.30　海水滞留区腐蚀机理示意图

20.3.6　污水系统的腐蚀

污水系统特别是黑水管路是舰艇严重腐蚀破损多发管路系统之一。据某船腐蚀调查,卫生系统的排便管一般使用一年即发生腐蚀破损,严重的 $4 \sim 5$ 个月即发生腐蚀破损,腐蚀呈均匀溶解形貌,直到局部管壁被溶解光而造成泄漏,如图 20.31 所示。黑水管路腐蚀产生的主要原因除了粪便中所含的硫化物、氨化物及悬浮的分辨颗粒污染海水之外,定期地用硫酸冲洗便器,导致海水变成酸性,都使黑水的腐蚀性强度增大,铜及其合金对硫化物、氨化物、酸性海水的腐蚀都十分敏感。

图 20.31　某船排便管腐蚀破损形貌

20.4　海水管路的腐蚀防护技术

由于海水管路腐蚀环境的苛刻性和多变性,海水管路的腐蚀问题较舰船上的任何构件更为常见,且难于彻底解决,因此,仅通过选材、设计、精心施工仍不能完全解决舰船海水管路的腐蚀问题,还必须从设计阶段就开始考虑选用合适的腐蚀防护措施,从而保证海水管路的安全可靠性。根据国内外的实船使用经验和我国有关单位近年的研究,比较有效的海水管路腐蚀防护方法有:钢管镀锌;非金属覆层;硫酸亚铁成膜处理;阴极保护;铁合金牺牲阳极与铁离子成膜联合保护;海水管系防腐防污装置。

20.4.1　钢管镀锌

为了节省经费,早期的钢制海水管道通常需采用锌镀层予以防蚀保护。锌镀层用于钢管防蚀时的主要优点在于:当镀层局部破损或不连续时,它对钢管还起着牺牲阳极阴极保护作用,因而即使镀层局部出现问题,钢管仍然不会发生严重腐蚀问题。锌镀层的缺点是自腐蚀率比较大,而且由于钢的电偶腐蚀作用,腐蚀率更大。

钢管的镀锌保护可用三种方法来实现:电镀、热镀和热扩散。

电镀所得镀锌层厚度较薄,一般不超过 $60\mu m$,用于海水管道中时,通常用不了一年,有的仅经 $3\sim5$ 个月就会发生破坏,因此对于海水管道防蚀,目前通常不用电镀锌,而用热镀锌。

热镀锌的实质是把经过若干准备工序的镀件浸入熔融锌中,熔融锌的温度在 $450\sim460℃$ 范围内,热镀锌的镀层厚度可达 $200\sim300\mu m$。为了在制件上获得高质量的加厚镀锌层($200\sim300\mu m$),必须仔细完成所有的准备工序,包括必需的镀锌件的喷砂处理,并使在熔融锌中的保持时间增加到表20.9中所示的数值。

表 20.9　镀层厚度为 $200\sim300\mu m$ 的管子镀锌工艺参数

外径/mm	熔融温度/℃	保持时间/min
$22\sim50$	455 ± 5	$10\sim12$
$\geqslant56$	455 ± 5	$12\sim15$

获得镀锌层的第三种方法是热扩散。它是使制件和由锌粉及石英粉组成的混合物直接接触,加热到 $460\sim480℃$,并在该温度下保持 $10\sim12h$,这时发生锌原子向钢晶格中的扩散,形成铁-锌合金,用这种方法得到的镀层厚度与保持时间有关,可达到 $100\sim200\mu m$。

根据实际使用情况来看,舰船海水管路一般不主张使用钢管或钢管镀锌技术。

20.4.2　非金属覆层

非金属覆层在船舶海水管道中的应用主要有塑料衬里和粉末喷涂。

1. 塑料管

主要是热塑性塑料(低密度和高密度聚乙烯、聚氯乙烯)有着许多与金属明显不同的性能,如非润湿性、摩擦阻力损失小、密度小、生产简单、原料费低廉等,特别是化学稳定性非常高,十分耐腐蚀,因此,塑料管日益广泛地用于工业各部门,包括造船工业。但是,热塑性塑料强度低,并且随温度升高而下降,随承载时间的增加,有蠕变倾向并出现松弛过程,以及老化等都限制了塑料管的直接应用。如低密度和高密度聚乙烯管,其使用温度上限不超过 $40℃$,就是在这种比较低的温度下,其允许工作压力也不能超过 $6kg/cm^2$。

2. 塑料衬里管

为了将金属材料的优点与塑料的优点结合起来,较早出现的是塑料衬里管,它应理解为双层管,外壳为金属管,内层为塑料管。塑料衬里管既具有金属的高强度,又具有塑料防蚀性能,这种塑料衬里管可输送温度达 $70\sim90℃$ 的介质,并可承受单纯塑料管高得多的工作压力,从而可成功地代替纯金属管和纯塑料管。

为了将塑料管内衬到金属管里,通常采用一起拉拔的方法,就是把塑料管自由地放进金属管中,然后使复合管经受冷拔加工,在拉拔过程中,塑料管与金属管的缝隙由于金属管的塑性变形而消除。

衬聚乙烯管对温度低于 $90℃$,流速小于 $5m/s$ 的海水具有高耐蚀性,这种管子的内表面不遭受一般腐蚀和流动海水腐蚀,而塑料层的腐蚀破坏只是在海水流速大于20m/s时才能发生,因此衬聚乙烯管在某些系统中可以代替钢管和铜合金管。

3. 粉末喷涂

近年来钢管涂塑在海水管道中得到了广泛的应用,钢管涂塑是用特殊的工艺及专用的设备将环氧系或聚乙烯系高分子粉末涂料均匀地涂覆于管系内(外)壁,经固化或塑化后,在管子内(外)表面形成平整、光滑、坚固的保护层,使管系成为钢塑复合制品。其塑料层厚度根据需要确定,一般环氧系厚度范围为250~500μm,聚乙烯厚度为500~1000μm,聚氯乙烯厚度为80~100μm,施工时厚度公差不超过规定涂层厚度值的20%。这种管系金属表面被塑料涂层与海水介质绝缘,因此有效地防止钢管被海水所腐蚀。该涂层耐蚀、耐磨、光滑致密、涂覆时不产生内应力,因此,大幅提高管子的使用寿命,一般比热浸锌钢管寿命提高5倍,从而显著减少修理费用,提高舰船在航率。而且钢管涂塑后还具有流体阻力小[阻力系数为0.009(热浸锌钢管阻力系数为0.012)],以及防结垢的优点,提高了管系的效率。

钢管涂塑技术在我国率先由船舶工艺研究所于20世纪80年代中期推广用于船舶和化工部门,取得了明显的经济效益和社会效益。与热浸锌管相比耐蚀性能明显优越,费用约高30%。目前涂塑技术仅适用于钢管,而钢管一般由于重量因素多数用于辅助舰船,作为B10和B30铜镍合金管等材料的一个补充。

4. 钢管涂塑层的性能

钢管涂塑覆层物理力学性能见表20.10。

表20.10　涂塑钢管涂层物理力学性能

性能 品种	使用温度 /℃	冲击强度 /t	硬度	附着力	可弯度
环氧系 PC-1	-20~90	>5	>2H (铅笔硬度)	一级(划圈法) >40MPa(拉开法)	d=2mm、 30°弯曲无裂痕
聚乙烯系 HE-Al-1	-20~90	≥5	0.65 (摆杆法)	二级(划圈法)	d=2mm 弯曲无裂痕
酚醛系 Nox-1	-20~150	—	>6H (铅笔硬度)	>30MPa (拉开法)	—

四种材料的腐蚀率对比结果如表20.11所列。

表20.11　全涂塑样和钢样的腐蚀率对比结果

试样差别	重量损失/g	腐蚀速度/(g/m²·天)	密度(g/cm³)	腐蚀率/(mm/年)
裸钢	2.2053	26.8275	7.84	1.25
镀锌钢	1.8428	23.8933	7.15	1.22
聚乙烯涂塑	0.1273	1.4192	1.48	0.35
环氧涂塑	0.0126	0.1393	1.15	0.044

钢管涂塑可显著提高其耐流动海水腐蚀性能,以环氧涂塑为好,但应注意在投入使用之前不得磕碰,因环氧涂塑层质脆,磕碰易产生裂纹,或局部破坏。采用粉末涂塑钢管特别注意涂塑层一定要完整,不得有未涂部位暴露于海水介质中。铜基环氧粉末涂塑层在3m/s、含砂3‰的海水中的试验结果表明,腐蚀率为0.042mm/年,在5.3m/s以下的无砂流动海水中无明显腐蚀。

20.4.3　硫酸亚铁成膜处理

早在1940年就发现水中铁离子对铜管有保护作用。1955年美国首次对电厂冷凝器管实施硫酸亚铁处理。之后,许多国家进行了硫酸亚铁防止铜管腐蚀的研究,直到目前仍广泛用于电厂冷凝器和船舶冷凝器管的防蚀。

硫酸亚铁处理防止铜管腐蚀的主要机理是:铜及其合金表面的氧化亚铜膜带有正电荷,水中硫酸亚铁水解和氧化形成的$\gamma-FeOOH$胶体颗粒带有负电荷,二者相吸形成亚铁离子膜,该膜对铜及合金基体起阴极缓蚀剂作用,是一种安全膜。

1. 影响硫酸亚铁成膜质量的主要因素

(1)铜管表面状态具有首要影响。形成好膜的必要条件是铜管表面应预先有一层 Cu_2O 膜,这是形成优质水合氧化铁膜的基础,对于耐蚀铜合金更为重要。在水中自然形成的 Cu_2O 膜有时比新管通过短时间处理形成的 Cu_2O 膜对形成水合氧化铁膜更为有益。

(2)氧是重要因素。硫酸亚铁膜的形成不是 Fe^{2+} 直接与铜表面发生反应,而是先水解、氧化生成三价铁胶体颗粒,然后才吸附到铜合金表面的 Cu_2O 膜上形成膜。其水解和氧化过程如下:

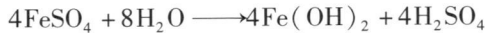

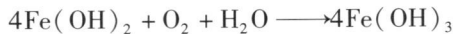

$$4FeSO_4 + 8H_2O \longrightarrow 4Fe(OH)_2 + 4H_2SO_4$$
$$4Fe(OH)_2 + O_2 + H_2O \longrightarrow 4Fe(OH)_3$$

(3)pH 值。Fe^{2+} 在水中形成 Fe^{3+} 胶体的速度随 pH 增加而加快,pH 值过低不能形成水合氧化铁膜,pH 值过高成膜太快,成膜质量不好,pH 值 5~8 是形成膜的最佳范围,在此范围内,pH 值越高需要 Fe^{2+} 越少。

(4)流速。流动海水有益于成膜均匀,形成好膜,海水流速大于 1m/s 为好。

(5)成膜处理时间。成膜处理 3 天,膜不再增加,铜的腐蚀得到抑制。

(6)温度。适宜的硫酸亚铁成膜温度以 10~35℃ 为佳。

对于开放海水冷却水系统而言,这些条件都是不需要特殊控制即可达到的,超过上述各因素最佳范围之外的都属特殊情况,只要注意这些特殊情况,一般可形成质量较好的膜。

2. 硫酸亚铁成膜工艺要点

硫酸亚铁处理之所以能在电厂冷凝器和船舶冷凝器中得到推广应用的主要原因,除了确有防止铜管腐蚀效果之外,还有其工艺简单易行、前处理要求不高等原因。其工艺要点是:

(1)成膜前表面状态控制。成膜处理之前要求管子表面无垢,无腐蚀产物,有一层均匀的 Cu_2O 膜,Cu_2O 膜成膜工艺很简单,只要让干净海水在管内以 2m/s 左右的流速自然流动一周左右即可,对新管而言,只要投产一段时间,就可自然形成 Cu_2O 膜。但应当掌握时间不得使铜管上发生结垢、沉积、出现腐蚀产物和其他脏污问题。只有对表面污垢较多、碳膜严重的管子和旧管才需先采用酸洗除垢,然后进行流动海水自然腐蚀成膜(Cu_2O 膜)。

(2)预膜处理工艺。初始膜成膜主要条件是:没必要进行管内表面清洗,不需要进行氯化处理和胶体清洗,只需要初始膜成膜后自然干燥一周左右(只是除去滞留水),铁离子注入浓度和时间有两种方式:一是 0.1~0.5mg/L 连续 10 天;二是 1mg/L 连续 3 天。

在注入铁离子期间,可用锌参比电极进行测定,由此求出极化电阻值作为控制指标,达到 2~3 万 $\Omega \cdot cm^2$ 以上,可认为已形成初始膜,良好初始膜的颜色应是均匀茶褐色。

(3)硫酸亚铁膜日常维持工艺。主要有两种工艺供选用:一是连续添加工艺,添加量 0.01~0.03mg/L;二是间断添加工艺,添加量 1mg/L,添加时间每天 0.5h。根据膜的质量、防蚀效果及环境因素的影响,添加工艺可以随时变化,当膜质量欠佳、防蚀效果降低时,可适当加大添加量或增加添加次数。

3. 海水管道硫酸亚铁成膜应用实例

为了解决海水管道严重腐蚀破损问题,我们研究了采用硫酸亚铁成膜方法的可行性。研究结果表明,TUP 紫铜海水管路经硫酸亚铁成膜处理后,可生成一层水合氧化铁保护膜,该膜与基体具有较高附着力并显著提高了管材在 5.3m/s 流速下的耐海水冲刷腐蚀性能。在较高海水流速下(5.3m/s)Fe^{2+} 浓度以 5mg/L 为最好,与基体附着力最大,耐流动海水冲刷时间最长,可使紫铜腐蚀率降低,保护度达 81%。

研究结果还表明,硫酸亚铁与三元锌牺牲阳极联合保护,对紫铜海水管路防蚀效果更佳。联合保护比硫酸亚铁成膜单独保护使紫铜腐蚀率又降低 13%,保护度达 83.5%,可使紫铜腐蚀率降低至原来的 1/5。单独的牺牲阳极保护因为海水管路容积有限,不能装得太多,因此难于将海水管路全部达到保护电位要求。与硫酸亚铁成膜处理联合保护,则有利于使海水管路内电位分布均匀,延长每个牺牲阳极的保护距离,而且可以减少牺牲阳极数量和延长其使用寿命。而牺牲阳极的存在,可促进水合氧化铁膜的形成,提高成膜质量,减少成膜处理次数。而当局部因腐蚀产物堆积严重等不利因素使成膜质量不佳时,牺牲阳极可提供阴极保护作用,二者相辅相成,互为补充。

20.4.4　阴极保护

阴极保护方法有外加电流阻极保护和牺牲阳极保护两种,采用哪种方法对海水管路实施保护,需根据管内有无涂装等其他防蚀措施、涂装质量如何、维修保养的难易程度、预定保护年限、管径、管内腐蚀介质电阻、电极布置的难易程度等来决定。对于舰船海水管路而言,由于管径较小,管路布置多曲折,至今没有看到采用外加电流法进行防蚀的,牺牲阳极法得到了广泛的应用,很久以前就已成为舰船海水管路的唯一经典防蚀方法,直到目前仍是最常用的防蚀方法。

1. 海水流动对阴极保护参数的影响

(1) 海水管道内的阴极保护必须考虑海水流速的影响。金属在流动海水中的阴极保护电流密度应随流速增大而增加,才能达到预定的保护电位,确保阴极保护的有效性,如图 20.32 所示。

(2) 海水含沙量的影响。海水含砂会显著增大金属的腐蚀,特别是当海水流速大时,影响更大,因此,含沙像提高流速一样对阴极保护所需要的防蚀电流具有较大影响,如图 20.33 所示。图中所示是软钢试验 5h 后的防蚀电流密度,72h 后,在含沙流动海水中的保护电流密度可减少到 1/4,约 1.8A/m^2。

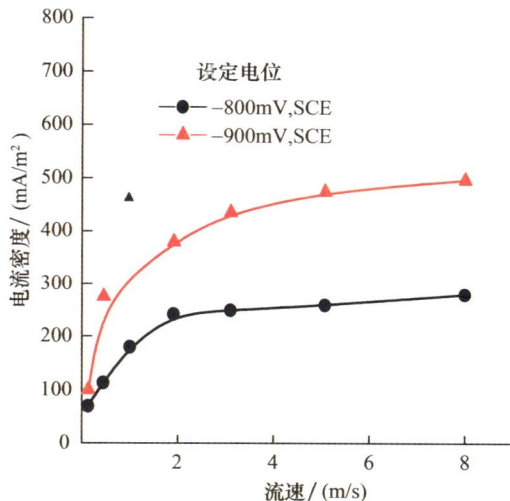

图 20.32　流速和电流密度的关系(恒电位试验)

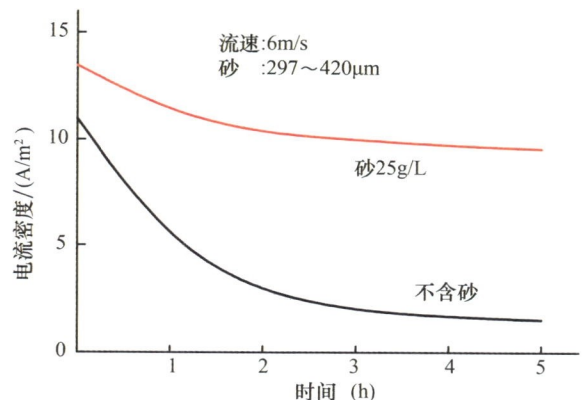

图 20.33　含沙量对流动海水中保护电流密度的影响

(3) 空泡破损情况下的阴极保护。强烈的空泡破损很难完全防止,只能通过多种方法予以减轻,如通过设计减少空泡的发生、采用硬而富有弹性的材料、往环境中吹入空气或氢气、采用缓蚀剂等,阴极保护也是用来减轻空泡腐蚀破损的有效手段,抑制其中的腐蚀作用部分极为有效,由机械作用导致的破损可用高防蚀电流密度所发生的氢气垫来减轻,如图 20.34 所示,防止电流密度增加,防蚀效果也增加。

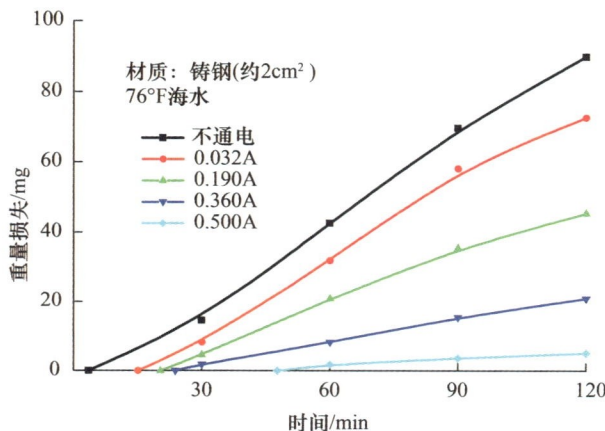

图 20.34　海水中空泡损伤量和阴极保护效果(磁致伸缩法)

图 20.35 所示为另一阴极保护对空泡腐蚀的防蚀效果试验结果。试验表明,空泡腐蚀损失随极化电位向负的方向移动而减少,保护电位 -1.4V 时可见显著防蚀效果。

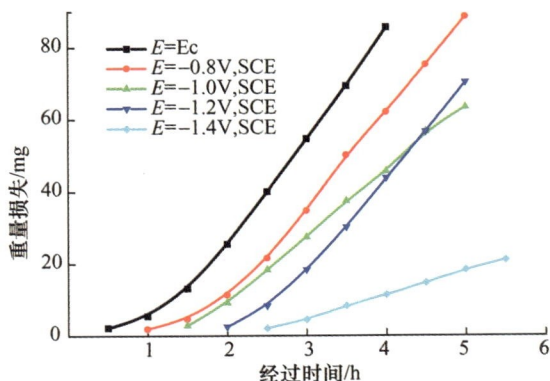

图 20.35　极化电位与重量损失的关系(0.1% C 碳钢、1% NaCl 水溶液,磁致伸缩法)

2. 牺牲阳极材料的选择

可用于海水管路阴极保护的牺牲阳极材料有三种:锌合金阳极、铝合金阳极和铁合金阳极。过去,不论钢制海水管路还是铜及其海水管路,大都采用锌合金阳极进行保护,这种情况是不尽合理的,锌合金阳极只适用于钢制海水管路。用于铜合金海水管路时,牺牲阳极与铜合金之间的电位差过大,导致阳极消耗加快,铜合金海水管路应采用铁合金阳极更为合适。海水管路中对钢制材料的保护除可用锌合金阳极之外,还可用铝合金牺牲阳极代替锌合金牺牲阳极,特别是高效铝合金牺牲阳极。

海水管路牺牲阳极阴极保护设计最好是采取边界元或有限元方法进行仿真计算。按阳极形状分类,可有三种形状牺牲阳极用于海水管道防蚀。

1)栓塞式牺牲阳极

如图 20.36 所示,这种阳极可用于通径大于 76mm 管路的阴极保护,其优点是安装、更换方便,缺点是阳极不能做得太大,使用寿命有限,通常需要半年更换一次。

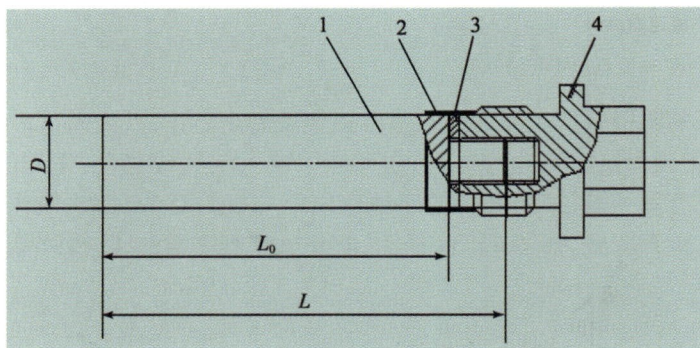

图 20.36　栓塞式牺牲阳极结构图
1—阳极体;2—保护涂层(环氧腻子);3—垫片;4—固定螺栓。

进行此种阳极的规格设计时,可先设定阳极工作长度 L_0,L_0 可设定为被保护管路内径的一半,使阳极端部位于管子圆心部位,然后根据所需阳极重量按下列公式求出阳极直径:

$$D = 20\left(\frac{g}{\pi r L_0}\right)^{1/2}$$

式中:D 为牺牲阳极直径(mm);g 为单个阳极重量(g);r 为所造阳极材料密度(g/cm^3);L_0 为阳极工作长度(cm)。

最后确定阳极总长度:

$$L = L_0 + (0.2 \sim 0.4)L_0$$

长于 L_0 的部分用来加工成螺栓,以便安装在固定阳极座内。

2)法兰间式牺牲阳极

法兰间式牺牲阳极如图 20.37 所示,这种牺牲阳极可用于任何管径用法兰来连接的海水管路中,其优点是流体阻力较小,导致的紊流程度较轻,可适当增加阳极重量,从而延长阳极使用寿命。通常可按 2~3 年的寿命进行设计。其缺点是阳极更换较为麻烦。

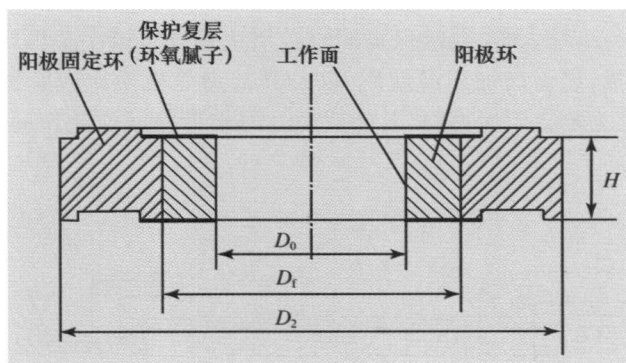

图 20.37　法兰间式牺牲阳极结构图

进行这种阳极的规格设计时,可先设定环形阳极的内径 D_0,D_0 取管路通径的90%,阳极在管路内稍凸出于管内壁,然后再求出其外径 D_f,外径 D_f 设定为与管子通径 D_g 有关的(图 20.38),即

$$D_f = 0.5(D_2 + D_w)$$

式中:D_f 为法兰式阳极的外径(mm);D_2 为法兰密封面的外径(mm);D_w 为法兰密封面的内径(管子的外径)(mm)。

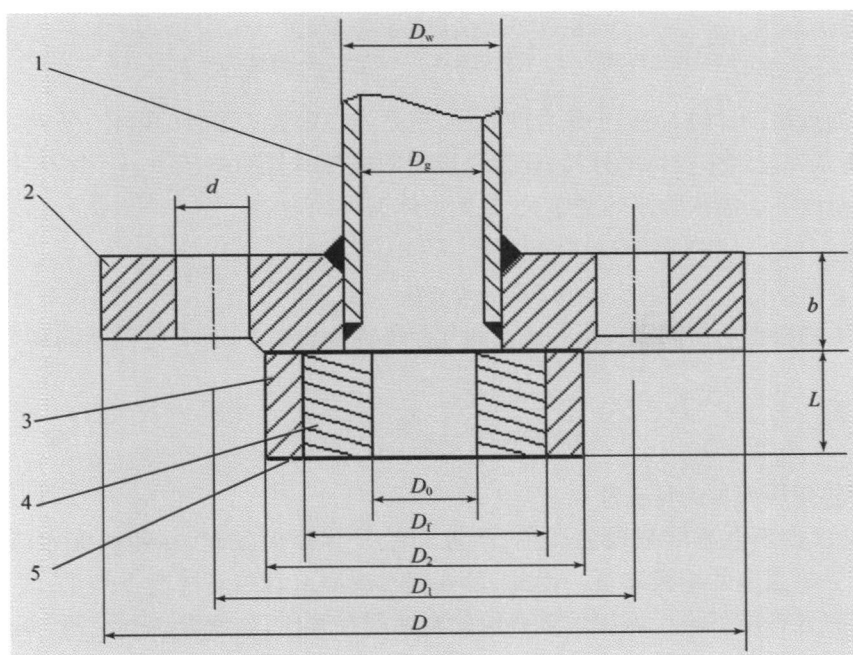

图 20.38　法兰间式牺牲阳极结构

1—管子;2—法兰;3—阳极外环;4—阳极环;5—密封垫。

阳极环的壁厚由三部分组成,二分之一法兰密封面厚度加管子壁厚加稍凸出于管内壁的部分,即

$$\delta = 1/4(D_2 - D_w) + 1/2(D_w - D_g) + 0.05D_g$$

简化后,得

$$\delta = 0.25D_2 + 0.25D_w - 0.45D_g$$

阳极环的高度 H 则根据所需阳极重量由下式求出：

$$H = \frac{4g}{\pi(D_f^2 - D_0^2)r}$$

式中：H 为阳极环的高度（cm）；g 为阳极重量（g）；D_f 为阳极的外径（cm）；D_0 为阳极的内径（cm）；R 为阳极材料密度（g/cm^3）。

3）管段式阳极

这种阳极可用于难于进行维修保养，要求保护期限必须达到或超过一个坞修期的海水管路上。其优点是可以大幅度的增加阳极重量，显著增加阳极使用寿命；其缺点是更换比较麻烦。阳极的型式是两端带有法兰的一段双金属管，其内层为牺牲阳极材料，其外层为与海水管路或法兰相同的材料，用法兰与管路直接相连，如图 20.39 所示。

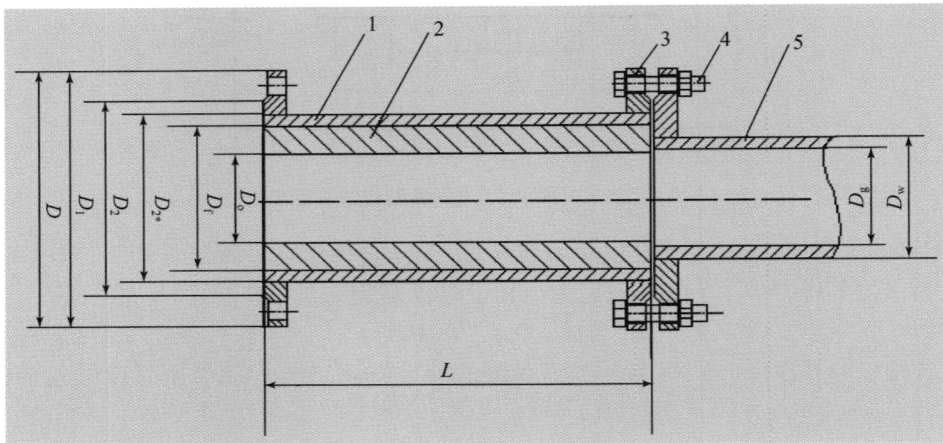

图 20.39 管段式阳极结构图
1—阳极外套管；2—管式阳极体；3—法兰；4—螺栓；5—管路。

进行这种阳极的规格设计时，类似于法兰间阳极，也是先设定管式阳极的内径，令 $D_0 = 0.9D_g$，但在设计管式阳极外径时，不是先设定阳极体的外径，而是先设定阳极外套管的外径 D_2*，令 $D_2* = 0.5(D_2 + D_w)$，再令阳极外套管的壁厚等于海水管路的壁厚，于是阳极体的外径为

$$D_f = 0.5(D_2 + D_w) - (D_w - D_g)$$
$$= 0.5D_2 - 0.5D_w + D_g$$

管式阳极长度 L 则根据所需阳极重量有法兰间式阳极高度公式求出，只是前面的高度 H 变成现在的阳极长度 L：

$$L = \frac{4g}{\pi(D_f^2 - D_0^2)r}$$

3. 海水管路牺牲阳极保护的特殊性

（1）海水管路中，由于电流屏蔽现象严重，阳极间距受到很大限制，在舰船海水管路中实行全程保护，困难相当大，需要相当多的阳极才行。因此，可根据实船海水管路腐蚀调查结果，实施重点保护方案。对于腐蚀并不严重的直管段可不予保护。重点保护腐蚀严重管段，如弯管、三通、泵、阀进出口处，使腐蚀严重管段的寿命与腐蚀不严重管段的寿命相近。对于不同系统的海水管路也可采用此种指导思想设计保护方案，重点保护腐蚀严重的管路系统，腐蚀不严重的管路系统且实施保护困难较大的系统可不予保护。

（2）由于海水流动、含沙且管路没有保护层等原因，海水管路中的阴极保护所需保护电流密度通常比船体阴极保护要高得多。当采用非全程保护方案时，比全程保护设计还应高一些。

（3）因为海水管路阴极保护所需保护电流密度较高，所以阳极消耗也快。又由于海水管路容积有限，还要考虑对流体阻力的影响，阳极不能做得较大，因此阳极寿命也就受到很大限制。使用时，必须按设计要求

定期更换阳极,否则阳极完全损耗后,阳极安装处由于紊流程度增大的影响可能遭到较严重的腐蚀反而变得厉害,成为易腐蚀处。

(4)栓塞式阳极的丝座、固定螺栓等结构件选用其自然腐蚀电位稍高于海水管路自然腐蚀电位的材料,以防止牺牲阳极耗光后,发生电偶腐蚀导致丝座、固定螺栓遭到腐蚀破坏,更不得采用具有脱成分腐蚀敏感性的材料。

(5)弯管、三通等紊流严重处的腐蚀,特别在较高海水流速下,单纯采用牺牲阳极保护,依然较难解决问题,最好的办法是采用具有非金属复层的异型管配件与牺牲阳极保护联合防蚀方法。

20.4.5 铁合金牺牲阳极与铁合金电解成膜联合保护

这是一种专门为铜及其合金海水管路研制的防蚀方法,比之过去经常采用的锌合金牺牲阳极保护方法,硫酸亚铁成膜保护方法以及锌合金牺牲阳极与硫酸亚铁成膜联合保护方法更为有效、方便、实用。

1. 铁合金牺牲阳极保护

(1)铜及其合金采用铁合金牺牲阳极进行阴极保护的可行性。锌合金牺牲阳极开路电位为 $-1050mV$(SEC),普通碳钢的自然腐蚀电位约为 $-700mV$,保护电位为 $-850mV$,即用锌阳极保护碳钢,牺牲阳极与被保护物间约有350mV电位差就足够了,距保护电位只需200mV电位差。

铁合金牺牲阳极开路电位约为 $-700mV$,紫铜的自然腐蚀电位约为 $-240mV$,B10Cu - Ni 和 B30Cu - Ni 的自然腐蚀电位比紫铜还要正一些,它们的保护电位为 $-450mV$,即用铁阳极保护紫铜或铜镍合金海水管路,牺牲阳极与被保护结构之间至少有460mV 的电位差,比锌合金牺牲阳极与钢结构之间的电位差还大,距保护电位有250mV 电位差,也比锌阳极和碳钢保护电位之间的差值略大,因此,用铁合金牺牲阳极保护铜及其合金,无论从理论上还是实践上都是可行的。

(2)铁合金牺牲阳极用于保护紫铜的实验结果。用紫铜圆筒和铁合金圆柱进行静止海水中的牺牲阳极保护试验,阴、阳极面积比 30∶1,极化电位远超过紫铜的保护电位,约为 $-630mV$(SEC),紫铜的腐蚀率由 0.059mm/年降低到 0.0053mm/年,保护度达91%。

用锌阳极和铁阳极在含3‰砂、流速为2.3m/s 流动海水中进行了对紫铜的阴极保护试验,试验结果表明,铁阳极比锌阳极保护效果还好。用锌阳极保护导致的过负电位,不仅加速消耗阳极材料,使其寿命缩短,而且导致紫铜产生斑点状腐蚀,见表 20.12。

表 20.12 铁、锌阳极对紫铜保护效果对比

试样	腐蚀率/(mm/年)	电位/ - mV	腐蚀形貌	保护度/%
TUP	0.15	266	新鲜表面,有晶粒显出,迎水侧边呈抛光状	—
TUP(Zn)	0.0016	1033	不均匀生成白色钙质膜,放大见少量斑点	98.9
TUP(Fe)	0.0011	621	均匀褐色膜,致密、牢固,无明显腐蚀痕迹	99.3

2. 用铁合金牺牲阳极保护铜及其合金的优点

(1)在同样的保护电流密度下,铁阳极比锌阳极消耗量少。铁阳极消耗量为 1.0144 ~ 1.0341g/(A·h),锌阳极为 1.2821g/(A·h)。在3‰砂、2.3m/s 流动海水中,同样的阴、阳极面积、同样试验条件下,铁阳极的腐蚀率为 1.91mm/年,锌阳极的腐蚀率为 2.30mm/年,铁阳极明显比锌阳极寿命长。

(2)用锌阳极保护铜及其合金,由于二者电位差过大,阴极表面很易形成钙质膜,钙质膜质脆,易局部剥落,从而诱发斑点状腐蚀,铁合金阳极保护无此缺点。

(3)锌阳极受水质化学、物理参数影响,如 pH 值、含盐量、温度、电导率的变化,可能导致阳极表面结痂,降低阳极效率,出现晶间腐蚀,甚至阳极呈颗粒状脱离基体,导致砂侵蚀条件,因此诸多国家早已不推荐在铜合金海水管路中使用锌阳极,转而推荐采用铁合金阳极。铁合金阳极在海水中恒定保持均匀溶解状态,受水质因素影响较小,无晶间腐蚀敏感性。

(4)铁合金牺牲阳极另一特殊优点是,除了对铜合金有电化学保护作用之外,溶解下来的铁离子还能在铜合金表面上形成富铁保护膜,从而降低阴极保护有效区段内的保护电流输出,减少阳极消耗,延长阳极使

用寿命,而且能缓解距阳极较远、阴极保护有效区段之外的铜合金表面的腐蚀。例如,紫铜在 2.3m/s 流动海水中,无铁阳极存在时,其腐蚀速率为 0.56mm/年,而在有铁合金阳极存在但并未电连接的情况下,甚至在 3‰砂、2.3m/s 流动海水中,其腐蚀率仅为 0.18mm/年,腐蚀因铁离子的存在降低了 73%,就是说,仅通过铁合金阳极溶解下来的铁离子的缓蚀作用,便使紫铜的保护度达 73%。

（5）铁合金阳极资源丰富、价格低廉,可显著降低铜合金海水管路的防蚀费用。

（6）虽然在保护铜及其合金海水管路方面,铁合金牺牲阳极比锌合金牺牲阳极具有较多优点,但仍受海水管路容积所限,阳极不能做得太大,阳极消耗较快,寿命不能太长的限制。因此,为确保海水管路安全可靠,仍需定期更换牺牲阳极。要延长阳极更换日期,推荐与涂覆层或成膜处理联合使用。

3. 电解铁离子成膜处理

（1）硫酸亚铁成膜处理的缺点。硫酸亚铁成膜处理广泛用于电厂凝汽器和船舶冷凝器铜合金冷却管的防蚀,多数情况下证明是有效的,但也出现过一些问题。当海水中含有硫离子较多时,铁与硫离子反应生成硫化铁,这时形成的富铁膜易局部剥离而发生局部腐蚀。又由于硫酸亚铁溶液极不稳定,注入时每次都必须现溶解,操作很麻烦。为了克服硫酸亚铁成膜处理的这些问题,国内外都研究了用电解铁所获得的电解液代替加入硫酸亚铁使铜及其合金表面成膜来提高其耐蚀性的方法。

（2）电解铁离子成膜的可行性。日本的三村惠辅等人曾对两种不用加药产生亚铁离子的方法与硫酸亚铁法进行了对比研究:一种方法是自然溶出法,是在海水中浸入铁片,使其自然溶出铁离子的方法;另一种是铁电解法,是在海水中电解铁使其溶出铁离子的方法。后一种方法已经在船舶冷凝器管的防蚀方面得到了实际应用。研究结果表明,无论哪种方法,只要注入同等量的亚铁离子,都能生成同样的防蚀膜。注入铁的方法,无论从腐蚀损失、腐蚀深度、成膜质量以及膜的化学成分及附着量来看,都没有有意义的影响,因此,自然溶出法和铁电解法都可代替硫酸亚铁注入法,尤其是铁电解法,由于具有亚铁离子浓度可用电解电流控制、阳极消耗可用累积电量预测、通过极性转换可以消除结垢、操作简单易行等优点,用其代替硫酸亚铁法具有广阔的前途。

4. 影响电解铁成膜的主要因素

（1）铁离子注入浓度。向海水中注入铁离子主要是通过在铜及其合金表面上形成垢层（保护膜）而起到防蚀作用。垢层的附着量随铁离子注入量增大而增加,而铜及其合金的损失则随垢层附着量的增加而迅速减小。

（2）滞留时间的影响。亚铁离子是一种不稳定的物质,在海水中,亚铁离子浓度是铁阳极在饱和溶解氧海水中产生以后时间的函数,不管初始浓度如何,在头 5min 内亚铁离子的浓度水平都会发生迅速降低。因此,当采用铁阳极保护系统时,应该特别注意要保证在发生亚铁离子 2min 内能到达所有被保护部位。因为除去亚铁离子的主要原因是氧化,因此,在溶解氧浓度低于饱和状态的海水中,可允许超过 2min,但不宜太长。

（3）成膜处理时间。由模拟冷凝器的试验结果表明,连续加入（0.01 ~ 0.03）mg/L Fe^{2+} 离子时,通水后一个月可形成初始膜,随时间延长,成膜质量进一步变好,特别是最初一个月连续注入 0.03mg/L Fe^{2+} 时,形成了良好的初始富铁膜,极化电阻随时间而增大。通水一个月后,极化电阻达 40000 $\Omega \cdot cm^2$。一旦初始膜形成,以后铁离子浓度降低也不成问题,可降低为 0.01mg/L 进行维持膜的良好性。

（4）黏泥和氯化处理的影响。附着黏泥较多的、不加任何处理的试样和仅添加 Fe^{2+} 而未进行氯化处理的试样,极化电阻明显低于既进行 Fe^{2+} 成膜处理又进行氯化处理的试样,表明不能形成良好的富铁膜,这说明 Fe^{2+} 成膜处理需要比较清洁的水环境,如果水环境不清洁,需氯化处理与之配合,Fe^{2+} 离子和 ClO^- 同时连续注入也能形成富铁膜。

（5）海水流速的影响。铁离子成膜处理必须在流动海水条件下进行。与 2m/s 海水流速相比,3m/s 流速造成的防蚀膜要好。

5. 电解铁成膜处理的优点

（1）通过调节电解电流强度,可实现铁离子浓度的调控。

（2）通过在电源部分安装累积电量计,可预测铁电极消耗情况,从而掌握铁电极的更换时间。

（3）可实现连续添加低铁离子浓度富铁膜成膜工艺,这是硫酸亚铁无法做到的。

（4）通过在电源部分安装极性转换器,实现铁电极阴、阳极定期交替变化,从而消除铁电极结垢对电解槽工作性能的影响。

（5）成膜处理工艺和铁电极电解工艺简单易行,无须专人管理,只要定期更换新鲜铁电极即可,铁电极更换操作也很简单易行。

（6）通过进一步研究,有望实现铁离子成膜整套工艺的自动控制。

6. 铁合金牺牲阳极和铁离子成膜联合保护

虽然铁合金牺牲阳极在保护铜合金海水管路方面比锌合金牺牲阳极和铝合金牺牲阳极具有诸多优点,但由于船舶海水管路空间有限,不能将牺牲阳极做得很大,加之铜合金海水管路通常是裸体使用,导致阳极消耗较快,因此,阳极寿命仍然受到很大限制,必须频繁更换牺牲阳极才能确保保护效果长期有效,而且通径小于 $\phi76mm$ 的管子基本不可能采用牺牲阳极保护,因为阳极有效重量太小,更换太频繁,很难为用户所接受。而电解铁离子成膜保护方法则可完全克服牺牲阳极保护方法所存在的限制,假设管道内海水流速为 $3m/s$,按新产生的铁离子 $2min$ 内有效,则距铁离子注入点的 $360m$ 管道皆可得到铁离子成膜处理,无论海水管道空间多么有限,都可保护得到。

电解铁离子成膜虽然比硫酸亚铁成膜具有许多优点,但单纯依靠铁离子成膜,在紊流严重处,硫化物污染海水中,管路内不能有淤泥等沉积物的情况下,铁离子成膜质量可能得不到保证,在成膜质量达不到理想要求的地方,可能产生腐蚀问题。铁合金牺牲阳极和电解离子成膜联合保护,则可完全解决各自单独保护所存在的所有问题,不仅充分发挥各自的优点,而且能够相辅相成。

铁离子成膜不仅可以保护牺牲阳极保护不到的管段、铜制部件（如泵、阀等）,而且由于富铁膜的形成,增加了铜合金表面的电阻,从而降低海水管路阴极保护所需电流密度,牺牲阳极的消耗会显著变慢,从而增加阳极使用寿命,延长阳极更换周期,每个阳极的保护距离也可得到延长,从而减少阳极个数,这些都会减轻艇员必须定期更换牺牲阳极的劳动量。

牺牲阳极保护不仅可以保护铁离子成膜质量得不到保护的地方,而且研究结果表明,$0.1mA/m^2$ 的微小阴极电流就可促进富铁膜的形成,提高铁离子的成膜质量。

因此,铁合金牺牲阳极和电解铁离子成膜联合保护在解决舰船铜合金海水管路的腐蚀问题方面具有广阔的应用前景,不必在选用贵金属材料方面大费脑筋。

20.4.6　海水管系防污防腐系统

自 1967 年英国切斯菲尔德阴极与电解工程有限公司研制出 CATHELCO 防护系统用于皇家海军潜艇海水管系防污成功之后,许多国家的船舶都采用了这种系统。国内有关研究单位先后进行了研究并已在船舶海水管路中得到了成功应用。

防腐防污系统的主要功能是防污。当铜、铝（或铁）阳极与海底阀箱壳体之间通以直流电时,海底阀箱壳体将受到阴极保护作用,而铜、铝（或铁）阳极将发生电解。铜电解将产生 Cu^+ 离子,Cu^+ 能破坏海生物细胞中的蛋白质,使其生命停止,从而起到防污作用。也可采用钛基涂钌等不溶性阳极与海底阀箱组成电解池电解海水产生次氯酸钠杀死海生物。电解铝（或铁）能产生 $Al(OH)_3$ 或 $Fe(OH)_2$ 胶体附着在管内壁上,形成富铝膜（或富铁膜）,这层膜既具有较好的防腐作用又可作为 Cu^+ 离子的载体,使 Cu^+ 离子附着在这层膜上,达到杀死海水管路所有表面海生物的目的。

1. 电解铜、铝阳极防污防腐

防污防腐蚀系统主要由直流电源、铜阳极、铝阳极或铁阳极、阴极接地等构件所组成。电解槽可直接由海底阀箱或滤器充当,如图 20.40 所示。在海底阀箱内装入铜阳极和铝阳极（或铁阳极）,用导线将之与直流电源的正极相连,阀箱壳体充当阴极,与直流电源的负极相连。

2. 电解海水制氯防污

经过多年的研究和实船使用工作,目前有多种形式的防腐防污装置,有的专门用来防污,有的在实现防污目的的同时还兼具海水管路防腐的功能。电解海水分为直接式和间接式两种。

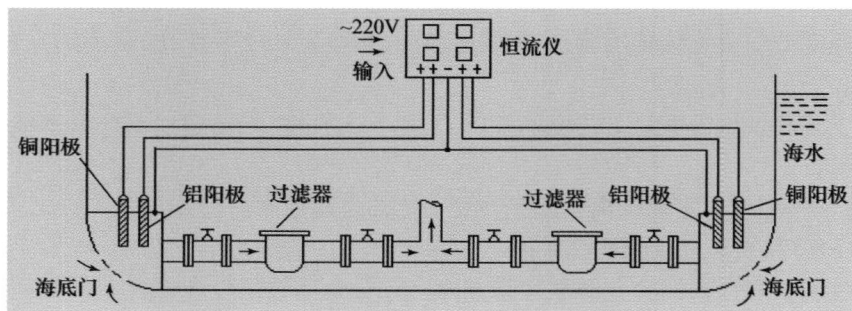

图 20.40　电解铜、铝防腐防污系统原理图

　　直接式电解海水防污系统由恒流源(或整流器)、电解阳极、阴极接地座等组成,如图 20.41 所示,该系统特点是将电解阳极直接安装在船舶的海水过滤器、海底阀箱或海水管路中。海水管道本身作为阴极,通以直流电,利用海水构成回路,电解反应产生的有效氯混合在海水中,从而起到防止海生物污损的作用。

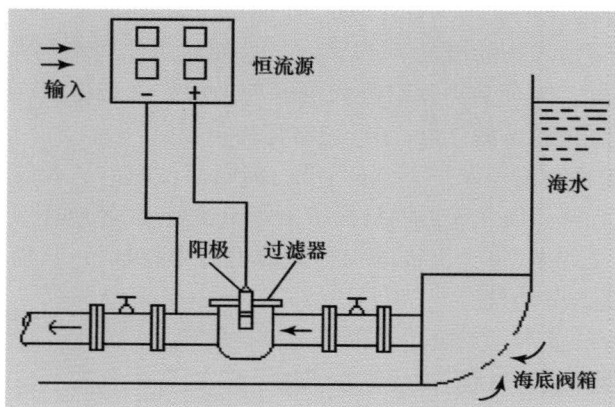

图 20.41　直接式电解海水防污系统原理图

　　间接式电解海水防污系统主要由电解槽、过滤器、流量计、压力表、喷管、整流器以及管路和阀门等组成,如图 20.42 所示,海水从辅机水泵出口引出一分支管路,经过过滤器、压力表、流量计进入电解槽进行电解,电解后含有效氯的海水经输送管输送到海底阀箱内,有喷管喷出,喷出的含有效氯的海水被主、辅机海水泵内吸入,然后通过管道送到整个管路系统中,从而达到防止海生物附着的目的,船用 DHC 型海水电解槽规格型号及性能指标如表 20.13 所列。

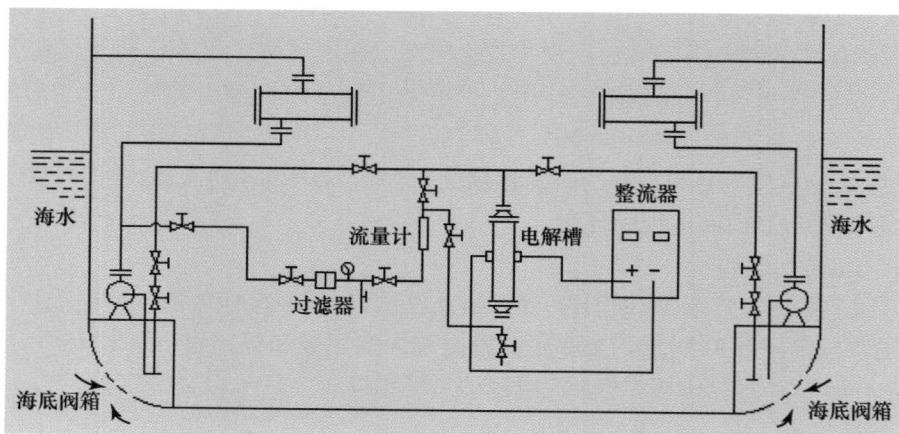

图 20.42　间接式电解海水防污系统原理图

表 20.13　船用 DHC 型海水电解槽规格及性能指标

型　号	产氯量 /(kg/h)	处理海水量 /(m³/h)	支流电流/电压 /(A/V)	海水流量 /(m³/h)	耗电量 /(kW·h/kg)	输入电源
DHC - 01	0.1	100	35/20	2.0	<6.0	
DHC - 02	0.2	200	45/30	3.5	<6.0	AC 220V
DHC - 03	0.3	300	50/40	5.0	<6.0	或
DHC - 04	0.4	400	55/50	6.5	<6.0	AC 380V
DHC - 05	0.5	500	60/60	8.0	<6.0	50Hz
DHC - 1	1.0	1000	100/70	10	<6.0	

注:电解槽使用环境条件如下:
环境温度:0 ~ 40℃;
海水温度:≥10℃;
海水介质:氯离子浓度大于 15000mg/L,化学耗氧量小于 10mg/L

3. 氯 - 铜联合防污系统

氯 - 铜联合防污系统由恒流仪、铅银微铂阳极、铜电极和阴极接地座等组成,如图 20.43 所示。它是利用低压直流电源通过铅银微铂阳极电解海水产生 $50\mu g/L$ 有效氯,再通过电解铜阳极产生 $5\mu g/L$ 一价铜离子。用氯、铜两种致毒物质的协同作用来防止海生物附着的一种方法,其防污效果比单独使用其中一种方法防污效果更好。

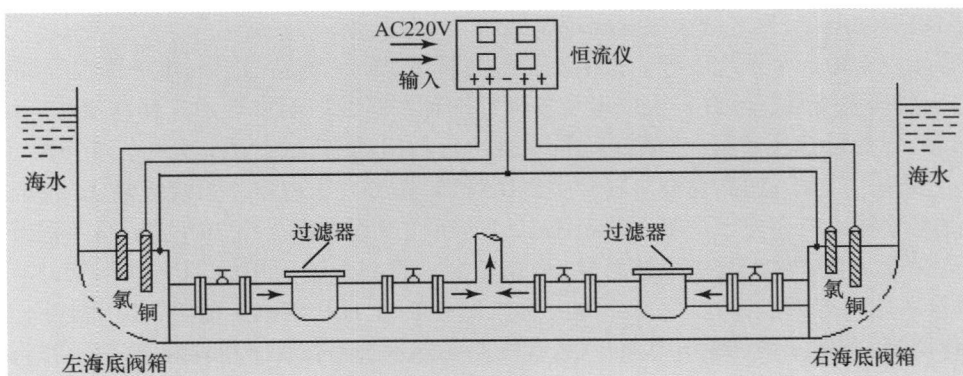

图 20.43　氯 - 铜联合防污系统原理图

4. 氯 - 铜、铝防腐防污系统

氯 - 铜、铝防污防腐系统与氯 - 铜联合防污系统不同之处是增加了铝阳极,如图 20.44 所示。在海底阀箱内同时装有铜阳极和铝阳极,与电解铜 - 铝阳极防污防腐系统相当,同时在过滤器内加装铅银微铂电极,相当于直接电解海水防污系统,用来电解海水产生有效氯,增强防污能力。

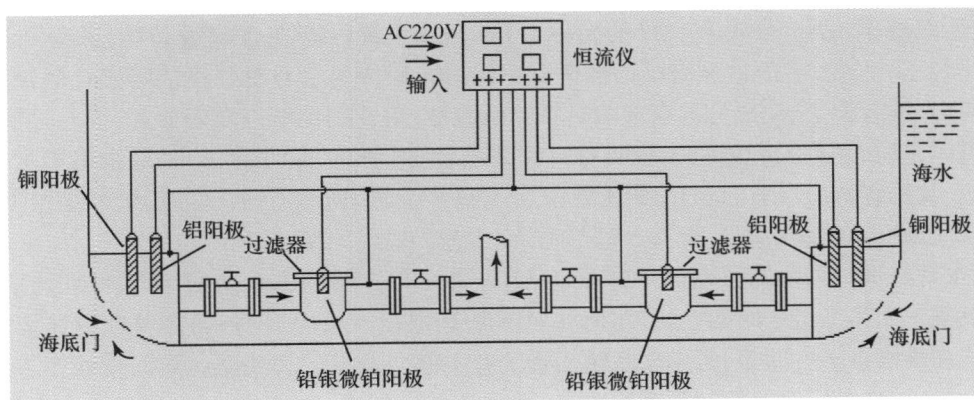

图 20.44　氯 - 铜、铝防腐防污装置原理图

693

电解铜 – 铝阳极防污防腐系统与直接电解海水防污系统的联合,使该系统防污效果非常显著,且比单独采用直接电解海水防污系统时海水中有效氯浓度低,对环境无污染。

5. 电解防污技术的应用

前述三类五个系统的电解防污系统可有效防止海底阀箱、阀门、过滤器、冷却器、海水管道等由于海生物附着所导致的污损和腐蚀,进行电解防污设计之前,必须先了解:整个冷却水系统的海水处理量;主、辅机冷却水量;海底阀箱和海水过滤器的尺寸及数量;海水管路材质及布置情况;船舶航行海域;坞修期。

20.5　铜镍合金管路应用

随着舰船建造质量和防腐防漏要求得越来越明确,越来越高,以 BFe10 – 1 – 1(B10,BFe10 – 1.6 – 1,即 Fe 含量 1.5% ~ 1.8%)为代表的铜镍合金管应用越来越多,范围越来越广,但是在应用过程中效果也有不尽如人意的地方,未达到欧美海军的"海水管路全寿命设计制造"的效果,海水管路故障处理依然是防腐防漏工作的重点。那么,在应用铜镍合金材料时我们要注意什么呢。

20.5.1　提高认识与认清形势

(1) 海水管路系统材料强调相容性、配套性。系统材料配套性。舰船海水管路系统包含管子、管路附件、阀门、泵、冷却器、滤器等,设计时不仅要考虑整个系统材料的相容性和配套性,而且需要考虑管路、设备、船体三者之间的相互连接问题,要尽量规避电偶腐蚀,一般采取"大阳极小阴极"的方式,即设备的腐蚀电位略高于管路的腐蚀电位,反之则会快速出现腐蚀。

(2) 舰船腐蚀控制是一个系统工程。该系统工程与管理、设计、建造、使用、维护修理等都密切相关。较长时间以来,国内科研院所、设计部门、工厂以及各级管理者在腐蚀控制方面的工作注重于"头痛医头、脚痛医脚"的事情较多,思想认识还停留在"搞好局部"或者"自扫门前雪"的阶段,怎么达到全舰、全系统的腐蚀控制最优做得不多,研究得不透,高性能材料种类应用越多,先进方法越多,"系统级最优"越难。

(3) 我国海水管路材料还处于从第一代至第二代的换代过程之中。自 20 世纪 60 年代开始,我国着手船舶海水管路选材设计和材料配套供应体系建设,船舶海水管路普遍采用的 TUP 紫铜管,阀门普遍采用锡青铜材料,海水泵采用铝青铜或锡青铜,冷却器内换热管一般为 TUP 紫铜。随着 B10 铜镍合金管的进口引入和材料国产化研制,自 20 世纪 90 年中期开始,我国船舶海水管路在管子材料和管子附件逐渐采用 B10 铜镍合金,少数厂家也研制完成与 B10 配套的镍铝青铜海水泵,但是阀门至今一直沿用青铜材料。如果把紫铜管、青铜阀门、铝黄铜泵作为第一代材料体系,铜镍合金 B10 管、镍铝青铜泵和比锡黄铜更耐蚀的阀门这种第二代海水管路材料生产供应体系尚未完成。涉及海水管路材料体系设计、供应体系建设、相关产品研制等,这些工作存在不足也会影响先进材料应用的总体效果。

(4) 缺少 B10 管路材料相关标准和工艺规范。管路系统要满足用户方便、可靠使用,不仅涉及优质管路材料的供应,还与管路加工制作、检验验收密切相关。我国船舶采用的是 GJB 5908—2006,中船重工集团船舶材料研究所和德国 KME 公司有自己的企标,材料标准主要区别在含镍量和磷、硫等杂质成分控制。KME 公司通过本公司及德、英等欧洲海军详细研究了镍、磷、硫等含量对材料性能特别是耐蚀性的影响,形成了现有的标准。镍含量、杂质成分肯定影响材料的耐蚀性、耐冲刷性能以及寿命等,但是之间的相关性国内研究不多,基本是"研仿"后形成国产产品,材料标准也就是"研仿"后固化下来,较少考虑如何改进提高、如何创新发展。我国各造船厂有自己的 B10 管子加工制作工艺,尚没有统一的 B10 管路加工制作工艺规范,在 B10 管子切割、附件制作成形、焊接、成膜等方面工艺相对较为混乱。

(5) 在海水管路选材和防腐蚀设计方法方面存在不足。海水管路系统防腐蚀设计涉及选材、流速优化设计、管路—设备—船体三者之间的连接、防海生物方法选取以及管路、设备的防腐蚀设计等,还需要考虑制作、安装工艺和维修维护空间等,是一个系统工程。有关部门颁发了相关防腐防漏技术要求,其中对海水管路流速限制、电绝缘、电偶腐蚀控制等有所要求,但是至今没有统一的基于 B10 材料的海水管路系统防腐蚀设计方法,阀门选取何种材料,哪些地方需要电绝缘,哪些地方需要牺牲阳极保护及保护的形式,防污措施如何选取,舟山海域泥沙含量较高的海域其海水流速如何限定等,缺少统一的认知、方法和试验数据支撑。随着我国船舶吨位越来越大,装载武器装备数量越来越多,装备质量与可靠性要求越来越高,对新材料的应用需求会越来越迫切;但是新材料在船舶上应用的前提首先应该是研判会不会带来其他的问题、一套完善设计方法,否则会事倍功半。亟待编制系统防腐蚀设计标准和电绝缘、电偶腐蚀控制、防海生物等方法标准,当然标准编制的前提是站在总体高度将这些问题研究透,有试验数据支撑。

（6）我国关于铜镍合金材料试验研究不充分。近 20 年来,国内关于材料海水腐蚀的基础研究大致有三类:一是国家(包括国防科工局)层面的海洋环境腐蚀数据;二是军方组织的船舶工程应用材料腐蚀数据;三是船舶材料研究所等材料研制单位自己组织的材料腐蚀试验数据。由于各种原因,国家层面的海洋环境腐蚀数据中关于 B10 材料的试验很少,对工程应用参考价值不大。以军方为主组织并取得了包括 B10 在内的潜艇主要材料(20 余种)的一年的腐蚀特性数据,国产 B10 与 KME 产 B10 腐蚀特性没有明显差别,KME 产 B10 材料腐蚀电位比国产 B10 略正,更长期的耐蚀性比较在国内没有数据支撑。船舶材料研究所研究了 40 天的全浸腐蚀率和 28 个月的天然海水挂片耐点蚀的国产与 KME 进口 B10 比较数据。总的来看,有关铜镍合金的数据不多,考核不充分,离设计要求和需求相差较大。

20.5.2　钝化与成膜

铜镍合金材料在建造初期需要用清洁水进行成膜,在使用过程中也有一些关于水环境的一些注意事项。海水冷却系统中膜的维护保养所使用的水的类型和用于钝化的化学品将由大量因素决定,如处理方案、有效性、效率、环境影响、操作简易性和监测要求。那么,什么是清洁水? 水又分为哪些类型呢?

以下根据对英国国防部最新标准《水面舰船和潜艇海水管路及热交换管的防护》的理解,为使用者提供有关水类型、水质量、用于钝化处理的化学品和膜的维护保养方面提供一些基础知识。

1. 水的分类

水的类型和质量对在铜合金表面形成和维护保护性钝化氧化膜来说是重要的影响因素。对于用于铜镍合金成膜来说,水分为海水、淡水和市政供水三类,其优缺点见表 20.14。成膜需要注意的是,要尽量避免使用封闭地域静止不动的水,如不发生潮汐的海区和入海口区域的水,因为其中存在硫化物。如果海水的质量值得怀疑或者不能确定,可进行适当的化学处理,如化学消毒或者过滤,或者是使用具有可接受质量的淡水或饮用水/市政供水。

应该注意的是,为了避免沉淀,通常用泵抽吸或者其他方式来保持最小为 0.9m/s 的水流速率,速度较低的清洁/固体 – 自由水表面能够用来维持把氧传输到金属表面。对于系统材料来说,这时候的流速一定不能超过有关材料要求。

表 20.14　不同水类型的对比

水的类型	优点	缺点
海水(包括码头、港口和河口)	对于码头的船舶来说便于获得且免费用于通常情况	可能存在污染
淡水(河)<500mg/L TDS	容易从河中取得且免费	可能存在污染
适于饮用的水（饮用水）或者市政供水	洁净	代价大 浪费

2. 海水质量

（1）用于钝化或者膜的维护/保养活动的清洁海水应该受到监控。硫酸盐还原菌(SRB)计数、总悬浮物(TSS)和生物或者生物化学需氧量(BOD)测试是首选的判定海水质量的方法。

（2）使用串行杀灭稀释技术进行 SRB 计数测试,其样品应在进水口出取得。该测试可以和 BOD 和 TSS 一起用于检验水质量和污染程度。

（3）表 20.15 将海水分为清洁、中度污染、高度污染三类。给出根据三个参数来分类海水的清洁度,从而为处理和改善与海水质量有关的腐蚀提供指导。

（4）清洁度属于 1 类范畴的海水能用于钝化处理和膜层的维护保养,而无须通过化学处理控制微生物的活动或者通过过滤减少固体含量。

（5）清洁度范畴属于2类或3类的海水可以通过化学处理减少SRB计数和BOD,例如在使用之前通过氯化消毒和过滤来降低TSS值到可接受的水平。

值得注意的是,TSS值是不受诸如氯化处理的消毒/灭菌处理影响的,因此,可接受的海水质量只能通过使用附加过滤获得;使用未经处理的清洁度属于2类或3类的海水用于任何钝化处理和/或者膜层的维护和保养,都将会增加局部腐蚀的风险。

表 20.15　海水分类和参数值

清洁度分类	SRB 计数[②]	BOD[②]	TSS	腐蚀风险
1 类清洁	<1cfu/10mL[①]	<2mg/L[③]	<2.5mg/L[④]	低
2 类中度污染	1cfu/10mL ~ 10cfu/mL	2 ~ 6mg/L[⑤]	>2.5mg/L[⑥]	中
3 类高度污染	>10cfu/mL[⑦]	>6mg/L		高

① 如果测量所得 BOD 和 TSS 的值均能满足清洁度分类 1 的限制条件,在 SRB 计数 <1cfu/mL,也就是说是限制条件计数的 10 倍时,是可以接受的;
② BOD 测试和 SRB 的串行稀释测试分别需要 5 天和 14 天的准备期,因此,对常规的水质检测数据进行规划和评估是需要的;
③ 该值代表了测试周期为 5 天的 BOD 测试方法的检测限;
④ 该值代表了 TSS 测试方法的最低检测限;
⑤ 该范围是基于中度污染水测试得到的典型值;
⑥ 没有基于 TSS 值的关于区分中度和高度污染水方面的参考资料;
⑦ 该限值是基于在石油工业用作冷却介质的海水的经验积累和未公开发表的工作所决定的

2. 淡水质量

（1）在英国,淡水或河水的质量由环境署管辖,被划分成 RE1（最高级质量）~ RE5（最低级质量）5 个等级,且通过 8 个参数影响水生生态系统 I. a. w. SI 1994 No 1057 其中溶解氧、BOD 和氨浓度三个水质量参数与铜合金的腐蚀和钝化直接相关,见表 20.16。

表 20.16　依据 SI 1994 No 1057 有关的淡水质量参数

水的级别	溶解氧(饱和)/%	BOD/(mg/L)	总氨/(mg 氮/L)
RE1	80	2.5	0.25
RE2	70	4.0	0.6
RE3	60	6.0	1.3
RE4	50	8.0	2.5
RE5	20	15.0	9.0

（2）如果淡水被用于钝化处理或者膜的维护保养,则应该使用优于 RE3 级的未处理水,也就是说,BOD <6mg/L 和氨 <1.3mg/L。该建议主要基于氨浓度 ≥2mg/L 的腐蚀环境中有可能产生对腐蚀不利的潜在影响。使用未经处理的 RE3 级质量的淡水或者更低级别的,意味着局部腐蚀风险的增加和阻止钝化膜形成的可能性增大。像海水、淡水源可以在使用之前通过氯气处理降低 BOD（自 1990—2000 年英国国内河水的平均 BOD≤2mg/L）。

（3）使用溶解氧探针进行溶解氧测试。商业溶解氧探针和仪表系统是现成的,通常合并自动将饱和浓度（%）转换成浓度（mg/L）,反之亦然。商用溶解氧测试的化学方法通常会提供一张饱和浓度和浓度（与样品温度相关）之间的一张换算表。可以使用商用测试套件测量总氨量测定也有商业化测试方法,基于奈斯勒或水杨酸测试方法,适于监控淡水或者海水水族馆的水质。在两种方法中,水杨酸盐方法在低浓度测试时的干扰更少和准确性更高,例如浓度 <2mg 氮/L 情况下。

3. 钝化与海水处理

表 20.17 对硫酸亚铁、苯并三唑、二甲基二硫代氨基甲酸钠在海水体系中的铜合金的钝化处理和腐蚀控制所用的化学品进行了比对。

表 20.17　钝化处理化学品的比对

	优点	缺点
硫酸亚铁	无毒（可排放） 在低浓度时使用（≤5mg/L） 提高钝化膜成形和抗侵蚀抵抗力 抗污效果好	不能直接测量的残余，即需要按体积投放到流动水中或者溶解到已知体积的水中做静态处理 对微生物没有抗性 不能由于氧化作用的同时被作为氯化处理使用
苯并三唑 （唑铜抑制剂，BTA）	高效的铜腐蚀抑制剂 比 SDD 更低的浓度要求 （≤100mg/L） 众所周知的持久性	有毒 只能在封闭系统使用 受氧化杀菌剂影响，例如氯 对微生物没有抗蚀性
二甲基二硫代 氨基甲酸钠（SDD）	双重特性 – 钝化剂/抑制剂和抗微生物剂	有毒的 相对苯并三唑来说要求的有效浓度相对较高（500mg/L） 受氧化杀菌剂影响，例如氯[2] 只能在封闭系统使用

① 由于苯并三唑和 SDD 的有毒性，所有化学品的痕迹必须从处理系统中去除，通过注入一个有执照的废液处理通道，用干净的海水或淡水/饮用水进行冲刷，该方式优于冷却系统的直排模式；
② 因为 SDD 主要是抗微生物剂，它通常将不与其他杀虫剂（如氯）一起使用

4. 钝化和膜的保养处理选择

钝化和膜的保养处理选择有上述三种钝化处理化学品和海水、淡水等。5 种方法比较见表 20.18 所示。

表 20.18　钝化和膜的保养处理选择

综合排名	使用的化学品	应用	持续时间	浓度	水类型	频率	动态/静态	开放/封闭系统	处理/直排	监测
1	硫酸亚铁	钝化	48h	Fe^{2+} 5mg/L	淡水①/饮用水	第一次接触海水之前或酸洗后	静态	封闭	可能需要得到排放许可	②
		膜维护	1h/天	Fe^{2+} 1~3mg/L	海水③	如果预计材料在港口或者污染水环境中使用则根据需要处理	动态	开放（直排）	可能需要得到排放许可	②
2	唑铜抑制剂	钝化	24h	100mg/L	海水③或淡水①/饮用水	第一次接触海水之前或酸洗后	静态	封闭	专业处理或得到排放许可④	⑤
3	二甲基二硫代氨基甲酸钠	钝化	24h⑥	500mg/L	淡水①/饮用水	第一次接触海水之前或酸洗后	静态	封闭	专业处理或得到排放许可④	⑦
		膜维护		200mg/L						
4	水	钝化或者膜维护	14~90天⑧	—	海水③	服役之前/服役之中	动态	封闭或者开放（直排）	排放到海洋/废水	⑨
5	水	钝化	14~90天⑧	—	淡水①/饮用水	第一次接触海水之前或酸洗后	动态	开放（直排）	排放到海洋/废水	⑨

注：综合排名是基于膜的形成效率，对于减缓铜合金腐蚀的已知效果和积累的实际经验
① 淡水的质量优于 1994 年颁布的地表水（河流生态系统）条例中列出 RE3 级，可以使用；
② 不能直接测量，也就是说，需要将定量的药剂加入到流动水中，或是溶解在已知体积的静态水样中；
③ 海水清洁度分类，化学处理指南和腐蚀风险见表 20.16；
④ 含有 SSD 或唑类的溶液和残留物必须由专业承包商处理，或经有关当局许可，经授权的排放途径排放；
⑤ 测试唑类的商业测试试剂可用，但不可随意使用。剂量浓度不超过 24h；
⑥ 如果待处理的体系含有铁类材料，则与 SDD 溶液的接触时间不应超过 24h；
⑦ 测试 SDD 的商业测试试剂不可用，但是，通过使用测试指示剂可以在体系中定性检查 SDD 的存在，所述测试指示剂加入到经 SDD 处理水的少量样品中时会产生致密的棕色着色；
⑧ 相关文献表明，铜合金上含氧淡水/饮用水中形成钝化膜的速度小于海水，使用淡水、饮用水或海水钝化，较长的暴露时间钝化效果更好；
⑨ 可确定排出水中的溶解铜离子浓度来监测膜的形成过程，当排出水中的铜离子浓度降至与入口处的铜离子浓度相同时，完全达到钝化效果

5. 杀菌处理(氯化)

如果海水不能达到1类即视为受到污染,主要是水中细菌或微生物超过标准,这时杀菌处理是必要的。

(1)氯化可用于处理海水或淡水以控制浮游(自由浮动)细菌,从而使微生物污染的风险和由微生物影响的腐蚀(MIC)最小化。

(2)工业水系统中,氯通常用作杀菌灭藻剂。通常采用次氯酸钠(NaCOl)液体或者从海水中电解产生游离的氯离子,电解制氯常用于海水系统防海生物生长。相对于有机杀菌剂,氯的优势在于相对便宜,并且在低浓度条件下使用容易在环境中扩散、分布均匀。

(3)氯的加入可以在1mg/L以下连续投放,或者是短期加入"休克"剂量(最大5mg/L)。无论使用哪种方法,水中必须保证一定余氯(超过水中所需的初始氯含量)来杀死浮游细菌。测量余氯含量很简单,用市售的DPD比色检测试剂测量即可。

(4)连续处理原生态海水的船舰冷却器和系统中最大游离氯残留量建议为0.5mg/L。

应该注意的是,氯不应与硫酸亚铁,唑类化合物或SDD同时投加。如果这些化学品与铜合金材料一起使用,需要对系统水进行消毒,氯的连续投加应暂时关闭或错开处理;过量氯气可能会导致水系统中所有金属材料的严重腐蚀,并增大铜合金的腐蚀速率。

6. 过滤

(1)海水在应用前都会进行过滤,是其中的总悬浮物含量降低到可接受的水平。其应用领域包括舰船和其他行业的冷却水、地下注入水,以及发电和海水淡化领域。

(2)由于使用海水的有限体积以及不连续使用,筒式过滤器往往是最实用的选择。它们有多种材料和孔径。为方便运输和携带,每个单位可以是固定或滑动的。公称孔径小于$1\mu m$是可用的,但孔径小于$5\mu m$的过滤器很少用于海水。

(3)有些过滤器主要进行表面过滤,在外筒表面上形成"滤饼"。有一些过滤器则属于"深度过滤",过滤颗粒可以很好地渗透纤维中。通常一次性过滤筒主要应用在预期很少发生堵塞的地方,其余则使用反冲洗滤筒,反冲洗有时可以自动进行。悬浮物、浊度和颗粒计数的测定技术可用于监测过滤器的性能。

20.5.3 最大流速选择

1. 耐海水铜镍合金管铁含量

众所周知,关于BFe10-1-1铜镍合金材料的流速要进行控制,各国也有相应的标准规范,许多数据和要求还不尽相同。有的是有较充分的试验数据,有的则是依据材料厂商提供的数据并参照国外的标准得来。应该说德国KME公司有自己较充分的试验过程,并提供给用户较为合理的指导数据。一方面在材料研制过程中,主要成分有试验数据来源;另一方面主要典型参数经过实践检验。例如,在铁含量对耐海水冲刷性能方面,该公司就进行了在其他条件不变的情况下将Fe含量从$0\sim4.0\%$的耐冲刷影响试验,如图20.45所示。通过3m/s的海水30天的冲刷试验,可以看出铁含量在$1.5\%\sim2.0\%$时铜镍合金耐冲刷效果明显,材料冲蚀层最小,这也就是B10铜镍合金铁含量需要控制最佳范围在$1.6\%\sim1.8\%$之间的由来。

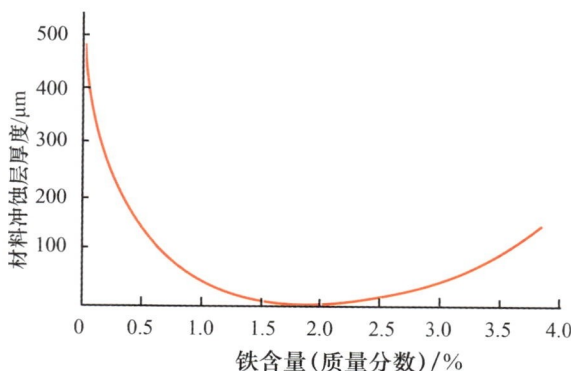

图20.45 铜镍合金管不同铁含量耐海水冲刷对比试验,3m/s的海水试验时间30天

2. 德国 KME 公司关于管内海水流速限值

德国 KME 公司作为国际上铜镍合金材料制造技术的领先者,在铜镍合金材料耐冲刷试验方面做了大量的工作。该公司认为,无论是理论计算还是实际测试,如果基于管内不发生湍流的最大值来衡量,最大海水流速限值应该与管内径呈线性关系,如图 20.46 上面绿色直线所示,限值为 2.5~3.5m/s。如果存在设计缺陷或者不足,最大海水流速限值则有可能变为图 20.46 下面红色折线所示(英国标准 BSMA 18 船舶海水管路系统就是这么规定的),这时对大口径管路流速限值影响还不大,小口径管流速限值还不到允许值的一半。通过对 DN159×2.5mm 管路、弯头 1.5D 弯曲半径、3.5m/s 管内海水流速限值的仿真计算(图 20.47(a)),如果焊接出现错位或者焊脚超过标准,则有可能局部流速超过原有值的 50%(图 20.47(b))。

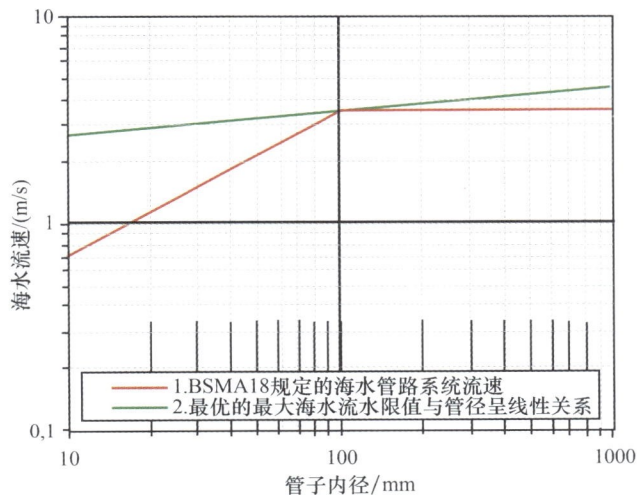

图 20.46　BFe10-1-1 管内海水流速限值

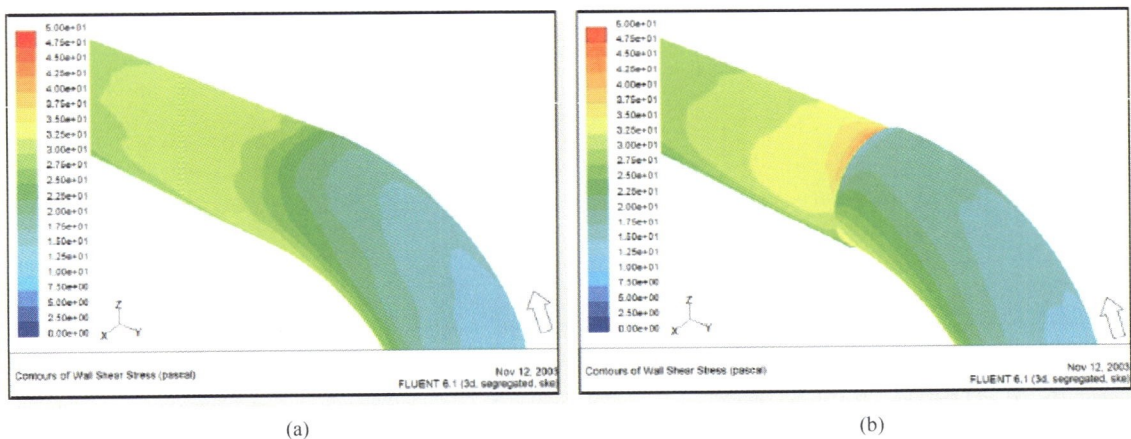

(a)　　　　　　　　　　　　　(b)

图 20.47　DN159×2.5mm 管路、弯头 1.5D 弯曲半径、3.5m/s 管内海水流速限值的仿真计算

3. 英国国防部标准

英国海军是最早使用铜镍合金管路的国家之一,他们认为 BFe10-1-1 所有管路应有最小流速(0.9m/s),在通径大于 100mm 的管子最大流速为 3.5m/s,冷凝器和冷却设备管子最大流速限值为 2.0~2.4m/s,见表 20.19。当铜镍合金受到海水足够大的剪切力时,其保护膜会被破坏,引起铜合金的冲刷腐蚀,因此需要设计限流和表面局部的紊流。管路流速限值还与弯曲半径有关,通常说的是长弯曲半径($r>1.5D$)的限值,如果是短弯曲半径,这个值要小很多,最大允许值为 2.0m/s。

表 20.19　英国国防部 BFe10-1-1 管路最大流速　　　　　　　　（单位:m/s）

最小流速 a	0.9(管,合金)		最小流速 a	0.9(管,合金)	
冷凝器和热交换器			管路		
最大流速 b	CA70600 (90Cu10Ni)	CA71500 (70Cu30Ni)	通径≤76mm 长弯曲半径(r>1.5D)	2.5	2.8
			通径 77~99mm 长弯曲半径(r>1.5D)	3.2	3.5
一段	2.4	3.0	通径≥100mm 长弯曲半径	3.5	4.0
二段	2.0	2.6	短弯曲半径	2.0	2.3

（1）在满足最低的热交换需求的情况下,有必要使管内的最低流速保持在 0.9m/s 以上,以保证泥沙和颗粒物不会在管内沉积,否则沉积在管内的泥沙和颗粒物会降低热交换速率,并导致沉积物下的腐蚀。

（2）一旦腐蚀产物膜完全形成,稍高的速度可以容忍的,但时间应不超过 15% 的总工作时间。水箱和两个单元之间的回水口必须加以设计,以保证何管内的流量都在单元平均流量的 25% 以内。在小换热器的结构内部,水箱和回水口处可能需要额外的体积,以保证给所有管子都提供良好的流速分布。

此外,也需要考虑如下问题:

（1）推荐使用长弯曲半径管子,弯曲半径 r>1.5D 或使用支管;

（2）垫片需要与内管直径齐平;

（3）在泵、阀门和孔板处,上游提供一个 3d 直管段,下游提供一个 5d 直管段流,可以减少紊流;

（4）在短时间内,例如在消防给水时,10~15m/s 的流速是可接受的。

20.5.4　阀门材料选择

在管路材料选用 BFe10-1-1 以后,管路系统中冷却器、冷凝器等热交换设备与之配套或者相同是毫无疑问的,海水泵过流主体材料采用镍铝青铜现在也得到大家的认可,阀门的材料要复杂一些。表 20.20 列出了欧洲海军应用 BFe10-1-1 管路材料以后阀门材料。

表 20.20　应用 BFe10-1-1 管路系统中阀门材料

阀门类型	阀体材料	阀球、阀瓣或阀座材料	阀杆材料
蝶阀	海军黄铜 5% 镍铝青铜 橡胶内衬铸铁(为阀杆提供密封) 铸造 B30 合金	5% 镍铝青铜 铸造 B30 合金 铸造蒙乃尔合金 316 不锈钢	蒙乃尔 400 或蒙乃尔 K500 合金 316 不锈钢 5% 镍铝青铜
截止阀,闸阀或球阀	海军黄铜 5% 镍铝青铜 橡胶内衬铸铁(为阀杆提供密封) 铸造 B30 合金 但禁用橡胶内衬铸铁	5% 镍铝青铜 铸造 B30 合金 铸造蒙乃尔合金 316 不锈钢	蒙乃尔 400 或蒙乃尔 K500 合金 316 不锈钢 5% 镍铝青铜
隔膜阀	橡胶内衬铸铁	橡胶(隔膜)	不接触海水,不重要

20.6　海水管路的腐蚀控制要求

北京航空材料院的李金桂教授在"我国航空工业实施控制系统工程"一文中总结我国空军飞机事故多的原因时指出,主要是从飞机设计开始一直到交付部队使用的所有过程中都对腐蚀控制缺乏足够的认识,观念上"可有可无",行动上"头痛医头,脚痛医脚",组织上"无人负责",设计上"无章可循",制造过程"无人问津",使用过程"无法可依"。总结我国舰船的腐蚀事故多发状况,情况类似。可以说,空军飞机的主要腐蚀环境是大气及酸雨,舰船的主要腐蚀环境是海水,两种腐蚀环境对结构材料的侵蚀性有天壤之别,海水是最强烈的天然腐蚀介质,加之海浪、海水飞溅、海水流动、海水含砂、海水污染等腐蚀加速因素的影响。因此,海军舰船的腐蚀问题应该比空军飞机的腐蚀问题得到更多的重视,应加大舰船腐蚀控制系统工程的研究力度,将腐蚀控制贯穿于舰船设计、制造、使用、维护和修理的全过程,每一个环节都不可忽视,特别是设计阶段应切实做好腐蚀控制工作。将分散的、局部的、有意无意的、过去认为可有可无的腐蚀控制问题作为重大技术问题贯彻到从舰船设计到交付部队使用的全过程中去。

海水管路系统是目前我国海军舰船腐蚀事故最为严重、最为频繁发生的部位之一,它的腐蚀控制必需也只有按系统工程思想予以综合治理,将腐蚀控制贯彻到从海水管路设计到使用、维护的全过程,才能得到根本的改变。

海水管路腐蚀控制的目标应是在其运行环境中,规定的时间内,不因腐蚀而进行维修,不因腐蚀而被迫停止运行,更不能因腐蚀而贻误战机。设计、制造部门在接到用户要求研制的舰船型号类型及战术指标后,要组织设计、工程人员和腐蚀控制专家对战术技术性能、工作环境特点及可能出现的腐蚀问题和后果进行综合分析研究,提出该型号舰船腐蚀控制与防护大纲。海水管路腐蚀控制与防护应是其主要组成部分。大纲的主要内容如下:

（1）腐蚀环境分析,对腐蚀控制设计进行整体构思和选择。

（2）提出海水管路腐蚀控制要求、设想、设计要求、选材、防蚀措施规范等一系列文件。

（3）从腐蚀控制角度对设计图纸进行审查。

（4）提出腐蚀控制培训大纲,确保全过程执行统一的腐蚀控制要求和措施。

（5）控制海水管路制造、安装技术和工艺,保证结构材料固有的耐蚀性能不受损害,通过防蚀处理提高材料的耐蚀性。

（6）控制转包商和供应商,保证外购件、加工件符合腐蚀控制大纲要求。

（7）对海水管路系统从设计、制造、安装到使用的全过程要分阶段从腐蚀控制的角度进行评审。

（8）将腐蚀控制纳入质量保证体系,在质量保证系统中制定腐蚀控制职责。

腐蚀控制系统工程应由设计制造、腐蚀控制、管理等方面的专家联合组成工程小组,从工程设计开始,考虑整个工程可能出现的腐蚀及其原因,进行合理选材、精心设计、精心施工,选用防蚀措施,以及确定防蚀要求的制造工艺、维护保养和修理技术,确保运行安全、可靠,从而获得最大的技术经济效益和军事效益。

以下列出了舰船海水管选材及防腐技术要求。本要求适用于 PN≤25.0MPa,DN 为 10～400mm 的各种海水管路系统。

20.6.1　海水管路选材依据

1. 最大流速

在海水流动工况下,腐蚀控制的主要任务是在管内最大流量和管径预先确定的情况下,选择允许设计最大流速大于或等于海水流速已经确定的材料;或者在材料和最大流量预先确定的情况下,选择合适的管内径,使管内海水流速小于或等于所选材料的最大允许设计流速。各种海水管路材料允许设计最大值可参考表 20.21 所列数据。

表 20.21　各种海水管路材料允许设计最大流速值

材　料	允许最大流速/(m/s)	耐紊流能力评价
无缝钢管(20 钢)	1.0	差
紫铜管(TP2Y)	1.2	差
B10 铜镍管	3.5	好
B30 铜镍管	4.5	好
双相不锈钢管(HDR)	>9.0	优
钛管(TA2、TA5)	>9.0	优

注:1. 此表所列数据供以海水流动工况为主时参考,对于短时间工作的海水管路系统
(一个中修期累积海水流动时间不超过 3000h),允许设计最大流速增大 30%;对于一个中修期累积海水流动时间不超过 500h 的海水管路系统,可不规定允许设计最大流速值
2. 此表所列数据为舰船日常运行工况所应控制的流速值,允许应急情况下瞬间海水流速超过允许设计最大流速值

2. B10 铜镍管允许设计最大流速与管内径的关系

表 20.21 中所列数据为 DN≥89mm 海水管路而设,管径越小,允许设计最大流速值应越低。以 B10 铜镍管为例,允许设计最大流速值与管内径的关系见表 20.22。

表 20.22　B10 铜镍管允许设计最大流速与管内径的关系

管内径/mm	9.5	12.7	19.1	25.4	31.8	38.1	50.8	63.5	76.2	≥88.9
允许流速/(m/s)	1.18	1.57	1.98	2.37	2.56	2.76	2.96	3.16	3.3	3.5

20.6.2　海水管路材料使用注意事项

(1)无缝钢管。耐流动海水和静止海水腐蚀性能都较差,但工艺性能好,使用经验成熟。不宜裸体使用。

(2)紫铜。耐流动海水腐蚀性能差,但优于无缝钢管,耐静止海水腐蚀性能好,工艺性能好,使用经验成熟,对累积流动海水作用时间长的紊流严重的管配件或在 1.2m/s 以上海水流速下使用时应采取防腐蚀措施。

(3)B10(B30)铜镍合金。耐流动海水腐蚀性能显著优于紫铜,对累积流动海水使用时间长的紊流严重的管配件,以及在 3.5m/s(B30 管在 4.5m/s)以上海水流速使用或长期在海水静泡条件下使用,应采取防腐蚀措施。

(4)钛合金和双相不锈钢。在流动海水和静止海水中都具有优良耐蚀性能,材料本身不需任何防蚀措施,但在选用时需特别注意与管路其他异种材料构件的电偶腐蚀控制、自身的海生物污损防护和便于部队现场焊接的焊丝及焊接工艺的配套问题。

(5)弯管、三通等管附件。弯管、三通、穿舱件等管附件必须与管材同材质,并应采用供管厂家生产的定型管附件。没有定型管附件的应执行 CB/T 3790—1997《船舶管子加工技术条件》规定进行加工。

(6)其他舰船海水管路材料禁止使用 316L、1Cr18Ni9Ti 等不锈钢材料。

(7)为便于用户使用维护和舰船正常修理,原则上一艘舰艇的海水管材应采用同一种材料,否则必须在管路上给以标明。

20.6.3　防腐蚀措施的选用

1. 无缝钢管的防腐蚀措施

(1)无缝钢管用作船舶海水管路时,要采取热镀锌保护,镀层厚度应达到 200~300μm 范围,允许设计最大流速可提高至 1.5m/s。

(2)在海水流速较高或累积使用时间较长的辅助舰船的海水管路中,当必须采用无缝钢管时,应注意要在海水管路中设计加装防腐锌环牺牲阳极保护。保护电位应控制在 -850mV(Cu/CuSO₄)以下。

(3)在局部海水流速较高,紊流程度严重,热镀锌层容易破损、剥离的地方,还应特别辅之以防腐锌环牺牲阳极保护。

2. 铜及铜合金管防腐蚀措施

推荐采用法兰间式铁合金牺牲阳极用于保护铜及铜合金海水管路,保护电位控制在 -750~-450mV 范围。在不是法兰连接而需要采用防蚀措施的管段或管配件允许采用栓塞式铁合金牺牲阳极。

20.6.4　海水管路选材和防腐蚀措施推荐配套方案

海水管路选材和防腐蚀措施推荐配套方案见表 20.23,表中使用条件栏目中简称的含义是:

(1)低流速:海水流速小于 2.0m/s。

(2)中流速:海水流速在 2.0~4.5m/s 范围。

(3)高流速:海水流速大于 4.5m/s。

(4)短时:指使用频率较低,一个大修期累积流动海水作用时间不超过 3000h 的海水管路。

(5)中时:指虽经常使用但不连续,一个大修期累积流动海水作用时间超过 3000h 的海水管路系统。

（6）长时：指经常连续遭到流动海水冲刷腐蚀作用的海水管路系统，如空调和冷藏装置冷却水系统，主、辅循环水系统，主、辅冷却水系统等。

表 20.23　海水管路选材推荐方案

使用条件		船舶种类	
		辅助舰船	战斗舰船
低流速	短时	热镀锌无缝管 + 三元锌环牺牲阳极保护	紫铜管，紫铜管 + 铁合金牺牲阳极
	中时	紫铜	紫铜管 + 铁合金牺牲阳极，B10 铜镍管
	长时	紫铜管 + 铁合金牺牲阳极	B10 铜镍管，B10 铜镍管 + 铁合金牺牲阳极
中流速	短时	B10 铜镍管	B10 铜镍管
	中时	B10 铜镍管，B10 铜镍管 + 铁合金牺牲阳极	B10 铜镍管 + 铁合金牺牲阳极
	长时	B10 铜镍管，B10 铜镍管 + 铁合金牺牲阳极	B10 铜镍管 + 铁合金牺牲阳极，双相不锈钢管[①]、钛管
高流速	短时	B10 铜镍管 + 铁合金牺牲阳极	B10 铜镍管 + 铁合金牺牲阳极，双相不锈钢管[①]、钛管
	中时	双相不锈钢管[①]、钛管	双相不锈钢管[①]、钛管
	长时	双相不锈钢管[①]、钛管	双相不锈钢管[①]、钛管
① 采用钛管或双相不锈钢管时，与其相邻的铜制或钢制设施应采取有效的绝缘连接措施			

20.6.5　合理设计

海水管路的腐蚀控制设计，首先应着眼于控制流动海水中的侵蚀腐蚀，其次是控制电偶腐蚀、缝隙腐蚀、沉积物腐蚀、水滞留区腐蚀及脱成分腐蚀。

1. 管内流态优化设计

在保证流速满足要求的前提下，应优化管内海水流态，控制在紊流状态。

（1）尽量防止或减少局部流速的增大和紊流程度的增强。每一条管道线路都应沿着最短路线通过，并尽可能多地采用直管，尽可能少地采用弯管，弯管半径应统一，弯管段间的直管段长度应不小于 1.5 ~ 2 倍的管径，否则视为短弯曲半径弯头流速因控制在 2.0m/s 以下。

（2）尽量减少管路沿线的接头数量，特别是可拆接头数量（如法兰连接或螺纹连接）。

（3）当海水流动方向发生变化时，尽量避免急转弯，允许往主管道上安装 90° 支管。在其他情况下，支管的安装应考虑海水流动的方向，最好采用 Y 形三通。

（4）应尽可能采用标准异型管配件，如铜镍合金的三通、弯头、异径管、凸缘配件等。

2. 预防和避免电偶腐蚀、水滞留区腐蚀、沉积腐蚀等局部腐蚀

（1）尽量减少异种金属材料管件数量，不可避免时可选自然腐蚀电位差较小的材料互相配合，并且使阳极构件表面积远大于阴极性构件表面积，严禁大阴极小阳极的不利组合，采用钢制压力表插管和热电偶插管与铜合金海水管路相配是极为错误的。

（2）当必须采用电位差较大的金属材料互相偶合时，应采取电绝缘连接，以防止异种金属间形成腐蚀电池而发生严重电偶腐蚀。

（3）通过设计尽量避免和减少可能发生水滞留和杂物沉积的管段，不可避免时，应在水位最低处设泄流阀，定期排除积水或沉积物。

（4）在总体布置方面，对各种设备和管路线路进行优化设计，要考虑为部队使用、维护、维修等工作留有必要的通道和空间，特别是舱底，应尽量避免留下人员不可触及的死角。

3. 增大管路可维修性

（1）管道线路的布置应尽可能有层次的顺着纵横舱壁、船舷或舱顶板垂直或水平的敷设。管道线路的外形和布置应该保证能自由通向管系所用的机件和附件，并应保证能够拆卸个别的管子和附件，而不用拆除邻近的管道。

（2）为了方便舰船管道的安装和修理，应该把机器设备和管道、敷设管子的人行道做最佳的组合，这项

工作在舰船设计时可用比例模型进行。

（3）管系沿路的接头数量应尽可能减少，所选用的管子的长度不应给管道的任何部分的安装和拆卸造成困难，相邻管道的法兰连接和套管连接不应位于同一平面上，其布局应保证在使用过程中能够上紧和拆卸。

（4）截止阀和调节阀装在分、汇流管件处便于检查和维修的地方，不允许用截止阀来调节海水的流量。

20.7　电偶腐蚀控制技术要求

20.7.1　控制电偶腐蚀的一般原则

（1）尽可能采用同一种材料制造金属结构，如海水冷却设备的水室、管板、管束都采用 B30 铜镍合金制造。

（2）当无法采用同一种材料制造冷却设备时，应注意使重要部件为自然腐蚀电位较正的材料。

（3）采用阴极极化率较大的金属制作结构的阴极性构件。如采用不锈钢或钛合金与碳钢或低合金钢偶合，比采用铜及其合金的耐腐蚀性会好得多。

（4）结构设计中尽量减小阴极面积，增大阳极面积。如用奥氏体不锈钢焊条焊接低合金钢构件，用低合金钢铆钉连接碳钢构件，比用同种钢焊条或铆钉还要好，焊缝或铆钉相对被连接金属应该始终是阴极，处于被保护状态。

（5）焊接材料的电位要比基体金属的电位略正为宜，一般应正 5mV 以上，以防止焊接过程造成焊缝部位耐蚀性降低。

（6）在相互接触的电位差较大的异金属之间，应采用电绝缘材料使之隔离，如在铜制海水管路和钢制海水滤器之间可采用绝缘法兰连接。也可在两异种金属偶接处加入第三种金属，降低两种金属间的电位差。

（7）涂装阴极构件，减小阴极与阳极的面积比。如在海水滤器中，当不得已时可用非金属涂层涂装不锈钢滤器，会减轻滤器钢制缸体的腐蚀。也可用密封材料如密封胶、防水性油脂、腻子等对异种金属结构表面涂覆，使其与海水隔离起绝缘保护作用。

（8）阴极保护可有效解决异金属间的电偶腐蚀问题。如在海水管路中加装牺牲阳极，是有效防止异种金属管件间的电偶腐蚀的方法之一。

20.7.2　实施控制电偶腐蚀措施时的注意事项

（1）在用焊接或铆接连接金属结构时，焊缝材料和铆钉材料绝对不能相对被连接金属为阳极。

（2）在使用非金属涂层防蚀时，绝不能仅涂阳极性构件，应优先涂装阴极性构件，或同时涂在阴、阳极表面上，否则将会导致严重的局部腐蚀。

（3）用来涂装电偶阴极性构件的涂料必须是耐碱性的，因为腐蚀电偶阴极区的海水碱性会增大。

（4）暴露在海水腐蚀介质中的金属结构，不应采用阴极性金属复层来防蚀，因为一旦复层破损，将会导致金属复层与破损处基体金属之间形成大阴极小阳极的电偶腐蚀。

（5）在用石墨作润滑剂，使用石墨填充剂的塑料，以及金属填充的树脂材料时，要注意到石墨及填充金属与金属构件可能形成腐蚀电偶，从而导致构件产生严重腐蚀。

20.7.3　合理选材控制电偶腐蚀

1. 一般原则

（1）对于已经在舰船海水管路及冷却设备中应用，其基本电偶腐蚀行为清楚的金属材料或异种金属结构，可参考本技术要求中海水管路及冷却设备常用材料的电偶序、异种金属可否偶合表进行设计、使用。

（2）对于尚无电偶腐蚀数据的金属材料，应在设计、使用前对其进行电偶腐蚀试验，电偶腐蚀试验应根据 GB/T 15784—1995《船用金属材料电偶腐蚀试验方法》和 GB/T 6384—2008《船舶及海洋工程用金属材料在天然环境中的海水腐蚀试验方法》要求进行，以确定该金属材料与使用时发生电性接触的异种金属材料间是否有电偶腐蚀，并根据电偶腐蚀试验结果选材。必要时应对金属进行电化学性能试验，确定阴极材料的阴极极化行为和阳极材料的阳极极化行为。

2. 根据腐蚀电位序选材

（1）海水管路、冷却设备及其配件必须由异种金属组成构件时，首先可依据材料在海水中的腐蚀电位序判断有无电偶腐蚀和组成材料在电偶中的极性。

（2）海洋工程材料在海水中的腐蚀电偶序可用于判断偶合各金属的极性，可参考本书图 9.4，位于图中左下的电位较负的金属对右上电位较正的金属而言，在电偶中将成为阳极而被加速腐蚀；反之，位于图中右上的金属对左下的金属而言，在电偶中将成为阴极，腐蚀被减缓。当可钝化金属与电位位于其活化电位和钝化电位之间的金属偶合时，其极性将依其环境和相对暴露面积比而定。该图也可用于粗略估计电偶中阳极金属的电偶腐蚀严重程度，一般情况下，电位差越大，电偶腐蚀越严重。两种金属材料接触时的电位差决定能否发生电偶腐蚀以及腐蚀电流的大小，电偶腐蚀的程度还取决于各金属在海水中极化能力的大小。

（3）对于未知材料供应商应提供其在海水中的电极电位数据，总体设计单位也可以通过试验测定其在海水中的电极电位，结合海洋工程材料在海水中的腐蚀电位序进行选材。

3. 根据异种金属材料在海水中的电偶腐蚀行为选材

（1）各种金属材料在海水中的电偶腐蚀行为见表 20.24。

（2）对被研究金属而言，表中电偶腐蚀行为等级为 1 时建议不采用；电偶腐蚀行为等级为 2 时应尽量不采用；电偶腐蚀行为等级为 3 时可以采用，须配合阴极保护措施；电偶腐蚀行为等级为 4 时，为较好材料搭配；电偶腐蚀等级为 5 时可以采用，但偶合金属可能腐蚀；电偶腐蚀等级为 6 时，对被研究金属而言可用，偶合金属将受到严重电偶腐蚀。

表 20.24 异种金属在海水中的电偶腐蚀行为

被研究金属	面积比	偶合金属														
		镀锌钢	防锈铝	硬铝	碳钢	低合金钢	铸铁	锡黄铜	高锌黄铜	铝青铜	低锌黄铜	铜	硅青铜	白铜	耐蚀铅锡青铜	铬镍奥氏体不锈钢	含钼奥氏体不锈钢
镀锌钢	小	—	1	1	1	1	1	1	1	1	1	1	1	1	1	1	1
	等	—	3	3	3	3	3	2	2	2	2	2	2	2	2	2	2
	大	—	3	3	3	3	3	3	3	3	3	3	3	3	3	3	3
防锈铝 LF1	小	6	—	1	1	1	1	1	1	1	1	1	1	1	1	1	1
	等	6	—	2	1	1	1	1	1	1	1	1	1	1	1	2	2
	大	5	—	3	2	2	2	2	2	2	2	2	2	2	2	3	3
硬铝 LY12	小	6	6	—	1	1	1	1	1	1	1	1	1	1	1	1	1
	等	6	6	—	1	1	1	1	1	1	1	1	1	1	1	2	2
	大	5	5	—	2	2	2	2	2	2	2	2	2	2	2	3	3
碳钢	小	6	6	6	—	1	1	1	1	1	1	1	1	1	1	1	1
	等	6	6	6	—	3	3	2	2	2	2	2	2	2	2	2	2
	大	5	5	5	—	3	3	3	3	3	3	3	3	3	3	3	3
低合金钢	小	6	6	6	6	—	6	1	1	1	1	1	1	1	1	1	1
	等	6	6	6	5	—	5	2	2	2	2	2	2	2	2	2	2
	大	5	5	5	5	—	5	3	3	3	3	3	3	3	3	3	3
铸铁	小	6	6	6	4	1	—	1	1	1	1	1	1	1	1	1	1
	等	6	6	6	5	3	—	2	2	2	2	2	2	2	2	2	2
	大	5	5	5	5	5	—	3	3	3	3	3	3	3	3	3	3
锡黄铜 HSn62-1	小	6	6	6	6	6	6	—	1	1	1	1	1	1	1	1	1
	等	6	6	6	6	6	6	—	3	3	3	3	3	3	3	3	3
	大	5	5	5	5	5	5	—	4	4	4	4	4	4	4	3	3

（续）

被研究金属	面积比	偶合金属															
		镀锌钢	防锈铝	硬铝	碳钢	低合金钢	铸铁	锡黄铜	高锌黄铜	铝青铜	低锌黄铜	铜	硅青铜	白铜	耐蚀铅锡青铜	铬镍奥氏体不锈钢	含钼奥氏体不锈钢
高锌黄铜 HPb59-1	小	6	6	6	6	6	6	6	—	1	1	1	1	1	1	1	1
	等	6	6	6	6	6	6	5	—	3	3	3	3	3	3	3	3
	大	5	5	5	5	5	5	4	—	4	4	4	4	3	4	3	3
铝青铜	小	6	6	6	6	6	6	6	6	—	1	1	1	1	1	1	1
	等	6	6	6	6	6	6	6	5	—	3	3	3	3	3	3	3
	大	5	5	5	5	5	5	5	5	—	4	4	4	4	4	4	4
低锌黄铜	小	6	6	6	6	6	6	6	6	6	—	2	2	1	2	1	1
	等	6	6	6	6	6	6	5	5	5	—	3	4	3	3	3	3
	大	5	5	5	5	5	5	5	5	5	—	4	4	4	4	4	4
紫铜	小	6	6	6	6	6	6	6	6	6	6	—	4	1	4	1	1
	等	6	6	6	6	6	6	6	6	6	5	—	4	4	4	3	3
	大	5	5	5	5	5	5	5	5	5	5	—	4	4	4	4	4
硅青铜	小	6	6	6	6	6	6	6	6	6	4	4	—	1	4	1	1
	等	6	6	6	6	6	6	6	6	6	4	4	—	3	4	3	3
	大	5	5	5	5	5	5	5	5	5	4	4	—	4	4	4	4
B30CuNi 合金	小	6	6	6	6	6	6	6	6	6	6	6	6	—	4	1	1
	等	6	6	6	6	6	6	6	6	6	5	5	5	—	4	3	3
	大	5	5	5	5	5	5	5	5	5	5	5	5	—	4	4	4
耐蚀铅锡青铜 3Zn6.5Sn1.5Pb	小	6	6	6	6	6	6	6	6	6	6	4	4	4	—	1	1
	等	6	6	6	6	6	6	6	6	6	6	4	4	4	—	3	3
	大	5	5	5	5	5	5	5	5	5	5	5	4	4	—	4	4
铬镍奥氏体不锈钢	小	6	6	6	6	6	6	6	6	1	1	1	1	1	1	—	1
	等	6	6	6	6	6	6	6	5	3	3	3	3	3	3	—	3
	大	5	5	5	5	5	5	5	4	4	4	4	4	4	4	—	4
含钼奥氏体不锈钢	小	6	6	6	6	6	6	6	6	1	1	1	1	1	1	1	—
	等	6	6	6	6	6	6	6	5	3	3	3	3	3	3	5	—
	大	5	5	5	5	5	5	5	4	4	4	4	4	4	4	4	—

注:1—被研究金属的腐蚀显著增加;2—被研究金属的腐蚀中度增加;3—被研究金属的腐蚀轻微增加;4—电偶腐蚀影响不明显,影响方向不定;5—被研究金属的腐蚀轻微降低;6—被研究金属的腐蚀明显降低

4. 海水中的紧固件和泵、阀结构件可否偶合

（1）海水中的紧固件可否偶合见表20.25。

表 20.25　海水中的紧固件可否偶合表

本体金属 ＼ 紧固零件	铝合金①	碳钢	硅青铜	镍	镍铬合金	奥氏体不锈钢	镍铜合金	含钼奥氏体不锈钢
铝	—	○②	×②	○②	○	○	○②	○
钢及铸铁	×	—	○	○	○	○	○	○
奥氏体镍铸铁	×	×	○	○	○	○	○	○
铜	×	×	○	○	○	○	○	○

（续）

紧固零件 本体金属	铝合金①	碳钢	硅青铜	镍	镍铬合金	奥氏体不锈钢	镍铜合金	含钼奥氏体不锈钢
70/30CuNi 合金	×	×	×	○	○	○	○	○
镍	×	×	×	—	○③	○③	○	○③
奥氏体不锈钢	×	×	×	×	△	—③	○	○③
镍铜合金 400	×	×	×	×	△	△	—	△
含钼奥氏体不锈钢	×	×	×	×	△	△	△	—

注：○—可偶合；

　　×—不可偶合；

　　△—螺栓下面的缝隙腐蚀不确定；

　　①—阳极氧化处理可改变评价；

　　②—紧固件被保护，但铝板上的螺孔被扩大；

　　③—紧固件得到保护，但螺栓下面的缝隙腐蚀得不到足够保护

（2）海洋环境下泵或阀的本体与部件可否偶合见表 20.26。

表 20.26　海洋环境下泵或阀的本体与部件可否偶合

部件 本　体	黄铜或青铜	镍铜合金 400	Cr18Ni12Mo2Ti
铸铁	○	○	○
奥氏体镍铬铁	○	○	○
铸锡锌青铜	△①	○	○
70/30 铜镍合金	△	○	○
镍铜合金 400	×	—	△②
合金 20	×	△	△

注：○—可偶合；

　　×—不可偶合；

　　△—不确定

　　①—青铜部件常被采用，流速或紊流妨碍其形成稳定的保护膜，可能使部件相对本体成为阳极；

　　②—因 Cr18Ni12Mo2Ti 与镍铜合金 400 自然腐蚀电位相近，在低流速或缝隙条件下，可能得不到足够保护而产生孔蚀

20.7.4　电偶腐蚀的防护

采用阴极保护和电绝缘连接的方法可以防止异种金属间的电偶腐蚀。

1. 阴极保护控制电偶腐蚀

（1）采用阴极保护方法控制电偶腐蚀时，主要以发生腐蚀的电偶阳极材料为依据进行设计，同时应考虑阴极保护对电偶阴极材料性能的影响。可以采用牺牲阳极、外加电流与涂料联合保护，复合型铁电极双防技术等方法进行保护。

（2）对于舰船船体结构中的电偶腐蚀阴极保护，应按照舰船外加电流阴极保护系统技术要求和舰船牺牲阳极阴极保护系统技术要求进行保护。

（3）海水管路结构中的电偶腐蚀的防护措施，采用海水管路牺牲阳极保护措施。

2. 电绝缘连接方法控制电偶腐蚀

对暴露在海水中的异种金属结构，采用电绝缘连接方法可以有效地防护电偶腐蚀。

1）异种金属结构的电绝缘连接

（1）本节规定的异种金属结构，主要指管路、配件、仪器设备间及其与船体结构间的连接结构，当仪器设

备要求进行接地时可不考虑。

（2）异种金属结构电绝缘连接应用部位，如钢制海水滤器与铜海水管路之间的连接，不要求接地的仪器、设备与基座（船体）之间的连接。海水管路与船体固定吊、支架间应采用衬橡皮垫或采用专用电绝缘吊、支架等方式进行电绝缘连接。异种金属结构的电绝缘通过绝缘材料制成的垫片、套筒、垫圈等实现，涂有电绝缘覆层的金属零件（如垫圈、销钉、螺栓、圆环等）在连接中可起到电绝缘作用。

2）海水管系电绝缘法兰连接

（1）舰船海水管系采用电绝缘法兰连接方法进行异种金属电偶腐蚀防护。通过在异种（或同种）金属法兰间采用非金属绝缘密封垫片以及绝缘套筒等来实现。

（2）电绝缘法兰连接的基本要求、结构要求、绝缘密封垫片和紧固件绝缘零件、绝缘法兰的安装和检验、电绝缘状态的测量、电绝缘的维护及故障处理应满足舰船海水管系电绝缘技术要求。

20.8 电绝缘技术要求

20.8.1 概述

（1）为了满足舰船海水管系异种金属接触腐蚀的防护和设计施工需要，制定本技术要求。

（2）由于舰船产生水下电场的主要原因之一是海水管系各不同金属相连所发生的电化学（电解）过程所致。因此，执行本技术要求对降低舰船电场信号也有重要作用。

（3）绝缘法兰是对具有电绝缘性能的海水管系法兰接头的统称。它包括一对钢质法兰（或一对铜质法兰，或一只铜质法兰与一只钢质法兰相配）、法兰间的绝缘密封垫片、紧固件和紧固件绝缘零件。

（4）本技术要求适用于设计温度不高于100℃的海水管系的异种金属相接触的电绝缘，原则上也适用于淡水、燃油、滑油及其他介质管道。

（5）本技术要求是对海水管系电绝缘的一般要求，当设计上有特殊规定时，还应符合设计规定，但应采取必要的防腐措施。

（6）在海水管系电绝缘设计中除执行本技术要求外，还应符合现行有关标准、规范的规定。

20.8.2 基本要求

（1）所有通舷外口处与艇体材料不同的金属制成的管路和附件（阀门、粗水滤器等）与船体之间必须进行电绝缘隔离；海水管系中不同金属管路、附件（阀门、泵、粗水滤器、冷却器、设备等）之间必须进行电绝缘隔离。

（2）在电绝缘部件之间的管段上，由同类材料制成的管路连接处不必进行电绝缘连接；水泵与管路之间如采用橡胶挠性接头连接时也不必电绝缘处理。

（3）法兰安装的电绝缘结构应具有管系腐蚀防护设计所要求的电绝缘性能。

（4）除特殊情况外，绝缘法兰的公称通径和公称压力应分别与GB/T 1047—1995《管道元件公称通径》和GB 1048—90《管道元件公称压力》的规定一致。

（5）绝缘法兰应能在舰船海水管系所要求的温度、压力下长期可靠地工作，有足够的强度和密封性能。

（6）绝缘法兰各易损绝缘零件的更换周期一般应不低于四年。

（7）绝缘法兰的结构应使绝缘法兰的组装和各可拆零件拆卸、更换都方便。

（8）绝缘法兰各零件，要求结构简单、加工方便、材料易于取得且成本低廉。

（9）在承受有很大弯矩或集中外载荷作用的管段处不得设置绝缘法兰结构。

（10）海水管系与所有固定用吊、支架之间必须进行电绝缘，一般可用专用电绝缘吊、支架或衬橡皮垫的方式解决，但吊、支架卡环与管路外壁之间所衬橡皮垫的总厚度必须大于12mm。橡皮垫材料的邵氏硬度为55~65。

20.8.3 绝缘法兰的结构要求

（1）本技术要求中涉及的绝缘法兰结构主要指比压密封型绝缘法兰。比压密封型绝缘法兰指的是，依靠预紧软质的具有一定回弹性能的绝缘密封垫片到规定的密封比压，来实现法兰连接处的密封的绝缘法兰结构。

绝缘法兰的结构如图 20.48 所示。

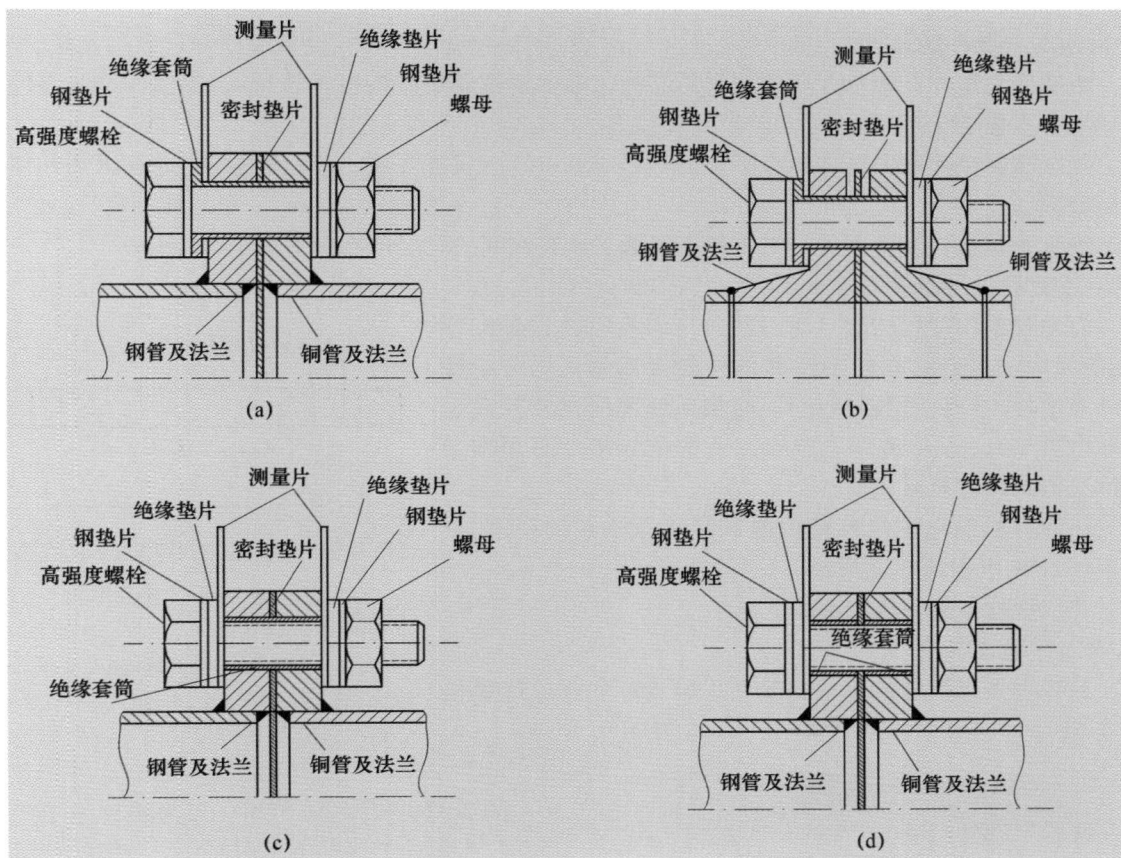

图 20.48 绝缘法兰结构

（a）、（b）长螺栓衬套绝缘法兰结构；（c）直通式螺栓衬套结构；（d）半开式螺栓衬套结构。

（2）绝缘法兰的法兰均应采用平焊法兰或采用带锥颈的对焊法兰。

（3）电绝缘法兰应满足海水管系的正常设计压力。

20.8.4 法兰的制造要求

1. 法兰强度计算

（1）电绝缘法兰的法兰强度计算应按窄面法兰规定或其他标准规定的计算方法进行。

（2）活套法兰的法兰强度计算可按管材供货厂家所给的计算方法或有关标准进行。

2. 法兰的材质和锻坯

（1）法兰与管材的材质应相同或相近（B10 或 B30 管的活套法兰除外），并具有良好的可焊性。焊缝及热影响区的电化学特性应与管材相同。

（2）法兰锻坯按 JB 755《压力容器锻件技术条件》的要求或相应其他要求制造和验收。

3. 法兰的机加工

（1）法兰密封面均采用光滑平密封面。电绝缘法兰的法兰密封面，表面粗糙度 Ra 应不低于 3.2。

（2）法兰密封面以外的各机加工表面，表面粗糙度 Ra 应不低于 3.2。当法兰锻坯采用模锻加工、锻坯表面的尺寸公差值又符合本规定的要求时，密封面以外的各表面可不再机加工。

（3）法兰图纸上各未注公差尺寸的极限偏差，应符合 GB 1804《公差与配合未注公差尺寸的极限偏差》的规定。

（4）法兰除各螺栓孔轴线位置度公差外，其余形状和位置公差项目的公差值在图中可不标注。这些未注项目的公差值应符合 GB 1184《形状和位置公差未注公差的规定》中 C 级的规定。

20.8.5 绝缘密封垫片和紧固件绝缘零件的技术要求

1. 材质的一般性能要求

（1）绝缘密封垫片在海水介质中应有足够的化学稳定性和良好的电绝缘特性,紧固件绝缘零件也要求在舱室环境中不易老化。

（2）绝缘密封垫片和紧固件绝缘零件的材料应有一定的机械强度,以保证这些零件在组装和使用的过程中不易破损。

（3）绝缘密封垫片和紧固件绝缘零件在绝缘工作表面间的电阻值均应不小于500kΩ。

2. 绝缘密封垫片要求

（1）海水管系中使用的法兰密封垫片应符合总体设计的规定,但在电绝缘法兰处必须使用特殊的外敷聚四氟乙烯芳纶橡胶合成纤维垫片,不得使用普通垫片、金属缠绕型密封垫片或金属型等导电类垫片,以免破坏电绝缘。所选密封垫片必须满足管系公称压力的设计要求。

（2）垫片材料的电绝缘性能应能满足绝缘法兰的要求,且不低于500kΩ的电绝缘性能指标。

（3）密封垫片的简图如图20.49所示。

3. 紧固件绝缘零件

（1）绝缘零件包括螺栓绝缘衬套（图20.50）和螺栓绝缘垫圈（图20.51）。

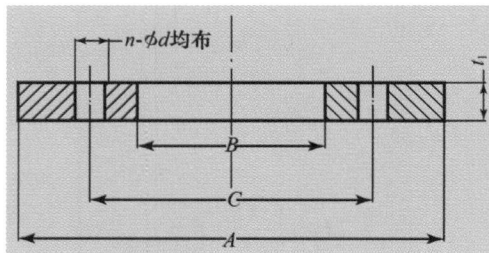

图20.49 密封垫片

A—垫片外径(同法兰外径);B—垫片内径(比法兰内径小1~3mm);C—垫片螺栓孔中心圆直径(同法兰螺栓孔中心圆直径);d—垫片螺栓孔孔径(同法兰螺栓孔孔径);n—螺栓孔孔数;t_1—垫片厚度。

图20.50和图20.51中,d_2为螺栓绝缘垫圈的内径;d_3为螺栓绝缘垫圈的外径;d_4为螺栓绝缘衬套的内径;L_1为螺栓绝缘衬套的长度,$L_1 = 2t + t_1 - 3$(对图20.50(a)、图20.50(b)电绝缘衬套);$L_1 = t + 0.5t_1 - 1$(对图20.50(c)电绝缘衬套);S为螺栓绝缘垫圈的厚度;t为法兰厚度(对电绝缘法兰,包括法兰密封面凸出部分高度);t_1为密封垫片的厚度;δ为螺栓绝缘衬套的厚度。

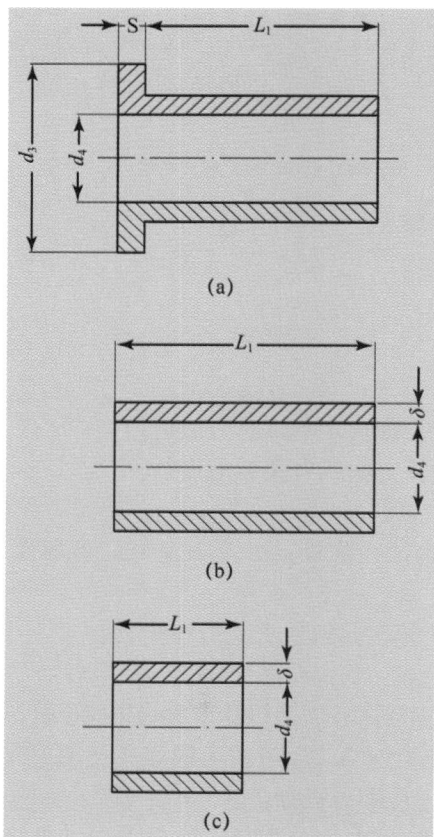

图20.50 螺栓绝缘衬套

（a）长螺栓绝缘衬垫;（b）直通式螺栓绝缘衬垫;

（c）半分式螺栓绝缘衬垫。

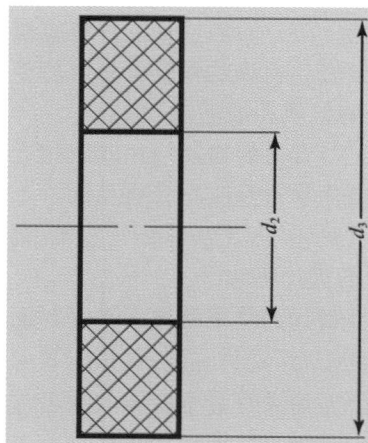

图20.51 螺栓绝缘垫圈

（2）螺栓绝缘衬套和螺栓绝缘垫圈在绝缘工作表面间的电阻值应符合本规定要求,且不低于该材料出厂的电绝缘性能指标。

（3）螺栓绝缘垫圈材料的抗拉强度应不小于 60MPa。

（4）螺栓绝缘衬套的内径与螺栓外径间的间隙应力图最小,一般取 0.5～1mm。当使用弹性良好的绝缘材料来制作这种衬套时,也可以作成与螺栓外径间成过盈配合的结构。螺栓绝缘衬套的厚度 δ,一般取 0.7～1mm。

（5）螺栓绝缘垫圈的内径 d_2 应与螺栓绝缘衬套的内径相同,但当螺栓绝缘衬套的内径与螺栓外径成过盈配合时,d_2 仍应比螺栓外径大 0.5～1mm。螺栓绝缘垫圈的外径 d_3 应比 GB/T 97.1—2002《平垫圈》中规定的同规格垫圈的外径大 2～3mm。

（6）可用表 20.27 所列的材料或与这些材料性质相近的其他材料来制作螺栓绝缘衬套。

（7）可用表 20.28 所列的材料或与这些材料性质相近的其他材料来制作螺栓绝缘垫圈。

表 20.27　螺栓绝缘衬套材料

序号	材　料	材料标准
1	聚碳酸酯塑料	
2	聚丙烯树脂	GB/T 12670—2008《聚丙烯（PP）树脂》
3	聚四氟乙烯塑料	
4	尼龙–11、12	
5	聚乙烯树脂	GB/T 11115—2009《聚乙烯（PE）树脂》
6	4330 酚醛玻璃纤维横塑料	JB/T 58822–2015《电气用玻璃纤维增强酚醛模塑料》

表 20.28　螺栓绝缘垫圈材料

序号	材　料	材料标准
1	聚碳酸脂塑料	
2	聚四氟乙烯塑料	
3	尼龙–11、12	
4	4330 酚醛玻璃纤维模塑料	JB/T 5822—2015《电气用玻璃纤维增强酚醛模塑料》

20.8.6　紧固件

（1）绝缘法兰的紧固件,包括螺栓、螺母和垫圈。为避免因法兰尺寸改动（插入电绝缘套管）而引起的非标法兰加工问题,作为法兰紧固件的螺栓、螺母应采用比原配螺栓尺寸小一挡的高强度螺栓和螺母,螺母为六角螺母。所选螺栓强度应不低于原螺栓强度并应满足海水管系法兰连接的强度要求。

（2）高强度螺栓、螺母的制造和验收,应符合 GB/T 16938—2008《紧固件螺栓、螺钉、螺柱和螺母通用技术条件》的规定。

（3）用于电绝缘法兰安装的金属垫圈应采用 GB/T 97.1—2002《平垫圈》规定的垫圈,也可采用自制的非标准垫圈。非标准垫圈除厚度均应为不低于 3mm 外,其余尺寸与相同规格的标准垫圈相同。

20.8.7　绝缘法兰的安装和检验

1. 安装要求

（1）法兰的焊接工作应由经考试合格的焊工担任。焊缝的无损探伤抽查率、质量等级和返修要求均应符合现行有关标准和规范的规定。

（2）当采用如图 20.52 所示活套法兰（如 B10 管系）时,密封垫片尺寸可按管系要求而定。

（3）绝缘法兰安装前应对绝缘密封垫片、紧固件和绝缘衬套、垫圈、测量片逐件进行外观检查,有破损或严重变形的零件应及时更换。

（4）电绝缘法兰安装时,应使各螺栓均匀预紧到垫片达到规定的密封比压为止。电绝缘法兰的每片法兰上均安装一只铜制测量片,测量片应朝便于日常检测的方向。

（5）绝缘法兰组装完毕后,应检查各绝缘零件是否完好,发现零件有破损时应立即更换。

（6）为防止电绝缘接头处弄脏或因其他物体而发生闭合,安装完毕后应对部件表面涂漆,但禁止在外伸的测量片上涂漆。

（7）电绝缘管段应加涂特殊标志,以便于识别。

（8）禁止用任何一种润滑油涂抹电绝缘垫片、衬套和垫圈。

2. 检验

（1）组装完毕的绝缘法兰,应在系泊试验阶段进行海水水压试验和两法兰间的电绝缘检查,检查均合格后方可验收。

（2）水压试验的压力为管系正常设计压力,水压试验结果法兰连接处无泄漏,各绝缘零件无损坏,法兰和各紧固件无肉眼可见的残余变形为合格。

（3）用500V兆欧表或专用仪表在组装完毕并处于干燥状态时管系绝缘法兰两法兰的测量片之间进行检查,检查前管系必须满足相关规定,检查结果无短路并电阻值大于1kΩ为合格。

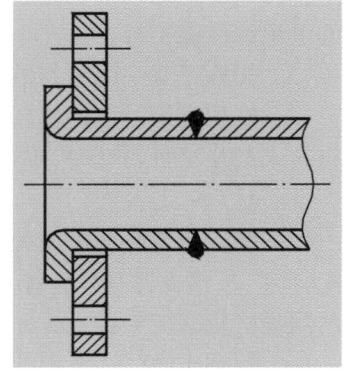

图 20.52　活套法兰示意图

20.8.8　电绝缘状况的测量方法

1. 管系干燥状态的测量方法

舰船位于船坞时,由于管道中无海水介质,因此,可用"电阻"法对诸绝缘处进行测量以评估其绝缘状况。可用500V兆欧表测量,如图20.53所示。如果所测的绝缘电阻值大于1kΩ,测说明电绝缘是满足防腐要求的。如果绝缘电阻低于标准,采取必需的维护措施。

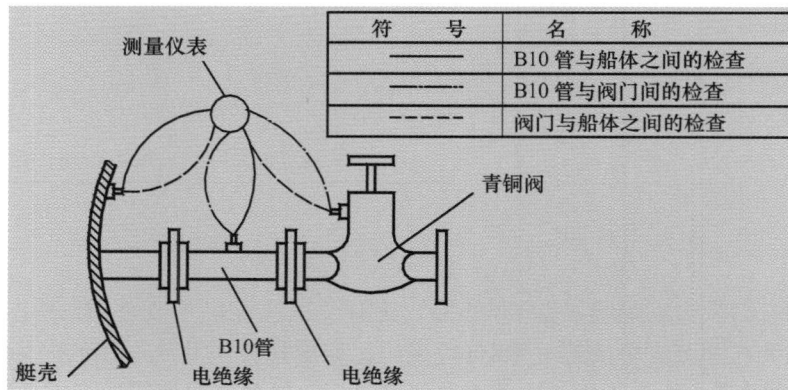

图 20.53　电绝缘测量示意图

2. 舰船正常状态下的测量方法

（1）正常状态指舰船处于码头或航行状态时。舰船正常状态时,由于海水管系充满海水或很潮湿,"电阻法"不再适用,此时应采用"电压法"或"电流法"进行测量。测量仪器可用电压表或电流表,测量图同图20.51,但对每一电绝缘处的测量必须相对于船体进行。

（2）如测得的电压大于150mv,则电绝缘连接是满足需要的。如小于150mv,则应按9.3节采取必需的维护措施。

（3）对于检查有几个电绝缘区段的长延伸管段时,应按照图20.54测量。

（4）对长延伸管段测量时,允许将测得的电压小于150mV的被检查区段接到测得的电压大于150mV的区段上。此时,如果在所构成的系统上测得的电压大于150mV,那么属于该系统的全部电绝缘连接部分可被认为是好的。

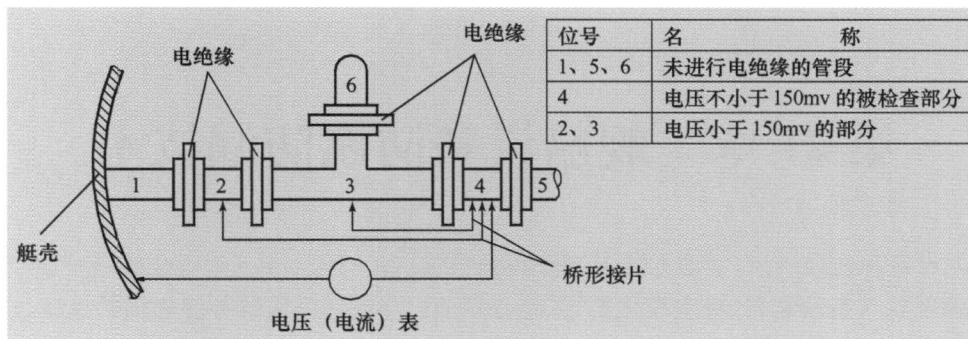

图 20.54　长延伸管段测量示意图

3. 电绝缘状态评估

电绝缘状态评估见表 20.29。

表 20.29　电绝缘状态评估

电压降测量结果	电流测量结果	直流电阻测量结果	绝缘状况的评估
在 0~75mV 挡 5mV 以下	在 0~15mA 挡 2mA 以下	1kΩ 以下	绝缘失效
在 0~750mV 挡 150mV 以下	在 0~15mA 挡 10mA 以下	1kΩ 以下	电绝缘电阻偏低
在 0~750mV 挡 150mV 以上	在 0~15mA 挡 2mA 以上	1kΩ 以下,极性变化时,读数各不相同	绝缘较好
在 0~750mV 挡 150mV 以上	在 0~15mA 挡 2mA 以上	1kΩ 以上	绝缘满足要求

20.8.9　维护及电绝缘故障处理

1. 日常维护

（1）注意电绝缘法兰连接处的清洁,及时清除灰尘、污渍和保持连接处干燥。

（2）测量前应检查电绝缘管段是否同艇体偶然接触,否则将会对绝缘状况作出误判。

2. 定期检查规定

（1）每月应按上述的测量方法对人员易到处的电绝缘连接进行一次测量检查。

（2）每三个月应按上述的测量方法对所有电绝缘连接处进行一次测量检查。

（3）在下列情况下应进行集中测量检查:舰船远航之前;舰船进厂修理之前;舰船修理完毕或出坞之前。

3. 可能的电绝缘故障及排除措施

可能的电绝缘故障及排除措施见表 20.30。

表 20.30　可能的电绝缘故障及排除措施

故障的性质和外部特征	故障产生的可能原因	故障排除措施
绝缘电阻低于标准或绝缘失效	电绝缘处被弄脏,海水浸泡,或被金属物体闭合或失效	清洁、干燥外表面,清除被闭合的金属物体,或必要时更换电绝缘部件

参考文献

[1]　鲍戈拉德 Ня. 海船的腐蚀与防护[M]. 王曰义,等译. 北京:国防工业出版社,1983.

[2]　王曰义. 海水冷却系统的腐蚀及其控制[M]. 北京:化学工业出版社,2006.

[3]　王虹斌,方志刚. 舰船海水管系异金属电偶腐蚀的控制[J]. 腐蚀科学与防护技术,2007(2):145-147.

[4]　朱相荣,戴明安. 高流速海水中金属材料的腐蚀行为[J]. 中国腐蚀与防护学报,1992,12(2):173-175.

[5]　朱相荣,等. 金属材料的海洋腐蚀与防护[M]. 北京:国防工业出版社.1999.

[6]　黄桂桥,郁春娟,李兰生. 海水中钢的电偶腐蚀研究[J]. 中国腐蚀与防护学报,2001,21(1):46-48.

[7]　Ministry of Defence Standard 02-781. Protection of Seawater System Pipework and Heat Exchanger Tubes in HM Surface Ships and Submarines[S],2009.

第 21 章　舰船设备防腐防漏技术

在舰船机电设备和装置中,有主动力装置、电站和消磁设备,有泵、液压传动装置、空气机械(风机和空气压缩机)、冷藏装置与空调装置、海水淡化装置、离心净油机与放污染装置等舰船辅助机械,还有锚、舵、补给装置、起重机等船舶机械,以及各种各类电气电子设备。理论上来讲,舰船上所有设备都涉及腐蚀问题,只是轻重缓急问题,关于舰船上各种设备的腐蚀和密封问题研究内容丰富,我们尝试着阐述舰船设备防腐防漏的重点。本章前面一部分讨论了典型设备的腐蚀规律和主要腐蚀问题,后面部分分别列出了几种典型设备的防腐防漏技术要求和要点。

21.1　概述

舰船上设备类型很多,作为腐蚀防护学科来说,可以把设备类型分为两大类:一类是不与海水等腐蚀性介质接触只在海洋大气下工作的设备,关注的焦点是设备外表面、内部结构、电子元器件等如何防止海洋大气的腐蚀、潮湿和盐雾带来的影响;另一类是在海水中工作或者内部结构有可能过流海水等腐蚀性介质,主要有各类热交换设备(冷却器、冷凝器等)、泵(水泵、油泵等)、阀门、滤器(主要是海水系统滤器)等,总体、系统的设计人员,更关心与海水等腐蚀性介质接触的设备。这里将阀门、滤器放入到设备类型中加以描述,而不是以传统的船舶行业的习惯将它们放入管路系统附件中,其原因是阀门和滤器的腐蚀特点更像设备级的腐蚀,而不是法兰、接头等管路附件腐蚀那么简单。舰船设备都是在海洋大气环境下工作,所有的设备材料至少需要防海洋大气腐蚀,尤其是有控制系统、带有电子元器件的设备需要防潮、防盐雾、防霉菌。过流海水的设备如冷却设备、泵、阀等的防腐防漏技术,一直是研究工作的重点对象。

21.2　舰船冷却设备腐蚀与控制

冷却设备是船舶冷却水系统的重要组成部分,其材料构成、腐蚀环境、常见腐蚀问题、解决腐蚀问题的方法,与海水管路系统,特别是与冷却水系统基本相同。

舰船冷却设备主要指的是用海水作为冷却介质的冷却设备,按被冷却介质不同将冷却设备分为冷凝器、淡水冷却器、空气冷却器、滑油冷却器、燃油冷却器、液压油冷却器。

各种冷却设备具有不同的功能,服务于不同的设备,按冷却设备的功能和所属设备可将其分类为主冷凝器、付冷凝器、主机缸套冷却器、辅机淡水冷却器、主机滑油冷却器、主机凸轮轴滑油冷却器、锚链机液压油冷却器、回油冷却器、空调装置冷却器、冷藏装置冷却器(冰机冷却器)。

无论是哪种冷却设备,根据民用船舶和舰船使用经验来看,腐蚀问题主要发生在海水一侧,被冷却介质无论是淡水、滑油、燃油、液压油、氟利昂,对材料的侵蚀性都很小,由被冷却介质导致冷却设备的腐蚀破损事故很少发生,因此海水冷却设备的腐蚀问题,实际上还是海水腐蚀问题,与海水管路基本相同。

舰船冷却设备通常由筒体、管系、管板、封头构成,作为冷却介质的海水由进口水室进入,经管束由出口水室流出。而被冷却介质则在筒体的一端进入,在管束外部空间被冷却后,由筒体的另一端流出。

早期舰船冷却设备与民用船舶冷却设备一样,其筒体通常由碳钢制成,如 Q235(A3 钢)、20 钢等,因其所接触的腐蚀介质侵蚀性都较小,所以很少因筒体腐蚀而导致船舶冷却设备出现停机故障,较常出现腐蚀问题的是管束,管束通常由 B30 铜镍合金、B10 铜镍合金、HAl77 - 2A 等耐蚀铜合金制作。因其遭受流动海水或海水静泡的不定期的交替腐蚀作用,因此虽属耐蚀合金,但是船舶冷却设备最易出现腐蚀问题的构件。封头、管板通常采用 HSn62 - 1 锡黄铜,也有采用 B30 铜镍合金、20CrMo 钢堆焊 QAl9 - 2 铝青铜及直接用碳钢制造的。由于水室内涉及异种材料较多,电偶腐蚀是水室内的主要腐蚀问题,在选材设计时应予以特别注意。

21.2.1　早期冷却设备腐蚀破损事故分析

21.2.1.1　蒸汽冷凝器的腐蚀破损分析

1. 结构与材料

早期蒸汽动力舰船有前、后两台主冷凝器,每一冷凝器由左右两通道组成,每一通道内为单流程,由封头、管板、管系、筒体等组成,如图 21.1 所示。管内平均水速为 2.33m/s,水速范围为 1.97 ~ 2.77m/s,冷凝管径为 $\phi16/14mm$、$\phi16/13mm$,管约为 6000 根,管板间距为 2750mm,管长为 2798mm,管子固定方法为胀管翻边。

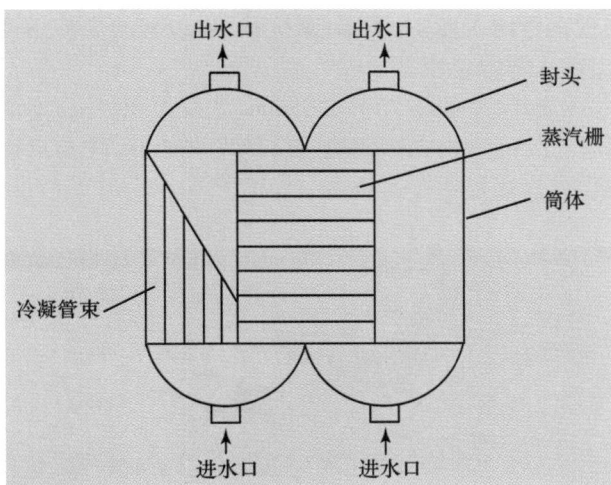

图 21.1　主冷凝器示意图

冷凝器所用材料:封头、管板——HSn621 锡黄铜;管束——B30 铜镍合金;筒体——Q235(A3)钢;隔板——H62 黄铜;每个水室内装有四块锌合金牺牲阳极。

2. 腐蚀破损情况

20 世纪 70 年代,某型船在交舰仅一个月就出现第一支泄漏管,至交船 15 个月泄漏管达到 13 支,主机运行 1300h。

经解剖分析表明,腐蚀破损主要发生在管子中、后部内表面,水室及管子的进、出口端腐蚀较轻。

带腐蚀产物检查时可见管内有多层附着物层附着,如图 21.2 所示。最外层是弧形淤泥层,高度一般不超过水平直径,厚度为 1 ~ 3mm,呈疏松土黄色,易剥离,主要是停机时沉积的。

次外层是白色垢层,一般局限于管子两端部的淤泥层下面,主要是氢氧化镁和碳酸钙的沉积物,是阴极保护的产物。

淤泥下面的第二层以及管子内表面上半弧的外层是以黑褐色为主的氧化铜膜,其剥离处可见下层的暗红色膜,还可常见绿色腐蚀产物出现。凡局部腐蚀深度比较大的孔蚀或溃疡通常都发生在这类黑褐色膜明显的管子上或管段处。

最内层膜一般为暗红色氧化亚铜膜,有时呈黄绿色,具有黄绿色膜的管子腐蚀一般较轻,其底层仍为暗红色膜。

除去腐蚀产物膜后,可见的主要腐蚀破损形态如下:

(1) 孔蚀:主要出现在管内表面中、下部,常孤立出现,呈圆孔形。带腐蚀产物观察时,淤泥层上面有凸起,灰绿色膜上有鼓泡,其下面即为孔蚀。

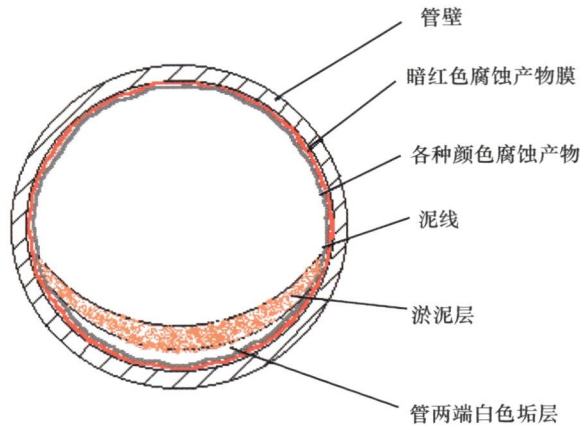

图 21.2　管内表面附着物层层次示意图

（2）溃疡腐蚀：也主要出现在管内表面中、下部，圆坑状，周边有的规整，有的不规整，底部凹凸不平，面积比孔蚀大，坡度小，一般常出现在灰绿色膜上。

（3）腐蚀斑：形状不规则，深度小，一般不大于 0.05mm，波及面积较大，不清除腐蚀产物通常看不清。

（4）腐蚀穿孔：如图 21.3 所示，通常由孔蚀或溃疡腐蚀发展而成，较易出现于黑褐色膜区，多出现在管子的中、后段，菱形区比放射区多，右通道比左通道多。

图 21.3　腐蚀穿孔形貌

3. 腐蚀破损原因

通过多种宏观、微观手段分析结果表明，该冷凝器 B30 铜镍管产生孔蚀和腐蚀溃疡的原因如下：

（1）原始管材表面存在比较厚的富碳、富硫膜，这种膜的存在一方面妨碍形成具有保护性的 Cu_2O 膜，使保护性的膜不致密、不完整；另一方面富碳、富硫膜电位比基体正，其本身就容易导致其周围首先发生局部腐蚀。

（2）B30 铜镍合金是一种可钝化但钝化能力不是很强的金属，对缝隙腐蚀和沉积腐蚀比较敏感，而该船主冷凝器管束内表面确实存在大量的沉积物，因此，沉积腐蚀无疑是其腐蚀破损的另一重要原因。

（3）在未使用的原始管材内表面发现有铁锈斑、裂纹等缺陷，电子探针分析发现这类缺陷附近富铁量高达 60%。在泄漏管穿孔处电子探针分析也发现富铁相，这种富铁区电位显著低于 B30 铜镍合金基体，因而很可能首先发生腐蚀形成腐蚀坑。因此认为富铁夹杂或富铁区的存在也可能是该船 B30 铜镍管腐蚀破损严重的原因之一。

21.2.1.2　滑油冷却器腐蚀破损分析

1. 结构及主要参数

典型滑油冷却器外壳为圆筒形，如图 21.4 所示，尺寸为 3200mm×1090mm×1390mm，海水侧为单通道双流程，海水进出口皆在一侧水室，水室中部用一隔板分开，滑油侧分两路闭环运行，由大半圆形隔板将管束外部空间隔离成 18 个隔挡，滑油在隔挡内往复，由进口到出口流通。

冷却海水量200t/h，冷却管 1730 根，入口水温 25℃，冷却管规格 φ15.9/10.5mm 螺纹管，管长 2468mm，滑油总量 170t/h,第一出口 110t/h,第二出口 60t/h。油入口温度 53℃,第一出口油温 42℃,第二出口油温 35℃。

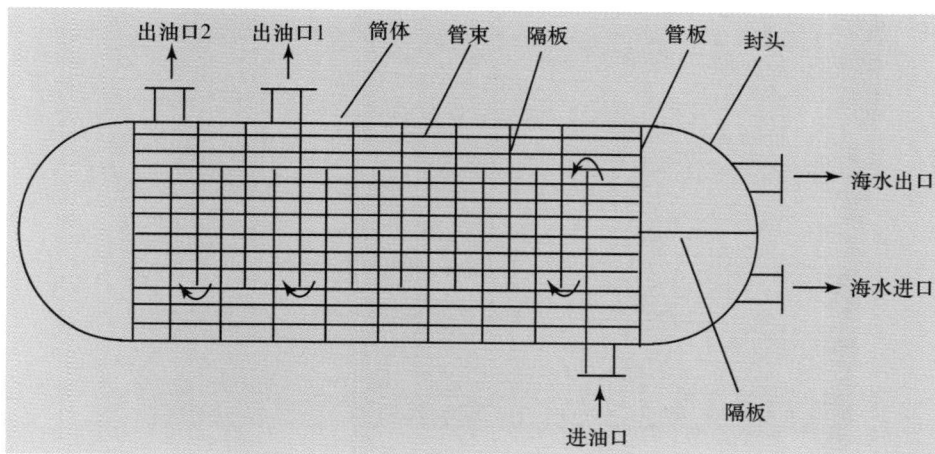

图 21.4　滑油冷却器结构示意图

2. 材料

封头、管板:HSn62 - 1　锡黄铜;

管束:HAl77 - 2A　内壁光滑,外壁呈螺纹状;

筒体、隔板:碳钢。

3. 腐蚀破损情况

该船交船后 10 个月即发现后舱滑油冷却器冷却管泄漏,37 个月 314 根管发生泄漏。解剖分析发现,好管外壁光滑无痕,说明滑油对管束外壁无明显腐蚀作用,漏管局部有黑色产物堆积,个别可见绿色腐蚀产物。泄漏多发生于黑色产物堆积处,说明堆积物是管子泄漏所致。

管子内壁为双层腐蚀产物膜所覆盖,内层为暗红色膜,外层为草绿色。上排管束比下排管束腐蚀产物多,近出水端比近进水端腐蚀产物多。管子两端 200mm 左右腐蚀产物较少。

除掉腐蚀产物后,可见三种腐蚀破损形态:点蚀、溃疡腐蚀、裂纹。点蚀、溃疡腐蚀深度都不大,最大不到 0.2mm,判断泄漏由裂纹所导致。

裂纹通常隐藏在绿色腐蚀产物下面,呈树枝状,周期性地沿径向排列,裂纹起源于管内壁,其主干朝管外壁螺纹齿根部延伸,裂纹在管内壁的起源与管外壁的齿根相对应,金相检查裂纹为穿晶型。

4. 腐蚀破损原因

通过金相、断口、探针、X 射线残余应力等多种手段检查判断,滑油冷却器的腐蚀破损为典型的应力腐蚀开裂。应力的来源主要是,在螺纹管由冷轧而成之后,未经消除应力退火导致管内残余应力达 $28.7kg/cm^2$,在这样高的残余应力下,遭到海水强烈腐蚀作用,出现迅速的应力腐蚀开裂事故,是必然的结果。

21.2.1.3　回油冷却器腐蚀破损分析

1. 结构和参数

有些柴油机回油冷却器采用管壳式换热器,利用海水冷却回油。管束为 B10 铜镍合金,管内走海水,管外走燃油。用三条弯有 50 个半圆凹槽的不锈钢带将 50 支 B10 铜镍合金管放入凹槽中,构成帘状管排(图 21.5),然后卷成管束,两端部套入黄铜制成的圆筒内,在黄铜圆筒和管子外部的空间内灌注焊锡密封代替管板,其外部结构如图 21.6 所示。

2. 腐蚀破损情况及其原因分析

柴油机回油冷却器因端部泄漏造成燃油大量进入海水。破损分析结果表明,泄漏主要发生于黄铜圆筒与管束之间的灌锡部位,从管板端面看,有灰白色腐蚀产物层附着,沿黄铜圆筒内侧有较多三角形坑。将管根部横剖结果发现,灌锡部位可见数个缩孔,如图 21.7 所示。将管根部位进行两次横剖对比结果发现,有的

图 21.5　管束展开后的帘状管排

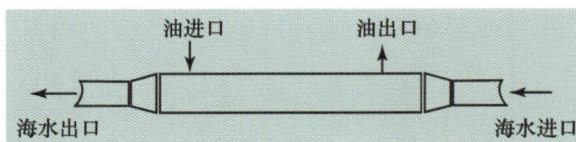

图 21.6　回油冷却器外形结构示意图

缩孔贯穿整个灌锡层厚度,并与管板端面的三角形坑相通,由此可以判断回油冷却器的泄漏主要原因是灌锡缩孔彼此相通以及管板端面灌锡部位局部腐蚀并加剧缩孔彼此贯通所致。

图 21.7　管根部横剖面上的缩孔(距管板端面 2/3 灌锡层厚度处)

管束内表面腐蚀情况检查结果表明:管内表面为不均匀的暗红色膜所附着,有的有土黄色淤泥沉积层,个别管子内表面可见微点群,但没有能导致管子泄漏的深点蚀;管子外表面也有腐蚀痕迹出现,主要发生在内层管束中段,乃管束彼此紧挨导致的缝隙腐蚀所致,表现为有绿色腐蚀产物层附着,这种腐蚀不会对管子的泄漏构成危害。显然管束外表面的腐蚀乃由海水泄漏到油中所致,纯净的燃油不会引起 B10 铜镍合金产生明显的腐蚀痕迹。

21.2.1.4　冰机冷却器的腐蚀破损特点

冰机冷却器为单通道双流程结构,海水进、出口都设置在一端封头上,如图 21.8 所示,管束、管板由铜合金制造,封头、水室内隔板由铸铁制成。封头内表面及隔板腐蚀严重,有的隔板穿孔,甚至残缺不全,双水室变成单水室,冷却器丧失冷却功能,如图 21.9 所示。显然这种腐蚀破损是典型的电偶腐蚀结果,铜合金管束和管板与铸铁封头和隔板形成电偶,同时在流动海水的腐蚀作用下,铸铁制件出现迅速腐蚀是必然的,只要将封头、隔板材料换成与管束和管板类似的材料,这个问题就可迎刃而解。

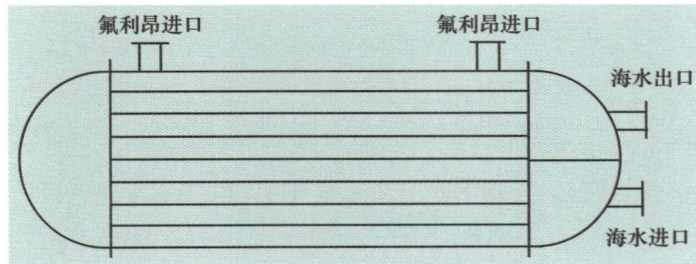

图 21.8　冰机冷却器结构示意图

图 21.9　冰机冷却器封头及隔板严重腐蚀

21.2.2　空调冷却器模拟试验分析

21.2.2.1　模拟试验条件

冷却器腐蚀是一个普遍现象,每型舰、每台不同用途的冷却器都有不同程度的腐蚀问题发生。控制此类腐蚀问题的主要途径不外乎两个:一是结构形式的改变,将管壳式改为板式,并将相应材料改为诸如钛合金的耐蚀材料;二是在现有管壳式结构基础上进行优化,采用相应的防腐防漏措施。第一种措施不是本书的研究重点,不再介绍。针对现役舰船的管壳式热交换器(冷却器、冷凝器)发生的腐蚀问题,江苏兆胜空调有限公司进行了模拟试验研究。根据舰船空调在装舰使用过程中出现的各种腐蚀泄漏现象,结合以上多年来实船所积累的舰船空调腐蚀经验分析研究影响舰船空调防腐性能的各个因素,按分析出的各影响因素制定出试验方案,主要从热交换器、金属表面处理及管道的连接方式等几个方面进行研究验证分析结论,提出相关措施,减少由于腐蚀原因产生损失。

1. 设备腐蚀试验

冷凝器腐蚀试验包括流速腐蚀试验、胀接与胀焊试验、涡流腐蚀试验、电偶腐蚀试验等。

(1)流速腐蚀试验。比较同材质、同工艺、同结构的冷凝管在不同流速海水下的腐蚀现象,得出冷凝管的设计流速范围,见表21.1。

表21.1　试验设备技术数据

试验内容	规格 型号	LS – A	LS – B	LS – C	LS – D
设计参数	流程数	6	6	6	6
	每流程管数	5、4、3、3、2、2	5、4、3、3、2、2	5、4、3、3、2、2	5、4、3、3、2、2
	每程管内海水流速/(m/s)	1.8、2.25、3.0、4.5	1.8、2.25、3.0、4.5	1.8、2.25、3.0、4.5	1.5、1.875、2.5、3.75
材料	冷凝管	HAl77 – 2 $\phi16\times1.5$	国产 BFe10 – 1 – 1 $\phi16\times1.5$	进口 BFe10 – 1 – 1 $\phi16\times1.5$	BFe30 – 1 – 1 $\phi16\times1.5$
	复合板	QAL9 – 2/16MnR	BFe10 – 1 – 1/16MnR	BFe10 – 1 – 1/16MnR	BFe30 – 1 – 1/16MnR

（2）胀接与胀焊试验。比较胀接、胀焊不同工艺参数,HAl77 – 2 铜管轧齿后回火与不回火的腐蚀,得出合理的制造工艺,见表21.2。

表21.2　胀接与胀焊试验技术参数

内容	规格	ZJZH – A(图号)	ZJZH – B(图号)
设计参数	流程数	冷凝器共6个流程,每只冷凝器3个流程胀接,3个流程焊接。ZJZH – A 型冷凝器每个流程中有两根铜管采用轧齿后的回火工艺	
	每流程管数	5	5
	每程管内海水流速/(m/s)	1.5	1.8
材料	冷凝管	HAl77 – 2/$\phi16\times1.5$	BFe10 – 1 – 1/$\phi16\times1.5$
	复合板	QAL9 – 2/16MnR	BFe10 – 1 – 1/16MnR

（3）涡流腐蚀试验。比较在不同工艺保护措施下的涡流腐蚀现象,并找出正确的防涡流腐蚀方法,见表21.3。

表21.3　涡流腐蚀试验试验参数

内容	规格	WL – A (图号)	WL – B (图号)	WL – C (图号)
设计参数	流程数	6	6	6
	每流程管数	5	5	5
	每程管内海水流速/(m/s)	1.8	1.8	1.8
材料	冷凝管	BFe10 – 1 – 1/$\phi16\times1.5$	BFe10 – 1 – 1/$\phi16\times1.5$	BFe10 – 1 – 1/$\phi16\times1.5$
	复合板	QAl9 – 2/16MnR	BFe10 – 1 – 1/16MnR	BFe10 – 1 – 1/16MnR
	端盖	ZCuAl9Mn2	ZCuAl9Mn2	ZCuAl9Mn2
工艺	连接方式	胀焊	胀接	胀接
	复合板	常规工艺	涂环氧树脂 2.0~3.0mm	
	第一流程孔口端	常规工艺	孔口150mm 范围内涂环氧树脂1.0~2.0mm	进口端采取整流措施(入口端做成喇叭口)

（4）电偶腐蚀试验。通过比较,探索防腐锌块是否需安装及如何安装,见表21.4。

表 21.4 电偶腐蚀试验参数

内容 \ 规格 型号		技术数据及要求		
		DO – A(图号)	DO – B(图号)	DO – C(图号)
设计参数	流程数	6	6	6
	每流程管数	5	5	5
	每程管内海水流速/(m/s)	1.8	1.8	1.8
材料	冷凝管	HAl77 – 2/ϕ16×1.5	HAl77 – 2/ϕ16×1.5	HAl77 – 2/ϕ16×1.5
	复合板	QAL9 – 2/16MnR	QAL9 – 2/16MnR	QAL9 – 2/16MnR
	端盖	ZCuAl9Mn2	ZCuAl9Mn2	ZCuAl9Mn2
	防腐锌块	两头安装防腐锌块,并用导线与复合板相连	两头安装防腐锌块,用导线相连	不安装防腐锌块

（5）过胀接腐蚀试验。比较正常胀接和过胀接条件下冷凝管端口的腐蚀,得出正确的工艺方法。

（6）钝化腐蚀试验。比较冷凝器经 $FeSO_4$ 钝化及不钝化处理后的腐蚀性,确定是否需钝化处理,并确定铁端盖耐海水腐蚀时间及使用铁端盖的可行性。

2. 管系防腐防漏试验

（1）青铜阀与松套法兰连接的腐蚀试验。观察当青铜阀上铜质法兰与松套钢法兰连接时的腐蚀情况,确定合理的连接方式。

（2）焊接弯头与定型弯头对比腐蚀试验。比较成型弯头和用直管弯制的弯头的对比腐蚀。

（3）冷凝器进出口阀安装距离对比试验。用不同青铜阀件安装在距冷凝器入口端不同的距离处,比较阀件及不同距离形成的涡流对冷凝器腐蚀的影响,确定最佳距离。

3. 涂装防腐试验

（1）不同预处理方式耐腐蚀试验。比较酸洗磷化、喷砂、手工打磨工艺的优劣,确定最佳工艺方法。

（2）薄板油漆和喷塑的耐腐蚀试验。比较不同涂装工艺的 Q235 – A 板材的腐蚀试验,确定最佳工艺。

（3）铝板、铜片不同防护处理试验。比较两材质不同处理方法以及与海水不同接触方式下的腐蚀性。

21.2.2.2 试验装置与试验

建立了一个对15台冷却器进行同时试验的试验装置,如图21.10所示。15台设备型号分别为 LS – A、LS – B、LS – C、LS – D、DH – A、DH – B、DL – A、DO – B、DO – C、WL – A、WL – B、WL – C、ZJZH – A、ZJZH – B、GZ – A。

图 21.10 冷却器试验台架

为了保证试样在不低于实际环境中进行试验和缩短试验周期,采取了加速腐蚀试验的方法:一是控制环境温度,控制室内温度夏季保持在35℃左右,冬季保持在20℃左右;二是提高海水温度,试验用海水泵每天24h连续不间断地运行,使实验室内海水夏季时温度达到近45℃;三是控制海水浓度,随着海水泵的连续运行和搅拌,试验池内的海水变得非常浑浊以及不断蒸发,试验池内的海水浓度发生变化,盐砂浓度不断上升,此时直接添加海水达到预期的加速腐蚀试验的目的。连续性海水模拟试验历时18个月近13000h。

1. 总的腐蚀试验情况

(1) 铸铁端盖腐蚀严重。发现有两组冷凝器进水管上的流量计无流量显示,拆开冷凝器端盖发现该两组冷凝器中的铁端盖内部已被海水腐蚀炭化,端盖被海水冲刷后残渣残片被带到冷凝管内孔聚集进而堵塞管孔,导致海水不流通流量计流量无显示。经对其他各组冷凝器拆检,发现铁端盖内部出现严重的炭化现象,而铜端盖状态相比之下比较良好,表面只有轻微的腐蚀现象,如图21.11所示。

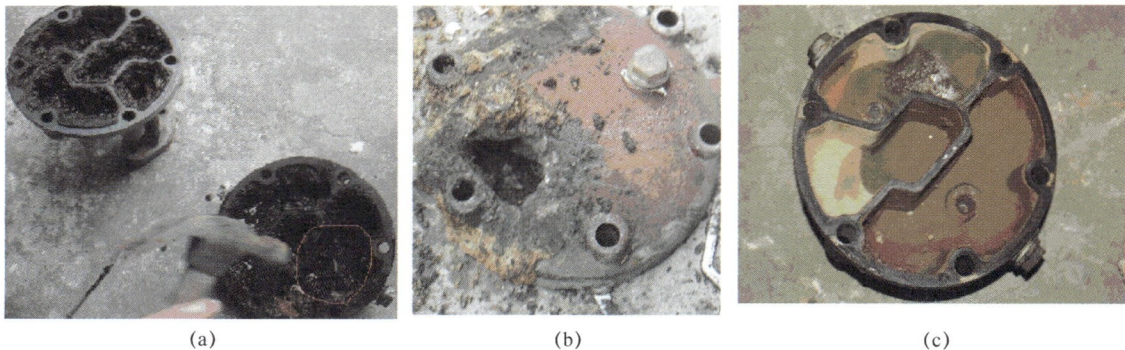

图21.11 冷却器试验后状况

(a) 遭受腐蚀破损的铁端盖;(b) 典型的脱成分腐蚀,铁端盖已局部炭化;(c) 腐蚀轻微的铜端盖。

铸铁端盖的腐蚀是选择性腐蚀(或称为脱成分腐蚀)引起晶间腐蚀的结果,铸铁端盖中的部分金属成分被海水优先腐蚀致使端盖炭化,而碳化物的析出通常是沿晶粒间界优先发生,随着晶间腐蚀的日趋加重致使金属的晶粒间丧失结合力导致金属强度几乎完全消失,所以用锤子轻轻一敲,铸铁端盖被腐蚀部分立即破损,成为粉末。

(2) 冷凝管泄漏。发现一台编号为ZJZH-B型冷凝器泄漏,泄漏处已结满海盐,经拆检,如图21.12所示。泄漏原因系其中一只冷凝管泄漏,冷凝管材质为BFe10-1-1。

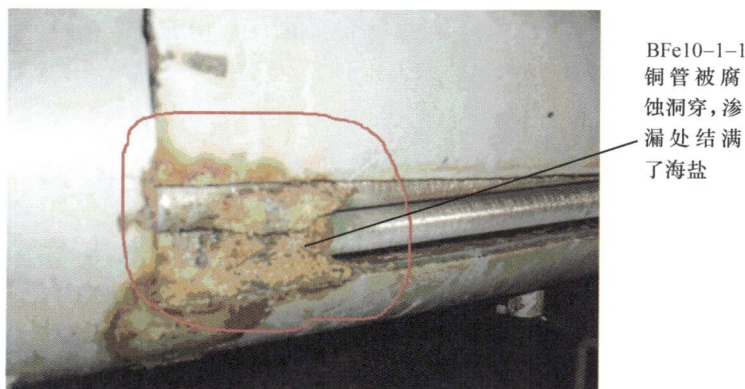

BFe10-1-1铜管被腐蚀洞穿,渗漏处结满了海盐

图21.12 遭受腐蚀泄漏的BFe10-1-1铜管

这是典型的点蚀现象,点蚀是比较严重的腐蚀。产生这种现象是由于铜管内表面存在夹杂物、碳膜、损伤、刻痕等缺陷时,局部缺陷部位的腐蚀速率比其他地方的均匀腐蚀速率要快得多,该局部缺陷部位的氧化层被破坏,微小破口暴露的金属面成为阳极,而周围广大面积成为阴极,形成大阴极小阳极的腐蚀微电池效应,阳极腐蚀电流密度增大,使腐蚀迅速向内延伸进而形成孔蚀,使铜管失效。阳极面积越小,腐蚀电流密度越大,腐蚀速率也更快。

2. 冷凝器腐蚀试验

开展了流速腐蚀试验。流速腐蚀试验现象为:LS-A(HAl77-2)、LS-B(国产BFe10-1-1)、LS-C

（进口 BFe10 - 1 - 1）、LS - D（国产 BFe30 - 1 - 1）四型冷凝器中海水流速为 4.5m/s 的冷凝管管口均有明显的损伤，而且深度较深，整个管口呈波浪状；冷凝管端部管壁明显减薄，冷凝管内部的腐蚀坑直径大而且比较密集。四种流速下的冷凝管的被腐蚀程度按流速减小而依次降低，流速低于 2.25m/s 的基本无腐蚀。被腐蚀的铝黄铜管（HAl77 - 2）如图 21.13 所示，被腐蚀的 Be30 - 1 - 1 铜管如图 21.14 所示。

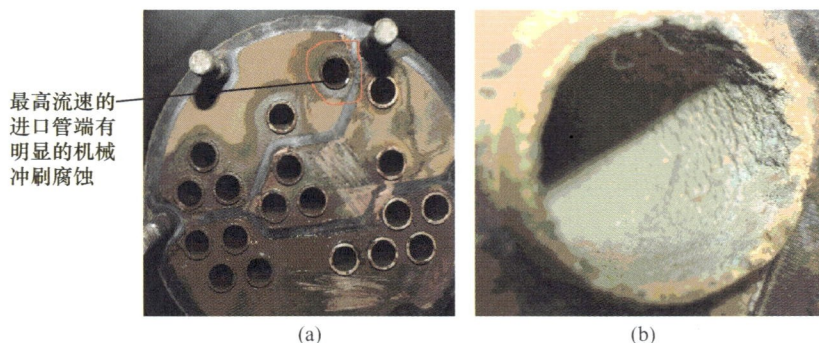

图 21.13 被腐蚀的铝黄铜管（HAl77 - 2）

图 21.14 被腐蚀的 BFe30 - 1 - 1 铜管

冷凝管口的腐蚀是比较严重的冲刷磨损腐蚀，冷凝管内部是正常的磨损腐蚀，腐蚀相对均匀。从试验结果可以看出含有泥沙的海水在高流速的情况下对材料的冲刷是显而易见的，海水从大容积的端盖突然进入狭小的冷凝管内孔，水流从四面八方无序的涌入形成紊流，造成对冷凝管口这个关键部位产生严重冲刷。海水流速过高，会加大冲刷磨损腐蚀；同时，如果海水流速过低，泥沙沉积污垢产生、微生物附着会影响冷凝器的换热效果并且会产生新的腐蚀，所以要控制冷凝管内的海水流速。

综合各方因素得出冷凝器冷凝管推荐流速见表 21.4。

表 21.4 冷凝器、冷凝管推荐流速

冷凝管材	HAl77 - 2	BFe10 - 1 - 1（国产）	BFe10 - 1 - 1（进口）	BFe30 - 1 - 1
推荐流速/（m/s）	1.1~1.6	1.1~1.6	1.2~1.8	1.3~2.0

而作为海水系统管路使用时由于管径变大，壁厚增厚，管内流速可以适当提高，一般最高流速可以控制

在铝黄铜管 2.3m/s、BFe10 – 1 – 1 铜镍管 2.4m/s、BFe30 – 1 – 1 铜镍管 2.7m/s。

3. 胀接与胀焊试验

ZJZH – A 型冷凝器冷凝管(HAl77 – 2)焊接处焊缝腐蚀明显,而同一管板上采取胀接的管口均较完好,包括冷凝管与管板平齐的部分以及冷凝管超出管端的部分。ZJZH – B 型冷凝器冷凝管(BFe10 – 1 – 1)胀焊和胀接的管口腐蚀情况较轻微(图 21.15),基本差不多。

图 21.15　冷凝器冷凝管(BFe10 – 1 – 1)胀焊和胀接的管口腐蚀情况

铝黄铜管 HAl77 – 2 与管板的铜层采用氩弧焊,在焊接时产生高温,铝黄铜管中的锌元素受热被释放,破坏了金属结构,降低了材料原有的防腐能力。

铝黄铜管 HAl77 – 2 不采用胀焊,仅胀接;铜镍管 BFe10 – 1 – 1、BFe30 – 1 – 1 可以进行胀接或胀焊。

4. 涡流腐蚀试验

涡流腐蚀试验现象:WL – A 型冷凝器复合板表面及冷凝管管口有轻微腐蚀,WL – B、WL – C 型冷凝器基本无腐蚀,但 WL – B、WL – C 型冷凝器复合板表面喷涂的环氧树脂已起鼓(图 21.16),时间再长树脂层会被破坏掉。

图 21.16　冷凝器复合板表面喷涂的环氧树脂涂层起泡情况

比较可见,复合板和管口涂覆环氧树脂的效果较好。由于环氧树脂在金属表面形成保护层,隔绝了海水与金属直接接触,防止了腐蚀的发生。但是,如果防护涂层与管板黏接不牢并被破坏,则海水进入到防护涂层与管板的中间并形成死角发生间接腐蚀。同时,由于冷却海水经过截止阀形成涡流后进入冷凝器容积较大的端盖缓冲降低了海水流速,减弱了对管板的水流冲击。

在复合板表面及冷凝管管口喷涂环氧树脂在短时间内起到一定的保护作用,但是由于此种配比的材料会老化,所以不是理想的喷涂材料,可以采用其他的抗老化材料来保护管板和冷凝管管口,同时冷凝器设置大容量高深度的端盖降低涡流作用。

5. 冲刷腐蚀试验

冲刷腐蚀现象：DO – A（安装防腐锌块）、DO – B（安装防腐锌块）、DO – C（不安装防腐锌块）型冷凝器三个进水流程的冷凝管端有明显的机械冲刷侵蚀。尤其是 DO – C 型冷凝器的腐蚀现象最严重（图 21.17），腐蚀最轻的是 DO – A 型冷凝器。

DO-C型进水
流程冷凝管
端冲刷侵蚀
现象较严重

图 21.17　冷凝器进水流程的冷凝管端有明显的冲刷侵蚀

分析认为，在端盖内安装防腐锌块具有一定的防腐作用，这是由于防腐锌块作为牺牲阳极在海水中被优先腐蚀，使铝黄铜管的表面有足够的阳极电流流入得到耐腐蚀的电位，同时防腐锌块的铝元素被溶解后帮助铝黄铜管在其表面形成氧化膜保护铜管，提高耐腐蚀能力。

分析结论为，安装防腐块具有一定的防腐作用，但对不同材质的冷凝管需采用不同的防腐块，以让其发挥最大的作用。

6. 过胀腐蚀试验

过胀腐蚀试验现象为，过胀的冷凝管端部 50mm 左右腐蚀较严重。

分析认为，由于过胀时采用的力道较大，致使冷凝管内表面产生微小的伤痕容易被腐蚀；过胀时，胀管部分的冷凝管管壁变薄，耐腐蚀寿命缩短。分析结论为，不应采用过胀的连接方式。

7. 钝化腐蚀试验

钝化腐蚀试验现象为，DH – B（不钝化处理）型冷凝器比 DH – A（钝化处理）型冷凝器腐蚀稍微重一点。

分析认为，冷凝管经硫酸亚铁（$FeSO_4$）处理后表面形成完整和致密的钝化膜，钝化膜形成阴极保护层使冷凝管不易被腐蚀。冷凝管经钝化处理后表面形成保护膜可延长冷凝管使用寿命。

8. 青铜阀与松套法兰连接的腐蚀试验

青铜阀与钢质松套法兰连接后，发现未使用电绝缘措施的松套钢法兰使用半年后发生严重腐蚀，连接钢质法兰的螺栓也出现较严重腐蚀；而采用聚四氟乙烯绝缘材料做绝缘处理的松套钢法兰腐蚀轻微。

分析认为，这是电偶腐蚀的结果，铜截止阀、钢法兰和连接螺栓暴露在含盐分的空气中，由于钢法兰和B10 铜管直接接触、连接螺栓和钢法兰以及铜截止阀的法兰直接接触，金属之间存在电位差形成了金属间的电偶腐蚀，钢法兰和连接螺栓腐蚀严重；松套法兰的各个部件间进行了绝缘处理后就防止了金属间的电偶腐蚀，仅存在各个金属与空气的轻微腐蚀。

试验结论为，即使是松套法兰，螺栓也应采用绝缘处理。

9. 冷凝器进出口阀安装距离对比试验

改变冷凝器进出口阀（青铜）安装距离进行对比试验，发现截止阀安装距离不等的 LS – C 型和 LS – D

型冷凝器端盖及管板均较完好,如图21.18所示。

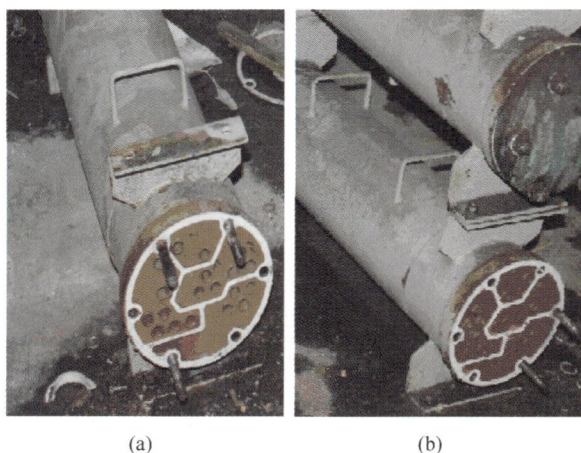

(a)   (b)

图21.18   冷凝器与青铜阀的连接距离加大减小了管板的腐蚀

（a）冷凝器距青铜阀距离为100mm,管板较完好；（b）冷凝器距青铜阀距离为500mm,管板较完好。

分析认为,由于冷却海水经过截止阀形成涡流后进入冷凝器容积较大的端盖缓冲降低了海水流速,减弱了对管板的冲击。

试验结论为,冷凝器设置大容量高深度的端盖降低涡流作用,降低截止阀距冷凝器距离远近的影响,同时主要控制海水的流速,降低海水对管口的冲刷。

10. 不同预处理方式耐腐蚀试验

对冷却器基脚不同表面处理耐腐蚀性进行了比较试验,如图21.19所示。

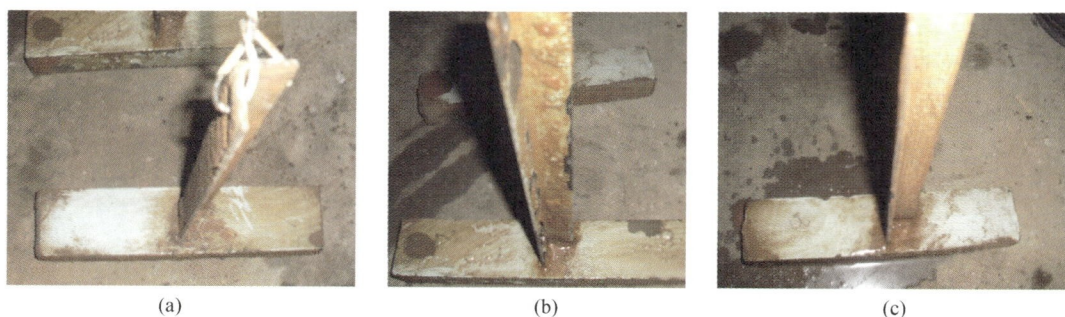

(a)   (b)   (c)

图21.19   冷却器基脚不同表面处理耐腐蚀性比较

（a）喷砂＋防锈漆＋中绿灰漆；（b）酸洗磷化＋防锈漆＋中绿灰漆；（c）手工打磨＋防锈漆＋中绿灰漆。

（1）采取喷砂＋防锈漆＋中绿灰漆的槽钢构件耐腐蚀效果良好,油漆表面较光滑。

（2）采取酸洗磷化＋防锈漆＋中绿灰漆的槽钢构件耐腐蚀效果差,油漆表面起泡严重。

（3）采取手工打磨＋防锈漆＋中绿灰漆的槽钢构件耐腐蚀效果较好,油漆表面没有经喷砂处理的表面光滑。

试验结论为,采用喷砂预处理的试样表面无残留、无杂质,表面粗糙度基本一致,使油漆附着力强,形成有效地保护层。

21.2.3   冷却设备的腐蚀特点

21.2.3.1   腐蚀环境特点

1. 被冷却介质侧的腐蚀环境

热交换设备被冷却介质虽然多种多样,但大都对设备的腐蚀不会构成重大威胁。燃油、滑油、液压油等油制品皆为非电解质,除因意外事故掺杂有海水时,可能对设备造成一定程度的腐蚀之外,正常情况下不会对金属结构造成明显腐蚀,其中只有淡水对金属具有一定的侵蚀性,但与海水相比其侵蚀性小得多,如图 21. 20 所示。由三种海水管路材料在静止海水中的腐蚀速率与水的电导率的关系曲线可见,当水的电导率达 $400\mu S/cm$ 时,金属的腐蚀随电导率的增加而显著增大。作为腐蚀环境,淡水与海水的最大区别就是含盐量低,导电性差。江河水的电导率约为 $2 \times 10^{-4} S/cm$(电阻率约为 $5000\Omega \cdot cm$);而海水的电导率约为 $4 \times 10^{-2} S/cm$(电阻率约为 $25\Omega \cdot cm$),两者相差两个数量级之多。金属在淡水中的腐蚀比在海水中显著的原因是:

(1)因为电导率低,金属在淡水中的腐蚀电阻性阻滞比海水中大得多。

(2)因为电导率低,宏观腐蚀电池活性很小,主要以微观腐蚀电池为主。在淡水中异种金属电偶腐蚀危险性明显减小,因此不必担心,铜合金管束会加速碳钢筒体的腐蚀。

(3)由于氯离子含量远比海水中低,因此金属在淡水中的钝化倾向增强,一些在海水中容易产生点蚀的钝性金属,如不锈钢、铝合金等,耐蚀性显著增加,甚至在海水中不可能产生钝化的普通碳钢,在淡水中氧供应充分时也会产生一定程度的钝化。

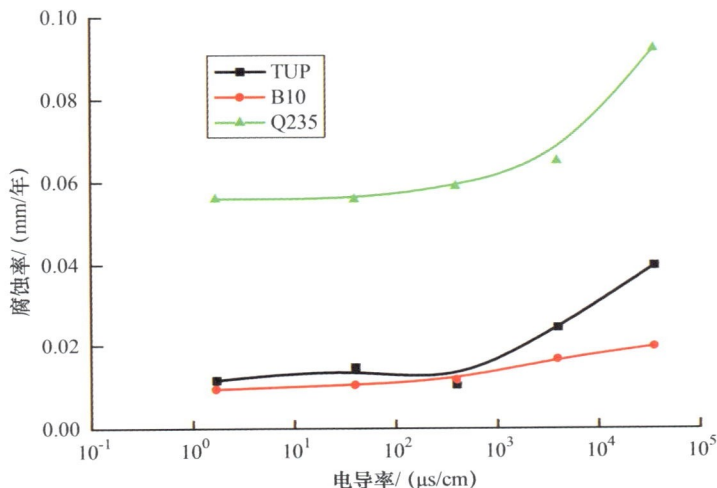

图 21. 20　水电导率对三种材料腐蚀率的影响

对于金属在淡水中的腐蚀,需要注意的是由于金属在淡水中的钝化倾向增强,差异充气腐蚀电池的影响增大,充气较差的区域有发生局部腐蚀的可能性。

根据上面所述,舰船用冷却设备的腐蚀与海水管路一样,主要是冷却管束内部和水室中的海水腐蚀问题。

2. 开机状态下冷却海水侧的腐蚀环境

开机状态下,冷却海水侧的结构材料主要遭受流动海水冲刷腐蚀作用,特别是水室内将遭受强烈的紊流海水作用,冷却管束进口端遭受最强烈的紊流海水作用。

3. 关机状态下冷却海水侧的腐蚀环境

关机状态下,冷却海水侧的结构材料遭受海水静泡条件下的腐蚀作用,并且有可能产生泥沙等杂物在冷却管束内的沉积现象,从而导致沉积腐蚀的可能性。特别是在污染海水中,海水静泡条件下的腐蚀危险性更大,因为在冷却设备中,管束采用比较耐蚀的材料而内径一般比较小,管束内的海水流速也控制比较严格,一般不超过 $2m/s$。

21. 2. 3. 2　腐蚀特点

舰船用冷却设备属于腐蚀事故多发的设备,既有紊流海水的腐蚀作用,又有异种金属的电偶腐蚀作用,还有管端扩管残余应力的影响,设备内不同部位温差的影响,以及海水中溶解氧、泥沙沉积、海生物附着、海水污染等的影响。

导致舰船用冷却设备发生腐蚀破损的主要腐蚀类型是冲击腐蚀、沉积腐蚀、电偶腐蚀及污染海水腐蚀。

1. 冲刷腐蚀

冲刷腐蚀也称为冲击腐蚀,实际上是水流冲击引起的腐蚀。腐蚀主要发生在管板和管束进口端,因为海水由水室进口管进入水室后,由于空间突然扩大很多,水流极端紊乱,有的直接冲向管板,有的产生旋转,直接冲向管板的水流会对管板和管束产生强烈的冲击作用,从而破坏被冲接处原有的腐蚀产物膜,导致产生冲击腐蚀破损,旋转运动的水流会导致涡流的产生。而在涡流的中心会产生较高的局部流速,并会导致水中的微小空气泡因离心作用而凝聚,从而造成十分强烈的冲击侵蚀条件。而当水流由水室进入管束后,又由于空间突然缩小,水流再度紊乱。因此管束进口端的腐蚀成为冷却设备必须首先予以关注的腐蚀问题,但由于近代船舶冷却设备的冷却管束大都采用了耐冲击腐蚀性能较好的铜镍合金管材,并且在设计时注意到了管束内海水流速大都在2m/s左右,加之在封头内壁设置了牺牲阳极保护,因此在舰船上管束进口的腐蚀基本上得到了控制,根据我们解剖分析过的冷凝器和冷却器,基本上没有发现管束进口端冲击腐蚀而造成严重泄漏现象。

2. 沉积腐蚀

当夹带有泥沙、贝壳、水草及其他海生物的海水滞留在管内或以低速通过管内时,这些杂质会沉积或附着于管壁上,从而使金属表面不能形成完整的保护膜,甚至破坏原有的保护膜,导致局部产生电化学腐蚀,特别是当海生物残骸或细菌附着在管壁上时,可能排出硫化氢或酰胺酸等侵蚀性物质,造成局部腐蚀,加速管束的腐蚀破损,导致早期泄漏。当舰船在港口长期停泊时,最易发生这种类型的腐蚀。这种腐蚀多发生于冷却管束的中段。早期报废的两台冷凝器皆因沉积腐蚀导致管束中段腐蚀穿孔所致。为了减少沉积腐蚀的影响,管束内的海水流速不得小于1m/s,在船舶停泊港内期间,应将冷却设备内的污水排出,定期进行冲洗,确保管内没有或减少杂物沉积。

3. 电偶腐蚀

电偶腐蚀主要发生于水室内。当管束、管板、封头、隔板、海水进出口接管由自然腐蚀电位相差较大的不同金属所制成时,就很容易出现这种腐蚀,如某舰冰机冷却器铸铁封头和水室隔板的严重腐蚀破损就是铜合金管束和管板与其形成的电偶腐蚀所致。在铜制管束和钢制管板结构时,管口周围的管板形成环形凹陷也是典型的电偶腐蚀现象。电偶腐蚀很容易得到控制,只要选材时稍加注意即可,不得不采用电位差较大的异种金属结构时,应该用阴极保护的方法予以防止。

4. 污染海水腐蚀

近30年来,城市附近的海域受到明显的污染,与正常的海水相比,污染海水有下列特征:pH值低;溶解氧低,甚至没有;有机物含量高;含有硫离子。受到污染海水腐蚀的金属表面容易出现点蚀、脱成分腐蚀,甚至晶间腐蚀等腐蚀问题。如图21.21所示为硫离子和pH值对铝黄铜腐蚀影响试验结果,结果表明在污染海水中,硫离子是污染海水腐蚀的主要因素,较低的pH值也是重要因素之一。

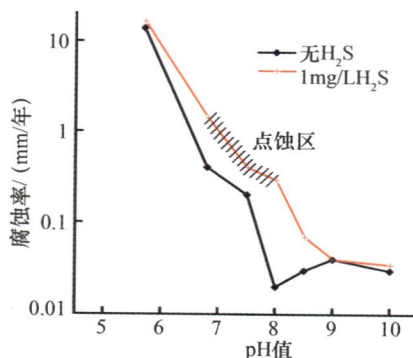

图21.21　pH值和硫化氢对铝黄铜在3%氯化钠溶液中腐蚀的影响

城市废水及工厂排水虽不直接含有硫化物,但由污染源流入海水的有机物消耗了海水中的溶解氧,使厌氧化细菌(硫酸盐还原菌)有可能繁殖,从而把海水中的硫酸盐还原而生成硫化物,海水中的硫化物对铝黄铜和铜镍合金具有极强的腐蚀作用,常规水质分析测不出来的微量浓度(0.05mg/L)即可以造成严重腐蚀。某舰主冷凝器管的腐蚀破损虽主要归因为沉积腐蚀,但污染海水的影响肯定是排除不掉的。

5. 其他腐蚀问题

早年,在船舶冷却设备管束、管板等结构材料以黄铜为主的时代,脱锌腐蚀成为冷却设备主要的腐蚀问题之一。近代由于广泛采用更为耐蚀的铜镍合金,脱成分腐蚀已显著减少,不再构成对冷却设备的主要威胁;但在污染海水中,铜镍合金存在脱镍腐蚀倾向,冷却水系统中的法兰材料 ZQAl12-8-3-2 具有脱铝、脱铁腐蚀倾向,仍应引起注意。

铝黄铜管具有因点蚀引起应力腐蚀开裂的缺点,在采用铝黄铜螺纹管作为冷却管束的某舰滑油冷却器上常造成严重的腐蚀泄漏,因此在采用具有应力开裂敏感性的材料时,必须注意对所用构件进行消除应力处理,或避免采用有应力腐蚀开裂敏感性的材料。

21.2.4　冷却设备的腐蚀控制

舰船用冷却设备的腐蚀控制也应从设计阶段开始。其基本要领与舰船海水管系选材及防腐技术相同。舰船用冷却设备的候选材料不多,现代船舶常用的管束材料是 B30 铜镍合金和 B10 铜镍合金,偶尔可见 HAl77-2A 铝黄铜和钛合金。HAl77-2A 是火力发电厂最常用的冷凝管材料,在船舶上通常用于耐蚀性能要求不太高的冷却设备中。钛合金是耐海水腐蚀性能最佳的材料,无论是耐流动海水腐蚀性能还是耐污染海水腐蚀性能,都是其他材料所不能比拟的,可用于耐海水腐蚀性能要求较高的冷却设备中。

采用 HAl77-2A 作为冷却管束材料时,应特别注意由于残余应力的存在,可能发生应力腐蚀开裂问题。采用 B10 或 B30 铜镍合金冷却管束时应特别注意沉积腐蚀和污染海水腐蚀问题。根据我们所做试验的研究结果,B30 铜镍合金对含砂量也非常敏感,经常在高含砂海域活动的舰船应引起注意。采用钛合金冷却管束,其本身在任何情况下都不会发生显著的腐蚀问题,应注意的是与其相邻的其他材料构件可能遭到它的电偶腐蚀作用,应预先考虑,再就是在钛、铜等偶合结构中,采用阴极保护时,应控制其保护电位不得负于 $-0.70V(SCE)$,以防止钛金属可能产生的氢脆问题。

舰船用冷却设备的腐蚀防护措施海水管路的腐蚀防护要点基本相同,只是防护措施在设计上和工艺上要有些差异。

21.2.4.1　非金属复层保护

在钢制封头的海水冷却设备中,特别是在滨海火力发电厂的凝汽器有采用橡胶衬里、环氧玻璃钢衬里或只涂环氧树脂来保护钢制封头的。在单纯采用这些非金属复层方法保护钢制封头时,必须确保凡接触冷却海水的封头内表面不得有任何局部漏涂,否则在铜制冷却管束或管板的电偶腐蚀作用下,漏涂部位将比不做任何衬里或涂覆保护时腐蚀还要严重。在这个过程中,非金属复层的任何破损或剥离都会导致复层破损处产生更为严重的腐蚀,橡胶衬里或环氧玻璃钢的剥离残片还有堵塞管束进水口的危险性,因此在小型舰用冷却设备中既不推荐采用钢制封头,也不推荐单纯使用非金属复层保护。在重要大型舰用冷却设备中采用钢制封头时,可采用环氧树脂涂层与阴极保护联合保护方法进行防蚀。

在与阴极保护联合保护时,阴极保护与环氧树脂涂层具有相辅相成的协同作用,环氧树脂涂层可大大减少阳极保护电流的需要量,显著延长阴极保护所用阳极的使用寿命,增强阳极保护效果,而阴极保护可防止涂层局部破损处的腐蚀,不使其破损处扩大或剥离,维持涂层的完整性,联合保护还扩大了水室内的保护范围,使没有办法涂覆的地方,如管板、管束进口端部等处也得到阴极保护作用。

21.2.4.2　阴极保护

阴极保护在舰船用冷却设备防蚀中,无论单独应用还是与非金属涂层联合应用都有显著的防蚀作用,但必须注意由于舰用冷却设备的管束直径都很小,通径多为 $\phi16mm$,最大也不过 $\phi25mm$,最小的仅为 $\phi6mm$,管内无法安装阴极保护元件,因此,阴极保护不能做到使管束达到 100% 的保护。但阴极保护可解决水室内所有的腐蚀问题,包括管端部的冲击腐蚀、扩管残余应力影响、异种金属之间的电偶腐蚀等问题,其有效范围可涉及封头、管板、距管端部不长的管束内表面。对管束内表面的有效保护距离与管束直径、管内表面膜电阻、海水比电阻有关。在电阻率为 $25\Omega\cdot cm$ 的海水中,冷凝器内的海水平均温度为 $25℃$,其他冷却设备的海水平均温度为 $45℃$ 时,有效保护距离见表 21.5 所列,海水电阻率随水温升高而减小,如图 21.22 所示。

表 21.5 管内电流到达距离(一端)

管内径 D/mm	冷凝器		其他冷却设备	
	S/2D①	距离/mm	S/2D	距离/mm
16	16	255	19	305
19	14.5	275	17	335
22	13.5	300	16	350
25	12.5	315	15	375
① S 为电极装在管内时的阳极间距,阳极装在管外水室时,应为 S/2,S/2D 为有效保护距离与管径的倍数				

因此,海水温度升高可延长管束的阴极保护有效距离,在阴极保护过程中,海水中的钙、镁离子会形成碳酸钙和氢氧化镁附着在管内壁上(这称作电解膜),从而增大管内表面的电阻 R 达 $10\Omega/m^2$ 左右,也能延长管束内表面阴极保护的有效距离,但当管口附近电解膜过厚时,由于管内径减小,将不利于有效距离的延长,反而可能缩短,并且明显影响管束的热传导率,必须予以防止。

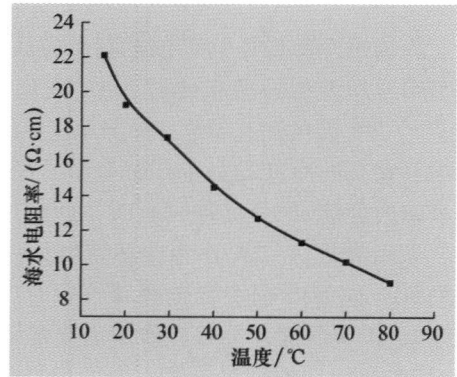

图 21.22 海水电阻率与温度的关系

舰用冷却设备的阴极保护设计程序如下:

1. 保护电位选择

铜、钢混合结构——$-0.85V(SCE)$;

纯铜合金结构——$-0.45V(SCE)$;

钛、铜混合结构——$-0.70V(SCE)$。

2. 保护电流密度选择

可参考表 21.6 所列经验数据

表 21.6 冷却设备的防蚀电流密度 (单位:mA/m²)

防蚀面积/m²	<5	5~10	10~15	15~20	>20
裸铜、铁系	400	300	250	200	150
裸铁系	300	200	150	150	150
裸铜系	200	150	150	100	100
富锌涂料	130	100	85	30	50
环氧系涂料	80	60	50	40	30
衬里	40	—	20	—	10

3. 防蚀面积计算

冷却设备的阴极保护对象是封头内表面进、出水管有效保护距离内表面,管板外表面及管束端部有效保护距离的内表面,各部位内表面积如下列诸式求出(以单通道单流程冷却设备为例,如图 21.23 所示):

封头内表面积:

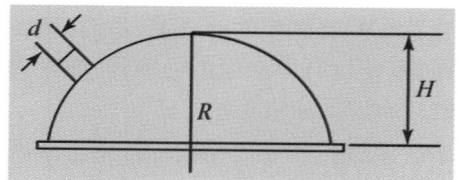

图 21.23 封头内表面积尺寸示意图

$$S_1 = 2\pi RH - \frac{1}{4}\pi d^2$$

式中:R 为封头截球体内表面半径(m);H 为封头截球体高度(m);d 为进出口水管内径(m)。

进、出口水管有效保护距离内表面积:

$$S_2 = \pi dL$$

式中:L 为有效保护距离(m);d 为进出口水管内径(m)。

进水管有效保护距离可参考表 21.7 所列数据予以估计,出水管口考虑到冷却水温度可能增高,海水电阻率可能降低,平均水温 50℃时,海水电阻率约为 $13\Omega\cdot cm$,因此,有效距离可按表 21.7 所列数据加倍估计。

表 21.7　中口径管内电流到达距离

管内径/mm	55	68	76	100
$S/2D$	7.6	6.9	6.5	5.8
单边距离/mm	416	467	496	575

注:海水平均温度 25℃,电阻率 $25\Omega\cdot cm$

管板外表面积:

$$S_3 = \frac{1}{4}\pi D^2 - n\frac{1}{4}\pi d^2$$

式中:D 为管板直径(m);d 为管束内径(m);n 为管束根数。

管束端部有效保护距离表面积:

$$S_4 = n\pi dL$$

式中:L 为管束端部有效保护距离(m);d 为管束内径(m);n 为管束根数。

管束端部有效保护距离可参考表 21.7 所列数据进行估计。

所需阴极保护总表面积 S 等于各构件表面积之和:

$$S = S_1 + S_2 + S_3 + S_4$$

4. 阴极保护方法选择

小型冷却设备像船舶海水管路一样,只能选用牺牲阳极保护方法,大型冷却设备除了选用牺牲阳极保护方法之外,还可以选用外加电流阴极保护方法。这在海滨电厂冷却设备的水室保护中已有许多成功的应用实例,但在舰船上应用不多。

采用牺牲阳极保护方法时,铜、钢混合水室结构可选用锌合金牺牲阳极和铝合金牺牲阳极,纯铜合金结构和铜、钛混合水室结构宜选用铁合金牺牲阳极。

采用牺牲阳极保护方法时,保护电流量和阳极需要量的计算,阳极形状、规格,每个水室阳极个数以及阳极安装位置可根据水室形状和大小予以确定。小型半球形冷却设备可采用一支圆盘状牺牲阳极正对着管板安装在封头内表面上,大型冷却设备宜采用多支短形牺牲阳极靠近管板附近安装在封头或水室侧壁内表面上,以重点防止管板和管束进口的腐蚀。

21.2.4.3　硫酸亚铁成膜或电解铁离子成膜保护

铜钢混合结构的冷却设备,虽然钢制构件易遭到电偶腐蚀作用而发生腐蚀破损,但对铜合金管束而言是有益的,钢腐蚀产生的铁离子有利于在铜合金表面上形成富铁膜,从而增加铜合金管束的耐蚀性。在冷却设备中除去钢制构件或采用阴极保护方法控制了水室内钢制件的腐蚀,除去了铁离子供应源,管束中段的腐蚀危险性将会增加,特别是在有泥沙等沉积和污染海水的情况下,为了提高铜合金管束阴极保护达不到的内表面的耐蚀性,早年广泛地采用了硫酸亚铁成膜处理方法,人为地向管束内表面提供铁离子,促使其形成富铁膜,这种方法在海滨电厂冷凝器和船舶冷凝器得到了广泛的应用。在第 20 章介绍了欧洲海军关于铜合金海水管路和冷却设备成膜、钝化的处理方法。

近年来又研制出了电解铁离子成膜处理新工艺,用以代替硫酸亚铁成膜处理方法。两种成膜方法防蚀效果一样,但电解铁成膜方法更为方便、可控。

21.2.4.4　双极型铁电极保护方法

为了克服单纯阴极保护不能提供铁离子,确保铜合金管束形成富铁保护膜和单纯铁离子成膜不能确保水室内所有结构材料都能得到保护的缺点,20 世纪 80 年代日本开发了双极型铁电极保护方法,克服了两者的缺点,既能维持保护电位在合适的值,又能稳定地提供冷却管束成膜所需要的铁离子,这就是双极型铁电极保护方法。

1. 设置辅助阴极的双极型电极保护系统

恒电流恒电位控制的双极型铁电极如图 21.24 所示。其中,I_1 为恒电流回路电流(铁电极—辅助阴极);I_2 为恒电位回路电流(铁电极—管板面);I 为总输出电流。

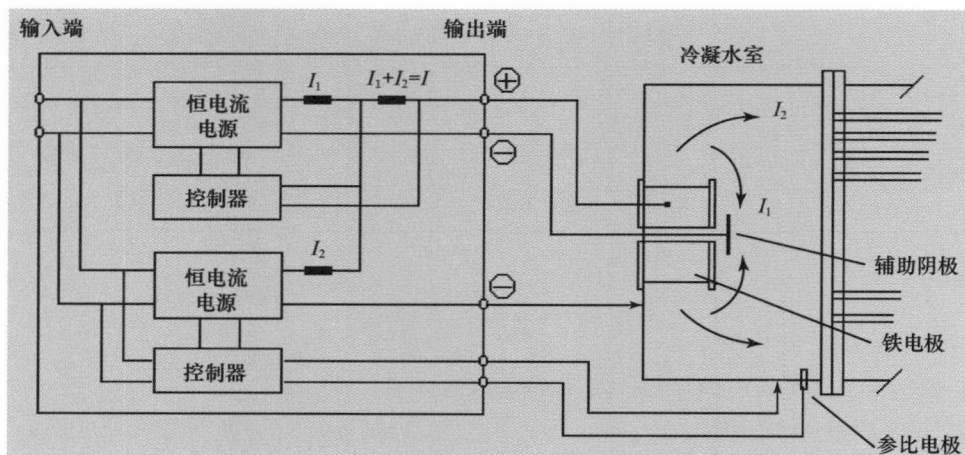

图 21.24 恒电流恒电位控制的双极型铁电极结构图

电源装置由专门提供铁离子所需电流的可控恒电流回路和维持适当保护电位所需电流的可控恒电位回路两个电流回路构成。恒电流回路的正极与铁阳极相连,负极与辅助阴极相连,专门用来电解铁阳极使其产生铁离子。恒电位回路的正极通过与恒电流回路的正极相连,再与铁阳极相连,负极与水室壁相连,用于使水室内壁阴极极化到所需保护电位值,即由铁电极流出的总电流($I_1 + I_2$)绝大部分(I_1)流向辅助阴极,专门用来电解铁阳极使其产生铁离子,部分电流(I_2)流向水室及管板,提供阴极保护作用,铁离子产生总电流为 $I_1 + I_2 = I$。

双极型铁电极结构如图 21.25 所示。为便于安装起见,可用多个重心较小的盘状铁电极用钛棒穿起来,并用钛制螺栓和螺帽牢固固定。为使电极体周围均匀溶解,阳极前后设绝缘板遮蔽,辅助阴极可用软钢加工成正方形,经与阳极绝缘的贯穿孔电连接到水室外部。

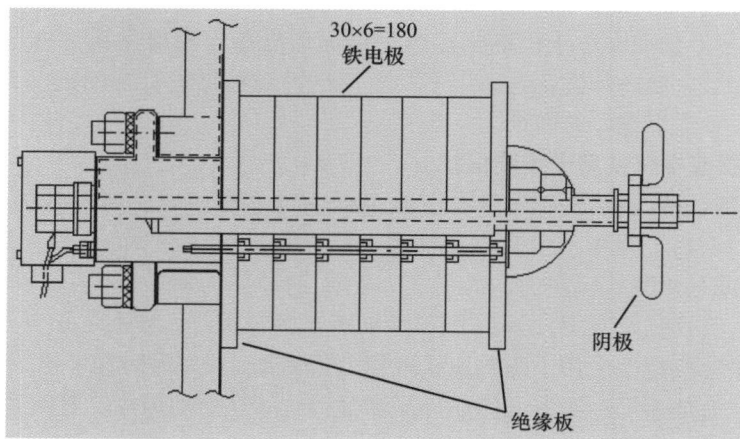

图 21.25 双极型铁电极结构

可用锌参比电极,主要用来检测和控制水室的保护电位。为使测量误差小一些,参比电极应固定在管板表面或其附近的水室壁上。

2. 分开设置的双极型铁电极保护系统

系统防蚀原理如图 21.26 所示。该系统由两个独立的电流回路系统组成:一个是通用的恒电位外加电流阴极保护回路,只是辅助阳极采用的是铁阳极;另一个是恒电流回路,采用复合式铁电极。恒电位回路主要用来使水室内部所有构件得到阴极保护,恒电流回路用来产生足够的铁离子用来使铜合金管束内表面形成富铁保护膜。这种双极型防蚀系统和前述双极型防蚀系统一样,可以使冷却器水室、管板、管束内表面全部得到防蚀效果,与前述双极型防蚀系统相比,由于恒电流回路所用的是铁阳极本身由双电极构成,两电极

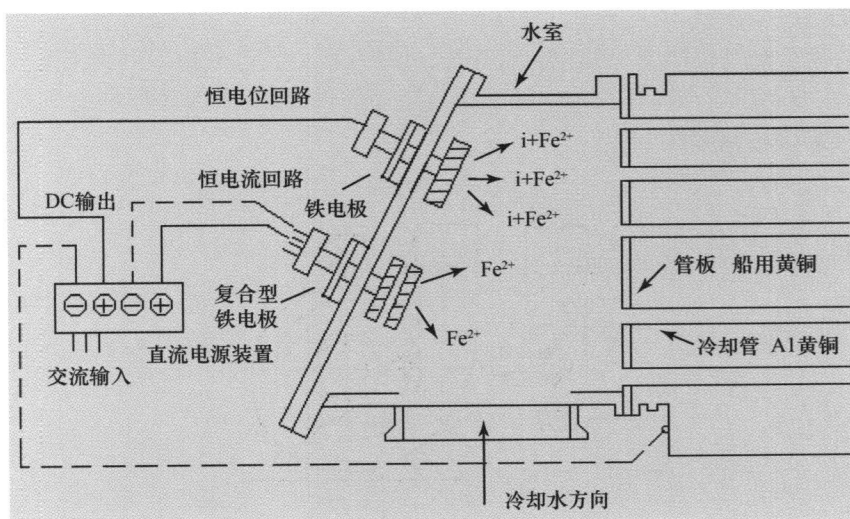

图21.26 系统防蚀原理图

可定期进行阴、阳极更换,从而能防止阴极结垢对防蚀系统造成的不利影响。

恒电位器回路所用铁电极形式如图21.27所示。它安装在水室封头内,与恒电位仪的正极电连接,并与恒电位仪负极电连接的水室或管板形成电流回路,从而对水室内部构件起到阴极保护作用。这个电极可用铅银合金等不溶性阳极代替。

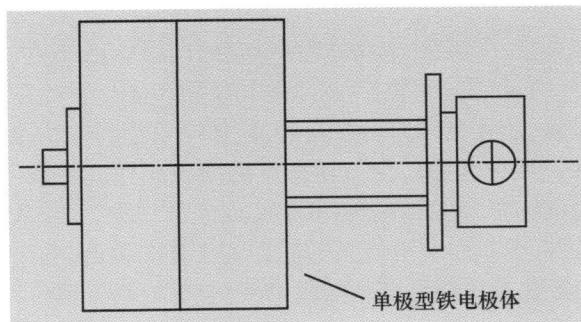

图21.27 恒电位回路铁电极形式示意图

双极型铁电极的使用寿命可根据水室的大小、能容纳的铁电极尺寸和重量来设计,通常取$1 \sim 1.5$年。冷却水中的铁离子浓度运行开始时可控制在$10 \sim 20 \mu g/L$,初始膜形成后,维持在$3 \sim 5 \mu g/L$即可,后续需要判断成膜质量。

21.3 舰船用水泵防腐防漏

21.3.1 形式与原理

1. 分类

泵由原动机驱动给液体增加能量,从而通过管路输送需要数量的液体到达要求的高度或一定压力的目的处。舰船上的种类非常多,其分类方法也很多:按介质类型,主要有海水泵、淡水泵、燃油泵、润滑油泵等;按用途,有为其他机械服务的,如为主动力装置服务的燃油泵、润滑油泵,各类设备、系统的冷却水泵,有为舰船系统服务的,如消防水泵、淡水泵、卫生水泵、燃油和滑油输送泵等;按原动机的类型,有电动泵、汽轮机驱动泵等;按安装方式分,有立式和卧式泵;按工作原理分,有转动能泵、容积式泵、喷射泵,按照在泵内运动情况的不同,转动能泵又分为离心泵、轴流泵和旋涡泵。

因为离心泵具有结构简单和使用方便的优点。舰船上离心泵使用很广,各种水泵都是采用离心泵。下

733

面着重介绍离心泵的防腐防漏技术。

图 21.28 所示为离心泵结构简图。叶轮上有叶片,叶片在前后轮盘夹持下形成流道。叶轮也称工作轮,用键固定在泵轴上,由原动机带动高速旋转。除叶轮是运动部件外,其余部件都是固定不动的,它们构成泵壳,内部充满液体,并支持运动部件运转。

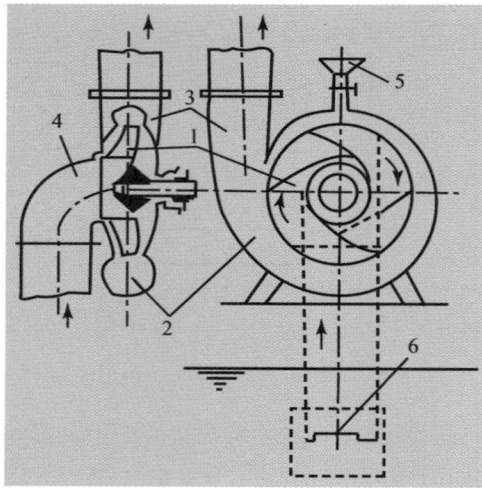

图 21.28 离心泵结构简图
1—叶轮;2—蜗形管;3—扩大管;4—吸入室;5—漏斗;6—止回阀。

2. 密封结构

离心泵中,叶轮与泵壳以及泵轴与泵壳之间都需要一定的间隙。由于这些间隙两侧的压力不等,因而存在通过上述间隙而造成的泄漏的可能。叶轮排除的液体有一部分会经叶轮与泵壳之间的前防漏环处的间隙回叶轮吸入口,称为内部泄漏;而在泵轴伸出泵壳处,液体则可能自泵内漏向泵外,称为外部泄漏;有时在泵轴伸出泵壳处的内侧压力低于大气压力,空气还有可能漏入泵内。泄漏不仅使泵的容积效率降低、性能变差,而且在输送油类或其他液体时,外部泄漏还可能造成经济损失,污染周围或舱室环境。若有空气漏入泵内,则更会恶化泵的吸入条件,严重时甚至使泵不能正常工作。因此,在上述可能有泄漏的部位装设防漏装置是必要的,如在叶轮入口处都装设防漏环,在泵轴穿过泵壳处则采用各种类型的轴封来减少泄漏。

防漏环也称为密封环,安装在叶轮入口处,常用铸锡青铜、铸铅青铜或磷青铜制成,主要有平环和曲径环两种类型,如图 21.29 所示。根据它是装在叶轮上还是装在泵壳上,有动环和静环之分。动、静环之间的缝隙越小曲径越多,防漏效果就越好,但制造和装配工艺要求就越高。曲径式防漏环一般仅用在扬程较高的离心泵上。

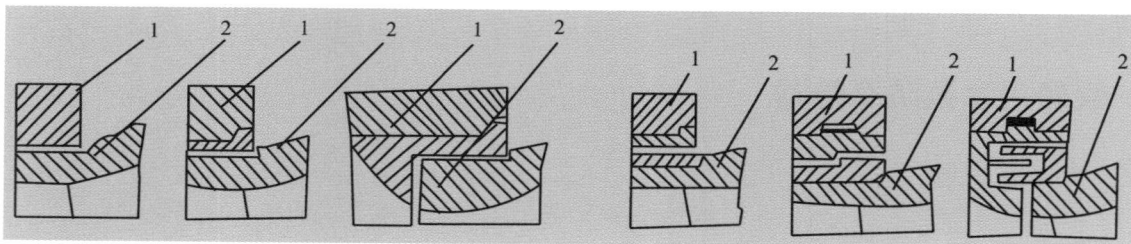

图 21.29 离心泵防漏环的几种结构形式
1—平环;2—曲径环。

旋转的泵轴与固定的泵壳之间的密封装置称为轴封,是离心泵运行中经常需要维护的部件之一,也是泵防腐防漏关键部件。离心泵常用的轴封有填料式轴封和机械式轴封。

图 21.30 所示为一种带水封环的填料式轴封结构。离心泵是高速回转机械,为了保护泵轴,通常在轴封部位装有轴套。轴封装置带有水封环,在水封环外侧的泵壳上设有水封管,高压水就可以从这里引入,然后沿泵轴向两端渗出,以保证较好的水封和冷却效果。

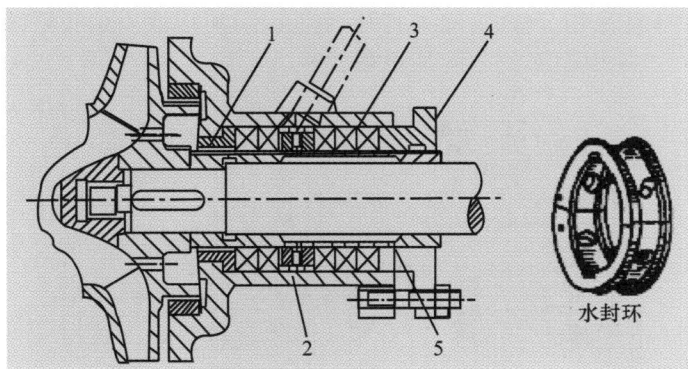

图 21.30　离心泵的填料密封装置
1—填料内盖；2—水封环；3—填料压盖；4、5—轴套。

常用于离心泵的机械式密封装置如图 21.31 所示，主要由轴套、弹簧、动环、密封圈以及固定在泵壳上的静环和静环密封圈等部分组成。机械式轴封装置是借助于动环和静环紧密配合而进行密封的。动环随泵轴旋转并在弹簧压力作用下紧紧地压在静环上做相对运动，这样在动环和静环之间就形成了运动密封。机械式轴封装置工作时，动环和静环之间形成一层液膜，该液膜必须保持有一定的厚度，才能使运动密封面得以润滑和冷却。若液膜太厚，则泄漏量增加。若液膜太薄，则动环和静环之间可能发生干摩擦而导致密封面发热烧坏。所以，动环与静环间的压紧要适度。动环和静环一般采用两种不同的材料制作。

机械式轴封装置与填料式轴封装置相比，具有泄漏量少、摩擦损失小、使用寿命长、工作比较可靠等优点；因此，机械式轴封装置在舰船海水泵上得到普遍应用。其缺点是制造复杂，安装精度要求高，更换不方便。

海水泵是舰船必不可少的设备，舰船通用离心泵、旋涡泵在海水腐蚀、泄漏方面的问题一直存在。海水腐蚀、泄漏不仅造成了泵本身损坏，而且造成了船体及其他设备的腐蚀和损坏，严重影响舰船系统的完好率及其寿命。

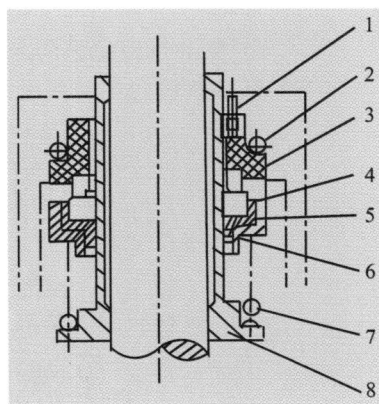

图 21.31　离心泵机械式密封装置
1—防转销；2—静环密封圈；3—静环；
4—动环；5—动环密封圈；6—动环座；
7—弹簧；8—轴套。

21.3.2　型号和特点

国内生产舰船通用水泵的主要型号和特点如下：

1. CLH 系列立式离心泵

CLH 系列立式离心泵结构简单，装拆、维修方便，性能稳定，其结构如图 21.32 所示。其特点如下：

（1）型谱覆盖面广，流量为 $12.5 \sim 600\mathrm{m}^3/\mathrm{h}$，流量在 $250\mathrm{m}^3/\mathrm{h}$ 以上采用低转速（1450r/min），增加了泵的工作可靠性。

（2）装拆、维修方便，更换机械密封、口环、轴承等易损件不需要移动电动机、泵壳，拆卸泵进出口管道等，可直接将转子部件从泵内取出维修。

（3）结构简单，易于铸造加工。

2. CLZ 系列立式自吸离心泵

CLZ 系列立式自吸离心泵的结构形式如图 21.33 所示。其特点如下：

（1）可靠性好，采用双层壳体，从根本上解决泵虹吸问题，使泵体内永远存有水。

（2）自吸时间短，采用导叶和隔板结构，气水分离效果好，分离后的水直接回落到泵叶轮外缘，重新参加混合，缩短了自吸时间，一般为 $40 \sim 60\mathrm{s}$（标准为 120s）。

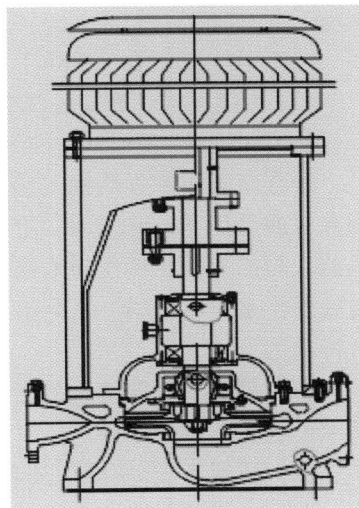

图 21.32　CLH 系列立式离心泵

（3）拆卸维修方便,轴承体采用分体式,只要打开泵前盖,就可以取出泵叶轮、轴承体。

（4）自吸高度高,为5~7m,并且不需要附加自吸装置。

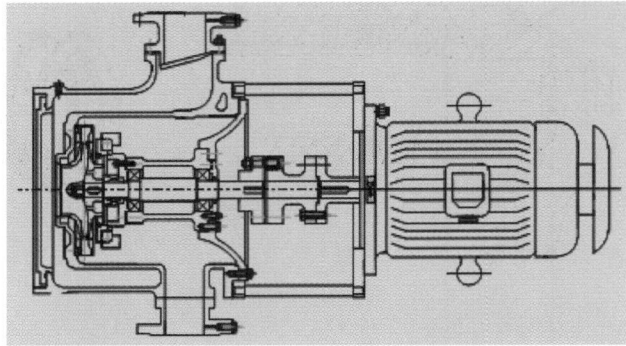

图 21.33　CLZ 系列立式自吸离心泵

3. CWY 柴油机应急消防泵

CWY 柴油机应急消防泵的结构如图 21.34 所示。其特点如下:

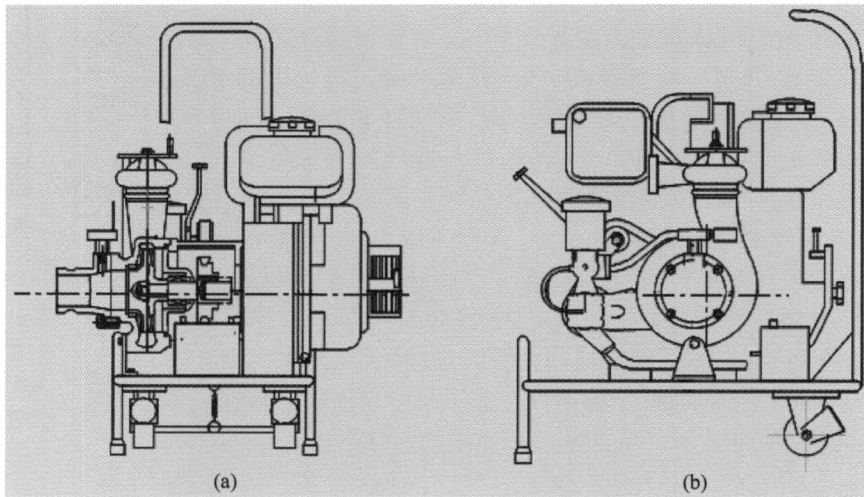

(a)　　　　　　　　　　　　　　　　(b)

图 21.34　CWY 柴油机应急消防泵

（1）手拉、电起动、弹簧起动等多种启动方式,确保能够紧急起动。

（2）吸上高度高(约 8m)。

（3）结构简单,重量轻(整个机组重量只有 75~90kg)。

4. CQX(W)系列潜水排污泵

潜水泵近年来在我国民用工业及农业等行业发展很快,尤其是现在普遍采用干式电动机,使潜水泵具有效率高、体积小等优点。以前在舰船上很少使用潜水泵,现在也开始设计选用潜水泵用于排出舱底污水。CQX(W)系列潜水排污泵结构形式如图 21.35 所示。具特点如下:

（1）采用无堵塞流道及叶轮设计理论,具有很强的排污能力,适用于舱底抽排污水等。

（2）采用干式电动机,具有体积小、效率高等优点。

（3）由于该泵连泵带电动机都放在水里,因此,不存在吸上高度问题,也不存在泵抽空烧坏密封的问题。

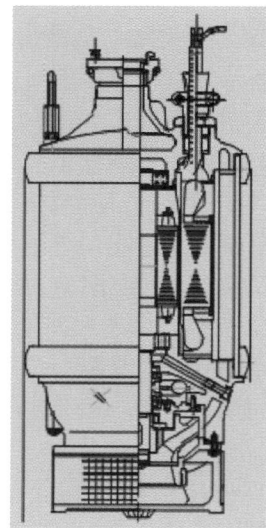

图 21.35　CQX(W)系列潜水排污泵

5. CBL 系列电动消防泵

CBL 系列电动消防泵为串并联离心结构,电动消防泵为舰船上的关键泵,现在舰船上大量使用的 4CBL、5CBL 等 CBL 系列电动消防泵存在悬臂过长、下端水润滑轴承容易被泥沙磨损、泵转动部件易产生偏摆等缺点。传统的 CBL 型系列消防泵造成机械密封泄漏乃至失效。CBL 系列消防泵如图 21.36 所示。国内厂家针对目前电动消防泵存在的缺点,开发研制了 VST 系列立式剖分式串并联离心泵,如图 21.37 所示。

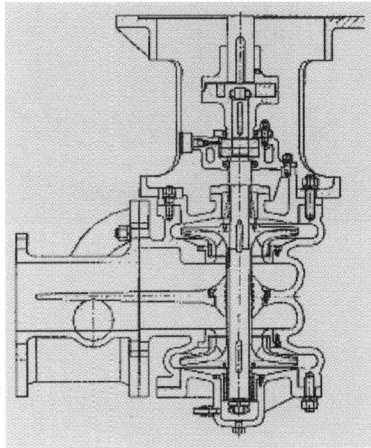

图 21.36　CBL 系列消防泵

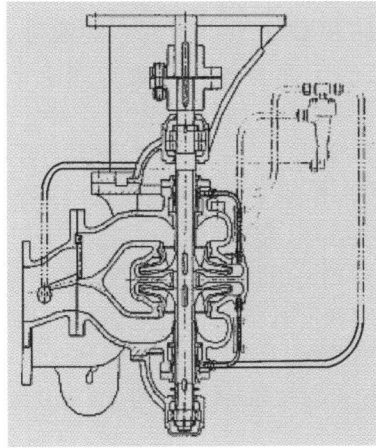

图 21.37　VST 系列立式剖分式串并联离心泵

该型泵具有以下特点:

(1) 泵采取双轴伸结构,取消下端水润滑轴承,增加一道机械密封,下端采用滚珠轴承,这样的结构,泵不存在悬臂问题,并且增加了泵轴的直径,增加了泵轴的刚度,不存在水润滑轴承被泥沙磨损的问题,从根本上解决了引起泵转动部件的偏摆问题,下端轴承座采用剖分式结构,易于更换,并设有保护措施。

(2) 下端的机械密封安装在泵的进口端,承受压力小,并且使用旋液分离器进行冲洗。

(3) 在泵的流道上采用新的结构,使泥沙不能够沉积。

(4) 该泵采取整体剖分式结构,在不需要拆卸电动机和泵进出口管道的情况下,可以对泵的转动部件及易损件进行更换与维修。

(5) 采用二元设计理论设计的空间扭曲叶片代替 CBL 系列泵一元理论设计的圆柱形叶片,提高了水力效率和汽蚀性能;该泵在其他结构方面还有不少改进。

(6) 新的 VST 系列泵的安装尺寸与原 CBL 系列泵的安装尺寸相同。

6. CLLa 系列立式离心泵

CLLa 系列立式离心泵是老型号 CLL 泵经过改进的新系列水泵,主要有以下特点:

(1) 改造该泵设置中间联轴器,装拆、维修方便,可以在不拆卸电动机、电动机架、泵进出口管道的情况下,对泵的机械密封、口环、轴承等易损件进行检修。

(2) 增加了旋液分离器,对密封腔进行清洗,改善机械密封的工作环境。

(3) 使用镍铝青铜制造叶轮。

(4) 使用赛龙 SXL 工程塑料制造泵的水润滑轴承,赛龙 SXL 工程塑料强度高,耐磨损。

21.3.3　腐蚀特点

泵组在选材时除考虑力学性能(冲击韧性、抗弯、抗裂等)、焊接性能、加工性能、化学成分等各种因素外,还要从腐蚀角度考虑到材料的抗腐蚀性能,选用抗腐蚀性能好的结构材料、舰船用水泵主要存在以下腐蚀现象:

(1) 大气腐蚀。当舱室空气的湿度足够大时,在金属表面上生成一层薄水膜,在水膜或凝结水下发生的腐蚀。这种腐蚀现象发生在水泵结构表面上。

(2) 海水腐蚀。在静止和不同流速条件下,在溶解氧含量不同和在不同温度条件下,水泵发生的腐蚀。

典型的腐蚀例子如水泵过流部分的内表面腐蚀,进出水管道内表面的腐蚀。

(3)电偶腐蚀。主要为海水中不同金属所构成的宏观腐蚀电池而造成的,如水泵上铜合金叶轮与轴的接触,在海水中形成宏观腐蚀电池而引起的腐蚀。

(4)缝隙腐蚀。海水中相连接的金属之间或金属与非金属材料之间狭窄缝隙中所发生的腐蚀,如不紧密的铆接处、剥离涂层的下面及密封装置边缘下面都会发生缝隙腐蚀。如图21.38所示为海水泵密封口环处的腐蚀情况。

(5)应力腐蚀。金属在腐蚀介质的张应力(静应力或交变应力)的联合作用下发生的腐蚀。在静应力的作用下,金属会产生脆性破坏(腐蚀开裂)。在交变应力的作用下,疲劳极限与其在空气中的数值比,通常要下降一定量(腐蚀疲劳),如水泵叶轮叶片的腐蚀开裂,以及泵轴的腐蚀疲劳折断。

图21.38 海水泵密封口环的腐蚀

(6)磨损腐蚀。由于腐蚀介质与金属表面间相对运动,引起金属的加速破坏和磨蚀。一般常与机械磨损同时作用使金属表面形成斑沟、槽和波纹状的腐蚀破坏,如衬套和叶轮(常因水流中含砂)而引起的磨损腐蚀。

(7)空泡腐蚀。当海水高速流过叶轮表面时,在截面突变处(叶片尖端)会形成极低的压力。使海水蒸发,产生气泡,继续流至叶轮某处,气泡破裂,产生压力极高的冲击力,在这种冲击力的反复作用下,造成空泡腐蚀,如图21.39所示。

图21.39 海水泵叶轮腐蚀

(8)生物腐蚀。在某些生物(如海藻、牡蛎、藤壶、贻贝等海洋生物)和微生物生命活动产物影响下发生的腐蚀。例如,海洋生物附着在水泵过流部件内部表面,将使未被覆盖处加速腐蚀。

21.3.4 水泵存在的问题

1. 轴封泄漏问题

轴封泄漏问题是现有舰船较突出的问题。由于我国舰船泵定型较早,在现行标准中规定舰船水泵可以使用机械密封和填料密封两种结构形式,因此,现役舰船泵仍有不少泵的轴封采用填料密封。填料密封虽安装简单,但缺点很多:泄漏量大,标准中的规定值是机械密封的60倍;寿命短,需要经常调整,尤其在含泥沙的水或海水中,泥沙进入填料,加速轴套的磨损,致使密封完全失效。

对于机械密封来说,目前舰船泵所使用的机械密封基本上是散装式,弹簧直接与海水接触,这种类型的密封普遍安装繁琐,一次安装成功率低,并且弹簧因海水腐蚀、泥沙沉积等造成密封失效。部分机械密封是橡胶波纹管结构,橡胶波纹管作为辅助密封还起到传动作用,在扭转力和压缩力的双重作用下,橡胶波纹管加速老化而失效。

2. 材料问题

目前,舰船用于抽送海水的离心泵、旋涡泵的泵体、叶轮基本上是铸造锡青铜 ZCuSn3Zn8Pb6Ni1 和铸造硅黄铜 ZCuZn16Si4 两类,从使用情况来看,这两类材料制造的离心泵叶轮腐蚀、磨损问题不太严重,但旋涡泵叶轮则存在严重的腐蚀、磨损问题,主要是因为我国东海海域不仅是海水腐蚀,还存在比较严重的泥沙磨损问题,如舰船上广泛使用的 1.5CWX 泵其中的旋涡叶轮就存在叶片磨损耗尽的问题;泵轴材料大部分是 1Cr18Ni9Ti,该材料在海水里存在晶间腐蚀问题,一旦形成晶间腐蚀,材料的强度将大大减弱等等。

3. 水泵噪声问题

从对进口民船水泵运行情况的调查来看,进口民船的水泵运行平稳情况明显高于国内水泵,噪声也明显低于国内的水泵。为了提高舰船用水泵的防腐防漏技术水平,选材合理、轴封选型正确、质量高固然非常关键,但是,提高整台泵的精度和相关件(电动机、联轴器、公用底座)的安装精度也十分必要。

21.3.5　水泵防腐防漏的优化改进

21.3.5.1　防腐性能的优化改进

针对水泵腐蚀现状,主要从防腐材料和结构优化两方面提升水泵的防腐性能:

1. 材料选用

(1)泵组零件材料选用。对泵组过流部件的材料选择需遵循防腐防漏技术要求的选材原则。在确定小间隙静止件与旋转件的零件材料时,应防止相互接触的零件相互咬合,如叶轮和密封环应选择不同牌号的同基合金,以保证泵组整体的防腐性能的情况下零件不会相互咬合。泵体、导叶、叶轮一般选用同种牌号的合金,以 ZCuAl8Mn13Fe3Ni2 为主;轴的材料一般选用不锈钢,在泵组整体结构设计时考虑对泵轴采取保护措施。

(2)设备涂料。涂料是水泵外表整体保护的主要手段,涂层受水泵所在环境的影响会发生老化或失效,使得海水能够渗透到水泵表面腐蚀非耐海水零部件,缩短水泵的整体寿命。水泵表面所涂涂层的有效保护寿命与许多因素有关,其中最关键的是涂料的防腐性能和涂装工艺。建议对水泵表面喷涂前的处理方式为抛射磨料预处理并涂装车间底漆、喷射磨料处理或酸洗及磷化处理。

2. 水泵结构优化

1)结构防腐设计原则

(1)零件的形式力求简单。形状复杂的零件,往往存在死角、缝隙、接头,这些部位容易积液或积尘,易引起腐蚀;

(2)无法简化时,零件设计成分体结构,使腐蚀部位易于拆卸和更换;

(3)零件的表面状态力求致密、光滑,通常光亮的表面比粗糙的表面更耐蚀。

2)典型结构的防腐设计

(1)结构防腐设计主要指对易腐蚀零件进行物理的隔离,比如通过结构设计对泵轴与输送介质进行物理隔离(图 21.40),从而达到减少接触腐蚀目的。

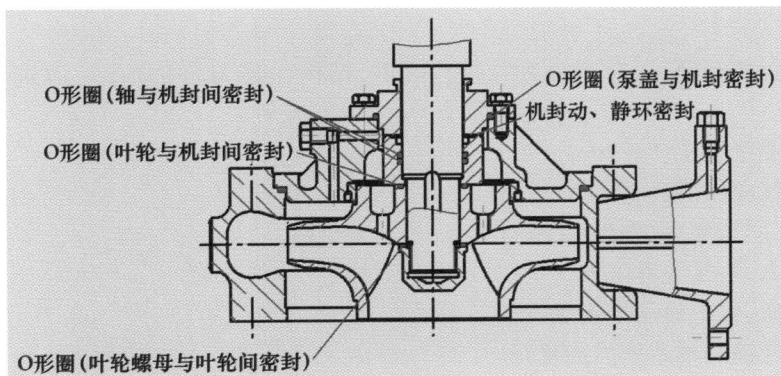

图 21.40　泵轴的防腐结构设计

（2）在泵组结构上采用阴极保护（加防腐锌棒）的措施，通过定期更换防腐锌棒，提升泵组的整体防腐性能，结构如图21.41所示。锌棒安装在螺塞上，螺塞本体与泵体材料一致，如果锌棒消耗后没有及时更换也不会出现电偶腐蚀。

（3）泵组机械密封出现故障时，泄漏的海水将腐蚀水泵其他不耐海水腐蚀的零部件（如机架）。通过对泵组的结构优化增加排泄孔（图21.42），及时将泄漏的介质引流到指定的区域，从而达到保护水泵备非耐海水零件的目的。

（4）对于泵体内部高速流体或含固体颗粒、气泡的高速流体冲击引起的过流部件磨损腐蚀，可充分利用分析软件对泵组的流场进行分析，优化流场的压力和速度分布，减少高速流体对过流部件的直接冲击引起的腐蚀，提高过流部件的耐腐蚀性。

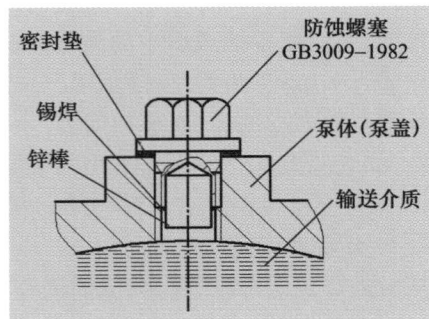

图21.41　泵组的阴极保护设计

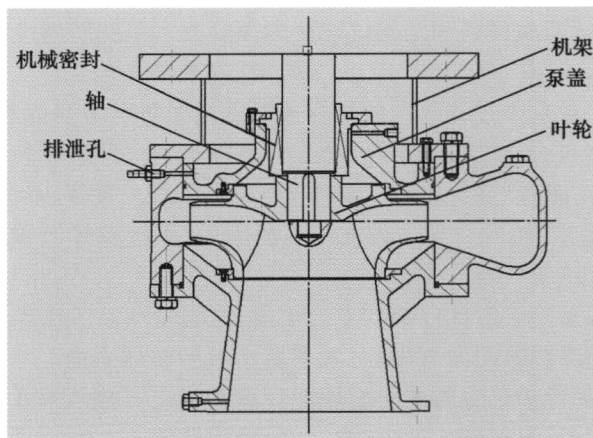

图21.42　水泵的排流设计

21.3.5.2　防漏性能的优化改进

水泵发生泄漏故障率接近水泵整体故障率的一半，降低泄漏故障率对提高水泵的可靠性有着重要的意义。造成水泵泄漏的主要原因有起动时空气没有排放干净，泵转子轴向窜动，密封结构和材料使用不合理造成密封早期失效，密封弹簧因积垢堵塞失效以及泵吸空破坏机封等。

根据泄漏形成原因，主要从改进填料密封结构和改进水泵结构两方面进行优化改进。

1. 填料密封

普通的填料密封（图21.43），虽然结构简单，加工方便拆装容易，价格便宜，使用范围广，但是同样有明显的缺点，如摩擦和磨损较大，材料和功率消耗大，经常需要调整，使用寿命短，使用情况不适于转速高，密封要求严，寿命要求长等。

针对普通填料密封的问题，可对填料密封进行改进，结构如图21.44所示。改进后新型密封具有以下特点：

（1）能适用高线速度工况：8~10m/s。

（2）化学耐受性强：pH值为1~13。

（3）承压能力强：能承受2.5MPa以内的压力，几乎无泄漏。

（4）有自润滑能力，不需要冲洗系统。

（5）对轴系无损伤，可不设防磨损轴套。

（6）对已经磨损变糙的轴系依然能密封。

（7）安装维护方便，可以通过高压注入枪不停机加注填料泥。

（8）特别适用于粗轴径密封，相对于填料密封来说，可靠性更高，成本更省。

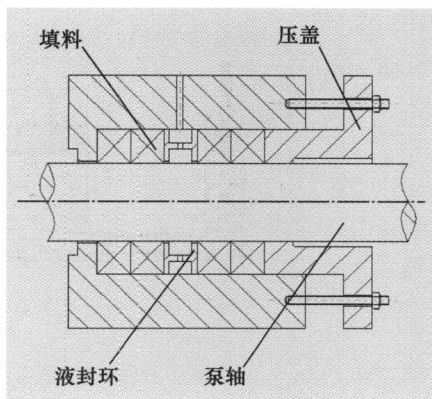

图 21.43　普通填料密封

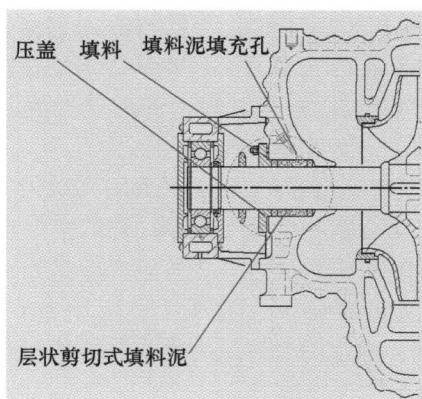

图 21.44　优化改进的填料密封

2. 水泵结构的改进

（1）在泵腔体最高点位置上增加放气孔，结构如图 21.54 所示，水泵启动前注入输送介质时排净空气，减少水泵使用启动时机械密封出现干磨而发生泄漏的现象。

（2）普通的机械密封动环和静环相互摩擦，不断产生摩擦热，使密封面温度升高，对密封造成摩擦副内液膜的蒸发、汽化，出现干磨等不良影响。设计中可通过在水泵密封腔内增加冲洗孔，结构如图 21.45 所示，由水泵的高压端引入输送介质，直接冲洗密封端面，降低密封腔体内的介质温度，带走少量没有排净的空气，达到改善机械密封的运行环境，提高机械密封的可靠性。

（3）使用副叶轮作为动密封，结构如图 21.46 所示，将用于密封的副叶轮与电动机轴、电联之间的配合面用密封圈密封，确保泵渗漏的输送介质不能通过轴系的静密封平面进入电机。泵组启动后，当泵机械密封出现故障时，输送介质由泵轴的外侧渗出，进入电机与泵之间的密封腔，输送介质进入电动机腔，经旋转的副叶轮产生惯性离心力，再由叶轮出口水平方向压出。这种密封结构没有易损件，可靠性高，在泵组运转过程中机械密封出现故障时可确保电机不会因进水烧毁。

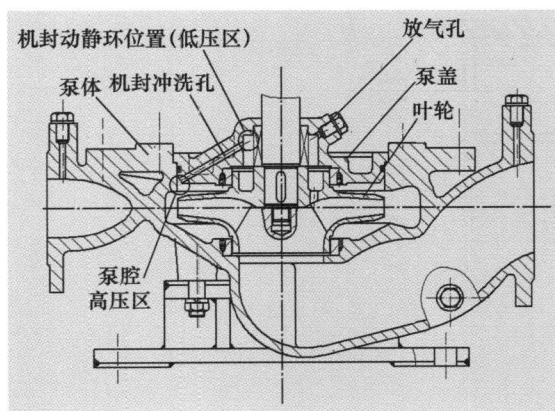

图 21.45　水泵结构的改进

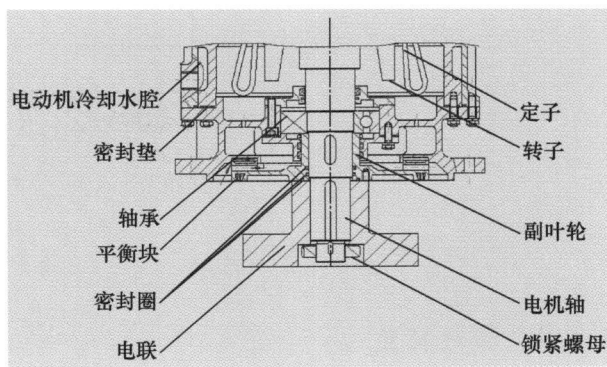

图 21.46　水泵结构动密封的改进设计

21.4　舰船用液压系统和设备的防漏

在机械传动中，人们利用各种机械构件（如杠杆、凸轮、轴、齿轮和皮带等）来传递力和运动。在液压传动中，人们则利用没有固定形状但具有确定体积的液体来作为工作介质来传递力和运动。

21.4.1　工作原理和组成

1. 液压传动原理

如图 21.47 所示的简化的液压传动模型可以用来描述液压传动的工作原理。图中有两个液压缸 2 和

4,缸内分别有活塞 1 和 5,活塞与缸内壁紧密配合,两缸之间有管道 3 相连,缸内和管内充满油液。假设活塞能在缸内无摩擦地自由滑动,而液体又不会通过活塞与缸内壁的配合处泄漏,那么工作介质与外界隔离,就形成了密封工作容腔。

若活塞 5 上有重物负载 W,则活塞 1 上施加的驱动力 F 达到一定值时,就能阻止重物负载 W 下降;若活塞 1 在 F 力作用下向下运动时,液压缸 2 排除流量,通过连接管路 3 输送给液压缸 4,使重物负载 W 向上运动。在此过程中,活塞 1 上的驱动力 F 转化为活塞 1 底部的液体压力,活塞 5 底部的液体压力便克服重物负载 W 向上运动。

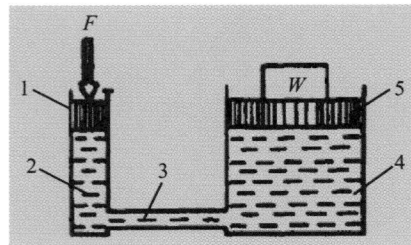

图 21.47　液压系统原理图

1—活塞;2—液压缸;3—管路;

4—液压缸;5—活塞。

2. 液压系统组成

液压系统由动力元件、执行元件、控制元件、辅助元件组成。

(1)动力元件,即液压泵,其作用是将原动机供给的机械能转化为液体的压力能,提供给液压系统一定流量的压力油液。一般情况下,液压泵采用容积式泵,主要有齿轮泵、螺杆泵和柱塞泵等。

(2)执行元件,包括液压缸和液压马达。其作用是将工作介质的压力能转化为机械功,克服负载,驱动工作机构运动。其中液压缸是一种实现直线运动、输出力和速度的执行元件,液压马达是一种实现旋转运动、输出力矩和转速的执行元件。

(3)控制元件,包括各种压力控制阀、流量控制阀和方向控制阀。其作用是调节和控制液压系统液体的压力、流量和流动方向,以满足工作机构所需要的力或力矩、速度或转速以及运动方向的要求。

(4)辅助元件,是指除了上述三类液压元件以外的其他液压元件,包括油箱、油管、管接头、滤油器、蓄能器、压力表、热交换器等。

此外,液压系统工作的介质在系统中所起的作用也是不可缺少的,常用石油型液压油。

典型的柱塞式液压缸的结构如图 21.48 所示。

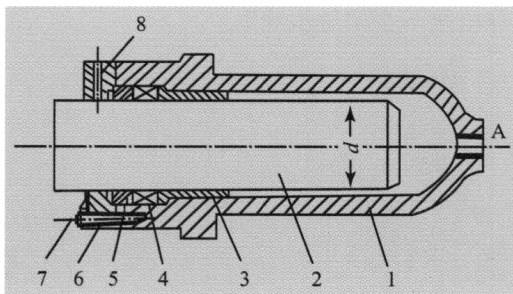

图 21.48　柱塞式液压缸结构

1—柱塞缸体;2—柱塞;3—导向套;4—密封装置;5—支撑环;6—螺栓;7—防尘圈;8—端盖。

21.4.2　密封装置

密封是液压系统中的应该重点关注的问题。液压系统中经常出现因密封不良而导致泄漏的情况,动力元件、执行元件、控制元件都有可能出现泄漏,如图 21.49 的液压缸中,液压油可能通过固定部件的连接处和相对运动部件之间的配合处产生泄漏;在管路系统中管接头是出现泄漏数量最多的地方。液压系统泄漏导致效率的降低和液压油的浪费;密封不良会影响液压元件及系统的工作性能;内漏会导致液压油发热,外漏会污染工作环境。因此,在液压元件和系统中有必要采取适当的密封装置防止泄漏。此外,密封装置还有防止空气和污染物浸入的作用。

密封装置的种类很多,在舰船液压系统中常用的有间隙密封、各类密封圈、密封垫片等。

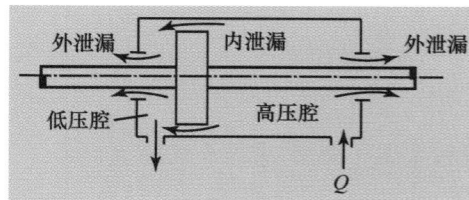

图 21.49　液压缸的泄漏

1. 间隙密封

间隙密封是利用运动副之间的配合间隙起密封作用的,如图 21.50 所示。间隙密封表面开有若干个环形槽,增加了油液流经此间隙的流动阻力,形成密封。合理的配合间隙可使这种密封形式的摩擦力较小而泄漏量控制在一定的范围之内,使柱塞四周都在压力油的作用之下,有利于柱塞的对中,从而减少柱塞移动时的摩擦力。这种密封形式主要应用于运动速度较高的低压油缸及活塞配合面,在各种泵、阀件的柱塞配合运动副中也得到广泛应用。

2. O 形密封圈

O 形密封圈是一个截面为圆形的橡胶圈,一般由丁晴丁腈橡胶橡胶制成,它与石油型液压油有良好的相容性。当液压系统中采用磷酸酯或其他合成液压油时,则其密封圈应采用其他的材料制作,如图 21.51 所示。

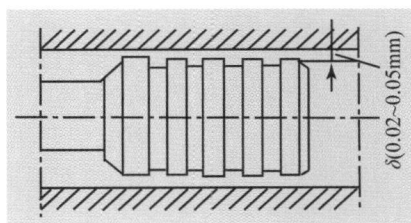

图 21.50　间隙密封

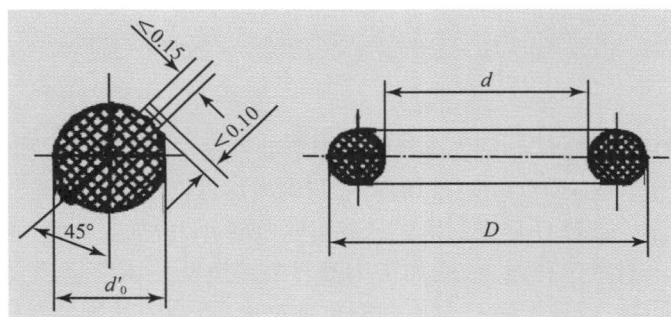

图 21.51　O 形密封圈

O 形密封圈特点为:①结构小巧,装拆方便;②静、动密封均可使用;③动摩擦阻力比较小;④使用单件 O 形密封圈,可对两个方向起密封作用;⑤价格低廉。

但是,当设备闲置时间过久而再次启动时,O 形密封圈的摩擦阻力会因其与密封副耦合面的黏附而陡增,并出现蠕动现象。

用于静密封时的密封原理为:O 形密封圈装入密封槽后,其界面承受接触压缩应力而产生变形,当没有介质压力时,密封圈在自身的弹性力作用下,对接触面产生一个预接触应力 p_0,如图 21.52(a)所示。而当容腔内充入有压力的介质后,则在介质压力 p 的作用下,O 形密封圈发生位移,移向低压侧,且其弹性变形进一步加大,填充和封闭了密封间隙 δ。此时,作用于密封副偶合面的接触压力上升为 $p_0 + p = p_m$,从而大大增加了密封效果,如图 21.52(b)所示。当容腔内的介质卸压后($p = 0$),则由于 O 形密封圈仍具有初装时的预接触应力 p_0,故仍能保证密封性能。此即 O 形密封圈的自密封作用。

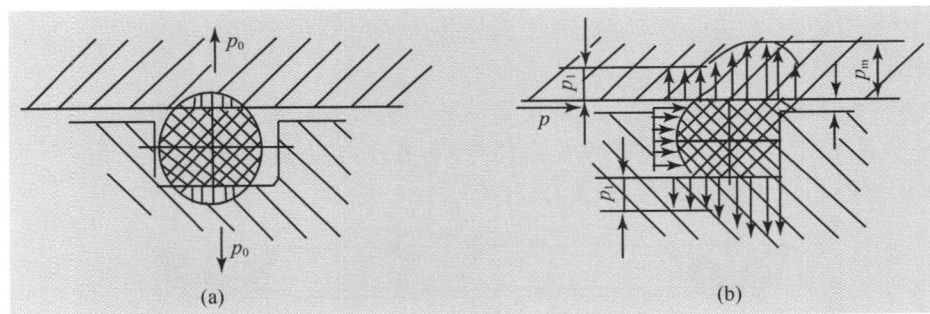

图 21.52　O 形密封圈的静密封原理
(a)空载状态;(b)承载状态。

用于动密封时的密封原理为:O 形密封圈在往复运动滑移面上的接触情况,如图 21.53 所示。此时 O 形密封圈的动密封作用主要还是依靠其预压缩和加压后作用于耦合面上的接触应力,且由于 O 形密封圈自身的弹性而具有磨损后自动补偿的能力。当用于液体介质密封时,由于液体的压力、黏度及运动速度等因素的作用,沿滑移面和密封件间形成一层粘附力极强的边界层液体膜,如图 21.53(a)所示。这层液体薄膜始终存在着,它也起一定的密封作用。当滑移面向外伸出时,液体膜随之一起探出,如图21.53(b)所示。当滑移面缩回时,液体膜则被密封件阻留于外侧。随着滑移面往复次数的增加,阻留于密封件外侧的液体膜日渐增厚,最后形成液滴,从滑移面滴下(图21.53(c)),这就是O形密封圈用于往复运动密封时会产生泄漏的原因。因此,O形密封圈不宜应用于滑移面需频繁往复运动的密封装置中。

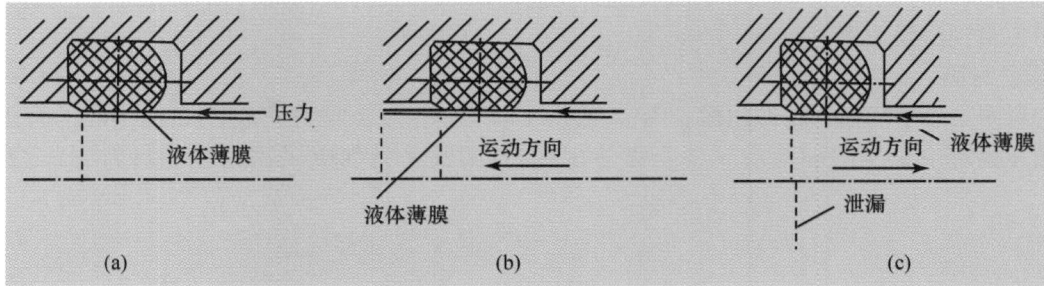

图21.53　O形密封圈的动密封原理

O形密封圈可安装在截面为矩形的槽内起密封作用,如图21.54所示。O形密封圈良好的密封效果很大程度上取决于O形密封圈尺寸与沟槽尽寸匹配的正确性,世界各国的标准对此都有较严格的规定。密封装置设计时若O形密封圈的压缩量选择过小,或加工沟槽时公差波动使压缩量趋小,装配后就会引起泄漏。如果压缩量选择过大,或加工沟槽时公差波动使压缩量趋大,则会导致O形密封圈橡胶应力松弛而形成泄漏。同样,若装配后O形密封圈拉伸过度,也会因其过早老化而引起密封装置泄漏。

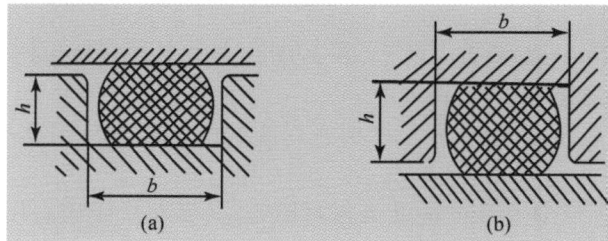

图21.54　O形密封圈的安装
(a)在外圆的矩形槽内;(b)在内圆的矩形槽内。

O形密封圈形状简单、安装尺寸小、适应性广,在舰船上应用广泛,特别是用于固定密封时效果良好。当用于运动密封时,合适的压缩量可取得较好的密封效果,而且摩擦力不大,但是使用寿命一般不长。其使用速度范围一般为$0.005 \sim 0.3 \mathrm{m/s}$。用于旋转运动密封时,仅限于低速回转密封装置。一般O形密封圈在旋转运动密封装置中使用较少,在速度较高的运动密封中很少采用O形密封圈。

3. Y形密封圈

Y形密封圈是一种典型的唇形密封圈,一般由耐油的丁腈橡胶制成。按其截面的高、宽比例不同,可分为宽型、窄型、Yx型等几类。若按两唇的高度是否相等,则可分为轴、孔通用型的等高唇Y形密封圈和不等高唇的轴用Y形密封圈和孔用Y形密形圈,如图21.55所示。

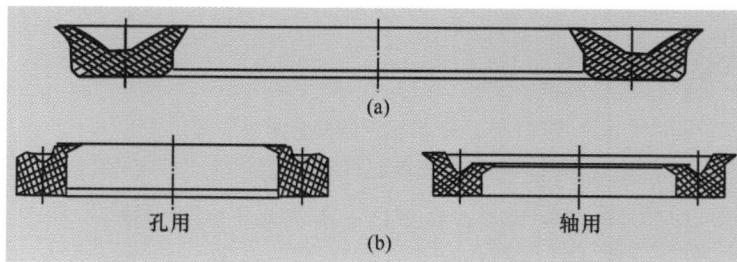

图21.55　Y形密封圈
(a)等高唇;(b)不等高唇(Yx型)。

Y 形密封圈依靠略微张开的唇边贴于密封面来保持密封,在油压作用下,唇边作用在密封面上的压力随之增加,并在密封圈磨损后有一定的自动补偿能力。Y 形密封圈密封可靠性高、使用寿命长、摩擦力小,常用于运动速度较高的液压缸的运动密封,其工作压力可达 20MPa,适用工作温度为 $-40\sim80℃$。工作速度范围:采用丁腈橡胶制作时为 $0.01\sim0.6m/s$;采用氟橡胶制作时,为 $0.05\sim0.3m/s$;采用聚氨酯橡胶制作时,则为 $0.01\sim1m/s$。Y 形密封圈的密封性能、使用寿命及不用挡圈时的工作压力极限,都以聚氨酯橡胶材质为佳。

为了防止 Y 形密封圈在往复运动过程中出现翻转、扭曲等现象,即保持其运动平稳性,可在 Y 形密封圈的唇口处设置支承环。Yx 型密封圈是 Y 形密封圈的一种改进型。Yx 型密封圈比 Y 形密封圈的宽度大,可以不用支撑环也能使用,不至于在沟槽中发生扭转或翻滚现象。Yx 型密封圈有孔用和轴用类型,一般由聚氨酯制成,在低速或高速运动副中都有良好的密封性能,适用于工作压力不高于 32MPa、工作温度 $-30\sim100℃$ 的场合。

Y 形密封圈的性能特点:密封性能可靠;摩擦阻力小,运动平稳;耐压性好,适用压力范围广;结构简单,价格低廉;安装方便。

Y 形密封圈密封原理为:依靠其张开的唇边贴于密封副耦合面,并呈线状接触,在介质压力作用下产生"峰值"接触应力,压力越高,应力越大。当耦合件以工作速度相对运动时,在密封唇与滑移耦合面之间形成一层密封液膜,从而产生密封作用。密封唇边磨损后,由于介质压力的作用而具有一定的自动补偿能力。

图 21.56 所示为带有副唇的轴用 Y 形密封圈。每次往复运动后,在其主、副唇之间都会残留下微量液体(工作介质)。随着往复运动次数的增多,残留液体将充满主、副唇之间的空间,形成一个特殊的"围困区";当主唇处于工作状态时,由于"围困区"内液体不可压缩,其间的压力远远高于小腔内的工作压力。此时,副唇与耦合面的接触应力,也远远大于主唇与耦合面间的接触应力。因而,当轴外伸时迫使"围困区"内的液体压回小腔,从而形成了可靠的密封状态,提高了 Y 形密封圈的密封性能。"围困区"内的压力越高,则副唇对耦合面的接触应力越大,密封性能也就越良好。

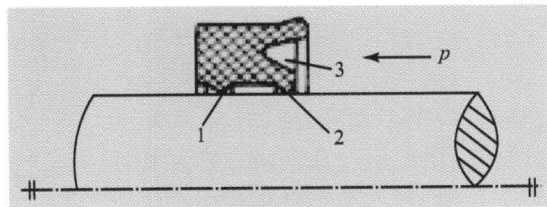

图 21.56　带副唇的轴用 Y 形密封圈截面
1—副唇;2—主唇;3—小腔。

安装 Y 形密封圈时,唇口一定要对着压力高的一侧,才能起密封作用。为了防止在高压状态下,Y 形密封圈的根部因材质塑性变形而被挤入密封耦合面的间歇,故应控制滑移耦合件间的配合间隙 δ 的大小,使其不超过相关标准所规定的最大值 c,如图 21.57(a)所示。对于工作压力大于 16MPa 的 Y 形密封圈,为保证其使用寿命,防止密封圈的根部被挤入配合间隙,应在密封圈根部处安装挡圈,如图 21.57(b)所示。

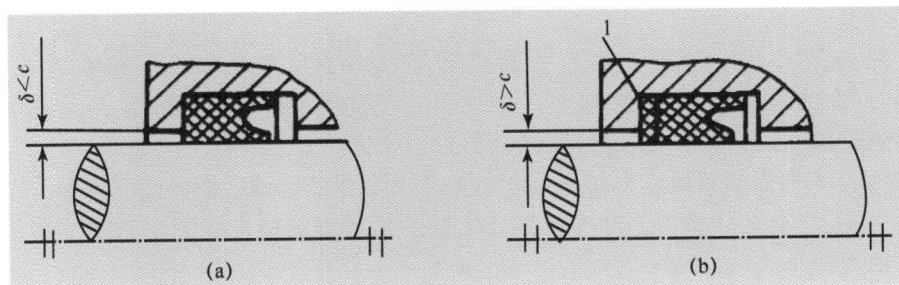

图 21.57　Y 形密封圈的安装
(a)控制间隙;(b)安装挡圈。

4. V 形密封圈

V 形密封圈也是一种典型的唇形密封圈,如图 21.58 所示,V 形密封圈由夹织物的橡胶制成,由支撑环、密封环和压环三部分叠合而成。当发生泄漏时,可只调整压环或填片而无须更换密封圈。

V 形密封圈耐压性能好,密封可靠性高,但是密封处摩擦力较大。当要求密封的压力高于 10MPa 时,可适当增加密封环的数量,安装时应注意将密封环的开口方向面向压力油腔。在小直径运动副中一般采用 Y 形或 Yx 型密封圈,而在大直径柱塞或低速运动活塞上采用 V 形密封圈,工作压力可高达 60MPa,工作温度范围为 −40 ~ 80℃。工作速度范围:采用丁腈橡胶制作时为 0.02 ~ 0.3m/s;采用夹布橡胶制作时为 0.005 ~ 0.5m/s。

V 形密封圈主要用于液压缸活塞和活塞杆的往复动密封,其运动摩擦阻力较 Y 形密封圈大,但密封性能可靠、使用寿命长。

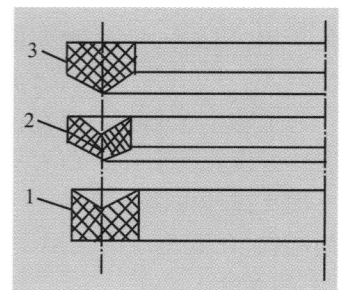

图 21.58 V 形密封圈
(a) 支撑环;(b) 密封环;(c) 压环。

V 形密封圈的性能特点:

(1)耐压性能好,使用寿命长。

(2)根据使用压力的高低,可以合理地选择 V 形密封圈的数量以满足密封要求;并可调整压紧力来获得最佳综合效果。

(3)根据密封装置不同的使用要求,可以交替安装不同材质的 V 形密封圈,以获得不同的密封特性和最佳综合效果。

(4)维修和更换密封圈方便。

(5)密封装置的轴向尺寸大,摩擦阻力大。

安装 V 形密封圈时,同样必须将密封圈的凹口面向工作介质的高压一侧,如图 21.59 所示。V 形密封圈使用一段时间后唇边会磨损,为保证其密封性能的持久性,须及时调整其压力。一般采用螺栓/母或加调整垫片来调整。V 形密封圈的尺寸系列及公差已有国家标准。

5. 回转轴用密封圈

回转轴用密封圈又称为骨架油封,有很多型式,图 21.60 所示为一种基本型式的耐油橡胶制成的回转轴用油封。在轴向柱塞泵和油马达的轴伸出处,一般都采用这种密封圈,其内部有直角截面圆形骨架支撑,密封圈内有一条密封螺旋弹簧,把密封圈的内边紧缩在轴上,从而达到密封的目的。

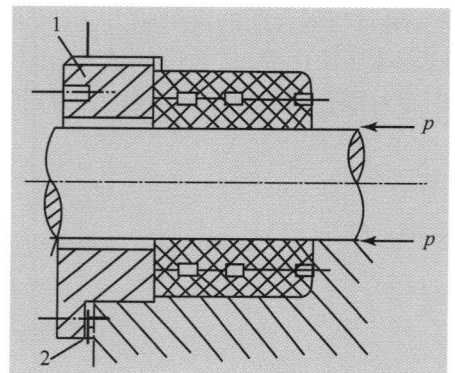

图 21.59 V 形密封圈的安装与调整
1—调节螺栓;2—调整垫片。

在自由状态下,油封的内径小于轴径,有一定的过盈量。这样,当油封装到轴上后,即使没有弹簧,也有一定的径向力作用在轴上。为了保证密封的可靠性,在油封唇缘的上方,加装一个弹簧。依靠弹簧对轴的抱紧力来克服轴在旋转状态下,因振摆、跳动所造成的间隙,并使油封的唇缘能始终紧贴于轴的表面。

维持油封密封性能的关键是介于唇缘与轴表面之间的一层油膜。因此,油封的密封原理是建立在滑动轴承的润滑理论上的。

在轴旋转的动态过程中,油膜的厚度也在不断变化,其变动量一般在 20% ~ 50% 之间。油膜厚度变化的原因是维持油膜存在的表面张力在不断波动。而油膜的表面张力则与油的黏度、运动速度等因素有关。

一般认为,油膜过厚,容易泄漏;油膜过薄,则会导致干摩擦。

理想的情况是保持"临界油膜厚度",即始终保持临界润滑状态。而"临界油膜厚度"的形成与保持,与油封对轴的径向力的大小及其分布状况直接有关。尽量采用最小的径向力而得到最尖锐的"峰值"压力分布,可获得最佳的密封效果。

选择油封的材料时,必须考虑材料对工作介质、工作温度及唇缘在轴高速旋转时的适应性。

骨架油封一般适用于旋转线速度不超过 8m/s、压力不超过 0.1MPa 的场合。常压型油封的使用压力一般不超过 0.05MPa。当工作压力超过 0.05MPa 时,应选用耐压型油封。目前,国外耐压型油封的使用压力可达 10MPa。

油封安装时,为获得适当的初始径向力,应保证唇缘对旋转轴的过盈量要求,其值见表 21.8。

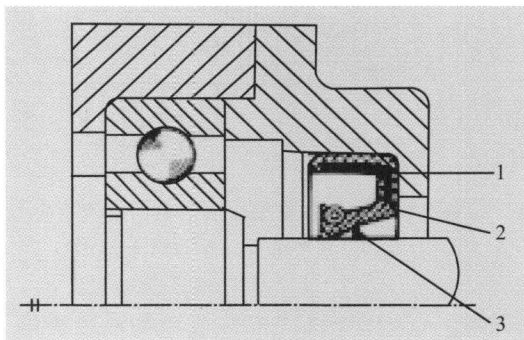

图 21.60　油封在旋转轴上的安装
1—骨架;2—橡胶密封体;3—弹簧。

表 21.8　油封唇对轴的过盈量

轴径/mm	油封唇的过盈量/mm	轴径/mm	油封唇的过盈量/mm
<30	0.5 ~ 0.9	80 ~ 120	0.8 ~ 1.3
30 ~ 50	0.6 ~ 1.0	120 ~ 180	0.9 ~ 1.4
50 ~ 80	0.7 ~ 1.2	180 ~ 220	1.0 ~ 1.5

6. T 形 Turcon 格来圈

T 形 Turcon 格来圈是一种较为新型的密封圈,以前在舰船上较少使用,由于其良好的密封性能和环境适应性,在潜艇蓄能器等重要场合也是可以进行改进尝试的。在保留传统的弹性体施力密封的优良特性基础上,改进其几何形状方面的弱点,从而可以满足液压缸在负载下精确定位的要求。它的制作材料为 Turcon。这种新型密封圈的结构简单而紧凑,且可使活塞与液压缸壁之间保持较大的间隙。

T 形 Turcon 格来圈的截面形状及其接触应力分布如图 21.61 所示。格来圈的两个侧面都有倒角,使密封圈的截面朝着密封耦合面逐渐变窄。截面形状仍然结实而紧凑,且也不会减少因压力产生的最大压缩所需要的弹性。T 形 Turcon 格来圈特殊的截面形状所具有侧边角度,使其具有一个附加的自由度,因而密封圈能轻微地倾侧转动。由于密封圈的侧面是斜的,导致密封圈有所"倾侧"。这样就可以把最大压力点移到高压侧密封圈边缘的位置。相反,密封圈的低压侧,出现一个没有压缩或剪切负载的中间变形区,从而有效地减少了密封圈被挤入间隙的危险。

T 形 Turcon 格来圈具有如下优点:

(1)静密封性能非常好;

(2)允许有较大的配合间隙,故可降低加工费用,并能在有污物的介质中安全使用;

(3)摩擦力小,无爬行;

(4)可采用多种材料,对工作条件的适应性强;

(5)可适用于最新环保安全的液压液(生物油)。

T 形 Turcon 格来圈的安装沟漕形状简单,可用于整体式活塞密封。工作压力不大于 80MPa;工作速度不大于 1.5m/s;工作温度为 -54 ~ 200℃。

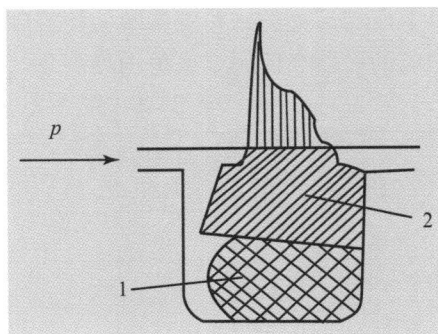

图 21.61　T 形 Turcon 格来圈的截面形状及应力分布
1—O 形密封圈;2—Turcon 格来圈。

7. HPR 型 Turcon 格来圈

HPR 型 Turcon 格来圈密封装置以叠加的方式将丁腈橡胶弹性体、聚氨酯挡圈和 Turcon 格来圈组装在一起,使它在单一的沟槽中得到一种轻巧的密封结构,且具有极好的性能,如图 21.62 所示。

格来圈中丁腈橡胶弹性体 2 为一个形状匀称的释压环,它在径向对聚氨酯挡圈 3 和 Turcon 格来圈 1 施力。HPR 型 Turcon 格来圈密封装置作为主密封,具有释压能力,可防止密封元件间产生困压现象。当活塞杆伸出时,HPR 型格来圈对下游的支承元件和副密封提供充分的润滑液膜,格来圈的均匀几何形状可在活塞杆缩回时产生回吸作用,从而也控制了润滑的状况。

这种密封装置的优点是:

(1)密封组件轻巧,安装方便;

（2）抗挤出能力强，可适应较大的配合间隙，尺寸适应性好；

（3）无黏着作用，长行程时工作可靠；

（4）抗污染，和流体相容性好；

（5）摩擦力小，耐磨性好，性能稳定；

（6）具有释压能力。

HPR 型 Turcon 格来圈适用于液压往复或螺旋运动的单向密封，采用整体式沟槽结构。工作压力不大于 50MPa，工作速度不大于 1.5m/s，工作温度为 −54 ~ 135℃，工作介质为石油基液压油。

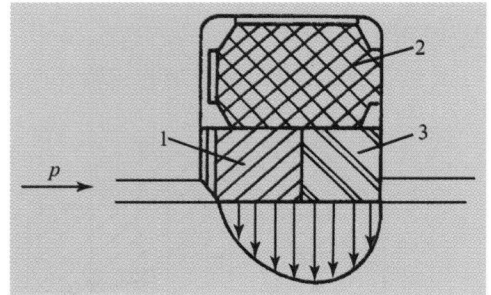

图 21.62　HPR 型格来圈的截面形状及应力分布
1—格来圈；2—弹性体；3—挡圈。

8. 防尘密封圈

防尘密封圈是为了防止尘土或其他杂质沿活塞杆或旋转轴进入液压元件内部造成污染而设置的，一般由耐油橡胶或毛毡制成，按其截面形状可分为骨架式、丁字形、三角形、组合式等多种形式，如图 21.63 所示。

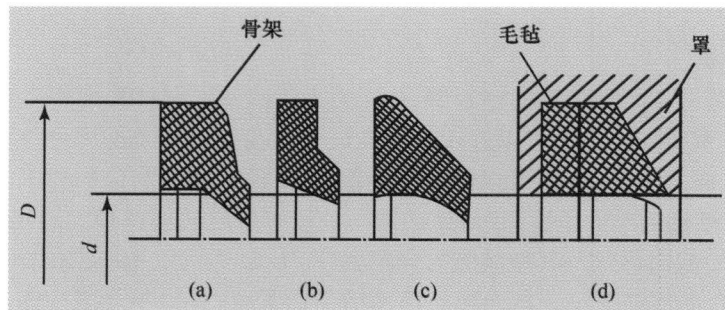

图 21.63　防尘密封圈
（a）骨架式；（b）丁字形；（c）三角形；（d）组合式。

9. 橡胶密封材料适应的介质和使用温度范围

以上所有形式的密封圈多数使用橡胶密封材料，所有橡胶都有一定的使用温度范围，常用橡胶密封材料所适应的介质和使用温度范围见表 21.9。

表 21.9　常用橡胶密封材料所适应的介质和使用温度范围

密封材料	石油基液压油和矿物基润滑脂	难燃性液压油			使用温度范围/℃	
		水 – 油乳化液	水 – 乙二醇基	磷酸酯基	静密封	动密封
丁腈橡胶	○	○	○	×	−40 ~ 120	−40 ~ 100
聚氨酯橡胶	○	△	×	×	−30 ~ 80	一般不用
氟橡胶	○	○	○	○	−25 ~ 250	−25 ~ 180
硅橡胶	○	○	×	△	−50 ~ 280	一般不用
丙烯酸酯橡胶	○	○	○	×	−10 ~ 180	−10 ~ 130
丁基橡胶	×	×	○	△	−20 ~ 130	−20 ~ 80
乙丙橡胶	×	×	○	△	−30 ~ 120	−30 ~ 120

注：○—可以使用；△—有条件使用；×—不可使用

21.4.3　管路与管接头

1. 液压油管路

液压油管路的作用是把液压系统中各个液压元件连接起来，保证工作介质的正常循环，并传递液压能。对液压油管路的要求是，流动损失小，管壁有足够的强度，装配使用方便，同时还应有散热作用。

液压系统中使用的管路有硬管和软管两大类。舰船液压系统的硬管材料无缝钢管、铜管等,软管包括橡胶管和尼龙管。液压管路一般采用硬管,只有在连接两个具有相对运动的液压元件时,或者为了安装方便时,才使用橡胶软管。尼龙管和塑料管的强度和寿命均低于橡胶管,在舰船上使用较少,一般只用作回油管,或者给油箱加油时使用。

2. 管接头

管接头是油管之间或油管与液压元件之间的可拆装的连接件。管接头应连接牢固、密封可靠、拆装方便,其流通能力要大、压力损失要小,外形尺寸应尽可能小。液压系统所用管接头的种类比较多,按管接头的通道数和流向可分为直通接头、弯头、三通等,按连接方式不同,有可分为扩口式、焊接式及卡套式等。直通接头以螺纹接头居多,螺纹接头中采用 O 形密封圈或者密封垫片进行密封。

21.5　舰船用阀门防腐防漏

阀门是流体控制系统必不可少的控制元件,对流体控制系统来说,阀门起着开通和截止介质流动,以及控制流体的流量、压力、温度和流动方向等重要作用。阀门的用途极其广泛,无论是工业、农业、国防还是交通运输人民生活等部门,都需要大量的各种类型的阀门。

舰船更是离不开阀门,每艘舰船都需选用几百台至上千台不同的阀门。阀门的性能优劣对舰船系统和舰船的总体性能产生直接的影响,有些阀门还对舰船的生命力和战斗力有着重要的关系。舰船独特的工作条件,使船用阀门形成了一个独立的体系,在外形、重量、材料等方面都体现了船用阀门与众不同的特点。

21.5.1　船用阀门技术的发展概况

自新中国成立以来,我国的船用阀门技术得到了迅速发展,经早期的苏联产品转让制造、大配套补缺、系列化标准化、自行研究设计等工作,目前已基本上满足了我国造船工业的需要。阀门材料有铸铁、碳素钢、合金钢、铜合金、铝合金、钛合金、不锈钢以及非金属等。适用介质主要为淡水、海水、空气、蒸汽、燃油、滑油等。

自 20 世纪 70 年代以来,具有重量轻、尺寸小、密封性能好、启闭迅速方便等优点的球阀和蝶阀,逐渐在舰船上得到应用,并已越来越多地取代截止阀和闸阀,使舰船的性能得到改善。电动闸阀、电动截止阀、电动通海阀、电液球阀、电液蝶阀、气动蝶阀等遥控阀门也逐步被部分舰船系统所采用,并开始应用液动阀门遥控系统,提高了舰船的现代化水平。

舰船各系统所需的性能要求特殊的专用阀门,如高压蝶阀、海水电磁阀、高压电液球阀、旋转式液动闸阀、专用减压阀、温度调节阀、高压空气电磁阀、大排量疏水阀、通风蝶阀等,也可自行研制,实现国产化。

21.5.2　新型阀门的型号特点

随着舰船现代化程度的不断提高,近十几年来,我国自行研究设计了不少新型的船用阀门。这些新型阀门采用了新结构、新材料、新工艺,基本上反映了我国新阶段对阀门性能的特殊要求。部分新型船用阀门介绍如下:

1. 自动密封型蝶阀

自动密封型蝶阀的结构如图 21.64 所示,它的最大特点是采用了中空 O 形橡胶密封圈。一般蝶阀的密封圈,虽然其截面形状各式各样,但均为实心结构,蝶阀的密封完全依靠密封圈的安装变形量所产生的密封力。介质的压力越高,所需的安装变形量就越大,因此存在着阀门的启闭力矩大、密封圈易磨损、使用寿命较短等问题,故只能用于介质压力低于 1.6MPa 的场合。采用中空 O

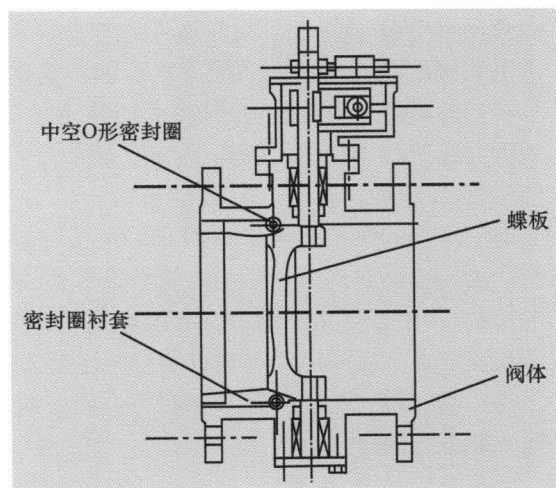

图 21.64　自动密封型蝶阀结构图

形橡胶密封圈之后,可使密封圈内腔与蝶阀进口介质连通,造成密封圈内外介质压力相同的工作状态。由于介质作用在密封圈内壁的面积大于密封圈与外部介质的接触面积,因此在介质压力的作用下,能达到自动密封的效果。

这种结构的密封圈不仅可减少密封圈的安装变形量,而且密封圈的变形量将随着介质压力的大小而自动得到调节,也就是说,介质压力越高,密封圈的变形量越大;介质压力降低,密封圈的变形量也将随之减少。因此,它能使密封圈的变形量在不同的压力下达到最佳工况,减少了密封圈的磨损,延长了蝶阀的使用寿命。这种自动密封型蝶阀的密封压力可达3MPa以上,是一种适用于介质压力大于1.6MPa的新型蝶阀,特别适用于介质压力为变工况的场合。

2. 海水电磁阀

海水电磁阀的结构如图21.65所示。为减少所需的电磁铁吸力,采用了副阀式结构。开阀时电磁铁先打开副阀,使主阀盘上方的介质压力泄放到电磁阀的出口端,在进口介质压力的作用下使主阀盘开启;关闭时,电磁铁释放,在副阀盘重力及弹簧力的作用下先关闭副阀,导致主阀盘上下方介质压力相同,从而使主阀盘在进出口介质压力差及重力的作用下关闭。

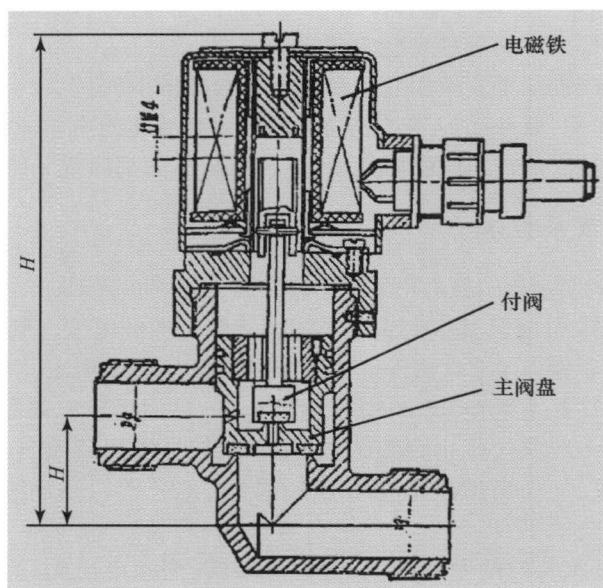

图21.65 海水电磁阀结构图

普通电磁阀由于软磁材料不耐海水腐蚀,因此不能用于海水介质。而海水电磁阀采用了耐海水腐蚀的软磁合金Cr18MoTiCu。该材料经人造海水和天然海水挂片试验,具有良好的耐海水腐蚀性能和电磁性能。海水电磁阀的阀体材料采用耐海水点蚀不锈钢NHB-1,该材料经青岛、舟山、厦门、湛江等海区挂片试验,具有良好的耐海水腐蚀性能,其耐点蚀性能优于00Cr18Ni12Mo2,与B30铜镍合金相当,而耐缝隙腐蚀性能远优于上述两种牌号的不锈钢。

3. 电液球阀

电液球阀的典型结构如图21.66所示。这种球阀的阀杆密封不采用填料函结构,而是采用橡胶O形密封圈。阀门驱动机构采用活塞齿轮齿条传动,液缸上安装有微动开关,可控制阀门的启闭动作和位置,并输出电信号,用信号灯指示阀位。启闭球阀时,液缸进出口液压的换向采用二位四通电磁换向阀,换向阀直接安装在液缸上。启闭球阀可在控制台上进行操纵,控制台上设置有按钮开关和归位信号指示灯。该阀还具有手动功能,当需要手动启闭球阀时,可放松液缸两端的螺塞,使液缸内液压油得到泄放,然后通过阀杆上手柄就能进行动作。

该阀结构紧凑,重量轻,尺寸小,能远距离操作,阀位指示设有机械式和电信号式两种,应急时能进行手动操作,适用于温度低于250℃的海水、淡水、油品、空气、酸碱等介质,最高介质压力可达25MPa。

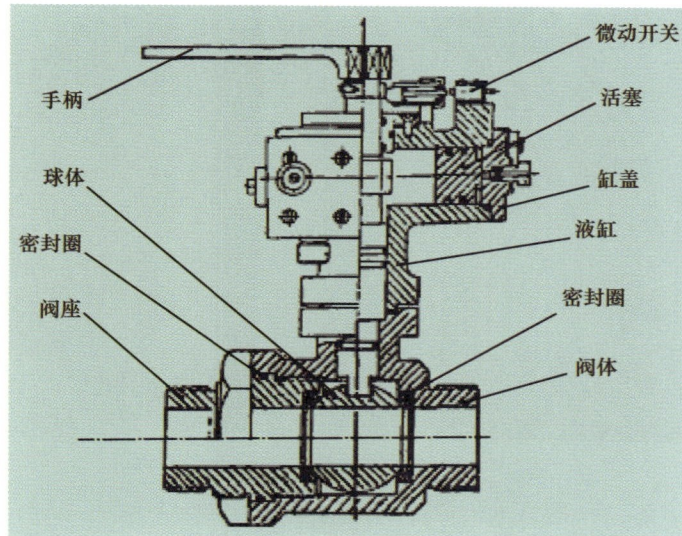

图 21.66　电液球阀结构图

4. 旋转式液动闸阀

旋转式液动闸阀的结构示于图 21.67，该阀采用轴向球塞液压马达直按驱动。阀位的控制采用计数器式行程控制器,行程控制器主要由箱体、调节弹簧、中间螺杆、大小齿轮、箱盖、微动开关、开关盒、顶杆、凸轮、电缆等组成。顶杆和电缆引出处均用 O 形橡胶密封圈密封,凸轮上部刻有指示阀门开关位置的标志。当阀杆旋转时,由装在阀杆上的齿轮带动控制器内齿轮,直到凸轮转过 90° 角,通过顶杆触动微动开关,输出电信号,使液压马达停转,启闭阀门结束,阀位信号灯亮。

21.5.3　腐蚀现象和特点

1. 截止阀的腐蚀破损特点

海水系统的阀门在舰船上腐蚀比较普遍,某型船运行三年,位于减摇装置、舵机、空调和设备冷却器的 7 个主阀因严重腐蚀而无法关闭。主要腐蚀破损形貌是阀盘与阀座密封面因腐蚀变得凹凸不平,密封面周边呈锯齿状,严重的边缘部位呈蜂窝状,阀盘端面有众多蚀坑,造成阀门无法正常关闭。阀盘腐蚀如图 21.68 所示。

阀门的结构材料是:阀体为球墨铸铁,阀杆为 QAl9 - 2 铝青铜,阀内其他构件材料是 QSn10 - 2 和 QSn5 - 5 - 5 锡青铜。由阀盘和阀座的锯齿状和蜂窝状腐蚀破损形貌看,具有明显的冲刷腐

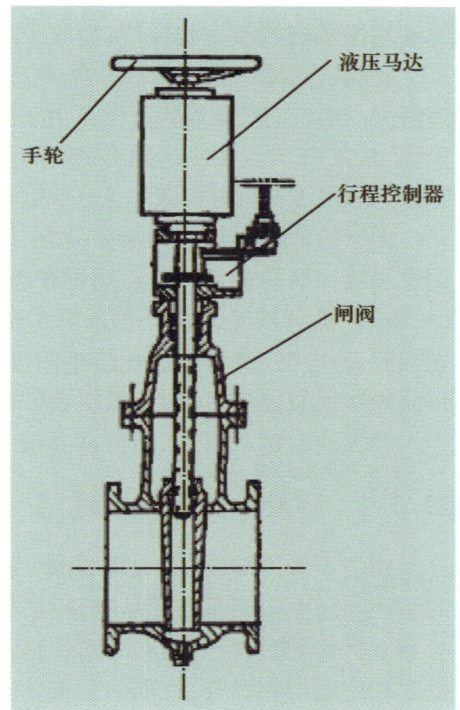

图 21.67　旋转式液动闸阀结构图

蚀和空泡腐蚀特点。造成这种腐蚀破损的主要原因是:阀腔的结构本来就会使海水的流态在这里变得十分紊乱,这里的锡青铜结构材料很容易产生冲刷腐蚀破损。一旦产生初期的腐蚀破损后,阀门很难关严。有时还存在人为的不关严或使其处于不完全打开的状态。其结果是,当海水在通过阀盘和阀座之间因腐蚀产生的缝隙,或流通截面比完全打开状态大大缩小时,海水的流速和紊流程度都会大大提高,不仅会加速冲刷腐蚀的发生和发展,还为空泡腐蚀的发生和发展创造了条件。此外,由于海水过滤器的破损使固体颗粒异物进入阀腔内,进一步缩小了阀门的流通截面,造成阀腔内海水流速大大超过材料的允许设计流速和流态的紊乱程度。阀门因腐蚀破损关不严,阀门又因关不严而加剧腐蚀破损,这是一种恶性循环。

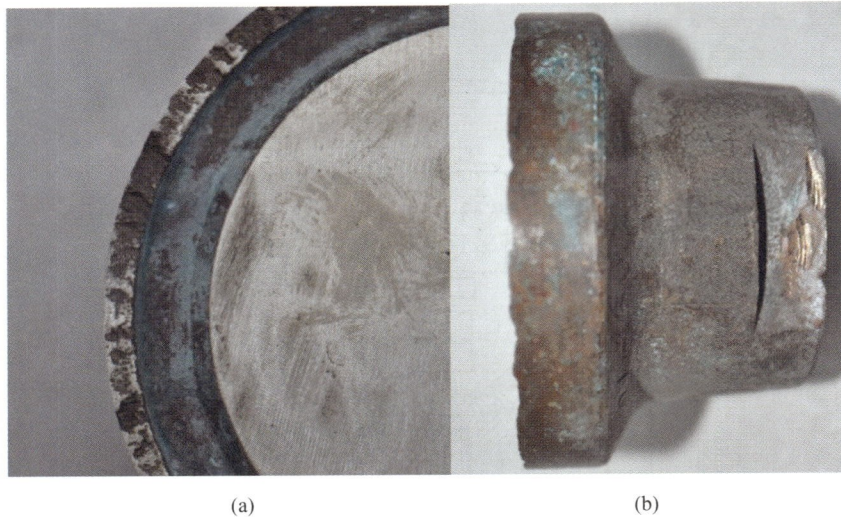

(a)   (b)

图 21.68　阀盘的冲击腐蚀和空泡腐蚀形貌

2. 蝶阀的腐蚀破损特点

主机水冷却系统使用碟阀较为常见。蝶阀因腐蚀破损而无法使用也较为常见，主要表现为固定阀板和阀轴的钢质销钉锈断，导致阀板和阀轴无法转动，阀门失效。从拆下的蝶阀轴看，每根阀轴上在固定销孔处都有腐蚀造成的溃疡状蚀坑，蚀坑中除有断掉的部分销钉外，还堆积了大量铁锈。

蝶阀的阀体一般为球墨铸铁，阀板为青铜，阀轴为1Cr13不锈钢，固定销钉为碳钢，为典型的多种材料不合理搭配。销钉的严重腐蚀显然是由于阀板和阀轴对它的电偶腐蚀作用所致。而蝶阀阀轴材料1Cr13，是马氏体组织，其含Cr含量刚刚达到不锈钢的要求Cr含量，属于相对低级的不锈钢，具有十分明显的点蚀和缝隙腐蚀敏感性。选用该材料时仅考虑了它强度较高的优点，忽略了它在海水中具有十分明显的点蚀和缝隙腐蚀敏感性。

由于蝶阀阀轴的结构需要，轴上设有两个销孔，当销孔内插入销钉后，就形成了使阀轴材料1Cr13不锈钢发生缝隙腐蚀的条件。不锈钢在海水中的缝隙腐蚀具有自催化特点，即缝隙内随缝隙腐蚀的进行形成高Cl^-浓度、低氧浓度、低pH值的恶劣腐蚀环境，缝隙内与缝隙外相比始终处于宏观腐蚀电池的阳极状态，加之起阴极作用的缝外表面比发生阳极反应的缝内表面大得多，因此本来就对缝隙腐蚀很敏感的1Cr13不锈钢缝隙腐蚀被加速。因此，虽然销钉的腐蚀对其应该有一定的阴极保护作用，但还是没能避免在销孔内产生了严重的溃疡状腐蚀，销钉也由于电偶腐蚀作用而很快就锈断失效。

21.5.4　密封性能优化改进

阀门不像冷却设备、水泵等由于有一个相对封闭的水腔，能采取阴极保护、涂层等措施手段，解决舰船的腐蚀问题主要还是需要从材料、结构优化设计上想办法。材料选型设计上，如同海水管路材料一样，需要与系统材料配套，特别是在海水管路材料采用铜镍合金、钛合金等高电位、耐蚀合金以后，阀门的材料等级也要相应地得到提升，否则结构型式设计再好，阀门在海水系统中还是处于一种"阳极"状态，腐蚀是必然的，这点在海水管路系统优化设计中已有论述。除结构选材外，主要重点关注海水系统的阀门过流部分的耐海水冲刷腐蚀问题，在舱底的阀门外部由于潮湿海洋环境的腐蚀和由于海水从外部泄漏以后的海水腐蚀问题，紧固件、阀杆、手轮的腐蚀是比较常见的，这点从材料上完全可以解决。

舰船阀门的"三漏"可分为内漏和外漏。内漏主要是由于诸如截止阀阀盘与阀座之间密封不好、关闭不严引起，这可能是由于腐蚀引起，或制作工艺不良引起。阀门的外漏现象比较突出，这在油、水、气/汽各类管路系统中都有存在，很是普遍的。要解决阀门使用中存在的问题，需对阀门的密封结构进行改进。设计时，应根据不同工况选择适当的填料材料，合理设计填料函深度及阀杆直径，并采用合理的填料密封结构使其达到良好的阀杆密封效果。具体措施如下所述。

1. 降低阀杆表面粗糙度

阀杆表面和填料函内孔表面粗糙度对阀杆处的密封和磨损至关重要。根据密封压力方程，如果各种可动零件间的摩擦系数之和为零,则填料顶部施加的压力能均匀地传递到整个填料长度而没有任何衰减。实际上摩擦总是存在,因此径向压力随着与填料压盖距离的增加而减小。摩擦越大,压紧力衰减得越厉害,所以摩擦系数 μ_1(填料与阀杆之间)和 μ_2(填料与填料函内孔表面之间),应尽可能小。此外,填料函孔内径与阀杆直径比值 D/d 总大于 l,所以在减小压紧力衰减的作用上,μ_1 比 μ_2 更重要,阀杆表面粗糙度 R_a 应低于 0.8,填料函内孔粗糙度 R_a 应低于 1.6。阀杆表面通常进行氮化处理,使其有足够的硬度,增加耐磨性,使其长时间保持较低的粗糙度,减小摩擦力。

2. 优化填料函尺寸

根据填料压力方程,填料函孔径和阀杆直径的比值 D/d 影响径向压力的大小,对于不同阀杆直径,存在一个得到最佳密封性能的比值范围,如图 21.69 所示。如阀杆和填料函孔的粗糙度低,选用较大的直径比值。如表面粗糙度高,应选用较小的直径比值。

对于填料函高度,根据填料压力方程,可得到填料高度与阀杆直径的关系式:

$$a = \frac{H}{d} = \frac{1}{4K}\left[\frac{\left(\dfrac{D}{d}\right)^2 - 1}{\mu_1 - \mu_2\,(D/d)}\right]\ln\left(\frac{KP_o}{P_x}\right)$$

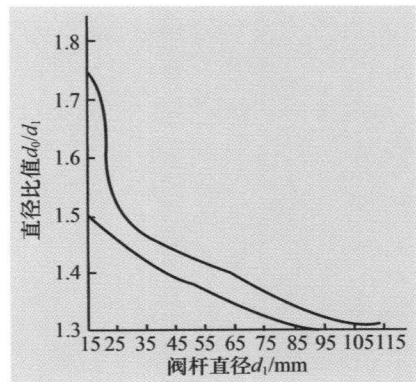

图 21.69　直径比值与阀杆直径的合理关系

式中:H 为填料高度;d 为泵轴直径;D 为填料函直径;μ_1 为填料与泵轴之间的摩擦系数;μ_2 为填料与填料函壁间的摩擦系数;P_o 为介质压力;P_x 为填料的径向比压;K 为填料磨损系数。

最佳填料高度 $H = 1.5d$,对于直径大于 140mm 的阀杆推荐极限比值 $a = 0.575$。

3. 优选填料材料

针对不同介质将阀门填料进行换新,其中海水和淡水系统阀门填料改用聚四氟乙烯盘根填料,尤其推荐膨体聚四氟乙烯编织填料,其他系统阀门改用石墨类盘根填料。

4. 合理采用填料安装形式

对于不同的结构和密封介质,分别采用不同的安装形式。

(1)单层填料普通型。单层填料普通型是最简单的结构形式,适用于各种口径阀门。填料函内装入填料,由螺母施力,通过填料压盖将填料压紧,磨损松动后,调整螺母再压紧填料。

(2)弹簧补偿式。弹簧补偿式可采用在填料函下方安装压力弹簧,把力作用在填料下端面,使填料上下端面都受到轴向压力作用,可把径向压力成指数曲线变化的情况加以改善。也可在填料压盖上加碟形弹簧,利用弹簧自动补偿填料嗜损,防止填料松动,提高密封性。其结构如图 21.70 所示。

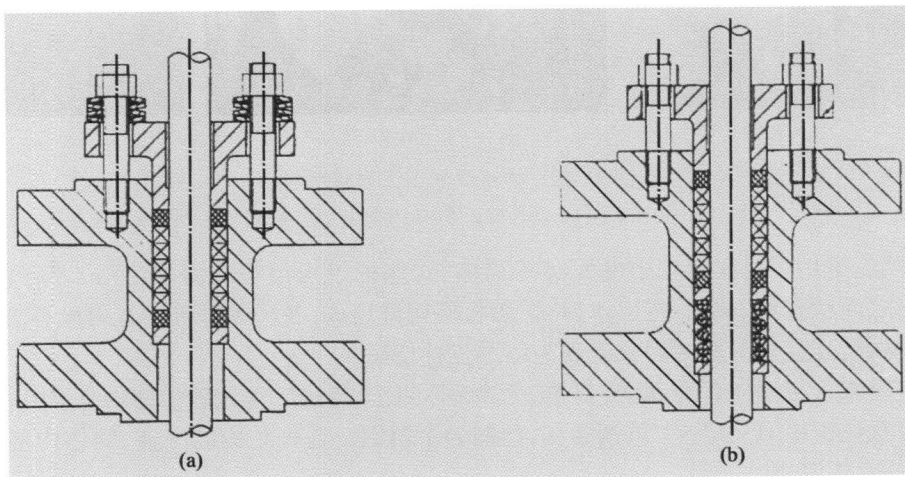

图 21.70　弹簧补偿式结构
(a)弹簧在填料函下方;(b)弹簧在填料压盖上方。

（3）双层隔离式填料。双层隔离式填料是在填料函中装一间隔环,将填料分成上下两部分。此结构适用于阀盖较长及介质为有毒、有害气体的情况。下部填料起主要密封作用,上部填料起辅助密封作用,并且,在间隔环处填料函有一引漏孔,下部泄漏的少量介质通过放漏接头引到安全处,保证了填料密封的可靠性,其结构如图 21.71 所示。

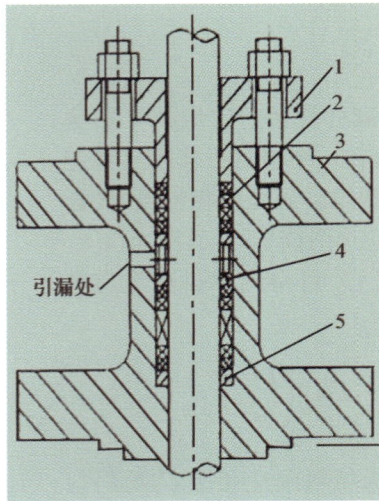

图 21.71 双层隔离式填料

1—填料压盖;2—填料;3—阀盖;4—间隔环;5—座圈。

21.6 舰船用海水滤器防腐防漏

21.6.1 腐蚀现象和特点

海水滤器是舰船海水冷却系统中,腐蚀事故多发设备之一,在很多型号舰船中都曾发生过。在修船厂的废品仓库中,经常可看到众多报废的海水滤器,如图 21.72 所示。

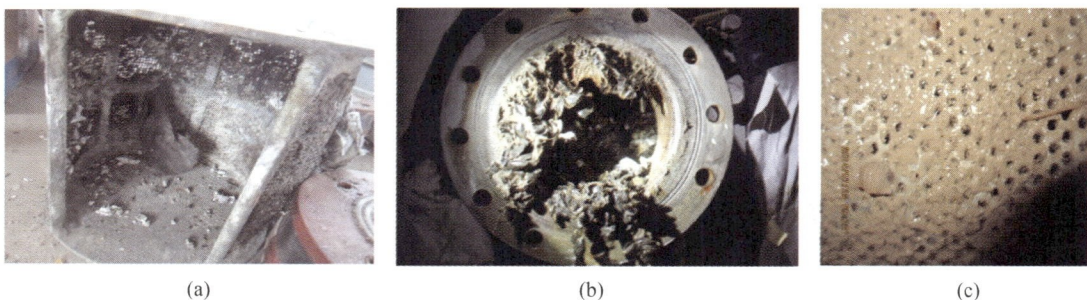

| (a) | (b) | (c) |

图 21.72 舱底泵滤器污损堵塞图

（a）舱底泵滤器被海生物堵塞;（b）滤桶被长满的海生物和杂物填满;（c）滤网被泥浆堵塞。

海水滤器的功能是用于过滤海水中的海藻等固体物,保证进入设备的海水清洁,以防止设备堵塞。海水滤器主要由筒体、筒状孔板、丝网、进出水口、上盖板等构件组成,各个零部件的选材没有统一规定。

筒体为钢质材料,其主要的腐蚀现象表现为以下三种情况:

（1）筒体、进出水管用裸体普通碳钢（15 钢或 20 钢）制作,与进出水短管相连的是 B10 铜镍合金海水管路,法兰连接。筒状孔板用 HSn62 - 1 黄铜制作,丝网为不锈钢。这种结构的滤器,筒体内部锈迹斑驳,有深溃疡,一般五年泄漏,焊缝腐蚀严重。

由于滤器腐蚀,丧失过滤功能,导致有的阀内发现树枝、瓶盖等异物堵塞现象。铜镍合金海水管路、不锈钢丝网和铜合金筒状孔板对普通碳钢都具有显著的电偶腐蚀作用,加上严重紊流的作用,造成筒体腐蚀严重。

（2）钢质筒体、进出水管内表面采用环氧粉末涂塑处理,筒状孔板的丝网都采用 HSn62 - 1 黄铜制作。结构材料做了改变后,钢质筒体,进出水管内表面的涂塑层完好无损,但 HSn62 - 1 黄铜丝网却几乎全部腐蚀脱落。HSn62 - 1 黄铜筒状孔板表面已看不出黄铜的金黄色本色,只是在断面的中央部位可见黄铜所具有的金黄色。筒状孔板从外观看似乎保持基本完好,但整体材质变得质脆、易折、极易断裂,特别是底板和出水口与筒体焊接部位以及边缘,大都开裂脱落。分析原因应是 HSn62 - 1 黄铜发生了脱成分腐蚀,造成结构虽仍保持腐蚀前形状,没有改变结构材料的尺寸和形状,但力学性能大为恶化,特别是塑性大幅降低,因而导致结构材料极易断裂和掉渣,如图 21.73 所示。

（3）结构材料的选用与第二种结构基本相同,只是黄铜丝网换成了不锈钢丝网。其结果是不锈钢丝网仍基本完好(图 21.74),黄铜筒状孔板的脱成分腐蚀现象更为显著,整体变成土黄色,用手一掰就会掉渣。

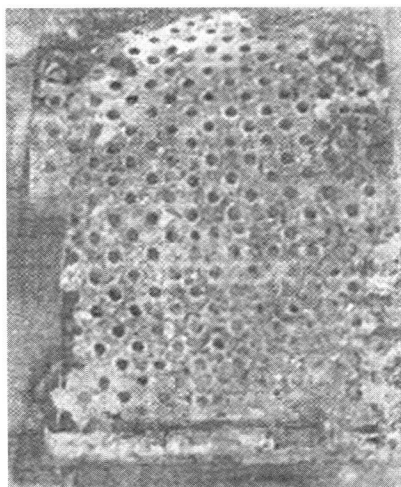

图 21.73　发生严重脱锌腐蚀的海水滤器腐蚀形貌

图 21.74　滤器腐蚀情况

三种材料结构不同的海水滤器,腐蚀部件和腐蚀形貌产生如此大的差异的原因是:第一种结构,碳钢筒体和进出水口在遭到铜镍合金海水管路、锡黄铜筒状孔板和不锈钢丝网的电偶腐蚀作用的同时,还起到牺牲阳极的作用,防止了锡黄铜筒状孔板的脱成分腐蚀敏感性的暴露,使腐蚀问题集中暴露在碳钢结构件上,第二种结构,当碳钢结构件采用环氧粉末涂塑处理后,在防治了其本身的腐蚀破损的同时,对其他结构件的牺牲阳极保护作用也同时丧失,因此,黄铜结构件在严重紊流海水的腐蚀作用下,就暴露了脱成分腐蚀敏感性的原形,第三种结构,不锈钢丝网与黄铜孔板构成了腐蚀电偶,不锈钢丝网受到黄铜孔板的牺牲阳极保护作用,而黄铜孔板则由于与不锈钢丝网的偶合,脱成分腐蚀敏感性得到进一步暴露。

类似的腐蚀现象还发生在采用了三元锌合金牺牲阳极保护的海水滤器中。调研发现,三个已拆修的海水滤器在上盖板内表面上安装了牺牲阳极。其中两个滤器阳极尚未消耗尽,孔板和丝网均完好。另一个滤器上盖板内表面上的牺牲阳极已经消耗尽,孔板和丝网发生了严重腐蚀。从孔板和丝网的外观判断,其材质应为黄铜。三个滤器的腐蚀情况相差如此之大,只能判断是由于牺牲阳极消耗完后,海水滤器在无保护情况下,黄铜发生脱成分腐蚀所致。

21.6.2　典型腐蚀问题分析

滤器壳体采用牌号为 ZCuZn16Si4 铸造硅黄铜,其材料成分见表 21.10。筒状孔板的丝网采用 HSn62 - 1 黄铜制作。壳体内壁四周出现不均匀蜂窝状腐蚀,深度为 2～3mm,见图 21.75(a)的 A 处。

表 21.10　铸造硅黄铜主要化学成分

组成元素	Si	Cu	Zn	杂质(总和不超过2%)					
				Fe	Al	Sb	Sn	Pb	Mn
含量(质量分数)/%	2.5～4.5	79.0～81.0	其余	≤0.6	≤0.1	≤0.1	≤0.3	≤0.5	≤0.5

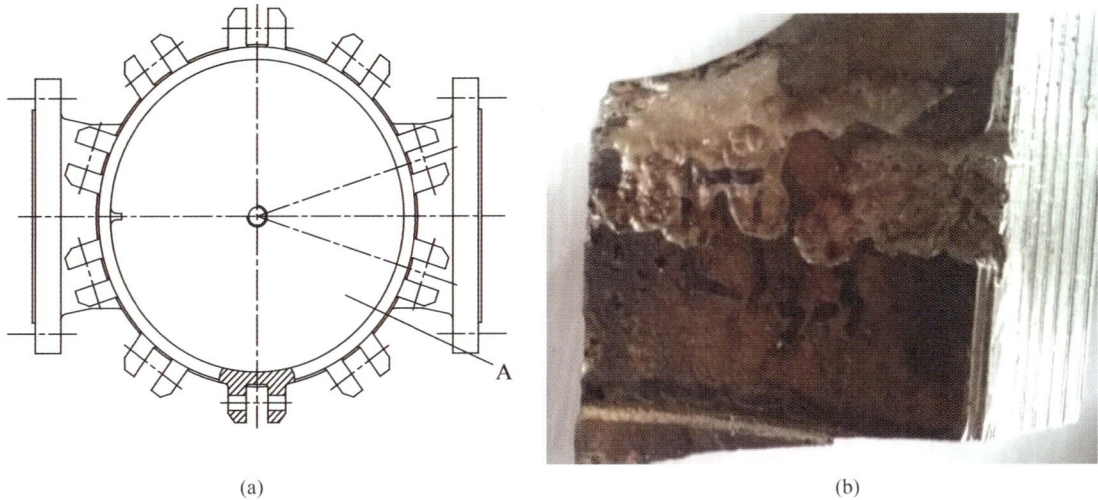

(a) (b)

图 21.75 海水滤器腐蚀情况

(a) 俯视结构图；(b) 筒体腐蚀部位取样。

1. 材料级腐蚀特点及分析

图 21.76 为该区域一典型的金相照片和相应的 SEM 形貌。可以清楚看到，界面处枝间区域（图 21.76 (a) 中黄色箭头所示）较枝轴区域易腐蚀。这进一步由 EDS 分析所证实。对残留的枝间区（21.76(b) 中所示的②区）进行元素定量分析（表 21.11），发现 Zn 含量较基体的枝间区又进一步明显降低，而枝轴区域（图 21.76(b) 中的①区）Zn 含量变化不大。根据基体成分分析可知，枝轴区与枝间区中 Zn 和 Si 元素含量（质量分数）均有约 3% 的差异，这导致枝轴区与枝间区的腐蚀电位不同，枝间区因腐蚀电位低而充当阳极而快速腐蚀。

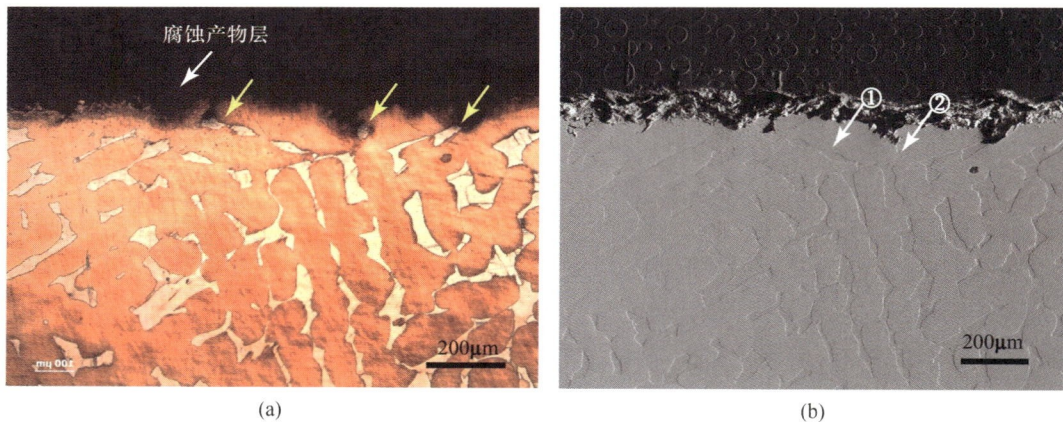

(a) (b)

图 21.76 腐蚀产物与基体界面处的金相和 SEM 照片

表 21.11 腐蚀产物－基体界面处枝轴与枝间区的成分及其与基体内部未发生腐蚀的相应区域的成分（质量分数）对比 （单位：%）

成分	区域①枝轴区	未腐蚀基体枝轴区	区域②枝间区	未腐蚀基体枝轴区
Si K	3.05	2.81	5.47	5.50
Cu K	79.34	79.33	81.49	79.86
Zn K	17.61	17.85	13.49	14.65

材料腐蚀分析结论为：硅黄铜壳体主要由 Zn 高（Si 低）的枝轴区与 Zn 低（Si 高）枝间区组成，在服役过程中，两区域形成腐蚀电池，枝间区作为阳极而快速脱 Zn，形成疏松的、由 Cu 和有机附着物和无机沉淀盐等组成的腐蚀层（其中 Cu 产物是黄铜进一步脱 Zn 形成的）。硅黄铜壳体不同的地方，是由于海水的水流、有

机物附着物和无机盐沉淀等情况不同,导致其腐蚀情况和速度不一样。

2. 腐蚀规律和特点

(1)出现的腐蚀问题主要集中在典型通径的海水滤器壳体上,滤筒及盖未出现腐蚀。

(2)滤器壳体侧壁及进出口大面积腐蚀片状脱落,无规律地遍布壳体内壁四周,且呈蜂窝状腐蚀形貌,深度为 2~3mm。

(3)海水滤器进口端壳体的腐蚀程度较出口部位更为严重,腐蚀脱落密集且连成一片,如图 21.77 所示。

(4)如图 21.78 所示的滤器结构中,铁阳极存在不同程度的消耗,说明铁阳极在海水滤器材料体系中起到了牺牲阳极保护的功能。相比锌阳极而言,铁阳极在对铜质材料保护中,电位差小一些,阳极消耗速度慢一些,同等条件下使用寿命大于锌阳极。

(5)轴系海水精滤器因过滤精度要求较高,不宜采用板孔状过滤结构。在滤筒维持黄铜丝网结构中,其耐腐性能较差,存在明显腐蚀,滤网基本不存在,更换滤网材料是必需的。

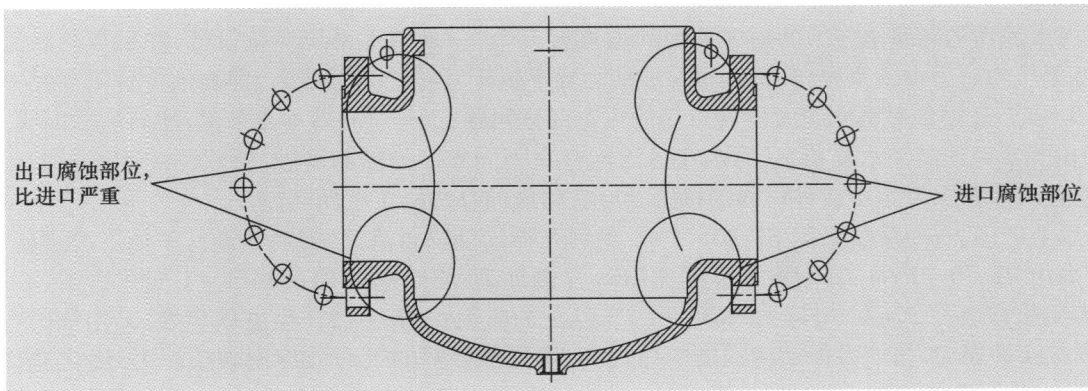

图 21.77　ZCuZn16Si4 铸造硅黄铜滤器壳体腐蚀

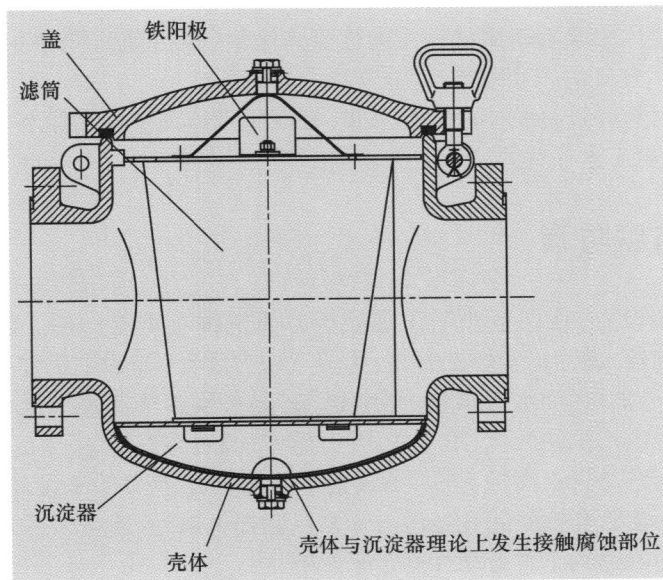

图 21.78　硅黄铜滤器结构图

3. 从系统角度腐蚀原因分析

(1)系统材料配套不合理是原因之一。在海水管路中,滤器两端为铜镍合金材料,插入成为阳极的金属零件,形成"大阴极小阳极",这在腐蚀学上是明显不合理的(图 21.79)。这不是一个纯粹条件下的电偶腐蚀问题,而是在大面积高电位金属对阳极金属产生的腐蚀环境恶化问题。

（2）结构设计不合理。滤器海水出口端腐蚀比进口端腐蚀严重,说明海水流态发生了变化,出口端湍流引起的冲刷腐蚀现象显著,虽然流速没有超过 ZCuZn16Si4 铸造硅黄铜的使用极限,但在经过滤网以后,海水远非低流速条件下的层流状态,不能以单纯的低流速腐蚀消耗来权衡筒体出口端的腐蚀率。

（3）制造工艺方面的原因也不能完全排除。海水滤器壳体铸态组织粗大,微观上主相枝晶 α 和枝晶间隙 γ 相两种相存在腐蚀电位差异而形成电偶,造成材料腐蚀脱锌;结构上存在明显的铸造缺陷(孔洞),部分区域孔洞缺陷明显连通,组织形态及相分布不均匀,抗脱锌腐蚀能力不强。

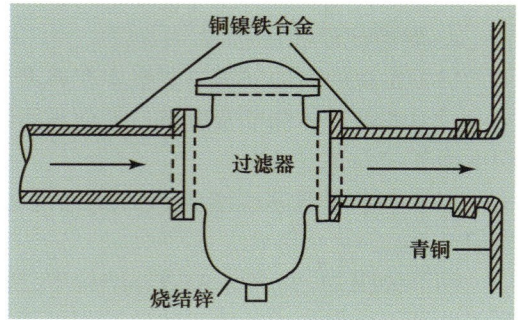

图 21.79　铜镍合金管路中过滤器腐蚀

21.6.3　防腐措施

提高海水滤器的防腐蚀能力的措施关注的重点有三个:一是海水系统优化设计,在铜镍合金管路材料中,海水滤器作为一个设备来说,其整体耐腐蚀能力要不低于管路的耐蚀能力,即腐蚀电位需要略高于管路(BFe10-1-1),还要注意海水流过滤网以后的流态变化问题;二是对滤器本身来说,滤筒和滤网属于"弱势群体",相比滤器壳体其涉水面积小,海水穿过滤网存在不同程度的冲刷腐蚀,所以滤筒和滤网的耐蚀性也要比壳体略高;三是在海水中多种材料的接触处应有相应的办法防止电偶腐蚀。

基于以上考虑,有些单位采用 BFe30-1-1 材料孔板式倒圆台滤筒结构,并进行了如下改进研制:海水滤器滤筒采用 BFe30-1-1,其耐腐蚀性能比 H68 显著提高;滤筒选材 BFe30-1-1 壳体选用 ZCuZn16Si4 材料,认为实船有很多 ZCuZn16Si4 + BFe30-1-1 匹配的应用实例,不会产生电偶腐蚀;采用倒圆台板孔结构,一方面减小冲刷力,另一方面结构强度明显提高,增强了滤筒的抗介质冲刷破损能力;优化滤桶通流面积、流体阻力,满足有关要求;采用高效铁阳极,有效解决了锌阳极消耗过快、使用寿命短等问题,提高阳极保护能力及使用寿命。改进后滤筒上增加铁阳极提供长期可靠防腐保护。经过在南太平洋海域严苛的环境(高温、高湿、高盐)考核,未出现类似腐蚀问题,说明新型海水滤器的材料选型方案是可以接受的。

有些研制单位采取了壳体采取不锈钢材料并进行整体涂塑(或衬塑),筒体 + 滤网采取双相不锈钢(超级不锈钢)的方法,也取得了良好的应用效果。

诸如壳体采取不锈钢材料并进行整体涂塑的思想,将钢质壳体内壁喷涂涂环氧粉末涂料的方法也是可以接受的,并在经济上应该更实惠一些。

21.7　舰船用锅炉防腐防漏

锅炉是一种重要的船用设备,在保证船舶正常航行方面发挥着重要作用。其主要用于为全船提供热源:给燃料油加热,包括燃油舱、燃油柜和燃油管路;为蒸汽动力装置(如透平货油泵、透平压载泵等)提供蒸汽;为需要加热的设备包括分油机、油水分离器、热水柜、缸套水预加热器等提供蒸汽;产生惰性气体,如油船的惰气就可取自锅炉燃烧后产生的废气;给一些房间、舱室加热;等等。

舰船锅炉的主要腐蚀问题是管束腐蚀,进而导致锅炉实际使用寿命低于设计寿命,给舰艇的作战使用带来了严重的影响。频繁的堵管和换管除在经济上带来巨额损失以外,还在以下方面带来不可挽回的损失:

（1）破管的不可预测给舰船的正常行动计划带来影响;

（2）频繁地换管、扩管大大缩短了锅炉的炉筒寿命;

（3）由于锅炉堵管,降低了锅炉的热效率,恶化了锅炉的运行管理;

（4）给舰员增加了锅炉的维修工作量,恶化了维修工作环境。

21.7.1　舰船锅炉破管原因分析

舰船锅炉破管的原因大致可以归纳如下:

（1）锅炉管束管材耐腐蚀程度不够；

（2）锅炉管束弯管工艺存在问题，造成外损伤；

（3）锅炉管束根部易积灰，清除不及时；

（4）锅炉炉膛湿度高，甚至超过机炉舱；

（5）炉水质量不符合标准，没有按条例进行管理；

（6）没有进行满水保养；

（7）扩管工艺不当（扩偏、过度扩管）。

综述以上原因可以看出，造成锅炉破管堵管的原因可以分为两类，一类是制造上的，另一类是管理上的，有些则是一、二类都有。目前虽然采取了一些应对措施，如采用优质进口管材或进行电刷镀防腐处理，由原装厂进行弯管，采用自动控制扩管工艺，强调按使用条例进行管理等。这些措施的采取在一定程度上取得了效果，但这些措施只能在那些正在修、造的舰船上采用，而对在航的舰船不宜。

21.7.2　锅炉防潮保温技术

锅炉管束受潮的原因是：舰船处于海洋大气环境中，空气潮气很大，加上雨水的影响。而炉膛与大气环境相通的途径有两条（即进气道和排烟道）。进气道由于中间有挡板密封且气道较长，潮气不易进入。烟囱口的烟囱盖关闭时和基座不密封是雨水和潮气通过烟道进入炉膛的唯一途径（图 21.80），这种烟囱盖使炉膛与大气环境完全相通，而且雨水也能流进去。据测量，在停泊状态下炉膛温度低于机炉舱温度，基本和大气环境一致。可见，只要解决烟囱盖的密封问题，就可切断大气环境与炉膛之间联系的唯一通道。

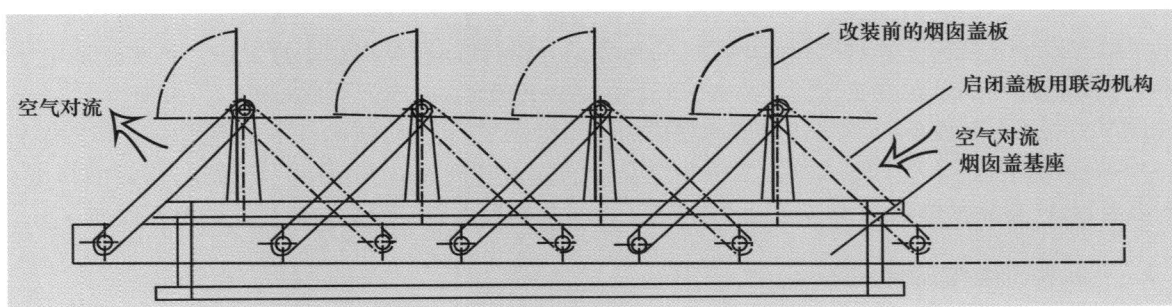

图 21.80　原烟囱盖开启与关闭状态

从密封防雨这个角度出发，设计新型的防雨防潮密封型烟囱盖（图 21.81），该烟囱盖和原烟囱盖相比可以挡住雨水由烟囱口进入炉膛，盖子与烟囱口的间隙不超过 2mm，可大大减缓内外对流，使潮气不易进入炉膛。

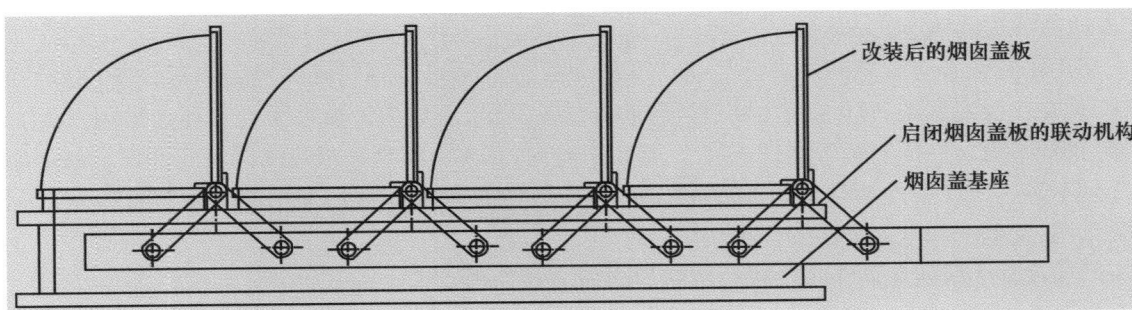

图 21.81　改装后原烟囱盖开启与关闭状态

通过对比某船安装新式烟囱盖后的炉膛温度、湿度等，可得以下结论：

（1）冬季返航后锅炉保温时间比原来延长 2.5 倍（锅炉水温在 45℃ 以上）；

（2）夏季返航后锅炉保温时间比原来延长 2.3 倍；

（3）炉膛湿度大大低于机舱湿度，更低于外界环境湿度，雨天这种差距更大；

（4）因烟灰受潮而造成的根部腐蚀得到极大缓解。

21.7.3 舰船锅炉的防腐管理

对于舰船锅炉的防腐,除在材料和工艺上进行控制之外,还需在管理上进行控制,具体措施为:

（1）舰船返航后,如是冬季当锅炉停止运行 2h 后,即关闭烟囱盖进行保温(也可观察炉膛如无异常在 30min 后关闭)。

（2）待锅炉气压降至零后,按照满水保养的方法进行保养,满水保养用水先从除氧器存水中取,不足部分由日用水柜补充(尽可能不用凉水)。

（3）过热器管束沉积的盐垢受潮后可腐蚀管束,冲水溶盐可使腐蚀大大缓解。因此,对锅炉的防腐来说,满水保养对缓解过热器管束内部腐蚀非常有效。

（4）为了确保炉膛内部干燥,待锅炉降至常温后可重复进行锅炉加热,一般在冬季每 5 天进行一次。

（5）在夏季舰船返航后可待锅炉气压降至常压后再关闭烟囱盖,主要是为了尽快降低机炉舱温度,使之适应随后进行的维修保养工作。

21.8 舰船电子电气设备的腐蚀控制

舰船电子电气设备主要工作于海洋性气候环境条件下,要经常受到高热、高湿、高盐雾、强太阳辐射等严酷环境的考验。要保证产品长时间无故障工作,"三防"(防潮湿、防盐雾、防霉菌)设计必不可少。多年来的数据分析和统计结果表明,舰船电子电气设备所发生的故障中,有 50% 以上都是由于环境因素造成的。随着电子电气设备复杂程度的增加和使用环境的恶劣,其可靠性问题显得越来越突出。许多舰船电子电气设备不能很好适应和满足在高温、高湿、高盐雾环境中的使用要求,出现了不少问题。

现代军用电子电气设备的"三防"已成为整机的重要指标之一,三防技术已不单纯是一项工艺技术的实施,而是一项系统工程,涉及电路、结构、工艺和综合性的技术管理等方方面面。可以说,恰当的环境分析、合理的电路设计、良好的结构形式、先进的"三防"工艺是提高舰船电子设备防护性能的根本保证。

21.8.1 "三防"结构设计

在电子电气设备的结构设计中大多数的腐蚀问题可通过适当的结构设计来避免。

1. 选择合适的耐腐蚀材料

在综合考虑材料的电气、力学、物理、化学、加工性能等特性后优先考虑选用耐腐蚀性好的材料,包括金属材料、非金属材料。不锈钢、钛合金、铝合金等由于具有易钝化的元素,材料表面易形成致密的氧化物薄膜,具有较好的抗腐蚀能力。对裸露在外的零部件如把手、铰链、定位块、紧固件等应优先选用不锈钢材料。

2. 合理的结构设计形式

（1）使用密封设备对敏感器件进行"三防"屏蔽。密封是隔绝外界气候环境因素对设备可靠性影响的最好方法,现在广泛使用的 ATR 机箱(早期为运输机设备机箱,后成为民航电子设备标准机箱)即为一种不错的选择。将敏感器件、印制板等器件安装于 ATR 机箱内,基本上实现了机箱内部与外部环境的彻底隔离,使外界气候不致进入设备内部对元器件造成损害。对于微波高频电路板,采用屏蔽盒体进行密封,既可以起到防护作用,又能起到电磁屏蔽的作用。

（2）结构设计上应避免两个零件进行焊接后再做电镀处理。

（3）外露的焊接结构,焊缝设计应尽量连续、平整,以免存水。

（4）舱外结构件设计应尽可能避免搭接和形成缝隙、凹坑结构。

（5）结构设计时应使易腐蚀部位结构截面厚度尽量相近,以免在发生应力腐蚀时因为厚度不同产生变形。

（6）为防止电偶腐蚀应尽量避免将不同电位的金属直接连接在一起,如果设计需要,尽量选用金属电动序中同组或相近的金属。

21.8.2　"三防"工艺设计

"三防"工艺技术是"三防"技术的重要环节,为提高舰船电子电气设备抗腐蚀能力,对舰船电子电气设备中使用的金属和非金属材料表面镀覆金属层,或在基体材料表面或基体材料表面的金属和非金属覆盖层上涂覆有机涂层,能显著提高舰船电子电气设备耐受各种恶劣环境条件的适应能力,延长使用寿命。常用的一些"三防"工艺方法有:

(1)黑色金属表面应加保护层,铝及铝合金零件应经阳极氧化处理后再喷漆处理,保证其表面生成一层致密的保护膜。钢板镀锌表面不能直接在舱室外使用,所有外露部件表面应喷漆。

(2)铝板的焊接应采用氩弧焊以避免腐蚀。

(3)对于普通印制电路板,可采用涂覆"三防"涂料进行防护。对于高频、中频印制电路板,为防止"三防"涂料的涂覆可能引起其电路参数和特性改变,一般将其密封在屏蔽盒中进行防护,屏蔽盒外表面再喷涂"三防"漆进行防护。

(4)固体薄膜电接触保护剂具有良好的"三防"性能、电性能及润滑性能,广泛用于元器件、电气接头及各种插头的防护。对接插件、设备门等材料须导电接触时,在两金属接触面涂以电接触固体润滑剂,既可保证导电需要,又可防止潮气或盐雾的浸入。

(5)多芯电缆插头导线多,焊点密集,电装完成后难以清洗干净助焊剂,极易受到环境影响,发生腐蚀、短路现象,因此,采用硅橡胶密封电缆尾部,并在电装时采用热缩套管封装。

(6)为防止潮湿气体进入结合面缝隙,应使用密封胶或硅橡胶密封。

(7)装配钢制结构件上的螺孔,应将螺钉带密封胶拧入,定位销外露部分要涂漆或密封胶保护。

(8)对于已调试完成的设备,按以下步骤处理:将印制板、组合等从设备中取出,进行彻底清洗;清洗完成后烘烤以驱除潮气,对设备须保护部位如导电接触部位、插头、插座等进行局部保护;对印制板、裸露的金属连接点周围喷涂聚氨酯漆;喷漆完成后,将设备放入烘箱内烘烤;完成后将局部保护去除,将设备擦洗干净,装配。

舰船电子设备的三防设计,必须纳入产品的总体设计当中,并在设计阶段就开始考虑。三防首先应确定电子设备的工作环境,然后进行相应的三防结构设计和工艺设计,做到合理选材,合理设计。

21.8.3　防腐措施

现代舰船上各种电子设备越来越多,这些设备在制造安装时大量应用金属和非金属材料,由于使用环境条件复杂多样,而各种材料的性质又不一样,它们在不同环境、不同气候因素的影响下,特别是在高温、高湿、盐雾和有大量腐蚀性气体污染等恶劣环境中,金属材料易遭到腐蚀破坏,非金属材料也易老化和霉烂,各种元器件会遭到不同程度腐蚀破坏,从而引起设备性能显著降低,严重影响设备的使用可靠性及使用寿命。尤其在海上,处于高湿、高温、高盐的环境,更易引起电子电气设备腐蚀。为保障舰船电子电气设备的长期可靠使用,必须从以下几个方面加强腐蚀防护工作。

1. 清除设备工作环境的腐蚀性气体

清除设备工作环境的腐蚀性气体是电子电气设备防腐的关键。源头控制、新风稀释和化学过滤是通风系统常用的控制腐蚀性气体的方法。源头控制是首选方法。重要的舰船电子设备舱室要配备空调系统。在空调系统中,常用的化学过滤技术是多孔吸附材料,通过吸附、氧化及中和等反应,将腐蚀性气体清除掉。活性炭、氧化铝、沸石、分子筛及它们的化学浸渍材料是常见的过滤媒介。对于要求高的场所,化学过滤段的滤料厚度一般为 300mm;对要求相对低的场所,一般安装便于拆卸的化学过滤器(吸附层厚度为 20 ~ 50mm)筒式和 V 形是常见的化学过滤器形式。

安装于受保护的室内,对空气进行循环净化的净化装置(工业室内净化机)是另一种典型形式。该设备体积一般较小,通过多次循环净化来达到环境标准。上述空气净化装置的滤料应按时更换,更换后的吸附材料一般采用焚烧、填埋等方式处理,以免产生二次污染。

2. 防潮

在电子设备的维修过程中,发生的故障很多是由于潮湿引起的。产品受潮湿空气的侵蚀,会在元器件或材料表面凝聚一层水膜,并渗透到材料内部,从而造成绝缘材料的表面电导率增加、体积电阻率降低、介质损耗增加,导致零部件短路、漏电或击穿等。潮湿对产品表面覆盖层也有破坏作用。因此防潮对于舰船电子电气设备的防护来说十分重要。

(1)空调除湿法。控制电子电气设备的腐蚀应降低工作环境的湿度,如室温下相对湿度应小于60%。对于高温、高湿的电站设备舱室,夏季室外通风温度较高,如采用升温通风降湿,往往会造成需要降湿部位的温度偏高。必须把室外空气经降温减湿处理后,再送入舱室以达到降湿的目的,即采用空调除湿法。

(2)除湿机除湿法。除湿机可以直接放在房间中使用,也可以放在房间外用送风管、回风管与之连通。其除湿原理有冷冻结霜、液体吸收、固体吸附等几种。

(3)防潮柜防护。电子除湿防潮柜用来存放电容器、磁记录材料、CPU、微波器件等器材。它利用吸湿材料(干燥剂),通电吸湿时,通过活门与柜内形成封闭环境,排潮时,脱离柜内封闭环境,吸湿和排潮通过程序时间控制器实现。

(4)吸湿材料。设备内放入硅胶吸潮剂,可使设备内相对湿度大大降低,精密器材包装常用的吸湿材料主要有硅胶、蒙脱石干燥剂、膨润土和分子筛等。硅胶具有很大的吸水性,可吸收相当于自身重量30%的水分。

电子电气设备所选干燥剂一般采用纸塑复合材料包装。在放干燥剂的同时加入适量指示剂和指示纸,用来指示防护套内的湿度情况。

(5)憎水处理。憎水处理是将设备或部件表面通过一定的工艺处理后,以降低材料的吸水性或改变其亲水性能。常用硅有机化合物蒸气对元器件、零件的表面进行处理,处理后的表面形成憎水性的聚硅烷膜,使材料具有憎水性,提高设备的憎水能力,同时也能提高绝缘性能和机械强度。

(6)裹覆。裹覆是指用保护材料将元件或部件封装在部件、组件之中的过程,裹覆能显著提高元件或部件的防潮及绝缘能力。

(7)密封。密封能有效地阻止湿气、水分子及氯离子等腐蚀介质进入和聚集,还能提高耐海浪冲击的压力,对防止高空低压下易击穿问题也是有效的。目前,舰船电子设备所用的密封件多用硅橡胶或聚四氟乙烯等材料制成。

密封类型可分为静密封和动密封两大类。静密封应用于设备中非运转部位的密封,分为固定密封(如轴承端盖)和可拆卸密封(如箱盖、电源盖)等。在舰船电子电气设备中,静密封主要是平面密封,常见的有O形圈密封、垫片密封等。动密封应用于设备运转部位的密封,多数采用密封圈及机械密封等。舰船电子电气设备中的动密封装置有迷宫密封、油封密封等。

可以对设备进行全密封,也可将易受环境因素影响的元器件、零部件进行单独密封。目前采用较多的方法是整机的可拆密封,对较小型设备较为适合。将元器件、零部件及复杂的装置安装在不透气的密封盒中,最好用真空密封。但事先对密封件加以干燥处理,才能保证密封后不会由于水蒸气引起较高的相对湿度。

3. 印制电路板防护

舱外电路原则上必须进行保护涂覆以防盐雾的侵蚀。经试验证实,舱外腐蚀主要是由于温差变化产生凝露,凝露中带有盐雾,周而复始,在电路板上会有盐积存而产生腐蚀。而采用硅凝胶封装可达到元件20年不被腐蚀的效果。对高频、微波器件,必须采用可靠的密封和防水措施,以免在盐雾中受潮后性能变化。

因此,工作在舱外、甲板上的印制电路板组件,除必须进行保护涂覆外,在允许的情况下,应进行固体封装。

对于工作在高压下的印制电路板或印制电路板上装配有高压大功率的元器件及组件,可采用绝缘导热灌封材料进行整体或局部封装。使经过防护的印刷电路板在提高抵御外界恶劣环境因素影响的同时,改善其传导热量的性能。导热灌封材料可以比较容易地剥离下来,使印制电路板上元器件的更换和重复使用得以实现,满足舰船电子设备可维修性的要求。

21.9 其他装置

21.9.1 艉轴

艉轴是舰船的重要部件,其性能的好坏直接影响舰船动力装置性能的发挥和舰船的安全性,而腐蚀又是直接危害艉轴性能的主要因素。

1. 艉轴的结构及腐蚀部位

中小型舰船艉轴多采用海水冷却润滑型,材质为低合金锻钢,轴颈处镶铜套,非轴颈处用玻璃钢包裹。艉轴结构如图 21.82 所示。

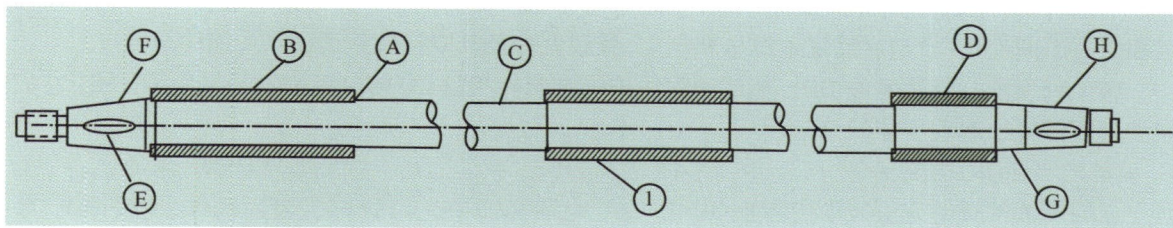

图 21.82　艉轴结构示意图

由于艉轴轴体大部分与海水直接接触,在长期修理过程中发现其常见的腐蚀部位为铜套端部与轴体结合处(A 区)、长铜套中间连接处(B 区)、玻璃钢破损处(C 区)、填料函处(D 区)、螺旋桨键槽处(E 区)、螺旋桨锥度处(F 区)、填料至联轴节裸露处(G 区)、联轴节锥度处(H 区)、铜套外部(I 区)。这些部位如果腐蚀严重或任其发展,将导致艉轴强度降低、减少吻合程度,对艉轴及整个推进系统、主动力装置乃至全船生命力或舰船战斗力构成较大威胁。

2. 艉轴的腐蚀形态、机理及特征

(1)缝隙腐蚀。缝隙腐蚀是因金属与金属、金属与非金属的表面间存在缝隙,并有侵蚀性介质存在时发生的局部腐蚀形态。艉轴轴体与铜套、轴体与螺旋桨、轴体与联轴节虽然采用过盈配合,但缝隙总是存在的,尤其是端部,其缝隙尺寸一般为 0.025 ~ 0.1mm,恰好适合于海水进入且又能使其在缝内停滞,从而为缝隙腐蚀和电偶腐蚀在此处同时发生创造了条件。其腐蚀情况如图 21.83 所示。

(a)　　　　　　　　　　　　　　　　(b)

图 21.83　艉轴密封面腐蚀情况

(2)磨损腐蚀。由于艉轴振动和旋转,使得铜套与轴体、铜套与艉轴承、铜套与填料、轴体与螺旋桨、轴体与联轴节之间易产生振动和相互磨损,导致其接触面上常产生麻点或沟槽状腐蚀。

(3)电偶腐蚀,又称接触腐蚀或异金属腐蚀。这是由于相互接触的异种金属在同一腐蚀介质中产生电位差,构成宏观电池所引起的腐蚀,如与铜套两端接触的轴体周向区域、与螺旋桨结合的锥体前端周向区域及其锥度内有海水侵入,在海水中电位较负的 Fe 与电位较正的 Cu 产生电偶腐蚀。

(4)点腐蚀。这是艉轴本体上出现微小麻点状或坑状的腐蚀状态,且从表面向内部扩展形成孔穴。腐蚀孔易导致应力集中诱发应力腐蚀裂纹和疲劳裂纹。如填料前端至联轴节之间,该部位虽然未浸泡在海水中,但因未包裹玻璃钢而直接暴露在潮湿空气中,易积聚含有盐分的水珠,形成微电池,时间长了便会产生点状腐蚀。

（5）溃疡腐蚀。表现为轴体表面产生深浅不等、周边不规则的溃疡状况,多见于玻璃钢破损处。

（6）应力腐蚀。在艉轴运转过程中,特别是频繁使用正倒车的情况下,螺旋桨锥体部位键槽根部受海水和应力的共同作用,最易产生应力腐蚀裂纹。锻钢对应力腐蚀裂纹特别敏感。

（7）晶间腐蚀。由于晶界原子排列较乱,缺陷多,因而沿晶界易产生选择性溶解,形成网状细裂纹。

（8）空泡腐蚀。舰船在海水中高速运动时,海水高速流过艉轴铜套与轴承之间隙会产生大量空泡,由于其压力和流速不断变化,空泡会反复地产生和消失,导致铜套及其附近轴体表面产生腐蚀。

（9）微生物腐蚀。当舰船停泊时,在玻璃钢保护层出现破损处,海蛎等海生物最易吸附于此,它们的生命代谢物会直接腐蚀艉轴本体。

3. 艉轴的腐蚀防护措施

防止金属腐蚀常见的方法有涂层防护、电化防护、电隔离防护、金属涂层、表面改性、加缓蚀剂、介质处理、合理选材、优化工艺、牺牲阳极、外加电流法等。由于艉轴的结构特征,特别是对其强度和流体特性的特殊要求,有些金属防腐措施无法应用于艉轴,如涂层防护、电化防护、电隔离防护、加缓蚀剂、介质处理、外加电流法等。最适用于艉轴的防腐措施主要有如下两种。

（1）在设计和制造阶段采取周密的措施。例如:在满足力学性能指标的前提下,选用耐蚀性好的金属或合金材料,或改善材料的组成,一些快艇已选用超级不锈钢艉轴;在各加工环节,控制好有关工艺参数,特别是锻造过程中,要避免产生分层、裂纹、疏松、缩孔等缺陷;认真做好无损探伤,把好出厂质量关。

（2）在安装、使用和维修阶段,搞好质量跟踪。一是检测各轴承中心线、艉轴椭圆度、不圆柱度和跳动量、螺旋桨的平衡特性,减轻艉轴及螺旋桨的振动;二是控制好铜套和轴颈、艉轴和螺旋桨结合面及长铜套中间接缝之尺寸,减少缝隙腐蚀和电偶腐蚀;三是铜套两端部加工阶梯形齿纹,既减少应力又可提高其粗糙度,确保铜套与玻璃钢的紧密结合;四是在海水浸泡的非工作轴颈区包裹玻璃钢保护层,包裹时注意用丙酮洗净轴体,确保黏接牢固,胶黏剂配方应适当,并选用密度较稀的玻璃布,既保证强度又保证韧性,使玻璃钢无气孔且不易开裂;五是艉轴舱内暴露部分应涂满防腐涂层或油膜,阻隔潮湿空气中水份和腐蚀性物质侵蚀金属轴体;六是当船舶进坞或上排时,认真检查艉轴各部位,锥度部位应进行无损探伤,对发生腐蚀的部位及时进行修补,避免腐蚀扩大。

21.9.2 高压气瓶

潜艇高压气系统是一个关系到生命安全的重要系统,其中高压气瓶是最主要的设备。潜艇高压气系统主要作用有:用高压空气吹除主压载水舱,使潜艇上浮;潜艇的耐压艇体有战斗破损或失事进水时,高压空气可以建立反压,帮助艇员进行抗沉;采用气压式或加压海水采用液压发射鱼雷;保证防险救生器材的使用;保证潜艇液压系统工作;产生中压空气,供给中压空气系统;突然出现舱室气压降低或者氧气不足的情况,可以向舱室施放高压空气供艇员应急呼吸用。

高压气瓶腐蚀分为外部腐蚀和内部腐蚀。

1. 外部腐蚀

对于潜艇来说,高压气瓶的锈蚀是比较严重的,瓶体的锈蚀主要是由于涂层保护能力低,瓶嘴处的锈蚀则由于钢质气瓶与铜质导管之间产生了电偶腐蚀,未经胶泥包覆绝缘处理的高压气瓶瓶嘴均会发生明显的锈蚀。气瓶结构图如图 21.84 所示。瓶体的锈蚀主要出现在卡箍处、焊缝处及瓶体下表面的部位,卡箍的紧固件及附近的卡箍金属也出现明显的锈蚀。

在耐压壳体和非耐压壳体间的高压气瓶(一般占潜艇高压气瓶的 80%),则腐蚀相当严重,其原因是高压气瓶的工作环境和工作条件极为苛刻:

（1）干湿交替。下潜时气瓶浸泡在海水中,而漂浮在海上航行时,尤其是在港口停泊时,则为干燥状态。这时气瓶表面积了一层厚厚的盐霜。漆膜遭受龟裂被损后,承受不了氯离子的穿透而导致腐蚀。

（2）冷热交替。在夏季艇体表面温度高达 50℃ 左右,在南方则高达 60℃ 以上,夜间又降低到 20℃,加之季节温度的变化,尤其是那些在排烟管附近的高压气瓶,高温的影响更大,一般漆层承受不了这种冷热的冲击,致使在漆膜与钢板之间存在较大的剪切应力,而使漆膜表面产生裂纹,久而久之造成漆膜的脱离剥落,

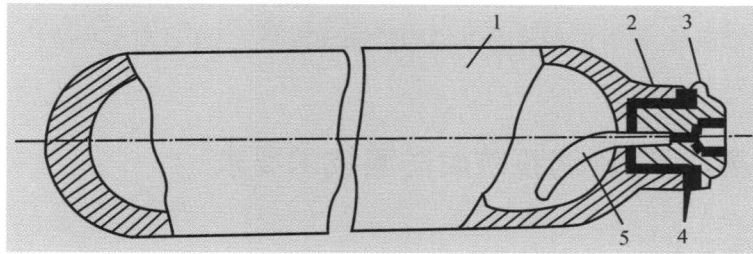

图 21.84　高压空气瓶图结构示意图

1—瓶体；2—瓶颈；3—螺纹管接头；4—紫铜密封垫；5—小管。

最终造成气瓶钢体表面腐蚀，在漆膜下首先形成缝隙腐蚀，然后其腐蚀产物的容涨不断将涂层破坏，最终造成大面积的腐蚀。

（3）应力疲劳。气瓶反复充气与放气形成反复的膨胀与收缩，使防腐涂层与气瓶钢体表面间产生较大的剪切疲劳应力，破坏其附着力，从而加剧涂层的破坏，导致气瓶腐蚀严重。

气瓶就是在以上三种苛刻的条件联合作用下，破坏了涂层，使其失效，随之钢瓶即遭受腐蚀。

2. 内壁腐蚀

攻高压气瓶内壁腐蚀也是一个值得关注的问题。高压气瓶一般固定在气瓶支架上，用夹子和铅皮垫片的环将其箍住，而且不要平放，应向瓶接头一端倾斜 3°～4°。这样，使小管的端头处于气瓶的最低点，可以将气瓶内集注的水分通过小管排掉。为排除气瓶内的积水，在气瓶内腔安装了一个积水吹除管，由于气流冲击及电偶腐蚀的作用（吹水管为不锈钢－紫铜复合管或铜复合管），在该处形成较深的蚀坑，并由此而报废。除此之外，由于气瓶目前尚无可靠的防护，无论是积水或是凝露水，均含有氯离子，所以气瓶的内腔腐蚀也较为严重，成条状的坑点腐蚀。

蔡鲁文等开展了气瓶内壁的防腐技术研究，主要措施为：

（1）研制出特种气瓶内壁无死角喷砂枪，实施气瓶内壁的喷砂预处理，使内壁达到 Sa2.5 级除锈标准。内壁采用流化床热喷滚塑高分子－丙烯酸共聚物（GEA）（图 21.85），或者滚涂锌基铬盐加氟碳漆封闭复合涂层。

（2）气瓶外壁喷涂高弹性聚脲防腐涂层。

（3）气瓶的封头螺母应用锌基铬盐涂层技术进行防腐。

（4）气瓶吹水管采用金属塑料复合管。

（5）改进吹水管结构，使其管口不直接吹向瓶壁。

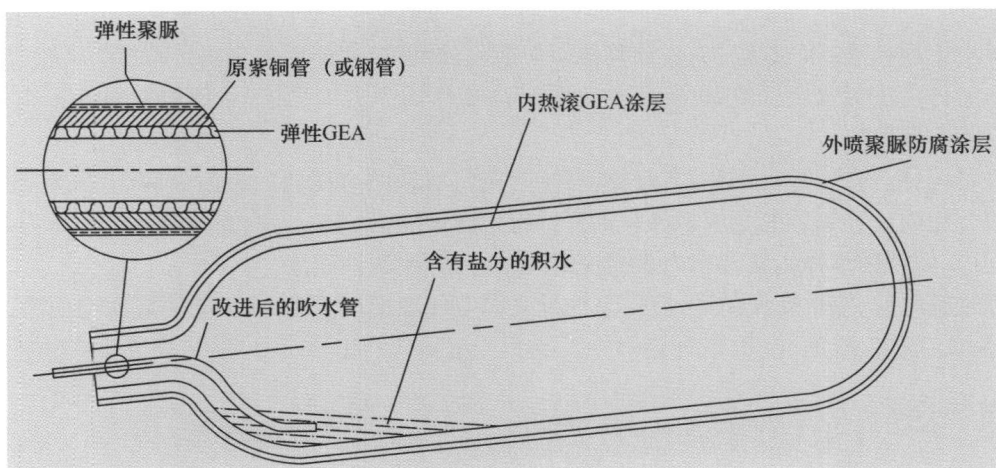

图 21.85　气瓶防腐蚀改进方案示意图

虽然上述方案经过实验室和实海环境的试验考核，但尚未得到实船实际使用的考核。气瓶是一个高压容器，又在海水/海洋大气环境中使用，从防腐蚀角度来说，几乎涉及所有与海水腐蚀相关的因素，如环境、材料、工艺、力学以及这些因素的交替、交变和叠加,所以优化防腐蚀结构、提高本体耐蚀性应该是设计者首要考虑的问题和主要技术途径,只有结构材料本体的耐蚀性提高了,许多由于环境因素、力学因素带来的腐蚀问题就会迎刃而解了。

21.10 舰船通用离心泵、旋涡泵防腐防漏技术要求

21.10.1 材料及铸件要求

1. 材料要求

在进行材料相容性设计的前提下,泵的主要零部件应采用表21.12中规定的材料制造。允许用性能不低于要求规定的其他材料代用。

表21.12 船舶离心泵、旋涡泵选材料要求

零件名称		材料	
		海水泵	淡水泵
叶轮	离心泵叶轮	ZCuAl8Mn13Fe3Ni2 ZCuSn3Zn8Pb6Ni1 ZCuZn16Si4 HDR 双相钢	同海水泵 1Cr18Ni9Ti
	漩涡泵叶轮	ZCuAl8Mn13Fe3Ni2	
泵体、泵盖		ZCuSn3Zn8Pb6Ni1 ZCuZn16Si4 ZCuAl8Mn13Fe3Ni2	同海水泵 1Cr18Ni9Ti
泵轴		Cr17Ni2 HDR 双相钢	Cr17Ni2
流道内紧固件		HSn62 – 1	1Cr13 2Cr13
托架		ZG35	ZG35
联轴器		ZG35	ZG35
安装紧固件		1Cr13	1Cr13

2. 铸件

(1)铸件应无缩孔、砂眼、裂纹、夹渣和其他类似缺陷,浇冒口分型面及表面必须打磨平整、清理干净。

(2)受压铸件应进行水压试验,试验压力为泵最高工作压力的1.5倍,水压试验时间不少于10min,铸件表面不得有渗漏现象。

(3)铸件可用补焊方法进行修补,在修补零件前,应将有缺陷金属内的夹渣清除干净,焊条应与被修补金属的化学成分相同。补焊后的受压零件应重复进行水压试验,试验压力应为泵最高工作压力的1.7倍。

(4)装配前,铸件轴承体内储油室内表面应清理干净,并涂耐油磁漆。

(5)泵经过试验后,应重新作防锈处理,泵的外表面应仔细清理干净,涂上防锈底漆与面漆,涂漆应平滑整洁,不得有裂纹、脱皮、气泡、淤积等缺陷。

21.10.2 结构要求

1. 轴封与垫片静密封
泵的泵体与泵盖、法兰等之间的垫片静密封的选取应符合舰船辅机及管路系统垫片选型技术要求。

2. 使用机械密封时的轴封设计

(1)机械密封必须能满足泵组装和维修时快速安装、更换的要求;机械密封应设计为集装式,以提高机

械密封的安装可靠性,使用者无须对机械密封进行调整。

（2）机械密封的性能应满足表 21.13 的规定。

（3）机械密封应有防止弹簧失弹（因泥沙等堵塞）导致密封失效的结构。

（4）机械密封的冲洗液应从泵高压区引入,并能回到泵低压区,当输送液体含砂量大时,应安装旋液分离器。

（5）舰船关键部位的泵所用的机械密封必须设有应急保护密封。

表 21.13　舰船水泵密封性能要求

密封轴径/mm	泄漏量/(mL/h)	工作寿命/h
≤50	≤3	
50~80	≤5	≥8000
>80	≤8	

3. 轴承及轴承体

（1）滚珠轴承在额定转速下的设计计算寿命应不小于 10000h。

（2）轴承内径（D）与额定转速（n_{sp}）的乘积大于 160000mm·r/min 时,应采用稀油润滑;当轴承内径（D）与额定转速（n_{sp}）的乘积大于等于 300000mm×r/min 或额定轴功率（$P×n_{sp}$）的乘积大于等于 2000000kW·r/min 时,应采用滑动轴承。

（3）轴承体外表温度不应超过 75℃,轴承温升不应超过 35℃。

（4）流量大于 200m³/h 的泵应考虑测温孔,所测得的温度不应超过 80℃。

（5）使用滚珠轴承时,泵和电机的轴承均应选用低噪声、精密级轴承。

4. 连接与安装

（1）泵连接法兰应符合 GB 569—1965《船用法兰连接尺寸和密封面》或 GB/T 2501—2010《船用法兰连接尺寸和密封面》的有关规定。采用其他法兰时,必须在技术规格书中予以说明。

（2）泵的设计应考虑在不拆卸进出管的情况下进行泵的维修,在法兰面上应设有拆卸螺孔。

（3）泵的结构设计应考虑方便维修,容易快速更换易损件（如轴封、轴承）。

（4）泵应与电动机安装在具有足够刚度的公共底座上。

（5）泵的联轴器应有防护罩。

（6）在确定静止件与旋转件之间的间隙时,应防止相互接触咬合及配对材料之间产生电腐蚀。

（7）在泵的进口管路上应有过滤装置,并应定期清洗。

21.10.3　使用性能

1. 特性曲线

泵制造厂应在随泵文件中给出额定转速下对应于流量的扬程效率、必需汽蚀余量（NPSH）r 和轴功率的特性曲线,并在特性曲线上给出泵的允许工作范围。

2. 汽蚀余量

泵制造厂应在数据单或产品铭牌中规定泵在额定流量和额定转速时的必需汽蚀余量 r 值,必需汽蚀余量应以常温清水为准。

这里需要注意的是,必需汽蚀余量是制造厂根据在试验中得出的临界汽蚀余量 c 值的基础上加一个裕量后定出的,此裕量不得小于 0.3m;有效汽蚀余量 a（也称装置汽蚀余量）应该比必需汽蚀余量大 10%的裕量,但不得小于 0.5m,有效汽蚀余量是用户装置系统中所必须保证的超过汽化压力的富裕能量。

3. 效率、功率

应保证泵在工作范围内运行时电机不过载。

4. 临界转速

泵轴应设计成刚性轴,泵的最高转速应比轴的第一临界转速低 20%。

5. 平衡、振动、噪声

（1）叶轮非加工面应清理光滑,叶片进出口边应进行修整,叶轮在装配前应作平衡试验。装配前,泵的转子部分必须进行动平衡试验。

（2）泵应按照 GJB 150.16A—2009《军用装备实验室环境试验方法第 16 部分振动试验》规定的试验方法进行环境振动试验,检查有无共振现象,并考核结构强度,试验结束后,泵零件不应产生影响正常工作的损坏。

（3）噪声应满足 GJB 4000—2000《舰船通用规范》的要求。

21.10.4　试验检验

1. 试验装置

试验介质、设备、装置、试验条件及测量精度等应符合 GB 3216—2005《回转动力泵水力性能验收试验》中有关章节的规定。

2. 运转试验

（1）在规定转速及工作范围内进行运转试验,以检查泵的制造、装配质量。泵在运转试验期间应运转平稳,无异常振动及噪声出现。

（2）在轴承温度达到稳定状况并符合轴承体外表面温度不超过 75℃,轴承温升不超过 35℃ 的条件下,按如下要求选定时间进行运转试验。

额定工况下泵轴功率低于 50kW 时,运转试验时间为 4h;额定工况下泵轴功率大于 50kW 时,运转试验时间大于 4h。

3. 性能试验

（1）性能试验应绘出泵在额定转速下扬程、轴功率、效率与流量之间的关系曲线。

（2）性能试验应按 GB 3216—2005 及 GB/T 3214—2007《水泵流量的测定方法》规定要求进行。

（3）性能试验的最大流量应大于额定流量的 120%。

（4）泵额定点的流量、扬程及效率允差均应按 GB 3216 的 C 级考核。

4. 出厂性能试验

（1）在出厂检验时应进行出厂性能试验,测出在额定流量、最小允许工作流量及 120% 额定流量下泵的扬程及轴功率。

（2）出厂性能试验应按 GB 3216—2015 中 C 级考核额点的流量、扬程和轴功率。

（3）出厂性能试验的方法同性能试验方法。

5. 汽蚀试验及汽蚀校核试验

（1）汽蚀试验应测定泵的临界汽蚀余量 c,并绘出必需汽蚀余量 r 与泵流量之间的关系曲线。

（2）泵的临界汽蚀余量系指泵扬程或效率下降 $(2 + K/2)\%$ 时的汽蚀余量值。K（泵的型式数）与泵比转数 ns 的关系式为:$K = ns/193.2$。

（3）汽蚀试验应按 GB 3216—2005 规定的方法进行。

（4）额定流量时的必需汽蚀量应小于有关产品标准的规定值。

（5）汽蚀校核试验适用于抽样检查,确认在额定流量及相关标准规定的必需汽蚀余量下泵不产生汽蚀。

6. 自吸性能试验（仅适用于混合式自吸泵）

（1）自吸性能试验时的转速允差为 ±5%,试验应不得少于三次,每次均应测定从起动到开始排水为止的时间。

（2）自吸性能试验的吸入管路布置应符合图 21.86。

（3）最大自吸高度试验时,可在泵进口安装规定高度的垂直管道,也可关闭进口阀,使真空度达到与规定安装高度相应的真空度。

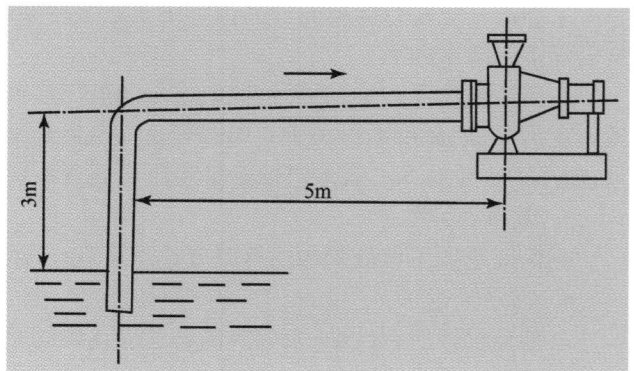

图 21.86　自吸性能试验的吸入管路布置图

21.10.5 机械密封检验

（1）机械密封新产品应由专门检验机构进行全性能试验检测。定型产品也应每年检测一次。

（2）机械密封试验种类、试验装置、试验方法应按照 GB/T 14211—2010《机械密封试验方法》要求进行。

21.11 舰船用海水冷却设备防腐技术要求

21.11.1 管束选材建议

1. 管束选材原则

从防腐角度选择管束材料的原则是：

（1）在流动海水情况下，对于冷却水量和管束直径已经确定的冷却设备，应选择允许设计流速高于设备实际流速的材料。

（2）在以海水静泡为主要工况时，应选择耐点蚀性能、耐沉积腐蚀性能、耐脱成分腐蚀性能较好的材料。

（3）考虑到舰船用冷却设备管子直径较小，通常为 DN = 16mm，管束进出口端紊流较为严重等因素，冷却设备管束材料的允许设计流速见表 21.14。但实际流速不得低于 1m/s，否则铜合金管束的沉积腐蚀危险性将增大。

表 21.14 冷却设备管束材料的允许设计流速值

材　料	HAl77 – 2A	B10	B30	TA2
允许设计流速/(m/s)	1.0 ~ 1.8	2.3	2.75	4.3

（4）四种管材的耐局部腐蚀性能评价参见表 21.15 所列。

表 21.15 四种冷却设备管束材料的耐局部腐蚀性能评价

材料	耐点蚀性能	耐沉积腐蚀性能	脱成分腐蚀性能敏感性
HAl77 – 2A	一般	差	有
B10	一般	一般	轻
B30	一般①	一般	轻
TA2	优	优	无
① 在中低流速下成膜质量好时，耐蚀性能提高			

2. 四种管束材料推荐使用范围

（1）HAl77 – 2A 铝黄铜管束是火力发电厂经常采用的冷却管材料，在舰船领域因其允许使用流速较低，耐蚀性较差，一般不推荐使用该管材。如因特殊原因使用该管材时，所需冷却水量应较小，并应特别注意如果管端部在胀管时存在残余应力，在污染海水中有因点蚀而导致应力腐蚀开裂问题。

（2）B10 在流动海水中显著优于 HAl77 – 2A，耐沉积腐蚀和脱成分腐蚀性能也比 HAl77 – 2A 好，重要冷却设备上应考虑重点使用。

（3）大型舰船的各类冷却设备应使用耐海水冲刷系统抗腐蚀能力强的管材。

（4）TA2 各项耐蚀性能和力学性能都显著优于 B30，虽然其导热性能比 B30 差，但可通过减薄管壁和提高管内海水流速予以补偿，甚至提高。可推荐用于大型舰船的冷却设备上，特别是经常在污染水域停泊的舰船。但应考虑防海洋生物附着措施。

3. 管材订货要求

由于普通 B10、B30 管与冷凝用 B10、B30 有一定差别，因此，在订货时应特别注明为冷凝用 B10 或 B30 管。

21.11.2 水室内结构材料选材

1. 管板

兼顾力学性能和耐蚀性能，舰船用冷却装置管板候选材料有 B10、B30、TA2、铜 – 钢复合板、钛 – 钢复合板。前三种一般用于海水工作压力为 0～1.6MPa 的低水压水室。后两种复合材料一般用于海水工作压力为 1.6～6.4MPa 的高水压水室,但从防腐角度考虑,也可用于低水压水室。选择管板材料时应注意以下方面。

(1)管板材料接触海水一侧应尽量与管束材料相同,或与管束材料在海水中的自然腐蚀电位相近,以防异种金属间的电偶腐蚀。

(2)低水压水室管束与管板只采用胀接连接时,管板材料的力学性能指标应等于或稍大于管束材料。以便胀接时,管束产生塑性变形而管板仍处于弹性变形状态,从而确保管束与管板孔之间没有明显的缝隙,以防发生缝隙腐蚀。

(3)低水压水室管束和管板采用焊接连接时,管板应选用与管束材料化学成分相同的材料来制造,从而既可保证管板与管束间的可焊性,又可防止电偶腐蚀的发生。

(4)管板推荐采用铜–钢(B30–钢爆炸复合)或钛–钢复合板制作,接触海水一侧的复合材料用来保证耐蚀性能要求,接触被冷却介质一侧的基材用来保证强度要求。冷却器水室的管束与管板连接通常同时采用胀接和焊接形式。因此要求复合材料的化学成分与管束的化学成分相同或相近,而基材的力学性能要比管束稍大一些。

2. 封头

冷却器水室封头通常采用与管板材料相同或在海水中的自然腐蚀电位相近的材料制造,常用材料是镍铝青铜、铝青铜、锡青铜、TA2。

21.11.3 水室防腐技术要求

1. 水室内主要腐蚀问题及防腐方法

(1)电偶腐蚀。当水室内管束、管板、封头由自然腐蚀电位相差较大的金属材料制造时,就会发生电偶腐蚀问题,设计时需要避免电偶腐蚀问题的出现。

(2)缝隙腐蚀。主要发生于管束与管板连接处,可通过对管束与管板连接的精心施工予以解决。

(3)当管束与管板胀接连接时,管孔表面粗糙度 $Ra \le 3.2\mu m$,当管束与管板焊接连接时,管孔表面粗糙度 $Ra \le 6.3\mu m$。

(4)胀接连接时,管孔表面不得有影响胀接紧密性的缺陷,如贯通的纵向或螺旋状刻痕等。

(5)连接部位的冷却管和管板孔表面应清理干净,不得留有影响胀接和焊接质量的毛刺、铁屑、锈斑、油污等。

(6)胀接连接时,其胀接长度不得伸出管板背面,冷却管胀接部分和非胀接部分应圆滑过渡,不得有急剧的棱角。

(7)焊接连接完成后,应清除焊渣和凸出于冷却管内壁的焊瘤。焊缝缺陷返修时,应先清除缺陷,后补焊。

(8)管束进口端存在冲击腐蚀,满足上述技术要求,基本可避免管束进口端的冲击腐蚀问题,但仍需注意在水室进、出口位置设计时,应使管束所有冷却管内海水流量均匀分布,以防止不同部位冷却管内水流速不均,导致振动对腐蚀产生影响。甚至部分冷却管内海水流速过高,超过允许设计流速值而产生进口端腐蚀。

2. 牺牲阳极保护

1)牺牲阳极保护范围

牺牲阳极保护可以防止水室内的所有腐蚀问题,包括异种金属材料间的电偶腐蚀问题、管束和管板间的缝隙腐蚀问题,以及管束进口端的冲击腐蚀问题。当管束、管板、封头材料腐蚀性能相差较大时,可采用牺牲阳极保护设计。

2)牺牲阳极材料的选择

(1)铜、钢混合结构水室宜选用锌合金牺牲阳极予以保护。

(2)全铜合金或铜、钛混合结构水室宜选用铁合金牺牲阳极予以保护。两种牺牲阳极材料的电化学参数见表 21.16。

表 21.16　两种牺牲阳极电化学参数

阳极材料	密度/(g/cm³)	开路电位(SCE)/V	工作电位(SCE)/V	实际电容量/(A·h/kg)	电流效率/%	溶解状况
锌合金阳极	7.14	-1.09 ~ -1.05	-1.05 ~ -1.00	>780	>95	均匀
铁合金阳极	7.84	-0.75 ~ -0.67	-0.72 ~ -0.65	>920	>95	均匀

3）保护电位控制

铜、钢混合结构为 -0.77V(SCE)；

全铜合金结构为 -0.45V(SCE)；

钛、铜混合结构为 -0.70V(SCE)。

4）保护电流密度选择

可参考表 21.17 所列经验数据。

表 21.17　冷却设备防腐电流密度　　　　　　　　　（单位：mA/m²）

材料 ＼ 防腐面积/m²	<5	5~10	10~15	15~20	>20
裸铜、铁系	400	300	250	200	150
裸铁系	300	200	150	150	150
裸铜系	200	150	150	100	100
富锌涂料	130	100	85	70	50
环氧系涂料	80	60	50	40	30
橡胶衬里	40	40	20	20	10

5）牺牲阳极形状、规格

牺牲阳极形状、规格、数量及安装位置可根据水室形状和大小予以确定，小型半球形封头水室可采用一支圆盘状阳极正对着管板安装在封头内表面上，大型冷却设备宜采用多支矩形牺牲阳极靠近管板附近安装在封头或水室侧壁内表面上，以利重点防止管板和管束端部的腐蚀。

6）阳极更换

阳极更换周期需根据水室容积所能容纳的阳极重量来决定。通常裸体水室结构可设计为 0.5~1.0 年。用富锌涂料或环氧系涂料涂装的水室结构可设计为 1~2 年。橡胶或塑料衬里的水室结构可设计为 2~3 年。

21.11.4　管束防腐技术要求

1. 管束的主要腐蚀问题

（1）在选材满足要求的情况下，舰船冷却设备冷却管内表面的主要腐蚀问题是沉积腐蚀、冲刷腐蚀和污染海水腐蚀。在污染海水中的沉积腐蚀尤为值得关注。防止沉积腐蚀和污染海水腐蚀的方法，除了在管束选材时应选用耐沉积腐蚀和污染海水腐蚀的材料之外，尚有下列方法应予以考虑。

（2）沉积腐蚀主要发生于海水静泡和海水流速很低的情况下，因此通常取 1m/s 的海水流速作为冷却设备管束内表面沉积物附着的上限。超过 1m/s 的流速一般不会有沉积物附着，也不会有明显的海生物生长。

（3）舰船下水初期，海水冷却设备一开始接触海水时，就应使海水在冷却管束内处于流动状态。在有条件情况下，最好能在清洁海水中，以 1~2m/s 的流速运行一个星期到一个月，从而使管束内表面生成完整的初始保护膜，安全度过最容易出现腐蚀隐患的早期阶段。

（4）在舰船停泊时，特别是停泊时间较长时，应不定期地开机让海水管路内的海水流动，以防止沉积物堆积和海生物附着，从而防止沉积腐蚀和点蚀。

21.12 舰船液压系统防漏技术要求

21.12.1 主要构成

舰船液压系统一般由下列部分构成:①液压油缸组;②液压阀件;③液压泵组、液压马达;④液压密封件;⑤液压管接件。

舰船液压系统主要装置包括:①液压式舵机装置;②液压减摇鳍装置;③液压锚机装置;④液压式升降机构;⑤变距桨控制机构;⑥登陆舰大门液压系统。

21.12.2 一般要求

(1)舰船液压系统和装置应能在总体设计规定的环境条件下正常工作。

(2)液压缸的内泄漏量不超过表21.18中的数值。

表 21.18 液压缸内泄漏量限值

液压缸内径/mm	内泄漏量/(mL/min)	液压缸内径/mm	内泄漏量/(mL/min)
40	0.04	125	0.40
50	0.06	160	0.67
63	0.10	200	1.04
80	0.17	250	1.63
100	0.26		

(3)液压缸的外泄漏量应满足以下要求:①密封部位的沟、槽、面的加工尺寸和精度,粗糙度在设计评审时应严格审查;②各静密封处和动密封处静止时,不允许有渗漏;③活塞杆(柱塞)动密封处换向1万次后,外漏不成滴;④当换向1万次后,每移动100m,对活塞杆直径$d \leqslant 50$mm的,外泄漏量不大于0.05mL/min;对活塞杆直径$d > 50$mm的,外泄漏量不大于0.1mL/min。

(4)装配后的液压缸在1.5PN下,压力保持5min无外渗漏现象。

(5)液压缸在满负荷连续动作20万次后应无异常损坏,其内泄漏量应不超过表21.18规定数值的120%,外泄漏量应维持原要求不变。

21.12.3 液压阀件

液压阀件主要包括截止阀、止回阀、安全阀、液控单向阀、伺服阀、平衡阀、节流阀、溢流阀、减压阀、换向阀、旋塞等。

1. 通则

(1)直通型阀件进出口两密封端面应相互平行,直角型阀件两密封端面应互相垂直。其平行度和垂直度等级按GB/T 1184—1996《形状和位置公差 未注公差值》中规定。

(2)截止阀、止回阀等的阀盘和阀座应在同一轴心线上,关闭时阀盘应完全落座,操作应轻便灵活,不得有卡阻现象。

(3)阀件的研磨密封表面不允许存在任何缺陷。

(4)单向阀、溢流阀、节流阀、液控单向阀、液动滑阀、电液换向阀等的滑阀与阀孔的配合间隙应符合设计要求,阀座与阀孔轴线垂直度不大于0.005mm,表面粗糙度$Ra \leqslant 0.2\mu$m,锥形阀头与阀座在圆周线上均匀接触,其接触线宽不超过1.0mm。

(5)阀件强度和材料紧密度试验。在试验压力为1.5PN情况下,应用质量为0.1kg、柄长300mm的铜锤,轻轻敲击阀体或其他受压部件,试验时间为5min。如没有渗漏而且压力保持不变,则该项试验合格。

(6)公称压力PN≥25MPa或公称通径DN≥500mm的阀件必须进行无损探伤检查并符合规定要求,检查方式可为放射线探伤检查、磁粉探伤检查或液体荧光渗透检查,制造厂可按订货方要求进行。

2. 液压密封性试验要求

（1）每个装配好的阀件，均应进行密封性试验，试验压力为 1.5PN。

（2）密封性试验时应检查以下内容：①阀体－阀座的密封性；②密封副的密封性；③垫片和填料函的密封性。

（3）各阀件的液压密封性试验时间除有特殊规定外，一般应不少于 10min。

（4）液压密封试验过程中，任何阀件不得有外渗漏；除下列阀件允许有不超过规定的内漏量，其余各类阀件不允许有任何渗漏。

① 闸阀：密封面上不得多于五处粒状水珠，并在规定的时间内不得流下；

② 填料旋塞：密封面上不得多于三处粒状水珠，并在规定的时间内不得流下。

21. 12. 4　液压密封件

液压密封件主要指橡胶和橡塑类制品的密封件。金属密封件按设计要求选用。

1. 密封件的设计与选用

密封件的设计与选用应符合以下基本要求：

（1）在工作压力下，应具有可靠的密封性能，并随着压力的增加能自动提高密封性能，泄漏量在高压下没有明显增加；

（2）密封件长期在液体介质中工作，必须保证其材质特性的稳定；

（3）密封装置的动、静摩擦阻力要小，摩擦系数要稳定，不能出现运动偶合件卡住或运动不均匀等现象；

（4）磨损小，使用寿命长；

（5）制造简单，拆装方便，成本低廉。

2. 设计或选用密封件及其装置

设计或选用密封件及其装置时，必须考虑如下因素：

（1）工作介质的种类；

（2）使用油温（以密封件部位温度为基准）；

（3）使用压力的大小和波形；

（4）密封偶合件的滑移速度；

（5）"挤出"间隙的大小；

（6）密封件与偶合的偏心程度；

（7）密封偶合面的粗糙度，密封件和安装槽的形状、结构、尺寸、位置等。

3. 密封件结构形式的选用

（1）密封件结构形式的选用。应根据密封设备、使用条件等要求，如负载情况、工作压力及速度大小和变化情况，使用环境以及对密封性能的具体要求等，正确选择与之相匹配的结构形式。

（2）静密封圈应以 O 形密封圈为主要密封圈选用形式。

（3）往复运动单向密封圈应选用 Y 形或 V 形夹织物橡胶组合密封圈及同轴密封，适用场合及具体结构按 GB/T 10708.1—2000《往复运动橡胶密封圈结构尺寸系列第 1 部分：单向密封橡胶密封圈》及相关标准执行。

（4）往复运动双向密封圈应选用如下两种基本型式，适用场合及具体结构按 GB/T 10708.2—2000《往复运动橡胶密封圈结构尺寸系列第 2 部分：双向密封橡胶密封圈》及相关标准执行。

① 由一个鼓形夹织物橡胶密封圈和两个 L 形塑料环组成；

② 由一个山形橡胶密封圈和两个 J 形塑料环，两个矩形塑料环组成。

（5）往复运动防尘密封圈应选用纯橡胶圈、有金属骨架的橡胶圈及有双向唇的橡胶圈三种基本型式，适用场合及具体结构按 GB/T 10708.3—2000《往复运动橡胶密封圈结构尺寸第 3 部分：橡胶防尘密封圈》执行。

（6）对旋转密封件的选用,应根据转速的高低、工作压力的大小以及工作介质类型选用合理的密封形式。首选应为橡塑组合密封。

4. 密封圈材料的选择

密封圈材料的选择,应根据工作条件、工作介质类型、使用温度以及材料的价格合理选用。橡胶、橡塑类选用原则见表21.19。

表 21.19　橡胶、橡塑类选用原则

胶种	代号	主 要 特 性	工作温度/℃	主 要 用 途
丁腈橡胶	NBR	耐油、耐热、耐磨性 但不适用于磷酸酯系列液压油及含添加剂的齿轮油	−40 ~ 120	用于制作O形圈,油封、皮碗等,适用于一般液压,气动系统中作静密封或动密封用
氟橡胶	FPM	耐热、耐油、耐化学药品,耐老化性极好,适用于所有的润滑油、燃油、汽油、液压油及合成油,但价格较贵	−20 ~ 250	适用于耐高温设备的密封
聚四氟乙烯	PTFE	耐油、水、气等各种介质 耐压不高于40MPa 摩擦系数低,润滑性好耐磨,使用寿命可达400km	−260 ~ 260	常用于机械上的密封材料

5. 密封件检验和安装

（1）O形橡胶圈基本尺寸和公差,应符合 GB/T 3452.1—2005《液压气动用 O 形橡胶密封圈 第 1 部分:尺寸系列及公差》中的规定。

（2）对被密封的运动表面粗糙度要求,当采用橡胶密封圈时,$Ra \leqslant 0.4 \mu m$;当采用夹织橡胶密封圈时 $Ra \leqslant 0.8 \sim 1.6 \mu m$。

（3）制品按要求 100% 进行外观质量检验。

（4）制品以同一料号、同一规格不超过 1000 个为一批,抽取 0.5% 进行尺寸检验,但每批抽取数量不应少于三个。检验结果如其中一个不符合尺寸公差要求,应取双倍制品进行检验;检验结果若仍有一个不合格时,应对该批制品逐个进行检验。

（5）制品尺寸测量方法按 GB/T 3672.1—2002《橡胶制品的公差 第 1 部分:尺寸公差》中规定进行。

（6）检验合格的制品应附有产品合格证。合格证应注明材料标准号、批号、试验结果、制品名称、尺寸、数量、生产日期、保管期限、生产单位名称、质监部门印章等。

（7）密封件如有刮伤、拉伤、切边、飞边、气泡、老化及超过生产厂提供的使用有效期等情况,不得用于装配。

（8）所有密封件沟槽在装配前应清洗干净,金属表面不得有毛刺、生锈和腐蚀等。

（9）密封圈所通过的各部位,如缸筒、活塞杆、轴端、轴肩等部位,应有 15° ~ 30° 倒角、圆弧角,以防密封圈的唇边损伤。

（10）密封圈若需通过内部螺纹和孔口等部位时,孔口边应倒成圆弧形状,坡口斜度一般为 120° ~ 140°。

（11）密封圈若需通过外螺纹和退刀槽等部位时,应在它们各自的部位应用专用工具进行安装。在设计上也可以使外螺纹和退刀槽的直径小于密封圈的内径。

（12）安装密封圈时,密封圈的唇口端应正对液体压力方向,同时,应避免密封圈受过大的拉伸而引起塑性变形。

（13）所有密封件装配前应清洗、润滑全部零件,安装密封件过程中不许使用带锐边的工具。

21.12.5　密封胶

1. 分类与性能

（1）密封胶指用于静密封的液态高分子密封材料,可分为液态密封胶和厌氧型密封胶两大类。液态密封胶按照成膜形态分成干性附着型、干性可剥型、不干性黏型、半干性黏弹型四类。厌氧密封胶涂覆后,必须在隔绝空气条件下才能固化,使两密封面胶接在一起,起密封作用。

（2）国产常用密封胶性能见表21.20。

表21.20　国产常用密封胶性能

使用条件			胶　类			
			干性附着型	干性可剥型	不干性黏型	半干性黏弹型
耐热性 耐压性 间隙较大			优	可	良	可
耐振动 剥离性			劣	良	优	可
				优	可	
适 用 部 位	平面		优		优	优
	螺栓			劣		可
	嵌入					良
	滑动		劣		可	劣
与密封垫片组合使用时的耐热耐压性			良	优	优	优

2．选用原则

选用密封胶时主要考虑以下因素：

（1）使用条件；

（2）密封件材料；

（3）密封面状态；

（4）介质类型；

（5）固化条件。

3．适用场合

密封胶主要适用于如螺塞、油塞、管堵、管接头及阀门结合面等处的静密封。

4．涂胶工艺

（1）涂胶前应进行预处理，除去密封面上的油污、锈物、灰尘、水分，使密封面保持洁净。

（2）涂胶应在密封面预处理后进行，要求严格按照规定的温度，胶层的厚度均匀，不要太厚，一般两面各涂 0.06 ~ 0.10mm。

（3）有溶剂的密封胶涂覆后需要干燥。干燥的时间，根据所用的溶剂种类及涂层厚度而定。

（4）贴合固化需加一定的压紧力，用以减小间隙，补偿胶层固化时的收缩。一般流动性差，黏度大的胶层，所需的压紧力也较大，在整个固化过程中，压紧力保持不变。在胶层固化过程中，要注意温度和时间，对于厌氧胶需要与空气隔绝才能固化。

（5）检验涂覆和固化后应检验是否有缺陷等情况。

（6）加压固化后所挤出的多余的胶以及在涂覆过程中滴落在非密封面上的胶应修整去除。

21.12.6　液压管接件

液压管接件包括系统中的螺纹式管接头、扩口式和卡套式管接头、金属管、钢丝编织液压软管、法兰式管接件等。

1．通则

（1）各种管道连接件在设计时，应尽量减少管接头的数量，采用集成化的液压阀和阀块来组成系统，减少系统发生泄漏部位。

（2）螺纹连接主要用圆柱螺纹连接。圆柱螺纹连接时，必须以金属密封垫或聚四氟乙烯橡胶密封垫及密封剂进行密封。

（3）扩口式和卡套式管接头必须符合 GB/T 9065.1—2010《液压软管接头》的规定。

（4）管端及连接件的螺纹表面应无裂纹、凹陷、压扁等缺陷。螺纹在相邻两牙的同一部位不得残缺，局部残缺的总长度不超过螺纹规定长度的10%。

（5）液压系统软管的尺寸检查，耐压试验、脉冲试验、外观检查等应符合 GB/T 7939—2008《液压软管总成试验方法》有关规定要求。

2. 安装要求

（1）系统在装配前,各接头、管路及通道(包括铸造型芯孔、钻孔等)必须按相关标准要求清洗,不允许有任何污物(如铁屑、毛刺、纤维状杂质等)存在。

（2）安装软管必须考虑:①使用长度尽可能短,以避免设备在运行中发生严重弯曲和变形;②在安装或使用时扭转变形最小;③不应使软管位于易磨损之处,否则应予保护;④如软管自重会引起过分变形时,软管应有充分的支托或使管端下垂布置。

（3）管子在其端部与沿长度上应尽量采用弹性连接和弹性支撑,支承间距应符合表21.21规定。

表 21.21 管子支撑间距

管子外径/mm	支承间距离/m
≤10	≤1.00
10 ~ 25	≤1.50
25 ~ 50(包括 25)	≤2.00

（4）管路不允许用来支承设备或油路板。支承夹具不得焊于管子上,也不应损坏管路。

（5）液压管路密封垫片不允许重复使用,且符合设计要求。

（6）管路法兰连接安装时,其法兰平面的偏差按 GB/T 1184—1996《形状和位置公差 未注公差值》的定义不得大于下列规定:

① 公称压力 PN≤2.5MPa 时,其平行度为 10 级精度,不垂直度为 11 级精度;

② 公称压力 PN>2.5MPa 时,其平行度为 9 级精度,不垂直度为 10 级精度。

21.12.7 液压泵组

液压泵组包括齿轮泵、柱塞泵及液压马达等。

（1）耐压腔应用 1.5PN 的液体进行耐压试验,保持压力 3min 以上,各密封面不得有渗漏、零件不能出现永久性变形等不正常情况。

（2）在规定的工作压力下,泵组旋转轴直径 d≤50mm 时,泄漏量不大于 3mL/min;泵组旋转轴直径 d>50mm 时,泄漏量不大于 5mL/min。

（3）所有零部件在装配前应严格清洗干净,不允许残留毛刺及其他杂物,对于具有多孔道的配流体,尤其应从严检验。

（4）保证密封件与工作介质不相容性,因使用寿命规定而必须定期更换的密封件,应在使用说明书中标明,并提供备品。

（5）对于安装在承受外压的特殊部位的泵,应采用能承受外压并能防止外漏的双向密封装置。

21.12.8 液压元件及液压油

1. 液压元件及液压油的污染度

（1）液压元件和液压系统对过滤精度应分别满足表 21.22 和表 21.23 中的要求。

（2）液压元件污染度等级应满足表 21.24 中的规定,其中液压油的污染度分级按 GJB 420A—1996《污染度等级标准》中的 A 分级制执行。

表 21.22 液压元件对过滤精度的要求

液压元件名称	过滤精度/μm	液压元件名称	过滤精度/μm
齿轮泵及马达	30 ~ 50	高压液压阀	10 ~ 15
叶片泵及马达	20 ~ 30	调速阀、比例阀	10 ~ 15
柱塞泵及马达	15 ~ 25	伺服阀	5 ~ 10
高压柱塞泵及马达	10 ~ 15	精密伺服阀	3 ~ 5
中低压液压阀	15 ~ 25	—	—

表 21.23　液压系统对过滤精度的要求

液压系统与过滤器安装部位	过滤精度/μm	液压系统与过滤器安装部位	过滤精度/μm
精密电液伺服系统	2.5 ~ 5	中高压系统的压力管路	15 ~ 25
电液伺服系统	5 ~ 10	中低压系统的压力管路	20 ~ 40
电液比例系统	10 ~ 15	低压系统的压力管路	30 ~ 50
速度控制元件进油口处	10 ~ 15	系统的回油管路	50 ~ 100
高压系统的压力管路	10 ~ 15	液压泵吸油口	80 ~ 120

表 21.24　典型液压元件污染度等级

液压元件类型	优等品	一等品	合格品
各种类型液压泵	16/13	18/15	19/16
一般液压阀	16/13	18/15	19/16
伺服阀	13/10	14/11	15/12
比例控制阀	14/11	15/12	16/13
液压马达	16/13	18/15	19/16
液压缸	16/13	18/15	19/16
摆动液压缸	17/14	19/16	20/17
蓄能器	16/13	18/15	19/16
滤油器壳体	15/12	16/13	17/14

2. 油液使用周期及取样化验

（1）使用周期。对新更换的油液,经过 1000h 工作后,应取样化验并符合上一条目中关于油液的规定要求。

（2）取样化验。取样时,首先要把装油容器清洗干净,不准使用脏的容器,以确保化验数据的准确;液压系统不工作时,分别在油箱的上、中、下部各取相同数量的油样混合搅匀后进行化验;液压系统正在工作时,可在系统总回油管口取油样;化验时油样数量一般为 300 ~ 500mL/次。

21.13　舰船用柴油机、空压机防腐防漏技术要求

21.13.1　总则

（1）在舰船用柴油机、空压机设计中,除应保证柴油机、空压机必需的性能指标,具有良好的经济性、可靠性和使用寿命等综合性能外,还应保证舰船柴油机、空压机具备优良的防腐蚀、防"三漏"的性能。在总体结构设计、辅助系统及附件的设计等工作中,应充分考虑防腐蚀、防"三漏"问题,采用合理的结构型式、先进的制造工艺和防腐、防漏性能优良的材料,并在合同要求中应提出防腐蚀、防"三漏"的实施要求。

（2）在柴油机、空压机研制要求中应根据柴油机、空压机的使用工况、结构参数、使用环境条件等不同特点,明确提出对柴油机、空压机主要机件、辅助设备、管系的防腐蚀、防"三漏"要求。并按照现代质量观念和系统工程思想,从论证阶段开始,直至生产、使用阶段,进行综合治理和实施全过程监督控制。

（3）防治柴油机、空压机腐蚀、"三漏"应按照科研程序和有关规定充分吸取国内外成功的经验,积极采用经实船使用表明可行的新技术、新材料、新工艺;积极参考国外先进标准,针对存在问题,从设计、生产、使用等方面分析原因,并对关键技术进行攻关研究。在使用阶段,应认真按照使用条令、条例和维修保养使用说明书进行正确使用和及时维修保养。

（4）制造厂对新造柴油机、空压机应根据建造合同和技术规格书,审查认可的图样和技术文件,编制质量保证控制大纲、防腐防漏控制大纲。

（5）在审查、签署柴油机、空压机设备技术规格书（或技术协议书）时,应将柴油机、空压机防止腐蚀、

"三漏"作为重要内容,明确防治腐蚀、"三漏"的有关要求(如环境条件、材质、转动件和密封件的型号等),注意与舰船同步采取防治腐蚀、"三漏"的措施,并对易产生腐蚀、三漏的设备适当增加备附件数量。

(6)承制方在为用户进行在厂技术培训和提供的完工文件中,应包含有防腐、防漏的有关内容,对舰船柴油机、空压机在使用中出现腐蚀、"三漏"问题的信息反馈,应进行认真研究解决。

21.13.2　柴油机防腐防漏技术要求

1. 环境条件

柴油机设备、附件和系统管路应满足总体设计规定要求的环境条件下稳定、可靠地工作。

2. 性能特性

经过腐蚀、"三漏"治理的舰船柴油机性能指标不得低于总体设计规定的性能指标。

3. 振动

柴油机应进行环境振动试验,检查有无共振现象,并考核结构强度,试验结束后,柴油机和系统设备不应产生影响正常工作的损坏。所有密封部位和密封装置无发生漏泄现象。

4. 材料

1)一般要求

(1)在满足设计要求条件下,优先选用国家标准、国家军用标准和行业标准中的材料。特殊情况下,经用户同意,允许选用企业标准中的材料。对无标准的材料和镁合金不得选用。新材料使用需经鉴定,并经正式批准。

(2)柴油机主要零部件的选材应符合国标规定要求。

(3)海水系统允许使用通过鉴定的有涂层或镀层的金属材料。

(4)使用不同金属材料时应尽量减少电化学腐蚀。当不同金属接触时,应采用非金属隔离物等措施进行电绝缘。

(5)密封材料应选用经实船使用证明密封性能好的新材料。

2)表面处理

(1)有耐腐蚀要求的零部件必须选用耐腐性能好的材料,并进行零部件表面耐腐蚀处理。

(2)应改善与海水接触的柴油机零部件的相界面性质,提高机件表面的耐腐蚀性,可采用表面隔离涂层的技术措施,如可在零部件表面镀铬、镀镉、镀锌和涂刷防穴吸振材料。

3)电化学保护

对与海水直接接触的零部件及设备应采用电化学保护的技术措施。

5. 结构要求

1)油雾排泄装置和泄水(油)系统

(1)柴油机应设置曲轴箱油雾排泄装置,将油雾排泄至舷外或柴油机进气系统,排泄至柴油机进气系统时必须装设油气分离器,不得直接排泄在机舱内。

(2)柴油机机带设备和管路系统中可能积聚水(油)的部位,应设置收集设施和排泄管路,安装泄水(油)装置和储存装置。

2)冷却器

(1)冷却器主要零部件应选用耐腐蚀材料制造,其材料应符合舰船用冷却设备防腐、防漏技术要求。

(2)冷却器壳体内表面应涂耐油防蚀涂料。

(3)冷却器端盖不允许有铸造缩孔和夹渣等缺陷,内表面应进行清砂处理,并涂防蚀涂层,涂层厚度应不小于0.5mm。

(4)冷却器端盖凡需接触海水时,均应配置防蚀锌板(或锌棒)。锌板(或锌棒)允许设置在检查盖上。

3)机带泵

(1)关于材料与防腐蚀,应符合:柴油机机带泵的泵体、泵轴及叶轮应根据使用强度、不同介质,选用耐热、耐蚀的材料,材料应符合有关产品技术条件要求;柴油机机带泵在额定工况下运行时,应能完全避免汽蚀,在其他规定输出流量范围内时应尽最大实际可能避免汽蚀;在确定泵的静止件与旋转件之间的间隙时,应防止相互接触咬合及配对材料之间产生电腐蚀而引起泄漏;泵的密封装置和密封材料的选用应符合舰船用离心泵、旋涡泵防腐防漏技术要求;必要时,对其中的海水泵还应采取挡砂措施,防止泥砂磨损密封装置。

（2）关于汽蚀余量,应在数据单或产品铭牌中规定泵在柴油机额定转速时的必需汽蚀余量 r 值,必需汽蚀余量应以常温清水为准。有效汽蚀余量 a 值应该比必需汽蚀余量大 10% 的裕量,但不得小于 0.5m。

（3）关于轴封与端盖垫片密封,柴油机机带泵的泵体与泵盖、法兰与管路、泵体与柴油机机架之间的静密封垫片的选取应符合有关舰船辅机垫片选型技术要求。

（4）柴油机机带泵的轴封应设计使用机械密封。机械密封应符合:机械密封应能满足泵组装和维修时快速安装、更换的要求;机械密封的泄漏量不大于 3mL/h（介质压力不大于 1.0MPa）;泄漏量不大于 10mL/h（介质压力大于 1.0MPa）,工作寿命不低于 8000h。机械密封应有防止弹簧失弹（因泥沙等堵塞）导致密封失效的结构;机械密封的冲洗液应从泵高压区引入,并能回到泵低压区,当输送液体含砂量大时（如海水）,可安装旋液分离器;为提高机械密封的安装可靠性,机械密封应设计成集装式。

4）机带管路

（1）装在柴油机上的管路应可靠地固定和支撑,防止由于振动和冲击损坏而产生漏泄。在机器的可见部位允许使用非金属管段和软管式的管接头。

（2）用于燃油、滑油输送的软管应是外有耐腐蚀钢丝编织套的聚四氟乙烯管。接头应是重复使用型,且不需使用专用工具拆装。软管组件应能承受 5 倍泵调定的压力,其爆破压力至少应为 20 倍油泵调定压力。

（3）采用弹性支承的柴油机,其外接管路应用挠性接头。

（4）柴油机排气总管上应装有排气管隔振补偿器。

（5）柴油机与外部系统连接的管路选材应与总体要求相匹配。

（6）管子材料选用可按表 21.25 要求。

表 21.25　船舶柴油机、空压机机带管路材料选型要求

系统名称	材料	
	潜艇	水面舰艇
海水系统	按照舰船海水管系选材要求	按照舰船海水管系选材要求
淡水系统	1Cr18Ni9Ti,HDR 双相不锈钢管	无缝钢管
滑油、燃油系统	无缝钢管	无缝钢管
空气系统	无缝钢管	无缝钢管,紫铜管
排烟系统	按照舰船排烟管选材及防腐技术要求	按照舰船排烟管选材要求
仪表支管	紫铜管	

（7）关于管子流速,在柴油机系统管系设计时,管路中的介质流速在满足设备所要求的最小入口压力和入口流速极限要求下,应针对不同管子材质和管内介质,控制管内流速极限值,以防治因流速的影响而加剧管子的腐蚀,具体要求应符合舰船海水管系及防腐技术要求。

（8）关于机带管路腐蚀余量,在设计管壁厚度时,应考虑腐蚀余量。

5）阀门要求

阀门材料具体选用应符合舰船通用阀门防腐防漏技术要求。

6）密封件要求

密封件（垫片）材料的选择,应根据工作条件、工作介质类型、使用温度以及材料的价格合理选用。密封件（垫片）材料的选用应参照舰船辅机与管路系统垫片选型技术要求执行。

7）密封胶

（1）选用密封胶时,应考虑使用条件、密封垫片材料、密封面状态、介质类型和固化条件。

（2）密封胶主要适用于静密封。密封胶的类型及使用部位可按表 21.26 的要求。

表 21.26 密封胶的类型及使用部位

密封胶类型	应 用 部 位
干性附着型	不经常拆卸部位
干性可剥型	间隙较大、有坡度、振动性较大的部位
非干性黏弹型	经常拆卸、振动和冲击较大的部位,紧急维修和装配流水作业上
半干性黏弹型	经常拆卸、振动和冲击较大的部位
硅酮型	间隙较大、有坡度、经常拆卸、振动和冲击较大部位,维修和装配流水作业上
厌氧型	不经常拆卸的平面密封和螺纹密封面的部位

（3）涂胶要求如下：

① 预处理：除去密封面上的油污、锈物、灰尘、水分,使密封面保持洁净。

② 涂胶：在密封面预处理后进行,应按规定的温度要求,一般两面各涂厚度为 0.06～0.10mm 的胶层,厚薄均匀。

③ 干燥：含有溶剂的密封胶涂覆后应干燥。干燥时间应根据溶剂种类、胶液类型、涂层厚度而定,一般为 10～20min(不黏手即可)。

④ 贴合固化：应加一定的压紧力,且保持不变,避免错动。

⑤ 检验：涂覆和固化后是否有缺陷等。

⑥ 修整：去除加压固化后挤出的胶液及滴落在非密封面上的胶液等。

6. 缸套阻水圈

（1）柴油机汽缸套阻水圈(O 形橡胶密封圈)的材料应尽可能选用压缩永久变形值小的合成橡胶材料。

（2）缸套阻水圈(O 形橡胶密封圈)表面缺陷最大允许极限值应符合相关标准规定要求。

7. 汽缸垫

（1）柴油机汽缸垫在设计与选用时,应满足导热性好、耐压、持久保持密封性能、使用中变形小的要求。

（2）柴油机汽缸垫的材料与基本结构应根据柴油机功率的大小、增压与非增压的特点合理选择,中小功率的汽缸垫一般选用金属型和包复型;大功率柴油机的汽缸垫应选用复合型或多层金属组合型。

（3）选用汽缸垫时,应测量汽缸垫的厚度符合规定要求,其厚度可根据密封表面的粗糙度、不平度;材料的强度、弹性以及补偿性能等因素进行综合考虑,金属汽缸垫厚度一般在 1.5～2.0mm。

（4）汽缸垫密封,应考虑机体、汽缸套和汽缸盖的结构特点,为保证可靠的密封效果,必须满足：①为保证必要的密封压力,使垫压紧均匀,减少局部变形,缸盖螺栓应均匀布置在以汽缸为中心的同一圆心的圆周上,安装位置离密封面要尽量靠近,并应有足够的强度,以保证缸盖螺栓有足够的拧紧力矩;②确定缸盖螺栓的拧紧力矩,必须合适,能保证缸垫在柴油机最大许用功率工况下可靠地密封高温、高压燃气和温度较高的冷却水、润滑油,同时也不允许使缸套与缸盖之间的密封面产生过大变形而破坏密封性;③缸盖螺栓拧紧力矩应确保均匀、准确,必须使用力矩扳手或可控力矩读数扭力扳手,并制定合理的缸盖螺栓紧固规范;④缸套上端的凸肩结构应合理设计,必须力求减少缸套的变形和弯曲压力,汽缸套装入机体座孔后其凸肩凸出机体顶面的高度应符合标准规定。

8. 活塞环

1）活塞环选用

活塞环选用应满足下列要求：

（1）耐压性能好。

（2）工作可靠,寿命长。

（3）摩擦阻力小,磨损补偿能力强。

（4）应尽量选用具有良好的自润滑性能的材料。

2）活塞环密封

为保证活塞环具有良好的密封性,减小活塞漏气量,活塞环密封应符合下列要求：

（1）保证适当的润滑,减小活塞组件与缸套的磨损。

（2）提高柴油机的装配质量,所有间隙应符合规定要求,装配清洁度好。

（3）装配活塞环时,开口应相互错开,并应让开连杆侧推力方向。

（4）活塞环应具有足够的弹力。

（5）活塞环应进行漏光度检查。

9. 液压强度和密封试验

（1）柴油机承受压力的零部件,应按表 21.27 规定进行液压强度试验。持续时间不少于 5min,不得有渗漏现象。

表 21.27　柴油机承受压力零部件试验压力要求

试 验 项 目	试 验 压 力
汽缸盖冷却腔	工作介质最大工作压力的 1.5 倍
汽缸体水腔、进气管、排气管、增压器冷却腔、冷却器、滤器、水泵和油泵壳体	工作介质最大工作压力的 1.5 倍
高压燃油泵体油腔、喷油器、高压油管	最大工作压力的 1.5 倍
起动及控制空气管路、冷却水、燃油、滑油管路	最大工作压力的 1.5 倍

（2）汽缸盖、汽缸套、活塞承受高压高温部分,应进行 1.5 倍最高爆发压力的液压强度试验。批量生产的产品,在质量稳定的情况下,与订货方协商可抽查进行。

（3）有密封性要求的装配部件,应作密封性试验。密封面、管路接头、法兰等不得漏泄。

10. 防腐、防漏检验

（1）机械密封的检验应符合船舶通用离心泵、旋涡泵防腐防漏技术要求。

（2）柴油机在出厂前,应按照本技术要求及其他相关文件标准要求进行防腐、防漏性能检验。检验结果应满足本技术要求及相关文件标准的规定要求。

（3）对所有检验合格的柴油机应签发产品合格证书。对防腐、防漏检验不合格的柴油机,应采取有效的纠正措施,并应再次检验合格。

21.13.3　空压机防腐防漏技术要求

1. 环境与噪声

（1）空压机设备、附件和系统管路应能在总体设计规定的环境条件下稳定、可靠地工作。

（2）空压机的振动烈度不应超过表 21.28 的规定。

表 21.28　空压机的振动要求

空压机结构形式	振动烈度/(mm/s)
对动式(对称平衡型)	18.0
角度式(L 形、V 形、W 形)、对置式	28.0
立式、卧式	45.0

（3）空压机噪声声压级的测定应符合舰船总体设计规定要求。

2. 气阀组件

（1）对气阀的基本要求为寿命长,阻力小,关闭严密,运动密封元件启闭及时迅速,余隙容积小,结构简单,系列化通用化强,以及安装维修方便。

（2）气阀组件应符合总体设计要求。

3. 环状阀片

1）技术要求

环状阀片的技术要求为产品应符合有关标准的规定要求,并按规定程序批准的图样及技术文件制造。

2）材料要求

（1）环状阀片材料的采用应符合有关规定要求的钢板制造,但经试验鉴定确能保证设计要求的材料允许代用。

（2）当环状阀片采用 4Cr13Mo 钢板制造时,其化学成分应符合有关标准的规定要求。

（3）阀片钢板非金属夹杂物应符合有关标准的规定要求。

（4）环状阀片的两平面的表面粗糙度 $Ra \leqslant 0.2\mu m$,其余按 $Ra \leqslant 0.8\mu m$。

（5）同一环状阀片的厚度差应符合表 21.29 的规定要求。

（6）环状阀片同一直径方向的径向宽度差应符合表 21.30 的规定要求。

（7）环状阀片平面度公差应符合表 21.31 的规定要求。

（8）环状阀片的硬度和金相组织应符合有关标准规定要求。

（9）环状阀片应清除毛刺,端面边缘应倒圆 $R = 0.1 \sim 0.3mm$。

（10）环状阀片成品不应有切痕、擦伤、硬度计压痕以及其他影响疲劳强度的缺陷。

（11）环状阀片应经退磁,精磨后应消除内应力。

表 21.29　环状阀片厚度差

D/mm	厚度差/mm	
	径向（同一侧）	周向
≤140	0.01	0.04
>140	0.02	

表 21.30　环状阀径向宽度差

D/mm	同一直径方面的径向宽度差值/mm
≤140	0.20
>140	0.25

表 21.31　环状阀片平面度公差

δ/mm	D/mm				
	≤65	65~140	140~200	200~300	300~600
	平面度公差值				
>1.5	0.04	0.06	0.09	0.12	0.15
≤1.5	0.08	0.12	0.18	0.24	0.30

3）试验方法和验收规则

（1）环状阀片材料,应有钢厂的质量证明书。

（2）环状阀片的几何形状和外观质量,应经技术检验部门逐片进行验收。

（3）环状阀片的金相组织,应按同炉热处理的阀片每班组成一批进行抽检,抽检的阀片数每批不少于两片。

（4）环状阀片的硬度,应按同炉热处理的阀片每班组成一批,取其中外径最大和最小的各不少于两片进行检验。

3. 填料组件

（1）对填料的基本要求是密封性能良好并耐用。对于这种易损件,设计中应尽量采用标准化或通用化的元件,以便于更换。其基本结构有单面密封圈和锥形密封圈。

（2）密封圈加工表面不得有气孔砂眼、夹渣、裂痕及划伤等缺陷。硬度要求 180~230HB。

（3）平面密封环两端面的平行度在 100mm 长度上应小于 0.02mm,内孔圆度和锥度应小于内径公差之半。密封环在密封盒内的轴向间隙为 0.035~0.15mm。

（4）锥形密封环的 T 形环和前、后锥形环的锥面应同时加工,保证它们与相对应的压紧环或支承环的实际接触面不小于总面积的 75%,并要求接触均匀,前后锥形环直角部分不倒角,密封圈内径公差采用 J7 级配合。

（5）密封圈的边缘应倒棱,去毛刺。

4. 附属设备和管路

1）空气冷却器

（1）空气冷却器的材料选用可参照舰船冷却器选材要求的有关规定执行。

（2）空气冷却器冷却管道的工作压力较高时,应采用先胀接后焊接的连接方法。

2）管系及阀门等

空压机的海水管系,高、中、低压空气管系以及阀门等的技术要求,可参照舰船通用阀门防腐防漏技术要求执行。

3）机带泵

空压机的滑油、海水机带泵及机械密封的技术要求,可参照舰船离心泵、旋涡泵防腐防漏技术要求执行。

5. 耐压和气密试验

1）耐压试验方法

（1）耐压试验介质为温度低于5℃的洁净液体。

（2）将被试零件灌满液体排除空气后,缓慢加压至试验压力,然后进行检查,不应有渗漏和异常变形。

2）气密试验方法

（1）耐压试验合格后方可进行气密试验。

（2）气密试验介质为温度不低于5℃的干燥洁净空气或氮气。

（3）气密试验时将被试零件放入温度不低于15℃的水池中（水应清洁透明）,或外部涂抹发泡液,气体压力应缓慢上升至试验压力,然后进行检查,不应有渗漏。

3）气密试验要求

空压机在符合规定的使用条件下,应能长期、可靠地工作,其主要零部件和主要部位在做耐压和气密试验时应符合下列要求:

（1）机体高压腔、汽缸盖及排气管应经耐压和气密性试验,保压各30min,不应渗漏。

（2）机体低压腔、曲轴箱、曲轴箱侧盖和吸、排气管应经耐压和气密试验,保压各30min,不应渗漏。

（3）汽缸和汽缸盖水路、冷却水腔（套）应经1.25倍工作压力耐压试验,保压各30min,不应渗漏。

（4）密封性试验,在试验压力为1.5倍最大工作介质压力的情况下,检查压缩机所有连接处和阀件不得有"三漏"现象。

（5）空气冷却器的气腔应以不低于1.5倍的最大允许工作压力作密封性试验,保压各30min,不应渗漏。

6. 出厂试验

（1）空压机的出厂试验,在机器运转稳定后,满负荷试验连续运转不少于2h,试验过程中应检查装配质量和零部件相互作用的正确性。

（2）空压机出厂试验合格后,还应按本技术要求及其他相关文件标准要求进行防腐、防漏性能检验。检验结果应满足本技术要求及相关文件标准的规定要求。

（3）对所有检验合格的空压机应签发产品合格证书。对防腐、防漏检验不合格的空压机,应采取有效的纠正措施,并应再次检查。

21.14　舰船通用阀门防腐防漏技术要求

21.14.1　通则

（1）舰船通用阀门"三漏"的防治应从论证阶段开始,直至生产、使用阶段,进行综合防治和实施全过程监督控制。

（2）舰船通用阀门应符合总体设计和本技术要求的规定。

（3）产品应满足合同（或任务书）的要求，产品结构、功能和材料选用上应能有效防治"三漏"；新技术和新材料的应用，必须通过验证和评审。

（4）对舰船的动力和管道流量有影响的主要阀门，应有阀门的流量系数和流阻系数试验数据和曲线表。

（5）使用对阀门性能有影响新材料时，应进行阀门的静压寿命试验和实际工况考核试验。

（6）舰船用阀门，应按不同介质和工况条件选用材料，其阀体、阀杆、阀座及易损件应采用耐腐蚀、耐磨损材料；阀杆、阀座和阀瓣材料的抗腐蚀性能应不低于阀体材料。

（7）各系统用的阀门应分别满足：①蒸汽系统用阀门应根据介质温度和压力应采用不锈钢、碳钢、耐高温合金材料制造。②燃油、滑油、压缩空气系统用阀门应采用镍黄铜、碳钢或不锈钢材料制造。③海水系统用阀门的阀体应采用锡青铜、镍铝青铜、双相钢、钛合金材料制造，阀瓣和阀杆宜采用铝青铜、镍铝青铜、双相钢、钛合金、蒙乃尔合金等材料制造。在 BFe10 - 1 - 1 海水管路中，阀门材料选用参照表 21.32 执行。④阀门垫片的选型、安装形式和验收要求按舰船辅机及管路系统垫片选型技术要求执行。⑤阀门阀杆填料的选型和验收按舰船辅机及管路系统填料密封选型技术要求执行。⑥螺栓和螺母材料应选用腐蚀性能高于阀体材料且强度较高的不锈钢或经表面耐腐处理的优质碳素钢、合金钢。⑦手轮应选用碳素钢铸件和锻件、不锈钢或铜合金。

表 21.32　应用 BFe10 - 1 - 1 管路系统中阀门材料

阀门类型	阀体材料	阀球、阀瓣或阀座材料	阀杆材料
蝶阀	海军黄铜 5% 镍铝青铜 橡胶内衬铸铁（为阀杆提供密封） 铸造 B30 合金	5% 镍铝青铜 铸造 B30 合金 铸造蒙乃尔合金 316 不锈钢	蒙乃尔 400 或蒙乃尔 K500 合金 316 不锈钢 5% 镍铝青铜
截止阀，闸阀或球阀	海军黄铜 5% 镍铝青铜 橡胶内衬铸铁（为阀杆提供密封） 铸造 B30 合金，但禁用橡胶内衬铸铁	5% 镍铝青铜 铸造 B30 合金 铸造蒙乃尔合金 316 不锈钢	蒙乃尔 400 或蒙乃尔 K500 合金 316 不锈钢 5% 镍铝青铜
隔膜阀	橡胶内衬铸铁	橡胶（隔膜）	不接触海水，不重要

21.14.2　阀门连接尺寸与结构

1. 连接尺寸

（1）法兰连接阀门的结构长度应符合 GB/T 11698—2008《船用法兰连接金属阀门的结构长度》或有关产品标准的规定。

（2）阀体与管道连接的法兰尺寸分别应符合 GB569—1965《船用法兰连接尺寸和密封面》或 GB/T 2501—2010《船用法兰连接尺寸和密封面》的规定。

2. 结构

1）阀体和阀盖

（1）阀体和阀盖的材料应按 GB/T 12230—2005《通用阀门不锈钢铸件技术条件》、CB/T 772—1998《碳钢和碳锰钢铸件技术条件》、GB/T 12225—2005《通用阀门铜合金铸件技术条件》的规定，阀体和阀盖承压件的最小壳体壁厚应满足 CB/T 3927—1999《船用铸造阀件壁厚》的规定。

（2）组合式阀体其连接处强度不得低于法兰连接或焊接连接的强度。

（3）阀体和阀盖应具有足够的强度和刚度，在操作阀门时不允许有弹性或塑性的变形发生。

（4）阀体的流道面积应满足：①闸阀的流道阀座内径应与阀体通径一致。阀门全开时，闸板的下端应高于阀体流道内径（平行式双闸板除外）。②截止阀、升降式止回阀和旋启式止回阀的阀座内径应与阀体通径一致，体腔内各处流道截面积不得小于阀座内径的截面积。③旋启式止回阀的阀体必须设有阀瓣开启的限位机构,以便介质逆流时易于关闭。④截止阀和升降式止回阀在全开时阀瓣的开启高度应大于阀门通径的 1/4 ~ 1/3。⑤蝶阀的最小通径不得小于公称通径的 92%。⑥球阀的流道不论是否缩径应都是圆的,缩径后最小尺寸不得小于下一挡的阀体公称通径。

(5) 阀座与阀体之间连接应满足:①采用螺纹、胀接或焊接等形式,应保证在使用过程中不产生松动和不发生渗漏。②在阀体上堆焊,其堆焊层在加工后应不小于 2mm。③对于铜合金或不锈钢阀门可在阀体上直接加工。④螺纹式阀座的必须有具有凹槽等便于装卸的结构。螺纹尺寸应符合 GB/T 196—2003《普通螺纹基本尺寸》的规定。⑤阀座在装配时,严禁采用密封剂,允许使用轻质润滑油。

(6) 闸阀和截止阀的阀盖上应有上密封结构。碳钢阀门阀盖的上密封座可采用衬套镶在阀盖上或直接堆焊在阀盖上。铜合金或奥氏体不锈钢阀门阀盖的上密封面,可直接加工。

21.14.3 密封副

(1) 阀门密封的密封副可采用金属密封副(金属对金属密封)、弹性密封副(非金属对金属密封、固体或半固体油脂类组成的密封副)或非金属密封副(衬胶或衬氟塑料)中的一种,但密封性能和使用寿命必须满足阀门的使用条件要求。

(2) 铜合金或奥氏体不锈钢材料的闸板、阀瓣的密封面可在闸板、阀瓣上直接加工。也可在闸板、阀瓣上堆焊其他金属或金属密封环内外边焊接,采用堆焊方式其堆焊层在加工后不小于 2mm。

21.14.4 阀门的关闭件

1. 闸阀闸板

闸阀的闸板应满足以下要求:

(1) 闸板可以采用楔式刚性闸板、楔式弹性闸板、楔式双闸板或平行式双闸板。

(2) 闸阀的阀座和阀板密封面应有足够的宽度并成比例。闸板密封面中心必须高于阀体密封面中心,当闸板密封面磨损时,关闭位置下降,阀座和阀板密封面仍应完全吻合。闸板的磨损裕量(图 21.87)不得小于表 21.33 的规定。

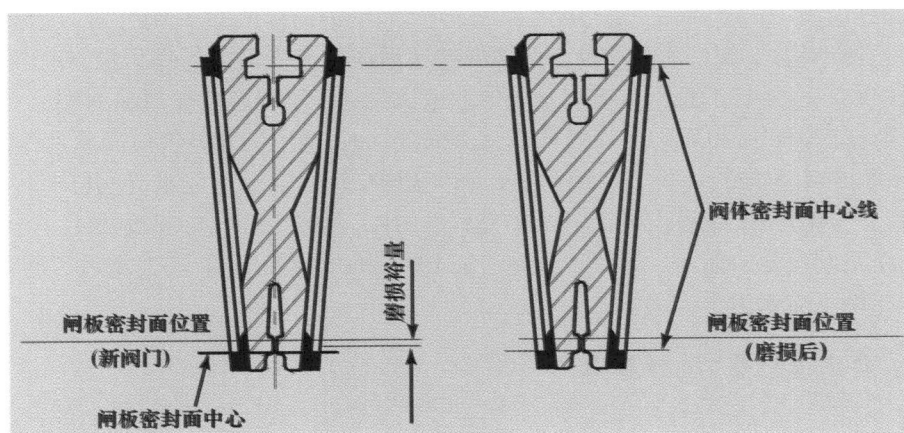

图 21.87 闸板密封面磨损裕量示意图

表 21.33 闸板的磨损余量

公称通径 DN/mm	磨损余量/mm	公称通径 DN/mm	磨损余量/mm
25 ~ 50	2.3	200 ~ 300	6.4
65 ~ 150	3.3	350 ~ 400	9.7

2. 截止阀、截止止回阀和升降式止回阀的阀瓣

截止阀、截止止回阀和升降式止回阀的阀瓣应满足以下要求:

（1）截止阀、截止止回阀和升降式止回阀的密封面可采用平面、锥面或球面等形式。

（2）截止阀阀瓣与阀杆的连接,应必须保证操作时转动灵活,阀门关闭时,阀瓣与阀座的密封面应能自如的关闭和严密地吻合。如采用阀瓣盖连接,应采取防松措施,保证螺纹处不产生松动。

（3）截止止回阀和升降式止回阀的阀瓣应有可靠的导向机构,保证阀门关闭时,阀瓣与阀座的密封面能自如的关闭,不应产生卡阻现象。

3. 阀瓣和摇臂的连接

旋启式止回阀的阀瓣和摇臂的连接必须转动灵活,密封严密,其连接处应有防松结构,以免在使用中发生脱落。

4. 球阀的球体

球阀的球体应满足以下要求:

（1）球体的通道应是圆形的,球阀全开时应保证球体通道与阀体通道在同一轴线上。

（2）球体与阀杆的连接面应能承受最大的操作扭矩,使用时接触表面不应有塑性变形或损坏现象。

5. 蝶阀的蝶板

蝶阀的蝶板应能承受介质任意方向流动时,介质作用在蝶板上的设计允许最大压差（或公称压力）的1.5 倍负荷。

21.14.5 阀杆与阀杆的螺母、轴承

（1）阀杆与阀杆螺母应是梯形螺纹传动,梯形螺纹应符合 GB/T 5796—2005《梯形螺纹》的规定,旋合长度不得小于 1.4 倍的阀杆直径,直接用手轮操作的阀门应是采用左旋螺纹。

（2）闸阀和截止阀的阀杆应有一个圆锥形或球形的上密封面,当阀门全开时与阀盖的上密封座吻合且能密封。

（3）截止阀的阀杆与阀瓣可采用阀瓣盖连接,但螺纹处不得松动,并要有锁紧机构,也可采用其他的连接形式,在操作时必须转动灵活。

（4）旋启式止回阀摇杆和摇杆轴应使阀瓣转动灵活。

（5）球阀的阀杆应满足:①球阀的阀杆应设计成在介质压力作用下,拆开阀杆密封挡圈（如填料压盖）时,阀杆不至于脱出的结构;②阀杆的截面及与球体的连接面应能经受最大操作扭矩,使用时接触表面不应有塑性变形或损坏现象;③阀杆的顶部应有表示球体通道位置的指示标志或在顶部刻槽。

（6）蝶阀的阀杆与阀杆轴承应满足:①蝶阀任意方向流动时,蝶阀的阀杆都应能承受介质在蝶板上的最大压差（或公称压力）的1.5 倍的负荷。在试验过程和使用中,蝶阀轴承应能承受阀杆所传递的最大载荷。②阀杆可以设计成一个整体轴,也可以设计成两个分离的短轴,其嵌入轴孔的长度应不小于轴径的1.5 倍。应有可靠的轴封,防止阀杆处的泄漏。③对于公称通径 DN≥350mm 的蝶阀,应选用适当的轴承以承受阀杆的轴向推力,弹簧挡圈不应作为止推用。

21.14.6 填料、带孔填料垫、填料压盖

（1）填料函的填料应在压盖未压紧之前全部装满,填料为方形或矩形等。需切口安装填料时,切口应切成 45°并将切口按 120°交叉进行安装。

（2）公称压力 PN≤2.5MPa 的阀门,填料函的深度应不少于四圈的填料高度。

（3）公称压力 PN≥4.0MPa 的阀门,填料函的深度相当于带孔填料垫的高度加上不少于上面四圈和下面两圈的填料高度。

（4）公称压力 PN≤2.5MPa 的阀门不提供带孔填料垫。公称压力 PN≥4.0MPa 的阀门,必须在可提供带孔填料垫。

21.14.7 阀门静压寿命试验

各类阀门静压寿命试验次数应符合表 21.34 规定。

表 21.34 各类阀门静压寿命试验次数

阀门品种	密封形式	公称通径(DN)/mm	试验次数
铜制闸阀	金属密封	≤150	2500
		200～400	2000
	弹性密封	≤150	3000
		200～400	2500
钢制闸阀	金属密封	≤150	4000
		200～400	2500
铜制截止阀 铜制截止止回阀	金属密封	≤150	4000
		200～400	2500
	弹性密封	≤150	3000
钢制截止阀	金属密封	≤150	4000
		200～400	2500
	弹性密封	≤150	3000
铜制球阀	弹性密封	≤100	3000
钢制球阀	弹性密封	≤100	10000
蝶阀	弹性密封	≤150	10000
		200～400	8000

注:1. 金属密封指密封副材料是金属－金属;
  2. 弹性密封指密封副材料是金属－非金属或非金属－非金属

21.14.8 阀门的检验规则

1. 出厂检验和型式检验项目

通用阀门的出厂检验和形式检验项目应符合表 21.35 的规定。

表 21.35 阀门的检验与试验项目要求

检验与试验项目	检验规则		技术要求
	出厂检验	形式检验	
壳体试验	√	√	按 GB/T 600—2008《船舶管路阀件通用技术条件》的要求
密封试验	√	√	按 GB/T 600—2008《船舶管路阀件通用技术条件》的要求
外观检查	√	√	按 GB/T 600—2008《船舶管路阀件通用技术条件》的要求
化学成分	√	√	按 GB/T 600—2008《船舶管路阀件通用技术条件》的要求
力学性能	√	√	按 GB/T 12230—2005、CB/T 772—1998、GB/T 12225—2005 的要求
装配质量检查	√	√	应连接牢固,启闭灵活,无卡阻
阀门流量性能	—	√	按 JB/T 5296—1991《通用阀门流量系数和流阻系数的试验方法》的规定
阀门静压寿命试验	—	√	按表 21.34 要求

注:蝶阀产品还有一项的蝶板与阀轴承压能力试验的形式检验项目

2. 出厂检验

每台阀门必须进行出厂检验,出厂检验项目及技术要求按表 21.35 的规定执行。

3. 形式检验

1) 形式检验要求

有下列情况之一时,一般应进行形式检验:

(1) 新产品或老产品转厂生产的试验定型鉴定;

（2）正式生产后,如结构、材料、工艺有较大改变,可能影响产品性能;

（3）正式生产时,定期或累计一定量后,应进行一次检验;

（4）产品长期停产后,恢复生产;

（5）出厂检验结果与上次型式检验有较大差异;

（6）上级机关或订货方有要求。

2）抽样

型式检验采取从生产厂检验合格的库存或已供给用户但未经使用的产品中随机抽取,抽样数量和方法按 GJB 179A 的规定执行。到用户抽样时,供抽样的产品数量不受限制。

21.15 舰船辅机及管路系统密封填料选型技术要求

21.15.1 产品分类

（1）舰船用阀门填料环基本参数按 JB/T 6617—2017《柔性石墨填料环技术条件》标准执行。

（2）舰船用碳化纤维浸渍聚四氟乙烯编织填料按 JB/T 6627—2008《碳（化）纤维浸渍聚四氟乙烯编织填料》标准执行。

（3）舰船用柔性石墨编织填料按 JB/T 7370—2014《柔性石墨编织填料》标准执行。

（4）舰船用聚四氟乙烯编织填料按 JB/T 6626—2011《聚四氟乙烯编织盘根》标准执行。

（5）舰船用芳纶纤维、酚醛纤维编织填料按 JB/T 7759—2008《芳纶纤维、酚醛纤维编织填料》标准执行。

（6）舰船用碳化纤维/聚四氟乙烯混编按 JB/T 8560—2013《碳化纤维/聚四氟乙烯编织填料》标准执行。

21.15.2 选型要求

1. 品种及其适用范围

填料品种及其适用范围见表 21.36。

表 21.36 填料品种及适用范围

填料名称	温度/℃	压力/MPa	酸碱度(pN 值)	线速度/(m/s)	适用介质
碳（化）纤维编织填料	260 300 345	20 25 25	2~12 1~14 1~14	2~20 2~25 2~25	热水、蒸汽、油类、有机溶剂 酸、碱类介质、石油化工产品
聚四氟乙烯编织填料、环形填料	260 260 260 260	30 30 15 30	0~14 0~14 0~14 0~14	2~8 2~10 1~5 2~20	各种强腐蚀性介质
柔性石墨编织填料	450 600	25 26	0~14 0~14	0~20 0~20	蒸汽、油类、热交换液、酸、碱、有机溶剂等介质
芳纶纤维编织填料	260	25	2~13	0~15	水、蒸汽、有机溶剂、酸碱等
酚醛纤维编织填料	250	20	2~12	1~8	蒸汽、石油产品、酸、碱及有机溶剂等
聚四氟乙烯碳化纤维混编填料	260	25	2~12	1~15	蒸汽、油类产品、化工产品
柔性石墨填料环	850	25	0~14	0~30	热水、高温蒸汽、热交换液、有机溶剂、油类产品、化工产品等
柔性石墨复合填料	550	25	2~12	1~15	蒸汽、油类、热交换液、石油产品、化工产品等

2. 优先选型原则

（1）应考虑使用因素。在使用工况条件不同的情况下,在各类泵使用中填料应优先选用耐磨性能好、摩擦系数低的密封填料,如碳(化)纤维编织填料和芳纶纤维编织填料。在阀门中使用,可考虑选用,柔性石墨填料环、聚四氟乙烯编织填料。

（2）应考虑拆装及效果。绳状编织填料易于装拆,且规格品种少,一种规格的填料在大、小填料函中均可使用,便于储存填料的备品备件。因此,在舰船上推荐使用绳状编织填料。

（3）优先选用原则见表 21.37。

表 21.37　舰船辅机及管路系统优先选用填料

介质系统	工作压力 /MPa	工作温度 /℃	选用填料		说明
			泵	阀门	
液压油系统、航空煤油系统	≤10.0	≤100	① 聚四氟乙烯石墨编织填料(SFPS/260); ② 碳化纤维编织填料; ③ 聚四氟乙烯碳化纤维混编填料	① 柔性石墨填料环; ② 聚四氟乙烯带编织填料(SFP/260); ③ 聚四氟乙烯模压成形填料	
燃油系统滑油系统	0.2~0.3	≤60	① 碳化纤维编织填料; ② 聚四氟乙烯石墨编织填料(SFPS/260); ③ 聚四氟乙烯割裂丝编织填料(SFGS/260)	① 柔性石墨填料环; ② 柔性石墨编织填料; ③ 聚四氟乙烯带编织填料(SFP/260)	
海水、淡水、饮用水、空气、惰性气体、锅炉药剂系统	≤16	≤100	① 聚四氟乙烯石墨编织填料(SFPS/260); ② 碳纤维编织填料; ③ 芳纶纤维编织填料	① 柔性石墨编织填料; ② 柔性石墨填料环; ③ 聚四氟乙烯带编织填料(SFP/260)	
蒸汽系统	<6.4	≤510	① 柔性石墨编织填料(金属丝增强); ② 石墨纤维填料; ③ 柔性石墨复合填料	① 柔性石墨填料环; ② 柔性石墨编织填料	排烟系统参考蒸汽用填料

21.15.3　检验规则

（1）密封填料进货检验项目包括规格及尺寸偏差、体积密度、外观质量。

（2）生产企业每年至少应对产品进行一次型式检验。

参考文献

[1] 宋晓松. 液压与气动传动[M]. 北京:科学出版社,2007.

[2] 刘延俊. 液压与气动传动[M]. 北京:机械工业出版社,2010.

[3] 王虹斌,赵进刚,王曰义. 舰船冷却设备腐蚀特点及选材[J]. 腐蚀科学与防护技术,2004,15(1): 54,55.

[4] 王曰义. 海水冷却系统的腐蚀及其控制[M]. 北京:化学工业出版社,2006.

[5] 高翔. 舰船辅助机械[M]. 北京:国防工业出版社. 2005.

[6] 贺小型. 潜艇结构[M]. 北京:国防工业出版社,1991.

[7] 赵永甫,李炜. 舰艇概论[M]. 北京:海潮出版社,2004.

[8] 喻晓忠. 浅谈电厂冷却设备管材的金属腐蚀问题及防护措施[J]. 北京电力高等专科学校学报(自然科学版),2011,28.

[9] 雷冰,胡胜楠,等. 船用铜质海水冷却设备的牺牲阳极阴极保护[J]. 材料保护,2016,49(10):27-30.

[10] 强海宏,薛小平,等. 催化裂化装置柴油系统腐蚀原因分析[J]. 化学工程与装备,2014(10):45-48.

[11] 陈让曲,赵声玉. 阀门的泄漏与控制[J]. 通用机械,2005(2):11-14.

[12] 张百麟. 阀门泄漏的原因分析及其设计选型的优化[J]. 石油化工环境保护,2003,26(2):60-63.

[13] 夏琼. 石油企业阀门泄漏的原因分析及对策[J]. 石油化工设备技术,2005,26(2):23-25.

[14] 谢义水. 舰载电子设备的三防设计[J]. 机械工程学报,2007,43(1):83-86.

[15] 田小平,周超英,李和战. 舰船电子设备的结构设计[J]. 电子测量与仪期学报,2006(增刊):702-704.

[16] 冯刚英. 舰船电子设备结构的"三防设计"[J],电讯技术,2002,42(3):66-69.

[17] 张磊. 舰船电子设备的三防设计[J]. 探测与定位,2007,1:53-55.

[18] 赵进刚,方志刚. 新型密封填料在舰船上的使用和维护[J]. 船舶工程,2000(4):52-54.

[19] 胡旭晟,张晓侠,郑卫刚. 新型密封填料的应用[J]. 机械制造,2013,51(7):54-56.

[20] 李江. 舰船艉轴密封填料的试验研究[J]. 流体机械,2006,34(7):6-10.

[21] 齐东华,姜晓燕,等. 舰船艉轴密封技术应用研究[J]. 流体机械,2002,30(5):5-7.

[22] 刘海涛,郭文勇,等. 新型艉轴填料密封结构的设计及试验研究[J]. 润滑与密封,2011,36(10):93-97.

[23] 方志刚,赵进刚,李鲲. 一种新型的舰船泵用机械密封[J]. 船舶工程,2001(2):38-40.

[24] 俞志君,唐晓晨,等. 船用离心泵密封性能与安全运行技术分析[C]. 中国机械工程学会年会暨中国工程院机械与运载工程学部年会,2006.

[25] 王式挺,潘晓平. 船用离心泵外泄漏问题的探讨[J]. 江苏船舶,2005,22(5):17-19.

[26] 吴仁荣,马群南. 船用海水泵的机械密封故障分析及对策[J]. 流体机械,2005,33(1):45-47.

[27] 孙卫平,马群南,等. CB/T 3721 船用卧式离心泵标准的修订[J]. 船舶标准化工程师,2015,48(5):21-23.

[28] 马青华,龚高平,周建奇. 舰船锅炉的腐蚀现状与原因分析[J]. 中国修船,2000(3):28-30.

[29] 周强泰. 锅炉原理[M]. 北京:中国电力出版社,2007.

[30] 陈国琳,刘义成,等. 舰船液压系统螺纹接头防泄漏分析及其改进[J]. 舰船科学技术,2003,25(5):78-80.

[31] 张明兴. 海水系统管道过滤器腐蚀失效原因及对策研究[J]. 新技术新工艺,2007(7):115-117.

[32] 谭宁. 海水泵过滤器腐蚀原因分析及修补措施探讨[J]. 中国新技术新产品,2013(19):126.

[33] 柴镇江. 某型舰海水系统腐蚀泄漏情况分析[J]. 船舶,2004(2):37-39.

[34] 查长松,胡德明. 舰船用冷凝器冷却管腐蚀寿命的可靠性探讨[J]. 热能动力工程,1999,1(14):24-26.

[35] 何江清,姜晓燕,黄佳典. 舰用锅炉防腐治理[J]. 船机维修,2005,3:351-353.

[36] 万勇辉,王志雄. 水冷型艉轴的腐蚀形态及防护措施[J]. 中国修船,2006,19(5):21,22.

[37] 李宪平,张学军. 舰船防腐蚀防"三漏"的主要方法[J]. 科技与装备,1999,10,59-60.

[38] Ministry of Defence Standard 02-781. Protection of Seawater System Pipework and Heat Exchanger Tubes in HM Surface Ships and Submarines[S]. 2009.

第22章 舰船全寿命周期防腐防漏工程实施

舰船防腐防漏工程是跨学科、多专业的综合性技术,贯穿于舰船论证、设计、建造、使用、维护、修理全过程,是一项庞大的系统工程。舰船防腐防漏涉及各专业、各系统,需要有领导、有组织、有计划、分阶段地进行,同时需要组织各方面的专家共同工作,要非常重视技术规范和标准的制定,按照在设计、建造、使用、维护全过程不同阶段制定的防腐防漏文件。例如:方案论证阶段,防腐防漏系统设计要求和实施计划;技术设计阶段,防腐防漏设计指南、材料选用指南,表面技术规范选用指南,结构细节设计细则;建造生产阶段,防腐防漏建造工艺要求,质量保证系统防腐防漏职责规范;使用维护阶段,防腐防漏使用维护大纲,防腐防漏故障反馈系统及处理。

总的来说,舰船防腐防漏是传统而又新兴的学科,内容丰富、技术复杂、环节众多,它与舰船的强度设计、可靠性和维修性等"六性"设计一起共同保证了舰船结构和系统的完整性,使舰船朝着"长寿命、高可靠、良好的使用维修性"方向发展。

22.1 舰船防腐防漏工作的组织

22.1.1 工作流程

舰船防腐防漏工作的效果在很大程度上与制定防护方法、产品设计、生产和使用时工作的组织水平有关。这些问题对造船工业特别重要,因为造船厂和修船厂的大部分工作人员都缺乏防腐防漏方面的知识,在有些情况下,甚至在设计、建造和使用舰船时,对防腐防漏工艺要求考虑不足。

根据在舰船防腐防漏工作积累的经验,可以提出一些关于如何组织设计、建造等各阶段的防腐防漏工艺的意见。防腐防漏工作的组织应解决以下几个基本任务:

(1)了解掌握业主关于本型舰的寿命剖面、维修周期要求,提出并制定舰船防腐防漏顶层设计要求。

(2)搞好舰船的防腐防漏设计,包括材料选型设计、结构优化设计。

(3)制定有关采用材料和防腐防漏方法的标准和施工工艺文件,并制定必要的规定,以便执行者正确地执行。

(4)掌握新材料、新工艺过程,进行有效的施工。

(5)对防腐防漏工作的完成情况,要组织系统的检查,其中既包括生产检查员们的日常检查,也包括研究人员、设计人员、工厂施工人员对这项工作的专门检查。

(6)研究产品的生产和使用经验,以便确定通过进行相应的科学研究工作来进一步发展舰船防腐防漏技术。

舰船腐蚀控制流程如图22.1所示。

22.1.2 一般原则

腐蚀是指材料与环境介质发生化学、电化学或物理作用而导致材料功能损伤的现象。腐蚀防护与控制,是指人们在掌握了材料在环境介质中的腐蚀规律和反应机制的基础上,为使材料的腐蚀破坏限制在一定范围内或降低到最小限度,所采取的预防性或长期性防护方法及技术措施,腐蚀防护与控制的核心是腐蚀科学与防护技术的融合。其一般性原则可归纳为三点:技术可靠;经济合理;管理有效。

腐蚀防护与控制是一项系统工程,通常由设计制造过程中的系统性防护控制,以及运用专门技术措施进行的腐蚀防护与控制两大部分组成。其中,设计制造过程中的系统性防护控制又包括:

(1)设计过程中的腐蚀防护与控制;

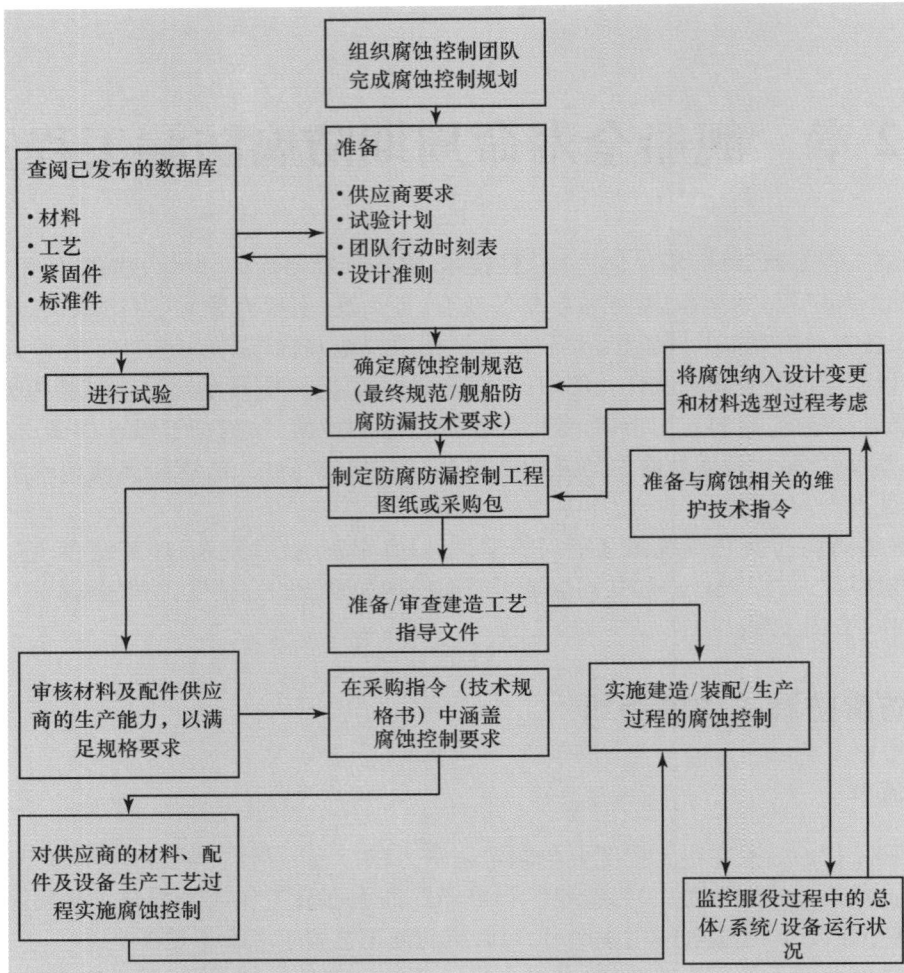

图 22.1　舰船腐蚀控制流程

（2）加工制造过程中的腐蚀防护与控制；

（3）安装、调试、运行过程中的腐蚀防护与控制。

系统性腐蚀防护与控制,是指设备设施的设计、制造、运行、维护、保养及封存等各个环节过程中的腐蚀防护与控制。其中,设计与制造过程中的腐蚀防护与控制是整个系统工程建设的首要环节。

22.1.3　顶层组织要求

1. 一般要求

防腐防漏工作应贯穿于舰船研制、生产和使用的全过程,纳入装备管理的主渠道。设计单位、承制单位在质量管理体系的基础上,结合舰船研制工程实际,建立相应的管理组织,制定管理制度,保证各项工作在组织、协调、审查中落实。

2. 工作计划和大纲要求

（1）舰船总体和系统设计责任单位应制定防腐防漏工作计划。

（2）工作计划应明确并合理安排所要完成的防腐防漏工作项目、实施细则、工作进度;说明各类工作之间以及与其他研制工作的协调关系、信息收集、传递要求、试验计划等。

（3）总体设计单位应在方案设计和深化方案设计结束前完成防腐防漏控制大纲制定工作。防腐防漏大纲应包括防腐防漏设计流程、制度要求、设计准则,以及总体向船体、舾装、系统和设备等分解的设计定量和定性要求等。

3. 设计与分析

（1）总体和系统责任单位在研制工作前期,应做好防腐防漏要求的分解工作。

（2）总体设计单位应从协调性、兼容性、匹配性、有效性等方面，分析全舰防腐防漏工作的落实情况，找出潜在的薄弱环节，并进行改进设计。

4. 管理与控制

（1）为有效推动工作，落实要求，确保防腐防漏工作与研制同步，总体到主要设备的各级承制单位应落实便于管理的相应组织和人员，制定管理制度，根据各阶段的任务重点，合理安排、协调开展防腐防漏工作，做到全过程的计划和协调管理。

（2）总体和系统在各研制阶段，尤其是转阶段评审时，应将防腐防漏按要求和有关规定作为评审内容之一。

（3）承制单位对分承制单位提出明确的防腐防漏要求，具体要求应落实到技术规格书中。

（4）设计单位应明确规定对防腐防漏产生影响的元器件、零部件和原材料选用的品种、规格和供货渠道，应优先选用军方要求的元器件。

5. 试验与评价

（1）应采取抽查方式，对全舰涂层质量进行检查和测试评估。

（2）应采取全检方式，对全舰防腐蚀电绝缘装置的绝缘电阻进行测试和效果评估。

（3）应采取抽查方式，对密封法兰、接头、阀门阀杆的密封情况进行检查；采取全检方式，对全舰泵、艉轴等轴封处密封情况进行检查、评估。

（4）应采取抽查方式，对典型海水管路的流速进行流速测试、评估。

6. 研制各阶段防腐防漏工作重点

（1）在方案及深化方案阶段，总体设计单位应在建立防腐防漏管理组织机构、制定防腐防漏设计规范性文件和制度的基础上，编制防腐防漏控制大纲，开展全舰防腐防漏分析工作，向系统和设备提出定量和定性要求；制定防腐防漏设计计划，开展防腐防漏设计；将防腐防漏试验计划落实到相关试验大纲中。

（2）在技术设计阶段，总体设计单位应修订防腐防漏控制大纲，全面开展防腐防漏设计，结合总体设计评审工作对本阶段防腐防漏工作评审。

（3）在舰船施工设计阶段，施工设计责任单位应进一步对防腐防漏设计修改完善，制定防腐防漏工艺文件，将有关防腐防漏要求落实到相关施工工艺文件中，对本阶段防腐防漏工作进行评审。

（4）在舰船建造验证阶段，除正常的对材料加工、分段建造与组装、焊接、涂装、密性等检查试验项目外，建造单位和驻厂军事代表室应对码头设备安装阶段船体杂散电流防护工作和船体电位检查，开展阴极保护装置试验、典型海水管路的流速摸底测试试验、电绝缘装置绝缘状态测试试验。

（5）总体设计单位应制定新造舰船的防腐防漏控制手册，作为完工文件供部队使用。防腐防漏控制手册内容包括：①全舰寿命剖面；②全舰防腐防漏措施明细表及具体部位；③防腐防漏措施使用维护原则工艺和要求等。

7. 使用阶段防腐防漏控制要求

（1）舰船交付后，舰船使用管理部门应按照《防腐防漏控制手册》编制《防腐防漏维修管理实施细则》，定期组织对使用、维护、修理过程中的防腐蚀工作进行检查，以保证使用、维护、修理过程中防腐防漏技术、措施以及工作的继承性、延续性。

（2）舰船使用管理部门，应定期检查外加电流阴极保护装置和电解防污装置是否处于有效工作状态，对辅助阳极、参比电极、阳极屏蔽层的状况进行检查；定期检测船体电位以评估牺牲阳极的消耗情况；定期检查船体各部位的涂料完好情况和腐蚀状况。

22.1.4　顶层设计要求

（1）应以舰船设计使用寿命和修理间隔期为基本输入，有效、协调地开展舰船的总体、系统、设备的防腐防漏设计工作。

（2）应在全寿命期内对船体、管路系统、设备和舾装实施有效的防腐防漏措施，并采取相应的监检测手段，控制腐蚀泄漏危害，避免造成对船体、管路系统、设备和舾装的战术技术指标和舰船安全性的影响。

（3）舰船防腐防漏技术指标的提出应满足舰船战术技术性能和安全性的要求,设计上应尽量使舱室环境得到改善,保证管路系统和设备的正常运行。

（4）舰船防腐防漏技术指标应与腐蚀防护对象的使用寿命匹配,保证船体、管路系统和设备在各自的寿命周期内不因腐蚀影响其使用功能和技术性能。

（5）总体设计和系统研制单位应将防腐防漏技术指标按照舰船全寿命周期的要求逐级分解至各关键设备、管路和附件,作为研制过程开展防腐防漏定量设计的依据。

（6）在设计中应控制与防腐防漏有关的设计参数,避免反复修改。各种防腐防漏措施应具有兼容性,不应互相排斥。

（7）防腐防漏设计应根据舰船全寿命周期的使用维护要求,兼顾舰船交付使用以后防腐防漏措施维护修理、备品备件更换等工作特点,开展维修性设计。

22.2　任务评估与方法确定

经过数十年的发展,我们大家都能认识到,设计对舰船防腐防漏效果的重大影响,舰船结构的寿命在很大程度上与设计时的正确地完成已解决耐蚀性为主的主要任务有关。这些主要任务有:

（1）全舰相关总体、系统、设备关于防腐防漏工作之间的关系分析和评估,从系统工程角度进行全舰防腐防漏顶层设计和全寿命周期设计;

（2）对局部腐蚀介质对舰船结构的侵蚀性进行评价;

（3）选择性能稳定的材料制造零部件,确定使用周期保证其稳定性的条件,或者采用不稳定的金属但要选择防止零部件腐蚀的措施;

（4）排除连接零部件和组合件所出现的可能不良影响;

（5）确定结构构件的合理形状和布置;

（6）确定合理的工艺以及工艺顺序,保证设计方案的落实和避免交叉影响。

22.2.1　腐蚀介质对舰船结构侵蚀性的评定和预估

设计之初,设计师要对腐蚀介质、腐蚀环境进行评估。腐蚀介质对结构的侵蚀性在舰船建造期间和使用时的确定是很重要的,侵蚀性取决于腐蚀介质的种类和腐蚀介质对结构的作用条件。在设计时必须考虑海水及其与淡水、燃料油、滑油等混合物对腐蚀影响的特点。如在全浸时,流动的海水不静止海水腐蚀性大;但当氧的供应充分时,长时间停滞不动的水或者水的混合物也具有高的侵蚀性;在加热的水中,特别是在热交换器表面上,腐蚀明显加剧;虽然不同深度海水中氧含量变化不大,但是压力变化特别是海水压力交变可能会加速腐蚀防护系统的破坏,从而加速海水对船体结构的腐蚀。

腐蚀介质的不均匀作用,在许多情况下会促进腐蚀发生及进程。比如,水流的局部涡流,水的局部停滞,在表面不同部位氧浓度的不同,沉积在结构表面的各种沉积物的屏蔽和腐蚀作用,温度条件的局部差异,水的间浸和干燥,在海水与海洋大气干湿交替的环境中结构钢的表面腐蚀可能加快。

经常受水流冲刷的船舶设备、管道和仪器的零部件、组合件的设计和制造,应该考虑使水流对结构表面的作用尽可能地均匀,不允许突然地改变水流截面,或者对被冲刷表面的个别部位局部供给新鲜的富氧水。对于船体内部结构,主要的侵蚀介质是在温度较低的表面上的凝结水,高温管路包覆材料内部会受到海洋大气中盐分积聚的腐蚀影响。

22.2.2　材料的选择及与防腐防漏方法的确定

1. 选材与方法选择的意义

船体、管路、设备零部件材料的选择应该考虑如下因素:一是腐蚀介质的侵蚀性;二是对于该结构、该零部件采取保护措施的可能性;三是采用耐蚀金属和不耐蚀金属方案的耗费的技术经济分析。在我们看来,决定所设计结构稳定性的方法的基本准则是防护可靠性,以及全寿命周期费用。研制建造时,这些费用主要根据工作量和材料的价格来确定,而使用时,还要加上船舶进坞的损失。在后一种情况下,民用船舶除了船舶的费用之外,船舶在进坞或修理时的停航时间造成了很大的损失,而作为军事用途的舰船来说,进坞修理不仅造成了军事损失,而且因为装载了大量的武器电子设备,材料费用在全船的占比更小,其间接的经济损失更大。根据这个道理,对于舰船结构来说,应该尽可能地采取在海水/海洋大气中性能稳定的金属,或实施工作量不大而且简单的保护措施。应该从全寿命周期角度计算材料费的增加给后期维护、修理费用的减少,何况军事意义与经济效益不是一个层面的问题。

一般来说,从防腐防漏技术角度出发选择舰船船体结构钢的可能性较小,因为舰船船体结构钢是一个国家技术水平的体现,非一个型号一艘船能左右得了的事情,也就是说有什么材料就造什么样的舰船。对于船体结构,设计者能决定的是船体结构腐蚀裕量、船体配套结构材料、舾装材料、管路系统材料辅助设备材料,以及与这些材料、结构相配合的防腐防漏方法。耐蚀金属材料、高性能材料的采用给装备带来的好处,不是一时一舰能体会到的,过去设计者往往拘于控制初始造船价格的考虑选择低档次、价格便宜的金属,殊不知给国家造成了更大的浪费。

我们认为,船体结构材料选择需要基于国家材料战略发展和状况,在主船体材料确定以后,主船体配套结构材料、舾装件材料、主要管路系统和设备材料需要从高到低进行选择,也就是说将高耐蚀的材料作为首选。除非这种材料技术成熟度不高、工艺过于复杂或者影响主船体耐蚀等带来除费用之外的更多的弊病。结构材料如此,涂层、密封材料等防腐防漏材料也是如此。

2. 正确选材

美国海军研究局(ONR)的研究报告指出,选材不当是腐蚀问题产生的首要原因。正确选材,是指根据产品设备的设计使用功能、工作介质及使用环境和工况条件,选用合理的材料。正确选材是一项复杂而细致的工作,既要考虑材料的结构、性质及加工过程中可能发生的变化,又要考虑工艺条件及其服役过程中可能发生的变化;既要满足设备性能的设计要求,又要考虑技术上的可行性和经济上的合理性,力求做到选材的经济性与可靠性。

正确选材的原则和步骤是关系到设备腐蚀防护与控制有效性与可靠性的首要环节。其基本原则包括下述几点:

1)全面考虑材料的综合性能与服役环境介质、工况条件的适配性

对于设备材料的综合性能,除考虑材料力学性能(强度、韧性、硬度等)、物理性能(耐热性、导电性、光学性、磁性、密度等)、加工性能(冷加工及热处理)和经济性以外,尤其需要重视材料在各服役环境及介质中的耐蚀性。对于关键零部件和经常维修或不易维护的零部件,应首选耐蚀性优良的材料。对于提高材料强度与耐蚀性下降存在矛盾的情况,应考虑其综合性能的提升。在强度尚可允许的情况下,有时宁可牺牲某些力学性能也要满足耐蚀性要求。

设备选材除材料的综合性能以外,其与服役环境介质和工况条件的匹配性也是应优先考虑的重要因素。对于不同服役环境下的设备选材,通常遵循特征适用性优先原则。例如,铅用于稀硫酸,钢用于浓硫酸,钛用于高温强氧化性介质,镍及其合金用于碱性环境,蒙乃尔合金用于氢氟酸,哈氏合金用于热盐酸等。

对于不同运行工况条件下的设备选材,应优先考虑设备的工作环境腐蚀形式与设计寿命的关系。对于全面腐蚀的材料(碳钢),可考虑合理安全系数的腐蚀裕量。对于易产生局部腐蚀(点蚀、电偶腐蚀、缝隙腐蚀、剥离腐蚀等)和环境腐蚀(应力腐蚀、湍流及空泡腐蚀等)的部件选材,应针对不同的腐蚀形式选用合理的耐蚀材料并制定正确的加工工艺。

2)综合考虑选材的经济性与技术性

选材时必须使用周期内保证性能可靠的基础上,尽量设法降低成本,保证经济核算的合理性。因此,设备选材还必须考虑产品的使用寿命、更新周期、基本材料费用,加工制造费用、维护和检修费,停产损失、废品损失等费用。

尤其要处理好经济性与可靠性的矛盾关系。例如,在一般性腐蚀环境中,经济性因素通常优先考虑,采用相对廉价的材料(如碳钢)并施加辅助性保护措施(如涂层等),而不选用昂贵的金属(如不锈钢等);然而,在较为苛刻的腐蚀环境中,采用耐蚀性优良的材料比采用廉价材料附加昂贵的保护更为可取。

对于长期运行的设备,为减少维修次数,避免停产损失等,或者是为了满足特殊的技术要求、涉及人身安全保证产品质量,采用高耐蚀材料是经济合理的。对于短期运行、更新周期短的产品设备,只要保证服役期内质量,选用成本低、耐蚀性相对较差的材料是经济合理的。

3)基于工程设计和防腐蚀设计的合理选材方案的制定

合理选材方案的制定要求认真收集选材的性能与有关实验数据和资料,进行综合整理和分析评定。既要满足设计、防腐蚀要求,又要满足加工制造工艺适应性的要求。为此,需要设计、防腐和材料各部门的通力合作,以做出最佳的选材方案。

合理选材方案的制定应包括下述步骤:

(1)明确设备制造和服役环境、介质与工况条件各因素,此为选材的基本依据。由此,着手调查并确定设备服役环境,是选材的第一步。

(2)查阅相关材料性能及腐蚀防护手册等资料,获得各种介质下适用材料的力学性能数据和耐蚀性能数据。

(3)应深入调查实际生产中的材料使役情况。由于材料的生产、加工制造和使用的条件是千变万化的,尤其是在成功的经验和发生事故的实例得不到公开及时发布的情况下,实际调研收集相关数据和资料(尤其是材料生产厂的数据)作为参考资料是十分重要的。

(4)做出必要的实验室辅助验证试验。在新设备研制过程中,经常遇到查不到所需要性能数据的情况,这时必须通过实验室中的模拟试验数据和现场试验数据来筛选材料,或者研制出新材料。这样,选材或研制出的新材料才能符合设备的耐蚀要求。

(5)在材料使役性能、加工性能、可靠性能和经济价值等方面进行综合评定。一是选材方案力争实现以较少的制造成本来获得较长服役寿命的设备;二是在不能保证经济可靠的情况下,应保证在服役期限内的可靠性和经济性;三是在苛刻腐蚀环境下,宁可选用成本高的高耐蚀材料也要保证整个服役期限内的可靠性,此种情况下单纯考虑经济性是最不可取的。

(6)为延长设备使役寿命,选材的同时应考虑行之有效的腐蚀防护与控制措施。对于选用的经济但耐蚀性差的材料,如果辅以经济可靠的腐蚀防护措施来达到防腐和满足性能要求的目的,也是可取的方案之一。

3. 海水管路材料及其防蚀措施的合理选用

海水管路进行选材无疑是舰船上最复杂、让设计者最为纠结的事情,因选材不当引起的海水管路腐蚀占据舰船腐蚀故障比例超过50%。

1)常用材料特点

(1)无缝钢管、镀锌无缝管、涂塑无缝管。基于无缝钢管、镀锌无缝管耐流动海水腐蚀性能差,现在一般不推荐作为舰船海水管路用材。但涂塑无缝管价格低廉,在严格控制其工艺后,可用作一般军用辅助船的海水管路材料。

(2)紫铜、紫铜加防蚀措施。基于紫铜耐流动海水腐蚀性能差,但优于无缝钢管,价格低廉但比无缝钢管高,工艺性能好,使用经验成熟,可用于海水流速低于1.0m/s的大型军辅船和一般舰船的海水管路材料,以及中型水面舰船和常规潜艇使用频率较低、累积使用时间较短的海水管路材料。

(3)B10铜镍合金、B30铜镍合金。基于B10铜镍合金耐流动海水腐蚀性能显著优于紫铜,但价格比紫铜贵一倍多,其工艺性能好,国外使用经验成熟,国内也已积累了一定的使用经验。可用于海水流速在2.5~3.5m/s范围内的中、大型军用水面舰船和常规潜艇的海水管路系统,核潜艇中使用频率较低、累积使用时间不长的海水管路系统也可以安全使用。潜艇海水管路要求耐压,需要强度、管径、壁厚三者之间的关系,优先选用B30铜镍合金。

(4)钛合金、双相不锈钢。这两种材料在流动海水中具有十分优异的耐蚀性能,但价格昂贵,工艺性、配套性存在一些缺点,使用经验也不很成熟,可用于海水流速大于5.0m/s的管路,以及使用频率较高、比较频繁出现腐蚀问题的海水管路系统。这两种材料自身无须采取任何防蚀措施,但使用中应考虑解决对其他海水管路及其配套材料的电偶腐蚀作用以及其自身的海生物污损可能性。

2）合理选用海水管路材料的依据

（1）从全舰系统工程和全寿命周期保障角度进行选材。海水管路选材主要是系统设计师的事情，但需要站在型号总师的高度去考虑问题。一是从高处看，要从国家材料发展战略高度出发，选用国家材料供给基础好、资源丰富、优先发展的材料；二是往宽处看，要从全舰保障角度出发，尽量使得全舰材料品种少、好保障；三是向长久看，从本舰全寿命周期角度，尽量要耐蚀性好、少保障。

（2）从系统配套角度进行选材。设计一个海水管路系统，既要考虑到管路材料，还要兼顾在这个系统中的如海水泵、冷却器等重要设备的材料，一般采取"大阳极小阴极"的思路进行选材设计，也就是说设备材料耐蚀等级应略高于管路材料。

（3）根据海水管路内的海水流速选材。低流速（<1.5m/s）可选用涂塑钢、紫铜、紫铜施加防蚀措施；中等流速（1.5～3.0m/s）可选用紫铜施加防蚀措施、B10、B10 施加防蚀措施；高流速（>3.0m/s）可选用 B10 施加防蚀措施、双相不锈钢、钛合金。每一流速级别内都列出数种材料方案，是因为每一级别流速、舰船类别、海水管路使用频率等因素的不同，海水管路的腐蚀严重程度不同，因而所用材料的耐蚀性级别也有所不同。

（4）根据海水管路使用频率和累积流动海水作用时间选材。低频、短时间可用耐蚀性略差的，如水幕系统、甲板疏水系统，可选用镀锌钢等；中等使用频率、中等时间，如舱底疏排水管路、水面舰船的压载水系统，可选用紫铜、紫铜施加防蚀措施、B10 材料；高频、长时间，如主、辅机冷却水系统、柴油机冷却水系统以及主、辅循环水系统，应选用 B10、B10 施加防蚀措施、钛合金、双相不锈钢等。每一使用频率级别都列出数种材料方案，是因为每一使用频率级别、舰船类别、海水流速等因素不同，海水管路的腐蚀严重程度不同，因而所用材料的耐蚀性级别也应不同。

（5）根据舰船类别选材。如在铜镍合金管路材料体系中，水面舰船倾向于 B10，潜艇倾向于 B30。因为海水管路材料在整船造价中占比很小，我们认为无论是战斗舰艇还是军辅船，一般不宜采用耐蚀性不好的低档次材料。

（6）根据舰船母型海水管路的腐蚀严重程度及危害程度选材。一般型号发展都有母型，设计者可以根据以往的历史使用经验来选材。腐蚀轻微者可用镀锌钢、涂塑钢、紫铜，腐蚀一般者可用紫铜施加防蚀措施、B10、B30，腐蚀严重者可用 B10、B30 施加防蚀措施，腐蚀特别严重、泄漏危害特大者可用钛合金、双相不锈钢，但必须考虑自身的防污问题及对其他材料管配件的电偶腐蚀影响。

22.3　材料和方法相容性设计

22.3.1　一般原则

（1）应根据使用环境、使用工况、异种材料的电偶腐蚀效应等因素选用满足防腐防漏要求的材料，并根据需要采取相应的防腐防漏措施。

（2）舰船防腐防漏设计材料选取，应与维修间隔、维修级别匹配。

（3）在满足特定功能要求的同时，应采取材料的相容性设计等措施使材料功能利用和防腐蚀相对统一，考虑下列有关因素：

① 组成部件的金属或其他材料；

② 电位差和极化行为；

③ 不同材料间的距离；

④ 暴露于腐蚀性环境的程度；

⑤ 阳极性和阴极性材料的相对面积；

⑥ 介质的导电性与材料的导电性之比；

⑦ 温度梯度和温度分布；

⑧ 液体流层、方向和速度；

⑨ 引起失效的临界状态；

⑩ 在水溶液、其他液体或大气中阴极性金属或侵蚀性材料的比例；

⑪ 直流杂散电流电源和它们的导电路线；

⑫ 在特殊条件下，腐蚀性烟气或其他腐蚀性介质的扩展；

⑬ 影响因素的特征——有益的或有害的。

（4）系统设备与舰船结构连接应尽可能采用同一种材料制造金属结构。当有异种金属连接时，应采取绝缘隔离、涂层覆盖、阴极保护、表面处理等防护措施，避免或减轻电偶腐蚀。

（5）海水管路、冷却设备及其配件不可避免由异种金属组成构件时，首先应依据材料在海水中的腐蚀电位序判断有无电偶腐蚀、材料在电偶中的极性及电偶腐蚀程度。

（6）对于尚无电偶腐蚀数据的金属材料，在设计选用前对其进行电偶腐蚀试验，并根据电偶腐蚀试验结果选材。必要时应对金属进行电化学性能试验。

（7）异种金属材料应根据其在海水中的电偶腐蚀行为进行选材。焊接材料的电位应与基材配套，且电位略正。不锈钢和钢之间的连接，或不锈钢和铝制零件在海水中的连接，应采取优先满足耐电化学腐蚀作用的措施。

22.3.2　注意事项

（1）设计人员应进行适当的筹划，并有权获得所设计的组合件中各种外购零件材料成分的准确数据，它们从属于全舰防腐防漏设计并构成了整个安全防腐防漏设计的主要部分。

（2）设计人员不要迷信于金属材料的腐蚀电位的差异，除非已知不同的金属间电流的大小，不然不同来源的金属电化学电位没有太多意义，不能作为判定防腐蚀设计方案优劣的依据。

（3）为了正确地评价材料和防腐蚀方法的相容性，需要设计者掌握所有材料的准确技术说明或它们的金相组成，一般说明书不能提供充分的根据以证明在海水等导电介质中的相容性。

（4）相同或相容的金属间的连接，通常不会引起任何电化学腐蚀问题，然而，设计者和管理者不能完全依赖这种判断，有时候也会有例外的情况发生。

（5）不同类金属的电化学腐蚀是能够避免的，或至少可采取措施，腐蚀环境的控制、防止双金属连接中渗入湿气或液体介质来减少这种腐蚀。连续干燥环境中的双金属连接件不会产生腐蚀，从这点来说，舱室内防漏措施显得比控制泄漏本身更重要。

（6）应避免在动力设备排出烟气的部位附近采用双金属连接件，燃料油燃烧以后排出烟气中的硫、磷成分也会引起双金属连接件的腐蚀，海洋环境中排烟管的冷热交替也是腐蚀设计需要考虑的因素。

（7）当不相容的金属连接（如铜合金与铝）不可避免时，对它们进行有效的绝缘隔离是必不可少的，即使在舰船舱内也应如此。

22.3.3　典型材料相容性设计案例

（1）采用电绝缘方法完全有效地隔离不同类金属间的接触面（图22.2）。对不能实现完全绝缘隔离的

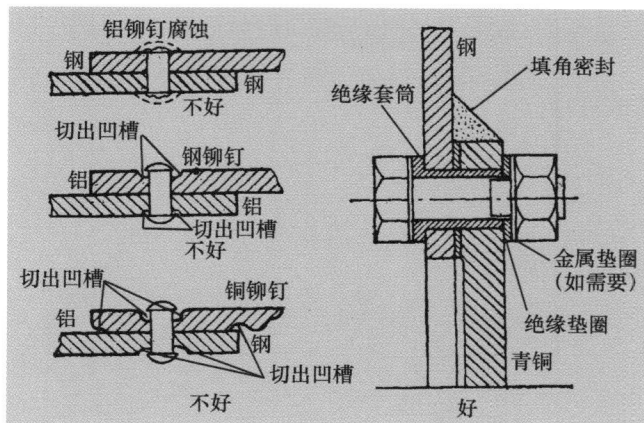

图22.2　螺栓连接中材料相容性设计

部位,可采取尽可能加长电解路程的方法。

（2）可以采用多种方式提供绝缘隔离（图22.3）:①对法兰连接等成形的接触面,用绝缘垫片（如合成橡胶、聚四氟乙烯和其他非多孔材料）;②用线性延伸的接触面,可用丁基橡胶带进行绝缘隔离;③对形式复杂或小尺寸的接触面等,可采用对每一表面涂两层有效的密封化合物涂刷的密封胶的方式。

（3）电绝缘隔离层应有足够的厚度和覆盖面,有时必须通过抑制效应或阴极保护来控制介质的作用。浸没在海水中的不同类金属间,或在绝缘隔层上方连通金属有电解质的存在,均能跨越这个隔层产生影响（图22.4）。

（4）采取电位递减法减小腐蚀速率。在不同类金属间不可能采用上述绝缘隔离时,可在其间插入会降低两种

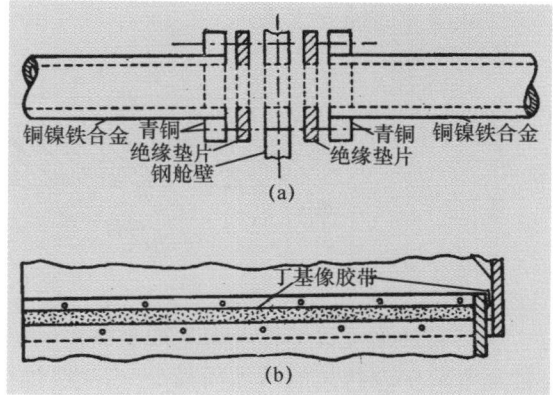

图 22.3　不同的电绝缘形式满足材料相容性要求

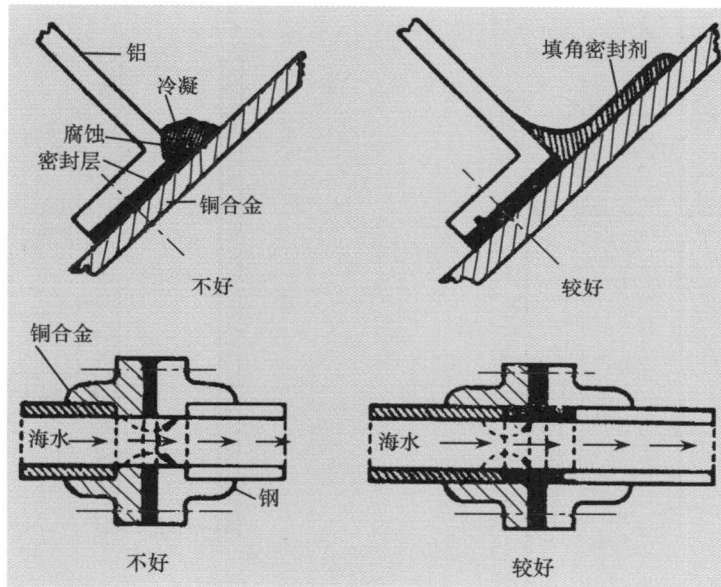

图 22.4　电绝缘连接中注意的问题

金属间电位差的金属,舰船上经常采用喷涂的方法（图22.5）。

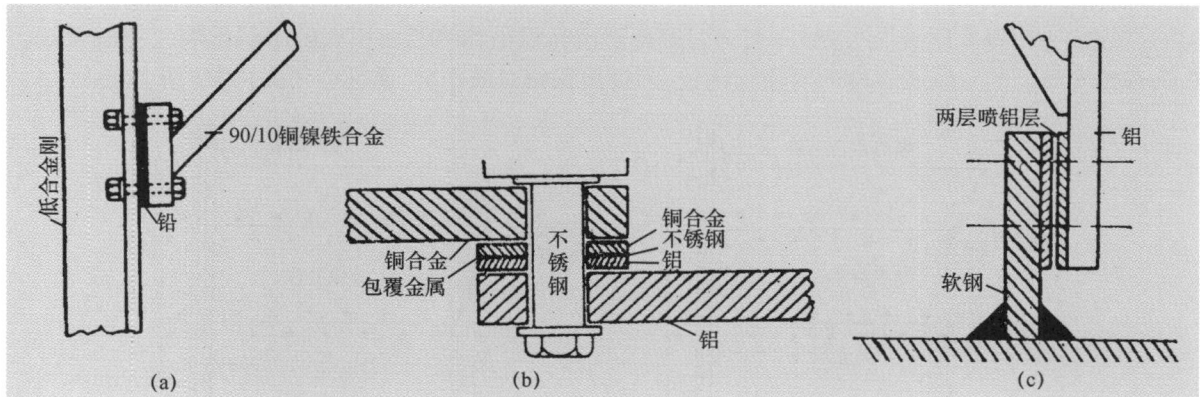

图 22.5　采取电位递减法减小腐蚀速率

(a) 隔离金属块;(b) 复合金属的叠层结构;(c) 两种金属连接处的金属喷涂层。

（5）采用爆炸复合材料连接。应尽可能避免在不同金属之间形成缝隙,这种缝隙的腐蚀比单独的电化学腐蚀或缝隙腐蚀要严重得多,可采取爆炸复合技术进行连接(图22.6)。

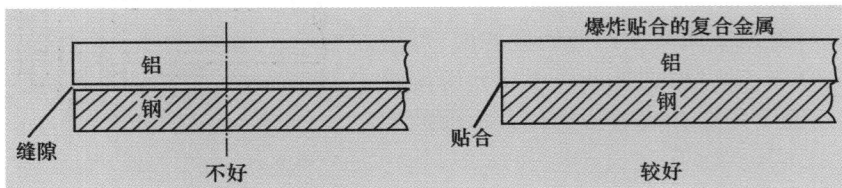

图 22.6　采用爆炸复合材料连接

（6）腐蚀裕度设计要考虑不同金属接触距离的远近。不同类金属连接处的腐蚀作用是最严重的,各种腐蚀通常将随着距离的增加而减少,当然腐蚀速率也取决于溶液的导电性(图22.7)。

（7）应对腐蚀产生的重量和强度损失进行补偿。在海水和海洋大气中,导电连接的有害影响在接触物周围将近50mm的范围内是明显的,应对重量和强度的损失进行适当的补偿(图22.8)。

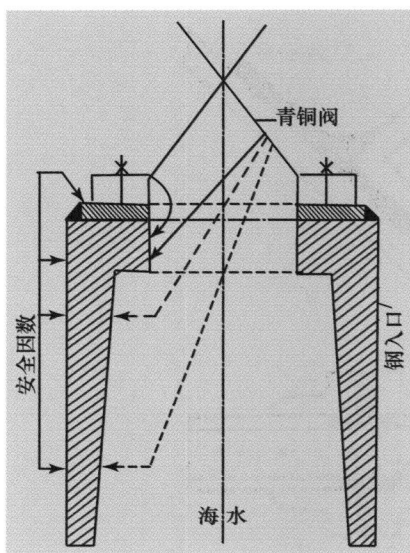

图 22.7　腐蚀裕度设计要考虑不同金属
接触距离的远近

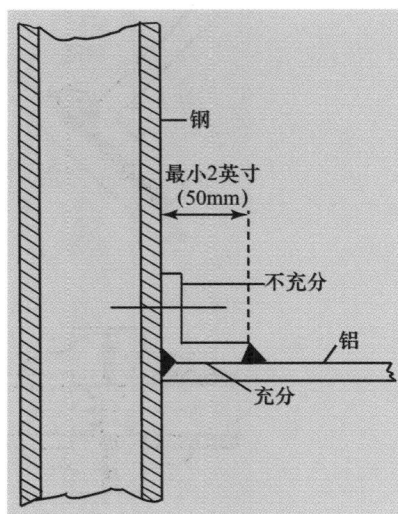

图 22.8　设计中应对腐蚀产生的重量
和强度损失进行补偿

（8）应采取各种措施防止邻近导电连接的部位生锈。由于锈蚀物有吸湿性(它吸收40%~50%湿气),故会加重电化学腐蚀。

（9）规避"小阳极大阴极"。应尽一切努力避免阳极面积小和阴极面积大的不利影响,与浸在导电介质中的、具有相等面积的双金属零件的腐蚀相比较,阳极面积相对较小时,腐蚀会增大许多(图22.9)。

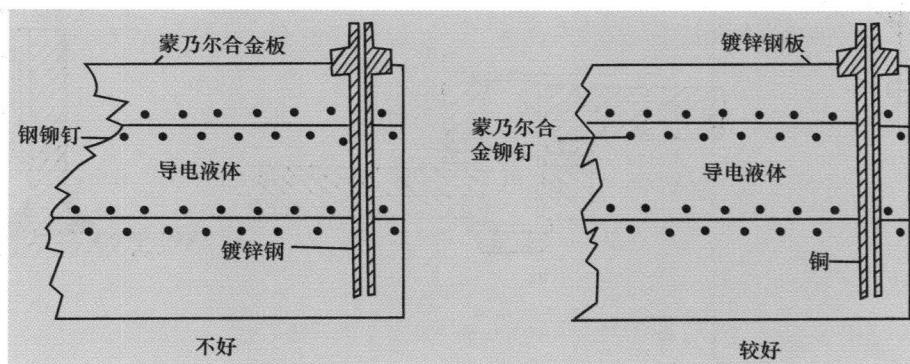

图 22.9　规避"小阳极大阴极"设计

（10）关键件采取惰性材料。对于关键性的结构或零件,应规定用惰性较大的金属,尤其是如果功能设计要求这些构件比相连接的构件小时(图 22.10）。

（11）组合件中非惰性金属应便于拆换。应采用便于拆换的非惰性金属(阳极性)结构或零部件(图22.11）。

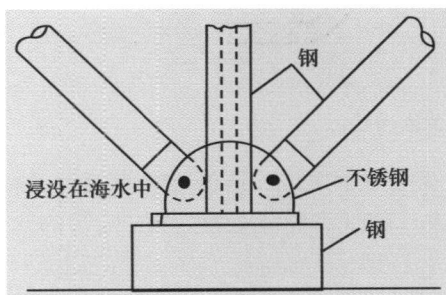

图 22.10　关键件采取惰性材料的设计

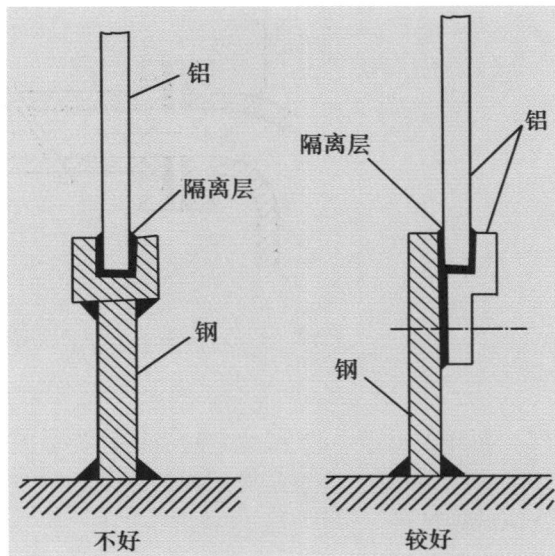

图 22.11　组合件中非惰性金属便于拆换的设计

22.3.4　管路系统材料相容性设计

（1）要保证不同类金属管线各段间的隔离完全而有效(图 22.12）。

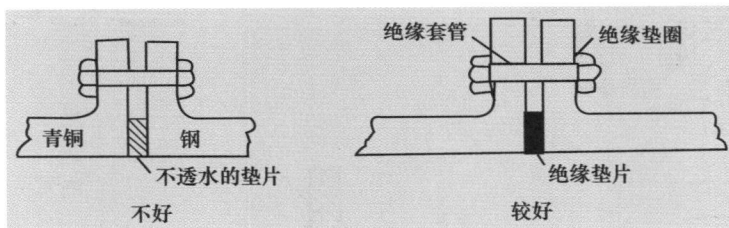

图 22.12　设计中要保证不同类金属管线各段间的隔离完全而有效

（2）除蒸汽设备以及高温或非导电介质等类似应用场合之外,石墨化的填料和垫片不应用作绝缘隔离。

（3）在海水管路中,插入非惰性金属零件以变成另外一个导电系是不合理的(图 22.13）。

（4）在冷凝作用严重的地方,尤其是难以检查和维修的地方,铜基管线不应通过由对铜是阳极的金属制成的设备,特别是铝制品(例如电缆、排气导管等,图 22.14）。另外含氧化物和碳化物的冷凝液滴会产生电化学腐蚀。

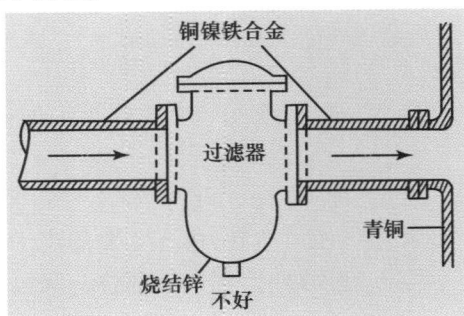

图 22.13　铜镍合金管路中过滤器腐蚀

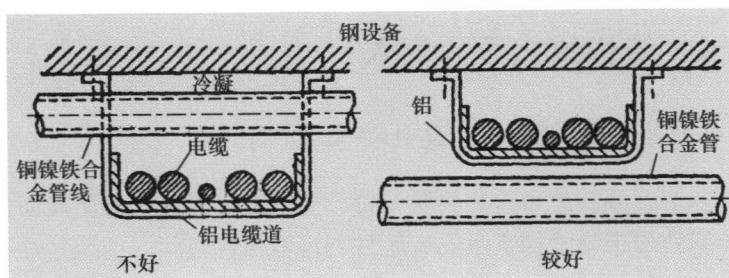

图 22.14　电缆管的合理布置

（5）在热交换器和其他关键设备的含导电的入口管线中,要避免石墨和碳的有害影响(如固态的石墨密封、石墨化的垫片或填料,图22.15)。

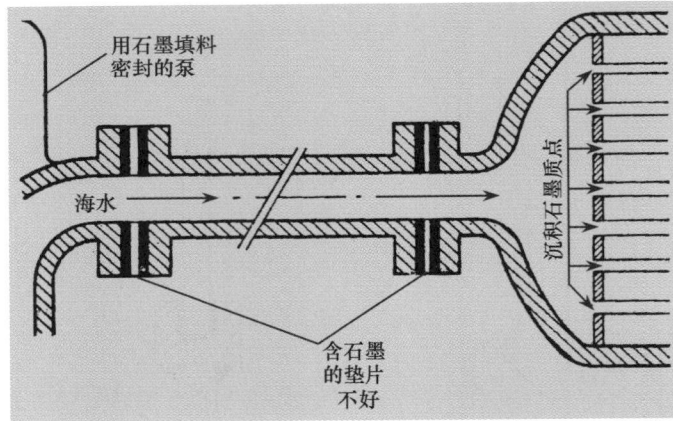

图22.15　石墨密封产品对海水管路的危害

（6）在开工封罐之前,应规定检查不同类金属的碎屑、器具和其他的物体,是否可从水箱和其他的盛导电液体的容器中拿出;应规定对不锈钢和蒙乃尔合金压力容器进行酸洗和钝化处理,除去残留的含铁颗粒,以防止深的蚀坑。

（7）在管线贯穿由不同类金属构成的隔板或舱壁部位时,要采取图22.16所示的措施防止电化学腐蚀。

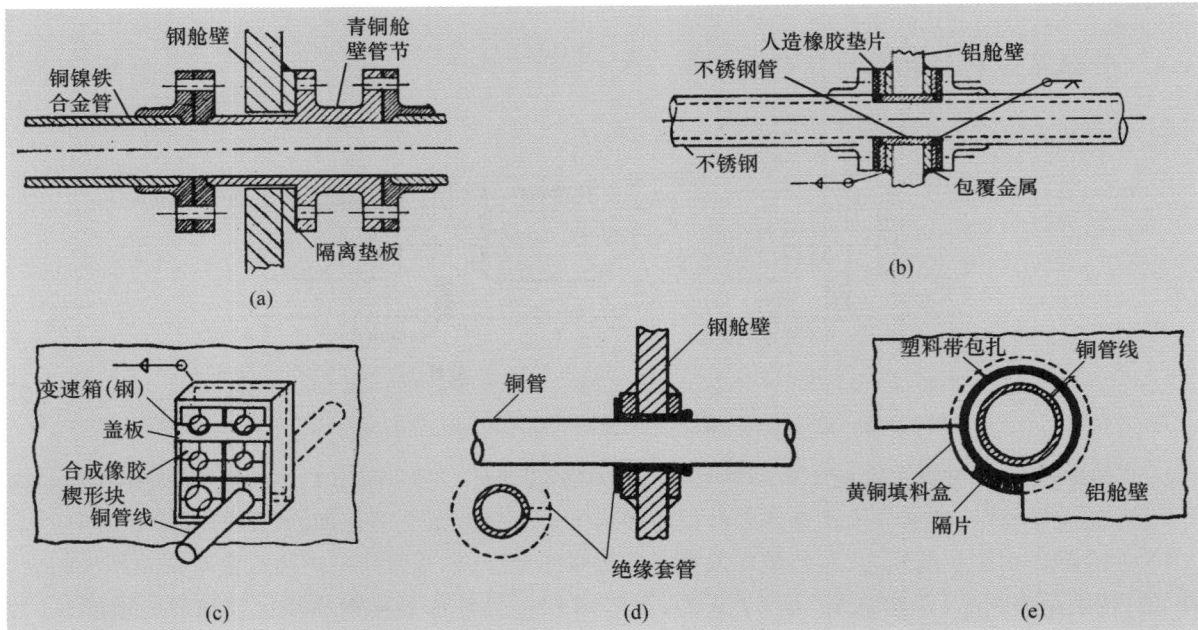

图22.16　管路穿舱电绝缘设计

22.4　结构优化设计要求

22.4.1　舰船总体布置设计要求

（1）在舰船总布置防腐防漏设计中应充分考虑舰船防腐防漏问题和人员的可达性,留有必要的由于采用防腐防漏措施增加重量的可能性和维修保养空间。如预留维修保养空间有困难时,则遮挡部位应采取重防腐涂料,明确防腐蚀期效。

（2）凡可能积聚水或油水混合物的设备和管路系统均应设置泄水装置。高压蒸汽系统、日用蒸汽系统、油加热系统、油污水系统、废水系统和淡水泄水系统,宜设置单独的泄水总管。舱底水系统应能排除机械舱室内所积聚的水和污油水。当设有集水井和抽水泵、排泄器的抽水口时,应设置在舱室最低处。

（3）在舰船设计过程中应合理设置排水孔,确保甲板排水、舷侧排水、污水道/舷墙排水孔畅通。

22.4.2　合理结构设计

合理设计是指在确保设备使用性能的结构设计的同时,全面考虑产品的防腐蚀结构设计。合理设计与正确选材同样重要。许多情况下,虽然选用了耐蚀性优良的金属材料,但由于设计不合理,常常会引起内应力、热应力、液体或固体颗粒沉积物的滞留和聚集、金属表面膜的破损、局部过热、电偶腐蚀电池的形成等现象,造成多种局部腐蚀而加速腐蚀,严重腐蚀会使设备过早报废。

对于均匀腐蚀,进行一般性结构设计时,只要在满足力学性能需要的基础上再附加一定的腐蚀裕量即可。但对于局部腐蚀,上述防腐措施是远远不够的,必须在整个过程中贯穿腐蚀控制的内容,针对特殊的腐蚀环境条件,应做出专门的防腐蚀结构设计。

防腐蚀结构设计的一般原则为:

（1）结构设计在形式上应尽量简单、表面光滑,表面积小。例如,圆筒形结构比方形或框架形结构简单,表面积小,便于防腐蚀施工和维护。

（2）应避免固体及液体残留物的积聚而造成腐蚀发生,设计时应使这些物质自然顺畅排出。

（3）要避免结构组合和连接方法的不当,防止腐蚀加剧。

（4）应避免异种金属的直接接触,防止电偶腐蚀。

（5）应对不同的腐蚀类型,采取相应的防腐蚀设计

1. 腐蚀裕量结构设计

大多数产品是根据强度要求设计壁厚的,但从耐蚀性考虑,这种设计是不合理的。由于环境介质的腐蚀作用,会使壁厚减薄。因此,在设计管、槽或其他部件时应对腐蚀减薄留出裕量。

一般设计材料厚度值为预期服役年限的 2 倍,其具体做法是先根据材料腐蚀数据手册查明该种材料在一定腐蚀介质条件中的年腐蚀量（腐蚀深度指标）,然后按照结构材料的使用年限,计算腐蚀厚度,并乘以 2,即为设计的腐蚀裕量厚度。如果材料的腐蚀速率为 0.3mm/年,使用年限为 10 年,计算腐蚀厚度为 3mm,则材料厚度设计值应为 6mm。

2. 结构外形的合理设计

设备结构外形的复杂和表面粗糙度较大,通常会造成材料表面电位的不均匀而引起电化学腐蚀。在条件允许的情况下,采取结构简单、表面平直光滑的设计是有利于腐蚀控制的。而对形状复杂的结构,应采取圆弧或圆角设计,它比设计或加工成尖角更合理(图 22.17)。在流体中使役的设备表面最好为符合流体力学和防腐蚀要求的流线型设计(如船体外板)。

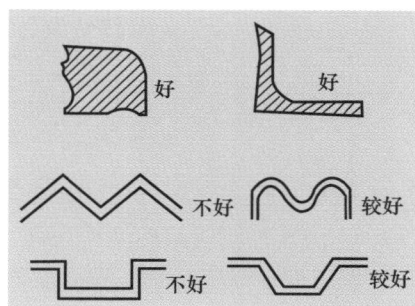

图 22.17　圆弧和圆角设计

3. 防止固体或液体残留的结构设计

为防止停车时设备内残留液体引起的浓差电池腐蚀,或固体沉积物引起的点蚀和缝隙腐蚀,设计槽形结构或其他容器时,应考虑易于清洗和将液体、废渣、沉积物排放干净。槽底与排放口应有坡度,使槽放空后不易积聚液体和固体沉积物等(图 22.18)。

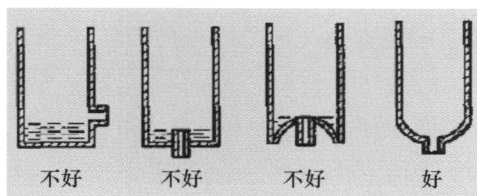

图 22.18　容器底部及出口端结构设计

4. 防止电偶腐蚀的结构设计

为防止电偶腐蚀的发生,在结构设计中应尽量遵循同样结构、同样材料原则,以避免异种金属的直接接触。如果必须选用异种金属材料,则应尽量选用电偶序中电位相近的材料,两种材料的电位差应小于250mV。若在使役环境介质中没有现成的电偶序可查时,应通过腐蚀试验确定其电偶腐蚀敏感性及腐蚀速率。

设计中使用异种金属直接接触时,切忌小阳极大阴极的危险接触。例如,属于阳极性的铆钉、焊缝对于本体材料是危险的。而大阳极小阴极的组合,应考虑到介质的导电性强弱。若介质的导电性强,电偶腐蚀危害不大,则对阴极性铆钉、焊缝是可取的。若介质导电性弱,阴阳极之间的有效作用范围小,则电偶腐蚀集中在阴阳极交界处附近,会造成危害性大的腐蚀。

电偶腐蚀过程若存在析氢可能时,电偶对中不能使用对氢脆敏感的材料,如低合金高强钢、马氏体不锈钢等,以避免氢脆引起的材料破坏事故。

设计中防止电偶腐蚀的有效方法是将异种金属部件彼此绝缘或密封,这在前面多次提及过,就不多赘述了。在设计时,如果不允许使用绝缘材料,可采用涂覆层(有机涂层、电镀层)保护或阴极保护的设计方案。当采用有机涂层防护时,应注意的是不要把阳极性材料覆盖上,而应该把阴阳极材料一起覆盖上,这样做主要是为了有效地保护阳极性基体材料。若采用镀层保护,则要求两块连接的金属上都镀上同一种镀层,或镀层与被保护材料的电偶序位置接近,电位差小于250mV的组合。阴极保护设计,应根据需要采用牺牲阳极保护,也可采用外加电流保护,使被保护金属成为阴极而防止腐蚀。

5. 防止缝隙腐蚀的结构设计

在设计过程中,尽量避免和消除缝隙腐蚀是防止缝隙腐蚀的有效途径。在框架结构设计中不应留有狭窄空隙。在设备连接的结构设计中尽可能不采用螺栓连接、铆钉连接结构而采用焊接结构。焊接时尽可能采用对接焊、连续焊,而不采用搭接焊、间断焊以避免缝隙腐蚀,或者采取锡焊敛缝、涂漆等将缝隙封闭(图22.19)。法兰连接处的密封垫片不要向内伸出,应与管的内径一致,防止产生缝隙腐蚀和点蚀。

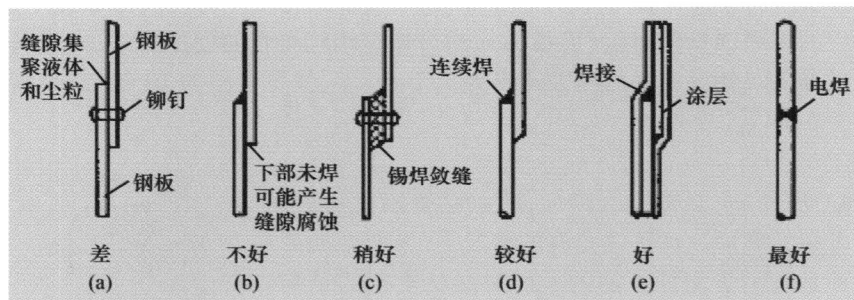

图 22.19 结构连接时防止缝隙腐蚀的几种设计方案

6. 防止冲刷腐蚀的结构设计

设备设计时应特别注意介质的流动方向,流速急剧增加,保持层流避免严重的湍流和涡流引起的冲刷腐蚀。

设计时考虑增加管子直径是有助于降低流速保证层流的,从而避免了高速流体直接冲击管壁和设备,也就防止冲击引起的冲刷腐蚀。管道转弯处的弯曲半径应尽量大,通常以流速合适为准。一般要求管子的弯曲半径最小为管径的3倍,不同金属要求也不相同。铜管、钢管为3倍,B10合金管为4倍。强度特别小的管道和高强钢管最小应取5倍(图22.20)。在高速流体的接头部位,不要采用T形分叉结构,应优先采用曲线逐渐过渡的结构(图22.21)。在可能产生严重冲刷腐蚀的部位,设计时应考虑安装容易更换的缓冲挡板或折流板以减轻冲

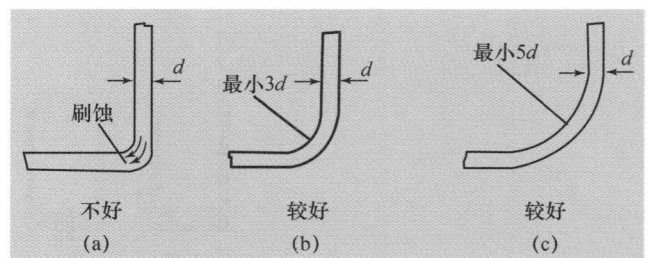

图 22.20 管道弯曲半径设计要求

刷腐蚀（图 22.22）。

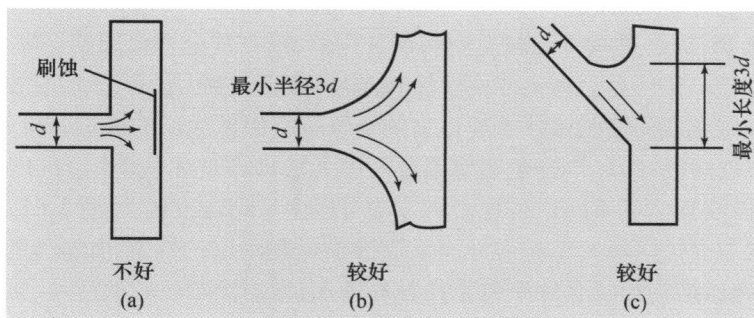

图 22.21　管道接头部位设计要求

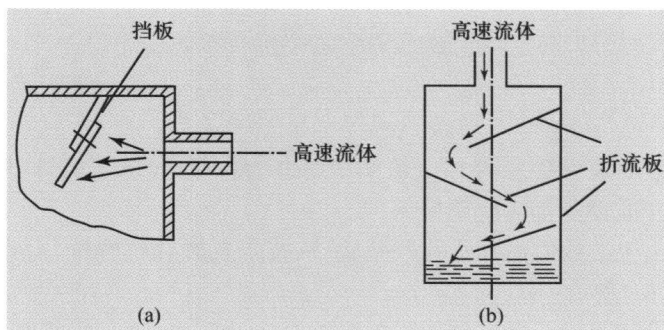

图 22.22　防止高速流体冲击腐蚀的挡板和折流板设计要求

7. 防止应力腐蚀开裂的结构设计

设计过程中,防止应力腐蚀开裂必须依据应力腐蚀三因素(应力、环境、材料)和腐蚀机理考虑设计方案。

在结构设计中,最重要的是避免局部应力集中,尽可能地使应力分布均匀。例如,零件在改变形状和尺寸时不要有尖角,而应该有足够的圆弧过渡。避免承载零部件在最大应力处由于凹槽、截面突变、尖角、键槽、油孔、螺纹等而削弱。大量的应力腐蚀失效分析表明,由残余应力引起的事故比例最大,因而在冷热加工、制造和装配过程中应避免产生较大的残余应力。结构设计中应尽量避免缝隙和可能造成液体、固体沉积物残留的死角,防止腐蚀介质的浓缩造成的应力腐蚀开裂,尤其是应力集中部位和高温区的应力腐蚀。在确定的腐蚀环境条件下,可允许使用和金属或合金材料。而在使用条件允许的情况下,改铆接、螺接为胶接等。

8. 其他的防腐蚀设计

其他过程的防腐蚀设计,主要包括加工制造、储运安装、开机运行和停机维护等。但从结构设计角度讲,应提出可引起足够重视的各种规定要求。由于某些设施还需专门的防腐蚀设计,它与设备的结构设计应紧密配合、相互补充。它们各自的使用范围,很大程度上取决于它们的相对经济价值。只有这样,才能获得完善合理的设计方案。专门防腐蚀设计包括电化学保护、涂层保护和改善环境介质条件保护等。

22.5　涂装设计与阴极保护设计

涂层和阴极保护是舰船防腐蚀的重要手段,这在第 6 章和第 7 章有专门的论述,在本节主要介绍舰船设计阶段在涂装设计和阴极保护设计方面应该注意的事项。

22.5.1　涂装设计

(1)舰船论证和方案设计阶段,设计师应该根据舰船防腐防漏顶层要求提出舰船防腐蚀涂装设计说明书,供审图时审查。

（2）涂层类型需要根据全舰防腐蚀设计要求、拟涂装的区域、船体结构材料和应用的其他腐蚀防护措施（如阴极保护等）予以选择,应尽量减少涂料类型和供货厂商,以方便全寿命周期保障。

（3）舰船建造前,军方、船厂和涂料生产商就涂料类型、表面处理、涂装、验收标准和检查等事项协商一致,并达成一个涂装技术规格书,按照该技术规格书的要求进行保护涂层的施工和检查。

（4）需要注重涂装空间设计,尽量避免在使用过程中无法进入且无须使用的中空构件和狭小空间。如无法避免时,应考虑焊接或其他可靠的永久性密封方法对该中空结构或狭小空间予以永久封闭。

（5）需要注重涂层防腐蚀区域的结构设计。采取措施提高涂层的性能,如减少挖孔、采用圆顺的外形、避免复杂的几何结构,确保结构形状允许涂装工具容易进入,方便涂装区域的清洁、排水和干燥。

（6）需要注重涂层使用年限与舰船寿命剖面的相配。即与舰船的大修、中修、小修等时间吻合,一般选择的涂料类型其防腐蚀寿命时限应略大于相应的修理周期。

（7）需要注意重要舱室的重防腐设计。在机舱、电站、泵舱等,积水可能性大、腐蚀环境恶劣,设备出舱困难,不到舰船的大修期涂装修理难以实施,这些舱室需要进行重防腐涂层设计。

22.5.2　阴极保护设计

（1）阴极保护分为牺牲阳极保护和外加电流阴极保护,船体（含水下船体外表面、液舱和积水舱室舱底）、海水管路系统和海水介质设备都需要阴极保护。

（2）阴极保护设计方法包括数值仿真法和经验法,从技术发展和精确性、有效性出发,推荐使用边界元阴极保护仿真方法进行设计计算。

（3）阴极保护系统的设计资料至少应包括阴极保护设计计算书、牺牲阳极布置图或外加电流阴极保护布置图。

（4）阴极保护设计计算书应包括:阴极保护方式的选择;被保护部位（区域）的面积;保护电位范围、保护电流密度和保护电流总量;当采取牺牲阳极保护时,牺牲阳极材料、大小、形式、重量、电容量、发生电流、使用寿命和设计数量;当采取外加电流保护时,恒电位仪的型号、辅助阳极的型号、数量和重量、参比电极型号和螺旋桨及舵接地装置型号。

（5）牺牲阳极布置图应符合建造说明书的要求,应包括牺牲阳极的材质、型号、尺寸、安装形式和要求、布置的坐标位置或系统的位置。

（6）外加电流阴极保护布置图应符合建造说明书要求,包括恒电位仪、辅助阳极、参比电极的型号、尺寸及坐标位置,螺旋桨和舵接地装置的坐标位置,阳极屏材质和施工要求,安装技术要求。

牺牲阳极和外加电流阴极保护系统设计方法、相关技术要求,可参见第6章、第16章相关内容。

22.6　舰船防腐防漏设计要求

在舰船和设备设计过程中需要防止腐蚀和漏水、漏油、漏气（汽）控制措施等,下面汇总了实施的原则和方法的技术要求。

22.6.1　总则

（1）舰船和设备设计阶段的防腐防漏工作应树立现代质量观念,按照系统工程理论,对设计、生产、使用和维修实施全过程监督控制。

（2）舰船防腐防漏设计工作应按照军方所规定的程序,充分吸取国内外成熟经验,积极采用国内外现行标准和经实船试（使）用表明可行的新技术、新材料、新工艺,并对关键技术进行课题立项、攻关研究。

（3）在舰船论证阶段,论证单位应提出舰船防腐防漏技术要求,作为方案设计阶段开展防腐防漏设计的主要技术依据。

（4）在舰船方案设计阶段,总体设计单位应根据舰船主要作战使用性能和舰船防腐防漏技术要求,在编制舰船研制总要求及其论证报告时,应包括防腐防漏的技术内容,并编制防腐防漏实施大纲。

（5）在舰船深化方案设计阶段,总体设计单位应根据舰船研制总要求明确的防腐防漏实施大纲,编制舰船防腐防漏设计方案,进行防腐防漏的设计。并在技术设计阶段逐步深化的基础上,应编制防腐防漏设计说明书,并体现在舰船原则工艺、技术规格书等文件中,审图机构应按照本技术要求和相关标准规范对防腐防漏的各设计阶段的文件进行审查认可。

（6）设计中除应保证舰船的战术技术性能和良好的综合性能外,还应保证舰船具备优良的防腐防漏能力。在舰船总体各专业设计工作中,应综合优化设计,充分考虑舰船防腐防漏问题,并留有防腐防漏措施所需要增加的排水量和必要的维修保养空间。

（7）承造船厂/承制方在与设备、系统承制厂所/分承制方签订订货合同时,应落实舰船研制总要求和技术规格书的有关要求,明确防腐防漏的性能指标、材质要求、试验验收方法和备品备件规格、数量等内容。

（8）承制方和分承制方在为使用部队进行技术培训时应包含防腐防漏的有关内容。施工设计单位在编制完工文件中应包括防腐防漏的内容。

（9）在舰船保修期内,设计单位应进行质量走访和技术服务,对舰船出现的腐蚀、"三漏"问题进行研究,提出解决措施并进行跟踪,建立相应的技术档案。对舰船使用阶段中舰艇部队的腐蚀、"三漏"设计问题信息反馈,设计单位应认真研究处理。

22.6.2　防腐蚀

1. 船体结构设计

1）水面舰船

（1）水面舰船目前主船体结构钢材宜采用:590MPa 级为 921A 钢,440MPa 级为 945 钢,390MPa 级为 907A 钢或 903 钢,235MPa 级为 B、D、E 级钢。上层建筑应尽量采用与主船体电位相同或相近的材料,如采用不同的金属材料(如铝合金)时,则应采取必要的防止异种金属接触腐蚀的措施。选用的焊接材料应与母材相匹配。

（2）水面舰船主船体内平台或花铁板以下容易积水的舱底部位,所有纵、横向非水密构件(中桁材、旁桁材、中内龙骨、旁内龙骨、船底纵骨、肋板等)及舷侧、纵骨等,均应在其和每挡强肋骨或肋板两端相交处与船体钢板连接部位开足尺寸合适的流水孔;与纵舱壁、纵桁相交的肋骨或肋板等横向构件,在与船体板连接的最低部位也应开尺寸合适的流水孔,舷侧纵骨球缘或折边宜尽量将朝下布置,保证由纵向横向构架所构成的每一格间能泄水,一直泄至舱底的最低位置,经疏水系统或油污水分离装置排出舷外,防止积水造成船体结构腐蚀。

（3）舰船主船体内平台或花铁板以下距船底板 500mm 以下容易积水的舱底部位,所有纵、横向非水密构件(中内龙骨、旁内龙骨、纵向肋骨、肋板等)与船体外板之间应采用双面满焊的焊接方式,纵横向结构的流水孔应按上述要求设置。并根据泵的抽率,可适当增加流水孔或加大流水孔尺寸。

（4）在容易积水的机械舱室(主辅机舱、泵舱、辅锅炉舱等)、污水井、艉轴填料函下部等部位,船体结构构件与船体外板间应采用双面焊,不应采用间断焊、交错焊、单面焊,以防止缝隙腐蚀。当难于实施时,经用户认可后,可采取开坡口单面焊等措施。

（5）油水舱内的所有纵横向结构构件与船体外板或液舱壁板、顶板的连接应采用双面焊,不应采用间断焊、交错焊、单面焊。液舱内部的纵、横向构件与船体板连接的最低部位,液舱纵横隔壁上的纵向构件与横向构件连接部位的两端应开尺寸合适的流水孔,液舱顶板下的纵横向构件与顶板连接部位应开通气孔。

（6）厕所、盥洗室、洗衣机室、烘干机室、空调器室、蓄电池室内所有构架与隔壁、天棚钢板间的焊缝应采用双面焊,不得采用单面焊、间断焊和交错焊,以防止缝隙腐蚀。

（7）主横隔壁在平台甲板或花铁板以下的舱底部位,钢板和构架的厚度应比上部增加 1～2mm 作为结构防腐蚀裕量。

（8）内部围壁下部距平台甲板 200～300mm 范围内的钢板厚度应比上部增加 1～2mm。

（9）除主甲板外,各层甲板与舷侧外板连接的板列,其厚度应比中间部位的板列增加 1～2mm。

（10）内底板厚度应比计算厚度增加 1~2mm，作为防腐蚀裕量。

（11）在正常排水量大于 6000t 的舰艇上，设有隔热绝缘的空调舱室中，其舷侧平台上应设置集水槽，集水槽的最低部位应设置集水管，以便将舷侧的凝水导入该区段下层的舱底水收集部位，防止舱室凝水集聚或打扫舱室的污水流入舷侧，腐蚀舷侧钢板及构架。

（12）海底阀箱的钢板厚度应不小于该部位的船体外板厚度；污水井的壁板厚度应比该处内底板的厚度增加 1~2mm。污水井的开口尺寸一般应不小于 400mm×400mm，四壁钢板与开口边缘的距离应不大于 200mm。污水井结构本身及其与船体部位的钢板结构的焊缝应采用双面焊，不应采用单面焊、间断焊的焊接方式。

（13）有积水的舱底，舱底水吸干头和测深管下方的船体板应加焊与船体结构材料相同的 $\phi200$mm（吸干头为 $\phi100$mm）、厚度 5mm 垫板，上边缘倒角，满焊连接。

（14）甲板疏水管与船体连接部位应采用双面满焊连接方式，以防止积水腐蚀甲板钢板及疏水管。

（15）在 5mm 以下（含 5mm）薄板上焊接电缆、管路、仪器、舾装件支座、支架的部位，应加焊与船体板材料相同、厚度为 5mm 的圆形焊接垫板。焊接垫板上部边缘应倒角，与船体板应满焊连接，焊足高应不小于 3mm。

2）潜艇

（1）潜艇耐压船体和非耐压船体结构目前应系列高强钢。选用的焊接材料、铸锻件和锻件应与母材相匹配。

（2）船体结构设计时，应充分考虑材料的腐蚀裕量。

（3）应尽量避免异金属接触，当不可避免时，应采取电绝缘措施。

（4）船体结构应尽量选用型材，尽量采用钢板弯制代替焊接构件，以减少焊缝；对自制构件存在的锐边、自由边应提出打磨要求。

（5）对涂装性能要求高的舱室，结构扶强材、加强材应尽量布置在反面，以减小涂装难度，提高涂装质量。

（6）应尽量避免单面焊、间断焊。

（7）对易积水部位，船体结构设计时应开好流水孔，尽量减少死角。对压载水舱上纵桁顶板与耐压体连接处等易积水部位，应采用环氧胶泥填平措施。

（8）舷外基座、支架的选材应与非耐压船体的材料相一致。

（9）机电设备基座应有足够的厚度。大型基座的高度宜不小于 350mm，并应在便于接近的部位开设人孔或手孔；小型基座的高度应不小于 150mm，并尽量设计成封闭式，其下部边缘的可达距离应不小于 100mm，以便涂装和维修保养。所有基座结构应采用双面焊或封闭焊，不应采用单面焊或间断焊。

2. 舱面舾装设备的设计

（1）较大型的舾装基座应留有足够的维修保养空间，基座的高度应不小于 150mm。不容易维修保养的小型基座、支架应尽量设计成封闭式的。基座、支架及被其遮挡部位船体结构应采取重防腐措施。桅杆上平台板应开设流水孔。

（2）舱面属具中除门、舱口盖和人孔外，钢质的梯子、天幕钢管（含支柱）、栏杆表面应进行热浸锌处理，热浸锌层的厚度应不小于 40μm。

（3）露天舾装件或设备基座与船体结构的连接应采用双面焊和封闭焊，不应采用单面焊、间断焊。

（4）主甲板舱面上的各钟钢质通风头筒体的厚度应不小于 3mm。其内外表面均应按相关标准要求做涂漆防腐处理。

（5）露天甲板固定木质构件下面的钢甲板，在安装木质构件前应涂覆厚约 2mm 的酚醛树脂胶，趁胶液未干时将木质构件安装固定。

（6）圆舷窗的材质应选用压延防锈铝或铜质或钢质材料，但不得使用非防锈铸铝。方舷窗的材质应选用防锈铝或钢质材料制作。铝质舷窗的表面应进行氧化防锈处理，舷窗与船体板间的结合部位应采取绝缘防腐措施。

（7）露天甲板舾装件和通风头上所采用的活动紧固件（如带舌插销）、蝶形或翼形螺母及螺杆应采用黄铜或不锈钢材料制作。

3．舱室内装设计

（1）舱室隔热绝缘材料应选择低毒、热导率低、耐燃、烟密度小、吸水率低、线收缩率小、对船体结构腐蚀性小、便于施工和表面装修的绝缘材料，应尽量选用闭式孔泡沫材料，不宜用纤维性舱室隔热绝缘材料。

（2）舱室绝缘与船体结构的连接方式应选用胶黏剂满贴方式，其胶黏剂应选择对钢板无腐蚀或腐蚀性小并与钢板防锈底漆相匹配的胶黏剂。不应使用钢质碰钉将绝缘固定到船体钢板上的固定方式，以减小对钢板表面的腐蚀。

（3）绝缘表面应采取硬质或软质的装饰封闭措施，防止水汽通过绝缘的缝隙透入舷侧钢板，引起钢板腐蚀。

（4）空调舱室舷侧及围壁绝缘敷设时，应在距平台甲板 100mm 高处截止，并用钢板作为绝缘固定结构。上述未敷绝缘的裸露部分钢板应进行重防腐处理。

（5）舷窗加强框内的钢板和型材表面应涂覆厚 10mm 油性软木膏。舷窗盒可用玻璃钢或防锈铝制作，但必须设置与舷窗盒为一体、没有接缝的集水槽。舷窗盒本身应没有可泄漏的接缝。舷窗盒与舷窗座之间的缝隙应用水密填料密封。

（6）舱室装饰板吊挂或支撑构件必须采用钢质或铝质材料，舱室表面装饰板应采用金属材料。为防腐蚀，应对装饰板吊挂或支撑构件和金属板材进行防锈处理。

（7）厨房、厕所、洗衣机室、烘干室等潮湿舱室，如设置装饰板时应采用不锈钢材料，并对装饰板的安装接缝用密封胶进行密封处理，防止向船体结构渗透蒸汽和水分引起船体结构腐蚀。

（8）潜艇耐压船体、舱室的绝缘材料、胶黏剂的选材，除应满足绝缘性能要求外，还应满足对船体结构无腐蚀、便于施工和表面装修的性能要求。

4．地板覆盖的设计

（1）地板覆盖材料应选择低毒、密度小、透水性低、阻燃、美观、防滑、降噪和对钢板腐蚀性小的材料。

（2）地板覆盖的胶黏剂应选用与底漆配套、黏接牢固、对钢板腐蚀性小、阻燃、低毒的胶黏剂。

（3）使用 PVC 地板毡作为地板覆盖材料时，与围壁钢板连接的四边应尽可能向上翻起 80～100mm 高，再与船体结构用胶黏剂粘贴牢固，在隔壁四角处应当用塑料焊接材料将 PVC 地板毡的接缝焊合，使地板覆盖形成封闭的盒形，以防止舱室清洁时水流入横隔壁或舷侧绝缘根部，引起钢板锈蚀。如采用其他地板覆盖时，应对地板覆盖与船体结构相连接部位的缝隙采取封闭措施。舱室设备支脚、座椅风暴挂钩底座处的 PVC 地板毡的开孔缝隙应用防水填充材料封闭。

（4）厕所、盥洗室、淋浴室等用水部位和厨房排水沟，地面应铺设水泥、防滑瓷砖，泄水管口的位置应设在舱室的最低位置处。所有侧壁应铺设瓷砖，无封面装饰板的侧壁，其高度不低于 200mm；有封面装饰板的侧壁，其高度不低于 150mm。无封面装饰板侧壁瓷砖以上的钢质结构应使用重防腐涂料保护。为使水泥与钢板牢固结合，在地面和侧壁铺设水泥处应焊接水泥爪。水泥应选用高标号优质水泥。

5．舱室设施选型、布置设计

（1）舱室设施，如床铺、衣柜、写字台、杂物柜、清洁箱等，底部应采用底脚支承，距甲板的高度宜不小于 100mm，以便对设备下部进行清洁和保养。

（2）厨房、洗衣间、烘干机室中的设备应不锈钢化或采用防锈铝材制作。设备与船体结构之间要便于维修，不留死角。

（3）水面舰船蒸饭箱、蒸锅等散发蒸汽较多的设备，应集中设置在专门的舱室内，并设置排气量适合的通风机。上述设备与船体结构之间应留有适当的维修保养空间。

（4）水面舰船单独放置沸水器的开水间，应设置蒸汽排除装置，地板上应设置泄水孔，地板应进行重防腐处理。

6．船体结构的涂装设计

（1）涂料配套设计应参照海军舰船涂装配套相关要求执行，并应征求拟建造该型舰船的承制方和驻厂军事代表室的意见,经审图机构审查认可后发承制方厂进行订货。

(2)涂料明细表应规定舰艇各涂装部位底漆、中间漆、面漆涂料的名称、涂装道数和漆膜厚度(干膜),经用户认可后,作为承制方施工检验验收工作的依据。

(3)对上层建筑铝、钢铆接部位一般应采用环氧腻子绝缘密封处理,而不宜用夹布绝缘方式。

(4)直升机起降平台和露天甲板通道部位一般应选用聚氨酯甲板防滑涂料或其他适宜的露天甲板涂料,但不宜选用环氧金刚砂甲板防滑涂料系列。

(5)在生活舱室和工作舱室的四壁和天棚钢板处,对敷设绝缘部分,其防锈底漆和面漆除满足防腐要求外应与绝缘胶黏剂相配套兼容;对不敷设绝缘的裸露钢板可选用醇酸系的油漆。

(6)对平台甲板、花铁板以下易积水的舱底、隔离空舱、锚链舱或其他潮湿部位及潜艇上层建筑等腐蚀较严重的部位应参照舰船涂装配套相关要求,按一个大修期选择涂料体系进行涂料重防腐。

(7)燃油舱、滑油舱、喷气燃料舱等舱室应选用环氧系列、聚氨酯系列涂料,但不宜选用漆酚系涂料。

(8)压载水舱、混合油水舱(含燃油海水代换舱)应选用环氧系、改性环氧系列涂料。

(9)饮用水舱、洗涤水舱、蒸馏水舱和锅炉水舱应选用纯环氧系列涂料。对饮用水舱涂料除应具有良好的附着力、防锈性能和耐化学药品性能外,还应对饮用水质无影响,并应经医学卫生检查认可。

(10)坦克舱、弹药舱、干货舱等舱室应选用环氧系、环氧阻燃型系列涂料。

(11)蓄电池舱室应选用氯化橡胶系、环氧系的系列涂料。

(12)核反应堆舱的涂料应选用具有良好的辐射稳定性、物理和化学稳定性的无溶剂环氧系列涂料。

(13)各种钢质的油管、水管、汽管的外表面应选用的涂料配套体系,一般与其所在部位采用的涂料配套体系一致。对于工作温度80～150℃的管外表面应选用耐高温、耐腐蚀、有机硅、无机硅酸锌耐高温漆体系。

7. 舰船阴极保护系统

(1)正常排水量超过1500t的舰艇一般应设置外加电流阴极保护系统。

(2)外加电流阴极保护系统应选择性能稳定,使用寿命长,自动化,操作简便、可靠,能满足保护要求的设备。

(3)外加电流阴极保护系统的设备要求一般为:①恒电位仪可选用磁饱和式、大功率晶体管式和智能式恒电位仪,但不应选用晶闸管式恒电位仪。②辅助阳极可选用铂钛阳极、铂铌阳极、钌钛阳极、铅银微铂阳极、铅银合金阳极和氧化物阳极,应优先选用铂钛阳极、铂铌阳极和钌钛阳极。③参比阳极应根据舰艇航行区域确定,对于在海水中的舰艇,可选用银/氯化银和银/银卤化银参比电极;对于既在海水中航行,也在淡水中航行的舰艇,应选用锌参比电极。④阳极屏蔽层应选用环氧腻子配套系列涂料。⑤轴接地装置应使螺旋桨与船体之间的电位差小于60mV。⑥舵板接地装置应使舵板与船体保持同电位。

(4)对于未设置外加电流阴极保护系统的小型和进坞间隔时间短的舰艇及辅助舰船,应采用牺牲阳极进行船体结构和附体保护。对于设有外加电流阴极保护系统的中大型舰艇,在外加电流阴极保护系统保护不到的区域,也应布置牺牲阳极作为防腐蚀补充措施。

(5)牺牲阳极的布置范围一般为:①对未设置外加电流阴极保护系统的舰船,在水线以下船壳板、船体附件、压载舱、污水舱、舱底易积水部位及收放式减摇鳍箱、海底阀箱、通海阀箱等的钢板部位;②对设置外加电流阴极保护系统的舰船,在压载水舱、海底门、海底阀箱、艉轴管、收放式减摇鳍鳍箱、声纳导流罩金属构架和潜艇上层建筑等处。

8. 管系设计

(1)在管系设计时,应根据主要作战使用性能、研制总要求的要求,正确确定管系材质、管系中介质压力、流量、流速、温度和管径尺寸、管路附件、连接方式、固定形式、防腐蚀措施及管系外的环境条件等要素,进行设计。

(2)对各型舰船专用的管系附件也应在保证密封良好、性能满足要求的条件下,按舰船防腐防漏系列技术要求进行通用化、系列化、组合化设计工作,减少非标准附件的采用。

(3)管系的设计与布置应合理,其应满足:①管路的布置应整齐有序,且在保证满足性能要求的前提下,并尽量减少管路连接接头和阀件。②海水、淡水、蒸汽和燃油管路不应通过电子设备舱室,上述管路应尽量不通过机械设备和生活舱室,如必须通过这些舱室时,应采取良好的密封措施,防止管路泄漏。③管子穿过水密舱壁及其他水密或气密结构处,应采用与管材配套的通舱管件或座板。④淡水管不得穿过其他介质的液舱,淡水舱内不得有其他介质的管路穿过。当不可避免时,则管子应在水密隧道或套管内通过。其他管路通过油舱、污水舱时,管壁应适当加厚,且不得有可拆接头。⑤在正常情况下应不遭受机械损伤,且应防止被用作其他用途(如作为抓杆、扶手和梯级)。当难于满足时,则应采用加装可拆卸防护罩等措施保护。⑥应避免引起紊流,还应避免不必要的高点或低点。当不可避免时,则应设置通气口和泄水口。⑦应消除管子和接头直径的突变。当不能消除时,则应采取直径渐变的过渡段,使管路内紊流减至最小。对所有产生紊流的零件(如节流阀、减压阀、三通接头等),其下游处应设置长度至少为 6 倍管径的直管段;对海水管系,在紊流区应考虑设置三元锌环或铁环牺牲阳级进行保护。⑧节流装置内的壳体流道应设计成逐渐变化,出口腔应尽可能大,以便出口喷流在与腔室接触之前能消失。当靠近出口喷流部位存在不可避免的直接冲击,则应增加截面厚度,使之能够承受附加的剥蚀效应。⑨应最大限度地使用弯管,使管路系统的连接接头减至最少。在弯管不适用或不能使用时,只要许可,应尽可能采用自封接头及对接焊、套接焊和钎焊管连接,尽量少用法兰和类似的可拆接头。⑩管系应固定,并采取包扎绝缘带等防止电化学腐蚀的相应措施。⑪管系吊架、支架与管系接触部分以及异种金属管连接处应涂绝缘胶或包扎绝缘带;海水管系应按舰船海水管系电绝缘相关要求采用电绝缘吊支架。⑫管系的管径应不小于泵出口的通径,使管路上的流通面积等于或大于泵出口的截面积。

(4) 应根据研制总要求的要求,对不同介质的管路系统,包括接压力表、温度计、流量计、安全阀等支管及其接头的管路进行管子选材,其一般为:①海水介质。凡介质为海水的,如消防系统、压载系统、海水冷却系统、生活污水系统等的管子,对不同舰船可按舰船海水管系、排烟管选材及防腐技术要求进行选材,应采用 BFe10 – 1 – 1 铜镍合金为主,设备和管路附件与之配套;对同一艘舰船,海水管路应尽量采用同一种材质的管材,并根据管路材料进行管系中附件和设备的体系配套设计。②滑油、燃油介质。滑油、燃油介质管系选用无缝钢管。③冷媒系统的淡水介质。冷媒系统的淡水介质管系,对潜艇选用不锈钢管。对水面舰船选用热浸锌无缝钢管(对动力装置加入防腐蚀添加剂的淡水管系应选用无缝钢管)。④日用淡水系统。洗涤水系统,选用热浸锌无缝钢管;饮用水系统选用不锈钢管。⑤高中压空气系统。高中压空气系统,对潜艇应选用 B10、B30 铜镍合金、HDR 双相钢、对水面舰船一般选用无缝铜管和不锈钢管。⑥当管内流体温度超过 425℃时,应采用耐热合金钢管。⑦连接压力表、温度计等仪表的支管,宜选用紫铜管,在海水系统中须注意与管材的配套设计和电绝缘设计。⑧对液压油管宜选用无缝铜管或无缝钢管。

(5) 在管系设计时,管路中的流速在满足设备所要求的最小入口压力和入口流速极限要求下,应针对不同管子材质和管内介质,控制管内流速极限值,以防止因管子腐蚀造成"三漏"。其一般要求为:①海水系统。参照舰船海水管系排烟管选材及防腐技术要求或材料供应商提供的数据执行。②燃油系统。舰船上输送系统流速应不大于 4.6m/s;装载和卸载作业时的流速不大于 7.6m/s。其他系统在满足设备要求的流量条件下,应使管内流速尽量小;对紫铜管宜控制在 1.0m/s 之内。③从循环滑油舱柜到滑油泵的吸入管路中的滑油流速一般不大于 1.2m/s。

(6) 在接触海水的设备和管子中,除对连接处采用防腐防漏措施外(如氟橡胶腻子、厌氧胶密封与锁固等),还宜设置海水防腐防污装置或牺牲阳极等防蚀设施,以减少管系腐蚀造成的泄漏。

22.6.3　防漏

1. 总体设计

(1) 除在总布置中合理布置底舱和设置维修通道、拆装路线外,还应采用减振技术,以有效地隔离主机、辅机、泵等装置、设备向管系传递的振动,避免管系产生过大的应力,引起连接处泄漏或损坏。其采取的形式、设置部位和数量等应经军方审查认可。

(2) 为避免内外温差大的舱室、管系表面出现凝露,除在空调装置中设置去湿装置外,绝缘设计应合理,其包括划定绝缘区域、选定绝缘材料和厚度、制定敷设工艺等。对舱室绝缘材料宜选用绝缘性能好、低毒的绝缘材料。舱室绝缘材料应牢固胶贴,管系绝缘材料应与管系全面贴合包复(含管系附件)。

(3)凡可能积聚水或油水混合物的设备和管路系统均应安装泄水装置。高压蒸汽系统、日用蒸汽系统、油加热系统、油污水系统、废水系统和淡水泄水系统,一般均应安装单独的泄水总管。舱底水系统应能排除机械舱室内所积聚的水和污油水。当设有集水井和抽水泵、排泄器的抽水口时,其应设置在舱室最低处,以保证将积聚的水和污油水抽干。

(4)舰船辅机及管路系统垫片应依据介质性质、工作压力、工作温度等按照舰船辅机及管路系统垫片选型技术要求选用。在同一管系、同一压力等级的情况下,宜选用同一类垫片。

(5)舰船辅机及管路阀件的密封填料应依据介质性质、工作压力、工作温度和流速等按照舰舰船辅机及管路系统密封填料选型技术要求选用。

(6)燃、滑油管的测温接头处应配有专用保护套,以防上管内介质外泄。

(7)压力管路在仪表下方应有减振管圈或阻尼元件,高压油管测压接头处应设有膜片密封元件,以将管径内介质予以隔离。

2. 设备选用

(1)在制定设备系列型谱及选择和审查认可配套设备及其生产厂(所)时,应将配套设备的防腐防漏与性能、功能指标等同重视。

(2)在审查、签署配套设备技术规格书(或技术协议书)时,应将防腐防漏作为重要内容,注意与舰船同步采取防腐防漏的措施,并对易产生"三漏"的备件适当增加数量。

(3)对舰船用泵,应按舰船通用离心泵、旋涡泵防腐防漏技术要求选用。

(4)对舰船艉轴管密封,新造船应优先选用水润滑端面型机械密封装置(含充气密封装置),对于在造、修理和改装舰船,如原设计为填料密封结构时,应选用芳纶纤维/高分子合成纤维编织填料以保证艉轴水密性达到标准要求和便于部队在不进坞条件下更换密封件。

(5)对艉轴承、舵轴、减摇鳍轴等和潜艇升降装置、穿越耐压船体的传动杆的密封,应选用耐腐蚀、抗磨损、密封性好的材料和组合式密封,以防止海水漏入舰船内。

(6)对舰船用阀门,应按舰船通用阀门防腐防漏技术要求选用。

(7)对舵机、锚机、减摇鳍、辅锅炉等设备,应选用阀件密封、油缸轴封等性能好的产品。对双缸液压机、液压舵机、减摇鳍、侧推装置、液压起重机等液压系统应满足舰船液压系统防腐防漏技术要求,并对液压系统设置的液压油柜其材质宜选用不锈钢。

(8)对淡水冷却器、海水冷却器应参照舰船海水冷却设备防腐技术要求选用。

3. 管系设计

(1)在管系设计时,应进行减振设计,除保证管系有足够的强度外,还应有足够的挠性,以减少和消除附加的应力。管系还应保证密性,对维修空间比较小、安装比较困难的部位,在工作温度低于120℃、工作压力小于4MPa的中低压系统中,宜采用斯特劳勃类接头;对高压系统宜采用自紧式密封。管系挠性设计时,应对主要管系进行挠性变形计算,并应考虑到船体运动、冲击、振动等引起的过载变形量,当可能出现超限变形时,应设置限位装置。

(2)在管系设计时,对挠性安装的设备与管路之间的连接进行补偿设计,在管路系统中设备的进出口处采用挠性连接。当采用橡胶挠性连接时,宜选用NBR丁腈橡胶、FTM氟橡胶等使用寿命长的橡胶类材料,高温系统中宜选用金属类连接件进行挠性连接。

(3)审图机构在审查管路系统原理图、线路图和主要管路系统计算书时,应重点审查管子材质、管子流速、管子连接和挠性管件承受位移等有关防治"三漏"要求的落实。

22.6.4 设备防腐防漏

(1)分承制方在设备设计中应按技术规格书(或技术协议书)认可的设计图样和技术文件的要求,在选材、结构、制造工艺、外购件选用等方面进行设计。设备用材应具有足够的强度、韧性、耐腐蚀性和良好的加工工艺性,禁止将脆性材料作为设备用材。

（2）分承制方在压力容器、液（气）压系统设计选材中,对于密封元件,应根据有关标准选用密封性能好、使用寿命长的优质垫片和密封圈。宜选用聚四氟乙烯金属缠绕垫片、非石棉耐油橡胶等密封垫片和优质的 O 形密封圈等。

（3）对泵、安全阀、各种截止阀、止回阀和电磁阀等外购件的选用,分承制方应按技术规格书和海军有关规定的要求进行控制。对为设备配套的重要阀门,分承制方对填料压盖的螺栓选材,应明确提出耐腐蚀性、机械强度等方面的具体要求,防止使用中因腐蚀严重而失效。

（4）分承制方在设备的设计结构上应采用先进而成熟的汽（气）封、油封结构,尽一切可能减小介质的漏泄量。

（5）分承制方在设计和选用液压机组的结构中,尽可能采用组合式阀块,减少外管道。

（6）分承制方在柴油机、蒸汽（燃气）动力机组、空压机、液压机组、冷藏、空调机组等设备的设计中,对于机带管系应可靠地固定,以适应抗振动、冲击的要求,尽量采用焊接或法兰连接。必要时,可采用挠性连接。对阀件、滤器等器件应合理布置,便于拆检、维修和更换。

（7）对于空调机组、生活污水处理装置、大中型泵等设备设置集水盘或接漏装置。注意保证将排水孔设计在最低位置并具有足够尺寸的孔径。

（8）承制方在各类空调机组中制冷剂管系和加热管系上,设置良好的绝缘包扎层,以防止凝露。应选用低毒、绝缘性能好的绝缘材料。

（9）潜艇穿耐压体杆件密封处应采用编织成形材料作为密封填料,宜使用碳化纤维浸渍四氟乙烯编织成型环、碳素纤维聚四氟乙烯热压烧结成型环等,不应使用油浸石棉填料及油浸棉麻填料。

（10）设备应设置吊环或吊运底座,确保设备运输与吊装时不致伤及设备边缘部位,特别要保护管系、管口、法兰口,避免变形和划伤,必要时附设护罩。

（11）分承制方在设备管路系统设计时,应满足技术规格书提出的介质挡砂、挡杂物要求。必要时亦可与总体设计单位对系统中滤器、滤网的密度要求进行协调。

（12）在审查设备技术文件时,应注意防腐防漏技术要求的落实情况和检查备品备件清单的完整准确性。机械密封装置、垫片、填料、密封圈等密封件备品必须与机组上使用的同材质、同规格,且有足够的数量,原则上至少与机组中使用的等量供应。

22.7　加工制造及建造过程中的腐蚀防护与控制

22.7.1　冷加工

冷加工成形过程（冷锻、冷轧、冷拔、冷旋压、弯曲、矫形、冲孔、剪切、机加工等）中,都可能使零部件表面产生残余拉应力,它可能是促使产生应力腐蚀开裂的重要原因。例如,把碳钢管采用冷加工弯曲成 U 形管时,部分弯曲区域所具有的残余拉应力接近 150MPa。调查表明,奥氏体不锈钢设备的应力腐蚀开裂事故中,由于冷加工残余应力造成的事故占首位。

因此,消除冷加工残余应力不容忽视。其方法有热加工代替冷加工成形、适当热处理去除应力、低应力松弛、喷丸强化等。其中以采用热加工成型和热处理消除应力为最多,而且行之有效。设备出厂前不能进行整体热处理的,可进行部分热处理。

机械加工最好选用将金属材料在退火状态下进行表面机械加工、弯曲、冲压成形的工艺,加工后的部件残余应力较小,再进行去应力热处理,则可减轻或防止腐蚀。

22.7.2　热加工

热加工过程中（如锻造、铸造、热处理、焊接、表面处理等）,因热加工不当也会加大残余应力,为此应考虑消除应力的热加工。

1. 锻造

由于在短横向上应力腐蚀最为敏感,其强度和韧性最小,锻件设计要避免在短横向上承受大的应力,尽量减小或消除流线外露。短横向受力时,应注意锻件的各向异性。

2. 铸造

要选择合理的铸造工艺,尽量减少砂眼、缩孔等缺陷,否则可能产生局部腐蚀、应力腐蚀和腐蚀疲劳敏感区。表面缺陷还影响涂镀层质量,钢铸件不能采用化学氧化,铝铸件如果针孔超过三级,只能采用铬酸阳极氧化。

3. 热处理

要按照零部件热处理目的,合理选用热处理工艺,避免因热处理不当引起的晶间腐蚀和应力腐蚀等。钛合金、高强钢要避免在含氢气氛中进行热处理,可采用真空热处理或热处理保护涂层,防止零件过分氧化和腐蚀。

4. 焊接

在条件允许的情况下,以胶接代替焊接,以连续焊代替点焊。

对氢敏感的材料避免在能产生氢原子的气氛中进行焊接。带有镀锌、镀镉层等易引起基材产生熔融金属脆短镀层的零件,严禁镀后焊接。焊接所用的焊条成分应与基体成分相近,或者可以使用电位更正一些的材料作为焊条,以保证焊缝与基体成分基本一致,避免加速腐蚀。

为防止焊缝两侧热影响区(敏化温度区)产生晶间腐蚀,对零部件可采用固溶淬火热处理(将焊接后的不锈钢加热到 $1040 \sim 1120℃$),使碳化物重新溶于固溶体中,快速水中淬火冷却,使碳化物来不及析出,消除敏化后的晶间腐蚀,但该工艺不适合大型设备的整体热处理。另外,可选用超低碳奥氏体不锈钢(碳含量小于 0.03% 的 304L 和 316L 不锈钢),或稳定化奥氏体不锈钢(321、347)在 $850 \sim 950℃$ 保持 $2 \sim 4h$ 进行对 Ti、Nb 元素的稳定化处理。

焊接残余应力要比冷加工残余应力更大,能达到材料本身的屈服点。对奥氏体不锈钢采用去应力热处理、稳定化热处理和固溶热处理以消除焊接残余应力可防止焊缝应力腐蚀。去应力热处理原则上适用于碳含量低于 0.03% 的超低碳不锈钢及稳定化奥氏体不锈钢焊缝区的残余应力去除。

为防止焊缝缺陷引起的缝隙腐蚀,应保证焊缝质量,避免出现宏观裂纹。防止焊缝裂纹,对马氏体不锈钢可采用焊前预热、焊后热处理的方法,即在 $700 \sim 760℃$ 进行马氏体回火。另外,利用喷丸消除焊接残余拉应力,已在发达国家获得应用。

5. 表面处理

许多零部件都要进行电镀、氧化、钝化、涂装等各种表面处理之后才能投入使用。表面处理应注意防止产生腐蚀隐患。表面处理前的除油、活化步骤要求既能达到工件表面清洁无污物,又要保证所用的化学试剂不会使材料产生腐蚀及氢脆危害。电镀后零部件要求清洁干净,不允许残留酸、碱、盐等腐蚀性液体。抗拉强度在 883MPa 以上的高强钢零部件,镀前要消除应力,镀后要进行除氢处理。带有螺纹连接、压合、搭接、铆接的组合件,要求电镀后再进行组合。涂漆烘烤温度选择要适当,否则可能出现局部腐蚀。

22.7.3 非标准管配件制作

在海水管路中,最好选用专门工厂生产的标准管配件,组成海水管路系统,但在实际舰船海水管路敷设时,也常常遇到现场制作非标准件的情况,特别是在早期的紫铜海水管路中、小修过程中,常常在现场制作弯管和三通等管配件。管配件的制作应满足下述要求:

(1)在制造和安装管配件时,为了提高管道的可靠性,应使最大量的工作在车间里采用先进的管子加工工艺来实现,船舶管道制造和安装的主要阶段划分是,在车间里进行机械弯管、零件加工、焊接和管子试验,在船上进行管道安装、绝缘和实施防护措施。

(2)弯管经常在冷状态下进行,应按 $2.5 \sim 3.0$ 倍管子外径的统一弯曲半径进行。在特殊情况下,如因舰上的布置条件有限,或因几何形状复杂,不能按统一半径进行冷弯时,可以热弯,直径大于 200mm 的管子,可用扇形件焊接的方法制造弯管。

(3)弯曲部位管子的椭圆度(外径最大值和最小值之差与管子公称外径的比值)不应超过 8%,弯管内面的褶皱高度应不小于3%管外径。在管子表面上可以有工具夹的痕迹及平缓的的压痕,直径为15~50mm的管子其深度不应超过1mm,直径为50~100mm的管子,不应超过1.5mm,直径大于100mm的管子,不得超过1.5%管外径,在直径小于15mm的管子上不允许有压痕。

（4）管子端部由小直径扩为大直径时,不论壁厚如何,允许其值不大于1.2倍的管外径。当管子端部由大直径缩为小直径时,根据壁厚与外径比值的不同,允许值不应超过0.5~0.7倍管外径。

（5）目前现场制作三通有两种方法:一是在主管上开孔,支管插入主管内焊接而成;二是在主管上开孔,支管扩口贴焊在主管上。前者易于在主管内形成凸环,后者易于在主管内产生环形台阶,都会增加局部紊流而加速冲击腐蚀,因此,最好采用专门工厂生产的标准管配件,实在不行,应严格精心制作三通,尽量降低凸环或台阶的高度,确保焊缝均匀、平整。

（6）在采用非可拆式管子连接时,宜多采用套管连接,少采用对接焊连接。因为对接焊时,无论焊缝高于管子内表面,还是低于管子内表面,都会引起局部紊流增大,而且对接焊,管内表面焊缝质量难于控制,疏松、假焊、凹凸不平都会促进腐蚀加剧,尤其是采用黄铜焊接时,还增加了脱锌腐蚀的可能性。

22.7.4　管路与附件的布线和安装

设计阶段的布线和安装要求要通过施工来实现,因此施工阶段的布线和安装要求原则上与设计阶段是一样的,可归纳为"三避免,一方便":三避免,就是要避免产生没必要的紊流严重区,避免线路发生水滞留,避免线路产生杂物沉积;一方便,就是方便于检查和更换管配件。"三避免"不是总能做得到的,做不到时要尽量予以减小,设计阶段提到的一些做法,施工时要力争实现,且有所创新。

1. 法兰连接

在舰船海水管路系统中,为了检查、维修海水管路及与其相连的机器、设备,通常要求能拆装自由以便进行维修作业。因此,舰船海水管路接头最常使用法兰连接（其作业容易、可靠性高）。依其形状、材质和制作方法可将法兰分类如下:

按形状有圆形法兰和特殊形状法兰。圆形法兰最为多用,因制作、安装、处理方便、能大量生产、强度易于保证。特殊形状法兰主要是为了节约材料,减轻分量,减少占有空间时采用,可用角形、椭圆形、三角形等特殊形状的法兰。

按材质有钢板制法兰、铸钢制法兰、铜合金法兰等。钢板制法兰,因强度高、易焊接、易获得,多用于中压钢制管道。铸钢法兰比钢板制法兰强度更高,厚度和形状少受限制,多用于高压管路和大直径管路,铜合金法兰一般用于铜及铜合金海水管路,一般可用黄铜或青铜铸件制作法兰。

按制作方法有焊接法兰和螺纹连接法兰两类,其中又以焊接法兰使用较多。

不管什么样的法兰,为了提高法兰连接的安全可靠性,减少法兰连接处的紊流程度及腐蚀问题,法兰制作和安装时应注意如下事项:

（1）法兰材料最好与管路材料属于同类材料。铜及其合金海水管路不宜采用钢制法兰,否则容易导致钢制法兰出现电偶腐蚀问题。

（2）采用焊接法兰时,管子与法兰连接处应有小的翻边,不得暴露焊缝,管子不得长于或短于法兰面,以免出现凸台或凹陷。

（3）法兰连接时,法兰间垫片应与法兰面良好吻合,不得凸出或凹陷于管内表面,以免产生紊流,加速法兰连接处的腐蚀。

2. 密封垫片安装

1）安装前检查

（1）检查法兰的形式是否符合要求,密封面是否光洁,有无机械损伤、径向刻痕、严重锈蚀、焊疤等缺陷。

（2）检查螺柱是否弯曲,螺母、螺纹是否有断缺,螺母在螺栓上转动应灵活,但不应晃动。

（3）检查垫片材质、形式、尺寸是否符合要求,垫片表面不允许有机械损伤、径向刻痕、严重锈蚀、内外边缘破损等缺陷;选用的垫片应与法兰密封面型式相适应,不允许在椭圆或梯形槽密封面的法兰上安装平形、波形垫片。

（4）安装垫片前,应检查管线及法兰安装质量,是否有如下缺陷:

① 偏口——管线不垂直,不同心,法兰不平行,如图22.23(a)所示。两法兰间允许的偏斜值为:使用非金属垫片时应小于2mm;使用其他材料的垫片时应小于1mm。

② 错口——管线和法兰垂直,但不同心,如图22.23(b)所示。在螺栓孔直径及螺栓直径符合标准的情况下,以不用其他工具将螺栓自由地穿入螺栓孔,即认为合格。

③ 张口——法兰间隙过大,如图22.23(c)所示。两法兰间允许的张口值(除去管线预拉值及垫片或盲板厚度)为:管法兰的张口应小于3mm;与设备连接的法兰应小于2mm。

④ 错孔——管法兰同心,但两个法兰相对立的螺栓孔之间的弦距(或螺栓孔中心圆直径等)偏差较大,图22.23(d)所示为弦距偏差较大的一种情况。螺栓孔中心圆半径允许偏差为:螺栓孔直径不大于30mm,允许偏差 ±0.5mm,螺栓孔直径大于30mm,允许偏差 ±1.0mm;相邻两个螺栓孔间弦之距离允许偏差 ±0.5mm,任何几个孔之间弦距总误差为 ±1.0mm。

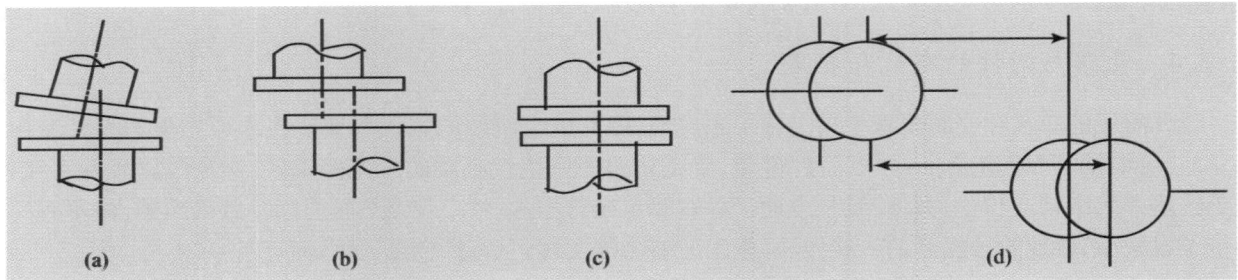

图22.23 垫片安装法兰安装精度要求

2）安装要求

（1）垫片应装在工作袋内,随用随取,不允许随地放置。

（2）两法兰必须在同一中心线上并且平行,不允许用螺栓或尖头钢针插在螺栓孔内校正法兰,以免螺栓承受较大的应力。

（3）安装前应仔细清理法兰密封面及密封线。

（4）两个法兰间只准加一个垫片,不允许用多加垫片的办法来消除两个法兰间隙过大的缺陷。

（5）垫片必须装正,不要偏斜,以保证受压均匀,也避免垫片伸入管中受介质冲蚀引起涡流。

（6）为保证垫片受压均匀,螺栓要对称均匀地分2~3次旋紧,如图22.24所示。

（7）为了避免在旋紧螺母时,螺栓产生弯曲,旋松时卡住,凡法兰背面较粗糙的,在螺母下加一光垫圈。

（8）不允许漏装一个垫片及混用螺栓。

（9）螺栓上打有钢印的一端,应露在便于检查的一端。

（10）因上紧螺栓是在冷态下进行,当温度升高后会产生松弛。只要有可能,在开始运行后12~24h再拧紧一次螺栓,在此之前,接头应处于连续工作状态,并检查其是否符合所有安全标准。

（11）不要在垫片上使用液状或膏状防粘剂和润滑剂,这样会导致垫片过早失效。

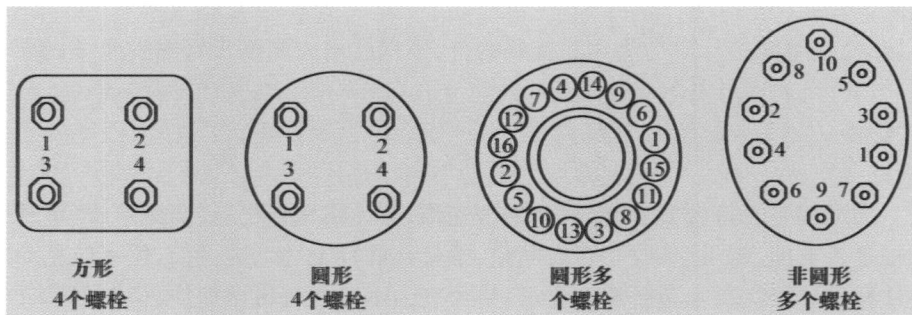

图22.24 螺栓紧固顺序要求

3. 密封填料安装使用注意事项

1）预压成形填料

为了使每圈填料充分发挥密封效果,填料在装入填料箱前最好在较填料函小 $0.1 \sim 0.3$ mm 和比轴大 $0.1 \sim 0.3$ mm 的模具内进行预压（压制力可控制在 $15 \sim 35$ MPa）。预压后的填料装入填料函内,使得在整个填料轴向长度内,轴向压紧力的分布比较均匀,能充分发挥每个填料的密封作用。使用单位也可提出由填料制造厂提供压制成形的填料环,这样环接头衔接较好,环尺寸有保证,给使用带来良好效果。

2）混合组装

为了充分发挥每种填料的优点,弥补其不足,在一填料函内可以安装两种以上的填料,PTFE 纤维编织填料与碳纤维编织填料间隔装配,或膨胀石墨填料与石棉编织填料混合装配,这样耐腐蚀介质、导热性能、高强度等性能得到充分发挥,也克服了导热差、易冷流、强度差等弱点,既扩大了使用范围,也能获得满意结果。

3）装密封垫片

对于黏度小,易渗漏的介质,在每个填料环之间放置一个垫片,可以提高填料抗渗漏能力,也可使填料压紧力更加均匀,这是增加填料密封性能的一个非常有效的措施。

4）保持填料函精度和清洁度

对于填料密封来说,轴与填料函内孔的同心度和轴本身的径向跳动对密封性能有很大影响,偏心、跳动会大大增加介质的泄漏量,径向跳动量应小于 0.05 mm。轴的表面粗糙度 Ra 要求不低于 1.6,表面硬度 45 HRC 以上。轴表面不允许有划痕,碰伤或锈蚀,磨损的轴要更换。

5）填料的装配调整方法

在安装填料前,必须对原有的函、轴清洗干净,不允许有泥沙等杂物残留在轴等表面上。填料的选择应当略大于填料函,一般可控制在 0.5 mm 左右。填料在截断时要用锋利刀切、断面整齐不散为好,接口为 $90°$ 角或 $45°$ 角。

压制填料环内径比轴径大 $0.1 \sim 0.3$ mm,外径比填料箱内径少 $0.1 \sim 0.3$ mm,压模可以参考此尺寸设计。压制环在安装时内径处可涂润滑脂,如果每个环有切口,则安装时要沿轴向扒开,每圈接缝处应互相错开 $90°$ 或 $120°$。起动后如发现摩擦扭矩大,填料箱温度上升,可适当放松压盖,直至填料箱温度不再上升、泄漏量适宜为止,并要经常注意观察填料箱温度和泄漏量,对于高参数的动密封应采取冷却措施和加润滑剂。

密封失效后,直接填入新填料,只推荐作为一种应急的措施。通常要取出旧填料,并清洗填料函后再装填。

机器设备暂时停用,则要放松填料压盖,以保证填料的压缩回弹性能。

4. 吊架、支承的布置与安装

机舱管道系统选用弹性连接与支承装置的形式,设置部位和数量等应在舰船总体设计中给予考虑。

管道通过其他介质舱室时应使用轴向穿壁支承,其结构如图 22.25 所示。

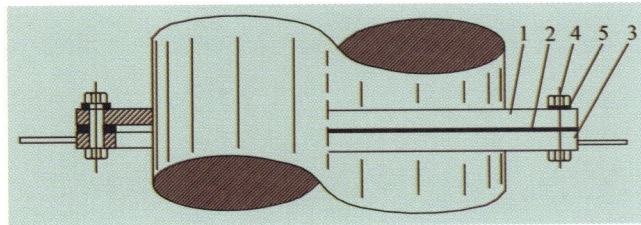

图 22.25　轴向穿壁支承

1—管道固定法兰；2—弹性元件；3—舱壁固定法兰；4—连接螺孔；5—硅橡胶螺栓垫片。

管子吊架设置应遵循以下原则:

（1）管子吊架的设置应尽量考虑多管路组合吊架。在满足性能要求的前提下,其结构应尽量简单。

（2）直管段应按相关标准要求进行直管标准支持间距或在间距内设置。

（3）弯管段应按相关标准要求进行弯曲管段标准支持间距设置。

1）管子吊架的位置

管子吊架应装在舰船的以下部位：

（1）应装在船体的结构（肋骨、梁、桁材、扶强材、柱等）上，需装在舱壁及甲板上时，要加焊垫板，但禁止装在主船体外板上。

（2）可以装在箱柜壁面，但要加焊垫板，如箱柜已涂有涂料或装有可燃物品时，应采取有效措施后方可焊接。

（3）可装在格栅支架或花钢板支架上，若装在作为船体结构部分的风道围壁上，应加焊垫板，潜艇内应尽量利用格栅撑脚和辅机座来安装管子支架。

（4）应在支管靠近主管处设管子吊架，但对于蒸汽管则不应太靠近主管。

（5）处于船体分段大接缝的管子须装设管子吊架，以防止吊装时振动。

（6）在与阀件、滤器等相连接的管子，靠近附件端应设管子吊架。

2）管子吊架在管子中的安装部位

（1）管子的膨胀伸缩管段两侧不能安装管子吊架。

（2）管端不固定的管子，在管端附近设置管子吊架。

5. 管子的安装

（1）管路通过水密甲板、水密隔壁、双层底和机舱围壁等结构时，一般应采用通舱件或法兰焊接座板。需减少管道的轴向波动及有效地控制低频排气噪声的传递及辐射时，应采用图 22.26 所示的径向弹性支承。

（2）法兰焊接座板应根据布管需要分别选用单面座板或双面座板。座板在上船焊接前应先加工好螺孔，焊接时应对螺孔作适当保护以防焊接飞溅损伤。

（3）管子通过无水密要求的舱壁或平台时，其安装形式可参照表 22.1。

（4）管子安装前应注意：①应熟悉有关管系的原理图，熟悉管路中的设备、附件结构用途；②检查管子和管子零件图是否一致，管子表面是否有明显的质量问题，如管子变形、法兰变形等。检查温度表等仪器、传感器的接头是否完整无损，型号、规格是否符合要求；③安装前应用压缩空气吹洗管子、阀门，检查是否畅通，如发现未封口或清洁未达到要求而导致管子内部沾污者，应退回重新清洁并封口。

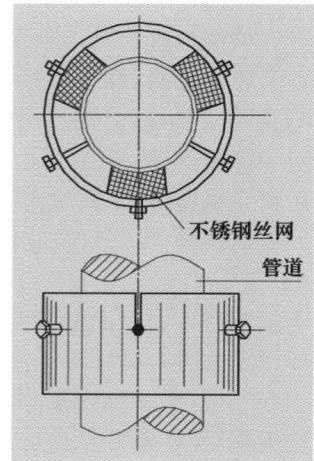

图 22.26 管路穿舱径向弹性支撑

表 22.1 管子通过无水密要求和舱壁或平台时安装形式

简　图	适用范围	简　图	适用范围
非水密舱壁 $D=D_1+10$	适用于非水密且无阻挡水要求的管子通道	围板 非水密甲板	与上图相似，只是数根管子通过同一通道孔
围板 非水密甲板 $D=D_1+10$	适用于非水密且无阻挡水和油流入另外舱室的管子通道	绝缘包扎层 围板 $D_1>D_2$ $D=D_1+10$ $D_1 \leqslant D_2$ $D=D_2+20$	适用于需包扎绝缘的管子

6. 放样管的安装

（1）应领取并检查管路所需附件，确定附件的进出口方向。附件应具有检验合格证。放样管安装结束后，接头、支管接口应封口包扎。

（2）应从管子分布密度大的区域开始，同时考虑安装层次和步骤。一般应按照先下层后上层，先里挡后外挡，先大管子后小管子的顺序进行，并先安装总管和阀箱。

7. 船校管的安装

凡直接同这些设备连接的管子均应留有船校管，不得强制连接。两端法兰均应在船上点焊定位，并应考虑垫片的厚度。

8. 非放样管、仪表管的安装

公称通径不大于15mm的管子或放样有困难而未经放样的管子，在放样管安装结束后，按原理图要求在现场弯制样棒，按船校管要求安装。并应符合以下要求：

（1）包扎绝缘的高温管与电缆相距不得小于100mm；

（2）燃油、滑油管不得紧靠排气管；

（3）配电板及主要仪器上方不得设置油、水和蒸汽管可拆接头，并尽可能远离配电板。

仪表管的安装应符合以下要求：

（1）温包传感软管等敷设应平直、整齐、牢固、美观，尽可能成束排列，且应敷设在导板上；

（2）分散处要靠着设备、船体结构及附近管路安装；

（3）压力表管在进压力表处要有两圈缓冲盘管。

9. 镀锌管的安装

（1）在运输、吊装及安装过程中应防止锌层损坏。

（2）镀锌管件一般不得再行焊接、热弯、火焰矫正或割刀开孔。

（3）在下列情况下允许进行焊接，但应经军事代表认可，焊接后应用富锌底漆对焊缝处修补，补漆前应认真做好清洁工作：①在船上焊接的套管；②通舱管件的复板、套管与舱壁的焊缝。

10. 铜镍管的安装

（1）管子的连接应满足：①当管径$D > 20$mm时，采用松套法兰连接。该法兰由内法兰和外法兰两部分组成（图22.27）。其中内法兰的材料与铜镍管管材相同，而外法兰一般为热浸锌钢质件。②当管径$D \leqslant 20$mm，管子连接采用由铜镍铁合金棒材制造的螺纹接头连接。

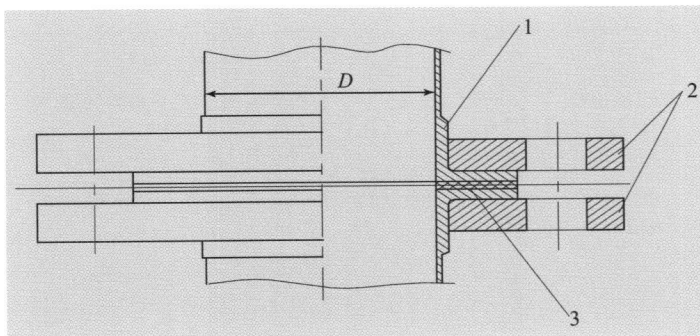

图22.27 铜镍管法兰连接形式
1—内法兰；2—外法兰；3—垫片。

（2）一般钢法兰无法解决钢与铜镍管之间的异种金属的焊接，采用不带法兰的专用通舱件，通舱件的复板可直接和船体结构焊接，其焊条牌号与船体结构用焊条相同。

（3）船校管的连接可用钢管或钢制胎架校管，铜镍管焊接及试验后再上船安装。

（4）铜镍管的保护应满足：①铜镍管在装船之前应用三防布将其表面全部包覆，此外对布置在花钢板下以及其他容易碰撞处的DN≥80mm的管子直段部分在三防布内还需衬垫木条，待船上电焊及安装工程全部结束，再将三防布和木条拆除。②管子搭焊和焊接时，应将电焊机的接地线直接用电钳钳在管子上且保持良好接触，不允许将接地线在焊接工作台上进行铜镍管焊接。③制造好的管子，管端应用木制封板封盖，防止法兰面碰毛和异物进入管内。

11. 管子支吊架的安装

（1）管子与管子之间，管子与船体结构、座子、设备不得相碰，附件的操作手轮处要留出 40～50mm 间隙。滤器应考虑清洗滤网的空间，管子若要包扎绝缘，则应根据绝缘厚度相应地增加间隙。

（2）每隔适当的距离应设置管子吊架或弹簧吊架、弹性支承。管子吊架的支承形式在选用时要考虑到其支承强度。

（3）支、吊架选用的规格应符合管子外径。用于弹性安装的支、吊架同时要考虑内衬隔振的厚度。

（4）有色金属管与管子吊架之间应垫橡皮或青铅。

（5）制冷管子与管子吊架之间应垫绝缘衬垫，同时管子吊架规格应放大一挡。

（6）要求能自由伸缩的管路，管子和管子吊架之间应垫三防布或帆布，保证管子在管子吊架内能自由胀缩。

（7）严禁在船板上、各种机电设备及管壁上直接焊接管子支吊架。

（8）金属弹簧吊架、金属弹性支承、弹性吊杆及固定点弹性支承的安装应按相应标准中的规定和管路布置图中要求进行。

12. 通舱管件的制作与安装

（1）焊接。通舱管件的中间复板或套管与船体板壁必须双面焊。

（2）壁厚。通舱管件的管壁厚度均应大于或等于连接管子的壁厚，用于液压管、滑油管的通舱管件壁厚允许与相应的管子壁厚相等。

（3）形式。管路通过水密、油密舱壁、甲板处，采用的通舱管件形式见表22.2。

表 22.2　通舱管件的形式

类型	名称	形　式	连接法兰	本体材料	说明
A	法兰连接通舱管件	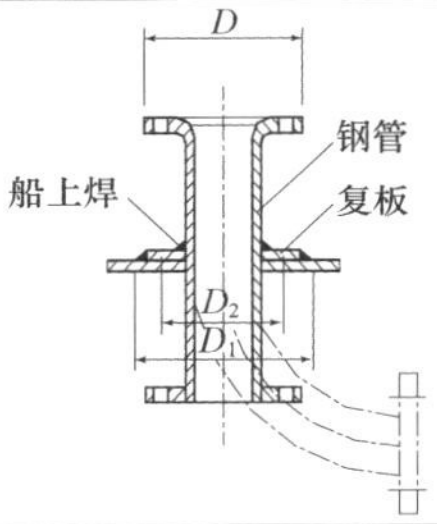	船用搭焊钢法兰	无缝钢管	一般用于不镀锌管系
B	法兰连接镀锌通舱管件	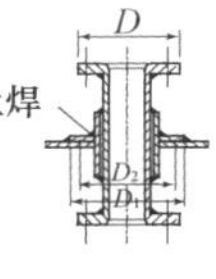	船用搭焊钢法兰	管子均为无缝钢管	—
C	套管式连接通舱管件	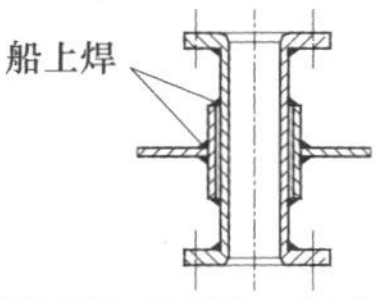	船用搭焊钢法兰	管子套管均为无缝钢管	用于安装地位狭小处；管子套管均采用加厚管；一般用于甲板排水及粪便等管系
D	焊接套管通舱件	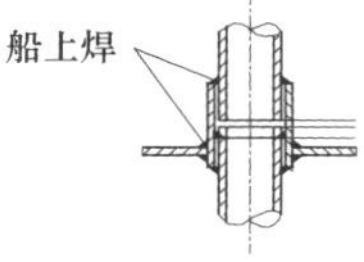	套管壁厚应不得小于壁厚的 1.25 倍		一般用于测量空气管系
E	径向弹性穿壁支承	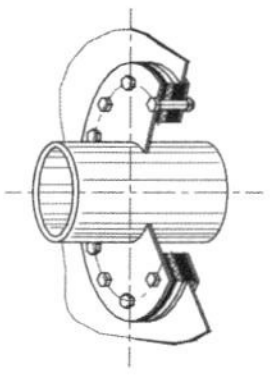	支承法兰壁厚应大于等于舱壁壁厚	管子与支承法兰应双面焊	用于有隔振要求的场合

(续)

类型	名称	形 式	连接法兰	本体材料	说明
F	铜管加套管焊接固定通舱管件	船上焊　内场铜焊	船用搭焊钢法兰	管子为紫铜管；TUP，套管为无缝钢管	适用于 PN = 1.0 ~ 1.6MPa、DN = 25 ~ 100mm 的管系
G	铜管折边松套钢法兰连接通舱管件	内场铜焊　复板	船用搭焊钢法兰	管子为紫铜管TUP、复板为钢管	用于 DN≤32mm 管系
H	外螺纹焊接固定通舱管件	船上焊　隔舱壁	用外套螺母连接	本体为碳钢Q235 - A	适用于 6≤DN≤32mm 标准号为 CB 632—84B 型
I	螺纹固定通舱管件	绝热层　隔舱壁　加长形	用外套螺母连接	螺纹本体为铝青铜 QAL9 - 2	用于 6≤DN≤32mm 标准号为 CB 632—84A 型；用于非钢质的舱壁上或必须用铜质通舱管件的场合，加长通舱件用于绝热舱壁

13. 金属波纹管设置与安装

（1）在独立膨胀段内，不得设置两个或两个以上的膨胀节及其他补偿元件，当安装两个以上膨胀节时，管路应设置中间固定点，在有弯道的地方也应设置固定点，如图 22.28 所示。

（2）安装时应保证膨胀节与管道的同轴度不大于 2.5mm，严禁用膨胀节的变形强行调整管道的安装超差。

（3）需预变形（预拉伸）安装的膨胀节可利用定位螺杆先进行预变形，其变形量一般为 0.5Δ（Δ 为膨胀节的总补偿量，单位为 mm）。

（4）安装有导管（导流筒）的膨胀节时应注意：流向标志与介质流向应一致，装入管道时不得反向。管道安装完毕后须用拧松螺母的方法拆除定位螺杆（绝对避免气割），恢复其伸缩性能。

（5）两个固定支架必须具有足够的强度，且两个固定支架之间的管道必须具有同样的直径并应在一直线上。

（6）在管道进行系统水压试验前，必须检查膨胀节两端固定支架是否按设计要求与管道和承载构件焊接牢固、膨胀节的连接状况是否良好等。

（7）固定支架和导向支架应同时使用，以保证膨胀节不承受管道的重量和减少因管系自重或轴线偏移引起的静态中垂或弯曲挠变。

（8）典型的固定支撑点和导向支撑点如图 22.29 所示。

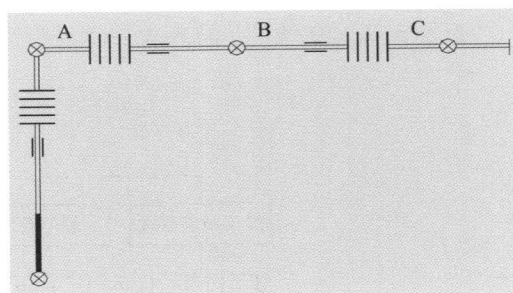

图 22.28　金属波纹管设置与安装示意图
A、B—固定点；C—中间固定点。

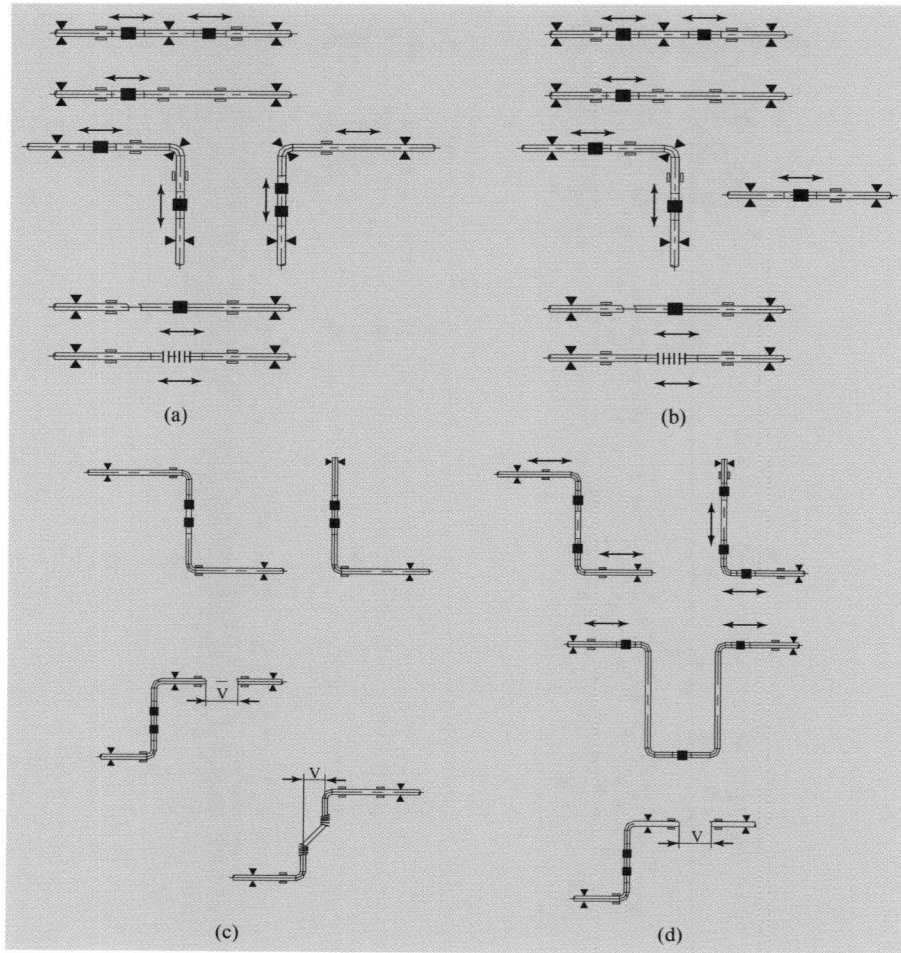

图 22.29　典型的固定支撑点和导向支撑点示意图

22.7.5　涂装施工与检查

1. 涂装管理

按照图 22.30 及第 7 章相关要求进行涂装管理。

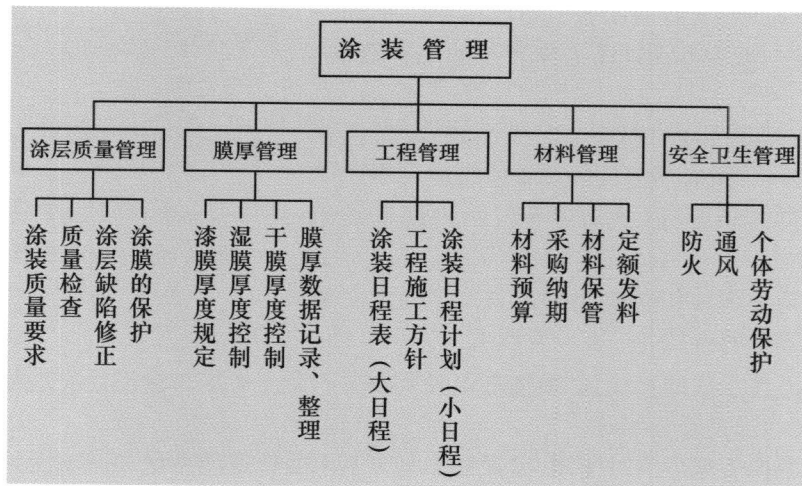

图 22.30　涂装管理框图

2. 涂装程序

（1）按照图 22.31 开展全舰涂装程序设计。

（2）分段涂装应在结构完整性交验和预舾装工作完成以后进行,在液舱边界上的所有角焊缝、分段合拢焊缝应在渗漏试验之后在进行涂装。

（3）涂装前对暂不涂装的区域需要采用粘贴胶带或其他措施进行保护;当采取外加电流阴极保护方法时,应先在辅助阳极区涂装阳极屏或安装阳极屏,在进行涂层涂装。分段涂装结束后,应在涂层适当干燥或固化之后才能启运。

（4）底部分段必须在外板的涂层适当干燥或固化之后才能上船台。上船台时,墩木处宜采用耐溶剂性能好的软性材料衬垫;如果船舶下水后不再进坞,则水线以下的区域应在船舶下水前涂装完整;如船底与船底墩木接触的区域不能前期完成涂装,则应采取适当措施,保障船舶下水前这些区域涂层的完整性。

（5）下水后处于水下部位的液舱内部涂层,应在下水前结束修补涂装,否则应采取通风、除湿等措施,在钢板表面温度至少高出露点3℃的条件下做修补涂装。

（6）按照相关要求进行涂层检查和安全管理。

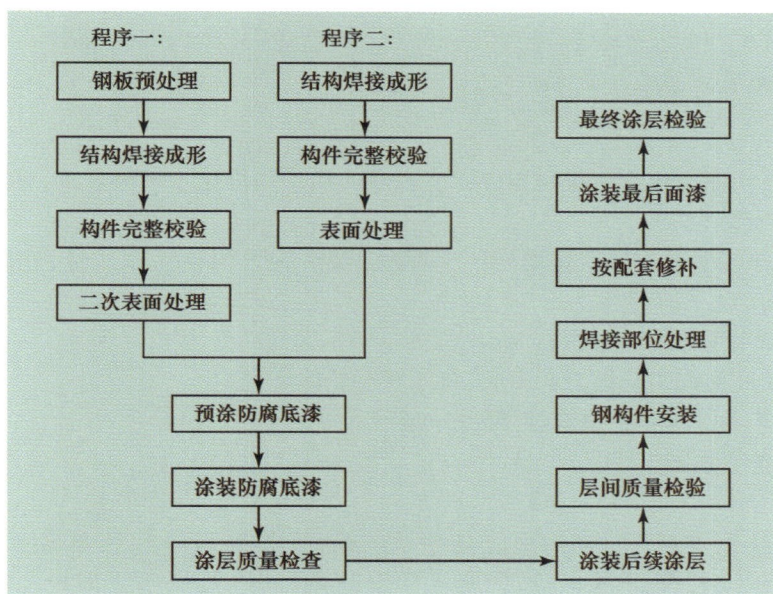

图 22.31　涂装程序图

22.7.6　外加电流保护装置安置与安装

（1）外加电流阴极保护系统一般不应安装在液舱、弹药舱及电子设备舱。

（2）船体阴极保护系统中的辅助阳极、参比电极、阳极屏蔽层等应在下水前安装和施工完毕。

（3）恒电位仪的布置与安装应符合:①恒电位仪应设置在便于操作、易通达的地方;②恒电位仪或靠近恒位仪附近的舱壁上应安装有简明的操作须知牌;③恒电仪应牢固地固定于船体上,不得有松动现象,其周围应留有适当维护保养的空间;④恒电位仪的易损件应有备品备件;⑤恒电位仪的正极应接在辅助阳极上,负极应接在船体上。

（4）辅助阳极的布置与安装应符合:①辅助阳极的布置以能使船体电位尽可能均匀为原则;②辅助阳极的安装位置,对水面舰船应安装在标准排水量水线到船底基线弧长的1/3处,一般在标准排水量水线1.0m以下。对于潜艇,则要求装在正常排水量水线1.0m以下,避开最大舷宽处,且不应突出船体线型外面;③对于小型舰船可采用两只辅助阳极布置在尾部,中型舰船采用4~8只布置于尾部和中部,大型舰船采用8只以上布置于尾、中、首部;④辅助阳极安装时必须与船体绝缘,应符合 GB/T 7388—1999《船用辅助阳极技术条件》中的要求;⑤辅助阳极电缆应与恒电位仪正极相连接;⑥辅助阳极的工作表面严禁沾染油漆、油污、胶黏剂等,不得受到机械损伤。

（5）阳极屏蔽层的涂装应符合 CB/T 3455—1992《船用阳极屏蔽层的设计与涂装》的有关要求。

（6）参比电极的涂料应符合：①参比电极一般应布置在阳极屏蔽层边缘和两个辅助阳极纵向的中间；②每台恒电位仪至少配备两只参比电极；③参比电极导线应接于恒电位仪的"参比"端；④参比电极导线应与船体绝缘安装，其绝缘性和水密性符合 GB/T 7387—1999《船用参比电极技术条件》的要求。

（7）电缆的布置与安装应符合：①设置阳极、阴极和参比电极的电缆应尽量短，并使左右舷的辅助阳极电缆长度尽量相同。②电缆应避免穿越油舱，若不可避免时，电缆应放置在封闭电缆管中，两端以填料函密封或采用其他密封措施；对潜艇，电缆应通过耐压船体和非耐压船体的杯形管节和填料函密封进入舱内。③参比电极的引线应为屏蔽线。④所有的电缆接头均应保持良好的电性连接和密封。⑤电缆敷设应按船用电缆安装要求。

（8）轴接地装置的布置与安装应符合：①轴接地装置通常为电刷/铜滑环装置，电刷多为银－石墨、铜－石墨复合材料；②电刷、铜滑环和螺旋桨轴之间应具有良好的电接触。轴与舱体间的电位差应小于 100mV。

（9）舵和减摇鳍在各自舱内用截面为 25mm² 的单芯船用铜质软电缆使舵杆、鳍轴分别与船体接地，接地电阻应小于 0.02Ω。

22.7.7 牺牲阳极安装方法

1. 船体牺牲阳极

（1）牺牲阳极产品承制方应严格按照相应标准规定的牺牲阳极化学成分要求，采用专业化设备和成熟的生产工艺进行生产制造。

（2）安装前，牺牲阳极背面（非工作面）涂二道防锈漆。为了保证涂刷质量，建议在牺牲阳极承制方进行。

（3）牺牲阳极可以采用焊接法和螺栓固定法安装。

（4）牺牲阳极的长度方向沿流线方向安装，背面紧贴船体。

（5）安装后，牺牲阳极工作面严禁涂漆或沾染油污。

2. 管路系统和设备牺牲阳极

1）栓塞式阳极

首先在被保护管段外表面开一比阳极直径稍大的孔，在其周围焊上一个丝座，丝座的内螺纹应与阳极的固定螺栓的外螺纹相配，如图 22.32 所示。安装阳极时，将栓塞式阳极通过丝座插入管内，并旋紧。为了密封，在丝座上表面和螺帽凸缘下表面间应垫以密封垫圈。阳极与被保护管段的接触电阻在干燥状态下不得大于 0.1Ω。安装完毕后，应将丝座、阳极、固定螺栓等暴露表面全部涂漆，特别是焊缝部位。从使用经验来说，由于栓塞式阳极得不到及时更换，有可能成为危险源，该种方式在舰船上已趋于淘汰。

2）法兰间式阳极

在安装环形法兰间式阳极时，只需将阳极环旋在两法兰之间，用螺栓将两法兰固紧即可。为防止阳极环与法兰间渗水，需加密封垫。为确保阳极环与管子电连接，需在阳极外环焊上多芯接触导线，其直径不小于 2mm，导线自由端焊上接线头或导电片，必须用厚度 0.5～1.0mm 的铜片作为接触导线材料，接触导线或导电片固定在被保护管路一侧的螺栓或螺帽下面。此时导线与螺栓或螺帽的接触面应打磨至露出金属光泽，接触导线端头或导电片的自由端以及压紧垫圈都应有铝－锡复层。安装完毕后，应检查阳极与被保护表面的接触电阻，使其不大于 0.1Ω。

阳极安装完毕后，焊接部位、接触导线、紧固件等都应按该部位的涂漆要求进行涂漆。

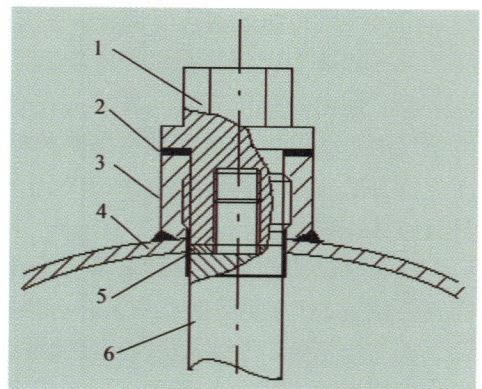

图 22.32　栓塞式阳极安装示意图
1—固定螺栓；2、5—密封垫片；
3—丝座；4—管子；6—阳极体。

3）管段式牺牲阳极

管段式牺牲阳极的安装过程与法兰间式阳极类似,所不同的是用螺栓连接的是阳极本身的法兰和管路法兰,不是两段管路法兰中间夹一个牺牲阳极环,法兰连接后,也需在阳极外套管外表面焊上多芯接触导线,再将导线自由端的接线头或导电片固定在被保护管段法兰一侧法兰的螺栓下面。如牺牲阳极管段两侧的管路都需保护,则在阳极两端各焊上一条接触导线,分别将其自由端的接线头或导电片固定在两侧管路法兰的螺帽下面,固紧后应监测。牺牲阳极与被保护管路间的接触电阻不大于 0.1Ω。详情参见法兰间式阳极安装方法。

22.7.8 设备安装与试运行

1. 安装

（1）设备安装或装配零部件材料抗拉强度超过 1235MPa 时,要注意控制安装或装配应力。冲压、热压配合、矫形、装配等都可能在零部件上造成残余拉应力,应当注意避免。如果不能避免,则应采取诸如消除应力的热处理,选择最优晶粒取向、喷丸、加垫等措施。采用提高设计精度、减少公差、适当加热等方法,减少装配应力。

（2）设备安装与装配时应按要求严格施工,特别是不锈钢设备、表面不得划伤,并保持干净,否则会造成腐蚀,严禁赤手装配精密零部件。

（3）安装紧固件的应力应适当控制,应力过小则安装不合要求,应力过大又易产生应力腐蚀。配管结构要避免应力集中。

（4）在已经表面处理或涂覆防护层的表面上的任何损伤都要修复。

（5）组装后的整体部件要及时清理表面残留物和灰尘,特别应注意排水及电器绝缘间隙的清理。

（6）因普通铅笔含有石墨,不能给金属零件做标记,应当选用非石墨铅笔。

2. 运行

（1）试车前对设备要进行彻底清洗,系统除氧是非常必要的。试车过程中保持设备运行条件的稳定（如温度、流速、流体组成）,对防腐蚀也非常有效。

（2）由于运行过程中的工况条件对设备腐蚀影响较大,应严格控制工况、改善工艺操作（去除有害杂质、加入缓蚀剂、控制原料成分、pH 值、温度、压力、流速等）,以降低介质对设备的腐蚀。

3. 维护保养

（1）在维护修理设备时,要特别根据设备使役环境及工况条件制定检查维修规范。

（2）作为维护人员必须勤于观察,尽早发现腐蚀,并及时予以排除。对易产生腐蚀的部位必须定期和不定期检查腐蚀程度,重点部位要测定壁厚,普遍检查是否存在孔蚀和应力腐蚀等局部腐蚀。

（3）可借助无损检测手段（如涡流、超声、X 射线、声发射等技术）对腐蚀造成的损伤（点蚀、晶间腐蚀、应力腐蚀、氢脆、俯视疲劳裂纹等）程度作出评定。

（4）应根据腐蚀损伤程度及零部件本身特性、承载状况,确定维修的种类、范围、最大修理极限和报废的规定来进行维护修理。

另外,在检查维修过程中应注意:

（1）进入不锈钢设备内,不能用铁质梯子,以免划伤金属表面造成缺陷;不能穿脏鞋,以免滞留腐蚀介质;对检查出的损伤部位,不能用粉笔标记（因粉笔中含有 Cl^-）。

（2）设备清洗时应根据设备使用状况,选用机械清洗（如采用 150～800MPa 的高压水车来清洁换热器壁的软垢）或化学清洗（加入缓蚀剂的酸洗或加入表面活性剂的碱洗）,以使设备保持清洁、减缓腐蚀。

（3）清洁铝合金表面的腐蚀产物时,严禁使用钢丝刷或用钢丝绒,不准使用强碱性除锈剂。

（4）超高强钢的腐蚀产物,严禁使用酸性除锈剂。

（5）禁止使用可诱发高强钢氢脆的脱漆剂退除零部件漆膜。

（6）禁止使用镀铬工具装配钛合金零件的组装件。

4. 储存运输

（1）对于临时或长期存放或装运过程中的所有零部件、组装件、半成品、成品等都要有适当的包装封存，以防止物理损伤及腐蚀，这对于武器弹药尤为重要。

（2）不能使用易挥发有机腐蚀性气体的材料（如新鲜木材、某些塑料制品、油漆等）用于储运成品或半成品。

（3）对设备零备件、组装件的储存库，尤其是成品储存库，要严格控制温湿度，保持库房干燥清洁。

22.7.9　避免船体水下部位电腐蚀

电腐蚀，也称杂散电流腐蚀，是船体水下部位研制腐蚀的原因，在确定特别严重的腐蚀的原因时，可以按照这个特征来判断。在有些情况下，水下船体实际的局部电流密度为 $5A/m^2$ 时，腐蚀速率可达到6mm/年，也就是说比钢在海水中的自然腐蚀速率高50倍左右，这在引起船体严重腐蚀的所有原因中（与其他正电极金属接触的电偶腐蚀，氧化皮存在等）是最可怕的。

船体水下部位的阳极极化是杂散电流腐蚀的原因，它与构成船体结构的各种金属相接触时的阳极极化不同，是由船体水下部位的外部电源引起。电流集中在漆膜破损的船体区域，这就可能使该区域局部电流密度急剧升高，以致腐蚀速率快速升高。杂散电流腐蚀时电流不仅在涂层完全破损钢板裸露的区域通过，而且可能也通过涂层有气孔的地方和涂层特别薄的表面，如焊缝加强处。

通常，杂散电流腐蚀具有锐利边缘和与涂层破损相同的外形。电流通过船体水下部位取决于两种原因：一是在码头安装或漂浮中修理的船上，用电时供电线路不正确；二是在船停泊的水域内有杂散电流的作用。如图22.33所示采用单线供电线路就有可能造成严重的破坏，在这个线路中，船上工作所需要的全部电流从安放在岸上的发电机发出，经过船体和海水回到岸上发电机的负极。通常来说，阳极极化的船体区域位于朝岸边的舷侧，这就说明了杂散电流腐蚀破坏常常发生在船的一侧。

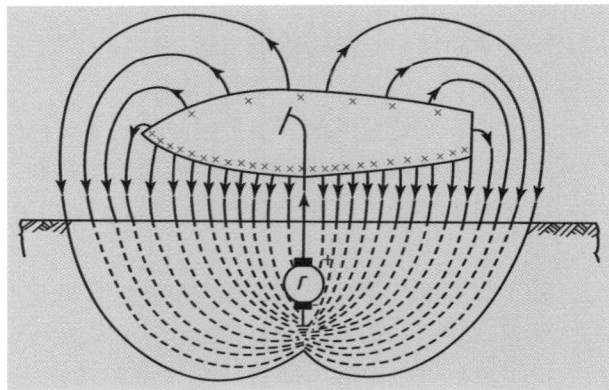

图22.33　在船舶漂浮中进行焊接的单线路供电引起杂散电流腐蚀

随着在船厂焊接引起的杂散电流腐蚀实例越来越多，绝大多数船厂都有了明确的规定，不允许给靠码头的水下船体焊接时采取单线线路供电方式。但有的供电线路还是会引起电腐蚀。用一台发电机对两艘以上的船供电时，其中一艘回路接触破坏或者两艘船的回路电阻不一样时，电流有可能经过临近的船和水回到发电机上，这时靠近回路的地方就会发生杂散电流腐蚀（图22.34，a 处回路中断或者 a 处的电阻比 b 处大）。

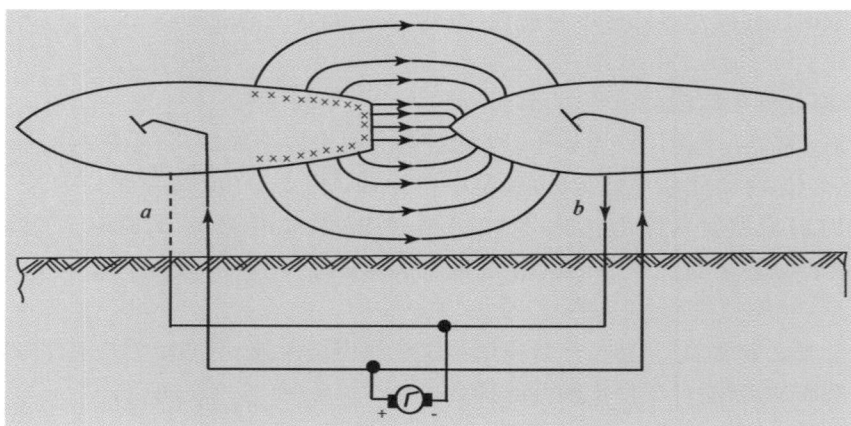

图22.34　用一台发电机对两艘船进行焊接供电出现的船体水下部位的杂散电流腐蚀

有时,虽然是双线回路,一台发电机对岸上和船上同时进行焊接供电也会出现船体水下部位杂散电流腐蚀(图 22.35)。

海水中的杂散电流会引起没有同任何电源连接的浸在这个区域海水中的金属结构电腐蚀,控制造船厂和修船厂的水域杂散电流显得很重要。在工厂水域里,由于电力运输车利用设在岸上的轨道作为回路,有可能产生杂散电流。即使本船没有焊接作业,也没有与其他设施电连接,长期靠泊邻近的船采取单线供电的方式进行焊接作业时,也有可能出现杂散电流腐蚀(图 22.36)。在安装码头的岸上进行焊接,如果发电机离焊接的地点很远,也有可能在海水中形成部分回路,对漂浮在海水中的船舶产生杂散电流腐蚀(图 22.37)。

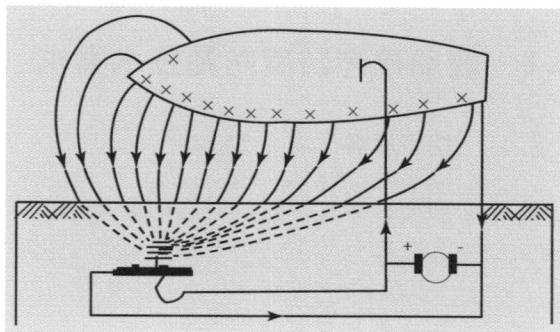

图 22.35 用一台发电机对岸上和船上同时进行焊接供电出现的杂散电流腐蚀

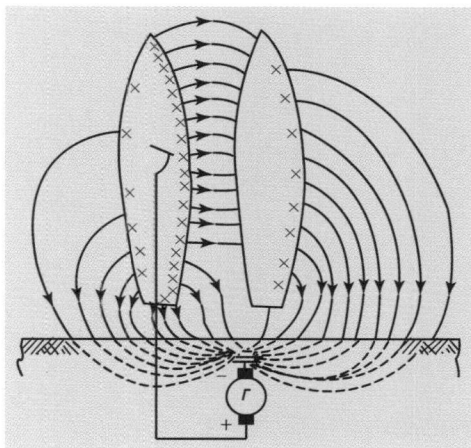

图 22.36 由于邻近船上按单线路焊接供电引起本船的杂散电流腐蚀

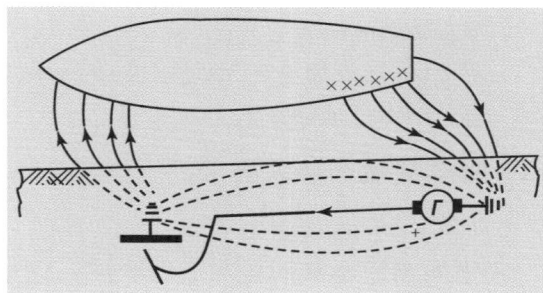

图 22.37 码头远距离焊接时杂散电流对海水中的船舶产生腐蚀

安装在船舶自身的外加电流阴极保护装置、牺牲阳极也会产生杂散电流,这种情形需要更多的研究,当然这种电流一般危害比焊接引起的杂散电流小得多,阴极保护优化设计显得非常重要。

除了杜绝使用单线线路进行焊接供电外,哪些是正确的方式呢?一是将电焊机放置在进行焊接工作的船舶甲板上,这种方式在实际操作中能完全避免由于经过船体流经海水中的漏电所造成的电腐蚀(图 22.38);二是放在岸上的发电机采用双线电路供电,并使发电机与地可靠地绝缘,供电导线与水可靠地绝缘(图 22.39)。

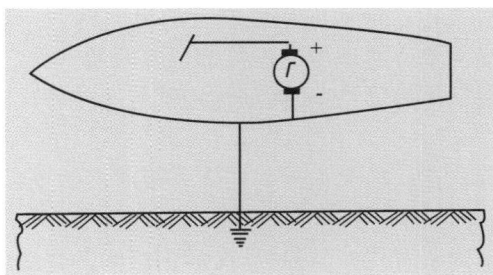

图 22.38 在漂浮的船上进行码头焊接作业时将电焊机放置在作业船的甲板上

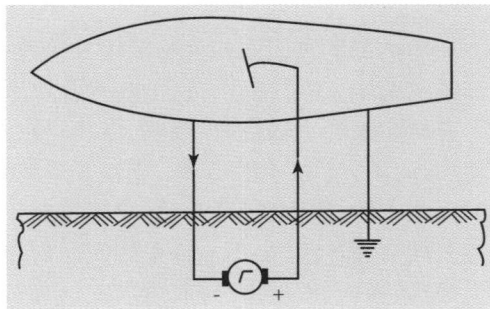

图 22.39 在漂浮的船上进行码头焊接作业时采取双线线路供电

22.8 舰船建造防腐防漏技术要求

22.8.1 文件准备

承造方应根据设计单位的防腐防漏技术要求,在编制的建造方针和质量保证大纲中,应包括防腐防漏的有关要求和内容。承造方应重点编制的工艺(作业指导书)主要有:

（1）涂装原则工艺;
（2）管系布置和管系放样工艺;
（3）管子制造、清洗和液压密封性能试验工艺(作业指导书);
（4）管材及管系附件的焊接工艺和焊接质量检验方法;
（5）管子安装工艺(作业指导书);
（6）海水管子及管系附件的安装工艺(作业指导书);
（7）管系轴向补偿连接器安装工艺(作业指导书);
（8）舵机、减摇鳍、艉轴密封装置等的安装工艺;
（9）管子安装工序质量控制;
（10）设备、管系减振降噪的工艺要求;
（11）管系液压强度和密性试验方法及验收技术标准;
（12）甲板辅料的涂装工艺;
（13）阴极保护(外加电流、牺牲阳极)的安装工艺;
（14）有关的密性试验要求。

22.8.2 船体建造和舾装要求

1. 设计施工中的结构要求

（1）焊接材料的选择、试验和工艺评定等,应充分考虑材料的耐电化学腐蚀性能。

（2）舰船结构应便于涂料的涂装和维修保养,不应出现棱角及涂料无法施工和积水不能排除的部位。

（3）舱底疏排水系统应保证及时排除机械舱室内所积聚的油污水。

（4）污水井内的吸入口和舱底疏排水系统的吸入口应设置在舱底最低处。吸入口应采用工程塑料,如采用钢或铜合金制造,则必须进行整体涂塑处理,以避免与船底板或双层底内底板形成电位腐蚀。吸入口下方的船底板或内底板上加焊垫板的材料,应与船体结构材料相同,垫板上边缘应倒角,并与船体结构连续焊。

（5）结构设计上,所有船底外板上的纵、横向非水密构件(中内龙骨、旁内龙骨、船底纵骨、肋骨和肋板等)及舷侧纵桁、舷侧纵骨都应在其和每挡实肋骨或肋板相交处、与船体外板的连接部位开足尺寸合适的流水孔。与纵舱壁、纵桁相交的肋骨或肋板等横向构件,在与船体外板连接的最低位置也应开足尺寸合适的流水孔。

（6）液舱内部的纵横向构件与船体外板连接处的最低部位,以及液舱纵横隔壁上的纵向构件与横向构件连接部位的两端,应开尺寸合适的流水孔。液舱顶板的纵横向构件与顶板的连接部位应开通气孔。

（7）容易积水的主辅机舱、泵舱,以及污水井、艉轴填料函下部等部位,船体结构构件与船体外板间应采用双面连续焊,不允许采用间断焊、交错焊或单面焊。

（8）压载水舱、炉水舱、淡水舱、喷气燃料舱和燃油舱内,所有纵、横向构件与船体外板或液舱壁板、顶板的连接应采用双面连续焊,不允许采用间断焊、交错焊或单面焊。

（9）厨房、厕所、盥洗室、洗衣烘衣室、空调器室、蓄电池室内所有构架与隔壁、天棚钢板间的焊缝应采用双面连续焊,不允许采用间断焊、交错焊或单面焊。

（10）内舱所有设备基座、管路及电缆支架均应装焊在船体构架或舱壁扶强材上,不允许直接装焊在船体外板或上层建筑外围壁上。如需要装焊在内底板、内舱壁或内部甲板面上,应加焊过渡构架或加焊与安装部位同种材料、相同厚度的圆形垫板,垫板上部边缘应倒角,并与船体结构连续焊连接。

（11）易遭受上浪的外走道及露天部位的外露结构,应采用双面连续焊,不允许采用间断焊、交错焊或单面焊。

（12）露天部位的舾装件与基座的焊接,应采用双面连续焊,不允许采用间断焊、交错焊或单面焊。

（13）管系、电缆穿梁的焊接（特别是露天部位）,应采用双面连续焊,不允许采用间断焊、交错焊或单面焊。

2. 施工设计中的舾装要求

（1）采用减振降噪技术,以有效地隔离装置、设备向管系传递的振动和噪声,避免管系连接处泄漏或损坏。

（2）舱室内部装饰板应固定在其支撑构件上,其支撑构件应固定在船体外板、甲板或水密隔舱的构架上,不得直接固定在船体外板、甲板或水密隔舱的钢板上。

（3）露天甲板、潮湿舱室,如厨房、配膳间、厕所、冷库、盥洗室、淋浴间等,其管子吊架和支架均应采用不锈钢材质或热浸锌防腐措施。

3. 涂装设计基本要求

（1）主船体、上层建筑和干舷以及重防腐区域的涂装,按舰船防腐涂料配套体系及选用技术要求执行。

（2）需进行敷料或阻尼涂料施工的甲板,在船体建造过程中允许仅用无机锌车间底漆保护,如在敷料或阻尼涂料施工前超过了车间底漆的有效保养期,必须重新进行保养。

（3）液舱在船体分段制造结束,并经整体喷丸除锈后,一般采用无机锌车间底漆临时保护。船台分段对接及管系安装后,应对液舱区域受损的车间底漆进行及时修复。最终封舱前经二次除锈后,按该型号的涂装说明书要求进行涂装或采用干性保护油。如在最终封舱前超出了车间底漆的有效保养期,必须重新进行保养。

（4）对喷气燃料舱、重油补给船（重油/柴油）的混装油舱等有特种要求的液舱,必须按特涂要求进行涂装设计和施工。

（5）除需要进行重防腐处理的区域外,主船体内部舱室应尽可能采用水溶性涂料。

（6）水溶性底漆在冬季或梅雨季节施工时,由于水分蒸发较慢,容易出现针状气孔锈蚀,可采用醇酸底漆代替相应的水溶性底漆。

（7）弹药库及火炮转运间的底漆涂装可采用水溶性涂料,面漆可采用膨胀型防火涂料。防火涂料要求分两次施工,分别在绝缘施工前和绝缘完工后进行,并保证达到设计要求的涂层厚度和良好的表面质量。

（8）如钢板表面需要覆盖绝缘材料,其施工应在底漆涂装结束后进行,面漆或喷塑应涂在绝缘外表面。

（9）如钢板表面需要封板,则绝缘外表面不涂面漆,直接覆盖封板。

（10）舾装件制造完毕,应先行分解,再喷丸除锈至 Sa2.5 级,然后按 CB/T 3798—1997《船舶钢质舾装件涂装要求》进行涂装,涂装经验收合格后,再将舾装件组合起来。

（11）锚、锚链、锚链孔、锚链导管、制链器、导缆钳（孔）、带缆桩、锚链绞盘、拖曳绞盘和钢索卷车等的涂装配套,宜采用耐磨环氧底漆和沥青面漆。

（12）钢质舱面舾装件（包括水密门、风雨密门、舱口盖、斜梯、直梯、钢质固定栏杆、钢质风暴扶手、箱柜、艇架、挡浪板,以及各种通风头和百叶窗等）的涂装配套,与舰船上层建筑/干舷/露天甲板的涂装配套一致。

（13）舱内舾件的涂装配套,应参照舱面舾装件涂装要求执行。

（14）舱面的钢质栏杆、天幕柱、艏艉旗杆等必须经过镀锌处理,再按照钢质舱面舾装件的涂装要求进行涂装。

（15）舱面舾装件及设备的基座和支架（包括电缆、管子支架等）应尽可能经过镀锌处理,再按照钢质舱面舾装件的涂装要求进行涂装。

（16）舱内舾装件及设备的基座和支架（包括电缆、管子支架等）应按照钢质舱面舾装件的涂装要求进行除锈和涂装。

（17）舱面舾装件及设备的连接件、紧固件、活动部件（包括螺栓、螺母、垫片和铰链等，除有特殊要求外）应采用镍铬不锈钢材料。

（18）舱面舾装件，也应尽可能选用镍铬不锈钢材料。

（19）舱面舾装件及设备与船体结构或基座的结合面缝隙处、异种金属的结合面缝隙处（例如不锈钢螺栓、螺母与钢质基座连接处等）应采取防水密封处理措施或增加绝缘垫片予以隔离。

（20）舾装件及设备的大型基座应有足够的高度，并在便于接近的部位开设人孔或手孔，以便于二次除锈、涂装和设备维护保养。

（21）舱面舾装件及设备的基座构架及其扶强材应避免形成易于积水的结构（包括舷墙背面的纵向扶强材球头应朝下方），而且基座构架上必须开有足够的流水孔，以防止造成舱面积水。上述基座如存在结构死角，难以进行二次除锈，相应部位应尽量采用封闭结构。

（22）所有基座结构应采用双面连续焊或封闭焊，不允许采用间断焊、交错焊或单面焊。

4. 涂料的一般要求

（1）涂层体系的实船保护期应在一个中修期以上，中修期内涂层出现弊病的总面积不应超过涂装总面积的10%。

（2）涂层体系经热海水浸泡试验，涂膜不应产生破坏（外观适当变化和小于总面积15%的涂膜破坏除外），不应出现针孔状锈点，不应出现附着力下降和大于1.5mm的起泡。浸泡试验的前10周出现非常小的细泡或表面缺陷，但增长速率很慢或不明显的，可以不计在内。

（3）涂层体系应与外加电流阴极保护相适应，不应出现大于试验对照板剥离面积10%的剥离面积。

（4）涂层体系应呈现较好的流平性，涂膜平整，层间附着力好。

（5）船底防海洋生物污损涂料在涂料的有效期内满足：①海洋生物的附着面积应不超过被涂覆面积的5%；②涂膜不应有裂纹和皱皮。

（6）通常情况下，各涂层之间最小重涂间隔时间应不超过24h。双组份涂料混合调配后进行施工时，在23℃、相对湿度不大于85%的条件下，其适用期应不小于4h。

（7）舰船涂料进厂应有合格证，在存放时应保持通风、干燥、防止日光直接照射，并应隔绝火源、远离热源，夏季温度超过35℃时，应设法降温。

（8）在符合要求的存放条件下，自生产之日起，舰船船底防锈涂料的有效储存期为一年。即在一年内涂料黏度变化值不大于35%，并可采用加入按体积计量不超过5%的该涂料稀释剂，能够校正黏度，或干燥时间不超过原时间的1/5，也不出现任何其他不良性能。醇酸和氯化橡胶等船壳漆的有效储存期，应严格按产品的规定执行。

（9）在规定的存放条件下，在有效储存期内，可不进行复验。超过储存期可按军用涂料规定的项目进行检验，如性能符合要求仍可使用。

5. 预处理

（1）板厚在6mm以上（包括6mm）的钢板必须在流水线上抛丸除锈到Sa2.5级，除锈后的钢板表面粗糙度应控制在40~75μm之间。

（2）板厚为3~5mm（包括5mm）的钢板必须喷丸除锈到Sa2.5级，除锈后的钢板表面粗糙度应控制在40~75μm之间。

（3）板厚在3mm以下的钢板应采用风动除锈到St3级；有条件的，也可喷丸除锈到Sa2.5级，除锈后的钢板表面粗糙度应控制在40~75μm之间。

（4）所有规格的型材应在流水线上抛丸除锈到Sa2.5级。如受条件限制，也可喷丸除锈到Sa2.5级，除锈后的钢板表面粗糙度应控制在40~75μm之间。

（5）用于船体结构的所有规格的钢管应喷丸除锈到Sa2.5级，如受管径限制无法进行喷丸除锈，应采取酸洗除锈（酸洗后必须将钢管表面的酸液冲洗干净），除锈后的钢管表面粗糙度应控制在40~75μm之间。

6. 保养底漆

（1）要求从预处理结束到涂装车间底漆的间隔时间，应根据不同地域的气候条件，在尽可能短的时间内完成。经化学或电化学处理的零部件不得超过 24h。

（2）车间保养底漆的选用，总体设计有关要求。

（3）车间保养底漆的膜厚应保证其对钢板的有效保养期大于 6 个月，但同时应对钢板的焊接性能无影响。例如采用无机锌车间底漆，漆膜厚度应保持在 15～20μm，但不允许超过 30μm。实际建造过程中，因超过车间保养底漆的有效保养期造成钢板或部件锈蚀的，应及时除锈并修补车间保养漆。

（4）在钢板预处理流水线中，涂于钢板上的车间保养底漆应能在 5min 内干燥。

7. 分段及船台施工

（1）尽可能采用先进的舰船建造工艺，扩大管系预舾装比例，改善管系现场施工条件，提高上船安装的质量。

（2）承制方应编制各工艺阶段主船体结构上设备基座及支架、电缆和管系通舱件的安装清册，列出相应的检验项目，并严格按照图样清册和工艺施工。安装焊接前要严格检查其完整性和正确性，检验合格后方可装焊，防止随意施工造成错位以及返工时气割和电焊对船体、管子密性的损坏。

（3）应认真做好涂塑管系在舰船上的预安装工作，首制舰船的预安装应进行必要的工艺评审。管子预装到位和管子上的附件完整后才能进行管子的涂塑。涂塑、热浸锌管子经质量检验合格后方能上船正式安装。

（4）承制方应按设计图样和技术文件的要求制定专门的艉轴密封装置安装工艺，以提高安装质量，保证艉轴管的密封性。

（5）应制定专门工艺，以保证舰船管路与动力机械设备间采用挠性连接，并保证施工正确性和施工质量。

（6）应检查接漏装置和排泄管路系统的设置是否符合设计图样和技术文件的要求。设置的接漏装置和排泄管路应便于检查和维护保养，不应妨碍设备的正常操作使用。

（7）应重视有凝露的管路系统绝缘敷设的施工质量，尽量减少凝露的产生。

（8）舰船建造期间应定期排除舱底积聚的雨水、污水、污物，保持船体的清洁与干燥，减少对船体及设备、管系的腐蚀。

（9）舰船在系泊期间，必须检查和防止焊接或其他电器设备产生杂散电流引起船体的腐蚀，如需焊接，船体与码头必须可靠连接。

（10）承制方应采取措施加强文明生产，明确规定禁止以甲板、平台板作为现场施工平台进行焊接引弧、切割等作业，防止损害船体结构的密性和耐腐蚀性。

（11）在主船体密性试验结束并检验合格后，不得任意在船体外板、平台、水密隔壁和液体舱室界面上进行切割、焊接工作。非工艺程序规定的切割、焊接工作要建立申报登记制度，经同意后才能施工，施工完毕后要补作密性试验并经专职检验人员检验认可。

8. 船体分段涂装要求

（1）分段制造完工（结构性、密性提交通过）后应整体喷丸除锈到 Sa2.5 级或手工除锈到 St3 级，按照涂装说明书和原则工艺进行底漆或船台中间过程临时保养漆的涂装。

（2）对难以喷涂的部位和空隙处，如铆钉、螺钉头、粗糙的焊缝和棱角处应先进行预涂装，然后再进行喷涂。

（3）防锈底漆应尽可能采用不同的颜色。

（4）对船体的分段边缘需焊接的部位、气密或水密试验部位以及画线部位等不需要涂装的部位应采取保护措施。

（5）对先涂漆后进行焊接的零部件，涂漆时应留出焊接热影响区，单向宽度为 20～30mm。焊接后应清除污物，并用有机溶剂清洗焊接区域，用压缩空气吹干溶剂并补漆。

（6）船体所有涂装部位涂装后漆膜应平整光滑，不应出现漏涂、起泡、皱皮、流挂、结皮等缺陷。

（7）涂底漆应达到要求的漆膜厚度，在防锈涂料施工完毕或全部涂装工作完成后应全面测定涂膜厚度，测点的间距为 1.5～2.0m，所有测点的厚度测定值的合格率应不低于 90%。不合格测点的涂膜厚度测定值,应不低于规定值的 90% 。

（8）必须严格按照所用涂料品种技术条件中规定的干燥温度施工,如低于 18℃ 时,可延长自然干燥时间,保证漆膜干透。

（9）在下列情况下不应进行涂装施工:

① 处理过的钢板表面又重新锈蚀或污染;

② 钢板表面温度高于周围空气的露点温度 2℃ 以内,或空气的相对湿度高于 85%;

③ 施工环境灰尘较多;

④ 待涂表面在烈日曝晒下、潮湿和可能被溅湿;

⑤ 在室外施工时下雨或下雪。

（10）分段在喷丸除锈后,对于焊缝暴露出的焊接缺陷应彻底批磨、消除,方可开始涂装施工。

（11）对于结构边角和焊缝等难以保证漆膜厚度的部位,应首先进行手工预涂,再进行汽喷。

9. 船台涂装要求

（1）应避免在已涂装好涂料的船体上再进行气割或焊接,若无法避免,烧损的部位应及时清理,再按要求补涂保养底漆和其他涂料。

（2）在已涂有保养底漆的钢板表面进一步涂装前,对经过气割、焊接和火工校正部位以及保养底漆脱落、风化、生锈等部位应进行二次除锈。

（3）船体外板、露天部位和需要涂装焦油环氧或改性环氧的部位,二次除锈必须达到 Sa2.5 级或 St3 级,需要敷设甲板敷料的甲板表面,二次除锈应达到 St2 级,其他部位二次除锈应达到 St2～St3 级。

（4）船底部位涂装前船体外排水口应预先堵塞,舱内积水应排除干净。

（5）当舱内湿度大、结露比较严重时,应采取通风、除湿措施,待表面干燥后才能涂装。

10. 船体电化学腐蚀防护措施

按照相关国家标准和舰船外加电流阴极保护系统系列安装技术要求和舰船牺牲阳极阴极保护系统安装技术要求执行。

11. 设备订货中的涂装要求

（1）外购设备的表面涂装配套尽可能与其所在位置主船体或舾装件的涂装配套相一致,以便于船厂统一修补涂装。

（2）具体的配套(包括颜色)由设计部门在外购设备订货时,应编写专项"涂装技术要求",并按总体设计选定色卡。

（3）设备所在位置主船体或舾装件的涂装配套,设备制造商无法及时得到确认时,应参照 CB/T 3798—1997《船舶钢质舾装件涂装要求》选择统一的底漆进行涂装,以便于船厂进行最终的面漆涂装。

22.8.3 管系与管系附件要求

1. 材质控制与加工要求

（1）按照设计要求进行材料订货,按照相关材料验收标准材料入库复验。

（2）海水管路宜选用铜镍合金材料,管路附件与之配套。

（3）冷媒水管应镀锌处理;饮用水管路宜采用不锈钢管材,其管系附件也应为不锈钢材料;仪表接头和仪表管应采用不锈钢或铜质材料;空调的冷媒水管路、电子设备用冷媒水系统,应包覆大于 10mm 厚的 PVC/NBR 橡塑保温材料。

（4）蒸汽管系应选用不锈钢或耐热不锈钢材料,管系外包成形绝缘材料;为适应蒸汽管的热胀冷缩,在管系中应设置不锈钢波形膨胀节和弯头。

（5）主动力柴油机与电站柴油机、燃油辅锅炉排烟管,按舰船排烟管选材及防腐技术要求执行。管子和管子焊接处应保证焊透,管外壁经喷砂除锈至 Sa2.5 级后,涂防腐涂料一道,干膜厚度为 75μm,然后按工厂专用工艺要求包覆绝缘材料。

（6）燃油管系和滑油管系管材应采用无缝钢管,钢管外壁经预处理后,按相应的要求进行涂料防腐处理。

（7）喷气燃料管系管材和管系附件均应采用不锈钢材料制造。

（8）生活污水系统一般应采用不锈钢材料。大便总管可采用加厚不锈钢管，透气管和废油排放系统可采用无缝钢管或不锈钢管，甲板泄水管应采用热镀锌钢管或不锈钢管材，舱底油污水处理系统采用 B10 或 TP$_2$Y 铜管材。

（9）高、中压空气管系一般采用无缝钢管、TP$_2$Y 铜管或 HDR 双相钢，应采用凹凸式法兰或螺纹接头连接。其管系附件也应采用与管系相对应的材料制作。在空压机空气管路出口，应安装不锈钢金属软管与管路挠性连接。

（10）空调风管应根据有关工艺外包覆 PVC/NBR 橡塑保温材料；风管一般不应通过水密横舱壁，如必须通过，则应放置水密截止附件；风管接头的两端法兰需平整，以降低漏风量，必要时可涂密封胶；通风管系的进、出口滤网一般应采用不锈钢材质。露天甲板的进、出风格栅均应采用不锈钢材料。

（11）液压管系管材和管系附件应严格按照不同型号舰船的防腐防漏要求订货，以保证安装质量和正常工作。管路与设备连接应采用耐高压软管进行连接；直升机牵引和液压安全网的液压管路应采用无缝钢管，并采用凹凸式法兰连接，液压油柜宜采用不锈钢材料制造。

（12）管系、管系附件和高压软管应按有关标准订货、进厂（入库）复验。

（13）设备与装置订货中宜按照相关要求签订防腐防漏协议书，明确主体材料、密封结构和材料、外涂装要求等。

2. 管系布置、安装和试验

（1）管系的布置、安装和试验，应严格按照有关规范、规定、技术要求和工厂编制的工艺、作业指导书进行。

（2）承制方应采取措施提高管系综合放样的质量，首制舰船综合放样要经过工艺评审，以提高管系布置、走向的合理性，保证管系下料、加工及上船安装的质量。

（3）应按设计图样和技术文件规定，在管路系统中设置位移补偿的弯管式膨胀接头，防止管路系统因热胀冷缩出现泄漏。

（4）应防止管路被用作其他用途（如作为抓杆、扶手和梯级）。当难于满足时，则应采用加装可拆防护罩等保护措施。

（5）管系吊架、支架与管子接触部分以及异种金属管连接处应采取防止电化学腐蚀的措施。

（6）管路法兰接头应尽量避免设置在配电板、电气设备的上方，如不可避免，则应有相应的可靠措施。

（7）各种管路的敷设应便于涂料的涂装和维修保养。

（8）应最大限度地使用弯管，使管路系统的焊缝、法兰和可拆连接接头减至最少。

（9）在保证满足性能要求的前提下，应使管路尽可能短，并尽量减少管路连接接头和阀件。

（10）水冷却的各类泵组和动力机械设备，冷却水进、出口接管应采用橡胶挠性接头。

（11）应消除管子和接头管径的突变。当不能消除时，则应采取直径渐变的过渡段，使管路内紊流减至最小。对所有产生紊流的零件（如节流阀、减压阀、三通接头等），其下游处设置的长度应按有关规范规定的要求执行。

（12）在海水管路中如存在异种金属接触，按海水管系电绝缘防腐技术要求执行。

3. 外协件

应重视外协件的进厂（入库）复验工作，检查配套设备的外观质量和军检合格证（或出厂合格证），重视影响材料抗腐蚀性能的化学成分、杂质含量及表面质量的复验。

22.9　防腐防漏系统的使用、维护和修理

22.9.1　材料腐蚀的监检测

1. 概述

在装备使用过程中进行腐蚀监检测是必不可少的，腐蚀和泄漏的监测、检查也是防腐防漏系统使用、维

护和修理的基础。腐蚀监检测及检查无论是对于军用还是民用都有巨大的作用和意义。在民用工业方面，意外的和过量的腐蚀常使设备发生各种事故，造成停工停产、设备效率下降、产品污染，甚至发生火灾、爆炸，危及生命安全，造成严重的直接损失和间接损失；在军用方面同样会引发各种事故，危及装备的使用安全，损害武器装备的战斗力和生命力，并造成巨大的经济损失。针对上述情况，在设备与装备连续服役运行的条件下，如何监测它们的腐蚀状态和掌握腐蚀速率及规律，便成了亟待解决的问题。

武器装备的腐蚀监测技术相对来说发展较晚，也不平衡。舰船方面实际上早就开展有腐蚀监测技术，如船体电位监测，蒸汽动力、核动力的水质监测、针对腐蚀的一些无损探伤等都早已得到开发与利用，而且这些监测技术的使用已经发挥了巨大的作用和效益。尤其是蒸汽动力、核动力的水质监测工作搞得很好，使得动力装备得到了很好的保护，这是有目共睹的。近年来，舰船水下船体的保护状态有了质的提高，水下船体外表面的腐蚀已得到有效控制，可以说已不成为问题了，这其中固然有涂层保护效能的改进作用，然而阴极保护及保护效果的监测－船体电位的测量也同样发挥了很大的作用。可见，腐蚀监测做得好，腐蚀防护效果就好，装备就更加安全可靠。

但是，舰船在腐蚀监测方面新技术的开发与应用仍然是很不够的，直接影响了一些重要装备的腐蚀防护与控制。例如，目前舰船上腐蚀环境最严酷、腐蚀问题最突出的两大区域，即潜艇上层建筑与舰船的海水系统，就存在着腐蚀监测的空白与不足。此外，新装备、新的舰船材料的应用，也给腐蚀监测技术带来了新的问题，快艇就是一个典型例子。其船体结构及推进方式与其他舰船有很大不同，阴极保护的难度增大，又由于主船体材料铝合金与其他常用金属材料之间的电位差大，又是两性金属，对保护电位及电绝缘效果监测的需求更为强烈。

2. 常用方法

在第 13 章介绍了以腐蚀检测为主的各种方法。舰船上常用的腐蚀检测方法大多都是比较传统的方法，近年来通过军内外相关部门的努力，也有一些发展。传统的方法有：

（1）表观检查，一般腐蚀检查；各种牺牲阳极溶解检查；燃气轮机检查孔检查，内窥镜观察，管路腐蚀剖面检查等。如图 22.40 所示，LM2500 型燃气轮机组就布置了许多检查孔以方便检查。

（2）电位测量（主要用于船体腐蚀防护及杂散电流的监测）。

（3）超声波测厚及腐蚀坑深测量。

（4）着色与渗透探伤。

（5）泵压（检查管路腐蚀泄漏）。

（6）水质分析（主要用于蒸汽动力装置、核动力装置，监测水质的主要目的就是监测装备的腐蚀、防护状态，防止腐蚀与结垢）。

（7）挂片法（核动力装置反应堆内随堆辐照腐蚀试验）。

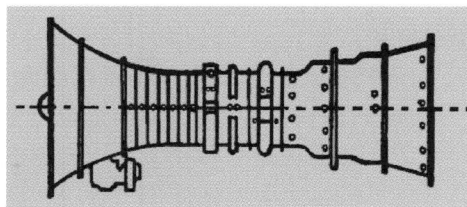
图 22.40　燃气轮机组检查孔布置示意图

近年来新开展的一些腐蚀监检测方法：

（1）异种金属之间的电绝缘检测。

（2）涡流探伤用于冷却器传热管及核反应堆蒸发器传热管的应力腐蚀开裂检查。

（3）传统的电位测量方法扩大了一些测量领域，改进了测量技术，包括半咸水域舰艇船体电位测量、潜艇上层建筑电位自动测量等。

舰艇部队可采用的腐蚀检测、检查方法有表观检查、腐蚀深度测量、电位测量（包括自动在线监测）、电绝缘测量、超声波检测等。

3. 舰船腐蚀性检查重点部位

（1）船体部位主要有水下船体、附体、螺旋桨、通海阀箱、流道等；

（2）喷水推进船舶喷泵艉板法兰、艉部船体；

（3）海水系统的异种金属接触及电绝缘部位；

（4）各种设备与船体的异种金属连接部位；

（5）内舱积水部位的船底；

（6）厕所、卫生间、厨房围壁；

（7）潜艇上层建筑和指挥台围壳区域。

4. 常用方法事例

1）目测和宏观分析检查

当舰船出现腐蚀问题后,最先进行的腐蚀分析工作就是目测和宏观分析检查。其目的就是尽快地确定腐蚀的类型、严重程度,以便结合其他分析尽快查明腐蚀的原因及其对装备运行的影响,为修理和解决问题提供分析依据。目测和宏观分析的工作的大体方式及步骤是:

（1）考察腐蚀的装备类型及部位;

（2）考察发生腐蚀装备构件的工况条件及周围的环境特点,注意有无与异种金属发生接触,有无进行涂装保护或阴极保护,周围涂层的破坏情况;

（3）对腐蚀部位进行肉眼或低倍观察,可照相或录像,考察腐蚀形貌特征;

（4）测量局部腐蚀发生的范围、深度、数量等;

（5）收集腐蚀产物;

（6）初步分析判断腐蚀的类型及原因。

2）断口及裂纹分析检查

金属构件常发生的失效形式有腐蚀、磨损、断裂,其中腐蚀失效中的应力腐蚀开裂、腐蚀疲劳、氢脆等也是以断裂的方式造成最终的破坏。金属构件发生破断以后,很重要的一个工作就是失效分析,以判断失效的类型及原因,弄清究竟是纯机械断裂还是与腐蚀有关的断裂,如果是与腐蚀有关,又是哪一种腐蚀断裂。断裂失效分析中的最重要的一项分析工作就是"裂纹分析",断口分析是裂纹分析工作的一部分。

断裂失效分析的主要内容是:

（1）调查工件的工况条件及环境条件;

（2）取样进行材质化学成分分析;

（3）光学金相及电子金相分析;

（4）工件的受力分析;

（5）裂纹分析及模拟试验(有时是必要的)等。

其中裂纹分析又包括:

（1）断裂或开裂处的宏观形貌分析;

（2）断口分析,断口分析又包括断口的宏观分析与微观分析;

（3）裂纹的截面分析。

裂纹分析工作的进程大体是:先保护好现场,尽量避免脏物污染开裂部位及断面;进行开裂部位的宏观形貌分析,包括高倍、低倍观察照相;再进行断口的宏观观察(如果已经断开的话,若没有断开,根据需要也可考虑打断),寻找裂纹源,考察开断表面的断裂特征及腐蚀产物特征;再取样进行微观断口分析,包括扫描电镜形貌、电子探针微区成分分析等。必要的话,有些开裂部位还要进行裂纹扩展形态的截面宏观及微观分析。

3）化学成分分析

舰船大多都是作为结构用的金属材料制成的,对于结构材料,根据其结构特点,功能要求及环境特点,不仅要求有一定的力学性能及工艺性能,而且在物理及化学性能方面也有不同的要求。根据设计要求,舰船的每个结构部件都是根据性能要求来选定的,都有各自的材料牌号及加工方法,因此其化学成分是一定的,最终产品的性能也是一定的,化学成分不合格,其性能(包括力学性能及耐腐蚀性能等)也不会合格。化学成分是否合格,必须通过成分分析来确定。因此化学成分分析十分重要。

分析金属材料的化学成分有多种方法,主要有化学分析法和仪器分析法两大类:

（1）化学分析法是以化学反应为基础的分析方法,主要又可分为重量分析法和滴定分析法。此外还有比色法和电导法。化学分析方法需要从待测物体上钻取样品,故带有破坏性。

（2）仪器分析法是以物质的物理性质或物理化学性质为基础的分析方法。仪器分析需要将待测物质的光、电、热、声、磁等物理量或物理化学量最终转换成电信号,再与已知量的标准物质在相同条件下得到的电信号做比较,以测量出这些物质的化学组成、含量和结构。这些物理量和物理化学量的测定一般需要采用专门的仪器设备。常用的仪器分析方法有光谱分析、光电比色分析、极谱分析、电子探针和离子探针微区分析。其中光谱分析应用较为广泛。

舰船装备的化学成分分析检验通常是在以下阶段进行:金属材料的冶金生产检验及出厂供货检验;装备制造厂、修理厂进货复验。

如果舰船使用正常,使用中就不再检验了,但是一旦装备使用中出现腐蚀、断裂、磨损等失效问题,使用部门往往要进行必要的化学成分分析检验。有时委托权威检验单位进行,有时部队质控部门也可以采用配发的合金鉴定分析仪进行现场检验。

该类仪器在舰船腐蚀问题监测中起到了很重要的作用。例如,某舰 B10 白铜管发生过早的腐蚀穿孔,经检测分析,其化学成分与标准 B10 有较大差别,如图 22.41 所示。某舰某些阀门部件发生了较严重腐蚀。经用 Metallurgist-Pro 进行现场合金成分检测,再与阀门的标准成分进行对比,发现有些成分不合标准。由此初步判断,合金成分的偏差是造成异常腐蚀的主要原因。

图 22.41 "B10"白铜管(海水管路)发生腐蚀泄漏

4)力学性能测试

腐蚀不仅对金属构件的表面产生损伤,有时也会对构件的内部产生损伤,从而恶化材质的力学性能。如一般船体的均匀腐蚀、坑疤腐蚀,通过表面观察或测量坑深,即可确定是否换板还是采取局部补焊等修理措施,无须进行力学性能测试。有些腐蚀问题的失效分析中,如应力腐蚀开裂、晶间腐蚀、氢脆等,会引起材料内部发生严重的损伤,而表面还不易观察出来,这就会对材料的力学性能产生十分有害的影响。根据实际情况,有时可考虑进行相关的力学性能测试,以考察腐蚀有可能对构件后续工作的影响。这一类型的分析工作大体有以下几种:

(1)表面硬度测试:无损测试,可帮助分析晶间腐蚀的危害程度。

(2)局部取样进行拉伸或冲击试验:了解强度及韧性受到的危害。

(3)研究性试验或辅助试验测试:例如采用与构件相同的材料进行腐蚀疲劳试验或断裂韧性测试,研究该种材料在腐蚀及应力作用下的腐蚀疲劳特征、疲劳扩展速率、应力腐蚀临界应力强度因子等相关性能指标参数等。

5)无损检测

无损检测就是利用声、光、磁和电等特性,在不损害或不影响被检对象使用性能的前提下,检测被检对象中是否存在缺陷或不均匀性,给出缺陷的大小、位置、性质和数量等信息,进而判定被检对象所处技术状态(如合格与否、剩余寿命等)的所有技术手段的总称。

进行无损检测需要:

(1)正确选用实施无损检测的时机。

(2)正确选用最适当的无损检测方法。由于各种检测方法都具有一定的特点,为提高检测结果可靠性,应根据装备材质、制造方法、工作介质、使用条件和失效模式,预计可能产生的缺陷种类、形状、部位和取向,选择合适的无损检测方法。

(3)综合应用各种无损检测方法。任何一种无损检测方法都不是万能的,每种方法都有自己的优点和缺点。应尽可能多用几种检测方法,互相取长补短,以保障装备安全运行。此外在无损检测的应用中,还应充分认识到,检测的目的不是片面追求过高要求的"高质量",而是应在充分保证安全性和合适风险率的前提下,着重考虑其经济性。只有这样,无损检测的应用才能达到预期目的。

涡流、射线、超声波等都属于无损检测范畴。

6)渗透检测法

涂于表面的渗透液(萤光渗透液或染色渗透液)渗入工件表面的裂缝中,干燥后在显像剂的作用下,便可显示出裂缝的位置,这种无损检测技术称为渗透检测。它也可以检测表面的腐蚀缺陷。

渗透探伤是利用毛细现象检查材料表面缺陷的一种无损检验方法。20 世纪初,最早利用具有渗透能力的煤油检查机车零件的裂缝。到 40 年代初期美国斯威策(R. C. Switzer)发明了荧光渗透液。这种渗透液在第二次世界大战期间,大量用于检查军用飞机轻合金零件,渗透探伤便成为主要的无损检测手段之一,获得广泛应用。

渗透探伤包括荧光法和着色法。荧光法是将含有荧光物质的渗透液涂覆在被探伤工件表面,通过毛细作用渗入表面缺陷中,然后清洗去表面的渗透液,将缺陷中的渗透液保留下来,进行显像。典型的显像方法是将均匀的白色粉末撒在被探伤件表面,将渗透液从缺陷处吸出并扩展到表面。这时,在暗处用紫外线灯照射表面,缺陷处发出明亮的荧光。着色法与荧光法相似,只是渗透液内不含荧光物质,而含着色染料,使渗透液鲜明可见,可在白光或日光下检查。一般情况下,荧光法的灵敏度高于着色法。这两种方法都包括渗透、清洗、显像和检查四个基本步骤。

根据从被探伤件上清洗渗透液的方法,渗透探伤的荧光法和着色法又可分别分为水洗型、后乳化型和溶剂去除型三种。

渗透探伤操作简单,不需要复杂设备,费用低廉,缺陷显示直观,具有相当高的灵敏度,能发现宽度在 $1\mu m$ 以下的缺陷。这种方法由于检验对象不受材料组织结构和化学成分的限制,因而广泛应用于黑色和有色金属锻件、铸件、焊接件、机加工件以及陶瓷、玻璃、塑料等表面缺陷的检查。它能检查出裂纹、冷隔、夹杂、疏松、折叠、气孔等缺陷;但对于结构疏松的粉末冶金零件及其他多孔性材料不适用。某舰螺旋桨表面腐蚀损伤的渗透检测如图 22.42 所示。

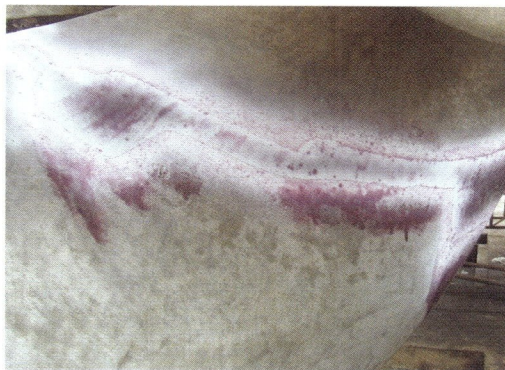

图 22.42　舰船螺旋桨表面腐蚀损伤的渗透检测

22.9.2　腐蚀环境监测和电位检测

1. 腐蚀环境监测

在金属腐蚀的定义中已经明确了,金属的腐蚀就是发生在腐蚀环境中,其腐蚀过程就是与环境之间的相互作用引起的,自然,腐蚀环境的状态对金属的腐蚀是有重大影响的,因此必须进行腐蚀环境监测。下面以舰船蒸汽动力、核动力装置的水质监测的实例来进一步说明腐蚀环境监测的重要性。

如图 22.43 所示,舰船蒸动力装置主要设备是锅炉、汽轮机、冷凝器,其工作介质就是水与蒸汽,并在这几个主要设备中循环。设备所用的材料主要是低合金钢与铜合金,这些材料在普通海水、淡水中都会发生氧腐蚀。这些设备还有一个特点,即设备的内表面无法进行涂装保护与阴极保护。在这种条件下,就是要靠控制工作介质的腐蚀条件,来避免材料的腐蚀。

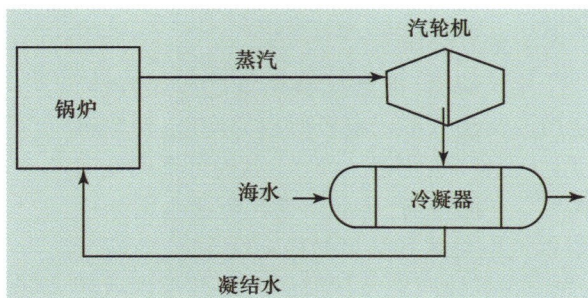

图 22.43　蒸汽动力装置运行原理图

锅筒及炉管均为低合金钢制造,这种材料在偏碱性条件下易形成钝化膜,有很好的保护作用。因此必须保持炉水的一定 pH 值(10 ~ 12)。当 $1 < pH < 8$ 时,保护膜都可能因溶解而遭到破坏。同时,在中性偏碱性条件下,钢材易发生吸氧腐蚀,故而炉水一定要除氧。此外钝化的金属最怕氯离子及其他含有侵蚀性离子的盐,故而要严格控制氯离子的含量。

如果炉水水质控制不当,锅炉内部最容易发生的腐蚀是吸氧腐蚀、沉积物下的酸性腐蚀以及由于局部碱的浓缩引起的碱脆。碱脆是指锅筒一些凹槽部位易出现碱的浓缩,由此引发脆性开裂。这种腐蚀属于应力腐蚀开裂,严重威胁锅炉的安全。

虽然采取了很多腐蚀防护措施,但是还不能保证锅内水质始终处于合格状态。从蒸汽动力装置的水、汽循环过程来看,对动力装置可能产生较大腐蚀危害的问题还是内部的水质条件出现不合格的情况或是被海水污染。因此,定时(且十分经常)检验炉水的水质情况,对动力装置的腐蚀状况及结垢等情况进行监控十分重要。例如,水中含氧量过高,就会引起吸氧腐蚀;冷凝器冷却管的腐蚀穿孔,就会导致海水进入循环的炉水中,从而将大量的氯离子带入动力装置系统中的各个部位(且很难去除),如不及时发现,会造成严重的腐蚀危害。早期曾经发生过该类事故。

炉水的主要控制指标有硬度、碱度、pH 值、氯化物、溶解氧、磷酸盐、导电率及含盐量等 8 项。蒸动力舰船要严格按照规章制度对炉水进行定时检测,一旦发现水质不符合标准,及时调整。如发现有过高的氯离子含量,应及时检查原因,找到海水泄入的位置,进行紧急处理。

核动力装置与蒸汽动力装置情况类似,只是由原子锅炉(压水核反应堆)代替了蒸汽锅炉,其他设备均相同,核动力装置对水质条件要求得更为严格,监测工作也是非常之重要。正是由于水质监测工作做得好,动力装备才得以有安全保障,能够正常地发挥其战斗力。

2. 船体腐蚀电位监测

1)监测的目的

目前绝大多数舰船的水下船体施加有阴极保护措施,在正常情况下,船体电位应当在保护电位范围之内。一旦电位出现异常,不在此范围之内,则表明船体一定遭受到某种腐蚀防护方面的损伤或阴极保护系统出现故障或问题,应当及时查明原因,采取相应措施。根据所测电位比保护电位范围正或是负,以及电位偏移的程度,可以初步判断出现的问题性质,例如:

(1)对于外加电流阴极保护的舰船,监测的电位明显偏离恒电位仪控制的电位,则外加电源阴极保护系统出现了问题,可通过进一步的检测查明原因。

(2)牺牲阳极阴极保护的舰船,所测电位比保护电位范围正,可初步判断牺牲阳极已快溶解完了;如电位与该船体钢的自腐蚀电位相等,说明牺牲阳极已经溶解完了。根据实际情况可采取相应措施。

(3)当发现船体电位强烈地正移或负移,超出范围数百毫伏,则船体有可能受到了杂散电流的干扰,应尽快查明杂散电流的来源,并消除之。

总之,监测船体电位可对阴极保护效果进行评估,可及时了解船体的腐蚀及保护状态,及时发现问题,使船体及时避免各种腐蚀损伤。

2)测量方法

船体电位测量仪器主要由电位计(或万用电表)及表笔、参比电极、测量导线等组成。

如图 22.44 所示,船体电位的测量方法如下:

(1)准备好测量用仪器。打开仪器箱,检查仪器完整性和完好性。如果电极长期没有使用,应按使用说明注入参比电极所需的溶液,使电极体在其中浸泡 1～2h 后方可使用。若是"氯化银－海水"电极可不用注入特殊溶液,只需新鲜海水浸泡即可。在测量前,还应将参比电极在海水中浸泡 20～30min,再读取数据,以保证电位测量结果的稳定性。

(2)选取测量点。按条例规定在船体两舷及尾部的典型部位选取测量点,记下所量部位的肋骨号。将电位表公共端(红色)连接参比电极,电位测量端(黑色)连接到与船体处于良好电导通的位置,如护栏下方接地线的金属固定螺帽或者肋骨编号铭牌上,避免虚接。应保证连接点处露出金属本体,表面不应存在涂层、锈层、氧化层、油污等。建议不要选择局部涂层脱落部位,以免对测量结果产生影响。

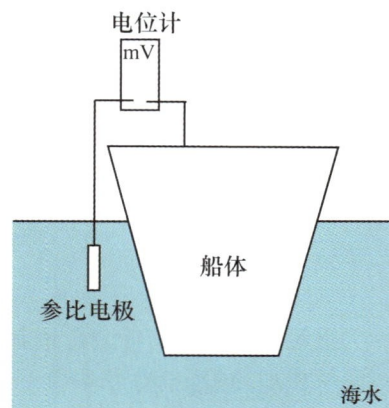

图 22.44　船体电位测量方法示意图

（3）电位测量：

① 将连接好导线的参比电极沿船体舷侧放入海水水面下 0.5~1.0m 处，测量时应使参比电极尽量靠近船体，并保持与船体位置的相对稳定。

② 待测量体系稳定后，开始测量。测量时，应在电位数据基本稳定后再读取数据，并做好记录。每个测量点应至少测量三次。电位测量记录应包括测量时间、位置和电位数据，以及海水温度、天气、海浪情况等。

③ 在测量过程中，如出现电位长时间不稳定或者同一测量点数据漂移过大等情况，应及时检查整个测量线路，查明原因后，将电位计进行调零处理，然后再重新进行测量。

④ 测试结束后，收起参比电极，倒出参比电极内的溶液，用软布擦干电极体及导线，装入仪器箱备用。

目前船体固定式参比电极主要有 Ag/AgCl 参比电极及锌参比电极；便携式测量船体电位使用的电极主要有 Cu/饱和 $CuSO_4$ 和 Ag/AgCl（简称氯化银电极）两种电极。硫酸铜电极是由铜和硫酸铜饱和溶液构成的参比电极。氯化银电极是由银、氯化银和标准溶液或海水构成的参比电极。

Cu/饱和 $CuSO_4$ 电极的电位比 Ag/AgCl 电极正，那么，当分别以这两个参比电极来测量同一艘船的船体电位时，所得的值必然会有一个差值。用 Ag/AgCl 电极测量的船体电位将比用 Cu/$CuSO_4$ 电极测量的值高出约 50mV。用不同参比电极测量船体电位时所得的电位值可参照图 22.45 进行对比。

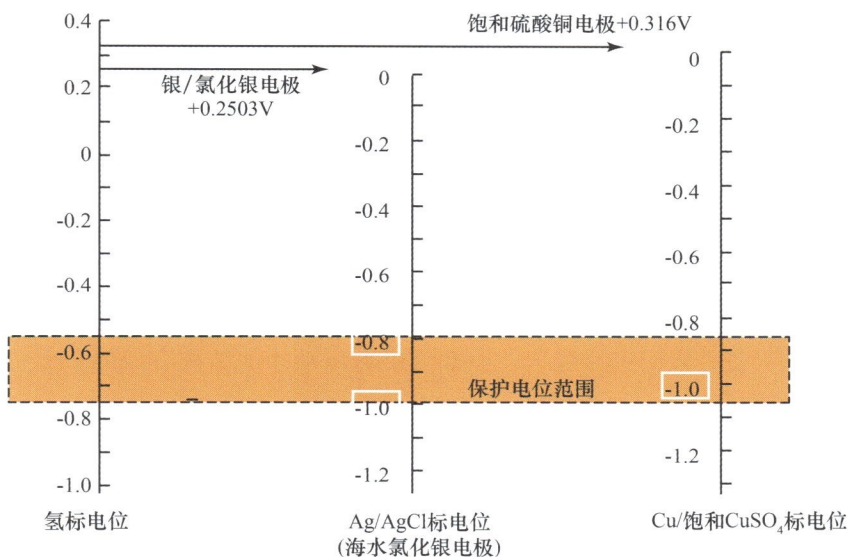

图 22.45　用不同参比电极测量船体电位时的对照

海水 Ag/AgCl 参比电极和 Cu/饱和 $CuSO_4$ 参比电极的结构如图 22.46 所示。还应当注意的是 Ag/AgCl 电极的介质可有海水、饱和 KCl、1NKCl 和 0.1NKCl 四种，当 Ag/AgCl 电极放入不同的溶液，其电位值是不一样的。可以查表进行核对比较。一般常用的是海水和 1NKCl。

3）测量点与注意事项

为了实现对船体电位的全面监测，应分别在船的首、中和尾部选择典型位置进行测量。根据舰船甲板实际布置情况，可对应肋骨编号确定测试点位置，并遵循左舷（双号）、右舷（单号）对称测量的原则。

船体电位监、检测时的注意事项如下：

（1）测量前应详细阅读仪器使用说明书，按相关要求对仪器进行调试、准备和保养，掌握正确操作方法后再进行测量。

（2）以上选取的是比较典型的测量点，根据实际测量

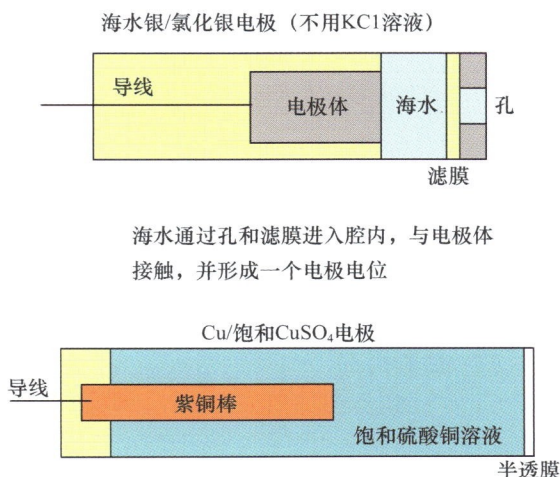

海水通过孔和滤膜进入腔内，与电极体接触，并形成一个电极电位

图 22.46　海水 Ag/AgCl 参比电极和
Cu/饱和 $CuSO_4$ 参比电极的结构

需要也可选择艇体其他位置进行电位测量,但必须满足以上测试要求。

(3)测量应尽量选择在海浪小、天气情况好的条件下进行。

(4)测量时应注意人员安全并小心操作,防止电极和仪器落入水中。

(5)参比电极使用前检查电极体表面是否清洁,清除表面的油污,若表面有沉积物或变色发黑,可用细砂纸轻轻打磨,露出金属光泽。

(6)若发现舰船外海水表面有油膜时,应当暂停测量,待油膜漂走后再进行测量。

(7)参比电极电位的准确性对测量结果至关重要,因此应定期进行校正。尤其是长期没有使用的参比电极重新使用时应当进行校正。

当船员检测到船体腐蚀电位异常时应进行的工作是:

(1)按测量规程重新检测,确定测量值是否处于船体腐蚀电位正常范围之外;

(2)保护好现场,并详细记录检测时间、地点、环境条件等;

(3)逐级上报检测情况。

22.9.3 涂层与阴极保护的维护、修理

1. 一般要求

(1)舰船应按照海军有关规范的要求在规定的期限内对防腐蚀系统的有效性进行状态检查。

(2)在进行涂层维护和修理时,原船如具有相关的涂层技术文件,则修理应按原涂层技术文件进行。若原船无相应的涂层技术文件,则应考虑新涂料与原涂层的相容性,同时提交新涂层的相关技术文件。为方便防腐蚀系统的维护和修理,设计所应尽可能向修理厂提供原防腐蚀系统设计的有关资料。

(3)修理或当重涂或修理需要改变原防腐蚀系统设计时,应将新的设计资料与施工工艺提交军方审核。完工后,工厂应将完工文件交军方备查。

2. 涂层检查与修理

1)状况评估

(1)检查涂层前,应对待查表面进行清理。通常可用高压水冲洗结构表面的积尘、污泥和附着海生物等,必要时可用机械工具清理。

(2)对于一般处所的涂层进行检查时,可按照标准计算出相应的缺陷评价系数,评定腐蚀状况。

(3)对于特定处所的涂层检查,可按照表22.3将其划分为若干区块进行状况评定,其他部位可参照此法进行评定。涂层状况分为良好、尚好、差三种。

表22.3 涂层状况评估

涂层状况	良好	尚好	差
涂层剥落或锈蚀面积①	<3%(仅有点状锈斑)③	3%~20%	≥20%
锈蚀面积①		<10%	≥10%
在边缘或焊缝处的锈蚀及涂层剥落②	<20%	20%~50%	50%
① %是指占区域内的面积百分比; ② %是指区域内的边缘或焊缝长度百分比; ③ 点状锈斑,即斑点锈蚀但涂层无可见的失效			

用肉眼对涂层进行外观检查。特别注意以下部位的涂层状况:

(1)结构凹陷易于积水的位置;

(2)液舱内部;

(3)外加电流保护装置的辅助阳极附近的区域;

(4)其他在使用过程中易于产生涂层破坏的区域。

当发现以下现象,可根据涂层破坏程度予以局部维护、修补、整新或全面涂装:

(1)水线以下区域的涂层有海生物较大面积附着时;

(2)结构表面出现较大面积锈蚀,或个别锈斑的面积较大时;

（3）涂层出现明显剥离、起泡、龟裂、老化等现象时；

（4）在使用过程中产生涂层磨损、碰坏、拉伤时；

（5）在涂装过程中出现流挂、缩边、龟裂、气孔、层间剥离、涂层粉化等影响涂层性能的缺陷时。

2）涂层修理前的表面处理

（1）对于需要进行外板涂层修理的舰船，进坞后应排除液舱内的水，以防外板结露。同时为不使泄水孔排出的污水污染外板，应用木栓塞住或另设临时落水管。

（2）修理涂装前，可根据涂层破坏的类型或程度采用电动工具打磨、压力超过 70MPa 的超高压水喷射或喷砂等方式进行表面处理，表面处理后尽快施涂底漆，防止钢板返锈等状况的发生。

（3）在喷砂及高压水冲洗船壳的过程中，应对保护阳极、参比电极及阳极屏蔽层进行妥善保护以避免损坏。

（4）如确定原有涂层可以部分保留并再重新复涂的区域，应用扫砂或电动工具打磨的方式做比较完整的拉毛处理。

（5）当进行局部除锈或清除损坏涂层时，应视涂层的厚度，在除锈区周边 50～100mm 范围内用电动工具的方式作斜坡式的拉毛处理。

（6）涂装前，对于一般处所的涂层修理应按照不同的缺陷当量值选择合适的表面处理方法。涂装前，对于特定处所的涂层修理，待涂装表面应保持清洁，其表面状态应符合表 22.4 要求。

表 22.4　涂层修理前的表面处理要求

涂层状况	良好	尚好	差
预处理	除去污泥、油和油脂，淡水进行冲洗，干燥；预清理过程中应对临近破损区域的完整涂层采取适当的保护措施		
处理方法	打磨	打磨或喷砂	喷砂
表面清洁度	按照涂料厂商的推荐方法进行施工	St3 或 Sa2.5	Sa2.5
表面盐分	不大于 $80mg/m^2$		
表面温度	钢板表面温度应高于露点以上 3℃		
表面粗糙度	应根据涂层技术文件或厂家推荐值进行施工		

3）涂层的修理

（1）修理用的涂料原则上应使用与原涂层系统配套的种类，新涂层与原涂层的配套性应由船东与涂料厂商确认。

（2）当清理后的表面出现钢板裸露时，在裸露部位应及时涂装一道与周围涂层系统相容的底漆。

（3）修理用涂料的涂装工艺要求可参照海军相关规定要求进行。

（4）涂层修理后应按要求对修补的区域进行外观检查和膜厚测定。涂层的外观和膜厚应满足修理涂装设计的要求。

3. 阴极保护装置的检查与维修

舰船的阴极保护系统投入运行后，对阴极保护的效果应进行定期检查。测量和评价阴极保护的效果可采用下列方法：

（1）测量被保护构件的电位。被保护构件的电位应符合阴极保护设计计算书的要求；

（2）直观检查。进坞检查或潜水员水下目测检查。

阴极保护系统交付使用后，应对其运行的可靠性进行定期检查：

（1）对牺牲阳极保护系统，应检查阳极溶解状况、机械损伤情况等。这种检查通常在坞修时进行。

（2）外加电流阴极保护系统，电源设备运行状况，如输出电流（包括各辅助阳极分路的电流）和保护电位等；辅助阳极、电缆和参比电极的工作状况，应在坞修时进行检查。

检查发现有下列情况时，应对阴极保护系统进行维修：

（1）牺牲阳极、辅助阳极和参比电极在使用过程中已脱落，应选用与原设计相同或相近的阳极/电极重新安装；

（2）牺牲阳极严重耗蚀、钝化而无法保证下一个坞修前急需保持防护效果时，应更新牺牲阳极；

（3）牺牲阳极、辅助阳极和参比电极的固定装置有明显腐蚀或松动迹象时,应重新加以固定;

（4）辅助阳极已超过规定使用年限或参比电极已失准时,应予以更换;

（5）外加电流保护系统电源设备输出失常时,应予以维修或更换。

22.9.4 舱底的清洁

常用的金属,如钢、铝、铜等,当这些金属制品或结构件表面落有灰尘、杂物及积水时很容易引发腐蚀。灰尘容易吸收潮气,加快结露,尤其是在含有盐分的海洋大气中,容易在灰尘处积累盐分,更易吸收潮气,引发腐蚀;灰尘聚积的颗粒还会在其下面造成缝隙,引发微小区域的缝隙腐蚀,杂物与金属表面之间更是会形成缝隙,一旦有水,便引发缝隙腐蚀,如果杂物是高电位金属等,落在低电位金属上,不仅可能引发缝隙腐蚀,而且还会发生电偶腐蚀。金属表面再有积水,则更是会加速上述的各种腐蚀。因此,无轮是钢质舰船或是铝质舰船,舱底都必须保持清洁。尤其是铝质舰船,舱底是电位较负的铝合金,对上述腐蚀,尤其是对电偶腐蚀较为敏感,更需要保持清洁。特别是当螺栓、螺母、工具、硬币等金属物品跌入内舱舱底时,应及时清理干净,以免引起对舱底铝合金船体的腐蚀。

22.9.5 海水管路的正确使用、维修和保养

1. 海水管路使用时的注意事项

（1）水流被阀门节流,引起局部流速增大和紊流程度增强是海水管路过早出现腐蚀破损的主要原因之一。之所以要节流是因为舰船由水温 28 ~ 32℃的南方海区航行到水温 8 ~ 12℃的北方海区时,主机冷却所需要的舷外水消耗量不同,为了满足主机工作的要求,在冷水中航行时可以不必完全打开阀门,从而引起管道内的流体力学状态发生改变,并增强了流体的紊流程度,由于舰船冷却水系统是多工况的,而系统的工况又取决于工作机组的数量,也就是冷却泵的数量。每一种工况对应一定的海水流速。违反使用规程关闭个别海水管路部分,就会使别的部位的海水管路的流速增大,结果管子过早地出现腐蚀破坏,因此海水管道运行时,必须严格执行操作条令,不得随意开关阀门和泵,不得随意并流和截流。

（2）在采用铜及铜合金海水管路时,特别是 B10 或 B30 海水管路,海水管路系统从一开始接触海水时,就应使海水在管路系统内处于流动状态。在有条件情况下,最好能在清洁海水中,以大于 1.0m/s 的流速在管内流动一个星期到一个月,从而使其内表面生成完整的初始保护膜,安全渡过最容易出现腐蚀隐患的早期阶段。

（3）在舰船停泊期间,特别是停泊时间较长时,不管采用何种海水管路材料,应不定期地让海水管路内海水流动,以防止沉积物堆积或海生物附着,从而防止生成沉积腐蚀或点蚀。一旦在舰船停泊时有沉积腐蚀或点蚀发生,不但其本身可能导致管路破损,当海水管路工作时,此处腐蚀可能严重加快。

2. 及时维修和保养

及时维修和保养与正确使用一样,对于舰船海水管系的使用寿命有着重要作用,故应要求船员严格按照使用文件和坞、小修条例进行保养、检查和维修。

（1）结合坞、小修定期检查管路系统腐蚀破损情况,重点检查易发生腐蚀破损的管段和异型管配件,发现破损及时更换或修补。

（2）根据设计要求,定期更新防蚀元件,如阴极保护用的牺牲阳极和电解铁成膜用的铁阳极等。不得让应该设置防蚀措施的管路系统处于无保护状态。

参考文献

[1] 肖纪美,曹楚南. 材料腐蚀学原理[M]. 北京:化学工业出版社,2002.

[2] 曹楚南. 腐蚀电化学[M]. 北京:冶金工业出版社,1993.

[3] [苏]鲍戈拉德 И. Я,等.海船的腐蚀与防护[M]. 北京:国防工业出版社,1983.

[4] 侯保荣.海洋腐蚀环境理论及其应用[M]. 北京:科学出版社,1997.

[5] 侯保荣,等.海洋腐蚀与防护[M]. 北京:科学出版社,1997.

[6]　方志刚.铝合金防腐蚀技术问答[M].北京:化学工业出版社,2011.

[7]　方志刚,韩冰.铝合金舰艇腐蚀控制技术[M].北京:国防工业出版社,2015.

[8]　许立坤,等.海洋工程的材料失效与防护[M].北京:化学工业出版社,2014.

[9]　林玉珍,杨德钧.腐蚀与腐蚀控制原理[M].北京:中国石化出版社,2015.

[10]　王强.电化学保护简明手册[M].北京:化学工业出版社,2012.

[11]　梁成浩.现代腐蚀科学与防护技术[M].上海:华东理工大学出版社,2007.

[12]　夏兰廷,黄桂桥,等.金属材料的海洋腐蚀与防护[M].北京:冶金工业出版社,2003.

[13]　方志刚,刘斌.潜艇结构腐蚀防护[M].北京:国防工业出版社,2017.

[14]　高翔.舰船辅助机械[M].北京:国防工业出版社.2005.

[15]　李金桂.腐蚀控制设计手册[M].北京:化学工业出版社,2005.

[16]　贺小型.潜艇结构[M].北京:国防工业出版社,1991.

[17]　赵永甫,李炜.潜艇概论[M].北京:海潮出版社,2004.

[18]　肖千云,吴晓光.舰船腐蚀防护技术[M].哈尔滨:哈尔滨工程大学出版社,2011.

[19]　王曰义.海水冷却系统的腐蚀及其控制[M].北京:化学工业出版社,2006.

[20]　李金桂.腐蚀控制系统工程学概论[M].北京:化学工业出版社,2009.

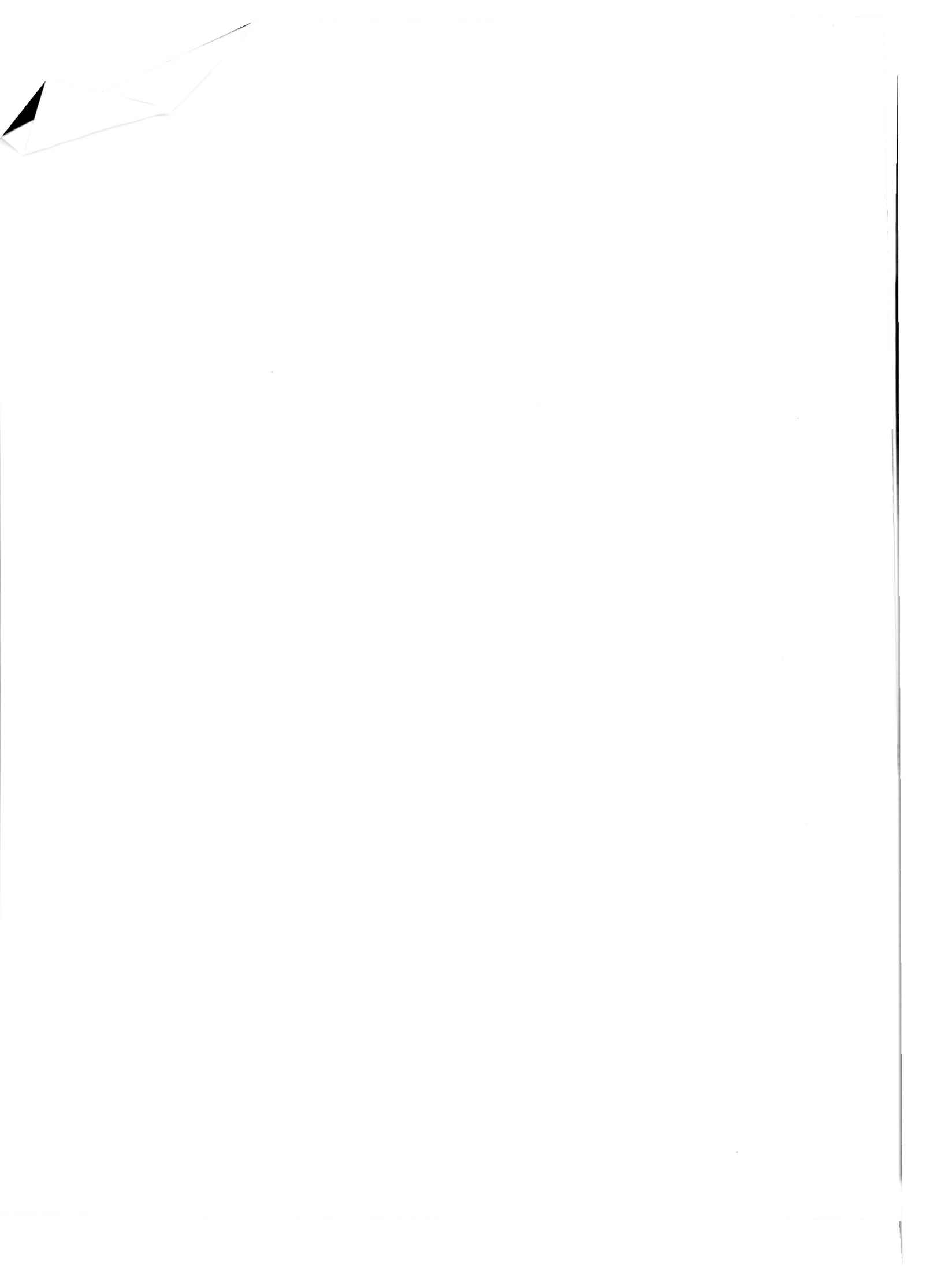